JN188440

マルクス主義の主要潮流

Main Currents of Marxism

——その生成・発展・崩壊

レシェク・コワコフスキ／著
Leszek Kołakowski

神山正弘／訳
Kamiyama Masahiro

同時代社

MAIN CURRENTS OF MARXISM

by Leszek Kolakowski

Copyright © 2005 by Leszek Kolakowski

Copyright © 1978 by Oxford University Press

Japanese translation rights arranged with Mohrbooks AG Literary Agency

through Japan UNI Agency, Inc., Tokyo

訳者まえがき

神山正弘

本書は、Leszek Kolakowski, *Main currents of Marxism: the founders, the golden age, the breakdown* の翻訳である。同書の初版は一九七六年にパリでポーランド語で三巻本として発行され、二年後の七八年に英語版がオックスフォード大学出版局から発行された。二〇〇五年には一巻本としてニューヨークでノートン社によって発行され、二〇〇八年にペーパーバック版が出された。本訳書はその二〇〇八年版からである。

著者のレシェク・コワコフスキ（一九二七〜二〇〇九）は、ポーランド生まれの作家・哲学者である。モスクワ留学後、五八年からワルシャワ大学哲学史教授。六六年にポーランド統一労働者党を批判する講演を行い、当局により「修正主義者の頭目」として弾劾され、六八年に国外追放となった。七〇年からオクスフォード大学オール・ソウルズ・カレッジのフェローに就任した。

著者によれば、本書の第一巻はワルシャワ大学の教授職を解かれて「自由」になった「休暇の時期」の一九六八年に最初に書き上げられた。第二、第三巻は一九七〇年から七六年にオクスフォード大学オール・ソウルズ・カレッジのフェローシップのあいだに書かれた。あしかけ九年がかかったことになる。

また、著者によれば、この本は、発行直後のポーランドでの地下出版の他に、上記の英語版、ドイツ語版、オランダ語版、イタリア語版、セルビア語版、スペイン語版がそれぞれ翻訳・発行された。著者は目にしていないが中国語版があると聞かされたという。フランス語訳は第二巻までが発刊されたと二〇〇五年の新序文で著者が述べている。

本書の邦題を『マルクス主義の主要潮流――その生成・発展・崩壊』とした。今、発行からすでに五〇年弱が経過した。執筆着手の時点からとれば、六〇年近い年月が経っていることになる。当時の著者の問題意識には、それまでの一〇〇年余が射程に入っていただろう。本書発行後の早い時期に、理論としてのマルクス主義と制度としての社会主義・共産主義は事実として崩壊が確認された。発行から五〇年が経過した時点で、われわれは今この本を俎上にのせている。当然ながら、われわれは、発行時とは異なる問題状況と問題意識のもとで本書と対峙しているのである。著者の問題提起を下敷きとして、本書発行後の五〇年分のマルクス主義と社会主義・共産主義の総括はわれわれ読者が引き受けるべきものだろう。

本書訳者にとっては不明のことだったが、日本においてコワコフスキの名前とこの本の存在は知られていなかったのではない。一九八三年には来日し、シンポジウムに出席していた。しかし、いくつかの訳書はあるが、本書の日本語訳はなされてこなかった。そこには実務的な理由のほかに多くの理由があったのだろう。

本訳者が、今回蛮勇をふるって本書を発行するのは、一言でいえば、「あったことをあったこととして」受けとめるためである。それでどうなるというわけでもないが、しかし、そこから考えるしかない。人が一生をかけてきた思いや考えはそれなりに重い。それは個人の人生に止まらない。一国もそうであり、一民族もそうである。それぞれの行程について熟慮する義務がそれぞれの構成員にある。

本書は、マルクス主義の歴史であるが、マルクス主義と他の思想や理論との交渉・衝突の歴史であり、その意味でここ二世紀余の人文思想の概括である。そういうものとして、著者はマルクス主義の思想を解説した。その気概を軽く受け止めてはなるまい。

訳出にあたって、いくつかの自前のルールを設けた。了承されたい。

1、人名はカタカナ表記とし、原語表記を省略した。ただし、章で主題として扱われた場合は原則として原語表記を付した。またできる範囲で人名には生年・死亡年を付した。

2、本文中にある［ ］内の記述は訳者による訳注・補足である。また、原書にある引用文で、日本語訳がある翻訳書を参考にさせていただいた書籍は［邦訳――］として示した。ただし、本書全体の表現の統一などもあり、訳文は訳者によるものである。したがって、［ ］内に示した翻訳書の訳文とは必ずしも一致していない。

3、索引は、原著になかった生年・死亡年や事項を付記した。また事項・人名に区別し、アイウエオ順に再編した。

4、本文の欄外に付してある数字は、原書の該当頁数である。巻末の横組の索引で表記されている頁数はすべてこれによっている。

新序文

レシェク・コワコフスキ

今回新版として合冊された「マルクス主義の主要潮流」三巻本は、執筆されてからおよそ三〇年が経過した。この間に起こった諸事件によって私の解釈が時代遅れで見当違いであるとか、まったくの誤りであると証明されたかどうかを問うことは、的外れなことではない。確かに、私は賢明にも、今になって間違いであったというような予言は避けた。だが、私がこの著作で述べようとした知的ないし政治的歴史に関する問題は依然として有効であり、それが何であれ、今も興味深いものである。

　マルクス主義は、哲学的なまたは準哲学的な理論そして政治的なイデオロギーであり、共産主義国家によってその正統性と必須の信条の主要な源泉として使われた。人びとが信じようが信じまいが、このイデオロギーは不可欠であった。

　共産主義者の支配の最後の時期において、それは生命力のある信条としては存在していなかった。それと現実との距離はきわめて大きく、共産主義の楽園の喜ばしい未来という希望は急速に消え、そのために支配階級（例えば党官僚）と被支配層の双方がその空虚さに気づいていた。それでも、それは公式には守るべきものとして残り続けたのだが、その理由はそれが権力体制の正統化の主な道具であったからに外ならない。

　もし支配層が被支配層と実際に意志を通じあおうと望んだならば、彼らは「マルクス・レーニン主義」というグロテスクな理論を使わなかったであろう。むしろ、彼らは民族主義的な感情あるいはソビエト連邦の場合であれば帝国の名誉に訴えたであろう。結局、そのイデオロギーはその帝国とともに解体してしまった。その崩壊は、ヨーロッパにおいて共産主義の権力体制が死滅した理由の一つである。

　知的には馬鹿げてはいるが、抑圧と搾取の道具としては有効なこの多国間機構の崩壊後、研究テーマとしてのマルクス主義は永遠に地下に埋めこまれてしまい、忘却されないためにそれを掘り返す利益はないように見える。しかしそうした主張はおかしい。過去の理念にたいするわれわれの関心は、それらの知的価値にも、また、現在にたいする説得力にも依存しない。われわれは、ながらく死滅していた多様な神話を研究するのであるが、誰も信じない事実がその研究を興味のないものにするのではない。宗教史の一部として、そしてまた文化史の一部として、そのような研究は人類の精神活動やその魂および人間生活の他の形態との関連にたいする洞察をもたらす。宗教的、哲学的または政治的であれ、理念の歴史の探求はわれわれの自己アイデンティティの、精神的・物質的な努力の意味の探究である。ユートピアの歴史は冶金学や化学合成の歴史よりも魅力的である。

　マルクス主義の歴史に関するかぎり、その研究を価値あるものとする追加的でより適切な理由がある。長期にわたって相当の人気を博してきた哲学理論は完全に死に絶えたのではない（マルクス主義の経済哲学と呼ばれるものはその言葉の現代的意味で真の経済学ではなく、哲学的夢想である）。それらは、語彙を変えてはいる。しかしながら、文化の地下に生き残っている。それはめったに顕在化はしないが、今もなお人びとを魅了することができ、あるいは人びとを恐れさせることもできる。

　マルクス主義は、一九世紀と二〇世紀の知的伝統と政治史に属する。そういうものとしてそれは明らかに興味深いものであって、際限なく繰り返され、しばしばグロテスクであって、科学的理論であるという振りをしてきた。しかしながら、この哲学は人類にたいして言語に絶する悲惨と災厄をもたらすという実際の結果を引き起こした。つまり、私有財産と市場は廃止され、普遍的で包括的な計画化に取って代えなければならないという、まったく不可能なプロジェクトであった。一九世紀の終わりに向かって、マルクス主義の理論は人間社会を巨大な強制収容所に放り込むための優れた青写真であると主に無政府主義者によって、見なされていた。確かに、それはマルクスの意図ではなかった。しかし、それは彼が編み出した光輝ある、最後の慈悲深いユートピアの不可避的な結末であった。

理論として教条化されたマルクス主義は、いくつかの学問機関の回廊において、その貧困な存在を引きずっている。その積載容量は貧しいながらも、それは理論そのものとしてのマルクス主義と事実上何らの接続もないままに、資本主義ないしは反資本主義（これらの概念は定義されたことはなく、マルクス主義の伝統に由来するかのように採用されている）の問題として、甚だ曖昧なままで提起され課題を探求する、知的にはみすぼらしいが一定の声高な運動体によって支持され、勢力を維持していることは想像できないことではない。

共産主義のイデオロギーは、死後硬直状態にあるように見えるのであって、今もなお、これを採用している体制は、嫌悪感を抱かせるものであるから、その復活は不可能であるように見える。しかしそのような予言（反予言）には踏み込まない。このイデオロギーを醸成し、利用した社会的諸条件は、今でもなお復活可能である。おそらく、誰が知るだろうか。そのウイルスは活動休止中であって、次の機会を待っているのである。完全な社会という夢はわれわれの文明の絶えることのないストックの中に存在する。

＊　＊　＊

三巻本は一九六八年から一九七六年にかけてポーランド語で執筆されたが、当時はポーランドでの刊行は夢のまた夢であった。それらは一九七六年から七八年にパリの文学研究所によって発行され、それからポーランドで地下出版社によって複製された。次のポーランド語版はアネックス社によって一九八八年にロンドンで刊行された。

二〇〇〇年になって初めてこの本はポーランドで合法的に出版されたが、そのときは検閲も共産主義体制も消滅していた。Ｐ・Ｓ・ファリャによって翻訳された英語版は、一九七八年にオクスフォード大学出版局から発行された。追ってドイツ語版、オランダ語版、イタリア語版、セルビア語版、スペイン語版がそれぞれ翻訳・発行された。私は中国語版が存在すると聞かされたが、まだそれを目にしていない。フランス語訳は第二巻までが発行された。第三巻が未刊のままであるのはなぜだろうか。出版社（フェイヤール社）はその理由を説明していないが、私はその理由を推測できる。第三巻はフランス左翼のあいだに侮辱を引き起こすだろうから、出版社がその危険を冒すのを恐れたのだろう。

二〇〇四年七月　オクスフォードにて

目次

第2巻　黄金時代　269

■第3巻　崩　壊

判

一九八一年版への序文

本書は、参考書として役立つことを意図した。こう述べたからといって、私の意見、選好、解釈の原則を取り除いて論争がないようにマルクス主義の歴史をうまく提示できたというような馬鹿げた主張をしようというのではない。私の言いたいことは、歴史は自由な論文の形ではなく、読者が私の評価に同意しようがしまいが、主題のイントロダクションを求める人なら誰もが活用できるような主要な事実を含むように提起することに私が努力したということである。私はまた、解説のついた論評をつけるのではなく、私自身の見解は別の明確に区分された節において提起するように最善を尽くした。

当然ながら、著者の意見や選好は資料の提示、主題の選択そしてさまざまな理念、事件、著作、個人に付与する相対的重要度のなかに反映せざるを得ない。しかし、政治史であれ、思想史であれ、または美術史であれ、もしわれわれの事実の提示のすべてが著作者の個人的意見によって同じように歪曲され、事実上多かれ少なかれ恣意的な構築物であると想定するならば、いかなる類の歴史資料の編集も不可能となるだろう。そうなれば、歴史的説明（historical accounts）は存在せず、ただ歴史的評価（historical assessments）のシリーズのみが残ることになるだろう。

本書は、マルクス主義の歴史つまりその理論の歴史の試みである。それは社会主義理念の歴史でもなく、ましてやそれ自身のイデオロギーとしてマルクス主義理論の一つまたは別の解釈版を採用した諸党派や政治運動体の歴史でもない。このような区別は、特にマルクス主義の場合は守るのが難しいと強調する必要は私にはない。マルクス主義の場合、一方で理論とイデオロギーとの緊密な結合が明白に存在し、他方で政治的対立も存在する。

しかしながら、いかなる主題の著作者も「生きた全体」から一部分を切り取ることを余儀なくされるのだが、その一部分は、自覚済みのことだが、自己充足的でも独立もしていない。もしこういうことが許されないのであれば、すべての物事は一つないしは別の方法で相互に関係しているのだから、われわれは世界の歴史を書くことに限定せざるを得なくなるだろう。

参考書の性格を付与することになったこの著作のもう一つの特徴は、可能なかぎり簡潔に、この理論の発展とその政治イデオロギーとしての機能との結びつきを示す基本的事実を明らかにしようとしたことにある。その全体は私の解釈付きでまき散らされた物語である。

マルクス主義の解釈に関連して、論争の課題ではない問題は何も存在しない。私は主要な論争を記録するように努めたが、しかし、私がそれらの作品を研究したがそれらの意見や解釈に同意しなかった歴史家や批判者たちの見解の詳細な分析に立ち入るのは本書の範囲を大きく超える。本書はマルクスの独創的な解釈を提起することを目的とするというつもりはない。そして私のマルクス読みが他の論者よりもルカーチの影響を受けていることは容易に分かるだろうが、私自身はマルクスの理論にたいする態度を共有するにはあまりにもルカーチからかけ離れている。

本書が、一つの原則によって分冊化されていないことはお分かりになるだろう。一定数の個人や傾向を一まとまりの全体の一部として提起することが必要であると分かったので、年代記的に編集することに固執するのは不可能であることが判明した。各巻への区分は本質的に年代記的であるが、ここでもまた私は、マルクス主義の別々の傾向を分離された主題の下にできるかぎり扱うために、順序の矛盾を認めざるを得なかった。

第一巻の草稿は、ワルシャワ大学の教授職を解かれて自由になった休暇の時期であった一九六八年に最初に書き上げられた。一、二年のあいだにこの草稿には大量の補充、修正、改定が必要であることが明らかになった。第二、第三巻は、一九七〇年から七六年にオクスフォード大学オール・ソウルズ・カレッジのフェローシップのあいだに書かれた。私がフェローの特権を得ていなかったら、本書をものにすることはできなかっただろうことはほとんど確信している。

本書は完全な参考図書目録を備えておらず、ただ資料や主要な注釈書を参照したいと望む読者のための指示のみを備えている。私が参照した著作のなかには、誰もが参考文献を発見するのは容易であるが、今日、不幸なことに、一人の読者が収拾するには余りにも広範囲になっている。

第二巻は私のワルシャワの二人の友人アンジェイ・ヴァリツキ博士とリチャード・ヘルチンスキー博士によってタイプ版の原稿で読まれた。前者は思想史家で、後者は数学者である。両氏は価値ある批判的指摘と示唆を与えた。作品全体は翻訳の前に私自身と専門職の精神科医である妻タマラだけによって読まれた。他の著作と同様に本書も彼女の優れた良識と批判的な指摘のおかげである。

第1巻
創設者

BOOK ONE
THE FOUNDERS

イントロダクション

カール・マルクスはドイツの哲学者であった。こう言ったからといって、気の利いた言説とは思われないだろうが、それでも初めて聞けば、それは常識的ではないだろう。ジュール・ミシュレ教授が、彼の英国史の講義を次の言葉で始めるのを常としていたことが思い出される。すなわち、「諸君、イングランドは一つの島である」と。われわれが単純に英国は島国であると認識していることと、その事実を踏まえてその歴史を解釈することとのあいだには決定的な違いが生れるだろう。

同じように、マルクスが哲学者であったという言説は、経済的分析と政治的理論の立場から形成された制度がそうであるように、彼の思想とその哲学的・歴史的な重要性に関する、ある解釈を含む。この種の提起は自明でも非論争的でもない。そのうえ、われわれにとって、マルクスがドイツの哲学者であったことは自明なことであるが、半世紀前には事情はいささか異なった。

第二インターナショナルの時代において、大多数のマルクス主義者は彼をある経済・社会理論の創設者と考えた。何人かによればその理論は多様なタイプの形而上学的あるいは認識論的見解と両立するものであった。他方、別の人たちは、それはエンゲルスによって哲学的基礎が付与され、その結果、固有の意味のマルクス主義はマルクスとエンゲルスのそれぞれによって精緻化された二つまたは三つの部分から合成された理論体であるという見方をとった。

われわれは、皆、共産主義が立脚するイデオロギー的伝統と見なされるマルクス主義にたいする今日的関心の政治的背景をよく知っている。マルクス主義者であると自認する者、あるいはそれに反対する者もまた、イデオロギーおよび制度において、現代の共産主義がマルクスの理論の正統の継承者であるかどうかという問題に関心を寄せてきた。

この問題にたいするもっとも一般的な三つの解答は以下のような単純化された言い方で表現されるかもしれない。（1）そうだ。現代の共産主義はマルクス主義の完全な具現化であり、それはマルクス主義が奴隷化、暴政、罪悪を招いた理論であることを証明している。（2）そうだ。現代の共産主義はマルクス主義の完全な具現化であって、それゆえにマルクス主義は人類の解放と幸福の希望を意味する。（3）そうではない。われわれが知っている共産主義はマルクスの福音の深刻な変形であり、マルクス的社会主義原則の裏切りである。

第一の解答は伝統的な反共産主義正統派に対応し、第二のそれは伝統的な共産主義の正統派に対応し、第三のそれはさまざまな形態の批判的、修正主義的あるいは「開かれた」マルクス主義に対応する。

しかしながら、本書の主張は、問題自体が誤って定式化されておりそれに答える試みは価値がないというものである。そもそも、「現代世界の多様な問題はマルクス主義に基づいてどのように解決できるだろうか」、あるいは「マルクスが、彼の信奉者たちが行ったことを見たならば、何と言うだろうか」という質問に答えることは不可能である。

これら二つともが不毛な質問であり、それらの答えを探す合理的な方法は存在しない。マルクス主義は、マルクスが自らに課したこともなく、あるいは彼の時代にはなかった問題を解く特別な方法を何も用意してはいない。もし彼の生涯が九〇年に引き延ばされていたら、今日のわれわれが推測の手段すら持ち得ないようなやり方で、マルクスは自分の意見を変えざるを得なかっただろう。

共産主義をマルクス主義の「裏切り」あるいは「歪曲」であると考える人たちは、マルクスの精神的子孫と自称する人びとの行動にたいするマルクスの責任をあたかも免除しようと図っているのである。同じようなやり方で、一六世紀と一七世紀の異教徒や分立教会派は、ローマ教会がその使命を裏切ったと糾弾し、聖パウロのローマの腐敗との繋がりの疑いを晴らそうと模索した。同じような方法で、また、ニーチェの礼賛者たちは、ナチズムのイデオロギーと実践にたいする責任から彼の名前を消そうと模索した。そのような試みのイデオロギー的動機はまったく明らかであるが、その教育的価値は誰にとっても全く存在しない。

あらゆる社会運動はそれを取り巻く多様な条件によって説明されるべきであり、また、それらが訴え、忠誠を尽くそうと図ったイデオロギー上の資源は、それらが取った形態や思考および行動のパターンを決定する要因の一つとしてのみ説明されるということについて、有り余るほどの証拠が存在する。したがって、いかなる政治的または宗教的運動もその聖典において設定された運動のエッセンスの完全な表れではないことをわれわれは前もって確信してもよい。

他方でこれらの聖典は、ただ受動的ではなく、運動の進路にたいしてそれ自体が影響を及ぼすこともある。通常起こることは、それら自身が所与のイデオロギーの表出形態であるとする社会的力はイデオロギーそれ自体よりも強いのだが、ある程度はそれ自身の伝統に依存しているということである。したがって、思想史家が直面する問題は、特定の思想のエッセンスを社会運動の実際の在り方と比較することにあるのではない。問題はむしろ、どのようにして、そしてどのような条件の結果として、もともとの思想が多くの多様な相互に敵対する諸力の結集点として奉仕するようになったのか、あるいは、事実としてそのような展開に繋がった思想それ自体の両義性や相対立する傾向は何であったのかということである。文明史の記録においては例外なくよく知られた事実だが、あらゆる重要な思想はその影響が広がり続けるにつれて分裂や分化は避けられない。

したがって、現代世界で誰が「真の」マルクス主義者であるかと問うことは無駄なことであって、そういう質問は、聖典的な著作が真理の唯一無二の源泉であり、それらを正しく解釈する者が誰であれ、それゆえに真理を体現するのだと想定するイデオロギー的展望の中でのみ成立する。本書で取り上げない極端な事例を除けば、相互に敵対しながらも、異なる運動とイデオロギーが等しくマルクスの名前に訴える資格を有することを、われわれが認めてはならない理由は事実として存在しない。

同じように、「誰が真のアリストテレス派であったか、アヴェロエスか、トマス・アクィナスか、はたまた、ポンポナッツイか」とか「誰が真のキリスト教徒か、カルビンか、エラスムスか、ベラーミンか、はたまたロヨラか」などと問うことは不毛なことである。後者の問いかけはキリスト教信者にとっては意味のあることかもしれないが、しかしそれは思想史には何の関係もない。

しかしながら、歴史家は、カルビン、エラスムス、ベラーミン、ロヨラとはまったく異なる人びとが同じ源泉に訴えることを可能にする原始キリスト教に存在するものを探求することに関心を集中する。言い換えれば、歴史家は思想を真剣に扱い、そしてそれらを出来事にたいして完全に従属しているとかあるいはそれ自身の生命力を持たないものとは見なさない(これらの場合、思想を研究する意味はない)。しかし、それらの思想が意味転換なしに世代から世代へと継続するとは信じない。

マルクスのマルクス主義とマルクス主義者のマルクス主義との関係という問題は、正当な研究分野であるが、しかしそれは誰が「真の」マルクス主義者であるかを決定することを可能にするのではない。

もし、思想史家として、われわれが自らをイデオロギーの枠外に置くとしても、それはわれわれがその中で暮らす文化の外側に自らを置くことを意味しない。それとは反対に、思想の歴史、とりわけもっとも影響力を持ち、そしてその影響力を維持し続けた思想の歴史は、ある程度は文化的自己批判の営為にほかならない。

私は本書において、トーマス・マンが『ファウスト博士』の中でナチズムとそのドイツ文化との関係に向かい合ったのと同じ観点から、マルクス主義を研究することを提起する。トーマス・マンは、ナチズムはドイツ文化とは何の関係もなかったとか、あるいはナチズムはドイツ文化の総体的否定と戯画化であったと言うこともできたはずである。しかしながら、事実として、彼はそうは言わなかった。それどころか彼は、ヒトラーの運動やナチのイデオロギーのような現象がどのようにしてドイツで生まれたのか、そして、それを可能にしたドイツ文化の諸要素は何であったのかを問うた。すべてのドイツ人が恐れをもって、ナチズムの獣性の下で、民族文化のもっとも高貴な代物(これは重要なポイントである)の中にすら認められる、その諸特徴の歪曲を認識するだろうと彼は主張した。

マンは、ナチズムの誕生の問題をありきたりなやり方に任せることに満足したり、あるいは、ドイツの遺産のいかなる部分にも正当な根拠を持たないと主張したりすることに満足しなかった。逆に、彼自身もその一部であり、しかもその創造的要素である文化を率直に批判した。ナチ・イデオロギーはニーチェの戯画化であるという言い方は確かに不十分である。なぜなら、戯画化の本質はそれがもともとのものを認識するのを助けるものであるからである。

ナチスは自らの超人（スーパーマン）たちに『力への意志』を読むことを指示したが、それは単なる偶然であって、彼らは『実践理性批判』をそれと同じように選ぶこともできたはずだというのは正しい言い方ではない。それはニーチェを罪人として問題視することではない。彼は個人として、自分の著作の利用に責任を負うものではない。それにもかかわらず、彼の著作がそのように使われたという事実は、ある種の警告を呼び起こし、彼の考え方の理解にとって不適切だとして退けることはできない。[7]

聖パウロは一五世紀末の異端者審問やローマ教会に個人として責任を負うものではないが、キリスト教徒であろうがなかろうが、探求者は、キリスト教が無価値な大衆や僧侶たちによって堕落させられ、あるいは歪曲されたと考えることで満足してはならない。そうではなく、探求者は、パウロ書簡の中に、後代になって無価値で犯罪的な行為を生み出すような内容を発見すべく努めなければならない。

マルクスとマルクス主義の問題にたいするわれわれの態度もまた同様でなければならず、この意味において、本研究は歴史的説明であるのみならず、プロメテウス的ヒューマニズムで始まり、怪物的スターリン専制として結実した思想の数奇な運命を分析する試みでもある。

＊　＊　＊

マルクス主義の年代記は込み入っているが、その主な理由は、マルクスのもっとも重要な著作として今日考えられているものの大部分が、今世紀の二〇年代と三〇年代あるいはそれ以降になるまで刊行されなかったことである。これに当てはまるのは、例示すれば『ドイツ・イデオロギー』の全文、『デモクリトス派とエピクロス派の自然哲学における差異』に関する博士論文の全文、『ヘーゲル法哲学批判序説』、一八四四年の『経済学・哲学草稿』、『経済学批判要綱』（グルントリッセ）、そしてエンゲルスの『自然の弁証法』である。

これらの著作は、それらが書かれた時代にたいして影響を与え得るものではなかったが、しかし今日では、自伝系譜的観点からだけではなく、それらなしには理解不能な理論の必須の部分として重要なものであると認められている。とりわけ『資本論』に反映されるマルクスの成熟した理念であると考えられるものが、はたしてどのように若い時代の彼の哲学の自然な発展であるのかどうか、あるいはまた一部の批判者が言うように、根本的な知的変化の結果なのかどうかについては今なお論争中である。

言い換えれば、マルクスは一八五〇年代や六〇年代のヘーゲル派や青年ヘーゲル派の哲学の地平によって拘束された思考や研究の様式を放棄したのかということである。ある人びとは、資本論の社会哲学は、いわば初期の著作によって予示されており、それらの展開ないしは具体化であると信じているが、他方、別の人びとは、資本主義社会の分析は初期のユートピア的で規範的な論理からの脱却を示すと主張する。つまり、これらの対立する見解はマルクスの思想全体の対抗的解釈と関係している。

年代記的にも論理的にも、マルクス主義の出発点は哲学的人間学の中に見いだされなければならないというのが、本書の前提である。同時に、哲学的内容をマルクスの思想の主たる内容から切り離すことは事実上不可能である。マルクスは学問的著作者ではなく、この用語のルネサンス的意味合いの人文主義者（ヒューマニスト）である。彼の精神は人間事象の全体性に関わっており、彼の社会解放の構想は相互依存的な全体像として、人間が直面する主要な問題のすべてを包含した。[8]

マルクス主義を三つの理論的分野、すなわち基本的な哲学的人間学、社会主義の理論、経済分析に区分し、そして、これらに対応する源泉をドイツ弁証法、フランス社会主義思想、イギリス政治経済学と挙げることが通例となってきた。しかしながら、多くの人びとの意見では、このような明確な区分はマルクス自身の意図に反する。マルクスの意図は人間の行動とその歴史の包括的な解釈を用意し、個別の問題が全体との関連でのみ意味を持つような人類に関する総合的な理論を再構築することであった。マルクス主義の諸要素が相互に関連する方法そしてその内的一貫性の性質に関して言えば、それは単一の文章で規定できるようなものではない。

しかしながら、マルクスは認識論的および経済的諸問題や社会的理想に共通の重要性を付与する歴史過程の諸側面を識別しようと努力した。別な言い方をすれば、彼は人間のすべての事象を明確に捉えるために十分に一般的な思考のインスツルメントまたは知識のカテゴリーを創出しようとした。しかしながら、もしわれわれがこれらのカテゴリーを再構築し、それらによってマルクスの思想を表わそうと試みるならば、彼の思想家としての発展を無視し、彼の著作の全部を単一で同質の塊として扱うという危険を冒すことになるだろう。したがって、彼の思想の発展をその主要な筋に沿って探求し、その後に、その要素のどれが、例え非明示的であっても、最初から存在し、そしてどの要素が一時的で偶発的なものと見なされてもよいと考察することがよりましであろうと思われる。

マルクス主義の歴史のこの概説はマルクスの独自の思考の中で、常に中心的位置を占めていたように見える問題、例えば、ユートピア主義対歴史宿命論のジレンマはどのようにすれば回避することができるかという問題に焦点化される。別な言い方をすれば、自らが描いた理想の一方的な宣言でもなく、ましてや、すべての人びとが参画しつつもその誰もが統制することができない作者不明の歴史過程に人びとは従わねばならないという命題を仕方なく受け入れるのでもないという立場を、人はどのようにすれば明確に表現し、擁護できるのだろうか。

マルクスのいわゆる歴史決定論に関して、マルクス主義者によって表明された驚くほどの見解の多様性は、二〇世紀マルクス主義の動向を正確に総括し図式化することを可能にする一つの要素である。また次のようなことも明白であって、つまり、歴史過程における人間の意識と意志の位置づけに関する問題にたいする各人の回答は、その人の社会主義の理想に帰する価値を決定するのに大いに役立ち、そして革命と危機の理論に直接的に結びついている。

しかしながら、マルクスの思考の出発点はヘーゲルの遺産に取り囲まれた哲学的問題によって用意されたのであり、その遺産からの断絶が彼の思想を説明しようとする如何なる試みにとっても当然の背景である。

9

第1章　弁証法の起源

現代哲学のあらゆる生きた動向がそれ自身の前史を持ち、それらのほとんどは記録された哲学思想の始まりにまで遡ることができる。結果として、それらはそれらの名称で明確に識別される形態よりも古い歴史を持つ。コント以前の実証主義を語ることにも、また、ヤスパース以前の実存主義哲学を語ることにも意味がある。

一見したところ、マルクス主義はそれらと異なる位置にあるように見える。なぜなら、それは名称をその創設者から取っているからである。「マルクス以前のマルクス主義」は「デカルト以前のデカルト主義」あるいは「キリスト以前のキリスト教」と同じように逆説に見えるだろう。

それでも、所与の人物に始まる知的動向ですらそれ自身の前史を持ち、そこにはそれが直面した問題の範囲あるいはある代表的な精神によって一つの全体に編成され、新しい文化現象に転換された一連の独自の応答が存在する。もちろん、「キリスト以前のキリスト教」は単なる言葉の遊びであって、それは「キリスト教」という言葉をそれが通常帯びているものとは異なる意味で使っている。結局、そこには、初期キリスト教の歴史は、キリストが現れる直前のユダヤ人の精神生活について、学者が骨折って獲得した知識がなければ理解することはできないという全般的合意が存在しているのである。

似たようなことがマルクス主義にも言える。「マルクス以前のマルクス主義」という表現は無意味だが、ヨーロッパの文化史全体の状況の下で哲学者たちが数世紀にわたって一つあるいは別な形で提示してきたある基本問題への解答として、マルクスの思想が考察されなければその内容は空疎なものとなるであろう。マルクスの哲学はこれらの問題およびこれらの展開とこれらが定式化されてきた独自の方法と関連させないかぎり、その歴史的固有性とその価値の永続性とを理解することはできない。

この四半世紀のあいだにマルクス主義史の多くの研究者たちは、ドイツ古典哲学がマルクスに提起し、それにたいして彼が新しい答えを提出した問題の研究において価値ある成果を収めてきた。しかしカントからヘーゲルまでのその哲学それ自体が、基本的で太古から存在する問題にたいして新しい概念を生み出す試みであった。確かに彼らによって論じつくされてはいないけれども、この問題の観点を除外してはそれは意味をなさないのであって、もしそのような単純化が可能であるとすれば、すべての哲学の発展がその時代との固有の関係を剝奪されることになり、哲学の歴史はその存在を止めてしまうだろう。

概して、哲学の歴史は相互に制限しあう二つの原則に従う。一方で、それぞれの哲学者にとって基本的に関心のある問題は、人生が立ち向かう一定不変の諸条件に直面した人間精神の同じような好奇心と見なさなければならない。他方で、それはあらゆる知的傾向または観察可能な事実の歴史的固有性に光を当て、哲学者に問題意識を生み出させ、彼自らがその形成を助ける出来事にできるだけ密接に関係づけることをわれわれに求める。

これらの原則の支配を同時的に観察することは困難であり、そのわけはわれわれがそれらは相互に制限しあわなければならないことを理解していても、それがどのような方法であるかを正確に分からず、そしてそれゆえに必ずしも正確ではない直観に頼ってしまうからである。この二つの原則は、このように科学的実験や文書の確定を行う方法のように信頼がおけたり、明確であったりするものとは程遠いのであるが、それでもやはりそれらは二つの極端な歴史虚無主義（historical nihilism）を回避する指針または手段として有益である。

第一の形態の歴史虚無主義は、あらゆる哲学的営為を永遠に繰り返される一組の問題に還元し、そうして人類の文化的発展の全容を無視し、概してその発展をけなす。第二の形態の虚無主義は、われわれがあらゆる現象または文化時代の特殊な質を掴むことで満足することから成り立ち、唯一の重要な要素は特定の歴史的複合体の固有性であって、その細部は、まちがいなく以前の理念の繰り返しに外ならないけれども、以前の歴史的複合体との関係において新しい意味を獲得し、もはやそれ以外では何の意味も持たないということを明示的あるいは黙示的な前提とする。

　この解釈的想定は明らかにそれ自体として歴史虚無主義に繋がるのであって、なぜなら、それはあらゆる細部と共時的な全体との排他的な関係を主張することによって（全体は個人の意志あるいは全体的な文化的出来事のいずれかである）、解釈のあらゆる連続性を排除し、われわれに精神あるいは出来事を一連の閉じた単一的な事象の一つとして扱うように仕向けるからである。

　それは前もって、それらの事象間の伝達の可能性も、それらを集合的に記述できる言葉も存在しないと主張する。あらゆる概念が、それが適用される歴史的複合体によって異なる意味を持ち、そして上位のあるいは非歴史的カテゴリーは基本的な探究原理に反するものとして除外される。

　これら両方の極端な歴史虚無主義を回避すべく努力しつつ、マルクスの基本的思想を哲学者たちの精神を長期にわたって悩ませてきた問題への解答として理解しながら、しかし同時にそれらをマルクスの才能の発露および特定の時代の現象の両方の独自性において認識することが本研究の目的である。そのような命令を述べることは、それを首尾よく実行することよりも容易である。それを完全にやり遂げるためには、人は完璧な哲学あるいは文明の歴史を描き上げなければならないだろう。そのような不可能な仕事にたいするやや穏和な代替として、ヨーロッパ哲学の発展における新しい一段階を構成するものとしてマルクス主義を記述できるかどうか、という問題の簡潔な評価をわれわれは与えるつもりである。

1　人間存在の偶然性

哲学の熱望がすべての実在を知的に理解するものであったし、そして今でもそうであるとすれば、その最初の刺激は人間の不完全性の意識からもたらされたであろう。このような意識および全体を理解することによって人間の不完全性を克服しようとする決意の両方が、神話の領域から哲学に継承された。

　哲学の関心は人間の条件の制約と悲惨に集中したのだが、それらの条件は眼に見え、触れてわかる、矯正可能な形態ではなく、基本的剝奪化の形態であって、それは技術的工夫によっては治癒されず、そしていったん感知されたら、これは二次的現象に過ぎないが、人間のより一層明白で実証可能な欠落の原因と感じられるものであった。

　この基本的で内在的な欠落にはさまざまな名称が与えられた。中世のキリスト教哲学は他のすべての被造物と同様の人間存在の「偶然性」を語った。「偶然性」という用語はアリストテレスの伝統に由来し（『命題論』は、その性質を変えずに適用したり適用しなかったりするあるものとして対象を断定する不確かな判断について言及している）、そして、存在するかもしれずまた存在しないかもしれないが必要ではない有限な存在状態を示した。つまり、その本質は存在を含まないことである。

　あらゆる創造されたものは時間的な始まりを持っている。つまり、それが存在しなかった時間があったのであって、したがって、それは必然的に存在するのではない。アリストテレスに従うスコラ哲学者にとって、本質と存在の区別は、創造されたものを、必然的に存在する造物主から区別するのに役立ち（神の本質と存在は一つで同じである）そして被造物の一時性のもっとも明白な証拠であった。しかしそれは不幸あるいは崩壊の表れとは見なされなかった。

　人間が偶然的または突発的な存在であるという事実は、謙遜と造物主崇拝の原因であった。それは人間の存在の不可避的で消し難い側面であるが、しかし、それはより高い状態からの下降を意味しなかった。人間の身体的で一時的存在は、いかなる堕落の結果でもなく、被造物の階層制における類的人間の自然な特徴であった。

　他方、プラトン的伝統において、「偶然性」の用語は滅多に、あるいはまったく使われず、有限で、一時的な存在としての人間は、人間の本質と異なるという事実が「人間は自分以外の何者かである」こと、すなわち、その経験的、一時的、事実的な存在は理想の、完全な、超時間的な人間そのものの実在と同一ではないことを意味した。しかし、「自分以外の何者か」であることは耐えられない分裂に苦しむことであり、自分自身の没落を意識し、時間と腐敗に従う物的身体という存在によって切り離された完全な同一化にたいする永遠のあこがれの中で生きることである。われわれが有限な個人として自分のはかなさを意識して生きる世界は、亡者の居場所である。[12]

2　プロティノスの救済論

プラトンとプラトン主義者は、哲学の言葉でこの問題を定式化し、宗教的伝統を創設し、ヨーロッパ文明のすべての歴史に浸透させた。人間の偶然という状態の救済は存在するのだろうか。ルクレティウスが考え、今日の実存主義者が主張しているように、人間の生は救いがたいほど偶然的なのか、それとも、その二重性にもかかわらず、実在との非偶発的で非偶然的な発見可能な結合を保持し、その結果、人間は自己同一化の希望を抱くことができるのだろうか。すなわち、他の言葉で言えば、人間は完全や非偶然の状態へ呼び戻され、そこに回帰するように運命づけられているだろうか。

プラトン主義者、とりわけプロティノスにとって、そしてまた聖アウグスティヌスにとって、人間存在の欠落性は、その一時的性質つまり人間がその時間的始まりを持つという事実だけではなく、その存在が時間の過程にまったく従属しているという事実においてもっとも明白であった。プロティノスはパルメニデスを始まりとする思想の流れを追跡し、そして彼の知的構築はパルメニデスが考えた実在（プロティノスはこれを一者＝the One あるいは絶対＝the Absolute にたいして二次的として扱った）よりも高い段階に達していたけれども、それにもかかわらず、彼の基本的哲学的見解は先行者たちと同じであった。

プロティノスは、アリストテレス主義者と同様に「偶然から必然へ」を主張しない。彼は、一者の現実性は有限の存在の観察から、その存在の論理的前提として決定的に引き出すことができるということを証明しようとはしなかった。一者の現実性は言い表せないほどに自明であって、それは、もっとも基本的な意味で「ある」（to be）は不変にそして絶対的にあること、分化せず時間を超えることを意味するからである。

真にあるということは、時間にも、過去と未来の区別にも従属することはできない。他方、有限で条件的な存在は、あることを停止してしまった過去からいまだ存在しない未来へ常に移動する。それらはそれら自体を記憶あるいは予期の立場から見ることを義務づけられている。それらの自己知識は直接的ではなく、過去と未来との区別によって媒介されている。それらは自己同一的でもまた「完全一致」でもない。つまり、それらは存在するようになると消失する現在に生き、そして記憶を通じてのみ明らかにされる。

一者は真に自己同一的であり、その理由から、一時的な世界と対置しては適切に理解することができず、それ自体においてそれ自体を通してのみ理解できる（「総じて彼をいかなるものとも関係づけて規定してはならないのである。なぜなら、彼は彼がそれであるところのものであるだけであって、余のいっさいのものの前にある。というのも、『である』という規定すらわれわれは彼から除去するのであって、したがってまた、諸々の有るものとのいかなる意味での関係をも彼から取り去るであろう。第一のもの（the First）を他のどこにでも向かって移動するものとして考えることはできない」（『エネアデス』Ⅵ・8・8［邦訳　田中美知太郎他訳『プロティノス全集』第四巻　中央公論社　一九八七年　五二五頁］）。「しかし、自己を逸脱したことのない、自己自身（のあり方）からはずれることのないものこそ、最も本来の意味において『あるところのもの』と人は呼ぶことができるであろう」（同前9［邦訳　同前　第四巻　五二九頁］））。

他方、合成された存在は、それが存在すると言うこととそれらはかくかくのものであると言うこととはまったく別物であるかぎりにおいて自己同一的ではない。それがあるがままのものであることは言葉にとって耐えられるものではない。「一者」も、「実在」さえも言い表せないものを表現しようとする不器用な試みである。つまり、この実在を経験した者は彼らが語っているものが何かということを知ってはいるが、しかしその経験を伝

13

達することはできない。

『エネアデス』は言語による把握を永久に避けるこのような基本的直観に無限に固執しながら、思考を巡らせる。それらはあるがままの有限の被造物であるとはまったく言えない、なぜならそれらは継続の一瞬ごとに消滅し、同一のものとして自らを認めることはできず、自己理解を実現するためには自分自身を超えて前進するか後退するかしなければならないからである。

しかし、「存在」という用語もまた「絶対」にとってふさわしくない。なぜなら、通常の言語においてそれは概念によって摑まれるものに適用されるのであるが、それにたいし一者は概念的存在ではないからである。われわれの理性は否定を通して一者に接近し、そしてわれわれの不十分な精神によってそれを把握するのであるが、それは単なる感覚的な制限だけではなく、永遠に合理的な理念世界の制限とは根本的に異なるものとして把握するのである。

しかしこのような否定的アプローチは不幸な必然に過ぎず、そして実のところ、ものは反対の側に存在する。つまり、それは、否定的であって、制限によって、また非存在への参加によって特徴づけられる一時的なものの世界である。一者は「何もの」でもない、なぜなら、何ものかであるということは単に他の何ものでもないということに過ぎないからである。それはものが保持し、そしてそれが保持しないものに対置される質によって定義される。何ものかであるということは制限されていること、換言すれば、ある程度、何ものでもないということである。

現実の位格（ヒポスタシス）は、多くの下落の段階である。実在あるいは知は、二次的な位格として多様に下落した一者の表れである。なぜなら、一者はそれ自身を認識することと、それゆえに理解するものと理解されるものとのあいだのある種の二重性を含むからである（われわれは、一者における知識を語ることはできないのであって、それは認識行為が主体と客体を区別するからである。（『エネアデス』Ｖ・３・12－13　６・２－４［邦訳同前　第三巻　所収］））。

第三の位格である魂は、物質的世界、すなわち悪あるいは非存在との接触によって堕落させられた精神から成り立つ。物質と、その質的な表れである肉体は、堕落の最終の段階であり、根本的な受動性と非自己充足性を表す。つまり、不完全、調和の剝奪、影に過ぎないものであって、それらの実在は事実上、不在以上の何ものでもない（『エネアデス』Ⅰ・８・３－５［邦訳　同上　第一巻　所収］）。

存在の希薄化は単一から多様、不動から動そして永遠から時間への下降によって測定される。運動は静止の堕落であり、活動は虚弱化された観照であり、時間は永遠性の退廃である。人間の精神は永遠性を時間のないものとして捉えることができるだけであるが、しかし、事実として、時間は永遠性のないこと、実在の否定ないしは希釈化である。時間の中にあるということは同時に存在しないことを意味する。

厳密に言えば、『エネアデス』Ⅲ・７の込み入った提示に従えば、時間の中に存在するのは魂ではなく、魂の中に存在するのが時間である。なぜなら、魂は自らを感覚の対象に関わらせることによって時間を創造するからである。プロティノスの永遠性の定義は、ボェティウスの有名な『哲学の慰め』の言葉を予兆するものだが、それは「全体が一緒にあり、充実していて、いかなる方向へも延長を欠く生命」ということである（『エネアデス』Ⅲ・７・３［邦訳同前第二巻　三八〇頁］）。

14

それはあったものといまだないものとの区別を知らないのであり、それゆえに真の実在と同じである。なぜなら、「真にある」とは「あらぬことも」そして「ちがったようにあることも決してない」ということ、つまり自明で不変であることであるからだ（『エネアデス』Ⅲ・７・６［邦訳　同前　三八八頁］）。

しかし、一時性に囚われた魂は過去における無から現在における無への

移行を強制されて、結局は終わりのない追放を強いられる。『エネアデス』Ⅵは最高の現実とわれわれの精神や感覚、言論、概念とのあいだの無限の乖離の記述だけではない。それはまた、われわれがそれによって追放から絶対との合体に立ち戻る方法も指摘している。しかしながら、この立ち戻りはその自然状態を超えた人間の上昇ではなく（超自然という概念は一般にプロティノスの思想には読み取れない）、それ自体への魂の復帰である。

「全くの非存在にいたるというようなことはむろんないのであって、それは下降によって劣悪のものにいたり、またその意味において非存在にいたるところはあるにしても、全然の非存在にたることはないはずのものである。また急いで逆の方途に引き返すにしても、魂は自分と違ったものの中へ入りこむことになるのではなく、自分自身のうちに返ることとなるのである」（『エネアデス』Ⅵ・9・11［邦訳　同前　第四巻　五九六頁］）。

その最下位の下降にあっても、魂はその源泉から切り離されず、その後戻りは自由である。「われわれのところに忍びこんで来ている肉体の性が、自分自身の性のほうへどんなにわれわれをひき寄せたにしても、われわれがかのものから切り離されてしまわず、全く別になってしまわないで、依然息を続けて、生命を全うしているゆえんのものは、かのものが一度与えたきりで、後は身を退くというやり方ではなく、それがまさにあるところのものである限り、すべての賄いを続けていてくれるからだということなのである」（『エネアデス』Ⅵ・9・9［邦訳　同前　第四巻　五八八～九頁］）。

統一への道は、求める者の外部にある何ものかの探究を意味しない。その反対にそれは外的現実、はじめに物質世界その次には理念の世界とのすべての結びつきを解き放ち、その結果として、魂がその最奥の存在を構成するものと共感するようになることを含む。言語はもっとも重要な真理を表現することはできないのだから、プロティノスの作品は形而上学の体系ではない。それは理論ではなく精神的助言の作品、一時的存在から自らを自由にすることを求める人びとのための指針である。

プロティノス、イアンブリコスとその他のプラトン主義者は、直接的にそして彼らの思想が初期キリスト教思想家に受け入れられるまでにその影響力を行使した。このように普及され、われわれの文化から消えることがなかった観念は、失われた楽園神話を形成する憧れと、一者の存在の信念すなわち創造者または自己充足的存在としてだけではなく、最高の善として人間の素晴らしい目的の実現者として人間を自己へ回帰させる声としての一者の存在の哲学的彫琢であった。

プラトン主義者は経験的、事実的そして有限の存在と、自己同一的で時間の拘束から自由な人間の真の実在との区別を表現することを意図するカテゴリーを具えた哲学を普及させた。彼らは日々の現実を超える「故郷」(native home)、人間が真に自分になることができる場所を指示した。

彼らは転落と再上昇の過程、人間の偶然的実在とその真正の実在との違いを説明し、この二重性を自己神格化の努力によってどのように克服できるかを証明しようとした。彼らは偶然性を人間の運命として受け入れることを拒絶し、その道は絶対（the Absolute）に開かれていると信じた。

同時にプロティノスは、人間の本性の二重性とわれわれをして既知の世界は本質的に異なるものと見なすことをわれわれに強制する制約とは結びついており、その結果、われわれの思考と認識は異質な世界に移ることになると指摘した。もしわれわれが魂のそれ自体からの疎外（われわれがもはやそうではないか、またはなおそのままでなければならないものとして自分自身を知ることしかできないがゆえに、時間によって強制された疎外）を克服できるとすれば、その時われわれは魂と魂が知るところのすべてのもの、つまり愛または欲求とのあいだの疎外もまた克服できるに違いないのである。

プラトンはその『書簡集』の中で、「どんなに理解力や記憶力があっても、それらの能力は、問題の事柄と同族でない者までをも、目利きにするものではないであろう。――なぜなら、そうしたこと（目利きになること）は、元来、種族を異にする者の諸能力のなかでは起こらないことなのだから」と書いた（『書簡集』7、３４４ａ［邦訳『プラトン全集』一四］）。これと対照的に真の知識の場合、主観は自分にとって完全に外的である現実に関する情報の単なる吸収者ではない。彼は対象との親密な接触の中に入り込み、そのような認識の仕方がそれ以前よりもさらに優れたものとなる。したがって、プラトンやプロティノスにとって偶然から自らを解放するという魂の衝動は、魂とその対象物とあいだの疎外の克服を含む。

世界を私から疎外し、世界を本質的に私と異なるものとするものはそれが何であれ、私自身の制限、欠陥、不完全さの原因である。自己を再発見するということは、世界を再びわがものとすることであり現実を受け入れることである。私自身の統一は私と世界との統一を意味し、私の知識への上昇は失われた統一にたいする世界の熱望である。

人間の精神は創造の導きの光であるのだから、論理つまり現実に関する私の思考の運動は現実がそれでもってそれ自体の再統合をめざす過程である。これはヘーゲル主義者の命題の断片のように響くかもしれないが、しかしそれはプロティノスの思想に完全に合致する。「弁証法は、単なる定理や規準ではなくて、実際の事物を取り扱い、真実性を（自らの活動の）いわば素材（材料）としてもつのである。むろん、それが真実在に迫るには、方途をもってするわけであるが、それは定理と一緒に実際の事物を知るものとしてなのである」（『エネアデス』Ⅰ・3・5［邦訳　同前　第一巻二一五頁］）。

宇宙の冒険旅行（オデュッセイアー）は魂の歴史であり、魂の活動は論理的思考であるから、理念と現実はその発展において収束し、弁証法と形而上学とのあいだにはいかなる区別もない。その真の意味において、思考は自己決定的であり、またそうでなければならない。「直知が（自己の）外部のものを対象とする場合には、その直知は欠落のあるもので、本来の意味の直知ではない」（『エネアデス』Ⅴ・3・13［邦訳　同前　第三巻　四三八頁］）。

要約しよう。プロティノスにとって唯一の現実は絶対的で非偶然的でそしてそれ自体の存在と同一化したものである。人間の実在の偶然とはその真の本質が人間の外にあって、彼自身の経験的生と異なるという事実に存し、それは経験的生が時間に従属していることからも明らかである。非偶然への回帰は絶対との統一の回帰を意味するのだが、その方法は厳密には規定できず、実際にも表現不可能である。その回帰は時間からの解放を含み、その結果、記憶はその存在を停止する（『エネアデス』Ⅳ・4・1［邦訳　同前　第三巻　一二一～四頁］）。

それでもって魂が時間から自らを解放する過程は、条件的状態から絶対的状態への現実全体の進展と同じである。過程の結果は、知る人と知られたものとの区別を解消することである。つまり、主体と客体がもう一度統一され、世界は魂が外からその中に入るという疎遠な領域であることを停止する。

3　プロティノスとキリスト教プラトン主義　創造の根拠の探求

プラトン主義のキリスト教版すなわち聖アウグスティヌスの哲学は托身、贖罪、そして自らの自由な選択によって世界を生み出す人格神という理念に基づくという点でプロティノスの哲学と根本的に異なる。しかし、アウグスティヌスにとってもまた人間の偶然性はその一時的存在という点でもっとも明らかであった。『告白』第一一巻は疑いなくプロティノスの影響を受けたものだが、人が非現実的過去と非現実的未来とのあいだに存在することを認める圧倒的経験を反映している。

時間は主観的でなければならず、それ自身の実在を経験している魂の属性でなければならない。なぜなら、あったものそしてこれからあるものは人間の思考によって捉えられるもの以外の存在ではないからである。したがって、われわれが過去の現実と未来の現実との区別を賢く話すことができるのは魂との関係においてのみである。しかしこの区別それ自体が存在の偶然性を裏切るのであって、その存在は自分の生が、拡大することもなく二つの無の広がりのあいだで孤立させられている点によっていつでも表される、絶え間のない消失であることを知悉しているのである。

アウグスティヌスはプロティノスと同様に人間の不全性を描くが、しかし神の理念がその像を改変する。したがって、ひとつの基本的区分は人格神と創造された世界とのあいだのそれであり、そしてそれゆえにその世界は神の摂理によって取り巻かれている。その上、地球は罪の故に免れることのできない流出の過程によってわれわれが追いやられた追放の場所であるが、他方、われわれの罪からの解放は人間の姿をした贖罪者の仕事であって、アウグスティヌスの文章がプロティノスのそれのような努力の呼びかけというよりも救いの叫びであるのは驚くに当たらない。

マニ教（Manichaeism）との論争によって深甚な影響を受けたアウグスティヌスの思想が被造物を見守る神の全能性に最大の重みを置くのにたいし、プロティノスにとって現実は何よりもまず「上方または下方に導く道」である。プロティノスの絶対はわれわれが指摘してきた意味の「人間」である。つまり人間はそれを真の自己として自分の中に発見し、そして永遠性は彼の故郷であると認識するのだが、これにたいしアウグスティヌス信奉者は自分自身を自力で解放できない救いのない惨めな存在と同定する。われわれが見てきたように、自然なものと超自然なものとの区別はプロティノスの体系では無意味だろうが、アウグスティヌスの体系においてそれは形而上学の基本的枠組みである。神は人間の本性ではなく支配者で救済の源である。一時的存在とはそれを通して人間が保護と支援の必要を自覚するようになる人間の無意味さの目に見えるしるしである。

要するに、二人の哲学者にとって失われた楽園への回帰は別々の事柄を意味し、そして彼らはそれがどのように達成されるべきかについて異なった評価を与える。プロティノスにとってそれは絶対との同一化を意味し、身体的・知的存在という拘束から自分自身を解放できる人間ならば誰でも自力の努力によって到達できる。つまり、原理的に絶対は「われわれの中に」ある。

アウグスティヌスにとって回帰は（神の）恩寵の助けを得て初めて可能であり、個人の努力は二次的役割を果たすかあるいはまったく果たさない。その上、それは造物主と被造物との相違を放棄せず、それらのあいだの失われた同一性の回復という問題は何も存在しない。その反対に、回帰に向かう第一歩は、転落した人間を神から分ける深淵を魂が意識することである。

しかしながら、いくつかの試みはしたものの、これら流出論的およびキリスト教的という二つの体系は、人間の精神の力では解けないと彼らが見なした答えられない問題を残した。すなわち、どのようにして実在の転落が起こったのかという問題である。この問題の定式化の方法は絶対の概念に従って変化する。第一の場合それは「一者はなぜ多様性を引き起こしたのか」となり、第二の場合「神はなぜ世界を創造したのか」となる。

プロティノスの考え方において、一者はアウグスティヌスの考える造物主と同じように、絶対的な自己充足性を特徴とし、それらが他の存在を必要とするとかあるいは創造された世界によって供給され得る何ものかを欠くと想定することはそれらを冒瀆するものであるだろう。ましてや神の意志あるいは絶対の流出行為に影響を与える外的要因を発見するという意味で「なぜ」という質問も発することはできない。

完全に自己充足的で何ものも欠けず何ものも必要とせず、今ある状態以上にさらに完全になろうとしない存在は、創造の行為を催促する「理由」を人間の精神にたいして提示することはできない。絶対的造物主という観念そのものがそれ自体の中にある種の矛盾を含む。つまりもし絶対的であるならば、なぜ彼あるいは神は人間を創るのだろうか。もし創造された現実が悪を含むとするならば、この悪をわれわれが単なる否定、欠陥、あるいは不足と見なすとしても、それ自体が最高の権力で最高の善である絶対によってこの世界に持ち込まれる存在をわれわれはどのように解釈できるのだろうか。

プロティノスとアウグスティヌスはこの問題に本質的には同じ回答を出したのだが、それによって彼らは等しく挫折させられた。プロティノスによれば、あらゆるものが善に依存し善を希求するのだが、すべてのものが善を必要とするのにたいして善は何ものも必要としない（『エネアデス』Ⅰ・８・２〔邦訳　同前　第一巻　三一四頁〕）。善ばかりではなくそれから放射されたものもそこに存在するのだから、その放射の限界は必然的に悪、つまり純然たる欠陥であり、それが物質である（必然的に第一のものの後には何かが存在するのだから必然的に最後のものも存在する。この最後のものが物質、その中に善の残留物を持たない物である。『エネアデス』Ⅰ・８・

18

7［邦訳　同前　第一巻　三三一頁］）。

一者からさらなる下位の位格への下降を導く道はある種の不可避性を有するのであって、持続的な欠落あるいは悪を伴う。しかし、なぜ最高の善が必要ともしない現実を生み出し、そうする中で、閉じられた絶対の自足の領域に悪という妨害物を導入するために、それ自身の外に出なければならないのだろうか。これについて、プロティノスは「過剰」とか「過多」という曖昧な指摘以外には何も語らない（「かのものは何ものをも求めず、またもたず、必要としない状態にあるので、まさに完全な（成熟した）ものであるから、（かのものの内容が）いわば溢れ出たのであり、かのもののこの満々たる充溢が他者を作り出したわけである。ところで、この生まれたものはかのもの（一者）の方へ向き直って、満たされて、かのものを（常に）視ているものとなった。そしてこれが英知（知性　ヌース）なのである」（『エネアデス』Ｖ・2・1［邦訳　同前　第三巻　三九六頁］））。

このような存在の「過剰」または善の「過剰」という謎めいた観念が、厄介な問題にたいする解決策としてキリスト教哲学に奉仕してきたのであるが、それでもその不備は十分に明らかであって、われわれは、例えば、何に関係する「過剰」なのかを問うことができる。アウグスティヌス自身はこの問題で悩まされることもなく、あるいはまた、何ら回答するような問題があるとも見ていなかったように思われるのであって、彼はこの問題についてオリゲネスの誤りと呼んだものに驚きを表したほどである。

彼は宣言する、神はいかなる欠点も有しないと。つまり、創造は神の善意の結果である。神は必然あるいは自身の必要から世界を創造したのではなく、彼が善であり、善きものを創造することが最高の善にふさわしいからそうしたのだと（『告白』13・2・2：Civitas Dei. 11 21-3）。

この着想は非正統派からの疑いから自由であるかぎりにおいて、ほとんど変わることなくキリスト教哲学の全行程を通じて何度も出てくる。聖トマス・アクィナスは言う「そして、被造物に対する神の善意の過剰は、主に、被造物が常に創造されたわけではないということによって表現されています」（『対異教徒大全』Ⅱ）。

神の完全な自己充足性を前提として実にこれはよく言えたことである。しかし、解釈の軽薄さはまったく看過されないままには捨て置けない。誰も求めない世界を創造する「善の泉の過剰」とは正確には何であり得るのか。親切あるいは恵み深さは、いずれにしても人間の精神にとって相対的な性質のものである。われわれが自己充足的な神の善さを、それが押し広げた何らかの被造物なしに理解することは不可能であり、そして、このようにして、この世界なしの神の善さは仮想的で現実的な善さではないという結論にわれわれは導かれるのであるが、しかし、これは神に潜在的能力はないという原理と衝突する。

創造の行為は神の善さがそれ自体として明らかになるために神にとって必要であり、その結果、創造において神はその前よりもより高い完成へ達するのだとわれわれが想定することも可能である。しかしそれは翻って神の完成は絶対であり増大することはあり得ないという原理と衝突する。もちろん、神学はこれらの反論にたいする解答を用意しており、創造の行為「以前」の神を語ることは無意味であって、なぜなら時間それ自体が創造された世界の一部であり、神は時制に従属していないからだと指摘する。アウグスティヌスが言うように神がその創造に先行することはない。

いずれにしても神学者は、われわれの精神は神の本性の奥深さを推測することはできず、ただ造物主として全能で親切で慈悲深いものとしての神の手になる作品との関係で彼を理解するしかないと言いつづける。だが一方でいかなる関係的属性も神に付随することはできず、神はそこにそれ自体として存在すること、そして世界は彼の実在を修正することはできないということは確かである。

しかしながら、これらの解答はいかなる解答も与えられないということの承認に行きつくだけである。なぜなら、もしわれわれがわれわれ自身に関係させて神の性質を知ることができるならば、そして、この関係は神それ自体の現実ではないと知るならば、その場合、神それ自体の本質と創造「以降」のその本質との関連についてわれわれが解答を求めるという問題は、適切に問うことができる問題ではなく、そして、それらの意味を証明

19

しようとする試みなしに、われわれは神聖な図式に頼らねばならないことになる。

しかし、「神の善意の過剰」による創造という解釈には、まだもう一つの難点がある。すなわちそれは悪の存在である。確かにグノーシス主義およびマニ教との論争以降のキリスト教神学全体は、悪がそれ自体として現実ではなく純然たる否定、欠落、善の不在であると考える点で一致している。悪はあるべきものの欠落であり、こうした悪の観念は現実それ自体が不十分であるという規範的理念を導き入れた。創造された事物の不平等は悪ではなく順序と程度の問題である。厳密な意味での悪、すなわち道徳的悪は理性を与えられた存在からのみ発生するのであって、不服従の罪によって引き起こされる。そのような存在は創造者の意志に反して自らの意志を行使することができるのであって、この悪は神の仕業ではない。

何世紀にもわたって議論され、神は善と同時に悪の創造者でもあると平明かつ人びとを不安がらせながら示唆する聖書のさまざまな文言（例えば、イザヤ書45：7、伝道の書7：14、ウルガタ聖書、集会書33：12、アモス書3：6）は、当然ながら熟達した解釈によって正統的教義と調整されている（神は悪を認めるが、悪を実行するのではない）が、しかしこれはそれ自体として悪を生み出す世界の創造を説明するものではない。

キリスト教神学は、二つの基本的な解釈のあいだで揺れている。第一の解釈は、悪は全体としてのコスモスの不可欠の構成要素であると説く。これは悪のようなものは事実として存在しないとかあるいはそれは部分的見地からすれば存在するように見えるだけであって、この世界がその全体性において考察されるならば消滅すると示唆することに行きつく。これは汎神論と紙一重の教説に特徴的な立場である。

第二の解釈は、悪は単なる否定、欠如ないしは不足であるけれども、その源泉は神の命令に従わない意志の腐敗であると説く（ブレイエが示したように、この二つの形態の弁神論は調整されないままプロティノスの哲学の中に存在する）。悪にたいする神の責任を否定する第二の見解は、同じ理由で、人間は神にたいして制限されているけれども自発的な創造的主導性を付与されており、その結果、彼が神に従わない自由は、当然ながら神の善や全能を共有することはないけれども、完全であって神自身の自由と同等であると示唆する。その効果は、人間を完全に独立した主体性の源泉、神と同等の絶対と見なすことである。

この究極の結論がデカルト主義の自由論において初めて明確に押し出された。それに基づけば、善は悪を前提とするという第一の解釈は、それが純粋で単純な悪のようなものは存在しないことを意味するかぎり受け入れ難い。それはダイナミックな世界観を基礎として、すなわち、悪は善の最終的な結実や完全な実現のための本質的な条件であるという前提に立って初めて維持することができる。

悪の問題にたいする解答そしてまた偶然の問題にたいする解答は、このように、すべての存在の可能性が実現されるべきものであれば、悪と偶然は存在しなければならないという否定の弁証法の観念を導き出す。この弁証法はなぜこの世界が創造されたのか、なぜ悪は存在するのか、なぜ人間は不完全なのかという問題への解答を用意する。しかしそれはこの問題を正統派キリスト教の埒外に置くことによってその解答を用意しているのである。

それは神が世界を必要とすること、神のみが創造の完成を達成すること、そして神の完全性は不完全な現実に生命を与えることに依存するのを信じることを含む。これは再び、聖書が神の自己充足性を語ったことに反する（『使徒行伝』17：25）。それは歴史の中に神の原理を持ち込み、創造を通じた自己増殖の過程に神の原理を従属させることを意味する。

4　エリウゲナとキリスト教神統記

おそらくこの観念は、不完全ながらエリウゲナの作品に最初に現れた。それはあらゆる汎神論的な北方神秘主義にとって一貫して本質的であり続け、それはほとんど代々にわたってカロリング朝ルネサンスからヘーゲルに至るまで、さまざまな変種の下で追跡することができる。もっとも一般的な用語で語るとすれば、それは潜在的な絶対（もしこうした表現が許されるならば、準絶対）という理念であり、それはそれ自体から、一時性、偶然性そして悪を特色とする非絶対的現実に発展することによって完全な現実に到達する。つまり、そのような非絶対的現実は自己実現へ向かう絶対の成長の不可欠の段階であり、そして、この機能が世界史の行程を正当化する。

それらの内部とそれらを通して、そしてとりわけ人間の内部と人間を通して神は自分自身に到達する。つまり、有限の精神を創り出してしまえば、それはその精神をその有限性から解放し、それを自分自身に再受容し、そうすることによって自らの実在を豊かにする。人間の魂はそれでもって神が成熟を達成し、そのことで無限性を実現する道具である。

同時に、この過程によって魂それ自体は無限となり、世界から疎遠であることを停止し、それ自身を偶然性からそして主体と客体の分離から解放する。神と人間はこのようにして同じように宇宙のドラマの中で自己実現する。つまり、絶対の問題と創造の問題は一挙に解決される。実在の統一の最終的完成の展望は、神の発展という視点から、そしてまた人間がそれ自身の人間性と尊厳を実現するにつれて、人間の視点からも人間の存在に意味を付与する。

もちろん、これは単純化された図式であって、ここで問題となる主要な哲学者や神秘主義者に言及するために、エリウゲナ、エックハルト、ニコラス・クザーヌス、ベーメあるいはシレジウスの実際の著作には見いだす
21
ことのできない用語で表現した。

それでもやはり、説明の相違にもかかわらず、彼らの著作はヘーゲルの弁証法とそれゆえにマルクスの歴史哲学の歴史的背景を構成する同じ基本的直観の定式化と見ることができる。当然ながら、そのすべての変種にわたってわれわれはマルクスの思想に先行するものに限っても弁証法の歴史を叙述することはできないのだが、その歴史のいくつかの側面は簡潔にここで書きとどめておかなければならない。

エリウゲナの主要な作品『自然区分論』（邦訳『ペリフュセオン』すなわち『自然について』）は、その初めての自然の四分割によって、事実上、歴史上の神つまり世界の中にそして世界を通して存在するようになる神という概念を導入した。創造者としての神（創造し、創造されないもの）と創造の究極の統一の場としての神（創造せず、創造されないもの）は、弁証法的理性にとって二重の外観で現れるのではなく、あるいは、われわれの理解の虚弱さがそれをこのように必要とするがゆえに現れるのではない。つまり、二つの名称の並列は神の実際の発展を意味し、神はすべての物事の終わりにはその最初であったものと同じではない。

エリウゲナはしばしば伝統に訴える。すなわち、カパドキアの父祖、聖アウグスティヌス、聖アンブロシウス、時にはオリゲネスだが、しかしもっともしばしば偽ディオニュシオスや聖マクシムスに訴えた。もっとも重要な借り物は偽ディオニュシオスからであって、『神の名について』（神の知識に至る黄金の道は神が何でないかを知ることである）で表された否定神学という理念全体であった。しかし、これらすべての源泉からエリウゲナはある種の新プラトン主義という独創的な神統系譜学を構築するのだが、彼はそれを巨大な困難や絶え間のない矛盾にもかかわらず、信仰の真理と調和させることを試みた。

『自然区分論』は、事実としてヘーゲルの『精神現象学』の原型であって、それはほとんど一〇〇〇年ほども先行し、創造された世界を通じて精神が自らに還帰するドラマティックな歴史である。つまり、自らをその活動の中で認識し、すべての相違、すべての疎外、すべての偶然が一掃され、それでもなお、創造の富は単純に消滅せず、より高次の存在、それまでの衰退を引き継ぐより高次の形態となる地点までそれらの活動をそれ自体との統一に持ち込む絶対の歴史である。

エリウゲナはすべてのプラトン主義者やすべてのキリスト教神学者に共有された前提、すなわち、神は時間的に世界に先行する、なぜなら時間それ自体が創造の一部であるからだという前提を受け入れる。つまり、神は過去と現在の区別のない『永遠の今』に存在する（『自然区分論』Ⅲ・6・8）。神は不変であって、その創造の行為は神に何の変化ももたらさず、ましてや彼の存在との関係でそれは偶然ではない（Ⅴ・24）。しかしなが

ら、エリウゲナは神の不変性について口先だけの好意を示しているけれども、われわれが創造の理由を考察し始めるや否や、それに異議を唱えていることが分かる。というのは、この段階では以下のようになっている。

「不思議で言葉で言い表せないやり方で、神が自らを顕現させ、見えないものから見えるものへ、非包括的なものから包括的なものへ、隠されたものから顕れるものへ、未知から既知のものになる限りにおいて、神は創造の中で創造される。その時、影も形もない存在から神は美しく魅力的になる。つまり、神は超本質的から本質的に、超自然から自然に、非合成から合成に、非偶然から偶然で突発的に、無限から有限に、非制限から制限に、永遠から一時的に、無空間的存在から空間的存在に、すべてのものの創造者からあらゆるものにおける創造されたものとなる」（Ⅲ・17）。

エリウゲナは単なる化身の世界だけではなく、創造された世界における神の全体的顕現も語っていることを明確にする。確かにこれは、神だけが真に存在すること、神は「すべてのものの存在」（Ⅰ・2）、すべてのものの形であること（Ⅰ・56）、その結果、存在するすべてのものはその実在に関するかぎり神であるという前提に立てば、理解可能である。他方、「神は存在する」という言説は、神が何か一つのものであって他の何ものでもないということを意味するかぎり、それ自体としては誤りである。しかしながら、もし実在が神それ自体であるとすれば、それは以下のように言うことも真理である。

「神聖な自然は共に創造し、創造される。なぜなら、それは自らによって根源的原因において創造され、それによって自らを創造する、すなわち自身の顕現の中に自らを初めて表すからであり、それが制限されず、超自然で超永久的であり、理解することも理解しないこともできないすべての物事を超越している限りにおいて、いまだそれ自体にも知られず、そしてそれ自体も認めることのない、最も秘密の自然境界を超え出ようと欲しているのである」（Ⅲ・23）。

こうしてわれわれは創造が神自身と関連する場合に創造の理由を理解することができる。つまり、神は自分自身を顕現させるために、そして「完全」になるために、そしてその後はすべてのものを自分自身に呼び戻して自身の実在の中に還帰させるために神は自然の中に入る、と。

しかし、すべての被造物が必ずしもこの過程に同じ条件で直接的に参入するのではない。すべての目に見える世界は、人間がそれを支配できるために人間のために存在するように求められた。その結果として、人間はすべての創造された自然の中に存在し、すべての被造物が人間の中に含まれ、人間を通してその自由を実現するように運命づけられる（Ⅳ・4）。人間は被造物の小宇宙として、彼自身の中に可視的および非可視的世界のすべての属性を包含する（Ⅴ・20）。人類はいわば、この宇宙の指導者であり、人類は宇宙をその深淵まで理解し、すべての実在の神聖な源泉との統一に引きもどすのである。

エリウゲナが神の創造行為を創造者自身の必要の充足と見なしたこと、そしてそれによって、創造がその原初のもの以外の形態において彼にとっての神の本性を復活する過程として創造者に戻ってくる回路と見なしたことは明らかである。ある文章のくだりで、彼は実際に問題を設定している。なぜあらゆる事物がその最初の始まりに還帰するために無から創造されたのか？　と。この設問への解答は人知を超えていると述べながら、彼は直ちにその答えを出す。すなわち、あらゆる事物は神の善さの完全性と広大さを表しその作品において崇拝されるために創造されたのである、と。

もし神の善さが未遂のままに残され、静止したままであるならば、それを称賛する機会は存在しなかったであろう。しかしそれが多くの可視的で不可視的な世界に流出し、それ自体が合理的な創造物として知られるようになれば、すべての創造物がほめそやすであろう。その上、それ自身において、それ自体によって存在する善は原初の恵み深さに参加するだけの他の善を創造しなければならず、そうでなければ、神は主や創造者にもすべての恩恵の判定者や源泉にもなれないだろう（Ⅴ・33）。

このように絶対はその境界を超越し、その中で自らを鏡の中にあるように凝視できる偶然的で有限的で一時的な世界を創りださなければならなかった。その結果、自らのこのような外面化を再吸収し、それがもともとあったものとは別のもの、世界との関係の全面性によってより豊かなものになることができた。つまり、閉じられた自己充足的な体系に代えて、それはその被造物によってよく知られ愛される絶対となるのである。ここで、われわれはすべての存在の歴史を解釈するのに奉仕する「豊富化された疎外」という完全な図式を持つことになる。つまり、下降と再上昇の過程によって発展する神という像である。

しかしながら、「下降」という用語は条件付きで使われなければならない。神にとって被造物の世界に入ることは、当然ながら、そのこと自体がより低い存在形態への下降である。しかし、悪または無存在もまた宇宙の循環の一部であるとわれわれは理解すべきだろうか？　それもまた流出と回帰の過程における必要な部分を遂行するのだろうか。エリウゲナはそうだとはどこでも明示的に述べてはいない。

人間の転落は、当然ながら人間の本性には帰せられないのであって、人間の本性は善である。ましてやそれが人間の動物的性質に属する（Ⅳ・4）としても、これもまた善である自由な意志の結果ではあり得ない（Ⅴ・36）。それは邪悪な欲望の結果であって動物においては無害であるが人間の真の性質に反する（Ⅴ・7）。エリウゲナは転落がどのようにして可能なのかを特別に説明せず、人間の失われた完全性への回帰に集中する。

「楽園」は、神によって創られ、不死の生に運命づけられた人間を意味するにすぎない。つまり、死とわれわれの追放の身としてのすべての結果は罪のせいであるが、しかし、追放それ自体は神の慈悲の表れであって、神の望みは人間を責めることではなく、更新し、聖化し、われわれをして生命の木を食べさせることである（Ⅴ・2）。エリウゲナは堕落した人間が神に回帰する時、人間はその原初的偉大さと尊厳を回復すると何回も繰り返して言い、この回帰は五つの段階から成り立つと説明する。すなわち、肉体的死、復活、肉体の精神への転換、精神および人間のすべての性質の「原初的諸原因」への還帰、そして最後にこれらの「原因」（原理、理念）とそれらに伴う他のすべてのものの神への還帰である（Ⅴ・7）。

「諸原因」すなわち本質的形態は、偶然的で、可変的であるいは合成的なものを何ら有しない。あらゆる種はその形態に参加することによって存在するようになり、その形態はただ一つで一つだけであって、あらゆる個別の種の中に完全に現れている。あらゆる人間は彼の中に一つで同じ形態の人間性を包含している（Ⅲ・27）。それゆえに、人間の神との統一は個人性の喪失を意味し、すべての存在する種が神の本質に属する宇宙への同一化であるように見えるかもしれない。

24

この「心霊一元主義」は、創造物ではなく空間と時間に縛られない「第一原理」の統一と単純性に関するさまざまな所見（Ⅴ・15－16）によって、そして、おそらく各人の偶然の属性によって分化した諸個人を含んで、あったものになろうとし始めるものはあったものになることを停止するという多様な言説（Ⅴ・19）によって示唆される。

われわれはまた、天国ではいかなる偶然的差異も存在しないと明確に教えられる（Ⅴ・23－27）。しかしながら、すべてのものが救われ悪がその存在を停止しているとしても、異なる人間が彼らの神への愛の程度に応じて異なる地位を享受する。明らかに、われわれの神との一体化は、エリウゲナにとって明白ではなく、そして彼は、人間諸個人がその究極の統一において生き残れるかどうか、どの程度生き残れるかどうかを言うことはできない。しかしながら、神によって創られたものが何であれ、その性格を変えるようなことがあるとしても、その存在を停止させることはできないということは間違いない。

より低次のものはより高次のものによって吸収されるだろう、しかし破壊されることはない。すなわち、肉体的なものは精神的になり、その性質を失うのではなくそれを高尚化し、そしてこれと同じ方法で、魂は神と合一するだろう（Ⅴ・8）。このように、それぞれの低次の存在の連続する高次のあるいはより完全なものによる完全な再吸収が存在するのだが、創造されなかったものは失われる。つまりこれはヘーゲルの「揚棄」（Aufhebung）すなわち「止揚」（sublation）の手本である。

人間が主導する回帰のすべての過程は、本来的には神によって強制されるものでは決してない。その反対に、中世の語源学の気まぐれな断片によって哲学者たちがanthropiaをanotropiaまたはascent（上向）と同一視したように、それは人類にたいして植えつけられたものであった（V・31）。復活は自然の現象であり（エリウゲナのその前の見解では、それは神のみの恩寵の結果であった）、われわれの神の館への還帰もそうであって、そこにはすべてのものの住処がある。神の恩寵による超自然的贈与は、キリストにおいては選ばれた者、浄化された者が楽園の中心に受け入れられ、神として崇拝されるという事実から単に成り立つ。

しかし、宇宙の叙事詩が完結されるとき、神は以前よりも異なる状態の自分自身を発見し、彼についての被造物自体の知識によって豊かにされるのと同じやり方で、自分自身の「最初の始まり」に還帰するのではあるけれども、人間もまた純粋にそして単純に彼のもともとの状態ではないだろう。なぜなら、彼は第二の転落が不可能な条件の中に存在し、そして彼の神との合一は永遠で不変であるからだ（しかしながら、選ばれる者として約束された神になる存在）。

そしてまたエリウゲナにとって、托身の言葉の作用は罪の結果を取り消すことによって人間を幸福の楽園に再生させるという単純な事柄から成り立っているのではないように思われる。キリストの托身は救いを超えてそれを上回る結果をもたらす。つまり、キリストはすべての人間を自由にする。しかし、ある人びとはその最初の状態に再生されるだけであり、他の人びとは神格化され、そうして人間を神という品格まで引き上げる。

このように実在の転落は無駄ではなかったようになる。最終的結果として、人間の二重性（合成された存在としての人間は神の真の似姿ではあり得ない、神は合成されてはいない。V・35）は、彼の神への還帰の、それによる自己自身への還帰の条件である。人間はその失われた本性を取り戻し神格化されることによってそれを超える。

このドラマは神と類似した存在への到達、自己同一化、実在形態間の区分の撤廃、そしてそれゆえに再び、魂とその対象の一致で終幕となる。彼の弁証法の精神通りに、エリウゲナは、最終的に、悪はわれわれがものを部分的に見る時にだけ現れると断言する。われわれが全体を考察する時、悪のようなものは存在しない。なぜなら、悪は神の計画の中で部分的役割を果たし、善がより明るい輝きで光るようにさせるからである（V・35）。

この神義論において、あらゆるものがその正当性を見いだし、そして終末論的展望の中で宇宙の歴史は究極的には人間精神における神の成長と人間の神性への成熟、要するに、否定による実在の救済の歴史である。もし創造が神の有限性、分化および統一の欠如を理由とする神の否定であるとすれば、還帰の地点、つまり「創造されず、創造しない自然」としての神は「否定の否定」と呼ばれても良い。エリウゲナ自身はこの表現を使っていない。おそらくそれはエックハルトにおいて初めて現れたものであった。

エリウゲナの作品には多くの躊躇と矛盾が存在する。例えば、われわれは以下のような文章を読み取る。悪はいかなる原因も持たない、そしてまた、悪は意志の腐敗によって引き起こされる、誰も批判されず、ある人びとは永遠の悲しみを蒙るだろう、永遠の理念は創造の一部であり、それらは無限である、などなど。

それらにもかかわらず、彼はギリシアの教父の伝統を基礎として、人類の歴史と自己創造的神の歴史を結びつけることを可能にし、こうして、人生の悲惨を神化の希望で正当化し、そして、絶対的実在との調和を通じた自分との最終的調和という展望を人間に与えるカテゴリー体系を提出した最初のラテン哲学者であった。

『自然区分論』のような壮麗な神義論は、エリウゲナの時代とテイヤール・ド・シャルダンの時代とのあいだは、キリスト教世界において構築されなかった。ともかくも、この主題はいつも同じ編制であるとは必ずしも限らないが、キリスト教哲学、神学、神智学全体にわたって、それらが直接間接にプロティノス、イアンブリコス、プロクロス、あるいは後代になってこれらの思想に刺激されたアラブやユダヤの思想によって影響を受けたかぎりにおいて、繰り返し、繰り返し追跡することができる。問題になる主題は以下のようなものである。

26

絶対のみが自己自身と完全に同一である。人間は断絶を蒙っており一時的存在だから自己同一化を達成できない。

人間の本性は彼自身の外部にあるか、あるいは同じことだが、絶対として彼の中に存在するのだが、それは実現されずその実現を希求している。人間は絶対との結合によって、その存在の偶然性から脱出することができる。

人間に求められるこの逃走は、彼自身の実在への回帰を意味する。そしてその道は絶対が充足に達する道でもあるのだが、それは創造という不完全な世界がなければ実現されない。

このように、そこで条件的存在が絶対から進化する過程は絶対にとって自己豊富化を実現するための自己自身の喪失である。そして転落は実在のより高度な存在様式への推進の一つの条件である。

したがって、世界の歴史もまた無条件の実在の歴史であり、それは有限の精神の鏡に反映された結果としてその最終的完成に達する。

この最終の段階で有限と無限の区別は消滅するのだが、それは絶対が自らの作品を再吸収し、それらが神聖な実在の中に組み込まれるからである。

知り、愛する魂とその他の実在の離反がそうなるように、結果として主体と客体の区別も消滅する。魂は無限となり、そうでないあるものに対立する何ものかであることを停止する。

これらのすべての思想が、さまざまな批判や非難にもかかわらず、キリスト教哲学の中に永続的に立ち現れ、そして宗教改革の異端派によってもやがて支持された。

聖アンセルムスは言う「それ故に、主よ、汝のみは汝であるところのものでありたまふ。汝はまた有りて在る者でありたまふ。何となれば全体に於けると部分に於けるとでは異なり、且つその中に何か可変的なものの存在するものは、全然、それがあるところのものではないからである。また非存在から始まり、それの非存在を考えることも可能であり、且つ他のものに依存しなければ非存在に帰るもの、最早存在しない過去の存在を有ち、未だ存在しない未来の存在を有つもの、かかるものは厳密な絶対的意味で存在するのではない」（『神の存在論』XⅦ［邦訳　長澤信壽訳『プロスロギオン』岩波文庫　一九四二年　第二二章「神のみがあるところのものであり、また有りて在るものであること」五五頁］）。

しかしながら、神と人間とのこのような対置は完全に正統的であるけれども、直ちに疑問を生じさせる。つまり、人間は偶然性から自由にならないままでも救済されるのか、それでも偶然性は彼の特別な存在様式に必然的に関係するのか？　換言すれば、人間は彼を独立した存在にしたものを失わずにそして受動的に神聖な存在に変わるように自己同一化を実現することができるのか？

5　エックハルトと神格化の弁証法

この結論は、この点についてエリウゲナのプラトン主義のある種の多義性から解放されていた北方神秘主義によって受容された。エックハルトにとって「自らの神との共同」という格言は、自己の消滅つまり単なる道徳的知覚表象ではなく、存在論的転換である神秘的ケノーシス［神性放棄］と同じことを意味する。「あらゆるものを保有したいと欲する人間はあらゆるものを放棄しなければならない」すなわち、あらゆるものを所有することは神を所有することを意味し、そしてあらゆるものを放棄することは自分自身を放棄することを含む。

神自身は私に属することだけを望むとしても、それはしかし全体に属することを望んでいるのである。魂が内的貧困あるいは剥奪からの充足を達成するとき、それは神を全的にわがものとすることであり、彼は自分自身に属するのとまったく同じ方法で神に属することになる。そうなれば、神でないものは魂の中には何も存在しないことになる。

しかし、魂もまた創造されたものとして自分自身、つまり、無からの離脱を成し遂げる。なぜなら、すべての被造物は（ヨハネの教書XⅡから引用されたヤコブ1：17についてのエックハルトの説教の有名な図式に従えば）純粋に無であるのだが、それは無意味に存在しているという意味ではな

27

く、文字どおり存在しないという意味で無である。

　このように神秘的なものの自己消滅は逆説的に無の破壊あるいはそのように表現して良ければ、無（空）が実在と対峙するという抵抗を克服することである。魂が完全にその特別の性質を空虚にすれば、神は自らをその完全な実在において与え、自らに属させるのと同じように自らを魂に属させる。しかしこの自己破壊によって魂はその真の姿に到達する。というのは、その中に隠された神性の火種が存在するのだが、それは創造されたものとの結合およびその個体的で制限された形態の付着によって覆い隠されているのである。

　魂の中には創造されないもの、すなわち「神の子」が現存する。そしてそれゆえにいかなる人間もキリスト自身と同様に父と結合され得る。こうして人間が自己自身と共にあることは神と共にある人間になることと同じである。このようなやり方で人間の意志は神の意志と同一化され、神の全能性を共有する。

　このようにそれ自らを発見し、つまり自身の中に神を発見した魂にとって、その意志と絶対の意志とのあいだの関係にはいかなる問題も存在しない。両者は基本的に同じとなり、服従とか不服従という問題はなくなる。エックハルトは、部分的で孤立した主観的存在を維持しようとする個別的で偶発的な自己意志と普遍的実在、真にそう呼ばれるに値する唯一の実在と同じものである現実的意志とを区別する（アクィナスと異なり、エックハルトは実在を神の意志との関係で二次的と見なすけれども）。

　エックハルトの思想は、実在と神は一つで同じものであるという強烈で緩まない信念によって支配されている。多くの個別的存在は、それらが制限され部分的であるかぎりにおいて無である。それぞれのものが実在を保持するかぎりにおいてそれらは神と同じである。したがって、正確に言えば、創造の理由に関する問題は彼の説教や書き物の中には現れない。同時に、彼は神格あるいは表現できない絶対すなわちプロティノスの言う一者と神である人格的絶対とを区別する。

　この神、つまりプロティノスの第二の位格、実在または精神に対応するこの神は、創造の中で自らを神として実現する。あるいは、より正確には、神が隠れた状態から創造においてそういうものとしての自らを実現するのは人間の魂においてだけである。この意味において、われわれは神自身の立場からの創造の意味を語ることができる。

　しかし人間の努力の最終目的は自らの中に神を発見することではなく、神を滅ぼすこと、つまり魂を神格から切り離して魂が絶対との言語を絶した結合に立ち戻ることを妨げる最後の障壁を粉砕することである。この還帰は認識という形態において起こり、知るものと知られるものとのすべての相違が解消される状態において完結する。

　このような方法でエックハルトの汎神論的神秘主義はわれわれが検討してきたいくつかの基本的理念を体現している。人間存在の偶然性は一見して明白であるが（人間は本質的に神聖な存在である。ヘブル人についての説教）、しかしこの外見はその認識の能力を発揮する魂によって克服されなければならない、そしてこの道においてのみ魂は自分自身を発見することができる。そうする中で、魂は部分的存在としての自らを放擲し、全体性として、神聖なものとして、絶対として、自分自身を持てるようになる。実在の個別化は自らの実在を実現する神の歴史に関連するのではない。神は、魂において魂を通してのみそうすることができるのである。しかし、それはいかなる生成の過程にも従属しない神格あるいは第一の位格の歴史に関連するのではない。

6　ニコラス・クザーヌス　絶対実在の矛盾

　一四世紀の北ヨーロッパの宗教的書き物はエックハルトの伝統を大部分保存しているが、それらの立場は探求よりもむしろ実践的貢献である。ここでわれわれは中世後期におけるこのタイプの神秘的な敬神を励ました社会や教会の状況を扱うことはできない。新しい探求的な新プラトン主義神学の実質的試みは、一五世紀のニコラス・クザーヌスの著作に見られる。彼はおそらく彼の先行者たちよりもより明確に、神にとっての創造の必要を語っている。

神は自分の栄光を明らかにすることを欲し、このために神は神を知り崇拝する理性的存在を必要とする。

「というのも、創造主にこの宇宙すなわち美しい作品を作り上げるようにしむけることのできるのは、創造主自身の賛美と栄光に他ならない。それをこそ、創造主自らが示したいと望んだのである。つまり、創造主自身が創造の始源であり、目的なのである。いかなる王も賛美と栄光なしには（自分が）王であることが知られないのであるから、万物の創造主も自らの栄光を示すことができるように、自分が知られることを望んだのである。それゆえに、自ら知られることを望んだこの方は、認識する能力を持った知性的本性を創造したのである」（一四六三年にオリヴェト山修道士宛に書かれた手紙。ポーランド『哲学評論』誌第二巻にW.Rubezynskiによって発行された。［邦訳　八巻和彦訳『神を観ることについて』岩波文庫　一八五頁］）。

しかしながら、これはあまりにも強く神は自分以外の他の何ものかを必要とするという考え方を示唆しており、神の自己充足性の原則に反する。その主要な著作『学識ある無知について』の中で、創造された存在と神の関係という問題を議論する際に、クザーヌスは神の本性における矛盾の神秘性に自分自身が打ちのめされたことを認めている。

「このような統一性は最大のものであり、それが可能なすべてであるため、増やすことはできません」（『学識ある無知について』1・6［邦訳　山田圭三訳『学識ある無知について』平凡社　一九九四年　三〇頁］）。他方で神は「物事の実体、存在の形態、万物の働き、世界の絶対的な静止性などとして」、複層的で分岐した世界に下降し、その実存的な現実全体を創造する。被造物はそれ自体としては無であり、それが存在するかぎりそれは神である。人はそれを実在と非存在との結合物として語ることはできない。神の現実態としてそれは永遠である。一時的なものは神ではない（Ⅱ・2）。それはいわば有限の無限あるいは創られた神である。

「あたかも造物主が『成れよ』と告げられたかのように、永遠性そのものにほかならない神は生成しえたはずもなかったのであるから、被造物はすでに始めから神にできるかぎり似るように成っていたのである。――なぜなら、至然なる神は、全てのものに、それぞれに受容される仕方で自分が敬虔であることを伝達しているからである」［邦訳　同前　一二〇頁］。

神はすべてのものの包括（包みこむもの、巻き込むもの）であり、統一は数、運動の停止、時間の現出、多様性の同一化、不平等の平等、分割の単純化である。しかしながら、神において、統一と同一化は神に「包摂されている」世界の多様性に対立するのではない。その逆の関係が分解あるいは展開である。このように世界は神の展開であり、多様性は統一の展開、停止の運動等々である。しかし、クザーヌスはこの相互関係の性格はわれわれの理解を超えると説明する。というのは、神において理解と実在は一つで同じであり、したがって多様性の理解において神自身が増殖されざるを得なくなるが、それは不可能である。「神は一でありながら、その認識が存在することから、事物においては倍乗されているように見える。しかし、かの無限で最大な一を倍乗することは周知のように不可能である」（Ⅱ.3［邦訳　同前　一二四頁］）。

神は、自らの絶対的統一ないしは完全な現実性あるいはその実在の独占を喪失しないかぎり、自らを多様に「展開」することはできないように思われる。それでも、なお、もしわれわれが、一性（unity）から多性（multiplicity）への発展、より単純には創造の過程が、潜在性の現実的実在への転換を含むことを受け入れるとすれば、これらの属性の一つ、したがってそれらのすべてが剥奪されなければならない。それでも厳然たる事実として、物の多様性の中で実在を有するものはすべて神だけである。こうしてわれわれは、あらゆるものが神の中にあることを知るだけである。なぜなら、それは神があらゆるものの包括であり、創造が神の分解であるがゆえに神はあらゆるものの中にあるからである。しかし、われわれはいかにしてそうであるのかを推測することはできない。

神と多性または一性縮減の媒介と考えられる宇宙、つまり個別のものではなくあらゆるものの中に物それ自体として存在する未分化の実在は（「宇宙は、そのままでは太陽でも月でもないと言っても、太陽のうちにあると

29

きは太陽、月のうちにあるときは月である」〔邦訳　同前　一三一頁〕）矛盾を解決することはできない。なぜなら、すべてのものの実在が神であってそれ以外ではないからである。

クザーヌスが感得した難点は、あらゆる一元論の難点である。彼は無益にも、一性から多性への展開を潜在的なものから現実的な実在への変化ではなく現実の発展と見なすことを可能にする公式、つまり、潜在的なものから神それ自身への帰属を意味するような公式を追求する。クザーヌスの思想は二つの極端のあいだの緊張状態の中にあり、そのいずれもがもっとも緩やかな形態の正統派とも調和できない。一方の側はすべての多様な宇宙を幻想および単なる見せかけの存在と見なす永久的な誘惑であり、唯一の現実は絶対の統一である。

これに代わるものは、世界は進化の状態にある神と見なされなければならず、そう見れば神は完全な現実でもなく絶対でもなく、創造の歴史の最後にそしてその歴史のために神になるというものである。汎神論者はしばしばこれらの対立する見方のあいだで揺れているのだが、それはすべての一元論思想のジレンマを表している。第一の代案は自己消滅という瞑想的な道徳に行きつく。第二のそれは宗教的なプロメテウス主義に行きつくのだが、それは自らの努力による神格化の達成という望みによって駆り立てられる。

クザーヌスが創造された世界という幻想的理念よりも、自らの創造の中で自らを実現する神という理念により強く惹きつけられたことは何の疑いもない（彼はそのことを公然と表明していなかったけれども）。あらゆる「流出論者」と同様に、彼は人間の精神をそれによって神が現実性を実現する媒体と見なすが、そのことは同時に絶対が人間性の真の完成であることを意味する。魂は知識とりわけ全体と部分の関係の知識によって現実化された絶対に回帰する。つまり、無限大あるいは限界量の数学にその原型が見いだされる「対立物の統一」を擁護する矛盾の原理を放棄する逆説的な知識である。知識の助けを得て魂は自らを神聖なものとして発見し、自分のものとして知識の無限の対象を手に入れる。

クザーヌスは神性における撲滅不可能な矛盾を発見した。しかし、それはヘーゲル主義の用語を使えば、静止した矛盾すなわち二律背反に至る考察の結果であった。神性を考察すれば、その中に無限の存在と相容れない質が含まれているに違いないという結論に至る。というのは、神は純然たる現実であると同時にすべての現実を包括しているのだから、何か推測できない方法で神的統一の中に実現されない現実というものは在りようがないからである。

このようにクザーヌスの思想は、絶対的なものという観念の単純な発展からもたらされる二律背反に彼を至らせた。矛盾は躍動的ではなく論理的な形態で現れた。それはその対立が何か新しいものを生み出すような現実の力の衝突ではなかった。ましてやそれは神の創造の説明でもなく、むしろ有限の精神が無限を説明しようとして巻き込まれた不条理の証明であった。

7　ベーメと実在の二重性

存在論的なカテゴリーと考えられる矛盾あるいはむしろ敵対はベーメの著作に初めて登場し、濃密な渦巻く水蒸気の雲に似ているが、それでも弁証法の歴史に新しい一章を切り開いた。対立する力の宇宙的な衝突の場としての世界像はもちろん伝統的なそれであり、マニ教神学のさまざまな版の中でたびたび繰り返されてきた。しかし、現実全体を対立物の衝突の場と見なすことと、衝突を単一の絶対内部の対立に帰させることとはまったく別の事柄である。

ベーメの先見的述作は宗教改革の汎神論的反対派の中に生き、そしてまたフランクやヴァイゲルの場合のように、エックハルトや『テオロギア・ゲルマニカ』に見られる多くの理念を異なる言葉で繰り返してきたプラトン主義の延長である。この思想流派の中でベーメは何程かの革新者であった。錬金術師の伝統に従って、彼は目に見える世界を目に見えない現実を明らかにする感覚的で判読できる徴候の集合と見なした。しかし彼の見解によればこの明示化は、それによって神が外化し自らを表す必然的な手段であった。

「永遠の自己探求者および自己発見者」は、いわば自己を複製し未分化の静止状態から真の神になるために立ち現れる。このようにわれわれはベーメの神の観念の中にエックハルトの著作と同じ両義性、プロティノスの二つの最初の位格の影響を発見する。顕現する神は自らを被造物に変形させた神であるが、しかし、彼の中で実際に単一であったものが、光と闇という対立する力の装いの下で現れるというやり方でのみそうすることができる。

「光の中でこの力は神の愛の炎となる。闇の中でそれは神の怒りの炎となり、それでもなおそこには一つの炎しか存在しない。それは自らを二つの原理に分割し、その結果として一つが他の一つの中で明らかになる。というのは、怒りの炎は大きな愛の表れであるからだ。われわれは闇の中で光を感知し、そうでない場合それを見ることはできない」（『大いなる神秘』Ⅷ, 27）。

自分の孤独からの脱出と自分の探求のためにその境界を乗り超えることによって、神はもろもろの質がその反対物のお陰で認識されるようになる分化された世界を不可避的に創造する。ベーメは対立する欲求によって人間の魂の中に生まれる内的衝突を主として考えた。創造の本質的ドラマは対立する力によって引き裂かれた個人の内部で演じられる。魂の真の故郷は神の中にあって、神はそこに愛の種を播いたのだが、しかし同時に自らの意志を主張することを望む。こうしてそこには、自己否定による調和への欲求が最終的に自己肯定の主張に勝利するような内的衝突なしに神へ戻ることは存在しない。

ベーメの神智学は、いわば、有限の世界を創造する無条件の存在という理念に固有な中心的二律背反の不鮮明な自覚である。有限の世界とはその創造者の出現と否定の両方であり、一つがなければもう一つもあり得ない。絶対的精神が出現することを選択するかぎり自己自身を否定するしかない。その源泉との統一によって鼓舞される有限の存在の世界は、その起源に回帰させせようとする力にまったく抵抗できない。しかし、それが存在してしまった以上、その有限性において自らを行使する衝動から逃れることはできない。ベーメの神智学におけるこの矛盾は、創造の第一次的衝動における裂け目から生じた二つの宇宙的エネルギーの敵対として初めて明確に提示された。

8　アンゲルス・シレジウスとフェヌロン：消滅による救済

神の自己限定の弁証法と人間存在の非自己同一性の理念は、一七世紀と一八世紀にわたって主に北方神秘主義において再発した。それらは何の困難もなくベネディクト・ド・カンフィールドやアンゲルス・シレジウスまで遡ることができる。しかしながら、前者がすべての創造物の「無」と神の排他的現実を強調したのにたいし、カトリック主義に転換する以前に彼によって書かれたことには疑いのない『天使ケルビムのごとき旅人』の中で、シレジウスはこのことに満足せず、人間の真の本質および最終的故郷としての神性というエックハルトの主題に立ち戻る。

永遠への願いはわれわれの中に常にある。それに応えてわれわれは「偶然的」ではなく「本質的」になり、個別的存在という特殊性を放棄して絶対的存在に吸収される。「本質的」と「偶然的」との対比は明白に表現される。

「人よ、本質的なものとなれ。なぜならば、世界が消滅するとき偶然は滅び、本質的なものだけが生き続けるからだ」（〔邦訳　植田重雄・加藤智美訳『シレジウス瞑想詩集（上）』岩波文庫　一〇三頁〕）。

しかしシレジウスのいくつかの警句の中には、その存在が局所的でそれぞれの自我に付着したすべてのものを自発的に放棄することによって治癒されなければならない悪として、個々の実在の偶然性が単純に現れているのにたいして、他の個所の警句では、その中で創造が改変した形で神に神自身の存在を復活させるというエリウゲナの循環という観念をわれわれは見いだす。

神のみが私の中に、同じで似たものを永遠に見いだすことができる（同前　八八頁）。私だけが、神が自分自身を展開できる似姿である（同前　三七頁)。私の中にだけ神はいるのである(同前　六四頁)。私が神の国に入って神となれるように、神は私となり、不幸の中に入ってきているのだ(同前　一七八頁)。

こうしてわれわれは、最終的にその有限性を終わらせそれ自体との統一に回帰するために自らを有限性に外化する絶対という同じモデルを有することになるのだが、ただしその統一は精神の分裂のすべての結果によって豊かにされ、それゆえに自己省察の反省的統一とわれわれが措定しても良いものである。

同じ事柄を意味している偶然、悪、有限は、神の側の不当で説明のつかない下降ではなく、ましてや神の敵対者や反対者の仕業などでもない。それらは循環的な弁証法の運動の最後の段階に属し、最初は神の否定それから自らの消滅を意図する有限の魂による反否定を含む。それゆえに再び、神のそれ自体への還帰もまた人間精神のそれ自体への還帰、その永遠性への回帰であって、その永遠性は人間精神の真の性質と休息の場であるが一時的存在によって覆い隠されている。自己消滅は、神が自己自身となる過程と不可分であるが、しかし最終的には修正される運命にある耐え難い混乱を終わらせる。

しかしながら、われわれは諸々の例えを不当に拡大する必要はない。人間の偶然性という命題は、正統派カトリック、プロテスタント、非宗派の信奉者であれ、彼らによるあらゆる汎神論的文献や神秘主義的著作の中に見いだされる。フェヌロンは「おお神よ、私はあるべき者ではない」と書いた。

「ああ、私はほとんどあるようなものではない。私は自分を無と存在の不可解な中間点に見出す。私はあったものとあるであろうものの中にあり、あったものではなく、いまだあるであろうものでもない。つまり、その間に私はあるのだろうか。それが何か、その中に含まれないものは何か、安定性もなく、水のように流れていくものを私は知らない。私が摑むことはできず、手からこぼれてゆき、私が摑もうとし、一目見ようとするときにはもはや存在しないものが何であるかを私は知らない」(「神の存在とその属性に関する論文」『全集』1820)。

オランダの無宗派の神秘主義者ヤコブ・ブリルは、その全集において、「実在するすべてのものは人間を除いたものであり、人間が自分を考察すれば、人間は彼があるようなものではない。というのは、彼は自らを自分ではないときの何ものかと思い描くからである。すべてのものがそれら自体ではなく創造者の中においてそのものなのである。人間は自分自身を自分自身における何ものかと想像する。しかしこれは彼の誤った観念に過ぎない」と断定した。その真の存在が神の中にある分割された存在としての人間という概念は、共通した概念であり常に回帰の願望と結びつけられる。偶然的存在は絶対者の進化の否定的段階であるという見方は、明らかにそれに付随する前提を伴うが、それらは大教会の信仰告白的正統派から意識的に脱け出すかあるいは背教者と銘打たれた人びとの著作の中に見いだすことができる。

9　啓蒙主義　自然主義の図式の下の人間の実現

これらの図式の双方が宗教思想の産物としてのみであり、物質界を神の顕現とする解釈そして、肯定的であれ否定的であれ、またはより一般的にはその両方であれ、絶対精神との関係の立場からする人間の解釈を含んでいるように見えるかもしれない。しかしこれはそうではない。なぜなら、人間の自己自身への回帰という論理はまた啓蒙主義の自然主義哲学の一つの構成要素として見いだされるからである。

事実として問題になっている理論は、失われた楽園という典型的なイメージとともに、人間の自分自身に関する省察の不変の特徴であって、さまざまな文化においてさまざまな形態を採りながら、同じように宗教的あるいは根本的に反宗教的枠組みの中にその表現を見ることができる。

啓蒙主義の文献の中に、われわれは人間の失われた自己同一性の観念とそれを復活させるという要求を見いだすが、それらの両方がユートピアの著作や自然状態のさまざまな叙述の中に存在する。ロックやベールによって植えつけられた懐疑主義や経験主義は、人間が自然の地平の上で復活す

34

る能力と義務を有するという理念的な調和観念にたいする否定的土台を用意した。人間の有限性を承認することが、人間が真に何であるのかあるいはその実在の危急性は何であるのかを発見することが可能であるとする信念と両立することを明らかにした。

人間存在が自然に先行する、ある精神の仕業ではないという意味において、人間存在は偶然的なものと見なされなければならないとしても、それにもかかわらず自然それ自体は人間の完全性に関する情報を提供し、もし人間がその固有の召命に完全に従うとすれば人間は何になれるかをわれわれに示している。その結果いかなる特定の文明も自然の中に観察できる基準に照らして評価され得る。

現世を天国と比較する代わりに、現在の文化が人間の自然状態と比較された。神秘主義者が人間の全般的条件をその特殊な文化にもかかわらず絶対における人間性の真の実現と対比したのにたいし、自然主義者はあらゆる形態の文明とりわけ自己の文明を自然の命令によって規定された真正な人間性の観点から判定した。この観点からすれば、彼らがそれらを高貴な野蛮人（the noble savage）の理論のようにある時期と場所において実際に実現されると信じていたかどうか、あるいは彼らがそれらを服従すべきパターン、しかしながら、単に思索によって生み出されるものではなく、自然の法則の中に発見されるパターンとして構築されたものと見なしていたかどうかは重要ではない。

自分自身の文化からの乖離とそれを「不自然である」（unnatural）と批判する態度は確かに後期ルネサンス（例えば、モンテーニュ）に既に現れ、自由思想の多かれ少なかれ持続的伝統によって啓蒙主義に継受された。しかしながら、全面的に新しい知的体系を構築するような大規模で一貫した急進的形態を取るためにはそれは一八世紀を待たなければならなかった。

他者の目を通して自己の文明を描くという工夫（ゴールドスミスの『中国人からの手紙』、モンテスキューの『ペルシア人の手紙』、スウィフトの『フィンフム』そしてヴォルテールの『シリウスからの旅人』）は、すべての人類に通じる真の基準が存在し、問題になっている文明は自然に反するという信念と結びついていた。しかしながら例外はスウィフトの辛辣な風刺のために生み出されなければならなかった。つまり、彼は自分の理想国家を人間ではなく馬の中に置くことによって、その用語の由来やその大衆的用法という完全な意味において、それは「ユートピア」であると明瞭に示した。

支配的な文明に対抗する「自然人」（natural man）という主張は、さまざまな権利の主張や質的比較を内に含んだ。しかし人間の自然的平等、その幸福や自由および理性の行使の権利は、世間一般に受け入れられた命題であり、批判の装置を組み立てる上で十分なものであった。それにもかかわらず、啓蒙の理念の概念的枠組みは不十分であり、その構成要素は相互に調和しないことはずっと前から分かり切っていた。

「自然」と「理性」という鍵的概念は、厳密に分析すれば、首尾一貫した全体において結合しないことが証明された。というのは、自然の賜物としての理性の崇拝はどのようにすればそれ自体として合理的な自然の崇拝と調和され得るのだろうか。唯物論者が主張するように、もし人間の理性が動物的自然の延長であるとすれば、猿が行うトリックと数学者の推論とのあいだにいかなる本質的相違も存在しない（ド・ラ・メトリー）ことになり、そして、もしすべての道徳的判断が快と苦の反応に帰せられるとすれば、その場合、抽象的推論と道徳律を具えた人間は実に自然の仕業であって、自然のメカニズムの盲目的なかけら以外の何ものでもないことになるだろう。

他方で、多くの人が主張するように、もし自然が合理的で目的的で保護的な代物であるとすれば、その場合自然は神の単なるもう一つの名称ということになる。それゆえに理性も理性ではなく自然も自然ではない。つまり、われわれは思想を非合理的と見なすかあるいは神の如き属性を有する自然を信じるかしなければならない。

人間の衝動は人間を規律し統制する道徳律と同じように自然であるということをどのようにして受け入れることができるのだろうか。われわれは、エピクロスの時代以来の神の崇拝者を嘲ってきた無神論者につきものの永遠のジレンマに立ち戻ることになる。つまり、世界は悪に満ちている

35

のだから神は悪または無力あるいは無能ないしはそれらの三つでなければならない。そしてまた同じことが「素晴らしく全能の」自然にも言うことができる。

他方で、もし自然が人間とその運命に関わりのないものであるとすれば悪は征服できると信じる理由は存在しない。自然法はただのジャングルのそれであって、人間社会は植物や動物と大して違いのないものということになるだろう。この点で、啓蒙主義の理念の力は分岐し始めるのであり、われわれはマンデヴィル、スウィフト、そして後期ヴォルテールの悲観的態度に遭遇する。いったん発見されるとあらゆる対立と悲惨を一掃するように見えた慈悲深い自然との調和という考えは揺らぎ始める。

10　ルソーとヒューム　自然との調和信念の破壊

ルソー、ヒュームそしてカントはこの信念喪失の完全な主唱者である。ルソーは自己同一性の下で生きるという人間の原型を信じるが、しかし彼は文明の影響を遮断し自然との幸福に戻ることが可能であるとは信じない。自然人はその人生との関係が反省によって介在されていないのだから、疎外の感覚を持たない、つまり、彼はその人生を思い悩むこともなしにまっすぐに生きる。自然人は無意識のうちに彼の状態と彼自身の限界を受け入れるのである。こうして他者との友愛は自然発生的に発展し、それを保持するための特別の仕組みも必要とはしない。

文明が自己自体からの分離を人間に引き入れ、もともとあった社会との調和を崩したのである。それが利己主義を普遍化し、団結を破壊し、そして個人の生活を慣習の体系や人工的な必要に従属させた。この社会の下では個人の自己同一性は成就されない。彼ができることはその圧力から逃れ、常識から独立して世界を凝視することである。

他者との協力や連帯は個人から真の個人的生活を奪うものではないが、他方で、利己的利益と野心の負の結合は共同社会と個人の両方を破壊する。人間の正当な義務は自分自身であると同時に他者との自発的連帯の中で生きることである。文明を元に戻すことはできないのだからわれわれは妥協を試みなければならない。つまり、各人が自分の中に自然状態を発見し、その同じ精神で他者を教育するのだ。われわれの努力が真の共同社会の復活に繋がること、そして社会が諸個人の中で再生することをわれわれに保証する歴史の法則は存在しないが、それを実現することはまったく不可能ではない。

ルソーは歴史的神義論に手を出したり、過去の恐怖の中から花開いた調和的秩序の希望でもって世界中の悪を統合することを試みたりはしない。彼の見方において原初的な調和の破綻は純粋かつ単純な悪であって、正当化もできず目的も持たない。不確実な改善の希望を育てる「らせん状の進歩」という弁証法は存在しない。

このようにルソーは真正な人間という彼独自のモデルを持っているが、そのモデルの侵害を正当化するいかなる理由も認めない。彼の見解では、人間の堕落は完成に向かって進む自己矯正的段階ではない。この点で彼はプラトンの手法に倣った神統記学者よりも普通のキリスト教に近い。つまり、悪は悪であってそれは人間の過ちであり、宇宙の歴史にとって何ら隠された意味を持たない。他方で、人間に名宛された召命があり、それは歴史に先立つもので歴史によって指示されるものではない。その召命の究極の現実化こそが開かれた問題である。

転じて、ヒュームの学説は一八世紀思想の他の二つの基本的要素の分裂を表している。すなわち、経験のカテゴリーと自然秩序のカテゴリーの分裂である。経験主義の前提がその論理的帰結まで及んだ時、自然の秩序という観念は弁護できなくなることが明白となった。もし感覚によって伝えられる以外の知識は存在し得ず、そしてもしわれわれの感覚的素材が因果的結合あるいは必然的法則の証拠を用意できないとなれば、われわれの精神はばらばらの現象の合成として以外には現実を何も理解できないことは明らかである。

その場合、われわれは自然の秩序を宇宙の内在的特徴であると見なすことが適正であると認識するのではなく、単純に科学タイプの「法則」、すなわち、実践的便宜という理由から、物事の一定の循環的連続性を主観的に断定する。その上、われわれの苦痛や快の感覚から独立した有効性を保持する道徳律によってわれわれは縛られると想定するいかなる理由も存在しない。

要するに、「物質的秩序」と「道徳的秩序」の両者は現に存在するものまたは経験によってわれわれに伝えられるものを超える想像物である。同じように人間の現実の歴史の行程から独立した人間の基準、義務あるいは目的が存在すると想定することは無益である。

ヒュームは人間の偶然性や宇宙の偶然性のどちらも主張しない。その反対に、神の存在の宇宙論的証明に反論して、われわれは宇宙が偶然的であることを経験から知ることはできないと述べる。しかしこれは、それがスコラ哲学者的意味の偶然性ではないこと、つまりそれは必然的創造者に依存しなければならないと指示する命題的質を持たないことを意味するだけである。

スコラ哲学者にとって世界の「偶然性」は必然性の表れとして仕える。それ自体として考えれば、世界はそれについて必然的なものは何も有しないが、しかし必然性は存在しなければならない、なぜなら世界は存在するからである。その偶然性はわれわれがそれを神の存在と関係づける時に初めて見えてくる。あるべきものとして、神との関係で考えるならば世界は偶然ではない、なぜなら何ものも突然には存在できないからである。

このようにヒュームが世界は偶然であることを示すものは経験上存在しないとわれわれに教えるとき、彼は実際には世界は偶然であること、つまりわれわれが世界をいかなる必然性や絶対的現実と関係させなければなら[37]ないことはないことを述べているのである。

言い換えれば、「偶然」という表現は「必然」という表現と対置されて初めて意味を持つ。ヒュームの立場は、世界はあるがままのものであって偶然と必然の対置は経験的基礎を持たないということである。ヒュームにとっての世界はサルトルにとってそうであるのとまったく同じ意味の偶然である。つまりそれはいかなる「理性」の上にも基礎づけられず、何かを探求するようにわれわれを義務づけもしない。

ヒュームの批判は、経験主義を自然調和の信念に、道徳功利主義を人間は幸福に運命づけられているという信念に、自然の賜物としての理性を絶対的権力としての理性に、それぞれ合致させるように思われた一八世紀体系の土台を最終的に揺るがした。もしこの試みが、存在の統一性と必然性そして経験的歴史的人間性と離れたものとしての真正の人間基準にたいする信念の正統性を復活させるものであったとすれば、ヒュームの分析の破壊的な意味合いは評価されねばならない。これが、カントが直面した問題であり、実際に彼によってその試みが行われた。

11　カント　人間存在の二元性とその矯正

カントは　理性をその一部あるいはその表れであるとする自然秩序の信念に対抗して、人間理性の主権性を選択した。その哲学において、彼は、理性が自然法あるいは前から存在する調和または合理的な神を発見できるだろうとか、あるいはそれ自体をその調和の中で解釈できるだろうという希望を拒絶した。これはヒュームが主張しようとしたような、あらゆる知識は個別の認識の偶然性に還元されることを意味しない。われわれのすべての判断は経験的あるいは単に分析的であるとは限らない。つまり総合的で先験的な判断であり、われわれに現実に関する何かを教え、われわれの知識の骨格を形成し、それに規則性と全般的有効性を保障するような非経験的判断である。

しかし、これは、総合的な先験的判断はあり得る経験の対象のみに関係するという『純粋理性批判』の主要な結論の一つである。これが意味するのは、それらの結論は合理的な形而上学の基礎を提供することはできないということである。なぜなら、形而上学はもし完全に実現するならば、先験的判断の総合から成り立たねばならないからである。われわれが望み得るすべては、経験からは引き出されず、先験的に確定できる自然法の体系という形で生まれる形而上学である。

あらゆる思考は究極的には認識に関係し、われわれの精神が必然的に形成する先験的な構築物はそれらが経験世界に適用できるかぎりにおいて意

38

味を持つ。こうしてそれを構成する決定要素に関するかぎり、自然の秩序は自然の中には発見されず精神それ自体の秩序によって自然そのものに課される。純粋な理解の基礎としての時間と場所における対象の配置はこの秩序に属し、そしてまたカテゴリーの体系すなわち経験的世界に統一性を与え、それに由来するのではない非数学的概念もこの秩序に属する。

　このように経験は知性の統合力を通じてのみ可能である。自然の秩序は精神の自然にたいする主権性を証明するが、しかしその主権性は完全ではない。新しい情報を何ももたらさない分析的判断から離れた個別の知識は、二つの源泉に由来する内容を持つ。認識と判断は根本的に異なる活動である。感覚的認識において対象はわれわれに単純に与えられ、われわれは受動的にその結果を受け入れるが、知性の活動においてわれわれはそれらにたいして精神を発動する。

　世界における人間存在のこれらの能動的および受動的という両方の側面は、すべての認識活動の中に必然的に含まれる。認識に関係しないで有効という思考は存在せず、知性の統一作用のない認識も存在しない。これらの第一の命題は、経験的世界を超えて絶対的現実にまで広がる理論的知識という正当な願望は存在しないこと、そしてまた、多様な経験は知性の力に全体として従属できないことを意味する。第二の命題は体系として考えられる自然にたいする精神の立法的優越性をもたらす。

　人間の知識の根深い二元性は直接的には認識されないが、いったんそのことが発見されてしまえば、それはすべての人間経験の基本的二元性を示し、それによってわれわれは立法者そして受動的な主体として、まったく同時的に世界を吸収する。われわれの知性の適正な行使の限界内において、われわれは経験的資料の逃れることのできない偶然性を放棄することはできない。その偶然性は何か所与のものである。われわれはそのことを認めなければならず、そのことを最後は征服するといういかなる願望も放棄しなければならない。結果的に、われわれはわれわれ自身に、そして世界に最終的統一を与えることはできない。

　私が内省においてそうだと認める私の自己は、時間という条件に従属し、それゆえにそれ自体としての私の自己と同じではない、私の自己は理論的知識にとっては接近不可能である。確かに、反省的自己の背後に、われわれは統覚の超越的統一、主体の統一活動の条件、すべての認識に伴う自己認識を区別することができる。しかしこの中で、われわれはそれが存在することだけを知るのであって、それがどのように構築されるかを知るのではない。

　一般に、われわれの組織された経験全体は未知の現実領域を前提にするのであって、それは感覚に影響するのだが、しかしわれわれはその真の形態ではなくわれわれの先験的カテゴリーによって命じられた形態においてそれを認識する。世界のそれ自体としての存在は経験的資料から導き出せるのではなくただ単に知られたものである。つまり、私自身の存在の自己意識は同時に直接的な対象意識である。しかし、われわれはそこに存在する単なる事実を除いては独立した現実を何も知ることはできない。ましてやわれわれは知り得る世界の偶然性あるいはそれにたいして人間の知性が従属する二元性を放棄することはできない。

　しかしながら、人間の精神はそれ自体の限界を有する知識あるいは経験の先験的条件の意識に閉じ込められた貧弱な形而上学に満足しない。われわれの精神は絶対的知識の統一を飽くことなく追求するように構築される。つまり、人間精神は世界をあるがままだけではなくあるべきものとしても理解し、そして経験思想の前提が含意する区別、つまり可能なもの現実的なものと必然的なものとの区別を克服しようと求める。

　なぜならこの区別は精神から除外することはできないからである。つまり、可能なものとは経験の形式的条件と対応するあらゆるものであり、現実的なものとはその物質的条件において現実的に与えられたものであり、必然的なものとは経験の一般的条件に由来する現実の一部である。

　世界の現実はこのように偶然性を含んでおり、この偶然性はもしわれわれが無条件の存在そして知識の主体と客体の絶対的統一に達した場合にのみ除去できる。その努力は無駄に終わるかもしれないが、われわれはここに到達するように絶えず努力する。つまり形而上学の迷妄はそういうもの

39

だと分かっているときでも人間の精神に宿っているのである。それらは経験からは抽出されない（なぜなら、アプリオリな概念は正当であり知識にとって不可欠であるから）ばかりではなく、経験にすら適用できない概念の構築となって現れる。

神、自由そして不死のような純粋理性の概念あるいは理念は、理論的理性の枠内において有意味に使われ得るものではないが、人間精神にとっては永久的な誘惑となる。純粋理性の立場からすればそれらは一定の意味を持つ。しかしそれらは調節的であって本質的な意味を持たない。すなわち、われわれはこれらの概念に対応する現実を何も知ることはできないのであって、ただ、われわれの認識活動の方向性を指示する到達できない制限、または指示器としてわれわれがそれらを利用できるだけである。

したがって、これらの理念の適正な行使はそれまでの努力を凌駕する精神の持続的召喚を伴う。つまり、それらの非正統的な行使には、どれだけ大きかろうと、われわれを絶対的知識に到達させる努力という想定が伴う。三段論法の連環におけるそれぞれの判断のために、精神は大前提を発見するように努める。つまり三段論法の規則はわれわれがそれぞれの前提の前提、それぞれの条件の条件を無条件であるところに達するまで追求することを必要とする。この原理は精神活動を統御するという目的のためには適正なものではあるが、それは諸前提の連環において事実上最初で無条件の結合が存在するという誤った想定と混同されてはならない。というのは、知的連続の一つひとつがそれらに先行する条件を持つということを知ることと、最初の無条件のものを含む連続を全体として理解できると主張することとは別の事柄であるからだ（どのような特定の数であってもそれよりも大きな数が存在することは真であると述べることは真である一方で、どのような数よりも大きな数が存在すると述べることは真ではないと指摘することによって、われわれは、カントの思想を明らかにすることができるかもしれない）。

三段論法の原理を、純粋理性の根本的ではあるが、誤った前提から区別できないことが、三つのタイプの三段論法に対応する三つの典型的なタイプの誤りの根源である。定言的三段論法の領域において、この前提は、叙述的判断の連続する条件を探求する際に、われわれは最終的に叙述的ではない主題に行きつくことができると述べる。仮言的三段論法の領域において、何も前提にしないという主張に行きつくことができるとわれわれに教え、そして選言的三段論法の領域において更なる区分を完成させることを要しないような概念区分の集合を発見できる、とわれわれに教える。

このやりかたで、われわれは知識の領域において三種類の絶対的統一を設定できると勘違いする。すなわち、心理学においては考える主体という統一、宇宙論においては一連の現象の原因という統一、神学においては思考一般の主体という統一である。しかし有限の経験という境界の中でこれら三つの理念のいずれにも対応する対象は存在しない。われわれは理論的に人間の魂の実質的統一も、あるいはまた宇宙の統一も、あるいはまた神の統一のいずれも理解することはできない。

自らが深く関わった真理命題を擁護する主張を無効にするために、カントほど骨折った例は哲学者の歴史の中でほとんど存在しない。神の存在、自由、魂の不滅の確信は、彼がただ一人自らの中立性を宣言することに関わった点からすれば、彼にとってどうでもよい事柄ではなかった。その反対に彼は、それらは決定的重要性を持つ問題と見なした。しかし、精神が絶対を手に入れたという想像にかられるとき、精神は自らを欺くことになると信じた。絶対は知識の終わりのない進歩の指針ではあるが、それ自体が精神の所有物となることはできない。

認識によって絶対に到達することは、絶対になることと同じである。しかし能動的な部分と受動的な部分への人間の分割、そしてそれに対応して、認識されるものと思考されるものへの、そして偶然的なものと知的に必然的なものへの世界の分割というこのような分割は無限の地点でのみ解決できる。そして同じことがわれわれの道徳生活における自由意志と法、幸福と義務の対置についても言える。なぜなら、意志を与えられている存在としてわれわれの生は、否応なくわれわれが参加する二つの秩序のあいだで同じように分割されるからである。すなわち、因果関係に従属する現

40

象的な自然世界と物それ自体、自由そして精神の全体的な独立の世界である。義務と呼ばれ命令という形でそれ自体を表すものはわれわれの性向からまったく独立しているだけではなく、その命令という性質上われわれの性向と反対でなければならない。

「人がなにごとかを喜んでなすべしという命令は、それ自らにおいて自家撞着だからである。思うにわれわれが自己のなすべきことをおのずから知っているならば、そのうえわれわれがこれを喜んでしようという意識をもっているならば、この事をなせという命令はまったく不必要であり、またわれわれがこの事をなすにしても喜んでではなく法則に対する尊敬からのみなすならば、この尊敬を格率の動機とするような命令は、命ぜられた心術にまさしく反対にはたらくであろうからである」（カント［邦訳　波多野精一・宮本和吉訳『実践理性批判』岩波文庫　一二二〜三頁］）。

しかし法則にたいする意志の服従は可能であるに違いない。それは最高の善の条件であって、それ自体として可能であり、幸福と徳の調和的総合をもたらし、われわれが知っているように、経験世界においてこれらは相互に制限しあう傾向を持つ。理性は道徳的法則を直接的に、つまり、法則を充たすことを可能にさせる主観的条件の知識を独自に認識する。言い換えれば、人間は自らが行動の自由を持つことを知る前に自分が何をなすべきかを知る。彼がなさねばならないという事実から彼は初めてできるということ、すなわち彼は自由であることをまず学習する。

41

しかし、このように理解された自由は実践理性の対象であって、それは理論的理性よりも広い領域を持つ。たとえ彼が事実としてそうすることが確実ではないとしても、道徳的命令に従うことが彼の権限内にあるということは、すべての人が同意するだろう。つまり、「彼は、或る事をなすべしということを意識するが故にそれをなしうると判断し、また道徳的法則がなければ決して知られなかった自由を自己のうちに認識するのである」（カント［邦訳『実践理性批判』五〇頁］）。

実践理性は理論的知識に由来できないそれ自体のア・プリオリな原理を有しており、それが有効になるためには、その概念形成力が実証的適用可能性によって制限される知性によっては接近できない、一定の基本的真理を受け入れることを必要とする。道徳律に従う意志は、その必要な対象として最高の善を有するがゆえに最高の善が可能であるにちがいない。そして、この善は無限の進歩の結果としてのみ可能である絶対的完成を求めるがゆえに、道徳律の有効性は人間個人の無限の継続つまり人格の不死を必然的に前提とする。

同様に、最高の善の前提条件が有効となるためには、人間の幸福が義務と一致することを必要とする。これが確かにそのようになるという証拠を自然条件は与えていない。したがって意志の必要な目的としての最高善は、自然の一部分ではない自由で合理的な自然の根拠、つまり神の存在を前提とする。

このようにわれわれが道徳律を知ることにより、思弁的理念は理論が絶対に保障することができなかった客観的現実を獲得する。われわれの不死性、知の世界への参加、無条件の自由、そして自然にたいする創造者の優越性というものはすべてその存在が道徳律によって要求される現実として示される。

要約すれば、二つの相対立する命令、つまり、自然のそれと自由のそれへの、欲望のそれと義務のそれへの、偶然の物事に満ちた受動的存在と対象の偶然性が消滅した中での能動的存在へのこうした人間の分裂は、治癒可能である。しかし、それは無限の進歩という条件に立ってのことである。

われわれの前にある展望は自己完成へ向かう無限の努力という展望であるが、それは超越的な神との一体化という神秘主義的意味においてではなく、自由を支配する偶然の力を粉砕する絶対的完成に達するという意味においてである。理性と意志が世界を完全に支配するという神の如き条件の実現は各人の無限の進歩が志向する地平である。

カントの哲学は失われた楽園や人間の堕落の歴史を含まない。それは自

42

然への従属ではなく自然からの解放による本質的人間性の実現という展望を提供する。カントは人間存在の偶然性を克服する哲学の試みの歴史において新しい一章を切り開き、人間の実現としての自由を設定し、人間の自己自身、神聖であるべき自己へ向かう終わることのない人生行路の究極の目標として、自律的理性と意志の独立を打ち立てた。

12　フィヒテと精神の自己征服

ヨハン・ゴットリープ・フィヒテ（Johann Gottlieb Fichte）は、カントの人間の自由への命令説の制約を取り除くことをめざし、そして人間がその存在の諸条件にたいする無制限の支配という根本的自覚、自身の存在の絶対的優越性、そしていかなる既存の秩序からも完全な独立を獲得することとは人間の能力の範囲内にあって、それは人間の義務であるという見方を展開した。

フィヒテがその演説『人間の尊厳について』（一七九四）で述べたように、「哲学はわれわれに一切を自我の中で探索することを教える」「自我によってはじめて形なき死せる物質の中に秩序と調和が入来する」つまり、人間は「その現存在の点では、かれの外にあるすべてのものから端的に独立しており、かれは端的に自己自身によってである。――人間は永遠に存在する、自己自身によって、かつ自分の力から」（「人間の尊厳について」［邦訳　隈元忠敬他訳『フィヒテ全集』第四巻　哲書房　三〜五頁］）。

しかしながら、実在の無条件の制作者としての自己の立場についての人間のこのような自覚は、即製的に与えられるものではなく、一つの道徳的教え、絶えまのない自己超克の要求そしてそれぞれの実在を完結としてではなく新たな義務としてその都度見直す永遠に繰り返される努力の要求である。

このような精神の自然からの哲学的解放と永遠の道徳的課題としての世界という概念は実践的革命的営為の勇気に欠け、行動を思想の領域に置き換え、実践を道徳主義の立場から構想したドイツの政治的急進主義や文明の兆候として、マルクスやその他の人びとによってその後に非難された。

しかしながら、そのような基本的立場のおかげで、ドイツ哲学は世界を楽観的な期待の源泉あるいは価値を叙述しそれらの正当性を弁護する便宜の良い性質の作品ではなく、問題や挑戦と見なした。

理性はもはや自然の複製ではなく、その中にあらかじめ確立された調和を発見しない。哲学は人間の中に認識の主体としての全体的人間そしてその実践的存在の一部または側面を識別することができる。このような方法で認識は実践的行為の一形態として解釈されるようになった。

フィヒテの啓蒙主義哲学への反対は、カント的なモチーフに基づいた。もし人間が、自らが肉体的に属する現存の自然の圧力によって拘束されるならば、その場合、快と苦の功利主義的計算を超えた道徳性も、つまりいかなる道徳性も存在し得ない。もし世界が義務の対象であるとすれば、人間は自然決定論から自由でなければならない。結果として、形而上学的および認識論的選択は道徳の問題を含んでいる。われわれは、フィヒテが「独断論」（dogmatism）と呼ぶもの、言い換えれば意識を対象によって説明する観点に常に惹きつけられる。なぜなら、これはわれわれを責任から解放し自然の中に発見されるはずの因果法則に依拠することを教えてくれるからである。誰であれ対象への依存から自らを解放できない人間は、傾向として独断論者である。

他方、観念論（Idealism）は意識を出発点と位置づけてものの世界の理解を意識に求める。すなわち観念論者は自身が自由であるという意識を実現し、世界にたいする自らの責任を受け入れ、そして現実を把握するように準備されている人間である。自己の認識を諸事物における人間の客観的存在と同一化する人びとすなわち唯物論者は、誤っているというよりも実在の創始者の役割を担う点で薄弱であるか、あるいはその能力がない。

観念論は道徳的に優れているだけではなく、解答不可能な問題を避けようとする哲学者にとって自然な出発点である。それは原初的な経験の事実が生起するものを探求する必要がない。なぜなら、この立場からすれば主体と客体は一致するからである。実在の第一次的状態つまり自己意識は、それ自体としての存在であり何ら説明を要しない。

43

しかし、このような自己意識のそれ自体としての存在は、物としてあるいは実体としてわれわれの反省能力に与えられているのではない。それは活動としてのみ現れる。フィヒテは、実体は行動に先行しなければならず、他方、行動は活動的実体を前提とするという観察的立場を否定する。その反対に、行動が第一次的であって、それとの関連で実体の存在は第二次的産物あるいはその結晶に過ぎない。

意識はそれ自体が行動、外部から規定されない創造的主導の運動である。つまり、それは原因それ自体である。対象の世界は独立した存在を何ら持たない。カントの「ものそれ自体」は独断論の名残である。自身の無制限の自由という意識の下で、人間は自らを実在にたいして絶対的に責任を負うものと認め、そして実在を人間ゆえに意味をなす何ものかであると全体として認める。

自由もまた真の人間共同体の条件であって、それは消極的な利害的結合ではなく自発的連帯に基づいており、人間の実在が自然によって人間にたいして刻印された必要によって定義されるという見方を受け入れるならば、それは唯一の結合である。ルソーの理想と同様に、フィヒテのそれは人間の結合が自由な共同に基づいており、外部から課された契約によって規制されない社会である。

しかしながら、もし意識が絶対的な出発点であるとすれば、それはバークリー主義の観念論と同様に認識の意識ではあり得ず、意志の行為の意識でなければならない。その最初のそして本質的な要求は思考のそれ自体に向かう義務であり、この義務が自我をして自らの対応物を創造することを求めるが、自我はこの対応物の中に自己限定として自らを認めるのである。意識、自我はそれ自身を創造的自己意識として創造するために非我を現出させる。意識、精神は直接的に与えられた自己同一化では満足せず、それ自体として独立し、それ自体によって認識される反省的自己同一化を求める。しかしながら、これを達成するためにはそれはまず二つに分割され、世界を創造することによってそれ自体を客観化し、そうして何か外的なものとしてそれにたいして表れ、それ自体を認識させるようにする。

このような自己消去的客観化の弁証法はヘーゲル的図式の直接的先取りである。しかし、それはまた新プラトン主義的神統系譜学の歴史全体および神が自らの創造活動を通して出現したものと提示するあらゆる教説にその起源を持つ。フィヒテの版において神聖な実在の属性が人間の精神に転移され、それが無限の自律性の中で他のすべての現実が関係する基準となる。自我に関するかぎり、能動性と受動性の対立はもはや適用不可能である。

『知識学』（一七九四：第一版Ⅱ．4．E．Ⅲ）でフィヒテは書いている。「自我の本質がただ、自我は自己自身を定立するという点にあるとすれば、自我にとって自己定立と存在とは唯一同一である。…自我が或るものを自己の中に定立し得るのは、これを非我の中に定立しないことによってのみであるということである。――自我の能動性と受動性は唯一同一である」［邦訳　同前『フィヒテ全集』第四巻　一八七～八頁］。

自我は経験的、心理的、個人的主観と同じではない。それは超越的自我すなわち主観として考えられる人間性であるが、しかし、それは個々人の意識から独立した自律的存在（例えば、アヴェロエス哲学の「普遍的精神」のような）でないかぎり、集合的主観と呼ぶことはできない。別な言葉を使えば、人間性はあらゆる個人の性質として、各人が自らの中に発見しなければならない意識として存在する。人間の共同社会が可能であるのはこのお陰である。つまり、各人の課題は自らを人間として知ることである。

自我はこのような方法で物の世界を確立しなければならず、それらの物は自我の自由の産物であるが、しかしいったん確立されたならば自我にたいする制約となり、掲げられることを求める。したがって世界の創造は単一の出来事ではなく、精神の客体化された産物がその中に再吸収される終わりのない営みである。その客体化の抵抗、つまりそれ自体の発展にとって必要な抵抗に打ち勝つために、精神は首尾よく超越化される新たな限界を設定するという終わりのない過程を通して絶対的な意識の状態に達する。この過程の究極の終点は絶対的意識によって表されるが、しかしこの終点は事実として到達されることはない。

カントの哲学においてのように、それは無限の進歩という目標を表す地平線である。人間の事象における自由の完全な征服は、このように、精神と確立された個々の文明形態との永続的な対決を必要とする。精神はそれ自体の外化の永遠の批判者であり、確立された慣性形態と精神の基本的創造活動とのあいだの緊張は、その存在を停止することはできない。なぜなら、それが精神の存在条件、あるいはそれの異名であると言ってもよいからである。

　フィヒテの哲学はこのようなやり方で人間を実践的存在と解釈し、認識論の中に実践的すなわち道徳的見地の優位性を導入しようと追求した。人間の認識はその内容に関して実践的展望によって決定される。つまり、人間の世界との関係は受容的ではなく創造的である。世界は義務の対象として与えられているのであって、認識の出来合いの源泉ではない。しかしながら、自我の真の目的はそれ自体を貫徹することであり、人間の真の義務

45

は教育と自己教育の領域にある。

　それ自体の制限を一貫して克服している自由として自我を理解すれば、人間の歴史は精神の自由のための闘いの歴史と解釈することができる。フィヒテにとって、その後のヘーゲルと同様に、歴史はもしそれが自由の自覚に向かう進歩として考えられるならば有意味なものとなる。反省のない自発性から伝統の力、個々の排他主義の支配、そして永遠の支配者としての理性の最終的発見を経由して、歴史は個人の自由が普遍的理性と完全に一致し、人間の対立の源泉が枯渇する状態に向かって進む。

　このように考えられた歴史とは、ある種の神義論あるいはむしろ人義論である。つまり、われわれは歴史の中に見いだす悪を全体の躍動性に関連させて進歩の要素と見なすこともできるし、あるいはまた、歴史は完全に非合理的で一貫した存在を欠いている、要するにそれは無であって歴史とは言えないと主張することもできる。

　フィヒテの自由なものとして人間像、自身の慣性としての疎外に永続的に抵抗する固有の使命を発見する人間像は、すべての伝統批判の基礎を提供し、文化的政治的生活における自由に向かう熱意を促進するように見えた。しかしながら、この同じ哲学がその表立った意図にまったく反する結論を生み出し得ることが判明した。そして実際にフィヒテ自身がその経歴の後半段階でそのように行動した。ナポレオン戦争中、啓蒙思想の功利主義についての批判と人類の非功利主義的連帯の弁明は、非功利主義的で非合理主義的な共同社会のもっとも優れた体現としての国家崇拝と結びつけられた。この点でフィヒテはロマン主義思想を先取りした。

　特定の国家が歴史の進行におけるそれぞれの時期の主要な価値の代表であるという理念が彼をドイツ・メシア主義に導き、人間の本性としての人間性という理念が彼を個々人が人生の自己の真の進路を発見するのを助ける手段としての義務的国家教育を推奨させることに導いた。フィヒテの『封鎖商業国家論』（一八〇〇）で素描された全体主義のユートピアは、彼の自由の哲学によって基本的に正当化することができる。

　その結びつき方は仮説的に以下のように跡づけることができよう。人間にとって必要なものは絶対的に自由で創造的な人間性を自分自身の中に発見することである。これは恣意的な理想ではなく現実的で免れることのできない自己知識の求め、人間存在それ自体に合致する進歩である。個人と人類は彼らの運命づけられた目的に向かって等しく発達することはできず、彼らが到達する自己知識の度合いは広範に異なるのだから、より進歩した者による進歩の遅れた者の教育が後者の全面的な人間性に向かう発達を促進するものとなることは極めて自然である。もし、その国民を共同体精神と人間性でもって教育することが国家の任務であるとすれば、被支配者よりも人間性の意味をよりよく知っている支配者が、あらゆる個人に潜在する人間性を引き出すために強制力を行使しなければならないということはおかしなことではない。

46

　こうした強制は、あらゆる個人の中にその本性として存在するがまだ自覚されていない衝動の社会的表現に過ぎない。したがって、それは実際には強制などではなく人間性の発現である。人間は自然によってその人間性を与えられているのだから、共同体への参加の強制は個人の自由の侵害ではなく、彼自身の無知や受動性という牢獄からの解放である。こうしてフ

47

ィヒテの自由としての人間性の哲学は、自由の具現化としての警察国家を主張するのを可能にした。

フィヒテは内在的弁証法つまり人間の主観性を越えては広がらず、その主観性を絶対的な出発点とする弁証法の真の創始者であった（彼の著作の最後の段階でフィヒテは超人間的絶対、その自由の中に人間精神が参画する絶対という発想に立ち戻ったけれども）。彼の考えでは、主観と客観は無限の進歩の中で総合を見いだそうとする二元性の結果である。しかしながら、主観は人間的主観であるのだから、総合は超人間的絶対を予期してはそれ自体として実現することはできず、それはただ人間個々人のかけがえのない活動において初めて実現する。

フィヒテは人間性を無条件の存在と見なしたのだから、彼はそれを実践的存在として見なすことができ、実に、そして厳密に言えば、そのように見なさなければならなかった。人間性は自分自身の世界へ向かう能動的姿勢によって基本的に規定され、創造的主観性との関係において条件的存在を保持する。こうして彼は類の自己創造、自己知識への有意味で一方向的に上昇する自由としての人類史解釈の基礎を築いた。

歴史は、当然ながら、歴史自体と直接的に同一化した非歴史的意識が反省的自己同一化に向かって進む媒体である。したがって、歴史はそれ自体としては目的ではない。つまり、すべての人間性を例外なく包括するのではないが、しかしそれは二つの非歴史的現実、すなわち、最初にそれとして存在した意識と人間の進化の最終目標としての意識とのあいだの架け橋である。

自由としてそれ自体の中に根ざす超越的人間的主観は、その実際的努力によって自らを主観と客観の世界に分割し、そして歴史を通して自己意識的自由への無限の進歩に立ち至らせる、これがフィヒテの形而上学の本質的内容である。

この理論を全体主義国家の弁明として解釈する可能性は、主としてその前提の二つに懸かっている。第一に、フィヒテは人間個々人と全体としての人間の目的は完全に同じであること、それぞれおよびわれわれすべての人間の実現は、各人が十全に知覚していないけれども、自身の自然として各人に内在する普遍的人間性の実現において余すところなく出尽くしていると考える。

さらに、人間は彼ら自身の本質的人間性を実現する程度に応じて多かれ少なかれ進歩する。フィヒテの考えでは、教育は主要には産婆術的で、各人に内在する人間的価値を発現させることであるけれども、それにもかかわらず、より啓蒙された者に目ざすべき人間性を特定することが許されるならば、それによって各人が自身の自由を実現するように強制される制度として、彼のプログラムを解釈することは容易であった。

言い換えれば、諸自由は分化と連結されないのだから、そして、個人の実現は分化できない人間性の実現以外ではあり得ないのだから、自由の実現はこれ以上解体できない存在としての諸個人の自由な表出にはまったく依存しない。超越的自我は経験的人間経験の所産ではなく、人間生活に対抗する主権であり、それ自体の自由のために人間にたいして要求することができる。つまりそれはまた、あたかも神のように、経験的人間を強制することによってそれ自身の自由の進歩を促進することができる。

13　ヘーゲル　絶対へ向かう意識の進歩

人間の存在を自律させようとするカントとフィヒテの試みの対立にもかかわらず、彼らは本質的にはともに二元的観点を主張した。カントにおいてそれは感覚世界の偶然性と知性の必然的な形態の二元論、人間の義務と本性の二元論であった。フィヒテにおいてそれは義務と現実の二元論であり、それは精神発達の恒久的な条件であり、進歩の無限の運動の中に際限なく延長される。しかしながら、カントもフィヒテもこのジレンマを解決しなかった。つまり、精神は存在の偶然性を把握しそれを認知する際にいわば偶然性に染められるか、あるいはまた偶然性を廃棄し、そうすることによって存在の多重性を放棄するのかのいずれかである。

ヘーゲルの壮大な体系は、何よりも実在の性質を解釈することが意図されたのであるが、それは世界の豊かさと多様性を保持する一方で偶然性からその影響を取り除くというやり方であった。シェリングの観念論と反対に、ヘーゲルは実在を絶対との未分化な同一化、すなわち、その中で有限の現実の多様性と重層性が失われるか、あるいは幻影として退けられるに違いないような同一化に還元されることを欲しなかった。

そしてここでもまた、カントに反対して、思考する主体を、理性あるいは意味のないままに所与として、無限に現れる多様で輻輳した経験にたいして無力のまま身を任せたものと見なすことを拒否した。彼の目的は世界をその多様性を犠牲にせずに全体として意味あるものとして解釈することであった。これは彼が述べたように「豊かな細部の内発的発生、そして種類と形態の区別の自己決定」（『精神現象学』序文）を必要とする。

しかし偶然性から自由な精神は無限の精神と同じである。というのは対象が主体にとって何か対立的なものであるかぎり、それは主体にとっての制限であり否定であるからだ。つまり、制限された意識は限定的であり、対象は外的なものとして、いわば、その敵である。精神がそれ自体を対象の中に認識し、後者の外在性と客観性を一掃する時にのみ、それは制限からそれ自体を解放し無限性を実現する。このような方法で実在の多様性は突発的であることを停止する。

しかし、その多様性がその豊かさを維持するためには、世界の異質性と客観性を取り除く過程は、創造された宇宙を粉砕したり、あるいはすべてを吸収する絶対の統一の下に最終的に没入せざるを得ない幻想として、それを主張したりすることに基づいてはならない。つまり、それは消え去ったとしてもなお存在するに違いない。すなわち、精神によるその否定は否定の吸収でなければならない。止揚（Aufheben）あるいは揚棄（sublation）という言葉は精神の独立と実在の多重性を共に守るこの特殊な類の否定の保存を意味する。

しかし、これらは単にこれらの諸条件に適合する精神の恣意的な定義を推奨することによるのではなく、実在の全体的発展を包括し、世界の歴史そして特に人類の文明にたいして統合的感覚を付与することができる歴史の記述という手段によって保障されなければならない。この歴史の体系は歴史の陣痛を通して絶対的なものへ向かう精神の発展を提示するにちがいない。それがヘーゲルの『現象学』の目的であってマルクス主義の萌芽を内包する彼の著作の中でもっとも重要なものである。それは意識の必然的発展の継続的な段階を示しており、意識は自己意識、理性、精神（あるいは心性）、宗教を通して純然たる意識から絶対的な知識へと進化し、その知識において世界の目的が実現し世界の知識と同一化する。

測り知れないほどに複雑で抽象的な言葉、読者の精神を対立する軌道に踏み込ませ、途方もない二律背反に陥らせるこれらの言葉をさて置くとしても、『現象学』はその内容の各部分において精神発展の連続的段階が文化の発展の実際の段階と対応するように意図しているのか、そしてまた、それらが精神の発展とは独立に構築された公式であるのかが明確ではないという、さらなる欠陥を持つ。いくつかのくだりの中でヘーゲルはストア哲学または懐疑論、ギリシア宗教、ルネサンス、啓蒙主義等々について語る時にそうであるように、哲学、宗教または政治の歴史における特定の出来事に言及することによって特定の段階にたいする彼の評価を裏づける。これは彼が文明の歴史において具体化された精神の連続的段階を追跡していることを示唆するのかもしれない。

他方で、われわれは現象学的な時間図式が現実の歴史と対応していないことを発見する。例えば、近代の多くの要素を包含する発展である自己意識・理性そして精神の発展の後に起こる段階として宗教が提示されている。しかるに宗教は古代にまで遡る。『現象学』は、しかしながら、正確に言えば、時間を超越した分類ではなくその中で現象が発現し成熟する時系列の提示である。ヘーゲルの『現象学』にはそのような多くの二律背反が存在し、そのことがヘーゲル体系全体におけるこの作品の適切な位置づけという問題に影響する。ともかくも、われわれはわれわれの研究に関わる領域における本質的傾向に注意を払うことにしよう。

ヘーゲルは精神的なものが実在の全体的発展の出発点であることは明白であると見なす。この点で、彼はパルメニデス、プラトンとプラトン主義者におけるヨーロッパ哲学の始原にまでさかのぼる伝統に従っている。

49

最初の原理は、その実在を無以外にはまったく何も依存させない、自立的でそれ自体だけに関係し、その関係の方法はさらなる探求のために留保されるという何ものかでなければならない。したがって、それは相互に制約するかあるいは相互に無縁な部分からは構成され得ない。つまり、即自存在（being -in itself）および自己関連的存在（being self-related）が精神に適合する実在の様式である。絶対的であるものは定義上すべての制約あるいは制限から自由である、つまり、それは無限であるのだが、この意味では精神のみが無限であることができる。

　しかしヘーゲルはさらに進める。精神は最初の原理であるばかりではなく、唯一の現実である。これは、実在のあらゆる表れ、現実のあらゆる形態は精神の発展のある一つの段階、その道具あるいはその中でそれ自身の不完全さと闘う方法の表れとしてのみ理解できることを意味する。

　というのは、精神は独立的存在ではあるけれども、自己充足的ではないからである。ヘーゲルは絶対の自己充足性を前提としながら、有限の世界を説明しなければならなかったプラトン主義者やキリスト教徒の難点を回避する。彼は、絶対は自己充足的であることを基礎にそうしたのだが、その自己充足性とは何ものからも支持を必要としないという意味ではなく、それ自身の可能性の完全さを表しているという意味である。

　絶対はまた対自的に存在しなければならない、すなわち、それは精神のようなそれ自体として完全な知識である。言い換えれば、それはそれ自体の客観性を放棄し、止揚された対象、自己決定的で実際の自己知識と同一化するようになるまで完全にそれと同一化するような対象とならなければならない。

　ところで、これがヘーゲル的思考のもっとも独自の特徴であるのだが、今や絶対的なものが存在するようになる方法を熟考するわれわれの理性は、それ自体の活動をその過程の構成要素と見なさなければならない。なぜなら、そうでなければ、精神の発展とその発展に関するわれわれの思考は二つの分離された、まったく異なる現実となるだろう。つまりわれわれの思考は精神の発展との関連において偶然的なものか、あるいはその逆になるだろうからである。

　これはカントの批判の誤りを部分的に説明する。カントの批判は最初にわれわれの認識能力の性質を吟味しその後に、すなわち理性がそれ自体の有効性の限界を決定した後で、実在の性質を考察するために認識能力を使う。これは誤った想定に基づく実行不可能な努力である。われわれの有限の理性はそれを行う事前の手段なしにそれ自身の有効性の限界を線引きすることはできず、ましてやそれが存在する以前に存在することはできないのだから実行不可能である。

　誤った想定とは人間と絶対が認識の過程で「正反対の側に」位置し、認識はそれらのあいだの結合として現れると想定することである。絶対を思考する理性はそれ自体を絶対と関連させることによって理性自身の思考に意味を付与することができなければならない。そうでなければ、理性はそれに関わるわれわれの知的活動を構成しない絶対を包含するという幻想的試みによって、自ら自体を偶然的役割と宣告することになる。

　世界について考える際にわれわれはわれわれの思考自体が世界の発展の一部、思考が関与する物事そのものの連続体の一部であることを弁えていなければならない。ヘーゲルは精神について述べているのではない。彼は精神の自伝を述べているのである。

　このように考えれば、われわれは発展の過程の意味を摑む方法が部分を全体と関連させることであることが分かる。真理はその全体においてのみ表すことができる。つまり、意味はその完成した過程に関連させてのみ理解できるのであって、「真理は全体である」。

　この言い回しは二重の意味を持つ。第一に、ヘーゲル的解釈を離れるならば、それは世界のいかなる部分の知識であっても、その部分は実在の全体の歴史と関連させられるかぎりにおいて有意味であることを意味する。第二に、その特殊ヘーゲル的意味は、あらゆる個別の存在の真理はその存在の概念に含まれており、そしてそれ自体が現実化する際に、存在はそれ以前に隠されていたその完全な本性を表すということである。つまり、存在は次第にそれ自体の概念に合致し、最終的にはそれ自体の知識と同一化

50

する。この最後の点もまた、それが世界の構成部分かあるいはその全体に適用されるかどうかによって異なる意味を持つ。

われわれは、特定の存在がそれ自体を発展させる中で最初は可能性としてあったものを現実化し（しかし特定の可能性であってさまざまなものの選択ではない）、こうしてそれ自体の真理に到達すると述べることができる。この意味で、種子の真理はそれから成長する樹木であり、卵の真理は鶏である。

しかしヘーゲルはさらに進める。すなわち、実在の発展において、それが単一の過程と考えられるとすれば、真理あるいは概念との一致の達成は、気まぐれな一致ではない、つまり、精神が外部からその像とその原形あるいは設計図と建物自体を比較するような二つの現実の一致ではない。精神のすべての発展過程が関わるところで、この一致はその存在とそれ自体の概念の同一化から成り立つ。つまり、そこにおいて精神の実在が、その存在の知識と同じものであるという最終の状態である。精神はその客観化された形態から解き放たれて、それ自体の概念としてそれ自体に還帰する。しかしその概念は単に抽象的であるばかりではなく、その概念の意識である。

このように精神の進展は循環的である。それは始まると同時に終結するのだが、その意味は、それがそれ自体の真理であるかまたはそれ自体において何であったかを意識しているということである。この最後の状態が絶対的知識と呼ばれる。

「だが精神であるこの実体は、自らが自体的に（本来）在るところのものに、自らなることである。そしてかく自己に帰る生成であるとき初めて、精神自体は真に精神である。精神は本来、認識であるところの運動である。つまり、その自体を対自に、実体を主体（観）に、意識の対象を自己意識の対象に、すなわち、同じ意味で廃棄された対象に、つまり概念に変える運動である。この運動は、その始まりを前提し、終わりに至って初めて達せられるような、自己に帰って行く円環である」［邦訳　樫山欣四郎訳『精神現象学』平凡社ライブラリー　下巻　三九八〜九頁］

しかしながら、もし精神が歴史の真の内容を創造し、そして最終的にそれ自体に回帰する活動が空虚なものではないとすれば、すなわち、もし精神があたかも何事も起こらなかったようにその始原の状態に単純に立ち戻らないとすれば、これは、それに至る過程の結果とともに、その最終的結果が統合された全体を形成し、そのために、精神がその中途で蓄積したすべての資産をその旅の終わりに、保持しているからである。この活動は持続的な「統合」すなわち精神の自己分化であり、それが、それらを非客観化することによって再媒介する新しい形態をそれ自体から永遠に生産する。それぞれの連続する段階で、精神はこのように持続的な自己否定によって進む。つまり、否定はそれ自体として否定されるが、その価値はより高次の段階に吸収されても存続する。

「だが、死を避け、荒廃からきれいに身を守る生ではなく、死に耐えて死の中に自己を支える生こそは精神の生である。それは完全な破壊においてそれ自体を発見するときにその真理に達する。……精神は、否定的なものに目をすえて、それに足を止めるからこそ、そういう威力なのである。このように足を止めることが、否定的なものを存在に向けかえる魔力である」［邦訳　同前　序文　平凡社ライブラリー　上巻　四九頁］。

精神の最初の存在形態はいまだ自己意識ではない意識である。それは感覚的確実性という段階を通って進み、その中で意識が対象から区別され、その結果、意識にとって物が即自となる。対象であったものが対象の知識となり、その結果として実在は「意識化された即時存在」となる。それと同時に意識が性格を変え、何か外的なものによって付加される幻想から徐々にそれ自体を解放する。

したがって、意識がものをその特定の性格において摑み、それらの統一を理解するとき、それは認識する意識すなわち単に認識となる。認識にお

51

いて意識は新しい段階、個別の現象における一般性を理解する意識に到達する。あらゆる現実の認識が一般的要素を含んでいる。つまり、目前の現象が現存することを摑むためにわれわれは認識それ自体と別個の何ものかとしての「今」を理解しなければならない。そうして、抽象的要素を具体的資料から取り出すのである。

同じ方法で、われわれがものの個別性を感得するとき、われわれは個別という抽象的概念によってそうすることができる。われわれは個別性そのものを理解するとき、一般化された知識の水準に立っているのである。実際に「そこにないもの」は表現不可能である。つまり、言語は一般性の領域に属するのであって、それゆえにわれわれが表現するや否やあらゆる知覚もそうである。一般性を感覚の世界に分かち伝えることによって、知覚は所与の対象を保持したままその具体性を乗り超える。

さらに、対象はその特定の質によって他の対象から区別され、そしてこの対立がそれに独立性を与える。それでも同時に、その対立は対象の独立性を剝奪する。なぜなら、他の事物との違いによって成り立つその独立は絶対的独立ではなく、何か別のものへの否定的依存であるからである。対象は他の対象との関係の中に解消され、その結果、それは他の何ものかのための存在であるかぎり、それ自体としての存在であるが、その逆も言える。

感覚の世界におけるこの形態の一般性の理解は、知性の領域への意識の参入を意味する。知性は具体的なものにおける一般性の理解だけではなく、概念的存在として完全な内容を持った一般性そのものの理解を可能にする。それは、感覚的なものに対置することによって超感覚的世界を理解する。この対置において、二つの世界は意識の中で相互に相対化される。つまり、それぞれが相手の否定として理解され得るのであり、かくてそれぞれがそれ自体の中にそれ自体の対立物を含み、それによって無限となる。というのは、無限はそれにたいして無縁な何ものかによってその存在に課された障壁を廃棄することであるからだ。世界はそれまでは制限として存在したものを含みこむことによって無限となる。したがって、無限の概念が意識の対象になるとき、意識は自己意識あるいは自己反省となる。

自己知識は、対象の即時存在が他のものにとってその存在の様式であることを知っている。つまり、それは対象それ自体を保持しその対象性を放棄するように努力する。その性質上、自己知識はそれが概念的につくり上げたその無限性に向かう傾向を持つ。その一方で、自己知識は他の自己知識によってそういうものとして認められるという事実によってのみ即自的そして対自的に存在する。

それぞれの自己知識は、それを通してあらゆる他の自己知識がそれ自体と連結される媒介である。換言すれば、人間個々人の自己知識は人間存在間の交通と相互理解の過程だけに存在する。それ自体を絶対的な出発点と位置づける自己知識を想定することは錯覚である。しかし、最初の条件として他の自己知識が存在することもまた最初の自己知識の制限であり、その無限性への到達の妨害物である。

したがって、相互に存在する自己知識のあいだには自然な緊張と対立が存在する。それは死に至る闘争であり、その中でそれぞれの自己知識は自発的にそれ自体を崩壊に向かわせ、その中のある自己知識はその独立性を失い、他の自己知識によって征服される結果となる。そこに主人と奴隷の関係が生まれ、この相互依存が人間労働による精神の発展過程の始まりである。主人は、奴隷を道具として使用しながら、独立した対象を奴隷化する。

奴隷は、当初は故意につまり精神の中で計画された処理に物を従わせる。だが、彼は主人や命令者によって課された役割を遂行するのであって、奴隷を使うことによって対象を真に同化するのは主人や命令者だけである。しかし、主人の精神の拡張として対象を現実化するように見えるこの過程において、人が主人・奴隷関係から期待するものとは逆のことが生まれる。

労働は享楽の節制、欲望の抑圧を意味する。奴隷の場合、それは主人の恐怖の絶え間のない節約である。しかしその恐怖の中で奴隷の自己知識は即自的存在を実現し、抑圧が対象にたいして形態を付与する。つまり、奴隷はものの実在を彼自身の意識の客観化と見なし、こうして即自的存在はそれ自体の特質として意識に復活される。

　いわばものの精神化である労働において、奴隷の自己知識は他者による意味づけの実現として表れるのであるけれども、それ自身の意味を発見する。奴隷としての仕事の中で人間は対象物の能動的な精神的同化や自己抑制の才覚によって、彼自身の人間性を完成させる。しかしながらこの段階は自由の一つでもあるいは主体と客体の統一でもない。つまり、独立した対象としての自己知識は自己知識として独立した対象とはまったく別物である。

　次の形態の自己知識はそれ自体を無限と認識し、それゆえに自由であるところの思考する意識である。私が思考するとき私は自分自身の中にありそして自由である。つまり対象は私自身のための私の存在である。この形態の自由な自己意識はストア哲学のそれであって、奴隷状態を認めることを否定し精神的自由は外的条件から独立であると主張する。この自由の本質は思考一般である。思考はそれ自体の中に閉じこもり対象を吸収する試みをやめ、自然的存在の問題にたいしてそれ自体として無関心であると宣言する。

　このようなものの道徳的否定は、懐疑主義によって極端なところまで進み、ものを知的にも否定し「他の」あらゆるものの不在を宣言し宇宙の重層性を壊滅する。懐疑意識は対象とともにそれ自身の対象との関係も破壊するだろう。だがそれはそこから矛盾に陥る。なぜなら、それは世界における差異という事実を拒否することによって自己同一化を達成しようと意図するのだが、それでもその行為そのものにおいて、それはそれ自体の偶然性を知ることになり、それは自己同一化と反対である。

　この矛盾が認識されるとき、われわれは不幸な意識、それ自体を自律的存在であるという意識と偶然的存在であるという意識とのあいだで引き裂かれた不幸な意識を持つ。この分裂状態はユダヤ教や初期キリスト教によって例証される。意識はあの世の神の実在に直面させられ、その中で自らを注視する。しかし、それは神の不変性に対峙してのことである。すなわち、それは神の現存の下でそれ自身の個としての偶然性を恐れ入って認識する。しかし、それ自身の個を真実性と普遍性において知ることはない。無力な個人はそれ自身の活動の結果でありながらも神の側からの放棄を知ることになるが、しかし、感謝の行為の結果としてそれは自己の現実を再発見し、精神的発展の次の段階、つまり理性の段階へ到達する。

　理性は自律的で、それ自体を確信する意識としての個人の意識の肯定である。それは、現実全体を個人の意識によって理解される何ものかと見なすことをめざす観念論の教説にたいする、このような確信を表す。しかしながら、この合理主義的観念論は、あらゆる種類の経験の余地をその枠内に見いだすことはできない。そうすることで、それは矛盾に陥る。なぜなら、それは一方で理性の独立を肯定しようと追求しながら、たとえ無関心であるとしても、カントの理論でいう意識的知覚の統一の外に存在する何ものかを認めるからである。さらに付け加えれば、それはもう一つの自我を、それ自身から異なるもの、したがってその存在の制限として認めざるを得ない。

　しかしながら、理性は世界の中でそれ自体を発見し、自然的存在の「他者性」を一掃することを確信する。すなわち、感覚的証拠を概念に転換する目的の下に、まず科学的観察（観察者としての理性）において理性はそうするのであり、それから感覚的存在を消去する法則を確立するように努める。それは現実的なものを純粋にかつ単純に法則の条件を満たすものとして認識するためである。

　しかしながら、そこに同化されない現実はこのようなやり方で無効にすることはできない。理性は、自らの要請とそれが直面する世界との矛盾に常に直面する。理性によって与えられ、理性によって生み出された目的とのあいだの慢性的対立のお陰で、こうして意識は再び内部的対立の下に置かれる。問題は個別性と普遍性、法則と個別性、徳と歴史の実際の行程とのあいだに存在する。

　この最後の点はとりわけ重要であって、それは道徳的命令と今ある現実との関係の全般的問題を生起させるからである。徳と歴史の対立の中で前者は屈服せざるを得ない。

「そういうわけで、徳は世の中に敗北する。それは徳が実際には、抽象的で非現実的な本質を自分の目的としているからであり、…徳は個人性を犠牲にして善を現実とする点で、存続しようとしたけれども、現実という側面は、それ自身個人性という側面にほかならない。善は自体的に在るものであり、現に在るものに対立したものであるはずであったが、自体は、その実在性と真理から考えると、むしろ存在そのものなのである。さしあたり自体は本質という抽象であって、現実に対している。けれども抽象は真に在るのではなく、意識に対して在るようなもの、にほかならない。ということはしかし自体とは、それ自身現実的と呼ばれるようなものであるということである。というのも、現実的なものとは、本質的には他者に対して在るようなものであり、このことを言いかえると、現実的なものとは、存在ということになるからである。だが徳の意識は自体と存在というこの区別に基づいているが、この区別には全く真理性がない。――こうして世の中は、世の中に対立して、徳をつくりあげるものに打ち克つ。つまり、本質なき抽象を本質としている徳に打ち克つ」［邦訳　同前　上巻　四三八～九頁］。

　これは『法哲学』序文における古典的警句「理性的なものは現実的であり、現実的なものは理性的である」のより複雑化した用語法の下での表明である。ヘーゲルは歴史の実際の行程と世界の「本質的要請」とのあいだの基本的対立、つまり理性それ自体に由来する規範的理想と実在へ発展する精神の現実とのあいだの対立を設定することは理性の錯覚であると見なす。ヘーゲルのこの批判はフィヒテやロマン主義者にたいして向けられている。すなわち、理性の命令と存在する世界とのあいだの永遠の衝突を前提にするという誤りは、理性の熟成としての現実を理性がいまだ理解することができず、その結果、現実が理性にたいして常に何か偶然的で克服されるべきものとして現れるという事実に存するのである。

ヘーゲルの後継者たちの中で解釈上のもっとも重大な争いが生れたのは、この問題をめぐってであった。われわれが直面するままの現実をそのすべての詳細にわたって心から受け入れることが理性に従うことであり、世界はどの瞬間でも精神の発展の必然的な段階であるとヘーゲルは宣言するつもりであり、その結果、彼の学説は「存在するものは正しい」ということを示すために捧げられた「言葉のレトリック」であるのか、それともそれとは反対に、存在する現実のどの部分がその発展の原理に真に一致しているかを究明し、いかなる個別の状況をも判断する権利をそれ自体として保持することが理性の義務であるのか。

　この根本的な問題でヘーゲル哲学の二律背反を解きほぐすのは難しい。事実、ヘーゲルは過去の歴史に道徳的判断を適用しようとはせず、むしろ、自由であるために闘争する精神の苦悩として、あらゆる恐れをもってそれを理解しようと追求する。他方で、彼自身の哲学は客観性の束縛からの精神の最終的解放を代表すると主張しながら、彼は哲学を過去の歴史過程の認識に限定し、未来を見つめる哲学の権利を否定した。かくてわれわれは、過去に関して彼の哲学はその最終的目的と関連させて熟慮された歴史の正当化であり、他方未来に関して彼はいわば判断を停止することを選択すると言っても良い。

　このような見地は、発展する本質と現実の存在との一致を人間個々人の場合に転移させるときには肯定される。個人は、自分自身を自分の行動を通してのみ知る。つまり、彼の本性は彼の世界への態度と実際にその態度を表す方法において明らかになる。彼がなすことが彼自身である。活動とは可能性を存在に転化すること、潜在的な可能性に目覚めることに外ならない。

　しかしもしそうであるならば、個人の場合であれ歴史の脈絡においてであれ、実際の状況において本質的なものをそのような本質の歪曲や腐朽であるものから識別することを可能にするルールをヘーゲルの体系の中に、われわれは発見することはできない。実際に、事実としての現実は一般的に精神の発展する可能性の実現であると想定することは自然なことのよう

56

に見えるのであって、それはそれ自体として現れるかぎりにおいて存在し（ヘーゲルが『論理学』で言っているように、本質はそれ自体として現れる）、そしてそれは異なる発展の間の選択として現れるものではなく、それ自体の中に包含される単一の可能性の実現として結実する。

先に進めよう。理性がそれ自体の世界となり、世界がそれ自体となる確実性に到達するとき、そしてそれが客観的現実性であり、この現実性が同時にそれ自体としての実在であることを認識するとき、その場合、理性はその言葉の狭い意味における精神、つまり意識の発展段階に限定された精神となる。この精神形態の理性はそれ自身を世界の中で認識し、つまり世界を理性的であると理解し世界を偶然性から解放する。しかし、同時に理性は世界を錯覚ではなく、その中で理性が実現された現実と見なす。

それは自らを世界から分離しその上部またはその傍らに置くような類の理性でもなく、自らの偶然性を実在の世界に委ねたりあるいはまた他方で世界はただ単なる見せかけであると宣言したりすることによって、幻想的自律性を獲得するように準備されているものではない。

それは、ロマン主義者や観念論者と同様に、カントの結論にも反対の立場である。精神はそれ自体として倫理、文化、そして道徳科学の世界に自己実現する。「しかし絶対精神という形態において、それ自体にとっての対象である精神だけが、意識として残り続けるかぎり、自由で独立した存在であることを認識する」［邦訳　同前　序文］。

それ自体を精神として認識する精神は、宗教すなわち精神の自己意識という見せかけの下での絶対的実在の行動の中で作用する精神である。精神の第一次的現実は自然宗教である。その自然性を除去したものが人工宗教となり、この二つの段階の一面性が放棄されたときに、精神の「主体」が直接的に顕在化し、現実がそれと一致するようになる啓発された総合的宗教が現われる。

しかしながら、宗教は精神活動の最終的達成ではない。なぜなら、そこにおいて精神の自己知識はその意識の対象ではなく、それ自体としての意識はまだ克服されていないからである。精神の最終的形態は、絶対的知識すなわち自己知識の純粋な対自的存在である。実在、真理、そして真理の確定はすべて一つのものとなる。つまり歴史の過程において蓄積された精神の全内容が自我の形態をとる。客観性はそれ自体として阻却され、精神は自ら語りだして歴史を通して形成された全面的多様性に充たされると同時に、それによって制限を受ける「他者性」から解放され、そして実在、概念と概念的意識とのあいだの特定の段階で生じるあらゆる相違からも解放される。

『精神現象学』のあらゆる矛盾、意識の発展の必然性と現実の文明史との関係の不確実性、そして精神の自己否定の連続的段階とそれ自体の外化との再統合と転化に続く巨大な困難、これらすべてにもかかわらず、ヘーゲルの形而上学的叙事詩はその全般的意図に関して充分な手がかりを与えている。ヘーゲルは、われわれの認識行為は知識の対象だけではなく知られた事実をも包含していると主張した。つまり、それによって精神がものを同化するいかなる認識行為においても、それはものにたいする現在の関係を理解していなければならない。

こうして彼は、そこから現実と現実に関する思想が同じように説明可能となる観察上の立場、実在と実在の理解をともに把握できるようになる立場をめざす。もしそれが達成されるならば、そのような立場からのみ世界と知はその偶然性を放棄するであろう。すなわち、二者択一的に、それらのどちらか一方だけでは説明不可能かあるいは単なる外観として恣意的に表現されるものになるに違いない。同時に「観察的立場」という用語すら不正確であることをわれわれは認める。つまり、知がそれ自体と世界との関係を熟考することができるならば、この熟考は自己理解によって構成されない新しい類の関係となり、そこではより高い観点に登りつく過程に終わりがないだろうし、他方で、意識は常に世界とそれ自体の外の脱出できない場所に留まり続けるであろう。

したがって、精神と対象の乖離の最終的解消は疎外された意識の対象の単なる理論的理解ではなく、対象自体の客観性の実効的な解消と同時でなければならない。つまり、対象とその知識は一つのものとして合致しなけ

57

ればならない。

もし、主観と対象との対立の解消が単に思考の目的の定型的理想であって、有限の発展過程において実際に到達できる状態ではないとすれば、その場合、精神の活動は無益である。進歩は永遠に続き、目標はなお無限のかなたに存在するのだから、それは真の進歩ではない。この見地からヘーゲルは、とりわけ『論理学』の中で、彼自身がカントやフィヒテの学説の中に発見した「偽の無限性」の理念を非難した。彼らの進歩の考え方においては自然の秩序と自由の秩序との対立、義務と存在との敵対が永久化され、その結果、有限性は何か絶対的で打ち勝つことのできないものとなる。

「悟性は非有を物の規定とすると同時に、非有を不滅のもの、絶対のものとする点で、有限の悲哀の中に低迷する。有限性の無常は　ただその他者、即ち肯定的存在の中でのみ消滅し得るものであろうし、そうすることによってのみ有限性は有限的な物から解脱することになるものであろう。しかしこの有限性は物の不滅の質であって、言いかえるとその他者、即ち肯定的存在に推移しないところにこそ有限性の質がある。その意味で有限性は永遠なのである。――しかし、如何なる哲学、如何なる見解、或いはいかなる悟性といえども、有限的なものが絶対であるというような立場を自分の立場としようとはしないであろう。有限的なものは単に有限的なものであって、不滅なものではないということである。即ち、このことこそ有限という規定や表現の中に端的に出ているところである」（ヘーゲル『論理学』［武市健人訳『大論理学』　上巻の一　岩波書店刊　ヘーゲル全集６ａ　一四九～一五〇頁］）。

もしわれわれが無限を有限の単なる否定と見なすならば、その場合、前者の概念そのものが基本的な現実と考えられた有限に依存することになる。つまり無限は単に有限の極限ということになり、そうなれば無限は自らを解放できず、それゆえに一つの有限の無限あるいは「偽り」の無限となる。これに対抗するものとしての肯定的な真の無限は、否定として考えられた有限の否定である。つまり、それは否定の否定、有限にたいする現実的勝利、それ自体を超えた有限の放出である。その矛盾のために有限が無限であると自己表示し、そして有限が真にそれ自体に生成することによって無限に転化する場合にかぎり、無限は積極的意味を担う。

したがって「無限への進歩」または無限の自己完成という理念、現実が永遠に理想に接近するというのは内的な矛盾であるが、しかし、自力で運動できない矛盾であって、変化もせず、どこにも導くことなく何回も何回も自らを反復する。それは退屈で単調な無為である。

つまり、真の無限は「自分に復帰したもの、自分の自分自身に対する関係として有であるけれども、しかし、没規定的な、抽象的な有ではない。というのは、無限者は否定を否定するものとして措定されたものだからである。――自分の中に戻ったものであるところの真無限の像は円である。即ちそれは、すでに完結して、全く完結的なものとなり、出発点も終結点ももたないところの、自分に到達した線である」（同前［邦訳　同前　一七七～八頁］）。

われわれが見てきたように、ヘーゲルは無限の進歩という観念は内的で非弁証法的矛盾によって妨げられていると見なす。もし上向する発展という理念が何らかの一般的意味をなすものとすれば、それは実効性のある終着点を有する発展でなければならない。精神の偶然性の解消と自由の克服は現実に可能である。つまり、それらが無限なものに到達できると宣言することは、それらがまったく到達できないと宣言することと同じである。もし実在の歴史が理解可能であり、精神が自らの客体化と格闘する弁証法に何らかの意味が付与されるとすれば、それは現実的な絶対との関係においてであって、精神が決して到達しないことを知っている場所、すなわちどこにも存在しない場所へ向かう単なる指標である絶対ではない。

総括すれば、ヘーゲルの弁証法はそれにたいして適用され、他の領域へ転換されるような内容から切り離された方法ではない。それは、それによって意識が不断の自己分化によってそれ自体の偶然性と有限性を克服する歴史過程の評価である。

14　ヘーゲル　歴史の目標としての自由

この偶然性の超克は、精神の自由と同じことである。この観点から精神の発達は特にヘーゲルの『歴史哲学講義』において扱われた。彼の死後に出版されたこの『講義』は『法哲学』とともに、彼の作品の中ではもっとも人口に膾炙し、もっとも読まれた。『精神現象学』と異なり、これらはかなり明快で簡潔な言葉で書かれ、そうすることでヘーゲル学説の一般通念を形成するのに大きな効果をもたらした。彼の歴史哲学は過去のさまざまな出来事を通した精神の自由探求の評価である。

ヘーゲルによれば歴史の意味は発見可能である。しかしそれは歴史によって指示される意味ではない。むしろそれは歴史を道具として用いる。重力が物にとって固有であるのと同様に、自由は精神にとって固有である。しかし、精神はその自由を自由それ自体、つまり自己認識する自由という地位にまで高めることによって、それ自体の性質をまず実現しなければならない。この自由はそれ自体に内在するもの、すなわちいかなる外的客観性によっても制限されない状態と同じである。

人間の歴史の行程において、精神はそれ自体に内在するものとなる。しかしながら、それは登った後ではもはや必要とされない梯子のように、旅程においてそれが蓄積してきた豊かさを放棄せずそれらすべてを保存する。「常に存在する精神の生命は、一方に並列され、他方では過去へとさかのぼる、さまざまな段階の循環として示される。精神が背後に残してきたかに見えるさまざまな要素は、精神の現在の深みを形成するものでもあるのです」［ヘーゲル『歴史哲学講義』序文　長谷川宏訳　岩波文庫　上　一三七頁］。

自然はそれ自体としては自由の要素を含まず、その結果、その中に進歩は存在せず、ただ変化と同じ事柄の終わることのない繰り返しだけが存在する。自然は人間精神の展開の不可欠の条件であり、そういうものとして神聖な経済のなかに位置づく。しかし精神の現実の進展は人間の歴史とりわけ文明の発達の中で起こり、その中で人間の精神は自由の自己認識の増大に至る。われわれがもし歴史を自由の意識の発達、その主要な方向が必然的に決定される発達と見なすならば、歴史は全体として理解可能となる。

古代東洋においては一人の人間、絶対的支配者だけが自由を享受し、自由として知られる世界のすべては専制君主の気まぐれの中にあった。古代ギリシアやローマは自由一般の初歩的観念を持ち、市民は自由であることを知っていたが、人間がそういうものとして自由であるという概念までにはたどり着かなかった。そういう概念はキリスト教ゲルマン文明のみにおいて認識された。それは人間精神の本質的で譲り渡すことのできない勝利である。

世界史はまた理性の歴史でもある。すなわち、その行程は哲学者の眼で認識できる合理的な設計図に適う。一瞥して、歴史は湧き上がる情熱と混乱した闘争の混沌、その中で個人や集団の衝突が非合理的で思わぬ結果をもたらすように見えることは確かである。多大な人間の災難と不幸は何ら有益な結果をもたらさず、歳月の冷淡さに呑み込まれる。しかし、事実として状況はこれとはまったく別物である。人間の行動の主たる動力である個人の情熱は、進化の中で他者の意図と独立にその役割を果たし、私的な企図によって突き動かされる行動をそれ自体の目的のために抜け目なく利用する歴史の狡知の道具である。

このように、もしわれわれが個別の行為者の動機を吟味することによってそれに心理的光を当てるならば、歴史は分かり得ないことになる。歴史の意味はこれらのいかなる動機にも含まれず、精神が存在する目的を達成するためにそれを利用する過程にある。

人間の行為の主観的動機は、それらが歴史や個々の主観に先行するもっとも重要な目的に関係するかぎり、偶然的ではない。ヘーゲルが「理性は歴史の経験に内在し、歴史において、歴史を通して実現する」（『講義』序文）と述べていることは確かであるが、しかしこれは普遍的理性の展開法則が初めから経験的歴史によって創られたということを意味するのではない。理性は人間の形をしたキリスト教の神と同じ方法で歴史に内在する。

つまり、キリスト教の神の目的は歴史を通してのみ実現し、いわば神聖性の具現化であるが、目的が決定されるのは歴史によってではない。

人間の欲求を満足させることは、歴史における精神の展開の目的では全くない。「世界史は幸福が住みつく場ではない。世界史において幸福な時代とは空白の時代であり、なぜならそれらは調和の時代、対立なき時代であるからだ」（同前［邦訳　同前　五四頁］）。人間は闘争と敵対、災難と抑圧を経験するが、それはまた普遍的精神のものである自らの使命を果たすためである。

「人間が自己を目的とするといえるのは、人間のうちに神々しいものがあるからで、それはもともと理性と名づけられ、それが活動力として明確なすがたをとると、自由と名づけられるものです」（同上［邦訳　同前　六五頁］）。

いったんわれわれがこのことを理解すれば、われわれは自分の思いつきのままに貧困な現実に対置するユートピアや理想を自ら評価することができる。理性は、理性の中で識別するときに、完全な社会というすべての恣意的なモデルを空虚で無効なものと非難する。たとえ、それらが諸個人の公正な要求や権利と一致しているとしても「世界精神の主張はすべての個別の主張を超えている」のである。そしてこの精神の権利は、それにたいして精神が従属する自己決定に応じて冷酷な必然性でもって自己実現する。

文明のあらゆる形態と側面——法と国家、芸術、宗教、哲学——は、自由へ向かう精神の進展においてそれぞれの明確化された役割がある。それらのお陰で個人の理性的意識はストア哲学者のそれのように、自分自身の中に無力のまま閉じこもり、外的で無縁で偶発的で統制できない出来事の不可避性を受け入れるような類の自由に運命づけられることはない。

ヘーゲル的自由は必然性の洞察である。しかしそれはストア哲学者がそれで意味したものとはまったく異なる。人間の精神はそれ自体として現実と調和することを欲している。しかし、それは孤立した自足的な自己意識と無関心な出来事の過程との対置を永久化するつまらない断念を通じてではない。主観的な人間の意志は世界を認識し、その中で自己を実現することによって世界と自己を調和させる手段を有するのであって、絶望の外被に他ならない不純な尊厳の中で世界から顔をそむけることではない。

この手段が、文明とりわけ国家である。国家は「人倫共同体」であり、個人はこの中で自己の意志の気まぐれを放棄し、自分の好みが命ずるままに世界にたいして恣意的な要求を行うことを犠牲にして、共同体の一員としての自らの自由を実現することができる。国家は単に紛争の解決あるいは社会契約に応じた集団的事業の組織化のために発見された制度ではない。主観的意志と普遍的理性とを調和させる場所としてそれは自由の実現であり、それ自体としての目的、「地球上に存在するかぎりでの神聖な理念」そして個人の生活に価値を与える唯一の現実である。

「人間が有するあらゆる価値とあらゆる現実を人間は国家のみに負っている」（同前）。精神の客観化の最高の形態として、国家は一般意志を表し、個人の自由はそれが法への従属に基づく場合に現実となるのであって、そうなれば意志がそれ自体に従うことになるからである。このような従属の下で自由と必然との対立はその存在を停止する。なぜなら、それは歴史の理性によって規定された必然が強制によってではなく、自由な意志によって到来するからである。

ヘーゲルは、国家の機関に体現される集合的意志に私的領域が完全に吸収されなければならないと主張したのではない。その反対に彼は、国家は私的分野と集団的生活とのあいだの調停者であること、そして、国家の公僕の私的利益は集団的利益と一体であるから、国家の機関はその調停の具現体であると信じた。

社会の他の構成員の場合、その構成員の個人的欲求や衝動に課される制限は自由の制限どころかその条件である。国家がその国民以外のいかなる現実も持たないのは確かであるが、しかしこれは、国家の意志がそれらの私的・個人的意見の集合によって決定することができることを意味しない。一般意志は多数者の意志ではなく歴史的理性の意志である。

今日でもなおそうであるように、ヘーゲルの歴史哲学は当初から二つの主要な根拠で批判された。第一に、それが個々の人間の生き方の独自の価値を否定し、個人には普遍的理性の要請に従う役割だけを認め、これらの要請の名において、国家がより高度の自由のために好むならばいくらでも諸個人に強制することを公認することになるという批判であった。

第二に、批判者たちは、この理論はあらゆる実際の現実がその存在というまさにその事実によって賞賛に値し、その事実としての存在が神聖な精神によって計画されたことを証明すると正当化していると指摘した。この反対論の一番目は『歴史哲学講義』の序文に関連し、二番目は『法哲学』の序文に関連している。

ヘーゲルを全体主義国家の弁護論者と表す批判論は、彼が社会の発展を、歴史的事件を通した絶対精神の発展としてだけではなく、主観的意志と一般意志の漸進的調和と見なしていたという事実によってある程度弱められる。これは暴力によって活動するいかなる国家も理性の崇高な命令を実現できないことを意味する。確かに、初期の段階で法は個人の立場からすれば制限と拘束の外的制度として現れるが、しかし、精神の全般的発展の傾向はこの対立を克服し一般意志を内部化する。

歴史の行程は黄金時代とともに始まるのではない。幸福な自然状態あるいは失われた楽園という神話は、ヘーゲル思想とはまったく無縁である。その反対に、自然状態は野蛮と無法の状態であり、ここを合理的な思想および私的衝動の抑制の場所にしたのは政治的法的制度の徐々の完成である。しかし、ヘーゲルの見解では、理性は理性自身の検討の強制だけを赦す。すなわち、制度による諸個人の強制は未熟な社会の刻印であって、進歩は国家の共同性を形成する人びとによる世界洞察行為の結果として、主観的意志と一般的意志が自然発生的に同一化する状態に行きつく。個人の良心に対抗して最終的に勝利するために暴力によってその要求を主張しなければならない状態において、理性が支配することは不可能である。理性の勝利はただ国家の市民の知的成熟と改変された意識によって保障することができる。

しかしながら、ヘーゲルが、その臣民（subjects）に歴史的理性の命令に従うことを強制する絶対的権力の擁護者でなかったことは確かであるとしても、彼の学説の実際の適用は国家機構と個人が対立する場合に勝利しなければならないのは前者であることを意味する。というのは、個人の意識が完全に転換されずまだなお利己的衝動に従っているかぎり、主観的意志と一般的理性の完全で自発的な一致は存在しないからである。対立という特殊な状況において一般的理性が何を求めているのかを決定するのは誰だろうか。

この役割を果たすことができる機関は国家以外には存在せず、そして定義上国家は理性の具現体なのだから、対立の場合に国家は中世の教会の役割、つまり神のメッセージの唯一の権威ある解釈者という役割を果たさなければならない。したがって、ヘーゲルの理想は確かに各個人の魂の中に歴史的理性が完全に内面化されることであり、そして制度としての国家の完成は強制の必要の喪失によって自ずと明らかになるということであったけれども、それにもかかわらず、「多数者の意志」あるいは人民の声に訴える実際的問題が存在しない現実の対立の場合、国家機構は市民（citizen）の変化する意見とは独立に、それ以上のいかなる上訴も存在しない最終的法廷でなければならない。

勿論、ヘーゲルは、その国家は法律に則って機能する機構であって専制者あるいは公僕の気まぐれによってではないと想定する。しかし法律が多義的であったりあるいは法律を変えることが問題であったりする場合、さしあたり国家機構が最終的結論を下す。この意味において、ヘーゲルの共同生活の法的および組織的形態の強調にもかかわらず、彼の視座では国家機構が重視され、それは個人ばかりではなくすべての人びとに対抗して自らを主張する特権を付与されている。なぜなら、理性の力は国家に存しており多数者の意志には存していないからである。

確かに歴史家は、理想的国家としてのプロイセン専制君主制のヘーゲルの弁護論は、プロイセンが当時有していなかった制度を彼が述べていたという点で制限されなければならない、と指摘してきた。それにもかかわらず、そして彼が適法性をすべての人間が法の前で平等である（法制定においてではないけれども）国家の本質的特徴と認識していたけれども、特定の個人または彼らの多数に体現された理性は、それが権力と争ったときには却下されなければならなかった。このようにヘーゲルは、現実は理性の法廷に応答しなければならないと要求したのだが、この意味での理性を国家の機構以外で発見する可能性は存在しなかったのである。

ヘーゲルは、歴史を通じた理性の勝利の中で人間個人の価値が保存されるのかどうか、どの程度まで保存されるのかどうかという問題については明確に答えない。その一方で、精神はその自己実現の行程においてその外化の資産を一つも失わず、そしてその目的のためにそれが使用する道具は単純に放棄されず、その無限の豊かさの一部として持続する。それゆえに個人の生は、それ自体として永遠に価値あるものと見ることができるかもしれない。しかし、他方で、個人の価値は彼の中の「神聖性の要素」のみに存するのであって、こうしてそれは絶対の価値として自己実現する。その上それは、存在の運命の最終的完成において完全に消滅するように見え
63
る。

その進歩の完了において、精神は無限性すなわちそれ自体ではない何ものかによるすべての制限の排除に達する。それゆえにヘーゲルの見解では、あらゆる個々人の最終的運命は普遍的実在に吸収されるべきものであって、なぜならそうでなければ絶対は個人の自己意識によって制限され、それ自体の目的を貫徹できないからである。この中心的な問題点においてヘーゲルは、再び新プラトン主義的汎神論の伝統に従っているように見える。すなわち人間の偶然性の廃絶と人間の本質の実現つまりその調和の実現は、普遍的実在への人間の完全な吸収を意味するものでなければならない。

主観と客観のすべての相違が消滅したときに、個人性そのものがそのすべての豊かさをどのようにして保持できるのかは明らかではない。換言すれば、完全な自己意識に到達し自らの客観化をすべて再吸収した無限の存在が、一つの存在以外の何ものかであるということはどうすれば可能になるのだろうか。われわれは、最終的にヘーゲルの体系において、人間は人間であることを停止することによって、人間は何になるのか、あるいはまた自らとの一致を達成するのかについて結論を下さなければならない。

もちろん、われわれはヘーゲルの歴史哲学をその部分的結論の観点から考察し、歴史過程の合理的決定論、個々の人間的欲求の無視、連続的否定を通したその発展に集中し、他方でわれわれの精神を最終的結果から抽出することができる。しかし、終末論的展望を無視することは、その学説から特殊ヘーゲル的性格を奪うことである。すなわち、ヘーゲルの弁証法もその歴史への適応も、終末論、それ自身への回帰による実在の最終的救済というビジョンを抜きにしては意味をなさない。

あらゆる細部における世界それ自体の合理性という問題も、またいくらかの区分を必要とする。事実として、ヘーゲルは現実の歴史過程こそが価値創造的であって、現実の歴史状況から切り離された理想を想定したりあるいはあるべき世界と現実の世界とのあいだに根本的対立を設定したりすることは、無益で馬鹿げていると信じた。この点で彼の反ユートピア主義は強固で確固としている。保守的偏向という非難に反対して彼を擁護する人びとは、真に現実であるものと、現実のように見えるが純粋に経験的存在を維持しつつもまもなく消失する運命にあって、もはや「本質的」ではないものとを区別する理性の法廷を彼が信じていたと実際に指摘している。

ヘーゲルにとって「現実」は、それ自体として現出するいかなる事実も意味しなかった。例えば彼は自分の文明化過程の定義から歴史の意志に根ざさない個人の気まぐれのような、さまざまな形態の行動を除外する。ヘーゲルの視点からすれば、圧倒的に明白で避けがたいほど現実的な様相を呈する現存の事態も過ぎ去った現実の空虚な抜け殻にすぎないのであり、他方で休止中かあるいは仮想の状態から辛うじて出現し、実証的探究の接近を許さないようなものでも、より深い現実性を実際に包含しているかもしれない。
64

同じように、まさに鶏に孵化しようとしている卵はあたかもなお卵のままで留まろうとしているように見えるが、しかし事実は新しい形を生み出

そうとしているのであって、それは目には見えないが既に成熟しているのであり、それが卵にとって重要な事柄なのである。この意味で、消えてなくなる表層的現実に対峙する「真に」現実的なものをわれわれは探求しなければならないとヘーゲルは教えた。彼の見解ではこの区別は科学的考察の問題であり、事実の現実性に対抗する価値判断を必要とはしない。

歴史の必然性から引き出されるそのような評価こそがフィヒテやロマン主義者の不毛な扱いにくさの症状である、というのがヘーゲルの意見である。このことは彼の規定が必然的なものを発見し即座にそれが望ましいものであると判断したということではなく、むしろ彼が事実と価値の二分論を否定したことを意味する。

まず初めに現実的なものを発見し、その後にそれを評価することが必ずしも必要というわけではない。世界の洞察という行為は分割できない。つまり、発展する理性の一部分としてわれわれが何かを認識する行為そのものの中で、われわれはその何ものかを受け入れている。事実判断と価値判断の積極的区別が教条的宗教から生まれたのではないのと同様に、ヘーゲルの体系から生まれたのでもない。つまり、われわれはいったん神の意志が何かを知るならば、別の知的行為によってその承認を表明するということはない。絶対の意志に詳細にわたって関わる世界認識は、そのような二分論を含まない。それは肯定という実際的行為と融合した理解行為の中に存する。絶対者の権威にたいする知性の屈服は、絶対者にたいする自発的理解とその英知にたいする信頼から成り立っている不可分の全体である。

しかしながら、そこに存在するという理由だけで単純に現存する現実であれば、その部分を何でもどれでも認めるものとヘーゲルを捉えるならば、それは間違いであるだろうが、そこで直ちに問題が生じる。われわれはいかなる基準で特定の相が「現実的」であるのか、「現実的」でないのかを判断すべきなのか。誰が、そしていかなる根拠で、特定の事象がその活力がすでになくなってしまった見せかけなのかあるいはまだ活力に満ち溢れているものなのかどうかを決定するべきなのか。確かに純粋に経験的基準だけでは十分ではない。では実際に、われわれは、例えば国家の制度または形態がその有効性を失ってしまったのか、あるいは今なお合理的であるのかをわれわれに教えてくれるように普遍的理性に訴えるにはどのようにすればよいのだろうか。ヘーゲルの体系はこの問題にたいする解答を用意していない。

精神はその自由を個々人の知性に内面化するために努力するのだから、経験的個人がそれに反抗する形態はまさにその理由から非合理的であるように見え、それゆえに、人びと一般によって疑問なく反対される政治制度をわれわれは非難しなければならない。しかし他方で、多数者の一致は有効な基準ではなく、あらゆる人間、ほとんどすべての人間が正しい理性に反しているかもしれないとわれわれは教えられている。なぜなら、「国家の問題は知識と教育の問題であって人びとの問題ではない」からである。（『講義』序文）こうしてわれわれは現存する制度そのものの保守的弁護に立ち戻るのであって、その立場からすれば、理性の命令を解釈するための他のいかなる経験的現実への訴えも存在しない。

この基本的な点についてのヘーゲルの思想は二律背反に襲われているけれども、もしわれわれが保守主義的意味でそれを解釈することを選択すれば何らの困難も解説も必要がないことは明白である。なぜなら、これは、物事はその上で批判されなければならないという原則を表示する一方で、われわれが「批判原理」を採用するとしてもどの基準を適用するかについて不確定のままに留め置かれているからである。

この問題は、ヘーゲルが哲学は常に立ち遅れ、完結された過程を解釈することができるだけだと述べた『法哲学』序文の有名な下りを参照することによって避けることができるように見える。すなわち「灰色に沈んだ哲学者によって『人生の形』は活性化できず、ただ解釈されるだけだ」。

この視点からすればわれわれの世界に関する思想は、実践的評価という目的にとって何ら意味を持たない、なぜなら、それはわれわれは未来を判断できず、ただ過去を理解しようとするだけだからである。われわれが現状を単なる現実として受け入れるべきか、あるいは理性の超越的要請によって実証的な質を判断すべきかどうかを論争することは無駄である。なぜなら、われわれは哲学者として、絶対的な過去に関わるだけで現在の世界あるいはその展望には関わらないからである。

しかし実践的目的にとってこのような態度自体が、現状の保守主義的受容に行きつく。なぜなら、それはより良いものであるかもしれないものの考察をわれわれに禁止するからである。したがって、ヘーゲル哲学の最終的メッセージは、理性と非理性的世界との対置ではなく、先験的に理性的なものとしての世界の感照である。

われわれは現存の世界のどの部分が精神の真の道具であるのか、またはないのかを知らない。つまりわれわれは、例えば精神がその目的のために刑を利用することを止めたかどうかについて確信できない。個人は歴史過程の優越性に対抗できる道徳規則を有しない。ヘーゲルの体系において現在の世界への反乱は特殊な場合には正当化されるかもしれない。しかし、われわれはその運命がはっきりするまでそれが正当化されるか、あるいはされないかを判断する手段を持たない。もしその成功が証明されるならば、それは歴史的に正しかったということになる。もし失敗すれば、「なされるべきであった事柄」(当為)への不毛な反動であったということが歴然となる。打ち負かされたものは、常に間違っているのである。

ここまでの説明の段階で、われわれは経験的存在としての人間が現実的にそうであるものと本質的にそうであるものと同じではないこと、そしてその基本的命令はこの二つが再び同一化することであると想定する理論に集中してきた。ここから二つの選択肢が導かれる。すなわち、人間の本質は経験的な人間の生の外部にあるだけではなく人間性一般の外部にあり、その結果、人間の「自己への回帰」は彼自身への回帰ではなく、人間の特殊な性格が跡形もなく消滅する絶対の実現であるのか、あるいはそうではなくカントやフィヒテのように、人間の本質の実現は無限の過程であるのか。

両方の場合において完成へ向かう人間の進歩は、人間に先行する絶対によって指示されるのか、あるいは現実の人間に先行する人間によって指示されるかのどちらかである。つまり人間存在は、実在の自然な形態としてそれ自体に根を持つものではない。

新しい哲学の可能性と新しい終末論が登場してきたのだが、それは人間を有限な絶対として自己提示する人間概念を伴って、先行する絶対的実在の実現や命令で自己実現する人間という解決策とをすべて拒否して現れてきた。この新しい哲学の展望はマルクスの仕事において示される。

第2章　ヘーゲル左派

1　ヘーゲル主義の解体

他のすべての哲学と同様に、実在の普遍的総合をめざすヘーゲルの試みはまもなく分裂という結果に繋がった。一八三一年の彼の死の直後に、意識の一般理論とその歴史の意味や法および政治問題への適用の双方が別々の対立する解釈の可能性があることが明らかになった。とりわけ、ヘーゲルの政治的保守主義がどの程度において彼の歴史哲学の自然の結果であるのか、あるいはまたそれは私的個人的意見として彼の歴史哲学から区別できるのかどうかが必ずしも明瞭ではなかった。

急進主義的考え方を取るヘーゲル解釈者にとって、連続する歴史の段階がそれ自体の破壊の基礎であると位置づける普遍的否定主義の原理を主張する哲学、精神の発展の永遠の法則は批判的かつ自己破壊的過程であると提示する哲学は、特定の歴史状況を支持することを一貫して認めることはできないか、あるいはいかなる類の国家、宗教または哲学を反駁できない最終的なものとして認めることができないことは明白であるように思われた。

それが包含する明示的な政治的見解を別にして、ヘーゲルの理論は調和することが困難で少なくともその結果においていくつか矛盾することが証明されそうな二つの本質的主題を持っていた。一方で、ヘーゲル主義は容赦のない反ユートピア主義であった。それは、個別の歴史的現実に直面して恣意的な規範的理想、道徳主義的確信、そして世界はどうあるべきかという観念に基づく要求を提出する立場を公然と非難した。

ヘーゲルの弁証法は過去の歴史を理解する方法であって未来を凝視しようというものではなかった。事実として、それはそのような推定を何であれ非難し、人間事象の進路を形成する意欲は持たなかった。この見地からすればヘーゲル哲学は、つまるところ歴史と現状を論理の規則と同様の動かしがたい現実として認めることになるように思われる。その結果、想像上の世界という名分に基づく現在の世界にたいするいかなる反抗も、未熟な意識の確かに理解可能ではあるが不毛な気まぐれとして排斥されなければならない。

他方、それと同時に、ヘーゲルの理性の擁護論は合理的な世界を主張するものであり、現実は合理的に形成されなければならず、そして経験的歴史は自由であるために闘う精神の必要と合致しなければならないことを求めるものと受け取ることができた。

第一の解釈に立てばヘーゲル哲学の体系は、歴史の過程を何か自然で不可避的なものであって、それにたいするいかなる反乱も不毛であると非難されなければならないとして、それを観照的に受け入れる方向になりやすい。その反対の解釈に立てば、ヘーゲル哲学が懐疑と不信の精神を奨励し、現在の世界が何であれ、それを理性の命令と対決させること、そしてそれ自身の中に、人類が現実を審判し、批判し、それが改革されることを要求する権利を与える基準を含むことを求める。

ヘーゲル死後の数年間、彼の体系はプロイセン国家の公定の理論として実際に機能した。国家の擁護者たちはその理論の豊かさを利用し、当局者は大学の講座をヘーゲル哲学者で埋め始めた。この状況は三〇年代半ばには急速に変化したが、それはヘーゲルの弟子のもっとも活発な大部分がプロイセン・キリスト教君主制に批判的な考えを持ち、そして彼の思想の複雑さの中に、特に既成の宗教批判に関して、急進主義の要素が含まれることが明瞭になった時であった。

褒め称えられ、そしてしばしば人口に膾炙された格言「現実的なものは理性的である」は、単に存在するという理由だけでどんな事実的状況も正当化されると受け止めることも、あるいはこれと反対に、経験的事実は、それが歴史の理性の要求を充たすならば、その場合のみ、「事実である」と呼ぶに値するということを意味すると受け止めることもできる。この考え方に立てば、理性に反する要素は、それらが合理的な要素よりも経験的に明白であるとしても、真の事実ではない。この解釈は主としてヘーゲル哲学左派の業績のお陰で最終的に勝利した解釈であった。しかしそれは、われわれは世界の現実的で理性的な特徴と幻想的で非理性的な特徴をいかなる指標で識別するべきか、という質問には答えていない。

これらの基準は、前歴史的理性の恣意的命令に従って歴史の事実と独立に設けられるべきなのか、あるいは歴史から推測すべきなのだろうか。そして後者の場合において、われわれは、意見の形成あるいは精神の標準的展開における歴史的知識の役割をどのようにして確定するのだろうか。言い換えれば、今あるものとしての世界の合理性をわれわれが判断できるようになるために、法則はどの程度において、そしてどのような意味で歴史の知識から引き出すことができるのだろうか。もし法則がそのように引き出せないならば、それらはカント主義の命題と同様の空虚で形式的なものであるだろう。

いわゆる青年ヘーゲル派の運動は精神発展の不可避的な法則として、永遠の否定の原理をヘーゲル哲学の支配的な主題として選び出した。これは政治における急進主義的批判という態度に次第に行きつき、それらのある形態は共産主義の哲学的基礎を用意した。エンゲルスは初期の著作において、ヘーゲル哲学左派は共産主義への自然な接近であったこと、そしてヘス、ルーゲ、ヘルヴェークのようなヘーゲル哲学の共産主義者は、ドイツ人がカントからヘーゲルに至る哲学的伝統に忠実なまま留まるならば、彼らは共産主義を採用するに違いないという証拠であると観察している。

このような所見は、エンゲルス自身が青年ヘーゲル派と結びついていた時期のものであることは確かであって、その結びつきが壊れた後に彼が表明した見解とは反対である。それにもかかわらず、これは親方制度の急進化の初期の段階で持ち続けられていた願望の一つの典型である。

青年ヘーゲル主義はプロイセン国家の封建的体制を批判し、そのまなざしを希望にあふれてフランスに向けた共和主義的なブルジョア民主主義的反抗の哲学的表明である。プロイセンの西方諸州、ラインラントとヴェストファーレンは、ほぼ二〇年間フランスの支配下に置かれ、封建的資産や特権の廃止、法の前の平等のようなナポレオン改革から利益を受けた。

一八一五年のプロイセンへの併合後、これらの地域は絶対的専制君主体制との活発な闘争の自然な中心となった。文学の分野では、三〇年代初頭に青年ドイツ派として知られた集団（ハイネ、グッコー、ベルネ）によって反撃が導かれ、そして後には、当時その大部分がベルリンに集まっていたヘーゲル主義急進派によって導かれた。これらの中には、若い哲学者と神学者（ケッペン、ルーテンベルグ、ブルーノ・バウアー）が含まれ、彼らはヘーゲル哲学の精神でキリスト教を解釈し直し、当時自分の思想を形成し始めていたマルクスは彼らと接触していた。

2　ダーフィト・シュトラウスと宗教の批判

ヘーゲル左派の主要な著作の一つはダーフィト・シュトラウスの『イエスの生涯』（一八三五）であり、それはキリスト教の起源の哲学的再構築にヘーゲル哲学を応用しようと試みた。カント、フィヒテ、ヘーゲルの下で育ったこの世代にとって、世界が精神によって支配されているという事実は何の証明も必要としないほどに明白であった。しかし、その支配がどのように行われているかは正確に説明されなければならなかった。

青年ヘーゲル派は特にその最後の段階（一八四〇～四三）で、歴史へのアプローチにおいて当為（ゾルレン）の視点を再導入することによって、われわれがそう表現して構わなければ、ヘーゲルを「フィヒテ化」しなければならなかった。すなわち、彼らはヘーゲル的理性を何よりも規範的意味を持つものと見た。すべての社会的現実は、理性という争いようのない基準に従わなければならない。

シュトラウスは、キリスト教の絶対性にたいするヘーゲル哲学の信頼を打ち破るためにヘーゲル哲学の前提を使った。並外れた重要性を持つ特別

70

な問題において、彼はヘーゲルの方法をその当の発明者に反対して適用した。彼の主張は、キリスト教であろうがその他であろうが、いかなる宗教も絶対的真理の担い手であると主張することはできないというものであった。他の信条と同様に、キリスト教は精神の発展において必要ではあるが、一つの過渡的段階に過ぎない。福音は哲学的象徴の体系ではなくユダヤ教の神話の集成である。

福音の神話的解釈において、シュトラウスはイエスの歴史上の存在まで疑問視するに至った。同時に彼は、歴史における神の完成した自生的な存在を確信し、ヘーゲル哲学における人格神観念の残存物なら何でも否定した。とりわけ、歴史上の人物における絶対の個々の顕現という神話は馬鹿げている。無限の理性は有限の人間の中にそれ自身を表すことはできないのである。

シュトラウスの批判とそれが巻き起こした論争はヘーゲル左派の結集となり、それに独立したアイデンティティの意識をもたらした。このことは、ヘーゲルの弁証法は、それ自身を否定することなしに、歴史またはある文明の終局という信念を許容することはできないという確信として真っ先に表わされた（具現体としての神というキリスト教徒の信念の否定は、これが特別ではないが、このような見方の本質的な例である）。したがって、否定の弁証法は過去の歴史の解釈に止まることはできず、世界を理解する鍵だけではなく能動的な批判の道具として、それ自体を未来に向けなければならない。それは自らを未完の歴史的可能性に投企し、思想から行動へ転換されなければならない。

3　チェシュコフスキと行動の哲学

ヘーゲルの否定の弁証法の「行動の哲学」への転換、否むしろ行動と哲学の区別を廃止するという呼びかけにおいて、極めて重要な役割がポーランドの著作家、アウグスト・チェシュコフスキ伯によって果たされたが、それは特に彼の初期の著作『歴史学へのプロレゴメナ』（一八三八）においてであった。チェシュコフスキ（一八一四～九四）は一八三二年以降ベルリンで研究し、カール・ルードヴィヒ・ミヘレットを通じてヘーゲル哲学に興味を抱いたもので、彼はミヘレットの講義に出席し、彼の生涯の友となった。

『プロレゴメナ』は、ヘーゲルの歴史哲学の観照的で後ろ向きの傾向から脱却しながら、その修正として意図された。哲学は単なる反省や解釈の行為であるどころか意志の行為でなければならず、過去ではなく未来に向かわなければならない。チェシュコフスキによれば、ヘーゲルの理性主義は哲学にたいして何があるだろうかを考えることを禁止し、何があったかで満足するように命令した。しかしヘーゲルの普遍的総合はそれ自体として知的発展の特定の歴史的段階に過ぎず、それは乗り超えることが今必要とされている。

チェシュコフスキは人間の歴史を三段階に区分したが、それはその後の著作で彼が言及しているフィオーレのヨアヒムのような中世の至福千年説論者のやりかたに倣ったものであった。すなわち、古代の時期は感情に支配された。そのころ精神は反省以前の状況、初歩的な直接性や自然との一体化の状況に置かれ、それ自体を優れて芸術において表した。今日の時代まで続く第二の時期はキリスト教の時代であって、その中で精神がそれ自体に、自然のままで感覚的な直接性から抽象化や普遍性に向かう内省の時代であった。

あらゆる変化や逆転にもかかわらず、キリストの出現以来人間はそれ自体としての（即自的）精神の水準に本質的には留まった。この段階における最高で最終的な精神の作品はヘーゲル自身の哲学、個々の存在、意志そして物質を犠牲にした思考の絶対化と普遍性である。

キリスト教の世紀を通して人間は耐えがたい二元性の状態に置かれてきた。そこでは神と世俗世界、精神と物質、行動と思想が敵対的価値として相互に対立させられた。しかしそのような時代は今や終わっている。キリスト教とヘーゲル哲学の両方を乗り超える最終的総合のときである。しかしそれはヘーゲル的意味での超克であって、過去の時代のあらゆる資産を保持する。これは物質と精神、認識と意志という二元論に終止符を打つだ

71

ろう。

厳密に言えば哲学はヘーゲルとともに終わりを迎えたのである。これから先において、精神はそれ自体を哲学的思索において表すのではなく、これまで哲学として表現されていたものは人間の創造活動と一体化する。それが「行動の哲学」すなわち行動を称賛する哲学であることは何の問題もないのであって、生活の実践を総合する哲学的行動の現実的登場が当然であるのと同じである。それ自体からの可能性を発展させる精神は、キリスト教時代において軽蔑された自然と、その時代が一方的に崇敬してきた思想とをそれ自体の中にともに融合するだろう。この最終的総合という新時代は、また肉体の再生も意味する。すなわち、それは主観を自然と、神を世界と、自由を必然と、個々の欲求を外的規範と調和させる。

あの世とこの世は永遠の友情で結ばれ、全面的に己を知悉し完全に自由になった精神は、世界におけるその活動を世界に関する思想から、もはや区別しないであろう。

もしキリスト教の世紀が人間を苦しい分裂状態に陥らせたとしても、それはその災難は避けることができたということを意味しない。歴史はそれ自体として精神の内的必然に従って展開し、そして原罪は来るべき偉大な復活に先行しなければならない。最終的総合の観点からすれば、過去のすべての出来事は救済に向かっていると見られるだろうし、精神のあらゆる対立的表れは将来の再生への寄与として現れるだろう。

ヘーゲル哲学の進化におけるチェシュコフスキの主要な役割は、哲学と行動を一体化し、それまで理解されてきたヘーゲル哲学に取って代わろうという考え方から成り立つ。完全にとは言わないまでも、どの程度まで彼がヘーゲル左派に属したと考えるべきかどうかは極めて論争的である。哲学と行動の一体化がその後のヘスの仕事に現れ、彼を通じてマルクス主義の要石になったかぎりにおいて、コルヌのような著作者がそうしたように、チェシュコフスキをヘーゲル左派と見なすことは自然なことのように思われる。

ヤン・ガレヴィッツのような他の著作者たちは、チェシュコフスキの後期の著作（『神と復活』一八四二、とりわけ『わが父』第一巻、一八四八）において、彼が聖なる歴史（父なる神、神の子、精霊）の見地からその三位説を定式化し、かくして人格神（しかしながら、人間史の完成を達成した）と人格的不滅あるいはむしろその再生を擁護するに至ったことを根拠にこれに反対した。

ドイツでヘーゲル左派と右派は、特に宗教とキリスト教にたいするそれぞれの態度によって区別され、この見地からすればチェシュコフスキは明らかに左派に挙げることはできない。ましてや、哲学と行動の統一がまもなく急進派の鬨の声となったとしても、左派が彼ら自身の一員と見なすことはなかった。

他方で、ミヘレットは、チェシュコフスキの思想は正統派のヘーゲル哲学を乗り超えてはいないという見解を取りながらも、チェシュコフスキを擁護した。チェシュコフスキ自身はフォイエルバッハを攻撃するとき、フォイエルバッハの自然主義と無神論をヘーゲル哲学の当然の結果であると見なし、そうすることによってドイツの基準に従って自分自身をヘーゲルの「右派」に置いた。ヘスに関して言えば、決定的な問題でチェシュコフスキに追従しながらも、チェシュコフスキの歴史哲学を全部は受け入れなかった。とりわけ彼は、思想と行動の総合は歴史の始まり以来生まれており、新しい時代は単純に未来の問題ではなく、ドイツの宗教改革によって始められたという考え方に立った。

A．ヴァリツキのような学者たちは、ドイツで左派と右派はその宗教への態度によって区別されたのにたいして、チェシュコフスキがそこからその刺激を大いに受け入れたフランスではそれは当てはまらないと観察した。社会主義の宗教的解釈とキリスト教の真の内容の実現としての新しい時代という観念は、事実として、一八三〇年代と四〇年代のフランス社会主義においては流通貨幣であった。チェシュコフスキはフーリエやサン・シモンから大きな影響を受け、彼の救済論の中に社会改良という精巧な体系を組み込んだ。

ヘーゲル後の論争地図におけるチェシュコフスキの位置という問題は、

マルクス主義の歴史にとって特に重要というのではない。ましてやこの見地からして、彼の後の哲学的資産やポーランド文化への貢献は重要なものではない。事実、彼の歴史の三段階区分と未来への確信、精神と物質の最終的総合は目新しいものでなく、フランスの哲学文献では極めて共通なものであった。

それにもかかわらず、ヘーゲル哲学の用語で、そしてヘーゲル哲学者の論争の文脈において、知的活動と社会的実践の将来的な統一（単なる総合ではない）という理念を表明することによって、彼はマルクス主義の前史において極めて重要な役割を果たした。マルクスの終末論が成長するのはこの種子からであった。マルクスのもっとも頻繁に引用された文言、「哲学者は世界をさまざまに解釈してきただけである。だが肝心なのはそれを変えることである」はチェシュコフスキの理念の繰り返し以外の何ものでもない。

4　ブルーノ・バウアーと自己意識の否定

ただ精神として、常に現在の世界に対置され、常に創造的、批判的で、そして不穏状態にある精神という理念が政治的および宗教的な批判の道具としてヘーゲル左派に仕えた。ヘーゲル哲学者たちは、それらの理念の抵抗しがたい力が遂には時代遅れの制度を崩壊させ、理性の要求に合致する状態をもたらすだろうと願い、そしてまた期待もした。

政治的側面における彼らの批判は一般的で抽象的な類であって、その大部分が啓蒙の理想によって鼓舞されていた。しかし、哲学的批判のみに基づいてもたらされる早期の改革という願望はまもなく絶望的となった。当局は、青年ヘーゲル派の運動が体制に破壊的態度を示すようになると、ヘーゲル哲学への支援を徐々に撤回し、哲学者たちは増大する妨害に晒されるようになった。

正統派のプロテスタント神学者として出発したブルーノ・バウアー（一八〇九～八二）は、一八三八年に正統派の路線と縁を切り（『旧約聖書の宗教』）、まもなくフォイエルバッハの著作を含む当時のドイツの他のどれよりも反キリスト教的性格を持つ小冊子の著述に取りかかった。彼はベルリンからボンに移り、そこで大学の私講師を勤め、ここで彼のキリスト教への攻撃はいっそう先鋭化した。

バウアーはヘーゲル哲学のスタイルで、発展する精神の自己意識の表現として歴史一般を解釈した。同時に経験的な現実全体はフィヒテ主義に沿う形で、彼にとっては否定態の集成、精神の無限の進歩の行程において克服されるべき精神への必須の抵抗体と捉えられた。経験的に存在するあらゆるものの意味は、それらが克服でき、また克服されねばならないという事実、そしてそれらに反対して精神の批判的活動が向けられる抵抗の中心を構成するという事実に存する。この活動の原理は止まることのない否定、存在するがゆえにただ存在するというものにたいする絶えまのない批判である。歴史はあるものとあらねばならないものとの永遠の対立によって決定され、後者は自己意識を求めてやまない精神によって表現される。

著しくフィヒテ主義的で非ヘーゲル哲学的であるこの原理が、バウアーの宗教批判の核心を形成した。彼の見方では、福音物語は歴史的真理を何も含まず、ただ自己意識の一時的な段階の表現、歴史的出来事への自己意識の架空の投企以外の何ものでもなかった。キリスト教は、それがあらゆる人間個人に属する価値意識を覚醒させたという点では精神の発展を手助けした。しかし同時にそれは諸個人に神への従属の受け入れを求めることによって新しい奴隷形態を創り出した。

ローマ帝国における国家権力の伸長は、人びとに外の世界に対抗する彼らの無能を認識するように強制した。自己意識はそれ自体の中に引きこもり、世界の圧力から逃れる唯一の道として、世界は卑しむべきものと宣言した（バウアーの見解で、キリスト教の理念はそれ自体としてローマ文化の産物であったとされていることは特筆されておかなければならない。彼はキリスト教の成立期にユダヤ人の伝統が果たした役割を最小化し、人気のあったストア哲学にもっとも重要な役割を与えた）。キリスト教の中で、宗教的疎外はその極端な形に達した。すなわち、人間は自分自身の本質を剥奪され、自身がそれ以後はその従属状態であると認める神秘的な力に自らの本質を委ねることになった。

歴史の現段階の主要な課題は、精神をキリスト教神学の束縛から自由にし、国家を宗教から解放することによって、人間に彼の疎外された本質を取り戻すことである。バウアーの歴史哲学の実践的帰結は、公共生活の世俗化の呼びかけであった。しかしながら、彼は決して共産主義の擁護者ではなかった。その反対に、彼はもし共産主義の原理に基づく制度を創出することが可能とすれば、それはすべての人間活動と思想をそれに従属させることになり、その結果、思想と人間個々人の自由は破壊され、精神の創造的活動は公的な教条体系に置き換えられるだろうと考えた。

一八四一年、ボンでの講義活動の最中に、バウアーは『ヘーゲル、無神論者および反キリスト教主義者に関する最終判断の切り札、最後通牒』と題する風刺的な小冊子を匿名で発行した。マルクスはこの作品を分担執筆したが、どの程度の分量が彼のものであったかは分かっていない。この作品は聖書からの引用と明らかにバウアーの学識に由来する神学文献の参照で充たされているのだから、おそらくそれは大きな分量ではないだろう。この小冊子は、表面上は正統派プロテスタント神学の立場からのヘーゲル批判であり、その学説の無神論的含蓄を非難していた。憤慨の装いの下でこの著者は、ヘーゲルの汎神論は急進的無神論の方向に発展せざるを得ないこと、ヘーゲルの真の意図はその哲学の唯一忠実な展開者である青年ヘーゲル派によって明らかにされてきたことを示した。

ヘーゲルは教会、キリスト教そして宗教の全体の敵であった。彼の汎神論すらただの見せかけであった。彼の体系において宗教は、自己意識と自己の関係として以外は何の役割も果たさず、自己意識と異なるものはそれが何であれ、すべて自己意識の中の一契機と解釈されなければならない。ヤコービあるいはシュライアマハーの「感傷的宗教」にたいするヘーゲルの批判は紛らわしい。彼はあたかも自分が神の存在の現実性の擁護者であるかのようにふるまって、「感傷的宗教」の主観主義を糾弾したが、これはまったくの虚偽であった。有限の精神を普遍的精神の顕現と表現することによって、ヘーゲルは普遍的精神を歴史的自己意識の投影としたが、その一方で、単なる有限の否定すなわち神として現れる無限は、最終的に、人間のエゴによる創造物、魔性のプライドで以て全能の力の所有を主張する創造物である。ヘーゲルの「世界精神」もまた人間の歴史的自己意識の展開のお陰で辛うじて現実性を獲得する。こうして人間の歴史は自己充足的となり、それ自体の自己発達を超える意味を持たなくなる。ヘーゲルによれば、そうして神は死滅し現実のみが自己意識となる。

バウアーは続ける、これらすべてがヘーゲル体系の他の構成要素つまり理性と哲学の美化、それが存在するという理由だけで存在するすべてのものにたいする猛烈な批判、フランス革命の崇拝、ギリシアやフランスへの愛、ドイツ人に対する憎悪と軽蔑（臆病で、もっとも急進的で理性的な雰囲気にあっても宗教がなければ何もできない民族）、そしてラテン嫌いすらもが完全に適合する、と。

宗教、教会、そして神への信仰は、精神がその絶対的支配を成就するために克服しなければならない障害物として描かれる。つまり、人間が神を直視していると考えるとき、それは鏡の中の自分の顔を見ているのであって、結局のところ、鏡の裏には何もないことを人間は理解しなければならない。

バウアーの著作は、冒瀆者の悪意でキリスト教信仰を嘆いて見せると称するが、その基本的主張は完全に誠実なものであった。ヘーゲルは、ブルーノ・バウアーのもう一人の自分、嘲笑者で無神論者、自己意識以外の何ものも崇敬しない者として解釈された。ヘーゲルの絶対理念とは、精神が自己の連続的表れを通して実現しようと努力する自己意識に他ならない。世界精神は人間精神の中だけに実現する。その展開のそれぞれの段階は、それが確立されるや否や、自らを妨げはじめ、克服されることを求めるのである。

精神の生命のそれぞれの形態はまもなく時代遅れで非合理的となり、まさにその存在によって精神が批判と反対という新しい挑戦に向かうようにさせる。哲学は、物事がどのようにあるべきかを知っている批判であって、その知識の強みに立って、とりわけ確立された形態の宗教的神話を攻撃しながら、それが解明した世界を非難し破壊するのがその任務である。これらはバウアー固有の見解であり、彼はキリスト教の粉砕が人類のもっとも差し迫った課題であると考え、プロテスタント神学部の教授団を不信の念で眺め、ついには自らの講義権を剝奪されたことは驚くにあたらない。

以上のように、バウアーの哲学は知の展開を純粋に否定的なそれと見なした。ヘーゲルの歴史哲学が理念と経験的現実との肯定的な結合を維持しようと図ったのにたいし、バウアーと彼の学派の他のヘーゲル哲学者は、批判的精神と現在の世界との根本的な二元論を再導入した。この解釈において、精神は経験世界のあらゆる特徴が従属していなければならない永遠の消滅のエージェントに過ぎなくなる。精神は、現実それ自体の積極的な裏づけを持たない。つまり、そのような唯一の裏づけは、常に現実に先行する理性の命令から成り立つ。理念はそれ自体の超歴史的法則に従って世界を審判する法廷である。つまり、それぞれの経験的現実は精神からすれば非難の対象である。

精神はその破壊的機能によって明らかにされ、世界は批判に対抗するには本質的に無力である。こうして精神と世界は、相互の関係によって否定的に明らかにされる。歴史は、それによってその各段階が判断される原理をそれ自体としては明らかにはできないが、しかしそれが変革されるためには、それは超歴史的な要求に基づいて判断されなければならない。歴史の変革の根拠は歴史の外に存在する。精神は経験的世界によってそれに課された外殻を打ち破らなければならないが、破壊的作業のためにそれが必要とする力はその世界から引き出すことはできない。

バウアーの宗教的疎外の批判は、宗教とアヘンの有名な比較を含むマルクスの初期の思想に強く反映された。同時にその自己意識の哲学は、マルクスがそれに対抗して独自の哲学を確立するようになる主要なポイントの一つであった。

5　アーノルド・ルーゲ　ヘーゲル左派の急進化

他のヘーゲル左派の著作者たちも同じようなやり方で師匠の哲学を解釈し直した。アーノルド・ルーゲは、雑誌の編集者として青年ヘーゲル派を一つの政治運動として統合するために多くのことを成しとげた。他の人びとともに彼は次第に宗教批判を激化させ、その力を政治の領域に移すという進展を成しとげた。一八三八年から四一年に彼は青年ヘーゲル派の哲学雑誌『ハレ年誌』を編集したが、当初それは、プロイセンは歴史的理性の特権であるとするヘーゲルの妄念を共有した。

青年ヘーゲル派は、歴史の自己意識はプロイセン体制の特権であり、歴史の理性が求める自由の発展はそこにおける平和的改良によって徐々に起こり得るともともとから信じ込んでいた。プロイセンがそれに向かって発展しなければならない理念は、プロテスタント的立憲君主制であるというのが、このジャーナリストたちの見解であった。だがそのプロテスタンティズムは組織された教会の支配ではなく、すべての公的機関の理性の要求にたいする服従そして科学の原理にたいする宗教の自発的従属を意味するものでなければならない。

青年ヘーゲル派の哲学は、反封建という公理に反映された。それは特権的財産の廃止、公職のすべての者への開放、言論・所有の自由、要するにブルジョア的な平等主義国家であった。彼らはその英雄フリードリッヒ大帝の経歴に表れているような啓蒙主義の理念と一致する理性主義国家を心に描いた。これは彼らにとって、単なる理論的ユートピアではなく、当時のプロイセンが特殊な使命を帯びている歴史の当然の流れの一部として表れていた。

この視点から彼らはカトリック教を、教義を理性の上に置く過去の時代の宗教であると攻撃した。彼らはまた、理性を感情の下に置き理性のない自然崇拝に理性を従属させるロマン主義哲学のみならず、正統派のプロテスタンティズムや敬虔的感傷主義も攻撃した。青年ヘーゲル派の政治的方向性の変化は、その歴史の理性にたいする信念の修正をもたらした。プロ

77

イセン政府は彼らのビジョン自体にとって、封建的不平等と政治的奴隷制を一掃する理性の体現者として何の熱意の対象ではなくなった。

特に一八四〇年以降、急進派がその期待をかけてきた新帝王フレデリック・ウィリアム四世が古い階級的に偏向した秩序およびプロイセン世襲の君主制、政治的自由と宗教的寛容の以前よりも劇的に圧縮された頑強な守護者であることが証明されたときに、青年ヘーゲル派の訴えは反動的な諸施策に遭遇した。アーノルド・ルーゲと他の『ハレ年誌』（後の『ドイツ年誌』一八四一年から四三年までルーゲによって編集された）寄稿者たちは、プロイセンがそれ自身の理性の王国へ向かって自然に進化しつつあると信じ込むのをやめて、彼らの理念と停滞した社会状況とのあいだにいかなる亀裂が横たわっているかを悟った。

理性の命令と経験世界とのあいだの必然的不調和の理論を彼らが採用したのはこの時であった。もはや理性は、定義の上で合理的である現実との調和の道具ではない。理性は義務の源泉、それでもって世界と対決する基準である。実践的活動と意識的批判は、あるべきものとしての世界と現にある世界とのあいだの対立を表す範疇である。ルーゲは、ヘーゲルが社会的精神的生活（プロイセン国家、プロテスタントのキリスト教）の特定の形態を理性の命令の究極の達成として絶対視したとき、ヘーゲルは彼自身の理念主義を裏切ったのだと宣言した。すなわち、ヘーゲルは永遠の批判主義という原理を放棄し、彼の体系を世界への単なる観照的で順応的な態度の弁明に変えたのだ、と。

青年ヘーゲル派の急進化は、三つの主要な形態を取った。哲学において それは歴史の自己実現というヘーゲル学説からの離反、そして歴史の事実と規範的理性との対立の受容として現れた。宗教の分野において青年ヘーゲル派は薄められた、無神論的形態においてすらキリスト教の伝統を拒絶し、そしてバウアーやフォイエルバッハによって初めて定式化された、徹底的な無神論の立場を採用した。政治において彼らは改良主義的希望を放棄し、人類特にドイツ人を再生する唯一の道として革命の展望を受け入れた。

しかしながら、もしわれわれがヘスや不屈のエドガー・バウアーを脇に置くとすれば、この急進主義は社会主義的内容を何も持たなくなる。すなわち、革命の期待は政治的変革のみに限定され、財産や生産システムにおける転換の希望と結びつけられなかった。政治制度を伴う国家と私的で個別的な利益の全体としての「市民社会」の不可避的な分裂を洞察していたヘーゲルと異なり、急進化した段階の青年ヘーゲル派は将来の完全な社会においてこれら二つの側面の分裂とその差異すらも消滅するだろうと信じた。ヘーゲル自身は一般利益と諸個人の対立する私的利益とのあいだのすべての緊張を廃止することが可能であるとは考えず、ただこの緊張は自らの利益と国家の利益を同一化させる公的機関の仲裁によって減少させられると考えた。

ヘーゲルの見解において、集合的存在の様式としての国家はそれを構成する諸個人の利益によって、それ自体を正当化しなければならないということはない。その反対に、諸個人のもっとも高度で絶対的な善は、国家の構成員であることに存する。市民社会の相争う利益を抑え込む国家の機能は、国家それ自体の価値によって正当化されるということになる。ヘーゲルの政治理論はプロイセン官僚制のイデオロギーを表していたのであり、彼の見方においては、一般的善すなわち国家の善は、私的利益から独立しており、それらに由来するのではない。その反対に、個人の利益とその本質的価値は、国家の国民であることに存するのである。

しかしながら、青年ヘーゲル派はこの見方を完全に退けた。自分たち自身の共和主義的理想を宣言し、平等を基礎とする普遍的選挙権、出版と公共的批判の自由、すべての共同社会を真に代表する自由に選挙された政府を有する政治生活への人民の全般的参加を要求し、これらすべてを唱道して、それらが実現した暁には一般的善と私的利益との差異は存在しなくなるだろうと、彼らは信じた。

政治制度が人民の自由な表明となれば、それらは諸個人にとって疎遠な力として現れることはできない。すなわち、教育があらゆる個々の市民の普遍的意識を覚醒させ、彼らをして理性の命令を知悉するようにさせる国

78

79

家は、私的利益と公的利益の一致を意味するだろう。

このような方法で青年ヘーゲル派は、一八世紀の共和主義的理想主義を復活させ、教育と政治的自由は、物的生産と経済的交換がそれに基づくところの所有制度を改変する必要なしにすべての社会問題を解決するだろうと信じた。

青年ヘーゲル派は、ドイツ人を知的に覚醒させ民主主義の理念を広めるうえで重要な役割を果たした。しかしながら、彼らが引き起こした注目にもかかわらず、国の重要な社会勢力が巻き込まれた政治運動の中核に彼らの哲学を据えることに彼らは成功しなかった。『ドイツ年誌』が一八四三年に弾圧された後に始まったヘーゲル左派の解体は、抽象的な思想と政治との全般的対置を想定する理念の形態をとった。運動のこのような解体の始まりとマルクスの初期の思想は時間的に一致した。ヘーゲル左派の中で成長したマルクスは、しかし彼がヘーゲル左派の哲学概念や解決すべき問題の同定化を受け入れたときですら、本質的にはそれらと異なる歴史観をとることを明確に示した。

第3章　最初期のマルクスの思想

1　青年時代と研究

マルクスがヘーゲル左派と接触するようになったとき、ヘーゲル左派は既にそれ自体として独立した運動と認知されていた。大学で彼は、ヘーゲル的合理主義と歴史法学派と呼ばれる保守的な学説との対立を目にすることができた。彼の生い立ちと彼自身の批判的気質が初期の急進的世界観の発達に寄与した。

カール・マルクスは、一八一八年五月五日に、双方がラビ［ユダヤ教の宗教的指導者］の長い伝統を有するユダヤ人の両親の子どもとしてトリーアで生まれた。彼の祖父はラビであった。有名な法律家であった父親は、自分のファースト・ネームをヒルシェルからハインリッヒに変えて新教を採用したが、それはプロイセンにおいては専門職的および文化的解放にとって必須の条件であった。若きマルクスは、自由で民主的な雰囲気の下で育てられた。トリーア・ギムナジウム［中等教育学校］を卒業後の一八三五年の秋にボン大学に法学部学生として入学した。アウグスト・フォン・シュレーゲルによって大学に広められたロマン主義哲学の影響は、マルクスの初期の詩作活動の中に見ることができる。

しかしながら、彼は初めての実質的な知的刺激をベルリン大学で受け、翌年そこに転学した。まだなお法学部の学生であったけれども、哲学や歴史の講義により多く引き込まれて行った。その中でも哲学の科目は、ヘーゲル哲学運動の自由主義的中心に属すると目されていたエドゥアルト・ガンスに教えられた。彼の見方によれば、ヘーゲル哲学とは、不可避的な精神の法則に従った世界の漸進的な理性化という歴史解釈であった。哲学的思惟の主たる目的はこのような進化を観察することであって、その中で経験的現実は次第に普遍的理性と一致することが見えてくる。ガンスはまた当時において社会主義の立場を表明した数少ないヘーゲル哲学者の一人であったが、彼はそれをサン・シモン版の社会主義から吸収した。このようにマルクスは最初からヘーゲル哲学の一つに引き込まれた。その哲学は現状の従属的受容を求めるものではなく、現状は理性の命令によって判断されることを求めていた。

ベルリン大学でこれに直接的に対立する立場は、歴史法学派の中心的な理論家でローマ法の歴史書の著者であるフリードリヒ・カール・フォン・サヴィニー（一七七九～一八六一）によって代表された。彼はまた『立法及び法律学における現代の使命について』（一八一四）という小冊子も書いた。

サヴィニーの哲学は、義務は現実に存在するものに由来すること、そしてとりわけ、すべての法は実定的な立法、慣習および伝統によって正当化された規則に基づかなければならないという見方を表していた。彼の保守主義は啓蒙主義の理論と鋭く対立したのだが、啓蒙主義は、法や制度は歴史的伝統の力で実際に有効であるとしても、それらは主権的理性の法廷の前で抽象的規範によってその正当性を示さなければならないとしていた。政治的急進主義は理性の崇拝、歴史的権威の承認の系統的否定、あるべきものとしての世界像を提示する共和主義的理想という形をとった。

サヴィニーにとって、他方で、歴史によって「与えられ」、歴史に根ざすところの、事実的で、実定的な制度や慣習は、まさにそうであるがゆえに権威的であった。この観点からすれば、法の源泉は合理的な社会秩序という想定上の要求に基づく恣意的な立法行為ではあり得ない。すべての立法の公正な源泉は慣習法と歴史である。このような保守的な理論は、それが実証的な形態で存在するという理由だけで現在の政治秩序に正当化と神聖化を与えるのであって、その一方で、より優れた想像上の秩序という名目においてそれを改善しようとするいかなる試みもア・プリオリに非難された。

遅れたドイツの封建的要素のすべてが尊敬されるに値するのであって、まさにそれらの古さこそがそれらの正統性を証明する。サヴィニーはこのような「実定性」にたいする非理性的崇拝を社会共同体、とりわけ民族共同体の「有機的」で超理性的性質にたいする信仰と結びつけた。人間社会は理性的な協働の道具ではないのであって、いかなる功利主義的目的にも関わりなく、それ自体を正当化する非理性的な紐帯によって結合されている。

立法の主体は民族であり、民族がその法を自生的に発達させ、そして修正する。民族は不可分の全体であり、その法は、その慣習や言語のようにその集合的個性の表現の一つに過ぎない。ユートピア主義者たちが持とうとするような、異なる伝統に関係なくすべての人民のための単一の「理性的な」立法形式は存在し得ない。法の制定は恣意的な事柄ではない。立法者は存在している特定の法体系を発見し、共同体の有機的成長の結果として生まれる法意識の変化を定式化できるだけである。

功利主義や理性主義の理論と鋭く対決し、ロマン主義哲学と緊密に連携して、サヴィニーは存在するものは何であれ正しいとする観念の真の普及者であり、この理論は事実上、現実的なものは合理的でもあるというヘーゲルの金言の可能な解釈として、彼の数名の弟子やその反対者によってヘーゲルに帰せられた。事実の問題として、サヴィニーはヘーゲルからその感化を得たのではなく、ヘーゲルはその保守的見方を批判した。ヘーゲルは理性の恣意的な支配を歴史の過程に対置することを拒否したけれども、現存の秩序をそれが存在するがゆえに理性的で価値があるものとして受け入れる意志はなかった。

経験的現実を理性の抽象的要求によって判断することを主張した青年ヘーゲル派の急進主義者と現実を所与のものとして受け入れるべきであると求めたサヴィニーは、マルクスの初期の思想が着目した問題にたいして正反対の解答を示している。ヘーゲルは、その多義性と不完全な言いまわしで、この両極端の狭間に位置したが、この決定的問題に関するマルクスの位置は青年ヘーゲル派よりもヘーゲルに近接していた。歴史法学派の保守的世界観はマルクスとはまったく無縁であり、一八四二年の夏に彼は、ライン新聞のグスタフ・フーゴの歴史哲学に関する論文において、それを直接的に風刺した（「存在するものは〈フーゴの〉の眼からすればすべてが権威であり、あらゆる権威が道理である。——要するに皮膚の発疹は皮膚そのものと同様に価値がある」）。

しかし同様に、マルクスは、例えこの立場が彼にとって他の事柄よりも確かにお気に入りであったとしても、あるべきものと歴史的に存在するものとの対置、理性の命令と現実の社会秩序との対置を、青年ヘーゲル派あるいはむしろフィヒテ主義者のような極端な形態では取り入れなかった。ごく初期の段階で彼は、精神の恒久的否定という革命的原則を精神の絶対的支配を意味しないという形で解釈しようと努めた。彼は絶対を、世界の上に外部から押しつけ歴史的事実をまったく考慮しない理性的基準という形では受け入れなかった。つまり、彼はヘーゲルの反ユートピア的観点を保持し、われわれが知っているものとしての世界の否定しがたい事実的性質にたいする尊敬を守ろうとしていた。

2　ヘーゲル主義者によって理解されたヘレニズム哲学

理性主義的ユートピアと「実定性」の保守的崇拝との狭間で自己の立場を確立しようとするマルクスの努力は、アリストテレス後のギリシア哲学に関する彼の初期の研究の中に跡づけることができる。この主題への彼の関心には十分な理由があった。青年ヘーゲル哲学者はヘレニズム哲学に大きな関心を寄せたが、それは、彼らが汎ヘレニズム思想の黎明と偉大なアリストテレス的総合の衰退を特徴とするアレキサンダー大王後の時代と、彼らの時代、すなわちナポレオンによるヨーロッパ統一の挫折とヘーゲルの普遍的哲学の試みの失敗を目の当たりにした彼らの時代とのあいだに、類似点を認めたからであった。

青年ヘーゲル哲学者たちは、いわば、ポスト・アリストテレス学派、つまりエピクロス学派、懐疑論者、後期ストア学派を復興し、そしてヘーゲルが無視した彼らの価値に光を当てたのであった。ヘーゲルは、事実として、これすべての学派（彼はそれらのほとんどをローマ的形態で捉えた）を折衷主義や的違いとして糾弾し、彼らの目的は、狂気に満ちた絶望的な社会の現実に直面した中で魂に無関心を教えるものに過ぎなかったと決めつけた。彼らは、内向化し対象との接触を失った思想および唯一の目的が目的を持たないことであるという意志によって、世界との想像上の調和を用意した。ヘレニズム哲学はローマ帝国における政治的そして社会的紐帯の解体によって生れた絶望にたいする純粋に消極的な防衛であった、と。

ヘーゲルの見方では、知が不毛の自己観照に閉じこもる存在様式は抽象的個人に行きつかざるを得ず、これにたいして具体的個人は普遍性および外部世界との恒常的接触によって自己を更新する運命にある。他方、バウアーの見解では、これらの「自己意識の哲学」は無能性の単なる消極的表明であるものとはかけ離れていた。もしそれらがそれまでの世界の腐朽によって押しつぶされた個人が、自己自身に回帰することによって一定の精神的解放を実現することを可能とするならば、そしてそれらがある程度世界の猛攻撃に対抗して自己意識を守ることができるとすれば、そのとき自己意識の哲学は精神的自律の基礎を用意することによって、精神発達の新しい必要な段階を切り開くであろう。つまりそれらは個人の精神に自律をもたらし個人の精神が世界に対抗して主張することを可能にさせ、個人の精神を普遍化し自由化し、個人の精神をして、それ自体として、また現実の荒廃に反対する批判的能力によって、自らの自由を意識化させるであろう。

要するに、ヘーゲルと青年ヘーゲル派はヘレニズム哲学にたいして同じ解釈を与えていたのであるが、しかしその歴史的哲学的重要性については異なる見解をとった。ヘーゲルによれば個人の意識の絶対化はただ哲学的精神の重要性を示すだけであったが、これにたいしバウアーにとってそれは外的世界の圧力にたいする批判的知の勝利を表した。

3　マルクスのエピクロス研究　自由と自己意識

ベルリンでの勉学の初期の段階で、マルクスはヘーゲル主義に転換し、師匠の理論を急進的精神で解釈する若い学士のクラブにしばしば出向くようになった。博士論文のために彼は当初ヘレニズム思想の三つの学派のすべてを分析しようと意図した。しかしながら、主題が管理できないほどになり、最終的にはエピクロス主義という単一の視角すなわちエピクロスの自然哲学とデモクリトスの原子論の比較に限定することになった。

彼は一八三九年の初めから論文に取りかかり、四一年の春にイエナ大学によって博士号を授与された。彼はその論文を刊行しようと意図したが、まもなく他の業務に吸収された。この作品は草稿の状態で残されたがいくつかの欠落部分もあった。一九〇二年にその一部がメーリングによって刊行され、二七年には前書きをつけて『マルクス・エンゲルス全集』に現れた。

この作品は『デモクリトスとエピクロスの自然哲学の差異について』と題された。それはロマン主義のスタイルとヘーゲル論理学の諸カテゴリーに基づいて書かれている。精神と世界の関係について言えば、マルクスがその三～四年後に表明することになる観点の鮮明化とは程遠いものであることは明らかである。それにもかかわらず、この論文をその後の著作と比較するならば、われわれは批判的精神の優先性という青年ヘーゲル派の信条およびヘーゲル保守主義の両方からの離脱の起源を跡づけることができる。

一八四三年から四五年のマルクスの著作を検討の鍵として用いながら、われわれはそれを彼の特定の哲学的伝統との結びつきを宣言する試みと見ることができる。すなわち、その哲学は、精神が現存する事実に従順なままではなく、ましてや、それらの事実に関わりなく、それ自体の中に自由に発見する規範的基準の絶対的権威を信用もせずに、自らの自由を世界に影響を及ぼす手段とすることを求める哲学である。

マルクスはエピクロスを批判するが、しかし、後者の批判者、特にエピクロス哲学を全く理解しなかったとマルクスが考えるキケロやプルタルコスへの批判はかなり厳しかった。いくつかの箇所で、彼はルクレティウスの論理を発展させることによって、宗教への自分の反逆と自由に基づく人間の尊厳にたいするプロメテウス的信念とに夢中になっていたように見える。

　プルタルコスやキケロに追随してエピクロスの原子論を、原子の運動における恣意的で幻想的な逸脱（パレンクリシス、クリナメン）の理論によるデモクリトス物理学の堕落であると見なす伝統に対峙して、マルクスはこの二人の哲学者の明白な類似性が深刻で根本的な相違を覆い隠していると主張する。エピクロスの偶然の逸脱という理論は単なる気まぐれではなく、自己意識の自由という理念を中核とする思想体系の本質的前提である、と。

　勤勉に収集した資料（ディールスやウーゼナーのそれのようなギリシア哲学者の散逸した断片の集成版は、当時においては存在していなかった）を基礎として、マルクスはデモクリトスとエピクロスの哲学的意図は極めて異なったことを証明しようとした。デモクリトスは、感覚にとって接近不可能である原子の世界を、必然的に幻想である認識と対置した。彼は、真理を含まないと自覚していたけれども、経験的観察に取りかかった。しかしながら、彼にとって真理は空虚である。なぜなら、感覚がそれを摑めないからである。彼はむしろ幻想的自然の知識で満足することを好み、それを目的それ自体と位置づけた。

　エピクロスの見方は異なる。彼は世界を「客観的現象」と見なし、認識の証拠を無批判に受け入れた（「常識」の擁護者と自らを不当に嘲笑しつつ）。しかしながら、彼の関心は世界を知ることではなく、個人の自由の意識を通して自己知識という「アタラクシア」（精神の平静）を実現することである。逸脱は自由の現実化であり、原子にとって本質的である。現実化は矛盾に満ちている。なぜなら、エピクロスの見方ではそれは原子がすべての質の否定を伴っているからである。

　しかし、その現実的存在はその大きさ、形態、重量のようなあらゆる質的決定要素に必然的に従属する。エピクロスにとって、物理的単位ではなく存在の原理としての原子は、自己知識の絶対的自由の投射であるが、同時に彼は、原子の世界と考えられる自然の非現実性と脆弱性を指摘することも忘れない。マルクスによれば、彼の隕石理論は、伝統的信念と反対に、聖なる物体は永遠でも不変でも不死でもないことを示すためであった。もしそうでないならば、それらはそれらの権威と永遠性によって自己知識を圧倒し、それから自由を剝奪するであろう。それらの運動は多くの原因によって説明することができ、そして非神秘的説明がこれ以外にも十分に可能である。

84

　このようにエピクロスは自然からその統一性を奪ってそれを虚弱で過渡的なものとした。なぜなら、自己意識の平静がそうでなければ妨げられるからであった。自然の格下げ（そこにエピクロスは物理科学の視点からの関心は持たなかった）は不安の源泉の一掃を意味した。それは精神にたいしてそれ自体の崇高性と世界から全体として自由であるという感覚を与える。形而上学的原理である原子は、もっとも完全な存在形態すなわち天国に格下げされた。恐怖のもっとも重要な源泉は、自己意識の脆弱性を地上の自然の不滅性に対置する神話を破壊することによって一掃される。

　エピクロスにとって敵は、それに関係し、またそれによって決定される有限の存在形態、すなわちそれ以外の何ものかである。原子はそれ自体としての存在であり、それゆえにその性質そのものが直線的な行程からの逸脱という必然性を伴う。その法則は法則の不在すなわち機会と自然発生性である。逸脱は感覚的性質（ルクレティウスが言うように特定の場所あるいは時間においても生じない）ではなく、原子の魂であってそれから分離することができず、それゆえにわれわれ自身からも切り離すことができない抵抗である。

　マルクスは、エピクロスをギリシア神話の破壊者そして部族共同体の崩壊に光を当てた哲学者であると見る。彼の体系は、政治的宗教的な生活の要石としての古代の明示的な天国を破壊した。マルクス自身が、エピクロス主義的無神論にいわば与しているのである。彼はこの段階においてその無神論を常識の支持者にたいする知的エリートの挑戦と見なしている。「哲学は、世界を征服しようというその全く自由な心臓のなかにまだ一滴の血でも脈打っているかぎり、つねにその反対者にたいしエピクロスとともにこう呼びかけるであろう。『多くの人々の信じている神々を否認する人が不敬虔なのではなく、かえって多くの人々のいだいている臆見を神々におしつける人が不敬虔なのである』」〔邦訳『マルクス・エンゲルス全集』第四〇巻　一九〇頁〕

その上、この論文は経済生活の疎外と類似させて宗教的疎外という主題を導入している。神の存在にたいするカントの存在論的主張による否定についての付加的（そして批判的）文章に触れながら、マルクスは述べる。

「神の存在証明は空虚な同義反復にほかならない。たとえば、存在論的証明は『私が実際に表象するところのものは、わたしにとっての現実的な表象である』という意味にほかならず、このものが私に効果を及ぼすのであって、この意味で、あらゆる神々は、異教のものもキリスト教のものも、実在的に現存していたのである。

古代の神モロク〔フェニキア人の牛身の神〕は支配したことがなかったのか？　デルフォイのアポロンはギリシア人の生活のなかで現実の力ではなかったのか？　ここでは、カントの批判も意味をなさない。

だれかが一〇〇ターレルを持っていると表象すれば、この表象が彼にとって任意の主観的なものでないならば、彼がその表象を信ずるならば、彼にとってはこの空想上の一〇〇ターレルは現実の一〇〇ターレルと同じ価値を持つ。

彼は、たとえば、自分の空想のせいにするだろう、その空想は、あたかも全人類が彼らの神々のせいにしてきたのと同じように効果をあげるだろう。反対である。――

現実のターレルは、空想上の神々と同じように現存している。現実の一ターレルでさえも、たとえ人間の一般的な、あるいはむしろ共同の表象のなかでにせよ、表象のなかとは別のところに現存するだろうか。

こころみに、紙幣をば、紙のこのような使用を知っていない国に、持っていってみたまえ。そうすれば、だれしも君の主観的な表象を笑うであろう。君の信ずる神々をたずさえて、ほかの神々が信じられている国に行ってみたまえ。そうすれば君が空想と抽象によって作りだしたもののために悩んでいるということを、ひとは君に証明するだろう。当然である。――

ある特定の国が異郷から渡来した特定の神々にたいしてもつ関係は、理性の国が神一般にたいしてもつ関係であり、その国は神の現存の終焉する地域である」〔邦訳『マルクス・エンゲルス全集』第四〇巻　二九〇～九一頁〕

この文章のくだりが示すように、自分自身の想像に支配されながら自分が創造者であることを自覚せず、その結果自分にたいするそれらの支配が現実であって単なる仮定ではないとするフォイエルバッハ流の人間像は、この時期マルクスの精神において貨幣の力に内包される「想像」の必然的役割と結びつけられた。これが後の「商品物神化」論の初期の曖昧な予兆である。

しかしながら、マルクスは、異質の神や異質の自然の恐怖から古代世界を解放し、彼ら自身の自由への精神的覚醒を復活させたとして、エピクロスやルクレティウスに賛辞を表す一方で、エピクロス的自由を世界からの逃避、避難場所へのひきこもりの精神の試みであると見なした。エピクロスの哲学において賢明さの理念や幸福の願望は世界との連結を切断する欲求に基づく。それらは不幸な時代の精神の表明である。すなわちその時代において、「彼らの神々は死んでしまっており、新しい女神は直接的にはまだ運命の――純粋な光か、それとも純粋な暗闇の――おぼろな姿をとっている。――不幸の核心はしかし、そのとき、その時代の魂が、精神的単子が、それ自身に充足し、それ自身においてあらゆる面で理想的に形成されているために、それなしで出来上がっているどんな現実をも認める必要はないところにある。それゆえに、そういう不幸のなかでの幸福は、哲学が主観的意識にたいして、かかる際に示す様式としての、主観的形式である。

こうして、たとえば、エピクロス派やストア派の哲学はその時代の幸福であったし、また、夜の蛾は、普遍的な太陽が没したときには、わが家の

86

灯火を求めるのである」〔邦訳『マルクス・エンゲルス全集』第四〇巻　二九〇～九一頁〕

マルクスは、エピクロスの単子的自由を現実逃避主義と見なす。つまりマルクスは精神の自由の信念に反対ではなく、この自由は世界に背を向けることによって実現され、それは創造力の問題ではなく独立の問題であるとする理念に反対するのである。

「自分自身の手段で全世界を構築し、世界の造り主となることよりも、むしろ、自分の枠の範囲内で永遠にうろつきまわっていることに、いっそうの満足をおぼえるものは、精神によって破門を宣告されたものであり、彼は秘跡の授受を差し止められているのである。だがそれは逆の意味での秘跡停止であり、彼は寺院と、精神の永遠の享受から追放されており、わが身の救済のために子守唄をうたっては、夜半に自分自身のことを夢想するように、指示されているのである」〔邦訳『マルクス・エンゲルス全集』第四〇巻　一一五頁〕

マルクスの最初の作品は、ほとんど全面的に青年ヘーゲル派の思想の枠内にある。宗教にたいする徹底的な攻撃、歴史における精神の創造的役割の確信は青年ヘーゲル派の地平を超えず、精神が自然のくびきを振り払おうとし、それ自体を純粋に主観的な自律の中で発展させようとした哲学であるエピクロス主義の批判も青年ヘーゲル派を超えるものではなかった。青年ヘーゲル派にとってもまた精神の優越性は孤立の欲求に関連するのではなかったが、経験世界の非合理性にたいする批判的攻撃の前提条件であった。

しかしながら、われわれはマルクスの論文の中に、青年ヘーゲル派の批判的哲学と対照的な「実践の哲学」として後に現れてくるものの萌芽を確認することができる。青年ヘーゲル派とその完全な発展形態におけるマルクスの哲学との決定的相違は、以下のようにまとめることができよう。

批判的哲学において自由な精神は、世界の恒久的否定、現実生活についての規範的判断行為、現実が実際にどういうものであるかにかかわらず、現実はどうあるべきかという言説としてこの世界に現われる。このように理解されれば批判的哲学は、世界にたいして絶対不変的に優越する。それは世界から分離することを求めず、それに力を及ぼしその安定を崩すことを求める。しかし同時にそれは判断の自律性を留保し、それがそれでもって現実を判断する基準はその現実ではなく、それ自身に由来させる。

他方、哲学が純粋に批判的であるかぎりそれは自己破壊的であるのだが、しかし哲学が世界についての単なる思考であることを止め、人間生活の一部となるときに批判の任務は完成すると実践の哲学は宣言する。このように実践の哲学の機能は、歴史と歴史の知的なまたは道徳的な批判との区別、社会問題の実践とその実践の認識との区別を取り去ることである。理論が実践の至上の判定者であるかぎり、個人の精神とその環境との、思想と人間の世界との亀裂は存在する。この分裂を一掃することは哲学と「虚偽意識」を廃止することである。というのは、意識が外からの非合理的世界の理解を意味するかぎり、それはその世界の自己理解でもあるいはまた自然な発展としての自己意識でもあり得ないからである。

もし自己意識と歴史の過程との同一化が現実的な見通しであるとすれば、そのような自己意識は歴史それ自体の内在的圧力から出て来るはずであって理性という超歴史的原理からではない。したがってわれわれは歴史それ自体の中に、歴史を理性的にする諸条件つまりそれに依拠して歴史の経験的発展がその参加者の意識と一致し、虚偽意識すなわち世界を観照しながらもなお世界の自己意識ではない意識を取り去る諸条件を発見しなければならない。

マルクスの博士論文のいくつかの箇所は、この意味での「実践の哲学」の萌芽的表現を含んでいる。例えば、彼は哲学自体が経験的現実に敵対するならば、その場合、哲学は体系としてそれ自体の敵になると述べる。つまりその積極的形態においてそれは骨化したそれ自体と対立する。この矛盾は世界が「自らを哲学化し」、他方で哲学が世界史に変わる過程によって解決される。

この闘争の中で哲学的自己意識は二様の形態をとる。すなわち一方ではその欠陥を治癒してそれ自体に回帰することを求める実証的哲学であり、

87

他方では世界にたいして批判的に立ち向かい、自らを批判の道具として肯定しながら、無意識に哲学としての自らを消去する方向に向かう自由な態度である。真の進歩をもたらすことができるのはこの後者の方法だけである。

自分自身の自由な判断を「実体的」現実に対抗させようとした古代の賢人は、そのような「実体」から逃れられないがゆえに敗北に陥らざるを得ず、そしてそれを非難しながらも無意識のうちに常に自らを責めた。エピクロスは意識の直接的な側面、それ自体としてのその存在を自然という形態に事実上変換することによって、人間を自然への依存から解放しようと試みた。しかし事実としては、われわれは自然を理性の所有とすることによってのみ自然から独立できるのであって、そのことが、翻ってわれわれにそれ自体における自然の合理性を認識することを必要とさせる。

この論文におけるこれらの着眼点を考察するとき、われわれは新しい世界観の兆しを確認する。すなわち歴史の中に組み入れられ、そうして廃絶される哲学という展望、そして精神はそれ自身の解放のための支えとして世界の「理性」に頼らなければならない、つまり、それによってそれが方向づけられる現実による精神の吸収という信念である。われわれはこの概要の中に、生活と生活に関する思想の差異はなくなること、その結果、人間は自己意識と経験的世界を調和させることによって自由になれるという未来の理想を見ることができる。われわれはまた虚偽意識の理論となったものの萌芽も見いだす。

マルクスは、哲学者は、彼らの理念の明白な構造はもとより、彼らにとって未知である下部構造を持つことを認識していた。すなわち、彼ら自身が現に提起する彼らの思想は、その中で真の哲学的知識のモグラのような活動が表れる体系の集約化からかけ離れている。この無意識の潜在的構造を発見することは哲学史の固有の任務であり、そしてマルクス自身がエピクロスに関して設定した課題であった。

しかしながら、この初期の作品は一般的視点においてすら、哲学者たちが自らを欺くことに至った社会的要因、あるいは虚偽意識を消滅させ、そして経験と自己意識の統一を再建するかもしれない社会的諸条件には一切触れていない。マルクスはまだ精神と世界、自己意識と自然、人間と神とのあいだの抽象的対立という点から考えている。彼の哲学は、政治的現実に彼がより密接に接触し、当時の政治的ジャーナリズムに従事するまではさらなる結晶化を果たせなかった。

第4章　ヘスとフォイエルバッハ

一八四一年、マルクスがエピクロスに関する論文を仕上げた年に、ライプツィヒで異なる二人の著者による二冊の重要な書籍が発行され、これらがマルクスの初期の活動に影響を与え、彼が徐々に青年ヘーゲル派の思想の当時の枠組みから自らを解放するのを可能にさせた。『ヨーロッパの三頭政治』の著者であるモーゼス・ヘスはヘーゲルの哲学的遺産を共産主義の理想に統合する最初の試みを行った。『キリスト教の本質』の著者であるルートヴィヒ・フォイエルバッハは、ヘーゲル左派を自己意識の哲学への隷属から救出し、宗教的信仰の批判を究極の結論に導いただけではなく、それをすべての哲学的観念論に押し広げ、すべての精神生活を自然の産物と見なす立場を明確に支持した。

1　ヘス　行動の哲学

ラインラントの商人の息子で独学の人、モーゼス・ヘス（Moses Hess 一八一二～七五）は厳格なユダヤ正教の下で育った。彼は青年期にスピノザやルソーの著作に惹きつけられた。前者は彼に世界の統一性と理性と意志の同一性を信頼することを教え、後者からは人間の自然的平等という確信を吸収した。彼はフランスの社会主義の理念に触れるようになったが、まもなく青年ヘーゲル派の運動に引き込まれ、これらすべての源泉から彼自身の共産主義の哲学を構築した。ドイツの社会主義運動の中で活動し、マルクスの影響下にあった時期を含むヘスの著作物は、常に空想的な性質を帯びていた。教育における格差そして熱狂的気質が彼の思想に首尾一貫した、整然とした形態を与えるのを妨げた。だが彼の理念の多くは、マルクスの科学的社会主義の概念の形成をかなり助けた。

最初の著作『神聖な人類史』（一八三七）の中で、ヘスは人間の神との契約の新時代を予言したが、それは人類の意識的行動に集約される確かな歴史の法則の展開によって、類として人間の最終的和解、相互の愛と善の共同体に基づく自由で平等な社会である。

彼はまずもって、社会革命は一方における増大する富と他方における悲惨の対比の不可避的な深化の結果として生れると示唆した。『ヨーロッパの三頭政治』（一八四一）の中で、彼は自分の共産主義をヘーゲルの枠組みに基づかせながらも、他方でヘーゲル主義からその観照的で後ろ向きの傾向を取り去り、それを行動の哲学に転換するように努めた。他の青年ヘーゲル派（後で見るように若きマルクスを含む）と同様に、彼はドイツ人の思索的才能とフランス人の政治感覚との結合を目撃することを欲したが、そうなれば、ドイツ哲学は理論的瞑想に止まる代わりに実体的な形態を取ることができるだろう、と。

ヘスが考えたような「行動の哲学」はチェシュコフスキの理念の発展であった。人類の歴史は三段階に区分された。古代において、精神と自然は相互に結びついたが、しかしそれは無意識のうちであった。すなわち、精神は何の媒介もないまま歴史の中で展開した。キリスト教は、精神がそれによってそれ自体の中に閉じこもる境界を導入した。今日では精神と自然の統一は復活されている。しかしながら、それはもはや単純でも無反省的でもなく、意識的で創造的である。

近代の創始者はスピノザであって、彼の絶対は、今なお理論の上だけではあるが即自的存在と対自的存在との統一、主体と客体の同一性を実現した。ヘーゲル哲学において主体と客体の同一性のこのような解釈はその頂点に達したが、それは理解の行為としてだけであった。ヘーゲルは自らを過去の歴史の解釈に閉じ込めて、哲学を意識的な未来形成の手段とする力を持たなかった。過去の哲学から未来の哲学への、解釈から行動への転換はヘーゲル左派の任務である。

89

最終の段階の本質は、歴史において生れるように、精神によって計画されたものは自由な行動の結果でなければならないということである。この段階で、人間の自由と歴史の必然性は、単一の行為において一致する。つまり歴史の法則によって生起しなければならないものは、絶対的に自由な活動を通してのみ起こることができる。神聖な歴史すなわち人間の歴史における精神の活動は、その時に歴史そのものと同一化する。

ヘーゲル哲学の超克は主にこの点、すなわち哲学は、歴史の必然性の自覚だけではなく、自由を通じてのみこの必然性は現実の歴史それ自体の中に具現化することができるという事実の自覚によって、未来を主張することにある。こうして過去の歴史は、その未来との関係を通して同じように正当化され、未来は人類の歴史的使命の達成となるだろう。ヘーゲルは、弁証法は未来には適用できないと宣言することによってこの関係を無視し、結果的に彼は自らがそうしたいと欲しても過去を正当化することはできなかった。

ドイツの宗教改革によって始まり、ドイツ哲学によって理論的完成を見た精神の自由は、フランス革命によって開始された行動の自由と提携しなければならない。それが実現した暁には、ヨーロッパは迅速な再生、キリスト教と愛の真正な宗教の完成を見るだろう。新しい世界の宗教は、教会あるいは牧師も、教義または超越的な神も、不死にたいする信仰あるいは恐怖を通じた教育も必要としないだろう。

神は罰したり教えたりしながら、外部から人間を助けるのではなく、人間の中に愛と勇気の自発という形で自らを現すだろう。教会と国家との分離はいかなる目的も有しない。なぜなら、それらの一致がただの偶然であった中世の状況と異なり、今後それらは社会の根本的な統一の中で一体化するだろうからである。世俗的生活と宗教的生活は同じものとなり、個別的な信条は時代錯誤であることが明らかになるだろう。強制なしに内部から自発的に結合する社会においては、公共的秩序と自由とのいかなる対立も存在しないだろうし、それらは相互に制限する代わりに支援するだろう。

最優先に必要なことは、愛の原理が人間生活で勝利を収めることであって、ヘスは精神の転換が共産主義の前提条件であると見なした。「道徳的社会的奴隷制はまず精神的奴隷制から生れる。これと反対に、法的・道徳的解放は精神的解放の結果でなければならない」。将来の社会は自発的な調和と、自己認識の発達の結果である個人の利益と集団の利益との一致に基づくのだから、それは抑圧的な法または制度によってそれ自体を守る必要はない。

2　ヘス　革命と自由

後の論文や著書において、ヘスは彼が思い描いた共産主義社会のより明確な描写を与え、現代の病理の経済的要因のより深まった分析を試みた。彼はまたその無神論的世界観をさらに力強く表明した。彼は、完全な社会は単純に人間性の本質の実現であること、つまりそれは経験的存在を人間の概念に含まれる規範的パターンとの調和に持ちこむことから成り立つだろうということをなおも確信した。これは社会的対立のあらゆる可能性を除去するだろう、なぜなら、人間性の本質はすべての者を等しく結びつけるだろうからであると彼は信じた。

彼は、社会的統一の原理は個人の絶対的自由とフーリエがめざした完全な平等とを結合すること、そして真正な自由という理想は私有財産を人間性の普遍的本質に矛盾するとして排除することであるということを示そうと試みた。この理由から彼は、所有廃止の枠組みとして、共産主義は類としての人間共同体への確信によって正当化されると信じた。この共同体が実際に実現するとき、それは宗教や政治（すなわち政治制度）の必要を一挙に無用とする。なぜなら、その二つは敵対する利己主義によって不和状態に置かれている男や女たちによって、耐え忍ばれている奴隷状態の手段や表現であるからである。

人間が自分を本質的な人間であると意識するとき、思想と行動の分裂は停止され、それらは生活の不可分の過程に吸収される。ヘスのスピノザ解釈（まったく恣意的であるが）において、理性と意志の同一性はこのような

91

行動と思想の同一性の哲学的基礎である。

自由な精神はそれ自身の思想や行動のすべての対象において自らを確認し、こうして世界全体を自らのものにする。すなわち、自然と人間、あるいは一人の人間と他の人間との疎外状態は、その存在を停止するだろう。人間は世界の中で真に「安住する」だろう。今までそのように在り続けた世界において「一般性」は現実の人間の接触を宗教的・政治的抽象化の中に消散させてきた。共産主義は一人ひとりの人間が、一般的遺産を彼自身の手によるものと見なせるようにすることによって、個人と共同社会の対立を一掃するだろう。

疎外、すなわち男や女にたいする人間の生産物の支配、これが支配されていることだということを彼らは理解していないのだが、これはもはや存在しないだろう。消極的自由、すなわち強制にたいする闘争によって確保される余地に過ぎない自由は、真の自由を構成する自発的な自己規制に取って代わられるだろう。と言うのは、「自由は自己限定による外的境界の乗り超え、活動的精神の自己認識、自然決定の自己決定への置き換えにあるからである。…人間において精神のあらゆる自己決定は、それ自体を乗り超える発達の程度に過ぎない」。

しかし自由は分割できない。社会的隷属と精神的隷属、つまり宗教とは手を携えて進む。悲惨と抑圧は宗教的「アヘン」という幻想的万能薬に行きつく。その結果として隷属は、宗教のようなその形態の一部だけでは廃絶できない。悪はその根元で根絶されなければならないのであって、それは何よりもまず社会的悪である。宗教的幻想を社会的隷従の根源と見なしたフォイエルバッハを批判して、ヘスは、貨幣は神よりも主要な疎外の形態に他ならないと主張した。ここにプルードンの影響を見ることができる。

その作り手を支配するのは人間の疎外された本質である。それは神だけではなく、また主に神だけというのではなく、貨幣、つまり働く人間の血や肉が抽象的形態に変化し、人間の価値基準として振る舞う貨幣でもある。プロレタリアートと資本家は同じように彼ら自身の生きた活動を売り、交換の媒体という抽象的形態において彼ら自身の血と汗の産物を人食い人種のように食べざるを得ない。貨幣による疎外は、生活の自然な秩序のもっとも完全な転倒である。

自然が必要とするように、個人を手段、類を目的それ自体とする代わりに、個人が類を自分に従属させ、その遺伝的形質を非現実的抽象と考えるのであるが、これが宗教においては神という形態を、社会生活においては貨幣という形態をとる。

ヘスの著作は、性急さと消化不良の読み込みそして彼の思考に及ぼした一時的な影響の痕跡に溢れており、総合的な調和までに至ってはいない。人間の類的本質にたいする青年ヘーゲル派の信念と、ルソーが望んだように個人と社会の衝突の可能性を排除して、将来的にあらゆる個人の中に実現する個人にたいする類の優越性というヘーゲル自身の原則をどのように調和させるのかは明らかではない。ヘスの見解において、精神の解放が最終的に社会的解放の最優先の条件であるのか、あるいはまたそれ以外なのかも判然としない。私有財産と相続の権利の廃止によって確保される完全な調和としての共産主義という彼の理想は十分明瞭に表れている。

しかし、彼のユートピアは、プロイセンにはなかったとしても、彼の時代のフランスにおいて流布していた主題を超えてはいない。富者と貧者の対置というのは、既に彼の社会像を支配することを止めて、資本家とプロレタリアートの対立にその席を譲りつつあったけれども、彼の見解の中では社会運動としての社会主義は主に貧困の結果であった。

ヘスの著作の中では一般的で格言的な形で現れていたけれども、彼はマルクス主義の歴史においてとりわけ重要であることが証明された一定の理念を表した最初の著作家であった。なかんずく、彼は、社会革命は中産階級の漸進的な消滅を伴う貧困と富の分極化の結果であるだろうという信念を表明した。彼は宗教的疎外と経済的疎外の類似性を示唆したが、それは後のマルクス主義の商品物神化分析の萌芽であった。

彼は、必然性と自由との哲学上の対立を行動の哲学において解決しようと試みたのだが、その行動の哲学は、歴史の新段階において必然的なもの

92

は自由な創造的行動を通して生まれると主張し、そして自己意識を歴史過程と同一化することを主張するものであった。この思想は、人間の哲学的自己意識そのものという脈絡の中で表わされた。しかし、それはプロレタリアートという特恵的ケースにおいて階級意識と歴史過程が同一化するという信念として、マルクスによって再登場させられた。自己実現において吸収される哲学という展望もまたマルクスの中に見いだされるが、それはヘスの作品に既に登場していた。「ドイツの哲学が実践的になるときそれは哲学であることを停止するだろう」と。

ヘスの重要性は、彼が青年ヘーゲル派の哲学と共産主義の理論とを統合する最初の試みを行い、そして社会革命の名において、青年ヘーゲル派の純粋な政治変革への期待に異議を唱えたことにある。ヘスの業績はドイツの「真正社会主義」（カール・グリューン、ヘルマン・プットマン、ヘルマン・クリーゲ）運動と結びつけられたが、それはマルクスによって（例えば、『ドイツ・イデオロギー』そして『共産党宣言』）、反動的ユートピアとして再三にわたって烙印を押された。

この運動は、現実の経済的条件を精神的隷従の単なる表れと見なし、人類が自らの類的本質に目覚めるにつれて社会主義は到来すると期待した。一八四一年の秋にマルクスと出会い、数年のあいだ、彼の友人・協働者となったヘスは、後にマルクス的社会主義の階級志向をある程度は採り入れた。こうして彼らはお互いに影響しあったのだが、ヘスはマルクスが主導した社会主義の理論的発展には同調せず、そしてマルクス的意味の歴史の唯物論的解釈も、マルクス的プロレタリア革命の理論も採用しなかった。

3　フォイエルバッハと宗教的疎外

ルードヴィヒ・フォイエルバッハ（一八〇四〜七二）は、一八四一年には既に有名な著述家であった。彼はベルリンにおいてヘーゲルやシュライアマハーの下で学んだが、しかし、ヘーゲル主義観念論とキリスト教を早い時期に放棄した。『死と不死に関する思想』（一八三〇）の中で彼は永遠の生命という理論を批判し、『ベーコンからスピノザに至る近世哲学史』（一八三三）やベイルとライプニッツの研究の中で自由思想の伝統への共鳴を明らかにした。

彼は自立した理性をすべての形態の教条主義に対置し、自然の哲学的復興を探求し、ヘーゲル主義をそれが精神に始まり精神に自己限定し、自然を精神の二次的表れ（異なる存在）と定義せざるを得なかったことを理由に批判した。しかし彼はヘーゲル主義の用語で表現された宗教の自然主義的な批判である『キリスト教の本質』（一八四一）でまず世に知られた。フォイエルバッハは気に入らない道徳的連想のゆえに「唯物論」という用語を好まなかったが、基本的問題では唯物論的立場を取った。

彼は「神学の秘密は人間学であること」、つまり人間が神について語ったことごとくのものは、彼ら自身についての彼らの知識を「神秘化された」用語で表しているのだと説いた。もし宗教の実際の真理が語られるとすれば、それが無神論あるいは単純に人間性の積極的肯定に他ならないことが証明されるだろう。

概して人間がその思考において理解できる事柄は、すべて彼自身の本質の対象化である。「人間は対象において自己を意識する。つまり対象の意識は人間の自己知識である。…対象は人間の顕在化した本質、彼の真の客観的な自己である。そしてこのことは精神的対象のみならず感覚的対象にも当てはまる。人間からもっともかけ離れた対象ですらも、それらが人間の対象であるかぎり彼の本質の現れである」［フォイエルバッハ『キリスト教の本質』上　船山信一訳　岩波文庫　五三〜五四頁］。

これはもちろん、ものがその存在を人間の意識に負っていることを意味するのではなく、それによってわれわれがそれらを理解する定義がその対象に投射されたわれわれ自身の定義であること、その結果事物は常に人間の立場から認識され、そしてわれわれ自身の投影あるいはイメージであることを意味する。

他方で、「人間は対象がなければ無である」すなわち人間が自己を認識するのはただ対象においてである。主体と対象の相互依存というこのような理念（対象を通してそれ自体を自己意識の中で構成する主体、自己意識の投射の中でそれ自体を構築する客体）は、フォイエルバッハによってそれ以上には分析されなかった。概して彼は、それを人間は自然の本性に属し（粗野な唯物論であるにもかかわらず）、そして自然は人間の本性に属するという公式の下で表現した。

しかしフォイエルバッハは、宗教的疎外の中で生れる特殊な種類の対象化に特に関心を持った。人間が本質的かつ必然的な方法で対象と関係するとき、人間がその中に彼らの類的本質の完全性と完成性を確認するとき、その対象は神となる。こうして神は人間の類的本質の想像上の投射、無限の水準にまで引き上げられた人間の力と属性の全体である。あらゆる類的本質は「無限」である。すなわち本質としてそれは完全の極みであり、個々の存在の模範あるいは基準である。人間の有する神の知識は鏡という外面において自らを認識する試みである。つまり人間は、自らの本質を自らにおいて認識する前にそれを外化するのであって、神と人間の対置は類と個人の対置の神秘化された版である。

神は原則として、人間が自分たちの中から引き出したもの以外の術語を持たない。神はこれらの術語が現実的であるかぎりにおいて現実的である。しかしながら、宗教は主語と述語の関係を逆転させ、神という形で、人間の術語にたいして、現実的で人間的で具体的なものにたいする優越性を与えた。宗教は人間、理性、感情の自発的二分化であり、それ自体の独立を主張して、その創り手に君臨しはじめる想像上の神聖な存在にたいする人間の知的感情的資質の転移である。

宗教的疎外つまり「精神の夢想」は誤りであるだけではなく、人間の貧困化である。なぜなら、それは人間の最良の資質と能力をすべて取り去り、それらを神に与えるからである。宗教が神の本質を豊かにすればするほどそれだけ宗教は人間を無気力にする。宗教の本性は血の生贄の儀式にもっとも明瞭に象徴される。人間は、神が威厳を讃えて現れるために辱められ、貶められ、その尊厳を剥奪されなければならない。

「人間は自らの中で否定するものを神の中で擁護する」。そのうえ宗教は、共に協調して生きるという人間の能力を無力化する。それは神が愛のエネルギーを神聖なものに振り向け、人間の現実の友愛を想像上の天国に振り捨てるからである。神は連帯の感情や相互愛を破壊し、利己主義を助長し、この世の生活のすべての価値を貶め、そして社会的平等と調和を不可能にさせる。

宗教を打倒することは宗教の真の価値を実現することであり、それは人類の価値でもある。人びとが自分自身に気づき、宗教の擬人化が彼ら自身の子どもじみた想像の果実であることを理解するならば、彼らは「人間が人間にとって神である」というスピノザの原則の観点から真に人間的な社会を形成できる。虚構の他の世界の存在の崇拝は、人生と愛の崇拝に取って代わられるだろう。「もし人間の本質が人間にとって最高の本質であるならば、その場合最初で最高の行動規則は人間の人間にたいする愛であるに違いない」。

『キリスト教の本質』は、ヘーゲル哲学の疎外の概念を純粋に自然主義的で人間中心主義的な観点の定式化に適用する試みであった。ヘーゲルと異なり、フォイエルバッハは疎外を全面的に否定的な現象と見なした。ヘーゲルの見方において、実在はその本質を最初は排除し、その後の自己豊富化の過程において再吸収することによって、その本質を実現する。つまり潜在的に含まれるものは、それが実現する前に外化されなければならない。絶対理念は、自らの疎外の表明を通じて自己意識に到達する。つまりそれはスコラ哲学者の神のような純粋な行為ではなく、歴史と疎外の連続的な段階を通じてのみ完成に至る。

他方、フォイエルバッハにとって、疎外は純然たる悪で誤りであって、いかなる積極的価値も持たない。宗教的神秘化は人間をその類から切り離し、個人を個人自身に対立させる。それは非現実的な存在を崇拝する中で人間のエネルギーを浪費させ、人間に内在し人間のためにある一つの真実の価値から人間のエネルギーを逸らす。

4　フォイエルバッハの第二の段階　宗教的謬見の源泉

フォイエルバッハの後期の著作は、ヘーゲル主義からの果てしなく広がる分岐とますます明瞭な一八世紀型の唯物論を示している。『キリスト教の本質』第二版（一八四三年）の序文において、彼はわれわれのものの理解は第一次的には感覚的で受動的であって、第二次的にだけ能動的で概念的であると宣言して、主体と対象は相互に条件づけるという理論を否定した。『宗教の本質に関する講義』（一八四八〜九年、五一年に発刊）において、彼はこの考えを繰り返し、そしてまた、これまで宗教的想像は「人間の本質」の客観化と見なしてきたにもかかわらず、それらは人間の自然への依存感情からもたらされることも強調した。

元来、彼は、宗教の打倒は人間のエゴイズムに終止符を打つだろうと考えた。そして今や彼は、エゴイズムは自然で人間の避けることのできない資質であって、もっとも利他的な行為においてすらその中に現れると主張する。彼は「自然エゴイズム」という啓蒙主義の一般通念に立ち戻ってしまった。初期の著作で彼は神を創造する投射の過程を叙述していたが、その原因について何も説明しなかった。今や彼はこの溝を埋めようと試みるのだが、しかし宗教的想像の源泉は一般的に自然における自分の状況を正しく解釈するうえでの無知と無能力であると述べること以上には一歩も前進しなかった。永久的で避けがたい自然への依存を自覚しながら、人間はこの依存を合理的な概念で理解することができない。その代わりに彼は自然の測り知れない気まぐれへの恐怖や積極的な感謝の気持ちそして自然が彼に起こさせた希望を表す人間中心的幻想を発明した。

宗教は、それ以外のいかなる手段では叶えられない人間の要求の代替的満足である。つまり人間は魔法を使うかあるいは神の善意に訴えることによって、彼らに自然が従うことを強制しようとする。すなわち彼らは彼らが現実には有しないものを想像によって実現しようと試みる。知識が増大するにつれて幼稚な精神状態である宗教は、徐々に合理的な世界観に屈服し、人間は文明の科学や技術によってそれまで飼いならすことができなかった力を統御することができる。

同時にフォイエルバッハは、認識過程の性質そのものに、とりわけ抽象化の性質そのものに内在する宗教的想像の源泉にたいしても注意を向ける。われわれは抽象的観念によってのみ考え、あるいは表現することができるのだから、われわれはそれらの観念を事実として唯一の現実である個人に対峙する独立した存在として信じがちである。同様の方法で人間の観念・感情そして能力を人格化した神とその他の宗教的作りものは、正統な認識手段の非正統的な自律化である。

「形而上学的意味における神の理念ないし神の原初的概念は、ものや果実の概念がそうであるのと同じ必然性や同じ土台に基づいている。――多神論者の神々は現実的存在として想像された名称および集合的あるいは原初的概念に他ならない」。しかし「一般的概念の意味を摑むためにそれらを理想化しそれらを個別の本質と異なる独立した存在に転換する必要はない。われわれはそれを悪魔として人格化することなどなしにその邪悪さを非難することができる」

『宗教の本質に関する講義』の中には、フォイエルバッハのヘーゲル哲学育ちの形跡は何も存在しない。宗教は混じりけのない啓蒙主義の立場で恐怖や無知の結果と説明され、そしてフォイエルバッハは、また啓蒙主義の純粋に感覚的で経験的な認識論も継承している。『講義』はカントやヘーゲルの概念によって支配されたままのドイツ哲学における新機軸ではあるが、しかしドイツ以外のヨーロッパにとって、この『講義』は周知の理論の単なる再現でしかなかった。

フォイエルバッハが首尾一貫して宗教を社会悪の根源と見ていたことが本質的特徴である。彼は、宗教的神秘化が放棄された暁には社会的不平等、搾取、利己主義、奴隷制の源泉は終わりを遂げると信じた。宗教は歴史におけるすべての悪の源泉でありその権化である。そして彼は、公衆の啓蒙が宗教的偏見を一掃して、同時に社会的隷従をも根絶するだろうと期待した。これが、唯一ではないけれども、マルクスがまもなくフォイエルバッハの哲学にたいして鋭い批判的態度をとるようになった主要なポイントの一つであった。

一八四〇年代の終わりまでにフォイエルバッハはヘーゲル哲学を完全に否定し、ヘーゲル哲学を、他の形態の観念論と同様の、宗教的フィクションの延長以外の何ものでもないと見なした。ヘーゲルの理念、フィヒテの自己あるいはシェリングの絶対のようなドイツ古典哲学のすべての創造物は、彼にとっては哲学的想像によって、より抽象的形態に還元された神の代替物に過ぎないものとして現れた。

人間を純粋に動物的範疇で解釈しながら、彼は社会共同体を宗教的偏見によって歪められ堕落させられた類の自然的共同の形態と見たが、他方で彼は道徳的考察においては、啓蒙主義の幸福論的枠組みを乗り超えてはいなかった。彼の論理の流れは、その人道主義的自由主義的理念とともに彼に多くの支持者を獲得させた。『キリスト教の本質』はドイツ人に甚大な影響を及ぼし、その反宗教の志向を急進化することによって、青年ヘーゲル派を転換する上で大きな役割を果たした。

マルクスにとっては特に、フォイエルバッハの哲学は、反発点であったばかりではなく、彼自身の思想において彼がヘーゲル哲学のカテゴリーを否定できるようになる主要な刺激の一つでもあった。彼もまた哲学史とりわけ一六世紀と一七世紀の哲学史の知識に関してその多くのものをフォイエルバッハに負った。彼は「主語があるべき場所に術語を置き」、人間の創造物に人間それ自身にたいする優先性を付与する哲学であるというそのヘーゲル哲学批判を採用し、ヘーゲルの法哲学の分析においてそれを用いた。

マルクスの批判後、フォイエルバッハの哲学とりわけ単調で繰り返しの多いスタイルという点からしても、フォイエルバッハの哲学は完全に時代遅れになったと考えることができる。それでもそれは、普遍人間主義的図式を追求する人びとと、そして神学者の中においてさえも引き続き関心を掻き立て続けている。

97

その主要な特徴である急進的な人間中心主義は、次のようにまとめることができる。第一に人間が唯一の価値である。その他のすべてのものは手段であり従属的である。第二に人間は常に一個の生きた有限の具体的な存在である。第三に相互の愛と生命の尊厳に基づく調和的共同社会において、人間が生きることを可能にする人間の恒久的特質は存在する。第四にこれまでそうであると知られてきた教条的で神秘的形態の宗教の廃絶は、新しい真正な人間の宗教への道を開き、それは人間がすべての宗教において彼らの真の目的であったもの、すなわち幸福、連帯、平等、自由に到達することを可能にさせるものとなるだろう。

98

第5章　マルクスの初期の政治および哲学の著作

マルクスは研究終了後の一八四一年春にトリーアに帰り、その後ボンに赴き、そこで青年ヘーゲル派のために著述作業を開始した。彼の最初の論文「プロイセンの最新の検閲訓令にたいする見解」は『ドイツ年誌』のために書かれたが、この号は結果的に没収された。それは一八四三年にスイスで発行された集成版に登場した。しかしながら、マルクスはライン新聞にこの主題で一連の論文を公表することができた。この新聞は一八四二年の初めにコローニュで設立され、青年ヘーゲル派の著述家たちによって支配された自由主義的ジャーナルであった。

寄稿者の中にはアドルフ・ルーテンバーグ、フリードリッヒ・エンゲルス、モーゼス・ヘス、ブルーノ・バウアー、カール・ケッペンそしてマックス・シュティルナーがいた。マルクス自身が一八四二年一〇月から四三年三月までこの新聞を編集した。この時期中に、出版の自由に関する論文とは別に、彼は州議会における論争の分析を書いたが、その中で初めて経済問題と恵まれない階級の生活水準に注意を向けた。急進的民主主義の見地を採用して、彼はプロイセン政府の偽りの自由主義を非難し被抑圧農民を擁護した。

1　国家と知的自由

マルクスの理論的発展の観点からすれば、彼の初期のジャーナリスティックな書き物は二つの主な理由から重要である。検閲法にたいする鋭い攻撃の中で、彼は政府の規制の破壊的影響に反対して出版の自由を明確に支持し（貴方はバラがスミレのように香ることを期待しない。そうだとすればわれわれが有するもっとも豊かなものである人間精神は何故に同一の形態で存在しなければならないのだろうか）、そしてまた国家の全体としての性質と自由の本質に関する見解も表明した。当局者の手に恣意的な権限を付与した出版法のあいまいさと多義性を指摘して、マルクスは、検閲は出版の目的に反するだけではなく、国家そのものの性質にも反すると主張するまでに至った。

「出版の自由は検閲とは格段に異なる基盤を持つのであって、なぜならそれは理念の一形態すなわち自由の一形態であり、一つの現実的善であるからだ。検閲は隷従の一形態であり、事物の本質に基づく世界観に対抗して現れる世界観の武器である。検閲は純粋に否定的なものである（第六回ライン議会の議事、第一論文［邦訳『マルクス・エンゲルス全集』第一巻　五七頁］）。――自由は真に人間の本質であるから、その反対者でさえ、自由の実在と闘うことによって、自由を実現するのである［同前　五八頁］。――自由な出版の本質はその完成された性格における自由の理性的な本質である。検閲下の出版は背骨を失ったもの、奴隷制の吸血鬼、文明化された怪物、香水入りの造化の戯れである。出版の自由が出版の本質に合致し、検閲がこの本質に矛盾するということはまだ証明する必要があるのだろうか」［同前　六一～二頁］。

こうしてマルクスは続ける、「検閲は奴隷制と同様に、たとえ千度も法の形態として存在したとしても決して適法的なものとなることはできない」。そして出版法はそれが出版の自由を守るときだけに真の法となる。検閲は法と国家の本質そのものに反している。なぜなら、自由な出版はその本質を達成しようとする国家の不可欠の条件であるからだ。すなわち、それは文明、個人の国家との結合、人民の鏡を体現する。検閲された出版は公共の生活と政府がそれ自身の声を聞き取る手段を堕落させる。自由は自らを正当化する主張を必要としない。なぜなら、それは人間の精神生活の部分でありそのものであるからだ。

「自由の体系でも、それぞれの世界は自転しつつ自由という太陽の周囲

100

だけを回る。――他者のやり方で自由であることは私にとっては不自由と同じではないだろうか」[同前　八〇頁] 書かれた言葉は目的のための手段ではなく目的それ自体であり、精神的発展以外のいかなる利益も有しない法によって閉じこめられるべきものではない。

これから見るように、この主張においてマルクスはそれぞれの固有の性質に対応する「現実の」法と国家を、政治の手段によって維持されてはいるが外的意味においてのみ結合されている法と制度から区別する。この区別はヘーゲル的伝統に由来する。つまり自由の実現ではない国家と法は、国家や法の概念あるいは本質そのものと対立し、力によって支持されているとしても真の国家や法ではない。

しかしながら、マルクスはヘーゲルと異なり、言論・著作の自由は「真の」国家の最優先の利益によって制限され得ることを拒否した。それはこの自由が国家の概念の本質的部分であると主張するからであった。このように彼は、現在の国家が「真」であるかあるいは単に経験的であるかを決定するための比較モデルとして規範的国家概念を用いるのだが、このモデルを適用して多様な自由はそれでもってそれ自体を正当化する本質的な人間的価値であると主張することによって、ヘーゲルに与することになる。

もう一つの主要なテーマが、この時期のマルクスの木材窃盗（これは支払いなしに森の小枝を集めることを農民に認める慣習の廃止であった）に関する州議会の論評に登場する。

農民と慣習法を擁護して、マルクスは博愛的立場を採ったが、しかし同時にまた州議会は法と国家の権威を土地所有者の私的利益の道具という役割に引き下げ、そうして国家の理念そのものを侵害したと主張した。

このようにして彼は共同体全体を代表する国家を、あれやこれやの部分的集団のエージェントになりさがる機関と対置した。しかしながら、この段階では、国家の制度をどのようにして全般的利益に合致するように持ち込むことができるのか、あるいはそもそもやるとすれば、国家は社会問題とりわけ貧困や所得の不平等をどのようにして解決できるのかという問題について、どのような解決策を持っていたのかは、はっきりしない。

2　ヘーゲル批判　国家、社会、個人

マルクスの政治への関心は、彼にヘーゲルの法哲学のより深化した研究を促した。一八四三年に書かれた（初めて公刊されたのは一九二七年）彼の長大な『ヘーゲル法哲学批判』は未完のままであったが、しかしその中の主要な着想は「ユダヤ人問題について」と「ヘーゲル法哲学批判序説」と題された二本の論文に見ることができる。

これらの論考は一八四三年末に向かって書かれて『独仏年誌』に掲載されたが、この雑誌は当時アーノルド・ルーゲやヘスと協同してマルクスが編集に当たっていた。彼はその年の秋にパリに移り、新婚の妻でトリーアの市参事会員であったルードリッヒ・フォン・ウェストファーレンの娘であるジェニーを同伴し、そこでフランスやドイツの地域社会主義団体と接触した。これ以前に彼はおそらくローレンツ・フォン・シュタインの『今日のフランスの社会主義と共産主義』（一八四二）を通じてフランスの共産主義運動を知っていたのであろう。

保守的なヘーゲル哲学者であるシュタインは、プロイセン政府の指示で社会主義運動を調べており、プロイセン政府はパリにおけるドイツ人労働者の破壊活動に関心を持っていた。彼は反社会主義者であって、階級制度を組織された社会の前提条件と見なしていたのだが、大量の情報を含むこの著作はドイツ人の急進的グループのあいだではよく知られていた。

その長大なヘーゲル批判の中で、マルクスは、国家はその起源および価値において、それを構成する経験的諸個人からまったく独立しているという理念を特に攻撃した。ヘーゲルは、国家と個人とのあいだに事実として本質的結合、実質的絆が存在するとしても、国家の機能は偶然の方法で諸個人と連結されていると主張した、ヘーゲルは経験的個人を国家の諸機能にたいするアンチ・テーゼとして位置づけて、国家の諸機能を抽象的形態や機能それ自体において捉えていた。

しかし事実として、「人間人格の本質はその人の髭でも血でも抽象的な身体でもなくて、かえってその人の社会的質であり、そして諸々の国務

101

等々が人間の持つ諸々の社会的質の現存様式と活動様式に他ならない。だから、諸個人は、彼らが国務を担当し権力を握るものである限り、彼らの社会的質について考察されるのであって、彼らの私人的な質を観られるのではないことはわかりきった話である」(「ヘーゲル国法論の批判」[邦訳『マルクス・エンゲルス全集』第一巻　二五三頁上段])。

第二にマルクスはフォイエルバッハに従って、ヘーゲル哲学における主部と述部の関係の転倒、つまり真の主部である人間個々人が普遍的実体の述部に転換されていると批判する。現実に、一般的であるあらゆるものは個々の存在の単なる属性に過ぎないのであって、真の主部は常に有限である。ヘーゲルにとって、個々の人間は国家という存在の従属的で二次的な形態であるが、それに反して「民主制は人間から出発し、国家を客体化された人間に作り替える。宗教が人間を創るのではなくて、人間が宗教を創るように、体制が国民を創るのではなくて、国民が体制を創る」(同前[邦訳『マルクス・エンゲルス全集』第一巻　二六三頁下段])。

このようにマルクスは理論の問題として、あらゆる政治制度をその現実的な人間の起源に還元するように努力する。同時に彼は現実の国家を人間の必要に従属させ、そして国家からその見せかけ、つまり経験的諸個人の要求に奉仕する道具としての機能と切り離されている独立的価値であるかのような見せかけを剝ぎ取ろうとする。マルクスが理解する民主制の目的は国家をもう一度人間の道具とすること、すなわち政治制度を疎外から脱却させることである。人民の存在の形式であり、人民に対立しその上に立つ疎遠な機関ではない国家だけが真の国家であって、それが国家の本質に合致する国家である。非民主的な国家は国家ではない。

ヘーゲルは、社会を人格の実現としてではなく国家によって取り組まれる目標と見なすことによって、人間と国家の分裂を永続させる。つまり経験的人間はこのように国家の最高の現実であって、国家の創造者ではないのである。

「ヘーゲルにおいては共通の大義に自らを客体化するのは国民ではなく、共通の大義それ自体が国民となる。彼ら自身の真の大義として共通の大義を必要とするのは国民ではなく共通の大義がそれ自体の正規の存在の条件として国民を必要とする。国民として存在することは共通の大義の任務である」(同前　二六四頁)。

このような批判の趣旨は明瞭である。もし個々の人間が彼らを通して最高の存在に到達する普遍的実体の発展における「契機」あるいは段階に過ぎないとすれば、その場合彼らはその普遍的実体の単なる手段であって独立した価値ではない。このようにヘーゲル哲学は、国家としての国家は一般的利益の体現であるという錯覚を容認するが、それは一般的利益が現実の諸個人の利益や必要から完全にかけ離れた場合だけである。この問題は国家官僚制の問題と密接に結びつく。ヘーゲルは国家の精神とその国民の個別の利益にたいする優越性は官僚の意識に体現されていると信じた。と言うのは、官僚は自分の個別の利益と全体としての国家の利益とを同一化しており、こうして国家の機関として官僚は共通善と個別の部分・団体との統合を達成するのである。

マルクスにとってこれは幻想であって、一般的善の最高の体現であると自負するプロイセン官僚制イデオロギーのヘーゲル哲学への反映である。その反対に事実はこうであった。

「官僚制が自らの原理であるところ、国家の一般的利益が分離され、独立し、現実的利益であるところでは、官僚制はあらゆる結果がそれ自体の前提と対立する方法で、団体を敵にして闘う。――真の国家の目的は、各国民があたかも特定の大義に対してのように一般的大義に献身しなければならないということではなく、一般的大義は真に一般的、すなわち、各国民の大義でなければならない」(同前[邦訳『マルクス・エンゲルス全集』第一巻　二八一頁])。

ヘーゲルは、この世を二つの切り離された領域に区分した。つまり市民社会と政治的国家である。マルクスが受け入れたこの区分において、市民社会は多様な特殊利益、個人的および集団的利益の全体であって、あらゆる衝突や紛争を伴う経験的日常生活、その中で各人が日々の生活を営む広場である。同時に、国民として各人は国家の制度への参加者である。ヘー

102

ゲルは、市民社会内部の対立は抑制され個別利益から独立した国家の最高の意志の中で、抑制され、合理的に統合されると信じた。この点でマルクスはヘーゲル哲学の幻想に強く反対する。

二つの領域への分割は真正だが、しかしそれらの統合は不可能である。現状の形式の国家は個別利益間の調停者ではなく、特別な種類の個別利益の道具である。国民（citizen）としての人間は、私人（a private person）としての人間と完全に異なるのであって、市民社会（civil society）に属する私人のみが現実的で具体的な存在を有する。つまり、国民としての私人は、その目に見える現実が神秘化に基づいている抽象的な創造物の一部である。

この神秘化は中世には存在しなかった。なぜなら、当時において身分への区別はまた直接的な政治的区分でもあったからである。すなわち、市民社会（civil community）の分節は、政治的区分と一致していた。身分への分割の政治的意味を改変あるいは廃止した近代社会は、あらゆる人間の在り方に影響し、すべての人間の中にその私的能力と国民としての能力とのあいだの矛盾を作り出す二元主義をもたらした。しかしながら、マルクスは単にこの矛盾を描写しただけで、その起源を説明しようとはしない。

3　社会の解放という理念

論考『ユダヤ人問題について』において、マルクスは説明や行動計画という形式でこのテーマをより明確に繰り返す。このテーマについてのバウアーの批判を論評して、彼は政治的解放とは別個のものとして人間の解放という彼自身の理念を表明する。マルクスの意見では、バウアーは社会問題を神学の問題に転換した。彼は、政治的解放の主要な前提条件として宗教的解放を求め、そして国家を宗教から解放する、つまり宗教を解体するプログラムで満足してしまった。しかしマルクスは反論する、宗教的制限は世俗的制限の原因ではなくて世俗的制限の反映である。国家を宗教的制限から解放することによって、われわれは人類を宗教から解放することはない。国家はその国民の大部分を宗教的束縛の下に置きつつ、自らを宗教から解放することができる。

同じ方法で、国家は私有財産の政治的影響を無効にする。すなわち選挙権等への財産資格を廃止することができ、そして出生および社会的地位の相異は政治的意味を何ら持たないと宣言することができる。しかし、これは私有財産や出生および社会的地位の相異が何の結果ももたらさないということではない。要するに、純粋に政治的でそれゆえに部分的な解放は価値があり重要であるが、それは人間の解放には行きつかない。なぜなら、それでもなお市民社会と国家の分裂は存在するからである。前者の中で人びとは真正ではあるが利己的であって、孤立させられ、そして対立する利害に満ちた生活をおくる。国家は彼らに集団的ではあるが、しかし幻想的である生活の領域を提供する。人間解放の目的は人間生活の集団的で類的な性質が真の生活となり、その結果、社会それ自体が集団的性質を獲得し、国家の生活と一致する状態を実現することである。

バウアーは、個人の生活と集団の生活の敵対の真の源泉まで突き進まない。彼はその対立の宗教的現れだけと格闘する。彼が唱道する自由はモナド［単子］の自由、孤立したまま生きる権利である。人権宣言にあるように、それは相互の自己規制（私の自由は他の誰かの自由によって束縛される）に基づいている。二つの領域の分離を所与のものとして、国家は私的生活の利己的性質の廃止を助けずに、ただそれに法的枠組みを与えるだけである。政治革命は人びとを宗教あるいは財産の支配から解放せずに、ただ人びとに財産を所有し自分の宗教を表明する権利を与えるだけである。このように政治的解放は人間の二分化を固定する。

「現実の個別的人間が抽象的な国民（citizen）を自分のうちにとりもどし、個別的な人間のままでありながら、その経験的な生活において、その個人的な労働において、その個人的な関係において、類的存在となったときはじめて、つまり人間が自分の固有の力を社会的な力として認識し組織し、したがって社会的な力をもはや政治的な力の形で自分から切り離さないときにはじめて、そのときにはじめて、人間的解放は完成されたことになるのである」（「ユダヤ人問題によせて」［邦訳『マルクス・エンゲルス全集』

第一巻　四〇七頁上段〕）。

　このような方法でマルクスは、青年ヘーゲル派の純粋に政治的・共和主義的・反封建的プログラムを政治の文脈において乗り超え、私的生活と政治的生活の対立を解消する社会の転換という目的を明確に主張することを可能にさせる考え方に達した。哲学の観点からすれば、これは自分の私的利益と共同体の利益の分断を乗り超える統合された人間という理念に基づいた。マルクスの人間概念はフォイエルバッハをはるかに凌駕する。なぜなら、宗教の神秘化は彼にとっては社会的隷属の根源ではなく、その単なる現れに過ぎないものと見なされるからである。

104

　彼はフォイエルバッハのように、人間を自然主義的立場からは見ない。つまり彼は、宗教的疎外が克服された暁に人間社会の中に自然に優勢になる共同という内発的原理が回復されることを思い描いてはいない。その反対に彼は、人間の解放を特殊に人間的な解放、つまり私的生活と公共的生活の同一化、政治的なものと社会領域との同一化によって可能となる人間的な解放と見なす。マルクスの見解では、個人による社会の意識的吸収、共同体の担い手であるという各人の自覚こそが人間が自己を再発見し、自己に還帰する道である。

　しかしながら、これらの想定が『ヘーゲル法哲学批判』や『ユダヤ人問題について』において表明されたとき、それらが現実の人間の分裂状態を想像上の統一と対置し、きわめて抽象的用語で表現されるかぎり、なおユートピア（マルクスが後になって使っていたこの言葉の意味における）に止まる。どのようにして、どのような力によってその統一が実現されるかという問題は未解決のままである。

4　プロレタリアートの発見

　『ヘーゲル法哲学批判序説』はマルクスの知的発展における決定的文書と見なされているが、それは彼がここで初めてプロレタリアートの特殊な歴史的使命という理念と歴史の冒瀆としてではなく、その内的傾向の達成としての革命という解釈を発表したからである。

　後者の理念は、一八四三年九月に書かれたルーゲ宛のマルクスの手紙に現れている。

「わたしたちは世界の人々にたいして、世界の原理に基づいて新しい原理を展開するだけなのです。わたしたちは世界の人々に『お前たちの無益な争いをやめよ。われわれこそが、お前たちの争いの真のスローガンを示すものだからだ』と叫ぶわけではないのです。わたしたちは世界の人々に、そもそも彼らがなぜ闘っているのかをという理由を示すだけです。世界の人々が望むかどうかにかかわらず、世界の人々はその闘いについての意識を持たざるを得ないのです。意識の改革の目的はただ、世界の人々が自分自身について意識できるようにすること、自分についての夢から目覚めさせること、自分たちの行動の意味を自分にとって明らかなものとすることだけなのです。――したがって、世界の人々がある事柄についてずっと前から一つの夢を抱いていることが明らかになるでしょう。その夢が現実のものとなるには、人々はそれについての意識をもたねばならないのです」〔邦訳　中山元訳『ユダヤ人問題に寄せて・ヘーゲル法哲学批判序説』二〇一四年　光文社文庫　二四三～四頁〕。

　理解できることだが、マルクスが意識の覚醒に帰させた巨大な役割というのは、ほとんどの青年ヘーゲル派の面々、フォイエルバッハ、そして三〇年代と四〇年代の社会主義著作家の大多数がそうであったように、人びとにたいして一挙に実践に移すことができる崇高で不可避的な社会の完成という任意の理想を提供することができるという意味はない。マルクスの見方では、改革された意識が社会の転換の基礎的な条件であった。なぜなら、それはただ暗黙裡に存在してきたものの顕在化とその解明であったし、またそうあり得たからであった。つまりそれは解放の闘争の目的でありつづけてきたものにたいしてそれとわかる形式を与え、そうして歴史の動向を無意識から意識された動向に、そしてまた意志的行為に向かう客観的動向に転換するからであった。

105

　これが、マルクスが後になって科学的社会主義と呼んだものの土台であって、任意に構築された理想を提出することしかできなかった、ユートピア的な変種に対置された。人びとが自分たちの行動の意味を理解するようになった結果としての革命を求めて、マルクスは同時代の社会主義者の空想主義や青年ヘーゲル派が受け継いだフィヒテの義務と現実との対置に反対した。

　マルクスは『序説』の中でこのテーマを追求し、同時にフォイエルバッハの宗教批判に強烈に反論した。彼は人間が宗教の創造者であることは認めるが、しかし次のように付け加える。

「人間、それは人間の世界のことであり、国家のこと、社会のことである。この国家、この社会が転倒した世界であるために、顛倒した世界意識である宗教を生み出すのである。宗教は――人間存在が真の現実性を具えていないために、人間存在が空想のうちで現実化されたものである。このため宗教との闘いは間接的にはその精神的香りが宗教であるところのあの世界との闘いである。――宗教は民衆のアヘンである。民衆に幻想のうちだけの幸福感を与える宗教を廃棄するということは、民衆に現実の幸福を与えることを要求するということである。民衆に、自らの現実の状態について幻想を放棄すべきであることを要求するということは、幻想を必要とするような状況を廃棄することを要求することである。――人間の自己疎外の神聖な姿が仮面を剝がれた以上、神聖でない姿での自己疎外の仮面を剝ぐことが、歴史に奉仕する哲学の第一の課題である。こうして、天上の批判は地上の批判に変わり、宗教の批判は法の批判に、神学の批判は政治の批判に変わる」（同前［邦訳『マルクス・エンゲルス全集』第一巻　四一五～六頁］）。

　人間の隷属を廃止する力をそれ自体の中に持つことを要求する反宗教的批判の錯覚を暴露しながら、マルクスはドイツの現状批判を繰り返したが、ドイツでは唯一の革命が哲学の革命であって、それは政治的時代錯誤の状態にあり、あらゆる欠点に溢れ、新しい秩序の利点は何も存在しない。ドイツの解放はその真の位置についての容赦のない認識によってのみ実現される。「彼らに圧迫を意識させることによって現実の圧迫をいっそう重苦しいものにし、屈辱をあからさまにすることによって屈辱をいっそうひどいものにしなければならない。――これらの石化した状態にそれ特有のメロディーを歌って聞かせることによって、むりにも踊りをおどらせなければならない（『ヘーゲル法哲学批判　序説』［邦訳『マルクス・エンゲルス全集』第一巻　四一八頁上段］）。

　ドイツ革命は、哲学それ自体の廃止によるドイツ哲学の実現を意味するだろう。だが哲学は物質的行動の領域において初めて実現できる。

「批判の武器はもちろん武器の批判のかわりをすることはできないし、物質的な力は物質的な力によって倒されなければならない。しかし理論もまたそれが大衆を摑むや否や物質的力となる。理論が大衆をつかみうるようになるのは、それが人に訴えるように論証をおこなうときであり、理論が人に訴えるように論証するようになるのは、それがラディカルになるときである。ラディカルであるとは、ものごとを根本から摑むことである。ところで、人間にとっての根本は人間そのものである」（同前［邦訳『マルクス・エンゲルス全集』第一巻　四二二頁上段］）。

　社会革命は、その特殊な利益が社会全体の利益と一致し、その主張が普遍的要求を代表するひとつの階級によってのみ遂行できる。その階級とはプロレタリアートであって、それは、

「その普遍的苦悩のゆえに普遍的性格をもち、何か特殊な不正ではなしに不正そのものをこうむっているためにどんな特殊な権利をも要求しない。――それは社会の自分以外のすべての階級から自己を解放し、それによって彼らを解放する以外には自らを解放できない。――それは人間の完全な喪失であり、自らの完全な回復によってのみ自分自身を勝ち取ることができる」（同前［邦訳『マルクス・エンゲルス全集』第一巻　四二七頁上段］）。

　このようにプロレタリアートの解放は、独立した階級としての自らの廃絶と私有財産の廃止による階級的区別一般の粉砕を意味する。マルクスは、封建制と一体化した近代世界のすべての矛盾の集中であるがゆえに、ドイツはプロレタリア革命の誕生の地として運命づけられていると信じ込む。ドイツの特殊な形態の抑圧を廃絶することは、あらゆる抑圧の廃止と人類の全般的解放を意味するだろう。「この解放の頭脳は哲学であり、それの心臓はプロレタリアートである。哲学はプロレタリアートを揚棄することなしには実現しえず、プロレタリアートは哲学を実現することなしには揚棄されない」（同前［邦訳『マルクス・エンゲルス全集』第一巻　四二八頁上段］）。

　社会全体を解放しなければ自らをも解放することができない階級としてのプロレタリアートの特殊な使命という発想は、観察の結果というよりも哲学上の演繹として、マルクスの思想に最初に現れたことは注目すべきことである。マルクスが『序説』を執筆した時点で、彼は実際の労働者の運動を極めてわずかしか知らなかった。それでも彼がこの時点で定式化した原理は彼の社会哲学の基礎として残り続けた。彼はまたこの早い段階で、一つのタイプの政治体制を別のそれに置き換えるのではなく、政治そのものの全面的廃止としての社会主義理念も定式化した。

　一八四四年夏、パリで発行された『前進』（Vorwärts）誌の論文において、彼は政治的精神をもってする社会革命は存在し得ないが、社会的精神をもってする政治革命は存在し得ると明言した。革命というものは一つの政治的行為であり、旧い体制が転覆されないかぎり社会主義は実現できない。しかし「社会主義の組織活動が始まり、その真の目的と精神が前面に現れるようになると、社会主義はその政治的外皮を脱ぎ捨てる」（「プロイセン国王と社会改革――一プロイセン人」『フォルヴェルツ』第六〇号［邦訳『マルクス・エンゲルス全集』第一巻　四四六頁下段］）。

　最初から最後までマルクスの社会主義のプログラムは、彼の反対者たちが主張するような「普遍的善」のための個人の犠牲化あるいは一般的平均化を含んでいなかったことはきちんと受けとめるべきである。そのような社会主義概念は、原始的な共産主義の多くの理論の特徴であった。それはルネサンスや啓蒙主義のユートピアに見受けられるものであって、修道院的共産主義の伝統や一八四〇年代の社会主義者の作品に影響を受けた。

　他方、マルクスにとって、社会主義は、共同体の生活を疎遠な官僚制によって統括された相克の世界へと転換させた神秘化の網の目の粉砕による個人の完全な解放を意味した。マルクスの理想は、各人が社会的存在としての自らの性質を完全に認識しておりながら、しかしまたまさにその理由から、各人の人としての能力は全面的にそして多様に発達させることができるというものであった。

　個的存在を普遍的な類的存在に還元することには、いかなる問題も存在しなかった。マルクスが実現しようと望んだものは、諸個人の対立の源泉が放棄された共同社会（community）であった。彼の見方によれば、この対立は政治生活（political life）が市民社会（civil society）から切り離され、その一方で、私有財産制度が、人びとが他者と対立して初めて自身の個性を主張できることを意味するときに必ず生まれる相互の孤立から起こる。

　したがって、最初から、マルクスの現存社会の批判は、各個人の生活の社会的意味が彼にとって直接的に明白であるが、しかし個人はそれによって退屈な画一性の中で薄められることはないという、彼の新しい社会像の文脈においてのみ意味がある。これは、集団の利益と個人の利益の完全な一致が存在でき、そして私的な「利己的」動機が「全体として」の絶対的な共同体という感覚を擁護する中で除去できることを前提とする。マルクスは、対立や攻撃そして悪のすべての原因がこのようにして根絶された社会は想像できるだけでなく、歴史的に差し迫ったものでもあると考えた。

107

108

第6章　パリ草稿　疎外労働の理論　青年エンゲルス

一八四四年にパリでマルクスは、資本、賃料、労働、財産、貨幣、商品、需要そして賃金という基礎的概念の一般的な哲学的分析を与えようと試みる政治経済学批判の構築に没頭した。この研究は完結しなかったが、一九三二年に初めて出版され、『一八四四年の経済学哲学草稿』（Economic and Philosophical Manuscripts of 1844）として知られている。

単なる概要に過ぎないけれども、これはマルクスの思想の発展のもっとも重要な原典の一つと見なされるようになっている。その中で彼は、社会主義を単なる社会改良のプログラムではなく一般的世界観として説き明かし、そして経済的カテゴリーを自然の中の人間の位置の哲学的解釈と関連させることを試み、その人間の位置の哲学的解釈はまた形而上学的認識論的問題の探求の出発点としても位置づけられている。マルクスはこの作業の中で、ドイツの哲学者や社会主義の著作家たちに加えて、政治経済学の父祖たちの作品に取りかかり、ケネー、アダム・スミス、リカード、セイそしてジェームズ・ミルの研究を開始した。

もちろんのことだが、この『パリ草稿』が『資本論』の全体の要旨を包含していると想定することはまったくの誤りである。それでも『草稿』は、事実上マルクスが生涯をかけてその執筆に携わり、『資本論』がその最終版であるところの著作の最初の草稿である。その上、最終版はその先行著作の発展であって、それからの離脱ではないと主張する確かな理由がある。確かに『草稿』は「成熟した」マルクス主義の礎石と見なされる、価値と剰余価値の理論には言及していない。しかし、抽象的労働と具体的労働との区別、商品としての労働力の認識を伴うマルクス主義特有の価値論は疎外労働理論の決定版に他ならない。

1　ヘーゲル批判　人間性の基礎としての労働

マルクスの否定的な参照点は、ヘーゲルの『現象学』とりわけその疎外の理論と疎外過程としての労働という理論にある。マルクスによれば、ヘーゲルの否定の弁証法の偉大さは、人間はその疎外の超越と交互に起こる疎外の過程によって自ら自身を創造するという理念にある。

人間は、ヘーゲルによれば、対象化された状態にある自らの諸力と関係することによって、そうして、外からその諸力を、いわば吸収することによって、その類的な本質を現す。労働は、人間の本質の実現として、こうして全面的に積極的な意味を持ち、人間がそれ自身の外化を通して発達する過程である。しかしながら、ヘーゲルは人間の本質を自己意識と同一化し、そして労働を精神活動と同一化した。

原初的形態の疎外は、自己意識の疎外であり、そしてすべての客観性は疎外された自己意識である。その結果、人間がそこにおいて自己の本質を再吸収するところの疎外の超越は、対象の超越そして人間の精神的自然へのその再吸収である。人間の自然との統合は精神的レベルで起こり、マルクスの見解では、そのことが抽象化や幻想を生み出す。

マルクスは、フォイエルバッハに従って、自らの人間観を自然との物的交換と理解される労働に基づかせる。労働はすべての精神的な人間活動の条件であって、その中で人間は彼の創造性の対象である、自然だけではなく自分自身も創造する。人間の必要の対象、それらの中で人間が自らの本質を表し実現する対象は、人間から独立している。つまり、人間もまた受動的存在である。

しかし人間は対自的存在であって、単なる自然的存在ではなく、その結果、物は、人間の対象であるにもかかわらず、人間にとって単にあるがままのものとして存在するのではない。「したがって、人間的な諸対象は、直接に与えられたままの自然諸対象ではないし、人間の感覚は、それが直接にあるがままで、つまり対象的にあるがままで、人間的感性、人間的対象性であるのでもない」［邦訳　城塚登・田中吉六訳　岩波文庫『経済学・哲学草稿』二〇八頁］。

結果として、疎外されたものとしての対象それ自体の超越は、客観性それ自体の超越ではあり得ないというのがヘーゲルの主張であった。人間が自然と対象を自分の中にどのように再吸収するかを説明するためには、まずもって、疎外の現象が現実にどのように生ずるかを疎外労働のメカニズムを通して説明することが必要である。

2　知識の社会的実践的性格

マルクスの見解では、人間の基本的な特徴は労働、つまりその中で人間が能動的でも受動的でもある自然との接触にあるのだから、認識論の伝統的問題は新しい視点から見直さなければならないということになる。マルクスは、デカルトやカントによって提起された問題の正統性を否定した。自己意識の行為から対象への移行がどのようにして可能かを問うことは誤りである。なぜなら、出発点としての純粋な自己意識という設定は、自然や社会におけるその存在からまったく独立してそれ自体を認識できる主体という虚構に基づいているからであるとマルクスは主張した。他方で、自然を既知の現実と見なし、そして人間の自然との実践的関係にかかわりなく、自然をそれ自体として観照することが可能であるかのように、人間と人間の主観をその産物と捉えることもまた等しく誤りである。

真の出発点は、人間の自然との能動的接触であって、われわれがこれを一方で自己意識的人間に、他方で自然に分割するのは抽象化によってのみである。人間の世界との関係は、本来的に、その中で物がその類似物を主体に伝えるか、あるいはその本来の存在を主体の認識領域の断片に転形するというような観照や受動的認識ではない。認識は、初めから、自然と人間の実践的な方向付けとの結合された作用の結果であって、人間は社会的意味における主体であり、そして自らの適正な対象として、一定の目的に奉仕するように設定されたものとして、物を見るのである。

「人間は彼の全面的な本質を、全面的な仕方で、したがって一個の全体的人間として自分のものとする。世界にたいする人間的諸関係のどれもみな、すなわち、見る、聞く、嗅ぐ、味わう、触れる、思惟する、直観する、感じとる、意欲する、活動する、愛すること、要するに人間の個性のすべての諸器官は、その形態の上で直接に共同体的諸器官として存在する諸器官と同様に、それらの対象的な態度において、あるいは対象にたいするそれらの態度において、対象（をわがものとする）獲得なのである。人間的現実性の獲得、対象にたいするそれらの諸器官の態度は、人間的現実性の確証行為である。――目は人間的な目となり、目の対象は人間から起こっている人間のための社会的な、人間的な対象となった。だから諸感覚は、それらの実践において直接に理論家となっている。諸感覚は事物のために、事物にたいしてふるまう。しかし事物そのものは、自己自身にたいする、また人間にたいする対象的で人間的なふるまいなのであり、またその逆でもある。――一つの対象が目にとっては耳にとってとはちがったものとなり、また目の対象は耳の対象とはちがったものなのである。それぞれの本質力の特質は、まさにその本質力の独特な本質であり、したがってまた本質力の対象化の独特な仕方、本質力という対象的で現実的な、生きた存在の独特なあり方でもある。――非音楽的な耳にとってはどんなに美しい音楽も何らの意味ももたず、（なんらの）対象でもない。なぜなら、私の対象はただ私の本質諸力の一つの確証でしかありえず、したがって、私の対象は、私の本質諸力が主体的能力として対自的にあるようにしか、ありえないからであり、また、私にとって或る対象の意味は（対象は）対象に適応している感覚にとっての意味しかもたない）私の感覚の達するちょうどその範囲までしか及ばないからである。それだから社会的人間の諸感覚は、非社会的人間のそれとは別の諸感覚なのである」［邦訳『経済学・哲学草稿』一三六～九頁］

111

マルクスはカントやヘーゲルが提起した基本的問題、すなわち、人間精神がこの世界でどのように「安住」できるかを取り上げているように見えるかもしれない。合理的な意識と直接的で非合理的な形式の下で単純に「与えられている」世界の断絶のあいだに架橋することができるのだろうか。もしできるとすればそれはどのようにしてできるのだろうか。もし問題がこのような概括的な言葉で設定されるとすれば、マルクスはそれをドイツ古典哲学から継承したとわれわれは言っても良いのかもしれない。

しかし、彼が問いかける特別な問題はそれとは異なっており、特にカントのそれとは異なる。カントの理論において、自由で合理的な主体にたいする自然の異質性は克服できない。認識主題の二元性、すなわち所与のものと先験的な形態とのあいだの根本的な相違は実質的に解消できず、経験的な資料の多様性は合理的に説明できない。自己決定的でそれゆえに自由な主体は、必然性によって束縛されている自然にたいして、あたかもそれ以外の他の何ものかとして、自らが容認しなければならない非合理として、直面するのである。

同じように、理想と道徳的命令は非合理的な資料から導き出すことはできない。その結果として、現実と理想は衝突せざるを得ない。世界の統一は主体と客体、感覚と思惟、人間の自由と自然の必然性から構成されるが、そのような統一は、理性が現実的に決してもたらすことはできず、ただそれに向かって倦むことなく目ざして行かなければならない制限された仮定である。

こうして現実は、主体、その精神的能力、そしてその道徳的理想にとって、いつまでも続く制限である。ヘーゲルの見解では、カントの二元論は合理主義の放棄であり、永遠に続く努力の到達不可能な制限としての統一という想定は、反弁証法的世界観を表すものであった。

もし人間が属する二つの世界の断絶が、あらゆる個別の認識的あるいは道徳的行為において同じように広がったままであるとすれば、その場合にそれを克服する努力は、自らの内的分裂を修復する人間の無能力が永遠に再生産される不毛の無限大となる。それゆえにヘーゲルは、その隠れた合理性つまり精神的本質の漸進的発見として、主体が徐々に現実を吸収する過程を描き出そうと試みたのである。

理性は、もしそれが実在の事実性そのものの中に合理性を発見できず、もし自らを完全だと思い込み、そして同時に非合理的世界に埋没するならば、不毛であるだろう。しかし理性がその世界の中に現れてくる合理性を発見するとき、理性が自己意識や絶対の自己制限活動の産物として現実を認識するとき、その場合、理性は主観のために世界を回復することができるだろう。それが哲学の任務である。

カントの二元論にたいして、ヘーゲルの観念論によって提起された解決策の恣意的で思弁的な性格をマルクスに初めて気づかせたのは、おそらくはフォイエルバッハであった。ヘーゲルは、現実的存在は疎外された自己意識であると想定したのだが、それは思考する主体に世界を取り戻すためだけであった。だが自己意識は、自らを疎外することによって現実の抽象的類似物以上のものを創りだすことはできない。そしてもし人間の生活においてこの自己疎外の産物が人間の上に立つ力を獲得するようになれば、それらをそれらにふさわしい位置に引き戻し、そのあるがままに即した抽象概念を認めることがわれわれの仕事となる。

人間それ自身が自然の一部であって、もし人間が自然の中で自分自身を確認するとすれば、それは、自然にたいして絶対的に優先する自己意識の作用を自然の中で発見するという意味ではなく、労働による人間の自己創造の過程で、自然は人間の対象であって、人間のやり方で認識され、人間の必要に応じて認識的に構成され、類の実践的行動の文脈においてのみ「与えられた」ものであるという意味においてだけである。

「抽象的に考察されて人間から分離されたものとして固定するならば、自然それ自体は人間に関する限り無である」。もし類としての人間と自然の積極的な対話が出発点であり、そしてわれわれが知るところの自然と自己意識が、純粋に備わった感覚ではなくその対話だけにおいて与えられるとすれば、その場合、われわれがそういうものとして認識する自然が人間化された自然と呼ばれ、精神が自然の自己意識と呼ばれることは合理的である。

　自然の一部そして自然の産物たる人間は、自然を自分自身の一部とする。自然は直ちに彼の活動の主題であり、彼の身体の延長である。この観点からすれば世界の創造者に関して問題を呈することは無意味であって、なぜならそれは自然と人間の不在という非現実的状況、架空の出発点として設定することさえできない状況を前提にしているからである。

> 「君が自然と人間との創造について問う場合、君は人間と自然とを捨象しているのだ。君はそれらを存在しないものとして措定しておきながら、しかもそれらを存在するものとして私が君に証明することを君は要求しているのだ。そこで私は君にこう言おう。君の捨象をやめたまえ、そうすれば、君はまた君の問いをもやめるだろう。――社会主義的人間にとって、いわゆる世界史の全体は、人間的労働による人間の産出、人間のための自然の生成以外のなにものでもないのであるから、したがって彼は、自己自身による自己の出生について、自己の発生過程について直観的な、反対できない証明をもっているのである。人間および自然が本質をそなえていること、すなわち人間が人間にとって自然の現存として、実践的、感性的、直観的になったことによって、自然および人間を超越する疎遠な本質についての問いは、実践的に不可能となった。
>
> 　こうした非本質性の否認としての無神論は、もはやなんの意味ももっていない。なぜなら、無神論は神の存在の否定であり、そしてこの否定を介して人間の現存を措定するからである。しかし社会主義としての社会主義は、もはやこのような媒介を必要としない。それは本質としての人間および自然の、理論的にも実践的にも感性的な意識から出発する。現実的生活が、もはや私有財産の止揚つまり共産主義によって媒介されない、積極的な人間の自己意識であるように、社会主義としての社会主義は、もはや宗教の止揚によって媒介されない、積極的な人間の自己意識である」（同前［邦訳『経済学・哲学草稿』岩波文庫　一四六～八頁］）。

　このようにマルクスの見解では、伝統的な形態の認識論の問題は形而上学のそれと同じように誤った推論によるのである。人間は、自分があたかも世界の外にいるかのようにして、あるいは人間の全体的行為から純粋な認識活動を切り離すようにして、世界を考察することはできない。なぜなら、認識する主体は自然への能動的参加者である統合的主体の一側面であるからである。

　ヒューマン係数（human coefficient）は、自然が人間のためにあるように自然の中に存在する。そして、他方で、人間は世界との交渉から彼自身の受動性という要素を削除することはできない。この点でマルクスの思想は、自己自身の外化として対象を構築するヘーゲル哲学の自己意識の理論にも、そして、認識は根源的に対象の受動的な受容、主観的内容への対象の転移であるとする、彼が直面していた唯物論の版にも、等しく反対である。

　マルクスは自分の見方を首尾一貫した自然主義（naturalism）または人間主義（humanism）と説明するが、それは「観念論とも唯物論とも等しく異なっていること、また同時に、それがこれら両者を統一する真理である」［邦訳『経済学・哲学草稿』二〇五頁］と言う。それは人間中心主義的観点であって、人間化された自然の中に実践的な人間の意図の対応物を見る。人間の実践が社会的性質を持つように、その認識の結果つまり自然像も社会的人間の作品である。

　人間の意識は、自然との社会関係の思考における単なる表れであり、そしてまた、それは類の集合的努力の産物と見なされなければならない。したがって意識の変形は、意識それ自体の逸脱あるいは不完全によると説明されてはならない。その源泉はより根源的な過程、とりわけ労働の疎外の中に求められなければならない。

3　労働の疎外　人間の非人間化

　マルクスは、土地所有が市場経済のすべての法則に従属している発達した資本主義の諸条件を基礎にして、労働の疎外を考察する。彼によれば、私有財産は労働の疎外の原因ではなくその結果である。しかしながら、残存する『パリ草稿』には、疎外の起源を分析した形跡はない。資本家的領有の発展した条件における労働の疎外は、製品だけではなく労働者自身の労働が彼にとって疎遠になったという事実によって示される。労働が他のいかなるものとも同じような商品となるのだが、それは労働者自身が商品と化し、その維持の最低経費でもって決定される市場価格で自らを売買せざるを得ないことを意味する。

こうして賃金は、労働者が生存を維持し、子どもを養育できる、もっとも低い水準まで不可避的に下落して行く。生産過程で起こるこのような状況は、人間の精神による神の発見と関連させてフォイエルバッハが叙述した状況と似たものとなる。労働者がより多くの富を生産すればするほど彼が手に入れるものは少なくなる。物の世界がその価値を増大すればするほど、それだけ人間の価値が縮小する。労働の対象が生産者から疎遠で客観化された、独立した何ものかとして労働過程に対立する。労働者が自然を彼自身に同化すればするほど、それだけ彼自身から生計の手段が剥奪される。

しかし主体から疎外されるのは労働の産物ばかりではない。労働それ自体が疎外される、なぜなら自己肯定の行為である代わりに、それは破壊の過程そして不幸の源泉となるからである。労働者は働く要求を満足させるためではなく、彼自身の生計を維持するためにあくせくと働く。彼は、優れて人間的な活動形態である労働の過程においてではなく、食べ、眠り、子どもをこしらえるという動物的機能においてのみ、自分自身を真に感得するのである。

動物と異なり、「人間そのものは肉体的欲求から自由に生産し、しかも肉体的欲求からの自由のなかではじめて真に生産する」（同前［邦訳『経済学・哲学草稿』九六頁］）のだから、労働の疎外は労働者が特殊に人間的なやり方で生産することを不可能にさせることによって労働者を非人間化する。労働それ自体が彼にとっては疎遠な仕事として現れ、労働者は人間としての自らの本質を剥奪され、純粋に動物的活動にまで縮減される。類的生活である労働がただ個々人の動物化した生活の手段となり、人間の社会的本質が個々人の生存の単なる手段と化す。

疎外された労働は、人間からその類的生活を奪う。すなわち、他の人間が彼にとって疎遠なものとなり、共同生活は不可能となり、生活は単に衝突する利己主義のシステムと化す。疎外された労働から生まれる私有財産が、今度は疎外の源泉となってそれを止まることなく助長する。

労働者の物象化（後にそう呼ばれるようになるものとしての）、つまり彼の肉体と頭脳、能力と意欲という個人的資質が「物」、つまり市場で売り買いされる対象に変るという事実は、その「物」の所有者自身が自由で人間的な存在を享受できることを意味しない。それどころか、この過程は資本家の側に、彼もまたその人格を異なる方法ではあるが、剥奪される結果をもたらす。労働者が動物的条件に引き下げられるように、資本家は抽象化された貨幣の力に引き下げられる。彼はこの力の人格化となり、彼の人間的資質はその人格化されたものの一側面に転換する。

「貨幣の力が大きければ、それだけ私の力も大きい。貨幣の諸属性と本質的諸力は貨幣所有者である私自身のそれである。私がそうでありまたそうなしうるところのものは、けっして私の個性によって規定されているのではない。私はみにくい男である。しかし私は自分のためにもっとも美しい女性を買うことができる。だから私はみにくくない。というのは、みにくさの作用、人をぞっとさせるその力は、貨幣によって無効にされているからである。私は足が不自由である、しかし貨幣は二四本の足（六頭立ての馬車）をあたえてくれる。だから私は不自由ではないのだ。私は邪悪な、不正直な、不誠実な、才智のない人間である。しかし貨幣は尊敬される。だからその所有者も尊敬される。貨幣は最高の善である。だからその所有者も善良である」（同前［邦訳『経済学・哲学草稿』一八二頁］）。

労働の疎外の結果は、人間の類的生活や人間の共同体を無力化し、それゆえにそれはまた個人の生活も麻痺させる。発達した資本主主義社会にお

114

115

いて、全体的な社会的隷属およびあらゆる形態の疎外が、労働者の生産との関係の中で構成される。したがって労働者の解放は特殊な利益を有する階級としての彼らの解放にとどまらず、全体としての社会と人間の解放である。

しかしながら、労働者の解放は単に私有財産の廃止の問題ではない。私有財産の否定から成り立つ共産主義は、さまざまな形態で存在する。例えば、マルクスは初期の共産主義ユートピアの原始的で全体主義的な平等主義を検討する。これは、まったく私有財産にされようがなく、それゆえに個人を識別するあらゆるものを廃止することをめざす共産主義の一つの形態である。それは能力や個性を廃止しようとするのであって、文明を廃止するのに等しい。この種の共産主義は疎外された世界の吸収ではなく、その反対に、労働者の現在の条件をあらゆる人に押しつけることで成り立つ極端な形態の疎外である。

もし共産主義が私有財産と自己疎外の確固たる廃絶であるというのであれば、それは人間による人間自身の類的本質の採用、社会的存在としての人間自身の回復を意味しなければならない。そのような共産主義は、人間と人間との、本質と存在との、個人と類との、自由と必然との対立を解消する。しかしながら、私有財産の「積極的」廃止は何から成り立つのだろうか。マルクスは宗教の廃止との類似性を示唆する。つまり人間性の肯定がもはや神の否定に依存しない場合に無神論が重要でなくなるのと同じように、その完全な意味における社会主義は、私有財産の否定に依存しない人間性の直接的な肯定である。つまりそれは財産の問題が解消されてしまい、忘れ去られた状態である。

社会主義は長期的かつ暴力的な歴史過程の結果としてのみあり得るが、しかしその完成は人間のすべての属性や可能性の完全な解放である。社会主義的領有様式の下で、人間の活動は何か疎遠なものとして人間に対立するのではなく、そのあらゆる形態と産出物において人間性の直接的肯定となるだろう。「ゆたかな人間とゆたかな人間的欲求」（同前［邦訳『経済学・哲学草稿』一四四頁］）が現れることをわれわれは見出す。「豊かな人間は、同時に人間的な生命発現の総体を必要としている人間である」（同前［邦訳『経済学・哲学草稿』一四四頁］）。疎外された労働条件の下における需要の拡大は疎外という結果を増大させる、つまり、生産者は人為的に需要を喚起し、人びとがますます生産物に依存するように努めるのだが、そのような環境の下では隷属の規模がますます拡大するのにたいし、社会主義の諸条件の下では必要とされる富は実に人類の富である。

このように『パリ草稿』は社会主義を人間性の本質の実現として樹立しようとする一方で、それは社会主義を純粋で単純な理想ではなく、歴史の自然史的課程の公理として描写する。マルクスは私有財産、分業、あるいは人間疎外を、もし人間が自分たちの状態の正しい認識に到達すれば何時でも矯正することができる「過ち」とは見なさない。彼はそれらを将来の解放の不可欠の条件と見なす。

『草稿』の中で輪郭が描かれた社会主義像には、人間の人間自身と自然との全面的で完全な調和、人間の本質とその存在との完全な同一化、人間の究極の運命とその経験的存在との調和が含まれている。この意味における社会主義社会は完全な充足の状態、更なる発展への刺激も必要もない究極の社会であることが想定されているのかもしれない。マルクスがこれらの用語で彼のビジョンを表してはいないとしても、彼はそのような解釈もまた除外していないのであって、そうした解釈は、人間の対立のすべての源泉の一掃と、その中で人間性の本質が経験的に実現される状態という彼の社会主義観によって励まされている。彼は言う、共産主義は「歴史のなぞの解決であって、その事実を弁えている」と。そうであれば、それはまた歴史の終りではないのかという疑問が生れる。

4　フォイエルバッハ批判

『草稿』の哲学は、一八四五年の春に書かれたマルクスの「フォイエルバッハに関するテーゼ」によって肯定され完成された。マルクス死後の一八八八年にエンゲルスによって発行されたこれらのテーゼは新しい世界観の要約と見なされ、その著者の作品のもっとも頻繁に引用されるものの中

116

に入る。それらの中には、フォイエルバッハ的唯物論へのマルクスの反論の明確な定式化、とりわけ純粋に観照的な知識論と実践的な知識論との対置、宗教的疎外に彼が付与した新しい意味づけが含まれている。

マルクスがフォイエルバッハとそれ以前の唯物論に向けた非難は、それらが対象をただ観照的な方法で、「感覚的、実践的で、人間の活動であって、主観的でないものとして」考察せず、その結果、観念論に積極的側面を発展する余地を残すことになったが、「しかしそれは抽象的なものだけであって、なぜなら当然のことだが、観念論は現実的で具体的で感覚的な活動そのものを捉えることができないからである」というものであった。

この反論は、『草稿』の中でより詳しく説明された思想の再現である。すなわち、認識それ自体が人間の世界との実践的関係の一つの構成要素であって、その結果、その対象は無関係の自然によってただ「与えられた」ものではなく、人間の必要や努力によって決定される人間化された対象である。同様の実践的観点が、思惟と対象の一致に関する思弁的論争へのマルクスの参加の拒否に現れている。「実践において人間は彼の思惟の真理性、すなわち、現実性と力、此岸性を証明しなければならない。思惟―実践から切り離された思惟―が、現実的か非現実的かの争いは一つの純スコラ的問題である」（マルクス「フォイエルバッハに関するテーゼ」〔邦訳『マルクス・エンゲルス全集』第三巻　三頁〕）。

当然ながら、そして『ドイツ・イデオロギー』が後に肯定するように、実践の認識的機能とは、単に活動の成功がわれわれの知識の正確さを確証することを意味するのでもなく、また実際の生活が人間の関心の範囲や目的を表すことを意味するのでもない。それは真実性がそれ自体として思惟の「現実性と力」であること、すなわち、それらの理念は人間がそこにおいて自分自身を「類的存在」として確認する真理であることを意味する。この理由から、マルクスは純粋な思惟行為と現実との一致に関するデカルト的問題をスコラ的であると斥ける。

認識論的問題は事実の問題ではない。なぜなら、それが前提とする純粋な認識行為あるいは思惟は単なる思弁的虚構であるからである。自己理解を実現した精神は自らを実践的行動の係数と了解しているのだから、その行為の意味に関して正当に提起される問題は、人間社会の視点から見たその有効性に関する問題でもあることになる。

マルクスはまた『テーゼ』の中で、フォイエルバッハの宗教論の批判を繰り返す。すなわち、その理論は宗教の世界を世俗的土台に引き戻す。しかし、世界における人間の内的不調和の点からの二元性を説明せず、それゆえに効果的な治癒法を提供できていない、と。神秘化から生まれる社会生活の否定態が実践的活動によって除去される場合にかぎって、精神は神秘化から解放できる。

さらに進んで、マルクスは、人間の本質は特定の個人に固有に内在する抽象物であるというフォイエルバッハの人間の本質概念を批判して、事実として人間の本質は「社会的諸関係の総体」であると言う。フォイエルバッハの概念の問題点は、その出発点として彼が類的性質を個人に置き換え、そして人間相互の紐帯を自然のそれに置き換えることにある。同じ思想が第一〇テーゼに現れているが、それはマルクスの『ユダヤ人問題について』の中で既に表明されていた。「古い唯物論の立場は『市民』社会であり、新しい唯物論の立場は人間的社会もしくは社会的人間である」（同前〔邦訳『マルクス・エンゲルス全集』第三巻　五頁〕）。

これは、マルクスのそれまでの主張、つまり市民社会は政治社会と一致しなければならず、そうなれば双方ともにその古い形態で存在することを止めるという主張と対応する。最初のものはもはや対立する利己主義だらけであることがなくなり、次のものは抽象的で非現実的な共同体であることがなくなる。人間は真の共同体の一員として自らの類的本質を吸収し、自らの人格を社会的なそれとして実現するだろう。

重要な第三のテーゼにおいてマルクスは、一八世紀唯物論に基づくユートピア社会主義の理論への反対を詳しく展開する。人間が環境と教育の産物であると言うことは不十分であって、なぜなら環境と教育もまた人間の作品であるからだ。前の命題だけを主張することは、「社会を二つの部分に分け、そのうちの一方が社会を超える」ことに行き着く（例えば、ロバート・オウエンにおいてのように)。環境の変更と人間の活動の一致はただ革命的実践としてのみとらえられ得るし、合理的に理解され得る」(同前『テーゼ』[邦訳『マルクス・エンゲルス全集』第三巻　三〜四頁])。

この言説は、社会はその必要性を理解した改革者によって変革できるのではなく、その特殊な利益が社会全体の利益と一致する基礎的大衆によってのみ変革できることを意味する。

プロレタリアートの革命的実践の中で、「教育する者」と「教育される者」は同一となる。すなわち、精神の発展は歴史過程と同時であって、その歴史過程によって世界は転換され、精神と外的環境のあるいはその逆のあいだの優先性の問題はもはや存在しなくなる。このような革命的実践という状況において、労働者階級は歴史の主導権の担い手であり、所有階級の圧力にたいする単なる抵抗者や反発者ではない。

同じような「実践的」観点は、精神の認識的機能や歴史過程における精神の役割というマルクスの概念において支配的である。すなわち、「実践的」とは常に「社会的」を含意するものと見なされ、「社会的生活は本質的に実践的である」。第一一テーゼで定義された哲学の任務もそうであって、何とそれはおそらくマルクスのもっとも引用された文言でもある。

「哲学者たちは世界をただださまざまに解釈してきただけである。しかしながら、肝腎なのはそれを変えることである」。この文言を、社会を観察しあるいは分析することは無意味であり、そして直接的な革命行動が重要だというふうに読み取るのはマルクスの思想の戯画化であるだろう。全体の文脈からすれば、それはヘーゲルやフォイエルバッハの思弁的態度に対抗する「実践的哲学」の立場、ヘスそしてヘスを通じてチェシュコフスキーがマルクスに教示し、マルクス主義の哲学的核心となる立場を簡潔に表現した定式である。

世界を理解することはそれを外から考察すること、それを道徳的に判断すること、あるいはそれを科学的に説明することを意味するのではない。それはそれ自体を理解する社会、それを理解するという事実そのものによって主体が客体を変革する行為を意味する。このことは、主体と客体が一致し、教育するものと教育されるものとの相違が消失し、思想それ自体が革命的行為、人間の存在の自己意識となった場合にだけ実現できる。

5　エンゲルスの初期の著作

一八四四年という年は、マルクスのフリードリッヒ・エンゲルスとの友情と協力の始まりを見たのであるが、エンゲルスは、すでにコローニュで短時間マルクスに会っていた。エンゲルスはその初期の教育は異なったが、マルクスと同じ精神的発達をたどってきていた。

一八二〇年一一月二八日に生まれたエンゲルスは、バルメン(ウッパータール、デュッセルドルフ近郊)の製造業者の息子であった。彼は窮屈な雰囲気の不寛容な敬虔主義の下で成長したが、まもなくその影響から離れ、父親の工場で働くために最終学年をまたずに学校を離れた。一八三八年に企業経験を積むためにブレーメンに送られた。取引や事業との実践的接触の結果として、彼はまもなく社会問題に関心を持つようになった。個人的研究の行程の中で、彼は自由民主主義的理念を吸収し、青年ヘーゲル派の急進主義に惹かれた。彼の最初の新聞論考は、一八三九年にハンブルクのグツコウによって発行された『テレグラフ・フュール・ドイッチュラント』誌および『ストウィットガルト・モルゲンブラット』のために書かれた。

彼はドイツの小ブルジョア的敬虔主義の偏狭性と偽善を攻撃したが、同時に産業の状態と労働者の被抑圧と貧困も記述した。彼はシュライアマハーの感傷的汎神論に惹かれており、最初はキリスト教を完全には放棄できなかったが、シュトラウスの『イエスの生涯』の影響を受けて無神論者となった。一八四一年のベルリンでの兵役の最中に彼は急進主義哲学者の仲間に入り、青年ヘーゲル派の立場からシェリングを批判する三冊の小冊子を書いた。

後に自らを共産主義者と任じたときに、共産主義はドイツの哲学文化の自然な果実であると彼は公言した。一八四二年の末に向かって、更なる商業訓練のためにマンチェスターの父の仕事先に出向き、イギリスの労働者階級の状態を観察することと政治経済学や社会主義を研究するために多く

119

の時間を費やした。マルクスがヘーゲルの法哲学やユダヤ人問題についての論文を投稿した『独仏年誌』の各号には、エンゲルスの『国民経済学批判大綱』と題する論文が含まれていた。

これは、資本主義経済の矛盾はその経済を基礎としては解決することができないと主張した。すなわち、その過剰生産の定期的危機は自由競争の不可避的な結果であること、競争は独占を招くが、独占は翻って新しい形態の競争を創り出す、等々を主張した。

私有財産は必然的に階級間の、各階級内の個人間の、私的利益と公的利益との治癒しがたい衝突に行きつく。それはまた生産における無政府性とその結果として生じる危機に結びつかざるを得ない。私有財産を擁護する経済学者たちはこの原因の連鎖を理解できず、人口は生産よりも急速に拡大するという事実に、社会悪の責任を負わせるマルサスのような根拠のない理論を発見することに駆り立てられている。

私有財産の廃止は人類を危機、欠乏、搾取から救い出す唯一の道である。計画化された生産は、社会的不平等と貧困が財貨の過剰によってもたらされる、という馬鹿げた状況を一掃するだろう。「われわれは矛盾を揚棄することによって、簡単にこれを否定する。現在対立している利害が融和するとともに、一方の人口過剰と他方の富の過剰との対立も消滅し、一国民がほかならぬ富と過剰のために餓死しなければならないという驚くべき事実、あらゆる宗教のあらゆる奇跡をあわせたよりも驚くべき事実も消滅し、土地は人間を養う力をもたないという気違いじみた主張も消滅する」とエンゲルスは書いた（エンゲルス「国民経済学批判大綱」［邦訳『マルクス・エンゲルス全集』第一巻　五〇四頁上段〜下段］）。

エンゲルスはほぼ二年弱のあいだマンチェスターに留まり、彼の観察結果をライプツィヒで『イギリスにおける労働者階級の状態』（一八四五）として発表した。時代の告発であった本書において、彼はイギリスの産業革命が引き起こした実態を広範に描き出し、都市プロレタリアートの悲惨な貧困と無慈悲な飢餓そして労働者階級の希望のない生活ぶりを生々しく書き表した。彼は道学者あるいは博愛主義者として書いたのではなく、労働者階級の状態から、彼らが彼ら自身の努力によってわずかな年数のあいだに社会主義革命を実現することになると推測した。彼の社会主義の予測は、このように人間に関する一般的理念や人間の存在を人間の本質に合致させる必要ではなく、労働者の諸条件や発展の動向に関する実際の知識に基づいた。

彼は、中産階級は消滅すること、イギリスの資本はますます集中化すること、貧しい人びとと富める者とのあいだの不可避的で血に飢えた闘いがまもなく起こるだろうと確信した。エンゲルスは、階級の明確な分裂、もっとも抑圧され苦しめられているだけではなく、すべての抑圧に終止符を打つべく運命づけられているプロレタリアートという枠組みの中で自分の予測を立てた。一方でイギリスのブルジョアジーの極悪さを極めて詳細に書き綴りながら、同時に彼らの行動を単純に道徳的堕落のせいであるとして扱わず、過酷な競争によって彼らの同僚から最大限度まで搾取せざるを得ない階級の一員たる状況の不可避的結果であるとも見なした。

120

第7章　聖家族

マルクスの一八四四年八月のエンゲルスとのパリでの出会いは、四〇年にわたる政治および執筆の協働作業の始まりであった。マルクスの理論的思考力はその友人を上回り、エンゲルスは社会的であるか科学的であるかどうかにかかわらず、理論を経験的資料と関連させる点でマルクスを凌駕した。『聖家族』または『批判的批判主義の批判：ブルーノ・バウアーとその同調者に反対して』と題される最初の共著は、一八四五年二月にフランクフルト・アム・マインで発行された。その小部分がエンゲルスの手になるものであったが、彼はパリでの短期滞在後バルメンに戻った。

『聖家族』は急進的であって、ある意味で青年ヘーゲル派にたいする情け容赦のない挑戦であると言っても良い。それはマルクスの以前の同盟者たち、特にブルーノ・バウアーとエドガー・バウアーにたいする辛辣で、当てこすりの、そして無節操な攻撃である。この作品は冗漫で些細なあざけりに満ち、彼の敵対者たちの名前をもじっている。それはまずヘーゲル哲学者たちの「聖家族」の天真爛漫さと知的無効性、そしてその批判の思弁的性格をあげつらうことから始まる。『ドイツ・イデオロギー』と異なって、それは独立した分析の仕方を少しも含んでいない。

それにもかかわらず、これは重要な文献であって、青年ヘーゲル派の急進主義とのマルクスの最終的決別を証明している。というのは、優れて労働者階級の運動としての共産主義というここでの宣言が、青年ヘーゲル派批判の補足ではなく、それに対置されるものとして提起されているからである。その序文において「真の人間主義は現実の個々の人間を『自己意識』または『霊』に取り替える唯心論または思弁的観念論のような恐るべき敵をドイツでは他に持たない」とすらそれは宣言している［『マルクス・エンゲルス全集』第二巻　五頁］。

いくつかの重要な点でいっそう強調しながら、『聖家族』はそれまでの作品で定式化したマルクスの理論的立場を確証しているが、他方で、別の箇所では新しい要素も導入している。

1　歴史の動向としての共産主義　プロレタリアートの階級意識

マルクスは、共産主義へ向かう運動の歴史的不可避性という理念をこれまでよりももっと率直に表明する。私有財産はそれ自体を無限に引き伸ばそうと努力することによって、それ自体の敵対者つまりプロレタリアートを創り出す。私有財産によって強化される自己疎外の中で、所有階級は人間の肉体的努力によって調達された満足を享受するが、他方で労働者階級は卑しめられ無能化されている。

私有財産は、所有階級の知識または意志に関係なく、自らを破壊する傾向がある。なぜなら、それが創り出すプロレタリアートはそれ自体として意識された非人間化であるからである。勝利するプロレタリアートはただ単に報復し所有者に自らが取って代わるのではなく、自らと自らの反対者を消滅させることによってこの状態を終わりにするのである。それは非人間化の極致であるが、しかし同時にその非人間化と革命の不可避性の意識化である。プロレタリアートの悲惨はプロレタリアートをして自らを解放することを余儀なくさせる。しかしそれは同時に、社会全体を非人間的状態から解放することなしには達成できない。

解放の過程におけるプロレタリアートの自己意識のマルクスの強調は、後年になってときどき前面に押し出された反論、すなわち人間の自由な活動にかかわらず、非人格的な歴史の力の結果として革命は起こると彼が信じていたという異論との関係で重要である。彼の観点からすれば、歴史的必然と意識的活動とのあいだには何のジレンマも存在しない。なぜなら、プロレタリアートの階級意識は革命の条件であるばかりでなく、それ自体がその中で革命が成熟するようになる歴史の過程であるからである。

そういうわけで『聖家族』の著者たちは、独立した力としての歴史のいかなる人格化にも反対する。エンゲルスの言によれば、バウアーは歴史を個々の男や女の中にそれ自体を現す形而上学的存在に転換する。しかし実際の事実として「歴史は何ごとをも行わない。歴史は『なんら膨大な富』を有しない。歴史は何ら闘争をしない。すべてこれらを所有し、行い、闘争するのは『歴史』ではなく、現実の生きた人間である。自己の目的を完成するために人間を手段として使う『歴史』と呼ばれる独立した実体は存在しない。歴史とは単純に人間の目的的活動である」（マルクス・エンゲルス『聖家族』［邦訳『マルクス・エンゲルス全集』第二巻　九五頁］）。

これらの所見は、マルクスのものとされる歴史決定論に関する後年の論争の出発点である。これらの所見は、引き続くマルクスの言説がそうであるように、解釈の相違の余地を残している。とりわけ、人間は自らの歴史を作るのだが、しかし彼らはその置かれた環境に関係なく歴史を作るのではない、というのがそれである。歴史の過程に影響を及ぼす人間の能力は制限されているとわれわれは理解しなければならないのか、それとも現在の環境は人間の行動に全体的として従順であるのではなく、ある程度までは共同体の組織された意志によって支配されていると理解しなければならないのか、あるいは人間が行動する環境はそれ自体として彼の意識や行動の決定要素であるとわれわれは理解しなければならないのか。

これらは史的唯物論の理解にとって核心的問題であり、われわれはやがてこれらの問題に立ち戻る機会を持つことになるだろう。

2　進歩と大衆

マルクスのバウアー批判の本質的な項目は、バウアーの大衆と進歩との対置、大衆と批判的精神との対置である。バウアーの見解では、あるがままの大衆は保守主義、反動、独断主義そして道徳的不活発の権化である。彼らが受け入れるいかなる理念も、革命の理念も含めて保守主義に変質する。つまり大衆によって吸収されるいかなる理論も宗教と化す。創造的理念は、大衆によって受け入れられるや否やその創造性を失う。彼らの支持を必要とする理念は、歪曲、堕落そして敗北を運命づけられる。失敗に終わったあらゆる歴史的事業は、大衆がそれらを自分たちのものにしたがゆえにそうなったのだ、と。

マルクスの見解では、このような分析は歴史の行程を非難する馬鹿げた試みである。成功する理念は一定の大衆的利益の表現でなければならないとバウアーは主張する（「利益」から切り離されるとき、「理念」は常に完全な失敗であった）。しかし、「利益」が理念の形態を取るときはいつでも、その現実的内容を超えて進み、それ自体を一般的利益であって特殊な利益ではない、として紛らわしく表さなければならない。

進歩と大衆の保守主義を対置することによって、バウアーの批判は社会転換の道具ではなく、精神の事項に残り続ける運命となった。いずれにせよ、進歩という未分化なカテゴリーはそれ自体として内容がない、とマルクスは主張する。社会主義の理念は、進歩と呼ばれるものが社会の大多数に反対して生まれ、そしてますます非人間的な状況に繋がったという歴史観察に基づいている。これは文明が根本的に病んでいることを示唆する。このことが社会の根本的批判に向かわせ、社会的反抗の大衆運動と符合する。したがって、われわれは進歩に関する用語で満足してはならない、なぜなら、絶対的進歩というものは歴史の中に同定できないからである。

ここでマルクスは初めて、その後の作品で一度ならず立ち戻ることになる一つの思想を導入する。大衆と批判的精神とのあいだの治癒し難い対立、これは彼の意見では、「霊」と自動力のない「物質」との伝統的な対置、前者は個人によって、後者は大衆によって代表され、そのパロディであるが、これらの対置に代えて彼は、これまでの歴史に浸透し、それによって現実の進歩が特に技術の分野において、汗して働く人間の大衆を犠牲にして実行に移されてきた基本的矛盾という理念を提唱した。

バウアーの歴史哲学がその性質上自らを純理論的な解放の理念に自己限定せざるを得なかったのにたいし、社会主義的批判は文明の前進と富の直接的生産者の必要との矛盾を生み出してきた物質的諸条件に狙いを定め

123

た。マルクスは説く、理念はそれ自体によっては古い世界のくびきを破砕することはできない。人間とそして暴力の行使が、理念が実現される前に必要である。

3　必要の世界

『聖家族』においてマルクスは、真の人間共同体と幻想的な国家共同体との対立の問題に立ち戻る。バウアーは、人間は利己主義的な原子であって国家による組織体に融合されなければならないと考える。マルクスにとって、これは思弁的な虚構である。

原子は、自己充足的であっていかなる必要も有しない。すなわち、人間個々人は自分自身をこの意味での原子であると想像するかもしれないが、しかし事実はそうではあり得ない。なぜなら、人間の世界は必要の世界であり、そしてあらゆる神秘化にもかかわらず、共同体の成員間の現実の繋がりを構築するのはそれらの諸必要であるからである。

社会の結合は国家によってではなく、人びとは自分たちのことを原子であると想像するかもしれないが、彼らが現実的には利己的な人間であるという事実によって創り出される。国家は社会の結合を構築する諸必要の二次的産物である。つまり、この社会の結合は国家の産物ではない。もし諸必要の世界が衝突を引き起こすならば、諸必要が利己主義間の闘争によって充足させられるならば、そして社会の結合が社会的不和の様相を呈するならば、そうした場合にだけ、真の人間共同体の可能性に関する問題が起こる。しかしながら、バウアーは、共同体としての国家と利己主義の絡まりとしての市民社会というヘーゲル的対置を維持することで満足し、この対置を人生の永遠の原理と見なす。

4　唯物論の伝統

『聖家族』においてマルクスは、また社会主義の理念と哲学的唯物論の伝統との繋がりに関する彼の認識を初めて表明した。彼はフランス唯物論の歴史における二つの動向を峻別する。第一の動向はデカルトまで溯り、着想において自然主義的であって、近代の自然科学の方向に発達する。第二の動向はロック的経験主義のそれであって、社会主義の直接的伝統を体現し、そのイデオロギー的前提は一八世紀唯物論者の反形而上学的批判と前世紀までの独断主義にたいする攻撃に由来する。

ロックの感覚論は、人間平等の説を内に含んだ。この世に生まれてくるあらゆる人間は白紙であり、心理的または精神的な差異は獲得的であって生得的ではない。すべての人間は本来的に利己主義者であり、道徳は理性化された利己主義でしかあり得ないのだから、問題は、各人の利己的利益とすべての人の必要とを調節する社会組織形態を発明することである。

人間は全体としては彼らの教育と生活環境の産物であるのだから、彼らを創り出す社会の諸制度を変革することによってのみ人間は変わることができる。フーリエの説は啓蒙主義のフランス唯物論の果実であり、他方オウエンの社会主義の理念はベンサムとベンサムを通じてエルベシウスを受け継いでいる。人間は本来的に善でも悪でもなく、それは教育のみによること、利益は道徳の主動力であることなどを主張する経験主義と功利主義の原理は、自然に、人類の共同体を現実化するために、いかなる社会的諸条件が必要であるかを探求するようにわれわれを導く。

このようにしてマルクスは、ヘーゲルに従って自己意識を実質的な実体とし（それにもかかわらず、それは事実として人間の属性であって実在の分離された形態ではない）、そしてこうして精神の自然からの独立を確保したと考えるバウアーに対抗して、唯物論の伝統を呼び出す。同じ理由でバウアーは人間の生活を知的活動に縮小し、何よりもまず物質的生産の歴史であるにもかかわらず、すべての歴史を思想の歴史に転換する。

『聖家族』はきわめて簡潔で一般的図式にまだなお留まっているけれども、このように歴史の唯物論的解釈の独創的な理念を含んでいる。すなわち、人間の利益がイデオロギー的形態で表されるときに人間の利益に降りかかる神秘化という理念、理念の歴史は発生論的には生産の歴史に依存するという理念である。われわれはここで、ヘーゲル弁証法の否定の否定という古典的図式の新しい歴史哲学への適用を見いだす。私有財産が発展す

124

るにつれてそれは必然的にそれ自身の敵対物を創りだす。この否定的力はそれ自体が非人間化され、その非人間化が発展するにつれて、それは現存の対立を、つまり私有財産とプロレタリアートという二つの契機をともに廃止するであろう総合の前提条件となり、こうして人間が再び人間自身となることを可能にする。

＊　＊　＊

歴史の唯物論的解釈の基礎は、マルクスとエンゲルスの次の共著である『ドイツ・イデオロギー』で詳細に展開された。マルクスは一八四五年の初めまでパリに留まり、社会主義団体とりわけ義人同盟の会合で積極的な役割を担い、他方ドイツでエンゲルスは演説や書き物で共産主義という言葉を押し広げ、分散していた社会主義者グループを単一の組織にまとめるように努力した。

一八四五年二月、マルクスはプロイセン政府の圧力でパリから追放され、ブリュッセルに居を構え、そこにエンゲルスは春に合流した。夏に彼らはイギリスを訪問し、そこでチャーティストと接触し、各国の革命運動の共同のセンターを設立するための措置を講じた。ブリュッセルに戻り、彼らは革命団体の統一のために活動しつづけ、ドイツ哲学者との論争も継

125
続して進めた。

第8章　ドイツ・イデオロギー

マルクスとエンゲルスは一八四六年に『ドイツ・イデオロギー』を仕上げたが、それを刊行することはできなかった。草稿の一部は失われた。残りの部分が一九〇三年にベルンシュタインによって不完全な形で発行され、その全体は三二年にメガ（MEGA）編で刊行された。

この作品は、主要にはフォイエルバッハ、マックス・シュティルナー、そしていわゆる「真正社会主義」の攻撃であった。ブルーノ・バウアーは付随的に触れられるに過ぎない。哲学的観点からもっとも重要な部分は、フォイエルバッハの「類的人間」の批判とシュティルナーの「実存主義的」人間概念の批判である。これらはまた著者たち自身の見解のもっとも明確な表明を含んでいる。

フォイエルバッハは、事実上、彼ら自身の立場の展開によって、間接的に批判される。フォイエルバッハの人間学にたいして、彼らは歴史的カテゴリーとしての人間という理念を対置する。シュティルナーの個人の自己意識の絶対にたいしては、自らの独自で個性的な性格の中に自らの社会的性格を実現するという人間の理念を対置する。『ドイツ・イデオロギー』の中心理念、あるいはいずれにしても後代のマルクス主義の発展の中で、もっとも活発な議論を引き起こした理念は、人間の思想と生活条件との関係についての理念である。これらの中には、後になってそのより完全な細目に至るまで発展させられた歴史の唯物論的解釈の基礎が含まれる。

1　イデオロギーの概念

「イデオロギー」（ideology）という用語は一八世紀末にさかのぼるが、当時それはデシュイット・ド・トレーシーによって、コンディヤック的意味の「諸理念」、すなわち、あらゆる類の精神的事実の展開の起源と法則の研究、そしてそれらの言葉との関係を意味するために導入された。「イデオローグ」（idéologues）という名称は、百科全書編者の伝統を受け継ぐ学者や公人（デシュイット、カバニス、ヴォルテール、ドヌー）に与えられた。ナポレオンは、彼らに軽蔑的意味で「政治的夢想者」という表現を当てた。ヘーゲル学派は、「イデオロギー」を認識過程の主観的側面を意味するために、ときどき使った。

マルクスとエンゲルスの著作において、「イデオロギー」は後になって一般化する特殊な意味で使われる。彼らはそれを明確には定義しないが、しかしそれに、後になってエンゲルスによって『フォイエルバッハ論』（一八八八年）や一八九三年七月一四日付けのメーリングへの手紙の中で詳説された意味を付与していることは明白である。

この意味での「イデオロギー」は、虚偽意識あるいは人間が自分の思惟を実際に左右している力を理解しないままに、自分の思惟は論理や知的影響によって全体的に支配されていると思い込む不透明な心理過程である。

このように惑わされている場合に、思考する人はすべての思想、特に自分の思想がその行程と結果において、知を超える社会的条件に従属していることに気づかず、どれがあれやこれやの集団の利益や選好によって歪められた形で表されているかも分からない。

イデオロギーは何よりもまず社会生活に関係する理念の総体（見解、信念、先入観）であって、哲学、宗教、経済、歴史、法、あらゆる種類のユートピア、政治および経済の政策に関する意見であり、それを保持する人びとの精神にそれ自身の権利として存在するようになる。これらの理念は事実としてそれら自体の法則によって支配される。すなわち、それらの起源が社会的条件にあり、その果たす役割がこれらの社会的条件を維持あるいは改変するということにその持ち主たちが無知であることがイデオロギーの特徴である。

人間の思想が物質的生活の衝突によって決定されるという事実は、イデオロギー的構築物の中に意識としては反映されない、そうでなければ、それらはイデオロギーの名に真に値しない。アイディオロジスト（ideolog-ist）は社会的対立のある状況の知的代表者である。すなわち彼はこのような事実に気付かず、そして状況と彼の理念とのあいだの発生的・機能的関係にも気づいていない。すべての哲学者はこの意味のアイディオロジストである。宗教思想家も改革者も法律家も政治綱領の作成者等々も皆そうである。

神秘化や歪曲から自由な形で世界の科学的評価を提出するとされるものを含めて、あらゆる形態の社会的意識を表すためにマルクス主義者が「イデオロギー」を使うようになったのは、スターリン時代のそんなに遅くなってからではなかった。この意味において「科学的」イデオロギーや「マルクス主義的」イデオロギーを口にするのが可能となったが、マルクスやエンゲルスがこの用語の使用を許されたとしても、彼らは決してそういうことはできなかっただろう。

マルクス主義の独創的な概念が二〇世紀のイデオロギー論、より一般的には知識社会学（マンハイム）、すなわち、それらが真であるか偽であるかを問わない諸理念の研究の基礎となった。なぜなら、イデオロギー的神秘化は認識的意味における誤りと同じではないからである。つまり、精神の産物をイデオロギーと定義することはその真理性、あるいは虚偽性の判断を含まない。それよりも、この科学は諸理念をある集団的利益の表れ、それによって社会階級や社会の他の部分が自分たち自身の利益や価値を擁護する実践的な道具と考える。

イデオロギーの研究は、社会の衝突や構造をそれらの知的表現の観点から究明する。つまり、それは理念、理論、信念、計画そして教説を、それらを生じさせた社会状況への依存という視点から、現実を偽装した思想と見る。マンハイムが観察したように、このような考え方はマルクスを超えてさかのぼる。道徳的理想、宗教的信条、哲学的理論の偽善性はマキアヴエリによって指摘されたのであり、われわれはマルクスとマンハイムの間にニーチェとソレルに類似した理念を発見することができる。現代の理念分析において、イデオロギー的内容は認識的価値から区別されなければならないこと、思想の機能的・発生的環境とその科学的正統性は別々であることは一般に受け入れられている。

マルクスは、この区別のパイオニアであった。しかしながら、彼は思想と利益との依存の指摘だけではなく、あるイデオロギーの構築にもっとも強い影響力を行使し、社会の階級的分裂と結びついた特定のタイプの利益を特定することに関わった。

マルクスは、ドイツのアイディオロジストの中心的迷妄を始末することから始めた。彼らアイディオロジストたちは、人類は虚偽の理念や幻想に支配され、彼ら自身の精神（フォイエルバッハ的意味での神）の創造物のとりこになっているのだから、これらの誤った理念を暴露し粉砕してそれらに基づく社会を革命するのは哲学の力であると信じた。それと反対に、マルクスとエンゲルスの基本的立場は、人間の精神にたいする迷妄の影響力は意識に働きかけることによって治癒できるような精神の歪曲の結果ではなく、その社会的諸条件に根ざし、社会的隷属の精神的表れであるというものである。

127

2　社会的存在と意識

このようにして、以前の著作ですでに素描したテーマを取り上げて、マルクスとエンゲルスは青年ヘーゲル派とフォイエルバッハの見方、つまり精神的倒錯と歪曲が社会的隷属や人間的不幸の原因であって、それ以外ではないとする見方を覆すことに着手した。彼らはコンディヤック的意味においてではなく、意識の社会的規定性を究明することによって、諸理念の起源を分析しようと試みた。ヘーゲル哲学者たちは自らの錯覚のもとで、社会史における思想の全能性を信じることに徹しきれなかった。

それが事実と正反対であるにもかかわらず、人間の諸関係は世界と自分に関する誤った観念の結果であると考えて、シュトラウスからシュティルナーに至るヘーゲル哲学者たちは政治、法律、道徳、または形而上学に関する、すべての人間の観念を神学という共通の分母に還元し、すべての社会意識を宗教的意識として宗教批判の中に人間のあらゆる苦悩の万能薬を見いだした。

マルクスとエンゲルスの主張は、人間を動物と対比した場合に人間をまずもって特徴づける指標は、人間が考えるということではなく、人間が道具を作るということであった。これが初めて人間を独立した種とさせたものである。それから、歴史の行程の中で、人間は自分たちの生活を再生産する独自の方法によって、そして、したがって独自の思考の方法によって区別された。人間は彼らの行為が彼らに示す通りのものである。つまり、彼らは何よりもまず、彼ら自身の物質的存在を再生産する行為の総体である。「諸個人が彼らの生活を表す仕方がすなわち彼らの存在の仕方なのである。したがって、彼らの何たるかは彼らの生産と一致し、彼らが生産するところのもの、ならびにまた彼らが生産する仕方と一致する。したがって、諸個体の何たるかは彼らの生産の物質的諸条件のいかんによってきまる」（『ドイツ・イデオロギー』［邦訳『マルクス・エンゲルス全集』第三巻　一七頁下段］）。

生産力によって、つまり道具の質や技術的熟練によって決まる生産の水準自体が社会構造を決定する。この後者は主として労働の分割から成り立ち、そして人間の歴史的発展は労働の分割が取るさまざまな形態によって諸段階に区分される。これらのそれぞれの段階は翻って富の新しい形態を創る。原始時代の部族所有、古代社会の共同体所有と国家所有、身分制的封建的所有、組合的および地主的所有そして最後に資本主義的所有、これらのすべてがその起源を、それぞれの段階で人間という種族にとって利用可能な生産能力のタイプに負う社会形態である。

われわれは、人間の意識的生活を生活全体の構成要素とすることなしには合理的に考察できないのであって、その全体生活は第一に初歩的な必要の充足の方法、必要の範囲の拡大、家族生活における種の再生産の方法、そしてまたそれ自体が生産力として算定される協働のシステムによっても規定される。意識は意識化された人間存在に他ならない。しかし、自らの作為でそれ自体を規定するしかないと想定する意識の自己欺瞞性は、事実として、労働の分割によって決定される。

意識がそれ自体を実際生活の意識化以外の何もかでであると想像でき、哲学、神学、倫理学のような精神活動の純粋で抽象的形態を案出できるのは、生産の水準が肉体労働と精神労働の分離を可能にする場合だけである。さらに付け加えれば、特定の時代の支配的思想は次第に支配的諸個人から分離されてくる。すなわち、知識労働が独立した職業となり、アイディオロジストという専門職が生まれる。このことが、歴史を支配するのは思想であり、ヘーゲルがそうしたように、人間関係を人間そのものの概念から演繹することが可能であるという理念を促進する。

「人間たちの頭脳のなかの模糊たる諸観念といえども、彼らの物質的な、経験的に確かめうる、そして物質的諸前提と結びついた生活過程の必然的昇華物である。したがって、道徳、宗教、形而上学およびその他のイデオロギーとそれらに照応する意識諸形態はこれまでのように自立的なものとはもはや思われなくなる。それらのものはいかなる歴史をももたず、いかなる発展をももたず、かえって彼らの物質的生産とかれらの物質的交通を展開する人間たちがこの彼らの現実とともにまた彼らの思惟と彼らの思惟の産物をも変えるのである。意識が生活を規定するのではなくて、生活が意識を規定する。――そしてすべての意識は生きた諸個人の意識である」（『ドイツ・イデオロギー』［邦訳『マルクス・エンゲルス全集』第三巻　二二頁下段］）。

歴史の唯物論的解釈のこれらの最初の、いささか粗野な定式化は、マルクスが思想を社会的諸条件に依存すると見なしたという意味に関する、その後の論争を予示するものであった。もし宗教、道徳、そして法のような社会生活の諸側面がそれら自身の歴史を持たないとすれば、マルクスにとって、人間の諸理念はいかなる積極的な原則も体現しない社会生活の自然な分泌物に過ぎず、物質的生産過程およびそれらに対応する所有関係から

129

成り立つ真の歴史の単なる副産物であるか、あるいはまたは、後代のマルクス主義批判者たちが提起したように、精神生活は生産諸条件の付帯現象でしかないことになると思われる。

この問題領域において、経済的唯物論とマルクス主義の解釈版、すなわち「主観的」要素つまり精神的で自由に志向する政治活動の作用に積極的な独立した歴史機能を付与するマルクス主義の解釈版とのあいだに論争が存在してきた。

すべての歴史は「歴史法則」の結果であるとか、人びとが自分たちの生活について考えている事柄に差異はないとか、思想の創造物は歴史の表面に浮ぶ泡であってその真の一部ではないという見方について、マルクスに責任を負わせることができないことは明らかである。

マルクスは社会生活を維持し転換する不可欠の手段としての思想の積極的役割について語り、そして人間の技能や技術を「生産力」の中に組み入れる。確かに、彼は人間性を自己意識から成り立つと見なさないことは事実である。後者は生活の所産として、純粋な形態ではなく言語において分節化されたものとして、すなわち伝達された自己意識、集団的伝達という手段によって決定された形態として「所与」のものである。この意味において意識は常に社会的産物である。

しかしマルクスは言う、「環境は、人間が環境をつくるのと同様に、人間を創りだす」と（同前『ドイツ・イデオロギー』〔邦訳『マルクス・エンゲルス全集』第三巻　三四頁下段〕）。社会的隷属化とその廃止をめざす運動の双方がともにそれらの条件として一定の主観的要素を持つ。物質的支配は精神的支配を必要とする。すなわち、支配階級の理念は支配的理念である。物質的力を支配する階級は同時に知的抑圧の手段を支配するのであって、それはその階級の優越性を表す理念を生産し宣伝するからである。

そういうわけで、マルクスが、歴史は意識された意図や思想が単なる副産物あるいは偶然の付着物である匿名の過程であると主張したと見なすことはできない。われわれが思想、感情、意図そして人間の意志が歴史過程における一つの必要条件であることを受け入れるとしても、それでもなお、彼の理論に関しては論争の余地がある。なぜならこの見方は、「主観的」要素は必要な因果的結合ではあるけれども、それら自体が全体として非主観的要素に依拠することを根拠とした厳密な決定論と両立するからである。

つまり、この前提に立てば、思想や感情は歴史において補助的役割を持つが、しかし起源的役割は持たない。要するに、われわれがマルクスの立場を経済決定論のそれと解釈しないとしても、歴史過程における自由意志の活動の役割についてまだ議論の余地が存在するのである。この論争は事実として今世紀におけるさまざまな形態のマルクス主義の中に出現したのであって、解決されたなどと見なすことは決してできない。

3　労働の分割とその廃止

マルクスの見方において労働の分割は、発生論的に言えば、社会的衝突の主たる源泉である。それは社会生活の三つの側面、すなわち、生産力、人間関係そして意識のあいだに不可避的な不調和を引き起こす。それは不平等、私有財産に繋がり、個人の利益と人間の相互依存から生まれる一般的利益とのあいだの敵対を引き起こす。労働の分割が暴走し人間の統制が及ばなくなれば、その社会的影響はあたかも独立した超人的な力のように諸個人を支配する疎遠な権力となる。

これから分かることだが、マルクスは疎外の概念を一般化し、その作用をすべての歴史過程に押し広げる。フォイエルバッハが主張したように、宗教の想像力だけではなく、歴史全体が人類から疎外されている。なぜなら、人間はその行程を統制できないからである。つまり、人類の活動は、歴史を実現した人びとを虐げる神秘的で非人格的過程に結果としてなった。この疎外を取り除くためには、人間が彼自身の行動の結果を形作るために、つまり、歴史を人間のもの、人間によって支配されるものに転換するために、人間にたいしてもう一度力が与えられなければならない。

労働の分割が社会的不平等と私有財産の主要な源泉であるのだから、共産主義の主たる目的は労働の分割を廃止することでなければならない。共

130

131

産主義は、人びとが特定のタイプの労働に限定されずにすべてのタイプの労働に首尾よく参加し、こうして全面的な発達を遂げる諸条件を必要とする。人間の生産物の物象化は、それによってその生産物が個人を支配するようになってきたのだが、それが歴史過程の主要な要素の一つである。それはまた、「一般的利益」が国家の形態において独立した存在をとり、その国家が現在においてブルジョアジーが自らの財産を持ち続けることを可能にするために必要であることを意味する。

国家内部の政治闘争は階級的衝突の表れである。すなわち、権力を渇望する各階級は自己の利益を社会全体の利益として見せなければならず、そのイデオロギーの目的はこのような神秘化を肯定することである。

後にマルクスは、歴史の疎外に直面した人類の境遇をゲーテの詩に登場する魔術師の弟子のそれと比較したが、この弟子は彼がもはや統御できず、彼自身にとって脅威となってしまった魔力を呼び出してしまった。しかし、疎外を廃絶するためには二つの条件が必要である。第一には、隷属の状態が容赦できないものとなるに違いなく、大衆は財産を奪われる羽目に陥り、そして現存の秩序に全体として反対するに違いない。第二には、技術の発展が高度の段階に達するに違いない。つまり、未成熟な状態における共産主義は、貧困を一般化するだけであろう。

さらにこの発展は、世界規模でなければならない。共産主義は世界が単一の市場となり、そしてすべての国が経済的に相互依存的になる時にのみ到来することができる。それはもっとも進んだ、そして支配的な国における同時的な革命によって実現されるに違いない。革命を達成することができるプロレタリアートは世界規模で存在する階級でなければならない（この最後の点は、マルクスの革命論にとって基本的なものだが、「一国社会主義」建設の可能性が課題に上ったスターリン時代の開始期に熱心に議論された）。

しかし共産主義を可能にする社会的諸条件は、また共産主義をめざす抗しがたい運動が存在することも意味する。「共産主義は単に、つくりだされるべきなんらかの状態、現実が則るべきなんらかの理想ではない。われわれが共産主義と呼ぶところのものは現在の状態を廃止する現実的運動のことである」（『ドイツ・イデオロギー』〔邦訳『マルクス・エンゲルス全集』第三巻　三二頁下段～三三頁上段〕）。

その後に彼がさまざまな形で繰り返すことになるマルクスのこの見方は、もう一つの本質的論争を引き起こした。共産主義運動は大衆の反乱の自然発生的な発展を待って、それからそれにある形態を与えるべきであるのか、あるいは外部からその反乱を組織すべきであって、大衆が彼らの苦境に気づくまで待つべきではないのか？　現在の政治活動はある一定の最終的状態の実現を目的とするべきか、あるいは改良主義者たちが考えるように、労働者階級の運動は特定の状況から引き出すことができる部分的な獲得物で満足すべきなのか？

これらの問題は後の論争で発展させられた。『ドイツ・イデオロギー』の時点で、マルクスとエンゲルスは、共産主義はより良き世界という任意に構築された理想ではなく、歴史の過程の自然な一部であると主張することに主として集中した。革命の社会的前提条件が完全に実現される時期までは、その叛乱の理念がどのようにそしてどの程度まで示されるかは少しも重要ではない、と。

しかし共産主義革命は、それ以前に過ぎ去った革命と根本的に異なる。以前の革命は労働の分割や社会活動の配分を変更した。しかし共産主義革命は、労働の分割と階級の区別を廃止し、そして人間という種の分割としての階級と民族を廃止するだろう。共産主義は、生産と交換の諸条件の普遍的な転換を初めて実現する。それは、それまでのすべての社会発展の形態を人間の作用として扱い、それらを統一された諸個人の権力の下に従属させるだろう。

4　個性と自由

個人の欲求と集団の利益との対立を取り除いて、人間の完全な人間性を復活させることは、マルクスにおいては個人の生活や自由の否定を意味しない。マルクスが、人間を社会階級の単なる一員であると見なし、そして「人間の類的本質の復活」は個性の解体あるいはその共通の社会的本性への還帰を意味させたと想定することは、マルクス主義者および反マルクス主義者の双方に共通する誤った解釈でありつづけた。

この見方に立てば、マルクス主義の理論において、個性は均質的な統一を実現する社会にとって障害物となる外はない。しかしながら、そのような理論は『ドイツ・イデオロギー』から引き出すことができない。マルクスはこの著作の中で、歴史の事実として、個人と生活の偶然的性質を区別する。個人と人間関係のシステムとの対立は、生産力と生産関係の対立の延長である。

この矛盾が存在しないかぎり、個人がその中で活動する条件は彼にとって外的現実ではなく彼の個性の一部として現れる。現在の時点まで、あれやこれやの階級の個人が巻き込まれる社会関係は、人びとが個人としてではなく社会階級の標本として社会的諸条件に対峙するというものであった。同時に、彼らの活動の産物が彼らの統制から逸脱するにつれて、生活の諸条件は物象化された超人間的力に従属させられ、個人は絶対的偶然性、これにたいして自由という名称が付与されているが、この偶然性の犠牲となった。

人格的な結合は、物質的な結合に転換された。人びとは世界を支配する非人格的な力、つまり商品、貨幣、あるいは「市民的権力」(civil authority)の代表として相互に対決し、他方で個人の「自由」は自分の生活諸条件に対する統制の欠如、外的世界に対抗する無能力の状態を意味した。このような物象化を破棄し、物にたいする人間の支配力を復活させることは彼の個人的生活、彼の人格的適性や能力の全面的発達の可能性を再建することと同じである。そのような共同社会において、人びとは初めて真の個人となり、階級の単なる標本ではなくなる。

それゆえに、マルクスが人間を自己意識の立場から考えるデカルト主義の伝統に追随しないことは確かである（マルクスは自己意識を物的・社会的存在にたいして二次的であると見なす）一方で、マルクスが個性の原則、しかしながら、一般的利益に対立する何かではなく、それと完全に一致する個性の原則を維持しようとしていることもまた確かである。

これは「啓発された自己利益」論の新しい版と誤解されてはならない。この論は、適正に編成された法体制は、反社会的行為が集団の侵害物にならないように諸事項を整備することによって、本質的に利己的と考えられる個人と集団との衝突をあらかじめ防止でき、その結果として真の自己利益が社会的に建設的な方法で守られると説く。

マルクスとしては「生得的利己主義」の観念を否定し、この点では啓蒙主義よりもフィヒテにより近い。マルクスは、疎外された力への依存の廃止は人間にその社会的性質を復活させるだろう、つまり、個人は自分自身の内面化された自然として共同社会を受け入れるだろうと信じる。しかし、それぞれの構成員の中に意識として現れるこの共同社会は、匿名の同質的な全体性における人格の結合であることを意図しない。課せられたり、または自主的に受け入れたりするというような画一性という問題は、そこには存在しない。そのような理念はマルクスの見解では、原始的なユートピア共産主義、私有財産が廃止されておらず、それがまだ発展していない状態のものである。

他方、真の共産主義は、各人が自らの能力を最大限にまで発揮することを可能にするだろう。それは人にたいする物の権力によって創り出される障害、個人の生活の偶然性、個人を凡庸という活気のない水準に引き下げる労働疎外を破棄するだろう。同時に、共産主義の下で人間の個人的可能性は社会的に建設的な方法においてのみ表わされるだろう、その結果、個人間の争いはその存在理由を失うだろうというのがマルクスの見方であった。

5　シュティルナーと自己中心主義の哲学

人格と人格的自由の問題はマックス・シュティルナー（一八〇六～五六　本名はヨハン・カスパー・シュミット）との論争という形で『ドイツ・イデオロギー』の中で扱われる。シュティルナーはベルリン青年ヘーゲル派の一人であるが、彼の作品『唯一者とその所有』（一八四四）は、ヘーゲル左派の見解の解体および極端な自己中心主義の立場からの人間崇拝の再解釈の時期に属する。

これ以前の一八四一～四二年に、シュティルナーはさまざまな雑誌、とりわけ『ライン新聞』と『ライプツィヒ・アルゲマイネ・ツァイトゥング』に論文、評論、書簡を書いた。彼は国家教育制度の中に職を得ることに失敗し、しばらくのあいだ私立の女子寄宿学校で教鞭をとった。後に彼は裕福な人と結婚し商業投資に乗り出したが、それが破産をもたらし債務のために投獄された。

いかなる意地悪な運命の皮肉によってか、エゴの絶対主権の使徒は蚊の一刺しで死去した。主著に引き続いて彼はいくつかの小論文と論争、これらを集めた『反動の歴史』（一八五二）と題するものを書き著した。『唯一者とその所有』はドイツで短い間だが賞賛され、その後一八九〇年代までに忘れ去られたが、この時それは広範囲な評論の対象であり無政府主義文献の古典となっていた。無政府主義運動の少なくともいくつかの支流はシュティルナーを彼らの主要なアイディオロジストとして採用し、そして今日では、彼はしばしば先駆的な実存主義者と考えられている。

個人の自己意識はそれ以外の他の何ものにも還元され得ないという彼の基本原理は、実に、実存主義の最初期の版の基調と見なしてもよい。これは歴史的継続というよりも一致という問題である。しかしながら、シュティルナーと現代の実存主義とのあいだにはニーチェを通じて連続性がある。ニーチェはどこにもそのことに明示的に言及していないが、シュティルナーを読んでいた。

シュティルナーの著書は、絶対的エゴイズムの宣言、身体的あるいは精神的に区画された個人としてではなく、純然たる自己意識、存在と存在の意識が同じものである自我として考えられるエゴの哲学的肯定である。『唯一者』つまり「固有の者」は、自由主義哲学の「個人」に意図的に対置されている。

人格の独自性についてのシュティルナーの弁明は、諸個人を普遍的理念の道具の役割に引き下げるヘーゲルにたいする極端な反発である。しかしそれはまたフォイエルバッハの、類としての人間の崇拝に、神によって課された価値に人類を従属させるキリスト教に、人間の共通する性質への民主主義的信頼を抱く自由主義に、社会主義に、そして、ある程度はマルクスにまで反対する立場をとる。シュティルナーは『ヘーゲル法哲学批判序説』の著者としてマルクスを一度引用したことがあった。

シュティルナーは、哲学のすべての努力は、あれかこれかの方法で真正な人間個人をある形態の非個人的な一般的実在に従属させることであったと主張する。ヘーゲルは、人間個人を普遍精神の現われと扱うことによって、人間個人から現実性を奪い取った。フォイエルバッハは、人間を宗教的疎外から解放したが、それはただ神の支配を普遍的人間による支配に置き換えただけである。フォイエルバッハが類的人間を神に対置したように、シュティルナーは普遍的人間に対抗してそれ以上には還元できない自我、それぞれの特定の場合において独特にそして単独に自己を表出する自我を設定する。

あらゆる宗教、哲学そして政治の理論は、私に対して、私の外のもの、つまり神、人間、社会、国家、人間性、真理というものに私の注意を向けることを求め、決して自分自身に単純に向けることを求めない。それでもなお私の自己は私にとって重要な事柄のすべてであり、それはまさに私のものであるのだから、何らの正当化も必要としない。そういうわけだから、シュティルナーは彼のモットーとして、ゲーテの一節「私の事柄を、無の上に、私はすえた」(Ich hab'mein Sach auf Nichts gestellt) を採用した。

自我は、他の物事を説明するために使われる言葉では表現できない。それは絶対的に還元不可能で、自足的な主観性のかたまりで、完全に自己充足的宇宙である。私の自我を肯定する際に私は単純に私自身である。それは私にとっては唯一の現実であって唯一の価値である。私の自我が主権者であり、それは人間性、真理、国家、さらにはその他の非人格的な抽象物のようないかなる権威あるいは制約も認めない。

あらゆる一般的価値は私自身にとって無縁であって、私に関係しない。この観点からすれば、道徳教説と哲学理論との違いは無意味である。キリスト教は自己愛、エゴイズム、そして放縦を非難する。異なる原理ではあ

135

るけれども、リベラリズムもまたそうするのであって、結果は同じである。平等の理念は神の専制支配と同様に主権的自我にとって破壊的である。人間の非人格な質を平等に保持する水準まで諸個人を引き下げることによって、私は人間的な人格を制限され、それを類の単なる一実例に変えて人格を破壊する。

社会主義が、特有の自我を匿名の社会的実在に引き下げ、その固有の価値を共同社会の価値に従属させようとするならば、それは同じことをやっているのである。自我の解放という基本的な立場からすれば、私が非人格的なヘーゲル的理性のとりこか、あるいは人間性のとりこか、神聖な実在のとりこか、はたまた私の同輩の人間大衆のとりこになるかはどれも同じことである。

これらのすべてが主観的人間存在をある種の普遍的本質に引き下げ、そして思考する主体を破壊することによって、思考する主体と社会との衝突を解決しようと図っているのである。人間の疎外に終止符を打つ真の方法は、自我を普遍的で非人格な価値に従属させるものが何であれ、それらを廃棄することである。シュティルナーの哲学はこのように、全体的な利己主義と自己中心主義の肯定であり、その中で全体的世界は個人の私的価値の実現の手段として考慮されているに過ぎない。

これらを基礎にしていかなる共同社会の生活が可能だろうか。可能だと、シュティルナーは言う、しかし個人のあいだの関係は個人的であり、つまり社会あるいは制度によって媒介されてはならず、物象化された形態からも自由でなければならない。教育の適正な仕事は、したがって、社会にたいしてサービスを与えるように人びとを訓練することではない。

自由主義的な理論にあるような「良き市民」の形成をめざす教育の類は、自我の奴隷化、真の実存にたいする一般性の勝利である。この観点からすれば、自由主義はキリスト教の延長であり、共産主義は自由主義の延長である。シュティルナーによれば、人間個人は、あらゆる人を結びつける価値と見なされる「善」または「真理」を含む自分以外の何ものかに彼が従属している時は、いつでも疎外されているのである。私に義務として課すことができる一般的善や道徳規則などは存在しない。論理の規則すらも私の独自の存在にたいする暴政である。言語それ自体が脅威であり、生活の物象化の状態である。

実に、シュティルナーの全体的なエゴイズムのプログラムが、どのように実際に実現されるかを想像するのは困難である。彼の考え方では、文明全体が自我にたいする幾重にも重なった圧迫の体制であり、そして人間の自己肯定は、彼に関するかぎり、すべてが隷属の道具である慣習や共同社会の科学的文化的達成の否定を含む。したがって、明らかに、疎外から真正性への回帰は、文明の否定そして動物性への回帰そして個人の情熱の無制限の専横を意味する。

特に人間の行動は集団的文明の結果であるのだから、その文明の規範の全否定は人間以前の状態への後退を意味するにちがいない。シュティルナーはこのような結末をはっきりと説明せず、ただ奴隷化に反抗する自我の必要性を語るだけである。何らかの方法で外的条件を改変するよう努力することによってではなく、外部世界と独立に個人の自己意識を解放することによってこれを実現しようとする。私の反逆の行為は、私の自我をあらゆる形態の一般性に対置する自己肯定である。すなわち、それはいかなる外的成功を期待もせず必要ともしない（ドストエフスキーの『罪と罰』の中で、ラスコーリニコフはシュティルナーが考えた自我の体現者として扱われているのかもしれない）。

こうしてこの理論は、最終的にあらゆる人間の隷属の根源は彼自身の中にあるということを含意する。つまり人間は、彼自身の虚偽の想像と普遍への服従によって足かせをはめられ、そういうわけだから、純粋に精神的行為によって自らを解放することができるのである。

シュティルナーの体系において自我は常に独特である。このことは、自我がそれ自体にとって特別な質を保持し他のどこにも見いだせないということだけでなく、言葉では実際に言い表せないということを意味する。その特殊で、それ以上には分解できない主観は定義もできずあるいは概念的に理解もできない。なぜなら、言葉は二つまたはそれ以上の対象に共通なものを示す記号から成り立つからである。

主観は人間の言葉では言い表せない。自我の生命は、自らと自らの思想を非個人的な一般真理ではなく、自分自身のものとして認めることにおいて成り立つ。人間は、自立し、自己弁明して初めて自己自身になるのであって、共同社会の中の個人ではなくそれ自身の生活を生きる自我となる。

自我の価値は、法または公共善のような「普遍的」観念と完全な対極にある。私の自由は一般的自由の敵である。私の自我は、それ自体を自分以外の全世界の否定として捉える。自我の欲求あるいは気まぐれは、それ自身の法則である。つまりそれは、いかなる国家法令あるいは「人間の権利」によっても束縛されない。

それは、社会からの正当化も求めず社会にたいする義務も認めない。それは、手に入れることができるあらゆるものにたいする権利を有する。もし犯罪者がその罪から逃れることができるとすれば、彼に関するかぎり、彼はその権利を有していることになる。もし彼が罰せられたら、彼は誰かを批判する根拠をもたない。つまり、起きた事柄はどちらの場合でも適正である。「罪」は一般性の見地から表現された政治的・法的観念であるが、真の犯罪は自我を侵害することである。

シュティルナー的意味のエゴイストにとって、共同体の生活はそれが彼自身の力を増大させるかぎりにおいて価値がある。エゴイストの共同体は想像することはできるが、しかしそれは制度に基づいて作られた安定した政治体ではなく、単なる結合と解体の打ち続く過程である。自我は人間性という尺度で測られることを拒絶する。すなわち、それはそれ自身の独自性を主張し、そしてそれ以外の何ものも、思想すらも認めない。つまり、私自身の思想は私自身であり、いかなる主人も、それらが従わなければならない、いかなる標準も認めない。エゴイストの共同体あるいは集まりにおいては、いかなる人間、いかなる同僚との紐帯も存在せず、したがって衝突も存在しない。それは衝突がそれ自体として一種の紐帯であるからである。

シュティルナーの著作は、青年ヘーゲル派とヘーゲルそれ自身の理論との最終的な離反を示す。ヘーゲル批判は、主観の単一的主権という名における人間社会と文化の非難によって、不条理な範囲にまで押し広げられる。ヘーゲルにたいするこのような暴力的な攻撃において、シュティルナーはわれわれがマルクスにおいても見いだすテーマ、つまり個々の人間を絶対の手段に変えることにたいする抗議を呼び出した。

しかし、彼らはこの抗議をまったく異なるやり方で行う。マルクスもまた諸個人の上に「人間性」のようなものがあることを否定するが、しかし彼は個性を文明の所産と見なす。他方、シュティルナーにとって、個性は主観の経験と同じものである。つまり、存在するということは存在することを認識することとほとんど同じである。このようにして、まさしくシュティルナーは実存主義の先駆者と見なされるべきである。同時に、彼の哲学は人間同士のあらゆる紐帯と集団的発達という歴史の全過程の価値にたいする攻撃である。

ヘルムズ（Helms）による近年の研究が明らかにしているように、シュティルナーの理論は無政府主義者だけではなく、ファシズムの直接の前身であったドイツのさまざまな集団を鼓舞した。一見したところ、ナチの全体主義はシュティルナーの過激な個人主義の対極のように見えるかもしれない。しかしファシズムは、特に、歴史によって築かれた社会的結合を解体し、それに替わって、絶対的エゴイズムを土台とした国家への暗黙の服従を尽くすことが期待される諸個人のあいだに人為的結合を持ち込むという試みであった。

ファシズムの教育は非社会的なエゴイズムの資質と無条件の体制順応主義とを結合し、後者は個人がその体制の中に自分自身の居場所を確保する手段であった。シュティルナーの哲学は順応主義に反対の声を上げるものではなく、それはただ、それよりも高次の原理に従属する自我に反対するだけであった。つまり、エゴイストは、そうすることによって自分がより良くなるようであれば、自由にその世界に順応する。彼の「叛乱」はそれが自己利益の増進につながるならば、徹底した奴隷形態をとる。彼がやってはならないことは「一般的」価値または「人間性」という神話によって

137

縛られることである。あらゆる現実的歴史的紐帯が消滅させられた、兵営のような社会という全体主義の理想は、シュティルナーの原理と完全に一致する。つまりその本質によって、エゴイストは自分の都合に合えばいかなる旗の下でも闘えるように準備されているに違いない。

6　シュティルナー批判　個人と共同社会

『ドイツ・イデオロギー』において、マルクスとエンゲルスはシュティルナーを情け容赦なく批判し、エゴイストの内向きの「叛乱」の不毛性と絶望性を、個人がコミュニティに参加し、そうすることで自己を解放する革命の行為と対比した。このような主張はいくつかの点で、現代のマルクス主義者と実存主義者との論争の先取りである。

その激しい皮肉は別にして、マルクスとエンゲルスの議論はマルクス主義の解釈の上で手がかりとなる重要性を持ついくつかの文言を含んでいる。マルクスは、ヘーゲル哲学の立場からシュティルナーを非難したのではなく、また、何らかの形態の普遍的理性や社会あるいは国家に個人を従属させることによって、主権的自我というシュティルナーの理論と闘ったのではない。その代わりに、彼は、真の個性（自立的で自足的な架空の主観ではない）がそれ自身の独自の本質を犠牲にしないで、共同社会の中にその場所を発見できる理論の骨格を提起している。

マルクスは、その全生活が自己意識の単なる万華鏡であって、そして、精神的変化を事実として規定する物的社会的変化について無関心で無感覚でいることができる人間という観方は非現実的であると非難する。シュティルナーの「自我」は理解を超えるものであって、彼の行動は明らかに不毛である。マルクスの見解では、シュティルナーは、自分の時代の聖なるものに反逆するペリシテ人の不毛な感傷的不満に他ならないものを表し、自分の思想を口外せず、それらを現実のものに転換しようと試みないのである。

シュティルナーは知的行為によって国家を粉砕できると想像するが、それはただ物質的なやり方で、それを批判することができないことを実際に示しただけであった。革命とシュティルナー風の反逆との違いは、ひとつが政治的行為であって、もうひとつがエゴイスティックな行為であるということではなく、後者がただ精神の状態であって何らも行為ではないということにある。

シュティルナーは、彼自身から人間的紐帯を剥奪でき、そして国家はその構成員がそれから脱出すればひとりでに崩壊するだろうと想像する。つまり、彼は理念の領域の攻撃によって世界を征服しようとする。彼は「一般意志」の具現化としてのすべての共同体から自分自身を解放することをめざすが、一方でその「一般意志」は事実として支配階級がその支配に普遍性というイデオロギー的オーラをまとわせることを求める社会的強制の現れであるのだが、それでもその位置はどの道、彼らの思い通りにはならない。

シュティルナーのエゴイズムを通した解放という構想は、単純化すればこの点、つまりエゴイストは世界が彼を邪魔するかぎりそれを破棄するのだろうが、しかし彼らの進路を広げるためにそれを利用することには反対しない、ということに尽きる。

個人がコミュニティやその制度の援助なしに生き続けると期待することは、偽善的な幻想であるとマルクスは主張する。他者との関係が個人的であるか、または制度的であるかを決めるのは個人の権限の内にはない。つまり労働の分割は、個人関係それ自体が階級関係に転形されざるを得ないことを意味するのであって、ある個人の他者にたいする優越性は特権という社会関係において表される。個人がどのように意図しようと、需要の性質と水準および生産力が彼らの相互関係の社会的性格を決定する。

「個人個人はいつでも、そしていかなる事情のもとでも『己から出発した』のであるが、彼らはいかなる相互のつながりをも必要としなかったという意味で唯一であったのではないから、すなわち彼らの諸々の欲求、したがって彼らの本性（自然）、そしてその欲求の満たし方は彼らを相互につながらせたから（性関係、交換、分業）、彼らは諸々の関係を結ばざるを

138

えなかったのである。なおまた彼らは、純粋な自我としてではなく、彼らの生産力と欲求との一定の発展段階における個人として交通を始めたのだから、――そしてこの交通は、それはそれでまた生産と欲求とを規定したから――その時代時代の諸関係を創造したし、日々新たに創造しているのは、まさに、個人個人の人格的、個人的ふるまい、相互にたいする彼らの個人としてのふるまいにほかならなかった。――一個の個人の歴史は、けっして先行の諸個人及び同時代人の諸個人の歴史から切り離されるものではなくて、それによって規定されていることがわかる」（『ドイツ・イデオロギー』［邦訳『マルクス・エンゲルス全集』第三巻　四七四頁］）。

したがって、マルクスにとって、社会の繋がりを規定するのは個人ではなく、彼らが創り出した繋がりが彼ら個々人の生活を規定する独立した疎遠な力となる状況の中では、諸個人の行動の結果や社会的意味の決定において、個人の意志など取るに足りないのである。

今日の時代において個性は物質的な諸形態あるいは「偶然性」によって圧倒されている。この圧迫は極端な形態に達し、そのことによって人類は偶然性の要因を粉砕し、諸個人に今一度相互の関係を統制する力を与える革命を到来させる必然性を負わされている。それがコミュニズムの意味するものである。すなわち、彼らの相互の結合が表わされる物的で物象化された形態にたいする諸個人の統制を復活することである。つまるところ、人類が直面する課題は分業を廃絶することである。そしてこれは、私有財産と分業それ自体が桎梏となり、その結果、技術それ自体がそれらの廃絶を求めるところの技術の発展段階への到達を前提とする。

「私的所有はただ諸個人の全面的な発達という条件のもとでのみ廃止されうるのであって、なぜなら、現在の形態の交換と生産諸力は全面的であって、全面的に発達する諸個人のみがそれらを我がものとすることができる、すなわち、それらを自由な生命活動に転換することができるからである」（『ドイツ・イデオロギー』［邦訳『マルクス・エンゲルス全集』第三巻　四七五頁］）。

共産主義社会においては諸個人の普遍的な発達は空疎な言葉ではない。しかしそれは個人が他者と独立に、単独で孤立し、そしてコミュニティに対抗して権利を主張する中で自己肯定を追求する（これはどの道不可能である）ことではない。その反対に、「この発達は諸個人の連関を条件としているのであって、その連関は、一部は経済的な諸前提によって、また一部は万人の自由な発達の必然的連帯によって、そして最後には所与の時代に存在する生産諸力を土台とする諸個人の活動の普遍的な性質によって構成される」（同前［邦訳『マルクス・エンゲルス全集』第三巻　四七六頁］）。

この理由から、シュティルナーの固有の自我のカテゴリーに基づく個人の解放の理念は怠惰な幻想である。もし「独自性」が単に独自性という意識であるとすれば、それは純粋な思想のように外的現実のいかなる変更なしにどんな条件の下でも当然のこととして実現される。もしそれが単に、各人は、ある点またはその他の点で他の人と異なるという明白な事実を意味するものであれば、その場合それはプログラムとはなり得ないのであって、価値があるにしてもすでに実現されている。

ライプニッツが観察したように、同じものは二つと存在しない。二人の人間の旅券は同じではない。このやり方で公務員あるいは警察は各人の自己同一性と唯一性を保障している。しかしわれわれはそのようなごく普通の事柄に関わっているのではない。「独自性」という観念がいかなる用途にも使えるためには、それはその独創性、特殊な技能あるいは能力を表示しなければならない。しかし、それらはコミュニティの内部で社会的価値として自己表示できる。

「独創性という意味での独自性は、ある一定の領域における個人の活動が同等な者たちの活動から自己自身を区別するということである。ペルシアーニが比類のない歌手である理由はまさに、彼女が歌手として、他の歌手と比較されるからである」（同前［邦訳『マルクス・エンゲルス全集』第三巻　四七七頁］）。

このような分析に照らして、われわれはマルクスに関する全体主義的解釈の誤りを容易に看破できる。そのような解釈は以前よりも今では少なくなっているが、彼のコミュニズムの理想は、他者と区別できるあらゆる創造的自発性やあらゆる特質から個人が断絶されることによって、個人が類と同一化される社会であると解釈するのである。

他方で、マルクスは、単なる自己知識の行為によって個人が自らの真の個性を確定でき、あるいは主張できるとは信じない。この種の自己肯定はどのような条件の下でも起こり得るのであって、それは社会的な繋がりの世界における変化を必要とせず、そしてそれゆえに、人間の隷属、あるいは自らの疎外という束縛を永遠に構築し、そしてまた再構築する過程を根絶することはできない。

マルクスの見方において、自分自身の個性の肯定は、人間の「社会的性質」あるいは「類的本性」を復活させること、それらが「偶然性」つまり疎外された力への隷属の状態から脱却し、それらに対抗するものとして復活することを含む。コミュニズムの下で、個人の欲求と類との敵対の消滅は、それが強制的であろうと自発的であろうと、この二つの同一化という問題でもなく、その結果として一般化された凡庸性と画一化という問題でもない。コミュニズムが意味するのは環境、つまり諸個人が相互に対立せずに社会的に価値あるやり方で、そして今日のように優秀性を特権や他者の征服に転化させないで、諸個人が彼らの才能を全面的に発達させる環境である。

「脱人格化」(Depersonalization)、われわれがもしこの現代的用語を導入してもよいとすれば、それは自らの手と頭脳による労働にたいする個人の従属にその起源がある。つまりそれは単なる理念の改革によって治癒できるのではなく、それらの創造者たちを支配してきた死んだ力にたいする統制を再び主張することによって治癒できる。

しかしながら、マルクスが彼の理論の全体主義版を意図していなかったと言うことは、その版が誤解であって、それ以上のものはまったく何もないということにはならない。われわれは、やがて、社会の統一というマルクスの構想が彼自身の意図に反する要素を含んでいなかったかどうか、そして彼がマルクス主義の全体主義的形態にある程度の責任がないのかどうかを検討することになるだろう。マルクス自身はそのような可能性をまったく想定していなかったが、事実として、そのような社会の統一は全体主義国家のそれと別な方法で構想できるのだろうか。

7　疎外および労働の分割

『ドイツ・イデオロギー』とそれに続く著作の中で、マルクスはしばしばではないが「疎外」という用語を使い、そして何人かの批判者はこのことから彼がもはやそれまでと同じカテゴリーで社会を捉えていなかったと推論する。だが、これは誤解であるように思われる。『パリ草稿』によれば、他のあらゆる形態の隷属を発生させるのは疎外労働の過程であって、私的所有はそれに対して二次的である。しかしながら、マルクスは疎外労働それ自体を引き起こすものを問うてはいない。『ドイツ・イデオロギー』の中ですべての悪の根源は労働の分割であって、私的所有はここでもまた二次的現象とされている。

しかしながら、「労働の分割」は、どちらかと言えば曖昧な「疎外」という用語よりも明確な表現であると考えるべきではない。マルクスの見解は、道具の改良の結果として生まれる労働の分割は、疎外過程およびそれを通した私的所有の第一の源泉であるというものである。これが起こるのは、労働の分割が必然的に交易すなわち人間が生産した物の抽象的交換価値への転化に必然的に繋がるからである。物が商品になるとき、疎外の基本的前提はすでに存在していることになる。

不平等、私有財産、特権を保護するための疎外された政治制度―これらすべてが同じ過程の継続である。「疎外労働」の現象は展開し続け、生産において創造される。疎外の特別な形態は肉体労働と精神労働が相互に分離されるとき、それに続いて起こる。このことが、自分の思想は社会的必要によって命令されたのではなく、それら思想の力は内在的な源泉から引き出されると信じるアイディオロジストの自己欺瞞をもたらす。集団としてのアイディオロジストの存在そのものが、理念はそれ自体の固有の妥当性を持つとする観念への支持を増大させる。

141

『ドイツ・イデオロギー』第一部に付け加えられた注記は、マルクスが疎外の概念を放棄しなかったこと、そして労働の分割を第一次的原因と見なしていたという証拠を提供している。それはこう書かれている。

「諸個人はつねに自己から出発してきた。彼らの諸関係は彼らの現実的生活過程の諸関係である。彼らの諸関係が自立して彼らに向かいあうということは、どこから起こるのだろうか？　彼ら自身の生活の諸力が彼らを圧倒するものになるということは、どこから起こるのだろうか？　一言でいえば、分業であり、そしてその諸段階はそのときどきの生産力の発展に依存している」（『ドイツ・イデオロギー』補録［邦訳『マルクス・エンゲルス全集』第三巻　五九八頁］）。

「疎外」という用語はそう頻繁には出てこないが、その理論はその生涯の終りまでマルクスの社会哲学の中に存在する。資本論における「商品の物神化」はその特殊化に他ならない。

市場のために生産される商品が独立した形態をとり、交易過程における社会関係がその参加者が統制できない物同士の関係として現れ（交換価値は労働の具現物としてではなく、物それ自体に内在しているかのような見せかけで表される）、この物神化の究極のタイプが価値基準および交換手段としての貨幣であると書くとき、マルクスはこれらすべての中で一八四四年に定式化した自己疎外の理論を再生産しているのである。社会関係と全歴史が人間の所産であるのだが、それらが人間の統制から切り離され、ますます自動的な様相を呈する。これが最後まで、資本主義の下での人類の荒廃とプロレタリア革命の社会的機能に関するマルクスの理念の根本的な決定要素であった。

8　人間の解放と階級闘争

何人かの批判者たちが、『ドイツ・イデオロギー』における態度の変化を示すものと受け取った他の論点が存在する。すなわち、マルクスは『草稿』や初期の著作の中では人類一般の解放について語っていたにもかかわらず、この理念が今やプロレタリアートとブルジョアジーの階級闘争のそれに取って代わられている、と。しかしここでもまた、実際の変更は存在しない。マルクスは、その生涯を通じてコミュニズムを人類全体の解放と見なすことを変えなかった。プロレタリアートは極端な度合いの非人格化を蒙ってきた階級であるのだから、それは人類解放の意識的な道具でなければならない。

コミュニズムは階級制度を廃止することであって、単にある一つの支配階級を他の支配階級と交替させることではない、というのが本質的にマルクスの見解であるということは一般に認められている。そしてこの見解は初期の解放の理念と完全に一致する。非人格化は、一つの階級だけに影響を及ぼすだけではない。それは程度の違いはあれ、そして所有階級はそれを誇りの源泉に変えているけれども、すべての階級に及ぶ。確かに、普遍的解放の側面が後期の著作の中ではプロレタリアートの階級利益によって促進される革命の側面よりも、より顕著ではない、というのは事実である。このことは、『ドイツ・イデオロギー』においてすでに事実としてそうであり、論争の脈絡とりわけ「真正社会主義」の批判によって容易に説明される。

「真正社会主義」の理論によれば、人類の全般的解放を含む社会主義的ユートピアは例外なくすべての社会階級にたいする全面的な道徳的呼びかけによって実現できるし、そして実現しなければならない。換言すれば、「真正社会主義」とは階級闘争抜きのそして階級利益によって促進される革命抜きの社会主義を意味した。しかしながら、マルクスは、プロレタリアートの特殊な利益と所有階級にたいするその闘争は社会主義革命の原動力であること、そして革命は階級と社会的対立の最終的消滅をもたらすものだが、プロレタリアートがその搾取者と対峙し続ける過渡的時期が存在するに違いないということを確信していた。

政治の現実をより詳しく知悉するようになるにつれて、マルクスは理想の社会像を描くことよりも革命を組織することにより深い関心を持ち、コミュニズムの詳細な行動計画はフーリエやその他のやり方に任せていた。したがって、彼は社会終末論よりも階級闘争に関心があった。それにもか

142

かわらず、階級闘争の全理論は終末論なしには意味をなさないのであって、マルクスは生涯を通じて一八四四年に定式化したコミュニズムの基本的前提を固守した。

彼は、階級闘争においては一般的な人間の利益に訴えるのはまずいことで、被抑圧者だけに訴えるのがよいことだと考えた。後に、とりわけ『ゴータ綱領批判』の中で、彼は最初の、否定的な、革命直後の段階と将来の普遍的なコミュニティとを明確に区別した。しかし、そのコミュニティの展望は、例えばわれわれが『資本論』第三巻で見ることができるように、継続的に彼の考えの中に存在したのであって、それは階級闘争とも、プロレタリアートがそれ自体の階級利益を守ることによって全人類の解放者になるだろうという信念とも矛盾しない。

9　虚偽意識論の認識論的意味

意識の解放が通常の意味の「真理」の発見という問題ではないのと同じように、「虚偽意識」はマルクスによって認識的意味の「誤り」と見なされない。『パリ草稿』においてそうであるように、『ドイツ・イデオロギー』においてマルクスは認識論の問題に自らが関わることを拒む。彼にとって、意識は人びとの自らの生活の本質の意識であるという繰り返された言説の意味であれば、意識が心理に反映される世界ということには何の問題もない。他方によって作られたイメージを一方が吸収するという、二つの独立した実体として考えられる主体と客体の対置がそうであるように、思考と現実とのあいだの対応という問題は無意味である。

マルクスが『フォイエルバッハに関するテーゼ』の中で述べているように、実践的な人間の関心から切り離された世界の現実性という疑問は「純粋にスコラ的」疑問であり、イデオロギー的神秘化の結果である（「思想から現実への移行、そして言語から生活への移行という問題全体は、哲学上の幻想としてのみ存在する。それは哲学的精神にとってのみ正当化され、その想定される現実からの離脱の起源と性質は悩みの種となる」）。

超人間的性質は人間と無関係であって、人間はその活動の対象化としてのみ自らの性質を知り（もちろんこれはそれを彼が物的に創り出したということを意味するのではない）、そして認識は人間の感覚を物に分かち伝えることを意味するのだから、虚偽の意識と解放された意識との違いは誤りと真理の違いではなく、人類の共同生活における思想が仕える目的に関係した機能的相違である。

「誤った」思考は人間の隷属状態を肯定し、その適正な機能を知らない思考である。解放された思想は人間の肯定であり、人間がその生得的能力を発達させることを可能にする。意識は人間生活の心理的側面、社会的過程（意識は話すことにおいてのみ実現されるのだから）であり、それによって人間は相互に伝達しあい、そして人間化された形態において自然を同化する。意識は、物質的対象に囚われてそれに支配された人間の奴隷状態を強化したり、あるいはその解放を助けたりする。意識は物を決定するが、物を客観化するのではない。

マルクスがそのヘーゲル批判の中で提示しているように、「自己知識の観点からすれば、疎外されて受け入れられないということは、対象が限定的であるということではなく、それが客観的であるということである」。彼が初期の著作で述べているように、「物の性質は理性の産物である。あらゆる対象が何ものかであるためには、それ自体として区別され、区別されたまま残り続けなければならない。会話のあらゆる対象に一定の形態を課すことによって、そして、いわば流動的現実に恒久的形態を付与して、理性は世界の多様性を創り出すのだが、その世界は多くの一面性なしには普遍的ではないだろう」。

したがって、マルクスにとって、人間の自己肯定の器官として、価値と別に認識論的価値を持つ知識という問題は存在しない。健全な意識の復活は労働の疎外からの脱却の一つの側面であって、その単なる結果ではない。マルクスの認識論は、彼の社会的ユートピアの一部である。

コミュニズムは虚偽意識を放擲するが、それは不正な世界イメージを正しい世界イメージに取り替えることではなく、思想は生活状態の反映以外の何ものかであって、またそうであり得るという幻想を一掃することによってである。それは形而上学や認識論の問題に新しい答えを用意するという事柄ではなく、それらの有効性を否定するという事柄、つまり、神による世界の創造という問題かそれとも「存在それ自体」そしてその主観的データと存在それ自体との関係であるかどうかという事柄である。

われわれが人間の思想の起源と機能を理解するならば、純粋に認識論上の問題は成立しなくなる。思想は常にその時代の歴史の表現であるが、しかし、それが「善」であるか「悪」であるかは、それがその時代の支配階級（物質的に支配し、それゆえに精神的にも支配する）にとってためになるかどうかに依存しないのであって、もしそうでないならば、われわれは現代におけるブルジョア思想を「善」とみなさなければならなくなる。

思想は絶対的観点から判断でき、また判断されなければならない。しかしながら、それは人間からかけ離れた現実と関連させるのではなく、解放された意識と関連させて、人間の「類的本質」を絶対的方法において肯定

144 しながら、判断されなければならない。

このように、意識はそれが生まれる歴史状況を正しく反映するときですら虚偽であるかもしれない。そして、われわれは解放という絶対的状況と関連させて初めて、虚偽意識あるいはイデオロギーについて語ることができる。マルクスの理性の概念を集団的生存の実践的器官として、そしてマルクスの対象の概念を理性によって客観化されていないが定義された何ものかと措定すれば、われわれは彼の認識論を包括的な主観主義の一つと表

145 現しても構わない。

第9章　要約

われわれは、この段階で一八四六年までに確立されたマルクスの思想を要約しようと試みてもよい。一八四三年以降、彼は極めて高い密度で自らの思想を発展させた。これ以降の著作のすべては『ドイツ・イデオロギー』の時点に至るまでに構築された思想の骨格の継続と精密化であると見なしてもよい。

1．マルクスの出発点は、ヘーゲル由来の終末論的問題、すなわち人間はどのようにして自分自身および世界と調和されるべきか、という問題である。ヘーゲルによれば、これは、精神が歴史の陣痛を通過して最終的にそれ自体の外化として世界を理解するようになるときに起こる。精神は自らの真理として世界を同化し、承認し、その客観的性質を世界から剝奪し、元来は潜在的であった世界の中のあらゆるものを現実化する。マルクスはフォイエルバッハに従って、彼の世界像の中心に人間の「地上の現実」を置き、経験的諸個人を通して発展しあるいは経験的諸個人を道具として用いるヘーゲル的な精神に対置する。「人間にとって根本的なものは人間それ自身である」。これが基本的現実であり、自己に由来し、自己を正当化する。

2．マルクスは、ヘーゲルと同様に、世界、自己自身、他者と人間との最終的調和を期待する。再びフォイエルバッハに従いヘーゲルに反対して、彼はこれを自己知識の産物としての存在認識の立場からではなく、疎外の源泉を人間の現世的運命の中に認識し、その状態を克服するという立場から、この調和を理解する。青年ヘーゲル派の「批判原理」を否定して、彼は否定的自己知識と無反応な世界にたいする抵抗との間の永遠の衝突を受け入れることを拒否し、人間が彼自身の創造物の世界において自らを肯定するような、疎外からの脱却状態を思い描く。他方で、彼は神を人間的価値の集約体とする神話生成的意識から疎外がもたらされるとするフォイエルバッハの見方には賛成しない。そうではなく、彼はこの意識はそれ自体が労働の疎外の産物と見なす。

3．疎外された労働は、今度はそれ自体が技術の進歩の結果である労働の分割の結果であり、それゆえにそれは歴史の不可避的な様相である。マルクスは、疎外を破壊的で非人間的であると見なすだけではなく、人間の将来的な全面発達の条件と理解する点で、ヘーゲルに同意してフォイエルバッハに反対する。

しかし彼は、今日までの歴史を自由の漸進的勝利ではなく、資本主義社会の成熟の中でそのどん底に達した退廃の過程と見なす点でヘーゲルと意見を異にする。しかしながら、人間の将来的解放にとって人間が極度の苦痛と非人間化を体験しなければならないことは必要なことである。なぜなら、われわれは失われた楽園を取り戻すことではなく、人間性の再勝利に関わるからである。

4．疎外は、自らの労働による人間の従属を意味するのであって、その労働は独立したものという外貌を呈する。生産物の商品という性格とそれらの貨幣形態への表れ（ヘス参照）は、交換の社会過程が人間の意志から独立して自然法則のように作用する要因によって規定される結果をもたらす。疎外は私有財産と政治制度を生み出す。国家は市民社会における真の共同体の不在に代わる幻想の共同体を創り出し、そこでは人間関係は不可避的に利己主義の衝突の形態をとる。自らの生産物への集団の隷属が諸個人相互の孤立を引き起こす。

5．疎外はこのように、それについて考えることによってではなく、その原因を除去することによって治癒されなければならない。人間は実践的存在であり、そうした事実は虚偽意識によって曇らされるけれども、人間の思想は彼の実践的生活の意識的側面である。思想は実践的必要によって支配され、人の精神における世界像は対象の本来的質ではなく、進行中の実際の仕事によって規定される。われわれがこのことをいったん理解すれば、哲学者たちが彼らにたいして提起された諸条件、つまり精神的活動と実務的活動の分離という条件を彼らが理解しなかったがゆえに生じた疑問の無益さにわれわれは気づく。われわれは、人間の実践的地平を超えた絶対的現実に到達するという誤った希望によって生れる形而上学的および認識論的問題の有効性を否定する。

6．疎外の超克は、共産主義つまり人間存在の全面的な転換、人間による類的本質の回復である共産主義の別称である。共産主義は生活の公的領域と私的領域への分割、市民社会と国家の差異化に終止符を打つ。それは政治制度、政治的権威と政府、私有財産とその源泉である労働の分割のそれぞれの必要を廃棄する。それは階級制度と搾取を粉砕する。そして、人間性の分裂や個人のいびつで一面的な発達を解消する。

ヘーゲルの見方とは反対に、国家と市民社会の分裂は永遠ではない。自由主義的な啓蒙主義の見方とは反対に、社会の調和は各人のエゴイズムと集団の利益を調和させる立法的改革によるのではなく、敵対の原因を一掃することによって追求されなければならない。

個人が彼自身の中に社会を吸収するだろう。疎外からの脱却のお陰で、人間は人間性を彼自身の内在化された性質として認識するだろう。強制でも利益の法的規制でもない自発的団結が、人間関係の円滑な調和を確保するだろう。そのとき、類（フィヒテ参照）はそれ自身を個人の中に実現することができる。

共産主義は、人間の上に立つ対象化された関係の支配を破砕し、再び人間に自らの労働にたいする統制を与え、人間の精神と感覚の社会的作用を復活させ、そして人間と自然とのあいだの分裂に架橋する。それは人間の召命の充足、人の生における本質と存在の調和である。それはまた、すべての精神活動に属する意識の実践的、人間的で社会的な性質を支持し、社会思想の現在の形態、つまり、哲学、法、宗教の虚偽の独立性を拒絶する。共産主義は哲学を現実に変え、そうすることによって哲学を廃止する。

7．共産主義は人間から個性を奪ったり、個人の意欲や能力を活力のない凡庸の水準に落とし込んだりはしない。その反対に、個人の諸力はそれらが社会的力であって、孤立の中ではなく人間共同体の中で価値があり効果的であると人間が見なす場合にのみ開花できる。

共産主義のみが人間の諸力の適正な活用を可能にする。技術の多様な進歩によって、特に人間の活動が物質的必要の制約や飢餓の圧力から解放され、真に創造的になることが保証される。それは搾取や政治的圧力からだけではなく、直接的な身体的必要からの自由の実現でもある。それは歴史の問題の解決であり、そしてまた、われわれが知ってきた歴史の終わり、個人と集団の生活が偶然性に支配される歴史の終わりでもある。これ以降、人間は自由に自らの発達を決定でき、自分が作り出したけれども自分では統制できなくなった物質的力の奴隷にされることはない。人間は、共産主義の下で、機会の犠牲者ではなくて自らの運命の主人、自分の宿命の意識的な形成者となる。

8．ユートピア社会主義者が主張するものとは反対に、共産主義は現実の世界に対置された理想でもなく、歴史のある時点で発明されて実地に移されるかもしれない理論でもない。それはそれ自体として現代史の動向であって、共産主義の諸前提を進化させ、無意識のうちに共産主義に向かっているのである。これは今日の時代が非人格化の極致の表れであるからである。つまり、一方で、それは労働者を商品化することによって彼らを零落させ、他方で、資本家を取引記録の記入者の地位に引き下げている。非人格化の権化そして市民社会の純然たる否定者であるプロレタリアート

148

は、自らを含むすべての社会階級に終止符を打つ大変動を実現するように運命づけられている。プロレタリアートの利益、そして他のどの階級のものでもない利益が人類全体の必要と一致する。それゆえに、プロレタリアートは災難、堕落、悲惨の単なる凝集体であるばかりではなく、人間がそれによって自らの遺産を復興するようになる歴史の道具でもある。労働疎外は労働者階級、つまり疎外の破壊の担い手である労働者階級を創るべく何年ものあいだ作動してきた。

9．しかし、プロレタリアートは非人格的歴史過程の道具以上のものである。プロレタリアートは、その宿命と自身の例外的な状況に意識的であることによって、その宿命を果たす。

プロレタリアートの意識は単に歴史によって自らに割り振られた役割の受動的な認識ではなく、自由な意識および革命的主導性の源泉である。ここでは、自由と必然との対立は消滅する。なぜなら、事実としての歴史の必然性は、プロレタリアートの意識における自由な主導性という形態をとるからである。それ自身の位置を理解することによって、プロレタリアートは世界を解釈するだけではなく、それを変革することに事実上取りかかる。この意識は単に過去の歴史のヘーゲル哲学的把握と吸収ではない。それは能動的な変革の衝動の中で未来に目を向ける。同時にそれはフィヒテや青年ヘーゲル派が持とうとしたような、現存の秩序の単なる否定ではなく、すでに可能性として潜在する歴史の内発的動向ではあるが、人間の自由な主導性によってのみ始動することができる運動の創出の求めである。このようなやり方で、プロレタリアートの状態は歴史の必然と自由を結合する。

10．共産主義はあらゆる生活領域と人間の意識の最終的な転換である一方で、それを実現する革命の原動力は搾取され無所有とされたプロレタリアートの階級的利益でなければならない。革命は、それを達成するためには否定的任務を有するのであり、所有階級との闘争を遂行する上で必要なかぎりにおいて、その任務はプロレタリアートに委ねられる。共産主義は私有財産の廃止だけで確立されるものではない。それは長期の社会的動乱を必要とし、それは歴史によってそして生産手段の改善によって要求される完成として結実しなければならない。共産主義はその前提条件として、高度の技術の発展と世界市場を有し、それ自体がより徹底的な技術の進展の中で結実する。しかしながら、これは過去にそうであったように、その創造者と敵対するのではなく、創造者の人間としての完全な自己実現を助けるだろう。

＊　＊　＊

これらがマルクスの理論の基本的な原則であって、彼はそこから決して離れなかった。彼のすべての著作は『資本論』の最後の頁に至るまで、これらの理念の確証と精密化であった。エンゲルスは、より実証的な観点から、歴史の自然な動向を促進する労働者階級の主導性によって実現される階級のない共産主義社会という同じビジョンを表現した。他方で、エンゲルスは人間と自然との認識的および存在論的結合に関して異なる立場を採用した。われわれが検討したように、彼の後期の著作において「実践の哲学」の理念は、人間を自然の一般法則に従属させ、人間の歴史をこれらの法則の特殊化とする理論に取って代わられ、こうして「起源」(the root マルクスの用語における)としての人間の概念や自然の「人間化」の概念から離れた。そうすることで、エンゲルスはマルクス主義哲学の新しい版を創出したのだが、それは、ポスト・ダーウィン主義のヨーロッパ文化がそれに先行した時代から離脱したのと同じように、その原版とは大きく異なった。

149

第10章　マルクス的社会主義と比較した一九世紀前半の社会主義者の理念

1　社会主義理念の出現

一八四七年以降もマルクスは時どき、その初期の著作物を支配する哲学の検討に立ち戻った。この事実は重要である。なぜなら、これらの事実が彼の思想の本質的連続性を確証し、われわれをして彼の政治および経済思想を最初期の著作と関連させるのを可能にさせるからである。しかしながら、彼の成熟した著作物はますます精緻な分析に直接的に焦点化され、『資本論』は資本主義経済の機能化のもっとも完成された分析の版であり、それは併せてさまざまな社会主義理論とその構想にたいする論争を伴っている。彼の意見によれば、これらは歴史的経済的事実を誤って解釈し、労働者の革命運動の発展を妨害するものであった。

ドイツの「真正社会主義」に反対した彼は、引き続きプルードン、ユートピア社会主義、バクーニンそしてラッサールに異議を唱えた。これらすべての非難や論争は、労働者運動の歴史にとって大きな重要性を持つ。しかしそのすべてが必ずしも理論分野における新しい離陸を含むものではなかった。

マルクスがプロレタリア革命の理論家としてこの分野に登場したとき、社会主義の諸理念はすでにそれらの背後に長い歴史を持っていた。もしわれわれが、規範的立場に対抗する歴史的立場から社会主義の一般的定義を与えようとするならば、つまり一九世紀前半期にその名称の下で広まった理念の共通する特徴を確定しようとするならば、われわれは極端に貧弱で不正確な結果を見るに違いない。

産業革命とフランス革命の複合した影響の下で生まれた社会主義理念の原動力は、富の無制限な集中と競争が悲惨と危機をますます生み出さざるを得ないという確信、そして、この体制は、その中で生産と交換の組織が貧困と抑圧を一掃し、平等を基礎にした世界の財貨の再配分をもたらす体制に取って代えられなければならないという確信であった。

これは富の完全な平等化、すなわち、「労働に応じて各人に」あるいはまた最終的に、「必要に応じて各人に」という原則を含んでいたかもしれない。一般的な平等概念を除いては、社会主義の構想や理念はあらゆる点で異なっていた。これらの中のすべてが必ずしも生産手段の私的所有の廃止を提案したのではない。幾人かの社会主義の賛同者たちはそれを労働者階級の大義と見なしたが、他の人びとはそれをすべての階級がその実現を助けるべき普遍人間的理想と見ていた。

ある人びとは政治革命の必要を主張し、他の人びとは宣伝あるいは実例の力に依拠した。ある人びとはすべての国家組織の形態はまもなく廃棄されるだろうと考え、他の人びとはそれを絶対不可欠であると考えた。ある人びとは自由を最高の善と見なしたが、他の人びとは平等または効率的生産の名においてそれを厳しく制限しようという心構えであった。ある人びとは被抑圧階級の国際的利益に訴えたが、他の人びとは国家の地平の向うを見ようとはしなかった。最後に、ある人びとは完全な社会を想像することで満足したが、他の人びとは社会主義への前進を保障する自然法を確定するために歴史の進歩の行程を研究した。

「社会主義」という用語の発明はサン・シモンの信奉者であるピエール・ルルーであるとされ、彼はそれを一八三二年に『ル・グローブ』紙で使った。それはまた一八三〇年代に英国でロバート・オウエンの弟子によっても使われた。

この名称と概念が広範囲に知られるようになったので、新しい教説の理論家と擁護者たちは自然に彼らの関心をプラトンの『国家』におけるその先例、中世の分離派教会信徒そしてルネサンス・ユートピア主義者とりわけトマス・モアとカンパネラの共産主義理念に注目を向けた。一七世紀および一八世紀のこれらの著作者やその模倣者の中に、それらの全く異なる哲学にもかかわらず、理念の継続性に気づくことは可能であった。

プラトンの階層社会は、ほとんどの近代社会主義者の平等主義的教説からは程遠いものであり、中世の空論家の禁欲主義的理想はその性格が特殊に宗教的である。しかし、モアの『ユートピア』は、その起源を資本家的蓄積の最初の兆候の考察に負っており、社会主義の提唱者たちはその理想の中に同調するものを多く発見した。すなわち、私的所有の廃止、普遍的な労働義務、権利と富の平等化、国家による生産の組織化そして貧困と搾取の根絶である。

一六世紀から一八世紀にかけて社会主義の理念は、虐げられた階級の苦難の考察によってだけではなく、敵対と利益の衝突、不平等と抑圧は、平和と調和のある状態の中で生きる人間を意図する神の計画あるいは自然の計画に反するという哲学的あるいは宗教的信念によっても全般的に鼓舞された。

これらの理念の主唱者の何人かはさらに進んで、完全な社会はそのすべての構成員があらゆる点で、すなわち、権利や義務だけではなくその生活の方法や思想、食事や衣類、そして（ドン・デシャン他によれば）その身体的外見に至るまで、完全に同一であることを求めると主張するまでに至った。いくつかの場合、活気のない完成という理想はいかなる創造性や進歩の観念も排除した。カンパネラは例外であった。彼の『太陽の都』はモアの『ユートピア』と異なり、科学的および技術的発見に多くの余地を与え
151
た。

2　バブーフ主義

一七八九年の革命後の最初の積極的な社会主義の現れは、グラキュース・バブーフの陰謀団であった。この陰謀団に参加したフィリッポ・ブオナローティは一八二八年にその顛末を本にしたが、そのお陰でこの理念が初めて一般に知られるようになった。バブーフとバブーフ主義者は、彼らの哲学を大部分はルソーおよび啓蒙主義のユートピア主義者から採り、ロベスピエールの継承者を自認した。

彼らの基本的前提は平等の理念であった。ブオナローティが書いたように「諸国民の隷属状態をもたらしているますます強力な原因は全面的に不平等のうちにあり、また、不平等が存在する限り、われわれの文明によって人間に値しないほど貶められている多数の人びとにとっては、諸国民の権利行使はほとんど幻想に等しい」［邦訳　田中正人訳『平等をめざす、バブーフの陰謀』九一～九二頁］。

すべての人間は、本来的に地上のすべての財貨にたいして同じ権利を持っているのだから、不平等の源泉は私有財産であり、これは放棄されなければならない。将来の社会において富はすべての者に、彼らが行う労働の如何を問わず、平等に配分されるだろう。そこには相続の権利も大都市も存在しない。すべての者が肉体労働を行うこと、そして同じやり方で生活することを強制される。

新しい社会の原理を設定することに加えて、バブーフ主義者たちは総裁政府の下に、現体制を転覆するための陰謀団を組織することによって、それに至る道を計画した。大衆は搾取者の精神的影響からまだなお解放されていないのだから、彼らは直ぐにはその力を行使できない。その力は陰謀団によって彼らのために行使されるだろう。後に、教育が普遍化された時に、人民は選挙された機関を通して自らを統治するだろう。

バブーフの陰謀団は一七九六年に摘発され、彼は裁判にかけられ処刑された。彼の理念はある程度はルイ・ブランキによって受け継がれた。バブーフ主義の計画は明確な階級的カテゴリーにおいて表わされず、ただ金持ちと貧乏人あるいは人民と独裁者とを区別しただけであった。しかしながら、その平等主義の論理は、社会の土台としての私有財産の経済的批判をめざす最初の試みの一つであった。

またバブーフ主義の運動は、自由と平等という革命の理想間の意識的な衝突を初めて反映したという理由で重要である。自由は集会の権利や身分間の法的格差の廃止だけではなく、すべての人が妨害なしに経済活動を行

い、自らの財産を守る権利を意味した。したがって自由は不平等、搾取そして悲惨を意味した。バブーフの陰謀団は、テルミドールのクーデターにたいするジャコバン左派の反撃に直接的な起源がある。しかしイデオロギー的にはジャコバン派の伝統をはるかに超えて進んだ。

バブーフ主義者は、暴力によって獲得される政治権力という点でジャコバン派の社会概念を継承し、そしてこれをフランスの社会主義運動に遺した（政治革命ではなく、産業化の過程に事実としてその起源があったイギリス
152
の社会主義は、最初から改良主義的傾向に支配された）。

一七九六年にシルヴァン・マレシャルによって作成された『平等宣言』は、フランス革命をもう一つの、より偉大でそして最後の革命の序曲と表わした。指導者たちはこの文書が発行されることを認めようとはしなかったが、それはこの中の二つの言説を許せなかったからであった。その第一は「もし必要なら、すべての技術を死滅させよう、そうすればわれわれは真の平等を確立できるだろう」であり、その第二は富者と貧者、主人と奴隷のあいだだけではなく、支配する者と支配される者とのすべての差異を廃止することを求めた。前の言説は共産主義運動の中でしばしば繰り返された傾向を表わす。平等は究極の価値であって、それは特に物資的財貨の享受における平等である。極端化すれば、これはすべての人びとが同じものを所有するかぎり、人びとが多く持つか、少なく持つかは問題ではないことを意味する。

もし、不平等をそのまま認めて貧者の分け前は改善するが不平等が存在することを認めるか、あるいは貧者はそのままにしておいてすべての者を彼らの水準に落とし込むかという選択が存在するとすれば、取らなければならないのは二番目の選択肢である。さまざまな共産主義者と社会主義者のグループは、問題をこのような視点で現実的に把握しなかった。それは彼らすべての者が、富の平等化はすべての者にとって豊かとは言えなくても十分なものをとにかく生み出すだろうと確信していたからであった。

彼らの中の大部分は、また無邪気にも労働者の収奪は富者の身分や財力を誇示するための散財によるものであり、もし特権階級によって享受されているすべての財貨が人民に配分されるならば、その結果は全般的繁栄となるだろうと想定していた。しかしながら、社会主義理念の最初の段階では貧困と不平等にたいする道徳的憤慨が資本主義生産の経済分析と区別されておらず、むしろそれが経済分析に取って代わっていた。啓蒙主義のユートピア主義者のモレリーまたはマブリーと同様に、大地が提供するものが何であれ、人間は、人間として単純に、それらにたいする同一の権利を有することに基づくという規範理論から、財貨の世界の原理が引き出された。

このような見方が新約聖書からの引用によって（多くの社会主義著作者たちのように）擁護されるか、あるいは啓蒙主義の唯物論的伝統によって擁護されるかのどちらでも、結論は同じであった。つまり、消費の不平等は人間の本性に反するのであって、賃料も利子も不労所得もそうである。

支配する者と支配される者との相違の撤廃に関して言えば、革命の直接的目標としては、これはむしろ無政府主義の伝統に属する。バブーフ主義者はこれを拒否した。それは平等の敵を粉砕あるいは武装解除するために必要とされるかもしれないかぎりにおいて、全般的利益のための独裁の時期を想定したからであった。

要するに、バブーフ主義の運動は、自由主義的民主主義と共産主義が袂を分かち始める地点を示したが、それは平等が自由の完成ではなくその制限であることが分かってきたからであった。しかしながら、このことは、このジレンマがすべての者に直ちに明らかになったことを意味しない。しばらくのあいだは、自由主義的民主主義と社会主義は混合的かつ中間的形態で存在した。ただし、一八四八年になってそれらのあいだに明確な一線が引かれた。
153

同じように「共産主義者」と「社会主義者」という用語も長い間明確に区別されなかった。しかしながら一八三〇年代までに、前の方の名称は、私有財産の廃止（最初は主に土地所有、それから工場の所有）と消費の絶対的平等を要求し、そして政府や所有者の善意に依拠するのではなく、被搾取者による暴力の行使に依拠する急進的改革者やユートピア主義者の人び

とによって一般的に使われた。

一八三〇年以後、社会主義の母国であるフランスとイギリスの双方において、社会主義の理念と萌芽状態にあった労働者運動がさまざまな方法で結びつくようになった。しかしながら、これ以前においても共産主義の方向ではない（つまりバブーフ主義ではない）けれども、社会主義の方向に立った急進的な社会改革理念が産業の発展に関する理論的考察という形で両国において自由に論議されていた。このタイプの社会主義、その中の主要な人物はサン・シモン、フーリエ、そしてロバート・オウエンであるが、この社会主義が積極的にも消極的にもマルクスの思想に重要な影響を与えた。それは、それ自体としては被搾取階級の抗議ではなく、社会の惨状、搾取、そして失業の観察や分析から起こったものであった。

3　サン・シモン主義

クロード・アンリ＝サン・シモン伯爵（一七六〇〜一八二五）は、単なる理想としてではなく、歴史過程の結果として考えられる近代の理論的社会主義の真の創設者であった。彼は有名な公爵の末裔であり、アメリカ独立戦争に従事し、大革命後に破産に終わった貿易事業に従事した。彼は生涯にわたって、哲学的な問題と研究方法の改善による社会改革の可能性に関心を持った。彼はまた、後にオーギュスト・コントによって取り組まれた理念、つまり、あらゆる学問・知識の分野を神学的形而上学的形態から初めて解放して、実証的な状態に引き戻すという理念を定式化した。

『ジェノバの住民への手紙』（一八〇三）や『一九世紀の科学作品概説』（一八〇七）を含む初期の著作において、彼は自然科学のように実証的で信頼性のおける政治学の形態を求めた。彼の時代までに蓄積された知識の総体に統一性を与えるためには、もう一人のニュートンが必要である。つまり、やがて学者が、幸福に向かう道に国民を導くのである。

一八一四〜一八年に、後の歴史家オーグスタン・ティエリの助けを得て、彼はヨーロッパ規模の政治改革プランを作成した。この中には英国の方向に沿った議会政治と平和、共同そして中世の方向に沿った統一を確保するが、しかし神権政治に代わって自由主義によって推進される超国家的ヨーロッパ議会が含まれた。

時間が経つにつれて彼は、広範な経済組織の問題にますます関心を持った。彼は、国家の本来の機能は生産性を確保することであり、すべての社会問題に産業管理の手法を適用しなければならないという結論に達した。一八一八年から二二年に彼の秘書を務めたオーギュスト・コントの助けを得て、この主題を発展させて、彼は最終的に経済的自由主義を放棄し、未来の「有機的」社会共同体原則を定式化したが、それは多くの支持者を獲得して彼の名声の基礎となった。

サン・シモンは、人類の未来は過去の歴史の変化や動向を考慮して明確に見分けられなければならないと信じた。彼が達した結論は、体系的に練り上げられることはなかったけれども、史的唯物論のそれと類似しており、すべての政治変革は生産手段の発達の結果であること、そして今日の技術はそれに照応する政治変革を求めているというものであった。貧困と危機は、自由競争とそれがもたらす生産と交換の無政府性によって引き起こされる。しかしながら、この無政府性は生産に寄与する人びと、つまり工場主、商人、工業および農業の労働者たちを、無能力なまくら者や無精者の権威に従属させる。

サン・シモンの見解では、もっとも重要な境界線は生産する人びとと他者の労働の果実を消費するだけの人びととのあいだにある。産業の集中化が導いてゆく将来の社会は、産業が富の生産者によって管理される社会であるだろう。すなわち、生産は社会の必要によって計画され測定され、私有財産は、まだなお残るとしてもその性格を変えるだろう、その使用が一般的善に従属し、所有者の恣意に任せることはないからである。相続は廃止され、その結果として財産は、能力とその適用によって手に入れた人びとによってのみ享受されるだろう。

「奪い合い競争」（competition）は「張り合い競争」（emulation）に道を譲るだろう。私的利益は自己改善の手段となり、共同体に敵対するのではなくそれに仕えるように向けられる。社会階層制は保持されるだろうが、もはや世襲ではない。もっとも高い地位は、投資資源を割り当てる銀行家と社会の全般的発展を監督する賢人によって保持される。新しい産業秩序は、もっとも苦しんでいる社会階級、つまりプロレタリアートの貧困と屈辱を終わらせるだろう。

　しかしながら、サン・シモンは被抑圧階級が彼の計画を実行することを期待せず、社会はそれ自体の利益のために、製造業者、銀行家、学者そして芸術家が新しい理論に確信を抱くようになれば、彼らによって転換されるだろうと信じた。政治権力は完全な変革を遂げるだろう。統治する人びとが問題ではなく、物事を管理すること、すなわち人間が自然からの賜物を最善に活用するのを保障することが問題である。このような変革を実現するためには、産業家による議会権力の獲得のような平和的改革がもっとも必要である。ときどき、サン・シモンにはまた支配階級が彼の計画を支持しているように見えた。

　最後の大作（『新しいキリスト教』一八二五）の中で、彼は、政治学はさらに根本的な原理、すなわち宗教的原理に基づかなければならないと宣言した。キリスト教文明の崩壊を書き綴るのではなく、産業社会はその本質的意義、そしてとりわけ「隣人を愛せよ」という格言を実現するだろう。自己利益は社会組織の基礎としては十分ではない。感情と宗教は必要であり、宗教生活は人間存在の恒久的特質であって、廃れることはない。

　サン・シモンの構想における宗教的傾向は、彼の思想を体系化し自分自身の要素にもした直弟子たちによって強調された。アンファンタンとバザードによる『サン・シモン学説の解説』は、その第一巻が一八三〇年に出されたが、この中に、われわれは彼の社会哲学が教条に、彼の信奉者たちが分派に変った過程を明瞭に理解する。われわれはまたそこに、場合によってはサン・シモン自身によってその輪郭が描かれたに過ぎなかった理念の詳細な提示も発見する。

　サン・シモン学派は歴史を二つの段階、つまり有機的なそれと批判的な……れる継続的な進歩と見なす。「有機的な」時代とは、ある……し、明確な社会階層制と確固とした信念の統一が

存在する時代である。「批判的な」時代とは、不調和と不統一という必然的な過渡的段階であり、その中では共同体の感覚が失われ、社会の結合が弛む。

　ヨーロッパは宗教改革以降この状態のままできたが、しかし今、新しい有機的時代に移りつつあり、それは恒久的であって無政府主義のようなものによっては継承されないだろう。それは中世の神権政治へのある種の回帰であるだろうが、ただし、肉体的そして世俗的必要にたいする軽蔑を除いた神権政治である。それよりも、新しいキリスト教は科学と技術の進歩の精神で充たされ、生産的労働を本質的に価値あるものと見なすだろう。神と将来の生活の信仰は聖職者がそうであるように維持されるが、宗教のすべての体制は地上の幸福にたいする人間の関わりと調和されるであろう。

　サン・シモン主義者によれば、この展望は恣意的なそれではなく、歴史の全体から引き出すことができ、われわれはその中に協同原理の漸進的発展を跡づけることができる。産業の成長と拡大する集中化は生産組織における根本的変化を求める。産業国家における利子率の低下からわれわれが分かるように、怠け者たちは労働の果実をますます少ししか持てなくなっている。しかし将来の発展の種子は、芽吹くように鼓舞されなければならない。

　現在、競争と無政府性が階級間の格差を拡大している。なぜなら、製造業者が価格を下げるために賃金を減少させるからである。世襲原理のお陰で生産手段が能力のない人間によって統制され、不合理な生得的特権が身分制の特権に取って代わっている。新しい社会において、人間を搾取する人間に替わって、大地が協同的な生産者によって豊饒なものとなり、その産出が怠け者によって消費されることはないだろう。これはとりわけ生産手段に関して、相続の権利を放棄し、資本の利子を廃止し、そして国家集中を基礎とした生産を組織することによって達成されるだろう。

　国家は、製造業者の能力と社会的必要に応じて投資信用や生産手段を彼らに割り当てるだろう。生産手段を使用する権利は、能力に応じるのであ

って、国家の監督下のそのような権利の行使が唯一の資産形態であるだろう。人は利己的な利益だけではなく心情と熱意、他者のために働こうという自発性、道徳や宗教によっても支配される。所得は平等ではない。なぜなら、それは原則が「その労働に応じて各人へ」であるからである。しかし、この不平等は搾取によるものではなく、そしてそれゆえに、共同体にとって有害ではなく、また階級や階級対立を復活させるものではない。

餓死にとって何の意味もない幻想的自由、資産の特権によって無効とされる法の前の平等は、働く人びとの普遍的友愛に取って代わられる。実業家、芸術家、学者は人類を改良しその物質的・道徳的・知的必要を満たすために一致して働き、他方で、人間をして幸福で隣人を愛し助けることを可能にさせる神とのかけがえのない結びつきを保持しなければならない。

他の道徳的哲学的理論と同様に、サン・シモン主義はそれ自体が正反対の方向に進化できることを示した。その権威主義的要素つまり社会階層制の強調と神政主義的傾斜は、その一部はコントを通して、サン・シモンとド・メーストルや大革命後の体制にたいする他の伝統主義的批判家とを結びつける、あらゆる事柄を強調する保守的な思想学派に寄与した。しかし、他方で、ルイ・ブランはサン・シモンの弟子であり、彼を通じてラッサールもそうであった。

階級対立を解決する上で、国家が重要な役割を果たすことを期待するという社会主義理念は、その大部分がサン・シモンの知的遺産であった。マルクス主義的社会主義に関するかぎり、サン・シモンの理論のもっとも重要な特徴は以下のように列挙することができる。

歴史の規則性とその社会主義に向かう妨げることのできない進展にたいする確固とした信念、無政府的競争の破滅的な結末と国家経済計画の必然性、政治的政府の経済的管理への取り換え、社会進歩の道具としての科学、そして政治的経済的問題にたいする国際主義的アプローチである。

他方、マルクス主義と正反対のものは、現状のままの国家が社会主義への転換を実現するために使うことができるという理念である。サン・シモンの階級間の協調の訴え、そして彼の「産業秩序」という宗教的響きも同様である。「能力に応じて各人から、必要に応じて各人へ」(From each according to his ability, to each according to his needs) という公式は、ルイ・ブランからマルクス的社会主義が受け継いだものだが、ブランはこの点でサン・シモンの理論を修正したのであった。

初期のマルクス主義と同様に、サン・シモンの理論はロマン主義運動の枠組みの中か、あるいはむしろロマン主義を内部から克服する試みと判断することが必要である。大革命後の社会にたいする彼の批判は、虐げられた大衆への同情だけではなく、古い社会の一体性を維持してきた紐帯の解体の警告も反映した。

ロマン主義者であるサン・シモンと青年マルクスは、産業文明をその社会的不公平だけではなく、それが人間のほとんどすべての結合を私的利益という否定的原理に置き換えたがゆえに告発した。新しい世界はその中であらゆる物が売るためであり、それらが市場において売れるかぎりで価値があるという世界であって、他方では利己的動機が人間の連帯や同僚感情に取って代わる世界である。

大部分のロマン主義者が、このような状態を技術の進歩のせいであると非難し、産業化時代前の農村的あるいは騎士道的共同体を理想化した。サン・シモン主義者は、新しい経済秩序むしろ無秩序を嫌悪する点ではロマン主義者に同調したが、彼らはその解答を過去に求めるのではなく、合理的な生産組織に求めた。彼らはまた、マルクスと同様に、技術の進歩がそれ自体の破壊的影響を治癒し、主にヨーロッパで意味されている調和を、前の時代のような原始的農業共同体の停滞を基礎とするのではなく、科学の発展を基礎とした有機的統一を人類に復活させることも信じた。

サン・シモン主義者のその後の運命と無節制、つまり聖職者的階層制、性的神秘主義、近東的な女性メシア渇望は、社会主義の歴史にとっては場違いである。しかしながら、ある一定の実業家たちは、産業の組織化・技術的効率性・企業家的精神のそれぞれの崇拝のゆえにこの理論に惹きつけられた。

英国と異なりフランスにおいて、産業化の曙は技術者や事業家が応用科学の新世界の騎士そして探究者として立ち現れる半ロマン主義的イデオロギーと結びついた。ペール・アンファンタンは鉄道路線の経営者としてその生涯を終え、サン・シモンのもう一人の弟子であるフェルディナン・ド・レセップスはスエズ運河を建設した。

マルクス主義以前のすべての理論の中で、サン・シモン主義は、教育された階級の中に社会主義の理念を広める上で、もっとも強力な成果をもたらした。二ないし三世代がジョルジュ・サンドの物語で育ったのだが、彼女はその転向者の世代に入っていた。社会主義にたいする信念がドイツのロマン主義者、イギリスの功利主義者、そしてロシアやポーランドの急進主義者を含む大ヨーロッパ諸国の知識人に広まったのは、主にサン・シモン主義の結果であった。

4　オウエン

当時のたいていの社会主義思想家と異なり、ロバート・オウエン（一七七一〜一八五八）は実業家であって、筆を執る前の長い年月のあいだに労働者階級との直接的接触を持っていた。その上、フランスの社会主義者と比較しても、彼は産業化と機械化の悪影響によってより過酷な災難を蒙った田舎に住んでいた。

貧しい職人の息子であるオウエンは、早い時期から自分の生計を立て始めた。尋常ではない大きなエネルギーと才覚で、彼はマンチェスターに自分の工場を設立した。彼は、後には大きな綿工場の経営者となり、製造業者の娘と結婚し、スコットランドのニュー・ラナークの大きな織物工場の経営者および共同所有者となった。

その地で、一八〇〇年以降、彼は労働者とその家族を貧困、没落、そして堕落から解放するように設計された社会的教育的実験を行った。彼の事業者および博愛主義者としての経歴は長年継続された。彼は労働時間を一〇時間半に削減し、一〇歳未満の子どもは雇わず、無償の初等教育と相対的に衛生的な労働条件を導入し、懲罰に代わって説得によって大酒呑みと窃盗を減少させた。誰もが驚くことに、彼はこれを基礎にして生産と交易において、一般の事業者よりも優れた成果が実現できることを示したのであって、一般の事業者の工場では成人および年少労働者たちが残酷で非人間的な環境によって殺され、他方では、疾病、飢餓、酔っ払い、犯罪、奴隷的手法が労働者階級を動物の水準にまで引き下げていた。

オウエンは、彼の実験とそれらの哲学的基礎を『新社会観・人間の性格形成原理についての論評』（一八一三〜一四）で叙述した。この著作の中で彼は、事業者や貴族に、産業や金融制度、賃金と教育の改革の必要性を労働者だけではなく、資本家と社会全体の利益において、確信させることをめざした。それに続く数多くの小冊子、定期刊行物、論文、覚書、議会への請願の中で、彼は彼の改革理念を継続的に主張し、産業化のおぞましさを暴露して、技術の進歩を阻害しないでその乱用を修正するような社会的教育的措置の採用を強調した。

中でも彼は、六歳の子どもたちを一日一四時間ないし一六時間も紡績工場で働かせる狂気の制度を廃止しようと努めた。大きな困難に遭遇しながらも、彼は、一八一九年の工場法すなわち織物産業における児童の労働時間を制限するイギリスにおける最初の法律制定を勝ち取ることに成功した。一八一七年以降の演説や著述の中で、彼は大衆を貧困と迷信の状態に置いたとして国教会を攻撃した。彼の見解では、そのもっとも誤った有害な教説は、自分の性格や行動にたいする自己責任という教説であった。

後年、オウエンは、博愛主義から、労働組合と協同組合を組織し、搾取あるいは対立のない自発的な相互援助に基づく新しいタイプの社会を計画することへと転換した。私有財産や宗教にたいする攻撃のせいで笑い者にされて、彼は一八二四年にアメリカに渡り、そこで共産主義の入植地を設立する試みを行ったが、不成功に終わった。彼は二九年に英国に戻り余生を労働組合と協同組合運動の推進に費やし、こうして英国プロレタリアートの経済闘争における最初の代表的な組織者となった。

彼は、労働生産物の価格をそれらの真の価値、すなわちその製造に要した平均的労働時間に固定する「労働貨幣」を提唱し、商品の直接的売り買いのための「労働交換所」を組織した。その後に英国の労働組合や協同組

159

合は彼らの活動の基礎を変更したけれども、彼らはオウエンをその代表者および理論家というだけではなく、それらの最初の大規模な組織者と呼んだ。

　オウエンがそのために闘った目的は、貧困、失業、犯罪そして搾取を除去するという実践的なものであった。この中で彼はごく少ない単純な原則、彼の見方によれば人類のすべての悪弊を治癒するのに十分であるという認識によって鼓舞された。なかんずく、彼は一八世紀の功利主義から、人間は自分の性格、感情、意見または信念を形成するのではなく、環境、家庭および教育によって否応なく影響されるという立場を引き継いだ。あらゆる宗教がそう考えたように、人間の意志が彼の意見に影響するとかあるいは個人は自己の性格や習慣に責任を持つと考えることは致命的な誤りである。人びとは育て方と環境によって左右され、犯罪も裁判官に劣らず彼らの環境の産物であることは経験が示している。

　人間は幸福への生来的欲求を持ち、知的能力と動物的衝動を持ち、各人は異なる能力と性向を持って生まれる。しかし知識と信念は全面的に教育の仕事であり、人間の成功と不幸は彼が受けとる知識に依存する。長年にわたって人類を悩ませてきた悪と不幸の唯一の源泉は、無知とりわけ人間性についての無知であり、知識こそがすべての人間悪の治癒策である。このすべてから、人間は彼の隣人に背いて幸福を実現することはできず、すべての者の幸福をめざす行為によってのみ幸福を実現することができるということになる。

　人間は思うままに形成できるという理念、そして私的利益を放棄せずにそれらを教育によって調整させる社会的調和は存在可能であるという理念は、啓蒙主義の在庫の一部である。しかし、オウエンはそれらから社会体制を革命することを意図する実践的結論を引き出した。彼の考えでは、本質的に必要なものは教育の環境を転換することであった。もし適正に教えられるならば、子どもたちは彼らの同僚にたいする生涯にわたる協同や慈善の本能を身に付けるだろう。しかしそのためには、彼らは幼少期から訓練を与えられなければならず、身体的に貶められ無知のままに置かれる工場で働くように仕向けられてはならない。

「子どもたちは、例外なく、受動的でまた驚くほど巧妙な複合体であって、それは、この問題についての正しい知識に基づいた的確な注意をその前後に払うならば、どんな人間性でも持つように集合的に形成することができる。この複合体は、自然の他のすべての被造物と同じように無限の多様性を持っているとはいえ、賢明な管理の下に根気よくやれば、遂には合理的な欲望と願望の像そのものに形づくることができる変形自在の性質を持っているのである」（［揚井克己訳『新社会観』第二論文　岩波文庫　四〇頁］）。

　教育の改革には労働条件の改革が伴わなければならない。労働者の分け前を改善することは製造業者自身の利益である。なぜなら、彼らは彼ら自身が生産した商品にたいする大量の需要を生み出すからだ。貧困と低賃金は過剰生産の危機に繋がり、そうなれば商品は市場に滞留して雇用者は破滅する。オウエンは、最初は、資本家にこのことを確信させることによって、彼の改革にたいする彼らの支持を調達できることを希望した。しかしながら、彼は最終的に、労働者は彼らの分け前のいかなる改善も自らの努力に頼る以外にはないと覚悟したが、それでも彼は、改革は社会全体の利益にかなうこと、改革は革命なしに、徐々の変革と平和的宣伝によって実現すると信じてやまなかった。

160

　晩年になってオウエンは、農業と工業に従事する共産主義的セツルメント［入植］、つまり未来における調和的社会の核に信頼を寄せた。ここでは、優れた組織化と卓越した協力のお陰で、人びとはより自発的により大量にそしてどこよりも安価な割合で生産するだろう。教育は子どもたちの幼少期から共同体への愛を育み、宗教的不寛容と宗派的争いを除去するであろう。隣人を助けるという欲求は、競争や公的名誉という刺激がなくても労働への十分な刺激となるであろう。

　価値は労働によって測定されるだろう。つまり流通する貨幣は生産される総額に照応し、こうして経済は危機、過剰生産、恐慌、あるいはインフレーションを免れるだろう。犯罪、酔っ払い、放蕩、罰、刑務所、処刑はなくなるであろう。マルサスが説いたような、食糧の供給が人口の自然増に追いつかなくなり、それゆえに人口の一部が栄養失調と飢餓に追いやられるというのは真実ではない。人びとは彼らが消費する以上のものを生産することができる。土地の豊饒性にたいする限界は知られておらず、生産はかつてなく速いペースで拡大する。

オウエンは、これらの単純な真理が普遍的に受け入れないとすれば、それはただ人びとの精神がそれらに向けて準備されていないからであると信じた。つまり、無知のせいで人類は何世紀ものあいだ、ある意味で共謀して墓穴を掘ってきたのだ。今やそれを晴らす時がやってきたのであって、生活全体が容易に迅速に改革されるのである。早晩、改革は世界中に広がるだろう。なぜなら、それは全人類にあてはまるからである。民族的偏見と憎悪、人間の不平等や階級制度にたいする信念、これらすべてが迷信の果実であり、迷信が除去されるならば消滅するだろう。

人間性は不変であるというオウエンの確信は、性格は形成できるとする彼の理論と矛盾しない。なぜなら、彼が言うには、人間における恒久的要素はその変化しやすい傾向と幸福への欲求であるからだ。彼はしばしば「人間性」(human nature)という用語を記述的意味よりも規範的な意味で使うが、それは個人差にもかかわらず調和と一致の下で暮らす人間の義務を意味する。

実際の経験から発したけれども、オウエンの理論はフランスの社会主義者のそれと同様に、社会主義は独特の、そして天与の発見であり、それが宣言されるや否やすべての階級によって受け入れられざるを得ないほど明らかに正しいという確信を軸としていた。

生得的決定論は、人間を受け継がれた信念や偏見のなすがままにすることであるとオウエンは倦むことなく繰り返して述べてきたわけだが、オウエン自身のように、人間の中の誰がどのようにして突然にそれから解放され、他の人びとに社会改革の道を示すことになるのかは、十分に明らかにされない。全能の伝統にたいするこれらの挑戦者は、新時代を切り開く力を天賦の才として与えられているように見える。

オウエン自身はこの問題を検討しなかった。彼は、彼の社会計画に直接に関係するかぎりにおいて哲学に関心を持ち、その場合でも、啓蒙主義の伝統から引き出される一般的公式で満足していた。彼は階級意識の機能について検討せず、たいていの社会主義の制度考案者と同様に、歴史過程のデミウルゴス〔創造者〕の役割を自分自身に帰させる傾向があった。これがオウエン的社会主義とマルクス主義の主な相違点であり、経済的改革と政治的改革のそれぞれの役割に関する重要な相違の源泉である。

マルクスは、社会主義社会において人間の上に立つ国家権力は最終的には物の管理、すなわち生産過程の管理に取って代わられるだろうという点で、オウエンやその他の人びとと見解を同じくした。しかし、彼は、これは政治的大激変の後でのみ起こるだろうと考えた。他方、オウエンは、社会主義の精神に基づく急進的な経済改革は、普遍的人間の利益に訴えることによって、そして現在の国家権力の支持を得て実現されると考えた。イギリスの労働組合運動は今なおこのような考え方をその特徴としており、政治闘争を経済的利益に直接的に従属させている。労働者の政党を労働組合の機関として扱う社会民主主義の理論は、この同じ理論の延長である。より発展した形で、この問題は第二インターナショナル時代に論争の原因となった。

オウエンの理論はイギリス労働者運動の新段階を切り開き、その中でこの理論は絶望の単なる爆発ではなくなり、最終的には巨大な社会変革をもたらす体系的な力となった。その上、彼の資本主義攻撃と新社会計画は永続的な特質を含んでいた。もっとも彼のいくつかの着想、例えば彼の追随者であるジョン・グレイやジョン・フランシス・グレイの着想である労働貨幣の理念は、全体として誤った経済診断に基づくことが証明され、まもなく姿を消した。

そのうち、一八三〇年代の終わりに一つの政治的な労働者の運動がチャーティズムという形でイギリスに登場し、次の一〇年間にそれは公の場に残り続けた。エンゲルスは一八三八年にファーガス・オコンナーによって設立された『ノーザン・スター』紙に次のように書いた。チャーティストの主要な要求は平等で普遍的な男性選挙権である。彼らはこれを実現しなかった。しかし、彼らの運動は産業における搾取に反対する更なる立法の制定に繋がった、と。

5　フーリエ

第一級の空想家そして奇人という価値ある名声を享受するチャールズ・フーリエ（一七七二～一八三七）は、歴史的に終始彼に先行したどのユートピア主義者よりも仰々しい詳細さでもって、未来の社会主義の楽園を描き出した。それでも彼は、社会主義理念の発展においてその重要性が証明された確かな洞察を行った最初の人物であった。

彼は革命とナポレオン時代の経済的危機、欠乏そして投機の目撃者で、ある程度の犠牲者であった。これらの経験が彼の理論体系の背景を成したのだが、彼はこれらの経験を人類の歴史においてもっとも重要な出来事と見なした。

ブザンソンで豊かな商人の子として生まれたフーリエは、自分の意に反して商業の経歴を運命づけられた。彼は一七九一年にリヨンで商業代理人となり、この能力でフランス、ドイツ、オランダを広範囲に旅行した。ついに彼は自分自身の工場を設立したが革命の出来事によって荒廃させられ、その後に革命の理念を嫌悪するようになった。軍隊に徴集されたが一七九六年に除隊となり、再度リヨンで代理人となり、その後商売人となった。数年後に彼はパリに移り、それからリヨンに銀行の出納係として戻り、最終的にはパリに定住し、最初は商取引役として、それからは中程度の金利生活者として過ごした。

彼の生涯の最後の四〇年間は、彼の完全な社会という理想の精緻化と普及に費やされた。彼のほとんどすべての余暇時間は叙述に捧げられ、そのごくわずかの部分が読書に割かれた。彼は、初めての「ファランステール」〔社会主義的生活共同体〕つまり新しい社会の細胞にたいして、二〇〇～三〇〇万フランを投資しようとするパトロンを絶えまなく求めた。それがいったん立ち上げられるならば、その見本は最長で四年間は抵抗できないものとして証明されるだろうと確信していた。

失敗によってつらい思いをしながらも、彼は自分の努力を継続させ、小集団の弟子、その中心はビクトール・コンシデラシであったが、これらの弟子たちを引き込んでいった。フーリエは一八〇〇年に執筆活動を始め、〇八年には彼の体系を匿名の『四運動及び一般的運命の理論』において詳述した。二二年には『家庭的農業的協同体概論』を、二九年には『新しい産業と社会の世界』を出版した。彼は数多くの草稿を残したが、それらの一部は彼の弟子たちによって発行され、他方、残りの草稿はごく最近になって日の目を見た。

フーリエの尋常ではない気質は、理論体系の基礎的原理を着想した方法に彼が与えた評価によってよく説明される。一七九八年にルーアンからパリまで旅行して、気候が同じでありながらある場所と別の場所で林檎の値段が大きく異なることに気付いた。このことが彼に仲介者の有害で破壊的影響を理解させ、新しい社会の全体的な概念を抱かせた。フーリエは、世界史において二つの有害な林檎つまりアダムの林檎とパリの林檎（反乱の林檎）、二つの有益な林檎つまりニュートンの林檎と彼自身の林檎が存在すると観察するに至った。後者はそれ以前のすべての人間の発明を寄せ集めたものよりも有益である、と。

彼はつけ加えて、過去のほとんどのいかなる時代においても、例えばペリクレスの時代であっても、世界は彼の体系を基に編成することができた、そうなれば多くの災難や不幸を防げただろう、と。フーリエは自分の中に救世主の役割を見た当時の唯一の理論家ではないが、彼は他の人びとよりもそのことについてはより率直であった。

フーリエの理論は、危機、投機、搾取そして労働者の悲惨という現象によって鼓舞された。彼が考えるに、これらのすべては人間性の不可避的な結果ではなく、労働と交換の誤った制度のせいである。人間の需要と熱情は根絶できないものである。しかし、社会が悪く組織されているためにそれらが不幸に繋がっているだけである。問題は、物事が敵対ではなく全般的善に資するやり方で整理されることである。近代文明は、神が設けた自然の秩序に反していた。われわれは自然の要求を再発見し、それに従って公的生活を組織しなければならない。

将来の社会はファランステールと呼ばれる設営地で構成されるだろうが、その中では、すべての熱情が満足させられ建設的な目標に仕えるだろう。十二の熱情が、その割合は異なるとしても、その全部が人間にとって共通になる。その中の四つが感情（友情、愛、野心、家族意識）と関係し、五感のそれぞれと一つずつ関連する。残りの三つが「配分的」であって、変革の欲求、陰謀の愛好、そして競争集団における団結の傾向である。

綿密な計算によってフーリエは、これらの情熱の結合が八一〇のタイプの性格を生み出し、ファランクス［密集協同体］と彼が名づける社会の基本単位は、最大限の多様性のためにこれらの個数の二倍に予備を加えたものから構成され、全体としては二〇〇〇になる。生産はあらゆる人がその性格にあった職業に就くやり方で組織されるものとする。労働はつまらないものではなく、刺激と喜びの源泉となるだろう。誰も同じ職務に張り付けられない。すなわち、各人は少なくとも四〇の異なる適性を有しているのであって、彼がそれを好めば一日のうちに何回も雇用を変えることができる。

屠殺あるいは下水道や排水溝の清掃のような不愉快な職務は、泥土で遊ぶことを好む子どもたちによっても行うことができる。ファランステールは、農業の単位でも工業の単位でもあり得る。生活は共同的であるが、しかしプライバシーは犠牲にはならない。住居は兵舎よりもむしろホテルである。各人が自分自身の性向に従うのは完全に自由である。女は男と完全な平等を享受する。家族生活は廃止され、子どもたちは公費で共同的に育てられる。負担になる家庭内の世話はなくなり、性生活に関するあらゆる制限は一掃される。これが新しい社会の基本的特徴である。つまり、人び、もし彼らが望めば一夫一婦制で暮らすことができるが、しかし愛は絶であり、売春宿は新しい秩序の下でもっとも尊敬される施設となるだろう。

私有財産、相続そして経済的不平等は廃止されないが、しかしその敵対的性格を失うであろう。ファランクスはすべての者に、彼らが仕事をすることを望まなくても（しかし、すべての仕事が愉快であるがゆえにあらゆる人びとが働くことを望むだろう）最低限の生活手段を用意する。生産は共同事業体によるものとなり、それらの事業体の全般的富の取り分はその産出物の有用性やそれが作り出す喜び等によって決定される。

各人はいくつかの集団で働き、その能力に応じて差異的に各人に支払われる。そこには不平等が存在するだろうが、妬みは存在せず、熱意と健全な競争だけが存在する。すべての者が共同事業体の資本を持つ権利があるが、しかし、これは搾取を引き起こさない。すべての子どもの無償の教育は、彼らが早い年齢期から有用な仕事に従事することを確保するだろう。政治的権力の機関は無用となる。公共事務は民主主義の原理で決定され、政府は経済の管理に引き下げられる。しかしながら多様性と張り合い競争のために、新しい体制は資格や位階のシステムと代表機能を維持するだろう。

フーリエはその規模が拡大する単位と結びつけて、世界を「オムナーキィ」（すべての者の支配）の状態で構成するためにどれだけのファランクスが必要かを正確に計算した。現在の体制の諸悪が動物界や植物界にも同じように影響を与えてきているのだから、新しい体制はこれらの転換とこれらにたいする人間の支配という主張の転換を見ることになる。海洋はオレンジエードに、砂漠は花園と溶けた氷河に変わり、春は永遠となり、野獣は死に絶えるかあるいは人間の友達になり、「反ライオン主義者」や「反鯨主義者」は人の言いつけ通りになる。すべての人類のための単一の言語が現れるだろう。すなわち、あらゆる種類の感性と趣味を包括する幸福で調和的な共同体の中で、すべての人が人生を完全に生き、その人格を全面的な方向で発達させるだろう。

フーリエの突飛な記述と、彼が彼の趣向（性的混乱、貪欲、花や猫の愛玩等々）を他の者のせいにした無邪気さが彼を絶望的な奇人と見なさせる原

165

因となり、その結果、彼の鋭い観察が見逃されてしまった。彼の理論全体は普遍的な法則によって人間事象を説明しようとする思索的な宇宙論と神学でもって包まれた。知識の探求は彼にとってある種の崇拝であり、自然の法則は神聖な命令であった。ニュートンの重力の法則は、精神にも同じように適用された。つまり、すべての人間の情熱は「引力」の実例であって、すべてが自然であり、それゆえに神聖で満足に値する。宇宙は階層的秩序において神々しい器官から構成される、ある種のファランステールである。つまり、惑星は結合し、星は魂を持っている、等々。フーリエは、世界は統一体であるというシェリングの見方を採用し、そして人間の魂と宇宙は同一の公式に従って構築されていると信じた。

　これらの不条理にもかかわらず、フーリエの「文明」（この用語を彼は常に軽蔑的意味で使う）批判と未来の調和的状態という理念は、社会主義の伝統の一部となった多くの要素を含む。搾取と貧困は、社会的諸条件と発達した生産手段の矛盾による、という彼の見解はより正確な形でマルクスの著作に出てくる。

　フーリエは、経済的無政府性の条件の下の交易の寄生的性質と同時に小土地所有による弊害を指摘した。彼は、技術の進歩がプロレタリアートの貧困を増大させること（その是正は進歩を遅らせることではなく財産制度を改革することである）そして賃金は最低限の生存水準まで引き寄せられることを明らかにした。

　彼の理想は、人間のエネルギーが媒介的職業によって浪費されるのを防止し、商品の過剰供給と労働者の貧困化に繋がる無計画な生産の混沌を除去する一元化された経済システムであった。フーリエは政治的自由をほめそやす共和主義的理論を批判したが、それは、彼の指摘によれば、社会的自由すなわち自分自身の性向を発達させる自由を欠くならば、何の役にも立たないものであった。彼は、雇用労働は奴隷の形態であること、人間は個人の欲求と彼の労働との一致に基づく自由を望んでいること、調和のある協働の自発的な社会が目的であることを主張した。

　これらすべての理念が、マルクスの理念と近い。フーリエの全面的な人間という概念、つまり職業的一面性から解放され、多様な仕事を遂行する能力を持ち、自らをそのようにならせる制度の下で生きる全面的な人間というフーリエの概念について言えば、これもまた『パリ草稿』から『資本論』に至るまでのマルクスに何回も発見できる。さらに、フーリエは女性の解放を提唱した最初の一人であった。彼は、人間の進歩は性の解放に依存すると信じ、マルクス主義者と同様に、ブルジョア的結婚における売春的要素を非難した。

　彼のユートピアは、ルネサンスと啓蒙主義の修道院的な構想のアンチ・テーゼであった。彼は、禁欲主義は自然に反すること、そして人間の解放は、少なくとも人間の熱情の解放を意味すると考えた。この点で彼は、古典的ユートピア主義者よりもラブレーと多くの共通点を持っていたように見える。彼はここでも、その理想的世界に審美的経験や美的創造を位置づけるという重要な点で、マルクス的社会主義に近い。

　フーリエの応答はいささか幻想的であるけれども、彼は現実的で重要な問題を提起した。すなわち、人間はさまざまな欲望と攻撃的で利己的な衝動を生まれながらにして付与されているのだから、どのようにすればこのような自然の葛藤が社会的敵対に向かわずに、建設的な水路に向きを変えることになるのだろうか。たいていのユートピア主義者と異なり、フーリエはその修正を人間性の転換からではなく、新しい社会秩序の点から捉えた。彼は、利益の衝突は普遍的法則であること、それを阻止しようとすることは無駄であること、しかし社会は衝突が例外なく調和に繋がるように組織されなければならないと信じた。彼は人間の全般的な平準化と平等化を目論むことは無益であると考え、そしてこの立場からサン・シモンとオウエンの両者に同意しなかった。つまり完全な平等と財産の共有の理念は、彼にとっては奇想天外に思われた。

　しかしながら、彼は文明の部分的改良は良くないと確信していた。社会は徹底的に転換されなければならない、そうでなければ何も変わらない、と。それでもなお彼は、この転換は単なる実例の力によってもたらすことができると信じた。

166

フーリエの弟子たちは、彼の体系の宗教的そして宇宙論的装飾には関心を持たず、政治闘争はいかなる変革にも繋がらず、そして重要なのは社会改良だけであるという見解は支持した。彼らは、フーリエの理念をリアリズムの方向で修正するためにさまざまな方法を試した。労働者が株主となる生産者協同体を確立しようとする試みがそうであったように、労働者の消費者協同組合は彼の理論体系の成果であった。

ヴィクトール・コンシデランは、フーリエ主義者の雑誌（La Phalamstere. 1832-4. La Phalange. 1836-49）を発行し、テキサスでモデル入植地を発足させようとした（オウエン、カベー、ヴァイトリングを含む多くのユートピア主義者が、新世界で自分たちの理論を実地に移そうと追求した）。フーリエのもう一人の弟子はフローラ・トリスタン（一八〇三～四四）であったが、早い時期の女権論者であり、彼女の自伝に書かれている恋愛遍歴でよく知られている。

6　プルードン

ピエール・ジョセフ・プルードン（一八〇九～六五）は、彼が影響を及ぼした多方面性とその著作の支離滅裂さや内容上の矛盾に起因する事実のために、初期の社会主義者の中でも注目に値する。社会的正義にたいする彼の生涯にわたる熱意は彼の教育に対応するものではなく（彼は大部分が自学）また歴史分析の力によるものでもなかった。ブザンソンに醸造職人の子として生まれた彼は、後援者によって学校へ通い印刷職人となった。その後彼は、奨学金を受けパリに移住した。

一八四〇年に彼は小冊子『財産とは何か』を発行したが、これは憤激と称賛を等しく引き起こした。以降彼にとって名誉なことに「財産は盗奪である」というスローガンは彼のものとされたが、この言葉そのものは大革命前にブリッソーによって事実として使われていた。彼は告訴されたが無罪を宣告され、まもなく同じ主題に関する二冊の小冊子を発行した（『財産に関するブランキ氏への手紙』一八四一、『有産者への警告』一八四二）が、そのために彼は再び告訴されたけれども無罪を宣告された。

一八四七年まで彼は水運会社の代理人として生計を立て、この三年間に二冊の重要な書籍を発行した。『人類における秩序の創造についてまたは政治体制の原理』（一八四三）と、長大な『経済的諸矛盾の体系または貧困の哲学』（一八四六）である。後者の作品はマルクスから『哲学の貧困』（一八四七）と題する圧倒的な反撃を引き起こした。マルクスはプルードンに会ったことがあり、長い会話の中で彼はプルードンにヘーゲル哲学の理念を分ち伝え、あるいは伝授したと主張した。プルードンはドイツ語を解さなかったが、当時パリで教壇に立っていたハインリッヒ・アーレンスの講義や著作から、ヘーゲルについては聞いていた可能性がある。

一八四八年革命後に、プルードンは共和主義の政府に彼の社会改革計画を説得する望みを抱いて政治の世界に入った。六月に国民議会議員に選出され、そこでは左派の主たる代表者となった。

しかしながら、彼はすぐに、ルイ・ナポレオンを批判した論文のゆえに三年間の投獄判決を受けた。彼は監獄でも著作を続け、一八五一年に『一九世紀における革命の一般理念』を出版した。その年の一二月のクーデタの後、彼はしばらくの間、その社会主義計画を実行するために君主・大統領を利用できるかもしれないという希望を持った。挫折、貧困、中傷にひるむことなく、彼は扇動しつづけ、多くの著作を発行しつづけた。一八五八年に彼は、『革命の正義と教会の正義』という大著の廉《かど》で再び三年の投獄を言い渡されたが、ベルギーに亡命することでそれを逃れた。四年後に彼はベルギーから追放されてフランスに戻り、そこで再び党と文筆機関の設立という見込みのない試みを行った。彼はパーシーで亡くなった。

プルードンは彼も認めたように、自分の著作を読み直したことがなく、それらの矛盾にも気づかなかったように思われる。彼の計画は、それが純粋に規範的であって、正義と平等の理想に訴えるかぎりにおいて、社会主義的ユートピアの範疇に属する。しかし、彼はそれを現在の経済生活の分析に基づかせて、実践的立場からその変革の可能性を評価しようとした。「科学的社会主義」の表現を創り出したのは彼であった。

プルードンは、現在の経済制度によって侵害された「自然な」社会的調和と人間の譲り渡すことのできない権利、すなわち自由への権利、平等、そして個人の主権を信じた。これらは神の意志によって啓示された人間の宿命の一部である（別のところでは自分を神の敵と表していたけれども）。競争、不平等そして搾取の制度は人間の権利と両立できず、その叙述に集中している経済学者は混沌の状態を追認しているのである。

しかしながら、この制度の矛盾は、総合という行為でもって簡単に取り除くことはできない。ヘーゲル弁証法の限られた知識の下で、プルードンは定立・反定立・総合という有名な図式にとりわけ惹きつけられた。事実として、これはヘーゲル哲学においてはまったく二次的な役割しか果たさないのであるが、そのことを知らない人びとの想像力にとってはいつも訴えるものがあった。プルードンの意見において、それによって矛盾の諸条件が吸収されるヘーゲル的「総合」は、これらの諸条件に論理的に先行するように捉えられる。すべての矛盾が進歩という総合化の運動によって解消されるという信念は、人格の価値や尊厳を国家の機構に従属させる国家と絶対主義の崇拝の土台である。

この論理にたいして、プルードンは対立する諸条件は総合において解消されるのではなく、別個であることをやめないままに相互に均衡するという見方に基づく彼自身の否定の弁証法を対置する。その上、そのような均衡は進歩の不可避的な法則ではなく、人びとが利用することに成功するかあるいは成功しないかもしれないような可能性だけである。人びとは男や女も彼らの意志から独立して遂行される進歩の道具ではない。もし進歩が起こるとすれば、それは人間の努力の結果である。

168

マルクスの冷笑的批判にもかかわらず、プルードンが現実の社会的諸条件や経済的な力を社会的現実に先行する抽象的哲学的カテゴリーの現れと見なしたというのは事実ではない。その反対に彼は骨折りながら、抽象的カテゴリーにおける社会的現実の知的組織化は、その現実にとって第二次的であると述べる。人間存在の第一次的決定要素は生産的労働であって、他方、知的活動はそのような労働の結果である。もし精神生活がその真の起源から疎外され、理念の源泉がそれ自体の中ではなく労働の世界にあることを理念が認識しないとすれば、それは治癒しなければならない社会の病弊の兆候である。

しかしながら、プルードンの「労働」は、記述的カテゴリーであると同時に規範的カテゴリーである。彼の財産批判は、不労所得に触発された道徳的憤慨に基づいている。「財産は盗奪である」は、あらゆる私有財産の放棄を求めているように聞こえるかもしれない。しかし、プルードンは実際に共産主義者であることからはかけ離れていた。彼が自分の小冊子で、「財産は物質的そして数学的に不可能」であることを証明しようと取りかかった時、実際に彼が考えていたことは、不労所得の享受を許す制度は不道徳的であって、社会的矛盾に繋がるということであった。

人が、ただ資本を持つことを根拠として配当、利子、賃料等を受けとることは、あたかも無から何かを創り出すようなものである。財産の所有者が生産活動をしているかいないかは関係がない。もし彼がそうしているならば資産の報酬の資格はある。しかし、それを上回りそれを超えて彼が享受するものは、単なる富の所有者として他の労働者からの強奪である。

独占形態にある資産、つまり不労所得の特権が不平等と不正の源泉であり、そして個人の生活を破壊する。それはその起源を暴力に負い、それは暴力の結晶化である。しかしながら、財産に基づく制度のアンチ・テーゼは、共産主義ではなく労働によって正当化されない所得の廃止、つまり、商品の中に流入した労働の量によって決定される割合で商品が生産者の間で交換される社会である。

この点でプルードンは、リカードやアダム・スミスの理論を修正することを主張する。リカードは労働が価値の唯一の尺度であって、どの生産品の市場価値もそれを製造するために必要とされた労働時間の結晶であると考えた。つまり、その場合、収益は資本家（資本への報酬の形で）、土地所有者（地代として）そして労働者（賃金として）のあいだで分有される。これが一八二〇年代から一八三〇年代にかけてのイギリス社会主義改革者たちをして、商品の直接的生産者は同時に価値の唯一の創造者であり、彼には自らが創造した価値のすべての権利が与えられると指摘させることに繋

169

がった。商品が明らかにその価値に基づいて交換されないこと、そしてある人びとが、自らが創造したことのないものを享受することは同じく不公正である。

　プルードンとしては、このようなリカードの無邪気な解釈を全体としては受け入れず、その最終的結論を受け入れた。彼の見解は、生産の三つの要素、つまり道具、土地、労働はそれ自体では価値を創造せず、三つのすべてが合わさって初めて価値を創造する。道具と土地は労働がなければ生産力とならないが、しかし単なるエネルギーの支出もまたそれが道具を使って自然の様相を変えることに使われなければ生産とはならない。

　われわれが魚を食べることができる前に、海、漁師、そして網がすべて必要である。しかしながら、今日の経済は資本（道具と機械）または土地がそれら自体として生産力であり、その結果、土地や資本あるいは建物の所有者がそれらの使用の代金を請求する資格を持つという誤った前提に基づく。公正な経済においてこれはあり得ず、商品がその真の価値ではなく、供給と需要の変動に従って売買されるということは起こり得ない。

　価値とは何かということに関して、プルードンはまったくはっきりしない。一方でそれは効用に依存すると彼は言い、他方でそれは生産の三要素から、あるいは再び労働のみからもたらされると言う。しかしその理論的基礎は薄弱であるとしても、彼の経済的ユートピアの指導原理は明快である。それが求めていることは、各人は他者の労働から彼自身が生産するものとまさしく同等の生産物を受け取らなければならず、この同等性は労働時間で測定されなければならない。不労所得は廃止されなければならず、所与の生産物に具現化された労働時間数を基礎に交換の制度が創られなければならず、その結果、各生産者は彼自身が生産するものを購入するのに十分なだけの収入を受け取る。

　こうして独占という意味での財産は放棄されるが、自分が欲する生産手段を使う生産者の権利という意味における財産、つまり人格的自由と個人の独立の条件である権利という意味における財産は放棄されない。少数者への富の集中そしてその結果としての労働者大衆の貧困化は、独占的所得の廃絶によってのみ是正することができる。

　マルサス主義者は、人口過剰を貧困の原因と見なす点で誤りを犯している。なぜなら、人口過剰は、財産を所有しない階級が所有する資産の量に比例するからである。商品が同等を基礎に交換されず、労働者の賃金が生産するものの一部しか購入できないかぎり人口過剰は治癒できない。そのような条件の下では、どれだけの多くの人びとが地方から移動しようと、大衆は貧困状態に置かれるという意味において、それはなお人口過剰であるだろう。

　このようにプルードンは（その道徳と哲学的根拠は極めて異なるけれども、フーリエと同様に）財産を廃止しようとはせずに、それを一般化しようと実際に欲していたように見える。彼は（主にカベーやブランキが心に抱いたように）、共産主義は個人の尊厳と家族生活の価値と両立しないだろうと信じた。その結果は、普遍的な貧困と厳しく管理された生活の息の詰まる凡庸性である。

　共産主義の支持者たちは権力に飢えた狂信者であって、公有財産に基づく全能の国家を樹立することをめざす。財産の有害な影響を廃絶するどころか、共産主義者はそれを馬鹿げた極端にまで推し進めようとしている。つまり、彼らの制度の下で、個人はいかなる財産も持たず、その使用の全体的無法則性が国家に授与され、国家は国土の富と市民全体の双方を所有する。人間の生命、能力、意欲が一撃で国家の財産となり、独占の原理、つまり、すべての社会悪の源泉がその極限まで強化される。要するに、共産主義は政治的専制主義の極致以外の何ものも提供しない。

　「等価交換」を確保し競争を排除するために、まず第一に必要なことは信用制度を改革し、不公正の特別な原因である利子を廃止することである。プルードンは、無利子借款を小生産者に与える人民の交換銀行を創設し、そうして社会全体を財産所有者に変えて、彼らに自由、平等そして彼ら自身の活動の果実における公正な分け前を保障することを提案した。

　この銀行は生産者に「労働に応じて各人へ」の原理に基づく交換手段となる債権または証書を発行する。プルードンのいくつかの著作から、彼の

170

理想は、社会的正義を確保する唯一の道として小個人生産者の小ブルジョア共同体であると推察されるのではないだろうか。しかしながら、他の箇所では、機械化された産業から職人的生産への復帰は意図していなかったように見える。彼はむしろ彼がそう呼んだ「産業民主主義」、つまり労働者が生産手段にたいする統制を保持しなければならないことに関心を持っていた。

　生産単位はそこに雇用されているすべての者の集団的財産でなければならず、社会全体は工業と農業にわたる生産者の連合から構成されるだろう。とりわけ、これは機械装置固有の矛盾、すなわち、一方では物にたいする人間精神の勝利でありながら、しかし他方で失業、低賃金、過剰生産、そして労働者階級の荒廃という矛盾を解決するだろう。この計画はまた労働の分割の矛盾、すなわち進歩の手段ではあるが今なお人間をそのただの一部分に貶める矛盾を解決するだろう。

　この新しい「相互扶助」の社会は歴史上初めて、財産を平等と、自由を協同とこうして調和させる。プルードンは純粋に政治的な問題を無視し、社会問題を唯一の重要な問題と見なした。その初期の著作で、彼は、国家は所有階級の道具であり、それは経済協同体内の自由な協定の制度に置き換えなければならないという無政府主義的国家観をとった。後になって彼は国家権力の必要性を認めたが、それは階級の武器としてではなく、共通善のための生産の組織者としての国家であった。しかしながら、彼の理想は非中央集権的生産と共同体の緩やかな連合から成る国家でありつづけた。

　その夢を現実に変えるために、プルードンはプロレタリアートによる政治行動にも経済行動にも依拠しなかった。彼は革命に反対し、ストライキにすら反対したが、その根拠は、「持てる者」に対抗する暴力行動は無秩序と専制支配をもたらし、階級的敵愾心を激化させるだろうというものであった。彼は、自分の理想は人間性に根ざし、その理想の実現は人類の宿命の達成に他ならないのだから、自分の訴えを道理に適うやり方ですべての階級にたいして区別なしに向けることができると信じた。

　彼は望ましい改革の実現の先頭に立つために、ブルジョアジーをいくつかの場所に招き、そしてまた補助的要素として国家にときどきは依拠した。彼は、長年にわたって、異なる階級間の協働を信じ続けた。しかしながら、彼の死後の著作『労働者階級の政治的能力』（一八六五）の中で、彼は、プロレタリアートの独自性という理念に復帰し、経済闘争と政治闘争の結合を求めた（そして以前のように国家制度のボイコットも）。他方、彼の理論は国際主義の痕跡を何も残していない。彼の改革プランはフランスの状況に連動されており、彼はフランスの民族的価値と争ったことがなく、ある作品『戦争と平和』（一八六一）では道徳的力を強化するもの、高度な徳性を発達させるものとして戦争すらも賛美した。

　プルードンの作品は、全体として混沌とした首尾一貫しない様相を呈し、そしてその不首尾一貫性がその後の影響の仕方にも完全に反映された。彼の最初の発行物をシェイエスの『第三身分とは何か』と同類の政治的事件として迎えたマルクスは、『貧困の哲学』を費やして情け容赦なくあてこすり、経済学に無知、曲解されたヘーゲル哲学公式の奇抜な使用、道徳主義的な社会主義概念、反動的な小ブルジョアのユートピアとプルードンを叱責した。

　プルードンはこの攻撃を粗雑な誹謗の寄せ集め、曲解と剽窃と見なしたがマルクスと公然とは論争しなかった。彼らのあいだには、経済の解釈、将来の社会主義の理念、そして政治戦略の選択に関して広範な相違点が明確にあった。

　マルクスの批判はいくつかの点で不公正で不誠実であったが、彼はプルードンよりも知的に遙かに優れており、プルードンは賢明な独学者にありがちな多くの欠陥を持っていた。つまり、自己過信、自分の知識の限界にたいする無知、不完全あるいは的外れな読みとり方、資料の選択と整理における技能の不足、そしてたいていは彼の理解不足による著者への性急な非難である。

　それにもかかわらず、彼の影響力はかなりの程度持続された。それは一八六〇年代のフランス・サンディカリスト運動の中に明らかに感じ取れ

172

る。この運動は政治活動を否定し相互扶助を基礎に協同組合と信用を組織することによって労働者を解放することを希望した。第一インターナショナルのフランス人のほとんどのメンバー、特にトランとフリブールは、プルードン主義者で政治革命は言うまでもなくストライキよりも「相互扶助」の原理を支持した。

プルードンはまた、とりわけアナルコ・サンディカリズムの立場からバクーニンに強い影響を与え、プルードンの多くの追随者たちがパリ・コンミューンで活躍した。クロポトキンのような後代の無政府主義者からも、彼はまた尊敬された。第一次世界大戦前の時期に彼の教えはシャルル・モーラス麾下のアクション・フランセーズによって認められたが、モーラスはその中に初期の反革命アイディオロジストであるメーストルやアントワーヌ・ド・リバロールの精神を確認した。

すなわち、個人と家族の財産の擁護そしてフランス愛国主義と戦争の賛美、自国の価値と君主政体の賛美（女性の自然的劣等性とともに）、権力の分散、ドイツおよびイタリアの統一にたいする敵意（プルードンはまたポーランド独立の大義に反対であった）、そして最後に人種差別主義と反ユダヤ主義である。革命的サンデイカリズムの擁護者であったジョルジュ・ソレルは、ストライキに原則として反対したプルードンの権威を援用した。

パリ・コンミューン後、労働者運動それ自体の中に厳密にそう呼べるほどの「プルードン主義」は存在しなかったが、フランス社会主義を特徴づける個々の理念や提案としては相当のあいだ存在した。反集権主義や反国家主義的傾向はプルードンの遺産の一部である。極端な政治的経済的集権化システムとしての共産主義への反対は、彼がフランスの労働者運動に植え付け、彼の時代以降その現実性を保持したテーマである。彼は「産業民主主義」という理念を発明し、そしてまた「労働者主義」と呼ばれるもの、つまり純政治的および議会的行動を軽蔑し、労働者運動において知識人を信頼せず、プロレタリアートの直接的利益に役立たないすべてのイデオロギーを懐疑的に見る傾向を創り出した。

7　ヴァイトリング

ヴィルヘルム・ヴァイトリング（一八〇一〜七一）の作品は、一八四〇年代の共産主義ユートピアの中でも際立っているが、それは彼が何らかの意味でマルクスの前走者であったからではなく、彼自身が労働者階級の一員であって、それゆえに特権階級に属した理論家たちよりも当時の労働者階級の態度のより良い代弁者であったという理由による。彼の共産主義はバブーフ主義よりも一六世紀初期のドイツ再洗礼派に近い。

貧困な子ども時代を経て、ヴァイトリングは、早い時期に彼の生地マグデブルクを離れ、仕立ての渡り職人として生計を立てた。彼の遍歴はウィーン、パリ、スイスに及んだ。パリはその時代には数千の亡命ドイツ人労働者階級の住処であり、ヴァイトリングは二つの共産主義秘密団体、『追放者同盟』とその派生組織である『正義者同盟』と接触した。

一八三八年に彼はパリでドイツ語の小冊子『人類のあるがままの姿とあるべき姿』を発行した。訴追を恐れて彼はスイスに逃れ、そこで『調和と自由の保障』（一八四二）と『貧しき罪人の福音』（一八四三）を発行した。後者は彼にチューリッヒで数ヵ月間の投獄をもたらした。その後に彼はロンドンに赴きしばらくのあいだ、当地の亡命ドイツ人労働者組織の頭目であったカール・シャッパーと協同した。

この時点までに彼の著作物はヨーロッパ中に知られた。しかし、それらの宗教的予言者的傾向はより現実的な労働者のリーダーや熟達した理論家たちの好みには等しく合わなかった。一八四六年の春の大陸への帰還に際し、ヴァイトリングはマルクスと会ったが、その時マルクスはブリュッセルでヨーロッパの共産主義者グループの連絡センターを組織しつつあった。この出会いは悲惨なものであった。それはマルクスがこの独学の労働者を知識人の尊大さでもって攻撃し、その無知や幼稚さを糾弾したからであった。ヴァイトリングとしては、プロレタリアートの受難を共有し、その立場と展望をこの博士号を持つ学者よりもより良く理解できると思っていた。短期間のアメリカ訪問後、ヴァイトリングは一八四八年の革命に間

173

に合うようにベルリンに戻り、その後アメリカに永久に移住した。

ヴァイトリングの作品は、正義の説教や専制に反対する必要の説教という形をとった、原始的で福音主義的な共産主義の典型的な実例である。それらは福音書の中にある金持ちや抑圧者に反対することができるあらゆるものを十二分に使い、搾取と不正義の体制の破壊を主張する共産主義者としてのキリスト像を提示する。世界は金持ちの利己主義によって支配され、その一方で彼らの富を創り出す労働者は貧困と不安の中で生きている。非難すべきものは機械ではない。公正な社会において技術の進歩は天恵であるだろうが、しかし今の有様ではそれは貧困者を以前よりもますます劣悪にする。社会の悲惨の真の原因は、財貨や義務の不平等な配分と奢侈への渇望である。富が共有されすべての者が働く義務を持つことになれば、すべての悪はたちどころに消滅する。

労働時間は大きく短縮され、そして労働は呪いから喜びとなるだろう。貨幣も富の蓄積も存在しない。階級の違いは消滅し、肉体と精神のあらゆる利点をすべての人が利用するようになる。これがキリスト教の真のメッセージである。驚くこともないが、福音の教えは、自分たちの特権を守るためにそれを使ってきた王や牧師によって歪曲され変造されてきた。しかしそれらの詐欺を暴露し、自由、平等、キリストの愛の新しい世界を樹立する時代がやってきた。

しかしながら、われわれは政府や資本家がこの理想を認めて自発的にそれを実現すると期待してはならない。労働者は自分たち自身と自分たちの力だけに依拠することができる。中世の至福千年の説教者たちから、ヴァイトリングは歴史の三段階区分論を引き継いだ。すなわち原始共産主義の古代、私有財産の今の時代、そして将来の共産主義である。

彼は、いかなる憎しみも妬みも、犯罪またはあくどい欲望も存在しない地上の楽園をやや詳しく描く。人びとは再び兄弟となり、彼らを区別する国家語は三世代のうちに消失するだろう。すべての人間が平等な義務を負うにつれて、富と奢侈はすべての者にとって接近可能となるだろう。例えば、共同体によって用意されるものと異なる衣装を身に着けようと欲する者は、誰でもが義務的労働時間がまもなく三時間を超えないようになるのだから、超過労働時間によってそれを賄うことができるだろう。

このように、ヴァイトリングは貧困者の当時の観念と日々の夢を無邪気に反映した。不可避的に、マルクスはこの素人説教者の論調にいらだった。それでもなお、ヴァイトリングは、中世の千年王国主義のある種のエートスをドイツ労働者階級に伝えたが、その一方で、彼は資本主義の科学的分析には何も寄与せず、疑いもなく、この国のプロレタリアートの初歩的階級意識の覚醒を助けた。

8　カベー

もしヴァイトリングが前資本主義時代のセクト的革命主義の伝統を体現しているとすれば、エティエンヌ・カベー（一七八八～一八五六）は、産業化の初期の時代に共産主義の孤島のユートピアを記述することで古典的文学分野の見本を提供したと言えよう。

法律家として訓練を受けたカベーは、一八三〇年の革命に参加したが、彼の政治と文学の活動のほとんど全部は六月王政の時代に属する。一八三九～四〇年に彼は四巻本の『フランス人民革命史』を出版した。一八四〇年には彼の有名な作品『イカリア旅行記』が英国において偽名で発表されたが、彼は訴追を恐れてその地に移住し、オウエンの思想に影響された。

フランスに戻って雑誌『人民』の発行を再開し、キリストの教えとしての非革命的共産主義を支持した。彼は一八四九年の初めにアメリカに移住し、テキサスそして後にイリノイに共産主義の入植地を設営した。これらの一つは数十年間継続された。彼はセント・ルイスで死亡した。

カベーの「イカリア」は全体主義的な特徴をいくつか有する平等主義の共同体であって、ルネサンスや啓蒙主義のユートピアと似ている。不平等はすべての社会悪の原因であるのだから、それは財貨を共有することによってのみ矯正できるのであり、そして権利と義務の平等は「真の」人間性によって、そしてキリスト教の信念によって命令されているのだから、理想の社会においては私有財産も貨幣制度も存在しないということになる。

174

すべての社会的生産は、個人がその一部である単一の有機的組織体の仕事である。すべての者がその能力に応じて働き、その必要に応じて全般的収入を分有するという義務を等しく有する。共同体は、各人が同じ食物を摂り、同じ衣類を着用し、同じ種類の住居に住むことを保障するために最善を尽くさなければならない。必須の生活水準は当局によって設定され、すべての町は同じようである。人びとは全体としてその領域内の主権者であり、生産を管理するための任期制の管理者を選ぶ。いかなる政党も政治クラブも存在しない（そこにはやるべきことが何も存在しない）し、書かれた言葉は士気にたいする危険を防止するために厳重に監督される。これらのことは暴力なしに、革命なしに実現される。

カベーは、バブーフと明確に意見を異にし、革命、陰謀、反乱は人類に利益よりも不幸をもたらすと信じる。完全な社会は自然法の命令に基づきそしてすべての人がそれへの平等な参加者であるのだから、それを暴力、抑圧、そして憎悪で始めるのは致命的過ちである。金持ちと抑圧者は誤った社会体制の犠牲者であり、彼らの偏見は抑圧によってではなく教育によって治癒されなければならない。より良い世界は暴力や陰謀ではなく、徐々の改良によって、そして未来の理想的な社会に溶け込んでゆく過渡的な制度を通して実現されるべきである。

カベーの他の著作物には、『労働者、その現実の惨状、原因と救済策』（一八四五）、『共産主義者とは何か』（一八四五）、『イエス・キリストに従う真のキリスト主義』（一八四六）がある。

『イカリア旅行記』とあわせて、これらはマルクス主義の文献においてこの用語に一般的に与えられた軽蔑的意味におけるユートピア主義のすべての属性を有している。しかしながら、大衆的なスタイルで広く読まれた著作者として、彼は共産主義の理想を広める上で多大な貢献をした。彼はマルクスには何の影響も与えなかったが、フランスの読者が共産主義の基本的価値を認識するのを助けた。

9　ブランキ

ブランキは理論家としてではなく、バブーフ主義の遺産を一八四八年世代とその後継者たちに伝え、そうしてジャコバン左派と一九世紀急進主義者を結びつけて陰謀的革命という理念を労働者運動に導入したという理由によって、社会主義の歴史上、重要である。彼はまた組織された少数者によってその名の下に遂行される「プロレタリアートの独裁」の理念（言葉ではなく）の創始者でもある。

ジロンダンの息子、ルイ・オーギュスト・ブランキ（一八〇五～八一）はパリで法律と医学を学んだ。彼は普及しつつあったさまざまな社会主義の理論を知るようになり、六月革命で活躍した。三〇年代に彼はますます社会主義に傾斜するようになった急進的民主主義の性質を持つ秘密結社を組織した。彼は一八三二年一月に起訴され、金持ちや抑圧者に反対するプロレタリアートの正義の戦争を主張して、弁明よりも攻撃の点で名高い弁論を行った。彼は一年間収監され、その後秘密活動を再開し、一八三九年の五月には不成功に終わった王政への反乱を指導した。

死刑の宣告が下されたが、それは終身刑に減刑された。一八四八年革命で釈放され、パリ労働者階級の主要な指導者の一人となったが、まもなく再び獄中に戻された。彼は一八五九年に短期間釈放されたが六〇年代のほとんどを監獄で過ごした。ティエール体制の下で釈放され、一八七一年の三月に再び逮捕された。彼はパリ・コンミューンの指導者に不在のまま選出されたが、この陣営の中で彼の信奉者たちはもっとも活動的で意志の堅固な派閥であった。彼は一八七九年まで獄中にとどまり、その後の残りの人生の二年間、扇動を継続した。

生前に世に出たブランキの著作物は、哲学作品である『天体による永遠』（一八七二）を除いて、理論的というよりも宣伝的な性格のものであった。この著作は啓蒙主義の機械的唯物論に立脚し、世界の止まることにない反復というストア哲学的観念、つまり宇宙の状態は物質的微粒子の配置によって全体的に決定され、そしてそのような配置の数は定まっており、それぞれが歴史の行程において不定の回数で自らを繰り返すに違いないという観念を唱えるものであった。

一八八五年に二巻本の『社会批判』が死後に世に出た。ブランキの資本主義批判は当時の通常の論理を超えるものではなく、経済的側面についてはかなり単純化されていた。彼は不平等と搾取は、財貨が労働内容によって決定される「真の」価値で交換されないがゆえに起こる、という見解を共有した。将来の共産主義社会については、一般論以上のものは提起しなかった。

社会主義運動史における彼の主たる役割は、彼が革命組織の重要性を教え込み、そして陰謀技術の改良を助けたことである。社会主義用語における「ブランキ主義」という言葉は、「革命的ボランタリズム」すなわち共産主義運動の成功は「客観的」経済法則に依存するのではないこと、適正に組織された陰謀集団がもし政治状況が有利であれば権力を掌握できること、そしてその上でそれは労働大衆のために独裁の行使まで突き進み、他の社会条件に関係なく共産主義体制を確立するという信念とまったく同じことを意味するようになった。

この意味における「ブランキ主義」とは、改良主義者が革命派に添付した軽蔑的ラベルであり、とりわけロシアにおいて一九〇三年の社会民主党の分裂後、非マルクス主義の陰謀的な革命戦略に従ったとして、メンシェビキがレーニンを糾弾した時にそうであった。

10　ブラン

ブランキとブランは、社会主義運動の中で鋭く対立する二つの傾向の一九世紀の扇動家であり、双方が共にマルクス主義に反対であった。ブランキは武装した陰謀団に具現化された革命的気概の全能の力を信じたが、他方、ブランは国家による漸進的改良が不平等、搾取、危機そして失業を廃絶すると信じた。前者の理論はバブーフ主義に由来する。後者はサン・シモンに由来し、民主主義やすべての生産手段の国家による継承についてはさほど重視しなかった。

ブランキの理念はトカチェフに、そして後にはレーニンによって採用された。ブランのそれはラッサールと現代の社会民主主義者によって採用された。前者は陰謀論者であり、後者は改良主義者で学者であった。レーニンはプレハーノフやマルトフから「ブランキ主義」として糾弾され、二月革命と一〇月革命のあいだには、メンシェビキ的反対派の態度を一八四八年のブランの態度、つまりその逡巡、妥協性そして革命の気概の欠如と比較して、何度も反論した。

ルイ・ブラン（一八一一～八二）は王政復古期のパリで学び、一八三九年に『進歩』誌を設立し、その中で分冊の『労働の組織』を発行したが、これは一八四〇年代でもっとも普及した社会主義の教科書であった。一七八九年と一八四八年の革命、帝国そして六月王政に関する大作の他に、彼は『社会主義』『働く権利』（一八四八）そして政治的社会的問題に関する多くの論文を発行した。

彼は一八四八年に臨時政府の一員となり、失業と貧困を克服するために改良と公共事業の広範な計画を推し進めた。六月暴動の野蛮な抑圧の後に、右派は彼に反乱の責任があると糾弾した（彼は改良によって反乱を予防すると望んでいたが）。彼はこの国を離れて次の二〇年間をイギリスで過ごし、第二帝政崩壊後の一八七〇年に戻った。コミューンとベルサイユを妥協させるという彼の試みは、双方からの非難をもたらした。彼は一八七六年からその死まで穏健な共和主義左派の代表であり、七九年にはコミューン派にたいして大赦を与える法律を推進した。

彼の古典的著作『労働の組織』は、革命は不可避であると説いた。しかし、彼はこれで急激な社会改革を意味し、暴力的な政治変革を意味したのではなかった。完全な社会体制のための綿密な計画を持つユートピア主義者とは異なり、ブランは実践的な改良主義者であること、そして現在の状態を前提にどのような段階が採られるべきかを指し示すことを心掛けた。彼は暴力的な反乱を引き起こすことは望まず、それを防止することを欲した。しかしながら、もし飢餓に陥って絶望した大衆が仕事を見いだせないならば暴発は避けられない、そこで最緊急の必要は失業をなくすことである、と。

企業家たちの無制限の競争に基づく制度は、間違いなく危機、貧困、無知そして犯罪、児童の野蛮な搾取、家庭生活の崩壊に繋がる。マルサスの説が、労働者の子どもたちが一定数を超えたら単純に殺すということに帰結しないとすれば、国家は社会改良を遂行するためにそのすべての力を使わなければならず、そのような改革において政治的改革は必須の前提である。その指導者が明確な計画を何も持たないまま着手し、権力を取った後で計画を作り出すことができると考える暴力革命は、単純に無意味な虐殺で終わることは歴史が教えてきたところである。それは一七八九年を九三年やその後と比較することで十分である。

オウエン、サン・シモンそしてフーリエの提案は、多くの有益な理念を含んでいたが、実際的感覚に欠け、彼らが推奨した変革は短期間に実現するようなものではなかった。なし得ることは国家が直ちに生産にたいする統制を引き受け、徐々に無制約の競争を終わらせることである。公的所有に基づく産業のグランド・デザインは国債の助けを得て着手されなければならない。収入が生産性やそこで働く事業の成否に依存する労働者は、私的資本家によって動かされる場合よりもはるかに大きなエネルギーを発揮するだろう。

社会化された企業と私的企業とのあいだの競争は、前者の優位のうちに解消され、前者は優れた物品をより安価に製造するだろう。競争も、危機も、いわゆる過剰人口も存在しなくなる。技術の進歩は、労働者の利益を損なうことなく、肉体労働の比重を減らし、労働日を短縮するだろう。無償の義務教育はすべての者に利益をもたらす。誤った教育が激しく働くように人びとを訓練してきたのだから、まだしばらくのあいだは、賃金率は差異化されなければならないだろう。管理機構は選挙制であり、生産単位は自律性を保持する。働く権利は社会組織の基礎的原則として普遍的に認められる。

ブランは、当然のこととして、福祉国家の主要な先駆者の一人と考えてよい。彼は、暴力または大規模な没収なしに、政治的産業的民主主義の体制の下で平和的な経済改革を遂行することができるのであって、それは貧困と有害な競争を除去し社会的平等と生産手段の社会化に繋がるだろうと信じた。本章で検討したすべての著作家の中で、彼は確かに通常の意味の「ユートピア主義者」ではなく、現実化したがその発案者の意図した目的通りではなかった政治的独裁の理念を別とすれば、実際にその理念がある程度は実行できることが証明された唯一の人物であった。

11　マルクス主義と「ユートピア社会主義」

この性急な調査から分かるように、一九世紀前半の社会主義の著作家たちはさまざまな方法で分類することができる。われわれは改良主義者を陰謀主義者と、小説家を理論家と、民主主義者を革命的専制主義の支持者と、そして労働者階級の指導者を博愛主義者と対置することができるかもしれない。他方、それらの哲学が一八世紀の唯物論を基にしている人びととヴァイトリング、カベー、そしてラムネーのようなキリスト教の価値を援用する人びととに区分することは本質的ではない。両方の場合において彼らのユートピアは、すべての人間は人間であるがゆえに同一の尊厳を有し、個人間の生得的差異がどんなものであれ、権利と義務に関するかぎり同一であるという前提に彼らは基づいているのである。

この人間性（human nature）という概念は、記述的であると同時に規範的である。われわれはここから、真に人間であるために人間が必要とするもの、そして受け取る資格があるものを引き出すことができるのであるが、さらに進んでわれわれはその答えはあらゆる個人にとって同じであることも分かる。人間性という理念は、その他の含意がどうであれ、平等を前提とする。

人間性の概念は、同時に人間の本来の務めの記述でもある。ユートピアの文献を通じて、人間は平等と相互愛の状態の下で生きようとしていること、搾取、抑圧、そしてあらゆる種類の衝突は自然の条例（nature's ordinance）に反することが前提とされる。それでも疑問が生れる。つまり、その場合、人間が何世紀ものあいだその真の宿命と食い違うやり方で生き

179

ることがどのようにして生じ得たのか、という疑問である。これはユートピアの立場から答えることがもっとも難しい疑問である。

われわれが、ある時点で誰かがたまたま私有財産の制度を編み出した、そうでなければ制度化されることはなかったと想定するとしても、その人の狂った非人間的な観念が全員一致で採用されたという事実をどのように説明すべきなのか。

もしわれわれが「邪悪な欲望」を非難するとしても、そのような欲望が社会を支配するようになったのはどのようにしてなのか。もし自分の同僚と共に友好と平等の下で生きることが人間の本性であるとすれば、人間がそうすることをわれわれがめったに、あるいはまったく見ないのはなぜなのか。人類の大多数は、経験上の問題として、自分たちが望まない事柄をどのようにして「現実的に」望むのか。

ユートピア主義者の見方に立てば、人間の歴史全体がとてつもない大災厄であって、おまけに理解しがたいものである。伝統的キリスト教にとっては何の問題もない。それは原罪と人間の根源的な腐敗という教説のゆえである。しかしこの時代のユートピア主義者は、自分たちをキリスト教徒と呼んだ時ですら原罪を信じていなかった。つまり、彼らはそのような解釈を奪い取られており、提供すべき説明を他には何も持たなかった。彼らは善を欲したが、しかし、悪は彼らにとって想像も及ばず、説明不可能であった。彼らは、例外なく、混乱した人間理念、つまり人間性が何かはすでに「与えられたもの」であって、単なる恣意的な規範ではなく（というのは、その場合、人びとがそれに従うことを期待する理由は存在しないのだから）、あらゆる個人の中に潜在するある種の現実ないしは「本質」であるかのような混乱した人間理念に陥っていたのである。

このようにして考えながら、ユートピア主義者たちは自然に共産主義的絶対主義の理念に惹かれた。もしわれわれが、人間性が共産主義の体制によって実現されることを知るならば、この体制の確立において、人類のどれだけの割合がそれを受け入れることを望むかは取るに足りないことである。ジャン・ジャック・ピロはその小冊子『城もなく、小屋もなく』（一八四三）の末尾で、「人びとがこれを望まないならどうなるのだ」と疑問を呈し、「精神病院の入院患者が入浴を拒否したらどうするのだ」と返した。

もし人びとが、気が狂っているならば、彼らは力で治癒されなければならない。ユートピア主義者はさらにこれ以上はこの問題を進めなかったが、この問題は、ポー（エドガー・アラン・ポー）の小説『タール博士とフェザー教授の治療法』つまり誰が入院患者であり誰が管理者であるかをどのようにして決めるのかを、われわれに思い出させる。一人の人間が、自分自身を除くすべての人間が常軌を逸していると主張する資格を持っているのだろうか。

人類は自分たちの運命を決定しなければならないと言うことは、歴史は入院患者の手に委ねられなければならないということを意味するかもしれない。しかし、もしわれわれが同僚たちに同意しないならば、われわれはわれわれ自身が正気だということを証明しなければならない。争う余地のない権威としての神の意志に訴えることが可能であるかぎり、問題は極めて単純である。ユートピア主義者はそれが自分たちに都合の良い場合にはそのような訴えを行った。しかし知っての通り、聖書は不平等と社会の階層秩序を正当化するのに何世紀ものあいだ使われてきた。

同じような反論が、共産主義的絶対主義の擁護者だけではないすべてのユートピア主義者に向けることができ、事実それはマルクスによってオウエンに向けられた。すなわち、教育者を教育するのは誰か、と。この疑問にたいする答えの中に、マルクスのユートピアと彼のすべての先行者のユートピアとのあいだの、ヘーゲル現象学の継承者とフランス唯物論の継承者とのあいだの主要な相違が存在する。

＊　＊　＊

ユートピア社会主義者の著作から、同じ順序で設定もされず同じ方法で展開もされてはいないが、マルクスのもっとも重要な理念を予期しているように見える一連の命題を選び出すことは難しいことではない。

それらは三つの主要な問題事項から成り立つ。すなわち、歴史哲学の前

180

提、資本主義社会の分析そして将来の社会主義秩序の描写である。最初の二つの題目の下に、われわれは以下のような諸点を挙げることができる。

生産システムと所有関係の完全な変革がなければ、富の配分システムの本質的変革は不可能である。

歴史を通じて構造上の変革は技術の変革によって規定されてきた。

社会主義は歴史法則の不可避的な結果である。

資本主義社会の組織は生産力の発展状態と矛盾している。

資本主義下の賃金は、自然に、生存と一致する最低限の水準に止まる傾向にある。

競争と生産の無政府的システムは不可避的に搾取、過剰生産危機、貧困そして失業を招く。

技術の進歩は社会的災厄をもたらすが、それはその本来の原因ではなく、所有制度がもたらしているのである。

労働者階級は自らの努力によってだけ自らを解放できる。

政治的自由は、もし社会の多数が経済的圧力によって奴隷化されているならば、その価値はない。

社会主義の将来に関しては、それがハーモニー、相互扶助主義または産業体制という名称で通用しようがしまいが、われわれは次のような理想を挙げることができる。

生産手段の私的所有の廃止。

社会的必要に従い、競争、無政府性、危機を除去する国家または世界規模の計画経済。

人間の基礎的資格としての働く権利。

階級区別と社会的敵対の廃絶。

協同的生産者の真心からの自発的な協同。

技術教育を含む公費による児童の無償教育。

分業と専門分化がもたらす堕落の廃絶、それに代わる、個人の全面的発達、あらゆる方向での人間の技能活用の自由な機会。

現状では産業の集中化を認めるが、都市と地方の差異はなくす。

政治権力は経済的管理に置き換えられる。人間による人間の搾取、あるいは人間による他の人間の支配は認めない。

民族的差異の徐々の解消。

男女間の権利と機会の完全な平等。

完全な自由の下での芸術と科学の繁栄。

人類全体にとっての利益としての社会主義：社会主義を実現するための主たる要素としてのプロレタリアートの活用。

これらの類似は印象的ではあるが、マルクスと一九世紀前半期の他のすべての社会主義思想家とのあいだには基本的な違いがある。その上、この違いは、それ自体として著しい類似を示し、疑いもなくユートピア主義のマルクスの思想への影響を確証する多くの理念の意味に影響を与える。彼と彼らは、到達すべき目標に関して違いがあったのではなく、その手段すなわち革命か平和的説得かに関して違いがあったとしばしば言われる。しかし、これは皮相的で誤解を生む見方である。

事実として、そのような見方は誤りである。なぜなら、マルクスは最初に目的を設定し、それからそれを達成する最善の方法を探すという倫理的、規範的立場を決して採らない。他方、彼は社会主義を歴史決定論の不可避的な結果と見なし、それが望ましいかどうかについては関心がなかったというのも事実ではない。規範的そして純決定論的アプローチの両方を避けたことがマルクスの思想の本質的特徴であり、彼が自らをヘーゲル主義者であってユートピア主義者の一員ではない、と示しているのはこの点である。

ユートピア主義者が、一般に認められているように、いつも社会主義を「自由」の理想と見ていたとはかぎらない。われわれはオウエン、フーリエそしてサン・シモン主義者の中に歴史の必然への言及を発見することができる。しかし彼らはこの問題を徹底的に証明することも、あるいは決定論的空想が理想ないし道徳的命令としての社会主義の概念とどのように調和されるかを明確にしなかった。

一方で、彼らは、社会主義（彼らがそれに付与した名称が何であれ）は必然的に世界を制覇すると主張し、他方で、彼らはこの発見を知的才能の幸運な結果と見なす。そして彼らはこれら二つの見方のあいだをその矛盾を感じとれないように揺れ動いている。その上、ユートピア主義者たちは、政治変革はそれだけでは新しい経済秩序や富の再配分を実現できないと確信している。つまり彼らは、経済改革は経済活動によって達成されなければならないと信じ、その結果、政治を過小評価し革命の展望を拒否する。彼らの考察の出発点は、貧困、特に彼らがその救済に向かうべきプロレタリアートの貧困であった。

しかしながら、マルクスの出発点は、貧困ではなく非人間化、つまり、各人が、商品、理念、政治制度の形態で自らの労働とその物質的、精神的、社会的成果から疎外され、しかもこれらだけではなく、彼らの同僚からも、究極的には自分自身からも疎外されているという事実である。資本主義社会における社会主義の萌芽は、労働者階級の非人間化の意識であって、貧困の意識ではない。これは非人間化がその最高限度に達したときに生まれ、その意味でプロレタリアートの階級意識は歴史の発展の結果である。しかしそれはまた革命の意識、その解放は自らの努力でもたらされねばならないという労働者階級の意識でもある。

プロレタリアートは、平和的説得によっては賃労働と競争の体制を廃止することはできない。なぜなら、生産過程におけるその役割によって同じように決定されるブルジョアジーの意識が、ブルジョアジーがその役割を自発的に放棄することを妨げるからである。非人間化はまた、異なる形態ではあるけれども、所有階級の属性でもあるが、しかしこの階級が享受する諸特権が彼ら自身の非人間化の状態を明瞭に認識することを妨げるのであって、この階級は非人間化にいらつく代わりにそれを喜ぶのである。

社会主義は、歴史がプロレタリアートの革命意識を生み出すという意味において歴史の結果であるのだが、しかし、革命の行為は自由であって、その結果、革命的労働者運動の中で歴史の必然性が自由な行為という形で自己を表明するかぎりにおいて、それは自由の結果である。政治的行為である革命は、社会主義の不可欠の条件である。なぜなら、共同体を代表すると称する諸制度は事実として所有階級の特殊な利益を体現しており、彼らの利益がそれによって放棄される道具ではあり得ないからである。

市民社会、すなわち私的利益を有する諸個人の現実の集合体は、見かけだけの共同体を「吸収し」、そしてそれらを現実の共同体に転換するよう運命づけられている。自由な人間活動は、もしそれが理想の問題や外から社会を改革する試みだけに止まるならば、環境の根本的な変化を実現することはできない。それは非人間化された社会という社会それ自体の自覚から発するときにのみ建設的であり、このような意識は非人間化の極致を経験している労働者階級においてのみ生れることができる。

それは、神秘化から解放された意識であって、実際的現実の意識として最初から出現し、同じような理由で革命の意識、つまり現存の秩序を防御する政治制度を暴力的に粉砕することによって世界を変革しようとする実際的試みとして現れる。そのような意識において、他でもなく、歴史の必然性と行動の自由は一致する。つまり、『フォイエルバッハに関するテーゼ』にあるように「環境を変えることと人間の活動との一致は革命的実践としてのみ考えられ、合理的に理解することができる」（［邦訳『マルクス・エンゲルス全集』第三巻　五九二頁］）。

マルクスが終末論ではなく救済論においてユートピア主義者と異なるという示唆、すなわち、彼は多かれ少なかれ彼らと将来の理想を共有する一方で、平和的手段によってそれが実現できることには同意していないという提起は、このように見れば誤りであることが分かる。

ヘーゲルの弟子として彼は、真理は結果ばかりではなくその方法でもあることを理解していた。調和的な共同体という像、争いがなくすべての人間の要求が満たされる社会等々、これらすべてがユートピア主義者と同じ定式でマルクスの中に発見できる。しかし、マルクスにとって社会主義は福祉社会以上のもの、競争と欠乏の廃絶、人間を人間の敵にする諸条件の一掃を意味する。それはまた、そしてとりわけ、人間と世界との離反の一

183

掃、人間の主観による世界の吸収である。

プロレタリアートの階級意識の中で、社会は、もはや主体と客体そして教育者と生徒とのあいだのいかなる対立も存在しない状態に達する。なぜなら、革命という行為は社会がそれ自身の状態について意識的であることによって、社会が自らを転換する行為であるからである。

共同体の上に立つアイディオロジストと、共同体それ自体との相違はもはや存在しない。意識自らが意識を生産する諸条件の一部であることを認識し、そしてまた意識は人間にたいする束縛は偽造され、彼ら自身によってのみ粉砕できることも分かっている。

社会主義は単に消費者の満足の問題ではなく、人間諸力つまり各個人とあらゆる個人の力の解放であり、自分自身のエネルギーは同時に社会のエネルギーであると気づくことである。生産力が生産関係を決定しそしてそれらを通して政治制度を決定するという事実は、マルクスの見解では、社会主義がもっぱら経済分野における直接行動によって実現することを意味するのではない。というのは、政治制度は単純に生産体制の結果ではなくてその自己防衛の手段であり、生産体制が改変される前に一掃されなければならないからである。

したがって、社会主義は「社会的魂」を持った政治革命の結果としてだけ生まれることができる。われわれがすでに見たように、それは恣意的な目標でもなければ自然法の流儀で作用する歴史の結果などでもない。人間性を回復し世界を再び人間的な場所にするための、非人間化された人間の意識的な闘争の結果である。プロレタリアートは、この闘争の急先鋒として、歴史の単なる道具ではなくてその意識的な担い手である。それにもかかわらず、歴史の過程は闘争が可能になる前にプロレタリアートを完全に非人間化することが必要であった。

12　マルクスのプルードン批判

『哲学の貧困』におけるマルクスのプルードン批判は、三つの項目に要約できる。

第一に、プルードンは競争の避けがたい結果を認識できず、その「有害な側面」の排除を切望しながらも、経済分析を犠牲にして道徳主義的立場を採用する。経済思想の道徳的憤慨への同じような置き換えは、「財産は盗奪である」というスローガンに現れており、それはそれ自体としてさらに不正確である。なぜなら、盗奪は定義上財産を前提にしているからである。労働基準に従って財貨の真の価値を設定し、他方で個人的生産と交換およびそれゆえの競争の体制を維持しようと望むことはユートピア主義的幻想である。

プルードンは、いつも価値基準としての労働時間と労働それ自体の価値とを混同する。労働はそれ自体として商品であるから（マルクスはこの段階ではまだ賃労働は労働の売りであり、剰余価値論の最終的定式としての労働力の売りではないという見解を保持していた）労働が、他のどの財貨よりも価値の基準であり得るかは明確ではない。価値の真の基準は、労働時間すなわち特定の物品を製作するのに実際にかかる時間ではなく、現在の技術や生産組織の条件の下で製作に要するもっとも短い時間である。

競争は、社会的に必要な労働時間に基づいて商品の価格を決定し、こうして競争する生産者を必然的に不平等状態に巻き込む。競争が存在するかぎり平等な交換はあり得ない。なぜなら、後にマルクスがより詳細に説くことになることだが、資本の運動は一方で現実の価値の上または下の水準に価格を固定しながら、利潤率を均一化するからである（価値に対応させて価格を維持しながら同時に異なる生産部門における平均利潤率を確保することは不可能である）。

その上、競争という条件の下で、交換制度は消費の必要ではなく生産の必要に仕えるのであり、しかも産業は需要を待つのではなく需要を創る。私的所有と競争を維持しながら他方でその「有害な側面」を廃止するという試みは、道徳主義的キメラ［幻想］である。

第二に、マルクスはプルードンを、個人主義的職能制を基礎とする中世的生産方式を復活させる反動的で絶望的な努力と糾弾する。価値を基礎とする個人的交換という理想は、小規模生産の条件の下で分業を廃止すると

184

いう理想がそうであるように、産業化時代のユートピアである。マルクス自身は、現在の形態の分業は身体的精神的退廃の源泉であると見なし、ともかくも廃止されるべきものと思っている。しかしプルードンの見方に立てば、分業の廃止は労働者が所与の物品の全生産過程を遂行するならば、すなわち彼が職人の立場に戻るならば、その場合だけに生まれ得るのである。

競争に支配された産業は、産出の増大のために絶えざる分業の拡大を必要とする。競争が廃止され生産が人間の現実の必要によって規制される場合にのみ、人はその廃止を想像できる。プルードンの理論は小ブルジョア的空想、プロレタリアートを削減しながらブルジョアジーを存置するという夢想、換言すれば、あらゆる人びとをブルジョアジーに変えるという夢想である。

第三に、プルードンはヘーゲル哲学の図式を空想的かつ恣意的な方法で適用しようと試みる。ヘーゲル哲学の観念論から、経済カテゴリーは独立した歴史的要因であり、現実の現象はそれにたいして二次的となる精神的要因であるという観念を継承して、彼は、社会の現実はカテゴリーの知的操作によって転換できると想定する。しかし後者は抽象、歴史における所与の時期の社会状況の人間精神への反映以外の何ものでもない。社会生活の唯一の現実は人間であって、人間が歴史によって決定された諸結合を形作り、それからそれらを精神的「カテゴリー」に変換する。

とりわけ、特定のカテゴリーの積極的価値を保持しながら、その「有害な側面」を取り除くことに着手すると想定することはまったくの誤りであって、ヘーゲル哲学の弁証法に反する。それぞれの歴史的時代に属する矛盾は、単純な思考によって除去できるような普通の欠陥ではない。それらは成熟に向かう社会の発展と社会の進化の不可欠の条件である。

「もしも封建制度の支配時代に、経済学者たちが、騎士的美徳、権利義
185
務のあいだの美しい調和、諸都市での家父長制的生活、田舎での家内工業の繁栄状態、同職組合や宣誓職組合や親方組合によって組織された生産の発展、要するに封建制度の良い面を構成するすべてのものに感激して、この画面に暗い影を投げかけるすべてのもの―農奴制、諸特権、無政府性―を除去するという問題を、彼らの問題として、提起したとするならばどうなったであろうか。闘争を構成していたすべての要素は絶滅され、ブルジョアジーの発展は萌芽のうちに圧殺されたであろう。歴史を圧殺するというばかげた問題を、みずからに提起したことに、なるであろう」〔邦訳『マルクス・エンゲルス全集』第四巻　平田清明訳『哲学の貧困』一四四頁下段〕。

マルクスはここで、内部対立の結果としての、欠陥の単純な除去と相いれない過程としての進歩というヘーゲル的解釈に従っている。マルクスは「文明の夜明け以降、生産は、諸集団すなわち身分と階級の対立、最終的には蓄積された労働と直接的労働との対立に基づいてきた。対立のないところに進歩は存在しない。これがわれわれの時代までの文明の法則となっている。今日まで階級対立が生産力発展の原因であり続けているのだ」と述べている。

プルードンが、あらゆる人を資本家に変え、そうして資本主義の欠陥―不平等、搾取、そして生産の無政府性―を無くそうとすることは馬鹿げている。なぜなら、これは社会の対立をその基本的原因を保持したまま「一掃する」あるいはブルジョアジーを保存しながらプロレタリアートを廃絶するということになるからである。

マルクスの三点の主要な批判のすべてが、ある一つの理念の諸側面である。つまり歴史の過程はそれ自身のダイナミズムを持っており、それは技術の水準によって支配され（手廻しの粉ひき機は封建貴族の社会をもたらし、蒸気廻しの粉ひき機は産業資本家の社会をもたらす）、階級闘争によって自らを動かす。社会的大激変は道徳化だけで実現することはできず、またすでに古臭くなった構造は復活できず、そして社会の闘争はその競争者の片方を除去することによっては解決できない。闘争はその最終的形態まで達することを認めなければならない。その中で両方の敵対者がより高度なタイプの組織に席を譲ることになるだろう。革命の中でプロレタリアートそれ自体が階級であることをやめ、そうすることによってすべての階級差別を粉砕するのである。

186

13　共産党宣言

一八四七～八年にマルクス主義の路線に立つ共産主義運動とその宣伝に決定的な影響を及ぼす事件が起こった。マルクスが協力していたブリュッセルのドイツの共産主義者集団が、四六年の末にその指導部をパリからロンドンに移したゲレーヒテンの同盟を含む他の国の同様の団体と接触を持った。その中のリーダーの一人であるヨセフ・モールがマルクスとエンゲルスに同盟に参加し綱領を作成することを要請した。このとき、この同盟は、社会主義理念の折衷的な混合物を基礎に活動して、首尾一貫した理論的基礎を欠いていた。

一八四七年六月に、エンゲルスはロンドンでこの同盟の会議に出席した。マルクスとエンゲルスの助言の下にその名称は「共産主義者同盟」に変更され、そのモットー「すべての人間は兄弟だ」は、階級を意識したスローガン「万国の労働者よ、団結せよ」に置き換えられた。マルクスとエンゲルスはブリュッセルとパリにそれぞれ支部を組織し、エンゲルスは問答形式の綱領『共産主義の原理』を書き上げた。これは資本家の搾取と危機の不可避性を取り上げ、善意、政治的民主主義、同等の賃金、そして計画化された工業生産の共同体を基礎とする未来社会を描き出した。

この文書はまた、すべての文明化された諸国における自然発生的な政治革命の必然性も語った。一一月の末と一二月の初めに、マルクスとエンゲルスは二人でロンドンの第二回同盟会議に出席し、科学的社会主義の基本的なテキストとなったもの、すなわち『共産党宣言』の作成の仕事を委託された。この宣伝文書の傑作は一八四八年二月に初めて発行され、その後続版が『共産主義者宣言』と題された。

『宣言』は順番にブルジョアジーとプロレタリアートとの関係、共産主義者とプロレタリアートとの関係そして共産主義と現存の社会主義理論との関係を扱っている。第一節には古典的文言が入っている。「これまで存在した社会のすべての歴史は階級闘争の歴史である」と。古代社会における自由民と奴隷の対立の後に貴族と平民の対立が、封建時代の領主と農奴の対立の後の今日の時代の基本的構造は、ブルジョアジーとプロレタリアートの対立から成り立っている。近代社会は階級状況を単純化した。つまり二つの基本的階級への分化がますます明白となり、ますます広がってきた。

アメリカの発見と産業の興隆は一つの世界市場を創り出し、長期の闘争の後にブルョアジーにたいして政治生活における支配的役割を与えた。ブルジョアジーは人びとのあいだの家父長制的、いわゆる「自然な」紐帯を粉砕し、人びとの相互関係を臆面もない自己利益の水準にまで引き下げることによって、先例のない革命的仕事を成し遂げた。それは働く人間の「天命」を賃労働に変え、貿易や産業そしてすべての文明にたいしてコスモポリタンという刻印を押して民族の境界を破砕し、世界を技術的文化的進歩という息つく間もない激発に巻き込んだ。

「人間の活動がどれほどのことをやれるかをはじめて証明したのは、ブルジョアジーであった」〔邦訳　共産党宣言『マルクス・エンゲルス全集』第四巻　四七八頁〕しかし、歴史的により早い時代の支配階級と異なり、ブルジョアジーは生産手段を不変のまま保持することもそうすることも望まない。それは、技術そしてそれゆえに社会関係が不断に革新される場合にのみ存続することができる。

ブルジョアジーは農業生産をその下にますます従属させ、生産手段全般を集中化し、そして自分たちの利益に奉仕させるために民族国家を同一の立法システムに編成する。しかし、ブルジョアジーの勝利が封建社会の社会的法的制度とその社会の中で発達した生産力との不一致によるのと同じように、その没落もまたそれ自体の技術と資本主義的所有関係の矛盾による。

この矛盾は定期的な過剰生産危機として現れ、それは生産力の破壊と新市場の征服によって解決されるのだが、これらの手法が翻って更なる深刻な危機を招く。「ブルジョアジーは、自分に死をもたらす武器をきたえただけではない。彼らはまた、この武器を使う人々をもつくりだした——近代の労働者、プロレタリアートがそれである」〔邦訳　同前『マルクス・エ

187

ンゲルス全集』第四巻　四八一～二頁〕)。

労働者は、自分の労働を再生産する費用と同等の価格で、すなわち自分たちの生活を維持するための最小限の価格でブルジョアジーに自分自身を売らなければならない。そうして彼らは機械の付属物となる。製造業者、借家保有者、商人そして高利貸しによって搾取されて、彼らは、最初は彼らから仕事を奪い安定を脅かす新しい機械にたいして、それから彼ら自身の雇用者による搾取にたいして、最終的には資本主義制度そのものにたいして反乱を起こす。この段階で彼らの闘争は政治的なものとなり、果てしなく広がる領域を包括し、プロレタリアートを全国規模ひいては世界規模で結びつけるようになる。

プロレタリアートは、真に革命的な唯一の階級である。中間階級つまり小農民、職人、小商人の個別の利益は保守的である。彼らは、それによって資本が集中化され、統合され、そして彼ら自身がプロレタリアートの中に落とし込まれることになる不可避的な過程をできるならば防ぎたいのである。彼らは徐々に消え去る状態に置かれ、プロレタリアート化するかぎりにおいて革命勢力となり得る。

ブルジョアジーは、産業が発展するにつれて労働者にとってますます劣悪な条件を創り出し、そうして彼らを連帯と統一した行動に駆り立てる。こういうやり方で、ブルジョアジーは無意識的だが不可避的にそれ自体の墓堀人を創り出す。ブルジョアジーは自分たちが支配階級として自らを維持できないこと、崩壊を運命づけられていることを証明してきた。労働者の側は、富が蓄積されてきたこれまでのシステム全体を粉砕することによってのみ生産力の統制を獲得することができる。

「プロレタリアは…確保すべき自分のものは何もない。彼らの使命はこれまでのあらゆる私的な保全や保障、個人的財産を破壊することである」(〔邦訳　同前『マルクス・エンゲルス全集』第四巻　四八六頁〕)。

共産主義者はプロレタリアートの利益から離れたいかなる利益も持たず、そして彼らは、彼らが民族の違いを超えてプロレタリアートの利益全体を代表するという事実によって、他のプロレタリア政党と区別される。彼らは闘争がそこで進行する世界の理論的解釈のおかげでプロレタリア大衆の先頭に立つ。彼らの目的は、プロレタリアートの政治権力の獲得を指導し、資本家が他人の労働を収奪することを可能にするブルジョア的所有制度を粉砕すること、そして社会階級としてのブルジョアジーとプロレタリアートを廃止することである。さらに、『宣言』は、共産主義にたいして、しばしば向けられた非難に以下のように答える。

一、「私有財産の廃止は全般的怠惰と生産の崩壊となる」。しかし、私有財産は今日の大衆にとって存在しないが、それでも社会は存続され維持されている。

二、「共産主義は個人の否定である」。そうだ。他者を奴隷にするための道具として自分の財産を使用する制度によって可能となるような個人は否定される。

三、「共産主義は家族を破壊する」。共産主義はブルジョア家族を破壊するのであって、その家族とは一方で財産の所有制に他方で売春や見せかけに基づいている。大企業はプロレタリアートの家族を破壊してきた。

四、「共産主義は民族に反対である」。しかし、労働者は祖国を持たない。そうであるのに、どうして彼からそれを奪うことができるというのか。いずれにしろ世界市場は民族的差異を消滅させるのであって、プロレタリアートの勝利はこの過程を強化するだろう。人間による人間の搾取が廃棄される時、われわれはまた搾取、抑圧、そして民族間の敵対心の終わりを見るだろう。民族的抑圧は社会的抑圧の結果である。

五、「共産主義は永遠の真理そして宗教、倫理、哲学の崇高な理念を破壊しようと努めている」。しかし、歴史によって残されてきたすべての理念は、政治体制のあらゆる変化にもかかわらず、搾取と抑圧が存続するかぎりでのみ絶対的である。人類の精神的産出物は人間存在の条件と同様に可変的である。すなわち、理念はこれまでの社会的諸関係が恒久的であるかぎりにおいて恒久的である。共産主義は、太古の時代から存在することによって諸理念に永遠という相貌を与える階級制度を解体することによって、「永遠なる」諸理念を覆す。

この時代の社会主義の宣伝は『宣言』においてその階級的源泉にさかのぼって批判された。第一には封建的社会主義があり、これはブルジョア的所有制度によって滅ぼされた貴族制の立場から資本主義に反対する（フランスの正統王朝派、青年イングランド派）。すなわち過去の時代の家父長制的幸福を喚起し、ブルジョアジーが過去の秩序を転覆し、とりわけ革命的プロレタリアートを創り出したことを非難する。

同じことがキリスト教社会主義についても言える。それは「それでもって僧職が貴族の憤怒を清める聖水」である。小ブルジョア社会主義（シスモンディ）は、産業が彼らの存在を駆逐するだろうという小生産者の恐怖を反映する。それは進展する機械化、資本の集中そして分業が必ずや危機、貧困、巨大な不平等、戦争そして道徳の崩壊を招くと主張する。これは確かであるが、しかしギルドや家父長制的農民経済を伴う資本主義以前の生産と交換のシステムに復帰せよという改善案は反動的で有効性がない。

グリューンやその他のドイツの文筆家たちの「真正社会主義」について言えば、それは階級区分や労働者の特殊な利益を無視した人類についての考察と一般化の感傷的織り交ぜである。この学派の社会主義者たちは今なおドイツを支配する封建階級からの認知を引き寄せて、それとは反対に進歩の真の担い手である自由主義的ブルジョアジーを攻撃しているのだ。これらは反動的社会主義のたぐいである。それから、プルードンその他のブルジョア的社会主義が存在するが、これらは「ブルジョアジーを維持し、プロレタリアートをないがしろにするために」、社会を革命しようとするあらゆるものを排斥して現在の状態を保持しようと図る。それは博愛的スローガンと管理の改革に依存し、ブルジョア的所有制度を廃止しようとするいかなる努力もしない。

最後に、サン・シモン、オウエン、そしてフーリエによって説かれたユートピア社会主義ないし共産主義は、階級闘争とプロレタリアートへの抑圧を認識しつつも、プロレタリアートの決定的な歴史的役割を認めず、それを改良計画の単なる受動的対象にする。これらの理論家たちは革命の展望を否定し、その視野を全体としての共同体あるいは特権階級の上に固定する。彼らはブルジョア社会を批判し改革を推奨する上で有益な役割を果たしてきた。しかし、現実の階級闘争を超越しようと試み、その後代の継承者たちは、階級対立を解消しプロレタリアートによる自立的な政治行動を防止することが目的である反動的分派に転換する。

さまざまな国の共産主義者たちはさまざまな政治運動を支持するが、しかし現状の根本的転換をめざすものだけを支持する。彼らにとってドイツはとりわけ重要である。なぜなら、この国では巨大なブルジョア革命が起こりつつあり、それはヨーロッパやドイツ本国においてすら、フランスやイギリスのブルジョア革命がやり遂げたものよりもさらに進んだ社会的諸条件という背景に対抗して起ころうとしている。

マルクスとエンゲルスは、その理論的基礎に関するかぎり『宣言』の後続の版を修正する理由を見いださなかった。ヨーロッパ革命への楽観的な期待と、当時は予測することができなかった発展を予言できなかった失敗は別として、（『宣言』は政治的に革命が可能な国としてロシアにもアメリカにも言及していない）、彼らの後の序文あるいは訂正には理論上一つの重要な点が含まれている。パリ・コミューンの経験が、革命的プロレタリアートは国家機構を掌握することも、それを自分たちの目的のために利用することもできない、革命的プロレタリアートはそれを粉砕することから始めなければならない、と彼らに確信させた。

この世紀の早い時期の社会主義者との論争に関して、エンゲルスは『反デューリング論』で一八七八年にこれに立ち戻ったが、そこで彼はユートピア社会主義にたいする『宣言』の主要な批判を繰り返す。彼が言うには、

190 このユートピア社会主義の理論は、労働者階級がそれ自体として歴史的主導性を取るところまで成熟せず、単に、抑圧された受難の集団として現れ、社会革命の媒体として登場しない状況の産物である。ユートピア社会主義はまさにその出自の状況によって、社会主義を今日の時代の歴史的必然と考えることから排除され、むしろ、いつの時代にも起こり得る独創的な理論、知的授かりものと考えていたのだ、と。

　科学的社会主義の創設者であるマルクスとエンゲルスが、彼らのユートピア的先行者という主題に立ち戻るとき、彼らは、労働者階級にたいする博愛主義、革命の展望の否定、そして突発的理論としての社会主義概念という三つの基本的批判を繰り返す。これらの過ちにたいして、彼らは、労働者階級の現実的な革命の主導性への自己意識として、それにもかかわらず歴史的必然である自由な活動として、彼ら自身の社会主義の理論の見方を対置した。

　しかしながら、エンゲルスはユートピア主義者に賛辞を呈した。それは現在の世界にたいする攻撃の鋭利さと大胆さ、そして未来予測の創意性のゆえであった。彼は高慢な暴露という高みから彼らを見下してはいない。なぜなら、彼は彼らの眺望を制限した歴史的諸条件を認識しているからである。

『共産党宣言』の出現を以て、われわれは、マルクスの社会理論と行動の指針は明確で恒久的な概要という形で完成されたと言っても良い。彼のその後の著作は、いかなる本質的な点でも彼の書いてきたものを修正せず、特定の分析でそれを豊かにし、時として、格言、スローガン、あるいは項目化した論点に過ぎなかったものを巨大な理論構造に転換しただけであった。

　したがって、われわれは重要な歴史的事件の簡潔な回顧の後で、主題に基づく個々の時系列的説明を放棄しても構わない。しかしながら、エンゲルスの自然の弁証法の理論と彼の唯物論哲学の解釈については、特別の注意が払われなければならない。なぜなら、これらは一八四八年以前の時期に存在したマルクス主義の実質的変更と見ることができるからである。

191 　当然ながら、当時において確立され後年に精密化された諸原理は、相互に矛盾しない解釈を排除するように表明されたことは決してなかった。社会主義の運動と社会主義の理論が発展するにつれて、あれやこれやの主題すなわち歴史決定論、階級、国家および革命の理論に関するマルクスの見解が、さまざまな人びとによって、さまざまに解釈されるということがしばしば起こった。これは、政治や社会発展における現実的な力となったすべての出来事と同様に、例外なくすべての社会理論の自然な運命であり、この点から見れば現代の理論はマルクス主義に匹敵することはできない。しかしながら、マルクスの理論の正確な解釈に関するもっとも重要な論争は、彼の死後に起こった。

第11章　一八四七年以後のマルクスとエンゲルスの著作と闘争

1　一八五〇年代の発展

『共産党宣言』の発行は、一八四八年の政治的激動と合致した。パリの二月革命後に、ベルギー政府は亡命革命家にたいする抑圧措置を採った。マルクスはブリュッセルから追放されパリに戻り、そこで共産主義者同盟の代りにドイツの革命運動のために活動した。三月のウィーンとベルリンの反乱後に、多くのドイツ人亡命者がフランスからドイツへ進んで戻った。マルクスとエンゲルスは共産主義の活動がもっとも活発であったケルンに落ち着き、六月以降『ドイツにおける共産党の要求』と題して、彼らによって以前に作成されたチラシを基にした付録付きの『新ライン新聞』を発行した。

これらの目的はそれとして共産主義的ではなく、急進民主主義的で共和主義的であった。その中には大規模資産の没収、無償の普通教育、累進的所得税、そして鉄道の国有化が含まれた。マルクスが編集長であるこの新聞は、ブルジョアジーの軟弱で優柔不断な態度を非難し、直接・普通の選挙制度を備えた共和制の憲法の下での統一ドイツを主張した。

『新聞』は、抑圧された少数民族とりわけポーランド民族を擁護し、ヨーロッパにおける反動の大黒柱であるロシアとの戦争を要求した。民主主義革命のための、プロレタリアートと共和主義的ブルジョアジーとの同盟という計画は、多くのドイツ人共産主義者からは不信の念をもって見られたが、彼らはもし労働者階級が別個の政治主体として維持されなければ、それは単にブルジョアジーの利益のための革命の道具となるだけであることを恐れたのである。

ヨーロッパにおける反動の勝利とフランクフルト議会の崩壊は、ドイツにおけるマルクスの革命活動を停止に追い込んだ。『新ライン新聞』は一八四九年五月に閉じられた。マルクスはプロイセンから追放され、何の困難もなくパリに戻り、そこで今にもあるであろう新しい革命の勃発を期待した。しかしながら、フランス政府は彼の在留の道に障害を設け、八月には金もなく生計の方途もなくなり、ロンドンでの新しい亡命者生活に踏み切った。

彼は貧困、病気、家庭内の問題と格闘しながら、残りの人生をここで過ごした。エンゲルスは一八五〇年にマンチェスターに定住しそこに二〇年のあいだ留まり、父が共同経営者であった綿工場から収入を得た。何年ものあいだマルクスを金銭的に支え、自分の友人が学問的著作に専念できるようにするために自らの文筆活動を犠牲にした。

ロンドン到着後まもなくマルクス、エンゲルス、そして数名の友人たちは、共産主義者同盟の復活に着手したが、それは革命の時期に解体されたままであった。この目的のために彼らが執筆した宣言は、『新ライン新聞』のそれとは異なるプログラムを支持した。すなわち、それは、プロレタリアートは共和主義的ブルジョアジーとは独立にそれ自体を組織すべきであり、すべての民主主義的要求を支持しながらも最終的には政治権力を掌握することを可能にするような「永久革命」の状態をめざすべきだと主張した。

マルクスとエンゲルスは、拡大している経済危機はヨーロッパとりわけフランスにおいて早い時期に革命を引き起こさざるを得なくなると信じた。この希望が空しいと証明されたとき、同盟は早期の消滅を運命づけられた。事実それは一八五二年に活動を終えた。

副題に『政治経済評論』と付された『新ライン新聞』は、一八四九年にわずか数ヵ月のあいだロンドンに現れた。次の二〇年間にヨーロッパの社会主義運動は政治生活の周辺で生き残ったが、マルクスの努力のお陰で、それは情勢が変化したときに社会主義運動が政治生活の中に力強く沸き起こることを可能にする新しい理論的基礎を獲得した。一八五〇年代にマルクスは経済学研究に戻り、いかなる政治運動にも参加しなかった。ただチャーティストの指導者とは一定の連携を保った。

ロンドン時代に出版することになるマルクスの最初の重要な著作は、一八五一年九月のクーデターに関する論評『ルイ・ボナパルトのブリューメル一八日』である。それはニューヨークの雑誌『革命』の第一号を構成した。この雑誌はマルクスの友人ジョセフ・ウェイデマイヤーによって創刊された。この論評は『新ライン新聞』にロンドンで掲載された『フランスにおける階級闘争』（一八四八〜五〇）の続編に当たる。この新しい作品においてマルクスは、ルイ・ナポレオンのような「凡人」が権力を掌握するのを可能にさせた階級状況を分析した。これは全般的観察において豊かであり、マルクスのもっとも頻繁に引用された警句を含んでいる。

マルクスを有罪にしようとする証拠が作り出されていた一八五二年のケルン共産主義者集団の裁判は、プロイセン警察のねつ造を暴露するように彼を駆り立てた。もっとも重要な文書『ケルンの共産主義者裁判に関する暴露』は、一八五三年に匿名でバーゼルにおいて発行された。五一年から六二年にかけてマルクスは、『ニューヨーク・デイリー・トリビューン』に時事問題に関する論文を寄せたが、その中の何本かはマルクスの署名で出ているけれども、エンゲルスの手になるものであった。これは生計を賄うには不十分であったが、家族のひどい貧困を和らげる助けにはなった。何年ものあいだ、彼らは家賃、紙、そして履物のお金に不足した。周知のことだが、マルクスは家計の管理ができず、妻のジェニーはロンドンの質屋の常連客であった。ある時マルクスは鉄道の職員に挑戦したが、その下手な字体のために拒否された。

しかしながら、この間のマルクスの主要な仕事は、一八四四年の『パリ草稿』で始めた政治経済学批判の仕上げであった。幾度もこの仕事の終わりが来たと思ったが、彼の徹底した完璧性が草稿を校正する新しい情報や資料の探索に駆り立てた。一八五七年の経済危機が彼に改訂版の作成を急がせたが、これは完結せず、その生存中には発行されなかった。この作品の『序説』は、一九〇三年にカウツキーによって『新時代』（ストゥットガルト）に発表され、社会科学における方法の問題のマルクスのもっとも完全でもっとも重要な研究である。『経済学批判要綱』（Grundrisse der Kritik der Politischen Okonomie）と題される作品の全文は、一九三九年から四一年という学問研究には幸先の良くない時代に、モスクワで初めて発行された。それは一九五三年に東ベルリンで再発行された。しかし、六〇年代までは完全な検証や討論の下に置かれなかった。それは、『パリ草稿』から『資本論』までのマルクスの思想の継続性を示すものとして興味深い。例えば、その中には疎外労働の新しい版の理論が含まれているが、それはマルクスの後期作品におけるこのカテゴリーの意味をより明確にしている。

概括的に言えば、『要綱』の文章は、マルクスが自らの一八四〇年代の人間学的理念を放棄せず、それらを経済学の用語に移し替えようと試みたことを示す。彼の書簡からこの作品の方法は、その複写がたまたまその手元にあったヘーゲルの『論理学』の再読によって影響を受けたこともわれわれは知っている。「序説」は彼が書こうと意図した作品の概略案を含んでおり、この案が『資本論』で部分的にしか実現されていないことを根拠にして、彼はその後に気が変わったのかどうか、どの程度まで変わったのかについて議論があった。しかしながら、最近のマクラーレンその他の研究は、彼が本質的に変化したと考えることには根拠がないことを明確にしている。

価値、貨幣、剰余価値と資本の蓄積の理論（第一巻）、循環と再生産（第二巻）そして利潤、賃料、信用（第三巻）を取り上げる『資本論』全三巻は、初めに構想された構成の一部となっており、他方、『要綱』は最初の素描、しかも全体を包括する唯一の素描である。つまり、それはわれわれが目にしているマルクスの経済学説のもっとも総括的な説明を与えているのである。

この中には『資本論』に出てくるいくつかの重要な理念の最初の記述、

194

例えば平均利潤率や不変資本と可変資本の区別の理論、そして後の作品には見いだせない、いくつかの主題も含まれる。これらの中には、カレーやバスチアを批判した最初の部分を別にして、外国貿易や世界市場の観察、そして一八四四年の『草稿』のスタイルでこの作品全体に分散している哲学の数節が含まれる。

『要綱』の刊行は、どんな重要な点でもマルクス主義理論の全体像を変更するものではなかった。それはマルクスの哲学的霊感の継続性を信じた人びとを支持し、マルクスの青年期の人間学理論と成熟期の経済学主義との根本的断絶を想定した人びとを支持しなかった。

もう一つのマルクスの経済学の作品は、当時に日の目を見た『経済学批判』(Zur Kritik der politischen Öknomie) であって、一八五九年にラッサールの援助を受けてベルリンで発行された。ここでマルクスは、彼としては初めてリカードと異なる価値論を展開したが、それを結論まで発展させなかった。この作品の『序言』はマルクスのもっとも良く引用される作品の一つであって、後年、史的唯物論と呼ばれるようになるもののもっとも簡潔で全般的な公式が含まれている。

一八五九年から六〇年にかけて、マルクスの精力の多くはカール・フォークトとの論争に費やされた。フォークトはドイツの政治家で自然学者であり、当時ベルン大学で教えていた。論争の直接の原因は、マルクスが大した証拠もなくフォークトを非難したことであった。しかし、後年の事実が示すように、正確にはフランコ・オーストリア戦争時にナポレオン三世を支持する陰謀を図ったことの糾弾であった。これを別にしても、フォークトは粗野で下品な唯物論(「胆汁が腎臓の分泌物であるように思想は脳の分泌物である」)の擁護者であった。一八六〇年に発行されたマルクスの作品『フォークト君』は彼を陰謀、中傷、そして裏切りの廉で非難した。しかし今日では、それは伝記的興味を超えるものではない。

2　ラッサール

プルードンを除いて一八六〇年代の理論家でマルクスの主たる好敵手はラッサールであり、彼はドイツにおけるイデオロギー的影響力に関するかぎりマルクスを凌駕した。

フェルディナンド・ラッサール(一八二五～六四)はブロツワフ出身のユダヤ人商人の息子であった。彼は一八四三～六年にベルリンとブロツワフで哲学と文献学を修め、学問的経歴をたどろうと意図した。彼はヘーゲル哲学者(青年ヘーゲル派ではない)となり、社会主義の文献を読んで、著名な哲学者になりドイツの社会状況を転換するように宿命づけられていると早い時期に心に決めた。

しかしながら、彼の精力は長いあいだにわたり私事に吸収された。彼は伯爵夫人ソフィー・フォン・ハッツフェルトと恋に落ちたが、彼女はほとんど二倍も年上であり、彼は一〇年余りにわたり騎士道精神で、数多くのドイツ法廷で別居の夫に対抗して彼女の金銭上の利益を擁護した。これに関連して彼は一八四八年初めに文書窃盗の共犯として逮捕された。六ヵ月後に釈放されたが、一一月に革命支持の扇動的演説の廉《かど》で数ヵ月の間再び投獄された。

一八四九年から五七年にかけて、彼はデュッセルドルフに住んだ。この時期に彼はマルクスと交流(彼らは四八年に初めて会った)し、ヘラクレイトスに関する大作(『ヘラクレイトスの哲学、エファトスの暗闘、一八五七』)を書いた。マルクスはエンゲルスへの手紙の中で、これをヘーゲルの『歴史哲学』の関連部分の薄められた版として却下した。

一八五九年にラッサールは歴史劇『フランツ・フォン・ジッキンゲン』を発行したが、この題材はドイツの宗教改革を広めるための同盟を主導した一六世紀の騎士であった。彼の悲劇的な運命は一八四八年革命の敗北を明らかに象徴させるべく意図された。この作品は愛国的情緒とドイツの使命にたいする信念に充ちていた。

一八六〇年にラッサールはフィヒテとレッシングに関する論文を書き、そして六一年には彼のもっとも重要な著作『既得権の体系』を発行した。これは学術界で十分に受け入れられた哲学的、歴史的そして政治学的論文であった。ローマやドイツの相続法を総攬した後に、ラッサールはサヴィ

195

ニーによっても提起されていた問題、つまり、いかなる環境の下で既得権はその有効性を失うのか、を検討した。

これは当時の政治と明確な関係を持っていた。なぜなら、特権の擁護者たちは、法は遡及的に作用できないという古典的規則を援用したからである。ここから彼らは、新しい法律はそれより前の時代に獲得された権利を取り消すことはできない、という結論を引き出していた。

ラッサールの反論は概ね以下のような筋であった。既得権は個人の恣意的な活動によって創られた権利である。しかし、法は暗黙裡に、それらは実効的な法体系によって一般に承認されるかぎりにおいて、そして法体系がその正統性を国民全体の意識に由来させるかぎりにおいてのみ有効であることを想定している。

もし、あるタイプの権利または特権が後法によって禁止されても、個人は「法は遡及しない」という公式に訴えることはできず、そして例えば、「それはいつもそうであった」という理由から単純に自分は奴隷を持つ権利があるとか、あるいは租税を免れる権利があるとかと主張することはできない。こうしてラッサールは特権の廃止を含む社会変革の適法性を擁護した。

労働者運動の政治家そしてアイディオロジストとしてのラッサールの活動は、厳密に言えば、一八六二年に始まり二年足らずで終わった（彼の早い死によって）。そのとき彼はベルリンに居住し、プロイセン憲法論争の中で積極的な役割を果たし、進歩党（ドイツ進歩党）の自由主義者たちを攻撃した。一八六二年の春、後に『労働者綱領』として知られる労働者に向けた演説を発行したが、それは彼の見解の代表的な提示となり、同時に憲法に関する演説そしてフィヒテに関する講義でもあった。

進歩党は、プロイセンの労働者階級の中に強力な支持者を持っていた。その指導者の一人であるシュルツェ・デーリチュは、資本と労働とのあいだの協力という枠組みの下でプロレタリアートの分け前を改善する方法としての友愛協会、信用金庫、消費者協同組合の推進者であった。しかしながら、いくつかのグループは自由主義ブルジョアジーの保護に満足せず、その中の一団体はライピツィヒでラッサールにたいして労働者運動に関する彼の立場を表明するように訴えた。ラッサールは一八六三年一月に公開書簡をもってこれに応えたが、これがその年の五月に設立された最初のドイツ労働者階級の社会主義政党である『全ドイツ労働者同盟』のいわば憲章となった。

後になって知られることになるが、この同じ時期に、ラッサールはブルジョアジーに対抗する保守との連携を構築するという明白な希望をもってビスマルクと接触した。一八七八年の国会における演説の中で、ビスマルクはラッサールの要請を受けて彼と何回か話し合いを持ったが、これは交渉ではなかった、というのは、ラッサールはいかなる政治勢力をも代表せず、提供すべき何ものも持たないという単純な理由からであると明言した。しかしながら、彼はラッサールを理知的な人で真の愛国者であるとも評した。

同盟は、ラッサールの生存中に特別の成功も収めなったが、およそ千名の構成員にまで成長し、ドイツ労働者階級の最初の独立した政治的表現であった。一八六四年八月ラッサールは、彼が結婚を望んだ一七歳の少女についての決闘で殺害された。彼女の貴族主義的な家族は彼を受け入れることを拒否し、彼女自身も変心し、以前の婚約者の元に戻ったのだが、ラッサールは決闘と死に至ることになった侮辱的な手紙を書いたのであった。

マルクスとラッサールは、一八六一年にベルリンでそして翌年にはロンドンで会った。彼らは決して友好的な関係ではなかった。マルクスはラッサールを信用せず、エンゲルスやその他への手紙で繰り返し彼を批判したが、彼との政治的不一致は、ラッサールの死後の七五年の『ゴータ綱領批判』の中で顕著に表明された。そこにはまた、嫌悪と苛立ちという個人的理由も存在した。ラッサールは傑出した力量を持つ人間であったが同時に彼は人目を惹く成り上がり者でもあって、ある種の役者であった。一八六〇年、当時恋に落ちていた婦人に、無邪気な自己賛美のこの上もない見本である「告白」を書いた。彼は自ら、人びとから敬慕される天才、革命党の指導者（当時は彼の想像においてのみ存在した）、新ロベスピエール、敵

197

にとっての厄介者を演じた。そして九〇歳のような知恵や経験に富む三五歳の男で、年に四〇〇〇ターレルの収入の持ち主であった。

しかしながら、マルクスのラッサールとの対立は、主として個人的反感によるものではなかった。彼らはほとんどすべての問題で異なった。すなわち経済理論、政治戦略、国家一般特にプロイセン国家にたいする態度でそうであった。彼らの見解が一致する点は、特殊マルクス主義に関してはまったくないと一般的に言ってもよい。彼らのあいだの不一致点は以下の通りであった。

第一に、プロレタリアートの状態の経済的判断である。ラッサールは一八六三年の彼の公開書簡の中で、自由主義者は信用金庫、協同組合等々の手段によって労働者階級を解放できると考える点で誤っている、と述べた。これは当然にマルクスの見解と一致する。しかしながら、ラッサールはさらに進んで、賃金が労働の供給とその需要によって決定される場合、賃金は労働者とその子どもの生存を維持するのに必要な「生理的最低限」まで低下せざるを得ないという「経済の鉄則」によって、彼の論点を証明し続けた。

もし何らかの理由で賃金が上昇すれば、労働者階級はより多くの子どもをもうけ、拡大した労働の供給は賃金を押し下げるだろう。もし賃金が最低限を下回れば労働者はより少ない子どもをもうけるようになり、労働の需要は供給を上回り、そして賃金は上昇する。供給と需要が賃金水準を支配するかぎり悪循環は避けられない。

ラッサールは、この理論を事実上多かれ少なかれマルサスとリカードから引き継いだ。マルクスは決してこれをこういう形で表明せず、賃金は生理的最低限に向かう傾向を取らざるを得ないという見解をときどきは取ったけれども（とりわけその初期の著作において）、労働の供給や需要の決定の際の人口論的要因を単純に重視するラッサールの賛成論を受け入れなかった。確かに供給と需要は絶対的に測定できるものではなく、好況と不況、世界市場の状況、技術の進展、農民や小ブルジョアジーのプロレタリア化そして最後に賃金にたいする労働者階級の圧力の結果という問題を含む経済の全体像との関連で初めて測定できることは明白であった。

環境に従って、これらの要因が合わさって賃金を上げたり下げたりするのだが、しかし、いずれにしろ、この全体的な問題を現在のプロレタリアートの出生率の問題に還元することは極端に過度な単純化であった。その上、ラッサールが同じ文書の中で、最低限の必要は全般的進歩の増大と共に拡大し、その結果、現在の状態を過去のそれと比較して労働者の分け前の改善を語ることはできないと述べるとき、彼は自己矛盾している。労働者は絶対額ではより多く稼いでいるかもしれないが、それでもその全体的必要との関係では暮らし向きが悪くなっているのである。最低限は、単に生理的だけではなく、社会的そして文化的な最低限でもあるということになる。このように理解されるならば「相対的貧困化」論は、五〇年代そして六〇年代に表明したマルクスの見解に近い。

第二に、労働者を解放する正しい道は、彼らが生産する商品の価値に等しい賃金が支払われる生産者協同体を発展させることを「経済の鉄則」から引き出した点で、ラッサールはマルクスと根本的に異なる。プロレタリアートはこれらの事柄を彼らの力で組み立てることはできないのだから、国家が信用制度で彼らを助けなければならない。これが実現するために労働者は国家に圧力をかけることができなければならないが、それは普通・直接・平等の選挙権が存在する場合に初めてできる。

この構想は、少なくとも三つの重要な点でマルクスの理論と反対である。マルクスの見解では、生産者連合による経済の支配というのはプルードンのユートピアの単純な繰り返しである。つまり、労働者に帰属するとしても、この種の単位は今日支配的であるものと同じような競争状態の中でのみ存在することができる。市場の法則は作用しつづける。そこにはなお危機、破産、そして資本の集中が存在する。いずれにせよ賃金は、生産される商品の価値と完全に同等にはなり得ない、なぜなら、その価値の一部は公共的必要、必要な非生産的業務、留保分等に充てられなければならないからである。最後に、資本主義の条件の下で国家が労働者階級の解放の主体となるとするこの構想は、特権階級の防衛機関であるとするマルク

198

スの国家理念と反する。

ラッサールは、ヘーゲル哲学の観点から自由主義的な国家論を批判した。彼が『労働者綱領』の中で書いたように、ブルジョアジーに応ずる国家の唯一の機能は諸個人の自由と財産を保護することであり、その結果、もし犯罪が存在しなければ、それはやることがない。だが現実として国家は人間の組織の最高度の形態であって、すべての人間的価値が実現され、その機能は人類を自由へと導くことである。それは単一の人倫体における諸個人の統一であり、それによって人間が自らの運命を完成する手段である。

このように書く際に、ラッサールはプロイセン国家を頭に浮かべていた。マルクスと異なって、彼はドイツ愛国主義者であり戦争を含む彼の時代の事件をプロレタリア国際主義の立場ではなく、民族主義的立場から見た。彼はドイツの統一が最高度に重要な問題であると信じ、ビスマルクの政治は失うものよりも得るものが大きいと考えた。その上、プロレタリアートの真の敵対者はブルジョアジーであり、したがって保守主義者との同盟は望ましいくらいだと信じた。これはマルクスの全般的な路線すなわち自由主義ブルジョアジーの主張が保守的、封建的あるいは君主制的要素の利益と対立している場合に、前者と同盟することがプロレタリアートの正当な進路であるという路線と直接的に対立する。

ラッサールの民族主義の哲学的基礎は、彼のフィヒテに関する講義の中にもっとも明瞭に見られる。そこで彼は、フィヒテの理念はドイツ人民の精神的偉大さを体現すると述べる。ドイツのすべての哲学の試みは主体と客体の二元性を克服すること、精神と世界を調和させること、そして「精神の本質」による現実の支配を達成することである。フィヒテは、ドイツ人民の使命は人類の進歩の最前線を進み、そして民族の独立を実現することによって神の創造計画を立証することであると宣言した。ドイツは世界史の必須の側面（契機）であるばかりではなく、未来の人間がそこに依拠する自由の理念のたった一つの擁護者となるべく宿命づけられている。ドイツ民族は何世紀ものあいだそれにふさわしい歴史を持たず、「純粋に形而上学的主体」であって国家ではなかったのだから、まさにそれゆえに、ドイツは思想と存在を調和させようと試みる哲学理念の発祥地となった。

「形而上学的民族つまりドイツ民族はその発展を通して、そしてその内的及び外的歴史との完全な一致の中で、世界史上最高の形而上学的運命と最大の栄誉、すなわち民族の精神的範疇から民族の領域を創造し、そして純粋な思想からそれ自体の存在を発達させるということを自らに与えてきた。形而上学的民族には形而上学的任務、神の創造以外の何ものでもない達成がふさわしい。純粋な精神はそれに提起される現実を知るだけではなくその領域、それ自体の存在の場所そのものを創り出す。このようなことは歴史開闢以来皆無であった」（「哲学的なフィヒテ」『F・ラッサールの講義と論文』Hans Feigl編　所収、一九二〇年　三六二頁）。

フィヒテ的ロマン主義的な国家と民族の概念は、ラッサールの思想において、世界の解放者としてのプロレタリアートという準マルクス主義的プロレタリアート像に優先した。彼は自ら隠そうとしたことはないが、自分のユダヤ人としての出自を汚名「スティグマ」と感じていたように思われる。二つの人種、つまりユダヤ人と文学者を憎むとか、不幸にも彼自身がその両方であるとも語るのを常とし、そして機会あるごとに自らの愛国感情を披瀝した。

国家、民族の有機的統一そしてドイツの精神的リーダーシップの礼賛において、彼は、彼に先んじたフィヒテと同様の国家社会主義の先駆者であった。彼の誇張的で予言者的なスタイルは、彼らのあいだの理論的相違と同じようにマルクスを怒らせた。それでも彼の実際的成功は議論の余地がない。独立したプロレタリアの運動という彼の主張は、ドイツの組織された社会主義の土台を築いた。

後代の正統派マルクス主義者のあいだで、彼に関する見解は割れた。メーリングがマルクスの個人的なラッサール嫌いを強調して、二人のあいだの政治的理論的差異を最小化したのにたいして、カウツキーは、彼らの社会主義の理念は完全に異なると考えた。いずれにしても、ラッサールの理論的地平はマルクスと異なり、ドイツに限定されていた。その政治的影響力もそうであったが、しかしこの国でそれは強力で持続的であった。後年になって、ドイツ社会民主党がラッサールの構想を最終的に放棄した時でさえも、彼の精神はこの党において識別できた。それは裏面で持続された民族主義の傾向と現在の国家機構はプロレタリアートの利益に奉仕するために使うことができるとする信念の両面においてそうであった。

3　第一インターナショナル　バクーニン

六〇年代半ば以降、マルクスはラッサールの見解との闘争よりもインターナショナル内部の他の思想流派、とりわけプルードンやバクーニンのそれとの論争に巻き込まれた。

その完全な名称をあげれば、「国際労働者協会」（The International Working Men's Association）は一八六四年九月にロンドンの集会で設立された。その一年前に最初の組織的連携がロシアに反対するポーランドの反乱を支持する示威行動の折に、英国とフランスの労働組合のあいだで形成された。一八六四年の集会にはイギリスやフランスに加えてドイツ、ポーランドそしてイタリアの亡命者が出席し、さまざまな国の労働者階級の闘争を調整するための国際機関を創設することが決定された。

三四人の委員から成る中央評議会が選出され、ロンドン労働組合のジョージ・オッジャーがその議長となった。マルクスは評議員に選出され、ドイツとの連絡係となった。彼はまた規則と創立宣言の起草に指導的役割を果たした。創立宣言は、一八四八年以来のヨーロッパ・プロレタリアートの成功を簡潔に記した。それは労働者階級がますます貧困化し、財産はより集中化していること、それにもかかわらず労働時間の短縮や協同組合運動で成功を収めてきたこと、しかしプロレタリアートの解放は政治権力の獲得に懸かっていることを指摘した。

これは、国または民族に関わりなく、共通の利益を有する一つの階級である労働者の国際的行動によってのみ達成できる。彼らは現在の特権を他者のものに置き換えるためではなく、階級支配を終わらせるために闘っている。しかしながら、承認された文書には明白な革命の要求は含まれなかった。

続く二、三年のあいだに、インターナショナルはヨーロッパのさまざまな国に支部を組織することに努力し、ほどほどの成果を収めた。イギリス以外に、フランス、ベルギー、スイスのさまざまな都市で全般的に既存の組織を基礎にして支部が結成された。ラッサールの党はインターナショナルの外に留まったが、それはビスマルクとドイツのブルジョア民主主義にたいする態度の不一致に大部分が起因した。

イギリスの組合はその中のいくつかがインターナショナルに加わったが、自分たちの別個の方針を追求した。フランス人はその大部分がプルードン主義者であり、ジュネーブ（六六年九月）とローザンヌ（六七年九月）の大会でマルクスとの違いを表明した。とりわけ彼らはポーランド問題が会議で議論されることにも、宣言で言及されることにも反対した。他方で、マルクスは、ポーランドの独立はヨーロッパの労働者の事業と分離不可能であること、そしてもっとも差し迫った課題は、ツァーリの反動権力を粉砕することであると信じた。プルードン主義者は、彼らの師匠と同様に政治行動一般に疑いを持ち、マルクスの目からすれば純粋にユートピア的である「相互扶助主義」にたいする信念を保持した。

インターナショナルの規則は緩やかで、極めて多様性に富んだ構成員を認めるほどだった。イギリスの労働組合やプルードン主義者に加えて、何年間かはフランスの急進主義者やマッツィーニのパルチザンも加えた。その結合は緩やかなものであって、中央評議会は構成員にたいする執行権限を持たなかった。その存続の間中、マルクスはその実務に自分の時間の大部分を費やし、後になって特に鮮明になった三つの主要な課題に取り組んだ。彼はインターナショナルがその支部にたいして統一した方針を課すことができるような集権化された団体になることを望んだ。彼は運動全体が、彼自身が練り上げたイデオロギー的基礎を受け入れるように努力した。そしてインターナショナルがロシアに反対する武器に変わることを望

201

んだ。

その名声にもかかわらず、彼はこれら三つの目的全部で敗北し、彼の方針はインターナショナル内部の不和を来たし、それがその崩壊の主要ではないとしても大きな原因となった。マルクス自身はインターナショナルの大会に一度参加したきりであった。それは一八七二年にハーグで開催された最後の大会であった。

一八六七年の経済危機と多くのヨーロッパ諸国の波状的なストライキは、インターナショナルにとって好機であった。新しい支部がスペイン、イタリア、オランダそしてオーストリアで結成され、その一方、ドイツで新しい社会民主党がラッサール主義者とともにリープクネヒトやベーベルによって結成された。この組織はインターナショナルに公式には参加しなかったが、しかし主要な問題ではマルクスに近かった。プルードン主義者の影響力は弱まって行った。すなわち六八年九月のブリュッセル大会でインターナショナルは耕地、森林、道路、運河、鉱山の集団的所有を要求し、ストライキという武器に賛成すると宣言した。

一八六九年という年は、インターナショナルの活動とその影響力の頂点を刻した年だが、同時にそれは一九世紀の革命運動の代表的人物、すなわちマルクスとバクーニンとの致命的な分裂の始まりを目撃した。この二人の指導者は戦略に関して、そして労働者階級、革命、国家そして社会主義の問題に関して正反対の見方を保持した。

＊　＊

ミハイル・アレクサンドロヴィチ・バクーニン（一八一四～七六）は一八六九年にインターナショナルに加わるまでに長期の冒険に満ちた政治的過去を背負っていた。トヴェリ県の貴族の家に生まれた彼はその教育を兵学校で始めたが、日ならずしてそこを去った。モスクワで何年間か過ごし、そこでヘーゲルの歴史哲学の観点からロシアと世界の未来を議論する知識人たちと交際した。

しばらくのあいだ、彼はヘーゲル主義的保守主義者であり、現実的歴史の合理性を信じ、個人は普遍的理性の命令に反して自分の偶然的主観を主張する権利を持たないと考えていた。しかしながら、まもなくその正反対の極端に走ったが、それは確かに彼の気質にもっともよく合うものだった。彼は一八四〇年にベルリンに赴き、青年ヘーゲル派の人びとと会い彼らの理念に染められた。スイス、ベルギー、フランスと更なる遍歴を重ねて、当時の主だった社会主義の著述者と会った。カベー、ヴァイトリング、プルードンそして最後にマルクスとエンゲルスであった。

彼はまた、一八三〇年の後に移住した多くのポーランド人と会い、それ以降自分の著作の中でポーランド独立の大義に多くの注意を払った。四〇年代に彼はスラブ連合を扇動したが、後にそれは無益で反動的であるとして、この理念を否定した。しかしながら、ドイツにたいする憎悪は決して放棄せず、それはマルクスのロシア憎悪と同じように強烈であった。

この二人の人物は、一八四八年革命の最中に初めて衝突したが、それは『新ライン新聞』紙上のある論文がバクーニンをツァーリの回し者として糾弾した時であったが、これは名誉棄損であって新聞は撤回を余儀なくされた。バクーニンは、プラハやドレスデンの革命闘争で積極的な役割を担った。彼は死刑宣告を二度も受け、最終的にロシアに追放され、その後の一二年間を牢獄と追放で費やした。ある一つの牢獄から彼は皇帝ニコライ一世宛に異常な告白状（一〇月革命後に初めて出版された）を送り、その中で自分の破壊活動への後悔を表明したが、同時にロシアの恐怖に満ちた状態は革命を招くと警告した。

一八六二年に彼はシベリアから日本へ逃亡し、アメリカを経由してロンドンにたどり着いた。理論的・実践的無政府主義者としての彼の経歴は一八六四年から始まった。このときに彼は「国際同胞団」として世に知られる秘密集団を結成したが、それは主にスペイン、イタリア、スイスの彼の友人と支持者から成る緩やかな集団であった。六八年九月に、彼は明白な無政府主義者の集まりである「国際社会民主同盟」を結成したが、この組織はインターナショナルへの加盟を申請した。インターナショナル中央評議会は同盟そのものとしての受け入れは拒否したが、六九年にバクーニンが所属し正規に組織された唯一の団体であったジュネーブの支部を含む

202

個々の支部が加盟してもよいことで合意に達した。

その時以降、マルクスとバクーニンは政治的反目と人格的反目が識別できないような闘いを続けた。マルクスは、バクーニンがインターナショナルを彼の個人的目的のためだけに使っているとあらゆる人に説得しつづけ、七〇年三月にはこの趣旨の秘密の書簡を回した。マルクスはまた自分の方針がインターナショナルで反対されるたびに、バクーニンの影（一八六四年以降、彼はバクーニンに会っていない）を見て取った。

バクーニンの側はマルクスの政治プログラムと闘っただけではなく、しばしば書いていたが、マルクスを不実で復讐心に燃えた男、権力に取りつかれ、自分の絶対的権威を革命運動全体に押しつけようと決め込んでいると見なした。彼が言うには、マルクスはユダヤ人の性格の良さも悪さもすべて兼ね備えていた。つまりマルクスは知能に極めて優れ深く読み込んでいるが、凝り固まった非現実主義者で、異様に虚栄心が強く、陰謀家で、公共生活で自分よりも重要な人物を切り捨てたラッサールのように、病的に嫉妬深い、と。

政治のことを別にすれば、マルクスとバクーニンの関係の歴史は、マルクスに味方するものではないことは明らかだ。バクーニンがインターナショナルを個人的便宜のために使っているというマルクスの批判は根拠がなく、バクーニンを排除しようとする彼の努力は最終的に成功した（一八七二年に）が、それは主としてネチャーエフの手紙に負うのであって、それにたいしてバクーニンに責任がないことをマルクスは知っていたに違いない。

マルクスがやった通りに、当然ながら、バクーニンもインターナショナル内で自分の理念の勝利のために活動した。一八六九年のバーゼル大会でバクーニン主義者は、相続権の廃止は社会革命の基本的装置であるという宣言案（マルクスの立場に反する）の採択を勝ち取った。一八七〇年以降、インターナショナル支部内の意見の違いが広がり、スイス、イタリア、スペインではバクーニンの支持派がマルクスのそれを上回った。バクーニンの晩年は、主に著作に費やされた。一八七〇年に彼は『鞭のゲルマン帝国と社会革命』を出版し、七三年にはロシアでともかくも彼の単著とされる『国家制度とアナーキー』を出版した。これは次の大作（彼は書かなかった）の序論として意図されたもので、彼のアナーキスト時代の重要な理念が含まれている。

それは、多様な主題に関する見解の非体系的な集成である。すなわち、ヨーロッパと世界の政治、ロシア、ドイツ、ポーランド、フランス、中国、一八四八年革命、パリ・コミューン、共産主義への攻撃、そしてさまざまな哲学的所見である。

バクーニンは、理論家あるいは体系の創設者の才能を持たなかった。彼は無尽蔵の革命的エネルギーに満ち、破壊的な目的に没頭し、無政府主義的メシア主義に鼓舞された。彼は長期の政治的予測、戦術的策略そして一時的な同盟を必要とする状況を耐え忍ぶことができなかった。彼は自らもよく承知の上であるが、労働者階級のもっとも剝奪された部分、ルンペン・プロレタリアート、そして小作農のあいだで成長した革命精神のすべてを表現した。

彼によれば、「国家共産主義」すなわちマルクス的変種は、暮らし向きが良く、ブルジョア的習慣を身につけた相対的に安定した労働者に支持され、他方、彼自身はいまだ腐敗もせず、そして失うものを何も持たないみすぼらしい貧民に訴えた。彼は何度もロシアのプガチョフとステンカ・ラージンの反乱つまり盗賊（彼自身の表現）に率いられた絶望的な小作農の初歩的で衝動的な反乱に言及した。

マルクスの支持者は人民を軽蔑している、と彼は公言した。すなわち、ラッサールは一六世紀ドイツにおける小農民反乱の弾圧は歴史の進歩への重要な貢献であったと書いたのではなかったか。マルクスとラッサールのあいだにはマルクスの嫉妬以外に何も分断するものがなかったのであって、彼らはその「科学的社会主義」から展開されることになる新しい国家絶対主義の擁護者である、と。

バクーニンのすべての理論は「自由」という言葉に集約され、他方、「国家」という言葉は世界から追放されなければならないすべての悪を凝縮し

204

ていた。彼はある程度まで史的唯物論を受け入れたが、それは、人間の歴史は「経済的事実」に依存し、人間の理念は彼らがその中に生きる物質的諸条件の反映であるという意味においてであった。彼はまた無神論と「別の世界」という観念の否定に基づく哲学的唯物論（この名称の下で）も支持した。

しかし彼は、マルクス主義者はそれ自体として正しい史的唯物論の原理を、個人の意志、反乱、あるいは歴史における道徳的要素に余地を残さないある種の宿命論として絶対化していると信じた。「理念」にたいする「生活」の優先性を主張して、バクーニンは、知識人によって考案され人民に課されるという図式に基づいて社会生活を組織することが可能である、と思い込んでいる「科学的社会主義」の理論を否定した。政治的または道徳的宣伝は、それが大衆の心の中に存在しながらも表現にまで至らないものと合致するかぎりにおいて、大衆を納得させることができる。

ロシアの人民を学術的理論によって啓発しよう、などと望むことは無益である。彼らはただすでに曲がりなりにも知っているが、明瞭に表現できないままであったものだけは受け入れるだろう。概して、科学は生活の機能に過ぎないのであって、その他の表れにたいする優越を主張することはできない。科学は必要であり尊重されるべきだが、それは現象を完全に把握できない。科学は現象を抽象物に還元して、個性と人間の自由を無視する。生活は創造的である、科学は非創造的であって、現実の一つの相に過ぎない。

まだその幼児期にある社会科学は、取り分けて、人類に向かってその将来を予示したり、あるいは理想を課したりするとは主張できない。歴史は自然発生的な創造の過程であり、科学の公式の産物ではない。つまりそれは生活それ自体と同じように、本能的にそして非合理的な方法で発展する。

バクーニンの科学に対抗する生活の反乱という理念は、知識の価値については留保付きではあったが、すべての学問的思想は知的優秀性という装いの下で、自分たちの特権を維持するためのインテリゲンチャのずる賢い発明である、と見なす無政府主義版の土台として使われた。バクーニンはそこまでは達しなかったが、しかし彼は大学をエリート主義の巣窟、特権階層の温床として痛烈に非難した。彼はまた、マルクス的社会主義は人間がこれまでに知ったどんなものよりも邪悪な知識人の専制支配に繋がると警告した。

バクーニン的意味の「生活」とは、すべての個人、すべての共同体そして全人類が自由へ向かう終わりのない根気強い営みである。翻って自由は平等、単なる法の前ではなく現実の平等すなわち経済的平等を前提とする。自由と平等は、国家権力によって保護された特権や私有財産の制度と対立する。国家は歴史的に必要とされた共同生活の形態である。しかし、それは永遠ではなく、「経済的事実」の上に置かれた単なる上部構造ではない。そうではなくそれは特権、搾取そしてあらゆる形態の奴隷制度を維持する上で本質的要素である。

国家は、まさにその本質上、聖職的、封建的、ブルジョア的あるいは「科学的」であろうと、これらの専制的で特権的な少数派による大衆の奴隷化を意味する。

「いかなる国家も、それが最も共和主義的で最も民主主義的であろうと、マルクスが思い描く疑似人民的国家であってすらも、それは本質的に人民の要求を人民自身よりもよく理解すると想定する、教育されそれゆえに特権化された少数派による人民大衆の統治以外の何ものでもない」［邦訳　左近毅訳　バクーニン著『国家制度とアナーキー』三四〜五頁］。したがって革命の任務は、国家を転換することではなく廃止することである。国家は、社会と混同されてはならない。前者は抑圧の人為的な手段であり、後者は人間を相互に結びつける本能的紐帯の自然な延長である。

国家を廃絶することとは、あらゆる形態の協同組織や団体を廃止することを意味しない。それはそれぞれの社会組織が、権威的な制度なしに、全面的に下から構築されなければならないことを意味する。バクーニンは、シュティルナーの理論つまり将来の社会において、各人は自らの私的利益を追求するだろうという理論を受け入れなかった。その反対に、人間は彼ら

205

を自己犠牲や他者への関わりができるようにさせる自然な本能的連帯性を持っている。国家は、この連帯性を育てるどころかこれに反対する。せいぜいのところ、国家は特権階級が搾取の維持という共通の利益を有するかぎりにおいて彼らの連帯性を組織するのである。国家の機構が破壊されるならば、社会はその構成員に絶対的自由を認める小規模の自律的なコミューンという形で組織されるだろう。

どのような大きな単位も完全な自主性を基礎に形成され、そして各コミューンはそれが望むときはいつでも連合体からその身を退くことができる。管理の機能はどんな個人にも恒久的に与えられない。すべての社会階層制が廃止され、そして政府の機能は完全に共同体の中に組み入れられる。そこには法律あるいは規則も、判事も、法的単位としての家族も存在しない。市民も存在せず、人間だけが存在する。

子どもたちは彼らの親または社会の財産ではなく、そうなるべく運命づけられた自分自身の財産である。もし彼らがその発達を剥奪されたり妨害されたりという危険にさらされる場合には、社会は彼らを世話し、彼らを親から引き離す。宗教的信条を含むいかなる意見も、誤った意見ですらも、主張する絶対自由が存在する。自分の意見を広げるか、あるいはその他の目的のために団体を結成する自由もまた存在する。もしなおまだ存在するならば、犯罪は病気の兆候と見なされ、それに応じて処置される。

すべての特権が財産を委譲する権利と結びついていること、そして国家がこの不公正な体制を貫徹するのに仕えていることは明らかであるのだから、現在の体制の破壊に向かう第一歩は、相続の権利を廃止することでなければならない。これは平等へ向かう道であって、その平等は自由がなければ考えられない、そして自由は平等と不可分である。

これらの原則に照らせばドイツの空論家たち、すなわちマルクス、エンゲルス、ラッサールそしてリープクネヒトの国家共産主義は、自称「科学者」の新しい国家組織形態による新しい専制の脅威であることが判明する。「もし国家が存在すれば、そこには支配が存在し、それゆえに奴隷制が存在することにならざるを得ない。明示的にせよ欺瞞的にせよ、奴隷制のない国家は考えられない。それが、われわれが国家の敵である理由である」〔邦訳『国家制度とアナーキー』二八〇頁〕。あれこれのやり方で、少数派は多数派を支配しようとする。

「しかし、マルクス主義者は言う、この少数派は労働者によって構成されると。確かにその通りだ。しかし、いったん統治者あるいは人民の代表となったら、この元労働者は労働者であることを止め、そして国家権力の高みから労働者大衆を見下し始める。その結果、彼らは人民を代表するのではなく他者を支配する自ら自身と自らの要求を代表することになる。このことを疑う者は人間本性について何も知らない者だ。…ラッサール主義者やマルクス主義者の著作物と演説のなかでわれわれが絶え間なく遭遇する『科学的社会主義者』や『科学的社会主義』という用語は、いわゆる人民の国家というものは、真のあるいは偽の「科学者」から成る新しい極めて少数の貴族によって行使される大衆に対する専制支配以外の何ものでもないことを十分に証明している。無知のままにされた人民は統治の事業から完全に除外され、統治される者の群れの中に押し込められる。なんと素晴らしい解放だろう。…彼ら（マルクス主義者）は独裁だけが、当然ながら彼ら自身の独裁だけが人民に自由をもたらすことができると主張する。これに対してわれわれは、独裁はそれ自体を貫徹すること以外の目的を持たないと答え、そしてそれは、それに従属する人民のなかに奴隷制そのものを生まれさせ成長させ得ると答える。自由は自由によってのみ、つまり全人民の高まりによってそして下からの労働者階級の自由な組織化によってのみ創造することができる」〔邦訳『国家制度とアナーキー』二八〇〜八一頁〕）。

要するに、革命運動の目的は現在の国家の統制を獲得すること、あるいは新しい国家を創出することではあり得ない、なぜならその場合その結果は理念の敗北であるだろうからである。同じ理由で、この運動は現在の国家や議会制度の枠組みの下での政治闘争に信を置くことはできない。

206

解放は、国家、法、そして私有財産の全体的装置を一掃する単独のこの世の終わりのような大反乱によってのみ達成することができる。この観点からすれば、来るべき社会革命はそのすべての先行例とりわけフランス革命と根本的に異なる。それらはルソーの病んだ精神に鼓舞されて絶対的専制支配に変質した。バクーニンは、ルソーやロベスピエールのことを嫌悪の調子で論じる。ましてや彼は自由の価値を理解していたプルードンを除いて、社会主義の思想家を褒めたことなどない。

しかしながら、衝突を制限し人間の利己主義が限度を超えないように保つために、国家組織や強制あるいは制約の手段が存在しなくてもよいのだろうか。存在しなくてもよいとバクーニンは答える。つまり人民大衆の中から現れる最良の個人ですら独裁者や死刑執行人になってしまうのは、まさに国家が存在するからである。自由に基づく社会にあっては、もっとも利己的で冷淡な人間でも自分の悪徳を治癒されるだろう。なぜなら、国家もなく特権もない社会はより良いだけではなく、人間性と両立し、自発的で創造的で制限のない唯一の生活様式であるからだ。

無政府状態は理想以上のものであって、そうであるはずだという理想の人間の実現である。しかしながら、これは歴史の法則によって保障されているとか、あるいは運命づけられた計画の一部であることを意味しない。それは本質的に人間の目的的行為である。しかし、その目的は勝利するだろうと考えることには十分な理由がある。バクーニンは労働者大衆の自然な革命的本能を強く信じ、それがロシアに影響を及ぼす主要な問題であると考えた。革命はその前提条件として、極端な貧困と絶望に加えて新しい社会の理想を必要とする。この理想は外部から人民に課すことはできず、すでに彼らの中で支配的になっていなければならない。人民が必要とするのは理想を発明する教師ではなく、人民をその眠りから覚醒させる革命家である。ロシアの人民すなわち小作農は、深く根づいた無政府状態の感覚を身に付けている。彼らは、土地は各人に属すること、村落共同体すなわちミールは完全に自律的でなければならないことを感じ取っており、彼らは自然に国家の敵である。しかしながら、この感覚は家父長制的伝統によって、ツァーリへの信仰によって、そしてミールが人間人格を吸収しその発達を阻害するという事実によって覆われ、一方では宗教というアヘンが小作農民を精神的隷属状態に置いてきた。

結果として、村落共同体は不活発なままで相互に孤立した。しかし人民を奮起させ、その自然の革命的傾向を覚醒させる反逆者が人民の中から生まれるかもしれない。その上、これと同じ自然の理想が他国の貧困者の中に潜在しているのであって、イタリアでは無政府主義の革命が日々差し迫っているのが明確に見られる。

大きな例外はドイツであって、そこでは革命についておしゃべりをする多くの理論家が常に存在するのだが、しかしそのために働く人は少ない。ドイツ人は生まれつきの国家崇拝者であって、命令することも従うことも同じくらいに喜び、彼らがマルクスやラッサールの国家社会主義を乗り超えられないことも、ビスマルクのドイツが世界の反動の要塞であることも驚くにあたらない。マルクスが何と言おうと、この点でツァーリ体制はドイツと比べものにはならない。ツァーリ体制はヨーロッパの問題に常に干渉しようとしたことは確かであるが、少しも成功しなかった。

バクーニンのロシアに関する叙述は、全体として一貫したものではない。一方で彼は、スラブ人は国家を形成する能力がなく、彼らのすべての政治システムは外国人によって創られてきたと述べる。しかし、彼は他方では、ロシアは軍事国家（英国のような商業国家に対置されるものとして）であるばかりでなく、すべての階級の利益、工業および農業活動の全体が中央権力に従属し、その結果、国富が国家を強大化する手段に過ぎなくなるシステムを発達させてきたと主張する。

この点でバクーニンは、一九世紀にしばしばなされた観察を繰り返す。すなわち、市民共同体に対抗するロシア国家の優位は絶対的であり、そのために階級区分ですらそれにたいして二次的である。しかしこのことが、スラブ人は国家形成能力を持たないとする見解とどのように調和できるのか、理解が難しい。

このようなバクーニンの理念の簡単な概観から、理論と戦略に関して彼

208

がマルクスと大幅に異なることは明白であるだろう。インターナショナルのリーダーシップに関わる彼らの論争、独裁の目的についての相互の非難を別にしても、そしてロシア（マルクスが主張した）あるいはプロイセン（バクーニンが主張した）のいずれが世界反動の総司令部であるかどうかという問題を別にしても、彼らは社会主義運動にとって鍵的重要性を持つ、いくつかの点で意見が異なった。

第一に、マルクスは相続の即時廃止の要求を本末転倒と見なした。なぜなら、財産を委譲する権利は所有制度それ自体の特定の側面に過ぎないからである。第二にマルクスは、国家はすべての社会悪の独立した源泉ではなく、それでもって現在の特権が維持される単なる道具であると考えた。この点での意見の相違は本質的ではない。なぜなら、マルクスはバクーニンと同じように、現在の政治制度は粉砕されなければならないと考え、他方でバクーニンも国家は私有財産の道具として歴史的に興ってきたということには同意したからである。ただし、彼はまた、時間の経過とともにそれは独立した力、階級制度の必須の堡塁となってきたとも捉えた。

したがって、論争は、社会主義革命が国家制度の全体を最初に廃止できるかどうかということに帰着した。マルクスは、将来の国家は「人民を統治すること」ではなく「物を管理すること」すなわち生産の組織化に関わると考えた。バクーニンにとって、これが究極の国家主義ということになる。つまり、政治的集権化そしてそれゆえに奴隷制なしに集権化された経済管理などあり得ない。

第三に、マルクスの戦略プランは、現体制内の議会制的その他の政治活動を含み、そしてその利益がたまたまプロレタリアートのそれと一致した場合には、民主主義的ブルジョアジーとの一時的同盟を認めた。ところがバクーニンにとって、革命家が取り組むべき唯一の政治活動はすべての形態の国家制度を破壊することであった。第四に、小規模の自律的なコミューンによって運営される完全に自由な経済活動というバクーニンの理念は、マルクスにとって、プルードン的ユートピアと同然のものであり、同じような反対に会うべきものであった。すなわち、一方で生産が集中化されるのは自然な傾向であり、他方で独立した単位から成る経済は競争の体制と資本主義的蓄積を再生産せざるを得ない。

これらすべての問題に関するマルクスの理念は、長い時間をかけて改変され成熟してきた。現存の国家機構は破壊されなければならないという見解、これはマルクス主義のレーニン版の中心となるものだが、彼がようやくこの見解に達したのはパリ・コミューンの後になって初めてであった。バクーニンのスイスにおける支持者ギヨームは、これをマルクスの無政府主義への転向を意味するとして歓迎した。しかし、彼は間違ったのであって、マルクスは将来の国家がいかなる政治機能も持たないことは信じていたが、彼は依然として、集権的経済管理の必要性を確信したままであった。

しかしながら、国家が廃止され経済全体が集権化された暁に、いかなる基礎の上に社会生活が組織されるかをマルクスが明確に説明しなかったことは確かである。バクーニン自身は、政治経済のもっとも粗雑な理念しか持たず、人民がいったん国家から自由になれば彼らの自然な連帯性と協同への性向が作動し始め、利害の衝突は不可能になるだろうと単純に信じた。彼は、すべての成人が共通に関わる問題を決定するために、時どき集まったスイスのカントンや村落の線に沿って、民主主義を思い描いた。しかし彼の書いたものは、代議制民主主義が一掃された場合に、これが県、国あるいは世界全体という規模で、どのように適用されるのかについての指示は一切与えていない。

これらの論争においてマルクスの強みは、経済批判の分野と、そして独立した生産単位というシステムは商品経済のあらゆる有害な側面の復活を意味するという彼の確信にあった。他方でバクーニンは、マルクスの構想の中にある明白なあるいは含意された国家主義の批判という長所を持っていた。彼は、マルクスがそれにたいして回答を与えない極めて現実的な問題を提起した。すなわち、集権化された経済権力は政治的強制力を持たないものとしてどのように想定できるのか。そして、もし将来の社会がなお支配する者と支配される者とに分割されるとすれば、権力的特権のシステムを再生産させずに済まされるのか、そのシステムは自らを貫徹させる自然

209

的傾向を持っているのではないのだろうか。

これらの反論は、無政府主義者やサンディカリストによるマルクス批判の中でしばしば繰り返されることになった。マルクス自身が、生産手段の独占に基づいて政治機構がその特権を維持する専制的支配体制としての社会主義を想像しなかったことは余りにも明白である。しかし、彼はこの点についてはバクーニンに答えず、バクーニンはレーニン主義をマルクス主義から導き出されるとした最初の人物であるという、いわば名誉を受けることになる。

バクーニンは無邪気にも、人間は一人にされてもなすべきことをなし調和的に生きるだろうと信じた。なぜなら、悪は人間からではなく国家や私有財産からもたらされるからである。彼は、本来的に善である人間がどのようにしてそのような悪の体制を創り出してきたのかを説明しなかった。マルクスの側としては、本来的に善という問題は見当違いで無邪気であると考えた。彼は、人類のますます増大する自然支配のプロメテウス的拡大に関心を集中し、そして個人の発達は類の発達との関連を除外しては意味がないと考えた。彼は専制主義の擁護者であることからは遙かにかけ離れていた。しかし、彼は、それは彼の体系に暗に含まれているという批判には答えなかった。

第一インターナショナルは、一方では内部対立によって、他方では独仏戦争やパリ・コミューンによって崩壊した。コミューンは、インターナショナルの落とし子でもいわんやマルクス主義者の落とし子でもなかった。そのほとんどの指導者がブランキ主義者であり、他方それに参加したインターナショナルの構成員は、主にプルードン主義者であった。

マルクスはその開始から、それは失敗を運命づけられていると見た。しかし、その敗北とコミューン参加者の虐殺後に、彼は『フランスの階級闘争』と題する小冊子を作成し、その中で彼らの英雄主義に賛辞を呈する他に、将来の共産主義の観点から彼らの自発的運動の意義を分析した。ある意味で、歴史上初めてのプロレタリアートの支配体制であるパリ・コミューンは、いわばそのままで、将来の社会主義社会の基本的原理のいくつかの実例となった。すなわち、常備軍の武装した市民への取り換え、警察の人民の機関への転換、すべての判事職および行政職の公選制、賃金上限制、無償教育、教会の廃止と没収である。

それでも、マルクスは、コミューンを特に社会主義的ともプロレタリア的とも見なさなかった。エンゲルスは一八九一年にそれをプロレタリアートの独裁と呼んだ。しかし、マルクスがそう呼んだことは決してなかった（もちろん、コミューンという名称は単にフランス語でパリ市自治体のことであって、イデオロギー的意味は何も持たない）。一八八一年二月のF・ドメラ・ニーウェンハイス宛の手紙の中で、マルクスは、コミューンの多数は社会主義者ではないこと、その唯一の正しくて可能な進路は、フランス人民全体の利益においてベルサイユと妥協することであった、と明言した。

コミューンの敗北は、ヨーロッパ中の反動に励ましを与え、第一インターナショナルを解散に至らせた意見の相違を浮き彫りにした。フランスやドイツの労働者団体は嫌がらせの下に置かれ、インターナショナルはイギリス労働組合からの効果的な支援を失ったが、この組合はイデオロギー的理由よりも戦術的な理由で加盟し、現在の体制の中での自分たちの法的地位を確立することに主たる関心があった。

一八七一年九月のロンドン大会で、インターナショナルは労働者階級による政治闘争と経済闘争の結合とすべての国における独立した労働者党というマルクスの要請を支持した。一八七三年九月のハーグ大会は、マルクスの支持者が中央評議会で多数派であることを示した。しかしインターナショナルは、今や意見の相違や迫害によって致命的に弱体となり、国ごとに広範に異なった状況にある労働者団体を指揮することができなくなった。

エンゲルスの提案によって中央評議会はニューヨークに移転し、そこでこの組織は一八七六年に正式に解散するまでの数年間を生き延びた。バクーニンの支持者たちによって結成された対抗インターナショナルも、一年後にバラバラになった。しかしながら、一八七〇年代を通じて、スペインやイタリアだけではなく、フランスにおいてもアナーキズムはマルクス主

210

義よりも強かった。

インターナショナルにおける影響力争いを別にして、一八六〇年代以降マルクス主義は、世界中の理論とプログラムがマルクス主義に準拠してそれぞれの位置を決定するという意味において、相対立する社会主義イデオロギーの中でもっとも重要であったと言ってよい。マルクス主義は首尾一貫した精密な理論を提供したが、これは一八六七年のライプツィヒにおけるマルクスの『資本論』第一巻の出版にその一部は依る。

この巻は特に『経済学批判』（一八五九）において検討した諸問題に立ち戻り、そして資本主義経済の基礎的現象の分析によって搾取の根源を明らかにした。すなわち、商品、交換価値と使用価値、剰余価値、資本、賃金そして蓄積である。資本論の基本的主題は、搾取は雇用された労働者による労働力の売りに由来するということである。その生産物の価値がそれを再生産する費用つまり労働者の生存の費用よりもはるかに大きいという点で、労働は特殊な種類の商品であって、ここに含まれる搾取は賃労働の廃止によってしか一掃することはできない。

マルクスは短期間にこの作品の第二巻と第三巻を完成させるつもりであった。第二巻は資本の循環と市場を、第三巻は異なる搾取者集団のあいだでの利潤の共有、平均利潤率の起源、利潤率の低減の傾向、剰余利潤の地代への転化を扱うはずであった。これらの巻の一部は第一巻が発行される前に書かれていた。しかし、マルクスは一八七八年まで引き続きそれらに取り組んだけれども、彼の死去の時点では完結されなかった。エンゲルスによって整理され編集された草稿は、一八八五年と一八九四年に出版され、他方、剰余価値論はカウツキーによって『資本論』の第四巻として一九〇五～一〇年に刊行された。

インターナショナルの解散後、そして早期のヨーロッパ革命の希望が再び遠ざかったので、マルクスはたびたびの病気、保養地通い、金銭的苦労、家庭の不幸が許すかぎりにおいて理論作業に没頭した。彼は多方面にわたって読み込んだが、最晩年はほとんど執筆不能に陥った。しかしながら、彼はヨーロッパ社会主義の発展を綿密に追跡した。

一八七五年に二つのドイツ労働者党、ラッサール主義者の党とアイゼナッハ派のグループが統一されて社会主義労働者党になった。彼らの綱領は、アイゼナッハの指導者への手紙という形でマルクスによる痛烈な批判を引き起こした。この『ゴータ綱領批判』は一八九一年にエンゲルスによって初めて発行され、マルクスのラッサール的社会主義への反対論を繰り返し、国家、国際主義、そしてプロレタリア権力の性質という問題について、彼の他の作品に見られるものよりもいっそう厳しい定式化が含まれた。

この文書は、綱領の最終版には何も影響も与えなかったが、改良主義や修正主義に反対する第二インターナショナルの革命派によって呼び出される主たる原典の一つとなった。そこで使われた「プロレタリアートの独裁」という成句は、レーニンとその支持者にとってとりわけ価値のあるものになった。一八八〇年にマルクスは、ジュール・ゲードがフランス労働者党の綱領を起草するのを手伝った。一八八〇～二年に彼はロシアにおける革命の展望についていくつかの手紙を書いたが、それらは後になってロシア・マルクス主義者によって激しく論争され、そして議論された。

マルクスは、一八八三年三月一四日にロンドンで死亡した。彼の論考のいくつかは、死後エンゲルスによって発行された。一八九五年のエンゲルスの死後、膨大な量の資料がベルンシュタインとベーベルの手元に残されたが、彼らはそれを有効活用しようとはしなかった。メーリングは入手が困難となっていた一八四〇年代の論文を再発行し、予備的評注がついていなかったが、マルクスの博士論文の草稿も発行した。ベルンシュタインは『ドイツ・イデオロギー』の一部を発行した。

メーリングとベルンシュタインによるマルクスの書簡の最初の編集は、不正確で不完全であった。上述したようにカウツキーは『剰余価値論』と（一九〇三年に）『要綱序説』を発行した。散逸した草稿や手紙を収集し、それらを学術的形式で出版するために多大な作業がなされた。それはモスクワにマルクス・エンゲルス研究所を創設し一九三〇年までその所長であったデイヴィト・リャザーノフによって行われた。彼はまたマルクスとエ

212

ンゲルスの著作の大規模な決定版（M.E.G.A）の基礎をつくり、いまだ完成していないが、『ドイツ・イデオロギー』の全文、一八四四年の『パリ草稿』そしてエンゲルスの『自然の弁証法』を含むこれまで知られてこなかったいくつかの原典の利用を可能にさせた。

＊＊＊

エンゲルスはマルクスより一二年長く生き延びた。彼らの長期の友情と協同のあいだ、彼はマルクスの影で居つづけることに満足し、マルクスを科学的社会主義の創設者と見なし、自分の貢献を謙遜して過小に評価した。いずれにしろ、マルクス主義の次の世代は、自分たちの理論を説明したり主張したりする際に、資本論第一巻を常に除いて、マルクスよりもエンゲルスの書いたものをより多く使った。エンゲルスは該博な知識と知的能力の持主であった。彼の大部分の時間を占めた歴史、政治学と哲学に加えて、彼は軍事問題と戦争の今日的展開の技術的側面に関する多くの論文を書き、そして、彼独自の哲学的考察の視点から自然科学の発展も追跡した。

著作者として彼は、マルクスよりも要約にたけていた。彼は、一般に受け入られる形で科学的社会主義の主要な理念をまとめ上げることを何回も試み、そして彼の著作はいたるところの社会主義者によって広範囲に読まれた。

一八四八年以降における彼の最初の重要な著作は、『ドイツ農民戦争一八五〇』であり、トーマス・ミュンツァー主導の一六世紀の反乱が主題であった。一八四〇年代に出版されたヴィルヘルム・ツィンマーマンによって書かれた歴史を基にして、この作品は階級闘争の視点からドイツにおけるもっとも重要な大衆的反乱を解釈し、それと一八四八～九年の革命状況との類似を示唆しようと試みた。彼自身も参画したこの時代の出来事に関するエンゲルスの見方は、マルクスの署名でニューヨーク・デイリー・トリビューンに一八五一～二年に発表された『ドイツの革命と反革命』と題する一連の論考に集約された。これらは書籍の形で（まだマルクスのものとして）一八九六年に初めて発行された。

エンゲルスのもっとも良く知られた著作の中に『反デューリング論』（一八七八）と人が呼ぶ『オイゲン・デューリング氏の科学の変革』がある。デューリング（一八三三～一九二一）は盲目の人で、講壇哲学にたいするその猛烈な攻撃のせいで、ベルリン大学の講師職から解雇された。彼の著作物はドイツ社会民主主義者のあいだで人気が高く、一時期彼は党の主要な理論家の一人と目された。デューリングを危険な影響力を及ぼす人物と考えたエンゲルスは、鋭い論争的な作品で彼の見解を攻撃した。その中でエンゲルスはマルクス主義経済学の基礎としての弁証法的唯物論とユートピア的伝統と対置された科学的社会主義の明瞭な解説を施した。『反デューリング論』は、デューリング自体が完全に忘れ去られた後にマルクス主義のある種の入門書となった（それでも、ナチの宣伝家たちは、彼の反ユダヤ的見解を考慮して、彼の記憶を復活させる予定であった）。

マルクスの死後一八七〇年にロンドンに移住したエンゲルスは、資本論の残された部分の編集に多大な労力を傾けたが、自分自身の哲学作品も書き上げた。一八八六年に彼は『新時代』誌に論文「ルードリッヒ・フォイエルバッハとドイツ古典哲学の終焉」を発表し、その中で科学的社会主義をドイツの知的伝統に関係づけた。これもまたマルクス主義のもっとも人気の高い解説の一つである。それは以前には出されていなかったマルクスの「フォイエルバッハに関するテーゼ」とともに書籍の形で一八八八年に再発行された。

もう一つのエンゲルスによる古典的著作は、『家族、私有財産及び国家の起源』（一八八四）である。これはルイス・H・モーガンの著書を最大限に活用したのだが、モーガンは北アメリカ・インディアンの直接観察を基に原始社会を初めて体系的に分析し、そして『古代社会』（一八七七）において野蛮から文明への人類の発達段階の理論を概括した。これやその他の著作を使いながら、エンゲルスは文明生活の基本的な制度の起源を示そうと努力した。

七〇年代の初めに、エンゲルスは科学の観察に弁証法の方法を適用しようとする俗流唯物論批判の計画を持った。彼は一八七五年と八二年のあい

213

だにいくつかの章とこの著作のためのノートを書いたが、それを完成させることはできなかった。この資料の全部が完成されたものも未完成のものも、一九二五年にモスクワで『自然の弁証法』という題名で初めて発行された。

ここで言及した著作は、エンゲルスが文章化した作品、それも全体のごく一部であり、それらはその体系的性格とその主題の永続性のお陰で広範囲に読まれてきた。『資本論』に加えて、これらの作品は三ないし四世代の読者がそこから科学的社会主義とその哲学的基礎の知識を吸収した基本的原典である。

エンゲルスは、一八九五年八月五日にロンドンで死去した。マルクスと異なり、彼はその地に埋葬されなかった。彼は彼自身の望みで火葬され、遺灰は壺に入れられ、ビーチー岬の海に投げ込まれた。

第12章　非人間化された世界としての資本主義　搾取の本質

1　『資本論』とマルクスの初期の著作との関係についての論争

資本主義経済の機能と展望のマルクスの説明は、彼の人間学の理念と歴史哲学から切り離して研究することはできない。彼の理論は、人間の活動全体をそのさまざまな相互依存の領域において包括する一般理論である。あらゆる年代の人間の行動は、それが受動的であろうが能動的であろうが、知的であろうが、審美的であろうが、あるいは労働に従事していようが、総合的に理解されなければならず、そうでなければまったく理解できない。

『資本論』は、マルクスが彼の基本的な非人間化の理論を経済的生産と交換の現象に適用した一連の著作の集大成である。彼の継続的な「批判」つまり一八四四年の『パリ草稿』、『哲学の貧困』（一八四七）、『賃労働と資本』（一八四九）、『要綱』（一八五七～八）、『経済学批判』（一八五九）そして最後に『資本論』（一八六七）それ自体、これらはますます精密化された同じ思想の諸版であり、次のように表すことができる。

人間の非人間化つまり人間自身とその労働との疎外がその頂点に達し、それは革命という大激動においてしか終わらせることができない時代にわれわれは生きている。この革命は非人間化から最大の被害を蒙ってきた階級の特殊な利益に発するものであるが、その効果は全人類にとって人間性を回復させることにある。

マルクスの用語法とその説明様式が一八四四年と一八六七年のあいだで変化してきたことは疑いの余地はなく、そしてこれらが彼の理念の変化とどの程度まで対応しているかについて、多くの論争が存在してきた。とりわけ、一八四三年から四年の草稿に顕著で、規範的、人間学的見方を含む「類的本質への復帰」論は、構造的記述に傾斜した後期マルクスによって放棄されたと示唆されてきた。

ランツフートとマイヤー、ポピッツとフロムのような批評家たちは、初期の著作はより豊かでより普遍的な哲学理論を表わし、後期のそれは、それに比較して知的により制限されていると考える。シドニー・フック、ダニエル・ベルそしてルイス・フォイヤーのようなその他の多くの人びとは、マルクスの理念の発展には断絶があり、『資本論』は『パリ草稿』からその範囲だけではなく内容においても異なると主張する。

このような見方は、カルヴェス、タッカー、マックレラン、フェッチャーそしてアヴィネリのような批評家たちによって否定されている。これとは別個だが密接に関連する問題は、度重なるマルクスの鋭いヘーゲル批判にもかかわらず、彼の理念は事実としてヘーゲル的源泉に由来していたのかどうか、そしてこの点でもまた彼の知的発展において断絶が存在したのかどうか、ということである。

クローチェ、レーヴィトそしてフックは、一八四四年以降マルクスはヘーゲル主義から離脱したと主張するが、他方でルカーチ、フェッチャー、タッカーおよびアヴィネリは、マルクスは多かれ少なかれ意識的に最後までそれによって鼓舞されたと考える。これらの見解はマルクスの思想のどのような個々の段階、あるいはそのすべてにたいする共感的、あるいは非共感的アプローチと等しく両立する。ヨルダンのような他の批評家もまた、マルクスとヘーゲルの関係性はさまざまな段階を通じて貫かれていたと考える。つまり短期間の魅惑の後に激しい批判とほとんど完全なヘーゲル主義の放棄が続くが、しかしそれに引き続いて彼は温和な見方に戻るというふうに。

この論争の文献はすでに相当の冊数となり、ここで詳細にわたってそれらの主張を検討することはできない。しかしながら、マルクスの思想には断絶がなかったこと、そしてマルクスの思想は最初から最後まで基本的にヘーゲル哲学によって鼓舞されたと考える人びとに本著者が同意するのはなぜか、を簡潔に述べることはできよう。

　マルクスが著作者として四〇年のあいだに変化したのか、変化しなかったのかが問題ではないことは明確にされなければならない、なぜなら、彼は多くの点で明らかに変化したからである。ましてや『資本論』のすべての内容が、誰であっても発見することが難しい『パリ草稿』の中に見いだせるかどうかでもない。なぜなら、価値論や剰余価値論のないマルクス主義は精密化された理論としてのマルクス主義とは明らかに同じではないからである。

　問題は、マルクスが後に放棄した初期の思想の側面が知的断絶という考え方を正当化するほどに十分かどうか、そして価値論とその帰結が四〇年代初期のマルクスの哲学とは逆か、あるいはその時にはその哲学がまったく予期しなかったかのどちらかである基本的刷新であるのかどうか、ということである。この問題にわれわれは次のように答える。

　『資本論』の基本的斬新さは、古典派経済学の資本主義社会観や労働価値論とまったく異なる資本主義社会観を伴った二つの点であった。その一つ目は、労働者が売るものは彼の労働ではなく労働力であり、そして労働は二つの側面、抽象的と具体的のそれを持つという主張である。しかしこの見方はそれ自体として一八四三〜四年に初めて素描したマルクスの非人間化論の最終の版である。搾取は労働者が彼の労働力を売ることの中に、そしてそこで彼自身の本質が剥奪されることの中にある。つまり、労働過程とその結果とが疎遠で敵対的になり、人間性の実現の代りにその剥奪になる。

　二つ目には、交換価値と使用価値の対立として表れる労働の二重性を発見して、マルクスが資本主義を、生産の唯一の目的が交換価値を無限に拡大させるシステムとして定義できるようになったことである。つまり、使用価値のみが同化され得るのだから、人間活動の全体が、人間としての人間が同化できない何ものかを創造するという、非人間的な目的に従属させられるのである。

　こうして社会全体がそれ自体の産物に、つまり社会全体にたいして外的で疎遠な権力として社会に現れる抽象物の奴隷と化す。意識の奇形化と政治的上部構造の疎外は基本的な労働疎外の結果であるが、しかしながら、それは歴史の側の過誤ではなく、自分たち自身の生活の決定的過程を統御する自由な人間の未来社会にとって必須の前提条件である。

　このようにして、『資本論』はマルクスの初期の見解の論理的継続と見なすことができる。そしてこの連続性は第一巻（一八七三）の第二版あとがきにおける、ほとんど三〇年前のヘーゲル批判、疑いもなく『パリ草稿』そのものへの言及によって証明される。

　一般に認められているように「人間の人間自身の類的本質の回復」そして「本質と存在の一致」という表現は、一八四四年以降のマルクスの著作には出て来ない。すでに見たように、これはドイツの「真正社会主義者」との論争によってもっともよく説明される。彼らは、それに特別な利益を有するプロレタリアートだけではなく、すべての社会階級による行動を信じて、社会主義自体だけではなくそれに向かう運動も全人類の事業であると見なした。

　しかしながら、マルクスは、社会主義は人道主義的心情によってではなく階級闘争の激発によって、そしてもし必要ならば革命的暴力によって達成されるだろうという結論にいったん達したとき以後は、階級間連帯の理念を示唆するような、あるいは世界は階級敵対感情を超越した理想や感情によって転換できることを含意するような、いかなる表現も避けた。それにもかかわらず、彼の初発の意図は同じままに残り続けた。彼はなお、社会主義は人類全体の事業であって階級や特権を廃棄するものと信じた。そして、彼は、労働者階級の抑圧によって当然ながらもっとも動かされていたけれども、資本家の観点から見た非人間化と物象化の過程も分析した。

　人間の自己自身の回復という理念は、事実としてその疎外からの回復に含まれるのであって、マルクスはこれを維持し続けた。なぜなら疎外とは人間自身がその真にあるところのもの、つまり彼自身の人間性を剥奪され

217

る過程以外の何ものでもないからである。これらの用語で語ることは、当然ながら、人間が経験的に存在するものに対置して人間が「真に」何であるかを知っていることを意味する。人間性の内容が何であるかは、経験的に確認されるかもしれないひとまとまりの特徴としてではなく、人間を真に人間にするために満たされなければならないひとまとまりの必要として考えられる。そのような基準がなければ、曖昧かもしれないが、「疎外」はいかなる価値も持たない。したがってマルクスはこの用語を使うときはいつでも、明示的かどうかにかかわらず、非歴史的あるいは前歴史的人間規範を前提にしていた。

しかしながら、これは何か恣意的な理想に属する恒久的で不変の質の集合ではなく、人間が完全に、物質的必要によって束縛されずに、その創造的能力を発揮することを可能にする発達の諸条件という概念である。

マルクスの見方において、人間性の実現とは何らかの最終的な想像された完成への到達という問題ではなく、人間の成長を妨げて人間自身を人間の生産物の奴隷にさせる諸条件から人間を永遠に解放するという問題である。疎外からの自由そして疎外それ自体の理念は、予備的な価値判断と「人間性」とは何を意味するのかという理念を必要とする。

「疎外」の用語は『要綱』（一八五七～八）ではまだなお頻繁に現れるが、それ以降のマルクスの著作においては一般的ではなく、『資本論』ではめったに使われない。しかしながら、これは言葉の変化であって内容の変化ではない。というのは、人間の労働やその生産物が彼にとって疎遠になる過程は、『草稿』で記述したものと同じ現象をマルクスが心に浮かべたことを明確に示す用語で『資本論』の中で叙述されているからである。

マルクスの初期のヘーゲル批判の中で、どんなときでも、彼が疎外を外化、すなわち人間の力や技能を新しい生産物に移転する労働の過程と同一視しなかったことに注意することが重要である。この意味において疎外の廃棄を語ることは明らかに馬鹿げている、なぜなら、考えられるかぎりのあらゆる環境の下で、人間は彼らが必要とする物を生産するためにエネルギーを消費しなければならないからである。

すでに見たように、ヘーゲルは疎外を外化と同一視し、それゆえに、ようやく対象の客観性を廃棄することによって人間の、世界との最終的調和を考えることができた。しかしながら、マルクスにとっては、人間が自分の力を「対象化する」という事実は、彼らが生産するものが何であれ、それによってより貧困になることを意味しない。それとは逆に、労働はそれ自体として人間性の肯定であって、その否定ではなく、人間の自己創造の永遠の過程の主要な形態である。

生産活動が悲惨と非人間化の源泉となって、労働が労働者を豊かにするのではなくかえって労働者を破壊するのは、私有財産と分業によって支配される社会においてのみである。疎外された労働が廃棄される場合でも人びとは彼らの力を外化し「対象化」しつづけるだろうが、しかし彼らは彼らの集団的能力の発現として自らの手の労働を吸収することができる。

ここでもまた再び、生産的労働者が享受しあるいは享受するかもしれない自己肯定にたいする若きマルクスの賞賛と、将来の進歩は必要労働すなわち基本的な物資的必要を充足するために費やされる労働の漸進的削減から成り立つ、という『資本論』第三巻の主張とのあいだに何の矛盾もないことは明らかである。このようにして節約された時間は無為に費やされるべきものではなく、自由な創造活動、マルクスが芸術家のそれを典型とした熱心で夢中になる骨折り仕事に使われる。人間は労働の形態で自分の人間性を主張しつづけるだろうが、しかし食糧、衣服、家具の生産にはますます時間を使わなくなり、芸術や科学の作品にはますます多くの時間を費やすだろう。

マルクスが一八四四年に表明した見解、つまり人間はそれ自体のあるがままのものとしてではなく、社会的に創造され必要のシステムという媒介を通して自然を知るようになる、という見解を維持しつづけたと説明することにもまた十分な根拠がある。

彼の最後の作品の一つで、アドルフ・ワーグナーの政治経済学参考書についての評注（一八八〇年執筆）において、マルクスは、人間は外部世界を自分の必要を満たす手段と見て単なる観照の対象としては見ないこと、

218

そして人間がその中に認識し言葉で表す特徴、言い換えれば、人間のすべての概念的カテゴリーは、人間の実際的必要と関連することを主張する。このことから、マルクスが世界はそれ自体として人間の精神に反映され、そこで見いだされた表象が抽象的概念に変わるという見解を決して受け入れなかったことは明らかである。

　他方、自然との統一をもう一度達成する人間というロマン主義の理念は、一八四四年後のマルクスの著作には出てこないことが主張できる。『要綱』からは、彼が功利主義的あるいはそれと同じような観点に移行したと推察できるかもしれない。文明を前進させる上で資本主義によって果たされた巨大な役割という彼の多くの記述（『共産党宣言』や『資本論』の両方でわれわれが発見するような）の一つにおいて、彼は、資本は、人間が初めて普遍的な方法で自然を「同化する」こと、つまりそれを崇拝の対象ではなく利用の対象として扱うことを可能にさせたと述べる。

　しかし、ここでもまた、見解の真の変化を語ることは難しい。自然を破壊することで資本主義を称賛したり、あるいは原始の未利用の状態にある世界を人間の崇拝に値すると見なしたりするような偶像崇拝的自然観をマルクスは持たなかった。彼は、人間は彼の必要に従って世界を認識し組織すること、そして人間が進歩するにつれて自然もまた人間化され、より従順化され、より計測可能になると信じた。彼の見解の表現は変わってきたかもしれない。しかし、その見解自体は変わってはいない。

　われわれが、すでに述べたように、『要綱』の発行はマルクスの思想の発展において巨大な断絶があると主張した人びとを論破する上で大いに役立った。特に、彼の価値と貨幣の理論が疎外の概念と調和的に結合したことは明らかであった。疑いもなく二つの別々の伝統がここで総合されたのである。つまり、ヘーゲルの伝統とマルクスがまだパリ滞在中に研究し始めたイギリスの古典派経済学の伝統である。それは、事実として、バウアー、フォイエルバッハ、そしてヘスに由来する疎外の理論を、実質的修正を施しながらではあるが、リカードから継承した概念的カテゴリーの中で表現するという彼の偉大な達成の一つであった。

2　古典派経済学の伝統と価値の理論

『資本論』の核心である価値の理論は、アリストテレスの時代まで遡ることができる歴史を持つ。それは理論的実際的の両方の理由から関心を引いた。理論的問題は次の通りである。商品は相互に特定の比率で交換されるのだから、それらはそのすべての質の相違にも関わらず、それらを量的に比較可能にさせる何らかの特性を持っているに違いない。それでは物の多様性を単一の尺度に直すその共通の特徴とは何か。

　中世において大いに議論された実際的問題は、「公正価格」（just price）の問題である。所与の物品の公正価格はどのようにして決定されるべきかと規範的な言い方で表現されたけれども、これは実は、売り手が「実際に」付ける価格で買い手が支払う「等価交換」の条件をどのように定義するかということと同じ問題である。これは中世の神学者、道徳家そして政治作家たちによって頻繁に提出された別の問題に直接に関連した。すなわち、利子付きで金を貸すのは適法であるか、もしそうであるなら、その根拠は何かというものである。「公正価格」と利子の問題は、何が商品の「真の」価値を構成するのか、そしてそれはどのようにして測定されなければならないかを決定することによってのみ明確に答えることができる。

　物品の価値はその生産に費やされた労働の量によって測定されなければならないという理念は、一八世紀以前のさまざまな思想家によって深められた。この問題史の徹底的な研究を行ったマルクスは、彼自身の理論の出発点として、彼が経済学の基礎と見なした二冊の古典的著作を取り上げた。つまりアダム・スミスの『諸国民の富の性質とその諸原因の研究』（一七七六）とリカードの『政治経済学及び課税の原理』（一八一七）である。

　スミスの主著はとりわけ、国民の富はいかにして増加するのか、価格の変動にも関わらずそれはいかにして客観的に測定できるのかという問題に捧げられている。彼は、富の増加は望ましいものと見なし、生産と貿易にたいする国家の干渉はその成長を阻害するだけであることを証明しようとした。彼は生産的労働と非生産的労働とを区別し、前者に農業労働（重農主義者がそうしたように）だけではなく物的対象を有用な目的のために加工することを含むすべての職業、つまりサービス、管理、政治的知的活動等を除外して、更なる生産に利用できる「剰余」を生み出すすべての職業を入れた。

生産物の価値をどのように測定するかという問題は、スミスの考えでは、国民の生産物がどのように測定されるかに依存した。彼は物の使用価値つまり人間の必要を満たす力を、その交換価値つまり経済学固有の主題である交換価値と区別した。というのは、空気のようないくつかの物は極めて有用ではあるが交換の対象ではなく、その一方で他の物は極めてわずかな有用性ではあるが、莫大な価格で売れることは明白であるからである。

しかしながら、交換価値は商品の実際の価格と同じではない。その反対に、いかなる条件の下で価格が「真の」価値と一致するのか、そして何がそれらをそこから外れるようにさせるかを発見する必要がある、とスミスは主張した。物品の真のあるいは「自然な」価値は、それを生産するのに投入された労働の量によって測定される。すなわち少なくとも、そういうことは原始社会では事実であって、そこでは、財貨は労働時間、例えば獲物を捕らえるのに費やされた時間を基に交換された。

しかし、近代の社会では労働以外に他の要因、すなわち資本と土地が役割を果たすようになる。その結果、製品の価値または「自然価格」の中に労働者の報酬、使われた資本への報酬そして各種の使用料が含まれる。こうして資本家、地主、労働者のあいだの利潤の配分はその質に応じて行われる。

220

富の増加は、生産に従事するすべての階級の全般的利益である。マルサスとその後少なくともしばらくのあいだマルクスが主張したように、賃金はぎりぎりの生存水準まで下落せざるを得なくなるとスミスは思わなかった。市場価格ができるだけ「自然な」価格に近いままであること、そして変動にもかかわらず価格がこの水準に向かうことを市場自体が自動的に確保することがすべての人びとの利益である。つまり、管理的行為による市場の人為的規制は、それを援助するよりも阻害する可能性が高い。市場はまた人間労働の不平等な形態にたいして共通の尺度を提供するのであって、それらの労働は単純に時間を基礎とするのではなく、仕事の複雑性とそれに投入される技能に応じて報いられなければならない。

スミスは、「自然」価格と国民の収入を市場価格から独立して計算できる方法を何も提示しなかった。それにもかかわらず彼の著作は、経済活動は人間の意志から独立してそれ自体の法則に従って市場の「見えざる手」によって規律されるという前提に立って、経済活動の分析に適用できる完全なカテゴリー体系に到達しようとする最初の試みであった。スミスは競争と市場が自動的に与える好ましい影響への信頼をいくつかの点で修正したけれども、『国富論』は自由主義の歴史におけるもっとも重要な文献の一つである。その上、彼は経済と道徳の側面にまだ明瞭に一線を画さなかった。

リカードはスミスのそれといささか異なる問題を提起したが、少なくともしばらくのあいだは同様の分析手段を使った。彼は国民所得の計算よりも、異なる階級間の配分の基礎を発見することに関心を持った。彼は、理論上、商品の価値は労働の単位（機械もまた機械を製作するのに含まれる労働の総和として扱われた）の点から表すことができると信じたが、そのような計算は大規模な経済過程に関しては実行不可能であることも認めた。彼はまた、価格の労働依存と異なる生産部門に関して平準化される利潤率の傾向とのあいだの矛盾も認識した。というのは、労働単位当たりの資本額は産業のさまざまな部門で異なり、その結果、もし価格が労働投入量に比例するならば画一的な利潤率は存在し得ないからである。結局のところ、労働価値論はリカードにとって、その後のマルクスにとってそうであったようには重要ではなかった。

リカードはスミスよりもいっそう明確に、資本家と賃金労働者の利益の衝突を理解した。彼は、技術の進歩は雇用の減少に繋がるかもしれず、そうなれば労働者の総所得を低下させることを認識した。彼はまたマルサスの見解、すなわち賃金はぎりぎりの生存水準にまで落ち込む傾向にあり、そうでなければ労働者がより多くの子どもを育てるのだから、労働の供給は増大し、賃金はもう一段と下落するという見解を共有する傾向にあった。

マルクスは、イギリス古典派経済学の著作を、社会生活の実際のメカニズムを発見するために感傷を排して探求する偏見のない分析の模範、と見なした。マルクスは、彼らの学説は経済的自由主義そして土地や資本の所有者が生産における彼らの分担に応じて報酬を受けることは「自然」である、という信念に基づいていることを実によく理解した。しかし、マルクスにスミスやリカードにたいする関心を持たせたものは、生産過程におけるさまざまな要素のあいだの、すなわち、投資、人口増加、賃金、食費、外国貿易等のあいだの相互関連の叙述であった。古典派経済学者たちは、ヘーゲルと同じように、個人的関係における人びとの意図の観察によって人間社会をよく理解することはできないと信じた。つまり、人間社会の動きを支配する法則は誰か一人によって意図されたのではなく、人間の行動を決定するのはそれらの法則であって人びとの思想ではない。

しかしながら、マルクスは彼に先行したどの経済学者とも異なる方法で価値の理論を用いた。国民の生産物はどのように評価されるべきか、どのように配分されるべきかという問題にそれを適用せず、彼はこの価値の理論を主として私有財産に基づく社会における搾取の本質を究明することに用いた。

こうして、すでに触れた二つの点（労働の二重性と賃金労働者が売るのは労働ではなく労働力であること）に加えて、マルクスによって価値論は他の二つの本質的な点で転換された。第一に彼はリカードと異なり、労働は価値の唯一の尺度であるばかりではなく、その唯一の源泉であると考えた。第二に彼は、交換価値の現象は社会または文明の自然で不可分の部分ではなく、生産と交換の組織の歴史的で過渡的な形態であると主張した。これらが、マルクスが伝統的な価値の理論を作り変えた四つの主要な点である。

マルクスは、自分の経済学説の修正、補正、補充のために長年月を費やした。エルネスト・マンデルが明らかにしたように、マルクスの一八四四〜五年の最初のノートは、彼が当時リカードの価値論は誤りである、なぜならそれは供給と需要の不適合、したがって経済危機を説明できないからであり、そしてまた、その中で人間労働の自然価値が生存の水準によって定義されているがゆえに道徳的にも疑わしいと見なしたことを示している。

マルクスはさまざまな段階で、自分自身の価値論の定式化に到達した。しかしながら、われわれはここでそれらを追跡することはしないで、その理論が最終形態として『資本論』に現れたものを分析することにする。

3　価値の二重的形態と労働の二重的性格

『資本論』の冒頭で、マルクスはすべての有用なものは質的または量的観点から捉えることができると述べる。すなわち、われわれは、パン、衣類、家具等としてそれらを有用にする特質かあるいは、どんなものであれ、そこに投入された労働の量と単純に考えることもできる、と。

このように人間の生産物は二重の価値、あるいはむしろ二つの不相応な類の価値を持つ。使用価値、すなわち人間の要求を満足させることを可能にする特質、そしてそれらを製作するために費やされる労働時間の量からもたらされる価値である。物品が交換過程で相互に比較されるとき、それらの価値は交換価値の形態を取る。こうして個々の有用物は抽象的な交換価値、つまり労働形態の相互の相違に関わりなく労働時間の結晶である交換価値を与えられる。

交換価値を構成するのは、そういうものとしての労働のみである。有用ではあるが人の手によらないもの（天然資源、水力、未開の土地そして森林）は価格を有するとしても、いかなる価値も持たない。この点は後に剰余価値の文脈でマルクスが説明する。

交換価値として、物はそれらの中に取り入れられた労働時間の総計によって量的に比較される。つまりこうして物は、労働時間という同質の側面に還元されて交換の対象を形成することができる。しかしながら、これはそれらを製作するのに実際に使われた時間を意味しない。焼き手が未熟かあるいは十分な設備を持たないがゆえに、製作するのに二倍の時間を要したという理由で、他の一塊のパンよりも二倍の価値があるということにはならない。

われわれが関わっているのは実際の労働ではなく、社会的に必要な労働時間、人間の能力と技術の進歩の特定の歴史的段階で所与の物品を生産するのに必要な平均的時間量として定義される労働時間である。この必要労働時間は物の相対的価値の量的基準であり、物が明確な率で売り買いされることを可能にする。この意味で等しい量の労働を体現する商品は同じ価値を持つが、しかしながらその使用と物理的質は異なる。

使用価値の保有は十分条件ではないけれども、交換価値の保有の必要条件である。いかなる生産物もそれが何らかの必要を満たさず、何か良いものでなければ、それらは交換もされず商品となることもできない。別な言い方に変えよう。つまり、物は商品の性質を身に付けなければ交換価値にならず、交換過程に入らなければ商品になることができない。人びとは歴史の曙以来有用なものを作り続けてきたが、しかし同質の労働時間に基づく交換システムが存在するまではいかなる商品もいかなる交換価値も存在しなかった。交換価値は物の固有の質ではなく、流通と交換の社会過程に巻き込まれることに由来する。生産物は相互に交換されることによって価値に転換される。

223

「一般的価値形態は、ただ商品世界の共同の仕事としてのみ成立する。一つの商品が一般的価値表現を得るのは、同時に他のすべての商品が自分たちの価値を同じ等価物で表現するからにほかならない。そして、新たに現れるどの商品もこれにならわなければならない。こうして、諸商品の価値対象性は、それがこれらの物の純粋に『社会的な定在』であるからこそ、ただ諸商品の全面的な社会的関係によってのみ表現されうるのであり、したがって諸商品の価値形態は社会的に認められた形態でなければならないということが明瞭に現れてくるのである」(『資本論』第一巻、第一部、第一篇　第一章　第三節C［岡崎次郎訳『マルクス・エンゲルス全集』第二三巻　第一分冊　九〇頁］)。

物の商品形態はこうした特殊な種類の社会的関係、すなわち交換に従事する人びとが私的所有者として相互に向かい合う状態の結果である。

「私的所有者は、自分たちの意志をこれらの物に宿す人として、互いに相対しなければならない。したがって、一方はただ他方の同意のもとにのみ、すなわち、どちらともただ両者に共通な一つの意志行為としてのみ、自分の商品を手放すことによって、他人の商品を自分のものとするのである。——すべての商品は、その所持者にとっては非使用価値であり、その非所持者にとっては使用価値である。だから、商品は持ち手を取り替えなければならない。そしてこの持ち手の取り換えが商品の交換なのであり、また商品の交換が商品を価値として互いに関係させ、商品を価値として実現するのである。それゆえ、商品は、使用価値として実現される前に価値として実現されなければならないのである」(『資本論』第一巻、第一篇、第二章［邦訳『マルクス・エンゲルス全集』第二三巻　第一分冊　一一三〜四頁］)。

われわれが価値と呼ぶ物の質、それは自然にとっては分からず、人間社会の諸条件によって物にたいして与えられるのだが、これがマルクスの理論において人間労働の二重性の土台である。一方で、労働は特定の生産物に支出される特定の種類の具体的活動である。他方で、それは労働一般、人間の労働力の単純な支出である。この抽象的で、同質的な労働が交換価値の真の創造者であり、他方、分化された労働は使用価値を創り出す。

商品の生産つまり交換のための生産を考察する際に、われわれはパン焼きの仕事と糸紡ぎや木こりの仕事との違いに着目せずに、正確に測定できる一定時間の労働力の行使という観点から、それらを同一のものとして扱う。このような方法で、もっとも複雑な労働の形態も簡単に労働、すなわち労働時間に還元される。これによりまったく異なる製品も比較し、交換

224

することができ、生産性の変化は創造される使用価値の総量に影響を与えるが、交換価値のそれには影響を与えないということになる。

　技術が改良される場合、同量の努力でより多くの物品を生産することになるが、それぞれの物品の価値はそれに応じて下落し、その結果、価値の総量は同じままである。技術の発展のいかなる段階であろうと、社会は同じ労働時間の総量で同じ価値量を生産するのである。

　すべての労働生産物は、交換においてのみつまり他の生産物との比較においてのみその価値を表すのだから、それらのいかなる物も他の生産物を測る基準として等しく適合することになる。普遍的価値基準が貨幣形態として出現するのは、交換過程において創り出された抽象的質が物の中にあらかじめ存在することによって可能となった。

　そのうちに、貴金属が価値の基準として特権的地位を獲得したという事実は、その画一性、分割可能性、腐食抵抗性等々という物質的特性によるものであって、それらがこれらの貴金属をしてそれまでに貨幣として使われた他の物、例えば牛よりもより適合的にさせたのである。

　それ自体として金は交換価値として他のいかなる商品とも異ならず、その価値もいかなる魔術的特性からではなく、それが抽象的人間労働の産物であることからもたらされる。すなわち、それは普遍的基準の役割に押し上げられる前に、最初は他のどれとも同じ商品でなければならなかった。それにもかかわらず、価値の基準、支払いや交換そして蓄積の手段として考えられる貨幣において交換価値が自律的になり、その労働起源性は視野から失われる。

　労働の生産物が貨幣形態によって専有され得るという事実が、貨幣または金が富の本来的で始原的な源泉であるという幻想を創り出す。『資本論』において、一八四四年の『草稿』で使った、シェイクスピアのタイモンによる金に反対する厳しい長広舌を引用して、マルクスは観察している。

「貨幣では商品のいっさいの質的な相違が消え去っているように、貨幣そのものもまた徹底的な平等派としていっさいの相違を消し去るのである。しかし、貨幣はそれ自身商品であり、誰の私有物にでもなれる外的な物である。こうして、社会的な力が私的諸個人の私的な力となるのである」〔邦訳『資本論』第一巻、第一篇、第三章『マルクス・エンゲルス全集』第二三巻第一分冊　一七二頁　一部修正〕。

　交換価値をそれ自体として考察するとき、われわれは、商品はその価値に従って交換されるという架空の想定を行う。しかしながら、貨幣の創造は価格という要素、すなわち他の商品がそれでもって交換される貨幣量を導入した。価値が価格に転換されるとき、商品は相互の量的関係を貨幣に対する量的関係の形で表す。こうして価値と価格の分離、つまり商品が貨幣価格で表されるそれらの価値よりも高いかあるいは低い割合で交換されることが可能になる。

「しかしながら、価格形態は、価値量と価格との、すなわち、価値量とそれ自身の価格表現との、量的な不一致の可能性を許すだけではなく、一つの質的矛盾、すなわち、貨幣はただ商品の価値形態でしかないにもかかわらず、価格がおよそ価値表現ではなくなるという矛盾を宿すことができる。それ自体としては商品ではないもの、たとえば良心や名誉などは、その所持者が貨幣とひきかえに売ることができるものであり、こうしてその価格をつうじて商品形態を受け取ることができる。それゆえ、ある物は価値を持つことなしに価格を持つことができる。――他方、想像的な価格形態、たとえば、そこには人間労働が対象化されていないので少しも価値のない未開墾地の価格のようなものも、ある現実の価値関係、またはこれから派生した関係をひそませていることがありうるのである」〔邦訳『資本論』第一巻、第一篇、第三章、第一節『マルクス・エンゲルス全集』第二三巻　第一分冊　一三六頁〕。

　こうして貨幣形態は、価値とそれを表現すると想定される価格との不一致を可能とし、また実際にそれを引き起こす。マルクスが『資本論』第三巻で述べているように、社会のすべての生産物の総価格は社会の価値の総量と等しくなければならない。しかし商品経済において、この等式は不平

225

等を認めるだけではなく、個別の事例においては不平等を前提とする、つまり、価値と等しくなるはずの価格が常にその価値の上または下で変動するのである。価値と価格の対照が資本主義的生産と交換との基本的矛盾を表す。しかしながら、この不平等は利潤の説明にはならない。物品をその価値以上で売ることは利潤の真の源泉ではなく、その一つの形態の源泉であるだけである。利潤の現象は、すべての商品がその真の価値で売られるという前提に立って説明されなければならない。これは逆説的に聞こえるかもしれないが、マルクスが『賃金、価格、利潤』で述べているように、「地球が太陽のまわりをまわっているということも、水が非常に燃えやすい二つの気体からなりたっているということも、やはり逆説である。科学の真理は、もしこれを事実のまぎらわしい外観だけしかとらえない日常経験で判断するとすれば、つねに逆説なのである」［邦訳『マルクス・エンゲルス全集』第一六巻　一二七～八頁］

4　商品フェティシズム　商品としての労働力

しかしながら、利潤の源泉を探求する前にわれわれは貨幣形態が人間の思考過程に及ぼす影響について言及してもよい。商品の交換も貨幣の存在も資本主義生産の十分条件ではないのであって、資本主義生産はそれらに加えて労働力の自由な販売と本質的に交換価値の増大を目ざす生産システムを必要とする。しかし物が取る商品と貨幣の形態は、マルクスが商品フェティシズムと呼ぶ特殊な幻想の根源であり、それが自分たちの社会的存在に関する人間の虚偽意識にたいして大部分の責任を負う。

商品フェティシズムの本質は、労働時間によってエネルギーの支出高を測定する際に、われわれが労働生産物の中に、もともとは生活過程そのものと関連する尺度を導入することにある。こうして商品の交換者としての人間の相互関係が物のあいだの関係という形態をとり、あたかも物と物との関係がそれ自体を価値化するような神秘的な質を持つか、あるいはまた、価値があたかも物の自然で物質的な特性であるかのようになる。

「生産者の総労働にたいする関係は彼らにとっては社会関係として、彼ら相互の間ではなく、彼らの労働の生産物の間に存在する社会関係として現れる。これが、なぜ労働生産物が商品になり、その質が感覚的に捉えることができると同時に感覚的に捉えることのできないものである社会的な物となる理由である。――商品としての物の存在、そしてそれらを商品として刻印する労働生産物間の価値関係は、労働生産物の物理的性質やそこから生ずる物的な関係とは絶対に何の関係もない。ここで、人間にとって物と物との関係という幻影的な形態をとるものは、人と人との関係の特殊な社会関係である。類似性を見出すためには、われわれは宗教的世界の霧で包まれた境地に頼らなければならないのであって、そこでは人間の頭の産物が生命を与えられた独立した存在として立ち現れ、それらの間でも人間の間の双方で関係を結ぶのである」［邦訳『資本論』第一巻、第一篇、第一章、第四節『マルクス・エンゲルス全集』第二三巻　第一分冊　九八頁］。

それによって社会関係が、物あるいは物と物との関係を帯びるようになる過程は、そこに生きている人間がその社会を理解することに失敗する原因である。商品を貨幣と交換する際に、人間は無意識のうちに、自分の資質、能力そして努力が自分ではなく、自分たちが作り出した物にともかくも内在するという立場を受け入れる。こうして彼らは疎外、特に、社会関係に客観的現実性を与える物象化と呼ばれる意識の歪曲化の犠牲者となる。

マルクスはもはや「疎外」の用語を使わないが、しかしその現象の分析は彼の初期の著作におけるのと同じであって、彼がフォイエルバッハに負うところの宗教との類似も同じである。

そういうわけで、商品フェティシズムとは、人間が彼自身の生産物をそのあるがままのものとして見ることができないことであり、そして自分の力を支配するのではなく、その力の奴隷になることに無意識のうちに同意することである。フェティシズムは他のすべての形態の疎外、つまり抑圧の道具と化す政治制度の自律性、宗教的幻想という形における人間の脳の創造物の自律性など、要するに自らが生産したものにたいする人間の奴隷化の総体を萌芽的に含む。

すべての社会進歩、つまり科学の発達と労働の組織化、改善された管理と有用な生産物の増加、これらの進歩が人間と対立し、疑似的な自然力に転換される。あらゆる純粋な前進も人間の隷属の拡大に仕えるだけであり、それはあたかもヘーゲルの進歩の矛盾説を確証するかのようである。

しかしながら、社会関係を物と見まちがえる欺かれた意識は、資本主義的生産に典型的な現象の中にその特殊な表現を見いだす。それが労働力の物象化、すなわち人間人格、真の主体が、価値法則によって支配された規則に従って市場で売り買いされる商品としての労働という脈絡で現れるという境遇である。

われわれが見たように、社会主義者はリカードの価値論から、搾取は労働があまりにも低い価格で売られることにあること、そして社会的不公正の原因は賃金の稼ぎ手と資本家とのあいだのこのような不平等な交換であることを主張してきた。したがって、為されなければならないことは、平等の基礎の上に生産と交換を改革することであって、そうなれば労働はその真の価値で売られる。

このような論法が、労働者の扇動の目的のためにどれほど有益であるとしても、マルクスはこれをまったくの誤りであると見なした。彼の見解では、搾取は労働者が自分の労働をその価値よりも低く売ることにあるのではない。利潤と搾取の現象を説明するために、労働力として知られる特殊な商品の販売においてだけではなく商品の流通においても、同等の交換と

227

いう原理から出発することが必要であった。

なぜなら、これがその成熟した形態におけるマルクスの資本主義分析の核心部分であるのだが、賃労働は労働力の販売に基づいており、労働の販売に基づいてはいないからである。労働は価値を創造するが、しかしそれ自体は価値を持たない。これを解明するために、マルクスは資本家の利潤の起源という問題を立てる。どのようにして生産手段の所有者が、生産の全過程に投じたものよりも多くの交換価値をそこから手に入れることができるのか？　金がある男が、それが彼のものだという理由だけで、利子付きで貸すことによってお金を増やすことができるのか？　土地所有者が、自分の側は何も労働の支出をしないまま土地を貸す権利があるのか？　お人好しの人にとって、資本は自己増殖する神秘的な力を持った、自動的な価値の源泉と見えるかもしれない。つまり、これは三つの独立した価値の源泉すなわち、土地、資本、労働という理論を支持する見方である。

この種の理論は資本主義体制を正当化し、資本家、土地所有者、そして労働者は共同生産者として共通の階級的利益を持つ、と示唆するのに使われる。しかしながら、それらは、価値は交換過程それ自体によって増加するというコンディヤックの理論のような思考の混乱に基づいている。確かに生産する経費を超える商品価値の超過分は、流通つまり交換という行為の中で実現し、そしてこのことから価値は交換の行為から始まるという錯覚が生まれたことは事実である。しかし、専ら生産労働の結果である価値は単なる商業的展開によっては増加しない。

社会主義者の中には、安く買って高く売る商人は結果的に詐欺師であり、彼のすべての利潤は同等な交換という条件の下で消失すると主張する者がいた。しかし事実として、交換が厳密に同等であってさえも利潤は生まれる。つまり、価値は商品が交換されて初めて出現するけれども、流通からは生まれない。金がある男は、その使用価値が価値の源泉であり、その使用価値が実現するにつれて、つまりその消費の過程で交換価値を創りだす特殊な商品が市場に存在するという事実のお陰で、その貨幣を増殖させることができる。

この商品が労働力または労働の能力であり、「一人の人間のうちに存在していて、彼が何らかの種類の使用価値を生産するときにそのつど行使する精神的及び身体的諸能力の総体のことである」［邦訳『資本論』第一巻、第一篇、第四章、第三節、英訳版第六章『マルクス・エンゲルス全集』二一九頁］。

賃金労働は一定時間での労働力の売りである。この交換が成立するためには、二つの意味で自由な賃金労働者の階級が存在しなければならない。

228

すなわち自分の労働力を譲渡し、自分が好む人なら誰にでもそれを売却する上で法的に自由であること、そして生産手段の所有からも自由であること、すなわち、自分の労働力以外に何も所有せず、結果としてそれを売らざるを得ないことである。

このような状況、つまり自由な賃金の稼ぎ手が、自分の労働力を生産手段の所有者に売るという状況が資本主義特有の相である。それは歴史の中にその始まりを持ち、そして終わりを持つ一つのシステムであるが、しかし、しばらくのあいだ、それが歴史の全過程を改革してきた。

労働力の価値は、他のどの商品とも同じ方法で、すなわちそれを再生産するのに必要な労働時間の総量によって決定される。労働力の再生産は労働者が働くことができ、財産を持たない生産者たる新しい世代を育成する条件を労働者が維持することにある。換言すれば、労働力の価値は労働者とその子どもたちを生かして五体満足な状態で維持するために必要な生産物の価値である。

そういうわけで、労働力の売りとは、その見返りとして賃金労働者がその生存の費用と同等の額を受け取る場合は平等の交換である。この額は生理学的な最低限によって決められるだけではなく、歴史的に変化する諸必要によっても決定される。それでも生理学的最小限は賃金の最小限となる。

こういうわけだから、ユートピア社会主義者は、労働者が自分の労働をその価値以下で売るがゆえに搾取は起こると主張する点で間違っている。彼の賃金が彼をして生きさせ、元気でいさせるかぎり、彼はその労働をその価値以下で売ってしまったわけではない。その交換は同等な交換である。

しかしこのことが、搾取など存在しないということを意味するのではない。その反対に、搾取はユートピア主義者の考えたものよりもいっそう優勢であって、搾取は労働力の売り手と買い手とのあいだの不等価交換に依るのではなく、ある技術的水準の下での労働力の使用が労働力を維持するのに必要な生産物の価値よりもさらに大きな交換価値を創ることができるという事実に依るのである。つまり別な言い方をすれば、労働日は労働者を生きた状態で維持する商品を生産するために必要であるものよりももっと長いのである。

労働力の使用価値は、それがその価値よりももっと大きな交換価値を創り出すという事実から成り立つ。どのような購入においても、労働力の売り手は交換価値の見返りとしてその使用価値を手放し、その使用価値は資本家に譲り渡される。生産手段の所有者は一日分の労働の価値を支払い、労働者の労働力を一二時間まで使う絶対的権利を手に入れる。こうして労働者の維持経費を超えて創り出される価値の超過が「剰余価値」であり、同等な交換という条件の下ですらこれが資本家によって獲得される。もし労働日の半分が彼の労働力を再生産するのに必要な生産物の価値に相当するならば、残りの半分は報われない労働、つまり生産手段の所有者によって獲得される剰余価値を創造する労働力の消費（なぜなら労働は消費であるから）である。これが、搾取が平等な交換といかに両立できるものか、そしてまた、なぜ搾取に反対する階級闘争つまり賃金を引き上げることによってだけでは勝利することができず、賃金労働という全システムを廃棄することによってのみ勝利することができる闘争が存在しなければならないかを説明する。

「資本家は、労働日をできるだけ延長してできれば一労働日を二労働日にでもしようとするとき、買い手としての自分の権利を主張するのである。他方、売られた商品の独自の性質には、買い手によるそれの消費にたいする制限が含まれているのであって、労働者は、労働日を一定の正常な長さに制限しようとするとき、売り手としての自分の権利を主張するのである。だから、ここでは一つの二律背反が生ずるのである。つまり、どちらも等しく商品交換の法則によって保証されている権利対権利である。同等な権利と権利の間では力がことを決する。こういうわけで、資本主義生産の歴史では、労働日の標準化は、総資本家すなわち資本家階級と総労働、すなわち労働者階級とのあいだの闘争の結果として現れるのである」［邦訳『資本論』第一巻、第一篇、第八章、第一節『マルクス・エンゲルス全集』第二三巻　第一分冊　三〇五頁〕。

それが行使されている時間で資本家が労働力を買うという賃労働のシステムは、労働力再生産のために必要な労働と剰余価値を創り出す余剰分つまり、不払い労働との労働日の分割を覆い隠す。見かけ上、雇用者は労働者の労働全体に対して支払っているが、実際はそうではない。つまり、この状態は、奴隷制の下で行われている状態とは逆であって、そこでは自分の維持に必要な価値を生産するためにその労働日の一部が実際に捧げられているときでも、奴隷はその主人のためにすべて働いているように見えるのである。

他方、奴隷制の通常の状態においては、主人のための奴隷の労働と彼自身の利益のためにする仕事は時間で明確に分割され、彼の労働のどの部分が無報酬であるかが明確である。賃金労働者の無報酬の労働時間は同質化された生産過程において覆い隠されているのであって、剰余価値の源泉を発見するためにはその状態の分析が不可欠となる。資本家は労働者のために一定額を消費し、その総額を上回り、それを超過して創り出された価値は利潤として彼のもとに生じるのであるが、しかしそれは商品の流通の中でのみ現実化する。この剰余価値の総額が「絶対的剰余価値」と呼ばれ、それと雇用者が賃金のために消費した資本の総額との比率が「相対的剰余価値」と呼ばれる。

5　労働の疎外とその生産物からの疎外

したがって、価値の唯一の源泉は、生産的労働つまり人間の必要を満たす物質的対象の形成である。資本のあらゆる二番目の形態つまり商人、銀行家、そして地主の資本は剰余価値の獲得のために使われるが、剰余価値の生産においてはいかなる役割も果たさない。「産業資本は、剰余価値または剰余生産物の取得だけではなく同時にその創造も資本の機能であるところの資本の唯一の存在様式である」〔邦訳『資本論』第二巻、第一章、第四節『マルクス・エンゲルス全集』第二四巻　六九頁　一部変更〕。

産業資本は運輸の組織を含む。「現実の運輸業や発送業は商業とはまったく別な産業部門でありうるし、また事実そうでもある。また、これから売買される商品が埠頭やその他の公の場所に積んであることもありうる。そして、このようなことから生ずる費用は、商人がそれを前貸ししなければならないかぎり、第三者によって商人の勘定として計算される。…運輸業者や鉄道経営者や船舶運航業者は『商人』ではない」〔邦訳『資本論』第三巻、第一七章『マルクス・エンゲルス全集』第二五巻　三六一頁〕。

したがって運輸と保管は生産の一部である。しかし厳密な意味での商業活動つまり交換行為は、商品に付加的な価値を与えない。商品を加工したり輸送したりする労働者のみが、あるいは当然ながら農民労働者が新しい交換価値を創り出し、共同社会の消費に供する価値の総額を増加させる。

こうしてわれわれは資本主義的生産の全体系が、その上に基づく社会関係すなわち労働力の商品としての性質を発見した。労働力が商品であるという事実は、人間が物として機能すること、彼の人格的特性と能力が他のどの商品とも同じように売り買いされることを意味する。つまり、人間の頭脳と肉体、彼の身体的エネルギーと創造的能力は、その交換価値だけが重要であるという状態に落とし込まれる。

このような物象化つまり人格の物への転換は、資本主義の下での人間の零落の手段である。『資本論』のこの部分でマルクスは、はるか以前の一八四三年に定式化した理念に立ち戻る。当時彼は労働者階級の中に非人間化の縮図と同時に、その中に潜在する人間性の復活という希望を見たのであった。『賃労働と資本』（一八四九年）の第一章で彼は書いた。「労働力の行使つまり労働は労働者自身の生命活動、彼自身の生命の発現である。そしてこの生命活動を彼は必要な生活資料を手に入れるために他の人間に売る。こうして彼の生命活動は彼にとって、生きていくための一手段にすぎないのである。彼は生きるために働くのである」と〔邦訳『マルクス・エンゲルス全集』第六巻　三九六頁〕。

『資本論』も同様である。

「生産手段はたちまち他人の労働を吸収するための手段に転化された。

もはや労働者が生産手段を使うのではなく、生産手段が労働者を使うのである。生産手段は、労働者によって彼の生産的活動の素材的要素として消費されるのではなく、労働者を生産手段自身の生活過程の酵素として消費するのであり、そして資本の生活過程とは、自分自身を常に拡大し、常に増殖する価値としての資本の運動にほかならないのである」（邦訳『資本論』第一巻、第三篇、第九章［『マルクス・エンゲルス全集』第二三巻　第一分冊　四〇八頁］）。

『資本論』の第一巻および第三巻でマルクスは、労働の疎外つまり生き生きとした生産過程が労働者にとって自分自身を維持する手段以外の何ものでもないという疎外、そして労働の成果からの疎外というテーマに何度も何度も立ち戻る。すなわち労働者のエネルギーの対象化、他者のための剰余価値の創造が彼にとっては彼自身の貧困化と非人間化を貫徹する手段でしかないのである。

「資本関係が——労働者を彼自身の労働の実現の条件にたいして全く無関心にし、外的にして疎外する。…労働者は、自分の労働の社会的性格を、一つの共通な目的のための自分の労働と他人の労働との結合を、あたかも自分にとって外的な力であるかのように見る。この結合を実現するための条件は、他人の所有物であって、もし彼がその節約を強制されなければ、その浪費は彼にとって全くどうでもよいことであろう」［邦訳『資本論』第三巻、第五章、第一節『マルクス・エンゲルス全集』第二五巻　第一分冊　一〇五～六頁　一部修正］。

231

「資本主義的生産はそれ自体としては特定の使用価値にも、およそ自分の生産する商品の特殊性にも無関心である。どの生産部面でも肝要なのは、ただ、剰余価値を生産することだけ、そして労働の生産物によって一定の不払い労働を自分のものにすることだけである。また、同様に、資本の従属する賃労働の本性上、その労働の独自な性格には無関心であり、資本の要求に応じて変転させられ、一つの生産部門から他の生産部門に移転させられるものとならざるを得ない」［邦訳『資本論』第三巻、第一〇章『マルクス・エンゲルス全集』第二五巻　第一分冊　二四六頁］。

資本主義は労働生産物を労働自体から、労働過程の客観的諸条件を人間の主観から分離する。労働者は価値を創造するが、それらを自分自身のために得ることも、使用価値としてそれらを自分の物にして生活を豊かにすることもできない。

「彼自身の労働は労働力の販売によって彼自身から疎外され、資本家のものとされ、資本に合体されているのだから、その労働はこの過程の中で彼のものとはならない生産物の中に対象化される。生産過程は同時に資本家が労働力を消費する過程でもあるのだから、労働者の生産した物は、商品だけではなく資本に、すなわち価値を創造する力を吸い取る価値に、労働者の人身を買う生存手段に、生産する人を命令する手段に転化される。したがって、労働者自身は絶えず物質的で客観的な富を生産するのだが、しかし、その富は資本として、彼を支配し搾取する力として、彼にとって外的な力となる。そして、労働者は労働力を生産するものとしての資本家も生産するのであるが、その労働力とは、主体的な、それ自身を対象化し実現する手段から切り離された、抽象的な、労働者の単なる肉体のうちに存在する富の源泉としての労働力である。要するに、資本家は労働者を生産するのだが、それは賃金労働者としての労働者である。このような、労働者の不断の再生産または永久化が、資本主義的生産の不可欠の条件である」（邦訳『資本論』第一巻、第二一章［『マルクス・エンゲルス全集』第二三巻　第二分冊　七四三頁］）。

結果として、労働者の生き生きとした機能は生産過程の外で実現され、彼が自分自身になるのは働いていないときだけである。一労働者として彼は資本家のものとなり、資本の生きた再生産者としてだけ機能する。これはマルクスが『パリ草稿』で描いた像と正確に一致する。労働者の個人的消費すらも、それは個人的必要に動かされてはいるものの経済過程から見れば、彼の労働力の再生産活動の一環であって、それはあたかも車輪に油をさしたり、蒸気機関に石炭を供給したりするようなものである。

「労働者は、労働者の発達の必要を満たすためにある物質的富とは正反対に、現在の価値の増殖欲求を満たすために存在する。宗教では、人間は自分の頭の作り物に支配されているが、同様に、資本主義的生産では自分の手の作り物に支配されているのである」［邦訳『資本論』第一巻、第二三章、
232
第一節『マルクス・エンゲルス全集』第二三巻　第二分冊　八一〇～八一一頁］。

剰余価値は現存する大量の資本を増大させるだけであるから、労働はいかなる所有にも与らない。財産権はその反対極に回る。つまり、資本家にとってそれは他者が作り出した価値を横領する権利となり、他方、労働者にとっては彼自身の生産物が彼のものとならないことを意味する。結果として交換関係は完全に幻想と化す。

労働者の状態の中に、われわれは彼自身の労働と技術の進歩によって人間が奴隷化するもっとも露骨な形態を観察するのである。

「機械は、それ自体として見れば、労働時間を短縮するが、資本主義的に充用されれば労働日を延長する。それ自体としては、労働を軽減するが、資本によって充用されれば労働の強度を高める。それ自体としては、自然力に対する人間の勝利ではあるが、資本の手の内に入れば、それは人間をそれらの力の奴隷とする。それ自体としては、生産者の富を増やすが、資本の手の内に入れれば、それは生産者を貧民化する」［邦訳『資本論』第一巻、第一三章『マルクス・エンゲルス全集』第二三巻　第一分冊　五七七～八頁］。

人間の労働を所有から分離し、労働者の人間としての生活がその労働にとって外的となる状態を創り出した結果は、社会的生産過程が共同体の形態を持たなくなったことである。協同それ自体が協同的生産者に対抗して疎外される。つまり、協同自体が強制の形で彼ら労働者に対立して現れ、相互の孤立を和らげるのではなくかえってそれを強化する。

「社会的生産過程における人間の行動は純粋に原子的であり、したがって、生産における彼らの相互関係は、彼らの統制や意識的な個人的活動とは独立した物的性質をとる。この主たる表れは生産物が一般に商品という形態をとることにある」［邦訳『資本論』第一巻、第二章『マルクス・エンゲルス全集』第二三巻　第一分冊　一二四頁］。

ここでマルクスは、再び『草稿』からの発想を繰り返す。労働の疎外が生産の商品形態化の源であって、それ以外にはない、と。同じ理由で、それは資本の源泉、つまり労働力の購入によって剰余価値をそれ自体として増大させる価値の源泉である。

6　社会化の過程の疎外

資本主義的環境下の労働の社会的性質は、このようにしてのみ明白になる。それは技術的過程であって人間的過程ではなく、生産者たちの孤立を克服するものとはならない。

「〈労働者の〉様々な労働の結合は、彼らにとって観念的には、資本家が前もって考えた計画に、実際には同じ資本家の権力の形で、彼らの活動を自分自身の目的に従わせようとする一つの意志の力として現れる。――相互にバラバラの存在として、労働者たちは個々別々の人間として資本家との関係に入るのであるが、互いどうしの関係は結んでいない。この協業は、労働過程とともに初めて始まるが、しかしその時点では、労働者はもはや自分自身のものではなくなっている。いったん労働過程に入れば、彼らは資本に合体される。一つの活動有機体の協業の一員として、労働者はただ資本の特殊な存在様式でしかない。したがって、協業の下で働くときに労働者によって発展させられた生産力は資本の生産力となる」［邦訳『資本論』第一巻、第一一章『マルクス・エンゲルス全集』第二三巻　第一分冊
233
四三五頁、四三七頁］。

このように、人間を労働力とする可変資本（被雇用者に支払うために使われる資本）の交換で成り立つ資本主義の特徴的で本質的な機能は、生産者が物に転換され、人間的協同体の形成を妨げられる真の原因である。なぜなら、彼らの共同体は労働力の形態ですでに売られてしまっており、もはや彼らの所有ではない個々的存在という要素間の強制された協同という形態でしかないからである。「物質的生産過程の精神的な諸能力を、他人の所有として、また彼らが従属する権力として、対立させるということは、マニュファクチャー的分業の一産物である」［邦訳『資本論』第一巻、第一二章『マルクス・エンゲルス全集』第二三巻　第一分冊　四七三～七四頁　一部変更］。

自然の力にたいする人間の力の増大への貢献がどんなものであれ、賃金労働という特殊な条件の下では、それは生産者自身を打ち砕くのに貢献するだけである。このことは技術の進歩や分業の拡大にも当てはまる。

「マニュファクチャー的分業は、――労働の社会的生産力を、労働者のためではなく資本家のために、しかも各個の労働者を不具にすることによって、発展させる。それは、資本が労働を支配するための新たな統治権を生み出す。したがって、それは、一方では歴史的には進歩の要素および社会の経済的発展における必然的な段階として現れ、他方では、文明化され洗練された搾取の一方法として現れる」［邦訳『資本論』第一巻、第一二章、第五節『マルクス・エンゲルス全集』第二三巻　第一分冊　四七八頁　一部修正］。

「自動装置が…主体であり、労働者はただ意識のある器官として自動装置の意識のない器官と並列させられ、この器官といっしょに中心的動力に従属させられているだけである。――労働の緩和でさえも責め苦の手段となる。なぜなら、機械は労働者を労働から解放するのではなく、彼の労働からあらゆる興味を奪い去るからである。――一つの自動装置のなかに組み込まれることによって、労働過程そのもののなかで労働手段が資本として、生きている労働力を支配し吸い尽くす、死んだ労働として、労働者に

234

対峙する」［邦訳『資本論』第一巻、第一三章、第四節『マルクス・エンゲルス全集』第二三巻　第一分冊　五四八頁、五五二頁、五五三頁］。

分業は人間の自己分裂となり、その使用価値を創造する機能が彼にとって何の関わりもないものとなるのだが、それは彼の労働の主観的目的が有用な物品を生産することではなく、彼自身の基本的な必要を満たすことにあるからである。実に、資本主義の体制は、自分に課された仕事を遂行する能力を超えた人間的能力を持たない愚鈍で、機械化された労働者を好む。

しかし、資本の増殖の道具に転換されるのは労働者だけではない。つまり、同じことが資本家の人格にも起こる。マルクスはその序文の中で、経済的カテゴリーの人格化として、特殊な階級関係と階級利益の体現としてのみの人間に関わっていると述べる。これはもちろん単なる方法原理であって、それは経済分析から心理を除外し、行動の動機ではなくそれらの行動を支配し、自然科学と同様に誰の意図にも依存しない法則に基づいて分析するのである。

しかしこのアプローチは、個々の資本家の動機が資本を増殖するという傾向を専ら現しており、その結果、資本家というものが文字通りいかなる主観的あるいは人間的資質も持たない資本の体現者であることが実際の状態であるがゆえに初めて可能となる。「資本家として、彼はただ人格化された資本でしかない。彼の魂は資本の魂である。ところが、資本はただ一つの生活衝動があるだけである。すなわち、価値と剰余価値を創出し、それを恒久的要素つまり生産手段と化し、最大限可能な量の剰余労働を吸収しようとする衝動を持つ。資本はすでに死んだ労働であり、それは吸血鬼のようにただ生きている労働の吸収によってのみ活気づき、そしてそれを吸収すればするほどますます活気づくのである」［邦訳『資本論』第一巻、第八章、第一節『マルクス・エンゲルス全集』第二三巻　第一分冊　三〇二頁］。

「自由競争が資本主義的生産の内在的な諸法則を個々の資本家にたいしては外的な強制法則として作用させるのである」［邦訳『資本論』第一巻、

第八章、第五節『マルクス・エンゲルス全集』第二三巻　第一分冊　三五三頁」。

生産過程において、労働者と資本家はそれぞれ可変資本と不変資本の生きた代表者であり、このことが前もって決められた様式で行動する原因となる。同じ理由で、ユートピア的改革者たちは、資本主義体制は搾取者の善意あるいは人間的感情に訴えることによって変革できると考える点でまちがっている。資本家の個人的資質や意図は経済過程においていかなる役割も果たさない。つまり、彼は、何が起ころうと社会的に重要な行動に関するかぎり、彼の目的を情け容赦なく形成する力に従属している。

資本主義的生産において、労働者も資本家も人間的存在ではない。彼らの人間的資質は、彼らから取り払われているのだ。こうして、プロレタリアートの階級意識が、貧困の自覚から革命の意識と資本主義を破壊する歴史的使命の感覚へ移り変わるとき、同じように、労働者は再び個々の人間となり、彼らを単なる客体に転換した交換価値の支配を投げ捨てる。資本家に関しては、彼らは自分たちの非人間化にたいして、階級として戦端を開くことはできない。なぜなら、彼らはそれを喜び、それがもたらす富と力をうれしく思っているからだ。このように双方の側は等しく非人間化されているけれども、賃金労働者だけがその置かれた事情によって、異議申し立てと社会的闘争に立ち上がる。

235

マルクスの見解では、貧困ではなく、人間の主観性（subjectivity）の喪失が資本主義的生産の本質的特徴であることが理解できる。貧困は実に歴史を通じて知られてきたところであるが、しかし貧困の意識化とそれに反対する革命ですら、人間の主観性と人間共同体の一員性（membership）を回復する上では十分なものではない。社会主義の運動は貧困から生まれたのではなく、プロレタリアートの革命意識を生み出す階級対立から生まれた。資本主義と社会主義との対立は本質的にそして原初的に、人間存在が物へ押し下げられた世界と、人間が自分たちの主観性を取り戻す世界との対立である。

7　労働者階級の貧困化

労働力の売りを支配する法則は、それ自体として労働者が貧しいままであるとか、ますます貧しくなることを伴って現れるのではない。もし労働者が労働力をその真の価値で売るとしても、資本主義にはこれを阻止する理由は何もないのであって、歴史のある時期からもう一つの時期に変化する非生理学的必要によってその価値が部分的には決定されるかぎり、彼らの生活水準は維持されるか、もしくは改善さえされるかもしれない。

だが事実として、労働者はますます貧困化するのであってそれは資本の蓄積による。その上、社会的に創造された価値の比例的取り分が減少することを含んで、彼らの貧困化は相対的であるばかりではなく絶対的でもある。つまり、労働者階級は減額された価値総額を受け取るか、または社会的規模においてますます格下げされるか、のいずれかである。

「労働者の社会的生産力を高くするための方法はすべて個々の労働者の経費において行われる。つまり、生産の発展のための手段は、すべて、生産者を支配し搾取するための手段に変わる。それらは労働者を不具にして部分人間とし、機械の付属物の水準に引き下げ、彼の労働の苦痛で労働の魅力のすべてを打ち壊す。それらは独立した力としての科学が労働過程に合体されるのと同じ程度で労働過程の精神的な諸力を彼から疎遠にする。これらの手段は、彼が労働するための諸条件をゆがめ、労働過程で彼を狭量陰険きわまる専制に服従させる。それらは彼の生活時間を労働時間に変え、彼の妻子を資本のジャガーノート車の下に投げ込む。しかし、剰余価値を生産するための方法はすべて同時に蓄積の方法である。蓄積の拡大はすべてまたこれらの方法の発展のための手段である。だから、資本が蓄積されるのに応じて、労働者の受けとる分け前は、それが高かろうと安かろうと、悪化せざるをえない。相対的過剰人口または産業予備軍を常に蓄積の規模およびエネルギーと均衡を保たせておくという法則は、遂には、へファイトスのくさびがプロメテウスを岩に釘づけにしたよりももっと固く労働者を資本に釘づけにする。それは、資本の蓄積に対応する貧困の蓄積を必然的にする。したがって、一方の極での富の蓄積は、同時に反対の極での、すなわち自分の生産物を資本として生産する階級の側での、困窮、奴隷労働の痛苦、無知、粗暴、道徳的堕落の蓄積となる」［邦訳『資本論』第一巻、第二三章、第四節『マルクス・エンゲルス全集』第二三巻　第二分冊八四〇頁］。

マルクスは『賃金・価格・利潤』において、同じような明確さでもってこの点を指摘した。「資本主義的生産の一般的傾向は平均的賃金水準を引き上げるのではなく引き下げるか、あるいは労働の価値を多かれ少なかれ最低限まで押し詰めることである」と。したがって、一方で貧困化に反対する労働者の闘争は賃金の下降傾向を修正するかもしれないし、それ自体としては必要で重要であるけれども、他方でそれは資本主義の基本的発展に影響することもプロレタリアートの解放を実現することもできない。

プロレタリアートの貧困化という理論は、二〇世紀のマルクス主義者のあいだで最大の論争を活発化させた理論の一つである。マルクスの著作におけるこの主題にたいする異なる言及は明瞭ではない。『賃労働と資本』や『共産党宣言』のような初期の著作の中で、彼は絶対的窮乏化あるいは少なくとも資本主義経済における賃金は生理学的最低限という原理によって常に支配されると考えていたように見える。

しかしながら『要綱』において彼は、労働力の価値は文化的要因、それ自体を資本主義が引き起こす需要の拡大を含む文化的要因によって部分的には決定されると述べた。つまり、以前には知られていなかった需要の充足が最低限の生活水準の一部になるのである。『賃金・価格・利潤』においても、彼は最低基準という概念はさまざまな国の伝統によって変わると強調し、その同じ論文で、賃金の総体的下落、すなわち資本家のそれと比較した場合の労働者の収入の下落という理念を紹介した。

『資本論』から先に引用したばかりの箇所（労働者の分け前、彼への支払いは高くなったり低くなったりする）は、マルクスが最終的に絶対的窮乏化論を放棄したと主張するのにしばしば使われた。だが、賃金の水準と生活水準を支配するその他の要素とは区別されなければならない。引用した個所の意味は、賃金が「高かろう」が「低かろう」が労働者の地位は相対的にも絶対的にも低下せざるを得ないということである。つまり必ずしも食糧や衣服の点だけではなく、精神的退廃と経済的君主にたいする更なる服従の点でそうである。

結論はこういうことである。（1）マルクスは、賃金は低下またはただの生存水準のまま留め置かれるとする理論を放棄した。（2）彼は、労働者の精神的社会的零落にかぎって絶対的窮乏化という考え方を維持した。そして（3）彼は相対的窮乏化説を主張した。

しかしながらこの理論は、われわれがマルクスの著作や彼の支持者たちの後代の論争から理解できるように、少なくとも三つの方法で定義できる。それは第一に、賃金全体は国民所得の減少する割合を構成すること。そして第二に、労働者の平均所得は資本家の平均所得に比べて恒常的に減少すること、そして第三に、労働者は彼の増加する需要に比べて常に減少する額を得ること、である。

明らかに、これらの状態は相互依存的ではなく、それらのうちのどれも他の二つがなければ存在することはできない。第一の事柄はさまざまな原因、例えば労働者階級人口の相対的下降から生まれることは明らかであって、その場合に貧困化を語ることは誤解を招きやすくなる。第三の状況において貧困化は測定できない主観的基準によって決定される。もし何らかの理由で消費者の意欲が急激に上昇するならば、人口のいずれかあるいはすべての階級が一握りの「きわめて富裕な」人びと、それは厳密な意味でブルジョアジーの一員である必要はないが、これらの人びとを除いて「貧困化した」と感じるかもしれない。

しかしながら、マルクスが、資本主義の中に労働者を零落させる容赦のない傾向があることを解明しようと決意したこと、そして労働者の暮らし向きが良くなることを示す事実に抵抗したことは明白である。バートラム・ウルフは、『資本論』初版にあるさまざまな統計は一八六五年または六六年までに採られたものだが、その賃金動向の統計は五〇年で止まっていると指摘した。第二版（一八七三年）では、これらの統計はその時点まで採られているが、ここでも賃金の統計はそれらの例外であって、貧困化理論を確証することができていないと指摘した。これはマルクスの事実資料の扱いにおける重大で、めったにない不適切さの事例である。

二〇世紀において、論争は資本主義経済における絶対的窮乏化などは存在しないという明白な事実を無視することはできなかった。このことがまた、マルクスがその蓄積と資本主義の機能に関する理論全体においてまちがっていたことを意味するのかどうかという問題を提起することになった。彼の理論を擁護することを望み、絶対的窮乏化論はマルクスの理論から不可避的に流れると信じる人びとは、外見にもかかわらずそのような窮乏化は存在すると苦労して示さざるを得なかった。しかしながら、この観点は今日のマルクス主義者のあいだでは受け入れられない。

他の人たちは、資本家に圧力をかけることによって、労働者階級は資本家が利潤率を引き下げざるを得なくしているけれども、このことが、資本主義生産やあるいはそれが必然的にもたらす非人間化という本性に何らかの変化があったことを意味するのではないと主張する。マルクスが指摘したように、賃金と労働時間は二つの方向で制限される。一方で、労働者が生活を維持し資本主義的生産が生き残るものとすれば、労働者の基礎的な身体的要求は満たされなければならない。他方で最高賃金水準は所与の時点におけるプロレタリアートの闘争の成功およびブルジョアジーにたいして行使する圧力の程度によって決められる。

したがって、マルクスの絶対的窮乏化という予測は誤りであることが証明されたけれども、このことは無制限に増大する蓄積や資本の傾向という理論の欠陥のせいではなく、マルクスが、資本主義の枠内で圧力を行使する労働者階級の力を過小評価したせいである。

しかしながら、一般的に、物的窮乏化は賃金労働に起因する非人間化というマルクスの分析にとっても、また資本主義の不可避的崩壊という彼のにとっても、それらの不可欠の前提ではなかったということを忘れてはならない。この予言は、資本主義の内部矛盾は物質的貧困が拡大しようとしまいと、激化した階級闘争を引き起こすことによってそのシステムを破壊するだろう、という彼の信念に基づいた。

8　資本主義の本性と歴史的使命

われわれが見たように、マルクスの目からすれば資本主義の本質的特色は交換価値を増殖する無制限の衝動、剰余労働の搾取による自己拡張の貪欲な欲求であった。資本は、それが生産し販売する商品の個別の性質には無関心である。つまり資本は、使用価値がその交換価値を増大するのに仕えるかぎりにおいて使用価値に関心を持つ。何度も何度もマルクスはその主要な著作の中で、資本主義の特徴である「剰余価値へのオオカミのような飢え」について触れる。使用価値を得る目的のために商業取引が行われる社会は、このような成長への無制限の飢えをその特徴とはしない。自分たち自身が欲する物と取引するために商品を生産する人びとは、基本的には、使用価値を創り出すために生産しているのである。

しかし、「これに反して、資本としての貨幣の流通は目的それ自体である。というのは、価値の増殖は、ただこの絶えず更新される運動の中だけで起こるものだからである。したがって、資本の運動には限度がない。この運動の意識的担い手として、貨幣所有者が資本家となる。――流通の客観的基礎である価値の増殖が彼の主観的目的であって、ただ抽象的な富をますます多く取得することが彼の仕事の唯一の動機であるかぎりにおいて、彼は資本家としてすなわち、人格化され、意志と意識を与えられた資本として機能する。だから、使用価値はけっして資本家の直接的目的として取り扱われるべきものではない。個々の取引もまたそうではない。ただ利得することの無休の過程が彼の目的とするものである」［邦訳『資本論』第一巻、第四章、第一節『マルクス・エンゲルス全集』第二三巻　第一分冊一九八頁、二〇〇頁］。

したがって、資本主義体制はその前提として、無限の蓄積可能性をもつ価値の貨幣形態の一般化を必要とすることが理解できよう。しかしながら、資本家は「狂信的に価値それ自体を膨張させ、人類に対して休むことなく生産のための生産を強いる。こうして彼は社会の生産力の発展を強制し、各人の全面的で自由な発達に基づく高度な形態の社会の現実的土台を形成する物質的基礎を作りあげているのだ」［邦訳『資本論』第一巻、第二二章、第四節『マルクス・エンゲルス全集』第二三巻b　七七一頁］。

239

資本家も、自分自身の消費のためにこうした方法で行動するというのは本当の姿ではない。その反対に、概して資本家は享楽を価値の破壊や浪費と見なすのであって、この種の禁欲的道徳は資本主義の初期の段階ではとりわけ普通のことであった。しかし、労働階級を貶め、貧困化する交換価値への飽くなき渇望が資本主義の技術の驚異的進展の原因である。

「価値と剰余価値とのための生産は、――商品の生産に必要な労働時間、すなわちその価値を、そのつどの現存の社会的平均よりも低くしようとする不断に作用する傾向を含む。費用価格をその最低限まで減らす圧力は、労働の社会的生産力を引き上げるためのもっとも強力なテコである。といっても、この増大は、ただ資本の生産力の不断の増大となるだけである」［邦訳『資本論』第三巻、第五一章『マルクス・エンゲルス全集』第二五巻　第二分冊　一一二五～六頁］。

これまでの社会が何世紀ものあいだ一つの世代から次の世代へその生き方を再生産しながら、技術的停滞状態のまま存在できた理由はここにあり、資本主義は『共産党宣言』が指摘したように、生産手段の不断の革命なしには存続できない。技術の進歩は資本主義にとって決定的に重要である。なぜなら、資本の拡張的傾向は起業家をして、社会的に必要であるよりもさらに低い水準で商品を生産するのに必要な労働時間を削減することによって、ますます高い利潤を生み出すことを追求させる。そうして彼は自分の商品を時価で売り、そうする中で平均よりも、つまり平均的技術水準で獲得できるものよりも高い利潤を創り出す。

「必要労働の剰余価値への転化によって剰余価値を生産しなければならない時、資本は労働過程をその歴史的に伝来した姿または現にある姿のままで取り入れて、ただその過程を継続し延長するだけではけっして十分ではない。労働の生産力を高くすることができる前に、労働過程の技術的および社会的諸条件、したがって生産様式そのものが変革されなければならない。そうすることによってはじめて労働力の価値を引き下げ、労働日のうちのこの価値の再生産に必要な部分を短縮することが可能になる」［邦訳『資本論』第一巻、第一〇章『マルクス・エンゲルス全集』第二三巻　第一分冊　四一四～五頁］。

「近代工業は一つの生産過程の現在の形態をけっして最終的なものと見ないし、またそのようなものとしては扱わない。それだからこそ、近代工業の技術的基礎は革命的なのであるが、以前のすべての生産方式は保守的であった」［邦訳『資本論』第一三章、第九節『マルクス・エンゲルス全集』第二三巻　第一分冊　六三三～四頁］この理由により、「資本主義的生産様式自体は、歴史的には、労働過程の社会過程への転換の必要条件なのである」（『資本論』第一巻、第一一章、同前　四三九頁）。

要するに、資本主義は労働の技術的および組織的発展の歴史的必要条件である。剰余価値への「飽くなき渇望」は近代工業および近代的協業手段の根底にあるのだが、それでも進歩は筆舌に尽くしがたいほどの災難、貧困、非人間化という犠牲のもとで達成されてきた。資本主義制度による大人と子どもの犠牲についてのマルクスの記述はぞっとするものであって、彼はこの制度を、ずっと以前の誰かがもっと優れた社会形態を工夫しておれば避けられたかもしれない歴史的過ちではなく、真の人類共同体の再確立の必要条件であると見なす。

したがって、彼はプロレタリアートの経済闘争は不可避的であると考えたけれども、それを目的それ自体としてではなく、とりわけ革命の過程を早める手段と見なした。労働者の貧困を悪化させることによって、資本の蓄積はまたその解放の日をより近づけたのである。資本主義粉砕の希望

240

は、労働者階級による自然発生的行動の中には存在しない。この制度の内部矛盾はそれがもはや存続できない状態を生み出したのであり、これはそのもっとも決定的な原理である自己増殖の過程に起因したのである。

9　剰余価値の配分

『資本論』第一巻でマルクスは、流通の過程や利潤の配分と切り離して資本主義的生産を分析する。彼は利潤率と剰余価値率を区別し、前者を生産で獲得された利潤の消費された全資本にたいする比率、すなわち不変資本（材料、設備等の価値）プラス可変資本（賃金に使われた）にたいする比率であるとした。

資本主義の擁護者たちは一般に利潤率に焦点を当てるが、それは資本家が彼の全投資とその結果として拡大された利潤率に関心を持つからに他ならない。つまり、労働者の搾取は価値の最大化の手段であって目的ではない。

しかしマルクスによれば、搾取の程度は利潤率ではなく剰余価値率、つまり剰余価値の可変資本にたいする比率によってのみ測定できる。というのは、労働者によって生産されたどの程度の価値が労働者に帰すべきか、そして労働力の販売によって労働者がどの程度の価値を資本家に没収されたかを示すのがこれであるからである。

例えば、もし彼が一労働日に創り出す価値すなわち消費された可変資本額が彼の労働力の価格の二倍であるとすれば、その場合、剰余価値率つまり搾取率は一〇〇パーセントである。可変資本だけが剰余価値を創り出す。しかしながら、そうなる条件は不変資本、すなわち生産設備や原料の形態である「死んだ労働」の存在である。利潤率と剰余価値率とのあいだにはいかなる直線的関係もない。つまり、一方が上がり、他方が下がるか、あるいはその逆もある。

剰余価値の実現は、実際には、生産だけではなく流通にも依存する。資本家は、生産費用を超える価値の超過分を享受するためにはその生産物を売らなければならない。これがこの問題を多くの点で複雑にする。なぜなら、商品は自動的に購入者を見つけるのではなく、社会的規模で計画化されない生産が社会的需要と一致する保証はないからである。

マルクスが『資本論』第二巻で明らかにしているように、商品の流通は利潤率に影響を及ぼす。すなわちそれは時間を超えて生まれ、その間に資本のより大きい部分、あるいはより小さい部分が行動しなくなる。こうして生産に使われた資本によって創られた剰余価値は、この不活動の程度にまで縮小させられ、それは例えば、原材料の在庫および売れ残りの商品として現れる。資本の回転が急速であればあるほど、それだけ剰余価値と利潤率は大きい。需要と供給が正確に一致せず、その結果、価格が同じ価値ではない条件の下で、市場は商品を貨幣に変換する競争である。

実に、資本主義的生産は、もし商品がその真の価値で売られるとすれば存続することはできない。利潤率は生産の異なる各部門で変化する。つまり、異なる量の資本が同じ数の労働者を雇うために必要となり、こうして所与の剰余価値量が生産される。資本の「有機的構成」（可変的要素の不変的要素にたいする割合）の変化に応じて、そして資本が異なる生産部門を循環する異なった時間に応じて、利潤率つまり投下された資本全体にたいする剰余価値の増加の比率）には大きな相違が生まれる。

資本は、当然ながら利潤率が高いところに流れる。もし市場の吸収力に比べて特定の生産分野に過大な資本が存在すれば、製品は売れ残る。流通は停止または滞り、こうして利潤率は低下し、資本は価値生産力がより高い他の分野に方向転換される。

このような資本の恒久的運動が「平均利潤率」を生みだし、資本の有機的構成の相違にもかかわらず、産業の全分野に適用される。競争は利潤率を平均化するが、そうすることで商品価格がその価値から分岐する原因となる。

しかし、起業家は生産から帰せられる利潤全体を手にするのではない。その一部は商人によって取られる。商人は剰余価値の生産を助けるのではないが、生産者がその利潤を実現するのを可能にさせる。このような方法で平均利潤率は商業資本によって影響を受ける。繰り返すが、利子付きで

242

の貨幣の貸し付けはその資本が内在的力によって増大することを意味しない。利子は産業資本によって創り出される剰余価値の取り分であって、流通期間が利潤率に影響するという事実を反映している。貨幣を借りることによって、資本家は生産に付加的な価値量を投入することができる。つまり彼は彼の債権者とともに期待される利潤を共有し、こうして平均利潤が利子率を決定する。

利潤（その絶対価値は生産された剰余価値の絶対量に等しい）の配分におけるもう一つの取り分は、地主に割り当てられる。マルクスは彼の主張の目的のために、農業を純粋に資本主義的生産形態、起業家が生産手段を投資し、工場主と同様のやり方で労働力を雇用する産業の一種と見なす。

この意味での農家は、彼の利潤を土地所有者と分割し、土地所有者は賃料という形態で剰余価値の一部を受け取る。ここでは土地が耕地に適するか、建物に使われるかによって違いは出ない。こうして賃料もまた、賃労働者によって創造された剰余価値の分け前であり、土地は資本とは異なり価値増殖の独立した源泉とはならない。地主は土地の供給が限定され、それゆえに彼が産業資本の利潤の分け前を要求できるかぎりで特権を得るのである。

243

こうして賃料は資本主義経済の副産物となり、そしてこのことが土地は価値を持たないけれども価格を持つという事実を説明する。地主は利潤の創造においていかなる役割も果たさないけれども、土地価格は資本の利潤の分け前を要求する地主の権力から生まれると予定される賃料であって、それはちょうど古代の奴隷の価格が、彼の労働から取り出される剰余価値の予定額であったのと同じである。

第13章　資本の矛盾とその廃止　分析と行動の統一

1　低下する利潤率と資本主義の不可避的崩壊

無制限の成長を追求して（マルクスの主張は続く）、資本主義はそれ自体の中に抜け出すことができない矛盾を抱え込む。技術が進歩し不変資本の額が増大するにつれて、同じ量の商品を生産するのに必要な労働はますます減少する。つまり不変資本にたいする可変資本の比率が減少し、平均利潤率も低下する。この利潤率低下の法則は資本主義的生産の普遍的特徴である。

一方で、資本は剰余価値の成長のお陰で増大し、その主たる関心は使われる資源に比例してこの価値を最大化することである。他方、資本は競争と改良される技術によって、利潤率を不断に低下させる諸条件を不可避的に作り出す。資本は、搾取を増大させ労働日を延長して労働力の価値よりも低く支払うことによって、この影響を防止しようと努める。利潤の維持を助けるいま一つの要素は生産性の向上であるが、それは一方では利潤を押し下げる傾向を持ち、そしてまた「産業予備軍」つまり労働者をして相互に競争することを強い、そうして賃金水準を押し下げることになる相対的過剰人口の状態を創り出す。

利潤率はまた、外国貿易が不変資本のいくつかの要素の価格を下落させたり、あるいは生存費用を引き下げたりするのに役立つかぎりにおいて、それによっても助けられる。だがこれらすべての要素にもかかわらず、利潤率はますます低下する傾向を持つ。この結果は搾取を重くし資本の集中を促進することであり、小資本家は目的をかなえることが困難になり、大資本家によって吸収される羽目になる。利潤率の低下はまた過剰生産、過剰資本、相対的人口過剰、経済危機に繋がる。この状態にたいする雇用者側の恐怖は以下のような感情から生まれてくる。

「資本主義的生産は、生産力の発展の中で、富の生産そのものとは何の関係もない制限に直面するということである。この特有な制限は、資本主義的生産様式の制限と単なる歴史的過渡的性格を証明する。それはまた、資本主義的生産様式が富の生産のための絶対的な方法ではなく、むしろそのある段階、富がさらに一層増大するのを妨げるものであることを示している」［邦訳『資本論』第三巻、第一五章、第一節『マルクス・エンゲルス全集』第二五巻　第一分冊　三〇四頁］。

利潤率低下の法則は、マルクスによれば、その崩壊に繋がらざるを得ない資本主義の内的矛盾の一つである。しかしこれまで言われてきたように、彼は利潤率の低下がそれ自体として資本主義を経済的不可能状態に至らしめるとは決して主張しなかった。利潤率の低下は利潤総体の増加と完全に両立可能であり、利潤率低下がどのようにしてこの制度の崩壊の直接的原因となり得るかを理解することは困難である。

利潤率の低下に反作用する主たる要素は、不変資本の構成要素の価値下落であって、それは生産費用における賃金の相対的重要度を減少させるのに見合う技術の進歩による。これがマルクスの分析の基本的視点であった。どちらの方向にも作用する要素の定量化という困難を考慮すれば、率の低下を生み出す傾向がより強いと主張する強固な根拠は存在しない。そして主張された「法則」も、資本主義はその矛盾によって崩壊させられるだろうというマルクスの願望に過ぎないように見える。利潤率の本質からの演繹ではなく、経験的観察のみが、資本主義が常に衰退する傾向にあるかどうかをわれわれに教えることができるが、マルクスの理論を肯定するそのような観察は発見されてはいない。

マルクスは、しばしば資本主義の生産過程は労働者を彼の労働とその生産物から遠ざけ、彼らが創造した価値の取り分を奪うことによってそれ自

245

体を永続させる社会的諸条件を再生産するということを繰り返した（例えば、『資本論』第一巻、第二一章、『資本論』第三巻、第五一章）。しかしながら、これは、この過程が無限に進み続けることができることを意味するのではない。

利潤率の低下と蓄積の増加は人為的な人口過剰を作り出す。同時に、利潤率の低下が蓄積を減速させ、あらゆる可能な手段でそれを再活性化する刺激を用意させるが、それはそれで資本が防止したいと望む、まさにその過程を資本自体が繰り返す結果となる。その結末は、生産に充当する資本の過剰と労働者階級人口の過剰の両方が存在するという逆説的な状態である。消費は、剰余価値への飽くなき貪欲さに発する生産の増大と同じ速度で進むことはできない。なぜなら、この貪欲さ自体が大衆の購買力の対応する増大を妨害するからである。

生産される富の総量は、実際の需要からあまりにも過大すぎてはいけないが、市場が吸収できるよりも絶えず超過する。利潤率の低下は、労働生産力の発展にとって恒常的な障害物である。資本が蓄積されればされるほど、その結果として小規模生産者が事業から追い出されるので、資本はますます集中化される。資本は小所有者の大群を破滅させ、労働者階級に大混乱を引き起こす周期的な過剰生産危機によってその矛盾を克服し、その後に市場の均衡は一時的に回復される。これらの危機は、生産の無政府的性格とその唯一の目的が交換価値の増大であるという事実に負うものであるから、資本主義経済の本質的特徴である。

労働者階級の代弁者がしばしば主張してきたように、危機は賃金を引き上げ、市場がより多くの商品を吸収可能にすることによって回避でき、それゆえにより高い賃金を支払うことが雇用者の利益であるというのは、当てはまらない。マルクスが『資本論』第二巻で主張しているように、危機は相対的繁栄と賃金の上昇後に規則的に起こるという事実によって、そうした考え方は否定されるのであって、もしそうした主張が正しければ危機は防止されるはずだ。

事実は、拡大の貪欲さは資本主義の生産物を市場が吸収できなくなるほどのものであり、とりわけ価値の点からすればそれらの大部分が生産手段によって占められているのだから、賃金の上昇という理由だけで売ることは難しくなるということである。経済危機は共同体の富の大規模な浪費を伴い、資本主義がそれ自体の矛盾をうまく処理できないことを示す。

これらの矛盾は技術の水準と技術の進歩の社会的条件とのあいだの、生産力と生産力がその下で作動する制度とのあいだの衝突の現れである。資本家は、生産手段を統御し剰余価値をその最大限まで増加させることに集中しながら、その蓄積の最初の段階でそうであったような効率的生産における必要な役割を果たす組織者ではなくなる。しばしば彼は、彼の事業を彼のために運営することを他者に託す。所有と管理がますます分離される。生産がその性格上ますます社会化するにつれて、労働の成果の私的領有がますます時代遅れと見られるようになる。

「このようにして、資本の力、すなわち社会的生産条件が現実の生産者から疎外され、資本家によって人格化されたものが増大する。資本は、資本家をその行使者とする社会的な力としてますます現れ、この力は一個人の労働が作り出したものとはいかなる関係を持たないものとなる。それは疎外され、独立した力であり、それが物として、それによって資本家が自分の力を振るう手段として、社会に対立する。資本がその中で発展する一般的社会的力と一方における社会的生産条件を支配する個々の資本家との間の矛盾は、他方で、ますます和解しがたいものとなる。だが、それはこの状態の解消の萌芽を内包するのだが、それは生産条件の一般的な共同的な社会的諸条件への転換の形成となる」［邦訳『資本論』第三巻、第一五章、第四節『マルクス・エンゲルス全集』第二五巻　第一分冊　三三一頁］。

資本は半狂乱的に新市場を探し求めて非資本主義の地域に押し広がろうと努力するが、その生産能力が拡大すればするほどそれだけ狭隘な消費の限界との衝突が明らかになる。マルクスは、資本主義は純経済的見地から見ても、それだけで階級闘争に宿命づけられている、なぜなら、その生産システムに固有の使用価値と交換価値との矛盾はいつでも生起する危機を引き起こさざるを得ないからであると考える。

エンゲルスが指摘するように、「われわれは、このような反落をたくさん経験してきた。しかし、これらの反落は、新市場の開拓（一八四二年の中国に見るような）によって、あるいは、生産コストの低減（例えば穀物の自由貿易による）を手段とする、旧市場のいっそうの開発によって、これまでは幸いにも克服されてきた。しかし、これにも限界がある。今後、開拓すべき新しい市場は、もはや存在しない。なお残っている、賃金切り下げの手段は、ただ一つ、根本的な財政改革と、国債の支払い拒否による租税の軽減とである。そして、自由貿易論の工場貴族たちが、そこまでやろうとする勇気をもたない場合、あるいは、これらの臨時的応急手段がいったん破綻してしまった場合にも、彼らは、過剰のために没落するであろう。生産を、毎日拡大せざるをえない一制度のもとで、市場をこれ以上拡大することが不可能になった場合には、工場貴族の支配が最後の日を迎えるにいたることは、明らかである。その次に何がくるか。『一般的な破滅と混沌が』と自由貿易論者は言う。社会革命とプロレタリアートの支配が、とわれわれは言う」（『デモクラティック・レヴュー』一八五〇年三月［邦訳『マルクス・エンゲルス全集』第七巻　二三七〜八頁　原題は「十時間労働問題」である］）。

ここで提起されている問題は、ローザ・ルクセンブルクと彼女の批判者たちによって激しく論争された。すなわち、資本主義はそれが非資本主義市場へ広がることができなければ直ちに崩壊せざるを得ないのか？　もしそうであれば、それは（マルクス・エンゲルスそしてローザ・ルクセンブルクがそうしたように）山が噴火するように単純に自ら崩壊するのではなく、革命的労働階級によって転覆されなければならないと誰が主張しようがしまいが、資本主義はそれ以上には持ちこたえられない明確な限界が存在することになる。

エンゲルスはこの問題に肯定的に答えているように思われるが、資本主義は征服すべく残されたさらなる非資本主義市場が存在しなくなればもはや存続できなくなるというのは、マルクスの見方からの必然的な結論であるようには思われない。ここから出てくることは、資本主義はそれ自体の矛盾によって、とりわけ私的所有と生産手段および技術的協同との対立によって崩壊するに違いないということ、すなわち資本主義がこれまでその成長のために多くのことを行った技術の進歩にたいしてそれは制約となりつつあり、その事実が資本主義の破滅となるに違いない、ということである。

プロレタリア革命は、ブルジョア革命がそうであったのと同じように、必要な変更を加えられるが、同じような対立から生まれるだろうとマルクスは考えた。ある一定の段階で、ブルジョア的技術が封建主義、つまり制限的なギルド体制、地域的血統的特権そして労働の自由な雇用にたいする制限と非和解的になった。同じように、技術の進歩につれてブルジョアジー自身が階級として自ら消滅させざるを得なくなり、資本主義的所有制を放棄し、最終的にはあらゆる階級区分を消滅させざるを得なくなる状態を作り出すだろう。

「この転換過程のいっさいの利益を横領し独占する大資本家の数が絶えず減っていくにつれて、貧困、抑圧、隷属、堕落、搾取はますます増大していくが、しかしまた、絶えず膨張しながら資本主義的生産そのものの機構によって訓練され結合され組織される労働者階級の反抗もまた増大してゆく。資本の独占は、それとともに開花しそれのもとで開花したこの生産様式の桎梏となる。生産手段の集中も労働の社会化も、それがその資本主義的外皮とは調和できなくなる一点に到達する。そこで外皮は爆破される。資本主義的私有の最期を告げる鐘が鳴り響く。収奪者が収奪される」［邦訳『資本論』第一巻、第二四章、第七節、『マルクス・エンゲルス全集』第二三巻　第二分冊　九九五頁　一部変更］。

2　プロレタリアートの経済的および政治的闘争

このことから、経済分析だけがある結論、すなわち資本主義は改良の範囲を超えていること、あらゆる政治的経済的闘争にもかかわらず、資本主義的生産体制が継続するかぎり、労働者階級は隷属の状態に留まりつづけるという結論をマルクスにもたらしたことは明らかである。一八五〇年にマルクスとエンゲルスが共産主義者同盟の中央委員会からの呼びかけの中で書いたように、「われわれにとって問題は、私的所有を変更することではあり得ずまさにそれを廃絶することであり、階級対立をごまかすことではなくて階級を廃止することであり、現存の社会の改善ではなくて新しい社会の建設である」（「一八五〇年三月の中央委員会の同盟員への呼びかけ」［邦訳『マルクス・エンゲルス全集』第七巻　二五三頁］）。

一八七二年から三年にライプツィヒの『フォルクス・シュタート』に発表された論文「住宅問題」の中でエンゲルスは書いた。「資本主義的生産体制が存続する限り住宅問題あるいは労働者に影響を与える社会問題を解決しようと試みることは馬鹿げているだろう。解決策は資本主義的生産体制を粉砕することである」と。いかなる社会問題も資本主義の下では解決され得ないこと、この制度の盲目的な突進はその破滅まで行き着くかのように思われるのであって、マルクスとエンゲルスは改良主義の批判者たちがそう思ったように、基本的には「悪ければ悪いほど良い」、つまり搾取と貧困は革命をより近づけるのだからそれを歓迎するという立場を採っていた。

これはマルクス主義理論の決定的問題、つまり一方における経済の客観的で準自然的法則と他方における人間の自由な主導性との関係という問題に関わる。もし資本主義が人間の意志から独立して自然発生的爆発によって社会主義へ転換するものであれば、何かをする必要はなく、その矛盾が頂点に達しこの制度がそれ自体の膨張によって窒息するのを待つだけである。

しかしながら、実際には、資本主義はプロレタリアートの階級意識が十分に発展したときに初めて廃絶できる。おそらく、このような見解のもっとも明快なマルクスの言説は、一八五三年七月一四日のニューヨーク・デイリー・トリビューンに掲載されたロシアのトルコ政策に関する論文の中にある。

248

「ストライキは〈労働者自身〉の利益にとって非常に有害である、と思っている博愛主義者や、それどころか、社会主義者の一部類がいる。彼らの大目的は、平均賃金をつねに確保する方法を発見することにある。種々な局面をとおる産業循環という事実が、そのような平均賃金をいっさい問題外にしていることを別としても、私は、まったく逆に次のように確信している。すなわち、賃金が交互に上昇したり下落したりすることや、そのことから生じる雇い主と労働者間のたえまない紛争は、現在の産業組織のもとでは労働者階級の士気を維持し、彼らを支配階級の侵害に反対する一つの大きな結社に団結させ、そして彼らが無感覚な、思慮のない、多少ともよい餌をもらっている生産用具になりさがるのを防ぐための、必要欠くべからざる手段である、と。階級敵対にもとづく社会においては、いやしくも名実ともに奴隷制度を防止しようと思えば、戦いに応じなければならない。ストライキと団結の価値を正しく評価するためには、われわれは、その経済的結果が一見してわずかだということに目をくらまされるべきではない。われわれは、とりわけ、その精神的・政治的結果を考慮にいれなければならない。現代の産業は、沈滞、好況、過熱、恐慌、不況という大きな局面をとおって周期的な循環をえがき、それにともなって賃金が上下し、また賃金と利潤のこうした変動に密接に照応して雇い主と労働者間のたえざる戦闘が起こるのであるが、こうした局面の変動がなければ、大ブリテンと全ヨーロッパの労働者階級は、意気阻喪し、意志薄弱で、疲れきった、無抵抗の大衆にとどまり、古代ギリシアやローマの奴隷と同じく、自己の解放をなしとげることは不可能となろう」（「ロシアのトルコにたいする政策―イギリスにおける労働運動」『ニューヨーク・デイリー・トリビューン』一八五三年七月一四日付［邦訳『マルクス・エンゲルス全集』第九巻　一六三頁〕)。

マルクスの立場は、このように明確である。すなわち資本主義的生産の無秩序は労働者階級が抵抗運動において自分たちを組織し、その革命的未来を意識化する機会を与える。労働者に敵対して作用する資本主義の法則は、彼らの影響で弱体化するが、しかし制度が存続するかぎり無力化されることはできない。したがって、経済闘争は勝利的結果を生むことを期待することはできない。その主たる目的は、プロレタリアートの政治的意識を成長させることである。なぜならば、マルクスが『賃金・価格・利潤』で書いているように、「経済行動においてだけでは、資本はより強い側である」からだ。

経済闘争はとりわけて決定的政治闘争の準備であって、それ自体が目的ではない。同時に、政治運動もそれ自体が目的ではなく、第一インターナショナルの規約(一八七一)で強調されているように、経済的解放の手段である。「労働者階級の経済的解放はあらゆる政治運動がその手段として従うべき大目的である」。このように、一方でマルクスは「一時的敗北が労働者階級を待っているかもしれないが、大きな社会的経済的法則が最終的には彼らの勝利を保障するように動いている」(「イギリスの中間階級」ニューヨーク・デイリー・トリビューン、一八五四年八月一日〔邦訳『マルクス・エンゲルス全集』第一〇巻　六四九頁〕)と考えながらも、労働者は傍観して歴史の贈り物としての最終的成功を待つことができるという結論は引き出さなかった。

その反対に、経済闘争によって準備された政治的意識が成功の不可欠の条件であるとした。「経済法則」は、それ自体として勝利の可能性を保障するのに十分であるが、政治的主導性は歴史過程における独立した要素としてその位置を占める。

ここでわれわれは、もっと特殊な形で、その初期の時代からマルクスの著作に現れるテーマを発見する。それは、プロレタリアートの階級意識において歴史の必然性は行動の自由と一致する、である。つまり人間の意志と「客観的」物事の過程との対立は存在しなくなり、ユートピア主義と宿命論のジレンマは解消される。

労働者階級、それのみが、その願望と夢が冷酷な宿命という壁にぶち当たるように強いられることはないという特権を享受する。つまり、その意志と主導性はそれ自体として歴史の必然的過程の一部である。これは、実際的立場からすれば、経済闘争は政治行動の手段である(これは改良主義者がマルクス主義に異議を唱えた主要点である)ことを意味するが、他方で政治行動は革命後には経済的解放の手段となる。というのは、社会主義の下で、いずれにしろ政治生活という別個の領域は存在しないだろうからである。

したがって、マルクス主義者の観点から労働者階級は資本主義を崩壊へ導くステップとして、危機、失業、低賃金を歓迎しなければならないと述べることは馬鹿げているのである。それとは逆に、労働者階級は資本主義がそれ自体を改革することは不可能であることを理解しながらも、資本主義自体を改革することによってプロレタリアートの隷属化を取り除くように危機の結果と闘わなければならない。

労働者の任務は、経済的災厄を招くことではなく、それが起きたときに、革命の目的のためにそれを利用することである。同じように、小農民のそれを含む小土地所有者の収用は資本主義的蓄積の不可避的な法則である(「わが小農は、過去の生産様式のあらゆる遺物と同じように、救いようもなく没落の道をたどっている。彼は未来のプロレタリアートである」エンゲルス「フランスとドイツにおける農民問題」『新時代』一八九四年一一月〔邦訳『マルクス・エンゲルス全集』第二二巻　四七九頁〕)。

しかし、だからといって、社会主義者が小農民を破滅させるために最善を尽くすということにはならない。ただ、彼らはその政治力を拡大するためにこの不可避的過程を利用しなければならないということである。要するに、政治闘争において、そして政治闘争の手段である経済闘争において、プロレタリアートは厳密な階級的立場から自らの利益を守らなければならない。だが、そうすることによってプロレタリアートは人類全体の擁護者になる。なぜなら、それが引き起こす革命は人類の社会化とそれによる人類の解放に繋がるからである。

まさしく同じやり方で、単一の階級の利益によって推し進められたブルジョア革命は全人類の大義を促進した。マルクスが「ブルジョアジーと反革命」（『新ライン新聞』一八四八年一二月一一日）で書いたように「一六四八年と一七八九年の革命はイギリスとフランスの革命ではなく、ヨーロッパの革命であった。それらは古い政治秩序にたいする特定の社会階級の勝利ではなく、新しいヨーロッパ社会の政治秩序の宣言であった」［邦訳『マルクス・エンゲルス全集』第六巻　一〇三頁］。

それらが人類に行った寄与は、しかしながら、資本が自由に発展するのを認めることによって、社会の解放にはならなかった。そこで起きた事柄は、技術と政治組織の巨大な進歩が、資本主義によって創られた諸条件の下でしか起きようがない社会主義革命への道を用意したことであった。

資本主義は技術の革命だけではなく新しい形態の協同を発達させることによって、新しい社会の前提条件を創るのである。『資本論』第三巻でわれわれが読むように、所有と管理が分離した株式会社とそして同様の協同的工場は「過渡的形態」あるいはそのシステム内部の資本主義的生産様式の放棄の実例と見なされるべきものであって、この意味で社会主義は単純に資本主義の否定ばかりではなく、その継続、今日の時代の技術の発展に基づく社会化の過程の延長でもある。

3　社会主義の本質、そしてその二つの段階

その上、資本主義は社会主義にとって必要な前提条件を創る。その歴史的使命は、交換価値をその最大限まで増大させるという無拘束の欲望による巨大な技術の発展を実現することである。大量の労働者を常に一つの職業からもう一つの職業に移動させることによって、資本主義は労働者階級にある程度の多能性を求め、そうすることで分業が廃止される大変化の諸条件を作り出す（『資本論』第一巻、第一三章、第九節参照）。

しかし、エンゲルスが書いたように「社会的生産諸力の一定の発展段階、今日のわれわれの状態から見てさえ極めて高い段階にいたってはじめて、生産を次のような高さに、すなわち階級差別の廃止が真の進歩となることができ、社会的生産様式の中に停滞、いな後退までもひきおこさずにその進歩が永続できるほどの高さに引き上げることが可能となるであろう」（「ロシアの社会状態」『フォルクス・シュタート』一八七五年［邦訳『マルクス・エンゲルス全集』第一八巻　五五一頁］）。

社会主義は資本主義の成果を刈り取るのであって、資本主義がなければそれはただの空虚な夢である。新しい社会は、それに向かって資本主義が迅速だがなお無意識のうちに進んでいる崩壊の中から生まれる。

「労働者階級は自然を征服した。今や彼らは人間を征服しなければならない」（マルクス『ピープルズ・ペーパー』一八五四年三月一八日付［原題は「労働議会にあてた手紙」邦訳『マルクス・エンゲルス全集』第一〇巻　一二六頁］）。これはマルクス主義の社会主義理念の簡潔な表現である。マルクスが何度も示しているように「人間を征服する」とは人間が彼ら自身の労働過程とその身体的精神的生産物を完全に統御し、そうして彼らの活動の成果がいかなる状況でも彼らに敵対しない諸条件を作り出すことである。

自分自身を支配し自らの創造になる物質的力にもはや従属しない人間、社会過程と一致し、盲目の必然性と自らの自由な行動との対立を克服した人間、そのようなことが社会主義革命の結果である。われわれが見たように、本質的に、社会主義は物質的貧困あるいはブルジョアジーの贅沢な消費を廃止することにあるのではなく、分業を廃止することによって人間の疎外を廃絶することである。

もし、ブルジョアの生活水準が労働者のそれと同等になるとしても、これはそれ自体としていかなる重要な変化をもたらすものではない。それは、同じような古いやり方で生産された同じような収入を再配分するというような単純な問題ではない。ましてやマルクスがラッサール主義者に反対して強調したように、労働者が自分で創り出した価値全体を自分の利益のために受け取るという問題でもない。

何の価値も創り出さない多くの職業が存在するが、それでもそれは社会

的に必要であり、社会主義のシステムにおいて保持されなければならない。そのように、われわれは『ゴータ綱領批判』から読み取るのであって、「労働のそのままの継続」を要求することには何の問題もない。

相当程度の額が、消費された価値の更新、生産の拡大、緊急事態にたいする保険、管理経費、共同消費（学校や病院）そして労働に適さない人の介護のために、社会の生産物から常に差し引かれなければならない。資本主義的生産様式と社会主義のそれとの基本的相違は、社会主義において賃金システムつまり労働時間の販売が廃止され、すべての物的生産が使用価値に捧げられることである。換言すれば、すべての生産部門における生産の規模と性格は社会的必要によって純粋に支配され、最大の交換価値を蓄積する欲求によって支配されるのではない。これは当然に、生産の社会的計画化を必要とする。

「資本主義的生産形態の廃止によって、労働日を必要労働だけに削減することも可能となる。とはいえ、その場合でも、必要労働は、その範囲を拡大するであろう。なぜなら、一方では、労働者の生存条件の概念がもっと広がり、労働者がそろって異なる生活水準を要求するようになるからである。また、他方では、今日の剰余労働の一部分が必要労働に、すなわち予備財源や蓄積財源の基本金を形成する労働に数えられるようになるであろう」［邦訳『資本論』第一巻、第一五章、第四節、『マルクス・エンゲルス全集』第二三巻　第二分冊　六八六頁］。

社会主義の諸条件において必要労働と剰余労働の区別は、事実としてその意味を失う。すべての労働が必ずしも賃金という形態で直接的に報酬として与えられるとは限らず、それらのすべてがさまざまな需要を集団的に満たす社会のものとなる。

しかし人間の解放は、その範囲がいくら拡大しようとただ物質的必要の充足に止まるのではなく、すべての者の完全で多面的な生活を実現することにある。これこそが、マルクスをして、人間を心身ともに無能力化して個人を無益な一面性に追いやる分業を廃止することに集中させた理由である。社会主義のもっとも重要な仕事は、それぞれの人間に潜在するあらゆる力を解放し、その個人的能力を社会的文脈において最大限に発達させることである。もしそうであれば、われわれは社会主義が人間の「最終的」状態であるということを、いかなる意味で理解すればよいのだろうか。

エンゲルスが、「ルードウィッヒ・フォイエルバッハ」で書いたように、「知識が人類の完全で理想的条件においても完全な終着点まで到達することができないように、歴史もそういうことはできない」。社会主義は固定した総需要の充足を用意しそれゆえに発展の刺激を内包しない停滞した社会という意味で「最終的」ではない。だがマルクスによれば、社会がそれ自体の存続の諸条件の完全な統制を保ち、その結果、さらなる転換の機会も存在しないという意味では最終的である。つまりそこには、支配する者と支配される者との相違も、人間の創造力にたいする制限も存在しない。社会主義は人間の発達や創造力が存在しなくなることを意味するのではなく、それらにたいする社会的制限がもはや何も存在しないことを意味する。しかしながら、想像力の発達は単純にそして主として物質的富の増大を意味するのではない。『資本論』第三巻の有名なくだりがここで極めて重要である。

「自由の国は、窮乏や外的な合目的性に迫られて労働するということがなくなったときに、はじめて現実的に始まる。つまり、それは、当然のこととして、本来の物質的生産の領域のかなたにある。未開人が、自分の欲望を充たすために、自分の生活を維持し再生産するために自然と格闘しなければならないように、文明人もそうしなければならないのであり、しかもどんな社会形態のなかでも、考えられるかぎりのどんな生産様式のもとでも、そうしなければならない。彼の発達につれて、この自然必然性の国は拡大される。というのは、欲望が拡大するからである。しかしまた同時に、この欲望を充たす生産力も拡大される。自由はこの領域のなかではただつぎのことにありうるだけである。すなわち、社会化された人間、結合された生産者たちが、盲目的な力によって支配されるように自分たちと自然との物質代謝によって支配されることをやめて、この物質代謝を合理的に規制し自分たちの共同統制のもとに置くということ、つまり、力の最小の消費によって、自分たちの人間性に最もふさわしく最も適合した条件のもとでこの物質代謝を行うということである。しかし、これはやはりまだ必然の国である。この国のかなたで、自己目的として存在する人間の力の発達が、真の自由の国が始まるのであるが、しかし、それはただかの必然の国をその基礎としてその上にのみ花を開くことができるのである。労働日の短縮こそは必須の条件である」［邦訳『資本論』第三巻、第四八章、Ⅲ『マルクス・エンゲルス全集』第二五巻　第二分冊　一〇五一頁］。

　こうしてわれわれは、マルクスが社会主義への転換に結び付けた価値の公式を手に入れる。組織の様式としての社会主義は、人間がその想像力を最大限に発達させるのを妨げる障害を一掃することにある。このようなあらゆる領域への自由な拡張が人類の真の目的である。物質的必要の生産は「必然の国」に属し、そこで使われる時間は人間の自然依存の尺度である。自然への依存は当然ながら完全に克服することはできないが、その影響を最小化することができ、そしてより重要なことに、とりわけ社会的生存と結びついた強制の形態は除去することが可能である。つまり、社会生活が個性の実現になり、個性の抑制にはならないように物事を整えることが可能となる。

　このような個人的存在と共同的存在との同一化は、強制の問題ではない。もしそれが強制であればそれ自体の前提に反することになるのだから、それは自分自身の人生を他者の観点からも価値創造的であると見なす一人ひとりの個人の意識から生まれる。もはや社会的生活と私的生活との断絶は存在しない。それは個人が単一で灰色の画一的な集団性に吸収されるからではなく、社会生活がもはや諸個人から疎外された形態を創り出さないからである。社会生活が対立を生み出すことをやめ、それ自体が各人にとって彼自身の個人的創作物として現れるだろう。社会関係は宗教的形態の神秘化で包まれるのではなく、すべての者にとって透明になるであろう。

253

　「現実の世界の宗教的反射は、実践的な日常生活の諸関係が人間にとって相互間および対自然の完全にわかりやすい合理的関係として表われるようになったときに、はじめて最終的に消滅しうるのである。社会の生活過程、すなわち物質的生産過程は、それが自由に提携した人間による生産という形態をとり、決着済みの計画に基づいて彼らによって意識的に統御されたときに、はじめてその神秘のヴェールを脱ぎ捨てる。しかし、それは、社会にある一定の物質的基礎または一連の存在条件を求めるのであるが、この条件そのものがまた一つの長い苦悩にみちた発展史の自然発生的な所産である」［邦訳『資本論』第一巻、第一章、第四節『マルクス・エンゲルス全集』第二三巻　第一分冊　一〇六頁］。

　このように社会主義運動は歴史上前例のない革命、あらゆるものの大転換、上に説明した意味における最後の革命となる。社会主義はこれまでに知られてきた歴史および人類の冒険の開始以来の歴史のもっとも新しい終わりである。それは過去との徹底的な断絶であり、それを正当化したりあるいはそれに自己意識をもたらしたりするようないかなる現存の伝統も必要としない。「一九世紀の社会革命は、その詩を過去から汲み取ることはできず、未来から汲み取るほかはない。それは、過去へのあらゆる迷信を捨てさらないうちは、自分の仕事を始めることができない。これまでの革命は、自分自身の内容について自分を欺くために、世界史を回想する必要があった。一九世紀の革命は、自分自身の内容をはっきり理解するために、死にたる者に死にたる者を葬らせなければならない」（『ルイ・ボナパルトのブリュメール一八日』［邦訳『マルクス・エンゲルス全集』第八巻　一一〇頁］）。

　一八四八年以降マルクスは早期のヨーロッパ革命を期待し、長期の待機に甘んじるという新しい段階を通過した。新たな暴動、戦争あるいは経済不況のそれぞれの時期が彼の希望を膨らませた。一八四八年直後に彼は、資本主義の終末の前兆がすでに萌しているという楽観的な確信を放棄した。それに代わって、彼は「直接行動」の支持者にたいして、労働者は権力の準備をする前に一五年、二〇年、あるいは五〇年の厳しい闘争に立ち向かわなければならないと語った。

　彼は何度も何度も政治的あるいは経済的危機に鼓舞されて、一つあるいはもう一つの場所、ドイツ、スペイン、ポーランドまたはロシアで、ヨーロッパ中に広がるような革命の火花が燃え上がることを望んだ。自分の理論に従って彼はより進んだ国々からの革命を強く期待したが、しかし、時には遅れたロシアすら世界規模の転換を主導するような嵐の勃発を見ることになるかもしれないと考えた。

　彼の支持者のあいだでは、その理論にしたがって、もっともプロレタリアートの世界革命の前兆となりそうな諸条件に関する不毛の論争が起こった。マルクス自身はそれらが何であるかを公式には示さず、この主題に関する彼の散発的な見解は何年ものあいだ首尾一貫した全体を成さなかった。彼の心中に革命の渇望と資本主義がまずその「経済的成熟」に達しなければならないという理論とのあいだの葛藤があったことは明らかであって、しかもその「経済的成熟」はイギリスを除くヨーロッパ諸国では起きておらず、そしてこのようなあれかこれかの観点は物事の変化に応じて支配的となった。

　しかしながら、彼は決して、どのような徴候によって経済的成熟が認められるべきかを明示しなかった。その上、彼は一八七一年から七二年には、イギリス、アメリカ、オランダのような先進諸国において、社会主義への移行は平和的な運動によって暴力や反乱なしに実現されるかもしれないという見方まで採った。

　総じて言えば、マルクスは彼が想定したような社会主義体制への直接的移行はあり得ないという考え方に結局は至った。『ゴータ綱領批判』の中で彼は、革命と社会主義の願望の最終的実現とのあいだに中間的時期が存在しなければならないと述べた。第一の段階で人間の権利は労働に比例するだろう。「この平等な権利は不平等な労働のための不平等な権利である。誰でも他の人と同じく労働者であるにすぎないから、この権利は何の階級区別をも認めない。しかしそれは労働者の不平等な個人的天分と、したがってまた、不平等な生産能力を、生まれながらの特権として暗黙のうちに承認している。だからそれは、内容からいえばすべての権利と同じように不平等な権利である」〔邦訳『マルクス・エンゲルス全集』第一九巻　二〇～一頁〕。

　過渡期は、それがそこから成長した社会の母斑を帯びているだろう。経済的に、それは「労働に応じて各人に」の原則に基づく。政治的に、それはプロレタリアートの独裁つまり特定の階級が権力を行使して階級区別をなくすために権力を行使し、暴力を使用するシステムである。共産主義社会の高度な段階、つまり人間が分業によってもはや奴隷化されないとき、身体的および精神的労働の区別が放棄されたとき、生産力の発展がすべての者の充足を保障し、そして労働が人間の存在のもっとも死活的な必要となったときに、その場合にだけ「能力に応じて各人から、必要に応じて各人へ」のスローガンが現実となることができるだろう。

　マルクスは将来の社会組織の詳細な叙述を何も残さなかったけれども、その基本的原理は明白である。社会主義は完全な人間化を意味するのであって、人間の自分自身の力とその創造的エネルギーにたいする支配を回復する。そのすべての個別の特徴は、この原理から引き出される。つまり、生産を使用価値に合わせること、技術の多様性の獲得を妨げないかぎりにおいて分業を廃止すること（しかし、当然ながら、工業から手工業制への後戻りではないという意味で）、生産の管理とは別個の国家機構の廃止、不平等のあらゆる社会的源泉の廃止（エンゲルスが書いたように、平等は階級区別の一掃を意味するのであって、個々人の区別の一掃ではない）そして何らかの方法で人間の活動を制限するすべての社会的諸条件の廃止である。

　マルクスによれば、資本主義の廃止は「生産者のための私的資産は再建しないが、しかし資本主義時代の獲得物に基づく個人の資産は彼に与える。すなわち自由な労働者の協業や共有の土地資源及び労働そのものによ

255

って生産された生産手段を基礎とする個人的所有である」ということが重要である［邦訳『資本論』第一巻、第二四章、第七節、『マルクス・エンゲルス全集』第二三巻　第二分冊　九九五頁］。

「個人的所有」は資本家的所有と対比をなす。後者はその転換と成長が特定の人間によって統制されず、また資本家それ自身すらも従属させる資本の匿名の力においてそれ自体の法則を発展させるという意味において、非個人的である。これと対照的に、社会主義は、個々の人間主体のみが真に存在し、いかなる非個人的な社会的力によっても支配されない状態への回帰である。つまり所有は個人的であって、社会は資産を有する諸個人の集合以外の何ものでもない。

マルクスが、社会主義を諸個人があらゆる主体性を奪われたコント的普遍的存在に落とし込まれるシステムと見なしたという考え方は、彼の著作の研究が引き起こしたもっとも馬鹿げた逸脱の一つである。真実として言えることは、マルクスの見解において人格は「我思う、故に我あり」という筋での自己経験の問題などではない。なぜなら、個人がそこに存在する社会生活の意識から遊離した純粋な自己経験などは存在しないからである。それと反対の想定は、精神活動が生産活動から完全に切断され、その結果、それらの結合が忘れ去られた状況においてのみ起こり得るかもしれない。それぞれの個人は、すべて社会的存在であった。つまり人間は共同体の中で自己実現したのであるが、しかしこれは共同体が個人的主体的存在以外の他の源泉からその創造性を引き出すことを意味するのではなかった。

4　資本の弁証法：全体と部分、具体と抽象

これらの見方は資本主義のマルクスの全体的分析と決して矛盾するものではない。歴史を通じて、物質的な力が人間を支配してきた。資本主義社会を考える際に、それぞれの別個の要素は全体と関連させられ、そして個々の現象は発展過程の一段階として扱われなければならない。『資本論』においてマルクスは一度ならず、彼の研究方法のこのような包括的な視座を想起する。いくら些少でも一日に数百万回起こる売りや買いのような経済行動は、資本主義制度全体という文脈を外しては理解できない。

「個別の資本は、ただ社会的総資本の独立化された、いわば個別的生命を与えられた一断片でしかないのであって、ちょうど、各個の資本家がただ資本家階級の一つの個別的要素でしかないのと同様である。社会的資本の運動は、それの独立化された諸断片の諸運動の総体すなわち諸個別資本の回転から成っている。個別の商品の変態が商品世界の諸変態の列―商品流通―の一環であるように、個別資本の変態、その回転は、社会的資本の循環のなかの一環なのである」［邦訳『資本論』第二巻、第一八章、第一節『マルクス・エンゲルス全集』第二四巻　四三〇頁］。

よって、平均利潤率の存在は、個別の資本家が社会的総資本における彼の割合に応じて利潤を形成し、個別の生産部門における有機的構成に応じて利潤を形成するのではないことを意味する。資本主義経済の全体的機能化は、生産過程と資本の循環におけるすべての環の相互依存という条件の下で、交換価値の最大化の実現に調節されている。つまり、経済は単一の過程となるのであって、そういうものとしてのみ理解することができる。

256

しかし、一つの現象は全体との関係でのみ理解できるという弁証法の規則は、分析の出発点が理論以前の経験的「全体」、つまりただの認識の混合物でなければならないということを意味しない。その反対に、そのような「全体」は認識の対象として存在することは不可能である。抽象化、すなわち、もっとも単純な社会的カテゴリーを基礎として具体的なものを再構成することが分析の機能であって、このもっとも単純な社会的カテゴリーは最初は孤立した現象の形をとり、その後になって初めてそれらの相互の関連という認識によって豊かにされる。このような主張は『経済学批判要綱』の序説のくだりにまとめられている。

「実在的で具体的なもの、現実的前提をなすものから始めること、した

がって、経済学では、例えば社会的生産行為の基礎であり主体である人口から始めることが、正しいことのように思われる。しかし、もっと詳しく考察すれば、これはまちがいだということがわかる。人口は、たとえば、それを構成する諸々の階級を私が無視すれば、一つの抽象である。この階級というものも、階級の基礎になっている諸々の要素、たとえば、賃労働、資本等々を知らなければ、やはり一つの空虚な言葉である。――だから、もし私が人口から始めようとすれば、それは、全体についての一つの混沌とした表象であろう。そして、もっと詳しく規定することによって、私は分析的にだんだんもっと簡単な概念に考えついてゆくであろう。表象された具体的なものから、だんだん希薄になる抽象的なものに進んでいって、ついには最も簡単な諸規定に到達するであろう。――一七世紀の経済学者たちは、いつでも、生きている全体から、すなわち人口、国民、国家、いくつかの国家等々から始めている。しかし、彼らは、いつでも、分析によって、いくつかの規定的で抽象的な一般的関係、たとえば分業や価値や貨幣などを見つけだすことに終わっている。これらの個々の要素が多かれ少なかれ確立され抽象されると、労働や分業や欲望や交換価値のような簡単なものから国家や諸国民間の交換や世界市場にまでのぼってゆく経済学の全体系が始まった。これが、明らかに、科学的に正しい方法である。具体的なものが具体的であるのは、それが多くの規定の総括であって、したがって多様なものの統一であるからである。それゆえに、具体的のものは現実の出発点であり、したがってまた直感や表象の出発点であるにもかかわらず、思考の過程つまり総括の過程においては、結果として現れ、出発点としては現れない。――抽象的な諸規定は、思考を経て、具体的なものの再生産につながる。そういうわけで、ヘーゲルは、実在的なものを、それ自体を総括し、それ自身の深さを証明し、それ自身から自己展開する思考の産物ととらえる幻想に陥ったのである。抽象的なものから具体的なものにのぼってゆくという方法は、思考が具体的なものをわがものとする唯一の方法であるがゆえに、それを思考の中で具体的なものとして再生産するのである。そして、具体的なものそれ自体が存在として現れるのはこういうやり方ではない」［邦訳『マルクス・エンゲルス全集』第一三巻　六二七～八頁　一部変更］。

こうしてマルクスの考え方において、社会現象の説明の順序は事実的観察の順序とは逆である。マルクスの社会現象の説明は、もっとも単純でもっとも抽象的な社会生活の属性、例えば価値から始まり、そして、これらから精神によって同化され、理論に従う形で、具体的な現象を再構築する。こうして再構築された「全体」は直接的な表象の混沌としたかたまりではなく、概念的に結合された体系である。このような結果に到達するために、われわれは他のどの科学においてもそうであるように、理想的状態という方法を用いるのであるが、それは議論のために外的要因によって妨害されないある単純な関係を想定し、その結果、それらの複雑性は後から分析できるというものである。

このようにマルクスは、ガリレオの知見に起源をもつ近代科学の基本的方法、すなわち力学は実際の経験の説明（ガッサンディを含む一六世紀および一七世紀の経験主義者が信じたような）ではあり得ず、実際の経験的状況では決して起こりようのない理想的状態を想定しなければならない、近代科学の基本的方法を政治経済学に移入しようとするのである。つまり、空気抵抗をなくすために真空状態の中で発射される投射物の軌道の研究のような、あるいはまた停止点で何の摩擦もないことを想定した振り子運動などのような、制限された諸価値を含む状態である。この方法は、それが想定する諸条件が想像上のものであるにもかかわらず、一般的に認められている。真空、完全に伸縮自在の物体、一度に単一の刺激だけに影響を受ける有機体等々のようなものは自然界には存在しないが、しかしこれらは経験的環境の下で起こる標準的な状態からの逸脱を測定するために仮定されなければならない。

同様の方法でマルクスは純粋にブルジョアジーとプロレタリアートから成る純理論的な社会における価値の創造を考察することから始め、そして流通とそれから生み出される変化から引き出される剰余価値の創出過程を吟味する。その上で彼は需要と供給から切り離された流通を考察する。

「需要と供給とは実際にはけっして一致しない。――ところが、経済学では需要と供給が一致すると想定されるのであるが、それは現象をその合法則的な姿、その概念に一致する姿で考察するためである。すなわち、現象を、需要供給の運動によってひき起こされる外観にかかわりなく考察するためである。このように進めるもう一つの理由は、これらの運動の現実の傾向を見つけだすため、いわばそれを確定するためである。いろいろな不一致は互いに反対の性質のものであり、また、不一致は相互に絶えず起きるのだから、それらの相互の矛盾によってそれらは釣り合うのである」［邦訳『資本論』第三巻、第一〇章［『マルクス・エンゲルス全集』第二五巻第一冊　二三九頁］。

しかしながら、物理学と経済学ではこの方法の使用において本質的違いがある。ガリレオの振り子の場合、制限的諸条件はその逸脱が実験的状態の中で観察できるものであった。しかしそのようなことは複雑な社会現象では不可能であって、そこでは理想モデルからの現実の逸脱を測定する手段はない。

そういうわけで、マルクスの『資本論』における説明は疑問を引き起こしてきた。彼は現実の社会を叙述しているのか、あるいは純粋に理論上の社会（もちろん、特定の、二度と起こらない状況と明確に関連する歴史の進行とはかけ離れた）を叙述しているのか？　彼のいくつかの所見からすれば、彼は資本主義をそれが現実にある通りに分析したのではなく、現実に存在しないその図式だけを分析したと推論することも可能である。

その場合において分析はいわば空疎なものになる。なぜなら、われわれはそのモデルを歴史的な現実と比較する方法を、あるいはまたこの双方を関連させる方法を知らないからである。しかし、それが現実の資本主義の展開、とりわけ資本主義がどのように発展しているかを説明しているかどうかにかかわらず、「理想の」資本主義社会（理論的なそれであって、当然ながら規範的なそれではない）を叙述することはマルクスの意図では実際にあり得なかった。

例えば、資本主義の「モデル」において利潤率は低下するに違いないとか、あるいは階級は両極化するという際に、もしあれかこれかの推論によって、これが現実の資本主義経済に起こらないとすれば、そこにどのような理論的・実践的用途があり得るのだろうか。このモデルはもしわれわれが次のように言うことができるとすれば、その場合だけ価値がある。すなわち、「資本主義はかくかくの条件の下においてかくかくの変化を遂げるだろうが、しかしある一定の方法で条件が影響を受けるならば、変化は何か別の形で起こるだろう、それは次の通りである…」と。

しかし、これはわれわれが正確には表現できないものである。なぜならば、もし資本主義が実際に少なくともいくつかの点で理論上の資本主義と異なる変化を経るならば、その場合、われわれがその相違を事後的に解釈できたとしても、モデルの分析はわれわれにとって何の役にも立たなかったことになるからである。いずれにしても、利潤率の低下あるいは階級の両極化を、環境に応じて実際に起こるかもしれない、あるいは起こらないかもしれない「理想」的資本主義の単なる傾向として、マルクスが見なしたのかどうかは極めて疑わしい。彼は確かに、現実の資本主義において利潤率は低下し、そして中間階級は歴史的に死に絶えるに違いないと確信した。

『資本論』を「理想的な」資本主義だけに関係すると解釈する試みは、実在しない資本主義の理念型において起こる事柄の言説として単に表されたマルクスの予言の誤りを明らかにする経験的証拠に抵抗する手段として、ときどき使われている。しかしそのような解釈は、マルクス主義から現実の社会分析の手段としての価値を剝奪することによって、経験の破滅的結果に反してマルクス主義を擁護しようとするものである。

物理学の法則は、非現実的な制限された価値を仮定することによって、観察資料を説明するのに役立つ。他方、マルクスによって説明された理想の諸条件は、「外見」の基底に存在する現実の「本質」を明らかにすることが意図されている。このことは、上に引用した文章の箇所そして他の言説からも理解できるのであって、その中には、物の本質が常に外見と一致するならば科学の必要はないだろうという彼の所見も含まれる。しかし、現象によって否定されるかもしれない「本質」の状態とは何であるのか、そして仮に、経験的観察によってわれわれがその「本質」を発見できない時、それを発見したとわれわれはどのようにして確定するのだろうか？
259
と問いかけてもよい。

例えば、原子や遺伝子の存在が直接的観察によって確証される以前に受け入れられたという事実は、十分な回答とはならない。原子や遺伝子は経験的資料と明確な論理的関連を持っており、事実の観察を説明するのに役立つ。それらは単なる抽象的な演繹の結果ではない。物の「本質」を説明しようとする発見の場合、それらの状態がアーネスト・マッハ（その存在を疑問視した）の時代の原子のようなものか、あるいはT・H・モーガンの時代の遺伝子のようなものか、あるいはその反対に、実証的に確認することができない単なる言葉だけのいかさまの説明である一七世紀と一八世紀における燃素のようなものであるかどうかを究明することが重要である。

しかしながら、すべてのカテゴリーを単一の体系に関係させるマルクスの社会現象への全体論的アプローチは、彼の分析のすべての段階を貫いていることは確かである。彼は、何度も何度も、彼が関わる質は認識によって識別できる「自然的存在」を持たず、「社会的存在」を持つだけであること、そして、特に価値は物質的属性ではなく、物の質という形態をとる社会的関係であることを強調する。「経済的諸形態の分析では、顕微鏡も化学試薬も役には立たない。抽象力がこの両方の代わりをしなければならない。ところが、ブルジョア社会にとっては、労働生産物の商品形態すなわち商品の価値形態が経済の細胞形態なのである」（『資本論　第一巻　ドイツ語第一版の序文』［邦訳『マルクス・エンゲルス全集』第二三巻　第一分冊　八頁　一部変更］）。

「商品の価値はその実在の自然な物質性とまさに正反対である。その中には一分子も自然素材は入っていない。ある一つの商品をどんなにいじりまわしてみても、それが価値の対象であるかぎり、それを把握することは不可能である。とはいえ、商品の価値は純粋に社会的現実性を保持していること、そして商品はある同一の社会的実質すなわち人間労働の表現または体現である場合だけに限って、その現実性を獲得する価値対象性をもっているのだということにわれわれが留意するならば、当然のこととして、価値は商品と商品との社会的な関係のうちにだけに現れ得るということになる」（『資本論』第一巻、第一章、第三節）。

価値は、流通から独立して商品に内在する何ものかではない。それは認識によっては接近できず、抽象的な労働時間の結晶であって、交換の対象として比較される市場の商品と商品との関係の中に現れる事実である。

「見ようによっては人間も商品と同じことである。人間は鏡をもってこの世に生まれてくるのでもなければ、私は私である、というフィヒテ流の哲学者として生まれてくるのでもないから、人間はまず他の人間のなかに自分を映してみるのである。ペテロは、彼と同等なものとしての人間ペテロに関係することによって、はじめて人間として自分自身に関係するのである」［邦訳『資本論』第一巻、第一章、第三節Ａ２ａ『マルクス・エンゲルス全集』第二三巻　第一分冊　七一頁］。

上着が織布の量の価値を表すとき、それはこれら二つの物の内在的価値実体を意味するのではなく、それらの価値、性格上純粋に社会的な価値を表しているのである（同前二b）。「たとえば、材木で机をつくれば、材木の形は変えられる。それにもかかわらず、机はやはり材木であり、ありふれた感覚的なものである。ところが、机が商品として現れるやいなや、それは一つの感覚的であると同時に超感覚的なあるものになってしまうのである」［邦訳『資本論』第一巻、第一章、第四節『マルクス・エンゲルス全集』第二三巻　第一分冊　九六頁］。
260

これらの主張は、これから見るように、反自然主義的な前提を含んでおり、それによれば社会生活は、自然の質に還元できずそして直接的観察では接近不可能でありながらも、なお現実的であり歴史の過程を決定するような新しい質を創っているというのである。厳密に言えば、それらは自然的対象物の新たな属性ではないのであって、商品フェティシズムという条件の下でのみそうなのである。つまり、それらはそれら自体の法則を創り出す人間相互の関係である。

そのような関係は、フォイエルバッハ流に、人類出現以前の自然に存在する諸関係の延長または特殊な形態として説明することはできない。それらはそれ自体の法則に従う複合体を形成し、そして人間以外の世界では発見することができない質を関係する人間に授与するのである。この意味において、個々の人間は、自分自身によるかあるいは理論的分析のいずれかによって、単なる自然的存在として理解できず、いずれにせよ社会過程への参加者ということでしか理解できない。

こうして、マルクスが一八四三年に書いたように、「人間にとってその根本は人間それ自身である」というのは真実である。その上、対象は、それが人間関係に巻き込まれた場合に「それ自体として」存在するものとは異なってくる。「黒人は黒人である。一定の諸関係の下で彼ははじめて奴隷となる。紡績機械は紡績のための機械である。一定の諸関係のもとでのみ、それは資本となる。これらの諸関係から離されたら、それは資本ではない。そのことは、金がそれ自体としては貨幣ではなく、また砂糖が砂糖の価格ではないのと同じである」(『賃労働と資本』Ⅲ［邦訳『マルクス・エンゲルス全集』第六巻　四〇三頁］)。

こうしてわれわれは、社会主義革命の結果としての人間性への回帰というマルクスの理念をより正確に理解することができる。社会主義の下で、すべての有用な労働が使用価値に従属するとき、実に紡績機械は紡績のためだけの機械、人間に衣類を供給するためだけに人間によって利用される道具となる。それはまた人間の一定量の労働時間の結晶でもあって、少なくとも社会主義のより進んだ段階では交換価値を構成しない。なぜなら、生産物一般が価値によって交換されるのではなく、現実の必要によって分配されるからである。

したがって、機械にとって起こることは、その他のどの生産物にとっても同じように、価値の立場から他の対象と関係することに依存しない。商品経済の中で外見上人間化されている物、すなわち、事実として人間関係であるという質を帯びる物は、社会主義の下でこの外見を失い、事実として人間化される。つまりそれらは人間によって使用の対象として獲得され、真の個人的所有となる。

人間は「政治的動物」あるいは市民であり続ける（マルクスはわざわざアリストテレスの言葉を使う）。つまり、人間はその創造的可能性を社会的価値として理解するが、しかし社会主義の下では抽象化が人間を支配することを停止する。この意味で、社会主義は具体的なものへの回帰である。対象化された労働が生きた労働への支配力をますます押し広げる転倒の過程、その結果、人間の活動が単なる対象化の問題ではなく、主に疎外であるような過程は、マルクスが『要綱』で説明したように、社会それ自体に内在する過程であって、労働者や資本家の想像の中だけにあるのではない。この転倒は実に、それがなければ生産力がそうであったように発展することができなかった歴史的必然である。しかし、それはあらゆる生産の絶対的必然ではない。

「たんに個別的な労働としての、あるいはたんに内的なだけ、ないしは外的にだけ一般的な労働としての生きた労働の直接的性格が止揚されるとともに、直接的に一般的な、すなわち社会的な諸個人としての諸個人の活動が措定されるとともに、この疎外の形態は生産の対象的性格からはぎとられる。それらはそれとともに、そのなかで個人が個体として、しかし社会的な個体として再生産されるところの所有として、有機的な社会体として措定される」(『経済学批判要綱』Ⅲ・3［邦訳　高木幸二郎監訳　第四分冊　大月書店　七九五頁］)。

5　資本の弁証法：意識と歴史過程

しかしながら、資本の弁証法は資本主義の現実のあらゆる部分をその独自の法則によって機能する全体の構成要素と見なすことで単に成り立っているのではない。あらゆる現存する形態は連続する過程の一つの段階として考察すること、つまり現象は歴史的進化の見地から観察することがマルクスの見方のもっとも重要な特徴、実に主要な特徴である。

マルクスは、彼の弁証法にヘーゲルのそれのような独立した説明を決して与えなかったが、弁証法はその主題から独立しては叙述できないのであって、彼はときどき、個別の主張の中でその一般的性格を指摘した。もっとも頻繁に引用される文章のくだりの一つが『資本論』のドイツ語訳第二版の後記の中にあるが、そこで彼は述べる。

「私の弁証法的方法は、根本的にヘーゲルのものとは違っているだけではなく、それとは正反対のものである。ヘーゲルにとっては、彼が理念という名のもとに一つの独立な主体にさえ転化している思考過程が、現実的な、ものの創造者なのであって、現実的なものはただその外的現象をなしているだけなのである。私にあっては、これとは反対に、観念的なものは、人間の頭で置きかえられ翻訳された物質的なものにほかならないのである」（『資本論』第一巻、第二版後記［邦訳『マルクス・エンゲルス全集』第二三巻　第一分冊　二二頁］）。

同じ後記の中で、彼は一八七二年に『資本論』のロシア人批評家が与えた彼の方法にたいする評価を承諾を得て引用したが、この批評家は、「マルクスは社会の運動を人間の意志や意識及び意図から独立した諸法則によって支配される一つの自然史的過程として扱い」、マルクスの体系において歴史の各段階はそれ自体の固有の法則を持ち、それがやがて次の時代の法則に道を譲ると述べていた。しかしながら、マルクスは言う、自分の弁証法は「現在の状態の理解や肯定的認識のうちに、同時にまたその状態の否定、そしてその必然的没落を理解している。そしてそれはいっさいの歴史的に生成した社会形態を運動の流れのなかで位置づけ、それゆえに、その一時的存在と同時にその過渡的性質も考慮する。それは何ものも歴史に課さず、その本質上批判的で革命的である」と（『資本論』第一巻［邦訳『マルクス・エンゲルス全集』第二三巻　第一分冊　二〇頁、二三頁］）。

しかしながら、社会現象の過渡性という理論は、それ自体として分析のための十分な基礎ではない。歴史の全体はそれに加えて最高度の形態に関連させて解釈されなければならない。特に、以前の体制はブルジョア社会というそれらの結末の観点からのみ理解することができる。

「ブルジョア社会は、もっとも発展した、またもっとも多様な、生産の歴史的組織である。だから、その諸関係を表現する諸範疇は、その仕組みの理解は、資本主義がその崩壊と諸要素からそれ自体を構築した、すべての没落した社会形態の構造と生産関係への洞察を可能にする。――人間の解剖は猿の解剖にたいする一つの鍵である。低級な種類の動物にあるいっそう高級なものへの予兆は、このいっそう高級なものがすでに知られている場合にだけ、これを理解することができる。同じような方法で、ブルジョア経済は、古代等々の経済への鍵を提供する。しかし、それはけっして、すべての歴史上の区別を抹殺して、すべての社会形態のうちにブルジョア的諸関係を見る経済学者たちの手法に従うことではない。地代を知るならば、貢賦、十分の一税等々を理解することができる。だが、これらを同一視してはならない」（『経済学批判要綱』序説［邦訳　高木幸二郎監訳　第一分冊　大月書店　二七頁］）。

過ぎ去った社会形態は現在のそれに関連させてのみ理解できるばかりではなく、現在の社会はその未来の観点、すなわちその不可避的崩壊の後に生まれる社会形態の観点からも理解できる。この重要な点でマルクスの思想はヘーゲルのそれとは異なるのであって、ヘーゲルの思想は本質的に過去を解釈することに限定された。弁証法を未来に押し広げ、現在をそれ自体の崩壊の見地から解釈するという理念は、マルクスによって青年ヘーゲル派から取り入れられた。

『資本論』の中でマルクスは、折に触れてヘーゲルの図式を引き合いに出す。例えば、所与の社会条件の下で価値の蓄積はそれが賃労働を雇用するほどの大きさであれば「資本」と記述できると主張して、彼はこれを量的変化から質的変化へのヘーゲル的転化の実例として引用する。つまり、価値が一定の量的水準を超えれば、それは生きた労働を指揮し、剰余価値

263

を創造する力を獲得する。さらに、資本家的所有を、労働に基づく個人的私的所有の否定として描いて、彼は、社会主義を「否定の否定」すなわち、個人的所有への回帰、しかしながら、今度は、私的所有に代わって生産手段の共同所有に基づく個人的所有への回帰として描き出す。

しかしながらマルクスにとっては、ヘーゲルにとってのように、弁証法は相互に独立しそしてそれらが適用される主題からも独立した法則の集まりではない。もしそれがどのような主題にも適用され、独立して説明することができる単なる方法であるとすれば、自分の弁証法はヘーゲルのそれが観念論であるがゆえにヘーゲルの弁証法とは反対であるとマルクスが言う理由は存在しない。なぜなら、歴史が観念論者的にあるいはまた唯物論者的に解釈されようがされまいが、その法則は同じ方法で定式化され得るからである。

しかし、マルクスの見解では、意識の歴史過程にたいする関係は弁証法の内容そのものの一部である。ヘーゲルにとって弁証法が、精神が存在をそれ自身の創造として理解するようになる過程における諸理念の解体の歴史であったのにたいし、マルクスにとってそれは生活の物質的諸条件の歴史であって、その諸条件の下で、そうならざるを得なくなるのだが、精神的および制度的形態が下位構造との統一を取り戻す前に明白な自律性を帯びるのである。

社会的現実の弁証法的運動理論が自らを生み出した歴史過程への依存を認識するかぎり、世界理解の手段としての弁証法は世界自体の現実の弁証法にたいして二次的である。マルクスは労働者階級の利益を反映する理論は、労働者の変化する状態の観察からのみ生まれると何度も繰り返す。事実として、理論はそうした状態の自己意識化された上部構造である。つまり、理論はそれ自体がただ現実の歴史過程の反映であること、社会的実践の産物であってそれから独立した観照ではないことを自覚するのである。

マルクス主義の弁証法は「主観と客観の統一」で終結するのだが、しかしそれはヘーゲルのそれとは異なる意味においてである。マルクス主義の弁証法は人間にたいして意識的な歴史主体としての真の機能を回復させるのであって、それは人間の自由で自発的な主導性の結果が人間自身に敵対する状況を廃棄することによって、そうするのである。主観はそれによって人間が自分自身を生産や創造的仕事に対象化する過程を全面的に指揮するようになるであろう。この対象化は疎外に転落することにはならない。現実の個人が彼の手による成果を所有し、もはや、独立し対象化された力に従属しない。歴史の課程は、意識的な人間の意志によって完全に支配される。つまり意識的な人間の意志は、それが何のために存在するかを、つまり生活過程の意識を知覚する。歴史の過程と意識の自由な発展は一つで同じものである。

マルクスの弁証法はこのような意識と社会的実在の統一に至る歴史の進歩の叙述である。ヘーゲルがそうであるように、それは矛盾が生まれ、そして克服され、新しい矛盾が生まれる運動の叙述である。矛盾を通した前進というのは、世界の弁証法的解釈にとって本質的である。しかしこれらは論理的矛盾でも社会的衝突の別の用語でもない。後者は歴史を通してわれわれと共にあったが、しかし誰もそれに基づいて弁証法的解釈体系を構築はしない。

意識的な政治形態における階級的敵対は、非意識的な「客観的」過程の底に潜む矛盾の結果である。ヘーゲルの理論においては、概念は発展するにつれて内的矛盾を顕わし、その解消がより高度の意識形態を生み出す。マルクスの見解において、矛盾はそれらが意識あるいは概念という形態に転換されているかどうかには関係なく歴史の過程で「生起する」。つまりそれらは現象がそれ自身の性質や基本的傾向に反する状況を生じさせるという事実の中にある。

資本主義の内的矛盾の弁証法のもっとも重要な特徴は、利潤率の低下と経済危機のマルクスの分析であり、その中で彼は、利潤率最大化の衝動が、不変資本の総額を増大させ、そうして利潤率を確実に低下させることによって、自らの目的を挫折させることを明らかにする。剰余価値を絶対値で増大させようとするその同じ衝動が、資本それ自体（資本家の意図とは別の事柄であって、ここではそれは第二次的である）の「生来の傾向」にもか

264

かわらず、危機と資本の腐朽に繋がる。このように元来は単一で分化しない傾向を示す資本が、それ自体と反対の方向に作動する現象を引き起こし、そして矛盾はあらゆる努力にもかかわらず資本が最終的にもはや存在できない地点にまで到達する。

これはヘーゲル主義的な概念の分離と似ている。しかし、それは何者の意識からも独立して歴史がひとりでに発展させるパターンである。意識は、今日まで、錯覚や神秘化の複合体としてのみその過程において現れてきた。主観と客観の統一への回帰はヘーゲルのように、世界からその客観的性格や客観的実在を共に奪いとることを意味しない。つまり、人間は依然として労働の手段によって自らの能力を対象化するだろうし、依然として独立した自然と対峙させられるであろう。それがまさに意味することは、社会現象から、その物のような性質や現実的で個人的な人間主観からの自立性を剝ぎとることである。この過程を説明する弁証法は知的理解の水準にまで引き上げられた労働者階級の意識である。

ここまで来たら、われわれはマルクス主義の弁証法の全体を、次のように定義することができる。弁証法は労働者階級の意識であって、労働者階級は自らの状態とブルジョア社会へのその対抗を自覚して、この社会の全体的機能と過去のすべての歴史を、矛盾の生成と解消が周期的に起こる過程として認識する。弁証法的意識は、抽象化の過程によって、社会現象からその偶発性を除去し、その基本的構造を把握する。つまり、それは歴史過程のあらゆる要素を全体と関連させ、こうして各要素を同じように理解する。その最終的段階においてそれは、弁証法的意識としてのそれ自体を含んで、革命的爆発の中で一掃される激化した矛盾を反映する。すなわち、この出来事は人類の前史を終わらせ、歴史の主体および客体として社会の統一を、別な言い方をすれば、歴史の意識と歴史それ自体との統一を復活させる。

この定式化から、弁証法は、数学のそれと同様の、いかなる条件の下のいかなる主題にも適用できる方法ではないことが理解できるだろう。それが方法として存在できるのは、それが反映する階級状況との機能的関連を意識しているかぎりにおいて、そしてまた、それが歴史を理解するだけではなく、同時に現存する矛盾の革命的廃棄によって歴史を予期するかぎりにおいてである。弁証法は、自らの中にその理想の姿を有する未来の社会のための実際的闘争を除いては存在できない。

マルクスがなぜ、彼自身の方法の立場から、社会主義に倫理的基礎を与える必要がなく、また与えることができないのか、つまり、社会主義を単純に望ましい価値の集合と表さないのかは理解することができる。これは彼が社会主義を単に「歴史的必然」として考えたからでもなく、それが善であるか悪であるかに興味を持たなかったからでもなく、またそれがどこに導こうと歴史の進路について行くのが人びとの義務であるという馬鹿げた見解を持ったからでもない。

倫理的正当化が的外れである理由は、マルクスの理論において、ブルジョア社会の理解は「実践的」行為として生まれること、あるいはむしろそれは革命的活動の意識への反映であって、それから独立して現れることはできないということにある。マルクスの概念にとってその理論を、事実、義務そして方法の別々の要素に分割すること、最初に世界はどうなっているかを決定し、それからある規範を満たすために何がどうあるべきかを決定し、そして最後にいかなる手段でそれは変革できるかを決定するというようなことは無縁である。

資本主義世界は、資本主義を破壊するプロレタリアートの実践的活動から生まれるプロレタリアートの理解という行為の中に自らを現す。最初は無意識な傾向であるけれども、現実を反映する理論の以前に労働者の運動が生まれた。つまり理論が形成されるとき、それは運動の自己知識として生まれる。この理論を採用する人びとは、外からの命令という形で、それによって一連の価値を持つようになるのではない。つまり、彼らはそれの明確な理論的理解を持っていなかったが、彼らが事実として追求していた目的を認識するようになったのである。

ここには、目的を定めそれからそれへの到達方法を考えるというようなプロセスの余地も、目的が任意に与えられ、その後に合理的解決策が案出されるというような技術的問題の余地も、あるいはまた、ユートピア主義者の社会主義の道徳化のような余地も存在しない。マルクスの理論において、目的の意識は歴史過程への参加者がすでに採用しはじめた手段の理論的洞察を獲得する行為という形態を採る。

人びとは事実として自らを抑圧や搾取から解放するように努力し、その後で歴史の「客観的」運動の一部として自分たちの行為を認識するようになるのだから、彼らは解放一般のために努力するべきであるとか、抑圧からの自由は良いことだと教えるような、それと離れた命令を必要とはしない。

人間はその自己知識の真の内容について騙されるかもしれないし、また実際にも公然と騙されてきたのであるけれども、人間が自分自身を認識するようになるのは行動においてだけである。人類を隷属から解放する運動は、それ自体が何のためであるかを直ちに理解し、それ自身の立場を闘争する運動と同一視する。つまり、闘うことをまず停止することなしに、「闘いは何のために」という疑問を自らに提起することはできないのであって、もしそうであるならば闘争はその存在を停止するだろう。

事実と価値との、観察と理解との二分論はここでは存在しない。それはその理想と夢を現実からはるか遠いところに置いて歴史に根ざさない人びと、つまり自分たちと現実世界とのあいだに固定された巨大な深淵を見たエピクロス派の人びとのものである。しかし労働者階級の場合、歴史的世界の理解と現実的変革は一つの分化できない行為である。つまり、存在と当為とを別々に認識することはないのであって、また有り得ない。歴史の理解とそれへの参加は一つで同じものであって、別々の正当化を必要としない。

弁証法は観察の規則であるが、しかしそれはまた歴史過程の自己知識でもある。弁証法を単なる歴史観察の手段として、ましてや自然界一般の観察手段として設定することによって、この役割から逃れることはできない。

6　マルクスの価値論および搾取論へのコメント

マルクスの価値論はいくつかの観点、とりわけその経験的分析への不適合という観点から、大いに批判されてきた。こうした反論は、コンラッド・シュミット、彼の後にはベーム・バヴェルク（彼については、後に触れる）、ゾンバルト、ストルーヴェ、ベルンシュタインそしてパレートによって、近年ではジョーン・ロビンソン、レイモン・アロンによって唱えられた。いくつかの論点がさまざまな批判の中でしばしば繰り返されている。われわれは、ここでそのすべての詳細にわたって入り込むことはできないが、その主要な点については触れるつもりである。

マルクス的意味の価値は計測不可能である、すなわち、どの商品価値も必要労働時間という単位で表すことはできないということが最初から指摘されてきた。これは二つの独立した理由からそうである。

マルクスの理論に立てば、第一の理由はいかなる製品の価値もそれを製作するための道具や材料の価値、そして当該の道具や材料を作るのに使われた価値を含むこととなり、これが延々と無限に続く。マルクスによれば、道具は新しい価値を生まず、ただ、それらの道具に結晶化された価値の一部をその製品に移すということは確かである。しかし、もしわれわれが労働時間の単位において製品の価値を算定しなければならないとすれば、われわれは道具の価値をそのような単位に還元しなければならないが、それは明らかに不可能である。

第二の理由は異なる種類の労働は共通の尺度に還元できないということである。人間の労働は多様な度合いの技能を含み、マルクスの提示に基づけば、われわれは製品を作るのに費やした労働量に労働者の訓練に流入した労働量を加えなければならない。しかし、これもまた不可能である。

労働市場が、複雑な労働や単純な労働を自動的に共通の尺度に還元する、という通例のマルクス主義の弁護論はここでは何の役にも立たない。なぜなら、それはただまさしく反対の論点である価値は価格を離れては計測できないということを意味するからである。

いずれにせよ、労働力（マルクスと共にそれは労働力であって商品経済の中で交換される労働ではないと想定して）の価格は、他の価値と同様に多様な要素とりわけ需要と供給の法則に依存する。そういうわけで、熟練労働と非熟練労働の賃金格差は熟練労働者を生産するのに必要な労働時間量に比例すると設定する理由はない。

もし価値が価格から独立して計測できないとすれば、商品の現実の価格がそれらの真の価値の周りで変動するという言説を証明する方法は存在しない。当然のことながらマルクスは、価格は労働生産性、需要と供給そして平均利潤率を含む多様な要因によって実際には決定されるということを分かっていた。もし彼が『資本論』第一巻においてこれらを無視したとすれば、それは方法論上の理由からであって、彼が価値と価格は同じであると考えたからではなかった。

このように、彼は『資本論』第一巻と特に平均利潤率に取り組んだ第三巻とのあいだの矛盾でもって非難されることはできない。しかし問題点はさまざまな要素の市場価格へのそれぞれの影響を量的に測定することができないことである。もしアダム・スミスが、原始人は生産物を作るために要した時間に応じて生産物を交換したと考えたとしても、あるいは、もしエンゲルスがそれは中世後期においても依然として行われていたと主張しつづけたとしても、マルクス主義の価値論にとってはまだなお役に立たない。

もしわれわれがこれらの歴史の言説を受け入れるとしても、われわれはただ、それらは原始経済では真実であったけれども、発達した商品経済において労働時間は価格を決定する要素の一つではあって唯一のものではない、と主張できるだけである。それでもマルクスは他の要素を認識しながらも、真の価値は社会的に必要な労働時間のみによって決定されると主張した。換言すれば、彼は「何が価格を決定するのか？」という疑問には答えないで、「価値とは何か」という疑問には答えたのである。その場合、後者の疑問の意味とそれにたいして合理的な回答を与えることができるかどうかを、われわれは究明しなければならない。

しばしば提起される第二の難題は、商品の「真の」価値（中世が「公正価格」、古典派経済学者が「自然価格」と呼んだもの）が労働時間によって決定されるという説の証拠をわれわれがどのように想像できるかである。マルクスが「価値法則」について語るとき、事実として彼は何を意味しているのだろうか？

自然法則は一般に、ある一定の現象がある一定の環境の下で起こるという言説である。しかしマルクスの価値の定義を法則と表現することができるかどうかは明らかではない。その名前に値するかもしれないもっとも一般的な言説は、量的性質は持っていないけれども、労働生産性の変化は一般に価格に影響するというものであろう。

しかしこれはマルクスの理論と同じではない、マルクスの理論は、労働時間は価格に影響するのではなく、それはただ価値の構成要素であるという主張である。これは法則ではなく、証明不可能な恣意的な定義であって、経済現象の経験的叙述には役立たない。価値から価格への移行は存在しないのだから、価値論から現実の経済過程の叙述への移行も存在しない。

ルカーチのような多くのマルクス主義者が、例えば、大事業体による小事業体の破滅は価値法則の確証であり、あるいはマルクスの「抽象的労働」は純粋な経済現象であることをさらに証明すると主張してきた。しかしながら、これは言葉の誤用である。もし小事業体がその低い生産性を理由に大事業体との競争で敗北するとすれば、これは価値法則を持ち出すまでもなく、生産費用の観念によって説明できる。

もし労働浪費型の技術が、少なくとも多くの場合、それより浪費の少ない他の技術に置き換えられるならば、これは価格の分析によって説明できるのであって、価格は価値と異なり経験的現象である。このような場合に「価値法則」が働くと述べることはその過程をより理解しやすくはしない。もしそれが確かな法則ではない価値の定義と異なる何かであるとしても、われわれが「価値法則」が意味するものを知らない場合には特にそうである。

この理由から経験主義傾斜の経済学者たちは、マルクスの価値論は現象の経験的叙述には適用できないとして、役に立たないと考える。彼らの論点は、マルクスが「真の価値とは何か」という問題にたいして誤った解答を与えたことではなく、もしそれが価格を支配する要素以外の事柄に言及しているとすれば、この問題は経済学において何の意味も持たないということである。

このような根拠から、マルクスの理論は実証主義者によってこの言葉に与えられる軽蔑的意味の「形而上学的」と批判されてきた。つまり、それは現象の表面の下に潜在する「本質」を明らかにすると主張するが、しかしそれが言うところのものを経験的に肯定したり証明したりする方法を提供していない、と。

マルクスはこの意味で価値の「実質」(substance) を追求し続けたという反論は、マルクスは商品交換がなければ存在しない社会関係として価値を定義したと指摘するマルクス主義者によって否定されてきた。しかし、たとえ批判者たちが「実質」という言葉を不適切に使ったとしても、これは反論者に対する十分な回答ではない。マルクスが交換価値は商品が従属している社会的交換過程とは独立に商品に内在的に存在するという理念を明確に否定しているのは事実である。

しかし、もし価値を交換価値から切り離すならば、いかなる商品もそれに投入された総労働量を「表す」か、またはその具現物であるか、あるいはその運搬媒体（あるいは何か同様の隠喩）であって、他方で交換価値は市場における商品間の価値の現われであるとわれわれは言うことができる。このように交換価値はそこに商品経済が存在することに（そしてこの意味で、マルクスによれば、それは過渡的な歴史的現象である）、そして「結晶化された労働時間」である価値それ自体の存在に依存する。

価値の存在は生産や交換の制度に依存しない。つまり、人間はさまざまな物を作ることに労働を常に支出し、そして結果として、価値は物の内在的な質であり、交換価値として、ある社会的諸条件の中で現れる。しかし、もしマルクスの「法則」が二つの論理的に独立した経験的言説、つまり、もっとも有用な物は労働の果実であること、そして労働時間は価格における一つの要素であること以上の何かを意味するとすれば、つまり価格から独立した「真の」測定不可能な価値が存在することを意味すると想定すれば、その場合、これは一七世紀以降、科学によって非難されてきたタイプの「隠れた資産」と同じである。

それでもマルクスが上記の二つの言説以上のものを意味し、価値と交換価値の真の性質をより明確にしようとしたことには疑いがない。真の価値は結晶化された労働時間であるという主張は、アヘンは催眠性を持つがゆえに人びとを眠らせるという言説と同じである。われわれは、経験的にそれ自体が顕在化する隠れた質について聞かされる（アヘンは人びとを眠らせる、商品は交換される）。しかしこの情報は経験的現象を説明もせず、あるいはわれわれをしてそれがなくともできる優れた予測を可能にさせるというものでもない。

価値法則に内容を与えるように見えるもう一つの公式、すなわち価格の総額は価値の総額に等しい、というマルクスの言説がある。しかしながら、これもまたいかなる主張によっても支持されず、そしてその意味も明らかではない。もし何の価値も持たないもの、例えばその価格が期待される賃料である土地が売られるとしても、このことは、価格と価値の同等性はどのような瞬間でも現実ではなく、決定もせず、決定されることもできないある期間を超えてのみそうであることを意味するものに違いない。この意味において、この言説は何も定義的意味を持たず、そしていずれにせよ、価値が量的に表示されないのだから、それがどのように証明できるかも明らかではない。

経済現象の説明としてマルクスの価値論は、科学的仮説の普通の必要条件、特に反証可能性という必要条件を満たさない。しかしながら、それとは異なる根拠に基づいて、哲学的人間学の一部として（あるいはジョレスが設定したような社会形而上学として）、疎外論の継続や哲学史にとって重要な社会生活の特徴を表わす試みとしてなら、擁護できるかもしれない。つまり、人間の技能や努力が商品に変形されるとき、商品が貨幣の抽象的な運搬媒体となり、そして生産者が何らの統制力を持たない市場の非人格的法則に従属する。そうなれば、価値論は資本主義経済がどのように作動するかの説明ではなく、「あらゆる物が売りに出される」システムの下でのものの非人間化の批判、したがって主体の非人間化の批判である。この見方に立てば、この理論は貨幣の力によって奴隷にされた社会にたいするロマン主義的批判の一部である。

『資本論』第二巻における利潤率の低下あるいは再生産表式のような、ある程度の厳密さで実証的に点検することができるマルクスの分析は、（マルクス自身がどのように信じようと）論理的には価値論に立脚しているのではなく、それらは分析の際に無視することができる。

すでに言及したように、マルクスの価値論は、特に彼にとって、労働は価値の唯一の尺度であるばかりではなく、その唯一の源泉であるという言説を含んでいる。論理的にはこの命題の二つの部分は分離できる。すなわち、労働は尺度であるかもしれないが、その唯一の源泉ではない、あるいはその逆である、と。

人間の労働が価値の唯一の源泉であり、そして生産的労働と不生産的労働の区別と連関という言説はいずれも議論によって支持されていない。農民が彼の畑を耕すために馬を使う場合、彼自身は新しい価値を創造するが、しかし馬はそれ自身の価値の一部を生産物に移転する以上のことをしないのはなぜなのかは分からない。このような恣意的な主張の動機は、マルクスにとって極めて重要な結論、つまり資本は価値を創造しないという結論にあるように思われる。

マルクスは、組織する力としての資本が労働生産性を大いに向上させることを知悉し、実際に『経済学批判要綱』の中で強調した。それでも彼はリカードに従って、資本は使用価値のみに寄与するだけであって、交換価値には寄与しないと主張した。しかしもしそうであるならば、資本は事実として現実の富の源泉、すなわち使用できる物の増加の源泉である。それでも、その富の価値総額は、同じ労働時間数（単純労働に換算して）であれば、その量の如何を問わず同じであるだろう。

このように社会的富の増加は、価値の増加とは関係がない。われわれはある社会、すなわちすべての生産が完全に自動化され、その結果、社会が大規模な富あるいは有用物を生産するけれども、マルクス的意味での価値を生み出さない社会を想像することができる。資本がいかなる「生きた労働」または生産的労働者をまったく雇用しなくても、そのような社会がなぜ資本家的所有に基づいてはならないのかの論理的、具体的、あるいは経済的理由は存在しない。

このように、貨幣は利子付きで貸与できるがゆえに自己増殖の魔力を持つという理念にたいするマルクスの嘲笑は極めて安易である。資本は価値を増加させないという命題はマルクスの価値の定義から論理的にそうなるのであって、もしわれわれがその定義を受け入れるならば、この命題に賛成しなければならない。しかし、この定義を受け入れるのに十分な論理的ないしは実証的根拠は存在しない。資本は労働を組織することによって使用価値を増加させるという事実は、マルクスの前提に反しない。しかし、まさにその理由によって、社会の富の成長と配分は労働が価値の唯一の源泉である、とする理論と無関係である。というのは、価格や商品の増大の問題から区別されたものとしての交換価値の増加は、それ自体として社会にとって利益がないからである。利益となるものは生産される商品の量、その販売と配分のやり方、そして搾取の問題である。

しかし、労働者が価値の唯一の創造者であるという理論は、これらの問題を何も説明しない。つまり、それはただ「唯一の真の生産者」が彼の労働成果の分け前をわずかしか手に入れず、他方で、価値には何も寄与しない資本家が資産の所有者であるという強みに立って利潤をかき集める、という事実に憤慨を掻き立てるのに仕えるだけである。

このような道徳的解釈を別にしても、この理論がどのように資本主義の経済メカニズムを解明しようとしているかは明確ではない。そして、これは繰り返されなければならないが、マルクスは、労働者はその労働が生産したものと同等のものにたいする権利を持つことを価値論から引き出したリカード派の社会主義者に同意しなかった。

271

生産的労働と不生産的労働の区別は、マルクスの中で二つの形態で現れる。一つの意味では、われわれが『要綱』で読みとったように、生産的労働は資本を創り出すのを助ける労働である。そしてこの意味で、この区別は資本主義的生産のみに適用される。

もう一つの意味で、生産的労働は社会的諸条件に関係なく、どんな種類の価値をも創造する労働である。この二つの種類の労働の区分線を引くのが極めて難しいことから、この区別はマルクス主義者によって大いに論争されてきた。一般にわれわれは、マルクスから生産的労働は物質的な物に適用される肉体労働であるという結論を下す。しかし、ときどきの所見からは彼が物的なものそれ自体に直接に働きかけはしないが、他の者がそうすることができるようにする、例えば、工場内の技術者あるいは設計者のような人びとを生産者として数えようとしていたように思われる。しかしながら、この場合でも、その区別は極めてあいまいであって、それが社会主義諸国において理論的にも実践的にもジレンマを生むことになった。

例えば医者の仕事は「生産的」であるかどうか、ということすら論争された。経済的見地からすれば、それは労働力の回復あるいは再生産であって生産的であるのだが、しかし同じことが子どもを産むことにも言えるのであって、それがこの議論を疑わしくさせることになる。さらに、教師の仕事は重要な産業的技能を生み出すのを助けるかもしれず、そうなればそれもまたおそらく価値を創造する。この問題の実践的側面は、マルクスの理論に由来する基準を適用するのに成功したり成功しなかったり（通常は成功しない）する社会において、生産的と見なされる労働がより高く尊重され、より良い給料が支払われることである。そういうわけで、教師や医療従事者が公的に不生産的であるとされるかぎり、彼らの惨めな水準の給与は理論的に正当化され得るのである。この理論のもう一つの結果は、すべてのサービス部門が不生産的と計上され、そしてそれゆえに計画化において全体的に無視されたことであった。

現在のところ、この区別はますます時代錯誤的となり、その目的もまったく明確ではない。その労働が物質的対象の直接的な肉体的処理で成り立つ人びとの割合は技術が改善されるにつれて減少し、富全体の増加はそのような労働者の数にますます依存しなくなる。

労働者が、売るものが労働ではなく労働力であるという見方をマルクスが何に基づかせているかもまた明らかではない。労働は価値の源泉でありながら、それ自体としては価値を持たないという点でわれわれが彼に同意するとしても、そこから労働は売ることができないということにはならない。マルクスによれば彼が定義するような価値を持たないにもかかわらず、多くの物や活動が売られている。おそらく彼が強調しようとしたことは、資本家が資本主義経済の法則に従って労働力を買うとき、彼は規定された時間のあいだは労働者の人格の所有者であり、そして彼をその身体的能力と忍耐力の限度まで、そしてそれを超えて働かせる権利があるということであった。

しかし、労働者を搾取し労働日を延長する資本家の権利は、資本主義そのものに本来的に備わった特徴ではなく、ただその初期の段階に属する。それが実際にどの程度そこから離れているかは立法や労働者階級が行使できる圧力の総量に依存する。つまり、今日の資本主義社会において、雇用者がそのような権利を持っていると言える国は存在しない。労働者から搾り取る権利をほとんど有すると資本家が自己確信しているとしても、法的あるいはその他の理由でその主張が正当化されることが阻止されているのであって、マルクスの主張がどのように今日の資本主義の理解の助けになるかは明らかではない。ましてや彼の理論は時間短縮や公正な賃金のための労働者の闘争を説明するのに必要ではない。

マルクスの価値論にもっとも明瞭に結びつく特徴と概念は、資本主義は改良することはできず、賃金を労働力の最低限の価値まで情け容赦なく押し下げ、労働者をその身体的最大限度まで働かせるという、彼の信念のイデオロギー的表れである（賃金のいかなる上昇も需要の拡大によるものであり、それにとっていかなる制限もなく、その結果どのような賃金水準であっても、労働者がその市場価値で自分の労働力を売ることは維持され得る）。

しかしながら、搾取にたいする抵抗が成功してきただけではなく、社会

272

生活を根本的に変えた現在において、価値の理論とその系は現実像を曖昧にするだけであって、マルクス主義者だけが事実と何の関係も持たない法則の有効性を維持しようという義務感を持っているのである。もちろん、このことは、資本家ができるかぎり高度な利潤を作ろうとしていないことを意味するのではない。しかし、それはいかなる特定の価値論とも関係のない常識的原則である。

搾取について言えば、彼の理論を呼び出す論理的必要がないまま、マルクスの意図と整合的に定義できる。彼はそれを不払い労働の問題として、つまり材料・賃金・不変資本の代替の経費を差し引いた後に、資本家によって領有される剰余価値であると説明する。それでもまだマルクス自身は、ユートピア主義者やラッサールを、労働者は彼らによって生産された価値とまったく同等のものを賃金の形態で受け取るべきだと考えており、それはいかなる社会でも不可能であるとして嘲笑した。

彼の考え方では、搾取の廃絶は、労働者は彼らが生産したものと同等額を受け取らねばならないということではなく、彼らが賃金として受け取らない剰余価値は新たな投資、非常時のための蓄え、「非生産的サービス」に必要な支払い、管理等、そしてそれに加えて働くことができない人びとのための供給という形で社会に生じさせなければならないことを意味する。しかし資本主義の下でも、資本家によって消費されるものを超えて上回る剰余価値はこれらのすべての形態で社会に戻るのである。

搾取の道徳的側面は、ブルジョアジーの奢侈と労働者の貧困の露骨な対称が存在する場合に前面に押し出される。しかしマルクスは、もっとも初期の人民運動の指導者のように、ブルジョアジーによって消費される財貨が全人民に配分されるならばそれは社会問題解決の一助となるだろうというような主張はしなかった。労働者の貧困の面前でのブルジョアジーの消費は道徳の問題であって、経済の問題ではない。豊かな人びとの富の一回かぎりの人民への配分は何も解決せず、どんな現実的変化ももたらさない。そのような措置は、小農民に分配することができ、いくつかの国でそのように分配された土地所有についてだけは意味がある。

もし、ブルジョアジーの家屋、家具、衣類や貴重品が貧民に配分されるならば、それは一回かぎりの復讐行為と化し、社会問題の解決策とはならない。それでもそれは所有の社会化がもたらす一回かぎりの共有ではある。この理由からマルクスは、搾取の廃止は金持ちからその流動資産を奪い取ることであるとする、安易で誤った考え方を奨励するのを避けた。それはマルクス自身の理論と反対であって、小農民の運動やルンペン・プロレタリアートの嫉妬深くて利己的な心性を助長するだけである。

搾取は、事実として、労働者が彼の生産物相当額よりも少ないものを受け取ることでもなく、先進工業国でそれらを完全に平等化する方法は知られていないのだから、収入一般が不平等であることでもなく、あるいはまたブルジョアジーが不労所得から彼らのぜいたく品を賄っているということでもない。搾取は、社会が剰余生産物とした用途にたいする統制力を持たず、その配分が生産手段の使用に関する排他的決定権を有する者の手にあるという事実から成り立つ。

このようにそれは程度の問題であって、搾取の制限は単に賃金増だけではなく、社会に国民所得の投資と分割にたいする統制権を与えることによっても語ることができる。ブルジョア的贅沢それ自体は搾取ではなくその結果である。つまり、生産手段を統制する人びと、そしてそれゆえに剰余生産物の配分を統制する人びとは、当然のこととして、ケーキの大きな分け前を奪い取るのである。

このような搾取の評価はマルクス自身の見方と一致するように見えるけれども、正統派マルクス主義と調和するのは難しい。なぜなら、それは生産手段の国有化が搾取を必ずしも防止することにはならないこと、そして現実に起こったある環境の下では搾取はかなりの程度まで増大することを意味するからである。というのは、もし搾取は社会が剰余生産物の配分を統制できるかぎりにおいて制限できるとしても、それはそのような統制機構が弱体化される程度に応じてより大きくなるに違いないからである。

もし、私的所有制に替わって、生産手段と配分の統制権限がいかなる代表制民主主義の措置によっても統制できない少数の支配集団に占有される

274

ならば、搾取はなくなるどころかさらに大規模になるであろう。

重要なことは、どんな服をブルジョアジーが着ようがどれくらいのキャビアを食しようが、それが重要ではないのと同じように、支配者が自分たちのために確保する物質的特権ではない。問題は社会の大衆が生産手段の使用と所得の配分に関する決定から排除されていることである。要するに、搾取は労働者が彼らの労働生産物に関する決定を共有することを可能にする効果的な機構があるのかないのかに懸っている。したがって、それは政治的自由と代議制の問題である。

この観点からすれば、今日の時代の社会主義社会は搾取の廃止の実例ではなく、極端な度合いの搾取の実例である。なぜなら、所有の法的権利を廃棄することによって、社会にそれ自身の労働にたいする統制権を与える機構をそれらが破壊してしまったからである。これと対照的に、資本主義社会、特に先進資本主義社会において、生産手段の私的所有が継続され搾取が廃止されてこなかった中においてさえも、この機構は累進税制、投資と価格の部分的規制、福祉制度、社会的消費基金の増加等によって、搾取を制限することを可能にしている。

第14章　歴史の過程の原動力

1　生産力、生産関係、上部構造

『資本論』の記述の中で、マルクスは技術の進歩と資本の無制限の拡大との因果関係について触れた。同時に彼は、この傾向はある一定の技術的条件の下でのみ起こり、そして一般的になるのであって、歴史のどの時代にも無差別にそうなるものではないと主張した。資本主義の機能化と拡大化傾向は、過去と現在のあらゆる歴史における社会生活を支配してきた諸関係のより一般的なシステムの特定の事例である。このシステムのマルクスの記述が史的唯物論あるいは歴史の唯物論的解釈の名称で通用している。

それは『ドイツ・イデオロギー』において初めて明瞭に提示されたが、そのもっとも有名な一般的定式は彼の『経済学批判』（一八五九年）の序言においてである。この理論はまたエンゲルスの人気のある著作のさまざまな版で述べられている。これはマルクスの古典的な説明である。

「人間は、彼らが営む社会的生産の中で、必然的な、彼らの意志から独立した一定の諸関係に入る。これらの生産諸関係は彼らの物質的生産諸力の特定の発展段階に対応する。これらの生産諸関係の総体が社会の経済的構造、つまり実在的土台を形成し、その上に一つの法律的および政治的上部構造がそびえ立ち、そしてそれに特定の社会的諸意識形態が対応する。

物質的生活の生産様式が、社会的、政治的および精神的生活過程一般を決定する。人間の意識が彼らの存在を規定するのではなく、その反対に彼らの社会的存在が彼らの意識を規定する。社会の物質的生産諸力は、その発展のある段階で、それらがそれまでその内部で運動してきた既存の生産諸関係と、あるいはそれの法律的表現にすぎないものである所有諸関係と矛盾するようになる。これらの諸関係は、生産諸力の発展形態からその桎梏に変る。そのときに社会革命の時期が始まる。

経済的基礎の変化とともに、巨大な上部構造全体が、あるいは徐々に、あるいは急激に転換される。このような諸転換の考察にあたっては、自然科学的に正確に確認できる経済的諸条件における物質的な転換と、その中で人間がこの衝突を意識し、これとたたかって決着をつけるところの法律的、政治的、宗教的、芸術的または哲学的な諸形態、要するにイデオロギー的諸形態とをつねに区別しなければならない。

ある個人に関するわれわれの見方をその個人が自分自身をなんと考えているかによって判断しないのと同様に、このような転換の時期をその時期の意識から判断することはできないのであって、その反対に、むしろこの意識を物質的生活の諸矛盾から、社会的生産諸力と生産諸関係とのあいだに存在する衝突から説明しなければならない。

一つの社会構成は、そのなかで十分な余地を持つ生産諸力がすべて発展しきるまでは、けっして没落するものではない。そして新しい、さらに高度の生産諸関係も、その存在の物質的諸条件が古い社会それ自体の胎内で孵化されるまでは、けっして姿を現すことはない。

それゆえに、人類はつねに、自分が解決しうる課題だけを自分に提起する。なぜならば、もっと詳しく考察してみると、課題そのものは、その解決の物質的諸条件がすでに存在しているか、またはすくなくとも生まれつつある場合にだけ発生することをわれわれは常に発見するだろうからである。大づかみにいって、アジア的、古代的、封建的および近代ブルジョア的生産様式が経済的社会構成の進展の諸時期として表示することができる。

ブルジョア的生産関係は、社会的生産過程の最後の敵対的形態である

276

が、それは個人的敵対という意味ではなく、諸個人の社会的生活諸条件から生じてくる敵対という意味である。同時に、ブルジョア社会の胎内で発展しつつある生産諸力はこの敵対の解決のための物質的諸条件をつくりだす。したがって、この社会構成が人間社会の前史の終章である」（『経済学批判』序言〔邦訳『マルクス・エンゲルス全集』第一三巻　六～七頁〕）。

人間の思想史の中でこのテキストほど論争、つまり解釈上の不一致と対立を引き起こしたものはほかに存在しない。われわれはここで、その込み入った論争全体を振り返ることはできない。しかし、その主要ないくつかの点について書き留めたい。

『社会主義、空想から科学へ』（英語版の序文、一八九二年）においてエンゲルスは史的唯物論を「あらゆる重要な歴史的事件の究極の原因や大きな推進力を、社会の経済的発展の中に、生産・交換様式の変化の中に、社会が別々の階級に結果として分裂することの中に、またこれらの階級が相互に対立して闘争することの中に探究する歴史過程の見方」（〔邦訳『マルクス・エンゲルス全集』第一九巻　五五二頁〕）であると明確にする。

このように史的唯物論は「どのような環境が人類の文明を変革するのに最大の影響を及ぼしてきたか」という疑問への回答である。この文明という用語はあらゆる社会的伝達の形態、思考のカテゴリーから労働の社会的組織および政治制度までを覆う、広い意味で理解されている。

唯物論の観点からの人類史の出発点は自然との闘争、充足されるにつれて増大する人間の必要に奉仕することを自然にたいして強制するために、人間によって採用される手段の総体である。

人間は道具を作るという事実によって他の動物から区別される。野蛮な生物も原始的な方法で道具を使うかもしれないが、それらは自然界そのものに発見される類のものである。ひとたび、個人が自分で消費するよりも多くの財を生産することができる程度に装置が完成されると、超過産物の占有をめぐる衝突、ある人びとが他の人びとの労働の果実を領有する状態、すなわち階級社会の可能性が生まれる。この領有がとるさまざまな形態が政治生活と意識の形態、つまり人びとが自らの社会的存在を認識する方法を決定する。

こうしてわれわれは、次のような公式を持つことになる。歴史の変化の究極の原動力は技術、生産力、社会にとって利用可能な装置の全体プラス獲得された技術能力プラス労働の技術的分割である。生産力の水準が生産関係の基本的構造すなわち社会生活の基礎を決定する（マルクスは技術それ自体を「土台」の一部とは見なさなかった。なぜなら、彼は生産力と生産関係の衝突を語るからである）。

生産関係は、特に所有関係すなわち原料や生産手段、そしてやがては労働生産物を処分する法的に保障された権限から成る。それらはまた社会的分業を含み、その中で人びとは彼らが従事する生産の種類あるいは生産過程の特定の局面ではなく、物質的生産全体に参加する管理、政治的管理、または精神労働のような他の機能を遂行するかどうかによって分けられる。

肉体労働の精神労働からの分離は歴史における最大の革命の一つであった。それはある人びとに生産過程に参加せずに他者の労働を領有することを認める社会的不平等によって引き起こすことができた。こうして作られた大きな余暇が精神労働を可能にさせ、こうして人類の精神文化全体、つまり、芸術、哲学、科学は、社会的不平等にその起源を持つ。土台の今一つの構成要素、つまり生産関係は、製品が生産者のあいだで分配され交換される方法である。

生産関係は、さらにマルクスがそれにたいして上部構造という名称を与えた現象の全領域を決定する。これはすべての政治制度、とりわけ国家、すべての組織された宗教、政治団体、法と慣習、そして最後に、世界についての理念、宗教的信条、芸術的創造の形式、法・政治・哲学そして道徳の理論において表される人間の意識を含む。史的唯物論の基本的な考え方は特定の技術水準が特定の生産関係を求め、そしてその生産関係をやがては歴史的に出現させる原因になるというものである。それらの生産関係が今度は相互に敵対する異なる側面から構成される特定の種類の上部構造をもたらす。なぜなら、他者の労働の果実の領有に基づく生産関係は、対立する利益を有する諸階級へ社会を分裂させ、そして階級闘争が政治的諸力と意見とのあいだの衝突として上部構造の中にそれ自体を表すからである。上部構造は、剰余労働の産物における最大の分け前のために相互に闘う諸階級によって採用される武器の総体である。

2　社会的存在と意識

一九世紀において史的唯物論にたいしてもっとも頻繁に出された反対論は、次の通りであった。（1）それは歴史における人間の意識的活動の重要性を否定しており、馬鹿げている。（2）それは人間が物質的利益という動機からだけで行動すると断定するが、これもまたあらゆる証拠に反している。（3）それは歴史を「経済的要因」に還元し、宗教、思想、感情等々のようなその他のすべての要因を重要ではないか、あるいは人間の自由を除外して経済によって決定されるものとして扱う。

マルクスやエンゲルスによるこの理論の定式化は、実際にこれらの反論を受けやすくしているように思われる。これらの批判は、その一部はエンゲルスによって、また一部はその後のマルクス主義者によって答えられたが、しかしすべての曖昧さを払拭するようなものではなかった。しかしながら、もしわれわれが史的唯物論はどのような問題に解答を与えようとし、そしてどのような問題には解答を与えようとはしていないかを想起するならば、これらの反論はその力を大きく失う。

第一に、史的唯物論は何か特定の歴史的出来事の解釈の鍵ではなく、また鍵であるとも主張しない。それが主張するのは、すべてではないが、いくつかの社会生活の特徴のあいだの関係を明確にすることである。一八五九年のマルクスの『経済学批判』の概評の中でエンゲルスは書いた。「歴史はしばしば飛躍的にかつジグザグに進むから、この場合、それがいちいち追求されなければならず、このことによって、さほど重要でない多くの材料がとりあげられなければならないだけでなく、思考の進行もしばしば中断されなければならないのである。――こうしたわけで論理的取扱いだけが適当なものであった。ところでこれは、本質的には、その歴史的形態及びかく乱的な偶然事を除き去った歴史的方法と異なるものではない」（エンゲルス、カール・マルクス『経済学批判』〔邦訳『マルクス・エンゲルス全集』第一三巻　四七七頁〕）。

言い換えれば、上部構造の生産関係への依存のマルクスの評価は、巨大な歴史的時代と社会の根本的変化にたいして適用される。それは、技術の水準が労働の社会的分業のあらゆる詳細を決定し、そして次に政治的および精神的生活のそれぞれの詳細を決定するとは主張していない。マルクスとエンゲルスは広い歴史的カテゴリーにおいて考え、そして一つのシステムからもう一つのシステムへの変化を支配する基礎的要因という観点から考えた。彼らは、所与の社会の階級構造は遅かれ早かれそれ自体を基礎的な制度的形態において表さざるを得ないが、しかしこれをもたらす趨勢は多くの偶然の環境に依存すると信じた。

マルクスがクーゲルマンへの手紙（一八七一年四月一七日）に書いたように「世界史は…もし『偶然』がその中で役割を果たさないとすれば、極めて神秘的なものとなるだろう。これらの偶然は自然に一般的な発達の課程に落ち着き、他の偶然によって埋め合わされる。しかし、加速と弛緩は最初に運動の先頭に立った人びとの性格上の『偶然』を含んでそのような『偶然』にまさに依存する」〔邦訳『マルクス・エンゲルス全集』第三三巻　一七七頁〕。

エンゲルスもまたいくつかの有名な手紙の中で、いわゆる歴史決定論の誇張された公式に反対して警告した。「物質的存在様式が第一次的動因であるとしても、だからといってこれでもって、第二次的影響力ではあるがイデオロギー的分野が今度はそれに対して働き返すことまで排除するものではない」と（「コンラート・シュミットへの手紙」〔邦訳『マルクス・エンゲルス全集』第三三巻　四三八頁〕）。

「歴史の決定要素は、とどのつまり、現実生活の生産と再生産である。マルクスも私もそれ以上のことを主張したことはない。それゆえに、もしこれを誰かが、経済的要素が唯一の決定要素であるという言説に捻じ曲げるとすれば、そのひとがこれを無意味で抽象的で馬鹿げた空文句に転換することになる。経済状況は土台であるが、しかし、上部構造の様々な要素、つまり階級闘争の政治的形態とその結果、うまく行った闘争の後で勝利した階級によって設けられた制度やその他の法律の形態、これらの実際の闘争が闘争者の頭脳に反映されたものすらさえも、そして宗教的理念とその教条のシステムへさらに発展したもの、これらすべてが歴史の闘争の過程に影響力を行使し、多くの場合にそれらの改革の決定において有力となる。これらのあらゆる要素の相互作用が存在するのであるが、そのなかでも、無限の偶然性の群れにもかかわらず、経済的要因が最終的には必要なものとして自己主張するのである」（『ヨーゼフ・ブロッホへの手紙』一八九〇年九月二一日［邦訳『マルクス・エンゲルス全集』第三七巻　四〇一～二頁］）。

同じ方法で、歴史の行程を形づくるように見える偉人は、社会が彼らを必要とするがゆえに実際に表に現れる。アレクサンダー、クロムウェルそしてナポレオンは歴史の過程の道具である。つまり、彼らは彼らのたまたまの個人的資質によって歴史の過程に影響を与えたかもしれないが、しかし彼らは彼らが創り出したのではない巨大な非人格的力の無意識のエージェントである。彼の行動の有効性は、引き起こされた状況によって決定される。

その上で、もしわれわれが歴史決定論について語ることができるとすれば、それは大きな制度的特徴の脈絡においてのみである。一〇世紀の技術水準があのようなものであったのだから、その時に人権宣言あるいはナポレオン法典は存在しようがなかった。知っての通り、技術水準がまったく同じ社会であっても、極めて多様な政治制度が事実として存在し得る。それにもかかわらず、もしわれわれが個人の性格、伝統、環境の偶然的な詳細ではなくこれらの社会の本質的特徴を考察するならば、史的唯物論の観点からすべての決定的な点においてそれらが相互に類似しあるいは類似するように動く傾向を示すことになるだろう。

上部構造の生産様式への反射作用に関して、ここでもまたわれわれは「最終的に」その制限を思い出さなければならない。例えば、国家は生産力の水準によって求められる社会変革を助長するかあるいは妨害するかのやり方で行動するかもしれない。その行動の有効性は「偶然的」環境によって変化するだろう。しかし、時が満ちれば経済的要因が優勢となるだろう。

もしわれわれが歴史をパノラマ式に捉えるとすれば、それは混沌とした出来事の騒ぎとして表れるだろうが、その中にあっても分析者は、マルクスが語った基礎的相互関連を含む一定の支配的な動向を摑むことができる。例えば、法的形態は支配階級の利益にもっともよく奉仕する状態に着実に近づくこと、そして支配階級の利益は生産や交換の様式そして問題の社会の中で獲得する所有の在り方に応じて構築されることが分かるだろう。哲学や宗教的信念そして慣例もまた、社会的必要や政治制度の変化に応じて変わることが分かるだろう。

歴史の過程において意識的な意図が果たす役割に関して、マルクスとエンゲルスの見方は次のようなものである。人間のすべての行為は具体的な意図、つまり個人的感情または私的関心、宗教的理想または公共の福祉への関わりによって支配される。しかし、これらすべての雑多な行為の結果はいかなる個人の意図も反映しない。それはある種の統計的な規則性に従い、大規模な社会単位の発展においては追跡できるが、個人というその構成要素に起こった事柄をわれわれに教えるものではない。

史的唯物論は個人の動機が必然的に道理に反するとか、利己的であるとか、あるいはそれらはすべて同じ種類のものだと言うのではない。それはそのような動機に一切かかわらず、個人の行動を予測しようと試みるのではない。それはただ、誰によっても意識的に意図されず、物理的自然の法則と同様の規則的で非人格的である社会法則に従う大規模な現象のみにかかわる。それにも拘わらず、人間と人間の諸関係は歴史過程の現実そのものであって、究極的には個人の意識的行為から成り立っている。彼らの行為の総和が、一つの社会システムから次の社会システムへの移行を表わす通時的な歴史法則のパターンを形成し、そしてまた、技術、資産の形態、階級的障壁、国家制度およびイデオロギーのような装置の相互関連を示す機能的法則をつくりあげる。「人間は自分で自分の歴史をつくる。しかし、人間は、自由自在に、自分でかってに選んだ事情のもとで歴史をつくるのではなくて、あるがままの、与えられた、過去からうけついだ事情のもとでつくるのである」（『ルイ・ボナパルトのブリュメール一八日』［邦訳『マルクス・エンゲルス全集』第八巻　一〇七頁］）。

厳密に言えば、歴史におけるさまざまな「諸要因」を識別し、その上でそれらを一つの要因に「還元」したり、またはその他のすべての要因はその一つの要因に依存すると主張したりするのが唯物論であると表すのは誤りである。このようなアプローチが誤解を招き易いことは特にプレハーノフによって指摘された。いわゆる歴史的「諸要因」とは実質をもつ内容ではなく抽象である。

歴史の過程は一つであって、あらゆる重要な出来事はもっとも変化に富む影響力や諸現象、つまり心理的態度、伝統、利益そして理想から成り立つ。史的唯物論によれば、世界史の舞台の上では人びとの意見、慣習や制度は、支配的な生産、交換、分配のシステムによって主として影響される。もちろん、これは極端に一般的な言説であって、制度や社会団体を究極的には世論の産物またはその目的に向かう歴史の精神の産物と見なすタイプの理論への反対を意味するのではない。

ましてやこの言説は、どのような方法で人間の「社会的存在が人間の意識を決定するのか」を示すのではない。この言い方には、人間はただ物質的利益のみによってその意識が動かされるという否定された観念を別にしても、多くの解釈があり得る。特に、「決定論」が目的論的であるかまたは単なる因果関係論であるかどうかも未解明である。

もしわれわれが、宗教や哲学の理論のような意識形態はそれが生まれた共同体または階級の利益を「反映し」または「表す」と言うとすれば、それはこれらが共同体の利益に仕えている、すなわちそれらはそれを信じることから利益を引き出していること、あるいはまた単純に共同体の状態ゆえにそれらはそうなっていることを意味したりするのかもしれない。

例えば、マルクスとエンゲルスは、政治的自由という理想はそれらが自由な交易の自由および賃労働を売り買いする自由を含むがゆえにブルジョアジーの利益に奉仕すると説明した。この意味で自由の理念は、ブルジョア的膨張主義を支持する仕掛けであると言うことができる。しかしエンゲルスが、カルヴィンの予定説は商業的な成功または破産は事業者の意図に依存するのではなく経済的な力に依存する、という事実の宗教的表現であると言うとき、この言説に同意するかしないかにかかわらず、われわれはそれを単なる因果関係の主張と見なさなければならない。というのは、外的な力への絶対的依存（例えば神の神秘化された形としての市場）という理念が事業者の利益を促進するようには思われず、むしろ彼の無能性を決定的にするように思われるからである。

概して、しかしながら、史的唯物論の創設者たちが上部構造の現象を解釈するとき、彼らは理念、動向または制度は、当該の階級の利益によって引き起こされるだけではなく、実際にもそれらの利益に奉仕する、つまりそれらは機能的にもそれらの階級の必要に適合することを示すために上部構造を解釈した。その上、類似化は人間的目的というよりも自然界の有機体に即している。

そのような理念を保持するという事実が認知されなかったり誤解されたりするにもかかわらず、あるいはむしろそうであるがゆえに、理念はそれを保持する人びとを有利に導く。理念の機能の一部は、事実としてある種の神秘化のそれであって、利益を理想へ、具体的な事実を抽象へ転換し、その結果、これを利用する人びとは自分たちが何をやっているのか、なぜそうやっているのかが分からない。

この点で、当然ながら、史的唯物論の説明可能性はある限界を示しはじめる。例えば、宗教の歴史の解釈にあたって、それは個別の理念の起源よりもむしろそれが広範囲に広がったという事実を評価する。それは、アウグスティヌスやチベリウスの時代のローマ帝国の領域に居住したユダヤ人に神と救済という概念がなぜ興ったのかをわれわれに教えることはできな

281

い。しかし、それによってキリスト教が帝国全体に広がり、そして最終的にそれを覆い尽くした社会過程を説明していると主張する。この理論はキリスト教の無数の宗派の中で生まれたあらゆる教義論争を説明することはできず、それらの支持者が属する社会階級の立場から各宗派の主要な傾向を説明する。

それは特定の芸術的才能の出現とその性質を評価することはできず、芸術の歴史の主要な動向をそれぞれが表わす「世界観」や階級イデオロギーにおけるそのような世界観の起源という立場から説明できる。

この理論の利用上の制限は重要である。なぜなら、社会の諸階級への分割がすべての社会的分化の説明を例外なく用意できると想定することは錯覚であるだろうからである。政治的闘争や論争ですら階級対立によって説明できないほどに詳細なもので満ちているのであるが、それでも史的唯物論の方法は、根本的な論争にあるいは社会が階級の視点から見れば異常に分極化されている時代にたいしては適応できる。

そうであるならば、結局のところ、上部構造にたいする土台の決定的影響力とは何なのか、そしてエンゲルスやたいていの理論的マルクス主義者によるさまざまな形式の上部構造が保持する「相対的独立性」とは何なのか？　この問題の影響は上部構造のある特徴だけに関係する。しかし、それらは重要な特徴である。例えば、どのような政治体制においても所有階級は、相続法が彼らの資産を無傷のままに保つように最善の努力を払うだろうし、そして所有階級が完全な政治権力を握れば、すいすいとそれを行うことができるだろう。

しかしながらこの階級の物質的利益と法とが、このようにあからさまに結びついている時ですら、その行動の自由は伝統的な法や当該の社会の慣習あるいは他の時代に生まれ、その効力を失ってはいない宗教的信念によって制限されるかもしれない。階級社会の上部構造の内部には対立する力が常に働いており、その結果、政治および法制度は一般に相争う利益間の妥協の産物である。

その上、これらは概して独立した力として作用する伝統によって歪められるのであって、伝統の力は上部構造のさまざまな要素が制度に体現されていないかぎりもっとも強力である。伝統の力は純粋にイデオロギー的事項、例えば哲学的・審美的意見のようなものにおいてもっとも強力である。つまりここでは、土台の上部構造にたいする影響は、例えば法的制度の場合よりも相対的に弱い。それゆえに史的唯物論から、生産諸関係は上部構造全体を明白に決定するなどと推察してはならない。すなわち、生産諸関係はいくつかの可能性を退け、他を犠牲にしてある傾向を奨励しながら、広い意味でそうするだけである。

所与の上部構造のいくつかの要素は、さまざまな経済構成体を通じて明らかに不変のまま存続するかもしれないが、その意味は異なる環境の下で異なるかもしれない。これは宗教的信条や哲学理論にも当てはまる。さらに加えて、上部構造の諸要素は人間の要求が自立した形態を採り手段的価値が目的そのものになるがゆえに、自律的になる。マルクスが観察したように、需要の総量は不変ではなく生産の進展につれて成長する。「消費が対象にたいして感じる欲望は、対象を認知することによって創造される。芸術の対象は、他のどんな生産物も同じであるが、芸術に理解があり審美能力のある公衆を創造する。だから生産は、主体のために対象を生産するだけではなく、対象のために主体をも生産する」（『経済学批判要綱』序説［邦訳　高木幸二郎監訳　大月書店　第一巻　一四頁］）。

「文化の初期には、労働の既得の生産力は小さなものであるが、欲望もまた小さいのであって、欲望はその充足手段とともに、またこの手段によって、発達する」（『資本論』第一巻、第一四章［邦訳『マルクス・エンゲルス全集』第二三巻　第一分冊　六六三頁］）。

例えば、美的要求は単純に「みせかけ」か、あるいは他の基本的要求に従属しているのではなくそれ自体としての充足を必要としていると考えることは、マルクスの理念または史的唯物論にも反しない。しかしながら、もしいくつかの手段的価値が初歩的な物的必要や生存の生物的諸条件と並んで、このように独立した価値になるとすれば、それらを創造する過程は、究極的にこれらの初歩的必要に基づく諸関係に依存するのを大部分停止し

282

なければならないということは極めて自然である。

マルクスの見解において、上部構造のさまざまな要素の機能的性格は人間文化の創造の恒久性と両立しないのではない。ギリシア芸術の不滅性を説明するために、彼は、個人と同じように人類はその子ども時代の空想に喜んで立ち戻るのだが、人類はそれが永遠に過去のものであることを知りながらもなおそれに愛着を持つと示唆した。ここから、マルクスによれば文化活動は社会経済的発展の単なる付属品ではなく、特定の社会秩序に仕える役割とは別の価値を含むということが言える。

「社会的存在が意識を決定する」ということを永遠の歴史法則であると想定してはならない。『経済学批判』は、社会意識の生産関係への依存は過去において常に存在してきた事実であると記述する。しかし、そのことから、それが永遠にそうであるに違いないということにはならない。マルクスが見たように、社会主義は生産過程の外側に創造活動の領域を限りなく広げ、意識を神秘化から、社会生活を物象化された力から解放する。そのような条件の下で、意識すなわち意識的な意志や人間の主体性が社会過程を管理の下に置き、その結果、意識があべこべに社会的存在を決定するのである。この格言は、事実として、自身の手段的性格に無知であるイデオロギー的意識と関連しているように思われる。

他方で、『ドイツ・イデオロギー』はわれわれにたいして、意識とは意識的生活つまり意識から独立して生れる状況を人間が経験する方法以外の何ものでもないと保証して見せた。しかしながら、これら二つの見解は調和できるかもしれない。社会的存在が意識を決定するという規則は、意識は意識的な生活と同じであるというさらに一般的な規則の特別なケース、つまり、人間活動の産物が歴史過程を支配する独立した力に転換してきた過去の歴史全体に適用される特殊なケースとして見なすことができる。

この支配が停止され、そして社会の発展が意識的な人間の決定に従うとき、もはや「社会的存在が意識を決定する」ということは事実ではなくなるだろう。しかし、まだなお意識は「生活」の表現であるだろう。なぜなら、この原理は認識論の一つであって、歴史哲学のそれではないからである。生活の意識は「前意識的」生活の機能であって、当然ながら、ショーペンハウアーやフロイトの意味においてではなく、思想や感情、それらの科学、芸術、哲学における表れが、肯定的にあるいは否定的に経験的歴史における人間の自己実現に関わる手段であるという意味においてである。

換言すれば、社会的存在が意識を決定するという状況は意識が「神秘化され」、その真の目的が見失われ、当の人間の利益に反して働き、そしてその隷属を強めるという状況にほかならない。意識が解放されるとき、それは奴隷化に代わって力の手段となり、人間の自己実現への関与と全体としての人間の構成要素であるという事実とを自己認識するようになる。それは生産関係に支配されるのではなく、それを支配する。それはなおも完全性を熱望する生活の表現や手段である。しかし、それは生活の貧困化ではなくその熱望を促進し、想像的エネルギーの制約ではなく、その源泉となる。

要するに、解放された意識は脱神秘化され、人間の機会の拡大への寄与を認識する。意識はいつでも生活の手段である。しかし、今日までの歴史（前史）を通じて、人間の意志から独立した生産関係によって決定されてきた。いずれにしても、このような解釈は、マルクスはどこでもそれを明示的には採用していないが、マルクスの書いたものと一致する。

3　歴史の進歩とその矛盾

今日の時代までの進歩の全体は（理論はそのように続く）内部矛盾によって取り巻かれてきた。すなわち、進歩は自然にたいする人間の全体的な支配力を増大させる一方で、大部分の者からその支配力の果実を奪い取り、そしてすべての人間を対象化された物質的力に隷属させた。

ヘーゲルの見解と反対に、歴史は社会的自由の漸進的な勝利ではなく、むしろその漸進的な消滅である。「人類が自然を征服するのと同じ歩調で人間はますます他人の奴隷、または自分自身の非行の奴隷にされるようにみえる。科学の清らかな光でさえ暗い無知の背景のうえでなければ輝きでることができないようにみえる（チャーティスト団体の記念集会におけるマルクスの演説『ピープルズ・ペーパー』一八五六年四月一四日［邦訳『マルクス・エンゲルス全集』第一二巻　三〜四頁］）。

エンゲルスは同じ線でその『家族の起源』（第二章）の中で書いた。「一夫一婦制は偉大な歴史的進歩であるが同時にそれは奴隷制と私有財産とともに、その中で一つの集団の幸福と発展が他の集団の悲惨と抑圧によって達成されるという今日まで続く時代の始まりであった」。その上、「他の階級による一つの階級の搾取が文明の基礎であるがゆえに、その全体の発展は持続的な矛盾に行き着く。生産におけることごとくの進展が同時に被抑圧階級、すなわち大多数の人々の諸条件の後退であるのだ」（同上　第九

284

章）。

「人間社会の意識的再建に直接に先行する歴史時代に人間一般の発展が確保され達成されるということは、じっさい、ただ個人的発達の極度の浪費によるほかはないのである」（『資本論』第三巻、第五章、第二節［邦訳『マルクス・エンゲルス全集』第二五巻　第一分冊　一一二頁］）。

進歩のこうした否定的で反人間的側面は疎外された労働との不可分の結果である。しかしまさにこの理由によって、文明のもっとも狂気に満ちた側面の中においてすらも、われわれは歴史が人間の最終的解放へ向かって動いていることを認めることができる。この観点から、マルクスの観察のおそらく最大に特徴的なものが彼の論文「イギリスのインド支配」に含まれている。平和的で停滞的なインド社会にたいするその壊滅的な結果を叙述した後で、彼は次のように書き進む。

「この無数の勤勉な家父長的で無害な社会組織が解体され、各構成単位に分解され、苦難の海になげおとされ、その各成員が古代そのままの形態の文明と伝来の生活手段とを同時に失うのをみることは、人間感情にとって胸いたむものであるにはちがいないけれども、われわれは、これらの牧歌的な村落共同体がたとえ無害にみえようとも、それがつねに東洋専制政治の強固な基礎となってきたこと、またそれが人間精神をありうるかぎりのもっとも狭い範囲にとじこめて、人間精神を迷信の無抵抗な道具にし、伝統的な規則の奴隷とし、人間精神からすべての雄大さと歴史的精力を奪ったことを、忘れてはならない。――これらの小さな共同体がカーストの差別や奴隷制という汚点をもっていたこと、これらの共同体が人間を環境の支配者にたかめるのではなくて人間を外的環境に隷属させたこと、これらの共同体がみずから発展してゆく社会状態を、けっして変化しない自然の運命に変え、こうして人間性を失わせる自然崇拝、それも自然の支配者である人間が猿のハヌマンや牡牛のサッパラにひざまずいて礼拝する事実に示されるほど堕落した自然崇拝を、もたらしたことを忘れてはならない。――問題は、人類がその使命を果たすのに、アジアの社会状態の根本的な革命なしにそれができるのかということである。できないとすれば、イギリスが犯した罪がどんなものであるにせよ、イギリスはこの革命をもたらすことによって、無意識に歴史の道具の役割を果たしたのである。だから、古代世界がくずれおちる情景が、われわれの個人的感情にはどんなに悲痛であるとしても、歴史の立場からすれば、われわれはゲーテとともに、次のように叫ぶ権利を持っている。『この苦しみがわれわれの快楽をますからには、どうしてそれがわれらの心を苦しめよう』」（『ニューヨーク・デイリー・トリビューン』一八五三年六月二五日［邦訳『マルクス・エンゲルス全集』第九巻　一二六〜七頁］）。

この主張は、マルクス主義の歴史解釈の理解にとって重要な手がかりである。われわれはその中にそれらの犯罪や情熱にもかかわらず、特定の民族ないし階級によって無意識のうちに果たされる歴史的使命というヘーゲルの学説を見いだす。またそこには、人間の歴史的使命、人類全体の召命という理念も存在する。さらにわれわれは、マルクスが常に人類の将来の解放という見地から歴史の過程に着目し、それを現在の出来事の基準と見なしていたことも理解する。特に彼は、この究極の目的との関連を除いた資本主義下の労働者階級の経済的勝利については何の重要性も付与しなかった。

解放をもたらす上で彼らが果たす役割、という点からするマルクスの人

285

間活動の歴史的評価は、道徳的判断とは何の関係もなかったということが最後に注目されなければならない。すなわち、イギリス帝国主義者の犯罪性は彼らが革命の日を近づけたという事実によって軽減されるのではない。これはまた『資本論』全体の観点でもあって、そこでは、搾取の凶暴性と非道にたいする道徳的憤慨が、この問題状況は革命によって治すことができるという信念とともに随所に見出される。搾取の拡大は資本主義の崩壊をもたらすのであるが、しかしそれは、資本主義に抵抗する労働者が「歴史に反して」行動しているということにはならない。しかしながら、彼らの行動はそれが彼らの取り分を増やし、そうした改良がそれ自体として良いという理由からではなく、それが労働者の階級意識を発展させ、それが革命の前提条件になるという理由から進歩的である。

マルクスとエンゲルスは、より低い文明にたいするより高い文明の権利を信じた。フランスのアルジェリア植民地化とアメリカ合衆国のメキシコへの勝利は彼らにとって進歩的事件と思われ、そして彼らは一般に遅れた人民あるいはどんな理由にせよ独立した歴史的発展の機会を持たない人びとに反対して偉大な「歴史的」民族を支持した（こういうわけでエンゲルスはオーストリア・ハンガリー帝国が小バルカン諸国を併呑することを期待した。歴史的民族としてのポーランドは再建され、その支配権の下に発展の遅れた人民から東リトアニア人、白ロシア人、そしてウクライナ人までを抱え込むべきであると彼は考えた）。

彼らの歴史楽観主義がそこに立脚する将来の解放は、単に貧困を除去し、人間の基礎的必要を満たすという問題ではなく、人間の運命を成就し、人間に自然と自分自身の生活にたいする最大限の統制力を付与することによって、人間の尊厳と偉大さを確立するという問題であった。人間の本質の回復に関する古い図式のマルクスの放棄にもかかわらず、彼の人間性と歴史の過程におけるその完成という信念がいかに生き続け、当時の問題にたいする彼の態度を決定したかをわれわれは理解する。資本主義はその否定的な様相や多くの非人間性を通じて、人間を物質的必要の強制から解放し、彼の知的美的能力をその最大限まで発達させるようにさせる技術の土台を用意してきた。

「大衆の剰余労働は一般的富の発展にとっての条件ではなくなってきているが、それはまた少数者の非労働が人間の頭脳の一般的諸力の発展の条件ではなくなってくるのと同じである。それとともに、交換価値に基づく生産は崩壊し、そして直接的で物質的な生産過程は、窮迫性と対抗性という形をはぎとられている。〈それは〉もろもろの個性の自由な発達、したがってまた、剰余労働を産出するための必要労働の引き下げではなく、むしろ社会の必要労働のある最低限への縮減であって、そうなれば、すべての諸個人のために自由に設けられた時間と創造された手段による諸個人の芸術的・科学的等の発達が照応するのである」（『要綱』Ⅲ・2、ノートⅦ［邦訳　高木幸二郎監訳『経済学批判要綱』第三分冊　六五四頁］）。

こうして、歴史の苦難は無駄ではなくなり、将来の世代はその先行者の災難の果実を享受するだろう。

マルクスにとって、「生産様式」の概念は歴史の時期区分のためのそして一つの全体として歴史を理解するための基礎的手段であることが強調されなければならない。しかしながら、批評家たちを困らせてきた一つの点、すなわち「アジア的生産様式」があり、それについてマルクスは『要綱』やいくつかの論文や一八五三年の手紙で言及している。歴史的に中国、インド、そしていくつかのムスリム諸国において見られるアジア的システムの本質は、地理的気候的条件が、集権化された行政によってしか用意されない灌漑システムを必要とするので、土地の私的所有がほとんど知られていなかったということにある。

したがって、経済は専制的政府機構の特殊に自律的な役割にその大部分を依存した。商業は小規模にしか発展せず、都市は交易・産業の中心とならず、いかなる自生的ブルジョアジーもまったく存在しなかった。伝統的な村落共同体は社会的技術的停滞の中で長いあいだ存続した。これらの共同体と国家専制支配の徐々の解体は、内部的原因よりもむしろヨーロッパの資本主義のせいであった。

287

スターリンの時代に正統派マルクス主義は、こぞって歴史の公式から「アジア的生産様式」を除外したが、それは以下の理由からである。第一に、もし人類の大部分が何世紀ものあいだ、すべて独自のタイプの経済で存続してきたとすれば、すべての人類に当てはまる画一的パターンという問題は存在しようがない。奴隷所有から封建制を経て資本主義への進展は世界の一部分だけに適用され、残りの部分には適用できない、そうなれば、普遍的に有効なマルクス主義の歴史理論は存在し得ないだろう。

第二に、マルクスによれば、アジア的システムの特殊性は地理的要因によった。しかし、地球の大部分において自然条件が社会発展の別の形態をもたらしたかもしれないということになれば、自然条件にたいする技術の優位性はどのようにして維持されるのだろうか。

第三に、アジア的システムはマルクスによって、その経済発展がそれと異なる方向であった人びとの侵入によってのみ解放された、停滞に陥っていた諸国を含むと指摘された。そうであれば、明らかに「進歩」は人類史の必然的な特徴ではなく、環境に応じて起こったり起こらなかったりするものということになる。こうして、「アジア的生産様式」は、正統派マルクス主義者が史的唯物論に一般的に帰させてきた三つの基本原理、つまり生産力の優位性、進歩の不可避性、社会における人間の発達の画一性に反しているように見えた。

この理論は西ヨーロッパだけに適用され、そして資本主義自体はアクシデント、つまり世界の極めて大部分ではない特定の部分で突然起こったシステムであって、その後引き続いて地球の全体に自らを押し付けるほどに強力で拡張的であったことを証明したように見えるかもしれない。

後半の段階では、『資本論』における分析は西ヨーロッパだけに適用されることをはっきりと認めていたけれども、マルクス自身はこのような影響を描いてはいない。しかし、彼がアジア的生産様式について語ったことから、当然のこととして、結論は十分に引き出せる。彼の歴史哲学からは詳細なものはわずかしか出てこないだろうが、もしそれが受け入れられるならば、多くの画一的図式化、特に歴史決定論と進歩の理念とに結びついた図式化は修正を求められる。

4　社会関係の一元的解釈

われわれが見てきたように、史的唯物論は主要な決定要素の理論的評価を用意し、発展の一般的方向を予測するのに使うことができる。しかし、特定の出来事の予測に使うことはできない。他のどの歴史哲学とも同じように、それは量的な理論ではなく、われわれに特定の社会過程において作用する諸要因の相対的強さを教えることはできない。しかしながら、それは社会の生産関係とそれに直接に基づく階級区分を分析することによって、われわれをしていかなる社会の基本構造も識別することを可能にさせると主張する。

「生産関係」の意味に関していえば、これはマルクスやエンゲルスの著作から一義的に出て来るのではない。エンゲルスは、『家族の起源』の中で、「生命の直接的生産と再生産」を生存の道具や手段ばかりではなく、種の生物学的再生産も含むものと呼んだが、この説は後代のマルクス主義者からしばしば批判された。そして一八九四年一月二五日のシュターケンブルク宛の手紙の中でエンゲルスは「経済的諸条件」の中に全体的な生産技術や輸送及び地理も含めた。

これは単純に「生産関係」あるいは「経済的諸条件」のような用語の正確な定義という言葉の問題ではない。問題は、ある単一のタイプの環境が上部構造全体を決定するのか、それとも、いくつかの独立したタイプの環境がそうするのかということである。例えば、種の増加の社会的側面、つまり家族制度や人口動態が生産や分配の様式に完全に依存するのか、あるいはそれは上部構造の領域の他の社会現象の上に独立した影響を及ぼす生物学的あるいはその他の特徴として現れるのか。同じように、地理はどの程度まで社会過程における独立した要因と見なすことができるのか。

マルクスは『資本論』（第一巻、第一四章）において、資本主義は熱帯地方の豊饒さが人類をして技術を引き起こすような努力を駆り立てさせなかったがゆえに、温暖な地域で生まれたと述べる。このようにマルクスにとって、自然環境は少なくとも特定の社会発展にとって必要な条件である。しかしその場合、その原始的形態においてすべての系譜の人種によって達成された技術水準は、生産関係の変化の十分な条件ではあり得ない。地理について言えた事柄が等しく人口現象にもあてはまる。

史的唯物論のメッセージは、地理あるいは人口のような他の一定の条件が与えられた中で、所与の技術が特定の生産関係の十分な原因であるということであると思われる。同じように、そのような生産関係は、もし、例えば人びとの意識や伝統あるいはそれらの現状に関するその他の諸条件が満たされるならば、政治的上部構造の本質的特徴の十分な原因となる。したがって史的唯物論の説明価値は、さまざまな同時発生的要因が識別される個別の分析においてだけ現れるのであって、探求の方向を指示するという一般的前提において現れるのではない。

最後に、特定なタイプの相互関係に注目する指針としての史的唯物論は、原初の共同体から無階級社会に至る人間の歴史の基本的行程を追跡する理論としての史的唯物論とは区別されなければならない。このような世界史の探求は次のような前提、すなわち、もし発展が十分に大きい規模で考察されるならば、これらの発展は物質的必要を満たす手段の生産の変化と改善によって説明可能であり、そして、ある技術水準を超えるとこれらの発展は対立する利害を有する階級間の闘争という形態を取る、という前提に基づいている。

5　階級の概念

一八五二年三月五日のヨーゼフ・ヴァイデマイヤー宛の手紙の中で、マルクスは、階級または階級闘争の存在を発見したのは自分ではない、と明言した。彼がやったことは、階級の存在は生産の発展の特定の段階と密接な関係があること、階級闘争はプロレタリアートの独裁に至ること、そしてこの独裁は無階級社会への移行となることを証明したことであった、と。

マルクスもエンゲルスも階級の概念を明確に定義したことは一度もなく、この問題を扱うはずであった『資本論』第三巻の最後の章は三ないし四段落で打ち切られている。その中でマルクスは「何が賃金労働者、資本家、地主を三大社会階級として成立させるのか」という問題を設定する。彼は続けて、一見したところ、それらは各階級の収入源、つまりそれぞれの賃金、利潤、地代の独自性によって特徴づけられるように見える、と。しかし、彼はさらに続けて、この視点からすれば医師、公職者やその他の多くの者がそれらの収入源によってそれぞれのケースごとに定義される別々の階級を構成するだろう。そういうわけでこの基準はどの場合でも不十分である、と。

マルクスが取りやめた主張を拾い上げ、彼の考察を再構築しようとしたカウツキーは、以下のような結論に達した（「唯物論者の歴史解釈」Ⅳ・1・1-6）。階級の概念は分極化する性質を持っている、すなわち、ある階級はもう一つの階級に対置して初めて存在する（それゆえに一つの階級だけの社会を語るのは馬鹿げているだろう。社会は無階級社会だけかあるいは少なくとも二つの対立する階級から構成され得る）。

ある集団は、その構成員の収入が同一の源泉からもたらされるという理由によって単純に一つの階級となるのではない。それはまた、収入をめぐって他の階級あるいは諸階級との対立の状態でなければならない。しかし、これはいずれも十分ではない。労働者、資本家そして地主は事実としてすべてその収入を同じ源泉、すなわち労働者の労働によって生産される価値に由来させているのだから、そしてこの価値が配分される方法は誰が生産手段を所有するかに依存するのだから、最終的な基準を構成するのはこの所有である。

こうしてわれわれは、一方に生産手段そしてそれゆえに労働者の労働によって創造された剰余価値を所有する所有階級と、他方に搾取される階級、つまり自分自身の労働力以外には何も保有せずそれを売るしかない搾取される階級を目のあたりにする。この基準に立てばわれわれはまた小農民や職人のように、いくらかの生産手段は保有するが賃金労働を雇用できない中間的諸階級を識別することができる。彼らは他者の不払い労働を享受することはできないが、自分自身または自分の家族を雇用することによって価値を創造する。

これらの階級は分割された意識を持つ。つまり生産手段の持ち主であることは彼らをして資本家との連帯に向かう傾向を持たせるが、しかし、自らの努力で生計を立て、他者によって生産された剰余価値によって生計を立てないという事実によって、彼らは労働者にたとえられる。資本主義は常にこれらの中間階級からその小所有を奪い、彼らを労働者階級の地位に押し下げ、そのごく一部分だけに搾取者の隊列に参入することを認める傾向を持つ。

マルクスは、イギリスの状態の観点から階級の問題に接近したが、他方カウツキーはドイツやその他の中央ヨーロッパを視野に収めた。生産手段の所有および賃労働の雇用に従う基準は、搾取者、被搾取者、そしてその中間にある者とのあいだの区別を可能にさせるが、しかしそれは資本家を地主からは区別できない。両者はともに土地を含む生産手段の所有によって剰余労働の不払い時間を領有する。実際のところ、これら二つの階級間の階級対立は彼らと労働者とのあいだのそれとは異なる。というのは、これら二つの所有階級はともに搾取と剰余価値の最大化に利益を持つからである。したがって危機のときに彼らはプロレタリアートにたいして共同の戦線を形成するのだが、それでもプロレタリアートは一時的に、もう一つに反対してその中の一つと連合するかもしれない、例えば、封建制度が権力を保持する状況において政治的自由を確保しようとするブルジョアジーと連携することがあるかもしれない。

資本家と地主の収入の究極の源泉は同じもの、つまり労働者によって創造された剰余価値である。そしてマルクスによれば、これは金融家、商人、利子付きの金貸し業者にもまた当てはまる。しかしながら、搾取階級は利潤の領有の方法において異なる。産業資本のみが対象化された労働を生きた労働と交換することによって領有する。他方、地主あるいは高利貸しは交換過程で何の役割も果たさないまま賃料に依存して生きる。

したがって、社会の階級区分の第一次的基準と第二次的基準を識別することがマルクスの意図に沿っているように思われる。第一次的基準は生産手段を統制し、それゆえに他者の剰余労働によって創造された価値を享受する権能である。この基準は一方の側にすべての搾取階級、すなわち産業資本家や商業資本家そして地主を含んで、剰余労働によって利潤を得る人びとを置く。他方の側には労働力の売り手、すなわち賃金労働者そして自分自身の生産手段を用いる小農民、職人等が存在する。

この第一のカテゴリーは第二次的基準によって労働力の直接的獲得者（産業資本家）と土地または資本の所有によって間接的に剰余価値を領有する人びとに区分される。第二のカテゴリーの中で、賃金労働者はいかなる生産手段も有しないという事実によって残りの人びとから区分される。第一次的基準は、その通常の形態において奴隷制や封建制のような前資本主義的階級構成体にも適用可能である。他方で第二次的基準は、資本主義的生産様式に固有である。

階級の定義は、純然たる言語上のあるいは方法上の問題ではない。定義の必要性は、階級闘争の事実の観察から生まれる。それは、それらの対立が基本的歴史過程を決定する集団を実践的立場から識別する基準を確定する、という問題である。階級のもう一つの本質的特徴は、その構成員が相互に対立関係になることを妨げるものではないが、他の諸階級に対抗して自発的団結を示すという点である。『資本論』第三巻の中でマルクスは資本家の階級的団結の経済的基礎を叙述する。つまり、利潤率があらゆる生産領域で平均化するにつれて、それぞれの資本家は彼の資本量に応じて利潤を手に入れるのだ、と。

「それぞれの個別の生産部門の個々の資本家も、全体としての資本家も、ただ一般的な階級的共感からだけではなく、直接的な経済的理由から、総資本による総労働者階級の搾取とこの搾取の度合いに関わっているのである。――自分の生産部面で、まったく可変資本を充用しない、したがって、一人も労働者を使用しない（というのは実際には極端すぎる想定であるが）資本家は、ただ可変資本だけ（というのもまた極端すぎる前提ではあるが）

291

を充用し自分の全資本を労賃に投じているような資本家と、資本による労働者階級の搾取に関心を持ち、自分の利潤を不払い剰余労働から引き出すという点ではまったく変わらないのである」（『資本論』第三巻、第一〇章〔邦訳『マルクス・エンゲルス全集』第二五巻　第一分冊　二四七～八頁〕）。

　個別の資本家同士の利害の衝突は、搾取者と被搾取者の全体としての対立によって支配された状況の下で自然に抑圧される。それでもやはり、彼らの個別の利益は衝突せざるを得ず、例えば深刻な失業のときには労働者もそうである。しかし、資本家の対立が全体としての資本の利益を害さないのにたいし、労働者間の競争は労働者階級の利益を損なう。したがって後者の階級意識は、階級の利益の実現にとって搾取者側の意識が彼らにとってそうであるよりも、さらにいっそう重要である。

　最後に、マルクスの階級概念の本質的特徴は、所得の規模または社会全体の生産における相対的分け前に応じたユートピア社会主義の分類を彼が拒否したところにある。ユートピア主義者の富に応じた区分はマルクスの思想とはまったく無縁である。国民所得における個人の取り分が階級制度におけるその個人の位置を決定するのではなく、それは階級制度によって決定される。小職人はある環境の下では熟練労働者よりも稼ぎが少ないかもしれないが、しかしそのことが彼の所属する階級に影響するのではない。例えばその初期のブルジョアジーの「英雄的禁欲主義」が証明するように、贅沢な消費も階級の決定要素ではない。

　第二に、階級は怠け者と働き者とのあいだのサン・シモン的区別によって決められるのではない。資本家は管理という本質的機能を遂行するかもしれないし、あるいは彼らのためにそうするように他者の手を借りるかもしれない。その他者が行うことは彼の工場の効率にとって重要であるかもしれないが、そのことが彼の階級的位置に影響するのではない。管理機能の遂行は資本家階級に属することの必要条件でも十分条件でもない。

　しかしながら、階級の存在の本質的条件は少なくとも階級意識の萌芽、共通の利益という初歩的な意識と他の階級にたいする共有された対抗感覚が存在しなければならないことである。ある階級は実際に「対自的」階級、すなわち生産と分配の社会的過程を認識しないままに「即時的」に存在するかもしれない。しかし、階級のことを語る前に、実際にそれ自体を表す現実の利益共同体が存在しなければならない。もしその構成員が相互に孤立させられているならば、階級はある潜在的存在でしかない。マルクスが『ブリュメール一八日』の第七節で書いたように、

　「分割地農民はおびただしい大衆を構成し、その成員たちは、似たりよったりの事情のもとで生活していながら、おたがいのあいだで多面的な関係を結ぶということがない。彼らの生産様式は、彼らをたがいに連絡させないで、たがいに孤立させる。――同じ単位の量を単純に寄せ算していくことで、フランス国民の大多数者ができあがる。それはちょうど、一袋分のジャガイモを合わせると、ジャガイモ袋一個となるようなものである。数百万の家族が、彼らをその生活様式、利害、教養の点で他の諸階級から区別し、それと反目させるような経済的生存条件のもとで生活しているかぎりで、彼らは一つの階級をつくっている。分割地農民たちの間に単に緩やかな結びつきしかなく、利害の同一性が、彼らの間にどんな共同関係も、全国的結合も、政治組織も生まれさせないかぎりにおいて、彼らは階級を構成しない。結果として彼らは、議会を通じてであれ、国民公会を通じてであれ、彼らの階級的利益を彼ら自身の名前において強制することができない。彼らは自分で自分を代表することができず、誰かに代表してもらわなければならない。彼らの代表は、同時に彼らの主人として、彼らのうえに立つ権威として、無制限な統治権力として、登場しなければならない」（『ルイ・ボナパルドのブリュメール一八日』第七節〔邦訳『マルクス・エンゲルス全集』第八巻　一九四～五頁〕）。

　他方、マルクスの見解では、政治的階級闘争の存在は現実の階級区分の必要条件とはならない。「古代ローマにおいて、階級闘争は少数の特権的な少数者の内部で、すなわち自由民の金持ちと自由民の貧乏人との間でおこなわれただけであって、住民の大多数をなす生産者大衆すなわち奴隷

292

は、それらのあいたたかう人々のための受動的な踏み台に過ぎなかった」（同前　第二版序文〔邦訳『マルクス・エンゲルス全集』第八巻　五四三頁〕）それでもやはりマルクスは奴隷を階級と見なした。

マルクスは階級区分を本質的と見なしたが、しかし、それは階級が存在するあらゆる社会における唯一の区分であるとは見なさなかった。それぞれの階級の内部に、例えば産業資本と金融資本のそれのように、それらの利益が衝突する諸集団が存在する。地代から収入を得る人びとの中にも地主、鉱山所有者、資産所有者という個々の区別が存在する。労働者階級は産業部門によってそして熟練や賃金率の異なる度合いによって区別される。専門職人と小売業は相互に区別される。マルクスがそう考えていたように、インテリゲンチャはそれ自体として階級ではなく、それらが奉仕する階級の利益によって区分される。要するに社会の区分は無限に複雑である。

それでもなお、マルクスは対立する社会の歴史、すなわち原始の無階級共同体を除いた歴史を通じて、階級的区分は社会の変化を決定する主たる要因であると主張した。上部構造の全領域、つまり政治生活、戦争と対立、憲法的および法的制度、そしてあらゆる種類の知的芸術的生産は、階級区分とその結果によって支配された。当然ながら、ここでもまた質的特性でもって作用することだけが可能である。というのは、われわれは、上部構造の個別の側面を決定する上でのさまざまな形態の社会構成の相対的重要度を測定することができないからである。

生産手段の私的所有を廃止することによる階級区分の単なる一掃は、あらゆる社会対立の源泉を廃棄するのではなく、ただ剰余価値にたいするさまざまな程度の統制によって、重要な社会対立を一掃するだけである。しかしながら、マルクスは、階級制度の支配はその一掃がその他のすべての対立の源泉を廃棄させ、一人の人間の自由が他者の自由によって制限されることのない社会生活の統一を実現するものと信じた。

6　階級の起源

階級区分の起源に関して、十分な条件ではないけれども必要な条件は、剰余労働の果実を領有することを可能にする技術状態の実現である。エンゲルスはこの問題を『家族の起源』と『反デューリング論』で検討した。デューリングは、階級はその起源を暴力の行使に負うと示唆し、自然によって不平等に才能を与えられた二人の個人を例として挙げた。エンゲルスはこの理論に反発して、それは誤っており根拠がないと考えた。財産も搾取も暴力の結果ではないと彼は言った。財産は生産者の必要を超える生産に基づいたのであって、搾取は財産の不平等を前提とした。

階級に関して言えば、それはさまざまな方法で生まれた。第一に、財の生産が所有物の不平等をもたらし、それが一つの世代から次の世代へ遺譲され、こうして世襲的貴族制が発生するのを可能にしたのであって、それは暴力的手段によっても慣習の結果でもなかった。

第二に、原始社会はその目的のために任命された個人に防衛を信託しなければならず、こうして作られたこの役職が政治権力の萌芽であった。最初は社会的に必要とされた防衛と管理の制度であったものがそのうちに、社会から独立し、いわばその上に立つ世襲的身分となった。

第三に、技術が進歩し経済の発展が征服によって得られた奴隷労働の使用を可能にしたときに、労働の自然な区分が階級という形態を採った。奴隷制は工業と農業の実際の区分を、そしてその後に古代社会の全政治体制と文化の区分を初めて可能にさせた。それはまた今日の時代までの文明の巨大な進歩の条件であった。しかし、階級区分が生まれるすべての形態において、それらの究極の起源は労働の分割にある。これは人類のすべての進化の条件であり、それゆえにそれは私有財産、不平等、搾取そして抑圧の原因であった。

7　国家の機能とその廃止

階級区分は、ついに国家装置の創出に繋がった。モーガンの説に沿って原始社会の発展を跡づけながら、エンゲルスは部族の民主主義的な組織の崩壊の結果として国家は生まれたと示唆する。この過程でいくつかの要素が作用した。すなわち、すでに述べたように、まず役職の世襲的身分への転換、そしてさまざまな偶然を通して手に入れた財産を守る必要である。階級的利益を防衛するための強制の道具としての国家は、少なくとも階級区分という要素を前提とする。権威の装置および奴隷を統制するための暴力の行使はその起源が経済的である。征服は国家が登場する方法の一つだが、しかしその典型的な形態として、国家は単一の共同体内部の階級対立から生まれる。

国家は獲得された財産と権益を聖域化し、それらを初期社会の共同体的伝統に対抗して擁護し、私的財産や不平等が拡大する諸条件を創り出す。「国家は階級対立を抑制する必要から生まれたがゆえに、しかし同時にこれらの階級闘争の最中に生まれたがゆえに、国家という媒体を通して政治的にもまた支配的となりそうして被抑圧階級を支配し搾取する新たな手段を獲得するのは、原則として、最も強力で経済的にも支配的な階級の国家である」(『家族の起源』第九章)。

ブルジョア国家との関連で、この所有階級の権益を保護する機能が高度に顕著となり、そして政治構造にとって決定的となる。マルクスとエンゲルスが一八五〇年にエミール・ド・ジラルダンの書評で書いたように「ブルジョア国家は、自己の階級の個々の成員や被搾取階級に対抗するブルジョアジーの相互保険以外の何ものでもないのであって、それは、被搾取階級を隷属状態のままにしておくことがますます困難になるなかで、ますます経費がかさむようになり、そして外見上、ブルジョア社会からますます独立せざるを得なくなっている相互保険である」(『新ライン新聞、政治経済評論』[邦訳『マルクス・エンゲルス全集』第七巻　二九五頁])。

したがって、自律化することによって政治権力のもととなった、始原的で社会的に必要な機能は依然として遂行されるけれども、国家の性質を決定するのはこれらではない。というのは、これらの機能それ自体は何らも政治権力の要素を含まず、その自律化は、もしそれが特権階級を擁護する必要のためではないとすれば、政治権力の創設に至らなかったからである。

マルクスがルイ・ナポレオンのクーデターに関連して観察したように、自らが奉仕する階級からの独立を官僚機構が主張することはブルジョア社会においても起こり得る。しかし、そうした状況もまた階級的利益から説明できる。ブルジョアジーは、もしそれが階級としての自分たちの経済的地位を維持するために必要であれば、議会権力を放棄し、政治的権威の直接行使を自律化した官僚制に委ねるかもしれない。

もしわれわれが、国家の意味をこのように定義するならば、マルクスの理論にとって極めて重要な二つの結論が出てくる。すなわち、無階級社会における国家の消滅、そして革命による現存の国家機構の破壊の必要性である。

第一の結論は明白である。いったん階級区分が廃止されたら、その機能が階級を維持することであって、そして被搾取階級を抑圧することである制度の必要性は存在しない。

「国家が全社会の代表者として現実に現れる最初の行為——社会の名において生産手段を掌握すること——は、同時に、国家としておこなう最後の独立した行為である。社会関係への国家権力の干渉は、一つの分野からもう一つの分野へとつぎつぎに無用なものとなり、やがてひとりでに停止する。人にたいする支配は、物の管理と生産過程の指揮にとって替わられる。国家は『廃止される』のではなく、衰えて行くのである」(『社会主義、ユートピアから科学へ』III[邦訳『マルクス・エンゲルス全集』第一九巻　二二一頁])。

国家は永遠ではなく文明の過渡的な相であって、それはエンゲルスが指摘したように、階級区分とともに「紡ぎ車やブロンズのまさかりとともに、古代博物館の中に消え去るものである」(『家族の起源』IX)。

われわれが理解しているように、国家の廃止は生産の管理に必要な行政

295

機能の廃止を意味しない。これらの機能は政治権力の行使とはならない。このように問題を設定することは、社会のすべての対立が消滅している状態を意味する。そしてこれは、階級区分の廃止は同時に他のすべての対立の源泉を廃止するだろうとマルクスとエンゲルスが考えたことに則った解釈を再確認するものである。

第二に、強制の装置としての政治的上部構造は被搾取階級の利益に奉仕するように改革することはできない。つまり、それは革命的暴力によって破壊されなければならない。われわれが見たように、この結論はパリ・コミューンの時期にマルクスに強く印象づけられた。ブルジョア国家の廃止は国家一般の廃止へ向かう一歩であるが、しかし、勝利した労働者階級がなお搾取者と闘っている時期のあいだには、国家はそれ自体の強制手段を持たなければならないのであって、国家は歴史上初めて多数者の道具となるであろう。

これがプロレタリアートの独裁であって、その中でプロレタリアートは階級を完全に一掃するという目的を隠すことなく暴力を行使する。社会主義社会への移行は、それが資本主義社会の発展の中で準備されているとしても、経済過程によってだけでは達成できず、上部構造の領域において初めて達成できる。資本主義経済における社会主義の積極的な前提は、高度の技術と生産過程における協同である。その否定的な要因は資本主義の内部矛盾とプロレタリアートの階級意識である。移行それ自体は政治的行為であって経済的行為ではない。しかしながら、マルクスの警句によれば、「暴力は古い社会が新しい社会をはらんだときにはいつでもその助産婦になる。暴力はそれ自体が一つの経済的な潜勢力なのである」（『資本論』第一巻、第二四章、第六節〔邦訳『マルクス・エンゲルス全集』第二三巻　第一分冊　九八〇頁〕）。

一八九五年、その死の二、三ヵ月前に、エンゲルスはマルクスの『フランスにおける階級闘争、一八四八年から五〇年』第二版の序文を書いたが、それはエンゲルスが革命的暴力の理念を議会的手段によるプロレタリアートの権力の実現という理念に取り換えた証拠として、改良主義者によって呼び出されてきた。この文章の中で、エンゲルスは、ドイツの社会主義者鎮圧法の廃止と選挙での社会民主党の成功を見れば「あの旧式な反乱、つまり一八四八年まではどこでも最後の勝敗を決めたバリケードによる市街戦は、はなはだしく時代おくれとなっている」（〔邦訳『マルクス・エンゲルス全集』第二二巻　五一五頁〕）と述べる。

市街戦という暴動は以前よりも悪化しており、どの道少数の前衛による反乱は社会の転換をもたらすことはできない。社会の転換は大衆の意識的で理性的な参加を必要としており、それゆえに、市街戦でもっとも啓発されたプロレタリアートの部分を犠牲にするのは誤りである。やらなければならないことは、議会や宣伝における合法的手段による前進を継続することであり、決定的闘争に備えて力を蓄積することである。「われわれ『革命家』、『転覆者』は非合法手段や転覆によるよりも、むしろ合法的手段によって、はるかに成功するのである」（〔同前五二一頁〕）。

エンゲルスは、確かに労働者の運動を強化する平和的手段を非常に重視した。そして彼はとにかくもドイツにおいて、権力は非暴力的手段で獲得されるかもしれないという可能性を排除しなかった。

しかし、ドイツ社会民主党の選挙の成功によってもたらされた見方の変化は、最初にそう見えたほど大きなものではない。第一に、エンゲルスは、マルクスがかつてそれをイギリス、アメリカ合衆国、オランダに限定したように、自分の願望をドイツに限定している。第二に、彼は権力が議会的手段によって実現されることを放棄された結論とは考えなかった。これは全面的にブルジョアジーの態度に懸っており、暴力革命はまだ可能性がある。第三に、彼は労働者階級による権力の獲得形態という「決定的衝突」を期待する一方で、これは労働者階級の力、その高度に発達した意識、下層中間階級の支持を調達する能力に負う無血の行動になるかもしれないと信じた。

彼は、原則的に必要で実践的には避けられない革命の理念を拒否しなかったが、しかし、それは非暴力的な革命であるかもしれないと信じた。彼は、労働者階級は選挙で多数を獲得することによって単純に権力を奪取で

296

きると考えているとは公然と明言しなかった。彼がそれを心に描いたかどうかを確かめるのは難しい。しかし、彼は疑いもなく、階級闘争の平和的手段にたいして以前よりも重視した。もし彼が権力は選挙の手段で奪取できると期待したとすれば、それは彼の立場の根本的変化を意味するだろう。しかしその場合ですら、われわれは階級間の協調あるいは階級衝突の根絶という理念を彼に帰させることはできない。

プロレタリアートがそれによって勝利を実現する手段が何であれ、マルクスとエンゲルスは常に国家権力は手段に過ぎないと見ていた。ヘーゲルやラッサールと異なり、彼らは国家をそれ自体として価値があるとは見なさず、あるいは国家と社会を同一視することもなく、国家を歴史的で過渡的な社会組織の形態と見た。人間の社会的存在は彼の政治的存在と決して同一ではない。その反対に、国家としての国家は、労働に体現された人間の力が彼に対立する状態の、つまり高度の社会的疎外の政治的現れである。もしプロレタリアートが強制という一時的手段を必要としなければならないとしても、これは社会の大多数によって実際に遂行される支配の中で成立するものである。そしてそのような支配の全体としての目的は、それ自体の存在を終わらせ、生活の分離された領域としての政治に終止符を打つことである。

このようにマルクスの国家論は、一八四三年に『ユダヤ人問題』において哲学的言辞で述べた事柄の繰り返しと発展である。唯一の真の「主体」である現実の人間個人は、これまで政治生活という疎外された領域に存在してきた類的本質を彼自身の中に取り戻すだろう。人間の個人的エネルギーの社会的性質が、疎外された政治的創造物としてそれ自体を表わすことはなくなるだろう。男も女も社会における自らの使命を、そのために特別に作られた領域ではなく、直接的な方法で遂行し、要するに、個人の生活と社会の生活はすべての各個人のレベルで統合されるだろう。人間の類的本質は各人の生活の中に完全に溶け込み、私的公的生活という区別はなくなる。階級区分の廃止は、このような具体性への復帰の必要かつ十分な条件である。

8　史的唯物論に関する注釈

史的唯物論の主要な原理のこれまでの検討において、われわれは骨折りながら、この理論をできるかぎり同情的に解釈してきた。われわれは、例えば、歴史のあらゆる詳細は階級制度の結果であって、翻ってそれは社会の技術の発展によって決定されると、教条的にそして証拠なしに主張するマルクスやエンゲルスの凝縮された、あるいは警句的な言説を字義通りには取り上げてこなかった。『哲学の貧困』の中で、マルクスが手回し粉ひき機は封建社会を「生み出し」、蒸気粉ひき機は資本主義社会を「生み出した」と述べるとき、われわれはこれを文字通りに受け取るつもりは全くなかった。手回し粉ひき機や蒸気粉ひき機が生産するものは粉であって、両方の種類の機械がともに今度は封建的あるいは資本主義的特徴を支配的に持つ社会で共存できるかもしれない。

エンゲルスが弔辞で、マルクスの偉大な功績は「人間は何よりもまず食べ、飲み、住み、着なければならないのであって、しかる後に政治や科学や芸術や宗教等々に携わることができる」〔邦訳『マルクス・エンゲルス全集』第一九巻　三三一頁〕ことを発見したことであると述べたとき、そのような表現を史的唯物論の証明として使い、あるいは「まず食べよ。それから哲学せよ」という金言を繰り返すことが、なぜ不滅の発見でなければならないのかを理解するのは難しい。その上、そのような公式だけに基づいて理論を攻撃することもつまらない。

他方で、より根本的なレベルにおいて疑問や反論が生れる。大多数のマルクス主義理論家は、土台と上部構造の「相互影響」、後者の「相対的独立」そして経済的要因によって「結局のところ」決定されるという事実について語るとき、エンゲルスに追随してきた。われわれが見てきたように、「経済的要因」「土台」そして「上部構造」の正確な意味は決して明白ではなく、その言説それ自体がいずれにせよ真剣な論争の対象である。生産関係と「上部構造」とのあいだに相互作用があると述べることはあらゆる人が受け入れるものであって、特殊マルクス主義者固有ではない自明の理を語っているにすぎない。

歴史的出来事―戦争、革命、宗教の変化、国家や帝国の興亡、芸術の動向や科学的発見―は技術や階級闘争を含む多くの事情によって合理的に説明することができる。これは常識の問題であって、「独特の要因」の熱狂的な擁護者でないとすれば宗教の信者や唯物論者あるいは歴史哲学者の誰もが否定できない問題である。脚本や演劇はその歴史的環境やその時の社会的対立の知識がなければ理解できないことは、マルクスのはるか以前の多くのフランス人やその他の歴史家、その中の何人かは政治的に保守的であったが、これらの人びとにとって自明のことであった。

そういうわけで、われわれは、史的唯物論とは正確に何であるのかを問わなければならない。もしそれが上部構造の各細部は「土台」の要求によって何らかの方法で決定されると説明できることを意味するならば、それは信用を託すことができない不条理である。他方、エンゲルスの所見が示唆するように、もしそれがこの意味の絶対的決定論を含まないとすれば、それは分別あるいは常識に過ぎない。もし厳格に解釈すれば、それは合理性の初歩的要求と衝突する。もし緩やかに解釈すれば、それは単なる自明の理である。

この不幸なジレンマから脱出する伝統的な方法は、当然ながら、「結局のところ」(in the last resort)という条件である。しかし、エンゲルスはこれによって何を意味するかを正確に説明しなかった。もしそれが生産関係は他の要因を通して上部構造を間接的に決定するということを単に意味するのであれば、その場合われわれは、この理論は絶対的決定論の一つであるとしてなお反論することができる。つまり、一個の車輪が他の車輪に直接的に働きかけるのか、あるいはベルトコンベアーを通じてそうするのかではまったく違いがない。しかしながら、エンゲルスはおそらく決定論は絶対的でないと言うつもりであったのだろう。つまり、文明のすべての相が必ずしも階級構造によって、そして、すべての生産関係が必ずしも技術の水準によって決定されたのではなく、それはそれぞれの場合における主要な決定要因にすぎない、と。

しかし、そうなると、われわれはどの相がより重要で、どの相が重要ではないかを、どのようにして決定するのだろうか。われわれは史的唯物論が教える諸関係を重要なものと見なすことを選択するかもしれないが、しかし、その場合、われわれは同義反復あるいは悪循環に巻き込まれる。つまり土台が土台によって決定された上部構造の各部分を決定する、と。

もちろん、われわれは例えば、ヴェルレーヌの詩において重要なことは「偶然的」ないしは伝統的な詩形ではなく詩的憂鬱であって、それは階級状況の観点から評価することができると言うことはできる(唯物論者の学校によって提示された文学史の蓄積されたサンプル)。しかし史的唯物論はわれわれに、なぜあるものが重要で別のものが重要でないかを教えることはできず、しかも後者を評価することができる根拠もないのであって、これは明らかに悪循環である。

さらに、もし生産関係が上部構造のいくつかの相を決定し、必ずしもその全部の相を決定するのではないとすれば、この理論はいかなる特定の歴史現象も説明することはできない。なぜなら、どんな歴史的事実も多くの条件の積み重ねであるからだが、この理論はただ歴史過程のある広大な方向を説明するだけである。これが、事実としては、その主たる意図であったように思われる。つまり、特定の戦争、革命あるいは各種の運動を説明するためではなく、一つの大きな社会経済システムが別のそれに席を譲るという事実だけを説明するためである。

それ以外のすべてのもの―歴史のジグザグや反転、ある過程が遅かれ早かれ二～三世紀のあいだに起こったり起こらなかったりするという事実、個別の闘争とそれを実現するための努力、このすべてが偶然の地位に貶められ、理論はこれに関わる必要はない。もしそうであるならば、史的唯物論を予測の手段であると主張することはできない。例えば、それはごく一般的な方法で、資本主義は社会主義に取って代わられるに違いないと述べることはできるかもしれない。しかし、いつどのようにしてそうなるのか、どのくらいの世代あるいは世紀のあいだに、そしてどのような戦争と革命の後でそうなるのか―これらの「偶然的」側面について、それは何であれ予測を提供することはできない。

　しかし、もし史的唯物論の範囲がこのように限定されるとしても、われわれはそれへの反論を止めることはできない。歴史の過程は一つであって繰り返すことはない。それゆえに、例えば、奴隷所有社会はどこでもいつでも封建的土地所有制に基づく社会に取って代わられるという規則化は許されない。

　他方、もしわれわれが歴史は多くの独立した過程から成り立つ、なぜなら、世界の異なる部分は多かれ少なかれ相互に完全に孤立したまま何世紀ものあいだ過ごしてきたからだと言うとすれば、これはむしろ史的唯物論を肯定するよりも否定することになるだろう。というのは、ヨーロッパの侵入以前のアジアあるいはアメリカ・インディアン社会は、事実としてわれわれのそれと同じ方法では発達せず、彼らが長いあいだ残され続けたとしても同じことをやったであろうと主張することは、根拠のない幻想であるだろうからである。

　マルクスやエンゲルスの両者による、さらに詳細な歴史的政治的分析のすべては、彼ら自身が「還元主義的」公式の囚人ではなく、さまざまな要因、すなわち人口、地理、民族性等々を考慮に入れたことを示している。例えば、エンゲルスが一八九三年一二月二日の手紙でアメリカ合衆国における社会主義運動の不在を民族問題への配慮のせいにしたとき、彼は明白に、ブルジョアジーとプロレタリアートとの対立を社会過程の決定的要因と見なさなかったことを示しているが、それでも彼はアメリカでもヨーロッパと同様の政治形態が最終的には採られると期待した。もしこの期待が実現できなかったとしても、事実過去八〇年間にそれは実現できなかったのであるが、この事実はもちろん「第二次的要因」に帰することができるのであって、マルクス主義者は偶然の干渉にもかかわらず、この理論の有効性の信念を無限に保持できる。

　彼らの予測のいかなる失敗も、理論は図式的なものではないとか、諸要因の重複性が考慮されねばならない、などと言って弁明できる。しかし、もしこのようなやり方で不都合な事実を簡単に退けるならば、それは理論の深淵さではなく、その曖昧さ、つまり発展させることができなかったすべての歴史の一般理論が共有するある性質のせいである。

　これと同じ曖昧さが、この理論をしてさまざまな証明不能な歴史仮説を作るのを可能にさせる。エンゲルスがアレクサンダー、クロムウェル、ナポレオンのような偉人は社会状況が彼らを必要とする時に現れると述べるとき、これはまったくの空論である。というのは、これらの人士が実際に現われたという事実以外のどのような徴候によって、そのような「必要」が認められるのだろうか。明らかに、普遍的決定論に基づくこの種の演繹は、いかなる単独の現象の理解にも役立つことはできない。

　史的唯物論のさほど厳格ではない解釈も存在する。マルクス主義者は、その理論に従って、生産関係は上部構造を引き起こすのではなく、社会の選択を害さずに、その自由な選択肢を制限するという消極的な意味で上部構造を制限するとしばしば主張した。もしマルクスやエンゲルスがこれと同じことを主張するつもりであったとすれば、この理論は再び自明の理と化す危険を冒していることになる。

　われわれが歴史から理解する法的、政治的、芸術的そして宗教的形態は社会的条件なしに想像できないことは、あらゆる人が同意するであろう。既に引用した実例を採れば、人権宣言はアステカ族あるいは一〇世紀のヨーロッパの技術的社会的環境の下では起こり得なかったであろう。それでも、上部構造のいくつかの側面は社会の深淵な変化にもかかわらずその持続性を保持するという事実は、このように薄められた史的唯物論の有効性にとっては好都合である。

　キリスト教は、イスラム教と同様に、幾多の社会・経済制度を通じて存続してきた。もちろん、それは多くの方法で、つまり、聖典の解釈において、その組織や典礼および教条の発展において変化してきた。それは危機、分裂、内部対立を経てきた。まだ、もし「キリスト教」という用語が今もなお意味を持って使うことができるとすれば、それがあらゆる面で変化せず歴史の変転にもかかわらず、その本質的内容を保持してきたからである。

当然ながら、あらゆるマルクス主義者が伝統はそれ自身の自律的な力を持つことを認め、マルクスの中にもこのことを認める数多くの文章が存在する。しかし、もし反対論をこのような方法で排除することができるとすれば、それはこの理論が不正確であって、そのために歴史研究も考えられるかぎりの事実もそれを否定できないということを単に示しているのである。あらゆる要因の多様性、「上部構造の相対的独立」、「相互影響」、伝統の役割、二次的要因等々を考慮に入れるならば、それが何であれ、どのような事実もこの公式に当てはまる。ポッパーが述べるように、この公式はこの意味において反駁不可能で絶えず自己肯定的である。しかし、同時にそれは現実の歴史の行程における問題を説明する手段としての科学的価値を何も持たないのである。

その上、それ自体としてイデオロギー的あるいは生物学的性質であるか、あるいはそうでなければエンゲルスの「結局のところ」によっても扱うことができないような他の状況を参照しないまま、イデオロギーの領域における個々のあるいは連続する事実が説明できたり、理解できたりするというのは極めてあり得ないように思われる。簡単な事例を取り上げよう。一五世紀にカトリック系キリスト教の中で二種類の聖体拝領という要求が生まれ、これが重要な分派運動（二種陪食主義者）によって受け入れられた。それは聖職者と平信徒とのあいだの差異を解消する欲求を表すものと多少の真実味をもって主張され、こうして平等主義の表明と見なすことができた。しかしそうなると問題が生じる。「人間はなぜ平等を求めるのか?」と。これに答えて「人間は不平等だからだ」というのは同義反復的な偽の説明であるだろう。われわれはそれゆえに人間は歴史のある時期に、平等をそのために闘うに値する価値と見なしたことは当然のことと考えなければならない。

もしその闘争が、飢えつつあるかそうでなければ不可欠なものを奪われてしまう人間たちによって遂行されるとすれば、われわれは、それは純粋に生物学的見地から説明可能であると言うことはできる。だが、それが身体的必要を満たす問題を超えるものであれば、われわれは、平等主義イデオロギーの存在を断定しないままに「経済的条件を理由に」平等のために闘ったと説明することはできない。と言うのはそうでなければ彼らが平等を望む理由を持たないからである。

ところで、すでに引用したもっと単純な事例を取り上げてみよう。どのような社会の所有階級も相続税を最小限にするために立法府にたいして影響力を及ぼそうとし、彼らがそうすることは「明白である」と見なされている。しかし事実として、彼らの行動は特定の生産関係や私有財産の存在だけによるのではなく、彼ら自身の子孫への配慮にもよる。普遍的であるこの配慮は明瞭であると考えられる。しかし、それは経済的事実としては現れない。つまり、それは生物学的にあるいはイデオロギー的に解釈できるのであって、いかなる特殊な経済システムともあるいはまた利潤動機に基づく全体的なシステムとも関係がない。

マルクス主義者とその批判者の双方が、ともに生産関係における変化の「源泉」としての技術の進歩という概念は疑わしく誤解を招くとしばしば指摘してきた。蒸気機関は乗合馬車によって創造されたのではなく、その発明者の知的労働によって創造された。生産力の改良は明らかに精神労働の結果であって、生産関係にたいする優先性を生産力に付与し、そして生産関係を通じて精神労働にたいする優先性を生産力に付与することは、もしその言葉が文字通りに受け取られるならば、結果として馬鹿げている。

正統派のマルクス主義者は、当然ながら、技術の進歩とそれを生み出す精神労働は社会の「必要」の結果として生まれること、そして、より完全な道具を工夫する創造的精神はそれ自体として社会状況の装置であると答える。しかし、もしこれがそうであるとしても、それは「優先性」が技術の進歩に属することをまだ意味するのではない。つまり、人は精神労働と社会環境とのあいだの繋がりの複雑性について語ることはできるかもしれないが、しかしこれは社会生活のさまざまな側面のあいだの特殊マルクス主義的相互依存理論を含意するのではない。

いずれにせよ、改良された技術を「必要とする」社会という理念ですらもその適用は限定的である。近代の技術的進歩が、明確な社会的必要によって広義には命令されることは確かである。しかし、マルクス自身が資本主義以前の経済形態においては生産を交換価値の増大に従属させなかったがゆえに、技術の進歩にたいする刺激は存在しなかったと指摘している。それでは、いかなる根拠でもって、われわれは技術の進歩が起こらなければならず、そして資本主義は登場しなければならなかったと想定するのか？　なぜ封建社会は、技術の停滞という条件の下で永遠に進み続けることができなかったのか？

通例、マルクス主義者は次のように答える「多分、資本主義は登場した」と。しかしこれでは質問に答えたことにはならない。それは実現しなければならなかったと言うことによって、それは単に実現したと意味するのであれば、それは言葉の誤用である。もし彼らが「歴史の必然」という形でそれ以上のものを意味するのであれば、その場合当然にも、われわれがあらゆるものは起こるべくして起こったとでも考えないかぎり、この考え自体が誰でも保持するのは自由だが、いかなる方法によっても歴史を解釈する助けにはならない証明不可能な形而上学の理論であって、そうとでも考えないかぎり資本主義の出現が必然的であった、とは証明されない。

歴史のすべての変化を技術の進歩によって、そしてすべての文明を階級闘争によって説明する理論として考えるならば、マルクス主義は維持不可能である。技術、所有関係、文明の相互依存の理論としてもそれは些細なものである。もしこの相互依存が量的に表現することができ、その結果、社会生活に作用するさまざまな要因の影響が測定できるのであれば、それは些細なものではなくなるだろう。しかしながら、われわれはこうしたことを行う手段を持たないだけではなく、これらの諸力を単一の尺度に還元できる方法を考えつくこともできない。過去の出来事を解釈したり未来を予測したりする際に、われわれは常識という曖昧な直感に頼るほかはない。

しかしながら、これらのすべてがマルクスの歴史探求の原理は空虚あるいは無意味であることを意味しない。その反対に、彼はわれわれの歴史理解に深甚な影響を与えてきた。彼がいなければ、われわれの探求は現状よりも不完全で不正確であっただろうということを否定することはできない。

例えば、キリスト教の歴史が教義や教説の解釈をめぐる知的闘争として表されるのかどうか、あるいは、それらがすべての歴史的偶然の作法や連続する時代の社会的衝突に従属したキリスト教共同体の生活の表れとして見なされるのかどうか、では本質的な違いが出てくる。われわれは、マルクスがしばしば彼の考え方を過激で受け入れがたい公式で表現したけれども、彼は歴史思想の全体的な流儀を改変することによって巨大な貢献をしたと言ってよい。

しかしながら、われわれが理念をそれが生まれた社会生活の表現であると考えないならば理念の歴史を理解することができないと指摘することと、歴史上知られたあらゆる理念はマルクス的意味での階級闘争の道具であると言うこととはまったく別の事柄である。前の言説は一般的に真理であると認められ、それゆえに明白であると考えられるが、しかし、それは彼の性急な一般化と推定を含んでその大部分がマルクスの思想の結果となってきた。

もちろん、われわれがそのように評価してもよいとすれば、マルクスは部分的には非難されるべきである。それは彼の著作からの多くの引用によって防御できるような過度に単純化され通俗化された見解ゆえである。もしわれわれが、「これまでに存在してきたすべての社会の歴史は階級闘争の歴史である」ということを字義通りに信じるとすれば、われわれはマルクス主義を、あらゆる領域のあらゆる文明の歴史のそれぞれの特徴は階級闘争の一つの側面であると主張するものと実際に解釈することができる。

マルクス自身が、細部に立ち入るとき、確かに自分の仮説をそのような馬鹿げた極端にまで押し進めなかった。しかしながら、彼はこの単純すぎる解釈をもっともらしく見せるようないくつかの公式を創り出した。これらの公式から、人間は彼らが自己同一化した階級の物質的利益以外の何かによって意識的にあるいはそれ以外の方法で駆り立てられたと思い込んだときはいつでも騙されたこと、人間は権力または自由あるいは国家それ自

303

身を目的としては決して「真に」闘わないこと、これらのすべての価値、熱望そして理想は階級的利益を偽装したものであったことを引き出すことは可能である。

同じように、政治団体はそれらが「代表した」（マルクスの官僚制の観察にもかかわらず）階級から離れた利益を発展させるものではないこと、もし国家が社会的対立の中で自律的役割を果たすように見えるとすれば、それはただ（マルクスがルイ・ボナパルトの事例で主張したように）現実の階級闘争における一時的な力の均衡の結果であることが推定できる。

現代の何人かの歴史家や社会学者は、ボットモアのように、マルクス主義はすべてを包括する歴史理論ではなく、探求の方法として扱われるべきだと提案する。マルクス自身はこのような限定に同意するつもりはなく、自分の理論を過去および現在の世界史の完全な評価と見なした。しかし、この提案はマルクス主義を合理的にし、その予言的で普遍主義的主張をそれから取り除く試みである。しかしながら、「方法」という言葉もまた条件を必要とする。

われわれが取り上げてきた反論から自由になるのに十分なほど緩やかに捉えられた史的唯物論は、適正な意味での方法、つまり誰であれ異なる機会に同一の材料に適用するならば同じ結果に到達する一連の規則ではない。この意味において当然ながら資料の確定法を除いて、歴史研究の一般的方法は存在しない。今、定義された意味での史的唯物論は、あまりにも漠然すぎて一般的であって方法と呼ぶことはできない。しかし、それは価値ある発見的原理であり、あらゆる種類の、政治的、社会的、知的、宗教的そして芸術的な対立と運動の研究者が自分の観察を、階級闘争に由来するものも含めた物質的利益に関連させるように要求する。

この種の規則は、あらゆる物事が「結局のところ」階級利益の問題であることを意味しない。それは伝統、理念あるいは権力闘争の独立した役割、地理的条件あるいは人間という存在の生理学的枠組みの重要性を否定しない。それは「結局のところという決定論」の問題に関する不毛な論争を回避する。しかし、それは、人間の精神的知的生活は自己充足的でも全面的に独立したものでもなく、物質的利益の表現でもあるというマルクスの原理を真剣に取り上げる。もし物質的利益が明白であるように見えるならば、繰り返すが、それはマルクス主義がそうしたからである。

言うまでもないことだが、われわれが与えてきた評価は過去の解釈の道具としてのマルクス主義の有効性を相当程度に制限する。翻って今、未来を予測する手段としてそれを考えると、ここでもその制限はおそらくもっとさらに深刻である。

いかなる研究者も、マルクスの見解の中で、彼が把握し分析した歴史はその意味をそれ自体だけからではなく、人類の前に横たわっている未来からも引き出したものであることを見逃すことはできない。われわれは、われわれの社会がそれに向かっている、人間の統一を実現する新しい社会という観点から過去を理解できるのであって、これはマルクスが決して放棄しなかった青年ヘーゲル派の観点である。したがって、マルクス主義は共産主義的未来像なしには受け入れることができない。その未来像が奪われたら、それはもはやマルクス主義ではない。

しかし、われわれはその予言が何に基づくかを考察しなければならない。ローザ・ルクセンブルクは、マルクスは資本主義の衰退を不可避とさせる経済的条件を特定しなかったと指摘した最初のマルクス主義者であった。資本主義は過剰生産危機を防ぐことはできないというマルクスの見解をわれわれが受け入れるとしても、そのような危機とその破滅的な結果の彼の分析は、生産と需要の調整を統御できないシステムが無限に持続できないことを証明していない。

大部分のマルクス主義者は、資本主義はその存続を資本主義によって荒廃させられている非資本主義市場に依存するというローザ・ルクセンブルクの理論を拒否してきた。しかし、貧困も無統制の生産も利潤率の低下も資本主義は崩壊するに「違いない」とか、ましてやその崩壊の結果がマルクスによって描かれた社会主義社会であるに違いないと信じさせる理由を提供していない。

これは確かなことであるが、マルクスにとって資本主義の崩壊と共産主義の千年王国は、彼がそう信じたように資本主義が封建制から発達してきたのとは別な意味で「必然」であった。当時において、誰一人として「資本主義を確立する」という目標を立てた者はいなかった。商人がおり、彼らのすべてが高く売り、安く買おうと望んだ。海洋探検家と発見家が冒険や宝探しのために、あるいは国の支配域を拡張するために海を渡った。後になって利潤を得ようと躍起になった製造業者が現れた。これらのすべての人びとは自分自身の利益に没頭したが、その中の誰も「資本主義」に加担したのではなく、資本主義は何百万の個人の努力と熱意、つまり「客観的」過程、その「神秘化された」形態を除いて人間の意識が含まれない、そのような努力と熱意の漸進的で非人格的な結果であった。

しかし、社会主義の必然性は、マルクスがそう見たように、それとは異なる種類のものである。社会主義は、何をなしているかを自覚した人びとによってのみ実現することができる。「歴史的必然性」の実現は、生産過程におけるその役割と歴史的使命を自覚したプロレタリアートに依存する。このような一つの光栄あるケースにおいて、必然性は意識的な行為という形態をとる。つまり、歴史の変革の主体と客体が一つとなり、社会の理解がそれ自体としてこの社会の革命の運動となる。

プロレタリアートの革命意識は、プロレタリアートの革命運動と一体ではあるけれども、それは必然的に資本主義社会の発展から生まれる。プロレタリアートの歴史的使命は、それが資本主義の征服者のそれとは異なるやり方で完全に意識化された使命とならなければ達成されない。しかしこの意識は、歴史過程の不可避的な結果である。

マルクスは、プロレタリアートは歴史によって新しい階級のない秩序を打ち立てるように宿命づけられていると確信した。しかし、この確信はいかなる論拠にも基づいていなかった。それは、プロレタリアートがその利益のために雇用者と対決して闘うことを認識する、という問題ではなかった。マルクスの見解では、利益の衝突の意識は革命の意識と同じものではなく、革命の意識は二つの階級のあいだの基本的な世界規模の対立が存在すること、それは世界規模のプロレタリア革命によって解決できるし、また解決しなければならないという確信を必要とする。

プロレタリアートは「普遍的」階級であって、それはブルジョアジーの意欲が「進歩」（この用語が意味するものが何であれ）の必要と一致したときにそうであったのと同じであるだけではなく、それが類としての人間の普遍性を復活するがゆえにそうである。それは人類の宿命を達成し、そして社会的対立の根源を一掃することによって「前史」を終わらせるために任命された。それはまた、人類をイデオロギー的神秘化から解放して社会関係をすべての者にとって透明にするという意味において普遍的階級である。つまり、それは時代の始まり以来、人間事象を支配してきた二元性、不毛な道徳意識と無統制の測定不能な「客観的」歴史との二元性に終止符を打つ。

プロレタリアートはこの意味での革命意識を発達させるだろうというマルクスの信念は、科学的意見ではなく根拠のない予言であった。哲学的演繹を基礎にプロレタリアートの歴史的使命という自らの理論に到達して、その後に彼はそのための経験的証拠を探したのである。

最初の経験的前提は、階級はますます分極化せざるを得ない、という彼の信念であった。これは少なくとも立証可能であった。実際には虚偽であると証明されるが、しかし虚偽ではないと証明されたとしても、世界規模の社会主義革命が不可避であることを、どのように証明できるかを理解するのは難しい。ましてや、この結論は労働者階級が生産の担い手であり最大限に非人間化されているという事実から出てくるのではない。なぜなら、この二つの条件においてそれは古代の奴隷制と何ら変わらないからである。

もし労働者階級の社会的没落が拡大せざるを得ないことが事実であるならば、マルクスの批判者たちがたびたび指摘したように、世界社会主義革命の展望は何ら輝かしいものとはならないだろう。なぜなら、無知と衰弱、屈辱、非識字の状態に置かれつづけ、疲労困憊の労働に追いやられている一つの階級が、普遍的革命を実現し人類の失われた人間性を再興する力をどのようにして見いだすことができるだろうか？　プロレタリアートは、マルクスが自ら主張したように過去の歴史が未来への何らかの指針であるとすれば、少なくとも、彼らの側に正義があるという理由だけで勝利を期待することはできない。

実のところ、マルクスはプロレタリア革命が貧困の結果であるとは信じておらず、ましてや労働者の条件の改善が彼らの「自然な」革命への傾向に影響するという理念を一度も受け入れなかった。後代の正統派マルクス主義者もまたこの理念を受け入れなかった。とは言っても、彼らの何人かは「労働者階級貴族」にたいする軽蔑を表明したが、彼ら「貴族」は高賃金と安定性のお陰でブルジョアジーのイデオロギー的影響下に入ったのであって、この理論によれば彼らはそうすべきではなかった。

実践的に検証可能であるマルクスの二つの前提、すなわち、社会はますます二つの階級モデルに近似して行き、そしてプロレタリアートの分け前の大部分は現実に改善されることはないことが事実によって証明されたとしても、これはまだ、その立場のせいで労働者階級は革命的意識を発達させるに違いないことが証明されたことにはならない。それはただ、プロレタリアートが、現在の所有システムを転覆するのに繋がるかもしれない興奮状態になると考える根拠を与えることにはなるだろう。

これら二つの問題は現実に現れないのだから、マルクスの予言は社会的影響力がなかったとは言わないまでも、確固とした根拠を持たなかった。しかしながら、マルクスの理論を呼び出した政治運動の成功が、その過程でこの理論を変形させたかどうかにかかわらず、この理論が真であることを証明するのではない。同じように、それ自体の予言者によって予告された古代世界におけるキリスト教の勝利も三位一体の教説を証明したのではなく、せいぜい、キリスト者の信念は社会の重要な部分の熱意を活性化させることができた、ということを示したにすぎない。

マルクス主義が労働者運動に強大な影響を与えたことを証明する必要はないが、しかしこのことはそれが科学的に真理であることを意味するのではない。彼の理論が必要であるとした諸条件、つまり生産力と生産関係の「矛盾」、資本主義が技術等を発展させる上での資本主義の無能力等によって実現すると彼が叙述したような類のプロレタリア革命はかつて存在しなかったのだから、マルクスの予言の経験的な確証をわれわれは持たない。

しかしながら、経済的理由によって資本主義は無限に持続することはできないと仮定したとしても、まだなお資本主義はマルクス主義的社会主義に取って代わられなければならないということにはならない。そうではなく、文明の全般的崩壊（そして「社会主義か野蛮状態か」の選択は、マルクスが社会主義の歴史的必然性を必ずしも常には信じなかったことを示唆する）あるいは技術的に停滞した資本主義の形態、あるいはまた技術の恒常的な発展に依存せず、社会主義的でもないその他の社会が生まれるかもしれない。

資本主義はそれが技術の改善への能力を喪失してしまったか、あるいはまもなく喪失するがゆえに崩壊するに違いないというマルクスの主張は、少なくとも二つの仮定を含む。第一は、技術の進歩は持続するに違いないというものであり、第二は、労働者階級がその主体であるということである。だがこれら二つの仮定はありそうにない。第一のものは、長いあいだにわたって人間が生産手段を改良しつづけてきたという歴史的事実（法則ではない）の単なる推定に過ぎない。しかし人間がこれを永遠にやりつづけるだろうという確かな見込みはないのであって、停滞や後退の時代もあった。

二番目の仮定について言えば、資本主義社会の中で労働者階級は優れた技術の主唱者などではない。したがって、この仮説は、社会主義はその成功を資本主義の下で可能であるよりも、さらにより高度の労働生産性に負う状態でなければならないというものである。これは社会主義の記録によっても証明できず、資本主義からは何も引き出すことができない。総じて、これらの仮定に基づく革命のメカニズムを想像することは難しい。

地球上の五〇万年の人類の生活と五〇〇〇年の書かれた歴史が、突然に「幸福な終わり」となるという理念は希望の表明である。この希望を抱く人びとは他の人びとよりも知的に優れた立場にいるのではない。「前史の終わり」にたいするマルクスの信念は科学者の理論ではなく、予言者の勧

306

307 告である。この信念の社会的影響は別の問題であって、それは順を追って検討することになる。

第15章　自然の弁証法

1　科学主義的アプローチ

一八六〇年代にヨーロッパの知の世界は新たな段階に突入し、ロータル・マイヤー、ヘルムホルツ、そしてシュワンの後にダーウィン、フィルヒョウ、ハーバート・スペンサー、そしてT・H・ハクスレーが続いた。自然科学は宇宙の一元的概念が議論の余地のない事実である、という地点にまで到達したように見えた。エネルギー保存の原理とその変換を支配する法則は、自然現象の複雑性の完全な解釈を提供しているように見えた。

有機体の細胞構造の研究は、すべての基礎的な有機現象に適用される単一の法則体系の発見を約束した。進化論は、特殊に人としての属性を有する人間を含んで生きている被造物の発達の一般的歴史的公式を与えた。フェヒナーの研究は心理現象の数量的測定の道を開いたが、これまでそれはこの研究にとって、もっともなじまないものであった。

その多様性という混沌とした豊かさの下に隠れていた自然の統一性が人間の目に露わになる日がもうすぐであるように思われた。科学崇拝が普遍化した。形而上学的考察は衰退せざるを得ないように思われた。物理学の方法が社会科学を含むあらゆる知の分野に適用できると考えられた。

自然科学の進歩を熱心に追跡したエンゲルスは、新しい「普遍学」がまさに夜明けを迎えつつあるという希望を分かち持った。青年期にヘーゲル学徒であった彼は、弁証法の偉大な師を賞賛し尊敬することをやめたことは決してなく、ヘーゲルの考察の合理的な内容と価値は実験科学の発展を通して明らかになり、実験科学の新段階ごとに自然の弁証法的理解の方向に向かうと信じた。

しかしながら、新しい発見の哲学的解釈はこれまでの方法の崩壊、とりわけ一七世紀以来の科学研究を支配してきたが今や時代遅れとなったしまった機械論的視点の崩壊の理論的吟味を求めた。その最初期の著作以降、エンゲルスは理論的概念と経験的資料とのあいだのできるだけもっとも厳密な関係を確立するように努力した。このことは、とりわけマルクスの考え方を詳説し普及する彼のすべての作品において明白であって、マルクス自身は自分の説を経験的事実に関連させることよりも理論的一貫性の方にこだわりがあった。

エンゲルスが当時の科学の熱狂に影響され、そして同じ基本的方法を物理学や社会科学に適用し、後者が前者の自然な延長であるとする世界イメージを創造しようとしたことは驚くに当たらない。方法と内容の統一およびダーウィン流に人類史を自然史と結合する概念の追求において、エンゲルスは当時の実証主義者に接近した。しかし、彼はこの統一をすべての知識を機械論的公式に還元すること（グスタフ・キルヒホフのような多くの物理学者の手法に同調して）によってではなく、すべての研究分野に等しく当てはまる弁証法を発見することによって、この統一を発見することを提起した。

このことは一八七五年から一八八六年に書かれた彼のもっとも重要な三本の著作、すなわち『反デューリング論』『ルードウィッヒ・フォイエルバッハ』『自然の弁証法』に見ることができる。最後のものは短い論稿やノートの未完成の集成であるが、ルードウィヒ・ヒューヒナーとの論争の目的で開始されたものであって、ヒューヒナーの機械論的唯物論はエンゲルスから新しい弁証法的唯物論を定式化する機会を用意するものと見られたのであった。

しかしながら、その後に彼はその論争の意図を超えて進んだ。マルクスの著作と異なり、これらの三本の著作全部が伝統的に哲学に属するとされる諸問題を扱い、弁証法的唯物論という名前の下で「マルクス主義の存在

308

309

論および知識論」として公的に見なされるようになる理論の一般的概要を提供している。プレハーノフの時代以降マルクス主義はエンゲルスの哲学理念、『資本論』の経済理論そして科学的社会主義の諸原理から構成される理論としてますます一般的に定義された。これらの形態が首尾一貫した全体を構成するのかどうか、とりわけ、エンゲルスの自然の弁証法がマルクスの著作の哲学的基礎と調和するのかどうかは数十年にわたる論争問題であり続けている。

2　唯物論と観念論　哲学のたそがれ

ライプニッツ、フィヒテ、そしてフォイエルバッハからこの考え方を引き継いだエンゲルスによれば、唯物論と観念論の対抗は常に哲学がそれによって定まる中心問題である。つまるところ、彼の見解では、それは世界の創造に関する論争であった。観念論者は精神（神聖な造物主であろうが、ヘーゲルの理念であろうが）が自然に先行して存在すると主張した人びとであるのにたいし、唯物論者はその反対を主張した。バークリー的主観主義者によれば、存在は認識されることにおいて成り立つというのだが、彼らは当然ながらこの区分では観念論の側に入る。

哲学の歴史は、これら二つの見方のあいだの論争で埋め尽くされているけれども、それらはあらゆる時代に同一の言葉で起きたのではない。例えばキリスト教中世の時代のように、文明が厳密な意味での唯物論を何も知らなかった時代があった。それでもその時代の基本的論争の中にすら、われわれは普遍に関する名目論的見方の中に唯物論に近いものを看取できるのであって、それらは物理的自然や具体的なものにたいする関心を表している。

哲学の歴史の中には、そのままでは和解しがたい二つの主要な見方のあいだで、妥協あるいは中道を発見しようとする多くの学説もまた存在してきた。したがって、純粋な形で正反対の意見を表し、それらのあいだで思想の歴史全体を構成する二つの主要潮流を識別することは難しい。それにもかかわらず、われわれは常に二つの対立する傾向を発見するのであって、その一つは唯物論的立場に近いか、あるいはその純粋な形態の唯物論に通常的に随伴する要素をより多く含んでいる。観念論的あるいは精神論的傾向が哲学においてしばしば見受けられるという事実は、肉体労働と精神労働の分離、精神的探究の結果として生まれる自律性、そして物事の性質上、物質よりも精神に優先性を置きがちな専門職アイディオロジスト階級の存在のせいであると、エンゲルスはわれわれに語る。

唯物論的見方は、どのようにすればより厳密に定義されるのだろうか。エンゲルスは哲学における本質的対立が自然と精神とのあいだにあると主張するのだから、両方の対立する見解はある種の二元論を表しているように見える。その結果、唯物論者は精神を自然にたいして発生的に二次的と見なすけれども、彼らもまた精神を別の異なる何ものかと見なしているに違いないのである。しかし、エンゲルスは事実としてこのような見方を取らない。

彼は、自然と精神との対立はその特殊な発生的関係における二つの異なる実質の対立ではないと考える。意識はそれ自体として物ではなく、ある方法で組織された物質的客体（人間の身体）の属性あるいはそれら物質的客体の中で起こる過程である。彼の立場はこのように一元的なそれであって、物質的と呼ぶことができない存在形態を何も信じない。

だが、唯物論とは何かを知るためには、われわれはまず物質（matter）を定義しなければならない。いくつかの文章の中で、エンゲルスは純粋に科学主義的あるいは現象論的見方を取って、実質（substance）という概念なしで済ましているように見える。例えば彼は述べる。

「唯物論的な自然観とは自然をたんにあるがままに、よけいなつけたしをくわえずにとらえるとらえ方にほかならない」（『自然の弁証法』「科学の歴史から」［邦訳『マルクス・エンゲルス全集』第二〇巻　五〇九頁］）。

そしてさらに言う。「物質そのものということは純然たる思考の創造物であり、抽象である。われわれがもろもろの物を物的に現に存在するものとして物質という概念のもとに総括するとき、われわれはそれによってそれらの物の質的差異を度外視する。だから特定の現存している物質と区別された物質そのものというのは、感性的＝現存的なものではない」（同前「物質の運動形態」［邦訳『マルクス・エンゲルス全集』第二〇巻　五六一頁］）。

ここから、エンゲルスによって理解された唯物論は通常の意味での存在論ではなく、「実質」について問う必要を認めない反哲学的科学主義であって、すべての余計な思索を排除した自然科学のありのままの生の事実で満足するということになるだろう。この立場からすれば、すべての哲学は観念論、科学的知識の想像的な潤色である。そして、確かにエンゲルスは哲

310

学の衰微と消滅を予言している。

「もしわれわれが世界の構図を、頭の中からではなく、頭をたんに媒介として現実の世界から、存在の基本的原則を現に存在しているものから導き出すとすれば、そのためにわれわれが必要とするものは、哲学ではなくて、世界とこの世界に起こっている事柄に関する実証的な知識である」（『反デューリング論』Ｉ・３［邦訳『マルクス・エンゲルス全集』第二〇巻三六頁］）。

「哲学一般はヘーゲルとともに終結する。というのは、一方では、彼が哲学の全発展を彼の体系のなかに、大じかけに総括しているからであり、他方では、彼が、たとえ無意識的にであるにもせよ、その体系のこのような迷宮から、世界の現実的で実証的な認識にいたる道をわれわれにさししめしているからである」（『フォイエルバッハ論』［邦訳『フォイエルバッハ論』『マルクス・エンゲルス全集』第二一巻　二七四頁］）。

「近代の唯物論は、――哲学ではなく、単なる世界観であり、そしてこの世界観は、何か独立した諸科学の科学としてではなく、現実の諸科学として、その有効性を確証し、適用されねばならないのである。こうして、哲学はここでは『揚棄』されるのだが、それは『克服されたと同時に保存され』ている。つまり、その形式からいえば克服され、その現実の内容からいえば保存されている」（『反デューリング論』Ｉ・13［邦訳『マルクス・エンゲルス全集』第二〇巻　一四四頁］）。

「個別の科学が、事物と事物にかんする知識との全体的な関連のなかで各自が占める位置をはっきり理解するように求められるやいなや、この全体的連関を取り扱う特別な科学の必要性はいっさい存在しなくなる。いまや、これまでのいっさいの哲学のなかでなお独立に存続するのは、思考とその諸法則とにかんする科学、すなわち形式論理学と弁証法だけである。そのほかのものはみな、自然と歴史とにかんする実証科学に解消される」（同前、序説［邦訳『マルクス・エンゲルス全集』第二〇巻　二四～五頁］）。

エンゲルスはこのように哲学を世界の純粋に思索的な記述かあるいは自然科学によって確立された諸現象を超える諸現象間の一般的結合を認識する試みのいずれかと見なす。この意味での哲学は消滅するのであって、その後には推論の方法しか残らないが、それは「以前の哲学」とこれを共有し、そのもっとも本質的な部分ではないけれども伝統的にその中の一部と考えられていたものである。

エンゲルスは曖昧さを残して表現しているのだが、基本的に彼の見解は当時広まりつつあった実証主義と一致する。すなわち、哲学は個別科学の無用の付加物であり、まもなくその後には思考の法則あるいは広義の論理学以外には何も残らないであろう。しかし、これには異なる側面が存在する。引用した文章においてエンゲルスは「弁証法」を思考の法則を単純に意味するものとして語る一方で、他の箇所ではこの用語を自然のもっとも一般的な法則の総合的で正統的な知識体系、われわれの思考過程がその特別な例証である知識体系を意味するものとして使う。

この意味において彼は、最初にそう見えたよりも大いに反哲学的ではない。哲学はもっとも一般的な自然法則の科学であるように見えてくる。その結論はいずれの科学からも定式化されることはできないけれども、「実証的」諸科学が提供する資料から論理的に出てくる。

エンゲルスの著作は、より冷酷な哲学観そしてより寛容な哲学観を交互に支持する。しかしその後者ですら、当今の実証主義と調和するのであって、それは哲学を完全に捨てようというのではなく、それを自然科学から

311

引き出すことができるものに変えようというのである。

どちらにしても唯物論は存在論ではなく、実証的知識にたいして考察を付け加えることを禁止する方法である。それでもやはり、エンゲルスは、

「物質」の用語を物質的存在の全体あるいは質的分化を剝奪されたときに物に残されたあるもののいずれかを意味するために使う。「世界の現実の統一性はその物質性にある」(『反デューリング論』Ｉ・4〔邦訳『マルクス・エンゲルス全集』第二〇巻　四三頁下段〕)。すなわち、存在するものはすべて感覚によって捉えられる物的世界である。目に見えない自然あるいは科学者によって観察されたものと異なる影の世界は存在しない。

エンゲルスは、唯物論が純粋な方法論的意味または現象論的意味において、世界は物質的な統一であるという見方と同じであるのかどうか、あるいはこの見方は精神にたいする物質の優先という見方と同じであるのかどうかを検討しない。彼は、形而上学的カテゴリーによって重荷を負わされなくなった科学主義的現象論と、そのさまざまな現れが経験世界の出来事を構成する実在の一つの真の原初的形態があると考える実体論的唯物論とのあいだで揺れ動いている。

この原初的実在である物質は、あらゆる種類の変化を含む「運動」によって恒久的そして本質的に特徴づけられる。なぜなら、そうでなければ変化の源泉は物質の外部に、理神論者の「第一の衝動」のようなものの中に求めなければならなくなるからである。運動は物質の形式であって、それ自体としては創造もされず破壊もされない。

3　空間と時間

変化に加えて、物質は空間と時間という分離不可能な属性を持つ。エンゲルスの時代には時間の心理的側面を別にして、空間と時間を合わせて説明しようとする理論はきわめて大まかにはおそらく三つのタイプに分けられる。

（1）空間と時間は自律的であって物質的な実体から独立している。空間は諸実体の包括体であるが、しかし物質的空間と同一の特性をもつ空虚な空間であり得る。時間は出来事の包括体であるが、何事も起こらない時間が存在し得る。これはニュートンの説である。

（2）空間と時間は主観的であって、先験的形態である（カント）。それらは認識から始まり、経験に由来するのではない。それらは経験の超越的な条件であって、いかなる可能な事実認識にも先行する。

（3）空間と時間は主観的かつ経験的である（バークリー、ヒューム）。つまり、それらは経験に事後的に指示する方法、経験的資料を結合して、その結果として精神がより効率的に作用するようになる方法である。

エンゲルスはこれらのどの見解にも与しない。彼は、空間と時間は「存在の基本的形態」であって、それゆえに客観的である（ヒュームやカントに反して）が、それらは（ニュートンに反して）物体や出来事の不可分の特質であると考える。

厳密に言えば、これは、時間それ自体というようなものは存在せず、ただ継続の関係（前と後）、これから引き出される第二次的抽象である「時間」だけが存在することを意味する。同じように、空間それ自体というものは存在せず、間隔、方向、範囲の関係のみが存在するだけである。エンゲルスはこのことを明確には言わないが、これが彼の考え方であると思われる。

「物質の二つの存在形態は、物質がなければもちろん無であり、われわれの頭のなかにだけ存在する空虚な観念、抽象である」(『自然の弁証法』「弁証法的論理学と認識論」〔邦訳『マルクス・エンゲルス全集』第二〇巻　五四三頁下段〕)。宇宙の時間的空間的無限性は物質が創造されずまた破壊されないものであるとする理論の当然の結果である。

4　自然の可変性

したがって、恒常的な変化と分化の状態にある物体を除いては何も存在しない。エンゲルスは確かに「世界はできあがった諸事物の複合体としてではなしに諸過程の複合体として把握されるべきであり、その中で見かけの上では固定的な諸事物も、これら諸事物の思想的模造たるわれわれの諸概念に劣らず、絶えず変化し、生成し消滅する」(『フォイエルバッハ論』Ⅳ〔邦訳　国民文庫　五五頁　一部変更〕)と述べる。

しかしわれわれは、出来事が第一次的であって物は出来事の時間的凝結

313

であるとする現代の理論の基本線に従って、これを字義どおりに受け取ってはならない。というのは、エンゲルスは別な箇所で、物質を「諸事物の総体であって、そこからこの概念（物質）は抽象されている」と定義するからだ（『自然の弁証法』「弁証法的論理学と認識論」［邦訳『マルクス・エンゲルス全集』第二〇巻　五四四頁上段］）。自然を諸過程の総体であって物の総体ではないと叙述する彼の目的は、むしろ物質的世界の永久的な変遷性と不安定性を強調することにある。

　恒常的な変化という原理は、弁証法的思考の基調である。あらゆる形態の実在が別なものに変化し、全体としての宇宙だけが生成、変化、消滅の法則から免れていると指摘したことはヘーゲルの偉大な業績であった、というのがエンゲルスの見解である。コペルニクス、ケプラー、デカルト、ニュートン、リンネのような近代初期の科学者たちは、それが天上であろうが地球や有機体の構造であろうが、基礎的な自然過程および分類の不変性の信念によって支配されていた。

　この見方は、彼らの後継者たちによって刷新された。カントに始まりラプラスによって発展させられた天文学理論、地質学におけるライエルの発見、物理学におけるJ・R・マイヤーやジュール、化学におけるダルトン、生物学におけるラマルクやダーウィン、これらすべての人びとが、自然の永遠の変化可能性と不動の分類の不可能性を明らかにした。

　観察可能な現実のいかなる断片も、止まることのない発展の一段階であることが証明された。人間それ自身が自然の変化の所産であり、人間の多面的な能力全部が自然自体が生み出した力の延長である。人間を他の動物から区別し、人間固有の尊厳の源をなすのは労働であった。

　恒常的な変化の観察は、地球や太陽の全体系と同様に人間も崩壊することをわれわれに確信させる。しかし物質がより高次の形態に発展するという法則は、われわれもそこに参加するこれらの形式、すなわち意識への反映と社会的な組織が宇宙のどこかで再現され、当然のこととして再び存在を停止するだろうことを、われわれに確信させる。

5　変化の多様な形態

　しかし自然の弁証法は、恒常的な変化という問題だけではない。機械論的見方と弁証法的見方との主な相違点は、後者が多様な形態における変化を識別することである。一七世紀および一八世紀の機械論はドイツの唯物論者フォークト、ブフナーそしてモレスコットによって一九世紀に伝達されたが、彼らは世界で起きているあらゆるものは機械的運動すなわち物質的粒子の置換以外の何ものでもなく、そして自然におけるすべての質的分化は主観的あるいは単なる見せかけであると主張した。このことから彼らは、あらゆる部門の知識はそれ自体として力学を手本としなければならないと結論づけた。つまり、各部門によって観察される過程は、空間における物体の運動を支配する法則に従う力学的運動の個別の事例である。

　エンゲルスはこの立場を受け入れるにははるかに遠く、究極の理想としてですらも受け入れなかった。彼は、変化の形態の質的差異は現実の現象であること、そして高次のあるいはより複雑な形態は、より低次のそれに還元できないと信じた。事実として、高次のものは低次のものを前提とすると定義されるが、しかしそれは低次のものによって前提とされているのではない。この理由から、化学的現象は力学的現象よりも高次であり、有機的世界の現象はさらにもっと高次である。同じようなやり方で、生物学から精神現象そして社会過程への上昇が存在する。このように変化あるいは運動の多様性が存在し、それに応じた科学の自然な階層制が存在する。形態は質において異なる。つまりそれぞれがすべて低次のものを前提とするが、低次のものはそれぞれを排除しない。

　しかしながら、このすべてに広がっている階層制や高次の形態の完結性は、エンゲルスによって矛盾から解放された方法で説明されてはいない。多様な運動の形態（機械的過程、分子運動、科学的、生物学的、心理的そして社会的現象をコントが指示した上昇階梯に基づいて）を区別するとき、彼はそれらの完結性が何で成り立つかを明確に述べていない。それは高次の形態の法則が低次のそれから論理的に引き出すことができないからか（例え

314

ば、社会史の法則を科学のそれからというように）あるいはそれらと論理的に同等ではないという理由からだろうか？　あるいはそれは存在論的完結性であって、その中に機械的運動ではなく、それによって因果的に説明できない何か「より高次の」過程が存在するのだろうか？

第一の解釈は弱々しいものであって、なぜなら高次の過程は特殊な方法で統計上起こる機械的な過程にすぎない、という仮説を排除しないからである。つまり、存在論のレベルで機械的運動は変化の唯一の形態であるだろうが、しかし、科学は観察目的のために、特殊な条件下で現出するものに関する統計的法則では満足しないだろう。

第二の解釈はこの仮説を排除するが、しかし、例外なくすべての過程が同質の物質的基礎であるという出発点を所与のものとして、存在論的完結性がどのように実現するのかが明白ではない。

この問題への回答がどんなものであれ、エンゲルスが自然をそのすべての変化において画一的であると見なさなかったこと、あるいはその多様性を単一のパターンに還元しなかったことは明らかである。つまり、多様性が現実的であり、それは単に主観的あるいは知識の一時的不全性によるものではない。発生的にすべての高次の形態は低次のものからの派生であり（そして科学の歴史はある程度まではこの序列を反映する）、そして高次のものはある意味では低次のものに内在する。換言すれば、物質はその本性上、地上で観察できる方法では、より高次の実在の形態に発達する。しかしながら、エンゲルスはいかなる方法でより高次の形態が物質の初歩的属性の中に潜在的に含まれるかを説明しない。

6　因果関係と偶然

自然の多様性は現実である、という見方は機械論的唯物論のそれとは異なるやり方で因果関係の問題を考えることを可能にした。古典的形態の機械論的唯物論は、決定論を、あらゆる出来事はそれが生起する瞬間に全体的な環境によってその細部に至るまで条件づけられているという原理に変えた。もしわれわれが何かを偶然と呼ぶならば、その場合、われわれはただその原因を知ることができないということを意味する。つまり偶然というカテゴリーは主観的なそれである。

ラプラスが示唆したように、もし完全な知性が現在の瞬間あるいはそれ以外の時でも、あらゆる粒子の正確な機械的係数（位置と運動量）を分かっているならば、それは過去または現在のどの時点における宇宙の完全で正確な記述も与えることができるだろう。そこには未決定の現象という問題もあるいはとりわけ、純粋に主観的で誤った自由の感覚を例外として自由な意志という問題も存在できない。近代哲学の中でデカルト（物質的世界に関して）、スピノザそしてホッブスによって代表されるこの形態の決定論は一九世紀の機械論者のあいだで多くの支持者を得た。

しかしながら、エンゲルスは別な見方をとった。彼は普遍的因果関係を信じたが、それは原因のない現象の可能性そしてまた意識的な意図の実現として考えられる自然の設計の存在を彼が否定したという意味においてである。これは物質にたいする精神の優先性を含むのだから、唯物論に反するものであっただろう。しかし彼は科学の観点から普遍的決定論の一般的定式は完全に不毛であると見なした。

もしわれわれがある莢《さや》の中に六つではなく五つのエンドウ豆があるとか、またはある特定の犬の尾は五インチの長さでそれ以上でもそれ以下でもないとか、特定の花はある瞬間に特定の蜂によって受精させられたなどと言い、そしてこれらの事実はすべて太陽系が発達させた原初的星雲の粒子の状態によって決定されると言うとすれば、われわれは科学にとって無益な言説を弄し、そして自然の偶然性を克服するというよりもその偶然性を普遍化しているのである。

このような解釈は、われわれを現状のままに押しとどめて置くことになる。つまり、そのような解釈は、われわれをして何も予測できず、どのようにしても知識を改善するようにさせない。科学の任務はわれわれが特定の領域で作用する法則を定式化し、そうして現象を理解し、予見し、働きかけることである。小さな分化は無数の反応の結果であって、偶然と考えてもよい。だが科学はそういうものにではなく、偏差の塊の中で見分けら

315

れる一般的法則に関わる。「自然のなかでもやはり偶然が支配しているように見えるが、われわれは、自然においては、この偶然をつうじて自己を貫徹する内的必然性と規則性を、それぞれの分野でずっと以前に立証した。しかし、自然にあてはまることは、社会にもあてはまる」（『家族・国家・私有財産の起源』［邦訳『マルクス・エンゲルス全集』第二一巻　一七三頁］）

エンゲルスは彼の偶然の理念を正確には定義しなかったが、それはその原因についてわれわれが無知である（機械論者が考えるように）のでもなく、また何の原因も持たない出来事である（非決定論者の見方）のでもないというのが、彼の考えであったように思われる。もし現象が偶然であれば、それは相対的ではなく客観的にそうである。一定の法則に従う一連の出来事の一部を形成する現象は、不可避的に、異なるタイプの規則性、つまり異なる形態の運動に属する出来事によって不可避的に妨げられる。

これらの妨害が偶然と呼ばれるもので、それはそれ自体の中ではなく前の出来事が属する過程の立場からそう呼ばれる。地球上のすべての生命を破壊する宇宙の大異変は、いわばそのような出来事を想定していない有機体の発達の法則との関連では偶然であるだろう。莢の中に五つの豆が存在するという孤立した事実は、風の状態、土壌の湿気等を含んでわれわれが探求する必要も探求することもできない多くの詳細な環境の結果である。これらが結合して特殊な事実を生み出すのであって、それゆえに純粋に植物の法則、例えばある種は成長してエンドウ豆になりパイン・ツリーにはならないというような植物の法則によっては決定されない。

あらゆる過程のあらゆる細目は、厳密な必然性によって支配されているという一般的言説は解釈の価値もないただの形而上学的言い回しである。科学は、当然ながら、いつでもわずかに異なる状況、偶然の影響である変化の中で作用するが、しかしそれにもかかわらず、偏差や妨害があっても信頼できる法則に関わる。重要なのは法則であってあらゆる個別の状況におけるそれらの精密な機能ではない。

これがエンゲルスの規則性や因果関係の見方であって、彼は通常とは異なる方法で自由の問題に接近する。自由とは因果関係の不存在を意味する

316

のでもなく、ましてや恒常的な人間の属性でもない。それは自然の法則の停止の問題でも法則の周辺部で存分に遊び回る余裕を享受することでもない。一つの重要な修正を加えてエンゲルスは、ストア派の中で生まれ、スピノザを通してヘーゲルに達した自由の概念に従った。すなわち自由とは必然性の洞察である、と。

「自由は、夢想のうちで自然法則から独立する点にあるのではなく、これらの法則を認識すること、そしてそれによって、これらの法則を一定の目的のために体系的に作用させる可能性を得る点にある。――意志の自由とは、事柄についての真の知識をもって決定をおこなう能力をさすものにほかならない。だから、ある特定の問題点についてのある人の判断がより自由であればあるほど、この判断の内容はそれだけ大きな必然性をもって規定されているわけである」（『反デューリング論』Ⅰ・Ⅺ［邦訳『マルクス・エンゲルス全集』第二〇巻　一一八頁下段］）。

このことから、エンゲルスにとって必然性の洞察としての自由は、ストア派やスピノザそしてヘーゲルにとってよりも異なる意味合いを持つことが明らかになる。自由な人間とは、起こることが起こるに違いないと洞察し、それにたいして自己を調節する人間ではない。その中に住む世界の法則を洞察し、それゆえに彼が望む変化をもたらすことができる程度において人間は自由である。自由は、個人あるいは共同体が彼の生活の諸条件に行使することができる力の度合いである。

それゆえに、それは状態であって人間の恒久的な属性ではない。それは環境とその法則の洞察を前提とする。だが、それは単にそのような洞察だけから成り立つのではない、なぜなら、それに加えてそれは自らの環境に力を及ぼす個人を必要とするかあるいは何が起ころうと彼がそうするときだけに目に見えるものとなるからである。

人間あるいは共同体はそれ自体としてではなく、彼らの状態とそれにたいする彼らの力に応じて自由または不自由である。もちろん、絶対的な自由、つまりあらゆる状態のあらゆる側面にたいする無制限の力などというものは存在し得ない。しかしながら、人間の自由は、自然の法則や社会の

317

現象がより良く知られるようになるにつれて無限に拡大するかもしれない。

この意味で社会主義は「必然の王国から自由の王国への跳躍」であり、その中で社会は、これまで自由奔放に振る舞い多数者に反して作用してきたその存在の諸条件と生産システムにたいする統制を行うのである。

このようにエンゲルスは、その先行者と異なる方法で自由意志の問題を設定した。彼は選択という意識的な行為が意識から独立した環境によって常に決定されるかどうかではなく、むしろ、いかなる条件の下で人間の選択は提起された目標、それが実践的であろうが認識的であろうが、その目標との関連でもっとも効果的であるかどうかを問うているのである。自由とは意識的行為の有効性の度合いであって、すべての現象を支配する法則、人間がその作用を意識しているか、いないかにかかわらず、その法則に関する独立の度合いではない。というのは、エンゲルスによればそのような独立性は存在しないからである。

7　自然と思考における弁証法

エンゲルスによって理解された弁証法は、自然、人間の歴史そして思考におけるあらゆる形態の運動あるいは活動の研究である。こうして自然を支配する客観的な弁証法、そして人間精神におけるその同じ法則の反映である主観的弁証法が存在する。「弁証法」という用語は、二重の意味つまり自然および歴史の過程とこれらの過程の科学的研究のどちらにも使われる。もしわれわれが弁証法的に考えることができるとすれば、それはわれわれの精神が、自然が従うのと同じ法則に従うからである。「頭脳の弁証法が実在的世界、つまり自然と歴史との運動形態の反映に過ぎない（『自然の弁証法』「自然科学と哲学」［邦訳『マルクス・エンゲルス全集』第二〇巻五一三頁］）。

このことが暗に意味しているように、エンゲルスは当時の自然主義者の学説と一致する、論理の心理的な見方を受け入れた。つまり、彼は、この法則を事実として、神経システムで機能する経験的規則として見た。しかしながら、人間だけが弁証法的に思考できる。動物はヘーゲル的意味における「理性」すなわち帰納、演繹、分析、総合という基礎的抽象化、検証を含む作業を行うことができる。木の実を砕くことは分析の始まりであり、何かを行う動物は総合する力を示している。しかし、弁証法的思考は概念を吟味する能力を含んでおり、これは人間特有である。

諸現象をそれらの発展、内部矛盾、対立物の相互浸透、質的分化において把握する思考という意味での弁証法は、時代を通じて徐々に現れてきた。われわれはそれをその萌芽においてギリシアや東洋の思想に、そして「両極端は一致する」というような人口に膾炙されたことわざの中にすら発見する。だが、ドイツ哲学だけがとりわけヘーゲルがそれに完全な概念体系を与えた。

しかしながら、それが科学にとって有用になるためには、その前に唯物論的意味において再解釈されなければならなかった。概念はその自己生成的力を剝ぎ取られ、自然現象の反映として再構成されなければならなかった。理念を反対物に分割し、これらをより高次な統一において総合することで成り立つ方法は、こうして、事実の世界を支配する法則のイメージで見られることになった。

弁証法の法則は、三つに区分できる。つまり、量から質への転化とその逆、対立物の相互浸透、否定の否定である。これらはヘーゲルによって定式化され、自然、歴史、そして人間精神を支配するものと理解された法則である。

8　量と質

量が質に転化する、またはもっと正確に、質的差異は量的差異の蓄積から生まれるという法則は、以下のように説明できる。量的差異とは単一の尺度上の点間の距離、つまり温度、圧力、大きさ、要素の数等によって余すところなく特徴づけられる。数で単純に表現できない差異は質的である。現在、自然界を通じて、物の量的側面の増減はある点で（通常明確に決定される）質的変化を導くことが認められている。さらに弁証法は、質

318

的変化は量的増減のみによってもたらされるという。この種の変化は現実のすべての領域で起こる。

　化学合成物の分子内の所与の要素の原子数の相違は、まったく異なる特性を持つ実体を生み出す（例えば一連の炭化水素、アルコール、酸等）。

　一定の強さの電流はフィラメントの白熱発光を引き起こす。物体は温度によってその稠度《ちょうど》（consistency）を変え、ある点で溶けたり凍ったりする。光と音の波はある限界頻度で人間の受容器によって知覚され、そこで再び知覚閾値《しきいち》（threshold of perception）は量的変化に応じて質的差異を表す。細胞内の運動の減退そしてその結果としての熱の損失はある点で細胞の死を引き起こすが、それが質的変化である。ある貨幣額が資本になるためには、つまり剰余価値を生み出すためには、ある一定の規模にならなければならない。労働における人間の協同は、単なる加法的結合（combination）ではなくそれぞれの力の乗法的複合（multiplication）である（これらの実例は必ずしもそれらのすべてがエンゲルスからではなく彼の思想に沿ったものである）。

　一般に、量的な増または減からもたらされる質的変化は、あらゆる場合に見ることができる。そこでわれわれは無秩序な集合と統合された全体とを識別する。自然と社会は、その中で全体が単に部分の合計ではなく、部分が統合されたシステムの一部であることによって新しい特性を獲得し、他方でシステムは、その諸要素を支配する法則からは引き出すことができない新しい規則性を創造するという、無数の実例を提供する。

　この全体の概念は、エンゲルスの時代以降、ゲシュタルト心理学、生物学の全体論などという形で方法論の重要なテーマや本質的カテゴリーとなった。それはまたギリシア思想においてもまた見いだすことができる。例えば、アリストテレスは統合された全体と諸要素の結合体とのあいだの差異に着目している。

　しかし量から質への転化の法則は、これらの単純な観察を普遍的な原理にまで一般化しようと試みる。有機体の構造が、部分的にはその大きさに依存するという事実もまたこの法則の特殊な事例である。蟻の構造を持つ動物はカバほどに大きくなることはできないし、その逆もそうである。数学においてさえも、質的差異、例えば根と累乗、無限に大きなあるいは無限に小さな通約できない有限の数が存在する等々。

　質的差異と量的差異との対置は、エンゲルスの唯物論と機械論者の唯物論との対比をより明確に説明する。後者、例えばデカルト、ホッブス、ロックそしてフランスの一八世紀唯物論者たちのほとんどが、質的分化は世界それ自体に固有なものではなく、われわれの認識の特徴であること、そして物の真正なまたは「第一次的」属性は規模・形態・運動という「幾何学的」な属性であることを証明しようと努力した。それら以外のあらゆるものは機械的刺激にたいするわれわれの主観的反応によって引き起こされた幻想に他ならない。

　他方エンゲルスは、質的差異は量的座標に還元することはできないと信じたフランシス・ベーコンの考えを、ある程度、もちろんもっと正確な形で再生産した。量から質への転化の法則は、自然や社会の中に付加的特徴は存在しないこと、あるいは、おそらく純然たる付加的質は存在しないこと、つまり、新しい特質を生じさせることも現存する特質を消失することもないままに、無限に強化されるものは何も存在しないことを単に述べているように思われる。

9　世界における矛盾

　エンゲルスの弁証法の法則の第二は、対立物の矛盾と相互浸透を通じての発展という法則である。この主題についての彼の見解は、彼の他の主張よりもさらに凝縮された形態を取る。彼は、「ある対立の両極、例えば積極的なものと消極的なものとは、対立していると同時に、また互いに分離しえないものであり、まったく対立していながら、たがいに浸透しあっているのである」と観察する（『反デューリング論』序説［邦訳『マルクス・エンゲルス全集』第二〇巻　二一〜二三頁］）。

　この両極性の現象は磁気、電気、化学、有機体の発達（遺伝と適応）や社会生活の中でも起こる。しかしながら、それはただ単にこうした事実に

319

着目するという問題ではなく、自然がそれ自体の中に矛盾、あらゆる発展の源泉である対立と相互浸透を内包することを主張するという問題である。エンゲルスの意見では、自然における矛盾の存在は、その思考の主たる法則が無矛盾の原則であると呼ばれている形式論理学への反論である。

彼が書いているように「運動そのものが一つの矛盾である。すでに単純な力学的な場所の移動でさえ、一つの物体が同一の瞬間に一つの場所にありながら同時に別の場所にあるということ、同一の場所にあるとともにそこにはないということによって、はじめてこれを行うことができるのである」（『反デューリング論』Ⅰ・Ⅻ［邦訳『マルクス・エンゲルス全集』第二〇巻　一二六頁上段］）。

これは、より複雑な現象においてもなおいっそう明らかである。「生命は、なによりもまず、ある生物が各瞬間に同一のものでありながら、しかも他のものであるという、まさにその点にあることは明らかである。したがって、生命は、事物や過程とそのものの中に客観的に存在し、絶えず自己を定立しまた解決してゆく一つの矛盾である」（同上）。

数理科学すらも矛盾だらけである。「例えば、Aの一つの根がAの冪《ベキ》だというのは矛盾であるが、それでもAの2分の1乗＝$\sqrt{A}$である。ある負の量が何かの平方だというのは矛盾である。なぜなら、すべての負の量を二乗すれば、正の平方になるのだから。――それでも、$\sqrt{-1}$は、多くの場合、正しい数学上の演算から必然的に出てくる答えなのである」（同前［邦訳一二七頁］）。同じ方法で社会は矛盾の止まるところのない出現を通して発展する。

矛盾はこのように自然界に存在するのだから、論理の侵害なしには自然を記述できない。つまり論理的矛盾は宇宙の特徴である、という見解ゆえにエンゲルスは批判された。現代の大多数のマルクス主義者は「矛盾を通した発展」という原理は無矛盾という論理規則の否定を含まないと考え、そして、ヘーゲルに従ってエンゲルスが運動は矛盾であると語るとき、彼はエレアのゼノンのパラドックスを繰り返しており、そこにある違いはゼノンが矛盾のゆえに運動は不可能であると宣言したのにたいし、エンゲルスが矛盾は物の本性の中に存在すると宣言した点にある、と見ているのである。

多くのマルクス主義者は、自然や社会における衝突や対立的傾向という意味で、そして形式論理を必ずしも否定せずにそれらがより高次の発展や進化の原因になるという意味で、矛盾を語ることは可能であると今は考えている。実際に対立的傾向が存在するという事実において非論理的なものは何も存在しない。われわれは、相互に対立する二つの命題が真理であることを信じるように求められているのではなく、ただ、自然は緊張と対立のシステムである、ということだけを信じるように求められているのである。

10　否定の否定

エンゲルスの「否定の否定」の法則は、矛盾を通した発展の段階をより正確に記述することを意図しており、必要な変更を加えれば、ヘーゲルの公式と一致する。この法則は、あらゆるシステムはそれ自身の中からその反対物である他のシステムを生み出す自然の傾向を持つ、と述べる。この「否定」は、いくつかの重要な点で最初のものの繰り返しであるが、より高次の水準での繰り返しである一つのシステムを生み出すために、今度は自らが否定される。こうして、らせん状の形態の発達が存在する。すなわち、定立命題と反命題の対立が解決され、それらをより完全な形態で保持する総合命題の中にそれらは統合される。

例えば、種子は植物に成長するのだが、それは種子の否定である。この植物は一個ではなく多くの種子を生産しその後に死滅する。つまり集合としての種子は、否定の否定である。昆虫にわれわれは卵・幼虫・成虫そして大きな数の卵という同様の循環を見る。数はマイナスの符号で否定され、それが今度は二乗によって否定される。つまりそれは正の数の二乗によって同じ数に到達できるのと違いはない。「なぜなら、否定された否定はAの二乗のうちに全くしっかりといすわっていて、Aの二乗はどういう場合にも二つの平方根、すなわちAとマイナスAとを持っているからである」（『反デューリング論』Ⅰ・ⅩⅢ［邦訳『マルクス・エンゲルス全集』第二〇巻　一四二頁下段］）。

歴史は同じ法則に従って、原始人の共有制から階級社会の私有制そして社会主義の公有制へと発展する。否定の否定は所有の社会的性格を復活することであるが、それは原始社会に戻ることによってではなく、より高度でより発展した所有のシステムを創造することによってである。同様に古代哲学の原始的唯物論は、より完全な形態の弁証法的唯物論に回帰するために観念論の教説によって否定された。

弁証的意味における否定は単に古い秩序の破壊ではなく、破壊されるものの価値を保存しそれを高次の水準に引き上げるような方法での破壊である。しかしながら、これは身体的死という現象には適用されない。生命は破壊の萌芽を持っているが、しかし個体の死はより高次の形態での更新とはならない。

321

11　不可知論の批判

エンゲルスが述べたように、哲学の基本的問題はまたその「他の側面」を持っている。すなわち、世界は認識可能か、人間の精神は、独立した自然における関係の真のイメージを形成することができるか、という問題である。この点で新しい唯物論は、あらゆる不可知論、とりわけヒュームやカントのそれのようなすべての不可知論の教説に強固に反対する。それは、知識にとって絶対的な限界が存在するとか、あるいは現象は知ることができない「それ自体としてのもの」とは根本的に異なるという理念を否定する。

エンゲルスによれば、不可知論的立場を拒絶するのは容易である。科学は常に「物それ自体」を「われわれにとっての物」に転換しているのであって、それは自然界には存在したがこれまでは知られなかった新しい化学物質を発見したときがそうである。違いは既知の現実と未知の現実とのあいだにあるのであって、知ることができるかまたは知ることができないかのあいだにあるのではない。

もしわれわれが、われわれの仮説を実地に適用し、出来事を予知するようにそれらを使うことができるならば、それは観察対象の領域が人間の知識によって真に支配されたことを追認するのである。実践、実験、そして産業は不可知論者にたいする最善の反論である。フランス啓蒙主義の科学者たちが形而上学的問題は説明不可能であること、そして科学は宗教にたいして中立であることを宣言することによって、彼らの研究を宗教的制約から解放するように努めたときのように、不可知論が哲学史において有益な役割を果たしたことは実にたまたまのことであった。だが、この態度すらも、それらは説明不可能であると装うことによって真の問題を避けがちであった。

12　経験と理論

知識に先行する条件は経験である。エンゲルスは彼の前のJ・S・ミルと同様に数学においてすら、少なくとも基本的観念の起源に関しては経験主義的立場を採った。

「数や図形の概念は現実世界以外の何らかの源泉からとってきたものではない。――純粋数学が対象としているのは、現実世界の空間諸形式と量的諸関係、つまり、きわめて実在的な素材である。――しかし、思考のあらゆる分野で起こることであるが、現実の世界から抽象された諸法則が一定の発展段階に達すると、それは現実の世界から分離されて、なにか自立的なものとして、外からやってきた法則、それに対して世界が則らなければならない法則として、現実世界に対置されるようになる」（『反デューリング論』Ⅰ・Ⅲ［邦訳『マルクス・エンゲルス全集』第二〇巻　三七～八頁］）。

しかしながら、エンゲルスの経験主義は彼の時代のほとんどの現象論者や実証主義者のそれから遙かにかけ離れている。彼は、知識は生の事実から理論へ一方向的に進むとは考えず、ましてや、理論的一般化を蓄積や抽象から生まれ、新しい事実の観察にたいして何も反射的影響を及ぼさないような受動的な構築と見なさなかった。

ここでも別の箇所と同様に、事実と理論の相互交渉が存在する。エンゲ

322

ルスはそこに含まれる問題を詳しくは述べなかったが、彼の思考の主要な筋は明瞭である。彼は彼がそう呼ぶところの「生の経験主義」(bare empiricism) すなわち事実の無批判的信頼、いわば事実に語らせるというような「生の経験主義」に反対した。「心霊界での自然研究」(『自然の弁証法』)の中で、彼は、厳格な経験主義は実験と観察に訴える心霊論者の信念に何の回答も与えられないと指摘する。理論は事実の解釈にとって不可欠であり、その軽蔑は科学にとって致命的である(この理由からエンゲルスはニュートンを「帰納するバカ」と呼んだ)。

事実は自らを語らないのであって、それらの結びつきを認識するためにわれわれは観察から引き出される理論装置を必要とすることは確かであるが、しかしそのうちに、理論装置が知識から独立した要素となる。科学の進歩の中で経験と理論とのあいだには、発生的に前者が後者に常に先行するけれども、ある種の相互協力が存在する。

エンゲルスは、科学の法則を単なる論理の総体あるいは事実の個別的説明の簡潔な定式化としてではなく、何かそれ以上を体現したもの、すなわち科学の法則が表す結合の必然性、どの個別的事実にも、それらすべてのものにも本来的に備わっているのではない結合の必然性を体現したもの、と見なした。本質的に「普遍性の形式」が存在するのである。

「じじつ、真の、あますところのない認識とはすべて、われわれが個別的なものを思想において個別性から特殊性に、特殊性から普遍性へと高めることにあり、われわれが有限なもののうちに無限なものを、一時的なもののうちに永遠のものを見いだし、確定することにのみある。ところが普遍性の形式は自己内完結性の形式であり、したがって無限性の形式であって、それは多くの有限なものを無限のものへ総括するということである。

われわれは塩素と水素とがある圧力と温度の範囲内で、光の作用のもとに爆発的に化合し、塩化水素となることを知っているが、われわれがこのことを知るやいなや、われわれは上の条件が存在しているところならどこでもまたいつでもこのことは起こるのだということを知るのであって、それが一回だけ起こるか百万回繰りかえされるか、またどれだけの天体上で起こるかということはどうであってもさしつかえない。自然における普遍性の形式は法則である」(『自然弁証法』「弁証法的論理学と認識論」[邦訳『マルクス・エンゲルス全集』第二〇巻　五四一～二頁])。

特定の因果関係に関する法則の必然性は、ヒュームが主張しようとした精神の単なる習慣化ではない。それは自然の諸関係それ自体の中に備わっているのであり、そしてわれわれはこのことを、個別の出来事の規則的な連続を観察するだけではなく、結果的にその出来事をわれわれ自身で生み出すことができる事実によって認識する。

エンゲルスの理論構築の経験的背景に関する見解はどちらかと言えば総括的であるが、その一般的傾向は十分に明白である。彼は、知識の発生論(有効な知識は経験以外からはもたらされない)については急進的な経験主義者であり、方法に関するかぎりでは穏健な経験主義者である。知識の社会過程は理論的装置の形成に繋がり、そのお陰でわれわれは事実にたいして受動的に屈服するのではなくそれらを解釈し関連づける(例えば、熱力学の第二法則はエンゲルスには馬鹿げたものと見えたが、それは宇宙におけるエネルギーの全面的な減少を提示したからである)。科学は単に事実の簡潔な記録化ではなく、自然界における普遍的で必然的なものの理解である。

13　知識の相対性

同時に、エンゲルスは、われわれの知識の総体あるいは自然法則の要素のいずれもが絶対的妥当性に達することは不可能であると考える。真理は現実との一致を意味するという伝統的な見方を受け入れる一方で、エンゲルスは、過程としてのそして本質的に相対的なものとしての真理の理念を詳述する際にはヘーゲルに従う。

しかし、この相対性は何から成り立っているのだろうか。エンゲルスは、判断の正確さは誰がそれを宣言するか、どのような環境の下で宣言するかに応じて真理になったり虚偽になったりするという意味での、時間あるいは人格の問題であるとは考えない。彼の相対性の信念は、異なる方法で定式化された。

第一に、知識は常に不完全であって、有限な人間は宇宙のすべてを発見することはできないという明白な意味で、それは相対的である。第二に、相対性のさらに重要な側面としてそれが特殊に科学の法則に適応されることである。通例として科学が前進する方法は、観察された事実の理論的解釈が、時間の経過の中で前者と矛盾はしないが、その妥当性の範囲を限定するものに取って代わられることである。

こうして空気の圧力や容量と温度との関係についてのボイルとマリオットの法則は、それは温度と圧力の一定限度の外では適用されないというルニョーの発見によって修正された。だから、われわれは、一挙に全部を、特定の法則の適用可能性のあらゆる限界を発見したとか、あるいは将来それはより正確に再定式化されることはできないと確信することはできない。この意味で、すべての科学法則は相対的であるか、あるいは相対的意味でのみ真理である。

第三に、同じ事実の集まりであってもそれらが異なる理論的説明を認め、これらの説明の範囲が一挙になくならなくても、科学の進歩とともにより狭くなることを認めるという意味で、われわれは知識の相対性を語ることができる。

第四に、自然法則と仮説（その場合あらゆる法則が仮説的となる現実の因果関係をわれわれが否定しないとすれば）とのあいだの相違は存在するけれども、それでも科学的一般化の基礎は完全ではあり得ない。なぜなら、それらは個々の存在可能な事実の無限性を含むからである。

したがって、絶対的な有効性を主張する個々のいかなる知識も「すべての人間は死ぬ」という平凡なことか、あるいは「ナポレオンは一八二一年五月五日に死んだ」という特定の事実であるに違いない。精神的に宇宙全体を再生産するとか、あるいは不変で最終的有効性を持つ法則を定式化するとかのいずれかの意味における真に絶対的な事実は、われわれが漠然としか見積もることができない到達不可能な目標である。しかしながら、そうすることで、われわれは完全で正確な現実の全体像をだんだん持つようになる。

14　真理の基準としての実践

エンゲルスの見解では、われわれの知識の正確さのもっとも確かな確証はわれわれの行為の有効性である。一定の情報を力にして、もしわれわれが世界の特定の変革に着手し、そのことで成功するならば、それはわれわれの知識の最善の証明である。この意味において実践は真理の基準であり、こうしてわれわれはそれ自体として実践の確証に至らない精神的投機を回避する理由を持つ。

いくつかの文章のくだりで、エンゲルスは「実践」の観念を広く解釈し、例えば天体の観測のような外部世界に働きかける問題が存在しない事例における仮説の検証もそれに含める。しかし認識活動における実践の重要性はこれよりもさらに広い。それは、現実的で社会的に感得される必要が人間を特定の研究分野へ志向させ、彼らが答えようと求める問題の領域を決定するかぎりにおいて、最善の基準であるばかりでなくそれ自体が知識の源泉である。

このようにして実践は、知識探求の真の目的や社会的動機を提供する。この意味において思考は実際に導かれるのであるが、そのことはそれが「客観的」ではない、すなわち、歴史的その他の制約、人間精神から独立した自然それ自体の現実的で事実的な属性や諸関係を反映することができない、ということを意味するのではない。

他方で、エンゲルスは「弁証法論理学と認識論」の中で書いている。「自然科学も哲学も、人間の活動がその思考に及ぼす影響をこれまではまったく無視してきた。両者は、一方では自然を、他方では思想を知るだけである。ところが人間の思考の最も本質的で最も直接的な基礎をなすものは、まさにこのような人間による自然の変化なのであって、たんなる自然そのものではない。そして人間が自然を変化させることを習得してきたその度合いに応じて、人間の知能はこれに比例して成長してきた」（『自然の弁証

324

法』「弁証法的論理学と認識論」［邦訳『マルクス・エンゲルス全集』第二〇巻五三八〜九頁］）。

　この興味深い所見から、われわれは、エンゲルスが人間の知識の内容を人間と自然との相互作用の結果と見なし、その中で実践的行為が基準や関心の決定要素の役割を演ずるような自然の単なる反映とは見なさない傾向にあったと想定してもよい。しかしながら、これは、人間の知識が現実それ自体ではなく、人間と自然との関係であることを意味するものかもしれない。

　これは、人間の思考が、人間の認識的実践的活動から独立して存在するものとしての世界のますます完全な反映である、という信念と調和することは難しい。しかしながら、エンゲルスの文章は遠大な推量を正当化するほど明確に表現されているのではなく、またエンゲルスはどこでもこの考え方を展開してはおらず、ましてや「人間の思考の基礎」という用語で何を意味しようとしたのかも、正確には分からない。それにもかかわらず、ここでわれわれは、思考は現実世界の複写であるとする彼の見解から極めてかけ離れた概念のヒントを発見する。

325

15　宗教の源泉

　このような唯物論の弁証法的な転換によって、エンゲルスは観念論哲学全体と世界の機械論的解釈を凌駕できなかったすべての唯物論の先行者たちに反対する立場をとった。これはある程度まで、フォイエルバッハにさえも当てはまる。エンゲルスはドイツ観念論を克服する上でのフォイエルバッハの大きな役割を認めながらも、彼がヘーゲルの弁証法を単純に否定するだけでその合理的内容を発見できなかったと批判する。その上、フォイエルバッハはそれまでのすべての唯物論者と同様に「下半身は唯物論者、上半身は観念論者」であった。すなわち、彼はイデオロギー、とりわけ宗教的所産の観点、それを彼自らが歴史変動の主要源泉と見なしたのだが、それら以外の観点から人類史を解釈することはできなかった。

　近代の唯物論者もこの点で、つまり生活の物質的諸条件の所産としての社会意識に着目することによって歴史の出来事を説明する、という点でまた同じである。エンゲルスは明白にそのように言及しないが、彼は史的唯物論を哲学的唯物論の論理的帰結と見なしていたと見てもよい。フォイエルバッハが大きな歴史変革の有効な要因と見なした宗教についてエンゲルスは、実証主義的進化論者に従って、それを人間の誤解と無知の所産と見た。

　「ずっと古い時代から――そのころ、人類は、いまだ自分みずからの身体の構造についてまったく未知であり、そしてその夢にあらわれるものごとにうながされて、彼らの思惟や感覚をば、彼らみずからの身体の働きではなくて、この身体に住んでいて、その死にさいしてこの身体を見すてて去りゆく、ある特別な、霊魂というものの働きである、と考えるようになったのであるが、――こうした古い時代から人類は、このような霊魂の外部の世界にたいする関係について、いろいろな考えごとをしたに相違ない。もしこの霊魂が、人間の死にさいしてその肉体からはなれてなお生きながらえるものだとすれば、この霊魂に、なお一つの特別な死があろうなど考え出させられるような、どんな機会もあろうはずはなかった。こうして霊魂の不死という観念が生まれた。――人々が個体霊魂の不死という退屈な想像をもつようになったのも、宗教的な慰めの欲求からではなくて、同じく一般的な蒙昧のために、霊魂というものをみとめはしたものの、この霊魂をその肉体の死後どう始末したらよいものかとまよいまどうた結果である。またこれとまったく似よりの道筋で、自然的諸力の擬人化によって、最初の神々ができた。そして、この神々は、さらにもろもろの宗教の成立してゆくうちに、しだいに超世界的な姿をとった」（『フォイエルバッハ論』Ⅱ［邦訳『マルクス・エンゲルス全集』第二一巻　二七八頁］）。

　エンゲルスは、啓蒙主義の思想家たちに倣って、宗教を無知あるいは知性の欠如の所産と見た。こうして彼は主知主義的解釈を擁護して、宗教を労働の疎外による第二次的疎外と見るマルクス主義の宗教観を放棄した。この点でもまた彼は、宗教の起源と本質に関する一九世紀進化論の理念を共有した。

326

第16章　要約と哲学的注釈

1　マルクスの哲学とエンゲルスの哲学

エンゲルスの観点は、自然主義的で反機械主義として概括的な言葉で表わせる。彼は、宇宙を内部矛盾によって幾重にも分化し豊富化しながら、高度な形態へ向かってダイナミックに進化するものと提示した。弁証法のエンゲルス版は反哲学的で反形而上学的であって、（この点で若干の不整合はあるが）宇宙の複雑性は単一のパターンに帰し得ないものと認める。それは自然科学にたいする信頼、知的規則以外の何ものでもない哲学への不信、そしてまたその一般的な経験主義的・決定論的傾向と（いささか、あいまいだが）現象論への傾斜によって、科学主義や実証主義と結合した。他方で、それは急進的実証主義批判とその複層的な運動理論によって典型的な実証主義からも離れている（この点でもマルクスとエンゲルスが深い軽蔑を表したコントは、エンゲルスの観点を先取りした。コントはすべての現象を機械モデルに帰すことを拒否した。彼の科学の分類は少しの修正もなくエンゲルスに引き継がれた）。

ここで付け加えなければならないことは、エンゲルスの進化論は明らかに、全体としての宇宙ではなく、その個々の部分と関連していることである。すでに本書の『自然の弁証法』の「序説」の最後でわれわれが見たように、宇宙は無限で永遠であって生成と破壊という永遠の循環の中で同じ形態を再生産する。宇宙の特定の部分とりわけ星雲の体系はその内的必然の力によって、高度の有機的な生命態と意識を発達させる。しかし、全体としての宇宙はこのような方法で発展するのではない。地球の住人として、われわれは上向的発展状態にある宇宙の一部に生きていると想定してもよい。しかし、この全体としての自然という立場から見れば、これは単なる束の間の開花であって、宇宙の片隅において止むことなく繰り返さざるを得ないものである。

エンゲルスの観察は当然ながら当時の科学と数学に照らして行われ、それらの多くは今では時代遅れである。しかしながら、彼の思考の全体的な流れ、すなわち自然主義、現実の反映としての認識、相対的なものとしての知識、自然の弁証法はその後のマルクス主義者によって支持され、特にロシア人（プレハーノフ、レーニン）からは卓越したマルクス主義哲学者と見なされた。それと同時に、自然の弁証法は幾人かのマルクス主義者によって批判された。

エンゲルスの哲学をマルクスの哲学とは根本的に異なるとして攻撃した最初の人物はおそらくスタニスワフ・ブジョゾフスキであっただろうが、他方でマックス・アドラーもまた二人の創設者のあいだの重大な差異について言及した。続いてルカーチが自然の弁証法を攻撃し、自然はそれ自体として弁証法的に振る舞うというエンゲルスの理念は、弁証法が主体と客体の相互作用であって最終的にはその統一に向かうというマルクスの見解とは相容れないと主張した。

マルクスによれば、自然は何か出来合いのものでも思考の過程で人間によって同化されるものでもない。それは実践的努力のもう一つの片方であり、その努力の脈絡においてのみ「所与となる」。たとえ実践が自然力の単なる利用あるいは仮説の証明の基準であるとしても、人間が自然を変えるという平明な事実自体が知識の観照的な理論を無効にするのではない。マルクスによれば理論と実践の統一である弁証法は、あたかも意識の活動を想定するようにして自然と関連させるように定式化することはできない。

ここで、科学的社会主義の創設者たちの認識論的立場が一致していたのかどうかという問題が生まれるが、それは以下のように分析できると私には思われる。

エンゲルスの弁証法は、ダーウィンの発見の影響の下で、そしてダーウィニズムの知的雰囲気の中で定式化された。エンゲルスも共有した考え方の主要な動向は生命、知識、社会現象を自然主義の観点から解釈することである。自然主義は人間の歴史を自然史の延長やその特殊な事例と見なし、自然の一般法則が特殊な形で人類の運命にも適用されると仮定する。当然のことだが、エンゲルスは人間の歴史が特殊な様相を持つことを疑問視しないし、ましてや動物世界の法則が人間社会を説明するのに十分であるとか、あるいは何の修正もなしにそれが適用できるなどとは主張しない。

確かに、彼はそうした方法を明確に拒否し、発展する自然は新しい質を創造し、人間社会がこのような分化の実例であるとする。それにもかかわらず、『フォイエルバッハ論』の中で有機体の世界一般の歴史と人類の歴史の相異に触れて、人間は動物と異なり意識された意図によって行動すること、しかし彼らの意図と行動の全体は、人間がそれらを理解していようがいまいが、歴史の「客観的」法則に従っている、と彼は述べる。

この最後の考え方はマルクスの言説の多くと調和するが、しかし、もしそれが全体としての歴史を支配する法則に影響を与えない個人の意識的行為の性質が、人類の歴史を他と区別する唯一の特徴であると意味するのであれば、この文言それ自体はマルクスと一致しない。なぜなら、マルクスのマルクス主義の哲学的土台は、一般的自然法則にたいする信頼と両立するのではないからであって、一般的自然法則はその特殊な適用としての人類史とそしてまた大脳の心理的・生理的機制と同定される思考のルールを持っている。概して言えば、人間がそれに従属し、人間がそれ自体をよく知ることができた自然史と進化の法則の点から人間を説明することができる、とエンゲルスが考えたのにたいして、われわれが知っているような自然は人間すなわち実践的活動の器官である人間の延長に他ならない、というのがマルクスの見解であった。

当然のことながら、人間は自然を創造したことはなく、自然は人間の主観的な想像物ではない。しかし、われわれの知識の対象は自然それ自体ではなくわれわれの自然との接触である。言い換えれば、マルクスが実践的性格を持つ知識と言うとき、彼は、関心は実践的必要によって決定され、仮説は実践的行為によって確証されるということを単純に意味したのではない。人間の実践がわれわれの知識の真の対象であって、知識はそれがその中で獲得される実践や状況の様式からそれ自体として自由ではない。われわれは歴史的関与から無縁の対象それ自体を考察することはできない。つまり、自己意識は不可能事である。

しかし同じように、対象は実践的脈絡においてそれ自体を純粋に人間の対象として現わすという事実から切り離すことはできない。自然との実践的接触はわれわれの知識が乗り超えることができない地平線であり、この意味において、われわれが観察しその後に働きかけることができるというような出来合いの自然などは存在しない。われわれに関するかぎり、自然はわれわれの行為や必要の立場からのみ知られる。つまり知識は、それが人間的、社会的そして歴史的な知識であるという事実を放棄することはできない。さらに繰り返して言えば、その後に自らの精神に自然を複写するために、主観が自然をそのあるがままの形で理解するという超越的視点は存在しない。

マルクスに従った唯物論的な意識の解釈は、知識とその他の精神内のあらゆるもの—感情、欲望、想像、理想は社会生活と歴史の産物であるということである。それゆえに人間は、自身の人間性を放棄し、現実を人間の実践の対象ではなく、それ自体として存在するかのように理解する宇宙的または神のような観点を取ることはできない。

このように、エンゲルスの自然の弁証法に潜んでいる超越論と、マルクスの観点に支配的な人間中心主義とのあいだには明らかな違いがある。この違いは彼らがヘーゲルとヘーゲル派の弁証法にたいしてそれぞれが付与した重要度の中にもまた見受けられる。

弁証法の概念的枠組の精密化に果たしたヘーゲルの役割を絶賛し、そしてドイツの労働運動をドイツ古典哲学の唯一の正統的相続人と見なしたエンゲルスは、弁証法があらゆる形態の社会的存在の一過性を強調したことをヘーゲル哲学の偉大な功績と見た。その一方でエンゲルスはヘーゲルを批判したのだが、それは、何の断絶もなく進化の循環を繰り返すという非弁証法的自然概念および一八四〇年代の急進的な青年ヘーゲル派に同調して、特に「体系と方法との矛盾」という理由からであった。

これによって、彼ら青年ヘーゲル派が意味したのは、弁証法は中断のない発展と否定を説いているのだから、その結果として、いかなる実在または社会の形態も最終ではありえず、絶対は常に到達不可能であるということであった。それでもヘーゲルはある形態の宗教、哲学、そして最終的で改良不可能な国家を示したのだが、これが彼自身の方法を侵しているので

329

ある。

しかし想定された方法と体系の衝突は、あらゆる形態の一過性と最終形態の不可能性の認識によって解決することはできない。ヘーゲルの思想は絶対における完成と、青年ヘーゲル派が到底ヘーゲル的ではないと理解した否定を抜いては理解できない。カントやフィヒテ、とりわけ「悪無限」あるいは果てしない成長という観念にたいするヘーゲルの批判のすべての重荷は、いかなる発展局面も最終の状態との関連においてのみ理解できるのであって、そうでなければいわゆる「発展」は永遠の反復であるほかはない。地平線上のどこかにかすかに見える何かではなく、現実に達成可能なものとしての絶対のみが、精神発展のいかなる段階にたいしても意味を付与する参照体系を用意することができる。

ヘーゲル的弁証法から究極の目標という保守的理念を投げ捨てながら、永遠の進歩という理念を救い出すことは可能であるという考え方は、神の全能性と人間の自由意志の矛盾に直面して、神を廃止し、キリスト教の純粋な本質は守られると主張しなければならなかった、つまり無神論の哲学と類似している。

矛盾または対立は、それ自体がキリスト教の本質であって、それらの用語の一つを削除したからといって、キリスト教を批判的思考に順応させることにはならず、ただそれを破壊するだけである。同様に、実在の最終的な統一という観念のない無限の進歩という観念も、ヘーゲル哲学の批判的吸収ではなくその否定であって、矛盾という最初の用語も特にヘーゲル的ではない。すなわち、それはカントやフィヒテに由来するのであって、もしそれが弁証法的思考の核心でなければならないとなれば、そのような弁証法はヘーゲル哲学の伝統である必要はない。

しかしながら、マルクスによるヘーゲルの吸収は、体系を否定しながら方法を保持することに基づくのではなく、「ヘーゲルを逆立ちさせる」ことに基づいており、それとはまったく別の事柄である。マルクスは自分独自の方法で、カントやヘーゲルから人間の完全な統一、存在と本質の同一化そして人生における偶然性の廃絶に結実する歴史の理念を引き継いだ。

マルクスによれば、シュティルナーが主張したように（そして現代の実存主義者、少なくとも無神論の類の実存主義者が主張するように）人間は偶然性に宿命づけられているのではない。それとは反対に、これまで偶然であり続けたものは、自由と誤って呼ばれてきたけれども、対象化された諸力の人間にたいする支配に由来する。経験的実在と類的本質との差異を廃止してこれらの諸力を一掃し、人間存在を自らの自由へ従属させることが存在の偶然性を廃棄することである。

人間はもはや、自らの創造物である疎外された諸力のなすがままにならない。すなわち、個人は匿名社会の犠牲者ではなく、また、資本という形態で対象化される労働の所有者でもない。要するに、人間の絶対的実在は現実的存在として完全に実現される。結果として後者は偶然であることを停止する。その個性は、人間性の普遍的本質を表し、その自由は歴史的必然となる。

330

人間の根本的分裂はこのようにして克服される。しかし、それはヘーゲルが示唆した方法においてではない。人間とその活動を自己意識とその外化に帰し、そして人間性を精神発達のある段階と見なしたヘーゲルは、自己自身の方法を基礎にしては人間をある統合された存在として再構築することはできなかった。人間の偶然性は人間の外にある絶対によって救うことはできない。したがって、ヘーゲルは個々人の生の偶然性を克服できず、さもなければ、その生の文脈においてのみ矯正するだけである。結果

的に、ヘーゲルは、その法哲学における国家と市民社会の永久の二分論に見られるように、経験的な人間個人をその存在全体を通じて偶然の状態と宣告したのである。

偶然性を廃棄するためには、第一に人間を自然に働きかけ自然と格闘する完全な形而下的存在と見なすこと、そして第二に人間の唯一の現実性は個人であることにあると理解することが必要である。それ以外の存在形態は、歴史的に避けられないものであるとはいえ、人間の解放の条件である労働の疎外および運命の錯誤の結果である。

ヘーゲル主義が、唯物論（完全な人間の構成要素および実践的活動の結果としての意識）と個人主義（唯一の主体としての個人、それ以外のすべての存在様式は現実的人間の叙述語である）の意味において転換される場合のみに、初めて『パリ草稿』や『資本論』において予言された人間の真の統一を展望することが可能になる。ヘーゲルは「自分の足で立つべき」であったのであり、そうすれば個人が主語で、普遍的実在が述語であって、その反対ではなくなり、そして歴史の発展の出発点は意識の外化ではなく、労働の形態における人間の自然力の外化となる。

したがって、マルクスはヘーゲルの体系を除いてヘーゲルの方法を継承しているのではなく、その両方をともに転換しているのである。この新しいスキームにおいてもなおわれわれは、ある種の究極的目標という展望、マルクスが過去の終わりと真の歴史の始まりと呼ぶものを目のあたりにする。それは、個人と物象化された社会的実在とのあいだの、労働への自己対象化とその生産物からの疎外とのあいだの、それぞれの歴史的二元性にたいして一回かぎりで終止符を打つという意味での終焉である。分裂の克服と完全な統一への回帰は、その分裂と回帰は異なる言葉で考えられているけれども、ヘーゲルの理論よりもマルクスの理論にとって必要不可欠である。

見てきたように、社会主義への転換の最終性は発展の停止ではなく、人間の経験的生活とその自然本性とのあいだのすべての対立の終息、つまり労働を疎外するあらゆる障害や人間の自然的力の真正で創造的な対象化に対立する人生の偶然性の一掃を意味する。

同じようにマルクスがヘーゲルと異なる点として、「哲学はそれが実現されれば廃止されるだろう」という彼の理念が、哲学は実証科学に取って代わられるだろうという科学主義的信念とは異なることである。マルクスの見方では哲学の廃止は人間の再統合における当然の要素であって、人間の再統合は思考過程から生活全体に対抗する哲学の自律性を奪い取ることから成り立つ。

思考は生活の直接的肯定となり、それ自体が意識的生活以外の何ものでもないことを認識する。肉体的活動と知的活動との分裂は廃止される。つまり思考はもはやそれ自身の「独立した」領域に撤退することはできない。人間の完全性に向かう精神の熱望である哲学は、その熱望が実現される時消滅するだろう。これは、哲学は分離された存在への権利をもはや持たないだろうし、その価値あるものは多様な実証科学によって引き継がれるだろうとする考え方とはまったく異なる。

マルクスの見方では、今の世界とこれから来る世界の鋭い区分がそうであるように、これら二つの人間の条件の解釈の違いは明白である。自らの独自の哲学的前提に立って、マルクスは改良主義者の戦略にいかなる譲歩もできなかった。つまり、新しい社会は古い社会と完全に断絶しなければならず、そして革命的動乱こそが社会批判の唯一の有効な形式である。対照的に、進歩は歴史を通じて持続するが絶対的目標に達することはないという前提に立てば、資本主義の枠組みの中での改良はそれ自体として価値がある、という見方を理解することは容易である。

マルクスとエンゲルスの態度の違いをまとめて、われわれは、彼らは対称をなすと言ってよい。すなわち、その第一は自然主義的進化論と人間中心主義、第二には知識の技術主義的解釈と実践の認識論、第三には哲学のたそがれという発想と哲学の全体としての生活への没入という発想、第四には無限の前進と革命的終末論である。

多くの批判者は、マルクスは唯物論の用語をエンゲルスと同じ意味では使わず、彼は常にこの用語でもって、精神にたいする物の認識的優位性でなく、社会的条件への意識の依存性を意味させているという見解を取ってきた。ヨルダンのような何人かの批判者は、マルクスはいかなる実体論的形而上学（substantialist metaphysics）も否定したのだから、エンゲルスよりも実証主義者というタイトルで呼ばれるにふさわしい、とすら主張する。ある程度これは用語法の問題である。

マルクスは確かにこの用語の歴史的意味における実証主義者ではなかった。彼は知識の現象論（phenomenalist theory）も現象の背後にある本質を探究することの禁止も共有せず、それらに反対であることを実にしばしば自ら表明した。しかしながら、エンゲルスと異なり、第一次的実在や世界の起源に関する形而上学的問題に関わらなかったのは確かである。

初期の著作において彼は形而上学的問いかけを明瞭に拒否したが、それはもちろん、そうすることと、この問題に否定的に答えることとは別の問題である。確かにマルクスは、物以前に存在する精神を信じないという意味で、あるいはまたそのような存在の問題を無意味だと否定するという意味では広義の「唯物論者」である。しかしながら概してこの用語は、それが意味あるものとして存在する、と言えるすべての実体としての「物」にたいする実体論者の信念を示すのに使われている。

より正確に言えば、それは科学的で日常的な経験が物質的実体に帰する特質をあらゆる対象物は持っているという信念である。この意味においてマルクスを唯物論者と呼ぶことはできないし、そしてわれわれが見たように、エンゲルス自身も科学主義的現象論（形而上学的教説ではなく知的ルールである）と真の唯物論とのあいだで変化しているのであって、真の唯物論は科学的厳格性の範囲を超えて、その定義次第になるが、曖昧なままかあるいは証明できないままである。

カトリックのマルクス主義批判によって特殊に提起され、また最近コレッティによって擁護されている見方は、唯物論はエンゲルスの自然の弁証法と相容れない。なぜなら、後者は精神的存在だけにしか属さない創造性のような特質を自然における存在と断定しているからであるという。しかしながら、この批判には反論する余地がある。自然は質的に新しい（われわれがそう考えるという意味で）形態を発達させることができ、また、自然のある部分は物理学の一般法則からは演繹できない法則に従うという理念は、上に述べた意味の唯物論といかなる論理的矛盾も含まない。

ともかく、非還元的特質の重複化という理論はそれ自体として唯物論と対立しない。しかしながら、唯物論が弁証法と相容れないかもしれない、もう一つの道がある。エンゲルスは、論理矛盾は一定の自然現象の特性だという見方を明瞭に表明した。

ところで、自然の中に一定の論理的関係が生まれるという言説はヘーゲル、ライプニッツあるいはスピノザの哲学と調和するかもしれないが（後者の場合、認識は全宇宙の属性であるという命題と共に）、しかしこれらのいずれもが唯物論のエンゲルス的形態と矛盾する。もしわれわれが「矛盾」または「否定」を衝突または破壊という非論理的意味で解釈するならば、この論点は根拠を失う。しかしながら、エンゲルスの論理的関係の物質的なそれへの思いつきの同一化というのは練り上げられた理論というよりも哲学の訓練不足のせいである。

その広大な知識と精神の明敏さをもってしても、エンゲルスは哲学では素人であった。彼のカントの「不可知論」批判は驚くほど無邪気である。彼は、カントによれば新しい化学物質が存在するとしても、「ものそれ自体」が知識の対象になるのだから、新しい化学物質は決して発見できないだろうと主張して、完全な不理解を露呈する。

エンゲルスが、自らの心理主義的な論理の解釈（総括的形態で表現され、当時の一般的な観方を超えてはいない）と彼の信念すなわち人間の知識は「そのあるがままの」そして独立した存在として自然の反映であるという信念とどのように調和できるのかもまた明らかではない。なぜなら、もし思考の法則が経験や物の存在から独立した義務的規則ではなく、その中で人間の頭脳が作動する単なる方法、自然の一般的法則のそのような特殊な事例であるとするならば、伝統的な意味において知識が真であるかどうかということは何の意味も持たないからである。つまり、認識活動は生物学的な反作用の形態であってそれ以外の何ものでもなくなるだろうし、そしてそれはその有用性の立場からでしか評価できなくなるだろう。

エンゲルスの矛盾そして無謀な一般化にもかかわらず、「自然の弁証法」は何らかの意味で有効性を持つことができるのだろうか。その可能性を議論するマルクス主義批評家たちは、マルクスの用法において「弁証法」は精神とその社会環境の相互作用に使われていると指摘する。これを自然にたいして移動すること、あるいはそこで社会生活の法則がその唯一の表れである一連の一般法則を構築することはできない。もしそうするのであれば、社会の発展、特にその革命的転換は「自然法則」の結果であるということになるが、それはマルクスの見方と正反対である。

しかしながら、このような批判が受け入れられるとしても、正統派マルクス主義が多様な自然過程を単一のモデルに帰させる考察を禁止することにはならない。つまり、ここで示されていることは、「弁証法」という用語は、それが社会現象に適用されるというやり方でそのような考察に使われてはならないということだけである。この留保があれば、エンゲルスの思索が直ちに非難される理由はないように思われるが、それでもどの範囲でどのような意味で、それらが真実であるかどうかという細かな疑問は残される。

自然における論理矛盾、あるいは数学における弁証法という彼の理念は確かに無邪気なものである。しかし、質の重複化の問題は不適切ではなく、量的変化の蓄積が質的変化を導くと語ることも不適切であるとは思われない（上に示唆したような意味で、例えば、それでもって自然現象が叙述できる、ほとんどのいやすべての媒介変数は無限に付加的ではない）。

確かにエンゲルスの「自然の弁証法」は、旧式の事例と哲学の世界で根拠づけられない考察に満ちあふれている。彼は、地球史において低次の形態からより高次の形態の出現は内在的必然性を表すこと、そして自然は未知の法則の力によって同一の条件ならば同一の形態を「生み出さなければならない」と主張する。エンゲルス自身は別の機会に、この種の恣意的な考察を非難したけれども、ともかく一般的に言って、それは一九世紀に普及された伝統的な自然哲学に属する。

しかしながら、これはエンゲルスの哲学が科学の発展に何の寄与もしなかったと言うのではない。科学史家が指摘しているように、過去において哲学思想がこの点で重要な役割を果たした決定的な時期、例えばガリレオの物理学にたいするプラトン哲学の影響、あるいは相対性理論にたいする経験批判論の影響があった。しかし、そのような発見的役割をマルクスの哲学またはエンゲルスの自然の哲学に帰すことはできない。しかもソビエト連邦における彼らの影響は科学の抑圧となって、科学の再生をもたらさなかった。この点でエンゲルスにまったく罪がないとは言いきれない。

彼は一方では、哲学的一般化は科学的経験に基づかなければ価値がないと強調しながら、他方で、その経験主義批判の中で、「平板な経験」にたいする監督的役割を哲学に割り当てた。彼は、経験を批判するのにこの二つの原理がどのように調整されるのか、どのような基盤に立てば哲学にその資格があるのかについて明瞭に説明しなかった。哲学にそのような資格があるという考え方は、科学のイデオロギーへの従属の口実を容易に与えたのであり、それは当然ながらエンゲルスの理論のこの部分とまったく関係のない政治的環境の下で、事実として起こった。

自然の弁証法に結びつく問題は、今日においては広く普及し「弁証法的唯物論」と分類されているものの一部を成している。今日の時点で、それが科学的に哲学的にどのくらい実りの多いものであるかどうかは、後で検討することになる課題である。

2　マルクス主義の三つのモチーフ

すべての偉大な思想家と同様に、全体として考察すれば、マルクス自身の理論の中に、異質な思想傾向間のある程度の緊張、そして彼が総合命題の中に組み込んだ諸資料間のある程度の対立をわれわれは確認することができる。この観点から、われわれは三つの主要なモチーフを識別できよう。

（1）ロマン主義のモチーフ

資本主義社会批判という大筋において、マルクスはロマン主義運動の後継者である。ロマン主義者は保守主義の観点から産業社会を攻撃し、「有機的」紐帯や忠誠心の喪失そして人間が個人としてではなく非人格的諸力や機関、あるいは貨幣権力の代理者として相互に対決する事実を嘆いた。その一方で、個人が匿名性の中に失われ、人間は彼らが保持する社会的機能あるいは富の体現者としてお互いを扱うようになった。他方で、純然たる集団生活も同様に消え失せた。すなわち、伝統的な類の真のコミュニティ、利害だけではなく自発的な連帯によって結合された道徳的実体そして個人間の直接的接触もなくなった。そのような有機的コミュニティと、消極的な利益の結合以外によっては均衡が取れない機械的集合体としての「社会」への対抗がルソー、フィヒテからコントに至るまでの前ロマン主義的そしてロマン主義的哲学を貫いてきたテーマである。

完全な調和への復帰、そして個人とコミュニティ、あるいは個人と個人自身との間を介在する中間的媒介物のない状態への復帰、という夢想は、明示的にせよ非明示的にせよ、自由主義や社会契約説の理論的基礎にたいする攻撃であった。自由主義哲学は、人間の行動は利己的動機によって必然的に支配されること、彼らの対立する利益は、各人の自由を制限することによってすべての者の安全を確保する合理的な法制度によってのみ調和されると仮定する。これは、人間が本来的に相互の敵であり、各人の自由は他の各人の自由の制限であることを含意する。無制限の自由は自己破壊的であるだろう、なぜなら誰も他者の権利を尊重することに同意しなければ、すべての者が攻撃にさらされ、誰もが安全ではなくなるだろうからである。

社会契約はホッブス的意味において、人間が相互の自由を尊重することを基礎に、コミュニティを組織することによってこれを防止する。社会はこのような人為的な創造物、自然な利己主義を制限し自由の部分的な放棄を犠牲にしてすべての者に安全を提供する立法的な制度である。ロマン主義の見方からすれば、これが実は産業社会の真実の姿であるのだが、それは人間の必要に応えるものではない。人間の本来的運命は利益の否定的結合ではなく、独立し、他者と伝達しあうという自発的な要求に基づく共同体（コミュニティ）の中で生きることである。強制や統制は各人が自由に全体と同一化されている社会では必要ではない。

マルクスは、ロマン主義者の同時代観の破壊的な部分を採り入れた。例えば、彼の疎外と貨幣権力の理論そして個人が自分自身の諸力を社会の諸力として直接に扱う将来的な統一の信念を見るがよい。彼が攻撃した社会の諸相は、ロマン主義者が破壊的な結末と指摘したものとまったく同じであった。すなわち、人間は市場の匿名の法則、貨幣の抽象的な専制的支配、そして際限のない資本の蓄積過程という形で、自らのエネルギーと技能によって支配されているのである。マルクスにとって、ロマン主義者にとってそうであるように、『人権宣言』に含まれる自由、すなわち個人が他者を害しないかぎり自らが好むことを何でも行うことが認められる自由は、自己利益の否定的結合によって支配される社会の極致であった。

これだけではなく、共産主義のユートピアの主な特徴もまた、ロマン主義者から借用されている。マルクスの基本的原則は、個人と人類とのあいだのすべての媒介物がその存在を停止することである。これは合理的であろうが非合理的であろうが、民族、国家、法のような、個人とその仲間とのあいだに挿入されたすべての構築物に適用される。個人は自らを自発的に共同体と同一化し、強制は不必要となり、争いの原因は消失するだろう。媒介形態の除去は、個性の破壊を意味しない、その反対である。ロマン主義の見方においてそうであるように、有機的結合の復活は同時に個人生活の真正性を復活させるだろう。物事が今のままであれば、共同体からもぎ取られて匿名の制度の囚われの身となっている個人はその個人生活を奪われ、自分自身を単なる物として扱わざるを得なくなる。労働者は自らの全部の努力を生物学的生存の手段と見て、その一方で、彼の仕事の創造的部分は彼にとって疎遠となっている。つまり、彼の人格的資質と能力は、市場で他のどれとも同じように売られたり買われたりする商品の形態をとる。資本家は異なってはいるが等しく致命的な方法で自分の人格を失う。

336

すなわち、貨幣の人格化として彼は自らの行動の主人ではなく、彼の意図が善かろうが悪かろうが、市場が彼に命ずるままに行動しなければならない。この深淵の両方の側で、個人が疎外された諸力の奴隷に転落するのに応じて人格は消滅する。資本主義の廃絶は個人を犠牲にした共同体の賛美ではなく、その両方の同時的復興を意味する。自由主義者の流儀で他者への不干渉の私的領域として捉えられる自由に代えて、それは個人と他の仲間との自発的な統一となる。

しかし、マルクス主義とロマン主義との一致は部分的にすぎない。その古典的形態におけるロマン主義は、過去のある理想化された特徴の復活によって社会の統一を達成しようとする夢想である。すなわち、中世や田舎の農村の精神的調和、あるいは未開人の幸福な生活、法や勤勉の無視そして部族への自己満足的な同一化である。この種の郷愁は、当然ながらマルクスの観点と正反対である。彼は、野蛮を至福とするロマン主義的信条の痕跡を残しているけれども、それらは多くもなく重要でもなく、人類は原始的な生活スタイルへ立ち戻ることができるし、またはそうしなければならないという示唆は彼の著作には存在しない。現代の技術を破壊するかあるいは原始主義や田舎の愚昧を呼び起こすことによってではなく、更なる技術の進歩によって、そして社会が自然力にたいする統制を完全化するために、最大限の努力を押し進めるようになることによって統一は回復できる。われわれが原始社会において価値のあったものを取り出すことができるのは、過去に立ち戻ることによってではなく、自然にたいする人間の支配力を強化することによってである。つまり、この過程はある種のらせん状であって、現行の制度の最大限の否定を含んでいる。機械の壊滅的影響は機械を廃棄することによってではなく、機械を完成させることによって治癒できる。技術それ自体は、いわばその否定的側面によってそれが破壊したものを回復することができる。

将来の統一は社会的発展の獲得物を投げ捨てるのではなく、それを継続することによって獲得されるのだから、そのような統一は類としての人間全体のものであって国家や村落のような伝統的形態のものではない。多くのロマン主義者が有機的な生活のパラダイムと見なす民族共同体は、それ自身の拡大に奉仕しないあらゆるものを駆逐する資本主義の進展によってすでに解体された状態にある。労働者は祖国を持たず、ましてや資本を持たない。時代の激烈な闘争の双方の側で、郷土愛はその妥当性を失った。民族主義は政治的あるいはその他の短期的目的のために、そしてまた保護貿易主義的政策を正当化するために利用されるかもしれないが、その力はコスモポリタン的資本やプロレタリアートの国際主義的意識の仮借のない圧力の下で崩壊しつづけている。この見地からしてもまた、伝統の破壊者たる資本は新しい社会への道を切り開いている。

（2）もしマルクスがこのような彼のユートピアの重要な特徴においてロマン主義者と意見を異にしたとすれば、それはファウスト＝プロメテウス的モチーフと呼んでもよいもの、つまり強い影響力を持ち、ある意味で少なくともロマン主義の対抗物であったものが原因であった。このモチーフは特定の思想学派を引き合いに出すことは難しい。それは新プラトン主義のいくつかの成分（人間は被造物の頭目）を含む広範な哲学や、マルクスにとって周知のルクレティウスやゲーテの著作に見受けられる。われわれはそれをジョルダーノ・ブルーノやその他のルネサンスの著作者の中にも確認するのであって、マルクスは彼らを完成された人間のモデル、労働の分割という悲惨を克服し、当時の文化全体を理解するだけではなく、それを全員の努力で以て高い水準に引き上げようとした普遍的な巨人と見なした。マルクスの思想のこうした筋は、彼が自分の娘の質問に与えた答えに明瞭に現れている。つまり、お気に入りの詩とはという質問にシェークスピア、アイスキュロス、ゲーテ、お気に入りの英雄とはという質問にはスパルタクス、ケプラー、幸福とはという質問には闘うこと、もっとも憎い資質とはという質問には卑屈となっていた。マルクスの著作の中に頻繁に登場するプロメテウス的理念は、自己創造者としての人間の無限の力にたいする確信、伝統や過去の崇拝の軽蔑、労働を通した人間の自己実現としての歴史、そして将来の人間はその「詩情」を未来から引き出すという

337

信念であった。

マルクスのプロメテウス主義はもちろんのことながら特殊な種類のものであって、とりわけ、それは類に関連し個人には関連しない。シスモンディの情緒的批判に反対してリカードを明確に擁護したように、「生産のための生産」という理念は、目的それ自体としての人間の豊かさを発展させるのを意味すること、そして類の進歩は個人の幸せという理由によって停滞させられてはならない、とマルクスは信じた。類の発展が多数の個人を犠牲にして起こったとしても、それは最終的には各個人の発展と同じことになる。すなわち、全体の進歩は常にある人びとにとっての損害を含むのであって、リカードに帰せられる冷淡さは彼の科学的誠実さの証明であった。

マルクスは、集団的なプロメテウス主義者としてプロレタリアートが普遍的革命の中で、個人の利益と類の利益とのあいだの積年の矛盾を一掃するだろうと確信した。このように、また資本主義は社会主義の前兆である。伝統の力を粉砕し、情け容赦なく諸民族をその休眠状態から目覚めさせ、生産に革命的変化を起こし、そして新しい人間諸力を解放することによって、人間の勇敢さが非人間的で反人間的形態を取ったけれども、資本主義は人間が初めてその能力を発揮することができる文明を創りあげた。資本主義の勝利的前進を停止させようとか、あるいはそれを転轍させようという希望の下に資本主義を責めることは、哀れなほど感傷的である。自然の征服は押し進めなければならない。その次の段階で、人類は進歩の社会的条件にたいする支配を実現するだろう。

マルクスのプロメテウス主義の典型的な特徴は、人間存在の自然的条件（経済的条件に対置される）にたいする関心の欠如、その世界像における身体的な人間存在の欠落である。人間は純粋に社会の立場から全体として定義される。人間存在の形而下的制約は少しも注目されない。マルクス主義は、人びとが生まれて死ぬという事実、また、彼らは男か女、若いか年寄り、健康か病気がちであるという事実を、少しもあるいはまったく考慮に入れない。また、人びとは遺伝的に不平等であること、これらすべての環境が階級区分にもかかわらず社会の発展に影響すること、そしてまた、それらが世界を完成するための人間の計画を制限することを考慮に入れない。マルクスは人間の本質的な有限性と被制約性、あるいはその創造性にたいする障害を信じなかった。彼の視点からすれば、悪と災難は解放の道具として以外は何の意味も持たなかった。それらは純然たる社会的事実であって、人間の条件の本質的部分ではない。

一八四四年草稿において、マルクスが性的関係、言い換えればおそらく生物学的紐帯について触れて、それを共産主義社会において明らかに支配的になる真に人間的な結合のパラダイムとして言及したことは事実である。しかし、その対応性は、われわれが期待するものとは反対の意味で、ただちに説明される。それは生物学的紐帯が社会的紐帯のモデルであるということはなく、それが社会的性格を帯びてきているということである。すなわち、人間は性的関係においてその自然性がどの程度まで「人間化されたか」、つまり社会化されたか、いかなる方法で彼の生物性が人間的になり、彼の生物学的必要が社会的必要に転化したかを発見するのである。社会ダーウィニズムや自由主義哲学と反対に、マルクスは社会的紐帯を生物学的必要から引き出さないばかりか、後者そして人間存在の生物学的条件を社会的紐帯の要素として表す。「社会化された自然」は隠喩ではない。人間の存在の中のあらゆるものが社会的である。人間の自然的資質、機能そして行動がそれらの動物的起源から実質的に切り離される。

この理由からマルクスは、人間が彼の身体的あるいは地理的条件のいずれかによって制限されるということをほとんど認めることができなかった。マルサスへの反論が示すように、彼は地球の面積や自然資源によって決定される絶対的人口過剰の可能性を信じることを拒否した。人口過剰は資本主義的生産の諸条件と関係する純粋に社会的事実であって、技術の進歩と搾取が労働予備軍の形成という形の相対的過剰人口を引き起こしたのである。人口動態は独立した力ではなく社会構造の一要素であって、そういうものとして評価されなければならない。肉体と肉体的死、性や攻撃性、地理や人間の繁殖、マルクスはこれらすべてを純然たる社会的現実の中に落とし込んだのだが、これら全部の無視が彼のユートピアの最大の特色であり、しかももっとも無視された特徴であった。

とりわけ、マルクスの救済論とキリスト教の救済論の通俗的な類推（身請け人、全面的救済者、選民、教会、等々としてのプロレタリアート）は一つの決定的な点で誤りを含んでいる。救済とは、マルクスにとって、人間の自分自身の救済のことである。それは神の仕事でも自然の仕事でもなく、集団としてのプロメテウスの仕事であって、原則として彼らは自分たちが生きているこの世界にたいする絶対的命令を遂行することができる。この意味において人間の自由は彼の創造性、自然と人間自身の双方を打ち負かす征服者の行進である。

（3）しかしプロメテウス主義もまたその限界、特に過去の解釈において限界を持つ。それは第三のモチーフ、つまり合理主義的、決定論的、啓蒙主義的モチーフによって対抗される。マルクスは自然の法則と同じ方法で作用する社会生活の法則について語る。このことで彼が意味するのは、社会生活の法則が物理学や生物学の法則の延長であるということではなく、社会生活の法則が雪崩あるいは台風と同じような容赦のない必然性でもって人間個々人に押しつけられるということである。マルクスが資本論で自らもそうしたと考えていたように、博物学者がそうするように、前もって抱いたドグマ、感傷あるいは価値判断抜きに、これらの法則を研究することが客観的で科学的な思考の義務である。疎外や非人間化という規範的概念は、このような中立的で価値判断を含まない交換価値、剰余価値、抽象的労働、労働力の販売という概念として現れる。われわれがすでに引用した設問において、マルクスの合理主義と哲学的懐疑論は、彼が好んだ
339
格言「すべてのものが疑われなければならない」に出ている。

このような科学主義的アプローチの中に、われわれはエンゲルスによって定式化された第三の自由概念を確認する。すなわち、自由とは必然性の洞察、人間が自らの利用のために自然の法則を変えることができる程度、物質的および社会的技術の水準である。

しかしながら、ここでもまた、留保がなされなければならない。社会を支配する「法則」の信念は今日までの歴史、人類の「前史」の解釈に基づいている。今日まで人間は、自分たちが創り出したがしかし統御しなかった諸力、つまり流通貨幣、市場、宗教的神話によって支配されてきた。経済法則の絶対的支配と、それをなす術もなくただ見守るだけの精神とのあいだの割れ目は、その使命を意識したプロレタリアートの登場によって閉じられる。それ以来、必然性は外から押し付けられず、そして啓発された社会工学者たちによる現存の法則の技術的利用から成り立つものではなくなる。必然性と自由の深刻な相異それ自体が、その存在を停止し、引力の法則のような何ものかとしてこれまで理解されてきた、もっともらしい「社会法則」もまたその存在を停止する。

しかしながら、後者は、それは知ることができ利用することもできるとしても、廃止することはできず、それについてわれわれが知っていようが知っていまいが、それは作用する。この意味における「法則」の用語は、理解されているという条件の下でのみ起こる社会過程には適用できない、そしてこのことは革命的実践にも正確に当てはまる。そこには決定的違いがある。すなわち、今日まで社会を支配してきた法則は、人間の知識から独立していた。それらが現在知られているという事実は、それらが作用を停止していることを意味しない。しかしプロレタリアートの革命運動はこの意味における法則の実証ではない、なぜならそれは歴史によって引き起こされているけれども、それもまた歴史の認識であるからである。

したがって、マルクス主義のロマン主義的側面は過去にたいしても未来にたいしても等しく適用され（資本主義による人間の非人間化を批判し、統一の状態を展望する）、そしてプロメテウス主義は主として未来を展望するとしても（人間は常に自分自身の創造者ではあったけれども、この事実を知らなかったし、また知ることもできないままできたがゆえに）、マルクス主義の決定論的側面は、まもなく一挙に投げ捨てられる運命にはあるけれども、今なお人類を圧迫している過去と関連している。

マルクスの思想全体は、これら三つのモチーフとそれらの内的関連とい

340

う見地から解釈することができる。しかしながら、それらはマルクス主義の通念的な「諸源泉」と同じではない。ロマン主義の傾向はサン・シモン、ヘス、そしてヘーゲルからと多様に由来する。プロメテウス主義の傾向はゲーテ、ヘーゲルそして実践や自己認識（自分自身の創造者としての人間）という青年ヘーゲル派の哲学に由来し、決定論と合理主義の傾向はリカード、コント（マルクスはあざけっていた）、そして再びヘーゲルに由来する。しかしそれらすべてにおいてヘーゲルの意図は転換されている。

三つのモチーフはマルクスの著作の中に絶え間なく表れるが、それぞれの強さは異なる時期にあたって変化する。マルクスが四〇年代よりも六〇年代において純粋に科学的、客観的、決定論的な側面に重きを置いて観察したことは何の疑いも挟めない。しかしながら、他の二つの傾向も力を失っておらず、そのような場合はしばしばあったのだが、彼はそうした恒常的な影響を完全に自覚してはいなかったけれども、彼の著作の方向、彼が使った概念、彼が提起し、それらに与えた回答に影響を与えつづけた。

マルクスは、彼が利用できた知的価値のすべてを一つの絵にまとめ上げたと確信していた。彼の作品の彼自身の概念に照らせば、彼が決定論者か主意主義者かどうか、歴史の法則か人間の主体性の力かのいずれを信じていたかどうか、という疑問は意味を持たない。彼はベルリンの学生時代からずっと、ヘーゲルの助けを得て、存在と当為というカント主義者の二元論を克服したという結論に達していたのであって、彼はそのような問題を拒否できるという知的立場にあった。

3　レーニン主義の源泉としてのマルクス主義

これらの考察全体は社会哲学の領域に属するが、しかしながら、そのイデオロギーとしてマルクス主義を表明する強力な運動がすでに存在した時期に、これらの考察から正確な政治戦略を引き出すことは困難であった。この哲学は解釈と精密化を必要とし、そしてそのことがマルクス主義の内部に緊張と矛盾を露出させることになったのだが、それらの緊張と矛盾は一般的な救済論と終末論の平面の上では認識できなかった。

必然性と自由とのあいだの論争は、理論的に解決できたかもしれないが、しかし革命運動は資本主義が経済的に成熟するのを待たなければならないのかどうか、あるいは、政治状況が許せば直ちに権力を奪取しなければならないのかどうかは、ある時点で決定されなければならなかった。この問題を解くのに一般原則は何の役にも立たない。マルクス主義は、社会は一つになること、そして個人と社会とのあいだのすべての障壁は解消されることを約束した。次の段階は実践的結論を引き出し、その約束を政治プログラムの言葉に移し替えることであった。階級によって規定されると同時に、普遍的である文明の理念をより明確に定義することもまた必要であった。「死滅する」国家によって正確には何が意味されたのか、そしてそれはどのような方法で実地に移されるべきだったのか？

資本主義から共産主義への緩やかで自動的な発展に依拠した人びと、そして革命的主導性の創造的な歴史的役割を重視した人びとの双方が、共にそれぞれへの支持をマルクスの著作の中に発見することができた。前者は、マルクスによって設定された歴史の法則を侵害しようとしているとして後者を糾弾した。後者は、前者が革命を自分たちの都合に合わせるために歴史の非人格的過程に期待しているとやり返した。マルクスはこの論争のどちらの側からも引用されたが、総じて、それらの引用は何も証明せず、通常起こることだが、他の理由から採用された立場を強化するのに使われただけであった。

さらに厄介なのは、共産主義の本質に関するマルクスの予言全体の実践的解釈であった。次のように主張することは可能であった。すなわち、マルクスによれば、すべての社会的対立は階級的衝突に基づく。生産手段の私的所有が廃止された暁には、階級も有産階級のぐずぐずした抵抗によるものを除いて社会的対立も存在しなくなる。マルクスは社会主義社会においていかなる「媒介体」も存在しないだろうと構想した。これは、実際面では自由主義ブルジョア的権力分立の廃止そして立法、行政、司法の一体化を意味する。マルクスはまた、「民族原理」の消滅も構想した。したがっ

341

て民族の独立と民族文化を涵養する傾向は、資本主義の残存物であるに違いない。マルクスは、国家と市民社会は一体化すると明言した。現在の市民社会はブルジョア的なそれであるのだから、この言説を解釈するもっとも単純な道は市民社会を新しい国家に完全に吸収することであり、この新しい国家は定義上、マルクス主義すなわちプロレタリアートのイデオロギーを表明した党によって支配される労働者階級の国家である。

マルクスは、自由主義ブルジョア的伝統に立つ消極的自由は、社会の敵対的性質を表すだけだから社会主義社会で存在する意味がないと述べた。新しい世界の建設は消極的自由を、個人と社会の統一に基づくより高度な形態の自由に取り換えることによって開始することができる。定義上プロレタリアートの熱望はプロレタリアートの国家に体現されるのだから、この新たな統一にどうしても服従できない人びとはブルジョア社会の残存物として粉砕に価する。結局、それは、人間の進歩は常に諸個人の犠牲の上にあって、絶対的共産主義が実現されるまではそうする以外はないという原理の意味以外ではないということなのだろうか？

このような趣旨の主張によって、統一、階級、階級闘争のマルクス主義的・ロマン主義者的理論全体が、最大限可能な自由を体現していると公言する極端な専制支配の体制（これは歴史的に必然というものではない）を正当化するために使うことができた。なぜなら、エンゲルスが教えたように、もしもっとも自由な社会はその生活の諸条件にたいする最大限の統制を行う社会であるとすれば、社会がより専制的に支配され、より多くの規則に従属すればするほど、それに比例して社会は自由であると推測することはこの理論の大きな歪曲ではないからである。マルクスによれば、社会主義は客観的経済法則を退け、人間が彼らの生活諸条件を統制することを可能にするのだから、社会主義社会はそれが好むことなら何でもできる、すなわち人民の意志つまり革命政党の意志が経済法則を無視することも、それ自身の創造的主導性によってそれが好むどんな方法ででも経済生活の諸要素を操作できると推量することは容易である。

マルクスの統一の夢は、このように専制的な党独裁という形態をとることができ、他方で彼のプロメテウス主義は、レーニンの党がその支配の当初に実施したように、警察的手法によって経済生活を組織する試みとして現実化した。経済的主意主義は、新社会が破滅の瀬戸際に瀕した時だけ放棄されたが、それは戯画化どころかマルクスのプロメテウス主義の適用であった。中国共産主義は極めて似通った時期を経験したが、それは同じイデオロギーに鼓舞され、結果として破局に陥った。

社会主義の下の経済的失敗は、被支配者の悪意のせいであると専ら決めつけられて、それが翻って所有階級の抵抗の影響に違いないと見なされた。支配層は失敗の理由を理論の誤ちに見いだす必要はなかった。真のマルクス主義者として彼らは失敗の理由をブルジョアジーに負わせ、そして事実としてそうしたように、ブルジョアジーにたいする抑圧的措置を強化することができた。

要するに、レーニン・スターリン版の社会主義は、確かにその唯一可能な解釈ではなかったけれども、マルクスの理論の一つの可能な解釈であった。もし自由が社会的統一と同じであるとすれば、そこにはさらなる統一、さらなる自由が存在するはずだろう。統一の「客観的」諸条件が実現されるにつれて、すなわちブルジョアジーの資産の没収が実現されるにつれて、すべての不満の現われはブルジョア的過去の遺物であり、それに応じて処理されなければならない。創造的主導性というプロメテウス主義の原理が歴史決定論と共にこの領域を分割した。すなわち、主導性は政治機構に帰属させられ、他方、遅れた大衆は、いったん理解されたら自由と同じである歴史的必然性として、彼らの役割を受け入れることが期待された。

上部構造は土台の道具であり、それら二つともが階級的カテゴリーにおいて説明されなければならないという見方を支持する文章を、マルクスの中に発見すること以上にたやすいことはない。もしプロレタリアートの利益を反映する新しい生産関係が存在するならば、上部構造、つまり政治、法、文学、芸術そして科学はプロレタリアートの意識的な前衛によって解釈された、これらの諸関係の要求に服従しなければならない。こうして個

342

人と国家の媒介制度としての法の廃止、そしてあらゆる文化事象における奴隷根性の原則は、マルクス主義理論の完全な具現と見なすことができた。

マルクスが（おそらく一八四八年革命直後の短期間を除いて）代表制民主主義に疑問を呈さないばかりか、それを人民による支配の不可欠の部分と見なしたこと、さらに彼は二度にわたって「プロレタリアートの独裁」（それによって何を意味したかを語ることなく）の用語を使ったことはあるけれども、彼はそれでもって権力システムの階級的内容を意味しようとしたのであって、レーニンとは異なり民主主義制度の清算を意味したのではなかった、というような反論に答えるのは簡単である。歴史上の専制的社会主義は、マルクスが意図した社会主義ではないというのである。

しかしながら、問題は、それが彼の理論の論理的帰結からどの程度離れているかである。これについて、社会主義の専制的形態はイデオロギーそれ自体の直接的結果であったと言うのは馬鹿げているけれども、その理論は全体として無実ではないと答えることができよう。専制的社会主義はマルクス主義の伝統もそこに含まれる多くの歴史的環境から生まれた。マルクス主義のレーニン・スターリン版は、ある一つの版、すなわちマルクスが明確な政治解釈の原則なしに哲学の形態で表明した理念を実践に移す一つの試み以外の何ものでもなかった。

自由は、最終的には社会の統一の程度によって測定されるという見方、そして階級的利益が社会的衝突の唯一の源泉であるという見方は、この理論の一つの構成要素である。もしわれわれが、社会の統一を構築する技術
343
は存在し得ると考えるならば、その場合、それがその目的にとって唯一知られている技術であるかぎりにおいて、専制は自然な解決策である。

完全な統一は、代表制民主主義や対立を解決するための独立した装置としての法の支配を含む社会的媒介の制度全体を廃止する形態をとる。消極的自由の概念は、対立する社会を前提とする。もしこれが階級社会と同じであるならば、そして階級社会が私有財産に基づく社会を意味するならば、その場合、私有財産を廃棄する暴力行為は、同時に消極的自由あるいは自由そのものの必要を一掃するという理念に、非難に値するものは何もない。

344
したがって、プロメテウスは、不名誉にもカフカの『変身』のグレゴール・ザムザのように、自分の夢の魔力から目覚める。

第2巻
黄金時代

BOOK TWO
THE GOLDEN AGE

第1章　マルクス主義と第二インターナショナル

第二インターナショナル（一八八九〜一九一四）の時期は、誇張なしにマルクス主義の黄金時代と呼んでもよい。マルクス主義の理論は、見分けのつく一派の思想を形成すると明確に見定められるようになった。しかし、それは厳密には体系化されておらず、議論や理論上戦略上の問題にたいする議論や対抗的議論の擁護を排除するほどの教義的正統性に従うものではなかった。

確かにマルクス主義の運動は、この時期または他の時期においても、単純にインターナショナルに属した社会主義諸党派のイデオロギーと同じであると見ることはできない。ヨーロッパ社会主義の多くの源泉は、明らかに自立し普遍的に適用可能なマルクスの理論に比べれば、まったく重要ではないように見えたが、決して枯渇してしまったのではない。唯一ドイツにおいてのみ、ラッサール主義の強固な伝統にもかかわらず、かなりの期間マルクス主義の諸前提あるいは一般的にマルクス主義と見なされているものに基づいて、統一されたイデオロギーを形成し維持することが可能であった。

ゲードに率いられたフランスの党は、マルクス自身の保護と援助の下でその党の綱領を作り上げるほどであったから正統性を主張できたかもしれない。しかし、しばらくのあいだフランスの社会主義運動は分裂状態にあって、マルクス主義の伝統はいくつかの分派の中で他の分派よりも生気を放っていたくらいのものであった。

オーストリア、ロシア、ポーランド、イタリア、スペイン、ベルギーそして労働者階級の社会主義運動が存在したその他の地域ならどこでも、そのイデオロギーは程度の大きい小さいはあってもマルクス主義によって貫かれた。その基本的理論が定式化された国であるイギリスにおいて、マルクス主義の影響力はもっとも弱かった。イギリスの社会主義はその性格をオウエン、ベンサム、J・S・ミルに大きく負った。

ヨーロッパ全体において、社会主義者であることは必ずしもマルクス主義者であることではなかった。しかし、イギリスを除いて社会主義理論は一般に、各人が自分なりにその用語を理解していたけれども、自らをマルクス主義者と称する人びとの働きであった。理論家と実践的社会主義者との明確な区別はなかった。多くの理論家のほかに、知識人でもなくそして自分の利益のために社会主義理論を発展させるという野望を持たないベーベル、ゲード、ヴィクトル・アドラー、トゥラーティのような党指導者たちは、それにもかかわらず、教養のある人びとであって、理論的討議に加わる能力を持っていた。社会民主主義者または共産主義者のいずれかの中で、党指導者の一般的な知的力量がこのような高度の水準に達したことは二度となかった。マルクス主義はその知的刺激力の頂点にあったように思われる。それは孤立したセクトの宗教ではなく、強力な政治運動のイデオロギーであった。他方でそれは、反対者を黙らせる手段を持たず、実際の政治生活は理論の分野でその立場を守ることを必須にさせた。

結果として、マルクス主義はその反対者すらも尊敬する重要な理論として知的分野に立ち現れた。それは、カウツキー、ローザ・ルクセンブルク、プレハーノフ、ベルンシュタイン、レーニン、ジョレス、マックス・アドラー、バウアー、ヒルファーディング、ラブリオーラ、パンネクーク、ヴァンデルヴェルデ、そしてクノーのような手ごわい擁護者を擁したが、しかしまた、クローチェ、ゾンバルト、マサリク、ジンメル、シュタムラー、ジェンティーレ、ベーム・バヴェルク、ピーター・ストルーヴェのような著名な批判者も有した。その影響は忠実な支持者の直接的サークルを超えて、全体的にマルクス主義と表明しないが、マルクスの個々の理念とカテゴリーを採用する歴史家、経済学者、そして社会学者にまで広がった。

マルクス主義の理論の主たる特色は、当然ながら、その社会的位置と政治的機能に結びつけられた。労働者運動のイデオロギーとしてのその発展に寄与した多くの要因が存在したが、しかし同時に、その発展が当時の政治的圧力に影響されたこともあり、その範囲はいくつかの点で制限された。

第二インターナショナルの二五年間には、史的唯物論の全般的問題や特定の時期や歴史的事件のマルクス主義の側の解釈および帝国主義の経済論に関する多くの理論的著作が出版された。マルクス主義美学と芸術批判の学派も登場し（プレハーノフ、ラファルグ、メーリング、クララ・ツェトキン、そしてヘンリエッタ・ローランド・ホルスト）宗教や民族学に関する著作（ノー、クシヴィツキ、ケレス・クラウス）も刊行された。しかしながら、認識論や文化人類学のような、より厳密な哲学分野における切り開きはなかった。

マルクス主義者と自認した人びとは、マルクス主義の哲学的前提にたいする態度にしたがって二つのグループに分けられるかもしれない。一つのグループは、マルクス主義は社会、特殊に資本主義の発展とその不可避的な崩壊に関する理論であり、この理論は他の源泉とりわけカント哲学や実証主義に由来する哲学理論によって、矛盾なく補完され充実され得るという見方を取った。こうして彼らは史的唯物論をカント主義倫理学（倫理的社会主義）あるいは経験批判論的認識論（例えば、ロシアのマッハ主義やフリードリッヒ・アドラー）と結びつけようと試みた。

しかしながら、正統的多数派は、マルクス主義の理論それ自体がすべての、あるいはほとんどの哲学問題にたいする回答を有しており、そしてエンゲルスの作品とりわけ『反デューリング論』と『フォイエルバッハ論』はマルクスの経済および社会理論の当然の完結であると主張した。このようにマルクス主義を単独の全体的に統一された理論と見なした人びと、例えばカウツキー、プレハーノフ、レーニンはエンゲルスの人気のある哲学に多くを付け加えず、彼の総括的結論を繰り返すかあるいは新しい観念論的傾向の批判にそれを適用することで概して満足した。エンゲルスの死後、ドイツの社会主義者がそれまで知られていなかったマルクスの多くの著作物、『剰余価値論』、『ドイツ・イデオロギー』の一部、エンゲルスその他との書簡、博士論文を公刊した。しかし、その他の哲学的に価値の高いテキストは公刊されないままであった。例えば一八四四年の『パリ草稿』『ヘーゲル法哲学批判』『経済学批判要綱』がそうである。

なかでも、ソレルとブジョゾフスキは、エンゲルスの唯物論をマルクスの人間学から切り離す試みを行ったが、それはマルクス主義の主要な流れとならず決定的役割を果たさなかった。したがって、全体としては、史的唯物論の諸前提を解釈する膨大な文献があるにもかかわらず、全般的な哲学理論としてのマルクス主義は死文として残されるか、あるいは折衷主義という形態をとった。『フォイエルバッハに関するテーゼ』はよく知られて引用された。しかし、真剣に分析されるべき言説としてよりも断片的な論理としてであった。今日しばしば目にする疎外、物象化、実践のようなカテゴリーもマルクス主義の文献ではいかなる言及もされなかった。

356

第二インターナショナルは、すべての参加構成団体によって承認された精密なドクトリンを有する統一され集権化された組織体ではなく、むしろ党や労働組合の緩やかな連合体であり、社会主義にたいする信念によって結びつくけれども個別に活動した。それにもかかわらず、このインターナショナルは、マルクスの夢、それはまたラッサールの夢でもあったが、社会主義理論と労働者運動との、そして、階級闘争と社会過程の科学的分析、これらの二つはそれぞれが独立した起源を持つ事象であり、このような共存ないしはアイデンティティを確立できなければ無能と責められることになるのだが、この二つのものの結合というマルクスの夢の最初の真の具体化であったように思われる。

社会主義の非マルクス主義的伝統（ドイツのラッサール主義、フランスのプルードン主義とブランキ主義、イタリアとスペインの無政府主義、英国の功利主義）はその力を失っていなかったが、労働者運動の支配的形態およびプロレタリアートの真のイデオロギーとして突出したのはマルクス主義であった。労働者運動の組織化というよりもイデオロギー・センターであっ

357

た第一インターナショナルと異なり、第二インターナショナルは大衆を代表する党の集合体であった。

しかしながら、第一次世界大戦に先立つ二五年のあいだでマルクス主義者であることは何を意味したのだろうか。この時代の見方のステレオタイプに関連して言えば、マルクス主義の観念は、マルクス主義者をあらゆる形態のユートピア社会主義や無政府主義への執着、さらに有力な自由主義的およびキリスト教的教説から切り離すようになった古典的思想を列挙することによって、もっとも簡単に説明することができる。マルクス主義者とは以下のような諸命題を受け入れた人のことであった。

＊　＊

資本主義社会の傾向とりわけ資本の集中は、社会主義へ向かう歴史過程の自然な傾向を促進する。それは蓄積過程の不可避的なあるいはもっとも実現可能な結果である。

社会主義は生産手段の公的所有、それによる搾取と不労所得の廃絶、富の不平等な配分がもたらす特権と不平等の廃絶を内容とする。人種、民族、性または宗教にたいするいかなる差別も常備軍も存在してはならない。平等な教育機会、すべての者の民主主義的自由—言論および集会の自由、すべての段階における人民代表制—そして社会福祉の総合的なシステムが存在しなければならない。

社会主義は全人類の利益であり、文化と福祉の全面的な発展を可能にするだろう。しかし、社会主義のための闘争の旗手は、基本的価値の直接的創造者としての、賃労働の廃止にもっとも強くもっとも直接的に利害関係を有する階級としての労働者階級である。

社会主義に向かう前進はプロレタリアートの側の経済的政治的闘争を求める。プロレタリアートは資本主義体制におけるその分け前の短期的改善のために闘わねばならず、そしてすべての政治形態、特に議会的形態を活用しなければならない。社会主義のために闘うためにプロレタリアートは自らを独立した政党に組織しなければならない。

資本主義は、改良の積み重ねによっては根本的に改変できない。恐慌、貧困、失業というその破滅的結末は避けることはできない。それにもかかわらず、プロレタリアートは労働立法、民主主義制度、高賃金という形の改良のために闘わなければならない。それは、これらが諸条件をより緩やかにし、そしてまた階級的団結と将来の闘争技術の訓練を用意するからである。

資本主義は革命によって最終的に一掃される。それは資本主義下の経済的諸条件とプロレタリアートの階級意識がそれにふさわしく成熟するときである。しかしながら、革命は一握りの陰謀家集団によって遂行されるクーデタではなく、働く人びとの圧倒的多数の事業でなければならない。

プロレタリアートの利益は世界規模において同一であり、ともかくも先進工業社会において社会主義革命は国際的出来事として到来するだろう。

人間の歴史において、技術の進歩は階級構造の変化をもたらす決定的要素であり、これらの変化が政治制度と支配的イデオロギーの基本的特徴を決定する。

社会主義は政治的プログラムであるばかりではなく、現実は科学的に分析できるという前提に立つ世界観でもある。合理的な観察のみが世界の本質と歴史の意味を解き明かすことができる。宗教的精神主義的教説は「神秘化された」意識の現れであり、搾取と階級対立がなくなれば消えてなくなるに違いない。世界は自然法則に従っており、いかなる種類の神威に従っているのではない。人間の存在を支配する法則は人間の出現以前の世界の法則に単純に還元できないけれども、人間は自然の所産であり、そういう立場に立って研究されるべきである。

＊　＊

しかしながら、このように定式化されたマルクス主義の理論の主な筋は、解釈上の重要な差異に開かれており、マルクス主義の内部であってもある条件の下では相互に根本的に対立する政治運動と理論的立場の形成に繋がった。一般的定義という枠組みの中でも、例えば史的唯物論の有効性の程度、あるいは「土台」と「上部構造」の関係についてまったく異なる見解を保持することも可能であった。社会主義は「自然な不可避性」ある

358

いは資本主義経済の歴史的傾向内の可能性として見なすことのいずれも可能であった。

改良のための闘争はそれ自体として価値のあるものとして、あるいはまた、ただ将来の革命のための訓練として扱われることも可能であった。社会主義政党の政治的排他主義を主張することも、あるいはまた、多かれ少なかれ自由を保持して、非社会主義運動との多様な種類の連合の正統性を認めることも可能であった。

革命が内乱戦争として、あるいは多数による非暴力的な圧力の結果として描かれることのいずれも可能であった。社会主義的世界観はすべての重要な哲学的問題にたいして答えを用意する包括的で自足的な体系であると考えることも、あるいは哲学批判はマルクス主義自体があれかこれかを決定できない問題について、マルクス前あるいはマルクス後の思想を自由に引き出すことができると考えることも、いずれも可能であった。

これらのすべての相違は社会主義政党の目的や方針を決定する上で極めて重要であった。政党は単なる討論グループではなく、多くの実践的決定をしなければならなかった。それらはマルクスの理論が、いわば予見しなかった状況に常に直面させられた。このことが師匠の諸原則から特定の結論を引き出すことをやむなくさせたが、政党がそういうやり方に常に同意していたのでは必ずしもなかった。

理論の観点からすれば、第二インターナショナルにおける理論的発展のもっとも重要な段階は三つに区分される。すなわち、第一と第二のそれぞれの段階の無政府主義および修正主義に反対する闘争、そして一九〇五年ロシア革命後の正統派と左派との闘争である。マルクス主義および社会主義運動の運命という視点からすれば、もちろん決定的衝突はその支部全体にわたって修正主義にたいして遂行されたものであった（この序論においてはロシアのことは扱わない。それは別個のより詳細な扱いが必要である）。

第二インターナショナル時代の社会主義思想の発展に影響を与えたヨーロッパ情勢のもっとも重要な要素は、イデオロギーおよび経済実践における自由主義の後退である、と要約しても良い。すなわち政治制度の民主主義化、特に多くのヨーロッパ諸国における普通・平等の選挙権の導入、西ヨーロッパの経済的拡大、帝国主義的傾向の成長である。

自由主義の没落は、特に自由主義的社会哲学にとって基本的であった二つの原則の放棄の中に現れた。その第一の原則は、国家制度の主要な機能は各人の安全、自由そして財産を守るものと定められていた。つまり、生産と交換の問題は国家の能力の外に置かれ、それらは私的主導性に任せるべきであって、それが繁栄の最善の保障を与える、と。

第二の、さらに特殊な原則は、雇用者と賃金労働者の関係は自由な個人間の特別な種類の自由契約であり、そのような契約法の下に置かれるべきだというものであった。法が労働契約に干渉したり、労働組合が条件を改善するために、雇用者にたいして集団的な圧力をかけたりすることは自由の侵害である。資本主義と自由競争の「純粋な」理論と呼んでもよいものを表すこれら二つの原則は、一九世紀の終了時点でほとんど誰からも擁護されなかった。これは、一部は社会主義者の運動の成果であり、一部は世界経済の変化によって無制限な自由貿易という理想が機能しなくなったからである。

社会主義の理念が、雇用者と賃労働者は平等な立場で相対するというフィクションを効果的に粉砕したのであり、ほとんどの自由主義理論家もまた自らの立場を放棄した。この結果、賃金契約の制度を規制して一定の形態の搾取を制限することが立法機関の権利と義務であることが認められ、そして、資本家に対抗して自分たちの利益を集団的に守るために労働者が組織を作る権利を有することも、同じように容認された。

労働者と雇用者の関係にたいする国家干渉の原理および自由に選挙された立法機関を通した圧力行使の可能性が認められたことが、西ヨーロッパの社会主義政党をしてマルクス主義の戦略が明瞭な回答を用意しない状況に直面させることになった。もし社会主義者がブルジョア議会の一員となり、そして労働者階級の利益において法律の通過を手助けするとなれば、彼らは資本主義の改良に参加することにならないだろうか？

無政府主義者は、そうなるとして正統派を批判し、マルクスが反対を表明したにもかかわらず正統派は資本主義が修正可能と暗黙裡に認めているのだと非難した。これにたいして正統派は、資本主義が資本主義であることをやめ、それ自身の力で社会主義の秩序に進化するという意味において資本主義は改革され得ないのであるが、それにもかかわらず、労働者の階級意識を発達させるために資本主義の下で労働者の諸条件を改善するために闘うことは本質的であると反論した。資本家のなすがままに置かれ、教育を奪われ、苦役で朦朧《もうろう》とさせられた労働者は、社会主義革命における彼らの役割を果たせなくなってしまうだろう、と。

　このジレンマは、議会内の非社会主義グループとの一時的連合に関して特に激化した。もし社会主義者がいかなる中道派政党との連合も原則的に拒否すれば、労働者階級の利益になる妥協を手に入れる希望を失うだろうし、実際に保守派や右翼勢力を利することになるだろう。しかし、もしそのような連合に合意するとすれば、それは資本主義体制を改良するためにブルジョアジーと協力することを意味し、その結果として、階級対立の激しさを鈍らせてしまうだろう。

　議会制度が存在しないか、あるいは社会主義の見地からすれば機能していないロシアのような国では、このような問題はほとんど起こらなかった。議会は宣伝のための反響板であるかもしれず、効果的な社会改良のために当てにできるものではなかった。しかし、そのような改良が実現可能であると証明された場合に、諸条件の改善のための闘争と軽蔑的な意味での「改良主義」とのあいだに一線を画すことは難しいことだった。無政府主義者は、いかなる形態の政治活動とりわけ議会のそれは、資本主義がより良く変化しつつあると示唆することによって労働者を堕落させると主張した。すなわち、一つのブルジョア政党ともう一つのそれとのあいだに引かれた区別が、プロレタリアートの目線からすれば、対立する階級間の基本的断絶を曖昧にするというのであった。

　これにたいし正統派は、労働者が帝国、専制支配国あるいは共和国のいずれの下で暮らすかどうかは、社会主義の将来にとってどうでもよい問題ではないと反論した。反動や聖職権主義そして軍閥に反対して、共和主義やブルジョア・デモクラシーを擁護することは階級闘争の原則と矛盾しない。ブルジョア共和国はそれ自体として社会主義のプログラムを実行することはできないが、しかし、プロレタリアートが闘いを進めるためのより良い条件を用意するのだ、と。

　社会主義運動の歴史は、これら二つの観点間の継続的論争の歴史である。それぞれの側が、その態度を支持するマルクスの言説を発見することができた。もしプロレタリアートはブルジョアジーの社会に所属することはできず、その社会を修正することもできず、ただそれを破壊することだけであり、資本主義社会の自然法は労働者に敵対して作用し、物理的物体が下に落ちるのではなく、上にあがるように作られようがないのと同様に、この状態は修正できないということになれば、そのとき、改良のためのいかなる闘争、いかなる臨時的な議会内同盟、一つのブルジョア政党ともう一つのブルジョア政党との区別も、プロレタリアートに対する裏切りや革命の放棄であるだろう。

　しかし、他方、マルクスは、すべての非プロレタリア階級は単一の反動的大衆を形成する、というラッサールの見解を明確に否定しなかっただろうか？　彼は全体的革命のためではなく、民主主義的権利や工場法のためのプロレタリアートの闘争を認めなかっただろうか？　そして彼は「悪ければ悪いほど良い」という馬鹿げた原則を批判しなかっただろうか？

　無政府主義者、特にアナクロ・サンディカリストは、議会主義的戦術や資本主義改良の思想、あるいはブルジョアジーとの合意の達成に反対した。ゲードのような正統派社会主義者の年配世代、そしてドイツの青年左翼は政治活動の必要性を受け入れたが、臨時的同盟には反対であり、そして改良のための闘争の価値も認めたが、それはそれ自体としてではなく究極の目的と関連した場合のみのことであった。

　正統中央派は政治同盟を労働者階級政党が完全に独立を保つという条件で受け入れ、そして短期的目的のための闘争は、それ自体として有効であると認めた。右派（ジョレス、トゥラーティ）はプロレタリアートの直接的利益のために誰とでも合意しようと備えるだけではなく、資本主義の枠内

361

での改良は社会主義的意味を持つ、すなわちブルジョア的現実のただ中に社会主義の要素を植え込むものと見なした。ジョレスと正統派の立場とのあいだにあったように、サンディカリストとそれ以外の運動とのあいだにも明確な亀裂が存在した。中間的な思想潮流の中でその障壁はより流動的であって、そのことが特定の論争の中で時どき感得された。

その存在の始まりから終わりまで、第二インターナショナルはドイツ社会民主党に支配された。ドイツの社会主義運動はもっとも人数が多く、統一され、主義としてもっともよく整備されていた。一八六三年に創立されたラッサールの党はその指導者の死後も労働者のあいだで相当の支持を得ていたが、代表的な理論家も活動家も生み出してはいなかった。この党はその創設者の見解に教条的に固執していたが、彼は国家の援助のもとに生産者協同組合を設立して、雇用労働体制を徐々に縮減することによって社会問題は解決されると考えた。この目的のためにラッサールは、労働者階級はまずもって議会の多数派を獲得しなければならないと考えたが、こうした展望はあまりにも遠大であって、そのために党の綱領は実践的内容に欠けているように見えた。

新しい党、社会民主労働党は、アイゼナッハにおいて一八六九年にアウグスト・ベーベルとウィルヘルム・リープクネヒトの後押しを受けて設立された。ベーベル（一八四〇～一九一三）はその職業が旋盤工であり、青年時代の何年かを旅職人として費やしたが、早い時期からライプツィヒの労働者協会の活動家となった。一八六四年にそこでリープクネヒト（一八二六～一九〇〇）と出会ったが、彼はこの若い友人の良い相談相手となり、彼をマルクス主義の理論に引き込んだ。

リープクネヒトは、一八四八年革命後の一二年間を外国で暮らした。彼はイギリスでマルクスとエンゲルスに会い、彼らの社会理論を取り入れた。ベーベルとリープクネヒトはその後帝国議会に選ばれ、フランスとの戦争およびアルザスとロレーヌの併合に反対した。ベーベルは理論家ではなかったが、自叙伝とは別の彼の主著『女性と社会主義』（一八八三［邦訳『婦人論』］）は二～三世代の社会主義者のあいだで人気があった。その重要性は、それが全体としての社会主義運動が女性の解放と同権、という大義を取り入れるのに繋がったことであった。ベーベルはドイツとヨーロッパにおいて道徳的権威を獲得し、党内に生まれた込み入った論争において戦術的才能を発揮した。彼は特に統一を保つことに腐心した。後の修正主義との闘争において党組織が崩壊しなかったのは、主として彼の力によるものであった。

一八七五年にラッサールの党とアイゼナッハの党がゴータで統合して社会主義労働者党（Socialist Workers' party）を結成した。マルクスによって手厳しく批判されたゴータ綱領は、ラッサールの戦略とマルクス主義との妥協であって、前者の基本原則が維持されていた。しかしながら、実践的にはマルクス主義の影響力がだんだん強まっていった。ベーベルもリープクネヒトも、もともとは空論家ではなかった。彼らはマルクス的社会主義の基本原則を受け入れていたが、実際の闘争に直接に適用されない理論的公式の絶対的な正しさには、興味を持たなかった。彼らは、社会主義は最終的には革命的手段によって勝ち取られると信じたが、これは政治的命令というよりも一般的願望にすぎなかった。このような狭間の中で、彼らは他のヨーロッパにとって実例となった強力な勢力にドイツの社会主義運動を創り上げていった。

一八七八年にビスマルクは、皇帝の生命への攻撃を口実に使って、社会主義者の会合と宣伝を禁止して地方党組織を解散させる緊急法を制定した。多くの指導者が亡命を余儀なくされたが、党は屈服せず、時が来れば明らかになることだったが、存続を維持してその影響を広げた。このときにカウツキーは、シュトゥットガルトで月刊誌『新時代』を設立した。これは明らかに私的企てであったが、ヨーロッパ全体のマルクス主義運動の中心となった。チューリッヒでベルンシュタインは理論的な出版物ではない『社会民主主義者』を編集し、これが後退期の党活動の主要な組織の一つとなった。

反社会主義者法［社会主義者鎮圧法］は一八九〇年に廃止され、その年に党は帝国議会選挙で一五〇万の票と三五議席を獲得した。翌年のエルフ

362

ルトの大会はカウツキーとベルンシュタインが起草した綱領を採択した。この綱領はラッサール主義を取り除き、エンゲルスが承認したマルクス主義理論の最新の版を忠実に反映した。綱領は、資本は小企業を圧迫し、階級闘争を激化させながら、より集中化するに違いない、と説いた。それはプロレタリアートの搾取、経済危機そして生産手段の私的所有と現存のテクノロジーの有効な活用とのあいだの矛盾の拡大について触れた。綱領は、資産の社会化とすべての生産の社会的必要への従属とを実現する革命に備えて改良のために闘う必要性を提起した。それはまた、世界規模でのプロレタリアートの利益の一致を公言した。

第二節は、実践的課題を扱った。すなわち、普通・平等の選挙権、直接・秘密の投票、比例代表制、常備軍の国民軍への切り替え、言論および集会の自由、女性の同等の権利、世俗・無償の義務教育、宗教を私事として扱うこと、無償の法的援助、裁判官・治安判事の公選、死刑の廃止、無償の医療ケア、累進課税、八時間労働日、一四歳未満の年少労働の禁止、労働条件の監督である。

綱領の実践的部分と理論的部分との関係が、少しも明瞭ではないことがただちに明らかになった。正統派と修正主義者との論争は、エルフルト綱領のどの部分が党の精神と政策を真に表しているのか、という問題に集約することができる。

インターナショナルの第二の支柱はフランスであった。フランス社会主義はドイツのそれよりも豊かで変化に富む伝統を有したが、その結果、イデオロギー論争により多く支配され、マルクス主義の理論は独占的な地位を得ていなかった。ゲードに率いられたフランス労働党は、基本的にドイツ社会民主党に近かった。ジュール・ゲード（一八四五～一九二二）は第二帝政下で育ち、それを幼少期から憎んでいたが、まもなく彼は共和主義者そして無神論者となった。

一八六七年から彼はさまざまな共和主義の出版物のためにジャーナリストとして働き、七〇年に『人間の権利』誌の創刊を助けたが、これは社会主義の雑誌ではなく民主主義的なそれであった。コミューンを支持したかどで五年の刑を宣告され、スイスへ逃亡、そこでバクーニン主義者のグループと出会い、フランスからの亡命者に無政府主義思想を広めた。

一八七二年から七六年のローマやミラノ滞在中はまだ無政府主義者であったが、フランスに帰ってからはマルクス主義者となり、マルクス主義の理論に基づいて築かれた党の主たる組織者となった。一八七七年から七八年に二つの労働者会議がフランスで持たれたが、両方ともに改良主義的傾向によって支配された。七九年一〇月にマルセイユで開かれた第三回会議は、マルクス的社会主義の主要な前提を採用して労働者党の創設を決議した。八〇年五月にゲードはロンドンに赴き、マルクス、エンゲルス、ラファルグと党綱領を協議した。

マルクス自身が理論的な序文を書いたこの綱領は、これに続くエルフルト綱領よりも精密さにおいては劣ったが、同じような実践的目的を内容として保持した。それは八〇年一一月のル・アーブルの大会で若干の修正付きで採択されたが、その後まもなく、その解釈に関して党内が一致していないことが明らかになった。ある人びとは、党は実現可能な事柄にその綱領を合わせるべきであり、現実に見通せる将来において実現できる課題に限定すべきである、と主張した。これらのメンバーは正統派の革命的反対派から「ポッシビリスト」［現実主義者］と呼ばれたが、彼らは後者を「インポッシビリスト」［非現実主義者］と呼んで反論した。前者のグループは「究極の目的」に向けた直接の行動には関心がなく、党活動の適切な対象として地方的・都市的問題に集中することを好んだ。

分裂は一八八一年から八二年に起こった。ゲードに従うフランス労働党の支持者たちは、資本主義を一掃する地球的な革命を待つ姿勢をとり、他方フランス社会主義党内の現実主義者は、直接的課題に照準を定めた。前者が運動の純粋にプロレタリア的性質を強調して非社会主義的急進派との連合に反対したのにたいし、後者は小ブルジョア層内への自分たちの影響力の拡大を目ざして、あらゆる種類の地域的戦術的連合の用意があった。まもなく、ジャン・アルマーヌに率いられたポッシビリストの新しい一派が現れたが、これは本質的には革命的だが、そのやり方はマルクスよりも

364

プルードンのものであった。すなわち、ゲードの信奉者たちとは異なり、このグループは政治行動の有効性に不信を抱き、またポッシビリストの純粋な改良主義にも反対した。

　そのうちに、ブランキが自分自身のグループを形成し、それは一八八一年に彼が死んだ後にエドゥアル・ヴァイヤンが引き継いだ。ブランキ主義者のグループは最終的にゲード主義者に合流したが、ヴァイヤンは彼自身とマルクス主義者との区別を主張しつづけた。これら四つのグループのほかに、その後の段階ではジョレスやミルランのような独立社会主義者が存在した。

　二〇世紀の開始当時にフランス社会主義は三大潮流に分岐した。ジョレスを主なアイディオロジストとするフランス社会党（Parti Socialiste Francais）、フランス国社会党（Socialiste de France　ゲード主義者及びブランキ主義者）そしてサンディカリストであった。最初の二つのグループの中で、ゲード主義者はプロレタリア的純潔性に拘わり、非社会主義党派との戦術的合意あるいはブルジョア陣営内の論争への介入に反対した。彼らは改良主義的行動の価値を信用せず、現体制下でのいかなる改良でも社会主義にとって価値があるとする思想を頑固に拒絶した。他方、ジョレスとその信奉者たちは、革命による社会主義への移行を展望しつつ、社会主義は共和制の否定ではなくその原理の発展であるのだから、ブルジョア社会においてもいくつかの社会主義的制度は設立でき、維持できると考えた。彼らはまた社会主義者によって現在支持されている大義のために非社会主義勢力と同盟を結ぶことも用意した。

　三つの集団の中でもっとも弱小であったサンディカリストは、すべての政治行動、特に議会活動に原則として反対であった。彼らの定期刊行物『社会主義運動』（Movement socialiste）はユベール・ラガルデルによって一八九九年から一九一四年にかけて編集されたが、この運動の主たるアイディオロジストは運動の外に位置していたけれどもジョルジュ・ソレルであった。ゲードとジョレスのグループは一九〇五年に統合したが、これでフランス社会主義内部のイデオロギー的不一致が解消されたわけではなかった。

　しかしながら、第二インターナショナルの時期のフランスで、マルクス主義は有力な理論家を一人も生み出さなかった。ゲードは学者ではなく、その言葉の古典的意味で疑いもなく主たるフランス・マルクス主義者であるラファルグは、独立した思想家というよりも普及家であった。真に独創的な著述家であったジョルジュとソレルは、極めて緩やかな意味でのみマルクス主義者と呼ぶことができる。しかし、両者は他の方法だけではなくマルクス主義の異なる解釈によってもフランスの知的生活に影響を与えた。

　すでに触れたように、イギリスの社会主義はマルクス主義理論によってほとんど影響を受けなかった。厳密に言えば、フェビアン主義のイデオロギー的基礎には、特別にマルクス主義と呼べるようなものは何も存在しない。将来の世代のためのイギリス社会主義の基調を刻印した『社会主義に関するフェビアン評論』（一八九九）は、マルクス主義理論に反対であるか、あるいは一九世紀社会主義の全般的武器庫から引き出した諸原理に根ざした改良プログラムで成り立っているか、のいずれかであった。

　フェビアン主義者は、社会哲学が実現可能な改良と直接的に関係していなければそれに関心を持たなかった。彼らの主たる理想は平等と合理的な経済計画であって、彼らは現存の政治制度とその漸進的改善という枠組みの中で、民主主義的圧力によってそれらは実現すると信じた。彼らは、資本の集中が社会主義のための自然な経済的前提条件を創り出すことは認めたが、社会改良と不労所得にたいする徐々の制限が現状の革命的破壊なしに、その過程に社会主義的意味を付与することを可能にすると信じた。時間の経過の中で、合理的で科学的な社会的組織化と経済的効率という理念が、民主主義的価値を犠牲にして、フェビアン・イデオロギーの中で、大きくなって行ったように思われる。

　社会主義の歴史におけるイギリスの運動の卓越した重要性にもかかわらず、それは当時において、マルクス主義理論の進化にたいして、ヨーロッパ修正主義の形成におけるイギリスの役割はもちろん例外として、何ら重

365

要な貢献をしなかった。

ベルギーの社会主義運動はイギリスよりもマルクス主義的であったが、主義としてはドイツよりもその一貫性において劣った。一八八五年に結成されたベルギー労働党はその主要な理論家として、一九〇〇年から一四年までインターナショナルの議長を務めたエミール・ヴァンデルヴェルデ（一八六六〜一九三八）を擁した。彼はマルクス主義者を自認したが、教条的と見なす理論のポイントから分岐するのは自由であると思っていた。

一例をあげれば、プレハーノフは彼が完全なマルクス主義者であることを否定した。しかし第二インターナショナルでは通例のことであったが、ヴァンデルヴェルデはただ政治的改良的行動との直接的関連に絞ってのみ理論に関心を持つタイプの指導者ではなかった。その反対に、彼は「完全な」世界観の確立に努力し、カトリックとは異なり、社会主義がそのような世界観を発展させてこなかったことを悔やんだ。『マルクス主義の中の観念論』（一九〇五）において、彼は極端に緩やかな史的唯物論の解釈を展開し、そこではただ、すべての歴史的環境―技術的、経済的、政治的、精神的なそれの「相互影響」という一般的理念だけを維持した。この立場は、その当時のほとんどすべての人びとが取り入れたものであって、彼の場合、そこにマルクス的一元論の余地は残されてはいなかった。

彼はまた、クローチェに従って、「史的唯物論」の用語は誤解を生みやすいと主張した。いかなるタイプの歴史的変化も他の何かの「前」ということは絶対にないのであって、異なる環境の下では異なる変化が初発の刺激を与えることができる、と。人口動態の過程あるいは地理的環境の変化は、社会の発展にそれ自体として影響を及ぼし得る。ましてや、精神現象が経済構造の変化の単なる結果であるというのは真理ではない。植物が成長するための土壌を持たなければならないように、精神現象は経済構造の外に存在することはできないが、しかし、土壌が植物の原因であると言うことは馬鹿げている。技術の発達それ自体が、精神現象である人間の知的活動によって規定される。道徳的要素もまた、歴史の変化において独立した役割を果たす。マルクスとエンゲルスはその資本主義批判において道徳的配慮によって動かされてきたのだ、と。

史的唯物論は社会思想と制度の隠れた原因を探求するための有効な装置であったが、それが歴史のプロセス全体の唯一の要因を提供するものと見ることは間違いである。このように主張してヴァンデルヴェルデはこの理論の決定論的側面を否定したのだが、他方で資本主義経済の全般的傾向は産業の社会化に行き着くということは認めた。このことは、彼が「悲惨の増大」の理論、あるいはすべての生産の公有への転化を必要とする社会主義、あるいは特に革命の不可避性を受け入れたことを意味するのではない。その反対に、社会主義は徐々に別々の方法で到来し、必ずしも至る所で同一の形態で到来することはない、ということはすべての徴候が示しているとした。

社会化は、国有化と同じではない。つまり、そのもっとも本質的要素の一つは、国家に集中した政治的権威の徐々の削減である。社会主義の発展は、生産過程にたいする真の社会的統制を認める地方ごとの集団化と地方自治の制度によって多分に助長されるだろう。ヴァンデヴェルデは突出した理論家ではなく、彼の理論問題の立場は概して大まかで常識的であった。政治面で彼はおそらくジョレスの立場に近かったにもかかわらず、ジョレスの分析的精神や論理的才能を彼は持ち合わせてはいなかった。

オーストリアの社会主義運動は、理論の観点からすればドイツに次いでもっとも活発であった。一八八八年に結成された社会民主党は、長年にわたって専門職の医師であるヴィクトル・アドラー（一八五二〜一九一八）によって指導された。彼は独創的な理論家ではなく、重要な問題に関しては全般的にドイツ正統派の中心に近い立場を取った。オーストリアの党の大きな達成は一九〇七年の普通選挙の立法化であったが、それは大部分、ロシア革命に助けられた出来事であった。

多民族的なハプスブルグ帝国の中で、社会民主主義者は国家や党の両方における民族間の争いに絶え間なく対処しなければならなかった。彼らのアイディオロジストは自然にマルクス主義の立場から民族問題を分析することに多くの時間を費やした。この主題に関するもっとも有名な著作は、オットー・バウアーとカール・レンナーによるものである。両者はいわゆるオーストリア・マルクス主義、すなわちマックス・アドラー、ルドルフ・ヒルファーディング、グスタフ・エクスシュテイン、そしてアドラーの息子であるフリードリッヒが含まれると一般的に見なされる運動の指導者であった。

オーストリア・マルクス主義者は重要な理論的著作物を生み出した。彼らはマルクス主義をすべてを包括する体系と見ることを拒否して、他の源泉と結合することをためらわなかったので、その大部分は、正統派から不信の目をもって見られた。特に（この点で彼らは孤立していたのではないが）、彼らはカント哲学の道徳および認識論のカテゴリーをマルクス主義歴史哲学に組み込もうと図った。彼らの大部分はレーニン、トロツキー、ローザ・ルクセンブルクそしてロシア社会主義の多くの指導者たちと同じ一八七〇年代生まれの世代に属した。この世代の誰もがカウツキー、プレハーノフ、ラファルグ、ラブリオーラのようなタイプの正統派マルクス主義者ではなかった。結果として生まれた分極化が、社会主義の二つの敵対する陣営への分裂のイデオロギー的原因となった。

イタリアではいくつかの誤った出発の後に、労働者運動は一八八二年に無政府主義に対抗して別々に存在したが、二度の名称変更後の九三年になってようやくマルクス的な意味での社会主義綱領を採択した。その主たる指導者はフィリッポ・トゥラーティ（一八六五〜一九三二）で、彼は理論家ではなく改良主義政策を断固として支持しており、当時そう呼ばれたが「漸進主義者」（gradualist）であった。イタリア社会主義のこの時期の唯一の傑出したマルクス主義理論家は、アントニオ・ラブリオーラとエンリコ・フエリであった。前者はマルクス主義正統派の主流を代表し、後者はカウツキーよりもいく分かダーウィン主義者に近かった。

ポーランドもまたマルクス主義運動の重要な中心であった。実のところ、社会民主主義と共産主義を分けた原則に多かれ少なかれ基づいて、社会主義がその後に初めて分裂したのはこの地においてであったと言えるだろう。

「ポーランド王国（すなわちロシア領ポーランド）およびリトアニア社会民主党」はポーランド語の頭文字からSDKPiLとして知られたが、この党は社会主義運動の純粋なプロレタリア的性格を強調し、ポーランド（あるいはその他の）民族主義との一切の関係を拒絶して、マルクス主義理論への絶対的忠誠を表明するかぎりにおいて、共産主義タイプの最初の独立した政党であった。

他方で、この党は社会民主党のレーニン的形態を識別する特徴、すなわち前衛党の理念、革命闘争の武器としての農民要求の活用という特徴を欠いた。この党の共同設立者で主たる理論家はローザ・ルクセンブルクであった。ポーランド生まれでありながら彼女は本質的にドイツの社会主義運動に属する。SDKPiLの他の理論家はユリアン・マルフレフスキであり、彼は重農主義者の歴史と芸術論を研究した。

しかしながら、ポーランド社会主義の主流はポーランド社会党（ＰＰＳ）によって代表された。この党は全体としてマルクス主義であると考えることはできない。その主たるマルクス主義の理論家は、カジミェシュ・ケレス・クラウスであった。非正統派のマルクス主義者で、ポーランドのこの世代では傑出した社会学者であるルドヴィク・クシヴィツキもまたＰＰＳに近い存在であった。ポーランドのマルクス主義著作活動に部分的に属したもう一人の著述家は、エドワード・アブラモフスキーであり、哲学者・心理学者そして無政府的共同組合運動の理論家であった。最後に、マルクス主義の歴史の中で独特の地位を占めたのはスタニスワフ・ブジョゾフスキであり、彼は自発主義と共同主観主義の立場からのマルクス解釈において、高度に独自で非正統派的な試みを行った。

オランダの社会主義運動は、一方ではレオ一三世のレールム・ノヴァールム［労働階級の境遇に関する教皇レオ一三世の回勅］教説に基づくカトリック系労働組合に、他方ではその代表者がドメラ・ニーウェンハイスである強力な無政府主義的傾向に対抗して、二つの戦線での闘争として始まった。ポーランドと同じように強力な左翼主義グループがオランダの社会民主党内に生まれ、遂には独立した政党となり、将来の共産党の核となった。

その主たるアイディオロジスト、アントン・パンネクック（一八七三～一九六〇）は、「議会主義的妄想」と改良主義の誘惑にたいする非妥協的反対者であり、社会主義はブルジョア国家機構の暴力的破壊を必要とするのであって、資本主義の諸条件の中で少しずつ構築できるものではないと主張した。パンネクックは一九一五年のツィンマーヴァルド大会でレーニンの側につき、後にオランダ共産主義運動の左翼・反議会主義派に属した。

マルクス主義者の大小のグループは、ヨーロッパのほぼあらゆる国で活発であったけれども、マルクス主義の運動は中央および東ヨーロッパの現象であったと言っても概ね間違いではない。第二インターナショナルは、きわめて大まかな意味ではマルクス主義的であったと呼び得るが、しかしそれは、コミンテルンのように集権的に組織され、指示されるというものではなかった。インターナショナルの構成員資格の基準は明確ではなく、いくつかの国では政党と労働組合運動との明確な区別も存在しなかった。

それにもかかわらず、一八八九年のパリの創立大会には、エンゲルスを含むヨーロッパ・マルクス主義のすべてのエリートが参集した。もっともエンゲルスは国際組織の設立にたいする祝辞を文書で表明しただけであった。厳密に言えば、ゲード主義者とポッシビリストとのあいだの対立は、創立大会が設立当初から二つに分裂し、その事実が全般的混乱を生んだことを意味した。それでもそれはその後に続く社会主義の歴史にとって重要なマルクス主義者の唯一の大会であった。

出席した二〇ヵ国の代表の中には、ドイツ（ベーベル、リープクネヒトその他）、フランス（ゲード、ヴァイヤン）、ロシア（プレハーノフ、ラブロフ）、オーストリア（ヴィクトル・アドラー）、イギリス（ウィリアム・モリス）、ベルギー、ポーランド（メンデルスゾーン、ダシンスキ）そしてオランダが含まれた。

八時間労働日、常備軍の国民軍への切り替え、五月一日の休日、権力奪取の手段としての社会立法と普通選挙に関する決議が採択された。一八八九年から一九〇〇年にかけてインターナショナルは継続的な大会以外にはその存在を示さなかった。第五回大会で国際社会主義事務局という常設機関が設置されたが、これは情報交換機関としてのみであって指令機関ではなかった。一八八九年から一九一四年までの大会リストは以下の通りである。ブリュッセル一八九一、チューリッヒ一八九三、ロンドン一八九六、パリ一九〇〇、アムステルダム一九〇四、シュトゥットガルト一九〇七、コペンハーゲン一九一〇、そしてバーゼル一九一二。

インターナショナルの最初の段階、つまりロンドン大会までの決定的な問題は無政府主義者との論争であった。後者は第一インターナショナルの破壊活動を大いにやったが、それは一つには彼ら自身のイデオロギーの理由からであって、それは永続的な独立組織を持たなかった。したがって第一インターナショナルの無政府主義派はまもなくその存在を停止した。一八八〇年代の初期に無政府主義者の団体（国際労働者連合）が出現し、その構成員にはクロポトキン、マラテスタ、エリゼ・ルクルスが加わったが、それは正確に合意された主義も、調節された手段も持たなかった。無政府主義運動はその大部分が否定的な言葉で定義されるのであるが、そこには、個人の著作家や政治活動家が存在するばかりではなく、多くの下位集団も存在した。

彼らに共通する主な立場は、人間それ自体が保持する性向に任せれば、人間は調和的な共同体を形成する能力を持つという信念、しかし諸悪の根源は非人間的な制度、特に国家であるという信念であった。顔のない制度にたいする実在の諸個人の反発はマルクスの社会哲学と合致するように見えるが、この二つの場合は同じではない。マルクスは、社会主義は人間の個人的生活をその極限まで再建するだろうし、そして自律化した政治組織を廃棄し、偽物の共同体を諸個人の直接的結合に取り換えるだろうと信じた。しかし彼はまた、「有機的な」共同体への復帰は現存の制度形態の単なる除去だけでは成立せず、資本主義社会の中で作られた技術と労働組織の土台の上で市民社会を再組織することを必要とすると考えた。

強制装置としての国家は無用となるが、物的資源と生産の集中化された管理は無用とはならない。マルクスの見解では、国家と政治権力の打倒は社会的産業的組織の破壊を含まない。つまり彼は、資産の社会化は社会組織が暴力装置や不平等の原因に落ち込むのを防ぐだろうと信じた。もし国家が破壊され、同時に生産の過程が集団や個人の無調整な主導性に任せられるならば、その結果は資本主義のあらゆる形態への後戻りになるに違いない、と。

このようなマルクスの見方には、人間の意志と独立に商業経済を支配する自然の法則の存在が含まれている。他方、無政府主義者は一般に、専制の制度が一掃された暁には親密な共同への人間の態度がすべての不公正を防止するだろうと信じた。クロポトキンはその著書『倫理』『相互扶助進化の要因』の中で、ダーウィン主義に反対して、所与の種の中で生命の法則は暴力や競争ではなく、助け合いと共同であると主張した。ここから彼は、諸個人の自然の性向が社会の調和を保障するという心地よい結論を引き出した。ごく少数の無政府主義者は、シュティルナー風の絶対的エゴイズムを表明した。多数は、個人の利益のあいだに基本的対立は存在しない、人びとが自分自身の性向をとらえ直し、専制が彼らに課した宗教的政治的神秘化と腐敗を投げ捨てるならば、この紛争は終わりを告げると考えた。したがって、無政府主義者はマルクス的社会主義を、ブルジョアジーのそれに取って代わるべく計画された新しい形態の専制だとたびたび攻撃した。

マルクス主義者は、自分たちの目的は、すべての形態の民主主義が保持されるばかりではなく、法的民主主義は民主主義的生産によって強化されるのだから、民主主義が史上初めて自分たちのものになる社会の組織化であると主張した。しかしながら、生産、交換、伝達の組織化の手段としての国家は、社会の破壊なしには廃止することができない。

これにたいし無政府主義者は、「民主主義国家」あるいは「自由に基づく国家」というのは言葉の矛盾である。なぜなら、いかなる国家形態も特権、不平等そして暴力を引き起こさざるを得ないからだと反論した。同じように無政府主義者は、八時間労働日のような改良の運動にも反対したが、それはこの種の小さな妥協は抑圧の組織化を強め、貫徹することに仕えるだけだという理由からであった。政治活動もまた、社会主義政党が反対派との闘争や選挙、議会闘争に取り組むという意味で、虐げられた階級を犠牲にした欺瞞である。投票による審判を求めることは現存の政治体制を容認することである。

このように無政府主義者は、直接的な目的のための政治闘争にも経済闘争にも等しく反対した。彼らは自分たちの希望を、強制機関の崩壊を引き起こす被抑圧者の道徳意識の転換かあるいはテロリスト陰謀集団によって企まれる暴力革命のいずれかに置いた。彼らの理想は完全な平等と直接民主主義の領域を超えるすべての組織形態の廃止、すなわち公共生活の完全な分権化であった。

さらに加えて、無政府主義者特にサンディカリストは革命運動における中産階級知識人に不信を抱き、彼らが労働者支配を目論んでいるのではないかと疑った。無政府主義者のあるグループは、知識人そのもの、科学的知識や芸術の全体にたいする強烈な憎悪を表明した。彼らは、これまで存在してきた文化とのすべての連続性を断ち切ることが労働者階級の義務であると信じ込んだ。この傾向は、ごく少数の書き手やグループによってしか表明されなかったが、しかし、それは人間の歴史を新しく開始し、天地創造の六日目に立ち返り、人類を純粋な楽園の状態へと復活させようとする運動の精神に合致するものである。

無政府主義者は、部分的にプルードン主義の伝統のお陰でフランスにおいて影響力があった。彼らは依然としてスペイン、イタリアでも強く、オランダとベルギーでも活発な集団を保った。ドイツではまったく根づかなかった。チューリッヒとロンドンの大会で彼らはインターナショナルから最終的に放逐されたが、それは、政治活動が不可欠であることを承認した政党にその構成員資格を限定するという決議が採択されたからであった。

一八九六年から一九〇〇年、ロンドン大会からパリ大会のあいだに、社会主義運動内部の深刻な相違を照らし出すか、あるいは悪化させる事件が起こった。すなわち、ドレフュス事件、ミルランの一八九九～一九〇二年のワルデック・ルソー政府への入閣についての論争、そしてドイツの修正主義に関する論争であった。ドレフュスと「行政裁量制」に関する扇動は、

370

371

純粋に戦術的に見えたかもしれないが、事実としてこの問題は、フランスの社会主義運動の階級解釈という根本的な問題を孕んでいた。

ジョレスを頭目とする人びとは党が留保なしにドレフュスの擁護にそれ自体として参加することを求め、全人類の大義として、そして歴史を通して創造された道徳的価値の大義として、社会主義は、それがどこで現れようとまた犠牲者が統治階級の一員であろうと、不公正に反対して戦端を開かなければならないと主張した。ゲードとその支持者たちはこれに反対して、もし党が軍隊組織の特定の一員の擁護に立ち上がるならば、それはプロレタリアの党とブルジョア急進主義とのあいだの区別を曖昧にし、そして階級意識を弱体化させることによって、ブルジョアジーの思うつぼにはまることになるだろうと主張した。

この論争は、これほどまでに整理されなかったが、マルクス主義の二つの異なる解釈を反映したものと見ることができる。マルクス自身は、特にドイツの「真正社会主義」との論争後は、社会主義はすべての人類の課題であって単一の階級の課題ではないけれども、社会主義への前進は労働者階級の関与事項であり、それゆえにその階級的利益によって推進されるのであって、人間的な道徳価値一般によって推進されるのではないと考えた。これは、社会主義者はプロレタリアートの利益に影響しない争い、特に当然ながら、社会主義的価値の支持者ではあり得ないブルジョアジーの異なる分派間の争いに巻き込まれるべきではないことを意味すると解釈できる。

ゲードに従えば、労働者階級の政治的排他主義を擁護することも、そして階級を本質的に単一の統一された敵対的陣営として扱うことも可能である（一定の社会主義者もまた、党がドレフュスに強力に加担すれば、選挙で不必要に損害を被るだろうと指摘したが、ゲードはこうした考え方は取るに足りないとして退けた）。

しかしながら、それと反対の方向においてもまたマルクス主義の立場からする戦略的で理論的な主張を進めることができた。マルクスは、革命のときまでどのような種類のシステムが支配的であるかは、プロレタリアートにとってどうでもよいことであるという過度に単純で破滅的な原則を受け入れなかった。それと反対に、彼もエンゲルスも、所有階級の政治的編成における反動派と民主主義派、王党派と共和派、聖職者派と急進派を何度も何度も区別した。彼らが十分承知していたことだが、労働者階級が受け身で傍観している一方で、仲間内ですら喧嘩するブルジョアジーは革命を遠ざけるだけではなく労働者の無能さを非難さえしている（基本的に同じような議論が、もっと分節化されていたが、ブルジョア革命における労働者階級の役割と参加について、ロシアのマルクス主義者の中にあった）。

しかしながら、ジョレスはマルクス主義の観点からすれば、さらに疑わしい別の根拠に自ら立った。すなわち、党は普遍的な道徳価値が含まれるすべての争いに積極的に参加しなければならない。なぜなら、これらの価値を擁護することによって、党はブルジョア社会の真ん中に社会主義的現実を構築するからである、と。ゲードとその支持者たちが表明した労働者主義は疑いもなく誤りであって、マルクス主義の過度に単純な解釈であるのにたいし、ジョレスが党の道徳的関与がそれ自体として社会主義の実現であると表明するとき、それは非正統性という罪を犯すことになる。マルクスの見解では、社会主義革命はブルジョア制度との連続にたいする強烈な断絶であって、確かにブルジョア社会の中でその全体もその一部も実現することはできない。したがって、正統派マルクス主義者にとって、ドレフュスの支持は戦略的または戦術的根拠の上で正当化できるかもしれないが、道徳的根拠の上からは正当化できないように思われる。

他方、革命は制度的だけではなく道徳的継続の断絶も意味する、と述べる文章をマルクスの中に見出すことはできない。もしマルクスがこうした立場を取ったとすれば、社会主義者はブルジョア社会に対抗する完全な道徳的自由を持つことを、それは意味するのかもしれない。しかしエンゲルスはまさにこの根拠から、例えば、契約の尊重はブルジョア的偏見であると主張してバクーニンがすべての道徳規範を戦略的武器として扱うことを非難したのではなかっただろうか。ここでもまた、科学的社会主義の父祖に訴えて、問題を疑いの余地なく判定することは難しい。

しかしながら、ドレフュス問題は、この問題に賛成または反対を述べることが必要である、と社会主義者の誰もが見なさないかぎりそれほど重大とはならなかったであろう。その上、ゲードですら、党はこの問題を完全に無視するべきだという提案をしなかった。ドレフュスの反対者は札付きの反動、軍国主義、排外主義、反ユダヤ主義であって、社会主義者の陣営内でそれらについて意見が分かれる余地はなかった。

ミルラン問題はさらに微妙な問題であって、ブルジョアの内閣、この場合はパリ・コミューンの血に飢えた弾圧者であったガリフェ将軍がその一員であったこの内閣に、社会主義者が参加することが正当化されるかどうか、いかなる条件の下で正当化されるかという問題を提起していた。

ミルランの行動を擁護した人びとは、政府における社会主義者の一人の存在がその階級的性格を変えることはなく、より反動的な要素を抑制し、現在の体制内での改良や党の基本的承認を得た政策を推進するのを助けることができると主張した。このような見方に反対する人びとは、社会主義者の参加は党が権力の側と運命を共にしたという印象を与えることによって、プロレタリアートを混乱させると反論した。その上、それは党がブルジョアジーの政府の行動に一定の責任を負うことを意味するだろう、と。

ミルラン問題は、一九〇〇年のインターナショナル・パリ大会で論争になったが、そこでジョレスと同じようにヴァンデルヴェルデは、社会主義者と他の政党との合意は民主主義的自由（イタリアの緊急事態法の課題）あるいは個人の権利の擁護のために、また選挙目的のために正当化できると主張した。大会は、入閣者は党の指示に従い、その行動は権力の部分的移行としては扱われないという例外的環境の下で、社会主義者は非社会主義者の政府に参加できるという趣旨の、カウツキーによる妥協的な決議を採択した。

修正主義に関する論争は、第二インターナショナルのイデオロギー史上もっとも重要な出来事であって独自の検討を要する。インターナショナルは、修正主義と正統派の対立の理論的原因よりも改良主義や改良の意義に関心を示したのであるが、理論的観点からすれば前者の方がより基本的な分岐であった。ドイツ社会民主党は、ドレスデンにおける彼らの大会で修正主義に反対する決議を採択し、アムステルダム大会でゲードはインターナショナルが同じ決議を採択することを提案した。

このときにジョレスは、ドイツ社会主義者の理論上の厳格性は彼らの実践上の無能性の仮面に過ぎない、と断定する有名な演説を行った（ドイツに比べるとフランスの社会主義運動は事実として小さいものだったが、ドイツのそれよりもはるかに戦闘的であった）。反修正主義の決議は多数決で採択されたが、しかし修正主義の運動は引き続き拡大した。ドイツの党は内部の修正主義者を追放しなかった。ベーベルもカウツキーも分裂を望まず、修正主義の力はベルンシュタインの理論的主張の中ではなく、ドイツ労働者階級の実際的状況の中に存在した。ベルンシュタインを支持した党の活動家は彼の弁証法の批判または価値論、資本集積論にさえ関心を持たず、むしろ党綱領の厳格な革命方式とその実地の方針との乖離を認識し、伝統的なマルクス主義の理論的主張に実践的意義を見いだすことができない労働者のリーダーたちの心境も表していた。

当然ながら、理論上、議会制度の重要性の増大（英国、フランス、ベルギーの方がドイツよりもさらに大きかった）も労働立法その他の社会改良の成果も、プロレタリアートの革命の展望を変えるものではなかった。

理論によれば、社会改良の方法であれ民主主義的自由の方法であれ、資本主義の下で労働者階級が獲得できるすべてのものが革命の意識を覚醒させるのを助けるはずであって、正統派マルクス主義者はこれがそうではないとは認めなかった。しかし修正主義にたいする危機感が改良の社会的意義の問題を重視させ、この分野におけるマルクス主義の理論的前提の研究に刺激を与えた。

するとまもなく、この論争が直接的にも間接的にもマルクス主義の多くの基礎的カテゴリーに影響を及ぼすことが明らかになった。革命、階級、階級闘争、文化の連続と断絶、国家、歴史的不可避性、史的唯物論そして社会主義それ自体の意味、これらすべてに異議がさしはさまれた。いったん修正主義との論争に従事すると、正統派マルクス主義はもはや以前と同じではあり得なくなった。一定の信奉者たちは古い立場を維持したが、新しい形の正統派がカウツキー、ベーベル、ラブリオーラの「古典的」マルクス主義に次第に取って代わった。

第二インターナショナルの最後の数年は、戦争の接近が影を投げかけた。ヨーロッパの衝突の脅威と社会主義的政策の問題が何度も、特に一九〇七年のシュトゥットガルト大会で議論された。この問題は、民族とその自決権の問題と密接に結びついていた。いくつかの一般原則がすべての社会主義者によって承認された。ドイツの社会民主主義者の一グループを除く全員が「原則として」軍国主義および植民地主義に反対であり、そしてすべてが民族的抑圧に反対であった。しかしこれでは、戦争または特定の国家間の衝突にたいする共通の態度を決定するには不十分であった。

インターナショナルは一八九一年のブリュッセル大会において一般的用語で軍国主義を非難し、九六年のロンドン大会において常備軍を国民軍に置き換えようという決議を採択した。しかし、それぞれの社会主義政党が国家の枠内で組織され、戦争の場合に自国政府の方針を考慮してその態度を取らなければならないがゆえに、そのような決議はどの国の政党にとっても目に見える結果をもたらさなかった。戦争と平和の議論に関して、次のような全般的論点が浮かび上がる。

自分の教条的マルクス主義に常に忠実なゲードは、個々の反戦運動にたいして冷淡であった。すなわち、戦争は資本主義の下では不可避であって、それを止める道は資本主義を廃止することである。これは結果的に、ドレフュス事件に関するゲードの立場のインターナショナル次元での繰返しであった。社会主義者は所有階級内部の紛争に介入すべきではない。帝国主義戦争はそのような紛争の一例であって、プロレタリアートが関与する事項ではない。これはまたドイツの社会民主主義者の一定部分の意見でもあったが、しかしそれは出来事にたいする社会主義者の影響力の行使というすべての希望を放棄することを意味した。もし戦争が起こり、プロレタリアートの大部分が動員され、全面的殺戮に参加しなければならなくなるとすれば、そしてもし社会主義者が理論の純潔を名目に傍観するとすれば、実践的に彼らは政府の行動を是認することになるだろう。

したがって何人かの指導者たちは、インターナショナルは戦争防止の明確な方針を採用すべきだと力説した。ジョレスとヴァイヤンは、必要ならば反乱も含む積極的な抵抗に賛意を示した。しかし彼らもまた、もし国が攻撃されたら、それを守る権利はその国にあり、その防衛に参加するのは社会主義者の義務であるとも考えていた。

一九〇七年のシュトゥットガルト大会で、ギュスターヴ・エルヴェは戦争の場合にゼネラル・ストライキと抵抗を求める決議を提案した。しかし、ドイツ人は主として自国の党が非合法化されるのではないかという恐怖心からこれに反対した。ストライキと反乱の呼びかけすらも「改良主義」方針の枠内に置かれた。

レーニン、ローザ・ルクセンブルク、カール・リープクネヒトに代表される左派はさらに急進的な提案を繰り出した。彼らの見方では戦争が起きた場合の社会主義者の任務は、ストライキを使ったり国際法を喚起したりしながらそれを止めようとすることではなく、戦争を利用して資本主義体制を転覆することである。シュトゥットガルト大会で採択された決議は、一般的用語で、戦争をやめさせるために行動することや、それを使って資本主義の没落を早めることを語ったが、しかしこれらは純然たるイデオロギー的言説であって具体的な計画は何も含まなかった。

帝国主義者の衝突に付け込むという理念は、後にレーニンによって戦争を内乱に転化するという意味に解釈することができたが、社会主義指導者の大多数はこのような筋では考えていなかった。一九一二年のバーゼル大会は第一次バルカン戦争が勃発していたけれども、雰囲気は協調と楽観主義のそれであった。さらなる反戦決議が採択されたが、そのスローガン「戦争のための戦争」が声高に叫ばれただけで、帝国主義政府によって企まれる大虐殺を阻止するのに十分なほど社会主義運動は強力である、という確信を抱いて代表団は散って行った。

インターナショナルはまた、さまざまに異なる方向に沿ってではあったが、民族自決権の問題で分裂していた。民族抑圧は、当然のこととしてすべての者が非難したが、この理論もマルクス主義の理論も中欧および東欧の複雑な民族問題にたいする解決策を用意していなかった。概して、民族抑圧と排外主義は社会主義思想の反対物であるが、前者は社会的抑圧の一機能であって社会的抑圧が無くなると同時に消滅するだろうと受け止められた。つまり、民族国家は資本主義の発展とぴったりと結びついており、マルクス主義者がそれを指導原理と見なす理由はなかった。

オーストリア・マルクス主義者は多民族国家内の文化的自律の理念を打ち出した。すなわち、国家が民族を基礎にして組織される必要はないのであって、逆にすべての民族共同体は、他から干渉されることなしに、その文化的伝統と言語を維持する権利がある、と。ローザ・ルクセンブルクは、社会主義は民族紛争をやがて廃止するという理由から「民族自決」原則を激しく攻撃した。つまり、社会主義の闘争が進行中であるあいだに民族問題を別個の問題として取り上げることは、プロレタリアートをその固有の目的から逸らして、民族的統一というブルジョア的政策を助けることになるだろう、と。レーニンとロシア社会民主党の左翼は、それ自身の国家を形成するすべての民族の権利を支持した。

この問題でのローザ・ルクセンブルクの教条主義は、他の論争にたいするゲードの硬直した態度と同じであった。すなわち、すべての重要な歴史過程は階級闘争によって決まるのだから、別個の民族問題などというものは存在せず、そしていずれにしろそれは労働者階級の運動が注目しなければならない適正な対象ではない、と。レーニンはというと、彼はそれ自体としての民族国家の理念を支持したのではなく、民族対立や抑圧を社会闘争の利益のために利用できる強力な力の源泉と見なしただけであった。

一九一四年の戦争に直面してのインターナショナルの崩壊は、社会主義者が自分たちの運動の力に大きな希望を抱いていたことからすれば、思いがけなく、かつ気落ちさせるものであった。左派も同じようにそれを予期していなかった。当初レーニンは、ドイツの社会民主主義者が祖国の戦争の呼びかけに従ったことを信じなかった。ヨーロッパの各国で大多数の党が、本能的に愛国的態度を採った。西ヨーロッパ在住のボルシェビキ亡命者の中ですら、その大多数が躊躇なくそのようにした。

ロシア・マルクス主義の父プレハーノフは、ロシアは侵略にたいして防衛されなければならないという立場を疑いもなく採ったが、ほとんどすべてのメンシェビキも同じように考えた。八月の初め、国会内で巨大な社会民主党は戦時国債に賛成投票をした。その前の党の会議において投票数で負けた少数派は、多数派の路線に従った。

一二月の国会の次の投票において、カール・リープクネヒトだけが党の団結を乱した。次の二年間に多くの活発な反対派が立ち上がり、亀裂が目に見えるほどになった。戦争に反対する者は追放され、一九一七年四月にドイツ独立社会民主党を立ち上げたが、それはその構成員をドイツ社会民主党のあらゆる部分から引き抜いた。戦争は新たな政治的分裂をもたらした。独立社会民主党には、カウツキーやフーゴー・ハーゼ（一九一三年ベーベルの死後の議長）のような正統中央派とベルンシュタインのような修正主義者そして左派が含まれたが、この左派は一六年初頭にスパルタクス団を結成しており、この時に一団となって加入した。

フランスで反愛国主義反対派は、どちらかといえば、ドイツのそれよりも幾分か弱体であった。躊躇していたジョレスは、戦争の前夜に暗殺された。ゲードとサンバは、ベルギーのヴァンデルヴェルデがベルギーでそうしたように戦時政府に参加した。もっとも急進的なフランスの反戦運動家であったエルベは、一夜にして熱烈な愛国主義者に豹変した。インターナショナルは崩壊した。

一九一四年の夏に、社会主義運動はその歴史上最大の敗北を喫したのであるが、その時にプロレタリアートの国際的団結、つまりそのイデオロギー的基礎は空虚な言葉となり、事件の試練に耐えることができなかった。協商国の側でも中央同盟国の側でも、マルクス主義の立場から愛国主義の高まりを正当化する試みがなされた。マルクスはロシアを野蛮主義と反動派の堡塁であるとしばしばけなして、ロシアとの戦争はツァーリ絶対専制に対抗してヨーロッパの民主主義を防衛するものと述べていた。他方、ドイツの地におけるプロイセン軍国主義と封建的遺制は、伝統的にマルクス

376

以降の社会主義者の攻撃対象であったのであり、フランスの戦争を反動的君主制に反対する共和主義者のそれと見なすことも容易であった。

レーニンと後のツィンマーヴァルト左派は、インターナショナルの崩壊を社会民主主義的指導者たちの背信と日和見主義に帰させた。マルクス主義者の中で、民族的対立に直面した社会主義運動の総崩れがマルクス主義の理論そのものに、いかなる意味を提起するのかという問題を持ち出す者は一人もいなかった。

一九一四年の夏は、その成り行きが進行中であって、その最終の結末がまったく分からないという過程の始まりであった。何年にもわたってさまざまな問題においてそれ自体として感得されていた、基本的に異なる二つの社会主義解釈が、突如としてインターナショナルを崩壊させるほどの力で正面衝突したのである。当時のマルクス主義者たちは、社会主義は人類の歴史の継続であるかどうか、あるとすればそれはいかなる意味でそうなのか、そしていかなる意味で過去のすべてのものとの断絶であるのか、言い換えれば、どの程度においてどのような意味において、プロレタリアートはブルジョア社会の一部なのかという問題を明確に吟味したり、決定したりしなかった。これらの問題にたいする異なる回答が社会主義運動内部の哲学的対立に暗に含まれており、そしてマルクスの理論はこの点で決して明確ではなかった。

マルクスの理論は、いくつかの重要な点で、既存の社会とのいかなる取引も、それを改良しようとするいかなる試みも拒否し、抑圧、搾取、不公正を一掃して資本主義の廃墟の上に新しく歴史を始めようとする偉大な歴史の黙示に期待する革命派の見方を支持した。その一方で、マルクスは社会主義を真空の中で構築されるものとは予想せず、文明の技術および文化の両面における連続性を信じた。このように彼は社会主義を現体制の下での公正、平等、自由、そして共同体の所有の徐々の拡大と捉える人びとへの支持も提供した。労働者の運動が、マルクス主義のイデオロギーに多少とも厳密に執着する党に組織化されるならば、労働立法と市民的権利の闘争において現実的成功を獲得するであろう、と。

つまりこれは、現存の社会は改良可能であり、理論が何と言おうが、革命プログラムの根底を覆すことを示しているように見える。根本的断絶としての社会主義という理念は、ロシア、バルカン、ラテン・アメリカのような改良のための漸進的な圧力によって諸条件を改善する展望がないか、あるいは乏しい諸国においては、より自然であった。西ヨーロッパにおいて、プロレタリアートは社会または民族共同体の中にその居場所を持たず、現体制の下でより良い条件を期待できない賎民階級である、と主張することは難しいことであった。マルクス主義は、資本主義の下で成功を収め、資本主義は改良できないという見方をそれによって否定した労働運動に貢献することによって、自らのイデオロギー的力の解体を事実として助けた。

377

これはもちろん単純化した図式であって、第二インターナショナル崩壊後の社会主義運動で起きた複雑な変化を考慮に入れてはいない。しかしながら、それは、今もなお存在する状況に繋がるその後の分極化を示している。つまり、一方におけるマルクス主義と希薄な関係しか持たない改良主義的社会主義、そして他方におけるレーニン主義とその派生派によるマルクス主義の独占である。後者は、伝統的理論にもかかわらず、技術や民主主義および文化の面で立ち遅れ、産業化の入り口でその主たる圧力が非プロレタリアート的要求、特に農民や従属民族のそれからもたらされる世界の一部の国で、その主たる勢力を誇っている。

このような分極化は、第一次大戦までにこの領域を支配したマルクス主義の古典的な版が、実践的なイデオロギー的力としては擁護できなくなったことを示しているように思われる。この観点からすれば、現在の状況は、あらゆる変化にもかかわらず、本質的には一九一四年の夏に起こったドラマの結果として生れた事態である。

378

第2章　ドイツの正統派：カール・カウツキー

カール・カウツキーという大立者が第二インターナショナルの全期間にわたって、マルクス主義の理論的発展を支配する。彼は確かに傑出した哲学者ではないが、マルクス主義正統派の主たる設計者であり、いうなればその体現者であった。彼は外部のあらゆる影響に抗してそれを守り巧みにそして聡明に普及し、過去の歴史と資本主義的帝国主義の進展に結びつく新しい現象とに首尾よくそれを適用した。

彼はマルクス主義のステレオタイプ〔一般定型〕を創り上げるのに主要な役割を果たした。そのステレオタイプは特に中央および西ヨーロッパにおいて数十年にわたって陣地を保持し、最後の一〇ないし一五年に他のステレオタイプに屈服するまで継続された。何世代かのマルクス主義者は彼の著作物で育った。それらの著作物はマルクス主義の古典的文献となり、レーニンが、ロシア革命を批判する背教者としてこの著者を非難した後でも、疑いもなく希なことだが、古典として残り続けた。

カウツキーは、マルクスやエンゲルスが表明したあらゆる個別の思想を擁護しなければならないと思い込んだり、自己の主張を展開する上で彼らの著作を引用したりする、という意味の正統派ではなかった。実に、この世代の理論家は、この意味における正統派ではなかった。

第一義的に重要ではない、まったく取るに足りないものでもない問題において、彼は、例えば国家は外からの暴力の結果としてもっとも頻繁に出現すると主張して、エンゲルスの見解を批判した。しかし、歴史研究の理論および方法としてのマルクス主義は、社会現象の分析として有効な唯一の体系であると見なしたという意味で、彼は学者風の正統派であり、ダーウィン主義を例外として、その他の原典の諸要素によってマルクス主義理論を豊富化したり、あるいは補完したりするあらゆる試みに反対した。

このように、マルクスあるいはエンゲルスのすべての理念について頑固な教条主義者ではなかった一方で、彼は教条的純粋性の厳格な擁護者であった。科学的社会主義として知られるステレオタイプ、つまり進化論的で決定論的なマルクス主義の科学主義的な形態がマルクス主義の本流に受け入れられるようになったのは、彼の解釈作業によった。

1　生涯と著作

カール・カウツキー（一八五四〜一九三八）はチェコ人を父、ドイツ人を母としてプラハに生まれた。ウィーンでの青年期に、ジョルジュ・サンドの小説やルイ・ブランの歴史作品を読んで社会主義の思想を知るようになった。一八七四年に大学に入り、翌年に社会民主党に加入した。彼は、歴史、経済学、そして哲学を勉強し、人間事象を支配する一般原理の説明としてのダーウィン主義に惹きつけられた。彼の最初の著書『社会進歩に与えた人口増加の影響』（一八八〇）は、貧困は人口過剰の結果であるとするマルサス的見方の批判であった。

カウツキーは、まだ学生時代にウィーンとドイツの社会主義新聞のために執筆し、リープクネヒトやベーベルにも会った。一八八〇年にチューリッヒに移り、そこでベルンシュタインの友人となり、ドイツ語の定期刊行誌『社会民主主義者』と『社会科学及び社会政策年報』のために働いた。八一年には数ヵ月間ロンドンに滞在し、そこでマルクスやエンゲルスと会った。翌年ウィーンに帰り、八三年の初めに月刊（後に週刊）『新時代』誌を創刊し、それを一九一七年まで編集した。この雑誌はこの時期全体を通じて、ヨーロッパにおける、したがって世界におけるマルクス主義の主要な雑誌となった。ドイツや他のヨーロッパにおいて労働運動のイデオロギー形態としてのマルクス主義を、これほど大きく普及した雑誌はほかにはなかった。

380

『新時代』誌に掲載された社会主義理論家による多くの論文が、後にマルクス主義の正典の一部となった。この雑誌は当初、シュトゥットガルトで発行されたが、反社会主義法のためにその後ロンドンに移された。この法が廃止された後の一八九〇年の末に、カウツキーはシュトゥットガルトに戻り、七年後にはベルリンに移った。

一八九一年一〇月のドイツ社会民主党大会で採択されたエルフルト綱領、つまりマルクス主義の諸前提に厳密に基づくこの党の最初の綱領は、カウツキーとベルンシュタインの手になったもので、カウツキーはその理論部分に責任を負った。カウツキーはドイツの党とインターナショナルのすべての大会に出席し、無政府主義者、ベルンシュタイン、修正主義者そして左派に対抗して、彼の正統派の考え方を擁護した。

政治戦略の問題において、彼は、そのとき一般にそう呼ばれた中央的観点の主たる提唱者であり、社会主義は漸進的な改良とプロレタリアート、農民、小ブルジョアジーの協力によって資本主義社会に導入することができる、とする改良主義の理念に反対した。同時に彼は、党の正当な任務は政治状況によって指示されたら直ちに単独の暴力蜂起に立ち上がることである、とする革命論にも反対した。同じように、戦争が到来し、インターナショナルが分裂したときに、カウツキーはドイツの党全体の民族主義と左派の革命的敗北主義とのあいだで中間的立場を取った。

ロシアの一〇月革命にたいする彼の鋭い批判は、レーニンとその支持者たちによって裏切り者として烙印を押される原因となった。一九二〇年代に彼は政治に復帰し、二五年のドイツ社会民主党ハイデルベルグ大会で採択された綱領を起草する上で卓越した役割を担った。彼は、アンシュルス［オーストリア併合］の直前までウィーンで暮らし、アムステルダムで死去した。

カウツキーの著作物は、彼の時代にマルクス主義と社会主義運動が直面した重要な問題をすべて網羅する。彼の膨大な著書や論文の中で、歴史と経済に関するものはもっとも永続的な評判を得た。一八八七年に彼は『カール・マルクスの経済学説』を出版したが、これは事実上、資本論第一巻の概括であり、数十年にわたって入門者用のマルクス経済理論の手引きとなった。マルクス主義の階級分析の方法をイデオロギーと政治的衝突に適用した四本の歴史研究は、おそらくは彼の理論活動のもっとも重要な部分である。それらは、『トマス・モアとそのユートピア』（一八八八、英語訳一九二七）、『一七八九年の階級対立』（一八八九）、『近代社会主義の先駆者たち』（二巻本、一八九五）、そして『キリスト教の成立』（一九〇八）である。

これらの著作の最初のものは、ヘンリー八世下の英国の状態およびトマス・モアの生涯とその有名な著作を原始的蓄積期の階級対立の観点から分析した。三番目の著作はプラトンの『国家』からフランス革命までの社会主義理念の歴史的総括であり、革命的再洗礼派の教義に特に注目したものである。これにたいし四番目のものは初期キリスト教理念の歴史的重要性に関わる。

一九一四年以前に出版されたカウツキーのもっとも重要な一般理論の労作は『倫理と歴史の唯物論的解釈』（一九〇六）であり、これは倫理学説の歴史、道徳理念や道徳行動の生物学的社会的意義に関するダーウィン主義者やマルクス主義者の見方の解説を含む。政治理論と社会民主党の戦略を直接に扱った作品は、エルフルト綱領についての広範囲にわたる論評『エルフルト綱領の基本的解説』（一八九二）と、改良主義者の革命論のジレンマに関するベルンシュタインと左派への反論（『ベルンシュタインと社会民主党綱領』一八九九、『社会革命』一九〇七、翻訳版一九〇九、『政治的ゼネラル・ストライキ』一九一四、『権力への道』一九〇九）である。

彼のロシア革命の批判は『プロレタリアートの独裁』（一九一八、翻訳版一九一八、一九六四）、『テロリズムと共産主義』（一九一九）、『国家の奴隷か民主主義か』（一九二一）に見ることができる。一九二七年に彼は『唯物史観』において、彼の理論上の概念を集大成した。この大作は、その大きさと、共産主義世界の最高権威によってカウツキーに宣告された非難からもたらされた悪評のために、以前の論文よりもはるかに影響力は小さかった。その上、共産主義と分裂した社会民主主義者も、社会主義思想の哲学的基礎や彼ら自身のマルクス主義的伝統との結合に興味を示さなくなっていた。

マルクス主義の理論は、レーニン主義的およびスターリン主義的社会主義によってほとんど独占され、その中にカウツキーの晩年の理念の余地はなかった。その結果、かつて書かれた史的唯物論のもっとも印象的な解説は、読者もそれが意図した影響力も事実上持たなくなった。

2　自然と社会

カウツキーの見方は、その経歴を通じて異常なほどに変らなかった。青年期に彼はダーウィン主義と自然主義的世界観を抱懐した。彼はまもなく史的唯物論を発見し、その後の人生において彼を満足させた二つの要素を統合して統一された全体に組み立てた。一八九二年にエルフルト綱領の論評を書きあげたが、彼は一九〇四年時点だけではなくヨーロッパ戦争やロシア革命そして国際社会主義解体後の二二年の第一七版の序文においても、その有効性をなお再確認することができた。

彼の最後の記念碑的作品は、それまでの五〇年間に表明した見解の変更や修正の類をほとんど含んでいない。このような初期からの自説への固執と満足は、彼に新しい政治・哲学理念にたいする感受性を失わさせた。しかしながら、彼は探求精神と知的誠実さを保持し、それが論争における理解力を維持することを可能にさせた。つまり、彼はデマゴギーと侮辱による論理のすり替えを避け、そしてその膨大な歴史知識を説得力のある主張の中に動員した。彼の著作物は衒学的で、体系化へのあこがれに充ちている。

マルクス主義の倫理観の説明に取りかかる場合に、彼は倫理学説の圧縮した歴史や作法や慣習の歴史全体を提示することから始めた（あまりうまくは行かなかったが）。ロシア革命の恐怖政治［テロリズム］を非難して、彼は一七八九年のフランス革命やパリコミューンの歴史を跡づける。彼は常にそもそもの起源に立ちかえり、教育的目的に満ち溢れ、レーニンがそうしたように、社会主義運動の理論的基礎の正しい定式化にたいして大きな重要性を付与する。

カウツキーの著作物の顕著な特徴は、哲学問題の理解の完全な欠如である。純粋に哲学的なテーマに関する彼の所見は、エンゲルスの総括的な論評で読みとれるものを超えない。すなわち、彼のカントに関する批評からは、彼がカント哲学の真の意味について何も分かっていないことが明らかである。倫理の認識論的基礎を含む形而上学や認識論の鍵となる問題は、彼にとってはまったく未知である。彼の知のもっとも力強い側面は、マルクス主義理論の観点からの過去の出来事と社会的対立の分析の中に見られる。

カウツキーの思想の特異な性質は、ジョレスのような著作者と比較することによってもっともよく分かる。ジョレスにとって社会主義、社会主義の近代的な理論的表現としてのマルクス主義は、何よりもまず道徳的観念、価値概念、人間の自由と正義にたいする永遠の願望の最高度の表明であった。

カウツキーにとって、マルクス主義はまず社会現象の科学的、決定論的、総合的な理解であった。カウツキーは、それでもってすべての歴史を理解でき、歴史の出来事を単一の公式に還元できる、首尾一貫した理論体系としてのマルクス主義に魅了された。彼は彼が育った科学の時代の典型的な申し子であり、ダーウィンやハーバート・スペンサーそして物理学や化学の発展によって鼓舞された。彼は、知識を事実や解釈のますます広大で集約的な体系に統合する、科学の無限の力を信じた。エンゲルスの後期の著作において発展させられたマルクス主義の科学主義的実証主義の版が、何の修正もなくカウツキーによって採用された。

彼の世界観は、感情や価値判断を抜きにした科学的厳密さ、科学の方法の統一性の確信、社会現象の厳密な因果関係的で「客観的」解釈、有機的自然の拡張と考えられる人間の世界によって支配された。このように考えながら、彼は自然に、マルクス主義のヘーゲル的起源をあまり重要ではない歴史的偶然と見た。つまり、エンゲルスと同様に、彼はヘーゲルのマルクス主義的伝統への貢献を、すべての現象の相互依存性、宇宙の発展と変化可能性等々の平凡な考察以上のものではない、と見た。

このように科学的世界観の基礎は、カウツキーの目からすれば、厳格な決定論および永久不変の普遍的法則にたいする信頼であった。エンゲルスよりもさらに強く、彼はすべての社会過程の「自然必然性」を強調した。彼は、人間社会の特殊性を否定し、あるいは社会的衝突や階級闘争を単なるダーウィン主義的生存闘争に還元するという意味の「社会ダーウィン主義者」ではなかった。しかし、人間社会の動物世界の水準への還元に関する留保は、彼が見たそれらのあいだの類似性よりもその重要度においてははるかに劣る。

あらゆる特殊人間的な特徴、つまり歴史を通じて現れる特徴は、他の動物と人類が共有している。これが『倫理』から『唯物史観』に至るカウツキーの著作に頻出するモティーフである。カウツキーは、環境にもっともよく適合する個体の生存を許容する突然変異がもたらす過程として、留保なしにダーウィンの進化観を取り入れた。自然は、進化を支配する意識的力または一定の全体的傾向のどちらか、という意味での目的を持たない。有利な突然変異を経験した有機体はその適応力をその子孫に伝達する。この過程が進化のすべての行程を説明する。

すべての典型的に人間的な機能は、動物世界に見ることができる。つまり、知性、社交性、社会的本能そして道徳感情である。知性は生存闘争の武器であり、認知能力は種の保存を確保する以外の他の目的を持たない。動物は自然の法則と因果関係の知識を示し、人間の知識はこれの発達と体系化である。

カウツキーは、出来事を結びつけ、この結びつきを言語の形態で分節化された「自然法則」という言葉で表現する純粋に生物学的能力が、宇宙に関する真理の発見という地位を主張できるのはどうしてそうなのか、あるいは、真理としての知識という理念が適応の手段としての役割からどのようにして引き出されるのか、を自らに問わない。

自己保存と種の保存という二つの基礎的本能は、道徳と認識の両面にわたる動物と人間の行動のすべての領域の十分な説明である。種内の協働の本能は、人間という種の中で、われわれが道徳律あるいは良心の声と呼ぶものである。動物界と同様に、人間界においても協働の本能は自己保存の本能としばしば衝突する。それゆえに人間が「本来的に」利己主義であるとか利他主義であるとは言えない。なぜなら、これら二つの傾向は、特定の場合に衝突するかもしれないが、すべての高等動物と同じように人間の中で共存しているからである。

分業と道具の使用は、その萌芽的形態で動物の中でも観察されるが、それは自分の目的に適合するように環境を変えるという意味で、生産と同じである。要するに、人間は認識的、道徳的主体および生産者として、動物と何ら異なるものではない。人間ではない世界において見いだすことのできないものは、人間の中にも存在しない。

人間によって実現された特殊な力、つまり動物的能力の特殊な発達は、有機体の環境への適応や交渉によって説明できる。これらの能力、つまり言語や道具の発明が相互の発達を助長し、思考、経験、能力の蓄積を可能にした。しかし、それらは動物的能力の延長以外ではない。文明の進歩全体は、同じ適応の法則の作用で説明できる。原始人がジャングルから平原に現れたとき、彼は着る物を作らなければならず、家を建てなければならず、火や農耕の技術を発見しなければならなかった。言語は部族内の社会的紐帯や協働を強化するものであったが、それは口語や社会集団の分化、それゆえに同一種内における戦争という特殊な人間の制度をもたらした。

動物界で開始された過程の延長である分業は、本質的必要を超えて生産することを可能にした。このことは人間がそのような剰余を統制するために闘うこと、そしてまた、生産手段の所有を基礎とする階級区分の形成という結果をもたらした。技術の発展はそのような階級区分の形態変化を決定したが、それもまた他の要因、特に自然環境によって部分的には決定された。階級区分は集中化された灌漑作業が必要とされた所、例えばナイル・デルタのような所ではある形態をとり、主たる問題が近隣部族からの攻撃を防ぐことである所では別の形態をとる。つまり、山岳地帯や沿岸居住地とでそれらは異なるだろう。しかしながら、すべての場合において、環境への適応の原則が、自己保存と協働という不変の本能によって支配された人間行動の特定の形態を決定する。

人類が出来上がったものとして発見したか、あるいはいずれにせよ、歴史を通じて保持してきた永遠で絶対的な価値が存在するという錯覚は、数千年にわたって社会の進歩が極端に遅く、そのために特定の命令や禁止が常にどこでも有効であると見なされるようになるまで変わらずに残り続けたという事実から生まれる。

実際にこの種の唯一の不変の要素は一般的な生物的本能であるが、その一方で、特に人間の道徳規範と価値はすべて生産様式に依存する。歴史を通じて被抑圧階級によって進められた闘争の中には、ある同一の環境が識別できるのであって、こうして価値の相似性がこれらの階級によって創られた。しかしこの類似は、現実以上に明白である。

原始キリスト教において自由が怠惰を意味したのにたいし、平等は財貨の平等な配分を意味した。フランス革命において平等は財産への平等な権利を意味し、自由は自分の所有物の自由な使用を意味した。しかしながら、社会主義の下で平等は、社会的労働の生産物を使用する平等な権利を意味し、その一方で、自由は必要労働の削減、つまり労働日の徐々の縮減である。

実に、意見や価値は、そこから生まれ、その中で起こってきた環境よりも長続きし、そして社会進歩の妨害物として作用する。しかしながら、原則として、社会における人間の行動は理想ではなく、生活の物質的必要によって決定される。道徳的理想は「目的ではなく、社会闘争の武器である」。一般にいかなる理想も科学的観察によって確かめることはできない。理想は定義上道徳的に中立で、自然と人間史における必然的な結びつきだけに関係する。

科学的社会主義は、経済法則の結果としての無階級社会の不可避性を証明するが、この不可避性を道徳目的にまで高めることはできない。しかしながら、この事実が、抗しがたい経済的必然性に駆り立てられた労働者階級が、そのために闘っている社会主義世界という構想の偉大さと気高さを貶めるのではない。

カウツキーは、道徳価値の認識論的問題あるいは歴史の過程が不可避的だと提起した場合でも、価値の問題は未解決のまま残されるという事実を捉え損ねたように思われる。したがって彼のカントおよび倫理的社会主義の批判は的外れである。コーエン、フォルレンダー、バウアーが指摘したように、何かが必然であるという事実からそれが望ましくあるいは価値があるということにはならない。

われわれは、社会主義が歴史的必然であるばかりではなく良いことでもあると自分に言い聞かせるためには、特別の認知的能力を必要とする。マルクスは前の方の命題を提示し、カントの倫理学は後者を信じる道をわれわれに示したのかもしれない。しかしながら、カウツキーは、価値は科学の領域外である、と回答した。彼は、マルクス主義は社会主義の歴史的必然性を証明したという点で新カント主義者と一致したが、彼の考えでは、これが証明される必要のある全てであった。労働者階級は社会主義を理想と見なす意識を発達させなければならない。しかし、この心構えそれ自体が、社会過程の結果以外の何ものでもない。

人はなぜ、不可避的と信ずるものを望ましいと見なさなければならないのか、という疑問はカウツキーによって無視された。彼はそれに答えない理由を明らかにしていない。

彼は、カントの定言的命令は錯覚に支えられている。なぜなら、第一に、それは哲学者が経験的にしか知り得ない他者の存在を前提にしながら、経験から独立していると称するからである、と主張した（実際のところ、定言的命令は経験的資料から論理的に引き出し得ないという意味においてではなく、何らかの経験的知識なしには効果的に定式化できないという意味において経験から独立している）。

第二にカウツキーは、定言的命令は対立や衝突する忠誠心によって引き裂かれた社会では機能しない、と断言した。しかしながら、事実として、それはカントによって具体的な規則の必要条件を構成する形式的規範として提出され、道徳的対立を排除したりあるいは調和的な社会の存在を前提とする経験的主張として提出されるのではない。ましてや、それは道徳規範構築の十分な基礎であると称するのでもない。

カウツキーがカントを理解し損なった程度は、彼の『倫理』における解釈で明らかで、その解釈の趣旨は、各個体を手段ではなく目的として扱うというカントの規範は、個体の生存が種にとって有益である個体だけを保護するという条件付きで、共同体は動物の中で実現されているというものであった。カウツキーはこの条件付きが個体の固有の価値という原則全体と正反対であることに気づかない。その場合において個体は目的それ自体としてではなく、種の保存の手段として扱われている。

3　意識と社会の発展

厳格な決定論という原則、そして人間の歴史は自然史の延長であり、それと同じ法則によって解釈できるという信念が、カウツキーに人間の意識の純粋に自然主義的な解釈をとらせた。カウツキーは意識を「随伴現象 epiphenomenon」（マルクス主義の批判者たちが頻繁に主張するような）、つまり「客観的」歴史の一部ではなく、真偽はともかくとして歴史的出来事の認識に属する現象とは見なさない。

その反対に、彼は意識を必然的な諸過程の連鎖における本質的な環と見る。しかし、彼は、動物と異なる人間の意識というようなものは存在しないと言う。人間の意識は知能、知識そして道徳的感覚から成り立つが、これらすべてが前人間的段階において適応の器官として進化した。したがって、意識の過程は非本質的な「余分」であってそれがなくても人間の歴史は現在あるのとまったく同じであると言うのは誤りである。しかし、これは前人間の歴史にもまた当てはまるのであって、その中で高等動物の場合、敵対的環境の下で生存することを可能にする意識の過程が含まれる。この観点から、彼は、人間という種はその言語や道具を製作する能力にもかかわらず、他の知的存在と何ら異ならないと言い切る。

特にこの点でカウツキーはマルクスの理念に忠実である、つまり、資本主義の崩壊と社会主義への移行の必然性は、技術の進歩が過去において社会経済的制度を出現させた必然性とまったく同じであると思い込む誤りを犯しているように思われる。

もちろんマルクスの理念、すなわち社会主義は組織された労働者が社会過程の知識を獲得したときに彼らによって意識的に成し遂げられるとする理念は有効なままである。しかし、カウツキーも彼の新カント主義的反対者も、必然と自由との対置、事実的記述（description）と当為的記述（prescription）との対置を乗り超えようとするマルクスの試みの真の意味を理解しなかった。カント主義者も決定論者も歴史の主体と客体の一体化を含むマルクスの終末論、つまり「類的本質」への人間の回帰の理念そしてそれと切り離せない疎外の理論を理解しなかった。

すでに見たように、マルクスは社会主義を単に不平等、搾取、社会的対立を廃棄する新しい制度とは見なさなかった。彼の見方では、それは人間によるその失われた人間性の回復であり、その類的本質と経験的存在の一致であり、「疎外された」本性の人間存在への復活であった。今日までの歴史は人間の参加と彼らの意識的意図を含んでいるが、しかし歴史はそれ自体の法則に従っていたのであって、その法則は人間が意識的に理解しようがしまいが有効であった（事実として、彼らは理解できず、またすべての出来事を必ずしも完全に理解していなかった）。

しかし、労働者階級の意識においてわれわれは単に社会過程の拡大された知識に関わるだけではなく、その知識は他の知識と同様に、技術を転換するのと同じく社会を転換するのに使うことができる。労働者階級の意識は実際に社会の革命的な転換過程そのものである。それはまず獲得され、それから実際の使用に供するというような知識の蓄積ではなく、新しい社会の自己知識であり、その中で歴史過程がその過程の認識と一致するのである。

それ以前のシステムと同じように、資本主義が自らが創り出した技術的条件にたいする統制を失う運命にあるという意味で、社会主義は必然的である。しかし、社会主義の必然性は、労働者階級の自由で意識的な活動としてそれ自体を現す。プロレタリアートの意識はその失われた本性を回復する人間の自己覚醒であるのだから（この本性は現実に存在し、規範的理想ではない)、この意識は事実記述的あるいは情報的な側面と、規範的あるいは命令的側面とに分割することはできない。

それによって人間が自己の存在を認識し、あるいは自己の本質に立ち戻るという行為は人間性の自己肯定であり、そうであるから、歴史過程の自然な不可避性という意識、あるいは規範的理想またはこれら二つの組み合わせに変えることはできない。

経験的現実よりもさらに現実的であって、単に想像された理想ではない何ものかとしての「本質」にたいするマルクスの特殊にヘーゲル的な信念は、決定論者とカント主義者との論争において無視された。後者の立場は、マルクスは社会主義が客観的必然であると示したというものであり、そして彼らはこの事実の認識は社会主義的価値規範によって補完されなければならないと考えた。カウツキーは、マルクスは社会主義を客観的必然であると示し、そして、この必然的過程の一つの要素がプロレタリアートのその必然性の認識と承認であると主張した。この認識と承認は不可欠で
387
あって、それ以上のものは必要とされない、と。

しかしながら、マルクスの真の見方は、プロレタリアートの意識が自らの本質に回帰しようとする人間の意識であるならば、それは客観的過程としてのその回帰と同じものであるということであった。すなわち、プロレタリアートの革命活動の中で、必然と自由との対置は消滅するのである。

これを別な方法で表してみよう。カウツキーはエンゲルスに従って、意識を知識とみる自然主義的で実証主義的な意識観を採った。知識はそれ自体として社会の必然的発展の結果であって、実効的な社会的技術の不可欠の基礎を用意するかぎり社会発展の一部である、と。社会に関する知識とその知識の実際への適用は、技術の場合とまったく同様に相互に区別される。

したがって「科学的社会主義」という用語の特殊な意味は、以下のようになる。社会主義は科学的観察の結果からしか得られない理論であって、プロレタリアートの自発的な発達の結果ではない。社会主義の理論は、労働者階級ではなく学者の創造物でなければならず、解放闘争における武器として労働者運動の中に外部から導入されなければならない。

後にレーニンによって採用され、自発的な労働者階級の運動に外部から移植される社会主義の意識という理論は、意識の自然主義的な解釈と社会過程一般のダーウィン主義的解釈との直接的結果である。それはまた、理論に精通した知識人によって指導されるプロレタリアの党、つまり労働者階級がそれ自体では発達させることができない真正で科学的なプロレタリアートの意識を代表する党、という新しい理念の理論的基礎を提供することによって政治的道具となった。

カウツキーは「科学的社会主義」の理論からレーニンと異なる結果を引き出した。しかし、彼の場合においてもまた、プロレタリアートの階級意識はプロレタリアートの外部、すなわちインテリゲンチャの精神の中でしか形成されないという見方であって、それは専門職政治家や操作者の党に自己転換する社会主義政党の反映と理論的正当化であった。

388

4　革命と社会主義

歴史の必然性、特に社会主義社会の「客観的」必然性の確信がカウツキーにとってマルクス主義の礎石であって、科学的社会主義と空想的社会主義との本質的な相違点であった(しかしながら、事実として、社会主義が客観的に不可避という見解はマルクス主義だけのものではない。それは何人かのユートピア主義者、例えばサン・シモン主義者の中に見いだすことができる)。

カウツキーは、この点ではマルクスの学説に忠実に留まることに特に気をつけ、そして政治的熱狂は経済的必然性に取って代わるものではないと強調してやまなかった。すなわち、社会主義は資本主義の経済的成熟とそれがもたらす階級の分化からしか起こり得ない、と。カウツキーの政治的態度はこの「成熟」原則によって本質的に決定され、それが実にレーニン主義左派を除く第二インターナショナルのすべての理論家によって受け入れられた。それはマルクスの教えの中の反ユートピア的そして反ブランキ的要素からの当然の結果であるように思われる。

そのユートピア社会主義および修正主義の双方にたいする批判におい

て、カウツキーは社会の階級的区分と消費の基準による区分、つまり国民所得への参加に基づく区分の相違を強調した。この点で彼は、マルクスと完全に一致していた。すなわち、プロレタリアートの闘争は貧困ではなく階級対立の結果であって、社会主義の勝利の条件は労働者階級の絶対的貧困化ではなく階級対立の先鋭化の結果であり、これは同じ事柄ではない、と。

その歴史分析のさまざまな箇所でカウツキーは、搾取された労働者の分け前が改善され、その結果、その強さが貧困の作用ではない場合に階級闘争は先鋭化することを明らかにする。彼はこの根拠に立って、労働者は相対的に暮らし向きが良くなっていることを示して、階級対立はそれゆえに縮小するだろうと予言するすべての修正主義的主張を拒絶する。カウツキーの見方では、こうして、労働者階級の絶対的窮乏化論はマルクス主義理論の本質的部分ではなく、この窮乏化論が虚偽であると証明されるならば、それは廃棄されなければならないというものであった。

しかしながら、本質的な問題は、階級分化が拡大し、中間階級が資本の集中によって圧縮されるだろうという見解であった。この点でカウツキーは非妥協的であって、集中の過程にもかかわらず中間階級、特に小所有者はその数を減らさない、というベルンシュタインの主張を否定するために努力した。

修正主義者との論争とエルフルト綱領の理論部分の解説において、ブルジョア社会の発展は小事業者を排除するに違いない、とカウツキーは主張した。統計はこれを確証しないと反論されたときに、彼は、新しい所有者は小ブルジョアではなく、資本の集中によって仕事を失い、小事業所や共同作業所を設置して借金しないですむようにと努力する人びとであると答えた。彼は農業における小所有者の消滅は予測されたほどの速さでは進んでいないことは認めたが、ここでもまた、早晩そういうことが起こらざるを得ないと考えた。

カウツキーは、資本主義の衰退は利潤率の低下の結果ではなく、利潤率の低下は利潤の絶対的水準の上昇と調和する、と主張した。資本主義は、人類が進化させてきた技術の効率的使用と発展とを、生産手段の私的所有が許容しなくなるがゆえに崩壊するだろう。資本主義は、無政府状態、循環的な過剰生産危機、大量失業を避けることはできない。その上、それは労働者階級の意識を発展させざるを得ず、労働者階級は短期的な改良を獲得するためだけではなく、政治権力を奪取し社会的善のための生産手段の公的所有を確立するために、自らを組織するだろう。

政治闘争と経済闘争との関係、そして改良のための闘争と革命の待機との関係という二つの基本問題に関して、カウツキーの立場は正統派マルクス主義のそれであった。第一の問題について、彼はマルクス主義の観点を、等しく誤った両極端である一方のプルードン主義と他方のブランキ主義とに対置した。

プルードン主義者は、政治闘争に関心を持たなかった。というのはプロレタリアートによる政治権力の奪取は搾取を廃棄することにはならない、と考えるからであった。政治的民主主義は経済的解放を実現しないのだから、資本主義が存在するかぎりプロレタリアートは民主主義によって何も獲得することはできない。したがって、労働者は政治的および議会的問題に関係を持ってはならず、資本主義から独立して生産を組織することによって自らを解放することに集中しなければならない、と。

他方、ブランキ主義者は、経済的条件に関係なく政治権力の奪取のみに関心を持った。カウツキーが説明するように、マルクスはこれら両方の一面的見方を避け、科学的方法に合致する立場、すなわちプロレタリアートの政治権力の掌握は経済的解放にとって必須の条件および手段であるが、この権力は資本主義の崩壊にとってそれが成熟した時にだけ、それを打倒するのに使うことができるという立場を取った。もしその時機が経済的見地から見て未成熟であるならば、権力の奪取は資本主義の廃絶に直結しない。なぜなら、客観的経済法則は命令または暴力によって覆すことはできないからである、と。

この実例はカウツキーがプロレタリアートの独裁と見なしたジャコバン独裁であった。恐怖政治は不当利得を粉砕して大衆の革命への熱意を維持するものとされた。しかし、それはただ恐怖と幻滅をもたらしただけであった。テルミドール反動が到来したとき、ジャコバン派はいかなる支持も得られず、革命は経済的条件によって設定された土台、つまりブルジョアジーの支配に復帰した。パリ・コミューンも同じ理由で崩壊せざるを得なかった、と。

しかしながら、カウツキーは、政治革命に向かう資本主義の成熟がどのように認識されなければならないかについて正確に説明することもできず、また説明しようともしなかった。彼は改良主義者に反対して、社会主義は部分的改良や所有階級の側の譲歩によって、ただ資本主義の自然の延長として展開することはできないと主張した。組織されたプロレタリアートによる政治権力の意識的な奪取という意味において、革命は社会主義にとって本質的で不可避的な前提条件であった。

しかし社会民主主義者は、革命過程の性質や期間の精密な定義によって自らの行動を縛ってはならない。特に、それは一回限りの暴力行動、武装した反乱、あるいは流血の内乱戦争を意味する必要はない。それとは反対に、プロレタリアートが組織された活動能力をさらに高め、歴史の過程にさらに目覚め、民主主義の制度の活用において訓練されればされるほど、それだけ革命は非暴力的形態を取る可能性がある。しかしながら、その精密な条件を予測することは難しい。

社会民主党に関して言えば、党は革命を可能にする経済的条件を主体的に創出できないのだから、カウツキーの言によれば、それは革命の党ではあるが、革命を行うあるいは準備する党ではない。革命は意志あるいは純粋に政治的要素から達成されるようなものではないからである。

社会民主主義者は「悪ければ悪いほど良い」という馬鹿げた理論を明快に拒絶した。つまり、資本主義の下の社会的政治的改良のための闘争は、プロレタリアートとその最終的勝利という高度な利益であって、階級意識を発展させ、プロレタリアートが経済の管理や政治生活の経験を獲得することを可能にする。改良は革命に替わるものではない。しかし、それは革命にとって必要な準備である。進路を大破局に向けるか、あるいは資本主義は漸進的進化によって社会主義へ転化するという願望の下で階級間の協調に依拠するかのいずれもマルクス主義の戦略とは反対である。

カウツキーが、革命は命令によっては実行されず、政治権力の単なる移行は資本主義が経済的技術的に変化に向かうように成熟していなければ、プロレタリアートの経済的解放を実現することはできないと主張する時、確かに彼はマルクスに忠実であった。しかし、労働者運動の戦略、戦術そして組織化は、政治的大変革に向けた準備に着手するのか、それともいかに正確だろうが資本主義の経済的衰退の諸条件を待つことを選択するのかに応じてまったく異なるものになるに違いない、という事実を彼は見過ごしていたように思われる。

カウツキーが革命の性格や期間を事前に予測することを拒否したことは、資本主義の下で条件が成熟するのをプロレタリアートは待たなければならないという前提に立てばまったく合理的である。しかし自らを革命的と呼ぶ党が、いかなる根拠にせよ「革命」という用語の意味を前もって判断することを拒否するならば、それは合理的に活動することはできない。もしそれが平和的過程、おそらく数十年も続き、そのあいだにプロレタリアートが政治制度の統制を次第に獲得する平和的過程を意味するのであれば、党の教育的組織的課題は革命が一回限りの暴力行動である場合に比べてよほど異なるに違いない。

したがって、党は、実践的には、歴史の過程は予測不能であるという理由だけで選択することを控えることはできない。その綱領において両方の選択肢を残しておくことはできるかもしれないが、しかし政治活動においては前者か後者かを選択しなければならない。この理由から、合理的基礎もないままの科学的態度と決定にたいする躊躇に基づくカウツキーの中央的立場は、実践的には改良主義の立場を受け入れることに行き着いた。プロレタリアートによってではなく、資本主義それ自体によって準備される革命という理論は、党の置かれた現実的状況がカウツキーの理論に反映されたものであり、この党はその綱領では革命的用語に固執したが、言おうとしたような行動は何も取らなかった。

ベルンシュタインの観察はまったく正しかった。彼の観察によればドイツ社会民主党は事実として改良主義の組織であって、その綱領の中の革命的要素は、その行動および綱領それ自体が設定した実践的目的と矛盾していた。用語の遣い方ではなく実際の問題として、中央主義の最終的敗北と党の革命左派と改良主義派への分裂は、中央主義が科学的な偏見のなさという装いの下の不決断の哲学であって、党の綱領ではないにしてもその他すべての政治活動上の出来事について、決定されなければならなかった問題、そして決定された問題において、明確な立場を採ることができなかったという事実によるのである。この欠陥は党が平和的にその勢力を構築しているあいだは顕在化せず、党は実際に改良主義路線を採っていたけれども、党大会でカウツキーの正統派マルクス主義が改良主義の綱領に打ち勝っていたあいだもそうであった。その矛盾は危機の際に完全に顕在化し、カウツキーの方針の土台を押し流してしまった。

革命は経済的諸条件が成熟するまで待たなければならないという理念は、カウツキーにとってマルクス主義の歴史過程の理論の完全に自然の結果であると思われた。「土台」と「上部構造」との関係において前者のみが能動的役割を果たし、後者は単なる付加物であるというのは彼の見解ではない。その反対に、彼はエンゲルスに従って、この二つの区分は歴史過程における「物質的」要素と「精神的」要素とのあいだの区分と同じではないことを強調した。生産手段と道具を含むと彼が見なした土台は、知識の増大に応じて発展し、「精神的」資源を含むあらゆる人間的生産能力から構成される。他方、上部構造すなわち法的政治的関係と社会的に形成された態度は、経済的諸条件に大きな影響を与える。

こうして相互影響の持続的な過程が存在し、土台の上部構造にたいする「優先性」は「結局のところ」でのみ適用される。この「結局のところ」という言葉遣いを彼の前のエンゲルスと同様にカウツキーは厳密には説明しない。彼はただ、技術の進歩とそれに伴う所有関係の変化は、新しい思想や社会運動および制度の出現を説明するけれども、上部構造におけるあらゆる細部の変化を説明するのではない、と付け加えるだけである。

このように土台の「優先性」の解釈を制限しながらも、カウツキーはどのようにして新しいものは古いものから区別されるのか、あるいは技術や所有関係における相応する変化に相当に遅れて出現する思想や制度が事実としてこれらの結果であることを、どのようにしてわれわれは確かめることができるのかについて何も説明しない。

革命運動の歴史における単独の出来事の説明において、カウツキーは多くの信頼できる解釈を提示したが、さらに広範囲の過程になるとその提示はしばしば恣意的であるように見える。例えば、彼は一人ひとりの人間を手段ではなく目的として扱うというカント哲学の原則は、封建社会における人格的依存にたいするブルジョア階級の反抗の表れであると主張する。しかし、啓蒙主義の功利主義者たちが唱えたそれと反対の倫理原則は、キリスト教道徳の禁欲主義に反対する快楽主義を主張したのであって、等しく新興ブルジョア階級にとって特徴的である。他方、カントの原則がキリスト教にその根源があるのにたいし、快楽主義はまた没落する貴族階級にとって典型的である。そしてさらに、適者生存という自由主義的原則は、ブルジョア起源である。

もし知的現象の意味がこのように自由に操作され得るとすれば、それらのいかなる解釈も階級や経済的見地から擁護できることになり、それはそれ自体として理論の弱さを露呈しているのである。カウツキーが主張するように、もしキリスト教の倫理が古代ローマの被抑圧階級の悲惨そしてまた当時の退廃した貴族の状態を反映していたとするならば、そしてそれが封建社会の支配者の道具に、そして後になってその社会への反抗を鼓舞するものになることができたとすれば、あるいはまた、ブルジョア階級の心性がカントの人格主義、ベンサムの功利主義、カルバンの禁欲主義によって等しく十分に表され得るとしたら、そのとき、理論は確かにすべての歴史事象を説明でき、虚偽化を防ぐことになるのだろう。しかし、それは、それが恣意的であって、精神現象とその物質的起源の関連の正確な基準を欠いているがゆえである。

カウツキーの進化論的理論の中には、当然ながら、終末論も歴史の一般的「意味づけ」のいかなる確信も存在しない。マルクスと同じように、彼は社会主義を一つの階級ではなく、全人類の大義と見なしたが、彼はまた、社会主義をもたらすことになる運動の階級的性質を主張する点ではマルクスに従った。

労働者階級は政治的あるいは社会的改良を確保するためにブルジョア階級あるいは下層中産階級と一時的同盟を結ぶかもしれない。しかし、もしそれが同時にその独立と独自の性格を保持しなければ、それは崩壊してしまうだろう（カウツキーは小農民とのいかなる同盟にも特に信頼を置かなかった。彼は特にドイツでは小農民を著しく保守的な階級と見なした）。

社会主義はすべての者の利益である。しかし、社会主義のための闘争は労働者階級だけの利益である。この理念（カウツキーの書いたものではあまり多くの言葉では定式化されていないが、彼の教えに、またマルクスの教えに表われている）は、自己矛盾のないものであって、その前提は、プロレタリアートのみが歴史によって特典を与えられているがゆえに彼らの直接的および究極的目的は相互に調和し、他方で、ブルジョア階級は言うまでもなく小農民や下層中間階級の短期的目的は、社会主義社会の理念に具現されるすべての人類の利益と対立する、というものである。矛盾は理論の中ではなく、所有階級の利益の中に存在する。

社会主義はすべての人間の解放を意味する。これは真理であって、それは何よりもまず生産手段の公的所有と社会の必要に応じた生産過程の統制が労働日を短縮し、そして人びとにその個人的才能と意欲を発達させるためにより多くの時間を与えるからである。社会主義は、無政府主義が保持しようとしているような国家の廃止も、あるいは自給自足の小共同体への復帰も意味しない。それは無政府主義的な生産と競争という結果をもたらすだけである。人民に対立するものから事物の社会的管理の機関に転換された国家は、集権化され物質的生産の全領域を見守ることができなければならない。他方で、芸術的知的生産は完全な自由の下で発展するだろう。

当時のほとんどのマルクス主義者と同様に、カウツキーは交易と産業の集権的規制と文化の独立とのあいだの衝突が見えなかった。民主主義、話す言葉と書く言葉の自由、集会の権利そして文化的自由は、マルクス主義者によって一般に、社会主義的組織の自動的な特徴と見なされた。カウツキーはこの問題についてたびたび彼の見解を表明したが、それはいつも同じ意味であった。

歴史の問題として、民主主義的自由は封建的抑圧と闘うブルジョア階級によって確保されたけれども、それらは進歩の恒久的達成物に属し、民主主義のない社会主義は、それ自体の第一原理のパロディと化すであろう。この理由から、社会主義は革命の少数派によって課されてはならない、なぜなら、そうなればそれは自らと矛盾することになるだろうからである。革命は異論のない多数者の仕事でなければならず、それは、異なる意見を表明し、それを主張する少数派の権利を尊重しなければならない。

5　レーニン主義の批判

社会主義は経済的条件がそれにぴったりと見合うまでは勝利できないというカウツキーの基本的信念は、社会主義は民主主義を伴うというその信条と合わさって、彼を一〇月革命とプロレタリア独裁というレーニン主義の概念に強く反対させた。

ほとんどのレーニン社会主義批判者と同様に、カウツキーは民主主義の形態に反する特殊な政府形態としてのプロレタリア独裁の理念をマルクスが支持したとレーニンが主張するのは誤りである、と考えた。マルクスとエンゲルスにとって、プロレタリア独裁は政府の形態ではなく、その社会的内容を意味すると彼は主張した。このことはマルクスとエンゲルスが「プロレタリア独裁」の用語を、パリ・コミューンを記述するのに使ったという事実によって証明されており、このコミューンは民主主義的諸原則、複数政党制、自由な選挙そして意見の自由な表明に基づいていた。

遅れた国において恐怖政治と抑圧の手段によって社会主義を建設することを決意して、ボルシェビキはマルクスとエンゲルスの見解に反した。マルクスとエンゲルスは、例えば一八七三年にスペインで共産主義者の蜂起に着手しようとしたとしてバクーニン主義者を激しく批判し、そしてま

394

た、ロシアの革命はプロレタリアートが決定的役割を担うとしてもブルジョア的性質でしかあり得ない、と見なしたプレハーノフやアクセリロードのようなロシアのマルクス主義者の見解にも反対した。

　ロシアの人民の貧窮そしてそれと同時に進行する千年王国の願望、戦争がもたらす残酷化とプロレタリアートの全般的後進性は、もしそこに社会主義が導入されたとしても、その社会主義はその反対物に転化せざるを得ない。現実的目的に向けてプロレタリアートを組織し、それを高度な水準に引きあげることを放棄して、ボルシェビキはプロレタリアートを個々の資本家に仕返しすることに引き込み、あらゆる民主主義の要素を破壊し、運動の未熟さが全面的残忍性と盗賊団において結実することを許してしまった。彼らは以前のジャコバン派と同様に、大規模な恐怖政治と強制労働、彼らはこれをプロレタリア独裁と誤って呼んだのだが、これらによって経済の困難を無益にも乗り切ろうとしたのである。

　こうして、カウツキーが一九一九年に書いたように、専制支配の環境の中で、ツァーリの高級官僚と甲乙つけがたいほど邪悪な官僚的搾取者の新しい階級が成長し始めた。伝統的資本主義の下で労働者は、資本と国家官僚制とのあいだの利益の不一致につけこむことができたのだが、これにたいしボルシェビキのロシアではこれら二つが一つに合体してしまったのだから、労働者の絶対主義支配に反対する将来の闘争は、伝統的資本主義下のそれよりもいっそう絶望的となるだろう。

　この種の管理的社会主義は、それ自体の原則を否定することによって自らを維持することができるのであって、それはボルシェビキの悪名高い日和見主義と、今日は今日、明日は明日とその調子をがらりと変える気楽さという所与の条件の下で、もっともやりそうなことであった。もっともありそうな結末は、一七九四年のフランスのようにロシアの労働者が解放として歓迎するようなある種のテルミドール反動であるだろう。

　ボルシェビキ主義の原罪は民主主義の抑圧、選挙の廃止そして言論および集会の自由の否定、そして社会主義は少数派の暴力によって押し付けられる専制支配に基づくことができるという信念であって、それはそれ自身の論理によって恐怖政治の支配を強化せざるを得ない。もしレーニン主義者が彼らの「タタール社会主義」を長く維持しつづけることができるとすれば、それはまちがいなく、社会の官僚制化と軍事化をもたらし、遂には単独の個人の専制的支配となるであろう。

6　カウツキーの哲学の矛盾

　エンゲルスに次いで、確かに、カウツキーは自然主義者、進化論者、決定論者、マルクス主義のダーウィン主義版の主たる擁護者であった。一瞥して、彼の哲学は首尾一貫した全体をなし、自然と人類のすべての歴史を包括するわずかばかりの原則に還元されているように見える。

　すべての発達は、有機体と環境との相互作用の結果である。もっともよく適合したものが生き残り、その特質を次の世代に伝える。種間の競争は普遍的攻撃本能と種内の結束を生み出す。人間という種は、道具を作る能力と言葉を分節化する力によって、自然界で特別な地位を実現した。道具の発達が、私有財産と剰余価値の占有のために相互に争う階級の始まりとなった。これが今度は資本の集中と階級の分極化を招く。私的所有は技術の更なる進歩を阻害し、搾取する少数の者と搾取される多数の者との対立を強める。そしてこの過程は、公的所有と新しい社会の設立で終わりを迎えることになる。この新しい社会は資本主義の技術的社会的達成、とりわけ民主主義的生活方法を守り、社会化の過程を対立のないものに変えて、人間という種の団結を復活させ、基本的な社会対立を一掃して個人が無限に発達することを可能にする。

　しかしながら、厳密に検討すれば、この理論は欠陥と矛盾だらけであり、それらのいくつかはマルクスの初期の著作に含まれたものとは反対の、マルクス主義の進化論的解釈に特有のものであり、その一方で他のものはマルクス主義の自然主義的および人間主義的版と共通する。

　カウツキーの見方では、有機体世界のすべての発達そして自然史の下位区分としての人間の歴史は、有機体と環境の相互作用によって説明される。カウツキーはこの相互作用の理論を弁証法の真正で合理的な内容と見

395

なし、この理由から、彼は潜在的内部矛盾による実在の二分法の理論としての弁証法の理念を批判した。すなわち、発展の解釈としての自己否定は、彼の考えでは、ヘーゲル主義的観念論の遺物である。自然および歴史における変化は矛盾の内発的な運動によってではなく、世界の中の性質の異なる要素の相互作用によってもたらされる。

人間が長期の分裂の後にそれ自体に復帰し、歴史の客体と主体の統一を回復するというような図式は現実に存在しない。われわれは、それ自体としては何の「意味」も持たず、科学的探究によっては何も明らかにならない変化の必然的な過程の観客である。というのは、科学は価値と関係がなく、ただ、自然の必然性あるいはその「法則」に関わるだけであるからだ。

このような自然主義的決定論は、哲学的観点から十分に練り上げられたものではなく、重大な矛盾あるいは恣意的仮定を生み出して、カウツキーの思想全体に影響を及ぼした。まず第一に、「歴史的必然性」が歴史のあらゆる細部から成るのか、または、ただその一般的傾向だけを指すのかが明らかではない。もし前者であるならば、その場合、この種の決定論の恣意性は別におくとしても、それぞれの個別的な出来事または過程は不可避的であり、それと正確に同じ意味で前もって決定されていることが事実でなければならない。そうなれば、例えば、カウツキーのロシア革命批判は無駄だったということになる、なぜなら、ロシア革命は商品経済の資本主義への転換と同じように、必然的な出来事であったからである。

人間の意志は実際に必要な環であるかもしれないが、しかしその性質と効果は他のすべての物事と同じように決定されるのであって、歴史変革の他の要因とその機能において何ら異なるものではない。状況が熟しているかどうかを考慮に入れなかったとして、革命運動を批判することは無意味である。なぜなら、その成熟度は運動そのものの成功によって示されるからである。

他方で、もし、歴史的必然性は一般的傾向の問題だけであり、出来事の特定の形態は無条件に人間の意志に従うとすれば、その場合にその批判は別の理由で無意味となる。われわれは社会主義への転換の「成熟度」を構成するものを正確には言えないのだから、そしてまた意識的な人間活動が有利な時期を身近に引き寄せるかもしれないのだから、誰も確定的に、いつその時期が事実として到来するかを言うことはできない。したがって、カウツキーのブランキ主義やレーニン主義批判は、彼がそうであると意図しているとしても、彼の歴史決定論によっては正当化されない。

さらに、科学的意識は社会主義を導く社会運動とは独立に生れ、外部から運動の内部に導入されなければならないのだから、レーニンがそうしたように、この事態から同じ結論を引き出さないという理由は存在しない。真にプロレタリア的な、つまり科学的である意識は、現実のプロレタリアートから独立して発展させることができ、そして、現実の労働者階級が何を考えていようが、そのような意識を保持する政治組織が自らを「歴史の意志」を体現すると見なす資格がある。レーニンの前衛党の理論は、カウツキーが定式化したこの理論に基づいており、矛盾として責めることはできない。

マルクス自身の思想においては、学者の精神に生れる科学的学説はその学説を自分自身のものとする運動と一体であると認めるがゆえに、そのような問題は起こらなかった。マルクスの見解では、科学的意識は基本的意識の分節化である。つまり、それはその外部で進行する過程の単なる知覚化ではなく、それ自体がその過程である。すなわち、プロレタリアートの意識の中で歴史の主体と客体は合致し、プロレタリアートは自らと、歴史過程をこのように認識するようになることによって、事実として、歴史の状況を転換する。プロレタリアートの意識の中で、（社会的）宇宙の知識と政治活動は、自然の法則的知識とその技術目的への適用のような別々の二つのものではない。それらは一つで同じものである。

同じ理由で、すでに述べたことだが、マルクスにとって事実と価値、あるいは知識と義務の二分法の問題は何も存在しない。このような特殊な場合において、世界の認識という行為は世界を変革する行為あるいは認識過程に実践的に参加することと同じであるのだから、そこに二分法が登場する余地はない。なぜなら、評価という分離された行為がついてくるような

396

397

認識という問題はそこに存在しないからである。

しかしカウツキーは、彼の新カント主義的反対論者と同様に、知識はその応用から独立しており、また、それはいかなる価値判断からも自由であると見なすがゆえに、彼の批判者たちの反対論を完全に摑み損ねて、問題の真の性質を認識しないままに、一般的言説でそれらの異議を受け流してしまった。

もし人びとが、科学的知識によって、社会主義は歴史的必然であると確信するならば、その場合、彼らは、なぜ彼らが社会主義を実現することを手伝わなければならないかを自らに問いかけるに違いない。つまり、それが必然的だという単なる事実だけではこの問題の答えにはならない。マルクスにとっては問題は何も存在しない、なぜなら、プロレタリアートにおいて人格化された人類は、革命を実現する行為そのものの中で、そしてその中においてのみ、革命の必然性を悟るからであり、革命運動の理論的知覚がその運動であるからである。

しかしカウツキーの決定論的な哲学は、カント主義者は定式化したがカウツキー自身は気づかなかった難問に対処することを必要とさせる。彼はまた「ヒューマニズム」「解放」、社会主義の理想の「偉大」あるいは「高尚」のような賛美的用語、これらすべてを頻繁に採用したのだが、これらが彼自身の前提に入り込むようなものではないことを認識しなかった。

カウツキーは民主主義的な価値に深い愛着を抱いた。彼は暴力と戦争を憎み、そして将来の階級闘争の形態は予見できないと認識する一方で、人類は暴力や流血なしに平和的圧力の結果として、社会主義的な自由の王国へ前進するだろうと望んだ。

彼は自分の願望に理論的裏付けを与えようと試みたが、ここでもまた彼の理論は本質的な弱点から自由ではなかった。彼の考えでは、民主主義の擁護の理由は、人間の知識の救いがたい制約性に基づいた。いかなる集団または党も、真理の独占を主張することはできない。あらゆる知識は部分的で変化を免れず、そして何らかの党が自らの見解を表明する排他的権利を保持し、批判や討論を抑圧するならば、それは進歩を阻害することになるだろう。

これらは常識的見地からすれば健全な主張であるが、しかし知識の社会的土台という彼自身の理論と衝突する。彼は、特に社会問題において、特定の社会階級に属さない知識というようなものは存在せず、社会過程の真の理解はプロレタリアートの視点を採用することによってのみ保持することができる、と主張した。これはカウツキーが直面したことがない認識論上の問題を引き起こす。すなわち、もし社会のあらゆる知識が階級に規定されるとすれば、特殊にプロレタリアートの視点から獲得された知識はどのようにして普遍的有効性を主張できるのだろうか。

しかしながら、もしそのように主張できないとすれば、その場合にマルクス主義の科学という主張はすべて根拠がなくなる。せいぜい、それは、たとえ人類一般の利益であろうとも、個別的利益の定式化として位置づけ得るだけであり、さらに加えて、「客観的真理」の保持者として他のすべての理論にたいする優越性を主張することはできない。

しかしながら、もしプロレタリアートの視点はまた純粋に認識上の卓越性を伴う、つまりそれのみが知識の普遍的基準を適用することを可能にし、そして他のすべての態度が階級的に規定されるだけではなく、現実の歪曲に不可避的に繋がるとすれば、その場合、民主主義、多元主義、自由な言論等々の要求は無根拠となる。なぜなら、プロレタリアートの党は原則として、他のすべての政治組織にたいして真理の独占を果たし、そしてそれが主張するすべての特権、それが課す専制支配は、真理それ自体の利益において完全に正当化されるからである。しかしこの点でもまた、カウツキーは彼の自己矛盾を認識しなかった。

さらに、彼は疑いもなく専制支配と暴力に反対したけれども、カウツキーの歴史哲学の観点からすれば、なぜこれら専制支配と暴力が非難されなければならないのかは不明なままである。もし人類が、他の自然と異なり、その卓越性がそれに依ったまさにその要因の結果として、種内における多様な形態の攻撃性を進化させてきたとすれば、人間が同胞との連帯本能だけではなく攻撃本能もその本性によって与えられているとすれば、そ

398

して、もし人間が歴史を通じてそれまでの本能の赴くままにしてきたというのであれば、なぜそのような状態が突然に終息しなければならないのだろうか？　なぜわれわれは人間関係内における暴力の使用を削減するように働く歴史の法則を信じなければならないのか？　われわれが資本主義的占有形態や、剰余生産の占有は公的所有に取って代わらなければならないことを受け入れるとしても、それは社会化された国家の中で別の手段によって同じような争いが継続されないということにはならない。なぜなら、それを引き起こす本能はまだそこに存在するだろうからである。暴力の徐々の除去と人間の連帯の拡大にたいするカウツキーの信念はただの信念に過ぎず、彼の理論的原則によってその正当性を証明することはできない。

カウツキーの立場は、改良と革命の関係についてもまた多義的である。一瞥したところ、革命の展望と改良のために闘う方針とのあいだには何の矛盾も存在しないと主張して、概して彼はマルクスに従っているように見える。つまり、社会の進歩、労働日の短縮、労働者のますますの繁栄、自分たちの権利を集団的に守るのを可能にさせる民主主義的諸権利は、どの点からみても、階級意識を発展させ、やがて国家を引き継ぐために労働者を訓練することとである。この立場の首尾一貫性は明瞭である。真の問題は改良が将来の革命との関係でのみ価値があるのかどうか、あるいは、改良はプロレタリアートの分け前を改善するのだからそれ自体としてもまた価値があるのかどうか、ということである。

カウツキーは後者の立場を取り、改良の本質的価値は革命闘争の手段としての価値とまったく一致すると主張した。しかしながら、現実の政治の進行は、彼の想定した一致がまったくの幻想であることを示すことになった。改良のための闘争を真剣に扱い、その努力で成功した党は自然に改良の党となり、その革命のスローガンは飾りとしてだけ残った。カウツキーは、階級闘争は激化したがそれでも搾取された労働者の状態は同時に改善された事例が歴史上存在することを示すことができた。しかし、経済的圧力を通じて労働階級によって獲得された改良が、原則として、階級闘争の激化にも革命の情熱にも影響を及ぼさなかったと考える点で、カウツキーはまちがっていた。

疑いもなく、革命的情勢は常に多くの条件の予期しない同時的発生の結果であり、労働者のより良い条件がそうした情勢を先験的に排除するのではない。しかし、実際上の困難は革命ではなく改良のために活動する党、改良を実現し、そしてそれゆえに改良を真剣な目的として扱ってきた党が、その革命の理論は退化したと見なし、革命の時が到来しても党はその機会を摑めないだろうということである。

改良と革命の目的は、一般的な理論的定式化においては調和できるが、しかし社会的心理的現実においては調和できない。したがって、経済闘争や改良主義的努力において成功を収めた党は、不可避的に改良運動に転換していく傾向がある。ベルンシュタインは理解しカウツキーは理解しなかったように、ドイツ社会民主党の達成はこの党が革命政党であることを事実上停止したことを意味した。

カウツキーの哲学と、彼と同じように思考したマルクス主義者の哲学の基調は、人間の意識の「自然主義化」すなわち自然決定論への人間の意識の完全な従属であり、その結果、それは有機体の進化の単なる要素の役割を果たす。カウツキーの政治理論と歴史哲学の主要な特徴は、このマルクス主義のダーウィン版によって決定されている。つまり、それが自己崩壊する時点までの資本主義の漸進的持続的な進化にたいする信念、理論的意識によって外部から認識される歴史の不可避性にたいする確信、理論的認識とそれによって指示される社会過程という二分法、指示されるものとしての社会過程、外から注入されるプロレタリアートの意識という観念、社会主義の終末論的精神の拒絶がそうである。

カウツキーの方針は、以下のようにまとめることができる。「しばらくの間は資本主義を改良しよう。いずれにしても社会主義は歴史の法則によって保障されている。われわれが特別に社会主義の道徳的優位性を証明できないことなど問題ではない。必然的なものは私にとってもその他の良識を持った人びとにとっても望ましいものとして現れるということなのだ」。

399

マルクス主義に、持続的進歩という啓蒙主義の信念と生物学的器官としての意識というダーウィン主義的意識観を導入して、カウツキーは、進歩の劇的な逆転にも無感覚であって、意識それ自体が、後の知恵の助けでは容易に説明できるが、誰も予見することはできない歴史の持続性の突破口であることを理解しなかった。

7　メーリングに関するノート

フランツ・メーリング（一八四六～一九一九）は、カウツキーの後に正統派ドイツ・マルクス主義の中心的支柱となった。彼は中年になって社会民主党員となり、一八九〇年代の初めから自由主義的な新聞の編集者や執筆者（正統派の執筆者の中では傑出していた）として有名になった。その時以来、彼はその該博な歴史知識と文筆の才を社会主義の事業に捧げた。彼の著書には大冊の古典『ドイツ社会民主党史』（一八九七～八）、少しく美化されているけれども同様に古典である『カール・マルクス伝』（一九一八、英訳版三六）、『中世末期以降のドイツ史』（一九一〇～一一）、そして当時においてもっとも優れたマルクス主義の歴史研究である『レッシング伝説』（一八九三）がある。

彼はまた、多くの文学史や文学批評の研究を遺し、マルクス主義の文学理論の創造を助けた（シラー、ハイネ、トルストイ、イプセンに関する論文）。何時でも彼は唯物史観の一般的原則を、例えば、レッシングの補遺の中で、あるいはドイツ社会民主党に関する著作のさまざまな箇所で、そしてまた新カント主義に反対する批判論文の中で扱った。

こうした機会に彼は、極めて単純化された、あるいは「還元主義的な」図式への傾斜を示した。これはわれわれがエンゲルスの有名な一八九三年の手紙に負っている事実であって、そこで科学的社会主義の創始者は、史的唯物論の「一面的」解釈や彼自身とマルクスが論争目的のために時どき採用した、どちらかといえば粗野な図式を是正した。

メーリングの歴史・文学分析もまた、ある注目すべき単純化を含み、それは彼が、オレスティアは母権制原理にたいする父権制原理の勝利をただ単純に反映したとか、あるいはドイツ古典文学全体―クロプシュトックとレッシング、ゲーテとシラーはブルジョア階級の解放闘争を表現しているに「過ぎない」と言うときであった。

もしこれがそうならば、アイスキュロスは古代ギリシアの父権制と母権制の衝突に重大な関心を持つ人びとによって喜びと理解をもって読まれたのか、あるいは前世紀の政治闘争など忘れられてしまったにもかかわらず、なぜゲーテやシラーが今でもドイツ文化の一部となっているかを理解することは難しい。

しかし、メーリングをそのような言い方の強さということだけで評価することは公正ではない。彼が史的唯物論の理論家としてマルクス主義の進展に何も貢献しなかったことは確かである。しかし、彼は歴史家および文学批評家としては極めて重要であって、個別の分析になると理論的一般化の堅苦しさを振り払った。『レッシング伝説』は、レッシングについての作品であるばかりではなく、ドイツの歴史家の啓蒙主義についての型にはまった見方の批評であり、フレデリック大王への崇拝者やレッシングをプロイセン帝国のもの書きと呼ぶ人びとの攻撃でもあった。

メーリングは、もっとも戦闘的でそれゆえに創造的であった時代のドイツ・ブルジョアジーのすべての徳性と進歩的熱望をレッシングがもっとも完全かつ急進的な形で体現したことを示そうとしている。彼の作品はまたイデオロギー的狙いを持つ。それは、レッシングの遺産は、ブルジョアジーがその開明的理念をすべて放棄したがゆえに、「プロレタリアートのものになった」と宣言して終わっている。

メーリングは一つの点で、すなわちラッサールにたいする見解でマルクスと論争した。彼は、マルクスは学者、執筆者そして革命家としてはラッサールをはるかに凌駕し、ラッサールは歴史家や活動家としての両面で欠陥を持つことを認めたが、マルクスのラッサール評価は攻撃的で、大部分は個人的偏見に満ちていることも認めた。メーリングの意見では、ラッサールは理論家としての作品そして労働者の党を創立したことの両面で、ドイツの社会主義に恒久的な寄与をなしたのだ、と。

401

文学に関する著作でメーリングは、作家の偉大さは作家が歴史的に描いた階級の意欲や理想を提起することに成功したかどうかで測られることを示した。しかし、彼は芸術的価値を階級的立場あるいはそれを説明するのに仕える社会的機能と同一視しなかった。彼は、芸術的価値あるいは好みは歴史に拘わらず恒久的であるが、そのすべてが社会状況に関連していると考えた。彼が「新興階級」(emergent classes)と呼んだもの、すなわち自己の社会的権利のために闘うことを始めたばかりのこの階級は、彼の考えによれば、文学や芸術において、真理とリアリズムの意欲という形において同じ趣向を示す傾向にあった。

しかし、かつて進歩的ブルジョアジーの武器であった自然主義は、時どきおざなりの現実の奴隷のような模倣物に堕落し、歴史の展望がもたらす偉大さを文学から奪ってしまった。自然主義は時どき確信ありげに資本主義の恐怖を明らかにしたが、その所与の階級的起源の下で、ブルジョア的苦境から逃れる道を何ら提供することはできなかった。したがって、それは新ロマン主義に場所を明け渡したが、新ロマン主義は無感覚な世界から衝動的な主観主義そして社会問題を前にしての降伏への逃亡であった。

歴史的展望の外に、ブルジョアジーはその精神的創造力も喪失し、もはや偉大な精神的作品を生み出せなくなった。今日の芸術と文学はプロレタリアートにとって疎遠なものとなり、戦争のかけ声、それ自身がそれによって活性化される情熱と戦闘精神の壮大な古典と化した。

プロレタリア的理想と熱意を特別に表わそうとする芸術は、まだ萌芽状態にあった。しかしながらメーリングは、労働者の大義への同情は高質の文学を生み出すほど十分であるとは信じなかった。つまり彼は、芸術の価値と正しい政治傾向とを同一視してはおらず、何度もそのような「還元」を非難した。良い意図が芸術的能力に取って代わるのではない。こうしてメーリングは、プロレタリア的観点を表明する芸術の価値を強調したけれども(フライリヒラートの詩、ハウプトマンの『織工』)、直接的な政治的あるいは宣伝目的のために創られ、古典的文学伝統と無縁のプロレタリア文学は信用しなかった。

しかしながら、メーリングが欲した「科学的美学」のようなものが、どのようにして存在し得るかは明瞭ではない。なぜなら、彼は一方で、芸術はその社会的出自や意図によって評価され得ないとしつつも、他方では純粋に美的で非歴史的基準も存在し得ないと宣言しているからである。メーリングは多読で洞察力のある批評家であり、偉大な芸術と凡庸な芸術の区別を知悉していた。

彼は、時代の衝突を反映することに成功したかどうかで芸術作品の偉大さを決定したが、作品の出自に基づく以外の他の基準の可能性については疑問視した。このような基本的観点で、彼の矛盾を明らかにすることは難しい。というのはもし、すべての文学作品が階級的衝突の中から生まれるとすれば、われわれはその出自によって良い作品か悪い作品かを識別することになる。ある作品が「進歩的」階級の傾向を表している、という事実だけでは十分ではない。出自の説明から独立した基準の必要性がなお存在する。しかし、メーリングによればそのような基準は存在しない。なぜなら、その場合、カント主義かあるいはもっと悪いものに落ち込むことを意味するような美の非歴史的基準が存在することを、われわれが認めなければならないだろうからである。

しかしながら、ここで再び、彼が同時代のマルクス主義の著作者とこの主題で共有した不十分性を厳しく責め立てるべきではない。彼の作品の価値は理論的一般化にあるのではなく、彼が創造的文学の社会的背景を巧みにかつ確信をもって説明した個別の分析にある。発生的アプローチは、それが芸術的価値とどのように正確に関係しているかが明確でなくても正統的でありつづける。

カウツキー、メーリングそしてクノーは当時そのように理解されていたように、正統派マルクス主義のもっとも卓越した理論家であった。しかしながら、戦中および戦後において彼らの政治的進路は分岐した。カウツキーは自身の「中央派的」立場を維持し、メーリングはスパルタクス団に賛成を表明し、クノーは党の右翼に走った。一方における理論的正統性と、他方における政治とのあいだに直接的な関係は存在しなかった。

402

第3章　ローザ・ルクセンブルクと革命左翼

ローザ・ルクセンブルクは、社会主義思想の伝統の中で両義的な位置を占める。彼女は、修正主義者および正統中央派の双方と闘った小さな革命グループの中心的理論家であったが、ある重要な点でレーニン主義左派とも異なった。問題のグループ、ドイツ社会民主党左派は社会主義運動の後の歴史において、すなわち一九一八年後の分裂の時期において、その真の後継部分を持たなかった。

ローザ・ルクセンブルクの非妥協的革命主義、そして一九一四年のほとんどの社会主義指導者たちの裏切り行為にたいする彼女の猛烈な批判は、彼女を改良主義の社会民主党から完全に分かつものとなった。同時に、レーニンの綱領と戦術にたいする鋭い攻撃は、殉教者として死亡したにもかかわらず、彼女が共産主義の神殿にまったく加えられないという結果をもたらした。彼女にたいして革命的とかあるいは修正主義の批判者という言辞は捧げられたが、実践的見地からすれば彼女は無視された。

彼女の著作物が哲学的でないことは、まったく明らかである。彼女は社会主義の戦略と戦術および政治経済学の理論家であった。しかしながら、マルクス主義の特殊な変種としての「ルクセンブルク主義」と見なしてもよいのであって、それは明確な哲学的基礎は有しないけれども、その理論的基礎を含めて社会主義理論の歴史の中で独自の位置を占めている。

1　伝記的情報

ローザ・ルクセンブルク（Rosa Luxemburg）、このポーランド生まれのユダヤ人は一八七〇年にザモシチで生まれた。その成人時代を少しだけポーランドで過ごしたけれども、彼女はポーランドの革命運動、ポーランド・リトアニア王国社会民主党（ＳＤＫＰｉＬ）の中心的存在として、そして間接的にはポーランド共産党の創設者の一人として、ポーランド革命運動と緊密な結びつきを維持した。

彼女の社会主義との結びつきは、青年時代の初期に始まった。一八八七年にワルシャワのハイスクールを卒業後、彼女は秘密の社会主義青年グループに加わり、逮捕を免れるために八九年にスイスに逃れた。彼女はチューリッヒ大学で勉学し、九八年までそこで暮らし、ベルリンに移ったときにはドイツ社会民主党のもっとも活発な理論家および指導者の一人となっていた。

チューリッヒで彼女は、ポーランドの社会主義者であるワルスキ、マルレフスキーそしてティシュカ・ヨギヘスと会い、パリ紙『労働者の大義』のために執筆したが、これはその後の一八九四年に設立されたポーランド・リトアニア王国社会民主党の機関紙となった。九三年以降、彼女は最後のバーゼル大会を除く第二インターナショナルのすべての大会に出席し、以降のドイツ社会民主党のすべての大会に参加した。

彼女は最初から、ポーランド社会党とそのポーランド独立の綱領と闘うために多くの時間を費やした。一八九七年に彼女はチューリッヒでポーランドの産業の発展に関する博士論文を書いた（『ポーランドの産業の発展』として九八年に出版された）。これは独立したポーランド国家の再建を目ざすいかなる試みにも一貫して反対した、彼女のその後の戦略の歴史的背景であった。

彼女の主張は、ロシア領ポーランドにおける資本主義の発展は主に征服者の方針の結果であり、その方針はポーランドのブルジョア階級の運命をツァーリ帝国およびその東方への経済的拡張に結びつけた。つまり、彼女がその後の著作で主張したように、独立したポーランドをめざす計画はポーランドの資本主義をロシアの軌道に不可逆的に引き込もうとする「客観的経済動向」に反するのであった。ポーランド独立運動へのローザ・ルクセンブルクの反対論は、ポーランド社会党（PPS）のそれと対照的なポーランド・リトアニア王国社会民主党の主要なイデオロギー的主題を用意した。

ベルリンに住み始めたときから、ローザの経歴はドイツの社会主義運動と結びつけられた。しかし、彼女はプロイセン領ポーランドで政治的宣伝を進めていたポーランド・リトアニア王国社会民主党を指導する活動を維持しつづけ、そこを何回も訪れ、クラクフで合法的に発行されたポーランドの社会主義誌『社会民主主義評論』と非合法のワルシャワ誌『赤旗』のために論文を書いた。

一八九五年から彼女は、『新時代』『ライプツィヒ人民新聞』そしてその他のドイツ社会主義団体のために論文を書いた。九八年以降ドイツ社会民主党全体がベルンシュタインの見解に関する論争で支配されたとき、ローザ・ルクセンブルクの著作物と演説はベルンシュタインその他の改良主義者によって推進された修正主義との闘争に大いに貢献した。彼女のこの時期のもっとも重要な理論的著作は、一九〇〇年に発行された小冊子『社会改良か革命か?』であり（第二版は〇八）、それは資本主義を改良する可能性にたいする全面的な不信の表明と、経済的改良のためのいかなる闘争も純粋に政治的意味がなければならないという彼女の信念を含んでいた。

一九〇六年まで修正主義はドイツのすべての正統派社会主義者によって攻撃された。しかし、第一次ロシア革命は、ローザ・ルクセンブルクを主たる理論家とする左派グループの形成という結果を来す意見の分岐を招くか、あるいはそれが表面化する原因となった。他のメンバーはカール・リープクネヒト、クララ・ツェトキンそしてフランツ・メーリングであった。しかしながら、一九一〇年までは急進派と中央派との相違は尖鋭な形を取らず、党内の政治勢力の新しい均衡はもたらされず、中央派（ベーベルとカウツキー）は概して革命派よりも右派に接近していた。

ロシアの出来事は、ツァーリ帝国にたいする労働者の自発的反乱という観点から、新しい革命理念をローザ・ルクセンブルクに練り上げるように迫った。一九〇五年の末に彼女は非合法的にワルシャワに行き、そこの革命運動に参加した。二ヵ月後に逮捕され、〇六年七月に釈放され、フィンランド経由でベルリンに戻った。小冊子『ゼネラル・ストライキ、党と労働組合』（一九〇六）の中で、彼女は過去数年の出来事から結論を引き出そうと試みた。これとは別に、〇五年革命の前後からロシアにおける社会主義の状態に関連する問題について自らの考えを表明した。

一九〇三年から四年にかけて『新時代』に掲載された論文の中で、彼女はレーニンの超中央主義的方針という「機会主義」と、その労働者運動への不信を批判した。同時に彼女は、プレハーノフやメンシェビキによって持ち出されたブランキ主義という批判に反対するボルシェビキを擁護した。レーニンと同様に、彼女は到来するロシア革命のブルジョア的性格に鑑み、社会主義者は自由主義者を攻撃すべきではなく、彼らが権力を障害なしに掌握するのを認めなければならない、という言説に反対した。この問題は、例えば、〇七年五月のロシア社会民主労働党（RSDWP）ロンドン大会で論争された。

ローザ・ルクセンブルクは、ロシア革命の敗北は一時的に過ぎないこと、革命の過程は持続すること、そしてロシアはドイツの労働者階級にとっても一つの模範であると信じたが、これはベーベルとカウツキーがともに拒否したことであった。しかしながら、中央派と急進派は軍国主義と戦争の脅威への態度において、それが現実のものとなるまでは一致していた。一九〇七年の第二インターナショナル・シュトゥットガルト大会でローザ・ルクセンブルクは、労働者階級の努力にもかかわらず戦争が勃発したならば戦争は反資本主義の革命に転化されねばならないという意味で、その反戦決議を修正することにさせた。

一九一二年に彼女はその主たる理論的著作『資本蓄積論』（一九一三発行、英訳版は一九五一）を書いたが、それは再生産過程を分析し、資本主義崩壊の経済的不可避性を明らかにした。一三年に、マルレフスキーやメーリングと共に、ドイツ左派の革命機関である『社会民主主義通信』を創設した。彼女は一四年に反戦演説により一年間の投獄判決を受けたが、その後も実際には収監されなかった。戦争の勃発、戦時国債に賛成する社会民主党の行動、インターナショナルの解散が国際主義左翼を孤立無援の立場に追い込んだ。しかし、ローザ・ルクセンブルクは闘いつづけ、世界のプロレタリアートの革命的潜在力が戦争を最終的に社会的大激変に転化させることを信じた。翌一五年二月にもう一つの一年の入獄判決を受けて、彼女は独房の中でパンフレットを書き、戦争の原因を分析して、「城内平和」を受け入れ、帝国主義戦争を支持することによって社会主義運動を破壊したとして、社会民主党の指導者たちを糾弾した。

彼女はさらに進んで、労働者運動が復活する基礎を明らかにした。戦争、帝国主義と軍国主義は、資本主義が存続するかぎり廃止できず、ただ社会主義革命によってのみ克服できる。最緊急の課題は、日和見的（time-serving）指導者によって置かれてきたブルジョアジーへの精神的依存状態から、プロレタリアートを解放することである。この著作は『社会民主主義の危機』の題目で発行されたが、一般には『ユニウスのパンフレット』として知られ、スパルタクス団のイデオロギー的基礎となった。スパルタクス団は一九一六年初めに設立され、その後のドイツ共産党（KPD）の核となった。このスパルタクス団は別の団体として存続していたが、一七年に独立社会民主党（USPD）を結成した社会民主党の左派に加わった。戦後、独立社会民主党は解散し、そのメンバーはドイツ共産党かあるいは再建されたドイツ社会民主党に加入した。

ローザ・ルクセンブルクは一九一六年二月に監獄から釈放されたが、四ヵ月も満たない後に反戦デモに参加したという理由で逮捕された。彼女は戦争の終わる最後の日（一九一八年一一月八日）まで監獄に留め置かれた。彼女はそこにいるあいだに『資本蓄積論』批判への回答（反批判）と、未完成だったがロシアの一〇月革命の分析を書いた。後の方の作品はローザ・ルクセンブルクの死後、盟友のポール・レヴィによって一九二二年にその初版が発行された。ポール・レヴィはスパルタクス団の元の一員でドイツ共産党の指導者であったが、後にドイツ共産党から除名されドイツ社会民主党に復帰した。

『ロシア革命』と題するこの小冊子は、ロシアにおける出来事を世界革命が近づいている兆候だと歓迎しながらも、ボルシェビキの小農民および民族問題にたいする方針、特にその専制的規約と民主主義的自由の抑圧を批判した。ローザ・ルクセンブルクがスターリン主義者（しかしながら、彼らは引用したことはない）の嫌われ者になったのは、主にこの作品のせいであった。一般に、この小冊子は第二次世界大戦以前にはほとんど知られず、一九四五年の後になって他の言語で翻訳された（英訳版は一九五九）。

ローザ・ルクセンブルクはドイツ革命によって自由の身となったが、その自由を長くは享受しなかった。彼女は、革命は一挙に社会主義の局面に発展すると想定したが、スパルタクス団によって目論まれた蜂起はそれ自体として弱体であり、労働者階級にまったく根拠を持たず、完全な失敗に終わった。蜂起の最中にスパルタクス団は共産党に転換したが、他方、労働者・兵士評議会はドイツ社会民主党政権の基礎を形成した。一九一九年一月の一五日から一六日にかけての夜、二人の中心的な共産主義指導者、ローザ・ルクセンブルクとカール・リープクネヒトはフライコール軍団［ドイツ義勇軍］によって殺害され、その二ヵ月後に警察部隊によってレオ・ティスカ・ヨギヘスも同じような死を迎えた。ローザ・ルクセンブルクが党学校で教授し、入獄中に書きあげた経済学講義は死後の一九二五年に出版された（『経済学入門』）。

2　蓄積論と資本主義の不可避的崩壊の理論

ローザ・ルクセンブルクの主たる理論的作品は一九一三年まで発行されなかったけれども、その中心的理念は『社会改良か革命か』を含む初期の著作の中に見ることができ、そして彼女のほとんどの理論的政治的見解はその蓄積の見方から論理的に引き出されており、それゆえにわれわれはその検証から始めることにする。

『資本蓄積論』において詳説された理論は、普通には「資本主義の自動崩壊」の理論と言われている。しかしながら、この用語はローザ・ルクセンブルクの反対者、主にレーニン主義者とスターリン主義者によって創り出された。その用語は彼女自身の作品の中には存在せず、そしてまた、それが資本主義はそれ自体の矛盾によって、そしてプロレタリアートの政治闘争に関わりなく崩壊することを示唆するかぎりにおいて、人を誤解させる。

ローザ・ルクセンブルクは、このような見方からまったくかけ離れており、資本主義の経済的可能性が余すところなく汲みつくされるはるか以前に革命が資本主義を打倒するであろうと信じた。しかしながら、彼女は、資本主義のシステムは国の内外を問わず非資本主義市場を自由に扱えるかぎりにおいてのみ機能できるのであり、そしてそのシステムの本質においてそれは非資本主義的環境を破壊することであるから、それはそれ自体の経済的崩壊を不可避的に用意すると主張した。世界規模の「純粋な資本主義」というものは存在し得ない。もし資本主義がそのぎりぎりのところまで発展するならば、それはその存在を停止するだろう、と。

マルクスは、資本主義はそれ自体の矛盾によって、特に資本の集中と労働者階級の貧困化と結びついた矛盾によって、自己自身を破壊せざるを得ないと主張したが、資本主義が経済的不能に陥る正確な条件についてはこれを明らかにしなかった。ローザ・ルクセンブルクは、一部はマルクスの見解を補充し、一部はそれを修正してこれを行おうと企てたのである。

彼女の蓄積論の出発点は、資本論第二巻で提示された再生産表式にある。これはマルクスの著作のもっとも骨が折れて読まれない部分であるが、ローザ・ルクセンブルクの視点からすれば、科学的社会主義の決定的問題にとって基本的であった。例えば、「なぜ資本主義は経済的見地からその崩壊が避けられないのか」、あるいは別な方法に置き換えれば、「資本主義の中に存在する拡大再生産過程は、理論的に不安定化に行き着くのか」であった。ローザ・ルクセンブルクの主張は以下の通りである。

マルクスによれば、いかなる商品の価値も三つの構成要素から成り立ち、表式Ｃ＋Ｖ＋Ｓで表される。Ｃ（不変資本）は生産手段の価値を表わし、例えば道具や原材料であって、製品の製造に入りこむ。Ｖ（可変資本）は賃金を表し、Ｓ（剰余価値）は賃労働の償還されない部分による価値の増大分である。再生産が社会的必要によって支配されたそれ以前のシステムと対照的に、資本主義は剰余価値の最大の増加だけに集中し、したがって必要と関係なく生産を不断に拡大する傾向を持つ。

蓄積すなわち剰余価値の新規の生きた資本への転換は、資本主義的生産の本質に属する。しかしながら、生産された商品が貨幣に転換されることが拡大再生産の条件である。そのためには更なる量の商品が市場で取り引きされなければならないが、この過程にたいして個々の資本家はいかなる影響力も持たない。年次の生産は比例式で表されると仮定しよう。

40Ｃ＋10Ｖ＋10Ｓ＝60

この表式において、不変資本の総額は可変資本の総額の四倍であり、そして剰余価値率、つまり搾取率は一〇〇％である。生産される商品の価値は六〇単位である。今もし資本家が５剰余価値つまり剰余価値の半分を生産の拡大に差し向けるとすれば、つまり、それを彼の不変資本に追加するとすれば、その場合、資本の有機的構成が同じだとして、次の段階の生産は次のような公式で表わされる。

44Ｃ＋11Ｖ＋11Ｃ＝66

この過程は、資本家が十分な生産手段と労働力を手に入れ、その商品の販路を確保できるかぎりで進みつづけることができる。したがって、単純再生産の条件の下で、貨幣が商品交換における仲介の役割のみを果たすとすれば、資本主義の下でそれは資本の循環の一要素となる。蓄積が可能になるために剰余価値は貨幣形態を取らなければならない。その上、資本主義は当然に賃金を生存水準まで押し下げる傾向を持ち、その結果、剰余価値は可変資本に比べて増大する傾向がある。

もし、マルクスにしたがって社会の生産全体を二つの部門、つまりⅠの生産手段の生産、そしてⅡの消費財の生産に分けるとすれば、この二つの部門は相互依存的であること、つまりそれらは特定の割合で維持されなければならず、その結果、生産過程は調和的に進行するということが理解される。

部門Ⅰは、部門Ⅰ・Ⅱの両方のための生産手段を生産し、他方、部門Ⅱは両部門の労働者と資本家のために消費財を生産する。必要な割合は次の

408

模式で説明されよう。

部門Ⅰ：4,000C ＋1,000V ＋1,000S ＝6,000
部門Ⅱ：2,000C ＋500V ＋500S ＝3,000

単純再生産のために、部門Ⅰの生産物の価値、つまり6000は両部門の不変資本の価値と等しい額（4,000＋2,000）であり、他方、部門Ⅱの生産物の価値、つまり3000は両部門の労働者と資本家の収入の総計、つまり1,000＋1,000＋500＋500と等しくならなければならない。上の実例ではその通りだが、しかし、両部門における一部の剰余価値の資本化である「拡大再生産」に基づく資本家の実際ではそうではない。

われわれが

部門Ⅰ：4,000C ＋1,000V ＋1,000S ＝6,000
部門Ⅱ：1,500C ＋750V ＋750S ＝3,000

という表式を立てれば、生産手段の生産価値（6,000）は所与の生産循環で使われた生産手段の価値（つまり4,000＋1,500）を500超過し、他方、消費財の価値（3,000）は両部門の資本家と労働者の全収入（1,000＋1,000＋750＋750）よりも500少ない。この消費されない剰余価値部分の新しい生産循環への投入は、両部門の割合が同じであるとすれば、商品全体の総価値のすべての要素における相応した増大の原因となる。しかしながら、このためには商品はまず貨幣に転換されていなければならない。蓄積は生産された商品への需要に依存するのだが、問題はこのような需要がどのように起こるのかである。

産業は、それ自身の市場を無限に創り出すのではない。生産されたものは、最終的には消費されなければならない。人口の増加が需要の問題を解決するのではない、なぜなら、資本家階級の数的増加は、剰余価値の消費部分の絶対的規模に含まれ、他方、労働者階級の消費は賃金の水準によって制限されるからである。人口の不生産的部分、すなわち地主、公務員、兵士、専門職者、芸術家は剰余価値あるいは賃金のいずれかによって維持される。外国貿易も解決にならないのであって、それは、拡大再生産が世界資本主義に適用され、すべての国が内部市場となるからである。換言すれば、両生産部門の剰余価値がそれ自体として貨幣形態を実現するためには、両部門にとって外部的で、蓄積率と同一の拡大率で商品を吸収できる市場が存在しなければならない。

ローザ・ルクセンブルクによれば、マルクスはこの問題を把握できなかった。彼は、資本家たちは相互の生産手段を買うことによって集団的に市場を用意すると信じた。しかし、彼らは、消費率を引き上げる以外には剰余価値を無限に拡大できないのであり、そして、労働者が有するのはすべてすでに等式において計算される賃金だけであるから、この目的に資することはできない。

マルクスが、蓄積は無制限の程度まで進むことができると言わなかったのは事実である。彼の表式は二つの部門における蓄積の割合とそれら相互依存を説明するために設定されただけであった。しかし、彼はこの基本問題、つまり拡大再生産は誰のために起こるのだろうか、の問いに解答を与えなかった。表式は、生産が剰余価値のすべての増加を吸収することができることを示す、と誤って解釈されるかも知れない。つまり、部門Ⅰの産業が部門Ⅱの生産を拡大し、後者も両部門における増大する労働者群を維持するために拡大される、と。

こうして、ロシアのマルクス主義者たち、ストルーヴェ、ブルガーコフ、トゥガン＝バラノフスキーらは、マルクスの表式を資本主義的蓄積は無制限に拡大することができると推定するために利用した。しかし、これを認めることは、科学的社会主義の理念全部を放棄することである。なぜなら、もし資本主義的生産形態において蓄積にたいして何の限界もないのであれば、資本主義は経済的に無敵で、経済的および技術的進歩の無限の源泉であるということになるからである。

つまり、社会主義は歴史的必然ではなく、資本主義崩壊の経済的理由も存在しない（利潤率の低下によって資本主義は崩壊するという理念は、ローザ・ルクセンブルクにとっては馬鹿げたものに見えた。このような崩壊のシナリオを想像することは不可能であって、利潤率が低下する傾向は全体としての利潤の絶対的増加とまったく共存する。以前よりも大きな利潤

409

を創り出すにもかかわらず、利潤率があまりにも低下したために、ある日突然に資本家が生産を停止するということは想定し難い）。

このようにローザ・ルクセンブルクの考えでは、マルクスは科学的社会主義の存立にとって肝腎な問題、すなわち、なぜ資本主義は自滅せざるを得ないか、の正確な経済的根拠の問題を見落とした。事実として彼は、生産力の拡大は消費の制限された可能性とますます衝突すると書いたが、彼の拡大再生産表式は剰余価値の創出とその実現との矛盾を明らかにしていない。表式は、資本家と労働者だけが消費者であることを前提とする。すなわち、それらの表式は理論的目的のために、資本家と労働者だけから成る「純粋」な資本主義という虚構の社会を想定する。そのような虚構は、個別資本の分析においては許容できるのだろうが、しかし資本全体に関しては許容できない、とローザ・ルクセンブルクは主張する。なぜなら、まだなお非資本主義の市場が存在し、そして資本主義体制の外で暮らす社会階級や国がⅠ・Ⅱの両部門における剰余生産の消費者として資本主義体制にとって必要である世界の中で、拡大再生産が起こるという基本的な問題点をこの表式は隠しているからである。

剰余価値は資本主義的生産の外の地域、後進国、農村経済、手工業経済のような前資本主義の地域で実現されなければならない。成熟した資本主義は、非資本主義的階級や国家に依存する。だが資本主義の拡張は、農民や職人を資本主義の軌道に引き込むことによって、前資本主義経済体制を容赦なく消滅させる傾向にある。こうして資本主義は自らが依存する諸形態を破壊することによって、自らの没落を無意識のうちに準備する。

資本主義がすべての生産を吸収することに成功した暁には、蓄積は不可能となり、資本主義は経済的に成り立たなくなる。「純粋資本主義」は存続できない。現時点において、世界には非資本主義の地域が数多く存在し、これらを原材料や安価な労働の資源として、特にヨーロッパの財貨の販路として、これらの地域を保持しようとする闘争が帝国主義の形態を取る。拡張の地域は今もまだ存在するが、しかし、それは急速に縮小している。市場のための闘争によって、資本主義は自らの存在条件である前資本主義的環境のすべての残存物を確実に破壊しているのである。

注目すべきことは、ローザ・ルクセンブルクの意図が資本主義崩壊の一回限りの経済的不可避性を設定することであったにもかかわらず、社会主義の必然性を信じたマルクス主義理論家の中で一人も彼女の主張を支持せず、彼らの中でもっとも重要な人びと、つまりヒルファーディング、カウツキー、グスタフ・エクスタイン、オットー・バウアー、A・パンネクック、トゥガン＝バラノフスキーそしてレーニンがそれに反対したことである。

トゥガン＝バラノフスキーは、資本主義の反人間的性格そして社会的必要を満たす手段ではなく、生産の増大そのものを目的とするという事実が蓄積を無制限に進めることを意味すると主張し、それは産業が生産を拡大しつづけることによって販路を自ら用意し、生産手段をますます吸収し、労働者をますます雇用するようになるからというものであった。

もちろん、資本主義が市場を征服するという直接の目的に加えて、過剰生産の危機、激烈な競争、市場をめぐる闘争そして帝国主義戦争およびその軍国主義に帰着する市場開拓の困難に付きまとわれていることを誰も否定しなかったが、それ自体が資本蓄積の領域を提供しているのである。しかし、マルクス主義者は一般に、資本主義はそれ自体の重複した矛盾によって結局は崩壊するだろうが、それが起こる正確な経済的環境を予測するのは不可能であるという見方を取った。そして彼らは需要の不足よりも資本の集中、労働者階級の貧困化、中産階級の消滅に、より大きな重要性を付与する傾向があり、需要の不足はそれが疑いようのない困難と危機を抱えているにもかかわらず、資本主義は多様な方法で修正できると見ていた。

ローザ・ルクセンブルクのレーニン主義的批判者たちは、蓄積論が資本主義は自動的に崩壊することを含意するように見えるがゆえに、まさにそれゆえに蓄積論を疑った。プロレタリアートの政治的役割にもかかわらず、もし資本主義が自らの拡張によって自己崩壊するのであれば、それは受動的な待機方針を奨励し、党を革命活動に向けて駆り立てる代わりに党

410

の目標を緩めることになるだろう、と。ローザ・ルクセンブルク自身は、彼女の理論からこのような結論を導き出すことはなかった。批判者たちはまた、彼女は軍需産業や軍備拡大による拡大再生産の可能性を過小評価したが、それは最近の資本主義の発展によって確証されていると反論した。概して蓄積論は、非現実的であるかまたはその後の出来事によって誤っていると証明される、資本主義の想定を含んでいるように見える。

ローザ・ルクセンブルクは、すべてを包みこむシステムとしての、単一の世界大の市場としての資本主義に関心を集中し、この理由から外部市場に起因するいかなる修正も無視していることをしばしば強調する。一国の資本主義は、非資本主義世界へ展開することによって生き残れるかもしれない、しかしもし資本主義が世界大となれば展開すべき市場は存在しない。

411

しかし、「純粋資本主義」がこの意味において存在するためには、資本主義的生産が世界のあらゆる国を包摂するだけでは不十分である。それに加えて、利潤率が世界全体を通じて同じであることが必要である。なぜなら、ローザ・ルクセンブルクの理論に立てば、発達した諸国は資本主義であっても立ち遅れており、それゆえに利潤率が高い地域へ展開するだろうからである。換言すれば、彼女の図式は、コンゴとアメリカ合衆国とのあいだに経済発展において何の相違もない世界を前提にしているのである。

このような均一の世界は想像できるかも知れない、しかしそれは経済予測の確固たる基礎を提供するものではない。その展望は迂遠で非現実的であるばかりではなく、先進国と後進国との格差が縮小するよりも拡大している事実を無視している。これがその通りであれば、その展望が現実になったとき資本主義は崩壊するという主張は、例えば、資本主義は単純再生産で満足することができ、それゆえに拡大再生産を許容するのに不足する販路がなくても存続できる、と想定することと同じように恣意的なものになる。

ローザ・ルクセンブルクは、利潤率が通常よりも低くなったことを理由に自殺を企てる資本家を誰も見ることができないことを根拠に、利潤率の低下が資本主義の崩壊を導くと信じる人びとを嘲笑した。しかし、彼女は彼女自身の理論もまた同じような侮辱を受けやすいということに気づかなかった。ある日、資本家がもし増産した商品が市場で売りさばけないと分かったとき、単純再生産に満足しないで直ちに首を吊ろうとするだろうか？　マルクス主義の立場からするこれに対する答えは、当然ながら、拡大再生産を追求することは資本主義の本質である、というものである。しかし、もしその「本質」が純粋に形而上学的なものではないとすれば、われわれは、資本主義が完全な崩壊の代わりにその本質を実際に変えることができないかどうかを問うてもよい。そのような仮説は、すべての国が産業、技術、文明において同じ水準である世界、というローザ・ルクセンブルクの幻想上の世界よりも異常なものではない。

今日の見地からすれば、彼女の蓄積論が資本主義の将来の発展の誤った評価にどの程度基づいていたかを、われわれは理解できる。しかしながら、このような評価は、彼女の資本主義崩壊という特別な理論と違って、同時代のほとんどのマルクス主義者に共有されていた。蓄積論は、社会が資本家と労働者だけで独占的に構成される状態になる、階級的分極化の拡大を想定した。

周知のように、物事は同じようには起こらない。小事業者が放逐されないだけではなく、特に最先進国では人口に占める労働者の割合は減少傾向にあり、他方、マルクスが不生産的労働者と呼んだ、交易、管理、教育、サービス等々に従事する労働者の激増があった。ローザ・ルクセンブルクは、彼らは剰余価値の資本化されない部分からか、あるいは賃金から補償されるが、しかし資本に還元され、そうして次のサイクルの生産を拡大する剰余価値部分は常に存在すると言って、これらの不生産的要素を片づける。

しかし、マルクスのますます疑わしい生産労働と不生産労働の区分を受け入れ、後者が「結局のところ」労働者階級によって創造された剰余価値によって支払われると想定したとしても、なぜ不生産的労働者の消費の拡大が剰余価値の実現に影響しないのかは明瞭ではない。

412

この蓄積論のもう一つの誤った想定は、資本主義の下の賃金が常に生存水準に近いということである。その主張は、搾取の法則は時によって弱くなることがあるかもしれないが、それらは「結局のところ」常に労働者の抵抗に打ち勝ち、その結果、労働者の消費の純増は起こりようがないというものである。

さらに、ローザ・ルクセンブルクはブルジョア階級によって管理される国家は、いかなる重要な程度であれ、蓄積過程を規制できることを信じなかった。しかし、資本主義の進展は、彼女が誤っていたことを明らかにしてきた。マルクスに従って、われわれがたとえ国家が全体として世界資本の政治的具現体であると見なしたとしても、投資資源の配分に影響を与える経済的法的手段を行使して、この国家が組織者の役割を果たすことができ、そして例えば、政治的圧力の下で国内市場を拡大することができることを経験は教えてきた。つまり、資本主義的生産の唯一の動力としての「剰余価値への獣的貪欲さ」にすべての物事を任せる代わりに、社会の必要に応じて生産過程を統御するかぎりにおいて、国家は社会主義国家として行動することができる。

上記の理由によってローザ・ルクセンブルクの蓄積論は、資本主義の経済発展の解釈または予測として、その文字通りの形では、受け入れることはできない。しかしながら、だからといって彼女の仕事が何の効果もなかったということにはならない。

ミハウ・カレツキがその共著〔ポーランド語〕『マルクスの〝資本〟の経済理論』（一九六七）の中で述べているように、ローザ・ルクセンブルクとトゥガン＝バラノフスキーが提起した挑戦的な再生産論はいずれも間違っているが、両者はともに資本主義の経済成長のある特徴を説明するのに貢献した。トゥガン＝バラノフスキーは、資本主義には制限された販路という形での絶対的な障壁は存在しないこと、そしてその生産物は消費の投資に対する割合が維持されるかぎりにおいて、いかなる消費水準であっても市場で売り買いできると考えた。資本主義の立場からすれば、ただ生産を増やすためだけに行われる生産ほど馬鹿げたものはない。その反対に、需要を顧慮しない生産はシステムの強みである。

しかしカレツキは、トゥガン＝バラノフスキーは消費の水準を全体的に無視したシステムはきわめて不安定になるという事実を見落とした、なぜなら、いかなる投資の低下も生産の現在の装置の活用を低下させ、そうして更なる投資の低減をもたらすなどの悪循環となるからである、と述べる。他方、拡大再生産は非資本主義市場に全面的に依存するというローザ・ルクセンブルクの理論は、武器の生産の形で経済成長に決定的影響を及ぼす巨大な市場を創り出す国家権力というわれわれの経験によって否定されてきた。

それに加えて、非資本主義市場に輸出された商品の全量が生産的剰余価値の実現に寄与する、と想定した点で彼女は間違っていたのであって、それにたいし重要なのは商品および資本の両面における輸出の超過、特に後者における輸出の超過であって、なぜなら輸入された商品もまた購買力を吸収するからである。しかしながら、限定された意味においてこの二つの理論は相互に補完しあう。一方はその存続が需要ではなく利潤のための生産に依存する制度の不合理性を暴露し、他方は資本主義の成長のための外国市場の重要性を論証する。けれども、どちらの理論も拡大再生産過程の十分な説明とはなっていない。

しかしながら、ローザ・ルクセンブルクの蓄積論は、資本主義の没落というマルクスの予言の唯一可能な科学的証明としてだけではなく、イデオロギー的武器としても基本的に重要であった。なぜなら、資本家が自らの階級の瓦解を防ぐために何もできないこと、そして彼女やすべてのマルクス主義者が信じたように、資本主義に取って代わる社会主義の最終的勝利はいかなる人間の力をもってしても阻止できないことを、それは意味したからである。

この歴史の法則への確信は、彼女の思想を貫いたさらに一般的な信念、いかなる人間の作用もこれを捻じ曲げたり、破壊したりすることができない鉄のような歴史の法則の観念への揺るぎない狂信的な忠誠心に基づいていたように見える。歴史の法則の信念は、もちろんマルクス主義の古典的テーマであり、当時のすべてのマルクス主義者がそれを表明し、ある者は他の者よりもより非妥協的にそれを保持した。大抵の者が、この理論の字義通りの意味を薄めた。それは例えばエンゲルスの「上部構造の相対的自立性」という定式を持ち出したり、あるいはまたレーニンのように、社会の変革を促進するために「主観的」要素、例えば、組織された意志の力を重視したり、あるいはまた、「資本主義の矛盾」という一般的カテゴリーには入らないが、それでも疑いもなく歴史に影響を与える多くの社会的対立を常識的感覚で指摘したりした。

しかしながら、ローザ・ルクセンブルクは、すべての歴史問題にたいする単一の鍵を発見しようと固く決意し、マルクスの資本主義のダイナミクスの分析が再生産条件の正確な評価によって少なくとも補完されるならば、そのカギを提供すると信じた。「歴史の法則」によって前もって決定されない個人的または集団的人間行動を、何であれ信用することを拒否する彼女の断固たる態度は、彼女が同僚のマルクス主義者たちと異なる立場を取ったすべての重要な問題において顕われた。

いかなる資本家の努力をもってしても、すべてのシステムを破滅に至らせる盲目の無政府的な蓄積の力を止めることができないように、いかなる組織化された運動をもってしても人為的な手段によって革命を実現することはできない。男も女も歴史の過程の道具であって、彼らの任務はそのことを理解し、その中での自己の役割を理解することである。いかなる純粋なイデオロギー現象も、それ自体としては歴史の行程に影響を及ぼすことはできない。特に、民族イデオロギーは、空前の大転換、世界規模の社会主義革命に向かう進歩から歴史を逸脱させる力は持たない。

このような教条主義的な信念によって、ローザ・ルクセンブルクは社会の出来事の経験的事実にたいしてしばしば盲目となり、民族問題や革命そのものについての政治的理解力の異常なほどの欠如を示した。彼女の書き物は、教義上の極端な厳格性と事実にたいする無感覚にしか由来できない類の、理論的一貫性を示している。

3　改良と革命

もしローザ・ルクセンブルクが、彼女の批判者たちによって負わせられた意味で資本主義の「自動崩壊」を信じていたならば、「改良対革命」に関する論争において彼女が採った立場は見逃すことのできない矛盾に陥っていたであろう。しかし、彼女はマルクスと共に、資本主義は自己崩壊するように運命づけられ、遅かれ早かれ技術の進歩や経済成長の制約になるけれども、それは革命活動を必要ともせずに崩壊することはないと考えた。

むしろ、真実は、帝国主義はそれなしには資本主義が転覆され得ないプロレタリアートの革命意識を目覚めさせる時点にまで発達するに違いない、ということであった。その転覆こそが歴史の必然であって、それを実現しなければならない革命運動もそうである。このような見方はローザ・ルクセンブルクと彼女の時代の正統派マルクス主義者によって共有された。

「改良主義的」行動の意義と展望の問題、すなわち、より良い条件のための労働者の経済闘争、そしてブルジョア社会内部の民主主義的措置のための運動は、社会主義運動全体にとって決定的である、というのがローザ・ルクセンブルクの意見であった。彼女の立場は本質的にマルクスと同じであった。つまり、改良の価値はそれが諸条件の緩和をもたらすことではなく、その闘争そのものが決定的闘争に必要な訓練をプロレタリアートに与えることにあった。改良を目的それ自体と見なす人びとは社会主義の展望を否定し、そして究極の目標に背を向けているのである。

多くの正統派マルクス主義者が、革命は経済的条件が成熟したときに到来すること、そしてそれまでのあいだの彼らの任務は公共生活における民主主義と労働者階級のより良い条件のために闘うことである、という見解をとった。改良主義者は、革命の希望を公然とは放棄しないながらも、革命が起こる時と環境については曖昧であった。ローザ・ルクセンブルクの立場の本質（レーニンを含むインターナショナルのすべての左派の立場と同様に）は、これら二つの見解と彼女が闘ったことにあった。正統派の見地に対する彼女の反対は、その後になって形成されたものである。

ベルンシュタインおよび特別な理論的見解も発展させないまま、実際に彼を支持した党の指導者や労働組合の活動家、例えばゲオルグ・フォン・ヴォルマー、ウォルフガング・ハイネ、マックス・スキッペルとの論争において、ローザ・ルクセンブルクは事実として攻撃の矛先を「修正主義的」改良主義だけではなく、さまざまな正統派にも向けた。

415

彼女の主要な批判点は、もし改良が権力獲得の手段でないならばそれは無意味である、ということであった。改良はたとえ部分的でもそれ自体が目的として扱われてはならないのであり、そうしている人びとは、その言い分がどうであろうとも、革命の大義を放棄しているのである。来るべき革命に従属しない改良の闘争は、その直接的結果がどうであろうと社会主義への助けというよりも、むしろその妨害である。

ローザ・ルクセンブルクが一八九八年のシュトゥットガルト党大会で明言したように、労働力販売のより良い条件のための労働組合の闘争、社会改良や民主主義的措置の圧力は、資本主義の体制内の活動であり、それゆえに、政治権力の最終的な獲得のための闘争の一部として以外には、特別に社会主義的意味を持たない。ベルンシュタインの格言「目標は存在しない、運動がすべてだ」に対して、彼女はその反対の定式でやり返した。すなわち「自己目的化した運動、究極の目標と関係のない運動は、私にとって無だ。究極の目標がすべてだ」と。短期的な効果への集中は、スキッペルのような改良主義者が、軍隊の増強と軍需生産が失業を削減し購買力を高めて危機を防止するようになるにつれて、軍国主義を支持するまでに至らせた。

ローザ・ルクセンブルクは言った、危機は消費と生産の絶対的不均衡によるのではなく、市場の能力を超える生産固有の傾向によるのであって、軍事費はあれこれの方法で労働者階級によって生み出されるものだから、これは経済的に非合理的である、と。しかしそれだけではなく、スキッペルの理論はまた政治的にも危険であって、それは労働者が最終的には彼らの損害になるに違いない一時的利得のために、主たる目的を放棄できるし、あるいは、放棄しなければならないと説いたからである（「民兵と軍国主義」『ライプニッツ人民新聞』一八九九年二月）。

ローザ・ルクセンブルクのこの問題についてのもっとも全般的な論述は、その小冊子『社会改良か革命か？』の中にある。改良のための闘争と政治権力のための闘争とのあいだには、いかなる対立も存在しないと彼女は断言する。前者は手段であって、後者は目的それ自体である。社会民主主義は究極の目的の自覚によって、ブルジョア的改良主義から区別される。改良を目的それ自体として扱うことは資本主義の無限の継続を受け入れることであり、わずかばかりの修正という代償を払って資本主義をその崩壊から逃れることを可能にすることである。例えば、コンラッド・シュミットは、労働者の政治・経済闘争はそのうちに生産の公共的統制に繋がり、資本家の役割を制限するだろうと考えた。しかし事実として、資本主義生産にたいする労働者の影響力は、反動的結果をもたらすだけである。すなわち、それは技術的進歩を妨げるか、あるいは労働者と資本家を消費者に対抗して提携させるだけである。

ローザ・ルクセンブルクは、一九〇〇年に「一般に、労働組合運動は勝利的発展の時期に入ってはおらず、ますます増大する困難の時期に入っている。産業の発展がその頂点に達し、世界規模の資本主義が下降し始めている時に、組合の任務は二重に困難となるだろう。第一に、需要がより緩やかに拡大し供給が今よりも急速に拡大するのだから、労働市場の客観的状況はさらに悪化するだろう。第二に、資本は世界市場における損失を取り戻すためにも、労働者に支払うべきである生産物を奪取する点でさらに無慈悲になるだろう」と書いた。

416

国家は資本以外のいかなる他の利益にも介入しない。なぜなら国家は資本家階級の機関であり、一般的政策がこの階級の利益と一致するかぎりにおいてそれを追求するからである。これは民主主義的な政治制度にも等しく当てはまるのであって、ブルジョア階級はそれらが自分たちの都合にかなうかぎりにおいて、またその程度において、これを維持しようとする。

したがって、どれほど改良を重ねても資本主義を打倒することはできず、あるいはまた革命の目的を徐々に達成することもできない。プロレタリアートの経済的政治的闘争ができることは、革命の主体的条件を作りあげるのに資することだけである。改良はベルンシュタインが主張するような、客観的に社会主義に向かうものでも、あるいは搾取を制限するものでもない。その闘いが実現するものは社会の転換ではなく、プロレタリアートの意識の転換である。短期的な成功を目的自体として扱うことは階級的観点に反し、幻想を生み出すだけである。「資本主義世界において社会改良は芯のない木の実であって、そしていつもそうである」。

ベルンシュタインにもかかわらず、資本主義の発展に関するマルクスの予測は文字通り実現されつつある。今のところ過剰生産の危機が存在しないという事実が彼の見解を無効にしたり、あるいは資本主義は変わりつつあるとか、または適応能力があることを意味したりするものではない。

マルクスが直接に摑んでいた危機は、彼が予測した危機と同じものではない。前者は資本主義の成長と拡大の危機であって、その極度の消耗つまり過剰生産という実際の危機はまだ到来していなかった。株式資本の制度は、ベルンシュタインが主張するような、小資本家が拡大する徴候ではない。それは資本の集中の形態であり、それゆえに、矛盾を緩和するどころか矛盾を激化させる。プロレタリアートは、資本主義経済の法則を逸らしたり、無効にしたりすることはできない。労働力を正規の条件で売る権利のためのその防衛的闘争は、賃金がこれ以上に下がるのを防ぐために必要ではあるけれども、シシフォス的〔果てしない骨折り〕仕事である。しかし、労働者の努力がどれだけのものであろうと、社会の富における彼らの取り分は、「労働生産性が向上するにつれて自然の過程の不可避性のように」減少していくに違いない。

このように革命と改良は単に程度ではなく、本質において異なる。つまり、改良は漸進的な革命に行き着くのではなく、あるいは、革命は入れ子式の改良になるのでもない。それ以外に考えることは、資本主義は修正のみが必要であり、その転換は不必要であると信じていることである。

改良はそれ自体として何らかの価値を持つ、と認めることのローザ・ルクセンブルクの拒否、そしてプロレタリアートの経済闘争における顕著な成功にたいする不信は、彼女に悲観的な見通しを取らせ、獲得した成果を軽視させた。ベルンシュタインやデイヴィッドのような修正主義的反対者たちは、労働者の闘争に関するかぎりイギリスを模倣すべき国と見なした。他方、彼女はイギリスの中にプロレタリアートが一時的獲得によっていかに腐敗させられるかという致命的な実例を見た。一八九九年五月の『ライプツィヒ人民新聞』において彼女は、イギリスの労働組合は階級的立場を放棄し、資本主義経済の枠組みの中で交渉することによって成功を収めたと書いた。

イギリスのプロレタリアートは、ブルジョア的理念を取り入れ、直接的利害のために階級的目的を犠牲にした。しかし、われわれは今そのような時代の終わりに位置し、改良主義的意味ではなく真の意味において、階級闘争を再び開始しようとしている。

これはマルクスの理論に完全に一致しているのだが、改良主義者が依拠したエンゲルスの有名な文章には一致しない。一九一八年一二月三〇日のドイツ共産党第一回大会で、ローザ・ルクセンブルクは、彼女の見解に賛成であるという意味でエンゲルスを解釈しようとせずに、彼女が言うには、ベーベルや国会の社会民主主義者の圧力の下で、マルクスの『フランスにおける階級闘争』の序文でエンゲルスが改良主義路線を取ったことを批判した。問題の文章は、純粋な議会活動に希望を置き、実際に革命の展望を無視する人びとに恒久的な赦しを与えることによって、社会主義運動に損害を与えた、と。

ローザ・ルクセンブルクは、労働者階級はその置かれた立場のお陰で革命の意識を発達させるに違いない、というマルクスの見方の基礎について深く考察しなかった。マルクスはこの見方を一八四三年に純粋に哲学的基礎の上に確立し、これを決して放棄しなかった。しかしながら、当時におけるその唯一の根拠は、労働者階級が極度の非人間化にさらされており、それは独立した階級としてではなく、全体としての人類の人間性を回復する運動としてのみ、自らを解放することができるという確信であった。これはまったく説得力のある主張ではない。

ある特定の階級が抑圧され、搾取され、非人間化されているからという理由で、その階級は世界革命を熱望しているに違いないとか、ましてやその熱望は成功するに違いない、ということは先験的には言えない。いずれにせよ、近代の労働者階級は古代の奴隷よりも非人間化されているのではない。後期の著作において、マルクスはよりプラグマティックに見える主張を用いた。資本主義制度はまもなく技術の進歩にたいする統制力を失い、そして労働者階級が、そのような進歩にたいする障害を除去して、生産を自己目的化した価値増殖のためではなく、人間の必要に従属させる社会の受け皿となるだろう、と。

しかしこの主張も、まったく明晰さから遙かにかけ離れた前提を含んでいる。それは技術の無限の進歩は当然であること、あるいはむしろ技術の進歩の渇望は人間の不可分の一部であることを前提にしている。なぜなら、技術の進歩は人間の活動であるからである。レヴィ・ストロースが言うように、一本の斧はもう一本の斧を生産できない。しかし、マルクスはこのように想定しなかった。それと反対に、彼は技術改善の衝動は資本主義に特有であって、他の経済システムには存在しないと信じた。

このように、資本主義が技術の改善能力を喪失せざるを得ないと考える点でマルクスが正しかったとすれば、その結果は、技術の進歩に規定されて、資本主義が現在の形、つまり技術の進歩をその特徴とする形で存在することを停止することになっただろう。だが、それはその役割が労働者階級に引き継がれることにはならず、いわんや労働者階級が技術の進歩を管理し、その能力が政治的勝利を保障することにはならないだろう。

資本主義は停滞したままで存在しつづけるか、あるいは、必ずしも生産力の持続的な改善に依存せず、マルクスの意味での社会主義になる必要もない、他の新しい社会に取って代わられると等しく想定することもできるだろう。

もっとも、これはマルクスの主張の全部ではなかった。彼はまた、プロレタリア革命の歴史的前提は、階級分化の拡大、中間階級の消滅、「労働予備軍」とプロレタリアートの規模の拡大そして後者の階級意識の高揚であるだろうと考えた。しかし、マルクスの前提に立ったとしても、これらの事柄はプロレタリア革命が必ず起こるという信念を正当化するには十分ではない。貧困は、それ自体として革命へ向かう動向を生み出さず、ましてや、圧倒的多数の被搾取階級の優勢も、正義がその側に存在するという事実もまったく生み出さなかった。

他方、マルクスによれば、革命意識の伸長は「客観的に」革命に向かう社会的諸条件に依存する。つまり、それは自然発生的な精神現象ではなく、実際の歴史的動向の反映でなければならない。革命意識の高まりを期待するかどうかを知るためには、われわれはまず、社会主義への大変動が歴史過程と一致して進行しているかどうかを発見しなければならない。しかしこの条件が満たされていることは証明されてこなかった。なぜなら、マルクスが予言したプロレタリア革命はまだどこでも起こったことがなく、それがまもなくとか、あるいは全面的にと期待する理由はどこにもないからである。

マルクスもローザ・ルクセンブルクも、資本主義は改良することはできない、あるいは労働者階級は革命によってそれを粉砕しなければならない、という二つの言説のどちらが論理的に先行するか、について明確にしていない。この二つの命題は同じではないのだから、それらは独立に証明されなければならないか、あるいは片方が他方に従属しなければならない。

改良主義者との論争において、ローザ・ルクセンブルクは前の方の命題をより多く使っていたように見える。彼女の蓄積論は、資本主義は純粋に経済的理由により無限に進んでいくことはできないという証拠を提供した(彼女によれば、マルクスはそれを提供しなかった)。しかし、議論を進めるために、われわれがその理論を受け入れるとしても、そこからどのようにしてプロレタリア革命が存在するに違いない、ということになるのかは明確にならない。資本主義は、生産手段の私有が過剰生産や危機を招くがゆえに崩壊するに違いないと仮定するとしても、所有制度がそのような特定の形態に転換しなければならないということは、なお証明されない。

結論としては、まだ確定的ではないけれども、社会はブルジョアジーとプロレタリアートだけで成り立つ状態に近づきつつあると想定して、プロレタリアートの状況は実際には改善されず、そしてブルジョア階級はその生産手段の占有を打ち破ろうとする如何なる試みにも抵抗するにちがいない、ということはもっともあり得ることである。しかし、これら三つの追加した想定の中で最後のものだけが説得的である。

しかしながら、ローザ・ルクセンブルクは変わることなく、労働者階級は本来的に革命的であると信じたので、彼女の社会的現実の評価は観察よりも理論により多く基づいた。彼女は革命の意識は広がりつつあると確信し、事実がこれを裏切ったとき、彼女は客観的情勢よりも指導者の「日和見主義」を責める傾向にあった。労働者は「本質的に」革命的であると信じつつ、彼女は組織された党の活動よりも自然発生的な暴発に、より大きな希望を置いた。

4　プロレタリアートの意識と政治組織の形態

自発性対党組織という問題は、ローザ・ルクセンブルクとボルシェビキとのもっとも厳しい意見の相違の核心であった。しかし、彼女は社会民主党のあらゆる部門に同じような危険性を見た。レーニン、カウツキー、ジョレスそしてトゥラーティは彼女の目からすれば、大衆の自発性を過小評価し、「指導性」理論によってそれに水を差す点で、すべて有罪であった。ここでもまた、彼女は社会民主主義運動の中でほとんど一人だけの意見の持ち主であった。

しかしながら、彼女は自発性という用語に、イデオロギー的自己意識を欠いたままの盲目的な衝動を意味させなかった。マルクスはプロレタリア革命を予言しただけではなく、革命が実現するためには彼の予言がプロレタリアートの意識の一部とならなければならない。「この理論が労働者階級の意識となり、そういうものとして、それ自身が歴史の要素になることがマルクスの理論において定式化された歴史的大変動にとって基本的である」（論文「マルクスについて」序文『フォアヴェルツ』紙　一九〇三年三月一四日）。

あるべき、または現に形成されつつある革命の意識は、理論によってすでに定式化されているのだから、労働者階級は自らの運命に気づくあらゆる機会を持っており、指導者が大衆にたいして教育したりあるいは彼らの意識を管理したりする必要はない。レーニンの超中央集権主義は、インテリゲンチャ特有の機械主義であるとローザ・ルクセンブルクは「ロシア社会民主党の組織問題」（『新時代』四二-四三号　一九〇三～四）で言い切った。レーニンによれば、中央委員会は、党の諸組織に対抗して党全体を単なる受動的道具に変える全能の権限を保持できる。

「社会民主党の中央集権化は二つの原則、まず第一にすべての党機関とその活動がその細部のやり方まで、あらゆる問題について思考し、行動し、決定する中央の権威に完全に従属すること、そして第二には、党の組織化された中核とそれを取り巻く革命的環境との厳格な分離という二つの原則に基づく。これらはレーニンがそうしたのだが、われわれには陰謀集団の組織化というブランキ主義原則を労働者大衆の社会民主主義運動に機械的に持ち込んだものにしか見えない。レーニンは自己の立場を、その階級の利益に意識的なプロレタリアートの組織と結び付いたジャコバン派としての彼の『革命的民主主義者』について、おそらくその反対者たちよりも、より明確に語った。だが、社会民主党は労働者階級の組織と結びついておらず、それ自体が労働者階級の運動である」。

レーニンは、知性を必要としない兵営の中の訓練と意識的な階級活動とを区別できず、彼の中央集権主義は「夜警のような決まりきった態度」で充たされていた。革命の戦術は指導者によっては発見され得ないのであって、それらは自然発生的に発展するに違いない。歴史が先に来るのであって、指導者の意識は二番目である。

ボルシェビキの方針の効果は、プロレタリアートの自由な発達を麻痺させ、彼らから責任を奪い取り、それをブルジョア・インテリゲンチャの道具にしたことである。革命のエージェンシーは労働者の集団的精神でなければならず、自称リーダーの意識ではない。真実の労働者運動の誤りは、中央委員会の無謬よりも実りがある。

一九〇五年のロシア革命は、ローザ・ルクセンブルクをゼネ・ストは革命運動のもっとも効果的な形態である、と確信させた。彼女の見方では、この革命は他のヨーロッパ諸国にたいして一つの模範を与えた。つまり、リーダーや計画あるいは調整された計画なしに、そしていかなる政党によっても主導されない下からの反乱である。一四年にカウツキーはその論文「政治的ゼネスト」の中で、ローザ・ルクセンブルクの意見を逸脱として非難した。すなわち、突発的で組織化もされず、統一した理念や計画もないままの数ヵ月のストライキが党や労働組合による三〇年間の体系的活動よりも労働者を教えることができるなどと、彼女はどのようにすれば想定できるのだろうか、と。

しかし、これがまさにローザ・ルクセンブルクが信じたものであった。労働者大衆の革命への潜在的力は、尊大な指導者によって一時的に窒息させられるかもしれないが、それは不滅であると彼女は考えた。しかしながら、これは党が無用であることを意味しなかった。プロレタリアートの前衛は健全な概念である。しかし、それは活動する人びとの集団でなければならず、支配する団体であってはならない。党の任務は革命をただ待つことではなく、歴史の行程を早めることである。しかしながら、これは陰謀やクーデターという問題ではなく、大衆の革命意識を涵養し、彼らがリーダーの援助なしに社会主義の運命を最終的に決定するようになる、という問題である。

ローザ・ルクセンブルクは、レーニンをその兵営理念と社会主義運動の操作を理由として批判したけれども、レーニンが彼の党理論の基礎として採用したカウツキーの理論、すなわち革命の意識は外部から労働運動に注入しなければならないという理論には直接に反対しなかった。ルカーチは『歴史と階級意識』（一九二三）所収の「マルクス主義者としてのローザ・ルクセンブルク」という論文において、彼女自身がこの理論を受け入れたと主張し、それは党がプロレタリアートの階級意識の伝達媒体であり、その任務は自生的な運動の中に暗黙の裡に既に存在する真理によってそれ自体を充たすことによって理論を実践に転化することである、と彼女が考えたからであるとした。ローザ・ルクセンブルクもこのような整理の仕方におそらく同意しただろう、しかし、彼女はインテリゲンチャがプロレタリアートの意識の第一次的な源泉であるとか、あるいはまた、党の旗手の役割は指導者集団によって代位できるとまでは言わなかっただろう。

彼女にとって、党は自己組織化されたプロレタリアートであって、職業革命家によって組織されたプロレタリアートではなかった。その論評と批判において彼女は、マルクス主義は歴史過程の単なる理論ではなく、まだなお潜在的であるかもしれないが、現実の労働者運動の意識の分節化であるという立場を主張した。その意識が形を取るとき、つまり、自発的な運動が理論的な自己知識を成し遂げるとき、理論と実践との区別は存在しなくなるだろう。すなわち、理論は物質的な力となるのだが、それは闘争の武器であるという意味ではなく、闘争の有機的な一部であるという意味においてである。この意味において、マルクスの理論とそれを自己のものにする革命運動とのあいだには、ある種の予定調和が存在する。マルクスは、歴史の哲学を「発見」したのではなかった。彼はプロレタリアートの潜在的なままであった自己意識の内容を表現して見せたのであり、彼はその内容が初めて公に表明される手段であったと言ってもよい。

このような問題の評価は、自分の理論にたいするマルクスの自己評価ともローザ・ルクセンブルクの主要な理念とも一致する。しかし、彼女自身は、この用語もまた似たような用語も使わなかった。

上記の解釈がレーニン主義とローザ・ルクセンブルクの党哲学との違いを解消しないことは明白だが、それらは相互に両立可能である。もし党の機能がその運動に内在する真理で、自発的な運動を鼓舞するのであるならば、操作者としての党というレーニンの見方を受け入れることも、労働者運動は常に自発的過程であり、党が関与することはすべて、歴史によって設定された彼らの真の目的を労働者に説明することに尽きるとするローザ・ルクセンブルクに同意することも、われわれにとってどちらも自由である。

労働者の運動は、党指導者によって操作されたりあるいは戦術的鋳型を強制されたりしてはならない、というローザ・ルクセンブルクの信念は、ロシアにおけるボルシェビキ支配から一年後のボルシェビキにたいする彼女の批判の土台であった。これは三つの主要な項目に分けられる。つまり、ボルシェビキの小農民にたいする方針と民族にたいする政策そして国家及び党内の民主主義の問題である。

ローザ・ルクセンブルクは、カウツキーと同様の方法でボルシェビキの専制支配を批判したが、それは同じ理由ではなかった。カウツキーが特殊マルクス主義的ではなく自由主義者によっても承認され得るような一般的根拠に立って民主主義を擁護したのにたいし、ローザ・ルクセンブルクは大衆の自発的政治活動の固有の価値にたいするマルクス主義的信念によって駆り立てられた。彼女はロシアの経済的後進性や自由主義ブルジョアジーとの同盟の望ましさという、カウツキーやメンシェビキの主張を黙殺した。それは革命の大義の放棄であるだろう、と彼女は言った。ボルシェビキがあの時点で革命に着手したのは正しく、また、残りの世界への拡大をあてにしたのも正しかった。

422

この点では、ローザ・ルクセンブルクはトロツキーやレーニンと一致した。すなわち、そうすることが政治的に可能なときに、党は権力を掌握しなければならない、これが、経済的成熟についての教条主義的な反対論にもかかわらず、ロシアの社会主義革命はそれがヨーロッパの全般的な革命を引き起こすならば、そのときだけ成功するだろうという一般的に受け入れられた想定に立ったものであった。彼女はまた、党は最初に多数を獲得しなければならず、その上で初めて権力を手に入れることを考えなければならないとする社会民主主義的原則も否定した。それは「議会主義的クレチン病」である、と。つまり、正しい進路は多数を獲得するために革命的戦術を使うことであって、それ以外にはあり得ない、と。

しかしながら、このことは権力を掌握した党が人民の多数に反して恐怖政治によって自らを維持し、政治的自由や代表制のすべての正規の形態を拒絶しなければならないことを意味しなかった。ロシア革命の転換点は、憲法制定議会の解散であった。

レーニンとトロツキーは、ソビエト〔労農兵評議会〕にたいする彼らの支配力を基に総選挙を完全に放棄した。トロツキーは一〇月革命前に召集された制定議会は反動的であり、普通選挙は大衆の感情をありのままに反映しなかったので必要はない、と宣言した。しかし、ローザ・ルクセンブルクは、大衆は選挙の後でも代表に影響力を行使でき、その方向を変えさせることができるのであって、制度が民主化されればされるほどそのような圧力はさらに効果的になり得ると反論した。民主主義の制度は完璧ではないが、しかしそれを廃止することは大衆の政治生活を麻痺させる結果となるのだから、さらにいっそう悪くなる、と。

生活のために働いている人びとの選挙権の制限は、産業が荒廃して失業が膨大化している全般的混沌状態において不条理である。新聞、集会の権利の制限は大衆の支配を虚構に変えてしまった。「政府の支持者だけの、単一政党の構成員だけの自由は、それがいくら多かろうと、これは自由ではない。自由は常に、異なって考える人びとの自由でなければならない」(「ロシア革命」)。

社会主義は生きた歴史の運動であって、行政命令によって代替できるものではない。もし公共的問題が適正に議論されなかったら、それは狭い公職者仲間の領域になってしまい、腐敗は避けられない。社会主義は大衆の精神的転換を求めるのであり、恐怖政治はこれをどうやっても実現できない。無制限の民主主義、自由な世論、選挙と新聞の自由、集会と結社の自由がなければならない。そうでなければ、社会で唯一の活動的な部分は官僚制でしかないことになる。少数の指導者グループが命令し、労働者の仕事は彼らに拍手を送るだけになるだろう。プロレタリアートの独裁は、徒党の独裁に置き換わられるだろう。

カウツキーにとってそうであったように、レーニンやトロツキーにとって民主主義は独裁の反対物であった、とローザ・ルクセンブルクは書いた。

そのような反対論を根拠に、カウツキーは未成熟な状況の中で奪取した権力をプロレタリアートは放棄すべきであると考えた。それだからこそ、レーニンとトロツキーは、権力は暴力という手段によって掌握されなければならないと決心した。

しかし、プロレタリアートは、党あるいは少数グループの独裁ではなく階級の独裁を行使するものとされ、そして民主主義的条件の下でそれをオープンに行使しなければならない。「もしわれわれが、形式的な平等と自由の外皮に包まれた不平等と奴隷化という苦い核を暴露するとしても、それはその外皮を投げ捨てるためではなく、労働者階級がそれだけでは満足しないで政治権力の獲得まで進み、そこに新しい社会的内容を盛り込むためである。——独裁は民主主義を廃棄するという問題ではなく、それを正しく適用するという問題である」（同上）。

確かに、ボルシェビキは全面的な民主主義が不可能である環境の下で権力についた。しかし彼らは今、自らの戦術を全体の労働者運動のものとすることによって、例外的状況という歪みを普遍的な規則に転換して、必要なことは潔く行なわなければならない。彼らはロシアの権力を掌握することを託されたのであろうが、社会主義の大義は全世界の問題であって一国の問題ではない。

ローザ・ルクセンブルクのボルシェビキ独裁の批判は、彼女の早い時期からのレーニン主義批判と一致していた。一九〇六年に彼女は「真の社会主義思想は少数者支配を排除する」と書いた（「ブランキ主義と社会民主主義」『赤旗』六月二七日）。彼女はまた、当時ツァーリ政府が打倒されたとき、ロシアのプロレタリアートは権力掌握の後、その権力を人民の多数によって選ばれた政府に引き渡すだろうし、プロレタリアートはロシアでは少数派なのだから、この政府は圧倒的に社会民主主義的ではあり得ないだろう、と述べた。

ボルシェビキが一九一八年に自由な選挙を認めてもその権力を維持できただろうと、彼女がどのように想定していたかは明らかではない。なぜなら、プロレタリアートはロシアでは少数派そのものであり、ロシアの全部が彼らに投票することはどうしても想像することができないからである。

マルトフとカウツキーは、彼らのボルシェビキ独裁批判においてこのような難問に遭遇することはなかった。なぜなら、彼らは、権力は一般的代表機関に由来するのだから、プロレタリアートが社会の大多数を構築すればそのときのみ、彼らの政府が存在し得るという見解を取っていたからである。他方、ローザ・ルクセンブルクは、ボルシェビキは国民代表制の下で民主主義的手段によって権力を維持できると信じていたように思われる。この奇抜な観念は、大衆に内在する革命的性質、すなわち、彼らに任せておけば、公共生活の社会主義的形態に進化せざるを得ない大衆の内在的性質にたいする、彼女の神秘的で不変の信頼にのみ基づくことができた。レーニンとトロツキーはこれよりもかなり大幅に慎重で現実的であった。

5　民族の問題

民族の問題は、マルクス主義の永久的で、未解決の理論的難題であり、社会主義運動の実践的難問であった。階級区分が社会の分析とその予測および実際的方針の問題にとって基本的であるという原則と、人びとが民族を基礎に分割されそして、常にそうであったという歴史的事実とを調和させることは容易ではなかった。

民族の単位は階級のそれよりも全く別の基準によって分割され、そして民族は歴史的に階級を超越する単位であった。では、どのようにすれば純粋に階級的な観点は、民族の自立権の伝統的承認と結合することができるのだろうか？

その搾取者に反対する人びとの同胞愛は、一九世紀中葉において評判の良いスローガンであり、解放の時代の民主主義的革命家の自然な態度を疑いなく表していた。しかし、よく吟味すればそれは明らかに民族の辺境や少数者そして植民地の搾取という根深い問題を解決してはいなかった。各国がその植民地を無慈悲に搾取している時に、あらゆる実際経験を無視して、従属人民の利益は「本質的に」大都市人民のそれと同じであると示すことはできなかった。

マルクスとエンゲルスは、民族問題の理論と呼べるものを何も残さなかった。この問題にたいする彼らの態度は、ヘーゲル哲学の思い出、一八四八年のスローガン、そして彼らの個人的な好き嫌いの混ざり物であって、時どき、とりわけ手紙で仕方なく表明された。彼らの見方は強力なヨーロッパ志向によって、そして零細な「非歴史的」人びとへの蔑視によって特徴づけられており、これらの人びとは民族としての崩壊が運命づけられ、そのうちにもっとも凶悪な反動の支持者や巨大権力の陰謀の操り人形と化すというものであった。

マルクスは、系統的にロシアにたいして敵対的であり、世界支配の野望がこの国の政策の大黒柱であると信じた。彼は、英国政府がロシアの拡張政策を黙認しているのではないかと疑念を抱き、クリミア戦争への英国の参加はプロレタリアートの圧力のゆえであると見なした。彼はギリシア以外の古典文明に興味を持たず、それらを精神的弱さと野蛮さという点で幼児期の段階として退けた。このような方法で、インドや中国の両方は共に書かれた。彼はかつて手紙の中で、東洋はわれわれに宗教と伝染病以外には何も与えなかった、と書いたことがある。彼は疑いもなく、社会主義は先進的で有力な諸国の使命であると考えた。世界市場を作ることによってブルジョア階級は革命への舞台を創り上げつつあり、その革命が発達した諸国で起こるならば残りの国々はそれについてくるだろう、と。

エンゲルスは、アメリカ合衆国のメキシコからの領土の獲得、そしてフランスのアルジェリアの植民地化を歓迎した。つまり、ベドウィンはとにかく無法者の人種である、と。マルクスは、植民地化によってその一〇〇〇年の眠りから目覚めさせた英国の、インドにおける革命的役割を強調した。一八八二年八月二日の手紙の中で、彼はエジプトの民族主義にたいして感傷的見方を取ったとしてベルンシュタインを厳しく非難した。エンゲルスは、バルカン諸国の人びとにたいする彼の蔑視を何も秘密にしなかった。すなわち、ブルガリア人はヨーロッパ革命を頓挫させようとするトルコ支配の下でまったくの平穏を保っている豚飼いの人種だ、と。

これらの少数民族はツァーリの同盟者であり、発達した西欧の敵である。「歴史的」人民、つまりドイツ人、ポーランド人、ハンガリア人は他のスラブ人（ロシア人を除く）を支配しなければならない。ポーランドはリトアニア、白ロシアそしてウクライナの大部分を含むその一七七二年以前の辺境地を回復しなければならない。ハンガリア人はスロバキア、クロアチアを、オーストリア人はチェコとモラビアを支配する資格がある、と。

これらすべての従属的少数人民は、ヨーロッパの歴史においていかなる役割も果たしてこなかったのであり、独立することもないだろう。フランスはベルギー、アルザスそしてロレーヌを、ドイツはシュレースヴィヒを支配しなければならない。概してより高度な文明はより低度の文明に、進歩は野蛮と停滞に打ち勝たなければならない。

マルクスとエンゲルスは、ともにポーランド問題に特別に興味を抱いた。エンゲルスは、ポーランド人はドイツ、イタリア、ハンガリーを合わせた以上のことを革命のためにやってきたと考えた。両者ともポーランドの分割はヨーロッパ反動の要石と見なした。つまり、ロシア支配からのポーランドの解放は、ツァーリ専制体制の打倒と世界中の反動の粉砕のための第一歩となるだろう、と。

エンゲルスの歴史的人民と非歴史的人民との区別は、考え抜かれた歴史理論というよりも一八四八年の雰囲気の反映であり、そして同じことが、彼のポーランドへの同情とポーランドが革命においてカギとなる役割を果たすだろうという信念についても言える。しかしながら、マルクスはその人生の終焉に向かって、ロシアにおける革命の展望に真剣な関心を寄せるようになった。彼はまたアイルランド問題が英国における革命を早めるかもしれないと考えた。しかしながら、民族問題は一般に彼の革命戦略の理論においていかなる役割も果たさなかった。

第二インターナショナルの社会主義者、特にロシアやオーストリア・ハンガリーの多民族帝国出身の社会主義者は、従属民族からの支援を特別に頼りにしたこともあり、「進歩的」とか「反動的」とかとする民族の一般的公式や概括的区分に依拠することはできなかった。

こうした中で、特にロシア人、ポーランド人、オーストリア人が民族問題の社会主義的解決を発見するべく努力するのは自然であった。レーニン、オットー・バウアー、カール・レンナー、スターリンそしてローザ・ルクセンブルクの全員がそれぞれ異なる方法で民族問題をマルクス主義の理論本体に統合することを追求した。

このテーマは、当然ながらローザ・ルクセンブルクの手紙に絶えまなく出てくる。ポーランド・リトアニア王国社会民主党はポーランド社会党に対抗して、ポーランド独立方針に反対であることを最初から最優先して表明した。一つの民族による他の民族の抑圧にローザ・ルクセンブルクが冷淡であったわけではないが、彼女は、それは資本の支配の結果であり、その機能であると見なした。社会主義が原則としてすべての抑圧の形態を一掃するのだから、この問題は社会主義革命後にそれ自体として解決されるだろう、と。

それまでは、民族の自立のために闘うことは無駄となるのであって、それは運動を小部分に分割し、プロレタリアートの国際的連帯を破壊し、その注目を国家建設に向けるようにさせるのであって、そうなれば国家の建設が被抑圧階級だけではなく民族全体の関心事項となるのだから、民族の自立の問題は革命の大義にとって有害になるだろう、と。

概して、独立した問題としての民族問題への関与は、ブルジョアの浸透の結果であって、社会民主主義の存在理由である階級的観点を掘り崩す傾向があった。マルクスのポーランド問題への態度は当時の政策問題として理解可能であるが、それは時代遅れかまたは誤りであり、マルクス主義の理論と矛盾する。マルクス主義は階級的区別が存在するにもかかわらずポーランドとロシアを銘々に進歩的とか反動的とか銘打つことを禁じた。

ポーランド社会党によって継続された、社会主義の大義と独立ポーランドとの大義を結びつけようとするリマノフスキの試みは極度に反動的であった。ポーランド社会党は、独立を目ざしたポーランド貴族の伝統を挿入することによって、再建されるポーランド国家の大義の中に国際的労働者運動を巻き込もうと図った。一八九六年早々、ローザ・ルクセンブルクは第二インターナショナル・ロンドン大会のポーランド問題決議の採択に反対して、ロシアの強みはポーランドの征服に依存しているのでなく、ツァーリの専制はポーランドが解放されたら崩壊するというのは真実ではないと主張した。専制の強みはロシア内部の条件に依存しているのであって、資本主義の発達がその衰退をついには導くだろう、と。

ポーランド再建という理念は、それがツァーリ帝国内のプロレタリアートの階級的団結を破壊するかぎりにおいて反動的ではあったが、それはユートピア的であると同時に絶望的であった。ローザ・ルクセンブルクは、そのすべての著作の中でポーランド資本主義はロシア資本主義の不可欠の要素であると強調しつづけた。ポーランドの輸出の三分の二は、東に向かった。経済統合の取り消しのできない過程は、子どもじみた愛国的夢想でもって抑えこむことなどできない。

ポーランドのいかなる階級も独立に興味を持っていない。その生計がロシアの市場に懸かっているブルジョアジーも、その生き方をできるかぎり維持しようと絶望的に闘っている農村郷士も、その関心が階級闘争であるプロレタリアートも、大多数の小ブルジョアジーも、小農民もすべてそうである。せいぜい、社会的出世を欠くインテリゲンチャあるいは資本主義の勃興によって脅威にさらされた反動的な小ブルジョアジーが、無能にも独立ポーランドを夢見ているのだ。

概して、民族問題はそれ自体では意味がない。民族運動は常に特定の階級の利益を伴っていた。強力で反論できない経済的原理を基にして民族の大義を代表できる階級は存在しないのだから、それで問題は終わりである。つまり独立したポーランドというのは不可能事である。ロシア領ポーランドにとって当てはまることはプロイセンやオーストリアに支配された地域にも等しく当てはまる。ポーランドの資本家は、労働者の心を曇らせ、敵は資本家ではなくドイツやハカタ（HAKATA：ポズナニ地域でポーランドの権益を侵害している組織）であると説得するために、労働者の思想を独立の理念に転換させせようと目論んでいるのだ。

このような見解を抱いてローザ・ルクセンブルクは、ロシア社会民主党の綱領に表れた民族自決の原理と闘った。彼女はそれに代わって、革命後の民族問題の解決策としての文化的自律というオーストリア・マルクス主義の理念に傾いた。彼女の意見は、『社会民主党評論』の論文「民族の問題と自律」（第六号、一九〇八年八月）とロシア革命に関する小冊子で発表された。彼女は前者の中で民族自決権はブルジョア民族主義のスローガンであり、あらゆる民族が自らの運命を決定する平等の権利を持つことが含意されていると述べた。

事実として、民族主義運動は歴史的環境によって進歩的にも反動的にもなる。このことはマルクスやエンゲルスによっても認識されていた。それは彼らがスラブやチェコ南部、一四世紀のハプスブルク家に対するスイス人の反乱、あるいはスコット、ブレトンズ、バスクの分離主義の側の民族的情熱の反動的性格を強調したときであった。これらの運動の多くは共和制に反対して反動的君主制を支持した。歴史の自然の傾向は少数民族がより大きな民族に吸収されることである。つまり、文化的言語的統一が究極の目的とならざるを得ず、この過程を逆転することは反動的でユートピア的である。

「誰が真剣に、モンテネグロ人、ブルガリア人、ルーマニア人、スラブ人、ギリシア人、そしてスイス人の『民族自決』をどの程度まで現実的に語ることができるのか？」いずれにしても、一つの民族は、統合された社会全体ではなく、あらゆる問題で相互に対立する敵対的諸階級の集積である。

ローザ・ルクセンブルクは、民族自決権の承認がボルシェビキの重大な誤りの一つであると考えた。いわゆるこの権利は「怠惰な小ブルジョアの言葉であってインチキ」以外の何ものでもない。ボルシェビキはこの言葉によって帝国内の非ロシア人の支持を確保しようと望んだのだが、結果は、ポーランド人、フィンランド人、リトアニア人、ウクライナ人そしてカフカースの人びとが、それ以前は革命の大義に積極的であったにもかかわらず、革命と闘うためにこれらの自由を利用することになってしまった。ロシア国家の一体性や現にある革命の堡塁を擁護せずに、「分離主義を厳しく粉砕」もしないままで、ボルシェビキは非ロシア人ブルジョアジーが彼らの運命を決定し、そしてウクライナのような民族であったこともない人びとの中にさえ民族感情を掻き立てることを許してきた。

ローザ・ルクセンブルクが民族独立の理念、とりわけポーランド独立の理念と闘ったときの辛辣さが、彼女とレーニン主義者との鋭い対立を引き起こした。しかし、これは戦略の問題であって、民族や民族文化の固有の価値に関する意見の相違という問題ではなかった。この点ではレーニンとローザ・ルクセンブルクの態度は同じであった。レーニンは自決権を容認した、しかし彼はそれを自民族の分離主義と闘うのは社会主義者の義務であると解釈した。いずれにしろ、自決権は革命の利益、すなわち、権力を取ったボルシェビキの維持という利益に比べて、その重要性ははるかに劣った。

ある民族のプロレタリアートは、独立か統合かに際して革命を擁護しなければならず、プロレタリアートの代弁者はその党であって、党はいかなる集団よりも進歩的な動向を表わす。一九二一年のソビエトのグルジア占領時の残虐性にたいするレーニンの不承認は何の実際的効果ももたらさず、党綱領は、それによってロシア人の世襲資産のほとんどが取り戻された暴力的措置に十分な正当化を与えた。

しかしながら、ローザ・ルクセンブルクのポーランド社会党との闘争は基本的なものであった。後の知恵で考えれば、彼女が社会の現実にこれほど無理解であり得たのは信じられないだろうが、これはあり得ないことではなかった。彼女は徹頭徹尾、教条主義的知識人であった。彼女の社会問題の評価は、マルクス主義の公式からの演繹であり、経験に照らしたわずかばかりの修正しか伴わなかった。資本主義社会はその本性上、敵対的階級に分割され、それぞれの階級の利益は世界のどこでも同じであるから、少なくとも階級戦争に関するかぎり、どのような民族でも「全体として」独立を熱望するということは理論的に不可能である。なぜなら、民族次元の熱望というのは単純に存在しようがないからである。

一九一四年に民族主義が爆発し、インターナショナルが崩壊する結果になっても、ローザ・ルクセンブルクはこの意見を揺るがすことはなかった。

彼女は、国際的理想を裏切ったとして社会民主党の指導者を非難しただけであった。多くの教条主義的マルクス主義者と同様に、経験が彼女の理論的前提を証明できないとき、社会の分析の立場から考えようとはしなかった。その反対に彼女は「罪のある人間」を探し出して、主観的要因に立つ矛盾を責めた。

民族は統合された共同体としては存在しないのだから、真の民族運動などというようなものは存在しようがない。もしそういうものが存在するとしても、それは「ブルジョア的欺瞞」ないし「修正主義的背信」の類にほかならないのであって、マルクス主義の公式は無傷のまま残りつづけた。

労働者階級は本質的に革命的であって、これと反対に見える姿は労働者に改良主義思想を注入する腐敗した指導者のせいであるにちがいない。物事の本質と表面的経験の分裂は、無視されるか個人の邪悪な信条のせいとされるか、あるいは「弁証法的矛盾」として説明された。このような思考法でローザ・ルクセンブルクは、自分の予言がほとんど常に出来事によって誤りだと証明されても、その意見を変えずに維持しつづけることができた。

レーニンの方は、ポーランドの民族主義と一面的に闘うことによって彼女はより危険な大ロシア民族主義に恩恵を与えた、という根拠からローザ・ルクセンブルクを批判した。彼女を批判したその他の人びとはポーランド社会党の理論家たち、フェリックス・パールそしてカジミエッシュ・ケレス・クラウスであった。後者は、ポーランド独立の障害と想定された「経済的諸条件」は領域間の交易の問題に過ぎず、ローザ・ルクセンブルクは基本的に、プロレタリアートはその活動をブルジョアジーの一時的必要に合わせるべきだと主張している、と一九〇五年に書いた。民族国家は資本主義の自然な利益であるが、独立もまた労働者階級にとって必要であって、それは民主主義の必須の要件であるからだ、と。

他方、ポーランドの共産主義者たちは、民族独立問題に関するローザ・ルクセンブルクの説を全面的に支持した。後の「ルクセンブルク主義」批判は、一般的で総括的な性格であったが、国内市場におけるブルジョアジーの利益及び民族的大義にたいする他の階級の利益を「過小評価した」として彼女を糾弾した。しかしこの批判は、階級闘争は「結局のところ」唯一の決定的な歴史的衝突である、という原則に異議を唱えるところまでは進まなかった。すなわち、民族問題は一時的で重要ではない課題、あるいは階級や利益のような「現実的なもの」の偽装のいずれかであって、そうでなければ、それらは戦略上の理由から使われるはずの革命的エネルギーの潜在的源泉ではあるが、「歴史的展望の中で」真剣に取り上げることはできないものである。要するに、マルクス主義の共産主義解釈版は民族の現実と折り合いをつけるようにはならなかった。

＊　＊　＊

ローザ・ルクセンブルクは、マルクス主義の歴史において、たびたび遭遇した、マルクス主義の世界観に特別に惹きつけられるようになったタイプの知性の代表的実例である。それは権威にたいする奴隷的な服従を特徴とするが、それに加えて、その服従の中で科学的思想の価値が保持され得るという信念も特徴とする。これら二つの態度を満足させるか、あるいは極端な教条主義を「科学的」思考の崇拝と結びつける神秘化を与えるのに、マルクス主義ほどふさわしい理論は存在しなかった。この中で弟子どもは心理的精神的平安を見いだすことができた。

こうして、マルクス主義はインテリゲンチャにとって宗教の役割を果たし、そのことが、ローザ・ルクセンブルクのような人びとが、最初の原則に立ち戻ることによって、その信仰の蓄積の増大を促進し、こうして彼らは教条から無縁であるとする自らの信念を強めた。

ローザ・ルクセンブルクの中心テーマは蓄積論であって、資本主義は階級分化をますます引き起こすに違いない、という彼女の信念と結びつけられていた（すべての正統派マルクス主義者がこの信念を共有し、カウツキーの見方では、それがなければマルクス主義は崩壊していただろう）。彼女は、資本主義が経済的に立ち行かなくなる環境を明らかにすることによって、マルクス主義に最終的な首尾一貫した形を与えようと努力した。

マルクス主義は彼女にとって歴史の意味を解く普遍的手がかりであり、

それが歴史の進行を妨げるかもしれない偶発的な諸要素を無意味な些事として否定する心性を可能にさせた。こうして史的唯物論は、現実の極端な貧困化ではなく、物事の本質を保存して単に偶然的なものを排除する科学的抽象化の過程と見なすことができた。

しかしながら、これが、科学に一つの経済制度からもう一つの経済制度への移行の一般的枠組だけを考察するようにさせて、現実の歴史全体を重要ではない偶然の出来事の連続として扱うことを意味したことに、誰も気づかなかったように思われる。残りの全部、すなわち、戦争、民族的人種的衝突、憲法および法の態様、宗教、芸術的知的生活、これらは歴史の壮大な段階を熟考する理論家が関わるものではない「偶然の出来事」の、ごみの山に格下げされた。このような方法で、単純な公式の不毛性は誤った気高さを生まれながらに持っていた。

ローザ・ルクセンブルクの著作の運命が、マルクス主義の一体性を保持しようと試みながらも、そうする唯一の手段、例えば真理と虚偽を最終的に識別する権威を有する、制度化された機関を否定した悲劇を説明している。ローザ・ルクセンブルクは正統派の擁護者であろうと努めたが、しかし、党を正統性の絶対的無謬の源泉と見なす代わりに、彼女は真理の自然発生的源泉としての大衆の革命的使命を信じることをよしとした。レーニンには、このような矛盾にたいして罪はないのであって、彼のマルクス主義はその理論が職業革命家組織の排他的資産となったがゆえに、現実的に有効であった。

430

ローザ・ルクセンブルクの場合、歴史の事前決定そしてまた大衆の「本質的に」革命的な性質にたいする絶対的信頼が奇妙な結果をもたらした。ロシア革命に関する小冊子の中で、彼女はレーニンにたいして、無制約の民主主義を導入すると同時にすべての民族主義運動を厳しく粉砕し、これら二つの要求のあいだで矛盾があることを一瞬たりとも疑われることのないようにすることを迫った。

自らの蓄積論に基づいてローザ・ルクセンブルクは、増大する市場の困難、賃金への資本の圧力、労働者大衆の急進化そして社会の階級的分化を予見した。このことが、彼女が民族や農民の運動に実践的重要性を認めず、これらの運動の影響力は資本主義が拡大すれば減少するに違いないとして、革命への脅威としての植民地の役割を無視した理由である。

要するに、彼女は古典的マルクス主義の意味でのプロレタリア革命を信じたが、それにたいしてレーニンは「純粋な」プロレタリア革命は起こらず、そして資本主義が二つの階級の社会という「理想」に近づくにつれて、社会主義革命は多分にあるいはまったく起こり得ないと理解した。こうしてローザ・ルクセンブルクはレーニンに三つの点で反対したのだが、そのいずれも一九一七年のボルシェビキの成功の必要な前提条件であった。すなわち、小農民や民族問題の方針そして党の軍隊的概念であった。

一九二二年に書かれ、死後の二四年に発行された論文で、レーニンは共産主義運動によって決定版として受け止められたローザ・ルクセンブルク像を描いた。つまり、彼女は「革命の鷲」であるが、その蓄積、民族問題、メンシェビキとボルシェビキそして一〇月革命自体の見解においてまちがっていた、と（彼女の「自発性」と党の役割に関する理念は誤謬のリストに入っていなかった）。

ドイツの共産主義者は一九二〇年と二三年の蜂起の失敗後に、彼らの計算違いを「ルクセンブルク主義」イデオロギーのせいにした。この点で突出したのは、ラス・フィッシャーとマズローであり、前者はローザ・ルクセンブルクを梅毒菌になぞらえた。スパルタクス団のすべての伝統が一連の理論的戦術的な誤りとして書きあげられた。二六年、ソビエト党指導部の派閥的個人的対立がドイツ共産党にいわゆる「右派」の権力をもたらしたとき、ローザ・ルクセンブルクは短期間復活され、ラス・フィッシャーやマズローはその影響力を失った。しかしまもなく古いやり方が復活・強化された。

一九三一年の論文でスターリンは、ローザ・ルクセンブルクは「永続革命」論に責任があると述べて論争にけりをつけたが、それは後にトロツキーによって「一国社会主義」理論に反対の立場から採用された。

431

結果として、ローザ・ルクセンブルクの政治的理論的見解において固有であったものはすべて死文化し、彼女はポーランドやドイツの共産主義者から革命の殉教者として追悼される言葉のみの賛辞で記憶されるだけになった。革命専制主義にたいする彼女の批判は、第二次大戦後の遅い時期まで認知されなかったが、そのときからそのような批判は流通するようになり、変革の刺激というよりも、歴史的珍奇さとして扱われた。しかしながら、六〇年代に彼女の思想への関心は、いわゆる「新左翼」による探究、つまりレーニンの党理論を否定する一方で修正主義に反対し、プロレタリアートの無尽蔵の潜在力に依拠しつづける、新しいマルクス主義正統派モデルの探求の中に現れた。

第4章　ベルンシュタインと修正主義

1　修正主義の概念

「修正主義」(revisionism) という用語は、一度も正確に定義されたことはなく、状況によってより広いかまたはより狭い意味で使われてきた。現代共産主義において、それは特定の党の方針、綱領あるいは理論を何らかの方法で批判するグループや個人にたいして付けられた恣意的ラベル以上のものではない。しかし世紀転換期に「修正主義」はヨーロッパの中央部や東部の社会主義の中で、流動的な境界を伴っていたけれども、特殊な現象として存在した。

この用語はマルクス主義の諸前提から出発しながらも、その理論のさまざまな要素、特にマルクスの資本主義の発達と社会主義革命の不可避性に関する予言にたいして、しだいに疑義を唱えるようになった著作者や政治家を表した。「修正主義者」とはマルクス主義を完全に放棄したか、あるいはまたかつてマルクス主義者であったことがない人びとではなく、伝統的な理論を修正することをめざすかあるいは、その本質的な特徴のいくつかは現在の社会状況にもはや適用できないと考える人びとであった。

例えば、ジョレスは、めったに修正主義者と呼ばれることはなかったが、それは彼がドイツ的な意味において正統派マルクス主義者であると主張しなかったからである。後になると、この用語はカント主義にそってマルクス主義を補完しようと試みた人びとにも適用された。しかしながら一般に、修正主義はマルクスの理論への忠誠を主張した諸党、とりわけドイツ、オーストリアそしてロシアの党の中に典型的に見いだされる。

厳密に言えば、修正主義は理論的立場とみなされたが、一八九〇年代末のベルンシュタインによるその表明は、同じ方向にいたる政治的傾向を先取りしていた。ドイツ党内における修正主義的な危険の最初の徴候は、九〇年代初期の農民問題の討論にあらわれた。九四年のフランクフルト大会で、バイエルン社会民主党の指導者ジョージ・フォン・フォルマル(一八五〇～一九二二)は、党は労働者と同様に農民の利益も守るべきだと迫った。これは純粋に戦術上の問題であるように見えたが、それは理論上の本質的な問題点を含んでいた。

正統派は、マルクスとエンゲルスに従って、資本主義下の農業は大雑把に言えば工業と同じ流れにそって発達するに違いない、つまり、ますます少数化する所有者がますます多くの土地を所有し、小農民の資産はその存在を圧縮されるに違いないと考えた。したがって、カウツキーや彼と考えを同じくする人びとは小農民の課題に取り組むことに反対であって、これら小農民は階級として消滅する運命にあり、それゆえに歴史の観点からは「反動的」である、と。

しかしながら、これは社会主義者が農民の支持を得ることはできないこと、とりわけプロイセンの農民がブルジョアジーに対抗する反動的ユンカーと同盟を組んでいる中にあって、自分たちの選挙の条件を弱体化させることを意味した。しかし、問題は戦術上のものだけではなかった。それはまた予想された農業の集中化が現実に起こるかどうか、という問題であった。農業問題の社会主義的専門家であるエドアルド・デービッド(一八六三～一九三〇)は、そうはならないこと、そして家族農業経営は農村の生産の理想形態だ、と主張した。カウツキーはこれらの二つの点に反論したが、しかし何年もたった後に、土地所有の集中化の必然的過程は存在しないと考える点で、デービッドは正しかったと認めた。

しかしながら、その後まもなく、農業だけでなく工業に関してもマルクスの予言の正しさが疑われる、ということが出現した。伝統的な理論は、資本主義は階級分極化の拡大と資本の集中、小事業所の衰退、そして大衆のプロレタリアート化を伴うのであって、これは不可逆的な過程であるということであった。つまり、資本主義の枠内のすべての改良は表面的で一時的であり、社会主義者の主たる任務は来るべき革命的衝突のためにその力を組織することでなければならない、と。

しかし、大衆的社会主義政党の成長、議会における成功、そして社会改良は、指導層の大部分に、彼らの任務を労働者階級の直接的な利益の立場から見るようにさせ、最後の決定的闘争の展望を見失わせるように駆り立てた。この「改良主義的な」態度はベルンシュタインがそれに理論的基礎を与える前に、実際的な社会主義のあいだで広まっていた。革命の理論は持たないものの、長年にわたって疑いようのない成功を収めてきた英国の社会主義の実績が注目された。このように、修正主義の理論は、それがはじめて現れたとき、それは党や労働組合指導者のあいだの肥沃な土壌に当っていた。

彼らの実用的な修正主義は、多様な動機と方向性をもっていた。議会主義者は、選挙や改良の目的のために非社会主義勢力との同盟の形成に関心があったが、そのような同盟の多くは正統派の観点からは疑われた。地方政党と組合の代表者は選挙戦術には興味がなく、また社会主義の「究極の目的」や党綱領の理論的側面全体についても一般に無関心であった。指導者のあいだの思考様式は、イグナス・アウアー（一八四六〜一九〇七）によって代表された。スキッペルやハイネのような他の人びともまた民族主義の立場、そして強力な軍隊、植民地および市場の獲得はドイツ・プロレタリアートの利益であるという信念から、党の反軍国主義的・反植民地的な綱領に異議を唱えた。

一般に、このようにゆるやかにまとめられた修正主義の現実的な土台は、社会主義者はただ革命を待つのではなく日々の改良に集中しながら、新しい社会を「徐々に」建設しなければならないというものであった。ベルンシュタインの理論は、すでに空気のように広まっていた思想の結晶化であり、そうでなかったとすれば、全世界を揺るがすようなあれほどの結果をもたらすことはなかったであろう。

2　伝記情報

エドゥアルト・ベルンシュタイン（1850-1932）は、ベルリンで機械運転手の息子として生まれた。両親とも信仰を実践しないユダヤ人であった。早い年齢でギムナジウムを卒業後、一八六九年から七八年まで銀行で働いた。七二年にアイゼナッハ党に加入し、七五年のゴータ大会に参加した。しばらくはデューリングの哲学に執着したが、その教条主義的な不寛容と反ユダヤ主義によって興味を失わせられた。エンゲルスの『反デューリング論』が彼をマルクス主義に転向させ、彼は当時の解釈による正統派の熱心な支持者となった。

反社会主義者法の公布後に、彼はルガーノに行き、それからカール・ヘヒベルクの秘書としてスイスに移った。ヘヒベルクは社会民主党に同調する裕福なドイツ人で、彼自身はマルクス主義者ではなかったが彼らを金銭的に援助した。チューリッヒでベルンシュタインは『ゾティアル・デモクラート』紙に執筆し、一八八〇年から九〇年にかけてその編集者となった。彼はヘヒベルクの援助でウィーンに来たカウツキーに会い、そしてロシアの亡命社会主義者にも会った。

『ゾティアル・デモクラート』は正統派の革命的ジャーナルであり、非合法あるいは半非合法の状態にあった党の継続を保つ上で重要な役割を果たした。一八八〇年にベルンシュタインはベーベルとともにロンドンに向かい、そこでマルクスやエンゲルスと会った。八四年に彼はエンゲルスと再び会い、彼らは活発な文通を維持した。ベルンシュタインは一九二五年までそれを公刊しなかった。一八八七年、彼はチューリッヒでチャーティストについての作品『イギリスにおけるチャーティスト運動』を発刊した。一八八八年の半ばに彼はスイスから追放されてロンドンに移った。次の数年間、彼はエンゲルスのもっとも親密な友人の一人で、その意志の実行者でもあった。

ベルンシュタインは一九〇一年の初頭までイギリスに留まった。この地での滞在が、彼のマルクス主義および社会主義の哲学の見方を変えた。つまり、彼はその後も緊密な接触を維持したフェビアン派の影響を大きく受けた。イギリスの状況を体験したことが、資本主義の一回限りでの全面的な打倒という理念は教条主義的な幻想であること、社会主義者は民主主義的な圧力の結果としての漸進的社会改良と社会化とに自分たちの願望を託すべきであることを確信させた。これらの結論としてその後まもなく、マルクス主義の哲学的政治的な前提の多くが修正されることになる全面的な体系化が確立された。

　ベルンシュタインの批判は、ブレンターノ、シュルツェ・ゲベルニッツ、ゾンバルトの「講壇社会主義」(Katheder-Sozialismus)と多くの共通点をもった。彼らは社会主義と自由主義を結合しようと試み、資本主義から社会主義へという一回の「質的」飛躍ではなく、改良の手段としての社会立法に期待した。ベルンシュタインは自らの見解を「社会主義の諸問題」と題する一連の論文で詳説したが、それらは一八九六年末に『新時代』誌で発表され、のちに『社会主義の諸前提と社会民主主義の任務』(一八九九)という単行本として発行され、修正主義者の基本文献となり、また無数の論争の標的ともなった。ベルンシュタインは最初の批判にたいして、彼がドイツの裁判への出頭を求められたために参加できなかったシュトゥットガルト党大会への手紙で答えた。

435

　彼の見解は、カウツキー、クララ・ツェトキンそしてローザ・ルクセンブルクによって大会で非難され、まもなく全ヨーロッパの社会民主主義運動がこの論争にまき込まれたが、それが最終的には二つの対立する傾向の結晶化に繋がった。反修正主義の決議や非難の連続にもかかわらず、そして、ベルンシュタインはほとんどの党理論家によって反対されたけれども、彼の影響は党と労働組合の中で既に明らかに広がっていた。

　ベルンシュタインは一九〇一年にドイツにもどり、〇二年にブレスラウの一員として帝国議会議員に選出された。彼は『新時代』誌に原稿を寄せることはやめたが、ユリウス・ブロッホが一八九七年から編集し、改良主義の主要な理論媒体となった『社会主義月報』誌にはたびたび文章を書いた。彼は党から排除されなかった(急進派の小集団が修正主義者の排除に向けて圧力をかけたが成功しなかった)が、時が経つにつれて彼の支持者が党運営の主要な地位をますます多く占めるようになった。

　それ以来ベルンシュタインは、自分の活動を議会の仕事(彼は一九〇二年から一八年まで、そして再び二〇年から二八年まで帝国議会の議員であった)と著作および出版活動に分けた。ロンドンでラッサールの著作を出版したが、引き続いて一二巻の完成版をベルリンで発行した。彼は政治的ゼネラル・ストライキの計画を支持し(「政治的ゼネラルストライキとドイツにおける社会民主主義の政治的課題」一九〇五)、三巻本の『ベルリン労働者運動史』(一九〇七〜一〇)を書き、ベーベルと協働して四巻本のマルクスとエンゲルスの書簡を出版し、定期刊行物『社会主義文献』(一九〇二〜〇五)を創設し編集した。

　彼はずけずけと遠慮なしにマルクス主義を批判し、一九一四年以前の数年間は、マルクス主義者よりも自由主義的改革派に近かった。戦争中は、戦争に反対する党内少数派に属し、カウツキーやハウゼとともに独立社会民主党に加わった。戦後は社会民主党に復帰し、その最初の綱領起草に参加した。彼は、共産主義に対抗するものとして、戦間期に一般に理解された用語としての、社会民主主義イデオロギーの真の創設者であった。彼はベルリンで死去した。

3　歴史の法則と弁証法

　ベルンシュタインの考えでは、ヘーゲル主義に由来したことがマルクス主義理論の不幸であった。彼が考えるに、マルクスは現実の事柄への着目が不十分なまま、抽象的で先験的な弁証法の公式から社会状況を演繹するヘーゲル的な傾向からまったく離れられなかった。これが彼をして、歴史決定論と、それとの関係で人間は単なる手段あるいは器官とされる、歴史の行程を支配する単一の要因というものを信じさせることになった。

　だが、エンゲルスはその「究極的要因」説、つまり歴史に影響を及ぼす媒介的要因もまた存在する、という理論によって史的唯物論の原初的な公式をかなり弱めた。つまり、これらの媒介的な要因が増加し、多様になれ

436

ばなるほど「究極的要因」の優勢もそれだけ絶対的ではなくなるに違いない。このことは経験によって確かめられた。つまり、社会に影響する多様な力が必然の領域を制限して、人間が社会過程にますます影響力を及ぼすことが可能になる。このことが承認されるならば、マルクス主義はもはや純然たる唯物主義的な理論とも、ましてや、歴史は「経済的要因」によって絶対的に支配されるという理論と見なすこともできなくなる。それでも、マルクスは歴史の解釈における技術と生産方法の変化の重要性を明らかにした、という点で、はかり知れない名声に価する。

ヘーゲルはまた、マルクス主義の中のブランキ主義的な要素、つまり全体的革命や政治的暴力の創造的役割にたいする信頼に責任があった。『共産党宣言』は、その見解を批判した社会主義の発案者の一人であったバブーフについて触れなかった。一八五〇年三月におこなわれた共産主義者同盟の中央委員会の演説は、その精神においてブランキ主義であった。それは革命への意志および恐怖政治の組織化は社会主義の蜂起の原動力であると想定していたように見える。

概して、マルクスは社会主義の二つの伝統の折衷を見いだそうと努めた。第一は建設的で漸進的であった。それはユートピア文学や一九世紀社会主義者の分派や労働者組織の中で発展したもので、新しい経済システムによる社会の解放をめざした。第二の原理は、破壊的で陰謀的で恐怖政治的であって、その目的は支配階級の政治的簒奪による社会の転換をめざした。マルクス主義は、どちらかといえば、この二つの原理の統合というよりも折衷であって、マルクスの思想はこの二つのあいだで揺れ動き、異なる時に異なる様相を呈した。

ヘーゲルはマルクス主義の中のブランキ主義的な要素のゆえに非難されなければならない、というベルンシュタインの見方は、プレハーノフの意見と正反対であることが注目されてよい。プレハーノフは、ヘーゲル的な伝統は、その反ユートピア的な傾向と歴史の自然な「論理」の強調によって、資本主義の生産関係の有機的変革が可能になるところまで成熟する以前の、政治的な冒険主義、ブランキ主義的な陰謀戦術そして社会主義への電光石火の跳躍への期待に反対する、もっとも効果的な武器であると考えた。

ベルンシュタインによれば、マルクス主義哲学のもう一つの欠点はその価値論である。この価値論は労働時間によって決定される価値は交換条件を支配する現実の現象であって、単なる便利な説明の道具ではないと示唆する。マルクスのいう意味での価値は測定不能であって、経済的な現実ではなく、せいぜいのところ抽象的な概念装置である。エンゲルスは、中世において財貨はまだなおその価値に応じて交換されたと考えた。しかし、パルヴスは当時においてさえ価値の価格への影響を制限するさまざまな要因が存在したことを証明した。価値法則は原始社会においてのみ真に有効であった。

この点で、マルクスの理論が正しいか正しくないかは、剰余価値の分析にとって本質的ではない。しかし、ここでもまたこの理論は誤解を招きやすい。すなわち、剰余価値率を搾取率と同一視することによって、彼は前者、つまり剰余価値率は社会的不公正の指標であるという印象を与えた。これはまちがいである。なぜなら、労働者の標準的な生活は剰余価値率に直接に連動しておらず、彼らはその率が低いときに貧窮の状態にあるかもしれず、また剰余価値率が高くても比較的裕福であるかもしれないからである。その上、社会主義は賃金が生産物の全価値と同等ではない、という事実によって正当化できない。なぜなら、それはどのようにしてもそうはできないからである。

後の論文でベルンシュタインは、『資本論』で表わされた価値論にさらに徹底的に反論した。マルクスの価値の定義は説明用の工夫であって現実の社会現象ではないという点は、それまでにシュミットやゾンバルトによって指摘された。ベルンシュタインはその主要な論文で彼らの説にしたがったのである。

その後、彼はさらに進んで、マルクス的な意味の価値は存在しないと断言した。価格が唯一の経済的現実であり、商品は価格をもつがゆえに価値をもつ、と。マルクスは商品の使用価値を過小評価したのであって、彼の価値概念は量的ではないがゆえに役に立たない。その理由の一つは、労働時間は測れるが、労働の強度は測れないことである。

ベルンシュタインのマルクス主義の哲学的な基礎とそのヘーゲル哲学由来の批判は、極端に概括的であった。事実として、彼はヘーゲルの著作をエンゲルスのおかしな単純化からかき集めたもの以外には知らなかったように思われる。この点で、彼はその同時代者たちから孤立していたのではなかった。

マルクス主義者はヘーゲルについてはほとんど何も知らず、マルクスの世界観へのヘーゲルの寄与はわずかな決まり文句とされるか、あるいは無視された（ラブリオーラとプレハーノフはマルクスのヘーゲル依存について言及した数少ない人物である。しかし、プレハーノフのヘーゲル観も全体的認識からは程遠い単純化であった）。

しかしながら、ベルンシュタインのマルクス批判の全般的傾向は明瞭である。それは、たった一つの抽象的原理によって歴史を説明すると主張する思索体系と、経験的な経済の動向を研究せずに、世界を転換し救済するという単一の巨大な質的変革への期待にすべてのものを従属させる「哲学的」心性にたいする批判であった。

ベルンシュタインは、自分がマルクスの見解に忠実であると示すような努力はしなかった。彼は、マルクス主義の否定的要素であると自らが見なしたもの、思弁的な歴史の公式やそれまでの人類史との完全な断絶としての社会主義の到来という信念を、公然と批判したのである。

4　革命と「究極の目標」

マルクスの思想のヘーゲル的な欠点の批判は、それ自体としては、党のイデオロギーにとって深刻な脅威ではなかっただろうが、ベルンシュタインの批判の矛先はあらゆるところに向けられた。

彼は、階級分極化の理論や現体制を一掃する単独の革命的な変革の理論がそうであるように、資本の集中に関するマルクスの予言は誤りであること、つまり、社会民主党の任務は政治制度と資産を徐々に社会化することであって、由緒ある革命理論を放棄する勇気を持たないけれども、実践的に党は既にそのことを受け入れていると主張した。これらが修正主義の理論の真の中身であり、それらはマルクス主義の文言と精神、そして党の綱領の理論的部分に明確に矛盾した。

マルクスの利潤率の低下、過剰生産、危機、資本の集中と定期的な崩壊に関する言説は疑いもなく事実に基づいていたが、しかし、彼は資本主義の中に見出されるそれと反対の傾向を無視するか、あるいは低く位置づけたとベルンシュタインは観察した。

企業体の集中は、富の集中と同じではない。前者は起こっているが、後者は起ってはいない。共同出資制度（joint-stock system）による巨大産業体の成長は、それに相応する巨大資産の成長を意味しなかった。その反対に、資産所有者の数は相対的に見ても絶対的に見ても増加した。このように、もし社会主義の展望が富の集中に懸かるのであれば、社会民主党は客観的経済過程に反対して闘っていることになる。しかしながら、現実に、社会主義の機会は集中理論の有効性に依るのではない。

ベルンシュタインがシュトゥットガルト大会に向かって強調して、所有者数は増加していると述べた際に、彼は現体制を正当化するつもりはなかった。社会主義にとって決定的なことは、富の集中ではなく労働の生産性である。もし所有者の数の増加が生産力にたいする制約として作用するならば、それは社会主義にとって助けにはならない。所有者数の増加はその社会的意味がどうであろうと、事実として認識されなければならない。

同じように、階級分化の予言は誤りである。その反対に、社会の階層化は、技術と社会組織がますます多くの中産階級を生み出すのだから、ますます複雑化する。したがって、中間階級を衰退させる資本の結果としての社会主義を期待することは、絶望的あるいはユートピア的である。技術者や職員の階級が急速に増加するのだから、全人口に占めるプロレタリアートの割合は低下の傾向となる。地方の資産が少数者の手に渡る、という傾向も存在しない。

社会主義の展望は、資本主義の崩壊を引き起こす巨大な危機に依存しな

439

い。そのような危機は、資本主義が市場の困難に自らを適合できるように成長しているのだから、ますますありそうにない。危機は大衆の過少消費による、という多くの社会主義者の信念は誤りであって、それはマルクスやエンゲルスの見解にも反する。シスモンディはこの理念を提起し、ロードベルトもこれに続いた。しかしマルクス自身は、危機は通常、賃金が上昇している時に生まれると指摘した。しかしながら『資本論』第三巻は、危機は大衆の購買力と生産力を改善し拡大しようとする資本主義の衝動との衝突の結果である、と述べていた。

しかし世界貿易の発展は、短期間の通知で信用を動かすことによって、地方的危機に対処する資本の力を大幅に増大させた。外国市場は外延的というよりも内包的に成長し、この拡大の絶対的終焉を予測する根拠は存在しない。ローザ・ルクセンブルクは、マルクスの危機論は、それまでは成長に伴うものであったのにたいして、危機は将来の崩壊に関連すると考えた。しかし、もしそうであれば、マルクスの危機論は彼自身がそれに寄せたものとは異なる意味を持つものとなり、そして証拠によっては証明されない単なる思索による演繹であった、ということになるだろう。実際のところ、搾取を維持するのを助ける信用、カルテル、保護関税という手の込んだ制度もまた危機にたいする有効な安全装置となり、経済的な大激変という希望を無効にした。

マルクスによれば、社会主義の二つの主要な条件がある。資本主義の下での生産過程の高度な水準の社会化、そしてプロレタリアートの政治権力である。この条件の一番目は、実現するのがはるかに先であるとベルンシュタインは主張した。二番目に関しては、党が民主主義的な選挙制度を通じて権力を獲得するつもりであるのか、あるいは革命的暴力によって権力を獲得するつもりであるのかどうかが、明確にされなければならない。

社会発展の基本的な動向は、革命の希望にとって有利ではない。予言と反対に、社会の諸機能は全体としても労働者階級の中でも、ますます分化してきた。資本主義のもとの労働者の条件は絶望的であっていかなる現実的な改善も行われないという理論もまた否定されてきた。マルクスはこの点でまったく一貫しなかった。彼は、搾取を制限して賃金労働者の分け前を改善するかもしれない傾向の存在を認識したが、それが彼の先験的な理論と矛盾するので、それらをたびたび無視した。

今日の時点で、搾取や貧困の増大によって階級対立がますます先鋭化する、と期待する根拠は確かに存在しない。それでも、社会主義の展望はこのような期待に依拠しているのではない。その展望は全般的進歩の結果としての労働生産性の向上に、そして労働者階級の道徳と知的な成熟に依存する。社会主義は、民主主義の制度の助けと組織されたプロレタリアートの力によって、徐々に拡大する社会化の過程である。

民主主義は政治闘争の武器だけではなく目的それ自体であって、その中で社会主義が現実のものとなる形式である。民主主義はすべての社会問題の自動的な解決ではなく、進歩のための強力な、そして必要な装置である。社会民主主義の運動は議会に立脚することになったのだから、「プロレタリア独裁」にかんする文言は無意味である。労働者階級が社会の他の部分にたいして暴力を行使することによって社会主義を建設する、という問題は存在しようがなくなった。その反対に、社会主義者はその綱領において小ブルジョアジーや農民の関心を引くように努めなければならない。正しい進路は、経済の組織を改良し、協同的生産にたいする障害を一掃し、生産を統制するための交易組織の権利を確保し、そして独占にたいする予防措置と雇用の保障を確立するために、国家制度にたいする社会的民主主義の影響の拡大を利用することである。

もしこれらの課題が実現されるならば、生産が部分的に社会化されるか、されないとかということは問題にならない。私企業はそれ自体を徐々に社会化するだろう、そして、一回限りの大規模な公的所有への転換は、大規模な浪費と恐怖政治を生み出すだろう。これは、革命が「禁句である」ことを意味するのではない、とベルンシュタインは主張した。つまり、革命は自然発生的で、自然力に似た過程であり、誰もそれを阻止できない。しかし、改良の方針もこの点では違いがない。重要なことは、党が社会の民主主義的で経済的な改良を通じてその社会主義的転換に向かって事実と

440

して活動していることを認識することであり、そして党は自らの真の態度を鮮明にする勇気を持たなければならない。

例えば、ベーベルは、党が政治的暴力を使う意図を持っているという非難を否定した。カウツキーは改良主義的な農民綱領を書き上げ、国会において党は仲裁裁判所の設置を要求した。ともかく、暴力による脅迫やストライキはもっとも有効な行動様式ではない。英国の労働者は、チャーティズムの革命の時代においてではなく、ブルジョア階級の急進的な部分と同盟することによって選挙権を獲得した。

ベルンシュタインは自分の態度を、正統派の攻撃目標として有名になった公式にまとめた。つまり、「社会主義の究極の目標と一般に呼ばれるものは私には無縁である。運動がすべてである」と。シュトゥットガルト大会への手紙の中で彼はこれを次のように説明した。今日の党は大変動に頼るのではなく、労働者の政治的な権利の全般的な拡大と経済や行政の機関への参加に依拠しなければならない。権力の制覇や所有の社会化は目的ではなく、手段である、と。

しかしながら、その主著の中でベルンシュタインはいささか異なる方法で説明した。彼が言うには、マルクスは、労働者階級は命令によって導入されるような出来合いのユートピアは持たないと書いた。つまり、労働者階級は恣意的に作られた理想は持たないのだ、と。労働者階級の解放は長期の闘争と多くの歴史過程を必要とし、人民も環境も変えてゆくだろう。われわれは資本主義のもとですでに発達している新しい社会の諸要素を実地に移さなければならない。伝統的ユートピアにしがみつくことは、われわれがそのために闘わなければならない実際的改良から注意をそらせるがゆえに、社会の進歩にとって有害である。

お分かりのように、「目標は無であって運動がすべてだ」という公式はそれ自体としては明瞭ではなく、それが基礎にしたマルクスの理念も歪めている。『フランスにおける階級闘争』『ドイツ・イデオロギー』その他の著作の中で、マルクスは、科学的社会主義は完全な社会という恣意的なモデルで人びとを誘い込むようなことはしない、と強調した。つまり科学的社会主義の目的は、それによって社会が変革される現実的な力を刺戟し、あるいは活性化するために、現在の経済的な、社会的な傾向を確認することである。萌芽状態にある歴史の「自然な」傾向を研究すること、あるいは一八四三年に彼が設定したように、「これらの石化した諸関係がそれ自身の調子を奏でることによって躍動するようにさせること」が必要である。

このマルクスの態度は、すべての感傷的で道徳化されたユートピアとは確かに対立するが、単独の暴力革命の希望とは対立しない。それは、社会主義者が自分たちの地平を差し迫った、あるいは直接に達成可能な目標に限定するべきだということではなく、「究極の目標」や政治革命の希望を含む彼らの目的は、完全な世界という恣意的な想像ではなく、現実の歴史の傾向の観察に基づかねばならないことを意味した。

特に、マルクスは、自らそう信じたことだが、資本主義がその内部で新しい社会の「前提」を創り出す方法、例えば、生産過程の集団化、階級的分化そしてその存在条件そのものによるプロレタリアートの革命への訓練を明らかにした。これらの前提は、社会主義を可能とも必要ともするのであるが、しかし、プロレタリアートの政治的勝利以前には、資本主義におけるいかなる変革も社会主義的意義を持たない。

このようにみれば、エンゲルスの著作においてはいくらかそのような着色があったのは事実だが、ベルンシュタインが自分の見解のためにマルクスの権威を呼び出しても彼は正当化されない。本質的な問題は、革命の暴力を受け入れるか拒否するかではなく、資本主義経済における社会化の過程が「すでに」社会主義の建設の一部であるかどうかであった。もし社会主義が資本主義のもとで「少しずつ」実現できるとすれば、なぜ転換がある日に完全なものとして現れないという理由は存在しない。こうしてみれば、二つの体制のあいだに越えられない裂け目はもはや存在しない。社会主義をめざす運動は大規模な公用徴収の序曲ではなく、単にさらなる集団化、さらなる民主主義、平等そして福祉、つまり前もって決定された制限など存在せず、同じ理由だが「究極の目標」を持たない漸進的な傾向を単に意味するのである。

ベルンシュタインが、目標は無で運動がすべてである、と語ったとき、党は現実的な課題だけを掲げるべきであるという陳腐な要求を彼が表明したのではなかった。彼は、何よりもまず、マルクス主義の伝統の中で理解されてきた「究極の目標」、つまりその政治権力の獲得によるプロレタリアートの経済的解放は、確定した内容を持たないことを意味した。社会主義運動は、ますます多くの社会主義的価値の実現を意味する多くの変革のための闘争を成功裏に進めることができる。もし社会主義運動が一回限りの大変動の期待だけで存在することになれば、それはプロレタリアートの利益に奉仕することにはならないだろう。

さらに、ベルンシュタインによれば、社会民主党はその多くの政治的態度において、すでに改良主義の党である。その綱領にある革命の公式はその実際の方針と矛盾し、後者にたいする制約としてだけ機能できている。これは、党がその方針を変えているという問題ではなく、党が事実として追求している方針を理解する問題、そして伝統的思想を今日の現実に適合させるという問題である。

さらに、ベルンシュタインは、労働者は祖国を持たない、という趣旨の共産党宣言の公式も否定した。これは、プロレタリアートが政治的権利を持たず、公共生活でいかなる役割も持たなかった一八四〇年代では真実であったかもしれないが、労働者が国民として自らの権利を主張し、自分の国の運命に影響を与えることができる時代においては時代錯誤である。

今日の労働者は祖国を持ち、それを守るに十分な理由を持っている。同じ意味で、植民政策はその環境やそれが行われる形態を無視して、社会主義者によって手厳しく非難されるべきではない。マルクスは、人間社会は彼らがそこに住む土地の所有者ではなく利用者であって、荒廃した状態ではなく改善した状態で後世に引き渡すべき義務を負う、と書いた。このようにベルンシュタインは、特定の領地への権利は征服に依存するのではなく、それを十分経済的に利用できる能力に依存すると主張した。土地を有効に耕作することができる文明化された人びとは、残忍に支配しないせずに、あるいは現地人を損傷しないかぎり、未開地の人びとよりもより良い権利を有する。

5　修正主義の意味

ベルンシュタインの著作は、あらゆる色合いの正統派マルクス主義者から前例のない批判の洪水を引き起こした。社会主義の重要な著作家で、これに加わらなかった者はごくまれであった。カウツキー、ローザ・ルクセンブルク、プレハーノフ、ベーベル、ラブリオーラ、ジョレス、アドラー、メーリング、パルヴス、クララ・ツェトキン、これらのすべての人びとが吠えることが義務であると感じ、ベルンシュタインの見解はでまかせの逸脱ではなく、社会主義運動に純粋に根ざした傾向の表れであることを示した。

この論争の中でマルクスの見解の哲学的な批判は、ごくわずかの役割しか果たさなかった。この分野のベルンシュタイン自身の所見が、陳腐であり洞察も欠いていた。憤慨を引き起こした彼の著作の側面は、資本の集中の理論を批判した部分と、現在の秩序はプロレタリアートと農民および小ブルジョアジーとの同盟によって徐々に改良される、と主張した部分であった。

プレハーノフは、労働者は資本主義のもとでは自分たちの運命を改善する希望を持てない、というマルクス主義の前提を放棄することは、社会主義がもはや革命の理論ではなく、立法的改革のプログラムに過ぎないことを意味すると反論した。もしベルンシュタインが正しいとなれば、社会主義はその存在理由を持たない、とカウツキーは述べた。ラブリオーラは、ベルンシュタインは自分の運命を自由主義的なブルジョアジーに投げ込んだと主張し、ローザ・ルクセンブルクは、資本主義経済が過剰生産危機を回避できるような適応力を身につけたとすれば、社会主義は不要になる、と指摘した。

この種の批判は純粋にイデオロギー的であって、もしベルンシュタインが正しいとすれば古典的革命的マルクス主義はその存在を停止してしまうだろう、という十分に根拠のある恐怖を表していた。しかし、ほとんどの批判者たちはまた、ベルンシュタインは誤った前提から主張していると主張した。カウツキー、ベーベルそしてローザ・ルクセンブルクは、伝統的な集中化論に固執し、そうする中で、この用語はもっと多様な方法で解釈できると提起した。ベルンシュタインは、資本の合同や結合が大規模事業体の数および生産における占有の増大という方法で起こっていることを議論しなかった。その上、彼は、小資本家が駆逐される一方で、資本がますます少数の所有者の下に蓄積される傾向が存在することを認めなかった。

ローザ・ルクセンブルクは、株式所有制度は資本の集中化を意味するのであって資本の拡散ではない、と反論した。これは事実であるが、ベルンシュタインの主張を否定したことにはならない。しかしながら、これとは別に、すべての正統派の批判者たちは、もし階級的分極化と中間階級の消滅が疑問とされるのであれば、マルクス主義のすべての理論が崩壊すると認めた。普遍的な習慣となった小株式の発行は、資本が小口預金を惹きつける手法に過ぎず、社会の階級的区分とは関係がない、と彼らは述べた。

ジョレスですら、階級的分化はより流動化してきたというベルンシュタインの見解を疑問視した。あらゆる分化にもかかわらず、持てる者と持たざる者との基本的な区分は、有効に存在しつづけていると彼は主張した。その上、ジョレスは、もしベルンシュタインの見解が採用されるならば、社会主義運動はその階級的性格を失い、曖昧な急進主義に堕してしまうことを恐れた。このようなわけで、ジョレスはカウツキーを大筋としては支持したが、それでも彼自身の見解は、社会主義にとっての改良の重要性、短期的目標の追求において社会主義者と非社会主義者とが連合するための社会民主主義者の権利と義務に関しては、ベルンシュタインの見解に近かった。

ローザ・ルクセンブルクは、論争の核心をより明確に定式化した。もし資本主義が、無政府的生産の結果を徐々に解消するとか、あるいは労働者の生活水準を改善するとかのいずれかによって改良できると想定されるならば、その場合、革命のために活動することは無意味である。しかし、そのような改良は不可能である。なぜなら、無政府状態と危機は資本主義の本質であり、労働者は自分の労働力を売るという事実ゆえに搾取されているからである。この状態は資本家の収奪なしには解消することも、改善することもできない、それは権力の革命的奪取によってのみ果たすことができる。革命と、いかなるものであれ改良とのあいだには、質的な違いがある、と。

批判者たちの見解は、修正主義の思想がドイツ社会民主党内に広く浸透することを防げることにはならず、その批判者の多くの者も、ベルンシュタインがその理論を公にする前から実践的には改良主義者であった。事実として、理論または党の方針の修正に関心を持たない党や組合の指導者が多く存在した。理論や党の方針は、日常の闘争過程、交渉、改良において助けにも邪魔にもならず、大げさな言葉で目的を象徴するものとして残されてきた。それでもやはり、いったん新しい公式が出されると彼らは抵抗なくそれを受け入れた。

革命の理念は、はるかに多く、労働者大衆よりも党のインテリゲンチャの資産であった。論争の最初の年に、将来の左派は党内において明確な形をなしておらず、戦争の時期までそれは少数の理論家および評論家によって代表されていたが、彼らは組織的役割も実践的影響力も持たず、彼ら自身の中でも恒常的なグループを形成してもいなかった。

党に組織や理論を用意したベーベルやカウツキーのような正統派マルクス主義者のそれぞれにとって、ベルンシュタインの見解は、当然ながら、彼らが真心をこめて表明してきた革命の信条にたいする挑戦であった。彼らの観点からすれば、党は実践と理論の両面でその綱領を真に具体化していた。しかしながら、もし彼らが反修正主義の図式にたいする多数の支持を獲得することができたとしても、それは党が革命の精神で充たされたからではなく、構成員の大多数が伝統的スローガンは無害で実践的効果はない、と見なしたからであっただろう。

レーニンは、今もなお共産主義運動によってドグマとして扱われている見解、つまり、修正主義は、ブルジョアジーからその繁栄のごちそうの「残り物」を受けとることを許された労働貴族の利益を反映したイデオロギーとして出現したという見方をとった。これはドイツの労働者階級のごく一部の特権的部分が改良主義の理論に快く耳を傾け、その一方で、大多数は熱烈な革命主義者であったということを示唆しようとしたものだろう。しかし事実として、その後にその反対派によって「実践的」修正主義者と呼ばれたのは、主に労働組合つまりプロレタリアートのもっとも直接的な階級的基盤に立つ組織の中に見られた。その上、当時の組合はのちに機会主義や修正主義のスケープ・ゴートとされた精緻な官僚制をまだ持っていなかった。

いずれにせよ、もしレーニンの解釈が真理であったとすれば、それはマルクス主義の理論にとって、きわめて不幸であっただろう。「労働貴族」はその同僚の労働者と同じ賃金労働者であり、よりたくさん稼いでいるという点だけが異なるのだから、生活水準が高まれば労働者は革命家から改良主義者に転向するということになるだろう。しかし、伝統的マルクス主義によれば、貧困は階級闘争や革命意識の源泉ではなく、労働者の分け前の短期的改善はその内発的革命主義に重大な影響を何も与えない。

ベルンシュタインが執筆していたとき、ドイツの労働者階級はその背後に長期にわたる実質賃金の増加と福祉制度や労働時間短縮のための闘争の成功を持っていた。それはまた強力な政治団体をもち、その影響力は着実に拡大していた。確かに、国会は大して重要ではなく、プロイセンは普通選挙を導入していなかったが、しかし選挙、政治的動員そして力の比較が共和主義そして権力掌握の闘争の成功の希望を高めていた。ドイツの労働者階級の実際の経験からすれば、その地位が本質的に絶望的で、資本主義のもとでは改良できないという理論はまったく支持できなかった。

ロシアでもまた、社会民主党が一握りの知識人のものではなくなり、純然とした労働運動がその形を取り始めたときに、修正主義の傾向が姿を現わした。修正主義の歴史は、労働者階級はその労働力を売らざるを得ず、結果として救いがたいほど疎外されているのだから、自然に革命的になるということを示唆しない。このように修正主義が、プロレタリアートの革命的使命にたいする伝統的信念に異議を唱えたのは、理論の分野だけではなかった。

その信念は、おそらくはもっと効果的に、社会現象としての修正主義の成功によって挑戦されたのであって、それは全面的解放のための「最後の闘争」という魅惑的な展望を社会主義から奪い取った。人間の「前史」を社会的大事件で終わらせ、新時代の先駆けとなる新たな七月一四日の代わりに、改良主義者は、骨の折れる、徐々の、そして、パッとしない改良のプログラムを提供した。

こうして新しい社会民主主義のイデオロギー的な基礎が創りだされ、そのさらなる発展はマルクス主義の理論の歴史とまったく無関係となった。この形態の社会主義は、もともとはマルクス主義、少なくとのその一部に由来するのだが、その起源はまもなく重要ではなくなった。

新しい理論は、自由主義とマルクス的社会主義の折衷あるいは自由主義の社会主義的な変種であった。それは古典的マルクス主義によって構想されたものとは別の状況に適用され、それとは異なる心理的動機に訴えた。ドイツ社会民主党における修正主義の支配のますますの増大は、第一次大戦前に社会主義者が理解していたものとしてのマルクス主義の終わりを意味した。重心はまもなく東方に移され、そこで革命の理論は新しいダイナミックな形をとる。

第5章　ジャン・ジョレス：救済論としてのマルクス主義

1　調停者としてのジョレス

正統派マルクス主義者のあいだでジョレスは理論家と見なされてはいない。もちろん、彼はフランス社会主義の主要な人物の一人として一般に認められている。しかし、彼の見解はさまざまな源泉、特にフランスの源泉の「総合」（彼の称賛者によって）あるいは「合成」あるいはまた「パッチ・ワーク」（さらなる正統派によって）と見なされ、この中にあってマルクス主義はそれらと同じような位置を占めているに過ぎない。

確かに、彼はマルクス主義をすべての社会現象の解釈が引き出される自己充足的で総括的な体系として扱わず、ましてや、あらゆる特徴を説明し、それがどのように変革されるべきかについて道徳的政治的指針を提供する、世界の認識論的な鍵としては位置づけなかった。

それと反対に、ジョレスは、もっとも変化に富む哲学的政治的伝統を単一の世界観に集約しようと意識的に努力した。それは、歴史のさまざまな段階において明らかな多様性としてあらわれた知的道徳的傾向の本質的統一性を信じたからであった。彼は生来の普遍的調停者であり、このことを自覚していた。彼の政治哲学の反対者たちは、社会的理論的な相違をごまかし、対比を曖昧にし、みなの気に入るようにし、無邪気に教訓化された態度によって、階級闘争の鋭さを鈍らせた、など彼を糾弾した。

正統派の観点からすれば、プルードンとブランキ、ミシュレとサン・シモン、カントとフィヒテ、ラッサールとコント、ルソーとクロポトキンの権威を援用して、彼らのすべてを敵とか単なる「先行者」として扱わない著作者や政治家は、マルクス主義者としては明らかに位置づけられない。正統派からみれば、マルクス主義者とは全てか無かの立場であるからである。しかし、われわれが教条主義的立場から問題にアプローチしないとすれば、ジョレスがマルクス主義者であったか否かの判断は、マルクスの思想のどれが、そしてそれらの思想のどのような解釈が、その理論の本質を含むとわれわれが解釈するかどうかに懸かっている。そしてこの観点に立てば、マルクス主義の精神と文言に忠実でありつづけたと主張する人びとの中においてすら、一致した結論は存在しない。

彼の時代のほとんどの典型的なマルクス主義者と異なり、ジョレスは、社会主義の理念は進化論と同様の科学的理論として、あるいはまた実際にも進化論の拡張として完全に客観化され得るとは信じなかった。彼の考えでは、マルクス主義は社会発展の理論でも何でもない。それは情動的な道徳的訴え、正義、統一、友愛にたいする人間の永遠の渇望の新たな、そしてより完全な表明であった。

ジョレスの野心は、対立、敵対、そしてあらゆる種類の憎悪を強めることではなく和らげることであった。つまり、彼の信ずるところでは、マルクス主義の基本的理念は歴史の継続の割れ目を示すことではなく、人類のもっとも深部の道徳的本能に訴えることであった。人間は、基本的に、同じ感情、欲求、思考習慣を持つのだから、そしてジョレスにとって社会主義は、結局のところ道徳的な概念であるのだから、自然に、彼はその訴えと解釈をブルジョア階級も含まれるすべての社会階級に宛てた。これは彼がすべての社会問題は特権階級の博愛主義や善意によって解決できるとか、あるいはまた、社会主義は圧力や闘争ではなく道徳的転換のみで実現できると想定したからではなく、すべての人間はどの特定の階級のものでもない共通の価値をもつと信じたからであった。

もし人類がこれらの価値を真摯に受け止め、そこから実際的結論を引き出すならば、彼らは社会主義がそれらの諸価値の実現の唯一の機会を提供することを理解するにちがいない。したがって、社会主義者は労働者階級の外部、その道徳的本能が社会主義の大義を支持するように向かわせる人びとの中に発見できるどのような支持も利用しなければならない。

ジョレスにとって、社会主義は、本質的に道徳および人間的価値の問題、人間が多かれ少なかれ時代を通して意識的に切望してきた理想の問題であった。結果的に、彼は人類の精神的文化的遺産との断絶という立場からの社会主義の解釈によって排斥された。精神的価値は連続的であって、歴史が進歩するにつれてより強力になるものと彼は信じた。将来の総合化の中で、あらゆる人間的価値と達成物は、それらが歴史的に対立と憎悪に基づいたとしても、同じ文化の中の一部であるということが分かるだろう。相互に対立的で無関係に見える動向も、ある日には調和的な統一体に融合されるだろう。したがって、かつて人間精神が創造したものは軽蔑されたりあるいは見落とされたりしてはならない。

このような究極的総合という未来図は、ジョレスの思想のもっとも特徴的な相である。彼のもっとも熱狂的な契機は、社会主義のパングロス（無類の楽天主義者）と呼んでもよい。彼は、科学と宗教との、観念論と唯物論との、民族的価値と階級的価値との、個人と社会との、精神と物質との、人間と自然との最終的統一を信じた。究極の総合の前においてさえも、革命と進化とを政治闘争と道徳教育とを結合すること、人間の知性のみならず感情にも働きかけること、普遍的人間の価値にもプロレタリアートの利益にも働きかけることは可能である、と。

その上、人間進歩の統一は最終的な総合の問題であるばかりではなく、社会主義の中にその実現が見いだされる理念の漸進的な優勢化の中にすでに見ることができる。今日の時点までの進歩は技術の変化だけではなく、その最終的完成は当然ながら将来に属するけれども、基本的精神のますます完全な形での具現化の中に存在する。ジョレスは、人間の問題は社会主義の世界である日、調和されるだろう、そして過去の歴史と現在との衝突はこの展望との関連でのみ意味がある、という信念をマルクスと共有した。

しかし彼は、進歩は歴史の「悪の側面」によって実現されるというヘーゲル主義者の信念に反対して、過去の歴史全体の継続性と蓄積性という見方において、マルクスとは異なった。ジョレスは、精神的社会的価値の蓄積の増大に支えられる人間性の着実な上向的進歩を信じて、突然の黙示的ルネサンスがその後に続くことになる、奈落への転落は信じなかった。

２　伝記の概要

ジョレスの政治的な経歴は、全体として第二インターナショナルの時期に属し、彼の死はその解体のときに起きた。一八五九年に南フランスのカストルに生まれた彼は、その地のリセーに通い、引き続いてパリの高等師範に通った。八一年に、彼は大学教授資格試験成績の第三位であった。高得点者はどの方向の職歴も持つことができたが、第二位はアンリ・ベルクソンであった。同年にジョレスはアルビのリセーの哲学教員となり、二年後にトゥールーズ大学の講師に就任した。

一八八五年に、彼は君主主義者や官僚党に対抗して、共和党の代議士として国会議員に選ばれた。一部はこの政治活動の結果として、彼は社会主義の理念に興味を抱くようになり、最初から、社会主義を大革命の理想の正統的な発展と見なした。八九年に保守党候補に負けてその議席を失い、彼はトゥールーズにもどり、そこで次の二年間を博士論文を書くのに費やした。『感覚世界の実在について』（初版一八九一、第二版一九〇二）と題する第一論文は、厳密な意味の哲学論文であり、彼の基本的な形而上学的な見解を表明しており、彼の公的生活を理解する上で重要である。第二論文はラテン語で書かれた『ルソー、カント、フィヒテ、ヘーゲルにおけるドイツ社会主義の起源』（一八九一、仏語訳版は九二年に社会主義評論社から出版された）であった。

これはジョレスの社会主義観により直接的に関係し、マルクスやラッサールの社会理論を鼓舞した哲学的な源泉に解釈を与えている。この時期に彼はまた、社会主義の論文を主に『トゥールーズ公報』に書いた。一八九三年に国会議員に再び選ばれたとき、社会主義の体制原理を支持しているという意味だけではなく、これらの原理の将来は労働者階級の行動に懸か

449

ることを信じるという意味でも、彼は社会主義者であった。

次の五年間に、彼は議会内の社会主義者集団の一般に認められた指導者となり、一九一四年まで彼の生涯はフランスの歴史の不可欠の一部であった。この時期の主な問題、つまりドレフュス裁判とミルラン問題、戦争と平和の問題、モロッコとフランスの植民帝国、インターナショナルの役割と意義の問題において、ジョレスの態度は常に重要であり、ときには決定的であった。概して彼の見解は、彼が絶えず保持していたように思われる哲学上の原則から跡づけることができる。

もし彼が戦術的考慮を無視して、ドレフュス裁判に全身全霊をもって関わっていたのであれば、それは、ゲードとは異なり、誰が犠牲者であろうがまたどの階級あるいは集団に属しようと、社会主義運動は人権が問題になっている訴訟の代弁者にならなければならない、と考えたからであった。なぜなら、社会主義は「革命の後」だけではなく、ここで、今、すべての人間の価値に責任を負うものであるからだ。

大きな躊躇の後で、そしてすべての社会主義左派への憤慨の中で、彼はワルデック・ルソー政府に加わるミルランの行動を擁護した。それは現在の公的生活に影響を及ぼすあらゆる手段を、それが有効であれば活用しなければならないという彼の見解からであった。すなわち、もし、個別の事例で階級敵との協力が報われるものであれば、戦略的排他主義という理由によってそれは排除すべきものではない。社会主義の側の彼の反対者たちは、彼は階級的観点を放棄し、目先の利益のためにうさんくさい同盟を受け入れようとしている、とやり返した。彼は改良主義者であり、機会主義者である、と彼らは主張した。

しかしながら、ジョレスは、「究極の目標」を放棄したり、あるいは労働者階級の短期的で部分的な利益に視野を限定したりという意味の改良主義者ではなかった。それとは反対に、彼は至るところで社会主義の基本的原則と目的を主張した。しかしながら、革命的サンディカリストやインターナショナルの極左派とは異なり、ほとんどの中間グループと一致しながら、彼は改良を最終的衝突のための準備としてではなく、今、ここにいる労働者の分け前の改善と捉えた。彼は、プロレタリアートが社会全体の美徳を体現するとは考えなかった。なぜなら、プロレタリア階級が人間的価値を完全な実現の状態まで持ち込む歴史的特典を持っているとしても、人間的価値は一個の階級の独占物ではない、と考えたからであった。

彼がそう見ていたように、調停、妥協、そして部分的合意という方針は機会主義や原則の欠落を意味するのではなく、社会主義の理想の力にたいする確信の表れであった。社会主義の反対者も、多くの問題において社会主義が正義を味方につけており、こうしてそれは生まれつきの労働者階級の家族以外からも支持を調達できるのだ、ということを認めざるを得ない、と。

ドレフュス騒動がその頂点に達した一八九八年に、ジョレスもゲードも選挙でともに議席を失った。一九〇二年に再選されたジョレスは議会や会合で盛んに発言し、現在の政治や社会主義の問題に関する無数の小冊子や論文を著わした。彼は大部の単著を書き上げる時間を持たず、この時期に彼が出した著作の大部分は単発論文の集成であった。それらの中には、『証拠』（一八九八、ドレフュス裁判に関する）、『社会主義研究』（一九〇一、第二版一九〇二、おもに理論的）、『活動する社会主義』（一八九七）、そして『フランスの社会主義組織・新しい軍隊』（日付不明）がある。さらに彼は『フランス革命の社会主義史』を編集し、その一部を執筆したが、それは一八七九年から一九〇〇年にかけて分冊で発行された。ジョレスの執筆部分は別個にアルベール・マチエによって一九二二年から二四年に再発行された。数多くの論文がさまざまな雑誌、『社会主義評論』『社会主義運動』『ユマニテ』『小共和国』『マタン』『ラ・レヴュー・ド・パリ』に分散していたが、集約もされず、再発行もされなかった。M・ボナファウスによるジョレスの作品の編集は一九三一年以降に九巻本として世に出たが、完結しなかった。

ジョレスの晩年は戦争の接近の影に覆われ、それはヨーロッパの社会主義運動全体に不安を引き起こしていた。彼は一九一四年七月三一日、パリのカフェで狂信的愛国主義者によって銃殺されたが、それが一九世紀の最

450

後の日となった。確かに、彼は社会主義運動の中でもっとも生きいきとした、そしてもっとも多彩な精神の持ち主であり、公共生活や文化のあらゆる側面に関心を持った。社会主義者その他からはたびたび批判されたけれども、多くの記録によると、彼は個人的に会った、あらゆる人びとのなかに友愛の感情を引き起こした。

3　普遍的統一の形而上学

ラッサールを除くほとんどの社会主義指導者と異なり、ジョレスはまた専門職という言葉の意味での哲学者であった。彼の博士論文『感覚世界の実在について』はマルクス主義の影響の痕跡はなく、新カント主義の理念、とりわけジュール・ラシュリエに鼓舞された。これは彼の著述家および政治家としての活動と無関係ではない。その反対に、それは彼の活動の形而上学的背景となった。しかし、同時にそれは彼のマルクス主義の見方の非正統性も説明する。

彼を社会主義に導いたのは、マルクス主義の研究ではなく、彼がマルクス主義に傾倒するよりもずっと前に抱いた道徳的動機であった。彼にとってマルクス主義は哲学あるいは形而上学ではなく、社会主義運動の理論的な現れであった。彼は、その理論にすべての人間の問題にたいする鍵を用意することを期待する、という意味のマルクス主義者ではけっしてなかった。彼の哲学の最高傑作は、高等師範流の冗漫な論理形式で表現されていたが、ほとんど全部の対立する形而上学的立場を調停し、それらのすべては基本的に正しいが、彼の普遍的実在論の見地からすれば不完全である、と証明する試みであった。

それはある種の進化論的汎神論を示すが、しかしながら、絶対に向かう個々の実在を犠牲にせず、最終的統一に向かう宇宙の一般的動向の中にあっても主観の権利を擁護する。ジョレスが認識行為における感覚と知性との「優先性」という古典的問題と格闘するとき、彼はある種の通俗的なカント主義を採用した。つまり、感覚的な質はそれ自体として恒久的な結合を表しているのだから、精神は対象を実体と見なすように制約されざるを得ず、そして実体という観念はそのようなものは存在しないと断言する哲学者の精神を含む、あらゆる精神の中にあらわれる、と。確かに、精神は感覚的認識によって示唆されないかぎり、対象の実体としての統一の観念を発達させないだろう。しかし、後者（感覚的認識）も実体の観念をそれ自体として引き起こすことはできないのであって、それは知性の作用による。この意味で、「実在」（the real）と「理解」（the intelligible）は一つで同じものである。

しかしながら、ジョレスはこの純粋に認識論的立場を超えて進み、カント主義批判に加えて実証的な形而上学を発展させた。精神は宇宙の組織を創造もせず、認識の結果としてその組織を単純に反映もしない。すべての実在に浸透する秩序の認識は、精神それ自体がただその秩序の一部であり、その産物そして共同の制作者であるがゆえに可能となる。普遍的組織のさまざまな形態や水準は一つの目的的全体として結合する。つまり、星座の体系、化学的合成物、有機体の世界そして人間の世界のすべては、神聖な調和と統一へ向かう合理的進化の一部である。実在のもっとも高度な水準では思想と現実は同一である。すなわち、精神は世界と合体する。この究極の統一が現実のあらゆる部分の意味の条件であって、それはまたその意味を決定する。

「偶然」のようなものは存在しない。この言葉は複合的な原因から引き起こされた出来事に直面した精神の当惑のみを意味する。しかし、存在の意味を説明するためには偶然という理念を否定するだけでは不十分であり、ましてや、すべての変化は目的のためであるという見方を認めないだけでも不十分である（この点、ジョレスはラシュリエと一致する）。

あらゆる出来事が、それぞれのやり方でそれに寄与する「進歩」のカテゴリーもまた存在するに違いないのであって、それは目的それ自体の理念には含まれない。進歩は潜在可能性と現実との区別を必然的に含む。それぞれの特別な出来事の現実性は、単にその原因によって、さらに他の出来事に関連する目的によって決定されるばかりではなく、それがその一部として、絶対の徐々の実現、最終的な調和に向かう理性的な運動において果たす役割によっても決定される。現実は、生きて発展するからこそ絶対である。人間の理性は進化の意味を認識し、そうしてその生成を助ける。つまり理解という行為がそうするのであって、その中で感覚が明らかになる。このように、厳密に言えば、実在に対置される真理あるいは理性の「優越性」は存在しない。なぜなら、最終的に、それらは一つで同じであるからだ。つまり、実在は知的形態をとることによってそれ自身を確証する。

今度は、精神的で物質的な世界の多様な初歩的形態を検討して、ジョレスは、われわれが精神と感覚で経験するすべての意味を明らかにしようとするが、それは常に終末論的観点からである。例えば、彼はなぜ三つの次元が存在するのかと問題を設定し、それは自由の公準が物質的世界において実現されるためである、と回答する。もし一つの次元だけが存在するならば、変化は前進か後退かという運動形態しか取ることができず、目的論的立場からすればこれは究極の目標との距離の単なる増大または縮小を意味することになるだろう。例えば、奴隷の道徳か絶対的邪悪かというように。

しかしながら、自由は直線的経路から正反対の方向に向かう離脱の可能性を必要とする、例えば、もともとの線に対して直角にというように。その上、自由はまた、もともとの線にたいして直角に無数の線が存在することも必要とする。つまり三つの次元が存在することになる。「これらの三つの次元は無限の活動の無限の自由を広大な範囲に及んで表現するために必要で十分なものである」（「精神的感覚の現実」三二頁）。

ジョレスの形而上学体系の出発点は、自己同一的な実在（実在の理念は強調していない）、つまり、パルメニデスやヘーゲルによって解釈された実在である。すべての部分的な存在形態は、特別に定義される方法ではなく、現実の存在と外見上の存在との区別がない方法で実在と関連する。外見あるいは幻想であるように思われるあらゆる物は、その固有の方法で、より特殊的には人間の主観の中に存在する。夢ですら単なる幻影ではない。それらは認識され、そしてそれゆえにそれ自身の現実性を持つ。意識は実在を幻影に変えるのでも、それ自体が幻影でも、あるいはまた実在の束の間の現れでもない。それとは反対に、デカルトが述べたように、意識はただ観照することによって実在の事実に到達し、そうする中でそれ自体としての存在は単なる事実ではなく必然であることを示す。印象は、別な方法では現実的であるかも知れないが、その客観的片割れである物質的運動に劣らず現実的である。

実在の発達はあらゆるものを含み、それらに意味を与え、そしてある意味ではそれらを正当化する。それは完全な統一へ向かう傾向を持つが、それは実在が顕現する豊かな多様性を破壊するためではない。そのような統一が神であって、神は世界の上にあるが、またある意味では世界であると言うこともできる。つまり、神はあらゆる自己の中の自己、あらゆる真理の中の真理、あらゆる意識の中の意識である。人間の精神は神を必要とし、詭弁家であるにもかかわらず神を発見した。それはちょうど人間精神が正義を必要とし、懐疑論者であるにもかかわらず正義を発見したのと同じである。信仰は、弱さや無知の徴候ではない。その反対に信仰を持たず、その必要を感じない人は凡庸である。

ジョレスの博士論文は、いくつかの点、特に実在が理解される行為はそれ自体として実在の発展の契機あるいは側面として見られなければならない、という理念において、ヘーゲル主義的傾向を示しているが、ヘーゲルの影響を受けたようには見えない。換言すれば、思考は実在を幻影に変えることもなく、ましてや単なる実在の受動的な反映であることもなく、実在の発達の理解によって、思考は実在のそのような発達における必須の共作者・共有者として振るまう。

その第一論文を書いたとき、ジョレスが『精神現象学』を知っていたとは思われない。その第二論文で、彼はヘーゲル哲学に言及するが、それは国家に関してだけである。あらゆる実在の基本的統一という一般理念は、スピノザやフランスの新カント主義者の影響を受けて、彼の精神の中で形成されたように思われる。しかし彼の進化論的な絶対の概念は、キリスト教的新プラトン主義の汎神論を顕著に思い出させるもので、それはおそら

453

く伝統から借用したというよりも独自に編み出されたものであろう。今日ではそれはまた、ピエール・ティヤール・ド・シャルダンの宇宙論や宇宙進化論を想起させる。

ジョレスの形而上学的汎神論の重要性は、それが何の影響も与えなかったマルクス主義理論の分野ではなく、それが彼に社会主義を信奉するように導き、そして彼が後年になってもそれから離脱することがなかったという事実に存する。多くの場合において、多かれ少なかれ人気を博した著作の中で、彼は自らの博士論文で表明した理念に立ち戻った。

一八九〇年一〇月一五日の『トゥールーズ公報』の論文で、博士論文に取りかかっている最中だったが、彼は、自分の社会的宗教的願望を社会主義、普遍的一致、喜び、人間の尊厳の勝利という理想像にまとめた。そのときにおいて、

「人びとは人生の深遠な意味、つまり、その秘密の目的はすべての精神及び力とすべての人びとの自由との調和であることを理解するだろう。彼らは歴史をよりよく理解し、それをもっと愛するだろう。なぜならそれは、彼らがすべての人類の子孫であるように、彼ら自身の歴史であるからである。そして彼らは宇宙もまたよりよく理解するだろう。というのは、彼らは心と精神の調和を勝ちとって、人類がその中から生まれた宇宙は基本的に野蛮で暗黒ではあり得ず、至る所に霊魂と精神が存在すること、そして宇宙は曖昧で無限のあこがれ、調和、美、自由および善良へ向かう進歩以外の何ものでもないことを理解するだろう」。

世俗教育に賛成する一八九五年二月一一日の国会演説の中で、ジョレスは、スピノザやヘーゲルの助けを得て、自然主義と理想主義を調和させようとする新しい世代を理解する、なぜなら、彼自身が、宇宙の解釈は「最高の不知」の問題であるという教説を受け入れることができないからだと明言した。

彼は、大宗教を単なる計算や偽りの結果と見なすことはできなかった。階級目的に利用されたけれども、大宗教は人間性にその基礎を持ち、いわば、いつか耳にすることができるかもしれない未来への訴えである。『社会主義と自由』（一八九八）の中で、彼は同じ理念に立ち返った。将来の秩序は個人の権利の最高の肯定となるだろうし、それは神を人間にたいする超越的支配者と位置づけようとしない、という点においてキリスト教信仰とは異なるものとなるだろう。しかし、人間の精神は単なる否定だけでは満足しない。多くの社会主義者は、世界を最終的調和に向かう人間と自然の統合された進歩と見なす理想主義的一元論に向かう傾向がある。社会主義は人びとを相互に結びつけ、すべての人間を宇宙に結びつける。

「社会主義の到来は偉大な宗教的啓示のようなものだろう。男も女もこの惑星の野蛮な曖昧さの中で成長した人びとが正義と賢明さに達する時に、自然の進化によって人が自然すなわち暴力と衝突を超える時に、それは奇跡の出来事ではなくなるだろう。闘っている力や衝動は意志の調和の中にどのような時に溶け込むのだろうか。そして、われわれは、この根底に世界に対して意味を付与する隠された統一や思いやりが存在しないかどうかを自問するのをどのようにして差し控えるのだろうか。——われわれが今日において人類と呼ぶ自然の一部によって遂行される正義と善良さのための革命は、いわば、自然それ自体に対する挑戦であり、合図である。人間性という形において意識、啓蒙そして平和が既に実現されるはずであるから、なぜすべての創造がそれ自体を内部からそして混沌から解放しようと努めないのだろうか。このように、その勝利の高みから、人間性は自然の深部に達する希望という言葉を宣言し、そしてその叫びに応える普遍的な願望と期待の声に耳を貸すだろう」（M・ボナファウス編『著作集』九巻本一九三一～九年、第六巻九六～八頁）。

同様の思想が講義「社会主義要説」（一九〇〇）やその他の論文において表明された。ジョレスの見方の中で社会主義は、歴史がそれでもって満たされるすべての闘争や災難に意味を付与する調和へ向かうという普遍的傾向の一部である。彼が自ら認めていたことであるが、これはキリスト教的というよりも汎神論的であるけれども、宗教的立場である。それはジョレスの知的発展において、無意識のうちに新プラトン主義の汎神論からマルクス主義の救済論への長い道程に後戻りしたかのようである。つまり、

454

それはマルクス自身が重要であると認めたヘーゲルからマルクスへの道程だけではなく、それに先行する段階でもあった。

マルクスが初期の著作において人間と自然との統一の復活を語ったことは確かだが、それはこれとは異なる意味であった。マルクスにとって、自然は人間的自然に先行しては何の意味も持たない。その精神発達の中で、自然の精神性、その隠された熱望あるいは無意識の善良さと賢明さを明らかにするのは人間ではない。それどころか、人間は自分の知恵を実行に移すことによって自然に人間的意味を与えるのである。もし精神が自然の作用であるとすれば、自然の現れを精神として構成することはない。同じように、社会主義は感情の産物ではなく、特に、それでもって宇宙の発展が鼓舞され、貫かれる無意識の感情ではない。マルクスは、革命は「正義と善良さの名において」生起するとは決して言うことができなかった。それは、これらが歴史の一部でもなく、その意味を決定することに関わっていないからであった。

ジョレスの宇宙の目的的調和という信念は、ジョレスがマルクス主義者になる原因ではあったが、当然にもマルクス主義とは無縁であった。この信念を保持して、ジョレスは科学的世界知識と宗教的汎神論の信念は最終的に衝突しないと考えた。宗教にたいする彼の態度は、キリスト教の基本的教義を結果的に受け入れたサン・シモンの追随者たちのそれではなかった。ジョレスは、歴史的救済論は実在の普遍的救済論の一部である以外には何の価値もないと信じていたように思われる。多くの汎神論者と同様に、彼は普遍的救済とすべての物事の究極的調停、すなわち悪の非現実性を信じた。

4　歴史を方向づける力

一般形而上学においてそうであるように、歴史哲学においてもジョレスは二つの明らかに対立する概念を調停しようと追求した。すなわち、歴史観念論とマルクス主義のそれとの調停であった。『革命の社会主義史』の序文で彼は、歴史は経済的「土台」を持つ一方で、経済的諸力は、歴史に多様な情熱と理念を与えて社会的のみならず宇宙的次元で生きる人間に作用すると主張した。確かに、理念の発達はある程度において経済の形態に依存するが、しかし、その依存がすべての物事を説明するわけではない。マルクス自身は、未来の人間はそれ自身の発達の進路を決定できると信じた。これはまだそうではないが、しかし、今日でも優れた魂は自由の高みに達することができ、精神の尊厳は歴史においてますます重要な役割を果たす、と。このように主張してジョレスは、彼の歴史解釈は「マルクスとともに唯物論的であり、ミシュレとともに神秘主義的」であると明言した。フランスのそして特に大革命の歴史家として、ミシュレはジョレスにとって、大きな事件をもたらす上での集団的霊感の役割を強調するという点で重要な人物であった。

その批評的論文で、ジョレスは同時代の多くのマルクス主義者にたいして、しばしば同じ姿勢を取った。例えば、それによれば歴史の各細部は所有制度や交換、したがって階級闘争とイデオロギー的上部構造全体における変化を引き起こす技術の発展によって完全に説明できる、とする史的唯物論の解釈に彼は反対した。一九〇〇年二月の講義「ベルンシュタインと社会主義的方法の発展」において、彼は、人間の精神活動の特定の分野はそれ自身の論理を持っており、経済過程からある程度において独立していると述べた。

『社会主義と自由』の中で彼は書いている。すなわち、「その形状に縛られながらも織物工がさまざまな形象や色彩の布を織ることができるように、同じ経済力を具えながらも歴史は多様な方法で人間の運命を形づくることができる。経済の形態がすべての人間活動を規定するが、しかしそれだからといって、人間活動が経済の形態から引き出すことができるとは言えない」と。

彼は多くの個所で、しかしながら、エンゲルスの「上部構造の相対的自立」を超える事柄に関心を持っていることを明らかにした。彼はまた、人間の歴史は、理想的価値の優勢と出来事にたいするその影響力が着実に増大する過程として理解されなければならないと考えた。このような理念

456

は、エンゲルスによって薄められたとはいえ、マルクスの歴史哲学に存在する余地はない。ブノワ・マロンの著書の序文でジョレスは、あらゆる対立にもかかわらず人類は宗教や哲学に、そしてそのもっとも完全な形で労働者階級の運動に現れている相互の思いやりの本能を持っている、と書いた。

一八九四年一二月の歴史の観念論的見方と唯物論的見方に関する講義において、彼は、歴史の発展は人間とその人間が創り出す効用との衝突から起こること、そしてこのような発展は人間が今ある状態に応じて活用される時に終わるだろうと語った。「人間はこのように自身の理念とまれにしか対立しない経済形態の中で自己を実現する。そして人間の歴史の中には必要な発達ばかりではなく、理想という感覚、目的的な方向も存在する」と。

経済の圧力による道徳のすべての変化の中で、人類は不変の衝動、自己を再発見するという不滅の願望を保持する。唯物論と歴史観念論とのあいだに対立はない。歴史は機械的法則の影響を受けるが、それはまた道徳的衝動や理想的な法も反映する。マルクスのベンサム批判を引き出して、ジョレスは、マルクス主義が、社会主義がその中に秘める人間の価値の肯定ではなく、冷淡な歴史の「必然」の単なる記述であるならば、それは無意味になるだろうと述べた。

社会主義の理念は、人間の信念や熱狂の助けがなくてもそれ自体として自動的に主張できる、と想定することは常識に反するだろう。資本主義は社会主義的な生活形態への道を用意し、将来の国家への道を敷くことは確かだが、われわれは歴史の進化にたいして自然な必然という刻印を押すことはできない。社会主義は技術、労働組織および資産という形で、資本主義によって口火が切られた力なしには存在できない。しかし、それはまた、人間の意識的な意志、自由や正義への渇望、そして資本主義によって用意された機会を現実のものに転換するエネルギーによって鼓舞されなければ、現実のものにはならない。

「歴史的必然としての社会主義」そして「価値としての社会主義」という問題を検討する際に、ジョレスは「倫理的社会主義」という定型的なカテゴリーに訴えなかった。彼は「われわれが社会主義は歴史法則の必然的結果であることを知っていると想定するとしても、どうしてわれわれが社会主義の価値を承認しなければならないことになるのか？」という問題は設定しなかった。彼は新カント主義者とは異なり、それは彼の発展の汎神論によって克服されていると主張して、「存在」と「当為」との二元論を否定した。

世界は将来の調和によって「最終的に」決定される理想の法によって発展するのだから、そしてまた、善、美、愛は人間の歴史に内在するのではなく、自然そのものの創造的衝動の一部であり、他方、人間は実在の神聖な可能性を最大限に実現するのだから、人間による将来の運命の理解は純然たる知的行為ではなく、道徳的是認というそれに続く行為によって補完されなければならないということになる。

人間が、多かれ少なかれ歴史を通して意識的に求め、今もなお求めている目的は、精神の恣意的な創造ではない。それは普遍的実在の熱望の明確化である。人間は有機体としてだけではなく精神、感情、欲求を与えられた被造物として自然の一部である。つまり、いったん、彼らが自身と宇宙の統一を確認すれば、彼らの自己理解は同時に自然や必然性の受容となり、結果的に慈悲深いものとなろう。

機械的法則に従う自然の冷淡な行程と、理論的知識以外の源泉から由来しなければならない道徳規則とのあいだの矛盾は存在しない。したがって存在と当為の二元性や分離は存在しようがない。

マルクスもまたカントの二元論を否定したが、ジョレスと同じ理由からではなかった。マルクスは、プロレタリアートの運動が全般的革命の道を整える「前史」の最後の段階において、歴史的に必然とされたものが自由な革命活動によって完成されるのだから、必然と自由の二元性は消滅すると信じた。彼はこのような方法でカントの二元論を克服したと信じた。しかし、彼はそれによって歴史的に必然的なものがまた善であるかどうか、という問題を解決しなかった。

457

マルクスの見方の枠組みの中では、これがなぜそうであらねばならないかという疑問は事実として答えられもせず、問われさえもしなかった。なぜなら、この場合に必然であるものはまた善であるという事実（もしそうであるとすれば）は偶然であるからである。つまり、社会主義の歴史的必然性は、人類にとってそれが善であるという命題に基づくのでもなければ、その価値が準自然的な不可避性から引き出されるのでもない。この二つの側面は、論理的にも歴史的にも別のものであり、それぞれがもう一方にとって偶然的である。

人間は、解放すなわち自己自身および自然との統一を実現しなければならない、と規定する「法則」は存在しない。歴史の必然性は、人間が奴隷制や貧困および永遠の不幸を耐え忍んではならない、ということを先験的に保障しない。人間がこれらの事柄から自己を解放することを欲するという事実は、彼らが成功することを証明しない、それは歴史が人間の欲求に依存しないからである。

したがって、最後の段階で起こるべく予定されている変革は、匿名の「法則」ではなく、革命の意志に基づくけれども、その意志の有効性は客観的情勢に由来し、それが正義と自由のために闘っているという事実に由来するのではない。この意味で、歴史的必然性の究極の利点は、偶然の問題であると言うことができる。つまり、歴史の法則が、人類が彼らの欲求を満たすと見なすか、あるいは見なそうとするものの実現を促進することと、そしてこの同じ目的が人類の意志とは独立に、事実として、人間本性の充足を構成するということは偶然のことなのかもしれない。

ジョレスは、このような偶然の要素を回避することに関わった。それは彼の普遍的調和という構想が目的不在であるか、あるいは善と悪の間で中立であるところの必然の余地を残さないからである。彼の見解では、知性と不屈の善の力は常に宇宙全体の進路を形成している。宇宙は人間だけが自己の目的のために利用したり、あるいは抑制したりすることができる無目的の力であるという発達の段階は存在しない。要するに、普遍的実在は人間と同じ目的を欲しているのだが、それは偶然によってそうなるのではなく、存在の秩序における人間の位置と人間の欲求や熱望は、宇宙が全体として欲求し熱望するものの明確化であるという事実によって、そうなるとジョレスは信じるのである。

５　社会主義と共和国

ジョレスの政治的反応が、彼の哲学といかに近接していたかを理解するのはたやすい。歴史の全面的統一そして人間生活のあらゆる領域における進歩の行程を信じて、彼はまた将来の解放された社会は現在の形態の根本的な否定ではなく、すでに発生している諸価値の延長と発展であると考えた。このように彼は、いつも、社会主義は歴史の中に、とりわけ一七八九年の革命の中にすでに認められた諸原理の完全な実現である、とする見解をあれやこれやの形で繰り返し述べた。

人権宣言と一七九三年憲法は、本質的に社会主義のあらゆる理念を包含し、それはその適正な結論に発展させられるだけであった。特に自由、平等そして公正は、政治の領域から所有の領域および生産の様式にまで押し広げられなければならず、そしてこれが社会主義の固有の意味であった。大革命によって保障された個人の自由は、経済の問題には適用されず、所有の特権は政治的特権が一掃された後でも残り続けた。公正という点で、各人は有史以来人類によって蓄積されてきたすべての資源を享受する平等の権利を持つ。マルクスが主張したように、私的所有制のもとで生きた労働が資本という形態で労働の蓄積を増大させるのに使われるだけであるのにたいし、社会主義のもとでは蓄積された労働は労働者の生活を豊かにすることに仕えなければならない。社会主義の目的は、過去の達成を現在の生活に従属させることである。ジョレスが論文「社会主義と生活」（一九〇一年九月七日）で書いたように、「生活は過去を取り消すことはできないが、過去を利用することはできる。革命は獲得であって新たな決裂ではない」。

しかし、人権宣言の論理は、プロレタリアートが政治の表舞台に登場するまでは空文句であり、サン・シモンやフーリエの計画は無と化していた。

一八四八年以降、社会主義の秩序は正義の夢だけで創り出すことはできず、人民の政治的主権と経済的奴隷化との矛盾を廃棄する、組織された労働者階級によってのみ創り出せることが明らかになった。民主主義をすべての経済生活に拡張することによって、「政治的共和国」は「社会的共和国」に転換されるにちがいない。

ジョレスが、社会主義は共和国の延長であってその理念の否定ではないとしばしば主張したのは、一部は、「集団主義」（collectivism）は個人の自由の否定である、という反社会主義的主張を否定する彼の切望により、もう一部は、少なくともフランスで、社会主義者自体がこの点で一致していない、という事実によった。現在の秩序の「正反対」という社会主義の理念は、社会主義者がブルジョア共和国をその民主主義の制度とともに粉砕するか、あるいは銀行家や資本家の支配を国有化された産業に責任を負う官僚制の支配に取り換えるように望んでいることを意味するもので、このような恐怖感は、当時の多くのところで、特に無政府主義者によって表明されていた。

したがって、ジョレスは、個々の人間的価値が社会制度の唯一の価値基準であると主張した。「社会主義者はあらゆる制度の価値を人間個人に関係させる。自由と発達への自分の意志を主張することによって、制度や理念に強さと活力を与えるのは個々の人間である。個人がすべての物事、つまり、母国、家族、財産、人間性そして神それ自体の尺度である。これが革命思想の論理である。これが社会主義の意味するものである」（『社会主義と自由』）。

財産の集団化が、経済の責任も政治権力が負うことを意味するのであれば、それは社会主義の戯画化であるだろう。「もし、既に国家の外交や軍隊を統制している政治家や行政官にすべての労働力を支配する権限を付与し、そして彼らに軍の将校を任命する現在と同じ方法ですべての段階の司令官を任命できるようになれば、それは一握りの人間にアジアの専制君主が夢にも思わなかった権力を与えることになるだろう。なぜなら、アジアの君主たちはその国の経済ではなく、国の公共生活の表面だけを支配していたからである」（『社会主義の制度』）。

社会主義者は強制装置としての国家を強化することではなく、その反対に、国家の制度や生産をもう一度、結合した諸個人の統制のもとに置くことを提案した。階級の廃絶は、行政機構の統制のために闘っている私的利益の廃止を意味し、したがってその腐敗と抑圧的機能の廃止を意味する。あらゆる人びとが、同じ意味で公共的善のための働き手となるだろう。つまり、公的世界に君臨する行政官という孤立した階層・集団は存在しない。働いてその労働の果実を獲得する自由、言論および出版の自由、集会、芸術および科学の自由、これらすべてが社会主義によって、これらの自由が私的所有の特権によって縮減されている体制よりも比較にならないほどに、より十分に保障することができる。

人びとが、不愉快でつらい仕事に嫌々ながら従事することを恐れる理由はまったく存在しない。給与は仕事の質の評価に従う。そうなればごみ収集人であることを天職と感じる人びとがどこにも存在することだろう。生産者が主導性を奪われるとか、労働者が生産を拡大・改善する刺激に欠けるという恐れは存在しない。それは生産性と発明にたいする報酬を工夫することが容易になるからである。

ともかく、生産は全体としては集中化されない。つまり、さまざまな生産部門を覆う協働組織や地域や地方の団体にその範囲を拡大するだろう。国家規模そしてより小さな地理的産業的な単位を基礎とする代表機関は、人びとが全体として経済全体を監督できることを保証するだろう。

生産と分配の基本的な社会機能が、公共統制のもとに置かれるならば、自由は縮減されるどころかむしろ拡大されるだろう。国家は、中央から管理・執行されることを必要とする公共サービスの責務を負うために残されるが、しかしそれはまったく異なる種類の国家となる。現在のように国家の社会的機能を自分の目的のために利用する私的所有者に代わって、国家は全体としての社会の利益のために行動し、社会主義者が常に主張しているように、諸個人にたいする政治的権力を行使することをやめる。何か特定の幸福の理念を公衆に押しつけることではなく、各人がふさわしいと見なす自分自身の幸福を追求できるような条件を創り出すことが、社会主義の目的である。

　社会主義は、人類が何世紀にもわたって創造してきたすべての価値を守り、維持し、人間の尊厳、自由、活力を増大させ、調和の追求を推し進めようとする何ものをも犠牲にする意図は持たない。特に、しばしば主張されることとは反対に、それは民族の理念を傷つけ、人びとから母国または愛国的感情を奪い取るようなことはしない。

　『共産党宣言』のこの問題にかんする有名な言いまわしは、気まぐれにすぎない。今や、プロレタリアートは普通選挙権と普通教育を享受し、政治勢力となってきたのだから、彼らが現在の国家と民族の一部を形成していないとか、「全部となるまでは無のままに留まるべきだ」と示唆することは非合理的で侮辱的なことである」と、ジョレスは『新しい軍隊』の第一〇章で明言した。

　プロレタリアートは祖国を持たない、と主張することは実に反革命的である。なぜなら、それは、それがなければ最終的解放などあり得ない日々の闘争と部分的獲得の価値の否定を意味するからである。大革命以降、民族の理念と民主主義の理念は分かち難くなってきた。国家の統一は、ある人びとが言い張るような土地所有の問題ではなく、家族を超える地域共同体に生きようという自然で、ほとんど身体的な人間の憧れである。つまり、人類全体というのはあまりにも巨大な単位であって、そうした必要を満たせない。社会主義は愛国主義を破壊するのではなく、それを拡大する。

　民族の差異を無視する抽象的な国際主義は、一つのキメラ［幻想］である。人類は自由な国家の連合によってのみ、統一を実現できる。したがって、社会主義者が各民族の自立の権利を擁護するのは当然である。労働者運動の国際的性格は、愛国主義とも自分の国を脅威や攻撃から守る欲求とも衝突しない。民族は特に個人の自由に関わる社会主義の第一次的目的ではないが、しかしそれにもかかわらず、民族はそれがなければ社会主義が萎んでしまうほど本質的な生活形態である。

　民族の隷属という条件のもとの社会的解放を想像することも、あるいはまた、国際的になる前に民族の次元で展開しない社会主義運動を想像することもできない。狂信的愛国主義、戦争、攻撃そして憎悪は、民族的な理念の一部ではなくそれと矛盾する。社会主義は、それが他のあらゆる人間的価値を前提にしているのと同様に、フランスとフランス共和国を前提とする。

　このように社会主義は、人類がこれまでに生み出してきたあらゆる価値にたいする所有権を主張するのであるから、ジョレスの考え方によれば、それらのすべての価値が意識的にせよ無意識的にせよ、社会主義への貢献となると言ってもよい。おそらく、彼はこのことをそれほど多くの言葉では主張しなかった。しかし、彼はあらゆる人びとが心底から「実際は」社会主義者であること、もし彼らが社会主義を攻撃したとしてもそれは自分の理念を厳密に考え抜いていないからである、と懸命に説得しようとしていたように思われる。

　共和主義者、無政府主義者、キリスト教徒、知識人、愛国主義者、これらのすべての人びとが自分たちのもっとも大事にしている価値を保つ最善の方法を十分に考えるならば、すべて社会主義者になるだろう。ジョレスは、現在だけではなく過去の中に、無知や無定見によって阻害された、多かれ少なかれ意識的な社会主義の傾向を常に探り出す。フランス革命において彼は、それらをバブーフ主義者、ジロンド派、ジャコバン派の中に見つけた。

　ドイツ社会主義の起源にかんする博士論文で、彼は、ルターに始まるドイツ観念論の歴史のあらゆる箇所で社会主義の理念の萌芽を発見する。キリスト教の平等理念が市民的平等の道を開いた。すなわち、ローマの暴政に反対する闘争がこれであり、ルターはこの種のあらゆる暴政と闘うことを彼の同郷者たちに諭した。神の法によって囲まれたものとしての自由というルター主義の観念は、経済分野における虚偽の自由にたいする批判の一部である。カントやフィヒテもまた、個人の自由と国家の権威そして経済問題を統御する国家の権利とを調停することによって社会主義に貢献し

461

た。

　財産は市民の前提条件である、というカントの理念ですら、何も持たない賃金労働者は完全な市民ではない、という意味において社会主義と調和的である。フィヒテの「閉鎖的商業国家」は、ある種の道徳的社会主義を体現している。なぜなら、それは市民の共通の利益において生産を社会的に規制することを含んでいるからである。ヘーゲル哲学は社会主義のもう一つの源泉であり、それが、個人の気まぐれに過ぎない抽象的自由と理性や自然法によって支配される自由とを識別するときは、特にそうである。

　自由主義者が主張するように、完全な自由は他者を害することを除いた自由ではない。その真の定義は、個人の自由が、人びとを分断せずに普遍的欲求を含むことを意味する。個人の価値が保持され、理性の法に従う社会の有機的統一をヘーゲルが擁護するとき、彼は社会主義に近づいていた。最終的に、ラッサールとマルクスは社会主義の道徳的解釈と歴史的解釈との矛盾を解決し、フィヒテとヘーゲルとを調停し、特にラッサールの場合は、世界の弁証的運動の中に永遠の正義を発見した。

　社会主義はその価値を保持する活動的で自覚的な労働者階級が現れなければ生きた運動にはならない。しかし、マルクスが明らかにしたように、社会主義は全人類の利益であって労働者だけの利益ではない。それは今日の搾取者、治癒されることを拒否している病人のような搾取者の利益でもあって、彼らはその特権にもかかわらずこの制度の犠牲者である。

　共産主義が到来したときに、今日のブルジョア階級の子どもたちは、そこにおいて彼らの父親たちがやった事柄の否定だけを見ることはないだろう。つまり彼らは、技術の大胆で精力的な改善によってブルジョア階級自身が、無意識のうちに、彼らの努力と革命的プロレタリアートの努力を調和的に一体化した解放を準備したことを理解することだろう。

　あらゆる人間は「生まれながらの社会主義者」なのだから、社会主義者がプロレタリアートの今日の状況に特殊なものだけではなく、あらゆる種類の人間的価値に訴えることは正しくかつ必要なことである。革命は、たとえそれが技術的に可能であるとしても、自己矛盾なしには少数派の仕事やクーデターの結果であることはできない。社会主義にともなう変革はブルジョア革命のそれよりもはるかに深遠であり、大多数の人びとの明確な支持がなければ実現されない。

　普通選挙は、社会の諸々の集団の真の力を明らかにし、一撃での大成功ということをますますあり得なくしている。しかし、どんな事情にせよ、社会主義は社会の真心を込めた協力を必要とする。なぜなら、古い秩序をひっくり返すだけでは不十分で、その後に、経済生活が諸個人の自由な活動によって支配・管理されることであるからだ。つまり、新しい組織形態はあらかじめ計画され、生産と分配のすべてのシステムを包摂していなければならない。このように、革命は、社会主義の意識を喚起し、新しい秩序の価値にたいする熱狂を鼓舞する道徳的変革によって先行されなければならない。

　社会主義者は、したがって他の階級、特に農民や小ブルジョアジーのあいだの支持を追求しなければならない。ジョレスは、労働者階級とは自らの仕事によって全体として、あるいは主として生計を支えているすべての人びと、つまり産業プロレタリアートだけではなく小農民や小ブルジョアジーを含むものと解さなければならないという、リープクネヒトの見方を思い出させた。さらにリープクネヒトは、社会主義政党はその構成員が賃金労働者であるか否かよりも、社会主義の理念を表明するか否かにより深い関心を持つべきだ、と主張した。もし運動が産業プロレタリアートだけに基づくとすれば、それは多数派にもなれず、あるいはその目的を達成することもできないだろう。それは、合わせても社会の小さな割合にしかならない貴族、官僚、上層ブルジョア階級以外のすべての人びとの運動でなければならない。

　ジョレスも同じ方向で考えた。つまり、社会主義はその普遍性によってほとんどすべての人びとをひきつけ、そして社会主義革命はブルジョア革命と異なるのだから、暴力、殺戮あるいは内乱なしに遂行できる、と。ブルジョア階級やブルジョア政党と個別の事項での協力は可能であり望ましいことである。それは戦術的根拠からではなく、協力の精神が社会主義の

462

指導原理であるからである。ジョレスはベルンシュタインの見解に関する講義の中で「われわれは革命を欲する」と述べた後で、次のように続けた。

「しかし、われわれは永遠に続く憎悪を欲しない。いくつかの大義のために――労働組合、協同組合、芸術または正義、ブルジョア的正義のためにすら、ブルジョアジーがわれわれとともに進むようにすることができるとすれば、われわれがそう呼びかけることができるときに、いかに力強く感じることだろう。すなわち、『そこでの最大の喜びは、憎悪と不信で分断されてきた人びとが、一時的であっても一日であっても、力を合わせることができることであり、すべての人類の最後の出会いの喜びはいかに崇高で永続的なものとなるだろう』と。――私の願い、そしてわれわれの願いは、社会主義政党がすべての偉大な大義とすべての偉大な思想の幾何学的な中心点でなければならないということである。これは、われわれが社会革命の闘いを放棄することを意味するのではない。その反対に、われわれは革命のときができるだけ早まるように、自らを力、尊厳、誇りで武装しつつあるのだ」（「ベルンシュタインと革命の方法の進化」一九〇〇年二月一〇日〔『著作集』五、一三九～四〇頁〕）。

これがドレフュス事件に関するジョレスの活動の理論的基礎であり、そして「政府与党追随主義」（ministerialism）との論争における態度でもあった。労働者階級至上（ouvriériste）主義の信念を抱く多くのフランス社会主義者が、この事件はその敵対者である軍閥の成員を含むブルジョア階級内部の争いであり、したがって、社会主義運動とは関係がない、という見解を持った。ゲードはこの見解を取らず、最初からジョレスと同じ立場を取ったが、後になって反対陣営の一個人を擁護することに関わるべきではない、党の固有の任務はすべての抑圧された労働者階級を代表することでなければならない、と考えるようになった。つまり、ドレフュスが犠牲者となったブルジョア階級の陰謀事件は、階級闘争を放棄する十分な理由にはならない、と。

ゲードとジョレスの反対意見は、その後に小冊子『二つの方法』（一九〇〇）として公刊された。ゲードの立場は「プロレタリアートはその階級的エゴイズムによってのみ指導されるべきで、なぜなら、その利益は全人類の究極的、普遍的利益と同じであるからだ」という主張にまとめられた。つまり、「資本家的所有が廃棄されないかぎり社会の変革は存在しないし、また存在し得ない」「われわれは交渉を信用しない」「階級闘争は階級間の合意を認めない」「あなた方が、階級に反対する一つの階級、資本の世界に存在する分断をこれまで知らず、そしてその廃棄を決意している一つの階級として存在し続けるならば、革命は可能である」と。

ジョレスはこれと反対に、プロレタリアートの闘争の普遍的性格は、革命後に初めて作動するものではなく、革命が到来するためには、ここやあそこ、すべての問題の中に作動していなければならない。被抑圧階級としてのプロレタリアートは、すでに普遍的な正義の代弁者であり、他の問題では同盟者ではなくても、自分の側に正義を有するすべての人びとの同盟者である。それゆえに、プロレタリアートはこの事件で、反動に対抗して、進歩を代表するブルジョア階級の分派と力を合わせなければならない。プロレタリアートは、そうすることが自分たちの大義だけではなく急進ブルジョア階級の大義であったとしても、聖職権主義（clericalism）に反対して世俗国家を支持しなければならない。つまり、プロレタリアートは君主主義者に反対して共和制を支持し、そして被害者が反対陣営の一員であったとしても、正義という大義を擁護しなければならない。

同様の問題が、ミルラン問題でさらに紛らわしい形で巻き起こった。ミルランの反対者たちは、ブルジョア政府に参加する彼の振舞いは、そのこと自体が、プロレタリアートがすでに政治権力を共有しているかのように思わせることになるのだから、労働者階級にたいする欺瞞であると主張した。その上、もしその指導者の一人が自分で阻止することができず、搾取階級の利益にならざるをえないブルジョア階級の体制の行為の責任を共有することになれば、社会主義運動は妥協を強いられることになるだろう、と。

ジョレスは、ミルランが政府に参加する行為は、確かに政府にその進路の転換を誘うことには基本的にならないが、しかしそれにもかかわらず、

464

社会主義運動の力を証明することになり、軍国主義と反動に反対する社会主義運動の闘争はブルジョア階級のより進歩的要素との一時的同盟によって促進されるだろう、と。

　この論争は、プロレタリアートの政治的独立の理念に関する基本的に異なる二つのアプローチを明るみに出し、そしてまた、社会主義運動の議会活動の文脈におけるこの理念の多義性も露わにした。プロレタリアートをブルジョア社会における異質な飛び地、つまり「部分的な」解放はあり得ず、政治体制全体を転覆するよう宿命づけられ、それゆえに他の敵対階級と連合することはできない階級である、と見なすことに味方する有力な伝統が存在し、それはマルクスの著作の中に根拠を見出すことは容易であった。しかし、このような排他主義は、社会主義諸党が議会活動に参加し、立法措置によって労働者階級の条件の改善を確保する状況において、一貫して維持することはできない。

　この種の改善のすべてが、ある程度は「資本主義の改善」であって、もしゲードが、そのような改善は資本家に任せるべきであるという彼の原則を一貫して信じていたのであれば、彼は議会活動もしくは直接的な経済的および立法的利益のための闘争に、社会主義諸党を巻き込むべきではなかった。革命的サンディカリストは、この点ではもっと一貫していたのであるが、同じ理由で、フランスの状況に影響を与える希望を持たなかった。いずれにしろ、いったん「資本主義を改良する」ことを試みるという原則を認めたら、他の党との戦術的な協力と現在の秩序の上に社会主義を接ぎ木する「機会主義的」方針とのあいだを正確に分割する線を引くことは不可能であった。

　ジョレスは、プロレタリアートの政治的独立は重要ではない、という立場からはかけ離れていた。ベルンシュタインに反対して、カウツキーへの全般的支持を主張して、彼は労働者階級とブルジョア階級は同質どころかはるかにかけ離れているという根拠に立って、ベルンシュタインはプロレタリアートを他の階級の中に埋め込んでいると批判した。ジョレスは、持てる者と持たざる者とのあいだに明瞭な区別が存在するかぎり、それは過ちだと主張した。これらの二つの基本的階級は根本的に対立しているが、しかし、社会主義者が彼らの究極の目的は現体制を改善することではなくそれを転換することだということを肝に銘じておれば、一時的同盟など恐れる必要はない。社会主義は労働者階級の事業として以外には考えられず、フーリエ、ルイ・ブランそしてオウエンのような人びとの希望は根拠のない夢でしかあり得なかった。しかし、これは、おそらくジョレスと「排他主義者」とのあいだの論争の核心部分であったのだが、労働者階級は資本主義体制の下で社会主義の要素を構築しているかどうか、という問題であった。

　ジョレスが、社会の最終的転換はただ「革命」によってのみ実現できると考えたことは疑いがないが、しかし、彼はこれを暴力または内乱戦争を伴うとは理解していなかった。「革命」でもって彼が意味したのは、単純に、社会主義的意味での、財産所有制度の根本的な転換であった。社会主義は革命によってだけ実現する、という命題はこうして同義反復となった。ジョレスはこのことに気づかず、予測できない未来に関する不毛の推測の結果、革命がどのような形態をとるかという問題を捨ててしまった。

　しかし、この主張に基づけば、ジョレスはこの可能性を否定しているようにも見えるが、革命は資本主義から社会主義への漸進的で進化的な変革の形態をとることはあり得る。彼の考えでは、特に労働者の成長する歴史感覚と自己組織化の力量だけではなく、労働者階級の利益になる民主主義的な制度、つまり万人の教育、労働法制、生活水準の改善、公共生活の世俗化、搾取を抑制する組合や協働事業体の力によって、社会主義は資本主義の中で多様な方法で形成されつつある。

　社会主義の「究極の目標」はこれらの改良と峻別される。しかし、改良は決定的闘争のための準備の過程以上のものである。すなわち、それらは社会主義社会の客観的土台を構築し、したがって、持続的で漸進的な進歩の中で、やがてそれらが目標の達成に繋がっていかないという理由は明らかではない。

465

ことも信じた。しかし、彼は、時間をかけて、社会的法的な理念や制度が最終的蜂起の後に起こる完成に近似して行くという、社会主義の漸進的で不可逆的な構築を信じなかった。しかしながら、これがまさにジョレスが信じたものであって、このように見れば、すべての勢力との同盟の締結という政策、すべての社会階級への呼びかけ、普遍的調停者としての彼の役割は正当化されるのである。

ジョレスは、悪を必要な手段として使うマルクスの進歩のビジョンを受け入れず、ヘーゲル主義的な歴史の悲劇も、彼にとっては無縁であった。これまで見たように彼の歴史哲学は、首尾一貫した全体として、世界の救済としての社会主義の観念と歴史の内在的動向の結果としての社会主義、という観念を結合したものであったが、他方、マルクスの理論においてはこれらの二つは相互に偶然的であった。

しかし、ジョレスの一貫性は、予言的な楽観主義を犠牲にして達成されたのであり、それによって彼は、普遍的統一の未来世界は過去のすべての歴史を包摂すること、そしていかなる人間の労働も無駄にはならず、いかなる精神の営みも自然の中立性に反しないことを信じることができた。もしこの最後の言説が当てはまっているとすれば、それは人間としてのジョレスに対してであって、彼の精神の分析的冷静さに対してではない。

466

6　ジョレスのマルクス主義

ジョレスは、マルクス主義とは別個のフランス社会主義の源泉にたいする自分の負債を強調したけれども、彼自身は自分を修正主義者とは思っていなかった。彼はベルンシュタインに反対してプロレタリアートの政治的独立を擁護し、内部矛盾の結果として一つの社会構成体がもう一つの社会構成体を発生させる自然な進化の理論として、マルクス主義の弁証法を支持した。この自然主義的な歴史の運動という信念は被抑圧階級にとって必要であり、その努力の成功という確信を与えるものであった。ジョレスは、働く者の労働の無報酬部分の収奪としての搾取というマルクスの理論と、価格理論としてではないけれども、「社会的形而上学」の一つとしてマルクスの価値論を受け入れた。

社会主義はすべての人類の大義であって、労働者階級だけのものではないが、しかし社会主義を実現することは労働者の使命であるという理念は、当然ながら、マルクス主義の理論の伝統的な支柱の一つである。それはまた、ジョレスほどに誰もが徹底的にそうしたわけではないが、社会主義の価値はあらゆる人間個々人の精神的発達にたいする、その究極的影響にあるとする理念とも一致した。

ジョレスをマルクス主義から本質的に分けたものは、持続的で普遍的な進歩にたいする信念である。歴史の進歩を実在の普遍的救済の一部と見なす汎神論的形而上学はさておくとして、ジョレスが信を置いた進歩は、歴史のあらゆる段階とあらゆる文明の相に適用される。未来の救済と世界の絶対的統一は、彼が予測するように、暴力的な歴史的一撃ではなく、あらゆる領域における、特に政治的法的な制度における、漸進的な改善の結果である。

たしかにマルクスは、進歩を技術の変化に限定せず、勝利したプロレタリアートはブルジョア社会からその科学的達成だけではなく、少なくとも一部はその芸術的達成も引き継ぐだろうと期待した。彼はまた、過去の歴史は特に技術と労働の組織化の面において、社会主義のための準備である

467

第6章　ポール・ラファルグ：快楽主義的マルクス主義

ラファルグは、たしかにマルクス主義の基本的重要文献の主要な祖述者の一人である。今日の正統派から、彼は劣位の権威者として敬意をもって扱われている。ゲードとともにフランス社会党の共同創設者として、無政府主義者やキリスト教徒そしてジョレスに反対する論争家およびマルクス主義の宣伝者として、そして最後にマルクスの友人で義理の息子として、彼はマルクス主義の宮殿の第二順位という地位に完全に値する。たしかに、彼のマルクス主義は高度に単純化され、その著作の中で何か理論の「発展」と呼び得るものを探すのは難しい。しかし、フランスのあらゆるマルクス主義著作者の中で、彼はドイツの正統派にもっとも近く、そして当時においてこのことは理論の純粋性の試金石であった。

　ポール・ラファルグ（Paul Lafargue, 一八四二～一九一一）は、キューバ出身の農園主の息子であった。父親は部分的に黒人で、彼は母親の側からインディアンの血も受け継いだ。彼の少年時代に一家はフランスに移住し、そこで彼は教育を受けた。パリで医学を学んだが、社会主義活動のために大学から追放され、その後ロンドンに移り、一八六八年に学位を取得した。同年にマルクスの娘ラウラと結婚した。

　一八六八年の末にフランスにもどり、ジャーナリズムに従事し、医者として仕事をした。彼はコミューンの一員であり、その敗北後スペインに逃れ、そこでパブロ・イグレシアスが率いた小さな社会主義政党で活動した。七二年の末にロンドンにもどり、そこに一〇年間滞在した。彼はその生計を写真家として支え、論文や小冊子を書き、マルクスとゲードがフランスの党綱領を書きあげるのを助けた。

　コミューンの一員の恩赦の後、一八八二年の春にフランスにもどり、公務員として働き、マルクス主義の活発な宣伝者となった。彼は広範囲に執筆し、地方で講演し、党の指導者としてゲードを援助した。九一年には国会議員に選ばれた。彼とラウラは自死を遂げたが、それは絶望からではなく、老衰の徴候から逃れるためであった。

　著作者や理論家としてのラファルグは有能で、多才な好事家で、マルクス主義の歴史に数多く存在する実例の一人であった。彼の論文と小冊子はある程度普及し、プレハーノフのそれと同じように、マルクス主義の知的価値を薄めるのに寄与した。彼は、社会科学のほとんどあらゆる分野について書いた。つまり、哲学、歴史、民族学、言語学、宗教、経済学そして文芸批評である。彼はこれらのどの学問の専門家でもなかったが、それらのすべてについて、間接的にある程度は分かっていた。

　たいていのマルクス主義者と同じように、彼は、マルクスが普遍的な鍵を提供したのだから、例え特別な知識を持っていなくても、誰もがあらゆる科学の秘密を解き明かすために、それを使うことができると信じた。彼はまた、政治的文学的な現象あるいは社会的な慣習をあれこれの経済的生産様式と関連させることによって、史的唯物論の真理性を確証するように見える、非マルクス主義の著作に存在する要素を発見して、マルクス主義の制覇に彼は貢献していると信じた。そのような関連を数多く指摘することは容易なことであって、親と子どもとが類似する事例を積み重ねても遺伝学の理論を構築できないのと同じように、それがマルクスの一般理論を証明することにはならないということを、彼は理解しなかった。

　要するに、ラファルグはマルクス主義の理論を拡大あるいは改善したとは決して言えない。それでもやはり、マルクス主義の歴史において、彼は一定の重要性をもっており、それには二つの理由がある。一つはフランスで彼が他の誰よりもマルクス主義を知られるようにしたこと、今一つは単純化されてはいたが、彼の著作はもっと真面目なタイプの著作家たちが見落としていたマルクス主義の一面を突出させたことである。彼はマルクス主義の精神で文芸批評を行なった初めての人物であり、ヴィクトル・ユーゴーにかんする、興味をそそられるほど意地の悪い小冊子は今もなお読んでいてまったく面白い。

ラファルグの著作の完成版はまだ存在しない。彼のもっとも重要な著作は『経済決定論　カール・マルクスの歴史の方法』（一九〇七）、人気のあった小冊子『怠ける権利』（一八八三、英訳版一九〇七）、『労働者党綱領』（ゲードとの共著、一八八三）そしてジョレスとの史的唯物論についての対論（一八九五）である。

ラファルグの哲学著作は、通俗的な感覚論や啓蒙主義の唯物論を超えるものではない。彼はロック、ディドロ、コンディヤックの論を使って、すべての抽象的理念は感覚的認識から引き出されると強調した。彼は、抽象は認識から独立して直感できるとするプラトンの理念は、虚偽であるばかりではなく、人を身体的存在以上のものであると見なし、それゆえに宗教的神秘化の道を開いたとして、社会的に反動的であると主張した。これが、唯物論と感覚論の旗の下にキリスト教と闘って権力を握ったブルジョア階級が古い聖像破壊主義（iconoclasm）に転落し、教会との同盟に転じて、プラトン的・キリスト教的な超感覚的認識の信念に復帰した理由であった、と。これらはメーヌ・ド・ビランやカバニスの展開であった。他方、シャトーブリアン以降のロマン主義の運動はすべてブルジョアジーとカトリック教の調停の試み以外の何ものでもなかった。ブルジョアジーは、彼らの目的に奉仕する社会秩序を神聖化し貫徹させるために、永遠の真理と超感覚的知識という虚構を必要とした。

そのうちに、啓蒙主義の唯物論はプロレタリアートに引き継がれたのだが、それは階級区分と搾取を維持するために教会によって説かれた禁欲主義的道徳に反対する武器としてであった。ラファルグの唯物論は、ド・ラ・メトリー、カバニス、あるいはモーレスコット（モレショット）と類似した、つまり、マルクス主義の伝統を「俗流唯物論」（vulgar materialism）に貶めた、粗野な定式で表現された。

例えば、彼は「胃が消化のための器官であるように、脳は思考のための器官」であるとか、あるいは「発電機が運動を電気に変えるように、脳は印象を観念に変える」（ジョレスとの対話）と語った。抽象化という独立の機能の認識論上の問題は、彼の著作では触れられない。彼の見解では、一八世紀の感覚論者の見方にたいする唯一の有効な反論は、獲得された経験の継承のせいで、脳は抽象的観念を同化する「性質」を持ち、それゆえに単なる「白紙」ではないという点であった。彼がたびたび推し進めた感覚論の擁護は、数やその他すべての普遍的なものの観念だけでなく、正義、善良、その他の徳のような抽象的な観念の意味を示す言葉は、経験的な事物の名称あるいは感覚によって理解された質にすべて由来することを語源論が証明している、というものであった。

その哲学的論証において、ラファルグはマルクスよりもフォイエルバッハに、ヘーゲル主義のしがらみから自由になった後期のフォイエルバッハに近かった。観念論哲学と宗教史は、彼にとって妄想の体系と階級区分の道具以外の何ものでもなかった。マルクスと異なり、彼は観念論の歴史に認識上の価値を理解しなかった。つまり、ストア派のゼノンとプラトンの対立に始まる感覚と精神とのあいだの永年の論争について、それは単純に真対偽の歴史に過ぎない、宗教は人間の情熱、慣習そして社会状況の超自然的存在世界への投影である、と。

魂が身体に宿るという観念は、夢の性質を解釈する原始的試みから生れた。つまり、夢の人物の存在が人をして超自然的存在や神を想像させ、そして魂は不死であると憶測させるに至った。無形の魂の信念は母権制社会の特徴であり、父権制社会が優勢になると消滅したが、しかしそれが衰退すると復活し、こうしてキリスト教への道を準備した、と。

他のところでも、党綱領の批評において、ラファルグは、宗教を自然の勝手な力への恐怖による存在、と説明した。つまり、それは半ば獣的な原始人の、むき出しの諸力に直面した自身の無力さへの反応である。人間が自然にたいする支配力の拡大に成功するにつれて、宗教は衰退する。社会主義革命が人間をして自身の存在条件を完全に統制するのを可能にした暁には、宗教は完全に消失するだろう、と。

470

「経済決定論」を扱う際に、ラファルグは見分けのつかない程にマルクス主義をさらに単純化した。彼は史的唯物論を、第一に社会の発展において前から存在する目的ないし意図は存在しないもの、と理解した。つまり、人間の行動を含むあらゆるものは、自然の避けがたい因果関係の結果である。自由な意志は妄想である。人間の行為はその自然環境によって、あるいは自らが創り出した環境によって全体として決定される。人間が作り出した環境の中で、生産様式の変化はしばしば起こる（ラファルグは生産様式を全体的な生産装置ではなく、むしろ生産力と同一視していたように見える）。

これらの変化は、社会制度やイデオロギーの照応する変化を不可避的に引き起こす。つまり、もし同じ技術水準にある別々の社会において変化が完全に同一でないならば、それは自然環境の違いによる。しかしながら、ラファルグは、すべての人間社会は概して同じ発展段階を通過すると考えたビーコに同意した。母権制、父権制、奴隷制、封建制、資本主義と、すべての人間社会は、これらの段階を通過して社会主義へ進むのであって、最後の段階はその前の段階と同じように必然的である。

社会発展の出発点は原始共産主義的平等であり、その中では正義や財産の観念は知られておらず、あらゆる種類の道徳的な制限もそうであった。啓蒙主義の他の一般通念に沿って、ラファルグは高貴な満ち足りた野蛮人の神話を復活させたが、それは、エンゲルスにその痕跡を探すことができるだけで、当時のマルクス主義者のあいだで通例のことではなかった。彼は、ほとんどすべての点で、つまり、身体的発達、幸福、そして魂の純粋性という点で、原始人は今日の人類よりもはるかに高度な水準にあったと主張した。「共同体の男たちや女たちは嫉妬も親の愛情も感じていなかったことが証明されてきた。彼らは複婚制で、良いと思えば女は多くの夫を持ち、男もできる限り多くの妻を持った。旅行者は、これらの人びとのすべてが、悲惨で利己的な一夫一婦制の家族の構成員よりも大きな満足と友愛の状態にあるとわれわれに語っている」と。

そのように、彼はジョレスとの対論の中で断言しているが、他方、『怠ける権利』の中では次のように書いている。「キリスト教と梅毒と労働の教義でもって、商業の伝道者と宗教の商人がまだ堕落させていない、高貴な未開人を見るがよい。その同じ目で、機械の哀れな召使いどもを見てみるがよい。ペピヒ（ドイツ人南米探検家）が『文明の有毒な息吹』と呼んだもので汚染されていない、原始的未開社会の人間たちの、美しい体格と誇らかな挙動を目のあたりに見て、ヨーロッパの探検家たちは驚嘆して歩みを止める」と［邦訳『怠ける権利』田淵晋也訳　二〇〇八年　平凡社　一五頁］。同じように、ル・プレーは、「バシキール人の怠惰、熟慮の習慣、不活発な放浪生活の傾向は彼らに精妙な精神と判断力、そして同じような社会水準にある発展した文明では滅多に遭遇しない作法の違いをもたらした」と言っている、と。

多くの先行者と同じように、ラファルグは、実際に「自然に帰れ」運動を発動するというよりも、むしろ産業文明を批判するために素朴な原始人像を掲げた。それにもかかわらず、少なくはないアルカディア「理想的田園」風の陳腐な決まり文句が、彼の未来の共産主義楽園の描写に現れている。完全な社会は正義の理念の具体化されたものではなく、そのような理念が何も意味を持たない社会である、なぜなら、正義の理念は私有財産と所有関係の規制と密接に関連しているからである。原始共産主義において社会生活は生物学に基づく復讐の本能に従属した。この無法の本能は、それから、社会的に規制された報復のシステムに転換された。しかし、これはすべての個人的な問題を解決するには不十分であったので、私有財産の制度が創設され、その結果、諸個人の要求と権利は闘争に頼らずに満足させることができた。

これが正義の理念の初めての成立の仕方である。そのもともとの目的は今ある社会的平等を正当と認めることであったが、しかし、私有財産制度のもとで、それは特権を神聖化するようになり、反人間的となった。

これから見るように、ラファルグは事実上ホッブスの社会契約論を再生産したのだが、それは文明の興起にかんするマルクス主義的な見方を提起しているという信念からであった。しかし、ホッブスと異なり、資本主義

471

が主導する財産の社会化は、法、権利、義務から解放された、賞賛すべき無垢の状態を人類に取り戻すだろう、と彼は信じた。これはおそらくジョレスとの対論の中でとりわけ明瞭である。

ジョレスは、歴史の解釈において唯物論と観念論は調停できるし、また、そうしなければならないと主張した。というのは、一方で、人類の理想は経済の変革によって実現できるが、他方で、歴史的必然を有益であると認めるために人類は理想を必要とするからである。合理的な理念は、それが世界で実現されて初めてわれわれの知るところとなる。同じように、世界で起こる出来事はすべて合理的な理念の実現である。

精神生活は経済事象を反映する。しかし同時に、経済的変化の一部は精神に現れる道徳的な力による。つまり、統一、美、正義の欲求は、歴史の過程を通して理念の力として作用する。要するに、われわれは進化が因果的に決定されるという理論と、それに意味を付与しその中に価値の具体化を見る理念の両方を認めなければならない。歴史の変化を認識する手段であろうと、あるいはそれを叙述する理論であろうと、観念論はマルクス的唯物論の反対ではなく、それの補完である。

ラファルグの応答は、二つの基本的に異なる思考方法（心性すらも）、すなわち自然主義的なそれと道徳主義的なそれとの非和解的な衝突を明瞭にさらけ出した。彼は公言する、歴史の発達には固有の目的は存在せず、有効な大義として理想をめざす熱望も存在しない、なぜなら、発達は特殊に人間だけの現象ではないのだから、と。

類としての人間は何らかの意識的な意図によってではなく、人間が手を発達させたがゆえに出現した。すべての抽象的理念、とりわけ道徳的な価値や正義の理念は、支配的な経済条件に従って解釈された感覚的認識に由来する。「『私のもの』そして『あなたのもの』という観念に基づいて、文明化された人間の精神を曇らせる正義の理念は、私有財産が共有財産に道を譲るならば夢のように消えてなくなるだろう」（『起源の研究』）。真の生きた理想は、あらゆるものがあらゆる人に属する社会において、正義ではなく平和と幸福である。これは原始共産主義の楽園的状況の現代版であるが、しかし今こそ、このような熱望が経済的変革の現実の行程の反映や対応物となるだろう。

ラファルグの新しい秩序像はもっとも明瞭に『怠ける権利』において描かれた。人間は働かなければならないということがないがゆえに、共産主義のもとで幸せになるだろう。従来、人間は、労働はそれ自体として賞賛に値すると語りかけるブルジョアジーや聖職者の宣伝に騙されてきた。しかし事実として、労働は不幸の種であり、労働愛もそうである。

「個人のそして社会の悲哀は人間の働く情熱のせいである。……プロレタリアートが自らの力を自覚するためには、キリスト教的、経済的、自由思想的道徳という偏見から逃れなければならない。自然の本能を再発見し、ブルジョア革命の抽象的な法律屋が捏ね上げた人間の権利などよりも何千倍も高貴で神聖な、怠ける権利を宣言しなければならない。一日三時間しか働かず、残りの昼夜は休息と歓楽に費やすことである」［邦訳　前掲『怠ける権利』三七頁　一部変更］。

現代の技術は、すべての人間の必要を満たしつつ労働を最小限に減らすことができる。共産主義のもとで国際貿易の必要はなくなり、「ヨーロッパ人が地球の果てまで輸出するのをやめて国内で消費することになるので、水夫、港湾労働者、輸送労働者たちは余暇に生活時間を使うことができる。――労働者階級はブルジョア階級と同じように、節約の好みを押さえつけ、消費能力を無限に伸ばさなければならない。一日にせいぜい小さな固い肉を食べるのではなく、上等な柔らかい大きな肉を食べるのだ。水増しされた粗悪なワインをではなく、ボルドーやブルゴーニュ産のワインを満杯の大杯で飲み、水は動物たちに残してやるのだ」［邦訳　前掲『怠ける権利』六〇頁］。

こうしてラファルグはマルクスと違って、共産主義を消費一本やりで描いた。たしかに、マルクスは労働時間の漸進的縮小を未来社会の基本的特徴と見なした。しかし、彼は、人は不必要な仕事もしなければならず、また自由で創造的な活動のためにより多くの時間を享受することを考慮に入れた。彼の目からすれば、共産主義で優先するのは心配のない消費活動ではなく、活動における自己実現の機会であった。ラファルグにとって、それは「テレームの僧院」のようなものであって、それは彼のフランス党綱領の序文で示唆されている。

「ラブレーは先見の明のある人だった。彼は、その中で必要以上の物は生産せず、みんなが好きな程度に消費することができる、将来の共産主義社会を予見していた」と。共産主義は、私有財産を基礎とする文明の抑制から人間の自然の本能を解放する問題であった。それは自然への、道徳の束縛から解放された自然の性向の生活への真の復帰であった。

ここからわれわれは、史的唯物論、マルクス主義的知識論そして社会主義それ自体のラファルグの解釈がいかに単純で浅薄であったかを理解することができる。しかしながら、彼の著作は、当時においてマルクス主義にきわめて普通に通用した、単純化された自然主義の一つのあり得る解釈を提供している。人間の存在はその生物学的構造に基づく性向によって決定され、そして人間の歴史はそれらを満足させるよりもむしろ歪める傾向があったと仮定すれば、社会の解放が自然の本能の解放の形態をとると信じることは十分に合理的であるだろう。これはフーリエの社会主義の原理と同じである。

マルクスの理論において大きな部分を占めた人間存在の独特で特殊な性格は、このような枠組みのもとで無視された。人間が自然全体を支配する進化の法則の産物であることを基礎にしてそれを維持することは、実に難
473 しいことであった。

しかしながら、このような想定はラファルグ固有ではなく、ダーウィン後のマルクス主義者のあいだでは共通であった。その無邪気な楽天主義と消費志向の共産主義説の中で、ラファルグは単純化された言葉で、自然主義哲学のあり得る変種を表現してみせた。彼の理念は一八世紀感覚論と高貴な野蛮人神話との合成、ポスト・ダーウィン主義の進化論とマルクス主義との通俗化された合成であり、後者は一八世紀思想を是正するどころか強化することになった。もし彼がマルクス主義者である、と少しでも見な
474 されるとすれば、彼のマルクス主義の独創性はここにある。

第7章　ジョルジュ・ソレル：ヤンセン主義的マルクス主義

1　ソレルの位置

ソレルの著作は、どのくらいかけ離れてマルクス主義の歴史に属するのだろうか。彼は、マルクスからの精神的血統を主張する政治運動の一員ではなかった。当時の大きな論争のすべてに参加したけれども、彼は、いわば、外から参加したのであり、そういうわけで正統派マルクス主義の擁護者たちは彼の見解を否定すらもしなかった。

彼は政治的党派的争いには加わらず、史的唯物論に関する論文も書かなかった。彼は自分自身を正統派マルクス主義者と思ったこともなく、自分でそれがふさわしいと思うと師匠や弟子を両方とも批判した。彼は曖昧ながらもイタリア・ファシズムと結びつき、ムッソリーニやその他の当時のアイディオロジストは、彼をその運動の予言者と認めた。マルクス主義の観点からすれば、彼は偶然の奇人と考えられるかもしれない。文筆経歴の最初から、彼はマルクス主義と無縁であり、彼の名前はこの理論の最近の発展の中に刻まれるものではない。

しかしながら、彼の主要な著作が出された当時、ソレルは自らをマルクス主義者と思っただけではなく、マルクスの哲学の核心、つまり階級戦争とプロレタリアートの独立という核心を引き出し、そして、マルクス自身と、改良主義者だろうが革命派だろうが当時のマルクス主義の正統派集団全体とを対置できたと信じた。

彼の果たされなかった野望は、ドイツの宗教改革派にとってローマ・カトリック教会がバビロンの娼婦に見えたように、権力や権益の闘争によって腐敗しているマルクス主義運動のルターになることであった。彼はマルクス主義を道徳的にも理論的にも純粋であると夢想した。彼の考えるマルクス主義の解釈は、きわめて多様な原典から引き出したけれども、つぎはぎではなく全体として非常に首尾一貫していた。疑いもなく彼は、アントニオ・グラムシ、アンジェロ・タスカ、そしてパルミロ・トリアッチといったイタリア共産主義の最初のアイディオロジストたちに影響を与えた。

しかしながら、ソレルは単にマルクス解釈の独自性や時どきマルクスを批判したという点だけで、同時代のマルクス主義者と異なったのではない。なぜなら、こうしたことはローザ・ルクセンブルクのような熱狂的な正統派にすら起こったことであったからである。主要な相違点は、すべての正統派がマルクス主義を、例えば進化論や量子論と同じ意味において科学的に真理であると見なしたのにたいし、ソレルにとって人間という種を解放し活性化させる運動のイデオロギー的表現として、プラグマチックな意味において、マルクス主義は真理である、ということであった。

それが真理であるということは、プロレタリアートがうまく使いこなせるという保証はないけれども、マルクス主義は、歴史がプロレタリアートの手元に渡した一つのかけがえのない道具であることを意味した。マルクス主義は、初期のキリスト教がそうであったのと同じ意味で、この時代の真理、人類の新たな夜明けの希望であって、歴史の「科学的」評価でも、診断の正確な道具でも、あるいは世界に関する情報の信頼できる源泉でもなかった。

歴史の現段階でそれは人類の最高の価値を実現するために、もっともよく計算された道具である。しかし、これらの価値はその実質と起源をマルクス主義には何も負ってはいない。したがってソレルは、自分の価値観を変えないでマルクス主義への態度を変えることは自由であった。彼はマルクス主義者でもあるいは民族主義者でもあり得たのだが、それでもマルクス主義が特定の時期に歴史によって案出された唯一の道具である、という点でその理想に忠実でありつづけることもできた。

この観点から、マルクス主義哲学にもっとも熱烈に献身した時でも、彼はカウツキーまたはラブリオーラと同じ意味のマルクス主義者ではなかった、それは、彼が理論を異なって解釈したからではなく、その歴史的意義の異なる見方をとり、そしてプルードンまたはトクヴィル、ベルクソンあるいはニーチェのようにまったく外部の権威者の観点から、マルクスを解釈することを恐れなかったからであった。彼は、マルクス主義を新ロマン主義時代の哲学スタイルに適合させようと、言い換えれば、マルクス主義をプラグマチックで、活動主義的な意味で解釈し、心理的な要因を重視し、伝統の独立した役割を尊重し、実証主義と合理主義に根本的に対立する精神において解釈しようと試みた数少ない人びとの一人であった。

ソレルの社会問題に関する思想は、偉大さ、尊厳、英雄主義、真正性の理念によって支配され、そして彼は、革命、プロレタリアート、階級戦争をこれらの崇高な価値の歴史的実例として扱った。急進主義と非妥協的態度は、彼の目からすれば、その目的の如何を問わず、それ自体として価値があった。彼は、強力で真正な衝動、私心のない情熱、高尚な抱負、豊かな願望から発する歴史上のあらゆる事柄を認めたように思われる。彼は宗教的信念の情熱は認めたが、それがスコラ哲学または政治の形態で表れたり、企み、あるいは合理主義や妥協によって汚されたりした場合には軽蔑した。彼は、偉大な復活神話を名分とする反乱としての労働者運動の熱狂的な支持者であるが、議会主義的策略や中途半端な改良主義のひ弱さは軽蔑する。

彼は、社会主義者と小ブルジョア急進主義者の架橋としての、そして着実で不可避的な進歩にたいする楽観的信念を持つ一八世紀合理主義の遺産としての、反聖職主義の伝統を拒否する。彼は、民族主義はプロレタリアートからその絶対的独立性を奪う企みであると見なしてこれに反対するが、サンディカリストと仲たがいしたときには、彼をマルクス主義者にしたのと同じ願望、すなわち、世界をその本来の姿に再生するという願望を抱いて、民族主義的急進主義に転向する。すべての闘争において彼は、勝者あるいは正しい者よりも争う者の英雄主義に、より大きな関心を持つ。

プロレタリアートの征服の気概が社会主義の構想よりも彼を興奮させる。彼がプロレタリアートの運動に参加する時、それは被抑圧者の分け前を改善するためではなく、歴史的事件という大波が偉大さの再生を約束するからである。彼は、ブルジョア階級およびそのすべての事業からのプロレタリアートの完全な精神的分離を支持する。

ソレルの知的源泉と別に存在するものが、彼の活動の一貫したパターンを形成した。彼のヤンセン主義者としての育ちが、疑いもなく、彼に、人類はもともと善良で善は悪に勝つ、という安易な思いこみにたいする、あるいは、少ない負担で偉大な目的を達成するという楽観主義的信条にたいする嫌悪を抱かせた。この同じ源泉から、イエズス会的調停策略の軽蔑、全般的非妥協性、妥協の全面的拒否、世界で選ばれたものとそれ以外との厳格な区別という信条が生まれた。自動的進歩の教説に反対して、彼は急進的キリスト教の伝統、つまり殉教者のキリスト教信仰に愛着をもった。

技術教育とエンジニアとしての仕事が、専門性や効率性の崇拝、衒学主義と空虚な論理の嫌悪、重要なのは交換ではなく生産であるという確信、博愛主義や妥協の精神で汚される以前の、初期の、無慈悲で、拡張一辺倒の資本主義の称賛を彼に徐々に教え込んだ。

マルクスから彼は、社会を再建する革命はプロレタリアート、すなわち直接の生産者という明確に区分された階級であって、その労働力を売らざるを得ず、そして人類を解放する全体的革命の希望を体現するプロレタリアートが遂行しなければならないという確信を学んだ。ソレルのマルクス主義の基本的特質は階級戦争、ユートピア主義の軽蔑、国家の廃絶という誇張のない信念、そして、それ以外の社会から孤立してプロレタリアートが単独で行う全体革命への期待である。

ジャンバッティスタ・ヴィーコは再生（ricorso）の観念、つまり忘れられてしまった始原への人類の周期的回帰である再生の観念に寄与した。プロレタリア革命はこの種の「復帰」つまり部族の道徳に起源をもつ根本的価値の再発見でなければならない。

もう一つの影響はプルードンであり、ソレルは彼から社会主義は主とし

476

477

て道徳の問題、新しいタイプの人間を育てるという問題（生産者倫理）と見なすこと、そして、プロレタリアートを、世界を自分と自分以外に分かつことを求める独立した人種として考えることを学んだ。ソレルが社会生活における家族と性道徳に重きを置いたのは、福祉よりも正義と尊厳の視点から社会主義を特徴づける習性がそうであるように、プルードンのお陰であった。

ベルクソンは、ソレルの活動を支配する思考スタイルの主要な哲学的提唱者であった。つまり、「地球的な」直感的認識と分析的思考との対置であり、これがソレルにおいては「神話」と「ユートピア」の対抗という特殊な形となる。ベルクソンはまたソレルに、社会過程の予測可能性の信念と結びつけられた科学的決定論と予見不可能な自発性の理念とを対比する概念装置も提供した。それに加えてソレルは、ベルクソンから具体的なものは表現不可能であるという確信を受け継ぎ、それが彼に合理的主張に対抗して「神話」の理念を擁護するのを可能にさせた。

ニーチェの影響は、ソレルの偉大なものの崇拝、凡庸や政治生活における党の押しつけの憎悪の中に明瞭に感じ取れる。

自由主義的保守主義の偉大な主唱者、つまりトクヴィル、テーヌ、ルナンは、ソレルの早い時期、そしてある程度はマルクス主義の段階にも大きな影響を与えた。彼らから、政治にたいしてまじめにアプローチすること、民主主義の制度の腐敗そして人道主義的論理の根底にある利益を認識することを学んだ。これらの著者たちからは、また、初期キリスト教、大革命そしてアンシャン・レジームの理解も吸収した。

これらの多様な霊感の源泉から、ソレルは伝統的な価値の塊を解体し、いかなる先行者とも異なる方法で諸理念を結合するイデオロギーの全体を創り出した。彼が、伝統的に右派と結びついてきた価値を支持したのはマルクス主義者としてであった。つまり、結婚や家族の尊厳、部族的団結、名誉と伝統、慣習法や宗教体験の神聖性がそうである。

彼は、著作者として一貫性や構造についてほとんど注意を払わず、論争家というよりも伝道者に近かった。彼の思想は、あたかも手探りであるかのように、計画なしに発展したかのように見えたが、しかし常にある支配的傾向と価値に合致していた。彼の著作は骨の折れる読み取りとなるのだが、それはそれらが曖昧だからではなく、文語的統一を欠くからである。彼は時どき、問題の叙述から始め、それから脇道、長い引用、攻撃的な論争、そして乱暴な挑戦に突入するが、この過程で彼は問題のポイントを忘れてしまうように見える。

著作者として、彼は正統派マルクス主義者をはるかに超えたが、自分の能力を自由に操ることには不十分であった。彼の論争癖と論理的訓練の不足が、その思想の整理を特に難しくさせたのだが、繰り返される主題は明確に同じであった。同類の著作者であったブジョゾフスキは、このような自然さとあらかじめ考えた体系の欠如をソレルの大きなメリットと考えた。ソレルのスタイルは、支配的傾向に従属しながらも事前に決定された目標なしに発展するベルクソンの「創造的進化」を想起させる。

ソレルの思想を体系的な方法で提示または再提示するもっとも簡単な方法は、彼が反対しあるいは批判し、そして賛成した理念や価値を並列に掲げることである。その結果が以下の行である。

ユートピア主義	マルクス主義的歴史リアリズム
認識論的理性主義	ベルクソン的直観と「全体」から考える思考
社会学的理性主義	伝統の尊重
決定論	自発主義
幸福	尊厳と偉大
政治的社会主義	サンディカリズム
衒学主義	専門職主義
フランス革命の崇拝	初期キリスト教崇拝
改良	革命
進歩の確信	自発主義、個人の責任
階級間連合	プロレタリアートの独立
政治と権力	生産と生産の組織化

478

楽観主義	悲観主義
知識人と政治家	プロレタリアート
政党	労働者階級の連合
政治革命	ゼネラル・ストライキ
ユートピア	神話
民主主義	自由
消費者道徳	生産者道徳
スコラ哲学的宗教	神話と殉教者の宗教
退廃	再生、源泉回帰
社会科学	活動家の神話
国家	生産者の結合体

この反対命題のセットは、古典的マルクス主義のステレオタイプやその概念的結合に慣れ親しんでいる人には奇妙に思われるかもしれないが、ソレルの積極的な価値観が総合されて、彼の論争の立場を極めて明瞭に説明するものとなっている。彼は当時の社会主義の政治家やインターナショナルの指導者に反発したのだが、彼の目からすれば、これらの人びとはいったんブルジョアジーからもぎ取ったら、地位という美食を追い求める利己主義者の群れに過ぎなかった。そのほとんどすべての著作の中で、ジョレスは特に、プロレタリアートを譲歩させ、階級闘争の理念を破壊し、不純な統一を基礎にして新しい特権の体制を導入するために、ブルジョアジーに打ち勝とうとする小ブルジョア的社会主義のシンボルとして、彼らを笑い者にした。

2　概略的伝記

ジョルジュ・ソレル（Georges Sorel）は、ブルジョア階級の親の許に一八四七年にシェルブールで生まれた。彼はエコール・ポリテクニーク（理工科学校）で学び、国立土木局の技官となり、そこで九二年まで働いた。彼の最初の著作は、その退職の直前に発行された。それらは『ソクラテスの訴訟』（一八八九）、『聖書の世俗的研究論考』（八九）、『古代世界の崩壊』（八八）であった。およそ九三年ごろマルクスと、後に主たる組織者がフェルナン・ペルティエで、部分的にはプルードン主義や無政府主義の伝統に基づいた反政治的サンディカリスト運動に興味を持つようになった。

一八九八年にソレルは『労働組合の社会主義的将来』を発行したが、これは後に『プロレタリアートの理論のための素材』の一部として再発行された（第三版、一九一九）。これは、社会党と別個に発展し、それと対立するらしたサンディカリスト運動の経験の理論的分析をめざす最初の試みであった。

一八九〇年代にソレルは『新時代』誌や『社会の生成』誌に執筆し、一八九五年から九六年にかけて、その誌上にデュルケームとヴィーコに関する研究を発表した。ドレフュスの弁護のために積極的であった彼は、社会主義者のドレフュス擁護者たちがこの事件を純粋に党の目的のために利用していることを発見して失望した。

ベルンシュタインの著作は彼を正統派マルクス主義批判にある程度において向かわせたが、しかし、彼自身の反対は間もなくそれとはまったく異なる方向で発展した（改良主義には基本的に反対であったけれども、彼はベルンシュタインを賞賛し尊敬しつづけ、そしてドイツ社会主義者の方針は彼らの革命綱領とは関係がない、とする彼の主張に全面的に同意した）。

時間が経つにつれて彼は社会党、議会制民主主義、そして彼がサンディカリズムに対置して「政治的社会主義」と呼んだものにたいする批判をますます激化させた。彼の主要なマルクス主義の著作は次の通りである。『暴力に関する考察』（一九〇八、後に増補された）、『進歩の幻想』（〇八）、『プロレタリアートの理論のための素材』（〇八、九八年以降の論文集成）、『マルクス主義の分解』（〇八）。

最初の二冊は、もともとユーベール・ラガルデルが編集する『社会主義運動』誌に連載で発表された。『暴力に関する考察』の第四版（一九一九）はレーニンとボルシェビキ革命を熱狂的に擁護する付録がついた（レーニン自身はソレルに興味がなく、彼について一度だけ言及したが、それも見くびっ

479

た調子であった)。

　やがてソレルは、フランスのサンディカリズムへの信頼を失ったが、しばらくの間は同様の運動がイタリアで勝利を収めるのではないかという希望を抱いた。彼はこの国と親密な接触を保ち、一八九八年以降イタリアの社会主義誌に寄稿した。彼はヴィーコやロンブローゾに関する論文を書き、イタリア語に訳された彼の著書は、クローチェやパレートから歓迎され、ラブリオーラからは批判された。

　しかしながら、一九一〇年にサンディカリズムは改良主義の傾向によって取り返しのつかないほどに腐敗したと断じて、ソレルはフランスやイタリアの急進的な民族主義運動の支持に転換し、しばらくの間、アクション・フランセーズと協働した。彼はまた、ファシズムの土台を用意するのを助けたイタリアの民族主義サンディカリストのグループにも影響を与えた。彼は一九一二年のファシズム運動の新発足を歓迎し、一九年には自分の共鳴を何度も繰り返して述べた。それはファシズムの中に民族神話に鼓舞された社会再生の見込みを発見してのことだった。

　同じ理由で彼は、ボルシェビキ革命を欧化主義（Westernism）からのモスクワ大公国の真の精神への復帰として歓呼して迎えた。ファシストは、権力を握った後に彼らの精神的パトロンとしてソレルにリップ・サービスを送った。しかし、彼らの実際の運動はソレルが忌み嫌った独裁政府の野蛮な権威を主張することであった。他方、一九一九年以降トリノでグラムシが発行したイタリア共産主義者の最初の新聞『ローディーヌ・ヌオーヴォ（新しい秩序）』は、ソレルをプロレタリアートのアイディオロジストと見なした。

　ソレルは一九二二年にブローニュ・シュ・サインで死亡したが、そこは数年間暮らしていたところだった。二〇年代末以降、彼の思想は社会主義運動あるいは共産主義インターナショナルのどの支部にたいしても何の実際的影響も与えなくなった。

3　理性主義対歴史　ユートピアと神話　啓蒙の批判

ソレルが反対した「理性主義」は特定の哲学言説ではなく、デカルト主義からその力を引き出した知的態度であって、一八世紀のサロンで盛んになり、彼の見解では、マルクス主義の同時代の解釈に有害な結果をもたらした。このように理解された理性主義は、単純化された抽象的な思考パターンの創造と、それらを現実の複雑な世界の代わりとすることから成り立つ。

　そのようなパターンの実例がその人間論であり、それは、人間の行動に実際に影響を与える歴史環境を無視して、人間を一般的性格と行動タイプの恒久的な集合体と見る理論である。社会を「人間」という思弁的な一般的概念に還元することによって、理性主義者は、完全な社会の性質について思いのままに推測し、そして争いや偶然性そして競争心から解放された未来のユートピア・モデルを構築することができる。

　エンゲルスは、このような思考方法を免れてはいなかった。なぜなら、彼もまた「世界を単一の人間に還元する」からである。理性主義者はまた、すべての行為は理性の動機に支配されることを信じ、そうして、心理的差異の現実生活における複雑性、伝統と慣習の重要性、生物学的（とりわけ性的）その他の多くの要因が社会の発展において果たす役割について盲目である。

　彼らは、例えば、フランス革命を歴史的現実にたいする理念の勝利、多くの現実的諸力、特に社会の平民的水準に基づく諸力を無視し、旧体制の転覆のために結合された理念の勝利と見なした。理性主義は、人間を法律上の単位の地位に矮小化する、法律一辺倒の論理に基づく、単純化され図式化された思考様式である。

　共産主義ユートピアの歴史は、理性主義的先入観に充ちており、それが政府の現在形態と真剣に対抗しない理由である。パスカルが指摘したように、理性主義はデカルト主義者がわれわれに信じ込ませようとしたような、科学的思考と同義ではない。デカルト主義は、科学を製図室の事柄に

481

転換したがゆえに成功し普及した。スコラ学者と同じように、デカルトは人間と現実とのあいだに、人間がその精神をどのような目的のためにでも使えなくするように、巧妙に考案された知的装置を設定した。彼は、「自然の光（知識）」はたとえ素人であっても、あらゆる事柄を判断することができるようになる、という信念に基づいて、知識のない俗人に科学的テーマを語るための単純な図式を用意してやった。

啓蒙派の著作者たちも、同じスタイルを採用した。フォントネルにとってと同じように、コンドルセにとっても目的は人間に農民や製造業者になる方法ではなく、ただサロンの哲学者になる方法を教えることであった。一八世紀の支配的なイデオロギーは、宮廷道化師の役割を果たしていた哲学者とともに君主制に奉仕した人間たちのイデオロギーであった。つまり、ソレルのまとめをひくならば、堕落した貴族に雇われた「話し相手」「風刺作家」「賛美や称賛を惜しまない人」「道化役者」であった。

サロンの道徳的堕落を正当化するために、ディドロは、唯一の自然の本能は自己保存と生殖であると教え、ソレルの時代にダーウィン主義はそれと同じ意味に解釈された。百科全書は科学の発展に何も貢献せず、上品な会話を目的とする衒学主義の混合物に過ぎなかった。啓蒙主義の著述家にたいする共産主義者の夢想は、誰にとっても脅威ではなかった。鉱山の残酷な状況を批判するのは危険であったが、君主制とそのおべっか使いたちは、共産主義、共和主義的徳、そして自然法の抽象的賞賛にもあるいは楽園的なユートピアの名において伝統をけなす人びとにも反対しなかった。

プラトン以降のユートピア文学は、理性主義的錯覚の定型的で不毛な産物である、とソレルは主張した。「ルネサンス以来、経済的、政治的そして心理的問題を極端に単純化することによって、ユートピアは文学のジャンルになってしまい、革命家の知的形成にとって嘆かわしい結果をもたらした」（『素材』第三版　二六頁）。

ユートピアは不毛である。なぜなら、それは歴史、宗教、継承された慣習、あるいは民族的生物学的または心理的特性から何の影響も受けない抽象的な人間個人を想定し、そしてそのような人間から構成される想像上の国家を創り上げたからである。それらはまた、その著述者たちが特権階級の分別、啓蒙、博愛に訴え、プロレタリアートの階級闘争の理解を弱めたがゆえに有害ですらあった。

マルクス主義は、ユートピアの著述家たちよりもブルジョア経済学のマンチェスター学派により近かった。それはマルクス主義が、妥協も宥和も許されない階級闘争によって引き裂かれた社会の現実的な直視であったからである。「ゴータ綱領批判」にあるような、マルクスのユートピア的無邪気さへの一時的逸脱は、マルクス主義の真の精神と反対である。マルクス主義の真の精神は普遍的な正義感覚に訴えるのでも、あるいは社会を論理的図式の中に押し込もうと試みるのでもなく、その複雑な全体のままの歴史に実際に影響を与える諸力を考察するのである。

マルクス主義のお陰で、社会主義はユートピア的理念と訣別した。それは、もはや未来社会の「科学的な」青写真であることを追求したり、生産の組織化に関する理論化においてブルジョア階級と競争したりすることを目ざさない。その目的は、急進的な階級戦争のイデオロギーを提供することである。

完全な社会のための抽象的な計画を立てる代わりに、われわれの任務は歴史の行程の中で社会制度が自然発生的にどのように出現するかを発見すること、そしてあらゆる心理的経済的環境の観点から社会制度を解釈することである。これはサヴィニーが理性主義の社会契約説に反対して、地方の慣習の形態で起こり、徐々に蓄積され、歴史の行程の新しい状況に自らを適合させてきた法観念を詳説した時に彼によって行われた。ユートピア主義者は、現実の歴史に少しも注意を払わないがゆえに、人類全体のための政体の草案を用意した。マルクス主義は、理性主義的図式において現れるものとしてではなく、あるがままのものとしての歴史の分析を提供した。

『暴力に関する考察』の中でソレルは、理性化に最大の抵抗を行い、言わば、神秘性の核を形成しつつもなお、他のどれよりも歴史の発展に影響を及ぼした社会生活の側面に特別に注目した。道徳の領域において、明瞭

482

で理性的な要素が商業的交換に似た互恵的な関係を構成するが、他方ではそれと対照的に、性的生活は不透明なままで、単純な公式に還元するのが難しい状態で残りつづける。

立法においてもっとも容易に理性化される基準は、負債と契約に関するものである。そしてもっとも扱い難いものは、社会生活の全体に影響をおよぼす家族に関する基準である。経済において、交易は分かりやすい領域であるが、最終的な決定要素である生産は、地方的歴史的伝統の中に不明瞭な形で埋め込まれている。理性主義者は、経験の「暗黒の領域」に属しその質的相違が歴史の偶然の結果である生活の諸側面を単純な法的公式に還元しようと試みるとき、いつでも失敗する。

理性主義的心性と歴史的心性との対比は、ソレルがこれらの用語を使う特殊な意味において、楽観主義と悲観主義の対比と極めて類似している。彼は楽観主義者の中にソクラテス、イエズス会、哲学者、フランス革命のアイディオロジスト、ユートピア主義者、進歩の信奉者、社会主義の政治家そしてジョレスを含めた。悲観主義者の中には初期キリスト教徒、清教徒、ヤンセン主義者そしてマルクス主義者を入れた。

楽観主義者は、世界の悪は不十分な立法や啓蒙および人間的感情の欠乏のゆえであると信じる。彼らは法的改革が地上の楽園を間もなくもたらすと確信する。しかし、実際には社会的現実に関する彼らの錯覚と無知が、彼らに大革命のそれと同じ恐怖政治を導入するようにさせる。

他方、悲観主義者は、すべてを包括する理論あるいは世界に秩序を導入する絶対的に正しい方法というものを信じない。彼らは、人間の事業は伝統の重み、人間の弱さ、そしてわれわれの知識の不完全さによって設けられた狭い限界の中で展開することを知っている。生活のすべての側面の相互関連を認識して、彼らは社会的状況を、部分的には改革できず、そのまま放置するか、あるいは壊滅的な爆発で打ち壊さなければならない不可分の全体を形成しているものと見なす。

古代ギリシアにおいて悲観主義は、好戦的な山岳部族、貧しく、誇り高く、非妥協的で、伝統にこだわる部族の哲学であり、他方、楽観主義は繁栄した都市交易者の哲学であった。初期キリスト教徒は悲観主義者であった。いかなる人間の努力も世界を改革できないと信じて、自分たちの世界に閉じこもり、キリストの降臨を平然と待った。プロテスタンティズムはキリスト教的悲観主義を再興する試みとして始まった。しかし、後になって、ルネサンス人道主義に魅せられ、その価値観を採用した。真のマルクス主義の悲観主義は、いかなる進歩の自動的法則も、漸進的改良の可能性も、ある恣意的な精神的構築を社会に課すという単純な過程による全般的幸福の実現可能性も信じない、という事実に存する。マルクス主義は何らかのユートピア的計画という名目ではなく、黙示録的「神話」という名目における、プロレタリアートの意識にたいする黙示録的な挑戦である。

ソレルの意味における神話は、ユートピア的なものではなくその正反対である。つまり、完全な未来社会の描写ではなくて、決定的闘争の呼びかけである。その価値は普通の意味において認識的ではない。それは科学的な予言ではなく、自己充足的な集団の戦闘的意識を励まし組織する力である。プロレタリアートの神話はゼネラル・ストライキである。神話という手段によってのみ闘争集団は、その団結、英雄主義そして自己犠牲の精神を維持できる。

それは一撃で現存の秩序の暴力的破壊を期待し準備する精神の状態である。しかし、現在の秩序に対抗して設定する出来合いの楽園を有するのではない。ユートピアと異なって神話はまず否定であり、現在の世界は徹底的に破壊する以外にはない、首尾一貫した全体であると見なす。

それは全面反対の精神状態を表し、改良の計画であるとか将来の青写真であるとかと批判され得るものではない。それは全面的に受け入れられるか、全面的に拒否されるかのどちらかであり、その信奉者たちはその有効性に投げかけられるかもしれない疑問に動揺してはならない。ユートピア主義者と社会科学者は、未来を予測し計画できると想像する。しかし、神話は予測の行為ではなく創造の行為である。ゼネラル・ストライキの神話は、社会主義のすべての理念とプロレタリアートの自己意識を体現し、それは現在の社会との結合を根本的に切断し、いかなる種類の援助も同盟も求めない。

「このような結果を確実なやり方でもたらすには、言葉ではじゅうぶんではないだろう。近代社会に対して社会主義が仕掛ける戦争の多様な表現に対応する大量の感情を、熟考されたあらゆる分析に先立って、直感だけをつうじて丸ごと喚起することができるイメージの集合に訴えることが必要だ。サンディカリストは、全社会主義をゼネストという筋書きに集中することで、この問題を完璧に解決する。したがって、御用学者たちの訳の分からない長広舌で対立を調停させるどんな余地も、そこには存在しない」（『暴力に関する考察』第四章［邦訳　今村仁、塚原史訳『暴力論』上　岩波文庫　二二三頁］）。

神話は、未来について考えることでも未来を計画することでもない。それは今に生き、今の形成を助ける。「神話は現在の時点で行動する手段として判断されるべきである。それが歴史の行程に実質的にどこまで適用され得るかを検討しようとする試みはその意味を捉えていないことである。それはその全体としてそれだけで重要な神話である。その一部分はそれが主要な思想をもたらす限りにおいて意味がある」（同上）。

これから見て行くように、ソレルはデカルトあるいは啓蒙主義の理性主義を批判する一方で、それにたいして非理性主義的立場を明瞭には対置しない。彼は、理性主義者の錯覚をただ単純な歴史の半可通のしるし、複雑な現実の上品ぶった考察を好む心性と見なすだけである。

しかし、彼が社会計画を神話形成行為と対比させる時、彼はもはや歴史的理性を先験的抽象化と対置せず、ただ分析的理性一般に対抗して心情的主張を支持するだけである。神話は不可分で表現不能な全体であって、それはベルクソンが述べるように、直観的認識という単独の行為でしか摑めない。神話の受容は知的行為ではなく、破壊的行為の準備の表れである。神話は、主張、討論あるいは妥協に反対、という証明である。それはベルクソンに見いだされるものよりもさらに根本的な意味において反知性的であって、ベルクソンは退廃の源泉として分析的理性を非難したのではなく、物質的あるいは社会的現実を叙述する際の技術的操作の道具としてのその有用性の限界を指摘したに過ぎない。ベルクソンの見方では、社会問題の合理性的で分析的な思想は、自発的創造性による歴史の断絶の程度を評価することはできないけれども、無価値どころではなかった。

しかしながら、ソレルにとって、神話にたいする信念は社会学的知識の完全な代替物でなければならず、すべての実際的行為は不分明で叙述不可能な黙示の期待に従属しなければならない。このように、合理性主義的な批判を免れた神話を設定することによって、ソレルは「本能」に基づく政治運動の擁護を推し進めた。この観点からすれば、ソレルとマルクスの結びつきが偶然であったに違いないのにたいして、ファシストが彼を自分たちの側のものだと主張したのは正しかったのである。

4　「再生」（Ricorsi）、階級の分離と文化の断絶

ソレルの神話は、未来の大破局の名における現状の否定であるけれども、それはまた、宗教的神話のやりかたではないけれども、過去にいくつかの起源を持つ。それはかつて存在したものの復活、蓄積された文明の層からそれを取り出すことによる世界の活性化であるとされる。これはヴィーコが「再生」（ricorso）と呼んだものであって、それは初期のキリスト教や中世の衰退期においてそうであったように、人びとが原始の状態にもどり、そのすべての活動が創造的、本能的そして詩的になる時である。革命的サンディカリズムとは、疎外された社会の中で自己充足的な集団としてのプロレタリアートに基礎をおいて、この種の普遍的再生を引き起こすことである。

ソレルはプロレタリアートの分離（separateness）を特に重視したが、それは正統派マルクス主義のそれとは異なる意味においてであった。第二インターナショナルの指導者たちがプロレタリアートの独立（independence）を高唱したとき、彼らは政治的独自性、労働者党の独立性、自分たち自身の利益にしたがって発展し、自分たちの目的を追求する運動を心に描いた。カウツキーもローザ・ルクセンブルクも、ましてやレーニンやトロツキーさえも特殊な環境のもとでの非プロレタリア政党との連携を排除

せず、現存の文明との断絶も主張しなかった。それどころか、社会主義が吸収することができ、社会主義がその正統の相続人である人間的諸価値をそれが含むことは当然のこと、として認めた。

他方、ソレルにとって、問題の焦点は、労働者党の政治的分離などではなかった、それは、彼が党そのものに反対であり、党はブルジョア社会の象徴であると見なしたからであった。党は、自然にかつ不可避的に、プロレタリアートの専門的政治家への従属の現れである。それはプロレタリアートの解放を援助できないだけではなく、その解放を挫折させ、せいぜいのところ、これまでの専制支配を党の役職者、あるいは議会の雄弁家、そしてジャーナリストのクラブに取り換えるだけのことにならざるを得ない。

プロレタリアートの希望は、党あるいはさしあたりの条件の改善に努力する労働組合にあるのではなく、革命的サンディカリスト、つまり明確に非党派的で、議会戦術に冷淡で、ブルジョア的ゲームを演じることを拒否し、社会が全体的に転換する日に備えて、労働者階級の意識と団結を形成するために、すべての努力を捧げる革命的サンディカリストにある。

サンディカリスト（または通常そう呼ばれたアナルコ・サンディカリスト）の運動は、一八九〇年代にフランスで、少し遅れてイタリア、スペインで発展した。ドイツではいささかも普及しなかった。この運動はプルードン主義的伝統を保持しながら、いかなる政治活動もブルジョア制度への参加も拒否し、プロレタリアートの経済闘争を来るべき革命に従属させたのだが、その革命は現存の政治体制を同じ類の新しいそれに置き換えるのではなく、労働者によって排他的に管理される緩やかに連合した生産者の結合に置き換えようとした。

マルクスは、これにプチ・ブルジョア的ユートピアという汚名を着せ、労働者の自主管理（self-government）は生産における競争や無政府性を終わらせるのではなく、もしプルードンの理想が実現すれば資本主義的蓄積の恐怖を復活させることになるだろう、と主張した。しかしながら、ソレルにとって、サンディカリズムはプロレタリアートの純粋な勝利という唯一の希望を提供するものであった。彼は、中産階級の知識人が労働者組織の一員となれば害のみを与えると考えて、この運動には加わらなかったが、彼は外からそれにイデオロギーを提供した。

したがって、サンディカリスト運動の任務は、労働者にブルジョア社会からの疎外の感覚を吹き込み、ブルジョア的道徳と思考方法を粉砕し、党や議会的策謀と縁を切り、アイディオロジストや詭弁家に反対してプロレタリアートの純潔を守り抜くことであった。プロレタリアートがブルジョアジーの真似をしようとするならば、それは自らを解放することにはならない。その第一のルールは「その指導が階層制の復活をもたらし、労働者の中に分裂を創り出すことになる知識人を排除することによって、もっぱら労働者階級的性格のみを保持」（『素材』一三二頁）することでなければならない。

しかしながら、それは組織的純潔の問題ばかりではなく、なおも精神的純潔の問題でもある。「友人と私は、労働者がブルジョア科学と哲学の轍に引き込まれないように、彼らに倦むことなく言いつづけた。大革命後にブルジョアジーがしたように、プロレタリアートは彼ら自身の生活様式にふさわしい方法で考えることができるということを発見したときに、世界の偉大な転換が訪れるだろう」（『幻想』一三五頁）。

新しいプロレタリア文化は、労働を基礎にして築かれ、そして「ブルジョア文化の消滅を嘆く理由など与えないだろう。プロレタリアートがその主人にたいして遂行するように求められる戦争は、周知のように、今日のブルジョアジーが完全に失った崇高性の感覚をプロレタリアートの中に打ち建てることを意図するものである。――われわれは新興階級（rising class）がブルジョア思想に毒されないようにあらゆる努力をしなければならず、そしてその理由により、われわれは、一八世紀思想の足かせから人びとをいくら解放してもしすぎることはない」（同上、二八五～六頁）。

新しい哲学は「武力の哲学であって頭の哲学ではない」（『マルクス主義の分解』六〇頁）、その目的は労働者階級にそのすべての未来は階級闘争に懸かることを確信させることである。それは自生的に出現する哲学である。革命的サンディカリストの運動は、マルクス主義をわずかしか知らない人びとによって創出される。しかし、それは生産者階級のもっとも真実の要求を表す。それがなければプロレタリアートは、ローマ征服後その野蛮性ゆえに辱められ、詭弁家たちの退廃した文化に屈した古代ゲルマン人、あるいはヒューマニズムの価値観によって腐敗させられた宗教改革の人びとと同じ運命に晒されることになるだろう。

階級戦争に従事するプロレタリアートは、他のすべての階級がプロレタリアートの解放に例外なく反対であることをしっかりと理解しなければならない。将来の社会は資本主義の技術を引き継ぐだろう。しかし、そこに資本主義の精神文化の居場所はない。いかなるイデオロギー的または政治的闘争も、他の方法で正当化されようと、たとえば愛国主義の大義を擁護することは言うまでもなく、教会や聖職者と闘う上で急進的ブルジョアジーとの協同を内に含むとすれば、それは労働者を益するよりも害することになるだろう。なぜなら、それは階級的分離の感覚を弱め、そしてプロレタリアートは社会の変革を実現するために、自由主義者と効果的に協力できるという幻想をもたらすからである。革命は「二つの歴史段階の絶対的分離」（『暴力に関する考察』第四章）であるだろうし、それを成し遂げるプロレタリアートは、他の階級にたいして道徳的ためらいを抱かないに違いない。「世界の再生と一体化した大義のために自らの生命を捧げる人びとは、階級戦争の精神を最大限に発展させるためなら、いかなる武器の使用もためらうことはできない」（同上、第六章）。

5　道徳革命と歴史の必然性

しかしながら、これはプロレタリアートが道徳に無関心であるとか、あるいはそうであり得ることを意味しない。それと反対に、革命とその準備期間の基本的目的は、労働者階級の尊厳、誇り、独立そして使命感と独自性の感覚を復活させるような道徳的転換を実現することである。彼の有名な著作は、大部分が暴力の弁明であるけれども、ソレルは暴力がその使用者の道徳の教育において役割を果たすかぎり、それは道徳的に正しいと見なす。彼が考えた暴力は、警察タイプの暴力ではなく軍隊タイプの暴力であり、狂気を避け、不道徳でプロレタリアートを堕落させるような嫉妬に動機づけられるものでは決してなかった。

プロレタリアートの暴力の目的は、現在の形態の政府を同じような権威主義的な政府に取り換えることを追求することから遙かにかけ離れて、政府を完全に廃止することである。道徳的に推奨できる暴力は、ノルウェー山岳住民の大衆的正義に基づく自発的行動、私刑、あるいはコルシカ人の敵討ちにおいて示される、と彼は主張する。

大革命が示したように、政治的経済的困難の解決策として狂気や恐怖政治という審問官のような手法の採用に陥りやすいのは、今日の特権的少数派に取って代わろうと望む社会主義者のような政治革命の支持者である。このような不条理で絶望的な行程の中で、ジャコバン派はルソーの社会契約説によって励まされた。それは彼らが自らを「一般意志」の体現者と見なし、それゆえに、彼らが選択したものであれば何でもやれる資格があると見なしたからである。

支配するために道徳的に準備されていなければ、彼らが考え得る最善のものは旧体制を模倣することでしかない。もし権力がジョレスや彼のような人たちの手に渡れば、同種の絶対主義的支配という結果になるのであって、彼らは党の権力の維持を保証するために、公的権力機構を粉砕するためにプロレタリアートを準備させるのではなく、ブルジョア的欲求をプロレタリアートに吹き込むために人道主義的論理を使うだろう。

これらの理由から、サンディカリズムは民主主義に反対した。民主主義はプロレタリアートがブルジョア制度、特に議会に参加することを奨励し、道徳的堕落、腐敗そして階級的団結の衰退の源泉となる。

プロレタリアートの闘争の適正な目的であるゼネラル・ストライキは、こうして政治革命と峻別される。このソレルの概念の中で、経済的ストライキと政治的ストライキとの従来の対置は適用されない。ゼネラル・ストライキは、資本主義の状況下の労働者階級の状態を改善する試みという意味での経済的ストライキでないばかりか、それは政治革命とも反対である。政治革命の目的は権力に到達することであって、戦術的同盟を含む権力闘争のあらゆる法則に従属するのにたいし、それは社会を二つの陣営に分割することを前提としない。

連衡に加えて、政治革命は綱領や既成の将来構想を有する他の組織、委員会、あるいは政党を前提とする。つまり、それは計画されなければならず、それゆえに細部にわたって批判され得る。さらに、政治革命は階級区分というマルクス主義の理論ではなく、金持ちと貧乏人という反マルクス主義的対置に基づく。それは人気のある挑戦者という高尚な英雄主義に代わって、妬みや復讐心という卑劣な衝動に訴える。

ゼネラル・ストライキは、新しい権威を打ち建てるというようないかなる考えもないままに、現存の秩序を破壊することを意味する。つまり、その目的は主人になるという要求を持たない自由な人間に、生産の管理を取りもどすことである。それは単一で不可分の行動であり、段階に区分されたり、戦略的計画として構想されたりすることもない。ゼネラル・ストライキの立場からする社会主義の定義は、「政治家たちの革命は役に立たなくなってしまった。プロレタリアートは自分たちの上に建設される新しい階層制度を拒絶する。われわれの公式は人間の権利、絶対的正義、政治的仕組み、議会について何も語らない。それはブルジョア的資本家政府のみならず、ブルジョアジーの政府とすべてにおいて似通ったいかなる階層制も否定する」（『素材』五九～六〇頁）。

488 サンディカリズムは、理論あるいは「科学的」準備を何も気にかけない。「それは教条に煩わされずに、状況の命ずるままに進み、分別のある人間が嘆くようなやり方で暴力にこだわることを恐れない。そうした情景は、高貴な精神の持ち主たちをがっかりさせるかもしれない。彼らは現代における科学の優越性を信じ、革命が思想の力強い営みによって実現し、世界は聖職者の蒙昧主義から解放されたのだから、純粋な理性によって支配されると想像しているのである」。しかし「すべての経験は、革命は未来に関する秘密を有しないことを示してきた。つまり革命は資本主義と同じ方法で、それ自体を現出させるあらゆるはけ口を占拠しようと突進している」（同上、六四頁）。

革命的サンディカリズムは、このようにユートピア主義の理論と、プロレタリアートからの指令を主張する陰謀家集団が権力を摑むために、情勢に乗じて暴力と抑圧によって社会を転換するというブランキ主義者の理論に等しく反対した。ブランキ主義あるいはジャコバン主義は、貧乏人の金持ちに反対する革命を意味するのであって、生産人だけで進めるマルクス的革命を意味するのではない。マルクス的革命は決して一党独裁を目ざすのではない。

ベルンシュタインが、社会民主党による権力の掌握は人民を主権者とするのではなく、人民をただ専門的政治家や新聞所有者に依存させることである、と言うとき、彼の方が正しい。労働者が強力な経済組織を持ち、高度な水準の道徳的自立に達するときまでは、プロレタリア独裁は党の演説家や文筆人の独裁を意味するだけである。

再び言うが、サンディカリストの革命は単に資本主義の経済的退廃の結果ではあり得ない。古い体制が不能で崩壊した状態において起こる革命は、改善に繋がるどころか崩壊状態に立ちすくむだけである。サンディカリストの革命は資本主義が拡大しつつあること、つまり、その無能力によってではなく、そのエネルギーよって窒息死するような状態であることを必要とする。したがって立法的譲歩や改良によって資本主義を「弱らせる」ことは、労働者の利益ではない。彼らにとって最善のものは、アメリカ資本主義の征服者たちのように、情け容赦のない貪欲な拡張精神によって資本主義が克服されることである。

これが絶対的な階級分裂、被抑圧者の団結、不屈の英雄主義、壮大かつ荘重な歴史的使命の感覚を醸成する方法である。これらすべてが、社会主義の政治屋どもが搾取者を騙して小さな譲歩をさせ、そうすることで労働者階級を堕落させるときに犠牲にしているものである。

われわれは、勝利は歴史の必然性によって保障されているという「いわゆる科学的社会主義」の思想によって惑わされてはならない。ベルクソンが明らかにしたように、歴史は予見できない創造の行為によって進む。決

489

定論の幻想は、一九世紀の自然科学の進歩によって生まれた誇大化された願望のせいである。

　ユートピア主義者は無邪気にも、社会の未来の行程は天体の運動のように筋立てすることができると想像した。しかし、ベルクソンの人格と進化の理論が明確にしているように、未来は自由な創造的活動の結果として常に新鮮な出発をする。革命運動は未来を志向するのだが、しかしそれは単一で不可分で分析不能な理念、つまり、最終的でこの世の終わりかもしれない闘争の中で世界を全面的に転換するという崇高な神話によって導かれる、自然発生的な行動の立場からしか予測できない。それは初期キリスト教の霊感であって、それは世界との妥協あるいは自らを世界の一部と見なすことを拒絶し、その代わりにパルーシア〔イデアの現存〕の神話に没入した。

　しかし、その後の教会の歴史は、賢者の予言を無視して、偉大な改革者や新しい修道誓願の創設者によって始められたように、猛烈な爆発的拡大の中で、自らを定期的にいかに更新してきたかを物語っている。サンディカリストの運動もそれと同じように、政治家や立法によって腐敗させられた労働者階級を再生し、しかるべき時にすべての人類を救済するような更新の自然発生的な過程である。

　新しい革命の目的は繁栄や豊かさをもたらすのでも、生活を安楽にするのでもない。ソレルはデストレーやヴァンデルヴェルデをからかったが、彼らは未来の社会主義国家をコケーニュの地〔逸楽の国＝中世ヨーロッパのユートピア像の一つ〕あるいは、テレームの僧院のように、住民が自分の好きなことを何でもやってよい場所と想像した。

　革命運動の原動力は貧困ではなく階級対立であり、労働者の大義は富者の財産を奪うことを欲する貧困者のそれではなく、生産の組織者になろうと欲する直接的生産人のそれである。社会主義の主要な価値は道徳の価値であって福祉の価値ではなく、労働者階級の最貧困の構成員はまったくではないが革命精神にもっとも欠けていることは注目されてよい。プルードンが提起したように、公正な社会は「貧困の法則」を知っていなければならない。つましい生活は誠実で幸福な生活である。

　プルードンは、将来の社会を、共同体的で地域的な単位に基づく公共生活、出版と集会の自由そして常備軍を持たない農業と工業の緩やかな連合体と見た。ソレルは、すべての将来計画を軽蔑し、「完全な社会」のいかなる詳細も与えなかったが、プルードンの擁護者として彼が同じような線で想像していたことは疑いがない。『労働組合の社会主義的将来』において、彼は、社会は「生産計画にしたがって組織」されるだろうと述べ、そして社会主義の目的は「労働現場のシステムを公共生活に適用する」（集成、七〇頁）ことであり、そうすれば、社会の問題は生産単位の立場から表れるだろうと書いた。

　道徳や組織の観点からすれば、ソレルの理想は孤立した山岳部族またはスイスのコミューンのそれであったように思われる。彼らは直接民主主義と多かれ少なかれ自給自足的な生産を行い、自分たちの慣習や伝統に影響を与えるような規模の商業的交換を含まなかった。

　プロレタリアートの道徳は、商人の道徳と対置される生産人の道徳であった。つまり、近代民主主義は今なお株式交換をモデルにしており、それにたいして、将来の民主主義は共同的な企業体に類似するものとなるだろう。

　このような比較は、根拠のないものではない。民主主義の理念と制度の歴史は、確かに貿易の歴史と関連があり、地中海文化全体が港や商業都市によって起こり、発達した。貿易は妥協、詐欺や偽善はもちろん交渉や契約、雄弁や扇動、思慮分別や競争、富への愛や安楽、理性主義と伝統の否定、そつのない計算や予測、そして成功の理想という習慣を促進した。マルクスによれば、資本主義の本質である交換価値への生産の従属は、これらの動向の自然な帰結である。「あらゆるものが売るためにある」社会、その中で交換関係に還元できない家族、部族、地域の結びつきが何の価値もなくなる社会は、青年期のマルクスを含むロマン主義者から攻撃された。

　ニーチェと同じように、ソレルはこのタイプの社会の不倶戴天の敵であ

490

って、そのかぎりではロマン主義者の後継者であった。しかし、彼の批判の結論は、マルクスのそれとは大いに異なった。彼は、富や安楽よりも生き残りのために戦い、狂気ではなく勇敢で、貧しいながらも誇り高く、部族の慣習と自由のために献身し、外部からの征服に対しては死を賭して戦う、そういう野生の戦士部族像に魅かれた。ソレルの考える社会主義の主たる目的は、商業社会のそれと対照的なこのタイプの道徳を復活させることであった。「社会主義は人間のすべての行動の判断方法を提供する道徳の問題、あるいはニーチェの有名な言葉で言えば、すべての価値の再価値化である」（『集成』一七〇頁［サヴェリオ・メルリーノによるフランス語版の彼自身の序文より引用］）。

新しい道徳は、資本主義の条件のもとの労働者階級のあいだで形成されるのであり、それが事実として、革命と経済変革の前提条件である。ここでソレルは、ヴァンデルヴェルデと一致するのだが、ヴァンデルヴェルデは根本的な道徳的変革のないままの労働者の勝利は、世界を苦痛、狂気、そして現在よりも悪くはないとしても現在と同じように邪悪な不正義の状態に陥らせるだろう、と語っている。

新しい道徳が機能するようになる主なポイントは、家族、戦争と生産であり、これらすべての領域で、それは尊厳、団結、英雄主義、寛大および個人の責任の拡大となる。ソレルは性的節制と家族道徳に特別の重要性を与えたが、彼はそれらの弱体化は、資本主義社会の自然な強制であると見なした。「世界が純潔になればなるほどより公正な場所になるだろう。私はこれほど確かなことはないと信じる」（同前、一九九頁）。彼の視野にあった理想は、ニーチェが見ていたホメロス風の英雄の理想である。

6　マルクス主義、無政府主義、ファシズム

われわれがすでに観察したように、ソレルの著作における価値と理念の相互関連は、正統派マルクス主義者とも、あるいはどのマルクス主義批判者ともまったく異なる。この点で彼は、特異な位置に立つ。彼の改良主義の批判は、時には正統派の社会民主党左派ときわめて似通っているが、彼のマルクス主義正統派批判は、無政府主義者のそれと大部分において共通する。彼はマルクス主義の立場から無政府主義を攻撃するが、それでもいくつかの点で、バクーニンまたはプルードンの視角からマルクスを批判する。彼は、この時期の社会主義思想の通常の分類には当てはまらない。

マルクスと同じように、ソレルは、社会主義を社会の組織化のよりましな形態としてだけではなく、生活のあらゆる側面、道徳、思想そして哲学の完全な転換、つまり、単なる一連の改良ではなく、人間の在り方の再解釈と見なした。彼の意見では、彼の時代の社会主義者は、人間性や人生の最終目的について真剣な関心を持たない。彼らは一八世紀の自由思想家の浅薄な形而上学を採用し、マルクスの歴史哲学における悪の重要性を理解し損ねた。彼らの理性主義的な楽観主義は、人間理解において彼らが教会と対抗することを妨げた。しかし、社会主義が勝利しようとするならば、教会が提供するあらゆる価値を社会主義が用意することが必要である。ソレルは、ギュスターヴ・ル・ボンに従って、社会主義に宗教的およびカリスマ的性格を帰させることをためらわなかった。この点で、彼はマルクスの見解とも、いずれにしろ、資本論とも異なる。

ソレルにとってマルクス主義は、何よりも、彼が社会革命と同一視したヨハネの黙示録という詩であった。彼は改良主義と闘ったが、それはそれが効果的でないという理由からではなく、それどころかそれが効果的であることを彼は承知すらしていたのだが、そういうことではなく、それが退屈で非英雄的であるという理由からであった。彼は、社会主義の階級的基礎と革命の主体としての生産人の独自の役割を信じた。戦闘的党派としてのプロレタリアートは、何よりも現在の社会からの独立性を守らなければならない。

ソレルは自由な社会、すなわち彼らを支配するボスを持たず、物的生産に寄与するという事実に由来する基本的諸価値を持つ生産者の結合体を夢見た。他方で、マルクスは、社会主義の偉大な達成は、物的生産に必要な労働時間が徐々に縮小されるにつれて、人びとが創造的な活動に費やすことができる余暇の征服となるだろうと考えた。マルクスは、人類を物質的

492

生存の労苦から解放するものと考えた技術に信を置いた。それと反対に、ソレルは生産活動をすべての人間の尊厳の源泉とみなし、そのような労苦から自由になるという欲求は、彼にとってブルジョア的快楽主義と同じであると見なした。

科学的社会主義、すなわち資本主義経済の合理的分析は、それが集団的システムによって置き換えざるを得なくなることを証明していると信じたかぎりにおいて、マルクスは理性主義者であった。彼はまた文明の継続性も信じた。

ソレルは、社会主義の歴史的必然性をヘーゲルの世界精神の復活と見なした。彼はベルクソンの自然発生性の理論を受け入れ、文化的継続における完全な断絶を支持したが、それでもなお同時に彼は家族や部族の団結の伝統を保存しようと欲した。彼のマルクス主義理論の恣意的な扱いは、彼がマルクスによるとした階級の定義、つまり、「伝統、利益および政治的意見によって結ばれ、単一の人格を形成すると見なされる、ある程度の団結を保持する家族的集団、理性を与えられ、それにふさわしく行動する存在」という階級の定義に見ることができる（『集成』一八四頁）。

ソレルは、無政府主義者であるとは告白しなかった。当時の無政府主義者は、階級的観点から適切に定義されておらず、ルンペン・プロレタリアートや没落インテリゲンチャのあいだで支持を得る傾向があった。法律家、ジャーナリストそして学生が主導する運動は、ソレルが理解するような革命的サンディカリズムと無関係であって、彼もまた、陰謀的手法と権威主義的原理とを結びつけたバクーニン主義者流の無政府主義集団から反発された。

それと同時に、彼は無政府主義者と、すべての国家制度を放棄する必要、議会活動への参加や「政治的社会主義」の支持の否定という基本的前提を共有した。「政治的」または「党的」社会主義は、新しい専制支配の序曲に過ぎず、国家の組織形態としての「プロレタリア独裁」は専門職政治家の絶対支配に労働者を従属させるというのが、バクーニンの時代以降、例えば、マハイスキーによって強調された無政府主義の宣伝の一貫した特徴であった。

ソレルはまた、社会革命の不可欠の部分として「道徳革命」を主張した無政府主義者と意見が一致した。「心の底から革命を実現しようとしている無政府主義者と激しく闘ってきたがゆえに、社会民主主義は手厳しく罰せられねばならない」（『集成』三八〇頁、プルードンからミシュレへの手紙にコメントして）。生産手段の国有化は、労働者の解放に関するかぎりそれ自体として無価値であって、そのわけはそれが政治家の生産人にたいする権力を増大させるだけだからである。

愛国主義、国家制度、党組織の理念を激しく攻撃した著作家が、芽を出し始めたファシスト運動のアイディオロジストとして認知されなければならず、そして野蛮な民族主義の専制体制の役人や弁護者に論拠を提供しなければならなかったのか、ニーチェと異なり、マルクス主義の基本的理論を受け入れたソレルが、そうしなければならなかったのかは不思議に思えるかもしれない。第二次世界大戦を経験した人びとの目からすれば、一九二二年のイタリア・ファシズムとの最初の親交を判断するのは、明らかに不可能なことではあるのだが、それでも彼のファシズムとの結びつきは現実のものである。

革命と革命後の自由な社会に関係するソレルの著作のすべてが、原則として討論や解釈を認めない「神話」の領域に属することは確かである。ファシズムは、絶望の感覚や絶対的変化の欲求、民主主義への絶望や改革可能性への不信、現状の枠組みの根本的断絶という漠然とした要求から、その力を引き出した。ソレルの訴えは、ファシズムが成長した精神状況にうまく適合した。彼は新しい秩序の計画者としてではなく、大破局の前衛として祀り上げられた。彼は、より良き文化という名目のもとで、文明の継続性の破壊、法律や道徳の大衆的源泉への回帰を求めた。そうする中で彼は、現状の文化全体にたいする攻撃は、もしそれがすでに存在する諸価値や新しい社会がそれから成り立つ明確な知識に基礎を置かないとすれば、結果的に野蛮を招き寄せることになることを無意識のうちに示した。

ソレルは、理性主義者の無邪気さに多くの鋭い打撃を向けた。しかし、

493

もし理性主義にたいする攻撃が理性にたいする攻撃と明確に峻別されなければ、もしそれが武力行使の哲学とまったく異ならない暴力の哲学に訴えるものであるとすれば、それは精神に対する反逆となり、純粋で簡単な暴力の嘆願となる。ソレルの考えでは、彼の暴力の弁護は憲兵隊のそれと対置される軍隊的多様性に関連するものであった。そしてこの区別は見事な区別であって、文学的通念と古代ギリシアやヴァイキングの英雄の理想化を基礎とした。暴力自体を英雄主義や偉大さの源泉と見なす道徳は、絶対支配の道具であることと極めて近い。

同じことが、ソレルの議会制民主主義批判にも当てはまる。その中には多くの真実が存在するが、しかしこの点では同じことがヒトラーの著作についても言える。蔓延する腐敗の批判、濫用、偽善的決まり文句、小さな口論、理念の衝突の振りをした仕事のための競争、これらはすべて無政府主義者、共産主義者そしてファシストによって、極めて似通った言葉で非難された。しかし、「神話」で包み、実体のある対案を示さず、民主主義の不在、または否定を推し進めるだけの民主主義の批判は、それが文学から現実政治の領域に降りてくるとき、少なくとも専制支配の弁護以外の何ものでもあり得ない。

ファシズムに霊感を提供した自称マルクス主義者として、その理念の運命が極端な形態の左翼的急進主義と右翼的急進主義に収斂した点において、ソレルは重要である。もし左翼的急進主義の言葉使いが、それに替わるより良い代案を提示しないままブルジョア民主主義を攻撃することに終始し、そして新しい文化的価値を提起しないまま理性主義にただ反対するだけに止まるのであれば、そしてさらに、道徳的制限によって何も抑制されない暴力を唱道するならば、その場合、そのプログラムは新しい専制支配のそれとなり、本質的には右翼急進主義のプログラムと同じになる。

ソレルの理論にあるように、もし最終的な大破局が目的そのもの、あるいは究極の目的であるとすれば、それが生み出す結果の如何を問わず、そうなれば、プロレタリアートの役割はまず、そして主として、政治的大変革の期待される主体ということになる。プロレタリアートがこの役割を果たせなかったのだから、ソレルは、自己矛盾なしに、より見込みのある大義の体現者としての民族主義に転向することができた。彼の目からすれば、大義はなお「全体革命」であって民族そのものではなかった。

こうして、彼のレーニンとボルシェビキの熱狂的な擁護は、高度に二律背反的であった。彼はロシア革命を、劇的な啓示、知識人にたいする致命的な一撃、断定された経済的必然にたいする意志の力の勝利、そして西欧の伝統にたいする自然発生的なモスクワ大公国住民の伝統の主張、として賞賛した。「ロシアの血なまぐさい実物教育（object-lesson）は、すべての労働者にたいして民主主義とプロレタリアートの使命とのあいだに矛盾が存在することを証明して見せるだろう。生産人の政府という理念は消え去らない。それによってボルシェビキが大きく傷つけられた『知識人に死を』の叫びは、最終的には全世界の労働者によって引き継がれるだろう。先の見えない人間だけがロシア革命は新時代の夜明けだということを理解できないのだ」（『集成』一九一九年版の序文に対するあとがき）。一九一九年の『暴力に関する考察』の補遺にはこう書いてある。

「現在の出来事を公平な歴史的観察眼で判断するときが来れば、大衆がボルシェビズムを、およそロシア的とは思えないことを最大の関心事としている特権者の寡頭制への反対勢力と見なしているという現実から、ボルシェビズムはその力の大部分をくみ出していることに人びとは気づくであろう。一九一七年の末に、旧機関紙『黒百人組』はボルシェビズムが『皇帝と祖国を裏切ったカレーディンやルスキー等々の反逆者たちよりもロシア的であることを証明した』と述べている（『ジュネーブ新聞』一九一七年一二月二〇日）。――ボルシェビズムのモスクワ主義的性格を考慮に入れてはじめて、われわれは歴史家として、ロシアで採用された革命的抑圧のやり方について議論することができる。――この国の伝統は、革命を守るために赤衛軍兵士が模倣できると考えた無数の先例をふんだんに提供してくれた。――挫折し、逸脱し、あるいは無力化した文明に代わって、現代人がなお、その法、文学、記念建造物から教えを受けている文明をもたらしたローマの兵士たちに、われわれが感謝しているのだとすれば、どれほど

495

未来の人類は、社会主義ロシアの兵士たちに感謝しなければならないことか」（ソレル『暴力に関する考察』［邦訳　今村仁司・塚原史訳『暴力論』岩波文庫（下）付論三］）。

ソレルはレーニン主義の理論を少しも知らなかった。彼はレーニンを啓示の予言者として称賛し、ムッソリーニをもまた同じ理由で称賛した。彼は英雄的と見え、民主主義、党の紛争、妥協、交渉、計算という憎悪すべき体制を破壊することを請け合うものなら何でも喜んで支援した。彼は人類の福祉という小さな問題には関心がなく、エネルギーの噴出にとってもっとも都合の良い環境の発見に関心があった。理性主義にたいする一貫した批判者は、盲目で狂信的で歓喜に満ちた群衆が、戦争の狂乱状態の中で、自らの破滅に向かってその顎の中に殺到する、偉大なモロク［古代ヤム族の神。子どもを犠牲として捧げるとされる］の崇拝者として、その終焉を迎えた。

第8章　アントニオ・ラブリオーラ：開かれた正統主義の試み

1　ラブリオーラのスタイル

アントニオ・ラブリオーラ（Antonio Labriola）は、ロシアにおけるプレハーノフ、フランスにおけるラファルグと同じ役割をイタリアにおいて果たした。彼はこの国でマルクス主義を体系として詳説した最初の人物であり、この地で受け入れられたマルクス主義の形態に重要な影響を与えた。ラブリオーラがマルクス主義者になった時、彼はその背後に専門的哲学者としての長い経歴をすでに持っていた。その形成期に主にヘーゲルやヘルバルトの影響を受けたけれども、彼はイタリアの伝統に強い愛着を持ち、それを彼のマルクス主義の版に独自の相として付与した。彼は党の活動家であったことはなく、著述家そして理論家だけであったこともまた重要である。

一八七〇年以前のイタリアの分裂状態やその相対的な経済的立ち遅れのせいで、この地の労働運動は他の西ヨーロッパよりも大きく遅れて形成された。社会主義の理念とスローガンは、しばらくの間、全般的急進主義イデオロギーの一部として現れ、それがまたマルクス主義者を「進歩的」ブルジョアジーの典型的な熱望と見なすということが普通のことであった。教会や聖職権主義の強力な反対に直面して、社会主義者とブルジョア的急進派は、他の国よりも相当長いあいだ「同じバリケードの側」にいたのであり、彼らが共通に保持した価値も自覚していた。

保守的なカトリックと進歩的陣営へのイタリアの分裂は、社会主義の運動が独立した組織的政治勢力に成長した後ですらも、基本的なものとして残りつづけた。したがって、歴史的環境と彼自身の生い立ちによって、ラブリオーラはイタリアの急進主義的政治や哲学の伝統に愛着を感じるとともに、ガリバルディやジョルダーノ・ブルーノのような人物も崇拝した。

ラブリオーラの哲学スタイルもまた魅力的だが受け入れがたい特徴という点で典型的にイタリア的である。トマス・アクィナスの母国において、一六世紀以降の世俗哲学はおそらく、他のいかなる国々よりも学問的思考法と論理的技法を根本的に捨ててしまった。強力だが不毛な後期スコラ学の領域の外では、枠組や体系への嫌悪および分析に対置された「グローバル」な思考の選好が存在した。つまり、多方面にわたる論文の偏愛、哲学著作の教訓的論理的側面にたいする過度の強調がそれである。これらのすべての傾向は、ラブリオーラの作品の中に見ることができる。

認識論、心理学、倫理学そして教育学の境界は流動的で、彼は、哲学を専門思想家の分離された自己完結的な領分にすることには、全く興味がなかった。現代においてもイタリアの文化とイタリアの大学で感じられることであるが、人文学の領域内での専門分化への不信感は、一九世紀に、グローバルな立場で考えあらゆる個別の問題を大きなパノラマ的な歴史像に関連させる、というヘーゲル主義的傾向によって促進された。この傾向はイタリアでは、ルネサンス・スタイルの普遍主義および存在の基本的な問題が、あらゆる個別の問題において決定的であるという「英雄的熱狂者」的な態度と結びついていた。

イタリアの哲学者の文学的なスタイルとグローバルな思考、厳格な分類・専門分化・理念の階層制にたいする嫌悪は、イタリアにおける歴史主義者の成功、ラブリオーラによって擁護され、次の世代のグラムシによって支持されたマルクス主義の反実証主義的な版の成功を説明するのに役立つかもしれない。この形態のマルクス主義の魅力は、科学的および実証主義的アプローチと対照的に、社会問題の研究を自然科学の高位にまで引き上げることではなく、物的精神的文化のすべての側面を単一の普遍的過程、あるいは特定の歴史的時代の表現あるいは表白として解釈することを

497

可能にしたことであった。

社会現象を偉大な歴史的な「全体」と関連づけるというこのような傾向は、マルクス主義者に特有のものではなく、他の原理と結合されて史的唯物論の自然な部分として示すことができた。同時にそれは、イタリア哲学の際立った特徴であると思われる相対主義的な傾向とも適合した。

このような一般化は、当然ながら高度に単純化されている。実証主義と科学主義はしかるべく正当にイタリアに出現した。われわれはエンリコ・フェリにマルクス主義の実証主義的、ダーウィン主義的、科学主義的の版を見いだす。他のどこにもないけれどもこのイタリアで、実証主義とヘーゲル主義が社会へのその影響という点で分裂するよりも統一した時期があった。すなわち、両者が聖職権的反動に対抗して世俗的、急進的、合理主義的思想を代表し、民族全体を貫いた文化的分断の中で同じ側に存在していた。ともかくも、今日から見れば、イタリアの知的生活のもっとも肥沃な源泉は、少なくとも、科学主義よりも歴史主義の伝統に由来すると思われる。

マルクス主義者であるかどうかにかかわらず、イタリア人が中断のない歴史の進歩を信用するのはとりわけ難しいことである。それは近代におけるこの国の歴史全体がその反対のことを証明してきたからである。反宗教改革後の三世紀にわたる後退と停滞の後に、あらゆる急進的インテリゲンチャは、この国の経済的文化的後進性という感覚に浸された。

リソルジメント［イタリア統一運動］によって喚起された希望は、進歩は「歴史の法則」の不可避的な結果である、という信念を励ますようなものではなく、マルクス主義者を含むイタリアの哲学者たちは、歴史過程の多様性、劇的な複雑性そして予期不可能性について過敏になる傾向を示した。この観点からもまた、ラブリオーラはイタリア・マルクス主義に普遍的な歴史の総合的な解釈にたいする懐疑的態度を教え込んだ。

2　伝記的ノート

アントニオ・ラブリオーラ（一八四三～一九〇四）は、カッシーノで教師の子として生まれた。彼は「青年イタリア」（マッツィーニが結成した秘密組織）の理念で育てられ、若い頃からこの国の独立と統一の夢を抱いた。彼は一八六一年にナポリ大学に入学し、ヘーゲル学派の影響を受けたが、イタリアにおけるその主唱者はベルトランド・スパヴェンタ、アウグスト・ゼラーであった。クローチェによって後に発行された論文の中で、ラブリオーラはゼラーと新カント派を批判して、カントの学説は最終的にヘーゲル主義によって取って代われた、と主張した。

卒業後に、彼はナポリで学校教師となり一八七四年までそこで暮らした。この時期の彼の最初の哲学著作は、スピノザの感情論の分析であった（一八六五）。六九年にソクラテスの哲学に関する精妙な論文を書き、ナポリ道徳政治学会が主催したコンテストで賞を得た。彼は研究を続け、哲学、歴史そして民族誌学で博学となった。彼はまたヘルバルトの連合心理学にも関心を持ちそれを大部分採用し、ヴィーコにも同じく関心を持ち終生にわたって影響を受けた。

一八七〇年代初期に、彼は自由主義的で反聖職権的傾向の政治ジャーナリズムに取りかかった。七三年に彼は『道徳的自由』と『道徳と宗教』を発行し、そこで、特別にマルクス主義というのではなかったが、ヘーゲル的観点からの離脱を示した。翌年、彼はローマの教授職の地位に任命され、そこで残りの人生を教育、著作そして当時のすべての重要な論争への参加に費やした。

彼のマルクス主義への転向は、突然ではなく徐々であった。一八八九年、彼は講義『社会主義について』の中で、七三年以来自由主義を批判してきたこと、そしてとりわけ、それまでの三年間の研究に基づいて、「新しい知的信念」を持つに至ったことを書いた。彼の論文『自由の理念について』（一八八七）には、マルクス主義の傾向はいささかも示されていないが一八九〇年代の著作物はある明確な「学派」の観点を反映している。『社会主義について』は、彼がブルジョア民主主義を批判し、国際的社会主義と世界プロレタリアートの大義を擁護した明白な政治的宣言である。

彼のもっとも有名なマルクス主義の著作は『唯物論的歴史観について』

498

であり、その中には史的唯物論の全般的評価と共産党宣言の検討が含まれている。これは一八九六年に発行され、その第二版で彼はマサリクのマルクス主義の基礎に関する著作に反対する論争的論文を付け加えた。

この著作はすぐにフランス語に翻訳され、ヨーロッパのマルクス主義文献の古典の一つとなった。ラブリオーラはその第四章を一九〇〇～〇一年の自分の講義を土台にして書き、一九世紀の一般的評価を与えた。この仕事は彼の生存中には完結しなかったが、その一部は彼の偉大な生徒であるベネデット・クローチェによって〇六年にラブリオーラの未発表ないしはあまり知られていない著作集成として、『哲学・政治学小論集』と題されて発行され、他方、残りのノートなどは、その後、続いてラブリオーラについて専門論文を書いたラーゴ・ディ・パネによって二五年に発行された。

ラブリオーラのマルクス主義哲学はまたソレルへの書簡集に発表され、『社会主義と哲学についての対論』の書名で一八九七年に刊行された。彼の生涯の最後の一五年間に発行された多くの論文の中で、いくつかの論文は彼のマルクス主義の立場を強調していること（ベルンシュタインやミルラン批判、社会主義と急進主義の相違に関する論文）、他方で他の論文は等しく急進的合理主義者として（科学の自由に関する講義、ジョルダーノ・ブルーノの追悼）書かれたものであることが注目される。この点でもまた、ラブリオーラは、書くものすべてに忠誠を主張した正統派ドイツ・マルクス主義とは異なる。

3　初期の著作

スピノザの感情論についてのラブリオーラの論文は、さして特別に重要ではなく、ただ教育目的のために『エチカ』の該当箇所をまとめただけのものである。彼が、スピノザの理論の意義は、価値判断の形而上学的基礎を否定したこと、人間の崇高な衝動を唯一の創造的力としての利己主義に由来させたことにあると付け加えながら、スピノザの形而上学の道徳的背景とその形而上学の全般的な自然主義的観点を強調していることは注目に値する。つまり彼もまた、宇宙の決定論的見方の限界内で、自由のカテゴリーの正しさを承認することにこだわっているのである。

ソクラテスに関する論文はさらに増して重要な作品であって、学問的で一部論争的な論文であり、ヘーゲルやゼラーから借りたものだが、その主題は、ソクラテス思想の鍵はプラトンの中ではなくクセノフォンの中に見いだすことができること、そして、われわれはプラトンの形而上学をそれ以前の年長の哲学者から生れたものと見なす誘惑には抵抗しなければならない、ということである。

ラブリオーラは、ソクラテスをまず何よりも教育者と見なし、そして彼の人間性をアテネ文化の内部矛盾の見地から解釈した。彼は、ソクラテスの暗黙裡の形而上学的見解を探し出すことではなく、彼の頭の中で意識的に分節化されていたものを描き出すことに集中した。ラブリオーラの考えでは、ソクラテスの活動は、伝統的な保守主義とアテネの文化の多様性や豊かさによって生み出された懐疑主義や相対主義との衝突を解決する試みとして理解されるべきである。ソフィストの人間主義と相対主義は伝統的な共同体の解体の徴候であり、他方で、ソクラテスの努力は、人間から独立した絶対的な道徳規範を発見することであった。

ソクラテスは、彼自身の探求が伝統的価値をどのくらいまで乗り超えているかを十分には認識していなかった。しかし事実として彼は、ソフィストへの反対を支持する新しい世界解釈を追求していた。人間の知識の慢性的不十分性にたいするソクラテスの信念は、諸個人の恣意的な決定から独立した、絶対的な認識的道徳的規範の探究を正当化するために必要であった。

この探求は神の概念の再評価において特に明らかであって、それが、アイスキュロス、ピンダロス、ソポクレスに続いて、彼を新しい宗教的な意識の先駆者とさせ、古い神話学の伝統から一神教に向かって徐々に変わらせた。しかし、ソクラテス的な神の機能は完全に道徳的である。それは絶対的な価値の宝庫、相対主義や主観主義に反対する証拠でなければならない。同じように、ソクラテスの論理の探究とその概念を明瞭にする努力は、私心のない好奇心から生まれたのではなく、同じ教育的な目的によって鼓

499

舞された。彼の自然科学の軽蔑もここからである。彼自身は形而上学的な意図を持たず、純粋にプラグマチックであった。それにもかかわらず、彼はプラトンのイデア論や善の形而上学の基礎を提供した。

ラブリオーラのソクラテス観は、ラブリオーラがその信念をヘーゲルに負ったことを物語っており、それが彼のその後のマルクス主義的信念、つまり、哲学の理念は変化する歴史の必要の表れであって、特定の文明段階の内部矛盾から生まれるという信念の一部となった。カントやヘルバルトの影響に加えて、ヘーゲルの影響もまたラブリオーラの道徳的自由の論文の中に明示的に存在する。この論文は主張、結論ともに曖昧な作品であるが、このようなテーマの哲学的処理の場合には普通のことである。

しかしながら、ラブリオーラが自由意志にかかわる問題は誤って組み立てられていると見なすこと、そして、ヘーゲル流に、彼が中立という意味の自由の問題を選択と良心の一致とする自由の問題に置き換えようと図ったことは明らかである。こうして彼は決定論と宿命論とを区別しようとしたのだが、曖昧な一般的図式を超えなかった。

彼は、道徳的判断を功利的な要素や人間行動の結果の評価から全体として独立させる、というカントのルールを自明の理と見なす。義務の命令は道徳的自由の中に含まれ、その命令にたいする意識的従属の行為において実現する。しかしながら、人間の意志は多くの社会的心理的な要因の結果であるのだから、それは対立する精神的熱望によって攻撃され、その自由は好きなように決定する潜在的能力の中にあるのではなく、絶対的規範と一致した現実的選択の中にある。

その行動が単に習慣またはあれこれの欲求の強さによって決定される動物と異なり、人間は自然の衝動に抵抗することができる道徳的な意識を持つという意味において自由である。単なる抽象的可能性ではない、そのような自己決定という事実が、われわれに自分が自由であると呼ばせる権利を与える。ラブリオーラは、人間の良心の「自然主義化」やそれは動物的必要に帰すことができる諸本能の単なる集積から「最終的には」成り立つ、という理念にたいして明確に反対する。

しかしながら、ヘルバルトと同じように、彼は魂を形而上的な実体あるいは独立した精神的諸力とする理念を否定し、諸個人の道徳的命令の意識に一致しているか、あるいは一致していないかによって、自由の発現あるいは自由の否定を構成する動機を分析することで満足した。われわれが人間の行為をライプニッツ風に、自己決定的（外的、機械的あるいは「自然的」決定に対立するものとして）と見るか、あるいは人間の行為をショーペンハウアーに従って「内側から見られた」因果関係と見なすとしても、厳密に言えば、因果関係の原理と道徳的自由とのあいだに矛盾は存在しない。この自由は道徳意識を教え込みそれを習慣化する教育の目的になることができ、またそうでなければならないことはたやすく理解できる。自由を魂の内なる質として扱うことは、実践的に人を誤らせるだけではなく有害でもある。それは人を自由に向けて教育する義務を免除するからである。そのような自由の教育が国家の最高目的であり、その理想的形態において、それはとりわけ教育的な制度である。

論集『道徳と宗教』は、明らかにカントの影響、そしてそれよりは劣るがヘーゲルの影響を示している。その要点は三つである。第一に、「実践的判断」は、理論的判断からはもたらされず、そして心理的な前提（経験的な道徳意識の内容）にも、あるいは功利的な根拠にも基づくことができず、それは先験的でなければならない。つまり、道徳性は本能的欲求に正反対に作用する実践的判断に基づく。道徳的意見の多様性は経験的事実であって、優れて一つの道徳性しか存在しない、という主張を無効にするのではない。

第二に、道徳的価値は専ら善意に属し、その善意は神の仮説的意志との関係を含んで、あらゆる点で自律的であると見なされる。つまり、神の意志に基づく道徳的命令は真に道徳的ではない。なぜなら、それは他者の意志への一人の意志の従属を含むからである。

第三に、道徳性は宗教的信念から完全に独立している。宗教は普遍的で、精神生活の不可分の一部であり、その特定の歴史的形態を批判する理性主義者は、宗教一般を攻撃するときにその点を見失っている。宗教の目

501

的は「われわれの倫理的要求とわれわれが住んでいる自然世界との不一致をさまざまな形の理想主義で補完する」ことである。宗教は、道徳的価値や道徳意識を強化でき、また強化する。しかし、それは倫理的規範の内容には何も寄与しないのであって、倫理規範はいかなる啓示、またはいかなる神話からも独立した源泉に由来する。

宗教的信仰はそれ自体の活動分野を持ち、そして、その機能の区別が尊重されるならば、他の形態の精神生活と自由に共存できる。教育制度は宗教的感情に反すべきものではなく、その反対にそれらを励ますべきものである。しかし、宗教的および形而上学的意見から独立した善という自然な感覚が、道徳性の十分な土台である。この感覚は知識の産物などではない。なぜなら、価値判断は認識活動と根本的に異なり、道徳規範が科学的な観察からもたらされることはないからである。道徳意識は、ある意味で事物の自然な進行と逆である理想を含む。つまり、社会的心理的環境に応じてその個別の内容を変化させるけれども、その有効性は経験的要因に依存しない。

ここまでを振り返ると、ラブリオーラのマルクス主義と社会主義への傾倒は、彼の知的背景の自然な結果であり、哲学と政治学の両面においてそれまでに存在した傾向の強化と特殊化を表わしていた、と言うことができる。哲学的に、彼はその観点を二人の異なる教師、つまりヘーゲルとヘルバルトからもっとも大きな影響を受けた。前者からは、大きな歴史の概念によって思考し文化的価値をそれらが属した時代の表現として解釈すること、相対主義的観点を取り入れ、理念を理想類型の主観的な体現よりも歴史の道具として見なすことを学んだ。ヘーゲルはまたラブリオーラに、歴史の過程を悲劇的なスペクタルと見なしながらも、進歩の概念を受け入れることを教えた。

対照的に、ヘルバルトは、彼に形而上学と思弁的哲学への不信とともに、文明解釈に必須なものとして経験的心理学の信念を吹き込んだ。政治的観点からすれば、ラブリオーラの社会主義は、彼の反聖職権的態度と人民の大義への同一化から発した。しかしながら、彼がマルクス主義者であった時代においてすら、彼の反聖職権主義は、制度や政治機関としての教会にたいしてではないけれども、宗教的信条の理解とそれへの一定の同情とに結びつけられていた。

4　歴史哲学

宣伝者としての役割を別にして、ラブリオーラは独立した理論家またはマルクス主義の特異な変種の著作者と見なすことができるだろうか？　彼の著作に敵意をもつ読者からは、同時代の正統派との主要な違いは、彼がその見解を表明する際の、曖昧で逃げ腰の作風にあると言うことができるかもしれない。しかし、われわれが注意深くそして好意的に読むならば、彼のスタイルの概括性（generality）は、思想の精密性よりも論理性を優先させたことではなく、型にはまった公式への不信やマルクス主義は歴史の「最終的」で自己完結的な正当化や図式化ではなく、人間事象の理解についてのヒントの集成であるという信念による、という結論にわれわれは行き着く。

もし歴史において作用する多様な力の教条主義的軽蔑に陥らず、そして、輻輳した社会関係を一握りの、血もない「普遍的」カテゴリーに変えてしまわないとすれば、それらの公式は曖昧になるに違いない。ラブリオーラのマルクス主義の個性は、彼の著作に見いだされる諸テーマの結合よりも、むしろ、マルクス主義を他の源泉の理念によって豊かにすることができる一般的な図式の柔軟性と開放性にある。

彼の哲学に存在しない正統派の中核的要素によって、彼の哲学を特徴づけることはおそらくたやすいことである。トリアッティの主張と反対に、ラブリオーラはマルクス主義を統合的で自己充足的な体系に仕上げようとは追求せず、この理論が自己満足や普遍的知識にたいする思い込みの支配にまで骨化するのを防ぐために、ある程度の不正確さを保持することを欲した。

彼は、「批判的」理論として科学的社会主義という表現を真剣に扱ったが、それは、他の理論を攻撃するという意味においてではなく、というの

502

もたいていの反啓蒙主義者がそうしがちであり、反啓蒙的であればあるほどその攻撃は苛烈になるのだが、彼はいかなる真理も永続的ではないこと、つまり、すべての確立された原理は暫定的でそして経験がそう指示するならば、直ちにその理念を取り下げるかあるいは修正しなければならないということを認める、という意味においてであった。

　社会学的観点ではなく歴史的観点からマルクス主義に接近したことが、ラブリオーラの特徴であった。彼の視点からすれば、人為的に識別された社会生活の諸側面の中に一般的で恒久的な諸関係を発見することが問題ではなく、その中で作用しているあらゆる力の多様性の全体に着目して、単一で固有の現実的歴史の過程を叙述することが問題であった。彼が一九〇二〜〇三年の『講義』で書いたように、

「歴史は常に異質なもの、すなわち、他の民族を征服した民族、他の階級を抑圧した階級、平信徒を支配する聖職者と聖職者を打ち負かした平信徒集団に関心を寄せる。これらはすべて社会学的事実であるが、社会学的図式には当てはまらない。つまり、それらはただ経験的に理解できるのであって、このことが歴史の探求の難しさの全部である。社会学の抽象化はわれわれに対して、ブルジョア階級の発展という全般的過程においてわれわれが偉大な革命と呼ぶ出来事がなぜフランスだけで起こったのかについてカギを示してはくれない」。

このようにラブリオーラは、「階級」の概念がわれわれに過去の歴史全体を解釈し、未来を予告することを可能にさせると信じることからは遙かにかけ離れていた。彼は、諸個人が社会的な繋がりを自分の意志では選択しないというマルクス主義の立場を受け入れ、社会現象は個人の意図的行為を基礎に再建できる、とする理性主義者の妄想にも反対した。

　社会的結合は誰かの意図の結果ではない。「社会は先験的に与えられたものであり、なぜなら、われわれは『野蛮な原始人』としての人間をまったく知らないからだ。もともとの前提は全体としての社会である。つまり階級や個人はその全体の中の要素として出現し、それによって決定される」（「一世紀から次の世紀へ」6）。しかし、社会的結合の客観性を認識することと社会は階級的諸関係に還元できると主張することとは、全く別の問題である。歴史を画一的、継続的、自己充足的過程として表す図式は、ラブリオーラによって四つの主要な根拠から批判された。つまり、民族原理の独立性、宗教的感情の非還元性、進歩の非連続性、未来の予言不可能性である。

503

　民族性は、ラブリオーラにとって独自の社会的現実であるだけではなく、他の紐帯や価値に還元できない独自の価値を意味する。彼がソレル宛に書き送ったように（一八九七年五月一四日）、「言語は普遍的ヴォラピュク［人工言語］の偶然の変種ではなく、その反対に、思想と感情を表わし伝達する純粋に外的な方法以上のものである。言語はわれわれの内面生活の条件や限界を定め、このことその他の理由により、それ自体が民族的な形態となって表れるのであって、それは偶然のものではない。もしこのことに無知な『国際主義者』がいるならば、彼らはただ曖昧で頭がぼんやりした者と呼ばれるだけであって、それはあたかも、自分の知識を古い啓示的源泉ではなく、性の平等化すら望んだ見せかけの名人バクーニンからその知識を得てくるような人びとである」［邦訳『社会主義と哲学』ジョルジュ・ソレルへの書簡　小原耕一・渡部實訳　同時代社　六八頁］。

　一九〇三年の講義で、ラブリオーラは歴史的に受動的な民族と能動的な民族というヘーゲルの二区分論を使ったが、これをマルクス主義の立場から特別に正当化しようとはしなかった。彼にとって民族性のカテゴリーは、単に戦術的論証の装置ではなく（もちろん彼は民族自決、特にイタリアやポーランドの民族自決を擁護したけれども）、独立した歴史的現実を意味する。この点で彼は、大多数のマルクス主義者とは異なる。

　宗教に関して『道徳と宗教』の時期よりもマルクス主義の時期の方が明確ではなかったけれども、彼が宗教的心情（神話の体系や教会施設とは別個のものとしての）を原始的心性の自己欺瞞あるいは人類にたいしてなされた詐欺、または過渡的階級状況の結果以外の何ものかと見なしたことは明

らかである。

　国民教育の講義（一八八八）において、彼は非宗派的教育を提唱したが、しかし反宗教的要素を導入することは望まなかった。「わが国が教皇、すなわち領土の支配権を主張する精神的指導者を有することは歴史の不幸である。しかし、数万の教師たちが反教皇に転じることからもたらされる不幸をこれに付け加えるのはやめにしよう」。

　いずれにしても問題は、純粋に政治的なものではなかった。本質的に、宗教と他の文化形態との対立は存在しなかった。「文化は、精神の誠実で健康的な表れの敵ではないのであって、それは確かに、深遠な宗教的情操の障害ではない。それらは正統派によってか、あるいは聖職者の規則によって課される神学体系と無関係である。実に、私はさらに踏み込んで言いたい、それを階層制や特権のシステムにまで高めたあらゆる形態の聖職者体制はこれらの情操の否定である、と」。

　同じように『社会主義について』の講義において、彼は、社会主義者はイエスの真の弟子であり、現代の唯一のキリスト教徒である、と断言した。これらは単なる論理の振り回しではない、それは史的唯物論に関する彼の最高傑作の最後の部分を構成することになる、ラブリオーラの講義ノートに見ることができる。その個所を読むとしよう。

「宗教は恒久的事実あるいは単なる発見、倒錯や欺瞞なのだろうか？　確かにそれは必要なものである。そうであれば一九世紀の理性主義者は間違いを冒したことになるのだろうか？　そうだ。したがって、先の世紀が科学の時代であったというのは間違いなのか？　それは部分的に当てはまる。そうであれば、宗教を弾圧するのは不可能ではないのか？　宗教が時どき弾圧されたという事実はある種の命題を証明するが、その限界を決定するのではない。そうであれば、人間がその知性、道徳的自律性、そして美的感覚によって自然世界と歴史世界の主人公になることはできない、ということになるのだろうか？　どちらとも言えない」。

　これらの所見は、宗教論の明確な土台を確立するほど十分に明断ではない。しかしながら、それらはマルクス主義の型にはまった宗教観、すなわち宗教は歴史的に説明可能な自己欺瞞であって、階級的目的のための神秘化の道具であり、また階級対立が消滅し、精神がさらに啓蒙されるならば死滅する運命にある、という宗教観をラブリオーラが決して受け入れなかったことを示す。

　ラブリオーラは、聖職権主義や信仰の神学的合理化を宗教的感情それ自体から切り離し、宗教的感情を恒久的な精神文化と見なしていたように思われる。これはそれ自体として当時の基準から見て、彼がマルクス主義の陣営の一員として数えられるべきかどうかについて、疑いを抱かせるに十分なものである。

　確かに、一八九七年七月二日付のソレル宛の手紙の中で、彼は、将来の人間は「日常生活の実際的問題の超越的な解釈をおそらく放棄するだろう。なぜなら〝恐怖が最初に神を作った〟からである」と書いている。しかし、これは先に引用した所見と対立するものではない。なぜなら、彼は宗教的感情を何もかも「説明して見せる」ものと見なさなかったからである。宗教は科学と競争したりあるいは何らかの方法でその役割を強奪したりするようなことはない、というのが彼の考え方であった。

　進歩の理念について言えば、ラブリオーラは、それは歴史の解釈において必要であると考えるが、しかしその役割は規範的なそれであると強調する。歴史は持続的な進歩の物語であるという先入観、とりわけこれが歴史は後退とは無縁であって、すべての文明は同じ発展段階を通過しなければならないことを意味する場合に、そうした先入観を彼は繰り返し拒絶する。

　彼は『歴史哲学の諸問題』（一八八七）において、進歩の信仰は神話に取って代り、そしてヘーゲルの一元論的歴史哲学によって励まされた迷信であると述べる。しかしながら、これが法、言語、芸術などの社会的生活形態に関する歴史科学の「プロクルステスの寝床」［プロクルステス＝捕えた人を寝床にねかせ、寝床の寸法より長い者は足を切り、短い者は引き伸ばしたと言われる強盗」となった。事実、歴史の統一性またはより良いものへの持続的な動向というものは存在しない。

「文明の始原となる中心は多数であり、巧妙なごまかしによってそれらを削減することはできない。すなわち、文明生活の源泉は一つの形態または起源に集約することはできない。文明は、特殊な関係によって結合されてそれ自体の伝統に応じて、そして価値の交換によって発展する。それゆえにわれわれは、第一次的要因が第二次的影響にたいして修正的効果を持つことを認めなければならない。――多くの別々の独立した連続する出来事、単純化に抗する多くの要因、意図しない多くの符合性を考察すれば、あらゆる物事の根底に、太古の時代から現在までのあらゆる衝動や活動に本質的意味を成り立たせる真の統一性、恒久的な経験の主題が存在すると想定することは、きわめてあり得ないのであって、それは事実として錯覚

505

に等しいように思われる」。

要するに、全体を網羅した歴史の「意味」も、その実際の行程の正当化も存在しない。「人間事象の観察はその進歩と退歩を認識することをわれわれに義務づける。多くの民族が破壊され、多くの事業が挫折し、多くの人間の努力が無駄に費やされた」。進歩の理念は、例えば、奴隷は廃止され人びとは法の前で平等になったというように、物事は改善されてきたとわれわれをして言わせる。しかし、それは歴史の普遍的な法則ではないのであって、事実、そういう法則は存在しない。

「人びとは、フランスで作り上げられた図式、つまり奴隷経済から臣民の経済、次いで賃金労働者の経済への移行という図式を人類全体に押し広げようと追求してきた。しかし、この神聖な図式を使う誰もが、例えば一四世紀のイングランドについては何も理解しないだろう。勇敢なノルウェー人について言えば、彼らは奴隷でも臣民でもなかったのではないか？エルベ以東のドイツにおいて奴隷制が起こり宗教改革以降に発展したのは、あるいはヨーロッパのブルジョアジーがアメリカで新たに奴隷制を打ち立てたのはどういうわけだろうか」（『特異な一世紀』Ⅳ）。

マルクス主義者の段階のラブリオーラは、進歩の概念は事象に備わっているのではなく、それらを解釈する方法であり、それはわれわれに評価の展望を与えるが、事実それ自体から現れてくるのではないと、それ以前よりも強く信じた。

これは、われわれが過去のみならず未来を考える時に、特に重要である。ラブリオーラは、社会主義到来の期待には十分な根拠があると思ったが、彼はまた未来は不確定だとも考えた。彼の最後の著作の所見は、ヘーゲルに反対しただけではなく、マルクス主義のもっとも共通する解釈にも反対した。「歴史哲学のすべての体系にたいする、もっとも賢明でもっとも強烈な反対は、ヴント（Wundt）によって提起されたものであり、つまり、われわれは歴史がどこで終わるかを知らないということであった。私が彼を正確に理解しているとすれば、それは、完結した全体としてわれわれは歴史を理解することはないということである」（同上Ⅰ）。そして、さらに言えば、「それが活きた闘争の表明であり、スローガンであるかぎりにおいて、社会主義は実際の現実である。しかし、それが現状の物差しや基準として未来の予言と見なされ始めるとき、それはユートピアに過ぎなくなる」（同上Ⅲ）。

ラブリオーラは、歴史の過程の継続性、統一性そして規則性について論争するのだから、彼がマルクス主義の歴史哲学をどのような意味で受け入れたかは明確に問うことができよう。彼は史的唯物論者であると自己表明するが、彼はこの概念そして土台と上部構造の関係について弾力的な意味を付与する。

彼によれば、史的唯物論の本質は二つの言説に含まれる。第一に、人間は「支配的な経済構造に応じて」政治的法的制度を創り出した。第二に、宗教的道徳的な理念は「常に特定の社会条件に対応する」。ただし、この言説を彼は「より仮説的」であると述べ、そこから思いがけない結論、つ

まり「宗教および倫理の歴史はその用語の広い意味において心理学である」という結論を導き出した（一九〇二年の講義）。

その主要な著作の中で彼は、歴史は技術の発展に「基づく」こと、理念は「天から降りてこない」こと、道徳の理念は「究極のところ」経済的条件に対応することなどを述べている。このような曖昧な公式はマルクス主義の文献に見いだされるものだが、その意味が解明されないままに終わったエンゲルスの「結局のところ」という決定論への言及を除いて、世紀の終わりまでにそれらは特にマルクス主義者のものではなくなっていた。

ラブリオーラの史的唯物論に関する著作は、歴史における「経済的要因」の「優勢」あるいは「支配」の理論としてのマルクス主義の粗野な解釈と彼が考えたものの批判が大部分であった。彼の主張によれば、歴史の過程は「有機的に」発展し、その中のいわゆる「諸要因」は一般的な抽象概念であって社会的現実ではない。それらは歴史家にとって概念装置として、そして彼の探求領域を限定するために必要ではあるが、それらは、その中の一つの要因を他のすべてに優先する原因であると措定する前置きとして、独立した歴史的力であるかのように実体化されてはならない。

歴史の出来事は経済用語に「翻訳される」ことはできないが、それでも「結局のところ」それらは経済構造によって解釈され得るのであり、これらの構造は長い目で見れば政治的法的制度と「対応する」ようになる。

概して、ラブリオーラが史的唯物論の全般的特質の難解さを一掃するのに力を貸さなかったことは認められなければならないが、それでも彼は、それらにできるかぎり非教条的な意味を付与した。エンゲルスと同じように、彼はあらゆる人間活動の相互関連や制度やイデオロギーに結晶化された伝統の独自の力を信じた。しかしながら、彼が「経済構造」による決定論にどのような限界を割り当てたのか、そのように理解された史的唯物論が、制度と理念は生産関係によって影響を受ける、という一九世紀末までに既に一般的になっていた通説とどのような違いがあるのかは明確ではない。

ラブリオーラのもう一つの特徴的な理念、ここでもまた彼は一般論でしか展開しないが、それは歴史の自然主義的解釈への反対である。彼の見解では、人間の歴史を自然史の継続であると言うことはあまりにも抽象的で無意味である。歴史は人間が創り出し、人間に反作用する人為的環境を対象とする。社会的紐帯は、なるほど人間の意図とは独立に形成されるが、しかし人間は能動的、受動的という両面で歴史的な諸条件を決定し、そしてそれらに決定されながら発達する。

この意味の所見（人間は歴史の主体であり客体であるなど）は、しかしながら、あまりにも不明確で研究方法の基礎にはならない。これらを用いるマルクス主義者は、一般にそれらを「弁証法」、あたかもこれらの用語が常識を超えたものを意味し、「そればかりではなくこれも」とか「両者ともに」とか「一方で…他方で」のように、すべてに通用する常套の公式であるかのように呼ぶ。

そのように水増しされた用語の史的唯物論は、すべての物事を神の設計に結びつけた聖アウグスティヌスのそれのような歴史のタイプと好対照を提供するかもしれない。しかし、それはあらゆる歴史家が認識しようとするものを超えて、それらをはるかに凌駕する特別な方法を構築するものではない。

社会主義の意味について、ラブリオーラは当時の社会主義者たちが共通に定式化した見方を超えて進んだようには思われない。社会主義は生産手段の共有、働く権利、競争の廃止、「各人の功績に応じて各人に」という原則を意味する。それは、政治的解放と諸個人の権利についての現代的達成のいずれも放棄することを意味しない。社会主義者は法の前の自由と平等を廃止しようとはせず、特権や私的所有からもたらされる束縛や不平等を破壊することによって、それらを豊かにしようとする。社会主義の全般的傾向は権力と経済制度を分散化することであって、それらを集中化することではない。国家は階級闘争とともに消滅するだろう。社会主義は人間の生活から偶然性を一掃するだろう。

これらすべてを是認しつつも、ラブリオーラ自身は、社会主義の「歴史的必然」について言明するのを避ける。彼は、資本主義は社会主義社会への「道を準備する」こと、そして社会主義の理念は資本家の搾取の道徳的批判だけではなく歴史の動向の認識であること、そして社会主義は「物事の主観的批判ではなく、物事に内在的な自己批判の発見である」と書いた。しかしながら、これらすべてが社会主義の未来の不可避性にたいする信念とつじつまが合うものではない。

ラブリオーラはまた、社会主義は暴力革命によってのみ起こり得るとは考えておらず、新しい社会形態は「自由な制度の共通の蓄積」（一九〇二年の講義）の上に徐々に接ぎ木され得ると望んだ。つまり、ベルンシュタインの進化主義に近い見方である。なるほど、彼は『社会主義運動』誌に掲載されたユーベール・ラガルデル宛の手紙において修正主義に反対したが、この反対の根拠は明瞭ではなく、そこではただベルンシュタインを何でも一度に書きすぎること、そして変化がすぐに起こらないことに失望して社会主義を放棄する人びとの代弁者となっている、と糾弾しただけである。マサリク、クローチェ、ソレルのような、マルクス主義は崩壊しつつあると主張する著作者へのラブリオーラの同じような反論は、その性質がきわめて概括的で、マルクス主義擁護のための客観的貢献というよりも、マルクス主義陣営にたいする忠誠の宣言であった。

彼自身が示すところによれば、ラブリオーラがマルクス主義に傾斜した理由の一つは、形而上学的な思索にたいする彼の嫌悪と制度志向であった。彼はまた「現実を予期するのではなく、現実に内包される」（ソレル宛一八九七年五月二四日付の手紙）哲学のための土台を提供する実証主義の役割も強調した。哲学は隠れた本質の知的究明よりも、現実の自己顕在化である、とする命題はラブリオーラの著作に頻繁に出てくるのだが、それは実践の哲学としてのマルクス主義の特別な立場と結びつけられた。ラブリオーラは、この用語を多くの正統派と異なる意味で使っているが、正統派は、知識の有効性を検証し、解決が求められる科学的問題を同定する手段としての人間活動の実際的活動にかんするエンゲルスの指摘に満足していた。

「実践の過程は自然あるいは人間の歴史的発達を含むが、しかし総合的視点から実践を語る際には、俗に考えられるように、われわれは理論と実践の対立の克服を意味する」（ラブリオーラからソレルへ　一八九七年五月一〇日）。

史的唯物論は「その出発点として実践、つまり有効性の発展を設定し、そしてそれは働く人間の理論であるのだから、史的唯物論は科学それ自体を労働として扱う」（同上　一八九七年五月二八日）。これらの指摘もまたいささか一貫性に欠け、明晰な理論というよりも心性の傾向を反映している。しかしながら、極めて一般的な言い方だが、ラブリオーラは人間の知的活動を、それが哲学だろうが科学だろうが発見されるのを待っている真理の探究、というよりも実践活動の一側面と考えると言ってもよい。つまり、このように彼の歴史主義は、個人に対置される社会と歴史の観点からのプラグマチックな価値以外の認識的価値を認めないことは明らかである。換言すれば、人間の思想は歴史の過程の一部であって、時間と環境から独立した「客観的」正確性を主張できるような世界の記述ではない、と考えているように思われる。

このタイプの歴史主義は、超越的な真理という観念を排除し、すべての人間知識に機能的性格を付与する。もしこれがラブリオーラの見解であったならば、彼は青年マルクスと一致し、エンゲルスの実証主義とは一致しなかったはずである。というのは、もし実践が歴史における人間の役割の全部を意味するならば、その全体の一側面としての知的生産の価値は、変化する歴史状況を「表現する」精神の能力によって測定されるべきであって、「客観的」世界とその叙述の一致によって測定されてはならないからである。このような方向の推論方法は後にグラムシによって引き継がれたが、それはおそらくラブリオーラの影響であったのだろう。

ラブリオーラの不可知論批判も同じ線である。彼は、われわれが事前には知らない何事かを学ぶとき、「即自的なもの」が「対自的なもの」に変わるというエンゲルスの無邪気な態度はとらなかった。そして、不可知論は誤りというよりも無意味であると考えた。彼の見解は、不可知物（the Unknowable）というカテゴリーは、われわれの精神が単に形成されてい

509

ないことであり、その結果、不可知論の図式は何の意味も付与され得ない概念を含む。「われわれはその用語のもっとも広い意味で、経験において与えられたものについて考えるだけである」とソレル宛の一八九七年五月二四日の手紙で書き、次の手紙で、自分の考えをさらに完全に表明した。「可知物はすべて知ることができ、そして『無限』に知られるだろう、不可知物はそれが何であれ知識の領域においてはわれわれに関係がない。――われわれの精神が、現実に存在するものとして、それ自体において可知物と不可知物との絶対的相違を理解できると想定することは幻想に過ぎない」。

したがって、可知物の限界として不可知物を語り、そしてそのように行ったハーバート・スペンサーの不合理性は、あるものは知ることができるという意味を込めている。このような批判は、ラブリオーラの機能主義的で歴史的な知識の見方と、実在それ自体の秘密の解明としてではなく、人間社会の実際的行動の明確化としての認識の扱い方と調和している。

この観点からすれば、不可知というカテゴリーは確かに存在しない。しかしながら、ラブリオーラは、彼自身の前提からすればそうすべきだったが、不可知論の社会的歴史的意味を発見しようとは試みなかった。彼はそれにただ「臆病な断念」と銘打ち、その一方で、それはブルジョア文明の衰退の徴候である、という粗野な解釈を受け入れなかっただけであった。

形而上学嫌いと知識の歴史の急進的な「人間化」と歴史化にもかかわらず、ラブリオーラは「哲学の消滅」の理論をいささかも前進させなかった。彼の見解では、哲学の科学への従属は理想的な姿ではあるが、目に見える近い将来においては期待できない。その一方で、哲学的省察はその独自の目的、つまり、科学がまだ取り上げない問題を予測し、あるいはハーバート・スペンサーが考えたように、経験の結果にたいして統一性を付与する一般的概念を構築するという目的を持つことになった。

＊　＊

その著作の不正確さにもかかわらず、ラブリオーラはマルクス主義の歴史の中で重要な役割を果たした。彼の著作は、おそらくはマルクス主義を歴史の実践の哲学として再構築する最初の試みであったのであり、歴史的実践を、知的活動とその成果を含む人間生活のすべての側面がその立場から解釈される概念として位置づけた。このように、彼は当時のマルクス主義に支配的であった科学主義的イデオロギーに反対した。彼の著作において概括された理論は、二〇世紀において、マルクスの初期の著作の刊行に鼓舞されて、特にグラムシやルカーチによって復活された。この版は、認識論の立場としての人間主義の理念に新しい生命を吹き込んだのだが、それは人間の歴史を到達可能な知識の境界と位置づけ、そしてマルクス主義の理論の相対主義的な側面を再強調するものであった。

510

第9章　ルドヴィク・クシヴィツキ：社会学の道具としてのマルクス主義

マルクス主義の理論家は、広く採れば二つの知的なカテゴリーに分類することができる。第一のそれはマルクス主義そのものに関心を集中し、マルクス主義の正しさを証明する目的のために哲学、歴史、経済学あるいは社会学の諸問題を研究する。いわば、彼らは専門職的なマルクス主義者であり、あらゆる人間思想の分野においてこの理論の正当性を立証することにかかわる。

彼らはさまざまな方法でマルクス主義を解釈するかもしれないが、彼らの中の誰もが自分の解釈は既に全体として存在すると考えられるマルクス主義の精神にもっとも近い、と証明することを固く決意する。彼らは何に従事しようと、彼らのすべての努力の目的は自らがその守護者と任じる理論を擁護し賛美することであることを決して忘れない、という意味で「正統性」(orthodoxy) の精神で充たされる。

彼らは一般にマルクス主義を自己充足的ですべての必要を満たすものと捉え、他のいかなる哲学もそれを批判するため以外には取り上げない（もちろん、「源泉」として正典化されたマルクス主義以前の著作者は別である）。われわれが対象とするこの時期において、このタイプの代表的人物はプレハーノフ、ラファルグ、レーニンそしてローザ・ルクセンブルクであった。

第二のカテゴリーは、マルクス主義の結論をそれぞれの学問分野の課題を解決する援助として利用する社会学者、哲学者、あるいは歴史家から構成される。彼らにとってマルクス主義は手段であって目的ではない。つまり、彼らはマルクス主義が正しいことを証明することではなく、社会現象を理解することに関心がある。この人たちを疑いや軽蔑の目で見下し、いつになっても大義を支持することが期待できないと解する第一のカテゴリーの著作者たちからは、彼らは正統派とは認められない。彼らは、マルクス主義がすべての重要な問題の回答を潜在的に含んでいるとも、人はただそれを見つけ出すために適正に探索しなければならないとも思わない。つまり、彼らは理論の純粋さには無関心であって、マルクス主義者の作品も、非マルクス主義者の作品も同じように使うという心構えである。

ルドヴィク・クシヴィツキ (Ludwig Krzywicki) は、この第二のカテゴリーの代表的なメンバーの一人であった。彼の数多い著作は、少数のロシア語訳とわずかなその他の言語の論文を除いて、その全部がポーランド語で書かれており、それゆえに、彼はヨーロッパのマルクス主義の本流にたいして直接的な影響を及ぼさなかった。しかしながら、ポーランドでは、彼はインテリゲンチャの二ないし三世代にわたって強力な知的道徳的影響力を持ち、社会科学者と人文科学者にマルクス主義の概念を普及する上で中心的な役割をはたした。

クシヴィツキは、才能豊かで勤勉な人物が同時代的な社会問題の知識のほとんど全部を習得することができた最後の世代に属した。したがって、彼は極度に広大な分野を研究者、教師、著述家として網羅した。彼の著作のテーマはスラヴ考古学、人口学と統計学、おとぎ話と民話、原始社会、近代文学、世界の多くの国の詳細な政治経済、家族、宗教、教育の諸問題、芸術家の心理、超心理学、農業、そして外国貿易の問題を含む。しかしながら、彼の主要な関心は、社会人類学、原始人の信念と慣習そして地域共同体の心理学であった。

彼は社会病理の現象に多大な注意を払い、その中で通常の状態では顕在化しない原因や結果を識別することを望んだ。つまり、大衆的錯覚、道徳的感化、集団的幻覚症状、恐怖、大虐殺、恍惚、宗教的政治的熱狂、殉教心理、加虐趣味者、人食い行為である。若い時期の論文を除けば、彼の文章スタイルは記述的であって攻撃的ではないが、イデオロギー的アプローチに溢れている。つまり、虐げられた者への連帯感、あらゆるものが売るためである資本主義の嫌悪、そして原始共産主義に倣った善意によって結合される社会という夢である。しかしながら、彼は党の活動に従事したことはなく、ただ短期間、政治的社会主義運動に属しただけであった。

1　伝記的ノート

ルドヴィク・クシヴィツキ（一八五九～一九四一）は、ロシア領ポーランドのプウォツクで生まれた。この世代のポーランドのほとんどのインテリゲンチャと同様に、彼は零落した貴族（シュラフタ）の家族に属した。彼は一八六三年暴動の後の抑圧の影響下で成長した。つまり、警察の恐怖政治、教育制度の強制的ロシア化、そして、あてのない不満が横溢する雰囲気である。

地主階級は、経済的文化的衰退に陥りつつあった。しかしながら、産業は飛躍しつつあった。政治的そして文化的にロシア領ポーランドは一八七〇年後期までは復活を開始しなかった。そのうちに、産業の成長と早期の政治的解放の希望の挫折の結果として、「有機的活動」というスローガンが現れた。つまり、ポーランドの民族的生命はロマン主義、反乱、陰謀に替わって、教育、産業活動、技術的能力および合理主義的態度という手段によって再建されるべきだというのであった。

このような世界観の哲学的基礎は、スペンサー、ダーウィン、テーヌが提唱した西欧の進化論的実証主義であった。青年評論家としてクシヴィツキは、それを彼の攻撃の第一の対象としたが、他方で同じ時期に若い学生グループは、民族主義あるいは社会主義のどちらかによって触発された新しいイデオロギーを求めはじめた。

一八七八年にクシヴィツキはワルシャワ大学に入学し、そこで数学を学んだ。まだ在学中であったが、彼は社会主義の理念、主にサン・シモン流の社会主義理念と接触した。大学で彼は『資本論』を読み、その主張に納得した。スタニスワフ・クルシンスキ（一八五七～八六）やブロニスワフ・ビアノブロキ（一八六一～八八）、二人ともロシアで学んだが、これらの二人とともに彼はポーランドの最初のマルクス主義グループを設立し、その理念を読者層に紹介した。しかしながら、彼も彼の同僚の学生たちも厳密な意味での正統派マルクス主義者ではなかった。

ビアノブロキは、チェルヌイシェフスキーの全般的影響の下に、美学と文学論に関する論文を発行し、他方クルシンスキの背景は主に実証主義的で科学主義的であった。二人とも早逝し、マルクス主義の思想に何らかの実質的影響を与えるまでには至らなかった。彼らとクシヴィツキは、「プロレタリアート」として知られた最初のポーランド社会党と緩やかな接触を保った。これは地下組織であり一八八一年にルドヴィク・ワリンスキとその他の人びとが創設した。それは当局によって破壊され、指導者は一八八五年に処刑されたが、マルクス主義的社会主義の永く続いた殉教者の最初であった（社会主義の理念はその後の半世紀にわたり、ポーランド知識人、特に三〇年暴動の後にポーランドから逃れた亡命者の中で生きつづけた）。

クシヴィツキは、その経歴を著述家として一八八三年に開始し、ハーバート・スペンサーやポーランドのその信奉者たちを批判した。同年に彼は政治的示威行動に参加した廉で大学から追放された。彼はライプツィヒに逃れ、そこでクシヴィツキ・クルシンスキ集団による資本論第一巻のポーランド語訳の出版を準備した。これは、その一部が八四年から九〇年にかけて出現した。ライプツィヒで人類学、社会学、政治経済学を学んだ後、クシヴィツキはスイスに行き（そこで、カウツキーやベルンシュタインを含むドイツやロシアの社会主義亡命者と会った）、八五年の初めにパリへ赴いた。この時期に彼は、ポーランドの亡命人雑誌に革命的マルクス主義者風の論文を数本発表した。

一八八五年にポーランドに帰還した。しかし、逮捕を避けるためにこの年はガリツィア（オーストリアの支配下にあった）に留まった。八六年の末にかけてプウォツクに戻り、八八年半ばにワルシャワに落ち着き、幅広く著作活動を行い、多数の合法・非合法の教育活動に従事した。秘密の社会主義組織が、ポーランドでまさに再結成されはじめた。クシヴィツキは八九年に結成されて経済闘争に従事していたポーランド労働者組合と緊密に結びついた。

労働者運動が相互に敵対する二つの陣営、つまりポーランド社会党（PPS）とポーランド・リトアニア王国社会民主党（SDKPiL）に分裂・結晶化した時、クシヴィツキはどちらの側にもつかなかったが、時折ポーランド社会党の雑誌に寄稿した。

一八九〇年から一九一〇年のあいだに、彼の気持ちが進化論的社会主義の方向に傾くにつれて、その政治的著作物の調子も目に見えて穏和になって行った。この時期に彼は、史的唯物論に関するそのもっとも重要な理論的作品を書いたが、それは二三年に『社会学研究』として、また民族誌学や人類学のいくつかの書籍として発行された。すなわち、『人類・倫理的人類学概要』（一八九三）、『体系的人類学入門・自然の民族』（一八九七）、『精神の民族』（一九〇二）、『原始人の智慧』（一九〇七）、『ハーバート・スペンサーの社会学』（『哲学研究』掲載）であった。彼の文学的主題や都市問題に関する論文は著書『奈落』（一九〇九）に収められた。

513

ベルリンと一八九二年から九三年のアメリカ合衆国訪問を除いて、クシヴィツキは第一次世界大戦までワルシャワに留まり、科学や社会問題の定評ある権威者となった。戦後に彼はワルシャワ大学や各地で教え、社会経済研究所の所長となった。この機関は経済的指針を作成する目的でポーランドの状態を研究し、一九二一年にクシヴィツキ編集の下でソビエト・ロシアの経済・社会状況の最初の真摯な研究報告を作成した。戦後の数年間、多くのヨーロッパ諸国の社会主義者と同様に、彼は革命の理念を完全に放棄し、ソビエトの体制は経済法則を侵害する試みである、と見なした。しかしながら、彼は最後まで社会主義者でありつづけ、社会主義社会は資本主義経済の合理主義化と民主主義化によって徐々に実現できると信じた。彼はまた、社会状況の研究に当たって主要なマルクス主義の基準は有効である、とも信じつづけた。彼はドイツ占領下のワルシャワで死去した。

2　生物学的社会理論の批判

クシヴィツキの一八八〇年代の著作は、ポーランドにおけるマルクス主義の理解を広げるのに大いに寄与したが、それらは理論にたいしてはほとんど貢献せず、その大部分は史的唯物論の標準的解釈に従ったものであった。それらは、主として論争的調子であった。スペンサーと社会ダーウィニズム批判の中で、クシヴィツキは生きた有機体のパターンにそって社会のモデルを構築する進化論者は、事実上、階級協調のイデオロギーを普及して階級闘争を終わらせ、矛盾と競争によって引き裂かれた伝統的紐帯に目を閉じている、と批判した。

彼はまたマンチェスター学派のアイディオロジストによって発動された、社会ダーウィニズム問題にも取り組んだ。競争と社会的衝突を、生物の適者生存のための競争の個別的事例として扱うことはできない。それらは生物学的環境によってではなく社会発展の一局面であって、永遠の自然法則ではない、生産の無政府性によって引き起こされた。ましてや、現在の条件のもとで最適者が生き残った、というのは真実ではない。生存を保障したものは、原則として、能力ではなく特権であった。クシヴィツキはまた他の機会でも、例えば、ゴビノー［アルテュール・ド・ゴビノー］の人種差別的歴史哲学や人類学的民族概念、そしてロンブローゾ［チェーザレ・ロンブローゾ］の犯罪理論への応答において、生物学的社会観を批判した。

514

いわゆる「人種の精神」は生物学のカテゴリーではなく、歴史的諸条件の遺産である、というのがクシヴィツキの主張であった。人種差別主義(Racialism）は社会制度の変化を説明できず、あるいは人種的に近い社会で社会制度は異なっており、異なる人種の社会でそれらが同一であるという事実も説明できない。しかし、これらの事柄はすべて、もし社会制度とイデオロギーが生産と交換の方法の変化に依存するものと見るならば説明可能である。民族について、クシヴィツキは、それが人類学的存在ではなく文化的存在であるがゆえに歴史的存在である、という点でカウツキーに同意した。ヨーロッパにおける民族の理念は主に商人階級の創造物である。なぜなら、彼らにとって集権化された民族国家こそが有益な法的枠組みを提供したからである。民族的統一が国民的市場の成長に先行したのは確かだが、後者は民族的統一それ自体の意識化を促進した。

同じように、ロンブローゾの流行の理論は、科学的アプローチに代えて階級的アプローチを基礎としたことによって堕落したと、クシヴィツキは考えた。このイタリアの精神科医は、犯罪は事実として社会条件、貧困そして無知によるにもかかわらず、遺伝または内在的人類学的素質によると考えた。

無政府主義のイデオロギーもまた、誤った生物学理論に基づいていた。無政府主義が社会主義と異なるのは手段であって、闘争の目的については一致する、と考えるのは間違いである。無政府主義者は、個人と社会のあいだには永遠の対立が存在すると信じ、歴史は人間が制度に絶えず支配される過程であると見る。したがって、彼らは政治的・議会的制度の利用に巻き込まれる闘争への参加を拒否し、人間の博愛的な本能は社会的隷属と特権を廃止するのに十分である、という願望のもとに、現在の国家機構を麻痺させることにその努力を集中するのを好んだ。「悪ければ悪いほど良い」というスローガンを掲げながら、彼らは、大規模な略奪を含むすべての手段を正統的と見なし、彼らの隊列にルンペン・プロレタリアートやその他の脱落者分子を迎え入れた。

それと対照的に、社会主義者は社会の発展を病理学の立場ではなく、必然的な進歩と見なして、個人の解放は慈悲深い本能や永遠の道徳規範ではなく、自然の力にたいして集合的な力を行使する人間によって実現されるものと期待した。彼らの見解において無政府主義は、資本の漸進的集中化によって荒廃させられた、前資本主義的生産形態による不毛の革命であった。

3　社会主義の展望

クシヴィツキの攻撃は、最終的に、あらゆる協調主義的理論と運動に向けられたのであって、それがキリスト教的疑似社会主義に立つ試みであろうが、封建制度の名目に立つ資本主義との闘争であろうが、労働者にたいする後見制度による社会問題の解決の模索であろうが、「人民」という未分化な概念によって階級制度をごまかす民主主義的イデオロギーであろうが、これらのすべてに向けられた。民主主義者が「人民」と呼ぶものは、それらの利益がいつも一致するとは限らない、いくつもの階層から成り立つ。つまり、労働者、富農、小商人、職人等である。

遅れたポーランドにおいてのみ、そのような曖昧な形の民主主義が生き残ることが可能であった。より発達した諸国においては、さまざまな階層が分化し相互に争っている。資本家と労働者のみが生産の分野における進歩を実際に代表し、他方、その他の階級、特に農民は近代産業の発展によって崩壊が運命づけられている、過ぎ去った形態を代表する。

これらのすべての主張においてクシヴィツキの観点は、古典的なマルクス主義のそれである。彼は、技術の進歩に基づいて社会を解放することができる唯一の階級としてのプロレタリアートの独立を支持し、前資本主義体制の復活のための絶望的な試みは支持しない。彼は確信をもって、資本の集中の拡大につれて中間階級は消滅することを期待する。彼は史的唯物論の基本的な原理を受け入れ、そして特に、自生的な技術の発達が政治・経済体制と衝突するようになり、この体制の改変に繋がるような理念を登場させる時に、歴史の発展が起こるという見方も受け入れた。

あらゆる社会において、そのもっとも未開の時代以降、財貨の配分、したがって階級の区分は、生産様式に依存した。経済的諸条件がイデオロギーの発生を「説明」するか、あるいは政治制度の「土台である」。道徳的政治的な理念は、人間が自らの利益を思い描きそれらを守るために団結できる必要な形態として、社会的な必要に応じて生まれる。諸々の理念は、社会発展の強力な動因であるばかりではなく制度的変革の必要条件でもある。

しかしながら、それらは、それ以前に意識されなかった利益の顕在化として現れる、という意味で第二次的であって、もしそのような団結に必要な物質的条件が現に存在するならば、すなわち、一定の利益の共同体と他者との区別が存在するならば、その場合のみ、社会的結束の手段となることができる。

社会的必要にこのような根拠を持たない理念は無能と非難されるが、そ

516

のような非難はすべてのユートピアや完全な社会という夢想にも当てはまる。しかし、人びとの現在の条件や要求を組織しその意識に光を当てる理念は、技術の進歩を妨げ、そのような進歩を表わす階級の敵と化した社会秩序を破壊するために必要である。

ツァーリの検閲の範囲外で出版されたものであっても、クシヴィツキの初期の論文の中で社会主義革命はそれほど大きく目立つものではない。しかしながら、この点でもまた、彼は正統派のヨーロッパ・マルクス主義の見解、つまり、発展のある一定の段階で、技術の進歩と私有財産制度の矛盾が資本主義の革命的転覆に至る、という見解を共有した。危機は人為的にはやって来ず、資本主義の自生的な成熟の結果であるに違いない。社会主義者の任務はプロレタリアートの階級意識を組織し、そして適正な瞬間に革命の過程を統御することである。しかしながら、その若い時代においてさえも、クシヴィツキは進歩あるいは社会主義それ自体の不可避性を信じていたようには思われない。

一八八七年に『グロス』（声）に掲載された「社会発展の概要」と題する論文において、彼は、インドが証明しているように、カースト制度が他の要素よりも強いことが証明され、この国を数世紀にわたり停滞を強いてきた所で、新しい生産力が必ずしも古い社会をいつも解体するわけではないと書いた。

カウツキーの著書『カール・マルクスの経済学説』のポーランド語版の序文で、彼は、資本主義の発達や階級分化からもたらされる新しい秩序は、プロレタリアートあるいはブルジョアジーのいずれかの任務となるだろう、と述べた。前者の場合には生産手段の集団所有となるだろうし、後者の場合には、私的所有と賃労働が残るだろうが、しかしそれらは国家の組織に従属しているだろう、と。

その後の論文でも、彼はこの考え方を一度ならず繰り返した。彼の理想は、その主要な特徴として産業民主主義を有する社会主義社会であった。しかしながら、彼は、資本主義がすべての生産を国家の独占に転換することによって、生産の無政府性と競争を成功裏に除くことは可能であると考えた。これはロードベルトゥスやブレンターノが構想したものと多かれ少なかれ同じような、ある種の国家資本主義を意味する。つまり、労働者は社会的保障を得て、経済計画が導入されるだろう、しかし、社会主義の基本的特徴、つまり賃労働の廃止とすべての労働者階級による生産の統制という特質は失われるだろう。

初期社会の考察において、クシヴィツキは原始共同体に特別な共感を示し、そこに彼は歴史上知り得るもっとも民主主義的な体制があったと考えた。この見解を共有したラファルグは、職業としての民族学者ではなかった。しかしクシヴィツキの科学的関心は、相互の尊敬で結ばれ、奴隷労働を回避した平等な者の共同体、というヴィジョンによって強められたことは疑いがない。彼の探求は、その古典的著作をクシヴィツキがポーランド語に訳したルイス・H・モーガンの理論に基づいた。彼が生涯にわたって続けた原始社会の研究は、次第に、史的唯物論との調和が難しいか、あるいはいずれにしてもその範囲を限定すべきである、という結論に彼を至らせた。

4　精神と生産、伝統と変革

クシヴィツキは、自らを歴史の唯物論的解釈の味方と見なした。しかしながら、われわれがそのもっとも有名な理論の提示を見る時、彼がマルクス主義の歴史哲学の諸規定を受け入れる際の留保事項の多さに驚く。

第一に、彼は、史的唯物論をそれが唯物論的であろうがその他であろうが、いかなる特定の哲学的立場からも完全に独立したものと見なした。この点を強調するために、彼は史的「唯物論」と後ろの言葉に引用符をつけて呼び、「史的唯物論」は伝統的で誤りやすいと見なしていることを示唆した。彼は滅多に認識論的あるいは形而上学的な問題を扱わなかった。しかし、いくつかの論文（「哲学における経済原理」一八八六、「代償」『地平線』一九一四）では、当時の多くの論者と同様に、経験批判論や一定のカント主義者に近接した、現象論的見解を取ったことは明らかである。

彼は、われわれは、われわれ自身の人間のやり方で、客観的な現実では

517

なく予測の手段である区別と概念を創り出して、世界を理解する、と述べる。つまり、われわれは印象から「対象」を創造し、「物」と「力」を区別し、人間の立法というやり方に従って、自然にたいして「法則」を課す。事実として、人間の認識から独立した自然法則は存在しないのであるが、そのような認識の制限内で、われわれは現象間の関連を、予測を許容する因果関係として表現することができる。このすべてが、形而上学的仮定から独立したものとして、特に「唯物論的」なものとして理解されることとなる。世界のすべての進化とは、もともとは精神の構築物であり、われわれがそれを現実に投影する理由は、現代社会において人間が自ら創り出した機械の主人ではなく、奴隷であるからである。

精神現象の「二次的」性質は、このように精神と物質との形而上学的な対置と関係がなく、それらが意識の上で明らかになる以前に物質的必要が存在する、ことを意味する社会学的事実である。

しかしながら、われわれが、いかなる限界内で、「物質的」諸条件への精神現象の依存を受け入れることが正当化されるか、という問題が生まれる。クシヴィツキはここで、マルクス主義の土台と上部構造の対置には言及しないが、古典的およびそれ以下の他のさまざまな事例によって、技術の変化が現存の法秩序の下では充足させられない新しい必要を生み出す方法を説明する。新しい問題は自然発生的に起こるが、しかし、それは、その時代の政治制度によってがんじがらめにされている社会的諸力を組織する上で不可欠な役割を果たすイデオロギーの援助の下に、意識的活動によってのみ解決することができる。

歴史貫通的に、経済の現実の傾向と何ら関係のない恣意的なユートピアや理想が存在してきた。これらは歴史の過程の「切れはしや削りかす」に過ぎない。歴史の根本的な理念は、それらの理念自体の内在的な力によって作用するのではなく、それらの理念が、古い諸条件がそれらの制約となる社会の新しい要素のいまだ意識化されない熱望を表現するがゆえに作用しないのである。

このようにしてクシヴィツキは、人身の自由や法の前の平等、窃盗の非難、利子付き貸与の権利、知識の崇拝、これらはすべて貿易の発展と西ヨーロッパにおけるブルジョア階級の重要性の増大の結果であるのだが、これらの原則を古典的方法で解釈する。彼はトーマス・ミュンツァーを事例として引用し、ミュンツァーは平等主義的で福音主義的な社会を夢想した人物だが、実際の改革段階になると、改革が商人階級の利益を反映するという理由から実現可能な改革しか提起できなかった。

しかしながら、このことは、イデオロギー現象は現に存在する必要を表現し、社会に既に存在している諸力を組織することしかできないということを意味するのではない。史的唯物論は、理念の起源あるいはむしろ歴史に影響を及ぼしてきた理念の起源を説明する。

しかし、理念はいったん成熟すると、それ自体の生命力を持ち、物質的諸条件がそれらの理念を独立に生み出すところまで発展しない諸国においても、新しい社会的な力を引き出すようになる。このように外から移入された理念によって促進された社会の進歩の顕著な実例として、クシヴィツキは、中世後期のヨーロッパ諸国によるローマ市民法の採用を挙げる。この法システムは、商業が十分に確立され、それだからこそ、商業経済が急速にその基盤を獲得しつつあった後期中世社会に適合した。しかしローマ法の採用それ自体が、当時始まっていた「物質的」過程を大規模に加速させた。「しかし、ローマ法を契機としてヨーロッパの発展はその数世紀後に起こり得たのであり、さまざまな行程が続いたのだ」（「思想の運動」一八九七『社会学研究』四七頁）。

このように、法的理論あるいはその他のイデオロギーは、その起源が二次的ではあっても他の環境において、変化の単なるバロメーター〔徴候〕ではなく、第一次的で創造的な力となるのであるが、その原因にはなれない。同じように、ロシアの社会主義イデオロギーは、この地の社会的諸条件の成熟の結果ではなかった。それは西欧から移入され、それ自体として成熟の過程に寄与したのだが、それでもこうした事実が翻って多様な、そしてより「主観主義者的」形態を取らせた。

もう一つの重要な要素、われわれに社会生活の物質的形態と精神的形態の単純な対応という想定をやめさせる要素は、伝統という独立した力である。社会生活の諸問題を解決する合理的な試みとして始まった制度、慣習、信条は、それらを正当化した環境が変化した後でも一般にそのまま残りつづけて骨化する。この種の残存物は年代を通して蓄積され、各世代が山になるまで何らかのものを追加し、そしてその総集積、クシヴィッキが「歴史の基層」(historical substratum) と呼ぶその集積の結果は、あらゆる人間活動の強力な拘束となる。

人間は、実質的に言えば、放棄することができたずっと後になっても時代遅れの形態に縛られる。金属の斧は、効率の劣る石斧の形状で長い間作られ続けた。石造りの建物と墓は、木製のものを模倣して造られた。モーガンが指摘したように、原始言語における家族関係の名称は、当該の社会においてその存在を停止したパターンを反映している。新しい社会的力は伝統の重みに反逆し、自然の法則を歴史の法則に、合理性の規範を継承された基準に対置する。しかし、過去はわれわれのあらゆる活動を妨害しつづけ、社会の進歩を遅らせる。

どの歴史過程の最終的結末も「客観的諸条件」が唯一の決定者であるとしても、予測した通りのものにはならない。それは伝統によって著しい度合いで影響を受けるのであって、この伝統は慣習、信念、制度、地域的に相違する気質または「人種の精神」と言われるものから成り立つが、それらはまた翻って長期にわたる環境の人間性への影響の結果である。結果として、社会の実際の発展は極端に変化に富み、統一した進化の図式を識別
519 することは難しい。

クシヴィッキは原始社会の研究から、普遍的法則は存在しないこと、そして例えば、奴隷制はすべての場合に、必然的な段階ではなかったという結論に達した。晩年になって彼は予想もしなかった結論、つまり、意識的な人間の意図は、文明化された社会よりも原始社会において社会過程により大きな影響を及ぼした。なぜなら、原始社会は蓄積された物質的制度によって妨げられず、それゆえに社会的紐帯が硬直的ではなかったからである、という結論に達した。

このような観察は、クシヴィッキの度重なる産業社会批判と符合するものであり、彼はそこで人間人格がほとんど完全に「物象化された」紐帯や非人格化された共同の形態のもとに置かれ、創造性は貨幣権力によって窒息させられていると批判した。このような退化は特に大都市で顕在化し、そこでは個性が凡庸の大海の中で溺死させられている、と。

エンゲルスやその他の一九世紀の多くの社会主義者と同様に、クシヴィッキは新しい秩序の主たる効果の一つは人類を非都市化し、都市住民に「自然に帰る」ことを可能にすることであると考えた。彼は社会主義を形而上学的な観点から定義したことはない。しかし、彼は、人間労働と創造性は商業的条件に依存することを停止し、人間関係が再び自生的で直接的になることを望んだ。

彼の同時代文学の批判は、人格的な社会の紐帯と匿名的な社会の紐帯との同様の対置に基づいた。芸術におけるモダニズムは彼にとって大都市文化の典型的産物、交換価値の全能性や人間存在を機械の地位にまで押し下げることへの反乱に見えた。しかしながら、モダニズムは実りのない反乱である。なぜなら、功利主義文化へのその唯一の回答が、独立を自称する主観主義的態度において世界を拒否することであるからである、と。

クシヴィッキの著作には、二つの還流する主題のあいだで緊張が見て取れる。彼は一方で、例えば自然の力にたいする人間の支配の拡大のように「進歩」の概念を多く使う。しかし他方で、彼はこの支配が拡大するにつれて人間関係はますます堕落して非人間化し、精神が物に依存するようになり、個人の創造性の余地がますます少なくなると強調する。疑いもなく彼はマルクスと同様に、生産の社会化は、人間の自然にたいする支配とその個人的生活の要求を調和させ、そしてこれら二つの統合を実現することが可能であると願った。しかし彼はこのテーマを発展させず、彼の原始人と村落生活への魅惑（他の個所でその貧困を主張しているが）は、「自然」の生活の失われた無邪気さにたいする後悔を裏切っているように見える。

生産力の歴史的優先性をある程度制限する今一つの要素は、心理分野における「自然淘汰」が、それを適切であるとする諸条件が消滅した後でも

520

作用しつづけることである。例えば、歴史的環境は、ジロンド派やジャコバン派のような特定の心理的タイプを放棄したが、この選択の結果が翻って、歴史にたいして重大な影響を及ぼした。生物学的淘汰もまたこのようにして重要であるかもしれない。

一つの事例は食人行為であるが、クシヴィッキはクラフト＝エビングに従って、概してそれは迷信や食糧不足の結果というよりも、性的衝動の病理形態であると考えた。つまり、その原因が何であれ、自然淘汰は食人的欲望に満ちた病理的人間を全体として生み出すように見える、と。

歴史過程におけるさまざまな力の重要性に関するクシヴィッキの言説を比較して、われわれは、生産力と生産関係が変化を決定する上で果たす役割は多くの制限に囲まれており、そのために彼の見解を当時のマルクス主義の正典に組み入れることは難しいことを発見する。

どのような特定の過程または事件も、実際に生産力の発展あるいは生産力と政治的諸条件の対立によって単純に説明できるのではない。なぜなら、そこには常に他の要因が全体として連続的に作用しているからである。つまり、人口変動、地理、心理、伝統（これがとりわけ）そして当該の社会の外部からの思想がそうである。同じ理由により、あらゆる社会に当てはまる歴史の図式も、歴史的必然のようなものも存在し得ない。

それでは、歴史過程は技術の変化に依存する、という理念には何が残されるのだろうか？　クシヴィッキは、「結局のところ」というエンゲルスの決定論の参照のような曖昧な図式には頼らなかった。彼の考えはおそらく次のようにまとめれば十分に意を尽くせるだろう。

あらゆる現実の社会過程は、技術の進歩を含むきわめて多様な要因の結果である。技術の進歩の際立った特徴は、ともかくも「歴史的」社会において、変化はこの分野で他よりも素早く起こり、その結果、技術の変化は変化一般のもっとも迅速なエージェントであるということである。それでも「一次的」とは言えないが、しかしこれは、すべてではないが、ある程度の政治的法的制度の重要な特徴は、生産分野における進歩から生まれる人間の必要によって引き起こされる、という意味合いで肯定できる。

イデオロギー的生産物の二次的性格について言えば、これを、あらゆる社会的、宗教的、あるいは哲学的理念は、物質的必要を叶えるために存在するようになる（例えば、多くのユートピアはそのような目的を持たない）とか、あるいは理念の社会的重要性は必然的にそのような必要の強さに比例する（理念それ自体は、「物質的」秩序における社会過程を促進するのだから）という意味として受け取ってはならない。

理念あるいはイデオロギーを二次的と呼ぶことの意味は、人間の熱情、欲求やエネルギーを押さえつける際の最大の有効性が、その強さを、人間が自分の意志や企図に反して巻き込まれる前に存在する、「物質的」紐帯に負うことを意味するだけである。もちろん、これは史的唯物論の相当に薄められた解釈である。

疑いもなく、それはクシヴィッキが歴史の生物学的理論、あるいはタルド、特に基礎的社会過程を人間の本能や擬態に求めたル・ボンを批判することを可能にさせた。しかし、マルクス主義がクシヴィッキの理論に残したものは、さまざまな色合いの思想家たちがまもなく当然視したものに過ぎなかった。生起するあらゆる過程は多様な要因の結果であり、マルクス主義が選び出した要因の相対的重要性の数量的測定手段は存在しないのだから、それらが「主要な」あるいは「もっとも決定的な」要素である、という主張は無意味である。

ローマ法の採用のような「突発的な」事実（すなわち、物質的要因によらない）は、数世紀にわたって人間の運命に影響を及ぼすのだから、「物質的な」決定要素の重要性はもっとも一般的条件においてのみ断定できる。社会の技術的な水準そして物質的利益のパターンは、その歴史にたいして漠然とした関係しか持たない。つまり、社会的な衝突の行程とその結果、そして「客観的諸条件」の最終的な効果すらも歴史の法則によって前もって決定されているのではなく、偶然の領域に属する。

この形態の史的唯物論は、歴史の理論でも自己充足的な探究の方法でもない。それは、われわれが、生産の方法から生まれる要因や必要を見極めるために、政治制度やイデオロギーを超えてできるかぎり見通さなければな

521

らない、という極めて一般的な助言であって、それは生産の方法が政治やイデオロギーの完全な解釈を用意し、それらの進化をわれわれが予測できるようにさせる、と期待してのことではない。

それはまた、歴史の過程は個々人の恣意的な決定に依存するのではないこと、世界を改革するというあらゆる計画は必ずしも成功の望みを持っていないこと、すべての理念が必ずしもその起源を持っているのではないこと、理念の社会的有効性はその出所、価値または精密性に依存するのではない、という助言でもある。しかし、これらの命題もまた、マルクスやその信奉者たちの主張のお陰で、まもなく一般的に受け入れられるものとなり、もはや特別にマルクス主義的とは見なされなくなった。

マルクス主義理論の普及におけるクシヴィツキの役割は、このように両義的なそれである。彼はマルクスの理念や方法をポーランドの知的生活に紹介することに多大な貢献をしたが、彼のアプローチの柔軟性と折衷主義は、ポーランド・マルクス主義が正統派の形態を取らず、一般的な理性主義的あるいは歴史主義的傾向に吸い込まれた理由の一つであった。この意味でクシヴィツキは、異なる理由はわずかばかりあるが、イタリアにおけるラブリオーラのように、おそらく、マルクス主義の立場からすれば、トロイの木馬ほどの破壊力ではなかったのだろう。

第10章　カジミエシュ・ケレスークラウス：ポーランド型の正統派

カジミエシュ・ケレスークラウス（一八七二～一九〇五）（Kazimierz Kelles-Krauz）は、ポーランドの社会主義運動、すなわちポーランド社会党（ＰＰＳ）主流の中心的理論家そしてアイディオロジストであった。理論の定式化や普及において重要な役割を果たしたポーランドのマルクス主義者の中で、彼はいくつかの重要な点では外れていたが、当時のドイツ正統派にもっとも近いところに位置した。その短い成人生活を通じて彼は党の宣伝者であり、ポーランドの独立という大義を、ともに強力に支持する左派社会主義者に受け入れられる形でマルクス主義を唱道した。

カジミエシュ・ケレスークラウスはロシア領ポーランド南東部のスッツェブレズィンに生まれた。不定期にギムナジウムに通学しながら、八〇年代に若い世代のあいだで形成された多くの社会主義グループの一つに加わった。学校から追放され、ワルシャワ大学への進学を拒否され、一八九二年に勉学のためにパリに赴き、そこで在外ポーランド社会主義者協会のために活動した。

彼は、フランス人やドイツ人そして亡命ポーランド人の雑誌に理論的で政治的な論文を書き、ポーランド社会党内の民族主義者や修正主義者およびローザ・ルクセンブルクを含むさまざまな批判者に反論して、マルクス主義を擁護した。彼は結核によりウィーンで死亡した。彼の多くの著作の中でもっとも重要なものは以下の通りである。「経済的唯物論の結果としての革命の回顧の法則」（『図書館』一八九七）、「われわれの綱領の階級的性格」（一八九四）、「いわゆるマルクス主義の危機」（『哲学の概要』一九〇〇）、遺作である「経済的唯物論」（一九〇八、ルドヴィク・クシヴィツキによる序文付）そして「芸術発展のいくつかの基本法則」（一九〇五）である。

彼の時代の多くのマルクス主義の理論家と同じように、ケレス・クラウスは、マルクス主義は伝統的な意味の哲学または認識論の問題を決定する、と主張するのではなく、ただそれ独自の現象論的立場を主張するだけであり、その結果として、史的唯物論は精神主義的な理論と対置される「実体主義的な」理論として考えられる唯物論全般と名称を共有するだけである、という見解をとった。彼は、マルクス主義はともに現象と見なされる社会意識と外部世界との関連を対象とし、「精神」と「物質」の関連を対象とするのでない、という点で、ラブリオーラと一致した。

マルクス主義にとって、認識過程は社会的歴史的現象としてのみ関心事項となるのであって、「ものそれ自体」を認識する手段としてではない。したがって、マルクス主義は、どのような状態の所与の知識であっても、所与の文明全体との関連でのみ意味があること、そしてその真理性はその歴史的機能に存することを受け入れなければならない。しかしながら、これは相対主義の原理が、マルクス主義自体に適用されることを意味する。「カントに還れ」のスローガンに触れながら、ケレス・クラウスは述べた。

「われわれはどのような場合でもこの理念を何か別のものとして理解しなければならない。すなわち、われわれが成し遂げようと欲することは批判的観点を社会の立場に移し替えることである。いかなる社会あるいは個人も、そして、われわれにとって最大の関心事である諸個人が属する階級も、自らの意識に一定の刻印を押し、それに一定の社会及び世界の概念を先験的に負わせ、自分の網膜を通して以外にはものを見ることができないのと同じように、自分を解放できないことをわれわれは思い起こすだろう。プロレタリアートもまた、自らの階級に規定された理解を持たなければならないこと、それ以前のすべての階級と同様に、その哲学は本質的に相対的で過渡的であるということになる。つまり、過去ではなく、未来の無階級社会の新しい社会的理解が、階級闘争から帰結したものにいつ取って代わるかは真実や真実のように見えることはないであろう。その未来社会の哲学はマルクス主義に由来しながらも、物事の性質上それとは異なるものとなり、ある意味でわれわれが今日知っているマルクス主義と少なくとも反対のものであるに違いない、しかし、われわれが正確に語り得ないものであるだろう」（『経済的唯物論』三四頁）。

ケレス・クラウスは、それゆえに、プロレタリアートの階級的立場が全面的に科学的あるいは「客観的」立場と一致するような、特別の歴史状況を信じなかった。つまり、彼の歴史や社会事象における先験的原理の承認は、おそらくマルクスよりもジンメルに近い。この相対主義の限界内で、彼はマルクス主義の歴史解釈を支持したのだが、他方ではそれを彼自身の観察で補完した。

彼の考え方では、史的唯物論は本質的に一元的理論であった。すなわち、それは単一の形態の人間活動つまり生活の必需品や道具の生産が、その他の生活側面すなわち分業、階級構造、物品の分配そして上部構造のあらゆる特徴の起源を説明する上で十分である、とした。クノーやトゥガン・バラノフスキーに従って、彼は、エンゲルスが物質的生産のほかに種の繁殖、家族生活の形態が社会過程を決定する人間活動の基本的側面である、と捉えたことを批判した。エンゲルスは、マルクス主義の偉大な達成である一元論的立場を放棄したのだ、と。

エンゲルスの過ちは、人間の再生産という自然過程と社会的に規定される家族形態を混同したことにあった。すなわち、前者は純粋に生理学的であって、不変であり、それゆえに社会の進化を説明することはできない、他方、後者は経済的諸条件に依存する。同じようにカウツキーも、経済的諸条件だけが時代の共通する特徴の生成を説明できるが、個別の環境あるいは諸個人の行動を説明することはできないと主張する時、一元論的立場から離れてしまった、と。

ケレス・クラウスは、マルクス主義の「一元論」の極めて厳格な解釈を主張したように見えるが、事実として、彼はこの決定的な点で一貫しなかった。彼は、人間の生活は三つの主要な要素、つまり種の生物学的特性、自然環境そして社会的諸条件によって支配されるが、歴史の変化は技術の変化の結果であるとも言う。「倫理、法、政治、宗教、芸術、科学、哲学、これらすべてがその起源と本質は功利的であって、それゆえに生産様式と対立せず、それに適合するに違いない」（『経済的唯物論』一〇頁）と。

しかしわれわれは歴史の中に、諸要求が自律する傾向を発見する。ある活動形態、特に知的・芸術的生活は、その起源からしてもっとも基礎的な要求の装置であって、それら自体の生活を獲得する。つまり上部構造が土台に反作用し、それから部分的に自立するようになる。それでもやはり、経済的基礎を奪われた社会生活形態はそのうちに死滅せざるを得ない、しかしそれらは一般的にそれらを引き起こす経済的諸条件を存続させる。

これらのすべての考察が、この時期のマルクス主義のステレオタイプと合致する。他のマルクス主義者と同じように、ケレス・クラウスは歴史の「一元論的」解釈を語ることがいかに道理に叶うことからかけ離れたものであるかを問わなかったのであるが、他方で、同時に芸術、科学、哲学あるいは宗教における変化が生産関係における変化以外の他の要素、特にそれ自身の内在的発展およびそれぞれの「自律化された」要求の展開に依存する、という常識的な見方も受け入れた。おそらく彼の思想は、すべての形態の社会生活は発生論的に生産関係の視点から説明できるというものであり、彼は「一元論」という用語をそのように限定された意味で使うことが誤りであることが分からなかった。

コントの哲学をマルクス主義と比較して、ケレス・クラウスは、この二つは人間個人を多くの社会的影響の結果として解釈する点でも、またすべての社会現象に精神的性質を帰属させる点でも一致していると語った。それゆえに、マルクス主義の立場からすれば、われわれが上部構造から土台に言及するか、あるいは新しい経済現象を上部構造の範囲内の新しい現象によって「表現するか」は同じことなのである。もしそうであれば、いかなる意味で上部構造にたいする生産関係の「優位性」が維持され得るのかを理解するのは難しい。

マルクス主義の公式を基礎にして、説明するのが難しい現象の一つがマルクス主義そのものである。生産関係の中にその基礎がないときに、プロレタリアートのイデオロギーが現れることができ、大多数の労働者に一挙に影響を与えることができる、というのはどうしてなのだろうか。封建制度の政治的・法的枠組みの中に強力な基礎を持った資本主義経済と異なり、社会主義は資本主義のもとで自生的には生起しないのであって、それ

525

は未来の夢でしかない。

ケレス・クラウスはこの逆説を、彼がややうぬぼれ気味にそう呼んだもの、つまり「遡及的革命」(revolutionary retrospection) の法則で説明したが、それによれば「改革運動が現存の社会規範の代わりとして求める理想は多かれ少なかれ遠い過去の規範と常に同じものになる」。それはもちろん十分に真理であるが、それはケレス・クラウス以前にもよく知られており、「法則」と呼ばれるほどの価値はなく、ただ、新しいイデオロギーは一般にその支持を伝統に求め、そして、かなり前に存在した思考様式の復活として自己を表すというものである。

そのような復古 (reversion)、あるいはヴィーコの言葉で「リコルシ」は、ヨーロッパのブルジョア階級のイデオロギーの歴史を通して観察できる。その実例の一つは革命期のフランスによる、最初は共和主義、それから帝国主義というローマ風の見せかけの採用であった。プロレタリアートについて言えば、そのような「回帰」の対象は原始共産主義である。

このように、ケレス・クラウスによれば、人間の発達は新しい理念と親近性を帯びる古い形態を常に復活させることによって、らせん状に進む。これは、何をさておいても、反動的イデオロギーが未来を展望するイデオロギーと極めて類似する事実を説明しているのだが、それは両者がともに過去に由来する価値の観点から、その理由は異なるけれども、現状を批判するからである。

例えば、フランスにおいて中世ギルド体制の擁護者たちは、自由主義者を攻撃するためにサンディカリストと共同した。同じように、マルクス主義の土台を作ることになった理念、つまり反個人主義、社会生活の規則性の信念、無邪気な理性主義的ユートピアに反対する歴史感覚、これらすべてが、ヴィーコのような保守主義者、あるいはメーストル (ジョセフ・ド・メーストル)、ボナール (ルイ・ガブリエル・ド・ボナール)、バランシュ (ピエール・シモン・バランシュ) のようなフランス反革命派の著作の中に見出すことができる。社会主義は古典古代以前への回帰であり、このことが、モーガン、テイラー、バッハオーフェンのような原始社会の研究者によってマルクス主義の発展が強く影響を受けた理由である。

ケレス・クラウスは、彼の「法則」はマルクス主義の立場から説明できると信じたが、しかし、それが社会発展の自律的伝統の重要性を呼び覚ますことによって、史的唯物論の適用を制限することには気づかなかったように思われる。マルクス主義は「一元論的」哲学であるという見解を保持しながら、彼は批判者への応答では当時のマルクス主義の著作者たちと同様に、史的唯物論を、上部構造が土台の発達にたいして何らかの影響を与えるのを否定する、と解釈するのは間違いであると強調した。彼の同僚のマルクス主義者と同様に、彼は、精神生活および上部構造の諸制度の相対的自律性がどのようにして人間の歴史の「究極の原因」と調和できるのか、そしてそれが史的唯物論の一般的公式にどのような制限を課すことになるのか、という問題を無視した。

同じような両義性が、彼が大いに注目したテーマである芸術の重要性に関するケレス・クラウスの主張にも見受けられる。一方で、芸術は、発生論的に、生物学 (芸術活動の端緒は動物の中に見ることができる) に関係するのか、あるいは生産 (労働を助けるリズム) に関係するかどうかという功利主義的考察によって説明することができるかもしれない。芸術の発展は生産の諸条件に関連する。なぜなら芸術はそれ自身を、今度は階級的利害に依存する政治的または宗教的目的に適合させるからである。このように、例えばドリス様式あるいはイオニア様式は、それぞれ家父長支配体制の単純性と勃興する職人階級の熱望を表現する。

他方で、芸術はそれ自体として社会変革において重要な役割を果たす。そもそもの始まり以来、最初は社会化の手段としてその後は政治的宗教的な要求の組織化の形態として重要な役割を果たしてきたからである。最終的には、それはある程度まで自律化し美的要求を強力に主張し、芸術の生

526

産様式への依存は、まったく停止はしないけれども多いに減縮される。

他の箇所でもケレス・クラウスは、独立した美的要求は社会生活、動物の中ですら、そのもっとも早い時期から存在するという意見に傾く。これらのさまざまな所見は、首尾一貫した全体としてまとまってはいない。これやその他の問題についてケレス・クラウスは、マルクス主義の原始的解釈の図式的一面性や「還元主義」を克服する、賞賛に値する試みを行ったが、社会生活のさまざまな側面は生産の方法と階級利益の対立にある程度は依存し、ある程度は依存しないという、つまらない言説に史的唯物論を無意識にうちに貶めた多くの人びとの一人であった。

しかしながら、彼自身は、クローチェ、ゾンバルト、マサリク、カリーエフという著名な批判者に反対して、この理論を擁護するその言葉の完全な意味のマルクス主義者と自認した。彼はドイツ修正主義者に反対したが、修正主義を非難したドレスデン大会の決議は両義的であると考えた。この大会は、現存の社会体制にたいするいかなる譲歩も適合も拒絶した。しかし、ケレス・クラウスはどのような改良主義的活動もすべて資本主義へ「適合している」と表わすことができる、と主張した。

イタリア社会党はそのイーモラの大会で、より優れた明快な立場を決定した。すなわち、党は革命的であるがゆえに改良主義的であり、改良主義的であるがゆえに革命的である、と。換言すれば、ケレス・クラウスは、改良の目的は革命の道を用意することである、とする当時の多くの社会主義理論家に同意した。彼は、革命と改良の立場を結合する試みの中で提起された複雑な問題に、それ以上は立ち入らなかった。

彼は、農業問題でエドアルド・ダヴィドの修正主義と闘い、集団化された経済は産業だけではなく土地にとってもより良い、とする正統派の見解を共有した。彼はまた、ポーランド独立に反対しているとしてローザ・ルクセンブルクとポーランド・リトアニア王国社会民主党と闘い、民族的社会的解放はポーランドの社会主義運動の単独の目的を構成すると主張した。しかしながら、ポーランドの社会主義運動は、その階級的性格を保持しなければならず、ブルジョア階級が政治的独立のみを達成する目的のためにそれを利用することを許してはならない。独立はプロレタリアートの社会的解放の一つの条件である。つまり、自由なポーランドは、プロレタリアートのためであってそれ以外ではない。

ローザ・ルクセンブルクは、ポーランドはロシア帝国に経済的に統合されており、独立したポーランドの復活は客観的な経済動向に反すると主張する点で誤っている。資本主義は民族国家のもとでもっとも良く発展したのであって、それゆえにブルジョア階級はポーランドの独立に利益を持っており、他方、プロレタリアートはもし社会的抑圧だけではなく民族的抑圧に従属しなければ、さらに優れた立場になるであろう。しかしながら、社会主義者は、プロレタリアートがツァーリ体制の打倒だけに利用されて、その階級的アイデンティティを曖昧にされるのを防がなければならない。

ケレス・クラウスは、重要な著書をものにするほど長生きはできなかった。しかし、マルクス主義の普及者、論争家、そしてポーランド左派社会主義のアイディオロジストとしての役割に加えて、マルクス主義の保守主義的側面と呼んでも構わないものを促進するのを助けた。彼の「遡及的革命の法則」は法則ではなく、社会主義を原始社会への「螺旋的退歩」とする彼の観念と同じように、単なる一般的図式としてはごく普通のものであった。しかし、彼の、歴史における自律的力としての伝統に関する観察、そしてマルクス主義の重要な源泉としての偉大な保守主義者の反合理主義的歴史主義に関する極めて詳細な観察は、カウツキー的正統派よりも相当に異なるマルクス主義像を確立するのを助けた。

マルクス主義のケレス・クラウス版は、歴史を「法則」の実現としてだけではなく、歴史を偶然として考慮に入れることを追求した。すなわち、彼は人間社会の現在と未来は進化の法則や理論に基づく出来事だけではなく、単純に起こる出来事にも依存するという事実を一般的に視野に入れた。彼の現象論的世界観と認識論的あるいは形而上学的問題を解こうとしなかった社会理論というマルクス主義の解釈に関して言えば、ケレス・クラウスだけがこのような考え方を取ったのではなかった。それらは当時の

527

528

多くのマルクス主義者、特にオーストリア学派のマルクス主義者に共有された。だが、この点でもまた彼はプレハーノフ、カウツキーあるいはラファルグが提供したものとは異なる像を提起するのを助けた。第二インターナショナルの時期に、哲学的唯物論の一形態としてのマルクス主義という理念がポーランドにほとんど存在しなかったことは特筆に値する。

第11章　スタニスワフ・ブジョゾフスキ：主観的歴史主義としてのマルクス主義

スタニスワフ・ブジョゾフスキの著作は、彼の国以外では全く知られていないが、それでも二〇世紀ポーランドの精神史は、彼のダイナミックな著作や人格の奇抜で特異な影響力を考慮に入れずには理解できない。三三歳になる前に肺の病で亡くなり、その活動期間がわずか一〇年ばかりであったこの哲学者、批評家そして小説家は、その著作の価値に関する激しく分裂した意見と、歴史家にとって今なお難問であるその生涯の物語の不可思議な要素に関して、論争的で痛苦に満ちた課題を残している。

一時期は、実証主義とロマン主義の両方に反逆する青年インテリゲンチャの先駆者と見なされたこの挑戦的な著述家は、当時のすべての政治勢力、保守主義者、社会主義者そして民族主義的民主主義者と対立した。彼のスタイルは、乱暴で常に沸点にあるように見えた。その注目の対象が何であれ、彼は熱烈な賞賛あるいは無限の軽蔑を示すことができた。批判者たちは、彼のやり方の激しさは、その半可通、オリジナリティの欠如あるいは心性を陶冶し、自分の思考を整理する力の不足を覆い隠す仮面であると考えた。彼がめまいのするような素早さで自分の意見を変え、急ぎの書き物や広くて浅い読書の結果として、彼の理解の範囲に入った最近の哲学者あるいは著作者へ同調したのは明らかにその表れであった。

しかしながら、より注意深い読者は、これらのすべての変化の中に一定の論理と西ヨーロッパ、ドイツ、ロシア、ポーランドの思想家の知的倉庫から借り出してきた全てのものにたいして、個性的な刻印を付した人格の痕跡を看取した。他者の理念を伝える際に、彼はパラフレーズし、時には元の形が確認できないほどに彼の文体で脚色した。その対象はカントやスペンサー、ヘーゲルやマルクス、アベナリウスやニーチェ、プルードンやソレル、ベルクソンやニューマン（ジョン・ヘンリー・ニューマン）、ドストエフスキー、ロアジ（アルフレッド・フィルマン・ロアジ）その他と多数にのぼる。ブジョゾフスキの影響力の両義性と可変性は、その死を超えて広がった。

左翼の若い人たちは彼の小説や著作で育てられ（「人民の意志」派の英雄的陰謀家たちの物語である『炎』は各世代の革命家の必読書であった）、第二次世界大戦前やその最中でも、彼は急進的な民族主義者の陣営から預言者としてうまく主張された。この点で、ブジョゾフスキは、事実として彼に大きな影響を与えたソレルと似ていた。

彼はマルクス主義者であったのだろうか、もしそうであるならどの程度そうであったのだろうか？　彼は自分のことを、正統派ではなかった、マルクス主義者に加わったとき、それは意見の違う人への包容力のせいであったと語った。しかしながら、彼が一九〇六年から〇七年に表明した「労働の哲学」はマルクスの理念の発展であったと信じ、彼はその生涯をかけて理解したマルクス主義を、正統派の進化論特にエンゲルスから発するすべての伝統と対置した。

彼は、まったく正反対の型の心性として、マルクスとエンゲルスとを対比した最初の人物の一人であった。マルクス主義は彼の高度に複雑な精神史の一つの段階に過ぎなかったと言ってもよいが、しかし、それは彼の知的独立とポーランド文化への影響の最高度の段階であった。マルクス主義は、彼の一代記の主要な線として位置づくのではなく、その一つの部分、残りの他の部分を参照しなければ理解できないものとして位置づけることができる。マルクス主義の歴史の観点から見た、彼のもっとも重要な著作は『理念』である。

歪曲なしにブジョゾフスキの見解を総括することは、ほとんど不可能である。彼は、哲学は生活を反映する過程であるばかりではなく、その生活を促進するものであり、そして哲学の意味は、その社会的有効性によって決定されると信じた。したがって、彼の書いた内容をその個人的社会的起源や機能を無視して叙述することはそれらが意味しなかった別のもの、すなわち、抽象的な理論に変えてしまうことになる。他方、哲学することは全面的に歴史の内在的一部であると信じる哲学者は、自分の理念が批判者によって曲解されることに不平を言う権利は持たない。なぜなら、もし意味が常に想像され、何か既成のものから引き出されないとすれば、彼が自分の世界観を主張し、他者がそれを論評するとき、「歪曲」という問題はあり得ないからである。

ブジョゾフスキの思想は、消極的には、彼が反対した知的立場に関連させて定義できるかもしれない。これらの第一のグループは、実証主義、進化論、自然主義そして進歩の理論であり、これらすべてが人間の生活を解釈し、それを自然の過程の機能あるいは延長として理解すると主張した。

第二に、彼は、人間の独立した「内面」を自然、つまり人間にとって疎遠でそれ自身の法則に支配される自然と対置するロマン主義の伝統に反対した。確かに、ブジョゾフスキはポーランドのモダニストあるいは「新ロマン主義」思想のもっとも積極的な主唱者であった。しかし、彼は、ロマン主義の負の側面、すなわち芸術は完全に自由でその社会的機能の意識から切り離せる、という見解の継続には何ら関係がなかった。

彼は、実証主義や功利主義的アプローチそして「芸術のための芸術」という理論にも等しく反対した。彼は、芸術創造の空間を保持しようと望んだが、それは「進歩」の法則にも決定されず、またその意味を人間の力以外のものにも負わず、なおも同時に、歴史的持続性の断絶も代表せず、あるいは社会的責任を免れるべき、とも主張しなかった。

530

1　伝記的ノート

スタニスワフ・ブジョゾフスキ（Stanislaf Brzozowski　一八七八〜一九一一）、この準貴族の息子はポーランド南東部のマジアリニアに生まれた。中等教育終了後の一八九六年にワルシャワ大学理学部に入学したが、一年後、学生の愛国的示威行動の組織化を援助したとして追放された。九八年秋に地下教育活動を理由に逮捕されたが、数週間後に釈放され、警察の監視下に置かれた。翌年、彼は結核に罹り、それから一九〇五年まで、時にはワルシャワで、時にはオトフォックの近くの保養地で暮らした。

一九〇一年から彼は大衆的な哲学、小説、演劇、文芸批評そして演劇レビューの主題に関する書籍や論文の執筆者として極度に活発化した。最初の二、三年間にテーヌの哲学に関する小冊子、アミエル（アンリ・フレデリック・アミエル）、シニャデッキ（シニャデッキ・ヤン）、クレメル、アベナリウス、そしてジェロムスキにかんする論考、シエーンキェーヴィチ、ミリアムことプシェスムィツキの批判論文を刊行した。

一九〇五年の初めにタトラ山地のザコパネに行き、一年ガリツィアに留まり、ザコパネとクラクフで講義を行った。この時にポーランドのロマン主義哲学に関する小冊子（二四年発行）、ノルウィド（ノルウィド、キプリアン　カミル）とドストエフスキーおよび論理学教程に関する論文を書いた。〇六年の初めに保養のためジェノアの近くのネルビに、それからローザンヌ、ドイツ、リヴィウ（レンベルク）に行った。この年に、いくつかの論文と一冊の著書『現代ポーランド文学』を出した。

一九〇七年の初めにネルビにもどり、それからフローレンスで半年を過ごした。イタリア滞在中にニーチェの研究と史的唯物論についての論文を書いた。彼はゴーリキーとルナチャルスキーに会い、二冊の本『文化と生活』、『現代ポーランド文学批判』を著した。彼はまたマルクス主義の突っ込んだ研究に取りかかり、ソレルの著作を読んだ。

翌年は「ブジョゾフスキ事件」の年であり、それはこの哲学者の最晩年を曇らせ、ポーランドの知識人に根底から衝撃を与えた。一九〇八年四月、ミカエル・バカイと名乗るオフラーナ［ロシア帝国内務省警察部警備局］の元エージェントが、パリ在住のロシア人亡命者で社会主義雑誌の編集者であるウラジミール・ブルセルに、ブジョゾフスキの名前を含む情報提供者の名簿を提供した。憎悪に満ちた告発がポーランド・リトアニア王国社会民主党の機関誌『赤旗』で繰り返され、社会主義者や民族民主主義派（右派）の新聞はともに「スパイ」に反対するキャンペーンを爆発させた。ブジョゾフスキは直ちにその告発を否認し、それはすべての社会主義政党が参加する「市民法廷」で究明されるべきだと要求した。

周到な準備を経て、その法廷は設置された。それは一九〇九年の二月そして再び三月とクラクフで開廷されたが、ブジョゾフスキは二回目の法廷の前に病気で倒れた。彼に反対する唯一の証人はバカイであったが、彼は混乱した証拠を提示した。法廷は判決を出さなかった。議論はそのあいだに鎮まり、多くの著名な執筆家が背信という告発に反対してブジョゾフスキを擁護した。彼の死後この問題は何度も蒸し返されたが、何の結論も得なかった。

531

ポーランドの共産主義者でクラクフ法廷の一員であったフェリクス・コンが、一〇月革命後にオフラーナの保管庫を調査したが、ブジョゾフスキが裏切り者であったという証拠は発見されなかった。今日の一般的見解は特定化の混乱（彼の洗礼名と俗名がポーランドでは極めてありふれていた）であったか、あるいは告発がロシア警察による「策略」であったかのいずれかである、ということになっている。

いずれにしても、それはブジョゾフスキ個人の運命や書き物に壊滅的な影響を与えた（事件のさなかにロシア社会革命党〔エスエル〕のテロ組織の幹部であったエヴノ・アゼフがオフラーナのエージェントであったことが曝露された。彼の名前もまたバカイの名簿に載っていたが、この問題の全貌は未解明である）。

糾問、貧困、病気にもかかわらずブジョゾフスキは執筆を止めなかった。一九〇八年に『炎』を、〇九年に彼の哲学的批判の中でおそらくもっとも有名な作品である『若きポーランドの遺産』を、そして一〇年に哲学的考察の集成である論文集『理念』を出版した。彼はフローレンスで死去した。彼の著作の多くは死後に出版されたが、その中には生涯の最後の数ヵ月に書かれた覚書、未完の小説、『承認の原理』のポーランド語訳の序となった、ニューマンについての論考が含まれた。

2　哲学の発展

大多数の同時代の人びとと同じように、ブジョゾフスキは一時ダーウィンやスペンサーの実証主義の世界観に伝染させられた。しかしながら、すぐに彼は進化論、決定論、そして「科学的」楽観主義を放棄しただけではなく、それらを彼の攻撃の対象に設定した。彼は自分としては、個人主義的「行動」の哲学を採用したが、それは科学的・審美的・道徳的価値の客観的基準を無用とし、それらの価値を彼独自の個性の主張とだけに関係させ、そしてあらゆる形態の自然決定論への挑戦として、創造性の理念を保持しようとするものであった。彼は、ほとんどの同時代の人びとが引用したのと同じ出典、つまりフィヒテ、ニーチェ、アベナリウスそして行動の崇拝こそが、この国の隷属化のイデオロギー的償いになるとするポーランドの伝統的なロマン主義の助けを得て、その哲学を明確にした。

この時点で、ブジョゾフスキの主たる教師は、アベナリウスとニーチェであった。前者は、ブジョゾフスキの見方によれば、進化論的実証主義から思いもよらない悲劇的な結論を引き出した何人かの中の一人であった。ダーウィン主義者は、文明全体とあらゆる知的活動を類的人間の生存闘争の武器と解釈した。このような見方は、知識へのプラグマチックな態度を必要とするのでないとしても促進する。認識と科学の形態で保存され分類されたその結果は、自然環境にたいする類的人間の反応「以外の何ものでもない」のだから、善あるいは美と同じように真理の観念は超越的な意味を持つことを停止してしまった。

532

つまり、物はそれらが人間という類の生命の延長や強化に役立つかぎりにおいて、その認識的・審美的あるいは道徳的な意味で価値があるとされる。同じように、進化論それ自体を含むいかなる科学的見解も、日常感覚における「真理」と見なすことはできない。つまり、それらは「生命」の単なる器官に過ぎず、それ自体として善または悪でも、真理または虚偽でもなく、ただ単純に時を超えて存在するだけである。だがそれでもなおこの説は、日常的慣用句の超越的という意味で「真理」であると説く生物学理論に基づいている。「科学的哲学」の全体構造は、悪循環であることが分かる。

経験批判論哲学は、これらの難点を乗り越えなかった。一時期この哲学に大きな比重を置いたブジョゾフスキは、いかなる知識論も悪循環に巻き込まれざるを得ない、それは評価の一般ルールが前提仮説なしには定式化されないのと同じである、という見解をとった。彼は真理概念の経験批判論的否定を受け入れる一方で、それは言葉の理性主義者的意味における「客観的」価値を発見する、という主張の一回限りでの放棄であると考えた。アベナリウスの見解では、「真理である」という術語は「善い」あるいは「美しい」という術語と同じように、経験の中で発見された質ではなく、単に人間が自らの認識や思想に与えた解釈である。つまり、真理は「特性」であって「要素」ではない。

真理の性質にかんする認識論上の問題は、真理がそのような判断の生物学的機能あるいはそれらが形成される環境と関係のない人間の判断の属性と見なされるならば、それは有意味に設定できる問題にはならない。経験的叙述の領域外で有効である問題というのは存在せず、「それ自体として」存在するような世界像を考察し、その確立を図る理性のようなものも存在しない。哲学の任務は実在の属性を探求することではなく、経験的資料を一般化し、その一方で、その抽象化に純粋に道具的意味以外の何ものも与えないように配慮することである。経験を科学的用語で体系化するのは人間であって、それは前もって存在する現実の受動的な受取人としてではなく、能動的な組織者としての人間である。

ブジョゾフスキは、この時、われわれはこの結論を受け入れなければならず、「真理」を発見するといういかなる主張も放棄しなければならないと判断した。われわれが、価値があると見なすものは、それが世界の真実の姿を与えてくれるからではなく、それがわれわれにとって自然との闘いで有用であるからであって、それがなぜ有用であるかという疑問は形而上学への中毒の結果であり、現実的な意味は持たない。

われわれにとって周知の世界は、われわれの創造物であってわれわれの都合に合わせて切り取られている。われわれは他の世界や出来事について分かりやすく問題を設定したり、あるいはスペンサーがそうしたように、未知のもののカテゴリーを発見したりすることはできない。それは、そのようなカテゴリーの存在は、馬鹿げたことだが、われわれが知り得ないものの知識を持つということを意味するからである。

しかしながら、この時のブジョゾフスキの生物学的相対主義は、類的人間ではなく個人の見地から考えられたものであり、このように、究極的にはアベナリウスよりもニーチェに近かった。真なるものまたは美なるものはすべて、共同体の利益ではなく、各人間のそれ以上には還元できない主観に委ねられる。

自分のための世界を創造するのは各人の仕事であり、各人は自分の発達に好都合であると見なすものなら何でも「善」とか「真」とかの用語を当てはめる資格がある。科学、芸術、道徳性において一般的基準は存在せず、ただ束縛のない創造行為において、自分の世界を設計する諸個人の基準が存在するだけである。

この段階で、ブジョゾフスキの思想は、彼がそれらに纏わせた劇的な論理を除けば、新ロマン主義のステレオタイプを超えるものではなかった。しかしながら、一九〇六年から〇七年に、その変化の程度を明確に自覚せずに、彼は自己中心的価値論やニーチェ的創造性のスローガンから離れて、彼がその後に「労働の哲学」と呼び、マルクス、ソレル、そしてベルクソンから強い影響を受けた人間中心主義の見地に向かった。

彼は、この転向の理由を決して公然とは明らかにしなかったけれども、彼のロマン主義哲学にたいするそれ以前の見解とそれ以降の批判を比較すれば、その理由は仮説的に再構成できるかもしれない。社会からの独立を主張し、それによって社会的責任を否定するモダニズム芸術への批判と、他方において自分の意志や気まぐれの命令として自分自身のために世界を創造する個人の自由を主張する哲学との矛盾を、彼は認識していたように思われる。

もし創造性が、現在の文化との完全な結合や責任の不在と定義され、そして精神は世界との連続性を断ち切るかぎりにおいてのみ創造的であると主張するとすれば、そのときわれわれは、そのことだけに重要性が付与される「内的」なもの、そして精神的なものを客観化された自然と文明という中立的な世界、自然的または社会学的決定論の領域に対置させるロマン主義的見方に立ち戻ることになる。

　このような仮定に基づく哲学は、世界の一部を形成する創造ではなく、その義務からの逃走である。ニーチェが主張したように、もし現存の世界がわれわれにとって無意味であるとすれば、そのとき創造的主体の自由は単なる偶然、いかなる社会条件が創造性を可能にするか、われわれがどの程度にどのような環境において自己の運命の主人になれるか、を探求することの無責任な否定となる。

　この段階で、ブジョゾフスキがその輪郭を描いた文化の存在論は、進化論的実証主義とロマン主義の双方に対抗するものであった。これら二つは相互に完全に対立するように見える、しかし、彼の見解では、共通の土台を有した。双方が、外的現実はそれ自体としての意味を持たず、人類と無縁のそれ自体の法則に従属しているということを信じている、と。つまり、実証主義者にとって外的現実は技術目的のために操作される何ものかであり、ロマン主義者にとってそれはわれわれと何の利害も持たない無感覚な必然の世界である。しかし、どちらの場合においても、創造的存在としての人間の理念は保存できない。前者において創造性は自然環境の要求への適合のみであり、その環境における変化と同じ方法で「進歩」の一般法則によって決定されるからであり、後者において創造性は外的世界に適用するように想定されるのではなく、人間モナド［単子］の幻想的自立のためにそれを拒絶するからである。

　「労働の哲学」は、進化論者の進歩の信念とロマン主義者の自己充足的エゴ崇拝の双方を超越する。それは、世界を人間の集団的な努力によって与えられた意味によってのみ存在するものと見なし、この方法によって、世界の創始者として、自分自身と外的現実にたいして無条件に責任を負う、つまり、いかなる出来合いの法則も運命に勝利する約束も与えない集団的な絶対として、人間の尊厳を保持することを求めた。

　これは、カント主義のある種のマルクス主義版である。つまり、われわれが認識し、意味ありげに語ることができる自然は、人間の創造物であることが証明されるが、しかし、その人間係数（human coefficient）は労働に由来し、経験の超自然的条件に由来するのではない。

　労働の哲学は、ブジョゾフスキの精神的進化の終局ではなかった。彼の生涯の最後の数年は、宗教的考察とニューマンやモダニストによって提起されたカトリック主義へのますます増大する関心によって、主に埋め尽くされた。確かに、ブジョゾフスキは「進歩的自由思想家」でも、旧式の実証主義者またはマルクス主義者タイプの戦闘的無神論者でもなかった。

　彼は、すべての形態の精神生活を真剣に取り上げ、カトリック主義の中に重要で実り豊かな文化的価値の源泉を見ていたのだから、「宗教的迷信と闘う」ことを試みたことは決してなかった。漠然とした意味で、彼は自分自身を宗教的な人間と見なした。死の直前に彼は手紙の中で、魂の不死の確信を失うことはなかった、と書いた。

　しかし、永い間にわたり彼にとってカトリック主義は、歴史的創造物、諸価値の集約体、哲学的・芸術的・文学的生産の温床であった。つまり、彼はそれを主観的な方法で、自足的な人間史の制約の中で解釈した。彼はどんな場合でも、文化価値はその歴史的起源、それらが生まれた形態と方法から全体として分離することができるとは信ぜず、あるいはキリスト教のあらゆる価値物がキリスト教の外皮抜きで世俗的文明の中に単純に継承できることも信じなかった。

　しかし、最晩年において彼の思想は別な転換を遂げた。彼は、重要な文化的要素や諸価値の伝達体としてだけではなく、超自然的なものとの交渉の手段としてのキリスト教に惹きつけられた。このような完全な転向を誰も語ることはできず、この変化の性質をブジョゾフスキの最後の手帳や手紙から正確に決定することもできない。しかしながら、彼のそれ以前の理念からの継続性の断絶は存在しなかったのであって、彼の生涯を通じてそうであったように、この問題を彼はなお抱えこんでいたように思われる。

535

つまり、人間はなぜ自らが創り出したものに絶対的な意味を付与できるのだろうか、という疑問である。

彼は、人間の絶対的尊厳にたいする人間の信念が依存する、このような絶対的意味づけは、われわれの努力はすべての存在の神聖で無限の土台に到達できるという信念からのみ得られる、と心に決めていたように見える。キリスト教の現実の形而上学が何であれ、あるいは合理化された信念を目ざす試みが何であれ、それらは彼の精神にとって無縁であった。もし彼がカトリックとして死んだとすれば、それは哲学的巡礼の継続であって、過ぎ去ったものからの断絶ではない。

3　労働の哲学

ブジョゾフスキが輪郭を描いたマルクス主義の変種をさらに詳しく検討すれば、われわれはまず第一に、それはエンゲルスやカウツキーによって広められた当時の支配的な進化論版への対抗に基づいたことを理解する。ブジョゾフスキの見方では、ラブリオーラやソレルのものを除く当時のすべてのマルクス主義の著作は、マルクスが提起した本質的問題から注意をそらすことに成功した試みであった。「マルクスの精神からエンゲルスの精神への移行の中で、概念の哲学的性質に関するかぎり、まったく別のものに、実に正反対のものにならなかった概念、構想あるいは方法は存在しなかった」(『理念』二六四頁)。

エンゲルスは、人間の歴史もその一つの側面である、世界の自然な進化にたいする信念を実証主義者と共有した。歴史は自然の法則によって説明でき、そこには人間の意志から独立した進歩の客観的法則が存在し、それは、人間は遅かれ早かれ地球上で幸せな状態に到達することを保障している、と。この実証主義的楽観主義は、根拠のない発見であるばかりではなく、人間を貶めるものである。なぜなら、それは、人間は自己の運命の現実の主人ではなく、既に疑似的に存在するある種の地上の楽園に向かう「進歩の法則」によって導かれる存在であることを意味するからであるとブジョゾフスキは言う。つまり、それは、人間から自分は自己の運命の能動的主体であるという感覚と、そうなりたいという意志を奪っている。このようにエンゲルスの理論は、世界からの人間の本質的疎外を主張するのであって、それはあらゆる実証主義の保守的形而上学者が行ったのと同じである。

「マルクスにとって、労働者階級の勝利は、それをどのようにして創り出し、構築するかを彼が分かっており、そしてその基礎を築きその実現の活動に参加することを自らが確信しているがゆえに、その勝利は必然的であった。エンゲルスにとっては、内部からそれを活性化させるというマルクスの意図を含めて、この構築の全体が知識、認識的総合の問題であって、それが、彼エンゲルスの要求を満足させ、彼が知っている事実をすべて包括し、あらゆる反対にたいして回答を用意するがゆえに、エンゲルスの精神の中に確立されているものであった。労働者の勝利は彼エンゲルスの知識からの論理的結論として彼の精神の中で形成されたがゆえに必然的であった。――われわれはあたかもマルクスが存在しなかったと同じ段階に逆戻りしたのだ」(同前　三四八～九頁)。

「エンゲルスにとって、勝利と権力に値する生活形態を論理的に知的に彼が表していると感じるだけで十分であった。彼は世界を、彼自身の精神を支配する誤謬が、そこから必然的にそして物事の道理として最終的に現れてくる、諸誤謬の舞台と見なした」(三八四頁)、「基本的に、彼は人間を取るに足りない被造物、その人間の機能は幸福で自由であることであって、エンゲルスの精神に論理的狼狽を引き起こさないものと見なした。――彼は労働者階級を愛したが、それは労働者階級がエンゲルスに必要な主張を提供したからであった。この点を離れたら、マルクスへのそれを除いて、彼はいかなる精神的愛着も持たなかった」(三八九頁)。

536

ブジョゾフスキによれば、対照的にマルクスは、人間の事象や非動物界にとって同じように有効な、確定された「自然法則」を基礎に、歴史の出来事を予測するのを可能にする理論をまったく持たなかった。しかしながら、そしてこの点は強調すべきことだが、こう言うからといって、これはブジョゾフスキがエンゲルスの決定論をマルクスの「主意主義」に対置したことを意味するのではない。彼は決定論の否定としての主意主義の理論をマルクスに帰したのではなく、それ自体が歴史的実践であると見なす哲学をマルクスに帰したのである。つまり、マルクス主義は実践に関する理論ではなく、歴史と歴史の要素としてのマルクス主義それ自体の双方を含む社会活動の形態、別な言い方をすれば、歴史の過程を内部から熟視する社会活動の形態であった。

この方法でブジョゾフスキの解釈は、ロシアの経験批判論的マルクス主義者の共同主観主義（collective subjectivism）よりも、さらに急進的であった。彼は世界を人間の集合的努力によって創られた意味と見なすだけではなく、同じように彼自身の意味も相対化する。おそらくブジョゾフスキは、ルカーチやグラムシに期待しながら、決定論者とカント信奉者とのマルクス主義内部の論争を否定した最初の人物であっただろう。この論争の両方の側が、マルクス主義は社会法則を確定する社会学的試みであると見なした。しかし、ブジョゾフスキにとってマルクス主義の意味は、それが叙述したもの、あるいは予測したものにあったのではなく、それが実現したものの中にあった。

ブジョゾフスキは、この見解を取るにあたって「フォイエルバッハに関するテーゼ」以外には何の根拠も持たなかった。彼はマルクスが書いたものよりも直観に頼った。しかしながら、彼は、マルクスが権力に到達する問題に集中してしまって、いわば忘れてしまった基本的な哲学的衝動を再発見した、と固く信じた。

このように理解された実践の哲学による最初の攻撃の標的は、人類が自らの利用のために使うことができるかぎりにおいて、確かめることができる独自の法則に従う「即製の世界」（ready-made world）という理念であった。そのような世界は主知主義者の妄想、人類の運命にたいする責任を回避する手段である。われわれが自然そのものと認識するものは即自的存在ではなく、われわれの知識の特定の各段階でわれわれが実在にたいして行使する力の程度である、と彼は説く。彼はいくつかの場で、この理念を多様な形に変えて表明する。「知識批判の観点からすれば、その用語の科学的意味における自然は外部世界にたいする人間の技術能力によって成し遂げられた力である」（『理念』七頁）。「理念としての自然は、われわれを取り巻く世界にたいするわれわれの現実的な力によって創造されたカテゴリーにおいて把握された経験である。――理念としての自然は、人間の活動として把握された経験、技術的活動の可能な対象として把握された世界である」（一一九頁）。

「人間は、出来合いの世界を知ることはない。しかし、最初は無意識のうちにさまざまな形態の活動を創造し、その後でそれらを知ることになる」（一五四頁）。「人間の思想が遭遇する現実は人間の活動と人間の生活以外の何ものでもない。人間を離れて存在するものは人間の労働のみがそれに対抗して主張する何ものかである。――人間は自分自身以外の資源を持たず、その資源は彼が意図的に作りだすものである。科学は認識であり、われわれの活動の計画とその方法であり、人間の生活と労働が持続し発展するにつれて、その間の境界は存在しない」（一六四頁）。

換言すれば、人間の現実との接触は、第一次的に能動的接触すなわち労働である。それ以外の世界の認識や理解を含むすべての活動は、第二次的である。われわれは、最初からそして連続する段階ごとに、労働がそれに向けられるものとして、抵抗と努力の集約点として、この世界を知る。このような環境との実践的対話が絶対的で超越できない現実である。実在の「現実の」相貌を発見するためには、それ以外の方法はなく、われわれが影響をおよぼすことができない外的世界がわれわれの意識的認識の範囲に到来することも、そこで主観的像を創り出すこともない。ましてや、われわれが完全に透明な曇りのない実質的な自己に到達するような純然たる自己知識も存在しない。ブジョゾフスキが主張するところでは、世界は「労働と同一の外延を有する」。

同様にして、われわれは、その知的活動において、認識を評価から分離することはできない。というのは、世界をコントロールするという人間の実際の要求によって最初から縛られた地平のもとで作業しながら、人間的で部分的で評価的な傾向を持たない認識や理論的考察は存在しないからである。いかなる理論活動も労働によって創造され、それが求めるものに応じて組織された現実を超えることはできないという意味において、労働は人間にとって「絶対」である。もっとも広い意味においてカントは正しい。すなわち、対象はわれわれの概念と一致する。なぜなら、対象の現存それ自体が経験を組織する人間の能力を前提にしているからである。しかし、この能力は本来的に先験的形態のセットから成立するのではなく、ましてや超越的理性によるものでもない。それはただ、われわれの必要に応じて環境を転換しようとする実践能力である。

それゆえに、人間性はそれ自体としては説明できない。われわれは人間をその起源、存在状況そして前人間的諸条件の知識（意識のない身体、あるいは種の歴史）を参照することによって解釈することはできない。なぜなら、われわれはこれらの諸条件を、生活を維持しその質を高める人間の努力全体によって成し遂げられる実践的展望においてのみ知ることができるからである。われわれは、われわれの実践的活動の対応物として物事を知り、同じように連動された緊張状態において自己を知る。いかなる時においても、自己も対象も別々の「イメージ」という形で与えられるのではない。両者は不可避的に相互に関係しており、このような相関は、人間や自然の歴史や宇宙の法則に関する、われわれのあらゆる知識の最終的でそれ以上は分解できない土台である。

ブジョゾフスキの見解では、これは認識論の問題を解く単なるもう一つの試みなどではなく、われわれの世界との関係の根本的に新しい概念を含む。われわれがそれ自体の法則に従い、それを観察ないしは利用するように待機すべき「出来合いの世界」を発見したと信じることは、いわば、人間活動の合成された結果（マルクスの用語では「死んだ労働」）を不可避的な必然として受け入れることであり、したがって、人間労働が永遠に奴隷化されることを受け入れることである。

根本的意味において、人間が世界の創造者であると信じることは、未来にたいする責任を受け入れ、われわれ自身の営為が生み出した世界にたいする過去の労働の結果の支配を拒絶することである。過去全体、つまりわれわれが知っている原因と結果という必然、特殊な結合体系によって物に組織された世界は「死んだ労働」、過去の人間活動によって創造された蓄積以外の何ものでもない。

「われわれが現実として認識するものは過去の歴史の産物に過ぎない。したがって、われわれが、現実が歴史の活動に一定の制約を課していると語るとき、われわれは過去の歴史あるいはあるがままの現実、またはその現実によって生じた理念が、われわれの思考にたいして絶対的限界を設けていると言わなければならない。――歴史から引き出したと称するいかなる歴史哲学、存在の形而上学、あるいは知識の理論も、存在の領域に結果として現れる唯一の人間活動としてそれ自身を認識することがなかった労働を基礎として初めて可能になる」（『理念』一三二頁）。

もしわれわれが人間の歴史において内在的でないものは何もないという見方をとるとすれば、唯物論と観念論との論争は消滅することを理解することは容易である。なぜなら、双方がともに誤った仮定に立っているからである。「これら二つの見解は、精神の内容を宇宙の本質を構成していると見なす。観念論が世界はわれわれの精神によってどのように創られているかを説明するのにたいして、唯物論は結果を受け入れ、『過程』を忘れようとしているのだ。まったく正当にも、ベルクソンは、スペンサー流の進化論はフィヒテ流の進化論と本質的には同じものであると指摘する」（同前二〇二～三頁）。「歴史は、われわれがわれわれの精神や自然と呼ぶものの創造者である。それは、われわれがその上に立ち、われわれが地獄に落ちるのを防ぐ基盤である。われわれはそこから現れ、それを通してのみ非人間的なものと接触を持つ」（二〇七頁）。

無知な保守主義が、過去に固定された視座で以て、われわれに出来合いの世界の特徴と見なすようにさせるあらゆる属性は、労働の哲学の視点からすれば、人間の努力の隠蔽であって、これがそれらの意味を根本的に転換するのである。このことは特に時間の観念に適用できる。時間は出来事が生起する「自然の」枠組みでも、われわれから独立した出来事のあいだの関係でもない。われわれは、われわれ自身の運命を統制する可能性を認識するために、過去の歴史に結晶化された人間の努力を任意に選択して自由に自己投企するエネルギーと対置させることによって、時間のカテゴリーを創り出す。つまり、過去はわれわれが既に行ったものであり、未来はわれわれの希望と意図の開かれた領域である。

マルクス主義の進化論版を支配する保守的な思考方法にとって時間は現実ではない。未来は、いささか神秘的方法だが、既に存在し、決定されている。つまり、人間の幸福と満足は、進歩というほどかれた巻物の未来の部分に既に刻まれている。

539

しかし、この楽観主義的哲学は自己欺瞞であって、ベルクソンから、未来はいかなる形でも存在せず、継続のみが現実であること、つまり、現実の継続の中に現れないものは何であれ現実ではないことを学んだ人びとの目からすれば、それは現実からの逃避である。ブジョゾフスキは語る、永遠の「法則」を現実化し、人間の運命を人間がその従属的な道具である、より高度な力に委ねる何ものかとしての時間という信念をマルクスに帰させることは不条理である、と。

「私は木そのものであって萎れた葉ではないと私が感じ取るように私に教えてください」というブジョゾフスキの『理念』の中のメレディスの序文の引用は、彼のマルクス主義解釈の核心部分である。彼にとってそれは、とりわけ、科学や自然それ自体を含むすべての形態の文化の労働への依存、独立の要素に分解できない始原的前提と考えられる労働への依存を人間が理解できる方法であって、同時に、それはその共同における役割の責任を人間が受け入れることを意味した。

文化の理解は、それゆえに発生論的であるとともに機能的でなければならない。人間が、知識、宗教的神話、芸術作品、あるいは哲学の体系として生み出すものの価値を決定する超越的あるいは前から存在する規則は存在しない。文明の形態は、その起源の知識なしには検討することはできない。さらに、真理の問題は、われわれから独立した、ある理念の内容と自立的に存在する対象との結合の問題ではない。真理はそれが何であれ社会を強化し、生存のための闘いにおいて社会を助けるものである。これは、もちろん、プラグマチスト的なアプローチに近い。

しかし、ブジョゾフスキは、彼にとって周知のジェームズの哲学と異なって、文化や知識の成果の意味や真理性を特定の状況や個人の要求に由来させず、常に共同体に関係させた。労働する人民全体のみが、世界で生き残り続け、そしてその発展を促進することに仕えることを証明するかぎりにおいて、彼らが生み出すものが何であれ、それに「真理」という尊厳を分け与えることができる。同じように、彼の主張に沿って、ブジョゾフスキは、前文化的で生物的な要求あるいは本能に関係する「効用」、または「生命価値」というカテゴリーを受け入れることを拒否した。というのは、人間性は前人間的要素によって定義することも、あるいはまたその起源も説明できないのだから、後の段階でそれに意識が付け加えられた、本能あるいは動物的要求の複合体として扱うことはできないからである。

「生命」の需要や要求は歴史的で人間的なカテゴリーであり、文明のプラグマチックな意味は、自分自身の創造者としての人間に関係し、その動物的存在の上に文化的制度を移植する被造物としての人間に関係するのではない。しかしながら、ブジョゾフスキは、同じ価値基準が、芸術、道徳、社会制度、宗教的感情やその制度と同じように、科学的知識にも適応されるという確信、すなわち自らの運命の主人としての人間にとっての有用性という基本的確信をプラグマチストと共有した。

この見方は、理性主義、実証主義の伝統的二分論、そして宗教と科学、事実と価値、芸術と知識、認識と創造とのあいだの自由という思想を放棄するものである。もし「生命」が唯一の価値基準であるとすれば、文化の各分野は、いずれも他のそれへの優越を主張することも、あるいは普遍的基準を設定することもできなくなり、ただそれらすべてが、生存してより豊かな生活を創造するための人間の闘争の道具として等しく判断される権利がある。つまり、それらがエネルギーを増大できるならば善いものであり、後ろ向きの妄想に浸ってエネルギーを浪費するならば悪いものとなる。

人間がそれ自体の最終的基礎であり、われわれが訴えることができるも

540

のはそれを超えては何も存在しないのだから、歴史的必然あるいは前もって確立された秩序という形で、何らかの保証を期待することはできない。「現在の人間の状態が人間のもっとも深遠な形而上学的作品である。つまり、それが優れて現実である。われわれの町、工場、戦争、芸術、科学はすべてその背後でより深遠な何かがわれわれを解放するために待っている夢などではない。それらは他の何ものにも還元できない絶対的現実である」（『理念』二一五頁）。

「『世界との』『自然との』『論理との』関係というものは何も存在しない。さまざまな努力、緊張と意志の方向とのあいだの歴史内的・社会内的な関係だけが存在する。われわれが世界と呼んでいるものはある一定の人間の意志の資産である。われわれはそれを世界と考えるのであるが、それはわれわれが想像するというよりはむしろ発見するからだ」（四四三頁）。

しかし、われわれが発見するものは脆弱で不確実である。つまり、われわれは新たな努力によって、日々、自分自身を保持でき、また保持する。何ものも真にわれわれのものではなく、いかなる満足も永遠ではなく、いかなる獲得物も永遠ではない。何世紀にもわたる人間の努力によって蓄積された意味や価値は、常に更新される努力によって維持されなければならない。人間の条件は最終的満足、幸福、あるいは一回限りで獲得される利益の享受に向かう着実な進歩ではない。それは止まることのない闘争であり、その結果は、確定的でもなく、確定されることもないだろう。この闘いで、われわれがなし遂げようと望み得るのは、われわれ自身の尊厳を保持することである。われわれは現実に自己の「使命」であると決める以外の「使命」を有しない。

もし「生命」それ自体の外に真理や価値の基準が存在しないのであれば、合理主義は保守的な幻想として白日の下にさらされるだろう。というのは、ブジョゾフスキの見方において、合理主義は、文化の現実形態が文化の過程から独立した基準によって評価することができ、人間の活動ではない要素によって解釈できる、という信念であるからである。だが、そのような基準と解釈は事実として存在しない。現実の生活に適用することができる純粋な思想、あるいは純粋な美的感覚というようなものは存在しない。「社会的存在は思想や認識の適用ではなく、それ自体が認識能力とその内容を創り出す現実である。個々のあらゆる精神現象は特定の社会集団の歴史における一段階であり、そしてその集団の生活がその本質的内容である」（『理念』四一九頁）。

繰り返すが、文化の生産物の意味や認識的価値はその起源や機能によってのみ判断できるのであって、超歴史的基準によって判断できるのではない。その上、もし文化の有機的結晶化が合理的な形態で表現されるならば、それは、それが既に創造力を失い、生命のない過去の蓄積物に属することを意味する。生きた文化の傾向は完全に合理的で納得的な形で閉じ込められることはまったくできない。合理主義は、自らを出来合いの地位において身を固め、そして他者にこれらの地位を疑ってはならない、と説教することを望む人びとの態度である。しかし、思想と芸術的創造は、その生成期においては、自信のなさと不完全な論理形態を特徴とする。

4　社会主義、プロレタリアートそして民族

ブジョゾフスキの見方において、労働の哲学は社会主義のある種の形而上学、そして彼の社会主義信奉の動機づけあるいは合理化である。彼はいかなる時でも積極的な党活動家ではなかった。その理由の一部は彼が社会主義者の「党派主義」（particularism）とマルクス主義の当時の解釈を認めなかっただけではなく、特にその最晩年において、基本的に民族の生活に由来するすべての政治形態は何らかの点において民族にとって必要であり、それらの中のいずれも真理の独占を主張することはできない、と信じたからでもあった。

彼は自ら社会主義者であると宣言したが、それは、自由な労働の集団が奴隷化された労働が可能とするものを凌駕できることを証明できるならば、労働者は勝利するだろう、と考えるという意味においてであった。この極めてあいまいな形の社会主義は、将来の体制の質の支配的な理念については明確に中立的であった。

文明全体は、労働共同体の自己組織化として解釈されなければならず、そして、人びとが自分たちの努力の意味を理解できるのは労働の観点からだけなのだから、人類が自らを理解することを学習し、それ自身の運命を支配するために必要な希望と確信で充たされるのは直接的な生産者の階級からである、と彼は信じた。このような一般的意味で、ブジョゾフスキはプロレタリアートの特別な使命を信じ、それに代わる彼のプロメテウス主義はソレルのサンディカリズムと似通った図式で表明された。

「プロレタリアートの階級的独立主義は、人類のあいだに道徳的雰囲気を醸成し、『人間』という言葉の意味を再発見する唯一の道である。プロレタリアートの成長する階級意識は一つの偉大な、形而上学的に純粋な今日の精神的現実である。これは人間の悲劇的ジレンマが決定されるポイントである。われわれは、それが何であるかを誰も知らないような正義を求めないし、幸せを約束もせず求めもしない。人類は決して幸せにはならないだろう。災難はわれわれが失いたくはない絶対的価値を持っている。しかし、人間が自己の存在を愛し、価値づけるがゆえに、つまり、その存在を彼が望んだ現実として、彼の絶対的意味として、そして世界の目的として、彼が自らを創造したがゆえに、人間は存在しなければならないとわれわれは信じる」(『理念』二二二頁)。

社会主義は、このように、福祉、安全や満足の立場からではなく、人間の尊厳の立場から表わされた。尊厳のための闘争は「自由な労働」のための闘争であり、「自由な労働」とは「上から統制された」労働の反対物として、あるいは労働者が働きながら、何らかの高位の権力に従属しない状態として定義された。ソレルのように、ブジョゾフスキはこのような一般的定式を超え出ることはなかったのだが、それはもちろん、マルクス主義の伝統とそのことに関するかぎりでは一致する。彼はプロレタリアートによる政治権力の掌握、あるいは経済組織の問題には関心がなかった。

必要とされることは、「労働者階級の心性と意志」が労働の生産性に基づいて、社会の決定的過程を完全に統御する水準にまで引きあがることである。労働者の精神的転換に結びつかない、あるいは生産過程を統御する用意や能力を拡大しない政治的経済的な変革は無価値である。この観点からブジョゾフスキは、ソレルやアナクロ・サンディカリストのように、インテリゲンチャの社会主義をプロレタリアートの社会主義から区別した。

インテリゲンチャというものは、何も生産しない単なる消費階級である。しかし、その活動が精神領域で起こるので、生活形態は意識から起こる以外にはない、と信じる傾向になるのは当然である。インテリゲンチャが社会主義と呼ぶものは、労働者を自分たちの権益を維持するための道具として使いながら、社会の支配的地位を自分たちのために確保する試みである。社会主義運動におけるインテリゲンチャの主導権は、プロレタリアートの精神的未成熟の結果である。ブジョゾフスキは、インテリゲンチャによって指導されず、自らのために闘う能力を完璧に保持するプロレタリアートの大衆闘争を夢見た。

いかなる歴史法則も、社会主義の成功を保障しない。もし「自由な労働」がそれ自体としてより生産的であることが証明されるならば、社会主義は実現するだろう。もしそうでないならば、実現しない。労働の生産性は社会進歩の最終的基準でなければならない。しかし、この点がブジョゾフスキの思想の特異な点であるのだが、それは向上した生産性が消費の拡大を可能にするからではない。技術の進捗と生産性の向上は、人間の環境にたいする支配力の増大を意味する。これが、ブジョゾフスキにとっては目的そのものであって、単純に、より快適な生活の手段ではなかった。

彼の社会主義の全体的概念は、英雄的で冒険的である。つまり、人間による自然の征服は、それを正当化する物的獲得物を必要としない。生産は消費の手段ではなく、創造の独立した主人としての人間の地位を維持するためである。彼の見方では、プロレタリアートはニーチェ的な英雄の資質を具えた集団的戦士、形而上学的存在としての人間性の理想的具現体である。人間の理想と価値が有意義であり、歴史的に重要になるのは、人間が手に負えない自然と格闘するのを助けるかぎりにおいてである。しかし格闘それ自体は、意志の自己主張として、精神的根拠に基づいて最終的には正当化される。

マルクス主義正統派のもとで育った批評家たちにとって、このプロメテウス主義はその形而上学的・予言者的調子とともに、きわめて疑わしいものに見えた。左翼的青年たちのあいだのブジョゾフスキの著作の人気に直面して、ポーランドの共産主義知識人たちは彼の影響力の粉砕が重要であると考え、事実上、彼を右翼のアイディオロジストと決めつけた。

例えば、アンジェイ・スターワルは、労働の無差別的な崇拝は階級的団結のイデオロギーに属すると断定した。これは、ブジョゾフスキが特に強調したプロレタリアートの独立した文化的アイデンティティとその社会発展における特殊な役割の誇張であった。しかしながら、確かにマルクス主義者と異なり、彼が、肉体的労働を行っているという事実によってプロレタリアートを定義し、生産様式におけるその位置、あるいはとりわけ商品としての労働の販売によってプロレタリアートを定義しなかったのは事実であった。

概して、ブジョゾフスキは社会の階級的分裂や生産の社会的条件については注意を払わなかった。結局のところ、われわれは、彼がプロレタリアートや「自由な労働」あるいは社会主義の用語で何を意味しようとしたのかを正確に語ることはできない。彼はこれらの用語を、自然の征服者としての人間を言い表すために形而上学的カテゴリーとして使った。つまり、労働、闘争それ自体が、それらの当然の報酬であった。「労働によって理想は事実となる。労働は自然の中の一事実であるのだから、労働は自然が理想体となる神聖な要素である」（「サロメア・パールミュッターへの手紙」一九〇六年春）。

この意味で、ブジョゾフスキが社会主義政党に向けた非難、つまり彼らは専門職の政治家であるインテリゲンチャによる権力獲得の手段としてプロレタリアートを扱った、という非難は、小さな違いを考慮に入れても、そのまま彼自身に跳ね返ってくる。彼にとってプロレタリアートは、プロメテウス的理想の道具であって、それは形而上学的な考察に由来するもので、労働者運動の現実の動向の観察に由来するものではなかった。彼は、労働者が現実に何を望んでいるかには関心がなく、人間の運命の征服者的構想が実現するために労働者がそうならなければならないものに関心があった。

ポーランド・マルクス主義者とのもう一つの論争点は、ブジョゾフスキの民族問題への態度であった。時間が経つにつれて、伝統文化の役割がそうであったように、「民族」や「祖国」の理念が彼の著作物の中でますます顕著になってきた。その上、彼は生物学的隠喩を用いたが、それは曖昧なままであって、ファシスト・タイプの急進的民族主義運動が多かれ少なかれ民族的価値を擁護するために同じような隠喩を使いはじめるようになると、ますます疑わしいものとなってきた。そのような根拠に立って、もう一人の正統派共産主義者であるパウエル・ホフマンは、ブジョゾフスキをファシズムの先行者と非難した。

ブジョゾフスキは、社会哲学において民族的観点と階級的観点を調和させることから生れるかもしれない緊張について考慮しなかった。彼の労働者の大義にたいする忠誠は民族的文化的価値の源泉としてのポーランドへの信頼と対立しないことは、彼にとって明白であったように思われる。この問題について彼は書いた。

「人びとは痛みをもって労働者の運動は民族運動であり得るし、またそうであると示してきた。それらの努力が必要であったかどうかは私には分からない。ポーランドはポーランド人の生命の原動力が展開する場であり、それを支える源泉である。労働者の運動が民族の生命と運命から独立したものであり得ると主張することは、どんな力でも行動手段でも思い通りに取ることは全く問題がないと言うのと同じである。ポーランド社会がその権利を奪われているかぎり、わが労働者階級は低級な貧民という無定形の集団と化し、社会階層の第四列、第五列、第六列、あるいはそれ以下も占めることはないだろう。ここでの問題は何か。

自分の民族的存在を放棄することは、人間の現実に影響を与える希望を放棄することである。つまり、それは自らの魂を破壊することを意味するのであって、なぜなら魂は民族を通してのみ生きて働くからである。いわゆる国籍の問題は生じない、なぜなら、それは人間の尊厳を失うことを欲するか否かを問うことと同じだからである。このような崇高な価値にたいする忠誠をわれわれから免除する意見、利益、価値は存在しない。国を持たない人間は実体のない魂であって、いい加減で危険で害を及ぼす人間である。というのは、人間の魂は長期の集団的闘争、長期間の創造の過程の結果であり、そのすべての意味はそれを創り上げるのに費やした時間の長さに依る。魂が古ければ古いほど、それはそれだけ創造的であるだろう。これが、労働者がその国を愛し、その歴史を記憶するように常に喚起されなければならない理由である」（『理念』二一二五頁）。

もしこのような主張が、ただ単に、労働者階級の解放は民族抑圧の条件のもとでは起こり得ないことを意味するだけならば、それは十分に分かり切ったことであり、ポーランドの社会主義者一般が是認するものであっただろう。しかし、ブジョゾフスキがそれ以上のものを意味したことは明らかであり、ソレルやベルクソンとの討論の中で、彼は彼の考えをもっと全面的に展開した。

彼の論点は、民族的伝統を介さずに文化にアプローチすることはあり得ず、ここで言う「文化」にはすべての形態の知識が含まれるということであった。われわれの世界との関係は、われわれがあらゆるものを人間の歴史からだけではなく、民族の歴史の観点からも認識するというものであり、もしわれわれがここから外に踏み出すことができると考えるならば、それは自らを欺くことになる。明らかにそれに同意してソレルの考えをまとめながら、ブジョゾフスキは書く。

「人間の生活を超えた、あるいはそれからかけ離れた現実の考察としての知識の理念は虚構である。いかなる環境においても思想はそれが生まれる共同体から独立することはできないし、あるいは人間活動の一定の蓄積を表現することもできない。――形而上学は愛国主義の代用物、その破壊として出現した。今日、祖国が再びその姿を現してきた。――われわれは民族を通してでなければ誰とも共有することはできない。すなわち、それによってわれわれが支えられ、賛美されるその身体化された精神を通じなければ、生きる道は存在しない。知識はそれが各民族の生活条件に影響する限りにおいてのみ国際的である。知識は浅はかな心性によって、あるいは自国人民の生活の過酷で悲劇的な側面に巻き込まれない人士によっては達成することはできない。――ポーランド、わが言語そしてわが魂は、活力のない、誰も気にかけない偶然の姿ではない。それらはそれら本来の価値として偉大な現実、存在の基本的相であり、ポーランド人がこの世に存在するかぎり残りつづける。民族よりも古くて深遠なものは存在するだろうが、人間たる人間が自分を知るのは民族を介してである。なぜなら、精神生活の非民族的で国際的組織は存在しないからである」（『理念』二四八～五一頁）。

このくだりは、明らかに、正統派ではないマルクス主義者ですらもが受け入れられる範囲をはるかに超えるのであって、文化の他の形態は言うまでもなく、科学ですらもその必要な媒介として民族的伝統に依存すると示唆している。ブジョゾフスキにとって、これらの思想は単純に、その構成員が参加する持続的で不可逆的な現実としての民族の価値にたいする信念の表明であった。しかしながら、彼の見解が民族主義的急進派にその危険な結末に至るような口実を与えたことは否定できない。彼を自分たちのものと主張する極端な右派主義者の試みを、単純な間違いとして斥けることはできないのであって、このような非難から彼を解放するのは容易ではない。

他方、マルクス主義者の誰もが、理論および現実政治の両面において、労働者運動の国際主義と民族共同体の固有の価値との対立を、ローザ・ルクセンブルクのように後者を恣意的に否定することを除けば、解決することはできなかった。彼らの誰もが、明らかに、歴史は、単一のパターンに必ずしも還元できない社会形態を放棄するかもしれない、ということについて疑いを抱かなかった。

545

5　ブジョゾフスキのマルクス主義

ブジョゾフスキのプロレタリアートと社会主義の理念は、マルクスのそれから大きく異なっていることを証明する必要はない。その上、以下のように、彼はマルクスの意図の解釈においてその着眼点は確かに広かった。『生産力』、『資本主義の集中』等のような彼自身の一定の構築物と自分を重ねることを感得しない人はマルクスの思想を理解することはできない。これらの認識上の概念は、マルクスが彼の意志の流れや内容を自らに提示するために最初に使う真の神話である。そうして彼はこの意図を他のものに課し、構築し、彼らの中に維持するように努めるのである」(『理念』三四七〜八頁)。

しかしながら、ブジョゾフスキの理念の後の受容やそのマルクス主義の解釈における多くの恣意的な特徴にもかかわらず、マルクス主義の思想を、何の疑いも抱かれず流れてきた水路から転換させ、後にグラムシやルカーチによって異なる方法で追跡される方向へ駆り立てることを試みた最初の人物は彼であった、と言うことはできる。

進化論者とカント主義者はともに、マルクス主義は他の科学理論と同様に、資本主義とその将来の社会的現実の客観的な評価であるということを公理として受け入れた。ほとんどすべての者が、マルクス主義はある種の常識的で現実的な形而上学に基づくこと、そして進化論において一般的に措定される方法において、人間の存在と認識を解釈するということでもまた同様に一致した。

不確実な事実を土台として主張しながら、ブジョゾフスキはこれらの両方の図式に挑戦し、その後に注目を浴びるようになったマルクスの初期の著作の哲学観に著しく接近した、彼独自の解釈を提案した。彼は、マルクス主義は原理的に、それを認識する行為から独立した「自然な」現実として、社会過程を扱うことはできないと主張した。世界の理解はそれ自体が世界を変革する一つの要素であり、したがって、社会現象の一般に理解されるような形での決定論的解釈は維持できない。マルクスの観点からすれば、社会的宇宙とその宇宙の知識は一つで同じものであり、したがって、歴史の行程は天気のように予測することはできない。

さらに加えて、ブジョゾフスキは、マルクス主義は、人間に先行して人間の現実を生み出し、人間の精神の中に人間存在のイメージとともにそれ自身のイメージを刻印する世界の理念とは両立できない、と主張した。人間は人間の角度から世界を認識し、自分自身をその一部として公平に観察することはできない。なぜなら、そうすることは人間の外皮とその歴史への全体的依存を脱ぎ捨てることを意味するからである。

そこにおいて、それが獲得された人間的条件から独立した知識は存在せず、そして、われわれはそれ自体としての世界の概念を形成することさえできない。われわれの認識の歴史的社会的条件への従属性は覆りようのないものであって、われわれは絶対的現実と同じようにこれと自己を調和させなければならない。

しかしながら、ブジョゾフスキの宗教的「転向」は、このような厳密に人間中心主義的な観点の一貫した維持の可能性に疑問を投げかけた。すでにわれわれが言及したように、それは通常の意味の転向でも、あるいは死に近づいた人間の精神的ストレスという普通の結果でもなかった。一九一〇年五月二日のヴィトルト・クリンガー宛の手紙で、彼は、カトリック教が彼を知的に満足させているので、いかなる啓示の必要も感じないと書いた。しかしながら、死の二、三日前の一一年四月一九日のクリンガー宛の別の手紙では次のように書いた。「私のカトリック教は、ダーウィン主義、ニーチェ主義そしてその他のあらゆる『主義』は言うまでもなく、私のマルクス主義の多くの重要な側面を含む」と。

ブジョゾフスキは、彼の哲学的発展の最後の段階の詳細な説明を遺さなかった。しかし、もしわれわれが彼の転向を単なる心理的現象ではなくこの段階の一部分と見なすならば、おそらく、われわれはその背景を次のように説明することができよう。

ブジョゾフスキの思想の契機は、人間の絶対的価値を守り、それに絶対的な意味を付与するという欲求であった。彼は、この欲求をまずはフィヒテ・ニーチェ的な創造性や「行動」のカテゴリーで表現した。それらは創造的な個人精神の絶対的独立を主張する根拠を用意するように思われた。彼は、もし創造性が歴史の過程で生まれてきた現存の伝統や社会的エネルギーの中心にたいする義務の感覚にその源を発しないとすれば、それは自己矛盾に陥るという結論に達した以降、この観点を放棄した。絶対的価値として個人の内面の主観的で熱情的な専制を擁護することは、世界を自然の冷淡な法則のなすがままに任せることである。創造性はもはや世界で成功することではなく、そこから逃走することを意味する。

　これにたいする応答が、人間を集団的創造者とするマルクス主義の版である。それは自分の絶対的意味を外部世界との闘争の中で、そしてその闘争を通して、主張し、現実全体を彼自身の状況の一要素として扱う。宇宙 547 の意味は人間の存在にひきつけて全体的に参照され、人間がアトラス［天宮を双肩にかつぐ大力無双の巨人。ギリシア神話］の役割を担い、種として持続するための自己中心的な決定に関係しない事柄を人間は知ろうともしないし、認識しようともしないし、またできない。

　しかしながら、こうした観点ですら、人間存在の絶対的意味を確証するには不十分なことは明らかである。それは、単純に、世界を実在それ自体ではなく、自分流に思い描く中で自らを絶対と見なす存在によって恣意的に主張される意味となるからである。

　人間は自然を支配するために闘うように運命づけられ、自分の尊厳を非人間世界との闘争の中で肯定するのだから、その結果、彼の存在は必要でも独立したものでもなく、価値尺度の中で絶対的位置を自分に帰属させることは気まぐれに過ぎず、例えそれがどれほど強力であっても、非合理的な力によって放擲されるであろう。

　人間存在の絶対的意味にたいする信念は、それが神という非偶然的な存在に基づく場合のみに保持することができる。急進的な人間中心主義は不可能で自己矛盾している。なぜなら、それは人間存在が偶然的であると同時に絶対的であることを含意しているからである。

　この仮説的再構成は、ブジョゾフスキを活動主義的自己愛主義からマルクス主義理論の集団的自己中心主義を経由して、人間が無条件の実在と接触し、それが唯一の可能な道として、人間自身の無条件の意味を維持することができる歴史的有機体としての教会へ導く道を示しているのかもしれない。 548

第12章　オーストリア・マルクス主義者、マルクス主義運動におけるカント主義者、倫理的社会主義

1　オーストリア・マルクス主義の概念

「オーストリア・マルクス主義」（Austro-Marxism）の用語は、一九一四年にアメリカの社会学者ルイス・ブーディンによって創られ、一般に受け入れられてきた。それはまたその学派の構成員によっても使われた。オーストリア・マルクス主義は、ある共通する傾向や特定の関心によって識別される。しかしながら、彼らは、それでもって同定できるような一定の主義を自覚し表明する学問的、あるいはラビ的な研究者集団という意味の「学派」（school）ではなかった。

オーストリア社会民主主義の主要な理論家、マックス・アドラー、オットー・バウアー、ルドルフ・ヒルファーディング、カール・レンナー、フリードリッヒ・アドラー、これらすべての人びとがその用語の完全な意味において自らをマルクス主義者と考えていたが、しかし彼らはマルクス主義を閉ざされた自己完結的な体系とは見なさなかった。『マルクス研究』第一巻の序文で、その編者であるマックス・アドラーとヒルファーディングは、われわれはマルクスの著作の精神には忠実であるが、その文言への忠実さには必ずしもこだわらないと明言した。

もちろんこれはそれ以上の意味は持たず、そのような言い回しはもっとも教条的で忠実なマルクス主義者のあいだでさえ普通のことであった（「マルクス主義はドグマではない。われわれはマルクス主義の遺産を創造的に発展させなければならない」等々）。

さまざまな思想学派の柔軟性の程度は、このような表明ではなく、彼らがどの程度それを実行したかによって測定されなければならない。この点でオーストリア人は典型的な正統派の信奉者たちとは本質的に異なった。彼らはマルクス主義とそれ以前の思想家との、特に、マルクスが「源泉」として公認しなかったカントとの結びつきを強調しただけではなく、マルクスの時代以降に非マルクス主義の哲学や社会学、特に新カント派の中で表面化した理念、概念そして問題を用いることに何の支障も感じなかった。彼らの考えでは、これは理論の裏切りではなくその協働や豊富化であった。彼らは、マルクス主義と社会主義理念はヨーロッパの文化的伝統の不可欠の一部であることを明らかにすることを切望し、そして、マルクス主義の高貴さではなく、そのヨーロッパ哲学や社会思想の多様な傾向との類似や接合点を強調することを好んだ。

オーストリア・マルクス主義のもう一つの特徴は、マルクス主義の広大な理論的認識論的基礎を再検証するという関心であったが、カント主義者の批判はそれが特に欠陥と散漫な結論に終始していると明らかにした。価値論、階級闘争そして史的唯物論を含む基本的原理を受け入れる一方で、彼らは、マルクス主義が論理的に唯物論哲学を前提にしていること、あるいは、その有効性がエンゲルスの哲学的主張、これについて彼らはカント的意味で「無批判的」として反対したが、そのエンゲルスの哲学的主張に依拠していることには同意しなかった。

彼らの一般的態度は超越論者のそれであって、実証主義と経験主義に反対であった。彼らは、マルクス主義はその完全な意味で科学的理論であるが、それは経験論者によって推進された知識の基準に従わなければならないことを意味するのではない、と考えた。経験論者の知識の基準は恣意的であって「絶対的」基礎を伴って科学を提供することはできない。なぜなら、経験論者はカント哲学の問題にまったく無知であるからだ、と。

あらゆるマルクス主義理論家が、明示的あるいはその他の方法で、マルクス主義は科学的理論であるか、あるいはプロレタリアートのイデオロギーであるか、という問題に答えなければならなかった。正統派は、躊躇な

くそれは両方であり、階級的観点と科学的観点は完全に一致すると答えた。しかし、よく考えれば、この単純な回答はいくつかの疑問を呼び起こす。

もしマルクス主義が科学的理論であるならば、その真理性を認めるために、最初にいかなる政治的あるいは階級的観点も採用せずに、一般的に受け入れられる科学的思考の規則を適用するだけで十分である。そうであれば、進化論と同様にマルクス主義は誰も彼もの皆にとって理解できるものとなるだろう。この補足として、一般的に追加されるのは、マルクス主義は科学的に真理であるけれども、それが所有階級の没落を予言しているがゆえに、所有階級から抵抗されざるを得ないというものであった。それにもかかわらず、その真理性は論理的にいかなる政治的立場にも依存せず、知的手続きのルールの正しい適用に依存する。それはまたプロレタリアートの利益にも仕えるが、それだからと言って、その事実がその知的内容に何かを付け加えることはなく、それが受け入れられることを論理的に強化できるというのでもない。

他方で、もしマルクス主義が「プロレタリアートのイデオロギー」であるとすれば、その受容は単なる理論的立場だけではなく政治的関与でもあって、その一つがなければもう一つも不可能である。この見方を取った人びと、とりわけレーニンはマルクス主義の科学的性質を強調しつづけたが、しかし彼らはマルクス主義を政治闘争の道具として扱い、その発展が、政治から自立し、ある状況の下では政治的便宜と対立するかもしれない内在的論理を持つことを、理論上ですら認めることを拒否した。

この理論を広げる中で、レーニン主義の人びとは純粋に階級的利益だけに訴え、階級から独立した知的原理には訴えなかった。オーストリア・マルクス主義者はまったく正反対の見解をとり、自己の階級的立場という理由によって理論に関心を抱いた人びとだけではなく、すべての合理主義的精神にも訴えた。倫理の分野でも、同様に、彼らはマルクス主義の知的・道徳的普遍性を強調した。マルクス主義的社会主義者であるためには、物事を正しく考え、特定の階級の人びとのものではなく、社会主義の中にも

550

っとも完全に体現される人間的価値を尊重すれば十分であった。

理論的には彼らの方がより厳格ではあるけれども、この点での彼らの態度はジョレスと似通っていた。彼らはマルクス主義を社会認識の「自然な」発展の継続と見なし、社会主義は今日の社会の観点からの伝統的な人間的価値の「自然な」解釈と見なした。

ここでもまた、マルクス主義はすべての人間にとって有効であるということは容認された理論であったが、しかしこの原則は実際には多様に解釈された。社会主義者はまた、労働者階級が人間的価値の代替の利かない擁護者であることに同意していたのだから、マルクス主義の「普遍性」を非本質的な美辞麗句として扱い、政治的対抗者を打ち負かす方向にすべての人間の力を振り向けることも可能であった。

逆に、階級闘争の原理を認めながら、自由、平等、友愛の理念を真剣に受け止める人は誰でも、自分に忠実であるためには、自身の階級的利益が何であれ、社会主義の態度を取ると考えたオーストリア人やその他の見解に立つことも可能であった。

オーストリア人にとって普遍性は大原則であって、論理の単なる一部ではなかった。その結果、彼らが将来の社会について述べるとき、彼らは労働者の自由な自治に比べて権力や制度の改革については多くを語らなかった。彼らは資産の共同化は社会主義的変革の手段であって社会主義の全部ではないと考え、それはまた、生産過程そのものの社会化そして生産者の団体によるすべての経済生活の統制を含んだ。彼らは、個人は常に目的であって手段ではないと見るカント哲学のルールは、社会主義の諸原則と完全に合致すると考え、社会主義は、もしそれが唯一の目的として、共生の中での人間人格の自由な発達を伴わなければ、それはそれ自体の猿真似と化すだろうと信じた。

同時にオーストリア人たちは、ベルンシュタインの修正主義に反対し、政治的にはヨーロッパ・マルクス主義の急進派に属したが、むしろ正確に言えば、自らが独自の急進的変種を構成し、プロレタリアートの民主主義的独裁の理念を持ち、資本主義社会内での社会主義制度の漸進的構築とい

う理念は否定した。第一次世界大戦の戦中から戦後にかけて、オーストリア・マルクス主義の主要な理論家は政治的に別々の道に進んだ。ヒルファーディングとレンナーは、今日的意味の社会民主主義者となり、その一方、マックス・アドラーとバウアー（そしてフリードリッヒ・アドラーも）は、急進的社会主義左派の立場を維持し、社会民主主義にもレーニン的共産主義にも同一化しなかったが、不首尾ながらも両者を調停する試みを続けた。

月刊誌『闘争』（一九〇七年以降）に加えて、オーストリア・マルクス主義者は、既に触れた大冊の『マルクス研究』を発行した。この中にはマルクス主義文献の中でももっとも重要な理論的作品が含まれた。すなわち、アドラーの『科学の論争における因果関係と目的論』（一九〇四）そして『マルクス主義の国家論』（一九二二）、バウアーの『民族問題と社会民主主義』（一九〇七）、ヒルファーディングのマルクスの価値論に関するベーム・バヴェルクとの論争『ベーム・バヴェルクのマルクス批判の反批判』（一九〇四）、そしてヒルファーディングの『金融資本論』（一九一〇）がそうである。

551

2　カント主義の復活

オーストリア・マルクス主義は、マルクス主義的新カント主義と同一視されてはならない。認識論と倫理学に取り組んだオーストリア人、特にマックス・アドラーだけではなく、ある程度はバウアーも、確かにカント主義的マルクス主義運動に属したと見なすことができるかもしれない。しかし、オーストリア・マルクス主義それ自体はカントへの傾斜の外に別の際立った特徴を持ち、カント主義的マルクス主義者の多くをオーストリア学派の一員と見なすことはできない。

マルクス主義的新カント主義あるいはカント主義的色彩を有するマルクス主義という奇妙な現象は、マルクス主義の歴史の内部だけではなく、一八六〇年代に開始され、その後の数十年にわたってドイツの大学においてほとんど完全な独占に至るカントの影響力の全般的復活の重要な一部としても見られなければならない。この運動の最初の指導者の中にはフリードリッヒ・アルバート・ランゲとオットー・リープマンがいた。しかしながら、そのずっと前に、カント主義は多様な傾向と学派に分裂し、それらはカントの哲学にたいする関心も解釈も異なった。

カント主義は単に哲学的傾向であるだけではなく、特に、実証主義者の科学主義的世界観に反対して哲学そのものを復権する企てであった。実証主義とドイツ唯物論は、哲学というよりもむしろ哲学の自殺の試みであった。自然科学によって使われる方法が確実な知識に到達するための唯一の手段であり、そしてそれゆえに、哲学はその存在理由を持てないか、あるいは科学の成果の考察からでしか成り立つことができないか、のいずれかであるとそれらは主張した。

他方、カント主義は、その中では哲学が正統的であるだけではなく不可欠でもあるが、同時にその熱望が制限される知的方法を提供した。それは形而上学であるという振りはせず、ヘーゲル、シェリングやその後継者に向けられた非難、つまり、彼らの思想は曖昧でつまらない熱狂、空想に基づく奔放な論理の営み、という非難にも晒されなかった。カント主義者は、哲学は知識の批判に集中すべきであると教えた。つまり、自然科学はそれ自体を解釈しないのであって、科学の中にその結果や方法の有効性を保障するものは何も存在しない。個別科学は世界を認識することに関わるが、それらは認識という事実は研究しない。認識はその有効性を証明するために特別の探求を必要とする。

このように、カント主義は形而上学への全般的反対を科学主義と共有したが、哲学全体にたいする科学主義の虚無主義的アプローチは認めなかった。

552

第二に、それは倫理的価値の理論に特別に関わった。純粋に経験主義的な世界観は、当然に急進的な道徳的相対主義に繋がるように思われる。科学は「事実」を観察して一般化するのだから、それは価値の世界を単に社会的または心理的現象の集成として認識し、価値判断を確立する手段を持たず、それらの何れも科学に関するかぎり等しく正しいか、あるいは誤りかである。ここでもまたカント主義は相対主義に反対する防御を提供しているように思われる。それは、事実の領域は価値の領域とはまったく別個であること（カント主義者が実証主義者に同意するかぎりで）、しかし、人間理性は少なくともわれわれの倫理的判断が満足するに違いない形式的な条件を決定でき、その結果、われわれは人間の気まぐれの恣意的な作用の犠牲にはならないことを提示することを約束した。

　したがって、カント主義者はすべてを包括する存在論の構築に反対したのだが、科学主義に対抗して、すべての個別的知識が普遍的有効性を主張するとしても、知識の批判は個別の知識に論理的に先行しなければならない、と主張した。

3　倫理的社会主義

　そのオリジナル版のカント主義は、超越的であるよりも心理的であった。すなわち、カントが究明した知識の先験的条件は、単純に人間の精神の普遍的属性として認められ、そのように構築されたために、対象に時間と空間、因果関係、実体的統一等々という形式を課さなければ、対象を認識することはできない。しかしながら、これは相対主義を放棄するのではなく、それを高度な水準に移行するだけである。なぜなら、それは、科学の世界像は、それが人間という種の構造の必要に合致するという意味において普遍的に有効であって、それがいかなる可能な理性的存在にとっても等しく有効であるという意味においてではない、ことを意味するからである。

　結果として、次の世代のカント哲学者とりわけマールブルク学派（ヘルマン・コーエンとパウル・ナトルプ）は、心理的解釈から超越的解釈に移行し、カントの先験的形式は心理的あるいは動物学的に偶発的であり、種としての人間またはその他にとって特有ではなく、理性それ自体に本来的に備わっており、いかなる認識行為にとっても必要な条件であると主張した。

　その上、理性は、既成の資料としての経験的「事実」を基礎として機能

553

することはできない。哲学的批判は科学を基礎とするが、それは、実証主義者が主張するように、科学の結果を「一般化する」ためではなく、科学を可能にする認識論的条件を探求するという意味において基礎とするのである。マールブルク学派は、その全般的に理性主義的な世界観を確証するために、主に、数学と理論物理学に頼った。普遍的有効性を持つわれわれのあらゆる知識は、理性の純粋な活動に由来するのであって、偶然の経験的資料に由来するのではない。純粋理性は自然科学の基礎であり、現実のあらゆる理解可能な理念は既知の現実に関連している。これは、現実が個人や類にたいして相対的であることを意味するのではなく、純粋で非人格的思想にたいして相対的であることを意味する。

　カントの「もの自体」は統整的概念（regulative concept）、知識を組織するのに仕えるある種の虚構であり、そうでなければ、哲学は何の損害も被らないまま、すべて捨て去ることができる。

　しかしながら、マールブルク学派がドイツやオーストリアの一定のマルクス主義者のあいだに引き起こした関心は、その急進的な先験主義ではなく、カントの実践理性の理論の上に社会主義の倫理を確立する試みによるものであった。コーエンとナトルプは自分自身をマルクス主義者とは考えなかったが、彼らは社会主義者であり、社会主義は倫理的理想主義においてしか確立できないと信じた。

　コーエンは、カントは社会主義に道徳的基礎を与えたと考えたが、それは、第一に、倫理は人間学に基づくことはできない、なぜなら、人間の自然的衝動は人間性の理念や個人の固有の価値の理念を生み出すことができないからである、と示すことによってであった。人間性は人間学的概念ではなく道徳的概念である。すなわち、われわれはあらゆる個人が平等な権利を有する集団の一員であることを、純粋に自然な性向を土台にして認めることはできない。

　第二には、カント主義の倫理は、宗教的教条や神の信仰から独立していた。すなわち、神の命令の権威にたいする信頼は法の大系の基礎であって、道徳の体系の特別な基礎ではない。人間だけが道徳の立法者である。

しかし、人間の法は、それが道徳的行為の対象として人間の平等に基づくならば、普遍的妥当性を主張できる。あらゆる人間を手段ではなく目的として扱うことをわれわれに命ずるカント主義の倫理は、まさに社会主義の本質である。なぜなら、それは労働者が商品として扱われてはならないことを意味し、そしてこれが社会主義的解放の理論の基礎であるからである。人間の友愛という社会主義の理念、その中ですべての人間が平等で自由である、つまり、法的秩序の中で規定された自由は、カント主義の理論からの論理的結論であった。

コーエンは「倫理的社会主義」理念の創始者の一人であり、それは、マルクス主義の社会発展理論にカント主義の伝統を接ぎ木しようと図った多くの人びとによって採用された。倫理的社会主義は二つの原則に分けられる。第一の、より一般的な原則は、マルクスの歴史哲学が正しくてそれゆえに社会主義が不可避的だとしても、社会主義が善として受け入れられるに違いない、ということにはならない。出来事または過程が不可避的であることが必ずしもそれが望ましいとか、あるいはわれわれがそれを支持しなければならない、ということにはならない。社会主義を予見することに加えて、社会主義を受け入れるためには、われわれは史的唯物論あるいはその他の歴史論以外の根拠に基づく価値判断を持たなければならない。カント主義の倫理はそのような根拠を提供できる。なぜなら、それは、その中で社会が人間人格以外のいかなる目的も持たない、という社会主義の秩序は真の価値であることを示しているからである。

倫理的社会主義の第二の原則は、そのすべての支持者によって述べられているのではないけれども、倫理的指針は普遍的妥当性を持つ、言い換えれば、それらは道徳的行為の対象および主体としてのすべての個人に例外なく当てはまる、というものであった。ここから、倫理的仮定としての社会主義は、社会階級と無関係になり、すべての人間としての人間はその階級的利益に関係なく、社会主義の理想の道徳的価値を認識することによって、その人間性を保持することができる、ということになる。

正統派が主張したように、これはもちろん、倫理的社会主義が階級闘争の存在を否定したとか、あるいはその擁護者たちが社会主義的変革を引き起こすためには道徳的宣伝だけで十分だ、ということを意味したのではなかった。しかしながら、それは、彼らが労働者階級の利益だけではなく普遍的な人間価値に訴えることによって、社会主義の理念を唱道できるし、またそうしなければならない、ということを意味した。

4　マルクス主義の中のカント主義

既に触れたように、自らを（コーエンは別として）社会主義者だけではなくマルクス主義者であると考え、一つあるいは別の方法で史的唯物論および科学的社会主義をカント主義の倫理学あるいは認識論と調和させた多くの新カント主義者が存在した。

このようなカント主義とマルクス主義の理念の奇妙な共生は、さまざまな事情によって説明できるかもしれない。マルクス主義は、後にそうなったほどには他の世界から孤立しておらず、社会主義者サークルの外で人気を得た哲学動向がマルクス主義者の思考に影響を与えるのは自然であった。同じように、半世紀後に、共産主義者の正統派がスターリン死後に弱体化したとき、実存主義、現象学、構造主義そしてキリスト教のような外部の資源すらも引き込んで、枯れかけた木に新しい生命を吹き込もうとする試みがなされた。しかしながら、理論に内在する論理が外部の影響がなくても同じ結果をもたらしたかもしれない。

社会主義は普遍的価値であって、単に一つの階級だけの価値ではないという原則は、当然ながら、これら二つの側面がどのようにして結合され得るかについての考察を引き起こした。労働者階級の特別の利益は一見して、決定するのが容易ではあるが、普遍的な人間の利益が何であるかは明らかではなく、古典的文献はこの問題について明らかにしてこなかった。しかしながら、マルクス主義がこのような普遍的利益のカテゴリーを認めたのだから、それはまた一般的な人間、階級によって分化されない人間という理念を想定しなければならない。そうでなければ、社会主義が人類の熱望を満足させるだろう、と言うことは無意味となることは明らかであった。

普遍的な大義の歴史的な旗手である労働者は、専ら、自らの利益のために闘うように想定されたのだが、その利益は不定の千年の未来において人類の利益と一致する。しかし、もし普遍的利益が明瞭なカテゴリーであるとすれば、それは触れて分かる事実や特定の主張という形で、今この場に存在しなければならない。つまり、人間性は現在の瞬間において、すべての人間個々人の目に見える属性でなければならず、武装した同志だけではなく、すべての人びとに適用される道徳的規範でなければならない。このような結論は、マルクス主義的原理主義者にとって難しいものであり、彼らは革命の純潔性と非妥協性という名目で社会主義運動と「ブルジョア」文化との完全な分離を要求した。

新カント主義者は、マルクス主義の普遍主義的側面を表す公式を追求して、マルクス主義の古典において死文化され、空虚な論理の断片となっていたものを摑み出し、それを発展させた。しかし、そうする中で、彼らは、社会主義の普遍的側面と個別的側面の関係という問題に再び直面し、正統派一般からは、階級的連帯を唱え、決定的対立をごまかして、改良主義的傾向に口実を与えるもの、と非難された。概して、このような攻撃は曖昧な一般論で表わされたが、しかし、その非難はそれとして特殊ではなく、新カント主義は社会民主主義の改良主義派を有利にする、という非難には一定の真理があった。

しかしながら新カント主義者、中でもオーストリア学派は、革命の理念を否定しなかった。彼らは、一度ならず、カント自身の見解は論理的にも歴史的意味においても革命に反対ではなかったと主張し、その証拠としてカントのフランス大革命への態度をあげた。この点で彼らは正しかった。カントの哲学から、現存の体制を暴力で打倒することは非正統的だということを引き出すことはできない。しかし、カント主義者は、その先験論者的前提に忠実に、社会主義を制度よりも道徳の立場から定義し、こうして彼らの理論は、労働者が資本主義の下で「今この場で」成し遂げることができる道徳的変革が社会主義の現実的建設に最終的に繫がる、ということを強く示唆した。

これは正統派にとっては呪いの言葉であり、彼らは、労働者階級が資本主義のもとでできることのすべては革命の道を準備することである、と信じていた。つまり、社会主義は部分的に建設することはできない。それは分割できず、政治権力の奪取と資本家の収奪から成り立つ、と。社会主義を道徳の立場から定義することは、結果として、一つの時代から次の時代への転換の厳しさを曖昧にすることである。この程度において新カント主義は、ベルンシュタインの修正主義のように、「漸進的社会主義」にたいする楽観主義的信念を反映したのであるが、もっとも新カント主義のマルクス主義者の多く、いやその大部分すらこのことを多くの言葉では表明しなかった。

新カント主義の運動はまた、おそらくドイツの民族的誇りに根ざしていたのだろう。社会主義の理念がドイツ啓蒙主義のもっとも純粋な産物であることは明らかであり、カントだけではなくレッシング、フィヒテ、ヘルダー、ゲーテそしてシラーはしばしばその祖先の中にあげられた。

この運動の代表的で典型的な哲学者は、カール・フォルレンダー（一八六〇～一九二八）であり、彼はカントとマルクスを比較・総合したいくつかの著書を出した（例えば、『カントと社会主義』一九〇〇、『カントとマルクス』一九一一、『カント、フィヒテ、ヘーゲルと社会主義』一九二〇、『哲学者としてのマルクス、エンゲルスとラッサール』一九二一）。彼の主張は三つの主要な項目にまとめられる。

第一に、フォルレンダーは社会主義の理念に吸収されたカントの社会哲学、それはどの形態の急進的民主主義にもまた適用されたけれども、その社会哲学の側面を抜き出した。カントは、例えばすべての遺伝的特権に反対した。彼は民族的抑圧や常備軍に反対であり、人民代表制、教会と国家の分離、法の下の自由、世界規模の政治組織に賛成であった。彼は、革命の目的が自由を確保するものであるならば、革命は正統的であると見なした。彼は、人びとが自由を適正に行使できる程に成熟するまでは、彼らに自由を与えるべきではないという、あたかも人びとが専制的な政府体制の

556

下でもそうすることを学習できるかのような保守的な考え方を否定した。

ここまででは、カントは急進的な民主主義者に過ぎないのであるが、しかし、第二にフォルレンダーは、マルクスの矛盾による進歩、という理論にカントは期待したと主張した。自然は敵対をそれらの解決を引き起こすために利用した。つまり、人類の発達はその利己的衝動の内部作用の結果であり、それが相互制約というメカニズムのお陰で社会化の拡大となった。同じように、戦争は歴史の進化の中で最終的に恒久平和の確立となった。つまり、あらゆる種類の衝突は、その中で政治的自由が栄える法的秩序の必要を人類に正しく理解させた。

同時にカントは悲観主義者で、悪は根絶できないと考え、そして彼がそう言ったように、人間がこしらえた曲がった木からはまっすぐなものは作られたためしがない、と信じた。だが、この悲観主義は、法が常に必要であることを前提にしており、フォルレンダーによれば、マルクス主義の歴史哲学と対立しない。

しかしながら、もっとも重要なのは、カントの道徳哲学は科学的社会主義に統合できるし、また統合されなければならないと示している第三の主張群であった。フォルレンダーは、ヘーゲルやマルクスの思考様式が歴史的であるのにたいして、カントのそれは理性主義であると認めたが、しかし彼は、この二つは結合することができると考えた。ヘーゲルの歴史主義は、歴史の進化論的見方の基礎を提供することによって、マルクス主義の起源において重要な役割を果たした。しかしながら、ダーウィンやスペンサーのお陰で、普遍的な進化論は今や生物学により良い基礎を持ち、ヘーゲル主義的形而上学の助けを必要としない。

他方、ヘーゲル主義の伝統の中で有害なものは、ザインとゾルレンとの、存在と当為との区別の否定である。ヘーゲルの公式において、「べき」の観念は、無能の意識として「宴の後に」登場する。マルクスはヘーゲルに従ってこの区別を無視したが、しかし、この区別なしには社会主義の理念の基礎は存在しない。こうして史的唯物論の理論は、認識論的あるいは道徳的基礎を考え抜くこともせずに、それらを欠落させた。

マルクスとエンゲルスによるカント批判は取るに足りない、彼らはカントについてよく知らなかった。エンゲルスの「ものそれ自体」概念の攻撃は、彼のこの問題の完全な不理解を証明した。もしマルクスの理論が社会運動の意識を形成するものとすれば、それは社会主義を努力の目的として表さなければならない。しかし、マルクス主義は社会主義を目標として証明することに失敗した。

一般に、進歩の理念は評価を含み、目的論の観点を除外した進歩の理論はあり得ない。カントの道徳理論はこのようにマルクス主義の自然な完成である。定言命法は、欲求や傾向はそれらが目的の単一の命令の中に含むことができるかぎりにおいて道徳的に善である、と規定した。

もちろん、これはただ、いかなる道徳的命令も充たさなければならない条件の形式的定義である。つまり、具体的な規則は本来的に定言的ではなく、歴史的環境によって変化しなければならない。マルクス主義は、それがカント主義と共有した目的、つまり、あらゆる人間個人のそれ以上は削減できない価値の認識と連結する普遍的友愛と連帯という目的を達成する上で、いかなる行為が有効であるかを明らかにした。ここではカントとマルクスのあいだに矛盾はなく、カント主義の道徳理論はマルクス主義の基本的前提に何も影響せずにその中に導入することができる（フォルレンダーは、当時の多くのマルクス主義者と同じように、史的唯物論を緩やかな意味で理解した。つまり、経済的諸条件は意識を「規定」するが、しかしそれを「生み出す」のではない。人間の意志は歴史においてその役割を果たし、土台と上部構造のあいだには相互作用が存在する、と）。必要とされるのは、マルクス主義がそれ自体の隠された価値判断を明確に宣言することに尽きるのであり、そうしなければ、マルクス主義は実効的でなく、説得的でもない。

これらの、あるいは同様の論点がすべてのカント主義的マルクス主義者、つまりルードリッヒ・ボルトマン、コンラッド・シュミット、フランツ・シュタウディンガーそしてオーストリア学派によって提出された。彼らの主な論旨は常に同じであった。つまり、社会と歴史の科学的解釈はわ

557

れわれに現状と未来を教えている。歴史分析も経済分析もわれわれに何があるべきかを教えてはくれないが、それでもわれわれは現状を判断し、目的を決定する手段を持たなければならない、と。

社会主義の正しさは、その大義が説明できるという事実あるいは労働者階級がそれを引き起こすように指名されている、という事実によるのではない。物事は、それが今そうである以外のものにはなり得ない、という理由だけで褒められるのではない。シュタウディンガーが言うように、腐ったリンゴはただそういう方法で存在できるだけであるが、それにもかかわらず腐っているのだ。

カント主義者は、人間をその「自然的」な必要の合計によって囲まれている存在、とするダーウィン主義的あるいは生物学的解釈に反対した。もし人間が自然の秩序の枠内で完全に説明できるならば、社会主義の基礎など存在しない、と彼らは主張した。つまり、自然は自由をまったく知らず、われわれは人間が自由でなければならないことを自然の世界から推論することはできない。もし他方で、（シュタウディンガーは、それに続けて）自由が、人間の理念に必然的に固有の必要条件であるならば、その場合、われわれは、すべての人に同じ程度の自由を保障する社会秩序を要求しなければならない。これは生産手段の私的所有と両立できない。なぜなら、私的所有は一人が、他者が生きるか飢え死にするかを決めることになるからである。したがって、社会主義は、理性的でそれゆえに自由である自らの本性を人間は実現できるはずだという主張の論理的帰結であった。

新カント主義マルクス主義者は、社会主義の理論の中にカントの道徳哲学がどの程度まで具体化できるか、または具体化されるべきかについては意見が異なった。フォルレンダーとボルトマンは完全な意味のカント主義者であって、マルクスの社会理論はカントの道徳的および認識論的哲学全体によって仕上げられるべきであると考えた。しかしながら、コンラッド・シュミットは、カントの意志の命令と理性の命令との区別は維持されなければならないが、一方で、彼の仮言的命令は倫理の十分な根拠ではなく、それは変化する歴史的諸条件によって規定される社会的必要全体に基づかなければならないと考えた。

もしわれわれが、人間が自らを自由で理性的な存在であると何が自覚させるのかを考察するならば、どんな道徳規範も絶対的価値も持ち得ないことを発見する。なぜなら、異なる環境では異なる進路が「究極の目標」の達成に有利に作用するからである。カント主義の倫理は、道徳的義務はそれが義務であって、それ以外の理由からではないがゆえに遂行されなければならない、と述べる。しかし、社会主義者にとって唯一の善は、人間とそして人間の利益であればどんなものからでも成り立ち、そして道徳的義務は社会的必要のみによって規定することができる。この観点はもはや倫理的功利主義の一つであって、カント主義の理論からは根本的に離れている。

558

カントと社会主義の関係という問題は、何年にもわたって、社会民主党のすべてのドイツ語媒体（『新時代』『社会主義月報』『前進』『闘争』）において論争された。一九〇四年のカント死後一〇〇年はドイツ、オーストリアの労働者階級のすべての出版物によって追悼された。正統派、特にカウツキー、メーリングそしてプレハーノフは、カント賛美の中にマルクス主義の伝統との劇的な断絶を見いだした。メーリングとカウツキーは、記述的判断は評価的判断と区別されねばならないとする見解は受けいれたが、それがなぜマルクス主義者がカント主義哲学の支持を求めることになるのかについて、彼らは理解しなかった。カントが切実に必要としたものは、ブルジョア民主主義の枠内で充分完全に叶えられ、決して特別に社会主義的ではないと彼らは主張した。

社会主義運動がそれ独自の倫理的基礎を持つという事実は十分に明らかであるが、それがカント主義者の主張にたいする支持を与えることにはならない。つまり、いかなる形であろうと倫理は歴史的環境によって規定され、不変の規則に従属するのではない。労働者階級の理想は歴史によって説明され、それらは単にユートピア的ではなく、社会発展の全般的行程に沿っていることは証明済みである。これが、人びとが知る必要のあるすべてである。特に、マルクス主義者はカントの非歴史的な命令あるいは自由

559

意志という馬鹿げた想定を必要としない。

　われわれがカウツキーの論争の検討で見たように、この論争は正統派マルクス主義に疑問を引き起こさせなかった。つまり、諸利益の「自然の」産物として、ある一定の理念や価値が社会において生まれると仮定して、利益以外のいかなる動機が個人をして、それらを受け入れるようにさせるのだろうか。社会主義の理想は支持に値すると言うために、それがプロレタリアートの階級情勢の産物であるということ以外に、われわれはどのような根拠を持つのだろうか。マルクスが説いたように、もし社会主義が労働者階級の大義だけではなく、人間性の実現とすべての特別な人間的可能性の開花の約束でもあるとするならば、普遍的な人間的価値なしにわれわれはどのようにしてそれを管理できるのだろうか。

　われわれの道徳規範が、一時的ではなく、恒久的で不変の人間性の理念に属する非歴史的要素を含むと信じることを、われわれはどのようにして一貫して拒否できるのだろうか。しかし、他方で、いかなる価値も普遍的であって、その妥当性を歴史に依存しないと主張することは、マルクスの教えの精神とマルクス自身の言葉に反しないだろうか。

　これまでに触れてきたように、この論争はそれが起きたイデオロギー的脈絡においては解決できなかった。カント主義者はその有利な点として、事実の順序と価値の順序という伝統的区分論を持っていたが、正統派はそれから適正な論理的結論を引き出さないまま、それを受け入れた。彼らは、自分たちに関するかぎり、マルクスの非歴史的な価値に関する嘲笑的な指摘を引用することができ、階級から独立した道徳基準や道徳判断を含む理論の社会的結果を正当に理解し、そして実際に、社会主義への闘争は階級の利益よりも普遍的価値に基づくべきだと示唆した。

　カント主義者は、マルクスが事実と価値、ザインとゾルレンの区別を否定したことを認めたが、彼らはそれを彼の理論の本質を損傷することなく放棄できる、ヘーゲル主義の遺物とみなした。彼らは、この区別の不存在がマルクス主義にとって基本的であることを理解せず、その結果、両サイドの議論全体が非マルクス主義的用語（歴史決定論対道徳主義）で行われた。

　少数のマルクス主義者が、この問題はマルクス主義の観点からすれば誤って定式化されている、と漠然と感じてはいたが、彼らの中の誰も問題を明確にすることができなかった。これはその後何年も後にルカーチによってなされたが、彼はマルクスに沿って次のように指摘した。（1）労働者階級は世界を革命する行為の中においてのみ社会現象を理解する（2）概して、社会の知識は社会の自己知識である（3）したがって、世界の解釈とその変革は（自然科学と技術の適用の関係と同じように）相互に対置されるものではなく、一つで同じ行為であり、他方、理解と評価の区別は原初的統一を歪める二次的抽象である、と。

5　オーストリア・マルクス主義者：伝記的情報

　マックス・アドラー（Max Adler 一八七三～一九三七）、この専門職の法律家は、ウィーンでその生涯を過ごし、法廷弁護士として活動する傍ら、造詣の深い著作を出し、党活動に従事した。彼は組織者タイプの指導者ではなく、戦前は議会に出なかったが、それでも戦後の短期間には代議士であった。彼の同僚の社会主義者は、いささか軽蔑的な意味を込めて彼を「理論家」、そうすることが知的喜びであるために議論のもつれを仕組む学者、と見なした。

　しかしながら、その大量の著作を別にして、彼はオーストリアにおける党内教育の主要な創設者の一人であり、レンナーやヒルファーディングとともにウィーン労働学校を設立し、そこで教えた。彼の著書と論文は当時の社会主義の死活に関わる問題をすべて取り上げたが、彼の主要な関心事はマルクス主義の哲学的基礎を固めることであって、社会主義の文献ではそれが大いに軽視されている、と彼は信じた。読みづらくて複雑な文体で書かれた彼の哲学作品は、一定の主題、特に「先験的に社会的」なもの、そして社会科学の超越的な基礎という主題に繰り返して何度も立ちもどった。これらの問題は、彼の最初の著書『科学の論争における因果関係と目的論』（一九〇四）で繰り返され、『カ

560

ントの認識批判の社会学』（一九二四）、『講座　唯物史観　第一部』（一九三〇）、そして生存中の最後の著作となった『社会の謎』（一九三六）でも繰り返された。

著作の他の永続的な課題は、国家の組織と民主主義であり（『民主主義と評議会制度』一九一九、『マルクス主義の国家観』一九二二、『政治的および社会的民主主義』一九二六）、宗教の問題は多くの著作においてたまたま触れるにとどまった。正統派は宗教に妥協していると彼を批判した。バウアーはその思い出の中で、アドラーは人間の精神が死滅するという理念に同調することができず、カントの時間と空間の理論の中に精神の無限の存在という信念の正当化を探し求めた、と書いた。

マックス・アドラーはその生涯を通して社会民主党の左派に属した。戦争中、ヴィクトル・アドラーと異なり、彼は「社会愛国主義者」の機会主義を非難する少数グループの一員として残った。一〇月革命への彼の態度は、ローザ・ルクセンブルクのそれと同じであった。彼はボルシェビキ絶対主義を非難した。しかし、ソビエトの価値を信じて、環境が変わればロシアの体制は民主主義的変化を可能にすることを証明するだろう、と考えた。

オットー・バウアー（Otto Bauer 一八八一～一九三八）は、マックス・アドラーよりも優れた政治指導者であったが、彼はその名を傑出した理論家としても残した。ブルジョア・ユダヤ人である親の息子として、ウィーンに生まれた彼は、年若くして社会主義者となり、まもなく党の主要な理論家・著述家の一人となった。彼の最初のそしてもっとも重要な理論的著作である『民族問題と社会民主主義』（一九〇七）は、マルクス主義文献の中に見出される最良の民族問題の研究であり、マルクス主義理論一般のもっとも有意義な作品の一つである。

一九〇七年の選挙後に、バウアーは社会党帝国議会議員団の書記となった。それと同時に彼は労働者カレッジで教え、党の新聞、特に『闘争』(Der Kampf) 誌と『労働新聞』(Arbeiterzeitung) に執筆した。戦争の勃発で召集され、中尉として数ヵ月間勤務し、その後にロシア軍の捕虜となった。二月革命まで続いた拘禁のあいだに、彼は哲学書『資本主義の世界観』を書き、それは一九二四年に出版された。一七年九月にオーストリアに帰還し、党の反戦派に加わり、君主制の崩壊の期待のもとに、レンナーに反対して民族自決の原則を擁護した。君主制の崩壊後、彼は短期間オーストリアの外務大臣であった。しかし、ドイツとの合邦（アンシュルス）の希望がないことが明白になると、その職を辞した。

彼は、ボルシェビキ革命にたいしてアドラーよりもさらに敵対的で、半封建国家において社会主義を建設しようとする試みは、事実としてそうなったように、ごく少数による事実上の絶対的支配、すなわち、プロレタリアートとその他の社会を支配する政治的機構に繋がらざるを得ないと主張した（『ボルシェビズムか社会民主主義か』一九二〇）。

その後も彼は、一度ならずロシアの問題に立ちもどり、スターリン主義者の恐怖政治、文化破壊そして統治システムとしての相互スパイ行為の一般化を非難した。しかしながら、最晩年には、ファシストの脅威が増大する中で、彼はソビエト連邦にたいして頑なではなくなった。もっとも批判的であったときでさえも、彼は、経済状況の改善とともにロシアに民主主義的変化が見られるようになることを希望すると強調した。

第一次世界大戦後に社会主義運動が二つに分裂したとき、バウアーは社会民主党の改良主義派に同一化せず、ツインマーヴァルト会議で結成された社会主義左派の伝統の継続をめざす人びとの一人であった。オーストリアの党は、「国際社会党行動同盟」(International Working Union of Socialist Parties) あるいは、より一般的には「第二半インターナショナル」(Two-and-a-Half International) として知られる短期間の組織の主たる発意者であった。ヨーロッパの多くの社会主義政党あるいはグループから構成されたこの団体は、一九二一年二月に社会民主主義者と共産主義者の調停の希望のもとにウィーンに設立された。その書記はフリードリッヒ・アドラーであり、その指導者の中にはゲオルク・レデブール（ドイツ）、ジャン・ロンゲ（フランス）がいた。二年の間に、共産主義者との和解の希望が存在しないことが明白となり、ウィーン同盟は主要な社会民主主義組織に再吸収された。

一九三四年、オーストリアで反革命が起きた時まで、バウアーは引きつづき党の人気の高い、尊敬される指導者および理論家でありつづけた。彼は、社会主義者は早晩暴力または内乱なしに権力に達することができると信じ、農民を社会主義の味方に引き入れようと努力した。二三年に彼は二重帝国の没落を研究した『オーストリア革命』を出版した。レンナーと異なり、彼は、連合政府に参加することによって「徐々に」プロレタリアートの支配を実現することができる、とは信じなかった。したがって、彼はキリスト教社会党と権力を共有する意志はなく、キリスト教社会党側も同盟の意志を何も明らかにしなかった。バウアーがドルフース（三二年から首相）にファシストの脅威に対抗するための同盟を提案したとき、彼はこれを拒絶された。三三年にオーストリア議会は解体され、政府の挑発的行動が労働者のゼネラル・ストライキを引き起こした。それに続く短期間の内乱は、反動派の勝利と社会主義政党の弾圧で終わった。バウアーは、チェコスロヴァキアに逃れ、亡命者のグループとともに新しい政党を組織してオーストリア社会主義が遺したものを救済しようと努力した。三八年五月にパリに移り、その後間もなく死亡した。

カール・レンナー（Karl Lenner 一八七〇～一九五〇）は農民家庭の出で、アドラーやバウアーと同じくウィーンで法律を学んだ。彼は国家と法の理論そして民族の問題に関する作品を書いた。『国家と民族』（一八九九、シノプティクスの偽名で）、『国家をめぐるオーストリア諸民族の闘争』（一九〇二、ルドルフ・シュプリンガーの偽名で）、『オーストリア二重帝国の基礎と発展課題』（一九〇四）。

562

党の方針において、彼は最初からバウアーよりもドイツ修正主義者に近かった。彼は、労働者階級は部分的獲得物を重視し、暴力革命ではなく国家の統治においてますます増大する役割を果たすことを目ざすべきだ、と強調した。党指導者よりもむしろ議会人として、彼は次々に、最初のオーストリア共和国の首相、内務大臣、外務大臣となり、一九三四年まで議席を維持した。彼はオーストリア・ファシズム、アンシュルス、戦争を政治的無活動の状態で生き延び、四五年に戦後共和国の初代の首相となり、同年には大統領職に引き上げられ、その死去までこれを務めた。

ルドルフ・ヒルファーディング（Rudolf Hilferding 一八七七～一九四三）は専門職の医師で、第二インターナショナル時代のマルクス主義の政治経済に関する、おそらく、もっとも卓越した著作者であった。一九〇四年に彼は『マルクス研究』にマルクス価値論の擁護（『ベーム・バヴェルクのマルクス批判』）を発表し、一〇年には古典的な『金融資本論』、つまり帝国主義時代における世界経済の一般理論を出版した。一九〇六年以降はドイツで暮らし、ベルリン党学校で教え、雑誌『前衛』を編集した。戦争中に彼は社会主義者の反戦グループ（独立社会民主党　USPD）に属し、この集団の残党とともに一八年の後に社会民主党に再加入した。彼は二三年と二八年にドイツ財務大臣を務め、国会の一員でもあった。ヒトラーの権力掌握に際して亡命し、スイスとフランスで過ごした。第二次世界大戦中にナチの警察によって逮捕され、ブッヘンヴァルドの強制収容所で死亡したか、あるいは別の情報源によれば、パリの刑務所で自殺したとされる。

＊　＊　＊

厳密に言えば、「オーストリア・マルクス主義」という用語は、その活動が一九〇四年から一四年に属する集団を指すが、しかしそのすべての主要なメンバーは、また大戦間期を通して活動した。彼らの著作物は、特定のものが時どき復活することはあるけれども、今日ではその大部分が忘れられている。いくつかの歴史研究はマルクス主義の多様性に貢献し、おそらく他のものよりも理論の歴史に、よりオリジナルな貢献をした。

6　アドラー：社会科学の超越的基礎

すでに述べたように、アドラーは史的唯物論の理論的再構築にカントの超越主義を適用するように努力した。その最初の著作の中で、彼は凝縮した形で、生涯をかけて、時どき修正したり補充したりしながら維持した理論を提示した。彼は、バーデン学派の新カント主義者、つまりリッケルトやヴィンデルバント、そしてまたシュタムラー、ディルタイそしてミュン

563

スターバーグの批判から始めた。彼が彼らに結びつけた問題点は、人文科学（精神科学）の特殊な方法論の見方と、特にそれらに関する目的論的視点の正統性と必要性であった。（精神科学 Geisteswissenschaften という用語はディルタイによって使われた。リッケルトは文化科学 Kulturwissenschaften を、ヴィンデルバントは「個性記述的」（Idiographic）科学を、シュタムラーは社会科学 social science を使った）。

　新しい思想学派の主張は、自然科学はその対象をその中の普遍的なものに還元しようと努めるというものであった。すなわち、科学は無限の普遍的法則の証明としてのみ個別の現象に関わる。このような方法で物質科学は諸現象を抽象的なものに還元して説明する。

　他方、人間の事象の研究は、固有で非反復的な現象、歴史的事件や個人、価値や目的に関わる。その任務はその対象を説明することではなく、それに関わった人間の動機や経験の見地からその対象を理解することである。人間科学は意見を表明する存在としての人間、出来事にたいしてある態度をとる存在としての人間に関わり、人間の世界はこの動機係数（motivational coefficient）を参照せずには説明できない。確かに自然科学もまた人間を経験主体として研究する。しかし、その自然主義心理学は再起的現象や規則的な結合に関わり、それゆえにそれは人間科学の一部ではない。心理の法則は存在する。しかし、「歴史の法則」は言葉の矛盾である。

　その上、ヴィンデルバントやリッケルトによれば、目的論的観点は限定された意味であるけれども、自然科学にもまた適用される。あらゆる知識は判断の採用と拒否を含み、これらの活動は最高目的としての真理価値に関係する。目的的な人間活動の形態として認識は価値に関係し、価値として真理を認識することは一般的義務の対象としてそれを認識することである。つまり、私がある判断を認めるとき、私は、それを認めることが他のすべての人びとの義務であることを暗に意味している。自然科学分野における探求は、このような認識的義務に達することはできないのであって、真理が課す「必然」は因果論のそれではなく、義務の必然である。

　真理の価値は科学に由来するのではなく、その前提条件である。それゆえに、それは個人を超越する意識に基づく義務から発しなければならない。判断は、それが現実は「真に」どのようなものかをわれわれに教えるがゆえに、真実であるのではない。その反対に、われわれは、判断において承認されねばならないものを現実として承認する。つまり、真理は価値であり、現実は真理にとって相対的である。知識の対象は超越的義務から成立する。

　さらに、われわれが表象という手段によって、それ自体としてあるがままの現実を知ると想定することは無意味である。なぜなら、われわれは表象を相互に比較できるだけであって、他の方法で知った対象と比較できるのではないからである。存在は表象の対象ではなく、存在の判断の述語に過ぎない。それゆえに、われわれの知識は実在に向かうと言うことはできないのであって、思考の規則がわれわれにものの存在を主張したり、あるいは否定したりする基準を提供すると言うことができるだけである。「対象の存在は義務に基づく」（リッケルト）。

　アドラーの批判は、これらの主張に向けられた。彼は、真理が、認識行為におけるその構造から独立に与えられた対象と合致することから成り立つことはできない、ということは認めたが、そのわけは、われわれはその意味において対象を何も知ることができないからである。

「われわれすべてに共通するこの世界は、不幸にも未知であって、われわれがすべてであり、自ら自体を「質」という形で分かち伝えるという事実からその客観的姿をもたらすのではないということ、しかし、われわれが厳に直面するものはわれわれ自身の精神、すなわち、その中で表象が結び付けられる不変のルールであるということである。これが思想であって、最初はほとんど不条理に思われるが、しかし最終的には自明でわれわれを落ち着かせるのである」（『因果関係と目的論』二八六）。

　アドラーはまた、カントの見方、つまり、対象は表象的な統一の一つの単位であって、空間、時間、世界におけるわれわれの行為は統覚によってのみ可能であるという見方も受け入れた。彼は、これをマルクスの理論と完全に一致すると見なしたが、それは単純なリアリズムの理論ではなく、

564

唯物論との共通性は名前だけである。しかし、彼は新カント派の知識論のその他のポイント、特に思考の法則は道徳的命令と見なすことができること、あるいは判断の肯定と否定だけではなく真理と虚偽の区別も義務に基づくことには、異論を提起した。

アドラーにとって、マルクスの理論は形而上学の体系としての唯物論に何の関係もないことは明らかであるように思われた。この点での誤解は「史的唯物論」という紛らわしい用語と、そしてまたマルクスが一八世紀唯物論に一定の親近性を感じたという事実によるものだが、その親近感はマルクスがその世界観を共有したからではなく、彼がそれを不毛な観念論的考察に反対する味方と見たからであった。

唯物論は、マルクス主義にも自然科学の何れにも基礎を持たず、存在論的に中立であり、「物質」と呼ばれる理解できない抽象物を自ら粉砕した。「史的唯物論」という用語はまたマルクスが経済的発展を魂のない、ある種の「物質」であって、人間の精神や意志および文明はその単なる受動的「反映」と見なしたとする間違った観念を鼓舞してきた。これが、マルクス主義は個人を無視し、社会の発展を人間存在から独立した自動的過程と見なしている（ローレンツ・シュタイン）とか、あるいはマルクス主義は経済が唯一の「現実的」現象であり、意識はその必ずしも必要とはされない複製である（シュタムラー）というような、事実に反する批判を招いた。これらは馬鹿げた非難であり、クノー、カウツキー、メーリングのようなもっとも正統派のマルクス主義者は、史的唯物論をこのようには理解しなかったとアドラーは言う。

マルクス主義は、社会現象の理論、最初の科学的理論であり、それは因果的結合の観点から社会現象を研究し、他方で、人間の世界においてこれらの結合が目的的行動および人間の意図、目的、価値によって実現されることを充分に理解した。この種の理論として、経験に基づいて、マルクス主義は論理的にも歴史的にも、唯物論のような個別の存在論に縛られず、他の科学と同様に存在論的には中立であった。

経験と思考の関係という認識論の基本的問題について、マルクスとカントは一致した。カント哲学の先験的概念は、経験に普遍的妥当性を与える経験の構成要素である。もし表象の結合の原理が経験それ自体の中に含まれないとすれば、科学は不可能であるだろう。これがカントの見解であり、またそれはマルクスの見解でもあった。

マルクスの政治経済学批判は、カント哲学的意味の「批判」、つまり人間の知識が普遍的妥当性を主張することを可能にする認識装置の探求であった。これはマルクスの「序説」（『新時代』に掲載された『経済学批判要綱』序説）に見られるものであり、そこで彼は、具体的なものがどのようにして抽象的観念から再構成されるかを示す一方で、これは、ヘーゲルのように、いかにして具体的なものが現実に起こるかの説明ではなく、それが認識においてどのように把握されるようになるかの説明であることを強調した。科学がそれに関わる具体的なものの全体は、思考の産物、認識の内容ではなく概念の創造物である。

マルクスは『資本論』第三巻で、現象形態が「本質」と一致するならば科学は必要ではなくなる、と言わなかっただろうか。明らかに、マルクスが考えた社会科学は、それ自体の先験的概念、カント主義的批判を肯定する存在を持っている。マルクス自身はこのような類似に気づかなかったが、その類似性は論理的に裏づけられ、知的借用という問題ではないことを示している。

したがって、それが「先験的に社会的な」(social a priori) の第一の意味である。社会の探究において、人間の思考は、経験の過程に含まれるが経験に由来するのではない総合化の形式を前提にする。その反対に、経験が普遍的妥当性を持つことができるのは、総合化の形式を通してである。

しかし、アドラーは、これは、経験のこれらの形式的な先験的条件がリッケルトやヴィンデルバントが主張するような義務の性格を持つことを意味しない、と続ける。一般的に認められているように、認識活動を含む人間の行為はその性質上、目的的であり、われわれは価値としての真理を求めて努力する。しかし、真理がわれわれにとってそれ自体が達成すべき目的として現われるという事実は、真理の概念またはその定義の中に目的の

566

側面が含まれることを意味しない。もしわれわれが、何かを真理と見なすならば、われわれはそれに普遍的妥当性、われわれにとっての妥当性ばかりではなく、他者もそれを認めるように期待する妥当性を帰属させる。だが、これは、その真理がわれわれのこのような要求、あるいはわれわれのその肯定に論理的に依存することを意味しない。経験はわれわれに一定の判断を認めることを強制するかもしれない。だが、これは論理的強制であって、道徳的強制ではない、なぜなら道徳的強制は、私の選択に応じて実行できたり、実行できなかったりすることが含意されているからであるが、その一方で、私の感覚が強制する判断を、私は拒絶できない。新カント派の目的的見解は、知識に属する正確性と、目的的行為の一側面としての真理への欲求の混同にある。事実上、前者は後者からまったく独立している。

アドラーはこのように伝統的真理概念に固執したのだが、それは「それ自体」としての世界の形而上学を前提とせずに、認識行為は真理を構成せずにそれを確認することである、とする。

しかしながら、「偶然的」真理（ライプニッツ的意味において。すなわち、すべての経験的真理と同様に、そのようには存在しないとわれわれが想像できるもの）のほかに、われわれがまた数学や論理学の「必然的」真理の知識を持つという事実は、この必然性が現れる精神もまた何か必然的なものであって、単なる偶然の事項ではないことを示している。

そして実際に、われわれが物質を考察するならば、「意識の不在」のようなものを考えることは不可能であることが分かる。世界中に意識が存在しない過去をわれわれは知っている、と言うことは誤りであって、なぜなら意識のない過去は意識以外にたいしてその存在を表現できないからである。意識的存在は非意識的なものを知ることはできない。つまり、意識の不在は意識の内容ではあり得ない。しかしながら、これは知的必然であって、存在論的必然ではない。それはもの、あるいは実体としての意識は必要であるということを意味するのではなく、われわれのすべての知識の内容は必然的に意識を含むということを意味するのである。

再度言うが、この必然的な意識は、経験的自己あるいは偶然的主観ではない。それは意識一般であり、統覚の超越的統一である。ヘーゲルあるいはフィヒテの体系と反対に、超越的意識は形而上学的実体、自動的な実在あるいは「精神」ではない。それは個人の経験的意識をして普遍性を各人の意識の内容に帰属させることを可能にさせる存在として、個人の意識を通してのみ、われわれが知るところとなる。意識一般は自我に属するが、個人的ではない。自我は意識一般の所有者ではなく、意識がそれ自体を表明する形式である。

「意識一般」の理論は「先験的に社会的なもの」の第二の意味を示す。われわれが自らの意識の中に普遍性の要求やその要求の充足を発見するとき、われわれは同時にわれわれ自身の自我の社会的性格を発見する。われわれは、他者の存在、そしてそれゆえに社会的紐帯は、認識から演繹される必要はなく、われわれの認識行為が遂行されるまさにその方法の中に直接的に与えられる。すべての経験的主観はその行為そのものの中で「社会化」され、その外に出るまでもなくこれを認識できる。したがって、唯我論の問題は存在せず、直接的経験資料にたいして二次的なものとして「社会的事実」を想定する必要はない。社会は、自我自体の超越的構成要素のお陰で、自我にとって直接的に明白である。

こうして、マルクス主義の社会的存在としての人間という概念は、超越的意識の概念においてもっともよく基礎づけられることが分かるのであって、それは、社会化が単なる歴史的事実だけではなく意識の不可欠の構成要素、すべての人間の人間としての属性であることを示す。私の自我の内容は人間の共同体を前提とするのであって、この事実は理論的に証明されているのではないが、個人は虚構であって社会が唯一の現実であると見なしたコントによって既に認められていた。マルクスは自分の考え方をこのようには定式化しなかったが、彼もまた、個々人の意識の内容は必然的に社会化されると信じた。すなわち、そのような内容が表現される言語それ自体が、当然ながら社会的な継承物である。

カントの理論は、この理念に認識論的基礎を提供した。カントの自我の

567

明白な実在性の否定と、マルクスの商品物神化批判や社会現象の物象化の否定とのあいだには深い類似性がある。社会の生活は社会を構成する諸個人の生活にたいして二次的ではなく、諸個人を包含する諸関係のネットワークである。人間はその存在自体において社会的であって、それは単に本能または打算を理由として他者と結合するからではない。

　マルクスの分析において、商品の明白な客観性が社会関係に変るのと同じように、人間の意識の現れも個人を相互に結びつける一般的意識に変る。われわれが知っていようが知っていまいが、他者とのコミュニケーションの中で、われわれは、われわれの思想と超越的意識を関連させている。直接的に認識することはできないが批判的分析によって接近可能な現実は、価値が交換価値において明白になるのと同じように、人間の諸関係の中で明白になる。

　もう一度アドラーを引用しよう。

「もしそれによって独立した個々人の意識や意識一般が表わされる人間の思考の特別な性質が、真理の知識をもたらす過程における人間の相互作用や協働を可能にする超越的基礎とならなければ、内容に関する真理は、上で説明した意味における個人の意識の知的強制を論理的に前提としないだけではなく、真理を歴史的社会的産物と考えることもできない。知的に必要なものは普遍的に妥当なものとなるしかないのだから、その結果、それにたいしてあらゆる経験的な個人意識が他者との交渉の中でそれらすべてを包括する単位と関係を持つことができる人間存在の共同体が存在することになる。他方で、もしその歴史的現実の中の具体的個人が社会生活に先立つ何ものかであると見なされるならば、彼を客体ではなく主体として考えるような同僚との結合を実現する可能性は存在しない。そういう可能性は完全な誤解、実に、たちの悪い形而上学であって、なぜならそれは本質的に、あらゆるものが無から生じるという悪名高いドグマの復活であり、社会的紐帯の統一は人間の共同体の生活の結果として、諸個人の総和あるいは統合の結果であるという形でもたらされることを想定しているからである。『意識一般』の概念の基本的重要性を把握し、そしてまた個人の社会化というマルクスの基礎的理念の特別な斬新さを明らかにするためには、真の社会問題は多くの人びとの結合ではなく、個々人の意識に単純に単独に起源を持つと強調するだけでは不十分である」（『因果関係と目的論』三八〇頁）。

568

　このくだりは、いささか複雑な言い回しだが、「先験的に社会的な」という用語によって意味される二つの概念を示している。第一に、もしわれわれが、あらゆる個人の意識にたいして経験を組織するための「必須の形式」のレパートリーを提供する超越的意識、という概念を受け入れないならば、知識は普遍的で客観的な妥当性を主張することはできない。第二に、社会的紐帯は、もしわれわれがそれを個人の存在に基づくと見なして、経験的必要にたいする応答として創造されたと見なさないならば、その場合にだけ理解できる。各人は、いわば、彼の自己意識において人類の全体を産みだすのである。このように、超越的意識は二重の機能を果たす。つまりそれは人間の統一性と彼らのあいだの紐帯、そしてそれゆえに「社会の中の人間」という概念を説明し、そして知識が多くの精神による相対的で偶然の単なる集積ではなく、知識がどのようにして一般的所有と義務の問題になり得るかを示しているのである。これら二つの点で、カント（いずれにしてもマールブルク学派の解釈における）とマルクス（アドラーによって解釈された）は一致する。ここで付け加えるべきことは、超越的意識は独立した実質的な実体ではなく、非人格的性格を持つ各個人の意識の一部であることである。

　道徳規則の普遍的妥当性は、同じ方法で説明することができる。それもまた、「一般的意識」に基づかないならば存在し得ない。

　アドラーの考え方の中で、人びとの諸関係が人びとそれ自体よりも論理的に先行しているように思われる。これは、常識あるいは「実体論」的な見方とは対照的に、ものを諸関係の産物であってそれ以外ではないと見るマールブルク学派の一般的理念の特殊な事例である、と見ることができ

569

る。

　しかしながら、このすべてが自然科学と対置される社会科学は因果論ではなく目的論に基づくべきだという見解を支持する主張となるのではない。アドラーによれば、社会現象の研究は何よりも原因と結果に基づくのであって、それは社会関係や「社会生活の形態」自体が、われわれが研究を開始する前に前提され、因果論では説明することができない可能性があるとしてもそうである。しかし、「意識一般」の優先性は自然科学にも適用される。研究の対象としての自然は思考の形式的規則性によってのみ可能となる。社会現象の場合、出来事が人間の行為、目的、価値を包含していることは十分に明白であるが、しかしこれは因果関係の形式であってその否定ではない。

　われわれは自然を文明と区別できないのであって、その根拠は一方が原因に関わり他方が目的に関わっていること、すなわち文明の研究が目的論的であり、あるいはまた、自然が抽象的法則に、文明が特異な出来事に関係していることである。どちらの場合もわれわれの研究は、客観的で、原因と結果そして一般的法則の発見に関わる。両方において対象は知識の先験的条件によって構築される。唯一の相違は、人文学的研究において、因果関係にされているけれども、関連や諸事件を意識的に経験されたものとして扱うことにある。

　「われわれが意識一般の展開によって単純に与えられたものだけに関わるかぎり、単純に自然的存在として与えられる巨大な存在領域が見えてくる。そして意識的存在は、自然の一部と考えられるかぎりこの一部分である。しかし、われわれが、個別の知識行為のためだけに存在し、それゆえに他のすべてのものから孤立している純粋に自然的事実に加えて、この自然の世界がどのようにして与えられるか、それがどのように考えられ、判断され、扱われ、利用されるか、そしてこれらすべての点で多くの人びとが相互に独立して行動しながらも、そのもっとも敵対的な行為においてすらも合意と相互理解を実現するのを可能にするのかという問題に目を向けるならば、われわれは、自らの知識を知り、それに働きかける人間存在の独特で完全な共同体と統一という別の偉大な事実を知ることになる」（『因果関係と目的論』四二七頁）。

　アドラーの理論は、望み得るほどに明瞭ではないが、その全般的傾向は充分に明確である。超越的意識は非人格的で自存的な実体、という意味での「精神」ではなく、他のあらゆる意識と本質的に同一化するようなやり方での個人的意識であるのだから、それは「必然的意識」全体を構成する判断の集積を超えるものではない、と思われる。すなわち、カント主義的意味での先験的判断の総合である。しかしながら、もしそうであれば、「いかにしてわれわれの知識は必然性という性質を獲得するのだろうか」（分析的判断は別として）という問題が定式化されてきたが、それには答えられてはいない。もしわれわれが、この必然性は超越的意識からもたらされると答え、そしてまた、この意識は事実としては必然的判断の集成ないしは蓄積以外の何ものでもない、と答えるとすれば、その場合、われわれはいかなる問題にもまったく答えられないのである。

　しかし、このようなアドラーの主張にたいする批判は、彼だけに適用するのではない。すべての超越論者と同じように、われわれの知識の普遍的妥当性、その偶然的な歴史的生物学的な事実に無関係な確実性は、経験的に表示できないと考える点で彼は正しい。カントやフッサールがともに主張したように、実験的認識論は存在し得ない。経験的な知識の領域においてわれわれは、われわれの知識がどの程度に妥当性があるのか、人間的条件の偶然性にどの程度に依存するか、を確定する不確実性だけではなく、その不可能性にも運命づけられている。

　マールブルク学派の新カント主義者はこれを承知しており、カントの心理学的解釈は知識の相対性の解決にはならない、と見た。しかし、もしそうならば、われわれがこの相対主義を克服する他の何らかの手段を持つということにはならない。われわれはまた、理性主義は知識の客観性の主張を正当化できない、と考えなければならず、恣意的な認識論の「機械仕掛けの神」を持ち出すことによって、懐疑論や相対主義からの避難所を提供するように見える超越的意識という仮説的で証明不能の理論で満足しなければならない。

アドラーの、超越論のマルクスへの押しつけもまた大いに疑問である。確かに、「社会化された人間」の理念は、マルクスにとって、個々の人間はそれとして、いわば、社会的実在の「担い手」であり、社会を通して自分自身を認識することを意味した。だがこれは、社会化がどのように起こるかについての何らかの見解も含んではいない。そのように言うための根拠をマルクスに依拠して歴史的に説明することはできず、ただある種の超越的意識によって説明できるだけである。

われわれの社会の知識の先験的な条件について、マルクスは正確に説明したことはないが、彼が物の本質と現象とのあいだに、ある区別を設けたことは確かである。彼は、また、社会過程は個々の観察を積み上げることによって理論的に再構築することはできず、ただ観察に先行する概念装置を使うことによって再構築できると述べた。しかしながら、マルクスはこれらの装置がどこからやってくるのか、その利用はどのようにして正当化されるのかについては説明していない。それらは何がしかカント哲学のカテゴリーの性質を帯びると想像することは、まったく恣意的であって、マルクスの解釈ではなく、彼の理論にまったく異なる要素を導入することである。

商品物神主義というマルクスの分析と、実体的な自我というカントの批判とのあいだには、何の類似性もない。マルクスは、諸商品のあいだの関係を人びとのあいだの関係に還元したが、しかし、これは、人間が彼らの社会的紐帯にとって二次的である、と彼が考えたことを意味しない。資本主義のもとの人間は、事実上、共同的生活という匿名の力の中に溶解されたが、しかし、これは資本主義の批判であって、永遠に続くに違いないというものではなかった。社会主義は、マルクスによれば、個人性への回帰と、社会に属するものとしての個人の力の意識的処遇である。しかし、この目的は、疎外から、つまり「現実の諸個人」の統制を回避する社会過程から結果する個人の匿名的性質を克服すること、であった。このように、商品物神主義の批判はアドラーが想定したものと反対の意味を持つ。

その上、アドラーの社会現象の目的的性質の解釈そして彼の新カント主義の批判は明白であって、その結果、彼が常に反対してきた純粋に自然主義的な社会解釈にたいして、どの点で同意しないのかも明瞭ではない。もし彼の主張が、社会現象は他のすべての現象と同じ方法で普遍的決定論に従属し、他方で、それらの特殊な性格は、それらが経験され、それら自体が目的的行動として現れるという事実に存する、というのであれば、その場合、それらはもっとも頑固な「機械論者」が同意するような命題であるだろう。

人間が自ら参加する出来事を経験すること、あるいは彼らの行動がさまざまな動機、欲求および価値によって支配されることは誰も否定できない。急進的な決定論者は、これはこれらの動機、欲求そして経験が他のすべての出来事と同じように不可避的に決定されるという事実といかなる相違もない、ということを主張するだけである。アドラーはこの考え方を受け入れたように思われる。その結果、人間事象における因果関係は人間存在の目的的行為を通して展開する、という彼の言説は「機械論」とまったく違いがなくなった。

7　アドラーの唯物論と弁証法の批判

エンゲルスの公式の観点からすれば、アドラーは「観念論者」、少なくともカントがそのように表された意味における観念論者と見なされることは明らかである（認識の対象は認識の行為の中で、認識の行為によって構成される。つまり超越的意識はわれわれが知性だけで検討できる、いかなる「自然」にも先行する。「物質」という概念は不合理である）。

そのすべての哲学的著作において、アドラーは同じ思想を繰り返した。つまり、マルクスの理論は社会現象の科学的再構築であり、他のいかなる科学の方法とも同じように、存在論的には中立（あるいは、彼がこれをそう呼ぶように、実証主義）である。それは、どのみち、批判に耐えられない理論である唯物論的形而上学には基づかない。アドラーは唯物論哲学をその『唯物論的歴史思想教程』において詳細に批判し、そこでフィヒテと同じ方向で論じた。

　意識を「身体運動」に由来させることは不可能である。なぜなら身体運動は意識の内容としてわれわれに与えられているからである。哲学はその出発点として精神または自然の優先という問題を取り上げることはできない。なぜなら、カントがわれわれに、理性はそうするそれ自体の権利が検証されるまでは、世界を告知することはできないと教えたからである。われわれの出発点は認識の可能性と妥当性という決定的な問題でなければならない。しかし、もしわれわれが形而上学的偏見なしにこの問題を設定するならば、われわれが有意味に創出できる現実の概念は、概念の形態で構成された現実と関係していることを理解するだろう。つまり、経験という事実がなければわれわれは「もの自体」のようなものも引き出すことはできない。この意味で、あらゆるものが意識であると言うことができるが、それは経験的自我の内容であることを意味しない。その反対に、自我の認識行為はすべての人間に共通な現実を志向している。なぜなら、自我は超越的意識に参加し、後者の活動の形態でしかないからである。

　ここで、アドラーはレーニンの唯物論に反対する。レーニンは、世界は人間以前に存在し、したがって意識の成立以前に存在すること、そして意識は脳の機能であって、脳は身体的なものであると主張して、観念論を否定しようと努めた。アドラーは、これは素朴で無批判的であると反論した。意識「以前の」世界の存在は、意識の内容という形態でのみ与えられており、同じように、脳はわれわれの意識の生産者として、われわれに知られていないのであって、ただ間接的に意識を通じてのみ知られるのである。「反映」論は、平凡な「論点先取」である。それはまず印象を世界の反映と定義し、その上で、これがそうであるのだから、世界は反映されているに違いない、と主張する。しかし、われわれがそれ以前の世界の知識を持っていなければ、印象をこのように定義することはできない。

　アドラーの主張は基本的にドイツ観念論の伝統的な主題の繰り返しであり、新しいものは一つも導入していない。それは、以下のようにまとめることができる。もし世界が意識から完全に独立し、意識を前提にしない世界として、意識の中に「与えられている」とすれば、世界は与えられていると同時に与えられていないことになる。したがって、それは自己矛盾的概念、あるいは概念であることを止めた概念である。

572

　アドラーは、マールブルク学派の解釈に従って、「ものそれ自体」というカテゴリーを、無用で無意味として否定しているように思われる。意識が「あらゆるもの」を含むと言うことは、彼から見ると（彼はそうはっきりとは言っていないが）同義反復である。すなわち世界についてわれわれが知っていることが何であれ、それをわれわれは知識の対象として知るのである。この観点はカントよりもフィヒテのものであるが、そこから、批判的立場は、世界は世界についての判断と関連していると主張することになり、それが全体として意識一般と命名される。アドラーは明確に意識に含まれるものの起源に関する疑問を無意味だとして否定したが、それは意識が事実として「あらゆるもの」を包括しているからである。

　しかしながら、アドラーの超越主義は完全には首尾一貫していない。一方で、コーエンやナトルプのように、彼は超越的意識をそれにたいして現実が相対化される真理の自律的な世界と見なした。すなわち、存在するためにあるいはむしろ「有効で」あるために経験的人間を必要としない世界である。なぜなら、存在は実存的判断の述語であり、意識一般は理念というプラトン的領域のものではなく、その存在論的位置は疑いの対象ではあり得ないからである。しかし、他方で、アドラーはしばしば「類的意識」という概念を使うが、彼はそれを超越的意識と同一化する。しかしながら、これは分化した種としての人類の存在を含み、絶対的妥当性を主張することはできない。

　こうしてアドラーは、文化人類学的相対主義と真の意味の超越主義とのあいだで揺れている。前者の観点は、彼は常にそうであるが、人類共同体と類的一体性が認識上の基礎となることを証明し、あるいは述べるだけで彼は十分であった。なぜなら、すべての人間が同じ非人格的精神形態を共

573

有するからである。しかし、一定の制限内で、われわれの知識に普遍性と絶対的妥当性を帰属させる資格をわれわれは持つと彼が主張する場合に、それは十分ではない。これは必然的真理の世界を必要とするのであって、その必然性は人間の精神の経験的活動に依存しない。しかしながら、これらは二つの完全に異なる目的である。つまり、人類の一体性にたいする人間の信念を正当化すること、そして人間の知識の確実性という主張を証明することである。

アドラーの超越的意識の概念は、二つの目的に仕えるために用いられたが、それは時どき混乱に繋がった。それはまた、「先験的に社会的な」という概念の二重の意味を生みだすが、それはわれわれが既に言及し、アドラーが決して明瞭に識別しなかったものである。一方でこの先験的というのは非経験的カテゴリーの集合であり、社会現象の叙述に特殊な方法で適用される。他方で、それはその同僚との伝達能力を有する人類の一員として、各人が自らを発見するそれぞれの個人意識の内容の一部でもある。

この混乱がまた、アドラーのマルクス解釈に影響を与える。マルクス主義は、人間存在の完全な統一という信念の基礎（社会主義とは何かについて）と、社会現象にかんする普遍的に妥当する真理を発見する方法を提供する理論である。もちろん、マルクス主義のこれら二つの側面のあいだに対立は存在しないが、そのどちらについてアドラーが検討しているのかは明白ではない。

アドラーは、マルクス主義の歴史において特別な位置を占めるに値し、それはとりわけ彼が、あれこれの現実の分野において「量的変化が質的変化をもたらす」とか、あるいは「発展は対立物の闘争の結果である」ことを証明するために、実例を蓄積するエンゲルス・プレハーノフ的手法に満足しないで、実在と実在についての思考とのあいだの止まることのない交渉、というヘーゲル的意味の弁証法を復位させようとした少数の人びとの中の一人であったからである。しかしながら、アドラーの弁証法の説明は高度に抽象的で、社会科学の実際的問題と関係がなかった。彼が特別に弁証法の問題を取り上げた作品である『マルクス主義の諸問題』は、マルクス主義をヘーゲル的源泉に立ち戻らせるものではなかった。

アドラーによれば、弁証法的思考はそれ自体が目的である。弁証法の運動においてあらゆる概念は、ある内容を別の内容との普通の比較ではなく、それぞれが自己の解消に向かう傾向という理由によって、その反対物との関連で理解される。われわれの思考は実在の全体を包括するのではなく、特定の側面あるいは質を抜き出す。意識は、しかしながら、その制約を自覚し、その内容とそれ自体は表示されない具体的な全体を関係させることによって、その制約を克服しようと努力する。このように精神は恒常的な緊張状態にあり、対象との同一化を意味する自己同一化という到達不可能な目標をめざしながら、それが成し遂げるあらゆる結果を一挙に乗り超えなければならない。

しかし、精神の法則は物の法則ではない。つまり、現実は、「それ自体において」そうであるようにではなく、精神が思い描くような形で弁証法的と呼ぶことができる。しかしながら、アドラーがどのようにこの区別を行ったかは明白ではない。なぜなら、彼の意見では、われわれが接触してきた現実は思考の現実であるからだ。後になって彼は、思考によって理解された自然は思考それ自体に劣らず「弁証法的である」と結論して、自然の弁証法の批判を明らかに放棄した。

8　アドラー：意識と社会的存在

われわれが見たように、アドラーは自らをマルクス歴史哲学の真の擁護者と見なした。しかし彼は、「史的唯物論」という用語は誤解の元であり、その意図において論争的である、としてこれを拒否した。彼は、マルクス主義は「全体としての人間の活動を考慮に入れていない」とか、社会の発展を人間存在と別個のものと観ている等々の非難に反対する当時のすべてのマルクス主義擁護論を繰り返した。

彼は、社会現象の因果論的説明は人間の意志の存在と矛盾しない、と強調した。しかしながら、問題は人間の行為が環境によって動機づけられるか否かではなく、環境によって明白に決定されるか否かであること、他方、

574

マルクス主義は歴史を人間から独立したものと見なすという反論は、人びとは石と変わらないように行動する、という馬鹿げた理念ではなく、歴史決定論を標的としていることを彼は見逃している。

ほとんどすべてのマルクス主義者と同様に、彼はこの点で問題を明確に設定することができず、マルクス主義は人間の主体性を認めているから「宿命論」ではないとか、科学はすべての社会過程を因果的に決定されると見なさなければならないとかを単純に繰り返すだけであった。これは極めて貧弱な説明である。なぜなら、もし歴史における人間の主体性が環境によって決定されるとしても、それは数多くの因果関係の一つの形態であって、人間が匿名の過程の「単なる道具」であるという反論には答えていないからである。だが、もしそのように決定されないのであれば、決定論的立場や「歴史の法則」にたいする確信を維持することは不可能である。

しかしながら、アドラーの特別な貢献は「歴史をつくる人間」という一般的で非分析的な見解にあるのではない。彼の史的唯物論の解釈は、歴史過程における「物質的」な要素と、「精神的」要素との伝統的区別全体に異議を唱える試みによって区別される。彼の見解では、マルクス主義者の全般的誤りは、生命のない「生産力」および「生産関係」を精神的「上部構造」と対置したことであるが、今や、生産関係が意識的人間の行為のシステムを表し、それが上部構造自体に劣らず精神的であることは明らかである。

同様に、生産力は生命力のないものではなく、社会過程における要素と見なされるならば、それは道具の生産者や使用者の側の人間の意識を前提にすることになる。社会生活においてただ単純に「無生命の物質」であって、独りでに変化し発展するような要素は存在しない。技術や経済現象は、イデオロギーがそうであるのと同じように精神の現れである。

マルクスは上部構造を「客観的」諸条件の受動的な反映と見なさず、ましてや、法、科学そして宗教のような上部構造の各装置の自律性も否定しなかった。意識は「物質的」実在ではなく「社会的」実在によって決定され、「社会的」実在は「精神的」実在を含む。われわれが「経済的諸条件」と呼ぶものは、社会発展の特定の段階のもっとも低い水準の精神的現象、つまり人間存在の生産と再生産に直接的に結びつけられた精神現象である。

このような解釈の後に、史的唯物論に何が残されているかはまったく明らかではない。アドラーの体系において、社会現象における「意識形態」と「客観的」過程の区別は何らかの意味を持つことを止め、それゆえに歴史の唯物論的解釈の基礎的理念も意味を失うようになったと思われる。しかしながら、アドラーは、マルクスの概念は人間の精神が結局のところ歴史の原動力であるということであった、と主張する。「もしわれわれが、マルクスの『われわれにとって理想は人間の精神によって反映され、思想の形に転換された物質的世界以外の何ものでもない』という言葉を想起するならば、われわれは人間の頭脳の中に起きない経済的因果関係は存在しないことを理解することができる」(『マルクス主義国家論』一六三頁)。

575

しかしながら、これは極端にこじつけたものであり、マルクスの理念を見分けがつかないほど曲解している。マルクスが意味したものは、経済現象が人間の精神内に起こるということではなく、精神内に起きることは経済的に説明できるということであった。

9　存在と当為

倫理とその哲学的基礎に関連する問題において、アドラーはすべての新カント主義者の共有資産であった主張を自分独自のやり方で繰り返し、この観点からカウツキーの自然主義を批判した。もしあらゆる歴史過程が人間の意志とは独立に決定されるとすれば、そのとき倫理の役割は存在しないだろう。もし私のやることのすべてが私の統制を超えた環境によって指令されるとすれば、私があれかこれかを「やらなければならない」と言うことは無意味である。自然は善も悪も知らず、経験的観察はわれわれをして自然の中でそのような区別を発見するようにしてはくれない。したがって、社会現象の理論としてのマルクス主義は、道徳的には中立である。

しかしながら、精神と意志を与えられた存在として、われわれは、「われわれは何をなすべきか」そして「何が善か」と問題を呈することは避けられない、そして、正しいあるいは善いと見なされるものを知ることがこれらに答える助けにはならない。社会主義は諸現象の「自然な」発展の単なる結果として考えることはできない。なぜなら、もしそうであるならば、それが起こることをわれわれは助けるべきだとか、あるいはそれを目的または理想と見なさなければならない、ということにはならないからである。道徳的判断は生物学的あるいは歴史的な事実に関する言説からもたらされることはできない。それらは、自然のエネルギーの形態ではなく、また義務の原理を自動的に創造する能力、つまり生物学、宗教、あるいは功利主義であろうがなかろうが、そのような外的考慮に関係なく、自己決定能力としての人間の意志の承認だけに基づくことができる。

　一九一四年以前に書かれた『マルクス主義の諸問題』やその他の著作の中で、アドラーは典型的に新カント派の立場から倫理の問題を取り上げた。しかしながら、二二年のマルクス主義とドイツ古典哲学の関係についての論文において、彼は、社会主義は歴史的だけではなく倫理的にも正当化されねばならないと説くカント主義者を批判したが、この立場はその最近までアドラー自身が採ってきたものであった。

　しかしながら、彼の批判は極端に薄弱である。彼は、マルクスによれば社会主義は原因と結果の歴史的連鎖の純粋に経験的な観察に基づき、その歴史的不可避性はその道徳的価値と一致する、と述べる。この一致は「社会化された人間」の概念に反映されており、社会化された人間は社会的諸条件によって強制されて自らが道徳的と見なすものを成し遂げる。奇妙にも、アドラーはこのような主張がカント主義者の主たる反論、彼自身がカウツキーに反対してしばしば用いた反論、つまり、どのようにして「社会化された人間」は何が善で何が悪かを決定するのか、そしてどのようにして自己の決定の倫理的根拠を見いだすのか、という反論を見落としていることに気づいてはいない。

　バウアーも同じような筋で、倫理の問題にアプローチした。一九〇五年の「マルクス主義と倫理」と題した論文で、ストライキ破りの行為の見返りに給与をもらった失業労働者の問題を考察し、そうすることは間違ったことであると彼に説明しなければならないと説いた。労働者は、自分の利益はプロレタリアート全体の利益と一致していると認めているが、しかしこの特別な事例では一つの葛藤が存在し、階級的連帯のためになぜ自分の利益を犠牲にしなければならないか、を彼は理解しないのだとバウアーは指摘する。

　この問題にたいして科学的な答えは存在しない。なぜなら、科学は道徳的判断を宣告しないからだとバウアーは言う。マルクス主義とヘーゲル的観念論との相違は、正確には、前者が「自然的」必然性を精神的義務と同一視しないことにある。なぜなら、それは自然を理念の表れと見なさないからである。それと同じように、道徳の問題は自然の必然性で答えることはできない。価値判断の妥当性を保証するためには、特別な原理が存在しなければならない。

　カントは形式的な定言命法という形で一つの原理を定式化したが、それは何をなすべきかを直接的にわれわれに教示せず、いかなる道徳規則が善であるか、悪であるかを判断する基準を提供する。カントの倫理説はマルクス主義と対立せず、すべての人間にとって本質的である道徳的基礎をマルクス主義に付け加える。カント主義の命令を基礎にすれば、われわれは、自己の階級の利益のための闘争において連帯を表明するプロレタリアートは、ストライキ破りと道徳的に同じ立場ではないことを証明することができる。しかしながら、もし道徳性が功利主義的基礎しか持たないのであれば、それを証明することはできない。もし私が、闘う階級のいずれが歴史的にもっとも勝利しやすいかだけではなく、どの階級のために闘うべきかを発見しようとしても、マルクスの理論はその答えを教えてはくれない。

　階級的利益と無関係な普遍的規則を定式化するかぎり、カントの道徳哲学は階級的団結に通じると主張する点で、正統派は間違っている。その反対に、カントの道徳哲学はブルジョアとプロレタリアの利益とのあいだの道徳的区別は可能であり、プロレタリアートの特殊な利益は人類全体を代

577

表するのだからプロレタリアの利益を選択しなければならないことをそれは証明する。もしそうでないならば、われわれはこの立場を取る理由など持たない。プロレタリアートの大義が全人類の大義である、という事実はマルクスの分析によってわれわれに知らされ、そしてカントの倫理学はわれわれが道徳的決定を行うために必要とする歴史的経済的知識に取って代わることはできない。しかし、他方では、そのような知識はそれ自体として決定を正当化することはできない。

バウアーは時の経過につれて、カントと新カント主義にたいする自分の態度を変えたように見える。『資本主義の世界建設』や一九三七年のアドラーについての論文の中で、彼は新カント主義をビスマルク時代のブルジョアジーの政治的態度に類似した哲学的反動の現れ、と見なす。

自由主義の敗北はまたドイツのブルジョア的唯物論の終焉でもあり、その哲学的な対応物が新カント主義と経験批判論であった。ブルジョア・インテリゲンチャは、自由主義者と連携するようにプロレタリアートを誘うことを追求し、それゆえに彼らのアイディオロジストはマルクスの著作のメリットと価値を強調した。その一方で、その革命的内容を削減し、社会主義を道徳的仮説であってそれ以上のものではない、と解釈した。このようにバウアーは、正統派マルクス主義を非難した立場そのものからカント主義を批判したのだが、それは彼自身が以前に展開した反対論に適合するものではなかった。

10　国家、民主主義そして独裁

オーストリア・マルクス主義者は、国家の機能およびプロレタリアートの政治闘争の目的よりも哲学上の問題において、より多くの一致点があった。特に、前者の主題にかんするレンナーの見解は、ベルンシュタインのそれに近く、ラッサールの伝統にその一部を負うドイツ社会民主党内部の有力な人びとにも近かった。戦争中やその後の論文でレンナーが特別に強調したように、資本主義の帝国主義への発展が国家機能の変化を引き起こし、それが労働者に現在の国家機構を使って社会変革を実現する機会を与えるものとなった。

マルクスは、国家を考察して、国家組織が生産や交易への干渉から手を引く自由主義的資本主義を想定した。帝国主義がこのすべてを変えた。つまり、国家自体が資本の集中の強力な機関と化し、その結果、資本がコスモポリタンであることを停止し、さらにいっそう「民族的」となった。国家の干渉はますます経済生活の領域に拡大され、この過程が不可逆的となった。

ブルジョア階級は私利を図るために産業、金融、商業にたいする集権的統制を拡大せざるを得なくなり、他方で、労働者階級の圧力は国家がより多くの社会的便益やサービスを提供せざるを得なくさせた。階級の組織化によって労働市場は労働者の集団的行動に支配され、彼らは自分たちの力で、短期間の賃金増だけではなく、恒久的な福祉制度という形の譲歩を資本から引き出した。それゆえに、資本主義社会において国家がプロレタリアートの利益のために機能することは決してない、と言うことはできなくなった。経験はその反対を証明しており、私有財産はますます公的性格を有するようになり、労働者階級は国家の制度にたいして影響を拡大させるようになることが期待された。

こうして、労働者が国家を弱体化し、破壊することに利益を持つということはもはや必ずしもそうではなくなった。その反対に、労働者は社会主義的変革を実現する梃子として国家を使うことができる。彼らは国家をできるだけ強力で効率的なものとしなければならない。このような分析は自然に社会主義への改良主義的道への全面的擁護に繋がった。レンナーは、労働者が国家制度にたいする、さらなる統制を獲得するにつれて、そして、プロレタリアートが資本にたいして公共的機能を果たすように義務づけることにますます成功するにつれて、社会主義社会は発展するだろうと信じた。

しかしながら、バウアーとアドラーはそれほど楽観的ではなかった。バウアーが、国家は常にブルジョア階級の道具であってその利益に完全に従属しているとは言えない、ということに同意したことは確かである。これ

578

は、彼が指摘したように、マルクス自身の多くの観察、例えば、貴族とブルジョア階級の共同支配の時代やある時期に階級闘争の均衡によって自律的権力になる国家の観察と反対である。マルクス主義は、プロレタリアートとブルジョアジーの対立を減少させるわけではないけれども、双方が国家権力を分有する可能性を排除していないと、彼は主張した。これは君主制崩壊後のオーストリアで起こったことである。しかし、ブルジョア階級の財産が脅威にさらされる場合に、もしそうすることで自分たちの特権を保持できるならば、ブルジョア階級は政治権力を独裁者に渡すことを選ぶ。その証拠がファシズムの実例である。バウアーは、権力を掌握する前にプロレタリアートが「国家の機構を破壊する」ことは信じなかったように見えるが、しかし、彼は社会主義がブルジョア階級から連続的な譲歩を引き出すことによって、現存の国家から有機的に発展できることもまた信じなかった。

これらの問題にたいするアドラーの立場は、革命的マルクス主義者の伝統的理論にもっとも近かった。彼の国家観は『マルクス主義の国家論』にまとめられたが、その起点はハンス・ケルゼンの『社会主義と国家』（一九二〇）の批判である。ケルゼンはマルクス主義を無政府主義的ユートピアであると批判して、国家の廃絶は非現実的理想であると主張した。つまり、法は常に個人にたいする強制の組織化でなければならないが、それは経済的搾取を維持する目的のために存在する必要はない。法的強制を永遠に廃止され得ると仮定することは、そのように期待する根拠が絶対的に存在しない人間の道徳的転換を想定することである。国家と国家のない社会とのあいだの選択は存在しないが、民主主義と独裁とのあいだの選択は存在する、と。

アドラーは古典的マルクス主義理論に基づいてあらゆる点にわたってこれらの主張と闘った。彼は、国家は階級的抑圧以外の機能も果たすが、しかし、それらは本質的でもまたは特有の機能でもないと主張した。国家は階級対立によって支配されたすべての時代に特徴的な人間社会の歴史的形態である。より正確には、階級分化がまだ発展していない社会において、国家と社会は同じであった。国家が社会から分離し、特権階級の利益の道具になったのはその後だけである、と。

アドラーは、国家の特殊な形態が議会制度、普通選挙制、市民の自由を伴う政治的民主主義である、と続ける。政治的民主主義は階級的独裁に対立するのではなく、それを前提とする。ブルジョア国家はブルジョア階級の独裁であり、政治的民主主義は独裁が組織される方法である。政治的民主主義は経済的平等を創り出すことも、あるいは社会的対立を治癒することもできない。それは多数の意志に基づく、つまり対立する利益を前提とする原理である。

政治的民主主義の反対が社会的民主主義であって、このような区別は無政府主義者の文献にも見いだされるが、アドラーはこれをある程度まで容認し、それを達成する手段は異なるけれども、究極の目的に関して社会主義者は無政府主義者と一致すると考えた。社会的すなわち「真の」民主主義（アドラーは彼の超越的見地から、人間性と調和する「客観的に真正な」民主主義の概念が存在すると考えた）は、社会主義と同じものである。

社会主義が勝利したときに、階級区分に基づく利益の基本的衝突は存在しなくなるという意味で、社会主義は少なくとも社会の統一を前提とする。この意味においてそれは国家の廃止を意味する。階級的組織としての国家は存在を停止する。それは、特別な利益が存在しなくなるからである。社会生活に必要なさまざまな組織は残るだろうが、社会から疎外された官僚制はもはや存在しないだろう。国家は下から建設され、地方や生産現場を基礎にした小さな集まりから出発するだろう。概して、現在の集権化傾向は過渡的なものである。将来の組織は、連邦制あるいは共通の目的や利益によって結びつけられた協働体の連合となるだろう。

プロレタリアートの独裁は、この種の社会へ向かう途上の必要な段階である。しかし、それは社会的民主主義と同じものではない。その反対に、現在のブルジョア階級の独裁と同じように、それは政治的民主主義と多数による支配を前提にする。プロレタリアートの独裁は過渡的な形態であり、この中では社会がまだ望ましい統一に到達せず、特殊な利益に覆われ、その結果として諸利益を代表する政治組織すなわち政党を必要とし、国家はそれらのあいだの調停者となる。政党もまた過渡的制度であって、階級区分と共に消滅しなければならない。

現在の形態の政治的民主主義からプロレタリアートの民主主義的独裁への移行は、革命の形態を取るに違いない。しかし、それは暴力的形態である必要はない、とアドラーは強調する。それが平和的手段で合法性を侵害せずに実現され得るかどうかは二次的な問題であり、われわれは事態がどのように発展するかを確定することはできない。しかしながら、アドラーは、社会主義は徐々に、有機的変化によって実現することができる、という確信という意味の改良主義に反対する。資本主義と社会主義の違いは「質的」である。あるものが他のものに単純に熟して成ることはできない。社会主義者は改良を支持してそれらのために闘う。しかし、彼らは、常に、改良は社会主義の部分的実現ではなく、革命を準備する手段に過ぎないことを意識している。

このすべてにおいて、アドラーは、ドイツの正統派マルクス主義に極めて近接し、そして彼らと、社会主義はすべての利害対立を一掃することを含むという固い信念を共有する。社会主義的自由は、多数派の支配を保障するためのいかなる制度も必要としない。それは「普遍主義の原理」に基づく「真の」の自由であり、ルソーの理想社会におけるように、考慮されるのは多数者の意志ではなく一般意志であるからだ。アドラーは代表制度なしに「一般意志」それ自体がどのようにして表現されるかを説明しないが、それは無用であるとわれわれは言い聞かされる。彼は単に、社会主義者は、ケルゼンを無視して、人間は改善できると信じる、と述べるだけである。つまり、いったん階級対立が廃棄されるならば、社会主義の教育は強制がなくても調和を保障する自然な連帯の感情を創り出すだろう、と。

事実として、アドラーは、社会主義は歴史的必然性によって保障された調和的社会の理想であるのみならず、経験的共同体の生活と人間の必要との調和、つまり階級区分が不平等と不公正を生み出しているかぎり、その現れを見ることができない人類の超越的な統一でもあると考える。彼は、人間にその真正の本質を取り戻させること、彼をしてもう一度、彼がありたいものではなく彼が現にあるものにならせること、あるいは「歴史の法則」によってそうであるはずのものにならせることができる、という信念をルソーだけではなくフィヒテとも共有した。

このようにアドラーの哲学は、この場合は第二インターナショナルの正統派ではなくマルクスとも一致して、経験的には認識できないが何らかの方法で既に存在し、そしていわば人間のエンテレケイア〔完全な現実態〕つまり人間の「真理」である、特殊な現実を想定する。つまり、全体としての命令が、人間の本質と人間の歴史的存在との調和に向かう行程を強制しながら、人間の本性を要求する。アドラーの全思想はこの緊密に関連した二つの理念に集約される。意識の超越的構築としての人間性の統一、そして社会主義運動の目的である現実態としての人間の統一である。

確かに、アドラーは、将来の共同社会はすべての緊張を終わらせず、また発展の源泉を枯渇させることもないだろうということは認める。しかしながら、全般的連帯と物質的心配からの自由が存在するのだから、人びとが芸術、形而上学、そして宗教の問題に熱中することをわれわれは期待できる。これが新しい対立を引き起こすかもしれない。しかし、それは人類の基本的連帯を阻害するまでには至らないだろう。ここでもまたアドラーは、一般的なマルクス主義の通説と一致する。彼は人間の絶対的救済とすべての社会構成員の道徳意識に基づく完全な調和を信じた。

アドラーは、マックス・ウェーバー、特にロベルト・ミヘルスのような社会学者が提起した異議、つまり、いかなる民主主義も、それが代表制度であるという理由だけで官僚制度を発達させ、それがしだいに自立した勢力となり、選挙民の従僕から主人になる傾向にある、という反論を斥ける。ミヘルスはその古典的な著作『現代民主主義における政党制度の社会学』（一九一四）において、政党特に社会民主党の活動の詳細な分析から、政治機構の出現とその自律化は党内の民主主義過程の不可避的な結果であると結論づけた。したがって、彼は、民主主義は内部矛盾に陥らざるを得なくなり、あるいは、言い換えれば、完全な民主主義は理論的に不可能であ

581

ると主張した。

政党は、その目的を追求する中で、事実として取り除けなくなる政治的機構を創り出し、代表制度を侵害することなく自己の意志を選挙民にほとんど常に押しつけることができ、他方で同時にそれ自体の専門的ないし党派的利益を創り出して拡大させる。将来において、民主政体における寡頭制の傾向が、大衆によって今日よりもより強い反対に遭遇することは期待できるだろう。しかし、寡頭制の傾向はいつでも存在し、そして再現することは防止できない。なぜなら、それらは社会組織の性質そのものに根ざしているからである、と。

アドラーはこのような「寡頭制の法則」を受け入れなかった。政治的民主主義のもとで、政党と国家の両方の内部で自律化された「諸機構」が生み出されることは不可避であることは彼も認める。いかなる政党も、労働者の政党でさえもこの危険から免れない。しかし社会的民主主義のもとで、それは教育によって、そして国家の分権化によって回避できる。したがってアドラーは、生産者による経済過程の直接的統制の制度として労働者評議会を特別に重視し、同じ理由で、レーニンとソビエト国家を鋭く批判する。

彼は言う。ボルシェビキはプロレタリアートの独裁ではなく、プロレタリアートおよび社会全体にたいする党の独裁、つまり少数による恐怖政治的支配を打ち立てた。プロレタリアートの独裁が政治的民主主義という条件のもとの全労働者階級の支配を意味したマルクスの予言からは大いにかけ離れている、と。このようにアドラーはローザ・ルクセンブルクと同じ立場からボルシェビキを批判し、同時に、民主主義を独裁に誤って対置しているとカウツキーを批判する。

ドイツの中央派と同じように、アドラーは「革命」の用語に正確な定義を与えなかった。彼は、革命は国家機構を粉砕しなければならない、という点でマルクスと一致したが、しかし、必ずというわけではないが、革命は仕組みを侵害せずとも法的および議会的手段によって実現され得るとも信じた。彼はこれらの言説がどのようにして調和されるか、について明言しなかった。ほとんどすべてのマルクス主義者と同じように、彼はまた将来の社会主義の秩序についても、曖昧な表現に終始した。

彼は、一方で、社会は利益と目的の一致によって結合され、それゆえに生産は中央で計画されなければならないと主張し、他方で、社会主義は最大限の分権化と連邦制を含むと主張することに何の困難も見いださなかった。これらの問題で、すべてのマルクス主義者が、自分たちはユートピア主義者ではないが、社会主義の組織の詳細について予言するつもりはないと宣言して、一般的な定式で満足していた。彼らは無政府主義者の反論を無視するかあるいは一般論で答えたが、無政府主義者はこの特別な分野でより精密な洞察を明らかにしていた。

582

11　宗教の未来

オーストリア・マルクス主義者は、概して国家、革命そして民主主義の問題でドイツ正統派と一致したが、アドラーとバウアーの両者は、宗教的信仰の解釈についてはそれと明瞭に異なった。正統派は、マルクスとエンゲルスに従って、宗教を特殊な社会的諸条件、抑圧、無知そして「虚偽意識」の結果と見なした。彼らは、国家および政党の内部における宗教的寛容は擁護した。しかし、搾取と抑圧が一掃され、公衆の啓蒙が広がるにつれて、宗教的信仰は自然死すると確信した。信仰の内容に関しては、それらと科学的世界観との矛盾はあまりにも明白であって、議論の必要すらなかった。

アドラーは、マルクス主義が啓蒙主義の理性主義者から受け継いだ、このようなステレオタイプを受け入れなかった。彼は、人間が宗教なしですませることができるとも、あるいはそうすることが望ましいとも考えなかった。この点でもまた彼は、その見解を詳細に至るまで受け入れたわけではないが、カントの影響を受けていた。

アドラーの意見では、宗教的信仰は自然崇拝の結果として成長してきたという進化論者の主張は恣意的であって、あり得ない。なぜなら、経験と何の関係もない概念が純粋に経験的な基礎から生まれる理由は存在しないからである。宗教は経験の誤った理解ではなく、自然の秩序と道徳の秩序とのあいだの解決しがたい衝突から生まれた。

人間は、自分自身は自由で合理的かつ目的的な存在であるという認識と、他方における自然の必然性との対立、つまり彼の自由と精神的拡張を制限し、彼に災難や死をもたらし、道徳と幸福とのあいだに越えがたい裂け目を創り出す自然の必然性との対立を解消することができなかった。いかなる理論的考察もいかなる経験的知識も、これら二つの存在命令を調和させることも総合された全体としての世界像を提供することもできなかった。これは宗教によってのみ成し遂げられたのであり、宗教は神聖な絶対という理念のお陰で、自然界と科学的探究を含む精神界にたいして普遍的な意味を与えた。

しかしながら、これは、絶対の理念が経験的資料や合理的考察から推論できることを意味しなかった。宗教的概念は、理論的ではない実践的な意味を持ち、それがさらには錯覚を意味するのではなく、実際的ルートによって到来したことを意味した。科学的知識に取って代わろうとする宗教は、不必要であって、正当に批判された。現存の形態の宗教は、その性格上歴史的である。しかし、いつかある日「合理的宗教」という純粋な形態で登場するかもしれない不変の核を内包しているのであって、それはその真理が理性によって証明されるという意味ではなく、外的な啓示ではなく、自分自身を理性的存在として定義しようとする人間の実践的試みに由
583
来する、という意味で、そうである。

宗教は、実践理性の優先性を初めて実現した。それは、宗教が自然の一部としての人間と道徳的実践的存在としての人間の統合を成し遂げ、自然が無関心である人間人格に意味を与えたからである。神は、実在の絶対的な総合として、理論的証明の対象ではなく、カント主義的な意味における実践理性の前提条件である。つまり、われわれの欲求は幻想であるかもしれないのだから、それはわれわれが欲する単なる何ものかではなく、自由で道徳的に導かれる主体としての、われわれの存在によって必要とされる何ものかである。本物の宗教はこのように、その固有の意味が人間人格に関係し、外的な啓示に基づくことはできない、という意味において「主観的」である。だが、それは恣意的な気まぐれあるいは幻想上の償いであるという意味においては、主観的ではない。

例えば、『カントの認識批判の社会学』（一九二四）において表されたアドラーの宗教思想は、これから分かることであるが、「自然」と「精神」との対置に基づく。これが、あらゆるものは普遍的意識にとって相対的であり、そして意識と無関係であってそれから独立していると考えられる自然に何の余地も残さない超越的立場とどのように調和するかは明らかではない。アドラーは、一方で人類の完全な統一を主張し、この目的のために超越的意識という概念を展開しながら、他方では、この概念は取り替えることのできない人間個々人の価値を認めることにはならないと自覚しつつ、後者を神聖な絶対によって救済しようとしているように見える。

このように彼は、純粋に人間中心のまたは純粋に超越的立場すらも維持し難いと感じていたように見える。それは、それが人格的主体性を考慮しないがゆえにであった。この点で、彼の躊躇はブジョゾフスキを想起させるのであり、違うのは、アドラーがそれを彼の宗教哲学と調和させて彼の哲学の一貫性を補正しようとするのではなく、最後まで彼の絶対的超越論を維持したことであった。

オットー・バウアーは、宗教の哲学的解釈においてアドラーまで行き着かなかったが、彼もまたマルクス主義のステレオタイプから離れていた。彼は、史的唯物論は特別の世界観、あるいは宗教の問題に関する回答または哲学的唯物論を含まないと信じた。世界観は階級的利益の機能として解釈することができる。例えば、カルヴィン主義は初期資本主義段階のブルジョア階級の必要に適合し、他方、ダーウィン的唯物論は資本主義の競争の法則を「反映」した。

現代のブルジョア階級は宗教の中に社会秩序への脅威にたいする防御を求めて宗教に回帰しつつある。しかし、教会、僧職とその神学体系は、屈辱を与えられ抑圧された人びとに慰めを与える宗教的感情とは区別されなければならない。社会主義政党は、反宗教的見解を表明したり主張したり

してはならない。社会主義政党は、神の存在・非存在のためではなく、明確な政治目的のために闘っているのである。ましてや、宗教の必要は社会主義社会で死滅すると期待してはならない。人びとは世界の隠れた意味を追求する永遠の要求を持っており、これを抑え込むことはできない。むしろ期待は、宗教が社会的桎梏から解放された時に、宗教のそのような側面が、過ぎ去った環境ではなく、人間の精神それ自体の性質に依存することが明るみに出ることである。(『社会的民主主義、宗教と教会』一九二七)しかしながら、アドラーと異なり、バウアーは自分自身の宗教的確信を抽象
584
的哲学の形でおいてすら明言しなかった。

12　バウアー：民族の理論

バウアーの民族性の問題に関する著書は、今日では滅多に読まれない。そのことは、さまざまな百科事典のそれへの言及が全般的に不正確であるという事実からも理解できる。それでもなお、この著書はこの分野におけるもっとも重要なマルクス主義的研究であり、鋭い歴史分析に基づいている。

バウアーは、現存の多くの民族理論を批判する。第一は、精神論的タイプのそれであって、民族を神秘的な「民族の魂」の具現体と定義する。そして第二には、ゴビノーの手法を踏襲した物質主義的な人種論であり、まさしく民族共同体によって継承された神秘的な生物的実体という概念に基づく。両方ともが形而上学的でそれゆえに非科学的な解釈である。第三には、ルナンのそれのような主意主義的な理論であって、それは国家を形成する意志によって民族を定義する。これは誤っている。なぜなら、チェコの大部分のように多民族国家内に留まることで満足している人びとは「民族」の資格を持たないことを含意するからである。第四には、言語、領域、出生、慣習、法、宗教などの、さまざまな個別の特徴を列挙して民族を定義する経験主義的な定義である。これも満足できない。そのわけは、個々の特徴は本質的ではなく、民族の生活を形成する上で異なる時期に異なる役割を果たし、その結果、それらを掲げることではこの現象の本質を把握するまでに至らないからである。

それでは、民族とは何か？　われわれはこの問題に、現に存在している明確に認識できる民族単位を取りあげ、それらを生じさせた歴史的諸条件を吟味することによって、その問題に解答を与えることができる。バウアーは、このことをドイツ民族に特別に関連させて行い、以下の結論に達した。

民族のもっとも重要な決定要素は、民族性である。しかしながら、これはそれ自体が説明を要し、また、歴史の行程の中で変化する。それを創り出して固定化する要因は、自然と文化の両方である。有形の共同体は共通の祖先の存在によってだけではなく、その大部分は生活条件がダーウィンの法則に則った身体タイプの選択的分化に至るという事実によって決定される。つまり、ある特性が海洋民族の、他の特性が狩猟民族の生存に繋がる。選択された資質の継承は史的唯物論に反するのではなく、それを補完する。共有された生活条件と自然淘汰の結果として、いわば結晶化された歴史の一部である文化的共同体が生まれる。

「民族は運命共同体以外の何ものでもない。しかしながら、この共同体は一方で民族の共通の運命によって育まれた資質の自然な継承を通して、他方ではその性質が民族の運命によって決定される文化的伝承物の移転によって現実化する」(『民族の問題』一二一頁)。民族性の存在は、民族を構成する諸個人がある程度同一であるという事実からだけではなく、歴史の力が彼らをそのようにするという事実からも成り立つ。

今日までの歴史において、民族共同体は二つの形態をとってきた。第一は、部族的結合であって、これは解体され、たやすく変形される。第二は、特に資本主義の開始以降、階級社会を取り込んだ民族である。初期のゲルマン部族の共同体と騎士道倫理に基づく中世の帝国の共同体は、特殊に資本主義的な経済的および文化的な結合によって創り出された共同体という点で異なる。商品生産と交易、伝達の改善、民族文学、郵便、新聞、普通教育と兵役、民主主義、選挙権、そして最後に労働者階級の運動、これらすべてがばらばらのドイツ人民をその一体化の意識を持った民族に統一す
585

586

ることに首尾よく貢献した。しかしながら、今日ですら、中世ほどではないが、民族文化への参加は支配階級に握られている。小農民と労働者は民族の中心勢力であるが、文化的には不活発である。民族文化へのすべての階級の参加のために闘うことは、社会主義運動の任務である。

　したがって、バウアーは、彼の主張にとっては当たり前であるが、マルクス主義の定説化した見解と反対の結論、つまり社会主義は民族的差異を消滅させないだけではなく、文化を大衆のものとし、民族の理念を各人の資産にすることによって、民族の差異を強化し発展させるという結論を引き出した。「社会主義は民族を自律的にする。その結果、民族の運命は民族自身の意志で決定されるのだが、このことは社会主義社会において民族がますます分化し、民族の質がより厳しく決定され、その性格が相互により独自化することを意味する」（『民族の問題』九二頁）。

　疑いなく、もし民族が（バウアーが最終的にそう述べているように）「性格の共同体の中の運命共同体によって結合された人間の集合体」（一一八頁）であるとするならば、その場合、人びとが自らの運命を共同で決定すればするほど、それだけ民族性がより明らかでより重大となるだろう。社会主義は民族の差異を平準化するのではなく、歴史における民族的な原理の重要性を極端な度合いに引き上げる。

　しかしながら、これは民族的憎悪や抑圧を強めることを意味しない。その反対に、民族的憎悪は階級的憎悪の歪められた形態であって、民族的抑圧は社会的抑圧の一つの機能である。したがって、すべての抑圧に反対して闘う労働者階級は、民族的抑圧とも闘わなければならず、そして、社会主義社会を実現させる中で、民族的敵対感情と民族的利益の衝突を復活させるかもしれない諸条件を粉砕する。多くの民族と民族性の存在は、人類の文化的豊かさの一部であり、その数を減らそうと追求する理由などは存在しない。

　その著書（一九二二）の第二版の序文において、バウアーは、物理学のような「普遍的」分野においてすらも民族的特殊性を看破したデュエムに触れている。すなわち、イギリス人は理論的一貫性を無視して、たやすく視覚化された機械的モデルを構築するのに熱心で、他方フランス人は理論の一貫性により関心がある。バウアーは、この事情をこれら二つの国における絶対君主制の異なる発展に関係づける。

　そうであれば、社会主義運動が民族に応じて分化していくという事実には何の弊害もなく、あらゆる民族に画一的パターンを課すことは致命的となる。プロレタリア国際主義と民族的多様性とのあいだには、何の対立も存在しない。プロレタリアートの構成員は運命の類似性によって相互に結びつけられてはいるが、しかし、民族と同じ意味の共通の運命によって結びつけられているのではない。

　保守的伝統を破壊し、各民族が自己の問題を決定するようにさせることによって、社会主義は民族意識と民族文化の完全に新しい発展の展望を切り開く。自由主義ブルジョアジーは民族の自決権を支持したが、それは目覚めつつあって絶対主義のくびきを振り捨てる民族が、彼らに新しい市場を提供したからである。他方、帝国主義ブルジョアジーは、発展途上諸国を支配しようと努める。

　労働者階級は、時どき帝国主義政策によって潤うこともあるが、その逆の結果がその利益を遥かに超える。いずれにしても、人種差別的で帝国主義的なイデオロギーは、社会主義と深刻に対立する。「資本家階級が一つの民族の支配の下で巨大な多民族国家の創出を目ざすとき、労働者階級は自由な民族国家という古いブルジョアジーの理念を再び持ち出すのである」（『民族の問題』四五五頁）。

　それゆえに、社会主義は民族自決の側に立つ。しかし、これは、多民族国家における労働階級が、それぞれの民族の別々の国家という旗の下で闘わなければならないことを意味するのだろうか。これが、オーストリアの社会民主主義者にとって中心問題であった。バウアーはローザ・ルクセンブルクと同じ主張を行ったのだが、それでも民族問題に関して懐疑的態度を共有する点では、ローザ・ルクセンブルクから遥かにかけ離れていた。国家分離の闘争は、それが労働者をブルジョアジーに結びつけるがゆえに社会主義にとって有害である。正しい進路は、現在の国家の枠組みの中で活動し、すべての民族が自らの精神的文化的生活を組織する自由を要求することである。

「各民族にそれ自身の文化を発展させる能力を与え、いかなる民族も政治権力のための闘争においてこの権利を何回も繰り返して獲得したり、主張したりさせない国制、少数者による多数派の支配の原則に立つ民族の権力に基づかない国制、これこそが、民族政策の分野においてプロレタリアートが求めるものである。――それぞれの民族はそれ自身を治め、それ自身の源泉からそれ自身の文化的要求を叶える点で自由でなければならない。つまり、国家はすべての民族に共通するこれらの利益を監視することに自己を限定しなければならず、それらのあいだで中立でなければならない。このような方法で、民族の自律と自決は、必然的に、多民族国家においてあらゆる民族の労働者階級の国制上の目的となる」（同前　二七七～八頁）。

587

したがって、バウアーはオーストリアの諸条件のもとで、最善の道は、君主制下のすべての民族集団の完全な民族的自律、民族的団体の権限の最大限の拡張、そして国家の機能の最大限の制限のために闘うことである、と考えた。レンナーに同意して、彼は民族の原理は領土に基づくべきではない、と主張した。オーストリア・ハンガリーには多くの混合言語の地域や多くの言語的飛地が存在する一方で、都市への移住や多様な経済的要因によって民族の領土的基盤は絶え間のない変化を蒙ってきた。結果として、個人の原理が勝ることになる。つまり、それぞれの国民が自らの民族的地位を選択しなければならない。それぞれの民族が自らの組織を立ち上げ、民族文化や自分の言語による学校教育そしてあらゆる種類の団体の発展の基金を保有しようとする。民族的自治団体が、国家のすべての権力の土台となるべきである。一般的に言えば、民族ごとの分離国家は疑いもなく一定の利点を持つ。しかし、民族的生活に完全な自由を与えるならば、より大きな国家の利点はそれを上回る。

バウアーは、もちろんチェコ人、ハンガリー人、クロアチア人のような全体として君主制の境界内で生きている人びとの立場とポーランド人、リトアニア人、ドイツ人、スラブ人のように国境によって分割されている人びととの相違を認識していた。彼は、民族の統一をめざすポーランド人による武装蜂起の可能性を予見した。しかし、彼は、これはロシアのなりゆき次第であると思っていた。もしそこで革命が成功すれば、ポーランド人とロシア帝国の他の民族はその自律を獲得し、オーストリア・ハンガリー帝国も同じような解決策を受け入れざるを得なくなるだろう。もし革命が失敗すれば、ポーランド人は分断権力に抗して立ち上がり、君主制の分割を実現するかもしれない。だが、労働者階級は帝国主義戦争やオーストリア・ハンガリー帝国の崩壊を当てにしてはならない。なぜなら、それはロシアやドイツの反動勢力の勝利を意味するだろうからである。闘争は現在の国家を基礎として遂行されるべきである。

しかしながら、バウアーはバルカン戦争中に態度を変え、君主制はスラブ民族の独立の強力な圧力のせいで崩壊せざるを得ない、と結論するに至った。一九一四～八年戦争の間、彼はあらゆる民族のそれ自身の国家を形成する権利をはっきりと表明した。

まとめてみよう。バウアーは、民族の抑圧は階級的抑圧の一部であるという見解を、すべてのマルクス主義者と共有した。しかしながら、彼は民族の差異は社会主義社会で消滅するという点では彼らと一致せず、その差異が存在しつづけることは良いことだと考えた。レーニンやローザ・ルクセンブルクと異なり、ポーランド社会党（ＰＰＳ）の社会主義者と同様に彼は固有の価値を民族共同体に帰し、この価値は守られるべきである、と考えた。

レーニン主義者、特にスターリンは、一九一三年に君主制から離脱する各民族の権利を確固として表明せず、文化的自律という形態の自決に自分の目的を限定しているという理由で、バウアーを批判した。しかし、彼らのあいだには本質的な理論的相違はなかった。

588

バウアーは、労働者階級は民族分離主義の旗の下で闘うべきではないと主張したが、レーニンもそうであった。しかしながら、レーニンは、民族抑圧を、党が現在の秩序を転覆する上で有利になるに違いない破壊的力である、と見なした。このような思想を持たなかったバウアーは、民族抑圧を党の目的に利用するのではなく、それを廃止することに集中した。彼は、完全な自由と自律という条件があれば、国家分離主義の問題は存在しなくなるだろうと信じた。もちろん、特殊にポーランドのような被分割民族の問題は残った。バウアーはこの問題について自分の著書で明確な主張をしなかったが、それはいずれにしてもレーニンよりも曖昧であって、レーニンはポーランドの労働者がポーランド国家の復活のために闘うならば、それは恥ずべき茶番である、という見解を支持した。

しかしながら、後になって、バウアーはポーランド人の独立する権利だけではなく、レーニンの考え方とは対照的に、そのような独立の現実的必要を認めた。結局のところ、彼とレーニンとの違いは、レーニンにとって民族問題は反ロシア感情を利用するという戦術問題であって、社会主義の下でそれは自動的に消滅する、というのにたいして、バウアーは民族をそれ自体として価値があり、その違いによって人類の文化が豊かになると見なす、というものであった。

この観点からすれば、レンナーの方がよりオーストリア・ハンガリー的愛国主義者であった。彼もまた文化的自律を主張したが、最終的に社会主義政党は君主制の崩壊に希望を持つべきだ、という考え方に反対した。しかしながら、彼もバウアーも、政治的民主主義は民族的対立の解決の前提であり、民族抑圧は絶対主義の条件下では廃棄できない、と強調した。

13　ヒルファーディング：価値論の論争

ヒルファーディングのベーム・バヴェルクとの論争は、マルクス主義の価値論と結びつき、そして第二インターナショナルの時期を通じて議論された、あらゆる領域の問題を集約している。経済学の「心理学派」の主要な人物であるオイゲン・ベーム・バヴェルクは、その著書『資本利子理論の歴史と批判』（一八八四）において『資本論』第一巻を批判し、その第三巻発行後には、さらなる批判を『マルクス体系の終焉』（一八九六、英訳版『カール・マルクスとその体系の終焉』一八九八）で展開した。ヒルファーディングは、ブルジョア政治経済学は統合的な理論をもはや形成することなどは決してできないが、心理学派は例外であって、それゆえに注目に値すると信じた。したがって、「ベーム・バヴェルクのマルクス批判」（『マルクス研究』第一巻　一九〇四）において、オーストリアの経済学者のマルクスに反対する主張を概括し、正統派の立場から彼らと闘った。

ベーム・バヴェルクによれば、マルクスは、労働が価値を構成するという彼の理論の経験的または心理的根拠を提供しなかった。アリストテレスと同じように、マルクスは、ものは交換されているのだから、それらはある比較可能で通約できる特性を持っていなければならないと主張し、そして恣意的に、それは労働の投入にあるに違いないと仮定した。そうすることでマルクスはいくつかの間違いをした。

第一に、彼は労働生産物しか考慮に入れなかった。しかし土地のような自然の産物もまた交換され、取引総額の中で極めて大きな部分を占める。第二に、マルクスは全体として使用価値を無視した。それは不合理であって、なぜなら彼自身が強調したように、使用価値は交換価値の条件であるからである。第三に、マルクスは、使用価値から分離されたら、物は結晶化された労働以外からは成立しないと仮定した。しかしこれは、需要との関係におけるその不足、それが需要の対象であるという事実、それが自然の産物であったりなかったりするという事実を無視している。では、なぜそれらの特性の一つだけが価値の基礎でなければならないのだろうか？

さらに、ベーム・バヴェルクは続けて、マルクス的意味の価値の概念は役に立たない。なぜなら、それは価格を離れて量的に測定することはできないからであり、その一つの理由は、複雑労働は、マルクスがそうしようとしたように、単純労働の総計に還元できないことである。労働の形態は質的に異なり、労働時間の単位で表わすことはできない。価値が交換の条件を支配するという命題はこうして経験的に証明できず、そして真の経済過程の説明にもならない。

その上、『資本論』第三巻は、第一巻と矛盾している。なぜなら平均利潤率の起源の考察において、マルクスは、価格は概して価値と対応しない、そして実際の交換は常に社会的必要労働の比例的投入と異なる比率で起こる、と述べているからである。一般に認められているように、マルクスはまた、これらの逸脱は地球的規模で償われる、つまり、すべての価格の総合計額はすべての価値と同等であると述べる。しかし、もしわれわれが何か特定の商品の相対的価値を決定できなければ、これは同語反復である。価値の概念が実際の価格関係を説明しないのだから、それは経済分析において、いかなる目的にも仕えることはできない。

このような主張への反論において、ヒルファーディングは、ベーム・バヴェルクがマルクスの価値論を理解できなかったこと、そして彼の反論は思い違いであるか、あるいはその有効性を減じていないかのいずれかである、ことを証明しようと試みる。

使用価値の無視について、ヒルファーディングは、交換の行為において使用価値は売り手の側には存在しないのだから、売り手がそれを価格の基礎に置くことはできないと言う。マルクスによれば、商品生産が存在せず、そして交換が偶然的で非本質的現象であるかぎり、物はその保有者の意志に従って交換されるが、しかし時の経過とともに交換価値は使用価値から独立するようになる。そうだとすれば、なぜ労働が価値の決定要素であるのだろうか。この疑問についてヒルファーディングは、物は商品としてのみ、すなわち、それが市場で他の物と量的に向かい合うときに、交換価値を獲得すると答える。所有者は人間個人としてではなく、全体的な生産関係の体現者として交換という行為に参加するのである、と。

経済学の主題は商品の社会的側面のみ、つまり、その交換価値であるが、それでも、物それ自体は交換価値と使用価値の「統一」である。商品は社会関係を表わし、したがってその中に含まれる労働は必要労働として社会的性質を帯びる。交換という文脈において人びとは心理学的意味の人びとではなく、商品もそれらの質によって決定される物ではない。

しかし、マルクスは生産の諸要素間の結合を発見し、そしてこの結合が交換過程の中で神秘化された形態において人間と人間との結合ではなく、物と物との結合として現れることを解明しようと努めた。商品はその中に含まれる労働の総額として量的に決定され、そして社会の変化は「結局のところ」価値法則に還元される、と。

使用価値、人間の需要、物の効用をその出発点とする理論は、社会過程を人間と物との個人的関係を基礎にして社会過程を説明しようとする。しかし、それはその目的を達成できない、これを基礎としてはいかなる客観的な社会的な測定尺度も発見できず、あるいはまた、社会発展の現実の進路を理解することもできないからであって、社会の発展の進路は何かを欲している個人と、その欲求を満たす物との関係から引き出すことはできない。

対照的に、マルクスの理論では、価値の原理が社会のすべての生活を「因果的に支配する」。社会関係の全体的枠組みの中で、土地のような商品ではない物も、商品の性格を取ることができる。つまり、人間の自然力にたいする支配が彼をして異常な額の剰余価値を獲得させ、この特権が土地の価格として表される。ベーム・バヴェルクが言及した価値以外の商品の属性について言えば、それらは量的比較の基礎を提供しない。

労働を共通の尺度に還元することについて、マルクスは実際に、複雑労働は平均的単純労働、すなわちそれぞれの人間が平均して保持する労働力の支出に含まれる単純労働の総和である、と主張した。労働のさまざまな種類はその複雑さの度合いに依存し、それらのあいだの量的割合は社会過程それ自体によって決定される。確かに、市場から独立して複雑労働を単純労働に還元できる絶対的な尺度は存在しない。しかしその必要は存在しない。なぜなら、経済学の目的は個別の価格関係を説明することではなく「資本主義の社会的発展の法則」を発見することであるからだ。

経験上与えられているものとしての絶対価格は、このような探求の出発点であるが、しかし肝心なことは変化の法則であって、それにとって絶対価格は関係がない。注目すべき重要な事柄は、労働生産性の変化が価格間の関係を変更することである。単純労働は、例えば複雑な労働力を訓練するのに使われる労働のように、多くの方法で複雑労働の中に入り込み、そうして最終的に複雑労働は単純労働の総和と考えることができる。

591

ベーム・バヴェルクは、価値の理論的測定と実際的測定とを混同している。後者は不可能であるが、しかし前者は可能であって、真の測定者は全体としての社会とそれを支配する競争の法則である。個別の商品の価値を測定することは実際上可能である、という理念が「労働通貨」というユートピア的観念を導きだした。しかしながら、マルクス主義は価格を確定することではなく、社会の法則を観察することに集中する。

ヒルファーディングは、マルクスの平均利潤論は価値論を否定しているというのは事実ではない、と続ける。『資本論』第一巻において彼は等価交換を検討したが、しかし実際の交換が社会的必要労働の比例的投入によって決定された割合で成立するとは言わず、そして彼は、注意深く、価格は価値から乖離すると指摘している。これらの乖離は価値法則を無効にするのではなく、それを「修正する」だけである。

経済理論は、価格の変化が「法則」として表現できるような、一般的傾向に一致するかどうかを発見することに関わる。それは個別の生産物の価値には関わらない。価格の総額は価値の総額と同等である、というマルクスの言説は空虚なものではない。なぜなら、それはわれわれが、すべての利潤は流通ではなく生産から生まれること、利潤の総量は剰余価値の総量と同一であること、を結論づけることを可能にさせるからである。価格を決定するのは価値だけではない、という主張はマルクスの否定ではない。なぜなら、マルクスは、価格が与えられたらそれに続く運動は労働の生産性に依存すると考えるからである。

この論争を注意深く読むならば、ヒルファーディングがベーム・バヴェルクの反論に実際には答えずに、資本論からの関連する主張を繰り返すことで満足し、その結果、彼の反論は説得的ではないという結論に至る。ベーム・バヴェルクの中心的な主張は三点である。（１）マルクスの意味での価値は量的に測定不可能であり、その一つの理由は（これだけではない）多様な種類の労働を共通の尺度に還元する方法が存在しないことである。（２）価格は価値だけではない多くの要素に依存し、われわれは他の要素との関連において価値の量的重要性を確定できない。（３）したがって、価値が価格の運動および社会関係を支配するという言説は、両方ともに恣意的（価値が労働時間によって決定されることを、いかなる根拠でわれわれが信じるのかが明瞭ではないのだから）であるとともに科学的には無効である。なぜなら、それは価格の運動を説明することにも、ましてやそれを予測することにも役立たないからである。ヒルファーディングは、最初の二つの点は受け入れたが、しかし、それらがマルクスの理論に影響することは否定した。そのわけは、マルクスの理論は交換の実際的条件を説明しようと意図するものではなく、変化の一般的法則を発見し、それらが価値法則に従属していることを説明しようと意図するものだからである、と。

ここでわれわれは、『資本論』の検討で既にわれわれが行った指摘を繰り返すだけで十分である。経験科学において、われわれは一般に、しかじかの特別の条件の下ではこれこれの現象が常に起こる、という言説を法則と定義する。商品の価値はそれに投入された社会的必要労働の総額に等しい、という言説は、明らかに法則ではなく価値の定義である。もしわれわれが、商品のこのような特殊な属性が実際の価格の変化を支配することを示すことができるならば、それは恣意的な定義ではないことが証明され得るだろう。そうなれば、この後者の命題は法則と呼びことができよう。だが、ここに真の困難がある。

価格の変化はいくつかの要素、つまり平均利潤率、需要と供給の割合、価値その他に依存し、われわれはそれらの量的配分を確定することはできない。ヒルファーディングは、史的唯物論にお馴染みの「結局のところ」という図式を使って、この問題点を回避する。経済的変化は結局のところ商品の価値によって決定される、と。しかし、現実の価格変動は価値だけでは決定されないことをわれわれが認めるとすれば、これは何を意味することになるのだろうか。

ヒルファーディングは、ただ、他のものが等しければ、労働生産性の変化は価格変動を引き起こす、と言っているだけである。つまり、平均よりも効率的な技術を使う生産者は、より高い利潤を得るだろう。これはもちろんその通りであるが、しかし、それはいわゆる価値法則と無関係に立証

592

することができ、その法則の恩恵を受けなくても一般に知られている。価値概念は生産費用の概念よりもそれを説明するのに貢献しない。もし改良された技術のお陰で商品の生産費用が低下すれば、生産者はより大きな利潤を創り出すことになる。生産性の変化からもたらされる価格の変化は、価値概念の助けを得なくても説明できる。

これらの主張において価値は「隠れた質」と理解され、同じやり方で説明される。われわれは価格を通じてのみそれを量的に知るのだから、「価格が存在するのだから、価値も存在するに違いない」と言うことは、モリエールの登場人物のように、われわれは経験によってアヘンが人びとを眠らせることを知るのだから、われわれはそれが催眠性の質を持つ、と言うことができると語るのと同じである。

価格の運動に結びつくあらゆる現象は、価値を参照しなくても十分によく説明できる。効率の低い生産者が、より高くより効率的な生産者によってその事業から放逐されることはよく知られ、明白であって、価格の運動によって十分に説明がつく。それは「価値法則」によって説明されると言うことは恣意的である。なぜなら、それは、われわれがそれを使わずにやった場合と比べて、よりよく価格の運動を予測することを可能にさせないからである。したがって、価値法則は、経験的に証明したり否定したりする科学的言説ではない。

複雑労働を単純労働の単位に還元することについても、立場は同じである。この過程は市場価格の運動の中で自然に生まれるが、しかしそれは量的に表現されることもできず、またその必要もないとするヒルファーディングの言説は、ただ単に、価格の変化は経験的現象であり、異なる労働種間の割合によっては説明されないことを意味するだけである。したがって、還元の原理は何かを予測したりあるいは説明したりすることをわれわれに可能にさせるような意味を持たない。価値は実践的にではなく理論的に測定できるという言説について言えば、その意味は極めて漠然としている。つまり、何らかの大きさが実際的には測定できず理論的にのみ測定できると語ることによって、何が意味されるのかを理解することはできない。

いかなる商品生産もほとんど存在しない時代における交換の条件は、個人の「意志」に依存したが、後代になってそれは価値法則に従うようになったという主張は、『資本論』第三巻序文のエンゲルスの言説、つまり原始時代に財貨は価値に応じて交換され、しかるに発達した商品経済は価格を規定する他の要素を導入した、というエンゲルスの言説と矛盾する。

しかし、ヒルファーディングが説明するように、価値法則は事実として別の意味を持つ。マルクスが理解した経済理論において、われわれは交換の実際の条件ではなく、利潤の起源に関心を集中する。この理論は、資本主義の現実の歴史を説明するのではなく、利潤は労働者の無報酬の労働から全体として生まれること、資本は価値を生まないこと、そして価値の唯一の源泉は「生産的」労働であること（この定義は周知のように数々の疑義を呼び起こす）をわれわれに教える。

「真の生産者」つまり労働者は、彼らが創りだす価値にたいする支配権を持たず、他方これらのすべての価値（労働力の価値を含む）は市場の非人格的法則に従って交換されるのだから、マルクスが考えるように「価値法則」は、資本主義社会の普遍的疎外過程の経済的記述である。それはイデオロギー的概念であって、科学的概念ではなく、経験的には証明できない。

この種のカテゴリーとして、それは当然ながら、この理論にとっては有意味で重要である。しかしそれは、現実の価格運動を確定し、経済動向の変化を予測し、経済の実務的行動に実践的助言を与えようとする政治経済学とは異なる目的に奉仕する。マルクスの価値論はまた実践的に重要なものであることを意図したが、それはまったく異なる意味においてそうであった。

その目的は、そうすればわれわれが事象に容易に影響を与えやすくなる諸現象間の量的関係を説明することではなく、生産が全体として交換価値を増殖することに連動されている社会の非人間的性質を暴露することであった。つまり、社会生活の「疎外」をむき出しにして、人間の必要とその

594

経験的存在との矛盾に光を当てることである。この種の理論は、解釈というよりもイデオロギー的訴えであって、そういうものとして理解されなければならない。マルクス主義者と価値論の批判者との論争は、このように解決不可能であって、後者はマルクスの理論が提供できない一般的な経済理論を期待しているのである。

ヒルファーディングが、労働価値論から社会主義の不可避性を表す資本主義の「変化の法則」を引き出すことは可能である、と信じていることは確かである。しかしながら、彼はこれがどのように引き出されるかを説明しない。マルクスは社会主義の必然性を信じたが、しかし、彼は資本主義経済のいかなる特徴が、社会主義が確かに到来することを意味するのかを示さなかった。資本主義は無政府的な生産システムに苦しみ、定期的な危機に見舞われ、労働者階級を革命に立ち上がらせると言うだけでは不十分である。これらのすべてが、存在してきたこの種の経済がどのような破壊的結果を伴ったとしても、相当の期間にわたって無限に存在しつづけることができない、ということを証明しているのではない。つまり、マルクスは、ある時期にこのシステムは崩壊せざるを得ないことを明らかにすべきであった、しかし価値論はこのような結論を下す助けにはならない。

14　ヒルファーディング：帝国主義の理論

ヒルファーディングの『金融資本論』は、変化した経済状況に適合させるためにマルクスの資本論のほとんど全部を書き換える計画、という印象を与える。彼はマルクスの貨幣、信用、利子率、そして危機の理論を詳細に説明した。しかし、彼の作品の重要な部分は、マルクスの死以降の世界経済の変化に関わっている。これらの変化は資本の集中と結びついているが、それらは「質的」な性格であって、それ以前の過程の単純な継続として表すことはできない。

主張は、価値論と平均利潤率論から出発する。厳密な意味の価値、つまり結晶化された労働時間は、直接的には表わされないが、価格間の量的比率として交換の中で現れる。生産が利潤に連動させられるという事実は、交換が「等しい労働に等しい支払」という原則ではなく、「等しい資本に等しい利潤」という原則に従うことを意味する。つまり、売りは生産価格で実現され、価値に従って実現されるのではない。商品の価値を直接的に表示できないことが、ロードベルトゥスの社会主義のようなユートピア的性格の理論を際立たせることになったが、この理論は社会が交換の基礎として各産物の標準的労働時間数を固定するというものである。

生産の動機としての利潤の支配は、自然に、資本の集中と技術の進歩に通じる。後者は経済的に資本の有機的構成における不変資本の割合の恒常的増加とともに、不変資本それ自体の中の変化として現れる。固定資本は流動資本よりもより早く増加する。これはすでに投入された資本の移動がますます困難になることを意味する。流動資本は一つの生産部門から他のそれへ自由に移動できるが、固定資本は生産過程に結びつけられる。こうして、もし、共同資本企業や銀行の形態において、大規模に資本を流通させる手段が存在しないならば、平均利潤率が実現することは極端に困難となるだろう。

しかしながら、銀行の利益は個々の資本家のそれといく分か異なる。いくつかの企業体を退場させる競争は、それが生き残った企業に有利となっても、銀行にとって有利にはならない。したがって、銀行はその顧客間の競争を防止することを目ざすと同時に、高率の利潤に関心を持つ。換言すれば、銀行は産業独占を創出する傾向を持つ。

独占的生産の帰結の一つは、交易機能の変化である。資本の原始的蓄積の時期に、交易は決定的役割を果たす。それは資本主義の発達の出発点であり、その最初の局面においては信用制度のお陰で、生産をそれ自体に依存させる。発達した資本主義経済においてこの依存は停止され、生産と交易は分離される。

それから、資本が集中されるにつれて、交易はその自律性を失い、経済生活の固有の分野としては無用と化す。こうして商業資本は縮小し、利潤に占めるその割合も産業資本に取って代わられる。商人はますますシンジケートやカルテルの代理人と化す。

595

資本の集中は、銀行の集中に繋がる。しかし、相互作用的に、より高額の資本が銀行の裁量になればなるほど、それだけ彼らは自己利益として産業資本の集中を実現することになる。このように、今日「正のフィードバック」と呼ばれるものが存在する。銀行は資本家の留保資本と非生産階級の貨幣資源の大部分を蓄積する。結果として、産業が利用できる資本総額は、産業資本全体よりも相当に大きくなる。これは産業にとって有利であるが、しかし銀行資本にたいするその依存度も高まる。「このように実際に産業資本に移転される銀行資本、または貨幣形態の資本をわれわれは金融資本と呼ぶ」（『金融資本論』iii　一四頁）。

産業のカルテル化の見通しを検討して、ヒルファーディングはこの過程に何か超えられない限界が存在するかどうか、という問題を提起し、それは存在しないと答える。人は、すべての生産過程を意識的に規制する、全面的なカルテルという形態における資本主義生産という全体像を想像することもできる。そのような環境のもとで価格は慣習的に固定され、それはカルテル王と残りの社会とのあいだですべての生産額を分割する計算という形に変わるだろう。貨幣は生産において役割を果たすことを終え、市場の無政府性は消えてなくなるだろう。社会はまだなお対立する諸階級に分割されているだろうが、それは計画化経済となっているだろう。

ヒルファーディングは、事態はこのように発展せざるを得ないとは言わないが、それは資本の集中の傾向であると言う。後年になって彼は、この見通しは極めてあり得ると見なすようになった。彼は、社会主義の希望は存在しないとは結論せず、社会主義は平和的奪取によってすでに出来上がった資本主義的計画化の機構を引き継ぐことができる、という見方に傾いた。

しかしながら、集中化の過程がこの仮説的な絶対的形態に到達しないかぎり、資本主義経済において危機は避けられない。すなわち、生産は繁栄と恐慌という循環的段階を通過しなければならない。危機の可能性は商品生産の条件そのものの中に存在する。商品の商品と貨幣への分割、そして信用の発達は、市場開拓の困難による破産の状態が存在し得ることを意味し、そして販売が再生産の前提であるのだから、ある時点の破産が自然な連鎖的反応に行き着く。その上、生産の唯一の原動力である利潤を拡大する衝動は、労働者階級の消費を制限するようにも作用するのだから、固有の矛盾を内包している。これは、危機が労働者の低水準の消費だけによることを意味するのではなく、また、ロードベルトゥスの信奉者たちが希望するように、労働者は賃金を上げるだけで救済され得ることも意味しない。

経済的危機は循環、特に資本主義的な循環の阻害であって、その結果、循環の法則そのものはそれを説明しない、とヒルファーディングは解釈する。あらゆる産業循環は、新市場や新生産部門の開始、重要な技術的改善、あるいは人口の増加のような突発的環境とともに始まる。これらの要素は、ある一つのまたは他の方法で、最初の要素に依存する他の生産部門に拡がる需要の高まりを引き起こす。資本の転換の期間は短縮される、つまり起業家が投資しなければならない額は、投入される生産資本に比べて減少する。しかし、技術の進歩を促進する条件は、同時に利潤率の下落を生み出し、資本の転換の期間を長びかせる。

ある一定の段階で、拡大する生産は過小な需要に直面し、新しい市場を探さなければならない。そのうちに資本は有機的構成がもっとも高い分野に自然に流れ、こうしてこれらの分野の投資は他の部門よりも大きくなり、利潤率が低下する。結果として生まれる不均衡は、商品循環の全過程を妨害する。つまり、危機は、概して、技術的にもっとも進歩した生産部門において、もっとも深刻である。これが価格と利潤の低下という連鎖反応に繋がる。

その上、好況期に価格と賃金は上昇するが、価格は商品よりも急激に上昇する。なぜなら、これが利潤拡大の条件であるからだ。消費は生産と歩調を合わせることができないのだから、ある時点でシステムは崩壊する。その瞬間に、好況期の銀行信用への巨大な需要のせいで、銀行は信用を供与することによって不均衡を平均化することはできない。現金（ready money）の差し迫った需要は存在するのだが、しかし生産者は自己の生産

597

物の現金価値を実現することによってしか、それを手に入れることができない。誰もが一挙に販売することを望むが、誰も買わない結果となる。価格は崩壊し、その一方で巨大な在庫が蓄積され、その結末は破産と大規模な失業である。

資本主義の諸機関の相互依存のせいで、一国の危機は輸入制限の手法によって他国に影響を与え、恐慌はますます世界規模になる。もっとも弱みの少ない企業体は、もっとも大きな資本量を持つ企業体である。なぜなら、彼らは破産に陥ることなく生産を急速に減少できるからである。したがって、危機それ自体が資本の集中の原因である。なぜなら、危機は小生産者を駆逐し、大企業にはその陣地を保持したままにさせるからである。

金融資本の支配は、また国家の機能の変化とブルジョア自由主義的イデオロギーの衰退に通じる。金融資本が自由に展開できる領域の規模は、より大きな重要性を帯びてくる。金融資本は自らを外国との競争から保護でき、そして政治的軍事的手段によって、資本の輸出を容易にすることができる強力な国家を必要とする。帝国主義は、資本の集中と利潤の水準を維持し引き上げる闘争との自然な結果である。もちろん、理想の状態は、帝国主義本国が新しい市場とより安い労働力を供給する領地の政治的支配を獲得することである。

したがって、金融資本は帝国主義政策と世界を通した資本主義生産の拡大を支持する。自由主義ブルジョアジーのイデオロギー的武器は時代遅れとなる。自由貿易、平和、平等、人道主義の理想は、金融資本の拡張を聖域化する理論、すなわち人種主義、民族主義、国家権力の理想化そして暴力の崇拝の理論に取って代わられる。

これらの発展は、社会の階級構成に重大な影響を与える。上層ブルジョアジーと下層ブルジョアジーとのあいだの、都市と農村とのあいだの、あるいはブルジョアジーと土地所有者とのあいだの古くて時どき死に至る衝突はますます影を潜める。ヒルファーディングは、中産階級のすべての経済活動にたいする統制を資本王が手に入れるにつれて、労働者とその他という階級的分極化に社会はますます向かう利益の一致を資本王がどのようにして創り出すかを明らかにする。小ブルジョアジーは、もはや大規模資本が許容するものを超える展望をいささかも持てず、自らの利益をカルテルのそれと同一化することを強いられる。それはまた帝国主義と人種主義、権力と政治的拡張の理念をもっとも受け入れやすい階級でもある。

技術の進歩は、最初は相対的に、後では絶対的に、労働者階級の人口を削減する傾向を持ち、その一方で、行政官、技術者、生産管理者がますます必要とされる。今日の時点で、これらの階級は、経済の分野だけではなく理念の分野においても明らかに資本に従属し、反動的な政治運動に支持を提供している。しかし彼らの立場は傷つきやすい。つまり、彼らの才能への需要は供給を下回り、その数を制限または減少させるために管理技術を合理化する傾向が既に存在する。時の経過につれて、給与所得者としての彼らの立場と利益が、本質的に労働者階級のそれと同じであることを彼らが理解するにつれて、この階級の構成員がプロレタリアートと運命を共にすることをわれわれは期待しても良い。

金融資本の支配は、階級対立を縮小させるのではなく、それを極度に激化させ、他方でそれと同時に、中間的政治勢力を減少させ、金融寡頭制とプロレタリアートという敵対勢力を相互に対置することによって、階級構造をいわば純化する。プロレタリアートの経済組織は、労働力売買のより良い条件のために闘いながら、自然に、ブルジョア社会の枠組みを乗り超える政治組織を発展させる。

国家機構と金融資本の合体は明白であって、そのために意識の低いプロレタリアートをも、彼ら自身とすべての現体制との敵対に目覚めることになる。当然ながら、プロレタリアートは帝国主義にたいして自由貿易や自由主義経済への回帰、という反動的で無意味な主張を対置することはできない。同時に、それが現体制の不可避的傾向であることを理解しながらも、その最終的結果がプロレタリアートの勝利を実現することになるとしても、プロレタリアートは帝国主義を支持することはできない。帝国主義にたいするプロレタリアートの回答は、社会主義でしかありえない。

帝国主義と金融寡頭制の支配は、政治闘争を大きく促進し、社会主義の

598

展望を前進させる。それは、プロレタリアートの意識が革命化するのを助長する戦争と政治的破局を生み出すことによってだけではなく、さらに彼らが資本主義のもとで可能なかぎり最大の程度まで生産の社会化を実現するからである。

金融資本は、生産の管理を所有から分離し、統一された統制に従属する巨大な資本蓄積を創り出した。したがって、いったん、プロレタリアートが権力を獲得するならば、国家による金融寡頭制の領有は比較的容易な仕事である。国家はすべての中規模および小規模の企業体を領有する必要もなく、また領有しなければならないこともない。それらはいずれにしろ、現時点で金融王に完全に従属しているのである。金融資本はすでにほとんどの領有をやり遂げた。国家は生産を統制するためには、大銀行と産業体を引き継ぐだけである。もし、それが労働者階級の国家があるならば、それはその経済力を私的利潤の拡大ではなく公共利益のために使うだろう。単一の全面的な領有は、経済的に無用で政治的には危険なものとなるだろう。

その著書の最後で、ヒルファーディングは「階級対立を基礎とする社会構成体において巨大な社会変革は支配階級がその力の最高の集中を実現した時にのみ起こる」(『金融資本論』五、二五頁)という「歴史法則」を定式化する。この段階はブルジョア社会によってまもなく到達されるだろう、それはプロレタリアートの独裁のための経済的条件を創り出すだろう、と彼は予言する。

ヒルファーディングの著書は、他のいかなるオーストリア学派の作品よりもマルクス主義の発展に大きな影響を与えた。事実、それはマルクス主義の立場から、マルクス後の世界経済の動向の科学的分析をめざす総合的な試みであった。ヒルファーディングは、資本家的所有と生産管理の分離の重要性を指摘し、そして管理者と技術者のますます重要な役割を指摘した最初の一人であった。彼はまた、資本の集中という新時代の経済的政治的結果の明快な総括を与えた。

彼の著作は「古典的」マルクス主義の観点から書かれた。つまり、集中は最終的に階級の分極化に至り、産業プロレタリアートは資本の世界を破壊する「打ちこわしの棒」である、ということに基づいている。しかしながら、ヒルファーディングは、この分析から、レーニンがその後に行ったのと同じ結論を引き出さなかった。

599

ヒルファーディングは、資本主義をブルジョアジーとプロレタリアートの階級対立の激化によって破壊される世界システムと見た。レーニンは、同じく世界的観点から、帝国主義の矛盾は経済の発達がもっとも急速に進んだ場所ではなく、社会的対立がもっとも集中し複雑化した場所で、その崩壊に繋がるという結論に達した。他の、非プロレタリア的要求、特に民族と小農民の要求が緊張の貯水池になるに違いない、革命は金融資本の中心よりは主張と紛争が多発する所でもっとも可能性がある、と。ヒルファーディングはローザ・ルクセンブルク、パンネクック、そしてすべての西欧左派社会主義者がそうしたように、マルクス的な意味のプロレタリア革命を信じた。レーニンは、党によって導かれ、プロレタリアートによって支持されるが、しかし、それに加えて、革命がそれを代表すると称し、革命の大義に結びつける他の主張の力を必要とする政治革命を信じた。

600

第13章　ロシア・マルクス主義の始まり

1　ニコライ一世治下の知識人の運動

歴史決定論と農民問題、これら二つの問題が、マルクス主義以前と少なくともマルクス主義発展の最初の段階における一九世紀ロシアの急進的知識人運動の歴史を集約的に示している。これら二つの問題は、相互に独立したものではなかった。問題は、「歴史的必然性」の理論が一般的に信頼できるものか、どの程度信頼できるものか、そして、特殊的には、それが未発達の産業プロレタリアートを抱える圧倒的な農民国家であって、貴族制に支配され、一八六一年の改革後も多くの封建制の悪弊に悩まされているロシアの未来にどのように光を当てるものであるか、であった。

ロシア・マルクス主義の特異性は、この帝国の特殊な政治的経済的な環境、マルクス主義以前の革命運動によって創り出された諸形式の影響、この国の哲学的そして宗教的伝統に一般的には帰せられる。このような説明の信憑性には何の疑いもないが、それでも一〇月革命後の世界の他の地域におけるレーニン主義という形態のロシア・マルクス主義の拡大を説明するには不十分である。

ロシアの歴史の特殊な性格を考察する際に、政治的絶対主義よりもその「東洋的」性質、つまり、市民社会に対抗する国家とその官僚制の広範にわたる独立性と、もっとも特権化された階級を含むあらゆる社会階級にたいする国家・官僚の支配とに力点が置かれてきた。階級社会における国家制度は、特権階級の機関「以外の何ものでない」というマルクス主義のテーゼは、西ヨーロッパ社会よりもロシアに適用するのがより難しい。一九世紀においてB・N・チチェーリンのような歴史家たちは、今日でもなおある人びとが保持する見解、つまり、ロシア国家はそれまでに存在する階級対立の結果などでは全くなく、それ自体がいわば、上から社会階級を創り出したという見解を表明した。

ロシアのマルクス主義者たちは、そのように極端な形でロシア国家の自律的性質という理論を受け入れなかったが、例えばプレハーノフやトロツキーは、ロシアにおける国家の独立性はヨーロッパのどの国よりも比較にならないほど大きいことには同意した。プレハーノフはその歴史分析の中で、ロシアの独裁体制の「アジア的」特徴を特に強調した。したがって、彼は政治綱領において分権化に重要性を与えた。

ベルジャーエフは、ロシアはその領土の広大さの被害者であると書いた。つまり、防衛の必要と帝国の拡張が所有階級の短期的利益を恒常的に妨げる抑圧的軍事官僚機構の成長を招き、それがイヴァン雷帝の時代以降に所有階級の熱望を野蛮に弾圧しながら、ロシアを統合してきた。ロシア史のあらゆる主要な経済変革は、上から国家権力によって実施された。これはピョートル大帝の時代、アレクサンドル二世の改革、そしてスターリンのもとの工業化と集団化についても当てはまる。今日、全体主義と呼ばれるものの本質的特徴、つまり、社会全体の生活特に経済と文化の活動が、国家によって監督されなければならないとするだけではなく、国家の必要に絶対的に従属しなければならないとする原理は、何世紀ものあいだのロシアの特徴であった、と。

もちろん、それは必ずしも常に効果的に実行に移されたのではないが、しかしそれは国家機構の活動の恒常的な土台であったし、今でもそうである。この原理からすれば、国家は社会の主導性の唯一正統的な源泉であって、国家によって課されない社会生活の組織化や具体化は、国家の必要や利益に反する。また、国民は国家の財産であり、国民のすべての行動は国家によって指示されるか、あるいはその権威にたいする挑戦のどちらかである。ロシアの絶対主義は追従と反逆とのあいだに、そして現在の秩序への全面的一体化とその絶対的否定とのあいだに、中項がまったく存在しない社会を創り出した。

したがって、西ヨーロッパにおいて王と封建領主、貴族とブルジョアジーとのあいだの何世紀にわたる闘争の中で形成されてきた自由、法によって規定され、社会の法的秩序を前提とする自由という理念をロシアが吸収したのは、時期的に相当遅れそして大きな困難を伴った。ロシアにおいて自由は、ただの無政府状態、法の不在としか受け取られないような社会の有様であったが、それは法が絶対的支配者の恣意的な意志以外の何ものでもないものとしか現れないからであった。

絶対主義と無秩序な農民反乱とのあいだで、法によって認められ制限される自由という理念を発展させることは極端に困難であった。革命運動は自然に新たな形態の全体主義の理念（ペストル、トカチョフ）に滑り込むか、あるいは、すべての法律や政治制度から自由な無政府主義的な社会構想に向かうか、であった。ロシア文化の特徴としてしばしば選び出される極端主義（extremism）と最大主義（maximalism）は、強力な中産階級を生み出したことがなく、その安定が常に集権化された官僚制度の強さと能力に依存し、利益集団の有機的結晶化が極めて低い水準にあったこの国、つまり、普通のやり方で社会改良を考えることが革命を考えることになり、文字による批判と暗殺とのあいだに明瞭な区別が存在しないこの国の歴史によるものと見なしても良い。

都市の貧弱さと何世紀にもわたる商業の小さな役割が独立した知的文化の成長を遅らせた。知識人の解放、論理的能力の涵養、推理し論争する力、そして抽象的分析の愛好、これらのすべてが都市文化の特徴であって、商業の繁栄と結びついている。モスクワの覇権の主張とノブゴロド公国の破壊が都市文明の発達を妨げ、正教派の宗教は西ヨーロッパからロシアが孤立するのを助けた。ロシアの皇帝教皇主義（カエサロパピスム）は、東方教会がツァーリ絶対主義の下僕であることだけではなく、支配者がその臣民の魂にたいする支配権を主張することを意味した。教会は個々人の良心にたいする無制限の権威を皇帝権力に譲り渡すやり方で皇帝に従属し、その当然の結果が国民の思想にたいする国家警察の監督体制であった。

西欧文明を大きく発展させるのに寄与した世俗権力と教会権力との対抗関係は、ロシアではほとんど存在しなかった。正教会は自らを国家と同一化し、国家が精神生活において最高の地位を占めることを許した。同時に、政治的有機体としてのロシアは、正教会の宗教的メシア信仰を身につけることになった。ビザンチン陥落後に正教会は、モスクワを「第三のローマ」、トルコによって征服されてしまったキリスト教国の首都の、永遠にわたって任命された継承者という理念を発展させた。正統派の中心としてのモスクワ、ツァーリの首都としてのモスクワは一つで同じものである。つまり、正統的メシア信仰はロシアのメシア信仰と区別できないものとなり、ツァーリは政治的専制君主であるばかりではなく、宗教的真理の保護者でもあった。

もちろん、これは単純化された像であり、ロシアの歴史全体に等しく当てはまるものではない。しかし、ロシアにおける革命的マルクス主義の一定の特徴を説明するのには役立つ。

このような環境のもとで、ロシアの宗教および哲学の思想が西ヨーロッパと同じ線上で発展しなかったは当然である。ロシアはスコラ哲学的な段階を通過せず、言い換えれば、西欧における中世キリスト教哲学の遺産である論理と分析、概念の分類と定義、主張と反論の整理の能力を発達させなかった。他方で、ロシアはまた、ルネサンス文明と関係を持たず、ヨーロッパ文化に深い痕跡を残した懐疑主義や相対主義の精神によって、震撼させられることもなかった。

これら二つの欠落は、啓蒙時代の初めからロシア哲学思想において紛れもなく明らかである。その代表的人物は文学者や知的素人であって、社会的または宗教的問題には関心を注ぐが、自らの思想を体系化したり、骨の折れる努力で概念を分析したり、主張の論理的価値を評価したりすることができない。ロシアの偉大な思想家の哲学的な著作は、修辞法的および文学的観点からは魅惑的であり、情熱や真正の感情に溢れ、軽蔑的な意味の「スコラ哲学」とは無縁である。ロシア人は哲学が何のためにあるかを問

わず、自分たちがその目的を分かっているのかも問わなかった。その上、
603
概して、彼らの作品は論理的熱意に欠け、不細工で首尾一貫性がなく、無様で、連続性や整然とした下位区分に欠ける。

同時に、われわれは懐疑主義と相対主義の不在に驚かされる。そこには有り余る程の嘲りはあるが皮肉はない。つまり、狂ったような非難はあるが突き放す力はない。ユーモアさえも、笑いよりもむしろ憤怒や絶望を表わす。一九世紀のロシア小説の精華は、ロシア哲学の欠陥がそうであったのと同じ源泉から生まれたことは疑いがない。西欧タイプの学問的哲学は、ロシアでは前世紀の最後の四半世紀まで実際に存在せず、それが革命によって一掃されるまでは第一級の作品を生み出せなかった。

ロシア・マルクス主義に直線的に繋がるロシア哲学が、その起点として、マルクスの初期の思考を促してヘーゲルの歴史哲学に関する考察という形態を取らせたものと同じような、問題と選択肢を持ったことは注目に値する。このような検討はニコライ一世の暗黒と禁制の時代にまで遡る。青年であったヴィッサリオ・ベリンスキーと若き日のバクーニンは、青年ヘーゲル派の批判を鼓舞し組織した、現実的なものと合理的なものの一致という有名なフレーズから、同じく自分たちの哲学的思索を開始した。二次資料で、生かじりにヘーゲルを知ったベリンスキーは、粗野で横暴な表現ながら、歴史の合理性を発見したと信じた。もし人が、個別的で、偶然的で主観的であるすべてのものの無意味さと、人間の欲求や希望を巧妙に欺く歴史の理性の偉大さを摑むならば、狂った現実を諦めて受け入れることは可能である、と彼は考えた。一八三九年に書いた論文で、ベリンスキーは彼の和解の哲学、むしろアジア的専制支配の中に具現化した「普遍性」の至上権にたいする服従の哲学を詳細に説いた。

しかし二年も経たないあいだに、彼はヘーゲル的というよりも疑似非ヘーゲル的歴史マゾヒズムを完全に粉砕し、固有の価値として人間個々人の真価を信じ、それは歴史的普遍性というモロク（古代ヤム人の神）の犠牲になってはならないとした。社会主義への、そしてその後のフォイエルバッハ流の自然主義への転向後、ベリンスキーは絶望的な宿命論と道徳的反逆とのあいだで、世界精神の冷淡な進歩の「合理性」と繊細な感覚的個人の非理性とのあいだで、「客観主義」と感傷主義とのあいだで揺れ動く心性のタイプとしてのロシアの伝統の中に留まった。

ニコライ一世治下のロシアの知的生活におけるもっとも重要な問題は、スラブ主義者（Slavophils）と欧化主義者（Westernizers）とのあいだのそれであった。スラブ主義（Slavophilism）は啓蒙主義、理性主義、自由主義そしてコスモポリタニズムに反対するロマン主義のロシア的変種であった。スラブ主義者たち（イワン・キレエフスキー、アレクセイ・ホミャコフ、コンスタンティン・アクサコフ、ユーリー・サマーリン）は、キリスト教的真理の唯一の保管者であるとするロシア専制支配体制と東方教会の主張を正統化する哲学を追求した。彼らは使徒ペテロ以前のロシア、特に第一次ロマノフ王朝のロシアを理想化し、そこから、西欧自由主義の有害な模倣から民族を守り、この民族を世界の精神的指導者とすることができる原理を
604
析出した。この目的のために、彼らは「ソボルノスチ」（community = sobornost）説、つまり永遠の真理への献身に基づく社会の精神的統一という説を精緻化し、西欧で支配的な機械的で純粋に法的な利益結合体に対置した。ロシア精神の本質は、神の愛の結果であると考えられる自由であって、自由主義者の消極的で非精神的な自由ではない。

今一つの本質的特徴は、個人の統合的発達であり、その中で人間の理性は抽象的思考の力に頼るのではなく、その働きをすべての精神的価値の源泉としての生きた信条と調和させる。この信念は法の階層的統一だけを維持するローマ教会にも、自由への主観的な愛のために統一の理想を犠牲にするプロテスタント団体にも存在しない。その精神文化や神学が抽象的な論理の力にたいする信頼に基づき、他方でその社会組織が個人と階級利益の対立を当然のこととし、それは抑圧的な法の強制力によってのみ抑止されるとする西欧と対照的に、ロシア精神は神聖な真理にたいする自発的な服従に基づく、自由で有機的な統一そして、世俗的権威と宗教的権威の統合のそれである。

欧化主義者は、スラブ主義者のような明確に定義された社会哲学を持た

なかった。欧化主義は、ロシアの「ヨーロッパ化」（Europeanizing）政策の一般的呼称であった。それは自然科学崇拝、自由主義原理への愛着、ツァーリ専制体制の憎悪そして「西への道」を取ることによってのみロシアはその後進性と文化的停滞から脱け出すことができる、という信念とともに進行した。スラブ主義者も欧化主義者も共にロシアの伝統から生まれ、それぞれがモスクワとサンクト・ペテルブルクによって象徴されたけれども、双方の学派のほとんどすべての信奉者がドイツ哲学の生徒であって、自らの立場をしばしばヘーゲル哲学の概念の助けを得て定義したことは注目に値する。

ニコライ一世の時代に、保守派はロシアが自由主義の潮流に呑み込まれることを恐れる理由を少しも持たなかった。それでもやはり、この国の政治的経済的停滞にもかかわらず、西欧の理念は浸透しはじめ、例えばペトラシェフスキー討論グループが証明するように、青年の中でその受容が見られた。しかしながら、アレクサンドル二世とアレクサンドル三世の時代に、スラブ主義や欧化主義の純粋型は、すべてのポピュリズムの変種がそうであったように、さまざまな方法や割合で両方の側面を統合した動向に比べれば、重要ではなくなっていた。

2　ゲルツェン

アレクサンドル・イヴァーノヴィチ・ゲルツェン（Aleksandr Ivanovich Herzen, 一八一二〜一八七〇）は、「第三の道」つまり、社会解放のロシア独自の非資本主義的な道と西欧自由主義の価値に余地を残す第三の道の最初の重要な提唱者であった。科学の崇拝と宗教および専制支配体制にたいする敵対心から、彼はスラブ主義の伝統に厳しく反対したが、彼の資本主義批判は本質的にスラブ主義と合致していた。

学生時代にゲルツェンはロシア専制主義への敵対を誓い、その誓約に忠実でありつづけた。彼は一八四七年には西欧に定住し、五五年から『北極星』（Polyarnaya Zvezda）、後に『鐘』（Kolokol）と題された定期刊行誌を発行したが、これらはロシア・インテリゲンチャの急進主義的運動を活性化する上で主要な役割を果たした。

彼の世代の多くの知識人と同様に、彼はヘーゲル主義の時期を経験し、その中で「現実的なものの合理性」という保守的な解釈を攻撃し、恒久的な否定の原理および現体制の批判として弁証法を支持した。彼はいくつかの哲学論文を書いたが、それらはオリジナルなものは何も含まないながらも、ロシアにおいて自然主義的で反宗教的態度を普及する上で何らかの役割を果した。しかしながら、彼の主たる影響はその資本主義批判と伝統的な農民共同体、つまりミール（mir）あるいはオプシチナ（obshchina）に基づく社会主義への特殊ロシア的な道という希望であった。

ゲルツェンは資本主義と西欧文明に反対したが、それは、それらが貧困と搾取を生み出すからではなく、物質的価値の排他的崇拝によって人びとが堕落させられるからであった。つまり、繁栄という普遍的理想が人間性を損ない、社会が精神的に荒廃し、全般的凡庸さに沈んでしまう、と。地主層の豊かな一員として、物質的苦労から解放され、ヨーロッパの中心地で快適な暮らしをしながら富の哲学を非難したのだから、ゲルツェンは一部の急進主義者にとっては疑わしい人物であった。しかし、ロシアが資本主義の価値を拒絶しながら社会的正義を実現するのを可能にする伝統に訴えることで、彼は大きな人気を得た。彼は、人間人格が最高の本質的価値であること、社会制度の目的は人格の価値をあらゆる方法で発展させ豊かにすることである、と信じた。西欧文明は、すべての価値を平準化し、普遍的な競争精神が人間の自発的連帯を破壊するのを認めることによって、その反対の結果をもたらした、と。これは社会主義の立場というよりも、貴族支配制の立場からの資本主義批判であった。

しかしながら、ゲルツェンは人民の大義を最優先に考え、特権階級によって創られた価値を保存するだけではなく、それをすべての人びとに押し広げることを切望した。ミールによる土地の共有は彼にとって、正義と平等を諸個人の自発的連帯と結びつけ、専制主義を全般的エゴイズムと貨幣獲得に置き換えないで廃止する、新しい社会秩序の展望を与えるように思われた。このようなやり方で、ゲルツェンは次の三〇年にわたってロシア

606

人の思想を支配した議論を開始した。つまり、村落共同体を通した社会主義へのロシアの道、という問題である。

ゲルツェンはポピュリスト、自由主義者そしてマルクス主義者によって、先駆者として引き出されてきた。マルクス主義者にとって、彼は専制支配体制の批判者だけではなく科学の崇拝の旗手、宗教と正教会の敵、そしていささかの誇張なしに唯物論者と呼び得る哲学者であった。しかしながら、その専制支配体制の憎悪にもかかわらず、彼を革命のアイディオロジストと呼ぶことは難しい。確かに、彼は現体制の改革を信じることが絶望的と思われた時代に、次の世代が革命について語る、という意味においてはアイディオロジストではなかった。

ゲルツェンは、一八六〇年代の革命家たちと友好的ではなかった。ゲルツェンは、彼らの原始主義と芸術・教育の非功利的価値にたいする軽蔑、彼らの教条主義、不寛容、そして彼らがそのために献身し、それにたいして現在の価値をすべて犠牲にしようとする革命的啓示の崇拝を嫌った。ゲルツェンの思想の中にある保守主義が、今生きている世代はこれからの世代よりも重要ではない、と見なす進歩にたいする狂信的心情の危険性を悟らせた。

ロシアの位置は歴史的に恵まれており、ロシアは村落共同体（彼は間違って、原始共同体の残存物であると信じ込んだ）のお陰で公正な社会を建設できると思っていたけれども、ゲルツェンは、これをいかなる民族主義的メシア信仰あるいは未来の人間性のメッカとしてのモスクワ、という理念とも結びつけなかった。彼はロシア愛国主義者ではあったが、排外主義者ではなかった。一八六三年に、反乱を起こしたポーランド人の大義を擁護することによって、彼は世論の大部分の感情を害した。唯一ではないがこれが六〇年代に彼の名声が衰えはじめた一つの理由であった。

ニコライ一世の死とクリミア戦争の敗北は、新たな知的分化をもたらし、あるいは古い分派が再形成されるようになる改革の時代の到来を知らせた。一八六一年の農奴制の廃止と農民への土地付与、それに続く司法制度、軍隊、地方政府の改革によって、資本主義のもとでのロシアの将来という問題が純理論的であることを止め、実践的意味を取りはじめた。集中的な産業化は、なおまだ三〇年も先のことであった。小農民は農奴制の多くの残滓に妨げられ、経済問題は、その範囲をほとんど純粋に農業に限られた。しかしそれにもかかわらず、「近代化」の時代が始まり、その可能性と危険性について考えるときであることがすべての人びとにとって明らかであった。

3　チェルヌイシェフスキー

ニコライ・ガヴリーロヴィチ・チェルヌイシェフスキー（Nikolay Cavrilovich Chernyshevsky, 一八二八～八九）の作品は、六〇年代の急進主義インテリゲンチャにとってゲルツェンよりもさらに重要であった。チェルヌイシェフスキーは、厳密な意味では一般にポピュリストとは称されないが、ポピュリズムのもう一人の主要な鼓吹者であった。彼もまたロシアの社会再生のために村落共同体に期待した。しかし彼はゲルツェンよりもさらに欧化主義者であった。彼はフォイエルバッハの自然主義哲学を全面的に採り入れ、それを『哲学の人間学的原理』（一八六〇）と題する作品で公刊した。彼は唯物論を基礎にした啓蒙主義タイプの功利主義の一貫した主唱者であった。

彼は、すべての人間の動機は結局のところ快楽と苦痛の計算に行き着き、エゴイズムは人間の行動の唯一の原動力であると信じた。しかしながら、これは、協力や連帯あるいは自己犠牲、または私心のない援助と表現される類の行為が存在できないことを意味するのではない。そうしたすべての行為は、快楽や利潤の普遍的欲求の例としてほとんど完全に解釈することができる。

これらすべてが伝統的なモチーフであり、功利主義教説の歴史からすれば馴染みが深い。この同じ源泉からチェルヌイシェフスキーは彼の合理的エゴイズム、つまり、すべての個人のエゴイズムが全般的に調和され満足させられる方法で共同的な生活が組織化される、という合理的エゴイズムを引き出した。エゴイズムの衝突は、欠陥のある社会制度や教育の欠落の

607

せいである。

チェルヌイシェフスキーは、自由主義の基本的価値を受け入れた。彼はロシアの「ヨーロッパ化」、専制支配の転覆、政治的自由、万人の教育そして農民の解放を望んだ。しかしながら、彼はまたロシアはオプシチナの中で燃やし続けてきた共同体的枠組みを排除せずに、産業の進展と自由主義を獲得することができること、そして資本主義的発展の悲惨さは回避できることを信じた。

一八六一年改革後の失望が続く中で、チェルヌイシェフスキーは革命の希望をますます強調した。時の経過とともに彼は村落共同体への関心を失い、その著作の中で、政治の展開と暴力によるツアーリ体制の転覆の必要性に多くの注意を向けた。彼は六二年に逮捕され、二年間の投獄後の重労働という刑を受けた。獄中で彼は名高い小説『何をなすべきか』を書いたが、これはロシアの革命的青年の教義問答書となった。この小説は文学的には価値が低く、説教的で、退屈で、衒学的であった。しかし、芸術は科学と同様に固有の価値は持たず、その直接的な社会的効用によって判定されるべきだ、とするチェルヌイシェフスキーの理論にひたすら忠実な作品であった。この小説は革命的青年にたいして、禁欲主義の精神、真剣さ、人民の大義への献身そして先輩たちの道徳的慣行への軽蔑を植えつけるという目的では成功した。それは、教条主義（doctrinairism）、狂信主義（fanaticism）、誠実さと自己犠牲、科学崇拝そしてユーモアのセンスの欠如を特徴とする、急進主義サークルの道徳的「スタイル」を広めるのに大いに貢献した。

レーニンは生涯にわたって、彼に革命的イデオロギーを導入した教師としてチェルヌイシェフスキーを尊敬し賞賛した。レーニンはチェルヌイシェフスキーが描写し、革命家の中で共通していたタイプの理想的な見本であったと言ってもよい。つまり、インテリゲンチャは大義に専ら献身するのだから、革命に役立たない議論は怠惰なおしゃべりも同然であって、同じように革命のためにならない価値は、単なる美学や物好きの食糧に過ぎない。革命的信念への転換は、貧困、無知、抑圧によって衝撃を受け、屈辱すら覚えていた多くのロシアのインテリゲンチャをして、特権階級特有のすべての価値を当然のように放棄させた。ロシアをその後進性や野蛮状態から引き上げるという巨大な課題を前にして、ゲルツェンに濃厚な精神的・美的・あるいは知的価値の崇拝は革命の使命の裏切りと思われたのである。

功利主義と唯物論は、いわばこのような態度の自然な表現であった。このような結びつきはチェルヌイシェフスキーと、早逝したが一八六〇年代に極度に人気の高かった二人の著作者、N・A・ドブロリューホフ（一八三六〜六一）とD・I・ピサレフ（一八四〇〜六八）にも見ることができる。一足の長靴はシェークスピアのすべての作品よりも価値がある、という評言は後者のものとされている。

唯物論、この用語は何の留保もなくチェルヌイシェフスキーに適用できるのだが、この唯物論はこの世紀の後半期に明瞭な政治的意味を持った。当然ながら、それは教会や宗教との敵対を内に含み、それゆえに専制支配体制にたいする闘争に役立ち、それと同時に表面的には功利主義的生活哲学を正当化することによって、教養階級の文化や慣習の否定となった。その信奉者たちは、あらゆる客観的な芸術的知的探求に貴族制支配の怠惰な慰みごとという焼き印を押し、あらゆる人間の思想や行動にたいして基本的な質問を浴びせた。「それは誰を利するのか」と。

六〇年代の最中とその後に、ヨーロッパの他のどこの地域とも同じように、唯物論はダーウィニズムの人気によって強化された。しかしながら、急進主義者にとって、ダーウィニズムは両刃の剣であった。一方で、それは宗教の反対者にたいして、すべての人間事象は純粋に生物学のカテゴリーで説明できる、と語るための科学的根拠を与えた。他方、とりわけスペンサーによって解釈されたように、ダーウィニズムは人間の歴史と社会は自然淘汰、生存闘争そして適者生存によって説明できる、と示唆した。

ダーウィニズムのこの後者の効果（そうであると考えられた）は、二つの根拠から革命家にとって歓迎できないものであった。第一に、それは、生存闘争は永遠の自然法則であり、完全に調和的な未来社会を夢見るのをやめることを意味する。第二に、もしそれが全面的に適用されるならば、それは個人的頑張りや道徳的努力を不毛と決めつける、ある種の生物学的宿命論を導入することになる。

社会ダーウィニズムによれば、人間がいくら努力しようと、戦場に残りつづける人は、最終的には、その災難が今もっとも先鋭な人でもなく、あるいはまた、道徳的に公正な人でもなく、適応能力をもっともよく示す人ということになる。このように革命家が政治闘争の武器として採用した科学主義、功利主義そして唯物論が、その闘争が存在理由を持たないことを証明してしまった。したがって、チェルヌイシェフスキーは、ダーウィニズムから自然淘汰の理論ではなく、種の起源と突然変異の理論だけを取り出した。他方、後のポピュリスト陣営の社会学者たちは、有難くない結論を引き出すのを避けるために、さまざまな方法でダーウィン理論を制限するように努力した。

4　ポピュリズムと初めてのマルクス主義の受容

一八六一年以降にロシアで発展した急進主義運動は、ポピュリズム（narodnichestvo）という一般的なタイトルを生んだ。歴史家は、この用語の正確な意味とその適用可能性について一致していない。レーニンは『いかなる遺産をわれわれは放棄したか?』と題される一八九八年の論文で、ポピュリズムは三つの要素から成立すると定義した。

第一に、ポピュリスト（narodoniki）はロシアにおける資本主義を逆行現象と捉え、その発達を押し止めようと欲した。第二に、彼らは農民特にオブシチナを、社会階級の観点から分析することができないという意味で、自己完結的な制度と見なした。こうして彼らは農民の中の階級的差異を無視した。第三に、彼らは一方においてインテリゲンチャと政治制度との結びつきを、他方においてインテリゲンチャとロシア社会の階級的利益との結びつきを認識せず、こうして彼らは、インテリゲンチャは、自分たちが選択するいかなる進路でもそれを歴史に付与することができる独立した勢力であり得る、と想定した。

このようなポピュリズムの評価は、これから見るように、専制支配に対抗するいかなる政治戦略あるいは政策と何の関係も持っていない。ポピュリストという名称のもとでマルクス主義者が闘った人びとの中には、事実として改良主義者と革命派の両方が含まれた。ある者はテロリズムに頼り、他の者は宣伝に頼った。彼らは歴史決定論の見方、親スラブ主義あるいは西欧化の伝統にたいするこだわり、そしてマルクス主義への態度で異なった。ほとんどのポピュリストの理論家はマルクス主義を知悉し、ダニエルソンを除いては誰もマルクス主義者とは任じなかったが、そのいくつかの特徴は受け入れていた。

レーニンによって抜き出されたポピュリストの諸側面は、一八九〇年代に実際に討論の俎上にのぼった。彼はまたそれを、ロシアを封建的桎梏から解放することは望むが自分たちの経済的地位を破壊する恐れのある資本主義の進展には脅威を抱く小資産保有者のイデオロギー、と階級的起源の観点から特徴づけた。同じ論文でレーニンは、ポピュリストの伝統をスカルディンのような六〇年代の「啓蒙派」の著作者たちと対置したが、啓蒙派は隷属のあらゆる残滓に反対し、政治的自由、自治、教育そしてロシアの欧化を要求した。つまり、啓蒙派の著作者たちは多かれ少なかれ、純粋な形での資本主義の進歩のイデオロギーを代表し、資本主義の制覇がもたらさざるを得ない矛盾や対立を理解していなかった。

このような陣営の自由主義者と異なり、ポピュリストはロマン主義的ユートピアを支持した。彼らは、資本主義の破局的結果が何をもたらすかを理解したが、前資本主義的生産形態への復帰と社会主義的未来の萌芽としてのオブシチナの保持という不可能な夢によって、それらを回避することを期待した。レーニンによれば、ポピュリストの功績は、黄金時代という反動的理念以外には何も答えを持たなかったけれども、ロシアの資本主義の経済的矛盾の問題を初めて提起したことであった。この立場からレーニンは彼らとシスモンディを比較したが、シスモンディは彼らと同様に、資本主義の前進によって脅威をうけた小所有者のイデオロギー的利益を代表した。彼らと同様に、シスモンディもまた、貧困、搾取、資本主義生産の無政府性を非難したが、職人の技能や小交易への復帰を除いて、資本主義に敵対することは何もしなかった。

この論文でレーニンが定義した意味でのポピュリズムは、単一の知的あるいは政治的運動としては存在しなかったという見方は、例えばリチャード・パイプスによって支持されている。この見方によれば、ポピュリズムは一八七〇年代初頭に生まれ、インテリゲンチャが社会主義あるいはその他の理論を人民に課すのではなく、人民の欲求と熱望を真心から支持し、人民が欲した方向に沿った革命のために活動するのがインテリゲンチャである、というバクーニン主義的理念に基づく傾向を正確には意味する。これは明らかに反インテリゲンチャの動きであって、社会主義理論あるいはロシア資本主義の発達に関する態度を含まず、事実としても政治活動の否定であった、と主張される。

マルクス主義者、特にストルーヴェは、資本主義への反対者、農民共同体の賞賛者を意味するポピュリズムという用語を創り出した責任者であったが、この意味においてそれは政治的武器であって、歴史的現実に対応したものではなかった。F・ヴェンチュリ、A・ヴァリツキのような学者やソビエトのその他の歴史家たちは、ポピュリストのイデオロギーが多くの形態を取ったことを検討しないまま、マルクス主義の文献が与えた広義の意味でこの用語を使うが、それは、個別の事例であれこれの著作者がポピュリスト陣営に属するかどうかについて疑問を禁じ得ないこともあるけれども、ポピュリズムという用語がロシアのこの世紀の最後の四半期のイデオロギー論争のエッセンスを表している、という信念のもとにそうしているのである。

この問題は、マルクス主義の理論の歴史に関するかぎり第一義的な重要性をもたないが、ポピュリズムの発展に注目することは二つの理由で必要である。第一に、広義のポピュリズムは、マルクス主義によって浸透されることになるロシアの最初の知的運動であった。第二に、ロシアのマルクス主義は、主として、ポピュリズムとの論争を通して形成され、長い間「農民問題」と農業社会主義（agrarian socialism）との論争によって支配された。これがロシアで最終的に勝利したマルクス主義の版、つまりレーニン主義の一定の特徴を説明し、そしてまた、この版が、今なお農民問題が他の社会問題を支配している世界の諸地域において、特別な影響力を持ってきた事実を説明する。

この広義のポピュリズムは一八七〇年頃に発展し、さまざまな変種はあったが、七〇年代および八〇年代の社会的急進主義の主要な形態であった。しかしながら、八〇年代に正統派マルクス主義が登場して新しい論争状況を創り出した。

さまざまな色合いのポピュリストたちは、そのすべてが自らをロシア「人民」の大義と同一化する点では一致し、その解放に全力を傾けた。しかしながら、これが人民自身の努力による解放を意味するのかどうか、あるいは陰謀団体によって準備され指導される革命でなければならないかどうかについては、意見が異なった。彼らは、ロシアの資本主義が社会の荒廃の唯一の源泉であると信じること、そしてこの国は資本主義なしに運営できると希望すること、では一致した。しかし、歴史の進歩や歴史決定論の一般的見方では一致しなかった。彼らは政治改革を嫌悪し、自由主義的で立憲主義的なスローガンにたいして重要性を置かない点で統一されていた。これらの見方がマルクスの理論にたいするポピュリストの基本的態度を決定した。

彼らはマルクスの権威を援用することは歓迎したが、高度に選択的な方法でそうした。彼らは当然ながら、資本主義的蓄積の破壊的影響、つまり、搾取、貧困、精神的荒廃と発展した形態の分業の反人間的結末というマルクスの強調を歓迎した。彼らはまた「形式的」民主主義、政治的自由、資本主義の自由主義的な上部構造全体と自由競争を非難するのに役立つマルクスの理論の部分を好意的に受け入れた。

他方で彼らは、資本主義は巨大な歴史的前進であり、労働者階級の解放は資本主義がもたらす技術的社会的発展によって先行されなければならない、とするマルクスの見解は否定した。要するに、彼らはすべての国が同じ歴史的進化を辿らなければならず、社会主義革命を開始する前に資本主義的蓄積の苛烈さや不公正を我慢しなければならないという示唆とともに、矛盾による進歩というマルクス・ヘーゲル主義的な理論も拒否した。もちろん、マルクスの資本主義論の真の意味や、特にロシアの諸条件に照らしたその適用可能性の程度に関する論争は存在した。マルクスやエンゲルスのこの点に関する言説は、総じて、明確ではなかった。

一八七〇年代にロシアの急進主義思想にもっとも影響を与えた三名の著作者は、P・L・ラブロフ、N・K・ミハイロフスキーそしてP・N・トカチョフであった。ピョートル・ラブロフ（一八二三～一九〇〇）は、人民にたいする罪の意識と自らの特権の償いの衝動をインテリゲンチャの中に呼び起こした。六〇年代末に発行された彼の『歴史書簡』や一八七三年から七六年にかけてチューリッヒで（彼は一八七〇年にロシアから亡命した）発行された定期雑誌『ヴェリオド』（Forward）において、若いインテリゲンチャ層に人民の中で活動し、革命の炎を煽り立てることを呼びかけた。

ラブロフとバクーニンの結合した影響のもとで、一八七二年から七四年にかけて、数百人の若者が農民を社会主義に向けて教育する目的で、あるいはバクーニン主義者の場合は、革命の本能を前面に押し出して農村に出向くという有名な運動が起こった。この巡礼は極めて失望させるものだった。新しいプガチョフもステンカ・ラージンも現れず、農民は社会主義への隠れた熱狂も示さなかった。農民たちは彼らの訴えを聞くどころか扇動者を警察に告発する始末だった。このことはバクーニンの影響力を大いに弱めたが、戦術は変えざるを得なくなったけれども、ラブロフの支持者たちの活動を衰えさせることはなかった。

ラブロフは、インテリゲンチャは革命意識の源泉であることができ、またそうあらねばならないと考えた。しかし、彼はロシアの農民が自然に革命的となり、社会主義者になるとは信じなかった。インテリゲンチャの使命にたいする彼の信念は道徳的であって、決定論的性格のものではなかった。彼は、ロシアが社会主義を採用することを確実にする歴史法則が存在する、などとは主張しなかった。彼は、これは自らを人民の大義と道徳的に同一化した、啓蒙されたエリートによって成し遂げられると信じた。

彼は、若いインテリゲンチャに自己犠牲と闘争の気概を求めた。つまり、彼らの成功は人民の意志の堅固さに依存するのであって、不可避的な歴史法則に依存するのではない。ミハイロフスキーとともに、ラブロフは後にロシアで「主観的社会学」つまり、社会過程は自然過程と異なって、人びとを活気づける主観的意欲や理想によってその一部は決定されるのであり、その理由は彼らが、それが正しいと思っているからであって彼らが必ずしも勝利を期待しているからではないからである、という「主観的社会学」の立場を代表した。

何かあるものが道徳的に正しいとするわれわれの見解は、それが不可避的であるとわれわれが考えるか否かには依存できない。そして、歴史は多くの人びとが自分の立場は道徳的に正しいと見なすという事実によって影響されるのだから、人間の欲求や理想と無関係な普遍的法則が、いかなる特定の方向であっても歴史の過程を強制せざるを得ない、と考える理由は存在しない、と。

ラブロフは、ロシアにおける社会主義の可能な中核としての農村共同体という信念を共有したが、しかし彼は地方の技術的経済的後進性を美化しなかった。彼は勤労大衆の中に社会主義思想を普及することが、その後にすべての経済的発達の問題を解決できる革命に繋がると考えた。体制と政治的自由のための闘争についていえば、それは混乱の源泉でしかも革命のエネルギーの浪費であるしかない。ラブロフのイデオロギーの基本的要素、つまり歴史決定論とロシアにおける資本主義の不可避性の否定、社会主義の旗手としてのインテリゲンチャにたいする信頼、歴史における理想の創造的役割、社会主義の核芯としての農村共同体、「自由化」のための政治闘争にたいする無関心、これらが総合されてマルクス主義者の主要な攻撃標的となるステレオタイプを構成した。

マルクス主義以前の著作者の中で、ラブロフはロシア・インテリゲンチャの革命的な社会主義意識を覚醒するために特別な貢献をした。無知の果実としての宗教、特権階級による強制の道具としての法、窃盗の結果としての資産という彼の攻撃、革命家の道徳的資質と道徳的動機づけの強調、革命的禁欲主義と人民の啓蒙という彼の呼びかけ、これらすべてが長期にわたってロシアで流布され、かなりの程度で社会民主主義のインテリゲンチャを鼓舞した急進主義的エートスを形成するに至った。

N・K・ミハイロフスキー（一八四二〜一九〇四）は、マルクス主義者の反ポピュリスト論争において、ラブロフよりもさらに重要な位置を占めた。彼はラブロフよりも長い間作家として活動し、より大きな影響力を持ち、ロシアに住んで法律誌に書き、ラブロフと違って革命的ではなかった。

ミハイロフスキーは、ロシアの農民問題を人格主義や道徳主義の原理に基づいて社会哲学に統合することを追求した。彼の著書や『祖国の記録』誌および一八九〇年代における彼自身の定期雑誌『ロシアの富』に掲載した論文の中で、彼は資本主義経済の社会的影響の分析に集中し、「主観的社会学」の助けを借りて、ロシアがプロレタリア化と階級闘争という苦難の道を歩むのは歴史的に必然ではない、ことを明らかにした。

613

人間の理想からかけ離れた、冷酷な歴史の法則は存在しない。社会について考察する中で問うべき問題は、「何が望ましいか」であって「何が必要か」ではない。社会過程は人びとの営みであって、少なくともその一部は人びとが、何が善であると信じているかに懸かっている。社会思想は規範的カテゴリーから組み立てられるべきである。なぜなら、一般的に受容される価値は、まさにそれだからこそ現実的な社会的力であるからだ。概して、進歩の理念は評価の前提なしには形成できない。それは価値判断から自由な社会学の実現不可能な理想を追求するという問題ではなく、今ある進歩の理論、つまり実証主義者やマルクス主義者の理論の根底にある価値観を批判的に吟味する、という問題である。

ミハイロフスキーの批判は、このようにスペンサーとマルクス主義者の両方に向けられた。スペンサーは、進歩はすべての生命態の無限の分化に基づくのだから、その結果、社会における分業の発達は進歩そのものである、と信じた。だが、これは真理の裏返しである、とミハイロフスキーは言う。もしわれわれが個人の善という考え方、つまり諸個人が唯一の社会的現実であるという見地から出発するならば、われわれは分業が精神的堕落を引き起こし、個人の全面発達の可能性を破壊することを理解するだろう。これはまたマルクスの見方でもあった。生の目的は一面的な才能を発達させ、生産それ自体を目的として増大させることではなく、人格の調和的で多面的な発達を促すことである。この立場からすれば、生産力の拡大のための特殊化を促進する資本主義経済は、進歩の実例ではなく文化的大災害である。資本主義は、身体だけではなく精神の貧困化も意味する。それは連帯の絆を破壊し、競争と闘争の精神を一般化しながら社会を原子状態化する。

しかしながら、ロシアは村落共同体の中に、資本主義の道を塞ぐことを可能にする社会的生産的組織の形態を保持してきた。オプシチナは単純な複雑化しない協力に基づいており、人格の全面発達に開かれた道を残している。その構成員は財産を共有し、競争ではなく団結の状態で生活している。その現在の形態は理想的ではないが、その役割はその発達を妨げる外的障害を取り除くことであって、抽象的な「進歩」の名目で妨害的要素を励ますことではない。

マルクス主義者は、ロシアにおける資本主義の不可避性にたいする信念でもって、事実上、大多数の労働者がプロレタリア化、搾取そして精神的死滅を強いられるだろう、という見通しを受け入れながら、無活動と屈服という福音を基本的に主張している。資本主義が進歩的である、と称賛する際に彼らは、共通善という抽象的理念が社会を構成する諸個人の善からまったくかけ離れている進歩の概念を使う。しかし、現実に、あらゆる人間的価値は個人的価値である。個々の人間個人の利益に反して設定することができる一般的善または完全な社会は存在しない。なぜなら、感じ考え、災難を蒙りそして欲するのは彼らであって、社会ではないからだ。現実の諸個人の上に立つ非人格的価値の支配、正義あるいは科学ですら固有に進歩と呼ばれるものとは反対である。

614

マルクス主義者は、ミハイロフスキーを資本主義のロマン主義的批判者と何の根拠もなく見なしたのではなかった。彼の資本主義批判の中に、われわれは、ロマン主義文学、ユートピア社会主義、ルソーや無政府主義者、サン・シモンとその信奉者、シュティルナーやゲルツェンからのテーマを確認できる。これらの批判は、本質的な点でマルクスの社会哲学（分業の有害な結果、連帯に置き換わられる競争等々）と一致する。しかし相違点は、マルクスによれば、救済に達するために人類は、まずその前に資本主義という煉獄をくぐらなければならないという点である。つまり、生きた人間存在にたいする貨幣と機械の専制的支配は、それ自体を破壊して、人びとが失われた彼らの価値を取り戻すことによって、終わる。

しかしながら、問題は、これがそれぞれの国に別々に適用されるのかどうか、あるいはまた、世界のある一部の資本主義が社会主義の前提条件を創り上げたという事実が、他の国がその全周期を経過して進むのを避けることを可能にするのかどうか、ということであった。マルクス自身はこの点を考察しており、彼のよく知られたロシアに関する所見は、ある重要な点でポピュリストに支持を与えるものであり、ポピュリストもそれを正当に利用した。

一八七四年にエンゲルスは、トカチョフとの論争において、社会主義革命はロシアのようなプロレタリアートの存在しない国でも起こり得る、という考え方に強力な反対を表明した。しかしながら、彼は、村落共同体が西欧におけるプロレタリア革命が起こるまで存続できるならば、社会主義の核心を用意するかもしれない、ということには同意した。換言すれば、社会主義がその自生地、つまり高度に産業化された国々で最初に勝利するならば「社会主義へのロシア的道」はあり得るだろう、と。この理念は、『共産党宣言』のロシア語版（一八八二年）のマルクスとエンゲルスの序文でも繰り返された。つまり、もしロシア革命が西ヨーロッパのプロレタリア革命にたいして合図を送ることになれば、村落共同体は社会主義的変革の核心となり得るだろう、と。

ポピュリストは、マルクスが『祖国雑記』誌の編集者宛てに一八七七年に書いた手紙を特に喜んだ。この手紙は送られなかったが、八六年になって初めてロシアで公刊された。この手紙の中でマルクスは、資本論の公式は西ヨーロッパに適用され、普遍的な有効性を主張するものではない、と明瞭に述べている（『資本論』それ自体においては、この制限を示唆する箇所がないことは、ここで述べておかなければならないけれども）。したがってマルクスは、ロシアが西欧の足跡について行かなければならない必然的理由は存在しないと続ける。しかし、もしロシアが六一年の方向を継続するとすれば、ロシアは西欧の跡を追わざるを得なくなるだろう。なぜなら、そうなればロシアは別個の非資本主義的発達の機会を失うだろうからである、と。

マルクスは一八八一年のヴェラ・ザスーリチへの手紙とその手紙の準備ノートの中で、同じ理念をより強調して表明した（ヴェラ・ザスーリチもプレハーノフもこの手紙を公開することがふさわしいとは考えなかったが、そのわけはそれがポピュリストに有益な攻撃材料を与えることを明らかに恐れたからであった。この手紙は革命後に初めて明るみになった）。ここでマルクスは、『資本論』の主張はオプシチナの問題を決して前もって判断していないことを繰り返すが、しかし、この問題を検討して、オプシチナは外部の圧力によって破壊されなければ社会再生の源泉になり得ると信じる、とつけ加えている。ロシアは、その後進性のお陰で、技術的にも社会的にも恵まれている、と。

西欧で必要であったあらゆる段階を経過せずに、出来合いの発達した形態の西欧技術を採用でき、そして、西欧諸国において設立するのに数世紀を要した銀行や信用制度を確立することができるのと同じように、社会発達の領域でもロシアは資本主義の惨禍を回避して、村落共同体を普遍的な生産システムに発展させることができる。当然ながら、マルクスはこれが必然的にそうなるとは予言しないが、しかし、ロシアは非資本主義的な発達の可能性の余地をなお残していると繰り返す。総じて、当時のロシアの論争におけるこの決定的な問題に関して、マルクスはロシアの自分の弟子たちよりもマルクス主義的ではなかった、と言えるだろう。

しかしながら、ロシアの弟子たちは一八九〇年代に、その時までに資本主義の発達とオプシチナの衰退を押しとどめる力は存在しなくなったとして、この問題は無意味化したと示した。この時点でエンゲルスは彼の以前の見解に立ちもどり、一八九二年と九三年のダニエルソン宛ての手紙で、オプシチナは失われた大義であると認めた。しかしながら、八五年のヴェラ・ザスーリチ宛ての手紙で、ロシアは一握りの人民がもし彼らが選択するならば革命を引き起こすことができる例外的状況にある、と述べて別な方法でポピュリストの陰謀家たちを支持した。

この最後の点で、エンゲルスはトカチョフやその支持者たちと意見が一致した。ピョートル・トカチョフ（一八四四～八五）は青年時代の早い時期から地下活動に参加し、一度ならず投獄された。一八七三年以降は外国で暮らし、テロリストの陰謀によって引き起こされる革命にその希望を基づかせるポピュリストの主要なアイディオロジストとなった。トカチョフは、後にマルクスによって定式化される結論、つまり、もしロシアが資本主義の道に乗り出したら、それに沿ったさらなる発達を阻害するものは何も存在せず、この国は西欧と同じ苦難の道をたどるだろうという結論に達した。

しかし、これを避ける時間はまだ存在する。なぜなら、資本主義はロシアにおいてまだ定着していないからである。したがって、直ちに革命を実行し資本主義的発達サイクルを回避するために、その機会が捉えられなければならない。人びとの内発的な革命本能を頼りにすることは無駄である。革命は意識が高く、よく組織された少数の厳格な規律と集権的な指令に基づく秘密の活動でしかあり得ない。革命の目的は「すべての者の幸福」であり、特に不平等の撤廃とエリート文化の破壊である。

ここでトカチョフは、一八世紀の全体主義的なユートピア以来のテーマを繰り返す。つまり、完全な社会は、例外的個人の出現の可能性を抑止し、すべての構成員に平等な生活と教育の条件を創り出すこと、啓発された前衛の中央権力があらゆる側面の公共生活を計画することである。トカチョフは、大多数の者が革命家の絶対的で無制限の独裁に従属する状況のもとで、平等の原理がどのようにして社会を支配するのか、あるいはまた、エリート主義の嫌悪と革命エリートによる権力の掌握とがどのようにして調和されるのか、を説明しない。彼の共産主義は自分勝手の類であって、理論的洞察を欠いている。

しかし彼は、ロシアの他の誰よりも、革命の主たる機関として集権化され訓練された党という理念に責任がある。歴史家たちはこの点でレーニンの先行者としての彼の役割をしばしば強調してきた。一八七六年に設立され、「土地と自由」として知られるポピュリストの秘密組織は、彼の社会的イデオロギーは継承しなかったけれども、トカチョフにその組織理念を負ったが、レーニンは、ポピュリスト特に後半段階のそれに大いなる軽蔑を示しながらも、ポピュリストの地下活動の組織的伝統には高い敬意を払った。

マルクス主義的批判者の目からすれば、ポピュリズムのすべてのアイディオロジストは「主観主義者」であった。そのわけは、彼らがロシアの将来は啓発されたエリートによって広められた道徳理念によって決定的に形成され得る（ミハイロフスキー）とか、インテリゲンチャの指導下の人民の社会主義教育（ラブロフ）とか、あるいは、組織された党の革命的意志（トカチョフ）とかを信じたからであった。しかしながら、ミハイロフスキーがマルクス主義者に提起した問題は残された。すなわち、もし科学的で完全に非主観的な態度とは、不可避的であると言われるものを受け入れること、つまり、現実に起こるものが何であれそれを受け入れることである、とするならば、マルクス主義者は自分たちの革命活動をどのようにして正当化するのだろうか、と。この問題は、後になって特に正統派と「合法マルクス主義者」とのあいだの論争において前面に浮かびあがった。

ポピュリストは、青年マルクスを悩ませたジレンマ、つまり、宿命論的歴史観と道徳主義的ユートピアとのジレンマを、いわば、ロシア的な条件のもとで、繰り返していたのである。社会現象を恣意的な道徳基準で判定するのではなく、実践的で因果的な関係において比較衡量しようと欲し、そしてなお、事件の単なる考察者あるいは記録者であろうと欲するのではなく、彼ら自身の行動によって影響を与えることができると確信している革命家の態度を、人はどのようにして、理論的にそして首尾一貫して正当

617

化できるのだろうか。

ポピュリストの理論一般、特に村落共同体の賛美は、社会的理想を探求する道徳主義者だけに限定されないことが注意されなければならない。コミューンの擁護とロシアにおける資本主義の回避という理念は、例えばポピュリストのヴォロンツォフやダニエルソンによって詳説されたように、純然たる経済的根拠を持っていた。これらの人びとは政治的な革命主義者ではなく、その反対に、経済的および社会的進歩のために、政府は資本主義的改革を奨励することを停止し、別な路線での産業化のために活動すべきだ、と政府を説得する努力をした。彼らは、村落共同体と資本主義のそれぞれの社会的結果に着目して、経済効率の見地から両者を判断することを主張した。

V・P・ヴォロンツォフ（一八四七〜一九一八）は、七〇年代に書かれ一八八二年から書籍として刊行された諸論文において、ロシアの資本主義は、いずれにしろ完成された形態として、まったく望ましくないばかりでなく不可能であると主張した。ロシアは西欧と同じ道を辿ることはできない。なぜならその一部は、外国市場へのアクセスが強大な競争者によって妨げられているからであり、またその一部は、資本主義生産の拡大を許容するほどに充分に大きな国内市場を期待できないからである、と。

これまでのところの資本主義の発達は、自然条件よりも政府の保護主義によるものであり、それは、農民のプロレタリアート化は進行したけれども、破滅的でそれ自体の目的を達成できなかった政策であった。資本主義が村落手工業を破壊し、工業製品を購入する所得を農民から奪い取ったことによって、国内市場は十分に広がらなかった。解放後の数年間に、土地はその所有が集中化されるどころか、小農民の手に大規模に移されたことは明らかである。

ヴォロンツォフは、産業化の反対者でも原始的な技術の信奉者でもなかった。しかし、彼はもし政府が資本主義の育成に進むならば、ロシアはその利益を享受するどころかそのシステムの弊害を蒙るだろう、と信じた。政府は大規模な投資を必要とする産業部門を国有化すべきであり、そして小規模の工業生産は労働者の共同体に委託すべきである。そして同時に、村落共同体を解体している資金負担と不動産債務を取り除き、農業が従来の路線のままで自由に発展することを認めるべきである、と。このように、ヴォロンツォフはツァーリ政府の庇護のもとの、ある種の国家社会主義を主張したのである。もちろん、マルクス主義者はこの提案を嘲ったが、しかし、R・パイプスが喝破したように、それはレーニンの新経済政策の原理と何ら異なるものではない。

『資本論』の翻訳者（一八七二）で確固としたマルクス主義者であったN・F・ダニエルソンもまた、ロシアにおける資本主義は克服できない障害に遭遇せざるを得ないと考えた。つまり、それは国外市場を征服するどころではなく、小農民をプロレタリアート化して大量失業を生み出すことによってそれ自体の国内市場を破壊した、と。ロシアの社会的必要は生産手段が生産者に帰属する「人民的」制度によってのみ叶えることができる。破壊されるままにするのではなく、村落共同体は近代的技術を採用して社会主義社会の基礎となるようにされるべきである、と。

ポピュリストの経済学者は、ポピュリスト陣営の他の多くの構成員と同じように、政治的自由や体制については少しもあるいはまったく気をつかわなかった。しかし彼らは、ロシアがツァーリの庇護のもとで救済の道を見つけ得る改革プログラムを提起することによって、ツァーリに反対する急進主義的な世論を全体として作り上げた。しかしながら、そうする中で、彼らはマルクス主義の研究が捕捉せざるを得ない新しい問題を提起した。

九〇年代に市場の問題は、マルクス主義者のサークルでもっともよく検討された問題の一つであった。ポピュリストに論駁するために、ロシアの資本主義がそれ自体の発達に十分な市場を創出する状況にあると証明することが必要であった。この問題は、ストルーヴェ、ツガン・バラノフスキー、プレハーノフ、レーニンそしてブルガコフを含むすべての主要なマルクス主義著作者たちによって研究された。

七〇年代中葉の発足とほぼ同時に、『土地と自由』は政治闘争に集中す

618

べきかあるいは社会主義の宣伝に集中すべきか、どちらかの決定を迫られた。前者は、実践的には西欧の線に沿った憲法的な自由とロシアの自由化のために闘うことを意味した。しかし、ポピュリストのジレンマは、これが彼らの社会主義の理想と両立しないように思われることであった。もしロシアが自由主義的で議会主義的な制度を採用することになれば、社会主義の展望は不定の未来へ後退するだろう。なぜなら、社会主義が人民代表制を基礎として勝利する時を予測するのは難しいからである。伝統的なポピュリスト・イデオロギーの信奉者たちは、したがって、自由主義者との共同（当時は数も少なく、両者はかけ離れていた）および革命勢力によって権力を奪取するという試みの両方に反対しつつ、革命の宣伝と教育を選んだ。

まもなく、一八七九年にこの組織は二つのグループに分裂した。政治闘争の推進派は、テロの活動の計画を持つ「人民の意志」党を結成し、その反対派は農民の中の大土地所有者を排除するための宣伝運動を進める「黒い割替」という名称の集団を形成した。社会主義という抽象的な理想と違って、これは農村の人びとに訴えが届くように意図され、このグループのメンバーは人民に理解される問題に集中するというポピュリストの伝統に忠実であった。

熱狂的なほど勇敢で献身的なテロリストの小集団である「人民の意志」党は、A・I・ジェリャボフ、ソフィア・ペロフスカヤという伝説上の人物を残したが、この二人はアレクサンドル二世の暗殺を組織した。この組織は重要な理論的成果は何も生み出さなかった。その中心的な宣伝家はレフ・チホミーロフ（1852-1923）であったが、彼はその後にその革命の観方を撤回し、大反動家、君主主義者となった。ジェリャボフとペロフスカヤは一八八一年三月一日のツァーリ暗殺後に処刑された。ジェリャボフは法廷で自分はキリストの名において正義のために闘ったと表明し、執行の前に十字架にキスをした。

「人民の意志」党のメンバーは、革命の主たる任務は国家と闘うことであり、国家の破壊が社会の解放にたいするあらゆる防壁を一掃すると考えた。他方、「黒い割替」派の非政治信奉者たちは、大衆の参加なしの権力の奪取というブランキスト的な理念には反対した。ツァーリの暗殺に続く抑圧は、ポピュリストの地下活動の二つの形態をともに実効的に破壊した。「人民の意志」党の英雄たちが革命的な伝説上の人物となった一方で、「黒い割替」運動は、ロシア・マルクス主義の最初の代表的なアイディオロジストをG・V・プレハーノフという人物の形で創りあげた。

619

第14章　プレハーノフとマルクス主義の成文化

プレハーノフは、マルクス主義の歴史とその理論の普及という重要な役割において、カウツキーと肩を並べる。彼は一般にそして正当にも、ロシアにおけるマルクス主義の父と呼ばれる。多くのポピュリストたちがマルクスを読み、マルクスの影響を受けたが、しかし、プレハーノフは、あらゆる哲学問題と社会理論を包括し、そして政治活動のための完全な指針を提供する総合的で自己完結的な世界観として、マルクス主義を採用した最初のロシア人であった。一人の例外もなく、レーニン世代のすべてのロシア・マルクス主義者はプレハーノフの生徒であり、その事実を認めていた。さらに加えて、彼の著作はロシアを遥かに超える影響力を持った。

彼は独創的な理論家でも、またそうなる意図も持たなかった。彼は彼が理解したかぎりにおいて理論にたいして忠実でありつづけようとし、その理論をすべての挑戦者に対抗して擁護した。彼は純粋哲学にはあまり通じていなかったが、歴史、世界文学そして社会思想の該博な知識を持つ熟達した書き手であった。彼はまた優れた普及家で評論家でもあった。彼の心性は極めて教条主義的な気質のそれであり、すべてを包括する公式に惹きつけられた。おそらく彼は、マルクス主義を教義問答の形式に集約することに他の誰よりも貢献した。彼はマルクス主義の教本とも呼べる最初の作品を書き、事実それはそういうものとして使われた。ロシアの歴史における彼の主な役割は特筆に値するものであって、それはマルクス主義者として全生涯を亡命者として過ごしながら、雑誌や友人との会話を通してロシアの実状に触れ、実際の労働者との接触は持たなかったけれども、ロシア・プロレタリアートの使命について書きつづけたという点である。それでもなお、彼はロシアのマルクス主義運動の、そして結果としてロシア社会民主主義の真の扇動者でもあった。

1　ロシアにおける正統派マルクス主義の起源

ゲオルギー・ヴァレンチノヴィチ・プレハーノフ（George Valentinovich Plehanov, 一八五六〜一九一八）は、地主の息子として中央ロシアのタンボフ県グタコフカに生まれた。ボロネジの予備士官学校に通い、一八七三年にサンクト・ペテルブルクのコンスタンチン士官学校に在学登録した。

しかしながら、二〜三ヵ月後に彼は軍人の経歴を放棄して一八七四年に鉱山学校に入学した。そこでも勉学の意欲を無くし、二年後に追放された。この時期に彼はチェルヌイシェフスキーやその他の急進主義作家の作品を吸収し、何人かの革命家と会ったが、その中の二人がパーヴェル・アクセリロードとレフ・ディチであり、彼らは彼のもっとも親密な協力者および友人となった。当時、彼らはバクーニン流のポピュリストであった。

620

プレハーノフは『土地と自由』党の創立メンバーの一人であり、一八七六年にはロシアの政治的迫害に反対するサンクト・ペテルブルクの大衆示威行動の共同組織者、主要演説者であった。彼は逮捕を避けるためにベルリンに逃れ、七七年の半ばに帰国し職業的革命家の道に乗り出した。しばらくのあいだ、彼はサラトフで革命家集団の組織化、反ツァーリ宣伝そしてバクーニン主義の綱領や訴えを作るために活動した。この時彼は、自由主義的で立憲的な改革を保障する政治活動にたいするポピュリスト的軽蔑を共有したが、しかし彼はまた、非効率で人民の信仰から外れているとして個人テロ行為に反対した。

この意味で、彼は「古典的な」ポピュリストであり、一八七九年の分裂に際してテロリストに反対を宣言し、「黒い割替」グループの指導者となった。この組織は小農民と労働者の大衆運動だけがロシアに自由をもたらすという信念のもとに、人民のあいだの宣伝運動に集中した。しかしながら、この活動は一握りの陰謀家のみによって遂行され、まもなく警察の弾圧によって停止された。このグループはなお八〇年の初めまでは見せかけの存在を保ったが、その年の早い時期に主要メンバー、つまりプレハーノフ、ディチそしてヴェラ・ザスーリチは国外への逃亡を余儀なくされた。

一九一七年までロシアを再び目にすることがなかったプレハーノフは、ジュネーブに定住した。そこでの最初の二年間に、彼はマルクス主義に転向したが、それはそれ以前に彼がマルクス主義を知らなかったということではない。他の多くのポピュリストと同じように、彼はマルクス主義の理論を理解しており、その多くの原理を受け入れていた。ポピュリストとして書いた彼の論文から、彼が史的唯物論に賛成し、「主観的社会学」には同意しなかったが、経済的土台への政治的イデオロギー的体制の全般的依存は、その特殊な歴史的環境のお陰でロシアが西欧的発展の道を避けることができるという理念と両立する、と考えていたと、われわれは推論してもよい。

バクーニンの社会哲学に従って彼は、マルクス主義の用語で、ロシアの自由化のための政治闘争という理念に反対する主張を行った。つまり、社会の発展は結局のところ経済的土台に依存するのだから、目的は社会の革命であって政治の革命ではない、上部構造の変革ではなく、国の経済制度の転換でなければならない、と。プレハーノフのマルクス主義への転向は「理念」に対置される経済的条件の優位性を信じるようになったとか、あるいは宗教（彼は青年期の早い時期から宗教への信仰を失っていた）に反対する唯物論を信じるようになった、というような問題ではない。それはポピュリストのイデオロギーの中で食い違いのあったロシアの状態に関する三つの基本的結論の採用にあった。

それらは第一に、社会主義は自由で民主主義的な種類の政治革命によって先行されなければならないこと、第二に、ロシアは社会主義への転換に即応できるようになる前に資本主義の段階を通過しなければならないこと、そして第三に、転換は「人民」一般ましてや農民ではなく、産業プロレタリアートによって遂行されなければならないことであった。要するに、プレハーノフのマルクス主義の受容は、世界観の根本的変化というよりも政治的戦略理念の変化の現れであった。

プレハーノフはマルクス主義を抱懐して、生涯にわたってその信念を保持した。彼は、ロシアの社会民主主義の戦術に影響する個別問題にたいする態度をある程度は変えたが（彼は自分がそうしたとは認めなかったように見えるけれども）、しかし、彼は、偶然の余地を全く残さない体系への知的満足をマルクス主義から引き出し、その体系は歴史の鉄の規則性を信じ、未来のすべての出来事を「原則的に」予測することを可能にした。いったん、すべてを包括する体系の信任に達すると、プレハーノフはすべての理論問題に関して同じ態度を保持し、何度も何度も同じ真理を繰り返し、遂には、新しい材料でそれらを補うかあるいはそれらを新しい問題に適用した。

ジュネーブで金銭上の問題に悩まされた（ラブロフから援助を受け、後には著作物や臨時の講義で主に生活した）が、プレハーノフはポピュリストの活動をしばらくのあいだ継続しようと努めた。彼は二つの雑誌を発行し、ロシアに残された組織と接触を保った。しかしながら、彼の努力は無に帰した。それは一つには組織が弱体化したからであり、今一つにはそのメンバーがまもなく社会民主主義の方向に意見を変えたからであった。

民主主義的自由のための闘争がロシアにおいてもっとも緊急の必要であること、被搾取階級がどのような政治体制のもとで暮らすかはどうでもよい問題ではないこと、そして絶対主義からブルジョア民主主義への変化は、ポピュリストが主張するような、ある搾取者から別の搾取者に交替することを単純に意味しないことを決心して、プレハーノフは労働者の運動とブルジョアジーとの関係という問題に取り組まなければならなくなった。

そのポピュリストの時代に、彼は、政治的自由のための闘争はブルジョアジーのものであり、例え革命運動がその中で有効な役割を果たすとしても、それは単に自分たちの搾取者のために火中の栗を拾うだけである、と主張していた。今や、民主主義のための闘争は社会主義の展望にとって不

622

可欠であると決心して、プレハーノフは、この闘争における二つの基本的に対立する階級、ブルジョアジーとプロレタリアートとの提携を正当化することがどうすればできるかを考察しなければならなくなった。この問題はつぎの数年間の彼の考察の主な課題であった。

一八八三年にマルクス主義に転向した少数の亡命者集団は「労働解放団」を結成したが、これは西欧的意味におけるロシアで最初の社会民主主義の組織であった。この団体は政党にはならず、事実上、その設立者だけで構成された。プレハーノフ、ディチ、ヴェラ・ザスーリチそしてアクセリロードであり、彼らは亡命者として結束した。それでも、その存在の最初の二年間に、この団体はロシアの社会民主主義のイデオロギー的な基礎を創った。これはおもにプレハーノフの二つの作品『社会主義と政治闘争』（一八八三）とロシアにおけるポピュリズムと社会主義的革命運動の断絶の始まりを刻印した『われわれの意見の相違』（一八八五）に負った。

マルクス主義者は、社会主義は資本主義の進化の産物である、と考えるのだから、彼らはロシアではブルジョアジーの同盟者であるに違いないという根拠に立ってマルクス主義者を非難する点で、ポピュリストは間違っている、とプレハーノフは言う。歴史の法則は懇願や革命の動機づけの純粋さでもって枉《ま》げられるようなものではない。最初にやるべき仕事は、冷酷な経済的必然性によってロシアがどのような方向を強いられているかを発見することである。今や、村落共同体は消え去る運命に置かれており、それが社会主義組織の土台を形成することができないことは明らかである。

ロシアの社会主義は、西欧のそれと同じように、まもなく全土に広がるにちがいない資本主義経済の内部矛盾によってのみ成就することができる。アレクサンドル二世の改革以降、ロシアは資本主義と貨幣経済の道に乗り出したが、これは原始的で自然な経済から共産主義への「跳躍」という夢によって差し替えられるようなものではない。小農民の資本主義的な分化が始まり、数百万の人びとを没収とプロレタリアート化へと追い込みつつ、この分化は持続せざるを得ない。土地は、近代的技術でもって農耕を改善する少数の土地所有者の手に集中されるだろう。産業と輸送は普通の蓄積の法則にしたがって、ロシアを資本主義の国に不可避的に転換する。社会はブルジョアジーと成長するプロレタリアートの陣営に分割され、ロシアの将来は彼らのあいだの闘争によって決定されるだろう。

しかしながら、ロシアの資本主義の発達は、封建体制の無数の残滓と政治的専制支配体制とによって阻害された。ブルジョアジーはロシアの欧化と専制支配の自由主義的制度への転換に関心があった。ロシアの第一の必要は社会主義革命ではなく、資本主義の自由な拡大に対立する国家の上部構造を一掃するブルジョア政治革命である。ポピュリストの夢にもかかわらず、この革命は社会主義革命と一致しない。社会主義革命は高度な産業発展の状態と充分に組織され階級意識を持つプロレタリアートを前提とする。ロシアは、避けることもできず、そして歓迎すべきでもない資本主義の時期を通過しなければならない。ブルジョア革命はロシアのプロレタリアートの高度の利益であって、プロレタリアートは自らを組織し、将来の社会主義革命のための力を発展させるために、政治的自由の時代を必要とする。

したがって、ブルジョアジーとプロレタリアートは、基本的に対立するけれども、ロシアの民主主義的変革を追求する点では共通の利益を持つ。しかし、ここがマルクス主義の戦略において特に重要であるが、次の革命はブルジョア革命であるけれども、それだからといってそれがブルジョアジーによってまたはその指導性のもとで遂行されなければならない、ということにはならない。弱くて臆病なロシアのブルジョアジーはその任に堪えないだろうし、ブルジョア革命はプロレタリアートの指導性のもとでしか起こり得ないだろう。

この主張は、ポピュリストから猛烈な勢いで攻撃され、彼らはなぜプロレタリアートがその反対者に明確な陣地を与えるために闘わなければならないのかを明らかにするように求めた。しかし、プレハーノフは、それは問題の設定を間違えている、と反論した。プロレタリアートは政治的自由と専制支配体制の廃止に利益があり、それは自らの勝利のための前提であ

623

るからである。

その上、これが社会民主主義的戦略の第二の基本的特徴であるのだが、絶対主義に反対する闘争の中でプロレタリアートはブルジョアジーの掌中の単なる道具ではなく、独立した勢力、つまり自らの利益と資本家の利益が遙かにかけ離れていることを意識し、そしてまた、資本主義がその目的に成功するのに比例して、プロレタリアートとブルジョアジーの基本的対立はますます明白になることを自覚した独立した勢力になるに違いない。

しかしながら、日々の経験は労働者自身が社会主義的意識を発展させ、一つの階級としての彼らの位置に完全に気づくようにさせるのではない。労働者の政治的精神的ガイドとして行動し、来たる闘争に彼らの目を開かせるのは啓発された知識人の仕事である。プロレタリアートは、西ヨーロッパのブルジョア革命の教訓を学ばなければならない、そこでは階級意識と組織化が欠けたために、労働者が革命的大変動の中で血を流したのだが、それは結局ブルジョアジーを利しただけであった。

ロシアのプレタリアートは、もし組織された社会民主主義の運動によって社会主義的意識で充たされるならば、これを避けることができる。しかしながら、ブルジョア革命後に労働者階級が支配者ではなく、自分たちがその設立のために闘った体制の反対者になることは仕方がない。基本的に、ロシアは西ヨーロッパと同じ発展をたどらなければならないが、しかし、この国の極度の後進性のために、資本主義が西ヨーロッパのそれよりも急速に繁栄し、そして衰退すると期待する理由がある。

先進的技術の採用、他国の経験からの学習、そして即製の理論的基礎の保持によって、ロシアは発展のサイクルを短縮できるかもしれない。しかし、それらをすべて回避することはできない。ブルジョア革命と社会主義革命とのあいだには、資本主義的搾取の時代が存在するに違いない。社会民主主義の運動は、西欧プロレタリアートの失敗や敗北から教訓を得なければならない、それは同じ過ちに陥らず、物事の進行を速めるためである。

これらの予測と勧告に照らせば、すべてのポピュリストのイデオロギーは反動的なユートピアであることが明らかになる。ポピュリストはロシアの産業の発展が及ぼす農村のプロレタリア化、土地所有の集中、村落共同体の衰退という結果を無視して、その利益を享受することを望んだ。彼らはまた、その前提条件なしに、例えば、資本主義社会とともに進むプロレタリアートとブルジョアジーとの階級闘争、先進的技術や政治・社会の発展という前提条件を無視して、社会主義を望んだ。

これらは自己矛盾した要求であり、社会現象の科学的・決定論的解釈と正反対であって、科学的・決定論的解釈は、社会生活のさまざまな側面と連続的な発展の側面との結合は客観的な必然性の問題であって、人間の意志から独立していることを示している。

例え、少数の革命家が何かの機会にクーデターによって権力を掌握するとわれわれが仮定しても、彼らは社会主義の体制を導入することはできないだろう。なぜなら、ロシアの資本主義はそこまで充分に発達していないからである。このような結末は、プレハーノフが予言者的に『われわれの意見の相違』の中で書いているのだが、「古代中国あるいはペルシア帝国のやり方に倣った政治的流産つまり共産主義的基礎の上に立つツアーリ専制体制の更新」となるだろう。

先に触れた二つの著作においてプレハーノフは、その生涯を通してそうであったように、自らを極端な欧化主義者であることを表立って明らかにした。それらのお陰でロシアの社会民主主義は基本的に「ヨーロッパ」タイプのイデオロギーを採用したのだが、それはマルクスによって描かれたヨーロッパの発達図式がロシアにも等しく適用される、という確信を反映した。

彼らは、自由主義タイプの政治革命に集中するロシア社会主義者の戦略の土台を築いた。そのプログラムは二つの逆説的要素を抱え込んだ。プロレタリアートはブルジョア革命の推進力でなければならないということ、そして、労働者階級に社会主義の意識を教え込むのは非プロレタリアートのインテリゲンチャであること、であった。これらの命題の一番目はマルクスの理論と矛盾しないが、それは社会主義者が直面することになる問題を残した。つまり、もしブルジョア革命において他の階級との同盟が存在

625

しなければならないとすれば、プロレタリアートの同盟相手はブルジョアジーか（自然に見えるかもしれない）、あるいはむしろ農民またはその一部でなければならないのか。二〇年後にこの問題はロシアの社会民主主義者を二つの陣営に分裂させることになった。二番目の命題について、それがマルクス主義の公式とどのくらい一致するかについて論争的であるが、しかし、この論争もまた後代になるまで起こらなかった。

2　弁証法的および史的唯物論

社会発展の不変の法則にたいする信念のお陰で、プレハーノフと彼のグループは、ロシアの革命運動がほとんど完全に死滅し、反動派が勝利したように見えた時期にあっても、長期にわたって自分たちの勇気と希望を維持することができた。八〇年代は失意と政治的後退の時期であった。この時、プレハーノフはロシア・マルクス主義の最高位の代弁者としての名声を獲得した。彼の著作はわずかな量でしか行き渡らなかったが、それらは九〇年代にロシア社会民主主義運動の基礎を築いた少数の人びとの手に届いていた。

一八八九年にプレハーノフは、彼とは無関係であったロシア・テロリストのあるグループがひきおこした突然の暴発の結果として、スイスから放逐された。彼はフランスへ移動したが、インターナショナル・チューリッヒ大会の演説でフランス政府を攻撃したとして九四年に再び追放された。

彼はそれからロンドンに渡ったが、短期の滞在しか認められずジュネーブに戻った。一八九四年の末に彼はロシアでベルトフの筆名で、もともとは『唯物論の擁護』という著書を『歴史の一元的見方の発展の問題に関する論考』と改題して（検閲を切り抜けるために）合法的に出版した。この無害に響く作品は、マルクス主義の理論の問題に関するロシアの最高権威者としてのプレハーノフの地位を確立し、そして長年にわたって、忠実な信奉者たちが自分の哲学的基礎をそこから吸収する主な源泉となった。

それはその後、プレハーノフが哲学や社会学の問題に関する多くの著作において繰り返した、ほとんどあらゆる問題を包括していた。ミハイロフスキーやカレーエフの著作に濃厚な「主観的社会学」やポピュリストのロシアの「別の道」というユートピアの批判に加えて、この作品は、歴史の唯物論的解釈の方法を用意する上でのそれらの利点や観念論的「誤り」および「首尾一貫性のなさ」という観点から考察した、マルクス主義とその理論的源泉の体系的な提示である。この領域において、プレハーノフは、マルクス主義の流通貨幣の一部となった数多くのステレオタイプを一部は自ら創造し、一部はエンゲルスに従って普及した。

プレハーノフによれば、マルクス主義の基礎的カテゴリーと知的な傾向は、誤りと矛盾を排除しながら、次のような源泉からもたらされた。

第一は、一八世紀の唯物論、特にドルバックとエルヴェシウスのフランス唯物論である。これは、精神現象を物質現象によって説明するという利点があった。つまり、それは感覚的認識におけるすべての知識の源泉を識別し、人間の理念や感情は社会環境によって創造されると理解した。しかしながら、それは環境における変化を理念の影響に帰させるという悪循環に陥った。その上、それは歴史の発展的見方に到達しなかった。それは宿命論という間違いを冒し、弁証法の知識を持たなかった。

第二は、ドイツ古典哲学、特にヘーゲルである。これやその他のプレハーノフの著作において、ヘーゲル像は主にエンゲルスから取られている。それは過度に単純化されており、断片的で大まかな読みこみに基づいているように見える。弁証法は、すべての現象をそれらの発展と相互依存の観点から考察し、あらゆる形態の生命の中にその崩壊と反対物への転化の萌芽を発見することをめざす探求の方法として示される。つまり、それはあらゆるところで、一瞥して現れるものを超える力と属性を発見することをめざす。

しかしながら、「三連構造的」図式に基づく発展は、ヘーゲルの学説にとって本質的ではない。弁証法はまた、量的変化の蓄積から生れる自然と社会の質的飛躍を識別する。こうしてプレハーノフは、エンゲルスと同じように、弁証法をヘーゲル哲学から引き出すことができる方法と位置づけ、観念論的形而上学から切り離し、唯物論的世界観に適用した。

626

ヘーゲルの他の大きな功績は、人間の歴史は個人の意志から独立した法則に従うことである、と理解されている。しかしながら、ヘーゲルの見方からすれば、歴史の必然性は精神的性質のものであって、したがって「究極的には」自由と一致する。マルクス主義は、歴史の必然性は物質的な生活条件に根ざし、自由は歴史の法則を理解し、効果的に行動するためにそれらを利用することから成り立つことを証明することによって、このような観念論的世界観を転換する。

第三は、ユートピア社会主義である。ユートピア主義者は、社会改革の手段を探究したが、しかし不可避的な結果や発展の法則を研究しないで、人間の必要という観点から、良くて望ましいものは何かと問いながら、ある種の規範的な種類の問題を提出した。そうすることによって彼らは、自らを不毛に陥らせた。というのも善意はそれ自体として社会変革を実現するには無力である、からである。

第四に、王政復古期のフランスの歴史家である。ギゾー、ティエール、ミニェは、社会階級の異なる物質的利益による闘争として歴史過程を解釈するのに大いに寄与し、この点で彼らはマルクス主義の道を敷いた。しかし、彼らは観念論的歴史哲学に縛られたままであり、社会対立と所有形態を最終的には不変の人間性に帰した。そのような設定では歴史状況の変化を明確に説明できない。

これらすべての理論の欠陥は、最終的にマルクスの哲学によって解消された。プレハーノフはその重要性をコペルニクス的な革命またはダーウィン主義になぞらえる。コペルニクスのように、マルクスは、あらゆる科学的思考の基礎である必然性の観念を、社会現象の研究に導入することによって、社会科学の基礎を築いた（ヘーゲルの歴史哲学において、必然性は論理学上の一つの概念に過ぎなかった。しかしながら、プレハーノフはいかなる意味でコペルニクスが自然科学における必然性の理論の創始者であるかを説明しない）。

しかし、ダーウィンとの比較はより重要である。ダーウィンが種の生命形態の進化を環境の変化への適応によって説明したのと同じように（これはダーウィン主義の本質のプレハーノフによる理解である）、マルクスは、人間の歴史は人間の外的自然との関係、特に道具を用いた外的自然にたいする人間の支配力の拡大によって説明できることを明らかにした。マルクスの歴史一元論は、「結局のところ」すべての歴史の変化は道具の発達、種としての人間の性格および協働という社会的結合を決定する、ものを作る能力による、という想定に基づく。技術の変化それ自体が人間の知的努力に依存するという反論は無効である。なぜなら、知的進歩は翻って技術の進歩の結果だからである。このように原因と結果は常に入れ替わる。

歴史の所与のどの段階においても、生産力の水準が社会の知的水準を決定する。その中には生産をより効率的に保つ技術開発も含まれる。人間は外的環境によって常に変革され、こうして不変の人間性などというものは存在しない。

生産力の特定の水準の上に、政治制度、社会心理そしてイデオロギー形態の基礎となる生産関係が生まれる。しかしながら、そこには常に相互影響が存在する。つまり、政治制度は経済生活に影響を及ぼす。社会の経済と心理は、「生命の生産」または生存のための闘争という一つで同じ過程の二つの側面であり、両方ともに技術の水準に依存する。心理的態度は経済的な諸条件に適合するようになるが、しかし「他方で」、技術と生産関係との対立が経済的変化に先行する人間心理の変化を生みだす。このように、マルクス主義は一方向的と非難することはできない。なぜなら、社会における相互的反作用の多様性全体を考慮に入れているからである。

経済的諸条件はまた、科学、哲学および芸術を含むイデオロギー的創造物の源泉である。確かに、ある一つの芸術が他の芸術に影響を与えるかもしれないが、しかし「影響」という観念それ自体は何も説明しない。つまり、さまざまな人びとは、彼らの社会条件が同じであるならば、その時には芸術的に相互影響することができる。

歴史は、傑出した天才の特別な役割によって説明することはできない。その反対に、天才を説明するのは歴史である。つまり天才とは、社会関係の端緒の意味を他の誰よりも早く摑み、そしてより完全な形で特定の社会階級の傾向を表現する人である。

世界を支配する必然性は普遍的であるのだから、マルクス主義の観点からする自由は、スピノザやヘーゲルの哲学においてのような、その中で因果関係が展開しないある種のゆとりを享受する、という問題ではなく、その法則を理解することによって自然を統御できる、という問題である。この統御の手段は歴史を通して拡大し、われわれは「必然性にたいする精神の、法則の無知にたいする理性の最終的征服」を心に描くことが可能な地点に達している。これは人びとが、それまでいかなる力も及ぼすことができなかった社会過程を支配することを学んできたがゆえにそうなるのであろう（プレハーノフは、もし精神の活動が鉄の法則によって支配され、その結果として、自然にたいする人間の支配力が人間と独立に自然によって支配されるとすれば、精神はどのようにしてこのような方法で「征服する」のかを説明していない）。

これらと同じ理念がプレハーノフのその後の論文、著書、講義で繰り返され、それらの中のいくつかはロシアの外でもマルクス主義教育の古典となった。例えば、『マルクス主義の根本問題』（一九〇八）、『歴史における個人の役割』（一八九八）そして『唯物論の歴史について』（一八九六）がそれらである。これらの理論的著作はすべて、彼が特定の時期に、マルクス主義の理論の完全性と首尾一貫性にとってもっとも危険である、と見なしたものにたいするある程度の反論であった。このことは、彼への反対論者がマルクス主義に近いか、あるいは内部からマルクス主義を改革あるいは修正しようと望んでいる者のいずれか、であったことを意味する。ポピュリストの後にはドイツの修正主義者、それから新カント主義者そしてロシアの経験批判論学派が登場した。

社会発展の理論としてのマルクス主義と、認識論的または形而上学的問題の特定の見方との論理的結合を見なかった（カウツキーもまたやがて、そのような結合はないと考えるようになった）ほとんどの西欧マルクス主義者と異なり、プレハーノフは、マルクス主義は主要なすべての哲学的問題を網羅した完全で総合的な理論体である、と主張した。「弁証法的唯物論」、プレハーノフがマルクスの哲学全体を言い表すためにこの用語を使った最初の人物であったことは明白であって、この「弁証法的唯物論」は、社会現象の研究にたいする同じ原則や思考規則の適用である「史的唯物論」と分離することはできない。

マルクス主義のこのような完全無欠性の主張は、プレハーノフからレーニンに継承され、ソビエト国家のイデオロギーの部分となった。それは、社会民主主義はいかなる哲学問題にも中立ではあり得ず、そしてまた、それはそれらの各部分を変形させないまま一部だけを採用することなどはできない統合的な世界観を有する、という前提に基づいている。プレハーノフによって詳説されたマルクス主義哲学は、それ以上の分析の試みもなされないままのエンゲルスの図式の繰り返し、しかも全般的に誇張された版であった。

唯物論は、マルクス主義がフォイエルバッハから採用した説、つまり、実在あるいは物は「自立」しており、他方、すべての思想は実在の所産である、というフォイエルバッハの説に基づいている。しかしながら、弁証法的唯物論は、人間の主観は対象を受動的に認識するだけではなくて、世界に働きかける過程の中でそれを認識するようになる、と述べる点でフォイエルバッハとは異なる。これは、人間が認識するようになる対象を、自らが形成しあるいは形成を助けることを意味するのではなく、ただ対象の認識は「それ自体として」観照の結果ではなく、労働の結果として主に生まれることを意味する、とプレハーノフは言う。唯物論は科学によって確証された反駁できない理論であって、現代のすべての批判者、クローチェ、シュミット、ベルンシュタインはずっと以前にフォイエルバッハによって粉砕された主張を繰り返しているだけである、と。

弁証法は、それらの相互関連、矛盾、質的「飛躍」を伴う世界の発展の理論であり、これらは例えばド・フリースの突然変異論のような現代科学によって証明されている（プレハーノフは生物の突然変異が「量的変化」の蓄積によってどのように準備されるのかを説明しない）。質的変化は水から氷や水蒸気、さなぎから蝶、あるいはさらに算数で九の後で二桁の数に「飛

629

躍する」ことに見ることができる。プレハーノフはこのような無邪気さに溢れており、その中の一つに、「弁証法的矛盾」は形式論理学とは相容れない、という考え方がある。これは、運動体は所与の場所に存在し、かつ存在しないがゆえに運動は自己矛盾的である、とするエレア学派の哲学者の主張を想起させる。休止は運動の特殊な場合であるから、形式論理学は弁証法の論理の特殊な場合であり、不変とされる現実に適用される。政治革命は質的飛躍の実例である。弁証法的矛盾は階級闘争を含む、等々。

ロシアの弁証法的唯物論の正典の一部となった、これらのすべての主張は、プレハーノフの哲学的教養の浅薄さと彼の思想の過度の単純性の証拠である。史的唯物論の問題において彼は、このテーマの優れた分析力と知識を示した。しかしながら、ここでもまた彼は、特に歴史の必要十分な原動力として「生産力」にたいする一元的な信頼を維持することにこだわった。それでも、エンゲルスに従って、彼は、マルクス主義はすべての歴史過程を「一つの要因」で説明する、という言説に反論し、なぜなら、すべての「要因」は方法論的抽象に過ぎないからである、と主張した。つまり、現実には一つの歴史過程しか存在せず、これは「結局のところ」技術の進歩によって決定される、と。

「結局のところ」という言いまわしは、所与の社会で、それを通して生産力がさまざまな社会生活、つまり経済条件、政治制度、真理およびイデオロギーの特徴を決める「中間的段階」をわれわれが識別できることを意味する、とプレハーノフは説明する。さらに、そこには常に相互作用の要素が存在する。つまり、上部構造は土台によって決定されるが、その後は土台に働きかける。土台は生産力の必要によって構成されるがしかしそれ自体が生産力に影響する、等々。

これらの理念は、首尾一貫した全体をなしてはいない。当時の他のマルクス主義者のように、プレハーノフは、出来事の究極の原因としての生産力にたいする信念が、どのようにして相互作用の理論と調和することになるのか、を説明できない。もし「より高次の段階」が、より低次の変化を引き起こすことができるとすれば、歴史「一元論」はどうなるのか、あるいはより低次の段階がより高次の段階を「結局のところ」規定すると、どのようにして言えるのかが明瞭ではなくなる。もし変化がそのように発動できなければ、「相互作用」の意味は何なのか。

さらに、「諸段階」を実質的に区別すると同時に、あらゆるものが生産力の変化に依存すると、あたかも何らかの理由でこれらが他と同じような要因ではないかのように主張しながら、例えば政治制度、イデオロギーそして所有関係は、議論の目的のために使われる「抽象に過ぎない」ということがどのようにして言えるのか、は明瞭ではない。

『マルクス主義の根本問題』において、プレハーノフは、ついでに、生産力は地理的条件によって決定されると付け加えているが、そうであるならば、他の個所で言ったのとは反対に、この最後のものが現実的で究極の歴史の原因であることになる。他の多くのマルクス主義者のように、プレハーノフがあらゆる歴史を説明する単一の原理にたいする信念を維持しようと欲し、出来事は概して多様な原因の複合による、とわれわれに教える常識に与しようとしなかったことは明らかである。

したがって、「一元的」解釈の厳密性を薄めることを意味する多くの留保事項が、事実として、その説明を破壊し、「結局のところ」という曖昧な表現が、われわれが「相互作用」について語る際にその意味を最終的に失わせてしまう。われわれは、事実として、重要な事件は多くの力によるものであり、それらの相対的力、つまり、社会の技術水準の推移、その階級構造と政治制度を含む力関係は測ることができない、という常識的な見方に戻ってしまう。だが、こうした図式はマルクス主義だけに特殊なものではなく、したがって、それはそれを信じる者だけによって語られるような図式ではない。

カウツキーように、プレハーノフもまた社会過程は自然現象と同様の完全に客観的な方法で研究することができ、人間の歴史は地質の構造と同じように、進化、矛盾、質的飛躍という普遍的な変化の法則に従うと確信した。彼はこの意味において、シュタムラーの批判、マルクス主義者は人間の行為の目的的な性質を無視していること、そして不可避的に進歩である

630

とマルクス主義者が主張するものに協力するように人類を駆り立てる時、それはあたかも人間の助力なしにどこにでも起こる日食への支持を求めているように見える、という批判にたいして、プレハーノフは反論した。

プレハーノフは言う、この批判には根拠がない。なぜならマルクス主義者は、ある社会過程に必要な環境の中には人間の目的的な行動、彼らの感情や熱意そして欲求が存在することを認めている。しかしながら、マルクス主義者はそのような感情や欲求は彼らが創り出す生産力によって、そして生産力が創り出す社会的な諸条件によって、必然的に決定されていると主張する、と。しかしながら、プレハーノフは、カウツキーがバウアーの批判にたいしてそうしたように、シュタムラーの批判の要点を理解していなかったように思われる。

その中で人間の感情、意図そして情熱が、出来事の過程を形成するのに与る心理的社会的要因として単純に出てくる過去の歴史を考察することと、その将来の結末が不可抗力の歴史的力によって決定されると信じる過程における自分の役割を考えることとは、別の問題である。もし個人が、どのような目的をめざすのか、なぜ所与の社会運動に参加しなければならないのかを考えるならば、それが何であれ、その目的は生産力によって覆い隠しようがないほどに決定されている、という言説は彼が決心するのを助けることにはならず、ましてや歴史過程のある結果は不可避である、という言説もさらに助けることにはならない。

プレハーノフは、もし私が、歴史的に必然であって確かに勝利すると見なす運動に加わるならば、私は自分の行動をその必然的過程との不可避的結合と見なしている、と言う。しかしこれはシュタムラーへの回答になっていない。というのは、運動が勝利しつつあるという信念は、どんな犠牲を払ってでも勝利する側にいたいと欲する人を除いて、それ自体として、運動に参加することを勧める主張ではないからである。

この観点、つまり、長期的視野に立った機会主義者の観点はもちろんあり得る観点ではあるが、しかしそれはプレハーノフが取り上げるような観点ではなく、成功することが確実な運動に加わることにいかなる道徳的根拠があるか、という問題への回答にはなっていない。もしそのような根拠がないとすれば、なぜ私がそれに参加しなければならないか、という理由は存在せず、もしあるとすれば、それらは「歴史の必然性」以外の他の源泉から持ってこなければならない。

これは新カント派からの反論であったが、プレハーノフは理解できなかった。彼は自分自身を社会主義的変革の過程における必然的な環と見なしたが、それは彼なしには変革は起こり得ないことを意味した。これは彼の場合には当てはまるかもしれないが、しかしそれは個人の歴史的役割に関する彼の原則に矛盾し、そして、なぜ彼が、あるいは他の誰かが自らが必然的な環であることを引き受けなければならないのか、をまだ説明していない。

プレハーノフの理論的著作の特色を総括して、われわれは、それは歴史的必然性にたいする絶対的な確信によって特徴づけられている、と言ってよい。つまり、自然の研究と社会の研究との基本的区別の全否定、史的唯物論は弁証法的唯物論の法則の「応用」である、という信念、そしてこれら二つは独特で分離できない全体の部分として扱うという主張、社会民主主義的世界観としてのマルクス主義の完全無欠性の強固な強調、そして社会民主主義はそういうものとして独自の哲学的理論を持たなければならないという信念、またマルクス主義の起源における哲学的伝統の重要性の過度の強調である。

プレハーノフは、マルクス主義の著作スタイルの主要な創設者の一人であり、レーニンはいささか粗野で宗派論争を想起させる形でこれを採用した。マルクス主義への転向に当たって、それが哲学と社会発展のあらゆる問題にたいする解答を用意していると確信して以降、プレハーノフは理論問題の解決を目ざす者としてではなく、確立された理論の熟達した擁護者として書いた。

彼は、手に入れたいかなる説でも、それがどこへ導こうとその議論に従うのではなく、反対者を叩き潰すために利用した。彼は科学的権威を援用する反対者を嘲ったが（マルクス主義は外部の権威に拝跪しないので）、彼自身が当該の問題を知悉しているかどうかにかかわらず、当座の間に合わせになれば、いかなる権威でも引用した。その結果、彼は常に事実問題の誤りを犯した。たいていの場合、彼はごく些細な実例（水が蒸気に変わること、生物学的突然変異等々）の集積とそれらが証明するとされる一般法則、例えば、すべての過程は質的飛躍に結実する量的変化の蓄積から成り立つ、という一般法則との齟齬の程度を理解しないままに、「歴史の必然性」や唯物史観を肯定する実例を抱え込んだ。

彼は、実例、例えば社会の技術水準による特定の文化の様相、あるいは階級対立によるイデオロギーの様相を発見するのはたやすいことであるが、他方、その反面の実例、例えば、政治制度に帰すべき技術の発展、あるいはイデオロギー的伝統に帰すべき政治制度の実例を発見するのは容易ではないことに気づかなかった。そういうわけで、そのような実例だけでは、「一方では」かくかくの環境がかくかくの物事を説明し、「他方では」この過程は逆転するというような曖昧な主張以上の歴史哲学の一般理論は証明できない。

3　マルクス主義美学

プレハーノフの著作や講義の中で、史的唯物論の見地からの美術の検討に多くのスペースが割かれている。彼はメーリングやラファルグとともに、この分野の先駆者であった。彼は哲学よりも美術史により多く通じており、多様な時代の実例で彼の説を支えることができた。しかしながら、ここでもまた、芸術活動の技術的条件や社会的対立への依存という、割と正確な観察と、彼の一般的な命題つまり「文明化された国民の芸術活動は原始的な人びとのそれに劣らず必然性に従属している。唯一の違いは文明化された諸国民において芸術は技術や生産手段に直接的に依存しないことである」（「宛名のない手紙」一八九九～一九〇〇）とする一般命題とのあいだに大きな断絶が存在することである。

彼はいろいろな民族誌学者の報告を使って、原始時代において芸術は仕事を模倣する意味か（集団舞踏においてのように、彼はこれを働くことの「喜び」を再生するためであると言う）あるいはまた、仕事を助けるためか（例えば音のリズム）、さらにまたは仕事を富あるいは身体的健康のような価値と結びつけることによって、そのような結びつきを引き起こす象徴が美しいものと見なされるようになることを明らかにする。

他方、階級社会において、芸術の生産力への依存は間接的であり、芸術はあれやこれやの階級の理想、感情、思想を「表現する」。一八世紀のフランス喜劇は、現存の体制にたいする大衆の不満を、古典悲劇は宮廷や貴族の理想を表現した等々。プレハーノフは、そのような観察が特別にマルクス主義者だけではないことに気づかなかった。文学のジャンルまたは絵画の手法にたいする階級的な利益や社会的な変化の影響は、プレハーノフ自身が引用したギゾー、テーヌおよびブリュンティエールを含む多くの非マルクス主義の歴史家や評論家にとってはよく知られていた。

本質的にマルクス主義者であるということは、そのような影響を認識することではなく、その影響が芸術創造の全体を説明すること、そして所与の社会の階級関係の状況とその芸術的表出とのあいだに必然的な結びつきが存在することを主張することである。もしこのことが真剣に受け止められるならば、われわれは優れて鋭敏な精神が国全体の芸術や文学を経済条件から引き出すことができると想定しなければならない。例えば、人は、エリザベス時代の英国経済についてよく知るならば、シェークスピアの作品を書けるのかもしれない。

もちろん、プレハーノフはあまり馬鹿げたことは言わないが、彼はそれが彼の理論の当然の帰結であることを理解しない。彼は、芸術活動は階級的価値によって全体として説明できること、そして芸術作品の価値はその内容によって判断されるべきで、それは非芸術的な言葉でも表現されることを証明すべく常に努力している。同時に、彼はイデオロギー的内容と芸術的表現の区別を維持しようと欲している。ここで再び、われわれは魔法の公式に救われる。つまり、「結局のところ、芸術作品の価値はその主題の特殊な重さによって決定される」（『芸術と社会生活』一九一二）と。

そうであるならば、芸術作品の起源を知ることがその芸術的価値の基準を知ることになる。すべてが変化するのだから、これは絶対的ではなく、客観的ではある。つまり、われわれは確信をもって、時間的状況の中で何が美しく何が美しくないかを述べることができる。作品は、その「理念」とその「形式」との対応によって判断されねばならない。つまり、それらがより一致していればいるほど成功している。しかし、このような判断を下せるためには、われわれは芸術の実際の制作とは別に、どんな形式が所与の理念を表わすのにもっとも適しているかを知っていなければならない。プレハーノフは、われわれがそうした知識をどのようにして手に入れることができるかを示唆しない。それだけではない。理念に対応する形式を教えてもらうだけでは十分ではない。作品が美しくあるためには、理念が真実のものでなければならない。

633

　ここでわれわれは、一部は彼自身の責任で、今一部はチェルヌイシェフスキーの影響を受けて、プレハーノフが「社会主義リアリズム」と呼ばれるようになったものの、基本的前提をどの程度まで発展させたかを理解する。それは、プレハーノフ自身の選好がそのような基準の基礎となったということでもなく、また彼が信じた理念を表した作品の全部に芸術的価値を帰せしめて、他の作品にはそうしなかったということでもない。それとは反対に、彼の嗜好は、絵画における新しい動向への嫌悪を含む、当時の教養人たちのそれであった。だが、彼の理論が政治的効用による芸術的価値の測定の基礎を敷いた。

　プレハーノフは、「芸術のための芸術」というスローガンや芸術活動の主要な目的は目的それ自体としての芸術的価値を生み出すことであるという理念は、創造的芸術家が社会からの孤立感を抱いているある種の社会状況の必然的産物である、と信じた。これは世紀転換期の状況である、と彼は考察した。印象主義やキュービニズムは、ブルジョア的退廃の徴候である。前者は表層的で現象の「外殻」を超えて見ることをしないし、後者は「第三の権力にまで持ち上げられたナンセンス」である。同じことが例えばメレシュコフスキー、ジナイーダ・ギラピウスやプシビシェフスキなどのロシアや外国の象徴主義文学にも当てはまる。

　典型的な文章の一節でプレハーノフは書いた。「芸術家が『青い衣服の女』を描こうと決めたと仮定しよう。もし彼の描くものが彼の主題と同じであるならば、それは良い絵だとわれわれは言うだろう。しかしながら、もし、キャンバスで見るものがすべてあちらこちらに陰影をつけられた容易に測定できる人物像で、多かれ少なかれ原始的な様式で、多かれ少なかれ薄い青の絵の具で塗り重ねられているならば、われわれはそれをわれわれの好みの絵ではあるが、良い絵とは言わないだろう」（同前）。

　当然ながら、そのような無邪気さに驚きはない。われわれは、ある年齢を過ぎれば人は若いころに知ったものとあまりにも違う新しい美術様式を評価することはできないし、それをむちゃくちゃだとか不自然だとかと否定することを知っている。しかし、プレハーノフは、そのような判定を単なる彼自身の好みの表れと見なさず、マルクス主義社会理論の不可避的な論理的結果、そしてそれゆえに「科学的」言説と見なした。この観点からすれば、事実としてソビエトの美術嗜好の基本的文献を確立させた彼の著作の影響は悲しむべきことであったのだが、それにもかかわらず、彼は芸術家の創造の自由を固く信じて、政治的主人を喜ばせるために、あるいは世界をそうであるとおりではなく、そうあるべきものとして提示するために、強制のもとで芸術が行われるとき、芸術がいかに荒廃するかをよく分かっていた。

4　修正主義に反対する闘争

急速な産業化と一八九一〜二年の大飢饉の結果として、九〇年代はロシアの政治活動の復活を見ることになった。マルクス主義と社会民主主義のイデオロギーは、広範な公共的議論のテーマとなった。これはある程度はこの理論の中心的提唱者としてのプレハーノフの勝利であった。しかし、都市に生まれた大小の社会民主主義のグループは、プレハーノフを教師として尊敬しつつも、彼の政治的助言に盲目的に従うようにはならない、新しい指導者と理論家を生み出した。

　彼の側とすれば、反論を喜んで我慢するのではなく、理論そしてまたロ

634

シアの社会主義者の方針のすべての問題における、絶対的な権威を主張した。この状況はある場合には苦痛に満ちた緊張に繋がり、そのもっとも有名な事例は、この教師との一九〇〇年の出会いにおけるレーニンの失望であった。

一八九〇年代の末にプレハーノフの最大のエネルギーは、ベルンシュタインと新カント派との論争に奪われた。彼は、ベルンシュタインにたいする正面攻撃を仕掛けた最初の人物であり、ローザ・ルクセンブルクとともに修正主義のもっとも非妥協的な批判者であった。ドイツ人の中で東ヨーロッパ出のこの二人の亡命者に、その辛辣さにおいて適う者はいなかった。しかしながら、ローザ・ルクセンブルクと異なり、彼は自分の攻撃を修正主義者の哲学的基礎に向け、さらに他の批判者と異なり、それを第一順位の争点と位置づけた。

彼は、カント主義を社会民主主義者の中にブルジョア的心性を注ぎ込む試みであると見なした。それは第一に、人間はものを「それ自体」として見ることはできないとして、宗教的信仰の余地を残した。そしてそれが常に被抑圧階級の精神的奴隷化の手段となってきた。第二に、カント主義者は無限の進歩という理論によって、社会主義を、徐々に接近することはできるが実際には到達することができない理想と見なした。こうして彼らは改良主義と、機会主義の哲学的基礎を創り出し、現実的な目標としての社会主義と、それに至る手段としての革命を放棄した。

同時にプレハーノフは、ベルンシュタインが革命的マルクス主義からの自らの離脱を正当化するのに用いた資本主義社会の変化、という分析を攻撃した。例え中間階級が人口全体に占める割合を高め、労働者の分け前が実際に絶対的に改善されたとしても、それが階級対立の激化というマルクス主義の理論を弱めるのではない。実際の賃金は上がるかもしれないが、しかし社会的不平等はなお拡大している（プロレタリアートの相対的貧困化）。もし労働組合の精神が労働者のあいだに広がるとすれば、これは階級状況の所為《せい》ではなく、機会主義的な指導者の所為《せい》である。この問題では、プレハーノフは、ローザ・ルクセンブルクやレーニンと同じ線で主張した。理論は、労働者階級は、道理上、革命的階級であると教えている。もし浅薄な経験主義がこのことを支持できないというのであれば、それは労働者の階級状況の変化の所為《せい》ではあり得ず、組合や党指導者の中の裏切り者の策謀の所為《せい》である。

プレハーノフのもう一つの主要な標的は、ロシアの「経済主義者」であり、彼らのことをプレハーノフはベルンシュタイン流修正主義の変種と見なした。その主唱者の何人かは今なお、「社会民主主義の最終目的」にたいして少なくともリップ・サービスを行っているが、しかし、ポピュリズムの古典的伝統に従って、彼らの労働者へのアプローチは経済的要求のような直接的実際的問題だけに限られ、政治活動や憲法的自由のための闘争、そしてプロレタリアートの中の社会主義意識の涵養は無視されている。

「経済主義者」は、労働者階級の運動を指導するインテリゲンチャという理念を疑った。彼らは、労働者階級の運動は労働者によって構成されるべきであって、名目やイデオロギー上の労働者階級であってはならないと信じ、そして彼らは、これはマルクス自身の意図であって、マルクスは、プロレタリアートは自らの努力によってのみ解放されることができると主張した、と考えた。「経済主義者」の観点は、亡命者のあいだではS・N・プロコポーヴィチやその妻E・D・クスコワによって代表されたが、ロシアそれ自体においては、しばらくのあいだ、正統派の社会民主主義の中で一定の支配を得ていた。それは主要には、一八九七年から、地下出版誌『労働者の思想』の誌面で表明された。

プレハーノフは、ポピュリストに反対して使ったものと同じ主張で経済主義者を攻撃した。最終目的としての社会主義だけが、プロレタリアートによる改良や個別の経済的獲得のための闘争に意味を与える。これらの部分的目的に自己限定し、それゆえに全国的規模のプロレタリアートの運動になり得ない宣伝は、社会民主主義のための闘争ではなく、それを真の労働者運動と見なすことはマルクス主義を放棄することである。

ロシアの状況の中でマルクス主義が求めているものは、最終的闘争のための枠組みを用意する民主主義的自由のために闘うこと、そして経済的要求を社会主義のための政治闘争に従属させることである。もし「経済主義者」が、彼らはロシアの労働者階級の真の意識を代表していると主張するならば、その場合、ドイツの改良主義者の場合のように、そうした意識が社会主義の方向に発展しないのは、彼ら自身の欠陥である。

プレハーノフは、このように改良主義と経済主義に反対する非妥協的な正統派を代表した。数年のあいだ、彼とレーニンは政治的同盟者であった。しかし、そもそもは亡命社会民主主義者の中で支配権を主張するプレハーノフの個人的主張に関係するものであったけれども、『イスクラ』の編集権に関する論争もまた、レーニンは経済主義者や「合法マルクス主義者」にたいして過度に宥和的である、とプレハーノフが考えた事実によるものであった。

一九〇二年に起草された党の綱領に関する主張において、この二人の男のあいだに本質的な意見の相違はなかった。レーニンは、プレハーノフの草稿がより正確により具体的になることを望んだが、その基本的前提には反対しなかった。党がボルシェビキとメンシェビキに分裂した〇三年のブリュッセル・ロンドン大会で、中央集権的組織形態について、そしてまた党員は党の組織活動に個人として参加する者と規定するレーニンが提案した規約第一条、つまり「職業的革命家」の党を創りだすという目的を持った第一条の文言に関する有名な論争で、プレハーノフはレーニンの側についた。

この同じ大会で、民主主義的な諸原則の絶対的な価値に疑問を呈した代議員に答えて、プレハーノフは、革命の大義は革命家にとって最高の法であり、もしそれが普通選挙権のような民主主義の原理の放棄を必要とするならば、それを躊躇することは犯罪的である、と明言する有名な演説を行った。

5　レーニン主義との衝突

このように、プレハーノフはボルシェビキであった。しかし、その後すぐに、大会で彼が批判したアクセリロード、マルトフやその他の人びとと再び同盟した。まもなく、彼は、ボルシェビズムとレーニンの党理念を攻撃し、ボルシェビキを超集権主義で、そして絶対的権力およびプロレタリアートにたいする党の独裁を目ざしている、と糾弾しつづけた。多くの論争において、彼は、プロレタリアートの自発的意識から党を完全に分離させることになるレーニンの党概念は、労働者階級の役割が知識人職業革命家の党によって強奪されることを意味する、と主張した。つまり、この党は政治的主導性の唯一の源泉となるのだろうが、それはマルクスの階級闘争の理論からは大きくかけ離れている。レーニンが、労働者階級はそれ自体として社会主義的意識に到達することはできない、と明言する時、それはマルクス主義にも歴史的経験にも等しく反する。これは労働者にたいする信頼の欠如を表わし、その上、観念的である。なぜなら、それはプロレタリアートの階級意識がその生活環境の結果ではなく（存在が意識を決定する）、知識人の活動であることを意味するからである、と。

古典的マルクス主義の公式に基づくプレハーノフの反ボルシェビズムは、時の経過とともにますます激しくなった。以前に古典的ポピュリストに反対したのと同じように「経済主義者」に同じような批判、つまり、彼らは自発性の過度の尊重と政治活動の軽視を示したという批判を行ったように、今や彼は、ポピュリスト運動のテロリスト的分派を批判したのと同じ根拠に立って、ボルシェビキを攻撃した。彼は、ボルシェビズムを陰謀的手段によって社会の発達を強制し、自然の法則の展開ではなく、一握りの陰謀家の指令のもとに革命の実現をめざすブランキ主義、ジャコバン主義、「主意主義者」と非難した。彼は自分の戦略的観点、つまり、プロレタリアートは民主主義的目的のためにブルジョアジーと協働しなければならないという立場を維持し、そのような連携がいかに不確実であるかも理解していたが、一九〇五年革命の時点においてすらその信念を変えなかった。

他方、レーニンはプロレタリアートと小農民の民主主義的・革命的独裁に直ちに引き継がれるブルジョア革命を構想した。プレハーノフの側は、

637

小農民を有益な政治的同盟者とは見なさなかった。彼は、プロレタリアートは専制支配体制を転覆するためにブルジョアジーと力を合わせながら、他方でブルジョアジーに反対する闘争を遂行し、その破壊を公然と目ざすことができる、と考えていたように思われる。このような見方は、ロシアにおける発展段階は西欧のそれと基本的に同じである、とする彼の教条主義的で反ポピュリスト的な信念に支えられた。彼の理論一辺倒の態度と躊躇が、一九〇五年以降の社会民主主義の指導者としての彼の地位を相当に弱体化させた。彼は、ボルシェビキよりもメンシェビキの側に近い立場を取りつづけたが、その中でも、時どき彼らのあいだの断絶に架橋しようとしたが、それは失敗に終わった。

プレハーノフは、ボルシェビキは哲学の分野でもまたマルクス主義から離れてしまったと考えた。彼は経験批判論をマルクス主義の中に導入する試みを、ボルシェビズムの基本的態度の典型的徴候と見なした。ボルシェビキは、社会発展の「客観的法則」を軽蔑ないしは無視し、そして組織と意志の力によって引き起こされる革命を信じている。それゆえに、人間の精神を世界の「能動的組織者」と見なす主観主義的な哲学に、彼らが魅了されるのは当然である、と。これは実際にボルシェビキ陣営内の経験批判論哲学者には当てはまることではあったが、それはレーニンの同意からは遙かにかけ離れていた。経験批判論に反対する闘争は、レーニンとプレハーノフが一致を見た最後の機会であった。

プレハーノフは、一九〇五年以後の数年間を主に歴史や哲学そして美学の問題の著作に費やした。彼はまた、長大なロシア社会思想史の準備作業にも着手したが、それは三巻を完成しただけであった。

一九〇五年から一四年のあいだ、基本的な問題へのプレハーノフの態度は、インターナショナルの中央派のそれに近かった。戦争が勃発した時、彼はそのグループの多くの人びとと同じような「民族主義的」立場を取り、戦争反対のスローガンおよびプロレタリア国際主義からロシアと協商国側の大義の擁護へと直ちに移行した。これは、もちろん、彼がマルクス主義を放棄したことを意味しなかった。枢軸国側がロシアを攻撃したので戦争は防衛的なものとなり、それを支援することはインターナショナルの決議に従ったものであった。その上、ドイツの敗北は国際社会主義の利益であり、ドイツとロシア両国の革命運動を前進させるものでもあった。プレハーノフの愛国主義的活動の停止、つまり民族の統一と階級闘争の中断の要求も、同じ根拠から正当化することができた。結果として、彼は社会民主主義運動の最右翼になった。

何十年にもわたって待望された専制支配体制の崩壊は、一九一七年二月に到来した。プレハーノフは三月末にロシアに帰還した。彼は熱狂的に迎え入れられたが、まもなく、ほとんど四〇年近くを外国で過ごした理論家として、彼は新しい状況の中で自分の立場を見定めることができないことが明らかになった。彼の見解は、ブルジョア革命によってツァーリ体制が一掃された中で、今や当然に憲法的議会的支配という長期の時代が存在しなければならない、というものであった。同時に、ドイツとの戦争は勝利まで戦い抜かなければならない、と。この点で、彼はどのような社会主義者グループよりも臨時政府に近い立場にあった。

マルクス主義者として、彼は近い将来の社会主義革命という理念と闘い続けた。社会主義は、農民が圧倒的多数を占める経済的に遅れた国で勝利することはできない。彼は一〇月の事件をボルシェビキによる嘆かわしい誤りと見なし、それは二月革命の達成のすべてを台無しにするかもしれない、と。彼は一九一八年五月三〇日にフィンランドのサナトリウムで死亡した。それは、彼自身がその実現のために多大な貢献を成し遂げたが、彼の理論的図式には適合しなかった状況に、悲嘆し、受け入れられないままの死であった。

プレハーノフに関する基本的な研究の著者であるS・H・バロンは、彼の改良主義との闘争はレーニン主義の勃興を大いに助けることになった。しかし、その後のレーニン主義への反対は、彼を改良主義者と親しい位置に立たせることになったと観察している。この同じ著者は、プレハーノフの政治的敗北の根本的原因は、西ヨーロッパの発展パターンのロシアへの適用可能性にたいする彼の揺るぎない確信であった、と考えている。プレ

638

ハーノフは、ボルシェビキをマルクス主義者というよりもむしろバクーニン主義者であると考えていた。西ヨーロッパが正統派マルクス主義と見なしたものに立脚すれば、この点で彼は確かにある程度は正しかった。しかし、レーニン主義の原則の上で遂行された革命に起こるであろうことを彼が正しく予見したとしても、それにもかかわらず、革命が成功することができたという事実は、彼の社会哲学の立場からは説明のつかないことであった。

　予期されたように、ソビエト・ロシアはプレハーノフをその後半生の政治的態度のために非難している。しかし、レーニンに従って、彼をマルクス主義の理論家として賞賛する。彼の著作の総集版は彼の死の直後に発行された。政治ではなく（初期の反ポピュリストの論考を除いて）哲学を扱った単独の著作は、その後に現れた。ボルシェビキとの論争を考慮して、当然ながら、ソビエト国家イデオロギーの立場からは、彼は「マルクス主義の古典」とは位置づけられなかった。それにもかかわらず、彼はこのイデオロギーの主たる父祖の一人として残った。このイデオロギーはマルクス・レーニン主義の名の下で、党、国家および警察の援助を得て、マルクス主義の理念に取って代わり、マルクス主義の理念を破壊することにやがて成功した。

639

第15章　ボルシェビズム生起前のロシアのマルクス主義

一八九〇年代において、マルクス主義はロシアの公的議論のテーマとなり、この国の知的生活の本質的で影響力のある部分を構成した。しかしながら、この時期にそれは主として知識人の運動であった。西ヨーロッパにおけるその位置と対照的に、ロシアにおいてマルクス主義と社会主義は労働者階級の運動が起こる前に存在した。ここで言う理論としてのマルクス主義とは、それ自体を労働者階級の成熟した意識と規定し、資本主義の諸条件のマルクス主義的分析と批判に基づいて資本主義を社会進歩の本質的段階と見なし、独立した労働者運動を社会主義への転換の前提条件と見る理論を指す。

すでに言及したように、マルクス主義はポピュリストの思想家たちにかなりの影響を及ぼしていたが、彼らは、主に資本主義の影響を非難するためにそれを利用し、他方でロシアは独自の道を選択することによって資本主義を回避することができると期待した。社会民主主義のイデオロギーとしてのマルクス主義は、大きくはポピュリズムに対抗して、その最初の一〇年程度のあいだに確立された。

マルクス主義の研究の主な課題は、ロシアにおける資本主義の発達であり、その主たるテーマは、資本主義の阻止を目ざすことはユートピア的夢想であるということであった。社会主義の展望は、労働者階級の運動に懸かっており、この運動は資本主義経済の拡大につれて発展し、政治的自由という条件のもとでのみ効果的に進めることができる。したがって、社会民主主義者の第一の目的は、民主主義革命を実現し、専制支配体制を打倒することであった。

しかしながら、マルクス主義がポピュリズムへの対抗というだけでは単純に決定できなくなったとき、ロシアにおける資本主義の将来にたいするその適用は、異なる方法で判断できることがまもなく明らかになった。一定のインテリゲンチャたちにとって、マルクス主義は事実上自由主義イデオロギーの代替物であり、このイデオロギーはこの国ではこれ以外の方法では保持できなかった。このように考えた人びとは民主主義的自由を導入する必要を強調して、それを目的それ自体と見なして、社会主義運動を発展させる単なる手段とは見なさなかった。

マルクスを彼らなりに解釈して、彼らは長期の資本主義的環境を期待し、社会主義を現時点では実際的な意味のない、遙か遠くの展望あるいは原則的な道徳規範のいずれかと見なした。これが後になって彼らの反対派が「合法マルクス主義者」(legal Marxists) と呼んだグループの態度である。彼らは最初から多くの点でドイツの修正主義者と同じ理念を主張した。彼らのほとんどが結局はマルクス主義を放棄し、自由主義的なアイディオロジストとなった。他方、社会民主主義者は、民主主義のための闘争をプロレタリアートの組織された運動による社会主義のための次の闘争と結びつけた。

レーニン主義が最終的に勝利したという事実は、ロシアの革命前のマルクス主義はそのレーニン主義的な変種との関連において、全体として研究されなければならないことを示唆する。しかし、この四半世紀は、政治、哲学そして社会主義理論の分野において、多面的な議論が行われた時期であって、多くのマルクス主義の変種が生みだされ、その中のいくつかは、理論の観点からすれば、レーニンのものよりもよっぽど興味深い。同時に、その後の事件によって、そして今日、ロシア・マルクス主義の歴史的結果としてわれわれが知っている事柄によって創り出された展望は、虚偽のそれであるとは言いにくい。

歴史の過程を記述する際に、われわれは実際に「内側から」、つまりその時に人びとが知っている以上にわれわれが知っているかのように、事件を扱うことはできない。われわれが記述する歴史が、「勝者」の歴史であることはある程度は真理である。われわれは、ただ知的な出来事をふくむ事件の重大性をその結果から判断できるだけであり、そしてすべての歴史的な評価は何がもっとも重要であるかの選択に基づかなければならない。したがって、われわれがレーニンの著作をそのマルクス主義的反対者のそれと比較する際に、その理論内容において後者が相当程度により豊かであることを発見するとしても、レーニン主義を二〇世紀マルクス主義の主流として扱うことは正統的である。

イデオロギー論争を活発化させ、ロシアのマルクス主義運動の結晶化に役立った出来事の一つは、一八九一～二年の壊滅的な大飢饉であった。ポピュリストの経済学者たちはそれを彼らの見解の確証、資本主義の恐怖の証拠と見なしたが、他方、マルクス主義者はこのような分析に異議を唱えた。それは経済的原因の問題だけではなく、ロシアの将来と結びついた社会問題のすべての分野に結びつく社会問題であった。マルクス主義者とその同調者の研究グループが、引き続く時期に学生を中心に形成され始めた。この中から、まもなく、ロシア社会民主党の基礎を築いた指導者たちが登場した。つまり、レーニン、ストルーヴェ、ポトレソフ、マルトフであった。

1　レーニン：初期のジャーナリスティックな著作

もし歴史上の人物の偉大さが、彼らの行為が原因となった結果によって測られるとすれば、確かにレーニンは二〇世紀のもっとも偉大な人物として位置づくに違いない。当然ながら、一〇月革命はすべての革命と同じように、多くの機会と偶然の結果であった。特にそれは、二月革命とその結果として生れたツアーリ政府機構の崩壊によって可能となった。それでも誰も、トロツキーですらも、ボルシェビキ党と同時に革命それ自体の確立において、レーニンの存在と活動がその発動と成功の不可欠の条件であったことに疑問を呈したことはなかった。そしてまた、レーニンが、まったく新しい種類の歴史的構成体としてのソビエト国家の性格に決定的な影響を及ぼしたことも、論争の余地はない。

本書の主題はマルクス主義の理論の歴史であって、社会主義あるいは共産主義の運動の歴史ではない。しかしレーニンの場合は、他の人物以上にこの区別に、ある不自然さがあることが明らかになる。その政治活動の最初から、レーニンは尋常ではない一貫性と決意でもって、単一の大義と単一の仕事に専念した。彼はロシア革命の事業に全面的に没頭し、彼のすべての理論活動はこの目的に従属した。レーニンは、知的好奇心から問題に接近し、その解決策の探究には関心を持たないという意味の理論家ではなかった。すべての問題、認識論の問題すらも、革命の潜在的な道具であり、そしてすべての解答が政治的な行為であった。

ボルシェビズムの基礎を築いた時点までのレーニンの知的政治的発展について、若干の論争が存在する。しかしながら、彼が青年時代にテロリストの形態のポピュリズムの伝統に強く影響を受けたこと、その後、およそ一八九九年まで、彼はプレハーノフのような「欧化主義的」なマルクス主義者であったこと、そして、ポピュリストの伝統はそこでも部分的にはっきり認められるのであるが、彼独自のマルクス主義の変種を編み出したのは一八九九年から一九〇二年にかけてであったことでは、ソビエトの公式の聖人伝を除いて、ほとんどの歴史家が一致している。

ウラジーミル・イリイチ・ウリヤーノフ（Vladimir Ilyich Ulyanov 彼は一九〇一年末以降レーニン Lenin という筆名で書いた）は、一八七〇年四月二二日（旧暦では四月一〇日）シンビルスク、今のウリヤノフスクに生まれた。彼の父、イリヤ・ニコライヴィチ・ウリヤーノフは県の視学官であり、ツァーリ官僚体制の上級で高給の一員であった。彼は忠実で保守的な役人であったように思われる。

子どもたちは、宗教的だが寛容なしつけを受けた。一八六六年生まれの長兄アレクサンドルはサンクト・ペテルブルク大学で学び、秘密組織に属した。それは「人民の意志」党に鼓舞され、ツアーリの暗殺を企むその集団のテロリストの分派であった。素人の陰謀は発覚し八七年五月にアレクサンドル・ウリヤノフは絞首刑となった。この時、ウラジーミルは学校の最終試験の最中であった。兄の死は、当然ながら彼に権力の憎悪と革命の大義への関心を呼び起こした。その秋に彼はカザン大学に入学し、そこで三ヵ月後には大学の自治と学生の自由を制限する新たな規則に反対する示威行動に参加したかどで追放された。彼はコクキシノ村にあった母の屋敷に移り、大部分の時間を読書、特にチェルヌイシェフスキーの著作の読書に費やしたが、それは彼に大きな印象を残した。

一八八八年に家族はカザンに家を建てたが、国王殺し未遂犯の弟は、大学での学びを再開することを許されなかった。カザンの最初と二回目の滞在中に、レーニンは人民の意志の伝統を生かし続けようとする地方グループと結びついた。彼はサマラでも同じような接触を保ち、そこで次の三年間を過ごした。

642

母の努力のお陰で彼はサンクト・ペテルブルク大学の公開講座の学生になることが認められた。彼はその一年課程のすべての試験に合格して一八九一年の末に卒業し、次の一八ヵ月ほどをサマラの法律事務所で過ごした。九〇年頃の数年間に彼はマルクスとプレハーノフを読み、理論としてのマルクス主義に転向したが、この理論は資本主義経済のメカニズムを説明し、テロリストの陰謀ではなく、資本主義の拡大とプロレタリアートの階級意識の発展によって成し遂げられる革命の理論を提供した。

一八九三年九月に、レーニンはサンクト・ペテルブルクに移り、ロシアの産業的知的中心地において、その政治的訓練を開始した。次の二年間に彼は社会主義サークルの中でその名前をマルクス主義の専門家として確立し、彼の後に続く多くの協力者や反対者、つまり、ストルーヴェ、マルトフ、クルジジャノフスキィ、ポトレソフと知り合いになった。彼はまたナデジダ・クループスカヤとも出会い、九九年に結婚することになった。彼女はそれ以降、彼のすべての文筆活動と政治活動を共にした。

マルトフ（本名ユーリィ・オシポヴィチ・ツェデルバウム）は、一八七三年にコンスタンチノープルに、裕福なユダヤ人である親の息子として生まれた。彼はオデッサで育ち、九一年にサンクト・ペテルブルク大学に入学したが、社会主義討論グループに参加したとして放校となった。彼は逮捕され数ヵ月を牢獄で過ごし、その後ヴィリニュスに住んだ。そこで、彼は労働者の中での宣伝活動を経験し、九五年にサンクト・ペテルブルクに戻ったときには、社会主義者のインテリゲンチャが現場のプロレタリアートと接触するのを助けることができた。

彼は、社会民主主義者は労働者にたいして理論を説くのではなく、直接的な実際的衝突、特に工場法の順守に集中すべきであると主張した。これがまもなく、労働者の連帯の精神を覚醒させ、国家は搾取者の側にあり、個別の争いは労働者と体制全体との対立の一つの事例でしかないことを彼らに確信させるだろう、と。したがって、サンクト・ペテルブルクの社会民主主義グループは、この線でプロレタリアートの中で活動して行った。

もっとも早い時期のレーニンの著作は、一八九三年から九五年にかけてであり、主にポピュリストの経済説への反論を目的とした。その最初のものは、V・Y・ポストニコフ著の『南部ロシアの小農経営』の書評であったが、これは投稿した雑誌から拒否された。ポストニコフの本は、ロシアの農業の発達と農民所得の分化に触れ、こうしてポピュリスト・イデオロギーに反対する論拠を提供した。同年にレーニンはまた、市場問題の討論グループのための未刊行の報告も書いた。ここで彼は、資本主義は農民をプロレタリア化し、彼らの購買力を削減することによって自らの地位を掘り崩しつつあるのだから、ロシアの国内市場を創出することはできない、とするポピュリストの経済学者に反論した。レーニンは、貧困化とプロレタリア化は市場が拡大するのを妨げないと主張した。プロレタリア化した農民は自分の労働力を売らざるを得ず、こうして市場は創出され、他方、資本主義もまた発達するにつれて生産手段のための市場を創出する、と。

643

一八九四年にレーニンは、ポピュリズムの社会哲学、特にミハイロフスキーとクリヴェンコの見解を攻撃するかなり長い論文を書いた。『「人民の友」とは何か、彼らは社会民主主義者とどのように闘っているか』と題するこの書き物はゼラチン版で印刷され、社会民主主義のグループに配布された。その中段の章は保存されていない。この中でレーニンは、ポピュリストの書き手たちの「主観主義的」で道徳主義的な見方と闘い、それを、何があるべきかと問題を立てるのではなく、意識の現象を含むすべての社会過程を生産関係によって決定される「自然な」出来事として考察する科学的で決定論的な理論としてのマルクス主義と対比する。

「マルクスは、社会の運動を、人間の意志や意識や意図に依存しないばかりか、むしろ逆に、人間の意志や意識や意図を規定する諸法則にしたがう、一つの自然史的過程と位置付けた。——もし意識的な要素が文化史においてこうも従属的な役割を演じるものとすれば、この文化そのものを対象とする批判が、他のなにものにもまして、意識の何らかの形態、もしくは何らかの結果を基礎とすることのできないことは、おのずから明らかである」（「人民の友」とは何か［邦訳『レーニン全集』第一巻　一六三頁］）。

「自由意志という愚かな作り話」を否定する決定論と歴史における人間の行為あるいは個人の役割を評価する可能性とのあいだにはいかなる対立も存在しない。すべての歴史は諸個人の行為によって成り立っている。問題はいかなる条件の下で個人の行為が実効的になるかである。その上、「誰でも知っているように、科学的社会主義はかつて一度も、本来の意味での未来の見通しというようなものを、描いたことはなかった。科学的社会主義は、近代ブルジョア制度の分析をあたえ、資本主義的社会組織の発展の傾向を研究することに、——そしてそれだけにとどめた」（同前［邦訳『全集』第一巻　一八三～四頁］）。

この点でレーニンは、プレハーノフやドイツ正統派と同じ見解をとる。つまり、マルクス主義は歴史の決定論的解釈であり、それは社会の現状を観察することによって、社会が人間の欲求や意見あるいは価値から独立して、どのように発展するかを予測する。このように、マルクス主義は人間の意欲が「客観的」動向に合致するか、そしてそれが実現しない夢に留まらざるを得ないか、という疑問に解答することができる。他のマルクス主義正統派と同じように、レーニンは、われわれのどの行動が成功する可能性があると知っていることは、そうする理由を持っていることと同じではない、という主観主義者や新カント派の反論には答えない。どこからその理由は出てくるのだろうか？　「進歩」を語ることによってわれわれは暗黙の裡に価値判断を採り入れるのだが、そのことは社会過程が必然であるばかりではなく、支持するに値するということを意味する。しかし、これは単なる記述的分析から出てくるのではない。

それにもかかわらず、レーニンはそれが決定論的歴史哲学とどのように関連するかを説明しないまま進歩の概念を使う。彼は、資本主義はロシアの専制支配に比べれば進歩的であると断言したが、これは明らかに、この国が資本主義経済に向かって進んでいることを単純に意味するものではなかった。

しかしながら、これはレーニンの視点からすれば基本的に重要なことであるが、ロシアの資本主義とそれと結びついている将来の民主主義的変革は、それ自体として「進歩的」ではなくて、ただそれらが資本主義を打倒する労働者階級の闘争を有利にさせるから「進歩的」であった。彼は、マルクス主義者は自らを社会民主主義者と呼ばなければならず、そして「民主主義」の重要性と封建制、絶対主義そしてツァーリ官僚制に反対する闘争を忘れてはならない、なぜなら、それらはブルジョアジーが始末される前に一掃されていなければならないからである、と強調する。

「だから、急進的民主主義者と手を携えて、絶対主義や反動の身分および諸制度物と闘争することは、労働者階級の直接の義務であって、社会民主主義者は、この義務を労働者階級に鼓吹し、しかも、それと同時に、これらいっさいの諸制度物との闘争が必要なのは、ブルジョアジーにたいする闘争を容易にする手段としてに過ぎないこと、また、一般民主主義的要求の実現が労働者にとって必要なのは、勤労者の主要な敵—その本性からいって純粋に民主主義的な一制度物、すなわち資本—にたいする勝利へとみちびく道をはききよめるためにすぎないことを、瞬時もおこたらずに労働者階級に鼓吹しなければならない」（同前［邦訳『レーニン全集』第一巻　三〇七～八頁］）。

レーニンは何回もこの訓戒を繰り返したが、その意図は明らかである。民主主義は、それ自体として目的ではない。つまり、政治的自由は主としてブルジョアジーの利益のためのものである。しかし、労働者階級はそれが社会主義のための闘争を有利にする、としてそれに利益を持つ。このような見方は、社会民主主義者と「合法マルクス主義者」とのあいだの初期の分岐の前兆となった。「合法マルクス主義者」は政治的自由をそれ自体として価値があり、それは歴史の「次の段階」への闘争の単なる武器ではない、と見なした。

レーニンは、最初から絶対主義との闘争を社会主義の将来の勝利という文脈で考え、この立場からツアーリに反対する活動あるいは民主主義勢力との共闘に真剣に取り組んだ。社会制度の進歩度を測るためには、階級対立に基づく異なる体制を比較するだけでは充分ではない。あらゆる事柄が社会主義という最終目的に関連されなければならない。この点で、レーニンの終末論はマルクスの理念と完全に一致する。民主主義の制度そして資本主義経済と並行する政治的文化的自由は、それ自体として価値はない。それらの意味は資本主義の秩序の枠内で全体として決定されている。

レーニンは、資本主義はロシアで優勢にならざるを得ないと考える点で、この時期にはプレハーノフと一致した。彼の意見では、ポピュリストはこの点で矛盾に陥っていた。彼らは、封建的残存物を放棄することを望みながらも、なおその残存物によってのみ存在できる社会制度を保持しようと望む。つまり、残存する農奴制や封建的隷属の制限を廃止しながら、それでも収奪の実現と農民の階級分化というこの過程の必然的結果を防ぐというのだ。進歩が台無しにされかねない、農民の土地への愛着のような
645 制度を保存しようと欲するかぎり、彼らは反動的である。

これまでに引用した文言は、明らかに、レーニンが彼の残りの生涯を捧げた基本的な実際的任務を表わしている。すなわち、社会主義労働者党の組織化は、それによってプロレタリアートが絶対主義に反対する闘争においてブルジョアジーの単なる道具とならず、プロレタリアートがツァーリ体制だけではなく、資本主義にも対決することを自覚した独立の勢力になることである。労働者党の結成において、インテリゲンチャは補助的役割を果たすだろう。つまり、「『インテリゲンチャ』の役割はインテリゲンチャ出身の特別な指導者を必要とさせないことである」（同上　二九八頁）プロレタリアートは独立した運動を構築するだけではなく、絶対主義に反対する闘争を指導しなければならない。この最後の点は一般的用語で示されているが、後の著作の中ではレーニンの戦術の鍵として出てくる。

したがって一八九三年から九四年にレーニンは、サンクト・ペテルブルクの政治的知的舞台に古典的なプレハーノフ的意味のマルクス主義者として現れた。社会民主主義的世界観のすべての主要な要素が、これらの初期の著作の中に見いだすことができる。つまり、歴史的不可避性はマルクス主義にとって中心であり、マルクス主義はその選択の余地を持たないという主張、資本主義はロシアで覆しようがないほど優勢であるという主張、社会民主主義の任務は、労働者が絶対主義と闘うすべての民主主義勢力を指導して資本主義にたいする将来の勝利のための戦場を切り開く独立した政治運動を組織するのを援助することであるという主張であった。

一八九五年という年は、レーニンの一代記においてもロシア社会主義の歴史においても特別に重要である。それはレーニンの最初の外国旅行、彼の逮捕、サンクト・ペテルブルクにおける社会民主党組織の創設、社会民主主義の知識人と労働者の最初の接触、そしてレーニンとピョートル・ストルーヴェと後に「合法マルクス主義」と呼ばれたものとの最初の衝突の年である。

2　ストルーヴェと「合法マルクス主義」

「合法マルクス主義」（legal Marxism）という用語は、ロシアの哲学者や経済学者グループの著作にたいして宛てられるもので、彼らは一八九〇年代にマルクス主義の理念を推し進めたが、しかし、ほとんど最初から、政治経済学と社会分野における正統派の本質的論点にますます批判的態度をとった。「合法マルクス主義者」の誰一人として、プレハーノフやレーニンがそうであったような正統派ではなく、一九〇〇年以降は政治的リベラリズム、たいていはキリスト教哲学を抱懐した。しかしながら九〇年代において、彼らはロシアのマルクス主義の論壇を支配した。正統派と彼らの主たる違いは、数点で整理できる。

646

史的唯物論の諸原則を受け入れる一方で、彼らは、それらは哲学的唯物論と何ら論理的関係を持たず、唯心論的哲学または実証主義あるいはカント主義と両立すると考えた。彼らはマルクス主義を歴史過程の科学的説明と見なした。しかし、それは道徳原理を説明するものではなく、道徳原理は他の源泉に求めなければならないとする新カント主義者に同意した。彼らは、政治的自由と民主主義の制度をそれ自体として価値あるものと見なし、「最終的目的」の観点からだけではなく、労働者、農民、インテリゲンチャのそして文化的発展の直接的利益の観点から、資本主義のもとでの政治的経済的改良の可能性に利益を感じた。

彼らにとって、マルクス主義は実際的武器というよりも社会理論であった。つまり、彼らはその政治的機能よりも認識的価値に興味があった。彼らはマルクスの価値論、利潤率の低下論、農業における資本の集中論を批判した。いくつかの点で彼らはドイツ修正主義に期待をかけ、他の点ではその批判を支持した。彼らはインテリゲンチャのあいだにマルクス主義を普及するのに貢献したが、しかしまたその影響を弱めもした。彼らは修正主義者のロシア版と見なされたが、しかしその類比は部分的に有効であるにすぎない。世紀末までに「合法マルクス主義者」は、自由主義的改革のためのイデオロギー闘争の主唱者の一員となった。彼らは、ロシア社会主義と自由主義が最終的に同盟を解消するまでグループとして存在した。

「合法マルクス主義者」でもっとも有名なのは、ピョートル・ベルンガルトヴィチ・ストルーヴェ（一八七〇～一九四四）であった。このグループの他のメンバーは、ニコライ・アレクサンドロヴィチ・ベルジャーエフ（一八七四～一九四八）、ミハイル・イヴァノヴィチ・ツガンーバラノフスキー（一八六五～一九一九）、セルゲイ・ニコラエヴィチ・ブルガーコフ（一八七一～一九四四）そしてセミョン・リュヴィゴヴィッチ・フランク（一八七七～一九四四）であった。

「合法マルクス主義」という用語は、主として軽蔑的な意味でレーニンや他の正統派の陣営によって使われた。この課題に関する主要な論文においてキンダーズリーが指摘したように、この用語は彼らが検閲によって許可された著書や論文を発行した（レーニンもそうした）事実を指すのではなく、むしろ、彼らの個人としての「合法的」地位、つまり、彼らが本名で暮らし、原則として地下活動を行わなかったことを指した。しかしながら、正統派はこの用語を、このグループが合法的改良活動をロシアの社会変革を行うための唯一の道と見なしていることを示唆するために使った。

父親がパルム県の知事であったストルーヴェは、一八九九年にサンクト・ペテルブルク大学に入り、最初は動物学をそれから法学を学んだ。彼は政治的人間とは反対の典型的な知識人であり、政治的理由よりもむしろ理論的理由からマルクス主義者となった。学生として彼は、読書範囲の広さと西洋哲学と社会学の専門的知識で評判を得た。マルクス主義は彼を社会問題にたいする科学的で非感傷的なアプローチ、徹底した決定論、ロシア社会の展望に投げかける灯火によって魅了した。パイプスがその論文で指摘するように、ストルーヴェは若い頃から自由主義思想に惹きつけられ、最初から自由主義を目的、社会主義を手段と位置づけたが、正統派マルクス主義者にとってそれはまったく異なる道であった。

確信的な欧化主義者として、彼はロシアの将来を「西欧化」の立場から見て、労働者階級はこの過程において主要な担い手になるだろうと信じた。一八九〇年から九一年にかけて、彼は社会的哲学的問題を討論するグループの指導者であった。

彼は早い時期に新カント主義の文献の影響を受けたが、これは一八九一年のグラーツ大学で過ごした一年間によってさらに強められた。彼の世代の多くのマルクス主義者と同じように、彼はその執筆経歴をロシアにおける農民と資本主義の問題でポピュリストを攻撃することによって開始した。一八九二年から九三年の書評と論文において彼は、農村の階級分化と商品経済の発展は不可避的であるばかりではなく有益であって、資本主義は物々交換経済と村落共同体の維持という夢に終止符を打ったと主張した。

一八九四年の秋に彼の著書『ロシアの経済発展問題にたいする批判的覚書』がサンクト・ペテルブルクで発行された。これは、ストルーヴェ自身

647

が自ら史的唯物論者であると宣言し、その見地から「主観的社会学」を批判し、ポピュリストの経済理論と歴史の過程を逆転させる無駄な試みという彼の攻撃を更新するという意味で、マルクス主義の作品であった。しかし、いくつかの重要な点でこの本は修正主義者としての彼の将来の立場を予示していた。

第一に、彼は、国家は階級抑圧の道具に過ぎないとするマルクス主義の共通の見方を否定した。それとは反対に、国家はいかなる個別の階級的利益にも結びつかない多くの必要な機能を遂行する。これはいかなる社会体制のもとでもそうであり、資本主義が取って代わられた場合でもそうであるだろう、と。

第二に、そしてさらに重要であるが、ストルーヴェは進化的社会主義(evolutionary socialism)、つまり漸進的で持続的な変革の過程によって資本主義体制から発展する進化的社会主義に賛成した。こうして彼はまた労働者階級の不可避的な貧困化という理論も否定した。この本はポピュリストのユートピアの批判だけではなく、資本主義の賛美歌でもあった。そのわけは、資本主義がそれ自体の崩壊とさらにより高度なものへの代替の萌芽を包みこんでいるからだけではなく、あらゆる領域における巨大な進歩、すなわち労働の生産性、経済の合理化、政治的文化的自由、生活の社会化を体現しているからであった。

この本は、ポピュリストからの攻撃の標的として有名になった文章で終わっている。「われわれの文化の欠落を認め、資本主義を見習おう」。ポピュリストはストルーヴェを、資本主義を賛美するブルジョア・アイディオロジストになったと糾弾した。しかし彼は、自らをマルクス主義者そして社会民主主義者と考え、数年の間、彼とレーニンは彼らの意見の相違を社会民主主義運動の中の多様性として扱った。

もし「合法マルクス主義」という用語が、その独立性を意識した別個の運動を明確に言い表そうというのであれば、これは、ある程度は、ストルーヴェと絶交した後のレーニンの態度の過去にたいする投影である。他方、「合法マルクス主義者」を単一の集団を形成したもの、と見なすことも十分に合理的である。なぜなら、数年の間、修正主義者と革命主義者の相違はポピュリズムに共同して反対することよりも重要ではなかったけれども、彼らは最初からある共通の傾向を示していたからである。

一八九五年の秋にストルーヴェはスイスに赴き、そこでプレハーノフと出会い、それからベルリンに行き、そこで数ヵ月間学んだ。翌年に、主としてマルトフとレーニンの発意で結成され、「労働者階級解放闘争同盟」(League for the Liberation of the Working Class)と命名された(彼らが逮捕された後に)社会民主主義の団体によって、彼とポトレソフはインターナショナル・ロンドン大会に派遣された。

ストルーヴェのフェビアン協会との接触は、彼が資本主義から進化する社会主義という希望を抱くのを励ました。一八九七年の初めに、彼とツガン-バラノフスキーはそれまで自由主義ポピュリストによって発行されていた定期雑誌『ノボエ・スロヴォ』を引き継いだ。およそ一年あまり後の弾圧まで、これはロシア・マルクス主義の主要な機関誌となり、プレハーノフ、レーニン、マルトフ、その他の指導者の論文、そしてシュタムラーの史的唯物論に関する新しい著書のストルーヴェとブルガコフの座談を掲載した。

ストルーヴェは、その区別を物質的な現実と心理的なそれとの区別と混同したように思われるけれども、カントの経験的な世界と不可知的な世界の区別論に沿って、史的唯物論と自由を調和させようと努力した。彼は、すべての理想や価値的な経験は社会環境によって因果論的に説明できると断言した。しかしながら、それらはそのような条件からは独立し、それ自身の現実性を有するものとして心理的に現れるのであるから、このような心理的現実は現象世界と同じ言語でその全体を記述することはできず、したがって、われわれは歴史的諸条件と人間の理想とのあいだにはある種の独立性がある、と想定しなければならない。このような推論は不器用で説得力はない。しかしそれは、ストルーヴェの精神における、史的唯物論と非歴史的で非相対的な価値を守ろうとする願望との緊張を示している。まもなく、彼はマルクス主義を全部放棄することによって、この緊張を解消

649

した。

　一八九八年三月に多くの社会民主主義のグループが、ロシア社会民主労働党（Russian Social Democratic Workers' party）の創設大会になるつもりであったミンスクの会議に代表を派遣した。それは望まれた統合を実現せず、数は少なかったけれども、ほとんどすべての代表が会議の開会直後に逮捕された。しかしながら、それはその後に名称（現在までの党の大会の数え方ではこれを第一回と見なす）だけではなく、ストルーヴェは大会それ自体には出席しなかったけれど、彼の起草に成る宣言も遺した。

　この宣言は、労働者階級の直面する任務は政治的自由を実現することである、と述べた。つまり、ブルジョアジーの弱さと臆病さに鑑み、専制支配体制を打倒するのはプロレタリアートである。しかし、プロレタリアートはそれ自身の階級の目的のためにブルジョアジーと闘い続け、階級としての独自のアイデンティティを保持しなければならない、と。

　これらすべてがプレハーノフの理論と合致した。しかしながら、発足しようとする党のためのこの綱領の起草は、ストルーヴェの社会民主主義者としての最後の仕事であった。ベルンシュタインの著書と論文は、マルクス主義の革命理論に関する彼の疑義を確証するものであったが、それでも彼は、正しくも、哲学的立場からベルンシュタインの批判を高く評価してはいなかった。まもなく、彼は、さらに洗練された自分の主張の中で、同様の結論を前面に押し出した。一八九九年に『社会立法及び統計雑誌』に掲載された「マルクスの社会発展の理論」において、彼は社会発展の概念は矛盾していると攻撃し、マルクスの社会理論にたいする全般的な異論を定式化したが、それでも彼はこの理論を尊敬して扱い、自分自身をマルクス主義者とさえ呼んだ。

　ストルーヴェは、労働者階級の貧困化と零落というマルクスの理論は、その当時において、よく確かめられた資料に基づいたと主張した。しかしながら、その後の発展がこれは必ずしも恒久的な動向を表わすものではないことを示しているという事実はさておき、彼の理論がこの点で正しいとしても、社会主義の展望は望み得ないだろうということを、マルクスはともかく認識できなかった。なぜなら、精神と肉体の零落の増大を運命づけられたある階級が、経済的変革だけではなく、芸術と文明の開花を含む歴史的大革命を引き起こす能力があると期待することはできないからである、と。

　社会的な敵対、特に生産者と生産関係との矛盾がますます先鋭化するにちがいない、と主張する根拠は存在しない。その反対に、社会的矛盾の激化と資本主義の全般的腐朽の理論は、史的唯物論の他の前提と衝突する。経済および法的上部構造は二つの独立した存在論的現実であり、これらは原因と結果の関係、あるいはシュタムラーが想定するように内容と形態の関係において位置する、と考えるのは誤りである。これら両方の想定された存在は仮説、知的な創造物であって、実際の現象ではない。現実的なものは経済的事実の法的事実にたいする不断の圧力であり、不断の適合の過程である。

　マルクス自身は、社会化の過程は資本主義経済において妨害されずに進むことを認めたが、しかし、彼は証拠もなしに、これは法システムの「資本主義的」性格の着実な拡大を伴うに違いない、その結果、これら二つの抽象的存在のあいだの亀裂は拡大せざるを得ないと想定した。

　現実はその反対であった。つまり、社会主義の発展は資本主義の内部で経済と法律の二つの領域で起こり、この二つの不可避的な不調和は時が経つにつれてますます鈍化した。「現実の社会において経済と法とのあいだには絶対的対立も絶対的調和も存在せず、それらは不断に衝突しながらも相互に部分的に適合している」。

　もし社会革命という観念が何かを意味するのであれば、それはただ、ある瞬間に起こり、必ずしも必要とはしないが、政治革命に伴われる社会変革のゆっくりとしたプロセス以外の何ものでもないことを意味する。つまり、社会主義的変革の過程は、緊張の持続的増大によってではなくその徐々の減少によって起こる。このような見方は史的唯物論と一致しており、それゆえに暴力的社会革命という理念はそれに反する。変化の持続というのは変化という概念理解の認識論的条件であり、それゆえに、資本主

650

義と社会主義はすべての領域で相互に対立し、険しい分岐によって分離されているという理念はまったく理解できない。

プロレタリアートの独裁を確立する政治革命に関して言えば、そのような独裁は起こりようもないか、または望ましくもないのであって、プロレタリアートが強力になればさらにそうである。と言うのは、労働者階級の力とその社会的重要性が増大すると同時に社会のシステムにおける社会主義的要素も増大するだろうからである。

これは、資本主義の下の社会改良はそれ自体として社会主義の建設であるという趣旨のベルンシュタインの主張の、実証主義的な側面での繰り返しであることが分かる。他方、「認識論」の指摘は決定的にこじつけである。マルクスは、社会主義の条件は協働の成長と生産の技術的過程の集中化によって資本主義システムの内部で準備されると述べ、そして、政治革命、つまり組織されたプロレタリアートによる権力の掌握は、経済関係における変革、特に生産手段の社会化の必要条件であると予測した。しかしながら、この理論がどれほど批判されようと、それが論理的な一貫性に欠けるとは思われない。社会革命の基本的で現実的な内容は、暴力的な資本家の簒奪であり、これが論理的に不可能であるなどと見ることはできない。

ストルーヴェの社会民主主義者との結びつきは一年ないし二年余り続いた。しかし、一九〇一年に告発と陰謀の騒動の中で終わった。レーニンやマルトフがシベリア追放から帰還した後の一時期、彼らは既存のあるいは計画中の雑誌を共同する目的で、ストルーヴェと難解な交渉を行ったが、彼らのあいだの隔たりはあまりにも広大であることが明らかになった。

ストルーヴェは、次々と、社会民主主義のイデオロギーやマルクス主義哲学のさまざまな決定的問題点を批判し、最終的にはそのすべてを否定した。一八九九年に、彼はベーム・バベルクとロシア「経済主義者」に追随して、マルクスは全体として全く異なる二つの現象、搾取という社会的事実と交換という経済的事実とを一つの概念で結びつけようと試みた、と述べてマルクスの価値論を批判した。『資本論』第三巻で主張されているように、もし産業が平均利潤率を生みだすとすれば、それは、経済の現実が労働によって定義される価値概念に対応しないことを単純に意味するだけである。なぜなら価値は究極的には生産費用の機能として決定されるからである。他方、『資本論』第一巻における価値は、純粋に形而上学的な存在のままであり、政治経済学にとっては無用である、と。

離脱はストルーヴェによる哲学批判で完結した。確かに、彼はエンゲルスやプレハーノフ風に、弁証法的唯物論を展開しなかった。彼の見方は「科学主義者」や実証主義者のそれであった。しかし、彼の全般的な決定論的・経験論的世界観はマルクス主義者のあいだで優勢であった思考方法と一致していた。しかしながら、一九〇〇年に、ペルジャーエフの『社会哲学における主観主義と個人主義』（一九〇一発刊）に長文の序言を書き、そこではっきりと、宗教的基礎の上にカント主義的超越論を支持して、実証主義を放棄した。価値は経験に由来できないのだから、われわれは極端な相対主義に陥るか、あるいは価値が存在論的根拠を持っており単に恣意的で主観的な決定によるものではないことを受け入れるしかない、と彼は主張した。価値の絶対性は絶対的なものと非経験的なものの実在、つまり、自由を与えられた実体的な魂や至高の実在を意味する、と。

これを基礎として、われわれは人格の絶対的価値を認めることができるのであって、それは自由主義的な社会哲学の基礎である。ストルーヴェ的な意味の自由主義は、何よりもまず唯名論的概念であって、社会または国家のような超人格的な集合的存在が、個人の譲り渡すことのできない権利、個人の自由、自己完成への無制限の衝動を侵犯できるとする理念を否定する。

ストルーヴェは一九〇一年の末にロシアを離れ、翌年にシュトゥットガルトに居を構え、そこで雑誌『解放』を編集した。これはどの政党の機関誌でもなかったが、ロシアで形成されつつあった自由主義運動と密接に結びつき、専制支配体制を曝露しそれと闘うことに貢献した。この時以降、著作者・政治家としてのストルーヴェの活動は、マルクス主義の歴史とはいかなる関係も持たなかったが、ただ例外的に彼は社会民主主義者からの

651

攻撃に常にさらされた。

他の「合法マルクス主義」著作者の中で、ベルジャーエフはマルクス主義との共通点は何も持たなかった。学生として彼は社会民主主義グループに属して、逮捕され、三年間ボログダに追放されたが、ボグダーノフもルナチャルスキーも同じ理由でそうであった。しかしながら、著作者としてのその経歴の初めから、彼はストルーヴェよりもマルクス主義から遙かに離れたところに立っていた。

先に触れた著作の中で、彼は史的唯物論の諸前提と階級闘争の理念を受け入れた。しかしそれは、もっとも緩やかなマルクス主義の概念とも両立できないという留保つきであった。彼は、不変の道徳的および論理的価値の存在論的蓄積があるに違いないこと、そして歴史的環境、特に階級闘争は、歴史のそれぞれの段階において異なる階級がそれらの規則の擁護者であるという意味においてのみ、認識の規則と義務を支配することを信じた。したがって、義務は経験的資料から引き出すことはできないという実証主義者の主張を受け入れながら、彼は最初から道徳絶対主義を他の根拠の上に基礎づけようと努力した。

元の「合法マルクス主義者」の中で、ベルジャーエフは西側の大衆にもっとも有名になった。しかし、これは彼のソビエト・ロシアからの追放後のことで、共産主義を攻撃する作品と人格の絶対的価値の信念に基づく、ある種のキリスト教的な実存主義を説いたためであった。

ツガン-バラノフスキー、ブルガコフそしてS・L・フランクは、一八九〇年代に主として経済学者として知られ、この分野で専門的にもっとも能力のある第一級の存在であった。彼らはおおむね市場の鍵的問題と、ポピュリストが否定した、ロシアの資本主義がその拡大に見合う十分な国内市場を創出できるかどうかに関心を集中した。ツガン-バラノフスキーは、生産手段の市場が消費財の市場よりもより速く拡大するのだから、資本主義の生存能力と発展は消費の水準に依存しないと主張した。資本主義のもとで、生産と蓄積はそれ自体として目的であるのだから、資本主義は拡大再生産のための自己の条件を創り出す立場にあり、人民の消費に絶対的に依存しない、と。

しかしながら、その場合、ローザ・ルクセンブルクが指摘したように、資本主義が無限に前進することができることは明らかであり、その転覆を予言する経済的理由は存在しない。ツガン・バラノフスキーはマルクスの説を補充する危機理論を編み出したが、彼は事実として、資本主義が自らの危機の結果として、あるいは生産と消費の不均衡の結果として、崩壊するだろうとは信じなかった。この点で、彼はレーニンと違いはなく、レーニンは同じように、販売先の発見の困難のせいで資本主義が崩壊するに違いないとは考えなかった。

「合法マルクス主義者」の経済的修正主義は、マルクスの価値論に集中した。彼らの攻撃は特別な政治的効果を持たなかったが、それは正統派が理論の基調と見なしたものを攻撃した。マルクス的意味の価値は測定不能であって、事実として交換の条件を規定しないのだから、その結果、価値から価格への論理的転化は存在せず、ブルガコフによれば、価値は、価格の運動を研究する上では重要性を持たない社会的カテゴリーと純粋に見なさなければならない。しかし、資本主義の広範囲の分析にとっては本質的である、と。このようにして、ゾンバルトと同じように、ブルガコフはその適用可能性を限定することによって価値論を擁護しようと図った。

『マルクスの価値論とその意味』（一九〇〇）において、フランクは、マルクスの価値が、もしマルクス自身が意図したように交換価値ではなく、市場で運用されるかどうかに関係なく、商品の固有の特質を意味するものと想定されるならば、マルクスの概念の有効性は疑わしいと述べた。最終的に「合法マルクス主義者」は、価格と異なるかぎり価値のカテゴリーは経済学にとって何の利益のないものとしてすべて拒否したが、そうでない場合は、それによって価値が購入者の必要の感覚に依存し、彼が有益であると見なすような最終的（周辺的）商品単位に支払うであろう価格として表現された、周辺的効用の理論として採用した。

「合法マルクス主義者」は、また他の本質的な点でマルクスを攻撃した。ツガン-バラノフスキーは、利潤率低下の理論はこの理論の他の要素、つ

652

まり不変資本の価値は労働の生産性が増大するにつれて減少し、その結果、生産性の向上にもかかわらず利潤率は不変である、という他の要素と矛盾し、そしてまたそれは事実的な観察とは反対であると断定した。ブルガコフは、ドイツ修正主義者と同じように農業における集中化論を批判した。

これらのあらゆる批判にもかかわらず、社会民主主義の主要な任務は、ポピュリストの独自の非資本主義のロシアの道という理念と闘うことである、とマルクス主義者が考えるかぎり、ロシアのマルクス主義は内部に違いを持ちながらも、単一のイデオロギー的陣営と見なすことができた。しかしながら、世紀末を前にして、ポピュリストの経済理論は、資本主義の発展を阻止することを訴えることは実効性がない、という意味で根拠を失い、他方で、あらゆる色合いのマルクス主義者が村落共同体の擁護は望みのない大義である、と見なしていることが明確になった。こうして、一九〇〇年頃には、ロシアのマルクス主義内部における二次的な分岐と見えたものが基本的論争の側面の様相を呈することになった。特に、それはドイツにおける修正主義論争とロシアにおける自由主義運動の発生が時期的に一致したからでもあった。

653

マルクス主義は反ポピュリズムである、とはもはや単純に自己定義できなくなった。社会民主主義とブルジョアジーとの関係、革命の問題、そして労働者階級の政治闘争と経済闘争との関係が論争の最大の課題となってきた。一八九八年から一九〇〇年にかけては、ロシア・マルクス主義内部には三つの主要な動向が識別できる。つまり、革命的正統派、修正主義または「合法マルクス主義」そして「経済主義」である。

しかしながら、まもなく、合法マルクス主義者は自由主義へ転向してしまい、修正主義と見なされなくなった。ブルガコフ、ベルジャーエフ、フランク、そしてストルーヴェは別々の経路でキリスト教に復帰した。彼らは三つの論文集の寄稿者として知的活動において重要な役割を果たしつづけたが、その最初の二冊『観念論の諸問題』（一九〇二）と『ランドマーク』（一九〇九）は革命前のロシア・インテリゲンチャ史上もっとも有意義な出来事の中に入る。『どん底からの叫び』という題目の三冊目は、一九一八年に発行されたがすぐに没収され、事実上半世紀にわたって知られないままであった。それは、民族的文化的苦難としての革命の大惨事を描いた。

修正主義は組織的な社会民主主義運動が存在する前からロシアに出現したけれども、ロシアで長くは存続せず、党の正統派指導部の反対にもかかわらずドイツで存続したことは不思議に思われるかもしれない。しかしながら、ドイツ修正主義は、組織された労働者運動によって長年にわたり成功裏に遂行されてきた改良主義的闘争の理論的上部構造であった。ロシアで、改良主義の理念は政治的経験として極めて脆弱な基盤しか持たず、大規模かつ最終的な革命という理念が急進的インテリゲンチャの精神に深く根づいていた。

その上、ドイツにおいて修正主義は、自由主義者と併存した社会民主主義運動の一分派として最初から現れたのにたいし、ロシアにおいてそれはしばらくのあいだ、最後には融合することになったが自由主義運動の役割を果たし、他方、これまで検討してきた著作者たちはマルクス主義を世界革命の理論というよりも、ポピュリスト保守主義に反対する武器と見なしていた。

マルクス主義は、その青年時代に「科学主義」の理想に鼓舞され、ポピュリストの道徳主義と対置された科学的な社会解釈を求める人びとの態度と調和した。彼らはまたマルクス主義の中に、資本主義とそれゆえにロシアの民主主義的で憲法的な原則との勝利の保障を発見した。マルクス主義は、ロシアの絶対主義は歴史によって宣告されていることを証明した。これは「合法マルクス主義者」にとって社会主義の展望よりもおそらくもっと重要であった。ロシアの社会民主主義者が、やがて、自由主義との同盟は純粋に戦術的として以外には見なさないことを明確にしたときに、半マルクス主義的で半自由主義的という立場を維持することは不可能となった。

654

ロシア修正主義の歴史において注目されるもう一つの重要な事実があ

る。マルクス主義と社会民主主義は、ロシアでは労働者の運動から独立して登場し、最初からその性格は純粋に知的であり、マルクス主義は、労働政策の現実と不断に調整しなければならなかった西ヨーロッパよりもさらに教条主義的で狂信的な形態をとった。「革命」が何十年にもわたって呼び出されてきた言葉であり、改良の展望を疑うことに正当な理由が存在したロシアにおいて、少数の革命家グループが自然に極端な空論家になり、彼らの確信が純粋に道徳的で知的な起源であって、被抑圧階級の一員という存在によるのではない以上、ますますそうなった。

　このような結果として生まれた雰囲気の中で、理論問題は単純な事実か誤りかという観点よりも忠実か裏切りかという観点で議論され、戦術問題は一律にそして専ら「究極の目的」に関連づけられた。イデオロギー的相違にもかかわらず、ロシアの社会主義者は、西ヨーロッパの社会民主主義者のメンタリティよりもむしろポピュリスト陰謀家のそれを共有した。ロシアの労働運動が出現するや否や、長くはなかったが、ドイツ修正主義の変種が「経済主義」の形で、荒っぽく言えば、労働者の分け前を改善するための非政治的努力という労働組合主義の理論という形で、登場したことは重要である。

3　一八九五年から一九〇一年のレーニンの論争

　一八九九年まで、レーニンは主にポピュリズムとの論争に明け暮れた。しかし、合法マルクス主義の批判、特にその後の経済主義の批判が、彼の仕事の中では既に顕著になっていった。九五年に彼の最初の活字化された論文がポトレソフによって寄せ集められて『ナロードニキ主義（ポピュリズム）の経済学的内容とストルーヴェ氏の著書におけるその批判』の題名で出版された。これはストルーヴェの著書『ロシアの経済発展』の分析であった。ところどころ批判的な一方で、それはストルーヴェを背信や反マルクス主義として批判するのではなく、むしろ、彼に正統派の立場により直接的に従うように求めたものであった。ポピュリストへの攻撃を別にすれば、レーニンの著作はいくつかの一般的な理論的所見を含み、資本主義の進歩性という彼の見方を繰り返した。

「そうだ。マルクス主義者は資本主義の進歩性を極めて高く重視する。もちろん、それは（つまり農民の）独立を従属に変えるからではなく、それが隷属を廃止する条件を創り出すからである」（全集第一巻　三七九～八〇頁）。

　改良の理念を資本主義の崩壊の理念に対置した、としてストルーヴェを批判して、レーニンは、一つはもう一つの手段であると主張した。ストルーヴェにたいする彼の主な批判は、彼が「客観主義者」であるという点であった。ストルーヴェはゾンバルトに同意して、「マルクス主義それ自体の中に最初から最後まで倫理は微塵も存在しない」を引用する。なぜなら、マルクス主義は（レーニンが付け加えたのだが）「理論上、『倫理的観点』を『因果関係の原理』に従属させ、実践的には倫理的観点を階級闘争に変えるからである、と」（同前　四二一頁）。

　ストルーヴェはまた、科学的社会主義は哲学をすべて拒否するということにも同意する。「マルクスやエンゲルスの観点からすれば、哲学は別個の独立した存在への権利を持たず、その材料は実証科学のさまざまな分科に分割される」（同前　四一八頁）。要するに、彼はマルクス主義の「科学的」性格をプレハーノフやほとんどの正統派ドイツ人と同じ方法で理解する。マルクス主義は社会現象の非価値的そして非哲学的理論である、と。

　ここまでのところ、レーニンはストルーヴェと一致する。しかし、このような定式化は、マルクス主義が自らを歴史的必然性の記述に限定し、当然ながら一定の行動の効果を除いて、何ら実践的助言も与えないことを示唆する。これは、マルクス主義の理論を、どこかから、一般的にはカントから引き出される規範的倫理によって補完することが必要であると発見した人びとにとって難問であった。この時点ではストルーヴェはそこまでには至らず、マルクス主義は「客観的」、つまり記述的だけであると考えることに止まっていた。

　しかしながら、レーニンにとって、これは受け入れ難い。彼の考えでは、客観主義者とは、特定の社会形成に含まれる必然性だけを語る人であり、自らをその必然性だけに制限することによって、ただ単に必然性としてそれらの弁解者となる危険を冒す人のことである。他方、唯物論者は自らをそのようには制限せず、一歩踏み込んで、いかなる階級勢力が関与するかを説明する。「唯物論はいわば党派性を内に含み、そしてどのような出来事の評価においても特定の社会集団の立場の直接的で無条件の採用を命じる」(同前　四〇一頁)。

理論的観点からすれば、これは不器用で納得しがたい。というのは、社会の階級構造の視点から「歴史的必然性」を分析することは純粋に「客観的」記述を越えることではなく、そしてなぜそういうものとしての唯物論が、われわれに何かを義務づけたり、あるいは何らかの積極的かかわり方を暗示したりするかは説明されないからである。しかしながら、レーニンが新カント派によって提出されたジレンマを避けようとしたのは明らかである。つまり、マルクス主義は個々の人間がそれについて何をしなければならないかを説明しないで社会過程を記述するのか、それともマルクス主義は規範的理念によって補足されねばならないのか、というジレンマである。

自らの考え方を明確に表現することはできなかったが、レーニンは、ルカーチによって初めて解明された本質的問題を明らかにしようと模索していた。つまり、マルクス主義は事実と価値の二分法を廃棄するが、それはマルクス主義が労働者階級の自己知識と同一であるからである。この階級は世界を革命するという、まさにその行為の中で社会過程を理解し、その結果、この恵まれた状況の中で歴史の理解とその形成が一つの行為として現れる。

レーニンは、新カント主義の批判を一貫して無視し、この問題を適切に吟味できないまま、これまで引用したような言説を総括することだけに自己を限定した。しかしながら、曖昧ながらも、彼は、純粋に記述的でも純粋に規範的でもなく、記述的評価と規範的判断の結合でもなく、同時に運動でもあり理解行為でもあるという主張、つまり、闘争という行為の中のプロレタリアートの自己意識であることがマルクス主義の特徴であることを摑んでいた。換言すれば、世界の知識は世界の変革の一側面である。つまり、理論とその実践的適用は一つのものである。

一八九五年にレーニンは初めて外国へ行き、ジュネーブでロシア・マルクス主義の始祖たち、つまりプレハーノフとアクセリロードに会った。亡命者たちは、自由主義ブルジョアジーとの同盟の必要性をレーニンに確信させるのに手間取ったが、この出会いは成功であった。ロシアに帰国後まもなく彼は逮捕された。警察の措置はサンクト・ペテルブルクの波状的なストライキのせいで強化されたが、このストライキは社会民主主義者が大いに扇動したものだった。

彼は一年半の間、刑務所に拘禁され、訴えや小冊子を書いていたが、それからシベリアのクラスノヤルスク地域のシュシェンスコエ村への三年の流刑判決を受け、そこで旺盛に研究と執筆に従事した。拘禁中に彼は、社会民主党が民主主義的自由と社会立法のために闘うように呼びかける綱領を起草した。この綱領は、労働者階級による国家権力の奪取ではなく、法制定の共有だけを構想した。党は労働者が階級意識を発達させるのを援助し、闘争の目的を指示しなければならない。つまり、党は労働者にたいして、彼らは政治的自由の闘争においてブルジョアジーを支援しなければならないとする一方で、これは一時的な同盟であることもまた説明しなければならない。

一八九七年の夏にレーニンは『ノボエ・スロヴォ』誌に「経済学的ロマン主義の特徴づけによせて」と題するポピュリストにたいする新たな批判を掲載し、この中で彼らの理論と資本主義の拡大によって脅かされている小生産者のチャンピオンであるシスモンディのそれとを比較した。シスモンディは資本家の蓄積の悲惨な結末を明らかにすることに成功したかもしれないが、しかし彼は資本主義の前の時代へのロマン的で感傷的な郷愁以外には、それへの反対を確立することを何もやって来なかった。ポピュリストと同じように、彼は反動にすぎない。なぜなら、資本主義の矛盾と不公正の解決は資本主義をして目いっぱい発展するのを認めることであることを理解しないで、過去に回帰することを夢見たからだ、と。

レーニンはまた、後にローザ・ルクセンブルクによって提起された問題をある程度予期しながら、国内市場の問題に立ち戻った。小所有者の衰退とその結果としての市場の収縮という理由によって、資本主義が剰余価値の実現を妨げられるというのは真実ではない。生産的消費は資本主義的生産に広大な拡大の余地を提供する、と。

流刑中、レーニンは、一八九八年にジュネーブで発行された『ロシア社会民主党の任務』という小冊子を執筆したが、それは他の社会勢力との同盟に関する党の一般的戦略を明確にした。社会民主主義者は専制支配体制に反対するすべての運動を支持しなければならず、いかなる社会集団がその犠牲になっていようが、あらゆる形態の抑圧を非難しなければならない。社会民主主義者は民族的、宗教的、社会的そして階級的抑圧にたいする抵抗を支持し、「小ブルジョアジーの反動化への流れ」に反対するブルジョアジーを支援し、ツァーリ官僚制にたいする民主主義的要求を行うブルジョアジーを援助しなければならない。

しかしながら、党は、党が支持する利益の代表者とは自らを考えない。党は迫害された宗派を援助するけれども、彼らの宗教的熱望とは関係がない。支持することは、つまり、単純に利用することを意味する。レーニンの見方では、社会民主主義は専制支配体制への反対に一貫して無条件に従事する唯一の勢力である。それ以外の他の勢力はすべて優柔不断であるか、あるいはいい加減である。

党は、いつの日か絶対主義を引きずり落とすすべての社会的エネルギーの中心として行動できるし、また行動しなければならない。しかし、同時に党は独自の階級としてのプロレタリアートの利益を排他的に考慮に入れなければならない。「社会民主主義者は共通の敵の崩壊を促進するためにこの支援を与えるのであるが、しかし、党自身はこのような一時的同盟には何の期待もしないし、何の譲歩もしない」（全集　第二巻　三三四頁）。「小ブルジョアジーの民主主義的諸要求を支持することは、けっして小ブルジョアジーを支持することを意味しない。その反対に、政治的自由がロシアのためにひらく発展こそは、資本の打撃のもとに、とくに激しい力で小経営の破滅をもたらすであろう」（「わが党の綱領草案」一八九九［邦訳『レーニン全集』第四巻　二五七～八頁）。

流刑中に書かれ一八九九年一月二六日と日付けされたポトレソフ宛ての手紙で、レーニンは次のように言う。「ありとあらゆる『進歩的潮流』からナロードニキ主義と大地主主義とのがらくたを一掃し、こういう清められた形でのこれらすべての運動を利用するということが、それだ。私の考えでは、『利用』という言葉の方が『支持と同盟』よりもはるかに正確で適切な言葉だ。このあとの表現は、これらの『同盟者』の同権をしめすものであるが、実際には、彼らは、後からのろのろついていき、ときには『歯ぎしりしながら』でもついてこないわけにはいかないのだ（この点では、私は君と全く同意見だ）。彼らは同権となるほどにはけっして成長していないし、またその臆病さや細分性などからみて、けっしてそこまで成長することはないであろう」（邦訳『レーニン全集』第三四巻　一六頁）。

レーニンが、最初からすべての政治的同盟者を社会民主主義の目的のための他の集団の利用、というだけの意味としか見なしていなかったことはこのように明白である。社会民主主義は、自分の周りにともかくも現体制を粉砕するのに寄与できるあらゆる勢力を結集する、それはそのような粉砕が最終的にはその同盟も破壊することを意図している、という完全な認識のもとである。

このような観点からすれば、レーニンの態度、そしてその後のレーニン主義運動の全体の態度は同じであって、それが絶対主義に反対するブルジョアジーであろうが、大地主に反対する小農民であろうが、自由を求める宗派であろうが、大ロシア帝国主義によって抑圧された諸民族であろうが、あるいは民主主義の諸制度それ自体であろうが、変わりはない。当然のことながら、労働者階級を「利用する」という言及はない。なぜなら、これらの戦略的ルールのすべてが、闘争の存在理由であるこの階級が「究極の目的」を達成するのを可能にするために設計されたものであるからである。それにもかかわらず、まもなく明らかになることだが、レーニンの観念の中で、労働者階級もまた基本戦略に関するかぎり、事実として、独立した主体というよりも道具であった。

流刑中、レーニンはまた『ロシアにおける資本主義の発達』（全集　第三巻）を書いたが、これは一八九九年に発行された。これはポピュリストに反論する彼の最高傑作であり、農業と工業の動向にかんする統計と詳細な分析で充たされている。それは、ロシアの農業は商品経済の状態にあり、資本主義的変化のすべての徴候、つまり階級分化、競争そして大規模なプロレタリア化を示している、と主張した。レーニンは、産業における集中化の過程と単一の国内市場の形成、生産と交換の中世的形態の一掃を描きだしている。

658

知的生活においてポピュリストとの論争がその役割を減少させる一方で、非正統的理念が社会民主主義者の中に姿を現し、これがレーニンを悩ませた。彼が自ら述べているように、カウツキーの最近の農業問題の分析にたいするブルガコフの批判的論文に憤激を掻き立てられた。彼はまた、ストルーヴェやブルガコフがある程度はロシアにおけるそのスポークスマンであったベルンシュタインの人気の拡大や新カント主義の影響にも悩まされた。一八九九年一月一七日付のポトレソフへの手紙で書いたように、彼は哲学すら勉強しはじめた。彼はドルバックやエルヴェシウスを読み、カントにも打ちこんだ。

しかし、その後に比べて、この頃は純粋な哲学問題にはあまり重要性を置かなかった。そのうち、理論的な修正主義に加えて若い社会民主主義者が、「経済主義」を受け入れた。レーニンは、社会民主主義運動の土台を攻撃するものと彼が考えたこの運動の最初の徴候にたいして、猛烈に反撃した。一八九九年の夏に、クスコヴァとプロコポヴィチが起案し、「経済主義」綱領として確立され、「クレド」（Credo）として知られる文書を受け取ったレーニンは反論を書いた。この反論は他の一六人の被追放者たちが支持し、社会民主主義者の地方組織によって翌年ジュネーブで発行された。

「クレド」は、ロシアにおける独立した政治的労働者党が望まれることに疑問を提起し、それはまったく異なる状況へのヨーロッパの経験の人工的な適用であると見なした。彼らは、労働者の運動は常にもっとも抵抗の少ないポイントを目ざすべきである、と主張した。ヨーロッパでは、政治闘争を進めるのは経済闘争よりもかなり易しいことだが、ロシアではその逆だ。したがって、マルクス主義者は労働者の経済闘争を助けることに集中すべきであり、非社会民主主義的な民主主義勢力によっておそらくは指図されるようになる自由主義的な反対派をバックアップすべきである、と。

レーニンは、これを政治的自殺の処方箋と見なし、その答えとして正統派によって全般的に受け入れられた諸原則を発表した。労働者の運動は、それ自身の政治目的と、その目的を追求する独立した政党を持たなければならない。労働者運動はその独自性を失ったり、あるいはブルジョア政党の道具となる危険を冒したりすることなく、あらゆる種類の反対的要素を組織しなければならない。

ロシアの「経済主義」は、小農民の代わりに労働者階級に名宛した、いわば「古典的な」（非政治的、非テロリスト的）ポピュリズムの再生であった。それは、知的指導者は、もっとも明白で容易に分かりやすい労働者の熱望、例えば経済目的に集中し、自由のための闘いは自由主義者に任せ、政治闘争で補助的役割を果たすべきである、と主張した。経済主義は、その用語がベルンシュタインやその支持者たちのために使われたのと同じような修正主義ではなく、政治闘争や議会闘争を放棄するように労働者を説得しようという意図は持たなかった。しかし、それはドイツ社会民主党に強く根づき、かなりの期間にわたって理論的修正主義と同盟を組んでいた労働組合主義的な傾向とは対応していた。

659

この新しい逸脱にたいするレーニンの警告は、十分に根拠を持っていた。なぜなら、それはほぼ二年間にわたってロシアの社会民主主義を支配し、亡命者の多数の支持を得て、彼らの陣営の分裂に繋がったからである。一九〇〇年以降、「経済主義者」はその重要性を後退させたが、しかし、それにもかかわらず、レーニンが『何をなすべきか』を書いたのは彼らにたいする回答が主であって、その中で彼はボルシェビズムのイデオロギー的基礎を築いた。

レーニンのシベリア流刑は一九〇〇年の初頭に終り、その年の七月に彼はロシアの社会民主主義者を統一した運動に組織する目的で、外国に出た。彼が長いあいだ信じていたように、取るべき最初の一歩は分散したグループ間の連結環として機能し、真の党を創り出すのを可能にする定期刊行紙を設立することであった。そのような定期刊行物は当然ながら外国で印刷され、ロシアにこっそりと持ち込まれるだろう。そのために選ばれた名称が『イスクラ』（火花）であった。

新聞を立ち上げる過程は、ここで説明する必要もない口論によって飾られた。レーニンの、プレハーノフとの会合は悲惨であった。ジュネーブの古参者たちとの出会いについて、死後に発行されたノートの中で、彼はこの大先輩の尊大さを苦々しく語っているが、それでも、レーニン自身は敬意と賞賛を以て対応した。プレハーノフは明らかにロシア社会民主主義者のあいだのレーニンの権威に嫉妬を抱き、この若い弟子にプライドと不寛容を爆発させた。レーニンが表現し、そして後に回想しているように、「惚れこんだ青年は、なんびとにたいしても『センチメンタリズムを抜きにして』応対しなければならない、ふところには石をいだいていなければならないという教訓を、自分の愛の対象から受け取る」（［邦訳『レーニン全集』第四巻　三七一〜二頁「どのように『イスクラ』はあやうく消えかけたか？」］）。

これらの困難にもかかわらず『イスクラ』第一号は、一九〇〇年一二月に発行された。それは引き続いてライプツィヒ、ミュンヘン、ロンドンそしてジュネーブで印刷され、その寄稿者としてロシア・マルクス主義の知的精鋭、つまりレーニン、プレハーノフ、マルトフ、アクセリロード、ポトレソフそしてヴェラ・ザスーリチを擁した。

一九〇一年から〇三年という年は、ロシア・マルクス主義とロシア社会民主主義の発展において新しい段階を画した。この期間中に、マルクス主義のレーニン的変種の基礎が築かれ、その斬新さと特別な性格は徐々に可視的となった。この時まで、レーニンのイデオロギー的言説は、彼がこの理論のある部分を強調した点を除けば、プレハーノフあるいは西ヨーロッパの正統派マルクス主義のそれと違いはなかった。これらの中に彼があらゆる機会に繰り返した原則が含まれており、それは最終的目的、つまりプロレタリアートによる政治権力の掌握が現在の行動にその意味を与えること、そして社会民主主義はいかなる同盟もいかなる大義の支持も、そうすることによってそれらが究極の目的を近づけるならば、決定することができるという原則が存在した。その他のすべての運動や社会階級、人間の存在やイデオロギーは「最終的革命」に従属するもの、として扱われなければならない。

660

第16章　レーニン主義の台頭

1　レーニン主義に関する論争

マルクス主義理論の一変種としてのレーニン主義の性格は、長い間にわたって論争のテーマでありつづけた。特に問題は、レーニン主義がマルクス主義の伝統との関連において「修正主義的」イデオロギーであるのか、それともその反対に、新しい政治状況にたいするマルクス主義の一般的原理の忠実な適用であるのかどうか、ということであった。

この論争の政治的意味合いは明らかである。この点で、共産主義運動内部において依然として有力なスターリン主義正統派は、当然ながら、第二の見方を取る。スターリンは、レーニンは継承されてきた理論に何も付け加えず、それから何も取り除かず、その原則をロシアの諸条件だけではなく、さらに重要なことだが、世界全体の状況に誤らずに適用したと主張した。この見方に立てば、レーニン主義はマルクス主義の特殊ロシア的状況への適用でもなければ、あるいはまたロシアの状況に限られた適用でもなく、社会発展の「新時代」、つまり帝国主義とプロレタリア革命の時代に普遍的に有効な戦略と戦術の体系である。他方、非レーニン的マルクス主義者が、多くの本質的な点でレーニンはマルクス主義理論を裏切ったと主張したのにたいして、何人かのボルシェビキは、レーニン主義をロシア革命のためのより特殊な方策と見なした。

このようにイデオロギー的に定式化されると、その源泉にたいする強烈にはめ込まれた忠誠心を要求する政治運動、あるいは宗教的宗派の歴史のすべての問題と同じように、この問題は実践的には解決不可能である。運動の創設者の後に続く世代が、現存する正典において明確に予見されていない問題や実践的決定に直面させられること、そして彼らが彼らの行為を正当化するやり方で正典を解釈することは、自然で不可避的である。この点でマルクス主義の歴史はキリスト教の歴史と似通っている。

その結果は一般に、理論と実践との要請のあいだで、さまざまな類の妥協を生み出すことである。新しい分岐線と相対立する政治的編成が諸事件の直接の圧力の下で形成され、それらの中のそれぞれが必要とする支持を伝統の中に発見できるのであって、その伝統は完全に統合もされず、首尾一貫もしない。ベルンシュタインは、マルクス主義の社会哲学のある一定の特徴を公然と拒絶し、あらゆる点でマルクス主義の遺産の確固とした後見人であるとは表明しなかったという意味において、真の修正主義者であった。

他方、レーニンは彼のすべての行動や理論を、今、存在するイデオロギーの唯一可能なあるいは正しい適用として表すように努めた。しかしながら、彼は自らが指導する運動の実践的有効性よりもマルクスの原典への忠誠を優先する、という意味の教条主義者ではなかった。その反対に、彼は、理論であろうが戦術であろうが、すべての問題をロシアと世界の革命という単一の目的に従属させる、計り知れない実践的感覚と能力を持っていた。彼の見方では、一般理論のすべての問題はマルクス主義によってすでに解決済みであり、そしてこの理論を知的に利用し、特殊な環境のための正しい解決策を発見することがただ必要である。この点で彼は自分をマルクス主義の聖典の忠実な実行者と見なしただけではなく、ドイツの党において特に例証されているヨーロッパの社会民主党の実践や戦術を遵奉していると信じた。

一九一四年まで彼は、ドイツ社会民主党を模範そしてカウツキーを理論問題におけるもっとも偉大な生きた権威者と見なしていた。レーニンは理論問題だけではなく、第二議会のボイコットのような彼自身の方がより多くのことを知っているロシアの戦術問題についてもカウツキーに頼った。

一九〇五年に彼は『民主主義革命における社会民主党の二つの戦術』で、次のように書いた。

「国際社会民主主義のうちに、ベーベルやカウツキーの傾向と同一ではない（レーニンのイタリック）、なにか特別な流派をつくりだそうとする大それた望みを、いつ、どこで私がいだいていたか。例えばヴロツワフで農業問題についてベーベルとカウツキーのあいだに起こった意見の相違にいくぶんでも匹敵するような重大な意見の相違が、一方の私と、他方のベーベルおよびカウツキーとのあいだに、いつ、どこで現れたか？」［邦訳『レーニン全集』第六巻　六三頁注］。

レーニンが修正主義者であったかどうかという問題は、彼の著作物をマルクスのそれと比較したり、あるいはマルクスがあれやこれやの状況で、何をして何を言おうとしたか、というような答えられない問題を提起したりすることによって単純に決定することはできない。明らかに、マルクスの理論は多くの個所で不完全あるいは多義的であって、その原理を公然と侵害しないかぎり多くの矛盾したやり方で「適用」することになる。それにもかかわらず、マルクス主義とレーニン主義の連続性という問題がまったく無意味であるというのではない。しかしながら、それは「忠誠」の点からではなく、むしろ、理論分野においてレーニンがマルクス主義の遺産を「適用し」または補充しようとした試みの全般的方向を検証することによって、もっともよく考察することができる。

われわれが述べてきたように、レーニンにとってすべての理論問題は単一の目的つまり革命の単なる手段であった。そして、すべての人間事象の意味、理念、制度および価値は、専らそれらと階級闘争との関係において存在した。このような態度への支持をマルクスやエンゲルスの著作に発見することは難しくはない。彼らは多くの理論的論争において、階級社会における生活のすべての面の一時性と階級的関連を強調した。それでもやはり、彼らの特定の分析は一般に、還元主義的図式にありがちなものよりも分節化されており、単純化されてはいなかった。マルクスもエンゲルスもともに、「革命にとってこれは良いか悪いか？」という問題設定によって

662

示唆されるものよりも、相当程度に広い関心の地平を持っていた。

他方、レーニンにとって、それは、問題が重要であるかどうか、もしそうであるならばそれはどのようにして決定されるべきかについてのまったく十分な基準であった。マルクスとエンゲルスは文明の継続性という感覚を持っており、科学、芸術、道徳そして社会制度を含むすべての人間的価値は階級的利益の道具に「他ならない」とは考えなかった。それにもかかわらず、彼らがその中で史的唯物論を表した一般的公式は、それ自体としてレーニンが利用するのに十分に役立つものであった。

レーニンにとって哲学の問題はそれ自体として何の意味を持たず、政治闘争の単なる武器であった。芸術、文学、法そして制度、民主主義的価値や宗教的理念もそうであった。この点で、彼をマルクス主義から逸脱したと非難することはできないばかりか、むしろ彼は史的唯物論の諸原理をマルクスよりも完全に適用した、と言うことさえできる。

例えば、もし法が階級闘争の道具に「他ならない」となれば、当然、法の支配と恣意的な独裁とのあいだに本質的な違いは存在しないことになる。もし政治的自由がブルジョアジーによって自分たちの階級利益のために利用される道具に「他ならない」とすれば、共産主義者は彼らが権力を握った場合にこれらの価値を擁護する義務を負うと感じる必要はない、と主張することは完全に公正である。

科学、哲学そして芸術は、階級闘争の機関にすぎないのだから、哲学論文の執筆と小火器の使用とのあいだに「質的」違いはなく、この二つは異なる状況における異なる武器に過ぎず、敵が使おうが味方が使おうが、この視点で捉えられなければならないことは自明である。レーニンの理論のこのような側面は、ボルシェビキが権力を掌握した後に劇的に露わになった。しかし、それらは早い時期から彼の著作の中に表わされていた。

レーニンは、他のさまざまな意見を持つマルクス主義者との論争においてしばしば優位に立ったが、それは双方が共有する諸原則を適用する時の彼の圧倒的な単純化と一貫性のゆえであった。彼の反対者たちが、彼はマルクスが言ったこととといくらか矛盾する、例えば「独裁」は法によって束

663

縛されない絶対主義的支配を意味するのではないと指摘できた場合でも、それはレーニンの非正統性よりもマルクス自身の一貫性のなさを証明しただけであった。

それでもやはり、一つあるいは二つの本質的な点で、レーニンがロシアの革命運動に持ちこんだ革新は、マルクス主義の伝統にたいする彼の忠誠を相当程度に疑わせる。第一に、レーニンは早い段階でプロレタリアートと農民との同盟を「ブルジョア革命」の基本戦略と主張したが、他方、彼の反対者たちはブルジョアジーとの同盟がこの場合には理論により合致する、と主張した。第二に、レーニンは民族問題を厄介な障害物ではなく、社会民主主義者がその事業のために利用でき、また利用しなければならない強大なエネルギーの貯水池と理解した最初の人物であった。第三に、彼は彼独自の組織規則と労働者の自発的な反乱をめざして党が採用すべき態度との、彼自身の解釈版を定式化した。

これらのすべての点で、彼は改良主義者やメンシェビキからだけではなく、ローザ・ルクセンブルクのような正統派の頭目からも批判された。これらすべての点に関して、彼の理論はまた結果として並外れて実践的であったが、これら三つの点で彼の方針はボルシェビキ革命の成功にとって必須であったと言っても間違いはない。

2　党と労働者の運動　意識と自発性

独立した政治的存在、というレーニン主義の基本的な原則は一九〇一年から〇三年にかけて定式化された。この時期にロシアの主要な政治グループが生まれたが、それらは常に相互に争いながら、一〇月革命までツァーリ体制に反対する闘争を遂行した。社会民主党のボルシェビキ派とメンシェビキ派、社会革命党（エス・エル）そして立憲民主党（カデット）であった。

レーニンの理念が、次第に目に見える形を取った主要な機関は『イスクラ』紙であった。一九〇三年の第二回党大会まで、レーニンと残りの編集委員とのあいだの相違はさして大きなものではなく、この機関紙の基調を事実として決定していたのは彼であった。彼は、最初はミュンヘンで、それからロンドンでこれを編集したが、そこには〇二年の春に移ってきていた。『イスクラ』はロシア社会民主党内の修正主義や経済主義と闘うだけではなく、党が形式的に存在していたにもかかわらず、イデオロギーや組織の面で今なおばらばらであったグループのあいだの環として活動することが意図された。

レーニンが提起したように「新聞は集団的宣伝者および集団的扇動者であるだけではなく、集団的組織者でもある」（「どこから始めるべきか?」〔邦訳『レーニン全集』第五巻　九頁〕）。事実として『イスクラ』は大会の準備において決定的役割を果たし、大会が開催されたときにそれはロシアの社会民主主義者を一つの党に統一し、そして直ちにこの党を二つの相闘うグループに分裂させた。

党の役割という鍵となる問題に関して、レーニンは経済主義との闘争の中でボルシェビキ・イデオロギーの基礎を築いた。レーニンは経済主義をその影響力は弱まりつつあるけれども極めて危険であると見なしていた。経済主義者は、政治目的（いずれにしろ直接の将来において、主にロシアのブルジョアジーの任務である）と比較してプロレタリアートの経済闘争を優先する理論として史的唯物論を解釈し、労働者階級の運動を団体としての労働者によって自発的に闘われる、という意味の「労働者の運動」と同一視した。彼らは彼ら自身の綱領の厳密に階級的な性格を強調し、『イスクラ』グループをインテリゲンチャや自由主義者に媚びを売り、理論とイデオロギーの重要性を誇張し、専制支配体制へのすべての階級の共通の敵対ということに余りにも大きな比重を置きすぎる、として攻撃した。経済主義はロシアにおけるある種のプルードン主義、あるいはそう呼ばれたのであるが「労働者主義」である。その支持者たちによれば、社会民主党は指導者の組織であるよりも真の労働者運動の機関でなければならない。

いくつかの論文そして特に「何をなすべきか」（一九〇二）において、レーニンは経済主義者を前衛としての党の役割を否定したと攻撃し、社会民主主義の運動における理論の重要性に関する彼の見解を、一般論として

664

表明した。革命の展望にとって死活的問題は、革命運動の理論的意識であり、これは労働者の自発的運動によっては決して発展させることはできない、と主張した。「革命の理論がなければ革命の運動は存在できない」このことは、どこよりもロシアでは真実である。なぜなら、社会民主主義はまだ幼く、ロシアのプロレタリアートが直面している課題は、ヨーロッパやアジアの反動の要塞を転覆することそのものであるからだ。これは世界のプロレタリアートの前衛となるべくそれが運命づけられていること、そして、適切な理論の装備なしにはこの役割は遂行できないことを意味した。

経済主義者は、社会発展における「客観的」経済環境の重要性を語り、政治意識を経済的要因の自動的結果であると見なし、それゆえに、政治意識に社会過程を主導し活性化させる権利を認めない。しかし、経済的利益が決定的であるという事実は、労働者の経済闘争が彼らに最終的な勝利を保障できることを意味しない。なぜなら、プロレタリアートの基本的な階級利益は政治革命とプロレタリア独裁によってのみ満たされるからである。労働者は、彼等だけにしておけば、全体としての彼らの階級と現存の社会体制との根本的な対立という意識に達することはできない。

「われわれはいま、労働者は社会民主主義的意識を持っているはずもなかった、と言った。この意識は外部からしかもたらしえないものだった。労働者階級が、まったく自分の力だけでは、組合主義的意識、すなわち、組合に団結し、雇主と闘争を行い、政府から労働者に必要なあれこれの法律の発布をかちとるなどのことが必要だという確信しか、つくりあげえないことは、すべての国の歴史の立証するところである。他方、社会主義の学説は、有産階級の教養ある代表者であるインテリゲンチャによって仕上げられた哲学・歴史・経済学上の諸理論のうちから成長してきたものである」［邦訳『レーニン全集』第五巻　三九五頁］。

これは西側でもそうであり（マルクスとエンゲルス自身がブルジョア・インテリゲンチャに属した）、そしてロシアでもそうであっただろう。レーニンはこの点をカウツキーに訴え、カウツキーはプロレタリアートの階級闘争はそれ自体として社会主義の意識を創り出すことはできないと書いた。つまり、階級闘争と社会主義は別個の現象であり、自発的な運動に社会主義の意識を注ぎ込むことが社会民主党の任務である。

もし党が自らを自発的な労働者運動の単なる機関あるいは下僕と見なすならば、それは社会主義革命の道具となることはできない。党は前衛そして組織者、指導者そしてアイディオロジストでなければならず、党が存在しなければ労働者はブルジョア社会の地平を超えて前進することもその基礎を侵食することもできない。

665

しかしながら、ここで、レーニンは決定的に重要な所見を付け加える。

「労働者大衆自身が彼らの運動の行程それ自体の間に独自のイデオロギーをつくりだすということが考えられない以上は、問題はこうでしかありえない、——ブルジョア・イデオロギーかそれとも社会主義的イデオロギーか、と。そこには中間の道はない、なぜなら人類は『第三』のイデオロギーをもつくりださなかったし、階級矛盾によって引き裂かれた社会に階級外のまたは超階級的イデオロギーなどはけっしてありえないからである。——しかし労働者階級の運動の自然発生的な発展は、まさに運動をブルジョア・イデオロギーに従属させる方向に進む。——労働組合主義とは、まさしくブルジョアジーによる労働者のイデオロギー的奴隷化を意味する。だから、われわれの任務、すなわち社会民主党の任務は、自然発生性と闘争することである」［邦訳『レーニン全集』第五巻　四〇六頁］。

「自然発生性への拝跪」（bowing to spontaneity）あるいは「追随主義」（tailism）の理論は、経済主義者すなわちマルティノフ、クスコヴァやその他にたいするレーニンの攻撃の主要な標的であった。労働者は彼らの労働力をより良い条件で売るために闘ってもよいが、しかし社会民主党の任務は賃労働の完全な廃止のために闘うことである。労働者階級と資本主義経済体制全体との敵対は、科学的思想によってのみ摑むことができるのであって、それが摑まれるまではブルジョア体制にたいする全般的政治闘争は存立し得ない。

レーニンは、この事実が労働者階級と党の関係についてある推論に繋がる、とさらに続ける。経済主義者の見方において、革命組織は労働者の組織以上でも以下でもない。しかし、実効的であるためには、労働者の組織は広範に基礎づけられて、そのやり方はできるだけ公開されなければならず、そして労働組合の性格を持たなければならない。党はこのような運動と同一化できず、労働組合と同一化した政党は世界中に存在しない。その反対に、「革命家の組織は、まず第一に、主として革命活動を自らの職業とする人びとをふくまなければならない。――こういう組織の成員に共通なこの標識を前にしては、労働者とインテリゲンチャのあいだのあらゆる差異はまったく消え去らなければならない」〔邦訳『レーニン全集』第五巻四八六頁〕。

そのような職業革命家の党は、労働者階級の信頼を獲得し自発的な運動を引き継ぐだけではなく、それ自身を社会的抑圧に抗するすべての形態の中心にしなければならず、その起源あるいはどのような階級的利益を代表するかにかかわらず、専制支配体制に対抗するあらゆる勢力をその周りに集めなければならない。社会民主党がプロレタリアートの党であるという事実は、恵まれた階級のそれであるとしても、他の集団の被抑圧や被搾取に無関心であることを意味しない。

内容がブルジョア的であっても、民主主義革命はプロレタリアートによって指導されるべきものであるから、専制支配体制の打倒を目ざすすべての勢力を結集するのはプロレタリアートの義務である。党は全般的な曝露キャンペーンを組織しなければならない。党は政治的自由のためのブルジョア的要求を支持し、宗教的宗派への迫害と闘い、学生や知識人の野蛮な処遇を非難し、農民の要求を支持し、公共生活のあらゆる領域において党を感得させ、そして、バラバラの憤りや抵抗の流れを、ツァーリ体制を一掃する、単一の強大な潮流に糾合しなければならない。

これらの必要に応えるために、党は、職業革命家つまり自分自身を労働者や知識人としてではなく単に革命家と見なし、そしてまたそのように見なされなければならず、そしてそのすべての時間を党活動に捧げる男や女から主に構成されなければならない。党は七〇年代の「土地と自由」路線を下敷きにした小規模で集権化され訓練された組織でなければならない。公然の組織においてはそうすることが当然であるけれども、秘密の条件の下では党内部において民主主義的原則を適用することは不可能である。

レーニンの党理念は専制的として激しく批判され、今日の歴史家はその後に社会主義体制が体現した完全に階層的で全体主義的な構造の萌芽を内包したと考えている。しかしながら、この理念がいかなる点で、当時において一般的に受け入れられていたものと異なるのか、がよく検討されなければならない。彼はエリート主義として、そして労働者階級に代わって革命家の組織を用いることを望んだとして糾弾された。さらに、彼の理論はインテリゲンチャまたは知識人の特殊な利益を代表するとか、彼は政治権力をプロレタリアートではなく知識人の手に全面的に確保することを望んだ、とさえ主張された。

党を前衛と位置づけるエリート主義と言われたことについて言えば、レーニンの立場は社会主義者のあいだで一般的に受け入れられていたものと何ら異なるものではないことに留意しなければならない。前衛の理念は『共産党宣言』に登場し、この著者たちは共産主義者をその階級全体の利益以外の他のいかなる利益も持たない、プロレタリアートのもっとも意識的な部分、と表現した。労働者の運動は、それ自体として革命的社会主義の意識を発達させることはできず、彼らはその意識を教養のあるインテリゲンチャから受け取らなければならないという見方は、レーニンがカウツキー、ヴィクトル・アドラーそしてほとんどの社会民主主義の指導者と共有したものであって、彼らはこの点がサンディカリストとの違いである、と強調した。

基本的にレーニンが表明した思想は実に自明の理であって、それはどんな労働者も『資本論』『反デューリング論』あるいは『何をなすべきか』を書きあげたことがないからである。社会主義の理論的基礎が知識人によって築かれ、工場労働者によって築かれたのではないことに何人も異論はなかった、もしこのことが「外部から意識を注ぎ込む」によって意味されたものの全部であるならば、議論の余地はない。労働者の党は労働者階級全体とは何か異なるという命題もまた一般に受け入れられ、マルクスが党とは何かを正確に定義しなかったというのは確かだが、マルクスが党とプロレタリアートを同一視したということも証明できない。

　レーニンの思想で新しいことは、労働者階級を導きそれに社会主義の意識を吹き込む前衛としての党、という理念ではなかった。その新奇さは、第一に、自発的な労働者階級の運動はブルジョア的意識を持つに違いない、なぜなら、それは社会主義的な意識を発展させることはできない、それ以外は存在し得ないからだ、という彼の言説にあった。これはレーニンが引用したカウツキーのいかなる主張に従うものでも、マルクス主義のい
667 かなる前提に従うものでもない。

　レーニンによれば、あらゆる社会運動は明確な階級的性格を持つ。自発的な労働者の運動は社会主義の意識、つまり、その用語の正しい理論的歴史的意味におけるプロレタリア的意識を持つことはできないのだから、奇異に見えるかもしれないが、労働者の運動が社会主義政党に従属しなければ、それはブルジョア的運動になる、ということになる。

　これは第二の推論によって補完される。その用語の真の意味における労働者階級の運動、つまり政治的革命運動は、それが労働者の運動であるということによってではなく、それが正しいイデオロギーすなわち定義上プロレタリア的であるマルクス主義のイデオロギーを持つ、ということによって決定される。言い換えれば、革命政党の階級的構成はその党の階級的性格を決定する上では何らの意味も持たない。レーニンは一貫してこの考え方を主張し、例証として、イギリス労働党はその構成員が労働者であるにもかかわらずブルジョア政党であるが、その一方で労働者階級に根を持たない小集団であっても、それがマルクス主義のイデオロギーを明言し、プロレタリアートの唯一の代表であり、プロレタリアートの意識の唯一の体現者であると宣言するかぎり、それは革命の党としての資格があると考えた。これが、現実の労働者からごくわずかの支持も得られない党を含むレーニン主義の諸党が、その後ずっと主張してきたものである。

　もちろん、これはレーニンが彼自身の党の構成に無関心であったとか、あるいは彼が知識人だけで構成する革命組織を構築しようと意図したことを意味するのではない。その反対に彼は党内で、たびたび労働者の比率はできるだけ高くあるべきだと主張し、インテリゲンチャを最大の軽蔑で扱った。「知識がある」（intellectual）という言葉は、彼の語彙の中では悪口のそれであり、「優柔不断、信用できない、規律が足りない、個人主義にかられた、気まぐれ、非実践的」等々を意味するために常套的に使われた（彼がもっとも信頼を置いた党活動家はスターリン、マリノフスキーのような労働者階級の出身者であった。後に判明したが、マリノフスキーはオフラーナ［ロシア帝国内務省警察部警備局］のエージェントであり、レーニンのもっとも親しい協力者の一人として、自分の雇い主に貴重なサービスを与え、党のすべての秘密を自由に使わせた）。

　レーニンが知識人を労働者の代わりに用いようとし、あるいは知識人であるという理由だけで社会主義の意識を体現していると見なそう、としたことには何も疑いもない。その現れが党、つまり、われわれがすでに見たように、知識人と労働者の区別が消失した特殊な種類の団体であった。知識人が知識人であることを停止し、そして労働者が労働者であることを停止した。つまり双方が厳格に集権化され、訓練された革命組織の構成要素であった。

　こうしてレーニンによれば、「正しい」理論的意識を持つ党は、現実の経験的なプロレタリアートが自らと党について何を考えようがそれとは関係なく、プロレタリアートの意識を体現する。党はプロレタリアートの「歴史的」利益が何であり、その経験的意識は一般に遅れて発見されるけれども、いかなる時でもその真正な意識がどうあるべきかを知っている。

　党はプロレタリアートの意識を代表するのであるが、それはプロレタリ
668 アートがまさにそうであると同意するからではなく、党が社会発展の法則を知り、マルクス主義の理論に従って労働者階級の歴史的使命を理解しているからである。この図式において、労働者階級の経験的な意識は、障害物として、克服されるべき未熟な状態として、そして霊感の源泉ではあり得ないものとして現れる。党は実践的にその支援を求める場合を除いて、

現実の労働者階級から完全に独立する。この意味において党の主導性（hegemony）というレーニンの理論は、政治において労働者階級は、知識人によってではないが、しかしながら、党によって「代替される」ことができ、また代替されなければならないことを確かに意味する。党はプロレタリアートの支持がなければ効果的に行動することはできない。しかし、政治的指導権を握り、そしてプロレタリアートの目的が何であるかを決定するのは党だけである。プロレタリアートはそれ自身の階級的目的を定めることはできない、もしプロレタリアートがそうしようとすれば、それらの目的は資本主義の制限の中に封じ込まれたブルジョア的な目的となるだろう。

こうして、それは「エリート主義」ではなく、自発的な労働運動に外部から持ち込まれる社会主義意識という理論であって、それがレーニンの党を、特に革命後に顕著になった、集権的で教条主義的で、無思考ながらも高度に効果的な組織（machine）に仕上げたことが分かる。この組織の理論的源泉あるいはむしろその正当化が、党は科学的な社会的知識によって政治的指導性の正統的な唯一の源泉である、というレーニンの確信であった。これが後になってソビエト国家の原理となり、そこでは同じイデオロギーが、社会生活のすべての領域における党の独占、社会に関する知識の唯一の源泉、そしてそれゆえにその社会の唯一の所有者としての党の位置を正当化することになった。もちろん、全体主義国家のすべてのシステムが意識的に意図されたとか、ましてや一九〇二年のレーニンの理論通りに遂行されたなどと主張することもできない。

しかし、権力の獲得前と獲得後のレーニンの党の発達は、歴史的順序の中に不完全ながらも体現される「物事の論理的順序」にたいするマルクス主義的、あるいはむしろヘーゲル主義的信念を、ある程度は肯定している。レーニンの前提は、われわれをして、ある社会階級つまりプロレタリアートの利益と目的は、問題にたいして発言権を有する階級を除外しても決定できるし、また決定されなければならないと信じることを、われわれに求める。その上、いったんこの階級によって社会が支配され、それゆえにその目的を多分に共有するものとされるならば、同じことが社会全体にも当てはまる。再度繰り返すが、社会全体の営み、目的、そしてイデオロギーが党のイニシアチブによって、そしてその統制のもとで管理される。

党の主導性というレーニンの理念は、自然に、社会主義社会における党の「指導的役割」という理念、つまり、党は常に、社会の利益、必要、そして欲求すらもそれが何であるかを当の社会よりもよく分かっている、という原理に基づく絶対的支配の理念に発展した。つまり、あまりにも遅れているために人民自身はこれらを理解できないかもしれないが、しかし、党はその科学的知識のお陰でこれらを見抜くことができる。こうして「科学的社会主義」（scientific socialism）という観念が、一方ではユートピア主義に、他方では自発的な労働者運動に対置され、労働者階級と社会全体にたいする一党独裁（a party dictatorship）のイデオロギー的基礎となった。

レーニンは、彼の党理論を決して放棄しなかった。第二回大会で彼は、『何をなすべきか』においていささか誇張しすぎたことは認めたが、しかし、どの点でということは言わなかった。「いまではわれわれはみな、『経済主義者』が棒を一方に曲げたことを知っている。棒をまっすぐに伸ばすためには、棒を他のがわに曲げかえす必要があった。そこで私がそうしたのである。私は、あらゆる種類の日和見主義によって曲げられる棒を、ロシア社会民主党はいつでも精力的にまっすぐに伸ばすだろうということ、そこで、われわれの棒はつねにいちばんまっすぐであり、いちばん行動の役にたつだろうということを、確信している」（「党綱領に関する演説」一九〇三年五月四日［邦訳『レーニン全集』第六巻　五〇三頁］）。

『何をなすべきか』が一元的な党という理論をどの程度まで具現化しているかという考察において、さらなる識別がなされなければならない。この時とその後において、レーニンは、異なる意見が党内で表明され、個別的なグループが形成されるだろうということは当然と見なした。彼はこれを自然ではあるが不健全である、なぜなら、原則として一つの集団だけが所与の時点での真理を保持できるだろうからである、と。「自分の手で科学を前進させたと真に確信している人なら、古い見解とならんで新しい見解を出す自由ではなく、古い見解を新しい見解でおきかえることを要求するはずである」（邦訳『レーニン全集』第五巻　三七一頁）。「悪名たかい批判の自由なるものは、ある理論を別の理論でおき代えることではなしに、いっさいの、全一的な、考え抜いた理論からの自由（脱却）を意味し、折衷主義と無原則性とを意味する」［邦訳　同前　三八八頁］。

レーニンが、常に、分派主義と本質的な点での意見の相違とを、党内の疾病または弱さの徴候と見なしていたことは疑いのないことであり、それは、そのようなすべての現れは過激な手段、すなわち直接的な分裂あるいは党からの追放のいずれかによって治癒されるべきであると述べる何年も前からであった。革命後にようやく分派主義の公式の禁止が現れた。しかしながら、革命の前でも、レーニンは重要な問題で自分の同僚を粉砕することを躊躇しなかった。主要な原則や戦略の問題ばかりではなく組織の問題におけるすべての意見の違いは、結局のところ、階級対立を「反映している」と確信して、彼は党内の反対者をある種のブルジョア的逸脱の「担い手」あるいはプロレタリアートにたいするブルジョアの圧力の徴候と、当然のように見なした。彼自身がいつでも、プロレタリアートの真の、そしてもっともよく理解された利益を代表しているという事実に関して、レーニンは少しの疑いも持たなかった。

『何をなすべきか?』で詳説された党理論は、第二回大会のレーニンの組織問題提案で補充されたのだが、この大会は長い準備を経て一九〇三年七月三〇日にブリュッセルで開催された。それは後にロンドンに移され、そこで八月二三日まで続いた。レーニンはジュネーブから出席したが、そこには春以降住んでいた。第一のそしてもっとも先鋭な相違点は、党規約の有名な第一条に関してであった。

レーニンは、党員資格を党組織の一つまたは他の活動に積極的に参加する者に限るとすることを求めたが、これにたいし、マルトフは党組織の「指導と指示の下で活動する」すべての者を認めるという、より緩やかな規約を提案した。この明らかにくだらない論争は、組織問題だけではなくその他の多くの問題でほとんど分裂寸前にまで至り、そしてまもなく明らかになったことだが、分裂する二つの集団の形成に繋がった。

プレハーノフに支持されたレーニンの規約は、わずかの差で否決された。しかしながら、大会の残りの期間でレーニンの支持者たちは、二つのグループ、ブンド（一般ユダヤ人労働者組合）と定期雑誌『ラボーチェヤ・デーロ』を代表する「経済主義者」の退場のお陰でわずかだが優勢を得た。このように中央委員会や評議会の選挙において獲得したレーニン・グループのわずかの差が、多数派と少数派というロシア語に倣った有名な「ボルシェビキ」「メンシェビキ」という用語に繋がった。

その起源は、このように偶発的であったが、レーニンと彼の信奉者たちは「ボルシェビキ」という名称を摑まえ、何十年にもわたって執着した。そうしたのは党の後々の変遷を通してボルシェビキが真の多数派であることを示すためであった。他方、大会の成り行きに詳しくない多くの人びとは、この用語を「最大限綱領派」（maximalist）を意味するものと受け取った。ボルシェビキ自身がこのような解釈を示唆したことはなかった。

党員条項に関する論争は、事実として、党組織の二つの対立する理念を反映し、それについてレーニンは大会やその後の論文で多くの言辞を費やさなければならなかった。彼の意見では、マルトフ、アクセリロードおよびアキモフによって推奨された緩やかな規定の効果は、党を援助するどんな教授または学生でも、あるいはまたストライキに参加したどんな労働者でも、党の一員と呼ぶことを認めることになる。これは、党が党員の一体性、規律、そして規律をすべて失うことを意味する。つまり党は、上からではなく下から建設される大衆組織、自律的な諸単位の集合体、集中化された行動に適合しない大衆組織となるだろう。レーニンの理念は、その正反対であった。つまり厳密に規定された党員資格の条件、厳格な規律、党組織にたいする党権力の絶対的な統制、党と労働者階級とのあいだの明確な線引きであった。

メンシェビキは、党生活にたいする官僚主義的態度、労働者階級の軽蔑、独裁者的野心、そして党全体を一握りの指導者に従属させようと欲している、という理由でレーニンを糾弾した。レーニンの側は大会後に論文を書

671

いた（『一歩前進、二歩後退』一九〇四、全集　第七巻　四〇五頁注）。

「自分で自分を登録する、という同志マルトフの基本思想は、まさしくまちがった『民主主義』、党を下から上へ建設する思想にほかならない。これに反して、私の思想は、党が上から下へ、党大会から個々の党組織へと建設される、という意味で『官僚主義』である」〔邦訳『レーニン全集』第七巻　四三五頁〕。

レーニンは、最初から論争の根本的重要性を正しく認識し、後になって何度もそれをジャコバン派とジロンド党の衝突と比較した。これはベルンシュタイン一派とドイツ正統派の論争よりも一層類似している。なぜなら、メンシェビキの立場はドイツ社会民主党の中心に大変近かったからである。

彼らは非集権的で非「軍隊的」組織を支持し、党は名称やイデオロギーだけにおいて労働者階級の党であるのではなく、できるだけ多くの労働者階級を取り込み、単に職業的革命家だけであってはならない、と信じた。彼らは、党は個々の組織にたいしてかなりの自律性を認めるべきであり、彼らを専ら指令によって扱ってはならない、と考えた。彼ら自身も意識は外部から労働者階級に注入しなければならない、という理論を受け入れたけれども、レーニンを労働者階級不信として糾弾した。まもなく明らかになることだったが、メンシェビキ側は他の問題でも異なる解決策を採用するようになった。規約の一つの条項に関する論争が事実としてこの党を、いわば本能的に、異なる戦略的戦術的課題に到達する二つの陣営に分けた。

あらゆる場合に、メンシェビキは自由主義者との協調に引き寄せられ、他方レーニンは農民革命と農民との革命的同盟を主張した。メンシェビキは合法的行動形態とそれが可能になる場合には議会的手段によって闘うことに重要性を付与した。レーニンは長い間、社会民主主義者が議会に参加するという理念に反対であり、その後も議会が制定するかもしれないどのような改良にも不信感を抱いて、純粋に宣伝の舞台としてだけそれを位置づけた。メンシェビキは、労働組合活動と労働者階級が立法あるいはストライキ行動によって確保できるかもしれない改良の本質的価値を強調した。レーニンにとって、そのような活動はすべてそれが最終的な闘争を準備するのに役立つかぎりにおいてだけ価値のあるものだった。

メンシェビキは、民主主義的自由をそれ自体として価値あるものと見なしたが、他方レーニンにとってそれらは特別な環境において党に奉仕するかもしれない武器でしかなかった。この最後の点でレーニンは、大会においてポサドフスキーによってなされた特徴的な所見を肯定的に引用した。

「あれこれの基本的な民主主義的諸原則に絶対的価値を認め、それにわれわれの将来の政策を従属させることが必要であるのか、それとも、民主主義的諸原則のすべてを、もっぱらわが党の利益に従属させなければならないのか、という問題である。私は、断固として後者に賛成する」〔邦訳『レーニン全集』第七巻　二三二頁〕。

プレハーノフもまたこの意見を支持した。このことは、最初から「党の利益」が、党がその利益を代表するものとされる階級の直接的利益を含むあらゆる他の配慮を超えて尊重されたことを例証する。レーニンの他の訴えや小冊子は、「自由のための闘争」について目いっぱい触れていたけれども、彼の他の著作は疑いなく、「自由」一般に何の価値も付与していなかった。

「自由一般の事業に奉仕するだけで、特にこの自由をプロレタリアートが利用する事業に、この自由を社会主義をめざすプロレタリアの闘争の利益になる事業に奉仕させないものは、まさにそうすることによって、結局ブルジョアジーの利益のための闘士の役をするだけである」（「新しい革命的労働者同盟」『プロレタリアート』掲載論文　一九〇五年六月〔邦訳『レーニン全集』第八巻　五〇七頁〕）。

このようにしてレーニンは、共産党となるものの基礎、つまりイデオロギー的統一、効率、階層制と集権的構造、そしてプロレタリアート自身がどのように考えようとも、党はプロレタリアートの利益を代表しているという確信によって特徴づけられる共産党の基礎を築いた。つまり、それ自体の利益を自動的に労働階級と普遍的進歩の利益であると見なす党であ

672

る。なぜなら、戦術的な目的を例外として、自らが代表すると任じる人びとの現実の欲求や熱望を無視する権利を与える「科学的知識」を、党が持つからである。

ローザ・ルクセンブルクと同じようにメンシェビキは、レーニンをブランキ主義者として、クーデターによって現体制を破壊しようと陰謀を巡らし、トカチョフのような陰謀めいたイデオロギーを抱き、「客観的条件」もないまま権力のために奔走している、として徹底的に糾弾した。レーニンは、自分の理論はブランキ主義とは何の関わりもなく、自分はプロレタリアートの実際の支持を得た党を建設することを欲し、一握りの陰謀家集団によって遂行される革命の思想は持たないと応じた。

メンシェビキは、彼は「主観的要素」つまり、革命的気概（revolutionary will-power）の決定的役割という反マルクス主義的信念を持つ、と主張した。史的唯物論は、革命の意識は党の努力によって人為的に創り出されるのではなく、社会的諸条件の成熟に依存すると教えた。革命的情勢を引き起こす経済の推移を待たずに革命を引き起こそうとする試みは、社会発展の法則を侵害している、と。

誇張されているけれども、このような批判は根拠のないものではなかった。当然ながら、レーニンは、適切に準備されれば陰謀家の小グループがいつの段階か遂行できるかもしれないクーデターを考える、という意味での「ブランキ主義者」ではなかった。彼は、革命は意志の力で計画され生み出したりはできない根本的な事件である、と理解していた。彼の見解は、ロシアの革命は不可避的であり、それが勃発したときに、党はそれを指導して歴史の波に乗り、権力を握り、最初から革命的農民の代表とそれを共有するように準備されていなければならない、というものであった。

彼は革命を引き起こすことは計画しなかったが、革命意識の成長を醸成し、最終的には大衆運動の支配権を握ることは計画した。もし党が革命過程における「主観的要素」であるならば、これがレーニンとその反対者の双方が問題をどのように把握していたかであるのだが、労働者階級の自発的反乱は、その形態と方向を与える党がそこに存在しなければ失敗に終わるだろう、というのがレーニンの真の意見であった。

これが、社会主義意識の唯一可能な運搬体としての党の役割の一目瞭然とした帰結であった。プロレタリアート自体は、そのような意識を発達させることはできない。それゆえに、革命の意志は経済的出来事によって単純に引き起こされるのではなく、意図的に組織されなければならない。「経済主義者」、メンシェビキそしてドイツ社会民主党の左派、これらのすべてが社会主義革命を自動的に引き起こす経済法則に期待をかけていたのであるが、彼らは破滅的な方針に従っていた。なぜなら、これは決してそうはならないからである。

この問題で、マルクスに訴えるようなものはなかった（レーニンによれば、ローザ・ルクセンブルクはマルクスの理論を「卑俗化し、悪用した」）。マルクスは、社会主義的またはその他の意識は社会の諸条件から自動的に生れず、そのような諸条件はその発達を可能にするだけだと言った。その可能性が現実となるためには、革命の理念と意志が組織された党という形で存在しなければならない。

673

この論争において、どちらの側がマルクスをより正確に解釈したかということについて、確かな答えは存在しない。マルクスは社会的諸条件が早晩これらの諸条件を転換する意識を生成させること、しかし、その転換が実現するためには、意識は明示的でくっきりとした形を最初に取らなければならないと信じた。彼の多くの著作が、意識は現実の状況の反映でしかないという見方を支持するのに引用することができ、それは正統派の日和見主義（attentisme）を正当化しているようにも見える。

しかし他方で、マルクスは彼自身の著作を潜在的意識の表現、あるいは明確化とも見なした。プロレタリアートの歴史的使命に触れた最初の文章で、彼はこう述べる。「われわれはこれらの硬直した諸関係がそれらに対して歌いかけることによって踊り出すように強制しなければならない」と。誰かが歌いかけなければならない。「諸関係」は自分自身では踊りだすことはできないのである。もし、「社会的存在が意識を決定する」という原則が過去の歴史だけに当てはまり、その中で社会的意識が例外なく

「神秘化された」形態をとり、そしてプロレタリアートが登場したときに有効であることを停止するとすれば、その場合、前衛は意識を呼び起こすのに必要であるという理論はマルクスの教えと合致することになる。

そういうわけで、問題は単純に、目覚めが可能である点まで諸条件が成熟したことを決定する基準を、われわれが確定することである。マルクス主義は、これらの基準が何であるかについては何も指示していない。レーニンはしばしば、プロレタリアートは（物事の本性上）革命的階級であると述べた。しかしながら、これはプロレタリアートがそれ自体として革命意識を発達させることを意味するのではなく、ただ革命意識を党から受け入れる可能性があることを意味するだけである。

それゆえに、レーニンは「ブランキ主義者」ではなかったが、他方で、彼は党のみが革命意識の発動者および源泉となることができ、またそうならなければならないと信じた。「主観的要素」は、社会主義への前進にとって必要な条件であるばかりではなく（メンシェビキを含むあらゆるマルクス主義者が受け入れていたように）、プロレタリアートからの援助なしには革命を始めることはできないけれども、それは革命意識の真の創造者でもあった。マルクス自身は、このような言葉で問題を設定していないけれども、この点におけるレーニンの見解がマルクス主義の「歪曲」であるという主張は根拠不十分である。

3　民族の問題

第二回大会はまた、民族の問題にたいする確固たる立場を表明する機会となった。民族の問題はツァーリ帝国の政治において基本的な要素であった。この問題はブンドによって提起され、ユダヤ人労働者の唯一の代表として認められるべきだとする彼らの主張はレーニンを含む多数派によって却下された。

カウツキー、ストルーヴェを含む他の多くの人びとと同じように、レーニンは、ユダヤ人は共通の言語や領土的基礎を持たないのだから民族と考えることはできないと考えた。彼はまた、それが民族の基準に基づく連合的政党の創設を暗に意味することから、その原則からもブンドの提案に反対した。レーニンの見方では、出生、教育、そして職業の相違は党において評価の対象となるものではなく、このことは民族にたいしてもなおさら当てはまる。集権化は党構成員のすべての差異を廃棄するものであり、各党員はもっとも純粋な党精神の体現者でなければならず、それ以外は何もない。

この問題は、帝国の臣民が民族主義運動の中で彼らの分離主義を表明するにつれて、レーニンの注意をますます惹きつけた。彼は、党が民族的抑圧を非難し、何をさておいても専制支配体制を覆す梃子としてこの問題を利用することを望んだ。レーニンが大ロシア排外主義（Great Russian chauvinism）を憎み、党内でそれを根絶するために最善を尽くしたことは疑いがない。一九〇一年末のツァーリ政府によるフィンランドの穏健な自律にたいする侵害について、彼は次のように書いた。「われわれは、他の種族を奴隷に変えるために利用されるほどに、自分自身いまなお奴隷なのである。われわれは、死刑執行人の残忍さでロシアにおける自由へのあらゆる志向を鎮圧しているだけでなく、そのうえさらに、他国の自由を暴力的に侵害するためにロシアの軍隊を利用しているような政府を、自分の国にいまでも我慢しているのだ」（『イスクラ』一九〇一年一一月二〇日［邦訳『レーニン全集』第五巻　三三二頁］）。

ロシアの社会民主主義者の中で、民族抑圧問題にかんする論争は存在しなかった。しかし、彼らのすべてが自決権、つまり各民族の独立した政治的存在の権利を受け入れたのではなかった。オーストリア・マルクス主義者は二重帝国内での民族の自律を支持した。つまり、各民族集団は言語、文化、教育、出版等の完全な自由を持つべきであるとした。しかし、政治的独立は明示的に言及されなかった。レンナー、バウアーそして彼らの同僚たちは、党内の民族的対立に絶えまなく悩まされた。オーストリア・ハンガリーのプロレタリアートは一二あるいはそれ以上の民族集団に属し、たいていは明瞭な地域に属さず地理的に混合され、その結果、政治的分離主義は解決不能な境界線問題を引き起こした。

675

ロシアに関するかぎり、文化的自律は不十分であって、自決はそれが独立国家を形成する権利を含まなければ無益である、とレーニンは考えた。彼はこの考え方をいくつかの機会に表明し、スターリンが一九一三年の民族問題の小冊子でそのように表明するよう励ました。自決の権利はポーランド王国独立民主党との長期にわたる論争の主題であり、このためにこの党はロシア社会民主労働党の外にしばらく留まっていた。既に触れたように、レーニンのもっとも頑強な反対者はローザ・ルクセンブルクであった。この問題に関する彼女の立場は、ポーランドの特殊な事情とは別に、マルクスに忠実という点で頑強であった。レーニンの見解においては、すべての人びとに等しく自決権は保障されるのであり、科学的社会主義の創設者たちと異なって、彼は「歴史的」民族と「非歴史的民族」とのあいだに区別を設けなかった。

しかしながら、いずれにしても理論上、論争は見かけほどには激しくなかった。レーニンは自決権を承認したが、最初から彼は一定の留保条件をつけた。このことが、革命後の短期間に、レーニンの原則が不変のままに残されながらも、実にそうなる運命にあったのだが、問題の「権利」が空虚な飾り物となった事実を説明する。

第一の制限は、党は自決権を擁護したけれども、それは党自体が分離主義者のすべての目的を支持することを約束するものではない、ということであった。多くの、実にほとんどの場合において、党は分離主義者と反対の側に立った。この点で矛盾はない、とレーニンは主張した。つまり、党は離婚の合法化を要求したかもしれないが、しかし、それは党が結婚したすべての夫婦が離婚することを欲したことにはならない、と。

「われわれプロレタリアートの党は、暴力もしくは不正によって外部から民族自決に影響をあたえようとするいっさいの企てに、つねに無条件に反対しなければならない、ということである。われわれは、自分のこの消極的な義務（暴力にたいする闘争と抗議）をつねにはたしながらも、われわれ自身としては、民族の自決ではなく、それぞれの民族内のプロレタリアートの自決について配慮する。——民族自治の要求の支持についていえば、この支持は、けっしてプロレタリアートの恒常的、綱領的な義務ではない。これを支持することは、個々の例外的なばあいにだけ、プロレタリアートにとって必要なものとなりうるのである」（「アルメニア社会民主主義者の宣言について」（『イスクラ』一九〇三年二月一日［邦訳『レーニン全集』第六巻　三三八頁］）。

第二の制限は、党が人民全体ではなくプロレタリアートの自決権に関心を持つ、という一般原則から出てきた。ポーランド社会党を攻撃して、レーニンは、この党はポーランドの独立を無条件に要求する中で「その理論的意識においてもその政治活動においてもいかにプロレタリアートの階級闘争との結びつきが弱いかを、証明するものである。われわれは、まさにこの闘争の利益に、民族自決の要求を従属させなければならない。——マルクス主義者は条件つきでなければ、民族独立の要求を認めるわけにはいかない」（「われわれの綱領における民族問題」『イスクラ』一九〇三年七月一五日［邦訳『レーニン全集』第六巻　四七一頁］）。

ポーランド問題は、この討論において三つの理由によって決定的であった。第一に、ポーランドはヨーロッパの従属国の中では最大であった。第二に、それは三つの大陸国家権力に分割されていた。第三に、マルクスによれば、ポーランドの独立はツァーリ専制支配体制や他の分割支配権力、ドイツやオーストリア・ハンガリーという形の反動派にたいして決定的な打撃を与えるだろう。しかしながら、ローザ・ルクセンブルクとレーニンの両者は共に、この点でのマルクスの見解は、かつては有効だったかもしれないが、時代遅れであると信じた。

ローザ・ルクセンブルクは、ポーランド独立の回復をツァーリ帝国の経済の動向に反する、として認めなかった。つまり、どんな事情にせよ、彼女は民族自決権を、民族全体に共通の理想という見せかけでもってプロレタリアートを騙すように設計されたブルジョアジーの発明、と見なした。この点でレーニンはそれほど強固ではなかったが、それでも彼はポーランドの社会民主主義者が、党の利益に反するにもかかわらず、党の目的として独立のために進む、という考え方を拒絶した。

676

彼は、一九〇二年にメーリングが提起したいくつかの所見を全面的に肯定しつつ引用した。「もしポーランドのプロレタリアートが、彼らの旗の上にポーランドの階級国家、すなわち支配階級自身が耳をかそうともしない、階級国家の復興を書きしるそうと望むなら、プロレタリアートは、歴史上の謝肉祭劇を演じることになるだろう。――もしまたその上、民族的扇動がまだいくぶんの反響を生むインテリゲンチャや小ブルジョアジーの層に働きかけて、プロレタリア的扇動に好意を持たせるために、この反動的ユートピアがおこってくるとしたら、それは、とるにたらぬ安っぽい瞬間的な成功のために労働者階級の永続的な利益を犠牲に供する、あのいまわしい日和見主義の所産として、二重に根拠を欠いている」。同時に、レーニンは付け加えた。「疑いもなくポーランドの復興は、資本主義の没落以前にはきわめてありそうにもないことであるが、しかしそれは絶対に不可能だとか、ポーランドのブルジョアジーがある種の事情の組み合わせのもとで独立に味方することはありえない、などということはできない。――そして、ロシア社会民主党はけっして自分の手をしばるようなことはしない」［邦訳　同前　四七五頁］。

このようにレーニンの立場は明快であって、周知のことだが、彼がすべての人民の政治的独立の擁護者と表すことができると認めることはできない。彼は民族抑圧にたいする確信的な反対者であり、自決の権利を宣言した。しかし、社会民主主義者が政治的分離主義を支持できるのは、例外的環境のもとにおいてのみである、という留保条件を常に付けた。自決権は党の利益に常に絶対的に従属するのであり、もし党の利益がいかなる人民の民族的熱望とも衝突するならば、それは問題にならない。

この留保条件は、事実上自決権を無効とさせ、それを純粋に戦術上の武器に変えた。党は権力への闘争において民族の熱情を常に利用しようとする。しかし、「プロレタリアートの利益」は全人民の要求に従属させられることはできない。革命後まもなく、レーニンがブレスト・リトフスク条約に関するテーゼの中で述べたように、「どのマルクス主義者も、マルクス主義と社会主義一般の原則と手を切らないかぎり、社会主義の利益が民族自決権の利益に優先することを否定することはできないであろう」［邦訳『レーニン全集』第二六巻　四五九頁］。

しかしながら、プロレタリアートの利益は定義上党の利益と同じであり、プロレタリアートの真の熱望は党の口を通じてしか語られないのだから、もし党が権力を握ったら、独立か分離かの問題を決定する能力は党しか持たないことになる。これが一九一九年の党綱領に明記され、そこでは、各民族の歴史的発展の水準が独立に関する真の意志を誰が表明するかの問題を決定しなければならない、と述べられていた。

また党のイデオロギーが確立されるにつれて、「民族の意志」は常にその第一位の階級、つまり、プロレタリアートの意志において表明され、他方プロレタリアートの意志は多民族国家全体を代表する集権的な党の意志として表明されるのだから、個別の民族が自らの運命を決める権限を持たないことは明白である。これらすべてがレーニンのマルクス主義と民族自決の権利に関する彼の解釈と完全に一致する。いったん、「プロレタリアートの利益」がプロレタリア国家の利益と一体化されるならば、その国家の利益と権限がすべての民族的熱望に優先することは疑いがない。

自由であることを求める民族にたいする、一度ならず何度にもわたる侵略と武力による抑圧は、レーニンの見解とまったく一致した。グルジアにおいて、オルジェニキーゼ、スターリン、ジェルジンスキーによって採用された野蛮なやり方にたいするレーニンの反対は、できるだけ残忍ではない方法を用いるべきだという彼の側の要望によるものであって、その隣人たちを押さえ込む「プロレタリア国家」の権利を左右するものではなかった。彼は、合法的選挙によって設立された社会民主主義者の政府を有するグルジア人民が、赤軍による軍事侵攻の対象になったという事実は誤りではない、と見ていた。

同じように、ポーランド・ソビエト戦争が勃発するやいなや、ポーランドのプロレタリアートが侵入してきたソビエトの軍隊を解放者として迎えるだろう、とレーニンが信じたのは事実には違いないけれども、ポーランドの独立の承認がレーニンをしてポーランドのソビエト政府の中枢の形成を止めさせる、ということはならなかった。

要するに、プロレタリアートの利益が唯一の絶対的価値であり、それはプロレタリアートの「真の」意識の担い手であると宣言する党の利益と一致するという前提に立てば、民族自決の原則は戦術的武器以上のものではあり得ない。レーニンはこのことを充分に弁えていた。それはこの自決原則が彼の理論の重要な部分ではなかった、と言うことではない。その反対に、党が権力のための闘争で利用でき、また利用しなければならないエネルギーの強大な源泉としての民族的熱情の発見は、彼の方針のもっとも重要な特徴の一つであり、その成功を大いに保障したのであって、マルクス主義の階級闘争の理論は、民族問題に特別の注意を払うことを必要としない、とする正統派の見解とは正反対であった。

しかしながら、レーニンは、彼の理論がうまく行ったという意味で「正しかった」だけではない。それはまたマルクス主義にも沿っていた。「プロレタリアートの利益」が最高の価値であるのだから、その利益を促進するために民族紛争や熱情を利用することに反対というのはあり得ず、ましてや、資本主義の権力を弱めるために、征服され植民地にされた地域のそうした熱情を支持するソビエト国家の後の時代の方針に反対、というのはあり得ない。他方、エンゲルスの「歴史的」民族と「非歴史的」民族の区分、そしてレーニンの強大な民族の民族主義と弱小民族の民族主義の区分は、基本的教説に従ったものではなく、特殊な歴史的環境に関係した傍論と見た方が良い。

その「純粋な」形態の民族自決の原則、つまり、あらゆる環境のもとでも有効な絶対的権利としてのそれは、明らかにマルクス主義と反対であって、この観点からローザ・ルクセンブルクの立場を擁護することは簡単である。階級区分がもっとも重要で、国際的であり、そのために闘うに値する民族的利益などは存在し得ない。しかし、この原則を単なる戦術のそれに還元したレーニンの遠大な留保条件の観点からすれば、彼の民族的利益の擁護が確立された理論と矛盾すると主張することはできない。換言すれば、この問題での彼とローザ・ルクセンブルクとの論争は戦術の論争であって、原則の論争ではなかった。民族的差異と民族的文化は、レーニンの視座からすれば本質的な価値を持たず、彼がたびたび繰り返したように、それは本質的にはブルジョアジーの政治的武器であった。

彼が一九〇八年に書いたように「プロレタリアートは自己の闘争の政治的、社会的、文化的諸条件に、無関心な、無頓着な態度をとることはできない。したがって、彼らの国（country）の運命にも無関心ではいられない。しかし国の運命が関心をひくのは、それが彼らの階級闘争に関係をもつかぎりにすぎず、社会民主主義者が口にしてはまったく不体裁なブルジョア的『愛国心』のためではない」［邦訳『レーニン全集』第一五巻　一八一頁］。

「われわれは『民族的文化』のがわに立つのではなく、おのおのの民族的文化のうちの一部分だけが、すなわち、おのおのの民族的文化の首尾一貫した民主主義的内容と社会主義的内容だけがその中に入っている、国際的文化の側に立つものである。——われわれは、ブルジョア民族主義の一スローガンとしての民族的文化に反対である。われわれは徹底的に民主主義的で、社会主義的なプロレタリアートの国際的文化に賛成である」［邦訳『レーニン全集』第一九巻　一〇六頁］。「自決権は、中央集権というわれわれの一般的前提の例外である。この例外は、大ロシア人的民族主義にたいしては無条件に必要である。そして、この例外を少しでも否定することは日和見主義であり（たとえば、ローザ・ルクセンブルクに見られるように）、おろかにも大ロシア人的民族主義を利することである」［邦訳　同前　五四〇頁］。

レーニンは戦前も戦中も、たびたび自らこの線に立って自己の見解を表明した。彼は労働者に祖国はない、という有名な文言を強調して引用し、それをまったく文字通りに信じた。同時に彼は無制限の自決の権利を主張し、それをツァーリ帝国の被抑圧人民にはっきりと適用した唯一の主たる社会民主主義指導者であった。一九一四年の末に彼は短い論文「大ロシア人の民族的誇りについて」（全集二一巻）を書いたが、それはもっとも頻繁に再印刷され、ロシアのコミュニズムがますます排外主義に浸透されてきたとして引用される論文の一つとなった。

あらゆる形態の「愛国主義」（常に引用符付き）を非難し、嘲笑したレーニンの他のすべての論文と異なり、彼はこの時に、ロシアの革命家は自分たちの言語と国を愛すると宣言した。つまり、彼ら革命家たちは自分たちの革命的伝統を誇りに思い、そのことを理由として、働く人びとの最小の損害であらゆる戦争におけるツァーリ体制の敗北を望んでいる、と。そしてまた、大ロシア人の利益はロシアのプロレタリアートとすべての人びとの利益に一致している、と。これはレーニンの書いたものでは唯一の種類の論文であり、民族文化はそれ自体として価値があり、守るに値すると見なしているように見えるかぎりにおいて、レーニンの他の論文とかけ離れている。

679

全体としてレーニンの理論という観点からすれば、これは自分の見解を水増しすることによって、当時ボルシェビキに向けられた反乱という非難に反駁し、自分たちの方針は「愛国的」根拠からも支持に値するという印象を与えるためであった。確かに、大ロシア人の民族的誇りの擁護が「民族文化のスローガンを擁護するもの、このようなもののしめる席は、マルクス主義者のあいだではなく民族主義的小市民のあいだにある」（「民族問題についての論評」邦訳『レーニン全集』第二〇巻一〇頁）という言説とどのように調和させ得るかについて理解するのは難しい。しかしながら、一九一四年一二月の論文は、自決の原則からもレーニンがそれに課した制限からもはずれてはいなかった。

4　民主主義革命におけるプロレタリアートとブルジョアジー
トロツキーと「永続革命」

すべての社会民主主義者が、ロシアは専制政治を一掃して民主主義的自由を確立し、農民に土地を与え、奴隷制の遺制と人格的隷属を廃棄するブルジョア革命の前夜にある、という点では一致していた。しかしこれは、いくつかの重要な問題を未決定のまま残しており、それらはある程度はマルクス主義理論の理論的基礎と関係した。

ロシアのブルジョアジーは、あまりにも脆弱で、革命を指導することを怖がっているのだから、プロレタリアートが来たる革命を指導することになるだろうという理念は、プレハーノフに由来し、最初の頃はポピュリスト、後になって経済主義者と論争した社会民主主義者の中では多かれ少なかれ共通した財産であった。しかしながら、メンシェビキはこの意見を一貫しては支持せず、革命のブルジョア的性格上、専制政治を一掃するプロレタリアートの自然な同盟者は、ブルジョアジーと自由主義的な政党であり、そして革命後はこれらの後者が権力の座につき、社会民主主義者はその反対の側に位置する、と推測した。

この点において、レーニンは早い段階でまったく異なる戦略を表明した。革命がロシアの資本主義への道を開くだろうという事実は、革命後にブルジョアジーが政治権力を握るとか、あるいはまた、社会民主主義者が革命を引き起こすために自由主義者と連合しなければならないことを意味しない、と。

レーニンがこの考え方に至ったのは、自由主義者にたいする彼の根深い憎悪からだけではなく、主として、農民問題が決定的要素であるという彼の確信からであった。この確信から彼は、西欧の民主主義革命の経験に基づく図式のロシアへの採用を強く非難した。正統派マルクス主義者と異なって、彼は農民の満たされない要求の中に横たわる巨大な革命の潜在力を感得し、伝統的見方からすれば、それは小所有者を支持する「反動的」プログラムを意味すると思われるとしても、党はこれを利用しなければならないと主張した（「古典的」パターンに従えば、所有の集中は社会主義への前進を早め、資産の分割はそれゆえに「反動的」である）。

レーニンは、その厳しく実践的で、機会主義的で、教条にこだわらない世界観でもって、マルクス主義的「正しさ」に関係なく、そして主に、あるいは専ら、提起された戦術の政治的有効性だけに関心を集中した。「一般的に言えば」と彼は書いた。

「小所有を支持することは反動的である。なぜなら、そういう支持は資本主義的大経営に鉾先を向けており、したがって、社会の発展を阻止し、階級闘争をぼかし、緩和させるからである。だがいまのばあい、われわれ

680

が小所有を支持しようとしているのは、まさに資本主義に反対してではなく、農奴制に反対してである。——地上のあらゆるものには両面がある。西欧の自作農民は民主主義運動における自己の役割をすでに果たし終えて、今や、プロレタリアートに比べての自己の特権的地位を固執している。だが、ロシアの自作農民はまだ決定的な全人民的民主主義運動の前夜にあり、彼らはこの運動に共鳴しないではいられない。——このような歴史的時機に農民を支持することはわれわれの直接の義務である。

われわれの当面の主要目標は、農村における階級闘争の、全世界の社会民主主義の終局目標の実現をめざす、すなわちプロレタリアートによる政治権力の獲得および社会主義社会の基礎の創造をめざす、プロレタリアートの階級闘争の自由な発展のための道を清めることである」(「ロシア社会民主党の農業綱領」『ザーリア』所収［邦訳『レーニン全集』第六巻　一二七〜八頁、一四三頁］)。

このように、レーニンは「ブルジョアジーとの同盟」という一般的概念を受け入れたが、しかし直ちにそして根本的にそれを制限した。つまり、そのブルジョアジーとは、君主制と合意に達しようと構えている自由主義ブルジョアジーではなく、革命的、共和主義的「ブルジョアジー」つまり小農民である。これが彼とメンシェビキとのあいだの論争の主要な骨子であり、党規約問題よりもさらに重要であった。これは一九〇五年の第三回大会後に執筆されたレーニンの『二つの戦術』の主たるテーマであった。

しかし、それは革命の間だけの同盟だけではなく、その後の権力の問題でもあった。レーニンは、革命が樹立することになるブルジョア社会におけるプロレタリアートと農民による支配、というスローガンを掲げた。この社会は階級闘争の無制限の発展と所有の集中化を認めるだろうが、政治権力はプロレタリアートと農民によってそれぞれの党を通じて行使されるだろうとレーニンは信じた。このことを考慮に入れて、社会民主主義者は農民の支持を開拓し、それにふさわしい農業綱領を準備しなければならない。

681

これが、また論争の主題となった。レーニンはすべての土地の国有化に進むことを提案し、これは特別に社会主義的な措置ではないこと、それはブルジョア社会を傷つけないで農民の支持を獲得するだろう、ということを強調した。エス・エルと同じように、ほとんどのメンシェビキは大所有と教会の土地の無賠償の没収とその後の配分に賛成した。

メンシェビキは領有した土地の「自治体所有化」(municipalizing)、つまり、地方当局に土地を引き渡すことに賛成した。一九〇三年の「貧農に訴える」(to the Rural Poor)の中でレーニンは書いた。「社会民主主義者は、労働者を雇っていない中・小経営主の財産を取り上げることは決してないであろう」［邦訳『レーニン全集』第六巻　四〇七頁］と。しかし、この同じ小冊子で彼は、社会主義革命後に土地を含むすべての生産手段は共有化されると書いた。「貧農」が、これら二つの言説をどのように調和させるよう期待されたかは明らかではない。

すべての社会民主主義者が最小限綱領と最大限綱領の区別を当然のことと見なし、すべての者が、社会民主党がブルジョア革命後の「次の段階」の闘争をどのように進めるかについて関心を集中した。彼らの中の誰もが、ロシアの資本主義の時代がどの程度続くかについて敢えて予測しようとはしなかった。

しかしながら、メンシェビキは、一般的に、西欧の民主主義的で議会主義的な制度を吸収するための全面的な歴史的時期が必要であり、社会主義への転化は遙かに遠い先の展望であると考えた。レーニンの側は、それがマルクス主義の精神の神髄であって、すべての戦術は将来の社会主義の生成に接合されていなければならず、「最終目的」を常に肝に銘じ、党のすべての活動を支配していなければならないというこの原則を真剣に取り上げた。

問題は次の通りである。もしブルジョア革命が人民、つまりプロレタリアートと農民に権力を与えることになれば、彼らは社会主義の方向に社会を転換することを不可避的に求め、その結果、ブルジョア革命は社会主義革命に成長しないのだろうか、と。この問題は一九〇五年革命の直前の時

682

期に前面に浮かび上がり、その直後にパルヴスとトロツキーの著作に現れた。

レオ・トロツキー（Leo Trotsky レフ・ダヴードヴィチ・ブロンシュタイン）は一九〇二から三年にかけてロシアの亡命者サークルの有能なマルクス主義の代表者として、自分でこの名前を付けた。一八七九年一一月七日（新暦）にユダヤ人農民（ウクライナでは少数だった）の息子として、ヘルソン県のヤノフカで生まれた彼は、オデッサとニコラーエフの学校に進み、一八歳でマルクス主義者となった。オデッサ大学で数ヵ月間数学を学んだが、まもなく政治活動に熱中し、南ロシア労働者同盟で活動した。この団体は純粋に社会民主主義的ではなかったが、マルクス主義思想の影響をかなり受けていた。

彼は一八九八年の初めに逮捕され、ほぼ二年間を拘置所で過ごし、それから四年のシベリア追放の刑を受けた。拘置所と追放中に彼は熱心に自分のマルクス主義教育を続行し、シベリアでは講義を行い、合法的新聞に論文も書いた。その名で歴史に残ることになるトロツキーという名前の偽のパスポートで流刑から逃れ、一九〇二年の秋にロンドンでレーニンと合流し、イスクラ紙の寄稿者となった。

第二回大会で、彼はレーニンの草案第一条に反対投票をした多数派の一人であった。その根拠はレーニンが党を労働者階級の組織ではなく陰謀家の閉じたサークルに転換しようとしている、というものであった。彼はしばらくの間はメンシェビキの陣営に留まったが、自由主義者との連合に向かう傾向を不服とするかなり以前に、そこから脱退した。

一九〇四年にジュネーブで『われわれの政治的任務』と題する小冊子を発行したが、それはとりわけ、レーニンの党概念を攻撃した。彼は、レーニンは人民と労働者階級を軽蔑し、プロレタリアートの代わりに党をもってこようとしているが、それはやがて中央委員会が党にとって代わり、独裁者が中央委員会にとって代わることを意味すると主張した。これ以降大いに引用されることになったこの予言は、ローザ・ルクセンブルクのレーニン批判と同じ前提に立っていた。つまり、集権化され、階層化された職業革命家の党という理念は、労働者階級は自らの努力によってのみ解放され得るというマルクス主義の基本原則に反する、と。

何年ものあいだ、トロツキーは主に社会民主主義の独立した執筆者として活動し、党のいずれの派にも同一化せず、統一の回復に向けて自分の影響力を使った。ミュンヘンでパルヴスと友人になったが、パルヴスはドイツに居を構え、ドイツ社会民主党の左派に属し、永続革命論の真の先駆者・創設者と目されたユダヤ系ロシア人である。

彼の見解は、ロシアの民主主義革命は社会民主党の政府を権力の座に就かせるのだが、この政府は必然的に革命の過程を社会主義に向って継続させるように努力するだろう、というものであった。トロツキーはこの理念を採用し、一九〇五年革命に照らしてこれを詳細に展開した。この事件を一般化して、彼は、ロシアのブルジョアジーは弱体なので来たる革命はプロレタリアートによって主導されなければならず、そしてそれゆえに、それはブルジョア的段階に立ち止まってはいないだろうと述べた。ロシアの経済的後進性は、ブルジョア革命が社会主義革命によって直ちに継がれることを意味する、と（これはマルクスとエンゲルスの一八四八年のドイツについての予言と同じであった）。

しかし、「第一の段階」においてプロレタリアートは農民によって支持されるだろうが、社会主義革命においてはそれに反対する小所有者の大衆に直面するであろう。ロシアにおいて少数派のままであるプロレタリアートは、西ヨーロッパの社会主義革命によって援助されなければ、自力で権力を維持することはできないだろう。しかし、革命の過程はロシアからヨーロッパ、そして残りの世界へと急速に広がることが期待される。

トロツキーの「永続革命」の理論は、これ以降に彼が繰り返したこの二つの命題、つまり、ロシアのブルジョア革命は連続的に社会主義革命に発展するだろうということ、そしてこれが西ヨーロッパの大変動を引き起こすだろうということに基づいた。もしそうならなければ、プロレタリアートは農民大衆からの圧倒的な反対と闘わなければならなくなるのだから、ロシア革命は生き残ることはできないだろう、と。

一九一七年の春までレーニンは、第一の革命が第二の革命に直ちに発展するだろうとは信じておらず、「第一段階」で社会民主党の政府が権力に就くだろうという、パルヴスの見解に反駁していた。そのような政府は長続きできない。なぜなら、「いくぶんでも恒久的なものとなることができるのは、人民の膨大な多数者に依拠する革命的独裁のみであるからだ。――だが、ロシアのプロレタリアートは、いまは、ロシアの住民のうちでは少数である」と彼は一九〇五年の春に書いた（「社会民主党と臨時革命政
683
府」［邦訳『レーニン全集』第八巻　二八九頁］）。

それゆえに、社会民主党は小農民との権力の共有を考えなければならず、それはそっくりそのまま専制政治の打倒に利益を有するのであるが、社会主義への直接的移行に利益を有するのではない。他方で、レーニンは一九〇五年革命の前に、プロレタリアートの独裁はすべての小農民的所有者階級に反対して、そしてそれらにたいする独裁でなければならない、と書いた。これは彼の「プレハーノフの第二次綱領草案についての意見」で明瞭に表されていた。

「『独裁』の概念とプロレタリアートにたいする外部からの支持を積極的に認めることが相いれないということは、疑う余地がない。もし、プロレタリアートが彼らの革命、プロレタリア革命を成就する際に小ブルジョアジーがプロレタリアートを支持するということを、われわれがほんとうに積極的に知っているなら、『独裁』を語る理由は何もないことになる。なぜなら、その場合には、圧倒的多数者がわれわれに味方することが完全に保証されているので、独裁などなくても立派にやっていけるだろう。――プロレタリアートの独裁の必要を認めることは、ひとりプロレタリアートだけが真に革命的な階級であるという『共産党宣言』の命題と、もっとも緊密に、切っても切れないように結びついているのである。

われわれがわれわれの綱領の実践的部分で、小生産者（たとえば農民）に『好意』を示せば示すほど、綱領の原則的部分では、この信頼しえない二股的な社会的分子にたいして、それだけ『厳格』でなければならず、自分の立場をいささかなりともゆずってはならないのである。つまり、われわれは言う、もし君がこういうわれわれの立場を受け入れるなら、そのときには君はあらゆる『好意』を受けるであろう。だが、もし受け入れないなら、それなら、どうかわれわれのことを悪く思わないでほしい。その場合にはわれわれは、『独裁』を行いながら、君についてこう言うであろう。権力を行使しなければならない時に、無駄口をきくのは無用なことだ、と」［邦訳『レーニン全集』第六巻　三七頁　三九頁注1］。

これらの見解に沿って、レーニンは一九〇六年の「農民綱領の修正」で次のように書いた。「事態が農民蜂起の勝利に近づけば近づくほど、プロレタリアートに反対する方向への経営主たる農民の転換は近づき、独立のプロレタリア組織はますます必要となる。――農村プロレタリアートは、完全な社会主義的変革をめざす闘争のために、都市プロレタリアートとともに自らを独自に組織しなければならない」［邦訳『レーニン全集』第一〇巻　一七四頁］。

それゆえに綱領は、「農民の獲得物をうちかため、民主主義の勝利からプロレタリアートの社会主義をめざす直接の闘争へ移るために、［農民］運動はさらに一歩前進しうるし、またしなければならないという正確な定義」を含まなければならない［邦訳　同前　一七四頁］。

一九〇六年四月の党の「統一大会」でレーニンは、彼はそうなることを
684
確信していたのだが、西ヨーロッパのプロレタリアートの蜂起がなければ、農民の抵抗が革命を挫折させるだろう、という見解を明瞭に保持していた。

「ロシア革命は、自力で勝利を得ることはできるが、しかし自分自身の腕ではけっして自分の獲得物を保持し、強固なものにすることはできない。ロシア革命は、もし西欧で社会主義革命が起こらなければこれを達成することができない。この条件がなければ、われわれが分権化、国有化、あるいは土地の配分をしようがしまいが、復古は避けられない。なぜなら、どんな領有形態、どんな所有形態のもとでも、小経営者は復古の支柱

となるだろうからである。民主主義革命が完全に勝利したのちに、小経営者は不可避的にプロレタリアートに反対する方向に転換するだろう。そして、プロレタリアートと小経営者の共通の敵―資本家、地主、金融ブルジョアジーといった―がすっかり放り出されるのが早ければ早いほど、それだけ早くこの事態が起こるであろう。わが民主共和国は、西欧の社会主義的プロレタリアート以外に、どんな予備軍ももたない」［邦訳『レーニン全集』第一〇巻　一七〇頁　一部変更・修正］。

後になってスターリンが、レーニン主義と永続革命理論の「基本的矛盾」を語った際に、どれだけ過度に誇張したかをこれは明瞭に示している。スターリンはトロツキーに反対して、第一に、この理論は革命勢力としての農民への不信を含意し、階級としての彼らは社会主義革命においてプロレタリアートの敵であると示唆する、と主張した。第二に、トロツキーは一国での社会主義建設の可能性に疑問を呈し、革命は西欧における反乱がなくともロシアでその達成を保持できると信じなかった、と主張した。

スターリンによれば、これらの二つの点でレーニンとトロツキーは最初から全面的に対立した、と。しかし事実として、レーニンは一九一七年以前に、彼だけがそうだったのではないが、ロシアの民主主義革命ですら、そして社会主義革命は言うまでもなく、西ヨーロッパの社会主義革命がなければ自力では維持できないと考えた。レーニンは農村プロレタリアート、つまり、その利益が都市労働者と一致し、それゆえに社会主義革命を支持すると彼が信じる、土地を持たない農民を組織する必要を強調した。

しかし彼は、一九一七年以前に、小農民全体は「第二段階」でプロレタリアートに敵対するだろう、と考えていた。最終的に、レーニンは、「第一段階」は社会主義の政府に行き着けないけれども、それは「社会主義のための直接的なプロレタリアの闘争」を開始させるだろうと考えた。

永続革命の理論は、それが第一段階で一挙にプロレタリアートあるいは党による支配に行き着くと示唆するかぎりにおいて、レーニンの見解と食い違っていた。レーニンがプロレタリアートと小農民全体との架橋しがたい溝という理論に基づく政策に反対せざるを得なくなったのは大分後であって、レーニンが自分の戦術を農村における階級闘争に基づかせ、プロレタリアートと農村貧民による独裁の理論を押し出した時点であった。

＊　＊　＊

党の理論、民族問題そしてプロレタリアートのブルジョアジーおよび農民との関係、これらの三点で、レーニン自身もその新奇さを最初はよく分かってはいなかったけれども、レーニン主義は一九〇五年革命以前に、社会主義運動の中の新しい編成として明確な形を取った。レーニン主義は都市ブルジョアジーではなく、小農民と連合した社会主義運動を構想した。つまり、プロレタリアートは半封建国家における民主主義革命のために自らを組織しなければならないのだが、それは、最初は小農民と民主主義的な権力を共有し、その後にブルジョアジーと小農土地所有者に反対する社会主義とプロレタリア独裁の闘争を開始する、という希望のもとであった。

このすべてにおいてプロレタリアートは、党、つまりプロレタリアートの意識の真の保持者である党のリーダーシップの下で行動しなければならない。党は労働者からの支持を求めつつも、それ自体をそうした労働者の支持を理由としてではなく、社会の「科学的」認識を理由として、自らをプロレタリア的である、と考える。それは中央集権化され、階層化された党でなければならず、職業革命家を中心に建設され、その戦術とイデオロギーにおいて「経験的な」プロレタリアートから独立していなければならない。その任務は、民族的、社会的、宗教的あるいは知的であろうが、旧体制への反対を志向するすべての分子や反対物を利用し、それらすべてのエネルギーを合流させることである。しかし、それは彼らと同一化するためではなく、自らの目的のために彼らを使うのである。

このように、党は自らの将来の意図が自由主義を粉砕することであるとしても、ツァーリ体制に反対する自由主義的反対派を支持する。党は、その究極の目的が農民から彼らの土地への権利を剥奪することであるとしても、封建遺制に反対する農民を支持する。党は無神論を表明し「宗教的偏見」を一掃しようと意図するけれども、正教派の迫害に抗する宗派を支援

686

する。党は自らの目的が民族国家をすべて一掃することであるけれども、民族運動と独立の熱望が帝国を妨げる助けになるかぎりにおいてこれらを支持する。

要するに、党は現体制への反対をめざすすべての破壊的エネルギーを活用することを手がけるのであるが、その一方で党と異なる社会勢力として、これらのエネルギーを内蔵するすべての集団を最終的には粉砕するつもりである。党は、ある種の普遍的組織でなければならず、あらゆる源泉からの社会的エネルギーを一つの流れに統一する。レーニン主義はそのような組織の理論であり、環境の異常な結合に助けられて、あらゆる期待を超えて有効であることが証明され、世界の歴史を変えた。

第17章　ボルシェビキ運動の哲学と政治

1　一九〇五年革命時の分派闘争

第二回大会の効果は、ロシア社会民主党のその後の運動全体を通じて感じ取られた。大会後まもなく、レーニンが大会の後半の段階で獲得したぎりぎりの多数派は、党の統制を実行するために彼が望んだようには使えないことが明らかになった。これは主としてプレハーノフの「背信」が理由であった。大会は党の定期刊行紙の編集委員会を任命した。当時、実際に中央委員会から独立し、実践的にきわめて重要であったこの機関はプレハーノフ、レーニン、マルトフで構成され、残りの「少数派」の人びと、アクセリロード、ヴェラ・ザスーリチ、ポトレソフはレーニンの動議によって排除された。

しかしながら、マルトフはこのように構成された委員会で働くことを断り、他方でプレハーノフは二、三週間後にボルシェビキ派と別れたが、その権威の重みで四人のメンシェビキ派委員の全部で委員会を再構成することに成功した。これが今度はレーニンの辞任を招いた。この時から『イスクラ』はメンシェビキ派の機関紙となり、ボルシェビキ派が自分たちの機関紙を確立するまでには一年を要した。

大会は、論文、小冊子、図書、リーフレットが雪崩のように殺到する機会となり、これらの中で新しく生まれた派閥が、裏切り、陰謀、党資産の横領等の侮辱や抗議を応酬しあった。レーニンの著書『一歩前進、二歩後退』はこのキャンペーンの中で放たれた、もっとも強力な砲弾であった。それは大会におけるすべての重要な投票を分析し、集権的な党という理念を擁護し、メンシェビキ派に機会主義者という烙印を押しつけた。

他方『イスクラ』では、プレハーノフ、アクセリロードそしてマルトフの論文が、ボルシェビキ派は官僚的中央集権主義、不寛容、ボナパルティズムそして純粋な労働者階級の利益をインテリゲンチャ出身の職業革命家の利益に従属させようと企んでいる、と非難した。それぞれの側が他方の側に、その方針はプロレタリアートの利益を真に代表するものではない、という同じような非難を向けた。しかし、その非難はその的を外していたのであって、それは「プロレタリアート」によって意味するものが異なっていたからであった。

メンシェビキは現実の労働者による現実の運動を考え、その勝利を援助するのが党の役割であると考えた。レーニンにとって、労働者の現実の自発的な運動は定義上ブルジョア的な現象であり、他方、真のプロレタリア的な運動はプロレタリア的なイデオロギーの支配性、つまり、マルクス主義のレーニン主義的な解釈によって決定されるものであった。

ボルシェビキとメンシェビキは、理論上は単一政党の分派であり続けた。分裂はロシアの党に不可避的に影響を及ぼしたが、多くの指導者が亡命者の小競り合いをつまらないものと見なし、他方で労働者階級の社会民主主義者はそれらを聞いたことがなかったので、それほどには明瞭にならなかった。二つの派は地下組織にその影響力を広げ、それぞれの側に委員会を設けたが、他方で、レーニンとその支持者たちは党活動を麻痺させている分裂を克服するために、できるだけ早く新しい大会を開催することを主張した。そのあいだにレーニンは、ボグダーノフ、ルナチャルスキー、ボンチーブルヴィチ、ボロフスキーその他の新しい指導者や理論家の助けを得て、ボルシェビキ分派の組織的イデオロギー的土台を創り上げた。

一九〇五年革命は双方の分派に驚きであったが、どちらも最初の自発的な反乱に何の関係も持っていなかった。ロシアに帰還していた亡命者の中で、どちらのグループにも属していなかったトロツキーがもっとも重要な役割を果たした。彼はすぐにサンクト・ペテルブルクに行ったが、他方、レーニンとマルトフは休戦が宣告された後の〇五年一一月まで還らなかった。

革命の第一段階は、そのまま放置しておくならば起こり得ることとしたレーニンの警告をあたかも肯定するかのように、事実として警察によって組織されたペテルブルクの労働者による労働組合の結成と結びついていた。しかしながら、モスクワのオフナーラの長官であったズバートフの庇護の下にあった組合は、彼らの組織者の手から離れた。

労働者階級の指導者としての役割を真剣に引き受けたガポン神父は、冬宮に向かった平和的行進の群れに警察が発砲した「血の日曜日」（一九〇五年一月九日）の結果、革命家となった。この事件は日本との戦争の敗北、ポーランドのストライキ、農民反乱によってすでに頂点に達していた危機を爆発させた。

一九〇五年四月に、レーニンはロンドンでボルシェビキの大会を開き、それを党全体の大会であると宣言して反メンシェビキの決議を採択し、純然たるボルシェビキだけの中央委員会を選出して、当分の間の分裂を決定的なものとした。しかしながら、革命が進展するにつれ、ロシアの双方の派の構成員が相互に協力するようになり、これが和解に向けた力となった。

自発的な労働者の運動は、労働者評議会（ソビエト）という形態の新しい団体を創出した。ロシア内部のボルシェビキは、真の革命的意識を持ち得ない無党派組織として当初はこれを信用しなかった。しかしながら、レーニンは直ちに将来の労働者権力の核と認め、彼の支持者にたいしてこれらに加わり、政治的に統制するために全力を尽くすよう指示した。

一九〇五年一〇月にツアーリは、憲法、市民的自由、言論と集会の自由そして選挙による議会つまりドゥーマを約束するマニュフェストを出した。社会民主党のすべてのグループやエス・エルはこの約束を欺瞞と非難して選挙をボイコットした。〇五年の最後の二ヵ月間に革命はその頂点に達した。モスクワの労働者の反乱は一二月に弾圧された。血の弾圧がロシア、ポーランド、ラトビアの革命の中心地で相次ぎ、その一方で反動派は大量テロと殺人をけしかけた。大規模な反乱が鎮圧されてからしばらく経って、地方の暴動や暴力行動が起こり、権力によって踏みつぶされた。革命のこのような引き潮にもかかわらず、レーニンは当初は闘争の早期の再興を望んだ。しかし、彼も反動的な体制のもとで活動する必要性を最終的に認め、〇七年半ばの第三国会の選挙への社会民主党の参加を要求した。この時に、彼は彼自身のグループの多数からは反対されたが、メンシェビキからは支持された。

革命の結果として、社会民主党は正式に再統一された。一九〇六年のストックホルム大会でメンシェビキはかなりの多数を占めたが、古い名称はそのまま保持された。組織的統一が復活し、その形は次の六年間、レーニンが一二年に最終的分裂をもたらすまで継続した。しかしながら、イデオロギー的戦術的統一はなお欠落していた。

レーニンはしばらくの間は、メンシェビキにたいして以前に比べて粗暴で侮辱的な言葉は使わなくなったけれども、基本的相違と相互非難は継続された。それぞれのグループが、革命の結果を自分たちの理論の確証と解釈した。レーニンは、ブルジョアジー（この場合はカデット）はわずかな譲歩と引き換えにツアーリと合意に達する用意ができており、専制支配よりも人民革命を恐れていることは明らかだと主張した。革命はまたプロレタリアートの他に頼りにできる唯一の勢力は小農民であり、彼らはこの段階で社会民主党の自然な同盟者であることを証明した、と彼は力説した。

他方、メンシェビキの人びとは、革命はその第二段階で、ブルジョアジーをその同盟者と見なすように変わらないばかりか、それを疎外するような過剰に急進主義的な要求によってプロレタリアートが孤立したがゆえに挫折したと考えた。トロツキーは一九〇五年の事件に導かれて自分の永続革命理論をより正確に定式化し、ロシア革命は一挙に社会主義段階に発展するに違いない、そしてそれは西ヨーロッパの社会主義者の反乱を引き起こすことができる、と主張した。

このように、革命後の時期においても古い分裂は残りつづけ、新しい問題に二つの派は直面したが、それぞれの派がそれぞれの理念に従って対応した。メンシェビキは新しい議会の機会を利用することに大きく傾いた。レーニンの支持者たちは当初はボイコットを維持し、ドゥーマに参加することに最終的に合意したときも、それを社会改良の手段ではなく革命の宣伝のための反響板（sounding-board）と位置づけた。メンシェビキは、革命の最中には武装反乱に参加したけれども、武装蜂起は最終的な手段と見なし、それ以外の闘争形態に関心を持った。他方、レーニンにとって、暴力による反乱と権力の征服は、革命の目的を達成する唯一可能な方法であった。

彼は、プレハーノフの言葉「われわれは武器を取ってはならない」に憤慨し、それをメンシェビキのイデオロギー的指導者がどのような日和見主義者であるかを示すために繰り返し引用した。メンシェビキは将来の共和主義国家におけるもっとも分権化された政府形態に賛成し、特にこの理由から、没収した土地を地方政府当局に譲渡することを提案し、国有化はブルジョアジーが握ることになる中央権力を強化することを意味すると主張した（ロシア国家の「アジア的」性格が、分権化措置にプレハーノフが賛成したもう一つの理由であった）。

レーニンは、国有化、つまり農民の土地の没収あるいは地方の集団化ではなく、「絶対地代」の国家への移転という国有化計画を主張した。彼の考えでは、革命後の政府はプロレタリアートと農民の政府であって、したがってメンシェビキの主張は説得力がない。青年スターリンを含む他のボルシェビキも、すべての没収土地の配分に賛成であった。これは農民が実際に要求したものと極めて近く、そして最終的には綱領に書き込まれた。

メンシェビキは、国会の内外で、カデットとの戦術的同盟に傾斜した。レーニンはカデットをツァーリ体制の従僕と非難し、一九〇五年以降に主として「労働グループ」（トルドヴィク）によって代表される小農民との協同を好んだ。メンシェビキは一般労働者大会、つまり全国規模のソビエト・システムという形で、プロレタリアートの広範な非党派的組織の計画を考案したが、これはレーニンにとっては、党を消滅させ、口に出すのも恐ろしいことだが、党に代えてプロレタリアートを宛てることを意味した。

レーニンはまたアクセリロード、ラリンその他の労働者大会の賛同者を激しく攻撃し、ソビエトとその統合は反乱の目的だけに使われるものだと主張した。「労働者代表ソビエトは蜂起の勝利のために必要である。勝利した蜂起は不可避的に別の機関をつくりだす」（「戦術問題の討論集」第二集、一九〇七年四月［邦訳『レーニン全集』第一二巻　三三一頁］）。

次の二、三年間はこれらの問題、特に農業綱領とカデットとの関係の議論で埋め尽くされた。メンシェビキ・グループは大きな疑念に駆られ、合法的制度や広範囲に基礎づけられたプロレタリア組織を重視することを含む戦術問題において絶えず躊躇した。レーニンは、党があらゆる合法的活動の機会を使うことを望んだが、しかし、その秘密組織を維持すること、そして立憲主義、議会主義、労働組合主義の甘言に抵抗することを望んだ。つまり、あらゆる合法的形態は暴力による権力の掌握という究極の目的に従属しなければならない、と。

同時にレーニンは、エス・エルの個人へのテロリズムの方針には反対した。彼は一九〇五年の前に、党は原則として暴力を放棄しないこと、それはある状況のもとでは必要であるが、しかし、大臣やその他の公職者への攻撃は、革命の力を浪費させ、意味のある効果をもたらさないのだから、時期尚早で反生産的であると強調した。

革命期の後半部分で彼は、「強奪」つまり党の資金を補給するためのテロリスト・グループによる武装強盗行為についてメンシェビキと論争した（南コーカサスでスターリンはこの活動の首謀者の一人であった）。メンシェビキとトロツキーはこの行為を無価値で非道徳的だと非難した。レーニンはそれが個人ではなく銀行、列車、あるいは国家資産にたいして行われるという条件つきで擁護した。一九〇七年春のロンドン大会で「強奪」は、レーニンの反対はあったが、メンシェビキ多数派によって非難された。

党の隊列は反動期にきわめて激減させられた。一九〇六年九月の「統一大会」後に、レーニンはその人員を一〇万人余と見積もった。大会の代議員は約一万三千人のボルシェビキ、そして一万八千人のメンシェビキを代表した。ブンドが再加入して三万三千人のユダヤ人労働者をもたらした。これらに二万六千人のポーランド人およびリトアニアの社会民主主義者と一万四千人のラトヴィア人が付け加わったが、それでもトロツキーは、一〇年には全部で一万人ばかりと見積もった。

　しかしながら、弾圧にもかかわらず、革命後の情勢は合法的な活動のためのより広範な機会を提供した。一九〇七年の初めにレーニンはフィンランドに移り、その年の終わりまで二度目の定住をした。彼は第二国会の選挙ボイコットを主張したが、すべての社会民主主義者はこれに必ずしも従わず、三五名が選出された。およそ三ヵ月後に、第二国会は第一国会と同じように解散させられたが、これに際してレーニンはボイコット方針を撤回し、彼の支持者の第三国会への参加を容認した。それは社会改良のためではなく議会主義の幻想を暴露し、農民代議士を革命の方向に押し込むためであった。数ヵ月前には、ボイコットに反対する者は誰であれ、レーニンによってマルクス主義の観念を持たず、この上ない日和見主義者だと名指しされた。今ではボイコットに賛成する者は誰であれ、自ら認めた日和見主義者で無知の人となった。

　ボルシェビキの内部に、レーニンを「左翼から」批判してレーニンからオツォヴィスト（otzovists）、つまり国会から社会民主党の代議士を引き上げる「召喚派」と呼ばれた下位グループが誕生した。他方、もう一つのグループは「最後通牒派」（ultimatists）とあだ名をつけられたのだが、それは、そのほとんどがメンシェビキであった党の代議士に、彼らが従わなければ党による召喚の憂き目にあう、という彼ら宛ての最後通牒を起草したからであった。

　この二つの下位グループの区別は本質的ではなかったが、党は議会に関与するべきではなく将来の革命のための直接的準備に集中すべきであると考える、反レーニンの革命的ボルシェビキの分派が存在したのである。このグループのもっとも活動的なメンバーであるA・A・ボグダーノフは、長年のあいだレーニンのもっとも信頼する同僚であった。彼はロシア国内でボルシェビズムを組織する上で中心的な役割を果たし、レーニンとともに、独立した政治運動としてのボルシェビズムの共同創始者と見なすことができる。その他の召喚派あるいは最後通牒派の中には、ルナチャルスキー、ポクロフスキー、メンジンスキーのような知識人がおり、その中の何人かは後にレーニン主義正統派に復帰した。

　召喚派との戦術論争は、このとき社会民主主義の陣営内に生まれた哲学論争と奇妙な形で絡み合い、それが一九〇九年に出版された唯物論擁護の論文をレーニンから引き出した。この論争は簡潔に記述されるべき前史を持っていた。

2　ロシアの新しい知的動向

世紀の転換にあたってロシアのインテリゲンチャは実証主義、科学主義そして唯物論を放棄する顕著な傾向を示し、それが長期にわたって思想の支配的なモードとなった。同じ傾向がヨーロッパ全体で、詩、絵画、演劇と同じように哲学、社会思想でも見受けられた。

　最後の四半世紀のロシアの典型的な自由思想知識人が信じたのは、科学が社会や個人の生活上のあらゆる問題にたいする回答を用意すること、宗教は無知と欺瞞によって維持される迷信の集成であること、生物学者のメスは神や魂を全滅させること、人間の歴史は進歩によって否応なく強制されること、そして専制支配体制、宗教そしてあらゆる類の抑圧に抗して進歩を支援することがインテリゲンチャの任務であるということ、であった。

　歴史楽観主義、合理主義そして科学の崇拝が、スペンサー流の進化論的実証主義の基調であり、それは一九世紀唯物論の伝統によって力を得た。その最初の段階のロシア・マルクス主義は、継承された世界観の中の実証主義的な要素にたいして当然に最高の地位を与えた。確かに一九世紀後半は、チェルヌイシェフスキーやドブロリューホフだけではなく、ドストエフスキーやソロヴィヨフの時代でもあった。しかしもっともダイナミックで影響力のあるインテリゲンチャの部分、そしてポピュリストであろうがマルクス主義者であろうが革命家の大多数は、ツァーリ体制と宗教に反対

692

する彼らの闘争の自然の随伴物として、理性主義的で進化論的な教義を受け入れた。

しかしながら、一九〇〇年代の早い時期に、この世界観は、前世紀の科学的、楽観主義的そして集団主義的理念を拒否すること以外に何も共通の特質を識別することが難しいほどに多様な知的態度に席を譲った。カント・スタイル（A・I・ヴヴェデンスキー）またはヘーゲル・スタイル（B・N・チチェーリン）のような講壇哲学に加えて、非講壇哲学者による新しい作品が宗教的、人格主義的そして反科学主義的風潮を打ち出した。多くの西欧哲学者が翻訳された。ヴントやヴィンデルバントだけではなく、ニーチェ、ベルクソン、ジェームズ、アベナリウス、マッハそして自己中心的無政府主義の予言者マックス・シュティルナーとともにフッサールさえも、である。

詩では象徴主義や「デカダンス」が栄え、ロシア文学は、メレシュコフスキー、ジナイーダ・キッピウス、ブローク、ブリューソフ、ブーニン、ヴャチェスラフ・イワノフそしてバイリーというような人びとによって豊かになった。宗教、神秘主義、東洋の異教そしてオカルト主義がほとんど一般化した。ソロヴィヨフの宗教哲学が復活を遂げた。

悲観主義、悪魔崇拝、黙示的予言、神秘的そして形而上学的深遠性の追求、幻想愛着、エロチシズム、心理学と自己分析、これらすべてが一つの近代主義的文化に溶け込んだ。ベルジャーエフやロザノフとともにメレシュコフスキーは性の形而上学を抱懐した。N・ミンスキーはニーチェを激賞し、宗教詩を書き、ボルシェビキに協力した。以前のマルクス主義者が先祖のキリスト教信仰に復帰した。宗教への関心を反啓蒙主義（obscurantism）と政治反動と一体化した世代が「科学的」無神論を単純で心の狭い楽観主義と見なす世代に席を譲った。

一九〇三年に、その著者の大半が最近までマルクス主義者であった人びとの論文集『観念論の諸問題』が出版された。それはマルクス主義と唯物論を道徳的ニヒリズム、人格の軽蔑、決定論、そして社会を構成する個人を無視した社会的価値の狂信的追求である、と非難した。彼らはまた、マルクス主義を進歩の無批判的信仰、現在を未来のために犠牲にするものと攻撃した。

ベルジャーエフは、いかなる倫理体系も唯物論的な世界観に立脚することはできない、なぜなら倫理は存在と当為のカント主義的区別を前提にしているからだ、と主張した。道徳規範は経験から引き出すことはできず、それゆえに経験科学は倫理にとって無益である。規範が有効であるためには、それらが存在する経験世界以外の精神的世界が存在しなければならず、そしてまた、その有効性は人間の自由で「実体的な」性質を前提とする。道徳意識はこうして自由、神の存在そして魂の不死を前提とする。実証主義と功利主義は絶対的な価値基準を人間に提供できない、と。

ブルガーコフは、唯物論と実証主義を攻撃したが、その根拠は、それらは形而上学的難問を解くことができず、世界と人間の存在を偶然の作用と見なし、自由を否定し、道徳的価値の基準を提供することはできない、ということであった。世界とその中の人間の存在は、神の調和の信仰の観点からのみ理解できるのであって、社会への関わりは宗教的義務感覚以外の何物にも基づかない。われわれの行為が神との関係によって意味づけられる場合にのみ、われわれは真の自己実現と人格の統合について語ることができるのであって、それが最高の人間的価値である。

『観念論の諸問題』の大半の著者は、法的または道徳的規範の有効性は非経験的世界を前提とすること、そして自己実現は社会の要求の犠牲にされてはならないこと、なぜなら人格は固有の絶対的価値であるからである、という考え方では一致していた。ノブゴロツェフは、法の必要性は先験的な正義の規範に基づかねばならないことを強調した。ストルーヴェは、全般的平準化と個人の差異の解消という意味での平等理念を批判した。ほとんどの著者、特にS・L・フランクは、彼らの人格主義的見解を支持するためにニーチェを引っ張り出し、ニーチェの道徳的功利主義、幸福主義、奴隷道徳そして「大衆の福祉」のための個人の創造性の犠牲を非難する哲学を概括した。

ストルーヴェ、ベルジャーエフ、フランクそしてアスコルドフはすべて、

693

社会主義は凡庸の哲学と群衆の価値化である、とするニーチェの批判をある程度は支持した。つまり、彼らすべてが、社会主義の理念は抽象化された人間というもののために人格的価値を踏みにじるように設計されている、と見た。彼らすべてが、先験的な道徳規範に支えられない、経験的歴史に由来する歴史の法則や進歩の基準を疑った。そして彼らすべてが社会主義の中に人格を虐げる抽象的な「集団的」価値の可能性を見た。

『観念論の諸問題』はロシアの文化史における重要な事件であったのだが、それはその理念が特殊に新奇であったことが理由ではなく、進歩的インテリゲンチャが一九世紀の進化論と功利主義から引き出してきた知的道徳的通念のすべてを一斉に批判し、そしてまた、ポピュリストの観点からではなく、ましてや保守的正統派の観点からでもなく、もっとも現代的な新カント主義あるいはニーチェ哲学の観点から、マルクス主義を批判したことがその理由であった。

あらゆる色合いの革命家によって受け入れられた鍵的概念、そして「進歩的」知識人の主要な歴史哲学的教条が、少なくともある程度は彼ら自身のものである、と最近まで自ら認めてきた当の人びとによって、挑戦を受けたのである。無神論、理性主義、進化論、進歩と因果論のカテゴリー、そして「集団主義的」道徳の諸前提、これらすべてが迷信にたいする理性の勝利を表すのではなく、知的貧困の徴候である、と主張された。

新しい批判者たちは、マルクス主義と社会主義の中にある自由や人格的価値と反対のあらゆるものを、現在を未来のために自己実現を集団的な理想のための奴隷にする、すべての教条的図式を白日の下に晒した。同時に、全部の事柄を理解したわけではないが、彼らは個人の絶対的価値やその発達と社会変革の願望との衝突、つまり、個人がニーチェ哲学の筋で激賞される際に特に明瞭となるその衝突にも光を当てた。

『観念論の諸問題』をブルジョア自由主義の表明以外の何ものでもないと見なしたマルクス主義者は、この新しい運動の要素を自己中心主義または大衆の災難や熱望を軽蔑する支配者的人種（Herrenmensch）の道徳を賛美するものと強調した。当時プレハーノフと共に伝統的なマルクス主義哲学のもっとも精力的な擁護者であったリューボフ・アクセルロッドは、上記の考え方から、「正統」（Orthodox）という偽名で、『ザリア』誌に新しい理念の全面的な批判を発表した。

レーニンは概してそうはできなかったが、彼女は反論を冷静かつ事実に基づく手法でまとめることができた。しかしながら、彼女の反論は、神聖化された公式の繰り返しとベルジャーエフ、フランク、ブルガーコフが開陳する、人格価値の崇拝は利己主義賛美と社会的義務の解消であると証明することから主に構成された。抑圧や不平等の道具としての宗教というマルクス主義的攻撃を繰り返しながら、彼女は史的唯物論と哲学的唯物論の結合を強調した。他のあらゆる点でそうだが、この点でも彼女はプレハーノフの弟子であった。問題にすべきはマルクス主義論争における生きた問題であった。

マックス・ゼッターバウムは、そのころ『新時代』紙に一連の論文を発表して、史的唯物論は特定の存在論的立場を含まず、カント主義的超越論と両立すると主張した。このような見方はドイツやオーストリアのマルクス主義者の中では通説であったが、プレハーノフや「正統派」にとっては、当然ながら忌まわしいものであった。アクセルロッドが書いているように「機械論的世界観」（このような表現の責任を引き受けながら）は、人類史だけではなく先史時代を含む世界の総合的な解釈である。その中には合理的な進歩の概念が存在する。歴史的に進歩的なものはどんなものであれ、社会と諸個人の保存に向かう傾向を持つ（彼女はこの定式の難点を解明しようとはしない）。人類史と自然科学の研究のあいだには基本的な違いは存在しない。社会科学は「客観的」であって、自然科学と同じように法則と反復的な現象に集中するのである、と。

このような総括と過度に単純化された応答は、批判された作品の著者たちがマルクス主義者であるとは告白せず、そして観念論をそれ自身の名辞のもとで擁護するという事実によって容易になった。新しい異端によって誘惑され、マルクス主義の伝統を「主観主義的」傾向と、特に認識論の経験批判論的ブランドに基づく社会主義哲学と結びつけようと試みる社会民

695

主主義者に対処することは極めて難しいことであった。

西欧でも（とりわけヴィクトル・アドラーの息子フリードリッヒによって）経験批判論をマルクス主義に接ぎ木する試みがなされたが、このような思考方法に立つ哲学者のまとまった学派を語れるのはロシアだけであって、彼らはごく短期間ではあったけれども、かなり大きな影響を与えた。西欧の多くの「修正主義者」とは異なり、この学派は、マルクス主義は哲学的に中立的だとか、何らかの認識論と結合できると主張せず、その反対に、マルクス主義の社会理論や革命戦略と調和する哲学を採用しようと追求した。正統派の彼らの批判者たちと同じ方法で、彼らは、特別な哲学理論がそれだけで史的唯物論や革命の理論の土台を用意する統一された世界像を創り出すことに努めた。この点で、彼らは、ロシアの社会民主主義者の中で優勢であった教条主義的精神を共有した。彼らを経験批判哲学に惹きつけたものは、その科学主義的で反形而上学的な厳格主義（rigorism）、そして認識論に対する「活動主義的」アプローチであった。これら両方の特徴が、継承された哲学の「体系」をめざすマルクス主義の偶像破壊的態度とロシア社会民主党ボルシェビキ派の革命志向とによく合致したと思われる。

3　経験批判論

この用語は、主としてドイツやオーストリアの相当多数の哲学者や物理学者と結びついており、その中のもっとも有名な人物はエルンスト・マッハとリチャード・アベナリウスである。この二人は別々に仕事をし、彼らの結論は同じではなかった。しかし、彼らの思想は異なる用語で表現されたけれども、類似した方向に進んだ。

アベナリウスが自ら設定した目的は、われわれが認識する現象とその現象の下にあるいはその現象の先に存在する「真の」現実との相違を前提にすることによって、この世界を神秘的なものに変えるすべての哲学概念や解釈を粉砕することであった。とりわけ、彼は「心理的印象」（mental impression）と接近不可能な「ものそれ自体」との区別からもたらされる認識論的観念論を否定しようと努めた。彼はまた、あらゆる不可知論の理論も同じ誤った区別に基づくと考えた。

もし彼の理念が、特にヴントによって、新しい「主観主義」の変種あるいは「内在論」（immanentism）としてかなり頻繁に解釈されたとすれば、それは、一部は彼の主張のある一貫性のなさに、さらに一部は、彼の言語の極端な複雑さによるのであって、それらは新語で埋め尽くされ、すべての伝統的な哲学的思惟を完全に一掃しようとしていた。

「精神の内容」と物それ自体とのあいだを、あるいは主観の「内部」と物とのあいだをわれわれに区別させる誤り、つまり観念論と不可知論のすべての倒錯に繋がるこの誤りは、アベナリウスが「取り入れ」（introjection）と呼ぶところの本能的な過程によっている。

もし、われわれが何らかの哲学的先入見なしにわれわれの認識を吟味すれば、それらに神秘性を見いだすことはない。しかしながら、哲学は、われわれに、われわれの「印象」ないし「感覚」は、例えばわれわれが石に触れた場合、何か物それ自体（この場合は石）以外の何物かであること、そして問題はそれが相互にどのように関連しているかを教えようと固執する。

もしそうであるならば、われわれは答えを発見できなくなる。なぜならもとの物との類似をわれわれが比較し、それらが一致しているかどうか、それが正確には何を意味するかを知る方法は存在しないからである。しかしそれは誤った疑問である。われわれは物とその表象に別々に関係を持つのではなく、もしわれわれがこのようなやり方で世界を二分するとすれば、われわれは自ら不毛な思索に陥る。それは、感覚の覆いによって隠された神秘の世界に屈服するか、あるいはまた世界は「精神的状態」の寄せ集めでしかない、という観念論的錯覚を抱く結果にしかならない。

取り入れ、つまり、それでもって、いわば、われわれが「主観的な」像あるいは反映という形で物的な対象を「取り込む」心理過程は、歴史的に不可避であったとはいえ、世界とわれわれの関係の虚偽の解釈による。他の人びとの心理的経験はわれわれのものと同じである、とわれわれは当然に想定するのだから、そしてまた、われわれは彼らを自動機械ではなく経験主体として扱うのだから、われわれは彼らがわれわれと同じ心理的内面、つまりわれわれが直接的には認識できない彼ら自身の経験のある種の容器であると考える。

　このように他の人びとを二分してしまえば、同じことを自分自身にも行い、自分の認識を外部の刺激によって生まれた心理状態として、しかも自分自身のそれとは異なるものとして扱うことになる。こうしてわれわれは世界を「主観的な」ものと「客観的なもの」に分割し、その上で、この二つがどのように関係するかを考察する。したがって遂には、身体と非物質的な魂、すべての唯心論的で宗教的な幻想との区別というように。

　しかし、取り入れという過ちは回避できる。私は他者または私の内面と外部的なものとの区別をせずに、他者は私と同じ認識主体であることを認
696
めることができる。いったん、われわれが、「外的対象」が神秘的に現れる「内的意識」をわれわれは有するという幻想、つまり、それらが「所与」であるという事実から独立に存在するが、しかし、いかなる他の方法を以てしてもわれわれが知ることのできない対象であるという幻想を取り払うならば、われわれは哲学のすべての伝統的問題やカテゴリー、リアリズムと精神主義の論争、そして実質、力、因果関係の観念に内在する解決し難い問題から解放されるであろう。

　しかしながら、錯覚の一掃は「認識行為」の問題を解決しない。それは通常の意味では知る者と知られるものとの区別を含んでいる。この関係は、今や取り入れという過ちから自由な立場で決定されなければならない。取り入れの批判は、アベナリウスの思想の消極的な側面である。

　その積極的な片方が、「主調整」(principal co-ordination) という理念である。私の経験の内容は、物、他の人びと、そしてまた私自身も含む。なぜなら、私が直接に経験する自己 (self) は、物と同じように、知るものとしてではなく知られたものとして、そこに存在する。つまり、物を物自体の複製に転換するのは主観的「内面」ではない。同時に、自己は相対的に恒久的な部分として経験の中に固定的に存在し、「主調整」は、同等でどちらも他に「優先しない」やり方で結びついている経験の「項」(term) と「反対項」(counter-term) の恒久的な結合に与えられた名称である。

　「中心項」(central term) はそれぞれの独立した人間であり、反対項すなわち以前に経験の対象と呼ばれたものは、数値上は中心項と一致する。換言すれば、異なる人びとが同じ対象を認識する。反対項は対象の数と匹敵するようにはそれ自体が増殖せず、こうしてこれが認識論的観念論を一掃する。

　観念論と唯我論の可能性を排除することによって、われわれはまた現象の背後に潜む「ものそれ自体」という問題も解消する。なぜなら、これは、与えられず、それゆえに自己矛盾であるがゆえに反対項ではない反対項を意味するだろうからである。アベナリウスは、「主調整」はわれわれが科学的知識に帰させる意味に影響を及ぼさないと続ける。なぜなら、われわれが何らかの対象に注目するとき、われわれは「主調整」の状況を創造する、すなわち、その対象を認識上の結合の中に含みこむ。例えば、われわれはそれを見る人がまったくいない場合にも、世界はどのようなものかとわれわれが問うていることを考えるかもしれないが、しかし事実として、われわれはその情景の想像上の観察者を付け加え、そして世界はそれならばどういうものであるかと問うているのである。

　われわれは探求行為の中で世界の一部を想像し、そしてそれを経験の反対項とすることなしには世界のいかなる部分に関する疑問も提起することはできない。探求という行為は、疑問の内容から取り除かれることはできないこと、それゆえに問題化の状況は「主調整」そのものである、とわれわれは言っても良い、これがおそらくアベナリウスの意図でもあった。「独立した」存在に関する疑問を提起することは不可能であって、それはそれを言い表す行為そのものが従属状態を成立させるからである。

　「存在それ自体」について問うことは、認識的状況を創り出さないまま、つまり認識状況を知らずにわれわれはどのように世界を知ることができるかを問うことである。この意味において、デカルト、ロック、カントそして彼らの後継者によって提出された認識論と形而上学のすべての伝統的な
697

問題は誤って構成されており、無意味であることが分かる。

もし人間の認識活動がこの観点から理解されるならば、その真の生物学的意味が明らかになる、とアベナリウスは主張する。認識は、われわれの生物学的均衡を常に阻害する刺激にたいする身体の反作用から成り立つ行動形態であり、この反作用は均衡を復活させる以外の目的を持たない。単なる生物学的反作用である認識は、超越論的意味の「真理」にも「物は実際にどのように存在するか」の発見にも関係がない。

「真の」あるいは「虚偽の」という術語は、経験の構成要素に入らない。「快適な」や「苦しい」、「善い」や「悪い」、「美しい」や「醜い」のように、それらは経験の特定の解釈に関係しており、それらは「性質」であって「要素」ではない。哲学理論であろうと宗教的信条であろうと、世界に関する人間の理念は、生物学的に解釈されるべきであって「真理」と関連させて解釈されてはならない。それらは例外なく、環境の変化によって引き起こされた必要にたいする個人あるいは共同体の反応として、発生論的に理解することができる。これは、私の知識の内容がすべての人類にとって有効ではないことを意味するのではない。生物学的存在のいくつかの特徴は普遍的であり、それゆえに、人間によって表明される一定の「真理」は普遍的である。しかしこの普遍性は類としての人間に当てはまるのであって、知識の超越論的有効性に当てはまるのではない。純然たる生物学的観点からすれば、認識は当然に可能であるが、われわれの知識が「客観的に」真理である、つまり、認識活動と関係なく、真理であるとわれわれが主張することを保証するような認識の理論は不可能である。

あらゆる実在を自己と対象が平等な条件で現れる経験に還元することによって、哲学を「精神」と「物質」の二元論から解放することがアベナリウスの目的であったけれども、彼は、自分を「主観主義」あるいは「首尾一貫性のなさ」と疑いのもとに持ち込むような結論に至ることを避けることはできなかった。もし自己が主観ではなくて何か既知のものであり、そしてもし「中心項」が何らかの経験の評価と不可分であるとすれば、知るという行為は何でもって構成されるのだろうか。

それは誰のものでもない経験、何かが誰かに個別的ではなく一般的に「与えられる」状態、知覚者のいない知覚行為ということになるだろう。もし私が、何かまたは他のものを「理解する」と言うとすれば、この言説は「私」を文法的認識的主体として成り立たせ、そして、認識主体としての「私」は、認識分野の他の構成要素と同等ではないことを意味する。そうでなければ、「私」はそれを認識すると言うよりも何かが認識されたと言うことが真実により近い。だが、アベナリウスの説明は明晰ではない。主体というカテゴリーがどのようにして経験の評価から排除できるのか、そして経験批判の「中心項」と通常の意味での「主体」との相違は何であるのか。もしわれわれが自己は認識活動の唯一の構成要素であるという考え方に立ったとしても、「主調整」がなぜ起きるのか、つまり自己がすべての経験の中に現れなければならないのかは明瞭ではない。

「取り入れ」と「主調整」という二つの基本的なカテゴリーを調和させるのは事実として難しい。取り入れの批判は無用の構築として「主観」を放棄し、そして「主観的」実在と「客観的」実在の区別を放棄することを意図した。経験は存在論的に中立の領域に残され、その「存在それ自体」との関係は有意味には探究され得ない。認識の熱意が放棄され、科学は存在論的解釈抜きにあるがままの問題を扱うようにされる。これはマッハが物を理解する方法である。

しかしながら、もしわれわれがまた「主調整」の理論を採用するならば、主観が異なる名辞において、別のカテゴリーとして再登場し、経験におけるその不可避的な現れは、それが知られるものではなく知る者であるという想定、アベナリウスはこれを否定しているが、この想定に立ってのみ理解できる。もしわれわれが彼の解釈の両方の部分を受け入れるならば、その結果はわれわれを不合理に導くであろう。つまり、物と同じ立脚点にたつ経験の構成要素としての自己は、何らかの理解できない理由で、他のすべての構成要素の出現の条件となる。これが許されないことは、アベナリウスが調整の「中心項」を人間の神経システムと同一化し、その結果、後者つまり物的対象が他のすべての物的対象の出現の条件となるときに明瞭となる。もちろん、アベナリウスはこのような不合理的な結論を述べていないが、彼の二つの基本的原則が維持されるならばそれが避けられるかは極めて難しい。

ナトルプや特にフッサールが注目した第二の基本的難点は、日常的感覚において真理と見なす科学的知識の認識と結びつけられた認識的価値の生理学的解釈である。アベナリウスが言うように、もし真理が経験の一部ではなくその二次的解釈であるならば、科学的知識のすべての目的は、生物学的有用性に還元される。この純粋にプラグマチックな見方に立てば、「真なる」ものは所与の条件の下で受け入れられることが有利であるものである。つまり、ある「真理」は普遍的に有効であるかもしれない。しかしこれは、人間の類的生活の不変の特質のゆえにすべての環境において有利であることを意味するだけである。

しかし同時に、アベナリウスは、その知識の生物学的解釈を認識の生理学的観察に基づかせる。つまり、彼はこれらを日常的感覚で有効あるいは「真理」であると受け入れ、こうして論点先取りの虚偽に陥っているように見える。したがって、フッサールは、「生物学的認識論」のすべての理念が不可能であると主張した。つまり、われわれは、普通の意味で「真理」と暗黙裡に見なすある特定の経験資料を基礎にして、あらゆる経験の意味を発見することはできない、と。

699

アベナリウスは、それがなければこれらの疑問が生じないような、無用な構成要素としての「主観性」を放棄することによって、哲学の伝統的問題を粉砕しようとした。しかし、この「主調整」という理論はその試みを挫折させ、その理論全体を大きな矛盾に陥らせた。

彼の批判の現実的達成のために「調整」の理論は必要ではなかったが、彼の批判は、認識の内容を認識の状況から独立した対象の複写あるいは影像と位置づけることの乗り超え難い難点を示すことである。彼の意図は、認識活動に哲学的考察によって汚されない「自然な」性格を復活させることであった。彼の見方では、世界の「自然な」概念の中に精神と物質の二分化は存在せず、認識は心理的容器の中に物のイメージを貯える過程ではない。取り入れの批判は何か新しい物事の発見ではなく、世界の単純で直接的な見方への回帰、つまりその中で認識活動がその真の生物学的意味を取り戻すことを意味した。それはまた、知能の経済の原理にも一致した。

マッハのそれのように、アベナリウスの見方において、経済の原理はモーペルテュイのような物理学の一般法則ではなく、スペンサーの哲学におけるように、人間の脳を含むいかなる有機体の脳も最小限のエネルギー消費で目的を達成するように働くことを意味した。人類の思想の全歴史がこれを証明する。つまり、知識の資本化は、ますます拡大する一般化、獲得した情報のますます効率的な記録化と伝達の方法によって進んだ。すべての抽象的理念はこれらの過程の手段であった。人間の話すこと、書くこと、科学の法則そして数学の方法がそうである。

科学の法則は、それぞれの細部にわたる特殊な事実を反映しようとするものではなく、生物学的に重要な現象の回帰的な側面を表現しようとする。それらは物の操作の努力を節約する近道である。「物」「実質」「精神」「物質」のような形而上学のカテゴリーはこの同じ活動の副産物であった。それらは、それらが経験におけるある相対的に恒久的な質の結合を示すかぎりにおいて有益であったが、言語で硬直化されるとき、われわれの表象化はそれらを形而上学的存在として扱うようになりがちである。経済の原理に従えば、科学の仕事は経験からそのような無用な構築を取り除くことである。

マッハの哲学は、アベナリウスのような矛盾という同じ非難に開かれたものではない。というのは、それは調整の原理と同等のものを含まないからである。マッハは実験物理学者で物理学史家であった。彼はアベナリウスよりも知識の相対性の強固な感覚を持ち、決定的で統一的な科学的世界像を実現するために、経験を「純化する」一方向的な過程を信じなかった。彼は科学を、経済原理に応じて発展し、それぞれの継起的段階で等しく暫定的で相対的である、人類の生物学的な道具と見なした。アベナリウスのように、彼は前批判的認識か科学的仮説かどうかにかかわらず、プラグマチックな認識観をとった。このような知識概念は、形而上学には存在の余地はない。世界は多様な質の集合から成り立ち、それはさまざまな恒久性の度合いを示し、多かれ少なかれ予測された方法で変化する。これらの質あるいは要素は、先入見なしに認識され、存在論的意味を持たない。

それらは、それら自体として心理的でも物質的でもない。つまり、人間の身体との関係で考えれば、それらは感覚であり、他方で、相互依存の中でそれらは物として現れる。しかしながら、これらは二次的解釈である。経験それ自体はわれわれに色、音、圧力、時間、空間にたいして存在論的位置を与えることを求めない。科学の法則を含む知識の現実的内容は、経験の中に存在しないものからは構成されない。

科学の目的は、類的人間の生物学的必要に応じて、経験の結果を選択し、分類し、簡潔に記録し、そして操作と予測を容易にすることである。超越的意味における「真理」は、無用な付加物であり、価値あるものは何ももたらさない。純粋に同義反復的で世界に関する情報を何も与えない数学の一部を除いて、すべての知識はその起源と内容において経験的である。この点で、マッハはヒューム的伝統に忠実であった。すべての知識は経験の記述と分析的判断から成り立つ。言語の類を除いてその中に「必然性」は存在せず、総合的な先験的判断も存在しない。

マッハの理念は、基本的にヒューム的実証主義の新版であって、経験に基づかずその存在を言語の内部に負う概念、疑問、そして区別という苦難の重荷から人間精神を解放することを意図した。彼は物質的な質を精神の状態と見なす「主観主義者」ではなく、心理的イメージと物それ自体との関係という問題を追放しようとしたのであって、それはそれらに含まれる概念が経験の一部ではなく、哲学的偏見の結果であるからであった。

人間が認識する世界は、生物学的必要の圧力を受けて、ある方法で選択され組織される。その第一次的特徴は経験において発見され、そしてまた、適正に考えられるならば科学はそれらに何も付け加えることができないけれども、ある秩序という視点から宇宙全体を表すために、科学は抽象的概念と法則によって経験を整理することができる。しかしながらこの秩序は人間の選択の仕事であり、この意味でわれわれ自身の手に成るものである。

もしわれわれが、アベナリウス、マッハそして彼らと同じように考えた多くの哲学者や物理学者の共通の意図を確定しようと試みるならば、それは現代的なヨーロッパ文化と緊密に関連した科学主義と実証主義の形態において成り立つことを発見するだろう。唯物論的であろうが宗教的であろうが、形而上学的先入観に反対する中で、経験批判論者は直接的で、自然発生的で、非哲学的な世界観への回帰を目ざした。つまり、人間に、哲学や宗教の抽象的構築物からそして言語の詐欺から解放された、認識的存在としての「自然な」地位を取り戻すことである。彼らはまた、知識がわれわれに提示する宇宙の秩序は、受動的に受け入れられた「現実の」秩序ではなく、人間の順応力の産物である、と考えた。「自然」への回帰そして人間は外部世界の秩序に責任があるという理念は、この時代の精神生活の特徴である。

経験批判論者の反形而上学的科学主義、そして彼らの生物学的でプラグマチックな知識観は、革命精神と合致した新しくてより全面的な世界解釈を求めるマルクス主義者を惹きつけた。

4　ボグダーノフとロシアの経験批判論

ロシアの主な経験批判論者は、ボルシェビキのボグダーノフ、ルナチャルスキーそしてバザーロフであった。しかしながら、彼ら自身はその政治的哲学的立場は緊密に結びついていると信じたけれども、哲学に関してボルシェビキ的なものは何もなかった。同じことがメンシェビキのユシュケヴィッチやヴァレンティノフ、そしてエス・エルのヴィクトール・チェルノフについても当てはまる。これらのすべての人びとが、経験や実際の政治活動全体を包括する「一元的な」哲学を追求したが、しかしそれはエンゲルスやプレハーノフのやり方と異なる方法であって、彼らにとってエンゲルスらの方法は単純で恣意的であり、彼らが用いる概念分析によって支持できないものであった。

マルクス主義的経験批判論の知的生産物は膨大であり、今でも完全には研究されていない。ボグダーノフは確かに彼らの中で哲学者および政治家としてもっとも重要であった。彼は専門職の医師であったが、多彩な教養人であり、心理学、哲学そして経済学に精通し、小説家であり、ボルシェビキのもっとも積極的な組織者・アイディオロジストの一人であった。その全著作において、彼はあらゆる問題にたいするカギを含み、あらゆる事柄を単一の原理で説明できる哲学の一元的追求に取りつかれた。

アレクサンドル・アレクサンドロヴィチ・ボグダーノフ（本名マリノフスキー）は一八七三年にトゥーラに生まれた。彼はモスクワで自然科学を、九九年までハリコフで医学を学んだ。彼は九六年までポピュリストであったが、この年バザーロフ（ルドネフ）と一緒に社会民主党員となった。九七年に彼は経済に関する評判の良いマルクス主義入門書を発行したが、それについてレーニンは極めて好意的な書評を書いた。この作品は問答形式ですべての経済制度の概要を提示し、マルクス・レーニン主義の断片や一部となった、型にはまった経済史の図式づくりに大きく貢献した。九九年にヴィルヘルム・オストヴァルドの「エネルギズム」〔活動主義〕に魅惑されて、彼は『歴史的自然観の基本的要素』を発行した。それはエネルギー概念に基づいて一元的世界観を構築しようとしたものであった。

この著作の中で、彼は自らがマルクス主義の要石と見なした相対主義的傾向を示した。つまり、あらゆる真理はそれらが人間の生物学的で社会的な状態を表わすという意味で、歴史的である。真理は客観的有効性ではなく実践的適用性の問題である、と。彼は後に、エネルギズムは世界を観察する唯一の確かな方法である。しかし、それは構築される要素を説明できず、それゆえに精神の一元的欲求を満足させることはできない、という見解を取った。九九年にモスクワで逮捕され、追放の判決を受けて、ボグダーノフはカルーガそれからヴォログダに一九〇三年まで暮らした。この時期に彼はルナチャルスキーやその他の社会民主党の知識人だけではなく、ベルジャーエフにも会った。

彼は『現実主義者の世界観概要』と題された一九〇四年の共同作品と『観念論の諸問題』にたいする回答の推進者および共著者となった。他の寄稿者はルナチャルスキー、ウラディミール・フリーチェ、バザーロフそしてスヴォロフであった。〇四年から〇六年にかけて、ボグダーノフは、マッハとアベナリウスの認識論を史的唯物論に適応する試みである三巻本の最高傑作『経験一元論』を発行した。

ボグダーノフは一九〇三年以来、ずっとボルシェビキであった。レーニンは、ボグダーノフの非正統的哲学観にもかかわらず、彼と何年にもわたって政治的な結びつきを維持した。レーニンはリューボフ・アクセルロッドに経験批判論への反論を書くことを奨励しながらも、彼自身は哲学上の偏向者たちが彼の国会方針に反対するようになるまでは、この論争に加わらなかった。

社会民主党の分裂後、ボグダーノフはサンクト・ペテルグルクにおけるレーニンの主たる副官となった。一九〇六年から彼はこの地で統一組織の再建に努め、中央委員会のボルシェビキの三人のメンバーの一人としてフィンランドでレーニンに合流した。彼は国会選挙への社会民主党の参加に反対し、後に「最後通牒派」となった。堅固さの違いはありながらも、合法的手段を拒否し、〇七年以降も直接革命の方針の継続を主張したボルシェビキ左派は、多かれ少なかれ経験批判哲学の支持者であった。

一九〇九年にボグダーノフとその仲間は、ボルシェビキ中央から、その後には中央委員会から排除された。しばらくの間、このグループは独自の雑誌を発行し、レーニンの心配をよそに非正統的傾向に同情を寄せていたゴーリキーの資金援助を得て、革命的ボルシェビズム復活のセンターとして、カプリに党学校を設立した。この学校は〇九年の数ヵ月間は機能し、一〇年から一一年にかけてボローニャで再開された。ボグダーノフの他の講師の中には、ルナチャルスキー、アレクシンスキー、メンジンスキー（後の国家政治保安部、ゲーペーウーの長官）、そして時どきトロツキーが含まれた。

レーニンは学校で講義をするように招請されたが、辞退した。一九一一年にボグダーノフのグループは解散し、彼はロシアに帰ってそこに止まりつづけた。彼は哲学の著作を出しつづけ、その一元的見方を表す図式の一般化をますます追求した。他の偏向主義者と一緒になって、二巻の共著を出版した。『マルクス主義哲学論集』（一九〇八、ボグダーノフ、バザーロフ、バーマン、ルナチャルスキー、ユシュケヴィッチ、スヴォロフそしてヘルファンド）と『集団主義哲学論集』（一九〇九、ボグダーノフ、ゴーリキー、ルナチャルスキー、バザーロフ）である。彼の単著の出版物は、認識的および社会的現象としての「フェティシズム」を概括的に分析した『フェティシズムの没落』（一九一〇）、経験一元論の平易なまとめである『生活体験の哲学』（一九一三）そして『テクトロジー：一般組織科学』（一九一三、第二巻一九一七）であった。最後のものは、哲学、社会学、物理学そして技術学から成る普遍的科学の基礎を構築しようとする試みであった。さらに加えて、ボグダーノフは、重版が続いた経済学の手引書や「プロレタリア文化」に関する論文を何本か発行した。革命後、彼はこれに熱心に取り組み、「プロレトクリト」（プロレタリア文化協会　proletkult）として知られる機関の主要なアイディオロジストの一人となった。

大戦中、ボグダーノフは軍医として前線で勤務した。彼は党に再加入しなかった。一九二六年にモスクワの血液学研究室の長に任命され、その二年後に自分への実験的輸血の結果、死亡した。これすらも哲学との関係を持っていた。彼にとって輸血は人類の生物学的統一の証拠であり、それがこうした「集団主義的」世界観と結びついていた。

あらゆる類のテーマにわたる五〇冊を超える著書や、数多くの論文を執筆したこの著者は、第一級の哲学者になることはできなかった。彼はまた稚拙な書き手でもあった。彼の主要な作品は冗漫で混乱に満ちて、曖昧で繰り返しが多かった。それにもかかわらず、彼はもっとも影響力のある「プロレタリア哲学」の解説者であり、何年もの間、ボルシェビキ党全体が彼の本から経済学を学んだ。哲学者として彼はあらゆる点で、つまり、博識、主題の知識、思考の独立性および問題の定式化の技能においてレーニンを上回った。彼はまた、卓越した組織者でもあった。しかしながら、彼は、レーニンが充分に持っていたもの、つまり新しい情勢のもとで、理論にこだわらず、戦術を転換するという能力に欠けていた。ほとんどのアイディオロジストと同じように、彼もまた自分の長所にあまりにもこだわり続けたのである。

ボグダーノフの「経験一元論」哲学は、三つの主な理念に基づく。あらゆる精神的および知的な活動は、生物学的そして社会的意味において生活の手段である。心理的および身体的現象も、存在にかかわる点から見れば同じである。類としての人間の生活は、そのすべての表れにおいて総合的な調和に向かう傾向がある。最初の二つの理念はマッハに見られるが、しかしボグダーノフはそれらに、彼が経験批判論ではなく彼の経験一元論と呼ぶものに基づいて独特の解釈を与える。三番目の点は社会主義の理論に特殊に結びつく。

ボグダーノフによれば、マッハの哲学は、両者がともに、認識過程を人間の生存のための闘争として位置づけ、そして経験に由来しない理念の可能性を否定するかぎりにおいて、マルクス主義を支持する。認識の行為の「客観性」は、それが個人だけではなく人間社会にとって有効であるという事実に存する。この集団的な側面が物質的現象を「主観的」現象から区別する。「物質的世界の客観的性質は、それが個人的に私のためではなく、全員のために存在し、あらゆる人にとって一定の意味、私が信じるところでは、それが私にとってと同じ意味を持つという事実に存する」（『経験一元論』I　二五頁）。

自然は、「集団的に組織された経験」である。空間、時間、そして因果関係は人びとがそれぞれの認識を調節する形式である。しかしこの調節はいまだ完全ではない。社会的に意味があり、社会的出自を持つ経験が存在し、それらはそれにもかかわらず他の経験と衝突する。これは社会的な対立と階級的な区分のせいであり、これらが、人間がある限界の中で相互に理解するしかない、という結果をもたらす一方で、彼らの一致しない利益が不可避的に敵対的なイデオロギーを生み出す。われわれの社会のような個人主義の社会において、各人の経験は自分自身に集中するが、これにたいして、原始共産主義社会において「自己」は共同体の中に溶け込んでいる。将来の社会において、仕事が集団的に組織され、私自身の自己と他者の自己との衝突の可能性がなくなれば、それは再び異なるものになるだろう。

仕事は、遺伝的に共同体生活の他のすべての形態に先行する。しかしな
704
がら、自然との闘いにおけるエネルギーの直接的消費が、労働の効率性を増大させるために、組織の形態によって補完される場合、それらはすべての伝達様式、つまり言語、抽象的知識、情緒、慣習、道徳規範、法そして芸術を含むイデオロギー的装置を生み出す。「イデオロギー過程は、社会的人間の外的自然との直接的闘争を超える、技術過程の外部に存在する社会生活のすべての部分から構成される」（同前Ⅲ　四五頁）。

科学はイデオロギーではない。なぜなら、それは技術の直接的な器官として発達するからである。しかしながら、究極的には、すべての集団的な精神生活の形態は、それがイデオロギー的であろうが科学的であろうが、生存のための闘争に従属しており、その闘争における機能から離れては意味を持たない。技術と効率の増大の必要にたいするすべての生活形態のこのような従属は、無数の形而上学的崇拝物を存続させるイデオロギー的錯覚のお陰で、いまだにすべての者にとって目に見えない。しかし、それはプロレタリアートには見えるようになりつつあり、将来的には全人類にとって普通のこととなるだろう。

「交換価値の物神に取って代わる製品の技術的価値は、これらの製品に結晶化された人間労働の社会的エネルギーの総量である。理念の認識的価値は社会的エネルギーの総量を増大させる力であって、それは人間の活動形態と彼らが使う装置を計画し組織することによる。人間の行為の『道徳的』価値は、人間の活動を調和的に統一し集中させることによって、そして最高の団結の方向でそれを組織することによって、社会的エネルギーを増大させることである」（同前　一三五〜六頁）。

この純粋にプラグマチックな（しかし、社会的にプラグマチックなと付け加えなければならない）解釈は、それに従えば、知識と精神生活は一般的にその「究極の」目的が技術の進歩を助けることである道具の集合であるのだが、それは伝統的な意味の真理概念、つまり、われわれの判断と独立した事実との一致という真理概念の余地を残さない。

ボグダーノフの見方では、「自然」世界は、経験の社会的組織化の結果であり、「真理」は生存のための闘争における有用性を意味する。この態度は厳密に科学的であり、それは哲学者や一般人を何世紀にもわたって惑わせてきたすべての形而上学の崇拝物を一掃すると彼は主張する。世界を集団的な経験に変え、そして認識的価値を社会的に有用な価値に変えてしまえば、われわれは「実質」あるいは「物それ自体」のような概念も、そして「精神」「物質」「時間」「原因」「力」などの特定化も必要としない。
705
経験はこれらの概念にたいする回答を何も含まず、そして対象の実践的操作のためにこれらの概念は必要とされない。

カントの哲学から除去できる余分なものとしての「ものそれ自体」にたいするボグダーノフの批判は、誤解に基づいている。ボグダーノフとボグダーノフがこの解釈をそこから手に入れたマッハは、それぞれの知覚対象の背後にわれわれが接近することができない神秘的な「ものそれ自体」が存在する、というのがカントの見解であると考えているように思われる。もしそれがなくなれば、現象はあるがままに残り、「形而上学的」な構築物を除いて何も失われない。しかしながら、これはカントの思考のパロディである。カントが考えたのは、「現象」は物が現れる様式であり、その結果、物はわれわれが直接的に捉えられるようにはなるが、それは先験的形態において組織されている。もし「物それ自体」がなくなれば、現象もまたなくなる。要するに、「現象」の概念はボグダーノフやマッハにとって、それがカントにとって意味したものよりもまったく異なる何かを意味しなければならないが、彼らはこの意味を説明していない。

ボグダーノフによれば、マッハの功績は、彼が「精神」と「物質」の二元論を粉砕し、それに代わって「経験」の概念、つまり、その中で現象が、われわれがそれを相互に結びつけるか、あるいはわれわれ自身の予兆と関連させるかに応じて、精神的（心理的）または物質的なものとして現れる「経験」の概念を導入したことであった。しかし、マッハは二元論を完全に根絶したのではない。なぜなら、彼はこれらの二つの側面を残し、それ

らがなぜ異なるのか、を説明しなかったからであった。経験一元論が用意した答えは、精神的そして物理的現象の「中身」は同じであるということである。つまり、この世界に「主観」の領域は存在せず、個人的経験と集団的経験の不一致だけが存在し、それは社会的原因によるもので、そして歴史がそのうちに一掃するだろう、と。

　ここでわれわれは、ボグダーノフの哲学のもっとも曖昧な部分に差しかかる。彼は、われわれの思想、感情、認識、意志の行為などは水や石と同じ材料で作られている。しかし、この材料はある意味で「究極的」であって、それゆえに定義することはできない、と言っているように見える。つまり、あらゆる事柄を包括して、何か特殊な事柄によっては説明できない、と。もちろん、この点で、ボグダーノフの「経験」概念は、唯物論者が理解する「物質」を含むあらゆる一元論的理論におけるすべての基本的カテゴリーと同じである。

　これを別にすれば、人間の存在は全体として自然の一部であり、そしてわれわれの主観は本質的にその他の世界と異なるものではない、という一般的理念が存在するだけである。この意味において、この理論は「唯物論的な」理論であって、それは人間を自然におけるその位置によって規定された諸機能に還元し、人間を自然の秩序の中で全体として説明可能なものと見る。しかし、ボグダーノフがこの同一性を彼の「代替」という漠然とした理論で説明するとき、問題がより複雑となる。

　この理論は心身平行説を含むが、それは精神的・身体的現象は、一つの過程の「二つの側面」である、ということに基づくのではなく、なぜなら、これはあたかも身体が精神の容器であるかのような「取り入れ」という誤りを含むがゆえであるのだが、精神的・身体的現象の間には、例えば一つの身体の中の視覚的な質と触覚的質の間のそれに類似した機能的結びつきが存在するという意味において、心身平衡説である。これは「実質」の一元論ではなく、経験がそれでもって体系化される型の組織の一元論、認識方法の一元論である（『経験一元論』Ｉ　六四頁）。

　同一化した「経験」において、無機的な自然から有機的な自然への移行という問題は存在しない。というのは、自然全体が同質的要素の集合であり、その一部を「無機的」と呼ぶのはわれわれの抽象的思考だけであって、それでもその「無機的」要素はまたわれわれ自身の生命の一部である。しかしながら、これは、それらが「心理的」性質を持つこと（それは個人にとってのみ有効である、ということを意味するだろうから）を意味するのではなく、それらの中に、人間において心理的現象が生理的現象と関連するのと同じように「身体的」側面に関連しているという以外には、われわれが特別なことは何も知らない層が存在することを意味する。

　人間の生活において生理的過程は直接的経験の「反映」であり、それ以外ではありえない。「生理的生活は生きている有機体の『外部認識』の集団的調整の結果であり、それぞれが他の有機体（あるいはそれ自体の）の単独の経験の反映である。換言すれば、生理的生活は生きている主体の社会的に組織された経験における直接的生活の反映である」（同前一四五頁）。

　物的自然それ自体は、組織化の程度が異なる直接的複合との関連で派生する。つまり、われわれが認識する世界は、われわれの経験にとって自然のようなものである、と想定しなければならない。そうでなければ、われわれはあるものが他のものに影響するということを想像できないだろうからである。したがって、われわれは、ある種の汎心論を受け入れなければならないが、しかしそれは異なる実質を除外してのことである。経験の総体の中で、非有機的世界に対応するより低次の組織形態は人間精神に対応するより高次の組織に先行し、この意味で人間存在にたいする自然の「優先性」は有効なままで残る。以下の文言はいささか長大だが、ボグダーノフの認識論のもっとも簡潔なまとめである。

　「経験の形態としての『心理的なもの』と『身体的なもの』は、『精神』および『自然』の概念に対応してはいない。後者は形而上学的意味を持ち、『ものそれ自体』と関連する。しかし、空虚な物神として形而上学的な『ものそれ自体』を無視するわれわれは、それに代えて『経験的な代替』(empirical substitution）を置く。この代替は、他者の心理の各人による認

707

識から始まるのだが、これは身体的経験という現象の『基盤』は、『心理的』複合体を含むさまざまな度合いで組織された直接的複合から成り立つことを前提とする。身体的経験という現象としての高次神経中枢の生理的過程が、それらを『代替する』こともできる心理的複合の反映であることを認めるならば、われわれはまた、すべての生理学的生活過程は、『連合』つまり心理的複合の代替であることもまた理解できる。だが、生理的現象が複合的でなく、また高度に組織化されない場合は、その程度に応じて代替もそれに従う。

さらに、われわれは、生理的生活外の『非有機的』世界において、経験的代替がすでに起きているが、非有機的現象に代替するべき直接的複合が、連合的ではなく、他のより低次の種類である組織形態を有することに留意する。つまりそれらは『心理的な』結合ではなく、不確定的で、非複合的であり、そしてより低次の組織体であって、もっとも低次の限定された局面では、ただ単純に要素の混沌として現れる。

こうして、われわれがそれらの相互の関係を設定するために『自然』と『精神』の類似性を探究しなければならないのは、身体的経験に取って代わる直接的複合体においてである。だが、この問題の定式化そのものが、次のような回答を示唆する。自然、つまり非有機的でもっとも単純な有機的複合体である『自然』は一般に第一次的で、他方、『精神』すなわち高度に有機的で連合的な複合体、そして特殊に経験を構成するものは、発生的には第二次的である、と。

こうしてわれわれの観点は、狭義の『唯物論者』ではないが、『唯物論的』体系としてはそれと同じカテゴリーに属する。つまり、それは『生産力』、技術過程のイデオロギーである」(『経験一元論』Ⅲ　一四八～九頁)。

この哲学の曖昧さと両義性は、ボグダーノフがマッハと異なり、「形而上学的問題」の有効性を単純に否定せず、それは無意味と公言しつつも、それに挑戦し解決しようとしつづけるが、それは矛盾なしにはできないことによるのである。彼の出発点はある種の集団的主観主義である。世界は人間の生存闘争と相関関係にあって、それ以外の意味を付与したりあるいはその独立した性質を究明したりしても無駄である。物は人間の投企の結晶であって、実際的な目標に支配されている。つまり、それらは生物学が人間という種のために決定する地平線においてのみその姿を現す。それらは集団的な経験の構成要素であり、ひとつの絶対的な参照点として現れる。このような相対化の枠組みの中で、「精神的」現象は身体的現象と、後者が集団的に有効であり、前者が個人だけ有効であるかぎりにおいて異なる。

このように述べた後で、ボグダーノフは生理的現象を精神過程の反映であると提示するが、これはこれまでの区別からすれば意味不明である。彼はさらに進めて、無機的自然の分野における類似を追求し、こうしてある種の汎心論に陥る。それはいかなる「実質」も想定していないのだから、実際に汎心論ではない、と彼はわれわれに説くが、彼はその真の性質を説明しない。その結果として、われわれは、精神的現象と物質的現象の区別と関連における経験の「優位性」について、彼が付与する意味を理解できない。彼は「精神的」または「心理的」という用語を少なくとも三つの意味で使うが、このことに自覚的ではない。ある時にはそれは「個人にとってのみ有効」で、別な時には普通の意味で「主観的」で、そしてある時は「生理的過程に反映されている」、と。この結果は絶望的な混乱となり、修正しようとしても手の施しようがない。

それでもやはり、ボグダーノフの認識論の主たる意図は明快である。つまり、形而上学的「物神」、経験に関連しない概念を廃棄すること、そして現実全体が人間の実践の意図的な関連として現れる、厳密に人間中心の観点を確立することである。このようにして彼はあらゆる「主観的」存在、通常の意味の「真理」や「客観性」という概念だけではなく、特に「物質」と「主観」そしてまた「時間」「空間」「因果関係」そして「力」の概念を一掃しようと追求する。

そこから導きだされる像は、厳密に科学的であって、形而上学から自由であり、すべての現実を人間の存在に固く関連させるのだから、同じよう

708

に人間主義である、と彼は主張する。これら両方の点で、これはマルクス主義の意図と調和しているのであって、マルクス主義は科学主義的で、活動主義的で、そして社会的にプラグマチックな哲学である。つまり、それは超越論的な意味の個人の主観性あるいは真理のカテゴリーを必要とせず、そして世界全体を人間労働に関連させ、こうして人間を世界の創造者および組織者にする。ボグダーノフの判断では、これはどのようなマルクス主義の形態にも当てはまるものではなく、ボルシェビキ運動が体現するものに当てはまる。

彼とロシアの他の経験批判論者は、彼らの「活動主義的」認識論は、ボルシェビキの精神と、革命は経済的条件が成熟すれば自然に起こるのではなく、それは組織者の集団の意志の力に依存するというボルシェビキの一般理念によく調和すると信じた。彼にとって「組織」は妄念であったが、彼は党の問題と認識論の原理に関しては同等の自由でもってこの用語を使った。

ロシアのそれぞれの経験批判論者は、いくつかの点でお互いに異なった。ヴァレンティノフのような人びとは厳格なマッハ主義者であった。他の人びとは、ボグダーノフの「経験一元論」、ユシケヴィッチの「経験象徴主義」のように、自分の理念に変った名称を工夫した。しかしながら、彼らすべてが反形而上学という点、「物質」と「主観」の二元論に反対してマルクス主義の科学主義的側面を強調するという点、そして人間の社会的実践の立場から正解を捉えるという点では一致していた。集団的主観主義という同じ観点が、マルクスの『フォイエルバッハに関するテーゼ』の解釈を規定した。

5　プロレタリアートの哲学

ボグダーノフは、そのもとですべての精神が少なくとも同じ世界像を持ち、そして個人の自我の隔たりがなくなるシステムとしての社会主義の展望にたいして彼の理論を直接に適用することに努めた。

「プロレタリア文化」の哲学的基礎は、以下の通りであった。すべての人間の認識活動は一つの目的、つまり、自然との闘いにおける人間の勝利に向けられている。人は、当然に、技術的効率性に直接にかかわる「科学的」活動と、社会組織を通じて間接的に同じ機能を果たす「イデオロギー的」活動とを区別できる。これは真理あるいは虚偽という認識論上の基準に基づく区別ではなく、その中で当該の活動が労働の生産性を高める方法に関係するだけの区別である。両方の場合において、「真理は生き生きとした、組織された経験である」という原則は有効である。それはわれわれの活動を導き、生活のための闘いにおける足場をわれわれに与える（『経験一元論』Ⅲ　viii頁）。換言すれば、認識結果の妥当性は、それが通常の意味で「真理」であることにあるのではなく、それらが生存のための闘争に与える助力にある。

こうして、われわれは極端な相対主義の立場にたどり着く。つまり、異なる「真理」が異なる歴史的状況において有益であるかもしれず、そしてどんな真理も特定の時期あるいは社会階級のためだけに妥当となることが完全に可能となる。真理を情緒、価値、あるいは社会制度から区別する認識論上のいかなる理由も存在せず、それらすべては、それらが自然との闘いにおいて人間をどのくらい強化するか、に応じて等しく判断される。同時に、われわれは絶対的な意味でそれが「真理」であるということではなく、それが代表する社会的力が技術の進歩により寄与するがゆえに、一つの階級が他の階級よりも「優れている」という観点について語ることもできる。

マルクスの理論によれば、労働の分割は実行の機能から組織化の機能を分化させ、そして時の経過とともに階級的分化に繋がった。管理階級は技術活動を遂行することを次第に停止し、寄生化した。そのイデオロギーは自然にこの状況を反映し、宗教的神話や観念的教義を発展させた。他方、直接的生産者は本能的に唯物論に惹きつけられた。「機械生産の技術が認識に反映され、唯物論的世界観を間違いなく生み出した」（同前一二九頁）。「進歩的」ブルジョアジーの唯物論は、技術的進歩との彼らの結合を表わした。しかし、特権階級の世界観であるかぎり、それはさまざまな形而上学的物神なしにはすますことができなくなった。しかしながら、プロレタリアートの唯物論は形而上学を拒否し、純粋に科学的世界観を手に入れた。実際に「唯物論」という用語は遺物であって、それが反形而上学的で反観念論的である、という意味においてのみ新しい世界観に適合した。

階級対立を一掃し、人類に労働、知識、意志の統一を復活させる運命を背負った階級としてプロレタリアートは、自然にたいする自らの支配力を押し広げる人間の自然な性向の最良の体現者である。プロレタリアートは技術の進歩の旗手であり、技術の進歩は諸個人を相互に対立させるあらゆるものの消滅を必要とする。今日の社会において、社会的敵対はその頂点に達し、諸階級が合意に達したりまたは相互に理解したりすることはほとんど不可能である。「規範的なイデオロギーと認識的イデオロギーとの対立は拡大し、外的自然の力を見なすのと同じようにお互いを見なしあう二つの社会に階級を分割している」(同前一三八頁)。

しかしながら、将来の社会において、完全な統一への復帰が現れるだろう。緊密な協力という団結の中で、人間は自らのエゴを他者のエゴと対立させる理由を持たず、あらゆる個人の経験が調和され、「単一のイデオロギーを持った単一の社会」が現れるだろう(同前一三九頁)。このイデオロギーは、言うまでもないが経験一元論のイデオロギーであって、伝統的な形而上学の物神を回避するもっとも急進的な思想形態である。

おそらく、イデオロギーにたいする生産力優位の理論をボグダーノフほど極端に推し進めたマルクス主義者は他にいなかった。ましてや誰もこれほど一貫しては、完全な社会では個人は消滅する、という集団主義の理念や希望を表明しなかった。あらゆる点における社会の絶対的統一というユートピアは、ボグダーノフにとって、そのマルクス主義者としての信念の当然の結果であった。あらゆる精神生活の形態が階級分化によって全面的に、そして社会の技術水準によって間接的に決定され、そしてまた技術の進歩が唯一の「真理」基準であって、それは階級対立の消滅を必要とするのだから、社会主義が人間のあいだのすべての分化を廃止するだろうということ、そして差異の主観的感覚が個人の利益闘争においてその経済的基盤を失うとき、それはもはや存在理由を失うことは明白である。ボグダーノフのこれらの結論は、マルクス自身には見られないものだが、ボグダーノフの見方と一八世紀の全体主義的ユートピアとを結びつける連結環である。

文化の従属的な機能と技術にたいする絶対的依存という、マルクス主義の伝統から受け継いだ同じ教条的な信条が、ボグダーノフをして「プロレタリア文化論」(Proletkult)、そして文化史に明確な断絶をもたらすのはプロレタリアートの使命である、という信念に至らせた。諸階級がお互いに人ではなく物として見なすほどに疎遠にされ、敵対しているのだから、彼らはどうしても共通の文化を持てなくなってしまった。プロレタリアートの文化が特権階級の伝統から借りなければならないものは何もない。プロレタリアートはそれ自身の必要に注意を払い、それ以外には何も注意を払わずに、無から創造するというプロメテウス的努力をしなければならない。

『科学と労働者階級』(一九二〇)と題する小冊子や他の著作においてボグダーノフは「プロレタリア科学」(proletarian science)というスローガンを宣言した。マルクスは、労働者階級の立場をとって経済学を転換した。すべての科学をプロレタリアートの世界観に従って、例えば数学や天文学も例外としないで、鋳造し直すのは今である。ボグダーノフはプロレタリア天文学あるいはプロレタリア積分学がどのようなものかを説明せずに、もし労働者が長期の特別な勉強なしにさまざまな科学を習得するのが困難であるとすれば、それは主として、ブルジョア科学が方法や語彙の人為的障壁を設け、そのために労働者がそれらの秘密を学習するはずがないからである、と断言した。

プロレトクリトの理論と実践は、ブハーリンを除いてボルシェビキの指導者に賛同者を見出すことができなかった。ブハーリンは革命後に『プラウダ』を編集し、そのコラムでボグダーノフの考え方を支持した。トロツキーはこれに反対し、レーニンはそれをたびたび鋭く批判した。これは、ボグダーノフを含むその擁護者たちが哲学的異端に落ち込んだためでは決

711

してなく、その考え方がレーニンにとって党の真の目的とは無関係のつまらない夢想である、と思われたからであった。

膨大な比率の非識字者を抱えこんだ国において必要なことは、彼らに読み、書き、算（普通のものであって、プロレタリア版ではない）を教え、そして、文明を根底から引き上げ、ゼロから再スタートするためではなく、彼らに技術と組織の初歩的理念を与えることであった。いずれにしろレーニンは、過去の芸術や文学は労働者階級によって解体されねばならない、とするプロレトクリト信奉者や未来派の同盟者と見解を同じくしなかった。

プロレトクリトが、理論面とさらに言えば実際の芸術制作との両面で、「明確な断絶」原則を一貫して固守することは当然ながら不可能であった。それでも、ボグダーノフとその他の人びとはマルクス主義の理論の観点からすれば、些細でもなく、馬鹿げてもいない問題を提起していたのである。

マルクスがこのような見方にかなりの基礎を提供したのであるが、もし文化が階級的利益の道具以外の「何ものでもない」とすれば、そしてまた、プロレタリアートの利益があらゆる点でブルジョアジーの利益と反対であるとすれば、少なくとも「社会主義革命の段階で」文化の継続あるいは全人類のための普遍的文化という理念を擁護することがどのようにして可能であったのだろうか？

プレタリアートは、社会主義の闘争において、現在の遺産のいかなる部分も継承してはならないことがマルクス主義からは論理的に出てこないのだろうか？　しかしながら、プロレトクリトの理論家たちは、両義的な立場であった。「全人類のための芸術」を語る人びとに反対して、彼らは歴史の事例を引用して、異なる階級、異なる時代はそれ独自の芸術形態を発展させたことを示した。したがって、プロレタリアートはその闘いとその歴史的使命を反映させた独自の芸術を発展させなければならないことは当然であった。

しかし、同時に、彼らはそれぞれの階級とそれぞれの時代は、その独自の趣向や関心に応じて独自の形態を与えるけれども、芸術は人類にとって共通であるという観念を受け入れた。それゆえに、結果的に、彼らはそれぞれの世代によって付加された継続的な文化遺産が存在することに同意した。これは常識に従った見解であるが、芸術は純粋に階級的利益の問題であるという理論とは一致しない。

一〇月革命前にこれらの論争は実践的にはまったく重要ではなかった。しかし、ソビエト国家がその文化政策および「プロレタリア文化」が何を意味するかを決定しなければならなくなった時に、事情は異なった。レーニンの最初の教育人民委員であったルナチャルスキーは、この分野の実践的問題を解決しなければならなくなり、プロレトクリトは、とりわけ一九一七年から二一年にかけて、労働者の中の革命的芸術と科学の涵養に尽くす相当大きな組織となっていた。

ルナチャルスキーは、特に革命的前衛の教条主義的態度に比べれば温和と寛容を示した。芸術の社会階級への依存についての彼の信念が、芸術的価値を見えなくさせるようなことはなかったが、それでもほとんどのマルクス主義の芸術理論家、いずれにしても教養のある人びとだが、これらの人びとと同じように、彼は自分の「ブルジョア」趣味をそのプロレタリア・イデオロギーに順応させる点で困難を抱えた。

こうして、彼は将来においてプロレタリア芸術の高揚が起こることを願い、現在のその不在を労働者の教育の欠如という明白な事実で説明しながらも、プロレトクリト先鋭派の狂信主義には同調しなかった。この段階では穏和的でありながらも、彼はブルジョア芸術家や作家にたいする抑圧政策を追求したけれども、芸術が政治的統制のもとで衰退し、消滅することを彼は理解していた。彼が権威を保っていた時期つまり一九一七年から二九年は、革命精神の不十分な作品を制作したとしてその時期でも攻撃された人びとにとってそうは見えなかったけれども、ソビエト文化の黄金時代と見なされている。二〇年代の芸術的成果は誇張されてきたかもしれないが、しかし、例えば、第二次世界大戦後のジダーノフのソビエト文化にたいする独裁とは比べ物にならない。

712

6 「建神主義者」

アナトリー・ワシリエヴィチ・ルナチャルスキー（Anatoly Vasilyevich Lunacharsky. 一八七五～一九三三）は、経験批判論的異端説の拡大を助けたこと、そして文学評論や劇作家（一流ではなかった）および芸術理論家としての作品だけではなく、特にレーニンを激怒させた「社会主義宗教」の計画においても、ロシア・マルクス主義史に書き留められる。

「建神」（God-building）として知られるこの計画は、一九〇五年革命後の宗教への全般的な関心の増大にたいするマルクス主義者の対応であったが、それはちょうど社会民主主義者の経験批判論が、革命的インテリゲンチャが哲学の近代主義によって浸透された結果であるのと同じであった。この運動は、主にルナチャルスキーやゴーリキーの名前と結びつけられ、そしてコント特に、フォイエルバッハによって展開された「人類教」（religion of humanity）のある種の再建であった。

ルナチャルスキーはいくつかの論文や『宗教と社会主義』と題する著書（一九〇八、第二巻　一九一一）の中で、人間中心のマルクス主義的宗教の理念を展開した。ロシアの宗教的伝統に関する権威であるG・L・クラインは、建神主義者たちはフォイエルバッハの人間性の神格化だけではなく、おそらく、かなりの程度においてニーチェの超人の理想も採用したと見ている。

新しい宗教は、キリスト教哲学者の「神を求める」運動だけではなく、プレハーノフやその他の正統派マルクス主義者の無味乾燥な時代遅れの無神論にたいする解答でもなければならなかった。彼ら正統派は、宗教の歴史は宗教と科学の対立として総括されていた。

ルナチャルスキーとゴーリキーは、歴史的宗教は単なる迷信の塊ではなく、イデオロギー的に虚偽ではあるが、社会主義が継承し、破壊するのではなく高めなければならない欲求や感情の表れである、と主張した。新しい宗教は純粋に意識の中の問題であって、神や超自然的世界あるいは人間の不死を信じる必要はなく、伝統的信仰の積極的で創造的なもの、つまり、共同体の感覚、自らを超えるものへの人間のあこがれ、宇宙や人類との深遠な交感をすべて受け入れる。宗教は常に人間をその生活と調和させ、人びとに存在の意味の感覚を与える。これは形而上学的解釈ではなく、その主な機能であった。古い神話は崩壊したが、しかしなお人間は人生に意味を発見しようとしている。社会主義は目を眩ませる展望を切り開き、宗教的と呼ぶに値する統一と熱狂の感情を鼓舞することができた。

マルクスは学者であったばかりではなく、それと同じくらい宗教的予言者でもあった。社会主義の宗教において、神は、人間性つまり個人が愛と崇敬の対象を発見できる優れた創造主体に取り替えられる。こうして、各人が自分の無意味なエゴを乗り超え、自分の利益を集団的実在の無限の拡大の犠牲にする喜びを経験することができる。

人間の人間性への感情的同一化は、災難や死の恐怖から人間を解放し、人間の尊厳と精神的強靭さを復活させ、人間の創造力を向上させる。新しい信仰は将来の偉大な調和の前兆である。つまり、個人の死は集団の不死によって相殺され、こうして人間の行為は意味を獲得する。神の真の創造者はプロレタリアートであり、その革命は建神という基本的行為である。

このプロメテウス的論理と人間性の神格化のすべてが、結果的には、個人の超越を引き換えとする将来の調和の強調と相まって、神学の「秘密」として考察された人間学を伴うフォイエルバッハの哲学の繰り返しとなった。それはマルクス主義の哲学に何も付け加えず、ただ単に「科学的社会主義」にたいして感情的色づけを与える試みに留まった。フォイエルバッハにおいてのように、「宗教」と「宗教的感情」の言葉が単なる飾りとして使われ、いかなる現実の宗教的伝統とも関係がなかった。

「建神」は、新ロマン主義の語彙を吸収し、インテリゲンチャの宗教的傾向や宗教的感情一般を社会主義の事業の中に流し込む試みであった。しかしながらプレハーノフとレーニンは、それを「宗教的反啓蒙主義」との危険な浮気として非難し、革命後にルナチャルスキーは「新しいスタイル」を取り下げ、伝統的な「無神論」の用語に立ち戻った。それ以後、「建神」は、マルクス主義のイデオロギーに目立った影響を及ぼさなくなった。

7　レーニンの哲学への脱線

ロシアの経験批判論者のほとんどは、自らをマルクス主義者と任じながら、エンゲルスやプレハーノフの単純で無批判的な「常識的」哲学にたいする軽蔑を隠さなかった。一九〇八年二月二五日のゴーリキー宛の手紙で、レーニンはボグダーノフやその同調者との論争の歴史を綴った。〇三年にプレハーノフが彼にボグダーノフの誤りについて話したが、それをことさら危険だとは考えていなかったとレーニンは書いた。〇五年革命のさなかに、彼（レーニン）とボグダーノフは暗黙の裡に中立地帯として哲学を除外した。しかしながら、〇六年になってレーニンは『経験一元論』第三巻を読み、それに強烈に立腹させられた。彼はボグダーノフにいささか長い批判的所見を送った、しかしながら、それは残っていない。〇八年に『マルクス主義哲学概説』が発行されたとき、レーニンの憤激はその限界を超えた。

「どの論文にもやたらに腹が立った。いや、いや、これはマルクス主義ではない！　わが経験批判論者、経験一元論者、経験象徴主義者は、まったく泥沼へおちこんでいる。外界の実在を『信じる』ことは『神秘説』である、と読者に断言したり（バザーロフ）、不体裁至極にも唯物論とカント主義とを混同させたり（バザーロフとボグダーノフ）、不可知論の変種（経験批判論）や観念論の変種（経験一元論）を説いたり、労働者に『宗教的無神論』と最高の人間能力の『神化』とを教えたり（ルナチャルスキー）、弁証法にかんするエンゲルスの学説を神秘説だと唱えたり（ベルマン）、フランスの某々（実証主義者）、つまり不可知論者か形而上学者（くたばってしまえだ）を悪臭ふんぷんたる典拠から引っ張ってきて、『記号的認識論』を説いたり（ユシュケヴィチ）！　いや、これはひどすぎる。もちろん、われわれ平のマルクス主義者は、哲学では浅学である―しかし、いったい何のために、こんなしろものをマルクス主義の哲学としてわれわれにあてがうほど、われわれを侮辱するのか！」（「ア・エム・ゴーリキーへの手紙」〔邦訳『レーニン全集』第一三巻　四六三頁〕）。

経験批判論者から直接に攻撃されてきたプレハーノフは、エンゲルスの伝統的な唯物論を擁護して彼らと刃を交わした正統派陣営の最初の人物となった。プレハーノフは彼らの哲学を「主観的観念論」、世界全体を認識主体の創造物と見なしていると非難した。党内で分裂が起こった時、プレハーノフは、ボルシェビキ・インテリゲンチャの置かれた状況のもとで、いくつかの理由から、その批判において彼に反対するボルシェビズムを観念論の理論と結びつけた。彼は、ロシアの経験批判論は、ボルシェビキの「ブランキ主義」つまり、社会の発展をそれが自然に起こるのに任せるのではなく、暴力的手段によって早めようと図ることによって、マルクス主義の理論を愚弄する方針を正当化する哲学的試みである、と主張した。

ボルシェビキの主意主義は、知識は人間の精神から独立した存在としての物の評価ではなく、主観的な組織化の行為と見なす主意主義的な認識論と同種である。ボルシェビキの方針がマルクス主義の歴史決定論と反対であるのと同じように、経験批判論はマルクス主義理論のリアリズムと決定論とに反対である、とプレハーノフは主張した。

マッハ主義者に反対する彼のリアリスト的立場を擁護して、プレハーノフは、人間の認識は対象の「模写」ではなく、象徴的な記号である、と認めるまでに突き進んだ。レーニンはこの点で直ちに彼を非難し、それは「不可知論」にたいする容赦できない譲歩である、と述べた。

リューボフ・アクセルロッド（正統派）もまた一九〇四年に発行されたボグダーノフに反対する論文で、エンゲルスのために論議に加わったが、その中で彼女はレーニンが一八ヵ月前にこの論文を書くよう彼女に勧めたと書き記した。党への義務を意識して（彼女が言うには）、彼女は、マッハとボグダーノフは、マルクス主義に直接的に反対して、対象を印象の集合と見なし、こうして精神を自然の創造者に仕立て上げた、と主張した。この主観的観念論は、意識によって社会を規定するものであって、「容赦のない一貫性で以て」社会的保守主義に至るだろう。マルクスが示したように、支配的意識は支配階級の意識であり、結果的に「主観主義」は現在の社会の貫徹と、未来の思想を怠惰でユートピア的として放棄することを意

715

味する、と。

『哲学論集』（一九〇六）においてリューボフ・アクセルロッドは、ボグダーノフだけではなく、ベルジャーエフ、ストルーヴェ、カント主義者、そして哲学的観念論一般を攻撃した。この本は、後にレーニンがその経験批判論への反論において書いたほとんどあらゆる問題を含んでいた。それはレーニンよりも簡潔であったが、その論旨は同じように粗野であった。

二つの主張が、外的世界はわれわれの認識に「反映され」、あるいは認識に対応しているという考え方を支持するために押し出される。第一に、われわれは真の認識と虚偽の認識、錯覚と「正しい」観察を区別するのだが、もし現実とわれわれの感覚が一つで同じであれば、われわれはこれを行うことはできない。第二に、物はわれわれの頭の中ではなく、その外に存在することを誰もが知っている。カントの哲学は唯物論と観念論の妥協であった。彼は外的世界の概念は保持したが、しかし神学と神秘主義の圧力のもとで世界は認識不可能と述べた。

しかしながら、この妥協はうまく行かない。つまり、われわれの知識はその源泉を意識あるいは物質の中に持っており、第三の可能性は存在しない。物質は定義できない。なぜなら、それは「根本的な事実」「すべての物の本質」「すべての現象の始まりで唯一の原因」「始原的実質」等々であるからである。物質は「経験において与えられ」そして感覚的認識によって知ることができる。

観念論は、主観がなければ対象は存在しないと主張するが、しかし科学は、地球が人間以前に存在したことを証明しており、したがって意識は自然の産物であって自然の条件であるわけがない。数学の知識を含むわれわれのすべての知識は経験に由来し、それは外的事物の精神への「反映」から成り立つ。マッハが行ったように、世界は人間の創造物であると主張することは科学を不可能にすることである。なぜなら、科学はその研究の対象として外的世界を想定するからである。

観念論は、政治において反動的な結論に行きつく。マッハとアベナリウスは人間を世界の尺度と見なし、「この主観的理論は重大な客観的価値を持つ。あらゆる事柄が主観的経験に依存するのだから、それによって貧乏人は金持ち、金持ちは貧乏人であると証明することも容易になる」と（『哲学論集』六二頁）。主観的観念論はまたまちがいなく唯我論に行きつく、なぜなら、もしあらゆる事柄が「私の」想像の中にあるとすれば、他の主観の存在を信じる根拠はなくなるからである。これは原始人の哲学である。つまり、野蛮人は彼の頭に到来するものを文字通り何でも信じ、夢と現実、誤った認識と正しい認識、そして思想と現実の存在を混同するのだが、それはバークリー、マッハ、ストルーヴェそしてボグダーノフと同じやり方である。

同じ著作においてリューボフ・アクセルロッドは、歴史決定論と革命的意志の力の双方を信じるのは矛盾である、と反論したシュタムラーに反論して、決定論を擁護した。この点でもまた彼女は、プレハーノフの反論に呼応した。つまり、歴史を作るのは人間であるが、しかしその意図の結果は彼らの統制の及ばない環境に依存する、と。

自然の必然性と歴史の必然性とのあいだの差異は存在せず、あるいは、したがって、自然科学の方法と社会科学の方法とのあいだの差異も存在しない。ブルジョア・アイディオロジストは現在こそが現実であると主張する。つまり、そうすることで彼らは歴史が崩壊を運命づけている階級の恐怖を表しているのだが、マルクス主義者にとって、歴史の法則の観点から予測できる、という点でそれは「現実」である。

リューボフ・アクセルロッドとプレハーノフがともに、「反映」という用語は文字通りに受け取ってはならない、と指摘していることは付け加えておかなければならない。感覚は、鏡のイメージと同じ意味の物の「複写」ではなく、その内容がそれらの感覚を生み出す対象に依存するという意味の「複写」である、と。

レーニンは明らかに、プレハーノフと「正統派」はそれに値するほど完全に経験批判論を否定していないと考え、したがって、自分の哲学教養はまったく初歩的であると自覚しながらも、この論争に自ら参入した。彼は一九〇八年のほとんどをこの問題の作業に費やしたが、それは数ヵ月間の

716

ロンドン滞在を挟んでおり、彼は大英博物館で研究した。その成果は一九〇九年にモスクワで『唯物論と経験批判論―ある反動哲学についての批判的覚え書』と題する書籍の形で発行された。

経験批判論を攻撃する際にレーニンは内的一貫性という根拠から、さまざまな哲学者の理論に反論することには特に関わらなかった。彼の目的は、経験批判論が「哲学の基本問題」、つまり、精神の物質にたいする優先あるいはその逆という基本問題を避けることに成功せず、バークリー流の観念論を隠し通す言葉の手品であること、そしてそれゆえに、宗教的精神主義と搾取階級の利益の擁護が意図されていることを明らかにすることであった。

レーニンの主張は哲学における「党派性」(partisanship)の原則に基づく。彼はこの用語を二つの異なる意味で使う。第一に、それはエンゲルスが定義したように、唯物論と観念論とのあいだに中間的立場は存在し得えないこと、そして反論を超越したと主張する哲学者は、単に不誠実な観念論者であることを意味する。その上、哲学の主要な問題はすべてこの問題の付随物である。世界が認識可能かどうか、決定論は真理かどうか、真理の基準や時間と空間の意味は何か、これらすべての問題は個別的事例かまたは「基本的問題」の延長である。これらに与えられるいかなる解答も、その性質上、唯物論的か観念論的でしかあり得ず、この二つのあいだの選択は避けられない。

第二に、「党派性」はレーニンにとって、哲学理論は階級闘争において中立的ではなく、その道具であることを意味する。あらゆる哲学が何らかの階級的利益に奉仕しているのであって、階級闘争によって引き裂かれた社会においては、哲学者自身の意図がどうであろうと、これはそれ以外ではあり得ない。直接的な政治活動と同じように哲学においても非党派的人間であることはできない。「哲学において非党派的な連中は、政治における非党派的な連中と同様に、見込みのない愚物である」(『唯物論と経験批判論』V・5〔邦訳『レーニン全集』第一四巻　三四五頁〕)。「哲学における非党派性とは、観念論と信仰主義への卑劣にも秘められた下男奉公にすぎない」〔邦訳　同前　四三〇頁〕。唯物論だけが労働者階級の利益に奉仕できるのであり、観念論の理論は搾取者の道具である。

レーニンは「党派性」のこれら二つの意味の関連を検討せず、ましてや哲学者と階級の結びつきが過去にまで及ぼすことができるかどうかも考察しない。例えば、唯物論者ホッブスと平民キリスト教徒は、被抑圧階級と資産所有者のイデオロギーをそれぞれ代表したのではなかっただろうか。

レーニンは、今日の時代にあってプロレタリアートとブルジョアジーの基本的な社会的対立は、哲学者の唯物論者と観念論者の陣営への分裂に対応していると主張することに、自己を限定した。レーニンは自明なことと見なしたが、観念論と政治的反動との結びつきは、すべての形態の観念論、特に認識論的主観主義が、実践的にせよ、論理の一貫性の問題としてにせよ、宗教的信仰の支えであるという事実にもっとも明瞭に示されている。

レーニンがこのような経験批判論者にたいする批判を精緻化するのは困難であって、経験批判論者たちは彼ら自身の哲学に基づいてすべての形態の宗教的信仰を批判した。しかしながら、バークリーは与しやすい標的であり、バークリーは自らの理論で否定した物質の実在性にたいする信念が無神論支持の主要な根拠であると考えた。

ともかく、観念論者内部の論争は大した重要性を持たないとレーニンは述べた。つまり、バークリー、ヒューム、フィヒテ、経験批判論者そしてキリスト教神学者のあいだには基本的な違いは存在しなかった、と。カトリック哲学者の主観的観念論への攻撃は、単なる内輪の喧嘩であった。同じように、経験批判論者の宗教反対論は、プロレタリアートの警戒を鎮め、宗教神話と同じ方向にある別な道にプロレタリアートを導くことを意図した欺瞞であった。

「アベナリウスのようなものの洗練された認識論上の妄想が、教授式の思い付きであり、『自分自身の』小哲学宗派をひらこうとする試みであることにかわりはないが、実際には、現代社会の諸思想、諸傾向の闘争という全般的環境のもとでは、これらの認識論上のたくらみの客観的役割はただ一つ、観念論と信仰主義への道を清め、それらに忠実に奉仕することで

718

ある」［邦訳　同前　四一三頁］。

したがって、経験批判論者が、経験の諸要素は存在論的に中立であって、心理的でも物理的でもない、という世界像を構築すると主張する時、無邪気な読者を騙していることを見破るのはたやすいことである。マッハとアベナリウスは、詐欺的用語法を除いては何の違いもなく、ドイツ、英国そしてロシアの彼らの兄弟哲学者も、世界を印象の集合体に引き戻そうと主張し、その結果「物資的現実」は単なる意識の産物と化すのである。もし彼らがその理論を一貫して追求してきたならば、世界全体を個人の主観の創造物と見なして、彼らは不条理な唯我論になり果てていただろう。もし彼らがこの結論を述べないとすれば、それは彼らが読者を欺こうと欲しているか、あるいは彼ら自身の教説の空虚さが明らかになるのを恐れているか、のどちらかの理由による。

いずれにしろ、彼らは聖職者のおべっか使いであり、訳のわからない言葉の操り人、無垢な人びとを騙しぬき、真実の哲学問題を混乱させ、他方でブルジョアジーはその力を維持するために人びとを狼狽させるという利益を得ているのである。「物理的なものとは何か、心理的なものとは何か、ということをわれわれはだれでも知っているが、しかし、『第三のもの』とは何か、ということを、現在われわれのうちのだれも知らないからである。この遁辞によってアベナリウスは、犯跡をくらましたにすぎず、実際には自我を第一次的なもの（中心項）、自然（環境）は第二次的なもの（対立項）と宣言しているのである」［邦訳　同前　一七二頁］。

レーニンは続けて、しかし科学はわれわれをしてこの観念論的ナンセンスを退けることを可能にさせると述べる。教育のある人間なら誰しも地球は人類の出現以前から存在したことを疑わない。しかし、観念論者はこれを認めることができない。なぜなら、彼自身の前提に立てば、地球と物質的世界全体は人間の精神の作りものであることを認めなければならないからである。科学の平明な事実に反して、彼は人間が先に到来し、自然はその後から来ると主張しなければならない。その上、われわれは、人間はその頭脳で考え、頭脳は物質的なものであることを知っている。しかるに、観念論者はこのいずれも認めることができないのであって、それはすべての物質的なものを思惟の産物と見なすからだ。したがって、観念論はもっとも初歩的な科学知識と矛盾し、社会的であろうが知的であろうがすべての進歩と反対であることは明らかである。

このように観念論を粉砕して、レーニンは戦闘的プロレタリアートの哲学、つまり、弁証法的唯物論をそれに対置する。この基本的部分が反映あるいはイメージの理論であり、それによれば感覚、抽象的理念そして人間の認識のその他のすべての側面は、それが人間によって認識されようがされまいが実在している物質的世界の現実的な質のわれわれの精神における反映である。

「物質とは、人間にその感覚においてあたえられており、われわれの感覚から独立して存在しながら、われわれの感覚によって複写され、反映され、映像化された客観的実在を言いあらわすための哲学的範疇である」［邦訳　同前　一五〇頁］。レーニンが何度も繰り返すように、それは文字通り「複写する」という問題である。つまり、われわれの感覚は物の影像であり、単なる印象ではなく、プレハーノフが付与したような「象徴」でもない。「エンゲルスは、記号についても象形文字についてもかたらないで、物の写し、写像、模像、鏡像について語っている」［邦訳　同前　一七九頁］。感覚は、われわれと世界とのあいだのスクリーンではなく、それらの結合であり、それの主観的模倣である。

弁証法的唯物論は、物質の構造に関する物理的問題を解明すると主張するのではない。それはその仕事ではない。それは物理学が教えることをすべて受け入れることができる。「なぜなら、哲学的唯物論がそれを承認することと結びついている、物質の唯一の性質は、客観的実在であるという性質、すなわちわれわれの意識の外にあるという性質だからである」［邦訳　同前　三一四頁］。

この最後の点で、レーニンは首尾一貫していない、なぜなら彼自身が物理学のさまざまな問題に確信的に答えを出しているからである。例えば、彼は三次元を超えるものが存在するという説は反動的なたわごとだとか、すべての非決定論は同様に無意味である、と述べている。

「意識の外にある」という性質によって、と単純に定義される物質について言えば、これは後にレーニン主義者の中でも論争の主題となったことだが、物質は経験主体との関連で特徴づけられねばならず、そうして意識はその相関として物質の概念に入り込む、と示唆される。同様の方法でレーニンは「客観的」を「意識から独立している」を意味するものとして使う。その他の個所でも、レーニンはリューボフ・アクセルロッドにしたがって、物質はもっとも広大なカテゴリーであって、したがって特定の用語では表現できないとして、物質は定義できないと述べる。つまり彼はこれを上に引用した叙述と調節しようとはしなかった。

反映論の本質的役割は、相対主義の否定と実在との一致としての伝統的な真理理念の承認である。レーニンいわく、真理は感覚、概念そして判断を決定することができる。われわれは認識活動のいかなる結果についてもそれが真であるか偽であるか、つまり現実の正しい「反映」であるか誤った「反映」であるか、それが知識とは独立に「それ自体として」の世界を反映しているか、あるいはそれが世界の歪められた像であるかを言うことができる、と。

しかし、エンゲルスが示したように、真理の客観性はその相対性と対立しない。真理の相対性とは、例えば、プラグマチストが主張するように、同じ判断が、誰がそしてどのような環境のもとでそれを宣告したか、そしてそれに同意すると同時にそれからどのような利益が生まれるかによって、真になったり偽になったりすることを意味するのではない。エンゲルスが指摘したように、科学はわれわれにたいして絶対的な確実さでもって、法則が有効である限界を教えることはできず、結果としてその限界はすべて修正を免れない。しかしながら、これは真理を虚偽に変えたり、あるいはその逆にしたりするのではなく、ただ単に普遍的に有効だと考えられていたものが、ある一定の状況だけに適用されることを意味するに過ぎない。いかなる真理も究極的に証明されるのではない。その意味ですべての真理が相対的である。あらゆる知識もまた、われわれが世界に関してすべてを知ることはできず、われわれの知識は拡大しつづけてはいるが、不完全なままであるという意味で相対的である。

しかし、これらの留保は真理が実在との一致である、という真理概念に影響するのではない。エンゲルスも言ったように、真理のもっとも有効な基準、すなわち、判断が真理であるかどうかを発見する最善の方法は、それを実地の試験に付すことである。もしわれわれが自然の関係に関して生み出した発見を実地の操作に応用するならば、その成功はわれわれの判断が正しいことを確証し、その失敗はその反対であることを証明するだろう。

実践という基準は、自然科学にも社会科学にも等しく適用できるのであって、そこにおいて、それに基づく政治活動が効果的であるならば、われわれの現実分析が確証される。この有効性（effectiveness）はプラグマチィストの意味の「有用性」（utility）ではない。つまり、われわれの知識はそれが真理であるから潜在的に有用（useful）なのであって、有用だから真理であるのではない。とりわけマルクス主義の理論は、実践によって顕著に確証されてきた。それに基づく労働者運動の成功はその有効性の最善の証明である。

一度、われわれが真理の客観的性質を承認するならば、経験批判論の「思考の経済」原則が、実在との一致を努力の経済から成り立つ不明確な基準に置き換える観念論的言い訳であることが理解されるであろう。

カント哲学にたいする経験批判論者の反対が「右から」、つまり、カントよりももっと反動的な立場から目ざされたこともまた明らかである。彼らは現象（phenomenon）と本体（noumenon）の区別に挑戦するが、しかし彼らは「物それ自体」が無用である。つまり、精神から独立した実在は存在しないことを示すために挑戦するのである。しかしながら、唯物論者はカントを、その反対の立場から、つまり現象を超えて世界が存在することを認めるのではなく、それについてわれわれは何も知ることはできないと考える点で、カントを批判するのである。

彼らは、原則として知ることができない現実は存在しない以上、現象と物自体とのあいだには何の違いも存在しないと主張する。つまり彼らはカントの不可知論を非難し、他方で、現実の世界の理念においては「唯物論的要素」を認めるのである。唯物論の観点からすれば、現実は既知と未知に区分されるのであって、知り得る現象とそれ自体として知り得ない現象に区分するのではない。

空間、時間、そして因果関係のようなカテゴリーに関してレーニンはエンゲルスの解釈に従った。弁証法的唯物論は、因果関係を機能的依存とは見なさず、出来事の関係においては真の必然性が存在すると見なす。実践は因果的結合の現実の必然性の最良の確証である。つまり、われわれが出来事の規則的継起を観察し、そしてそれによって望ましい結果を得ることができる場合、いつでもわれわれは、因果関係がわれわれの想像の所産ではなく物質的世界の現実的性質であることを証明する。

しかしながら、そのような結合は弁証法的に理解されなければならない。つまり、出来事の諸タイプと一つではない出来事が含まれる場合、一つの要素が他の要素にたいして主要である（厳密には決定されないが）けれども、常に相互交渉が存在する。時間と空間は組織する知覚的力の産物でも先験的な感覚の形態でも、物質から独立した自律的な実体でもない。それらは物質的存在の客観的質である。このように、時間の継続の関係と空間の編成は世界の現実的特性であって、独立した形而上学的実体という位置を持つのではない。

レーニンは、彼が詳説する弁証法的唯物論は実践的意味で効果的な武器であるばかりでなく、現在の自然科学および社会科学の状況と調和する唯一の哲学である、と考える。科学が危機にある、または危機にあるように見えるのは、このことを物理学者自身が理解しないからである。「現代物理学は産褥にある。それは弁証法的唯物論を産もうとしている」［邦訳同前　三七八頁］。

科学者は、マルクスとエンゲルスにたいする彼らの無知によって陥った困難から脱け出す唯一の道が、弁証法的唯物論であることを理解しなければならない。それはまもなくある程度の数の物理学者が反対しても勝利するだろうし、彼らがそういう態度を取る理由は、個別分野で偉大な業績を達成したにもかかわらず、彼らの大部分がブルジョアジーの召使いであるからである。

レーニンのこの著作は、それ自体のメリットのためからではなく、ロシアの哲学の発展に与えたその影響のために興味深い。哲学としてそれは粗雑で素人臭く、エンゲルスからの引用（この本全体でマルクスの文章が引用されたのは二ヵ所だけであった）と抑制のきかないレーニンの反対者への毒舌で埋め尽くされた、粗野で「常識」的な主張に基づいた。

それは反対者たちの見地を理解することに完全に失敗したこと、理解しようとする努力を嫌がったことを示している。それはエンゲルスやプレハーノフから引用した文章に含まれているものに何も付け加えず、主な違いはエンゲルスがユーモアのセンスを持っているのにたいし、レーニンはそれをまったく持たないことである。彼はそれを安っぽい嘲りと毒舌で補い、自分の敵対者を反動的狂人であり僧職の従僕である、と非難する。

エンゲルスの主張は通俗化され、型にはまった教義問答の形式に変換された。つまり、感覚は物の「複写」あるいは鏡のような反映であり、哲学の諸学派は「党派」とされるなど。この本に横溢している憤激は幼稚な思想家に典型的なものである。そういう人物は、健全な精神の持ち主なら誰もが彼自身の想像力によって、地球、星座そして物質的な宇宙全体を創り出すといかに真剣に主張し、あるいは彼が凝視する対象が、子どもたちがそれは存在しないことが分かるときでも、彼の頭の中には存在すると主張する（レーニンが予想したように）かを理解できない。この点で、レーニンの観念論との闘いはキリスト教の未熟な護教論者のそれと同類である。

レーニンの攻撃はボグダーノフ、バザーロフ、そしてユシケヴィチによって反撃された。ユシケヴィチは『哲学的正統派の支柱』（一九一〇）において、プレハーノフを憲兵と同じように哲学理念を持たない非妥協的な無知の人であると攻撃した。プレハーノフとレーニンの両名は、その教条的な自己主張と自分以外の他の誰の意見も理解できない無能力によって、ロシア・マルクス主義の退廃ぶりを証明してみせた、と彼は宣言した。

ユシケヴィッチは、レーニンの無知、叙述能力の欠如そして彼の言葉遣いの粗雑さについて特に厳しかった。彼は、レーニンが事実を誤認したこと、「黒百人組の習慣をマルクス主義に持ち込んだこと」、自分が引用した文献を読んでいないことなどを理由に糾弾した。その力によって感覚を引き起こすという物質の定義はそれ自体としてマッハ主義への屈服であって、これはプレハーノフにも当てはまり、彼からそっくり引き写したレーニンにも当てはまる。マッハもバークリーも「世界の存在」を疑わなかった。核心的問題はその存在ではなく、実質、物質そして精神のようなカテゴリーの有効性である、と。

ユシケヴィッチは言う。経験批判論者は意識と物質の二元論を廃棄することによってコペルニクス的革命を達成した、と。彼らは人間と世界の自然な関係を何も変えてはいない、その反対にその関係を形而上学的物神から解放することによって、リアリズムの自生的価値を復活させたのだ、と。実際に、レーニンは認識論的レーニンは認識論的リアリズムと唯物論を混同した。論は「客観的物質的現実」「主観からの独立」を認めることで成り立つと何度も繰り返すが、しかし、もしそうであるならば、ほとんどあらゆるカトリック哲学者が唯物論者である)。

すべての「反映」論は、対象から神秘的に分離されて、人の目や耳に突き当たるイメージにたいする無邪気で前デモクリトス的な信念の繰り返しである。何人も「物それ自体」とその純粋に主観的イメージとのあいだにどのような類似性があると想定するかを、あるいはその複写がもともとの物とどのように比較できるかを語ることはできない。

『唯物論と経験批判論』は、革命前も革命直後も特別の影響を何も与えなかった（第二版は一九二〇年に発行されたが）。その後に、スターリンによってこれがマルクス主義哲学の基本的典型であると宣言され、そしておよそ一五年間、スターリン自身の小品とともにソビエト連邦の哲学教育の主要な原典となった。その価値は微々たるものであるが、それは正統派のレーニン主義的マルクス主義とヨーロッパ哲学とのあいだの最後の接触点の一つを表わすものであった。その後の数十年間には、レーニン主義と非マルクス主義思想とのあいだに論争という形態においてすら、いかなる接触も事実上存在しなかった。ソビエトの公式の「ブルジョア哲学」批判は、それがマッハとアベナリウスの観念論的ナンセンスのさまざまな形態の繰り返しであって、レーニンの否定によって壊滅させられたということを当然のことと見ていた。

しかしながら、レーニンのこの著作の重要性は、政治的脈絡において理解されなければならない。執筆時点において、彼はマルクス主義を「豊かにする」とか、補充するとか、あるいは「とんでもなく」修正するなどという意図を持っていなかった。彼は哲学の諸問題に関する解答を探求したのではない、なぜなら、すべての重要な問題は、マルクスとエンゲルスによって解決済みであったからだ。

その序文で彼は「われわれはまちがっているかもしれない。しかし、われわれは探究している」と言ったとしてルナチャルスキーを嘲った〔邦訳『レーニン全集』第一四巻　一〇〜一一頁〕。レーニンは探究などしていなかった。彼は、革命運動は明瞭で統一された「世界観」を持たなければならず、この点でいかなる多元主義も深刻な政治的危険である、と固く信じた。彼はまた、いかなる類の観念論も多かれ少なかれ宗教の偽装された形態であり、大衆を惑わし、麻痺させるために搾取者によって常に使われると信じた。

8　レーニンと宗教

レーニンは、宗教を党のイデオロギー活動における鍵的な問題と見なした。それは敵が大規模な現象であって、経験批判論者のような単なる少数の理論家だけではないからであった。それに向かう彼の態度は哲学の問題と同じように絶対的に明確であったが、彼の戦術はそれと比較して柔軟で可変的であった。

レーニンは、宗教的に寛容な雰囲気の中で育った。彼はマルクス主義と接触する前の一五歳ないし一六歳で信仰を放棄した。その時以降、彼は、無神論は科学的に自明であると捉え、そしてその効用という言い分を認めたことはなかった。彼の考えでは、宗教の問題は本質的な困難を提起しているのではなく、教育、政治、宣伝の問題であった。「社会主義と宗教」（一九〇五、全集第一〇巻）そして後の著作において、彼は、宗教的信仰は抑圧され貧困に苦しめられた大衆の無力の表れであり、その惨状の想像上の補償、つまり彼に言わせれば、マルクスやエンゲルスの用語を彼のいつものやり方で下品にした「精神的下等火酒」（八三頁）であると説いた。

同時に、宗教と教会は大衆を卑屈で従順に保つ手段であり、搾取者を権力に就かせ、大衆を悲惨な状態に置き続ける「イデオロギー的鞭」であった。正教会は精神的および政治的抑圧的結合の紛れもない見本であった。レーニンはまた、宗教各派にたいする体制の抑圧的態度を利用する必要性も強調した。党綱領は最初から宗教的寛容、自分が選んだ信仰を表明する個人の権利、そして無神論の宣伝運動を進める権利について触れていた。教会と国家は分離されなければならず、宗教の公的教育は廃止されなけれ
723
ばならない、と。

しかし、西ヨーロッパの多くの社会民主主義者と異なり、レーニンは、社会主義者は宗教を国家に対抗する私的事項と見なすかもしれないが、党に関するかぎり、それは私的事項ではない、と強調した。現在の状況のもとで、党はその内部にいる信者を容認しなければならない（無神論はその綱領では公然とは表明されなかった）が、党は反宗教宣伝を遂行し、その構成員を戦闘的無神論者に教育することに従事する。党は哲学的に中立ではあり得ない。それは唯物論的であり、それゆえに無神論であり反聖職主義であって、この世界観は政治的に無関心の問題ではあり得ない。しかしながら、反宗教宣伝は階級闘争と結びつけられなければならず、そして「ブルジョア的自由思想」の精神の中で自己目的として扱われてはならない。

その戦術的譲歩が何であろうと、レーニンは政治的理由から宗教的信仰の容赦のない反対者であった。したがって、その哲学が「建神論者」の哲学と部分的に一致した経験批判論者への攻撃も激しかった。建神論者はマルクス主義に修辞的で感傷的な装飾を付け加えようと試みただけであった。しかし、レーニンの目には、彼らは宗教との危険な妥協に走っていると見えた。

その主要な哲学作品やゴーリキーへの手紙の中で、あるいはまたその他の機会に、彼は、その粗雑な迷信を脱ぎ捨てて社会進歩という言葉を使う宗教は、ツァーリの絶対支配体制との統一を野蛮にも宣言する、のぼせあがった正教会よりも危険でさえある、と主張した。人道主義的な装いをした宗教は、その分いっそう、その階級的内容を覆い隠し、無警戒にさせる。このように、レーニンは戦術的理由から信者との妥協を準備しながらも、彼の真意は実質への疑問で固く構成され、党の世界観はどのような宗教的信仰でも容認できるという示唆を彼は認めなかった。

これらの問題におけるレーニンの立場は、ロシアの自由思想の伝統と一致していた。正統派教会とツァーリ官僚制の癒着は明らかであった。ソビエト政府が権力を握ったとき、全部ではなかったがほとんどの教会人がこれに敵対した。この事実とレーニン主義の基本原則によって、反教会闘争は、まもなく党の綱領で示されていたものよりも拡大した範囲で起こった。政府は、教会財産の没収、学校の世俗化など、特別に社会主義的ではなくブルジョア的改革と見なされる措置に、いずれの場合も自己限定しなかった。実際に教会はそのすべての公的機能を剝奪され、教育、書籍や定期紙誌の発行、僧職の養成を禁止された。修道院や女子修道院もその大部分が解体された。

宗教を国家に対抗する私事として扱うことは、多くの場合に党の構成員であることが国家の職務の前提条件である一党体制のもとでは適用できない。教会と信者の迫害は政治的環境に応じてその強度は変化した、例えば一九四一年から四五年にかけてはよほど弱まった。しかし、社会主義国家はあらゆる方法で「宗教的偏見」を根絶するために努力しなければならないとする原則は実効的に生き続け、それはレーニンの理論に全面的に合致した。
724

宗教と国家の分離は国家がイデオロギー的に中立であり、国家がそうあるべきものとしての特定の世界観を表明しないときにのみ実行可能である。自らをプロレタリアートの機関と見なし、無神論を唯一無比のプロレ

タリア・イデオロギーの本質的特徴と見なすソビエト国家は、いわば、同じようにイデオロギーで打ち建てられているバチカンがそうであるように、国教廃止の原則を受け入れることはできない。

レーニンと他のマルクス主義者は、この点で、プロレタリア国家とブルジョア国家とのあいだに何の違いもなく、両者はともに支配階級の利益を代表する哲学を支持しなければならないと常に考えた。しかし、まさにこの理由から、レーニンがツァーリ体制に反対する闘争スローガンとして使った教会と国家の分離は、彼の、イデオロギー、階級そして国家の関係理論に反したものであり、ボルシェビキが権力を掌握した後は維持できなかった。他方、反宗教的措置の性質と規模は、当然ながら、理論では叙述されず、環境に応じて変化した。

9　レーニンの弁証法のノート

論文や演説で時どき触れる箇所を別にすれば、レーニンは純然たる哲学のテーマについて掘り下げたものは何も書かなかった（彼の一九二一年の論文「戦闘的唯物論の意義」は宣伝志向の性質のものである。一九一三年の論文「マルクス主義の三つの源泉と三つの構成要素」は大衆的解説であり、独創性を主張するようなものではない）。

しかしながら、死後にソビエト連邦で『哲学ノート』と題する一巻本が現れ（全集第三八巻）、それは主に一九一四年から一五年にかけてレーニンが作成し、同意と憤慨のコメントと彼自身の哲学的所見が付された、さまざまな著作からの抜粋や草稿から構成された。場合によっては、この覚え書は彼が読んだもの、あるいは彼が自分の立場を表したもののまとめであるかどうかさえも分からないものもある。この本は、その主要な覚書が弁証法に関係し、ある程度『唯物論と経験批判論』の生硬な図式を和らげているかぎりにおいて、興味を引くものである。

特に、それらは、レーニンの戦時中のヘーゲルの『論理学』と『歴史哲学講義』の読書の影響を示している。これによってレーニンは、ヘーゲル哲学の弁証法は、マルクス主義の発展において大きな重要性を持つことを確信した。彼は、『資本論』はヘーゲルの『論理学』の完全な学習なしには理解できないこと、そして、それによって非の打ちどころのない一貫性を付与されている、とまで書いた。「そういうわけで、半世紀経ってもどのマルクス主義者もマルクスを理解しきってはいない」と。この突然の爆発は文字通りに受け取られるべきではない。というのは、レーニンが一九一五年までマルクスを理解したと思っていなかった、とは信じられないからである。しかしそれは彼がヘーゲルの思弁にどの程度魅了されたかを示してもいる。

『ノート』が示すように、レーニンはヘーゲル論理学の「普遍性」と「個別性」の問題および「対立物の統一と闘争」の理論にもっとも興味を惹かれた。彼は、唯物論をその基礎に置き換えた後のマルクス主義によって継承され、使用された主題をヘーゲルの弁証法の中で発見しようと努めた。抽象化および直接的知覚と「普遍的」知識との関係、という問題についてレーニンは、ヘーゲルの中のカント学説に対立するあらゆるものを強調し（例えば、「物それ自体」は完全に不確定であって、それゆえに無である）、抽象的思考の自律的な認識機能を指摘した。つまり、レーニンによれば、論理学、弁証法、知識論はすべて同じものである。『唯物論と経験批判論』が感覚の主観的解釈との闘争に集中し、感覚を世界のすべての知識の源泉と見なすことで満足していたように見えるのにたいし、『ノート』は知覚それ自体に含まれ、無限の「矛盾」を認識過程に導入する抽象化の問題を提起している。

法則、そしてそれゆえに「普遍性」はすでに個別の現象に含まれており、そして同じように、個々の知覚は「普遍的」要素、つまり抽象化の行為を含んでいる。こうして自然は、具体的であるとともに抽象的である。物は概念的知識によってのみそこに存在するのであって、概念的知識はそれらを一般的規則性において理解する。具体的なものは、個別の知覚行為によってはその完全な具体性のままで把握することはできない。その反対に、それは自らを無数の概念と一般的法則を通してのみ再生産し、その結果、それは認識によって汲み尽くされることはない。もっとも単純な現象すら、世界の複雑性とそのすべての要素の相互依存性を表す。しかし、すべての現象がこのように相互に結びついているのだから、人間の知識は必然的に不完全で断片的である。

そのすべての特殊性において具体的なものを理解するために、われわれは現象間のすべての結合の絶対的で全面的な知識を持たなければならない。世界のあらゆる「反映」は内的矛盾を蒙っているが、その内的矛盾は知識が進歩するにつれて消滅し、新しい矛盾に取って代わられる。反映は「死んだ」あるいは「不活性で」はなく、その断片的性質と矛盾によって知識の拡大を引き起こし、それは無限に持続するが、絶対的な終局に到達することはない。このように、真理はそれ自体が矛盾の解消過程としてのみその姿を現す。

知識の個別的要素と抽象的要素とのあいだに、常にある一定の緊張または「矛盾」が存在するのだから、認識の過程において前者を犠牲にして後者を絶対化すること、つまり観念論的立場で考えることが可能となる。「反映」の「普遍的」側面のレーニンの強調（彼の主著のその記述とは反対であるのだが）と共に、この理念は、僧職やブルジョアジーによって発見された欺瞞であるとした観念論の大雑把な解釈からの第二の重要な離脱である。観念論が今や「知識哲学の源泉」として登場する。つまり、それは知的逸脱などではなく、認識の真の側面の絶対化あるいは一面的な発展である。レーニンは、賢い観念論は下手な唯物論よりも賢い唯物論に近い、
726
とまで言い切る。

『ノート』の第二の重要な主題は「対立物の闘争と統一」である。弁証法の全体は対立物の統一の科学と定義できる、とレーニンは主張する。彼が列挙した一六の「弁証法の要素」の中で、対立物の闘争は主要な契機として多様な形態で表れる。あらゆる単一の物は対立物の集積と統一であり、物のそれぞれの特質はその反対物に転化する。つまり、内容が形態と「闘争し」、発展の低次の段階の特質が「否定の否定」等によって高次の段階で再生産される。

これらのすべての理念が極めて短いそして一般的な用語で表現され、それゆえに厳密に正確な分析には適さない。レーニンは、「矛盾」つまり論理的関連がどのようにして物それ自体の特質であり得るか、を探求しない。ましてや彼は、認識内容への抽象化の導入がどのように「反映」の理論と適合するか、を説明しない。しかしながら、エンゲルスと同じように彼が、弁証法を対象の如何を問わず、世界の一般化された論理として説明できる普遍的方法と見なしたこと、そして彼がヘーゲルの論理学を唯物論的転換の素材として扱ったことは、明らかである。しかしながら彼の所見は、概してエンゲルスのものよりも単純化されない、ヘーゲル哲学の解釈を提示する。弁証法は「万物は変化する」という単なる主張ではなく、主体と客体との絶えざる相互作用として人間の知識を解釈する試みであって、その中では、そのどちらかの「絶対的な優位」という問題は、その鋭さを失う。

『ノート』は、主に機械的唯物論の批判において、党に役立つために発行された。党の哲学者たちは『唯物論と経験批判論』を観念論と疑われるすべての理論と闘うために使う一方で、マルクス主義と機械論との違いを強調するために、特に一九三〇年代においてはブハーリンとその追随者たちに反対するキャンペーンの中で、この『ノート』を引用した。もちろん、この二つの著作文献が何らかの点で相互に合致しないのを認めることには、何の問題もなかった。

後に、ソビエト連邦における弁証法的唯物論の教育がスターリンの敷いた図式から離脱するときに、この『ノート』は新しい基礎として使われ、一六の「要素」がスターリンの「弁証法の四大特徴」に取って代わった。
727
しかしながら、『唯物論と経験批判論』はなおもスターリンによって、それに与えられた地位である、レーニン主義の哲学的基礎として崇敬された。それはすべての自立的哲学思想を窒息させるための言い訳を用意し、あらゆる領域の科学や文化にたいする党の独裁を確立する、という嘆かわしい結果をもたらした。

ヴァレンティノフやその他の人びとが指摘したように、それでもってレーニンが唯物論を擁護した極端な頑固さは、マルクス主義の中だけではな

く、ロシアの唯物論者の伝統、特にその哲学がフォイエルバッハの大衆化であったチェルヌイシェフスキーにその起源がある。このような方向での指摘は一九五〇年代のソビエト連邦でも聞かれた。しかしレーニン主義は特殊ロシアの哲学であって、マルクス主義の無謬の普遍的に有効な継続ではないと指摘したとして非難された。

ロシア的源泉の影響の問題とは別に、レーニンの哲学が彼の政治プログラムおよび革命党の理念と密接に結びつけられていたこと、そして彼自身がこのことを充分に自覚していたことは明らかである。あらゆる理論問題が権力のための闘争に厳重に従属させられる職業革命家の党は、哲学的な多元主義を安全に許容することはできず、あるいはイデオロギー問題で中立であることもできない。

それ自体の成功のために、党は構成員を束縛する明確に定義された理論あるいは難攻不落の教条体系を保有しなければならない。党の規律と団結は、理論問題におけるいかなる危険な緩みや曖昧さ、あるいは多元主義も除去されねばならないことを求める。支配的なイデオロギーが厳密に唯物論的でなければならないことはマルクス主義の伝統によって、そして存在論的に中立な哲学を忌避すると同時に、革命の障害物としてのあらゆる形態の宗教思想と闘う必要とによって保障された。

レーニンは、言葉だけでも宗教と妥協し、あるいはそれらは誤って定式化され解決不能であるという理由で存在論の問題を回避する傾向を、敵も味方も同じように断罪した。マルクス主義は哲学のあらゆる主要な問題にたいする用意済みの解答であって、無謬であると彼は信じた。哲学問題を棚上げするいかなる試みも、党のイデオロギー的統一にたいする脅威であった。このように、彼の粗雑で非妥協的な唯物論は特殊な伝統の結果であるばかりではなく、彼の活動手法の本質的部分であり、その一部であった。

党はあらゆるイデオロギー問題を決定する唯一の権限を保持しなければならず、この観点からレーニンは、観念論が彼の政治プログラムに提起する危険性をよく理解していた。文化的な生活のあらゆる側面を包括する全体主義権力の理念は、彼の意識の中で次第に形成され、遂に実地に移された。それは彼の哲学によって首尾よく支えられたのだが、この哲学は問題を探求し解決することではなく、社会主義の運動に教条的な知的体系を課すことに集中した。こうして彼の哲学的攻撃の激しさと他者の主張にたいする冷淡さは、その源泉が彼の政治理論に深く根ざしていたのである。

しかしながら、レーニン主義者にとってすら、『唯物論と経験批判論』は二つの重要な点で多義的であった。第一に、既に触れたように、エンゲルスやプレハーノフと異なり、レーニンは「客観性」つまり主観からの独立性は、唯物論者がそういうものとして認識しなければならない物質の唯一の属性である、と考えた。この言説は、明らかに、マルクス主義者を変化する科学理論への依存、特に物理学にたいする依存から解放することを仕組んだものであった。つまり「物質」は、科学が与えたりあるいはそこから除去したりするかもしれない、いかなる属性によっても妨害されないのだから、科学は唯物論に危険をもたらさない。もし物質が知覚する主観以外の他の何かであるという事実によって単純に定義されるならば、これは知覚の内容と異なると見なされる「実質」と等しく言うことができることは明瞭である。「物質」は、いかなる属性つまり、われわれが一般に「物質性」と結びつける空間的、時間的あるいは力動的な属性を含まない「あらゆる物」の別の用語となる。

第二に、この定義は、それが排除しようとした曖昧な二元論を再び認めることになる。もし主観の「外部」のあらゆる物が物質的であるとすれば、その場合、主観それ自体が物質的ではないか、あるいはわれわれが主観的な現象を含みこむために物質の定義を拡張しなければならないか、のどちらかとなる。「物質が第一次的で精神は第二次的である」という図式は、精神と物質は別であることを前提にしているのであって、これは唯物論的一元主義に反する。

レーニンの著作はこのような問題に答えず、あるいはそれらを一貫して論じもせず、それらを厳密に証明しようとする形跡もない。彼の文章の曖昧さは哲学固有の難しさによるというよりも、むしろレーニンの怠惰で表面的なアプローチと、権力への闘争において直接に利用できないすべての

729
問題にたいする軽蔑による。

第18章　レーニン主義の運命：国家の理論から国家のイデオロギーへ

1　ボルシェビキと戦争

一九〇八から一一という年は、ロシアの社会民主主義運動の壊滅的な衰退と解体の時期であった。革命後の弾圧の後に市民的自由はかなり拡大され、弱体化した社会構造を官僚制や軍隊以外の上に基礎づけようとする試みが行われ、ツァーリ支配体制の一時的な安定化が見られた。首相ストルイピンは、中規模の土地を所有する強力な農民層を創り出すように設計された改革を導入した。これらの措置は、社会主義者、とりわけ改良の手段によって農民問題が資本主義のもとで解決されるならば、土地に飢えた大衆の革命的な潜勢力は回復できないほどに失われてしまう、と受けとめたレーニン主義の一派に警報を発するものとなった。

一九〇八年四月二九日の「踏み固められた道の上に」と題する論文［邦訳『レーニン全集』第一五巻、四〇頁以下］でレーニンは、ストルイピンの政策は成功するかもしれないし、農業における資本主義的な発達の「プロイセン的な道」を確立するかもしれないことを認めた。もしこれが起こるならば、「良心的なマルクス主義者は率直かつ公然と、あらゆる『農業綱領』をまったく棄ててしまって、大衆に次のように言うであろう。『労働者はロシアにユンカー的資本主義ではなくアメリカ的資本主義を保障するために、あらゆる手をつくした。いまや労働者は諸君に、プロレタリアートの社会革命を呼びかける。なぜなら、農業問題がストルイピン流に解決された以上、農民大衆の経済的な生活条件を本格的に変えることのできるような革命はほかにはありえないからである、と』」［邦訳『レーニン全集』第一五巻　二九頁］

ストルイピンの政策は、それが望んだようには、その後の進路を根本的に変えるかもしれないほどには長続きしなかった。レーニンは一九一七年の革命の後に、土地を没収しそれを農民の共有にするというエス・エルの政策をボルシェビキが引き継がなかったならば、革命は成功できなかっただろうと書いた。一一年のストルイピン暗殺にもかかわらず、なお数年のあいだ、ロシアは萌芽的な立憲君主制を持つブルジョア国家の方向へと明らかに進みつつあった。このような展開が社会民主党の中に新しい分裂を引き起こした。

「召喚派」、つまり非合法的な革命行動を絶対的に信じてやまないボルシェビキの一部に加えて、この時期にレーニンは、多かれ少なかれメンシェビキと同じ意味の用語である「清算主義者」をたえまなく攻撃した。彼はマルトフ、ポトレソフ、ダンそしてその他のメンシェビキのほとんどの指導者たちを、非合法の党組織を清算し、それに換えて現在の秩序のもとで「改良主義的」な闘争に適した「不定形の」合法的な労働者会議体を宛てようと望んでいると非難した。事実として、メンシェビキは党の非合法活動をやめようと望んではいなかったが、平和的な方法、労働者組織の合法的な発展にたいしてより大きな重要性を持たせ、専制支配体制が崩壊すれば社会民主党は西ヨーロッパの兄弟党と同じ立場になる、と展望していた。

この間にも、党内の古い分裂は存在しつづけた。メンシェビキは民族問題のオーストリア的な解決方法（治外法権的な自治）を受け入れ、他方、ボルシェビキは離脱の権利を含む自決を主張した。メンシェビキはブンドやポーランド社会党との結びつきを維持したが、レーニンは、この両者はともにブルジョア民族主義の団体と見なした。しかしながら、プレハーノフは、大半のメンシェビキ指導者とは異なり、「清算主義者」の方針に反対した。レーニンは彼に反対する悪口のキャンペーンと論争を取り下げ、ロシア社会主義の古参者とのある種の曖昧な連携に戻った。

さまざまな意見の相違が、新しいそして最終的な党の分裂という結果をもたらした。一九一二年一月、プラハでのボルシェビキ大会は、それを正規の党大会であると宣言し、自前の中央委員会を選び、メンシェビキとの関係を断った。レーニン、ジノヴィエフ、カーメネフに加えて、中央委員会には、メンシェビキがレーニンに警戒するように繰り返し言っていたオフラーナのエージェントであるロマン・マリノフスキーが含まれた。レーニンはこの警告を、黒百人組のゴミ捨て場から集めたうすぎたない中傷、と呼んだ（「清算主義者とマリノフスキーの経歴」一九一四年五月　邦訳『レーニン全集』第二〇巻　二〇四頁）。マリノフスキーは、オフナーラがそう指示したとおり、実にレーニンの命令の忠実な実行者であり、彼は自分のイデオロギー的政治的野心を持たなかった。プラハ大会の直後、スターリンはレーニンの発議で中央委員に加えられ、ロシア社会民主主義の政治の表舞台への登場を果たした。

　レーニンは、戦争（第一次世界大戦）勃発前の最後の二年間をクラクフとポロニンの保養地の近くで過ごした。この時期はロシアの組織と連絡を取ることが容易であった。ボルシェビキは合法的な活動のいかなる機会も逃さなかった。一九一二年から彼らはサンクト・ペテルブルクで『プラウダ』を発行した。この新聞は二月革命の後に復刊され、復刊後は党の日刊紙であった。国会には少数のボルシェビキのメンバーがおり、彼らは、レーニンによって禁止されるまでメンシェビキと共同した。

　戦争の勃発時に、レーニンはポロニンにいた。オーストリア警察によって逮捕されたが、ポーランド社会党（ＰＰＳ）やウィーン社会民主党の介入のお陰で数日後には釈放された。彼はそれからスイスに戻り、そこに一九一七年の春まで留まり、インターナショナルを破壊した「日和見主義の裏切り者」に激しく抗議して、この新しい状況のもとでの革命的社会民主主義のための指示を練りあげた。レーニンは、革命的敗北主義のスローガンを宣言したヨーロッパにおける最初で唯一の社会民主党の指導者であった。つまり、各国のプロレタリアートは帝国主義戦争を内乱戦争に転化するために、自国政府の軍事的な敗北を引き起こすように努力しなければならない。インターナショナルの崩壊から、その大部分の指導者が帝国主義者への奉仕に転向したからには、プロレタリアートの革命闘争を指揮する共産主義インターナショナルが創設されなければならない。

　このような訴えは、根拠のない夢想と思われたかもしれない。それは一握りの社会主義者だけがそれらの支持を準備しただけであったからである。ほとんどの社会民主主義者が、階級闘争を停止し、自国の防衛に結集しなければならない、という見解に立った。このように考えたロシア人の中にはプレハーノフも入っており、彼は自らをマルクス主義者であると自認しつづけながらも、心底から愛国的立場を受け入れた。このことが彼とレーニンとのあいだの休戦にはっきりと終止符を打ち、プレハーノフとポトレソフは再び「道化役者」、反動的な指導者であるプリシュケヴィチの従僕と非難されるようになった。

　レーニンは、民族の自己防衛の原則に自分の態度を基づかせたすべての社会主義指導者、イギリスのハインドマン、フランスのゲードやエルヴェのような社会主義の指導者にも同じ見方をとった。当然ながら、交戦中の国家のあいだに「侵略者」は存在しない。しかしながら、徐々に反戦グループがすべての国で形成されたが、その大部分は以前に中間的立場をとった社会主義者であった。つまり、ドイツのベルンシュタイン、カウツキー、レーデブーア、イギリスのラムゼー・マクドナルドがそうであった。ここにまた、マルトフ、アクセリロード、そしてトロツキーに率いられた以前のメンシェビキの大部分が属した。

　一時は、彼らの中の基本的違いにもかかわらず、レーニンのグループはこれらの「平和主義者」と合意をめざした。主にスイスやイタリアの社会主義者の努力のお陰で、一九一五年九月に国際会議がツィンマーヴァルトで開催され、折衷案の戦争反対決議を採択した。ツィンマーヴァルトは、少しの間、新しいインターナショナル運動の萌芽と見なされたが、ロシア革命後に中間派とツィンマーヴァルト左派とのあいだの相違は、平和主義者といかなる犠牲を払っても自国を防衛するという「社会排外主義者」との対立よりも強いことが明らかになった。

　三八人の代表中七人で構成されたツィンマーヴァルト左派は、彼らの中

732

の一人が提出した一般決議に署名することに加えて、社会主義者が帝国主義政府から辞任することを求め、新しい革命的インターナショナルを設立した。

早い段階で、レーニンは「社会排外主義者」を非難したのと同じ激しさで、反戦・平和主義の社会民主主義者を攻撃した。彼の主な反対意見は、第一に、中央派が自国政府に反対する革命戦争の遂行によらずに、国際的な調停と合意を通じた平和を望んでいることであった。これは、戦前の秩序への復帰と「ブルジョア的」な手法による平和の追求を意味する。中央派は明らかにブルジョアジーの従僕であり、彼らは、帝国主義戦争を止める唯一の道が少なくとも三大大陸帝国を転覆する革命によってであることを理解していない。

第二に、平和主義者は「無併合あるいは無賠償の講和」を求めるが、それによって彼らが意味するものは、戦時中の併合を放棄し、そうしてあらゆる民族的抑圧とともに古い帝国を生き残らせることである。しかしながら、革命の目的はあらゆる併合を無効とし、あらゆる人民の自決の権利を保障し、もし彼らが望むならば、自身の民族国家を建設する権利を確保することでなければならない。

レーニンは、併合と抑圧を激しく非難する社会主義者を責めることに強固な理由を持っていたが、それは民族の敵によって侵された時だけであった。ドイツ人は、ロシアにおける従属民族の扱い方に憤慨していたが、その帝国やオーストリア・ハンガリーの状況については何も言わなかった。ロシアとフランスの社会主義者は、中央同盟国の従属民族の自由を要求したが、ツアーリのそれには沈黙した。

最終的に、平和主義者は言葉の上では排外主義を非難したけれども、彼らは日和見主義者と完全に断絶することを決心できず、彼らと再統一してインターナショナル集団を復活することを夢見ていた。この点は特に重要である。それまでの党内のあらゆる論争や分裂に際して、レーニンは、彼の反対者にたいして、そして反対者と完全に断絶することを躊躇し組織の統一を熱望するあまり自分たちの原則を犠牲にする自陣営の妥協者にたいして、同じような過酷な態度を示した。中央派はレーニンの態度を狂信的で分裂主義的と非難したが、それは確かに、彼を何回も孤立無援のグループの指導部に引き戻すことになったことは事実である。

しかしながら、最終的に、それ以外の戦術ではボルシェビキのような集権化され規律のとれた党を創り上げることはできず、決定的瞬間に、緩やかに組織された党では情勢を掌握し権力を手にすることができない以上、彼が正しかったことが証明された。

ロシアの外での最後の数年間に、レーニンは、おそらくもっとも一般によく知られた作品『帝国主義、資本主義の最高の段階』（ペトログラードで発行、一九一七）を執筆した。この小冊子の経済の部分は、レーニンの主たる素材であるホブスンやヒルファーディングに発見できないものは何も含まれておらず、それは革命政党を支配することになる新しい戦術の理論的基礎として仕えることが意図された。資本主義の世界大の性格と不均等発展を強調しながら、レーニンは、まもなく共産主義諸党を縛ることになる戦術の土台を築いた。

正しい道は、どこであれ、いかなる理由であれ、いかなる階級の利益であれ、このシステムを崩壊させようとする、どのような運動でも支持することである。つまり、被植民地諸国の解放、民族あるいは農民の運動、大帝国主義に反対するブルジョア民族主義的な反乱がそれらである。これは彼が長年にわたってロシアで説いてきた戦術の一般化であった。それは、ツアーリの権力の源泉を奪って、決定的な瞬間に権力を掌握するために、ツァーリ絶対支配に反対するあらゆる要求、あらゆる運動を支持することである。

マルクス主義政党の勝利が最終の目的であるが、しかしそれはプロレタリアートだけでは実現できない。事実、レーニンはまもなく、革命は、民族または農民のような他の大衆運動の支持がなければ、労働者階級だけで遂行することはできない、という結論に達した。言い換えれば、伝統的なマルクス主義の意味における社会主義革命は不可能である、と。この発見が、レーニン主義のほとんどすべての成功とそしてほとんどすべての失敗

733

の原因であった。

農民との関係の問題は、この時にレーニンとトロツキーの主要な不一致点であった。戦争の勃発までトロツキーは主にウィーンで暮らし、そこで一九〇八年以降、彼自身の雑誌『プラウダ』を編集した（一二年に彼はボルシェビキがこの雑誌名を盗んだとして糾弾した）。彼はメンシェビキとさまざまな問題で終始行動を共にしたが、彼らには加わらなかった。それは来るべき革命で意見が異なり、革命は社会主義の段階に発展すると予言していたからである。

彼は、党の統一を回復するという実りのない努力を繰り返していた。一九一四年から彼は反戦派に属し、レーニンに加わって「社会愛国主義」を攻撃した。彼はまたツインマーヴァルト宣言を起草した。マルトフとともに彼はパリでルナチャルスキーやその他の指導的な社会民主主義の知識人が寄稿する雑誌を発行した。第二回大会からボルシェビキに加わる一七年まで、実際の問題で一致しようがしまいが、彼はレーニンの側からすれば異常な敵意の対象であった。

レーニンは、状況に応じて、彼を騒々しい警句家、劇役者、陰謀家、仲介者、ユダシュカ（小ユダヤ人、サルトイコフ・シチェドリンの小説『ゴロブリョフ家の人々』に出てくる偽善家の人物）と表現した。彼は機会あるごとに、トロツキーは原則のない男で、一つのグループから他のグループへと身をかわし、正体がばれないように気を遣うだけだと語った。一九一一年に彼は書き記した。「トロツキーとは本質にふれた論争をすることはできない。なぜなら、彼はどんな見解も持たないからである。信念のある解党派や召喚派とは論争できるし、また、しなければならないが、さまざまのかくし遊びをする人間とは論争するのではなくて、つまり、彼の場合、彼がもっとも低級な外交家であることを暴露することである」（「トロツキーの外交につき、ある党員たちの一政綱について」一九一一年一二月二一日［邦訳『レーニン全集』第一七巻　三七三頁］）。

一九一四年に、彼は同じ考えを繰り返した。「ところがトロツキーには、いままでけっしてどんな『特性』もなかったし、またいまでもない。あるものは、ただ自由主義者からマルクス主義者への、またはその逆の飛び移りや鞍替えだけであり、あちこちから引き抜いてきた言葉や響きのいい空文句の切れっぱしだけである」（「『八月』ブロックの分解」一九一四年五月一五日［邦訳『レーニン全集』第二〇巻　一六三頁］）。

「トロツキズム」自体についてはどうか。「トロツキーの独創的な理論は、ボルシェビキからは、プロレタリアートの断固たる革命的闘争への呼びかけと、プロレタリアートによる政治権力の獲得への呼びかけをとり、メンシェビキからは、農民の役割の『否定』をとってきている」（「革命の二つの方向について」九月二〇日［邦訳『レーニン全集』第二一巻　四三二頁］）。

事実、トロツキーは、党は革命闘争で指導的勢力でなければならず、ブルジョアジーの付属物であってはならないという点でレーニンと見解を共にした。レーニンと同じように、彼は清算主義者と召喚派に反対し、レーニンよりも早く「二段階革命」を予見した。しかしながら、彼は農民の革命的潜在力を信用せず、プロレタリアートは全般的なヨーロッパ革命のお陰でロシアにおいて勝利するだろう、と考えた。

2　一九一七年の革命

さまざまな社会主義者のグループが革命を期待して生きていたが、一九一七年二月の反乱は彼らの助力なしに起こり、彼らすべてにとって驚きとしてやってきた。その数週間前に、トロツキーは、自分は永久にヨーロッパを離れるだろうと信じて、アメリカ合衆国に居を構えた。一七年一月、レーニンは〇五年革命についてウィーンで講話し、その中でこう述べた。「われわれ老人たちは、おそらく、生きてこのきたるべき革命の決戦を見ることはないであろう」と［邦訳『レーニン全集』第二三巻　二七七頁］。

もし何らかの政党が二月革命に何がしかの関係があったとすれば、それは協商国政府に協力したカデット（自由主義者）であっただろう。レーニン自身は、ロシアだけではなくフランスやイギリスの資本家たちが、ツアーリがドイツ帝国との個別的な講和を決断するのを阻止しようとしたがゆえに、ツアーリを帝座から引き下ろす陰謀を企んだと観察した。この陰謀は、飢餓、敗北そして経済的混沌によって絶望していた大衆の蜂起と符合した。三〇〇年続いたロマノフ王朝は一夜にして倒れ、社会の中のいかなる部分もそれを本気で擁護しようとしなかったことは明らかである。八ヵ月の間、その歴史上最初でそして最後の機会となったが、ロシアは完全な政治的自由を獲得した。それはいかなる法的命令のお陰でもなく、主としていかなる社会勢力も状況を支配しなかったのがその理由であった。

国会によって設立された臨時政府は、一九〇五年を模倣して形成された労兵代表評議会（ソビエト）と不安定な権力を共有したが、しかし、そのどちらも大都市の武装した大衆を適正に統制していなかった。ボルシェビキは、さしあたりはソビエトの中でごく少数派であり、すべての政党が、革命がとりつつある進路について完全に混乱していた。

レーニンは、四月にペトログラードに到着した。ドイツは二、三ダースのさまざまな政党員の本国送還者とともに、彼に安全通行証を与えた。彼に反対する人びとは、彼をドイツのエージェントと銘打つための口実としてそれを使った。もちろん、レーニンはカイゼルの戦争を助けるためではなく、革命がロシアからヨーロッパの他の地域へ広がるという希望を抱いて、ドイツの援助を受け入れた。

スイスを離れる直前に書いた「遠方からの手紙」において、彼はその基本的戦略を定式化した。ロシア革命はブルジョア革命であるのだから、プロレタリアートの任務は、人民にパンも平和もそして自由も与えることができない支配階級の欺瞞を暴露することである。時代の要請は革命の「第二段階」を準備することであり、それは農民の貧困で半プロレタリアート的な部分によって支持されるプロレタリアートに権力を与えるだろう、と。[735]

これらの行動原則が、ロシア帰還直後の有名な「四月テーゼ」で発展させられた。戦争も臨時政府も支持しない。権力をプロレタリアートと貧農へ、代議制共和国のソビエト共和国への転換、警察、軍隊、官僚制の廃止、すべての公職者の公選制と解任制、大所有の没収、社会的生産と分配のソビエトによる全面的な統制、インターナショナルの再建、党の「共産党」の名称の採用。

革命の社会主義段階への直接的な移行を明確に求めるこれらのスローガンは、社会主義の伝統を完全に否定すると判断したメンシェビキばかりではなく、多くのボルシェビキからも反対された。しかしながら、レーニンの頑固さがあらゆる躊躇をしりぞけた。同時に、彼はその支持者たちに、臨時政府はソビエトに支援されてきたのだから、直ちに転覆することはできないことも明らかにした。ボルシェビキは、まずソビエトの統制を手に入れ、そして労働者大衆の多数を自己の側に獲得し、彼らをして帝国主義戦争はプロレタリアートの独裁によってのみ終わらせることができる、と確信させなければならない。

七月に、レーニンは「すべての権力をソビエトへ」というスローガンを撤回したが、それはボルシェビキがさしあたりソビエト内で多数を獲得できないこと、そして多数派のメンシェビキやエス・エルが反革命の側に走り、ツァーリ体制の将軍たちの従僕になっていると判断した上でのことであった。革命の平和的な道はこうして閉ざされた。

スローガンの撤回は、ボルシェビキの暴力の誇示後に起きたが、後になって、レーニンは執拗にこれを否定したけれども、暴力の誇示はおそらく権力掌握の最初の試みであった。レーニンは逮捕を恐れてペトログラードを離れ、フィンランドに隠れて党活動を指揮しながら、同時に『国家と革命』を執筆した。それは、権力は武装した全人民によって直接に行使されなければならない、とする極端に準無政府主義的なプロレタリア国家の青写真であった。このプログラムの基本的な理念は、ボルシェビキ革命の経過によってまもなくその誤りが証明されただけではなく、レーニン自身によってもアナクロ・サンディカリズム的幻想であると嘲笑された。

コルニーロフ将軍の失敗した反乱が、全般的混乱を拡大し、ボルシェビキにとっては事態を好転させた。レーニンの方針は、党はコルニーロフへの抵抗を援助するが、ケレンスキー政府への支持には回らない、というものであった。彼が八月三〇日の中央委員会宛ての手紙で書いたように、「この戦いが発展してこそはじめてわれわれは権力を握ることができるの

736

だが、扇動のさいにはなるべくこのことについて言わないようにしなければならないのであって、それは明日にも諸事件がわれわれに権力をにぎらせるかもしれないこと、そのときにはわれわれは権力を手放さないということを肝に銘じているからである」〔邦訳『レーニン全集』第二五巻　三一二頁〕。

九月に、ボルシェビキはペトログラード・ソビエトで多数派を獲得し、トロツキーがその議長となった。一〇月に、中央委員会の多数派は武装蜂起を決議した。ジノヴィエフとカーメネフは反対し、その態度を公表した。ペトログラードにおける権力の掌握は比較的容易で無血であった。翌日に開催されたソビエトの会議はボルシェビキの多数のもとで、土地問題の布告と無併合または無賠償の平和を求める布告を採択した。純然たるボルシェビキ政府が権力を掌握し、レーニンが約束したようにそれを手放す意志はなかった。

レーニンの反乱方針と彼のすべての見積もりは、ロシア革命は世界革命または少なくともヨーロッパ革命を引き起こすという強い期待に基づいたことにはまったく疑いがない。このような見方は事実としてすべてのボルシェビキによって共有された。つまり、革命後の最初の数年間の「一国社会主義」には何の問題もない、と。

一九一七年のスイス労働者へのお別れの手紙の中で、レーニンは、ロシアの農村的な性格と膨大な充たされない農民の熱望を考えれば、その規模のゆえに、ロシア革命は世界社会主義革命の序曲になる「かもしれない」と書いた。しかし、この「かもしれない」はレーニンの演説や論文からすぐに姿を消し、次の数年のあいだ彼らは西ヨーロッパにおけるプロレタリアートの支配はすぐそこにある、という完全な確信を持つようになる。一九一七年九月に彼は書いた。「社会主義的世界革命が成熟しつつあり、避けられないものとなっていることは疑う余地がない。――権力を獲得したあかつきには、ロシアのプロレタリアートには、この権力を維持し、西欧で革命が勝利するまでロシアを導いていく十二分の見込みがある」（「ロシア革命と内乱」〔邦訳『レーニン全集』第二六巻　二七〜二八頁〕）。

一〇月革命のほとんど前夜に彼は書いた。「疑う余地はありえない。われわれは、プロレタリア世界革命の門口に立っているのである」と（「危機は熟している」邦訳　同前　六六頁）。革命後に彼は、一九一八年一月二四日の第三回ソビエト大会で宣言した。「今やわれわれは、世界のすべての国で、社会主義革命が日々というより、時々刻々に成熟しつつあるのを見ている」と（邦訳　同前　四八〇頁）。

一九一八年八月には、こう言った。「西ヨーロッパで革命の火の手の火花と爆発が頻発しているのを、われわれはすでにみている。それは、国際労働者革命の勝利が遠くないという確信を、われわれに与えている」と（邦訳『レーニン全集』第二八巻　四五頁）。一八年一〇月三日にはこう述べた。「ドイツの危機はいまはじまったばかりである。それは不可避的に、政治権力がドイツ・プロレタリアートの手に移っておわるであろう」と〔邦訳　同前　一〇〇頁〕。一八年一一月三日にはこうである。「いたるところで世界革命の第一日が祝われていることであろう」と〔邦訳　同前　一三三頁〕。一九年三月六日の第三インターナショナルの大会ではこうである。「全世界にわたるプロレタリア革命の勝利は保障されている。国際ソビエト共和国の設立は近づいている」〔邦訳　同前　五一〇頁〕。一九年七月一二日に党のモスクワ会議で彼は「来年の七月には国際ソビエト共和国の勝利を迎えるであろう―そしてこの勝利は、完全でやぶりがたい勝利であろう」〔邦訳『レーニン全集』第二九巻　五〇一頁〕と予言した。

これらの予言は、もろもろの事件、「革命の上げ潮」そしてババリア、ハンガリー、エストニアの蜂起の観察の結果だけではなく、ヨーロッパの戦争は資本主義の転覆によってのみ停止され得る、というレーニンの確信に基づいた。

『プラウダ』が報じたように、一九一八年七月三日の演説で、彼はこう語った。「戦争は果てしないものになっている。この果てしなさは、わが社会主義革命には、世界革命が勃発する時機までもちこたえる十分な根拠がある、という保障である。ところで、この点での保障は戦争であるが、これを終わらせることができるのは労働者大衆だけであろう」〔邦訳『レー

737

ニン全集』第二七巻　五一七頁〕。

レーニンが、一国での勝利の永続性を信じなかったこともまた疑いがない。一九一八年一月の第三回ソビエト大会で彼は述べた。「一国で社会主義が最後的に勝利することは不可能である」〔邦訳『レーニン全集』第二六巻　四八〇頁〕。一八年三月一二日の論文で「救いは、われわれが足を踏み入れた国際社会主義革命の道でのみ可能である」と〔邦訳『レーニン全集』第二七巻　一六一頁〕。

一九一八年五月二六日の演説では、「われわれはわれわれだけで、社会主義革命を一国で、しかもその一国が、ロシアにくらべて、立ち遅れかたがはるかに少ないとしても、また、われわれが前代未聞の、苦しい、破壊的な、惨苦の戦争の四年の後に比べて、はるかに容易な条件のもとで生活しているとしても、一国で社会主義革命を、自力で、完全に遂行することはできないという事実に目を覆ってはならない」〔邦訳『レーニン全集』第二七巻　四二七頁〕。一九一八年七月二三日の演説ではこうである。「自分の革命的な孤立状態を意識しているのでロシアのプロレタリアートは、全世界の、または資本主義の点で先進的な若干の国の労働者の統一行動が、彼らの勝利の不可欠の条件であり、基本的な前提であることを、はっきりと見ている」〔邦訳『レーニン全集』第二七巻　五六二頁〕。

これらの希望が裏切られ、ヨーロッパのプロレタリアートがボルシェビキの先例に従うのを欲しないか、あるいはその革命の試みが挫折するかのいずれかとなり、そして戦争が革命以外の他の手段で終わらされることが明らかになったとき、党は自らが手に入れた権力をどうするかという問題に直面した。権力を放棄するとか、あるいは実際に他の社会主義勢力と権力を共有するとかは論外であった（エス・エル左派の短いエピソードは無意味であって、「権力への参加」という表現には値しない）。

「一国社会主義」（socialism in one country）に関する論争は、レーニンの死後に起こった。スターリンはトロツキーとの闘争において、問題の背景を完全にねつ造したが、彼はレーニンの理念にたいして、おそらく、トロツキーよりはより忠実であった。焦点となった問題は、さまざまな歴史的な理由から孤立状態にある国において社会主義は建設されるべきか、されるべきではないかということではなく、ロシアにおける社会主義の建設は世界革命の事業に従属しなければならないか、あるいはその逆でなければならないか、ということであった。

この問題は、ソビエト国家の方針にとって決定的に重要であったが、それだけではなく、特にその外交政策とコミンテルンの目標の設定にとって決定的に重要であった。トロツキーは、レーニンがロシア革命は世界革命の序曲であり、ソビエト・ロシアは国際プロレタリアートの前衛であると見なしたことを示す数々のレーニンの言説を指摘することができた。当然ながら、レーニンはこの主題で発言してきたことを否認することはなかったし、スターリンも明確に否認しなかった。

その代わりに、スターリンは、この議論をあたかも社会主義は一国で建設され得るか否かという問題であるかのように誤って提示したが、その含みは、トロツキーがロシアの社会主義建設を放棄している、ということにあった。レーニンについて言えば、内乱戦争後、彼の注目は平和的建設の問題にほとんど全部が割かれ、その最晩年における彼の方針は国家の頭目のものであって、世界革命の指導者のものではなかった。

一九二〇年一一月二九日の演説で、レーニンは確かに「資本主義全体を制覇するほどにわれわれが強大になったら、われわれは直ちにその首根っこを摑んでそれを手に入れるだろう」〔邦訳『レーニン全集』三一巻　四四一頁〕と述べたが、それは実際にその通りであったけれども、彼が「共産主義はソビエトと全国土の電化である」と書いたとき、彼は明らかに、ロシアの電化を意味したのであって、西ヨーロッパの電化を意味したのではなかった。彼の方向転換は、いかなる明示的な理論的な正当化も伴っていなかった。この点で、レーニンの立場とトロツキーのそれとの対立というスターリンの試みは純粋に扇動的であって、レーニンの時代にはスターリンが設定したような形で問題は存在しなかった。

しかしながら、スターリンは世界革命の展望の評価についてトロツキーよりも慎重であっただけではなく、ソビエト・ロシアは革命の前衛であるというレーニンの意見をより論理的に解釈した。なぜなら、ソビエト・ロシアが世界プロレタリアートのもっとも貴重な資産であるとすれば、明らかに、ソビエト国家にとって良いものは何であれ、それは世界プロレタリアートにとっても良いものであるからである。もちろん、ソビエト国家の直接的な利益が他の国の革命運動の直接的な利益と衝突するとなれば、何をなすべきか、という問題はあり得る。しかし、その場合に、ソビエトの利益を外国の革命の不確かな運命のために犠牲にしない、とするスターリンの戦略は、レーニン主義の原則と合致する。

　レーニンがこうしたやり方で行動したことをもっともよく証明するのは、ブレスト・リトフスク条約の歴史をおいて以外にはない。この幼い共和国のドイツにたいする屈辱的な降伏は、彼の党とロシアのほとんど全土の激高した反対にもかかわらず、レーニンによって無理やりに押し通された。ボルシェビキ党外の愛国者にとってそれは民族的な不名誉、ボルシェビキにとってそれは世界革命への裏切り、ドイツ帝国との単独講和は論外である、とした一九一七年一〇月革命前のレーニンの度重なる保証の撤回であった。

　この条約は降伏であり、レーニンはそれ以外を装うことはしなかった。つまり、彼は、後のスターリンと違って、あらゆる後退を輝かしい勝利と言い繕う習慣を持たなかった。レーニンは、このジレンマに十分に気づいていた。彼が党に説明したように、彼は恥ずべき講和によってボルシェビキを救うか、またはロシアが敗北しボルシェビキ権力が崩壊する可能性が極めて高いドイツとの革命戦争を行うか、のいずれかをしなければならなかった。

　この教訓は苦いものであり、それは残りの人生の中で彼がこの条約にしばしば触れたことにも表れている。しかし、当初の大多数の反対（ブハーリンについて言えば、その主要なリーダーの一人）を押し切って、中央委員会にこれを受け入れるように強制した彼の行為は、後にスターリンによって踏襲された方針の最初の明確な実例であった。つまり、ソビエト国家とボルシェビキ権力の利益が至上であって、問題の多い世界革命のためにそれを危機にさらしてはならない。

　革命のほぼ直後に、新しい権力の正統性の問題はレーニン主義の原則にしたがって一義的に解決された。革命の前からその準備がされていた憲法制定議会の選挙は一一月の末に向けて行われ、ボルシェビキは投票数のおよそ四分の一を獲得した。これはロシアの選挙史上、平等・普通の選挙権を基礎にして行われた唯一の事例であり、ボルシェビキの人気がその絶頂にあった時に行われた。一九一八年一月一八日に開催された制定議会は武装した水兵によって解散させられ、こうしてロシアの議会制民主主義の歴史は終った。制定議会解散の前と後の両方で、レーニンは、そこに権力を与えることはブルジョアジーと大土地所有者の支配に戻ることだ、と繰り返して公言した。事実の問題として、制定議会は農民大衆の要求を代表するエス・エルが多数であった。

　一九一七年一二月一四日の演説で、レーニンはこう発言した。「われわれは、人民の利益が民主主義的機関の利益に優先するということを人民に語ろう。人民の利益を形式的な民主主義に従属させる古い偏見に逆戻りしてはならない」［邦訳『レーニン全集』第二六巻　三六四頁］。さらに一二月二六日にはこう述べた。「『全権力を憲法制定議会へ』というスローガン、労働者と農民革命の獲得したものを考慮に入れず、――実際には、カデットとカレージン派およびその援助者どものスローガンとなった。――憲法制定議会の問題を、階級闘争や内乱を考慮しないで、形式的・法律的側面から、普通のブルジョア民主主義の枠内で考察しようとする試みは、直接的なものであれ間接的なものであれ、すべてプロレタリアートの事業にたいする裏切りであり、ブルジョアジーの見地にうつることである」［邦訳『レーニン全集』第二六巻　三九〇～九一頁］。

　このように言う場合に、レーニンは、何が自分たちの利益であるかを判断するのは人民の仕事ではない、という彼の積年の信念を繰り返していたことになる。確かに彼は、「古い偏見に戻る」という意図は持たなかった。しかしながら、しばらくの間、もし独裁というものが農民、つまりロシア人民の大部分に反して実行されなければならないとしても、それでもなお、それはプロレタリアートの大多数によって支持される独裁であり得る、と信じた。この幻想もまたずっと前からなくなっていた。

しかしながら、最初は、新しい国家は労働者と農民の多数からの支持を頼りにすることができた。そうでなければ、当時レーニンがソビエト権力の未来は何度も風前の灯になったと率直に認めた内乱戦争の恐ろしい苦難を生き残ることはできなかっただろう。これらの時期にボルシェビキ党が発揮した超人的エネルギー、労働者や農民から引き出すことができた犠牲が、経済的荒廃、巨大な人的災難、数百万もの人命の損失そして社会の野蛮化と引き換えに、ソビエト権力を救った。闘争の最終の局面で、革命はポーランド戦争においてさらなる敗北を喫したが、それは、ソビエト制度は早い時期にヨーロッパに移植できる、という希望を最終的に打ち砕いた。

一〇月革命の成功の理由について、レーニンは伝統的なマルクス主義に立って問題を提起しようと試みたことはなく、ロシアの後進性、農民の満たされない要求、そして戦争の状況に触れただけであった。一九一九年四月二三日付で彼はこう書いた。「ロシア人には、偉大なプロレタリア革命を始めることは先進諸国にくらべてたやすかったが、この革命をつづけ、社会主義社会の完全な組織化という意味での最後の勝利までやりとおすことは、より困難であろう。われわれがそれを始めることがたやすかったのは、第一に、ツアーリ君主制が政治的に異常に――二〇世紀のヨーロッパとしては――おくれていたため、大衆の革命的襲撃が異常な力をもったからである。第二に、ロシアのおくれていることが、ブルジョアジーにたいするプロレタリア革命と地主にたいする農民革命とを独特の形で融合させたからである」(「第三インターナショナルとその歴史的位置」[邦訳『レーニン全集』第二九巻　三〇八頁])。

一九二一年七月一日、コミンテルン第三回大会で彼は問題をさらに簡潔に展開した。「われわれはロシアで勝利をおさめた。しかも、帝国主義戦争のあいだにわが国の革命の準備をすすめておいたので、きわめて容易に勝利した。これが第一の教訓である。わが国では、一〇〇〇万人の労働者と農民が武装しており、そしてわれわれのスローガンは『ぜがひでも即時の講和を』というのであった。われわれが勝利したのは、きわめて広範な農民大衆が巨大地主に反対して革命的な気分をもっていたからである」。第二に、「われわれが勝利したのは、われわれが自分の農業綱領ではなくエス・エルの農業綱領を採択して、実際にそれを実現したためである。われわれの勝利は、われわれがエス・エルの綱領を実現した点にあったのだ」[邦訳『レーニン全集』第三二巻　五〇四～〇六頁]。

以前からずっと、レーニンは、もしロシアの共産主義者が、ヨーロッパの諸党のように「生産関係と生産力の矛盾」が必要とされる点まで成熟するのを待たなければならないとすれば、彼らはプロレタリア革命の希望にさよならを言うことになる、ということをよく理解していた。彼はあらゆる角度からその理論的問題を考えなかったけれども、ロシアの事態の進行が伝統的マルクス主義の図式とは何の関係も持たないことを十分に認識していた。ロシア革命の巨大な力は、労働者とブルジョアジーとのあいだの階級的対立にあったのではなく、農民の熱望、戦争中の崩壊、そして平和の希求にあった。それは国家権力を共産党の手に移行させたという意味においては共産主義革命であった。しかし資本主義社会の運命に関するマルクス主義の予言を確証した、という意味においては、そうではなかった。

3　社会主義経済の開始

レーニンのもとのソビエト・ロシアの経済の歴史は二つの時期に区分される。「戦時共産主義」(War Communism) の時期と、一九二一年春からの「新経済政策」(New Economic Policy　ネップ) の時期である。「戦時共産主義」の用語は、第一期のあいだに作られ、内乱と経済的崩壊状態にある国民を養うために非常措置を採用する必要上やむを得ない臨時的方策ということを示唆する点で、人を欺くものである。歴史書はしきりに問題をこのようにとらえ、そしてさらに、ネップは前もって計画されたが、戦争という例外的な状況のせいで実行されなかった、と示唆する。言い換えれば、ネップは後退や誤りの告白ではなく、党が一時的に離脱せざるを得な

741

くなった、それ以前に選択してあった路線への復帰であった、と。

事実の問題として、これらの出来事の過程とレーニンのそれらの評価の双方が、戦時共産主義は「共産主義の完全な勝利」まで維持されるべき経済システムとして当初から考えられていたこと、他方、ネップはその挫折の承認であったことを明らかにしている。荒廃したロシアの喫緊の問題は、もちろん食糧、特に穀物の生産であった。戦時共産主義は何よりもまず農民からすべての余剰食糧、もっと正確に言えば、地方当局または徴発部隊が余剰と見なした食料品を徴発することから成り立った。数百万の小規模農場の在庫や「余剰」の量を正確に見積もることは不可能であったから、徴発システムは農民大衆を政府への反対に転じさせ、大規模な贈賄や強制に繋がったばかりではなく、農業生産を荒廃させ、こうしてすべての権力システムの基礎を掘り崩した。

しかしながらレーニンは、小農民の国において、臨時的な措置でなく原則としての穀物の自由取引は、資本主義の復活に等しく、そして経済復興の名目でその原則の復活を提案する人びとはコルチャックの同盟者も同然と思い込んだ。一九一九年五月一九日の演説で、彼は「この歴史的時期、すなわち、資本を完全に打倒し商品生産を完全に絶滅するための被抑圧階級の闘争が前面に現われているような歴史的時機」と言及し、穀物の自由取引はコルチャックの政策だと断言した［邦訳『レーニン全集』第二九巻三五〇頁、傍点は筆者が入れたもの］。

この年の七月三〇日、食糧事情に関する演説において、彼は、自由取引の問題は資本主義との最後の闘争において決定的であり、そして「ここで、この特殊な分野で、いかなる妥協もあり得ない」、なぜなら、自由取引はデニキンとコルチャックの経済的味方であると述べて、この点を再び強調した。「われわれは、資本主義の主要な源泉の一つがこの国の穀物の自由な売買であり、この源泉がまたこれまですべての共和国の破滅の原因であったということを、われわれは知っている。いま資本主義と自由な売買に対する最後の決闘がおこなわれており、われわれにとってはいま資本主義と社会主義とのもっとも主要な闘争がおこなわれている。われわれがこの

742

闘争で勝利するなら、資本主義とかつての権力、すべての過去にあったものへの復帰などはもはやおこるまい。ブルジョアジーに対し、投機に対し、小経営者にたいする戦いが続く限り、この復帰は不可能となるであろう」［邦訳　同前　五三九頁］。

同じように、執筆されたが当時は発行されなかった論文において、彼はこう書いた。「穀物売買の自由とは、資本主義に、地主と資本家の無制限な権力に、金儲けのための人間同士の気違いじみた闘争に、少数者の『自由な』致富に、大衆の貧困に逆戻りし、永遠の債務奴隷制に逆戻りすることである」［邦訳　同前　五八七頁］。

当時、レーニンは集団または国営農場への直接的な移行を思い描いてはいなかったけれども、彼は、地方の生産は最初から国家の直接的な統制のもとに置かなければならないこと、そして商品の自由取引は社会主義の破滅を意味すると確信していた。彼の出発点からの意図は、農業生産は農民にたいする警察の強制、および農民に翌年の穀物の種子と自分たちを養う最少限を残す（これは実際にやり遂げることは不可能である）割り当て制度のもとでの農産物の直接的押収に基づかねばならない、というものであった。

ネップへの移行は、この政策の破局的な失敗によった。この失敗はメンシェビキやエス・エルによって予測され、彼らは骨折り賃として、白衛軍の子分と非難され、投獄され、殺害された。

レーニンは、一九二一年三月の第一〇回党大会にこの退却を打診した。彼は、小農経営は何年も続かなければならないだろうし、「自由商業のスローガンは、避けられないであろう。――それが普及していくであろうというのは、それが小生産者の経済的生存条件に適合しているからである」と述べた［邦訳『レーニン全集』第三二巻　一九四～五頁］。彼は取引と産業の国有化において、党は正しいとされた理論的または実践的考察よりも先へ行き過ぎたことを認め、「われわれは中農を経済的に満足させ、取引の自由をゆるさなければならない。さもなければ、国際革命が延び延びになっているさい、ロシアでプロレタリア権力を維持することはできな

い、経済的にできないのである。」と公言した［邦訳　同前　二三八頁］。

その直後にレーニンが強調したように、ネップは、真剣な長期的政策であるはずであり、剰余の押収を均一的な穀物税に取り換えることだけではなく、その他の多くの措置からも構成された。つまり、ロシアにおける外国資本への大幅な譲歩、生産共同体への援助、国有工場の私人への貸与、私的取引者の救済と私的商人を通じた国家の生産物の分配、金融および物的資源の利用における国家事業体の独立と裁量の拡大、そして生産への物的刺激の導入から成り立っていた。「商品交換は新経済政策の主たる梃子として前面に持ち出された」［邦訳　同前　四三三頁］。

レーニンは、破滅的な誤りが犯された、という事実を秘密にしなかった。

「われわれは、十分な考慮もせずに、小農民的な国で物資の国家的生産と国家的分配とをプロレタリア国家の直接の命令によって共産主義的に組織しようと、考えていたのである。実生活は、われわれの誤りを示した。一連の過渡的段階が必要であった。すなわち、共産主義への移行を準備する――長年にわたる努力によって準備する――ためには、国家資本主義と社会主義とが必要であった。直接に熱狂にのってではなく、大革命によって生み出された熱狂の助けを借りて、個人的利益に、個人的関心に、経済計算に立脚して、小農民的な国で国家資本主義を経ながら社会主義へ通じる堅固な橋を、まず建設するよう努力したまえ」（『プラウダ』一九二一年一〇月一八日［邦訳『レーニン全集』第三三巻　四四～五頁］）。

743

「経済戦線でわれわれが、共産主義にうつろうと試みて一九二一年春にこうむった敗北は、コルチャック、デニキン、ピルスーツキーからわれわれがこうむったどの敗北よりも重大であったし、それにくらべてはるかに重大であり、はるかに本質的で、危険であった。この敗北は、われわれの経済政策の上部が、下部から遊離していて、わが党の綱領のうちに、基本的でさしせまった任務とみとめられている生産力の上昇をもたらさなかった点に、現れていた。農村における割当徴発は、都市における建設の任務に取りくむ直接に共産主義的なアプローチであるが、この割当徴発は生産力の上昇を妨げて、一九二一年の春にわれわれをみまった深刻な経済的および政治的な危機の基本的な原因となった」（一九二一年一〇月一七日の演説［邦訳『レーニン全集』第三三巻　五一頁］）。

ブレスト条約後、ネップは、権力維持のために理論を犠牲にするレーニンの異常な才能の第二の主な表明となった。それは党内の反発を引き起こさなかった。すべての者がこの国は奈落の瀬戸際にあり、いずれにしても資本主義への後退、レーニンが提示したように、一歩退いて好機を待つ、という事態であることが分かっていたからである。

その前年に、彼はすべての重要な経済問題は、警察と軍隊のテロによって解決できると想定した。これはジャコバン的方針であった。それは優れた成果をもたらしたと彼は信じたが、最後の瞬間に引き戻すことができたけれども、彼はジャコバンと同じように崖っ縁に立っていたのである。戦時共産主義時代の彼の経済の指示は単純であった。それらは射殺、投獄、脅迫で成り立った。しかしながら、マルクス主義の理論は、極めて正しいことが判明した。つまり、経済生活はそれ独自の法則を持ち、それはテロによっても棚上げにはできない。飢饉や社会の崩壊の時に、不当利得者を処刑しても、不当利得者を根絶やしにはできない。

4　プロレタリアートの独裁と党の独裁

しかしながら、新しい状況は党内に意見の不一致を生みだすことになる他の変化をもたらした。革命前のすべての約束が、突然に反古となり果てた。レーニンは常備軍と警察を廃止することと、一方で高級公職者と専門家の、他方で熟練労働者の給与を平等化することに取りかかった。彼は、武装した人民が直接の支配を行うと約束した。革命直後にそしてネップの遙か以前に、これらはユートピア的夢想であることが歴然とした。専門的将校団をもつ軍隊は、他国の軍隊と同じように階級と厳格な規律を基に直ちに編成されなければならなかった。

744

トロツキーは、赤軍の主たる組織者としてその才能を発揮し、内乱戦争の勝利の主な立役者となった。彼が用いた方法はずいぶんと激烈なもので、人質が取られ、処刑され、脱走兵やそれらをかくまった者は、規律違反を擁護した兵隊と同じく射殺されるという始末であった。しかし、そのようなやり方は、武装した巨大で信頼のおける暴力がなければ不可能であったであろう。脅迫やテロで軍隊をまとめるためには、テロへの反撃もまた強力であるという状況の中で、そのテロを実施する意志を有する十分な人員が存在しなければならない。

革命後直ちに政治警察力を確立することが必要となり、それはフェリックス・ジェルジェンスキーによって効果的に創設された。まもなく、生産は専門家の特権なしには組織できないこと、そして生産は脅迫だけに基づくことはできないことが明らかになった。早くも一九一八年四月にレーニンは、「ソビエト政府の直近の活動」において、この点で「妥協すること」そしてパリ・コミューンの原則から離脱することが必要であると認めた。

レーニンはまた、革命の開始から、ブルジョアジーから学ぶことが重要である、と主張した（ストルーヴェは、以前に、これと同じことを言って変節漢と銘打たれた）。社会主義はブルジョアジーから学ばなくても建設することができると考える人びとは、中央アフリカの先住民（ネイティヴズ）の心性を持っているのだと、レーニンは一九一八年四月二九日の中央執行委員会でそう語った〔邦訳『レーニン全集』第二七巻　三一〇頁〕。

その書き物と演説の中で、彼は「文明」つまり産業と国家を運営するために必要な技術的・管理的な技能にたいして、多大な注目を払った。彼は、共産主義者は尊大であることを止めなければならず、その無知を認め、ブルジョアジーからそれらの知識を学ばなければならないと強調した（レーニンは政治的扇動や闘争の目的を除けば、共産主義者にたいして強い不信感を常に持った。一九一三年にゴーリキーが共産主義者の医者に診てもらったことを耳にした時、彼はすぐに、とんまであるに違いない「同志」ではなく、本当の医者を見つけるように彼を急き立てる手紙を送った）。

一九一八年五月に、彼は、パリ・コミューンよりももっと良いモデル、つまりピョートル大帝のことを思いついた。「ドイツで革命が『起こる』のが、まだおくれるかぎり、われわれの任務は、ドイツ人の国家資本主義を学ぶこと、全力をあげてこれを見ならうことであり、それを模倣するのを急ぐために独裁的手法を採用することからしり込みしないことである。われわれの任務は、ピョートル大帝が野蛮なロシアによる西欧文化の模倣を急がせたよりももっと早くこの模倣を急がせることであり、野蛮状態と闘う上で野蛮な手段を使うことを躊躇してはならない」（「『左翼的』な幼児性と小ブルジョア性とについて」〔邦訳『レーニン全集』第二七巻　三四三頁〕）。工業の画一的な統制の原則がまもなく導入され、工場の集団的管理という夢はサンディカリスト的偏向として非難された。

このように新しい社会は、一方で技術的管理的な知識を拡大する手段によって、他方で強制と脅迫の手段によって建設されなければならない。ネップは、政治的および警察的なテロの緩和を何ももたらさず、またそうしようという意図も持たなかった。

非ボルシェビキの新聞は、内乱戦争中に閉鎖され、その発行は二度と認められなかった。反対派の社会主義政党、つまりメンシェビキとエス・エルは恐怖政治で脅かされ、粛清された。大学の自治は一九二一年に最終的に弾圧された。レーニンは常に、「いわゆる出版の自由」は集会の自由や結社の権利と同じようにブルジョア的欺瞞である。なぜならブルジョア社会において普通の人びとは印刷機械も持てないし、集まる部屋も持たないからだ。今やソビエトの体制がこれらの施設を「人民」に与えたのだから、人民はブルジョアジーがこれらを欺瞞的目的のために使用することを認めることができないのは自明なことである。メンシェビキやエス・エルはブルジョア政党の立場に落ち込んだのだから、彼らもまたプロレタリアートの独裁に服従しなければならない、と。

一九一九年二月のメンシェビキの新聞の廃刊は、レーニンによって、「地主・資本家の軍隊にたいする最後の、決定的な、もっとも激しい武力闘争の時期に、正義の事業のためにたたかっている労働者・農民とともに大きな困難をたえぬく意志のない連中を、自分のあいだにおいておくわけにはいかない」という理由から正当化された［邦訳『レーニン全集』第二八巻四八二頁］。一九年一二月の第七回ソビエト大会で、マルトフが労働者階級の少数しか代表していないとしてボルシェビキを糾弾したとき、彼は「帝国主義の野獣」つまりクレマンソー、ウィルソン、ロイド・ジョージの言葉を使っていると断言した。論理的結論は「われわれは用心しなければならない。これではチェカー［反革命・サボタージュおよび投機取り締まり全ロシア非常委員会］が必要だと、私は自分に言って聞かせる」というものであった［邦訳『レーニン全集』第三〇巻　二三六頁］。

非ボルシェビキ団体やその定期刊行物の解体、数百人に上るこの国の主要な知識人のロシアからの追放（この穏和な措置がまだ採用されていた）、すべての文化団体の追放、すべての生活場面における恐怖政治の雰囲気、これらのすべてが前もって計画されたのではなかったが、社会の諸々の対立がボルシェビキ党それ自身の中に反映される、という当然の結果をもたらした。そしてそれが翻って、党外の社会にたいして行使されたのと同じ独裁的支配の原理が、党内にたいして適用されるようになった。

内乱戦争は経済の荒廃と全般的枯渇をもたらし、その力を使い果たした労働者階級は、平和的建設の事業にたいしてかつて戦場で見せたのと同じ熱狂や自己犠牲を発揮しよう、という訴えに反応しなくなった。ボルシェビキがすべての労働者を代表することは、一九一八年以降公理となった。これは立証不能であって、なぜならこの目的のための制度が存在しなかったからである。しかしながら、プロレタリアートは怒りと不満を示し始め、それはもっとも強烈に二一年三月のクロンシュタットの反乱で示されたが、それは甚大な流血を伴って弾圧された。クロンシュタットの水兵たちは、大多数の労働者階級と同じようにソビエト権力を支持していた。しかし彼らはそれを単一の支配政党の絶対的な支配と同一視しなかった。彼らは、党の支配に対置されるソビエトによる支配を望んだのである。

党それ自体の内部でも、プロレタリアートの不満は強力な「労働者反対派」として現れ、中央委員会ではアレクサンドル・シリャプニコフ、アレクサンドラ・コロンタイその他がこれを代表した。このグループは、経済管理は労働者の一般的な組織、つまり労働組合に委託されることを求めた。彼らは賃金の平等化を求め、党内の絶対主義的な統制手法に異議を唱えた。要するに、彼らはレーニンがそれについて革命前に書いたある種の「プロレタリアートの独裁」を求めたのである。彼らは、例え、他の誰かのための民主主義が存在しない場合でも、労働者のための民主主義と党内の民主主義は守られなければならない、と信じた。

レーニンとトロツキーはもはやそのような幻想に浸ってはいなかった。彼らは「労働者反対派」をアナクロ・サンディカリスト的偏向と決めつけ、その代表者たちは投獄や射殺こそされなかったが、さまざまな口実で党活動から排除された。

このエピソードは、ソビエト体制における労働組合の位置と機能に関する全般的な論争をひき起こした。三年前の一九一八年三月に、レーニンは、メンシェビキが「プロレタリアートの階級的自主性を保持し、強化するためには、労働組合が国家組織になってはいけない」と述べたことを激しく非難し、こう述べた。「この見解は、きわめて粗雑な形式のブルジョア的挑発か、あるいは極度の理解不足、すなわち、きのうのスローガンの卑屈な繰り返しであったし、今でもそうである。――労働者階級は、国家内で支配階級となりつつあり、またそうなったのである。労働組合は、社会主義の原則にもとづく全経済生活の再組織にたいする責任を第一に負わされるところの国家的な組織となりつつあるし、またならなければならない」［邦訳『レーニン全集』第二七巻　二一八頁］。

労働組合を国家の組織に変えるという理念は、論理的にはプロレタリアートの独裁理論から出てきた。プロレタリアートは国家権力と一体化するのだから、労働者が国家権力に対抗して自らの利益を守らなければならない、と想像することは明らかに無意味である。トロツキーはこの見解を取ったが、レーニンは先に引用した文章の二つの点で意見を変えた。一九二〇年に、ソビエト国家は官僚主義的歪曲に晒されていると判断して、レーニンはトロツキーが、レーニン自身が近年展開した見解を保持しつづけていることを批判して、労働者の国家を守るだけではなく、彼ら自身の国家

747

に対抗して、あるいはその濫用に対抗して労働者を守ることも労働組合の任務である、と宣言した。同時に彼は国家の経済管理機能を労働組合が引き継ぐべきだ、という考え方には激しく反対した。

その間にレーニンは、党内で反対グループが将来的に生まれるのを防止するための措置を講じた。党内分派の形成を禁止し、党大会で選ばれた任期中の委員を排除する権限を中央委員会に与える規則が採用された。このようにして、自然のなりゆきとして、独裁はまず初めに労働者階級の名前で社会にたいして実行され、それから党の名前で労働者階級にたいして実行されたが、今や、党自体にたいして適用され、一人専制支配（one-man tyranny）の基盤が築かれた。

レーニンの晩年にますます顕著になるもう一つのテーマは、今触れたばかりの「官僚的歪曲」であった。彼は、国家装置がその必要もないのに際限なく拡大し、同時に何も行うことができないでいること、すべてが混乱と形式主義であること、公務員が上級党役員にもっともつまらない問題を相談することなどにますます頻繁に不平を漏らした。

これらの問題の根源が、彼が常に強調していたような、すべての体制が法ではなく暴力に基づくという事実にあることなどは、レーニンには思いもよらなかったことであっただろう。彼は人びとが非能率を理由に片端から投獄されることを求め、その上で、なぜ彼らが決定するのを恐れ、できるだけその決定を上の人に問い合わせるのかを不思議に思った。彼は油断のない監督と徹底的な記録を要求したが、それでもなお、「退屈な文書業務」の量に驚きを隠さなかった。「社会主義はソビエト権力と電化である」という彼の言説はたびたび引用された。革命直後の「社会主義はなによりもまず記帳である」というあまり引用されなかった言説もある（中央執行委員会会議、一九一七年一一月一七日［邦訳『レーニン全集』第二六巻　二九三頁］。

彼は、地方の党または警察当局の気まぐれに任せて、いかなる批判も反革命であると見なされ、その発意者が投獄あるいは死に晒されるかもしれないシステムを創り出す一方で、同時に働く人びとにたいしては国家機関への批判を恐れてはならない、と力説した。官僚制という癌にたいする彼の診断は単純なものであった。それは教育や「文化」および管理能力の欠如による。二つの治癒法があったが、これも単純であった。つまり、非効率的な者を投獄すること、そして誠実な公職者による新しい監督機関を設置することであった。

彼は、スターリンを頭目とする労働者・農民監察局（ラブクリン）を重視したが、それはあらゆる行政部署と監督機関のあらゆる部門を監察するために任命され、官僚制に反対する闘いの勝利は最終的にはこの機関の誠実性に懸かっている、と彼は考えた。この機関は、追加されたテロの重荷と四方八方に向けた無能な指示の発出に加えて、一九二二年に党の書記長に就任したスターリンによって、反対派を叩き潰す棍棒そして党内闘争の武器として使われた。もちろん、これはレーニンが予見しないものであった。

レーニンは、官僚制にたいする彼の「最後の治癒」を官僚制の連鎖にさらなる付加的な結合を加える形で施したのであって、彼も承知の上ではあったが、それは取り返しのつかないほどにこの国を締めつけた。官僚制はますます伸長した。それはあらゆる市民の生死の権限を握った。官僚制は、最初は真摯な共産主義者によって管理されたが、時が経つにつれて大量の出世主義者、食客、おべっか使いを吸収し、彼らは自分たちのイメージで政府のやり方を模倣した。

レーニンの生涯の最後の二年間は、脳硬化症と連続的な発作による身体衰弱に覆われた、それでも彼は最後まで闘いつづけた。一九二二年一二月と二三年一月に党大会準備のために書かれたノートから成る彼の有名な「遺書」は、その後三三年にわたってソビエトの公衆には秘匿された。このノートは国家の困難と党階層制のもとの権力到達闘争に直面した彼の無力感を表している。彼は、スターリンを、自分の手元に過度な権力を集中し、横柄で、気まぐれで、不実である、と批判し、したがって書記長の職務に留まることはふさわしくない、と批判した。

レーニンはまたトロツキー、ピャタコフ、ジノヴィエフそしてカーメネ

748

フの欠点も列挙し、ブハーリンを非マルクス主義的見解だと批判した。彼はオルジョニキーゼ、スターリンそしてジェルジンスキーを大ロシア民族主義およびグルジア侵攻の際に使った方法の野蛮性の廉《かど》で批判した。彼は「非ロシア人にロシア人の事実としてのいじめに対抗する現実的な保障を与える必要」に触れ、そして「われわれがツァーリズムから借りてきて、ソビエトの香油を塗っただけの、あのほかならぬロシアの機関」「同盟からの脱退の自由」は「一片の反古となり、ロシアの典型的な官僚のような、真にロシア的な人間、大ロシア人の排外主義者、実質上卑劣漢で暴圧者であるものの攻撃から、ロシア国内の異民族を守ることはできない」と予言した〔邦訳『レーニン全集』第三六巻　七一六頁〕。

　これらの訴え、警告そして叱責は、実際的な重要性を何も持たなかった。レーニンは、赤軍が、民主主義的に選出されたメンシェビキ政府を擁するグルジアを侵攻し、彼もこれを祝福した直後に、少数民族と民族自決権の保護を求めた。彼は中央委員会を拡大することによって派閥争いを防止しようと望んだが、それはあたかも、彼自身が党内民主主義を事実上終わらせたときに、その規模が意見の相違を創りだしているかのようであった。

　彼はすべての主要な党指導者を批判し、スターリンの更迭も求めた。では誰が新しい書記長になるべきだ、と彼は考えたのだろうか。トロツキーは「自信過剰」で、ブハーリンはマルクス主義者ではなく、ジノヴィエフあるいはカーメネフの一九一七年一〇月の「背信行為」は偶然ではなく、ピャタコフは重要な政治問題で信頼に足りない、誰にも重要な政治問題を任せることはできなかったのではないだろうか。レーニンの政治的意図が何であれ、「遺書」は今日では絶望の叫びのように読める。

　レーニンは、一九二四年一月二一日に死去した（彼がスターリンによって毒殺されたとするトロツキーの後の示唆には証拠がない）。新しい国家は彼が教え込んだ線にそって発展することになった。モスクワの霊廟に今日まで展示されている彼の防腐処置が施された遺骸は、まもなくすべての人類を包摂することになる、と彼が約束した新しい秩序を、うまく象徴している。

5　帝国主義と革命の理論

ボルシェビキの帝国主義論は、レーニンとブハーリンの成果であった。ブハーリンは、新しい歴史時代のための革命戦略の基礎を定式化した最初の人物であった。レーニンはその帝国主義に関する作品において、これは既に指摘したように、そのほとんどの部分はJ・A・ホブスンの『帝国主義論』（一九〇二）とR・ヒルファーディングの『金融資本論』（一九一〇）に基づいているのだが、帝国主義をプレ独占資本主義から区別する五つの主な特徴をあげた。つまり、（1）大独占による世界経済の支配に至る生産と資本の集中、（2）銀行と産業資本の合体とその結果としての金融独占体の出現、（3）資本輸出の特別に重要な役割、（4）国際的資本家の独占的同盟による世界の分割、（5）大帝国主義国家間の世界の領土的分割の完了である。

　この状態は、資本主義の矛盾を取り除くのではなく、それを最高度に強化する。つまり、このシステム内の発展の不均衡と競争の激化は、戦争の可能性を減少させるのではなく、ますます不可避的にする。この最後の点は、レーニンによってそのカウツキー攻撃で強調されたところであり、カウツキーは、世界の経済体制は巨大な国家と巨大な国際カルテルが世界の分割を安定化させ、そうして戦争の危険性が除去される「超帝国主義」の段階に入りつつあると予測できる、と主張した。

　カウツキーは、これを一般的仮説であって必ず起こるものとまでは唱えなかった。しかし、レーニンは戦争のない資本主義、革命もまた極めて起こりそうにない問題状況という理念に憤慨させられた。カウツキーの「馬鹿げたおとぎ話」は反マルクス主義的であり、日和見主義の徴候である。帝国主義は戦争なくしては存続できない。なぜならそれ以外に世界発展の不均衡を規制し除去する方法は存在しないからである。

　したがって、彼の論文「プロレタリア革命の軍事綱領」（一九一六）において、レーニンは、社会主義はすべての国で同時的に勝利することはできない、という結論を引き出した。つまり、革命の過程は、一つあるいはいくつかの国で始まり、これがさらなる闘争と戦争に繋がって行くだろう、と。

革命の展望と世界経済の不均等発展の結合は、同時に一つの体系に構成されて、ブハーリンによって戦争中そして革命後の一年のあいだに執筆された著書で詳説された。帝国主義は監督的および規制的な権力としての国家を使って、生産の無政府性を克服し合理的な経済を組織しようとする。しかしそれは矛盾と競争を排除することはできず、したがって帝国主義戦争を避けることはできない、と彼は説明した。

資本主義体制は全体として社会主義革命にとって熟している。しかしながら、これは技術の発展が最高度に達し、ブルジョアジーがその分厚い利潤のお陰で労働者を高い賃金で買収し、彼らに革命を思い止まらせることができる地域では起こりにくく、むしろ、矛盾の集中が極大なところ、つまり資本主義世界の周辺部、後進国、植民地あるいは半植民地諸国において起こる可能性が高い。

徹底的な搾取と民族抑圧そして農民運動との結合によって、これらの国は、世界システムの連鎖が暴力によって粉砕することができる、もっとも弱い環である。発展の遅れた諸国の社会運動は、社会主義の直接の確立には至れないが、しかし、それは先進諸国のプロレタリアートの自然な同盟者であり、ブルジョア民主主義的課題の達成が、労働者と農民の結合した力を基礎にして、社会主義への漸進的で平和的な移行と重なる、過渡的な
750
社会形態を創り出すだろう。

しかしながら、一九一六年までに、レーニンはこの主張をさらなる段階に進めた。「自決に関する討論の総括」の中で、彼は次のように書いた。

「植民地およびヨーロッパにおける小数民族の蜂起を伴わず、その偏見をすべて持ったままの小ブルジョアジーの一部の革命的爆発を伴わず、また地主的、教会的、君主制的、民族的、等々の抑圧にたいする無自覚のプロレタリアならびに半プロレタリア大衆の運動を伴わないような社会革命が可能と考えるのは、社会革命を放棄することを意味するからである。――『純粋の』社会革命を待ちうけている人は、いくら待ってもけっして革命にめぐりあえないだろう。――ヨーロッパの社会主義革命は、抑圧され、不満をもつありとあらゆる人々の大衆闘争の爆発以外の何ものでもあり得ない。小ブルジョアジーとおくれた労働者の一部も、不可避的にこの革命に参加するであろうし、こういう参加がなければ、大衆闘争は不可能であり、どんな革命も不可能であって、そうなれば、彼らは同じように不可避的に自分たちの偏見、自分たちの反動的な空想、自分たちの弱点と誤りを運動に持ち込むだろう。しかし、客観的には、彼らは資本を攻撃するであろう」〔邦訳『レーニン全集』第二二巻　四一六～七頁〕。

レーニンが、この理論の重大性を、あるいはそれがマルクス主義の伝統からどの程度離れているかを完全に認識していたかどうか、は明らかではない。いずれにしても、それは、マルクス主義者が発展の「ブルジョア的」段階と指定する類の無数の満たされない要求や熱望、つまり主に農民や従属民族の要求や熱望が存在する時にのみ、社会主義革命は起るということを断固として定式化した。これは、社会が、マルクスが予見したような、資本主義がブルジョアジーとプロレタリアートだけで構成される状態に近づけば、社会主義革命というのはますますありそうにない、ことを意味する。

満たされない農民や民族的な主張と「封建制の残滓」の存在がプロレタリアートを助け、「非プロレタリア的」な要求のエネルギーがプロレタリアートを強化する、というレーニンの言説は、当然ながら、マルクスやエンゲルスの戦略と矛盾しない。彼らはさまざまな機会に同じ立場を採り、例えば、一八四八年のドイツのプロレタリア革命や七〇年代のロシア革命にたいする彼らの期待、そしてアイルランド問題がイギリス労働者階級の力を強めるだろう、という見解においてそうであった。

確かに、マルクスとエンゲルスは、そのような同盟がどのように展開するかについて正確な理論を提出せず、また彼らの願望が社会主義革命の一般理論とどのように理論的に調和するか、も明らかではなかった。しか

751

し、プロレタリア革命は「封建制の残滓」による強化がなければまったく起こり得ない、という言説は、マルクス主義において新奇であって、伝統的な理論からの完全な逸脱であった。レーニンが、第二インターナショナルの指導者を、言葉の上では革命的で、行動の上では改良主義である、と糾弾したとき、彼は疑いもなく正しかった。彼だけが権力の獲得を真剣に考え、その上、彼は、それ以外は何も考えなかった。彼の立場は明瞭であった。権力はそうすることが政治的に可能な場合は、いつでも奪取されなければならない。

　彼は、生産力が社会主義革命の地点まで成熟しているかどうか、というような理論的な予測には耽らなかった。彼の予測は、権力状況にそのすべてが集中した。彼は、正当にも、言葉の上では決定論者で、行動の上では現実政治家と糾弾されてもおかしくはなかった。しばしばではないが、時どき彼は、決定論的理論を繰り返した（歴史上に起こることはみな、必然的に起こる。これはイロハだ。「ロシアのジュデクム派」一九一五年二月一日［邦訳『レーニン全集』第二一巻　一一三頁］）。しかし、この決定論は、彼自身と他者に共産主義者の事業は歴史的に勝利せざるを得ないと確信させるだけであった。それは政治行動に適用されるのではない。

　彼は、マルクス主義の基本原理の一つとされてきた理念、つまり、すべての国が資本主義の発展段階を経過しなければならないという理念すら放棄した。一九二〇年七月二六日のコミンテルン第二回大会で、彼は、後進国人民は、先進国プロレタリアートとソビエト国家の援助を得て、資本主義の「段階」を飛び越えて社会主義に直接的に進むことができる、と宣言した（これがなければ、実際に、ロシア帝国に属する何ダースもの未開民族や少数民族にたいするソビエト権力の行使を正当化するのは難しかったであろう）。

　当時、レーニンは「経済的成熟」には関心がなく、革命情勢の存在だけに関心を寄せた。一九一五年の論文「第二インターナショナルの崩壊」において、彼は革命情勢の主たる特徴を次のように定義した。（1）革命は、今まで通りの形で生きて行こうと「下層階級が望まない」だけでは足りない。さらにこれまでどおりに、「上層階級が生活していくことができない」ことが必要である。つまり、人民の不満だけでは不十分で、統治の諸機構の分解が存在しなければならない。（2）「被抑圧階級の欠乏と困窮が普通以上に激化すること」。そして（3）「上の諸原因によって、大衆の活動性がいちじるしくたかまること、大衆は自主的な歴史的行動に引き入れられる」しかし、「すべての革命情勢から革命が起こるとはかぎらず、以上に列挙した客観的変化に主体的な変化がくわわるばあい、すなわち、旧来の政府をうちくだくに足りるほど強力な革命的大衆行動を行う革命的階級の能力がくわわるような情勢からだけ革命は起こる」［邦訳『レーニン全集』第二一巻　二〇八〜九頁］（「第二インターナショナルの崩壊」）。

　レーニンによってまとめられたこれらの諸条件が、戦争中あるいは特に軍事的敗北のときに、もっとも生まれやすいのは容易に理解できる。資本主義は戦争を回避でき、革命情勢が生まれる機会をあらかじめ、十中八九は除外できるかもしれない、という示唆にたいする彼の怒りは容易に理解できる。したがって、同じように、革命家は、帝国主義戦争において自国の敗北をめざしてそれを内乱戦争に転化しなければならない、という彼の願望も理解できる。

　レーニンが政治権力の問題に全体として心を奪われていたという事実は、彼が「ブルジョア平和主義」（bourgeois pacifism）と呼んだもの、つまり、資本主義の革命的廃止なしに戦争は廃棄できる、という希望、そして、戦争が勃発した場合に国際法という手段によって終結に持ち込もうとする試み、これらの「ブルジョア平和主義」から彼がまったく完全に自由な唯一の社会民主主義指導者である、ことを意味した。

　ブルジョア平和主義の徴候は、戦争の階級的性格を無視した、攻撃という概念の使用であった。戦争は国家ではなく階級の観点から見られなければならない。戦争は二つの国家組織の衝突ではなく、階級的利益の産物である。レーニンはしばしばクラウゼヴィッツの指摘、つまり「戦争は単純に別の手段による政治の継続にすぎない」を引用し、この箴言の力を根拠に、ナポレオン時代のプロイセンのこの将軍は「戦争に関する弁証法の中

752

心的なテーマ」を定式化したと信認された〔邦訳　同前　二一五頁〕。

戦争は、階級的利益を原因とする衝突の表れであり、これらの衝突を解決する軍事的手段と平和的手段との違いは純粋に技術的であって政治的意味を持たない。つまり、戦争は「単純に」、戦争以外でいつかは達成できるかもしれない目的を実現する一つの方法であって、階級的利益から離れた特別な道徳的または政治的な質を持たない。誰が攻撃者であるかは問題ではなく、攻撃的戦争と防御的戦争の相違は事実として存在しない。軍事作戦の基礎にある階級的利益が問題のすべてである。

このテーマについてのレーニンの言説は、数も多く明瞭そのものであるが、彼の今日の弟子たちからはあまりしばしば引用されない。「戦争を防衛的なものと攻撃的なものに分けることも馬鹿げている」（一九一四年一〇月一四日の演説　邦訳『レーニン全集』第三六巻　三三一頁）。「この問題では、戦争の防衛的性格とか、攻撃的性格とかではなく、プロレタリアートの階級闘争の利益、あるいはもっと正しく言えば、プロレタリアートの国際的運動の利益こそ、国際関係上のあれこれの現象に対する社会民主主義者の態度を考察し解決することのできる唯一の可能な見地である」（「好戦的軍国主義と社会民主党の反軍国主義的戦術」一九〇八年八月　邦訳『レーニン全集』第一五巻　一八六頁）。「まるでかんじんな点は、どちらがさきに攻撃したかであって、戦争の原因、戦争のめざしている目的が何か、どの階級が戦争をしているのかという点ではないようである」（「ボリス・スヴァランへの公開状」一九一六年一二月邦訳『レーニン全集』第二三巻　二一五頁）。「戦争の性格（それが反動的なものか革命的なものかという）は、誰が攻撃したか、『敵』がだれの国にいるかには左右されないで、どの階級が戦争をしているか、その戦争によってどういう政策がつづけられているかに左右される」（「プロレタリア革命と背教者カウツキー」一九一八〔邦訳『レーニン全集』第二八巻　三〇五～六頁〕）。

このように、「攻撃」は戦争の性格を覆い隠すのに役立つ詐欺的なブルジョア的な概念であるが、自らの国家を組織した労働者階級が資本主義国家との戦争を遂行する権利を持つことは明らかである。なぜなら、定義上、それは被抑圧者の利益を代表しその側に正義があるからである。レーニンは、この結論でひるむことはなかった。「たとえば、もし一九二〇年にアメリカかヨーロッパで、社会主義が勝利を占め、そのとき、かりに日本と中国がわれわれにたいして、はじめは外交的にでも、彼らのビスマルクをおしだしてきたなら、われわれは、彼らに対する攻撃的な革命戦争に味方するだろう」（「第二インターナショナルの崩壊」〔邦訳『レーニン全集』第二一巻　二一七頁注〕）。

一九二〇年一二月六日の演説でレーニンは、アメリカ合衆国と日本とのあいだの戦争がまもなく勃発せざるを得ないこと、ソビエト国家はそのどちらかに反対して他方を支持することはできず、一方を他方と「いがみあわせ」、ソビエト国家自身の利益のために戦争を利用しなければならない」と公言した〔邦訳『レーニン全集』第三一巻　四四九～五〇頁〕。

一九一八年三月の第七回党大会で、彼は、「大会は、そのための適切な機会が到来したと判断した時には、帝国主義的、ブルジョア的諸国家とのあらゆる講和条約をいつでも破棄する権限、おなじくこれらの国々に戦争を宣言する権限を中央委員会に与える」〔邦訳『レーニン全集』第二七巻一二二頁〕決議を提案した。これは確かに、ブレスト・リトフスク条約の雰囲気のもとで起草されたが、しかしその適用は全般的であり、レーニンの理論と全面的に一致した。

プロレタリア国家は、定義上、資本主義国家と正面から対峙しており、攻撃の問題は戦争を判断する際に無関係であるのだから、時期が到来したら、いつでも世界革命のために資本主義国家を攻撃することはプロレタリア国家の権利と義務であることは明白であって、まして資本主義と社会主義との平和的共存などレーニンの意見からすれば不可能であった。

既に引用した一九二〇年一二月六日の演説で、彼は宣言した。「私は、われわれはいまや戦争から平和に移行したが、しかしわれわれは戦争がふたたび帰ってくるであろうということを忘れないと、述べた。資本主義と社会主義がのこっている限り、両者は平和に生きていくことはできない」〔邦訳『レーニン全集』第三一巻　四六四頁〕。

これが、社会主義国家の外交政策の飾り気のないイデオロギー的基礎であった。定義上、新しい国家は歴史の主導的な力を代表した。それ自身が攻撃的か防衛的かどうかにかかわらず、それは進歩の名において行動した。国際法、仲裁、軍縮交渉、戦争の「非法化」これらすべては、資本主義が存在するかぎり欺瞞であり、後には不必要となるだろう。なぜなら、戦争は資本主義のもとでは不可避であるのと同じように、社会主義のもとでは不可能となるのだからである。

6　社会主義とプロレタリアートの独裁

レーニンのすべての活動は、「究極の目的」つまり社会主義社会の建設に従属させられたけれども、彼は第一次大戦前には、どのような社会がふさわしいかを特定することには関心がなかった。彼の著作には、所有の集団化、賃労働と商品経済の廃止のような社会主義にお馴染みの理念への参照が散らばって含まれるだけであって、その詳細には踏み込んでいなかった。しかしながら、彼は革命前に「プロレタリアートの独裁」が何を意味するのかを説明し、そして彼がそれで説明した用語は彼の経歴を通じて変更されないままに残った。

「カデットの勝利と労働者党の任務」（一九〇六）の中で、彼は何度も力を込めて表明した。「独裁とは法律に依拠するのではなく、暴力に依拠する無制限の権力を意味する」と［邦訳『レーニン全集』第一〇巻　二〇〇頁］。「無制限の、法律外の、もっとも直接的な意味での力にささえられた権力、754 これこそ独裁である」［邦訳　同前　二三一頁］。

「『独裁』という科学用語は、なにものにも制限されない、どんな法律によっても、絶対にどんな規則によっても束縛されない、直接的に暴力に基づく権力以外の何ものも意味しない。『独裁』という用語はこれ以外のなにものも意味しない。カデット諸君、よくこのことをおぼえておくがよい」［邦訳　同前　二三三〜四四頁］。

自分の見解が変わらなかったことを明確にするために、レーニンは一九二〇年に先に記した言説を繰り返した。独裁は「強制のもっとも直接的な形態」であり、プロレタリアートの独裁はそれが転覆した搾取者にたいするプロレタリアートによる暴力の行使である。その暴力がどのように組織されるかについて、レーニンは、第二インターナショナルの指導者に反論した小冊子『国家と革命』で解答を与えた。第三インターナショナルの創設（一九一五年の初期に構想した）の前夜に、そして革命がヨーロッパ全体でまもなく起こるだろうという期待のもとに、レーニンは、マルクス主義の国家論と社会主義が国家制度の機能を含みこんでいくその変化の理論を再度展開することが必要である、と考えた。

マルクスとエンゲルスによれば、国家は非和解的な階級対立の結果である。しかしそれは階級対立を調和させたり、これらのあいだを調停したりするという意味においてではない、とレーニンは指摘する。その反対に、国家としての国家は、これまで常に所有階級が被抑圧階級を弾圧するための手段であった。この制度は階級対立の中で中立ではあり得ず、他の階級による一つの階級の経済的な抑圧の法的な表現に過ぎない、と。

ブルジョア国家のすべての機能は、労働者階級の搾取を貫徹することであるから、その国家の制度と機関は労働者を解放するために使うことはできない。ブルジョア国家における選挙権は、被抑圧階級が権力を獲得することは言うまでもなく、社会的緊張すらも取り除く手段ではない。それはブルジョアジーの権力を維持する一つの方法に過ぎない。プロレタリアートは、国家機構を破壊する以外には自らを解放することはできない。これが革命の中心的任務であり、マルクス主義の理論と一致する国家の「死滅」と明確に区別されなければならない。ブルジョア国家は、ここで、今、粉砕されなければならない。死滅は革命後のプロレタリア国家、つまり、すべての政治権力が放棄された将来の時点で適用される。

レーニンは、特に、マルクスのパリ・コミューンの論文と『ゴータ綱領批判』、そしてエンゲルスの論文や手紙を参照する。社会主義運動における改良主義とプロレタリアートの利益に奉仕させるためにブルジョア国家を利用する理念は、マルクス主義の基礎に反すると彼は言い切る。それらは錯覚か、あるいは革命を放棄する機会主義者の人を惑わすマヌーバーで

755

ある。プロレタリアートは国家を必要とする（これは無政府主義が誤ったところである）が、しかしそれは死滅し、自らを解体する傾向を持つ国家でなければならない。その期間の長さは予測できないが、移行期における搾取者の抵抗に打ち勝つために、プロレタリアートの独裁が存在しなければならず、それは、これまでのすべての国家形態と異なり、社会の大多数による所有階級の残滓にたいする独裁となるだろう。

この期間中、資本家の自由は制限されなければならないが、他方、完全な民主主義は階級が完全に廃止されるならば、その時に可能となるだろう。移行期のあいだ、国家は何らの困難もなく機能することができるだろう。というのは多数が少数の搾取者を粉砕するのにさしたる困難もなく、そして特別の警察機構も必要としないからである。

パリ・コミューンの経験は、共産主義的国家組織の一般的な特徴を説明するのに役立つ。そのような国家において常備軍は解体され、それにかわって人民が武装される。すべての国家公職者は、働く人民によって選出され、解任される。警察としての警察は必要がなくなる。というのは軍隊のそれと同じように、その機能は武装することができる全人民によって遂行できるからである。

さらに、国家の組織的機能は単純化され、その結果、読み書きのできる人なら誰でも遂行できるようになる。社会全般を運営するのに特殊な技能は必要とされなくなり、したがって、独立した公職者の階層的な集団は存在しなくなる。単純な管理と会計が、肉体労働者と同じ賃金で、今度はすべての市民によって行われるだろう（レーニンは、この点を大きく強調した）。

誰もが同じ度合いで国家の従僕であり、平等な基礎の上で賃金を受け、等しく働かなければならない。彼らは交互に肉体労働者と公務員になり、その結果、誰も官僚にはならない。管理の単純性、賃金の平等、公職者の選出と罷免という状態のもとで、社会から疎外された病理的な官僚制の形成という危険はなくなる。最初には政治的強制がなければならないが、しかし国家が死滅するにつれて、その機能は次第にその政治的な性格を失い、純粋な管理の事項となるだろう。命令はもはや上からは降りてこない。必要な集中的計画は、広範な地域的な自治と結合されるだろう。

一九一七年四月から五月に書かれた「党綱領改正資料」の中で、レーニンは「公教育は民主的に選出された地方自治機関の手に移すこと、中央政府は学校の教育課程の編成あるいは教員の選定にたいする干渉をいっさい排除すること、教師は住民によって選挙され、住民は望ましくない教師を解任する権利をもつこと」などについて触れた［邦訳『レーニン全集』第二四巻　五〇一頁］。

最終の目的は、国家とすべての強制の完全な撤廃である。これは、人びとが自発的な共存と団結の原則に慣れてくるにつれて可能になるだろう。犯罪と過誤は搾取と貧困のせいであり、それらは社会主義のもとで徐々に消滅するだろう、レーニンのこの確信は社会主義者のあいだでは実際に普遍的であった。

ヨーロッパ戦争が荒れ狂う最中に、これらの用語で書かれたレーニンのユートピアは、ソビエト国家の五〇周年後にこれを読んだ人にはびっくり仰天するほど無邪気に見えるかもしれない。つまり、トマス・モアの空想がヘンリー八世のイギリスと関係があったように、それはまもなく登場するはずの国家と大いに関係があった。

しかし、その綱領とその半世紀後の「実現」とのあいだの奇怪な乖離を指摘することは、不毛な業である。レーニンのユートピアは概してマルクスの理念と合致するが、レーニン自身の後期の書き物は言うまでもなく、初期の書き物と比較しても、ある著しい相違、党について何も触れていないという相違が存在する。

レーニンが自分の空想を真摯に書き記したことを疑う理由はない。彼がそうしたとき、彼が世界革命は到来すると間違って信じていたことが思い起こされなければならない。しかし、彼は明らかに、彼が描く世界が彼自身の革命と党の理論と明確に反対であることを分かっていなかった。「多数による独裁」は、歴史の科学的な理解で充たされた政治組織を通じて実行されると想定された。つまり、「過渡的プロレタリア国家」の理念に広

756

757

く及ぶこの条件は、『国家と革命』ではまったく言及されていない。この本の執筆当時に、レーニンは武装され解放された全人民が行政、経済管理、警察、軍隊、司法等々のあらゆる機能を直接に遂行すると考えていたことは確かである。彼はまた、自由の制限はそれまでの特権階級にたいしてのみ適用され、他方、労働者や働く農民は自ら選んだ通りに自らの生活を規律する上で完全に自由であると信じた。

しかしながら、革命後に発達したシステムの性質は、単に内乱戦争やロシア外の革命運動の挫折と結びついた、歴史的事件の結果だけではなかった。専制的で全体主義的な特徴（この区別が重要である）を帯びたこの体制は、当然ながら、その結果が完全に実現されたとか、予測されたということではないにしても、レーニンが長年にわたって編み出したボルシェビキの理論の主要な線に沿って前もって決定された。

レーニンによって一九〇三年以降に、さまざまな形で多くの機会に築かれた基本的な原理は、自由や政治的平等のようなカテゴリーは、固有の価値ではなく階級闘争の手段に過ぎず、それらがどの階級に奉仕するかを検討しないままにそれらを主張することは馬鹿げている、というものであった。「実際には、プロレタリアートは、共和制をも含むすべての民主主義的要求のためのその闘争を、ブルジョアジー打倒のための革命的闘争に従属させることによってはじめて、自分の独立性をたもつことができる」（「社会主義革命と民族自決権」一九一六年四月［邦訳『レーニン全集』第二二巻　一七二頁］）。

ブルジョア制度のもとの専制支配政体と民主主義政体との相違は、後者が労働者階級の闘争を容易にさせるかぎりにおいてのみ重要である。つまり、それは二次的な相違であって形態だけの相違である。「普通選挙権、憲法制定議会、国会、これらは、一種の約束手形に過ぎず、けっして事態を本質的に変えるものではない」（「国家について」一九一九年七月一一日の講義［邦訳『レーニン全集』第二九巻　四九三頁］）。

これは、さらにいっそう有力に革命後の国家に当てはまる。プロレタリアートは権力の座にあるのだから、この権力の維持以外に考慮すべき重要なことは何もない。すべての組織問題はプロレタリアートの独裁の保持に従属する。プロレタリアートの独裁は、一時的ではなく永久に、議会制度および立法権の行政権からの分離を廃止する。これはソビエト共和国と議会政体とのあいだの主たる相違でなければならない。一九一八年三月のロシア共産党（ボルシェビキ）第七回大会で、レーニンはこの原理、つまり、「議会制度（立法活動と執行活動の分離としての）の廃棄、立法的国家活動と執行的国家活動との結合、行政と立法の融合」を具体化した綱領草案を提出した［邦訳『レーニン全集』第二七巻　一五四頁］。

換言すれば、支配者が、それによって彼らが支配し、誰によっても統制されない法を決定するのである。だが、誰が支配者であるのか。同じ草案の中でレーニンは、自由と民主主義はすべての人のためではなく、労働し搾取されている大衆のために、そして彼らの解放のためであるように意図された、と強調する。

革命の当初において、レーニンは、プロレタリアートからだけではなく、クラークに対立する労働農民からの支持も望んだ。しかし、まもなく、農民全体は大地主に反対する革命を支持する一方で、次の段階にたいしては熱狂的でないことが明らかになった。党は最初から、地方の階級闘争を燃え立たせることに希望を抱き、そして特にいわゆる「貧民委員会」によって貧農や農場労働者を富農にたいして立ち上がらせようと試みた。

その成果は貧弱で、農民の階級としての共通利益が貧農とクラークの対立よりも全般的に強力であることが明らかになった。レーニンはまもなく農民全体の「中立化」への賛成を語り始め、ネップ前夜の一九二一年五月の第一〇回全国協議会で宣言した。「われわれは農民にむかって、公然と、正直に、すこしもだまさないで、こう声明する。社会主義への道を維持するために、われわれは君たち、農民諸君に、幾多の譲歩をする。しかし、それはこれこれの範囲、これこれの度合いでだけのことである。この度合いがどんなものか、どんな範囲かをわれわれ自身が判断することは、いうまでもない、と」［邦訳『レーニン全集』第三二巻　四四九頁］。

最初の「過渡的な」なスローガン、つまり、プロレタリアートと貧農の独裁というスローガンは欺瞞あるいは宣伝の策略に外ならなかった。党は、次第に、プロレタリアートの独裁は全体としての農民にたいして実行されることを公然と認めたのだが、農民は彼らにもっとも関係のあるこの問題の決定において何も発言権を持たないままであり、それにもかかわらず、農民問題は考慮に入れざるを得ない障害物であり続けた。実は、この状況は最初から分かり切ったことであった。一一月の選挙が公示されたとき、農民が権力をともに持っていたならば、この国はボルシェビキ内の少数の反対派とエス・エルによって統治されていただろう。

758

このように、プロレタリアートはその独裁を誰とも共有しなかった。「多数」の問題について言えば、これがレーニンを悩ますことは何もなかった。論文「憲法の幻想」（一九一七年八月、『全集』第二五巻　二〇一頁）の中で彼は書いた。「革命期には、『多数者の意志』を表明するだけではたりない、ということである。いな、決定的な瞬間に、決定的な場所で、より強いものとなっていなければならないのである、勝利しなければならないのである。――組織と自覚と武装においてすぐれた少数者が、自分の意志を多数者に強制し、多数者を打ち破った実例は、数限りなくある」［邦訳『レーニン全集』第二五巻　二一八頁］。

しかしながら、プロレタリア少数派は、『国家と革命』で記述されたやり方ではなく、プロレタリアートは党によって「代表される」という原則に従って、権力を行使することになることは最初から明らかであった。これは党がまだその批判者に応答しなければならず、そして時どき窮地に追い込まれた頃であったが、レーニンは「党の独裁」という言葉を使うことにしり込みしなかった。

一九一九年七月三一日の演説で、彼は宣言した。「彼らが一党の独裁だとわれわれを非難して、諸君もお聞きのように社会主義統一戦線なるものを提案するとき、われわれはこう言う。『そのとおり、一党の独裁だ！』と。われわれは一党の独裁のうえに立っているし、この基盤からはなれるわけにはいかない。なぜなら、この党は、数十年のあいだに全工場プロレタリアート、産業プロレタリアートの前衛という地位を勝ちえた党だからである」（「教育活動家および社会主義文化活動家第一回ロシア大会での演説」［邦訳『レーニン全集』第二九巻　五四九頁］。

一九二一年一月の労働組合に関する文書の中で、大衆の後進性から生じる「矛盾」に触れた後で、彼ははっきりと述べた。「以上に述べた矛盾は、必ず紛争、不一致、摩擦などを生み出すであろう。これらの矛盾をただちに解決するだけの権威をもった最高の機関が必要である。そのような機関こそ、共産党であり、すべての国の共産党の国際的連合体、コミンテルンである」［邦訳『レーニン全集』第三三巻　一九一頁］。

理論的観点からすれば、問題はレーニンの有名な小冊子『共産主義内の「左翼主義的小児病」』（一九二〇）によって説明されていたのであって、それからすれば問題はまったく存在しないのであった。

「党の独裁かそれとも階級の独裁か。指導者の独裁（党）か、それとも大衆の独裁（党）か？　という問題の立て方だけでも、まったく信じられないほどの、手のつけられない思想の混乱を証明している。――大衆は階級に分れている。――普通、大多数の場合、少なくとも近代の文明国で、階級は政党によって指導される。通則として、政党を支配しているのはもっとも権威があり、勢力があり、経験に富んでいて、もっとも責任の重い地位にえらばれ、指導者と呼ばれる、多少とも安定したグループである。すべてこうしたことはイロハである。すべてこうしたことは、簡単明瞭である。なぜ、このかわりになにかあるちんぷんかんぷん、なにかある新しいヴォラピューク語が必要なのか？

ロシアのボルシェビキは――『上からか』それとも『下からか』、指導者の独裁それとも大衆の独裁かなどというおしゃべりが、左足と右手のどちらが人間の役に立つかという論争に類した、こっけいな子どもじみた、たわごととしか思われざるをえない」［邦訳『レーニン全集』第三一巻　二六～七頁、三四頁、この小冊子の英文原題は『「左翼共産主義」―子どもじみた混乱』である」。

759

このように問題を一笑に付して、レーニンは、階級と党とのあいだ、あるいは党と指導者とのあいだの関係に何も問題は存在しないこと、そして、その階級が彼らを代表として持つことを望むか否かを告げる制度的手段が存在しないにもかかわらず、一握りの独裁者たちによる政府を、その階級を代表する政府と適正に呼ぶことができると、暗に意味したのである。

レーニンの主張は粗雑で、そのために彼がそれを真剣に考えたと信じることは難しい（右記の文章の中で、彼はローザ・ルクセンブルクと同じ筋で彼を批判したドイツ・スパルタクス団の一員に回答した）。それでも、それは彼の一般的思考スタイルと十分に調和する。階級の利益以外には何も「現実に」存在しないのだから、支配グループないし機構の独自の利益に関して言われた問題は、いずれも虚偽の問題である。つまり、機構は階級を「代表している」のであって、それは「イロハ」であって、それ以外はすべて「子どもじみたナンセンス」である。

レーニンは、この問題では極めて一貫していた。『国家と革命』によれば、無知な人間あるいは悪賢いブルジョアジーだけが、労働者は産業、国家、そして行政を直接にそして集団的に管理することはできない、と示唆できた。二年後には、無知な人間あるいは悪賢いブルジョアジーだけが、労働者は産業、国家、そして行政を直接的にそして集団的に管理することができると示唆できる、ことが明らかになった。

明らかに産業は単独の管理者を必要とし、「合議制」を語ることは馬鹿げている。「合議制についての論議は、きわめてしばしば、まったくの無学と、専門家反対の傾向に充ち充ちている。――われわれは、悪名高い民主制の残存物と闘争する精神に立って、この任務を労働組合に体得させなければならない。任命制に対するこれらすべての罵声、いろいろな決議や議論の中にみられるこれらすべての古い有害ながらくたは、一掃されなければならない」（ロシア共産党（ボ）第九回大会への報告、一九二〇年三月二九日［邦訳『レーニン全集』第三〇巻　四七四～五頁］）。

「はたしてひとりひとりの労働者が、国家を統治するすべを知っているであろうか？　運営の仕方を分かるのか？　実践の現場で働いている人々は、それがおとぎ話であることを知っている。――農民と結びついた労働者が非プロレタリア的なスローガンに同意していることを知っている。労働者のうちだれが統治したのだろうか。ロシア全土で数千人で、しかもそれだけである。候補者を当選させるもの、統治するものは党ではなく、労働組合自身であると、われわれが言うならば、それはたいへん民主主義的に聞こえるだろう。おそらく、それで票をかきあつめることもできるだろうが、長くは続かない。これはプロレタリアートの独裁を滅ぼすであろう」（鉱山労働者会議での演説、一九二一年一月二三日［邦訳『レーニン全集』第三二巻　五二～三頁］）。

「しかし、プロレタリアートを一人残らず組織するだけではプロレタリアートの独裁を実現することはできない。――独裁を実現できるのは、階級の革命的エネルギーを吸収した前衛だけである」（「労働組合について、現在の情勢について、トロツキーの誤りについて」一九二一年一二月三〇日［邦訳　同前　五頁］）。

こうして、特殊な弁証法のお陰で、プロレタリア政府はプロレタリア独裁の廃墟であるように見える。それはレーニンの独裁の用語の解釈に照らせば、完全にあり得る結論である。それはまた、「真の」民主主義は、これまで民主主義的であると見なされてきたすべての制度の廃止を意味することであるように見える。この最後の点で、レーニンの言葉遣いは必ずしも一貫したものではなかった。彼は、時どき、ソビエト国家を、それは人民による支配を意味するのだから、もっとも高度な民主主義の形態であると激賞しながら、他方で、別のときには、民主主義をブルジョアジーの発見である、とののしった。

これが、一九一八年一月二五日の第三回ソビエト大会の演説においてのように、興味深い矛盾に繫がった。「民主主義は、ブルジョア国家の一形態であって、真の社会主義への裏切り者たちはみなこの形態を支持している。彼らは、今日公認の社会主義の先頭に立っており、民主主義はプロレタリアートの独裁に矛盾すると主張している。革命がブルジョア制度の枠を出ない間は、われわれは民主主義を支持してきた。だが、革命の全行程のうちに社会主義の最初のひらめきを見るやいなや、われわれは、プロレタリアートの独裁を強硬に断固として固守する立場に立った」〔邦訳『レーニン全集』第二六巻　四八三頁〕。

言い換えれば、社会主義の反逆者たちは、民主主義は独裁と正反対であると主張するが、しかし、われわれはその正反対で独裁のために民主主義を放棄した、と。そのようなぎこちなさは、わずかに残っていた民主主義的制度の日々の衰退をレーニンが意識しながらも、だが常に、民主主義という名前の高貴な響きを喚起しようと望んだことを示している。

権力を握るまでボルシェビキが一貫して要求してきた伝統的な民主主義的自由は、革命直後に、ブルジョアジーの武器であることが判明した。出版の自由に関するかぎり、レーニンの書いたものがこのことを繰り返し確認している。「ブルジョア社会の『出版の自由』とは、金持ちが、系統的に、たゆみなく、毎日、幾百万の部数で、搾取され、抑圧されている人民大衆すなわち貧民を騙し、腐敗させ、愚弄する自由のことである」（「憲法制定議会の成功をどうやって保障するか」一九一七年九月二八日〔邦訳『レーニン全集』第二五巻　四〇五頁〕）。

これに反して、「出版の自由とは、すべての市民のすべての意見を自由に公表できるということを、意味している」〔邦訳　同上　四〇七頁〕。これは革命の前夜ではそうであったが、しかしその数日後、事態が変わった。「権力を掌握すれば、ブルジョア新聞を発行停止すると、われわれは以前に声明した。こういう新聞の存在を大目に見ることは、社会主義者でなくなることを意味している」（「全ロシア中央執行委員会の会議」一九一七年一一月一七日〔邦訳『レーニン全集』第二六巻　二九〇頁〕）。

レーニンは、「われわれは自由、平等、多数者の意志というような聞こえの良いスローガンで自分を欺くものではない」〔邦訳『レーニン全集』第二九巻　三四九頁〕と断言し、その言葉を守った。「全世界で、あるいはたとえ一国においてでも、事態が資本の権力の打倒に立ちいたった時機に、——そういう政治的時機に『自由』一般という言葉に訴え、その自由のためにプロレタリアートの独裁に反対するようなものにはだれにでも、われわれはつぎのように言う、そういう人は、まさに搾取者を助けるものにほかならない。そういう人は搾取者のみかたである。なぜなら、自由が労働者の解放の利益に従属しないなら、それは一つの欺瞞だからである」（一九一九年五月一九日の演説〔邦訳『レーニン全集』第二九巻　三五〇頁〕）。

この点は、さらに明瞭にそして簡潔に、コミンテルン第三回大会で持ち出された。「一般的な最後的結果が達成されるまでは、恐ろしい戦争状態が続くであろう。そして、われわれはつぎのように言う。『われわれは戦争では戦争の流儀でふるまう。われわれは、どんな自由も、どんな民主主義も約束しない』と」（一九二一年七月五日〔邦訳『レーニン全集』第三二巻　五二九頁〕）。代表制度のすべての問題、市民の権利、少数者の（あるいは多数者の）権利、政府にたいする統制、憲法問題一般、これらすべてが「戦時には戦時のように」という箴言によって黙殺され、戦争は共産主義が世界全体で勝利するまで続けられなければならない。

特に、そしてこれが問題の核心だが、社会の媒介システムとしての法のすべての理念がその存在を停止する。法は一つの階級が他の階級を抑圧する手段「以外の何ものでもない」のだから、法の支配と直接的な強制による支配とのあいだに本質的な違いは存在しないことは明らかである。重要なのはどの階級が支配するか、である。

一九二二年五月にレーニンは「デ・イ・クルスキーへの手紙」でこう書いた。「裁判所はテロルを排除してはならない。——これを原則的に、はっきりと、偽りなしに、飾らずに、基礎づけ、法律化しなければならない」と。刑法典の補足的な諸条項の下書きの中で、彼は言い回し方を提案した。「資本主義と交代しつつある共産主義的所有制度の権利を認めず、干渉によってであれ、封鎖によってであれ、またスパイ行為によってであれ、さらに出版物等々への資金の供与によってであれ、また同様の手段によってであれ、共産主義的所有制度を暴力的にくつがえそうとつとめている国際ブルジョアジーの部分を援助する方向に働くような〔別文案　援助し、または援助する恐れのある〕宣伝または扇動は、極刑をもって罰せられる。ただし、罪を軽減するような情状があるばあいには、自由の剝奪または国外追放をもってこれに代えることができる」〔邦訳『レーニン全集』第三三

巻　三七一〜二頁〕。

ロシア共産党（ボ）第一一回大会でレーニンは、ネップは資本主義への後退であり、これは革命のブルジョア的性格を証明していると主張するメンシェビキとエス・エルは、そのような言説をなした廉《かど》で射殺されるだろうと述べた〔邦訳　同前　二八一〜三頁〕。

このように、レーニンは、全体主義的な支配体制を単なる専制支配体制と区別する立法の土台、つまり、それが厳しいというのではなく、不純極まりないその運用の事実の基礎を敷いた。法は、それが特別に全体主義的でなくても、小さな攻撃にたいして過酷な罰を与えることができるかもしれない。しかし、全体主義的な法にとって特徴的なことは、レーニンのような図式の使用である。つまり、人びとは「客観的にブルジョアジーの利益に仕える」かもしれない意見を表明した、として処刑されるかもしれない。これは、政府が思いのままに誰でも死に至らせることができることを意味する。つまり、そこに法のようなものは存在しない。それは刑法典が厳しいということではなく、刑法典が名前以外には存在しない、ということなのである。

既に触れたように、これらすべては党がまだ完全な統制ができず、時には批判に答えなければならない時期に起こった。逆説的だが、レーニンがテロの使用を求め、民主主義と自由の可能性を否定した厳しい一義的な図式は、自由がまだなお完全には根絶されていなかった、という事実を証明する。スターリン時代、党の外から論争するようないかなる批判もなかったときには、テロという言葉が民主主義という言葉に置き換えられた。特にスターリンの後期に、ソビエト体制は人民の支配とあらゆる類の民主主義的自由の最高度の具現として表された。

しかしながら、レーニンの時代には、指導者たちは、プロレタリアートの独裁は民主主義の破壊を含むという思想に強力に反対するロシアやその外のヨーロッパの社会主義者の批判に答えなければならなかった。カウツキーの自著『プロレタリアートの独裁』（一九一八）におけるソビエト体制にたいする猛烈な攻撃は、レーニンからの激しい回答を引き出した。『プロレタリア革命と背教者カウツキー』（一九一八）の中で、レーニンは、その階級的内容に関係なく民主主義を語り、ブルジョア民主主義はブルジョアジーのためにあり、プロレタリア民主主義はプロレタリアートのためにある、という事実を意図的に曖昧にする無知な人びとへの攻撃を繰り返した。

カウツキーは、マルクスが「プロレタリアートの独裁」について語ったとき、マルクスは統治の方法ではなく体制の内容を考えていた、と主張した。つまり、カウツキーの見方では、民主主義の制度はプロレタリアートの支配と矛盾しないばかりかその条件でもあった。レーニンにとってこれはすべてナンセンスであった。プロレタリアートは支配しつつあるのだから、それは暴力によって支配しなければならず、そして独裁は暴力による統治であって、法による統治ではなかった。

7　トロツキーの独裁論

カウツキーの次の小冊子『テロリズムと共産主義』は、同じ題名を付した作品でトロツキーによって反論された。その英訳版は一九二一年に『テロリズムの擁護』として発行された。この啓蒙的な著作は、ある意味でレーニンの言いぶりよりもはるかに調子の強いものであった。〇三年にレーニンの党理論は一人専制（one-man tyranny）をもたらすだろうと予見したトロツキーは、二〇年までにその理論に完全に転向してしまった。彼の小冊子は、彼が権力に就いている時に書かれたもので、プロレタリア独裁下の国家論のもっとも一般的な説明、そしてまた、全体主義体制と呼ばれることになるもののもっとも明瞭な評価を含むものとして注目に値する。

事実、この小冊子は内乱戦争と対ポーランド戦争（これについてトロツキーは驚くほどの無邪気さで語っている。つまり、「われわれは勝利を願った、なぜなら、それについての歴史的権利をまさに持っているからだ」と。）の最中に書かれたが、しかしそれは一般理論であることを明確に欲していた。トロツキーのそれまでの演説からの多くの引用が、一時的な激情に駆られた単なる誇張ではないことを示している。

763

彼は、レーニンと同じ方法でプロレタリア独裁の一般的な原理を提起する。ブルジョア・デモクラシーはごまかしである。階級戦争における重大な問題は投票ではなく暴力によって決定される。革命の時期において正しい進路は権力のために闘うことであって、愚かにも「多数」を待つことではない。テロを否定することは社会主義を否定することである（目的を欲する者は手段も欲しなければならない）。議会制度には全盛期があった。それは主に中間階級の利益を代表したが、革命の時期に重要なのはプロレタリアートとブルジョアジーだけである。「法の前の平等」、市民の権利等のおしゃべりは、今日において、形而上学的な「はったり」以外の何ものでもない。

もし選挙制度が急速な事態の進展によって追い越され、議会が人民の意志を代表していないという理由だけであれば、憲法制定議会を解散することは正しかった。人質を射殺することは正しかった（戦時には戦時のように）。新聞の自由は認められない、それは階級の敵とその同盟者、メンシェビキとエス・エルを利するからである。「真理」そして誰が正しいかについて議論することは無駄である、これは学問的論争ではなく、死を賭した闘争である。個人の権利は見当違いのナンセンスであって、「われわれについていえば、人名の『神聖』についてのカント的坊主や菜食クエーカー教徒たちの無駄話にかかわりあったことは、一度もなかった」〔邦訳　根岸孝夫訳『テロリズムと共産主義』一〇〇頁〕。

パリ・コミューンは感傷的で人道主義的な良心の呵責のお陰で敗北した。プロレタリアートの独裁において党は最上級の控訴審でなければならず、すべての重要な問題について最終的な決定権をもつ。「プロレタリアートの革命的覇権は、プロレタリアート自身のなかでの、明確に規定された行動綱領と異議の余地のない内部的規律とをもった一つの党を前提とする」〔邦訳　同前　一五〇頁〕。「ソビエト独裁が党独裁によって初めて可能となったということは、全く正しいのだ」〔邦訳　同前　一五一頁〕。

しかしながら、トロツキーはレーニンが避けるかあるいは無視した問題にも答える。「ある賢者たちは、われわれに向かって尋ねる。――歴史的

764

発展の利益を表現するものが、君たちの党だと、君たちに誰が保証しているのか？　他党を破壊し、あるいは地下に追いやることによって、君たちは、君たちとこれらの党の政治的競争を防ぎ、こうして、君たちの行動路線を試す可能性をもたないのだ」。トロツキーは答える。「このような発想は、革命の過程についての全く自由主義的な考え方に基づいている。すべての対立が、公然と現れ、政治闘争が急速に国内戦に転化する時期において、支配政党は、その行動路線を試すために、メンシェビキの新聞の発行がなくても、それでもって行動路線を試験するのに十分な物質的な基準を持っている。ノスケは共産主義者に弾圧を加えているが、彼らの数は増えるのを止めない。われわれは、メンシェビキと社会革命党を粉砕し、彼らは消滅した。われわれにとって、この基準で十分なのだ」〔邦訳　同前　一五一～五二頁〕。

これが、ボルシェビキ主義のもっとも明晰な理論的定式化の一つであって、そこから、歴史的運動または国家の「正しさ」はその暴力使用の成功の如何によって判断されることになった。ノスケはドイツ共産党を粉砕することには成功しなかったが、ヒトラーは成功した。トロツキーのルールからすれば、ヒトラーは「歴史発展の利益を体現した」ことになる。スターリンはロシアのトロツキストを一掃し、彼らは姿を消した。トロツキーではなく、スターリンが明らかに歴史の進歩の側に立っていた。

前衛による統治という原則からすれば、当然ながら、次のようになる。

「プロレタリア革命の時期において労働組合運動が引き続き「独立」を保つことは、連立政策と同じく不可能である。労働組合は、権力のあるプロレタリアートのもっとも重要な機関となる。したがって、それは、共産党の指導に服する。労働組合運動における原則的問題だけではなく、その内部に生じうる由々しい紛争もまた、わが党の中央委員会が解決する。――〔労働組合〕は自らがソビエト国家の生産機関であるという理解をますます深め、国家に対立せずに、これと一体化しようとする。そして、もっとも困難な条件の下で、労働者に激しい労働を求める」〔邦訳　同前

一五二〜五三頁」。

もちろん、国家は働く大衆の利益のために組織される。「とはいえ、このことはゆるやかのものから、厳しいものまでを含んだあらゆる形の強制という要素を排除するものではない」［邦訳　同前　一七六頁］。新しい社会で強制は消えないどころか本質的な役割を果たす。「義務労働という原則そのものは、共産主義者にとっては、議論の余地は全くない。——理論と実践の二つの面で、経済的困難をきちんと解決する唯一の方法は、全国の人民を必要な労働力の貯水池として扱うことである。——だが、ここで、もう一度しっかりと頭に入れておかなければならないのは、義務労働の原則はまさしく自由雇用という原則に、徹底的に、永久に取って代わったということ、生産手段の社会化が資本主義的所有制に取って代わったということなのである」［邦訳　同前　一七九〜八一頁］。

労働は軍隊化されなければならない。「われわれは、反対に、経済計画に基づく社会的に規制された労働、すべての者にとって義務的な、したがって国の全労働者にとって義務的な労働を、資本主義的奴隷制に対立させる。——労働の軍隊組織化の基礎を形づくる政府による強制の形態なしには、資本主義社会を社会主義経済に置き換えることは、空論に過ぎないだろう。社会組織のなかで、プロレタリア独裁国家が行うほど、完全に国民を従属させ、意のままに全面的に支配する権利があると確信している社会
765 組織は、軍隊を除いて他にない」［邦訳　同前　一八五頁］。

「社会主義へ行きつくための手段として、われわれには、国の経済力と資源の権威的指導、国家計画に沿った労働力の中央集権的配分以外にはあり得ないからだ。労働者国家は、いかなる労働者をも、その労働が必要とされる場所に送ることができるとみなす」［邦訳　同前　一八六頁］。「労働組合は、労働条件の改善をめざして闘う——それは社会・国家全体の任務だ——ためではなく、生産目的に沿って労働者階級を組織し、教育し、訓練し、配分し、集結し、ある職種を定め、ある労働者を一定期間彼らの部署に定着させるために、若き社会主義国家にとって必要であるからだ」［邦訳　同前　一八七頁］。

まとめれば、「社会主義への道は、国家の最大限の強化の時期を通るのである。——国家もまた、死滅の前に、プロレタリアート独裁の形態、つまり市民の生活をそのすべての面でうむをいわさず掌握する国家というもっとも苛烈な形態をとるのだ」［邦訳　同前　二一五頁］。

問題をこれ以上あからさまに展開することは、実に難しい。プロレタリ独裁の国家は、トロツキーによって、巨大な恒久的な強制収容所として描かれたのだが、そこでは、政府が国民のあらゆる生活の側面にたいする絶対的な権力を行使し、そして特に、政府が、国民がどれくらいの仕事量を、どんな種類の仕事を、どこでしなければならないかを決定する。個人は労働単位以外の何ものでもない。強制は普遍的であり、国家の一部でない組織はその敵に違いないのであって、それゆえにプロレタリアートの敵である。もちろん、これらすべては、理想的な自由の領域という名目において、歴史的時代の漠然とした跳躍の後に期待されたものの到来である。

われわれは言っても良い、トロツキーはボルシェビキによって理解されたものとしての社会主義の原理の完全な表現を提供した、と。しかしながら、マルクス主義の見地からすれば、労働の自由な雇用—マルクスによればそれは奴隷化の特質であって、人は市場で自分の労働力を売らなければならない、つまり、自分を商品として扱い、社会もそのように扱うということなのだが、それに替わるものは何かということをわれわれは明瞭に教えられてはいない、ということは指摘して置かなければならない。

もし自由な雇用が廃止されるならば、人びとを仕事に引き入れ、富を生産する唯一の方法は、身体的な強制あるいは道徳的な動機（仕事への熱意）しか存在しない。後者は当然ながら、レーニンもトロツキーも大いに賞賛したのだが、彼らはまもなく、それは恒久的な努力の源泉として依拠するには空想的過ぎることが分かってきた。強制だけが残されたが、それは生計を立てる必要に基づく資本主義的な強制ではなく、真の身体的暴力、投獄の恐怖、身体的損傷そして死に基づく強制であった。

766

8　全体主義のアイディオロジストとしてのレーニン

実践的に重要な問題では、トロツキーよりも教条的ではなかったレーニンは、少なくとも二つの点で自分の原則から逸脱した。第一に彼は、労働組合は計画的生産の実行においてだけではなく、国家に対抗して労働者を守る点でも果たすべき役割を持つことを認めた。しかしそれ以前には、真のマルクス主義の論理で、トロツキーと同じように、それは労働者階級が自らに対抗して自らを守ることを意味し、馬鹿げていると主張していた。第二に彼は、国家は「官僚主義的な歪曲」から災難を蒙っていることを認めたが、それでも、これが彼の思考の枠組み、つまり、一見したところ、階級的利益の観点からすれば、資本主義の官僚制は抑圧の道具であり、社会主義の官僚制は解放の道具であるという思考の枠組みとどのようにかみ合うのかが明瞭ではない。

この両方の問題において、彼が現実のために教条を犠牲にできたことは彼の常識に照らせば信用してよいのだが、しかし不幸にも、彼は何かをなすには翻意するのが遅すぎた。いずれにしても、彼は労働組合の独立を擁護する一つの言葉にたいして、サンディカリズムの危険について十の言葉を使い、その上、彼は官僚制を治癒するためにさらなる官僚制を重ねた。

社会全体が抑圧されている中にあって、党だけが自由な言論や自由な批判の飛び地であり得るという幻想は、早くから失望される運命にあった。われわれが見たように、レーニン自身が党内の派閥や論争を健康な徴候と見なさなかった。早くも一九一〇年に、召喚派と「革命的および哲学的な思想の完全な自由」というスローガンを擱まえて、彼は書いた。「これは、徹頭徹尾日和見主義的なスローガンである。どの国でも、社会主義政党の中からこのようなスローガンを押し出したのは日和見主義者だけであって、このようなスローガンは、実際には、ブルジョア・イデオロギーによって労働者階級を堕落させる『自由』以外の何ものも意味しなかった。われわれは、結社の自由と並んで、『思想の自由』（出版、言論、信教の自由と解せよ）を、国家に（党ではなく）要求する」（『プペリョード派』の分派について」一九一〇年九月［邦訳『レーニン全集』第一六巻　二八五頁］）。

もちろん、これはブルジョア国家について言及したものである。いったん国家の権力が党の権力と一体化されたならば、批判の自由に適用されるルールは、両方にたいして明確に同一でなければならない。党の「強制的同一化」（Gleichschaltung）は時間がかかったが、同じように不可避的であった。この問題は一九二一年三月の第一〇回党大会で原則的に解決されたのだが、それはレーニンの、分派主義やいろいろな意見を研究する贅沢への攻撃そして彼の言説、「われわれはこのような反対派のために時間をつぶすことはできず、それについて討論するのはもうたくさんだと思われる」によって解決された［邦訳『レーニン全集』第三二巻　一七七頁］。

レーニンの死後数年も経たないあいだに党内、いやむしろ党の諸機関の中の分派や「主義」の公然とした形成を防止することは完全に不可能となった。しかし、そのずっと前から、真のあるいは架空の「偏向」は国家の刑罰機関によって処理され、統一の理想は警察的手法で実現されていた。

しかしながら、レーニンの理論とそれと並行して進んだ思考スタイルが全体主義体制の基礎を築いたと言うことができるとしても、それが、テロの使用と市民的自由の抑圧を引き起こした原理の原因ではない。いったん内乱戦争が始まれば、テロリズムの極端な手段が双方から期待されることになる。体制を維持し強化するために、市民的自由を消滅させることは、それが、経済や文化等のあらゆる活動は国家目的に完全に従属しなければならない、という原理を伴わなければ全体主義とはならない。全体主義の原理は、体制に反対する行動が禁止され、無慈悲に罰せられるだけではなく、いかなる政治活動も「中立」ではなく、個々の市民が国家目的の一部である以外のいかなる活動をも行う権利がない、ということである。つまり、諸個人は国家の所有物であり、そういうものとして国家によって処遇される、という原理である。ソビエトのシステムはこれらの原理をツァーリのロシアから継承し、それを遙かに最大限の完成度まで持ち込んだものだが、この点でもまた、それはレーニンのなせる業である。

レーニンは、哲学を含むどの活動分野の普遍性あるいは中立性の可能性

767

を信じなかった。どの党にも属さないと主張したり、あるいは自分は中立であると宣言したりする人は、誰でも隠れた敵であった。レーニンは鉄道員組合を攻撃して、革命直後の一九一七年一二月一日に農民代表ソビエト臨時全ロシア大会で語った。「革命的闘争の時期には、一分、一分が貴重であり、不一致や中立は、敵に発言の機会を与えるものであるが、そういう時に、ともかく敵の言葉に耳を傾け、人民が、そのもっとも神聖な権利のためにたたかうのを急いで助けようとしないならば、私は、このような立場を、けっして中立と呼ぶことはできない。これは中立ではない。革命家は、これを教唆と呼ぶのである」〔邦訳『レーニン全集』第二六巻　三三三〜四頁〕。

政治あるいはそれ以外のどこにも「中立者」は存在しない。レーニンが関係した問題が何であれ、どんな時でも、彼の興味を惹きつけたものは、それが革命にとって、後からはソビエト政府にとって、良いことか悪いことかであった。一九一〇年から一一年にトルストイの死後に書かれた彼に関するレーニンの四本の小論は、その典型的な例である。彼の中心的なテーマはトルストイの作品の「二つの側面」の存在である。一つ目は反動的でユートピア的な側面（道徳的完成、すべての者にたいする慈愛、悪への無抵抗）、二つ目は「進歩的」で批判的な側面（農民の被抑圧と悲惨の叙述、上層階級と教会等の偽善等）である。トルストイの教説の「反動的な」側面は反動家によって強調されたが、「進歩的な」側面は大衆を覚醒させるための「有益な材料」を提供できるものであるが、それでも政治闘争はトルストイの批判よりもっと幅の広い範囲を持っていた、と。

レーニンの一九〇五年の論文「党組織と党文献」は何十年も使われ、今もなお使われているが、それはロシアの書かれた言葉の奴隷化をイデオロギー的に正当化するためであった。それは政治文献だけに引き合いに出されると主張されてきたが、そうではない。それはあらゆる種類の書き物に関係する。その中には次のような言葉がある。「無党派的文筆家をほうむれ！　超人文筆家をほうむれ！　文筆活動は全プロレタリアの事業の一部、全労働者階級の自覚した前衛全体によって運転される一つの単一な、偉大な社会民主主義的な機械装置の『歯車とねじ』にならなければならない」〔邦訳『レーニン全集』第一〇巻　三一頁〕。

これを一瞥して官僚的態度と嘆く「ヒステリー状態の知識人」のために、レーニンは文学においてはいかなる機械的な平均化も存在しない、と説明する。そこには個人の主導性、想像力等の余地が存在しなければならない。それでもやはり、文学活動は党活動の一部でなければならず、党によって統制されなければならない。もちろん、これは「ブルジョア民主主義」のための闘争の時期に書かれたのであって、ロシアはやがて言論の自由を獲得することになるだろうが、党の文学メンバーはその作品で党の精神を表示しなければならない、という前提に立ってのことであった。その他の文筆家の場合は、党が国家の強制機構を統制しているときに、その義務は一般的となる。

しばしば引用されるレーニンの一九二〇年一〇月二日のコムソモール大会の演説は、同じような筋で倫理問題を扱っている。「われわれの倫理はまったくプロレタリアートの階級闘争の利益に従属している。――倫理とは、古い搾取社会の破壊に役立ち、また新しい共産主義者の社会をつくりだしつつあるプロレタリアートのまわりにすべての勤労者を団結させることに役立つものである。――共産主義者にとって、すべての倫理は、この結束した連帯的規律と搾取者に対する自覚した大衆闘争に尽きる。われわれは永遠の倫理を信ぜず、倫理についてのあらゆるつくり話の欺瞞を暴露する」（「青年同盟の任務」〔邦訳『レーニン全集』第三一巻　二八八頁〕）。

党の目的に奉仕するかあるいはそれを傷つけるものは、それぞれがすべて道徳的に良いか悪いかのどちらかであって、それ以外に道徳的に良いあるいは悪いというものはない、という意味以外でこれらの言葉を解釈することはできない。権力奪取後、ソビエト支配の維持と強化がすべての文化価値のみならず倫理の唯一の基準となった。基準は、権力の維持にとってためになると思われる行動に違反するように利用されてはならず、価値もそれ以外のものを基礎にしては認められない。

このように、すべての文化問題が技術的な問題となり、一つの不変の基準によって判断されなければならない。つまり、「社会の善」がその個々の構成員の善と完全に疎遠なものとなった。例えば、もし攻撃や併合がソビエト権力の維持を助けるものであることが証明されるならば、それらを非難することはブルジョア的感傷主義である。もし拷問が、定義として当然に「労働者大衆の解放」に献身する権力の目的に役立つとすれば、それを非難することは非論理的で偽善的である。

功利主義的な道徳と社会的および文化的な現象の功利主義的な判断が、社会主義のもともとの土台をその反対のものに変形させる。道徳的憤慨を引き起こすあらゆる現象が、もしブルジョア社会で起こるならば、それは黄金に変わり、あたかもミダスが触れたように新国家の利益に役立つことになる。外国への軍事侵略は解放であり、攻撃は防御であって、拷問は搾取者にたいする人民の高貴な憤怒を表す。

例え、それによってソビエト権力が拡大されたことが証明できるとしても、スターリン主義の最悪の時代の最悪の乱行の中に、レーニン主義の原理に立って正当化できないものは絶対に何も存在しない。「レーニンの時代」と「スターリンの時代」の本質的な違いは、レーニンのもとでは党と社会の中に自由が存在し、スターリンのもとではそれが粉砕されたということではなく、ソビエト連邦人民の精神生活の全体が嘘つきの普遍的洪水の中に沈みこまされたのはスターリンの時代だけであった、ということである。

しかしながら、これはスターリンの人格ばかりではなく、そう言ってもよいとすれば、状況の「自然な」発展のせいでもあると評価できる。レーニンは、テロや官僚制あるいは農民による反ボルシェビキ反乱を語った時、これらをその名前で呼んだ。いったん、スターリンの独裁が確立されると、党は（その敵による攻撃は受けたけれども）その不名誉となるようないかなる誤りも犯さず、ソビエト国家は完全無欠で、人びとの国家愛は無限であった。このような変化は、政府にたいする制度的な規制のあらゆる残滓が一掃された状況のもとで、あらかじめ決定された原理の問題として、政府の唯一の正当化は働く人びとの利益と熱望を体現することであるという意味において、この変化は自然であった。

これは、世襲君主制あるいは正当に選挙された体制に属するカリスマ性とは違う、正統性のイデオロギー的な形態と呼んでもよい。嘘の全能性は、スターリンの邪悪さによるのではなく、レーニン主義の原理にもとづく体制を正統化する唯一の方法であった。スターリンの独裁の時期に、常に目にしたスローガン「スターリンは今日のレーニンである」は、このようにまったく正確であった。

9　マルトフのボリシェビキ・イデオロギー論

カウツキーやローザ・ルクセンブルクと並んで、マルトフは革命直後の時期に、ボルシェビキのイデオロギーや戦術批判で三番目に有名な人物であった。彼の『世界ボルシェビズム』（一九二三、ロシア語）は主に一九一八年から一九年にかけて執筆された論文の集成であるが、これはメンシェビキの視点からレーニン主義を批判するおそらくもっとも重要な試みである。それはカウツキーの立場と同じような社会民主主義の見方を表している。

769

マルトフは、ロシアにおけるボルシェビキによる権力の獲得は、マルクス主義者によって伝統的に理解されてきたプロレタリア革命と少しの共通点もない、と主張した。ボルシェビズムの成功は、労働者階級の成熟によるのではなく、その解体と戦争による道徳的退廃による、と。

長年にわたって党によって社会主義を教育された戦前の労働者階級は、何年ものあいだの殺戮によって消耗し、非都会的な要素の流入によってその性格を変更させられたのだが、この過程はすべての交戦国で起こった。それまでの理念の権威は消滅した。粗野で単純な格言が時代の風潮となった。行動は直接の物質的必要によって、そしてあらゆる社会問題は暴力によって解決できるとする信条によって、決定された。

社会主義左派は、ツインマーヴァルドで、プロレタリア運動で生き残ったものを救うという試みに失敗した。マルクス主義が戦争中に一方の「社会愛国主義」と他方のボルシェビキ・アナクロ・ジャコバン主義に分裂したという事実は、意識が社会的諸条件に依存する、というマルクス主義の理論を確証しただけであった。

支配階級はその軍事力によって大量破壊、略奪、強制労働等を犯した。このような全般的な後退の中で、社会主義運動の荒廃の上に世界ボルシェビズムが現れた。レーニンの『国家と革命』の約束と革命後の現実とを対比しながら、マルトフは、それにもかかわらず、ボルシェビズムの真の意識は民主主義の制限にはない、という見解をとる。つまり、革命は、しばらくのあいだはブルジョアジーから選挙権を剝奪しなければならないというプレハーノフの古い理念が、もし他の形態の制度的民主主義が存在していたならば、適用することができたであろう、と。ボルシェビズムのイデオロギーは、科学的社会主義は真理であって、それゆえに、ブルジョアジーによって惑わされて、自分たち自身の利益を理解できない大衆にたいして押しつけられなければならない、という原理に基づく。この目的のためには議会、自由な新聞そしてあらゆる代表制度を破壊することが必要である。

この理論は、ユートピア的社会主義の伝統の中のある傾向と合致する、とマルトフは言う。つまり、ボルシェビキのそれと類似する諸手段が、バブーフ主義者、ヴァイトリング、カベーあるいはブランキストの綱領の中に現れていた。しかしながら、それらは弁証法的唯物論とは反対である。労働者階級は自分たちがその中で生きている社会に精神的に依存するという原理から、ユートピア主義者は、労働者大衆に受け身の客体という役割を演じさせながら、一握りの陰謀家あるいは啓蒙されたエリートによって社会は転換されなければならない、という結論を引き出した。

しかし、弁証法的な見方、例えばマルクスのフォイエルバッハに関する第三テーゼで表明されている見方は、人間の意識と物質的な諸条件とのあいだには恒常的な相互交渉が存在すること、そして労働者階級がこれらの諸条件を変革するために闘うにつれて人間の意識は自から変化し、精神的解放を達成するというものである。少数者による独裁は、社会も独裁者自身もどちらも教育することはできない。プロレタリアートは、階級として主導権を取ることができるようになった時に初めてブルジョア社会の達成を引き継ぐことができるのであって、専制支配、官僚制、テロという条件のもとではそういうことはできない。

マルトフは続けて、ボルシェビキはプロレタリアートの独裁と旧国家機構の粉砕に関するマルクスの定式化に訴える資格はない、と述べる。マルクスは、一党の絶対的な支配ではなく、普通選挙権や人民主権の名において選挙法を攻撃した。彼は、民主主義国家の反民主的な制度つまり警察、常備軍、集権的官僚制の廃止を求めたが、民主主義そのものの廃止は求めなかった。プロレタリアートの独裁は彼にとって政府の形態ではなく、特定の種類の社会を意味した。他方、レーニン主義者は国家機構を粉砕するという無政府主義者のスローガンを主張し、同時にそれをできるかぎり絶対主義的な形態で再建しようと追求している。

このようにレーニンとマルトフの論争は、それが一九〇三年に始まった論点で終了した。マルトフが労働者階級の支配を語るとき、彼は言ったとおりのことを意味したのにたいして、レーニンの考え方では、そのままに放置された労働者階級はブルジョアのイデオロギーを生産するだけであって、それに実際の権力を与えることは資本主義を復活させるだけである。一九二一年の八月にレーニンが極めて当然として書いたように、「『労働者階級の力をもっと信じよう』というスローガンは、今、事実として、メンシェビキや無政府主義者の影響を強めるために利用されている。一九二一年春にクロンシタットはまざまざとこのことを示し、証明した」と。（「新しい時代、新しい形をとった古い誤り」［邦訳『レーニン全集』第三三巻九頁］）。

マルトフは、国家が過去のすべての民主主義的な制度を継承し、その範囲を広げることを望んだ。レーニンの国家は、共産主義者がその中で権力を独占するかぎりにおいてのみ共産主義的であった。マルトフは文化の継続を信じた。レーニンにとってブルジョアジーから継承しなければならない唯一の「文化」は、技術的・管理的なスキルであった。しかしながら、

771

マルトフは、荒廃した大衆の物質的財貨への渇望をそのイデオロギーに反映した、としてボルシェビキを非難した点で間違っていた。この見方は、革命の最初の段階で顕著であった大衆的略奪に触発されたものであった。しかしレーニンもその他のボルシェビキ指導者も、略奪を共産主義の理論の表れと見なさなかった。

その反対に、レーニンは、拡大された労働生産性が社会主義的な卓越性の指標であると主張し、そして彼は、全面的ではないにしても主として、社会主義を実現するために技術の進歩に依拠した。例えば、彼は、もし多くの地域発電所が建設されるならば、しかしこれは少なくとも一〇年はかかるだろうが、ロシアのもっとも遅れた部分ですら、過渡段階を踏まずにまっすぐ社会主義へ進むだろう、と書いた（「税の本質」一九二一年五月邦訳「食料税について」［邦訳『レーニン全集』第三二巻　三七八頁］）。

地球規模の生産指標が社会主義の成功の基本的証拠である、という理念を確立したのは、事実としてボルシェビキであった。もちろん、多くの言葉を費やしてはいないが、それが生産者、つまり働くすべての人びとに、より良い生活をもたらしたかどうかにかかわらず、ボルシェビキは生産の原則をそれ自体として神聖化した。これが、唯一ではないが、最高の価値としての国家権力崇拝の一つの重要な側面であった。

10　論争家としてのレーニン、レーニンの才能

レーニンの膨大な量の出版された作品は、攻撃と論争から成り立つ。読者は、社会主義のすべての文献と比較にならない彼の文体の下品さと攻撃性に、例外なく決まって打ちのめされる。彼の論争は侮蔑とユーモアのない嘲りに満ちている（事実、彼はユーモアのセンスをまったく身につけていなかった）。

彼が「経済主義者」、メンシェビキ、カデット、カウツキー、トロツキーあるいは「労働者反対派」の誰を攻撃しようと、そこに違いがなかった。彼の相手がブルジョアジーや地主の下僕ではないとしても、その人は男娼、道化師、嘘つき、卑劣な詐欺師等であった。この論争スタイルは、個人的な感情を欠く紋切り型の官僚主義的な形態にもかかわらず、時事問題に関するソビエトの書き物において義務的となった。

もしレーニンの相手が、たまたまレーニンと一致する何かを言うとすれば、その人は何でも「認めることを強制」される。もし論争が敵の陣営で起こるとすれば、その陣営の構成員の一人が真理を誰かに「うっかり口に出した」ことになる。もし書籍または論文の著者が、レーニンが考えていることに触れないとすれば、彼はそれに言及しなければならなかったのに彼はそれをもみ消してしまったのである。彼の当面している社会主義的な反対分子は「マルクス主義のイロハが分かっていない」しかしながら、もし論争中の問題でレーニンが態度を変えたら、「マルクス主義のイロハが分かっていない」その人は、かつてレーニンが主張したことを主張していることになる。誰もがその最悪の意図を疑われた。つまり、もっともつまらない問題でレーニンと見解の異なる人は、誰でも詐欺師あるいは良くても愚かな子どもである。

このような技法の目的は、個人的な嫌悪感を満足させるためでも、ましてや真理に到達するためでもなく、実践的な目的を達成するためであった。レーニン自身が一九〇七年のある時にこのことを認めた（彼が他の誰かのことについて語ろうとして「うっかり口に出した」）。

メンシェビキとの再統一の前夜に、中央委員会は、メンシェビキにたいする「許しがたい」攻撃を理由に、レーニンを党の法廷に引きずり出した。彼は小冊子の中で、特に、サンクト・ペテルブルクのメンシェビキは「労働者の票をカデットに売りわたすためカデット党と交渉を始め」、そしてまた「労働者にさからい、カデットの助けを借りて、国会に自分の仲間を引き入れるために、カデットと取り引きした」と書いた。

レーニンは、この言動は取るに足りない、と次のように説明した。「この表現（すぐ前に引用した）は、読者に、そのような行為を行った人びとにたいする憎しみや、嫌悪や、軽蔑をよびおこさせようと意図しているかのようである。この表現は、説得するのではなくて、隊列を破壊することを、論敵の誤りをただそうとするのではなくて、論敵の組織をほろぼし、

772

地上から一掃することを意図している。この表現は実際に、論敵については最悪の考え、最悪の疑惑をよびおこさせるような性質をもっており、それは実際に、説得して誤りを正してやるような表現とは違って、『プロレタリアートの隊列を混乱させる』」［邦訳『レーニン全集』第一二巻　四三三頁］。

しかしながら、レーニンはこのことに後悔を表明しない。彼の見解では、反対者が同じ党の一員でなければ議論に訴えるよりも憎しみを引き起こす方が正しい。そして訴えられた指摘の当時は、ボルシェビキとメンシェビキは分裂のために二つの別々の党であった。彼は中央委員会を非難して以下のように述べる。

「小冊子が書かれた時期には、小冊子がそこから発し（形式的にではなく、問題の本質上）その目的に奉仕したところの組織には単一の党が存在しなかったことを中央委員会がわざと言わない点にある。——党の同志たちのことを書く場合に、意見の一致しない人びとに対して、憎しみや、嫌悪や、軽蔑、等々を労働者大衆の中に系統的に植え付けるような言葉で書いてはならない。脱落した組織について書く場合は、まさにこのような言葉で書くことができるしまたそう書かなければならない。どうしてそうしなければならないのか？　なぜなら、分裂は、大衆を脱落した者の指導から奪い返すことを義務づけるからである」［邦訳　同前　四三四頁］。

「分裂を地盤とする闘争に許される限界があるのだろうか？　そのような闘争には党的に見て許されうる限度はないし、またありえない。というのは、分裂は党が存在しなくなることだからである」［邦訳　同前　四三七頁］。

われわれは、レーニンからこのような告白を引き出したメンシェビキに感謝しても良いのであって、レーニンの告白はその全生涯の活動によって証明されている。つまり、いかなる留保もなく、大切なことは一つの目的を実現することである。

スターリンと異なり、レーニンは個人的な復讐の動機によっては決して動かされなかった。これこそは強調すべきことで、彼は自分を含んで人びとを歴史過程の政治的道具や手段として専ら扱かった。これは彼のもっとも顕著な人格的特質の一つである。もし政治的計算が必要となれば、彼はある日に人に悪口を投げつけ、次の日には握手をすることができた。彼は一九〇五年以降プレハーノフをけなしたが、プレハーノフが清算主義者と経験批判論者に反対し、その名声から有益な同盟者であると分かったとたんにそうすることを止めた。一九一七年まで彼はトロツキーをののしっていたが、トロツキーがボルシェビキになり、非常に優れた指導者で組織者であると証明されると、それらのすべてを忘れた。

彼は、ジノヴィエフとカーメネフが一〇月の武装蜂起に公然と反対した背信を非難したが、その後、彼らが党とコミンテルンで要職を占めることを認めた。誰かが攻撃されなければならない場合でも、個人的な斟酌は無視された。レーニンは、もし基本的な問題で一致が可能であると考えるならば、論争を棚上げすることができた、例えば、彼はボグダーノフが第三国会への党の参加に反対するまでは彼の哲学的な誤りを無視した。しかし、論争がその時点で重大であると考える事柄に関わるものであれば、彼は情け容赦のない敵意を示した。

政治的な論争においては、個人的な忠誠という問題を嘲笑った。メンシェビキがボルシェビキの指導者の一人であったマリノフスキーを国家秘密警察のエージェントであると糾弾したとき、レーニンはこれらの「卑劣な誹謗」に最大のどう猛さで反駁した。二月革命後にそれは本当であったことが判明したのだが、その時にレーニンは国会の議長であったロジャンコを攻撃した。ロジャンコはマリノフスキーの役割を知らされ、国会議長は辞職していたのだが、ボルシェビキ（当時ロジャンコの党に悪口を浴びせていた）にはそのことを話さずにいた。それは、いやはや実に、その情報を内務大臣から聞いた時、彼はそれを暴露しないことを名誉にかけて約束した。レーニンは、ボルシェビキの「敵」がつまらない「名誉」という口実で彼らへの援助を放棄したという事実に、見せかけの道徳的憤慨を示した。

もう一つのレーニンの性格は、相手が常に悪党で裏切り者であることを示すために、しきりに彼の敵意を過去に投影したことである。一九〇六年に彼は、ストルーヴェは早くも一八九四年には反革命家であった、と書いたが（「カデットの勝利と労働者党の任務」第一〇巻　二六五頁）、誰もこれが九五年のレーニンとストルーヴェの論争であったとは思わなかった、その時彼らは協力していたのである。

レーニンは、長いあいだ、カウツキーを権威の高い理論家と見なしていたが、戦争中にカウツキーが中央派の立場をとった後は、彼を「日和見主義」を示したとして、一九〇二年の小冊子（『国家と革命』全集二五巻　四七九頁）で非難し、〇九年以降彼はマルクス主義者としてものを書いてこなかった、と主張した（ブハーリンの小冊子の序文、一九一五年一二月［邦訳『レーニン全集』第二二巻　一〇六頁］）。

一九一四年から一八年にわたって、「社会排外主義」批判の中で、レーニンは、党にたいして帝国主義戦争に関係しないことを求めた第二インターナショナルのバーゼル宣言を持ち出した。しかし、第二インターナショナルとの最終的な絶縁の後では、この宣言は「裏切り者」による欺瞞であったとされた（「政治評論家の評注［邦訳『レーニン全集』第三三巻　二〇六頁］）。レーニンは何年ものあいだ、自分は社会主義運動の中のいかなる独立の潮流も支持しなかったと主張したが、しかし彼とボルシェビキはヨーロッパ、特にドイツの社会民主党と同じ原則を保持したと主張した。しかし二〇年に『左翼共産主義―子どもじみた混乱』の中で、政治思想のブランドとしてのボルシェビズムは〇三年以来存在し、それは事実である、と明らかにされた。

レーニンの遡及的歴史観は、スターリン時代の系統的な偽造とは当然ながら比べ物にならない。スターリンの時代には、個人や政治運動の現在の評価が過去のすべての時代にも等しく有効である、ことをどのような犠牲を払ってでも示さなければならなかった。この点で、レーニンはおずおずとした端緒を作り出しただけであって、それもしばしば合理的な思考方法を守った。例えば、当時プレハーノフは全面的に「社会排外主義」の側に立っていたけれども、レーニンは、プレハーノフはマルクス主義の普及の上で偉大な貢献を行い、彼の理論的作品は再版されてしかるべきだ、と最後まで主張した。

レーニンは、彼の書いた物の政治的な効果だけに関心があったのだから、それらは繰り返しに満ちていた。彼は同じ理念を何度も何度も繰り返すことを恐れなかった。彼は文体上の野心を持たず、むしろ党や労働者への影響だけに関心を持った。彼の文体は、分派の論争や党の活動家に話しかけるときは極めて粗雑であるが、労働者にはよりやさしい言葉で語る、ということは注目されてよい。彼らに宛てられた著作は小冊子『ロシアの政党とプロレタリアートの任務』（一九一七年五月）のように、宣伝の傑作であり、それは、ときの重要問題に関するそれぞれの政党の立場に簡潔で分かりやすい評価を与えている。

理論的な論争においてもまた、彼は、詳細に論点を分析するよりも相手を言葉や悪口で圧倒することによりいっそう集中した。『唯物論と経験批判論』はその代表的な例であるが、それ以外にもたくさんある。一九一三年にストルーヴェは『経済と価格』と題する著書を出版し、その中で、価格と独立した、マルクスの意味の価値は形而上学的で非経験的カテゴリーであり、経済学的には不要であると主張した（これは新しい知見ではなく、コンラッド・シュミット以降の多くの批判者が提起した）。

レーニンは、これらの点を論評した。「これでは、どうしてこのもっとも『徹底的な』方法を、もっとも浅薄な方法と呼ばずにいられようか？　人類は、幾千年にもわたって、交換という現象に合法則性を認め、それを理解し、より正確に表現しようとつとめ、経済生活にたいする幾千万、幾億の日常の観察によって自分の説明を点検している。ところが、とつぜん、流行の仕事――引用文の収集（私は、すんでのところで、郵便切手の収集というところだった）――の流行の代表者が現れて、『これらすべてを廃止し』、『価値とは幻影である』と言うのだ」（「またしても社会主義の粉砕」一九一四年三月［邦訳『レーニン全集』第二九巻　二〇六頁］）。

レーニンはさらに続けて説明する。「価格は価値法則の表れである。価値は価格の法則である。すなわち、価格現象の概括された表現である。科

775

学を愚弄するためでもなければ、ここで『独立』をうんぬんすることはできない」［邦訳　同前　二〇七頁］。それから総括。「科学から法則を追い出すことは、実際上、宗教の法則をひきいれることにほかならない」。そして判定。「ストルーヴェ氏が、彼の『小細工』によって、この単純で疑う余地のない事実についてだれをだますことができるなどと考えても、むだである」［邦訳　同前　二〇九頁］。これはレーニンの反対者の扱い方の典型的な一例である。ストルーヴェは、価値は価格から独立しては計算できない、と言った。レーニンは独立を語ることは科学の軽視だと言う。真に論点をかみ合わせるつもりはなく、無用な言葉と悪口のごった返しに浸っているのである。

しかしながら、レーニンが人民やその実情にたいして、このような純粋に技術的・手段的態度から自らを免除しなかったことは繰り返して述べなければならない。彼は個人的な利得には何の愛着もなかった。例えば、トロツキーと異なり、彼は気取り屋ではなく、芝居じみた身振りも示さなかった。彼は自らを革命の道具と見なし、自分が正しいと揺らぐことなく確信していたので、自分の政治的反対者にたいしては、ただ一人でも、あるいはほとんど一人でも対峙することを恐れなかった。

彼は、神あるいはむしろ歴史が唇を通じて話している、という信念の硬さにおいてルターと似ていた。彼は、軽蔑心を以て、例えばツインマーヴァルドでレーデブーアによってなされた非難、つまり国外で安全に過ごしながらロシアの労働者に血を流せと求めている、という非難を拒絶した。そのような反発は彼の立場からすれば馬鹿げており、なぜなら外国から操作するのが革命にとって有利であるからであった。ロシアの状況を考えるならば、亡命者なしの革命はあり得なかった。いずれにしても、彼を個人的な臆病ということでは、誰も非難できなかった。

彼はもっとも重い責任を負うことができ、そして常にどんな論争でも明確な態度をとった。他の社会主義グループの指導者を、権力を奪取するのを恐れていると非難した点で、彼は確かに正しかった。彼らは歴史の法則に信を置くことが安全である、と考えた。それを恐れないレーニンはもっとも高い掛け金を賭け、勝ったのである。

彼はなぜ勝利したのか？　それは彼が、物事の進行を正しく予測したからでは確かになかった。彼の予言と見積もりはしばしば間違っており、ときには紛れもなくそうであった。一九〇五年の敗北後、彼は別の盛り上がりが起こりそうだ、と長いあいだ信じていた。しかしながら、革命の潮は退き、そして反動的情勢の中での活動が何年も続くことを理解して、彼は状況から直接にあらゆる推論を引き出した。

一九一二年にウィルソンがアメリカ合衆国の大統領に選出されたとき、彼はアメリカの二大政党制は社会主義運動に直面して破産すると宣告した。一三年に彼はアイルランドの民族主義は労働者階級の中に消えてなくなると断定的に述べた。一七年の後で、彼は、将来のヨーロッパ革命を期待し、ロシアの経済はテロルの手段によって運営できると考えた。しかし、これらすべての判断の誤りは、実際にそうであるよりも革命運動がさらに強化され、それが早く現れることを期待してのものだった。それらは、彼の立場からすれば幸運な間違いであった。なぜなら、それらの間違いが寄り集まって一七年一〇月の武装反乱を決定する際の誤った評価の基礎になったからである。

彼の間違いが革命の可能性をその最大限まで押し広げ、そうして彼の成功の原因となった。レーニンの才能は、予測のそれではなく、ある瞬間に権力を奪取するために利用できる社会のあらゆるエネルギーを集中させ、この一つの目的のもとに彼自身と党の努力をすべて従属させることにあった。

レーニンの確固とした目的意識なしに、ボルシェビキが成功できたとは考えられない。しかし、彼にたいしてボルシェビキは決定的瞬間を超えて国会ボイコットを長引かせようとした。彼らは、自分たち単独の権力奪取のための武装反乱に乗り出そうとはしなかった。彼らはブレスト・リトフスク条約に署名しようとせず、最後の瞬間まで新経済政策を採用しようともしなかった。危機的状況の中で、レーニンは党にたいする暴力に訴え、その結果、彼の事業は結果として勝利した。われわれが今日知っている世

776

777

界共産主義は確かに彼の業績である。

レーニンもボルシェビキも革命を「成し遂げた」のではなかった。「歴史の法則」はその衰退の様式を叙述していないけれども、世紀転換後、専制支配体制は不安定な状態であることが明白になっていた。二月革命は多くの要因の符合によった。つまり、戦争、農民の要求、一九〇五年の記憶、自由主義者の陰謀、協商国からの支援、労働者大衆の過激化である。

革命の過程が進むにつれて、スローガンはソビエト権力のスローガンとなり、一〇月革命を支持する人びとはボルシェビキ党ではなくソビエトの権力を望んだ。しかし「ソビエト権力」は無政府主義的なユートピア、そのほとんどが無知で非識字の人民大衆がすべての経済的・社会的・軍事的そして行政上の問題を恒久的な大衆集会で決定する、という夢のような社会であった。それでもソビエト権力は覆されていただろうとは言えない。「共産主義者抜きのソビエト」というスローガンは、大衆的な反ボルシェビキ反乱の中でしばしば用いられたが、それは実践的には何も意味せず、ボルシェビキもこのことを承知していた。ボルシェビキはソビエト政府として彼らへの支持を調達することができ、党が単独で支配できるようになると同時に、革命のエネルギーを誘導することもできた。

それでもなお、実際の革命過程は特殊ボルシェビキ的というよりもソビエト的であって、数年のあいだ、新しい社会の文化、モード、慣習は、その中でボルシェビキがもっともよく組織された勢力ではあったけれども、それがその多数派ではない社会の爆発から生まれたという事実を反映した。革命はボルシェビキのクーデターではなく、労働者と農民の真の革命であった。ボルシェビキだけがその革命を自分たちの目的に結びつけることができた。彼らの勝利は、革命の敗北であると同時に共産主義の理念の敗北、そのボルシェビキ版においてすらその敗北であった。レーニンは、一九二二年三月の第一一回党大会（彼が出席した最後の大会）で、賞賛すべき明晰さで目の前にある脅威について述べた。ツアーリの時代から引き継いだ文化に対決する共産主義者の弱点を話題にして、彼は語った。

「征服した民族が征服された民族よりも文化的に優れているならば、征服した民族は自分の文化を征服された民族におしつける。だが、その反対の場合には、被征服者が自分の文化を征服者におしつけることがしばしばおこる。ロシア・社会主義連邦ソビエト共和国の首都でも、これに似たことがおこらなかっただろうか？　ここでは四七〇〇人の共産主義者（ほとんどまる一個師団であり、しかも、みなもっともすぐれた人々である）が他人の文化に従属するという結果にならなかっただろうか？　たしかに、こういうと、敗北者が高度の文化をもっているような印象が生まれるかもしれない。そうではない。彼らの文化はみすぼらしく、とるにたりないものである。しかし、それでもそれは、われわれの文化よりは、ましである」「邦訳『レーニン全集』第三三巻　二九四頁」。

これは、レーニンが創った国家に関するもっとも透徹した、レーニン自身の観察である。「ブルジョアジーから学べ」というスローガンは、痛ましくかつグロテスクな方法で実施に移された。膨大な努力とごく部分的な成功を伴いながら、今もなおそうしているが、ボルシェビキは資本主義世界の技術的達成の吸収に着手した。骨折る努力をまったくしないで、彼らはツアーリ高級官僚の統治と行政の手法を迅速かつ完全に採用した。革命の夢は、この体制の全体主義的な帝国主義を装飾する言葉の端々に残っているだけである。

778

第3巻
崩壊

BOOK THREE
THE BREAKDOWN

第1章　ソビエト・マルクス主義の第一段階　スターリン主義の始まり

1　スターリン主義とは何であったか

スターリン主義（Stalinism）という用語が何を意味するのかについて一般的な合意は存在しない。この用語がソビエト国家の公的なアイディオロジストによって使われたことはなく、それは自己完結的な社会体制の存在を暗に意味しているように思われる。フルシチョフの時代以降、スターリン時代の出来事にたいして受け入れられた決まり文句は「個人崇拝」（the cult of personality）であって、この言いまわしはまた二つの前提と一貫して結びつけられていた。

その第一は、ソビエト連邦が存在し続けているあいだ、党の方針は「原則として」正しくかつ有益であるが、一時的な過ち、そのもっとも深刻なものは「集団指導」の懈怠、例えば、無制限の権力のスターリンへの集中であり、そうした一時的な過ちが犯されたことである。

第二の前提は、「過ちと歪曲」の主たる源泉はスターリン自身の性格の欠陥、彼の権力渇望、専制的な性向等々にあることである。スターリンの死後にこれらのすべての逸脱はただちに是正された。党は再び適正な民主主義の諸原則に服するようになり、それで問題は終った。

スターリンの過ちに関してもっとも深刻なものは、共産主義者および特に党高級官僚の大規模な殺害であった。要するに、スターリンの支配は途方もないものであったが、突発的な現象であった。「スターリン主義」とか「スターリン体制」（Stalinist system）とかというものは存在しなかった。いずれにせよ、「個人崇拝」の「否定的な出現」はソビエト体制の輝かしい達成の前では無意味化してしまう。

事象のこのような解釈が、その制作者自身あるいはその他の人びとによって真剣に受け止められていないことは確かであって、論争は今もなお「スターリン主義」の用語の意味や範囲の問題が中心であり、スターリン主義の用語はソビエト連邦の外で、しかも共産主義者のあいだですら今も使われている。

しかしながら、ソビエト連邦外の共産主義者は、その立場が批判的だろうが正統派的だろうが、一九三〇年代初頭から五三年の死去までのスターリンの個人専制の時代にその意味を限定し、スターリン自身の邪悪さよりも、遺憾なことではあるが、取り換えようのない歴史的環境に置かれたこの時代の過ちとしている。いわく、一七年の前と後のロシアの工業的文化的後進性、期待したヨーロッパ革命の挫折、ソビエト国家にたいする外からの脅威、内乱戦争後の政治の疲弊である（偶然にも同じ理由がロシア革命後の政府の変質を説明するためにトロツキストによって正規に提出されている）。

他方、ソビエト体制、レーニン主義、あるいはマルクス主義の歴史図式を擁護することにこだわらない人びとは、一般に、スターリン主義を、多かれ少なかれ首尾一貫した政治的、経済的およびイデオロギー的なシステムであって、それはそれ自体の目的を追求するために作動し、その観点からすれば、それは「過ち」を犯したのではなかったと見なす。しかしながら、これに基づいても、スターリン主義がどの程度にどのような意味で「歴史的に不可避だったのか」は論争的であるだろう。例えば、ソビエト・ロシアの政治・経済・イデオロギー複合体はスターリンが権力を握る以前に既に決定されていたのではないか、その結果、スターリン主義はレーニン主義の全面開花というだけではないのか、と。問題はさらに残るのであって、これらソビエト国家のすべての特有の性格は、どの程度にどのような意味合いで今日まで残り続けているのか、と。

用語法の観点からすれば「スターリン主義」の意味を、この独裁者の生涯の最後の二五年に限るのか、あるいは今日まで支配的な政治体制をカバーするように延長するのかは、さして重要ではない。しかし、スターリンのもとではっきりとした形をとったこの体制の基本的特徴が、最近の二〇年間に変更されたのかどうかは、純粋に言葉だけの問題を超え、その本質的な特徴が何であったかについて、また論争の余地が残されている。

本書の筆者を含む多くの観察者たちは、スターリンのもとで発達したソビエト体制はレーニン主義の継続であり、そしてレーニンの政治的イデオロギー的原則に基づいて設立された国家はスターリン的形態においてしか維持することができなかった、と考える。さらに、これらの批判者たちは、狭義の「スターリン主義」、つまり一九五三年まで支配的であったシステムは、ポスト・スターリン時代の変化によって本質的に何も影響を受けなかった、という考え方に立っている。

これらの論点の一番目は、ある程度までこれまでの章の中で設定してきたのだが、そこでは、レーニンが全体主義の理論と萌芽的な全体主義国家の創設者であることを示した。もちろん、スターリン時代の多くの出来事は偶然あるいはスターリン自身の特異性、つまり、立身出世主義、権力欲、復讐心、嫉妬心そして偏執狂的猜疑心に帰すことができる。

一九三六年から三九年の共産主義者の大量虐殺を「歴史的必然」と呼ぶことはできない、それはスターリン以外の専制者のもとでは起こらなかっただろうとわれわれは仮定できるかもしれない。しかし、典型的な共産主義者の見方のように、もし虐殺が真の「否定的」なスターリン主義の重要性と見なされるならば、スターリン主義全体は嘆かわしい偶然であることになり、その含意は、有名な共産主義者たちが殺され始めるまでは、共産主義支配のもとで物事はすべてうまく行っていたということになる。

これは、歴史家が受け入れることができないのであって、それは、歴史家が数百万の一般党員あるいは非党員の運命に関心を持つということからだけではなく、ある時期にソビエト連邦で起こった大規模な血なまぐさいテロが、全体主義的な専制支配体制の恒久的なあるいは本質的な特徴ではないということになるからである。公的な殺人が、特定の年に数百万人あるいは数万人だけかどうか、あるいは拷問が、通常のこと、あるいは臨時的にのみ行われるかどうか、そして犠牲者が労働者、農民、知識人だけかあるいは党官僚も含むかどうかにかかわらず、専制支配体制は有効に残り続ける。

細部にわたる論争にもかかわらず、スターリン主義の歴史は一般的に知られ、多くの書籍で十分に描写されている。本書の先の二巻においてそうであるように、本書の主要なテーマは理論の歴史である。政治史はイデオロギー生活がそのなかで展開される広大な枠組みを示すことが必要とされるかぎりにおいて、大まかに扱われる。しかしながら、スターリン時代においては、理論の歴史と政治的な出来事との結びつきは以前よりも極めて緊密であって、それは、われわれが研究しなければならない現象が権力の道具としてのマルクス主義の絶対的制度化となっているからである。もっとも、このプロセスは比較的早くから開始された。それはマルクス主義が「党の世界観」でなければならないというレーニンの見解、つまり特定の瞬間の権力のための闘争の必要によって、マルクス主義の内容は管理されなければならないというレーニンの見解にまでさかのぼる。

それでもやはり、理論の検討によってレーニンの政治的機会主義はある程度は抑制された。これにたいして、スターリンの時代、三〇年代の初め以来、理論はソビエト政府とそれが行うすべての事柄の正統化と称賛の目的に絶対的に従属させられた。スターリンのもとのマルクス主義は、どのような言説、理念あるいは概念を集めてもそれらによって定義することはできない。それはそうあるべきものとしての命題の問題ではなく、マルクス主義とは何か、マルクス主義とは何でないかを、いつ、いかなる時でも宣言する能力をもつ全能の権威者が存在する、という事実の問題であった。「マルクス主義」は問題の権威者、つまりスターリン自身のその時の表明以上でも以下でもないことを意味した。

例えば、一九五〇年の六月までマルクス主義者であるとは、何をさておいてもN・Y・マルの言語学理論を受け入れることであったが、それ以降は、それを完全に否定することがマルクス主義者を意味するようになった。あなたがマルクスであれ、レーニンであれ、あるいはまたスターリンでさえも、これらの特定の人物の理念が真理であると認めるがゆえに、あなたはマルクス主義者であるのではなく、今日であれ明日であれ一年後であれ、最高権威者が宣告するかもしれないものなら何であれ、それを受け入れる用意があるがゆえにあなたはマルクス主義者なのである。

　このような制度化や教条化の程度は、以前には見られなかったもので、三〇年代まではその頂点に達しなかった。しかしそのルーツはレーニンの理論まではっきりと追跡できる。マルクス主義はプロレタリア政党の世界観であり、道具であるのだから、「外部から」のいかなる反対があろうが、何がマルクス主義であるのか、何がマルクス主義ではないのかを決定するのはプロレタリア政党である。

　党が国家および権力機構と一体化し、党が一人専制（one-man tyranny）という形で完全な統一を実現する時、理論は国家の事項（matter of state）となり、その独裁者は無謬と宣言される。実に、彼は、マルクス主義の内容に関するかぎり真に無謬である。なぜなら、党がプロレタリアートの代弁者としてのその能力に基づいて主張する以外のマルクス主義は存在せず、そして、いったん統一を実現したら、この党は、独裁者の人格に体現された指導性を通じて、その意志とその理論を表明するからである。こうして、プロレタリアートは歴史的に指導階級であり、そして他のすべての階級と違って、客観的真理の保持者であるという理論が「スターリンは常
791
に正しい」という原則に変わって行った。

　これは、事実として、労働者運動の前衛であるとするレーニンの党概念と結びつけられたマルクスの認識論の重大な歪曲ではない。真理＝プロレタリアートの世界観＝マルクス主義＝党の世界観＝党指導者の決定＝最高指導者の決定という等式は、マルクス主義のレーニンの版と全面的に一致する。

　われわれは、スターリンがマルクス・レーニン主義（Marxism-Leninism）と命名したソビエト・イデオロギーにおいて、この等式が最終的な表現となった過程を跡づけるように努力する。スターリンが、二つの別々の理論を示唆するマルクス主義およびレーニン主義（Marxism and Leninism）という言い方よりも、これを選んだことが意味深い。この複合的表現は、レーニン主義がレーニン的ではない別な形のマルクス主義があたかも存在するかのようなマルクス主義内部の一つの傾向ではなく、一段と優れたマルクス主義、マルクス主義が発展し、新しい歴史時代に適合した唯一の理論であることを示すものであった。

　実のところ、マルクス・レーニン主義とは、スターリン自身の理論にスターリン自身が選んだマルクス、レーニン、エンゲルスの著作からの引用をプラスしたものから構成された。スターリンの時代に、誰もが自分の意志でマルクス、レーニン、そしてスターリン自身からさえも引用することが自由であった、などと想定してはならない。マルクス・レーニン主義とは、スターリンが当時公言した理論に準拠して、この独裁者によってその時に公認された引用のみで構成された。

　スターリン主義はレーニン主義の真の発展であると主張する際に、私はスターリンの歴史的重要性を軽視しようとしているのではない。レーニンの後で、ヒトラーと並んで、第一次大戦以降、彼は他のどんな人よりも今日の世界を形成するうえで確かに多くのことを行った。それでも、党と国家の唯一の指導者になったのはスターリンであって、他のボルシェビキの指導者ではなかったという事実は、ソビエト体制の性質から説明することができる。

　他のライバルへの勝利をもたらすのに大いに関係があるのだが、彼の人格的資質がソビエト社会の発展の主たる方向を決定するようなものではなかったという見方は、彼の初期の経歴を通じて彼がボルシェビキ党の過激主義の陣営には属していなかったという事実によって支持される。それどころか、彼は穏健な方で、党内論争ではしばしば常識的で慎重な側に立っていた。要するに、独裁者としてのスターリンは、党を創った人というよりも、党によって創られた人であった。彼は、不可抗力的に擬人化を追求した体制の化身（personification）であった。

2　スターリン主義の諸段階

すべての時代を諸段階に区分するのは、ソビエトの歴史家たちの癖である。しかし、いくつかの場合その手法は正当化されるのであって、特にその区分がイデオロギー的根拠に基づいている場合はそうである。

スターリン主義は国際的であって単にソビエトだけの現象ではなかったのだから、その変化はロシアの国内政治やセクト争いの観点からだけではなく、コミンテルンや国際ボルシェビズムの観点からも検討されなければならない。とはいえ、それぞれの時代と関連させることやノーメンクラツーラという難問もある。トロツキストと旧共産主義者は、ソビエト史を「左派主義」と「右派主義」の段階に区分する習慣がある。内乱戦争と世界革命との希望に支配された一九一七年直後の時代は「左派主義」と呼ばれ、世界全体の「資本主義の一時的安定」として党が認定した時、ネップの「右派主義」の時代がそれに続くというわけである。

それから、党が、この安定は終わったと宣言した一九二八年から二九年に「左派主義への転換」がやってきた。「革命の胎動」が再び始まり、社会民主主義が非難されて「社会ファシズム」として打倒の対象となり、そしてロシアは、大規模な集団化と強制的な工業化を目にすることになった。この段階は一九三五年に終了したと想定され、そのときにファシズムに反対する人民戦線のスローガンのもとに「右派主義」の方針がもう一度採用された。これらの連続する方針転換は、ロシアの指導部内の分派的・個人的な内部闘争と結びつけられている。スターリン、ジノヴィエフ、カーメネフの支配がトロツキーの政治的排除に繋がり、それからジノヴィエフとカーメネフがブハーリン、ルイコフ、トムスキーを擁護したために追放された。その後、二九年にブハーリンが追い払われ、これでボルシェビキ党内の有力な反対派はいなくなった。

しかしながら、この年代記は、「左派」と「右派」というあいまいで恣意的な用語の使い方を別にしても、きわめて問題に満ちている。「左派」と「右派」という用語の問題について言えば、なぜ「社会ファシズム」のスローガンが「左派主義」であり、他方、蔣介石と妥協する試みがなぜ「右派主義」なのかは明瞭ではない。あるいは、農民を大規模に迫害することがなぜ「左派主義」で、政治的目的のために経済的手段を用いるのはなぜ「右派主義」だったのだろうか。

もちろん、政治がテロを含めば含むほど、それだけ「左派主義」であると規定することは可能であって、この原理は今日でもしばしば適用され、共産主義の出版物だけに見られることではない。しかし、何が伝統的な「左派主義」の理念と関係しているのかを理解するのは難しい。

この点を除いても、コミンテルンの方針転換とソビエトの国内政治とイデオロギーのさまざまな局面とのあいだに明確な関連は存在しない。ヨーロッパの社会民主主義はファシズムの一分枝であるという、いわゆる「左派主義」の主張は、ジノヴィエフによって作られ、少なくとも一九二四年早々には流布されていた。社会民主主義に反対するコミンテルンの闘争は二七年に強められたが、そのはるか以前にロシア農民の強制的な集団化は構想された。三五年に社会民主主義に反対するキャンペーンが中止され、同盟を修復するための不細工な努力がなされたこの年には、ソビエト連邦やその他における大規模な政治的弾圧の波が既に起こっており、また別の、もっと恐怖に満ちた弾圧がまさに着手されようとしていた。

要するに、「左派」「右派」というわざとらしい言葉によって、ソビエト連邦の歴史を表すことは意味をなさず、それはある場合には馬鹿げた結果に繋がる。ましてや、政治局における変化を歴史的な転換点と見なすことも間違いである。レーニン死後の時期にある一定の政治的イオロギー的特徴が確実に顕著となったが、他方で、その他の特徴も環境に応じてその重要度を変化させた。この体制の全体主義的な性格、つまり、市民社会の徐々の破壊とあらゆる社会制度の国家による吸収は、一九二四年と五三年のあいだにほとんど妨害を受けずに拡大し、私的所有や交易への妥協にもかかわらず、新経済政策（ネップ）によっても緩和されなかった。

われわれが見たように、ネップは軍隊および警察によって経済全体を運営する方針からの後退であって、経済破滅の切迫した見通しによって必要とされた。しかし、政治的反対派にたいするテロの使用、党内の追従と脅迫の拡大、哲学、文学、芸術、科学における自立性の弾圧と追従の強制、これらすべては、ネップのすべての時期を通じて強化され続けた。この観点からすれば、三〇年代はただレーニンが生きていた時代に彼の指示によって始まったプロセスの強化と統合であった。

無数の犠牲を伴った農業の集団化は、実に転換点であった。しかしこれは、それが体制の性格の変化あるいは「左派への転換」を含んだからではなく、それがもっとも重要な一つの部門において全体主義の基本的な政治的経済的原理を強制したからである。それはロシアでもっとも多数を占める社会階級を完全に無所有とさせ、農業にたいする国家統制をこの一回限りで確立し、国家からある程度は自立していた共同体の最後の部分を壊滅させ、無制限の権力を持つ支配者への東洋的崇拝の土台を築き、そして飢饉、大量テロ、数百万の死によって、人びとの精神を破壊し、抵抗の最後の残存物を粉砕した。これは疑いもなく、ソビエト連邦の歴史における里程標であったが、しかし、それはその基本的な原理、つまり、国家によって課され、そして規制されない、あらゆる政治的・経済的・文化的な生活形態の根絶という基本的な原理の継続と拡大に他ならなかった。

そうこうするうちに、コミンテルンは二、三年も経たないうちにソビエト外交政策とスパイ活動の機関に転換させられた。その方針は歪められ、正しかろうが正しくなかろうが、モスクワの国際情勢の評価に一致するように変えられた。だが、これらの変化は、イデオロギー、理論あるいは「左」「右」の違いとはまったく関係がない。同じように、例えばソビエト連邦と蒋介石またはヒトラーとの協定、スターリンによるポーランドの共産主義者の虐殺あるいはスペイン内乱戦争へのソビエトの参加がマルクス主義にかなっていたかどうか、「左派主義」または「右派主義」政策の表れであったかどうかを検証することも幼稚すぎるであろう。

これらすべての動きは、それらがソビエト国家の強化とその影響力の拡大のためにどれくらい役立つか、という観点から評価され得るのであり、それらを擁護するために挙げられたいかなるイデオロギー的根拠もその目的のために発見され、ソビエトの存在理由の道具としての役割にまで、その地位がいかに完全に引き下げられたかを示すだけであって、イデオロギーの歴史とは関係がない。

このように述べたうえで、われわれはレーニン死後のソビエト連邦の歴史を三つの時期に区分できる。第一は、一九二四年から二九年のネップの時期である。この時期には私的交易の相当の自由があった。政治生活はもはや党の外には存在しなかったが、指導部のなかでは本物の議論と論争があった。文化は当局に統制されていたが、マルクス主義と政治的な従属の範囲内で、異なる傾向の意見と議論が存在した。「真のマルクス主義」の性質について討論することがまだ可能であった。一人専制（one-man despotism）はまだ制度ではなく、社会のかなりの部分、つまり農民とあらゆる種類の「ネップマン」たちは、経済的観点から見れば国家に全面的に依存してはいなかった。

第二の時期、一九三〇年から五三年のスターリンの死までは、一人専制、市民社会のほとんど完璧な絶滅、文化の恣意的な公的指令への従属、哲学とイデオロギーの統制によって特徴づけられる。

第三の時期、一九五三年から現在までは、われわれが順を追って考察しなければならないそれ自体の特徴を持っている。ボルシェビキの個別の指導者の誰に権力があったかについては、概して、大した意味はない。トロツキスト、そしてもちろんトロツキー自身も、彼の権力からの追放を歴史的転換点と見なしたが、彼らに同意する根拠はない。これから見るように、「トロツキズム」は存在したことがなく、スターリンによって発明された作り事であった、と十分に主張できる。スターリンとトロツキーの意見の違いはある程度は事実であるが、それらは個人的な権力闘争によってひどく誇張され、二つの独立し首尾一貫した理論にまで達したことはなかった。

このことは、ジノヴィエフとトロツキーの論争にも、ジノヴィエフとトロツキーを一方の側とし、スターリンを他方の側とするその後の論争にも十分に当てはまる。スターリンのブハーリンおよび「右翼的偏向」との闘争は、幾分かは実体のあるものだが、しかし、これすらも、原則にわたる論争ではなく、それらの原則を実行に移すための方法やタイムテーブルに関するものにすぎなかった。

二〇年代の工業化論争は、工業と農業そして結果として数百万のソビエトの人びとの生死にかかわる実際的な決定という点で、確かに大きな重要性をもっていたが、しかしそれを基本的な理論の論争あるいはマルクス主義またはレーニン主義の「正しい」解釈を含むものと見ることは誇張であるだろう。すべてのボルシェビキ指導者が一人の例外もなくこの問題への態度を根本的に変えたのだから、トロツキズム、スターリン主義、ブハーリン主義を首尾一貫した理論体系あるいは基本的なマルクス主義理論の変種として語るのは的外れである（この問題で、イデオロギー史家は、それ自体として二次的な側面に関心を抱く。つまり、彼にとって理論の立場が数百万の人びとの運命よりももっと重要なのである。しかしながら、これは客観的な重要性という問題ではなく、単なる専門的な関心の問題である）。

795

3　スターリンの初期の生涯と権力の掌握

大多数のボルシェビキ指導者と異なり、全ロシアの将来の共産主義の支配者はプロレタリアではなかったとしても、少なくとも庶民の一人ではあった。ジョセフ（ヨシフ）・ジュガリシュヴィリ（Joseph〈Yosif〉Dzhugashvili）は一八七九年一二月にグルジアの小さな町ゴリで生まれた。父親ヴィッサリオンは靴職人で酒飲み、母親は無学であった。ヴィッサリオンはチフリスに移り、そこで靴工場の職を得、九〇年にこの地で亡くなった。その息子はゴリの教区学校に五年間通い、九四年にチフリスの神学校に入学した。この神学校は、カフカース地方で彼のような社会的な条件に置かれた有能な若者が職業補習教育を実際に受けることができる唯一の学校であった。正統派の神学校は同時にロシア化の機関でもあったが、しかし多くのロシア語学校と同じように政治不安の温床であり、グルジア愛国主義が盛んで社会主義思想もロシア本土からの多くの亡命者によって流布されていた。

ジュガリシュヴィリは社会主義者のグループに加わり、持っていたかもしれない神学への関心を失い、一八九九年の春に試験を欠席して退学となった。彼の学校的背景の痕跡は、彼の聖書からの引用句や宣伝によく役立った教義問答的スタイルとともに、後年の著作物のなかに見ることができる。論文や演説において彼は、質問を出させてその回答では一語一句をそのまま繰り返す習慣を持っていた。彼はまたそれぞれ別個の概念や文章に番号をつけることによって、彼の論文を比較できるようにしていた。

学校時代以降、スターリンはグルジアのさまざまな初歩的な社会主義者グループと結びついた。ロシア社会民主党を設立するための公式の決定は一八九八年のミンスクの大会でなされていたけれども、それはまだ存在していなかった。九九年から一九〇〇年の数ヵ月間、彼はチフリスの地球物理学観測所の事務員として働いたが、その後は合法・非合法の政治・宣伝活動に全力で打ち込んだ。〇一年から彼は非合法のグルジア社会主義紙『ブルゾーラ』（Brdzola, The Struggle）に論文を書き、労働者のあいだに宣伝を広げた。その年の末に、彼はチフリスの党活動を指令する委員会のメンバーとなった。〇二年四月にバトゥムで労働者の示威行動を組織した廉で彼は逮捕された。彼はシベリア追放の判決を受けたが、留置場から（あるいはそこへの途中で）逃亡し、〇四年の初めにカフカースに舞い戻り、偽造紙幣の地下活動の一員として暮らした。

そのうちに社会民主党は第二回大会を開いたが、そこでボルシェビキ派とメンシェビキ派に分裂した。スターリンはすぐにボルシェビキ派の支持を宣言し、レーニンの党理念を支持する小冊子と論文を書いた。グルジアの社会民主党員は、ほとんどすべてメンシェビキ派であった。彼らの指導者はノエ・ゾルダニアで、もっとも著名なカフカースのマルクス主義者であった。一九〇五年革命のあいだとその後に、スターリンはバクーで全カフカース地域を覆う義務を負って、党活動家としてしばらくのあいだ活動した。

796

しかしながら、彼がロシア本土でボルシェビキの活動において役割を果たすまでにはなお数年を要した。彼は〇五年一二月のタンメルフォースの党会議に出席し、〇六年四月にストックホルムの「統一」大会に出席した唯一のボルシェビキであった（彼のそうする資格はメンシェビキ派から問題にされた）。しかしながら、一二年まで彼の活動の実際の現場はカフカースであった。タンメルフォースでレーニンと最初の出会いを果たしたが、彼はレーニンの理論と指導性をまったく疑わなかった。しかしながら、ストックホルムで、他のすべての問題においてはレーニンの側に立ちながらも、党綱領はレーニンの主張する国有化ではなく、農民への土地分割を支持しなければならない、ということに同意した。

この時期のスターリンの著作物には、独創的なものや注目に値するものは何もない。それらは当面の問題に関するレーニンのスローガンを再生産するする大衆的な宣伝論文である。多くのスペースがメンシェビキを攻撃するのに費やされ、当然にもカデット、召喚派、清算主義者、無政府主義者等への批判も存在した。唯一の論文「無政府主義か社会主義か」は〇六年にグルジア語で発表された（〇五年以降スターリンはロシア語でも論文を書いた）。これはどちらかといえば、社会民主主義的な世界観とその哲学的前提の不器用な提示であった。

一九〇六年から〇七年にかけて、スターリンは「強奪」の組織者の一人であったとして知られている。「強奪」とは党の金庫を満たす目的の武装襲撃である。この行動は、〇七年四月のロンドン大会でレーニンの反対にもかかわらず禁止され非難された。しかし、ボルシェビキは数ヵ月後にそれが大きなスキャンダルに持ち上がるまで、この行動を継続した。

近年、何人かの歴史家が、最初はゾルダニアによって、スターリン死後はソビエト情報機関の元高官であったオルロフによってなされた、スターリンは一九〇五年以降の数年間オフラーナ（ツァーリの秘密警察）の仕事をしていたという告発を検討した。しかし、この告発の証拠は薄弱であって、アダム・ウランやロイ・メドヴェージェフを含む多くの歴史家によって否定されている。

一九〇八年と二月革命とのあいだ、スターリンはその大部分の時間を刑務所と追放で過ごしたが、その最後（一九一三〜七年）を除いてその度ごとに逃走した。彼は巧みで不屈でそして疲れを知らない革命家という評判を得て、〇七年以降の悲惨な時期に党のカフカース組織を立て直すために全力を尽くした。ロシア本土の他の多くの指導者と同じように、彼は理論闘争や亡命者内部の小競り合いには強い興味を何も示さなかった。

彼がレーニンの『唯物論と経験批判論』（後になって哲学思想の最高の達成として激賞することになるが）にたいして懐疑的な見方をとったこと、そして一〇年の暗黒の時期にメンシェビキとの統一を回復するまじめな努力を行っていたということについては、いくつかの証拠が存在する。一二年の一月、レーニンがメンシェビキとの断絶を承認することをプラハの全ボルシェビキ会議に求めたとき、スターリンはヴォログダに追放中であった。この会議は党の中央委員を選出したが、そこにスターリンは後からレーニンの示唆で選挙なしで追加され、こうして彼は全ロシアの政治舞台に登場することになった。

ヴォログダからの逃亡後、スターリンはもう一度逮捕され追放されたがまたも逃亡した。一九一二年一一月にその生涯で初めて彼はロシアの国外に旅行し、数日をオーストリア領ポーランドのクラクフで過ごし、そこでレーニンに会った。スターリンはロシアに戻ったが、一二月には再び外国に出て、今度はウィーンに六週間いたが、そんなに長期間外国の地で暮らしたのはかつてないことであった。

ウィーンでレーニン擁護の論文「マルクス主義と民族問題」を書いたが、それは『Prosveshchenie（啓蒙）』誌に掲載され、彼の早い時期の主張、そして彼の主要な論文の一つ、理論家としての名声を得る論文となった。この論文は、ただ民族を単一の言語、領土、文化、経済生活を保有する共同体、ただし、ここでは例えばスイスやユダヤ人は除外されているのだが、そのように定義したことを除けば、レーニンがこの問題についてこれまで言ってきたことに何も付け加えてはいない。この論文はオーストリア・マルクス主義者、特にスプリンガー（レンナー）やバウアーにたいする、そしてブンド（ロシアの一般ユダヤ人労働組合）にたいする批判として書かれた。

スターリンはロシア語とグルジア語しか読めなかったのだから、おそらく彼は、オーストリア・マルクス主義の著作者からの引用を選ぶために、当時ウィーンに滞在したブハーリンの助けを借りたと思われる。個人の自己決定に基づく民族の文化的自立というオーストリア・マルクス主義者の理念に反対して、スターリンは、民族の自決と領土を基礎とする政治的分離の権利を擁護した。しかしながら、レーニンと同じように、彼は、社会民主主義者が、自らの国家を形成するそれぞれの人民の権利を承認しているかぎり、これはいかなる場合にも社会民主主義者が分離を支持するということにはならない、ということも強調した。

決定的な要因は労働者階級の利益であり、分離主義はブルジョアジーによってしばしば反動的スローガンとして使われたことが想起されなければならない。もちろん、批判全体はブルジョア革命を前提として行われた。トロツキーとパルヴスを除く当時のすべての社会主義者と同じように、スターリンは、ブルジョア共和制の長年にわたる支配原則に従ってロシアが民主主義革命を経ることを期待した。しかし彼は、革命を実現させる上でプロレタリアートが指導的役割を果たさなければならず、決してブルジョアジーの脇役を演じたり、ただ彼らの利益に奉仕する者として行動したりしてはならない、とも考えた。

民族についての論文は、スターリンが二月革命前に書いた最後のものとなった。ウィーンから帰国後まもなくの一九一三年二月に、彼はまたも逮捕され四年間の追放の判決を受けた。今回は逃亡しようとは試みずにシベリアに留まり、一七年三月にペトログラードに再び現れた。レーニンが到着するまでの数週間、彼はこの首都の党の実際上の責任を負った。カーメネフとともに『プラウダ』の編集を引き継いだ。臨時政府とメンシェビキの双方にたいする彼の態度は、レーニンのそれよりも相当程度に宥和的であって、レーニンがスイスから送ってきた論文の調子を落として、レーニンの譴責を蒙った。

しかしながら、レーニンのロシア帰国と四月テーゼの発表後、いささか躊躇しながらもスターリンは「社会主義革命」とソビエト政府樹立を目ざす方針を受け入れた。それとは対照的に、ペトログラードでの最初の二～三週間のあいだに、彼は「ブルジョア革命」、中央権力との融和、大資産の没収、臨時政府に圧力はかけるが打倒はしない、という立場の文章をまだ書いていた。七月危機の後になって、ようやくスターリンは、ペトログラード党組織の会議でプロレタリアートと貧農への権力の移行を明瞭に語った。この時に、スローガン「すべての権力をソビエトへ」は破棄されたが、それはソビエトをメンシェビキとエス・エルが支配していたからであった。

一〇月革命の時までにスターリンは間違いなくレーニン、トロツキー（一九一七年七月にボルシェビキに加わった）、ジノヴィエフ、カーメネフ、スヴェルドロフそしてルナチャルスキーと並ぶ党の中心的指導者となっていた。われわれが知るかぎりにおいて、彼は蜂起の軍事組織に参加したことはなかったが、しかし、レーニンの最初のソビエト政府で彼は民族問題人民委員（コミッサール）に任命された。ブレスト・リトフスク条約に関する党の危機の間中、彼はドイツとの革命戦争を主張する「左派ボルシェビキ」に反対してレーニンを支持した。しかしながら、レーニンがそうであったように、彼は、ヨーロッパ革命がいつの日にか起こり、そうなればドイツの講和条件の受け入れも一時的な戦術的後退以上の何ものでもなくなる、と信じた。

民族問題の専門家としてスターリンは、この時点で「民族自決は弁証法的に」（言いかえれば、党に適合するスローガンとして以外には使われなかった）理解されなければならない、という趣旨の演説をした。一九一八年初頭の第三回ソビエト大会で、彼は、正確に言えば、自決は大衆のためであってブルジョアジーのためではなく、そしてまた、それは社会主義の闘争に従属しなければならない、と説明した。その年に発表された論文のなかで彼は、ポーランドとバルト諸国の分離はこれらの諸国が革命的ロシアと革命的ヨーロッパとのあいだに壁を形成することになるのだから、それは反革命の動きであり、帝国主義を有利にするものである、と強調した。その一方で、エジプト、モロッコあるいはインドの独立闘争は、帝国主義を弱体化させることを意図しているのだから、進歩的現象であると強調した。これらすべてが、レーニンの理論と党のイデオロギーに完全に一致していた。

分離主義の運動は、それがブルジョアジーの政府に対抗する時は進歩的であるが、しかし、いったん「プロレタリアート」が権力に就いたら民族分離主義は自動的にそして弁証法的にその意味を変える。なぜなら、それはプロレタリアートの国家、社会主義、世界革命の脅威となるからである。定義上、社会主義は民族抑圧を実行することはできないのであって、一見して侵略と思われるものでも、例えば当時（一九二一年）代議制民主主義を基にメンシェビキ政府を有したグルジアにスターリンの指令で赤軍が進駐したように、事実としては解放である。

こうしたことにもかかわらず、民族自決のスローガンは無効にされることもなく、内乱戦争におけるボルシェビキの勝利に大いに貢献したのであって、それは白衛軍の司令官が、自分たちの目的は革命前の領土を失うことなく、一つの不可分のロシアを再興することである、という事実を秘密にしなかったのと同様である。

799

その実績はトロツキーのそれに比べれば影の薄いものであったけれども、スターリンは内乱戦争で重要な役割を果たした。この二人の男の抗争のルーツは疑いもなくこの時期に求められるのであって、それは、誰がツァリーツィン（ボルボグラード）での勝利にもっとも貢献したか、ワルシャワを前にした敗北は誰の欠陥であったかなどのような、個人的な嫉妬と非難であった。

一九一九年に、スターリンは労農監査機関（Workers' and Peasants' Inspectorate：労農監査人民委員部）の人民委員に就任した。既に見たように、この機関はソビエト制度を官僚制への没入から守ろうとするレーニンの絶望的で見込みのない試みの現われであった。「純粋の」労働者と農民から構成された労農監査機関は、国家行政機関の他のすべての部門に及ぶ無制限の監督権限を持った。それは状況を改善するどころか一層悪化させたのだが、なぜなら、民主主義的な制度が存在しないなかの監査機関は、ただ官僚組織の上に付加された層になるだけだからである。しかしながら、スターリンはそれを各機構の統制を強化するために利用することができたのであって、彼のこの人民委員としての経歴が最高権力への上昇において、彼を助ける要素となったことは疑いない。

ここで、これはオリジナルではないが、重要な考察がなされなければならない。後年に、スターリンの命令のもとで彼の賛美のために党の全史が書き換えられた時、彼は若い時から、レーニンの次席指令であったと描写されるかあるいは自らそのように描写した。あらゆる活動分野において、彼は指導者、中心的組織者、同志たちの激励者等々であった（党の質問表の中で、彼は革命活動をやったために神学校から追放されたと言い張った。彼が在学中に、禁止されていた科目を勉強したことは疑いないが、実際は、試験に欠席したので放校された）。

このような幻想的な解釈版によれば、彼は党設立時からレーニンのもっとも緊密な腹心であり、レーニンの助手であった。カフカースの幼稚な社会主義運動は彼の才能豊かな指導のもとで成長した。後になって全党は何の疑問もなく彼をレーニンの正当で自然な後継者と見なした。彼は革命の頭脳、内乱戦争の勝利の立案者、ソビエト国家の組織者であった。ベリアによって作られた伝記のなかで、一九一二年はロシアの党史、したがって人類史における転換点として特記されるのだが、それは、スターリンが中央委員会のメンバーになったのがこの年であったからである。

他方、スターリンを憎悪する理由を持つトロツキーやその他大勢の共産主義者たちは、ボルシェビズムの歴史における彼の役割を過小評価し、策略と幸運のないまぜによって、追い払うことが不可能な台座にまで順調によじ登ることができた、二流の党官僚として、骨折りながら彼を描いた。

800

これらの説明はいずれも真実として受け取ることはできない。確かに、一九〇五年以前のスターリンは世に知られていない地方の人物であり、その出身地域で彼よりも尊敬され、彼よりも重要な役割を果たした人物はたくさんいた。それでもやはり、一二年までに彼は自分を六人から七人のもっとも有名なボルシェビキ指導者の一人に押し上げ、トロツキー、ジノヴィエフ、カーメネフほど有名ではなく、そして誰もレーニンの「自然の後継者」などと見なしていなかったのは確かであるが、彼は、レーニンの晩年には党とロシアを支配する小グループの一員ではあった。そしてレーニン死去の時点で、理論ではなかったけれども実践において、この国の他の誰よりも大きな権力を保持していた。

現在利用できる文献から、革命のだいぶ前にスターリンの同志たちが、後年彼を病的な独裁者に変えた資質に気づいていたことを、われわれは知っている。それらのいくつかはレーニンの「遺言」でも触れられた。彼は野蛮で、不実で、野心的で、嫉妬深くて、反対者に不寛容で、部下にたいして暴君であることは知られていた。彼がボルシェビキの「保守派」全部を一掃するまでは、党内の誰も彼を哲学者とか理論家だとまともには受けとっていなかった。この点から見れば、彼はトロツキーやブハーリンだけではなく、党のアイディオロジストたちからも凌駕されていた。スターリンの論文、小冊子そして演説には何も独創的なものは含まれず、また、そうした意図すら感じさせるものがないことはみんなが知っていた。つまり、彼は「マルクス主義理論家」ではなく、その他の凡百と同じ党の宣伝家であった。

後年、当然ながら、「個人崇拝」の熱狂のなかで、彼がかつて書いた論文の断片なら何であれ、それは「マルクス・レーニン主義」の宝庫への不朽の貢献となった。しかし、彼の理論家としてのすべての名声は、定められた儀式の一部以外の何ものでもなく、彼の死後の短期間のうちに忘れられてしまったことは明らかである。もし彼のイデオロギー的な著作が政治的に名声を求めない人によるものだとすれば、それらはマルクス主義の歴史において何ら触れるに値しないであろう。しかし、彼が権力にあるあいだは、彼以外のマルクス主義のブランドは他に存在しなかったのだから、そして、当時のマルクス主義は彼の権威との関係なしには定義できなかったのだから、四半世紀のあいだ彼が最高のマルクス主義理論家であったと言うことは、真理であるばかりではなく実際に同義反復でもある。

ともかくも、スターリンは党にとって有益な多くの資質を持ち、彼がトップまで出世し、そのライバルたちをふるい落としたのは偶然によるだけではなかった。彼は、疲れを知らない、そつのない、そして有能な働き手であった。実務的な問題で、彼は理論上の検討をどのように無視し、そして問題の相対的な重要性をどのように見分けるかをよくわきまえていた。彼はパニックに陥ることも（ヒトラーの侵入の初日を除いて）、成功で有頂天になることもなかった。彼はうわべの権力と真の権力とを識別することに熟達していた。

彼は下手な演説者で退屈な書き手ではあったが、平明な方法で物事の説明ができ、その結果、一般の党員はそれらをよく摑むことができ、彼の衒学的な反復の習慣や要点のとりあげ方は、その解説に力強さと明晰さという外見を与えた。彼は部下をいじめたが、彼らを十分に使いこなすことができた。彼は、党員、外国のジャーナリスト、西欧の政治家だろうが、さまざまな対談者に自分のスタイルを合わせる方法をわきまえ、そして戦略家、プロレタリアートの大義のための不屈の闘士、あるいはこの国のしっかりとしたボスの役割を思いのままに演じることができた。

すべての成功の手柄を自分のものにし、すべての過ちを他者の責任にすることを企む、という点で彼は希有な技量を持っていた。彼が援助して確立した制度が彼を専制者に仕立て上げたのだが、それはまた、そのような結果を実現するために長い間、そして激しく働いたとも言わなければならない。

レーニンは、間違いなくスターリンの組織化の効率と力量を高く評価した。スターリンは時どきレーニンと意見を異にしたけれども、彼は危機の時には常にレーニンを支えた。第一線のボルシェビキの多くと異なり、スターリンはレーニンにとって我慢のならない「インテリ臭」を持っていなかった。彼は性格として実務の人であって、厳しい報われない課題に取り組むのをいやだとは思わなかった。

そして、その判断が遅すぎた時期になって、レーニンは何と危険な男を権力の頂点に引き上げてしまったかと悟ったけれども、反対派がついにレーニンの遺言をアーカイブから引き出すことを決定し、それを彼にたいして実行するように呼びかけた際のスターリンの逆襲には一定の真理がある。そうだ、とスターリンは言った。「レーニンは野蛮ということで私を糾弾したが、私は革命に関するかぎりどこでも野蛮だ。しかし、かつてレーニンが私の方針は間違っていると言ったことがあるか？」と。これにたいし、反対派は何も言えなかった。

一九二二年四月のスターリンの党書記長就任は、レーニン個人の選択であったことを疑う理由はなく、そして他の指導者の誰か一人でもその指名に反対したという証拠はない。トロツキーが後になって指摘したように、このポストの新設とそれへのスターリンの任命は、彼がレーニンの後継者であるとか、書記長職の保持者が実際上ソビエトの党と国家の最高支配者になることを意味するとは誰も思っていなかった。すべての重要な決定はなお政治局あるいは中央委員会が握っており、それらが人民委員協議会を媒介にして国家を運営していた。

この新設の職は、党の階層機構のなかで最高度の個人ポストではなく、そもそもそういうポスト自体が存在しなかった。書記長の機能は、党官僚機構の通常の業務を監督すること、機構内部の調整を確保すること、上級幹部の任命をコントロールすることなどであった。後になって、他のすべての形態の政治生活が破壊され、党がこの国で唯一の組織された権力となった時に初めて、党機構に責任を負う個人が極めて強大になるということが明瞭に理解できた。これは事実として起こったことであるが、当時は誰もこのことが分からなかった。

ソビエト国家はその歴史に先例がなく、政治舞台上の役者たちは劇の終局を予見していなかった、というのは驚くことではない。スターリンは書記長として、最高ランクのポストを除いて、地方党組織や中央組織の多数のポストにおいてすら、自分に従う者をそこに配置でき、彼の権限は、会議や大会を組織する機能によって高まった。これは、もちろん、緩やかな過程であった。最初の数年間はまだ党内の論争と対抗グループの形成そして綱領への反対が保障されていたが、時が経つにつれて、これらはまれになり、最高レベルに限定されるようになった。

既に見たように、レーニンが生きていた時代には党内に反対グループが存在し、政府の専制的で官僚的な手法の拡大に反発する共産主義者の不満を反映した。その有名なスポークスマンがアレクサンドル・シュライニコフとアレクサンドラ・コロンタイであった「労働者反対派」は、文字通りの「プロレタリアートの独裁」つまり、権力は実際にすべての労働者によって行使されるべきであり、党によってだけではない、と信じていた。彼らは民主主義的な国家への復帰を決して主張せず、ソビエト制度は、大多数、特に農民や知識人が参加する制度を廃止した後に、特権化された少数、つまりプロレタリアートのための民主主義的な生活を保障することができると、愚かにも想像した。他の反対グループは、党外の人びとのためではなかったが、党内の民主主義を復活させることを欲した。彼らは官僚制の拡大する権力、すべてのポストの任命制、党内議論の縮減、選挙の空虚な儀式化に反対した。

このようなユートピア的な批判の類は、スターリン死後の共産主義体制のなかで感じられるようになっていた「批判的」傾向を、ある程度は先取りしていた。つまり、民主主義は党外ではないが党内では支配的になるべきだとか、あるいは権力は、もちろん、社会のプロレタリアート以外の部分によってではないが、プロレタリアート全体あるいは労働者評議会によって行使されるべきだ、という主張である。

しかしながら、この早い時期にこれらの理念とは別に、アジア的な農民大衆の要求と利益を事実として反映し、ある意味で毛沢東主義を予示するコミュニズムの新版が現れた。この傾向の創始者が、バシキール族の専門職教師であったミルサイード・スルタンガリエフであった。彼は一〇月革命直後にボルシェビキとなり、中央アジア問題の数少ない専門家として早くから認知された、ソビエト連邦のムスリム地域出身の数少ない知識人の一人であった。

しかしながら、彼の信念は、ソビエト体制はムスリムの問題を何一つ解決することができず、それをさまざまな抑圧形態のもとに従属させるだけ

803

だ、というものであった。ロシアで独裁的権力をわがものにした都市プロレタリアートは、ブルジョアジーに劣らないほどにヨーロッパ的であり、ムスリム人民にとっては等しく受け入れ難い。時代の基本的対立は先進国のプロレタリアートとブルジョアジーとのあいだではなく、植民地あるいは半植民地人民とすべての工業化世界とのあいだにある。ロシアのソビエト権力は、これらの人民を解放するために何もできないばかりではなく、これらの人民を直ちに抑圧し、赤旗のもとで帝国主義政策を実行しようとしている。植民地の人民は、ヨーロッパ全体の主導権に反対して団結し、自らの党とボルシェビキのそれから独立したインターナショナルを創出し、ロシア・コミュニストのみならず西欧植民地主義者とも闘わなければならない、と。

　植民地人民は、反植民地主義イデオロギーとイスラム主義の伝統とを結合し、一党体制と軍事力に支えられた国家組織をつくり上げなければならない。この構想に沿って、スルタンガリエフは、ロシアの政党と一線を画したムスリムの政党、そして独立したタタール・バスキール国家さえも設立しようと試みた。彼の運動はまもなく弾圧されたが、それは事実として、レーニンのイデオロギーとボルシェビキの党およびソビエト国家の利益と衝突したからであった。

　スルタンガリエフは、一九二三年に党から追放され、外国情報機関のエージェントとして投獄された。後になるとこのような事例は通例の問題となってしまったが、おそらくこの告発は著名な党員にたいして向けられた最初の機会であった。彼は、数年後の大粛清のさなかにその処刑が執行され、彼の事跡は忘れ去られた。二三年六月の演説でスターリンは、彼は汎イスラム的、汎トルコ的思想ではなく、トルキスタンのバスマチ（Basmach）蜂起と共謀して党に反対する陰謀を企んだがゆえに逮捕された、と述べた。このエピソードは、スルタンガリエフの理念と後に起こる毛沢東主義あるいは「ムスリム社会主義者」タイプのいくつかのイデオロギーとの著しい類似性という点で忘れてはならない。

　党またはプロレタリアートのための民主主義を主張する反対派グループについては言えば、彼らはレーニン、トロツキー、スターリン、ジノヴィエフ、そしてカーメネフを含む指導者たちによって迅速にそして全員一致で粉砕された。分派集団の禁止そしてこれらに参加した党員を追放する中央委員会の権利は、一九二一年の第一〇回党大会で宣言された。党の統一の擁護派が指摘したように、一党体制のもとで党内の別々のグループは、昔であればそれ自身の党を形成したかもしれないようなすべての社会勢力の代弁者になるに違いないことは明白であった。したがって、もし「分派」が認められるとすれば、事実上、複数政党制が存在することになろう。必然的な結論は、専制的に支配する政党はそれ自身が専制的に支配されなければならないということであり、そして、社会全体の民主主義的な制度を破壊してしまったら、すべての労働者階級の利益は言うまでもなく、党内に民主主義を保持しようと考えること自体が無駄である、ということであった。

　ともかく、党を官僚制支配の受け皿に変質させる過程は、国家内の民主主義的制度の破壊よりも時間のかかることであり、二〇年代の末までには完成しなかった。一九二二年から二三年にかけて、党内の専制支配の拡大に反抗する強力な反乱の潮流があり、誰もスターリンのようにはうまく弾圧できなかった。病気で優柔不断であったレーニンに届ける情報を巧みに統制しながら、スターリンはジノヴィエフ、カーメネフの助力を得て党を支配し、系統的にトロツキーを権力から排除した。後者は、その弁舌の才と内乱戦争勝利の立役者としての名声にもかかわらず、早い段階から地位を失った。彼は、そうすることがソビエト権力の原則に違反することだろうから、あえて党外の世論に訴えようとはしなかった。また、当時の政治生活で唯一の活動的勢力であった党官僚制を彼に反対するように動かすことが容易であることも明瞭であった。

　トロツキーは遅い段階でボルシェビキに加入し、古参党員からは不信の目で見られており、彼らはまたトロツキーのレトリック、高慢で横柄なやり方も嫌った。スターリン、ジノヴィエフ、カーメネフはトロツキーのあらゆる弱点を巧みに利用した。つまり、メンシェビキとしての経歴、労働の軍隊化（スターリンはこのような専制主義的な用語では定式化しなかった）の熱望、ネップ批判、昔のレーニンとのいさかい、そしてレーニンはかつて彼に反対したというねつ造された告発である。

軍の人民委員そして政治局員として、彼はまだ権力があるかのように見えていたが、一九二三年までには孤立し無援の状態となった。彼のそれまでのすべての支援者たちが、彼の反対側に回った。自分の状況を理解するようになったとき、彼は党の官僚制と党内民主主義の閉塞を攻撃した。すべての追放されたコミュニスト指導者と同じように、彼は権力から外されるや否や、民主主義者に豹変した。しかしながら、スターリンやジノヴィエフが、トロツキーの民主主義への思いや党官僚制にたいする憤慨は最近のことであるばかりではなく、権力に就いているときは彼自身が他の誰よりもさらに極端な独裁者であったことを示すのは容易なことであった。つまり、彼は党の「統一」を守るためのあらゆる行動を支持し、あるいは発動し、レーニンの方針に反してまでも労働組合を党の統制下に置き、全経済を警察の強制的権力に従属させるなどのことをした。

後年にトロツキーは、彼がかつて支持した「分派」禁止の方針は例外的措置であって、恒久的な原則として考えられたのではないと主張した。しかし、これがそうだったという証拠はなく、方針それ自体もそれが一時的であることを意味するものは何もない。ジノヴィエフがトロツキーを非難する熱意をスターリン以上に示しことは書き留めておいてもよい。ある段階で彼はトロツキーを逮捕するのに賛成したくらいであった。こうして、遅きに失して希望のないことながら、この除名された二人が勝利したライバルに反対して力を合わせようと試みた際に、スターリンに有益な攻撃材料を与えていたのである。

4　一国社会主義

「一国社会主義」の理論、一九二四年末に向かってトロツキーとその「永続革命」の理論に対抗してまとめられたこの理論は、長いあいだ、スターリンのマルクス主義への巨大な貢献と見なされ、その系として、トロツキー自身も明らかに共有するようになった、トロツキズムは首尾一貫したその対抗的教条体系である、という見方があった。しかしながら、事実として、この二人のあいだに理論的不一致は言うまでもなく、基本的な政治的対立など存在しなかった。

見てきたように、一〇月蜂起の指導者たちは、革命の過程はまもなくヨーロッパの主要な国に広がるだろうということ、そしてロシア革命は世界革命の序曲として以外にはその永続的な成功の見込みは存在しない、ということを信じた。初期のボルシェビキ指導者の誰一人としてこれ以外の見方を持ったり、発表したりした者はいなかった。つまり、この主題に関するレーニンのいくつかの言説はあまりにも明確であって、そのために、後にスターリンは彼の著作からそれを削除してしまったほどであった。

しかしながら、世界革命の希望が遠のき、共産主義者たちがヨーロッパで反乱を引き起こすための絶望的な取り組みに失敗した以上、彼らはまた、何を基に構築すべきか誰も正確には分からなかったけれども、彼らが直面している課題は社会主義社会を建設することであるという点では一致していた。

二つの基本的な原則が連続して受け入れられた。つまり、歴史の法則によって最終的に全世界を包括しなければならない過程をロシアは開始したこと、そして西側がそれ自身の革命の発動を急がない以上、自分たちの国の社会主義的転換に取りかかるのはロシア人であることであった。社会主義が実際に、これを最後に一挙に建設できるものかどうかという問題は、その実際的結果は答えようがないのだから、真剣には検討されなかった。

内乱戦争後にレーニンが、布告を出したりあるいは農民を射殺したりすることによってトウモロコシを成長させることはできない、と悟った時、そして、彼がしたがってネップを開始した時、彼は確かに「社会主義の建設」に懸念を抱き、海外の革命の挑発よりも国家の内部的な組織化により多くの関心を払っていた。

一九二四年の春に、スターリンが彼自身の流儀でレーニンの理論を体系化する最初の試みである論文『レーニン主義の基礎』を発表した時に、彼は一般的に受け入れられていたポイントを念押しし、農民の革命的役割を「軽視し」、革命はプロレタリアートによる一つの階級の支配において発動できると考えたとしてトロツキーを攻撃した。彼は、レーニン主義は帝国主義とプロレタリア革命の時代のマルクス主義である、と主張した。つまり、ロシアはその相対的な後進性とそれが蒙った数多くの抑圧によって革命の機が熟したがゆえにレーニン主義の母国となった。そしてレーニンはブルジョア革命の社会主義革命への転化を予見した、と。しかしながら、スターリンは、単一の国のプロレタリアートは最終的な勝利をもたらすことはできない、ことも強調した。

同年の秋にトロツキーは、一九一七年からの自分の論文集を発行し、自分はレーニンの原則に忠実な唯一の政治家であることを証明し、レーニンの蜂起の計画に躊躇し、敵対的な態度すら示したとして当時の指導者、特にジノヴィエフやカーメネフの信用を傷つける序文を付けた。彼はまた、当時ジノヴィエフが責任者であったコミンテルンを、ドイツの蜂起の挫折や革命情勢の利用の失敗を理由に攻撃した。トロツキーの批判はスターリン、ジノヴィエフ、カーメネフ、ブハーリン、ルイコフ、クループスカヤ、その他の集団的応答を引き起こしたが、そこで彼らはトロツキーの過去のすべての過ちと失敗を非難し、彼の尊大さとレーニンとのいさかいを糾弾し、その革命への貢献をけなした。

スターリンが「トロツキズム」（Trotskyism）という教説をまとめたのはこの時であった。一九一七年以前にトロツキーによって組み立てられた「永続革命」の理念は、ロシア革命は社会主義の段階に連続的に移行すること、しかし、その運命はロシア革命に由来する世界革命に依存することを前提とした。そのうえ、農民が巨大な多数を占める国において、労働者階級は、その勝利だけがロシアの労働者の勝利を固めることになる国際的プロレタリアートによって支援されなければ、政治的破滅を蒙るであろう、と。「ブルジョア革命の社会主義革命への転化」の問題が、この間に、その適用の機会を失ったので、スターリンは、トロツキズムを社会主義は一国では決して建設できないことを示したと表し、こうして読者にトロツキーの実際の意図はロシアに資本主義を復活させることである、とほのめかした。

一九二四年の秋にスターリンは、トロツキズムは三つの原則に基づくと公言した。第一に、それはもっとも貧しい農民階級をプロレタリアートの同盟者と認めなかった。第二に、それは革命家と機会主義者との平和的共存を受け入れた。そして第三に、それはボルシェビキの指導者を中傷した。後になって、トロツキズムの本質的な特徴は、一国で社会主義建設に着手することは可能であるが、それを完成させることは不可能という主張である、と宣告された。

『レーニン主義の諸問題について』（一九二六）においてスターリンは一九二四年春の自分の理論を批判して、一国での社会主義建設の最終的完成可能性と資本主義の干渉に抗してそれを最終的に防衛する可能性とのあいだには区別が引かれなければならないと述べた。資本主義の包囲という条件のもとで、干渉にたいする絶対的な防御はあり得ないが、しかし、それにもかかわらず、完全な社会主義社会は建設することができる、と。

社会主義が一国で最終的に建設できるか、できないかという論争のポイントは、ドイッチャーが『スターリンの生涯』においてよく観察しているように、党活動家の心理を変えたいというスターリンの願望であった。ロシア革命は自己完結的であると主張するとき、彼はその理論よりも世界共産主義の挫折によって生み出された士気の低下に対抗することに関心があった。彼は党員に、「世界プロレタリアート」の当てにならない支援について思い悩む必要はない、なぜなら自分たちの成功はそれに依存しないのだからと確信させることを望んだ。要するに、彼は、当然ながら、ロシア革命は世界革命の序曲である、という神聖化された原則を放棄することなく、楽観的雰囲気を醸しだしたかったのである。

もし、トロツキーが一九二〇年代にソビエトの外交政策とコミンテルンに責任を負っていたとすれば、外国の共産主義者の反乱を組織することにスターリンよりもより大きな関心を持っただろうということは有り得るだろうが、しかし彼のそのような努力が何らかの成功を収めただろうと考え

806

る根拠はどこにもない。当然ながら、彼は世界の共産主義者のあらゆる失敗をスターリンが革命の事業を怠った、と非難するために利用した。しかし、スターリンが、トロツキーによってその不足が非難された国際的熱意によって突き動かされたとしても、スターリンに何ができたかはまったく明らかではない。ロシアは二三年のドイツ共産主義者の勝利や二六年の中国共産主義者の勝利を確保する手段を何も持たなかった。コミンテルンは、スターリンの一国社会主義理論のゆえに革命の機会を捉えるのに失敗したというトロツキーの後の批判は完全に内容がない。

このように見れば、社会主義は一国でも建設できることを一方は肯定し、他方は否定する二つの「本質的に対立する」理論という問題は存在しない。理論上は全員が世界革命を支持する必要性、そしてまたロシアにおける社会主義を建設する必要性を認めた。スターリンとトロツキーは、一つかまたは別の課題に注ぐべきエネルギーの割合に関して、ある程度の意見の相違があって、両者がともにこれらの意見の相違を想像上の理論的ア[807]ンチ・テーゼにまで膨らませる役割を果たしたのである。

ましてや、党内民主主義は彼らのシステムの本質である、というトロツキストによって頻繁に繰り返される主張を信用することはできない。党内の官僚主義的規則にたいするトロツキーの批判は、既に見たように彼が党機関にたいする権限を事実上剝奪された時に開始された。彼がまだ権力を保持しているあいだ、彼は、すべての政治的、経済的体制の官僚的で軍隊的な警察的統制のもっとも専制的な擁護者の一人であった。彼が後に激しく非難した「官僚制化」は、国家内におけるすべての民主主義的制度を破壊したことの当然で不可避的な結果であり、その過程にトロツキー自身は熱意をもって没入したのであって、それは後になって否定しようもないも[808]のであった。

5　ブハーリンとネップのイデオロギー　一九二〇年代の経済論争

一九二〇年代のソビエトの経済政策論争は、実践的理論的問題を解決するカギというよりもどちらかと言えば党派争いの偽装であった「一国社会主義」問題に比べてはるかに真実味があった。しかしながら、有名な工業化論争ですらも二つの対立する原則の衝突として表すに値しない。誰もがロシアは工業化しなければならないという点では一致していた。したがって、論争のポイントはそのプロセスの速度、そしてそれに結びついている悲運をはらんだソビエト農業および政府と農民の関係に関わる問題であった。しかしながら、これらの問題は基本的な実践的重要性を持つものであって、それらに関する異なる立場が国全体にとって極めて重要な異なる政治的決定に繋がった。

ネップ（一九二一年に開始された）の主要なアイディオロジストであったブハーリンは、党内で大きな人気を獲得し、第一級の理論家と見なされた。二七年のジノヴィエフ、カーメネフの失脚後に、彼は党内でスターリンに次いでもっとも重要な人物となった。

ニコライ・イワノヴィッチ・ブハーリン（Nikolay Ivanovich Bukharin：一八八八年生まれ、一九三八年三月一三日ないしは一四日死亡）は、一九〇五年革命の最中または直後に社会主義運動に参加した世代に属した。モスクワに生まれて育ち、知識階級の一員（父親は教師）で、まだ在学中に社会主義者のグループに加わり、その政治経歴の最初からボルシェビキであった。彼は〇六年の末に一八歳を過ぎたばかりで党に入り、モスクワで宣伝活動に従事した。〇七年には、経済学の学生として大学に在籍したが政治活動に自分の時間を費やし、この課程を修了しなかった。

一九〇八年には既にモスクワの小さなボルシェビキ集団の責任者であった。一〇年秋に逮捕され追放の判決を受けたが逃亡し、その後の六年間を亡命者としてドイツ、オーストリアそしてスカンジナビア諸国で過ごし、そこでの著作が彼に政治経済学分野における専門的なボルシェビキ理論家としての評判を獲得させた。一四年に彼は『有閑階級の経済学　オーストリア学派の価値と利潤の理論』と題する著書を完成させた。これは一九年にモスクワで完全版が初めて発行され、その英訳版『有閑階級の経済理論』は二七年に出版された。

この著書は、マルクスの理論の擁護と限界効用論者、特にベーム＝バヴ[808]

エルクの価値論の非難である。題名が示唆するように、ブハーリンは、オーストリア経済理論学派について寄生的な配当収入に依存するブルジョアジーのメンタリティのイデオロギー的表現である、と主張した。マルクスを擁護するかぎり、彼の著作がヒルファーディングの以前の批判に付け加えるものは何もなかった。一九一四年に戦争が勃発すると、彼はウィーンからスイスに追放され、そこで帝国主義の経済理論に取り組んだ。その時に彼はレーニンとの論争に巻き込まれたが、レーニンは民族と農民問題に関する「ルクセンブルク的」誤りのかどで彼を批判した。

ブハーリンは古典的マルクス主義の公式の観点から、民族問題はますます重要ではなくなり、社会主義の階級的な方針の純潔性が民族自決権の理論によって泥を塗られてはならない、民族自決の理論はユートピア的であると同時に反マルクス主義的である、と主張した。同じように、小農階級はいずれにしても消え去る運命にあり、農民は歴史的に反動的な階級であるとマルクス主義は教えているのだから、革命の方針において党が農民の支持を得ようとすることを認めなかった（しかしながら、後にブハーリンはそれとは正反対の「偏向」の代表的人物として主に記されることになった）。

スイスで、その後はスウェーデンで、ブハーリンは『帝国主義と世界経済』を執筆し、一九一八年にペトログラードにおいて、その完成版が初めて発行された。レーニンはその草稿を読み、自著『帝国主義、資本主義の最高段階』でその内容を自由に使った。ブハーリン自身はヒルファーディングの分析を多用したが、しかし、彼はまた資本主義が発達するにつれて国家の経済的役割がその重要度を増し、新しい社会形態、国家資本主義の形態、つまり集権的に計画され、民族国家規模で規律される国家資本主義に繋がることを強調した。これは、市民社会のさらに広範な領域までの国家統制の拡大と人間の奴隷化の激化を意味する。国家の「モロク」〔セム族の神：恐ろしい犠牲を要求するもの〕は、内的危機なしに機能できるのであるが、しかし、それは私的生活の諸側面をますます侵食することによってのみ、そうできるのである。

しかしながら、ブハーリンは、戦争の必然性は世界経済の集中化した組織によって未然に防げるという「超帝国主義」段階にたいするカウツキーやヒルファーディングの期待に賛成しなかった。つまり、国家資本主義はグローバルな基礎ではなく、一つの国家規模で実現可能である、と彼は考えた。したがって競争、無政府状態、そして危機は持続するだろうが、しかしそれはますます国際的な形態を取るだろう。それはまた、この点でブハーリンは理由はわずかに異なるけれどもレーニンと一致するのだが、プロレタリア革命の事業は今や国際情勢の脈絡において考えられなければならない、ということになる。

やや後の時点でレーニンは、若きブハーリンを、革命後にプロレタリアートは国家権力を必要としないという「半無政府主義」的見解を理由に批判したが、それはレーニンの一九一七年の『国家と革命』のなかで詳しく展開されたものとまったく同じユートピア的な理念であった。

一九一六年の終わり近くにブハーリンはアメリカ合衆国に渡り、そこでトロツキーと議論の機会を持ち、アメリカの左翼に戦争と平和の問題についてボルシェビキの見解の正しさを訴える努力をした。二月革命の後にロシアに戻り、まもなく党指導部の地位を得て、レーニンの「四月テーゼ」に全面的な支持を与えた。一〇月前後の決定的な数ヵ月間は、組織者・宣伝者として主にモスクワで活動した。革命後まもなく彼は『プラウダ』の編集長となり、その地位を二九年まで保った。ロシア革命の命運はそれが西側に点火できるかどうかに懸かっているという一般的な見方を共有して、ブハーリンはドイツとの単独講和というレーニンの方針に頑強に反対した。

一九一八年の最初の劇的な数ヵ月のあいだ、彼は「左翼共産主義者」のリーダーの一人であり、軍隊の技術的道徳的な状態のレーニンの冷静な評価に逆らって、革命戦争の継続を強調した。しかしながら、いったん講和に決すると、彼はすべての重要な経済的、行政的な問題でレーニンを支持した。彼は工業における「ブルジョア」専門家や熟練者の雇用に反対しあるいは専門的能力や伝統的規律を基礎とする軍隊の編成に反対する左翼反対派の抗議を支持しなかった。

809

「戦時共産主義」（既に見たように、誤解を生む用語）の期間中、ブハーリンは、強制、徴発、そして新生の国家は市場あるいは貨幣制度がなくても管理でき、社会主義的生産をすぐに組織するだろう、という希望に基づく経済政策理論の主たる提唱者であった。ネップの前の時期に、彼は、まもなくわれわれが検討することになる著作『史的唯物論』の他に、党の経済政策を詳説する二冊の書籍を発行した。『過渡期の経済』（一九二〇）とプレオブラジェンスキーとの共著『共産主義のイロハ』（一九、英訳版二〇）である。

これらの作品は、当時のボルシェビキの方針の権威ある評価として準公式的な地位を得た。ブハーリンはレーニンと同じように、国家は革命後に直ちに消滅するだろうというユートピア的な理論を放棄しただけではなく、プロレタリアートの政治的な独裁のみならず経済的な独裁の必然性も主張した。彼はまた先進諸国における「国家資本主義」（レーニンはこの用語を社会主義ロシアにおける私的産業を指すのに使った。これが言葉のうえの誤解をもたらしたことは事実である）の発展に関する自らの見解も繰り返し述べた。

ブハーリンは、社会過程の理解の鍵として「均衡」（equilibrium）の概念を強調した。彼は、不可避的な破壊を伴った革命の過程が証明するように、資本主義的生産体制がいったんその均衡を失った場合、それは新国家の組織された意志によってのみ再興することができる、と主張した。したがって、国家の装置は生産、交換、分配の社会組織と結びついたすべての機能を引き継がなければならない。実践的に、これはすべての経済活動の国家化（statization）、労働の軍隊化（militarization）、そして全般的な給食 810 制度、要するに、経済の隅から隅までの強制の適用を意味する。

共産主義のもとで市場の自発的活動という問題は存在できない。つまり、すべての経済法則は人間の意志から独立して作用するのだから、価値法則はその展開を停止する。あらゆる事柄が国家の計画権限に従属し、古い意味の政治経済学は存在しなくなる。そして、社会の組織化は、小農にたいしては「強制的徴発」、労働者にたいしては「労働の軍隊化」という強制に本質的に基づくけれども、そこに労働者階級の搾取が存在しないのは明らかであって、定義上、労働者が労働者を搾取することはあり得ないからである。

ブハーリンはレーニンと同じように、経済活動を大規模テロに基づかせるシステムを、過渡的必要としてではなく社会主義的組織化の恒久的な原則と見なした。彼は、あらゆる強制措置を正当化することをためらわず、同じ時期のトロツキーのように、新しいシステムは労働の軍隊化、つまり国家が一方的に定める場所と条件において働くことをすべての人民に強制するための警察と軍隊の使用を本質的に求めるもの、と考えた。

実際に、いったん市場が廃止されれば、もはや労働の自由な販売も、あるいは労働者間の競争も存在しなくなり、それゆえに警察による強制が「人的資源」配分の唯一の手段となる。もし雇用労働が消滅すれば、強制労働だけが残る。換言すれば、この時期にトロツキーとブハーリンの両名によって考え出された社会主義とは、恒久的な全国規模の強制収容所である。

トロツキーが一九二〇年に、一時、テロだけに基づく経済の効率性に疑問を抱いたことは事実であって、穀物の徴発を何らかの種類の税金に変えるべきだと提案した。しかし、彼はすぐに意見を変え、ネップの時期中、「緩やかな」経済は、小農への実質的な譲歩で、都市と農村の交換の主要な様式である自由交易であるとして、これにたいする主要な反対者の一人となった。

他方、ブハーリンの見方は、その対極の方向に発展した。一九二〇年にロシアの産業は荒廃したままであり、輸送も乏しく、緊急の問題は都市を差し迫った飢餓からどのように救うかであって、共産主義の黄金時代をどのように創るかではない、と。この破局的な状況において、レーニンが自らの経済理論から退却し、農民経済との長期の共存、農産物の自由交易、そして小規模私企業の容認を決心した時、ブハーリンも同じように初期の自分の見解を放棄し、最初はトロツキー、次にはジノヴィエフ、カーメネフそしてプレオブラジェンスキー

811

に反対して、ネップの熱心な主唱者そしてそのアイディオロジストとなった。

二五年以降、彼は反対派に対抗してスターリンの主たるイデオロギー的支持者であった。レーニンと同じように、彼は『過渡期の経済』において設定したすべてのプログラムは錯覚であったことを認めるようになった。彼は、指導者たちの一時的な熱狂のために、その代償として生命を亡くした数百万の犠牲者のことは気にもかけなかった。

銀行と主要産業の国有化を当然のこととして維持しながら、市場経済へ復帰するというブハーリンの主張は、主に経済的なそれであったが、しかしある程度はまた政治的なものでもあった。ネップの時期（一九二一～八年）を通じて、彼の経済に関する発言はスターリンを含む政治指導者たちの実質的な多数者の見解であった。

農業がほとんど全部にわたって小農民に握られている状況のなかで、主要な問題は求められている蓄積水準を実現して工業を発展させるために、経済的措置によって商品市場にたいして国家がどのように影響を及ぼすことができるか、であった。市場という条件のもとで農民から必要な穀物を手に入れるためには、それと同等の価値の生産者用と消費者用の物品を地方に供給することが必要である。工業の壊滅状態のなかでこれは不可能ではないとしても困難であるが、しかしもしそれがなされないとなれば、農民はその利益でもって買うべきものは何もないのだから、その生産物を売ることを拒否するだろう。そのうえに、もし国家経済が農民のなすがままになるとすれば、プロレタリアート、つまり、ボルシェビキ党はその支配的地位を維持できなくなるだろう。市場が発展するにつれて、農民の地位はより強くなり、彼らは最終的に「プロレタリアートの独裁」を脅かすかもしれない。

経済問題でトロツキストと見なされ、スターリンやブハーリンの農民譲歩政策にたいする理論的反対派をリードしたプレオブラジェンスキーは、次のように批判した。その最初の段階の社会主義国家の主要な仕事は、強力な産業基盤を創り出し、必要な度合いの蓄積を確保することである。他のすべての経済的な目的は産業の発展、特に産業施設の製造に従属しなければならない。資本主義的な蓄積は植民地の略奪によって容易になった。社会主義国家は植民地を持たず、それ自体の資源から産業化を達成しなければならない。しかしながら、国有産業はそれ自体から十分な蓄積基盤を創り出せず、小生産者、つまり実際には農民からその資源を引き出さなければならない。私有財産が国内植民地の対象とならなければならない。

プレオブラジェンスキーは、率直に、それは農民から搾取する問題であり、産業にたいする投資を拡大するために農民の労働から剰余価値の最大額を引き出すことである、と認めた。この「植民地化」の過程は、主として国家が農場生産に支払う価格と比較して、工業製品価格を高い水準に固定することによって達成されなければならない。できるかぎり短期間に、産業への最大限の援助をゆすり取るためには、農民にたいする他の形態の経済的圧力によってこれを補強しなければならない。

他方、党の指導者たちは、農民の生活向上のために、小規模生産者の側の蓄積を奨励し、工業、特に重工業を無視する政策を模索した。そのうえ、この政策の主たる受益者は農村の搾取階級であるクラークである。なぜなら、産業の要求、階級の総体的な力、そしてプロレタリアートの独裁を無視して、農業生産力を向上させるためにあらゆる事柄がなされるというのだから、勢い、最大の引き渡しを約束する農民の方に信用や便宜が優先して向かうのは自然なことである。これはクラークを強化することにならざるを得ず、彼らはまず経済的に、それに続いて政治的にもプロレタリアートの権力を揺るがし始めるだろう。

812

この二つの対立する政策のあいだでは、いかなる妥協もあり得ない。今の政府のように農民が穀物を売る気になるように、農民のすべての経済的要求を満足させることを望む人たちは、それに見合う外国貿易政策を追求し、産業用の生産資材の代わりに農民用の消費物資を輸入しなければならない。発展のすべての動向が、プロレタリアート以外の階級の利益によって歪められ、その結果は社会主義国家の存続の脅威となるだろう。

このような筋で論を張りながら、プレオブラジェンスキーとすべての左翼反対派は、それがどのような手段で実現されるかを明瞭に説明しなかったけれども、農業の集団化を強要した。

トロツキーも同じ方向で主張した。彼が一九二五年に書いたように、もし国有産業が農業よりも遅いペースで発展すれば、資本主義の復活は避けられない。農業の機械化・電気化はなされなければならないのであって、そうすればそれは国家産業の一部門に転換できる。こうしてのみ社会主義は経済から疎外要因を取り除き、階級分化を廃棄できる。しかし、これは工業が十分に発展することにすべてが懸かっている。

結局のところ、新しい社会の勝利は、その社会の労働生産性の関数である。つまり、社会主義は、資本主義よりも大きな生産性とより効果的な生産力の発展を実現する力を究極的に持つがゆえに勝利する。このように社会主義の勝利は、社会主義的工業化に依存する。実際、社会主義は自分の側にすべての有利性を持っている。技術の進歩は、私的所有制が創り出す障害に妨げられずに即座に、かつ全面的に適用できる。経済の集中化は競争の結果である浪費を防げる。産業は消費者の気まぐれに左右されず、全国的規模の規範が高水準の生産性を保障する。

集中化と標準化が自発性を圧殺し、さらなる単調化された労働を意味するという不満は、産業化以前の生産にたいする反動的憧れ以外の何ものでもない。経済全体が「単一で、画一的な、自動化されたメカニズム」へ転換されるに違いないのであって、この目的のために、資本主義的諸要素、すなわち小農生産者に反対する不断のキャンペーンが存在しなければならない。この闘争を放棄することは、資本主義への回帰を黙認することである。

トロツキーは、プレオブラジェンスキーのように「社会主義的蓄積の客観的法則」や工業投資のために農民から剰余価値の最大額をだまし取る必要には言及しなかった。しかし彼の資本主義的要素にたいする経済的攻撃という要求は同じものであった。反対派はブハーリンを富裕なクラーク階級や「テルミドール反動」を基本的に擁護する立場だとして非難した。つまり、彼の政策は社会主義に敵対する階級を強化し、経済における資本主義的要素の特別な比重を増大させる、と彼らは主張した。

これに応えてスターリン、ブハーリンそして彼らの支持者たちは「超工業化」の要求は非現実的であり、反対派の政策はクラークのみならず大部分の中農層を体制に反対する側に転換させるだろうと断言した。これは「プロレタリアートと貧農および中農との同盟」というレーニンの神聖な規範を侵犯し、ソビエト国家の存続を脅かす。反対派はしきりに資本主義的要素は阻止されるべきであると要求するが、しかし彼らはたとえ経済にかぎったとしても、もし政府の圧力の増大が農民から刺激を奪い取るとすれば何がなされるべきか、もしそうなれば国家は警察の干渉に戻る以外の別の方法によって、どのようにして食糧の生産と給付を確保するのかについて何も語らない、と。

この時、スターリンによって支持されたブハーリンの主張は、農民にたいする国家の徹底的な戦争は、戦時共産主義の時期が十分証明しているように、経済的に非効率的で、政治的に破滅的であるというものであった。この国の経済的な発展は農民の最大限の搾取ではなく、国家と地方経済との、したがって労働者階級と農民とのあいだの環として市場を保持することによらなければならない。蓄積率は効率と循環の速度に依存し、努力が向かうべきは、これである。もし、農民が強制または経済的措置によってその剰余を奪い取られるならば、彼らは自分で食べられる以上のものは生産しなくなるだろう。したがって、農民を強制することは、国家とプロレタリアートの明白な利益に反する。農場生産を増強する唯一の道は、物的な刺戟を与えることである。確かに、これはクラークにとって有利になるだろう。しかし、商業協同体の発展は、国家的統制システムのなかにクラークを含む農民全体を引き込むことを可能にするだろうし、それが経済全体の成長を促進するだろう。

産業の発達は地方市場に依存した。つまり、農民の蓄積は工業産品の需要の拡大となり、それゆえにあらゆるカテゴリーの農民の蓄積を認めることは国全体の利益である。したがって一九二五年のブハーリンの農民への呼びかけは「豊かになろう」（Get rich）であったが、それは後になって、

814

彼の非正統性の紛れもない証拠として何度も引用されたスローガンであった。

彼の考え方では、暮らし向きの良い豊かな農民にたいして戦争を宣言し、地方社会に階級対立を掻き立てる政策は、農業だけでなく経済全体を破滅させる。貧農と農場労働者は、クラークを破滅させることではなく、まずクラークに蓄積を認め、それらの資源を国家が活用することによって救済されなければならない。消費者と市場協同体は、早晩、生産者協同組織の発展に自然に繋がって行くだろう。他方、トロツキストの政策は農業と工業の両面で災厄となる。それは農民全体を国家から離反させ、そうしてプロレタリアートの独裁を崩壊させるだろう。そのうえに、プレオブラジェンスキーやピャタコフが提案するような、地方を搾取するために工業製品の価格を人為的に高い水準に引きあげることは、農民に打撃を与えるだけではなく、これらの製品の大部分は都市居住者によっても消費されるのだから、労働者にも打撃を与えるだろう。

政府機関の官僚主義的退廃に関する反対派の攻撃について言えば、この危険性は確かに存在するが、彼らの農民政策が採用されるならばそれはその百倍も悪化するだろう。戦時共産主義の手法への後戻りは、地方社会への強制を主な目的とするだけの特権的な役人階級を創り出すことになり、そしてこの巨大な機構は、農業の組織化の不在によって生まれるすべての損失よりもはるかに経費のかかるものとなる。官僚主義の克服は、多様な生活領域において自発的な社会組織をつくり上げるように国民を励ますことである。反対派が提案する改善策はこれとまったく逆であり、病気よりももっと悪い。

左翼反対派とのこのような論争において、ブハーリンは国家または党内の民主主義の拡大に結びつくような措置を何も主張しなかった。それと反対に、彼はトロツキー、ジノヴィエフそしてカーメネフを分派の指導者、党の統一の分断者として攻撃した。プロレタリアートの独裁は単一の支配政党の存在を内に含み、その党は統一されていなければならず、別な党の発展に繋がるに違いない「分派」の存在は許されるべきではない、ということは、レーニン主義のイロハであって、彼らはそのことを銘記しなければならない。反対派の全員は最近までこのことを弁えていたのであって、その突然の民主主義者への転向によっては誰も騙されない、と。

工業化論争において敵対する双方の側は、当然ながら、その反対者側の方針は、「客観的に」資本主義の復活に繋がると主張した。ブハーリンによれば、プレオブラジェンスキーは、小規模生産者を搾取し破滅させることによって蓄積を実現するという点で、社会主義国家が資本主義を模倣することを欲しているのである。プロレタリアートの独裁はその基盤、つまり農民特に中農との同盟が崩れるならば、破壊されてしまうだろう。そのうちに、すべての農民階層が工業および農業の価格比率によって等しく影響を受けるという理由だけでも、「国内植民地化」はクラークだけではなく、地方全体への攻撃となるだろう。

これに対抗して左派は、スターリン・ブハーリンの方針は、私的所有者、特にクラークの経済力を着実に増大させるだろう、そして社会主義の産業と労働者階級の弱体化はプロレタリアート独裁の破壊によって終わりを迎えるだろう、と主張した。反対派はまた工業、特に重工業は、社会主義の発展の鍵であることも主張した。他方、ブハーリンは、都市と地方の商品交換が主要なテコであること、生産はそれ自体が目的ではなくそれは消費の手段であること、反対派は需要の規模に関わりなく生産が常に拡大し続ける市場を創出する経済が存在し得る、とするツガン・バラノフスキー理論（資本主義体制に関連する）を模倣していると主張した。

ロシアの当時の状況がそうであったように、地方の蓄積は労働者の利益に反するのではなく、それと一致していた。この点について反対派は、搾取者と被搾取者とのあいだで利益が一致することはあり得ず、クラークは定義上搾取者であるのだから、彼らが富を蓄積するように援助することは階級敵を育成することである、と答えた。

このような具合で、いわば、ボルシェビキの二つの変種が形成されたのだが、当然ながら、両方ともがレーニンによって表明された見解に常に訴えた。レーニンは中農との同盟がなければならないと語ってはいたが、し

815

かし、彼はクラークによって引き起こされる危険性についても常に語っていた。大雑把に言えば、ブハーリンの場合、中農を破壊するのと同時期でなければクラークは廃絶できない、というのにたいし、反対派は、中農はクラークの援助をするのでなければ援助できない、と主張した。

これらは同じ事実を表わす二つの方法であって、相反する政治的意図を持っていた。反対派は、労働者が悲惨な状況に置かれているなかで裕福な「ネップマン」階級が生まれていることに怒り、そして平等主義とプロレタリアートの独裁のスローガンを真剣かつ文字通りに受け止めている多くの共産主義者にその支持を求めた（したがって、トロツキー・ジノヴィエフグループがかつての「労働者反対派」の残党と最終的に連携したのは自然なことであった）。彼らは、主に、権力、独裁そして権力の指標としての重工業に主な関心があった。他方、ブハーリンは実効的な福祉の増大にこだわり、ネップマンの活動が、労働者階級を含むすべての人民にとってより良い措置であるならば、物的に恵まれたネップマン階級を寛容に扱う用意があった。

数百万の人びとの運命を決することになったこの論争全体を通じて、スターリンはブハーリンの立場を支持したが、彼自身は必ずしも完全には関与せず、イデオロギーの表明はブハーリンやルイコフに任せきりであった。彼は、ブハーリンの農民にたいして「豊かになろう」と呼びかけるという不手際、これ自体は多くの共産主義者の神経を刺戟する表現だったのだが、これには気づいていたが、それを反対派の巨大な犯罪とは比較にならない失言として扱った。

スターリンは議論には決して深入りせず、一九二八年までは彼とブハーリンとのあいだに経済政策に関して不一致は見られなかった。スターリンはまた、レーニンの中農との継続的同盟に関する言辞を繰り返し、「革命的冒険主義」や「国内植民地化」という衝撃的な観念を理由に、「極左的」反対派を攻撃した。彼は反対派との政治的組織的な論争に勝利したが、それは党機構における彼の支配的地位のせいばかりではなく、最近まで彼ら自らが公然と叫んできた諸原則をすべての反対派がいかに侵害しているかを示すことは容易だったからである。トロツキーの民主主義愛がごくごく最近の日時のことであることを証明することはさして難しいことではなく、またトロツキーとジノヴィエフが反スターリンで一緒に共謀した際に、ジノヴィエフは前日彼らが相互に投げつけた侮蔑を引用しただけであった。

党内民主主義について言えば、今これを擁護している誰もが戸惑いなしに自らの過去を振り返ることはできなかった。スターリンが一九二五年九月の第一四回大会で提起したように、「反対派の同志たちは、われわれボルシェビキにとって公式の民主主義は中身のない貝殻であって、党の真の利益が全てであると認めていなかっただろうか」（『全集』英語版第七巻一九五四年　三九四頁）。

数ヵ月後、彼は党内民主主義についてより正確な定義を与えた。「党内民主主義とは何か。党内民主主義とは党員大衆の活動を引き上げること、党の統一を強化すること、党内の意識的なプロレタリア的規律を強化することである」（レニングラード党組織への報告、一九二六年四月一三日）。

しかしながら、レーニンも、明らかにブハーリンも「党の独裁」について語ることにしり込みしなかったが、スターリンはそれについて慎重であった。その代りに彼は「党の指導性のもとのプロレタリアートの独裁」と呼んだ。一九二六年一二月七日のコミンテルン執行委員会の会合やその他の機会に、彼は、トロツキーは一国で社会主義は建設できないと主張することによって、権力を手放すことを党に求めている、と明言した。

トロツキストの歴史家たちは、今なお一九二〇年代の出来事を残念そうにくよくよと考え込んでおり、トロツキーがさまざまな誤った動きをどうすれば避けることができたのか、あれやこれやの政治的同盟や結合によって権力をどうすれば再獲得できたかについて思索を巡らしている。しかしながら、これは二三年以降のどの時点でも現実的な可能性は完全になかったように思われる。実際にトロツキーは、スターリンの信用を貶めるために、時宜を得てレーニンの「遺言」を公に利用できたかもしれなかった。しかし彼はそうすることに失敗しただけではなく、後で「遺言」が外国で

817

出版されたとき、その真実性を否定して自分からその可能性を奪ってしまった。

ことによると、スターリンは一九二四年に倒されていたかもしれない。しかし、それがトロツキーにとって有利になったとは言えないのであって、彼は他の指導者たちから嫌われており、これらの指導者たちは、自分たちが権力から追い払われた後に初めて彼と共謀する用意があることを明らかにした。

ネップの期間中、経済・財政政策は事実として変更されないままに続いたのではなく、農民にたいする圧迫の方向へ動いて行った。ブハーリンを除けば、党の最上層部におけるネップの主唱者は、人民委員会議議長をレーニンから引き継いだルイコフと、労働組合の責任者であったトムスキーであった。この両者は、本来の資質での有名なボルシェビキであり、スターリンの操り人形ではなかった。しかしながら、早い時期からスターリンはモロトフ、ヴォロシーロフ、カリーニン、カガノーヴィチのような自分自身では何も意見を言わず、彼に無条件の服従を示す人物を指導部のなかに入れていた。

経済政策の不確実性と両義性（ネップの熱中者ですら、最終的には、「地方社会における階級闘争」という理念を完全に一掃できなかった）が、もはや満足な出口がない袋小路にまで行き着かせた。一九二五年の農民への実質的な譲歩は農場生産の拡大をもたらしたが、しかし二七年になっても穀物生産高は一四年以前の水準に達せず、その一方で食糧需要は工業と都市化の進展とともに増大しつつあった。

小自作農は処分するほどの穀物を持たず、クラークも受け取った貨幣で買うものが何もないのだから売るのを急がなかった。したがって、一九二七年に、スターリンは、没収と強制という極端な手段を採用することを決意した。ブハーリンは、当初はこの方針を認め、さらなる計画化、重工業へのさらなる投資、市場へのより大規模な国家介入、そして最後にクラークにたいする攻撃という方向で自身の計画を修正した。これは左翼反対派を満足させるには十分ではなかったが、反対派がまもなく粉砕されてしまったので、このことはさして重要ではなくなった。

農民にたいするますます増大する経済的行政的な圧迫は、納入の劇的な落ち込みと既に深刻であった食糧事情の悪化を招いた。スターリンはクラークの危険性と階級敵の増大する力についてますます多く語ったが、しかし一九二八年の二月に、彼はまだネップの放棄とクラークの粛清の噂は反革命的なたわごとだと主張していた。しかしながら、わずかその四ヵ月後に、彼は、集団農場の大規模な組織化の「機は熟した」と宣言した。七月の中央委員会総会で、その時まで激しく非難していたプレオブラジェンスキーのすべての命題を支持した。ロシアは国内的な蓄積という手段によってのみ工業化を達成することができる。唯一の解決策は農民が工業製品に法外なお金を払うようになる水準にその価格を固定することである、と。

同時に、スターリンは「中農との同盟の維持」の原則を守ることを保持し、小規模農業生産はなお必要であると断言した。それでもなお、ブハーリン、ルイコフ、トムスキーは新方針に反対したので、そこでスターリンは彼らに新しい右翼反対派という烙印を押しつけた。彼は一九二九年初頭に政治局に、その後まもなく、全世界に、この悲しい展開を通告した（二八年の秋に、彼は演説のなかで「右翼的危険」に触れたが、満場一致は政治局を支配していると明言した）。

右翼的偏向は、工業化を遅らせること、集団化を不確実な未来に延期すること、完全な交易の自由を再確立すること、そしてクラークにたいする「非常措置」つまり、徴発、逮捕、警察による圧力の使用を拒否することから成り立つと説明された。まもなく明らかにされたが、『右翼主義者』は国際情勢についても誤りがあった。彼らはなおも世界資本主義の安定を信じており、社会民主主義の左派と闘うことを拒否している、と。

この時にまた、スターリンは数多くの演説を行い（最初は一九二八年七月）、そのなかで彼の名声に理論家としてのそれを付け加える新しい原則を表明した。これが、共産主義が前進し続けるにつれて、階級闘争と搾取者の抵抗はますます激しくなるというものであった。次の二五年間、この発見はソビエト連邦とその支配に服する諸国家において、大規模な抑圧、

818

迫害そして虐殺の基礎となった。

　これが、ソビエト農業の大規模な集団化、自国民にたいし国家が実施した恐らくもっとも大規模な、戦争のような作戦の仕掛けであった。強制を控え目に行うことが実りのないことは証明済みであったので、スターリンは一九二九年の末に、大規模な「階級としてのクラークの除去」を伴う完全な集団化を一斉に始めることを決定した。数ヵ月後の三〇年三月、この方針が既に破局的な結末、つまり、農民が穀物を破壊し、大規模に家畜を殺すという結果に至った時に、スターリンは一時的休止を命令し、論文「成果に浮き浮きする」で、一部の党役員の過度の熱中や性急さと「自発性原則」の侵犯を非難した。これが党や党機関をしり込みさせ、その結果、多くの集団農場が自発的に解散してしまった。強制の方針に戻るしかなくなったが、それがこの国を地獄に変えてしまった。故意に「クラーク」と名づけられた数十万の、最終的には数百万もの農民がシベリアやその他の荒廃地に追放された。村落の絶望的な反乱は、軍隊や警察によって無残に弾圧され、国土は混とん、飢餓、悲惨の淵に沈んだ。農村の全住民が追放されたりあるいは餓死したりする場合があった。

　急いで編成された大規模輸送中に、数千人が死亡するか、あるいは風邪や必要品の欠乏によって死に追いやられた。半死状態の犠牲者が施しを求めて地方を放浪したり、人肉食という事例もあった。飢えた農民が都市に逃げてくるのを防ぐために、内国パスポート制度が導入され、居住地の非公定の変更は投獄という形で罰せられた。農民にはパスポートがまったく認められず、それゆえに、封建農奴の最悪の時代と同じように、土地に縛りつけられた。この状態は、一九七〇年代まで変更されなかった。

　強制収容所は、重労働を宣告された新しい囚人の群れでいっぱいになった。農民の自立を破壊し彼らを集団農場に集める目的は、奴隷の人民を創出することであり、彼らの労働の成果は工業のものとなる。直接的な影響は、無数の組織改編や改良措置にもかかわらず、ソビエト農業を今なお回復しないほどの衰退状況にまで陥れたことであった。スターリンの死去の時点、つまり大規模集団化が開始されてほとんど四分の一世紀が経った後でも、人口一人当たりの穀物生産高は一九一三年水準をなお下回っていた。それでもこの時期全体にわたって、窮乏や飢餓にもかかわらず、大量の農産物がソビエト工業のために全世界に向けて輸出されていた。この時期のテロと抑圧は、それらが膨大な数であろうと、人命損失の数字だけで表すことはできない。集団化が何であったかを物語るもっとも生き生きとした描写は、ヴァシリー・グロスマンの死後出版された小説『万物は流転する』のなかにある。

819

　「新しい進路」と強制的集団化方針を採用する際に、スターリンはその最初の発案者たちを排除した後で、トロツキー・プレオブラジェンスキープログラムを単純に継承したと広く受け止められている。これはブハーリンの最初からの告発であって、もはや基本的な方針上の対立は存在しない、という理由からスターリンに赦免を急いで乞うた旧反対派の多数によっても信じられた。ラデックのようにこれで成功した人びとは、最終的な破滅を逃れることはできなかったが、数年間は長く国家に奉仕することができた。

　ルカーチからロイ・メドヴェージェフまでの何人かのマルクス主義研究者も、同じ観点でこの状況を見てきた。しかしながら、トロツキー（彼は一九二六年秋に政治局から、その一年後に党から排除され、二八年初頭にアルマ・アタに追放され、二九年二月にトルコ政府の同意の下にトルコに亡命した）は、スターリンの方針は彼自身のものと同じであるという見解を取らなかった。スターリン主義官僚は、反対派の圧力によって左翼的目標を実際に採用することを強いられたが、しかしそれは残酷かつ機会主義的な方法で実施に移されたと、トロツキーは書いた。反対派は集団化を信じてはいたが、しかしそれは大規模な強制においてではない。クラークは規制され、「経済的な手段」によって闘われなければならない。これはまたすべてのトロツキー支持者によって一貫して採られた路線であった、と。

　しかしながら、彼らの主張は極めて薄弱である。トロツキーは、確かに、強制的集団化について語らなかったが、しかし、そういうことであれば、スターリンも語らなかった。スターリンの演説や論文だけでこの時期の歴史を知る人であれば誰しもが、農民はより良い生活のために集団農場に集められたのであり、「上からの革命」は止めどもない喜びで歓迎され、過酷な措置による犠牲者は一握りの救いようのないサボタージュを行う者、労働人民と人びとの利益を絶対的に代表する政府の敵である、と疑問の余地なく想定するだろう。

確かなことは、スターリンが反対派の計画を可能な手段に限って実施に移した、ということである。彼らが示唆した経済的な誘導策は、スターリンが徹底的な強制策に訴える前までにやりつくしていた。課税と価格による刺激、限定されたテロの方針はそれまでの二年間に実施されたが、その結果は穀物納入の低下とその一層の低下の可能性だけであった。さらなる経済的圧力の手段は残されておらず、二つの代替措置しか存在しなかった。つまり、完全な形のネップに戻り、自由な交易を許し、市場が食糧の生産と納入を確保するのに任せるか、あるいは、すでに発動されたコースを追求し、軍隊や警察テロの大規模な使用によって独立農民全体を抹殺するか、であった。後者の方針を選択して、スターリンは可能なやり方に限って、左派の要求を実行に移したのである。

彼はなぜそうしたのか。第一の選択肢はいかなる「歴史の法則」からも外れたものではなく、第二の道を採る決定的な強制も存在しなかった。それでもなお、既に実際に選択された方向へ強力に展開する論理がソビエト体制内に存在した。有力なイデオロギーは、国家統制のもととは言え市場的状態へ復帰することよりも、テロに基づく奴隷経済とはるかに親和的であった。

人民の大部分が国家から多かれ少なかれ経済的に独立し、国家をある程度その人民に依存させているかぎり、無欠の独裁の理想は完全には実現できない。しかしながら、マルクス・レーニン主義の理論は、社会主義は完全に集権化された政治的、経済的な権力によってのみ建設することができると教えた。生産手段の私的な所有の廃止は、人類の究極の課題そして世界でもっとも進歩したシステムの主な義務である。マルクス主義はプロレタリアートの独裁を通した市民社会と国家の融合、あるいは統一の展望を与えた。そして、そのような統一の唯一の道は、あらゆる政治的経済的文化的な生活の自発的な形態を廃止し、それらを国家によって課された形態に置き換えることである。

このようにスターリンは、彼の「社会にたいする独裁」(dictatorship over society)を確立し、国家によって課されないすべての社会的紐帯と労働階級それ自体を含むすべての階級をともに粉砕するという、唯一可能な方法で、マルクス・レーニン主義を実現した。もちろん、この過程は一夜にして生まれたのではない。それは最初に労働者階級、それに続いて党の政治的服従を必要とした。つまり、あらゆる抵抗の可能性を持つ細胞核は粉砕されなければならず、プロレタリアートはあらゆる自己防衛の手段を奪われなければならなかった。

党は、その権力獲得の最初からプロレタリアートの大部分によって支持されてきたのだから、これをやることができた。それは政治的に意識が高く闘いの経験も豊かな古参の労働者階級が内乱戦争によって大量に殺され、戦後の破たんや悲惨が無関心や疲労を生んだという、ドイッチャーが強調するような単純な事柄ではない。党の成功は、プロレタリアートの支持の時期を二つの方法で活用したことによった。第一に、党は労働者階級の有能なメンバーを国家機関の特権的地位に押し上げ、これによって彼らを新しい支配階級に転換した。そして第二に、党は現存の労働者階級の組織、特に他の社会主義政党や労働組合をすべて破壊し、そしてそのような組織を再生する物的手段も労働者の手から届かないところに置くように取り計らった。これらすべてが早い時期に、そして極めて効率的に実施された。

こうして労働者階級は麻痺させられ、疲労だけではなく全体主義の急速な進行が、散発的な絶望的試みはあったが、労働者階級が連続的に効果的な行動に立ち上がることを阻んだ。この意味において、ロシアの労働者階級は、彼らの個々の階級的出自にもかかわらず、彼ら自身の独裁者を創り出した。同じようにインテリゲンチャは、極左主義者からの間断のない恐喝に直面して、ためらいと屈服のなかで、何年ものあいだ、無意識のうちに自らを滅ぼすように動いてきた。

こうして、トロツキーによって宣伝された素晴らしい新世界をエジプトの奴隷によるピラミッドの建造になぞらえた、メンシェビキの一九二〇年の予言が実現された。多くの理由からトロツキーは、自分の計画を遂行することには適さなかった。スターリンが生きたトロツキーであった。

新しい方針は、ブハーリンとその協同者たちの政治的転落を意味した。論争の当初、右派はまだなお確固とした政治的地位と党内の相当広範な支持を保持していた。しかしまもなく、彼らの資産の全部は書記長の権力に比べれば無に等しいことがはっきりとした。『右翼的偏向』がスターリンとその取り巻きによる攻撃の主要な標的となった。ブハーリン派、つまり、個人の権力のためではなく、統治の原則のために闘った党内の最後の反対グループは、一九二九年のうちに、国家官僚制のなかで占めていたすべてのポストから排除された。これは左翼反対派が支持を回復したことを意味するのではまったくなかった。スターリンは少数の者を低い職務に就かせたけれども、彼らのうちの誰も元のポストには戻されなかった。

有能なラデックは、政府の称賛者として数年間は留め置かれた。ブハーリン派はあえて党外に意見を公表することはせず、左派に至ってはなおさらそうしなかった（当時はそうする可能性が多くあったけれども）。ブハーリン派はあえて「分派」活動を組織しようとはしなかった。それは結局、分派主義を痛烈に非難し、党の統一を賛美した彼らのトロツキーやジノヴィエフとの闘争から時間が経っていなかったからであった。

一党支配について言えば、それは左翼反対派からも右派からも疑問視されなかった。すべての人間が自分たちの理論と自分たちの過去との囚人であった。つまり、すべての者が自分たちを粉砕した暴力装置を創り上げるために、自らの意志で働いてきたのである。カーメネフとの同盟を形成しようとするブハーリンの絶望的な試みは、彼の経歴の痛ましいエピローグにすぎない。

一九二九年一一月に、偏向派は懺悔という公的な行為をやったが、これすらも彼らを救うものではなかった。スターリンの勝利は完璧であった。

ブハーリン反対派の崩壊は、党と国家における専制支配体制の勝利となった。二九年一二月のスターリンの五〇歳の誕生日は歴史的に重大な出来事として祝われたが、われわれは、この時点からを「個人崇拝」の時期と定めてもよい。トロツキーの一九〇三年の予言、つまり、党の支配は中央委員会の支配となり、そしてこれが翻って独裁者の個人支配となるという予言が実現したのである。

人口の四分の三を構成したソビエト農民の破壊は、国全体にとって経済的だけではなく道徳的な災厄でもあった。数千万の人びとが半奴隷状態に追い込まれ、数百万人以上がこの過程の執行人として雇われた。党全体が拷問者と抑圧者の組織と化した。誰も無実ではなく、すべての共産主義者が社会の強制の共犯者であった。こうして党は新しい種類の道徳的な統一を獲得し、後戻りのできない進路に乗り出したのである。

この時点で、独立したソビエト文化とインテリゲンチャに残されていたものもまた系統的に破壊された。体制は最終的統合の段階に入ったのである。

一九二九年から三八年の刑死までのブハーリン個人の運命は、ソビエト連邦あるいはマルクス主義の歴史にとって少しも重要ではなかった。失脚後に彼は最高経済会議のもとで調査主任としてしばらく働き、時どき論文を発表していたが、それはステファン・F・コーエンがその優れた自伝で指摘しているように、一時的で弱められた批判的論評の試みであった。彼は中央委員会の委員に留まり、さらなる公的追放の後の三四年にイズヴェスチヤー誌の編集長となった。その年の八月の記者会議で彼は「時代の自由」と題する演説を行った。そして三五年に新しいソビエト憲法を制定する委員会の実質的な議長となった。この文書は三六年にまとめられ七七年まで効力があるが、これは全部とは言わないが主としてブハーリンの仕事である。三七年二月に逮捕されて、ブハーリンは化け物的見世物裁判シリーズの最後に、死刑を宣告された。

彼の伝記作家は、彼を「最後のボルシェビキ」と呼ぶが、この表現が真か偽かは、われわれがそれに付与する意味次第である。もしわれわれがボ

823

ルシェビキによって意味するものが、新しい秩序のすべての原則、つまり、単一政党の無制限の権力、党内の「統一」、あらゆる他者を排除するイデオロギー、国家の経済支配を受け入れるという原則を受け入れる人であり、そしてまた、この枠組のもとで寡頭制または個人の絶対的支配を回避することが可能であり、テロを使わずに統治することが可能であり、ボルシェビキが権力をめざす闘争のなかで擁護してきた価値、つまり労働者階級あるいはプロレタリアートによる政府、自由な文化の発展、芸術、科学、民族的伝統の尊重を保持することが可能であると信じる人であるならば、ブハーリンを「最後のボルシェビキ」と呼ぶことは真実である。しかし、もし「ボルシェビキ」がこれらすべてであるとすれば、それは単に、自分自身の前提から論理的結論を引き出すことができなかった男を意味するだけだろう。

他方で、もしボルシェビキのイデオロギーが普遍性の問題ではなく、自分自身の原則の不可避な結果を受け入れることであるとすれば、その場合、すべてのボルシェビキやレーニン主義者のなかで、自分がもっとも首尾一貫していたと自慢する点で、スターリンは正しかった。

第2章　一九二〇年代におけるソビエト・マルクス主義の論争

1　知的・政治的風土

われわれが見たように、一九二一年から二九年までのネップの時期は知的分野において決して自由な時代ではなかった。それどころか、独立した学術、文学、哲学そして人文科学はますます拡大する圧力のもとに置かれた。それにもかかわらず、この分野においても集団化後の数年間が転換点を画したのであって、それは以下のように説明できる。

ネップの時期のあいだ、著作家や芸術家は体制への忠誠を示すように求められ、反ソビエト的作品を創ることは認められなかったが、その制限内であれば多様な動向が認められ、また事実としてそれは存在した。芸術や文化の排他的な基準は存在しなかった。つまり、試行が許容され、体制またはその指導者の直接的な賛美が出版の必須条件とはなっていなかった。

哲学においてマルクス主義は最高の位置に君臨した。しかし、それはまだ体系化されておらず、何が「真の」マルクス主義を構成するのかは普遍的に明確ではなかった。したがって、論争は継続され、何がマルクス主義と一致するのか、しないのかを発見しようと、純粋に探究する確信的なマルクス主義者が存在した。さらに、特に重要な作品は残していないが、一九二〇年代の哲学者たちは「正規の」知的背景を有する人たちであり、体制に忠実ながらもそれが自分たちの思索にどのように反作用するのかについて思い煩うことはなかった

数年のあいだは、民間の出版業もまた活動していた。一九一八年から二〇年にかけて非マルクス主義者の作品がまだ発行されており、例えば、ベルジャーエフ、フランク、ロスキー、ノブゴロツェフ、そしてアスコルドフの作品が出版され、『思考と言語』(Mysl i slovo)や『思想』(Mysl)のような非マルクス主義の雑誌も一、二冊は出ていた。これは、ソビエト権力にたいする差し迫った脅威のゆえに抑制の拡大が必要だ、とする後年の主張がいかに根拠のないものかを物語っている。

相対的な文化的自由があった数年間は、体制への脅威がその後よりもよほど大きな国内戦争の時期であった(そして同じように、国の運命がきわどい瀬戸際にあった一九四一年にも文化問題においてある程度の緩和があった)。しかしながら、二〇年に大学の哲学講座が廃止され、二二年には右に挙げた人びとを含むすべての非マルクス主義哲学者がこの国から追放された。

芸術と文学において、一九二〇年代は多くの価値ある業績で特徴づけられた。革命に共鳴した代表的な著作家は、その著作によって革命にある種の真正性を与えた。彼らのなかにはバーベリ、若きファジェーエフ、ピリニャーク、マヤコフスキー、エセーニン、アルテム・ヴェショーリ、レオーノフがいた。彼らの創造力は、革命が単なるクーデターではなくロシア社会に真に実在する力の爆発であったという事実の証明である。しかし、ソビエト体制を快く思わなかった他の作家たち、例えばパステルナーク、アフマートヴァ、ザミャーチンのような人びとの活動もまたこの時期には活発であった。

三〇年代に、これらすべてが終わりを迎えた。この時期に革命に共感するか、あるいは「ブルジョアの生き残り」であるかのどちらが、より安全であったかを言うのは実に難しい。前者の分類の作家の多くが殺されるか(バーベリ、ピリニャーク、アルテム・ヴェショーリ)あるいは自殺に追い込まれた(マヤコフスキー、エセーニン)。二番目のカテゴリーのうちの何人かはマンデリシュタームのように強制収容所で死亡したが、他の人びとは迫害や悲嘆の時期を生き残るか(アフマートヴァ、パステルナーク)あるいは外国へ移住させられた(ザミャーチン)。スターリンの専制政治の称賛者となることを選んだ人びと(ファジャーエフ、ショーロフ、オルシェア、ゴー

リキー）は、その過程で自らの才能を全般的に犠牲にした。

内乱戦争後の数年は、すべての形態の文化が盛り上がりを見せた。偉大な制作者や監督という名声を得たメイエルホリド、プドフキン、エイゼンシュテインは、演劇や映画の世界史に残る資格がある。西欧の流行のファッション、特に多かれ少なかれアヴァンギャルド・タイプのそれは、その結果を恐れることなく、しきりに受け入れられた。I・D・エマルコフのようなソビエトのフロイト信奉者は、精神分析の唯物論的で決定論的側面を強調した。トロツキー自身は、フロイト主義に好意的関心を示した。

J・B・ワトソンの行動主義の著作が、ロシア語訳として出版された。自然科学の新しい発展にたいするイデオロギー攻撃は、まだ存在しなかった。相対性理論は、時間と空間は物質の存在形態であると主張することによって、弁証法的唯物論を確証すると主張する評者たちによって好意的に受け入れられた。教育の「進歩主義」の傾向、特に規律や権威に対立するものとしてのデューイの「フリースクール」の強調も、また歓迎された。同じ時期に、例えば、ヴィクトルM・シェルギンは、共産主義のもとで学校は「死滅する」という見通しを提起した。実際にそれは、すべての旧世界の制度は死滅する運命にある、というマルクスの説と矛盾するものではなかった。つまり、国家、軍隊、学校、民族そして家族がこれに当たる。

このような見方は共産主義の無邪気なアヴァンギャルド精神を表したものだが、それ自体が早晩永久に「死滅する」運命にあった。その信奉者たちは、時代遅れの制度や伝統、神聖なものや禁忌、信仰や偶像が、勝利を収めた理性の力の前では塵になって崩壊する新しい時代が出現しつつあると信じた。つまり、世界のプロレタリアートがもう一人のプロメテウスのように、ヒューマニズムの新しい時代を築き上げるだろう、と。この偶像破壊的な熱情が、フランスのシュール・リアリズム主義者のような文学、あるいは芸術分野の前衛的な西欧インテリゲンチャを魅了したのだが、彼らは共産主義のなかに伝統、アカデミズム、権威そして過去一般に反対する闘争の政治的具体化を見たのである。この時期のロシアの文化的雰囲気は、すべての革命の時期に共通する青年的特質を持っていた。つまり、人生は始まったばかりであって未来には限りがなく、そして人類はもはや歴史の拘束に縛られないという信念である。

新体制は非識字者を一掃し、教育を振興することに力を入れた。学校はまもなくイデオロギー的教化に使われ、教育制度全体が非常に拡大された。大学があちこちに建設されたが、数字が示すようにその多くは長続きしなかった。戦前にロシアは九七の高等教育機関を有し、一九二二年にはそれが二七八になったが、二六年には再び半減した（一三八）。同時に「労農大学予備校」（Workers' Faculties：ラブファーク）が設立され、労働者に高等教育を施すための応急的なコースが設けられた。

当初、ルナチャルスキーのもとのソビエトの文化政策は限定された目的で満足していた。学問教育機関のすべての「ブルジョア的」な学者や教師を一撃で排除することは不可能であった。そうすれば学問と教育が事実上途絶えることになるからである。今日でもまだそうであるように、大学はそもそもアカデミーや研究機関よりも政治的圧力に従属していた。青年の教育に従事しない機関には、当然ながら厳しい統制は存在しなかった。

一九二〇年代に科学アカデミーはかなりの程度の自治を持っていたが、他方、大学は早い時期にその自治を失い、その管理機関は教育人民委員の代表と労農大学予備校出身の党活動家によって占拠された。教授職は学問的資格に関係なく、政治的に信頼できる人物に与えられた。学生の在学登録は「ブルジョア的」な志願者、つまり旧インテリゲンチャあるいは中産階級の子弟を排除するために階級的な基準に従った。かなり柔軟なカリキュラムを備えた「リベラル」な大学という古い理念と反対に、「職業」教育に力点が置かれた。その目的は古い意味のインテリゲンチャ、つまり、自分の職業において熟達しているだけではなく、自分の視野を広げ全面的文化を獲得し、全般的問題について自分の意見を確立しようと欲する人びとの階層であるインテリゲンチャを創るのを防止するためであった。

「新インテリゲンチャ」の教育は、可能なかぎり、厳密に専門的な資質に制限された。今日もなお十分に保たれているこの原則は早い時期に導入された。しかしながら、政治的圧力の強さはさまざまな分野で変化があっ

826

た。最初は、自然科学の内容に関するかぎり実際上いかなる強制もなかった。人文学においてはイデオロギー的に影響を受けやすい分野、つまり、哲学、社会学、法律学そして現代史にたいして強制はもっとも強かった。古代世界史、ビザンチンあるいは古代ロシアの歴史に関する非マルクス主義者の研究成果は一九二〇年代には発表することがまだ許されていた。

ソビエト国家内の非ロシア人に関して言えば、彼らの「自決権」は（レーニンが予言していた通りに）単なる紙くずであることがすぐに証明されたけれども、彼らは自言語の媒体を通じた普通教育の便益を受け、ロシア化は初めのうちは重要な要素ではなかった。まとめて言えば、教育の全般的水準は不可避的に大きな損害を受けたけれども、新体制はロシア史上初めて誰もが接近可能な学校制度を確立することに成功した。

ソビエト権力の最初の一〇年間にいくつかの学部、特に歴史、哲学、法律のそれは完全に「改革され」たり、あるいは閉鎖されたりしたけれども、大学は古いタイプの学問によって大きく影響を受けていた。新しい教育要員を形成し、正統的な学習の拡大を奨励するために当局は党を基礎にした二つの機関を創設した。つまり、大学の古いインテリゲンチャの交替要員を養成するための「赤色教授学校」（Red Professors' Institute 1921）と、それより前の時期に創られたモスクワの「共産主義アカデミー」（Communist Academy）である。

これら両機関は、ブハーリンが権力に留まっている間は彼によって支援され、「左翼偏向主義者」あるいは「右翼偏向主義者」が何回も追放された。これらの機関は、党が学問機関を完全に統制下に置き、信頼できる職員で当該機関を満たし、特別な養成機関を必要としない段階になると、当然ながら解散された。この時期に新たに設置されたのが「マルクス・エンゲルス研究所」であり、それはコミュニズムの歴史を研究し、マルクスとエンゲルスの著作の第一級の決定版を刊行した（MEGA版）。その編集長D・B・リャザーノフは一九三〇年代にその職を解かれたが、それは他のすべての真のマルクス主義インテリゲンチャと事実上同じであり、三八年にサラトフで自然死したと言う者もいるけれども、おそらく粛清の犠牲となったのであろう。

一九二〇年代のマルクス主義歴史家の筆頭はミハイル・N・ポクロフスキーであって、彼は著名な学者でブハーリンの友人であった。彼はルナチャルスキーのもとで数年間、教育人民委員代理であり、赤色教授学校の初代校長であった。彼は古典的マルクス主義のスタイルで歴史を教え、詳細な分析がマルクス主義の全般的教義の確証を示すように努力した。つまり、技術の決定的役割と階級対立、歴史過程における個人の従属的な重要性、そしてすべての民族は本質的に同じ発展段階を辿るという理論である。

ポクロフスキーは、レーニンが大いに敬服したロシア史を書き、幸運にも大粛清の前の一九三二年に死亡した。後になって彼の見方は不正確であると烙印を押され、例えば歴史は過去に投影された政治以外の何ものでもないという、たびたび引用された言説がそうであるように、歴史科学の「客観性」を否定した、として糾弾された。しかしながら、党内の「科学的客観性」の擁護者たちと異なり、彼は真の歴史家であり証拠の良心的なシフター（篩《ふるい》）であった。

彼と彼の学派の告発は、主に国家イデオロギーにおける民族主義のますます増大する影響と、歴史の最高権威としてのスターリン崇拝とに結びつけられた。つまり、ポクロフスキーは「愛国主義に欠け」、彼の研究はレーニンやスターリンの役割を過小評価していると言われた。後になってその逆の叙述が必須となってしまったが、ポクロフスキーがツァーリ・ロシアの征服を賞賛せず、あるいはロシア人民の徳性や全般的優秀性を激賞しなかった以上、この非難は当たっていた。

党史は当然に、最初からもっとも厳重な統制のもとに置かれた。それにもかかわらず、長い間にわたって、実際には一九三八年の『小教程』（Short Course）の発行までは単一の権威ある版は存在せず、分派闘争が継続しているかぎり各派が自派にとってもっとも有利な観点から党史を出していた。トロツキーは革命の一つの版を公表し、ジノヴィエフも別の版を出した。多様な草稿が現れ、そのすべてが党の活動家あるいは注文を受けた歴

827

史家（例えば、A・S・ブブノフ、V・I・ネフスキー、N・N・ポポフ）によって書かれたが、内容は必ずしも厳密に同じではなかった。しばらくのあいだ、もっとも権威ある版はE・ヤロスラフスキーによるものであり、一九二三年に初版が発行され、指導者内の権力の移動に応じて数回にわたって改訂された。最終的に、それはヤロスラフスキーを編者とする共著にとって代わられたが、彼の懸命の努力にもかかわらず、「重大な誤り」によって台なしにされた。それはスターリンの賛美が十分ではなかったのである。事実として、党史は、早い時期から他のいかなる学問分科よりも政治的武器の地位に格下げされた。最初から党史の草稿は、自画自賛以外の何ものでもなかった。それでもなお、この分野における価値ある資料もまた二〇年代に公刊されたが、それは主に専門誌への回想や寄稿論文であった。

　一九二〇年代の法律・憲法理論におけるソビエトのもっとも有名な専門家はエフゲニーB・パシュカーニス（一八九〇～一九三八）であり、彼は多くの人びとと同じく、大粛清のなかで非業の死を遂げた。彼は共産主義アカデミーの法律研究部門の長であり、彼の『法の一般理論とマルクス主義』（二九年にドイツ語訳で出版）はこの時期のソビエト・イデオロギーの典型と見なされている。彼の主張は、法規範の特殊な変革システムだけではなく法それ自体としての形態、つまり、全体としての法現象は、物神崇拝的な社会的諸関係の産物であり、それゆえに、その発展した形態において、それは商品生産時代の歴史的な表れである、というものであった。

　法は交易の規制のための道具として創り出され、それから他のタイプの人間関係に広げられた。それゆえに、法は、共産主義社会において国家や商品物神化の他の被造物と同じように死滅するに違いない、と考えることはマルクス主義の理論と整合する。現在、ソビエト法が有効であるのは、その存在によって、階級がまだ廃止されておらず資本主義の残存物が不可避的になお現存する過渡期の時代にわれわれが生きていることを示している。共産主義社会に特有の法の形態というようなものは存在できない、そのような社会における人間関係は法的カテゴリーによっては調停できないからである。

　パシュカーニスの理論は、マルクスの教えにしっかりと根ざし、当時ルカーチやコルシュが推し進めていたマルクスの解釈と合致していた。他方、レンナーやカウツキーのような社会民主主義者は、法を諸個人の関係を規律するための恒久的な手段と見なした。

　物象化の分析におけるルカーチの説によれば、マルクスの社会哲学からすれば、法は商品交換によって支配された社会の人間関係に特有の物象化と物神化の形態である、ということになる。社会生活が無媒介の形態に立ち戻るとき、人間は抽象的な法規則を通して彼らの諸関係を取り結ばなければならないということも、また取り結ぶことができるということもない。つまり、パシュカーニスが強調したように、法的な結合は諸個人を抽象的な法的カテゴリーに還元するのである。したがって、法はブルジョア社会の一つの側面であり、そのなかで、すべての人間の結合は物象化された形態を取り、諸個人は非人格的な力の操り人形、つまり経済過程における交換価値あるいは政治社会における抽象的な法的規則の操り人形となる。

　同じ結論が、一九二〇年代のもう一人の法理論家ペーテリス・イヴァノヴィチ・ストゥチカによってマルクスの理論から引き出されたのだが、彼は、法そのものは階級闘争の手段であり、したがって階級対立が続くかぎり存在するに違いない、と主張した。つまり、社会主義社会においてそれは対立する階級の抵抗を押さえつける手段であり、無階級社会においてはそのさらなる必要はあり得ない、と。コミンテルンでラトビアを代表したストゥチカは、長い間ソビエト秘密警察の高官であった。

　党史よりも政治的に敏感ではない文学やその他の分野において、国家と党の指導者の大部分が体制への全般的忠誠という制限のもとでなら一定の複数主義を認めても害はない、と考えた。レーニン、トロツキーもブハーリンも文学に拘束衣を付けようとはしなかった。レーニンやトロツキーは個人的趣向としては時代遅れであり、アヴァンギャルド文学またはプロレトクリトは嫌いであった。ブハーリンは後者に幾分か共鳴するところがあ

828

829

ったが、文学の問題について数本の論文を発表したトロツキーは「プロレタリア文化」などというものは存在しないし、また存在もできないときっぱりと述べた。

プロレタリアートは教育されていないから、現在はいかなる文化も生み出すことはできないが、将来について言えば、社会主義社会はいかなる類の階級的文化も創造せず、人間の文化全体を新しい水準に引き上げるだろうと、トロツキーは主張した。プロレタリアートの独裁はほんの短い過渡的時期であり、その後に光り輝く無階級社会、つまり超人の社会、誰もがアリストテレス、ゲーテ、あるいはマルクスと等しい知識人になれる社会が始まるだろう、と。トロツキーの見方では、特定の文学スタイルを正典化したり、それらの内容にもかかわらず、創作されたものを進歩的とか反動的とかラベルを貼って分類したりするのは間違いである、というのであった。

芸術や文学に画一的なパターンを押しつけることや、それらを国家、党、スターリンの栄光を讃える媒体に転換することは、全体主義の発展の自然の結果であった。しかし創造的なインテリゲンチャ、少なくともその大部分が、この過程をかなり助長した。さまざまな文学や芸術の流派が競争のもとに置かれ、体制への全般的な忠誠を条件に容認されていたこの時期に、それらのほとんどすべてがライバルに対抗して党に支援を頼みこんだ。これが特に文学や演劇に当てはまった。

こうして、自分たちの考え方の独占を追求する著作家やその他の人びとは、あれやこれやの形態の芸術を許可したり禁止したりするのは党や国家の権力である、という有害な原則を受け入れ、助長した。ソビエト文化の滅亡の一部は、それ自身の代表者の行為でもあった。しかしながら、例外もあった。例えば、文学批評の「フォーマリスト」派は一九二〇年代に隆盛を迎え、有意義な人文主義の動向として尊敬された。それはこの年代の末に非難されたが、そのメンバーの何名かは政治的な圧力や警察の制裁に屈することを拒否し、沈黙を強いられた。このような不屈さの結果としてフォーマリズムは地下の潮流として存在し続け、当然ながらこの過程で指導者たちはまもなく自然の理由か、その他の理由で死亡したけれども、強力で輝かしさを失わない知的運動として二五年後のスターリン死後の部分的緩和の時期に再び登場した。

二〇年代はまた「新プロレタリア道徳」の時代でもあったが、この用語は数多くの計画的な、あるいは自主的な変化を表しているが、それは必ずしも同じ方向ではない。他方、「ブルジョア的偏見」に反対する持続的な闘争も存在した。これは特にマルクス主義的ではなく、これまでのロシアの革命の伝統を反映していた。例えば、それは家族に関する法制度の緩和のなかに見られた。結婚や離婚は形式的な承認事項となり、嫡出子と非嫡出子との類別が廃止され、堕胎の制限が廃止された。性的な自由は革命家のなかでは通例であり、それはアレクサンドラ・コロンタイが理論的な問題として永年提唱し、この時代のソビエト小説にもよく見受けられた。

政府は、これらの変化が親の影響力を弱め、国家の教育独占を助長する方向であるかぎりにおいて、これらに関心を持った。当局の宣伝は、あらゆる形態の集団教育、ごく幼い子どもたちの集団教育すらも奨励し、家族の紐帯はもう一つの『ブルジョア的な残滓』であるとさえ単純に表現された。子どもたちは親をスパイし、親の意志に反して情報を提供するように教えられ、彼らがそうすると褒められた。しかしながら、他の生活の側面と同じように、ここにも、学校教育と軍隊にも、後になってから当局の態度に著しい変化があった。

革命の初期に説教された急進的で偶像破壊的な理想のなかで、国家が個人にたいする絶対的な統制権を行使するのを助長するものを除いて、その他の全部が破棄された。したがって、集団教育と親の権利の最小限までの縮減という理念は維持されたままであったが、自発性と自律性を推し進めるように設計された「進歩主義」の教育方法は終わりを告げた。厳格な規律が再び規則となり、この点で言えば、ソビエトの学校とツァーリの学校との違いは、「膨大に増加した教え込みの強調」という一点だけであった。やがて、清教徒的な性倫理が好意をもって復活された。もちろん、真っ先に除外されるスローガンは、軍隊の民主化に関連するものであった。内乱戦争のときに、トロツキーは効率的な軍隊には絶対的な規律、厳格な階層制そして職業的な将校団が必要だということをよく認識していた。

国家はまた最初から教会と宗教の影響力を破壊することに着手した。これは、明白にマルクス主義の理論やすべての独立した教育を破壊しようとする国家の目的と一致した。既にわれわれが検討したことだが、ソビエトの体制は教会と国家の分離を宣言したけれども、この原則を現実に移すことに成功したことは決してなく、また成功することもできなかった。なぜなら、この原則は、国家が国民の宗教的な考え方にいかなる関心も持たず、そして国民にたいして、どの宗派に属するか属さないかの同等の権利を完全に保障し、他方で、教会や教団が私法上の主体として認められることを意味するだろうからである。

国家がいったん反宗教の哲学を持つ党の所有物となってしまえば、このような分離は不可能である。党のイデオロギーが国家のイデオロギーとなって、すべての形態の宗教生活が必然的に反国家的な活動となった。教会と国家の分離とは、信じる者も信じない者も平等の権利を持ち、前者が無神論の党員たちと同等に、自分たちでその力を行使する機会を持つことを意味する。ソビエトの条件の下で、この原則の実現がいかに不合理なものであるかを述べるだけで十分である。その正統性がそこに由来する基本的な哲学やイデオロギーの固守を最初から宣言する国家は、宗教に対して中立ではあり得ない。

したがって二〇年代を通して、その過程の強度は時期によって変化したけれども、教会は迫害され、キリスト教を説くことを妨げられた。体制は聖職者団体の側が屈することを説得するのに成功したが、それは自分の側は一切の譲歩もせずに、それは妥協とは誰も呼べないものである。二〇年代の遅くになって多くの反抗的な聖職者たちが殺害された後で、残された一定部分の聖職者が忠誠を誓い、ソビエト国家と政府のための祈禱を制度化した。その時までに、無数の処刑、僧院や修道院の解体、市民権の没収や剥奪の後で、教会は過去の姿のまぼろしとなった。それにもかかわらず、反宗教宣伝は党内教育の重要な要素として今日まで残ってきた。一九二五年に設立されたヤロスラフスキー指導下の「戦闘的無神論者同盟」は、キリスト教徒やその他の信者をあらゆる可能な方法で苦しめ、迫害したが、彼らはそうすることで国家から支持された。

しかしながら、新社会でもっとも強力な教育力は警察の抑圧システムであった。これはその強度に変動があったけれども、いかなる市民であっても、いかなる時でも、当局の意のままに抑圧的措置に従属させることができる、というのが通常の姿であった。レーニンは、新しい社会の法は伝統的な意味の法と何ら関係がないものでなければならない、つまり、どのような方法であれ、政府の権力を制限することが認められてはならないと宣言した。いかなる体制のもとでも法は階級的な抑圧の道具以外の何ものでもないのだから、新秩序は「革命的合法性」という対応する原則を採用したのであって、当局は法的な形式、証拠の規則、被疑者の権利等々に煩わされてはならず、そして「プロレタリア独裁」にとって潜在的危険があると推定される人ならば誰でもただ単純に逮捕し、投獄し、死に至らしめることができることを、それは意味した。

ガーゲーベー（KGB　ソ連国家保安委員会）の前身であるチェーカー（反革命・サボタージュ取締全ロシア非常委員会）は、司法の承認なしに誰でも投獄する権限を最初から与えられており、その布告は革命直後に出されたが、その趣旨は、さまざまに大雑把に定義された人民のカテゴリー、つまり、投機家、反革命の扇動者、外国権力のエージェントなどは「情け容赦なく射殺」されるというものであった（どのようなカテゴリーの人民が、情け深く射殺されたかについては明らかにされていない）。これが、実際は地方警察当局がすべての国民の生死について絶対的な権限を持つことを意味した。

強制収容所（Concentration camps この言葉は実際に使われた）は、レーニンとトロツキーの権限でさまざまなタイプの「階級敵」のために一九一八年に設置された。当初、これらの収容所は政治的な反対者、つまり、カデット、メンシェビキ、エス・エル、後にはトロツキストやその他の偏向者、聖職者、ツァーリの元の役人や将校、資産所有階級の構成員、一般の犯罪者、労働規律違反に問われた労働者、そしてあらゆる種類の反抗者を罰する施設として使われた。わずか数年後にこの収容所は、大規模に奴隷労働を提供することからソビエト経済の重要な要素となった。さまざまな時期にテロは、特に党が当面の「主要な危険」と見なすために何を選ぶかに応じて、一つあるいはまた別の社会集団に向けられた。

しかし、最初からこの抑圧のシステムは完全に超法規的であって、すべての布告や刑法典は既にその権限を保持している人びとの恣意的な権力の使用を公認するためだけに仕えた。見せもの裁判は早い段階に始まっており、例えばエス・エルや聖職者たちの裁判がそうであった。これから起こることの厳しい警告となったのは、ドーネット石炭盆地で働いていた数十名の技術者の一九二八年五月のシャフティ裁判であり、証拠は最初から最後までねつ造され、強要された自白に基づいた。サボタージュと経済的反革命で告発された犠牲者たちは、体制の経済的な後退、その組織的な不手際、人民の悲惨な状態の都合の良いスケープ・ゴートであった。一一名が死刑を、多くの者が長期の投獄を宣告された。裁判は、古参のインテリゲンチャのすべての人びとにたいして、国家からの寛大な扱いを期待することはできない、という警告として役立つこととなった。この訴訟の記録は、ソルジェニーツィンによって見事に分析され、それはソビエト体制下の法概念の絶対的な退化の実像を示している。

犠牲者がボルシェビキでないかぎり、党の指導者の誰かがどこかの時点で、抑圧または明らかにねつ造された裁判に抗議したり、これらを防止したりしようと試みた証拠は存在しない。反対派グループは、テロが党の活動に貢献してきた自分たちのメンバーに及ぶに至って初めて不平の声をあげたが、その時点での不平は何の役にも立たなかった。警察機構は完全にスターリンとその助手たちの掌中にあり、下級の段階では、それは党官僚制に優先した。しかしながら、警察が党全体をずっと統制したと言うことはできない。なぜなら、スターリンはこの時期全体にわたって、警察の頭目としてではなく党の頭目として、最高権威者として支配したからである。しかしながら、彼が党を支配したのは警察を通してであった。

2　哲学者としてのブハーリン

共産主義の際立った特徴の一つは、政治生活における哲学の重要性の確信であった。そもそもの始まりから、つまりプレハーノフの初期の著作から、ロシアのマルクス主義は、完全な「体系」、哲学、社会学、政治学のすべての問題を抱え込んでそれに答える完全な「体系」として展開する傾向を示した。何が「真の」哲学を構成するかという点で個々人に意見の違いはあったが、彼らは、党は明確に定義された哲学的な見解を持つべきであり、また持たなければならず、この哲学的な見解はそれへの対抗物を何も認めないという点でも全員が一致していた。

ドイツの多くのマルクス主義者の哲学的中立主義に事実として対応するものはロシアには存在しない。ドイツのマルクス主義者は論理的に独立した二つの命題でそれを表わした。その命題の第一は、社会現象の科学的な理論としてマルクス主義は、他のどの科学よりも哲学的な前提を必要としない、ことである。第二は、党は、政治綱領（political programme）と歴史社会的な理論（historico-social doctrine）によって縛られるが、その構成員は自分の好むどのような宗教または哲学でもそれが何であれ信奉することは自由である、ことである。レーニンはこれらの二つの原則を激しく攻撃し、それを果たしたことによって、ロシア・マルクス主義の完全な代表者となった。

したがって、党当局は革命後、直ちに哲学の教育に取りかかった。しかしながら、その時はまだ成文化された哲学は存在しなかった。マルクスやエンゲルスは別として、プレハーノフが主要な権威者と見なされた。レーニンの『経験批判論』に関する作品は、すべての者が参照しなければならない正典化されたテキストという地位をまだ獲得していなかった。

ブハーリンは、レーニンに次いで、党の全般的哲学と社会理論の体系的な提示を試みた最初の党指導者であった。彼は亡命中にウェーバー、パレート、シュタムラーやその他の非マルクス主義の社会学書を研究していたので、他の指導者たちよりもこの課題にたいして十分に用意されていた。

[833] 一九二一年に彼は『史的唯物論　平易なマルクス主義社会学入門』（英訳版は二六年）を発行した。ある一つの特定の異説の攻撃であったレーニンの『経験批判論』と異なり、ブハーリンの作品はマルクス主義の理論の全般的な記述を意図した。これは何年にもわたって党の幹部の理論訓練用の基礎的な教科書として使用され、この著作の重要性はその固有のメリットよりもこの事実にある。

　ブハーリンは、マルクス主義は厳密に科学的であり、社会現象の唯一の科学的、総合的な理論であって、他の科学がその固有の課題を扱うのと同じように、「客観的に」社会現象を扱うと主張する。したがって、マルクス主義者は歴史過程を正しく予見できるのであって、それは他の誰もできない。すべての社会理論がそうであるように、確かに、マルクス主義もまた階級的な理論である。しかし、それはプロレタリアートにたいして託された理論であって、プロレタリアートはブルジョアジーよりも広い知的視野を持つ、なぜならその目的が社会を変革することであり、それゆえに未来を展望することができるからである。このように、プロレタリアートだけが社会現象の「真の科学」を生み出すことができ、また事実として生み出してきた。この科学が史的唯物論、つまり、マルクス主義社会学である（「社会学」という用語はマルクス主義者によって認められず、レーニンは、あれやこれやの理論ということではなく「社会学」それ自体がブルジョアジーの発見であったという理由から、この用語を拒否した。しかしながら、ブハーリンは、明らかに、科学研究の特定の分野を言い表すために、既に使われていたこの用語を使いこなそうとした）。

　ブハーリンは、史的唯物論は、研究の方法や対象への因果論的なアプローチにおいて社会科学と自然科学とのあいだで違いはない、という前提に基づくと主張した。あらゆる社会過程は不変の因果法則に従う。シュタムラーのような理論家の反対にもかかわらず、人間の意図という事実もこれから外れない。なぜなら、意志や意図は他のあらゆるものと同様にそれ自体が条件づけられているからである。自然あるいは社会のいずれかの領域の目的的行為の理論、そしてすべての非決定論は直接に神の仮定にまで直接に繋がる。人間は自由な意志を持たない。彼のすべての行為は因果的に決定される。いかなる「客観的」な意味においても、偶然のようなものは存在しない。われわれが偶然と呼ぶものは、二つの因果的な連鎖の交差であって、そのうちの一つがわれわれに見えているに過ぎない。「偶然」のカテゴリーは単にわれわれの無知の表れである。

　必然の法則がすべての社会現象にあてはまるのだから、歴史の行程を予言することは可能である。そのような予言は、われわれが特定の事件の日付を予言するほど「まだなお」正確ではないが、それはわれわれの知識の不完全さだけが、その理由である。

　社会学における唯物論と観念論の対立は、基本的な哲学論争の特殊な事例である。唯物論は、人間は自然の一部であること、精神は物質の機能であり、思想は物質的な脳の活動である、と主張する。これらのすべてが観念論によって否定されるのだが、観念論は宗教の一つの形態以外の何ものでもなく、科学によって事実として論破されてきた。だから、誰が、狂った唯我論、つまり、人民とか友人とかいうものは存在せず、ただそれらの「理念」だけが存在する、というようなプラトンの考え方をまじめに受け入れるだろうか？

　そういうわけで、社会の領域において、精神または物質の優先性について同じような疑問が生まれる。科学の立場、つまり史的唯物論の観点からすれば、物質的な現象、すなわち生産活動が、理念、宗教、芸術、法等のような精神現象を決定する。しかしながら、われわれは一般的な法則が社会的脈絡において展開する方法を注意深く観察しなければならず、ただ単純に自然科学の法則を社会的諸条件に置き換えてはならない。

　弁証法的唯物論は、世界に恒久的なものは何も存在せず、あらゆる物が相互に関連し、相互に影響しあうことを教えている。これはブルジョア歴史家によって否定される。彼らは骨折りながら私有財産、資本主義そして国家は永遠である、と主張している。変化は事実として内部の対立と闘争から生まれる。なぜなら、他のどことも同じように社会においてあらゆる均衡は不安定であり、そして最終的には覆され、新しい均衡が新しい原理に

834

基づいているに違いないからである。

これらの変化は、量的変化の蓄積から結果として生じる質的飛躍によってもたらされる。例えば、水が熱せられるとある所与の瞬間に、沸点に達して水蒸気に変わる、これが質的な変化である（この例を繰り返して述べたエンゲルスからスターリンまでの「古典的マルクス主義著作者」の誰もが、水は気化するのに一〇〇℃にまで達する必要はないことに気づかなかったことを、われわれはついでに注記しておいてもよい）。社会革命も同じ種類の変化であり、このことが、ブルジョアジーが質的飛躍による変化という弁証法の法則を否定する理由である。

特に、社会形態の変化と発展は人間と自然とのあいだのエネルギーの交換、つまり労働に依存する。社会生活は生産によって規定され、社会の発達は増大する労働生産性によって規定される。生産関係が思想を決定するが、しかし、人間はお互いの依存のなかで商品を生産するのだから、社会は諸個人の単なる集合ではなく、あらゆる単位が相互に影響しあう真の集合体である。技術が社会の発展を決定する。その他の要素はすべて二次的である。例えば、地理はせいぜい人びとが進化する率に影響できるだけであり、進化それ自体を説明しない。人口の変化は技術に依存し、それ以外ではない。人種の進化論に関しては、プレハーノフによってその誤りが決定的に証明された。

「結局のところ」あらゆる側面の人間の文化は、技術の変化によって説明できる。社会組織は生産力の条件にしたがって発展する。国家は支配階級の道具であり、その特権を維持することに仕える。例えば、宗教はどのようにして生まれたのだろうか。極めて簡単だ。原始社会には部族の支配者がおり、人びとはその支配者の観念を自己自身に移転させ、こうして身体を支配する魂という理念に行き着いた。それから彼らはその魂を自然全体に移転させ、宇宙に精神的な質を与えた。最終的に、このような空想が階級区分を正当化するのに使われた。

さらに未知の力としての神という観念は、資本家も統御できない運命への彼らの依存を反映する。芸術も同じよう技術の発達と社会的諸条件の産物である。未開人はピアノを弾くことはできない。というのはピアノがなければ誰も弾くことはできないし、楽譜も作れないからである、とブハーリンは説明する。印象主義、未来派、表現主義という退廃的な現代芸術は、ブルジョアジーの衰退を表す。

このすべてにもかかわらず、上部構造は重要である。結局、ブルジョア国家は資本主義的な生産の条件である。上部構造は土台に影響するが、いかなる時でもそれは「結局のところ」生産力によって規定される。

倫理について言えば、それらは階級社会の物神崇拝の産物であって、それとともに消滅する。プロレタリアートは倫理を必要とせず、それが自らの利益のために創り出す行動規範は、その本性上、技術的である。椅子を造る大工が一定の技術的な法則に従うのとちょうど同じように、プロレタリアートは社会構成員の相互依存に関する知識を基礎にして、共産主義を建設する。

一般に、弁証法全体は均衡の乱れと回復という終わりのない過程に還元できる。現象の「弁証法的」な見方と「機械論的」的な見方を対置することは何の意味もないことであって、それは現代社会において機械それ自体が弁証法的になっているからである。あらゆる物が他のあらゆる物に影響を与え、自然界の事物は一つとして孤立していないということを、われわれは物理学から学んではいないだろうか。

あらゆる社会現象は、人間の自然との闘争に起因する対立する力の衝突によって説明できる（それにもかかわらず、ブハーリンは共産主義が最終的に建設されたとき、社会の均衡はこの一度限りで確立されると信じているようである。しかしながら、今日われわれは革命の時代にあり、それは不可避的に技術的な問題の退歩を含んでいる）。

生産関係は、単純に言えば、労働過程において「生きた機械」と見なされる人間の協同である。この過程に組み込まれて、人びとが考え、感じるという事実は、生産関係が本性上精神的であることを意味しない。精神的なものはすべてその存在を物質的な必要に負っており、それは生産と階級闘争に従属する。クノーとツガン・バラノフスキーが主張するような、例

835

えば、ブルジョア国家がすべての階級の利益となる機能を果たすというのは事実ではない。確かに、ブルジョアジーは自己自身の利益において、例えば道路を造り、学校を維持し、科学的知識を普及するなどの公共事業分野の活動を組織することを強いられるが、しかし、これらすべては純粋に資本家階級の利益の立場から行われるのであって、このように国家は階級支配の機関以外の何物でもない。

「均衡の法則」に加えて、ブハーリンは『史的唯物論』における社会生活のその他の法則を定式化した。それらのなかの一つ、「社会現象の物質化の法則」とは、イデオロギーや多様な形態の精神生活は物つまり書籍、図書館、美術館等に具現され、これらがそれ自体として存在し、さらなる進化へ向かう起点になるという趣旨であった。

ブハーリンのこの本は極端に単純化されたものであって、ある点ではレーニンの『経験批判論』よりも単純化されている。レーニンは、その主張は論理的に無価値ではあるけれども、少なくとも論証しようとしている。しかしブハーリンは不名誉なことに、これすら行っていない。この作品は、使われている概念を分析しようともせず、あるいは唯物論の理論が定式化されるや否や直ちに起こった批判者たちによって反復的に進められてきた史的唯物論批判への反論もなしに、教条主義的に無批判的に列挙された「原則」や「基本的な要点」の羅列である。芸術の社会的諸条件への依存性は、ピアノがなければ誰もピアノを弾けない、という事実によって証明されているとわれわれに語る場合のように、彼の推論の水準をブハーリンの用例が示している。

原始的な思考の他の実例は子どもじみた信念であって、それは、将来の科学は技術の発展の観点から社会革命の日付を「客観的に」予言できるようになるだろうとか、あるいは人びとが本を書く「科学的法則」とか、あるいは宗教の起源の根拠のない幻想等々の子どもじみた信念である。この種の「手引書」の特徴は、その後のマルクス主義の多くの文献と同じように、「科学的」という用語の頻繁な使用と、そしてその言説はこの性質を異常な度合いで保持しているという強烈な主張である。

ブハーリンの著書の凡庸さは、グラムシやルカーチのような聡明なマルクス主義批判家たちの観察眼から逃れることはできず、彼らはその「機械論的」傾向に特に注目した。ブハーリンは社会を、そのなかで生起するあらゆる物事がその時の技術の状態から説明できる、繋がりのある全体と考えた。つまり、人びとの思想や感情、彼らがそのなかで自己を表現する文化、彼らが創り出す社会制度、これらはすべて自然法則の不変的な規則性を備えた生産力によって生み出される、と。ブハーリンは、「均衡の法則」によって彼が意味するものを明瞭には説明しない。われわれは、社会の均衡は常に破られ、そして復元されること、そしてこの均衡は生産関係と技術水準との「一致」に依存すると教えられる。しかし、この一致が所与の時点に存在しているか、どうかを決定するのに使われる基準については何の指示もない。

実際に、ブハーリンは均衡の破れを革命や何らかの社会変動と同一視していたように思われる。このように見れば「均衡の法則」とは、危機や革命は歴史のなかで起こり、そしてまた疑いもなく再び起こるだろう、ということを意味するように見える。社会現象の研究はそれ自体が社会現象であり、そういうものとして、それは歴史的変革を引き起こすのを助けるということはブハーリンの頭のなかには入ってこない。彼は、天文学が惑星の運動をわれわれに教えるのと同じやり方で、将来の「プロレタリア科学」は歴史的事件を分析し、予言できるようになるだろう、と信じた。

その政治的地位のお陰でブハーリンのマルクス主義の標準的な版は長いあいだ、党の「世界観」のもっとも権威のある言説と見なされたが、それでもこの著書は、スターリンの著作がそうなったのとは異なり、その信奉者たちを縛りつけるようにはならなかった。『史的唯物論』は、事実として、スターリンが彼自らの手引書に取り込んだほとんどあらゆるものを含んでいる。スターリンは「均衡の法則」については言及しなかった。しかし、彼は、ブハーリンから「弁証法の法則」を引き継ぎ（おまけに、それらに番号をつけて）、そして史的唯物論を哲学的唯物論の一般的な原理の「適用」または特別なケースと説明した。このようなアプローチは、その基礎がエンゲルスや特にプレハーノフのなかに見ることができるが、それがブハーリンによって正典的なマルクス主義の本質として提起されていた。

後になって、ブハーリンが失脚し「機械論」が公的に非難された時、彼の「機械論的」誤りと政治における右翼的偏向とのあいだに緊密な結びつきがあること、そしてレーニンが正しく批判したことだが、彼の弁証法の無知がそのクラークの擁護や集団化にたいする反対の根本的な原因であったことを証明するのが、哲学者たちの任務となった。

837

しかしながら、哲学と政治のこのような類の結びつけ方はまったく根拠がなく、そして不自然である。ブハーリンの著書のなかの曖昧な一般的な命題は、当時もその後においても誰も異議を唱えなかった命題を除けば、特定の政治的結論のための根拠を何も提供しない。例えば、プロレタリアートの社会革命は最終的に世界を制覇するとか、宗教と闘わなければならないとか、プロレタリアートの国家は産業の成長を促進する、というようなものであった。さらにもっと精密な結論について言えば、もっとも矛盾する目的が同じ理論図式から同じ論理で引き出すことができ、また引き出された。事実として、理論は政治に従属した。もし、「一方で」土台が上部構造を決定し、しかし「他方で」上部構造が土台に反作用するとすれば、「プロレタリア国家」はどのような程度であろうとも、どのような手段であろうとも、経済過程を統御しようとし、常に理論通りに行動するだろう。

ブハーリンは、都市と農村の経済的な均衡を破ったとしてスターリンを非難したが、しかし、彼の「均衡の法則」は、いつ、いかなる条件のもとで現在の均衡が維持されるかあるいは破棄されねばならないか、という手掛かりを与えない。共産主義のもとで最終的な安定が達成されるまで、均衡はその破綻の危険を抱えたまま存続し、スターリンの「上からの革命」のような政策、つまり農民からの強制的な没収は、均衡へ向かう社会の一般的動向という命題に完全に一致しているのかもしれないのである。なぜなら、このような政策の目的は国有産業と私的農業の「矛盾」を解消し、そうすることによって、不均衡の要因を除去することであるからである。

コーエンが正しく観察していることだが、ブハーリンは当時の党内用語で経済現象への極端な「主意主義的」態度と呼ばれたものを自ら例証していた時に、この作品を書いた。つまり、彼は、経済生活全体は行政的・強制的手段で完璧に規制できるし、プロレタリア革命後すべての経済法則は弁証法的に入れ替わると信じた。後になって彼は自らの戦時共産主義観を放棄し、ネップのアイディオロジストとなった。しかし、彼は史的唯物論の諸命題に何の修正も行わなかった。したがって、一九二九年の彼の方針への霊感をその著作のなかに見つけようとすることは馬鹿げたことである。もっとはっきり言えば、戦時共産主義の理念もそこから引き出すことはできない。そのような曖昧な哲学的言説は、どんな政策でもそれを正当化するのに使うことができるか、あるいは同じことだが、それは一つのものを他のものよりも正当化することはできない、ということをわれわれは再度繰り返して述べるしかない。

3　哲学論争：デボーリン対機械論者

ブハーリンの本は、彼の意図を離れて一九二〇年代に、二つの対立する陣営つまり、「弁証法論者」と「機械論者」とのあいだの生き生きとした論争に貢献した。この論争は、月刊誌『マルクス主義の旗の下に』の誌面に反映された。二二年に創刊されたこの雑誌は、ソビエト哲学史において重要な役割を果たしたのだが、それは党の理論機関誌の一つであった（創刊号にはトロッキーからの手紙が含まれたが、しかしながら、単なる一般論に終始した）。掲載された論文はすべて自称マルクス主義者によるものであったが、最初の数年間はロシア外の現代哲学に関する健全な情報、例えばフッサールの論文が掲載され、内容の程度も後年の標準的哲学著作に比べても相当高かった。

838

もし、論争の趣旨を一つの文章で表わせば、機械論者が哲学の干渉に対する自然科学の反対を代表し、他方、弁証法論者は科学に対する哲学の卓越性を表明し、こうしてソビエトのイデオロギーの発展の特徴的な傾向を反映していたと言える。機械論者の見解は否定的であると呼んでもよいかもしれないし、他方、弁証法論者は哲学に巨大な重要性を与え、自分たちをスペシャリストと見なした。しかしながら、機械論者は科学が何をするものかについて、より優れた理念を持っていた。弁証法論者はこの分野について無知であり、科学を「一般化」し、統一するための哲学の必要という一般的な図式に終始した。その一方で、彼らは哲学史については、機械論者よりもよく分かっていた（最終的に党は両方の陣営を非難し、両方の形態の無知の弁証法的な総合を成し遂げた）。

機械論者はマルクス主義を受け入れたが、しかし、科学的世界観はすべての自然科学および社会科学の全体を表すにすぎないのだから、それは哲学を必要とはしない、と主張した。ある雑誌の創刊号にまったく無名のミニン（O. Minin）なる人物の論文が発表されたが、この論文はその後に機械論者の反哲学的偏見の際立った実例として何度も引用された。ミニンが極端に単純化した形で表した見解は、封建領主は宗教を自分の階級的な利益を促進するために使い、ブルジョアジーも哲学を同じように使った、他方、プロレタリアートはそれらの両方を拒否し、科学からすべての力を引き出した、というものであった。

多かれ少なかれ性急な形の哲学ぎらいは、機械論陣営全体の特徴であった。そのもっとも有名な支持者は、イワンI・スクヴォルツォフ・ステパーノフ（一八七〇〜一九二八）と有名な生理学者の息子であるアルカディK・チィミリャーゼフ（一八八〇〜一九五五）であった。リューボフA・アクセルロッドの見方は、本書の別の個所で既に検討したが、彼女もまた「機械論的世界観」を表明したのだが、しかしプレハーノフの弟子としての彼女は、このグループの他の人たちよりも極端ではない立場を取った。

エンゲルスの著作からいくらかの支援を受けて、機械論者はマルクスの観点から見れば特定の科学を指揮したり、科学の発見を判定する権利を主張したりする「科学の中の科学」のようなものは存在しないと主張した。反対陣営によって理解されたものとしての弁証法は無用であるばかりではなく、科学研究に反する。それは世界像のなかに、科学にとって未知の存在やカテゴリー、マルクス主義の科学的革命的精神と社会主義社会の利益にとって等しく無縁であるヘーゲル的な遺産を導入することである。

科学の本来の目的は、すべての現象を物理的そして化学的な過程に還元することによって、それらをできるかぎり正確に説明することであるのにたいし、弁証法論者はその質的飛躍、内的矛盾等を使ってその反対のことをしている。事実上、彼らは観念論者から虚構の実在を借用して、現実のさまざまな領域間の質的相違と言われるものを認めている。すべての変化は最終的には量的条件に還元できるのであって、これが例えば生きた現象に適応できないとする考え方は観念論的生命力説に他ならない。

確かに対立物の闘争について語ることは可能であるが、それは概念の内的不連続というヘーゲル的な意味においてではない。闘争は対立する諸力のあいだにあり、それは物理学、生物学、あるいは社会科学において、何か特別な弁証法的論理に頼らなくても見ることができる。科学的な研究は全体として経験に基づかなければならず、ヘーゲルのすべての弁証法的「カテゴリー」は経験的な資料に還元できない。

弁証法論者の立場は、自然科学の進展によってその土台が明らかに侵食されており、自然科学は世界におけるすべての過程が物理的化学的用語で表現できることをゆっくりだが確実に証明しつつある。弁証法論者の主張が「偶然」は何か客観的であって、ただ単に特定の原因のわれわれの無知の現れではない、というように、還元できない質的な差異や自然の過程の不連続性にたいする信念は、反動的でしかない。

弁証法論者の側は、エンゲルスの『自然の弁証法』の刊行によって一九二五年に大いに強化されたのであって、それは機械論者や哲学的ニヒリズムに反対し、そして科学の哲学的および弁証法的解釈の要求に賛成する豊富な論争材料を提供した。さらに強力な支援が二九年にレーニンの『哲学ノート』の刊行でもたらされたが、これはヘーゲル弁証法の唯物論的解釈版の必要性を強調し、弁証法の「カテゴリー」の長大なリストを列挙し、対立物のあいだの統一と闘争の原則がマルクス主義の中心である、と宣言した。

二つの対立するグループのなかで、弁証法論者は数も多く、科学機関に十分に供給されていた。彼らの指導者でもっとも活発な執筆者はアブラ

840

ム・モイセイヴィチ・デボーリン（一八八一－一九六三）であった。コブノに生まれた彼は青年期に社会民主主義の運動に参加し、一九〇三年からスイスに亡命した。彼は最初ボルシェビキであったが、後になってメンシェビキ集団に加わった。革命後に彼は数年のあいだは非党員マルクス主義者であったが、二八年になって再入党した。〇七年に彼は『弁証法的唯物論哲学入門』を執筆したが、これは一五年まで出版されなかった。この本は何度も再印刷され、二〇年代にはロシアの哲学教育の必須図書となった。党員ではなかったけれども、彼は共産主義アカデミーと赤色教授養成学校で講義し、数冊の著書を刊行した。二六年から彼は『マルクス主義の旗の下に』誌の編集主任となった。このとき以降この雑誌は機械論者の論文を掲載するのを停止し、純粋に弁証法論者の機関誌となった。

　独創的な著作者ではなかったけれども、デボーリンは哲学に精通していた。彼は、例えばプレハーノフのなかにしか見いだせない理念の外は何も表明しなかったが、後のソビエトの哲学者と比べれば、彼と彼の信奉者たちは哲学史の知識をかなり持ち、それを論争用に転換することが十分にできた。

　デボーリンの『入門』は、マルクス主義のプレハーノフ派の典型的な産物である。それは概念の分析は含まず、ただ根拠のない主張の連環を含むだけであって、それらがマルクス以前の哲学を悩ましたすべての問題を最終的に解決すると想定される。しかしながら、デボーリンはプレハーノフと同じように、マルクス主義と過去の哲学全体との繋がりを強調し、弁証法的唯物論の道を敷いたとして、ベーコン、ホッブス、スピノザ、ロック、カント、そして特にヘーゲルの重要性を賛える。彼は、観念論、経験主義、不可知論、現象論をエンゲルスやプレハーノフが敷いた線に沿って批判するが、それは以下の抜粋から理解できよう。

「もし、そうなれば、形而上学者の見方からすれば、すべての物は存在するが何も生れず、現象論の見方からすれば、すべての物が生まれるが何も存在しない、つまり何物も現実には存在しないことになる。弁証法はわれわれに、存在と非存在の統一が成立することを教えている。具体的で物質的な点から見れば、これは、あらゆる物の基礎は不断に発展する状態の物質であることを意味する。このように、変化は現実的で具体的であり、そして他方では、現実的で具体的なものは可変的である。過程の主体は絶対的に現実的存在、現象的な無に対置されるものとしての『実質的なもの全て』である。――一方における形而上学者の言う質を持たない不変の実質と、他方における実質という現実を排除すると想定される主観的で可変的状態との矛盾は、弁証法的唯物論によって解消されるのであって、それは、実質あるいは物質は恒常的な運動と変化の状態にあり、質または状態は客観的な意味を持ち、物質は原因や基礎、質的変化や状態の『主体』であるという意味においてである」（『弁証法的唯物論哲学入門』第四版　一九二五年　二二六～七頁）。

　このくだりは、引用した著作や他の著作におけるデボーリンのスタイルの典型である。「弁証法的唯物論はこういうことを教える」、「弁証法的唯物論は」あれやこれやの哲学の「正しい所を受け継いでいる」、主観的観念論者は物質を認識しないがゆえに間違っている、客観的観念論者は物質が第一次的で精神は第二次的であることを理解しないがゆえに間違っている、等々。

　あらゆる場合に、いつも極端に曖昧な用語で個別の結論が述べられ、しかも論証によってそれを擁護する試みもない。現象論者に反対というだけで、彼らが間違っていることを、われわれがどのように理解すればよいかについて何の説明もない。弁証法的唯物論はわれわれにそう教える、それがすべてであって、それで終わりだ。

　弁証法と「形而上学」との対立は、前者がすべての事物は結びついており、何物も孤立していないとわれわれに教えることにある。つまり、あらゆるものは、常に変化し発展する状態にある。この発展は現実それ自体に内在する矛盾の結果であり、質的な「飛躍」の形を取る。弁証法的唯物論は、あらゆるものは認識可能であること、われわれの認識が及ばない「も

841

のそれ自体」は存在しないこと、人間は世界に働きかけることによって世界を認識できるようになること、われわれの概念は「客観的」であり、「物の本質」を摑む、と述べている。

われわれの印象もまた「客観的」であって、換言すれば、それらは対象と似てはいないが、対象を反映する（ここでデボーリンは、レーニンによって咎められた過ちを、プレハーノフから引き継いでいる）。印象と対象との一致は、対象の同一性と相違点がそれらの主観的「反映」の同一性と相違点と一致する、という事実にある。これは、マッハとそのロシアにおける追随者たるボグダーノフやヴァレンティノフが否定した点である。彼らによれば、精神的な現象のみが現実的であって、その結果「われわれの外の」世界は存在しない。しかしその場合、自然の法則は存在しないし、それゆえに何事も予言できない。

デボーリンとその追随者たちの著作は、独断的で、単純で、しかも質的に貧困ではあったけれども、彼らは歴史研究を重視し、古典文献の公正な知識によって哲学者の世代を訓練するという長所を持っていた。その上、マルクス主義の「質的」な新しさを強調しながらも、その起源としての伝統、特にヘーゲルの弁証法との結びつきに注目した。

デボーリンによれば、弁証法的唯物論はヘーゲル哲学の弁証法とフォイエルバッハの唯物論との「総合」であり、そのなかでこれら二つの要素が転換され「より高い水準に引き上げられた」。マルクス主義は「統合的な世界観」であり、知識の一般的方法としての弁証法的唯物論とそしてまた自然の弁証法と歴史の弁証法というさらに二つの特別な視点、別名史的唯物論とから成る。

エンゲルスが述べたように、「弁証法」という用語は三重の意味で使うことができる。「客観的」弁証法とは、現実の法則あるいはその弁証法的「形態」と同じものである。「弁証法」はまたこれらの法則の記述あるいは第三に世界を観察する方法、すなわち広義の「論理学」も意味する。変化は自然や人間の歴史に等しく適用できる一般的規則性に従い、この規則性の研究すなわち哲学は、それゆえにすべての科学の総合である。科学者が方法的見地から正しく方向づけられ、彼らの観察の意味を理解するためには、彼らは哲学の優先性を認識しなければならず、哲学にたいして「一般化」のための材料を供給しなければならない。

こうしてマルクス主義は、哲学と精密科学との恒常的なやり取りを求めた。つまり、哲学は自然および社会科学からの材料の供給がなければ空虚になるのだが、しかし諸科学はそれらを導く哲学がなければ盲目となる。この二重の必要条件の目的は、十分に明らかである。哲学が科学の成果を利用するということは、大雑把に言えば、自然科学者が自然の対象はどのように質的変化を遂げるかを示し、そうして「弁証法の法則」を肯認する事例を探究しなければならないことを意味する。

哲学は、科学をそれら自身の本質に目覚めさせ、その盲目性から彼らを保護することは、哲学が科学の内容を監督し、科学が弁証法的唯物論に従うことを確保する資格があることを意味する。弁証法的唯物論は党の世界観と同じであるのだから、デボーリンとその学派は、自然科学、社会科学を問わず、すべての科学の内容にたいする党の監督の正当化を用意したのである。

デボーリンは、自然科学のあらゆる危機は自然科学者がマルクス主義をよく知らず、弁証法の公式を適用する方法を知らないという事実のせいである、と主張した。彼はまた、レーニンと同じように、科学の発展はマルクス主義哲学の覚醒に自然発生的かつ持続的に繫がると確信した。

これらの理由からデボーリンとその追随者たちは、機械論者を科学の自律性および哲学の諸前提からの独立を主張して、致命的な誤りに陥ったと非難した。そのように解釈された唯物論は、いかなる存在論的理論よりも経験論的中立主義とより多くの共通点を持ち、そして、それが何であれ、外的要素を無視した自然の観察以外の何ものでもない、というエンゲルスの唯物論に関する見解を想起させた。自然科学は何らかの哲学的土台を認めなければならず、それゆえに、哲学からその指導的役割を奪ったり、あるいは哲学を完全に無視したりする試みは、事実上、ブルジョアジーや観念論的理論への屈服を意味する。あらゆる哲学理念はブルジョア的であろ

843

うがプロレタリア的であろうが、階級が土台であり、哲学を攻撃することによって機械論者は社会主義と労働者階級の敵を支援しているのである。「質的飛躍」の存在を拒否し、すべての発展は連続的であると主張する点について言えば、これは優れて飛躍そのものである革命の理念を否定することではないだろうか。要するに、機械論者は哲学的に誤っているだけではなく、政治的な修正主義者でもある。

「弁証法論者」はソビエトマルクス主義に基本的な用語、言説、教条のストックを与え、それらの原作者たちは後に非難されたけれども、国家イデオロギーの正典に引き渡され、数十年にわたってそのまま守られた。彼らの遺産の一部は形式論理学の攻撃であったが、それはロシアの論理学研究の崩壊をもたらすまでになった。弁証法論者は論理学が何に関わるのか、あるいはその言説が何を意味するのかについて、何の理解力も持たなかった。しかしながら、彼らは、論理は「概念の内包から引き出される」のだから、弁証法と対立するに違いないと想定し、そのわけは弁証法が現象を「その具体性において」そして「相互の関連において」（それなのに論理学はそれらを孤立させる）、そしてまた、その「運動において」（形式論理学はこれを認めない）研究することを求めるからである、と。

このような馬鹿らしさは、その一部は無知によるものであったが、しかしその一部はエンゲルスのいくつかの見解に基づいていた。一九二五年のレーニンについての論文で、デボーリンは、形式論理学は世界が一面的であると同時に多面的であるという事実を考慮に入れることができないと書き、同年の『弁証法的唯物論と自然科学』において、形式論理学は「形而上学体系」を構築するためだけに貢献しているのであって、マルクス主義によって無視されてきた。なぜなら弁証法は、形式と内容は「相互に貫徹し」なければならないと教えるからだと断言した。

科学は形式論理学を土台にしては前進できない。なぜならそれぞれの科学は「事実の集積」でしかなく、マルクス主義弁証法だけがこれらの事実を体系的な全体に結合することができるからである。もし、自然科学者が「這い回る経験主義」（crawling empiricism）にはまり込むようなことをしないで、ヘーゲルを読めば、彼らはただちに弁証法が、彼らが進歩し、さまざまな「危機」を乗り越えるのをいかに助けるかを理解するだろう。「理論的自然科学」（theoretical natural science）の創設者であるエンゲルスは、最初から弁証法をヘーゲルから吸収した。

科学を支配するのは哲学である、ということをその通りと考えているとして、デボーリンは当然ながらルカーチの『歴史と階級意識』によって厳しく批判された。同書は、弁証法は統一へ向かう進歩における主体と客体の相互作用であることを根拠に、自然の弁証法の存在可能性に疑問を投げかけた。この文章のくだりを取り上げて、デボーリンは、認識は「現実の実質」であると考える観念論者としてルカーチは自らを暴露した、と主張した。

一九二四年にオーストリアの雑誌『労働者文学』に掲載された論文において、デボーリンはルカーチの誤りと、エンゲルスひいてはマルクスにたいするその無礼な態度を非難した。さらに重要なことは、マルクス主義者にとって、方法は「内容と不可分に結びついている」にもかかわらず、ルカーチがマルクス主義の正統性はマルクスの方法を単に承認することである、と述べたことである。ルカーチの主体と客体の同一化に関して言えば、これは粗野な観念論であって、エンゲルス、レーニンおよびプレハーノフの明白な言説に反する。主体が行うことはすべて客体を「反映し」、保存することであって、そうでないと考えることは「客観的な現実」を放棄することである。

機械論、「はい回る経験主義」そして科学の自律性を攻撃し、ヘーゲル、「質的飛躍」、「現実の矛盾」を擁護して、デボーリンは同じ立場に立つ学者や同調者の大きなグループから支持された。これらのなかでもっとも活発な人物は、スピノザの作品（評論であってきわめて図式的ではあるけれども、示唆に富み、事実という点から有益である）を翻訳し解題したティミャンスキー、美学者で哲学史家のルッポル、アスミス、カーレフ、アゴル、ステンであった。ステンはメドヴェージェフがその著書『スターリン主義』で記しているように、一九二五年から二八年にかけてスターリンに哲

844

学を講義し、彼がヘーゲル弁証法を会得するように試みた。これらのグループの全部ではないが、その大半は三〇年代の大粛清のなかで非業の死を遂げた。

しかしながら、二〇年代の遅くまで弁証法論者はその陣地を確保しソビエトの哲学機関の完全な支配権を獲得した。一九二九年四月のマルクス・レーニン主義教員会議において、デボーリンは彼の哲学要綱を発表し、異端者への批判を繰り返した。共産主義アカデミーは全面的に彼を支持し、機械論者を非難する布告を発出した。その前にデボーリンの依頼で、この会議自体が、プロレタリア独裁の武器としてのマルクス・レーニン主義の役割を確認し、自然科学へのマルクス主義的方法の適用を求め、そして機械論者を「修正主義」、「実証主義」そして「粗野な進化論」として非難する決議を採択した。

党の会議あるいは党の統制下の会合で投票によって、哲学の問題を決定するという慣行は、この時までに十分に確立され、誰も驚かなかった。機械論者は討論のなかで自らを弁護し、反論すら行って、彼らの反対者が「観念論的弁証法」を開発し、自然にたいして想像上の公式を当てはめようと図り、機械論者だけに攻撃を集中して、観念論によって生まれている問題点を無視して、党から課された実践的任務から注意をそらしている、と非難した。しかしながら、この防御は無駄で、機械論者は分離論者(schismatic)としてだけではなく、当時ちょうどスターリンによって攻撃されていた「右翼的偏向」の哲学分野における代表者として銘打たれた。

この勝利の後にデボーリン派は、哲学の教育と普及、哲学作品の出版に関係するすべての機関を制覇した。しかし彼らの勝利は長くは続かなった。懸命の努力にもかかわらず、「弁証法論者」は哲学の問題で党の期待に叶わないことが明らかになった。一九三〇年四月、モスクワの第二回哲学会議で、デボーリンとそのグループは赤色教授学院出身の一団の若い党活動家によって攻撃された。彼らは党精神の発揮が不十分であるとしてデボーリン学派を非難したのである。この批判は六月にミーチン、ユージン、ラルツエヴィチの論文で繰り返されたが、これらの論文は『プラウダ』に発表され、編集上、つまり党の権威によって是認された。この新しい批判者たちは、党活動と同じように哲学においても「二つの戦線における闘争」を求め、そして現在の哲学指導者たちを、レーニンを犠牲にしてプレハーノフを過大評価し、哲学を党の目的から離反させようと図る「形式主義者」と非難した。弁証法論者は反論したが、無駄だった。

一二月に赤色教授学院の党執行部がスターリンと面談したが、そこでスターリンはデボーリン派の見解を表わすのに「メンシェビキ化された観念論」という語句を造り出した。このラベルがこの時以降公式に適用され、執行部は長文の決議を採択した。それは一方で機械論者、そしてしばしばチミリヤーゼフ、アクセリロッド、サラヴィアノフ、ヴァリヤーシュの「メンシェビキ化された修正主義」を非難し、他方で、デボーリン、カーレフ、ステン、ルッポル、フランクルトその他の観念論的修正主義を非難した。

決議は「デボーリン派集団の理論的政治的見解全体は本質的にメンシェビキ化された観念論に行き着くのであって、非マルクス的、非レーニン的方法に立脚し、プロレタリアートを取り巻く敵対的階級勢力の圧力を反映するとともに、小ブルジョアジーのイデオロギーを反映するものである」と述べた。このグループはレーニンの論文「戦闘的唯物論の意義」の教えを「歪曲」し、理論を実践から切り離し、そして「党哲学のレーニン主義的原則」を変形して、拒絶した。彼らはレーニン主義を弁証法的唯物論の新しい段階と認識することを怠り、機械論者を批判する振りをしながら、多くの方法で機械論者と提携した。彼らの出版物には、プロレタリアートの独裁に関する「カウツキー的」誤り、文化問題における右翼日和見主義的誤り、集団主義と個人主義に関するボグダーノフ主義的誤り、生産力と生産関係についてのメンシェビキ的誤り、階級闘争に関する準トロツキスト的誤り、弁証法の解釈についての観念論的誤りが含まれている、と。

デボーリン派は、ヘーゲルを不当に賛美した。彼らは、方法を世界観から、論理を歴史から切り離し、そして自然科学の問題におけるレーニンの重要性を過小評価した。確かに、当面の主要な危険は機械論的修正主義であって、それは党内でクラークの利益を擁護しようとする右翼的偏向に理

845

論的基礎を提供してきたのであるが、しかしながら、闘争は二つの戦線でたじろぐことなく遂行されなければならない。なぜならこの二つの修正主義は現実に単一の塊を形成しているからである。

これらの批判の全部が、当時「哲学戦線」の指導者になることを熱望していたミーチンの共産主義アカデミーの講義でさらにいっそう発展させられた。この講義は、「メンシェビキ化された観念論」と「トロツキズム」の結びつきに繰り返し触れた。確かに、機械論者はブハーリンと彼の親クラーク的偏向のために哲学戦線を用意したのだから、デボーリン主義者が、正統派を装いながら、トロツキズムの左翼的偏向を支持した、と推論するのも自然なことではあった。

ミーチンによれば、両集団はともに、レーニンは哲学や理論の問題でマルクスやエンゲルスが言ったことをただオウム返しに繰り返しただけだ、とする悪質な誹謗を広めたが、それは、レーニンが「マルクス主義をより深く、より具体的なものにして発展させ」、マルクス主義理論史における質的に新しい段階を画したことをスターリンが証明しなかった、と言わんばかりのものであった。

偏向主義者たちはまた、哲学と自然科学を含むすべての科学は、党の精神で充たされなければならないとするレーニンの原則を無視した。ミーチンは、プレハーノフが多くの政治的哲学的誤りを犯しながらも、レーニンが証明しているように、彼の著作はマルクス主義文献中でも最良の著作のなかに入ると結論づけたカーレフの論文も引用した。ミーチンは言う、これは、デボーリン派が「プレハーノフの全部、メンシェビキとしてのプレハーノフ」を擁護したことを証明する、と。彼らは哲学においてレーニンはプレハーノフの生徒であったとあえて主張したが、それにもかかわらず、レーニンは事実として、マルクス、エンゲルス後のもっとも一貫した正統派のマルクス主義者であった。他方、プレハーノフは弁証法を正しく理解せず、形式主義に陥り不可知論の傾向を持ち、フォイエルバッハ、チエルヌイシェフスキーそして形式論理学の影響を蒙った。

しかしながら、デボーリン派の誤りの根源は、「理論を実践から分離したこと」にある。機械論者に反対する闘争は長年続いたけれども、機械論者のなかで間違っていたことを認めた者は一人もいなかったという事実が示すように、見せかけの闘いであった。事実として、この二つのグループのどちらかを選んだ者はわずかであったが、それはメンシェビキ化された観念論者もメンシェビキ化された機械論者もともに、レーニン哲学を見下す見解を取ったからであった。

ソビエト哲学の粛清は一九三一年一月二五日のプラウダに掲載された党中央委員会の布告によって完結したが、それは『マルクス主義の旗の下に』の誤りを非難し、既に定式化されていた批判を簡潔にまとめていた。

デボーリン、ルッポルやその他のグループ構成員は、自己批判の遂行を迫られ、改宗するために援助を受けたことを党に感謝するように迫られた。ステン、ルッポル、カーレフ、ティマンスキーやその他の者が一九三〇年代の粛清のなかで非業の死を遂げた。デボーリンは生き残ったが『マルクス主義の旗の下に』の編集主任から解雇された（編集委員会は事実として完全に変えられた）。彼は党から除名されず、その後の期間、非の打ちどころのないスターリン主義正統派の論文を発表した。彼はフルシチョフの時代まで生き抜き、人生の最後の数年間には、粛清の犠牲となった多くの生徒や同僚の名誉回復のために努力した。アスムスも同じように戦後期まで生き抜き（一九七五年に死去した）、四〇年代にはさらなる攻撃にさらされた。

一九三一年以降のスターリン治下のソビエト哲学の歴史は、その大部分が党布告の歴史である。その後の二〇年間に立身出世主義者、密告者そして無知・無学の若い世代がこの国の哲学活動を独占するか、あるいはむしろ哲学研究の消滅を完成させた。この分野で頭角を表わした人物は、通例として、その同僚を裏切るか、またはその時どきの党のスローガンを受け売りするかして出世した。原則として、彼らは外国語を何も知らず、西欧哲学について何の理解も持たず、レーニンやスターリンの著作を多かれ少なかれ一語一句暗記しているだけであって、外国の知識は主にそこから得た。

847

「メンシェビキ化された観念論者」や機械論者の非難は、その著者が党の布告をおうむ返しに繰り返し、哲学上のサボタージュをする人の狡猾な企みにたいする憤慨を表明してお互いに張り合う、論文や論考の洪水をもたらした。

論争全体（それがその正しい名称であるとして）の真の要点は何だったのだろうか？　それが、いかなる特定の哲学的または政治的見解と何の関係もなかったことは明らかである。「機械論者」とブハーリンの政策との結びつき、あるいは「メンシェビキ化された観念論」とトロツキーとの結びつきは、もっとも恣意的なねつ造であった。非難された哲学者たちはどの反対派グループにも属さず、彼らの見解と反対派の見解とのあいだに論理的な繋がりはなかった（告発者たちの主張は、機械論者は「質的飛躍」を否定することによって「発展の連続性を絶対化し」、それゆえにブハーリンの側に立ったのにたいして、デボーリン派は飛躍を過度に強調し、そうしてトロツキストの「革命的冒険主義」を代表したと続くが、しかしながら、検討する価値もない軽薄な類推に基づいている）。

確かに、機械論者は哲学に対抗して科学の独立を主張することによって非難を招き寄せたのは事実であって、その主張は、科学理論の正しさを宣告し、いかなる課題を探求するべきか、それらの成果はどのようなものとなるべきかについて、科学者に教える絶対無謬の党の権利を否定することを実際には意味した。

しかしながら、そのような非難をデボーリン派に向けることはできないのであって、彼らはもっとも純粋なタイプのレーニン主義者として登場した。早い時期からデボーリンは「象形文字」に関する自らのプレハーノフ的誤りを撤回し、機械論者は反映理論に反するこの説を持つとして彼らを批判した。デボーリン派はレーニンに正当な敬意を表しており、党の代弁者たちは彼らの攻撃を支える引用文を探すのに相当苦労し、それゆえにその批判は全体として曖昧で、一貫性のない一般論から成り立った。いわく、デボーリン派はレーニンを「過小評価した」、プレハーノフを「過大評価した」、弁証法を「理解しなかった」、「カウツキー主義」、「メンシェビキ主義」等々に陥った、と。

問題は、党が、この段階であれこれの哲学的見解が正しいと宣言し、デボーリン派がそれらと異なる見解を表明した、という単純なことではない。問題になったのは理論の内容ではなかった。後で採用された弁証法的唯物論の公式の正典化された解釈は、デボーリンのそれと実質的に違わなかった。告発が実際に明らかにしたように、重要なことは「党の精神」(party-mindedness)という原則、あるいはむしろその適用であって、もちろん当然ながらデボーリン派もその原則は受け入れていた。学問的見地からすればデボーリン派の著作は弱々しいものであったが、彼らは純粋に哲学に関心を持ち、マルクス主義とレーニン主義の特殊な原理の有効性を証明しようと最善を尽くした。彼らは、自分たちの哲学が社会主義の建設を助けることを信じ、そのためにその哲学を彼らの能力の最善を尽くして、哲学として発展させた。しかし、スターリン治下の「党の精神」はそれとはまったく別のものを意味した。

永遠の保障をしながらも、哲学にそれ自身の原理でやり遂げさせ、政治に利用したり、あるいは適用したりする真理を発見するようにさせるという考え方は一切なかった。党にたいする哲学の役割は、その連続する決定を純粋にかつ単純に賛えることであった。哲学は何ら知的営みではなく、それがどのような形態を取ろうと、国家イデオロギーの正当化と注入の手段であった。これは実にすべての人文科学に当てはまることだったが、哲学の没落はもっとも大きなものであった。すべての哲学文化がそこに基づく支柱である論理学と哲学史が一掃された。哲学は、その腐敗の程度がどうであろうとも、歴史科学にまったく適用されないという形で、もっともつつましい技術的支援すらも奪われてしまった。哲学にとってスターリン主義の重大性は、それにたいして強要された個々の結論ではなく、奴隷根性（servility）が実際にその存在理由のすべてとなってしまった事実にある。

848

第3章　ソビエト国家のイデオロギーとしてのマルクス主義

1　大粛清のイデオロギー的意味

ソビエト連邦の一九三〇年代に、全体主義的な社会主義国家の公的で規準的なイデオロギーとして、マルクス主義の新しい版が結実することになった。

集団化に続く数年間にスターリン主義の国家は一連の挫折と不幸を経験したが、その一方で、人びとは次々に重なる抑圧の大波のもとに置かれた。集団化の強制は第一次五ヵ年計画の開始と同時であって、この計画は公式には一九二八年からとなっていたが、実際には翌年まで承認されなかった。

トロツキーとプレオブラジェンスキーが練り上げ、スターリンが引き継いだ理念に従えば、奴隷化された農民の機能は工業の急速な発展のための剰余価値を供給することであった。これ以降、重工業優先というドグマが国家イデオロギーの恒久的な部分となった。最初の目的は恣意的に、真剣な見積もりもなく、すべてが暴力によって推し進めることができるとか、「ボルシェビキが攻略できない要塞はない」という前提に立って、設定された。

それでもやはり、スターリンは生産目標に常に満足せず、それらをさらなる高みに引き上げ続けた。当然ながら、目標の大部分は達成不能であることが分かった。重工業には最大の人的財政的努力が注ぎ込まれたのだが、そこにおいてさえも、時どき、その結果は想定目標の半分、四分の一または八分の一に止まった。この打開策が、統計員を逮捕し、射殺し、その結果を偽造することであった。一九二八年から三〇年にかけてスターリンは経済と統計のほぼ全部の雑誌を廃刊にし、コンドラチェフを含む重要な統計家のほとんどが処刑されるかあるいは監獄に押し込められた。

これ以降、同じ生産物を製造の各段階で、二ないし三回は計上する方法で国民所得を計算することが慣例となり、こうして、社会主義の優位性の証明として定期的に自慢されることになる無意味な総計を生み出すことになった。集団化が地方社会で大崩壊をもたらすにつれて、農業の数値も系統的にねつ造された。スターリンやその他の指導者たちが経済の真の状態をどの程度知っていたかは分からない。

そのうちに、一般の工業労働者層が地方部門からの新規採用者によって急速に増加した。社会の災難を埋め合わせるために、サボタージュ、つまり実行不可能なノルマの未達成を理由とする技術者あるいは農業専門家の検挙と裁判が日常化した。一九三二年から三三年にかけて数百万人が死亡する飢饉が相次いで起こった。すべての世代のインテリゲンチャを急進主義者に変え、マルクス主義の成長を大いに促進した一八九一年から九二年の飢饉と比べても、これはそれと変わらない後退であった。

スターリン主義者の宣伝は、この国は破壊者とサボタージュする人、隠れクラーク、戦前型の不忠誠な知識人、トロツキスト、帝国主義国家の手先で満ち溢れているということを倦むことなく繰り返した。飢えた農民には集団農場から一握りの穀物を盗んだかどで、集中キャンプ送りを言い渡すことができ、そして言い渡された。奴隷労働の強制収容所は激増し、国家経済、とりわけ鉱山やシベリアの森林のように条件がもっとも過酷な地域において重要な要素となった。

それにも関わらず、筆舌しがたいほどの災難、搾取そして抑圧という犠牲を払って、虚構の計画化の混とん、当局の嘘の洪水のただ中で、ソビエトの工業は事実として進展し、第二次五ヵ年計画（一九三三〜七年）は第一次よりも相当に現実的となった。この時期にソビエト連邦が今日の工業力の基礎を築いたという事実が、共産主義者によってスターリン主義の歴史的正当化として今もなお援用され、多くの非共産主義者も同じ見解をとって、スターリン主義の社会主義は、遅れたロシアがその産業を急速に近代化するのを可能にするために必要であった、と信じている。

われわれの主張をある程度先回りして言うとすれば、それは以下のような答えになるだろう。ソビエト連邦は一九三〇年代に、特に重工業と軍備において、かなりの工業的基盤を実際に構築した。それは大規模な強制と全面的または部分的な奴隷化の手法によって成し遂げられたが、その副産物として民族の文化の荒廃と警察体制の貫徹がもたらされた。

このような手法でソビエトの産業化は、おそらく、歴史上もっとも浪費的なこの種の過程であり、これほどの規模の人的物的な犠牲がなければそのような進展は成し遂げられなかっただろう、という証拠は何一つ存在しない。歴史は産業化の成功のさまざまな方法を記録しており、それらのすべてが社会の見地からすれば犠牲の大きいものではあったが、しかし、社会主義ロシアのようにそのコストが甚大であった事例を一つでも示すことは難しい。

しばしば挙げられる今一つの説、つまり、西ヨーロッパを追いかけるコースは、大資本家の中心が既にその地歩を固めていたがゆえに、産業世界の周辺の地でそれを繰り返すことはできなかっただろうという説は、日本、ブラジル、直近ではイランのような「周辺」諸国の実例によってその誤りが証明されているのであって、これらの国は相当な犠牲にもかかわらず、ロシアとは異なる手段によって産業化に成功した。

一九一七年前のロシアは、急速かつ徹底した産業化の国であって、革命はこの過程を多年にわたって遅らせた。産業発達のグラフはツァーリ支配の最後の二〇年間に著しく上昇した。それは革命後に壊滅的に下降し、さまざまな指標が再び戦前水準に達し（ある数値は他の数値よりも素早く回復した）、上昇し続けるまでには長い年月を要した。回復までの時期は社会の解体と数百万の人命の破壊の時期であって、これらのすべての犠牲はこの国が革命前の発展を取り戻すために必要であった、とほのめかすことは幻想以外の何ものでもない。

歴史の過程は人間の意図から独立した内的な目的を有するとか、あるいは、後の智慧のみで分かるようになる隠された意味を有しているなどという考え方をとる人がいるとすれば、ロシア革命の意味は産業化にあったのではなく、むしろロシア帝国の一貫性と膨張エネルギーにあったと言わなければならない。というのは、この点で、新しい体制は古い体制よりも実に遙かに効率的であったからである。

すべての社会階級、つまり、プロレタリアート、農民そしてインテリゲンチャの抵抗が首尾よく制圧された後が、、そして国家によって命令されない社会生活のあらゆる制度が跡形もなく粉砕され、党内の反対派が粉砕された後が、実際には起こらなかったけれども、一人の専制者の下の全体主義的支配の完全性を脅かすかもしれない最後の要素、つまり党それ自体、社会内の他のあらゆる対抗勢力を抑え込んで破壊するために使われてきた道具である党それ自体を征服する時であった。党の破壊は一九三五年から三九年にかけて行なわれ、ソビエト体制とその臣民とのあいだの闘争に新しい記録が作られた。

一九三四年にスターリンはその権力の頂点にあった。この年の初めの党の第一七回大会はお世辞と崇拝の大騒ぎであった。敬愛する独裁者にたいする積極的な反対こそなかったが、党内では彼にしかるべき敬意は払うが、全身全霊を打ち込んで彼に従うことはない、とする多くの人びと、とりわけ古参ボルシェビキが多く存在した。彼らはスターリンの引きではなく自力でのし上がってきた。したがって危機の時に不安あるいは反乱の危険な源泉となるかもしれなかった。

したがって、彼らは潜在的な反対派として粉砕されなければならない。彼らの絶滅の最初の口実は、中央委員会書記でレニングラード党組織の長であったセルゲイ・キーロフの一九三四年一二月一日の暗殺であった。全部ではないが、ほとんどの歴史家がこの犯罪の真の作者は可能性のあるライバルを一撃で片づけて大量弾圧の口実を作ったスターリンである、という点では一致している。

これに続く魔女狩りは、当初、党内の以前の反対派を狙いとしたが、ま

851

もなく独裁者に忠実な召使いも狙われた。ジノヴィエフ、カーメネフが逮捕され牢獄入りの判決を受けた。大量処刑が国中の大都市で、特にレニングラードとモスクワで起こった。テロは「大粛清」の初年となった一九三七年に激発した。三六年八月に大規模な最初の見世物裁判があり、ジノヴィエフ、カーメネフ、スミルノフなどが死刑を宣告された。三七年一月の第二回の裁判はラデック、ピャタコフ、ソコルニコフなどの「反逆罪」を暴露した。一九三八年三月の被告人のなかにはブハーリン、ルイコフ、クレスチンスキー、ラコフスキー、ヤゴーダが含まれ、この最後の名前の人物は三四年から三六年にかけて内務人民委員部（ＮＫＶＤ）の長であり、初期の粛清の組織者であった。

その直前の一九三七年に、トハチェフスキー将軍と他の数名の軍上層部の指導者が秘密裏に審理され、銃殺された。すべての公開裁判において被告人は、次々に外国諜報機関にどのようにして密通したか、党指導者の殺害をどのように共謀したか、帝国主義権力にたいして領土の一部をどのように提供したか、同僚市民をどのように殺害・毒殺したか、産業をどのようにサボタージュしたか、意図的にどのように飢饉を引き起こしたか等々を述べて、幻想の犯罪を告白した。ほとんどすべての者が死刑を宣告され、即座に執行された。ラデックのように監獄入りを宣告された者も少数はいたが、上訴裁判後まもなく殺害された。

大粛清の地獄は、歴史家、小説家、伝記作家によって度々記述されてきた。見世物裁判は党を主たる犠牲者とする大量虐殺作戦の目に見える断片にほかならない。数百万人が逮捕され、数十万人が死刑を執行された。以前は散発的に、そして原則として真実を得る目的のために使われた拷問が、今や、もっともありそうにない数々の虚偽の犯罪告白を引き出す通常の方法となった（拷問は一八世紀にロシア司法手続きの一部であることが停止された。それにもかかわらず、後のポーランド暴動や一九〇五年革命のような特異な環境のもとでは使われた）。

審問する役人は、審問官自身が全面的に想像であることが十分に分かっている犯罪を認めるように人びとを誘導するために、あらゆる方法の身体的精神的苦痛を工夫して与える点で自由であった。そのようなやり方に屈しない少数の者は、通例、告白を拒否すれば妻や子どもが殺されると言われて屈服したが、このような脅かしはときどき実行された。誰もが不安であって、というのは暴君にたいする追従も免罪の保障には少しもならなかったからである。

地域全体の党委員会が後任者によって虐殺され、墓場送りとされた事例があったが、彼らの手は死刑執行で血にまみれていたのである。犠牲者のなかには、ほとんどすべての古参ボルシェビキ、すべてのレーニンの親密な仲間、政府や政治局および党書記局の経験者、各級の活動家、学者、芸術家、作家、経済学者、軍人、法律家、技術者、医師そして当然のことながら、安全保障機関の公職者であろうが、とりわけ熱心な党員であろうが、彼らがその任務を完了した時、粛清の実行者自身も含まれた。陸軍、海軍の将校団も抹殺されたが、これが対独戦争の開始後二年間の敗北の主たる原因である。

逮捕と執行の分担は党当局から各地方に割り当てられた。警察がそれらを完遂できない場合、彼ら自身が処刑を免れず、完遂したらそのうちに党幹部の撲滅に責任を負う羽目に陥った（スターリン特有の薄気味の悪いユーモアで、このような告発はポスティシェフのような大量殺人キャンペーンで傑出した人物にも向けられた）。自分の職務を達成できなかった者は、サボタージュの罪で射殺された。任務を十分に遂行した者も、自分の不忠誠を隠すために熱意を示したとして疑われる可能性があった（一九三七年の演説でスターリンは、多くの破壊者がこうしたことをまさしく行っていると発言した）。

852

裁判と取り調べの意図は、レーニンの親密な協力者を含む創立当初の党中枢部のすべての者がスパイの一味、帝国主義の手先、そして人民の敵であって、彼らのただ一つの目論見はソビエト国家を破壊し、常に破壊し続けることである、と示すことであった。驚く世界を前にして、あらゆる想像上の犯罪が大見世物裁判で被告人自身から告白された。

すべてのグラン＝ギニョル［恐怖とセンセーションを強調した短い劇］風

の犠牲者のなかで、ブハーリンは架空の反革命組織という告発された犯罪の一般的な責任は認めたけれども、スパイ行為やレーニンを暗殺するための陰謀のような、人を破滅させるような罪を認めることを拒否した唯一の人物であった。裁判の雰囲気を圧縮したような言葉遣いで、自分の過誤について後悔を表明しながら、「われわれは新しい生活の喜びに反するような犯罪的方法によって反抗した」と付け加えた（明らかに、ブハーリンは肉体的に拷問されてはいなかったが、妻と幼い息子の殺害では脅かされていた）。

粛清の第一の効果は、党内だけではなくソビエト連邦のあらゆる活動部面において荒廃が創り出されたことであった。大殺戮は、その大部分が忠実なスターリン主義者であり、指導者へのお世辞の演説に賛成する以外には何もしなかった第一七回大会に出席した大多数の代議員にその責任がある。一連の著名な芸術家の全員が抹殺され、ソビエトの作家の三分の一以上が非業の死を遂げた。国全体が一人の独裁者の意志によって、怪物のような狂気の発作に明らかに引き込まれたのだが、その見かけは欺瞞的であった。

ロシア在住の外国の共産主義者もまた粛清の犠牲者となった。ポーランド人がもっとも被害を蒙った。一九三八年のコミンテルンの決議はトロツキストやその他の敵の温床になっているという理由で、ポーランド共産党（この党はポーランドでは非合法だった）を解散させ、ソビエト連邦内のその活動家は逮捕や死刑によって抹殺された。ほとんどすべての指導者が投獄され、わずかな者だけが数年後に自由を再獲得した。幸運に恵まれた者は、召喚された時にポーランドで獄中にあったためにロシアに行けなかった人たちであった。実際に召喚に応じなった少数の人びとは、ポーランド警察の手先であると公表されて後者の手元に引き渡されたのだが、このような手口は三〇年代に他の国の地下共産党の「偏向した」党員にたいしてしばしば使われた。ポーランド人以外の粛清の犠牲者は、多くのハンガリー人共産主義者（ベラ・クーンを含む）、ユーゴスラビア人、ベルギー人、ドイツ人であった。ドイツ人で三九年まで生き延びた人びとは、当然のように、スターリンによってゲシュタポに引き渡された。

強制収容所は、はちきれるほどに満員になった。あらゆるソビエト市民が、逮捕され死刑あるいは恣意的で不定期の投獄を宣告されることが、その人の仕事ぶりが良いとか悪いとか、何らかの反対派に属しているとかいないとか、さらにはスターリンを好きだとか好きではないとかとはまったく関係がない、という事実に慣れてきた。

残虐非道の空気が、ある種の全面的な被害妄想、これまでのすべての基準、「普通の」専制主義のそれですらも適用をやめてしまう怪物のようだが、しかし信じがたい世界を出現させた。後になって、この前例のない大虐殺騒動と偽善行為を説明しようとしてきた歴史家やその他の人びとから、まったく簡単には答えられない問題が提起されてきた。

第一に、あらゆる兆候から見て、スターリンあるいはその体制にとって現実的脅威が何も存在せず、そして党内のあらゆる反乱の可能性の源泉が大量殺戮なしに容易に一掃できたであろう時に、このような破壊的な狂乱の理由は何であり得るのだろうか？　特に、上層幹部の無差別の破壊が軍事的経済的に国家を決定的に弱体化させることが明らかであると思われる時に、このことはどのように説明できるのだろうか？

第二に、すべての人びとが脅威にさらされ、そして残虐非道をもっとも献身的に実行した者ですらも脅威にさらされた時に、抵抗が完全になかったのはなぜなのだろうか？　多くのソビエト市民は軍事的勇気を発揮し戦闘において身を挺した。なぜ独裁者に向かって一人も拳を振り上げなかったのか。なぜみんなが進んで大虐殺に従ったのか。

第三に、仮に見世物裁判の犠牲者たちが、宣伝目的のためのありもしない犯罪を告白するように仕立てられたとしても、数万、数百万の一般の人びとから、誰一人としてかつて聞いたこともない自白をなぜ引き出すことができたのか？　警察の書類に埋め込まれ、いかなる公共目的にも使われない幻想の自白に何も知らない犠牲者を署名させるために、なぜ膨大な努力がなされたのか。

第四に、まさにこの時期にスターリンが自らへの個人崇拝を前例のない高みに押し上げることができたのはどのようにしてなのか。特に、個人に

853

たいする圧力が存在しないなかで、多くの西側の知識人がこの時期のスターリン主義に夢中になり、虚偽と狂気の行いが誰の目にも明瞭であったはずであるのに、モスクワの恐怖の館やその公式の説明をたやすく信じ込むか、あるいは積極的に賞賛したのはなぜなのだろうか。

これらの疑問はすべて、マルクス主義的社会主義イデオロギーが新しい体制のもとで機能し始めた、特殊な機能の理解と関連している。

第一の疑問について言えば、ほとんどの歴史家が、大粛清の主たる目的は政治生活の潜在的中心、ある環境によってはそれ自体の生命力を獲得して支配者の単なる道具でなくなるかもしれない党を消去することであった、と考えている。アイザック・ドイッチャーはモスクワ裁判についての最初の著書（ポーランド語で出版された）において、それはメンシェビキのボルシェビキにたいする復讐行為であったとする瞠目すべき仮説を出した。なぜなら、これは、犠牲者のほとんどすべてが古参のボルシェビキであり、他方で主要な検察官は元メンシェビキであって、当時の党の主たる宣伝担当者デイヴィド・ザスラフスキーはユダヤ人同盟の一員であったからである、と。これは後にドイッチャーが『トロツキーの生涯』（『追放された予言者』一九六三年　三〇六～七頁）第三巻で出した説明と同じように
854
奇抜なものである。

それは、ソビエトの高級官僚はそれがどれだけ大きなものであっても自分たちの特権に満足していなかった。なぜなら、彼らは自分の富を蓄積できず、あるいはそれを子どもたちに残すこともできないからであり、トロツキーが恐れたように、彼らは社会的所有のシステムすら打ち壊す危険があった、というものである。ドイッチャーによれば、スターリンはこの危険性を認識し、新しい特権階級が自らの地位を固め制度を荒廃させるのを阻止するためにテロを使った。この説は、結果として、犠牲者たちはロシアに資本主義を復活しようとしていた、とするスターリン主義者の解釈の言い換えである。

しかしながら、ドイッチャーはその『スターリンの生涯』（一九四九）においては、程度の差はあれ歴史家の通説を採用した。スターリンはあらゆる可能な新しい政府または党の指導者を粉砕することを欲した、と。もはや積極的な反対派は存在しないが、突然の危機が反対派を生き返らせるかもしれない。それゆえに、彼は党内における対抗権力の中心の可能性を潰しておかなければならなかった、と。

この解釈はモスクワ裁判には当てはまるかもしれないが、党の新しい指導者になるなどという機会をまったく持たない数百万の無名の人びとに及ぶ粛清の大規模な性格を、それがどのように説明するかは明らかではない。同じような反論が、スターリンは経済の失敗のスケープ・ゴートを探す必要があったとか、あるいは、スターリンの人格的な復讐心、サディズムというような時どき提起される他の解釈にも当てはまるが、これらは確かに多くの個々の事例を説明するが、しかし数百万人の虐殺を説明することはできない。

大粛清は、それが仕えた目的が他の手段でも十分に達成できたはずだという意味において、気味の悪い的外れであったと言えるかもしれない。それでもそれは、いわば、このシステムの自然な論理の一部であった。それは現実的あるいは潜在的なライバルを粉砕するだけではなく、いくら微弱で無能であろうとも、国家とその指導者以外の何らかの大義に今なお忠実な生き残り、特に指導者や党の現在の命令と無関係に、参照枠または崇敬の対象として共産主義イデオロギーを信じる生き残りがそのなかに存在する唯一の組織を絶滅する、という問題であった。

全体主義システムの目的は、国家によって課されず、国家によって緊密に統制されない、すべての形態の共同生活を破壊することであり、そうして、諸個人が相互に孤立させられ、国家の手のうちの単なる道具となることである。国民（citizens）は国家に属し、それ以外の何ものにも、国家のイデオロギーにすらも忠実であってはならない。これは逆説に見えるかもしれないが、このタイプのシステムを内側から知る者にとって驚くことではない。支配政党に反対するあらゆる形態の反逆、すべての「偏向」と「修正主義」、分派、徒党、反乱、これらすべてが同じように党がその後見人であるイデオロギーに訴えた。その結果として、彼らが自由にこのイデオ

ロギーに訴える資格がないことをすべての者に明らかにするために、このイデオロギーは修正されなければならなかった。それは中世において公認されない人びとが聖書経典を解釈することを許されず、聖書それ自体が常に「異端の書」であったのと同じである。

　党は本質的にイデオロギー的な団体、つまり、その党員が共通の信念、共有の価値によって結ばれた団体である。しかし、イデオロギーが制度に変わる時にいつも起こるように、教義に「実際の」変化はないと主張しながらも、どのような政治的な動きも正当化するのに使われるほどに、その教旨が曖昧となり、漠然としたものにならざるを得なくなる。その教旨を真剣に受け止めている人びとは、不可避的に、それを自分自身で解釈し、あれやこれやの政治行動がマルクス・レーニン主義のスターリン版に合致するかどうかを検討しようとした。しかし、これが、例えスターリンに忠誠を誓っていたとしても、政府にたいする潜在的な批判や反抗を起こさせることになった。というのは、彼らは常に今日のスターリンに対置して昨日のスターリンを持ち出すかもしれず、指導者自身に対置して指導者の言葉を引用するかも知れないからである。

　したがって、粛清は、党内になお存在したそのようなイデオロギー的な結合を破壊し、党員に、自分たちは何のイデオロギーも持たず、上からの直近の指令以外には忠誠心を持たないことを信じさせ、そして、党の外の社会と同じように、彼らを無力でばらばらの大衆に引き下げるように、仕組まれた。これは、自由主義や社会主義の政党、独立した新聞や文化機関、宗教、哲学、芸術そして最終的には党内の分派自体の除去に取りかかったのと同じ論理の延長であった。

　支配者への忠誠以外の何らかのイデオロギー的な結びつきがある場合なら、いつでも、例えそれが実際に存在していなくても、分派主義の可能性が存在した。粛清の目的はこの可能性を根絶することであって、その目的にとって、それは成功であった。一九三〇年代の大虐殺を命令した原理は今なお有効であって、廃棄されてはいない。マルクス主義イデオロギーへの忠誠そのものが今もなお犯罪であり、それはあらゆる種類の偏向の源泉である。

　そうだとしても、この絶滅（ホロコースト）がソビエトの公衆あるいは党によってすらも抵抗されなかった、という事実がとにかくも、あれほどの規模の粛清は必要ではなかったことを示唆しているように思われる。党は「ジャガイモ袋」（マルクスがフランス農民を指して言った）という理想的な状態にほとんど近づいており、何らかの自立した思想的な中核を生み出すような意欲も能力も持っていなかったように思われる。その一方で、危機の時、例えば対独戦争のようなもっとも危険な瞬間に、粛清がなければあのようにやり遂げることはできなかったかもしれないのかどうか、われわれには分からない。

　このことが、第二の疑問を生じさせる。つまり、ソビエト社会がまったく抵抗できなかったのはどうしてなのか？　その答えは、党が既に、トップのリーダーシップ以外で、その機構から独立して、何とかしてそれ自体を組織することができなくなっていたことである、と思われる。党外の人びとと同じく、党も孤立した諸個人の集合に変えられていた。つまり、抑圧という文脈のなかで、その他すべての生活部面に見られるように、一方に全能の国家が、他方に孤立した国民と対峙していた。個人の麻痺は完全であった。そして、同時に、党は最初から獲得した諸原則に従って行動してきたことも否定できない。党のすべての構成員が公衆にたいする大規模な暴力行動に参加し、彼ら自身も無法の犠牲者になっていた時に、彼らが訴えることができる先は何もなかった。犠牲者が党員でないかぎり、彼らのなかの誰も虚偽の裁判や死刑に反対しなかった。彼らすべてが、司法による殺人は「原則として」何も間違ってはいないことを、積極的にあるいは消極的に受け入れた。彼らすべてが、また、誰が階級の敵か、誰がクラークの友人か、あるいは帝国主義の手先かを決定するのは、どんな時でも党の指導者である、ということにも同意していた。彼らがかつて受け入れたゲームの規則が彼らに攻撃を仕掛けてきたのであって、彼らは抵抗の精神を育てるような道徳原理は何も持っていなかった。

　戦争中に、あるスターリン監獄のなかで、ポーランドの詩人アレクサンデル・ヴァットは、古参のボルシェビキで歴史家のステロフと出会い、彼にモスクワ裁判の被告人全員がなぜもっとも馬鹿げた罪を告白したのかと質問した。ステロフは簡単に答えた。「われわれはみんな人殺しに没頭していたのだ」と。

第三の疑問について言えば、われわれは集団的な幻覚状態を扱っているのではないか、とまずは思われる。スターリンが共産主義者を抹殺する十分な理由を持っていたと想定するとしても、ウズベキスタンを英国へ売却するように企んだとか、ピウスツキの手先であったとか、スターリンを暗殺しようと試みたとか、ということを拷問の下で無数の取るに足りない人びとに白状させることがなぜ必要だったのだろうか。

しかし、この狂乱状態のなかですらも、一片の方式は存在した。犠牲者たちは身体的に破壊され、あるいは無害化させられるばかりではなく、道徳的にも打ち負かされなければならなかった。内務人民委員部の係官は、全世界にその犯罪を告白した見世物裁判の被告を当然ながら除いて、嘘の告白に署名させ、拷問した犠牲者を殺すことも、あるいは「認めた」罪を理由に収容所に送り出すこともできた、と考えられてきたかもしれない。しかしこれは全体のごくわずかなパーセンテージであった。事実として、警察は人びとに自身の自白に署名するように求め、知るかぎりでは署名を強制しなかった。その効果は、そうすることで被害者が自分の意に反して関わった犯罪の従犯者、虚偽化の全面的なキャンペーンの参加者になることであった。

ほとんど誰でも、拷問によって何でも告白するように強制できたのであるが、しかし原則として、少なくとも二〇世紀において、拷問は真実の情報を得るために使われる。スターリン主義体制では、拷問者とその犠牲者の双方がともに情報は虚偽であることを完全によく知っていた。そのうえで、彼らは虚構を主張し、このようにして、あらゆる人が虚構の「イデオロギー的」な世界を構築するのを助けることになったのだが、そのなかで、普遍的な虚構が真実という外観を取ることになった。

組織された「振りをする」(make-believe) のと同じ体制が、例えば普通「選挙」の制度のような他の多くの分野で支配的となった。政府がこれらのやり方の困難や経費の労を惜しまなかったことは十分に見当がつくのだが、その馬鹿らしさはすべての者に明らかであった。だが、こうしたやり方がすべての市民を同じような虚構の参加者・共同制作者に変え、まさにこの事実から、公式の「現実」が偽造ではなくなるという意味で、これらのやり方は重要であった。

第四の疑問は、再びわれわれを当惑させる現象を提起する。ソビエト連邦から西側に到達した情報は、当然ながら、断片的で不確実なものであった。政権は接触を制限し、双方向の情報の流れを制限する完璧な仕事をやった。ソビエト市民の外国旅行は国益の名目で厳格に統制され、外国人との公認されない、いかなるコミュニケーションもスパイあるいは反逆罪として扱われた。それにもかかわらず、ソビエト国家は自らを世界から完全に切り離すことはできなかった。誰もその範囲は分からないけれども、警察のテロに関するいくつかの情報が西側に漏れた。そのうえ、モスクワ裁判は急いで不器用に準備され、そこに現れた矛盾と馬鹿らしさはいくつかの西側の新聞で指摘された。

それにしても、スターリン主義を積極的に支持していないのに、西側の知識人がスターリン主義に向かってとった寛大な態度について、どのような解釈があるだろうか。誠実で清廉な英国の社会主義者、シドニー・ウェッブ、ベアトリクス・ウェッブ夫妻は、テロの最盛期に一度ならずソビエト連邦を訪れ「新文明」について大著を出版した。英国の腐敗しボロボロになって砕け落ちそうな偽りの民主主義と正反対に、ソビエト制度は公正と幸福への人間のもっとも高度な熱望の具現である、と彼らは明言した。彼らはモスクワ裁判の真正性、あるいはロシア最初の「民主主義的」な政府の完全さを疑う理由を見いださなかった。

この制度を激賞し、裁判の虚構を鵜呑みにした他の人物は、リオン・フォイヒトバンガー、ロマン・ロラン、アンリ・バルビュスであった。この合唱に加わらなかった少数者のなかにアンドレ・ジッドがおり、彼は一九三六年にソ連邦を訪問し彼の印象を記した。当然ながら、彼はまったく残虐行為を見なかった。彼はお世辞に囲まれ、体制の架空の成果のみを見せられた。しかし、彼は、外見が普遍的な虚偽の陳述システムを覆い隠していることを理解した。何人かのポーランド人作家もまた、英国のジャーナリスト、マルコム・マゲリッジがそうしたように（『モスクワの冬』三四年）「振りをすること」を見破った。

西側知識人の反応は、常識や批判本能にたいする狂信的イデオロギーの注目すべき勝利であった。確かに、粛清の数年間はまたナチの脅威のそれであり、このことが、いかに多くの左翼的または自由主義的な伝統のもとで育った思想家や芸術家たちが、文明を混迷に持ち込もうとする脅威からそれを救う唯一の希望をロシアに見いだしたかを、ある程度までは説明できるのかも知れない。彼らは、もし「プロレタリア国家」がファシストの野蛮主義に対抗する防波堤を用意するうえで頼りにできるものであるならば、このプロレタリア国家を大いに許容するつもりであった。ナチズムは、スターリン主義と異なって、その邪悪な表面を世界から隠すことに思い悩むことがなかったがゆえに、彼らはなおさら騙されやすかった。

ナチズムは公然と、彼らの意図は全能の大ドイツを創り上げ、他民族を粉砕してゴミと化し、劣等人種を奴隷に変えることである、と宣言していた。他方、スターリンは平和と平等、被抑圧者の解放、国際主義そして人民の友好という社会主義的福音を説教しつづけた。その職業が批判的に考えることである西欧人は、この言い回しがどんな事実よりも信頼できることを見いだした。イデオロギーと希望的観測が、もっとも明白な事実よりも強かったのである。

粛清を考察するうえで、スターリンのロシアが警察によって統治されたことは一度もなく、ましてや警察が「党の上に」あったことは一度もないことに注意することは重要である。これは、スターリン死後に自称改革者によって使われた言い訳であって、彼らは自分たちの課題は党の優位性を復活することだ、と主張した。確かに、スターリン治下の警察は思いのままに党員を逮捕し殺害することができたが、しかし、最上級レベルではそうではなく、それらすべての手続きは党の最高権威によって、特別な場合はスターリン自身によって命令され、承認されなければならなかった。

スターリンは党を支配するために警察を使ったが、彼自身は国家安全機関の長としてではなく、党の指導者としての資格において党と国家の両方を支配した。この点はヤン・ヤロスラフスキのソビエト体制における党の機能の研究において十分明らかにされている。

スターリンに体現された党は、一瞬たりとも最高権力を放棄しなかった。スターリン後の改革者たちが、党は警察の上に立つべきだ、と要求した時、彼らはただ、党員が党当局の承認なしに逮捕されてはならないことを意味した。しかし、これはずっとそうだったのであって、なぜなら、ある段階の警察が同じ段階の党員を逮捕したとしても、その警察はもっと上の段階の党指導者の保障のもとでそうしたからであった。警察は党の手の中の道具であった。厳密な意味での警察支配体制、つまり警察が完全な自由裁量権を持つ警察体制はソビエト国家において普及せず、また普及することもできなかった、それは党がその力を失うことであるだろうが、その可能性は体制全体が崩壊しないかぎり起こりようがなかった。

このことはまた、スターリンのもとでも今日でも、ともにイデオロギーが果たす特別な役割を説明する。イデオロギーは体制の単なる助手あるいは付属物ではなく、人びとが実際にそれを信じようが信じまいが、体制存続の絶対的な条件である。スターリン主義の社会主義はモスクワによって支配される帝国を創出したが、その合法性の基礎は全面的にイデオロギー、とりわけ、教説、つまりソビエト連邦はすべての働く人びと、特にあらゆる地域の労働者階級の利益を体現して彼らの欲求や熱望を代表し、それは、どこに住んでいようと働く大衆を解放する世界革命への第一歩である、という教説から引き出される。

ソビエト体制はこのイデオロギーなしにはやっていけなかったのであって、このイデオロギーが現存の権力機構の存在理由である。この機構は本質的にイデオロギー的で、その性格は国際的であり、警察、軍隊あるいはその他のどのような機関もこれに取って代わることはできない。

これは、ソビエト国家の方針がいつでもイデオロギーによって決定され

859

る、と言っているのではない。しかし、必要とされる時にイデオロギーはそれを正当化するためにそこに存在しなければならない。イデオロギーは体制に組み込まれ、そして結果的には、正統性の基本的な原理が国民投票あるいは世襲君主のカリスマに由来する国家と比較して、ソビエト連邦においてはそれらと全く異なる役割を果たすのである。

ソビエトのような体制は、公衆にたいしてその行為を正当化する義務を持たない、という利点を持つ。つまり、定義上この体制は公衆の利益や欲求を代表しているのであって、何事もこのイデオロギー的事実を変えることはできない。しかしながら、それはまた民主主義体制が免れている危険にさらされる。それはイデオロギー的批判にたいして極端に敏感である。これは、何をさておいても、インテリゲンチャが他国では真似のできない役割を果たすことを意味する。この体制の知的有効性にたいする脅威、あるいは異なるイデオロギーの擁護は生死にかかわる危険となる。全体主義国家は完全無欠とはなり得ず、また批判的な思想を根絶することもできない。すべての生活部面を支配しているので、それは全能に見えるかもしれないが、イデオロギー的な一枚岩（ideological monolith）のどんな亀裂でもその存続の脅威になる以上、それはまた弱体である。

そのうえ、イデオロギーがそれ自身の慣性運動を奪われ、まさに多かれ少なかれ国家権力の実際的な命令以外の何ものでもないものになり下がった体制を維持することは難しい。スターリン主義の論理は、真理は党、つまりスターリンがある時点で言ったものであり、その趣旨はイデオロギーからその実内容をすべて空疎にすることである。他方、イデオロギーは、それ自身の一貫性を具えた一般理論として提示されなければならず、そしてこのことがなされないかぎり、実際にスターリン後の時期に起こったように、それが中心的なスポークスマンや唯一権威化された解説者に対抗して、それ自身の勢いを取り戻さず、使われもしないという保証はどこにもない。

しかしながら、一九三〇年代後半には、このような危険は遙かに遠のいたように見える。この体制はほとんど理想的な完成状態に立ち至り、そのなかに市民社会はまったく存在しなくなり、人びとはスターリンに人格化された国家の命令に従う以外の他の目的を持たなかったように見える。

社会的紐帯を破壊する不可欠の手段は、隣人にたいする全面的なスパイ・システムであった。一人ひとりの市民がそうする法的道徳的義務を負わされ、告げ口（tale-bearing）は、出世の主な方法であった。継続的な殺戮が特権的支配階級に加わりたいと熱望する多くの人に道を開けるものとなり、他者をつぶすことによって適性を表示するために用意された。こうしてまた無数の人びとが個人的な出世のための犯罪の付属品となった。スターリン主義的な社会主義の理想は、この国では誰もが（スターリンを除いて）強制収容所の被収容者であり、そしてまた秘密警察の手先でもあるという状態として現れた。この最終的な完成を実現することは難しいことであったが、しかしそれに向けた動きは一九三〇年代がもっとも強かった。

2　スターリンによるマルクス主義の成文化

一九三〇年代にはソビエト連邦のあらゆる分野の文化が厳格に規制され、自立した知的活動は実際上その存在を停止した。純文学は徐々にしかし効果的に政治と宣伝の補助役に貶められ、その唯一の目的は体制とその指導者を賛美し「階級敵」を暴露することであった。三二年に、ゴーリキーの家で作家集団と話をして、スターリンは作家一般を「人間の魂の技術者」と表現した。このお世辞の言葉が、当然ながら公式の決まり文句となった。映画と演劇は、後者が被害は少なかったが、同じように扱われた。

演劇の伝統的演目は、たいていはロシアの古典的劇作家であるが、これらの作家が「進歩的」または「一部進歩的」と記述され得るかぎりでその存続が認められた。このなかにはゴーゴリー、オストロフスキー、サルティコフ・シチェドリン、トルストイ、チェーホフが入り、最悪の時期ですら優れた作品をロシアの舞台で見ることができた。小説家、詩人、映画監督は、お互いにスターリンにたいするビザンチン風の賛美を競いあった。これは戦後にその頂点に達したが、われわれが考察するこの時期において

860

も既に高度に発達していた。

　しかしながら、抑圧と規制はさまざまな分野の知的活動においてさまざまな程度で影響を及ぼした。三〇年代に科学の一定の分野、特に理論物理学と遺伝学においてマルクス主義への方向づけの強力な動きがあったが、しかしこれは四〇年代後半までは頂点に達しなかった。しかしながら、他の科目、つまり哲学、社会理論、歴史、特に党史と現代史一般のようなイデオロギー的立場から敏感な科目は、三〇年代に厳しく拘束されただけではなく、スターリン主義的な用語で完全に成文化された。

　ソビエトの修史（historiography）の従属のもっとも重要な段階は、一九三一年にスターリンから『プロレタリア革命』誌宛に送られた手紙で画された。編集委員会は相応の自己批判をつけてこの手紙を印刷に回した。手紙は、一四年以前のボルシェビキとドイツ社会民主党の関係についてのスラッキーの論文の発行を理由に編集部を非難した。この論文においてレーニンは、第二インターナショナルの「中央派」と日和見主義の危険性を評価していなかった、と批判されていた。レーニンは「何にも分かっていなかった」、つまり彼は間違いを冒した、と示唆する「赤い自由主義」として雑誌を叩いた後で、スターリンは第二インターナショナルの完全な沿革史の概要を与えたが、これが後に正典的な文書となった。彼の主な関心は、インターナショナルのボルシェビキ左派とトロツキーであった。

　スターリンによれば、社会主義左派は日和見主義に反対する闘争で一定の貢献をしたが、その一方でまた重大な失敗もした。ローザ・ルクセンブルクとパルヴスは党内論争、例えば党規約のそれで何度もメンシェビキの味方をし、一九〇五年にはトロツキーが後に採用した「半メンシェビキ的枠組の永続革命論」を考案したが、その致命的な誤りはプロレタリアートと農民の同盟の理念を拒否したことであった。トロツキズムについて言えば、それは長期にわたって共産主義運動の一部であることをやめ、「反革命ブルジョアジーの先遣隊」になってしまった。戦前にレーニンは、ブルジョア民主主義革命が社会主義革命に発展せざるを得ないことを理解せず、後になってその理念をトロツキーから手に入れたと示唆することは途方もない嘘である。

　スターリンのこの手紙（『著作集』英語版第一三巻　一九五五　八六頁脚注）は、ソビエトの修史のルールをこの一回限りで定めてしまった。つまり、レーニンは常に正しかった、例え敵が懐にそっと忍び込み、無駄なことだが正しい道から逸らそうとしても、ボルシェビキ党は無謬であり、また常に無謬でありつづけた、と。社会主義運動における非ボルシェビキ集団は常に反逆罪の温床であり、そうでなくても、せいぜい致命的な誤りの繁殖場である。

　このような判定はローザ・ルクセンブルクの歴史的な名声にも貼られ、トロツキーもまた最終的に同じように処理された。しかしながら、歴史、哲学、そして社会科学のすべての問題がその一回限りで解決されるまでには数年がかかった。これは一九三八年に匿名の委員会の編集による『ソビエト連邦共産党（ボルシェビキ）史』（小教程）によって果たされた。スターリンはこの時、その有名な章「弁証法的および史的唯物論」（第四章）のただ一人の執筆者と目され、これが党の世界観の公認された版となった。

　しかしながら、戦後には、この書籍の全部がスターリンによるものと公的に宣言され、彼の著作集のなかの一冊として再発行されることになり、死後も断絶することなくそのままになっている。『小教程』の正確な成り立ちは不明である。おそらく、公定の著作者チームが中心になって編纂し、それからスターリンによって修正されたのだろう。彼独特の文章スタイルがいくつかの箇所、特に、さまざまな裏切り者や偏向派を「ちっぽけな白衛軍」とか「ファシストの卑劣なおべっか使い」と称する語り口などにおいてそれは明らかである。

　『小教程』の運命は、活字の歴史における注目すべきエピソードである。ソビエト連邦内で数百万もの部数が発行され、この本は一五年にわたってすべての市民を完全に縛りつけるイデオロギーの手引きとして仕えた。この発行部数の規模は疑いなく西欧諸国の聖書にのみ匹敵できよう。それは倦むことなく発行され、至る所で教えられた。中等学校の上級課程や高等教育のあらゆる場、党の課程等々、とにかく何かが教えられる場所などこでも、『小教程』はソビエト市民の主要な知的糧であった。読み書きのできる人なら誰もがそれを知らないままでいることは異常な妙技であった。ほとんどの人が繰り返しそれを読むことを義務づけられ、党の宣伝者や講師はそれをほぼ暗記した。

『小教程』は他の点でもまた世界記録を打ち立てた。歴史上の虚偽に満ちた書籍のなかで、嘘や隠ぺいがこれほど高い割合で含まれるものはおそらく存在しないだろう。書名が示すように、この本はその始まりからのボルシェビキ党の歴史であるのだが、しかし第四章は読者を世界史の全般的問題に引き込み、マルクス主義哲学と社会理論の「正しい」解釈を説明してみせる。道徳が歴史的事件からふんだんに引き出され、ボルシェビキ党と世界共産主義運動の活動の土台を形成したと提示される。歴史的結論は単純である。ボルシェビキ党はレーニンとスターリンの輝かしい指導のもとで、一〇月革命の成功によって仕上げられた無謬の方針を最初から逸れることなく実行してきた。レーニンはいつも歴史の最前線に描かれ、スターリンがすぐその後に続く。

大粛清の前に幸せにもその生を終えた第二列、あるいは第三列の少数の個人については物語の適切な箇所で短く触れられる。レーニンが党を創るのを実際に手伝って革命を遂行し、ソビエト国家を築いた指導者たちについて言えば、彼らはまったく何も語られないか、あるいは党に忍び込み、その全経歴がサボタージュや陰謀で構成された徹底した裏切り者や破壊者であると示される。その一方で、スターリンは、最初から無謬の指導者、レーニンの最良の生徒、彼のもっとも真実の助手で、もっとも親密な友人であった。読者は、レーニン自身がまだ青年だったころ、人間性の発達計画を作り、その人生の連続する活動はその計画実行の意図的な段階であった、と理解することを求められた。

『小教程』は、レーニンとスターリンの崇拝に結びつけられたボルシェビキ神話の全体的なパターンを確立しただけではなく、詳細な儀式や礼拝式も標記した。この書の発行の時点から、この問題の一部に関係した党の執筆者、歴史家、宣伝家はすべての正典的公式を信奉し、一語一句違わず関連のある文言を繰り返すことを義務づけられた。『小教程』は単なる虚偽の歴史作品であるだけではなく、強力な社会機関、マインド・コントロールのための党のもっとも重要な道具の一つ、批判的思考および社会がそれ自身の過去を再集約することを破壊するための装置であった。

この観点からすれば、この本はスターリンによって創りあげられた全体主義国家のパターンにぴったりと一致する。この体制を完成させ、市民社会を無に帰さしめるために、国家が規制しない生活の営み、どんな形であれ脅威を構成するかもしれないすべての形態の生活の営みを根絶することが必要であった。それはまた、自立した思考や記憶を破壊する手段を発明すること、それは極度に難しいがしかし重要な課題であって、これを編み出すことが必要であった。

全体主義の体制は、恒常的な歴史の書き換え、過去の出来事や人格および思想の抹消、そしてそれに代わって虚偽の思想を宛てなければ生き残れない。ソビエト・イデオロギーの立場からすれば、粛清の犠牲者となった個々の指導者がかつて党の真の公僕であったが、その後に堕落したと言うことは考えもつかない。つまり、最後に裏切り者と宣告された者は、誰でも最初から裏切り者でなければならない。裏切り者と名指しされることなく単に殺された人は存在しないと考えられた人びと（unpersons）となり、再び聞かれることはなかった。

ソビエトの読者は、まだなお販売されてはいるが編集者または翻訳者の名前が注意深く削除されている版の書籍を見るのに慣れてきた。しかしながら、もし著者自身が裏切り者となれば、その時その書籍は流通から完全に消えてしまい、数冊だけが図書館の貸出禁止の部署に残ることになった。これは本の内容が落ち度のないスターリン主義であってもそうであった。すべての魔術的思考においてそうであるように、何らかの方法で邪悪な精神と結びついている物は、永久に汚染されており、捨てられ、記憶から拭い取られなければならない。ソビエト国民は、『小教程』で触れられている少数の裏切り者の存在を記憶することは許されたが、それは儀式的な呪いのなかに彼らを組み入れるためであり、残りの悪魔的連中は忘れら

863

れるべきものとされ、誰もあえて彼らのことを語ろうとはしなかった。

古い新聞や雑誌は、それが裏切り者の写真または彼らが書いた論文が含まれる場合には、一夜にして汚らわしいものとなった。過去は常に改訂されるだけではなく―これがスターリン主義の重要な特徴―すべての人が、一方ではこのこととそれが行われる極めて単純なやり方を知りながら、しかし他方でその恐ろしい結果について痛みをもって何も言わないもの、と想定された。

ソビエト連邦では、他にもこの種の見せかけの秘密（pseudo-secrets）が多く存在した。つまり、すべての人が知りたいとは思っているが、誰もそれについて口にしない事柄である。強制収容所は新聞では決して触れられないが、市民はそれについて知らなければならない、ということは不文律であった。それは、そうしたことはいずれにしろ秘密を保てるものではないからではなく、人びとがソビエトの暮らしのある事実を知りつつも、お互いにそのような事実は存在しない振りをすることを政府が望んでいるからであった。

このシステムの目的は、二重の意識を創り出すことであった。公共の集会でも、私的な会話においてさえも、市民は自分自身、世界、そしてソビエト連邦に関する奇怪な嘘を儀式風に繰り返して述べることを強いられ、そして同時に彼らがよく知っている事柄については沈黙を守るように強いられたのだが、それは彼らがテロの手段で弾圧されるからだけではなく、彼らが嘘であると分かっている虚偽を絶え間なく繰り返すことが、彼らを党と国家によって注入される虚偽キャンペーンの共犯者に仕立て上げるからであった。

人びとが広められた馬鹿げた考え方を文字通りに信じ込まなければならない、ということが体制の意図ではなかった。もし誰かがそれを信じ込むほどに無邪気で、現実を完全に忘れるとすれば、彼らは自らの良心に反するほどに無知な状態であって、共産主義のイデオロギーをそれ自体として有効であると受け止めやすくなるだろう。しかしながら、完全な服従は、彼らが現在のイデオロギーはそれ自体としてまったく無であることを理解しなければならないことを必要とする。つまり、イデオロギーのどのような側面も、最高指導者がそうすることが必要と思った時には、いつでも彼によって変更されたり、取り消されたりすることができるのであって、何も変わらず、そしてイデオロギーは永遠に同じであり続けると装うことが各人の義務である（スターリンは、彼自身は、レーニンと同じく、マルクス主義に何も付け加えずただそれを発展させただけだ、と強調することに気を使った）。

国民は、党のイデオロギーはどんな時でもまさに指導者がこうであると言ったもの以上でも以下でもないことを理解するために、二重の意識を持たなければならなかった。つまり、公的には、不変の教条としてのイデオロギーの信奉を告白するが、私的あるいは半分意識している場合には、彼はそれが党の側すなわちスターリンの側の完全に融通の利く道具であることを分かっている。このようにして、彼は「信じることなく信じ」なければならず、これが党員のなかに、できれば国民全体のなかに党が創り出し、維持しようと図った精神状態であった。

生きる上での最小限の生活必需品も欠く半飢餓状態の人びとが、自分たちがいかに裕福であるかに関する政府の嘘を繰り返し言う集会に参加し、奇怪なことだが、自分たちが述べていることを半分は信じていた。彼らすべてが、何が「正しい」言い方か、つまり何を求められているかを分かっており、そしてこの「正しさ」と真実を奇妙な方法で混同した。真理は党の事項であることを彼らは分かっており、したがって、経験上の平明な事実と矛盾しても嘘が真理となった。二つの分離された世界に同時に生きるというこのような状態がスターリン体制のもっとも顕著な達成の一つである。

864

『小教程』は虚偽の歴史と二重思考との完璧な手引書であった。その虚偽と削除はあまりにも明白であって、当の出来事を目撃した読者からすれば見過ごせないものであった。若手の党員を除く全部の党員がトロツキーは何者か、集団化がロシアでどのように行われたかを知っていたが、しかし、彼らは当局の解釈をオウム返しに繰り返すように強いられ、党が吹き込んだ真理としての新しい過去の共同制作者そして信者となった。もし誰かが明白な経験を基にこの真理に異議を唱えるとしたら、忠誠者の憤激は完全に偽りのないものとなっていたであろう。

こうしてスターリン主義は、実際に「新ソビエト人」(new Soviet man)を生み出した。つまり、イデオロギー的な精神分裂症、自分の言っていることを信用する嘘つき、知的自己切断行為を絶え間なく自発的に行うことができる人間である。

われわれが触れたように、『小教程』には弁証法的唯物論と史的唯物論、つまりすべての世代に向けたマルクス主義の完全な教義の新しい解説が含まれた。スターリンのこの作品は、例えばブハーリンの手引書に見いだされる、マルクス主義の単純な評価にたいして実際に何も付け加えなかったが、それは、すべてに番号が付され系統的に並べられるという利点があった。つまり、この本の他の部分と同じように、マルクス主義の解説が教育的な目的を持ち、吸収し、憶えるのに容易になっていた。

その文章は弁証法的唯物論、つまり、マルクス主義哲学は、二つの要素、世界の唯物論的な見方と弁証法とから成り立つという書き出しで始まる。後者は四つの主要な特徴または法則に分けられる。第一は、すべての現象は連結されており、そして世界は全体として研究されなければならないことである。第二は、自然界のあらゆる事物は変化、運動そして発展の状態にあることである。第三は、現実のすべての領域において、質的変化は量的変化の蓄積によって起こることである。第四に、「対立物の統一と闘争」の法則は、すべての自然現象が内的矛盾を持ち、発展の「内容」はこれらの対立物の闘争である。これは、あらゆる現象が積極的な側面と消極的な側面、過去と未来を持ち、その結果として闘争が古いものと新しいもののあいだの衝突という形態を取るという事実のなかに見受けられる。

このまとめは、レーニンがその『哲学ノート』で書いたように、エンゲルスが書き入れた「否定の否定」を含んでいないことが注目されてよい。この除外の理由は説明されていないが、しかし、いずれにしろ、これ以降の弁証法は四つの法則から成り立ち、それを超えることはなかった。弁証法の反対は「形而上学」である。形而上学者とはこのなかの一つかそれ以上の法則を否定するブルジョア哲学者と学者である。こうして彼らは現象を相互の関連ではなく孤立的に判断することを主張し、何ものも発展しないと唱え、質的変化は量的変化から起こることを認めず、内的矛盾の理念を否定する。

自然の唯物論的解釈には、三つの原則がある。第一は、世界はその本性上物質的であり、すべての現象は運動する物質の形態であることである。第二に、物質または実在は、われわれの意識(mind)の外にあって、意識から独立して存在する「客観的現実」であることであり、第三に世界のあらゆる物が認識可能であることである。

史的唯物論は弁証法的唯物論の論理的帰結として、その支持がエンゲルス、プレハーノフおよびブハーリンのいくつかの言説のなかに見いだすことができる見解として提示される。「物質的世界が一次的で意識は二次的である」のだから、「社会の物質的生活」つまり生産と生産関係もまた一次的であって、「客観的現実」であり、他方、社会の精神生活はその二次的「反映」である。このような演繹の論理的基礎は説明されない。

それから、スターリンは土台と上部構造、階級と階級闘争、イデオロギー(その他のあらゆる形態の上部構造)の生産関係への依存、社会の変化を地理的または人口的条件に単純に帰属させる誤り、そして歴史は技術の発展にまずもって依存する、という事実に関するマルクス主義の諸公式を引用する。

その後に、五つの主要な社会経済システムの記述が登場する。つまり、原始共産主義、奴隷所有、封建、資本主義、そして社会主義である。これらが引き継いで起こる順序は歴史的に不可避であると叙述される。マルクスの「アジア的生産様式」については、何も触れられない。その理由らしきものはほかのところで検討した(第一巻、第一四章　三二六頁)。

五つのタイプの社会の列挙と世界各国の歴史への応用はソビエトの歴史家に重大な問題を提起した。そのような現象を聞いたこともない人びとのなかに奴隷制や封建制の存在を識別することは容易ではなかった。さらに、資本主義はブルジョア革命によって、社会主義は社会主義革命によって確立されるのだから、それまでの移行も同じような方法で起こった、と想定することは自然なことであった。

実際にスターリンは、奴隷革命の結果として奴隷所有制社会から封建制は出現したと書いた（または「証明」した。ソビエト哲学においてこの二つの用語はマルクス・レーニン主義の古典に関するかぎり同じ事柄を意味する）。事実、彼は一九三三年二月一九日の演説で同じことを主張した。つまり、奴隷所有制度は奴隷の革命によって転覆され、その結果として、封建領主が古い搾取者に取って代わった、と。このことが歴史家に、「奴隷革命」を奴隷所有から封建制への移行のあらゆる事例のなかで確定するというさらなる難題を付け加えた。

スターリンの作品は、アイディオロジストの合唱によってマルクス主義理論の最高の達成および哲学史の里程標として迎えられた。次の一五年間ソビエト哲学はその無比の価値を持つテーマの変種を除く何ものからも構成されなかった。あらゆる哲学論文や手引書が弁証法の四つの「指標」、唯物論の三つの原則を忠実に列挙した。哲学者たちは異なる現象が相互に関連すること（スターリンの第一の法則の証拠）、あるいは物事は変化すること（第二の法則の証拠）などを示す実例を探す以外には何もしなかった。

こうして哲学は最高指導者への絶え間のないお世辞のための媒体、という地位にまで押し下げられた。誰もが正確に同じスタイルで書いた。つまり、その作品の内容や形態によっては誰も他のものから区別できなくなった。同じような眠くなるような陳腐な決まり文句が果てしなく繰り返され、自立した思考を目指す試みはなかった。そして、例え臆病で卑屈であっても、そのような試みがあれば、その著者は直ちに攻撃に曝された。哲学において自分自身で何かを言うことは、スターリンが何か重要な事柄を書き落としてしまった、と非難することを意味しかねないことであった。自分独自のスタイルで書くことは、スターリンよりも何かよりうまく表現できると示唆することによって、危険な推測を表に出しかねなかった。このように、ソビエトの哲学文献は『小教程』の第四章第二節を薄めた形で再生産する無駄な論文の山から成り立つようになった。これと比べれば、「弁証法論者」と「機械論者」との論争は、まだ大胆で創造的で自立的な思考の実例であった。

哲学史について言えば、それはほとんど忘れられたテーマとなってしまった。三〇年代には哲学の古典の翻訳が少し出ていたが、それらの著者は「唯物論者」とか、あるいは宗教に反対して書いたとか、正しかったり間違ったりしながら分類された。ソビエトの読者は時たまホルバッハ（ドルバック）やヴォルテールの教会権力に反対する小冊子、あるいは運が良ければ、ベーコンまたはスピノザのものを何とか目にすることができた。

ヘーゲルの著作もまた発行されたが、それは彼が「弁証法」の執筆者の一覧に入っていたからである。しかし、およそ四〇年の間、言うまでもなく危険な観念論者とされたプラトンを読む機会はまったく存在しなかった。専門職の哲学者たちは「マルクス・レーニン主義の古典」つまり、マルクス、エンゲルス、レーニンそしてスターリンだけを引用した。当然ながら、名前が一緒に引用される場合には系譜上の連続性は守られたが、引用の頻度の点から見れば、その順序は正確にその逆であった。

『小教程』の発行から生れたイデオロギー的な状況は、最終的な完成の一つであったと言えるかもしれない。しかし戦後の数年間は、それはまだ改善することができたかも知れないことを示した。

しかしながら、スターリンによって成文化されたマルクス主義は、レーニン主義と本質的に異なると想定されてはならない。それは素っ気ない、原始的な解釈であるが、新しいものは何も含まなかった。実に、一九五〇年以前のスターリンの著作には、二点を除いてオリジナルなものは何一つ見いだせない。

われわれが重要だと考えているなかの一番目は、社会主義は一国で建設できる、ということである。二番目は、階級闘争は社会主義の建設が進むにつれてより激しくなるに違いない、ということである。この原則は、スターリンがソビエト連邦にはもはやいかなる敵対階級も存在しないと宣言した後でも、公式には有効なまま残された。つまり、いかなる階級も存在しないが階級闘争は以前よりまして鋭くなる、と。

三番目の原則、スターリンが一九三三年一月一二日の中央委員会総会において初めて明確に述べた原則は、共産主義のもとで国家が「死滅する」前に、国家は弁証法的理由により、その力の最大限まで先に発展するに違いないということであった。しかし、この理念はトロツキーによって内乱戦争中にすでに定式化されていた。二番目と三番目の原則は、どのみち警察テロのシステムを正当化する以外は何の意味もなかった。

しかしながら、スターリン主義イデオロギーにとってもっとも大事だったことは、教条の形で表現されているとしても、その内容ではなく、そのイデオロギー事項の判断にたいして何も訴え先がない最高の権威が存在する、という事実であったことはもう一度強調されなければならない。このようにイデオロギーが完全に制度化され、事実上、知的生活の全部がそれに従属させられた。「理論と実践の統一」は、スターリン個人への理論的、政治的、そして警察的な権力の集中によって表わされた。

スターリンによって詳説された弁証法的および史的唯物論は、結局は、プレハーノフ、レーニン、ブハーリンに従った、想像性の乏しい図式的なマルクス主義の版に行き着いた。つまり、弁証法は現実のすべての側面を支配する普遍的法則を表わし、そして人間の歴史はこれらの法則の適用の特殊な事例である、と主張する広大無辺の野心を抱く哲学である。この哲学は、天文学と同じように「科学的」であると主張し、そして社会過程は他のどれとも同じように「客観的」で予測可能である、と宣言した。この点でそれは、ルカーチやコルシュによって再建されたマルクス主義の観点からは根本的にかけ離れていた。ルカーチからの観点によれば、プロレタリアの意識という特定の場合において、社会過程とその過程の意識は全く同一化し、社会の知識がそれを転換する革命的実践と一致するのであった。

スターリンは、第二インターナショナルのマルクス主義者のなかで支配的であった通俗的な自然主義を継承したのだが、そこには「理論と実践の統一」という特殊マルクス主義的な見方は何も存在しなかった。確かに、この理論と実践の統一という定式は、スターリンとその付き添いの哲学者たちによって認められ、あらゆる機会に強調されたことは事実である。しかしその意味は実践が理論に勝り、理論は実践の付属物である、という命題に事実上、還元された。

この見方に合致して、学者にたいして、特に三〇年代初期の科学アカデミーのイデオロギー的再建後において、産業にとって直接的な利益になるような分野に自己限定するように圧力がかかった。この圧力はあらゆる自然科学、そして幾分か厳格さを欠いて、数学にさえも及んだ（数学研究はソビエト連邦ではイデオロギー的にほとんど監督されなかった。全知のマルクス主義の高級使徒たちも、数学を理解する振りはしなかった。結果的に、水準は維持され、ロシアの数理科学は一時的な崩壊を免れた）。

「理論と実践の統一」は、当然のこととして、人文科学にもまた及ぼされたが、わずかながらその意味は異なった。大雑把に言えば、自然科学は産業の要求に結びつけられ、人文科学は党の宣伝の要求に結びつけられた。歴史、哲学、そして文学の歴史と芸術は「党と国家に仕える」、つまり、党の路線を強化すること、そして時どきの決定の理論的な支持を提供することである。

自然科学は、直接的な技術的利用の課題に閉じこもるべきであるという要求は、重要な研究分野に重大な損害を与え、これが直ちに科学技術そのものに影響を与えた。しかしながら、さらに致命的だったのは、マルクス主義的「正しさ」という名目のもとで、科学研究の実際の結果にたいしてイデオロギー的な統制を実行しようとする試みであった。三〇年代に「観念論的」相対性理論が、A・A・マクシモフに率いられた哲学者や未熟な物理学者の連合から攻撃を浴びた。この同じ時期に、トロフィム・D・ルイセンコが頭角を現したが、彼の使命はマルクス・レーニン主義に従ってソビエトの生物科学に革命を起こし、メンデルやT・H・モーガンのような「ブルジョア」理論を放逐することであった。

農学者であるルイセンコは、多様な植物栽培法を探求し、それらをその職歴の最初のころに、マルクス主義遺伝学の一般理論に発展させようと決意した。一九三五年以後、助手のI・I・プレゼンツと共に、近代遺伝学理論を批判し、遺伝的影響は適切な環境の変更によって殆ど完全に除去できると主張した。つまり、遺伝子は、遺伝子型と表現型の区別がそうであるようにブルジョア的発見である。「遺伝子の永遠の実質」を否定し、有機体は環境の変革によって望ましい程度に改変できる、と主張するこの理論がマルクス・レーニン主義（あらゆるものは変わる）と調和すること、そして人間、特に「ソビエト人」は、どんな方法にせよ彼らが思う通りにその資質を転換することができる、というイデオロギーに見事に合致することを、党の指導者やスターリン自身に確信させるのは難しいことではなかった。

　このようなわけで、ルイセンコは急速に党の支持を確立し、研究機関、学者、雑誌等々にたいしてますます影響力を行使し、後で触れるように、一九四八年までに彼の革命的理論は完全な勝利を実現した。党の宣伝は三五年ごろ以降、絶え間なく彼の発見をほめそやし、彼の実験は科学的に無価値だとして反対する者は直ちに沈黙させられた。この新理論に同意することを拒否した著名な遺伝学者ニコライ・I・ヴァヴィロフは、四〇年に逮捕され、コリマ強制収容所において非業の死を遂げた。たいていの哲学者が、そのように期待されてのことだが、ルイセンコ説の賞賛に加わった。

　今日においては、ルイセンコが無知でペテン師であったことは誰もが何の疑いも持たない。彼の経歴は科学や文化の点でもまた経済・行政の面においても、ソビエト体制がどのように機能したかを物語る教訓的実例である。後になって明らかになった自己破壊的特徴は既に目に見えていた。

　党があらゆる生活分野に無制限の権力を行使し、すべての制度が一方通行の指令の鎖で階層的に組織されるにつれて、どのような個人の出世も権力への服従およびお世辞と弾劾の技能の熟練に依存することになる。その一方で、主導性（initiative）、本音（a mind of one's own）あるいは真理にたいする最小限度の尊敬を示すことは致命的である。権力者の主たる目的が、その権力を維持し拡大することである場合、科学（とりわけそれがイデオロギー的に統制されるならば）や経済管理の両面において、ふさわしくない人間が頂点に立つようになるのは避けられない。

非効率と浪費がソビエト体制の組み込まれた特徴である。経済発展は、不適格者の昇進と政治や「安全」を理由とする情報の全面的な制限の双方によって阻害された。後になって、経済の合理化の試みが一定の成果を上げたが、しかしそれは、全体主義の原理あるいはスターリン主義体制が完成を目ざした「統一」の理想から脱却する限りのことであった。

　一九三〇年代のソビエト文化のもう一つの重要な特徴は、ロシア民族主義の伸長であった。これもまた、もっと後になって頂点に達した現象であるが、それは既に一九三〇年代初期に、スターリン演説が社会主義によって作ることができ、また作らなければならない「強大なロシア」について強調し始めた時に、既に見分けがつくほどになっていた。愛国的なテーマが宣伝のなかでますます重視され、ソビエトとロシア愛国主義はますます一体化した。ロシアの歴史の栄光が、民族的誇りと自信への訴えのなかで復活された。

　ウズベクのようにそれまで自言語をアラビア文字で表していた民族は、この時ソビエト当局からラテン・アルファベットを与えられ、今ではキリル文字を採用するように強制された。その結果、一つの世代で三つのアルファベットが使われている。連邦の非ロシア人共和国において権力を行使する「民族幹部」という理想が虚構であることは直ちに証明された。理論においてではなく実際において、党と共和国行政の頂点のポストは、通例として、モスクワから任命されたロシア人によって占められた。国家権力のイデオロギーは、ロシア帝国主義のそれと次第に見分けがつかなくなった。

　ソビエト国家のイデオロギーとしてのマルクス主義は、方針の決定における独立した要素であることを極めて早く停止した。必然的にマルクス主義の内容は、国の内外のどのような動き、例えば、ネップか集団化か、ヒットラーとの友好か敵対か、国内体制の引き締めか緩和か等々の動きを何でも正当化するほどに曖昧で一般的なものにならざるを得なくなった。

　そして実際に、この理論は、上部構造は「一方では」土台の被造物でその道具であるが、「他方では」それはまた土台に影響を及ぼすと述べているのだから、経済を規制しようとしたり、あるいは文化を厳しくまたは緩く統制しようとする政府の考え得る限りの方針のいずれも、マルクス主義に適っていることが証明される。

もし「一方で」個人は歴史を作れないが、「他方で」歴史の必然を理解する傑出した個人が重要な役割を果たす（この二つの観点ともマルクスとエンゲルスからの引用によって支持される）とすれば、社会主義の専制君主に神聖な敬意を払うことも、あるいはまたその行為を「逸脱」として非難することも共に等しくマルクス主義に適っていることになる。

もし「一方で」、すべての民族は自決の権利を有するが、しかし「他方で」、世界社会主義革命の事業がもっとも重要であるならば、穏健的であろうが攻撃的であろうが、帝国内の非ロシア人居住者の民族的熱望を打ち砕く目的を持つ政策は、明らかにマルクス主義的であるだろう。事実として、こういうことが、スターリンのマルクス主義の両義的な土台であった。その曖昧で矛盾的原理は同じように「弁証法」にも同様に持ち込まれた。この観点からみれば、ソビエトの公式マルクス主義の機能と内容は、ともにスターリン死後も変わらずに存続した。マルクス主義はソビエト帝国の
870
現実政治の単なる論理的衣装となってしまった。

この変化の論理的根拠は、きわめて単純である。ソビエト連邦は、定義上、人類進歩の要塞であるのだから、ソビエトの利益に奉仕するものなら何であれ進歩的であり、奉仕しないものは何であれ反動的である。歴史上の他の殆どの国家権力と同じように、ツァーリのロシアはその敵対国を弱体化するために少数民族の熱望を支援したのであって、ソビエト連邦もこの政策を最初から追求したのだが、それは異なる見せかけのもとであった。スターリンによれば、「封建的な」アラブの族長、アジアの君主でさえも彼らが帝国主義の戦線を掘り崩すかぎりにおいて、「客観的には」進歩的役割を果たす。これはレーニンの世界革命の理論に完全に合致するのであって、レーニンの理論は、非社会主義的、非プロレタリア的そしてマルクス主義の用語で言えば「反動的」勢力を認め、その参加さえも求めた。

弁証法の見地からすれば、反動主義者は、もし彼らの努力が他の世界権力の利益と敵対するならば、彼らは直ちにそして弁証法的に進歩的となる。同じように、定義上ソビエト連邦は全世界の解放運動の大黒柱であるのだから、ソビエト側からのいかなる軍事的侵略あるいは外国領土の一部の奪取も侵略ではなく、解放の行為であることが一九一七年以降の公理となった。こうして、マルクス主義はソビエト国家にたいして、ツァーリのロシアが異質の人民の支配を正当化しようとして用いた不器用で馬鹿げた原則よりも、帝国主義の道具として遙かに有用な主張の蓄積を提供した。

3　コミンテルンと国際共産主義のイデオロギー的転換

自然の成り行きで、スターリン化は世界の共産主義運動の隅から隅まで広がった。その存在の最初の十年のあいだ、第三インターナショナルはまだなおさまざまな形の共産主義イデオロギー間の討論と衝突の場であったが、その後は独立性を完全に失い、ソビエト外交政策の道具となり、スターリンの権力に完全に従属した。

第一次世界大戦中に社会民主党内に発生したさまざまな左派グループと分派は、必ずしもその全部が純粋なレーニン主義者とは限らなかった。しかし第二インターナショナルの指導部による運動の裏切りを非難する点では一致した。彼らはすべて改良主義を拒絶し、伝統的な国際主義者の精神を復活させようとした。

一〇月革命は新しい革命の拠点を創り出し、これらの左翼の大多数が世界共産主義革命は差し迫っていると信じた。一九一八年に共産党がポーランド、ドイツ、フィンランド、ラトヴィア、オーストリア、ハンガリー、ギリシアそしてオランダで結成された。次の三年間に、さまざまな少数者集団を代表する大小の革命政党がヨーロッパのすべての国に誕生した。多くの込み入った論争と分裂にもかかわらず、このなかでレーニン主義の原
871
則に鼓舞された国際共産主義運動が形成された。

一九一九年一月に、ボルシェビキ党は、トロツキーによって起草された、新しいインターナショナルの結成を呼びかける宣言を発出した。会議がモスクワで三月に開催され、そこで一定の共産党および社会民主主義左派グ

ループの代表によって、その計画は承認された。第三インターナショナルは二〇年七月から八月の第二回の会議までは実際には設立されなかった。

最初からさまざまな党が内部分裂やレーニン主義の規範からの離脱を繰り広げた。一方には、直前に分裂したばかりの社会民主主義者との和解を願う「右翼主義者」のグループが存在した。他方には、概して妥協戦術や議会政治との結合を拒否する「左翼主義的」あるいは「セクト主義的」な逸脱者がいた。レーニンが『左翼共産主義　子どもじみた混乱』（［邦訳『共産主義における左翼小児病』］）を書いたのは、このような考え方に反対してのことであった。一年以内に世界全体、少なくともヨーロッパがソビエト共和国になるだろうという信念が共産主義者のなかで優勢な状況のもとで、「左翼主義的」傾向は改良主義者のそれよりもより強く、より顕著であった。

コミンテルンの規約は、第二インターナショナルの原則からの根本的な離脱を表し、第一インターナショナルの伝統に立ち戻った。規約によれば、インターナショナルは単一の集権的な党、各国の党はその支部であるとされ、その目的は軍事力を含むあらゆる手段を使うこと、世界ソビエト共和国を実現することであって、この国家はプロレタリアートの独裁の政治形態をとり、国家廃絶の歴史的に規定された序曲である。

このインターナショナルは年次大会を持つとされ（一九二四年以降は隔年）、大会までのあいだは執行委員会によって管理され、執行委員会はその指令を無視した支部を除外し、規律違反の廉《かど》でグループまたは個人を除籍するよう支部に求めることができる。二〇年の大会で採択されたテーゼには、将来の社会に適合した制度として議会主義（parliamentarism）の断固とした排除が含まれた。議会その他のすべてのブルジョア的政治制度は、それらを破壊するためだけに使われなければならない。つまり、共産主義者はこの目的のためだけに選挙に参加し、共産主義者の代議士は党にだけ責任を負い、匿名の選挙民大衆には責任を負わない。

レーニンによって起草された植民地問題のテーゼは、植民地と後進国の共産主義者に、民族主義的革命運動との一時的な同盟に入ることを指示した。同時に共産主義者は、民族ブルジョアジーが革命運動の支配権を握ることを許さず、最初からソビエト共和国のために闘うよう、独立を保たなければならない。共産主義者の指導性のもとで、後進国は資本主義の段階を通らずに共産主義を実現するだろう。大会はまたインターナショナル全体の大義であるとして、ソビエト連邦の大義の無条件の支持を求める宣言を出した。

872

もう一つの重要な文書は、「二一箇条の加入条件」のリストであり、これはコミンテルンに加盟する党によって守られなければならず、共産主義運動全体にたいしてレーニン主義の組織形態を押し広げるものとなった。この「条件」は、共産党はその宣伝活動をコミンテルンの指示に全面的に従属させなければならない、と定めた。共産主義の新聞は、完全に党の統制下でなければならない。「支部」は断固として改良主義的傾向と闘わなければならず、可能ならばいつでも、改良主義者と中央派を労働者の組織から一掃しなければならない。

これは特別に強調されたが、「支部」はまた自国の軍隊内部において系統的な宣伝活動を遂行しなければならない。「支部」は平和主義（Pacifism）と闘い、植民地解放運動を支援し、労働者団体とりわけ労働組合のなかで活動し、農民からの支持を勝ちとる努力をしなければならない。

議会において共産党の議員は、そのすべての活動を革命の宣伝に従属させなければならない。党は最大限に集権化され、鉄の規律を守り、そして定期的に、その隊列から小ブルジョア分子を追放しなければならない。各党は疑問の余地なく、現存するソビエト共和国を支援しなければならない。各党の綱領はインターナショナルの大会または執行委員会によって裏書きされなければならず、大会または執行委員会のすべての決定はすべての支部を拘束する。すべての党は自らを「共産党」と呼ばなければならず、その国の法律で公然と活動することが認められている党は、それに加えて「決定的瞬間」の行動のための秘密組織を設けなければならない。

このように軍隊的な路線で活動する集権的な党が、世界共産主義運動の定められた組織様式となった。しかしながら、インターナショナルの創設者のレーニンとトロツキーは、それをソビエト国家の政策の道具として構想したのではなかった。ボルシェビキ党それ自体が、世界の革命運動の一「部門」あるいは一支部以上の何ものでもないという理念は、当初において極めて真剣に受け止められた。しかし、コミンテルンが組織された方法そしてその創設の歴史的環境が、まもなく、そのような幻想を吹き飛ばしてしまった。

ボルシェビキ党は、革命を初めて成功させた立役者として当然に大きな威信を獲得し、そしてレーニンの個人的な権威は揺るぎようがなかった。最初からロシアは執行委員会で決定的な発言権を持ち、モスクワに住む他の党の恒久的な代表者は次第にソビエトの役人となった。ソビエト指導部の内部闘争はインターナショナルに反映されただけではなく、最終的にはその主要な関心事となった。レーニン死後に権力を争うボルシェビキのそれぞれの独裁者が、自然に兄弟党の指導者の支持を求め、国際共産主義の勝者または敗者が今度はモスクワの派閥闘争を利用した。

インターナショナルの第一回大会は、規約に則って正規に開催された。第三回大会は一九二一年六月から七月に、第四回大会は二二年一一月に、そして第五回大会は二四年六月から七月に開かれた。この時までにロシアは内乱戦争をくぐり抜け、ネップはその最初の局面に入り、レーニンが死去した。レーニンの指針に基づき、インターナショナルは最初から植民地や後進国における革命宣伝に忙殺された。

インドの共産主義者ナス・ロイは、アジアの革命が国際共産主義の主要な目的でなければならない、と主張した。つまり、資本主義の安定は植民地地域からの利潤に依存しているのであって、人類の未来が決定されるのはヨーロッパではなく、ここである。しかしながら、インターナショナルの多数派は、ヨーロッパがなお活動の中心でなければならないと考えた。一九二〇年のワルシャワを目前にしたソビエト軍の敗北が早期革命の希望の後退をもたらしたが、その望みが完全に消えたわけではない。しかしながら、一九二一年三月にドイツの革命の試みが大失敗に終わり、六月の第三回コミンテルン大会の決議は世界ソビエト共和国の見通しについて悲観的であった。ドイツの蜂起の失敗はレーニンやトロツキーによって非難され、大会でも正式に批判された。

しかしながら、自ら三月蜂起に反対し、そのことで大会が開かれる直前に党から除名されたドイツ共産党の指導者パウル・レヴィは、復活されなかった。彼はそこでも非難され、彼の除名は承認された。新しい「レーニン主義」スタイルが、明らかに完全に作動していたのである。

世界革命が延び延びになってきたので、コミンテルンの指導者たちは左翼主義的な少数派の強力な反対を押し切って、社会主義者との協力という「統一戦線」(united front) 方針を採用した。議論は一九二二年の第四回大会の前に開始されたが、結論には至らなかった。社会主義者はいくつかの正当な理由から、「統一戦線」は彼らの破壊をねらう策略ではないか、と疑った。実を結ばないさらなる蜂起が二三年一〇月にドイツで起こった。今回は、新党首ハインリッヒ・ブランドラーが、コミンテルンとボルシェビキ党が全面的に組織し主導したこの計画の贖罪の羊となった。二四年にトロツキーはコミンテルンを糾弾したが、それは当時ジノヴィエフの指導下にあったコミンテルンが、ドイツの権力を掌握して革命情勢を利用することに失敗した、という理由であった。

第五回コミンテルン大会、つまりスターリン、ジノヴィエフ、カーメネフの支配的三人組がトロツキーとの決定的な闘争に従事していた時期の一九二四年半ばに開催されたこの大会は、すべての加盟支部党の「ボルシェビキ化」を求める決議を採択した。これは理論的にはすべての支部がロシアの党の手法とスタイルを採用しなければならないことを意味したが、実践上はすべての加盟支部がすべての事項において、ロシアの党の権威を受け入れなければならないことを意味した。

大会自体が「ボルシェビキ化」は既に十分に進んでいることを示した。つまり、すべての国の共産主義者が満場一致でスターリンとその仲間の言う通りにトロツキーを非難した。翌年には、ドイツ共産党大会でボルシェビキ化が何を意味するのかの実地演習があったのだが、それはコミンテルンにおけるスターリンの主要な取り巻きの一人である、ソビエト代表団のマヌイリスキーが中央委員会の構成員資格について命令しようとした時であった。ドイツの代議員たちが同意することを拒否したので、執行委員会議長ジノヴィエフが彼らをモスクワに召喚し、ボルシェビキに対抗して、ある種の自律性を維持しようとしていたルート・フィッシャーとアルカディ・マズローという支部党の「左翼主義的」な指導者を罷免するように命じた。

874

第五回大会のもう一つの決議は、社会民主主義者の立場を評して、彼らの役割はブルジョアジーと共謀して労働者階級に民主主義や平和主義の幻想を注入することであると述べた。資本主義が腐朽するにつれて、社会民主主義はますますファシズムに近づく。つまり、それら二つは事実として資本の掌中にある一つの武器の二つの側面である。これが「社会ファシズム」論の発端であり、二、三年後にコミンテルンの方針の主たる指針となった。

第五回大会と第六回大会の間で四年が過ぎた。スターリンはトロツキーそしてジノヴィエフ、カーメネフとその仲間にたいする勝利を最終的に達成するまでは、おそらく、大会を招集したくなかったのだろう。この間にコミンテルンは、「社会ファシズム」に関するその理論にもかかわらず、イギリス労働組合に歩み寄り、それが一九二五年に世界労働組合運動の統一を促進するための英露委員会の設置となった。しかしながら、これは短命に終わり成功しなかった。

一九二六年から二七年にコミンテルンは中国でより深刻な後退を蒙ったが、そこでは小規模な共産党がモスクワの指令を受けて、中国を統一し近代化して西欧の支配から解放しようとする国民党を支援した。これは、スターリンの見解では、ブルジョア民族主義運動であって、プロレタリアートの独裁に直ちに繋がるようなものではない。ソビエト連邦は武器と軍事政治顧問団で援助し、一九二六年春に国民党は「賛同的な」党としてコミンテルンに認められさえした。

しかしながら、蒋介石はその政府を組織すると、共産主義者を権力の共有から排除し、一九二七年春には共産党員の上海蜂起を多数の逮捕と死刑で以て鎮圧した。蒋介石が最初にその一撃を食らわしたことで、スターリンはその「同盟者」の意図を余りにも遅く予測したことを覚って、広東の暴動を命令し、この事態を改善しようと図った。これは一二月に起こったが、新しい殺戮によって鎮圧された。

トロツキーはこれらの敗北を理由にスターリンを責め立て、蒋の指導性を受け入れずに中国共産党は最初からソビエト共和国の樹立を目ざすべきだった、と公言したが、当時の力関係のもとで中国の共産主義者がどのようにすれば蒋介石に対抗して優勢になれたかについて、彼は何も説明しなかった。しかしながら、コミンテルンは「誤った方針」の追求の責任を中国共産党に負わせ、その指導者陳独秀は非難され、後に除名された。

875

第六回コミンテルン大会は一九二八年八月に、とにかく弱々しく不首尾に終わっていた社会主義者との協力の試みに最終的な停止をかけた。大会は、国際的社会民主主義とその統制下の労働組合は資本主義の支柱であると宣言し、各国共産党は「社会ファシスト」に反対してそのすべての努力を集中するように命じられた。資本主義の一時的安定は今や終りを迎え、新しい革命の時期が始まろうとしている、と宣言された。さまざまな国の共産党は、「右派主義者」や「協調主義者」を党の隊列から型どおりに排除し、新しい粛清がドイツ、スペイン、アメリカ合衆国やその他の多くの指導者のなかに犠牲者を出すまでになった。

強力な政治勢力を代表したドイツ共産党が、その攻撃の矛先を社会主義者に変えた、という事実がヒトラーの権力への接近の主たる要因であった。党の路線は、ナチズムは一過的な出来事でしかなく、大衆を急進化させることによって共産主義への道は開かれるというものであった。ヒトラーが権力を握った後でさえも、まる一年もの間、ドイツ共産党は社会主義者を彼らの主要な敵として扱った。彼らがその態度を変えた時、党は既に破壊され無力となっていた。

一九二九年末までに、ブハーリンの凋落後（彼は二六年に執行委員会議長としてジノヴィエフを継いだ）、スターリンはボルシェビキ党、そしてそれを通じて国際共産主義の紛れもない所有者であった。コミンテルンはそれ自身のすべての意義を失い、ただ他党にたいするクレムリンの指令の伝達の導管となり果てた。そのスタッフはスターリンに忠実な者だけで構成され、ソビエト警察によって統制された。彼らの仕事のなかにはソビエト連邦のための情報要員を調達することがあった。度重なった粛清の後では、すべての兄弟党がモスクワの変転する指令を異議なく受け入れたが、それらの大部分はソビエトの外交方針によって決定された。スターリンは気前よく諸党を財政的に賄い、そうして彼自身への彼らの依存を強めた。三〇年代半ばまでにコミンテルンは単なる見かけだけとなったが、それは外国の党の服従を確保する目的のためにすらも、もはや必要ではなくなったからであった。

一九三五年七月から八月にモスクワで開催された第七回の最後の大会は、その一年以上前から予示されていた新方針、つまり、ファシズムに反対する「人民戦線」(popular front) の新方針を宣言した。最近まで「右翼日和見主義」と非難されてきたものが、今や公式の路線となった。すべての民主主義勢力、自由主義者や必要とあれば保守主義者だけではなく、特に社会主義者（二年前の「社会ファシスト」）が共産主義者の指導のもとでファシズムの脅威に対抗するために結集するものとされた。

このような方針のスターリン側の理由は、もしヒトラーがロシアを攻撃した場合、フランスやその他の西側諸国が中立に留まるのではないかという彼の恐怖であったと思われる。いずれにせよ、フランスは「人民戦線」方針の主たる標的であった。ドイツに関するかぎりそれは無力な亡命者だけに適用することができ、その他の国の共産党は弱体すぎて影響力を持たなかった。フランスにおいて人民戦線は一九三六年五月の選挙で勝利を得たが、共産主義者はレオン・ブルム政府に入ることを拒否した。

概してこの方針は長続きせず、何の成果も生み出さなかった。公式には廃棄されなかったが、スターリンがナチ・ドイツとの宥和を模索することを決めた時にこの方針は死文となった。そのうちに、打ち砕かれて地下に潜ったドイツ共産党は、遅ればせながら、全ドイツ人の統一とポーランド回廊の清算というヒトラーのスローガンを採用した。

「人民戦線」戦術の真の性格はスペイン内乱戦争で明らかになった。フランコの反乱の数カ月後に、スターリンは共和国の防衛に介入することを決定した。国際旅団が結成され、軍事顧問団の他にソビエト連邦は軍政治委員も派遣したが、彼らは共和国軍内のトロツキスト、無政府主義者、あらゆる類の偏向派を排除した。

国際共産主義は今や完全に「ボルシェビキ化」され、ともかくも共産主義の非ボルシェビキ的形態はその意味がなくなった。二〇年代にそれぞれの党から追放されたり、コミンテルンの方針に反対して離脱したりした個人やグループが、次から次に非ソビエト的共産主義運動を組織しようとしたが、これらの試みは実を結ばなかった。トロツキストは小集団に分裂し、無力にも、世界プロレタリアートの「国際的良心」に訴えていた。

ボルシェビキ党の権威とその組織原則は、一九五〇年代まで異議を申したてる集団が何の支援も影響力も獲得することができないほど、すべての共産主義者に受け入れられていた。世界共産主義はスターリンが指示した路線に沿って忠実に進んだ。一九四三年五月のコミンテルンの解散は、西側世論にソビエトの善意と民主主義への志向を確信させるための単なるジェスチャーに過ぎなかった。それは、共産主義の諸党が非常にうまく訓練され、その組織や財政をソビエト連邦に依存しているかぎり、彼らの同一歩調を確保し続けるために、特別の機関は必要ではなくなったということ以外の意味を持たなかった。

世界の共産主義にたいするスターリンの独裁の影響の一つは、マルクス主義研究の徐々の衰退であった。二〇年代に、「ボルシェビキ化」の過程で、諸党はさまざまな分派的で個人的な口論に支配された。これらは通常、レーニンの政治的な遺言の正しい解釈をめぐる論争の形を取ったが、それらはソビエト・タイプの正統主義が徐々に成文化される以外には、理論に恒久的な影響を与えなかった。それでもやはり、二〇年代初めの革命の雰囲気がいくつかの理論的な研究成果を生み出し、そのなかで第二インターナショナルの正統派の思想家たちによって伝えられたマルクス主義理論は全面的な修正を受けた。

これらのなかでもっとも重要なものは、ルカーチとコルシュの著作であり、両者はコミンテルンによって「超左翼主義者」(ultra-leftist)という烙印を押された。異なる方法で彼らはマルクスの哲学を最初から再建しようと試み、「理論と実践の統一」の理念に新しい生命を吹き込み、正統派と新カント主義の両方のなかで支配的であった科学主義的な世界観と闘った。

877

さまざまな国で前世代の愛党心の強い人たちが、共産主義運動の外側で非教条主義的なマルクス主義の伝統をまだなお維持していた。つまり、オーストリアのアドラーやバウアー、ポーランドのクルジヴィツキ、ドイツのカウツキーとヒルファーディングである。この時期の彼らの活動は、しかしながら理論の発展に大きな影響を与えなかった。彼らのうちの何人かは、既に結論の出た理念や命題を繰り返すことで満足し、他の人たちはマルクス主義の伝統から次第に離れて行った。そのうちに、社会民主主義者と闘うことによって社会主義運動を大衆化しようとするコミンテルンの方針によって、理論活動は麻痺させられた。社会民主主義者はマルクス主義から大きく離脱して行き、単一の拘束力あるイデオロギーの必要を失った。マルクス主義は実際上、ソビエトのアイディオロジストによって独占され、年を経るごとにますます不毛化した。

ドイツにだけ、共産主義に同一化しないマルクス主義の重要なセンターが存在した。一九二三年に、フランクフルトに設立された社会研究所(Institut fur Sozialforschung)がそれである。この所員は、初めはマルクス主義の伝統に強く影響されたが、その結びつきは次第に弱くなり、後にますます顕著になったパターンが形成された。一方で、マルクス主義は制度化された党イデオロギーとして骨化し、政治的には有効だが、哲学的価値をすべて喪失した。他方で、それは全く異なる伝統と結びつき、明確な骨格を示すことを停止し、知的な歴史の多くの寄与の一つとなってしまった。

しかしながら、三〇年代の半ばごろに、フランスのマルクス主義運動はある程度復活した。その指導者のなかには、科学者、社会学者そして哲学者が存在し、必ずしもその全部が共産主義者というわけではなかった。アンリ・ワロン、ポール・ランジュバン、フレデリック・ジョリオ＝キュリー、マルセル・プルナン、アルマン・キュヴィリエ、ジョルジュ・フリードマンであった。これらの人びとは戦後のフランスの知的生活において、政治的に共産主義に関わる学者(必ずしもマルクス主義の理論家ではない)として、あるいはまた体系の構築はやめたが個別的な方法で知的生活を貫く、伝統的マルクス主義理論のある側面の継続者として、重要な役割を果たすことになった。戦間期フランスの有名な正統派マルクス主義者はジョルジュ・ポリツェルであったが、彼は被占領期に死去した。彼はベルクソンの痛烈な批判とレーニン主義の弁証法的唯物論の人気のある入門書を書いた。

イギリスでは有名な生物学者で地球の生命の起源に関する本の著者であるJ・B・S・ホールデンがマルクス主義と現代科学の密接な関係を証明した。今一人のマルクス主義者は、アメリカの遺伝学者H・J・マラーであった。しかしながら、両者の場合、マルクス主義は特にマルクス主義的ではない側面で表された。つまり、生物学においてそれは生命力説や究極目的論にたいする全般的な反対という形で主に現われた。モーリス・ドッブも英国だが、特に貿易循環との関連においてマルクス主義の経済理論を擁護した。

労働党左派の立場から、ハロルド・J・ラスキはマルクス主義によって国家の理論、権力の性質、政治思想史を詳細に展開した。三〇年代後半に彼は、「結局のところ」一つの階級が他の階級を強制することを可能にさせる道具としての国家という古典的なマルクス主義国家論を採用した。

878

彼は、同時代の自由主義を、被搾取者が聞く耳を持たないようにすることを主な目的としたイデオロギーであると攻撃し、そして、もし有産階級の死活的な利益が脅かされたら彼らは自由主義の政府形態をますます否定し、むき出しの暴力に訴えるだろうと主張した。ヨーロッパにおけるファシズムの成長は、ブルジョア国家の発展の自然の結果である。つまり、ブルジョア民主主義は衰退の状態にあり、ファシズムの唯一の代替物は社会主義である、と。

それでもやはり、ラスキは伝統的な民主主義的自由に愛着を持ち、プロレタリア革命はそれを無傷のままにして置く、と信じた。社会発展のカギは中産階級の態度次第である、と彼は断言した。この時点ではマルクス主義者であった（後に社会民主主義に転じた）ジョン・ストレイチーは、同じ問題を正統的レーニン主義の視点から検討した。

才能豊かな書き手であるクリストファー・コードウェル（クリストファー・セント・ジョン・スピリッグ、1907-37の筆名）は、イギリスのマルクス主義のなかで一時期有名になった。彼のマルクス主義者および共産主義者としての経歴はかろうじて二年続いただけであった――彼はスペインの国際旅団の戦闘中に殺された――、しかし一九三六年に『幻想と現実　詩の起源の研究』と題する卓越した著書を出版した。

共産主義者になる前に、彼は探偵小説や航空機に関する大衆的な作品を書いた。彼の詩は死後に出版されたが、現代イギリス文学および「ブルジョア文化」一般についての論文集成である『臨終の文化の研究』（一九三八）、現代科学理論における観念論、経験主義、非決定論へのレーニン主義的批判である未完の作品『物理学の危機』（三九）もそうであった。

彼のマルクス主義の著作でもっとも有名な『幻想と現実』のなかで、彼は韻律変化を含む詩の歴史をさまざまな段階の社会や技術の進化と関連させようと試みた。同時に彼は、エンゲルスが自由は人間の目的のための自然の必然性の利用である、と示したことを引き合いに出して、自由を必然からの独立と捉えるブルジョア思想を批判した。この本は一六世紀以降のイギリスの詩に特別な着目を向けている。マルローやシェークスピアは原始的蓄積の英雄時代を代表し、ポープは重商主義を代表するという具合である。

コードウェルは、詩はもともと、原始社会の農耕儀礼における生産拡大の目的と結びついた要素である、という見解（これは格別にマルクス主義というものではなく、初期の文化人類学にも見出される）をとった。もっと後になって、階級社会において、詩、音楽、そして舞踏は生産から切り離され、それが芸術の疎外となった。社会主義の役割はこのプロセスを逆転させ、生産と芸術活動の統一を再建することである、と。

三〇年代後半の西ヨーロッパ、そしてある程度までのアメリカ合衆国の知的生活は奇妙な様相を呈した。一方で、スターリン主義は全速力で疾走中であって、そのもっとも嫌悪すべき相貌は世界中に丸見えであった。しかし、他方で、多くの知識人はファシズムにたいする唯一の代替として、そしてファシズムに反対する防御として、共産主義に惹きつけられた。その他の政治集団は、ナチの攻撃の脅威を前にして、か弱く優柔不断で無力に見えた。マルクス主義は多くの人びとにとって、理性主義の伝統、ヒューマニズムそして古典的自由主義の理想を擁護するように見え、一方、共産主義はマルクス主義の政治的具現体、ファシストの猛攻撃をせき止める最善の希望であった。

879

左翼インテリゲンチャは、そもそもの最初から内在していたが格別にマルクス主義的でもないマルクス主義の特徴に引き寄せられた。ソビエト・ロシアがファシズムに対抗する主要な勢力であると思われるかぎりにおいて、これらの知識人たちはソビエト共産主義を彼らが理解したマルクス主義と同一視するように努めた。そうするなかで、彼らは共産主義政治の現実に故意に目をつぶった。ジョージ・オーウェルのように、理論の建前ではなく経験的事実から、生きた共産主義の理念を形成した人びとは、憎悪と憤慨に直面させられた。偽善と自己欺瞞が左翼知識人の恒久的な精神的風土となった。

880

第4章　第二次世界大戦後のマルクス・レーニン主義への結晶化

1　戦時中の幕間劇

一九三〇年代の終わりまでに、マルクス主義はソビエトの党と国家の理論として明確に定義された形になった。その公式の名称がマルクス・レーニン主義であり、既に説明したように、それはスターリンの個人的なイデオロギー以上でも以下でもなかった。それはマルクス、エンゲルスそしてレーニンの理論の断片を含んではいるが、四人の「古典的」教師が連続的に「発展させ」、「豊富化」してきた単一の理論であると称された。こうしてマルクスは、「マルクス・レーニン主義の古典」でスターリンの前走者という地位に昇進させられた。マルクス・レーニン主義の真の内容はスターリンの著作、もっと特定すれば『小教程』において詳しく説明された。

　われわれが見てきたように、このイデオロギーの際立った特徴は、全体主義国家の各管理層の利益を顕著に反映したものであって、極端な硬直性と極端な柔軟性との結合であった。この一見して対立する特質が、相互に完璧に強め合った。このイデオロギーは、すべての者に少しの逸脱もなく反復することを義務づけられ、不変の型にはまった公式の集成で表わされるという意味で、硬直的であった。しかしこの公式の内容は曖昧であって、そのためにどのような国家の方針であっても、そのすべての段階や変形までもがそれらを正当化するのに使うことができた。

　ソビエト・マルクス主義のこのような機能のもっとも逆説的な結果が、第二次世界大戦中のその部分的自己崩壊であった。

　三〇年代の後半にヨーロッパはナチの攻撃の脅威に立ちすくんでいた。戦争勃発に先立つ危機のなかで、そのかじ取り役としてスターリンを擁するソビエト連邦は、あらゆる方面からの脅威に対抗してその地位を守ることをめざす巧みで手の込んだ方針を追求した。西側諸国の臆病な宥和政策

881

は、もしドイツがその東側または西側の隣国を攻撃するとすれば何が起こることになるか、を予測するのを難しくさせた。オーストリア併合とチェコスロバキア征服の後では、戦争が避けられないことはほとんどの人にとって明白であった。

　一九三九年八月の独ソ不可侵条約は調印者間でポーランドの分割を定め、フィンランド、エストニア、ラトビアをソビエトの権益圏と割り当てる秘密議定書を含んだ（リトアニアは九月二八日の協定修正においてこれらに付け加えられた）。ドイツはソビエト連邦が条約を批准した翌日の九月一日にポーランドに侵攻し、九月一七日には赤軍がポーランドの東部地域を「解放する」ために侵入し、そのうえで、ソビエトとドイツの両政府は、ポーランドはこれを最後に消滅した、と宣言した。侵略者たちは占領地域における地下活動を鎮圧する上で秘密議定書がお互いを助けた、と結論づけた（ナチ・ソビエト協力の時期にロシアはソビエト連邦内で投獄されていた何人かのドイツ人共産主義者を引き渡した。そのなかには物理学者のアレクサンドル・ヴァイスベルクが入っていた。しかしながら、彼は戦争を生き延び、スターリン粛清の最初の報告記録の一つを書くことができた）。

　ヒトラーとの協定は、ソビエトの国家イデオロギーの転換をもたらした。ファシズムへの攻撃と「ファシズム」という言葉自体が、ソビエトの宣伝から消えた。西ヨーロッパの共産党、特にイギリスとフランスの共産党は、そのすべてのプロパガンダを戦争準備の反対に向け、ナチドイツとの闘争を理由に西欧帝国主義を非難するように命令された。フィンランド侵略の失敗はロシアの軍事的な弱さを世界、特にヒトラーに晒してしまったが、ヒトラーの目的は最初からその「同盟国」たるソビエトを破壊することであった。

882

さらにそれ以上に悲劇的だったのは、一九四一年六月二一日のドイツの侵攻直後のソビエト連邦の混乱ぶりであった。歴史家は、今でもその驚くべき無準備の原因について論争している。最良の軍幹部の粛清、スターリンの軍事的無能力と早期侵攻の警告に注意を払うことを拒否したこと、ソビエト人民の完全な心理的武装解除、それは侵攻の一週間前、戦争の噂を「馬鹿げている」と政府が公的に非難したくらいであったが、これらがソビエト国家を破滅の瀬戸際まで追いこんだ一連の敗北の理由である。

独ソ戦争は、ソビエト連邦と共産主義世界の全体にさらなるイデオロギー的な変化をもたらした。西欧の共産主義者はもはや反ナチ勢力に反対する闘争を指示しなくても良くなり、ファシズムを「当然の」敵として扱うことが自由になった。一九四一年六月までポーランド国家の廃止を従順に受け入れていたポーランドの共産主義者は、その党を再結成し、一部はソ連邦内で、しかし大多数はドイツ占領下のポーランドにおいて、地下活動の形でナチ侵略者と闘った。

「通常の」狂気や破壊に加えて、ロシアの戦争はそれ特有の「イデオロギー的な」残虐非道をもたらした。ポーランド人、特に知識人のポーランド東部領土からの大規模な追放と謀殺、ロシアによって捕虜とされたポーランド軍将校の大虐殺、ドイツとの戦争がまだなお進行している間のソ連邦内の八つの少数民族の一まとめの再定住、そして四つの自治的民族共和国、つまり、ヴォルガ・ドイツ、クリミア・タタール、カルムイク、そしてチェチェン・イングースの解体が続いた。これらの移送のなかで無数の人命が失われ、立ち退かされた人びとは生まれ故郷に二度と戻ることはなかった。

他方、戦争はロシア内のイデオロギーの拘束を大幅に緩和した。貴重な命を賭して戦う国民にとって、マルクス主義は精神的な武器としては価値がないことが判明した。それは当局の宣伝物からも事実上消えてしまい、その代わりにスターリンは、ロシア愛国主義とアレクサンドル・ネフスキー、スヴォーロフ、クトゥーゾフのような英雄の記憶に訴えた。「インターナショナル」はソビエトの国歌ではなくなり、ロシアを賛える賛美歌に置き換えられた。反宗教の扇動が停止され、戦闘的無神論者同盟が事実上解散させられる一方で、聖職者が愛国主義精神の維持に役立たせるために招聘された。

一九四五年以降のソビエトのプロパガンダは、ヒトラーにたいする勝利を、兵士やソビエト人民全体のなかに生きて存在する社会主義イデオロギーの勝利と表した。その正反対が真実に近いだろう。勝利のための必要条件は、当然ながら十分条件ではないけれども、国民がマルクス主義イデオロギーを忘れてしまい、民族的および愛国的な感情で充たされたことであった。ソビエト国家や人民の努力を別にすれば、重要な役割を果たした他の要因、アメリカ合衆国からの大量の軍事援助とヒトラーの「イデオロギー的」愚行が役割を果たした。ヒトラーは戦争の最初の数カ月における圧倒的成功に目を眩まされて、占領地をナチの教条の極めて厳格な支配下に置いた。つまり、ベラルーシやウクライナの解放者の振りをする代わりに、彼は人種差別主義の鞭を振り回し、住民をあたかも絶滅されるか、あるいは永久に奴隷化されるべき低能力者として扱った（ドイツ人は、占領地の集団農場をこの制度が生産物を徴発するのを容易にする、として解体しなかった）。

ナチスの野獣のような残酷さが、ヒトラー主義よりも大きな悪はあり得ないということをすべての人びとに確信させた。初期の退却後に、赤軍兵士は際立った勇気と献身性を発揮し、彼らの国土の存続のために戦ったのであって、マルクス・レーニン主義のために戦ったのではなかった。ロシア人の多くは戦争がナチズムへの最終的な勝利をもたらすだけではなく、国内の自由、あるいは少なくとも専制支配の緩和をもたらすことを望んだ。イデオロギー的な統制が緩み、その結果あらゆる努力が戦争の勝利に向けて捧げられている時にそのように考えるのは自然なことであったが、勝利の後直ちにそのような希望は幻想であることが明らかになった。

いろいろあったけれども、さまざまなマルクス主義の機関は戦争中も機能しつづけた。ソビエトの哲学分野における唯一の重要な事件は、グ・エフ・アレクサンドロフ編の全集『哲学史』第三巻の誤りを非難する党中央委員会の布告であった。その筆者たちは、時勢に遅れずについていくことができず、ヘーゲルのドイツ中心主義を考慮に入れずに、哲学者およびマルクス・レーニン主義の先行者としてのヘーゲルの役割を高く評価した。この非難は戦時中の多くの反ドイツ宣伝のなかの一つに過ぎなかったが、それは正統的マルクス・レーニン主義の年代記におけるヘーゲルの位置を破壊するのを助けた。ソビエトの哲学者たちとの面談のなかで、スターリンはヘーゲルをフランス革命とフランス唯物論にたいして貴族主義的に反発したアイディオロジストと評したが、この時以来ずっとこの評価が哲学界においては必須となった。

　勝利の見通しがほぼ確実視されるにつれて、征服と領土拡張の欲望に完全に動機づけられたスターリンの方針は、ヨーロッパと世界の戦後体制にもっぱら集中した。テヘランとヤルタの協定によって、西側諸国はソビエト連邦に東部ヨーロッパのフリーハンドを事実上与えた。バルト三国の完全な併合とその近隣領土の獲得に加えて、ソビエト連邦はチャーチルやルーズベルトの黙認のもとに、ポーランド、チェコスロバキア、ハンガリー、ルーマニア、ブルガリアそしてより小さな程度でユーゴスラビアにおける支配的地位を獲得した。これらの国、そして東ドイツにおいて、共産主義者の支配が最終的に固まるには数年がかかったが、その結果は既定の結論であった。

　何人かの歴史家は、赤軍が占領した諸国の併合と共産主義の押しつけは帝国主義的な計画によるのではなく、できるかぎり「友好的な」あるいは従属的な国家を自らの周囲に置くことをソビエト連邦が必要とする安全上の懸念によるもの、と主張している。しかし、これは無用の区別である。なぜなら、どんな国もソビエト国家に全面的に従属させないかぎりソビエト国家の安全の絶対的保障はあり得ない、からである。完全に有効になるためには、この「防衛的」プロセスは全世界がソビエトの支配下になるまで継続されなければならない。

2　新たなイデオロギー攻勢

　戦争の終りまでにソビエト・ロシアは、ぼう大な損害を蒙り経済的に荒廃した状態であった。それでもなおその世界における地位、その結果としてのスターリンの個人的威信は、非常に上った。スターリンは戦争の混乱のなかから偉大な政治家、才能豊かな戦略家そしてファシズムの破壊者として登場した。戦争が終わりヨーロッパにおけるソビエトの征服が保障されると、この独裁者は有害な戦時中の「自由主義」の影響を巻き返し、ロシアの人民に政府はその権力をいささかも減少させる意図はないことを教え、戦争のお陰で世界のプロレタリアートの祖国以外の国々を見た人びとにできるだけ早くそのような光景を忘れることを強制するために、新たなイデオロギー攻勢に着手した（この方針のとりわけて劇的な事例は、西側連合国軍によって解放され、引き渡されたソビエトの戦時捕虜の強制収容所への全面的な追放であった）。

　テロと戦争の「真実性」が、マルクス主義イデオロギーの基準緩和と相まって、例えば、詩、映画、その他の作品は言うまでもなく、ネクラーソフ、ベックの代表的小説の出現を特徴とする一定の文化的復興に繋がった。

　一九四六年の着手以降の容赦のないイデオロギー・キャンペーンは、かつてアレクサンドル二世がポーランドにたいして用いた格言、つまりここが「出発点」だ、に要約されるかもしれない。その目的はイデオロギー的な純潔性を取り戻すだけではなく、それを新たな高みに引き上げ、同時にソビエト文化を外部世界とのすべての接触から隔離することであった。あらゆる形の知的生活が次々に影響を受けることになった。つまり、文学、哲学、音楽、歴史、経済学、自然科学、絵画、造形である。いずれの場合も主題は同じであった。「西側への叩頭の礼」をやめること、思想および芸術のわずかな自律性でも打ち壊すこと、あらゆる文化をスターリン、党、ソビエト国家の礼賛に括りつけることであった。

　一九四六年から四八年のこの方針の中心的な推進者は、Ａ・Ａ・ジダーノフで中央委員会書記であり、文化の独立に反対する戦争のベテランであった。党のために、三四年八月の全連邦作家同盟大会で、ソビエト文学は世界でもっとも偉大であるばかりではなく、唯一創造的で発展しつつある文学であって、他方すべてのブルジョア文学は崩壊し腐敗している、と吹き込んだのは彼であった。ブルジョア小説は悲観主義に満ち満ちており、その作家たちは資本主義に身を売り、彼らの英雄はたいていが泥棒、売春婦、スパイ、チンピラである、と。「ソビエト作家の大多数は今ソビエトの国家および党と融合しており、党の指導と中央委員会の保護と日々の援助そして同志スターリンの不断の支援を受けている」。ソビエト文学は楽天的でなければならず、「前向き」(forward-looking) でなければならず、そして労働者と集団的農民の事業に奉仕しなければならない、と。

戦後のジダーノフの最初の重要な動きは、レニングラードの二つの文学雑誌『ズヴェズダ（星）』と『レニングラード』への攻撃であった。これらの雑誌を非難する決議が一九四六年八月の中央委員会で採択された。主要な犠牲者は、有名な女流詩人アンナ・アフマートヴァとユーモア作家のミハイル・ゾーシチェンコであった。ジダーノフはレニングラードで演説を行い、そのなかで二人を猛烈に非難した。ゾーシチェンコは、ソビエト人民にたいする悪意のある中傷者である。彼は、レニングラードで自由に暮らすよりも動物園の檻のなかに留まる方がましだと決心した猿の物語を書いたが、これは明らかに、ゾーシチェンコが人間を猿の水準にまで引き下げるのを望んだことを示している。一九二〇年代においてさえも彼は党精神 (party spirit) を欠いた非政治的な芸術を作り出し、社会主義建設とは無関係であることを望んだ。つまり彼は「文学のスラム街のネズミ、無原則で、無自覚」であり、そしてそうあり続けてきた。

アフマートヴァについて言えば、彼女は性的に偏向した「キャサリン的古き良き時代への神秘的憧れを持ち続けた。――彼女が修道女または売春婦であるかどうかを言うことは難しい。よく言えば、彼女はそれぞれが少しずつ存在し、彼女の欲望と祈りはないまぜになっている」。

レニングラードの雑誌がそのようなものを発表しているという事実が、文学生活が誤った道を進んでいることを示している。多くの作家が腐敗したブルジョア文学を模倣しており、他の者も今日的主題から逃避するために歴史を利用し、ある者はあえてプーシキンをもじっている。文学の仕事は若い人びとに愛国主義と革命の目標を鼓舞することである。

レーニンが定めたように、文学は政治的でなければならず、党の精神で充たされていなければならない。つまり、それはブルジョア文化の仮面をはぎ、新しいソビエト人とソビエト人民の偉大さを、その今日の姿だけではなく未来におけるそのあり方においても示すことでなければならない。

ジダーノフの明快な指図は、次の数年間のソビエト文学の進路を整えた。イデオロギー的に無色の作家たちは、最悪とは言わないまでも、沈黙を強いられた。ファジェーエフのような超正統派すらも、自分の作品を新しい仕様に書き換えた。「前向きの」文学であることは、実際上、ソビエト体制を今の姿ではなくイデオロギーが求めるような、あるべき姿で描くことでなければならない。これが党を礼賛し、ソビエトの生活を賛美するサッカリン文学［人工甘味料のような文学］の洪水をもたらした。ほとんどすべての活字がご都合主義者や追従者のなすがままに任せられた。

音楽もまた容赦されなかった。一九四八年一月にジダーノフは作曲家、指揮者、批評家の会議で演説してブルジョア音楽の腐敗を攻撃し、愛国的なソビエト・バラエティの増大を要求した。直後の行事はグルジアの作曲家ムラデリのオペラ『大いなる友情』の上演であった。この作品は、最大の善意でカフカース人つまりグルジア人、レズギ人、オセット人が革命直後にはロシア人と直接に闘ったが、まもなく、ソビエト体制と和解したことを示すものであった。

ジダーノフは、とんでもない、これらの人びとはすべて、そもそもの初めからロシア人と協力してソビエト国家のために闘ったのだと言った。唯一闘わなかったのはチェチェン人とイングース人であって、ジダーノフはこの時には触れなかったが、それは誰もがよく知っていたことであって、この二つの民族はナチ・ソビエトの戦争中に全部一緒に追放され、彼らの自治共和国は地図から抹消された。

886

この例に満足せずジダーノフは、グリンカ、チャイコフスキー、ムソルグスキーといったロシアの偉大な伝統を継続せずに、西側の新奇なものに霊感を求める作曲家たちにたいする全般的な攻撃に着手した。ソビエト音楽は他の形態のイデオロギーから立ち遅れている。作曲家は「形式主義」に屈服し、「音楽的真理」や「社会主義リアリズム」からかけ離れている。ブルジョア音楽は反人民的であって、形式主義あるいは自然主義のどちらかであるが、いずれにしても「観念的」である。ソビエト音楽は人民に奉仕しなければならない。オペラ、歌曲、合唱作品の需要が存在するが、形式主義に染まった作曲家たちはこれらを重要ではない、として見下してきた。そのような作曲家たちは標題音楽（program music）を不信の目で見ているが、ロシアの古典音楽のほとんどはこの種のものである。党は既に絵画における反動的で形式主義的な傾向を克服し、ヴェレシチャーギンやレーピンの健全な伝統を復活させたが、音楽はまだ遅れている。ロシア古典の遺産に勝るものはないのであって、作曲家たちは音楽の耳だけではなく、もっと敏感な「政治的な耳」を持たなければならない。

この訓戒の効果は、遅滞なく感じられた。それはジダーノフの演説前に作曲された、ハチャトゥリアンのピアノ協奏曲とヴァイオリン協奏曲とを比べるだけで十分である。数あるなかで第九交響曲を批判されたショスタコーヴィチは、スターリンの森林管理計画を賞賛する頌歌（オード）を作曲して修正を施し、その他の多くの音楽家も自らのイデオロギー的な防御を修復した。当時もっとも人気の高かった作曲形式は、党、国家、スターリンに敬意を表すオラトリオであった。

文学や音楽に向けられたキャンペーンは、当時のスターリンの方針の一般原則を反映したが、それはイデオロギー的な威嚇そして戦争の可能性に備える物的精神的再武装の一つであった。この理論は、人類の二つの陣営への分割に基づいた。つまり、それ自体の矛盾の重みでまもなく衰退する運命にある帝国主義の腐敗し退廃した世界、そして「平和と社会主義の陣営」、進歩の堡塁という具合である。ブルジョア文化は、定義上、反動的で退廃的であり、そのなかに積極的価値を見いだす人は誰であれ、反逆罪に関与し、階級敵の利益に奉仕している、と。

3　一九四七年の哲学論争

文学の次に、制裁されるのは哲学の番であった。そのキャンペーンのきっかけは、一九四六年に出版されたG・F・アレクサンドロフの『西洋哲学史』であった。これは、その意図は全く正統的で、マルクス・レーニン主義の古典からの引用で充たされ、党への真の献身の精神で書かれた。それは歴史的価値のない大衆向けの解説であったが、それが述べる理論の「階級的内容」には十分な注意を払っていた。

しかしながら、党はそれが西洋哲学だけを含み、その調査・研究を一八四八年で終わらせ、ロシア哲学の無類の卓越性の提示を除外したという事実に激怒した。一九四七年六月に中央委員会は大規模な討論を組織し、そこでジダーノフが哲学著作者の懲らしめの指示をまとめた。アレクサンドロフの著書に割いた演説の部分で、彼は、それは党精神の欠如を示していると宣告した。つまり、著者はマルクス主義が哲学史における「質的飛躍」を代表することを指摘せず、そして哲学が資本主義に反対する闘争においてプロレタリアートの武器となった新しい時代の開始を代表することを指摘しなかった、と。

アレクサンドロフは、腐敗した「客観主義」に冒されている。つまり、彼は唯一真正で進歩的なマルクス・レーニン主義哲学の勝利のために毅然として闘わないで、さまざまなブルジョア思想家の見解を中立的態度でただ記録するだけである。ロシア哲学の省略はそれ自体としてブルジョア的傾向への屈服の徴候である。アレクサンドロフの同僚の哲学者たちがこの紛れもない欠陥を自ら批判せず、それが同志スターリンの個人的介入のお陰で明らかになったという事実が、「哲学戦線」では万事がうまく行っておらず、哲学者がボルシェビキ的戦闘精神を失っていることの明瞭な証拠である。

887

ソビエト連邦における将来の哲学活動のためにジダーノフによって定められたルールは、三つにまとめられる。第一に、哲学の歴史は科学的唯物論の生成と発展の歴史であり、そして観念論がその発展を妨害するかぎり、これとの闘争の歴史であることを、この一回かぎりで肝に銘じなければならない。

第二に、マルクス主義は哲学革命であった。それは、哲学をエリートの手から取り出して大衆の資産とした。ブルジョア哲学はマルクス主義の登場以来ずっと衰退と解体の状態にあり、何ら価値あるものは生産できないでいる。過去一〇〇年間の哲学の歴史は、マルクス主義の歴史である。ブルジョア哲学との闘争を導く羅針盤は、レーニンの『唯物論と経験批判論』である。アレクサンドロフの図書は、あたかも問題は階級闘争ではなく、ある種の普遍的文化であるかのような「歯の抜けた菜食主義」の精神を示している。

第三に、「ヘーゲル問題」はマルクス主義によって既に解決され、それに戻る必要はない。概して、過去を掘り返すのではなく、哲学者は社会主義社会の諸問題に関心を向け、今日的課題に関わるべきである。新しい社会において、もはやいかなる階級闘争も存在しない、しかし古いものの新しいものにたいする闘いはなお存在する。この闘いの形態、そしてそこでの進歩の原動力、選択された党の道具が批判と自己批判である。このようなものが、進歩的社会の新しい「発展の弁証法」である。

「哲学戦線」のすべての主要な構成員が論争に参加し、党の指令をおうむ返しに繰り返して、マルクス主義への創造的貢献とソビエト哲学の誤りを修正したとして同志スターリンに感謝した。アレクサンドロフは儀礼的な自己批判を行い、自分の作品が深刻な間違いを含んでいたことを認め、同僚たちが同志ジダーノフの批判を支持した事実に元気づけられた。彼は党への揺ぎない忠誠を誓い、自らの方法を改めることを約束した。

論争の最中に、ジダーノフは党の月刊誌『ボルシェビキ』がその分野を完全にカバーしていると主張して、哲学の専門誌の考え方に反対した（『マルクス主義の旗の下に』は三年前に発行を停止した）。しかしながら、最終的に彼は軟化し『哲学の諸問題』の創刊に同意したが、その創刊号はすぐ後に発行され、論争の速記録的報告を載せた。

初代編集長はV・M・ケドロフで、彼は「自然科学の哲学」の専門家であり、ソビエトの並みの哲学者よりも文化にたいする造詣の深い人物であった。しかしながら、彼は同誌の第二号に有名な理論物理学者M・A・マルコフの論文「物理学的認識の性質」を掲載するという重大な誤りを犯したが、この論文は量子物理学の認識論的視座に関するコペンハーゲン学派の見解を擁護したものであった。この論文はマクシーモフによって公的な週刊紙『リテラトゥルナヤ・ガゼータ』において批判され、ケドロフは結果的にその地位を失った。

一九四七年の論争は、ソビエトの哲学者が何について、そしてどのような方法で書かなければならないか、について疑問の余地を残さなかった。こうしてソビエト哲学のスタイルは、何年にもわたって固定された。ジダーノフはスターリンのロシアで長い間最高の地位にあったエンゲルスの公式、つまり哲学の歴史の「内容」は唯物論と観念論とのあいだの闘争である、という公式を繰り返すことに止まらなかった。新しい理論のもとで、その真の内容はマルクス主義の歴史、つまり、マルクス、エンゲルス、レーニンそしてスターリンの作品であった。言い換えれば、哲学史家の仕事は過去の理論を分析したり、あるいはそれらの階級的起源を解明したりすることではない。彼らの研究は目的論的でなければならず、これまでに経過したすべての思想にたいするマルクス・レーニン主義の卓越性を証明することに全面的に捧げられなければならない。その一方で、観念論の反動的作用も「暴露」しなければならない。例えば、彼らがアリストテレスについて書く場合、彼らはアリストテレスがあれこれの（例えば個別的弁証法と普遍的弁証法）を理解できなかったこと、あるいは観念論と唯物論とのあいだで非難を受けて揺れていたことを示さなければならない、と。

ジダーノフの定式の影響は、哲学者のなかのすべての差異を事実上、消し去ったことであった。そこには唯物論者と観念論者、そして「動揺した」人あるいは「一貫性のない」人しか残らず、それでおしまいというわけである。

この時期の哲学出版物を読んだ人なら誰でも、哲学全体が「物質が先」

そして「観念が先」という二つの対立する主張から成立し、前者の見方が進歩的で後者は反動的で迷信的であるという強固な印象を抱くだろう。聖アウグスティヌスは観念論者であり、ブルーノ・バウアーもそうであった、そして読者は、彼らの思想は多かれ少なかれ同じである、と思わされる。長い引用をしなければ、当時のソビエト哲学の生産物の信じがたいほどの原始性を、それを吟味したことのない人に正しく理解させることは難しい。

一般に歴史研究は壁に突き当たった。哲学史に関する図書は殆ど出版されず、アリストテレスの『分析論』やルクレティウスの『事物の本性について』を除いて哲学古典の翻訳書は発行されなかった。入手可能な唯一の歴史書は、マルクス主義かあるいはロシア哲学のそれであった。前者は四大古典の薄められた解説から成り立ち、後者はロシア哲学の「進歩への貢献」と西側哲学にたいする卓越性に関わっていた。こうして、チェルヌイシェフスキーはいかにフォイエルバッハを凌駕したかを明らかにし、ゲルツェンの弁証法、ラディシェフの進歩的美学、ドブロリューボフの唯物論その他を激賞する論文や小冊子が現れた。

イデオロギーの粛清は、当然ながら、論理学の研究も容赦しなかった。マルクス・レーニン主義におけるその位置づけについては最初から疑われた。一方において、エンゲルスやプレハーノフはすべての運動や発展に固有の「矛盾」について語っており、彼らの公式からは矛盾の原理、したがって形式論理学は一般的に普遍的有効性を主張できないことは明らかであった。他方で、いずれの古典も論理学を明確には非難しておらず、レーニンは、それは初級レベルで教えられるべきものと命じた。ほとんどの哲学者が「弁証法的論理学」はより高次の思考形態であり、形式論理学は運動 889 の現象には「適用されない」ということを当然視した。

しかしながら、いかなる方法でいかなる程度でこの「制限された」論理学が許されるのかは明確ではなかった。哲学の著作者たちは一致して、「論理的形式主義」を非難したが、彼らのうちの誰もが、これと狭い制限のなかで容認される「形式論理学」との正確な違いを説明できなかった。四〇年代末に初級論理学が中等教育学校高等課程や哲学部で教えられるようになった。いくつかの教科書もまた現れ、一冊は法曹人のストロゴヴィッチ、もう一冊は哲学者アスムスのものであった。イデオロギー的整頓とは無縁のこれらの図書は古臭い手引書であり、アリストテレスの三段論法を超えるものではなく、現代の記号論理学も無視した。それらは一九世紀の中等学校で使われた教科書に類似していた。

しかしながら、アスムスの教科書は党派精神が欠如し、非政治的で、形式主義でイデオロギー性に欠けるとして激しく攻撃された。これらの批判は、一九四八年にモスクワで高等教育局が組織した討論において行われた。政治を無視したという非難の主な根拠は、三段論法の推論の実例の提示において、アスムスは戦闘的なイデオロギー的内容を避けた「中立的」命題を選んだ、というのであった。

現代論理学は、哲学者たちにとって封印された図書であった。しかしながら、それは数学者の小集団のお陰で完全には無視されていなかった。彼らは専門的問題に集中し、彼らにとって災厄にしかならない哲学論議に巻き込まれないように注意していた。彼らの努力のお陰で記号論理学に関する、卓越した二冊の図書の翻訳が一九四八年に出版された。つまり、アルフレト・タルスキの『数理論理学入門』とヒルベルトとアッカーマンの『理論的論理学概論』であった。『哲学の諸問題』誌において、別名不詳の著者による論文が、これらの訳書は「イデオロギー的偏向」であると批判した。

この分野におけるいくつかの改善は、一九五〇年にスターリンの言語学の論文によってもたらされたが、それは、論理学の擁護者たちが彼らの見解、つまり論理は言語と同じように無階級であって、例えば言語のブルジョア的形態とか社会主義的形態というものは存在せず、全人類に有用なただ一つのものがあるだけだ、という自分たちの見解を擁護するために、スターリンのこの論文を引き合いに出したからであった。

形式論理学の位置と弁証法的論理学との関係は、スターリン時代とその後に何回も議論された。ある者は二種類の論理、つまり形式論理と弁証法

890

の論理が存在し、それぞれが異なる状況に適用され、前者は「低い水準の認識」を表すと主張した。他の者は形式論理だけが真の意味の論理であって、それは弁証法と矛盾せず、弁証法は科学的方法の他の、非形式的な規則を用意すると考えた。全体として「形式主義」への攻撃は、既に極端に低かったソビエト連邦の論理学研究の全般的な水準をさらに押し下げるのに寄与した。

ソビエト哲学は、スターリン支配の最後の時期にどん底に達した。哲学団体と定期刊行誌は、その唯一の資質が党への追従、告げ口、それらと類似した党への奉仕である人びとによって運営された。この時期に出版された弁証法や史的唯物論の教科書は、その知的貧困さにおいて嘆かわしいものである。

典型的な例は、F・V・コンスタンチーノフ編の『史的唯物論』（一九五一年）とM・A・レオーノフの『弁証法的唯物論概説』（四八年）である。レオーノフのものは、戦争中に殺された哲学者ハスカチフの未刊行の原稿からその大部分が盗用されたことが判明した時に流通から消えた。先に述べた人びと以外の「哲学戦線」の哲学者は、チェスノコフ、フェドセーエフ、ヨフチュク、カマリ、マクシーモフと同様に、物理学における観念論の特別な見張り役であったオメリャノフスキー、ステパニヤン、ユディンそしてローゼンタールであった。最後の二人の著者は、数回の編集と改訂を重ねた『簡約哲学辞典』を編纂した。

スターリン時代を通して、ソビエト連邦には、それ自体として、そして当時の知的文化状態の指摘として、言及に値する哲学の単行本は現れなかったと言っても、また、その名前が記録に価するほどの哲学的著作者も存在しなかったと言っても、ともに間違いではない。

付け加えなければならないことは、この時代に、独創的な理念や個性的なスタイルを持つ、あらゆる哲学作品を浄化する制度的メカニズムが存在したことである。たいていの書籍が、刊行前に一つまたは二つの哲学集団によって審議され、審議参加者の義務は、実効的に支配している教条の縛りを超えようとする、もっとも臆病な試みさえも粉砕することによって党に警戒心を示すことであった。一つの図書にたいしてそのようなやり方が何回も行われることがあり、その結果はすべての書籍が事実上、同じ内容になってしまうことであった。著者のスタイルは相互に似通っていて、剽窃は決して見つけることができなかっただろう、と思われるのだから、先に述べたレオーノフのケースは珍しいのである。

4　経済論争

ジダーノフが哲学者を始末していた同じ時期に、経済学もまたイデオロギー的粛清を受けた。この場合、そのきっかけを与えたのは、一九四六年発行の、資本主義経済に与えた第二次世界大戦の影響に関するヴァルガの図書であった。イェネー・ヴァルガ（一八七九～一九六四）、このハンガリー生まれの著名な経済学者は、ベラ・クーンの短命の共産主義共和国の崩壊以降ソビエト連邦で暮らし、世界経済研究所の所長であった。この研究所の目的は資本主義体制の動向を観察し、その危機を予言することであった。その著書において彼は、戦争が資本主義経済にもたらした恒久的な影響を検証することをめざした。

戦争はブルジョア国家にある程度の経済計画の導入を余儀なくさせ、特にイギリスやアメリカ合衆国において国家機能を大規模に拡大させた。生産の販路の問題は決定的ではなくなり、市場をめぐる競争はもはや国際問題における主要な鍵ではなくなった。とはいえ、資本の輸出はより大きな重要性を帯びるようになった。合衆国の過剰生産と西ヨーロッパの戦争中の破壊が合わさって危機的状況が生まれ、それがアメリカ資本のヨーロッパへの大規模な輸出によって、資本主義が立ち直りを図ることが期待された。

ヴァルガの理論は、一九四七年五月と四八年一〇月に再び議論された。彼の批判者たち、特にスターリン時代の中心的な経済学者であるK・V・オストロビチャノフは、ヴァルガが計画化は資本主義のもとでも可能であると信じ、経済を政治から切り離し、階級闘争を無視した、として彼を非難した。ヴァルガは資本主義の全般的危機を認識することを怠り、ブルジ

891

ョア国家にたいする資本の力を重視せず、国家は資本を統制できると想定する誤りを犯した、と。さらに、ヴァルガは、コスモポリタニズム、西欧科学へのへつらい、改良主義、客観主義そしてレーニンの過小評価という点でも非難された。

非難の連鎖は型通りのものであったが、ヴァルガの図書の趣旨はスターリン主義のイデオロギーにとって実に有害であった。彼の結論、資本主義は、危機的な状況を修復するための自由に使える手段を少ないどころかますます多く持つ、とするヴァルガの結論は、資本主義の矛盾は日々先鋭化し、全般的危機はますます強まる、とするレーニンの教えやこの三〇年間の党の路線と明らかに反対であった。

ヴァルガは、最初の論争の後には自己批判を行わなかったが、一九四九年に最終的に自己批判した。彼はその主たる職務から外され、彼が編集した雑誌は廃刊となった。しかしながら、スターリン死後に彼は復活し、一九六四年に発行した図書で自分のテーマを繰り返して発展させ、そのなかで、あらかじめ考えた図式に対立する事実を認めることができない、スターリンとスターリンのアイディオロジストの教条主義的な無能力を批判した。ロシアでは発行されず、彼の死後、西欧に届けられた草稿において、彼はさらに論を進め、ロシアに社会主義を建設するというレーニンの計画は失敗であったことが証明され、ソビエト体制の官僚制化はその一部がレーニンの誤った予断によるものであったと主張した。

5　物理学と宇宙論におけるマルクス・レーニン主義

攻撃的なスターリン主義の特に露骨な事例は、自然科学へのイデオロギー的な侵略であった。無傷のままであった数学を除き、マルクス主義的規制のキャンペーンは、ある程度すべての科学分野に及んだ。理論物理学、宇宙論、化学、遺伝学、医学、心理学そしてサイバネティクスが一九四八年から五三年に頂点に達した干渉によってすべて荒らされた。

ソビエトの物理学者はその大部分が、哲学論争に従事したくはなかったが、いくつかの分野でそれは避けられなかった。量子論も相対性理論も一定の認識論的前提がなければ、完全には説明できない。決定論の問題、そして観察される対象に及ぼす観察の影響の問題は、明らかに哲学的な関わりがあり、このことは世界中の議論で認められていた。

ソビエト・ロシアとナチ・ドイツは、相対性理論が攻撃され公定のイデオロギーに反するとして禁止された二つの国であった。われわれが既に見たように、ソビエト連邦においてそのキャンペーンは第二次世界大戦前に始まったが、それは戦後の時期に強まった。ドイツにおける議論の余地のない反対論は、アインシュタインがユダヤ人であることであった。ロシアではこの点は取り上げられず、批判者はその反対論を、時間、空間、運動は客観的であり宇宙は無限であるというマルクス・レーニン主義の教えに基づかせていた。

ジダーノフは、一九四七年の哲学者にたいする演説において、宇宙は有限であると宣言したアインシュタインの弟子たちを激しく責め立てた。哲学的批判者たちもまた、時間は客観的であるのだから、同時性の関係は絶対的でなければならず、それは特殊相対性理論が主張するような参照枠組みに依存しない、と主張した。同じように、運動は物質の客観的特性であり、そしてそれゆえに運動する物体の軌道は座標系によって部分的にも決定され得ない（アインシュタインにもガリレオにも反論として当然に適用される主張）。概して、アインシュタインは時間に関連する関係と運動を「観察者」、つまり人間の主観に依存させるのだから、彼は主観主義者でそして観念論者であるに違いない、と。

これらの論争に参加した哲学者（A・A・マクシーモフ、G・I・ナーン、M・E・オメリャノフスキーその他）は、彼らの批判をアインシュタインに限定せず、「ブルジョア科学」全般を攻撃したが、彼らの格好の標的はエディントン、ジーンズ、ハイゼンベルク、シュレーディンガーであり、これらすべての人物が有名な物理学方法論者であった。そのうえ、アインシュタインは相対性の最初のアイデアをマッハから手に入れた、と認めたのではなかったのか、その反啓蒙主義哲学はレーニンによって粉砕されたのではなかったのか、と。

893

しかしながら、論争（一般相対性理論および空間の同質性についてはもちろん触れられてはいたが、二次的扱いだった）の本質的なポイントは、アインシュタインの理論の内容とマルクス・レーニン主義との間の「矛盾」ではなかった。マルクス主義の時間、空間、運動の理論は特別な論理的困難なしにアインシュタイン物理学と調和できないほど精密ではなかった。相対性理論は弁証法的唯物論の確証である、と主張することさえも可能であった。このような線での擁護論は、特に著名な理論物理学者であるV・A・フォークによって採用されたが、彼は同時に、アインシュタイン理論は限定的に有効である、と考えるという科学的主張も行った。

しかしながら、アインシュタインに反対するキャンペーン、実に現代科学の主要な達成に反対するこのキャンペーンは、二つの基本的な動機を持っていた。第一に、「ブルジョア対社会主義者」が実践的には「西側対ソビエト」と同じであることであった。スターリン主義の国家論は、ソビエト排外主義を包含し、世界で一国だけが進歩の源泉となり、資本主義が崩壊と腐敗の状態となった一九一七年以降は特に、「ブルジョア文化」のすべての重要な達成を系統的に拒絶することを求めた。

このソビエト排外主義に加えて第二の動機があった。マルクス・レーニン主義の単純すぎる理論は、多くの点で無教育な人びとの日々の常識的な考え方と一致した。例えば、レーニンが経験批判論の攻撃において主として訴えたのは、まさにこれであった。他方で、相対性理論は、紛れもなくある程度は常識にたいする攻撃であった。

同時性の絶対性、拡張と運動、空間の均一性はわれわれが当たり前の事として受け入れる日常生活の想定事実（assumptions）であり、アインシュタインの理論はこれに反する。それは地球が太陽の周りを回っているというガリレオの逆説的な説と同じであった。こうしてアインシュタイン批判は、ソビエト排外主義を代弁するだけではなく、われわれの明白な感覚的証拠に反する理論を拒否するという普通の保守主義も代弁した。

「物理学における観念論」に対する闘争は、同じ動機で量子論にも遂行された。コペンハーゲン学派によって受け入れられた量子力学の認識論的解釈は、ソビエトの一定の物理学者からも支持を得た。論争はすでに言及したM・A・マルコフの一九四七年の論文によって誘発された。マルコフは二つの基本的な点でボーアとハイゼンベルクに従ったが、それがマルクス・レーニン主義哲学者の敵意を呼び起こした。

第一に、素粒子の位置と運動量を同時に捕捉するのは難しいのだから、素粒子が一定の位置と一定の運動量を持ち、観察技術の欠陥がそれらをわれわれが同時に測定するのを妨げている、と言うことは無意味である。このような見方は、多くの物理学者の一般的な実証的姿勢と一致する。つまり、物の唯一の現実的特性は実証的に検出できることであり、物はある特性を持つがそれを確証する可能性は存在しない、と言うことは自己矛盾または無意味である。したがって、素粒子は一定の位置と運動量を同時的には持たないが、そのどちらかが測定の過程で確定できるということは受け入れなければならない。

第二の不一致点は、巨大な物とは異なる特性を持ち、それゆえに巨大な物を表現するべく発達してきた用語では、描写できない微細な物の行動の文字的表現に関わった。マルコフによれば、このように微視的物理現象を記述する理論は、巨視的物理学の用語に不可避的に翻訳されなければならない。その結果、われわれが知り、意味を込めて語れる微視的物理の現実は、測定の過程とそれらの記述に使われる言葉から成り立つ。したがって、物理の理論は、観察した宇宙のコピーを提示するものとして語ることはできないのであって、マルコフは明示的に言ったのではないが、少なくとも微視的物理学に関するかぎり、現実のすべての概念は認識活動の見地からは不可避的に相対的であって、それはレーニンの反映理論に明確に反する。したがって、マルコフは『哲学の諸問題』の新編集者たちによって、観念論者、不可知論者そしてレーニンが否定したプレハーノフの「象形文字」理論の追随者と非難された。

相対性理論と異なり、量子力学はマルクス・レーニン主義的な意味の唯物論や決定論と調和することが実に難しかった、ことが強調されなければならない。もし素粒子はその位置を決定する、一定の不確定な物理的パラ

894

メーターを持つと述べることが無意味だとすれば、決定論の理論は批判に耐えられないように思われる。もし一定の物理的特性の存在そのものが、それを検出するのに使われる測定装置の存在を前提とするのであれば、物理学によって観察される「客観的」世界という概念を有意味に適用することは不可能となる。

これらの問題は架空のものではない。これらはマルクス・レーニン主義と無関係に、物理学者によって議論され、今も議論されている。ソビエト連邦において、それらはブロヒンツェフ、V・A・フォークやその他の人びとによって理性的に論争され、その議論はスターリン後の時代まで続いた。六〇年代に、党のアイディオロジストが科学理論の「正しさ」の決定にあまり口出しをしなくなった時に、ソビエトの多くの物理学者が非決定論的な見解を取ることが明白になったが、そのなかには、以前に隠れたパラメーターを提起したブロヒンツェフも入っていた。

概して、物理学やその他の科学の哲学的側面に関するスターリン時代のいわゆる論争は破壊的で反科学的であったが、それはそれらの論争が非現実的な問題を扱ったからではなく、いつものことだが、一方の側に学者が、他方の側に党のアイディオロジストが対峙するなかにあって、後者が国家や警察機関の助けを得て勝利を保障されているからであった。

先進的理論のマルクス・レーニン主義との矛盾、あるいは矛盾の疑いという非難は、刑法典のもとの告発に変わることができ、そして時どき変わった。大多数のアイディオロジストが問題の核心には無知であり、レーニンまたはスターリンの言葉と食い違う言説を探しまわることだけは巧みであった。レーニンが物理学やその他のすべての科学における最高の権威であるとは信じなかった科学者たちは、党、国家、ロシア人民の敵として大衆紙で「正体を暴かれ」た。

「論争」はしばしば政治的魔女狩りと堕した。警察が利用され、非難の結末は、理性的主張とは何の関係もなかった。現代的学問のほとんどすべての分野がこのような扱いを受け、党当局は学者や科学者に反対する騒々しいだけの無知無学の輩をいつも後押しした。もし「反動的」という用語が、何らかの意味を持つとすれば、スターリン時代のマルクス・レーニン主義よりもひどい反動的な現象を思い浮かべることは難しい。それは科学やその他すべての文明における、新しく創造的なあらゆるものを力で抑圧した。

化学もまた容赦されなかった。一九四九年から五二年という年は、哲学誌そして『プラウダ』で構造化学と共鳴理論にたいする攻撃を目の当たりにしたが、これらの理論は三〇年代にポーリングとウィーランドによって提出され、ソビエトの化学者からも受け入れられていたのだが、それが今や、観念論的、マッハ主義、機械論、反動的等々として非難された。

さらに敏感なイデオロギー的なテーマが、現代の宇宙論と宇宙進化論の哲学的側面に関わる論争に含まれ、そこから基本的な問題にたいする現在のすべての回答がマルクス・レーニン主義にとって不利のように思われた。膨張する宇宙に関するさまざまな理論は、それらが不可避的に「それはどのようにして始まったのか」という疑問を含み、われわれが知っている宇宙は有限で、その時間的始まりを持っていると示唆するがゆえに、受け入れ難いものであった。これが翻って霊魂創造説（西欧の多くの著作者によって受容された推論）に支持を与え、マルクス・レーニン主義の観点からはこれより悪いことは想像できなかった。宇宙は広がりつつある一方で、新しい素粒子が出現してくるがゆえに物質の密集性は同じように維持されるという追加された理論は、無からの恒常的創造の過程を含み、そうして「自然の弁証法」と対立した。

したがって、これら二つのどちらかの仮説の支持を主張した西欧の物理学者や宇宙論者は、自動的に宗教の擁護者と見なされた。もう一つの振動する宇宙という理論、これによれば宇宙は拡大と収縮という交互的局面を経過しているというのだが、この新理論は時間の始まりという点では面倒な関わり合いから免れられるが、物質の無方向の進化というマルクス・レーニン主義の理論とは対立する。振動する宇宙は循環的な宇宙であって、「弁証法の第二法則」が求めるような、「発展」するとか「進歩」するとかとは言えない。このジレンマは難解であった。つまり、一方向原理は創造の理念を含んでいるように見え、他方その反対の理論は「無限の発展」という原則に反する。

　宇宙論の議論に参加した人びとは、一方の側に天文学者、天体物理学者（V・A・アムバルツミャン、O・Y・シュミット）がおり、彼らは科学的方法で自らの結論に至り、そして弁証法的唯物論と一致することを示そうと試み、他方の側には、イデオロギー的正統派の立場から問題を判定した哲学者たちがいた。宇宙は時間、空間によって制限されないこと、そしてそれは永久に「発展」しなければならないことは、マルクス・レーニン主義がそこから離脱することができない哲学的教条であった。こうして党の庇護下のソビエト哲学は、あらゆる分野の学者を迫害し、ソビエト科学の事業に甚大な損害を与えた。

6　マルクス・レーニン主義の遺伝学

　マルクス・レーニン主義と現代科学とのあいだのあらゆる闘争の中で、遺伝学の論争は外部世界で最大の注目を浴びた。公式の国家理論が遺伝問題を解決するために使われるというそのやり方、そして「論争」全般の壊滅的結果が実際に特に破天荒であった。相対性理論や量子論の場合、正統派の勝者は研究を笑いものにし、一定の非難を獲得することに成功したが、遺伝学の場合に起こったような、その反対派の完全な破壊、そして非

896

難された理論の公的で絶対的な禁止を引き起こすようなことはなかった。

　ルイセンコの活動の戦前の段階について、われわれは既に触れた。問題が頂点に達したのは一九四八年八月、モスクワのレーニン農業科学アカデミーにおける論争の時であった。彼自身がこの会合で発表したように、ここで「メンデル主義者―モーガン主義者―ヴァイスマン主義者」が最終的に非難され、ルイセンコの説が党中央委員会によって支持された。

　マルクス・レーニン主義に唯一合致する、と党が宣言した彼の説は、遺伝は「最終的に」環境の影響によって決定され、その結果、その生涯において個体によって獲得される形質は、一定の条件のもとでその子孫によって受け継がれる。遺伝子も「不変の遺伝形質」も「固定された改変不能の種」も存在せず、科学とりわけソビエト科学が、現存の種を転換し新しい種を創造することを妨げるものは原則的に何も存在しない。ルイセンコによれば、遺伝は単なる有機体の特性にほかならず、有機体が独自の方法で生存し、環境にたいして独自の方法で反応する特別の条件を必要とする、という事実から成り立つ。

　個々の有機体はその生涯のなかで環境的諸条件と相互作用し、それらを子孫に移転することができる自らの特性に変容させ、子孫は今度はこれらの特性を失うか、あるいは遺伝によって伝達できる新しい特性を獲得するかもしれないが、それは外的諸条件が決定する。

　不滅の遺伝形質を信じて進歩的科学に敵対する人びとは、マルクス主義に反対して突然変異は統御できない出来事に従う、と主張した。しかし、ルイセンコがアカデミーの会合で主張したように、「科学は偶然の敵」であり、すべての生命過程が規則に従い人間の干渉によって支配され得ることを前提にしなければならない。有機体は「環境との統一」を確立し、それゆえに環境を通して有機体に働きかける可能性にとって、いかなる制約も原則的には存在しない。

　ルイセンコは、最初は自分の理論を農学者ミチューリン（一八五五～一九三五）の理念や実験の発展として提示し、その次には「創造的ダーウィン主義」の実例として提示した。ダーウィンは自然界における「質的飛躍」を認識せず、種内の闘争（適者生存）を進化の主たる要因と見なしたかぎりにおいて誤っていた。しかし彼は、進化を目的論的解釈に頼らずに純粋な因果関係で解釈し、進化の過程の「進歩的」性格を明らかにした。

　ルイセンコ理論の経験的基礎について、今日の生物学者は、彼の実験は科学的に価値がなく、誤って行われたか、あるいは純粋に恣意的な方法で解釈されたかのどちらかであるということについて全く疑いを持っていない。これは、当然のことだが、論争には微塵の影響も与えなかった。ルイセンコは一九四八年の会議以降、ソビエトの生物科学の確固たる指導者として登場した。観念論的、神秘的、衒学的、形而上学的、ブルジョア的、形式主義的な遺伝学の弟子たちは、取り返しのつかないほどに粉砕され

897

た。

　生物学に関係するすべての機関、雑誌、出版事業体がルイセンコとその援助者たちの権限のもとに置かれ、長いあいだ、遺伝の染色体理論（ファシスト、人種差別主義者、形而上学者等の仮説）の擁護者たちが、公的に発言し出版物に登場する余地は少しもなかった。「創造的なミチューリン生物学」が最高の支配的地位を占め、新聞はルイセンコをほめそやし、メンデル主義者―モーガン主義者の邪悪な陰謀を非難する宣伝で溢れた。ソビエト科学の光栄ある勝利が無数の集会や会議で祝福された。当然ながら、哲学者たちも直ちにこのキャンペーンに加わり、会議を組織しブルジョア遺伝学に反対する決議をあげ、反動にたいする進歩の勝利を歓迎する論文の山を築いた。滑稽雑誌は観念論的遺伝学の支持者を笑いものにし、ルイセンコを賛える「ミチューリンの跡を固く踏み進め、メンデル主義者やモーガン主義者の企みを打ち砕け」という歌が書かれた。

　ルイセンコの出世は、一九四八年以降も何年か続いた。しばらくして、彼の指示のもとで、浸食を防止するためにステップに森林地帯を設けることになったが、この実験は完全な失敗に終わった。一九五六年に、スターリン死後のイデオロギーの部分的緩和のなかで、科学者からの圧力の結果として、彼は農業科学アカデミーの会長職を解任された。数年後に彼はフルシチョフのひいきのお陰でいくつかのポストに復活したが、長続きせず、ほっとすることに、彼は最終的に表舞台から消え失せた。彼の支配から蒙らされたソビエト生物学の損失は計り知れない。

7　ソビエト科学への全般的影響

　ルイセンコ事件は、体制の文化との闘争の歴史においてそれが相当に偶発事であったことを示している。イデオロギーは、獲得形質の遺伝問題よりも宇宙起源の問題により明確に巻き込まれていたことは容易に見て取れる。宇宙が時間的起源を持つという理論が弁証法的唯物論と調和することは難しいが、遺伝の染色体理論の場合には明らかにそういうことはなく、マルクス・レーニン主義が、この理論はマルクス・エンゲルス・レーニン・スターリンの不滅の理念を完全に確証できる、と勝ち誇ったように主張することは誰でも容易に想像できる。それでも事実として、イデオロギー闘争は遺伝学の場合に特別に先鋭的であり、党の干渉がもっとも野蛮な形態を取ったのはここであった。これにたいして、宇宙起源論に関する扇動はだいぶ穏やかであった。この違いの論理的説明を発見するのは難しい。つまり、大部分は偶然によったのか、あるいは誰がこのキャンペーンの責任を負ったのか、スターリンが問題点に興味を抱いたのかどうか、などである。

898

　それにもかかわらず、この時期の歴史の全体的な見方を取るならば、われわれはイデオロギー的な圧力の濃淡に気づく。それはコントやエンゲルスによって設定された科学の階層制と大まかに対応する。圧力は数学においてはほとんどゼロであり、宇宙論と物理学では幾分か強く、生物科学ではより強く、社会および人文科学では全く強大であった。時間的順序はこれらの重要性の度合いを大まかに反映する。つまり、社会科学は最初から規制され、他方、生物学や物理学はスターリン主義の最後の段階になるまで統制されなかった。スターリン後の時代に最初にその独立を取り戻したのは物理学であった。生物学が一定の時間をおいてそれに続き、他方、人文科学は厳格な統制のもとに置かれたままであった。

　イデオロギー的な監督の偶然的要素は心理学や高次神経機能生理学の場合にも見ることができる。ここの独自の特徴は、ロシアが世界的名声を博したイワン・P・パブロフの生誕地であることであった。一九三六年に死去したパブロフは彼の実験を継続し、イデオロギー的圧力とは独立に彼の理論を発展させることを認められた数人の教え子を持っていた。例によって、体制は正反対の極端に走り、彼の理論を公式の教条に組み立てて、生理学者や心理学者がそこから逸脱することを禁じてしまった。もしパブロフがイギリス人かアメリカ人であったならば、彼の思想は、精神機能を条件反射によって説明したという理由で、ソビエトの哲学者から機械論的であると厳しく非難されただろう、と言っても間違いではない。つまり、彼は人間の精神をもっとも低次の神経活動形態に「還元」し、人間と動物の

「質的差異」を無視したなどと糾弾されただろう。実際のところを言えば、パブロフの理論は、神経生理学分野でマルクス・レーニン主義を公的に表しており、この分野にたいするイデオロギー的な侵略は他よりも破壊的ではなかった。ともかく、厳格な科学実験に基づいているにもかかわらず、理論が国家や党の教条に組み立てられる、という事実そのものが不可避的にさらなる研究にとっては拘束的な効果をもたらしたのであった。

　イデオロギーがソビエト国家の利益と反対に作用した驚くべき実例は、力動的な過程の制御システムの科学であるサイバネティックスへの攻撃であった。サイバネティックスの研究は、あらゆる技術分野、特に軍事技術、経済計画等における自動化の発展に巨大な貢献をしてきたのだが、マルクス・レーニン主義的純潔性の擁護者たちはソビエト連邦の自動化の進展をしばらくの間、完全に停滞させてしまった。

　一九五二年から五三年にかけて、サイバネティックスの帝国主義的「疑似科学」に反対するキャンペーンが始まった。そこには確かに現実的な哲学的、あるいは半哲学的な問題が含まれていた。つまり、社会生活はサイバネティックスの概念で記述できるのかどうか、そしてどの程度まで記述できるのか、いかなる意味において精神活動はサイバネティックスの公式に還元できるのか、あるいは逆から言えば、いかなる意味において人工的メカニズムのある一定の機能は思想と同等となり得るのか、などであった。

899

　しかし、現実的なイデオロギー上の危険性は、サイバネティックスが西欧で発達し、善かれ悪しかれ、普遍学、つまり力動的現象の全般的で包括的な理論であると主張する、広範囲にわたる学問であることであった。というのも、これはまさしくマルクス・レーニン主義がそうであると主張するものだったからである。非公式の報告書（当然ながら、どの公式情報でも確認されなかった）によれば、サイバネティックスに反対するキャンペーンを最終的に停止させたのは軍であった、というのは、軍はこの課題の実践的重要性を理解し、ソビエト国家の基本的な利益を損なう反啓蒙主義的攻撃と闘うほどに強大化していた。

8　スターリンの言語学

朝鮮戦争の最初の数日間、国際的緊張が頂点に達していた時に、スターリンは彼のそれまでの敬称、つまり進歩する人類の指導者、最高の哲学者、科学者、戦略家等に加えて、世界でもっとも偉大な言語学者であるというさらなる栄誉をつけ加えた（知り得るかぎりにおいて、彼の語学力はロシア語と母語であるグルジア語に限られた）。一九五〇年五月に『プラウダ』は言語学の理論問題、特にニコライ・マル（一八六四〜一九三四）の理論に関するシンポジウムを掲載した。カフカース言語の専門家であるマルは、晩年に向かってマルクス主義言語学の体系を構築しようと努め、ソ連邦においてこの分野の最高権威と見なされていた。彼の幻想を否定する言語学者は嫌がらせを受け、迫害された。

　彼の理論は、言語は「イデオロギー」の形態であり、そういうものとして上部構造に属し、階級制度の一部であるというものであった。言語の進化は、社会構成体の質的変化に対応する「質的飛躍」によって起こる。人類は口語を発達させる前に、原始的無階級社会に対応する仕草の言語を使った。口語は階級社会の機能であり、将来の無階級共同社会では普遍的な思考言語（これについてマルが大した説明も与えることができなかったことは確かである）に取って代わられるだろう。

　この理論全体が偏執狂的な妄想の徴候を呈しており、それが何年にもわたって一段と優れた言語科学として、そして唯一の「進歩的な」言語理論として位置づけられたという事実が、ソビエトの文化状況の雄弁な証明である。

　スターリンは、六月二九日付のプラウダ掲載の論文でこの論争に介入した。そこには読者の手紙にたいする四本の説明的回答も付されていた。彼は徹底的にマルの理論を非難し、言語は上部構造の一部ではなく、性格上イデオロギー的でもない、と断言した。それはまた土台の一部でもなく、創造力に直接的に結びついている。それは全体としての社会に属し、特定の階級には属さない。つまり、階級的に決定される表現は、言語全般の極めて小さな部分である。言語が「質的飛躍」または「爆発」によって発展したというのは真理ではない。ある特徴が死滅し、新しい特徴が誕生するように、それは徐々に変化した。二つの言語が競争する時、その結果は新しい複合的な言語ではなく、どちらかの勝利に終わった。将来における言語の「死滅」そして思考によるその置き換えについて言えば、マルは根本

900

的に誤っている。

思考は言語と連結され、それなしには存在できない。人びとは言語で考える。スターリンはこの機会を利用してマルクス主義の土台と上部構造の理論を繰り返し、第一に、土台は生産力ではなく生産関係から構成されること、第二に、上部構造はその道具として土台に「奉仕する」こと、を明確にした。彼はさらに進んで、マル主義が自由な討論や批判の弾圧、つまりそのもとでは学問が適正に発達できなかったことが明白な「アラクチェーエフ体制」（アレクサンドル一世体制の専制的大臣をほのめかして）によって、独占的地位を獲得してきたことを強い調子で非難した。

言語は階級的な問題でも上部構造の一部でもない、という命題は、フランスの資本家とフランスの労働者がともにフランス語を話し、またロシア人が革命後もロシア語を話し続けているということを単純に意味する。この発見が言語学やその他の科学史における歴史的大発見として歓呼して迎えられた。学術集会や討論の波が全土を通り抜け、この天才の新しい業績を賛えた。

実のところ、スターリンの所見は分別のある自明の理に過ぎなかったけれども、それらはマルの馬鹿らしさを一掃することによって、有益な目的に叶い、形式論理学や意味論の研究にとって幾分か利益をもたらした。これらの課題の支持者たちは、それらもまた上部構造の一部ではないこと、それらを探求することは必ずしも階級敵に転換するのではない、ことを主張できた。

土台との関連における上部構造の「補助的機能」に関するスターリンの指摘について言えば、これは既に周知の基本的な理論、つまり社会主義国の文化は「政治的目的」の小間使いであり、独立を主張するようなものではない、という理論の繰り返しであった。自由な討論と批判というスターリンの呼びかけが、他のどの文化分野に何も影響も及ぼさなかったことを語る必要もない。マル主義者は言語学の主流から追い出されたが（彼らが警察の弾圧を受けたということは不明であるけれども）、その一方で、それ以外の分野の事情は以前と全く変わらなかった。

9　スターリンのソビエト経済論

スターリンの最後の理論的作品は、一九五二年九月の党雑誌『ボルシェビキ』掲載の論文で、「ソ連邦における社会主義の経済的諸問題」と題し、来る第一九回大会の基本的文書として企図された。その主要な理論的主張は、社会主義もまた「客観的経済法則」に従うこと、その利点は計画化であって、それを恣意的に除外することはできない、ということであった。特に価値法則は社会主義のもとでも適用される。つまり、貨幣はソ連邦において使われること、経済の運営において会計は利潤と収入・支出の均衡を図らなければならない、というのが、おそらくこの言説の意味するところであった。

「社会主義の経済法則の客観性」という原理は、国家計画委員会の長であり戦前から戦後にかけて副首相、政治局員であったニコライ・ヴォズネセンスキーを暗に非難したものであった。彼は一九五〇年に裏切り者として射殺され、対独戦争中のソビエト経済に関するその著書は流通から回収された。この書籍は社会主義が客観的経済法則に従うことを暗に否定し、それに代わって、すべての経済過程が国家の計画権力に従うと主張した。しかしながら、スターリンは価値法則を擁護して、自分の読者に資本主義が利潤の最大化原則によって支配されるのにたいし、社会主義経済の指導原則は人間の必要の最大限充足である、と請け合って見せた（スターリンの言うように、社会主義の有利な結果がどのように国家の計画権力の意志から独立した「客観的法則」であり得るのか、そしてとりわけこの「法則」がどのようにして「価値法則」と同時に展開できるのかは明らかではない）。

スターリンの論文は、またソビエト連邦の共産主義段階への移行計画の

901

輪郭を描いてみせた。そのためには都市と農村との、肉体労働と精神労働との対立を一掃し、集団農場の資産を国家の資産に引き上げ（すなわち、結果的に集団農場を国営農場とする）、そして生産と全般的な文化水準を引き上げることが必要である。

未来の完全な共産主義社会に関するスターリンの思想は、伝統的なマルクス主義のモチーフの繰り返しであった。「客観的な経済法則」について言えば、論文から引き出せる唯一の実践的なメッセージは、明らかに、経済に責任を負う者は人民の要求を最大限に充足するように努める一方で、経済的説明責任を忘れるべきではない、ということであった。

10　スターリン晩年期のソビエト文化の全般的特徴

この時期のソビエトの文化生活の特異性は、単にスターリンの性癖だけによるものではなかった。それらは成り上がり者（parvenu）の文化、つまりそのあらゆる相において、初めて権力を獲得した人びとの心性、信念、趣味を殆ど完璧に表す成り上がり者の文化と一言でまとめることができる。スターリン自身が高い程度でこれらの特異性の良い実例であった。しかし、それはまたすべての政府機構の特色でもあり、スターリンが政府機構を奴隷の地位に貶めたのではあるが、これらの機構も彼を支えそして彼の最高権力を維持しつづけた。

相次ぐ粛清と古参ボルシェビキ幹部や元インテリゲンチャの根絶の後で、ソビエトの支配階級は、教育水準が低く文化的背景もなく、特権への渇望を持ち、純然たる「親譲りの」知識人にたいする憎しみと妬みに溢れた労働者・農民出身の個人から主に構成された。成り上がり者の本質的な特徴は「見えを張ること」（make a show）であり、したがってその文化は
902
振りをし（make-believe）、うわべを飾る（window-dressing）文化である。

成り上がり者は自分の周りの旧特権階級の知的文化の見本を見るたびに心が落ち着かなくなり、それから締め出されてきたがゆえにそれを憎み、それゆえにブルジョア的とか貴族主義的とかと貶《けな》す。成り上がり者は狂信的な民族主義者であって、自分の生まれた国あるいは環境は他のすべてのそれに勝るという観念に執着する。彼の眼からすれば、彼の言葉は一段と優れた「言語」であり（概して彼は他の言語を知らない）、そして彼は、彼の粗末な文化資源が世界中でもっとも素晴らしいことを自分と周りのすべての者に確信させようと努力する。彼は前衛（アヴァン・ギャルド）、文化実験、あるいは創造的新規さというものを何でも嫌う。彼は制限された「常識」の処世訓によって生き、誰かがそれを批判したら怒り狂う。

これらの成り上がり者の心性の特徴は、スターリン主義文化の本質的特性、つまり民族主義、「社会主義リアリズム」の美学のなかに、そして権力のシステムそれ自体のなかにすら認めることができる。成り上がり者は隷属農民のような権力への服従と、それを共有したいという抵抗し難いほどの欲求とを結びつける。いったん階層制のある水準に引き上げられたら、彼は上の者にはペコペコし、自分の下の者は踏みつけにする。スターリンは成り上がり者ロシアのアイドル、その栄光の夢の権化であった。成り上がり者国家は、ピラミッド型の権力と、例え部下をさいなむとしても尊敬される指導者を持たなければならない。

見てきたように、スターリン主義の文化的民族主義は戦前の時期に徐々に発展し、勝利の後では巨大な規模になった。一九四九年に新聞は、反「コスモポリタニズム」つまり定義はされないが明白に反愛国主義で、西欧を礼賛するとされる悪に反対するキャンペーンに着手した。キャンペーンが展開されるにつれて、コスモポリタン主義者とはユダヤ人と殆ど変わらないものだということがますます明確にほのめかされた。個人が笑いものにされ、ユダヤ人に聞こえる名前を以前に持っていた場合には、普通、その名前に言及された。「ソビエト愛国主義」はロシア排外主義と見分けのつかないものとなり、公定の熱狂となった。すべての重要な技術的発明と発見がロシア人によって行われたことが、宣伝によって絶え間なく広められ、このような文脈で外国人に触れることは、コスモポリタニズムおよび西欧へのへつらいの罪に当たるとされた。

一九四九年末から発行された『ソビエト大百科事典』は、この半ば滑稽で半ば気味の悪い誇大妄想狂のこの上もない実例である。例えば、「自動

903

車」の項目の歴史の節は、「一七五一年から五二年にかけて、ノブゴロド県ニズニーの農民であるレオンティ・シャムシュゲンコフ（その項参照）が二人で操縦する自動推進の車を製作した」という書き出しで始まる。ブルジョア的つまり西洋の文化は、腐敗と退廃の温床として常に攻撃された。例えば、これはベルクソンの項目からの抜粋である。

「フランスのブルジョア哲学者―観念論者、政治学と哲学の反動主義者。ベルクソンの直感主義哲学は理性と科学の役割をけなし、その神秘的な社会理論は帝国主義政策の土台として仕える。彼の見解は帝国主義時代におけるブルジョア・イデオロギーの崩壊の紛れもない実像、階級的矛盾の拡大に直面したブルジョアジーの増大する攻撃性そしてプロレタリアートの階級闘争の激化への恐怖を表わす。――資本主義の全般的危機の始まりとそのすべての矛盾の激化の時期において、ベルクソンは唯物論、無神論および科学的知識の獰猛な敵、民主主義と働く大衆の階級的抑圧からの解放に反対する敵として立ち現れ、自分の哲学を疑似科学の飾りで覆い隠す。――ベルクソンは、観念論の『新しい』正当化として、『内観』による認識に関する古代神秘主義者や中世の神学者の見解を提起しようと努めてきたが、それは長い間にわたって、生活、実践、科学によってその誤りが立証されてきた。――弁証法的唯物論は、世界と現実に関する知識はある種の超感覚的手段によって生れるのではなく、人類の社会歴史的な実践を通して生れるという、議論の余地のない事実によって観念論的直感理論を否定する。――ベルクソンの直感主義は、資本主義の不可避的に不気味に見えてくる腐朽を前にした帝国主義ブルジョアジーの恐怖心、現実の科学的知識の抗しがたい意味、特にマルクス・レーニン主義科学によって発見された社会発展の法則から逃れたいとする衝動を表している。――民族主権の敵ベルクソンは、ブルジョア的コスモポリタニズム、世界資本主義の支配、ブルジョア的宗教や道徳を主張した。ベルクソンは狂気のブルジョア独裁と働く者を押さえつける恐怖政治の手法に賛同した。第一次世界大戦と第二次世界大戦との間にこの戦闘的な反啓蒙主義者は、帝国主義戦争は『必要』で『有益である』と主張した。――」

これは、さらに「印象主義」の項目の一部である。

「一九世紀後半のブルジョア芸術の退廃的傾向。印象主義はブルジョア芸術の腐敗の始まり（退廃の項を見よ）と進歩的な民族的伝統の破壊の結果である。印象主義の信奉者は空白と『芸術のための芸術』という反人民的な取り組みを提唱し、客観的現実の真正なリアリスティックな描写を否定し、芸術家は第一次的な主観的印象だけを記録すべきであると主張した。――印象主義の主観的観念論的態度は哲学における同時代の反動的傾向、つまり新カント主義やマッハ主義等の諸原理と関連しており、それは知識の客観性と信頼性を否定し、認識を現実から、理性を印象から切り離す。――客観的な真理という基準を否定し、人類、社会事象、芸術の社会的機能に無関心な印象主義の信奉者は、不可避的に、現実像が解体され芸術的形態が失われた作品を制作した。――」

ソビエト連邦の世界文化からの孤立は殆ど完璧であった。西欧の共産主義者のわずかな宣伝作品を別にして、ソビエトの読者は哲学や社会科学は言うまでもなく、小説、詩、演劇、映画で西側においてどのようなものが制作されているかについて全く無知の状態に置かれた。レニングラードのエルミタージュの二〇世紀絵画の豊かな貯蔵品は、正直な市民を腐敗させないために地下貯蔵庫にしまわれたままであった。

ソビエトの映画と演劇は、戦争と帝国主義の事業に奉仕したブルジョア学者を暴露し、ソビエトの生活の前例のない喜びを褒め賛えた。「社会主義リアリズム」は最高度に君臨した。もちろんそれはソビエトの現実をあるがままに表現する、つまりそれは粗野な自然主義とある種の形式主義であり続けることだろうから、そういう意味においてではなく、ソビエト人民を祖国とスターリンを愛するように教育する、という意味においてであった。

この時期の「社会主義リアリズム」建築は、スターリン主義イデオロギーにたいするもっとも恒久的なモニュメントであった。ここでもまた支配

904

的な原則は、誰もこれらの作品が建築として傑出しているかは説明できないけれども、「形式に対する内容の優先」であった。いずれにしろ、その効果は、誇張されたビザンチン様式の仰々しいファサードを生産することであった。

ろくな住宅も建てられず、数百万もの人びとが大小の都市でむさ苦しくひしめき合って暮らしているその時に、モスクワやその他の都市は、わざとらしい円柱と偽物の装飾を凝らし、「スターリン時代の壮麗さ」に見合う規模の巨大な新宮殿で飾られた。これもまた再び、成り上がり者に典型的な建築様式であり、「大きいものは美しい」というモットーに集約できるだろう。

すべてのイデオロギーの根本原理が指導者の崇拝であり、それがこの時期にグロテスクで怪物のような形態を呈し、毛沢東崇拝の後期によって以外は歴史上これを超えられないであろう。スターリンを賞賛する詩、小説、映画が絶え間のない潮流となって溢れ出た。彼の画像やモニュメントがすべての公共の場所を飾った。作家、詩人、哲学者たちはひどく熱狂的な新しい形の崇拝を発見することでお互いに競い合った。託児所や幼稚園の子どもたちは、幸せな子ども時代を与えてくれたスターリンに心からの感謝を表した。あらゆる形態の民間信仰が歪められた形で復活した。それらは、イコン、行列、みんなが一緒に暗唱する祈禱、罪の告白（自己批判という名の）、遺物の崇拝であった。こうしてマルクス主義は宗教のパロディと化したが、しかしその中身を抜かれた代物であった。以下は当時の哲学書から任意に選んだ、その典型的な導入部である。[905]

「同志スターリン、科学の偉大な教師は、前人未到の深さと明晰さ、そして活力に満ちた研究のなかで、共産主義の理論的基礎としての弁証法的・史的唯物論の土台の体系的な提示を与えた。同志スターリンの理論的業績は、全連邦共産党（ボルシェビキ）中央委員会およびソ連邦人民委員会議の同志スターリン生誕七〇年に関する演説において、以下のように賞賛をもって述べられた。

『科学の偉大な指導者！　新しい帝国主義の時代とわが国のプロレタリア革命と社会主義の勝利と関連するマルクス・レーニン主義の理論を発展させているあなたの古典的著作は、人類の巨大な達成であり、革命的マルクス主義の百科全書である。これらの著作からソビエト人民と世界諸国の労働者階級の指導的代表者たちは、労働者階級の事業の勝利のための闘争の知識と確信および新しい力を引き出し、貴方の著作のなかに共産主義をめざす現代的闘争のもっとも緊急の問題の解答を見出している』

同志スターリンの弁証法的そして史的唯物論に関する輝かしい哲学著作は、知識と世界の革命的転換の強力な手段であり、そして唯物論の敵にたいする、そして不可避的な打倒が運命づけられ崩壊しつつある資本主義世界のイデオロギーと文化にたいする抗し難いイデオロギー的武器である。それはマルクス・レーニン主義の世界観の発展における新しい最高の段階である。その著作のなかで、同志スターリンは前人未到の明晰性と良心でもってマルクス主義弁証法の基本的特徴を説きあかし、自然と社会の規則的発展の理解の重要性を指し示した。同じような深淵さと説得力、良心、党派性でもって、同志スターリンは自らの著作においてマルクス主義の哲学的唯物論の基本的特徴を定式化している」（V・M・ポズネル著『J・V・スターリンのマルクス主義の哲学的唯物論』一九五〇年）。

スターリンはまた、ロシア史の偉大な英雄を通しても間接的に賞賛された。ピョートル大帝、イワン雷帝、アレクサンドル・ネフスキーを扱ったエイゼンシュテインの映画や小説は、彼の栄誉に寄与するために制作された（しかしながら、イワン雷帝とオプリーチニキつまり秘密警察を賞賛する映画は、スターリンの緊急命令で、スターリンの在世中は上映されなかったが、それは、陰謀集団が何の益するところのない根っからの悪党であり、イワンが誠実な政治家として期待されるようなことは何もしなかったことが何の疑いもなく観客に明らかなことであったとしても、ツァーリが重苦しい気分にもかかわらず、頑固な陰謀集団をいかに殺害したかを描き出したからであった）。背の低いスターリンは映画や演劇では背の高いハンサムな男で、レーニンよりもかなり長身に描かれた。

ソビエト官僚制の階層構造は、スターリン崇拝がその影をより低位の人間に投げかけた事実のなかに見受けられた。全部というわけではないが、社会生活の多くの分野において、その方面で「もっとも偉大な」と公的に知られる個人が存在した。スターリン自身が哲学者、理論家、政治家、戦略家、経済学者等としてトップの位置を占めた多くの分野以外でも、例えば、誰が偉大な画家か、生物学者か、あるいはサーカスの道化師かは知られていた（サーカスはそこで支配的であったブルジョア的形式主義を非難するプラウダの論文によって、たまたま、一九四九年にイデオロギー的に改革された。演技者がイデオロギー的な内容を伴わずにコスモポリタン的なユーモアの形態に堕落し、大衆を階級敵に対決するように善導しないで、ただ笑わせることだけになっていた、というのであった）。

この時期に、歴史の偽造と歴史科学にたいする圧迫が頂点に達した。ツァーリ・ロシアの対外政策は、本質的に進歩的であり、特にその征服は他国人民にロシア文明の恩恵をもたらした、と示すことが歴史家の仕事となった。レーニン全集の第四版はいくつかの新しい文献をつけ加えたが、一国社会主義建設の不可能性についての過度に断定的な所見やジョン・リードの『世界を揺るがした10日間』の熱烈な序文を含む他の文献は削除された。一〇月革命時にペトログラードに滞在したリードは、レーニンやトロツキーについてはよく語ったが、スターリンについてはまったく言及しなかった、そういうわけで、世界にこの本を推薦することは、レーニンの許しがたい失策であった。

レーニン全集の新版もまた、その執筆者が粛清によって抹殺された価値ある歴史に関するコメントや注記を殆ど全文にわたって削除した（過去を再編集するこうした手法は、スターリンの死で終わりとはならなかった。死の数ヵ月後に新しい指導者によってベリヤが死に追いやられた時、ソビエト大百科事典の購読者は、次の巻で、以前のある頁を剃刀で切り取り、添付された新たな頁を挿入するように指示した通知文を見ることになった。指摘された箇所を調べてみると、読者はそれがベリヤに関する項目であることが分かった。しかしながら、差し替えの頁はベリヤに関するものでは全くなく、ベーリング海の追加された写真が含まれたものだったという）。歴史の記録文書は例外なく警察の手中にあって、それへのアクセスは厳しく規制され、今もなおそうである。これは多くの場合、賢い措置であることが証明された。例えば、ある女性ジャーナリストが古い地区の古文書のなかから、レーニンの母親はユダヤ人の出であったことをかつて発見し、この情報をソビエトの新聞で活字にしようという途方もない無邪気さを示したことがあった。

このような雰囲気が、自分の業績を巧妙な愛国的言辞で主張する、あらゆる類の科学的詐欺師を当然のように繁殖させた。ルイセンコはもっとも有名だが、そのほかにも同類がたくさんいた。オルガ・レピシンスカヤという名前の生物学者が、一九五〇年に自分は生命のない有機物質から生きた細胞を生み出すことに成功したと発表し、これがブルジョア科学にたいするソビエト科学の優位性の証拠として新聞によって歓呼して迎えられた。しかしながら、まもなく、彼女の実験はすべて無価値であることが判明した。スターリン死後もまだなお、さらに煽情的な論文がプラウダに掲載されたが、それはサラトフ工場で、消費したよりもさらに大きなエネルギーを生み出す機械が製作され、そうして、熱力学の第二法則を最終的に無効にすると同時に、宇宙に放出されたエネルギーはまたある場所（このサラトフ工場に特定されて）集中するに違いない、というエンゲルスの言説を肯定するものとされた。しかしながら、その後まもなく、プラウダは恥ずかしい取り消しを掲載する羽目になったが、これ自体が、知的雰囲気が既に変化していた兆しでもあった。

書かれた、そして話された言葉がスターリン時代の雰囲気を忠実に反映した。当局の発表の目的は、知らせることではなく教え込むこと、そして教化することであった。新聞はソビエト体制を賛美する報告か、あるいは帝国主義者を疑う報告しか載せなかった。ソビエト連邦は犯罪からだけではなく自然災害からも免れていた。これら両方は、帝国主義諸国の不幸な特権であった。統計は事実上、発行されなかった。新聞の読者は、公然とは定式化されていなかったが、すべての者が知っている特殊な符号から情

907

報を入手するのが普通のことであった。例えば、党の高官があれやこれの時期に指名される順序は、その時期に彼らがスターリンのお気に入りの地位にどれだけ近いかの指標であった。

表面上、「コスモポリタニズムと民族主義に反対して闘おう」は、「民族主義とコスモポリタニズムに反対して闘おう」と同じであるように見えるかもしれない、しかし、スターリン死後に読者は後者の表現に気づくようになり、それは「路線が既に変わり」、民族主義が今や主要な敵であると理解した。

ソビエト・イデオロギーの言葉はヒントから構成され、直接的な表現からではなかった。つまり、プラウダの主要記事の読者は、その主題が、通常、陳腐な決まり文句の洪水のなかのさりげない簡単な文章に包まれていることを理解した。意味を伝えるのは特定の言説の内容ではなく、言葉の順序、そして全体の文章の構成であった。言葉の官僚主義的な単調さ、非人格的な生気のなさ、そして貧困化された語彙が、社会主義文化の定着した基準となった。多くの成句が自動的に反復され、その結果、人はそれぞれの単語から次の単語を予想できた。つまり、「帝国主義の野蛮な面貌」「ソビエト人民の光輝ある達成」「社会主義諸国家のゆるぎない友情」「マルクス・レーニン主義の古典的著作者たちの不滅の作品」、この種の無数のステレオタイプが何百万というソビエト人民の知的な糧となった。

スターリンの哲学は、その形式と内容において成り上がり者の官僚的な心性に見事に適合した。彼の解説のお陰で誰もがものの三〇分で哲学者になることができたが、それは真理を完全に保持するという点だけではなく、ブルジョア哲学者の馬鹿げた無意味な思想全部も分かる、という点でもそうであった。例えば、カントは何であれ知ることは不可能だと言ったが、ソビエト人民は多くの事柄を知っている、カントはその程度のものだ、と。ヘーゲルは、世界は変わると言ったが、しかし、誰もが身の回りのあるものは理念ではなく、ものであることを理解しているにもかかわらず、彼は、世界は理念から構成されると考えたのだ、と。マッハ主義者は、私が今座っている椅子は私の頭の中にあると言った。しかし明らかに私の頭はここにあって、机は別のところにある、と。このような調子で、哲学はあらゆる木っ端役人の遊び場と化したのだが、彼らはわずかばかりの常識風の自明の理を繰り返して、あらゆる哲学の問題を片づけた、と思いこんで満足していた。

11　弁証法的唯物論の認知状況

「弁物」(diamat)、「史物」(histmat)と愛称されたのだが、これらとソビエトのマルクス・レーニン主義一般の社会的機能は、それがそれ自体を賞賛し、その帝国主義的拡張を含む政策を正当化するために支配する官僚制によって使われたイデオロギーである、という事実に存する。マルクス・レーニン主義がそれでもって構成されるすべての哲学的で歴史的な原則が、わずかな単純な命題のなかにその絶頂を極め、最終的な意味づけに到達した。生産手段の国有化と定義された社会主義は、歴史的に最高の形態の社会秩序であり、すべての労働者階級の利益を代表する。ソビエト体制はそれゆえに進歩の具現であり、そういうものとして、いかなる反対があっても自動的に正しい。公式の哲学と社会理論は、単に、特権を得たソビエト支配階級の自画自賛の論理に過ぎない。

しかしながら、われわれはその社会的側面をしばらく無視して、スターリン主義的な形態の弁証法的唯物論を世界に関する説明体系として考察しよう。「弁物」の主要な側面に集中し、マルクス、エンゲルス、レーニンの見解と結びつけてわれわれが既に行った批判的な所見を脇におけば、われわれは以下のような観察ができる。

「弁物」は、異なる種類の主張から成り立つ。そのいくつかは特別にマルクス主義的な内容を持たない自明の理であり、他のものは科学的手段によって証明することができない哲学的なドグマである。さらにその他のものは無意味であって、第四のカテゴリーはさまざまな方法で解釈できる命題から構成され、彼らの解釈に従えば、最初の三つの区分の一つまたは他のものに吸収できる。

自明の理のなかには宇宙のあらゆる物は何かしら関連しているとか、あ

908

るいは万物は変わるという言説のような「弁証法の法則」がある。誰もこれらの命題を否定しないが、しかしそれらに認識的または科学的価値は全くない。前の方の言説は、他の文脈、例えばライプニッツあるいはスピノザの形而上学の文脈からすれば、ある一定の哲学的意味を持つことは確かであるが、マルクス・レーニン主義においてそれは認識的に、または実践的にいかなる重要な結果に繋がるようなものではない。

現象が相互に関連していることは誰もが知っているが、科学的分析の問題は、われわれにはできないことであるゆえに、普遍的な相互連関をどのようにして評価するかではなく、どの連関が重要であり、どの連関が無視できるかをどのように決定するか、である。マルクス・レーニン主義がここでわれわれに教えることのすべては、現象の連鎖のなかで摑むべき「主要な環」が常に存在するということに尽きる。これはただ、追求する目的という視点からある結びつきが実践的に重要であり、他のそれは重要ではないか、あるいは無視できることを意味するにすぎないように思われる。しかしこれは認識上の価値のない分かり切ったことであって、われわれはそこから個別のケースにおける重要度の階層を設定する、いかなるルールも引き出すことはできない。

同じことが、「万物は変わる」という命題にも当てはまる。認識上の価値は、特殊な変化、それらの性質、速さなどの経験的記述のみに結びつくのであって、ヘラクレイトスの金言は当時においては哲学的意味を持ったが、それはまもなく常識、日々のありふれた智慧というカテゴリーに沈み込んだ。このような自明の理が深遠な発見として表わされるという事実が、その原典も知らされないままに、マルクス・レーニン主義の信奉者をして、マルクス主義は科学によって確証されている、と主張させることになった。経験科学や歴史科学は、全般的に、何か変化するもの、あるいは他の何ものかと結びついている事実に関わるのであるから、科学のそれぞれの新発見がこのように理解された「マルクス主義」の真理性を確証するだろう、と思い込んでも間違いではない。

実証不可能なドグマというカテゴリーに立ち戻るならば、そのなかの最初のものは、唯物論それ自体の中心的な命題である。マルクス主義哲学の分析基準は余りにも低いので、この命題も明確に定式化されていないのだが、しかし、その一般的意味は十分に明らかである。われわれが指摘したように、「世界は本質的に物質的である」という言説は、もし物質が、レーニンの流儀に従ってその物的属性から抽象された「客観性」として、あるいはレーニンが提示したように「意識から独立した存在」として定義されるならば、それは全く意味をなさない。

というのは、意識の概念がこのように物質の概念そのものに含まれるという事実を考慮に入れないとしても、「世界は物質的である」という言説は、世界は意識から独立していることだけを意味することが分かるからである。しかし、このことがすべての世界に適用されるならば、マルクス・レーニン主義自体が認めているように、現象は意識に依存しているのだから、これは明らかに虚偽であって、いずれにしてもそれは唯物論の擁護にはならない、例えば、宗教思想によれば神、天使、悪魔は皆同じく人間の意識から独立しているからである。

他方で、もし物質が物的属性、つまり拡張性や非貫通性等によって定義されるとすれば、これらの属性は極小物質には適用されないと考えることには根拠があるのだから、それらは「物質的」ではないことが証明されるだろう。そのもっとも初期の解釈で、唯物論はすべて存在するものは日常生活のものと同じ属性を持つ、と想定した。基本的に、しかしながら、このテーゼは消極的なテーゼ、つまりわれわれが直接的に認識するものと本質的に異なる現実は存在しない、そして世界は理性的存在によって創造されない、ということになる。これはエンゲルス自身の定式化であった。つまり、唯物論で焦点となるポイントは、神が世界を創ったのか、創らなかったのかということであった。神が世界を創造したか、しなかったかの実証的証明は明白には存在し得ないのであり、科学的主張も神が存在しないことを証明できない。合理主義は思考の経済の原則（レーニンはこの原則を否定した）に立って神の存在を否定したのであって、実証的知識の力に立ってそうしたのではない。

この理論は、経験がわれわれに強制して初めて、われわれは現に存在するものを受け入れることができる、ことを前提とする。しかし、このような想定自体が論争的であって、それは明瞭さからほど遠い仮説に基づいているのである。ここで、この問題にこれ以上深入りしなくても、われわれはこのように再構成された唯物論の諸原理が科学的ではなく、ドグマティックな言説である、と書き留めてもよい。同じことが「精神的実質」や「人間の意識の非物質性」にもあてはまる。人間は、意識が身体過程から影響を受けることを常に分かっている。例えば、人は頭を一撃されたら気絶することを発見するのに大した科学的観察を要するのでなく、精神の身体依存性についてのその後の研究は、この点に関するわれわれの知識に本質的なものは何も付け加えてこなかった。

意識の非物質的実質を信じる人たちは、意識と身体の結びつきがないと主張しているのではない（もし彼らがそうであるなら、デカルト、ライプニッツ、マルブランシュのように、経験的事実の評価について込み入った技巧的な方法を工夫しなければならない）。彼らはただ、身体過程は人間精神の作動を停止することができるが、それを破壊することはできない、つまり身体は意識がそれを通して機能する媒体であって、精神の働きの本質的条件ではないと主張する。

910

こうした主張は経験的には証明できないが、しかしその誤りも立証できない。マルクス主義者が主張するように、進化論が魂の非物質性の主張を否定したという事実はない。もし人間という有機体が低次の生命体から突然変異によって進化してきたとすれば、魂が存在しないということは論理的に出てこない。もし魂の不在が論理的に出てくるとすれば、一方で現代進化論の見方を、他方で意識の非物質性や世界の目的論的見方を一貫して排除する理論は存在しようがない。しかし、そのような理論は、フローシャマーからベルクソンを経てティヤール・ド・シャルダンまでたくさん存在し、彼らに首尾一貫性がないとはとても言えない。キリスト教哲学者たちもまた進化論からのドグマを無効にするさまざまな方法を見つけ出し、これらにたいしては批判の余地があるかもしれないが、それらが自己矛盾しているとは言えない。科学の業績に適用される有効性の基準から判断すれば、唯物論者のテーゼはこの点でその反対論者に劣らず恣意的である。

私が「弁物」の無意味な主張と呼んできたもののなかに、レーニンがプレハーノフに反論して主張した言説、つまり、印象は、ものを真似しているという意味で、ものを反映しているという言説がある。神経細胞のなかで起こる過程、あるいはそのような過程の「主観的」認識が、理論が教えているように、神経細胞における変化の原因である外部世界の物質または過程の相似形を取ると主張することによって、何が意味され得るのか不明確である。

もう一つの無意味な言説（スターリンによって特に是認されたことは決してないが、プレハーノフによって推奨され、マルクス主義の説明では決まって繰り返された）は、形式論理は静止した現象に、弁証法は変化する現象に「適用される」というものである。この馬鹿らしさは検討する価値もなく、ただ単純に形式論理学の術語にたいするマルクス・レーニン主義者の無知と無理解の結果である。

これまでに取り上げた以外の主張は、それらの解釈次第だが、最初の三つのカテゴリーの一つ、または別のものに属する。これらのなかに矛盾に関わる「弁証法的法則」がある。ソビエトの多くの哲学教科書がわれわれに教えるように、もしこれが運動と変化は「内部矛盾」によって「説明」できるとすれば、それは無意味な言説の類となる、なぜなら「矛盾」は命題間の関係を表わす論理的カテゴリーであって、「矛盾した現象」によって何らかの意味を伝えることは不可能であるからだ（少なくとも唯物論の立場からすれば不可能である。論理的結合と存在的結合とを同一視したヘーゲル、スピノザその他の形而上学においては、矛盾に巻き込まれた実在という理念は無意味ではない）。

もし、他方で、われわれがこの言説を、現実は緊張と対立する傾向のシステムである、と理解しなければならないという意味であると解釈するならば、それは科学的探究や実践的行動にとって何ら特別な結果をもたらさない、自明の理にすぎないと思われる。多くの現象が相互に影響しあうこ

911

と、人間社会は争いや一致しない利害で分断されること、人びとの行動は自分が意図しない結果を引き起こすこと、これらはすべてがごく普通の事柄であり、それらを「弁証法的方法」とか、「形而上学的」思考と対照的な深遠さとしてほめそやすことは、典型的なマルクス主義者の高慢さの好例であって、その高慢さが昔からの「自明の理」を記念碑的な科学的発見として表し、マルクスあるいはレーニンによって世界中に分かち伝えた。

この作業の最初の部分で検討した主張、つまり真理は相対的である、という主張もまたこの範疇に入る。もしこれが、エンゲルスが注釈したように、科学史において受け入れられた見解が後の研究の結果としてその全部が放棄されないことがしばしばあり、その有効性が限定的なものとして認められることがある、と言っているだけであれば、この言説の正確性について論争する理由は存在しないが、しかし、それは特別にマルクス主義的ということではない。

もし他方で、それが「われわれはあらゆる物事を知ることはできない」、あるいは「判断はある場合には正しいかもしれないが他の場合には正しくない」ということを意味するならば、これもまた昔からの自明の理である。例えば、われわれは旱魃の時に雨は有益であるが、洪水の時には有益ではないことを発見するために、マルクスの智慧を必要とはしない。もちろんこれはしばしば指摘されてきたように、「雨は有益だ」という言説は、環境によって真理または虚偽になることを意味するのではない。それはただ言説が多義的である、ことを意味するだけである。もしそれが「あらゆる環境の下で雨は有益だ」という意味であるならば、それは明白に虚偽である。もし「ある環境下では」という意味ならば、それは明白に真理である。

しかしながら、もしわれわれがマルクス主義の真理の相対性という原則を、ある言説がその意味を変えずに、環境によって真理でもあるいは虚偽でもある、という意味で解釈するならば、その場合これもまた無意味な範疇に入るのであって、何が真理を構成するかについてわれわれはレーニンと共に伝統的な見方を採ることになる。

もし他方で、「正しい判断」が「共産党にとって有益な判断」と同じであることを意味するならば、その場合、真理の相対性は再び明瞭な陳腐な事柄と化す。

しかしながら、「真理」が発生論的に理解されるべきか、あるいは伝統的な意味で理解されるべきかの問題は、マルクス主義の歴史において明瞭に答えられてこなかった。われわれが見たように、マルクスの著作のなかに真理は人間の必要との関連での「有効性」を意味すると理解されるべきだ、という強い示唆が存在する。しかしながら、レーニンは伝統的見方の主張のなかで、真理は「実在との一致」を意味すると明示した。この点で「弁物」の大半の手引書はレーニンに従っているが、しかし、よりプラグマティックで政治的な見方、つまり真理は、社会の進歩、この場合はもちろんその基準は党の権威者による表明にあるのだが、その社会の進歩を表わすものという見方の徴候もしばしば存在する。

この混乱は、ロシア語が真理の二つの用語、つまり istina と pravda を持ち、前者が「これは何」という伝統的観念を表しがちであるのにたいし、後者が道徳的響きを伴って、「正しくて公正なもの」、あるいは「為すべきこと」を示すことを示唆する。この多義性が、真理の伝統的な概念と発生論的概念との区別を曖昧にするのを助長している。

「理論と実践の統一」に関して、これもまたさまざまな方法で理解することができる。時どきそれは単純に、人はとにかく実際的使用に関わる事柄だけを考えるべきだ、ということを意味する規範として提示される。この場合、これは先に述べたいかなる範疇にも入らず、それにまた規範的でもない。

記述的言説として考えた場合に、人びとは通常、実際的必要の結果として理論的熟慮に従事することをそれは意味するかもしれない。これは緩やかな意味で確かにそうであるが、しかし、特にマルクス主義的というものではない。もし、さらに、理論と実践の統一とは、実際的成功はわれわれの行動がその基礎とする考え方の正しさを確証することを意味するならば、ある程度までは受け入れられる真理基準ではあるが、これは普遍的ではあり得ない、なぜなら知識と科学の多くの分野で実際的証明というよう

912

なものは存在しないからである。

最後に、この原則は、思考は行為の一側面であって、この事実を認識している者によって「真理」となる、という特殊マルクス主義的意味において理解することができる。しかし、マルクス、コルシュ、ルカーチの各章で検討するように、このような感覚はソビエトの「弁物」では実際には欠落していた。

12　スターリン主義の起源と意味　「新しい階級」の問題

共産主義者と共産主義の反対者を巻き込んだ、スターリン主義の社会的起源とその「歴史的必然性」をめぐる論争は、スターリンの死後まもなく開始され、それ以降ずっと続いてきた。ここでそのすべての詳細にわたって分け入ることはできないが、しかしその主なポイントは指摘しておきたい。

スターリン主義の原因の問題は、ともかくもその意味の解明が必要である、その不可避性の問題と同じではない。歴史のあらゆる細部はそれに先行する事件によって決定される、と考える人なら、誰もがスターリン主義の特殊な背景を分析することに思い悩む必要はなく、その一般原則の実例としてその「必然性」を受け入れるに違いない。しかしながら、この一般原則が、受け入れるための十分な理由が存在しない、形而上学的な仮定である。ロシア革命の行程のいかなる分析からしても、その結末に至るような決定的な必然性は存在しなかったことが理解できる。レーニン自身が証言しているように、内乱戦争の最中に、ボルシェビキ権力の運命が風前の灯となる場合が多々存在し、「歴史の法則」はどのような結果になるかを決定できなかった。もし一九一八年にレーニンを狙った弾丸が一インチか二インチ逸れて彼を殺していたら、ボルシェビキの体制は崩壊していただろう、と想定できる。

もし彼が、ブレスト・リトフスク条約に同意するように党の指導者たちを説得することに失敗していたら、同じくそのようになっていただろう。そしてそれ以外の場合も容易に挙げることができる。これらの仮説的状況において何が起こっただろうか、という推論は、今日において重要ではなく、また結論が出るはずもない。ソビエト・ロシアの発展の転換点、つまり戦時共産主義、ネップ、集団化、粛清は「歴史の法則」によるのではなく、すべてがその支配者によって意識的に意図されたのであって、「起こらざるを得なかった」とか「支配者がそれ以外は決定しようがなかった」と考える根拠はまったくない。

歴史的必然性の問題がこの場合に適用できる唯一の有意味な形態は、次の通りである。つまり、その顕著な特徴が生産手段の国有化とボルシェビキ党の権力独占であったソビエト・システムは、スターリン主義的統治システムによって使用され確立されたものと本質的に異なる手段によっては、それ自体を維持することはできなかっただろう、と考えることに合理的な根拠が存在するのだろうか？　この問題への解答は、そうであると合理的に主張することができる。

ボルシェビキは「平和と農民に土地を」のプログラムに基づいてロシアの権力を獲得したが、この二つのスローガンは特別に社会主義的でも、ましてやマルクス主義的でもなかった。彼らが受け取った支持は、主としてそのプログラムへの支持であった。しかしながら、彼らの目的は世界革命であり、それが達成不可能と証明された時、その目的は単一政党の権力を基礎にしたロシアの社会主義建設であった。

内乱戦争の荒廃の後では、何らかの主導権を発揮できる活動的な社会勢力はこの党以外には存在しなかったが、この時までは、社会の全生活、特に生産と分配に責任を負う政治的、軍事的、警察的機構の伝統的な体制が存在した。ネップはイデオロギーと現実との妥協であり、それは、次のような事実、つまり国家はロシアの経済的再生に対処できず、強制によって経済全体を統制する試みは壊滅的な失敗であり、解決策は市場の「自発的な」展開以外には求められない、という事実の承認から生まれた。

経済的妥協は政治的譲歩を含まず、権力を独占的に無傷で維持することを意味した。農民はまだなお社会化されないままであり、主導権を発揮できる唯一の勢力は国家官僚制であった。この階級が「社会主義」の防波堤であり、このシステムのさらなる発展はその利益と拡張の衝動を反映した。

ネップの終了と集団化の強制は確かに歴史の設計の一部ではなく、システムとその能動的要素のみの利益によって押しつけられた。つまり、ネップの継続は、国家と官僚制が農民の犠牲になること、輸出入、投資計画を含む経済計画が農民の要求に大幅に従属しなければならないことを意味した。もちろん、もし国家が集団化を採らず、完全な交易の自由や市場経済に復帰するという別の選択肢を選んでいたとすれば、どうなっていたかをわれわれは知る由はない。トロツキーや「左派」勢力の恐怖、それはボルシェビキ権力の転覆に向かう政治勢力を呼び起こすだろう、という恐怖は根拠のないものではなかった。少なくとも官僚の地位は強大化するどころか弱体化し、強大な軍事的産業国家の建設は無期限に延期されるだろう、と信じることには根拠があった。人びとに膨大な犠牲を払わせるとしても、経済の社会主義化は官僚制の利益であり、この制度の「論理」であった。

支配階級および社会からそれ自体を独立させる国家の体現者たるスターリンは、それまでのロシアの歴史において少なくとも二度は起こった行動を取った。彼は、社会の有機的な諸部分から独立し、人民全体、労働者階級、あるいはついには党の継承されたイデオロギーへのあらゆる従属から自らを解放した新しい官僚カーストを生み出した。このカーストは、ボルシェビキ運動のあらゆる「欧化的」要素を直ちに粉砕し、ロシア帝国の再建と拡大の手段としてマルクス主義の用語を使った。ソビエト・システムは自国民にたいする戦争を持続的に遂行したが、それは国民が大きな抵抗を示したからではなく、主としては、支配階級がその地位を維持するために戦争状態と攻撃を必要としたからである。かすかな弱点を探そうとする敵、外国の手先、サボタージュする者およびその他の団体からの国家にたいする永続的な脅威というのは、官僚による権力の独占を正当化するためのイデオロギー的手段である。戦争状態は支配グループそれ自体にも損害を与えるが、それは統治の対価の一部である。

われわれは、マルクス主義がこのシステムに適合的なイデオロギーである理由を既に検討したのだが、このシステムは、歴史家や共産主義の批判者たちがしばしば持ち出したロシアやビザンチンの伝統、つまり市民層一般に対抗する国家の高度の自律、旧ロシア高級官僚の道徳的精神的気質等にもかかわらず、歴史上全く新しい現象であったことは疑いがない。スターリン主義はレーニン主義の継続として、ロシアの伝統に基づき、それに巧妙に適合したマルクス主義の形態として出現した。ロシア的ビザンチン的な遺産の重要性は、ベルジャーエフ、クチャルゼフスキー、アーノルド・トインビー、リチャード・パイプス、ティボル・サミュエリ、グスタフ・ヴェッターのような著作家によって検討されている。

このことから、生産手段を社会化するすべての試みが、全体主義の社会、つまり、すべての組織形態が国家によって課され、諸個人が国家の資産として扱われる全体主義の社会に必然的に行き着くに違いない、ということにはならない。しかしながら、あらゆる生産手段の国有化と経済生活の国家計画への完全な従属（その計画がいかに効率的または非効率的であろうとも）が、実践的に全体主義社会に行き着くことは確かである。もし、システムの土台が、中央権力が経済のすべての形態と目的を規定するというものであり、そしてまた、労働力を含む経済がその権力による全面的な計画化に従属するならば、官僚制が唯一の能動的な社会的力となり、他の生活側面にたいする一元的な統制を獲得するに違いない。

経済の主導性を生産者の手に残すことによって、資産を国有化せずに資産を社会化する方法を工夫するために多くの試みがなされた。この理念はユーゴスラビアで一部は実施に移されたが、その結果はあまりにも貧弱で、成功として明瞭に描写できるかは不確定である。しかしながら、本質的なことは、二つの相互に制限する原則が常に作用していることである。つまり、より多くの経済的主導権を個別の社会化された生産単位に留保させ、これらの単位により強い独立性を獲得させればさせるほど、それだけ、「自然発生的な」市場法則や競争および利潤動機の役割が大きくなる。生産単位に完全な自律性を認める社会的所有形態は、完全に自由な資本主義への回帰であるだろうし、そこに存在する唯一の相違は、個々の工場所有者が集団的なそれ、つまり生産者共同体に取って代わられていることだけであるだろう。

915

計画化の要素が多く存在すればするほど、それだけ生産者共同体の機能と能力は制限される。しかしながら、経済計画の理念は、その度合いはさまざまであるが、すべての先進工業国で受け入れられ、計画化と国家干渉の拡大は官僚制の拡大を意味した。問題は、いかにして官僚制を取り除くかではなく、そうすることは現代産業文明の破壊を意味することになるのだから、そうではなく、代表制機関を用いてどのようにしてその活動を統御するか、である。

マルクスの意図に関するかぎり、その著作から引き出される多くの留保にもかかわらず、彼は、社会主義社会は完全な統一の社会であり、そのなかで利害の衝突は私有財産に基づくそれらの経済的土台の消滅に伴ってかき消える、と疑問の余地なく信じた。彼が考えるに、この社会は代表制政治機関（公衆から疎外された官僚制を不可避的に生み出す）や市民的自由を保障する法の支配のようなブルジョア的な制度を必要としない。ソビエトの専制支配体制は、社会の統一は制度的手段によって産み出すことができるという信念と結びついた、このような理論を適用する試みであった。

マルクス主義はうぬぼれの強いロシア官僚制のイデオロギーになるように前もって運命づけられていた、と言うことは馬鹿げているだろう。それにもかかわらず、偶然とか第二次的とかというのとは反対に、マルクス主義はこの目的に適合するような本質的特徴を内に秘めていた。『ソビエト連邦は一九八四年まで生き残れるか』において、その異端的意見のせいで迫害され投獄されたソビエトの歴史家アンドレィ・アマリクは、ロシアのマルクス主義の機能をローマ帝国のキリスト教のそれと比較した。キリスト教の採用は帝国の体制を強化しその生命力を伸ばしたが、その最終的な崩壊を防止できなかったように、マルクス主義イデオロギーの吸収も、しばらくの間はロシア帝国を維持したが、その不可避的な解体を防ぐことはできない、と。

それがマルクス主義の当初からの眼目であった、あるいはそれがロシアの革命家たちの意識的な目的であった、と示唆しないかぎり、アマリクの説を受け入れられてもよいのかもしれない。諸々の状況の異例な結合のお陰で、ロシアの権力は党が表明したマルクス主義の理論に捉えられた。権力に留まるために党は、その最初の指導者の言動においては疑いもなく偽りのないものであったが、そのイデオロギーに含まれるすべての前提を連続的に取り消さざるを得なくなった。その結果が新しい官僚カーストの創設であり、それは国家権力の独占を享受し、自然にロシア帝国主義の伝統に貢献した。マルクス主義は、このカーストの特権そして帝国主義政策の継続の効果的な道具と化した。

これとの関連で多くの著述家が「新しい階級」の問題、つまり「階級」が、ソ連邦やその他の社会主義国家の支配層にたいする適切な名称であるかどうかを議論してきた。この論点は、とりわけミロヴァン・ジラスの『新しい階級』の一九五七年の出版以降に入念に論じられたが、しかし、この議論は長大な歴史を持ち、そのいくつかの側面は先行する章においても触れてきた。

916

例えば、アナーキストのマルクス批判者、特にバクーニンの批判は、マルクスの理念に基づく社会の組織化の試みは、新しい特権階級を生み出すに違いないと指摘した。つまり、現在の支配層に取って代わることになるプロレタリアートは、自らの階級の裏切り者と化し、その前任者がやったのと同じように警戒心をもって防御する特権のシステムを作りあげるだろう、と。マルクス主義は、国家の継続的な存在を考えるのだから、これは避けられない、とバクーニンは主張した。

主にロシア語で著作活動を行ったポーランド人無政府主義者、ヴァツワフ・マハイスキーは、この理念の修正版から途方もない結論を引き出した。彼は、マルクスの社会主義理念は、既に保持している相続した知識という社会的特権を用いて、政治的特権の地位を手に入れようと望む知識人の利益を特に表している、と主張した。

インテリゲンチャが知識を手に入れる有利な機会を自分の子どもたちに

与えることができるかぎり、社会主義の本質である平等の問題など存在しようがない。現在のところ知識人のなすがままになっている労働者階級は、知識人からその主たる資本、つまり教育を奪うことによってのみ、その目的を達成できる。この主張は、ある程度ソレルのサンディカリズムを想起させるが、所得の不平等および教育と社会的地位との強力な相関の二つが存在するどんな社会においても、教育のある階級の子どもたちは、社会階層制度を上昇する有利な機会を他の子どもたちよりもより多く持つ、という公正かつ明白な事実に基づいている。このような世襲的な不平等は、子どもたちに完全に均一な教育を与えるために、文化の継続性を破壊し、子どもたちを親から切り離すことによって初めて治癒することができる。

こういうわけでマハイスキーのユートピアは、平等の祭壇に文明と家族の両方を生贄として差し出そうとした。同じように、特権の源泉として教育を嫌悪するロシアの無政府主義者のグループもまた存在した。マハイスキーはロシア内に支持者を持ち、一〇月革命後の数年のあいだ、彼の見解に反対する闘争がプロパガンダの周期的なテーマとなった。彼らは大義名分なしに「サンディカリスト的偏向」や「労働者反対派」の活動と結びついている、と。

しかしながら、社会主義のもとの新しい階級の発達という問題は、他の観点からもまた提起された。プレハーノフと同じように、ある人びとは、そのための経済的条件が成熟する前に、社会主義を建設する試みは新しい形の絶対主義で終わるに違いない、と主張した。エドワード・アブラモフスキーのような他の人びとは、社会の道徳的転換の事前の必要性を語った。彼らは、もし共産主義が道徳的に改革されてもおらず、古い秩序によって教え込まれた欲求や野望によっていまなお浸潤させられている社会を引き継ぐならば、国有化された所有体制のもとで多様な種類の特権のための闘争が再発せざるを得ない、と強く主張した。アブラモフスキーが一八九七年に書いたように、そのような条件のもとの共産主義は、古い階級区別が社会と特権的官僚制との対立関係に取って代わられ、極端な形態の専制主義と警察支配によってしか、それ自体を維持できないような新しい階級構造に行きつくしかない、と。

一〇月革命の批判者たちは最初から、特権、不平等、専制的支配の新しいシステムがロシアで発芽しつつある、と指摘した。「新しい階級」という用語は早くも一九一九年にカウツキーによって使われた。亡命中のトロツキーがそのスターリン体制の批判を発展させたとき、彼に従ったあらゆる正統派トロツキストがそうしたように、彼は「新しい階級」という問題は存在しない、ただ寄生的な官僚制が存在するだけである、と主張した。彼はこの区別に大きな重要性を与えて、この体制は革命以外では転覆できない、という結論に至った後でもその考えを変えなかった。社会主義の経済的な基礎、つまり生産手段の公的所有は、官僚制的堕落によっても影響を受けない、と彼は主張した。したがって、社会革命、それは既に起こったのだが、その社会革命の必要は存在せず、現存の政府機構を一掃する政治革命の必要性だけが存在する、と。

トロツキーとその正統的支持者たち、そしてその他の共産主義的なスターリン主義批判者たちは「新しい階級」の存在を否定した。その根拠は、ソビエト官僚制の特権は一つの世代から次の世代へ自動的に移転しないこと、そして官僚は個人として生産手段を所有せず、それらの集団的な統制を行うだけである、というものであった。しかしながら、これは主張を言葉の問題に変えただけである。もし、構成員のそれぞれが社会のある生産資源の所有にたいして、相続によって移転できる法的権利を持つ時に、初めて人は支配階級や搾取階級について語ることができる、という方法で階級が定義されるとすれば、その場合は当然ながらソビエト官僚制は階級ではない。しかし、なぜこの用語がこのように限定されねばならないかは定かではない。それは、マルクスによってもそのように限定されてはいなかった。

ソビエト官僚制は国家のすべての生産資源を自由に使うことができるが、この事実はいかなる法的文書にも表現されず、ただ単にこのシステムの基礎的な結果として存在するだけである。もし集団的所有者が現制度の

918

もとで移動がなく、いかなる反対者からも法的に挑戦され得ないとすれば、生産手段の統制は本質的にその所有と何も異ならないことになる。所有者が集団的だから、そこに個人の相続は存在せず、この政治的階層制のなかの特別な地位をその子どもに譲渡することはできない。しかしながら、たびたび記述されてきたように、実際に、ソビエト国家において特権は系統的に相続されている。支配グループの子どもたちは、人生における機会、制限された財貨へのアクセス、さまざまな種類の便益の点からすれば明らかに特権を与えられており、この集団自身がその優越的な地位を極めてよく認識している。

生産手段の政治的独占と排他的統制は相互に支え合い、別々には存在できない。支配グループの高所得は、その搾取的な役割の当然の結果ではあるが、しかし搾取それ自体と同じではない。搾取は公衆によるいかなる統制も受けずに、公衆が創り出した巨大な剰余価値を自由に処分する権利である。

公衆は、資源が投資と消費のあいだで、どのような割合で、どのように分割されるべきか、あるいは生産された物品をどのように処分するかについていかなる発言権も持たない。この点から見れば、ソビエトの階級区分は極めて厳格であって、どの資本主義的所有制よりも社会的圧力にたいして敏感ではない。なぜなら、ロシアでは社会の多様な部分が行政や立法機関を通じて自分たちの利益を表明し、追求する道がまったく存在しないからである。

確かに、この階層制における個人の地位は、上位者の意志や気まぐれ、あるいはスターリン主義の全盛期には一人の専制者の満足に依存する。この点で、彼らの地位は完全に安全というわけではない。つまり、状況は東洋の専制国家と似通っていて、そこでは高位の序列の人びとは等しく君主の言うままであり、今日か明日かに解雇されるかもしれないし、処刑されるかもしれない。しかし、こうした状況が観察者をして、何故に「階級」を語ることから排除されなければならないのか、ましてや、トロツキーの擁護者たちが主張するように、それは「社会主義的」であって、「ブルジョア民主主義」にたいする社会主義の巨大な卓越性の証明としなければならないのか、は不明である。その著書においてジラスは、社会主義の支配階級によって享受される多様な特権に着目して、権力の独占が彼らの特権の土台であって、権力は特権の結果ではない、と強調した。

上記の条件をつければ、社会主義の官僚制をなぜ「搾取階級」と呼んではならないか、の理由は存在しない。実際に、このような表現はますます多く使われるようになってきており、トロツキーの区別はますますわざとらしく見える。

ジェームズ・バーナムは、トロツキーと決別した後の一九四〇年に有名な『経営者革命』を著し、そのなかでロシアにおける新しい階級の成立は全ての産業国家において起こり、そして発展し続けている普遍的な過程の個別の事例に過ぎない、と主張した。彼の考えでは、資本主義は同じ進化を通過する。つまり、外形的財産権はますます影を薄め、権限は実際に生産を統制する人びと、つまり管理階級の手に徐々に渡されてきている。これは現代産業の性質の、避けられない結果である。新しいエリートは単純に社会の階級分化の現代的な形態であり、階級分化、特権、不平等は社会生活の自然の現象である。歴史を通して大衆はさまざまなイデオロギー的旗印のもとで、その時代の特権階級を打ち倒すために利用されてきた。しかしながら、その結果は、古い主人を新しい主人に取り換えただけであり、その新しい主人は前任者よりももっと効率よく、自分以外の社会を直ちに抑圧し始める。ロシアの新しい階級の専制支配も例外ではなく、このような一般法則の例証である、と。

すべての社会は何らかの形態の専制支配を伴う、という点でバーナムが当たっていようがいまいが、彼の所見はソビエトの現実の十分な叙述からは程遠い。革命後のロシアの支配者は、当時も今も産業の経営者ではなく政治的官僚制である。当然ながら前者は社会の重要な部分を占め、それらの集団は、特に当該の分野で高度な権威によって、決定に影響を与えるほどに十分な力を持っている。しかし、産業投資、輸入や輸出を含む主要な決定は政治的であって、政治の独裁者によって行われている。一〇月革命

919

は技術や労働組織の進歩の結果として、経営者に権力が移行する特別な事例だと指摘することはあまりにも信じ難い。

ソビエトの搾取階級は、いくつかの点で東洋の専制君主制、別の点で封建領主階級、またその他の点で後進国の資本家的植民者と似通った新しい社会層である。その地位は、ある程度までこれまでのヨーロッパでは見ることができなかった政治的、経済的および軍事的権力の絶対的集中によって、そして権力を正統化するイデオロギーの必要によって決定される。その構成員が消費の面で享受する特権は、この社会におけるその役割の自然の結果である。マルクス主義は、その支配を正当化するために投資されたカリスマ的なオーラである。

13　スターリン主義の最終段階の西欧マルクス主義

戦争の結果としてソビエトの支配下に入った国々のマルクス主義の歴史は大まかに四つの段階に分けることができる。第一の段階、一九四五年から四九年までは、「人民民主主義」がまだなお政治的文化的な複数主義の要素を示していたが、それはソビエトの圧力によって徐々に抑えられて行った。第二の段階、一九四九年から五四年までは、政治とイデオロギーに関して「社会主義陣営」への完全なあるいはほとんど完全な「強制的同一化」とすべての文化の側面の全面的なスターリン化が見られた。一九五五年に始まる第三の段階において、マルクス主義の歴史に関するかぎりもっとも突出した特徴は、主としてポーランドとハンガリー、後にチェコスロバキア、そしていくらかは東ドイツにおける、さまざまな「修正主義者」、反スターリン的傾向の出現であった。この段階は六八年ごろに事実上の終わりを迎えたが、この時に、少なくともほとんどの同盟諸国においてマルクス主義は、支配政党の公式のイデオロギーとして残りながらも、硬直化した不毛の形態を帯びた。

東ヨーロッパの「スターリン主義化」と「非スターリン主義化」は、多様な環境に応じて、それぞれの国で異なる様相で進んだ。第一に、いくつかの国、ポーランド、チェコスロバキア、ユーゴスラビアは、戦争中は連合国側であり、他の国々は公的には枢軸国と結びついていた。歴史的に西方キリスト教に属したポーランド、チェコスロバキア、ハンガリーは、ルーマニア、ブルガリア、セルビアとは文化的伝統を異にした。東ドイツ、ポーランド、チェコスロバキアは、中世までさかのぼる真摯な哲学研究の伝統を持ち、それは他の同盟諸国では欠落していた。

最後に、ある国では戦争中に活発な地下活動やゲリラ活動が存在したが、他の国では同じようにドイツの占領下に置かれたが、抵抗は弱く武装闘争の形態も取らなかった。前者の範疇にはポーランド、ユーゴスラビアが入るが、そこにも大きな相違があり、ユーゴスラビアでは共産主義者がもっとも活動的な戦闘員であったのにたいし、ポーランドでは全体の抵抗運動のなかで共産主義者は小規模な派閥であり、その骨格部分はロンドン亡命政府に忠誠を誓う勢力で構成されていた。

920

これらのすべての相違が、東ヨーロッパの戦後の出来事とそれぞれの国のマルクス主義の進展に重要な関係があった。つまり、それらはイデオロギー的侵入の速さや深さ、スターリン主義が後になって否定される方法に影響を与えた。ドイツ侵略者からの解放が大部分は自力で、つまり共産主義者が統制した勢力によるものであった唯一の国はユーゴスラビアであり、共産主義者が一本化された権力を一九四五年以降に行使したのは唯一ここだけであった。他の地域、ポーランド、東ドイツ、チェコスロバキア、ルーマニア、そしてハンガリーの戦後初期には、社会民主主義的なあるいは農民的な政党がその活動を認められていた。

東ヨーロッパの共産主義の指導者の多くが、彼らの国は独立した国家となり、ロシアと連携はしてもその直接の統制下にならずに社会主義制度を構築するもの、と最初は信じたことは全くあり得ることである。しかしながら、そのような幻想は短命であった。最初の二年の間は、国際関係が戦時中の連合の痕跡によって重視された。共産党は東ヨーロッパにおける民主主義的制度、複数政党による統治、自由な選挙を規定したヤルタやポツダムの協定にたいする忠誠のそぶりを維持した。

しかしながら、冷戦の開始はこれらの地域がソビエト連邦から独立して

921

発展するかもしれない、という希望を断ち切った。一九四六年から四八年に非共産主義政党は破壊されるか、あるいは共産党と強制的に「統一」させられ、この運命を蒙った最初は、東ドイツ社会民主党であった。最初から、まだなお連合政府の純粋な要素が存在している時ですら、共産主義者は権力の鍵となる地位、特に警察と軍隊を自分たちで固めた。至る所にいるソビエトの「助言者たち」は、統治のカギとなる問題について最終的な発言権を持ち、もっとも野蛮で露骨な形態の抑圧を直接に組織した。四九年、非共産主義政党の計画的な弾圧後、欺瞞と暴力で彩られた選挙、チェコスロバキアの武装蜂起の後に、スターリンの緊密な統制下の東欧共産主義者が事実上排他的な権力を手にした。スターリン主義がこのように衛星諸国に自らを打ち建てたまさにこの時でも、それはユーゴスラビア方式という形で最初の深刻な敗北に直面した。

東ヨーロッパを支配する共産主義諸党やその他の地域の共産主義者から従属を引き出すために、スターリンによって使われた手段の一つが共産党情報局、つまり「コミンフォルム」として知られるコミンテルンの薄められた版であった。一九四七年九月に設置されたこの機関（コミンテルンは四三年に解散した）は、アルバニアと東ドイツを除く東ヨーロッパを支配する共産主義政党、つまりソビエト、ポーランド、チェコスロバキア、ハンガリー、ルーマニア、ブルガリアそしてユーゴスラビアの各党とフランス、イタリアの党で構成された。

スターリンのもとでのその指揮者はジダーノフであり、例えば、一九四四年から四五年の絶好の時期にそれぞれの国で権力を掌握できなかったことで、ユーゴスラビアがフランスやイタリアの共産主義者を批判したのは彼の指示によった（フランス、イタリアの行動は事実としてスターリンによって命令されたが、それにもかかわらず、彼らは相応の自己批判を行った）。

コミンフォルムの目的は、世界中の共産主義者にたいして主要な政党の一致した決議と偽装されたソビエトの方針を伝達することであった。いくつかの東ヨーロッパの政党は、自分たちは主権政府として行動する権利を持っていると実際に信じていた徴候もあった。チェコスロバキアとポーランドはマーシャル・プランに早まった関心を表し、ブルガリアとユーゴスラビアはバルカン連邦構想を提出した。このような独立の表示はすべて直ちに粉砕され、攻撃的な党は沈黙を命じられた。第三次世界大戦が少なくとも想定できないとなったとき、ソビエト連邦外の共産主義者は「正しい」方針を決定する唯一の権威が存在すること、そしてその命令からのわずかばかりの逸脱でも不愉快な結果を招くだろう、ということを再び教えられなければならなかった。

コミンフォルムの最初の会議で、ジダーノフは国際情勢の鍵的要素として世界の二つの政治ブロックへの分割を描いてみせた。コミンフォルムはまた、当然のことだが、ソビエト共産党に支配される国際誌をソ連共産党の宣伝指示の伝達手段として発行した。この雑誌の発行がコミンフォルムの主要な実践活動であった。コミンフォルムは一九四八年六月、四九年一一月と二回の会合を持っただけであって、いずれもユーゴスラビアを非難する目的のためであった。

ソビエトとユーゴスラビア党との摩擦は一九四八年の春に始まった。その直接の原因は、ユーゴスラビアの内政問題とりわけ軍や警察へのソビエト「顧問団」の粗野で横柄な干渉にたいする、チトーやその同僚たちのいら立ちであった。スターリンは、このような国際主義の欠如に憤慨して、ユーゴスラビアをひざまずかせようとし、それは間違いなく容易な仕事だろうと考えた。宣伝活動においてユーゴスラビアはその時までロシアへの極端な従属を示していた。しかし、彼らは自国では主人であり、そこではソビエト連邦の発言権は極めて弱いことは明らかであった（争いの核心の一つはソビエト警察やスパイ活動網へのユーゴスラビア人の採用であった）。ソビエト連邦に直接に雇われている人びとを除いて、ユーゴスラビア人は屈服する考えは持たず、彼らを元の国際主義に引き戻す唯一の方法は軍事進攻によるしかないように見えたが、スターリンは、それは良かれ悪しかれあまりにも危険な道だと考えた。

ユーゴスラビアの党は、コミンフォルムの第二回会議で公式に非難され、それ以降ユーゴスラビアの代表は欠席となった。ベオグラードの指導

922

者たちは反ソビエト民族主義者（その理由は説明されなかった）である、と宣言され、共産主義者のユーゴスラビア人には「チトーの徒党が」直ちに命令に従わなければ彼らを打倒するよう求められた。ユーゴスラビアとの反目は、コミンフォルム誌の主要なテーマとなり、その第三回の最後の会議で、ルーマニア党書記長ゲオルギュ・デジは「殺人者とスパイに摑まれたユーゴスラビア共産党」と題する演説を行った。

これ以降、ユーゴスラビアのすべての指導者は、大昔からさまざまな西側情報機関の手先であり、ファシストの体制を築き、彼らの主たる方針はソビエト連邦に難題を常に持ちかけ、アメリカの戦争挑発者の利益に奉仕することである、ということになった。これをきっかけとして、世界の共産主義者は、狂乱的な反ユーゴスラビア・キャンペーンを爆発させた。分裂の気味悪い結果は、「人民民主主義」が一連の司法的殺人を企て、モスクワの見世物裁判をはっきりと手本にして行い、その国の共産党組織から「チトー主義者」あるいは疑わしい要素を追放するようになった、ことである。多くのすぐれた共産主義者がこれらの裁判の犠牲となったが、それはチェコスロバキア、ハンガリー、ブルガリアそしてアルバニアで起こった。

チェコスロバキアでは、主な裁判、スラーンスキーその他の裁判がスターリンの死去直前の一九五二年一一月に起こり、反ユダヤ主義が明瞭に含蓄されたことで際立った。このテーマは、スターリンの晩年期にソビエト連邦で前面に押し出され、五三年一月にそのほとんどがユダヤ人であった医師グループの逮捕として結実したが、彼らは党の指導者等の殺害を企てたとして告発された。彼らのなかで、スターリンに個人的に命令された拷問を生き延びた人びとは、彼の死後直ちに釈放された。

ポーランドでは、党書記ゴムウカとその他の有名な人びとが投獄されたが、裁判もなく処刑もなかった。東ドイツではその被害者はそれほど有名ではなく、何人かの下部活動家が処刑あるいはその後に獄中で死亡した。他の所では、逮捕と裁判がいつものパターンで続いた。このほかの陣営において党の書記局や政治局に「うまく取り入っていたチトー主義者シオニスト」、他の帝国主義者の手先、ファシストは、外国情報機関に雇われていたことを白状して、見世物裁判後にその大部分が処刑された。

すべての被害者が、ロシアから自立した共産主義体制を欲したという意味で、真の「チトー主義者」であったと想定してはならない。これはある人びとにとっては真実であるが、他の人びとは恣意的な理由で裏切り者として捕えられた。全般的目的は、東ヨーロッパの支配的政党をテロで脅迫し、彼らにマルクス主義、レーニン主義そして国際主義が何を真に意味するのか、つまりソビエト連邦は名目上は独立している同盟諸国の絶対的な主人であり、同盟諸国はその指令を忠実に実行しなければならないと教えること、であった。

軍事侵略を除くすべての形態の圧力が残忍にかけられたにもかかわらず、ユーゴスラビアは自国の独立を維持し、戦後のスターリン主義的共産主義にたいする最初の実質的な裂け目を切り開いた。分裂直後のユーゴスラビア党のイデオロギーは、共産党は独立していなければならないことを強調する点と、ソビエト帝国主義を非難する点のみで、ソビエトと異なるだけであった。つまり、マルクス・レーニン主義の一般原則はユーゴスラビアで力をもったまま残りつづけ、ソビエト連邦で観察されるものとの違いはなかった。しかしながら、まもなく、政治的教義の基礎もまた修正され、ユーゴスラビアは重要な点でロシアのそれとは異なる自分自身の社会主義社会モデルを作ることに取りかかった。

923

コミンフォルムは、この時点までに反ユーゴスラビア宣伝の道具に過ぎないものとなり、その存在理由は一九五五年の春にフルシチョフがベオグラードと和解することを決定した時に消滅した。しかしながら、実際には、五六年四月までは解散しなかった。それ以来、聞いているかぎりにおいて、ソビエトの党が国際共産主義の制度化された形態を作ろうと試みたことは全くなかったが、できるかぎり、個々の党にたいする直接的な統制を行い、時あるごとに世界の時事問題に関する決議を採択する会議を呼びかけることで我慢してきた。しかしながら、これらは以前ほどにはうまく行かなかった。あらゆる努力にもかかわらず、ユーゴスラビアの場合に行ったと同じ方法で中国共産党にたいする国際的な非難を確保しようとしたが、うまくは行かなかった。スターリン支配の最後の数年は共産主義世界を通した理論のソビエト化によって特徴づけられる。この効果は同盟国でも一国ごとに異なるが、圧力と傾向はどこも同じであった。

先の章でわれわれが見たように、ポーランドのマルクス主義はそれ独自の伝統を持ち、ロシアのマルクス主義からは全く独立していた。この伝統の単一の正統的な形態も、正確な党イデオロギーも存在しなかった。マルクス主義は、ポーランドの知的情景のなかで、ただ一つではあるが、極めて重要であるとは言えない特徴であった。しかしながら、型にはまった理論を振りかざすのではなく、自分の研究のなかでマルクス主義のカテゴリーを用いる歴史家、社会学者、経済学者たちが存在した。これらの人びとのなかには、ルドヴィコ・クルジヴィツキ、ステファン・チャルノフスキ（一八七九～一九三七）がおり、後者は有名な社会学者、宗教史家で、晩年にある程度マルクス主義に引き寄せられた（プロレタリア文化に関する論文において、彼は労働者階級の状態に特殊に関連する新しい心性と新しいタイプの芸術の起源を分析した）。

一九四五年後の数年間にこれらの伝統は復活した。古いものと同じように、新しいマルクス主義思想は何も明確な水路に閉じ込められてはいなかったが、どちらかといえば、合理主義そして社会的対立の視点から文化現象を分析する習慣の背景として現れた。この緩やかな、体系化されないマルクス主義は、月刊誌『現代思想』や週刊誌『進歩』を含む雑誌によって表わされた。一九四五年から五〇年に大学は戦前の路線上で、ほとんど同じ教育スタッフで再建された。教育の分野ではまだイデオロギーによる追放はなかった。この時期に発行された多くの科学書や雑誌はマルクス主義とは関係がなかった。

体制はまだ自らを「プロレタリアートの独裁」と呼ばず、党のイデオロギーは共産主義的なテーマではなく、愛国的、民族主義的、反ドイツ的なテーマを強調した。この時期、ソビエト型のマルクス主義はかなり後景に存在した。その主たるスポークスマンはアダム・シャフで、彼は弁証法的・史的唯物論のレーニン・スターリン版を解説する図書や手引きを書いたが、それらはソビエトのカウンターパートよりも原始的なスタイルではなかった。最悪の時期においても、ポーランドのマルクス主義はソビエトの水準までは落ち込まなかった、と一般的に言えるだろう。つまり、ロシア・モデルの浸食にもかかわらず、それはある程度の独自性と合理主義思想の規範にたいする臆病な尊敬を保持した。

一九四五年から四九年にかけて、政治および警察による抑圧がより激しくなった。戦後の約二年間は、ドイツ侵略者と闘い、ロシアが押しつけた新体制への屈服を拒否する地下武装組織の生き残りとの軍事的衝突が続いた。迫害と度重なる殺戮が、農民党やその他の合法的な非共産主義者グループのみならず、武装した地下部隊や戦争中の政治団体との闘争を彩った。それにもかかわらず、この時期の文化的圧力は純粋に政治問題に限定された。マルクス主義は、まだ哲学あるいは社会科学の義務的な基準として押しつけられてはおらず、芸術または文化における「社会主義リアリズム」は知られていなかった。

一九四八年から四九年にかけて党は、内部の『右翼民族主義者』を追放した。指導方針が変更され、政治生活はソビエト規範に調節され、地方の集団化が決定され（少しも実施されなかったけれども）、体制は公式にプロレタリア独裁の形態である、と宣言された。一九四九年から五〇年に政治的粛清の後に、文化のソビエト化がついて来た。多くの学術や文学の雑誌が廃刊になり、他の紙誌も新しい編集者に差し替えられた。五〇年代の初めに、何人かの「ブルジョア的」教授が解雇された。しかしながら、その数はそう多くはなく、教育や発表は禁止されたけれども、なお給与は支払われ、二、三年後、時勢が和らいだ時には出版することができた。哲学部の何人かはその職場に残されたが、論理学に限って教育するよう命令された。他の者はさらに科学アカデミー傘下のポストを与えられたが、そこでは学生と接触することはできなかった。

社会科学部の教育課程が改変され、社会学の講座は史的唯物論の講座に取り換えられた。哲学、経済学、歴史というイデオロギー的に敏感な学科の「ブルジョア」教授に取って代る要員を養成するために、特別の党立養成所が設置された。哲学におけるマルクス主義の「攻勢」の機関は、『哲学思想』誌であった。しばらくの間マルクス主義思想家たちは非マルクス主義的伝統、特に分析哲学のルヴフ・ワルシャワ派［ポーランド学派］、つまりコタルビンスキ、アシュキエヴィッツ、スタニスワフ・オゾフスキ、マリア・オソフスカなどとの闘争に集中した。多くの図書と論文が、この学派の主義の多様な側面を批判した。他の標的はトミズム（トマス・アクィナス主義）であったが、それはラビン・カトリック大学を中心に生きた伝統を保持していた（他の社会主義国家では類例のない事実だが、この大学は、さまざまな圧力や干渉にもかかわらず、弾圧もされず、今日まで存続している）。

新旧の世代の多くのマルクス主義者、アダム・シャフ、ブロニスラフ・バツコ、タデウス・クロンスキ、ヘレナ・アイルシュタイン、ウワディスワフ・クライェフスキがこの闘争に参加した。本書の執筆者も参加したが、それを誇りとは思っていない。他の研究課題は、過去におけるマルクス主義のポーランド文化への貢献であった。

925

この時期の文化の発展のすべてを評価するには時期がまだ熟していないが、強制された「マルクス主義化」はいくつかの長所をもたらしたと言うことはできる。知的生活は確かに貧困となり、不毛となったが、マルクス主義の普及はそれに伴った強制にもかかわらずある利益に繋がった。破壊的で反啓蒙主義的な要素の外にそれは固有の価値を持ち、多かれ少なかれ世界の世襲財産の一部となるべき他の要素も導入した。例えば、社会的対立の見地から文化の現象を考察する習性、歴史過程の経済的、技術的背景を重視する習性、全般的に広大な歴史の動向の見地から現象を研究する習性がそうである。人文学研究における新しい方向は、イデオロギー的に動機づけられたけれども、例えばポーランドの哲学史や社会思想史に関する価値ある成果を引き出した。哲学古典の翻訳出版やポーランドの社会思想や哲学思想および宗教思想の標準的な著作の再発行においても、有益な仕事がなされた。

スターリン時代において国家は、文化に補助金を支給することでは極めて気前が良く、その結果、大量のがらくた本が生み出されたが、恒久的な価値のあるものも多く発行された。教育の全般的水準と大学へのアクセスは、まもなく、戦前と比較して相当に向上した。破壊的であったのはマルクス主義の万人への教育ではなく、強制や政治的虚偽の道具としてそれが使われたことであった。マルクス主義は、いくらか原始的で画一的な形態ではあったが、その伝統の一部である実り豊かで合理主義的な理念を植えつける手段として、まだ多少は役に立った。しかしその種子は、この理論の抑圧的使用が緩められる程度に応じて成長することができた。

全体としてスターリン主義は厳密な意味で、他の共産主義圏諸国のそれよりもポーランドの文化にたいして害を及ぼさず、その害は取り返しがつかないほどというものではなかった。この点ではいくつかの理由があった。第一に、大部分受け身的ではあったが、自発的な文化的抵抗、そしてロシアからやってくるあらゆるものにたいする根深い不信と敵意が存在した。またスターリン主義文化の押しつけにたいする一定の気乗りのなさ、または不一致もあった。マルクス主義は人文学研究で絶対的な独占を享受したことは全くなく、生物科学にソビエト・スタイルを押しつける試みも弱く、不達成であった。

「社会主義リアリズム」のキャンペーンは、いくつかの無価値な擁護論を生み出したが、文学や芸術を破壊しなかった。高等教育機関における追放は比較的小規模であった。その上、ポーランドの文化的スターリン主義は短命であった。それは一九四九年から五〇年に本格的に始まったが、一九五四年から五五年には既に下降しつつあった。証明は難しいが、他の緩和的な要素、つまり、多くの古参の共産主義者が、戦前のポーランド共産党を破壊しその指導者を抹殺したスターリンに抱いた憾みが働いた可能性がある。

926

ソビエトの宗主権下の他の諸国において、文化的スターリン主義化はさまざまな理由でより完全でより破壊的であった。東ドイツはソビエトの直接の占領下に置かれ、スターリン主義とプロイセンの伝統の結合が厳格な反啓蒙主義的雰囲気を生み出した（エルンスト・ブロッホの活動によって緩和されたのだが、彼のことについては別に検討する)。その上、一九六一年までは西ドイツに逃れることは難しくはなく、そのようにした四〇〇万人のなかで知識人は多数を占め、彼らの不在がその生地の荒廃を広げた。

チェコスロバキアもまた無慈悲なイデオロギー的粛清を蒙り、その結果は今日なお感じることができる。何年ものあいだ文化の独裁者はズデネク・ネェジェデであり、もともとは音楽史家であるが、芸術を手厳しく検閲し、チェコの古典文学を「改訂」し、「コスモポリタン的」ドヴォルザークやその他の作品の演奏を禁止した。

ブルガリアにおける彼のカウンターパートがトドール・パブロフであり、彼は典型的なマルクス主義衒学者で全知の神の振りをして生物学、文学、哲学その他に関する図書を出した。彼の有名な著作、戦前に出されロシア語にも翻訳された著書は、『反映の理論』と題するレーニンの認識論に関する論文であった。ここでは「反映」の用語は、あるものが他のものに及ぼし、機械的因果関係を引き起こすあらゆる影響をさす、という世界的な意味で使われた。つまり、人間の認識の行為と抽象的思考は、物の組織化の高度な水準でのこうした「反映」の特殊な事例にすぎない。ミハルチェフはソフィアの老練な哲学教授で、たまたまドイツの二流の経験批判論者であったレームケ(一九三〇年死去)の弟子であった。したがって、長い間ブルガリアのマルクス主義哲学者の主要な仕事は、「レームケ主義との闘争」であった。

ハンガリーにおいてマルクス主義は最初から強固な位置を占めたが、それは旧世代の著名な哲学者たち、つまりヨゼフ・レヴァイ、ベラ・フォガラシ、ジュルジュ・ルカーチらに負うところが大きい。レヴァイは、ある時期にハンガリー文化のスターリン主義化に責任を負う党の代表者であった。ルカーチは、この時期全体にわたって疑わしい位置にあったが、それでもスターリン主義末期の彼の著書と論文は、戦前に書かれて一九四八年にドイツ語で発行された著書を除いて、非の打ちどころのない正統主義であった。ドイツ語で発行されたこの図書は、そのスタイルにおいて完全に非ソビエト的であって、スターリン・ジノヴィエフの図式に従うものではなかった。

西ヨーロッパにおいて、マルクス主義の位置はいささか異なった。確かに、すべての共産党がいかなる時でもスターリンの路線を従順に支持し、ソビエトの方針を称え、指導者の崇拝を説いたことは事実である。しかし、フランスでもイギリスでもイタリアでも、ソビエト・パターンがマルクス主義者の哲学や歴史科学の理論的著作物を完全に支配したのではなかった。しかしながら、それからの逸脱は主張のスタイルや方法に比べて内容では弱かった。

フランスにおいて共産主義運動は、一九四五年直後の数年間に大きな勢いで発展した。冷戦の始まりから党は、重要な政治的および議会的事項において厳しい態度を維持し、一定の利益があるにもかかわらず政府の施策をことごとく拒否した。地域的および自治的な問題におけるその方針は、巧みで柔軟であった。同時に彼らは、第一次世界大戦前のドイツ社会民主党とむしろ似通った路線に沿った、洗練された排他的な文化活動を発展させた。この党は、理論誌『パンセ』〔思想〕を含む多くの定期刊行物を経営し、国民的名声を得た著名な人びとをその陣営に擁した。例えば、アラゴン、エリュアールのような作家、ピカソやレジェのような画家、ジョリオ・キュリーのような科学者がそれであった。これらすべてが、共産主義運動に相当の威信をもたらした。

かなりの量の哲学文献が生産されたが、そのなかのいくつかは純粋にスターリン主義的で、特に党月刊誌『ヌーベル・クリチック』〔新批評〕がそうであった。例えば、この月刊誌は精神分析に反対するキャンペーンを始めたが、それは当時フランスでますます関心を持たれたテーマであった。ほとんどの寄稿者は、期待されたことではあったが、それを、社会現象を個人心理に、人間精神を生物学的衝動に還元する、観念論でおまけに機械論的なブルジョア的理論である、と非難した。六〇年代に「自由主義的」共産主義の立役者、と評されることになったロジェ・ガロディは、当時その内容が純粋にスターリン主義的である著書を発行したが、それでもソビエトのものよりも確かにいくらか勉強しており、よく書かれていた。

このなかの一冊が『自由の原理』（一九五〇年）であり、その趣旨は、自由を獲得する道は産業を国有化し、失業を廃絶することにある、というものであった。『フランスにおける科学的社会主義の源泉』（四八年）においてガロディは、共産主義はフランスの文化に深くかつ特別に根ざしていることを証明しようとした。彼はまた、キリスト教に関する図書も書き、そこでカトリック教会の反啓蒙主義と科学の前進への反対の証拠を引用した。

いささか異なる性格の多産的作家であるアンリ・ルフェーヴルは、戦前にマルクスとエンゲルスの選集の編者として、また民族主義およびファシズムに反対する著者としても知られた。一九四七年に彼は、『弁証法の形式論理』と興味深い『日常生活批判』を発行した。その後に実存主義批判が続き（何となく五〇年代、六〇年代のマルクス主義哲学者はこうした著作を出すのを避けられなかった）、デカルト、ディドロ、ラブレー、パスカル、ミュッセ、マルクス、レーニンの作品批評、そして絵画や音楽の論文もあった。これらの著作は、深遠な研究というよりもすべて素描であったが、独創的で有益な観察を含んでいた。

ルフェーヴルは、多方面にわたる文化人であり、特にフランス語には造詣が深かった。彼の作品は生き生きとして、飾り気はなかったが、多くのテーマに取り組みすぎて、そこに長く留まれないほどであった。彼はフランスのマルクス主義に多大な影響を及ぼしたが、それは、ソビエト・マルクス主義が実際上無視したマルクスの初期作品に特に立ち戻ったからであった。彼は特に「全面的人間」（total man）というテーマに関心を持った。「青年マルクス」が四〇年代から五〇年代初頭に、フランス・マルクス主義の中心的話題になったのは彼に負うところが大きい。彼はまたおそらくマルクス主義の用語である「疎外」を普及したが、これは曖昧ながらも不快な状況を指す、フランスの日常語における好みの表現となった（彼がこれを意図したのではないが）。いささか当時の党哲学の主流から離れたところに、傑出したマルクス主義歴史家であるオーギュスト・コルニュがいた。

スターリン主義イデオロギー崩壊期のフランス・マルクス主義の進展は、一九四〇年代のヘーゲル主義と実存主義の高揚に影響を受けた。ヘーゲル特に『精神現象学』のフランス読者への主たる導入者は、戦前に彼の哲学を詳説し、論評もしたアレクサンドル・コジェーヴとジャン・イポリットであった。どちらもマルクス主義者でも共産主義者でもなかったが、彼らは二人ともマルクスの思想に共感的な関心を持ち、それを真剣に分析し、マルクスの思想に影響を与えたヘーゲルの図式の要素を強調した。コジェーヴとイポリットは、両者共にフランス哲学を伝統的水路や関心から転轍するのに貢献した。特に彼らは歴史の過程に具現されている理性という理念、つまり反デカルト的概念を広めた。なぜならデカルトは歴史を本質的に偶然の領域、つまり哲学の届かない外にあって、意識的に虚構的そして人為的な構築以外には合理的な存在とはなり得ないもの、デカルトが呼んだような「ファウブラ・ムンディ」［fabula mundi　世界の物語］と見なしたからであった。

一九四七年に出版された講義録において、コジェーヴは、現象学を労働と闘争の力による人間の自己創造の歴史、として提示した。つまり、主人と奴隷の弁証法のなかに、彼はマルクスのプロレタリアートの理論と歴史のデミウルゴス［形成者］としての労働の理念の源泉を認識した、と。コジェーヴとイポリットはマルクスの歴史哲学をヘーゲル哲学の否定の弁証法—悪、隷属そして疎外は、人類がそれによって自己理解と解放を達成するための必然的な手段である—の継続であると示した。

イポリットは、ヘーゲルにとって、マルクスにとってと同じように、理性は歴史の進行から独立したそれ自体の法則を持ち、世界の超越的な観察者ではなく、それ自体が歴史の要素、側面、あるいは表出であること、そしてまた、「純理性」に向かう人類の進歩は、出来合いの思考の法則を徐々に吸収するという問題ではなく、共同体感覚の成長と他者における純理性の確認の問題であることを、特に強調した。その目的のために、人間は商品として機能することを停止しなければならないのであって、これがマルクスの主たるメッセージである、と。

戦後何年にもわたってフランスで巨大な成功を収めたサルトルの実存主

929

義哲学は、その当時の形態ではマルクス主義とはまったく相容れなかった。サルトルは、人間の実存は、自然の決定要因によって支配される疎遠で、不活発な世界の絶対的に自由という真空状態である、と主張した。この自由は人間が逃れようとしてもそれを許さない重荷であるが、誠実さとの断絶なしにはそうすることはできない。私の自由が絶対的で無制限であるという事実が、私からあらゆる存在証明を奪い、私のやることすべての責任を一〇〇％私に負わせる。そのなかでこの自由が表示される私の不断の自己期待が時間の発生装置であり、それが人間存在の真の姿、自由と同じように、われわれ一人ひとりの個別的な所有物である、と。

サルトルにとって、集団的で共同的な時間というものは存在せず、ましてや、個人が止むことなく自らを創出するための、自然で絶望的で抑圧的な必然性、つまり神や超越的価値にも助けられず、歴史的伝統からも同僚からも助けられない過程以外のいかなる自由は存在しない。私は空虚な自由そして純粋な否定態と定義されるのだから、私の外のすべての存在は私にとって私の自由を制限する試みとして現れる。存在の性質そのものによって、いわば存在論的に、人間関係が、まるで物であるかのように他の人間と結びつこうとする敵対的な形態を取ることができる。これはすべての文脈に、政治的支配と同じように愛においても、適用される。

どのような形態のマルクス主義であれ、そのマルクス主義と、人間の共同体や共有された時間の観念を排除し、生活全体を自己自身の空漠さの非理性的な追求に還元する理論とのあいだに、共通の土俵は明らかに存在しなかった。したがって、フランスの共産主義的知識人たちは、雄叫びをあげて実存主義に反対した。他方、サルトルは早い段階から、労働者階級そして被抑圧者一般との同一化を追求し、その結果、彼の共産党との関係はためらいと両義性を特徴とした。事実、彼は共産主義者との同一化と彼らへの猛烈な敵意との間で揺れていたのだが、その込み入った歩みはここでわれわれには立ち入れないものがある。しかしながら、あらゆる段階で彼は「左翼」としての自分の評判を保つように努め、そしてさらに自分自身とその哲学を、優れて「左翼主義」の体現と表示するように努めた。

結果として、共産主義者を攻撃し、彼らから反撃を受けた時でも、彼は反動勢力、ブルジョアジーまたは合衆国政府への激しい攻撃を志向することを重視した。共産党は、自らもそれに同一化したプロレタリアートの熱望を代表していることを彼なりに信じて、彼は、一時、政治的コミュニズムと連合するだけではなく、スターリン主義の最後の時期に、人類解放の最後の希望としてソ連邦を歓迎した。彼の政治活動全体は、自分が影響力を行使できない出来事を非難する知識人、という典型的な状態に置かれる恐怖によってその価値が低められる。要するに、彼のイデオロギーは政治的出来損ないのそれであって、「内側」にいたいという満たされない野望を持ち続けていたのである。

一時サルトルと協働したこともあるメルロ・ポンティは、最初からマルクス主義と共産主義に懐疑的であったが、それでも彼の自由論、つまり、実際の状況によって常に共同決定され、それが克服しようとする障害を通してのみ存在するという自由論は、自由を真空とするサルトルの理念よりもマルクス主義に近かった。『ヒューマニズムとテロ』（一九四七）において彼は、共産主義のテロとその歴史的正当化の可能性を検討して、われわれはわれわれの行為のすべての結果を知らず、その結果もまたその「意味」の一部であり、それについてわれわれは否応なしに責任を負うのだから、われわれの行為のすべての意味を知ることはできない、と主張した。したがって、歴史の過程とそのなかでのわれわれの役割は、不可避的に多義的で不確かである、と。ここから、暴力は、もしその究極の効果が暴力を廃棄することになるならば、それは歴史的に正当化されることになる。しかし彼は、このような有益な種類の暴力を認めるいかなるルールも設定しなかった。時が経つにつれて、メルロ・ポンティは共産主義にますます批判的になった。

西ヨーロッパ諸国のマルクス主義の著作のスタイルと内容は、当然にそれぞれの異なる文化的伝統を反映した。フランス・マルクス主義には、劇的な論理、調子のよい人道主義的な用句、そして感激的な革命的雄弁が与えられた。それは印象的で論理的に乱暴ではあるが、文学的見地からすれ

930

ば効果的である。イギリス・マルクス主義は、何がしかの経験論的伝統を保持した。それは、より現実的であって論理的主張に集中し、歴史に十分な根拠を置き、哲学的な「歴史主義」を好まなかった。イギリスのコミュニズムは非常に弱体であって、労働者階級のなかで大幅な支持を得ることはなかった。しかし、他のいくつかの国のように、それは純粋に知的な運動ではなく、か細くはあったかもしれないが、労働組合との結びつきを維持した。

一九三〇年代には多くの知識人が共産党を通過して行き、他の者も戦後はそうした。共産主義陣営のマルクス主義哲学者のなかには、モーリス・コーンフォースとジョン・ルイスがいた。前者は『科学対観念論』（一九四六）と題する論理実証主義と分析哲学批判を著し、そのなかでエンゲルス・レーニンの知識論を擁護し、「論理的原子論」、思考の経済の原理そして哲学の言語分析への還元を批判した。ルイスは数あるなかでも特にプラグマティズム批判を書いた。ベンジャミン・ファリントンは、戦争直後の時代に歴史にたいして価値ある貢献をしたが、その著作のなかには哲学理論と現代のテクノロジー状況とを関連させた、古代ギリシアの科学に関する著作がある。

フランスのマルクス主義者が人文主義的な用語法に、イギリスのマルクス主義者が経験的合理主義的な主張に力点を置いたのにたいし、イタリアのマルクス主義はその伝統に忠実に「歴史主義」の特質を強調した。スターリン主義の最後の時期でも、イタリアのマルクス主義哲学はレーニン主義やスターリン主義の規範から遙かに遠いところにあった。しかしながら、二〇年間の停滞と無活動の後、ファシズム崩壊後素早く復活したイタリア共産党は、国際問題において、他国の友党に劣らずソビエト路線に従順であった。後になって、一九五六年の後に、パルミロ・トリアッチ（一八九三〜一九六四）はもっとも「偏見のない」共産主義指導者で、モスクワからもっとも自立している、という評判を得ることになったが、これをスターリン時代に遡って投影する根拠は一つもない。その時代にトリアッチは、ソビエトのジグザグの方針のすべてに忠実に従った。そして彼は頑固な孤立主義（党内用語では「教条主義」「左翼主義」「分派主義」と表現する）からより柔軟で効率的な「人民戦線」方針への転換に何も困難を感じなかった。文化問題でイタリア人は、他国の共産主義者よりも一般に攻撃的でも口汚くもなく、マルクス主義と自生的伝統の結合を強調し、後者の反動的要素よりも「積極的」要素を重視した。

一九四七年から四九年のグラムシの『獄中ノート』の発行は、イタリアのマルクス主義の歴史における里程標、党の知識人たちがレーニン主義の正典で許されているものよりも、もっと柔軟なマルクス主義の解釈を受け入れることを可能にする刺激の源泉となった。五〇年代初期の有名な著作者は、ガルヴァノ・デッラ・ヴォルペ（一八九六〜一九六八）とアントニオ・バンフィ（一八八六〜一九五七）であったが、彼らは人生のかなり遅くにマルクス主義者や共産主義者になり、彼らの新しい信念をイタリアの普遍的人文主義の精神で解釈した。デッラ・ヴォルペはエックハルトに関する価値ある書や認識論に関する書『科学的視点としての論理』（一九五〇、ここで言う「論理」は知識の理論一般である）を書き、そのなかでマルクス主義を反ヘーゲル的立場から、そして実証主義の立場から解釈した。バンフィは、ラブリオーラやグラムシがイタリアで、ソレルがフランスでしたように、マルクス主義の歴史相対主義を強調した。この解釈に立てば、マルクス主義は世界の科学的評価でも、ましてや形而上学のシステムでもなく、むしろ人間の自己創造の現在の段階の歴史的表現、そして人間生活の諸条件を統制するための実践的闘争の表現であった。

要約すれば、西ヨーロッパのスターリン主義の晩期は、理論的歴史的著作活動に関するかぎり、全体として実りのないものではなかった、と言ってもよいだろうが、いくらか価値のある少数の書籍は（それでもその大部分は、それ自体を目的として今日読むに値するものではない）世界中の共産主義知識人のなかに例外なく存在する、組織化された政治的虚偽や非難の洪水に飲み込まれてしまった。

この時期に運動に参加したフランスまたはイタリアの労働者は、ソビエト体制や世界革命の展望について関心を持っていなかった。彼らは、自分たちの直接的な要求や利益を擁護して旺盛に訴えるから、党を支持した。しかしながら、知識人は、マルクス主義や共産主義を普遍的理論であると奉ずる一方で、運動が全体としてモスクワによって管理され、ソビエトの政治目的に従属していることを十分に知っていた。それにもかかわらず、彼らはそれを支持し、ソビエトの社会体制の真の性質に照明を当てたすべての情報（西側の書籍や東ヨーロッパ諸国の直接的観察から即座に入手できた）を無批判的に拒絶した。彼らは、機会が提供されればいつでもこの制度を激賞し、言葉と行動で、そして共産党の一員となることによってそれを支持した。

　彼らのすべてが、オーウェル風の［一九四四年風の＝組織化され人間性を失った］題目のもとに冷戦期のソビエト帝国主義の基本的な道具であった茶番劇の「平和運動」に参加した。彼らのすべてが、平然として、アメリカが韓国で細菌戦を行っている、という告発のような幻想的な発見を鵜呑みにした。ソビエト・システムの完全性に疑問を抱いた人びとも、「つまるところ」共産主義は唯一の、またはもっとも効果的なファシズムにたいする防波堤であり、それゆえに留保なしに一〇〇パーセント受け入れられるべきだと自分に言い聞かせた。

932

　この自発的な自己欺瞞の心理的動機はさまざまであった。それらのなかには、普遍的人間友愛という古くからの夢を体現した誰かの存在を、世界のなかに信じるという絶望的な欲求、「歴史の進歩」に関する知識人の幻想、多くの西ヨーロッパ諸国で戦間期に完全に信用を失った民主主義的「体制派」にたいする軽蔑、歴史や政治のそれを含む世界のすべての秘密を解き明かすマスター・キーへのあこがれ、歴史の波の頂点、言い換えれば勝者の側にいたいという野心、知識人がとりわけ平伏したがる力への崇拝が存在した。

　彼らはそう信じたのだが、この世界の搾取され迫害されている者と同じバリケードの側にいたいと願いながら、共産主義的知識人は、現に存在しているもっとも抑圧的な政治体制の予言者となり、そして、その権力を拡大しようとしている巨大で、効率的な虚偽の機構の自発的な代理人となっていた。

933

第5章　トロツキー

1　亡命の月日

ソビエト連邦の左翼反対派が、抑圧措置によってほぼ全面的に一掃された後の一九二九年一月、カザフスタンに一年間追放されていた、その指導者レオン（レフ）・ダヴィードヴィチ・トロツキーは、トルコに国外追放され、そこで居をマルマラ海のプリンスィズ諸島に構えた。長いあいだ、他の国々は、世界でもっとも危険な革命家と評されたこの男を、その領土内に入れることを認めようとはしなかった。トルコに居住した四年間にトロツキーがトルコを離れたのは、コペンハーゲンで講義をするための一度だけであった。

トルコ滞在中に彼は膨大な『ロシア革命史』を書きあげたが、それは革命過程の原因と発展の分析であり、そのなかで彼の予測、とりわけ「永続革命」の理念、すなわち民主主義革命はひきつづきプロレタリアートの独裁に発展せざるを得ず、そしてその形態でしか成功することはできない、という「永続革命」の理念の正しさを歴史は確証している、ことを証明しようとした。

この時期に彼はまた、自伝、膨大な数の論文、訴え、そしてロシア国内や世界中のスターリンに反対する左翼反対派を支援し発展させる目的のための手紙を書いた。国外追放後の二、三ヵ月のあいだに、彼はロシア語の雑誌『反対派通報』を発刊したが、これは彼の生涯の最後まで発行されつづけた。彼の息子レオン・セドフによって、最初はドイツで、ナチが権力に就いたあとはパリで、それは発行された。トロツキーのロシア語の著書がそうであったように、その主たる目的はソビエト連邦における反対派運動の組織化を推進することであった。しかしながら、その遙か以前から警察の措置によってこの雑誌は、ロシア国内にこっそりと持ち込むことができなくなり、トロツキーとロシア国内の左派残存者との接触はあらゆる点で破壊された。

同時にトロツキーは、その疲れを知らないエネルギーの大部分を他の諸国の支持者を獲得するために振り向けた。あちらこちらに反体制派の共産主義者の小グループが存在し、彼らを通じてコミンテルンを再建し、共産主義運動のなかにボルシェビズムとレーニン主義の真の精神をやがて復活させようと、彼は望んだ。これらのグループは、「インターナショナル左翼反対派」という集合的な名称のもとで、一九三〇年以降に活発化し、自分たちをコミンテルンの一分派、つまりイデオロギー的な分派と見なした。それはトロツキストがコミンテルンから一挙に排除され、ロシア国内に留まった者もその大部分が収容所や監獄にいたからであった。

数ヵ国からのトロツキストたちの会合は、その指導者がそこに滞在した一九三二年一一月にコペンハーゲンでもたれ、その二、三ヵ月後に同様の会合がパリで開催された。しばらくのあいだ、トロツキーは第四インターナショナルの設立には頑なに反対した。それは、社会的基盤をもたないスターリン主義はいつか崩壊するに違いなく、その唯一の可能で自然な継承者は「ボルシェビキ・レーニン主義者」であって、彼らがコミンテルンをその真の目的に向けて再建するだろう、と考えたからであった。しかしながら、三三年、ヒトラーが権力に就いたあとに、トロツキーは新しい国際的革命組織が必要であると決断し、新しい旗のもとに彼の支持者を組織することに着手した。第四インターナショナルは、三八年九月にパリの会議で正式に設立された。

一九三二年末にトロツキーは、インターナショナル左翼反対派の戦略とイデオロギーを一一項目にまとめた。（1）プロレタリア党の独立性の確認。したがって、二〇年代のコミンテルンの中国政策（国共合作）や英国

935

政策（英露労働組合委員会）は非難されなければならない。（2）革命の国際的したがって永続的性格。（3）ソビエト連邦は、その「官僚主義的堕落」にもかかわらず、依然として労働者の国家である。（4）スターリンの方針の非難、二三年から二八年の「日和見主義的」段階、二八年から三二年の「冒険主義的」段階の二つともに。（5）共産主義者は大衆団体、特に労働組合のなかで活動しなければならない。（6）「プロレタリアートと農民の民主主義的独裁」という図式およびそのプロレタリア独裁への平和的発展の可能性という図式の否定。（7）封建制度、民族抑圧、ファシズムに反対して闘うことが必要な場合の、プロレタリア独裁のための闘争における中間的スローガンの必要性。（8）社会民主主義者を含む大衆団体との統一戦線、しかし「日和見主義的」形態であってはならない。（9）スターリンの「社会ファシズム」論の否定。（10）共産主義運動内部におけるマルクス主義者、中間派、右派の区別。中間派（スターリン主義者）に反対する右派との連携は排除する。中間派は階級敵に反対するために擁護されなければならない。（11）党内には民主主義が存在しなければならない。

トロツキーは、これらの原則に最後まで固執した。しかし、それらの完全な意味合いは、ソビエト国家の本質、党内民主主義の概念、政治的同盟の理念のより詳細な彼の分析のなかで、明確になるものであった。

追放の最初の一年のあいだトロツキーは、ロシアの反対派は巨大な政治勢力でありスターリンの官僚制はますますその掌握力を失い、ソビエト共産党は一方のボルシェビキ派と他方の「テルミドール派」、つまり資本主義復活の支持者に急速に分極化する、という思い違いをしていた。

これらの二つの勢力が衝突した時に、ソビエト体制が生き残ろうとするならば、官僚制は左派からの援助をもう一度求めるに違いない。したがって、トロツキーは、復古派および外国の干渉に反対する闘争に反対派は加わる用意がある、と保証する手紙や宣言をソビエトの指導者たちに送り届けた。彼は自分の敵対者側に復讐するつもりはないことを約束し、「名誉ある合意」を提案し、スターリン主義者にたいして、瀕死の危機の際に階級敵に反対する助勢を申し出た。明らかに、彼は危機が最終的に到来した時にスターリンは彼に助けを請うだろうと想定し、その場合には条件をつけようとしていた。しかしながら、これは幻想であった。スターリンとその支持者たちはトロツキストと和解する意志は毛頭なく、いかなる状況のもとでも彼に援助を頼むつもりはなかった。ロシア国内の左翼反対派はトロツキーが歴史の法則によって、そうなるはずだと考えたようには勢力を拡大せず、無慈悲に撲滅されていた。

スターリンが強制的な工業化と集団化の「新しい路線」を宣言した時、反対派の大多数はそれに同調し、スターリンが彼らの方針を引き継いだと認識した。この認識は、例えばラデックやプレオブラジェンスキーにもあてはまった。トロツキー後のもっとも有名な左派であったラコフスキーは、他の誰よりも長く抵抗したが、数年の迫害の後に彼もまた屈服した。これらの人びとはいずれも重要な政治的ポストを再び占めることはなく、大粛清のなかで破滅を免れることはできなかった。

トロツキーは、依然として、いかなる社会的基盤も持たない支配的な官僚制に対峙するプロレタリアートの真正な勢力を反対派は代表していると信じた。それゆえに反対派は最終的には勝利するに違いない、一時的な敗北や迫害がそれを打ち砕くことはできないだろう。抑圧は歴史によって告発される階級にたいしては有効であるかもしれないが、「歴史的に進歩的な」階級にたいしては有効ではない、と彼は書き記した。

実際には、左翼反対派はトロツキー追放後の二、三年のあいだに完全に消滅した。それは抑圧、虐殺、士気阻喪そして迫害の結果であった。しかしながら、スターリンが、反対派の潜在的力にたいするトロツキーの願望や信念を存続させるために、ほとんど何できなかったことも、事実である。

一連の反「トロツキズム」キャンペーン、見世物裁判、司法による殺人は外部の観察者に、「トロツキズム」は依然としてソビエト国家の強大な敵である、と確信させることができたかもしれない。事実、スターリンはトロツキーに度を越えた憎悪を抱き、普遍的な悪の象徴、あらゆる種類の敵対者やいかなる理由でも打ち壊したいと欲する人なら誰にでも押しつける烙印として、彼の名前を使った。

こうして彼は、「トロツキスト・右派ブロック」、「トロツキスト・ファシスト」、「トロツキスト・帝国主義者」、「トロツキスト・シオニスト」のような混成語の表現を生み出した。それは彼の継続的なキャンペーンの目的に合わせるためであった。つまり、接頭辞「トロツキスト」は「ユダヤ人共産主義者の陰謀」、「ユダヤ人金権政治家的反動家」、「ユダヤ人自由主義者の腐敗」等々について語る反ユダヤ主義者の口ぶりの「ユダヤ人」と同じ目的に大いに仕えた。三〇年代の当初から、「トロツキズム」はスターリンの宣伝において特別な意味は何も持たず、単純に悪魔主義の抽象的な表象であった。

スターリンがヒトラーに反対であるかぎり、トロツキーはヒトラーの代理人として晒し者にされた。スターリンとヒトラーが友人になった時、トロツキーは英仏帝国主義者の代理人にされた。モスクワの見世物裁判において、トロツキーの名前はむかつくほどに持ちだされたが、それは犠牲者が一人ずつ、追放の身の大悪魔が彼らをどのようにして陰謀、サボタージュ、暗殺に駆り立てたかを話したからであった。このようなスターリン粛清の偏執狂的な神話が、トロツキー自身の新たな自信となった。彼はたえまなく非難されたのだから、スターリンは心から「ボルシェビキ・レーニン主義者」を恐れているに違いない、彼らは、スターリンが強奪した王位からスターリンを追いおとす用意をしているのだから、と。

トロツキーは、モスクワ裁判は、彼、トロツキーがソビエト警察に引き渡されるという希望のもとに組織された、とする見解を一度ならず表明した。それらによれば、スターリンは自分の政敵をあとかたもなくすぐさま殺す代わりに、追放してしまったことを悔やんだという。トロツキーはまた、一九三七年のコミンテルンの最後の大会は、左翼反対派の脅威に対処するためだけに召集された、と信じた。要するに、この追放された指導者は、スターリンが彼に割り当てた役割を演じたのだが、しかし二人の決闘というのは大部分が彼の想像のなかで生まれたものであった。

インターナショナルの左翼反対派は、その後の第四インターナショナルと同じく、政治的には取るに足りないものであった。もちろん、トロツキー自身は有名な人物であるが、しかし、歴史の大きな法則によっていつか世界の土台を揺り動かすにちがいない、とされたこの運動は、どのスターリン主義政党にも実質的に何の衝撃を与えない、取るに足りない分派であることが明らかになった。

スターリン主義に幻滅させられたり、あるいはコミンテルンでトロツキーと結びついたりした少数の共産主義が彼の側についたが、そのなかには中国共産党の初代総書記であった陳独秀も含まれた。さまざまな国の知識人は、ソビエトの指導者たちがもはや代表しない真の革命精神の体現者としてトロツキーを支持した。しかし、遅かれ早かれ、彼の支持者、特に知識人は離れていった。トロツキー自身がこの事実にたいして大きな責任がある。それは彼が絶対的な服従を求め、いかなる問題でも彼の意見から逸脱することを許さなかったからである。個人的な問題、彼の独裁的な手法、彼自身の全知全能にたいする驚くほどの信念を別にすれば、主な不一致点はソビエト連邦との関係であった。トロツキーの主張、つまりソビエト連邦はなおプロレタリアートの独裁であり、官僚制は階級ではなく、社会主義という健全な肉体の異物である、というトロツキーの主張が論争と分裂の主な原因であった。それは、彼の見解が明白な現実とますますかけ離れているように思われたからであった。

しかしながら、彼はこの問題では生涯を通じて頑固なままであった。その結果、あらゆる有力な知識人が彼の大義を放棄した。フランスのスヴァーリン、アメリカ合衆国のヴィクトル・セルジュ、イーストマン、その後のフック、シャクトマン、バーナムである。彼はまた、メキシコにおける保証人であった有名な画家ディエゴ・リベラの支持も失った。

トロツキスト集団の理論上の硬直性が彼らをたえまなく分裂させる原因であり、それは疑いもなく主要ではないが、この運動が政治勢力となることができなかった理由の一つである。トロツキー自身は、彼の努力の完全な不毛性が指摘されたときはいつでも、即座に同じ答えを用意した。一九一四年にレーニンはほとんど完全に孤立していたが、その三年後には革命を勝利に導いた。レーニンが成しとげたことは、トロツキーもできるはずであり、なぜなら彼もまた歴史の発展の深淵な傾向を体現しているからである。この信念が彼のすべての活動と政治分析とを鼓舞し、彼の不屈の希望とエネルギーの源泉であった。

トロツキーがロシアにおける左派の早い時期の勝利、という彼の願望を基礎づけた経験的な証拠について言えば、それは今日の視点からすれば驚くほど薄弱に見える。一人か二人のソビエトの小国駐在大使がその職を辞して西側にとどまった。トロツキーはこれをたびたびもちだし、それはスターリン主義党が崩壊し「テルミドール的な要素」や革命の反逆者たちが表面に現れた証拠であり、バリケードの向こう側の真のボルシェビキが力をまた獲得しつつあることを意味するに違いない、とくりかえした。

一九三九年の第二次世界大戦の勃発の時に、彼は新聞で、ベルリンの何者かが壁に「ヒトラー・スターリン打倒、トロツキー万歳」と描いたことを読んだ。これに励まされて、彼はスターリン治下のモスクワでいったん停電が起きたら、全市がそのような張り紙で埋め尽くされるだろうと書いた。後に彼は、フランス大使がヒトラーに向かって、「もしフランスとドイツが戦争に突入したら、トロツキーが唯一の勝者になるだろう」と語ったことを読んだ。これもまた、ブルジョアジーですら彼がいかに正しいかを理解している証拠として、数々の論文で得意になって引用した。

彼はゆるぐことなく、戦争は真のボルシェビキ、つまりトロツキーが勝利する世界革命で終わりをとげると確信した。第四インターナショナルの創設についての彼の論文は、「次の一〇年間に第四インターナショナルの綱領は数百万の人びとの指針となり、これら数百万の革命家が全世界をひっくり返すやり方を知ることになるだろう」という予言で終わっていた（N・アレン、G・ブレイトマン編『レオン・トロツキー著作集』一九三八～三九　八七頁）。

一九三三年の夏に、長年の努力の末に、トロツキーは警察のさまざまな制限に従ってフランスに居住する許可を得た。彼は二年のあいだ、それぞれ異なる住所に滞在したが、彼の個人的な状況は、ますます危険になっていった。すべてのスターリン主義政党［コミンテルンに所属する政党］が声高に敵対し、ソビエト警察のテロ活動が増大した。三五年六月に彼にノルウェーの亡命保護が与えられ、そこで彼は、おそらく彼のもっとも有名な著書『裏切られた革命』を執筆した。この作品はソビエト体制の全般的な分析、その変質と展望、革命によるスターリン官僚制の転覆の訴えを内容としていた。

一九三六年の末にノルウェー政府は、彼らのやっかいな客をメキシコに送ることで片づけたが、そこで彼は残りの人生を過ごした。この時期の彼の精力の大部分は、モスクワ裁判の捏造の暴露に捧げられた。モスクワ裁判で、彼は、すべての陰謀、サボタージュ、そして糾弾された者によって遂行されたテロ行為の背後の首謀者として非難された。トロツキーの友人たちの努力によって、国際調査委員会［国際法廷］がアメリカの哲学者・教育学者であるジョン・デューイを委員長として結成された。この委員会はメキシコを訪問し、トロツキー自身から証拠を採用し、当然の順序を踏んで「裁判は完全なでっち上げである」と結論づけた。

トロツキーは、メキシコで三年半余を過ごした。地元のスターリン主義者がトロツキー糾弾のキャンペーンを組織し、一九四〇年五月にソビエトのエージェントとともに、彼の居宅に武装攻撃をしかけた。トロツキーとその妻は奇跡的に生きて避難したが、それも長くはなかった。ソビエト警察のエージェントが、訪問者を装って八月二〇日に彼を殺害した。ヨーロッパで父親の代理人として行動していた彼の息子レオンは、三八年にパリで死去したが、おそらくソビエトのエージェントによって毒殺されたのだろう。もう一人の息子、セルゲイはロシアを離れずに政治に携わっていたが、スターリン監獄で姿を消した。トロツキーの娘ジーナはドイツで三三年に自殺した。

その一一年間の亡命のあいだ、トロツキーは数え切れないほどの論文、小冊子、書籍、声明を発表した。彼はたびたび、指示、助言、訴えを全体としての世界プロレタリアート、あるいはドイツ、オランダ、イギリス、中国、インドそしてアメリカの労働者に向けて発表した。これらの文書は一握りの真の信奉者たちによって読まれた。出来事にたいしてわずかの影響力しかないというかぎり、トロツキーの活動をおもちゃの兵隊のゲームとしてかたづけることができるかもしれない。しかし、暗殺者のアイス・スティックはおもちゃではなかったし、スターリンが世界中にわたってトロツキズムを粉砕すること、その点ではこれは彼が大いに成功した目的だったが、その目的のために多大な精力を注いだ、という事実は残っている。

2 トロツキーのソビエト体制、官僚制および「テルミドール」の分析

トロツキーのすべての分析は、彼とレーニンの方針はまちがいなく正しく、永続革命の理論はもろもろの事件によって十分に試され済みで、「一国社会主義」は致命的な誤りである、という確信に基づいている。論文「ロシア革命の三つの着想」(一九三九年)において、彼は以下のように主張した。ポピュリスト[ナロードニキ]は、ロシアは資本主義を完全に迂回することができる、と信じた。メンシェビキは、ロシア革命はブルジョア的性質でのみあり得る、その結果、プロレタリアートの独裁という段階など問題になることもない、と考えた。その時にレーニンはプロレタリアートと農民の民主主義的な独裁のスローガンを出したが、それはある願望、つまり、この旗のもとに遂行される革命は西欧の社会主義革命に刺激を与え、それがロシアの社会主義への急速な移行を可能にさせるだろう、という願望のもとであった。トロツキー自身の見方は、民主主義革命の計画はプロレタリアートの独裁という形式でのみ成功するのであるが、後者は革命が西ヨーロッパに広がる場合のみに維持できるだろう、というものであった。

一九一七年にはレーニンも同じ路線を取り、その結果プロレタリア革命がロシアで成功した。トロツキーがその『ロシア革命史』で詳しく明らかにしたように、ボルシェビキの誰もが、ロシアのプロレタリアートは西欧のプロレタリアートによって支援される場合にのみ勝利できることを疑わず、そして「一国社会主義」という有害な観念は、それが二四年の末にスターリンによって発見されるまでは、誰の頭にも浮かんでいなかった。

では、一九一七年以降はレーニンのものでもあったトロツキーの疑いもなく正しい方針が、どのようにして「寄生的な官僚制」による政府という結果になり、そしてトロツキー自身が権力の座から追われ、裏切り者という烙印を押されるようになったのだろうか? その答えは、ソビエト権力の堕落と「テルミドール反動」の分析のなかで発見されなければならない。

亡命の最初の時期に彼トロツキーは、スターリンとそのグループがロシアの政治的スペクトルの「中心」を占め、革命にとって主要な危険は右派、つまりその当時ブハーリンとその支持者によって代表された「右派」と「テルミドール反動派」すなわち資本主義の復活の恐れのある反革命分子である、という見方を取っていた。したがって、トロツキーは反革命に対抗して、スターリンを支持することを申し出た。

彼が考えるに、スターリンは右派にたいして余りにも多くの譲歩をしてきたのであって、それが「産業党」(Industrial party)やメンシェビキの連続した裁判に見られるように、サボタージュをする人(saboteurs)や人民の敵が国家計画機構の高級ポストを占め、意図的に工業化を遅らせるという結果を招いた(トロツキーは被告たちの犯罪性を暗黙裡に信じ、しばらくのあいだは、これらの裁判がでっち上げだとは考えつきもしなかった)。数年後、彼自身と友人たちの犯罪が、大がかりな見世物裁判のなかで同じく強力な証拠によって証明された時に初めて、疑い出した)。

三〇年代の早い時期に、トロツキーはまたスターリン主義体制における「ボナパルティズム」について語り始めた。しかしながら、一九三五年に、フランス革命ではテルミドールが先に起こり、ナポレオンは後からであったことに気づいた。つまり、順序はロシアでも全く同じであるに違いないのであって、すでにボナパルティズムが存在する以上、テルミドールは到来して過ぎ去ったに違いない、と。

「労働者国家、テルミドールそしてボナパルティズム」と題する論文で、彼は幾分か自分の理論を修正した。彼は、テルミドール反動は一九二四年(つまり、彼が最終的に権力から外された時点)にすでに起こっていた。しか

しながら、それは資本主義的な反革命ではなく、官僚制による権力の奪取であり、それがプロレタリアートの前衛部隊を破壊しはじめた。国家がいまなお生産手段を保有していたのだから、プロレタリアートの独裁は保持されてきたが、しかし、政治権力は官僚制の手に渡った。しかしながら、ボナパルティズムの体制は歴史の法則に反しているのだから、まもなく崩壊するにちがいない。

ブルジョア反革命は可能であるが、しかし真のボルシェビキ分子が適正に組織されているならば、それは避けられるであろう。しかしながら、トロツキーは、ソビエト国家の労働者的な性格に関する彼の見解を変えてはおらず、ただ彼の歴史的な類推をより正確に表現しただけであった。つまり、フランスでもまた、テルミドールは旧体制への復帰ではなかった、と。

ソビエト官僚制は、社会階級ではなく、プロレタリアートからその政治的な権利を剝奪し、野蛮な専制体制を導入したカーストであった。しかしながら、その現在の形態のままの存在は、国家所有のシステムと一〇月革命という究極の成果に依存しているのであって、官僚制はこれを守る義務を持ち、またそれ自身の方法でこれを守った。したがって、世界革命の要塞としてのソビエト国家を無条件に防衛し、その一方で、同時にスターリン主義の堕落に反対して闘うことが世界のプロレタリアートの義務である（トロツキーは、これらの目的が実践的にどのように結びつけられるかを詳細には説明しなかった）。

一九三六年までに彼は、スターリン主義は改革や内部圧力によって転覆することはできない、という結論に達した。つまり、暴力によって簒奪者を取り除く革命が存在しなければならない。その革命は所有のシステムを改変しようというのではなく、そしてそれゆえに社会革命ではなく、政治革命であるだろう。それは、スターリンが破壊した真のボルシェビズムの伝統を体現するプロレタリアートの前衛部隊によって遂行されるだろう、と。

「一国社会主義」の理論は、国の内外における官僚制のあらゆる失敗にたいして責任がある。それは世界革命の希望の放棄、そしてそれゆえに世界プロレタリアートにたいするロシアの主要な支援の放棄を意味する。一国社会主義は不可能である。それは、着手することはできるかもしれないが、完成することはできない。それ自体のなかに閉じこもった国家における社会主義は、堕落せざるをえない。世界革命の推進をめざすという正しい方針を一九二四年までは追求したコミンテルンは、スターリンによってソビエトの政策とスパイ活動の道具に変質させられ、世界規模の共産主義運動を堕落と不能の状態に落としこんだ、と。

トロツキーは、プロレタリアートの政治権力が破壊され、官僚制が支配権を獲得し（彼がのちに再三にわたって指摘したように）、全体主義的な統治体制が導入されるようになったのはどのようにしてかを説明するために、多くの試みをおこなった。さまざまな著書や論文に含まれるこの試みは、首尾一貫した主張とはなっていない。たまに彼は、堕落の主要な原因は世界革命の勃発の立ち遅れである、と主張した。つまり、西ヨーロッパのプロレタリアートがその歴史的使命を時宜にあうように果たさなかったからである、と。他方、彼は同じ頻度で、ヨーロッパ革命の挫折はソビエト官僚制の責任である、と主張した。彼は後になってそれらは相互に悪化させたと指摘しているけれども、どちらの現象が原因で、どちらの現象が結果であるのかという疑問は残されたままであった。

『裏切られた革命』で彼は、官僚制の成長の社会的な土台はクラークを厚遇した新経済政策（ネップ）の誤った方針であった、とわれわれに語る。もしそうであれば、クラークの清算と五ヵ年計画のもとでの強制的な工業化は、官僚制を破壊しなかったとしても、少なくとも弱体化させたと期待してもよいはずである。事実は、それと正反対のことが起こった。しかし、トロツキーはなぜそうなったのか、をどこでも説明しない。この本の後半部で彼は、官僚制はもともと労働者階級の組織であったこと、しかし後になって、それが財貨の配分に巻きこまれた時に、自らを「大衆の上に」に置き、その特権を主張しはじめたという。しかしながら、これは特権のシステムが回避できたのかどうか、そしてどのような方法で回避できたのか、また、真に責任を負う労働者階級はなぜそうしたことが起こるのを認めたのか、を説明していない。

なおこの本で、トロツキーは官僚制的な統治の主な原因は、その歴史的使命を果たす上での世界プロレタリアートの立ち遅れであった、と述べる。もっと早い時期の小冊子『ソ連邦の発展の諸問題』（一九三二）で、彼は他の理由もあげている。つまり、内乱戦争後のロシアのプロレタリアートの疲弊、革命の英雄的な時代に培われた幻想の崩壊、ドイツ、ブルガリア、エストニアの革命的反乱の敗北、そして中国やイギリスのプロレタリアートの官僚主義的な裏切りである。翌年の論文で彼は、戦争で疲弊した労働者は、秩序と再建のためにその権力を官僚制に譲り渡した、と書いた。しかし彼は、なぜこれらの仕事が「真のボルシェビキ・レーニン主義者」によって彼自身の指導のもとで遂行できなかったのか、を説明しなかった。

これらのすべての説明から一つの明確な主張、すなわち、トロツキー自身は官僚体制の確立に少しも寄与しなかったこと、そして官僚制は革命後の最初の六年間の独裁とは全く関係がなく、厳密にはそれとは正反対であった、という主張が浮かびあがってくる。党機構が、この時期に絶対的な権力を行使した、という事実はスターリンやその徒党の体制とは何の関係もないことであった。なぜなら、この時期の党は「プロレタリアートの前衛部隊」であり、その一方でそれにつづくスターリンの機構は、何をも誰をも代表しなかった、と思われるからである。

そうだとして、いかなる社会的背景も持たない簒奪者の徒党を、プロレタリアートはなぜ振り切ることができなかったのか、とわれわれは問うてもよい。トロツキーは、これについても答えを用意した。つまり、プロレタリアートは、スターリンの政府に反逆しない（だが別の個所では、それは恒久的反逆である、と書いているのをわれわれは読んでいる）。なぜなら、プロレタリアートは現在の情勢においてプロレタリア革命が資本主義の復活に繋がりかねないことを恐れるからである、と。

トロツキーの主張からは、そのような破滅的な結果を回避する何らかの方策があったのかどうかは明らかではない。全体として、それはなかったように思われる。なぜなら、そうでないならば、一貫して正しい方針を追求し、プロレタリアートの真の利益を「表した」トロツキーとそのグループは、官僚制が乗っ取ることを確実に阻止していただろうからである。もし彼らがそれを阻止しなかったとすれば、それは彼らがそのようにできなかったからである。そして、もし官僚制が何らかの明示的な社会的基盤なしにそれ自体を維持しつづけたとすれば、これは確かに歴史の法則の展開のお陰であるには違いない。

3　ボルシェビズムとスターリン主義　ソビエト民主主義の理念

このようにトロツキーはあらゆる機会をとらえて、一方における真のボルシェビズム、またはレーニン主義つまりトロツキー自身のイデオロギーや方針と、他方におけるスターリン主義とのあいだに、いかなる連続性もなかった、と強調した。スターリン主義は、レーニン主義の真の相続人でないばかりか、それの紛れもない否定であった、と。一九三七年の論文で、彼は、「われわれはあなた方には最初から連続性があったと言った」と述べたメンシェビキや無政府主義者と論争している。トロツキーは「とんでもない」と反論する。

メンシェビキと無政府主義者は、専制支配とロシア・プロレタリアートの窒息死はボルシェビキ統治の結果として出現するだろう、と予言した。それは実際にそうなったのだが、しかし、それはスターリン官僚制の結果としてであって、真のボルシェビズムとは関係がない。さらに、パンネクックやドイツ・スパルタクス団の何人かが、ボルシェビキはプロレタリアート独裁に代えて党の独裁を設立し、スターリンはその土台の上に官僚制的な独裁を確立した、と言っている。これはどちらも当たらない。プロレタリアートは、それ自身の前衛を通じてでなければ国家権力を引き継ぐことはできないのであって、このなかで労働者大衆の自由への熱望は結実されるのである、と。

他の多くの論文と同じように、この論文でトロツキーは、彼の敵対者だけではなく、セルジュ、スヴァーリン、そしてバーナムのような支持者たちによってしばしば提起された反論にも答えなければならなかった。もちろん彼らは、ボルシェビキは最初から、トロツキーの積極的な参加のもとに、社会主義政党を含むロシアのすべての政党を抹殺した、と指摘した。ボルシェビキ自身が党内のグループの形成を禁止し、新聞の自由を破壊し、クロンシュタットの反乱を無残に鎮圧した等々、と。

トロツキーは、これらの異論に何度も回答したが、それはいつも同じやり方であった。つまり、非難されたこれらの行為は正しくて必要であり、プロレタリア民主主義の健全な基礎を侵害したのではない、と。一九三二年八月に発行されたチューリッヒ労働者宛の手紙のなかで、彼は、無政府主義者やエス・エル左派（この文脈において他の党派までは言及されない）を粉砕するのにボルシェビキは確かに暴力を用いたが、彼らは労働者国家を守るためにそうした。したがって、「彼らの行動は正しかった」と書いた。つまり、階級闘争は暴力なしには遂行できない。唯一の問題はどの階級によって暴力が遂行されるかだけである、と。

一九三八年の小冊子『彼らの道徳と我らの道徳』で、彼は、コミュニズムをファシズムと比較することは馬鹿げている。なぜなら、それらの手法の類似性は「表面的」で、二次的現象（例えば普通選挙の廃止）に関するものと説明した。つまり、重要なのは階級であって、どの階級の名前でそのような手法が使われるかである、と。政治的反対派の家族から子どもを含む人質を取った、とトロツキーは抗議を受けたが、スターリンがトロツキストにたいして同じことをやった今では、それに憤慨した。しかし、彼は反論して、そこに真の類似性はない、なぜなら、トロツキーがやったことは階級敵と戦いプロレタリアートの勝利をもたらすために必要であったが、これにたいし、スターリンは官僚制の利益のためにおこなった、と。

一九四〇年のシャクトマンにあてた手紙で彼は、チェーカー［反革命・サボタージュ取締全ロシア非常委員会］は、彼が権力にあった時に新設され、機能したことに同意した。もちろん、これはその通りであったが、それはブルジョアジーに対抗するために必要な武器であった。それなのに今、スターリンは「真のボルシェビキ」を粉砕するためにそれを使っているので、正しい比較はできない、と。クロンシュタットの反乱の鎮圧について言えば、そのなかに少数の無政府主義者が含まれているかもしれない反動的な農民兵士にたいして「重要な要塞を引き渡せ」とプロレタリア政府に期待することができるだろうか。党内グループの禁止について言えば、これは絶対に必要である。なぜなら、すべての非ボルシェビキ政党が粛清されるなかで、社会に今なお存在する敵対的な利益が一つの党内の異なる傾向として現れざるを得ないのは避けられないからである、と。

これらのことから、トロツキーにとって、統治形態としての民主主義あるいは文化的な価値としての市民的自由の問題には疑いの余地がなかったことが明らかである。この観点からすれば、彼はレーニンに忠実であって、スターリンと異なるところはない。もし権力が「歴史的に進歩的な」階級（当然ながら、その前衛を通じて）によって行使されるならば、例えあらゆる形態の抑圧や強制が時代の一般的な流れと異なるとしても、その場合、原則的に、これが真正な民主主義である。なぜなら、これら全てが進歩の大事業の一部であるからだ。しかし、この権力がプロレタリアートの利益を代表しない官僚制によって乗っ取られた時点からは、同じ形態の政府が自動的に反動的となり、それゆえに「反民主主義的」となった。一九三一年の「右派と左派のブロック」と題する論文で、トロツキーは書いた。

「党内民主主義の復活によってわれわれが意味することは、党内の真に革命的なプロレタリアートの中核が官僚制を抑え込み、実際に党を粛清する権利を獲得すること、つまり、上部からの指示に基づいて投票する無原則で出世第一主義の層だけではなく、原則的なテルミドール派、無数のおべっか使いの分子とともに、現状追随主義（tail-endism）的傾向を党から排除することであって、これらの名辞はギリシア語やラテン語に由来するのではなく、同時代的で、官僚化し、スターリン化したロシアの現実に由来するのである。これが、われわれが民主主義を必要とする理由である」（G・ブレイトマン、S・ラベル編『レオン・トロツキー著作集』一九三〇～三一年、一九七三年　五七頁）。このように、トロツキーが、「民主主義」にプロレタリアートの歴史的熱望を代表するトロツキストによる統治を意味させたことは、明白である。

一九三九年一二月の論文で、トロツキーは、再び、ボルシェビキを除く全ての政党の抹殺にたいして、彼自身は責任がないのかどうかという問題に答える。確かに、と答え、そうすることは全く正しかった、と答えた。「しかし、内乱戦争の法と平時の法とを同一視することはできない」と彼は続ける。もしそうであるなら、その場合、粛清された諸党は内乱戦争後に再び合法化されるべきであったことを、はっきりと彼は思いうかべたはずである。彼は付け加える（そうでないのであれば）、「独裁の法かそれともブルジョア民主主義の法を支持するプロレタリアートか」である、と。

一九三二年末からと日付けされた言説は、以下のように記されていた。「あらゆる体制は何よりもまずそれ自体の規則によって判断されなければならない。プロレタリア独裁の体制は、民主主義の原理や形式的な規則を破ることを躊躇できないし、また躊躇しようともしない。それは新しい社会への移行を確保するというその能力の観点から判断されなければならない。他方、民主主義の体制は、それが民主主義の枠組みのなかで階級闘争が発展するのを許容する程度という立場から判断されなければならない」（同前、一九七二年　三三六頁）。

要するに、民主主義国家が民主主義の原理や自由を侵害する時は、それに憤慨してそれを攻撃することは正しいが、共産主義的な独裁をこのように扱ってはならない。なぜなら、それは民主主義の原理を認めないからである。その卓越性は、将来において「新しい社会」を創造するという、その約束にある。

『裏切られた革命』で、われわれは、スターリン憲法は、普通選挙権を宣言して、プロレタリア独裁はもはや存在しないことを明らかにした、とまで教えられた（トロツキーはまた、秘密投票制の導入によって、スターリンは彼の体制から腐敗をある程度除去しようと欲したことは明らかであると指摘した。信じられないかもしれないが、彼は、明らかにスターリンの選挙をその額面通りに受け取った）。

このように、トロツキーは、スターリンとその支配体制を常に攻撃し、「ソビエト民主主義」と「党内民主主義」への復帰を要求しつづけた。彼の一般原則に照らせば、「民主主義」はその方針が「正しい」人びとによる支配を意味することは明らかである。つまり、方針の「正しさ」は、異なる集団が人民の支持を争う結果として決まる、ということを意味しない。

『裏切られた革命』で、彼は、ボルシェビキ（つまりトロツキーとその支持者）をはじめとして、「ソビエトの諸政党」に自由を再獲得させる必要性を書いている。しかし、他のどの政党が「ソビエト」として資格づけられるかは明らかではない。プロレタリアートの唯一の純正な前衛が権力を行使するのだから、そのような前衛はまた、どの政党が「ソビエト」であるのか、どの政党が反革命であるのかを決定する権限を持つはずである。トロツキーの目からすれば、結論は、社会主義的自由とはトロツキストの自由であって、他の誰の自由でもないことになる、と思われる。

同じ主張が文化的自由に適用される。トロツキーは時どきスターリン体制による芸術と科学の抑圧にたいする憤りを表明した。『裏切られた革命』で、彼は、一九二四年に芸術や文学におけるプロレタリアート独裁の規則を彼自身が制定したことを思い起こしている。唯一の基準は、作品が革命に賛成か反対かであって、それ以外は完全な自由が存在しなければならない、と。三二年七月に、彼は、芸術と哲学には自由がなければならず、「プロレタリアートの革命的事業に反対するものだけが容赦なく排除される」と書いた（同前、二七九頁）。しかしながら、これはスターリンのもとで広く行われたものと同じ原則である。つまり、党の当局者が、何が「プロレタリアートの革命の事業に反する」ものであるかを判定し、それにしたがって「容赦なく排除される」のである。

このように定義された自由は、ソビエト国家において決して侵害されなかった。もちろん、そのような一般的定式のもとで、文化の抑圧と規制の程度はさまざまな政治的な環境によって、より大きかったり、より小さかったりであった。二〇年代は三〇年代よりも確かに小さかった。しかしながら、原則が、支配者はいかなる文化表現が彼らの政治的必要に叶うもの

945

かを個別の事例で決定するということであるのだから、どのような程度の抑圧や隷属も、それがプロレタリアートの独裁に反すると批判されることはない。

これらすべての問題が、同じパターンにもう一度還元される。トロツキーがもし責任者であり続けたならば、当然に彼は、自らの権力にとって危険と考える諸自由を認めようとはしなかっただろう。スターリンも同じ方法で行動した。両者の場合においてそれは自己利益の問題であった。すべての相違点はここに帰着する、つまり、トロツキーは自らを「プロレタリアートの歴史的利益を代表する」と信じ、他方スターリンも彼、スターリンこそがそうであると信じた。

『彼らの道徳と我らの道徳』におけるトロツキーの道徳原理は、単純に「自分にとって良いものは正しい」である。トロツキーは、「目的が手段を正当化する」というのが彼の考え方だと主張する支持者たちの異議を否定しようと努めた。これについて、彼は、もし手段が歴史によって発達した目的以外の何かによって正当化されるものとすれば、その何かとは神でしかあり得ないと答えた。換言すれば、彼の質問者たちは、ロシアの修正主義者のストルーヴェ、ブルガコフ、ベルジャーエフと同じように、宗教的信心にはまり込んでしまったのである。彼らはマルクス主義を、階級を超越したある種の道徳性と結びつけようとし、ついには教会の懐のなかに入り込んだのだ、と。

道徳一般は階級闘争の機能である、と彼は宣言した。現代において道徳性（morality）はプロレタリアートの利益か、あるいはファシズムの利益のなかに存在し得る。明らかに、相闘う階級は時どき類似の手段を使うことがある。つまり、唯一重要な問題は、それがどちらの側を利するかである。手段はその目的によってのみ正当化できる。しかし、目的が今度は正当化されることを必要とする。プロレタリアートの歴史的利益を表すマルクス主義の観点からすれば、もし目的が人間の自然にたいする支配力を拡大し、人間の人間にたいする支配を廃絶することであれば、それは正当化される」（『彼らの道徳と我らの道徳』一九四二年　三四頁）。

換言すれば、もしある方針が技術の進歩に寄与する（自然にたいする人間の支配）ならば、その方針を推進するいかなる手段も自動的に正当化される。しかしながら、なぜスターリンの方針がそのような場合に非難されなければならないのかは明らかではない。なぜなら、それは確かにこの国の技術水準を引き上げたのだから。人間にたいする人間の支配権力の廃絶について、トロツキーはこの支配が廃絶される前に、それは最高度に増大させられなければならないという原則（スターリンも継承した）を自ら表明した。トロツキーはこの見方を一九三三年六月の論文で何度も繰り返した。しかし、将来においては、問題は異なる。「歴史の目的」がプロレタリアートの党に体現されるのだから、この党は何が道徳的であり、何が不道徳的であるかを決定する。スヴァーリンの所見、つまり、トロツキーの党は存在しないのだから、彼は自分だけを道徳の体現者と見なさなければならないということについて言えば、この予言者はもう一度レーニンを持ち出して、彼もまた一四年には孤立していた、そしてその後に何が起こったのだろうか？　と答える。

ある意味で、批判者の反論は無駄であった。トロツキーは彼の党の利益に仕えるものが道徳的に善であるとか、党の利益を傷つけるものが道徳的に悪であるとは主張しなかった。彼は、単に、そのような道徳的基準は存在せず、ただ政治的有効性の基準のみが存在すると考えた。つまり、「革命的道徳の問題は革命の戦略と戦術の問題と一体である」（同前、三五頁）。政治的結果と無関係に、ある事柄がそれ自体として善であるとか悪であるとかと言うことは神を信じることに等しい。例えば、ある政治的反対派の子どもたちを殺すことが、それ自体として正しいかどうかを問うことは無意味である、と。

ツァーリの子どもたちを殺すことは正しかった（他の箇所でトロツキーが述べたように）、なぜなら、それは政治的に正当化されたからである。それでは、スターリンがトロツキーの子どもたちを殺したことはなぜ誤りなのだろうか？　それはスターリンがプロレタリアートを代表していないからである。善と悪のすべての「抽象的」原理、民主主義のあらゆる普遍的

946

なルール、自由、文化的諸価値はそれ自体としては意味を持たない。それらは政治的便宜の指示に応じて、受けいれられたり拒絶されたりするはずのものである。

そうであれば当然に、なぜ誰もがプロレタリアートの反対側よりも「プロレタリアートの前衛」の側につかなければならないのか、それが何であれ、その目的と同一化しなければならないのかという疑問が生まれる。トロツキーは、この疑問には答えず、ただ「目的は歴史の運動から自然に出てくる」と言うのみである（同前、三五頁）。これは、そのように明確に言っていないけれども、われわれが歴史的に不可避なものをまず先に発見し、それから、それが不可避であるという理由そのものからそれを支持するということを、おそらくは意味するように思われる。

党内民主主義について、トロツキーは全く独断的である。スターリンの党内で、彼のグループが反対派になった時、彼は、当然のように、自由な党内討論、そして「分派」形成の自由さえも要求した。他方、一九二一年の第一〇回大会で、彼は、彼自身と他の人びとによって制定された、分派の禁止を擁護したが、それは「非常的措置」であるという根拠からであった。これを、分派が誤っている場合にはそれを禁止することは正しいが、トロツキーのグループはプロレタリアートの利益を代表しているのだから禁止されるべきではない、という意味以外で解釈することは難しい。

亡命期間中に、彼はまたその支持者の小グループに「真のレーニン主義」原則を押しつけようと努めた。つまり、彼はたえまなく彼の言説からのあらゆる変異を非難し、どんな主題であれ、彼の権威に対抗する人びとの排除を命令し、あらゆる場合に、共産主義的な集権主義の理論を主張した。彼はパリで、スヴァーリンのグループを「共産主義的民主主義者」と非難し、この名称こそ彼らがマルクス主義と断絶したことを表している、と言った（この点では彼は正しかったのかもしれない）。

彼は一九三五年に、左派のなかでナヴィルのグループが彼ら自身の綱領を主張した時に、彼らを叱責した。彼は、集権主義を無視し第四インターナショナル内の意見の完全な自由を要求したメキシコ・トロツキストの指導者ルチアーノ・ガルシアを非難した。彼は、あらゆる理論は懐疑的に扱われなければならないと述べた、アメリカのトロツキストのドワイト・マクドナルドを手厳しく非難した。「理論的懐疑主義を唱道する彼は裏切り者である」と（『著作集』一九三九～四〇年　三四一頁）。

彼は、バーナムとシャクトマンが、ソビエト連邦が労働者国家であることに最終的に疑いを持つようになり、ポーランド侵攻やフィンランドとの戦争の際にソビエト帝国主義を話題にした時、彼らに取り返しのつかない宣告を下した。この時に、彼はアメリカ・トロツキスト党内の（ドイッチャーによれば、およそ一〇〇〇人の構成員であって、第四インターナショナル内で最大の支部であったと思われる）投票制への同意を拒んだが、その根拠は、党の方針は「地方の決定の単純な算術的合計」ではない、というものであった（「マルクス主義の擁護」所収一九四二年　三三頁）。

このような専制主義が彼の運動を委縮させ、ますます自分たちだけが救済を宿命づけられる、と確信する些細な宗教セクトのようなものに特化させたという事実が、トロツキーを悩ませることは全くなかった、もう一度、一九一四年のレーニンはどうだったのか、と。彼はまたレーニンの「弁証法」的な見方、すなわち真のあるいは「隠れた」多数派は、たまたま最大多数を構成するまでには至っていないが、彼らは正しくそして歴史の進歩を代表している、という弁証法的な見方を共有した。彼は、世界の労働者大衆は、いまだにそのことを知っていなくても、心の底から彼の側にある。なぜなら、歴史の法則はこれがそうであるに違いないことを明らかにしているからだ、と純粋に信じていたように思われる。

トロツキーの民族抑圧と自決の問題についての態度も、同じ方向であった。彼の著作にはウクライナやその他の人びとの民族的熱望にたいするスターリンの抑圧に関する言及が少しは含まれている。同時に、彼は、ウクライナ民族主義者にたいしていかなる譲歩もしてはならないこと、そして、ウクライナの真のボルシェビキは彼ら民族主義者と「人民戦線」を組んではならない、とも強調した。

彼はさらに踏み込んで、四つの国家のあいだで分割されたウクライナは、マルクスの見解でポーランド問題が一九世紀にそうであったのに劣らず、決定的な国際問題である、とまで言い切った。しかし彼は、武力侵略の手段によって、他国に「プロレタリア革命」を引き起こす社会主義国家は非難に値する、とは何も考えなかった。一九三九～四〇年に、彼は、シャクトマンとバーナムにたいして憤然と、ソビエトのポーランド侵攻はこの国の革命と同時に起こり、スターリン官僚制はポーランドのプロレタリアートと農民に革命の衝動を与え、フィンランドでもまたソビエト連邦との戦争が革命の情熱を喚起した、と説明した。確かに、これは「特殊な種類」の革命であった。なぜなら、それは銃剣を突きつけて導入され、人民の感情の奥底から沸き上がったものではないが、それは純然たる革命には違いなかった。

ポーランド東部やフィンランドで何が起こったか、についてのトロツキーの知識は、当然ながら経験的資料などではなく、「歴史の法則」に基づいた。つまり、堕落しているけれども、ソビエト国家は人民大衆の利益を代表しており、それゆえに、人民大衆は侵入する赤軍を支持しなければならない。この点で、トロツキーはレーニン主義から逸脱した、と糾弾することは確かにできない。「真の」民族的利益はプロレタリアートの前衛の利益と同じであるのだから、前衛がどこで権力を握ろうと（「官僚制的堕落」の状態であっても）、民族自決権は実現されている、大衆はこの状態を支持しなければならない、理論がそのように求めているからだ、ということになる。

4　ソビエトの経済政策および外交政策の批判

少なくとも理論的には、工業化と将来の農業政策はソビエト連邦の左派にとって決定的な課題であり、スターリンが反対派の全ての政策を継承し、強化した形でそれを実施することが判明したとき、トロツキーは具合の悪い立場に置かれた。

彼はこの困難を、実際にスターリンは反対派の狙いを実行に移した、しかし、官僚主義的で不熟慮な方法でそうしたと宣言することで、切り抜けた。「左翼反対派はソビエト連邦の工業化と農業集団化の闘争とともに始まった。この闘争は、ある意味で、つまり、一九二八年に開始されたソビエト政府のすべての政策は左派の原則の官僚主義的に歪曲された適用であるという意味で、勝利した」と（G・ブライトマン、B・スコット編『レオン・トロツキー著作集』一九三三～三四年　二七四頁）。

官僚制は、それ自体の利益のなかで、これらの措置を政府の論理によって実行するように「強制された」。それは、プロレタリアートの歴史的任務を歪曲された方法で遂行したけれども、変化それ自体は「進歩的」であった。その上、スターリンにその意見を変えるように強いたのは、左派の圧力であった。「革命の創造的な力と官僚制とのあいだに深刻な対立が存在する。もしスターリン主義の機構がある限界で繰り返して停止し、そしてやむなく自ら左派に急転換するように強いられることになれば、それは、無定形で分散してはいるが、なおまだ強力な革命党の諸要素の圧力のもとで特に起こるであろう」（同前、二二四頁）。

集団化について、トロツキーはその性急さと経済的準備不足を批判し、そしてコルホーズを社会主義的制度と見なす点で、スターリン主義者は間違っている、と強調した。コルホーズは過渡的形態に過ぎない。その上さらに、集団化は資本主義の復活に向かう第一歩であることが判明した。『裏切られた革命』で、トロツキーは、スターリンはコルホーズに土地を与えることによって、そして農民に私的区画を耕すことを認めることによって、土地の国有化を台無しにしながら、秘かに「個人主義」の要素を強めた、と書いた。

こうして、ソビエト農業が荒廃に瀕し、数百万の農民が餓死するか、そうでなければ私的小区画地を受け取る許可を得てやっとただ生きているだけであった時に、トロツキーの主な関心はこのことが示す「個人主義」の危険、というものであった。彼は、クラークに反対する闘争は余りにも不徹底であって、それはスターリンが彼らにコルホーズを組織する機会を与え、最初の粛清運動以降にさらなる実質的な譲歩を行い、それが地方社会の階級分化を更新することになるに違いない、とすら考えた（これが一九三五年におけるトロツキーの基本線であり、この時に、彼はスターリンの外交政策の「右翼的偏向」に気づき、したがって、ソビエトの内政における同様の転換の徴候を探したのであった)。

『裏切られた革命』やその他で、何回も、トロツキーはソビエト工業にたいする出来高払い制の「野蛮な」導入を非難した。しかしながら、彼が生産性への物質的刺激が警察の強制あるいは革命の情熱のいずれかに取って代わられなければならないかどうか、後者の場合に、その情熱はどのようにして喚起されるべきかを考えたかどうかは、彼の主張から読み取るの

949

は難しい。

スターリンの外交政策について、トロツキーは、国際革命は「一国社会主義」のために放棄されたままである、というテーマを繰り返した。したがって、革命は「ドイツ、中国そしてスペインにおいて連続的に裏切られてきた」と（トロツキーによれば、スペイン内乱戦争は「本質的に」社会主義のためのプロレタリアートの闘争であった）。

彼は、一九二三年にドイツの共産主義者を援助するために（彼自身は二〇年にそうすることを模索した）あるいは二六年に中国を援助するために、赤軍が派遣されるべきであったかどうかについて、何も語らなかった。概して、トロツキーは低開発国の「民族主義ブルジョアジー」を支持する方針に反対した。この方針は大資本の力を弱める上で極めて有効であったが、トロツキーは植民地でも他の地域と同じように、「ブルジョア革命」の事業は共産主義者の指導のもとでのみ達成できる、それは革命を引き続き社会主義段階に至らせることになる、という理由から、その方針は危険であると考えた。

例えば、インドがプロレタリア革命とは別の形でその独立を獲得できる、と想定するのは馬鹿げたことであった。それは歴史の法則から絶対的に外れている。ロシアの実例は、唯一の可能性がプロレタリアート、つまり共産党によって最初から指導された「永続革命」であることを証明した、と。トロツキーはロシア・モデルを世界のすべての国を絶対的に拘束するものと見なし、それゆえに、彼が世界のあらゆる国の歴史あるいは特殊な条件を知っていようがいまいが、これらのすべての国の問題にたいする即製の解答を彼は持っていた。

トロツキーは、革命期の共産主義者は状況を完全に統御できるようになる前に過渡的な目標を活用しなければならないかどうかを議論しなかった。例えば、一九三一年八月の中国のトロツキストあての手紙で、彼は、国民議会の理念は彼らの綱領から降ろすべきではない。なぜなら貧農の支持が当てにされている時に、「プロレタリアートは、農民の不信を引き起こさないために、そしてブルジョアのデマゴギーの拡散の場を提供しないために、国民議会を召集しなければならない」と書いた（同前、一二八頁）。他方、別の箇所では、一七年以前のレーニンのスローガン「プロレタリアートと農民の独裁」を繰り返すことは致命的な誤りであるだろう、と書いている。

ロシア革命の冒頭に、政府はプロレタリアートと貧農を代表するもの、と言われた。これについてトロツキーは書いている。「確かに、その後われわれはソビエト政府を労働者と農民の政府と呼んだ。しかし、今の時点でプロレタリアートの独裁は既定事実であり、共産党が権力を握り、そして結果的に労働者と農民の政府という名称はいかなる齟齬または警戒の理由も生み出してはいない」（同前、三〇八頁）。要するに、共産主義者がいったん権力を取ってしまえば、虚構的で欺瞞的な名称でも害を及ぼすことはあり得ない、ということである。

ドイッチャーのようなトロツキーの支持者や礼賛者は、彼の名誉にとっての大きな事実として、彼が「社会ファシズム」のスローガンに反対したことをたびたび強調した。このスローガンは、共産主義者を社会民主党内の労働者大衆から切り離すという理由で、彼が批判したことは確かである

950

が、社会民主党に関するかぎり、そのことを示唆するような現実的な方策を彼が持っていたようには思われない。

彼は、改良主義と根本的に断絶せずに社会民主主義を再生しようと努める団体との永続的な協力の可能性はあり得ない、と書いた。これと同じ時期、ヒトラーが権力に就く前に、彼は、「社会ファシズム」を語ると同時

に社会民主主義者に屈服した、としてスターリン主義者を糾弾した。一九三三年六月、ナチ勝利の直後に、彼は、ヒトラーの従僕となったドイツ社会民主党との統一戦線などは考えられようがない、と宣言した。しかし、トロツキーの憤慨は、三四年から三五年のソビエトの方針転換によって本格的に駆り立てられた。スターリン主義がついにその右派主義の相貌を露わにした。つまり、スターリン主義者は第二インターナショナルの裏切り者と連合し、さらに悪いことには、平和と国際協調を語り、あたかもそれが重大な違いであるかのように諸国家を民主主義とファシズムに区分した、と。

彼らは、マルクス主義者として、帝国主義戦争が「経済的土台」を持つことを知っているはずにもかかわらず、世界戦争を脅迫するファシズムを語る。彼らは、ジュネーブで、資本主義国家間の戦争を含む全ての戦争に等しく適用される、という条件で侵略者を定義する公式を受け入れさえした。これはブルジョア平和主義への屈服である。マルクス主義者は原則としてすべての戦争に反対ではあり得ない、その種の御託はクエーカー教徒やトルストイ主義者のものである。マルクス主義者は戦争を「階級的な観点から」判断し、侵略者とその犠牲者というブルジョア的な区別には関わらない。マルクス主義者の原則は、攻撃的であれ防衛的であれ、プロレタリアートの利益にかなう戦争は正義の戦争であり、帝国主義者間の戦争は犯罪である、ということである。

社会民主主義者にたいする態度の転換というトロツキーの初期の全ての訴えは、実際には幻想であって、彼が権力に居つづけたとしても、何の成果も生み出せなかっただろう。なぜなら、彼は社会民主主義者に対抗して、イデオロギー的な「純潔」を守り、他方で同時に、特別な環境のもとでは彼らの援助を乞うことは可能である、と考えていたように思われるからである。フランスがナチ・ドイツとの合意に達するのを阻止するために、スターリンが「人民戦線」と社会主義者の反ファシズム連合の方針を採用した時に、スターリンは、この方針が成功するとすれば、何が起ころうとも、宣伝においてだけでも、その代価を支払わなければならない、と覚悟した。トロツキーは、詐欺師、ブルジョアジーの手先、労働者階級の裏切り者、帝国主義者の従僕、ただし唯一の禁句は「社会ファシズム」という形容句であったが、これらの言葉で社会主義者をいたるところで非難しながら、社会主義者との反ナチ戦線を形成することは可能である、と考えた。この時に、彼がコミンテルンの責任者であったとすれば、彼の方針はスターリンのそれよりも成功しなかったであろうことは明らかである。

トロツキーは、実に、国際協定、仲裁、軍備縮小等々への依存は役に立たない反動的おしゃべりである、とするレーニンの見解（レーニンは戦争と革命の最中に何回も繰り返した）の真の支持者であった。誰が侵略者であるかどうかではなく、どの階級が戦争を遂行しているかが問題であった。世界プロレタリアートの利益を代表する社会主義国家は、誰が戦争を始めたかにかかわらず、あらゆる戦争において「正しかった」。帝国主義政府との協定によって、それ自体が縛られることなどは真剣に考慮することはできない。

スターリンは、世界革命ではなくソビエト国家の安全に関心があった。それゆえに、さまざまな機会に平和の擁護者や国際法と民主主義の闘士として、自らを示さなければならなかった。しかしながら、トロツキーは、情勢の主要な要素は今なお一九一八年当時に彼が見たままであると信じた。つまり、一方の側に帝国主義者、他方の側に社会主義国家と革命を引き起こすための正しいスローガンを待っている世界のプロレタリアートである。

現実政治の申し子であるスターリンは「革命の上げ潮」を信じないで、ヨーロッパの共産党をソビエトの政策の道具として使った。トロツキーはたえまのない「革命戦争」の鼓吹者であって、彼のすべての教説は、世界プロレタリアートは物事の性質上および歴史の法則によって、革命に向かいつつあること、そしてスターリン主義官僚制の誤った方針だけがこの内的動向の現実化を妨げている、という確信に基づいた。

5　ファシズム、民主主義そして戦争

一九三〇年代にトロツキーの政治的な思考がいかに教条的で非現実的であったかは、来る戦争についての所見とファシストの脅威に直面した行動の勧告から判断することができる。

戦争勃発の二～三日後に彼は書いた。「私は、一九一四年と一七年のあいだにレーニンの指導のもとで、労働者運動の最良の代表者たちによって精緻化された世界戦争に関する諸原則を変更するいささかの理由も見出さない。今の戦争は双方の側で反動的な性質を帯びている。どちらの陣営が勝利しようと、人類ははるか遠くに後退するだろう」（『著作集』一九三九～一九四〇年　八五頁）。

この文章はドイツのポーランド侵攻や英仏の宣戦布告の後である。しかし、九月半ばのソビエト侵攻の前に書かれ、ナチ・ドイツ、ファシスト・イタリア、ポーランド、フランス、英国そしてアメリカ合衆国のような資本主義国家間の戦争という問題に関するトロツキーの見方の縮図であった。何年ものあいだ、彼は倦むことなく、ファシズムに対抗する「民主主義」諸国家の戦線が存在し、または存在し得ると示唆することは致命的な幻想であって、資本家の謀略であること、あるいは、どちらの側もその工場を国有化しないのだから、勝利がヒトラーのものになるか、西側の民主主義連合のものになるかで大きな違いはないということを繰り返した。

交戦国のプロレタリアートは、彼らの反動政府がヒトラーと戦うのを支援する代わりに、レーニンが第一次世界大戦中に主張したように、自国の反動政府に抗して立ち上がらなければならない。「祖国防衛」の叫びは極度に反動的で反マルクス主義的である。問題になっているのはプロレタリア革命であって、もう一つのブルジョアジーによる一つのブルジョアジーの敗北ではない。

一九三四年七月の『戦争と第四インターナショナル』と題する小冊子で、トロツキーは書いた。

「祖国防衛の見せかけは、可能なところであればどこでも、民主主義の防衛というさらに追加された見せかけで覆われる。今日、帝国主義の時代にあって、もしマルクス主義者が民主主義とファシズムを同一視せず、そしていつでもファシズムの民主主義にたいする侵犯を払いのける用意があるとするならば、戦争が起こった時、ファシスト政府に反対する民主主義政府をプロレタリアートは支持してはならないだろうか？　破廉恥な詭弁だ！　われわれは、ファシズムに反対して民主主義をプロレタリアートの組織と方法によって防衛する。社会民主主義者とは反対に、われわれは、この防衛をブルジョア国家には委ねない。――これらの条件のもとで、脆弱な民主主義の外殻のために労働者の党がその自国の帝国主義を支援することは、独立した方針の放棄と労働者の排外主義的な非道徳化を意味する。――革命的前衛は労働者階級の組織との統一戦線、それ自体の「民主主義」政府に反対する統一戦線を追求する。しかし、それはどんな場合でも、敵対国に反対する自国政府との統一ではない」（『著作集』一九三四～一九三五年　三〇六～七頁）。

一九三五年の論文で、第三インターナショナルは、常に、社会愛国主義だけではなく平和主義と闘い、そして常に軍縮、調停、国際連盟等々のおしゃべりを非難してきた、今日でもなお、それはこの種のすべてのブルジョア的な方針に当てはまる、とトロツキーは強調した。『ユマニテ』が「フランス文明」の防衛を呼びかけた時、それは、プロレタリアートを裏切ったこと、民族主義的な立場を取り、ドイツ帝国主義と闘うために自国政府を助けるよう労働者に求めることを示した。戦争は資本主義の産物である、現在の主要な危険はナチズムからである、と主張することは愚かである。「この道を行けば、人は直ちにヒトラー・ドイツに対置されたフランス民主主義そのものの理想化に達するであろう」（同前　二九三頁）。

第二次世界大戦の一年前に、トロツキーは、民主主義とファシズムは、単に、搾取の二者択一的な手段であって、それ以外はすべて欺瞞である、と断言した。

「実のところ、ヒトラーに反対する帝国主義者と民主主義の軍事的連合とは何を意味するのだろうか。それはベルサイユのくびきのさらに重苦し

く血まみれで耐え難い新版である。――チェコスロバキアの危機は、際立った鮮明さでファシズムが独立した要素として存在しないことを露わにした。それは帝国主義の道具の一つに過ぎない。『民主主義』はそのもう一つの道具である。帝国主義はこれら二つの上に聳え立つ。帝国主義はその必要に応じてそれらを発動し、ときにはそれらを相互に対峙させ、ときには友好的に調和させる。帝国主義者と同盟してファシズムに反対して闘うことは、悪魔と同盟してその鍵爪あるいは角に反対して闘うのと同じである」（同前『著作集』一九三八〜三九年　二一一頁）。

要するに、民主主義とファシズムとのあいだの闘争というようなものは存在しない。国際条約はそのような疑似的な敵対主義を無視している。つまり、英国はイタリアとの、ポーランドはドイツとの条約を決断するかもしれない。相争う政党がどれであろうと、将来の戦争は国際的なプロレタリア革命をもたらすだろう、それが歴史の法則である。

人類は数ヵ月より長くは戦争に耐えられない。第四インターナショナルに指導された、自国政府にたいする叛乱は至る所で勃発するだろう。どの道、戦争は民主主義のあらゆる痕跡を一挙に払拭し、その結果、民主主義的な価値の擁護を語ることは馬鹿げたことになる。ファシズムは今日において抵抗すべき主要な脅威であって、それと闘っている国において敗北主義を説くことは馬鹿げている、と指摘したパレスチナのトロツキスト・グループに答えて、トロツキーは、彼らの態度は社会愛国主義も同然だ、と書き記した。すべての真の革命家にとって真の敵は常に国内にある、と。

一九三九年七月の別の手紙で、彼は宣言した。「ファシズムの勝利は重大ではあるが、しかし資本主義の死の苦しみはもっと重大である。ファシズムは新しい戦争を挑発し、戦争は革命運動をさらに激烈に加速させるだろう。戦争になれば、あらゆる小さな革命的核が極めて短期間のうちに決定的な歴史的要素となることができ、またなるだろう」（同前『著作集』一九三八〜一九三九年　三四九頁）。

第四インターナショナルは来る戦争において、一九一七年にボルシェビキが担ったものと同じ役割を果たすだろうが、しかし今度は資本主義の没落は完璧であり、最後であるだろう。「その通りだ。私は新しい世界大戦が、絶対的な不可避性でもって世界革命と資本主義体制の崩壊を引き起こすことを信じて疑わない」（同前、二三二頁）。

戦争が現実に到来しても、これらの問題に関するトロツキーの見解は変わるどころか、かえって強まった。一九四〇年六月に発行された第四インターナショナルの綱領（マニュフェスト）で、彼は、「今日『祖国』の防衛を公言する社会主義者は、自らの鎖である封建体制の防衛に突進したヴァンデの農民と同じ反動的な役割を果たしつつある」（『著作集』一九三九〜一九四〇年　一九〇頁）と宣言した。

ファシズムに反対して民主主義を守ると語ることは無意味である。なぜなら、ファシズムはブルジョア民主主義の産物であり、守られなければならないのは「祖国」などではなく、世界プロレタリアートの利益であるからだ。「しかし戦争において打ち破られるべき最初のものは完全に腐敗した民主主義である。その決定的な破滅のなかで、民主主義は、それを支持したあらゆる労働者団体とともに引きずり落とされるだろう。改良主義的な組合の生きる余地は全くない。資本主義的な反動は彼らを無慈悲に打ち砕くだろう」（同前、二一三頁）。

「『しかし、現在の状況のもとで、労働者階級はドイツ・ファシズムと戦っている民主主義国家を援助する義務はないのだろうか？』これは、プロレタリアートが常にあれやこれやのブルジョアジー分派のための補助的道具として残してきた広義の小ブルジョア・サークルによって設定された問題の立て方である。われわれは憤りをもってこのような方針を拒絶する。鉄道列車のさまざまな車両のあいだにその快適さで違いがあるように、当然ながら、ブルジョア社会の政治体制のなかにも違いがある。しかし列車全体が奈落に突っ込む時に、崩れゆく民主主義と殺人的ファシズムとの区別は資本主義体制全体の崩壊に直面して消失する。――大英帝国とフランスの帝国主義者の勝利は、人類の究極の運命にとって、ヒトラーやムッソリーニのそれに勝るとも劣らないほどに恐ろしいものであるだろう。ブルジョア民主主義は救済できない。外国のファシズムに反対して自国のブルジョアジーを援助することは、労働者が自国のファシズムの勝利を加速させることに繋がるだけである」(同前、二二一頁)。

さらに、ここに、ヒトラーの侵攻時に、ノルウェーの労働者にあてたトロツキーの助言がある。「ノルウェーの労働者はファシトに反対する『民主主義』の陣営を支持すべきであっただろうか。——実際にこれはもっとも未熟な類の大失敗であっただろう。——世界の各地でわれわれは連合国の陣営もドイツの陣営も支持していない。結果として、われわれは、ノルウェーにおいて、一時的な手段のどちらかを支持する理由またはその正当化を少しも持たない」(『マルクス主義の擁護のために』一七二頁)。

したがって、もしポーランド、フランスあるいはノルウェーの労働者がトロツキーの宣言を読んでそれに従ったとすれば、ナチ侵攻の時に自国政府にたいして彼らの武器を向けていたであろう。なぜなら、ヒトラーに支配されようが自国のブルジョアジーに支配されようが大した違いはないからである。ファシズムはブルジョアジーの道具であって、すべての階級がファシズムに反対して共同戦線を構築することを語るのは馬鹿げている。レーニンは、同じように第一次世界大戦で敗北主義を唱え、意外や、革命が勃発した。これは注目されるべきことだが、トロツキーは、資本主義国家は階級利益によって結びついているのだから、この戦争はすべての資本主義国家のソビエト連邦に反対する戦争となる可能性が高い、と考えた。しかしながら、もしソビエト連邦が一つの資本主義国家と対抗する、ある一つの資本主義国家と連合するならば、戦争はきわめて短期間の戦争になりうる。そうなれば一九一七年のロシアのように、プロレタリア革命が敗北した資本主義国家で一挙に勃発することになるのだから、二つの敵対する国家権力群は、プロレタリアートの祖国に対抗して団結するだろう、と。

こうして、トロツキーにとって、戦争の全般的な結末は既定の結論であった。資本主義は最終的に崩壊するだろう、スターリン主義とスターリンは一掃されるだろう、世界革命が起こるだろう、第四インターナショナルは直ちに労働者階級の精神のなかで支配的な地位を獲得し、最終的な勝利者として登場するだろう。彼がセルゲイ、スヴァーリン、トーマスの批判にたいする回答で述べたように、「資本主義社会の全ての政党、その全ての道学者連中、そしてその全てのおべっか使いは、今にも起こりそうな破滅の残骸の下で非業の死を遂げるであろう。先の大戦中のレーニンやリープクネヒトの党がそうであったように、今、先の見えない合理主義者にとってはその存在が無に見えようとも、生き残る唯一の政党は世界社会主義革命の党である」(『彼らの道徳とわれわれの道徳』四七頁)。

さらに、トロツキーは、完全な確信をもって多くの詳細な予言を行った。例えば、スイスが戦争に引きずり込まれるのを避けることは絶対に不可能である。どこの国においても、民主主義は生き残ることができず、「鉄の法則」でもってファシズムに発展するに違いない。もしイタリアの民主主義が復活するとすれば、それはプロレタリア革命によって一掃されるまで二、三ヵ月は存続するだろう。ヒトラーの軍隊は労働者や農民で構成されているのだから、それ自体が被占領国の人民と最終的には連合せざるを得なくなる。なぜなら、歴史の法則は、階級の結びつきは他の何よりも強力であることを教えているからである。

ファシズムの危険性の一般的性質について、一九三三年八月にトロツキーはきわめて興味深い分析を示した。「理論的には、ファシズムの勝利は民主主義が疲弊してしまった事実の紛れもない証拠である。しかし、政治的には、ファシスト体制は民主主義的な偏見を保存し、それらを再生し、それらを青年に教えこみ、短期間に彼らにその最大限の強さを分け与えることすらできる。まさにこのなかに、ファシズムの反動的な歴史的役割のもっとも重大な現われの一つがある」(『著作集』一九三二～三三年 二九四頁)。「『ファシスト』独裁のくびきのもとで民主主義の幻想は弱められるどころか強められた」(同前、二九六頁)。換言すれば、ファシズムの脅威は、人びとが民主主義に長く従属し、こうして民主主義的な偏見が一掃されるどころか保持されてきた、という事実のなかにある。ヒトラーは、民主主義を破壊することを困難にするがゆえに危険なのである。

死の直前に、トロツキーは、戦争の発展に関する彼の予言を再び肯定し、同時に大げさな調子で、彼の予測が当たらないとすれば何が起こるだろうか、という問題を提起した。それは「マルクス主義の破産を意味するだろう」と答えた。

「われわれが固く信じるように、もしこの戦争がプロレタリア革命を引き起こすとすれば、それは不可避的にソビエト連邦の官僚制の転覆と一九一八年よりも高度な経済的文化的な土台でのソビエト民主主義の再生に至るであろう。――しかしながら、この戦争が革命ではなく、プロレタリアートの衰退を引き起こすことをしぶしぶ認めることになるとすれば、別の選択肢が残される。つまり、独占資本主義のさらなる衰退、その国家との急速な融合、まだ残っていた場合の民主主義の全体主義的体制への取り換えである。プロレタリアートが社会の指導権を手に入れることができなければ、そういう条件のもとで、ボナパルト的ファシスト官僚制から新しい搾取階級の急成長へ実際にはつながってゆくだろう。あらゆる指標によれば、これは崩壊の体制であって、文明の衰退を予示するものとなる。先進資本主義諸国のプロレタリアートが権力を獲得してもそれを維持することができないことが判明し、ソ連邦のように、その権力を特権的な官僚制に譲り渡さなければならないという同じような結果が引き起こされるかもしれない。その場合、官僚制への逆戻りの理由は、国の後進性にも帝国主義的環境にもよるのではなく、支配階級になる上でのプロレタリアートの本来的無能力によることをわれわれは認めざるを得なくなるだろう。

したがって、その基本的性格において、現在のソ連邦は国際的規模での新しい搾取体制の先駆であったと振り返って確証することが必要であろう。――第二の見通しがどのように煩わしくても、そしてもし世界のプロレタリアートが事態の発展によってそれに課せられた使命を達成することができないことが実際に明らかになるとすれば、資本主義社会の内的矛盾に基づく社会主義という構想は、ユートピアとして終ることを認める以外には何も残されないことになる」（『マルクス主義の擁護』八〜九頁）。

これは、トロツキーの著作のなかで見ることがまれな主張である。当然ながら、彼は確信をもって、悲観的な第二の選択肢は非現実的であると述べ、単に一般的な命題としてではなく、進行中の戦争の結果として、世界革命は不可避的であると信じ続けた。しかし、彼がそれ以外の仮説を考えたという事実は、上に紹介した章と他のところで彼が表明した勝利への絶対的確信とを比べるならば、ある躊躇を示すもののように思われる。

トロツキーは、資本主義が自己改革する能力を持つ、という理念を認めなかった。ルーズベルトの「ニュー・ディール」は、彼には絶望的で反動的で、失敗するに決まっているように思われた。その上、彼は、技術の発展の最高度の段階に達したアメリカ合衆国は、共産主義にとって既に成熟していると信じた（一九三五年三月の論文で、彼はアメリカ人に、彼らが共産主義に進んだら、その生産コストは八〇パーセントまで削減されるだろうと約束し、死の直前に書かれた「戦時におけるソ連邦」では、計画経済のもとで彼らはまもなく年二〇〇〇億ドルまで国民所得を引き上げ、そうして全ての者の繁栄を確保するだろうと宣言した）。『裏切られた革命』のなかに次のような文章がある。資本主義が一〇年あるいは二〇年以上繁栄することができると想定する人なら誰でもが、それと同じ理由で、ソビエト連邦の社会主義は道理に叶うものではなく、そしてマルクス主義は歴史の契機を誤って判断したと信じるだろう。その場合、ロシア革命はパリ・コミューンのような単なる気まぐれな実験となるだろう。

6　結論

今日的観点からすれば、一九三〇年代のトロツキーの執筆活動や政治活動は、極端な希望的観測という印象を与える。つまり、それは実現不可能な予言、奇想天外な幻想、誤った診断、そして根拠のない願望の不幸な混合物である。もちろん、トロツキーが戦争の行程の予測に失敗したことが一義的に重要なのではない。当時の多くの人びとが予言を行い、その多くがその後の出来事によって裏切られた。しかしながら、重要で特筆すべきことは、彼が自分の考察を深遠な弁証法と壮大な歴史過程の理解に基づく科学的に正確な診断として、一貫して提示したことである。事実、彼の予言は、その一部は歴史が彼の判断を証明しているという願望に基づき、さらにもう一部は、遅かれ早かれ作動するようになる、と彼が信じた想定上

957

の歴史法則からの教条的な演繹に基づいた。

もしスターリンが戦争の結果を見越して、トロツキーを殺すことによってではなく、彼を生かして、ただの一つも現実化しなかった彼の希望や予言が崩壊するのを見せることによって、トロツキーへの復讐を行ったとしたらどうなっていただろうか。

戦争は反ファシズムの戦争であった。ソビエトによる東欧の征服を別にすれば、ヨーロッパでもアメリカでも、プロレタリア革命は起こらなかった。スターリン官僚制は一掃されず、スターリン自身がそうなったように、果てしなく強大化した。民主主義は生き残り、西ドイツとイタリアで再興された。ほとんどの植民地がプロレタリア革命なしにその独立を獲得し、第四インターナショナルは無力な分派として残った。

もしトロツキーがこれらの全てを目にしたとすれば、彼はその悲観的な仮説が正しいものだったことが証明され、そしてマルクス主義は幻想であったと認めただろうか。当然ながら、われわれはそれについて語ることはできない。しかし、彼の心性からして、彼はそのような結論を引き出すことを認めないだろう。まちがいなく、彼は、歴史の法則の展開が幾分か遅れたことは再び認めるだろうが、偉大な瞬間はもうすぐである、という信念を固く守り続けているだろう。

真の教条主義者として、トロツキーは自分の周りに起こるあらゆる出来事にたいして鈍感であった。もちろん、彼は諸々の出来事を綿密に追い、それらに論評を加え、ソビエト連邦と世界政治に関する正確な情報を得るべく最善を尽くした。しかし、教条主義者の神髄は、新聞を読まないとか、諸事実を収集しないとかということにあるのではない。それは経験的データにたいして無感覚であるか、あるいはあらゆるどんな事実も教条を確証するのに使うことができる解釈システムに固執することにある。トロツキーの基本的な前提は、常に、「一方では――、他方では」とか、あるいは「明らかに――だが、しかしそれにもかかわらず」という図式にあるのだから、どんな出来事であっても、それが彼の考え方を変えさせるかもしれないということを恐れる必要はなかった。もし共産主義者が世界のどこかで後退を蒙ったとしても、それはスターリン官僚制が運動を衰退に導いた（彼は常にそう言った）とする彼の診断を確証するだけであった。もし共産主義者の成功があったとすれば、それもまた彼の診断を確証した。つまり、労働者階級はスターリン官僚制にもかかわらず、今なお革命精神に満ちている（彼が常にそう言っていたように）ことを示した、と。

もしスターリンが右翼主義的な動きをしたならば、それはトロツキーの分析の勝利であった。彼は、常に、ソビエト官僚制は反動に変質するだろうと予言していた。しかし、もしスターリンが左翼への揺れを示したとしても、それもまたトロツキーの勝利であって、彼は常に、ロシアの革命的前衛は強大であって、それがために官僚制は彼らの要求を考慮に入れないわけにはいかない、と公言していたからである。もし、いくつかの国のトロツキスト集団がその構成員を拡大したとすれば、それはもちろん素晴らしい兆候であった。つまり、最良の部分が真のレーニン主義は正しい方針である、と理解し始めたのである。もし一方で、ある集団がだんだんその規模を縮小するかあるいは分裂に至ったとしたら、これもまたマルクス主義の分析を確証した。つまり、スターリン主義官僚制が大衆の意識を抑圧しつづけ、革命の時代に不安定な部分はいつも戦場を見捨てるからである、と。

958

もしソビエト・ロシアが経済的成功を収めたとすれば、それはトロツキーの主張を確証した。プロレタリアートの意識によって支持された社会主義は、官僚制にもかかわらず前進したのである。もし経済的後退あるいは災厄があったとしても、ここでもトロツキーは正しい。彼が常に言ってきたように、官僚制は無能であって、大衆の支持を欠いているのであった。

この種の心性のシステムは、水も漏らさないものであって、事実による矯正から免れている。明らかに、社会には多様な力と対立する傾向が働いており、異なる力や傾向が異なる時期に優勢となる。もしこの分かり切った真理が哲学のなかに確立されているならば、経験的な存在が否定される危険性はない。しかしながら、他の多くのマルクス主義者と同じように、トロツキーは、絶対的に正しい弁証法の助けを得て、自分は科学的な観察を行っている、と思い込んでいた。

トロツキーのソビエト国家への態度は、心理的には理解可能である。この国家の大部分は彼自身が創りあげたものであり、彼の産物が取り返しのつかないほどに変質させられているという考え方を、彼は認めることができなかったというのは驚くに当たらない。したがって、彼がひっきりなしに繰り返して述べ、そして最終的には、忠誠であったトロツキストでさえも我慢できなかった異常な逆説が、労働者階級は政治的に簒奪されてそのすべての権利を奪われ、奴隷化され踏みつけにされてはいるが、ソビエト国家は今もなお労働者階級の独裁のままであって、なぜなら土地と工場は国家の所有であるからだ、というものであった。

時がたつにつれて、トロツキーの支持者たちはこの教条ゆえに彼から去っていった。ある者は、ソビエト共産主義とナチズムとの明らかな類似性に気づいて、世界規模での全体主義体制の不可避性という悲観的な予感を抱いた。ドイツのトロツキスト、フーゴ・ウルバーンスは、国家資本主義が一つあるいは別の形態で普遍化するだろう、と結論づけた。イタリアのトロツキスト、ブルーノ・リッツィは、一九三〇年にフランス語で『世界の官僚化』という本を発行したが、そのなかで、世界は新しい形の階級社会に向かって動いており、ファシスト国家やソビエト連邦が例証しているように、個人所有が官僚制に帰属させられた集団所有に置き替わる、と説いた。

トロツキーは、そのような考え方に猛烈に反対した。つまり、ブルジョアジーの機関であるファシズムが、政治的官僚制を擁護するために自らの階級を簒奪すると示唆することは馬鹿げている、と。おなじように、トロツキーは、バーナムとシャクトマンがソビエト連邦を「労働者国家」と呼ぶことはもはや識別可能な意味を持たない、という結論に達した際に、彼らと袂を分かった。シャクトマンは、資本主義のもとでは経済的権力と政治的権力とを分離することができる、しかし、ソビエト連邦ではそれはできない、そこでは所有関係と政治権力へのプロレタリアートの参加は共依存している、と指摘した。つまり、プロレタリアートは政治権力を手放すことはできず、経済的独裁を行使し続ける。プロレタリアートの政治的簒奪は、あらゆる意味におけるその支配の終焉を意味し、それゆえに、ロシアがなお労働者国家であると主張することは馬鹿げている。支配的な官僚制は、その用語の真の意味において「階級」である、と。

トロツキーは、最後までこの結論に強く反対し、ソビエト連邦の生産手段は国家に帰属している、というただ一つの主張を繰り返した。もちろん、このことは誰も否定しない。論争は、理論的というよりも心理的なものであった。つまり、ロシアが新しい形態の階級社会を作り上げたこと、そして搾取は、トロツキーの生涯をかけた仕事が無駄になったこと、そして彼自身が自分の意図したものと正反対のものを実現するのを助けたことを認めること、であった。

これは、誰も引きだそうとはしない類の結論である。同じ理由で、トロツキーは彼が権力の座にあった時、ソビエト連邦とコミンテルンはあらゆる点で非の打ち所のないものであった、と全力を尽くして主張した。つまり、それは労働者大衆の純然たる支持を受けた真のプロレタリア独裁、真のプロレタリア民主主義であった。あらゆる残酷な抑圧、武力による侵略等は、それが労働者階級の利益であるならば正当化されるが、しかしそれは後にスターリンがとった措置とは何の関係もなかった（亡命中にトロツキーは、ロシアでは宗教的迫害はなかった。つまり正教会はその独占的権力をはく奪されただけであって、この措置は真に適正であったと主張した。この点で、彼はスターリン体制を擁護する義務がある。なぜなら、スターリン体制はレーニンの方針からいささかも逸脱しなかったからである）。

トロツキーは、レーニンの時代に新生ソビエト国家によって実行された武力侵入が、間違いであったかもしれない、と示唆したことはなかった。その反対に、彼は、たびたび、革命は地理を変更することはできないと繰り返した。換言すれば、ツァーリの辺境地は保持され、あるいは復活されるべきであって、ソビエト体制はポーランド、リトアニア、アルメニア、グルジアやその他の周辺国家を「解放する」あらゆる権利を持っている、と。彼は、もし官僚制的堕落がなかったならば、一九三九年に赤軍はフィンランドの労働者大衆によって解放者として歓迎されただろう、と主張した。しかし、その場合に、彼は、自分が権力の座にあって何らの「堕落」もなかった時に、フィンランド、ポーランドあるいはグルジアの労働者大衆が、歴史の法則に基づいて彼らの解放者を熱狂的に歓迎しなかったのはなぜなのか、を自問することはなかった。

トロツキーは、哲学の問題には関わらなかった（人生の終わりに向かって、彼は弁証法と形式論理学に関する自分の考え方を詳述しようと試みたが、彼が知っている論理学の全てはハイ・スクールや青年期のプレハーノフの研究から再集約した断片から成り立ち、プレハーノフの不合理を繰り返すだけであった。バーナムは、トロツキーに現代論理学については何も知らないのだから、このテーマを取り下げるように助言した）。

彼は、マルクス主義の基礎のいかなる理論的な分析も試みなかった。彼にとっては、現代世界の決定的特徴は、ブルジョアジーとプロレタリアートとの闘争であること、これはプロレタリアートの勝利、世界規模の社会主義国家、そして無階級社会でもって終わらざるを得ないことを、マルクスが明らかにしただけで十分であった。彼自身は、これらの予言が何に基づいているかを解明することに関心はなかった。しかしながら、これらの真理性と、彼が政治家としてプロレタリアートの利益と歴史の根深い動向を体現している、という事実とを確信して、彼は最終的結末にたいする自分の確信をぶれることなく維持した。

この点で、われわれは異論に答えなければならない。トロツキーの努力と彼のインターナショナルの完全な不達成は、彼の分析を無効にするのではないと言ってもよい。なぜなら、人は、その支持者のほとんどまたは全部がついてこなくても正しいのかもしれず、不可抗力は議論にはならないからである。しかしながら、ここで、われわれはオスカー・ワイルドの指摘（『社会主義下の人間の魂』所収）、つまり不可抗力が議論になるかどうかは、人がそれを証明しようと望むかどうかに懸かっている、ということを想起してもよい。

そして、われわれは、同じような考え方に立って、いずれが強力であるか否かが議論の焦点であるならば、不可抗力は議論になる、とつけ加えてもよい。科学の歴史では一度ならず起こることがあるように、ある理論があらゆる人、ほとんどあらゆる人によって否定されても、それが間違っている、という証明にはならない。しかし、巨大な歴史の動向（あるいは神の意志）の「現れ」であるという趣旨の固有の自己解釈をもつ理論にとって、問題は別である。この理論は、まもなく勝利する運命にある階級の真の意識を体現するか、あるいは真理の啓示かであって、それゆえに、理論そのものとして（「理論的意識」として）、必然的に他の全ての理論に打ち克つにちがいないのである。

もしこの種の理論が認められないとすれば、その挫折は、それ自体の前提からのそれ自体への反証である（他方で、実践的成功は必ずしもその理論の擁護とはならない。イスラムの初期の勝利はコーランが正しかったという証明にはならず、ただそれによって鼓舞された信念が本質的な社会的必要と一致したがゆえに強力な結節点となった、という証明である。同じようにスターリンの成功は、彼が理論家として「正しかった」ことを証明するものではない）。このような理由から、トロツキズムの実践的な挫折は、科学的な仮説の否定とは異なって、理論的な挫折、つまり、トロツキーが考えた理論が間違いであった、という証明である。

トロツキーは、その教条主義的性格と相まって、マルクス主義の理論的解明にいささかも貢献しなかった。しかし、彼は卓越した人物であり、並外れた勇気と意志力そして忍耐力の持ち主であった。スターリンとあらゆる国の彼の取り巻きによって中傷にさらされ、世界のなかでもっとも強力な警察や宣伝機関によって迫害されても、彼は決して闘いにひるんだり、放棄したりはしなかった。彼の子どもたちは殺害され、彼自身も国を追われ、動物のように追い詰められ、最後に死命を制せられた。あらゆる試練にたいする彼の驚くべき抵抗は、彼の信念の結果と彼の揺るぐことのない教条主義的な精神の強固さと対立するどころかその賜物であった。不幸にも、信念の強烈さとそのために迫害に耐えるという支持者たちの意志が、

961

知的あるいは道徳的に正しいことを証明するのではない。

　ドイッチャーは、その論文で、トロツキーの生涯は「先駆者の悲劇」であったと述べる。しかし、これを主張する十分な理由は存在せず、何が彼を先駆者であった、とするのかも明確ではない。もちろん、トロツキーはスターリン主義の修史のねつ造を暴露し、新社会の状況に関するソビエトの宣伝のウソを否定することに貢献した。しかし、社会と世界の将来に関する彼の予言は、すべて虚偽であったことが判明した。

　トロツキーは、ソビエト専制主義批判において独創的でもなく、そのような批判を行った最初の人物でもなかった。その反対に、彼は、民主主義的な社会主義者よりも、より寛容にソビエトを批判し、そして専制主義そのものとしてソビエトに反対したのではなく、ただその最終的な目的、彼がイデオロギー的原則に立って判断した、その最終的な目的に反対した。

　スターリンの死後に、共産主義諸国に現れた反対派は、事実としても批判者それ自身の心性からしても、トロツキーの著作または思想と何の結びつきもなかった。彼の理念は、これらの国における「異端派」の運動においても、また共産主義の観点からソビエト体制を批判した少数派においてすらも、何の役割も果たさなかった。トロツキーは、新しい別の形の共産主義あるいはスターリンのそれと異なる理論を何も提出しなかった。彼の攻撃の主眼、つまり「一国社会主義」の批判は、単に、スターリンとは何の関係もない理由で、実行不可能となったある戦略的な路線を継続しようという試みであった。トロツキーは「先駆者」ではなく、一九一七年から二一年にかけて追求されたが、そののちに、内的外的理由の双方から放棄せざるを得なくなり、かなぐり捨てられた革命コースの一分流であった。彼の生涯は先駆者の悲劇というよりも、亜流の悲劇と呼ぶ方がより正確だろう。しかし、そのどちらも十分な表現ではない。

　ロシア革命はある点では方向転換したが、それはすべての点ではない。トロツキーは連続的な革命的攻勢を主唱し、彼自身と他の者たちに、もし彼がソビエト国家とコミンテルンを運営し続けていたならば、世界全体は遅滞なく燃え立っていただろう、と信じさせる努力を行った。彼がこのように信じた理由は、マルクス主義の歴史哲学が彼にそれが歴史の法則であると教えたことであった。

　しかしながら、ソビエト国家は諸々の事情によって、この点でその進路を変更せざるを得なくなった。トロツキーはそのためにその指導者たちを非難することをやめなかった。しかしながら、内部体制に関するかぎり、スターリン主義は、レーニンやトロツキーによって確立された統治システムの自然で明白な継続であった。トロツキーは、この事実を認めるのを拒否し、スターリンの専制主義はレーニンのそれと何の関係も持たないと、自らを説得した。つまり、強制、警察による抑圧、文化生活の荒廃は「官僚制的」なクーデターのせいであり、彼自身はそれらに一片の責任も持たない、と。

　このような絶望的な自己欺瞞は、心理的には説明可能である。ここでわれわれが目の当たりにするのは、単なる亜流の悲劇ではなく、自らが作りあげた罠《わな》に絡めとられた革命の独裁者の悲劇である。トロツキー主義の理論、なるものは存在しなかった。存在したのは絶望的なまでに自らの役割を復活させようとし、その努力が無為に終わったことを理解できず、そして、不可解な堕落とみなしたが、実は自らがレーニンやボルシェビキ党全体とともに社会主義の基礎として確立した諸原則の直接的な結果であった事態にたいする責任を受け入れようとしなかった、罷免された指導者であった。

962

第6章　アントニオ・グラムシ：共産主義的修正主義

グラムシは、レーニン後の共産主義者の世代のなかで、おそらくもっとも独創的な政治著作家である。彼のレーニン主義との関係は論争のテーマであったが、今もなおそうである。トリアッチのようなイタリアの共産主義者は、一般に、彼を純血のマルクス・レーニン主義者と表すか、あるいは、とにかく彼の理論で独創的なものが何であれ、それはレーニン主義の補完であってその否定ではない、と主張する。

　このような解釈は、ある程度は戦術的な動機によって促されている。イタリアの共産主義者たちが、ソビエトのイデオロギー路線からの彼らの逸脱を正当化するためにグラムシの権威を引き出す時、彼らが共産主義運動の守護的な精神を基本的には同じくしていることを強調することが好都合である。グラムシ自身はレーニンの権威に異議を唱えたことはなく、大部分が獄中からの未完の論考やノートであって、断片的で分かりにくく、相互矛盾的でもある彼の書いたものが、いくつかの本質的な点で、レーニンと異なる別なタイプの共産主義の基礎として役に立つ、と彼がどの程度に認識していたかは不明である。

　グラムシの書いたものは、首尾一貫した理論にまで達しておらず、むしろ曖昧で萌芽的な素描にとどまっているけれども、それらのいくつかの側面は明瞭で独創的で、共産主義のイデオロギーの自立的な定式化の試みであって、レーニンの図式の単なる適用ではない、という見方を十分に正当化する。このような見方は、より民主主義的で「開かれた」社会主義の解釈の探究者たち、特に共産主義者やかつての共産主義者たちが、そのインスピレーションをグラムシに求めたことがたびたびであったこと、そしてまた、彼の思想をイタリア以外の共産主義政党、とりわけ支配的な党に導入しようとする試みがなされた時に、厳しい困難や抵抗が起こったことから、間接的に肯定される。

グラムシは、一九三七年に死去したけれども、彼の書いたものは実際にはスターリン主義的なマルクス主義の後の歴史に属する。彼の思想が次第にイデオロギー論争のなかで議論され始めたのは、彼の獄中からの手紙やノートの六巻版が発行された後の五〇年代と六〇年代であったからである。レーニン・スターリン主義の正統派にたいする彼の位置は、幾分かはローザ・ルクセンブルクのそれと似通っている。共産主義の大義の殉教者として、彼にたいしてリップ・サービスが払われたが、彼の書いたものは有益であるよりも、当惑させるものであった。

　彼が投獄される前の一九二六年までに発行された論文について言えば、それらの重要性は、彼の獄中の著作物に照らしてのみ現れてくるだけである。このような補完がなければ、これらの論文は、イタリア共産主義運動の歴史の主たる素材とはなっても、独創的な理論内容を構成すると言うことはできない。マルクス主義の理論という点から見れば、獄中の著作が彼の作品の本質的な部分である。

1　生涯と作品

イタリア共産党の指導者となったアントニオ・グラムシ（一八九一〜一九三七）は、サルデーニャ島アーレス村に小役人の息子として生まれた。子ども時代の事故でねこ背となり、身体的に成長が遅れた。彼の父は政治的陰謀によって何年間か監獄に繋がれ、そのせいで家族は極貧に陥った。まだ小さかったその息子は、さまざまな臨時の仕事で働かなければならなかったが、それでもカリャリの中学校を卒業し、一一年の秋にはトリノ大学への奨学金を得た（同じ年にパルミーロ・トリアッチもそうした）。

　大学の一年生の時、グラムシはまだ完全な意味の社会主義者ではなかった。彼の視野は、サルデーニャ地域主義によってある程度まで制限された。彼の同郷の島民は、正当な理由から、彼らが蒙っている軽視や貧困は少なくともある程度は、北部イタリアの拡大する産業が享受する特権のせいであるとみなした。貧困化された村民と搾取された鉱夫たちの不満は、当時のサルデーニャ島にまだ根づいていなかった社会主義よりも、分離主義的で地域主義的な傾向にそのはけ口を見いだした。

　しかしながら、そのずっと前に、グラムシの学習とトリノの産業的条件が、国の政治への関心を彼に持たせることに繋がった。彼は、人文課程を選択し、特に言語学に惹きつけられた。その生涯を通して、彼は、今日では社会言語学と呼ばれるもの、つまり、言語の変化に及ぼす社会制度の影響の研究に強い関心をもった。彼のトリノ大学の友人、やがて共産党の結成でカギ的な役割を果たすアンジェロ・タスカ、ウンベルト・テッラチーニ、パルミーロ・トリアッチがそうしたように、彼は、まちがいなく一九一三年の終わりまでに社会主義政党に加入した。

　グラムシは、一九一五年の春に大学教育との関係を打ち切った。それまでのあいだに彼は、歴史と哲学の広大な知識を習得した。この世代のイタリアの全ての知識人と同じように、彼の特に優れた哲学の教師はベネデット・クローチェであった。グラムシは、確かに文字通りの意味のクローチェ主義者ではない。しかし、イタリアのこのヘーゲル主義者の著作が、彼をヨーロッパの哲学的な諸問題の分野に引き込んだ。

　彼は、クローチェの実証主義の批判を称賛し、少なくともしばらくの間は、マルクスがヘーゲルにたいしてそうしたのと同じようにクローチェを扱って、イタリアのマルクス主義はクローチェの批判的吸収に基づくことができるかもしれない、という希望をもった。後になって、グラムシはクローチェにますます批判的になったが、それはクローチェがますます反マルクス主義者になったからである。しかし、彼は、クローチェの哲学の「反動的な」影響を指摘することに主に関わった時でも、クローチェの哲学はイタリア人の知的な生活において大きな役割を果たしてきた、と認めることをやめなかった。

　同じように、イタリアの諸問題に関する正統派マルクス主義者の階級的解釈を擁護して、サルデーニャ地方主義と袂を分かった時でも、彼はイタリア南部とイタリアの過去および現在の歴史における、南部と北部との対立の特別な重要性というテーマを放棄したことはなかった。一九一三年の選挙とヨーロッパ戦争が、グラムシを職業的な政治家に変貌させた。一四年末から、彼はイタリアの社会主義誌のための執筆活動を始め、一六年からは『アヴァンティ』［前進］紙のピエモント版の共同編集者となり、それに政治評論を書き、書籍や演劇を批評し、あわせてトリノの労働者を教育し組織するのを援助した。

　この時期の彼に、確固たる哲学的態度があったとすることは難しいけれども、さまざまな時どきの論評から、彼が当時の社会主義者のなかで一般的であった、人類に社会主義の未来を保証する「歴史の法則」の恵み深い展開にたいする信念を共有しなかったことは明らかである。彼は、進歩の自然な不可避性を信頼せず、人間の意志の力と理念の強さにたいして当時の正統派によって認められていた以上に強い信頼を置く傾向があった。疑いなく、彼はそれまでにソレルの活動主義からある程度の影響を受けており、ソレルの見解を自分のものとすることはなかったが、グラムシのマルクス主義の解釈は、その大部分を彼に負った。

　革命の反乱がトリノで発生した一九一七年までに、グラムシはすでにトリノ市の社会主義指導者の一人となっていた。彼のマルクス主義にたいする個人的な見解は、今日しばしば引用される一七年一一月のロシアの一〇月革命に関する「資本論に反する革命」と題する論文に表れていた。そのなかで、そのような国はまずは西欧タイプの資本主義の段階を経過するだろう、というマルクスの信念にもかかわらず、ボルシェビキはロシアで勝利を収めた、と彼は述べた。ボルシェビキの革命的な意志はマルクスの図式を投げ捨てた。しかし、それはマルクス主義のなかに生きているものから、そして、実証主義の侵入によって傷つけられているけれども、ドイツやイタリアの観念論の継続の要素からその力を引き出した、と。

　一九一九年五月にグラムシ、トリアッチ、タスカ、テッラチーニによって編集された週刊紙『オルディネ・ヌオーヴォ』［新しい秩序］紙第一号が

965

発行され、それは将来のイタリア共産党のイデオロギー的訓練において重要な役割を果たした。この年の一〇月に社会党はボローニャで大会を持ち、多数決で第三インターナショナルへの加入を決定した。この党は、対立する集団に分断され、コミンテルンの立場からするレーニンの要求に叶うには程遠かった。しかし、ソビエトの指導者たちは、グラムシと彼の友人たちをボルシェビキの方向にもっとも近いと見た。

アマデーオ・ボルディーガに率いられた極左派は、党はあらゆる議会活動は控えるべきである、それは労働者階級の革命への意志を鈍らせるだけである、と考えた。つまり、共産主義者はブルジョア制度と一切関係してはならず、権力のための直接闘争に備えるべきで、このような考え方を持たない者は誰であれ、自分たちの陣営から排除すべきである、と。

党の中枢と右派はともに、このような「自制主義」(abstentionism)を拒絶し、右派は暴力による権力の獲得を認めなかった。この論争において『オルディネ・ヌオーヴォ』グループは、労働者評議会(workers' councils)の支持によって主として区別された。これが運動の支配的な理念となり、グラムシはそのもっとも雄弁な提唱者となった。

労働者評議会は一九一九年と二〇年のトリノの大ストライキの間に、一部は自然発生的に、また一部は『オルディネ・ヌオーヴォ』紙の宣伝の結果として生まれた。グラムシは、それは全く新しい形態の社会組織であって、その機能は資本主義のもとで労働条件を改善しなければならない労働組合、あるいはまた、議会主義的でイデオロギー的である社会主義政党のいずれとも混同されてはならない、と考えた。

評議会は、工場の全ての労働者が、政党への忠誠、宗教等々に関係なく、生産を組織する任務を担うことを可能にするための適正な手段である。つまりそれは、将来の労働者国家の萌芽、プロレタリアートの独裁の中心的な機関である。それは、所与の工場で例外なしに、すべての賃労働者によって選出されなければならず、それは工場内の資本家の機能、やがては国家の組織を継承するためである。

グラムシは、労働者評議会はロシアの経験のイタリア版であると考え、そして、ソビエト制度は、権力の労働者への現実的な移行という同じ理念を体現している、と想像して疑わなかった(とにかく、彼のモスクワ訪問前である)。「すべての権力をソビエトへ」は『国家と革命』のレーニンの理論とは実際に一致したが、ロシアの現実とは一致していなかった。さらに言えば、グラムシの見解は、生産を管理するだけではなく、全社会生活を組織することが現場の生産者の任務である、とするソレルの理念の強い影響を表していた。将来の社会はそのあり方を、いわば、生産現場から取って来なければならない。つまり、自律的な生産の機関であることに加えて、評議会は、新しいプロレタリア文化の母体となり、そして労働者階級の精神的転換をもたらすだろう、と。

さまざまな理由から、この理論は、反議会主義的な共産主義左派や中枢部そして右派からは受け入れられなかった。左派は、社会主義革命の真の目的は暴力で政治権力の機構を破壊すること、そしてプロレタリアートの名のもとで作動する新しい中央機関を確立することである、と考えた。この観点からすれば、自ら認めた反議会主義を別にすれば、それはレーニンと一致していた。

右派は、プロレタリアートの支配を社会の多数派に支持され、民主主義的手段で権力を行使する社会主義政党による統治と同一視した。両派ともに、マルクス主義の理論は労働者の直接的支配という意味のプロレタリアートの独裁の理念を除外しており、労働者の固有の場所は工場であって、議会または党の指導中枢ではない、と考えた。改良主義者は社会主義者が

966

多数となった代表制民主主義を望み、他方、左派は党の独裁を求めた。しかしながら、グラムシは、あらゆる生活過程が生産者大衆全体の統制に服し、その経済的、政治的、文化的解放が自然発生的に進行するに違いない社会を想像した。

グラムシの希望にもかかわらず、連続するストライキは労働者による工場占拠を伴い、労働者評議会の設置は全国規模の運動に発展しなかった。一九二〇年の春に、トリノの労働者はその雇用者側の条件で仕事に復帰せざるを得なくなった。グラムシはほとんど一人で、プロレタリアートの解

放の基本的武器であるとして評議会を頑強に擁護しつづけた。

しかしながら、その言葉の真の、レーニン主義的な意味における共産党の創立のために闘ったのは、彼一人だけではなかった。『オルディネ・ヌオーヴォ』紙は、改良主義と党指導部の優柔不断をひっきりなしに激しく非難し、ボローニャの決定にもかかわらず、党はそれ自身の一本化された意志も持たないまま、純粋に議会制度に留まりつづけ、プロレタリア革命の理念を放棄していると訴えた。

一九二〇年の八月から九月のトリノの労働者による工場占拠の新しい試みが失敗に終わった後、レーニンの望みに応じて、共産主義者グループは独立した政党に転換することを決定した。反議会主義の分派は、渋々ながら、コミンテルンの公式の指令と対立する「自制主義」の原則を投げ捨てた。一一月に共産主義者は分離宣言を発表し、二一年一月にリボルノで開催された社会党の次の大会で分裂が実効化された。共産主義者は投票でおよそ三分の一を確保し、イタリア共産党を発足させた。

グラムシ（今や『オルディネ・ヌオーヴォ』紙の編集長で、それは日刊になっていた）は、最初の中央委員会のメンバーであり、中央委員会はボルディーガの支持者によって固められていた。党内ですぐに論争が発生したが、その主要な論点は、共産党は他の社会主義政党との提携を追求すべきか否か、どの程度まで追求すべきかであった。この問題はファシズムがイタリアで明らかに支持を広げはじめたので、ますます決定的となった。グラムシは広範な連合の方針に賛成した。これは、ボルシェビキが「革命の潮は引いた」と理解した後のコミンテルンの方針転換とも適合した。一九二二年五月にグラムシはコミンテルン執行委員会のイタリア党の代表としてモスクワに赴いた。彼はそこに一年半滞在し、二二年一一月の第四回コミンテルン大会に参加した。

そのあいだに、ムッソリーニはその「ローマへの進軍」を実施した。コミンテルンはボルディーガの支持を取り消したが、彼は「純階級」的態度にこだわって、ブルジョア民主主義とファシズムの本質的な違いを見ずに、「統一戦線」方針に反対した。無数の検挙によって党は、その指導部を剝奪されてしまい、グラムシは、コミンテルンによって党の委員長と認められた。彼は一九二三年の末にモスクワからウィーンに移り、そこから、当時、分派闘争で引き裂かれていたイタリアの党の復活を試みた。彼は、二四年五月にイタリアに帰還し、議会に選出され、こうして在任中の不逮捕特権を獲得した。

党は極度の弱体化と解体状態であった。長い闘争の末に、ボルディーガ一派を打ち負かした（ボルディーガは獄中にあったが、まだ地方グループを支配できた）後の一九二六年一月にリヨンで開催された大会で、グラムシは、イタリアで民主主義を再興させるための統一戦線を形成するという自分の方針にたいする多数の支持を得た。共産主義者は、他の反ファシスト・グループとともに、二四年六月に議会から脱退していたが、すぐに復帰して議会制度に残されたものを宣伝目的のために利用しようと決定した。このような策略は、ファシスト政府のますます抑圧的な措置にたいしては役に立たなかった。

グラムシは一九二六年一一月に逮捕され、翌年六月に二〇年と四ヵ月の投獄刑を言い渡された。さまざまな都市に連続して閉じ込められ、しばらく後には、書くことと本を受け取ることが認められた。彼の残りの生涯は、彼の脆弱な健康と監獄の条件が許すかぎりにおいて読書とノートの執筆に費やされたが、それが二〇世紀のマルクス主義にたいするもっとも独創的な貢献の一つとなった。

グラムシが共産党の一員のままでいることができたのは、疑いもなく、彼の投獄のお陰であった。彼が党から除名されるか、あるいはインターナショナルから非難されることを避けられたのは、彼がほとんど完全に党との接触を遮断されたことがその理由であった。彼は新聞を読み、彼に面会する親族から時期遅れの政治の報告を受け取ったが、彼自身は諸事件には何の影響も与えなかった。逮捕の直前に彼は、トロツキーに反対する当時の多数派（スターリンとブハーリン）に味方する手紙をボルシェビキの指導者に送ったが、彼らの内紛の残忍性にたいする不安を表明し、あからさまな言葉で、ボルシェビキが国際プロレタリアートの責務を忘れていることや、レーニンの事業全体を危機に陥れていることを非難した。同時に、過ちを犯した階級は農民と同盟しなければ闘うことはできない、と確信して、農民を犠牲にする強制的な工業化というトロツキーの計画に反対した。

コミンテルンのイタリア代表としてグラムシと交代したトリアッチは、良い時も悪い時もスターリンを支持することを決意し、それから三〇年間そうしつづけた。グラムシ一人だけがモスクワを批判した。しかしながら、一九二八年から二九年の変わり目に、スターリンはコミンテルンとボルシェビキ党の方針をグラムシの見解と全く正反対の方向に切り替えた。統一戦線の理念は放棄され、攻撃は社会民主主義（「社会ファシズム」）に集中された。世界革命はさし迫っており、共産主義者はプロレタリアートの独裁への直接的移行を準備しなければならないと告げられた。

ブハーリンは失脚し、スターリンはソビエト農業の大規模な集団化に取りかかった。トリアッチは、イタリア党内に残っていた手に負えない分子の追放を組織した（犠牲者の一人がアンジェロ・タスカであった）。グラムシはコミンテルンの新方針への反対と、排斥された「偏向・逸脱者」にたいする同情を、監獄を訪れた彼の弟との会話のなかで表明した。しかしながら、
968
グラムシの伝記作家ジュゼッペ・フィオーリが明らかにしているように、その弟は彼の話について虚偽の報告をトリアッチに伝え、こうしてグラムシを、党の中枢やコミンテルンによる、しかるべき非難から救った。

一九三三年の末に向かって、グラムシは警察の監督下で私立診療所に移ることを認められ、翌年の末、健康状態が既にきわめて悪化した時に一時的に釈放された。彼は三五年の半ばまでは動けたが、その後ローマの病院に移され、そこで三七年四月に死去した。

手紙のほかに、獄中でグラムシは三〇〇〇頁余りを書き残した。これらのすべての書きものは第二次世界大戦後に出版された。手紙の第一版は一九四七年に政治的理由からイタリア共産党によって短縮された。二九年から三五年に書かれたさまざまなノートは六巻余に集成された。『史的唯物論とベネデット・クローチェの哲学』（一九四八）、『知識人と文化の組織』（一九四九）、『リソルジメント』（一九四九）、『マキャヴェリに関するノート、政治と現代国家』（一九四九）、『文学と国民生活』（一九五〇）、『過去と現在』（一九五一）であった。彼の初期の論文や小冊子も再発行された。

グラムシの裁判で、「この頭脳は二〇年間その活動から外されなければならない」と宣告した訴追者は、自分の意図したものと全く正反対のことをやってしまった。もしグラムシがファシストの時代を亡命の身で過ごすことを許されたならば、彼はまちがいなく共産主義の多くの追放者の一人となっていただろうし、モスクワに行って確実に決着をつけられることがなければ、不在の公衆の利益のために、残りの生涯を自らの政治活動の不毛な弁明に費やしていただろう。彼を否応なしに時事問題から遮断した投獄のお陰で、彼はより理論的で基本的な問題に取り組まなければならなくなった。その結果、われわれは興味深いノート、何をさておいても、その見解の独創性と広大さを否定できない、マルクス主義の文化哲学の試みを含むノートを手にしている。

2　歴史の自己充足性　歴史相対主義

グラムシの思索の主要なテーマは、マルクスの初期の著作を支配したテーマである。つまり、人間の思想、感情、意志と「客観的な」社会過程との関係、という問題である。他のどのマルクス主義者も超越論と対照的な歴史主義（この用語の一つの意味における）として一般的に知られるこの観点を、そんなに熱心には表明しなかった。

この見方の本質は、全ての人間の行動の意味と「合理性」そして哲学や科学のような精神の働きを含むあらゆる人間活動の産物は、それらもその一部である「グローバルな」歴史過程との関連でのみ明らかになる、ということにある。換言すれば、哲学あるいは科学の「真理」は、社会的に実用的な意味において「真理」である。つまり、真なるものは特定の歴史的状況のもとで、その状況の現実的な展開の動向を表す。哲学も科学もわれわれが社会制度、宗教的信条、感情、あるいは政治運動を判断するのに使う以外の基準によって判断することはできない。

969

グラムシのこの反実証主義的で反科学主義的な相対主義は、疑いもなく彼のクローチェ研究に根ざしている。しかし、彼はそれをマルクス主義または「実践の哲学」の真髄であると信じた。「実践の哲学」という用語は、検閲を逃れるために彼がその獄中ノートで一般的に使った用語であった。しかし、それはまた彼の立場からすれば正確な標記でもあった。

マルクス主義は、特に、このような歴史的な意味、つまり他のどのような理論よりもより良く時代の「真理」を表す、という意味においてもまた「真理」であった。諸々の理念はそれらの機能や起源にもかかわらず、それらの社会的歴史的文脈を外しては捉えられない。つまり、ほとんどのマルクス主義者がこの用語を使う時の意味の「科学的哲学」、すなわち、われわれがそれを知っていようがいまいが、現実をありのままに「反映した」哲学、というものは存在しない。しかし、同じように、「科学的科学」、つまり人間から独立して、ただあるがままの世界を記述する科学も存在しない。

「独我論を避け、同時に、思惟を受容的および整序的な活動と考える考え方にふくまれている機械論的な考え方を避けるためには、問題を『歴史主義的に』提起し、同時に哲学の基底に『意志』（結局は実践的あるいは政治活動）をおかなければならない。しかし、その意志というのは歴史的客観的必然性に照応するかぎりにおいて、すなわち、それが、前進的に実現されるとき、普遍的な歴史そのものであるかぎりにおいて、合理的であって『恣意的』ではない意志のことである。この意志は、はじめは一人の個人によって表現されたとしても、それの合理性は、それが多数の人びとによって迎えられる、しかも永続的に迎えられるという事実、すなわち、その意志が一つの文化、一つの「良識」、その構造に照応する一つの倫理をもった一つの世界観となるという事実によって裏書される」（『選集』第二巻［邦訳『グラムシ選集』第一巻　二六五頁］）。

換言すれば、理念の正しさは、それが歴史的に勝利するという事実によって確証されるか、あるいはおそらく現実的にそこにある。この考え方は、それが知られようが知られまいが、そしていつ知られようが、誰がどのようにしてそれを真理と認めようが、真理は真理である、という普通の考え方とは非和解的である。

「理念は他の理念からは生まれず、哲学は他の哲学の父親となることはできないのであって、それらは歴史の現実の発展の常に新しい表現である。――あらゆる真理は、例えそれが普遍的で、数学タイプの抽象的公式で表されるとしても、その有効性を特定の具体的な状況の言葉で表現されるかどうかに負う。もしそれがそのように表現できないとすれば、それはビザンチン様式の衒学的な抽象化、気晴らしの美辞麗句に過ぎない」（『選集』第七巻　一九五二年　六三頁）。

確かにグラムシは、相対主義という非難を否定したが、しかし、彼が歴史相対主義者である、という疑念を晴らすことができたかは明らかではない。ブハーリンを批判して彼は述べる。「哲学的言説を特定の歴史状況において真理である、つまり特定の歴史的活動あるいは実践の必要不可欠の表現であるが、しかし次の時代に追い越され、無効になってしまうと考えること、つまり、このことを懐疑主義または道徳的・イデオロギー的な相対主義に陥らずに考えること、言い換えれば、哲学の歴史主義的な見方を取ることは、いささか骨の折れる困難な精神的な取り組みである」（『史的唯物論』『選集』第二巻　一三三頁）。

「真理」の認識論的な意味に関するかぎり、グラムシからこれ以上のものを引き出すことは難しい。しかし、基本的な思想は明瞭である。それは、結局は、精神の全ての所産をその歴史的な機能に還元し、科学と精神活動の「非科学的な」形態との間を厳しく区別することを否定することに行き着く。「実践の理論によれば、人間の歴史は原子論によっては説明されず、その反対であることが明らかである。つまり、他のすべての科学的仮設や意見と同じように、原子論は上部構造の一部である」（同前、一六二頁）。

グラムシにとってこのように「明白な」事が、大多数のマルクス主義者にとってはそうではなかった。多くのマルクス主義者はむしろ反対の見方、つまり、宇宙の科学的解釈は日常的感覚における「真理」の前進として、歴史的に蓄積され、そして、宗教的信念、芸術、あるいは政治見解と違って、「科学」は「上部構造」の一部ではない、という見方をとった。この見解に立てば、マルクス主義それ自体が、科学的な理論として、「客観的に」つまりそれがまた、労働者階級の武器として政治的な機能を発揮する、という事実とは独立に検証できる。

　この「絶対的な歴史主義」（グラムシの言葉）のお陰で、それによってわれわれの世界に関する知識が組織されるすべての概念は、本来的に「物」ではなく、これらの概念の使用者との関係に関連する。「物質はこのようにそれ自体としてではなく、それが生産のために社会的および歴史的に組織された（もの）として考えられねばならない。同じように、自然科学は本質的に歴史的なカテゴリー、人間の諸関係として見なされなければならない」（同前、一六〇頁）。

　同じことが「人間性」の理念にも適用される。グラムシが何回も繰り返すように、不変の人間性などというものは存在せず、ただ歴史的に変化する社会諸関係のみが存在する。彼は常識的な見方、つまり、相対的に永続的な生物的および物理的な環境、これによって人間は自らを支配する世界を発見するのだが、この生物的および物理的環境によって設けられた制限のもとで、全ての歴史的な変化は起こる、という常識的な見方を拒否しているように見える。この点で、グラムシは、マルクスには存在するが、エンゲルス・スタイルの進化論的解釈からはほとんど完全に無視された「純歴史主義」の理念に立ち戻る（グラムシ以前では、ブジョゾフスキのみがこのようなラディカルに反科学主義的な方法においてマルクス主義を考えようとした。もっとも、そのような傾向は、やや微温的な形態ながら、ラブリオーラにも見ることができる）。

　グラムシにとって、人間の「実践」の変化する形態を除いては他に何も存在しない。つまり、すべての意味が実践に由来し、実践に関係する。質問と解答は、それらが人間の自己創造の過程に統合されるかぎりにおいてのみ意味がある。この意味で、人間の歴史が実に知識の絶対的な境界である。

971

　同じ理由から、グラムシは、他のマルクス主義者以上に、「上部構造」の全領域が社会生活の「真に現実的な」側面、つまり生産関係の表れであるという見方を否定した。「土台」と「上部構造」の区別そのものが彼にとって非本質的に思われた。彼は一度となく、特にクローチェとの論争のなかで、「上部構造」は生産関係の単なる現象化あるいは生産関係よりも現実性の低い生活の側面に過ぎないとマルクス主義者は考えている、と非難するのは馬鹿げていると繰り返した。

　「上部構造」の多様な側面のなかで、社会階級は自らの位置と機会を認識するようになり、そして、そのように意識するようになった社会的諸条件を変革することができた。これは継続的な過程であり、それゆえに、土台の明確な「優先性」を語ったり、あるいは、どちらが「第一」であるかを論争したり、ましてやそれによって「土台」は必要とする「上部構造」を作り出す、という一方通行の決定論を想定したりするような余地は存在しない。

　もし、何らかの形態の「上部構造」が単なる表れと呼びことができるとすれば、それは単に、それが歴史的機能を失い、もはや社会的な諸力を組織できなくなったことを意味するだけである。これは科学理論のみならず、哲学的あるいは宗教的理論または芸術の動向にも当てはまる。

3　「経済主義」の批判　予知と意志

　グラムシは、「宿命論的」、「決定論的」、「機械論的」という用語をほとんど区別なしに、そして、彼が、マルクス主義の理論に根本的に反対であると考える見方を指して、常に用いた。マルクス主義の歴史のなかに強力な決定論の傾向が存在することに異論はさしはさまなかったが、彼は、それを労働者運動の初期の段階の歴史的環境のせいにした。抑圧された階級が主導権を握れず、主に防衛的な行動に制限されるかぎり、「歴史の法則」のお陰で遅かれ早かれ勝利するに違いないとか、歴史は「客観的に」彼らの側にある、という補償的な理念を発展させることはありがちなことである。

これは、原始的で疑似非宗教的な信仰、初期の段階では必要で、キリスト教の予定説の宿命論に匹敵する。それは自由とは必然性の洞察である、という命題においてドイツ観念論の頂点に達した（グラムシは、ヘーゲルの公式をストア学派的意味で解釈しているように思われる）。それは、事実として、「それは神の意志だ」という叫び以外の何ものでもない。

歴史を通して宿命論的な信念は隷属的な集団のイデオロギーとして機能してきたのであって、それは初期の労働者運動においてもそうであった。しかしながら、ひとたびプロレタリアートが防衛的態度を強いられず、その社会的位置を自覚し、主導権を取ることができるようになると、その運命を見守る歴史の摂理を信じる必要はなくなる。つまり、それから先は、そのような信念は邪魔であって、できるだけ早く放棄されるべきものである。

実践の哲学は、まさにその本質によって、社会変革のエージェントとしての「歴史の法則」や、自分の目的を実現するために人類を使う隠れた神としての「歴史の法則」の作用に頼らない。確かに、労働者階級は、その上に立って主導権を発揮できるようになる意識の水準に到達した時、恣意的には変更できない歴史的な環境に直面する。決定論の否定は所与のいかなる状況のもとでも、人間の意志の力が、好きなことなら何でも達成できるとか、あらゆる制限に従属しないとかということを意味しない。しかし、いくつかの可能な発展のいずれが起こるか、という問題は、いかなる歴史法則によっても事前には判断されない。なぜなら、歴史は人間の実践

972

に外ならず、それゆえに意志を含むからである。

グラムシは述べる。「経済的な要因（直接的で、ユダヤ的な歴史的経済主義という意味で理解された）は基礎的歴史過程がそれ自体を顕在化させる（人種、宗教等の要因）いくつかの方法の一つに過ぎない。しかし、実践の哲学が解明しようとするのはこの基礎的な歴史過程であって、これが、実践の哲学が歴史研究の単なる基準ではなく、哲学、『人間学』である理由である」（『過去と現在』、『選集』第七巻　一八三～四頁）。

グラムシは、経済の変化は文化の変化と同じようにその個別の表れに過ぎないとする、「基礎的歴史過程」が意味するものを説明しない。しかしながら、彼が、進化論的で決定論的な歴史論、そして同じような生産関係の文化現象にたいする因果的な優越性の原則を、マルクス主義の完全な誤解と見なしていることは明らかである。

歴史の過程は分離不可能であって、それは社会生活のさまざまな側面における自らの単なる「表れ」であるのだから、マルクス主義者のなかで通用している理論と実践の関係の「技術主義的」観念、つまり、社会過程の「科学的」で「客観的」な分析に基づく効果的な行動計画を、実践的な政治家に提供することが理論家の任務である、という観念を主張することは不可能である。グラムシは、理論は実践にとって道具的あるいは補助的である、という理念に抗議する。

重要な社会過程は階級意識の発展のせいで起こり、それは組織や知識人なしには不可能である。政治的行動とその行動、方向、目的の意識は二つの別々の現象ではなく、単一の現象の諸側面であり、そのどれかの「優越性」を語ることはできない。知識人としての知識人は、社会的「実践」の参加者であり、政治家としての政治家は理論家である。したがって、グラムシは、レーニンは政治の理論と実践を改善することによって、哲学に貢献した、と明言した。これは「理論と実践の統一」というグラムシの見方と一致する。しかし同時に、それはレーニンに厳密な意味での哲学者というタイトルを与えることを否定しているように見える。事実、グラムシはレーニンの哲学的な見解について何も言及しない。

同じ理由で、グラムシの見解では、歴史の予知とその予知によって実現される行動を分離することは無駄である。予知の行為は予知されたものを実現する行為と一体である。

「実際にわれわれは闘争のみを『科学的に』予言できるのであって、その具体的な局面は予言できない、それは永続的な運動における対立する諸力の結果でなければならない。これらは固定された量に還元され得ない、なぜなら量はそれ自体として常に質に転化するからである。事実として、われわれが活動する程度に応じて、意識的な努力を注ぎ、こうして『予見

973

された』結果に実質的に貢献する程度に応じて、『予見』するのである。こうして予知は、科学的認識という行為ではなく、努力の抽象的な表現、集団の意志が創造される実際的な方法である。では、どのようにして予知は認識の行為であり得るのだろうか。われわれは存在するもの、または存在したものだけを認識できるのであって、存在するだろうものは認識できない。なぜなら、それは存在せず、それゆえに原則として知ることができないからだ。このように予知は実践的行為でしかあり得ない」(『史的唯物論』一三五頁)。

このように、グラムシの意見では、われわれは社会過程を外から「観察する」ことによって知るのではない。事実として、そのような観察は存在しない。認識は、社会の発展の一つの「側面」あるいは「表れ」であって、経済の変化と同じ位置にある(グラムシは経済の発展が生産力の改善に「還元」できることを明確に否定する。『マキャヴェリに関するノート』(『選集』第五巻)のなかで、彼はこのような疑似非「経済主義者」の代弁者としてのアキレ・ロリアに反論している)。

同じ方法で、彼は、カントや新カント主義者だけではなく、「実証主義」的傾向を持つマルクス主義にも見られる、「ある」と「あるべき」の伝統的な区別を否定した。「あるべき」はそのなかで人間が自らの欲求、期待、願望を表す形式である。つまり、それはそれゆえに他のいずれとも同じような社会の現実の一部である。それは存在するものと同じ程度に、実在的である。事実として、それはあらゆる認識が実践的行為の形式であるように、始まったばかりの行為である。実に、「実践」がもっとも一般的な概念とされる哲学の立場から見れば、存在と当為との区別は生まれようがないのであって、プラグマティズムにおいては特にそうである。

しかしながら、ここから、人びとの思想は彼らの社会的位置や実際活動の完全で汚れのない反映である、ということにはならない、これがグラムシの主張の重要なポイントである。もしそうでないならば、人は虚偽意識、イデオロギー的な神秘化、あるいは階級意識の徐々の発展について語ることはできないだろう。なぜなら、意識は常に絶対的に透明であるだろうからだ。しかし、われわれは、物質はそうではないことを知っている。グラムシはしばしば、人びとが明言することと暗黙裡に認めていることとのあいだに、彼らの行動に現れるように矛盾があり、この矛盾は例外というよりも法則であると指摘する。人びとは、いわば、二つの対立する態度あるいは基準のセットを持ち、それらを主張し、行動で表す。これらのうちのどれが個人の「真の」態度なのだろうか。

問題なのは、人びとの言葉がそれを裏切っていようと、人びとが行う事柄であるとグラムシは、明確に考える傾向にある。つまり、「理論と実践の統一」に関するかぎり、真の意識は熟慮された社会的行動に表わされ、他方、それに反するいかなる言辞も単なる言葉だけで「皮相的」である。グラムシは個別の事例を検討していないが、われわれは彼がそうするつもりであったと理解することができる。つまり、その顕著な事例は、隷属階級が教会や教育によって教え込まれた原理を言葉の上では分かっており、そして階級支配、とりわけ財産の不可侵性という原理を支持する傾向にあるが、同時に実践上は、例えば、工場が労働者によって占拠される場合のように、あたかも彼らはこれらの原理を真剣に受け取っていないかのように行動することがある、ということである。

グラムシは、しかしながら、これらの観察を発展させたり詳細に述べたりはせず、それらの正確な目的も明確ではない。ある人びとが、ある事柄を言い、それとは別の事柄を行うということは、まさしく、ごく普通の真理であって、彼らが偽善かあるいは悪い信条を実行せず、自分たち自身の動機や行為の理由を理解せず、それが承認された原則とどの程度対立するかも現に理解することができないことを受け入れるとしても、ごく普通の真理である。

この種の不一致は、少しも被抑圧者の特権などではなく、一七世紀のモラリストたちが指摘したように、少なくとも特権階級と等しい特色である。ましてや、そのような乖離から、現実の行動を支配する原則が、表明されてはいるが実践されていないものよりも「より現実的」であることにはならない。実際、このような言説が何を意味しているかは明瞭ではな

974

い。不一致が圧倒的であるという事実からわれわれが推論できる最大のものは、道徳規則は人びとにたいしてその自然の性向に反するやり方で行動するように強制する主な手段である、ことである。このような状況は階級闘争ばかりではなく、道徳行為の全ての分野に当てはまる。言葉の上だけで認められた基準の実際の行動への影響は、連続スペクトルにそって変化し、それゆえに、明示的あるいは黙示的という二種類の世界観について語る有効性は疑わしい。しかしながら、少なくとも、われわれは、乖離の場合、承認に値するのは行動に表明された「暗黙裡」の考え方であって、それ以外ではない、と想定しなければならない。財産の不可侵性は、実際には被抑圧階級によってだけではなく、特権層そのものによっても侵害されている。つまり、それは階級闘争に参加する行為においてだけではなく、窃盗や強奪においても行われる。

疑いなく、グラムシの真の要点は、社会諸階級は彼らが属する文化の受容された規範に反する方法で、自らの利益を追求することがしばしばである、ということに尽きる。だが、この疑いようのない事実を立証するために「二つの世界観」の理論を呼び出す必要はない。既に見てきたように、グラムシの見解のなかで、マルクス主義は、そこから効果的な政治行動のために実践的なルールが引き出せるような社会的現実の「科学的」評価ではなく、プロレタリアートの階級意識の一つの表現であり、その実践的闘争の一側面あるいは構成要素であった。したがって、それを「哲学的」「社会学的」そして「政治的」側面に分けても意味がないと、彼は主張した。

彼はしばしば、哲学は歴史あるいは社会過程と同義か、あるいはまた、それらの過程の理論的な意識、そうしてその不可分の一部であり得る、と述べた。社会学そのものは、社会現象にたいして科学的思考の特有の様式を適用する、というあらかじめ宿命づけられた試みであり、それは社会現象が法則に従うことを証明するだろう、世界革命と同様に予測可能であるだろうという願望のもとに行われる。しかし、この理念は機械論の遺物に他ならない。「マルクス主義社会学」などというものは存在せず、そして「社会学的法則」などというものも存在しない。人びとが社会現象について考えることそれ自体が社会現象、世界に向かう彼らの主体性や受動性の表れである。「実践の哲学」は、とりわけ、プロレタリアートが偉大な歴史過程の発動者の役割をとる場合の、プロレタリアートの自己知識の行為である。こうして、それは現実の単なる記述ではなく、実践的な行為となる。この点で、必ずしもすべてというわけではないが、グラムシの「機械論」批判はルカーチのそれと一致する。

グラムシはあらゆる可能な手段によって、思想と行動との区別を最小化し、あるいは解消するように努めた。特に、人間の行動は常に多かれ少なかれ意識的であり、そしてまた他方で、より洗練された哲学的、理論的、科学的思想は、人間が自らの実践について社会的に知覚するようになる方法に過ぎず、結果的にそれ自体がその実践の一部であるのだから、人間の行動の全部が何らかの点で「哲学的」ということになる。つまり、必ずしも一人ひとりが適正に表現することはできないけれども、一人ひとりが自分自身の哲学を持っている。

グラムシのこれらの見解は、マルクス主義者やその他から一度ならず異議を唱えられた。一方で彼は、階級意識を形成し、階級闘争を組織する上での知識人の固有の役割を強調した。他方で彼は、しばしば、あたかも暗黙の意識と理論的な意識との違いは重要ではない、つまり、あらゆる人が哲学者である、なぜなら、あらゆる人が意識的に行動しているのだからとしばしば語った。哲学は歴史過程の名辞、すべての人間行動の総体に他ならない、と。

このことから、人が単純にある行為を遂行するかどうか、あるいはまた何故そうするかについて筋の通った評価を与えることができるかどうかに関して、実際上の違いがないことが容易に推量される。換言すれば、自分の利益を守るために何らかの行動を取ろうとする労働者は、そのような行為から歴史の普遍的理論を発展させようとしたマルクスに劣らない「理論家」である。このような見方は、完全な理論的虚無主義（ニヒリズム）に行き着く。事実としてグラムシはこれを否定したが、彼は一貫性のなさを露呈した。彼の関心は、理論を行動の単なる「一側面」として提示することであって、それに特別の地位を与えないことであった。しかし、行動から理論的意識へと主張することは不可能である。カタツムリの行動が生物学的法則に従っているという事実は、カタツムリがその法則を認識していることを意味しない。

　実に、人間の行動は常に多かれ少なかれ意識的である。しかし、人間はその真の動機またはその行動の理由を自覚していない場合が多いのだから、この点で、彼らはカタツムリと本質的な違いはない。「理論的に潜在的な意識」という観念は、自己矛盾であることが分かる。

4　唯物論の批判

全面的歴史主義（total historicism）および集団的実践が、哲学上の問題と回答が意味あるかないかを決定する唯一の絶対的な現実である、という見方は唯物論の否定である。何故ならそれは、いかなるものであれ形而上学の否定であるからだ。この観点からすれば、グラムシは首尾一貫していた。彼の目的は、エンゲルスやレーニンの素朴さによって覆い隠された原初的なマルクス主義的な直感を復活することであった。

　彼の反形而上学的な立場は、一九二一年に初版が発行され、その後フランス語に訳されたブハーリンの『史的唯物論』にたいする全面的な批判においてもっとも鮮やかに見受けられる。しかし、彼は何度も同じ考え方を他の機会でも繰り返した。

　もし、実際に、われわれが関係するあらゆる事柄が、われわれの実践活動に関係させてのみ、われわれにとって明らかになるとすれば、世界を「それ自体において」探究することは無駄である。グラムシによれば、マルクス主義は、「それ自身において、それ自身のために存在する『現実』が存在するのではなく、それを変革する人間たちとの歴史的関係において存在する」（『選集』第二巻　二三頁）。他の所でも以下のような記述がある。

「歴史の外にそして人間の外に客観性が存在しうると想定され得るだろうか？　しかし、誰がそのような客観性を判断するというのか。誰が『それ自体としての宇宙』という観点を採用することができ、そして、そのような観点は何を意味するのだろうか。ここでわれわれは神の理念の残滓、とりわけ未知の神という神秘的な観念と関係しなければならないと主張してもよいかもしれない。――『客観的』は常に『人間にとって客観的』を意味し、それは正確には『歴史的に主観的』と対応するのであって、『客観的』は『普遍主観的』を意味するだろう。

　一元的な文化システムにおいて歴史的に統一された全人類にとって、知識が現実的であるかぎりにおいて、人間は客観的知識を保持する。――形而上学的唯物論における『客観性』という概念は、われわれの内部にも外部にも存在する客観性を意味しようと意図されていることは明らかである。しかし、われわれが、ある現実は人間が存在しなくても存在するだろうと語る時、われわれは隠喩を使っているかあるいはある種の神秘主義に陥っているのである。われわれは人間との関係においてのみ現実を知ることができる。そして、人間は歴史的に発達してきたのだから、同じことが知識、現実、客観性等々にも当てはまる」（『選集』第二巻　一四二～三頁）。

　これらの理念が、エンゲルスやレーニンの唯物論的形而上学と正確に反対であることは証明するまでもない。しかしながら、グラムシは、時どき、エンゲルスそして、特に世界の物質性は科学や哲学の歴史的発達によって証明されている、というエンゲルスの言説に訴えた。グラムシによれば、この言説は、科学の歴史を物質性の概念そのものに何らかの方法で組み込む。つまり、知識の発達は「世界の物質性」を証明したというよりも、それを創造したのだ、と。

　この見方は、彼のルカーチ批判においてもっとも鮮明に現れる。ルカーチは主体と客体の統一の過程である弁証法は、人間の歴史だけに適用できるとする根拠から、エンゲルスの『自然の弁証法』の理念を否定した。グラムシは、ルカーチは自然と人間の二元論を前提にすると主張して、エンゲルスを擁護しているように見える。もし自然史が人類史のなかに含まれるとすれば、自然にたいしても弁証法を適用してはならない、という理由は存在しない。このような推論は、エンゲルスの唯物論を復権させないばかりか、ルカーチの「歴史主観主義」を強調している。ルカーチは自然史を人類史のなかに組み込み、その逆にはしなかったからである。この解釈に立てば、マルクス主義は集団的な唯我論、人間の社会的実践と全面的に関連させた世界像であることが分かる。

　グラムシの見解では、唯物論は、宗教と反対であるどころか、宗教的な迷信の直接の結果である。それは原始的な常識、批判思考のなさを覆い隠すだけの、明らかに「分かり切ったことがら」のようなものである。

977

　「一般の人びとは外の世界が客観的に存在するかどうかという問題が存在し得ることを信用することすらしない。つまり、人はこれを抑え切れないガルガンチュワの大爆笑によって迎えられる問題とするしかない。一般の人びとは、外の世界は客観的に実在的であることは『信用する』が、しかし疑問が生まれる。そのような『信用』の起源は何か、そして『客観的に』という用語の決定的な価値は何か、と。質問を受けた人が宗教的な感情をもっていなくても、それは事実として宗教起源の信用である。世界、自然、宇宙は神が人間を創り出す前に神によって創造され、その結果、人間は、この世界に出来合いの、カタログ化され、一回かぎりと決定されて、この世界に出現したと、すべての宗教がいつも教えてきたのだから、この信念は鋳造鉄のように確固とした『常識』となり、宗教的感情が鈍化したり消滅したりしても、永遠に頑強に生き続ける。そして、結果的に、主観主義を一笑に付すために、常識的な経験に訴えることがある種の『反動的な』方策、宗教的心情への暗黙裡の回帰となる。つまり、われわれが見るように、カトリックの書き手や語り手たちは辛辣な嘲笑と同じ効果をもたらすために、同様の手段に訴える」（『選集』第二巻　一三八頁）。

　グラムシの当てつけは明瞭である。彼が成長した時代、カトリック哲学は近代主義とその「観念論的な」教説との闘いに明け暮れており、無教育の聴衆のために敵対者を打ち破るもっともたやすい方法は、それらが誤りであることはどんな子どもでも分かっているのに、観念論者が「そこの食卓」というのは存在しないか、または、単なる見せかけであると考えていると主張することであった。レーニンの「観念論」への反論はこれと同じ水準であって、それらのなかに類似点が現れるのは驚くに当たらない。

　グラムシは、マルクス主義がもっとも普通に教えられ、解説される形態の粗雑さをよく分かっていた。彼は、ある程度までは、これは避けがたいか、あるいはいずれにしろ理解できると見なした。結局、マルクス主義はプロレタリアートの世界観で、彼らは社会的に隷属した集団であり、その日常の形態では大衆的迷信や日々の常識の水準を超えることはできない。しかし、この状態のままでは、教育された階級のイデオロギーに効果的に挑むことはできない。それは、そのもっとも原始的な敵対者にたいしてはもっとも貧しい見せかけの勝利を勝ち取ることができるだろう。マルクス主義者がもし知的分野で真の前進をなし遂げようと望むなら、彼らは内容のある対抗者と格闘し、彼らの見方を理解するための本物の試みをしなければならない。

　グラムシは、それを裏づける証拠がまばらであった時期に、マルクス主義の真正な哲学的内容として、歴史「主観主義」（immanentism）、あるいは反形而上学的「共同主観主義」（collective subjectivism）を復活させようと試みた数少ないマルクス主義者の一人であった（マルクスの初期の著作、特に一八四四年の『パリ草稿』はグラムシが獄中にある時に出版され、彼はそれを読むことはできなかった。「フォイエルバッハに関するテーゼ」がマルクス主義の哲学的な解釈のために利用できる主な材料であった）。この点から見れば、彼の理念は、レーニン主義正統派と完全に相容れない。

978

5　知識人と階級闘争　ヘゲモニーの概念

新しい階級が社会生活を支配するように努力しながら、それ自身の文化を組織できる形態、あるいは組織しなければならない形態を探究するなかで、グラムシは、しばしばローマ教会の歴史に取り組んだ。彼は、キリスト教のイデオロギー的な力強さを痛感させられ、そして、教養ある人びとの宗教と一般民衆の宗教との間で進展する極端な断絶を防ぎ、そして、あらゆる水準の信者に分かち伝えられる教養の間の繋がりを保持するために、あらゆる時代に教会によって採用された措置を特に重視した。

グラムシは、実際に、その繋がりは純粋に「機械論的」である、と主張した。しかし、教会は人びとの良心にたいする支配の闘争において巨大な成功を収めてきたことも認めた。もし労働者階級が、新しい文化と新しい権力のシステムを創造することを可能にするような情勢の必要に応えるものとすれば、労働者階級もまた新しい形態の知的な活動を創出し、一方における政治および経済的生産と、他方におけるプロレタリアートの側に立った知識人の活動との新しい関係を創出しなければならない。

プロレタリアートは、「有機的な」(organic:グラムシのお気に入りで、もっとも頻出する形容詞の一つ)知識人を必要とする。つまり、科学のルールに従って外から社会生活を単純に記述するのではなく、大衆が自分では表現することができない現実の経験や感情を「表現する」ために、文化の言語(language of culture)を使う知識人である。大衆の経験を理解するために、知識人は大衆と同じ情熱を感得しなければならない。グラムシは「知識人」という言葉を広い意味で、実践的には「インテリゲンチャ」または「すべての教育された階級」と同義に使った。一方、それぞれの「主要な」社会階級はそれ自体の知的な階層を発達させた。他方、知的活動は、時代を通した文化の継続性を保持し、一定の連帯意識によって拘束される単一の階層に人びとを結合した。

知識人が、特定の階級的な立場の代弁者であることと反対に、彼ら自身の独立した専門性を形成するようになるという事実が、知的活動の完全な自律性を主張する観念論哲学に傾斜するように彼らを仕向けた。労働者階級の勝利は、文化的勝利なしには不可能であり、このために、確信をもって、そして教養のある言語でもって、大衆の現実の経験を表現できる知的階層を発展させる必要がある。

これは、文学だけではなく哲学にも当てはまる。両者はともにそれら自体の歴史的な「論理」によって解釈されるのではなく、所与の時代の独自の社会的な関係を「表す」ことができる。例えば、文学が政治的宣伝に変えられる、ということにはならない。その反対に、芸術作品はその道徳的または政治的内容のゆえではなく、それでもってその内容が同一化される形式のゆえに芸術作品である。つまり、芸術家の活動を支配する超芸術的な意図は、それ自体として何か価値のある作品を生み出すことはできない。したがって、真に労働者階級の価値を共有する知識人なしに人為的な文化を生み出そうとしても無駄である。

979

歴史過程は単一の全体であるのだから、文化活動も知識人も自律的な意味を何も持たない。知識人の「有機的」性質と芸術活動もまた文化的達成の条件である。

グラムシは、労働者階級はブルジョアジーの文化と全く異なるそれ自身の独自の文化を創造する途中にある、と信じた。つまり、それはブルジョア的な神話や偏見を粉砕し、真に普遍的な精神的価値を初めて確立するだろう。グラムシの主張から、彼が、プロレタリア革命によって破壊される文化的な継続をどの程度まで期待したかは明白ではない。彼は、ロシア急進主義者のプロレトクリトの言葉は使わなかった。しかし、新しい文化は古いものと「完全に異なら」なければならないと主張した。そのような言葉では、古い文化が粉砕される方法や程度についてどのような結論も無条件に容認される。

しかしながら、これがグラムシの主張の重要な点でもあるが、もし労働者が政治権力を獲得する前に、文化的な「ヘゲモニー」を実現するならば、彼らはその場合にのみ勝利することができるだろう。ヘゲモニーの概念はグラムシの著作において重要であるが、それは多様な意味で使われている。時どき、彼はそれを強制によって遂行される政治権力と同一視しているように見える。しかし、概して、彼はこの二つの概念を区別し、その結果、ヘゲモニーは、純粋に文化的な手段による社会の精神生活の支配を意味する。

それぞれの階級が、公共的な制度においてだけではなく社会の大部分によって認められる意見、価値そして基準についても支配的な地位を確保しようと努める。特権的な階級は、その時代において、政治の分野だけではなく、精神の分野においてもヘゲモニーの地位を確立した。つまり、彼らはこの手段によって他の階級を支配し、知的優位が政治的な支配の前提条件であった。

現代の労働者の主な仕事は、ブルジョアジーと教会の文化から精神的に自らを解放し、そして、被抑圧者と知的な階層を自分たちの側に引きつけるように、彼ら自身の文化的価値を確立することである。文化的ヘゲモニーは、政治権力への到達の基本的で前提的な条件である。労働者階級は、彼らの政治的同盟者になるかもしれない他の階級にたいして、その世界観と価値体系をまず分かち伝えることによってのみ勝利することができる。このようにして労働者階級は、ブルジョアジーが政治的支配を獲得する前に行ったのと全く同じように、社会の知的指導者となるだろう。

歴史上のいかなる抑圧された階級も、いまだにこれを行うことに成功した試しがない。典型的な状態は、大衆文化と知識人の断絶という事態であった。とりわけ遠大な影響を及ぼした顕著な事例は、ルネサンス人文主義と宗教改革との分岐であった。後者は大衆運動であり、前者は純然たる知的な批判であった。結論的に言えば、グラムシは、人文主義とルネサンスは反動であった、と信じた。

近代の知的自由主義は人文主義的な批判と類似し、マルクス主義は宗教改革と類似している。クローチェは、その動揺性、優柔不断、政治的支配体制に常に誘引される傾向からして、現代のエラスムスであった。彼のカトリック近代主義批判は、カトリック主義一般にたいする彼の批判と表面的には同じ根拠に立っていたが、「客観的には」近代主義と闘うイエズス会を助けた（イエズス会はピウス一〇世が好んだ「統合主義者」よりもよほど巧みに彼らの運動を遂行したが、彼らは、「近代主義」は教会から多くの知識人を離反させるものと広義に解釈し、一方で、それが真の近代主義者に大きな策略の余地を与えた）。

クローチェの保守的で自由主義的な改良主義は、あらゆる総合は定立と反定立の要素を保存する、というヘーゲル哲学の説に基づいていた。つまり、彼は対立を、将来の総合と現在のそれぞれの対立物のそれへの寄与を予見する裁定者の観点から判定するもの、と主張した。しかし、このことを知るのは事実として不可能であり、いかなる対立の目的も反対物を粉砕することであって、将来の総合のためにそれを救うことではない。

実際、クローチェの哲学は、対立を穏和化し沈静化する恒常的な試みに行きつき、ブルジョアジーのヘゲモニーを肯定するのを助けただけであった。彼のカトリシズムの批判はもっとも重大な結果をもたらしたが、しかし反動的な結果であった。つまり、南部イタリアの知識人を教会から引き離すことによって、彼らを農民大衆から離反させ、民族主義的なブルジョアジーに、それからコスモポリタン的な文化に結びつけ、最後は彼らをブルジョアジーの精神的召使いにしてしまった。

イタリア自由主義の知的指導者として、クローチェは、教育された階級と民衆との断絶を深め、新しいプロレタリア文化の発展を妨げる上で多くのことを行った。彼の反カトリシズムと反マルクス主義（あるいはむしろ彼のはっきりとした修正主義）は、密接な関係にあった。前者はインテリゲンチャを農民から、後者は労働者からそれぞれ切り離した。

グラムシは、人文主義と宗教改革のある種の総合であるマルクス主義、民衆の世界観の自然な粗野さは回避するが、複雑な文化問題を解決する能力を獲得しながら、大衆へ訴える力を保持するマルクス主義を夢想した。それは「カルドゥッチの言葉で言えば、ロベスピエールとカントを、政治と哲学をある一つの社会グループに弁証法的に統一するような、そして、フランスまたはドイツではなく、ヨーロッパと世界規模であるような一つの文化であるだろう」（『選集』第二巻　二〇〇頁）。

クローチェは、同じ必要を満たすものを民衆に与えないまま、民衆から宗教を奪ってはならない、と述べた点では正しかった。しかし、観念論哲学はその条件を満たすことはできない、と不本意ながら認めた。マルクス主義は実際に、それまでの世界観にとって代わらなければならない。しかし、マルクス主義がそれまでの世界観が持っていたのと同じ精神的な必要に応えるならば、換言すれば、民衆がマルクス主義を彼ら自身の経験の表現として認識することができるようになれば、その場合だけ、その通り

981

になることができる。

新しいプロレタリア文化というグラムシの理念が、レーニンのそれと異なるのかどうかという問題が生まれるが、レーニンは、文化は政治目的の付属物である、と強調した。一方、グラムシは、純粋にイデオロギー的手段によって実現される文化的なヘゲモニーを、政治権力への到達の前提条件と見なしたが、これに対し、レーニンにとって権力への到達は純粋に技術的な問題であった。つまり、条件が許すならば、いつでも権力は奪取できるし、また奪取されねばならない、と。他方、われわれはグラムシの『マキャヴェリに関するノート』のなかに、以下の文章を見る。

「あらゆるタイプの国家が原始的経済共同体の段階を経過しなければならないとすれば、われわれは、新しい型の国家を建設する新しい社会集団の政治的ヘゲモニーの内容は主に経済秩序のそれでなければならないと推測しなければならない。それは人間と経済的生産世界とのあいだの構造と現実的関係を再編成するという問題である。上部構造的要素は僅少で一時的で相互対立的であらざるを得ないが、『計画化』では点在的要素である。とりわけ、文化的側面は消極的であって、過去の批判を志向し、それを記憶から消去させ、破壊しようとする。建設の方向は依然として概要のみの、建設されるべき新しい構造に一致するようにそのいかなる契機も修正され得るし、また修正しなければならない素描に留まる」（『選集』第五巻一三二一〜三頁）。

これらの文言から、文化に関するかぎり、新しいプロレタリア国家は過去の遺産の破壊に集中し、新しい価値の創造という問題は不確定な未来に委ねる、という意味以外で読み取ることは難しい。このような決定的な問題は他にもまだ存在する。グラムシのノートは、秩序と一貫性を欠いている。

6　組織と大衆運動　未来の社会

一方における政治闘争とそれに続く社会主義建設の真の主体としてのプロレタリアートと、他方におけるこれらの過程を指揮することになる政治組織との相違について、レーニンと異なり、グラムシが高度に鋭敏な見解を持っていたことは疑いがない。彼は、大衆は党によって、党はその指導者によって導かれるとか、これは物事の道理であってそこに何も問題はない、と言って、この問題を避けて通ったレーニンと異なり、この問題を避けるようなことはしなかった。グラムシは、労働者階級の政治運動は実際の労働者の運動であって、労働者階級からの支持を求める職業的政治家の運動ではないことを望んだ。この点で彼の主張の多くがローザ・ルクセンブルクの批判と一致する。

グラムシの党の役割に関する思想、そして彼の党官僚主義の批判は、『オルディネ・ヌオーヴォ』紙の時事評論的な論文に初めて現れた。それはドイツやイタリアの社会民主党によって実行された官僚的で「非有機的な」タイプの政治指導に主に向けられた。彼は書いた。

「党は、自らを人民大衆の歴史意識と同一化し彼らの自発的で抗しがたい運動を支配する。この支配は実体がなく、それは無数の精神的紐帯を通じて展開されるもので、ある一定の運動の高揚の時だけ実効的な支配となることができる権威の放射である。――党は、その抗しがたい大衆運動の上部の階層である。それはもっとも効果的な独裁を実行するが、それは名声や当面する事業の成就にとって不可欠であると認識された権威の意識的で自発的な受容から生まれる。革命における党の機能にかんする党派的な概念によって、もしわれわれが党を物質的な官僚制へ転換し、直接的な権力という機械的な形態で運動する大衆の支配装置として固定化し、革命過程を党の型に抑え込もうとするならば、われわれはただでは済まされないだろう。もしそういうことになれば、人の一部をその行程から逸脱させて歴史を『支配する』ことに成功するかもしれないが、しかし、真の革命の過程は党の統制や影響力から外れ、党は無意識のうちに保守主義の機関と化すだろう」（一九一九年一二月二七日付論文、Ferrata,Gallo 編『グラムシの二〇〇〇頁』第一巻　六四年　四四六〜七頁）。

982

「共産党は、それによって労働者が実行者から発案者に変る内的解放過

983

程の道具および歴史的形式である。つまり労働者は大衆でなく、案内者そして指導者に、手ではなく頭脳と意志になる」（一九二〇年九月四日の論文、同前、四九一頁）。

下からの自発的な運動が、党の計画的で組織化された活動と結合する「弁証法的な統一」に関するグラムシの多くの言及は、明確な理論を構成するほど明快ではない。しかしながら、彼の主な論点は明確であって、政治組織は労働者階級の真の欲求に従属しなければならず、実際の「大衆」が現に思っていることが何であるかにかかわらず、それ自身の「科学的な」知識によって大衆の熱望を表現すると主張することは、許されるべきではない、というものであった。

党にとって「大衆」が戦術的な策略の対象のみであって、その霊感の源泉ではない党は、職業革命家の徒党に堕落し、反動勢力となる運命にある。この見方はグラムシの思想の二つの重要な側面に反映される。つまり、彼の革命の理念、そして彼が労働者評議会に割り当てた役割である。

われわれが見てきたように、グラムシは革命を単に権力を手に入れる技術の問題、環境が有利になった場合にいつでも政治組織が遂行しなければならない作戦と見なさなかった。プロレタリア革命は、政治的機会の問題だけではなく、文化的そして技術的な諸条件でもある。つまり、労働者大衆の精神的解放と社会主義への転換が実効的であるような、社会発展の水準への到達である。

彼が『オルディネ・ヌオーヴォ』紙で書いたように、革命は、単にそれが自らを共産主義者と称する人びとに権力を移転するがゆえに、あるいはそれが古い体制の諸制度を廃止するがゆえに、プロレタリア的で共産主義的であるのではない。それが現存の生産力を解放し、プロレタリアートの主導性を強化し、その発展が階級区分の廃止や国家制度の死滅と同時に生まれる社会を確立する時に、プロレタリア的で共産主義的である。

それは、生産装置が抑圧の手段から解放の手段に転換することができる力を、現場で見いださなければならない。この脈絡において共産党は、自発的に自らの束縛を投げ捨てることを目ざす大衆の党でなければならず、大衆を党の目的のために使うジャコバン型の党であってはならない。

この問題におけるグラムシの態度は、確かに、共産主義者のそれであって、改良主義的な社会民主主義者のそれではない。彼が「経済的成熟」について語る時、第二インターナショナルの正統派のメンバーがそうしたように、社会主義者は労働者階級が議会的手段を使って権力に到達できる時点に生産力の状態が発展するまで待たなければならないことを、彼が意味したのではなかった。当然ながら、彼は、多くのマルクス主義者と同じく、社会主義は技術の水準とさらなる技術の進歩を阻害する現在の生産関係との矛盾から生まれ、したがって、社会主義革命は高度に発達した資本主義の状態のもとでのみ実現される、と確信した。

しかし、彼はこの状態をより厳密に定義しようとはせず、そして、おそらく彼は、抽象的に定義することが可能であるとは考えなかった。しかしながら、彼は、議会的な手段による権力への到達は信じなかった。政治革命は、解放への自らの欲求を自覚し、政治機構を通してではなく自発的にすべての生産機構に責任を負うほどに知的に成熟した、大衆の運動でなければならない、と彼は考えた。

同じ理由で、労働者評議会の理念は『オルディネ・ヌオーヴォ』紙の時期の彼の思想において支配的な役割を果たした。労働者評議会は党または労働組合によって代替できるものではなく、生産者の共産主義社会の真の組織形態であり、プロレタリアートの解放の主な機関である、と彼は主張した。しかしながら、それは党を無用にするのではない。党は組織化と共産主義教育のエージェントとして、その位置を占め続けるだろう。しかし、評議会は生産を管理することに加えて、プロレタリアートの独裁の真の機関である。資本主義社会から生まれながらも、それらは未来のプロレタリア国家のモデルであり、こうして人間の歴史の新しい時代を切り拓く。党はそれらの「出来合いの上部構造」ではなく、ましてやその機能はそれを監督することではない。その任務はプロレタリアートの解放を助け、革命の日を近づけることである。

984

要するに、グラムシは党による統治を排除して「評議会による統治」を文字通り信じた。こうして、彼は、レーニンが『国家と革命』で設定したが権力獲得後直ちに否定した見解、そしてボルシェビキ党の反対派がその数年後に再び主張しようとしてもできなかった意見を共有した。

あらゆる共産主義者と同じく、グラムシは、議会主義的な統治の形態は将来の国家形態にとって役には立つが、そのモデルにはなり得ないと確信していた。しかしながら、『マキャヴェリに関するノート』のなかで、彼は、このことが官僚主義的統治に賛成することを意味するものではないことも強調した。議会制でもなく官僚制でもない代表制度が考案することができるか、どうかが問題として残された。『マキャヴェリに関するノート』のなかで、『オルディネ・ヌオーヴォ』誌の自分の論文と反対に、グラムシは労働者評議会がその解答を与えると考えているようには見えない（これらは獄中の書き物では言及されていない）。

一九一九～二〇年のグラムシの官僚制的中央集権主義批判が、明らかに、主に第二インターナショナルの諸党への反論を志向したのにたいし、この主題に関する獄中の書き物は、明確に共産主義のレーニン主義形態への反論をめざしているように見える。「国家における官僚制的中央集権主義の優勢は、その目的がそれ自身の小利益を守ることである狭い集団に統治集団が占拠され変質していることの兆候であり、それは反対勢力が支配的要素の基本的利益と合致している時でも、その反対勢力の発達を抑制し鎮圧さえしている。――官僚制的中央集権主義の病的現われは、土台における主導性や責任の欠如によるのであって、それは、周辺勢力が支配的集団と同質であるときでも、これらの周辺勢力の政治的後進性のせいである」（『選集』第五巻　七六～七頁）。

彼の「現代の君主」に関する所見のなかで、「君主」の現代版は政党つまり集団的な意志の組織体以外の何ものでもないのだから、それにとって大衆運動や大衆の主導権が力の源泉ではなく、脅威の源泉となるような特権的なカーストに転落した全体主義の党を、彼は繰り返して批判した。党官僚制による絶対的な統制と、また政治的であろうが産業的であろうが、あらゆる民主主義的な要素の破壊とに至ったロシアの出来事の行程をグラムシがどの程度まで正確に理解していたかを掴むことは難しい。しかし、彼の批判は全般的で基本的であり、それゆえに彼がファシズムだけではなく、ソビエト共産主義を念頭に入れていたことを疑う余地はない。

支配政党はまた警察権力を行使する、と書いて、彼は考察する。

「党の警察機能は、進歩的にも反動的にもなりうる。特権を奪われた反動勢力を法の枠内とどめ、停滞している大衆を新しい法の水準までひきあげる方向にむかうならば、それは進歩的である。歴史の生命力を抑圧し、古くさくなり、反歴史的となり、外的なものとなった法を維持しようとするならば、それは反動的である。――党が進歩的であるときには、その機能の果たし方は『民主的』（民主的集中制の意味で）である。党が反動的であるときには、官僚的（官僚的集中制の意味で）である。後の場合、党は単なる執行者にすぎず、解放者ではない。そのとき党は、技術的には、一個の警察機関と化し、その『政党』の名は、神話的比喩にすぎなくなる」［邦訳　同前　第一巻　一一七頁］。

「無所有化された反動勢力」の言及は、彼がファシストではなく、権力に就いた共産党について語っていることを明白に証明する。そして、彼が党の堕落を語る時、彼が頭に描いていたのは抽象的な可能性であって、多かれ少なかれ彼もよく知らされていた、現に進行中の過程ではなかったと想像することはできない。

同時に確かにまだ彼は、共産主義はマルクスが描いた（彼がそう思ったように）形、つまり、生産者の大衆が生産と政治生活の直接的な統制を行い、教育者もまた教育されなければならない、というマルクスの原則になお敬意を払うシステムで実現できる、と信じた。

批判したが、多くのことも学んだソレルと同じように、グラムシは、社会主義社会は、民主主義的に組織された生産施設を管理する原則を社会生活全体に押し広げることである、と考えた。つまり、それは、そのなかで政治的支配と経済的権力が相互に規制し合い、そして支援し合う生産者の共同体でなければならない。

985

彼は、マルクスと同じように、社会主義は、国家の警察機能が死滅し不要になる一方で、そのうちに市民社会と国家の区別を取り除くか、あるいはむしろ市民社会に国家を吸収させる、と信じた。この点で、彼はマルクス主義者と一点の曇りもなく異ならない。彼は、未来の学校についても考察したが、それは、一方で、イエズス会の機械的な暗記学習に基づくのではなく、また他方で、すべての学習を子どもの遊びにしようとするものでもなかった。学校は生徒たちが主導性と自律性を発揮することを励まし、そして同時に、時期尚早に生徒を職業的個別化に強制するよりも、知識それ自体を重視する全面的な教育を提供するだろう、と。

7　まとめ

グラムシの共産主義の理論とレーニンのそれとを比較すれば、論理的に交錯したある基本的な相違が発見される。

第一に、レーニンとも、第二インターナショナルの唯物論者や進化論者とも異なり、グラムシは、人類史を自然史の修正された延長と解釈するエンゲルス・ブランドの唯物論を否定し、知識を人間から独立したある現実の複製または「反映」として、実践を仮説的真理の検証の方法とする見方を否定した。意味のあるものとして語ることができるあらゆる現実とは、科学によって観察される現実を含めて人類史の構成物である。結果として、人類史は人間の知の未踏のフロンティアである。

歴史をその特殊な事例であるとする普遍的な自然法則というようなものは存在せず、自然それ自体が人類史の一部である。なぜなら、自然は人類史との関係においてのみ知られるからである。このように人間の実践が知識のあらゆる構成要素の意味を決定し、そして（ルカーチの見解に反して）科学的知識と人文的知識という基本的な区別も存在しない。なぜなら、あらゆる知識が事実として人文的であるからである。

第二に、すべての認識は、社会集団の現実的な歴史的意識の現れであり、一方における社会的な意識と他方における学者の「科学的な」ないしは「客観的な」知識との間に区別を設けることはできない。ただし、多かれ少なかれ、原始的な意識形態は区別できる。したがって、これが決定的な違いだが、グラムシは「科学的社会主義」、つまり、社会主義の理論は労働者運動の外部で知識人によって発達させられ、そしてそれからその「正しい」そして「真正な」階級意識としてその運動に注入されるに違いない、とする理論（カウツキーやレーニンによって受容され、ルカーチによって修正された形態の）を否定する。確かに、社会主義の理論は知識人の援助がなければ生まれなかったのであり、彼らは社会主義の不可欠の要素である。だが、それが労働者階級の現実の経験を表現しないならば、それは非現実的な気晴らし以外の何ものでもない。

第三に、グラムシはまた党についても異なる見解を持っていた、ということになる。仕事のために闘う職業的政治家団体への堕落の覚悟なしには、党は、プロレタリアートの経験的意識の外で練り上げられた「科学的世界観」の容器として見なされない。党は、一時的な有利性を獲得するために戦術的で欺瞞的な手法を使い、最終的に独裁的権力を行使する機会を摑む操作者の党であってはならない。党は、当然ながら、これらのことを行うことはできるが、もしそういうことを行えば、党は反動的な特権的徒党集団と化すだろう。プロレタリアートによる権力の征服と結びついた任務を遂行できるために、党はそれ自体をプロレタリアートの現実の欲求と一致させ、彼らを組織し、あるいは自分たちのイデオロギーのなかで彼らを「表現する」ようにしなければならない。

したがって、第四に、グラムシの革命の解釈がある。彼の意見で、革命は単に権力を獲得するという技術的な行為、つまり、共産主義者が自分たちの意志を社会に押しつけることを可能にするクーデターではない。共産主義革命は、全ての労働者階級の「民主主義的な信頼」に支えられた勤労大衆が、自分たちとは別の政治団体を通じてではなく、自分たちの名において経済的政治的指導を引き継ぐという集団的な過程である。労働者評議会はこの過程にふさわしい道具であり、その目的は全ての政治支配形態を無用と化し、階級区分の再生を防止し、国家の死滅と社会の統一とを実現することである。この意味の革命は、労働者階級の大規模な精神的解放が

987

先行し、彼らが政治過程の客体ではなく、その主体および発意者に転換しなければ起こり得ない。

これらの全ての点にわたって、それらは相互に関連しているのだが、グラムシの共産主義の理念はレーニンのそれと対立する。ただ一つの例外は労働者評議会による統治という理念であり、それをレーニンは一時的に取り上げたが、ほとんど全部を放棄した。それは「科学的社会主義」の容器としての党による独裁という基本的政治理論に反していた。

「科学的社会主義」の理念と党の役割に関する操作主義的概念は、レーニンと社会民主主義者にとって共通であり、重大な相違は後者が代表制民主主義を信じたのにたいし、裸の暴力による支配がレーニンの主たる理論的見解であった。

その上、社会民主主義者が、歴史決定論の名目において、革命は生産力が適正な発展段階に達する時点までは起こり得ない、と主張したが、これにたいしレーニンは、政治環境がそうすることを可能にするやいなや、権力を獲得すると決心した。グラムシは、人間の意志を道具として使う歴史決定論も「歴史の法則」も信じないだけではなく、純粋に技術的作戦としての政治的反乱というブランキ主義的な、あるいはジャコバン的な観念も信じなかった。

彼は、人間の意志はいかなる歴史的必然によっても支配されることはないと信じたが、当然ながら、それは完全に取り除かれたものとも認めなかった。彼にとって社会主義革命は意志の問題であるが、しかし、それは大衆の意志であり、大衆が彼ら自身で生産を組織し、彼らはそれらの権利を自薦の「科学的」守護者に譲渡しようと欲するのではない。

グラムシは、議会的手段による権力の掌握の可能性を排除し、社会主義社会における議会主義を否定したかぎりにおいて（レーニンと同じように、ある状況における議会闘争への参加は認めたけれども）、共産主義者であって社会民主主義者ではなかった。彼はまたブルジョアジーの根本的な収奪、すべての生産手段の集団化、国家の最終的な廃絶を考え、完全に統一された社会を期待した。

それでも彼の共産主義の理念は、おそらくこのことを彼は十分に認識していなかったけれども、哲学的そして政治的という両面でレーニンのそれとは異なった。グラムシは共産主義のもう一つの形態のイデオロギー的な核を提供したと言える。しかしながら、それは現実の体制としてはおろか、政治運動としても存在しなかった。

こういうわけで、さまざまな形態の修正主義だけではなく、共産主義における現代の「人文主義的な」、あるいは「民主主義的な」傾向の主唱者たちが、グラムシの著作のなかにその励ましを探し求める理由はここにある。共産主義運動の内部批判の主なテーマは、社会主義官僚制の批判であり、その官僚制は労働者が彼らを民主主義的に選んだからではなく、彼らが絶対に誤ることのない科学的な理論の保持者であるがゆえに、労働者階級の「真の」欲求と熱望を体現するという根拠に立って、暴力による支配の権利を主張する。

支配する官僚制の自己賛美と同じ意味と化した「科学的社会主義」の批判は、グラムシの理念と極めて近接し、修正主義者のなかの彼の著作の人気を説明する。彼の共産主義の変種が、レーニンのそれ（疑いもなく実行可能であることが証明された）と同じように、実行可能であるかどうかは別の問題であり、それをわれわれは後で検討することになる。

980

第7章 ジェルジュ・ルカーチ：ドグマに奉仕する理性

ルカーチの人格とマルクス主義の歴史における役割は、活発な論争事項であり、また、間違いなく、長く、そうでありつづけるだろう。しかしながら、彼がスターリン主義正統派の時代を通じて、もっとも傑出したマルクス主義哲学者であったということでは一致している。彼が唯一の哲学者であった、と言い切ることもできる。彼だけがドイツ哲学の伝統的な術語において、レーニン主義の基本的見解を表現し、そして当時の粗野なマルクス主義者とは違って、少なくとも西欧の一定の知識人たちをしてその思想を理解させるようなやり方で、著作活動を行った。

しかし、彼がスターリン主義の真の哲学者、あの特殊な体制の知的な擁護者であったのか、または、むしろ、何人かがそう示唆し、彼自身も後になってしばしばそう示唆したように、ある種のトロイの木馬、スターリン主義の装いのもとで、事実として「正真正銘の」非スターリン主義的なマルクス主義を提供した、表向きだけの正統派信奉者であったのかどうかは、論争的な問題である。

確かに、この問題は極度に込み入っている。ルカーチは、その知的生活の比較的遅い段階で共産党に思いがけなく加入した。彼は三三歳であり、批判者たちは例によって骨折りながら、彼の思想は首尾一貫して発展している、と示してきたけれども、彼はマルクス主義と無関係の多くの著作を発行していた。残りの人生の間（八六歳まで生きた）さまざまな政治の激変やイデオロギーの変容のなかで、彼は共産主義の大義に忠実なままであった。

彼は、正統派のスターリン主義者からしばしば非難され、攻撃され、何度も党の懲戒に従い、以前の見解を撤回し、時勢が容易になればそれを撤回し修正さえもした。このように、彼の著作とりわけ一九六〇年代に発行された彼の著書の再版の前書きと後書きは、取り消し、撤回、撤回の取り消し、以前に書いたものの再解釈で満ち溢れている。

マルクス主義者としての経歴の始まりからその生涯の終わりまで、ルカーチは、レーニンとレーニン主義への忠誠を表明し、彼がどの程度まで「スターリン主義哲学者」であったかは、さらにより一般的な問題、つまりレーニン主義とスターリン主義との関連、という問題にその一部が依存する。スターリンからの引用、そしてルカーチの著作に占める彼へのお世辞風の所見（当時の平均的なイデオロギー作品のなかでは、たびたびというわけではない）は、決定的な論拠とはならない。なぜなら、ソビエト連邦またはその従属国で発行された著作物は、いずれも長年にわたりスターリンと燦然たるその知性の参照で散りばめられていたからである。これは、物理学の入門書や料理本その他にも当てはまり、今でもなお、儀礼的な尊敬か、純粋にスターリン主義的著作かを識別することができる。「スターリン主義物理学」などというようなものは実際に存在しなかった。

他方、われわれは、スターリン主義について常に批判的であったが、戦術的理由で党の路線に従ったとするルカーチの後年になっての請け合いを、留保なしには受け入れることができない。なぜなら、私的には反対であるが、公的な称賛の合唱には参加するという人間は、反対者ではなく純粋で単純な賛同者であるからである。このように、この問題は、ルカーチの著作の内容とさまざまな時期における、彼のコメントや行動の政治的意味を吟味することによって、初めて解決できる。

ルカーチの膨大な作品は、その大部分が美学の問題と文学の批評で占められた。しかし、彼は何よりもまず批評家であって、それに次いで哲学者であったと言うならば、それは間違いであろう。自らのマルクス主義という概念に従って、彼はもっとも詳細にわたる問題も、巨大な社会過程や過去と未来の人類の歴史の「全体」に関連させるように努めた。この態度が、ヘーゲル主義でそうであったように、マルクス主義にとって不可欠であると彼は信じており、したがって、全ての問題にたいして哲学者の立場から立ち向かった。

ルカーチの作品は、一般的には、国際的なマルクス主義、あるいはドイツ哲学の文脈で考察されてきた。彼の大部分の著書はドイツ語で書かれ、ドイツの文化史に関わっている。近年になって、彼の哲学のハンガリー的な「背景」と彼の発展におけるハンガリーの文化的伝統が果たした役割に、ますます注目が集まってきた。しかしながら、マルクス主義の歴史における一要素として研究する時、彼の作品におけるドイツ的な調子の支配性は明白である。確かに、彼はそこで人生の始まりと終わりを過ごした母国のハンガリーに加え、他のどの国よりもドイツの言語、文学そして哲学によく通暁していた。

1　生涯と知的発展　初期の著作

ジェルジュ・ルカーチ（一八八五〜一九七一）は、銀行家の息子としてブダペストに生まれ、そこでグラマー・スクールと大学に通い、一九〇六年に卒業した。学生時代以降、彼は左翼社会民主主義者エルヴィン・サボー（一八七七〜一九一八）の庇護のもとにあった社会主義集団に属した。サボーは、正統派のマルクス主義者ではなく、アナクロ・サンディカリズムの支持者であり、ルカーチが、しばらくの間、ソレルの影響下に置かれたのは主に彼を通じてであった。

そのもっとも早い時期から、ルカーチは、世紀転換期に支配的であった近代主義的で反実証主義的な世界観に惹きつけられた。彼は、「グローバル」で全てを包括する世界観、つまり、実証主義や経験主義の抑制から解放されているだけではなく、民族主義的で保守主義的でキリスト教的な伝統にも反対できる世界観を探究した。

要するに、彼は、ヨーロッパのあらゆる地域の大多数の同時代者たちと同じように、新しい形而上学を求めた。同じ精神で、彼は、新しい哲学的な劇作家たち、イプセン、ストリンドベリそしてゲアハルト・ハウプトマンの作品を作りあげるのに貢献した演劇集団の形成も助けた。もろもろの困難や反対にもかかわらず、この集団は一九〇四年から〇八年の四年にわたって維持された。〇六年とさらに〇九年から一〇年に、ルカーチはベルリンで研究を続け、そこでは特にジンメルの講義に出席した。カント主義哲学はドイツの大学で当時は全盛であり、若い哲学者たちは当然のこととしてその影響下にあった。

ルカーチは、歴史哲学や社会科学の方法に集中し、「批判的」立場（この用語のカント的意味での）を乗り越えようとするカント主義の新しい版に惹きつけられた。彼らは、知識論は全ての形而上学的な問題に論理的に優先しなければならない。つまり、事実上、形而上学の問題は正しく構築されないか、あるいは未解決のまま残されていることを意味する見方を受け入れなかった。ルカーチは一九一三年にドイツに戻り、ハイデルベルクで研究した。彼はリッケルト、ヴィンデルバンド、その他の講義に出席し、マックス・ウェーバー、シュテファン・ゲオルゲ、エミール・ラスク、そしてエルンスト・ブロッホと知己になった。

一九〇六年以降、彼はハンガリーの文学雑誌に論文を書いたが、これらの何本かはその最初の著書、一〇年にハンガリー語で、翌年ドイツ語で発行された『魂と形式』と題する著書に収録された。ルカーチの初期の他の著作と同じく、これは文学をテーマとするある種の哲学論文であり、ゴルドマンはそのなかに現象学的な傾斜を有する「悲劇的なカント主義」を見いだしている。つまり、ルカーチの「形式」の概念は、現象学者の「意味構造」に対応するが、そのアプローチは「静的な構造主義」の一つ、どのような起源や歴史的変化の考察からも独立した意味の探究である、とゴルドマンは考える。

ルカーチは、事実として、あらゆる文学作品はその作者の魂、あるいは生の感覚にたいして形式を与える試みと見なすべきである、と主張する。この試みは自然で避けがたいものであるが、しかし、形式それ自体は、不完全さの受容、それが表そうとめざす内容の限界を内包する。それはあた

991

かも芸術的創造の過程そのもの、精神を形式に従属させる試みが、内的なものと外的なものとの真の総合、主観と表現との真の総合を達成する上でのわれわれの基本的な無能力を明らかにしているかのようである。

　ルカーチは、生の偶然性を描写しようと試みるだけで、その「本質」に留意しない芸術文化の類に全面的に反対した。こうして彼は、印象主義と同じように、自然主義も断固として否定した。同時に彼は、意味と本質の探究は、生の避けがたい悲劇、解決し難い対立となって吹き出す、目にも見えず理解もできない諸力にたいする個人の依存に光を当てることである、と考えるようになった。

　もし「唯美主義」が活動の起源に対抗して形式の絶対的な自律性を信じることであるとすれば、彼はそれからできるだけ遠くにかけ離れていた。つまり、形式は世界に統一を分かち伝える一つの方法である。しかし、精神生活それ自体が貧困化し、そして混沌としている場合、形式の完成はその価値を復活することはできない。

　ルカーチによれば、現代の芸術文化は「抽象的な形態」を追い求める。つまり、新しい内容を組み入れようとしない過去の形式の典型を物真似するか、あるいは、そうでなければ、形式をすべて否定しようとするかのどちらかである。いずれの場合でも、そのような試みは形式そのものの危機ではなく、それ自体を芸術において表現しようとする「生」の弱さと虚構性を意味する。

　一九一四年から一五年にハイデルベルクで執筆され、一六年に『美学と一般美術研究』誌に発表された「小説の理論」（二〇年に単著化された）において、ルカーチは悲観的でもなく宿命論的でもない見地に到達したように見える。五〇年代に回顧して、彼は、この作品を全ての点で反動的で観念論的で神秘主義的等々と表わした。それにもかかわらず、今日、それは彼のもっとも重要な業績の一つと見なされている。

　L・コングドンはその研究のなかで、ドストエフスキーやキェルケゴール作品の読書が一九一四～一八年戦争中のルカーチの発達に及ぼした深遠な影響を指摘している。当時、ルカーチは、文学のジャンルとしての小説は、諸個人の関係が社会の形態や制度によって媒介されたり、あるいは後年彼が言うことになった「物象化」されたりする世界の表現である、と信じた。小説の存在そのものが、文化の病理、直接に伝達することができない人間の無能力の証拠である。ドストエフスキーの偉大さは、社会や階級の諸条件によっては決定されない人間関係を描写することに彼が成功した、という事実にあり、その結果、この意味で、逆説的に見えるかもしれないが、彼の作品は全く小説ではなかった。

　ドストエフスキーの「ユートピア」の検討のなかに、ルカーチのその後のマルクス主義的な作品において関心の的となる問題の先取りを確認することができる。つまり、マルクスのロマン主義的なビジョンに従えば、あらゆる社会的制度的な障害を一掃し、人間が匿名の力の代理ではなく個人として、相互に接することができる社会の可能性の問題である。

　しかしながら、『小説の理論』はそのなかでは、ディルタイやヘーゲルの影響は確認できるけれども、マルクス主義には何も言及してはいない。ルカーチは、文学を変化する歴史の全体の表現、つまり歴史のそれぞれが今度は芸術創造のなかで自己意識を実現しようとする、歴史全体の表現であると見なす。ヘーゲルの歴史哲学に従えば、芸術は「時代の精神」の客観化の領域であり、その重要性は単なる形式に還元することはできない。他方、芸術は固有の自律性を持ち、哲学または科学の単なる関数ではない。芸術創造の「主知主義的」見方は、このように、人間の思想と行動の普遍的総合を作り出す上での芸術の特権的地位のロマン主義的な信念に劣らず間違っている。

　マルクス主義者になる前のルカーチの最後の作品が、他の分野と同じように、美学研究において倫理の問題に囚われていたことは明らかである。つまり、個人の決定とその行為の結果との矛盾、表現の欲求と表現の自己制約的機能との対立、直接的伝達の必要とそれを不可能にする社会形態との対立である。

　大戦中にドストエフスキーに関する未完の論文のほかに、ルカーチは、ヘーゲル批判としてキェルケゴールの研究（これも未完）を書いた。コン

992

グドンが指摘するように、ルカーチの共産主義への転向はそれ自体としてキェルケゴールの「あれかこれか」という立場からの状況観察の結果であったかもしれない。つまり、二つの価値体系の総合の可能性が存在せず、それゆえに個人がそれらのなかから選択しなければならない、という対立状況である。

ブダペスト帰還後の一九一五年にルカーチは、知識人サークル、続いて独立研究センターの指導者となった。そこでは、戦争で疲弊したヨーロッパの問題にたいする哲学的道徳的な回答を模索する若い知識人たちが、彼らの絶望や希望の感情に表現を与えようとしていた。このような模索をしていたルカーチの仲間のなかに、異なる文化の分野で有名になった者がいた。カール・マンハイム、ゾルターン・コダーイ、アルノルト・ハウザー、ベーラ・バルトーク、マイケル・ポランニーである。

全般的雰囲気は左翼的であったが、しかし、ボルシェビキへの同調を励ますようなものではなかった。結果的に、ルカーチの友人たちは、彼が一九一八年末に設立直後の共産党に加入した時には驚いた。それは、特に彼がその数日前に、争いのない未来社会が独裁や暴力によって実現できると主張するボルシェビキは合理的根拠を持たない、と主張する論文を発行したばかりであったからである。

しかしながら、戦争や第二インターナショナル崩壊の結果として共産主義者になった人びとと同じように、戦争の恐怖や文明それ自体への脅威に責任がある体制を受け入れることを拒否する人びとにとって、積極的にせよ消極的にせよ、ボルシェビズムは唯一の現実的な選択肢である、と彼が信じたことは明らかである。

いずれにせよ、それ以来、ルカーチは道徳的、精神的そして政治的解決策として心から共産主義を受け入れた。さまざまな哲学的冒険にもかかわらず、彼はその後の人生で自らを共産主義運動と完全に重ね合わせた。マルクス主義が歴史の問題への最終的回答であること、共産主義は全ての人間の力と人間のあらゆる可能性の自由な発揮との最終的な調和を保証すること、個人と社会との、一人の人間と他の人間との、偶然的な存在と「本質」との、道徳性と法とのそれぞれの対立は「原則として」解決されること、そして、自分自身と、それらの総合が失敗なしに実現されることを約束する歴史の運動とを実際に統一することだけが残されていることを、彼は信じた。

しばらくの間は、ヨーロッパの共産主義革命の希望が早期に実現するように思われた。二重君主制崩壊の数ヵ月後、ソビエト共和国がハンガリーでベーラ・クン（彼はその後ロシアの監獄で生命を亡くしたが、それはスターリン・テロの犠牲であった）のもとで樹立された。それは三月末から一九一九年七月末まで続いた。ルカーチは教育省長官（ジグモン・クンフィ、社会民主党員でオーストリア・マルクス主義に近い理論家）の代理として、政府に加わった。

短期間の共産主義者の独裁は野蛮な大弾圧に引き継がれ、ほとんどの指導者が国外に逃亡した。ブダペストでの二、三週間の秘密活動の後に、ルカーチはウィーンに到着し、そこで短期間拘束された。彼は引き渡しを免れたが、それはトーマス・マンやハインリッヒ・マンを含む著作家グループの抗議にその一部はよるものであった。

それから先、彼は政治亡命者の生活を送ることになり、理論的宣伝的な仕事を行い、ハンガリーの亡命仲間の絶えまない争いにも巻きこまれた。これらの論争はハンガリーの情勢に何も実際的な影響を与えなかったが、通例としてそうであるように、亡命者のなかでは彼らと対立する革命構想に関する悪感情を生み出すものでもあった。この時、ルカーチはいわゆる共産主義左派に属した。一九二〇年から二一年にかけて、彼は『共産主義』誌を編集した。これは、レーニンによってかつてその反議会主義的な立場を批判されたものと同じ傾向のものであった。

一九一九年から二二年にかけてルカーチは多くの理論的論考を執筆し、それらは二三年に『歴史と階級意識』（英訳版は七一年）として単行本で発行された。彼は、いくつかの点でこの著作は少なくとも彼の見解を代表するものではない、と一度ならず宣言したが、この図書は彼の最高傑作と考えられている。いずれにしても、彼の多くの著書のなかで、多くの論争を引き起こしてマルクス主義の運動にもっとも深い痕跡を残したのはこの本である。この著書において、彼は、マルクス主義のヘーゲル哲学の源泉の重要性を強調し、そしてまた、「全体」の概念がマルクス主義弁証法の基礎である、というマルクス主義哲学全体の独創的な解釈を提起した。

彼は、第二インターナショナルのマルクス主義者の主な哲学論争は、マルクスの理念とは疎遠な立場から行われたこと、そして、特に、正統派の路線が弁証法的唯物論の本質的な特徴、つまり統一へ向かう運動における歴史の主体と客体の相互交渉を無視しつづけたことを明らかにしようと試みた。彼の著書は、第二インターナショナルを支配したマルクス主義の進化論的、あるいは実証主義的な解釈にたいしてその大部分が向けられ、そして社会主義と党の革命的、レーニン主義的理論の哲学的基礎を提供するように組み立てられた。しかしながら、二つの点でルカーチはレーニン主義と袂を分かった。彼は、エンゲルスの自然の弁証法の理念を弁証法それ自体の理論と基本的に反対であると批判し、そして、レーニンがマルクス主義認識論の本質であると宣言した「反映」の理論に異を唱えた。

したがって、共産主義者のイデオロギーが教条主義的な形態へと硬化した時期に、ルカーチの著書が第三インターナショナルの会議でできるかぎり公式的な方法で手厳しく批判されたことは驚くに当たらない。一九二四年七月のモスクワの第五回コミンテルン大会で、当時の執行委員会議長であったジノビエフは、ルカーチの著書をマルクス主義にたいする有害な修正主義的攻撃である、と非難した。この見方はブハーリンからも支持された。同時にジノビエフは、マルクスの価値論を批判する著書を近年に発行したアントニオ・グラツィアデイ、そしてまたカール・コルシュも批判した。

ジノビエフのルカーチ非難は、何ら特定の告発なしに一般的に表明され、批判する著書を事実として読んだかどうかさえ疑われるものであった。しかしながら、まもなく、より筋の通った攻撃がA・M・デボーリン、ルッポル、ルーダスのような哲学者たちから加えられた。ルカーチがその時に何らかの自己批判を行ったことは確認されないが、しかし、一九三三年にはそれを行った。彼はまた、後のいくつかの著作のなかで、『歴史と階級意識』は少なくとも先に触れた二つの点で誤っており、反動的とみなしていると繰り返した。この図書は、共産主義の年代記から痕跡を残さずに消去され、スターリン死後に初めて再発見された。しかしながら、それは非共産主義的なドイツ・マルクス主義者に大きな影響を与え、今日、マルクス主義の歴史上もっとも重要な理論的文献の一つと見なされている。

大戦後の早い時期におけるルカーチの他の理論的作品には、一九一九年にハンガリー語で発行された『戦術と倫理』、『社会主義と労働者運動の歴史記録』誌のラッサール（二五年）やモーゼス・ヘス（二六年）に関する論文がある。前者はラッサールの書簡の編集によって、後者はヘスの著作の再版とセオドア・ズロシスティによる彼の伝記の発行によって契機づけられた。二四年にルカーチはレーニンについての簡略な図書を発行したが、それはレーニンの死の直後に書かれた（『レーニン・その思想の一貫性に関する研究』）。

これらのすべての作品は、広義には『歴史と階級意識』と同じ主題に関係した。つまり、統合された全体というマルクス主義の歴史概念と自由と必然、そして存在と当為の伝統的なジレンマの解消である。一九二五年にルカーチはブハーリンの史的唯物論入門の批判的論評を発刊した。

一九二八年までルカーチはハンガリーの共産主義者グループの論争に積極的に加わったが、その年に翌年の党大会に提出する予定の分派の綱領を書き上げた。この文書は、ルカーチの筆名に従って「ブルム・テーゼ」(Blum theses) として知られるが、これはベーラ・クンのもとの多数派によって、後にはコミンテルン執行委員会のハンガリー共産主義者への公開書簡によって、厳しく批判された。

「ブルム・テーゼ」（初版は短縮版で一九五六年に発行された）は、スターリン時代に、ルカーチが一貫して、後になって婉曲に「党派セクト主義」と呼ばれたものに反対したこと、そして彼が、三〇年代初期の後退後の三五年の最後の大会でコミンテルンによって提案されたものと同種の「人民戦線」を擁護した証拠として、今日もたびたび引用される。実際は、二〇

995

年代のベーラ・クンの方針にたいするルカーチの反対はきわめて限られた類のものであった。ハンガリーのホルティ体制に反対する社会民主主義者との共同行動を提案するどころか、ルカーチは、社会民主主義は「ファシズムへの途上」にあると主張し、民主主義的な反対派と見なすことはできない、と主張した。事実、彼は二〇年代末から三〇年代初頭にかけて、共産主義的な偏執症のもっとも幻想的な兆候の一つであった、「社会ファシズム」の名称に賛成していた。

彼はまた、新時代というスローガンにしたがって、闘いは民主主義とファシズムとのあいだではなく、階級と階級とのあいだにあると宣言した。他方で、彼はプロレタリア独裁に至るまでの過渡期の段階として、プロレタリアートと農民による「民主主義的独裁」という論争的な図式を提起したが、そう言いながら、民主主義を確立する上でブルジョアジーまたは社会民主主義者との協力には何も問題がないことも明確にした。

こうして彼は、ハンガリーにたいしてレーニンの革命前の格言を適用しようとした。他方、コミンテルンは、プロレタリア独裁への直接的な移行、つまり権力の共産主義者の独占を考え、「ブルム・テーゼ」を「清算主義」の方針を支持するものと非難した。この論争全体は、当時もそれ以降もハンガリーの動向に何ら影響を与えず、この点からすれば、一握りの弱体な亡命者たちによって、どのような理念が考案されようが問題ではなかった。しかしながら、非難の結果は、党からの排除を避けるために、ルカーチが急いで撤回しなければならなくなり、それ以降、政治活動から身を引き、理論活動に閉じこもるということになった。

三〇年代と第二次世界大戦中に、ルカーチは少ししか出版しなかった。一九三〇～三一年に彼はモスクワにしばらく滞在し、そこではマルクス・エンゲルス研究所で働き、それまで未刊行のままであったマルクスの初期の草稿を知ることになった。ベルリン帰還後、彼は「傾向か党派性か」（三二年）と題する文学や政治に関する重要な論考を含む数点の論文を『リンクスカーブ』誌に書いた。

ヒトラーが権力に就いた時、彼はソビエト連邦に戻り、終戦までモスクワに滞在し、科学アカデミーの哲学部門で働いた。この時期の集中的な研究は、一九四五年後の多くの出版において開花した。これらのなかには、大戦前に完成したが四八年になって発行された『青年ヘーゲル』、『ゲーテとその時代』（四七）、『リアリズムに関する論考』（四八：文学におけるリアリズムについて）、『ロシア文学研究』（世界文学におけるロシア・リアリズム、四九）、『トーマス・マン』（四九）、『一九世紀ドイツのリアリズム作家』（五一）、『バルザックとフランス・リアリズム』（五二）、『実存主義かマルクス主義か』（四八）、『ナチズムの源泉としてのドイツ非合理主義哲学の歴史』（『理性の破壊』、五四）および『歴史小説の研究』（『歴史小説論』、五五）があった。

この時期を通じて、共産主義アイディオロジストそしてマルクス主義者としてのルカーチの立場は両義的であった。彼は党員として残りつづけ、「イデオロギー闘争」のそれぞれの新しい局面に誠実に適合するために最善を尽くした。それにもかかわらず、一九四九年以降スターリンの路線が硬化し、「人民民主主義」のもとで抑圧が強化されると、ルカーチは再び非難の的となり、攻撃は当時ハンガリーの文化の独裁者であったレヴァイによって指揮された。

ルカーチはもう一度党の判定に従い、自己批判を行った。彼の著書は発行されつづけたが、それはほとんどドイツ民主共和国内で、ドイツ語であって、党内ではそれらはむしろ疑わしく、余りにも「リベラル」で一〇〇パーセントのマルクス主義者ではない、と考えられた。

ソビエト共産党第二〇回大会とフルシチョフのスターリンの「過ち」に関する有名な演説によって触発された一九五六年の「反スターリン主義化」の激発とともに、新しい予想外の展開がやってきた。ルカーチは、スターリン時代の「歪曲」を批判したハンガリーの人びとの一人であった。彼は「ペテーフィ・サークル」(Petőfi Circle) に属したが、このサークルは、ハンガリー蜂起に先行したイデオロギーの醸成において重要な役割を果たした。

ルカーチは彼の主な攻撃を、スターリン時代の文学や哲学の問題にたい

996

するイデオロギー的な教条主義や原始的態度に向けた。ハンガリーの反スターリン主義運動が一九五六年一〇月のイムレ・ナジ政府の樹立によってその頂点に達した時、ルカーチは党の中央委員に推薦され、数日間、文化大臣の役職に就いた。ソビエトの侵攻後、彼はナジ政府の残存者とともにルーマニアに追放されたが、その大部分はソビエトによって殺害された。数少ない生き残りの一人であったルカーチは、一九五七年の春にブダペストに帰還した。

彼は、まもなく新しい攻撃の標的となったが、そのなかにあって彼の以前の生徒であったヨーゼフ・シゲティが、際立った役割を果たした。彼は党員資格を復活させようとしたが、この事件についての自己批判を拒否したので認められなかった。しかしながら、明らかに、一九六七年には再加入が認められ、その条件は撤回されていた。いずれにしろ、その生涯の終わりまで、彼は、ロシアに始まり東欧で継続された社会主義はスターリン主義の「歪曲」の結果から自らを解放し、「真のマルクス主義」の道に立ち戻るだろう、という信念を維持した。

彼は、インタビューで、最悪の社会主義は最良の資本主義に勝る、と述べた。政治の分野で、彼は「共存」というソビエトの方針を真心から是認し、中国の「教条主義」に反対した。動乱後の彼の学問活動は、主にマルクス主義美学の問題に捧げられた。一九五七年に、彼は論文「美学概念の特徴について」を、六三年には二巻本『美的なものの特性』を刊行した。六〇年代にハンガリーで文化への圧力が緩和されるにつれて、彼は著作と出版の便宜のより道理にかなった条件を獲得した。彼の八〇歳の誕生日を祝う本が六五年に西ドイツで発行された。

美学の研究に加えて、彼はマルクス主義理論の基礎的入門書に手を付けた。この作品はほとんど完成していたが、死後にリヒターハンド社によって発行された一四巻の著作集の一部として、『社会的存在の存在論のために』と題して日の目を見た。

ルカーチは、一九七一年にブダペストで死去した。それに先立つ一〇年間に彼の思想にたいする関心が急速に増大したが、それは彼に関する数多くの書籍、論文、討論会、そして数多くの翻訳や彼自身の作品の新版が示す通りである。スターリン主義の観点からの攻撃は、実際に停止した。その一方で、彼は、スターリン主義の執筆者やアイディオロジストとして、何人か（ドイッチャー、アドルノ、リヒトハイム）によって批判された。

議論は主に、彼の文学や美学の見方と、特に『歴史と階級意識』における弁証法の概念に集中した。彼の死後の作品は大きな関心を呼ばず、マルクス主義解釈の新しい理念を求める人びとは失望したに違いない。それは経験主義と実証主義にたいするルカーチのいつもの批判を伴った史的唯物論のありきたりの解説であった。他方で、彼はソルジェニーツィンについての論文で、一九六四年と六九年に新しい境地を切り開き、そのなかでソルジェニーツィンを社会主義リアリズムの偉大な革新の先触れとしてほめたたえた。

ルカーチは、ハンガリーに多くの弟子を残した。彼らは、多かれ少なかれ忠実に彼の仕事と関心事項を継続しようと試みた。西ヨーロッパにおいて、彼の哲学のおそらくもっとも熱心な支持者は、リュシアン・ゴルドマンであり、彼の著作は特別な注意を要する。

2　全体と部分　経験論の批判

『戦術と倫理』および『歴史と階級意識』の両書において、ルカーチは「正統的マルクス主義とは何か?」という問題を設定し、この観念は何か特定の主義の受容を意味しない、と答えた。正統的マルクス主義者は、そういうものとして、何か特定の見方に忠誠を尽くす義務を負うのではなく、彼が、マルクス主義の本質、つまり弁証法にたいして忠実でありつづけるかぎり、マルクス主義の理念を批判しても構わない、と。ここで「方法」とは、論理学でそうであるような知的操作の一連の規則ではなく、世界について考える際にそれがまたその変革を助けていること、同時に実践的関与であるという認識を含む特殊な思考方法を意味している。マルクス主義の弁証法は、単に社会的現実を認識したり叙述したり、あるいは、それがどのように叙述されるべきかを指示したりする方法ではない。マルクス主義の弁証法は、社会革命の原動力であり、革命過程の外側に存在するのではなく、方法として、革命過程の不可分の一部を成す。

この方法の概念は、社会を一つの全体として見なすことを含む、とルカーチは主張する。これがマルクス主義理論の鍵であるという彼の見方は、一九一九年から七一年まで変わらなかった。彼がもっとも頻繁に引用した文献は、おそらく『経済学批判要綱』の序説であるが、そのなかでマルクスは抽象的なものの具体的なものにたいする優位性、という彼の考え方を詳説した。

ルカーチによれば、マルクス主義は、もしそれが社会「全体」は諸事実を蓄積することによって再構成することはできない、という原理を含まないならば成立しない。諸事実は自らを説明しない。つまり、それらの意味は、全体との関連でのみ初めて明らかになる。全体は前もって認識されていなければならず、こうしてそれは論理的には諸事実に先行する。この点でマルクスはヘーゲルに従う、と。

「こうしてわれわれは弁証的方法の基本的な主張、具体的な概念というヘーゲル哲学の理論を理解する。手短に言えば、この理論は、全体はその部分に先行する、つまり部分は全体の観点から解釈されなければならず、その逆ではないと述べている」（「戦術と倫理」［邦訳　池田浩士訳『ルカーチ初期著作集』政治編I　四〇頁］）。具体的なものは精神によってのみ把握することができる現象と対比されてはならない。なぜなら、マルクスとヘーゲルの両方にとって、具体的なものそれ自体は全体の単一の側面としてのみ把握することができるからである。「この全体の絶対的優位性、その部分の抽象的孤立を超えてその上にある統一、これがマルクスの社会の概念そして弁証法的方法の概念の本質である」［邦訳　同前　四三頁］。

998

このように、マルクスの革命と社会主義の理論は、いかなる詳細な事実的分析によっても到達できない社会の全体的理解のみに基づくことができる。これが日和見主義者や修正主義者が、事実から社会の革命的転換への論理的移行は存在しないと知りながら、常に事実に訴える理由である。経験主義は、労働運動における修正主義と改良主義のイデオロギー的な基礎である。「そして、資本が生産の妨害物になる瞬間が来ること、そしてそれが搾取者を収奪する時であることを理解するあらゆる正統的マルクス主義者は、粗野なマルクス主義者が過程と矛盾するように見える『事実』をあげつらう場合に、ドイツ古典哲学者の偉人の一人であるフィヒテの言葉でもって答えるであろう。『事実にこだわって、いっそうひどくなった』と」［邦訳　同前　四七頁］。

ルカーチが経験主義を攻撃する他の個所で、この言葉を使ったことはないと思われるが、この点での彼の態度は変わらずに保たれた。『歴史と階級意識』において、彼は、事実を直接に与えられたとおりに単純に評価する理論は、同じ理由で、それ自体を資本主義社会のなかに位置づけることになる、と強調した。しかし、事実の意味を理解することは、それらを「具体的な全体」のなかに置き、それらと全体とのあいだの「媒介」を発見することであるが、それは当然ながら直接的には与えられない。部分の真理は全体のなかにあって、もし各部分が適正に吟味されるならば、全体はそのなかで識別することができる。

全体は、理論のみならず社会的実践においても「革命的原則」の媒体（vehicle）である。ただ一つの科学、人間の歴史の全体、つまり政治、経済、イデオロギー、法などを包括する科学しか存在しない、そして、それぞれの個別の現象に意味を付与するのは、その全体である。マルクスは、多軸紡績機はそれ自体ではただの多軸紡績機であって、特定の社会条件のもとで初めて資本に転化する、と言わなかっただろうか。

機械の直接的認識だけでは、資本としてのその機能を明らかにすることはできない。つまり、それがその部分をなす全体的な社会過程を考察することによって、初めてそれは理解できる。事実は最終的な現実ではなく、人為的に隔離された全体の契機である。歴史的な進化の全体的な動向は、経験的資料よりももっと現実的である。

しかし、そしてこれが次の基本的なポイントだが、「全体」は単に所与の瞬間のあらゆる個別的現実から構成される状態ではない。それは、一定の傾向、方向、そして結果を含む躍動的な現実として理解されなければならない。それは事実として、現在、過去、未来の歴史と同じであるが、未来の歴史は自然における事実のように単純に「予見」されるではなく、それを予見する行為によって創造される。こうして「全体」は予見的であっ

999

て、現在の事実は未来との関連で初めて理解できる。

　これは、社会主義運動における革命的観点と改良的観点を区別する上で特に重要である。改良主義者の眼からすれば、労働者階級の現在の社会的政治的闘争の意義は、その直接的な結果として余すところなく現れる。他方、マルクスにとって、経済的改良をめざす労働者の闘争を含むそれぞれの現実の闘争の各部分は、その意味が革命の展望から初めて引き出される。それが、レーニンやローザ・ルクセンブルクのような指導者の弁証法的で革命的な態度であり、彼らは機会主義や修正主義と闘い、常に「最終的目標」を視野に入れていた。

　ローザ・ルクセンブルクに関する論文のなかで、ルカーチは特に彼女の「地球的」分析力を賞賛した。彼女は蓄積の現象を孤立した出来事ではなく、プロレタリア革命に不可避的に繋がる過程の一部と見て、そうして、それが無限に持続することはできず、資本主義の衰退をもたらすに違いない、と提示することができた。オットー・バウアーのような日和見主義者は、全体的な歴史過程の点から考えることができず、その結果、倫理的手段によってその「邪悪な側面」を治癒することのみを追求して、資本主義に屈服した。ひとたび全体的視点が放棄されれば、資本主義は実に無敵に見える。それはその経済を支配する特殊な法則が、活用はできるが破棄はできない不変の事実や自然の法則として「所与」のものと見えてくるからである。他方、地球的な見方は、資本主義が歴史的で過渡的な現象であることを示し、それゆえに革命意識の媒体である。

　レーニンに関する著書において、ルカーチは、さらにレーニンの理論の核心とその偉大さの秘密を表すために、全体性（Totalität）の観念を使う。レーニンは個別の事実や事件とは独立に、いやむしろ諸事実それ自体において、時代の革命的動向を識別し、どんなに小さなものであっても現在の全ての問題を、ある一つの巨大な社会主義の展望において結びつける天才であった。彼は、地球的な過程はそのいかなる細部よりもより現実的であることを知り、あらゆる外見にもかかわらず、革命の時は既に告げられている、と理解した。経済的観点からすれば、彼は帝国主義の理論に何もつけ加えなかった。しかし、経済理論と現在の政治的発展を総合するという素晴らしい成功によって、ヒルファーディングを凌駕した。

　「全体」（whole）と「媒介」（mediation）の相互に関連した概念は、社会研究の全ての領域に適用され、ルカーチの文学観において突出した役割を果たした。「媒介」によって彼は、観察された事実や現象が普遍的全体に統合される前に適合されなければならない何らかの下位的な全体、過去、現在、未来の地球的な歴史過程を意味させた。しかしながら彼はまた、しばしば「媒介」を具体的なものを全体に関連づける知的過程を意味するためにも使った。

　地球的に考える能力の不在が、われわれをして、所与の状況の囚われの身とさせ、社会の現在の秩序を超越することを妨げ、その結果、社会主義の立場から見れば、われわれが改良主義者や修正主義者になるほかはない。

1000

これにたいして、他方、「媒介」の必要性を軽視する人びとは、生活や文化のさまざまな側面の特殊な性格を無視して、全ての現象を単一の未分化な全体に一まとめにする、という初歩的な誤りに屈する危険に陥る。

　全体性を重視して媒介を無視するイデオロギーの実例は、後で自ら露呈したように、ナチズムに見いだせる。さらに、ルカーチによって非難されたほとんどすべての芸術動向は、「媒介」あるいは全体性の感覚の欠如として表すことができる。自然主義は自ら直接的な記述に閉じこもり、全体的な社会批判の水準に達しない。象徴主義は「主観的」な全体のみを創造し、その一方で、さまざまな形式の退廃は部分的な経験を永遠の形而上学的な真理に高め、こうして同じように全体的な見方に達しない。

　社会主義において「媒介」の感覚の欠如は、党派セクト主義、つまり下位的な相互関係の特定の機能を摑めなくなる能力の欠落となる。例えば、社会主義社会における芸術の任務は、その宣伝的価値によってのみ決定されなければならない、とする主張は美学的基準の固有の媒介的役割を無視

するものである。後年のルカーチのスターリン主義批判の主な趣旨は、それが社会主義建設に含まれる手段の多様性を評価することができず、芸術や科学を純然たる政治的役割に貶めることによって「媒介」を欠いた、というものであった。マルクス主義の内部で、「全体」と「媒介」の性質を理解できない特殊な事例は、歴史におけるある要因の、他の同じような要因による一方向的決定を当然と見なす、全ての還元主義的解釈である。全体は常に諸部分に優先するのだから、全体による部分の決定は、他の部分によるある部分の決定よりもより根本的である。

その最後の著作において、ルカーチは「社会的存在が意識を決定する」という格言は、いわゆる経済主義とは何の関係もない、と主張する。この格言は「意識の形式や内容の世界を直接的な生産関係における経済構造と結びつけるのではなく、意識の形式や内容を社会的存在の全体と結びつける。社会的存在による意識の決定論とはこのように純粋に一般的なものである。第二インターナショナルからスターリンとその後の時代の俗流マルクス主義だけが、一方における経済しかもその特殊な側面と、他方におけるイデオロギーとの直接的で無規定の因果的結合の確立を主張した」（『社会的存在の存在論のために』所収「マルクスの存在論的基本原理」三九頁）。換言すれば、社会生活における根本的な従属は、土台と上部構造とのあいだではなく、社会的存在（あるいは全体、すなわち、あらゆるもの）と全体の特定の要素とのあいだに存在する。

3　歴史の主体と客体　理論と実践　存在と当為　新カント主義と進化論の批判

それにもかかわらず、そしてこれが、ルカーチがその最高傑作において強調した弁証法的思考の次の基本的な特質であるが、弁証法は一つの対象からもう一つの対象に自由に移行できるような単なる科学的方法ではなく、ましてや、それを適用する主体から独立してはいない、ことである。なぜなら、ヘーゲルやマルクスの両者の理論において、すでに説明したように、それは、方法として適用される社会的現実の能動的な構成要素であって、その現実を理解する単なる一つの方法ではないからである。

それは、最終的な転換へ向かって成熟しつつある歴史の表れであり、そしてまた社会的な主体、つまり、それによってその転換をもたらすプロレタリアートの理論的な意識でもある。換言すれば、それは政治的な立場や社会的な関与とは無関係に、誰でもが弁証法的方法を採用でき、任意に選択したどんな対象にもうまく適用することができるというようなものではない。なぜなら、弁証法はプロレタリアートの革命闘争の外には存在しないからである。つまり、それはその闘争の自己意識であり、それの構成要素である。

弁証法は、全体としての社会という概念を前提とする。それ自体として「全体」である社会的主体、つまり、マルクスがいう「普遍的階級」であるプロレタリアートのみが、独立した現象として「全体」を認識できる。ヘーゲルの原理に従えば「真理は主観である」。つまり、この場合、歴史の過程に関わる真理は、その革命の発意が社会生活の全体を根本的に転換し、階級社会を廃絶するよう運命づけられた、階級の観点からのみ明らかにすることができる。

マルクス主義は、第二インターナショナルの理論家たちが考えていたような、論理的な法則を正確に適用するならば、誰でもが受け入れることができる歴史的現実の科学的な記述ではない。それは労働者階級が革命に向かって成熟する時の、労働者階級の理論的な意識にほかならず、そして、プロレタリアートの階級意識は独立した歴史過程の単なる反映ではなく、その過程に不可欠な原動力である。

その主体が、何を行いつつあるのかを理解せずに幻想の犠牲者となった、これまでのすべての革命と異なり、プロレタリア革命は、原則として、その社会における位置や達成することが求められている運命に関するプロレタリアートの完全で、神秘化されない自己意識がなければ、実現できない。

このように、プロレタリアートは歴史によって特典を与えられているのだが、それはそれが一回かぎりで階級区別、搾取、社会的対立、個人とその社会的存在との分離、疎外、虚偽意識、人間の非人格的な歴史の力への依存を廃止する大変動を達成するように求められている、という意味においてだけではない。これらの全てに加えて、プロレタリアートは、その歴史的役割が社会の完全な理解を伴うかぎりにおいて、認識論的観点からも特典を与えられている。プロレタリアートだけが歴史を全体として理解できる。なぜなら、その行為においてのみ、全体性が革命運動として真に現実化されるからである。プロレタリアートの自己意識は、全体としての歴史という意識と一致する。つまり、プロレタリアートは世界の成熟した理解に達する過程のなかで世界を転換するのだから、理論と実践は一致する。この特別なケースにおいて、現実の理解と転換は二つの別々の過程で
1002 はなく、一つの同じ現象となる。

この理由により、マルクス主義の運動における新カント主義とマルクス主義運動の進化論的反対論者は、ともに、歴史の「純粋科学」と「社会主義の理想」、つまり、ある種の道徳的命令として恣意的に設定された価値から引き出された「社会主義の理想」とを区別する誤りを犯した。主体と客体は社会の知識において一体化するのだから、この場合、科学は社会の自己知識、同じことだが、歴史のいかなる段階においてもその状況を決定する要因であるのだから、そして、プロレタリアートの場合、この自己知識は同時に革命運動であるのだから、プロレタリアートはそれを実現する現実の過程から「理想」を切り離すことは到底できない。社会主義は人類に用意され、非人格的な歴史の法則によって保障されている状況ではなく、ましてや道徳的な「命令」でもない。それはプロレタリアートの自己知識、その現実的闘争の一側面である。

こうしてマルクス主義は、第二インターナショナルの理論家たちを惑わせたジレンマを解決する。進化論者と新カント主義者の双方が、マルクスの理論は「不可避的」な歴史の法則の評価であって、科学的な理論として、それはいかなる規範的な要素も含まない、と想定した。新カント主義者は、必要な規範的な要素や理想はカント主義の道徳哲学から持ち込まなければならない、と推論した。これにたいして正統派は、マルクス主義は歴史の記述で満足しなければならず、そして、社会主義は不可避的であるばかりではなく、望ましいことであると表すことは不可能で不必要である、と応答した。

しかしながら、ルカーチによれば、双方の側はともに本質的に非マルクス主義的な立場から主張していた。彼らはカントに従って、存在と当為との二元論を当然としたのにたいし、ヘーゲルとヘーゲルに従うマルクスは、その二元論を克服していた。マルクス主義は世界の単なる記述ではなく、それによって世界が革命され、そしてその自己知識の主体、つまりプロレタリアートが世界を転換するその行為そのものにおいて現実を理解する社会過程の表現とその自己知識である。

社会生活を人間の統制の及ばない「客観的」過程に分け、そして、認識を単に観察したり、あるいは道徳化したりするだけの不毛なものにすることは、その時代において一般的進歩を代表することができたとしても、プロレタリアートと同じ意味で普遍的階級であったことも、また、あることもない階級、いうなれば、歴史を全体として把握するところまで行きつくことができず、自らの特殊な利益に束縛されていた階級に特徴的で不可避的な態度である。

しかしながら、プロレタリアートは、その特別な利益が単なる一時的な出来事でなく原理的に人類のそれと一致するのだから、歴史の主体と客体の統一を真に体現する。この階級の革命活動において、歴史は自己知識を達成する。歴史の必然性は、自由な活動、完全に意識的であるがゆえに自由なものとして現れ、また現れるに違いない。

「客観的な」過程とその意識は一つで同じである。現実に存在する社会的な「存在」と、その過程の主体である階級の理論的または道徳的意識とのあいだに、いかなる差異も存在しない。主体と客体、自由と必然、事実と規範はもはや対立せず、単一の現実の側面である。これが、義務は経験的事実からどのように引き出せるか、というカント主義者のジレンマに、
1003 そして同じようにして「科学主義」のジレンマに終止符を打つ。

同じ方法で、主意主義（voluntarism）と決定論（determinism）との、あ

るいは人間の意志（human will）と科学的予見（scientific prediction）とのあいだの衝突はもはや存在しない。全体としての社会という意識は、誰もが獲得できる情報ではなく、実際の革命的実践の自己知識であるのだから、マルクス主義のなかでは、歴史の法則に基づき、そして未来の変化を支配する、意志から独立した「客観的」予測のようなものは存在しない。予測の行為は、予測されたものに影響を及ぼす行為と一体である。プロレタリアートは、未来を創造する行為のなかで未来を知るのであって、実際に起こる変化が予報者のなし得る何かによって影響されない、天気予報のやり方とは異なる。

この歴史の客体と主体の統一、意識の認識的側面と規範的側面との統一は、マルクス主義にたいするヘーゲル哲学のもっとも貴重な遺産である、とルカーチは主張する。もちろん、これはヘーゲル哲学の形式から直接的に継承されたことを意味しない。ヘーゲルは、歴史それ自体における客体と主体の一致を発見したのではなく、彼の時代にそのような歴史的な土台は現実に存在しなかった。結果として、彼はその一致を理性の超歴史的な領域に移行させ、精神に歴史の進展におけるデミウルゴス［世界形成者］の役割を帰させた。こうして彼は、そうすることが彼の狙いであったけれども、客体と主体の二元論を最終的に克服できなかった。この達成は、マルクスに残された。

同じ思考法に立てば、単に「理論的なマルクス主義者」、つまりマルクスの社会理論と理論的な予測の妥当性とを承認しながらも、それらを実現させることには参加しない人間というのは、原則的には存在できないことは明らかである。正確にいうと、そのような態度はあり得るが、しかしそれはマルクス主義者の態度ではない。マルクス主義者は、理論に影響を与える運動に実践的な役割を果たす人でなければならない。なぜなら、理論それ自体が運動の自己意識以外の何ものでもないからである。

このような観点が、マルクス主義内部そしてまた非マルクス主義的社会主義内部の多くの異なる動向にたいする批判の土台である。見てきたように、ルカーチは、第二インターナショナルの正統派や新カント派の双方の理論家だけではなく、マルクスの先行者や同時代者を否定するためにそれを使った。例えば、ラッサールはマルクス主義者ではなかった。なぜなら、彼はヘーゲルをフィヒテ主義の観点から修正し、意志や道徳意識を装って外部から導入した「実践家」的要素によって、観照的な歴史理論を修正したからである。こうして、彼は、ヘーゲル主義に反駁するどころか、ヘーゲル主義以前の立場に戻った、と。

同じ方法で、ルカーチはそのヘスの研究のなかで、チェシュコフスキーあるいはヘスの行動の哲学は、理論対実践の二元論を乗り超えられず、それを社会主義運動とその哲学意識という二元論のなかに恒久化した。つまり、ヘスの体系において、哲学は階級運動の産物や自己意識ではなく、運動にたいして獲得することを義務づける、党から独立したある種の叡智であった。

最終的に、ヘスはヘーゲルの「観照的」態度を表向きには批判しながら、マルクス主義に接近したヘーゲルの思想の部分、つまり、哲学はその時代の表現であってその時代の限界を超越できない、という思想を否定する道徳的なユートピアを説いた。ヘーゲルの未来を見通すことの否定は、「反動的」である。しかし、「方法的な観点からすれば」、ユートピア主義を否定し、そして哲学をその外部から歴史に入り込んでくる精神ではなく、時代の表現と見なす点で、それは優れて現実的であった。マルクスは観照的な観点に反駁したが、それは恣意的な規範あるいはユートピアの構築によって歴史の知識を補完することによってではなく、現在において既に活動的な現実の動向として未来を識別することによってであった。

4 「自然の弁証法」と反映論の批判 物象化の概念

弁証法は、統一に向かう運動における歴史的主体と客体の相互交渉から成立するのだから、「自然の弁証法」というエンゲルスの理念は擁護できない、ということになる。確かに、この点でルカーチは、エンゲルスをマルクス主義の弁証法の精神の犯罪的な不理解として糾弾する。

もし弁証法が、人間によって確証された出来合いの単なる自然法則の体

1005

系を意味するならば、われわれは今なお「あらかじめ運命づけられた」現実と、純粋に観照的な知識理念の枠内に留まっているだろう。「弁証法の法則」は、自然の変更不可能な資産であるということになる。われわれはそれらを発見し利用することはできるが、この「外的な」自然の知識や人間の技術によるその活用は、マルクスやヘーゲルによって理解された弁証法とは何の関係もない。弁証法はその革命的な性格を失い、そして、理論と実践との統一は、革命的な行動によって世界を領有する集団的な主体ではなく、観照的でブルジョア的で物象化された意味において、つまり、あるがままの姿の世界の技術的利用においてだけで考えられることになる。

他方、史的唯物論は、われわれに世界を人間活動の所産として示す。しかし、人間がそれを何か疎遠なものと位置づけるかぎり、人間それ自体がその被造物であることを理解しない。知識と実践の二分論に立つマルクス主義以前の哲学は、世界を結晶化された「事実資料」の集積として、そして実践を一連の恣意的な倫理的指針や技術的方策として見ることを余儀なくされた。

対照的に、プロレタリアートの階級意識においてそうであるように、主体の自己意識が全体の知識と一致する時、つまり、社会的存在が人間の手に成るものと認識され、組織された共同体による意識的な規律に従う時、二分論は存在を停止し、経験主義対ユートピアのジレンマは解消される。エンゲルスが「実践」と呼んだもの（実験、技術）は、人間を現実の意識的な創造者に転換するのではなく、ただ彼の環境の支配力を増大させるだけである。つまり技術の進歩は、それ自体としてはブルジョア・システムの境界を粉砕しない。自らが発見した自然の法則を活用しながらも、人間は歴史の「客体」であることをやめない。外的世界を同化し、それと一体化し、世界は単なる諸資料であって、知識が認識や観照に過ぎないという状態を廃棄する時、人間は初めて「主体」となる。主体と客体の統一という理念は、もし弁証法が外的な自然と関係づけられるならば、存続できない。

同じ理由で、知識は前もって存在する現実の単なる「反映」と見なすことはできない。この理念の批判に際して、ルカーチはレーニンと表立って論争していないが、しかし彼は疑いなくレーニンの哲学を攻撃している。ルカーチが理解するものとしての弁証法の観点からすれば、認識を外的世界の精神的経験への「反映」と見なすことは、思考と存在との二元論を固定化し、それらを相互に根本的に疎遠である、と見なすことである。しかしながら、もし認識が革命的変革の過程において世界を所有することを意味し、そして世界の理解と変革がプロレタリアートの解放された意識の一つで不可分の行為である、とするならば、既に存在する世界が自らを受動的な人間の意識に複製する過程として知識を語ることはもはや無意味である。思考過程は、それがその客体を転換する歴史過程の一部でないとすれば、それは弁証法的ではない。

「観照的」な現実の観念、つまり理論と実践の統一、あるいは主体の創造的役割に何の余地も残さない「観照的」な現実の観念は、ルカーチによって資本主義社会の神秘化された意識の典型的特徴である「物象化」と結びつけられた。この点を、彼は『歴史と階級意識』において特別に重視した。「物象化」(reification)の用語はマルクスによっては使われず、それは事実として、その流通をルカーチ自身に負うものだが、その理念は完全にマルクス的である。『資本論』第一巻の「商品物神」の分析は、実際に物象化された意識の分析である。ブルジョアジーは、その社会的条件によって、虚偽意識を持たざるを得ない。経済危機の性質やそのなかでブルジョアジーが主要な役割を果たすこのシステムの歴史的に過渡的な性格を理解することは、彼らの利益に反する。生産を交換価値の拡大に全面的に従属させる社会において、そして、そのなかの人間の関係が物の価値に結晶化され、それ自体として物の性質を帯びる社会においては、個人自体が物と化す。

人間は、もはや特定の個人ではなく、生産と交換の巨大なシステムの部分である。つまり、彼の個人的な特質は、生産メカニズムの完全な画一性と合理化の障碍となるだけである。彼は単なる労働力の一単位、市場の法則に従って売り買いされる一個の物品である。交換価値の無限の力の結果

1006

の一つは、法システムの合理化、伝統の無視、そして諸個人の法的単位への還元の傾向である。合理化は技術や労働の組織化に適用され、生産活動のますますの専門化と個別化に行きつく。個人は精神的にますます奇形化し、分業によって狭い技能領域に閉じ込められる。

あらゆる事柄が専門化され、活動が部分的で断片的になり、社会の統一は理解不能で達成不可能となる。ブルジョア哲学は、この物象化の絶対的な支配を保証し、全体を理解する力も意欲も持たない。それが理解する全ては、そこからは「全体」が現れることができない経験的事実か、あるいは他方で、定義上、「諸事実」とは何の関係も持たない規範的な倫理、または恣意的なユートピアのいずれかである。

数学をもっとも完璧な知識の形式と激賞するブルジョア合理主義は、計算や予測できるものを超える現象には関心を持たず、それゆえに、技術的に利用することができる。「全体」を象徴するかもしれないものは、それが何であれ、科学知識の領域から駆逐され、認識不可能な「ものそれ自体」と銘打たれる。「事実」の非合理性と全体を理解しようとする意欲との矛盾は、観念的な弁証法に行き着く。それは客観性そのものを全一的に否定することによって、主体と客体の統一を再建しようとする。それは創造性を主体に割り当てるのだが、この創造性を革命的実践として捉えることができず、主体に道徳的で内的な形態を与える。

要するに、物象化はブルジョア的な意識のなかでは克服することができない。ブルジョア社会において単なる商品に過ぎないプロレタリアートは、自らの状態に気づく時に初めて、社会のメカニズムを全体として理解することができる。プロレタリアートの意識は、商品による自己知識の獲得と考えてもよい。

プロレタリアートの状況において、物象化の過程、男や女の物への転換は、先鋭的な形態を帯びる。プロレタリアートが自らを商品と意識するようになる時、それはあらゆる形態の社会生活の物象化を理解すると同時に、それに反抗するだろう。その覚醒された主観は、あらゆる人間を物の奴隷化から解放するだろう。つまり、その自己知識は単なる世界のあるがままの知覚ではなく、解放という歴史の運動であって、この種の意識にとって現実の単なる「反映」という問題などは存在しようがない。

このような主張は、解放された意識の立場からすれば、伝統的な意味の「真理」の問題、つまり判断と現実との対応の問題はもはや起こらないか、あるいは、そのような真理は社会階級あるいは人類にとって相対的であることを意味することになるのだろうか？　この問題にたいするルカーチの回答は曖昧で多義的である。

彼は、真理の「文化人類学的」あるいはプラグマティスト的な概念を否定する。なぜなら、彼の言うように、プラグマティズムは人間を物の尺度にするが、人間自体を弁証法的に変革できないからである。つまり、主観を対象との相互交渉において考察しないで、人間を神の位置に引き上げる。他方、マルクス主義は、真理は個人または類にとって相対的であると宣言せず、異なる真理の意味は社会過程においてのみ明らかになる、と主張する。思想は歴史の進歩における一つの要素であり、歴史は客観性の形態の発展である。

この説明は全く不明瞭極まりない。もし、ルカーチが言うように、真理がある特定（階級）の観点からのみ到達可能であるならば、われわれは問うてもよい。それにもかかわらず、それは本来的に真ではないのか。つまり、それが認識されるか、されないかとは独立に、所与の状況の記述ではないのか？　と。

しかしながらルカーチは、これは誤って組みたてられた設問である、なぜなら、それは対象の外側からの「観照的」で「物象化された」意識を前提にしているからだと考えているように見える。彼の見解に立って、真理はただ特定の階級的立場からでしか明らかにならないばかりではなく、実際の革命運動と一体化した階級意識において以外は何事も真理ではない。言い換えれば、それが真理の保持の条件であること以上であることはもちろんだが、運動への参加が真理を保持する前提である、という結論をわれわれがどのように避けることができるかは明確ではない。

もしわれわれがルカーチの前提を受け入れるとしても、真理が階級にと

1007

って相対的であること、あるいは「労働者階級のために」という条件がなければ真理は存在しないと結論づけることから、われわれはどのようにして逃れることができるだろうか？　例えこの文言を虚偽意識から解放された「未来の人類のために」というものに取り換えたとしても、それでもわれわれは、伝統的な意味の「真理」を排除した「類を基礎とする相対主義」に巻き込まれたままであるだろう。この立場は、初期マルクスの理論には一致すると主張する十分な理由が存在するが、それは類的相対主義以外の何ものかと表現することはできない。

ルカーチが認識過程における「主体と客体の統一」、あるいは「理論と実践の統一」について語る時、彼は、一般に、すべての知識やすべての対象に適用できる用語として使う。しかし、彼は人文学や社会科学の対象、つまり人間の歴史や社会的存在としての人間を念頭に置いているように思われる。ヘーゲルだけではなくディルタイやヴィンデルバンドの弟子として、彼は、疑いなく、人文的知識の根本的に異なる性格の原則（ズナニエツキ呼ぶところの「人間係数」humanistic coefficient）を主張しようとし、そして知るという行為は知られる現実の構成要素であって、その性質を変えるのだから、人間の現実の認識において主体は自然科学の場合とは異なる方法で、存在することを強調しようとしたことは疑いない。

問題になっている主体は常に集合的な主体、より正確には社会階級である。しかしながら、時どき、その曖昧さと論理の軽視のお陰で、ルカーチは、主体との統一を志向する「客体」は非人間的な自然を含む宇宙全体である、と示唆する表現を使った。それでもなお、彼の実際の目的は人間と自然を区別することであって、それらを「統一する」ことではなかった。人間の行動の世界と歴史の過程を、石や星に劣らず所与で「客観的」な現実と見なすことは、人間の意識が「物象化」されることを認めることである。

プロレタリアの意識にとって、それ自体として存在し、その性質が何か他の対象の性質のように最初に学習されなければならず、その結果、道徳的命令によって非合理的に規定されなければならない目的のために、それにたいして技術的工夫を施すことになる社会的宇宙のようなものは存在しない。社会現象を政治的操作のただの対象として、そのなかで人間主体が純粋に主観的で道徳規則のみによって鼓舞されるとする、社会現象への技術的態度は、ブルジョア的な妄想であるが、それでもエンゲルスは、弁証法を自然に拡大し、社会法則を地質学的堆積物の構造を支配する法則と同じように客観的として記述して、そこから逃れ出ることはなかった。ひとたび、プロレタリアートが登場し、生産および歴史のダイナミックな統一におけるその役割を意識するならば、「歴史の法則」は人間の意志と同一化し、自由は歴史的必然と同一化する。

これと同じ理由で、ルカーチはブルジョア社会学とマルクス主義社会学とのあいだに差異を設けず、社会学そのものはブルジョア・イデオロギーの不可避的な一部であると主張した。その仕事は社会現象を「客観的」に、つまり、それらへの参加にかかわらず、観察者にとってアクセス可能な対象として、社会現象を研究することである。このように想定された主観と客観の分離が社会学の存在理由であって、したがってルカーチは「マルクス主義社会学」を用語の矛盾と見なした。

彼の一九二五年のブハーリン批判は、同じ根拠に基づいた。ブハーリンは機械論的唯物論に戻った。機械論的唯物論は、社会過程を自然過程と同じ方法で解釈しようとし、自然科学をブルジョア意識の産物として批判しないで、それをあらゆる知識のモデルと見なした。こうしてブハーリンは、史的唯物論を否定し、「観照的」認識論を擁護してテクノロジーのなかに、あたかも独立した原動力であって、社会条件のなかの一要素ではないかのように歴史を支配する「客観的」な力を見いだそうとしている、と。

直接的にエンゲルスを、暗黙裡にはレーニンをねらいとするルカーチの批判は、当然ながら、ロシア正統派マルクス主義者の憤激を引き起こした。デボーリンは、その自然と社会の見方は観念論者である、とルカーチに烙印を押す論文を書いた。マルクスとエンゲルスとの対立という断定に関して言えば、この問題を取り上げたデボーリンやその他の人びとは、そのなかで、発行前にマルクスはこの著作を読んで承認した、とエンゲルスが述

1008

べていた『反デューリング論』第二版（一八八五）の序文を勝ち誇って指摘した。

デボーリンは、主体と客体の同一化という理念は、レーニン自身が証明したように、もっとも純粋な観念論である、と主張した。意識は現実を「反映する」のであって、これを否定してルカーチはマッハの滑稽さを繰り返している、と。概して、デボーリンの反論は原始的で未熟であって、ルカーチは自らの誤りを取り消すことを急がなかった。

一九三三年に、論文「私のマルクスへの道」において、彼は反映論および自然の弁証法への彼の批判を取り下げた。しかし、それはただ一般的な言葉においてだけであって、論争の実質に踏み込んだものではなかった。しかしながら、翌年に『マルクス主義の旗の下に』誌に掲載された「共産党のボルシェビキ化にとっての〈レーニン〉『唯物論と経験批判論』の意義」と題する論文において、彼は、自分の逸脱はサンディカリズムおよび観念論の残滓の影響から生まれたとする、みじめな自己批判を行った。『歴史と階級意識』は観念論的な作品であり、観念論はファシズムと社会民主主義的おべっか使いの味方であるのだから、自分の誤りは理論的にも実践的にも危険なものである、と彼は公言した。幸いにも同志スターリン指導下のボルシェビキ党は、マルクス・レーニン主義の純潔のために不屈に闘っており、レーニンの著作をその誤りのない指針とする着実なコースを進んでいる、と。

1009

ルカーチは、同じ言葉で何回も撤回を繰り返して述べ、自分の誤りを「革命の切望」（これがなぜ、自然の弁証法を否定することに結びつくのか理解できないが）あるいは自らのヘーゲル哲学的そしてサンディカリスト的背景のせいにした。スターリンの死後、彼はその自己批判を大幅に緩めた。その著書の一九六七年新版の序文で、彼はマルクスの客観化と疎外化の区別を無視し、その結果、主体と客体は一致する（おそらくは、「疎外された」対象だけではなく、全ての「客観性」はプロレタリアートの意識においてその存在を停止する、と示唆することによって）という自分の理論に飛躍させすぎたことを認めた。しかしながら、労働それ自体は必然的に「客観化」の過程であるのだから、全ての客観性が革命の過程で消滅するとは言えない。それゆえに認識の行為から「反映」を排除することは完全に間違っている、と。

要するに、ルカーチは、彼の初期の著作について明確な判断を下さなかった。彼は確かに彼の全体と媒介の理論、あるいは（上に説明した条件付きの）物象化の批判を放棄しなかった。そして、人文学と自然科学との基本的な区別という自らの見解を維持した。彼は、明らかに、彼の著書のメリットはそれがマルクスの弁証法のヘーゲル哲学的源泉とその諸側面に注目したことである、と一貫して見ていた。

彼の修正した理論の結末は、革命運動において客体と主体は一致するが、それはある程度までのことである、ということと思われる。つまり、社会の現実の認識は、それ自体がその現実の一部であり、そしてプロレタリアの意識はその現実を理解するという行為そのものにおいて、初めて世界を改変するということは真理であり続ける。マルクス主義が自由と必然、事実と価値、意志と予知のジレンマを克服したということもまた、なお主張することができる。しかし、それだからと言って、それが客観性を完全に廃止したことにはならない。

これがルカーチの最終的な位置であるとして、ルカーチが外的自然や人間労働の客観化された物的産物を含むすべての現実は、意識的な革命的実践のなかに包摂されるという理念を排除しようとしたという意味で、換言すれば、彼が主体と客体の一致を社会過程の領域（もちろん、プロレタリアートの解放された意識）のなかに限定し、人間世界を超えるものにまで押し広げようとはしなかったという意味で、われわれは単純に受け取るべきなのだろうか。もしそのように受け取れるのであれば、それは彼のもともとのテーマからの重大な離脱ではなく、むしろその言い直しであるだろう。つまり、この著書は、われわれが見たように、彼が「客観性」を一般的に考え、歴史過程のそれとして考えたのではない、という意味として読むとることができるのであるが、これは考え抜かれた理論というよりも、論理的訓練の不足によるものであるように思われる。

1010

5　階級意識と組織

社会制度を転換するだけではなく、そうするなかで哲学、芸術、そして社会科学の全ての問題を解決する力としてプロレタリアートの階級意識を賛美することは、ルカーチの頭のなかで現実のプロレタリアートに結びつけられており、その組織化された表れ、つまり党に結びつけられたものではなかったように思われる。彼の革命観は、レーニンよりもローザ・ルクセンブルクのそれであった。しかしながら、事実として、彼の一九一九年以降の作品は、彼がレーニンの党概念に断固として固執したこと、彼の階級意識論全体がそのような概念の論理的基礎を形成したことは疑いがない。

「プロレタリア的な意識」は、経験的な労働者階級のそれとも、または個々の意識の集積あるいは平均とも理解されてはならない。実際の労働者の経験的な意識とプロレタリアートの「真の」階級意識とのあいだには、常に裂け目が存在するに違いない。前者が後者に追いつくことは全くないが、それでもなお、歴史の原動力であるのはこの「真の」意識であり、その運搬体は党、つまり特殊な形態の社会的な存在、自発的な労働者運動と歴史の全体性との必須の仲介者である。

全員一致であれ、大部分であれ、個々の労働者たちが何を思っているかは、プロレタリアートの意識の内容に関して何の意味も持たない。プロレタリアートの意識は党に体現され、自発的な運動がその固有の意味を理解するのは党において、党を通してのみである。なぜなら、その運動が全体の概念まで上昇するには、それ自体として力不足であるからである。こうして理論と実践の統一、必然と自由の統一は党の革命への意志においてのみ真に実現される。

このような見方を『歴史と階級意識』において詳述して、ルカーチは（明示的には言わないが）レーニンの党理論はレーニンの哲学の論理的付随物ではなく、マルクスの人文的な相対主義および全てを飲み込むような「実践」の理論と完全に一致し、それによって、認識論的で形而上学的な問題は、その内容を剥奪されることを示した。

ルカーチは、この見方をレーニンに関する彼の著作やその後のいくつかの著作において何度も繰り返した。党は階級意識の明示的な具現体、プロレタリアートの正しい政治的方向づけの唯一の守護者、その「真の」意志の唯一の代表者である。もちろん、ルカーチは、レーニンがそうしたように、このことから、党がプロレタリアートなしで何でも実行できるとか、あるいは後者の援助は党にとって重要ではないとは、当然ながら推論しなかった。要点はただ、プロレタリアートの「真の」利益、その意志、欲求、そしてその意欲や理論的意識は、経験的な労働者階級の欲求、感情、思想および認識とは全く別ものであるということである。

こうしてわれわれは、ルカーチにとって経験主義批判の政治的重要性を理解する。われわれが経験主義を基礎とするかぎり、われわれのプロレタリアートに関する知識の全体は、現実の労働者の観察からもたらされる。人間の意識の経験的状態は、単に未熟さの指標に過ぎないのだから、われわれは歴史の全体を理解することはできない。

ルカーチの理論と実践の統一の理論は、論理的にはレーニン自身の哲学よりも、レーニンの党の理念により適合することが理解できる。と言うのは、「反映」理論を基礎にしては、理論を否認するかもしれない経験的証拠にもかかわらずプロレタリアートの「真の」意識を体現する党は正しい、という主張を擁護することはできないからである。

他方、この命題は「全体」の理念とその系である「事実の方がもっと悪い」［so much the worse for the facts ＝理論と事実との齟齬を指摘されて、ヘーゲルが発した言葉］という考え方から滑らかに出てくる。全てを飲み込む全体は、事実と価値、知識と意志、自由と必然に「弁証法的統一」をもたらす。それゆえに、党に体現されるプロレタリアートは、その社会的位置や歴史的使命のお陰で理論的に正しい。あるいは、むしろ、その理論的正しさはその進歩的機能と同じであり、その目的にとって他のいかなる基準も存在しない。

政治的には、これはレーニンのそれよりもさらに便宜的な哲学である。なぜなら、ひとたび党が実践的・理論的な「全体」を保持することが認められたら、それ以上のさらなる正当化を求める必要はないからである。プロレタリアートは、その社会的役割によって、知的な意味で特典を与えられているのだから、そして、その意識の起源が、その意識は正しく真実で神秘化されないことを保証するのだから、さらに進んで、プロレタリアの意識が党に体現されると想定して、われわれは思い通りの結論、つまり、党は常に正しい、という結論に達する。

もちろん、ルカーチは、多くの言葉を使ってこのことを定式化していない。そして、レーニンもスターリンですらもそうはしない。しかし、これが共産主義者の教育のイデオロギー的な基礎であり、全ての共産主義の知識人によって実際に受け入れられてきた。

スターリン時代の終わりまでにプロレタリアートの認識上の特権的位置は、実際上の目的から、同志スターリンは常に正しいという見方に変形された。ルカーチは彼以前のレーニンも含まれる他の誰よりも、党の無謬性にたいする信念の優れた理論的基礎を提供した。『戦術と倫理』において、「パリ・コミューン以降、初めて、プロレタリアートの意識と世界史の立場からの自己知識とを合体させたのは、ロシア・ボルシェビズムの偉大な達成である」［邦訳　同前　五五頁］と、彼は既に書いていた。

必然的に、ボルシェビズムは今日の時代の真理である、これはルカーチが決して放棄しなかった信念であった。後になって、党またはその指導者が誤りを犯したことが判明しても、党は「弁証法的に」正しく、誤りを犯そうが犯すまいが党を支持することは道徳的で知的な義務である、というのは依然として真理であった。

こうして、スターリンの「誤り」を告知する新しい指導者にルカーチが追随した時でも、彼はなお、当時において彼らの誤りを擁護したことは正しかった、と主張した。これは確かにルカーチの哲学によって支えられた、共産主義のアイディオロジストの典型的で古典的な立場であった。つまり、党は「形式的には」誤っているかもしれない、しかし「弁証法的には」誤ってはいない、と。党の政治やイデオロギーに反対することはどんな状況にあっても政治的誤りであって、それゆえに認識上の誤りである。なぜなら、党は、そのなかで歴史の運動とその運動の意識が一つになって現れる歴史意識を体現しているからである。

ルカーチはまた、プロレタリアートの独裁は党の独裁として実現し、また実現しなければならないということに何の疑いも抱かなかった。こうしてそのレーニンについての著書で、彼は、ソビエト（労働者評議会）を階級的な組織の永続的な形態と見なし、それを党や労働組合に代わるものとして確立しようとした極左派（つまり、ボルシェビキ党内の「労働者反対派」）を非難した。

ソビエトは、革命の時期に自然発生的にそう呼ばれるようになった、ブルジョア政府に反対する闘争組織であったが、革命後それに国家の権力を付与しようと望んだ人びとは、革命的状況と非革命的状況との相違を理解しなかった、要するに、彼らは「非弁証法的に」思考した、とルカーチは主張した。成功した革命後の党の役割はより大きく、そして少なくともその前よりも増大するのであって、その一つの理由は、革命後の時期に階級闘争は減退するどころか不可避的に先鋭化することである。

ソビエトの役割に関するこのような理論は、ルカーチの主要著作で示されたものとはある程度異なり、そこで彼は、行政、立法、司法という権力のブルジョア的分立を停止し、プロレタリアートの直接的利益と究極的利益との「媒介」の道具となることがソビエトの機能である、と書いていた。これは、ルカーチがレーニンによって排他的に党に属するとした機能をソビエトに帰属させたことを意味するのかもしれない（『歴史と階級意識』の党についての言及ではこの見解を支持してはいないが）。

しかしながら、レーニンに関する著書において、彼はそのような極左的な誤りを訂正し、革命成功後にソビエトは不要にすることができる、と明確にした。この時期以降、権力のブルジョア的な分立を廃止する仕事は党に委ねられ、換言すれば、党は法を制定しそれを執行し、いかなる部分からの援助や監督なしに批判者を裁けることになった。このように、一九二四年に、ルカーチはサンディカリズムの残滓を完全に取り除いた世界観を主張した。

1012

1013

6　非合理主義の批判

ルカーチの主な仕事は、事実上、レーニン主義にレーニン自身が用意したよりも優れた哲学的な基礎を提供することに捧げられた。この意味でルカーチは、ある程度知識人特有の欠陥を背負った、一貫性のないレーニン主義者と呼ぶことができる。ボルシェビキの方針を疑問なく受け入れながら、彼は、哲学者として、自分は党の指導者たちよりも優れたボルシェビキであり得ると想定し、彼らの理論的立場をより首尾一貫し、そして説得的な方法で展開してみせた。

しかしながら、彼の後の哲学作品は、彼がレーニン・スターリン主義にたいする忠誠の真の本質を理解していたことを示している。つまり、そこで必要とされることは、どのような時点の党の決定や理論にたいしても、それらを支持し、それらに従って実際に行動することであって、自分自身でその正当化を考え出すことではない。彼が三〇年代や四〇年代に発行した数少ない純哲学的な作品が、スターリン主義へのほぼ完全な同調を証明する。ルカーチの博学が、いつでも彼をスターリン主義の全く無知で月並みのアイディオロジストから区別したことは事実である。

彼がゲーテ、ディルタイ、あるいはヘーゲルについて書こうが書くまいが、彼は自分が何について語っているのかを明らかに理解し、そしてその主題に精通していた。正統派の彼の批判者たちを激怒させたのは、彼が実際に書いた内容よりもこのことであった。その上、ある程度まで、彼は独自の執筆スタイルを保持した。これは、スターリン時代、あらゆる人びとが同じ方法で書き、文章スタイルを根拠にして二人の哲学者を識別できなかった時代においては疑われた。単調で陳腐な決まり文句、貧困な語彙が当時の風潮であり、自分独自のスタイルを持つことは、事実上イデオロギー的な逸脱であった。この点で、ルカーチは不完全なスターリン主義者であったが、彼はそれを他の多くの点で補った。

この時期の重要な文献が『理性の破壊』であり、アドルノが「ルカーチの理性の破壊」と呼んだ作品であった。これは非合理主義哲学、主にドイツのシェリングとロマン主義からハイデガー（寄生的主観主義の聖灰の水曜日）と実存主義までの歴史であり、ナチズムのイデオロギー的な源泉を明らかにするのが主な目的であった。シェリングは合理的な弁証法に代えて伝達不可能な直観を用いた人であり、ショーペンハウアーは人類と歴史の治癒不可能な愚かさを主張して世界を非合理的な意志によって支配されたものと見た人であり、キェルケゴールは非合理的な信念を賛美し、それを理性の上に置いた人であって、これらの人びとが一八四八年に終わる第一期の代弁者である。

ニーチェは、プロレタリアートの階級闘争が社会生活の支配的な特徴となった第二期の主要なアイディオロジストである。その歴史の否定、普通の人びとの軽蔑、そして戸惑いのないプラグマティズムは、「支配的人種」と彼が褒めそやしたブルジョアジーの事業に捧げられた。哲学的非合理主義は一八九〇年以降、帝国主義の時代にその頂点に達した。新カント派の形式主義と不可知論は、新しい網羅的な世界観を創り出そうとする試みに取って代わられるが、しかしそれは直観に基づき合理的な分析を許さない。

科学の客観的有効性自体が問題とされるが、それは科学を非合理的な歴史的または衝動的な力の産物と見なすからである。この時代は、ディルタイの『生の哲学』によって誘導され、それは直接的にナチ・イデオロギーに繋がる。それは実証主義に反対するが、歴史の非合理性と文化の主観性の観点からそうするのである。それはまた資本主義を批判するが、しかし時代遅れの反動的なロマン主義からである。それは民主主義を攻撃し、ファシスト国家のなかに最終的にその体現を発見する新しい有機的統一の追求を提示する。

『理性の破壊』を本質的にスターリン主義的な作品としているのは、当然ながら、それがドイツ哲学におけるナチズムの起源を探究しているという事実ではない。トーマス・マンを含む多くの歴史家や著述家たちによって追求されたそのような思考の筋は、スターリン主義者は言うまでもなく、マルクス主義者に特有のことではない。ルカーチの著作の典型的にスターリン主義者的な特徴は、マルクス主義の出現以降、全ての非マルクス主義哲学が反動的で非合理主義的であった、という主張である。このような方法で、マルクス主義以外の全てのドイツ哲学文化が一九三三年のヒトラー権力掌握の道を用意した知的装置として非難される。あらゆる人が、一つまたは別の方法で、ナチズムの先駆者であった。明らかに、ルカーチの非合理主義の概念は曖昧で不確定で馬鹿らしいほどに広大であるだけではなく、多くの点でこの用語の通常の概念と直接的にほとんど反対である。認識論において「非合理主義者」という言葉は、一般に、もっとも完全な形態の認識は言葉では表現できず、特殊な伝達不可能な行為によってのみ達成される、と考える理論に宛てられる。ルカーチが挙げる思想家の何人かは、確かにこの真の意味の非合理主義者であるが、しかし、彼らがナチズムへの道を敷いたということにはならない。しかしながらルカーチは、あらゆる人を正統派マルクス主義者ではない非合理主義者と呼ぶ。

もし、マックス・ウェーバーが、社会学者として、カリスマ的な指導者の性格を分析すれば、カリスマ的な指導者を生み出した時代によって、それが彼に要求されたと証明するだろう。もし分析哲学者が、世界は全体として理解できることを否定して孤立した断片を理解することに閉じこもるならば、マンハイムが社会理論の構築における超認識的要素の果たす役割を強調した時にそうであったと同じように、彼らは非合理主義に落ち込むことになるだろう。

非合理主義者とは、存在のいかなる要素や側面も推論的な知識の範囲外にある、と考える全ての人である。つまり、人間の行動における非合理的な力を発見する全ての人である。歴史の法則を信じない全ての人である。主観的な観念論を告白する全ての人である。そして歴史の「全体」の意味は、科学的に確定できることを受け入れない全ての人である。換言すれば、非合理主義者そして（結果的に）ナチズムの同盟者は、全て、ルカーチがヘーゲルから継承した「弁証法的理性」、共産主義の未来を含んで、現在に対して意味を付与する歴史の全体と人間社会を理解できる理性を信じない、全ての人である。これをなお別の方法で示せば、現在の正統的な形態の共産主義、つまりスターリン主義を告白しない哲学者は全て非合理主義者であって、それゆえに、実際の確信によってでなくても、「客観的には」ナチスである。

ドイツの歴史全体とクローチェ、ヴィンデルバンド、ベルクソンそして分析哲学者を含むヨーロッパの文化は、実に、ヒトラーの勝利を保証する内発的な目的で充たされていると理解される。一九世紀と二〇世紀の全ての非マルクス主義哲学者は、「理性」、つまり、未来を包括し、そして、それにたいしてマルクス主義がブルジョアジーの簒奪と世界規模の共産主義的独裁を予言することによって、そのカギを用意した歴史的な「全体」が存在する、という信念の崩壊に従事した。

ルカーチ自身の盲目的信念に立つ哲学によって与えられたもの以上の反理性主義の顕著な実例を探し出すことは極めて難しい、そこでは、あらゆる事柄が権威主義的に主張される以外にはいかなる証明もされず、そしてマルクス主義の公式に適合しないものは、それが何であれ反動的ガラクタと見なされる。一九四八年に公刊されたルカーチの実存主義にたいする反論は、スターリン主義哲学のもう一つの代表的な例であって、レーニン・スターリン・ジダーノフ教条主義の主要な点を全て網羅する。

哲学は、観念論的かあるいは唯物論的かのいずれかでなければならず、第三の道は存在しない。主観的観念論は唯我論、狂人の哲学に行きつき、他方、客観的観念論は、架空の理念あるいは世界を支配する精神を発見する。精神あるいは物質のいずれかが先でなければならない。この二つの対立を超越すると主張する者は、詐欺師かあるいは自らを騙している。

レーニンの『唯物論と経験批判論』は、全ての観念論者、つまり、彼の直接の反対者であろうと、実存主義者のように後になって登場してきた人びとであろうと、全ての観念論者を否定する反論不可能な主張を提供する。例え自然科学者がマルクス主義教育の欠如ゆえに全ての科学的達成は弁証法的唯物論の勝利を指し示している、という事実をまだ把握していないとしても、科学がそのようなナンセンスを粉砕してから何年も経過しているにもかかわらず、実存主義者は純粋な意識を基礎に存在全体を再構築しようとしている。

『実存主義かマルクス主義か？』は、おそらくルカーチの知的堕落のもっとも目に余る実例である。それはそのテーマについてルカーチが何も知らなかった物理学者への儀礼的助言も含めて、そのスタイルと内容において、スターリン治下のソビエト哲学の標準的な作品と区別することは不可能である。

ルカーチが、この時期の自分の作品を否定したという証拠はない。『理性の破壊』は、スターリン死後の一九五四年に無修正のまま再発行された。

７　美学の概念としての全体、媒介そして模倣

ルカーチの大望は、マルクス主義美学の基礎を築くことであった。この分野の彼の多くの作品は、文学の理論と批評から一般美学へと多様に及んだ。しかしながら、彼があらゆる芸術形態に関連する概念を確立しようとする時ですら、彼の知識は主に文学の歴史、特に演劇や小説の歴史から引き出され、彼の説がこの分野以外に適用されるのかどうかは、必ずしも常に明確ではなかった。彼の美学に関する作品は、当然ながら、マルクス主義者になる前に書かれたものは別にして、彼の理論や特定の作家や芸術的動向に関する見方と同じように、一つの全体として扱うことができ、それらは一九二〇年代から生涯の終わりまで、いかなる変化も受けなかったように思われる。

芸術の「本質」についてルカーチによって確立された一般的な見解は、特別にマルクス主義的な内容を持たない。彼は、芸術は科学と異なって、その性格上、神人同型的（anthropomorphic）であり、社会状況と関係があると述べる。この理由から、その直接の目的が信念あるいは信仰の付属物として仕えることであるとしても、芸術は宗教と本質的に敵対的である。と言うのは、芸術家の意図が何であれ、芸術それ自体がこの世のものであるからである。歴史的に芸術は魔術的な実践に起源を持つ。しかし、その目的が魔術においては二次的あるいは従属的でしかない、特殊な感情や態度を引き起こすという点で、魔術とは異なる。芸術は現実の像を提供するが、その像は最初から感情的な内容で満たされ、それらが描く世界へ向かう能動的な態度を含む。

全ての芸術が認識的な価値を運搬する。それは人間の自分自身の知識を拡大し、そしてそれゆえに世界の知識を拡大する。それは人びとを直接的で実際的な現実の外側に踏み出させ、宇宙という感覚の理解にまで引き上げる。したがって、それは単なる娯楽あるいは気晴らしとして扱われるべきではない。それは人間の精神発達において主要な役割を果たし、それによって人間が自己を創造し、自分自身の類的な本質を意識するようになる手段である。

したがって、芸術は純粋な認識機能に還元することはできないけれども、なぜなら、科学と異なり、それは像（images）という形で世界を表し、その伝達は評価行為を引き起こすやり方であるからだが、それにもかかわらず、それは、模造または模倣という特殊な形態に基づいている、現実の「反映」である。これは世界の単なる受動的な複製ではなく、選択とある程度の普遍化を含む。個々の像を用いて、芸術は、普遍性にたいする権利を主張する世界観を提示する。この意味で「個」と「普遍」が、芸術作品において、ある一つの統一として提示される。

「反映」あるいは「模倣」という立場から芸術を語る他の全ての人びとにたいしてと同じように、ルカーチにたいしてもしばしば異議が唱えられたが、それは演劇、小説、あるいは具象画については、これらの言い回しが何を意味するかは大まかに分かるとしても、音楽、建築または装飾が現実を「反映」すると、どのようにしてそう言えるかが全く明確ではない、というものであった。しかしながら、ルカーチは、模倣は全ての芸術事象に適用可能な概念であると主張する。例えば、音楽は社会環境によって引き起こされる感情を伝達し、そうして間接的ではあるが、人間のあいだの歴史的な結合を「反映」する。同じように建築は独自の方法で空間を組織することによって人間の態度や要求を表現する。装飾は自然の形状を模倣し、それらにたいする人間の態度を表す形式でそれらを表現する。

このような説明は、しばしばルカーチの批判者には不自然であると思わ

1017

れ、彼らもまた反映または模倣の理念の現実的意味に疑問を呈する。もし一片の音楽が感情を表現することによって世界を反映するならば、そしてもしこの感情が何らかの方法で社会生活と結びつけられているに違いないのであれば、その場合、芸術が現実を「反映する」と言うことは、それが社会生活の多様な事象や相互関係によって影響されていることを単に意味するように見える、ということだろう。しかし、これは一般的すぎて、全く役に立たない言説であることは明らかである。

いずれにせよ、ルカーチが文学作品について語る時、彼がきわめて強い意味で、「反映」の用語を用いたことは明らかである。社会的諸条件は芸術の制作に影響するばかりではなく、このことは誰も否定しないのだが、それだけではなく、芸術作品はそこから読者や観衆が現実について何事かを学び、そしてその「構造」あるいは内的対立を認識できる現実像を提示する。

事実、ルカーチは「リアリスティックな」作品のみが真に芸術の名に値する、という結論を正当化する方法で芸術を定義しようとする。彼の芸術的「退廃」の非難は、この結論と同じ基盤に立つ。しかし、再び、音楽、建築、あるいは抒情詩すらもが「リアリズム」の立場からどのようにすれば評価できるのかは全く明確ではない。

もし「模倣」の用語が、社会事象にたいする芸術作品の何らかの依存を意味するならば、その場合、確かに全ての芸術が模倣的であり、そしてまた「リアリスティック」であるだろう。しかし、その場合、模倣とリアリズムの観念はそれらの意味を失ってしまう。ルカーチの主要な関心は演劇や小説であり、これらにたいしては、「模倣」とリアリズムの観念は疑いなく適用可能であろう。しかしここで再び、彼は「模倣」を二つの異なる意味、つまり記述的意味と規範的意味で使っているように見える。

前者の意味において、どんな小説や演劇もある程度は世界、社会状況そして対立を反映し、あらゆる芸術作品は社会的な関わりを持っている。つまり、作者が彼の関与や彼の作品の真の意味を知ることから遥かにほど遠いもの（しばしば彼はそれを理解していない）であろうとも、それはその時代の基本的な問題に関して一方の側か、あるいは別の側を採っているのである。

しかしながら、規範的意味において、「模倣」は時代の問題をそれらが現にあるように提示して、現実を「正確に」模造する作品の質である。もちろん、そのような作品の作者は、「正しい」あるいは進歩的側に立っている。これが、ルカーチが「模倣」という言葉をもっとも頻繁に使う場合の意味であるように思われる。

同じことが文学に適用される際の「全体」の観念にも当てはまる。あらゆる文学作品は何らかの方法で社会生活の全体を反映する。なぜなら、われわれが世界に向かう態度を採用するとき、それが反動的なものであってすらも、それは全体としての世界に必然的に関係しているのであって、そうするのはわれわれがそのように意図するからではなく、全ての人間事象が緊密に結合し、個別に対立と結びつくことによってわれわれもまた否応なしに普遍的な対立と結びついているからである。

しかし、多くの場合、ルカーチはまた「全体」を規範的意味で使う。「本物の」文学作品は世界を全体として映し出そうとする作品であり、そして、各構成部分に意味を付与し、それらを全体的な芸術的な目的に従属させる真の参照システムを作品が体現することを、できるかぎり保障するのは批評家やアイディオロジストである。この意味で、「全体」は単に全ての文学の属性ではなく、社会主義芸術においてめざされるべき理想である。しかしながら、ルカーチはこの区別を明確に定式化しない。

芸術は「全体」を反映しなければならないという要求は、まずもって自然主義への反対を、つまり、直接的な観察、起こった事柄または目にしたものを単に記録するだけで十分である、という理念への反対をめざしている。このように制限された文学は、全体との関連で初めてそれ自体が明らかになる出来事の意味を伝達できなくなる。それは単なる観察ではなく概念的理解を必要とする。

しかし、これが主張の核心だが、ルカーチが表現主義とリアリズムという主題についてブロッホとの論争において主張したように、われわれの社

1018

会の全体、つまり統合された体制としての資本主義は、あらゆる個別の単独の現象を支配する、目には見えないが真実の現実である。人間生活のもっとも詳細な部分を全体と関係づけて意味づけできる人は、社会的現実を真にあるがままに描写し、この用語の規範的な意味の「模倣」を実践している、と断言することができる。このような普遍性と全体の感覚は、マルクス主義だけが提供できる社会の性質の前もっての理解を必要とするのだから、現代においてマルクス主義者だけが、ルカーチが理解したこの用語の意味において、良き執筆者という資格を持つことができる。

もちろん、これは、良き執筆者であるために全体の原理の概念的な理解に達すれば十分である、ということを意味するのではない。芸術作品を創造するためには部分を全体と関係づけるだけではなく、全体を独特のイメージの点から提示することができなければならない。芸術は、全体性の原理だけではなく、その独自性の原理にも従属する。これは「媒介」の芸術における対応概念であり、ルカーチの考えでは、美的分析の基礎的なカテゴリーである。経験をその出発地点と選択して、芸術は個別的なものにおける型を、特定の事象における普遍的なものを発見するように努力する。

ルカーチの「特殊性」は、作者が個人的な経験を普遍的な有効性を持つ型やイメージに転換する、このような過程と定義してもよいと思われる。その結果、それらの経験は、読者が社会全体を理解する媒体となる。芸術が「特殊性」のカテゴリーに従属すると言うことは、その位置が科学の普遍性と日常経験の直接性の中間にあることではなく、それが個別のイメージのなかで普遍性を反映することを意味する。これらのイメージのなかで、普遍的なものと個別的なものは別々ではなく統一の状態で現れ、それを、芸術は二つの要素を集約する（ヘーゲル的意味では止揚）とか、あるいはそれらを単一の事象の諸側面に統合する、と言えるかもしれない。

個と普遍の相対的優位性は、異なるタイプの文化や異なる流派の芸術において変化する。演劇は、その性格上、小説よりも普遍的である。自然主義は個に走り、寓話は普遍を強調する。

何人かの批判者が指摘したように、少なくともいくつかの芸術形態において、芸術家が典型的な事象（つまり、必ずしもしばしば日常のものではないが、時代あるいはあれかこれかの社会状況の突出した特徴を明らかにするもの）を表すためにイメージを使う、という見方はマルクス主義者に特有のものではなく、マルクス主義者以前のあるいは非マルクス主義思想家によってしばしば提起された。

実際に、それがあらゆる種類の芸術に適用されることもなく、恣意的な規則としても構成されないかぎり、それは常識的な立場である、と思われる。その結果、このようなやり方で「典型化」されない芸術は、「良い」意味で芸術ではない、と銘打たれるであろう。しかしながら、ルカーチは、これらの両方の条件を侵害する。彼の理論の特殊マルクス主義的要素について言えば、それはマルクス主義のカテゴリーによって規定される社会システムとして、つまりあり得る事例としての資本主義、あるいは社会主義として想定される「全体」にたいして、あらゆるものを関連させることから成立する。

しかしながら、「全体」というカテゴリーは、ルカーチの美学のなかで他の文脈においてもまた現れる。芸術は社会の全体性を明らかにすると想定されるだけではなく、それはそれによって人間が、その存在様式として「全体性」を達成する、つまり、いかなる一面的な先入観によっても損なわれない、完全で調和のある人格を形成する手段である。

このような熱望を擁護し、あるいは人間がそのことに意識的になることを助長する芸術の類が真に人文主義的な芸術であるが、しかし、その時代より進んでいることをめざす場合に、初めてそうであることができる。言い換えれば、現実を記述するだけではなく、それを予見することが芸術の仕事である。ルカーチは論文「リアリズムが問題だ」において、マルクスはバルザックを予言者的な作家と見なしたが、それは彼がその時代に萌芽的に存在したが、その後の第二帝政期になって発達したタイプのキャラクターを創作したからであったと、ルカーチは述べる。

同じ方法でルカーチは、ゴーリキーは、彼が初めて小説を書いた時期には存在しなかったタイプを期待した、と述べる。作家は、動向を捉え、そ

1019

れらの結末を予見することができるがゆえにこのような能力をもつ。しかしながら、このことを基礎にしても、社会主義リアリズムのスターリン主義文学が、「マルクス・レーニン主義の科学」によって正確に期待された、あるものではなくあらねばならないものを記述しようとした時に、どのようにして誤ったのかは、明らかにならない。と言うのは、この文学は、将来の出来事の形態を見分けるために科学的分析を用いるという点で、ルカーチの理想的パターンにおそらく従っていたからである。

8　リアリズム、社会主義リアリズムそしてアバンギャルド

ルカーチのいくつかの主張から、リアリスティックと呼ぶに値する唯一の小説は、人間の生活をマルクス主義によって理解された「全体」に関連させる小説である、と推論することができる。しかしながら、ルカーチは二つの形態のリアリズム、すなわち批判的リアリズムと社会主義リアリズムとを区別する。前者のカテゴリーには、実際上過去のすべての偉大な小説家たちが属する。そして少なくとも一九世紀に関するかぎり、それらの意識的な世界観に違いはない。バルザック、スコットそしてトルストイはその政治的な見解は反動的であった。しかし、彼らは彼らが生きた世界のリアルな姿の描写における熟練のお陰で偉大な作品を創り出した。

ルカーチによれば、彼らの文学的業績と彼らの政治的態度とのあいだには「矛盾」があった。しかしながら、この矛盾がどこに存在したかは明らかにされない。その反対に、バルザックの正統主義的で貴族主義的な世界観は、大革命後の社会の彼の批判と完全に調和したように見える。それは田園生活と非教条的な宗教の美徳にたいするトルストイの強調が、教会や特権階級批判と完全に一致したのと同じである。唯一の「矛盾」は、事実として、これらの作家の世界観とマルクス主義の理論とのあいだにあるように見える。

ルカーチの見解では、批判的リアリズムとは、共産主義的な世界観を確立しないながらも、その時代の矛盾を正確に記録し、個別のできごとに限定せずに、個人の運命を媒介にして、大きな歴史の運動を記述しようと努力する作家たちの属性である。彼らはたんなる自然主義者ではなく、寓話作家でも抽象的な空論家でもない。彼らは世界から孤立した個々人の心理へ後退せず、また特定の心理的または精神的なできごとを無限の恒久的で改変できない人間の条件、という状態に引き上げようとはしない。そのようなリアリストはバルザック、トルストイ、そしてその他の当時の偉大なロシア人であり、最近の時代では、アナトール・フランス、バーナード・ショー、ロマン・ロラン、フォイヒト・ヴァンガー、そしてとりわけトーマス・マンである。

ルカーチは、リアリスティックな芸術は一般に先進国または社会的経済的な成長の時代を通過しつつある諸国において台頭してくる、と一度ならず述べる。このことがあてはまらない場合、後進国はまさにその後進性を打破しようとする試みとして、偉大な文学を時どき生み出す、と彼は説明する。このような主張はルカーチ特有のものではなく、マルクス主義の著作物にしばしば見受けられる。もし一八世紀のフランスのような「先進」国が「先進的」文学を生み出すならば、これは史的唯物論の明確な肯定となる。もし一九世紀ロシアのような後進国が「先進的」文学を生み出すならば、それもまた史的唯物論の肯定となる。その場合は、イデオロギーが「土台」の欠陥を補うのである。

リアリズムと正反対であるのが、モダニズムの文学とアバンギャルドの文学である。つまり、自然主義、表現主義、シュル・レアリスムなどである。このような退廃的な芸術の実例がカフカ、ジョイス、ムージル、モンテルラン、サミュエル・ベケット、その他の人びとの作品である。あらゆるモダニズム文学の決定的な欠陥は、「全体」をつかむ能力と媒介の行為を遂行する能力がないことである。

作家は、例えば、孤独を描くことで責められるのではない。しかし彼はそれを資本主義の致命的な結果であると示さなければならない。しかしながら、カフカは「存在論的孤独」をあたかもそれが普遍的な妥当性をもつ人間の永遠の状態であるかのようにわれわれに示す。彼は、彼の目前に直接的に存在するものを描いて、それだけがそれに意味を付与するものであ

1020

1021

る「全体」を理解することができない。この点で、彼は自然主義者と似ている。

同じやり方で、世界は混とんと恐慌の状態であると記述することができるかもしれない。しかしそれは、これが資本主義の恐怖による、と示すならばのことである。もし、ジョイスのように、英雄の精神生活と時代認識とが理由なしにそして修正の希望なしに崩壊するとすれば、そのように描写された世界は誤りであるに違いなく、その芸術作品は悪いものであるに違いない。

歴史の展望に欠けるアバンギャルド芸術は、状況が歴史と社会形態によって条件づけられている時に、それらを永遠のものと表し、それらに「超越的な」性質を持たせる（ルカーチが「超越的」や「神秘的」という言葉を、恣意的で曖昧で軽蔑的な方法で、哲学的な伝統におけるそれらの意味と無関係に使うことは、注意してよい。われわれが集めることができるかぎりでは、それらは何か悪いことを意味する）。

文学の偉大な登場人物、アキレウスやオイデプスからウェルテルやアンナ・カレーニナまでは、ルカーチがアリストテレスを引いてわれわれに気づかせているように、全て社会的な存在である。というのは人間自身が社会的存在であるからだ。しかし、現代文学の英雄は、その社会的で歴史的な背景から切り離されている。物語は純粋に「主観的」となり、そうでなければ、ベケットやモンテルランとともに、動物的な人間が社会的な人間と対置される。これはハイデガーの社会批判（『世人』）に対応し、ローゼンベルク型のナチの人種差別主義に通じる（これらの事例は全て『現代リアリズムの意義』に所収される。初版は一九五八年、英訳版は六三年）。要するに、モダニズム文学は芸術の豊富化ではなく、その否定である。

しかしながら、文学の極致は社会主義リアリズムにある。「もちろん、社会主義リアリズムの観点は社会主義のための闘争である。――社会主義リアリズムは批判的リアリズムとは異なるが、それは具体的な社会主義の観点に基づいているということだけではなく、内発的に社会主義に向かって働く力を記述するために、この観点を用いるということにある」（『現代リアリズムの意義』九三頁）。

批判的リアリストたちは、時あるごとに同時代の政治闘争を描写し、社会主義の英雄を創作した。しかし、社会主義リアリストたちはこれらを内側から表現し、進歩の力と結びつける。社会主義リアリズムの偉大さは、社会主義に向かう運動の歴史全体がその作品の細部に歴然と現れる、という事実のなかにある。このような範疇には、少なくとも、ゴーリキーの小説、ショーロホフの『静かなるドン』、そしてアレクセイ・トルストイ、マカレンコやアルノルト・ツヴァイクの作品が入る。

判断の誤りを避けるために、ルカーチがヨーロッパ文学について該博な知識を持ち、偉大な作品と凡庸な作品との相違を完全に知悉していたことは指摘しておかなければならない。プルースト、カフカ、ムージルのようなモダニスト作家、事実としてそのほとんど全てがトーマス・マン以降の作家であるが、これらの作家にたいする彼の嫌悪はイデオロギーによって説明されるべきものではない。殆どの人にとって、自分たちが若い頃になじんでいたものと根本的に異なる文学を受け入れることは難しい。彼のアヴァンギャルド嫌いは時どき驚くほど古めかしい主張に基づいたけれども、確かに本物であった。

社会主義リアリズムについて、彼が引用した事例は全て傑出した、あるいは少なくとも価値のあるものであった。彼は、その作品がずっと昔に製紙材料にされたスターリン時代の三文作家に触れることはなかった。スターリン治下のソビエト文学の隆盛について、一般的にしばしば語ったけれども、一九三〇年代からそれ以降の社会主義リアリズムの作品の彼の引用を見いだすことは容易ではない。文学が事実上完全に破壊され、多くの卓越した作家が収容所で死亡し、わずかに発行されたほとんどの作品が偉大な指導者に敬意を表す卑屈な誉め言葉であり、凡人によって書かれ、文学的な価値のないものであった時期に、ルカーチはロシアにおけるモダニズム芸術の不在を次のように説明した。

「プロレタリアートの支配がより強力になり、社会主義がソビエト経済により深くそしてより全面的に広がり、文化革命がより広大でより深化した形で働く大衆に影響を及ぼすようになるにつれて、アバンギャルド芸術は、ますます意識的になるリアリズムによって放逐されてきた。表現主義の没落は、つまるところ革命的大衆の成熟によるのである」（「リアリズムが問題だ」）。言い換えれば、ルカーチは警察の抑圧の効果である、と自分がよく分かっていたものを革命の成熟のせいとしたのである。

ルカーチは、原則としてスターリンからはあまり多くは引用しない。しかし、彼がこの種の解釈に染まっていたことは注目に値する。典型的な実例は「傾向か党派性か」論文に見いだすことができる。そこで、彼は、「社会主義芸術」という表現を「傾向的」として反対している。

1022

文学は「傾向的」であってはならず、「党に対して忠実」でなければならない。「傾向的」文学に、われわれは「純粋芸術」と、外から持ち込まれた異質な政治的要素とを折衷的に混合したものを意味させる。このようなやり方（メーリングにみられる）は、「内容にたいする形式の優先」を意味する。それはトロツキー派の芸術観であって、作品の純粋に審美的な要素を、本質的に非審美的である政治的な要素と対置する。しかしながら、真の革命的作家は、芸術と政治的メッセージとを区別することを拒否する。彼らの作品は、党の精神で充たされるのだが、そのことは、それらの作品が社会主義に向かう現実の運動の正しいマルクス主義的な理解を伝達し、個別の描写と歴史的な展望との調和のとれた統合を示していることを意味する。

ルカーチは、批評家としてのその経歴の終わりまで、社会主義リアリズムにこだわり続けた。スターリン死後の「雪解け」のあいだに、彼は以前の時代の文学に触れた論文をいくつか書いた。彼は、スターリン主義は他の分野と同じように、文化における「媒介」の欠如に苦しんだと述べた。すなわち、スターリン主義の文学は社会主義社会の現実の矛盾を描写する代わりに抽象的に、そして図式的になった。それは現実に基づいたイメージという媒介物を通さずに、一般理論的な真理を直接に書き表そうとした。それは芸術の特殊な性質や主張を見落とし、それを宣伝に従属させた。楽天主義は歴史的である代わりに図式的になった。スターリン主義の虚構の英雄は、新時代にとって典型的な質を何も表さなかった。レーニンの一九〇五年の党文献に関する論文『党組織と党文献』は、クループスカヤが証言したように〔『レーニンの思い出』〕、政治的な著作物だけに関するものであったが、それが全ての文学に適用されて芸術家の全般的な行動規範となった。批判的リアリズムは未熟なままに葬り去られ、「退廃」という考え方が広がり、批判的リアリズムの傾向のもっとも近年の全ての作品が非難される結果となった。

しかしながら、これらの批判にもかかわらず、ルカーチは、社会主義リアリズムは「基本的に」そして「歴史的に」そのいかなる先行物よりも高度な芸術形式である、という見解を決して放棄せず、またそれを定義する基準、つまり「全体」との関連、楽天性、「党派性」、正統派のマルクス主義、革命の力との一体化という基準を改めようとはしなかった。純粋にスターリン主義的な作品である彼のリアリズムについての著書が、彼の後期の見解を等しい正確さでもって反映していないことを支持する根拠はない。

しかしながら、社会主義リアリズムに関するルカーチの理念のもっとも驚くべき表現は、彼のソルジェニーツィンについての論文のなかにある。彼は、ソルジェニーツィンの小説を社会主義リアリズム再興の最初の兆しと歓迎し、それは彼が言うには、収容所の生活の説明が日々のできごとを時代全体の象徴として表示しているからであった。ソルジェニーツィンは単なる自然主義者ではなく、事象を社会の「全体」と関連させた。そして、ロシアに資本主義を復活させようとしたとしてソルジェニーツィンを糾弾することはできないと、おまけとしてルカーチは付け加えた。しかしながら、ソルジェニーツィンの弱点は、彼がスターリン主義を共産主義の立場からではなく一般大衆の立場から批判したことであり、もしこの弱点を克服しなければ、彼の芸術は災難を蒙ることになるだろう、と述べた。

要するに、ルカーチはソルジェニーツィンに、彼の文学の発展のために共産主義者になれと助言したのである。しかし彼は共産主義者になった結果として、さらに優れたものになった良き作家の実例を引くことはできな

1023

かった。

その人生の終わりに、自らがその卓越したスポークスマンであった、二〇年にわたるスターリン主義によってロシア文化が荒廃させられた後で、共産主義にたいする確信的で情熱的な敵対者の作品に、「社会主義リアリズム」を発見しなければならなかったことは、ルカーチの美学にとって哀れな終わり方であるように思われる。なぜなら、この立場はソルジェニーツィンの初めからの立場であったことは疑いがないからである。ルカーチが『収容所群島』を読むまで生きていなかった、ということは関係がない。ソルジェニーツィンについてのルカーチの評価は、彼の文学理論全体の無益さの象徴である。

9　マルクス主義神話の提示　注釈

疑いなく、ルカーチはマルクスの理論の代表的な解説者であり、前の世代のマルクス主義者が遵奉したのとは全く異なるやり方で、マルクス主義を再構築する大事業をやり遂げた。同一化をめざす主体と客体の相互作用としてのヘーゲル弁証法が、マルクスにもたらした深遠な貢献を強調することに加えて、マルクス主義者と新カント派そして進化論者との論争で、新カント派と進化論者の双方が非マルクス主義の立場から主張していることを明確に提示したのは彼が最初である。そしてまた、世界の解釈と変革は一つで同じ過程で、その結果、必然に対置される自由、価値に対置される事実、そして予測に対置される意志はそれらの意味を失う、という弁証法をマルクスは信じていたと明らかにしたのも、彼が最初であった。

第二インターナショナルの理論家たちがマルクスに出した疑問は、マルクスの哲学の核心を見失っていた。それは彼らが「客観的」歴史過程はそれ自身の法則によって支配される、と想定したためであった。これにたいしてルカーチが示したように、歴史的に恵まれた労働者階級の場合に、「客観的な」過程はこの過程の認識の発展と一体であり、その結果、自由な活動と歴史的な必然性とは一つで、同じものになる。確かにルカーチは、マルクスの哲学の根本的に新しい、そして私の信ずるところでは、正しい解釈を定式化した。この観点からすれば、彼の功績は疑問の余地はないと思われる。

しかしながら、ルカーチが彼以前の誰よりもマルクスを新しく、そして正確に解釈したという事実が、理論と実践、自由と必然との統一に関するマルクスの信念を取り上げる点で、彼が正しかったことを意味するのではない。ルカーチの意図にもかかわらず、彼の著作は、マルクスの科学主義の信奉者たちが理解できないでいたマルクス主義の神秘主義的で預言者的、ユートピア的な意味を明らかにするという結果をもたらした。記述的な要素と規範的な要素の区別の曖昧化は、事実として、神話がその信者によって了解される方法の特徴である。つまり、物語と認識とが区別されず、一つの現実として受け入れられる。

神話が命ずるもの、あるいは崇敬され模倣されるように維持するものは、別々の結論として提示されるのではなく、物語の一部として直接的に認識される。神話を正しく理解することはその事実としての内容を理解するだけではなく、そのなかに含まれる価値をも受け入れることである。この意味で、弟子は外部の観察者、つまり歴史家、文化人類学者または社会学者とは異なる形で神話を理解する、つまり、弟子は神話を自己参加という行為のなかで理解するのであって、この意味で、それは「内側から」のみ、実践的な肯定の行為によって理解され得ると言うのが正しい。ルカーチの見解では、それがマルクス主義の立場である。

非マルクス主義者は、そのことを適正に理解できない。なぜなら、そうすることは革命運動への実際的な参加を必要とするからである。マルクス主義は単に世界に関する理論などではなく、政治的なマルクス主義の運動の価値を承認するかどうかにかかわりなく誰もが受け入れることができるというものではない。それは、その運動の内部で、そしてそれへの政治的関与のなかでのみ獲得できる世界理解である。この意味でマルクス主義は、合理主義的な主張にとって難攻不落である。つまり、外部の者はそれを正確に理解できず、それゆえにそれを効果的に批判できない。こうして、ルカーチが示したように、マルクス主義者の意識は神話に適合した認

1025

識論的な規則に従う。

同時にルカーチは、そのような意識の予言者的な性質、そのなかで意志と予言の区別が放棄される性質も指摘した。予言者は自分の声では語らず、神または歴史の声で語る。何の影響も与えないできごとを予見するという人間のようなやり方で、神も歴史もなにごとかを「予見」することはない。神とともに、予見するという行為は、予見されたものを創造する行為と同じであり、同じことが、主体と客体の行為が相互に一致する究極の歴史にもあてはまる（神は外から働きかけるのではなく、常に内から働きかける）。その自己意識を歴史過程と同一化した歴史の主体は、それが予見する未来とそれが創りだす未来とを区別しない。

ルカーチによって理解された歴史の主体は、優れてユートピア的意識を内蔵する。この意識は、とりわけルカーチが解明し強調したマルクスの信念、つまり社会主義を普通の道徳的な命令や評価の過程の結果、あるいは「歴史的必然」の問題として扱ってはならないとする、ユートピア社会主義への反対を志向するマルクスの理論のあらゆる部分に表れる。もし、事実と価値との、純然たる認識行為と道徳的肯定の行為との区別がプロレタリアートの意識のなかに現れないとしても、それは単に社会主義が望ましくないとか、単に必要ではないとか、望ましくも必要もないからというのではない。

それは二つのものの「統一」、人間の本性―既に存在し、道徳主義者の恣意的な教訓ではない本性―を実現した状態である。世界の社会主義としての未来は、好みの問題としてわれわれが欲するような、あるいはわれわれが歴史の傾向の理性的な分析を基にして予見するような何ものかではない。それは経験的には理解できず、あらゆる経験的な事実よりもさらに現実的である高次のヘーゲル的な現実として既に存在する何ものかである。

同じように、ルカーチの「全体」は現実的ではあるが非経験的である。こうして未来の社会主義について語る時、われわれは、規範的な言葉も科学的予測の言葉も使う必要はない。社会主義とは歴史の意味であって、それゆえに今日のできごとのなかに既に表れている。典型的なユートピア的存在論は、未来を何か望ましいもの、あるいは期待されるものとしてではなく、現在の在り方の方法として提示する。マルクス主義の基本的な特徴として、ヘーゲルとプラトンを起源とするこのような存在論を明らかにしたことが、疑いもなくルカーチの功績である。

しかしながら、そうすることで、ルカーチはマルクス主義に非合理的で反科学的な形式を与えた。彼の「全体」の概念は、いかなる合理的あるいは経験的な批判からもマルクス主義をあらかじめ守っている。なぜなら、［ルカーチの］全体はいかなる事実や経験的な主張の蓄積からも引き出すことはできず、もし事実がそれに反するように見えたら、悪いのは事実の方であるからである。

これがその通りであるならば、われわれはどのようにして全体を知ることができ、あるいはそれを知っていると確認できるのか、と問うことができるだろう。ルカーチは、われわれは正しい弁証法的な「方法」によってそれを認識することができる、と答える。しかし、探究にあたって、この方法は正確に全ての事象を全体と関連させることから成り立つとされる。そうなると、われわれは探究を始める前に全体を知っていなければならない。

方法とこの全体の知識とは、お互いを前提にする。われわれは初歩的な悪循環に陥るのであって、そこから逃れる唯一の方法は、プロレタリアートがその有利な歴史的位置によって全体の真理を保持する、と主張することである。しかし、これは明らかな逃げ口上である。なぜなら、われわれはどのようにしてプロレタリアートがそのように恵まれていることを認識するのだろうか。われわれはそれをマルクス主義の理論から知ることになるのであるが、マルクス主義だけが全体を理解するがゆえにそれが正しいとされる。こうしてわれわれは再び悪循環に陥る。

唯一の頼りは、全体は純粋な科学的な観察ではなく、革命運動への積極的な参加によってのみ発見されるべきもの、と言うことである。しかしながら、これは真理の発生論的な基準を含んでいる。つまり、マルクス主義は、それがプロレタリアートの意識を「代表する」がゆえに正しい、のであってそれ以外ではない。だが、これは単に権威基準である。つまり真理は、それが普通の科学的な主張によって支持されるから真理と認められるのではなく、それが歴史的に特恵化された階級から発するがゆえに真理と認められなければならず、そしてわれわれは、それが唱道者の理論によってそのように説かれるがゆえに、その階級は特恵化されている、と認識するのである。

その上、「無謬の階級としてのプロレタリアート」という神話は、ルカーチの理論においては、純粋な党教条主義に還元される。階級意識の内容は、その階級自体によってではなくその階級の歴史的な利益を体現する党によって決定される。したがって、党は証明されるべき全ての真理の源泉および基準である。

これを基礎として、理論と実践との、事実と価値との統一は、単純に、知的価値にたいする政治的な関与の優先というものに転換する。つまり、共産主義運動がその構成員にたいして与えるのは、この運動に属することによって真理を保持する、という保証である。ルカーチのマルクス主義は、知識の知的、論理的、経験的な基準の放棄を意味する。そういうものとして、それは反合理主義で反科学主義である。

10　スターリン主義者としてのルカーチ　そのスターリン主義批判

すでに触れたように、ルカーチは常に自分自身を、レーニンの真の弟子と考え、一九五六年以後の彼のスターリン主義批判は、スターリンがレーニンの原則を歪曲したということを基礎に行われた。この主題に関する彼の発言、談話、論文は、それまでのスターリン主義に関する彼の意見のかなり正確な理解を与えている。五七年の『マルクスへの私の道』の「あとがき」で彼は書いた。

「帝国主義時代の開始に際し、レーニンは主観的な要素の意味の可能性を発展させ、そうするなかで古典的な理論の境界を押し広げた。スターリンはこれを主観主義的な教条の体系に転換した。スターリンの大きな才能、豊かな経験、そして尋常ではない決断の速さをもってしても、この悪循環を粉砕できず、主観主義の誤りに気づかなかったのは悲劇であった。そしてまた私には、彼の最後の仕事が経済的な主観主義への根拠の確かな批判から始まったことは悲劇であるように思われる。しかし、他方で同時に、彼自身がその主観主義の精神的な親でありその擁護者であったことは彼には思いもつかないことであった」（ルッツ編『イデオロギーと政治に関する論文集成』一九六七年　六五二〜三頁）。

従って、スターリンは悲劇的な主観主義者であった。そして、われわれが見てきたように、ルカーチは別のところで、スターリン時代は文化政策における「媒介」の欠如から災難を蒙ったと述べた。全ての非共産主義勢力を一括りにしたこと（「社会ファシズム」論）、そして文学において批判的リアリズムにいかなる余地も存在しない、と言うことは間違いであった。そして、党内のあらゆる討論を禁圧し、反対派を政治的抑圧にさらすこともまたまちがいであった、と。

しかしながら、一九六二年に発行されたアルベルト・カロッチへの手紙でルカーチが述べたように、トロツキーやその追随者たちのようなスターリン粛清の犠牲者たちが政治的に復活されるべきである、ということにはならない。原則として、スターリンはトロツキーに比べて正しかった。しかし、スターリン自身はその後になって、レーニンの方針ではなくトロツキーの方針を実行した。その本質的な価値を無視して、文化全体を宣伝目的に従属させたのはまちがいであった。スターリン主義の特に邪悪な影響は、マルクス主義理論の堕落であった。今日の課題は、マルクス主義にたいする信頼を復活させ、その知的な価値を再興し、教条主義と主観主義とを克服し、社会主義の組織とマルクス主義思想のレーニン主義的な原則を再確立することである。

スターリン主義の原因について、ルカーチはロシアの後進性、長年の戦争、革命、内乱戦争によって作られた大破壊、という一般論に自己を限定する。

ルカーチは、スターリン主義の全体系がそれを基にして打ち立てられた

1027

レーニン主義的基礎を、一度も問題にしなかった。彼は一党独裁の原則や立法・行政・司法への「ブルジョア的」権力分立の廃止にも疑問を呈さなかった。

言い換えれば、彼は、統治する政党はいかなる公共的な統制にも服すべきではなく、そして、社会主義は独立した政治勢力間の競争を排除すべきである、ということを受け入れた。要するに、後になってその極端な現れを批判したけれども、彼は原則として、専制的な政治支配を受け入れた。彼は、民主主義は社会の他の部分では廃止されてしまったけれども、支配する共産党内部では存在し得ると信じた共産主義者の一人である。そうした共産主義者は、一九五〇年代後半には多数を占めていた。しかしながら、このような錯覚は長続きはせず、スターリン主義の経験は、国家における民主主義の圧殺は短期間のうちに支配する政党内部の民主主義の圧殺に行きつかざるを得ないことを明らかに示した。実際に、この過程はレーニンのもとで、レーニンの奨励をうけて始まった。

その理由は、国家の民主主義が廃止されたら、誰の意図であろうが、党内の諸グループは、それらが認められるならば、他の代弁者、非党勢力と化し、さまざまな社会的な圧力を反映することは避けられないからである。換言すれば、諸セクトが存在することが認められる党内民主主義は、本質的には複数政党制と同じであり、それは党が解体され、一つまたは別の名称の政党組織が復活することになる。こうして、もし党の官僚制が国家の内部で全能的に生き残るものとすれば、党内民主主義は見せかけの願望以上のものではなくなる。

同じことが文化の分野にもあてはまる。ハンガリー蜂起の二、三日前の一九五六年一〇月一四日の『自由人民』紙のインタビューで、ルカーチはさまざまな芸術的傾向が社会主義国家においてその存在を認められるべきであるが、しかし、自由に競争するイデオロギーの可能性は全くあり得ない、例えば、大学における哲学の教育は排他的にマルクス主義者によって行われなければならない、と述べた（『収録』六三四頁）。

しかし、これはまさしくスターリン主義の統治原理である。なぜなら、マルクス主義者だけが教える権利を持つと定められるとすれば、誰がマルクス主義者で、誰がそうでないかを決定する権力が存在しなければならない。そして、この権力は支配政党、つまり共産党官僚だけが持つことができる。もし共産党が誰かはマルクス主義者ではないと言えば、その場合、定義上、彼はマルクス主義者ではない。マルクス主義者の独占という原則は、スターリン主義体制と同一である。この点から見れば、このシステムがその文化政策においてどのように誤っているのかも分からなくなる。

一九五〇年代の後半、東ヨーロッパの政治的・イデオロギー的な騒乱が高まった時、ルカーチはもっとも臆病で慎重なスターリン主義批判者の一人であった。彼はその基本原理を批判したことはなく、その一定の現れを問題にしただけであった。しかしながら、大規模なテロと政治的反対者の撲滅のような現象は、全体主義的な共産主義の必須の特徴ではない。必要な場合にはそのような手段に頼るかもしれないが、それなしに済ませることもまた可能である。ましてや、それは「マルクス主義内部」で起こるイデオロギー的な論争のシステムと両立しない、というものでもない。事実の問題として、そのような論争は最悪の時期にも起こり、スターリンはしばしば「率直な議論」を呼びかけもした。

スターリン主義体制が必要とすることがらの全ては、論争と文化的な自由の限界はいかなる時でも党（すなわち、党官僚制）によって定められる、という原則の受け入れであって、党は他のいかなる高度な権威にも従属することはできない。ルカーチはこの原則を受け入れ、これに疑問を呈したことはなかった。

[第二次世界大戦の] 戦争中、スターリンが反ドイツ民族主義を煽り、なかでも、ヘーゲルを「フランス革命に反対した貴族主義的な反動の哲学者」と述べた時、ルカーチは、あろうことか、そのようなナンセンスを取り消すことができず、結果として、ヘーゲルに関する彼の著書の出版は数年のあいだ止め置かれた。彼がスターリンのヘーゲル観を否定したことを疑う理由はない。しかし、ここでも再び彼が重きを置いたのは政治的な正当化であった。

1028

すでに引用した『マルクスへの私の道』のあとがきで、彼は、私は多くの点でスターリンはまちがっていると考えたけれども、彼に反対しなかった。その理由は、そうすることが物理的に不可能であったからではなく、いかなる反対も容易にファシズムの支持に堕してしまいかねないからであった、と言い切った。要するに、スターリンはまちがいを犯したかもしれないが、しかし、彼、ルカーチはスターリン主義に反対しなかったという点で正しかった、と。

しかし、一九五七年に始まるこのような告白は、彼の終生にわたるいかなるスターリン賛美よりも現実的なスターリン主義者としてのルカーチのより明白な証拠である。その言い分は、たとえ内心で、目に見えない形で、現在の党の方針に反対であっても、留保なしにスターリンとスターリン主義を支持することが正しい、ということである。しかし、スターリン主義は、表立って服従が表明される以外のいかなる忠誠も求めなかった。ルカーチのこのような言い分の負荷は、まさしくそのような服従を正当化することである。

世界が資本主義と社会主義とのあいだの闘争によって引き裂かれているかぎり、そして社会主義がその経験的な事実にもかかわらず本質的に優れたシステムである、という哲学的な根拠に立っているとすれば、所与の時期に存在する社会主義にたいするいかなる内部の反対も、敵を利するために突き刺された一撃であることは明らかである。いくら穏やかであろうと、体制やその指導者にたいするいかなる公的な批判も、それは敵対者によって何らかの方法で利用される。それは事実として、ソビエト・ロシアの出現以来、それらの批判に「帝国主義の同盟者」と銘打つことによって、実際上の、想像上の、あるいは潜在的な批判を沈黙させるのに使われた。ルカーチの場合に注目すべきことは、彼がこの種の恐喝に屈したことではなく、彼が、その理論的な正当化を提供したことであり、それは彼の「全体」と総合的な体系の立場からの思考のルールと完全に一致していた。

このようなルカーチのルールは、事実として、共産主義者に典型的な事実無視の全般的な正当化と同じである。共産主義は、理論上は分業を廃止して「真の」自由と平等を実現し、搾取を廃止し、文化の開花を導くなどのより高次の形態の社会と定義される。これらの真理は、現実の共産主義の実態がどうであれ、先験的にその全てが有効である。これにもっとも反する全体主義的な専制主義、抑圧、搾取の形態は、共産主義の優位性を減じない。後年になって、党が一定の批判を認めた時、一時的なまちがいがあったとか、あるいは「資本主義の復活」は作動中であると、せいぜいのところで認めるにとどまった。

社会主義の優位性は絶対であり、それは経験的な証明あるいは反証に任せられるものではない。ルカーチの業績は、「諸システム」を重視して事実を無視する行為を、マルクス主義がまさに誇りとすることができる偉大な理論原則の地位まで引き上げたことである。

スターリンの時代に、ルカーチはソビエト体制を自由の最高度の具現として賞賛し、マルクスが約束したように、搾取者の打倒によって労働は喜びになった、と主張した。つまり、社会主義は「見かけだけの表面的な自由」を本物の多様性におきかえ、新しいシステムのもとで作家たちは人民との真の接触を享受した、と。

これらは全て驚くようなことではない。これらはスターリン主義者の宣伝の常套句である（このよい例は一九四七年に発行された、ルカーチの論文「自由な芸術か統制された芸術か」であり、そこはソビエトの自由を資本主義的な腐敗と対比させる言葉の山で溢れている）。しかし、ルカーチのさらに後の著作でも、これの問題についての彼の見方が変わったと示唆するものは存在しない。

『現代リアリズムの意義』で彼は書いた。「社会主義社会において各人は資本主義社会よりも社会における自分の位置を選択する最大限の自由を獲得するだろう」と（ここで理解される「自由」は、当然ながら、歴史的な必然性、明らかに恣意的なものを含む必然性の意識的な受容である。一一二頁）。こうして真の優れた社会主義的な自由は、なおも歴史的な必然性を受け入れることから成り立たせられている。この定義に立てば、人間の精神があるシステム（もちろん、共産党支配のもとの）を、最高度の自由の具現として見

1030

なされるに値しないほど専制的である、と考えるかどうかは疑ってもよい。

同じように、ルカーチの美学理論、少なくともその特殊にマルクス主義的な特徴やとりわけ社会主義リアリズム、そして批判的リアリズム、アバンギャルド文学について言えば、それはスターリンの文化政策の完全な理論的な正当化である。事実として、ルカーチは文化的な専制主義の概念的な装置を案出した。もし社会主義リアリズムが歴史哲学的な理由から「基本的に」最高度の芸術であり、そしてその固有の特徴が、作者が個別を全体つまり社会主義のための闘争と関連させ、そしてその闘争を闘っている者と同一化することであるとするならば、その時、社会主義国家はその国家自体の利益が表現される芸術を育成し奨励しなければならないと。

その主要な機能がスターリンを賞賛することであった文学や絵画は、実際にルカーチの理論に適合しており、社会主義リアリズムの真の実例である。概して、彼は優れた芸術と拙劣な芸術との相違をよく認識していた。しかし、最終的に問題になるのは内容、つまり、この場合はイデオロギー的価値ないしは「全体」との関連であった。

ルカーチはまた、分かり切ったこと（二つの事象が相互交渉するとか、あるいは対象の観察においてさまざまな環境を考慮に入れるべきだとか、あるいは、ある判断はある条件では正しく、他の条件では誤りだとかというようなこと）を表すために、あるいは、その使用者が経験的な事実を否定し、「表面的には」物事はあれかこれかにように見えるかもしれないが、「弁証法的には」全くその反対であると主張できる論争の技法としての弁証法という、言葉の嘆かわしい誤用の普及を助けた。

レーニンに関する彼の著書で、例えば、彼は改良主義者を「多数派の性格に関する非弁証法的な概念」を持っているとして糾弾する。しかし、そこから出てくることは、この言葉の「弁証法的」意味は、常識あるいは普通の数学がその言葉によって理解するものとは反対のものである（共産主義は、いかなる状況においても、その側に人民の多数者を結集したことはないのだから、それにもかかわらず、それはより深い、弁証法的な意味において多数者に命令すると主張することは確かに便利である。しかし、これは、共産主義は必然的に人類の真の利益を代表するという理論に照らせば、否定しがたい言説である）。

こうしたことや同様の場合において、「弁証法」という言葉は、それを使用する者が、世界の観察や理解における特別で深遠で誤りのない方法の保持者であることを伝えることを意図されている。一九六九年一〇月に行われたインタビュー（英訳文はケンブリッジ・レビュー、七二年一月二八日）のなかで、ルカーチは「レーニンには忍耐と非忍耐の弁証法的統一があった」とすら述べた。

＊　＊　＊

ルカーチは、マルクスの思想の解釈にたいする貢献のためばかりではなく、マルクスの哲学が共産主義の官僚制の自己賛美を正当化するために、いかに利用可能かを示したという理由から、そしてさらに、現代のマルクス主義の形成に強大な影響を与えた一定の概念を彼が創造したり、あるいは復活させたりしたという理由から、マルクス主義の歴史において極めて重要な人物であった。

これらすべてに加えて、彼は全体主義の体制に同一化し、その目的のために自らの知的価値を否定し、そしてそのような否定の理論的な正当化も発展させた知識人の傑出した代表者としても重要である。ルカーチは文学で言えば、トーマス・マンの『魔の山』のイエズス会士ナフタに擬せられる。つまり権力を求め、それを発見し、そのために自らの人格を放棄する、高度に知的な人物である。

事実、ルカーチは本物の知識人で、巨大な文化人でもあった（スターリン主義アイディオロジストの大多数と異なり）。しかし、［自身の］知的な安全を渇望し、懐疑的あるいは経験的な世界観の不安定さに耐えることができなかった。共産党のなかで、多くの知識人が何を必要としているかを彼は発見した。つまり、事実からの挑戦をものともしない絶対的な確信、批判を無力化し、あらゆる不安を鎮める全体の関与の機会である。彼の場合もまた、その関与はそれ自体に真理の保証を与え、他の全ての知的な基準を無効化するものであった。
　マルクス主義と共産主義への同一化の時から、ルカーチは、哲学と社会
科学の全ての問題は原理的には解決されてきたこと、そして、唯一残され
た課題はマルクスとレーニンの思想の真の内容を確定し主張することであ
って、そのためには受け取った正典の正しい解釈をしなければならないと
自覚した。彼は、マルクス主義の「全体」がそれ自体として真実なもので
あるかどうか、その真理性はどのようにして証明されるかという問題につ
1031 いては、新たな思想をつけ加えなかった。
　結果的に、彼の作品は、われわれが指摘してきたように、教条的な言説
であって主張ではない。「ある対象に対して、そのつど」一回限りで真理と
正確性の基準を発見して、彼はそれを次の対象、次の対象へと適用した。
つまり、ヘーゲルあるいはフィヒテの哲学、ゲーテの詩、あるいはカフカ
の小説であった。彼の教条主義は絶対的であり、その完璧さにおいて殆ど
崇高ですらある。そのスターリン主義批判において、彼はその基本的な基
盤から逸脱しなかった。
　ルカーチは、その職業が理性を使用し理性を擁護することである人間に
よる理性の裏切りと呼んでもよい、二〇世紀におけるおそらくもっとも顕
1032 著な実例である。

第8章　カール・コルシュ

一九二〇年代初期にカール・コルシュは、マルクス主義運動のなかでよく知られた人物であった。しかしながら、二六年の共産党からの追放後、彼の名前は流通からほとんど完全に消えたが、それでも彼は四分の一世紀以上にわたって、政治において、そして著作家として活動的であった。死後、六〇年代に、彼は再び公共の場で言及され、その作品の翻訳や新版が発行された。現在、彼は、マルクス主義の解釈にとってもっとも興味深い貢献をしたということで、それに値する名誉を獲得している。

ルカーチとともに、彼は、カウツキー世代のマルクス主義者の進化主義や科学主義、そしてまた新カント主義的な修正主義者に対抗して、マルクスの原初的哲学むしろ反哲学を再構築した。そうすることによって、彼は階級闘争の革命戦略のための正しい基礎、それはついには反レーニン主義的な戦略となったが、それを提供しようと試みたもっとも有名な人物であった。

コルシュの再構築は、いくつかの理由で重要である。第一の理由は、それがマルクス主義弁証法のヘーゲル主義の起源を明確にしたことである。第二の理由は、それがほとんど忘れ去られていた初期マルクスの、理論と実践の統一という概念を復活させたことである。第三は、それが国家、法、倫理、哲学そして科学を含むブルジョア社会の全ての伝統的な生活形態と完全に断絶した、プロレタリアートの意識としてのマルクス主義の純粋に否定的な側面を強調したことである。いくつかの点で、この再構築のユートピア急進主義はソレルを思い出させる。コルシュが彼によって再解釈されたマルクス主義に同一化しているかどうかにかかわらず、マルクス主義の彼の版は、確かに『ゴータ綱領批判』よりも『ドイツ・イデオロギー』の観点から、マルクスを考察するもっとも実り豊かな試みである。

1　伝記的資料

カール・コルシュ（一八八六～一九六一）は、公務員の息子としてハンブルク近郊に生まれた。彼はさまざまな大学で法律と哲学を学び、一九一〇年にイエナ大学で法学博士号を授与され、一二年にはさらなる勉学のためにロンドンに赴いた。彼はフェビアン協会に加わったが、彼の伝記作家が述べるように、イギリス社会主義の理念は彼の精神に、後の超革命的段階においてすらも恒久的な影響を与えた。

基本的にあらゆる改良主義に反対する一方で、それにもかかわらず、彼は、革命主義者とイギリス改良主義者の双方がともに社会主義に真に貢献していること、そして歴史決定論の便宜的な効果に依拠する第二インターナショナルの正統派の指導者と異なり、彼らは主観的要素の重要性を認めていることを主張した。

第一次世界大戦中に、コルシュは少しのあいだ将校として従軍したが、反戦感情を表明したために兵卒に落とされた。彼はドイツ独立社会民主党（the USPD）の反戦グループに加わり、一九二〇年にドイツ共産党（ＫＰＤ）を結成した社会民主党左派のメンバーとなった。一八年一一月の革命に積極的に参加し、二三年には短命のテューリンゲン革命政府の法務大臣を勤めた。同年にイエナ大学の教授に就任し、その地位をヒトラーの権力到達まで占めた。

一九二四年から国会の共産党議員となり、一年のあいだ、党の理論誌『インターナショナル』を編集した。その時に彼は理論的な論文や論評を発表した。それには弁証法に関する二本の小論文とおそらく彼のもっとも重要な作品で二三年に『社会主義と労働者運動の歴史記録』（英訳版『マルクス主義と哲学』七〇年）に所収された「マルクス主義と哲学」が含まれている。

これらの著作は、彼が党内で「極左主義者」(ultra-Leftist)、修正主義者そして観念論者と見なされる原因となったが、その誤りのために彼とルカーチは一九二四年七月の第五回コミンテルン大会でジノビエフによって非難された(それより後の二六年七月に、スターリン自身からも彼は言及された。スターリンは彼を中央委員会総会で、ソビエト国家は資本主義に逆戻りし、ロシアは新しい革命を必要とすると信じる「極左主義」理論家と表現した)。

共産主義と同一化しながらも、コルシュは、第三インターナショナルの諸原則、特にその組織形態、つまり共産主義運動全体を専門職の機関の手に委ね、そしてまた世界規模の組織をモスクワの指令に従属させる組織形態について、最初から疑念を抱いた。他の「左翼的な」偏向者たちと同様に、彼は、共産党は真のプロレタリアートの革命的な潜在力の代替物ではない、と考えた。彼は、最終的に、コミンテルンは反革命の道具であり、ソビエト体制はプロレタリアートによってではなく、プロレタリアートに対して行使されるプロレタリア独裁である、と確信するようになった。

彼は一九二六年の春に党から追放され、その時以降は独立したマルクス主義者として書き、そして話した。三〇年に彼は、長大な注釈付きの『マルクス主義と哲学』を再発行した。それより先、二九年に、彼はカウツキーにたいする長文の激烈な批判を書いた。カウツキーの最高傑作『唯物史観』は二七年に発行されていた。三二年に彼は、序文つきの『資本論』の版を発行し、三一年には、その時は出版されなかったが、マルクス主義の危機に関する論文を書いた。三〇年代に彼はなお自分自身をマルクス主義者と考えていたが、カウツキーとレーニンを批判しつづけ、彼ら二人の哲 1034 学は政治的な相違にもかかわらず、多くの点で共通すると信じた。

彼はまた、一九世紀から継承されたマルクス主義は現代のプロレタリアートの意識を十分に表現していないこと、そして、マルクス主義理論の継続であると同時にその修正でもある新しい理論が必要であることを、ますます強く主張した。彼はこのような考え方を著書『カール・マルクス』(一九三八)、そして「私がマルクス主義者である理由」(三五)や「マルクス主義の指導原理：再論」(三七)と題する論文で展開した。

一九三五年にヒトラーが権力に達した時、コルシュはデンマークに移住し、そこで二年を過ごし、それからイギリスに渡った。三六年にアメリカ合衆国に移り、そこで残りの人生を過ごした。マルクスの解釈者としての彼の重要性に着目した最初の政治的著作者は、疑いもなく、五〇年代後半のイーリング・フェッチャーであった。次の二〇年間に、彼はかなり多くの研究論文のテーマとなった。

2　理論と実践　運動とイデオロギー　歴史相対主義

マルクス主義の本質は、人間の意識の実践的な解釈である、とコルシュは繰り返して強調した。これは第二インターナショナルを支配したマルクス主義の実証主義的な版から完全に排除されてきた、と。

確かに、全てのマルクス主義者が「理論と実践の統一」の理論について同意していた。しかし、エンゲルスの著作がそのような解釈を肯定する傾向であったこともあり、彼らは、通常、それによって実践は「知識の土台そして真理の基準」であることを意味した。

それは、第一に、実践的な配慮が人間の認識的な関心の範囲を大部分、決定すること、科学の前進において技術的な必要や物質的な利益がもっとも強力な刺激であること、そして、知識への私心のない渇望が知識の拡大において何らかの役割を果たすと想定するならば人びとは当惑するだろう、ということになる(この最後の点は、歴史の判断あるいは規範的な指針と受けとってよい)。第二に、現在流通している見方は、実践的な効用は行動がそれに基づく仮説の最良の証明であることを意味する。

これら二つの見解は、論理的には相互に独立しているが、二つともが自然科学や社会科学の両方に適用された。このように理解された「理論と実践の統一」が現実であるのかどうか、またどの程度においてそうであるかどうかにかかわらず、それは、われわれの認識活動から完全に独立した状況とわれわれの判断との一致によって成立する伝統的な、または先験的な真理の概念と完全に一致すると考えられた。言い換えれば、このように理

1035

解された「理論と実践の統一」は、マルクスが呼んだ「観照的な」知識概念と矛盾しない。認識行為は、認識を引き起こす刺激あるいはその内容の正確さがどのように決定されるかどうかにかかわらず、なお既成の世界の「受動的な同化」である。

しかしながら、コルシュの見方では、マルクス主義の主眼、伝統的な認識の解釈を認識行為の動機づけや判断の証明に関する観察で補完することではなく、その解釈を根本的な変革に従属させることであった。マルクス主義は、後で明らかになるように、絶対的ではないが、社会的な世界の知識に特別に関わった。

理論的な知識は社会運動の単なる「反映」ではなく、それの一部、一側面あるいはその表現である。つまり、それは運動それ自体の本質的な構成部分として解釈されなければならず、こうして、それが運動を十分に表現し、そうしていると意識しているかぎりにおいて、それは「優れている」か、あるいは「真」か、である。これは、とりわけマルクス主義それ自体に適用される。マルクス主義はプロレタリアートの階級闘争の「表現」であって、実証主義者が理解するような「科学」ではない。この解釈はヘーゲル主義的な源泉に由来する。なぜなら、ヘーゲルは、哲学はその時代の知的表現でなければならない、と言ったのではなかっただろうか。

この観点から最大限可能な結論を引き出したことが、マルクス主義の本質であった。とりわけ、コルシュが『マルクス主義と哲学』で徹底的に主張したように、マルクス主義は新たな哲学理論ではなく、哲学の廃止（止揚）である。しかしながら、哲学を廃止することは、メーリングがわれわれにそうさせようとしたような、それを軽蔑したりあるいは廃棄したり、またはそれを幻想として退けたり、というような単純なことがらではない。哲学が歴史過程の「表現」である、というまさにその理由によって、哲学を無視したり、あるいは哲学それ自体を実践したりすることではなく、現存の哲学が「神秘化された」意識のなかに棲みついている社会の革命的で実践的な批判という手段によってのみ、哲学は廃止できる。ブルジョア社会は解体不可能な全体であって、そういうものとして初めて攻撃できる。

ブルジョア社会の意識は、「物質的な生産関係それ自体の実践的・客観的な同時的転覆によって、思想や意識において廃止できるのであって、この物質的生産関係はこれまでブルジョア社会の意識形態を通して理解されてきた」（『マルクス主義と哲学』八一頁）。

社会が全体であるという事実は、とりわけ、資本主義的な生産関係がそのイデオロギー的な上部構造と連結されて初めて現実のものとなることを意味する。マルクス主義がこの社会にたいする理論的で実践的な攻撃であり、それを破壊する運動の表現であるかぎりにおいて、それはまた哲学的な批判でもある。「結局、それは、哲学がその観念的構成要素である全体としてのブルジョア社会の現実の廃止の一部として、哲学の具体的廃止をめざす」（同前、六八頁）。これが初版『資本論』の副題である「政治経済学批判」のマルクスの重要な概念の正しい理解である。つまり、経済学説の単なる学問的な批判ではなく、その主たる構成部分の一つ、つまり資本主義的な搾取を貫徹することに奉仕する経済的イデオロギーを通した社会の実践的な攻撃である。

もしわれわれが社会の現実を全体として考察するならば、われわれは現実とその現実を表現する理論との一致を認めるだろう。神秘化されたブルジョア的な意識は、社会の姿の外部からの分析であってその一部ではないとそれ自体を誤って想像するけれども、それらは別々には存在し得ない。マルクス主義は、このような幻想を暴露しながら、自らを実践的な現象、現在の体制を変革する社会運動の表現や構成部分と見なす。

コルシュは、イデオロギーを社会全体の必要な要素と見なすけれども、それらは経済現象と「同等」ではない、と強調する。その反対に、三つの等級の現実が存在すると彼は言う。一つ目は経済で、それは「一つの真の現実」であり、二つ目は国家と法で、それらはイデオロギー的に装われた現実であり、そして三つ目は「純粋なイデオロギー」（純粋な無意味）で、それは非現実的で対象を有しない（同前、一二一頁）。

社会的事象のなかで探究という行為はその対象と一致する。これはマル

1036

クス主義によって採用されたヘーゲル主義哲学の解釈である。この観点からコルシュは、マルクス主義の社会理論を、戦争の理論はその外部からの観察ではなく戦争それ自体の一部である、とするクラウゼヴィッツ（彼もまたヘーゲル主義者）の見方になぞらえた。もしわれわれがこの同一性を見失えば、われわれは弁証法のヘーゲル・マルクス主義的な意味を摑むことはできない。弁証法は単にどんな対象にたいしても気ままに適用できる「方法」ではない。コルシュの見解では、唯物論的弁証法を言説の集成、あるいは探究の教訓と解釈することは全く不可能であると思われる。

労働者階級の革命運動の表現としてそれはその運動の一部であり、単なる理論、あるいは「体系」ではない。「プロレタリアートの唯物論的弁証法は、それ独自の『主題』を持つ独立した『科学』として、抽象的に、あるいはいわゆる実例から学ぶことはできない。それはただ、プロレタリアートの革命活動にたいして、その革命活動の現実的で内在的な部分である理論にたいして、具体的に適用されうる」（「唯物論的弁証法について」、『マルクス主義と哲学』所収、一一七頁）。

このアプローチが急進的な認識論的相対主義を内包していることに気づかれるだろう。もし哲学と社会理論が実際の社会運動とその利益の知的表現「に過ぎない」とするならば、それらがこれらの運動を十分に反映しているか否か、そして運動それ自体が「進歩的」であるか否かという観点以外から、それらを評価することはできないと考えなければならない。換言すれば、いかなる理論もそれが世界の正確な記述を与えるという意味において、つまり、世界を正確に反映するという意味において、それ自体として真理ではない。つまり、普通の意味の「真理」の問題は無意味であって、理論はそれらが「進歩的」であり、そして自らの出自を意識しているかぎりにおいて、「優れて」いるか、あるいは「有効」である。

マルクス主義は、歴史の現段階においてそれが「進歩的」運動の意識をはっきりと表し、そしてその事実を意識しているという意味で、そしてさらに、かつて真理であった理論がその社会的機能の変化という理由によって、別の時には虚偽になるという意味で、真理であるということになる。例えば、「進歩的ブルジョアジー」という教説は、ブルジョアジーが進歩的であるかぎりにおいて真であるが、しかし、その後に反動化すればそれゆえに虚偽となる。そして同じことがいつかマルクス主義にもあてはまる。

十分明確には述べていないけれども、コルシュは事実としてこれらの結論をすべて受け入れる。彼は、全ての理論的な真理を厳密には「この世限り」（diesseitig = this-worldly）、この言葉は「超越的」と正反対と理解すべきだが、そのように見ることが弁証法的唯物論のエッセンスであると述べる。「それでもってわれわれが人間として、この世限りの存在として関わり、または関わってきた全ての真理は、同じように、人間的で、この世限りで、そして移ろいやすいものである（一九二二年の論文「唯物論的世界観の立場」『マルクス主義と哲学』一五三頁）。

いかなる真理もそれ自体として不変ではない。われわれが真理と呼ぶものは、社会階級による実践的行為の手段である。このように、コルシュの理論は集団的なプラグマチズムの一種であって、「科学」としてのマルクス主義の本質を完全に変更する。多くの機会に彼はヒルファーディングとカウツキーに異議を唱えたが、彼らは、マルクス主義は社会発展の法則の理論に過ぎず、そういうものとしてそれはいかなる社会的な関与あるいは価値判断も含まず、社会主義運動の目的を共有しない人びとによっても受け入れられことができる、と主張した。

コルシュの見解では、このような理論と実践との分離や理論的真理と革命運動との分離はマルクス主義の完全な歪曲である。マルクス主義は単純に革命的なプロレタリアートの階級意識であるのだから、それはその運動への実践的関与という行為においてしか認識することはできない。つまり、原則として、「純理論的な」マルクス主義というものは存在し得ない。

その上、相対主義の理論、歴史主義、そして普通の意味における「真理」理念の否定は、社会科学だけではなく自然科学にも適用される。われわれの自然知と社会知とのあいだにこの点での基本的な相違は存在しない。歴史的なそして自然的な現実は、「一つで同じ世界」である。両方ともが人間の生活過程の部分であり、それらは経済的地平の上で、とりわけ物質的生産において結びついている。

　あらゆる自然環境つまり生物的、物理的、地理的な環境は、直接的ばかりではなく生産力を介してわれわれの生活に影響を及ぼし、こうしてわれわれの前に社会的歴史的な現象としてその姿を表わす。われわれが知っているものとしての全ての宇宙は社会的宇宙である。つまり、われわれに関するかぎり、歴史から独立しわれわれにとって全面的に外的な自然というものは存在しない。

　このように、社会科学だけではなく自然科学も特定の社会的「全体」や階級的な利益の歴史的で現実的な「表れ」である。われわれが知っている社会を廃止して、革命運動はその哲学だけではなく、その他全ての科学を廃止する。コルシュは、現在の秩序が転覆される時に数学ですら転換されるに違いない、と主張する。もっとも、彼は現時点においてマルクス主義者が新しいマルクス主義数学を展開しはじめると主張することは馬鹿げていると付け加える。概して、彼は、マルクス主義の機能は主として否定的である、と説く。つまり、それはブルジョア社会を粉砕する運動の一要素であり、現在のものに代わる新しい科学の集成ではない、と。

　コルシュは「階級的観点」を、自然科学を覆うように拡張する一方で、ルカーチの自然の弁証法の見方は共有しない。自然の知識は、社会の知識と同様に、社会的な、実践的な態度の一部であって、われわれにとって既知の自然が「弁証法的」ではない、と主張する根拠は存在しない。なぜなら、それもまた人間の創造によるものだからである。この点でコルシュの見方は、グラムシのそれと同じであるように思われる。

　プロレタリアートの革命運動は、ブルジョア社会の全ての経済的、社会的、そしてイデオロギー的な形態を「廃止すること」によって終了する。それは新しい哲学または社会学を生み出さず、これら双方を他の全ての科学、国家、法、貨幣、家族、倫理、そして宗教とともに廃絶する。例えばコルシュは、パシュカーニスを「社会主義倫理」について書いたとして批判する。つまり、共産主義はそれ独自の倫理をもたず、意識の形態としての倫理を破棄する、と。

　しかしながら、彼は倫理または科学の「廃止」がどのように実現されるかについて正確に何も説明せず、マルクスによる同じように一般的な観察のなかに一定の支持を発見して、曖昧な一般論に終始する。マルクスは、そのうちに、現実の全ての側面を網羅する「単一の科学」が存在するようになり、そして、人びとは彼らの社会的存在全体をあらゆる行動と思想の形態において、等しく表現するように全面化されるだろう、と信じた。

　チェシュコフスキーやヘスのユートピアにおいてのように、思想と行動はある神秘的な方法で一致するだろう。そのような社会では共同生活を規律する一般的な規範の集成としての倫理の余地はなくなると想像できる。なぜなら、各個人が自らを「社会的存在」として直接的に実感するだろうからである。つまり、人間は自発的に「全体」と同一化し、この目的のための抽象的な規範ないし規則を何ら必要としなくなるだろう。

　これが、コルシュやルカーチがブルジョア制度の完全な「廃止」ということによって意味したものであったように思われる。つまり、生活のあらゆる「物象化」形態の撤廃、何らかの方法で諸個人のあいだを媒介する装置や機関を全て廃止するのである。未来の社会は、社会との恒久的で破壊されることがない同一化の意識を備えた諸個人から成り立つだろう。彼らはまた、個人として完全に統合され、分業を克服し、思想、感情、行動のあいだの分岐を認めない。先にわれわれが明らかにしたように、あらゆる人間諸力の完全な統合という、このような救世主的な時代がマルクスのユートピアの本質であって、コルシュはその意識を復活させる、という名誉に値する。

3　マルクス主義の三つの段階

　しかしながら、疑問が生まれる。つまり、マルクスの世界解釈のこのような本質的な特徴が長年にわたって見過ごされ、進化論者、決定論者および実証的な科学主義によって取って代わられることになったのはどうしてだろうか。コルシュはこの逸脱を史的唯物論の観点から、つまり、マルクス主義の歴史自体をマルクス主義の原則の上から説明しようと試みる。

マルクス主義は、労働者の運動の三つの発展段階に対応する三つの明確に分岐する段階を経過してきた、というのが彼の見方である。彼はいくつかの論文、もっとも完全には『マルクス主義と哲学』第二版の序文で、同じ言葉を使ってこの年代記の意味を明確に示す。第一の段階はマルクスの思想の形成の最初の数年間、一八四三年から四八年までに対応し、この時に現実の階級闘争に直接的に基づくプロレタリアートの意識として、革命の理論がはっきりとした形をとった。つまり、理論と実践の統一は単なるスローガンではなく、現実であった。

しかしながら、一八四八年六月以後、資本主義が新しい発展と拡大の局面に入るとともに状況が変った。一九世紀の残りのあいだ、マルクス主義は理論としてのみ発展でき、マルクスやエンゲルスの理論的達成にもかかわらず、科学的社会主義はプロレタリアートによって実際に吸収され創造される階級意識、という意味においては存在もせずまた存在することもできなかった。理論は革命運動とは別個のものとなり、このことがその内容を変えた。

特にマルクスの死後、彼の理念はますます純粋な科学的価値に基づくとされる「体系」という性格を帯びた。革命から切り離されたマルクス主義のこの形態が、第二インターナショナルの正統派の教条主義的なイデオロギーとなった。特に『ゴータ綱領批判』においてのように、マルクス自身もマルクス主義からその革命的内容を剝ぎ取るという問題では罪がなかったとは言えない。しかし、その主たる原因は、現実の運動の「表現そのもの」として、理論が単純に機能することを認めない客観的な政治的条件にあった。ますます、マルクス主義者は、科学的社会主義を階級闘争と何も「直接的な関係」のない、さまざまな科学、つまり経済学、社会学、歴史学、哲学という科学の集積として扱った。つまり、これらの科学は階級闘争について理論化はするが、それ自体としてはその一部ではなかった。

世紀転換期頃に、プロレタリアートの階級闘争の理論としてマルクス主義の「主観的な側面」を復活する試みとともに、第三の段階が初めて到来した。この変化は主に三つの発展によった。つまり、労働組合的改良主義、革命的サンディカリズムそしてボルシェビズムである。これらの全ての動向が、理論家の注目を資本主義の経済法則から「労働者階級の主観的活動」に移行させ、こうしてマルクス主義が現実の階級運動の知的上部構造として適正な機能を取り戻すことになった。

しかしながら、レーニン主義的共産主義は、第二インターナショナルの教条主義を根本的に克服しなかった。理論は依然として外的な世界の「反映」であって、プロレタリアートの活動の表現とは見なされなかった。こうして、レーニンもカウツキーも、理論は労働者の運動とは独立に現われ、その後に外から労働者階級に教え込まれるという見解をとった。その上、レーニンは理論を技術的な意味における単なる実践的な道具、それが党の利益に奉仕するのに応じて「真」でも「偽」でもある言説として位置づけた。コルシュはこの最後の反論を何回も繰り返したが、それでも一瞥して、理論にたいするレーニンの功利主義的な態度が、マルクス主義はその内容だけではなく階級闘争におけるその機能によって定義される、というコルシュの意見とどのように異なるかは、明らかではない。

しかしながら、コルシュは、革命理論は運動の「表現」でなければならず、指導者または理論家によって運動の外側から押しつけられる道具であってはならない、という見解を持っていたように思われる。彼はこれらの言葉を使ってはいないが、彼の見解では理論の歴史的意味はその実際の機能ではなくその出自によって決定される、と言えるかもしれない。

しかしながら、コルシュが一九三一年に観察したように、マルクス主義の「主観的な側面」が復活するような、主要な理論活動の形態は、その当時の段階のプロレタリアートの階級闘争の必要に適合していなかった。ロシアの共産主義とルカーチ、パンネクックそしてコルシュ自身のようなヨーロッパの革命理論家との立場には、明らかな懸隔があった。レーニン主義は資本主義世界の周辺諸国における反帝国主義闘争のための十分な理論であることが証明されたが、発達した資本主義諸国の労働者階級は、マルクス主義がその継承された形態では提供できない新しい理論的な基礎を必要としていた。それゆえに、コルシュは現代のプロレタリアートの革命意識を復活させるために、真正なマルクス主義に立ち戻ることで十分だとする彼の当初の願望を放棄した。しかしながら、彼は彼自身の理論をマルクス主義の代替、補完、あるいは修正として定式化しなかった。彼の書いたものから、そのような理論がどのようなものであったか、あるいはそれが伝統的マルクス主義とどのように異なるか、を推測することはできない。

4　カウツキー批判

コルシュのマルクス主義解釈の観点からすれば、カウツキーの理論的な著作の全てが、マルクス主義が革命運動との接触を失った時に陥る、完全で古典的な逸脱の見本のように見えたに違いないことは全く理解できる。こうしてカウツキーの最高傑作にたいするコルシュの猛烈な批判は、本質的に彼自身の立場の再確認である。彼はカウツキーにたいして、改良主義者としてよりも（労働組合の実際の闘争に基づく改良主義は、コルシュの見方では「伝統的な」進化論よりも高次のマルクス主義であった）、むしろ史的唯物論を有機体の発達の一般理論の人類史への適用と見なす自然主義者、あるいはダーウィン主義者として反対した。彼の批判の主な点は以下の通りである。

第一に、カウツキーはマルクス主義を純粋に科学的な理論として、その真理はその階級的機能とは無関係であって、普遍的に認識される科学的な正確性の基準によって確立することができる科学的な理論と見ている、と彼は考えた。これはマルクス主義からその革命的内容を取り除き、「神秘化された」ブルジョア的な客観主義に戻らせることになる。

第二に、カウツキーは、弁証法をマッハから借用した、思想は事実に対応し、それと相互的でなければならないという原理に基づく一般的な認識論に置き換える。自然の弁証法について言えば、マルクスやエンゲルスにとって歴史の弁証法のなかで役割を果たすかぎりにおいてそれは重要であったが、カウツキーは、それを人類史もその個別の事例である発達の普遍的な法則の集成として提示した。彼の立場は一九世紀の科学的な唯物論あるいは通俗的なダーウィン主義のそれであり、人間は動物であって、種の進化の全ての法則に従属するという見解に集約される。つまり、あらゆる歴史は環境への適応によって、あらゆる人間行動は生物的な本能によって説明される。

生物学から歴史の永遠の法則を引き出すことを追求して、カウツキーは実際にブルジョア社会の独自の様相を永続化させようとしており、歴史的に相互関連した全体としての社会は、その構成部分の全体として廃止することができ、また廃止されなければならない、ということを認識できない。社会を自然法則に従属した客観的な過程として扱い、自分の理論をその「主観的」土台から切り離して構築しながら、カウツキーは、新カント派のように、マルクスが解決した存在と当為との区別を再び主張せざるを得なくなり、そうして、自然科学の唯物論の補完として観念論的な規範主義に訴えることになったのは驚くに当たらない。

第三に、カウツキーの国家論はマルクス主義と絶対に反対である。彼は国家を恒久的で最高次の社会的な存在と見なし、そして民主主義を歴史の最高の達成と見なす。彼の見解において、国家は現存の生産関係に責任を負い、その逆ではない。国家の起源について、カウツキーはエンゲルスと反対に、暴力と征服という仮説に訴える。彼は言う。国家は普通、平和的な入植地を襲撃した好戦的な遊牧民によって形成された、と。しかしながら、今日、民主主義的な国家形態が次第にどこでも優勢である。

このようにカウツキーは、民主主義的な進歩というブルジョア理論を擁護して、抑圧と搾取の道具という国家論全部を放棄する。革命による国家の廃絶の代わりに、彼はそのさらなる民主主義化のみを考え、こうして彼はブルジョア国家の擁護者となる。国家、貨幣そして労働の分業の廃止、これら全ての理念がマルクス主義の本質に属するが、これらを彼は時代錯誤的なユートピアと位置づける。彼は、プロレタリアートの階級闘争は今後ブルジョア国家とその民主主義的な制度の枠内で進めることができる、と信じ、革命的暴力の理念を原理的に排除する。

概して、カウツキーは、階級闘争にブレーキをかける道に迷い込んだ、

1042

マルクス主義の堕落の実例である。

コルシュの分析は、それ自体として共産主義者の批判の典型である。人はそこから、なぜコルシュがカウツキーによって憤慨させられたかを理解することはできる。しかし、それはいかなる点でもカウツキーよりもコルシュにわれわれが同意しなければならない理由を提供するものではない。

例えば、カウツキーが、歴史の問題として国家は一般に征服によってそして特殊な形態の征服によって形成されたと主張するのにたいし、コルシュはこの言説に反論もせず、新しい歴史的事実を提出もしない。というのは、事実が彼の関心をひかないからである。彼はただ、カウツキーがエンゲルスに同意しなかった（カウツキーは十分に承知しており、自分自身も強調していた）ことを腹ただしく指摘するだけである。

同じように、カウツキーは、国家、法、貨幣そして分業の廃止の予言がなぜ非現実的であるかの実際的な理由を与えようと試みた。コルシュはこれらの主張を否定しようともせず、ただカウツキーの批判はマルクス主義からその革命的内容を抜き取ると繰り返すだけである。彼の攻撃の全体が説得力あるいは理論的な内容に欠けており、ただ自分のマルクス主義の解釈を繰り返すだけである。

経験的な主張にたいするコルシュの冷淡さは、彼の理論全体と実に見事に符合する。彼が常に繰り返すように、理論は社会運動の知的な表現に過ぎないのだから、それがこの機能を果たしていることを意識するか、しないかにかかわらず、それを科学的な正確さという普遍的な基準で判断することは的外れである。理論はブルジョアジーに加担するかプロレタリアートに加担するかであって、それ以外の全ての事柄はそのような関与から自動的についてくる。

合理的な認識基準がその存在を停止し、政治的な自己同一化の行為が理論的な考察に取って代わる。このような形でマルクス主義を明言することによって、コルシュはおそらくは他の誰よりも明確にマルクス主義と共産主義に潜在的な反知性主義を表した。

5　レーニン主義批判

一九二〇年代の前半にコルシュは自らも認めるレーニン主義者であった。それは彼の論文「レーニンとコミンテルン」（二四年）、ルカーチのレーニンに関する著書や、スターリンの論文に関するコルシュの論評からも納得できる。

特に彼は、党と「自然発生性」の問題については、ローザ・ルクセンブルクに反対するレーニンの側を支持した。しかしながら、彼の支持は一般的な用語で述べられ、彼が最初、ソビエトに代えて党の支配をもって来ることに反対であって、全体としての労働者階級の直接的な独裁を信じたことは明らかである。そしてまた、当時そうは言っていないけれども、彼のプロレタリアートの意識の現れとしてのマルクス主義という全体的な再構築は、レーニンの「反映理論」と両立しないことも明らかであった。

共産党との決裂の直後、コルシュは、レーニン主義との不一致を明確な言説に表した。彼は、理論的立場からすれば、レーニン主義と第二インターナショナル正統派とのあいだには、全く、あるいはほとんど差異は存在しないと何度も繰り返した。双方がマルクス主義を「科学」として、そして現実の真の反映と信じたが、それにもかかわらず、それは事実として革命運動の階級的な自己意識であって、そういうものとして、それはその運動の一側面であり、単に経験的な事実の客観的な評価ではない。

主体と客体との分離、理論と実践との分離は、まさにレーニンとカウツキーの場合、厳密には同じである。レーニンはまた哲学の廃止というマルクス主義の理念を放棄し、物質を精神に置き換えながら、ヘーゲルの認識絶対主義を保存する新しい理論を創り出そうとした。これは用語法の工夫でしかなかった。真のマルクス主義はいかなる絶対的、あるいはいかなる超越的認識論とも無縁である。

レーニンは弁証法の理解に失敗した。彼は、弁証法の運動を外的世界、つまり自然または社会に位置させ、知識は客観的過程の単なる複製または反映ではなくそのなかの能動的な要素であるという事実を無視した。した

1043

がって、実証主義者と同じように、彼の思考において純粋な理論と純粋な実践が大きく切り離され、そうするなかで方法と知識の内容が切り離された。結果として、彼らによって階級闘争とは独立に発明された理論が、科学と芸術のイデオロギー的な独裁の道具として利用される制度をレーニン主義者は創出した。

レーニンの哲学的な実証主義とソビエト専制主義とのあいだには密接な繋がりがあった。というのは、理論が現実の労働者運動の表現ではなく、運動から独立した根拠に基づいて「客観的な真理」を持つと主張する「科学的な」理論であることがいったん受け入れられるならば、この理論は、党機構がプロレタリアートにたいして独裁を実行するのを可能にさせる絶対的なイデオロギーとなるからであった。

コルシュは、最終的に次の結論に達した。つまり、ソビエト国家は全体主義的な反革命の体制、マルクス主義とは言葉だけの繋がりを持つに過ぎず、マルクスによって理解されたプロレタリア独裁よりもファシスト的な全体主義に近接した国家独占資本主義の形態である、と。

6　マルクス主義の新しい定義

「私がマルクス主義者である理由」と題する一九三五年の短い論文、つまり宣言のなかで、コルシュはマルクス主義の理論の主な特徴を四点にわたって定式化したが、それは以下の通りである。

第一に、マルクス主義の全ての主張は特殊であって、一般的ではない（公式のソビエトの理論がそうであろうとしたように）。マルクス主義は「土台」と「上部構造」の関係という一般理論から成り立つのではない。エンゲルスの「相互影響」の言説は、量的な測定基準を確立できないのだから、無益である。有効な唯一の言説は、所与の歴史段階における特定の現象の特定の記述だけである。

第二に、マルクス主義は批判的であって実証的ではない。それは科学でも哲学でもなく、現在の社会の理論的で実践的な批判であり、それゆえにそれ自体がある種の実践である。しかしながら、プロレタリアートは真の科学的主張と、虚偽のそれとを識別できなければならない。それゆえに、マルクス主義は自然科学のそれに劣らないほどに正確な、厳密で経験的に立証可能な知識から構成されなければならない。

第三に、マルクス主義の主題はその崩壊期における資本主義社会であり、それは現在の生産関係の歴史的性格に光を当てるすべての事柄を含む。

第四に、その目的は世界を解釈することではなく、それを変革することであり、理論は革命の目的に従属する。

これらのなかの第一点は、了解されるように、マルクス主義の範囲の過激な限定である。マルクスが社会生活のあらゆる側面の相互依存について一般的な言説を展開せずに特定の歴史現象の観察で満足したということを示すのは極めて難しい。第二点について言えば、経験主義の一般的規則が現実の社会運動の唯一の表現である、とする理論観（コルシュが明確に主張し続けているように）とどのように調和し得るかは明らかではない。

もしマルクス主義が他のどの科学とも同じように、経験的な実証基準に従うとすれば、その有効性はそれがこれらの基準を満足させるかどうかに懸かるのであって、それが特定の階級利益を十分に表現しているかどうかに懸かるのではない。その場合、マルクス主義が政治的道具として仕えているという事実は、論理的にはその価値あるいはその内容と無関係である。

つまり、科学的正確さという要求を満たしていると考える人によって、彼が社会主義や労働者運動の価値を受け入れているかどうかにかかわらず、それは表明することができる。しかしこの同じ言説において、コルシュは、第二インターナショナルの理論家たちの特性であった、そのような立場を明らかに否定する。このように、マルクス主義の彼の修正版は、なお治癒しがたい矛盾を抱えこんでいるように思われる。

第9章　リュシアン・ゴルドマン

1　生涯と著作

われわれが言及したように、ゴルドマンはルカーチの理念のフランスにおけるもっとも積極的な信奉者であり、彼はルカーチの理論を方法のルールや成文化された体系にしようと努力した。彼はまた、ジャンセニズム（Jansenism）の研究のなかで、これらのルールが歴史の研究にどのように適用可能かを明らかにした。彼の主要な関心は人文科学の方法論であり、彼の哲学と文学の歴史に関する作品は、最初から、記述の提示よりもむしろ方法の提示として構想された。

リュシアン・ゴルドマン（一九一三〜七〇）はルーマニアのユダヤ人で、ブカレストに生まれ、そこで最初は法律を学んだ。その後、哲学、ゲルマン文献学そして経済学を、三三年にウィーンとリヴィウで、三四年以降は、パリで学んだ。ナチの占領期にはスイスに移り、そこでしばらくの間、発達心理学者ジャン・ピアジェの助手として働き、彼との交流がその後の彼の著作や思考の習慣に著しい影響を与えた。

彼は多くの機会に、ピアジェの「発生的認識論」は、その理論的基礎と結論に関して、彼自身の「発生的構造主義」の理論と大部分一致しており、適切に理解されるならば、「発生的構造主義」はヘーゲル、マルクス、そして若きルカーチによって展開された弁証法的方法そのものであることを明らかにしようとした。しかし、ピアジェの業績は実験的に達成されたものであって、いかなる哲学的な霊感によるものでもなかった。

ゴルドマンは、カントについての博士論文をチューリッヒで準備した。戦後、彼はパリに戻り、そこに亡くなるまで暮らし、フランス国立科学研究センターで、その後は高等研究実習院で仕事をした。一九五二年に彼は人文学的な認識論に関する『人間科学と哲学』と題する小著を、五五年には主著『パスカルのパンセとラシーヌの悲劇における悲劇像の研究』（英訳『隠れたる神』六四年）を出版した。この著書の目的は、社会階級の特殊な状況と関連させた、有意味な「意識の構造」の観察が、文化事象の理解と他の方法では未解明なままに終わるかもしれない側面に光をあてることに、いかに利用できるかを示すことにあった。

その後の時期、ゴルドマンはいかなる大著も出版せず、数多くの論考と講演とを生み出した。それらは『弁証法の探究』（一九五九）、『小説社会学』（六四）、そして『マルクス主義と人間科学』（七〇）の諸著作にまとめられた。

彼はまた、『ラシーヌ』（一九五六）と『ラシーヌ批評の状況』（死後の七一年に刊行）も書いた。長い間、彼は弁証法の熱心な解説者であった。彼の波打つ白髪とクマのようなシルエットは、無数の会合や人文学のシンポジウムの参加者によく知られたものとなり、そこで、低音で情熱的な、いささか攻撃的な調子で、彼は何度となく、パスカルやラシーヌにおいて特殊に証明された発生的構造主義の原理について詳細に論じた。

その弟子であると任じたルカーチとは異なり、ゴルドマンは政治的に積極的ではなかった。彼はスターリン主義者ではなく、青年時代の初期にトロツキー支持者の集団に数ヵ月間加わった以外はいかなる党派にも属さなかった。しかし、彼は確信的な社会主義者であった。生涯の最後の数年間は、西欧世界における社会主義の発展の新しい形態としての労働者評議会に活発な関心を寄せた。

2　発生的構造主義　世界観そして階級意識

前述したように、ゴルドマンはヘーゲル、マルクス、ルカーチそしてピアジェの名前を弁証法と社会現象の解釈の歴史の四つの大きな里程標と見なした。彼らが考案した弁証法という方法のお陰で、人文科学は新カント派によって強調された解釈と理解との対置の伝統を克服し、事実と価値との二分法から自らを解放し、そして最後には歴史的、発生的な観点を構造的な観点と結合することができた。発生的構造主義の主な理念は次の通りである。

人文科学のいちばんの務めは、その対象を正しく定めることである。この研究の主題がどのように決定されるべきか、あるいは選び出されるべきかは明確ではなく、また単純な常識の問題でもない。例えば、それらは個々の人間、芸術または哲学の作品、一つの全体的な文化の時代、専門的な意味での哲学、あるいは独立した活動として考えられる絵画から成り立つべきであるのかどうか。

弁証法的な思考によれば、いかなる経験的な事実もそれ自体として重要ではない。それらの意味は、それらが全体あるいはある種の構造と結びつけられた時にのみ明らかになる。文明の研究者にとって、これらの構造は、知的な活動とその成果との相互依存、道徳的・審美的な価値とそれらに影響を与えようと意図された行動との相互依存を含む、人間の行動パターンから成り立つ。

観察者は、人びとの彼ら自身の行動の理解を制約する制限によって縛られない。その反対に、人びとが彼ら自身の行動を理解するよりも、より良く、より一貫して、彼らの行動を理解することが彼の仕事であって、このことはまた、芸術や哲学の作品の解釈にもあてはまる。観察者の務めは、それのみが特定の事実、理念そして価値にたいして意味を与える「有意構
1047 造」(significant structure)を発見することである。

「人間に関する事実はつねに、同時に実践的、理論的、情念的なものという性格において、包括的で有意味的な構造を構成しているということである。そして、これらの構造が実証的な態度で研究されうるとすれば、すなわち、解明されうると同時に理解されうるとすれば、それは、ある価値の総体を受け容れてその上に基礎付けられた実践的な視野においてのみである、ということである」(『隠れたる神』九頁〔山形頼洋訳『隠れたる神』(上)三頁 社会思想社〕)。

弁証法は、文化活動が個人ではなく社会集団、とりわけ歴史的に特恵化された共同体としての階級の活動である、という原則に基づく。文化的な達成はこれらの集団の「地球的」状況への反応として考えられるべきであって、これらの達成は集団の利益を利するやり方で状況に影響を与えるように設計されている。

このように芸術作品または哲学の発生的な解釈は、その創作者の人格的資質に関連させられてはならない。なぜなら、それは文明の真の父親である共同体を無視することになるからである。ましてや、個々の思想家や著作者あるいは芸術家にたいする伝統の「影響」を研究することも正しくない。なぜなら、自らの階級の熱望を表現するために彼が受ける影響を、いわば、選択するのは彼だからである。要するに、発生的な解釈は、主観的な文化的「論理」あるいは個人の心理の観点ではなく、社会状況の観点からの解釈を意味する。

ここまでのところ、ゴルドマンは、史的唯物論の標準的なルールを超えてはいない。しかしながら、彼はさらに踏みこんで、これらのルールをより特殊に定式化することによって、人文学の方法の伝統的な全てのジレンマを解決することが可能である、と主張する。彼はマルクスによっては全く注目されず、ルカーチによって発展させられた区別、つまり現実の階級意識と潜在的な階級意識との区別を特に重要視した。後者はルカーチによって「本来的意識」(zugerechnetes Bewusstsein)、ゴルドマンによって「可能態としての意識」(conscience possible)と呼ばれた。

ルカーチは『歴史と階級意識』のなかで、社会階級の経験的な意識を歴史過程の「全体」に関連づけることによって、われわれはその階級が実際に何を考え、感じとり、要求するかだけではなく、もしこの階級がその立場や利益の明瞭で神秘化されない認識を持つとすれば、この階級が何を考え、感じとり、要求することになるだろうかを発見することができる、と述べる。

言いかえれば、弁証法はわれわれに、特定の歴史状況における特定の階

級の潜在的な意識の全範囲を発見することを可能にさせるのであって、この概念がゴルドマンによれば、文明研究のカギを提供する。潜在的な意識は、事実ではなく、理論的に構築されるものである。しかしながら、著しく才能豊かな階級のある一員が平均を超越し、その階級の熱望あるいは利益をより完全な形で表現し、そうして、潜在的な意識を現実的な意識に転換することは起こり得るし、また起こるのである。

こうして、弁証法に十分に熟達した観察者は、いかなる形態の意識が特定の集団に完全に適合するか、あるいはこの典型的な意識は何であり得るか、あるいは何であり得たかを発見することができる。ゴルドマンは、こ 1048 のような方法でジャンセニストの意識を分析した、と特に強調した。

しかしながら、階級に起源をもつ文化現象の解釈は、文化を経済的な行動に「還元」することを意味しない。この点でまた、ゴルドマンはルカーチに同意する。人間の共同体は統合された全体であり、ただ抽象によってのみ生活の異なる「要素」と領域をわれわれは区別する。経済、政治、宗教、哲学ないし文学という別々の歴史などというものは現実に存在しない。すなわち、一つの具体的な歴史的な過程が存在し、それがさまざまな行動の形態として現れる。

人文学の研究の真の主題は、経済と文化の因果的な関係ではない。マルクスの理論における経済の「優位性」は、歴史の法則ではない。それは人間が時代を通して初歩的な物質上の必要を満たすために、彼らの時間の大部分を捧げてきた事実を反映しているにすぎない。社会主義のもとで彼らはそうしなければならない、ということはもはやない。文化活動は経済史の単なる「結果」あるいは副産物ではないのだから、それらは、唯一現実的なものとされるそれ以外の利益や熱望の単なる手段ではなくなる。その反対に、階級構造は文学または哲学のそれらの現れを通して研究することができる。

もしわれわれが、あらゆる人間行動が意味を持つこと、しかし、それは個人個人の動機のなかではなく、大きな社会集団の多かれ少なかれ意識的な行動のなかに現れるということを受け入れるならば、その場合、ゴルドマンによれば、われわれはもはや解釈と理解を二つの分離した、独立した探究様式として区別する必要はない。

「理解」は、ディルタイが考えようとしたような模倣的な経験（Nacher-lebnis）あるいは共感（empathy）の問題ではない。「理解というのは厳密に知的な手続きであり、できるだけ明確に一つの意味構造を記述することにあり」、他方、「説明とは、このような構造を、直接的にこれを包摂する別の構造のなかに、構成的、機能的な要素として組み入れることにほかならない」（『マルクス主義と人間科学』六五～六頁［邦訳『人間の科学とマルクス主義』川俣晃自訳　紀伊国屋書店　一九七三年　七二～三頁］）。

そこには構造の階層が存在する。われわれが劣位の構造について述べる時、われわれはそれを「理解する」、つまり、その意味を摑む。われわれがそれをより大きな構造のなかに組み入れる時、われわれはその構造を理解し、同時に、それを多かれ少なかれ説明する。こうして、二つの方法のあいだに差異は存在せず、ただ対象の範囲においてのみに差異が存在する。つまり、特定の構造を説明するという行為、そして階層制のなかでそれを超えるものを理解するという行為は、全て一つで同じものである。

「構造」は、必ずしも調和のとれた全体ではない。その反対に、それは通常、所与の階級によって追求されるそれぞれの価値が相互に対立したり、あるいはその時代の歴史的な状況によって達成不能となったりするという事実、そしてあるいはそれらを実現する試みがそれらの意図とは逆の結果を生み出すという事実によって、内的な矛盾を表す。構造はこのように整然としたシステムばかりではなく、緊張の複合体でもある。

非発生的構造主義（non-genetic structuralism　特にレヴィ・ストロースのそれ）が、内的に関連する全体を構築することに閉じこもるのに対し、そして、フロイト・タイプの発生的構造主義が観察された意味の心理的な起源だけを考察するのにたいして、マルクス、ルカーチそしてピアジェ（そしてもちろんゴルドマン自身）によって発展させられた発生的構造主義は、個性（individuality）を集団的な緊張、闘争そして熱望と見なす。 1049

解釈と理解の区別の克服に加えて、発生的構造主義は事実と価値との二分法の解消を可能にする。われわれの研究の対象である「全体」または構造は、実践的で精神的な活動、道徳的で審美的な態度との分解不可能な複合体である。知的な活動は、そのような評価行為を前提にし、事実、純粋な認識的な行為から分離できない。

現実は、常にそれ自体を実践活動の領野として現わす。あらゆる水準の知覚は、人間の価値と欲求に応じてその対象を選択し、そしてそれは、常に、いわば、初発の行為である。純粋で、私心のない観照というようなものは全く存在しない。認識という行為は、実践的な存在としての人間の特定の「視角」としてのみ理解されなければならず、また理解され得る。人間の全ての行動の、このような「統合性」を意識した人文研究は、純粋に知的な活動と純粋に評価的な態度とを歪曲なしに区別することはできない。

ピアジェは、あらゆる認識構造、例えば、概念や論理の規則、数学そして幾何学が、個体発生と系統発生の両方の水準で、人間的なコミュニケーション、言語、幼少期から形成された実際的な習慣を含むさまざまな環境の収斂から生まれることを証明することによって、精神活動のこのような実践的な性質を説明した。ピアジェは、いわば、われわれの知的な世界の「構造化」は合理性という超越論的な規範によって説明することはできず、社会的で実践的な環境に由来することを実験で証明した。認知的な規範は共同的な生活や実践の手段である。それゆえに、それらは評価的な実際的要素から構成され、それらなしには組み立てられない。

発生的構造主義にとって特に優れた研究の対象は、集団（一般的には社会階級）の構成員を結びつけ彼らを他の集団と対置する世界観（vision du monde, Weltanschauung）あるいは欲求のパターン、感情、そして理念の範型である。この一元化の原理（unitary principle）は重要であって、人文学者が芸術、あるいは文学、哲学的または神学的な理念を別々の主題として研究することは誤っている、とゴルドマンは主張する。

世界観は、例えば、その多方面にわたる哲学的な側面においてだけではなく、あらゆる形態の表現を通して研究されなければならない。したがってまた、哲学史、芸術あるいは文学はそれ自体として研究の固有の対象ではない。ジャンセニズムの歴史研究者は、パスカルやラシーヌの著作、そしてフィリップ・ド・シャンパーニュの絵画の背後にある共通のイデオロギー的な霊感を明らかにするために、全体としての現象あるいは世界観を調べなければならない。このように、ゴルドマンは、人文学の研究を全体として大きな社会やその社会によって創り出された文化的な遺産の研究に従わせるために、人文学研究の再編成をめざす。

これらのルールは、それほど一義的ではないので、それらがどのように適用されるべきかを示すのに、それらの言説だけで十分である。したがって、われわれの主張に関わるかぎりにおいて、いささかあまりにも特殊すぎるのではあるけれども、この作品の主題が『隠れたる神』のなかでどのように適用されたか、を明らかにすることは有益であろう。

3　悲劇的世界観

ゴルドマンは自分自身をマルクス主義者と考えたけれども、彼は「唯物論」と「観念論」と銘打たれた二つの傾向への哲学史の単純な分割を採用したことは一度もなかった。彼は、歴史の意味の単位を全く別に見て、「悲劇的な世界観」に特別な重要性を与えた。それは、彼がジャンセニズムやある程度までカントの著作のなかにそれを確認したからであった。

一七世紀の悲劇的な世界観は、合理主義や経験論の侵入によって粉砕された地球的な世界像を再発見する試みである、と彼は信じた。第三身分の野心を反映したこれらの理論は、人間友愛の理念と秩序ある宇宙という概念を破壊し、それらを合理的な個人の観念と無限の空間という概念とに取り換えた。新しい世界観は、伝統的な階層制に異を唱え、社会を自由で、平等で、自律し、そして孤立した単位の集合に転換することをめざした。

哲学と文学におけるその立役者は、デカルトとコルネイユであった。デカルト主義は個人の外のあらゆる道徳の資源を削除した。つまり、その世界のなかには神の余地も、あるいはまた慈悲深い秩序と考えられる宇宙の余地も存在しない。悲劇的世界観は、すでにヨーロッパの精神生活を支配

1051

した合理主義のこれらの結果を考慮しなければならなかった。それはこの新しい精神に、いわば、その内側から反抗しようと試みた。それは理性を受け入れた。しかし、その独占と闘った。そして、神はどこにも直接的に実在しないことを認める一方で、神は存在すると主張した。科学が人間の眼から神を隠してしまったので、悲劇的世界観は「隠れたる神」（deus absconditus）の理念を生み出した。パスカルの神は常に現れると同時に、常に存在しない。神は人間生活の目撃者である。しかし、神の存在は理性によって確証されない。神はもはや人間の援助者でも、ましてや（デカルトにとってのように）知識の有効性の保証者でもない。神は審判者であって、それ以上のものではない。

合理主義は、世界の秩序の基礎を揺るがした。悲劇的な世界観は、合理主義の結果を消し去ることはできない。しかし、神によって見捨てられ、明確な道徳規則を奪われた、不確かな世界のなかで不安を抱いている人びとの意識を表現する。悲劇的な世界観は、完全と無とのあいだのいかなる階層化も認めない。隠れたる神の眼は世界からその全ての価値を奪う。しかし、正確には彼は隠れているのだから、経験的世界がわれわれの直接に認識できる唯一の世界であって、それゆえに、われわれにとってそれは無であるばかりではなく、全てである。

このような見方をとる人びとは、恒常的な内部対立の犠牲者である。つまり、彼らは超越的な価値を理解しているために、その世界から逃げ出すことも、そのなかで生きることもできない。彼らが取り得る唯一の一貫した態度は、この世界への忠誠を常に拒否しながら、この世界で生きることである。これが『パンセ』を書いた時のパスカルの、『フェードル』を書いた時のラシーヌの態度であった。

その信奉者たちは、ある特色や価値を共有したけれども、ジャンセニズムは単一の統一された運動ではなかった。つまり、有効な恩寵、反モリナ主義、哲学の神の否定、神秘主義への反感、ヤンセンの擁護、世界の反歴史的な拒否である。ゴルドマンはジャンセニストの姿勢を四大変種に区別した。第一（マルチン・ド・ベイコス、パヴィヨン、『アンドロマック』と『ブリタニキュス』のラシーヌ）は、世界の完全な否定を支持し、そこから観照のなかに避難する。第二は世界のなかに居つづけ、善と悪を類別することによって世界を改革することを模索した（アルノー、ニコル、『プロヴァンシアルの手紙』のパスカル）。第三は世界との妥協を試みた（ショワズール、アルノー・アンドレー）。第四の、もっとも一貫した変種は、悲劇的な状況を受け入れた。それは世界を否定しつつ世界に残り、人間の不確実性と無力さを、もっとも極端な賭け（pari）の形で、救済だけではなく神の存在そのものに適用される賭け（wager）という極端な形で表現した（パスカルの『パンセ』、ラシーヌの『フェードル』）。

神が世界からあらゆる価値を奪い取り、それでもなお、神の不在によって、人間に彼を唯一の神と見なすことを余儀なくさせる、という悲劇的な窮地において、人間の世界観はこの同じ命題を常に肯定したり否定したりする永遠のパラドックスに陥らされる。なぜなら、人間の生は敵対するさまざまな価値のなかで営まれ、それらのいずれの価値も他の価値を排除できないからである。

人が完全には実現できない価値の実現のために生き、それゆえに「全てか無か」を信じる人にとって全く実現できない価値の実現のために生きる、ということを感得することが悲劇的な意識の一部である。人間は神だけには向き合うことはできるが、しかし神は人間に答えない。こうした悲劇的な意識の真正な語りは独白、荒野に叫ぶ声である。『パンセ』はこの種の独白であって、弁明の論文ではない。

パスカルとラシーヌは、このうえない形でジャンセニズムを描き、他者が言うことを半分にして表して、そうして彼らが属する共同体の最大限の「潜在意識」（potential consciousness）を例証した。それは絶対君主制への移行期に、法服貴族が新しい王侯官僚制によってその社会的隠れ家からますます放逐された際の、その階級意識である。しかしながら、法服貴族からその存在理由を剝奪する一方で、君主制は、なお彼らの経済的支えであって、したがって、法服貴族の意識は悲劇的で逆説的な形態をとった。新しい政治動向は不慣れで彼らにとって敵対的であったが、しかしそれを根本的に変えるように求めることはできなかった。この混乱と当惑とがジャンセニズムの文学や哲学の表現に、つまり、ますます不利な立場に引き込み、そして、一方では彼らを維持し、他方では彼らを破壊するシステムに縛りつけられている階級のイデオロギーに見いだされる、のである。

　悲劇的な意識のなかには、神秘主義の居場所はない。それとは反対に、神は無限に離れた存在として現れる。神は、神秘的な統一に達するのではなく、神秘主義が壊滅しようとするその距離を強調する祈りの位置に達する。

1052

　パスカルは『プロヴァンシアルの手紙』の日付の直後の一六五七年に、悲劇的な意識の頂点に達した。彼は全ての現世的な知識の価値を否定したが、それでもなお科学の研究は続けた。彼は権威と妥協することを拒否したが、それでも教会に従うことは明言した。彼は、真理と正義がこの世で勝利するとは信じなかったが、しかし、その全生涯はそのための闘いに捧げられねばならない、と宣言した。

　この態度がまた彼の文体を規定した。悲劇の世界では、対立する他のものをともなわなければいかなる言説も真理ではなく、いかなる行為も正義ではない。このかぎりでパスカルはまた弁証法的な思考の支持者であるが、それでも彼の弁証法は静的で悲劇的である。つまり、そこには、いかなる総合も対立物の衝突からの回避も存在しない。

　パスカルの世界において人間は二つの極端のあいだで生きる。しかし、彼はこれを自然な位置とは捉えない（トーマス主義者のように）。なぜなら、二つの極端は彼を等しく魅了し、等しく正しいと思わせ、その結果、彼は恒常的な緊張の状態で生きるからである。

　彼は、有限を受け入れることができず、無限を達成不可能と見なす。彼は自分自身を自分の弱さと総合の不達成を通してのみ肯定した。彼は「全体」にあこがれるが、しかし、そのあこがれはむだであることも認める。結局のところ、パスカルは、コギトであれ経験主義の規則であれ、いかなる基本的な認識原則も認めず、唯一信頼できる指針として「心の底」（raisons du coeur）と実践的な能力（practical faculty）に頼った。この点でもまた、彼は弁証法的な思考に期待した。彼の弁証法は賭けの極致に達し、そこでは人間の運命にとって基本的な問題、つまり神の存在は理論的な考察ではなく、ギャンブラーの一投によって決まる。

　パスカルは、置き去りにされた理性は無力であることを知り、そうして彼は、認識活動はいわば完成された人間の一つの「側面」に過ぎないことも了解する。神の意志だけでなく神の存在そのものもわれわれから隠されているのだから、われわれはこの基本的な問題に賭けるという危険を冒さざるを得ず、そしてこれを必要とさせる状況はわれわれ自身の意志に依存しない。

　賭けは希望の行為、理論的な問題を決定する実践的な行為である。この点で、それは最高善の可能性にたいして形而上学的な疑問を呈するカントの実践理性や、マルクスの無階級社会の祈りともまた同じである。そのような社会が存在するはずだ、と科学的に証明することはできないが、しかしそれを信じることによって、われわれはその大義に積極的に関与するようになる。

　パスカルの弁証法においては、過去も未来も役割を演じることはない。ただ、常に移りゆき、永遠という幻想的な感覚である現在のみがその役割を果たす。社会は悪に満ち、正義の規則はそこには見いだされない。しかし、われわれは、それが根本的により良く変化するという希望は持てないけれども、人間の世界で生きていかなければならない。パスカルの社会的な保守主義と法、慣習そして社会階層制のあらゆる価値にたいする逆説的な軽蔑は、いずれも悲劇的な世界観の結果である。

1053

　ゴルドマンの作品のこのような分析で、われわれは階級状況に関連する意識構造を説明する歴史のカテゴリーの構築の実例を得た。そのようなカテゴリーは、適正に考えられるならば、歴史の源泉から切り離さないで現象に同一の意味を付与することができ、そうして、そのようなカテゴリーは構造主義的な思考と発生的な解釈の双方の要求を満足させるものとなろう。

そのような概念的な助けを構築することによって、われわれはより広範な現象を解釈する手段を手に入れるようになる。ジャンセニズムが法服貴族のイデオロギーであることを見た後に、われわれはまた、放縦（libertinism）が王宮貴族のイデオロギーであり、例えばモリエールの喜劇に表されていたことも理解できる。『人間嫌い』は、ジャンセニズムへの攻撃である。喜劇『ドン・ジュアン』は、原理的に放縦を受け入れながらも、その部分的批判そして節度を再び主張している。

4　ゴルドマンとルカーチ　発生的構造主義の注解

すでに触れたように、ゴルドマンは自分自身をルカーチの弟子、そしてルカーチの作品、特にその初期の『魂と形式』や『歴史と階級意識』の継承者と見なした（ゴルドマンの見解では、ルカーチが継続的に発展させた弁証法の基本的な要素は、彼のマルクス主義以前の著作のなかに、すでに見いだすことができるという）。

しかしながら、事実としては、ゴルドマンはルカーチの理論の一部しか取り入れず、ルカーチ自身が基本的と見なした他の特徴を除外した。ゴルドマンは、歴史的「全体」の概念を実地に適用しようと試みた。つまり、科学的観察はあるべきものとしての、完全に一貫しているものとしての階級意識の発見に繋がること、弁証法的方法は事実と価値との、理解と解釈との二分法を解決するのを可能にすること、そして、認識の行為は常に実践的態度のなかに含まれ、その結果、人間の行動において純粋に理論的な観照の要素を独立させることは不可能であること、したがって、知識の絶対的な基準は存在せず、基礎的な判断も存在しないことを彼は信じた。

これらの全ての理念において、彼はルカーチに忠実であった。しかし彼は、ルカーチが本質的と見なしたポイント、つまり解放された絶対的な意識の容器としてのプロレタリアートという神話には興味を示さず、ましてやその完全な意識が共産党に体現されるとも思わなかった。これらの問題は全て彼にとっては全く無縁であって、その結果、全ての個別的な問題において彼はルカーチほど教条主義的ではなかった。

彼が何度もくりかえした一般的な見解は、資本主義社会の物象化へのマルクス主義的な批判は、現代において完全に適用できるということであった。人間のあらゆる生産物や個人個人の量的に比較可能な商品への転換、人びとのあいだの質的な結合の消滅、私的生活と公的生活との断絶、個人の責任の喪失や合理的なシステムによって課される仕事の実行者への人間の零落、その結果として生じる人間性の歪曲、人間の繋がりの貧困化、団結の喪失、芸術作品の一般的に承認される基準の不在、普遍的な創造原理としての「実験」、さまざまな生活領域の分離に由来する真正な文化の喪失、とりわけ、他の全てのものから独立した要素として扱われる生産過程の支配、これらは消費志向社会（consumption-oriented society）の全般的な特徴である。

他方で、ゴルドマンは、歴史の発展がマルクスの他の部分の分析、すなわちプロレタリアートの貧困化や革命意識の成長というマルクスの分析の他の部分を無効にした、と信じた。資本主義は労働者に相対的に安定した満足な生活を与えるようになり、したがって、労働者の革命的な気分や熱望が、初期のマルクス主義者が予想した爆発的な頂点に達することを期待する理由は存在しない。この点で、ゴルドマンはルカーチに同意しなかった、それが本質的な点である。ルカーチからプロレタリアートの革命意識にたいする信念を取り除いたらルカーチではなくなっていただろう。

同じ理由で、ゴルドマンはルカーチの美学理論を完全には受け入れなかった。彼は、文化の「最高度の段階」としての「社会主義リアリズム」を信じなかった。ルカーチと異なり、彼は文学と芸術の新しい傾向に猛烈に敏感で、ゴンブローヴィッチ、ロブ＝グリエ、ジャン・ジュネ、そしてナタリー・サロートのような作家の同情的な批判者であった。彼らの作品は、「社会主義リアリズム」と呼ばれるものとは正反対であった。

彼ら自身が意図していたかどうか、あるいはその対応性を認識していたかどうかにかかわらず、これらの作家のなかにもまた、彼は特定の社会現象に対応する「構造」を探索した。例えばロブ＝グリエの『消しゴム』は、資本主義社会の自己規制的なメカニズムを明らかにし、他方、同じ作家の

『嫉妬』は物象化についてのものであった、と。

この意味において、ゴルドマンは穏和なルカーチ主義者と呼べる。しかし、そう呼ぶことは彼が全くルカーチ主義者ではなかった、と言うようなものである。彼は、弁証法と文明全般の歴史の研究で有益と考えられるルカーチの一定の概念を採用しただけである。

ゴルドマンの政治的な見解もまた、共産主義の教条主義と何も共通点を持たなかった。われわれが見たように、彼は古典の理論が予測したように生起するプロレタリア革命を信じなかった。しかしながら彼は、もっとも切迫した必要は、世界を「物象化」の構造から解放し、真正性と人間的な連帯の感覚を復活させる新しい社会秩序である、と信じた。彼は特に労働者の「自主管理」運動に関心をもったが、それはS・マレがユーゴスラビアのこの領域の実験のなかで、その理論的な基礎を与えようとしたものであった。

彼は、この運動はついには暴力的な革命という衝撃なしに経済や文化生活の再統一に至るかもしれない、と考えた。つまり、それは労働者に責任と社会への帰属意識の新しい感覚を与え、資本主義があらゆる人間的価値を数量化することによって破壊してきた紐帯を創り直すかもしれない、と考えた。しかし、彼は社会主義を制度の点から定義せず、ましてや拡大する消費の点からも定義しなかった。彼にとって、社会主義の理想の主要な特徴は、精神的な価値、社会的な紐帯の直接性、そして個人の責任であった。彼は、理想の実現を保障する歴史の法則を何も信じなかった。それに賭けることは義務であったが、それが報われるという確信はなかった。

1055

ゴルドマンは、マルクス主義の教条的な遺産をルカーチほどには背負わなかった。彼の歴史研究は公式主義とは全く縁がなかった。『隠れたる神』は確かに面白い研究である。そのなかの多くの点は一七世紀史の研究者からは批判されるかもしれないが、それにもかかわらず、それはさらなる研究を進めるのに十分な価値のあるジャンセニズムの側面に注意をひかせる。しかしながら、このことは、われわれがゴルドマンの方法的なルールを留保なしに受け入れられるとか、あるいはそれらの意味は絶対的に明瞭である、ということを意味しない。

特に、「潜在意識」説は、極端に疑わしいと思われる。それを歴史研究のツールとして受け入れることは、特定の階級が完全にその状況に対応していたならば、われわれは特定の階級の状況からその意識が何であったかを推定できることを暗に意味する。しかしながら、これは幻想である。たとえ、われわれがゴルドマンとともに、歴史の証拠、常識、そしてマルクスにさえ反して、あらゆる世界観はそれがそのなかで生まれる階級状況と一対一対応で位置すると仮定したとしても、その推論は不可能である。なぜなら、われわれは特定の階級がそれに応じて常に特定の形態のイデオロギー、芸術あるいは宗教を生み出すという一般法則もまた知っていなければならないからである。

われわれはそのような法則を知らず、また決して知ることもない。なぜなら、そうする可能性は検討中のテーマの性質によって排除されており、それは独自で反復不可能な歴史の全過程であるからである。「諸条件が一七世紀の中葉のフランスにおいて正確にそうであったようなものである場合、いつでも、それらの諸条件はガッセンディ、デカルト、パスカル等々の理論を生み出すだろう」と言えるような法則はあり得ない。そのような「法則」を追求する理念を定式化することは、その馬鹿らしさを示すだけである。

しかしながら、ゴルドマンは、このような方法で、階級の歴史的な状況からその知的・芸術的生産まで主張することは可能であって、少なくとも一つの事例ではそれをやり切ったと信じた。そのような芸当が可能であると信じるとしても、それは、必ずしも階級状況がそれに対応する文化現象を「生産する」ことを意味しない。つまり、より穏和な仮説で十分であって、この二つの領域は因果的には関連せず、それらのあいだに一対一対応があるということで十分である。

しかしながら、もしこれを信じるとすれば、われわれはまた推論は反対方向においてもなされること、例えばパスカルの『パンセ』から、当時のフランスの経済と政治の歴史を再構築できると信じなければならない。しかし、いずれの場合でも、一対一対応が純然たる幻想であることを理解することは容易である。もし完全に確かめることができるならば、われわれは、それらを生み出した社会の階級状況のたんなる知識から、芸術や哲学の作品をゼロから再構築できる、ことを意味するだろう。こうしてわれわれが、マザランの時代の法服貴族の位置について知った事柄から、われわれは読んだり聞いたりしたことがなくても、『パンセ』を書くことさえできるはずである。

1056

「潜在意識」理論の肯定にとってもこのことは同様に必要とされる（ゴルドマンは確かにジャンセニズムの全般的分析からマルチン・ド・ベイコスの存在を推論したと主張した。彼は、そのような人物が存在しなければならなかったこと、そして後になって彼が正しかったことが発見されたと推論した）。

ゴルドマンは、パスカルのあらゆる理念を例外なく、そして彼の表現形式すらも特定の階級意識の反映と解釈するように努めた。これは『パンセ』が未完のままであったという事実（パスカルはこれを執筆中に死亡したこともまた真実であるけれども）そして、それらが断片の集積であって一貫した論文ではない、という事実、パスカルはカトリックであってプロテスタントではなかったという事実（いずれにしても、彼はカトリックのもとに生まれ、育った）などに負うものであったと彼は主張した。この種の解釈は巧妙ではあるが、結局、知的な「力技」（tour de force）以上のものを意味するものではない。

ゴルドマンは、なるほど意識という現象の研究において、われわれは「本質的」特徴を偶然的特徴から識別しなければならないと言う。これはただ単に、前者が階級状況によって説明されるか、あるいはそれに関連していることを暗に意味しているように思われる。しかし、われわれがその区別をどのように措定するかは明確ではない。われわれは特定の階級の世界観がどんなものでなければならないかを先験的に決定しなければならないのか、それとも、事実として階級状況によって説明され得る特徴を「本質的」と分類することによって問題をごまかすのか、それらのいずれかを採らなければならないことは目に見えている。

しかしながら、ゴルドマンは所与の世界観に関連するほとんど全てのものは、その「集合的な主体」の階級的な状況に関連させることができると信じるのだから、彼の分析は哲学の創造において事実として役割を果たす他の全ての社会的心理的な環境を無視する。ジャンセニズムが階級やそれがなんとかして「表現する」その熱望と直接的に関連すると主張する際に、彼は、教会の存在や、その教会のなかで教義の問題あるいは例えば世俗僧と正規僧とのあいだの組織的な相違をめぐって闘われる闘争の相対的に自律的な方法のような、先行する事実の評価を省略する。同様に彼は哲学や神学の発展の内在的論理を個人的、伝記的、心理的要素とともに完全に無視する。

結局のところ、ゴルドマンはマルクス主義の高度に単純化された選択的な解釈の犠牲となっている。彼の目的は「有意構造」、歴史的な「意味」単位と表わすことができる「有意構造」の発見である。この後の方の言葉は、彼の多くの所見が示しているように、非意識的あるいは半意識的な目的性、われわれが動物に帰属させるような低次元の目的的な行動の一種である。

しかし、彼は、全く恣意的に「意味単位」は特定のひとかたまりの価値とその位置による願いを持つある社会階級から構成され、そしてこれらの価値と願いは文明史の研究のための唯一可能な参照枠組みであると設定する。この方法を正当化するためには、全ての重要な人間行動とりわけ知的な芸術的な創造は、「結局のところ」階級的な利益の表現であり、それ以外のものは何であれ、ただの偶然あるいは二次的な正当化に過ぎない、ということが想定されなければならない。

1057

これは、マルクスのより単純化されたいくつかの公式と一致するかもしれないが、しかし事実によって裏づけられたものではない。われわれは実際に、あらゆる種類の環境が世界観の形成に寄与すること、そして全ての現象が諸原因の無尽蔵の複合によることを知っている。パスカルを個人心理学の立場から解釈することは確かに可能であるが、それが不十分なことも確かである。同じことがパスカルの理念を神学論争と単純に関連させる解釈にも言えるだろうし、彼を社会階級の立場から解釈することも同様に不十分である。

このように言うことは、真理の完全で全面的な総合がなしとげられるという希望を持ちつづけない、ということではない。疑いもなくそういうことはできない。しかし、パスカルを階級の立場から解釈するという試みは、面白くて教訓的であるかもしれないが、それは、パスカル（その他の文化人も）を解釈する他の方法は存在せず、この方法は説明するに値するあらゆる物事を説明している、と教条的にそして根拠なしに主張する方法論によって支持されることを求めているのではない。

この種の「発生的構造主義」は、どのような文化的な達成の持続性や実績も説明することはできない。つまり、もしパスカルの作品の意味が一七世紀フランスの法服貴族の立場を反映するという事実によって論じつくせるとすれば、リュシアン・ゴルドマンを含む現代の誰がどうしてパスカルに興味をもち、あるいはパスカルの作品が彼らにとって重要であると考えるのだろうか。この継続性と実績は、変化する環境や文化的価値の創造に寄与する階級闘争にもかかわらず、階級を超える普遍的な文化の歴史が存在する、と想定することをわれわれに求めている。同じ精神的な必要、同じ不確実性と不安が、その表現はあらゆる類の歴史的な心理的な要因によって影響を受けるけれども、時代と歴史のなかで生まれる。

重ねて言うが、マルクスやルカーチにしたがって、このやっかいな問題のカギを提供したというゴルドマンの保証にもかかわらず、事実と価値の二分法を解決することにわれわれが多少とも近づいたようには思われない。彼の著作はこの難問の論理的な分析をいささかも含まず、伝統的な実証主義あるいはマックス・ウェーバーによって提起された問題に答える、いかなる試みも含んではいない。

しかしながら、社会学者や心理学者によって研究されるような価値と、探究方法の隠された前提としての価値とのあいだには明確な区別がなされなければならない。もしわれわれが哲学を研究する際に、われわれは知的過程にこめられた実践的な動機を常に発見する、というゴルドマンの見解を受け入れるとしても、これは価値判断と記述的判断との二分法を「克服する」という展望について何かを意味するのではない。

さらに重要なことは、われわれのあらゆる記述は隠された価値判断であり、それらは必ず階級の熱望を反映すると想定することは、危険な思考習慣であり、知的虚無主義に繋がるかもしれない。なぜなら、それはわれわれが人間の思想を経験主義や論理学の純粋に知的な基準によって判断することができないことを意味するからである。つまり、あらゆる文化的な達成が、粗野な政治的宣伝から知識人の卓越した成果に至るまで、階級的利益によって等しく貫かれているように思われるからである。

ましてや、われわれを階級的な態度から独立して、哲学または科学の問題を議論することを可能にさせる一般的な規則も存在しない。われわれが、人間は実践的な存在であること、そして人間の精神は実践的な要求に仕えているという点でマルクスに同意するとしても、それでもまだわれわれはさらなる区別をしなければならない。と言うのは、初歩的な知覚の水準でわれわれが実践的立場から現象を選択すること、そして知識の増大はまた実際的な環境によって大部分が支配されることを認めたとしても、そこから人間の知識と知的活動の評価のための普遍的に論理的で経験的な基準（類的な存在としての人間にとって普遍的であって、必ずしも超越的な意味ではない）が存在しない、ということにはならない。そしてそのような基準は、それによってわれわれが道徳的または美的な判断を下す基準から十分に区別できる。

科学の研究を含むあらゆる文化の領域において、われわれは「地球的な」価値、情操、そして実際の行動のみを扱わなければならないと主張し、またこれらの複合が社会階級に関わる時にのみ理解できる、と主張することは、論理学の適用や科学の成果の検証可能性を排除し、あらゆるものを単一で未分化な「階級利益」に還元することである。

ゴルドマンは、確かに、フランスでマルクス主義を復活するのに多くのことをなし、マルクス主義の解釈ルールをジャンセニズムに適用する点で

1058

1059 創意工夫の実例を示した。彼の歴史の分析は、彼の一般的な方法原理よりも図式的ではなかった。しかし、彼の原理は文明史のマルクス主義的な解釈の価値に関する疑問を払拭するものではなかった。

第10章　フランクフルト学派と「批判理論」

「フランクフルト学派」(FRANKFURT SCHOOL)という用語は一九五〇年代以降にドイツの有力な準マルクス主義運動を示すのに使われたが、その歴史は二〇年代初頭にさかのぼり、社会研究所(Institute fur Sozial-forschung)の歴史と結びつく。この「学派」にどのくらいの特定の個人がどのようにして属していたかどうかは一般に疑問であるけれども、ここでは、マルクス主義内部の他の動向よりもむしろ厳密な意味で、この「学派」を語ってもよいだろう。いずれにしても、二つの知的世代を通して明らかに継続的な思考様式が存在する。その先駆者はもはや生きてはいないが、この分野で彼らは後継者を残した。

フランクフルト学派の豊富な学問的・評論的な作品は、人文科学の種々の領域にわたる。すなわち、哲学、経験主義社会学、音楽学、社会心理学、極東史、ソビエト経済、精神分析、文学と法の理論である。当然ながら、この短い論評において、これらの作品全体を批評することはあり得ない。

この学派は、第一に、マルクス主義をそれにたいして忠誠を保持する規範としてではなく、現在の文化の分析や批判の出発点や助けとして位置づける、という事実によって特徴づけられる。したがって、この学派はヘーゲル、カント、ニーチェそしてフロイトのような非マルクス主義的なインスピレーションの源泉を自由に利用した。

第二に、この学派のプログラムは、明示的に非党派的であった。つまり、それはいかなる政治運動、とりわけ共産主義あるいは社会民主主義と同一化せず、双方にたいしてしばしば批判的な態度を表明した。第三に、この学派は、ルカーチやコルシュによって一九二〇年代に発展させられたマルクス主義の解釈、特に現代世界の諸問題の縮図としての「物象化」の概念から明確な影響を受けた。

しかしながら、それをルカーチの弟子の学派と見なすことはできない。と言うのは、これが第四の重要な点だが、その構成員は理論の独立性と自律性を強調し、社会を変革するという見方で社会批判に従事していたけれども、包括的な「実践」によってそれが吸収されることには反対した。

第五に、これがさらにフランクフルト学派がルカーチと基本的に異なる点であるが、この学派は、搾取とプロレタリアートの「疎外」についてマルクスの立場を受け入れる一方、共産党の指令は言うまでもなく、プロレタリアートの現在の階級意識を先験的な規範と見なすという意味で、マルクス主義とも同一化しなかった。この学派は「物象化」の普遍性を社会のあらゆる階層に影響する過程と強調し、そしてプロレタリアートの革命的・解放的役割にますます疑問を呈し、その結果、最終的にはマルクスの理論のこの部分を完全に放棄した。

第六に、マルクス主義の正統派版に対抗する深遠な「修正主義」版であるけれども、この学派は自らを革命的な知的運動と見なした。つまり、この学派は改良主義の立場を拒否し、社会の完全な超克の必要性を主張し、その一方で、提供すべき積極的なユートピアを持たないこと、そしてさらに現在の状況では、ユートピアは創設不可能であることも認めた。

この学派の発展の時期はまたナチズムの勃興、勝利、そして衰退の時期であり、その作品の多くは、人種的な偏見、権威の必要、そして全体主義の経済的・イデオロギー的な源泉のような、直面する社会的・文化的な問題に関わった。この学派のほとんど全ての主な構成員が中産階級のユダヤ系ドイツ人であった。ごく少数の者はユダヤ人社会との文化的な結合を実際には何も持っていなかった。しかし、彼らの出自は疑いなく、学派が関心を抱く課題の範囲に何らかの影響を与えた。

哲学においてフランクフルト学派は、論理実証主義と知識論および科学方法論における実証主義的な傾向とも論争し、またプラグマチズム、功利

1060

1061

主義、後になってドイツ実存主義とも論争した。そのメンバーは「大衆社会」とマス・メディアの増大する影響を通じた文化とりわけ芸術の堕落を攻撃した。彼らは大衆文化の分析とその戦闘的な批判の先駆者であって、この点ではニーチェの継承者、エリートの価値の擁護者であった。彼らはこれらの攻撃を、専門職官僚が大衆を操作できる手段がますます効果的になる社会の批判と結びつけた。この攻撃はファシズム的そして共産主義的全体主義の双方にたいして、そして西欧民主主義にたいしても適用された。

1　沿革的伝記的ノート

社会研究所は一九二三年初頭に、フランクフルトで若い知識人グループによって設置された。基金は彼らのメンバーの一人であったフェリックス・ヴェイユが提供した。しかし、研究所は公的にはフランクフルト大学の一部局であった。主な創設者と初期のメンバーは以下の通りである。フリードリッヒ・ポロック（一八九四～一九七〇）、経済学者、のちにソビエト・ロシアの計画経済の最初の思慮深い分析で有名になった（『ソビエト連邦1917–1927における計画経済の実験』一九二九）。

カール・グリュンベルク（一八六一～一九四〇）、研究所の初代所長で、そのほとんどのメンバーとは異なる知的背景を持っていた。旧世代の正統派マルクス主義者である彼は、労働運動史を専門とし、一九一〇年から『社会主義と労働者運動の歴史記録』を編集した。

研究所の中心人物で一九三〇年からの所長はマックス・ホルクハイマー（一八九五～一九七三）であり、心理学者そして教育を受けた哲学者で、ハンス・コルネリウスの生徒であり、カントに関する書籍の執筆者である。

もう一人の最初期のメンバーは、カール・ウィットフォーゲル（一八九六年生まれ）で、当時共産党の一員であり、のちに中国史の図書の執筆者として有名である（『中国の経済と社会』一九三一『東洋的専制主義』一九五七）。彼は研究所で二、三年しか活動しなかった。マルクス主義の歴史における彼の重要性はマルクスがわずかしか触れなかった「アジア的生産様式」の問題を研究したことにある。しかしながら、彼はフランクフルト学派の典型的に代表的な人物と見なすことはできない。

ホルクハイマーに加えて、フランクフルトの独立した哲学学派の形成に決定的な貢献を行ったもう一人の研究者は、テオドール・ヴィーゼングルント＝アドルノ（一九〇三～七〇）であった。しかしながら、彼は二〇年代末までは研究所に参加しなかった。哲学者、音楽学者、そして作曲家である彼は、フッサールの研究で博士号を取得し、それからキェルケゴールの美学に関する論文を書いた。二五年以降、彼はウィーンで作曲と音楽学を研究した。ホルクハイマーとアドルノは彼らのなかでフランクフルト学派の体現者と見なされていたと見てよい。

やや遅れて研究所に加わったレオ・ローエンタール（一九〇〇年生まれ）もまた文学の歴史と理論に関する研究で、そのイデオロギーに重要な貢献を行った。

一九三〇年代に、研究所がドイツから離れたのち、ヴァルター・ベンヤミン（一八九二～一九四〇）が加わったが、彼は戦間期のもっとも有名なドイツ文学批評家の一人である。しかしながら、彼の作品はマルクス主義の発展への寄与としては重要ではない。フランクフルト学派の有名な全ての書き手のなかで、彼はマルクス主義の運動とは全く関係がなかった。

ウィットフォーゲル以外の他の共産主義者は、彼についてわれわれが別章で検討したカール・コルシュ、そしてフランツ・ボルケナウであり、ボルケナウは党から離脱後の共産主義を攻撃する作品で主に知られている。彼の資本主義の勃興に関する著書（『封建的世界像から市民的世界像へ』一九三四）は、しかしながら、フランクフルト学派の産物と見なすことができる。それが市場経済の拡大と合理主義思想との結びつきを、つまり、研究所で研究されていた典型的テーマを分析しているからである。

ヘンリー・グロスマン（一八八一～一九五〇）は、ユダヤ系ポーランド人で、一九二〇年代末から研究所で活動したが、その定型的なメンバーではなかった。彼は、伝統的なマルクス主義正統派に属し、マルクスの利潤率の低下と資本主義の崩壊という予測を確証する目的のための経済分析に

1062

専念した。

三〇年代初頭に、研究所はヘルバルト・マルクーゼを加えたが、彼についてわれわれはその後の活動の評価のために別に章を設けることとし、そして、かつてのフロイト主義者のなかで後にもっとも有名な異端者の一人となったエーリッヒ・フロムも加えた。

一九三二年以降、研究所は『社会研究年誌』（Zeitschrift fur Sozialforschung. Journal for Social Research）を発行したが、これがその主たる機関誌となり、そのなかに基礎的で理論的な文献が初めて登場した。アメリカ合衆国に移転後、同誌は二年の間（一九三九年から四一年）、『哲学及び社会科学研究』（Studies in Philosophy and Social Sciences）の誌名で発行された。

一九三三年初頭にナチスが権力を握った時、研究所は、当然ながら、ドイツにおける機能を継続することができなくなった。支所はそれ以前にジュネーブに設立されており、そこに今度はドイツ人メンバーが移動した。別の支所がパリに設置され、そこで同誌は引きつづき発行された。アドルノはオクスフォードで、数年間、最初の移民生活を送り、三八年にアメリカ合衆国に移住した。そこには研究所のほとんど全てのメンバーが遅かれ早かれ到着した（フロムが最初であった）。

ウィットフォーゲルは、数ヵ月の間収容所にいたが、最終的には釈放された。亡命者たちは『コロンビア大学国際社会科学研究所』を設置した。それはフランクフルトのさまざまな事業計画を継続し、同様の方向で新しい計画を開始した。一九三五年以降パリで暮らしていたヴァルター・ベンヤミンは、四〇年九月にナチから逃れたが、フランコ・スペインとの国境で自殺した。ホルクハイマーとアドルノは、戦時中ニューヨークとロサンゼルスで暮らした。彼らはフランクフルトに五〇年と四九年にそれぞれ帰還し、そこの大学で教授となった。フロム、マルクーゼ、レーベンタール、ウィットフォーゲルはアメリカにそのまま残った。

＊　＊　＊

認識論と文明批判の両方に適用されたフランクフルト学派の基本的な原理は、ホルクハイマーによって『研究年誌』の一連の論文で定式化され、それらの大部分は『批判理論』（二巻本、シュミット編）の題名で一九六八年に再発行された。このなかで、もっとも全般的でプログラム的な論文は、三七年に書かれて「伝統理論と批判理論」と題された。他の論文はさまざまな哲学の問題、例えば批判理論と合理主義、唯物論、懐疑論、そして宗教との関係を検討した。

われわれはまた、ベルクソン、ディルタイ、ニーチェの批判、そして哲学の役割、真理の概念そして社会科学の特殊な性質に関する論文も見いだす。ホルクハイマーの「批判理論」の用語の使用には、明らかに彼の哲学的なアプローチの三つの側面を強調することが意味された。第一に、マルクス主義を含む現存の理論からの独立、第二に、文明は不治の病に侵されており、部分的な改良ではなく根本的な転換が必要であるという信念、そして第三に、現存社会の分析はそれ自体がその社会の一要素であり、その社会の自己意識の形態である。

ホルクハイマーの思想は、マルクス主義の原理、すなわち哲学的、宗教的そして社会学的な理念はさまざまな社会集団の利益に関連させて初めて理解できる（しかし、あらゆる事柄が「結局のところ」階級的な利益に帰着するのではない）、その結果、理論は社会生活の機能であるというマルクス主義の原理によって貫かれた。他方で、彼は、理論の自律性を擁護したが、これら二つの立場のあいだには解決しがたい緊張がある。ホルクハイマーは、経験主義、実証主義、そしてプラグマチズムに対抗してヘーゲル哲学の理性を擁護した。つまり、彼は、われわれは経験的な仮説あるいは分析的な判断のいずれによっても表すことができない真理を確定することができる、と確信する。しかし、彼は超越的な主体の理論は受け入れていないように見える。

彼は、科学主義、すなわち自然科学で実際に使われる方法は何らかの価値ある認識的な成果を達成するために、われわれが必要とするあらゆる知的装置から成り立つという見方に反対する。この見方にたいして、彼は少なくとも二つの点で反対である。第一に、社会問題においては、自然科学と異なり、観察それ自体が観察対象の一部であること、そして第二に、知

1063

識のあらゆる分野において、理性の働きが経験的そして論理的規則に加えて必要とされることである。理性を支配する原理はまだ十分には解明されておらず、われわれがどこからそれらを引き出すべきかが明瞭ではない。

ホルクハイマーのこれらの思想は、本質的に、アドルノの『否定弁証法』のようなフランクフルト学派の後の作品を予示している。彼は明らかに、骨折りながら、伝統的なヘーゲル哲学的な、あるいは伝統的なマルクス主義的な問題を処理する際に、あらゆる「還元主義的な」公式を避ける。個人の主観は、社会的な範疇において完全には叙述することができず、社会的な原因に解消することもできず、ましてや、社会は心理学の用語で記述することもできない。主観は絶対的に先行するものではなく、それは対象からの単なる派生物でもない。「土台」も「上部構造」も明らかに第一次的ではない。つまり、「現象」と「本質」は、相互に独立しては現れない。実践は理論を吸収することはできず、その逆も然りである。

しかしながら、これらの思想は、「還元主義」、教条主義、観念論、そして俗流唯物論のあらゆる誘惑からわれわれを保護するような、方法規則の土台をただちに提供するほどに精緻ではない。あらゆる相互交渉において、われわれは、相互に影響を与える諸要因の部分的な自律性と関係する。しかし、この自律性の境界は明確に引かれていない。恒常的な「媒介」の必要を強調することによって、ホルクハイマーは、明らかに、全ての「還元主義的な」伝統にたいして自分の立場を守ろうとしている。

ホルクハイマーとフランクフルト学派の他の著作の両方から、批判理論は、経験論的および実証主義的な理論を社会生活における技術崇拝と技術主義的な傾向に結びつけていることもまた明らかである。この学派の主要なテーマの一つは、世界が、価値の世界にたいして本質的に冷淡な科学によって奉仕される技術の進歩によって脅かされている、というものである。もし科学主義的な法則と制限が価値判断を生み出さないやり方で全ての認識活動を支配するとすれば、その場合、科学と技術の進歩は全体主義的な社会、ますます巧妙化する人間の操作、文化と人格の破壊に繋がらざるを得なくなる、と。

したがって、ヘーゲル哲学的な理性（Vernunft）の重要性が理解（Verstand）と対置され、この理性が「地球的な」判断を確立し、それ自体として非理性的に決定された目的を実現する手段だけではなく、追求すべき目的も規定する。科学主義的な文化はこれをなすこともできないし、またなすつもりもない、それは、目的は科学的に決定されることはできず、それゆえにそれは気まぐれの問題であるに違いない、と想定するからである。

しかしながら、ホルクハイマーあるいはフランクフルト学派の他のメンバーが、その同じ認識能力が目的と手段の両方をどのように決定できるかを説明できているようには見えず、あるいは、われわれが現象の観察から、われわれにたいして人間は経験的に何であるかだけではなく、人間が自らの本質を完全に理解するならば、人間は何になるかを教える、隠れた「本質」の理解までどのように進めるかを説明できているようには思われない。

実証主義者の現象論的な観点と闘う際に、フランクフルト学派は、青年マルクスの足跡に倣い、青年マルクスと同じ関心によって活気づけられた。彼らの目的は、人間が実際に何であり、そして真の人間性にとって何が必要なのか、つまり、人間の本質的な目的を確定することであり、それは経験的に観察されることも、ましてや恣意的に決定することもできないが、しかし発見されなければならない、と。

この学派のメンバーは、まさに人間性という理由によって何かが「客観的に」人間のためであること、そしてとりわけ、人間は幸福と自由を得る資格を与えられている、と主張してきたように思われる。しかしながら、彼らは、青年マルクスの見解、つまり人間性は労働の過程において実現され、現在または将来において労働がそれ自体において「人間性の本質」を明らかにし、その全面的な完成を実現するという青年マルクスの見解を否定しがちであった。

これらの主張のどこでも、人間性のパラダイムにたいする確信が、人間は歴史のなかの自己創造によって確立される、という信念とどのように調

1065

和されるべきかについて明らかにされてはいない。ましてや知的活動は歴史的実践の境界を超えることはできない、という言説が、その実践の全体が理論または理性と対置された「地球的な」批判の要求とどのように一致するかも明らかではない。

批判理論のこれら全ての要素は、すでに三〇年代にはホルクハイマーのなかに存在し、マルクーゼ、アドルノも同じであった。最後にあげたアドルノは、主観と対象の問題そして主にキェルケゴールの哲学の文脈における「物象化」と音楽批判の問題を研究した。独占資本主義のもとの芸術の商業化は、彼が繰り返し取り上げるテーマであった。ジャズ音楽は全体として、彼にとってこのような堕落の兆候に見えた。彼の中心的な論点は、大衆文化のなかで芸術はその「否定的」機能、つまり現存の社会の上にそしてそれを超えるユートピアを提起する機能を失ったという点にあった。彼が反対したのは芸術の「政治化」ではなく、その反対に、受動的で愚かな享楽による政治的機能の置き換えであった。

ヴァルター・ベンヤミンの作品に関して言えば、それはマルクス主義の歴史という観点からその全部を総括することはできない。彼の哲学や文学批評に関する多くの著作のなかで、マルクス主義的な背景を表示すると表現できるものはわずかである。それにもかかわらず、彼は長い間、彼独自の用語の意味の史的唯物論の支持者であり、共産党に入ったことはなかったが、共産主義に惹きつけられる時代を経験した。

彼は、史的唯物論を彼自身の文化の理論に接ぎ木しようと試みたように見えるが、それはマルクス主義とは何も関係がなく、彼はそれを早合点で作り上げた。彼の親密な友人でユダヤ教史の現代の偉大な最高権威者の一人であるガーショム・ショーレムは、ベンヤミンは終生にわたって神秘主義的なところがあり、そしてまた、マルクスをわずかしか読んでいなかった、と強調している。

ベンヤミンは、生涯にわたって、言葉の隠れた意味に興味を持ち、それが彼を呪文の言葉、カバラ〔ヘブライ神秘哲学〕や演説一般の起源や機能の研究に導いた。彼は史的唯物論を歴史の秘匿された意味のあり得る手がかりと見なしたが、しかし彼自身の考察は、人間の行動を自然における一般的な「模倣的」衝動と結びつける、より一般的な理論の特殊なケースかあるいはその適用であるという考え方に導いた。いずれにしろ、彼の歴史に関する思想は、普遍的な進歩の理論あるいは決定論とは何の関係もなかった。他方で、彼は歴史、神学そして芸術における独自性と再起性の弁証法に感銘した。彼を共産主義に惹きつけたように見えるものは、歴史における規則性の理念ではなく、むしろその断絶性の理念であった（ソレルにたいする関心から）。

死の数ヵ月前に書かれた『歴史の概念に関するテーゼ』のなかで、彼は、ドイツの労働者運動にとって自分たちは歴史の流れとともに泳いでいる、という信念ほど悲惨なことはないと書いた。彼の意見によれば、とりわけ有害で疑わしいのは、歴史を、搾取の対象と見なされる自然の漸進的な征服とするマルクス主義の版、彼の考えでは、技術主義的なイデオロギーの匂いの強い見方であった。

彼は、同じ『テーゼ』のなかで、歴史は構築であり、その情景は空虚ではなく、未分化な時間で充たされている。しかし、その時間は現代つまり常に現代によみがえる過ぎ去ったできごとの存在によって満たされている、と書いた。この消えることがない「現在性」という理念は、彼の著作のいくつかの個所で繰り返して出てくる。ベンヤミンは過去の永続性という強固で保守的な感覚を持っていたが、彼はそれを歴史の不連続性にたいする革命の信念と調和させようと努めた。彼はこの後者の理念をユダヤ教の救世主の伝統と結びつけ、マルクス主義の理論に反して、純粋に内在的な終末論は不可能であると考えた。つまり、終末は、今日までの情勢の自然な継続として現れるのではなく、救世主の降臨のような時間の裂け目を前提とする。

しかし、歴史の不連続で破滅的な性質は、過去からその意味生成的な意義を奪い取ることはできない。曖昧で多義的であるが、一方の芸術と他方の神話や儀式の古代的結合の消失に関するベンヤミンのさまざまな考察から、彼が、この裂け目は純粋な進歩の源泉であるとは全く考えていなかっ

1066

たことが理解できる。つまり、彼は、何か本質的なものは、もし文化が存続するものならば、人類の神秘的な遺産から救いあげられるに違いない、と信じていたように思われる。彼はまた明らかに、人類の言語や芸術が創造しないが、しかし露わにする先在的な感覚の宝物が存在する、と信じた。彼は言う、言語は慣習や機会によってではなく、対象とのある種の魔力的な類縁性や経験によって意味を運ぶ、と（これとの関連で、彼はマルの言語の起源についての研究に関心を持った）。実証主義者に特徴的な純粋に道具主義的見方は、彼にとってテクノクラシーを向いた文明における、継承されてきた意味の全般的な破壊の断片に見えた。

彼のたび重なる表明にもかかわらず、ベンヤミンがマルクス主義と多くのものを共有したとは思われない。彼は、確かに、芸術の商業化から帰結するさまざまな形態の文化的退廃にたいする関心によって、フランクフルト学派と繋がった。彼は少しの間は学派の他のメンバー以上にプロレタリアートの解放の潜在力を信じたかもしれないが、彼の見方では、プロレタリアートは、新しい生産関係の組織者としてというよりは、神話の影響が衰えるにつれて危機に瀕している諸々の価値をいつかは復興するかもしれない新しい文化の旗手と、信じられた。

ドイツ文化に破滅的な結果をもたらしたナチズムの勝利は、当然に、フランクフルト学派の注意を全体主義の驚くべき成功の心理的・社会的な原因の究明に向かわせた。ドイツと後にはアメリカ合衆国の両方において、研究所は権威への欲求と権威に従属するレディネス［その準備ができていること］にその表れが見いだされる態度の研究を目的とする実証研究を行った。一九三六年に集団的な労作『権威と家族の研究』がパリで刊行されたが、それは実証的な観察とともに理論的な主張に基づいた。

その中心的な執筆者は、ホルクハイマーとフロムであった。ホルクハイマーは、権威主義的な制度の成長を、家族の権威の衰退と転移そしてそれに照応する個人の「社会化」における政治制度の重要度の増大という見地から解釈しようとした。フロムは、精神分析の見地（サド・マゾヒズム的性格）から権威の要求を解釈した。しかしながら、彼は本能と共同生活の要請とのあいだの不可避的な葛藤あるいは文化の恒久的に抑圧的な役割に関するフロイトの悲観主義は共有しなかった。

フランクフルトの執筆者たちは、ナチズムの現象を多方面から照射し、その心理的、経済的そして文化的な根源を発見することをめざした。ポロックは、国家資本主義の点からナチズムを検討し、彼はそのもう一つの事例をソビエト体制に見ることになった。つまり、両方の体制は、経済にたいする国家の指令、専制政治的な傾向、そして強制による失業の削減に基づく支配と抑圧の新しい時代の前兆であった。ナチズムは古い資本主義の延長ではなく、経済がその独立を奪われ政治に従属する新しい社会構成であった。

この学派のほとんどの執筆者が、個人の自由と真正な文化の見通しは、現在の動向、すなわち、個人にたいする国家統制の増大、そして社会諸関係の官僚制化の観点からすれば、暗いと考えた。ナチとソビエトの全体主義は歴史の逸脱ではなく、普遍的な傾向の兆候であると彼らは信じた。しかしながら、フランツ・ノイマンは一九四四年の著書において、より伝統的なマルクス主義的見方をとった。彼は、ナチズムは独占資本主義の一形態であって、この体制の定型的な「矛盾」に対処できず、その結果、その存続は制限されざるを得ないと考えた。

アメリカ合衆国においてこの学派は、全体主義体制に特有の態度、信念、そして神話を生み出し維持した要因を解明するべく設計された社会心理学の研究を生産しつづけた。これらのなかには、反ユダヤ主義に関する一冊の書籍とアドルノその他による投射検査法や質問票の結果を基にした集団的な労作『権威主義的パーソナリティ』（一九五〇）が含まれた。これは、権威を歓迎し、崇敬する傾向を持つさまざまな人格特性間の相関とこれらの特性の存在および強度と階級、子ども時代のしつけられ方、宗教のような社会的変数との結びつきの研究であった。

アドルノとホルクハイマーは、その生涯の終わりまで極めて活動的でありつづけ、戦後のアメリカおよびドイツにおいて、フランクフルト学派の古典的な文献と見なされる著作を発行した。それらのなかには共著『啓蒙

1067

の弁証法』（一九四七）、ホルクハイマーの『理性の腐食』（四七）、そして彼の『道具的理性の批判について』（六七）がある。アドルノは音楽学に関する多くの著作（『新音楽の哲学』一九四九、『不協和音：管理社会における音楽』五六、『楽興の時』六六）のほかに、学派の哲学の総括である『否定弁証法』（六六）、そしてまた実存主義の批判（『本来性という隠語：ドイツ的イデオロギーについて』六四）と文化の理論に関する論文を発行し、それらのいくつかは『プリースメン』（五五）に収められた。彼はまた、ショーレムとともに、ベンヤミンの著作の二巻本（五五）を編集した。彼の未完の『美の理論』は、死後の七三年に発行された。上記の作品のなかの三冊の英語版（『啓蒙の弁証法』、『否定弁証法』、『本来性という隠喩』）もまた七三年に刊行された。

以下の節で、私は発行順にこだわらずに、「批判理論」のいくつかの主要なポイントをより全面的に記述しようと試みることになる。私はアドルノの音楽理論は評価から外すが、それはそれが重要でないからではなく、この領域の私の能力不足からである。

2　批判理論の原理

「伝統」理論に対置される「批判」理論のルールは、ホルクハイマーのプログラム的な一九三七年の論文で定式化されたが、その主要な概念は以下の通りである。

現在までの社会現象の研究において、それらは演繹という普通のルールに基づかなければならず、そして、できるかぎり量的に表現される形で一般的な概念と法則を定式化することを目ざさなければならないこと、そうでなければ、現象論者が信じるように、経験的な結果から独立した「本質的な」法則を発見することは可能であること、のいずれかが普通に想定されてきた。

両方の場合において、観察の対象となる事物の状態は、それについてのわれわれの知識から分離されており、それはあたかも自然科学の主題が「外部から」観察者に提供されるのと同じである。また、知識の発展はそれ自体の内在的な論理によって支配されること、そして、もしある理論が別の理論の優位性のゆえに放棄されるとすれば、これは前者が論理的な難点をともなっていたか、あるいは新しい経験的なデータと矛盾することが証明されたからであると信じられた。

しかしながら、実際には、社会の変化が理論の改変のもっとも強力な力である。つまり、科学は社会的な生産過程の一部であり、それに応じて変化して行く。ブルジョア哲学は、人びとが知識の社会的起源や社会的機能を認識するのを妨げるさまざまな超越的理論のなかで、科学の独立性にたいする誤った信念を表してきた。ブルジョア哲学はまた、世界をあるがままに記述するが、しかし、科学が提供できない評価的判断を求めるがゆえに、それ以上には進まないか、あるいはそれを批判しない活動としての知識像を主張した。科学の世界は、観察者が法則に還元することをめざす即製の事実の世界であり、それは、あたかも事実の認識はそれが生れる社会的枠組みから全く独立しているかのようであった。

しかしながら、批判理論にとって、このような意味での「事実」などは存在しない。認識は、その社会的起源から分離することはできない。認識とその対象の両方が、社会的で歴史的な産物である。個々の観察者は対象にたいして受動的であるが、しかし全体としての社会は、そのように意識していないけれども、この過程の能動的な要素である。確証された事実は、探究者によって使われる概念的装置を編み出した人間の集合的な実践によって、その一部は決定される。われわれが知っているものとしての対象は、その一部は概念と集合的な実践の所産であり、その起源を知らないままに、哲学者たちは誤って個人以前の超越的な意識のなかで硬直化しているのである。

批判理論はそれ自体を社会的な行動と見なし、それ自体の機能と起源を自覚する。しかし、このことが、それが真の意味で理論ではないということを意味しない。その特殊な機能は、伝統理論がそうしたように現存の社会のルール、分業、知的活動に割り振られた位置、個人と社会の区別を含む現存社会のルールが自然で不可避的であるということを暗黙裡に受け入れるのを拒否することである。

それは社会を全体として理解しようとし、その目的のために、他方で自らを社会の産物と見なすけれども、ある意味では社会の外側にその位置を定めなければならない。それは社会のもろもろのカテゴリーを批判することによって社会を批判する。現存の社会は、その成員の意志から独立した「自然な」被造物として行動し、これを理解することは成員がそれに従属している「疎外」を理解することでもある。

「批判的思考は、今日、対立状況を超越し、個人の目的志向性、自発性や合理性と社会がそれに基づく労働条件とのあいだの対立を一掃する努力によって、真に突き動かされている。それは、この同一性を回復するまでは、人間は自分自身との闘争状態にあるという概念を含んでいる」（A・シュミット編『批判理論』第二巻　一五九頁）。

批判理論は、知識の絶対的な主体は存在しないこと、そして社会に関する思考の過程において主体と客体はまだ一致していないこと、それでも、その過程は事実として社会の自己知識であることを認める。それらの一致は将来にある。しかしながら、その一致は単なる知的な進歩の結果ではなく、社会生活からその疑似自然的で「外的な」性格を剝ぎ取ることによって、人間がふたたびその運命の主人公に復帰する社会過程の結果としてのみ、あり得る。この過程は、理論の性格、思想の機能そして対象とのその関係の変革を含む。

ホルクハイマーの見解は、ここでルカーチのそれに近いことが了解されるだろう。つまり、社会に関する思想は、それ自体が社会的な事実であり、理論はそれが記述する過程の不可避的な部分である。しかし本質的な違いは、ルカーチが歴史の主体と客体の完全な統一を信じ、そうして社会的実践とそれを「表現する」理論との統一はプロレタリアートの階級意識において実現されると信じた点であった。そこから、観察者の、プロレタリアートの階級的世界観との自己同一化（すなわち、共産党の路線）が理論的正しさの保障であるということになる。

ホルクハイマーは、明確にこれを拒否し、プロレタリアートの立場は知識の問題において何の保障も用意しないと明言した。批判理論はプロレタリアートの解放を支持するが、しかしそれはまた、そこからの独立を保持することを望み、プロレタリア的な観点を受動的に受け入れることを拒否する。そうしなければそれは社会心理学に転落し、労働者が所与の時期に何を考えたり、感じたりしたかの単なる記録者になり下がってしまうだろう。

それが「批判的」であるというまさにその理由から、理論は現存のあらゆる形態の社会的意識に対抗して自律的でなければならない。理論は、それ自体を、より良い社会を創造することに貢献する実践の一側面と考える。つまり、それは戦闘的性格を保持するが、それは単純に現存の闘争によって活性化されるのではない。社会システムの「全体性」にたいするその批判的態度は、理論的な発見に重ね合わされる価値判断の問題ではなく、マルクスから継承された概念装置のなかに暗黙裡に存在する。階級、搾取、剰余価値、利潤、貧困化そして危機のようなカテゴリーは「概念的な全体の要素であり、その目的は社会をそのあるがままに再生産することではなく、社会を正しい方向で変革することである」（同前、一六七頁）。

こうして理論は、それ自体の概念的枠組みのなかで能動的で破壊的な性格を持つが、それはプロレタリアートの現実の意識と対立するかもしれないという事実を考慮に入れて置かなければならない。マルクスに従って、批判理論は、社会を抽象的カテゴリーで分析する。しかし、それは、理論として、それが記述する世界の批判であること、その知的行為は同時に社会的行為であること、こうしてそれはマルクス主義的な意味の「批判」であることを、いかなる段階でも忘れることはない。

その主題は単一の、特定の歴史的な社会である。つまり、現在の形態の資本主義社会であって、それが人間の発達を阻害し、世界を野蛮主義への復帰で脅かしているのである。批判理論は、そのなかで人々が自らの運命を決定し、外的な必然性に従属しない新しい社会を期待する。その過程で、批判理論はそのような社会の出現の可能性を拡大し、しかもそれはこの事実を知っている。将来の社会では、必然と自由との区別は存在しな

1070

い。この理論は人間の解放、そして幸福と人間の能力とその必要にふさわしい世界の創造に尽くし、そして人類は、現在の社会で表されている以外の潜在能力を持つことを断言する。

お分かりのように、「批判理論」の主な原理はルカーチのマルクス主義のそれであるが、しかしプロレタリアート抜きのそれである。この違いがこの理論をより柔軟に、より非教条的にさせている。しかしまた、曖昧で首尾一貫しないものにもさせている。ルカーチは、理論をプロレタリアートの階級意識と同一化し、そして今度はこれを共産党の叡智と同一化することによって、彼の真理基準を明確に定めた。つまり、社会の観察において、真理は自然科学においても有効な一般的な科学の規則の適用に由来するのではなく、その起源によって決定される。共産党は無謬である。この認識論は少なくとも首尾一貫し完全に明瞭であるという利点を持つ。

「批判理論」において、発生的基準が理論の知的自律性とどのように結合されることになるのか、その正しさを支配する規則がどこから出てくるのかを、われわれは知らない。なぜなら、それは「実証主義的な」基準を排除するだけではなく、プロレタリアートと同一化することも拒否しているからである。

一方、ホルクハイマーは(『現代哲学における合理論論争』一九三四)において、考えるのは人間であって、自我でも理性でもないというフォイエルバッハの言説を繰り返す。そうするなかで、彼は、科学的な手続きの規則と科学で使われる概念の蓄積の双方が歴史の創造物、実際的な必要の結果であること、そして、知識の内容はその社会的な起源から切り離すことはできないこと、言い換えれば、いかなる超越的な主体も存在しないことを強調する。これに基づけば、理論はそれが「社会の進歩」を代表するがゆえに「優れている」かまたは正しく、あるいはまた知的価値は社会的機能によって決定されると見ているのかもしれない。

しかし、他方で、理論は現実にたいして自律性を保持すると想定される。つまり、その内容は現に存在する運動とのいかなる同一化にも由来してはならず、そしてそれは、社会階級はもちろんのこと、人類の立場からさえもプラグマチックであってはならない。それゆえに、どちらの意味においてそれが真実であると主張するのかが不明である。それは現実をあるがままに記述するのだから、あるいはまた、それは「人類の解放に奉仕する」からなのだろうか。

ホルクハイマーが提供するもっとも明快な回答は、おそらく次の通りである。「しかしながら、開かれた弁証法は真理の痕跡を見失うことはない。自分自身および他者の思考における限界と一面性の発見は知的な過程の重要な側面である。ヘーゲルとその唯物論的な継承者の双方がともにこの批判的で相対主義的なアプローチは知識の一部であると正しく強調した。しかし、自分自身の確信の確実性とその肯定は、概念と対象の統一が達成され、そして思考は停止に至ると想像することをわれわれに求めない。観察と推論、秩序だった調査や歴史的事件、日々の活動と政治闘争から得られる結果は、もしそれらが、われわれが思う通りの認識上の手段として耐えるものであるならば、真理である」(「真理の問題」同前、第一巻 二四六頁)。

この説明は曖昧さも甚だしい。もしそれがそのなかで発展してきた社会的環境が何であれ、批判理論は、結局のところ経験主義的な実証の規則に従い、それによって真あるいは偽として判断されることを意味するのであれば、その場合それは、それが「伝統的」と非難する理論と認識論上は何の違いもないことになる。しかしながら、もし何かそれ以上のもの、すなわち真理であるために、理論は経験的な検証に耐えなければならず、そして「社会的に進歩的」でもなければならないことを意味するとすれば、この二つの基準が対立する場合に、ホルクハイマーは何をなすべきかをわれわれに語っていないことになる。

彼は、単に、「超歴史的」ではない真理に関する一般論、そして知識の社会的規定性に関する一般論を、あるいは概念と対象とのあいだの必要な「社会的な媒介」と彼が呼ぶものを繰り返しているにすぎない。つまり、彼はわれわれに対して、理論は「静的」ではないこと、理論は主体と客体のいずれをも絶対化しないこと等々を請け合っているにすぎない。ここで明らかなことは、「批判理論」はルカーチの党教条主義を受け入れること

1071

を拒否し、経験主義的な証明基準を認めることを拒否しながら、その理論としての位置を維持しようとしていることである。言い換えれば、この理論はそれ自体の両義性によって存在しているのである。

　このように理解すると、批判理論はまたいかなる特別なユートピアも含んでいないことが分かる。ホルクハイマーの予言は陳腐な一般論に終始する。すなわち、普遍的な幸福と自由、自分の主人になる人間、利潤と搾取の廃止等々。われわれは、「あらゆる事柄」が変えられなければならないこと、社会を改良することが重要ではなく、それを転換することが重要だと聞かされる。しかし、これがどのようになされるべきか、あるいはそれに代わって何が設定されるかについて何も聞かされない。

　プロレタリアートの解放はなおこの理論の目的ではあるけれども、それはもはや歴史の無謬の主体とは位置づけられない。しかしながら、この理論は、全般的解放の効果的な梃子であるとは主張しないのだから、理論に残されているものは、それが高度な思考様式を構築し、そして人類の解放に貢献するだろう、という確信以外には明らかに何も存在しない。

　さまざまな社会理論によって使われる概念装置に含まれる社会的な選好と利益に関するホルクハイマーの所見は、当時においてすら新奇なものではなかったけれども、確かに真理である。しかし、社会科学がさまざまな利益や価値を反映するという事実は、ホルクハイマーが考えたかのように見えるように（ルカーチ、コルシュそしてマルクスに従って）、経験的な判断と評価的な判断の相違が「超越」されたことを意味しない。

　この意味において「批判理論」はプロレタリアートとの同一化を受け入れないままに、そして階級的な、党的な真理基準を認めないばかりか、さらにマルクス主義がこのようなやり方で切り詰められた際に生じる難問を解決しようともしないままに、マルクス主義を保持しようとする矛盾した試みである。それは、それが除外したものの代替を用意しない、不完全なマルクス主義である。

3　否定弁証法

私の知るかぎり、アドルノの思想、つまり否定弁証法のもっとも完全で全般的な提示として、疑いなく正当と見なされる総括的な解釈は存在しない。おそらく、そのような解釈版を編集することは不可能であり、そしておそらくアドルノもこのことを十分に承知し、それを意識的に行わなかったのだろう。そのような図書は矛盾の塊と呼んでもよい。つまり、事例あるいは主張による哲学書の作成は、不可能であることを証明しようと試みる哲学書である。

　その内容を解釈する困難は、明らかに意図的な、極端に込み入った統語法（syntax）のせいだけでも、あるいはまた、著者が、この世界でもっとも明晰な言葉であるかの如く、ヘーゲルや新ヘーゲル派の専門用語を何も説明しようとしないで使うという事実のせいだけでもない。もったいぶった難解な文体とそれが読者に示す軽蔑は、もしこの著書が全体として文学的形態を避けていなかったならば、まだ我慢のできるものであったかもしれない。この点で、それはしばらく前には造形芸術に、後になって音楽や文学に現れた無形式の哲学的な片割れである。

　「反小説」のプロットあるいはアクション・ペインティングの主題を記述する方が、アドルノの作品を総括するよりもまだ可能性がある。絵画における形式の放棄は芸術の破壊に繋がるのではなく、実際に純絵画を逸話的作品から解放するということは疑いなく言うことができる。そして同じように、それらは言葉から成り立つけれども、小説や演劇はわれわれがジョイス、ムージル、ゴンブローヴィッチを読んで理解できる程度において、形式放棄（完全ではないが）を切り抜けて生き残った。

　しかし、哲学の著作において形式の解消は高度に破壊的である。もしそれが、ガブリエル・マルセルのように、はかない「経験」を言葉で捉え、自分の作品を直接に「表現する」という著者の試みによるとすれば、それは許されるかもしれない。しかしながら、抽象概念を扱いつづけながら、同時にそれらは無意味な言説だと主張する哲学者に我慢することはできな

1073

い。

このような留保があれば、われわれはアドルノの主張を理解しようと努めてもよい。彼の著書全体を覆い、例えばカント、ヘーゲル、そして実存主義の批判のなかで表されている主要なテーマは、以下のようなものである。哲学は、常に形而上学的そして認識論的という二つの絶対的な出発点の探究によって支配されてきた。その結果、哲学者自身の意図にもかかわらず、それは次第に「アイデンティティ」の探究、つまり、それに他のあらゆるものが究極的に還元される、ある種の根源的存在の探究に入り込んだ。これはドイツ観念論や実証主義の、実存主義者や超越論的現象論者の動向と似ている。

典型的な伝統的な対立の組み合わせ、つまり、主体対客体、一般対特殊、経験的資料対理念、連続対不連続、理論対実践の考察に当たって、哲学はそれらを一つの概念あるいはもう一つの概念に優位性を与えるやり方で解釈し、そうして、それでもってあらゆるものが記述できる統一的な言語を創り出す、つまり、他の全てがそこに由来する世界の視座を確立しようとしてきた。しかしこれは果たすことができなかった。絶対的な「優位性」は存在しない。哲学が関わるあらゆるものがそれ自体としてその対立物との相互依存として現れる（これはもちろんヘーゲルの理念であるが、アドルノは、ヘーゲルは後になってそのことに忠実ではなかった、と主張する）。

伝統的やり方で「一次的な」もの、あるいは概念を発見しようとする哲学は、間違った道であり、その上、われわれの文明において、それは、どのような犠牲を払っても秩序と不変性を追求しようとすることによって、全体主義的で画一主義的な傾向を強める傾向がある。事実として哲学は不可能である。可能なことは恒常的な否定、つまり「アイデンティティ」を与えると称する単一の原理のなかに世界を封じ込めようとする、いかなる試みにも反対する純粋に破壊的な抵抗である。

このように概括すれば、アドルノの思想は絶望的であるか、あるいは不毛であるように見えるかもしれない。しかしそれは、われわれがそれを誤解していることにはならない。それは否定の弁証法（形而上学的な理論ではあるだろう）ではなく、形而上学と認識論のはっきりとした否定である。彼の意図は反全体主義である。彼は、特定の支配形態を貫徹し、人間主体を「物象化」の形態に落とし込むのに奉仕する全ての理念に反対である。このような試みが、特に実存主義哲学において逆説的な「主観主義的な」形態をとり、そこでは、これ以上還元できない現実として、絶対的な個人的主観性の硬直化が、人間の奴隷化を拡大する全ての社会関係にたいする無関心を含むと彼は主張する。人は、その外部に存在するあらゆるものを暗黙裡に受け入れなければ、このようなモナド的な存在の優位性を主張することはできない。

アドルノはこの文脈で明確に言及していないけれども、マルクス主義もまた、特にルカーチの解釈において、「物象化」批判という口実のもとで、同じ全体主義的な傾向に寄与している。「ヘーゲルとマルクスにおいて理論的には依然として不十分だったものが、歴史的実践へと伝えられた。それゆえ、そのことが改めて反省されるべきであって、なにも思想が実践の優位に理不尽にも屈従することはなかったのである。というのは、この実践そのもの（歴史的実践ということそのもの）が、ぬきんでて理論的な概念だったからである」（英語版　一四四頁〔邦訳　木田元他訳『否定弁証法』作品社　一七六頁〕）。

このようにアドルノは、そのなかで理論が解体され、その自律性を失うマルクス・ルカーチ主義者の「実践の優先性」を攻撃する。「アイデンティティの哲学」にたいする彼の反対論が、マルクス主義の反主知主義とその全てを包括する「実践」に敵対するかぎり、彼は哲学の存在の権利を擁護しているのである。彼は自らの著書を「一度は時代後れになったように思われた哲学が今なお命脈をたもっているのは、その実現の機を逸したからである」（同前　三頁〔邦訳　八頁〕）。という文章で始めた。

この点でアドルノは明確にマルクス主義から離脱する。プロレタリアートによる人類の解放と「生活」との同一化による哲学の廃絶、というマルクスの希望が現実的であった時代は存在したかもしれないが、しかしそんな時代は過ぎ去ったと彼は主張する。理論はその自律性のなかに留まらなければならないが、それは当然ながら、理論が今度は何らかの絶対的「優先性」を保持することを意味しない。つまり、何であれ「優先性」を持つものはなく、あらゆるものが他のあらゆるものに依存し、同じことだが、それ自体の「実質性」の手段を持っている。「実践」は理論の仕事を果たすことはできず、もしそれがそうすることを主張するならば、それはただ
1074
思考の敵となるだけである。

絶対的な優先性が存在しないとすれば、理性という手段によって「全体」を包括する全ての試みが無益となり、神秘化の原因となることがよくある、というのがアドルノの見解である。これは、実証主義者が考えるように、理論それ自体が個別の科学に全面的に解消されなければならないことを意味しない。理論は不可欠であるが、今のところ、それは否定以外の何ものでもあり得ない。

「全体」をつかむ試みは、あらゆる物事の究極の同一性にたいする同様の信念に基づく。哲学が全体は「矛盾的」であると主張する時でさえ、それは「同一性」に関わる偏見を保持している。それが強力であるがために、その「矛盾」さえも、それが世界の究極の土台であると主張される場合には、それらの手段になり得る。

真の意味の弁証法は、こうして、単に「矛盾」の究明ではなく、あらゆる物事を解釈する図式として、その矛盾を受け入れることを拒否することである。厳密に言えば、弁証法は方法でも世界の記述でもなく、全ての現存する記述的な公式にたいする、そして普遍性を装う全ての方法にたいする、反復的な反対の行為である。「全面的矛盾は全面的同一化作用が非真理ということ以外のなにものでもない」(同前　六頁〔邦訳　一一頁〕)

同じように、認識論的な絶対、単一の、挑戦する余地のない叡智の源泉は存在しない。認識行為の「純粋な直接性」は、もし存在するとしても、言葉以外では表すことができず、言葉は不可避的にそれに抽象的で理性化された形態を与える。しかし、フッサールの超越的自我もまた誤った構築である。なぜなら、知識の社会的起源から自由な直観の行為は存在しないからである。全ての概念は究極的には非概念的なものに、自然を統御する人間の営為に根ざしている。いかなる概念も対象の全ての内容を表すことができず、あるいはそれと同一化することはできない。ヘーゲルの純粋な「実在」は最終的には無であることが証明される。

アドルノが言うように、否定弁証法は反体系（anti-system）と呼ぶことができ、その意味で、それはニーチェの立場と一致するように思われる。しかしながら、アドルノは続けて、実質の何らかの加工がわれわれに提示された形態の「否定」であるのと同様に、思想それ自体が否定であると言う。何かはある種のものであるという言説さえ、それが他の種のものではないことを含意するかぎり、否定的である。しかしながら、これは「否定」を自明の理に還元する。この意味で「否定的」ではない哲学が存在し得るのか、あるいはアドルノが誰に反論しているのかも明らかではない。しかしながら、彼の主たる意図は自明の理ではなく、つまり哲学の伝統的な問題にたいする確実な回答を提出することではなく、現に存在する哲学を粉砕することに集中しているように思われる。なぜなら、その「実証性」への強烈な志向によって、今日の哲学は不可避的に現状の容認、つまり人間による人間の支配の容認に変質しているからである。

その解放時のブルジョア階級の意識は「封建的な」思考様式と闘ったが、あらゆる種類の「システム」を粉砕するまでに至ることはできなかった。なぜなら、それは「完全な自由」を代表していないと思ったからである。このようなアドルノの観察から、われわれは、彼は「システム」に対抗する「完全な自由」を支持するという結論を下す。
1075

「アイデンティティ」と「実証性」の批判において、アドルノはフランクフルト学派がマルクスから継承した伝統的なモチーフを継続している。つまり、「交換価値」の支配に従属し、個人と物を共通の水準と同質の匿名性に陥らせる社会の批判である。そのような社会を表現し肯定する哲学は、現象の多様性あるいは生活のさまざまな側面の相互依存性を公正に評価することはできない。それは一方では社会を均質化し、他方では人びとと物を原子化する。この過程で論理学もまたその役割を果たす、とアドルノは観る。この点で、彼は、論理学の現代的発展を無視して論理学を非難

する最近のマルクス主義哲学の伝統に忠実である。

科学もまた、人間に反する文明の全般的な陰謀の仲間であるように見える。なぜなら、それは、合理性を測定可能性と同一化し、あらゆるものを「量」に還元し、知識の範囲から質的な差異を排除しているからである。しかしながら、アドルノは、新しい「質的な」科学の準備ができており、引き継ぐのを待っていることは示唆しない。

彼の批判の結論は、相対主義を擁護することではない。と言うのは、それもまた「ブルジョア意識」の一部であるからである。それは反知性主義(geistesfeindlich)で、抽象的で、そして誤っている。なぜなら、それが相対的と位置づけるものは、それ自体が資本主義社会の諸条件に根を持っているからである。「ものの見方のいわゆる社会的な相対性は、生産手段の私的所有のもとでの社会的生産の客観的法則に応ずるものなのだ」(同前　三七頁［邦訳　五〇頁］)。アドルノは、彼がどのような「法則」について言及しているのかを言わず、そして、彼のブルジョア論理学の軽蔑は本物だが、彼の批判の論理的妥当性をよく考えてはいない。

「体系」という意味での哲学は不可能である、なぜなら、あらゆる物事が変化するからである、と彼は主張し、その言説を次のように敷衍する。「こうした不変項は、その固有の不変性が一個の産出物であるからといって、まるですべての真理を手中にしているかのような態度で、変化するもののなかから取り出してみせることのできるものではない。真理というものは変化する事象とともに生成してきたものであり、真理の不変性とは第一哲学の虚偽である」(同前　四〇頁［邦訳　五三頁］)。

概念は、一方では、一定の自律性をもち、物の複製として単純に出現しない。概念は、他方で、物と比較した「優先性」を享受しない、物にたいする優先性に同意することは、官僚制的または資本主義的な支配を受け入れることである。「社会を引き裂いて対立させるもの、つまり支配の原理は、それが精神化されるならば、概念と概念に服するものとの差異を惹き起こす原理なのだ。」(同前　四八頁［邦訳　六三頁］)。

したがって、唯名論は誤りであり(「資本主義という概念は単なる音声ではないのだ」(同前　五〇頁注［邦訳　六七頁注］))、そして概念的な現実主義もまたそうである。つまり、概念とその対象は恒久的な「弁証法的」結合において存続し、そのなかで優先性は消滅する。同じように、知識を単純に「与えられたもの」とする実証主義者の試みも見当違いである。なぜなら、彼らは「自分の内容に合わせて思考を脱歴史化」(同前　五三頁［邦訳　七〇頁］)することを追求するからである。

存在論を再構築しようとする反実証主義者の試みは疑わしい。なぜなら、何か特定の存在の理論ではない存在論一般は、現状の弁明、「秩序」の道具であるからである。存在論の必要性は十分に真正なものであって、なぜなら、ブルジョア意識は「実体的な」概念を「機能的な」概念に置き換え、そこにおいてあらゆるものがそれ以外のものにとって相対的となり、それ自体の首尾一貫したものは何も持たない機能の複合体として、社会を位置づけるからである。それにもかかわらず、存在論は再構築できない。

この点でも、他の多くの点と同じように、読者は、アドルノがどのようにして彼の命題が適用されることを意図しているかを大いに疑ってもよい。もし存在論とその欠如が双方とも悪で、そしてそれら双方がわれわれを交換価値の擁護に巻き込むものとすれば、われわれは何をなすべきなのか？　おそらくわれわれはこのような疑問を全く思いついてはならず、哲学の問題には中立であると宣言すべきなのだろうか？　しかしアドルノはこのどちらの立場にも立とうとはしない。それは別な種類の降伏、理性の放棄であるのだろう。

科学はそれ自体に信頼を置き、それ自体以外の他の方法による自己知識の探究を拒否するのだから、現存世界の弁明であることを自らに強制する。「科学の自己解釈においては、科学は自己原因となってしまい、おのれをすでに与えられているものとして受けとり、そうすることによって、そのつど現存している分業形態をもみずから是認しているのであるが、その形態が不十分なものであることは、やはりいつまでも隠されたままでいるわけにはいかない」(同前　七三頁［邦訳　九〇頁］)。

個別の研究に分散している人文科学は、認識への関心を失い、概念という鎧を剝ぎ取られている。「外部から」科学にやってくる存在論は、拳銃弾のような性急さ（ヘーゲルの文言）で出現し、それらが自己知識を獲得するのを助けない。つまるところ、われわれは悪循環から逃れる方法を知ることはない。

　ハイデガーの存在論は、この問題状況を改善するどころか、さらに悪いものを提起する。哲学から経験主義とフッサールのエイドスの概念を追放して、ハイデガーは実在を理解しようとするが、実在はこのような追放の後では純粋な無となる。彼もまた、現象を「孤立」させ、それらを顕在化の過程の側面（契機）と考えない。こうして現象は「物象化」される。

　フッサールのように、ハイデガーは、個から普遍へ媒介なしに進むこと、あるいは、反映の行為によって影響されない形で実在を理解することは可能であると信じた。しかしながら、これは不可能である。実在は、どのように考えられようと、主観によって「媒介」される。ハイデガーの「実在」は構築されるのであって、単純に与えられない。

　「思考は、すべての思想や思考そのもののうちにさえ在る主観と客観との分離が、すぐさま消えてしまうであろうような立場を勝ち取ることはできない」（同前　八五頁［邦訳　一〇六頁］）。

　自由は生活の対立する極点のあいだで生まれる緊張の観察によってのみ追求することができる。しかし、ハイデガーは、これらの極点を絶対的な現実と位置づけ、それらをその運命に任せる。一方で彼は、社会生活は「物象化」されるに違いないことを認め、すなわち、現状を是認し、その一方で、何か既に獲得したものとして自由を人間のものとさせ、こうして奴隷状態を承認する。彼は形而上学を救済しようと試みるが、しかし、彼が救おうとしているものは「直接的な現在」であると誤って想定する。総じて、ハイデガーの哲学は、抑圧的な社会に奉仕する支配知（Herrschaft-swissen）の実例である。

　それは、実在との約束された一体化のために、われわれに概念を放棄することを求めるが、この実在は内容を持たない。なぜなら、そもそもそれは概念の「媒介」なしに理解することが想定されているからである。つまり、基本的にそれは連辞「ある」の名詞化にすぎない。

　できるだけ一般的用語で語りながら、ハイデガーの存在論にたいするアドルノの攻撃の主眼は、主観は形而上学的な探究の結果から完全には除去することはできないこと、そして、もしわれわれがこのことを忘れ、主観と対象を「正反対の側」に置こうと試みるならば、われわれはその一方も他方も理解できなくなるというヘーゲルの主張にある。両方が反映の分離できない部分であり、そのどちらも認識論的な優位性を持たない。それぞれが他方によって「媒介されて」いる。

　同じように、絶対的に個人的なもの、ハイデガーが現存在（Dasein）または主観（Jemeinigkeit）と呼ぶものを認識によって理解する方法はない。一般的な概念の「媒介」がなければ、純粋な「ここにある物」は抽象となる。それは反映から「孤立」させることはできない。「しかし、相互に浸透し合っている主観と客観の布置関係としての真理は、主観性にも、またハイデガーが逆に主観性に対するその弁証法的関係を曖昧にしようと努めているあの『存在』にも還元することはできない」（同前　一二七頁［邦訳　一五八頁］）。

　「否定弁証法」によって、彼が意味するものの説明にもっとも接近した文章のくだりは次の通りである。「ある点で弁証法的論理学は、これを排撃する実証主義よりももっと実証主義的である。弁証法的論理学は、思考でありながら、思考さるべき当の対象が思考規則に従わない場合においてさえ、対象の方を尊重するからである。対象の分析は思考規則に影響を及ぼさず、思考は、けっしておのれ自身の法則性に自足していてはならない。思考は自己自身を放棄することなしに、自己自身に反して思考することができる。もし弁証法というものが定義できるとしたら、これはそういう定義の一つとして提案しなければなるまい」（同前　一四一頁［邦訳　一七一頁］）。

　われわれはこの定義から、弁証法は論理学の規則によって拘束される必要はない、ということ以上のものは推論できないように思われる。文章の

1078

他のくだりで、われわれは、それはなおさらに自由であることを確かに告げられる。なぜなら、「哲学の本領は、理性の真理（ヴェリテ・ドゥ・レゾン）にあるのでも事実の真理（ヴェリテ・ドゥ・フエ）にあるのでもない。哲学が語ることで、〈事実に合う〉という手がたい基準に服するようなものはなに一つない。事実的なものに関する哲学的諸命題が経験的研究の諸基準に従わないのと同様に、概念的なものに関する哲学的諸命題も論理的事態の諸基準に従いはしない」からである。（同前　一〇九頁［邦訳　一三四頁］）

　これ以上に、都合の良い立場を想像するのは確かに困難であるだろう。否定の弁証法論者は、第一に、自分は論理的なそして事実的な観点のどちらからも批判され得ないと宣言する。なぜなら、そのような基準は彼にとって関係がない、と定めるからである。第二に、彼の知的道徳的な卓越性はこれらの基準の無視に基づいており、そして第三に、そのような無視は事実として「否定弁証法」の本質である、と公言する。

「否定弁証法」は、単純に歴史によって署名され保証された白紙の小切手、実在、主体そして客体であって、アドルノやその信奉者たちを利するためのものである。つまり、どんな総額でも書き込むことができ、いかなるものも有効であって、論理や経験主義にたいする実証主義的な愛着からの絶対的な解放がそこに存在する。思想は弁証法的にそれ自体の反対物に転化する。これを否定するものは誰であれ、「アイデンティティ原理」に囚われており、それは交換価値によって支配され、それゆえに「質的差異」に無知である社会を受け入れることを意味する。

　アドルノによれば、「アイデンティティ原理」がそのように危険な理由は、それが第一に、それぞれの分離された物は経験的にそうであるものであること、第二に、個々の対象は一般的な概念によって同定されること、すなわち、抽象的な概念で分析できる（ベルクソンの考え、アドルノはしかし彼について言及しない）ことである。

　他方、弁証法の任務は、第一に物は単にどのようなカテゴリーに属するかではなく、実際に何であるかを確定することであり（アドルノはこのような類の分析の実例を示さない）、そして第二に、それはまだそうではないけれども（ブロッホの考え方、彼についてもアドルノはこの文脈で言及していない）、それ自身の概念によってそれが何でなければならないかを説明することである。

　人間は自分自身をどのように定義するかを分かっているが、他方、社会は彼に割り当てる機能に従って彼を定義する。これら二つの定義様式のあいだには「客観的な矛盾」が存在する（ここでもまた事例は示されない）。弁証法の目的は概念による物の固定化に反対することである。それは、物は物自体と同一ではない、という立場をとる。それは、否定の否定が肯定への回帰を意味すると決めてかからずに、否定を追求する。それは個別性を認めるが、しかしそれは一般性によって「媒介された」ものとして、そして一般性は個別性の一側面（契機）としてのみ認める。それは客体のなかに主体を、主体のなかに客体を、理論のなかに実践を、実践のなかに理論を、現象のなかに本質を、本質のなかに現象を見る。それは差異を理解しなければならないが、それらを「絶対化」しない。そして、それはいかなる特定の事物も一段と優れた出発点と見なしてはならない。

　フッサールの超越的主体のような無を前提とする観点はあり得ない。そのような主体が存在し得るという錯覚は、社会が個人に先行するという事実によるのである。あらゆるものを包括し、全体と一致する精神が存在し得るという理念は、全体主義体制における単一政党のそれと同じように馬鹿げている。精神または物質の優先性に関する議論は、弁証法的な思考においては無意味である。なぜなら、精神と物質の概念はそれ自体が経験から抽象され、そしてそれらのあいだの「根本的な差異」は慣習に過ぎないからである。

　弁証法に関するこれら全ての勧告が、アドルノの意見では、明確な社会的あるいは政治目的に奉仕しなければならない。実践的な行動の基準すらここから引き出されるように見える。「正しい実践や善そのものついて判断を下す審級は、もっとも進歩した段階にある理論をのぞいては本来存在しない。具体的な理性の規定を十分に吸収しないまま意志を導くはずの善の理念なるものは、物象化された意識に、つまり社会的に公認されたものに知らず知らずのうちに服従する」（同前　二四二頁［邦訳　二九四〜九五頁］）。

1079

こうして、われわれは明瞭な実践的ルールを手に入れる。第一に、先進的な理論が存在するに違いないこと、そして第二に、意志は「具体的な合理的な定義」によって影響されるに違いないことである。このように啓発された実践の目的は、交換価値のせいである物象化を廃棄することである。と言うのは、ブルジョア社会では、マルクスが教えたように、「個人の自律性」は外見上だけであって、人生の偶然性と市場の力への人間の依存の現れであるからである。アドルノが書いたものから、しかしながら、物象化されない自由が何から構成されるかを推測することは難しい。

この「完全な自由」を記述する際に、どうあろうと、われわれは自己疎外の概念を使ってはならない。と言うのは、疎外からの自由の状態、つまり人間の自己自身との完全な統一は、それ以前の時期に既に存在したこと、その結果、自由はその出発点に立ち戻ることによって実現されること、つまり定義上反動的である理念を、それが示唆するからである。ましてや、われわれに喜びにあふれた自由の将来や「物象化」の終焉を保証するような歴史の設計は知りようがない。今日までのところ、単一の普遍的な歴史過程のようなものは存在しなかった。「歴史は連続性と非連続性の統一である」（同前　三二〇頁［邦訳　三八八頁］）。

『否定弁証法』のような圧倒的に不毛な印象を与える哲学作品は、ほとんどあり得ない。それは、この著作が人類の知識から「究極的な基礎」を奪おうと努めるから、つまり、この著作が懐疑主義の理論である、という理由からではない。哲学の歴史においては破壊的な情熱だけではなく、洞察に満ちた懐疑主義の、賞賛に値する作品が存在してきた。しかし、アドルノは懐疑論者ではない。彼は、真理の基準は存在しないとも、理論は不可能とも、あるいは理論は無力であるとも言わない。その反対に、彼は、理論は可能で必要不可欠で、そしてわれわれは理性によって導かれなければならないと言う。しかしながら、彼の主張の全部が、理性は「物象化」に陥らないかぎり一歩も踏み出せないことを示している。それが二歩、あるいはさらなる次の一歩を踏み出せるかも明確ではない。つまり、出発点すら全く存在しない。しかも、この事実の確認が弁証法の最高の達成として主張される。

しかし、このような決定的な言説もアドルノによって明確に定式化されず、自分の概念や原理の分析によってもそれを支持してはいない。他の多くのマルクス主義者がそうであるように、彼の著作はいかなる主張も含まず、ただ、どこにも説明のない概念を用いた権威主義的な言説だけを含んでいる。実際に、彼は、経験的なまたは論理的な究極の「資料」は、哲学にその出発点を提供することになる、という実証主義者の偏見の表明として概念的な分析を非難する。

結局のところ、アドルノの主張は、マルクス、ヘーゲル、ニーチェ、ルカーチ、ベルクソンそしてブロッホから無批判的に借用した理念の寄せ集めということになる。マルクスからは、ブルジョア社会の全メカニズムは全ての質的差異を貨幣という共通の分母に還元する交換価値の支配に基づく、という言説（これはマルクスのロマン主義的な反資本主義の言説である）を手に入れた。マルクスからはまた、歴史を超歴史的な世界精神に従属させ、「一般的なもの」の個々の人間にたいする優先性を主張し、現実性を抽象性に差し替え、そうして人間の奴隷化を貫徹させた、というヘーゲル哲学の批判もまた到来した。さらにマルクスからは、ヘーゲルの主体と客体の理論の批判も到来したが、そのなかで主体は客体の表れとして、客体は主体の構築として定義され、そうして悪循環を生み出す、と（しかし、アドルノはどのようにしてこの悪循環を回避するかを明らかにしない。それは彼が主体ないしは客体のいずれかの絶対的「優先性」を否定しているからである）。

1080

他方で、アドルノは、進歩の理論や歴史的必然そして偉大なユートピアの旗手としてのプロレタリアートという理念を拒否して、マルクスから離脱する。ルカーチからは、この世界で邪悪なものは「物象化」の用語で集約でき、そして完成された人間は「物」という存在論的な立場を投げ捨てる、という見方が到来した（しかし、アドルノは「物象化を脱した」状態がどのようなものか、いわんやそれにどのように到達するかを語らない）。

マルクス主義のプロメテウス的なそして科学的な契機の両方が捨て去られ、残ったのは、人間は人間自身であって「機械的な」社会的諸力に依存しない、という曖昧なロマン主義的なユートピアだけが残りつづける。ブロッホから、アドルノは、われわれは現実世界を「超越する」ユートピアの理念を持っていること、しかし、この「超越」という特有の徳は、今の時代では原理的に明確な内容を持たない、という見方を取ってくる。

ニーチェからは、「体系の精神」にたいする全般的な敵意と真の賢者は矛盾を恐れず、むしろそれらにおいて叡智を表すという都合の良い信念が到来し、その結果、彼は論理的批判にたいしてあらかじめ備える。ベルクソンからは、抽象的な概念は可変的なものを硬直化する（つまり、アドルノが言うようにそれらを「物象化」する）という理念が到来する。アドルノ自身は、他方で、何ものも硬直化しない「流動的な」概念を創造できるという希望を与える。ヘーゲルからアドルノは、認識過程においては主体と客体、概念と知覚、特殊と一般とのあいだに恒常的な「媒介」が存在するという一般的な理念を手に入れる。

これら全ての要素にたいし、アドルノはほとんど不釣り合いなほどに曖昧な説明を付け加える。彼は自分の理念を明瞭にするという意欲は何も示さず、それらを見せかけの一般論で覆う。哲学書として、『否定弁証法』は思想の貧困を覆い隠す、学者ぶった大言壮語の典型である。

人間の推論の絶対的な土台は存在しない、という見方は確かに擁護することができる。そのことを多様な形態で提示してきた懐疑主義者や相対主義者によって、それは明らかにされている。しかし、アドルノはこの伝統的な理念に何も付け加えないばかりか、彼自身の表現法（主体も客体も「絶対化」されない。認識は概念によっては「抽象化」され得ない。実践の絶対的な優位性は存在しない等々）によって、それを曖昧にし、他方で同時に、この「否定弁証法」は社会的な行動のための、ある実践的結果に繋がることができる、と想定する。

もしわれわれが、彼の哲学から知的または実践的なルールを引き出そうとするならば、それらは次のような教訓となるだろう。「われわれはさらに徹底的に考えなければならないが、しかし、思考の出発点は存在しないこともまた忘れてはならない」そして「われわれは物象化と交換価値に反対しなければならない」。

われわれが能動的なことは何も言えないという事実は、われわれの欠陥でもアドルノの欠陥でもなく、交換価値の支配のせいである。それゆえに、現在のところ、われわれはただ現存の文化を全体として否定的に超越することができるのみである。こうして「否定弁証法」は、政治的なプログラムとして徹底的な破壊のための弁解を求め、そして、弁証法の手ほどきの最高の形態として知的な原始主義（intellectual primitivism）を激賞する左翼グループに、好都合なイデオロギー的なスローガンを提供した。しかしながら、そのような態度の奨励を意図したとしてアドルノを糾弾するのは公正ではないだろう。彼の哲学は普遍的な革命ではなく、無力と絶望の表れである。

4 実存主義的「真正性論」の批判

実存主義は、「物象化」の批判に関して明らかにフランクフルト学派の主な競争相手であり、哲学としては遙かに大きな影響力があった。ドイツの思想家はこの用語をめったに使わなかったが、しかし、一見して、彼らの人間学的な理論の意図は同じであった。つまり、個人の自己決定の意識と、それ自体の規則に順応させる社会的紐帯の匿名の世界とのあいだの対照を哲学用語で表すことである。

こうして、マルクスによるヘーゲル批判と同じ方法で、キェルケゴール、そしてシュティルナーは、共通点、つまり真の主観にたいする非人格的な「一般性」の優位の批判という共通点を持ち、その結果、マルクス主義者と実存主義者は、人間を社会的に決定された役割に閉じ込め、疑似非自然の力に依存させる社会システムの批判において、共通の基盤に立った。

マルクス主義者は、ルカーチに従ってこの状態を「物象化」と呼び、マルクスがそうしたように、それを資本主義的な条件のもとで平均化の担い手としての貨幣の万能的影響力のせいにした。実存主義は、そのような階級闘争あるいは所有関係のような解釈には手を染めなかった。しかし、それもまた基本的には、個々の人間をその社会的な機能の総和に還元する発達した産業社会の文化にたいする抗議（protest）であった。

ハイデガーの初期の著作において本質的役割を果たす「真正性」（authenticity）または「真正的存在」（authentic being = Eigentlichkeit）の概念は、人間の「非人格」化（the impersonal, das Man）の用語に要約され、匿名の社会的力に対抗する個々の主体のそれ以上には還元できない自己同一性を証明する試みであった。

アドルノのドイツ実存主義攻撃は、このように見れば完全に理解可能となる。つまり、彼は、フランクフルト学派の主張は「物象化」に反対する唯一の闘争者であると主張し、実存主義は物象化を批判しているように見えながらも、実際はそれを是認していることを証明しようとした。これが『真正性という隠語：ドイツ的イデオロギーについて』（一九六四）の目的であり、このなかで彼は主にハイデガーに反論したが、ヤスパースにもまた時どきはブーバー、ボルノーその他にも反論した。

アドルノは、「物象化」の理念と人間の交換価値への従属からそれはもたらされるとするマルクス主義の見解を受け入れる。しかし、人類の救済者としてのプロレタリアートの理念は拒絶し、「物象化」は生産手段の国
1082 有化によって単純に廃止できる、ということを信じなかった。

アドルノの実存主義攻撃の主要な点は以下の通りである。

第一に、実存主義者は欺瞞的な言葉を創り出した。その要素は、ある特殊な「雰囲気」によって、言葉の独立した力にたいする魔術的な信頼を生み出すことを意図している。これはいかなる内容にも先行し、その内容を深遠に見せかけるために企図された修辞学的な技法である。言葉の魔術が「物象化」の真の原因の分析にとって代わり、そして、物象化は魔法によって単純に治癒できると示唆される。

しかしながら、実際には、言葉はそれ以上には還元できない主観を直接的に表すことはできず、ましてや「真正的存在」を生み出すこともできない。「真正性論」という標語を採用して物象化から逃げ出すと信じることは全く可能であるが、その一方で、事実として主観は物象化に従属したままである。その上、これが本質的な点であると思われるが、「真正性論」は純粋に形式的な標語あるいは呪文である。実存主義者はどのようにすればわれわれが真正的になれるか、を語らない。

もし、われわれがただあるがままでいることで十分であるならば、その場合、抑圧者や殺人者は、まさにそうであることによって彼の義務を果たしていることになる。要するに（アドルノはこのような言葉づかいでこの点を押し出してはいないが）「真正性論」はいかなる特別な価値も含まず、そしていかなる行動に現わすこともできない。もう一つの欺瞞的な概念が、言語的ステレオタイプの機械的な交換に対置される「真正的伝達」（authentic communication）である。真正的伝達を語ることによって、実存主義者は人びとに、相互に思想を表現することによって社会的抑圧を単純に治癒することができる、と説得しようとし、こうして会話がその後に来るべきもの（アドルノはこれが何であるかを説明していない）の代りとなる。

第二に、「真正性論」は、いずれにせよ物象化の解決策になることはできない。なぜなら、それはその源泉、つまり商品物神主義と交換価値との支配に関心を持たないからである。それは誰であれ自分自身の生活を真正的にすることができると示唆するが、他方で、社会全体は物象化の魔力のもとに置かれたままである。これは、自由は共同生活の諸条件のいかなる変化もなしに個々人の意識において実現される、という幻想を呼び起こすことによって、人びとの注意を彼らの隷属の真の原因から逸らさせる古典的な事例である。

第三に、実存主義の効果は、廃棄することができず、ただ人間自身の存在に限定された努力によってのみ抵抗することができる形而上学的な存在として、非真正性的な生活の全ての領域を石化させることである。例えば、ハイデガーは空虚な日々のおしゃべりを物象化された世界の表れと述べるが、しかし彼はそれを恒久的な特徴と見なして、それが広告のために

1083

貨幣を浪費しない合理的な経済のもとでは存在しないことを理解しない。

　第四に、実存主義は、社会的諸条件から注意を逸らすことによってだけではなく、存在を定義する方法によっても、物象化を永続させる傾向がある。ハイデガーによれば、個々の人間存在（Dasein 現存在）は自己所有（self-possession）と自己言及（self-reference）の問題である。全ての社会的内容が真正性の理念から排斥され、真正性は自分自身を所有する意志から成り立つ。こうしてハイデガーは人間の主観を実際に物象化し、それを外部の世界と無関係な「存在それ自体」という同義反復的な状態に還元する。

　アドルノはまた、ハイデガーの言語の起源を探究する試みを批判するが、それを彼は過ぎ去った時代、牧歌的な田園生活等を賛美する傾向の一部として、そして結果的に「血と土」のナチ・イデオロギーと関連したものと見なす。

　アドルノの批判は、「ブルジョア哲学」にたいするマルクス主義の伝統的な批判の主要な線に沿っている。つまり、実存主義は物象化と闘っている振りをするが、実際は、物象化をさらに悪化させる。それは社会的な問題を評価の外に置き、個人にたいして、単純に「自分自身であれ」と決意すれば「真の生活」を保持することができる、と約束することによってである。言い換えれば、その反対論は「真正性という隠語」は政治的なプログラムを何も持たない、ということである。

　これはその通りであるが、同じことがアドルノ自身の物象化や否定の隠語にも言える。われわれは交換価値の平均化圧力に従属する文明に常に断固として反抗しなければならないという命題は、それ自体としては、社会行動の特定のルールを何も含まない。正統派マルクス主義の場合は事情が異なり、彼らは全ての工場が国家によって接収される時、物象化はその致命的な影響もろともに停止される、と主張する。しかしアドルノはこの結論を特に拒否する。彼は、新しい社会はどのようにあるべきかを何ら提示することなく、交換価値に基づく社会を非難する。そこには、未来の青写真を用意しない実存主義者にたいする彼の憤慨という見せかけがある。

　「真正性論」は、そこからいかなる結論あるいは道徳規則も引き出せない純然たる形式的価値であると言う点で、アドルノは確かに正しい。その上、それを最高の価値として位置づけることは危険であって、なぜなら、それは、例えば収容所の司令官が司令官として振る舞うことによって、人間として完全な自己実現を果たす、という考え方にたいする道徳的な制御を何も用意しないからである。言い換えれば、ハイデガーの人間学はそれがいかなる価値規定も包含しないかぎりにおいて、道徳不在である。だが、「批判理論」はそれよりも優れているのだろうか。

　確かに、それはその基本的概念のなかに「理性」や「自由」を含んでいる。しかし、われわれには、それが些細な論理あるいは実証的な事実資料の崇拝に縛られないことを除いて、高度な弁証法形態での「理性」は語られず、そして「自由」に関してもそれが何でないかを語られるだけである。それは物象化を治癒するどころかそれを促進するブルジョア的な自由でもなく、マルクス・レーニン主義によって約束され実現される自由でもない。なぜならそれは奴隷的であるからだ。明らかに、それはこれらのものよりも優れているには違いないが、それが何であるかを言うことはできない。われわれは肯定的な意味でユートピアを期待することはできない、と。せいぜい私たちができることは現存世界を否定的に超越することである。こうして批判理論の訓示は、何の特徴もない行動の呼びかけに過ぎず、ハイデガーの「真正性論」と同じく形式的である。

5　「啓蒙」の批判

ホルクハイマーとアドルノの『啓蒙の批判』は、散漫でまとまりのない考察から成り立っているけれども、それはある種の体系に還元できるいくつかの基本的な理念を含んでいる。
1084
第二次世界大戦の終りに向かって書かれたこの書は、ナチズムの問題によって占められ、ナチズムは怪物のような形をした突然変異ではなく、人類が陥った普遍的な野蛮主義の劇的な現れである、というのが著者たちの見解であった。彼らはこの衰退を、かつて人類を野蛮主義から引き上げたものと全く同じ価値、理念、規則の一貫した作用のせいにし、それが「啓蒙」の概念に集約された。

これによって彼らは、その用語が通常はそれに適用される特殊一八世紀的な運動ではなく、「人間から恐怖を除き、人間を支配者の地位につけるという、もっとも広い意味での啓蒙」(『啓蒙の弁証法』三頁〔邦訳、徳永恂訳、岩波文庫版二三頁〕) の思想を意味させた。「弁証法」は、自然を征服し神話の足かせから理性を解放することをめざす運動が、その内的な論理によって、その反対物に転化する、という事実にある。この運動は実証主義的な、プラグマチズム的な、そして功利主義的なイデオロギーを創造し、世界を純粋に量的な側面に引き下げることによって、意味を破壊しつくし、芸術や科学を野蛮にし、そして人類を「商品物神主義」のもとにますます従属させた。『啓蒙の弁証法』は歴史の論文ではなく、「啓蒙された」理想のさまざまな堕落の形態を説明するために、でたらめに選ばれた未解明の事例の寄せ集めである。啓蒙の概念に関する若干の序論的な所見のあとに、オデッュセウス、マルキ・ド・サド、娯楽産業そして反ユダヤ主義の章が続く。

世界の神秘性という抑圧的な感覚から人間を解放することをめざして、啓蒙は神秘的なものは存在しない、と単純に宣言した。それは、人間が自然を支配できるようにさせる知識形態を切望し、そしてそれゆえに、知識から意味を奪い、実体、質、因果関係のような観念を放棄し、物を操作する目的のために役立つものだけを保存した。それは知識と文化の全体に統一を与え、全ての質を共通の尺度に変えることをめざした。こうして、それは科学への数学的な基準の押しつけ、交換価値に基づく経済の創出、つまり、あらゆる種類の財貨の抽象的な労働時間の多くの単位への転換にたいして責任がある。

自然にたいする支配の拡大は、自然からの疎外、そして同じように人間にたいする支配の拡大を意味した。啓蒙によって生み出された知識の理論は、われわれが物にたいする支配権力を持つかぎりにおいてそれらの物を知るということを含意し、これは物的なそして社会的な世界において真実である。

それはまた、現実はそれ自体としては何も意味を持たず、主体からのみその意味を獲得し、他方で同時に、主体と客体は相互に完全に分離されたままであることを意味した。科学は現実を一度以上は起こるものと見なしたが、それは、あたかも神話的な思考を支配する「反復原理」を真似しているかのようであった。それは世界を一つのカテゴリー体系のなかに包摂しようとし、個々の物や人間を抽象物に変え、こうして全体主義のイデオロギー的基礎を創り出した。思考の抽象性は人間による人間の支配と手を携えて進んだ。

「推論的論理、概念的な領域の支配によって発展した理念の普遍性は、現実の支配を基礎として引き起こされた」(一四頁)。その発展した形態の啓蒙はあらゆる対象を自己同一的 (self-identical) と見なす。つまり、物はまだそうであるものではないかもしれない、という理念は神話の遺物として拒絶される。

世界を単一の概念体系のなかに囲い込む衝動、そして演繹的な思考への傾向は、啓蒙の特別に有害な側面であって、自由にとって脅威である。

「なぜなら啓蒙は、およそいかなる体系にも劣らず全体主義的だからである。啓蒙における虚偽は、その敵であるロマン派が昔から浴びせてきたような批判、つまり、分析的方法、諸要素への還元、反省的思考を通じた解体などにあるのではない。啓蒙にとって過程は最初から常に決定されているということのうちに、啓蒙の虚偽がある。数学的手法において最初から未知のものは方程式の未知数になるとすれば、ある価値がまだ代入される前に、未知のものは、前から知られていたものという徴しづけを帯びていることになる。自然は量子力学の出現の前後を問わず、数学的に把握されなければならないものである。——よく考え抜かれた数学化された世界と真理とが同一化されることを先取りして、啓蒙は神秘的なものの復帰の前にも安穏としていられる。啓蒙は思想と数学とを同一視する。——思考は物象化されて、自発的に動きを続ける自動的過程になる。——数学的方法は、いわば思考の儀式となった。——数学的方法は、思考を事物にし、思考を道具に変えてしまう」(『啓蒙の弁証法』二四～五頁〔邦訳、徳永恂訳、岩波文庫五八～九頁〕)。

1086 　啓蒙は、要するに、新しいものを掴む意志も能力もない。それはただ還流するもの、既知のものだけに関心がある。しかし、啓蒙の諸ルールと反対に、思考は認識、分類、そして計量の問題ではない。それは「その都度の継続的なものの限定する否定」（同前　二五頁［邦訳　六二頁］）つまり、現にあるものを超えてあるかもしれないものへ進んで行くことのなかに存在すると思われる。

　啓蒙は世界を同義反復に変え、そうしてそれが破壊をめざす神話へと引きもどす。思考を抽象的な「体系」のなかで整頓されなければならない「事実」に制限することによって、啓蒙は現在あるもの、すなわち社会の不公正を神聖化する。産業主義が人間の主体性を物象化し、商品物神主義が生活のあらゆる分野で勝利する。

　啓蒙の合理主義は、一方で自然にたいする人間の支配力を増大させながら、人間の他の人間にたいする支配力も増大させ、その上でその有用性を延命する。悪の根源は分業、そしてそれと結びついた人間の自然からの疎外である。支配が思考の一つの目的となり、思考それ自体がそれによって破壊される。社会主義はブルジョア的な思考スタイルを採用したのだが、それは自然を完全に疎遠なものと見なし、そうして社会主義を全体主義に変えた。こうして啓蒙は自滅の過程に乗り出したのだが、救済の希望は理論にあるように思われる。「真の革命的実践の成否は、それによって社会が思想の硬化をもたらす意識喪失に逆らう理論の不屈さに懸かっている」（同前　四一頁［邦訳　八七頁］）。

　『啓蒙の弁証法』によれば、オデュッセウスの伝説は、まさに個人が完全に社会化されているがゆえの個人の孤立の原型あるいは象徴である。英雄は自らを「誰でもない」（Noman）と呼ぶことによって、つまり、自分の存在を守るために自らを破壊することによって、キュクロープスから逃れた。著者たちが提示するように、「この言葉の上での死への適応は現代数学の公式を含んでいる」（六〇頁）。一般に、人びとが自分たち自身を肯定するように求める文明は、自己否定や抑圧を通してのみ可能であると伝説は示す。こうして、啓蒙において、弁証法はフロイト的な視座をとる。

　一八世紀啓蒙の完璧な典型は、マルキ・ド・サドであった。彼は、支配のイデオロギーを最高の論理的な帰結まで持ち込んだ。啓蒙は人間を抽象的な「システム」の反復的で取り換え可能な（それゆえに「物象化された」）要素として扱い、そしてこれがまたサドの生き方の意味であった。啓蒙の哲学に伏在する全体主義的な理念は、人間の諸特性を互換可能な商品と同一化する。理性と感情は非人格的な水準にまで引き下げられる。つまり、合理的な計画化が全体主義的なテロにまで堕落する。

　道徳性は強者に対抗して自分自身を守るための弱者によるマヌーバー〔奸策〕として嘲笑され、軽蔑される（ニーチェの予感）。そして、全ての伝統的な美徳が理性にとって有害であって幻想である、と宣告される。このような見方は、既に、人間の拡大された実体と思考する実体への分割、というデカルトに潜在していた見方である。

　数学、論理学そして交換価値との邪悪な結合による理性、感情、主観、質そして自然そのものの破壊は、特に、文化の退廃に見られる。その甚だしい実例は、現代の娯楽産業である。商業的な価値によって支配された単一のシステムが大衆文化のあらゆる側面を乗っ取ってきた。あらゆるものが資本の力を永続させるために仕え、労働者が幾分か高い生活水準に達し、そして人びとが住むための清潔な住居を探すことができるとしても、そうである。

　大量生産された文化は、創造力を抹殺する。そのような文化は、それにたいする要求によっては正当化されない。なぜなら、そのような要求それ自体がそのシステムの一部であるからである。ドイツにおいて、かつては国家が市場の活動に対抗して高度な文化を少なくとも保護した。しかし、これは今や終わりを遂げ、芸術家たちは彼らの顧客の奴隷である。新奇さは呪文である。芸術の生産と享受の双方が前もって計画され、市場競争に生き残ろうとするならば、芸術はそうならなければならない。こうしてその第一次的な機能とは反対に、芸術それ自体が個性を破壊し、人間を画一的な型にはめ込むようになる。この筆者たちは、芸術が安価で近寄りやすくなったことを嘆く。なぜなら、これが不可避的にその堕落を意味するか

1087

らである。

概して彼らの「啓蒙」の概念は、彼らが嫌悪する全てのものから成る空想的で非歴史的な混合物、つまり実証主義、論理学、演繹的で経験的な科学、資本主義、貨幣の力、大衆文化、自由主義そしてファシズムである。ずっと前から一般化していた商業芸術の有害性にたいするいくつかの正当な観察を別として、彼らの文化批判は文化の享受がエリートのものであった時代への郷愁で充たされている。それは大衆にたいする封建的な軽蔑精神の「庶民の時代」への攻撃である。大衆社会は前世紀においてすら、さまざまな方角からトクヴィル、ルナン、ブルクハルトそして特にニーチェによって攻撃された。

ホルクハイマーとアドルノにおいて新しいものは、彼らがこの攻撃を実証主義や科学の批判と結びつけ、そしてマルクスに従って、分業、「物象化」、そして交換価値の支配に悪の根源を見定めていることである。しかしながら、彼らはマルクスよりさらに先へ進む。彼らによれば、啓蒙の原罪は人間を自然から切り離し、自然を単なる搾取の対象として扱い、その結果、人間が自然の秩序に同化され、同じように搾取されるようになったことである。この過程は、科学のなかにそのイデオロギー的な反映が見られる。科学は質ではなく、量的に表すことができ、技術的な目的に仕えるものだけに関心を持つ。

この攻撃は、ロマン主義の伝統と本質的に一致していることが理解できる。しかし著者たちはこの退廃の状態から離脱する方法を何も提供しない。人間がどのようにして自然と再び親和的になることができるのか、あるいはまたどのようにして交換価値を除去し、貨幣または計算なしに生きることができるのか、を彼らは言わない。彼らが提起できる唯一の改善策は理論的な思索であり、彼らの見方によれば、その主な利点は論理学や数学の絶対的な支配（論理学は個人の軽蔑を意味すると彼らは教える）から解放されることであるが、われわれはそれを疑ってもよい。

貧困を生み出すとして、これまでは社会主義者が資本主義を非難したのにたいし、フランクフルト学派の主な不満が、資本主義は豊かさを生み出して多様な需要を満たし、そうして高度な文化にとって有害である、と言っていることは注目すべきである。

『啓蒙の弁証法』は、マルクーゼの現代哲学にたいする後の批判のあらゆる要素を含んでいる。そこでは、現代哲学は、価値世界について実証主義的な「中立主義」を主張することによって、そして人間の知識は「事実」によって支配されるべきである、と主張することによって、全体主義を擁護していると告発されていた。この奇妙な偽推理（paralogism）は経験的で論理的な規則を現状への忠誠やあらゆる変化の否定と同一視するもので、これがフランクフルト学派の著作には何度も何度も繰り返して登場する。もし、実証主義と社会保守主義あるいは全体主義（著者らはこれらを一つで同じと見なす）の、言うところの結びつきが歴史の観点から検証されるならば、その証拠は全てその反対である。実証主義者たちは、ヒューム以降、自由主義の伝統と結合し、明らかに、いかなる保守主義とも論理的な結合は存在しない。もし科学的な観察がその対象にたいして「中立」であって評価を避けるという事実が、現状を擁護することを意味するならば、われわれは、生理病理学的な観察は疾病の容認を意味し、疾病は闘われるべきではない、という信念を維持しなければならないことになる。

疑いの余地のないほどに、医学と社会科学とのあいだには本質的な違いがある（この脈絡におけるフランクフルト学派の哲学者たちの所見は、全ての人知に適用するものとされているけれども）。社会科学においては、もしそれが社会の全体像を包括する必要があるとすれば、観察それ自体が主題の一部となる。しかしそのことから、できるだけ価値判断を避けようとする科学者は、社会の安定または体制順応主義の主体である、ということにはならない。彼はそうであるかもしれないし、そうでないかもしれないが、彼の観察が「外的」で、非関与的だという事実からは、この点について何も推論することはできない。

もし他方で、観察者が実践的な利益を目論んでいるという意味だけではなく、自らの認識活動をある社会的な実践の一部と見なして「関与して」いるならば、彼は多かれ少なかれ、彼が同一化する特定の利益に貢献する

1088

ように見えるものが何であれ、それらを真理と見なす、つまり発生的で実用的な真理基準を適用せざるを得なくなるだろう。

もしこの原理が採用されるならば、われわれにとって周知の科学は消滅し、政治的宣伝に置き換わられるだろう。間違いなく、さまざまな政治的利益と選好がさまざまな方法で社会科学に反映される。しかし、それらの影響力を最小化するのではなく、それらを一般化しようとするルールは、科学を政治の道具に変えてしまうのであって、それは全体主義国家の社会科学で起こった。理論的観察とその検討は、自律性を完全に失う。それは他の個所でフランクフルト学派の執筆者たちが示したように、彼らが望んだものとは正反対となる。

科学的観察は、それ自体として目的を生み出さないというのもまた真理である。いくつかの価値判断が、ある言説または仮説が、そのもとで科学の一部となる諸条件を規定するルールのなかに暗に含まれている場合ですら、このことは事実である。当然ながら、科学的手続きの基準は、探究者が何か実践的目的に仕えるものを発見しようと望んでいたり、あるいはまた彼の関心がある実践的事柄によって促進されたりする、という事実によっては侵害されない。

しかし、事実と価値の二分論を「克服する」という口実のもとに（そしてフランクフルト学派の執筆者たちは、その他の多くのマルクス主義者と同じようにそれをやってきたといつも自賛する）、科学の真理がいかなるものであれ利害基準に従属するならば、科学の手続きの基準は侵害される。これは単純に、科学者が自己同一化する利益に合致するものは、それが何であれ正しいことを意味する。

経験的な観察のルールは、中世後期以降、ヨーロッパ精神のなかで数世紀にわたって発達してきた。その発達が市場経済の拡大とどういうわけか結びついていたことは、確実に証明されてはいないが、あり得ることである。これやその他のほとんどの主題について、「批判理論」の擁護者たちは、歴史分析を欠いた剝き出しの主張を繰り出す。

もし実際に歴史的結びつきが存在するとしても、これらのルールが「商品物神主義」の道具であり、資本主義の支柱であるということにはまだならない。そのような想定は事実として全く無意味である。われわれが検討している執筆者たちは、人間の諸要求を満足させる何らかの新しい科学が、少なくとも潜在的に存在すると信じているようだが、しかし彼らはそれについてわれわれに何も語ってはいない。

彼らの「批判理論」は、事実として理論というよりも、理論はとても重要だという誰も否定しようとはしない一般的な言説、そして、現存の社会に向かう批判的な態度の嘆願であって、思考において「乗り超える」ようにわれわれは誘われている。しかしながら、このような指図は、現存の秩序をどのような方向で乗り超えるべきかについて語らない以上、意味を持たない。

この観点からすれば、われわれが既に指摘したように、正統派マルクス主義はより特別であって、それは少なくとも、いったん生産手段が公的に所有され、共産党が権力に就いたら、普遍的な自由と幸福への道に存在するのはごく少数の些細な技術的な問題だけである、と主張しているからである。このような保障は経験によって完全に否定されているのだが、しかし、少なくともわれわれは彼らが意味するものは理解できる。

『啓蒙の弁証法』やフランクフルト学派のその他の作品は、産業社会における芸術の商業化や市場に依存する文化的生産物の粗悪化に関する多くの健全な所見を含んでいる。しかし著者たちが、これが芸術全体そして人民一般に開放された芸術的な享受の堕落を導いたと言う時、彼らは極めて疑わしい根拠に立っている。もしこれがその通りであるならば、例えば、一八世紀の民謡（country folk）はいくらか高度の文化的な形態を帯びていたが、資本主義が徐々にこれからそれを奪い取り、粗野で大量生産されたものや娯楽に取り換えたことを意味するだろう。

しかしながら、一八世紀の田舎者たちが教会の儀式や大衆的なスポーツやダンスという形態で、今日の時代の労働者に提供されるテレビジョンよりも高度な芸術的な価値を享受したということは明らかではない。いわゆる「高度な」文化は消え去ってはおらず、以前よりも比較にならないほど

1089

接近しやすくなり、疑いなくより多くの大衆によって享受されている。他方で、二〇世紀におけるその劇的な形態変化が交換価値の支配によって全て説明可能である、と主張することも全く説得的ではない。

その多くの著作において芸術の堕落を論じているアドルノは、現状は絶望的である、つまり芸術が復活しその固有の役割を遂行するような力の源泉は存在しない、と考えているように見える。一方には「肯定的な」芸術があり、それは現状を受け入れ、混沌しか存在しない状態に調和を見いだす振りをし（例えば、ストラヴィンスキー）、他方には、それへの抵抗の試みも存在するのだが、現実世界に根拠を持たず、天才たちですら（例えば、シェーンベルク）現実逃避を強いられ、自らの芸術的素材の自己充足的領域に閉じこもっている。

アバン・ギャルド運動は否定であるが、しかし今のところは少なくともそれ以上のものではあり得ない。それは大衆文化やインチキの「肯定」芸術と異なり、ある程度までわれわれの時代を反映しているが、しかしそれは弱々しく、憂鬱な真理であり、文化の破産の現れである。

アドルノの文化理論の最後の言葉は、明らかに、われわれは異議申し立てをしなければならないというものだが、その異議申し立ては空しいものである。われわれは過去の価値を奪還することはできず、現在の価値は貶められて野蛮であり、未来は何も提供しない。われわれに残されているものは全否定の意志表示、まさにその全体によって内容を剝奪された全否定
1090
の素振りだけである。

もし今まで述べてきたことがアドルノの作品の真実の評価であるとすれば、われわれはそれをマルクスの思想の継続と見なせないばかりではなく、その悲観主義のために、マルクスの思想に真正面から対立していると見なすことができる。それは建設的なユートピアを見失い、人間の状態にたいするその最終的な反応は不明瞭な叫びでしかあり得ない。

6　エーリッヒ・フロム

一九三二年以降、アメリカ合衆国で暮らしたエーリッヒ・フロム（一九〇〇年生まれ）は正統派のフロイト主義者として出発し、カレン・ホーナイそしてハリー・サリバンとともに主に精神分析の「文化学派」（“culturalist” school）の共同創設者として知られている。この学派は、精神分析的人間学の最初の基盤、文化論、そして精神神経症理論にその余地をほとんど残さないほどに、フロイト主義の伝統から根本的に分かれた（関心という一般的領域の共有を除いて）。

フロムはフランクフルト学派の仲間と見なされてよい。それは彼が社会研究所に所属してその年誌に論文を掲載しただけではなく、彼の著作の内容に照らしてもそうであることによる。彼は、物象化と疎外のマルクス主義の分析は今なお有効であり、現代文明の基本的な問題の解決にとって決定的である、という確信をフランクフルトの同僚たちと共有した。他の人びとと同じように、プロレタリアートの解放的役割に関しては、マルクスに同調しなかった。彼が特別に関心をもった疎外は、全ての社会階級に影響する現象であった。

しかしながら、彼は、アドルノの否定主義（negativism）と悲観主義（pessimism）は共有しなかった。彼は歴史決定論を信用せず、そして歴史の法則がより良い社会体制をもたらすことも期待しなかったけれども、人間は自然そして人間同士からの疎外を克服し、兄弟愛に基づく秩序を確立するために活用できる巨大な創造的潜在能力を持つ、と確信していた。

アドルノと異なり、彼は、人間性と調和する社会生活の性質を大まかな方向で確定することは可能であると信じた。さらに言えば、その著書が誇りと尊大さに満ちているアドルノと異なり、フロムの著作は善意および友愛と協働のための人間の能力にたいする信頼で充たされている。彼がフロイト主義を受け入れられないと気づいたのは、おそらくこの理由からであったのだろう。彼は今日の時代のフォイエルバッハと呼んでもよい。彼の著作は平易で読んでいて面白い。それらの教育的で道徳的な意図は隠されておらず、平明かつ率直に表わされている。

その直接的な主題が何であれ、性格の理論、禅仏教、マルクス、またはフロイトであれ、これら全てが批判的で建設的な思想によって鼓舞されて

1091

いる。書籍の題目には『自由からの逃走』（一九四一）、『人間のために』（四七）、『正気の社会』（五五）、『禅仏教と精神分析』（D・T・鈴木大拙とリチャード・デマルティーノとの共著、六〇年）そして『マルクスの人間観』（六一）が含まれる。

フロムは、フロイトの無意識の理論は極度に肥沃な研究領域を切り開いたと信じるが、そのリビドーと文化の純粋に抑圧的な機能に基づく人間学の理論は、ほとんど完全に拒否する。フロイトは、個々の人間は彼を他者に不可避的に対立させる本能的エネルギーによって説明することができる、と考えた。つまり、個人は本性上反社会的であるが、社会は彼の本能的欲求の制限と抑圧を見返りとして、保護の手段を彼に与えて存続する。満たされない欲求は他の社会的に許容される領域に誘導され、文化的な活動のなかで昇華される。しかしながら、文化と社会生活は破壊することができない衝動を見張りつづけ、満たされない欲求の代替物として創造された文化的な生産物はそれらの衝動をなお一層抑制するのを助ける。

世界における人間の位置は、彼の自然の渇望の満足が文明の衰退や人類の破壊を意味するかぎり、絶望的である。本能の欲求と人間にとって必要な共同生活との衝突は解決できるものではなく、絶えまなく彼らを神経症的解決に駆り立てる複合的な原因も解消できない。創造活動の形態における昇華が唯一の代替であるが、それは少数のものにしか利用されない。

これにたいして、フロムは、フロイトの説は特殊に制限された歴史経験の誤った普遍化であり、その上、誤った人間性の理論に基づくと反論する。個人が彼の本能的欲求の総体によって説明することができ、自分自身の満足を排他的に志向し、その結果として他者と敵対するということはあり得ない。フロイトは、他者に自分自身のものを与えることによって、あたかも人は保持できるかもしれない富の一部を手放すかのように語る。しかし、愛や友情は豊富化であって犠牲ではない。

フロイトの見方は、個人の利益が相互に衝突するようにさせている特定の社会的な環境の反映である。しかしこれは歴史の一つの局面であって、人間性の必然的な結果ではない。利己主義と自己中心主義は、個人の利益にとって保護的ではなく破壊的であり、それらは自己愛よりも自己憎悪から発している。

フロムは、人間が一定の恒久的な本能を備えていること、そして、この意味で人は不変の人間性について語ることができることを認める。彼はその反対の見方、つまり人類学的な不変性は存在しないという見方は危険である、とすら考えたが、それは、人間は無限の順応性があり、いかなる条件にも適合することができ、したがって、奴隷制が適正に組織されれば、それは永久に持続するかもしれないことを意味するからである。人びとが現存の諸条件にたいして反乱する事実が、彼らが無限に適応可能ではないことを証明している。これが楽観主義の根拠である。しかし重要なことは、どの人間的な特質が実際に恒久的で、どれが歴史の事項であるかを確定することである。この点で、フロイトは甚だしく道を誤り、資本主義文明の影響を人類の不変の性格と見なす、というまちがいを犯した。

概して、人間の欲求は個人の満足に限定されないとフロムは続ける。人びとは自然との、そして相互との結びつきを必要とする。それは手あたり次第の結びつきではなく、彼らに目的と共同体への帰属の感覚を与えるような結びつきである。彼らは愛と理解を必要とし、そして孤立し、接触を奪われると苦しむ。人間はまた、その能力を全面的に発揮できる環境を必要とする。人間は状況や危険にただ対処するために生まれるのではなく、創造的な仕事に従事するために生まれる。

この理由から、人類の発達、つまり人間の自己創造は、対立する傾向の歴史である。人間が自然の秩序から自己を解放し、そうして真に人間となって以来ずっと、安全の欲求と創造の衝動は相互にしばしば対立してきた。われわれは自由を欲する、しかしまたそれを恐れる。なぜなら、自由は責任と安全の不在を意味するからである。結果的に、権威に服従するなかで、そして閉ざされたシステムのなかで、自由にともなう負担から逃れる。これは生来の傾向であり、破壊的ではあるけれども、孤立から自己放棄に至る誤った逃亡である。もう一つの逃亡の形態が憎悪であり、そのなかで人間は彼の孤立を無差別的な破壊によって克服しようとする。

1092

これらの見方に基づいて、フロムは、社会的諸条件や家族関係から説明でき、単にリビドーの配置によっては説明できない、という点でフロイトとは異なる心理的なタイプないし方向づけを識別する。その上、フロイトと異なり、彼はそれらに明示的に善または悪を貼り付ける。

性格は幼少期からのその子どもを取り巻く環境や幼児が直面する賞罰のシステムによって形成される。「受容的タイプ」は、従順、楽観主義、そして受動的な善意を特徴とする。この種の人びとは適合的であるが創造力に欠ける。これに反して「搾取的タイプ」は、攻撃的で、嫉妬深く、他者を自分自身のための利潤の純粋な源泉として扱う傾向を持つ。「蓄積的タイプ」は、積極的な攻撃は表さず、敵対的な疑心を表す。つまり、それはしみったれで、自己中心で、不毛な潔癖性に傾きやすい。

もう一つの非生産的タイプは「市場」志向であり、それは自らを支配的な流行や慣習に適合させることで満足を得る。他方、創造的性格は、攻撃的でも従順的でもなく、主体性と適度の非従順さを結合した思いやりの精神で、他者と接触することをめざす。これが最善の結合である。と言うのは、その非従順さは攻撃に堕落せず、他方で協働の欲求と愛の能力は受動的な適合に落ち込まない。これらの多様な性格はフロイト主義者、特にアブラハムによって以前に苦労して案出された類型化に対応するものである。しかし、フロムのそれらの起源の解釈は、幼児期の継続的な性的な執着ではなく、家族集団や社会に還流する価値観によって果たされる役割を強調する。

ここ二、三世紀の間にヨーロッパで発達した資本主義社会は人間の巨大な創造可能性を解放した。しかし、その破壊的な要素もまた解放した。人間は彼らの個人の尊厳と責任に気づくようになった。しかし、利益をめぐる普遍的な競争と対立によって支配される状態に置かれていることも発見した。個人の主導性が人生における決定的な要素となった。しかし、攻撃や搾取にもますます大きな重要性が置かれた。孤独と孤立の総計が極度に増大する一方で、社会の諸条件が人びとを相互に、人ではなく物として扱うようにさせている。孤立にたいする紛らわしくて危険な補修策がファシズムのような非合理的な権威主義的体制に保護を求めることである。

フロムの見方では、彼によるフロイト主義の根本的修正はマルクス主義的な色彩を持つ。その理由は、それが人間関係を防御の機構や本能の視点からではなく、歴史の視点から説明していること、そしてそれがマルクスの思想と調和する価値判断に基づいていることの二点である。フロムは、『一八四四年草稿』をマルクスの理論の基本的な提示と見なす。彼はこの作品と『資本論』とのあいだに本質的な変化はないと主張する（この点で、彼はダニエル・ベルに反対する）。しかしフロムは、初期の著作の鋭気（élan）は後期の著作ではいささか失われている、とも考える。

中心的な問題は疎外であって、それが人間の束縛、孤立、不幸、そして災難を集約的に表していると彼は主張する。彼の見解において、全体主義の理論と共産主義の体制はマルクスの人間主義的なビジョンとは何の共通点も持たない。マルクスのビジョンの主な価値は、自発的な連帯、人間の創造的な力の拡大、束縛や非合理的な権威からの自由である

マルクスの理念は、男と女がその人間性を喪失し商品に変えられている状態にたいする反乱であるが、ただそれだけではなく、再び人間的になり、貧困からの自由だけではなく、自らの創造的な力を発達させる彼らの能力への信頼の楽観的な表明でもあった。マルクスの史的唯物論を、人びとが物質的な利益によっていつも駆り立てられていることを意味する、と解釈するならばそれは馬鹿げている。

その反対に、マルクスは、環境が彼らにそのような利益しか望まないように強制する場合に、彼らは自分たちの真の本性を見失うと考えた。マルクスにとって、主要な問題は、個々人を依存のくびきからどのようにして自由にするか、そして人間がもう一度友好的に共に生きることができるようにするかであった。マルクスは、人間は自分の統制を超える非合理的な力の永遠の慰めものであるに違いない、とは考えなかった。その反対に、彼は、人間は自分の運命の主人公になることができる、と主張した。

もし、実際に、人間労働の疎外された生産物が人間に対立する力に転化するとしても、もし人びとが虚偽意識や虚偽の要求に魅了されるとして

1094

も、そして、もし（フロイトとマルクスの両人が考えるように）人びとが自分たちの真の動機を理解していないとしても、それらは全て自然本性がそのように永遠に支配しているからではない。その反対に、競争、孤立、搾取、そして憎しみによって支配される社会が人間の本性と矛盾しているのであり、マルクスがヘーゲルやゲーテと同じく信じたように、人間の本性は攻撃や受動的な適合ではなく、創造的な仕事や友愛のなかに満足を見いだす。

マルクスは、人間が自然や人間相互との統一に復帰し、そうして主体と客体との割れ目に架橋することを望んだ。『一八四四年草稿』から特にこのモチーフを強調するフロムは、この点でマルクスはドイツ人文主義の伝統そしてまた禅仏教と合致していると見る。当然ながら、マルクスは貧困の終焉を見届けるのを願っていた。しかし、消費が無限に拡大することは願っていなかった。

マルクスは人間の尊厳と自由に関心があった。彼の社会主義は物質的な要求を充たす問題ではなく、そのなかで人間が自らの人格を実現し、人間が自然および相互に人間と調和する諸条件を創り出す問題であった。マルクスのテーマは、労働による疎外、労働過程の意味の喪失、人間存在の商品への転換であった。彼の見解では、資本主義の基本的な悪は、財貨の不公正な分配ではなく、人間の堕落、人間性の「本質」の破壊であった。

このような堕落は、労働者だけではなく全ての人びとに及ぶ。したがって、マルクスの解放のメッセージは万人にたいするものであって、プロレタリアートだけに宛てたものではなかった。マルクスは、人間は自らの本性を合理的に理解することができ、そうすることによって、人間本性と対立する虚偽の要求から自己を解放することができる、つまり、このことを彼らは自分たちで、歴史の過程で、歴史外の資源の助けなしに成し遂げることができる、と信じた。このように主張して、フロムは、マルクスはルネサンスや啓蒙主義のユートピア思想家たちだけではなく、千年王国主義者、ヘブライの予言者、そしてトマス・アクィナス主義者とも一致していたと考える。

フロムの見解では、人間解放の全ての問題は「愛」の言葉に集約され、それは他者を手段ではなく目的として扱うことが含意されている。それはまた、一人ひとりが自分自身の創造性を放棄せず、他者の人格のために自分自身を失わないことを意味する。攻撃性や受動性は堕落化現象の二つの側面であり、双方ともに順応主義ではない同僚感覚や攻撃性のない創造性に基づく関係のシステムに置き換えられなければならない。

このまとめが示すように、フロムのマルクスの擁護は、マルクスの人間主義的な世界観の真正な解釈に立脚している。しかし、それにもかかわらず、それはきわめて選択的である。フロムは疎外の積極的な機能あるいは歴史における悪の役割を考察しない。彼にとって、フォイエルバッハにとって同じように、疎外は単純に悪である。その上、フロムはマルクスから「全面的な人間」という究極の理念、つまり自然との再統一そして個々人の創造性によって阻害されずに助長される人間の完全な連帯、というユートピアだけを取り入れた。

彼は、このユートピアを支持する。しかし、それをどのように実現するかをわれわれに教えるマルクスの理論の部分、つまり、彼の国家、プロレタリアートそして革命の理論を全て無視する。そうすることで、彼はもっとも受け入れやすく、そしてもっとも論争のないマルクス主義の側面を選択した。なぜなら、誰もが、人びとは良い条件で生きるべきであってお互いに破滅させるべきではないこと、そして窒息させられ抑圧されることよりも自由で創造的であるほうが良いことに同意するだろうからである。

要するに、フロムのマルクス主義は一連の陳腐な願望を超えるものではない。ましてや彼の分析から、どのようにして人間が悪や疎外によって支配されるようになったのか、あるいは健全な傾向が破壊的なそれに最終的に打ち勝つという希望にどのような根拠があるのかは明らかにならない。フロムの曖昧さはユートピア思想一般に典型的なものである。彼は一方で、彼の理想を現在のところまだ実現されていないけれども、人間本性の現実のあるがままの状態から引き出すこと、言い換えれば他者と調和的に生きながら自分の人格を発達させるのが人間の真の宿命である、と明言する。

しかし、他方で、彼は「人間性」はまた規範的な概念であることにも気づいている。明らかに、疎外の概念（あるいは人間の非人間化）そして虚偽の要求と真の要求との区別は、もしそれらが単なる恣意的な規範以上のものであるとするならば、それらが「低い発展」の状態であるとしても、われわれが経験的に分かる人間性の理論に基づいていなければならない。

しかし、フロムは人間性が例えば連帯をさらに必要とし、攻撃性をさらに必要としなくなるかを、どのようにしてわれわれが分かるのかを説明しない。人びとが、連帯、愛、友情、そして自己犠牲の能力を事実として有することはなるほど事実であるが、それだからといって、それは、これらの資質を発揮する人びとがそうでない人びとよりも、より「人間的」であるということにはならない。フロムの人間性の評価はこのように記述的および規範的理念の曖昧な混合であって、それはマルクスやその多くの追随者たちと同じ特徴である。

フロムは、マルクスの理念を人間主義的として社会に広めるのに多大な貢献をし、そしてマルクス主義を「物質主義的な」人間動機理論であって、専制主義への近道であるとする粗野で原始的な解釈と闘った点では疑いもなく正しい。しかし、彼はマルクス主義と現代共産主義との関連を検討せず、ただ共産主義的な全体主義は『一八四四年草稿』の理想と反対である、と述べるだけであった。

こうして、彼のマルクス像は、彼が批判した、マルクス主義をスターリン主義の青写真と表現した人びとと同じように、ほとんど一面的で、過度に単純化したものであった。マルクス主義と禅仏教との予定調和について言えば、それは自然との統一への回帰に関する『草稿』の数行に基づいている。これらは、あらゆるものが他のあらゆるものと全体的で絶対的に調和する、という青年マルクスの啓示的な理念に疑いもなく一致する。しかし、それらをマルクスの理論の中核の一つと見なすことは誇張である。フロムは、事実として、ルソーと共通すると彼が考えたマルクスの理論の部分だけを保持する。

7　批判理論（続）　ユルゲン・ハーバーマス

ハーバーマス（一九二九年生まれ）は、現存するドイツ哲学者の主要な一人にあげられる。彼の主著の題名『理論と実践』（六三）、『認識と関心』（六八）、『イデオロギーとしての技術と科学』が彼の主な哲学的関心を表している。彼の研究は、歴史科学や社会科学に止まらず、自然史の理論的な考察と人間の実際的な必要や関心そして行動のあらゆる種類の結合の反実証主義的な分析から構成される。

しかしながら、それは知識社会学ではなく、むしろ認識論的な批判であって、それは、いかなる理論も実証主義者や分析学派によって提出された基準に適正に基づくことはできないこと、そして実証主義は常に非理論的な利益によって命令された仮説を含んでいること、しかし、実践的な利益と理論的なアプローチが一致する観点を発見することは可能であることを示すように仕組まれた認識論的な批判である。これらは、確かに、フランクフルト学派の関心の範囲内に属する問題事項である。しかし、ハーバーマスは、彼に先行する世代の指導者たちよりもより分析的な正確さを見せる。

ハーバーマスは『啓蒙の弁証法』のホルクハイマーやアドルノのテーマ、つまり、人間を偏見から解放するように努めながらも、その内的論理によって、理性がそれ自身に反して偏見や権威を維持することに仕えるようになる過程、というテーマを引き継いだ。ホルバッハに代表される啓蒙の古典的な時代において、理性は自らを現存の秩序に反対する社会的・知的な闘争の武器と見なし、攻撃における大胆さという本質的な徳を支持した。それから見れば、悪と虚偽は一つで同じものであり、解放と真理もそうであった。

理性は評価を無用にしようとしたのではなく、理性がそれによって導かれる価値を公然と宣言した。カントの批判に立脚し、それゆえに経験主義の神託に頼ることができないフィヒテの理性もまた、それにもかかわらず、それ自身の実践的性格を意識していた。世界を理解する行為と世界を構築する行為は、理性と意志がそうしたように、その行為のなかで一致する。つまり、自己解放的なエゴの実際的な利益は、もはや理性の理論的な活動から切り離せない。

マルクスにとってもまた、理性は批判的な力である。しかし、フィヒテの見方と対照的に、その力は道徳意識に基づくのではなく、その解放的な活動が社会解放の過程と一致する、という事実に基づいた。つまり、虚偽意識の批判は、同時に虚偽意識がそれに依存するところの社会的諸条件の廃止という実践的な行為であった。こうしてマルクス版の啓蒙は、理性と利益との結合をはっきりと維持した。

しかしながら、科学、技術そして組織の進展に伴って、そのような結合は破壊された。理性は徐々にその解放的な機能を失い、その一方で、合理性はますます技術的な効率に限定され、もはや、単に手段を組織する以外には目的を提起しなくなった。理性は手段的な性格を帯び、物質的または社会的テクノロジーの目的に仕えるために、その意味創造的な機能を放棄した。つまり、啓蒙はそれ自体に敵対した。理性は人間の利益から独立しているという錯覚が、実証主義の認識論として、価値判断から自由な科学的プログラムとして承認され、こうして解放的な機能を果たせなくなった。

しかしながらハーバーマスは、フランクフルト学派の残りの人びとと同じように、ルカーチ的な意味の、あるいはプラグマチズムの意味の「実践の優位性」には関わらない。彼は技術とは別個のものとしての実践の理念に戻ることにこだわった。つまり、その実践的機能を自覚し、「外から」課される目的にはいささかも従属せず、それ自体の合理性によって社会目的と何とか合致する理性概念の復活である。それゆえに、彼は実践的な理性と理論的な理性を総合できる知的能力を追求した。と言うのは、それが目的の意味を確定することができ、そうして目的に関して中立であることはできず、またそうしないからである。

しかしながら、ハーバーマスの批判の真髄は、彼の主張、つまり、そのような中立は実際に達成されたこともなく、また決して達成することはできないこと、そして実証主義者のプログラムや価値から解放された理論という理念は、それゆえに、その自己崩壊段階にある啓蒙の幻想であるという主張である。

フッサールの主張、つまり、自然科学によって、既成の現実として手つかずの物それ自体として提示されるいわゆる事実あるいは物は、事実として、原初的で自然発生的に創造された生活世界のなかで組織されていること、そして、あらゆる科学は、前反省的理性から、多様な実践的な人間の利益によって決定された形式のレパートリーを継承している、という主張は正しい。しかしながら、これらの実践的な残滓を取り除いた理論という彼自身の理念が、その後に実践的な目的のために使われると想定する点で彼はまちがった。なぜなら、現象学はいかなる宇宙論も、いかなる普遍的な秩序の理念も提案することができず、そして、理論が実践的な目的を持たなければならないとすれば、そのような理念は不可欠であるからである。

自然科学は技術的な利益を基礎に構築される、とハーバーマスはさらに踏み込む。自然科学はその内容が実践的な配慮から影響を受けない、という意味で中立であるのではない。科学がその蓄積のなかに入れ込もうとする材料は、世界にあるがままに存在する事実の考察ではなく、実践的な技術の展開の有効性の表れである。歴史解釈の科学もまた、別な方法ではあるが、実際的な利益によって部分的に決定される。その場合、その「利益」は、伝達を改善するために、人間のあいだの理解の可能領域を保持し拡大することにある。

理論活動は、実際的利益から逃れることはできない。主体と対象との関係は、それ自体がある程度の利益を含まざるを得ず、人間の知識のいかなる部分も、これらの実際的な利益が結晶化される人類の歴史との関係を除外しては理解できない。あらゆる認識基準が、その有効性を認識がそれによって支配される利益に従う。利益は三つの領域あるいは「媒体」、つまり仕事、言語、権威のなかで作用し、この三つのタイプの利益に自然科学、歴史解釈学、社会科学がそれぞれ対応する。

1097

1098

しかしながら、内省、つまり「反省の反省」において、利益と認識は一致し、「解放的な理性」が形成されるのはこの領域においてである。もしわれわれが、理性と意志が一致するポイント、つまり目的の決定と手段の分析が一致するポイントを発見できないとすれば、われわれは一方で明白に中立的な科学を保持する状態に、他方で目的に関して根本的に非合理的な決定を保持する状態に立たされる。そうなれば、後者は合理的に批判することもできず、それぞれが他のものよりも良いことになる。

科学の批判において、ハーバーマスはマルクーゼほどには踏み込まない。彼は現代科学の内容そのものがその技術的適応と対照的に反人間的な目的に奉仕するとか、あるいは現代技術は本来的に破壊的で人類の善のために使うことはできず、別な種類の技術に置き換えられるべきだとは主張しない。このように言うことは現存の科学や技術に替わるものを提起して初めて意味があるが、マルクーゼにはそれができなかった。それでも、科学と技術はそれらが大量破壊兵器や絶対的支配の組織化の形をとる時に、その適用に関して全面的に無罪ではない。核心は、現代の生産力と科学が現代の産業社会の政治的な正統化の要素となってしまうことにある。

「伝統社会」はそれらの制度の合法性を世界の神秘的、宗教的あるいは形而上学的な解釈に基づかせた。資本主義は、生産力発展の自己推進的なメカニズムを発動させることによって、変化と新奇の現象を制度化し、権威正統化の伝統的な原理を放棄し、それに代えて平等な商品交換の原理に対応する、つまり社会組織の土台としての相互性のルールに対応する規範を置いた。

こうして所有関係がその直接的に政治的な意味を失い、市場の法則によって支配される生産関係となった。自然科学はその範囲を技術的な適用という立場から決定し始めた。同時に、資本主義の発達につれて、生産と交換の分野における国家の介入がますます重要となり、それが政治は「上部構造」の一部だけであることを停止する、という結果をもたらした。公共生活の組織化の改善の純粋に技術的な手段であるとされた国家の政治活動は、同じような目的に奉仕すると想定されていた科学や技術と融合するようになった。つまり、生産的な機能と政治的な機能が明確に分離されていたマルクスの時代とは対照的に、生産力と権力の正統化とのあいだの区分線が曖昧になった。こうして、マルクスの土台と上部構造の理論は、彼の価値論がそうなったように（生産力として科学の巨大な重要性を注視して）、時代遅れになり始めた。

科学と技術は「イデオロギー的な」機能を持つようになったが、それは、それらが技術的なモデルに基づく社会のイメージを生産し、そして人間の全ての問題は技術的で組織的な性格のものであり、科学的手段によって解決できる、と示唆することによって、政治的な意識（つまり、社会的な目的の自覚）を人びとから奪い取る技術主義的なイデオロギーを生産する、という意味においてである。技術主義的なメンタリティは人びとを暴力なしに操作することを容易にする。それは「物象化」へ向かうさらなる一歩であって、それ自体としては目的について何も語らない技術活動と特殊に人間的な関係との区別を曖昧にする。

国家の機関が経済にたいして強力な影響を持つ状況のなかで、社会的な衝突もまたその性格を変え、マルクスが理解したような階級敵対主義とはますます似つかないものとなる。新しいイデオロギーは、もはや単なるイデオロギーではなく、技術の進歩の過程そのものと融合する。その同定は困難であって、その結果、もはやイデオロギーと現実の社会的諸条件は、マルクスが行ったように対比することはできない。

生産力の拡大は、それ自体として解放的な効力を持たない。その反対に、その「イデオロギー化された」形態において、生産力は人びとが自らを物として理解するようにさせ、技術と実践との区別、後者の用語は活動する主体が自らの目的を決定する自発的な活動を意味するのだが、この区別を消去するようにさせる。

マルクスの批判の目的は、人びとが真の主体とならなければならないこと、つまり、人びとが合理的に意識的に彼ら自身の生活過程をコントロールしなければならないということ、であった。しかし、社会生活の自己決定が実践的な、または技術的な問題のいずれかと理解されるかぎり、後者

1099

の場合、資本主義的な計画化や官僚制的な社会主義の両方で起こっている、生命のない対象の技術的な処理と同じような操作の過程と考えることができるかぎりにおいて、その批判は曖昧となる。

　こうして物象化は、治癒もされずさらに重大化する。他方、真の解放は、各人が社会現象のコントロールに能動的に参加することを含むカテゴリーとしての「実践」への復帰である。言い換えれば、人びとは主体でなければならず、客体であってはならない。この目的のために、ハーバーマスが考えるように、人間の伝達の改善、現存の権力システムの自由な論議、そして生活の非政治化に反対する闘争が存在しなければならない。

　『認識と関心』におけるマルクス批判は、おそらく、さらに踏み込んでいる。そこでハーバーマスは、マルクスは最終的に、類的人間の自己創造を生産労働の過程に還元し、そうすることで、彼の批判的な活動を完全に理解することを彼自らが妨げたと言う。なぜなら、省察それ自体が彼の理論において自然科学と関係しているという意味において、つまり物質的生産のパターンをモデル化しているという意味において、科学的活動の要素として現れるからである。こうして実践としての批判、自己省察に基づく主体的な活動としての批判は、マルクスの著作のなかでは、社会活動の独立した形態として完全には確立されなかった。

　同じ著作において、ハーバーマスは、科学主義、マッハ、パース、ディルタイを批判し、自然科学あるいは歴史科学の方法的な自己知識もまた、それらの認識的な位置とそれらの背後の利益の理解を反映する、と主張する。しかしながら、彼は精神分析の「解放的な」可能性を指摘する。彼の意見では、精神分析は自己省察のなかで理性の活動と利益そして解放が一致する観点、別な表現をすれば、認識的な利益と実践的な利益とが同一化する観点に到達することを可能にする、という。

　マルクスの図式はそのような一致の根拠を提供できない。と言うのは、マルクスは類的人間の特別な性質を道具的な（純粋に適応的なものとは別の）行動に変え、それによって彼はイデオロギーと権威の関係を歪曲された伝達の点から解釈することができず、それらを人間の労働と自然との闘争に起因する諸関係に還元したからである（ハーバーマスの思想はこの点で全く明瞭ではなく、彼が、精神分析においては聴診もまた治療である、つまり患者の自身の状態の理解は同時にその治癒である、ということを心に描いていたことは明らかである。しかしながら、もしこれが理解の行為が全体としての治癒であることを示唆するとすれば、これは間違いである。なぜなら、フロイトによれば治癒過程の本質は転移から成り立ち、それは実存的な行為であって知的行為ではないからである）。

1100

　マルクスの理論においては、そのような一致は起こらない。つまり理性の利益と解放は、単一の実践的知的な能力を形成するために結合しない。もしこれがハーバーマスの主張であるとすれば、彼のマルクス解釈はルカーチの判断、つまりマルクス主義の本質的な特徴は、世界理解の行為と世界変革の行為がプロレタリアートという特恵化された状態において同一化する、という判断（私は、それは正しいと信じているが）と矛盾する。

　ハーバーマスは、「解放」という彼のキー概念を明確に定義しない。ドイツ観念論の伝統全体の精神のなかで、彼が、実践的な理性と理論的な理性、認識と意志、世界の知識と世界を変革する運動、これら全てが同一化する焦点を探求していることは明らかである。しかし、彼がそのようなポイントを発見したようにも、またそこにどのようにして到達するかをわれわれに示したようにも思われない。

　認識論的な評価の基準は、技術の進歩の過程と伝達の形態がともに独立変数として現れる人類の歴史の要素として理解されなければならないという点で、彼は正しい。つまり、われわれがそれでもって認識上妥当なものであると決定するいかなるルールも超越的に（フッサール的な意味において）根拠づけられているのではなく、そして知識の妥当性に関する実証的な基準は人間の技術的な能力に関連する評価に基づいている。

　しかし、そこから、知識と意志との区別が除去されたと見なすことができる視座が存在し、また存在し得るということにはならない。いくつかの場合、個人あるいは社会による自己理解の行為が、それ自体として、この用語が何を意味しようとも、「解放」に繋がる社会的な行動の一部となる

1101 ことがあるかもしれない。しかし、疑問は常に残る。どのような基準によって、われわれはそのような自己理解の正確性を判断すべきなのか、そしてどのような原則に基づいて、その「解放」が他の状態ではなく、ある一つの状態で成り立つことをわれわれは決定するのか。

この第二の点で、われわれは、われわれの世界認識を越えて進む決定を行うことは避けられない。もしわれわれが、善と悪を区別し、この同じ行為のなかで、真なるものと偽なるものを決定するような、ある高度な精神能力を与えられるようになると信じるとしても、われわれはいかなる総合も達成することはなく、単に真理の基準を恣意的に設定された善の基準に置き換えるだけであるだろう。つまり、われわれは個人的なあるいは集団的なプラグマチズムにもどるのである。

分析的な理性と実践的な理性との統一という意味の「解放」は、われわれが見てきたように、宗教的な幻想の場合においてのみ可能である。そこでは知識と「関与」という実存的な行為が実際に一つになる。しかし、文明にとって、理性の活動がそのような行為に全面的に基礎づけられると想定することほど危険なものはない。分析的な理性、あるいはそれでもって科学が機能するルール全体は、それ自体の基礎を提供できないというのは確かに真理である。つまり、そのルールはそれらが道具的に効果的であるがゆえに受け入れられるのであって、もし何らかの超越的な合理性の規範が存在するとしても、それらはわれわれにとっては知られてはいない。

科学はそのような規範の存在に関わらなくても機能することができる。と言うのは、科学が科学の哲学と混同されないからである。善や悪、そして宇宙の意味に関する決定はいかなる科学的な基礎も持つことはできない。われわれはそのような決定をしなければならないのだが、しかし、われわれはそれらを知的な理解の行為に変えることはできない。これら二つの生活の側面を統合する、より高度な理性という理念は、神話の領域においてのみ理解され得るのであり、そうでなければ、ドイツ形而上学のもっともらしい渇望として残り得る。

＊　＊　＊

フランクフルト学派の若い世代の今一人のメンバーは、アルフレート・シュミットである。彼のマルクスの自然概念に関する著書（一九六四）は、面白くそしてこの輻輳した問題の研究にたいする価値ある寄与である。シュミットは、マルクスの概念は、それがもとになって対立的な方法で解釈されてきた矛盾点（人間の延長としての自然、統一への回帰等々。これと逆に、疎外された力に対処する試みによって定義される、自然の創造物としての人間）を含んでいる、と主張する。マルクスの理論は結局のところ、疑いようのない一元的な「体系」として解釈できないし、エンゲルスの唯物論はマルクスの思想の本質的な側面と合致する、とシュミットは主張する。

まちがいなく、もっとも卓越したマルクス主義歴史家の一人であるイーリング・フェッチャーは、フランクフルト学派の一員と見なすことができる。それはこの学派の著作家たちが関心を持ったマルクス主義の側面について、彼の作品が受容的であることを示した、というまさに広い意味においてだけである。彼の偉大な業績は、マルクス主義の遺産のさまざまな版とその可能な解釈を分かりやすく説明したことにあるが、彼自身の哲学的な立場は否定弁証法や解放的理性のようなフランクフルト学派の定型的な理念に基づいているようには見えない。その歓迎すべき明快さとは別に、彼の作品は歴史家の抑制と寛容を特徴としている。

8　結論

マルクス主義の発展における、フランクフルト学派の位置を検討する時、われわれは、その長所が哲学的な反教条主義と理論的な推論の自律性の擁護であったことを見いだす。それは無謬のプロレタリアートという神話、そしてマルクスの概念は現代世界の状況や問題にとって十分であるという信念から自らを解放した。それはまた、知識や実践の絶対的で第一次的な基礎と見なされるマルクス主義のあらゆる要素や変種を否定しようと努めた。それは、マルクスが理解した階級の概念では解釈できない、現象としての「大衆文化」の分析に貢献した。それはまた、科学主義プログラムの隠された規範的前提に注意を向ける（きわめて一般的で非方法論的な立場ではあるが）ことによって、科学主義哲学の批判にも寄与した。

　他方、フランクフルトの哲学者たちは、適切に説明されたことが一度も
ない「解放」の理想をいつも主張する点で、薄弱な根拠に基づいた。これ
がある幻想、つまり「物象化」、交換価値、商業化された文化、科学主義
を非難しながら、それに代わって他の何かを提供しているという幻想を創
り出した。ところが、実際に彼らが提供できたのは、せいぜいのところ、
前資本主義的な文化へのエリートの郷愁であった。現代文明からの全面的
な逃亡という曖昧な展望を繰り返すことによって、彼らは無意識のうち
1102 に、残酷で破壊的な反乱の心構えを奨励した。

　要するに、フランクフルト学派の長所は純粋な否定で成り立ち、その危
険な曖昧さは、それがこの事実を率直に認めようとはせず、しばしばその
反対のことを示唆したという事実にあった。それはマルクス主義の何らか
1103 の方向での継続というよりも、その解体と麻痺状態の実例であった。

第11章　ヘルベルト・マルクーゼ　新左翼の全体主義的ユートピアとしてのマルクス主義

マルクーゼは、アメリカ合衆国、ドイツ、フランスの反乱的な学生運動によってイデオロギー的指導者として称賛された一九六〇年代末までは、学問世界の外で有名な人物とはなっていなかった。彼が「学生反乱」の精神的な指導者をめざしたと想定する理由はないが、その役割が委ねられたとき、彼はそれに反対しなかった。

彼のマルクス主義は、それにとってそれが正しい名称であるとしても、奇妙なイデオロギー的混合物である。ヘーゲルやマルクスを合理主義的なユートピアの予言者として解釈することから始まった彼のマルクス主義は、性の解放が際立った部分を占め、労働者階級が学生、人種的少数者、ルンペン・プロレタリアートに道を開けるために、注目の中心から乱暴に追放される「世界革命」の大衆的なイデオロギーに発展した。

七〇年代に、マルクーゼの重要性はかなり衰えた。しかし、彼の哲学はなお検討する価値があり、それはその固有の効用のためではなく、おそらく短命であったにせよ、われわれの時代のイデオロギーの変容の重要な傾向と一致したためである。それはまた、マルクス主義の理論から制作することができた用途の驚くほどの多様性を説明するのにも役だつ。

彼のマルクス主義の解釈に関するかぎり、マルクーゼは一般にフランクフルト学派の一員とみなされ、その否定弁証法と超越的な合理性規範の信念によってフランクフルト学派と結びつけられている。一八九八年にベルリンで生まれた彼は一九一七～一八年には社会民主党に所属した。しかし、彼が後に書いているように、リープクネヒトとローザ・ルクセンブルクが暗殺された後で、そこを離れた。それ以降、彼はどの政党にも所属しなかった。

彼はベルリンとフライブルク・イム・ブライスガウで研究し、そこでヘーゲルに関する論文で博士の学位（ハイデガーの監督のもとで）を取得した。彼の『ヘーゲルの存在論と歴史性の理論の特徴』は一九三一年に刊行された。ドイツから移住する前に彼はまた、彼の思想の将来の行程を明確に示す多くの論文を書いた。彼はマルクスの『パリ草稿』の発行直後にその重要性に着目した最初の人びとの一人であった。

彼はヒトラーの権力掌握後に移住し、スイスで一年を過ごし、それからアメリカ合衆国に永住のために移動した。彼は、一九四〇年までニューヨークにドイツ人亡命者によって設置された『社会調査研究所』で働き、戦争中は「戦略サービス局」に勤めた。この事実は、後年彼が有名になった時、学生運動における彼の人気を潰すのに使われた。彼はアメリカのさまざまな大学（コロンビア、ハーバード、ブランダイス、そして六五年からはサン・ディエゴ）で教え、七〇年に退職した。

一九四一年に彼は『理性と革命』を発行したが、これは特に実証主義批判に関するヘーゲルとマルクスの解釈であった。『エロスと文明』（五五）はフロイトの文明理論を基礎にして新しいユートピアを確立し、そしてまた、精神分析を「内在的に」拒否する試みであった。『ソビエト・マルクス主義』は五八年に出版され、六四年には彼のもっとも広く読まれた著書である『一次元的人間』（One-Dimensional Man）と題する技術文明の全般的な批判の書を発行した。いくつかの小論文も大きな注目を引いたが、とりわけ「抑圧的寛容」（六五）、そして七〇年に『五つの講義：精神分析、政治、ユートピア』の題目で発行された五〇年代と六〇年代の一連のエッセイは注目を浴びた。

1　ヘーゲルおよびマルクス対実証主義

マルクーゼは、「実証主義」（高度に個人的な方法で定義された）、労働や生産（消費や奢侈ではなく）の崇拝に基づく技術文明、アメリカの中産階級の諸価値、「全体主義」(合衆国をその唯一の事例とするように定義された)そして自由民主主義と寛容性に結合された全ての価値と制度によって構成される。多年にわたる批判対象を持っている。マルクーゼによれば、これら全ての攻撃対象は不可分の全体を構成し、彼はそれらの基本的な一致を明らかにしようと懸命である。

　マルクーゼは、ルカーチに従って、実証主義を「事実崇拝」(厳密に定義されない表現)として、われわれが歴史の「否定性」を識別するのを妨げていると攻撃する。しかし、ルカーチのマルクス主義が主体と客体の弁証法そして「理論と実践の統一」に集中するのと異なり、マルクーゼは、いかなる所与の社会的現実も判断できる基準を提供する否定的で批判的な理性の機能に最大の重きを置く。彼は、マルクス主義とヘーゲル主義の伝統の結びつきを強調する点で、ルカーチに同意する。しかし、その性質については完全に異なる。マルクーゼによれば、ヘーゲル主義的弁証法とマルクス主義的弁証法の本質的な土台は、主体と客体の一致に向かう運動ではなく、理性の実現に向かう運動であって、それは自由と幸福の同時的な実現である。

　一九三〇年代に発表された論文において、マルクーゼはすでに、理性は哲学と人間の運命の結合を用意する基本的なカテゴリーである、という見解をとっていた。この理性の理念は、現実は「直接的に」理性的であるのではなく、理性に変えることができるという信念を基礎にして発展した。ドイツの観念論哲学は、理性を訴えの最高法廷とし、経験的な現実を非経験的な基準によって判定した。この意味の理性は自由を前提にする。なぜなら、もし人間が自分たちの生きる世界を判定する上で完全に自由でないならば、その宣告は無意味であるだろうからである。

　しかしながら、カントは現実を内的な世界に移行させ、自由を道徳的命令に変えたが、他方、ヘーゲルの場合は、自由を必然の境界内に閉じ込めてしまった。しかし、ヘーゲルの自由は、それによって人間が自分の真のアイデンティティを知覚する理性の作用によってのみ可能となる。こうし
1105
てヘーゲルは、哲学の歴史において、人間にとって人間それ自身の真理を明らかにする理性の権利、つまり真正の人間性の絶対的な要求の闘士として現れる。理性の自己変容的な作用が、歴史の各段階で新しい地平を切り開く否定弁証法を創り出す。こうしてヘーゲルの著作物は、永続的な不服従そして革命の弁護の呼びかけとなる。

　しかしながら、これが『理性と革命』の主な意図の一つだが、理性が世界を支配しなければならないという要求は、観念論の特権ではない。ドイツ観念論は、イギリス経験論と闘うことによって文明に貢献した。イギリス経験論は、人間が「事実」を超えて進むこと、あるいは先験的に合理的な概念に訴えることを禁止し、結果的に体制順応主義や社会的保守主義を支持した。

　しかし、批判的観念論は、理性は考える主体だけに存在するものと見なし、その要求を物質的な社会的諸条件に関連させなかった。それを成し遂げることがマルクスに残された。彼のお陰で、理性の実現という原理は、人間の「真の」概念あるいは真の本質と合致する社会的諸条件の理性化の原理となった。理性の実現は同時に哲学の超越、その完全に解き放たれた批判的機能である。

　批判的・弁証法的哲学の否定というよりも、哲学全般の否定である実証主義(真の意味における哲学は常に反実証主義であったのだから)は、経験という事実の受容、そして現実に起こるあらゆる状況の妥当性の肯定に基づく。実証主義者の立場からすれば、目的を設定することはそれが何であれ理性的には不可能である。これらは理性に基づかない任意の決定の結果に他ならない。

　しかし、その任務が真理の探究である哲学は、ユートピアを恐れない。なぜなら、現在の社会秩序において実現できないかぎり、真理はユートピアであるからである。批判的哲学は未来に訴えなければならず、そしてそれゆえに、哲学は事実ではなく理性の要求のみに基づくことができる。つまり、それは人間があり得るもの、人間の本質的なあり方に関わるのであって、人間の経験的状態に関わるのではない。対照的に、実証主義は現在の秩序とのあらゆる妥協を是認し、社会の諸条件を判断する権利を放棄す

1106

る。

実証主義の精神は社会学それ自体に、何か特定の学派ではなく、コント主義的ルールに支配された知識分野としての社会学で例証される。この種の社会学は意図的に、自らを社会事象の記録と記述に限定し、もしそれが共同生活の法則を研究するまでに進むとしても、現実に展開しているルールを越えて先に進むことを拒否する。したがって、社会学は受動的な適応の手段であって、それにたいし批判的理性主義は、世界が理性に従属することを要求する力を理性それ自体から引き出す。

その上、実証主義は体制順応主義と同じであるばかりではなく、あらゆる全体主義的な理論や社会運動の味方である。つまり、その主要な原理は秩序の原理であり、それは常に、権威的体制が与える秩序にたいして自由を犠牲にする用意ができている。

マルクーゼの主張の全体が、経験的資料から独立して、われわれは世界がそれによって判断されねばならない純理性の超越的要求を知ることができるという信念、そしてまた、われわれは人間の本質を構成するものを知っているという信念、あるいはまた、「真の」人間は経験的なそれとは反対のものであるだろうという信念に依拠していることは明らかである。マルクーゼの哲学は、理性は歴史過程においてのみ「それ自体を現す」という条件での理性の超越性を土台としてのみ理解することができる。しかしながら、この理論は歴史的虚偽と論理的虚偽の両方に基づいている。

マルクーゼのヘーゲル解釈は、マルクスによって批判された青年ヘーゲル派の解釈とほとんど厳密に同じである。ヘーゲルは単純に、それ自身の基準によって事実を判定する超歴史的理性の擁護者として提示される。この点でわれわれは一度ならず、ヘーゲルの思想がいかに曖昧かを見てきた。しかし、その反ユートピア的調子を完全に無視し、彼の理論を、「幸福」をどのように実現するかを人びとに告げる超越的理性の信念に引き下げることは、彼の理念のパロディーである。

その上、マルクスを、ヘーゲル論理学のカテゴリーを政治の領域に転移した哲学者として描き出すことは、人を欺いてもなお余りがある。マルクーゼの主張は、ヘーゲルやヘーゲル左派にたいするマルクスの批判の本質的特徴を全て無視している。ヘーゲルをいかなる権威主義的体制にも反対する自由の闘士として表すことに熱中して、彼は、個人の生活の諸価値が普遍的理性の必要に依存させられることになるヘーゲルの「主体と客体の逆転」にたいするマルクスの批判に言及しない。この批判はなお、真の解釈に基づくものから遙かにかけ離れているとしても、マルクスのユートピアからの離脱のポイントであって、ヘーゲルからマルクスへの調和的な移行を描くためにこの点を無視することは歴史を無視することである。

このような描写は、青年ヘーゲル派と彼らのフィヒテ的なヘーゲル解釈にたいするマルクスの批判を覆い隠すことによって、さらにいっそう歪められた。マルクス自身の自己の哲学的な立場の評価は、まず何よりも、超歴史的な理性の絶対性にたいする青年ヘーゲル派の信念からの解放、つまりマルクーゼがマルクスに帰させようとした信念そのものからの解放に基づいた。

これらの歪曲によって、マルクーゼは、現代の全体主義的な理論はヘーゲル哲学の伝統とは何も関係がなく、実証主義の具現化であると主張することができた。しかしながら、その実証主義は何から構成されるのだろうか。マルクーゼは「事実崇拝」のラベルで満足し、その主な提唱者としてコント、フリードリッヒ・シュタール、ローレンツ・フォン・シュタインそしてシェリングまでも挙げる。これは、しかしながら、恣意的な、非歴史的な提示のための観念の混乱である。

シェリングの「実証主義哲学」は、歴史実証主義という名称を除いては何も共通するところはない。シュタールとフォン・シュタインは事実として保守主義者であるが、ある意味ではコントもそうである。しかし、マルクーゼは所与の社会秩序の支持者全てを「実証主義者」として描こうとし、その上で、事実に逆らって、全ての経験主義者、すなわち理論を事実の検証に従わせようと望む全ての人びとは自動的に保守主義者である、と宣告しようと試みる。

歴史的な意味の実証主義は、シェリングとヒュームは全く区別すること

1107

ができないという意味とは反対に、とりわけ知識の認識的な価値はその経験的な背景に依存するという原則を体現している。その結果、科学は、プラトンあるいはヘーゲルの方法のように、本質的なものと現象的なもののあいだに線を引くことはできず、ましてや、それは所与の経験的な物の状態がそれらの物の真の概念と矛盾している、とわれわれに言わせることもできない。

確かに、実証主義は、「真の」人間あるいは「真の」社会の規範を決定する方法をわれわれに提供しない。しかし、経験主義は、存在する事実あるいは社会制度はそれが単に存在するがゆえに支持されねばならないと結論づけることを、われわれに義務づけない。その反対に、それはそうした結論を明確に否定し、それは論理的に無意味であると見なす。それはわれわれが、記述的な判断から規範的な判断を引き出すことを禁止するのと同じ根拠からである。

マルクーゼは、実証主義と全体主義的な政治とのあいだの論理的な結合を主張する点で誤っているだけではなく、その歴史的な結びつきという主張も事実に直接的に反する。実証主義の世界観、つまり中世後期以降イギリスで発展し、繁栄し、それがなければ、われわれが近代科学、民主主義的な立法、あるいは人間の権利の理念を手にすることなどなかったであろう実証主義の世界観は、その始まりから消極的自由の理念と民主主義制度の価値に不可分に結びついていた。

経験主義の原理に基づく人間平等の理論、そして法の下の個人の自由の価値を創設して普及したのはロックとその後継者であって、ヘーゲルではなかった。二〇世紀の実証主義者と経験論者、特に分析学派といわゆる論理実証主義者は、ファシズムの動向と関係がなかっただけではなく、例外なく、それに単刀直入に反対した。このように、実証主義と全体主義政治とのあいだにはいかなる論理的歴史的な結合もない。そうでないとすれば、マルクーゼのいくつかの所見が示唆するように、「全体主義」の用語も「実証主義」の用語と同じように、通常の意味からかけ離れた意味で理解されなければならなくなる。

他方、論理的歴史的な主張の両方がともにより大きな説得力をもって、ヘーゲル主義と全体主義の理念との結合を支持する。もちろん、ヘーゲルの学説が現代の全体主義国家の賞賛に繋がったと言うのは馬鹿げたことだろうが、しかし、実証主義について同じことを言うほどには馬鹿げてはいない。この種の演繹はヘーゲル主義からそのいくつかの重要な特徴を取り除くことによってなされ得るが、実証主義からそのような演繹を行うことは全くできない。できるとすれば、マルクーゼがそうしたように、証拠なしに、実証主義とは事実崇拝を意味し、それゆえに保守主義的で、それゆえに全体主義である、と主張することである。

ヘーゲル哲学の伝統が非共産主義的全体主義の哲学的基礎としていかなる本質的な役割も果たさなかった、というのは真実である（マルクーゼはこの文脈で共産主義の多様性について何も語らない）。しかし、彼がジョヴァンニ・ジェンティーレのことについて言う時、マルクーゼは、ただ、ジェンティーレはヘーゲルの名前を使ったけれども、実際にはヘーゲルとの共通点は何もなく、実証主義者に近かったと宣言しただけであった。ここで、われわれは、ヘーゲル主義が、事実の問題として、ファシズムの正当化として利用されたとする、あり得る反論にマルクーゼが答えようとする際に、「正しさの問題」と「事実の問題」との混同を見出す。不当に使われたと言うことは、このような反論への答えにはならない。

要するに、マルクーゼの実証主義批判の全体、そして彼のヘーゲルとマルクスの解釈の大部分は、論理的および歴史的の両方で恣意的な言説のよせ集めである。その上、これらの言説は、人類の世界的な解放に関する彼の確信的な見方や幸福、自由そして革命の理念と全体として不可分である。

2 同時代文明の批判

超越的な規範あるいは経験的な人間の宿命に対置される「人間性」という規範的な概念を保持して、マルクーゼは現在の文明がなにゆえに、また、いかなる点で、このモデルに対応できないのか、という問題を検討する。

1108

1109 人間の真正な概念の基本的な決定要素は「幸福」、つまり自由を含み、マルクスは実際には使わず、それがマルクスの著作からどのようにして引き出され得るかは明確でないけれども、マルクーゼがマルクスのなかに見いだされると主張する「幸福」という観念である。

人間が「幸福」を求めるという経験的な事実に加えて、われわれは、幸福は人間が当然に受け取るべきもの、と認めることから出発しなければならない。人間がなぜこのような主張をしないかを解明するために、マルクーゼは彼の出発点としてフロイトの文明哲学を取り上げる。彼は、過去の歴史解釈に関するかぎり、それを大部分受け入れるが、未来に関してはそれに疑問を呈する。事実として、フロイトは、人間が幸福への権利を与えられている、あるいは、それを手に入れることは確かであるという法則は存在しない、と認めた。

フロイトの本能や精神の三つの水準、つまり、イド、自我、超自我の理論は、文明の全体としての発達を支配してきた「快楽原則」と「現実原則」との衝突を説明する。『エロスと文明』やフロイトの歴史理論を分析し批判する三つの講義において、マルクーゼはその衝突が必要かどうか、どの程度必要かを考察した。彼の主張は以下のようにまとめられる。

フロイトによれば、文明化された価値と人間の本能の欲求とのあいだには、永遠で不可避的な衝突が存在する。全ての文明は、諸個人の本能的な欲求を抑圧する社会の努力の結果として発達した。エロスすなわち生の本能は、もともとは、再生産的な意味の性欲に制限されてはいなかった。

性欲は、全体としての人間有機体の普遍的特色であった。しかし、それ自体としてはいかなる快楽も与えない生産活動に従事させるために、人類は性的経験の範囲を生殖の領域に閉じ込め、そしてこの狭く解釈された性欲すらも、最小限に制限することが必要であることを発見した。こうして解き放たれた大量のエネルギーが、快楽ではなく人間の環境との闘争に捧げられた。同様の方法で、生活の他の基本的な決定要因、タナトスすなわち死の本能が、そのエネルギーを攻撃という形で外部に向けられ、物的自然を征服し労働の効率を拡大するのに利用できるように転換された。

しかしながら、その結果として、文明は必然的に抑圧的な性質を帯びたのだが、それは本能がそれにとって「自然的」ではない仕事に結びつけられるようになったからである。抑圧と昇華が文化の発達の条件であったが、同時に、フロイトによれば、抑圧は悪循環を引き起こした。労働がそれ自体として良いものと見なされるようになり、「快楽原則」が全体として労働の効率の向上に従属するようになるにつれて、人間はこれらの価値のために、自らの本能を飽くことなく抑制しなければならなくなり、抑圧の総和が文明の進展とともに拡大した。

抑圧は自動推進的メカニズムとなり、抑圧自体から生まれる災厄を減少させるために、文明によって生み出された諸手段がさらに高度な水準において抑圧の機関と化した。こうして、文明によって獲得された便益と自由は、自由の損失の増加によって、とりわけ、疎外労働、われわれの文明が許容する唯一の類の労働である疎外労働の大規模な増大によって、その代価を払わされている。

マルクーゼはこの理論に着目したが、しかしそれを本質的な点で修正し、そうしてフロイトの悲観的な予言に反駁した。彼は言う。文明は、実際のところ、本能を抑圧することによって発達してきたが、それが永遠であることを必要とする生物学や歴史の法則は存在しない。抑圧の過程は合理的であった。それは、基礎的財貨が不足するかぎり人びとは物質的生産を促進するために自らの本能的エネルギーを「不自然な」水路に移し替えることによってしか、生きることも自分たちの諸条件を改善することもできなかった、という意味においてである。

しかし、技術がいったん抑圧なしに人間の需要を満たすことを可能にしたのであるから、これは非合理的な時代錯誤となった。不愉快な仕事は最小限にすることができ、財貨の不足の脅威は存在しないのだから、文明はもはやわれわれにその本能を妨げることを必要としない。つまり、われわれは本能にたいしてそれら固有の機能に復帰することを認めることができるのであって、それが人間の幸福の条件である

「自由時間が生活の内容となることができ、仕事が人間能力の自由な発

揮となることができる。このようにして、本能にたいする抑圧的な構造が爆発的に転換される。つまり、もはや不愉快な仕事に飲み込まれなくなる本能的エネルギーは自由となり、エロスとして、好色的な関係を普遍化し、好色的な文明を発達させるようになるだろう」(『五つの書簡』一二二頁)。生産は価値そのものと見なされることを停止するだろう。つまり拡大する生産と増大する抑圧の悪循環は破壊されるだろう。快楽原則と快楽の本質的な価値が人間自身のものとなり、疎外労働はその存在を停止するだろう。

1110

しかしながら、マルクーゼは、「好色な文明」と本能的エネルギーのその本来の機能への復帰を語る際に、「汎性論」(pan-sexualism) あるいは昇華、つまりフロイトによればそれによって人間が、彼らの挫折させられた欲望の幻想的満足を文化的創造のなかに見いだす昇華の廃止を考えていないことを明確にしている。解放されたエネルギーは、純粋に性的な形でそれ自身を現わすのではなく、全ての人間活動を好色化するのである。つまり、人間の活動が全て快楽的となり、そして快楽が目的それ自体として認められる。

「仕事の刺激はもはや必要ではない。なぜなら、もし仕事それ自体が人間能力の自由な活動となれば、その場合、人びとを働くように強制するためにいかなる苦痛も必要ではないからである」(同前、四一頁)。概して、制度を通してであれ、または内面化された方法であれ、個人の社会的統制の必要はなくなる。それらは、マルクーゼによれば、両方ともに全体主義の特徴である。こうしてもはや自我の「集団化」などは存在しようがない。生活は合理的となり、個人は再び完全に自律的になるだろう。

マルクーゼのユートピアのこのような「フロイト主義的」側面は、その決定的なポイントで曖昧さをさらけ出す。フロイトの理論は、本能の抑圧は生産に必要なエネルギーを解放するだけではなく、特殊に人間的な意味において社会生活そのものの存続を可能にするためにも必要である、というものであった。本能は純粋に個人的な欲求の充足に向かう。すなわち、フロイトによれば、死の本能は自己破壊に向かうか、あるいはまた外的な攻撃に転換されるかのどちらにも作用する。つまり、人間は、自分が他者の敵になるかぎりにおいて、自分自身の敵になることを停止する。

死の本能が、各個人と彼の全ての同僚とのあいだの対立の恒常的な源泉となることを防ぐ唯一の方法は、そのエネルギーを他の水路に流し込むことである。リビドーは他の人間を性的満足の可能な対象としてのみ位置づけるのだから、同じように非社会的である。要するに、本能はそれ自体に任せるならば、人間社会を形成したりまたは共同社会の基礎を形成したりする能力を持たないばかりか、その自然な発揮はそのような共同社会を不可能にする。この場合、社会はどのようにして存在するようになってきたのか、という難しい問題を別にして、フロイトの見解では、現に存在する社会は、避けがたい苦痛という代償を払って本能を統制下に置く多数の禁忌、命令、禁止事項によってのみそれ自体を維持することができる、というのが実情である。

マルクーゼは、この問題に向き合わない。彼は、本能の抑圧は「今までは」必要であった、ということではフロイトに同意しているように見える。しかし、欠乏の廃絶以降それは時代錯誤になったと考える。本能と文明との恒久的な衝突というフロイトの理論に異を唱える一方で、彼は、本能は個人の「快楽原則」を満足させるのに本質的に貢献するという見解を受け入れる。この点から見れば、「好色的文明」がどのようにしてそれ自体を維持できるのか、そしてどのような力が人間社会の存続を保つのかは明らかではない。

1111

フロイトに反対して、マルクーゼは、人間は本来的に善であって、他者と調和的に生きる傾向を持っていること、そして攻撃性は疎外労働とともに消滅する歴史における突発的な逸脱である、と考えるのだろうか。彼はそのようには言わないが、彼がフロイトの本能に関する概念と分類を受け入れているかぎり、彼は明らかに反対を示唆しているのである。

「原則として」人類はあらゆる物を豊かに保持し、物質的な必要の充足に関して本質的な問題は存在しないと主張する点で、彼が正しいとしても、あらゆる本能が解放され、それらの生来の水路に復帰することが許されるような新しい文明をいかなる力が維持するようになるのかは、なおも全く明らかではない。マルクーゼは、これらの問題に無関心であるように思われる、なぜなら、彼は、社会が主に本能、すなわち個人の満足にたいする障壁になるかぎりにおいて、その社会に関心を持っているからである。

彼は、物質的生存に関わる全ての問題は解決されているのだから、道徳的命令と禁止はもはや適切ではない、と信じているように思われる。こうして、アメリカのヒッピーのアイディオロジストであるジェリー・ルービンがその著書で、これからは機械が全ての仕事をし、人びとは好きな時に好きな場所で自由に性交するようになると述べる時、原始的で子どもじみた方法ではあるが、彼はマルクーゼのユートピアの真の本質を表現しているのである。

マルクーゼのエロティシズムの観念の定義について言えば、それらもまた漠然としていて、明快な意味を何も伝えない。人間全体の好色化とは、感覚的な快楽への完全な没入を除けば、何を意味できるのだろうか。ユートピア的なスローガンはその内容が空虚である。フロイトの昇華論がそれをもたらした、あらゆる要因が作用するのを停止した後でも力を持ち続けると、マルクーゼがどのように想像するのだろうか、われわれは理解できない。フロイトによれば、文化の創造力として表れる昇華は幻想そのものであり、文明がわれわれに楽しむことを許さない本能的な欲望の充足の代用品である。

この理論は批判でき、また批判もされてきたが、しかしマルクーゼは批判しようとはしない。彼は、文化的な創造力は過去においてフロイトによって記述されたような代用品であったこと、しかし、それにもかかわらず、そのような昇華の必要は存在しないけれども、将来においてもそれはそうあり続けるであろう、と想定しているように見える。

フロイト理論のマルクーゼによる全体的な転倒は、前社会的存在への復帰以外のいかなる知的目的も持たないように見える。もちろん、マルクーゼは、このような結論を明記していないが、彼が矛盾なしにその結論からどのように免れることができるかは明らかではない。この点での彼のマルクスへの依存は極度に疑わしい。マルクスは、将来の完全な社会は、各人が自分の力と能力を直接的な社会的な力として位置づけ、そうして個人の欲求と共通の必要とのあいだの衝突を解消するように構築されるだろうと考えた。しかしマルクスは、他方で、本能の性質についてフロイトの見方は持たなかった。人間が本能的にそして不可避的に相互に敵であること、それでも人間の本能は、彼らが平和と調和のもとで共同して生きていくことができるように解放されなければならない、ということは矛盾なしには主張できない。

3　「一次元的人間」

しかしながら、マルクーゼは、また現代文明、特にアメリカ文明を批判するが、それはフロイトの歴史哲学とは必ずしも関係せず、彼のヘーゲル哲学研究のテーマ、つまり人間の解放という問題に作用する理性の超越的な規範に立ち戻る立場からである。『一次元的人間』は、このような類の研究である。

支配的な文明は、あらゆる面で、すなわち科学、芸術、哲学、日々の思考、政治体制、経済、そして技術の面において一次元的である、と彼は主張する。失われた「二次元」とは、否定的で批判的な原理、つまり現にある世界と哲学の規範的な概念によって明らかにされる、真の世界とを対比する習慣であって、哲学はわれわれをして自由、美、理性そして生の楽しみ等々の真の性質を理解するようにさせる。

弁証法的な思考と「形式的な」思考との哲学的対立は、プラトンやアリストテレスまでさかのぼる。弁証法的な思考が経験の対象を比較する規範的な概念の重要性を高く評価するのにたいし、形式的な思考は「不毛の」形式的な論理を発展させ、そうして「真理を現実から分離した」。われわれが今必要とするものは、マルクーゼによれば、命題の単なる特徴としてではなく、現実そのものとして存在する存在論的な真理概念に立ち戻ることである。つまり、経験的で、直接に接近できる現実ではなく、より高次の、われわれが普遍性において認識する現実である。

1113

普遍性の直感は、非経験的ではあるけれどもそれ独自の方法で存在し、また存在するはずの世界にわれわれを導く。「理性＝真理＝現実という等式において──理性は破壊的な力、『否定の力』であって、それは理論的なそして実践的な理性として、人びとと事物とに対する真理─すなわち人びとと事物が現実にほんとうに存在するものになる諸条件─を確証する」（『一次元的人間』一二三頁〔生松敬三・三沢謙一訳『一次元的人間』河出書房新社　一九七四年　一四一頁〕）。

　概念の真理は「直感」によって捉えられ、それは「方法的な精神的媒介の結果」である（同上、一二六頁〔邦訳、同前、一四六頁〕）。この真理はその性格は規範的であって、そのなかでロゴスとエロスは同一化する。これは形式論理学の範囲を超える。形式論理学は、「物の本質」についてわれわれに何も教えず、「である」(is) という言葉の意味を純粋に経験的な言説に限定する。

　しかし、われわれが「徳は知である」とか「人間は自由である」というような言説をなす場合、もしこれらの命題が真理であるなら、その場合、繋辞「である」は、「すべきである」つまり「欠如態」(desideratum) を述べているのである。それは徳が知ではない等の状態を断罪している（同前、一三二頁〔邦訳、同前、一五三頁〕）。こうして「である」という言葉は、二重の意味、つまり経験的そして規範的という二重の意味を持ち、この二重性が全ての純粋哲学のテーマである。

　あるいはまた、人は「本質的な」真理と「表面的な」真理について語るかもしれない。弁証法は、本質的なもの、つまりあるべきものと現れているもの（すなわち事実）との緊張を維持することにおいて成り立つ。したがって、弁証法は現実の諸条件の批判そして社会解放の梃子である。形式論理学においてこの緊張は追放され、「思惟はその諸対象に関与しない」（同前、一三六頁〔邦訳、同上、一五六頁〕）、これが、真の哲学が対象を超えて発展した理由である。弁証法は現実そのものによって決定される思惟であるから、原則として形式化することはできない。それは直接経験の批判であって、直接経験は事物をその偶然の形態で認識し、より深部の現実には貫徹しない。

　知識を直接経験と形式的な推論規則のなかに閉じ込めるアリストテレスの思惟様式が全ての近代科学の基礎であって、それは事物の規範的「本質」を意図的に無視し、「あるべきもの」という問題を主観的な選好の領域に追放する。この科学とこれに基づく技術が世界を創り出したのだが、そのなかで自然にたいする人間の支配が社会の奴隷化と手を携えて進む。この種の科学と技術は、実際に生活水準を引き上げた。しかし、その結果として、抑圧と破壊をもたらした。

　「科学的・技術的合理性と操作とは溶接されて、社会統制の新しい形態となる。この非科学的な成り行きは、科学の特殊な社会的適用の結果であるという仮定に、ひとは満足していられるであろうか。私の考えでは、科学の適用を方向づけた一般的傾向が、純粋科学には─実践的な目的を欠いている場合でさえも─内在していたと思う。──数学的構造による自然の解明にまでゆきついたこの自然の量化は、現実をあらゆる内在的な目的から引き離した。その結果、それは真を善から、科学を倫理から引き離した。──ロゴスとエロスの不確かな存在論的なきずなは破れ、科学的合理性が本質的に中立的なものとして出現してくる。──この合理性の外では、ひとはさまざまな価値の世界に住んでいる。そして客観的現実から引き離され諸価値は主観的になる」（同上、一四六〜七頁〔邦訳、同上、一六六〜七頁〕）。

　こうして、善、美、正義の理念がその普遍的妥当性を奪われ、個人的嗜好の領域に貶められたとマルクーゼは続ける。科学は、測定可能なもの、技術的利用に供することができるものだけに、自己を限定しようとする。それはもはや事物とは何かを問うことをせず、専ら、それがどのように作用するかを問い、それらが利用される目的に無関心である、と宣言する。

　科学的世界像において、事物はそのあらゆる存在論的一貫性を失い、物質すらもがなぜか消え失せてしまった。社会的に、科学の機能は基本的に保守的となるのだが、それは科学が社会的反抗の根拠を提供しなくなるからである。「科学が、それに固有の方法と概念によって、自然の支配と人

1114

間の支配とが結びついたままの世界を計画し、推進してきている」（同上、一六六頁［邦訳、同上、一八六頁］）。必要とされるのは新しい質的で規範的な科学であり、科学は「本質的に異なった自然の概念に到達し、本質的に異なる事実を確証するであろう」（邦訳、同上、一八七頁）。

この奇形化された科学は、人間の奴隷化に繋がり、その哲学的な表現を実証主義、特に分析哲学と操作主義のなかに発見する。これらの理論は、「機能的」な意味を持たないか、あるいはできごとを予測し、それに影響を及ぼすことができるあらゆる概念を拒絶する。だが、なお、そのような概念がもっとも重要であって、それらはわれわれに現にある世界を超越することを可能にさせる。さらに悪いことに、実証主義はあらゆる価値にたいする寛容を説き、そうしてその反動的性格をさらけ出すのであるが、それは社会的実践や価値判断に関するいかなる類の制約も認めないからである。

思惟にたいするこのような機能主義的な態度が優勢になれば、社会は一次元的存在から構成されなければならない、ということになる。社会は虚偽意識の犠牲となり、たいていの人がこのシステムを受け入れるという事実が、このシステムをより合理的にするのではない。この種の社会（これによってマルクーゼは主にアメリカを意味する）は、それ自体を傷つけないであらゆる形態の反対派を吸収できる。それは反対派からその批判的な内容を取り出すからである。それは人間の要求の大部分を満足させることができる。しかし、これらの要求自体がインチキである。それらの要求は、利欲的な搾取者によって個々人に押しつけられ、不正義、貧困そして攻撃を貫徹するために使われる。

「広告にある通りに、休養し、遊び、ふるまい、消費したい、また他人が愛し、憎むものを、自分も愛し、憎みたいといった広く、見られる諸欲求は、たいていこの虚偽の欲求のカテゴリーにはいる」（同上、五頁［邦訳、同上、二三頁］）。どの欲求が「真」でどの欲求が「偽」であるかについて、それに関わる個人以外にはそれを誰も決定できないし、またいつ彼らが操作や外部圧力から解放されるかも決定できない。

しかし、現代の経済システムは、それ自体が支配の道具である自由という条件のもとで、人工的な需要を増幅させるように工夫される。「個人に開かれている選択の余地は、人間的自由の度合いを決める決定的な要因ではなくて、なにが個人によって選ばれうるか、またなにがじっさいに選ばれているかが、その決定的な要因なのである」（同上、七頁［邦訳、同上、二六頁］）。

この世界で、人びとと事物は例外なく機能的な役割に落とし込まれ、「実質」と自律を奪われた。芸術も同様に画一主義という普遍的な堕落のなかに巻き込まれているが、それはそれが文化的な価値を放棄したからではなく、自らを現存の秩序のなかに組み込んだからである。高度なヨーロッパ文化は、かつては基本的に封建的で非技術的であったが、商業や産業から独立した領域に移行しつつある。

将来の文明は、思考と感情の二次元を創出し、否定の精神を保ち、その頂点に普遍的エロスを復活させることによって、そのような独立を回復しなければならない（この点で、マルクーゼは一度だけ、マンハッタン街の自動車のなかよりも草原のなかで愛を交わすことの方がより快適だと指摘しながら、『好色的文明』で意味するものの実際の姿を示して見せた）。

新しい文明はまたわれわれが承知している自由にも対立するに違いない。なぜなら、「より大きな自由が、本能的欲求の拡大・発展よりも、むしろその萎縮を伴うかぎり、その自由は、一般的な抑圧の現状に反対するよりも、むしろこの現状のために働く」（同上、七四頁［邦訳、同上、九三頁］）からである。

4　自由に反対する革命

インチキな需要を増幅させ、それらを満たす手段を供給し、そして虚偽意識の魔法をかけて大衆を縛りつける体制から脱出する道は存在するのだろうか。

マルクーゼは、あると言う。われわれは現存の社会を完全に「超越し」、「質的な変革」のためにまい進しなければならない、と。われわれは、人

1115

びとが自由のなかでその要求を発展させることができるようになるために、現実の「構造」そのものを粉砕しなければならない。われわれは新しい技術（現在の技術の単なる新たな適用ではない）を持たなければならず、また芸術と科学、科学と倫理の統一を奪還しなければならない。われわれはわれわれの想像力を自由に保ち、科学を人類の解放に結びつけなければならない。

しかし、人民の大多数、特に労働者階級の大多数がこのシステムに吸収され、現在の秩序の「世界的な超越」に関心を持たない時に、誰がこれらの全てを行うことになるのだろうか？『一次元的人間』によれば、その答えは「保守的な民衆基盤の下に、被追放者やアウトサイダー、種族や色の異なる搾取され迫害されている人びと、失業者、働けない者たちの層がある。かれらは民主主義的過程の外部にいる。――かれらがゲームをしつづけることを拒否しはじめるという事実は、一時代の終焉のはじまりを記す事実となりうるであろう」というものであった（同上、二五六～七頁［邦訳、同上、二八六頁］）。

したがって、合衆国の人種的少数派のルンペン・プロレタリアートが、エロスとロゴスの統一を回復し、新しい質の高い科学や技術を創造し、そして人類を形式論理学、実証主義、経験主義の圧政から解放するように、他の全ての層よりも特に定められた人類の一部であることになる。しかしながら、マルクーゼは別の個所で、われわれはまた、他の勢力、つまり学生と経済的・技術的に立ち遅れた諸国の人びともまた期待することができる、と説明する。これら三つのグループの連合が、人類解放の主な希望である。学生の革命運動はそれを実現するにはまだ力不足ではあるが、「転換の決定的な要素」である（『五つの書簡』所収の「暴力と急進的反対派の諸問題」参照）。

革命勢力は暴力を行使しなければならない。なぜなら、彼らは高度の正義を代表するからであり、そして現体制はそれ自体として制度化された暴力の一つであるからである。抵抗を法律の制限内に閉じ込めることを語るのは馬鹿げている。なぜなら、いかなる体制も、もっとも自由な体制すらも、それ自体に反対する暴力の行使を容認できないからである。しかしながら、暴力はその目的が解放である場合には正当化される。その上、学生の「政治的反乱」が性の解放に向かう運動と結合されていることは重要で、励まされる兆候である。

今日の体制がごく少数の者しか自力で抜け出すことができない虚偽意識によって大多数の者を苦しめているだから、暴力は避けられない。資本主義は、自らへの批判を体制の要素に転換することによって批判者を武装解除することができる、あらゆる形態の文化や思想を同化する手段を開発してきた。それゆえに、必要とされるものは暴力による批判であって、それはそのように吸収され得ない。言論および集会の自由、寛容そして民主主義的制度は、全て、資本主義的な価値の精神的支配を貫徹する手段である。真の、神秘化されない意識を持つ者が、民主主義的な自由や寛容からの解放のために努力しなければならない、ということになる。

マルクーゼは、このような結論を引き出すことにいかなる躊躇もせず、この結論をその論文「抑圧的寛容」（Repressive Tolerance　ロバート・ポール・ウォルフ他著『純粋寛容の批判』所収）において、おそらく最大の明確さで表明している。

過去において、寛容は解放の理想であったが、しかし今日それは抑圧の道具であって、それは多数の同意のもとに核兵器を作り上げ、帝国主義政策を追求するなどの社会を強化している、と彼は主張する。この種の寛容は解放運動論者の理想にたいする多数者の専制である。その上、それは、誤っており邪悪であるがゆえに、許されるべきではない理論や運動を許している。あらゆる個別の事実や制度はそれらが属する「全体」の見地から判断されなければならない。この場合、「全体」とは、本来的に悪である資本主義の体制であるから、この体制内の自由や寛容はそれ自体として同じように悪である。

それゆえに、真の、より深まった寛容は、虚偽の理念や運動にたいする不寛容を含まなければならない。「自由の領域と内容とを拡大する寛容はつねに党派的であった。すなわち、抑圧的現状の主役に対しては不寛容的であった」（九九頁［大沢真一郎訳『純粋寛容批判』せりか書房　一九六九年一一四頁］）新しい社会の建設が問題である時に（それは未来に属し、現在の社会と反対であるということ以外は叙述もできず、確定もできない）、無差別の寛容は認められない。真の寛容は「解放の可能性を否認し妨害することを証明するような虚偽の言葉やまちがった行為を保護することがあってはならない」（一〇二頁［邦訳、同上、一一七頁］）。

「生存の平和が危険にさらされ、自由と幸福自体が危うくなっている場合、社会は無差別ではあり得ない。こういう社会にあっては、寛容が隷属を継続させるための手段とされることなしに、あることが語られたり、ある思想が表現されたり、ある政策は提案されたり、ある行為が許されたりすることはあり得ない」（同上［邦訳　同上　一一七～八頁］）。

言論の自由は善である。なぜなら、客観的な真理のようなものは存在しないからではなく、そのような真理が存在し、発見することができるからである。したがって、言論の自由は、もしそれが非真理を貫徹することであることが明らかになれば正当化することはできない。そのような自由は、全ての望ましい変化が「システム」内の合理的な討議を通して達成されるということを想定している。しかし、事実として、こうしたやり方で達成することができたあらゆるものが、システムを補強するのに役だっている。「自由な社会というのは、現存のそれとはまったく非現実的かつ定義しがたいほど、異なっている。こうした事情のもとでは、どのような改善が『ことの自然のなりゆきで』破壊を伴わずに起ころうとも、それは全体をコントロールしている特殊な利害によって決められた方向における改善でしかあり得ないだろう」（同上、一〇七頁［邦訳、同上、一二四頁］）。

多様な意見を表現する自由は、体制側の世論を形成する力のゆえに、表明された意見が支配体制側の利益を反映することにならざるを得ない。確かに、マス・メディアは現代社会の非道を記述しているのだが、しかし彼らはそれを冷酷かつ公平なやり方で行う。「もし客観性が真理となんらかの関係があり、また真理は論理や科学の問題以上のものであるとすれば、その場合この種の客観性は虚偽であり、この種の寛容は非人間的である」（同上、一一二頁［邦訳、同上、一二九頁］）。

教化と闘って解放の勢力を発展させることは、「外見上の非民主的手段を必要とするかもしれない。その道は、侵略政策、軍備、排外主義、人種と宗教による差別を助長する団体や運動から、あるいは、公共事業、社会保障、医療保護等の拡大に反対する団体や運動から、言論や集会にたいする寛容を撤回することを含むだろう。さらに、思想の自由を回復するには、教育制度における教授と実践にたいして、新しい厳格な制限を必要とするかもしれない」（同上、一一四頁［邦訳、同上、一三二頁］）のであって、これらの制度のなかに囲い込まれた人びとは選択の現実的な自由を持たない。もし不寛容と暴力がいつ正当化されるかを決定する資格が誰にあるかが問われるとすれば、その答えは、それによって奉仕される大義次第である。

「解放的寛容は——『右翼』からの運動にたいする不寛容を、『左翼』からの運動にたいする寛容を意味するだろう」（同上、一二二～三頁［邦訳、同上、一四一頁］）。この単純な公式はマルクーゼが推奨する「寛容」の類を縮図的に示している。彼の目的は独裁を確立することではなく、寛容の理念と闘うことによって「真の民主主義」を実現することである。その根拠は、大多数の者は、彼らの心性が情報の民主主義的な源泉によって歪められている時に正しい判断を形成することができないことである、と彼は主張する。

マルクーゼは、共産主義の観点からではなく、彼の理念を大幅に共有する「新左翼」の観点から書いている。現存の形態の共産主義にたいする彼の態度は、批判と賛成が混ざり合ったものであって、高度に曖昧で矛盾した言葉で表現された。彼は「全体主義的」(totalitarian) と「全体主義」(totalitarianism) という言葉を使い、それらはアメリカ合衆国にもソビエト社会主義連邦にも当てはまるやり方であったが、しかし一般的には後者に比べて前者には厳しかった。

彼は、一つの制度は多元的で、もう一つの制度は暴力に基づくことを認識しているが、しかしこれを本質的な区別とは見なさない。つまり、ここ

1118

で「全体主義的」とは、体制化された社会による全ての実効的な反対派の暴力的な吸収だけではなく、多元的な吸収も意味する、と再定義される（『五つの書簡』四八頁）。「『全体主義化』には、テロによって社会を政治的に均質化するもののほかに、テロによらないで社会を経済的・技術的に均質化するもの—それは既得の利益に訴えた欲求操作を通じて行われる—もあるからである（『一次元的人間』三頁［邦訳、同前、二一頁］）。

「文化の領域では、新しい全体主義は調和的な多元主義のなかに明瞭に現れ、この多元主義の下では、最も相容れない作品と真理とが、互いに無関係に平和共存している」（同上、六一頁［邦訳、同上、八〇～八一頁］）、「——今日、高度産業文明の進展軌道に、権威主義的体制下にない社会が存在するであろうか」（同上、一〇二頁［邦訳、同上、一二二頁］）。

要するに、テロは暴力政治によってもあるいは民主主義、多元主義そして寛容のいずれによっても行使することができる。しかし、暴力が解放のために行使される時、そこには暴力は終わりを迎える、という約束があるのにたいして、自由という形態の暴力は永遠に続く。他方、マルクーゼは、ソビエトの体制と資本主義の体制は、種類として同じような工業化の過程であるのだから、ますます似通ってくる、と繰り返し表明した。『ソビエト・マルクス主義』において、彼はマルクス主義国家論を厳しく批判し、それに基づくシステムはプロレタリアートの独裁ではなく、プロレタリアートと農民に対する独裁を用いた工業化の加速化の方法であって、マルクス主義のイデオロギーはこの目的のために歪められている、と主張する。彼は、マルクス主義のソビエト版の原始的な知的水準とそれが純粋にプラグマチックな目的に奉仕しているという事実を理解しているのである。

一方で、彼は、西欧資本主義とソビエト体制は、拡大する集権化、官僚制、経済の合理化、管理された教育と情報サービス、労働倫理、生産等の方向において収斂する、著しい兆候を示すと信じる。しかしながら、他方で、彼は、資本主義よりもソビエト体制に希望を見いだす。なぜなら、後者の場合、官僚制は完全に固まるか、あるいはその利益を貫徹することができないからである、と言う。つまり、「結局のところ」それは、抑圧による統治システムと両立できない全般的な技術・経済・政治的目的に道を譲るしかない。階級に基礎を置く国家において、合理的な技術的経済的な発展は搾取者の利益と衝突する。官僚制が自らの利益のために進歩を強制しようとするソビエト社会でも同じことが起こる。しかし、そこには、将来において解決される衝突の可能性が存在するのであって、それは資本主義の場合には起こりようがない。

5　論評

マルクーゼの初期の著作は、マルクス主義の一つの版を表したと見なしても良い（確かにそれは青年ヘーゲル派の誤ったヘーゲル解釈に基づいた）が、彼の後期の著作は、マルクス主義の伝統をしばしば引き合いに出したけれども、マルクス主義との共通点は全く持たない。彼が提供するものはプロレタリアート（福祉社会によって取り返しのつかないほど腐敗した）を除外したマルクス主義、そして歴史（歴史的変化の研究からではなく、真の人間の直観からもたらされる）を除外したマルクス主義、そして科学の崇拝を除外したマルクス主義である。その上、解放された社会の価値は快楽にあって、創造的な労働にはない、とするマルクス主義である。これら全てが、原初的なマルクス主義のメッセージの浅薄で歪曲された反映である。

マルクーゼは、事実として、もっとも非合理的な形態の準ロマン主義的な無政府主義の予言者である。マルクス主義は、確かに、ロマン主義の流れ、つまり失われた産業社会以前の価値への憧れ、人間と自然の統一や人間のあいだの直接的な共有感覚への憧れ、そしてまた、人間の経験的生活はこのような真の本性と調和できるし、調和しなければならないという信念を含んでいる。しかし、もしマルクス主義から階級闘争の理論やそのあらゆる科学的そして科学主義的な側面を含むこれら以外の他の全ての要素を取り除くならば、それはマルクス主義ではなくなる。

しかしながら、マルクーゼの著作の主要なポイントは、それと反対の明確な証拠にもかかわらず彼がマルクス主義者である、と自己表明したことではなく、われわれの文明のなかに既に存在するある傾向、つまり物事の

1119

性質上いかなる叙述もできない「新しい幸福な世界」という啓示のために、この文明を内部から破壊することをめざす傾向の哲学的な基礎を用意しようと、彼が努めていることにある。

さらに悪いことに、われわれがマルクーゼの著作から引き出すことができる千年王国の唯一の特徴は、啓発された集団によって専制的に支配される社会であって、この啓発された集団がそうする主要な資格がロゴスとエロスの統一を自らにおいて実現し、論理学、数学そして経験科学の厄介な権威を投げ捨てる一員であること、である。これはマルクーゼの理論の戯画化に見えるかもしれない。しかし、彼の著作からこれ以上の何かを引き出すことはできない。

マルクーゼの思想は、技術、精密科学、民主主義的な価値にたいする封建的な軽蔑の奇妙な混合物に、建設的な内容を欠く漠然とした革命主義を加えたものである。彼は文明の現状を嘆き悲しんでいるが、その文明は（1）科学を倫理から、経験的で数学的な知識を価値から、事実を規範から、世界の記述を規範的本質の洞察から切り離し、（2）「不毛な」論理と数学を創り出し、（3）エロスとロゴスの統一を破壊し、現実はそれ自体としての未発の「基準」を包含し、その結果、直観によってわれわれが現実を客観的規範それ自体と比較することができることを理解せず、そして（4）あらゆるものを技術の進歩に賭けてきた。

科学の破壊的結果は、その内容に内在しており、その単なる社会的な誤用によるのではない。この歪んだ文明は、知識と価値の「統一」を維持し、規範的な本質を呼び起こすことによって、現実を超越する弁証法によって対抗されなければならない。そういうわけで、このような高度な叡智を実現し、論理学や厳格な経験主義によって汚染されない人びとが、社会を形成する多数派にたいして暴力、不寛容、そして抑圧的措置を行使する有資格者である。これに該当するエリートが、革命的な学生、経済的に立ち遅れた国々の非識字農民、そしてアメリカ合衆国のルンペン・プロレタリアートである。

基本的な点でマルクーゼは、彼の実際的な主張が何であるかを明らかにしていない。例えば、人間性の真の本質は、ある一つの直感によって明らかにされるのであって、別の直感によってではない、ということをわれわれはどのようにして分かるのだろうか？　あるいは、どのモデル、どの規範的な概念が正しいものであることを、どのようにしてわれわれは分かるのだろうか。これらの疑問への答えは存在しないし、存在しようがない。われわれはマルクーゼとその信奉者による、恣意的な決定に委ねるしかない。

同じように、解放された世界がどのようになるのかを知らないし、マルクーゼもそれ以上は記述できない、と明確に述べている。われわれに語られる全ての事柄は、われわれは現在の社会と文明を完全に「超越」しなければならないこと、「世界革命」を遂行しなければならないこと、「質的に新しい」社会的諸条件を創出しなければならないことなどである。

引き出される唯一の明確な結論は、現在の文明を破壊しようとするものが何であれ、それは称賛に値するということである。例えば、アメリカ合衆国のさまざまな大学中心部で起きた書籍の焼き払いは、プラトンやヘーゲル流のより高度な理性の名において、腐った資本主義世界を「超越する」革命の過程を始動させる優れた方法ではない、と想定する理由は何もない。

科学と論理学にたいするマルクーゼの攻撃は、民主主義的な制度と「抑圧的な寛容」（「真の」寛容の反対語、すなわち抑圧的不寛容の反対語）の批判と密接な関係をもって進んだ。規範的な行為と評価を、論理的な思考そして経験的な方法から明確に区別する現代科学のルールは、事実として、寛容や自由な言論の原則と連結されている。

科学のルールは、形式的であれ経験的であれ、そのなかで論争者が共通の原則に訴えることができる知識の領域を定義し、そして正当な順序を踏んで、この土台の上で、どの理論または仮説が受け入れられるかに同意する。言い換えれば、科学は演繹的で蓋然的な論理で構成される思惟のコードを発達させ、それが人間の精神にそれ自体を強制的に押しつけ、そして認識しようとする全ての者のあいだの相互理解の領域を創り出す。

1120

この領域の向こうに価値の領域が存在し、そこでは討論もまた可能である。しかしそれは、科学的思惟の法則によって証明することはできない、ある個別的な価値が関係者によって認められるかぎりにおいてである。それでもなお基本的な価値は、科学的な思惟を律する規則の助けによって有効にさせられるということはできない。

これらの単純な原則が、強制的な規則を適用する分野と、そのような規則は存在せず相互の寛容がそれゆえに必要である分野との区別を、われわれに可能にさせる。しかしもし、われわれの思惟が規範的「本質」の直感に従属することを求められ、そして、この条件のもとでのみそれが真の思想と呼ぶことができ、より高度な理性の要求と一致すると宣言されるとすれば、これは不寛容と思想統制に行きつくことになる。なぜなら、特定の理念の主唱者が論理的経験的なルールの共通の資産を呼び起こすことによって、自らの見解を擁護する義務を負わないからである。

形式論理の「不毛性」（マルクーゼが論理について教える全ては、それが不毛であるということである）や、量的志向を有する自然科学（自然科学についてマルクーゼは確かに何も知らず、経済学や技術学はもっと知らない）を激しく責めることは、ただ無知を賛美することである。

人間の思惟は、知識と意見つまり「知識と臆見」（episteme and doxa）のプラトン哲学の区別のお陰で、恣意的な判断に従属しない知の領域を拡大することによって、科学を発展させ、そして作り出した。この区別は、当然ながら、思惟、感情そして欲求がより高度な「統一」として融合する究極的な、全包括的な統合の余地を認めない。そのような統合は、全体主義的な神話が思惟にたいする優越性、つまり「より深い」直観に基づく神話を主張する場合に可能となる。その結果、その神話は自らを正当化できず、精神的そして知的生活の全てにたいする指令を引き受けることになる。このことが可能となるためには、当然のこととして、あらゆる論理的経験的なルールは無意味である、と宣言されねばならず、これが、マルクーゼが行おうとしたものである。

彼が追求する目的は統一された知識であって、技術の進歩のような些細な目的を軽蔑し、そのメリットが全てを包括する知識である。しかし、そのような知識は、思惟が論理という外的強制を払い落とすことを認められた場合にのみ、存在できるであろう。その上、各人の「本質的」直観は他者のそれと異なるかもしれないのだから、社会の精神的統一は論理や事実以外の他の基礎に基づかなければならない。そこには思惟の規則以外の何らかの強制がなければならず、それは社会的な抑圧の形態を取らざるをえない。言い換えれば、マルクーゼのシステムは、論理の専制を政治の専制に置き換えることに依存する。

これは、あらゆる歴史的経験によって裏づけられる。つまり、合理的な思惟の作用のルールが周知され、認められているならば、その思惟の権威を押しつける多様な方法が存在するにもかかわらず、ある特定の世界観を社会全体に受け入れさせるただ一つの方法しか存在しないのである。マルクーゼ的エロスとロゴスの統一は、暴力によって確立され、統治される全体主義国家の形態においてのみ実現することができる。つまり、彼が推奨する自由は非自由である。

もし「真の」自由が選択の自由ではなく、特定の対象を選ぶことであるとすれば、もし言論の自由が好きなことを人びとが言うことができることではなく、正しいことを言わなければならないことであるとすれば、そして、もしマルクーゼとその信奉者たちが、人びとが選ばなければならないこと、言わなければならないことを決定する独占的な権利を持つとすれば、その場合に「自由」は単純にその普通の意味とは反対の意味を持つことになるだろう。このような条件のもとで「自由な」社会は、何をすべきかをよりよく知っている人びとの命令を除けば、対象あるいは理念のいずれかを選択する自由を人びとから奪う社会である。

マルクーゼの要求が、理論と実践のいずれにおいても、ソビエトの全体主義的な共産主義がこれまで実行してきたものよりも、さらにいっそう先へ進んでいることは特筆されるべきである。スターリン主義の最悪の時代においてすら、万人の教化や知識のイデオロギーへの奴隷化にもかかわらず、いくつかの分野はそれ自体が中立的であって、論理的そして経験的なルールのみに従うことが認められていた。これは、一つまたは二つの短い時期を除いて、数学、物理学、そしてまた技術学にとっても当てはまった。

他方で、マルクーゼは、規範的な本質があらゆる分野で打ち勝たなければならないこと、われわれが新しいという以外には何も知らない新しい技術と新しい質の高い科学が存在しなければならないこと、つまり、それらは経験の偏見や「数学化」から解放されていなければならず、数学、物理学またはその他のいかなる科学なしに達成可能でなければならず、絶対的に現在の知識を超越していなければならない、と主張する。

マルクーゼが切望し、産業文明によって破壊されてしまったと彼が想像する統一は、事実として存在してこなかった。例えば、われわれがマリノフスキーの著作から知るように、原始社会ですら神話的な秩序を技術的な秩序から区別した。魔術や神話は、技術や合理的な努力に取って代わることは決してなく、人類が技術的に統制できない領域においてそれらを補完しただけであった。マルクーゼの唯一のあり得た前走者は、中世と宗教改革初期の神政政治家たちであって、彼らは科学を排除しあるいは科学から独立性を剝奪しようとした。

当然のこととして、科学も技術も目的や価値の階層の土台を提供しない。それ自体としての目的は、手段と対置されて、科学の方法によっては同定できない。つまり、科学はわれわれに、われわれの目的にどのように到達するか、われわれがそれらに到達する際に何が起こるか、またはある行動過程がその後に続くか、を教える。ここの深淵は、どのような「本質的な」直観でも架橋することはできない。

マルクーゼは、科学や技術にたいする軽蔑と、物質的福祉の問題は全て解決され、財貨は十分に存在しているのだから、われわれはより高度な価値に向かってまい進しなければならない、という信念とを結びつけた。つまり、量を増やすことは資本主義の利益に奉仕するだけであり、資本主義は虚偽の需要を創造し、虚偽意識を注入することによって生きているのである、と。

この点でマルクーゼは、食料、衣服、住居、電気等の生活必需品が即座に利用できるがゆえに、これらを得るために自分自身が困ったことのない人びとの心性を代表している。これは物的経済的生産に何ら関わり合ったことがない人びととのあいだで彼の哲学が人気であったことを説明する。快適な中産階級の背景から出てきた学生は、生産の技術と組織が自分たちの知的な地平を超えているルンペン・プロレタリアートと共通点をもつ。つまり、供給が豊富であろうが貧困であろうが、消費財は単純に手に入れるために、そこに存在するのである。

技術と組織にたいする軽蔑は、操作の正規のルールに従うか、あるいは厳しい努力、知的訓練そして事実や論理のルールに向かう謙虚な態度を求める、あらゆる形態の学習にたいする嫌悪と密接に関係する。勤勉な仕事を回避し、現代文明を超越する世界革命のスローガンを叫び、知識と感情を合体させることの方がより容易である。

当然ながら、マルクーゼは、現代技術の破壊的な結果と諸個人を彼が遂行する機能以上のものではなくさせる功利主義的なアプローチがもたらす精神の貧困化について、通常のあらゆる憤懣を繰り返す。これらは彼自身の発見ではなく、長年にわたる自明の理である。しかしながら、重要なポイントは、技術の破壊的な結果は技術それ自体のさらなる発展によってのみ打ち勝つことができる、ということである。人類は「不毛な」論理の助けを得て、技術の進歩の有害な結果を中和するための社会計画の方法を科学的に編み出さなければならないのである。

この目的のために、生活をより耐えられるものにし、社会改良の合理的な考察を容易にする諸価値、つまり寛容、民主主義そして自由な言論を奨励し確立しなければならない。マルクーゼのプログラムは、この正反対である。それは全体主義の神話の名において、民主主義の制度や寛容を破壊し、経験主義と実証主義に敵対する哲学者たちの排他的所有物である雲をつかむような「本質的」直観のもとに、科学と技術を（実際的適用においてばかりではなく、その理論的側面においても同様に）従属させようとするのである。

マルクスのスローガン「社会主義か野蛮か」を、「社会主義は野蛮であ

1123
る」という版に置き換えるこれほど明白な実例はなかなか存在しえない。現代において反啓蒙主義（obscurantism）のアイディオロジストと呼ばれるのにマルクーゼほど完全に値する哲学者は、おそらく他には存在しないだろう。

第12章　エルンスト・ブロッホ　未来の霊知としてのマルクス主義

哲学の分野において、ブロッホの著作は、確かに、マルクス主義の周辺におけるもっとも極端な現われである。彼一人だけが、極めて多様な源泉によって鼓舞され、完全な形而上学、宇宙論そして霊知的で黙示的なスタイルで、継承された理論に推論的な宇宙起源論を接ぎ木しようと試みた。われわれはブロッホの意図の解釈として「接ぎ木」という言葉を使うけれども、彼自身は、その隠れた形而上学的な意味合いを析出するために、マルクスの思想の断片を繋ぎ合わせていると信じた。つまり、社会事象だけではなく、宇宙全体のあらゆる力や要素の普遍的な総合に向かう世界像である。

この哲学によれば、存在の意味は未来に向う行為のなかでのみ明らかにされる。「希望」がもっとも一般的な表現であるそのような行為は、認識的であると同時に情緒的でもある。しかし、またそれらは待ち望まれた現実の実際的な創造、それ自体のエンテレケイア〔現実態〕に向かう宇宙の運動である。ブロッホの仕事は、事実として、ドイツ表現主義の文学的な伝統に由来する警句的で詩的な散文で表現された、予言的な訴えである。

彼の文体は、新造語にとりまかれ、それで充満しているが、ベームやヘーゲルも含めて、マイスター・エックハルトの時代からハイデガーの時代に至るまで華麗に花開いたドイツ哲学の風変わりな言葉づかいに馴染みのない人にとって、ただちには理解しにくい読み物である。風変わりな言葉の好み、複合言語に加えて、ブロッホはハイデガーから副詞や接続詞等の名詞化という工夫を引き継いだ。つまり、「どこへ」(Wohin)、「何のために」(das Wozu)、「どこから」(das Woher)、「何もないこと」(das Nicht)、「まだないこと」(das Noch-nicht)、「それであること」(das Dass) などである。

何人かの批評家は、彼をドイツ散文の巨匠と見なす。他の批評家は彼の文体を人為的でもったいぶっていて、ごてごてしたバロック風の飾り立てのもとに思想の貧困を隠していると見る。確かに時どき、読者はあたかも錬金術師の実験場のなかにいるような感じになり、彼が詩的な言い回しを日常の用語に変える時、それは不毛で陳腐である、と見いだすかもしれない。それにもかかわらず、ブロッホの形而上学的な構築は無視されるべきではない。彼の哲学への関心は晩年に増大した。神学者たちですら、そのなかに刺激を見いだした。われわれの目的に照らしてみれば、その大部分の人生のあいだ、彼は自分自身を完全に成熟したマルクス主義者である、と考えていた。

1　生涯と作品

エルンスト・ブロッホ（Ernst Bloch　一八八五〜一九七七）は、同化ユダヤ人の両親の息子として、ルードヴィヒスハーフェンに生まれた。彼の知的発達は、近代主義あるいは実証主義と進化論に反対する新ロマン主義革命と軌を一にした。この革命は、カント主義と生の哲学の非正統的な変種という形態をとり、ベルクソン的傾向や東洋に関する知識によって育まれた、密閉され、神秘的で、霊知的な伝統にたいする関心そして宗教的本能の非教条的で成文化されない表れへの関心と結びついていた。

一九〇五年以降ブロッホはミュンヘンではリップスのもとで、ヴュルツブルクではキュルペのもとで学んだ。彼のリッケルトの哲学に関する博士論文は、『リッケルトの批判的検討と近代認識論の問題』として〇九年に刊行され、それには重要なその後のテーマの萌芽が含まれた。特に、それは現にある物ではなく、あるようになるかもしれない物に適用される、新しいユートピア的な知識論（ブロッホによれば、新しい論理学さえも）を求めた。

この理論は、同一原理や「SはPである」という公式に基づこうとするのではなく、対象に潜在する可能性や将来の宿命に自らを託し、空想の作用の余地を認め、「SはまだPではない」という命題を扱う。こうしてそれは、人間精神のなかに今のところはまだ全面的にあるいは部分的に潜在している要素や、その無意識の表現を提供しようとする。

ブロッホはベルリンで研究を継続したが、そこでの彼の哲学上の師はジンメルであった。彼はまた物理学を学び、人文学の幅広い分野の科目、詩、絵画、音楽、演劇に関心を持った。彼は社会主義の理念を吸収したが、知り得るかぎり、彼はいかなる政党にも加入しなかった。一九一四～一八年戦争の間に彼はマルクス主義者となったが、それは限定された意味においてである。

形而上学や知識論に関する彼のユートピア的な理念は、この時は、マルクスの思想の再建として表現されなかった。その代りに、彼はそれを別の政治的イデオロギーとしてマルクス主義に付け加えた。このことは、彼が戦争中に取り組み、一九一八年に『ユートピアの精神』として発行した（第二版の改訂版は二三年に発行された）最初の重要な著書において特に明瞭である。

この時までには、ブロッホの用法において、「ユートピア」という単語は、それがマルクスとマルクス主義の伝統全体が持っていた軽蔑的な意味を失った。その反対に、ブロッホは、マルクス主義は不十分ながらもユートピア的であって、直接的にそうではないが本来的に可能な世界を期待する点で十分に大胆ではなかった、と考えた。他方で、このようなユートピア的な大胆さは、千年王国的な大衆運動の伝統、特にブロッホの次の著作（『トーマス・ミュンツァー　革命の神学者』）のテーマであるドイツの革命的再洗礼派の伝統のなかに存在した。

彼がその生涯を通じて発展させることになった大部分の理念は、『ユートピアの精神』に含まれる。彼のその後の著作と同じように、それは極めて一般的な用語でしかユートピアを定義せず、ただユートピア思想の召喚である。その主張は、人間はユートピアの主体、つまり、それを生活のなかに蘇らせることが、哲学の任務である未発の可能性の焦点である、ということである。

実践理性の優先性は、哲学において有効であって、それはカント的意味においてではなく、哲学の任務はあるものをただ記述するだけではなく、いまだ潜在的で人間の主導性なしには生まれることができない世界の出現に寄与することである、という意味においてそうである。われわれの魂はまだ意識化されない層、われわれの隠された未来の層や全ての存在の層を含んでいる。つまり、われわれは実際にそうであるもの、そして本質的にそうであるものにはまだなっていない。宇宙それ自体が、まだそれ自体の本質やそれ自体の召命に達していない。そのような本質や宿命が何であるかは、経験的な観察や科学の法則によって確認することはできない。しかし、われわれの想像力は、まだ実現されてはいないが、実現されるかもしれない世界を含むことができる。

このようにブロッホは、物はその現実的な経験的な存在と一致するのではなく、発見され得るそれ自体の「真理」を保持すると信じる点で、プラトン主義者に従う。しかしながら、彼の意見では、この「真理」はどこにでも実際に存在するものではなく、人間の意志と人間の活動によって現実化できる。

われわれは、われわれのなかにこの形態を発見できる。つまり、ユートピアはわれわれの現実経験のなかに含まれている。しかし、それは宇宙の完全な転換、荘厳な啓示、メシアの降臨、新しい天国、そして新しい地球のなかにある。ユートピア哲学は、終末を待つという意味における終末論ではなく、それに達する方法である。それは観照ではなく行為、理性の行為よりも意志の行為である。過去の時代の救世主論によってわれわれはあらゆるものを約束されたのであって、われわれ自身の力によって現実化する可能性は存在する。われわれが成功することを保証する神は存在しない。神自身がユートピアの一部であり、いまだ実現されない最終的なものである。

『ユートピアの精神』において、ブロッホはユダヤの啓示文学の伝統に

1125

1126

従ったが、彼はそれを社会主義と無政府主義の曖昧な理念に結合した。ただ、国家や政治のような媒介的制度を必要としない自由の王国であるという以外は、救済に達した世界がどのようなものかは明確ではない。ここでブロッホはマルクスの理念に従うが、しかし、トーマス・ミュンツァーの召喚に見出されるのと同じように、マルクス主義を保存しない一般的な形式で従っている。その上、その比較はマルクスにとって不利であるように見える。マルクスは、歴史の非人格的メカニズムに多大な信頼を置くとして非難されるのだが、それにたいして、ユートピアは人間の意志によってのみ実現できる。こうして、マルクスの見解にたいするブロッホの初期の尊敬は、ソレルにおいてわれわれが見たものと同じであって、基本的にマルクス主義の標準的な解釈と基本的に異なる。

二〇年代そしてヒトラーの権力への接近まで、ブロッホはドイツで独立の執筆家として暮らし、学問的ポストは持たなかった。彼はヴァルター・ベンヤミンそしてルカーチとも友人であったが、それでも、彼は後者を『歴史と階級意識』における世界の公式的で純粋に「社会学的」解釈のゆえに、そしてまた表現主義文学にたいする教条主義的な非難のゆえに批判した。この時期に、ブロッホはまたブルジョア文明の功利主義、懐疑主義そしてプラグマチズムを批判する『砂漠を越えて』と題する論文収録と、さまざまな逸話と伝説によって鼓舞された、とりとめのない作品である『未知への痕跡』（一九三〇年）を発行した。

一九三三年に移住を強制され、しばらくの間をスイス、パリ、プラハで過ごした。三五年に彼はナチズムの批判とその文化的源泉の分析である『この時代の遺産』を発行した。この著作において彼は全面的にマルクス主義そして政治的共産主義に自己同一化したが、それでもいかなる共産主義政党にも加入せず、当時影響力のあったマルクス主義のスターリン主義的な解釈も受け入れなかった。しかしながら、彼は大粛清とモスクワ裁判という決定的な時期に、スターリンを支持した。

一九三八年にブロッホはアメリカ合衆国に移住し、そこで戦争中を過ごし、亡命者のドイツ語の定期雑誌に文章を書き、彼の最高傑作である『希望の原理』の準備をした。四九年にヨーロッパに帰還し、ライプツィヒ大学の哲学教授への任命を承諾することによって、スターリン主義的社会主義との一致を確約した。彼は以降の一二年間を東ドイツで過ごしたが、とりわけこの時代の初期においては、繰り返して体制への絶対的な政治的忠誠を表明した。

この時に彼はヘーゲルについての著書（『主体―客体　ヘーゲル読解』一九五一）、イスラム暦による千年記念が当時祝われたアヴィケンナについての短い論考（『アヴィケンナとアリストテレス左派』五二）、トマジウスに関する論考（『クリスティアン・トマジウス　悲惨を免れたドイツの学者』五三）、そして原版の修正・増補版である三巻本の『希望の原理』（五四、五五、五九）を発行した。

その政治的忠誠に疑いの入れようのない非党員マルクス主義者として、ブロッホは当局から報酬と何がしかの尊敬を受けた。彼のマルクス主義の特異な解釈は、当時の東ドイツの厳格なスターリン主義正統派の哲学教育や文学にもかかわらず容認された。しかしながら、時どき彼を攻撃する論文が公認の党員哲学者によって発表され、攻撃は一九五六年のソビエト共産党第二〇回大会後に強まった。この大会は東ヨーロッパ全体に熱烈な議論を巻き起こし、ブロッホは慎重で幾分か抽象的な言辞ではあったが、「自由主義的」または「修正主義的」理念にたいする明確な同調を表明した。

彼の七〇歳の誕生日を祝う記念論文集刊行の二年後に、彼を「修正主義」「観念論」「神秘主義」として、そして宗教に手を出し、ドイツ民主共和国における文化的自由の拡大、という反マルクス主義的な要求を口にしたとして、彼を非難する集団的論集が発行された。一九五六年に彼の下の学生や協力者のグループが党と政治改革の「修正主義的」計画の廉で投獄され、ブロッホ自身も教育することを禁止されたが、それでも『希望の原理』第三巻の発行は最終的に認められた。

ブロッホは東欧社会主義にますます幻滅を感じるようになり、一九六一年の夏、ベルリンの壁が造られた時、たまたま西ベルリン滞在中にドイツ民主共和国から西ドイツに逃れた数百万の人びとに加わる決意をした。七

1127

六歳であったが、彼はチュービンゲン大学の職を提供され、そこに亡くなるまで暮らした。ソビエト体制と政治的に決別して、彼は共産主義の刷新の支持者となった。

初期のいくつかの著作の再刊に加えて、彼はこの時期にマルクス主義の立場から自然法概念の復活を試みる『自然法と人間の尊厳』（一九六一）、『チュービンゲン哲学入門』（二巻、六三～六四）、『キリスト教の中の無神論』（六八）や無数の論文と論考を発表した。彼は多くの名誉や賞を受け、ズーアカンプ社は彼の五九年以降の作品の一六巻の刊行に着手した。

その生涯を通して、ブロッホは学問的思索者と呼んでもよい者の典型的な実例であり、その政治的現実の知識は主に書籍からもたらされた。彼は文学や哲学の該博な知識を持っていたが、しかしその分析力は極端に貧しかった。彼の頻繁な政治的言説は、スターリン主義者および反スターリン主義者としての二つの時代を通じて、無邪気で、曖昧で、そして定型的で、その時代のスローガンや決まり文句の単なる繰り返しであった。彼が、経済学の概念を持たなかったことは明白である。その生涯を通して、彼は書物に造詣の深い文人でありつづけ、それがどのようにして創造されるのか、あるいはその完成はどのような形態を取るのかも説明できない、完全な世界を夢見ていた。

2　基本的理念

ブロッホの書いたものは、その大部分が一つまたは二つの文章で表現される自足的な警句で成り立っており、彼の哲学の神髄を簡潔な形態で伝えるものとなっている。以下はいくつかの例である。

「人間は行く手になお多くのものをもっている者である。人間はその労働において、その労働を通してたえず創り変えられる。人間はつねに前方の限界に立っている。だが、人間はそれを知覚することによって、それはもはや限界ではなくなる。本来的なものは人間のなかでじっと辛抱しながら待ちつづけ、挫折を恐れ、成就されることを希望している」（『希望の原理』ズーアカンプ版　二八五頁［山下肇他訳『希望の原理』第一巻　白水社三二六頁］）。

「幼い時からわれわれは自分自身を発見しようと努める。しかし、われわれは、われわれが何であるかを知らない。明瞭だと思われることは、誰も自分がそうであるように見えるものではないことである。したがって、持っているように見え、あるいはそうであるように見える他者に対するわれわれの羨望は、まさにわれわれである。しかし、したがってまた、われわれとともに始める何か新しいものの始まりの喜びでもある。われわれは常にわれわれ自身の存在と一致して生きようと努める」（同前、一〇八九頁［邦訳、新版同前、第三巻］）。

「わたしが、いる。だがわたしはわたしを所有していない。それゆえにまず、わたしたちは生成する。この〈いる〉は内的である。すべて内的ということはそれ自体真暗闇だ。自分を、ましてや自分をとりまくものを見るには、自らの外へ出なければならぬ」（第一巻一一頁［花田圭介監修　菅谷規矩雄他訳『チュービンゲン哲学入門』法政大学出版　四頁］）。

これは、ブロッホの理念と彼に特徴的な正確さの欠如の典型的な実例である。彼の壮大な著作物の大部分は、この同じテーマの変種から成り立つ。その繰り返しは、ほとんど匹敵するものがない。上に引用した警句から、彼の理論の概要が構築されるかもしれない。

宇宙、そして特に人間は有限ではなく、多くの可能性を持つ。人間から独立して作用する客観的法則は、いずれもどの可能性が最終的に実現するかを決定しない。起こり得る事柄は、全面的な崩壊か完成かである。完成は、経験的な存在と人間や宇宙の隠れた「本質」の同一化から成り立つ。しかしながら、われわれはこれを「回帰」と呼んではならない。なぜなら、そう呼ぶことは、完成が過去の黄金時代に実現され、その結果その後の宇宙と人間の歴史は衰退であって上昇ではない、と示唆するだろうからである。

真理は、それでもってわれわれが同一化に成功するかもしれず、またはしないかもしれないわれわれの本質が、その自己実現を待っていることである。これは、われわれの行く手に人生が設ける継続的な障害物を克服す

1128

る、人間の意志とわれわれの能力に懸かっている。われわれの成功の条件は、未来に向かう能動的な態度、言い換えれば、希望の状態を維持することである。希望は感情的な性質であるが、それはまたそれ以上のものでもある。それは特殊な種類の知識であって、われわれにたいしてあり得るものとしての世界を明らかにする。その上、それは存在全体の属性であって、宇宙に充満する善や完成の衝動は、人間の精神の方向づけとして表される。宇宙の運命は、人間の活動によって埋め尽くされている。

　まだ存在しない未来は、単なる無ではなく、物や人間の態度のなかに隠れた現実的な可能性として、特異な存在論的位置を持つ。哲学の仕事は、この眠っている人類のユートピアの可能性を喚起することである。

　われわれは、ブロッホがどのようにしてこのような思想を発達させたかをはっきりさせるために、『希望の原理』をその基礎として取り上げる。それは、この著作が彼の全ての重要な理念や概念を含んでいるように思われるからである。

3　大小の白昼夢

　歴史の曙以来、全ての文化において、そして個人や社会の発達のあらゆる段階において、人間はより良いそしてより輝かしい生活、超人間的な力と心配・災い・争いのない世界を夢見てきた。要するに、人間は多かれ少なかれ巧みに、さまざまな種類のユートピアを構築してきた。われわれはそのようなユートピアの萌芽を、子どもたちの夢、おとぎ話のなかに、そしてアラジンのランプ、ひとまたぎで七リーグ歩ける靴、魔法のじゅうたん、フォルトウナの帽子、またギューゲスの指輪に、典型的な大衆の伝説
1129 のなかに見いだす。

　もっとも低い水準では、これらの白昼夢は富、栄誉または性的満足のような直接的な個人的目的に単純に関係する。つまり、われわれは世界を変えようとはしないで、自分のためにそこから多くのものを得ようとする。もっとも高い水準、革命のユートピアにおいて、われわれの態度はその逆である。われわれは、一人の人間の幸福が、他の人間の不幸あるいは奴隷化を犠牲にして得られることを認めるのを拒否する。つまり、われわれは現在よりもより良い世界を求めるだけではなく、いかなる悪、不幸あるいは災難も、もはや存在しない楽園状態を望む。「否定的な期待情動とそのユートピア像が、究極的には地獄的なるものを絶対者として志向するのにたいして、肯定的な期待情動（すなわち希望）は、それと同じだけの不可避さで、天国的なものを究極的志向対象の絶対者にもつのである」（『希望の原理』一二七頁［邦訳、同前、第一巻　一六〇頁］）。

　言い換えれば、積極的すなわちブロッホが呼ぶところの「具体的」ユートピアは、絶対的完成の期待、ヘーゲル的な歴史の完成である。それはその目的として「すべてのもの」、「究極のもの」または終末を持っている意志である。ブロッホは二つの可能性、つまり、全てか無、絶対的崩壊と無か絶対的完成しか存在しないと主張する。中間項は存在しない。「無もまた、よしんば極端に反ユートピア的ではあるにせよ、ひとつのユートピア的なカテゴリーだということである。――この無は故郷とか全という肯定的なユートピア概念とまったく同じように――もっぱら客観的な可能性としてのみ存在しているのである」（同前、一一頁［邦訳、同前、第一巻　二九頁］）。「実現の過程の、推進および起源の内容がまだ実現されていないために、実現の過程はまだ決まっていない。それゆえ、その行きつくところは無であるかもしれないし、すべてであるかもしれないし、全くの徒労におわるかもしれないし、完全な達成をみるかもしれない」（同前、二二二頁［邦訳、同前、第一巻　二五九〜六〇頁］）。

　「すべてのもの」（Totum）、「究極のもの」（Ultimum）、「最適のもの」（Optimum）、最高善（summum bonum）、「終末」（eschaton）、「全て」（the All）、「あるもの」（being　das Sein）、そして「故郷」（Heimat）という表現は全て同じものを意味する。故郷は自分自身であること、人と人自身および宇宙との完全な調和、全ての否定的なものの排除、あらゆる疎外が克服された最終状態を表す。ブロッホによれば、ユートピアの意志は終わりのない努力、または終わりのない進歩という問題ではない。それは、有限の時間のなかでの現実的な達成を熱望する。

1130

文明の歴史は、無数のユートピアの歴史であって、壮大な包括的な歴史ばかりではなく部分的な歴史でもある。しかしながら、それらの全てが絶対的な善への人間の欲求を反映している。ユートピアの夢は詩や演劇、音楽や絵画のなかに見いだすことができる。そこには、建築的なユートピア、エルドラドまたはエデンのような地理的ユートピア、永遠の若さあるいは病気や身体障碍の最終的な廃絶のような医療的ユートピアが存在する。スポーツはユートピアの一種であり、そのなかで、人びとは人体構造の自然な限界を克服しようとする。

舞踏、催し、サーカス、これらさえも、多くの場合無意識ではあるとしても、人間の完成への不変の憧れの現れである。最終的に、ユートピア文学のなかに、中世や一六世紀の千年王国像のなかに、救世主への期待感や救済の理念、救世主そして天国を持つ宗教の全ての歴史のなかに、完全な世界の精密な青写真が存在する。

ブロッホによれば、人間は本質的にユートピア精神の持ち主であって、完全な社会を信じ、不滅の希望を抱いて未来を期待する。このような抑えがたいユートピアのエネルギーによって満たされない文化は存在しない。それゆえに、われわれはそれが哲学史の上に強力なしるしを残してきたと期待したくなる。しかしながら、事実として、マルクス以前のヨーロッパのほとんど全部の哲学は、未来に顔を背け、その眼を犯罪的なほどに過去に固定した。つまり、哲学はより良い世界を計画し、それをどのように創るかを人びとに教える代わりに、今ある世界を解釈することで満足していた。なぜ哲学が他の文化の領域からこのように消極的に差別化したのかは明らかではない。

「プラトンの学説によれば、あらゆる知識はもっぱら想起（アナムネーシス）であり、かつて見たものを再び思い出すことなのである。このもっぱら既存性にもとづいた認識は、そのようにしてくりかえし再生産された」（同前、一五八頁［邦訳、同前、第一巻　一九三頁］）。

最終的な完成状態の投射を含む理論でさえ、未来を実際に想定しなかった。つまり彼らの「究極のもの」は虚偽のそれであって、常に絶対においてはじめて実現する。ヘーゲルのものを含むそのような哲学は、「新奇なもの」を認識しない。「究極のものは、フィロン（Philo）やアウグスチヌスからヘーゲルに至るまでの全ユダヤ教・キリスト教的宗教哲学のなかで、もっぱら第一位者に関係づけられ、新事象には関係づけられていない、したがって、最終的なものは単に、すでに一度完成され、失われるか外化されてしまった最初のものが再び獲得されてもどってくるという形で、表われるにすぎない」（同前、二三三頁［邦訳、同前、第一巻　二七二頁］）。

このように、マルクス以前の哲学は「究極のもの」を認めたが、世界における真の新奇性を認識しなかった、それは最初から実現された絶対を想定していたからである。完成または救済は、失われた楽園への回帰として表わされ、可能な楽園の征服としては表されなかった。

ブロッホは、われわれがベルクソンあるいはホワイトヘッドの形而上学のなかに発見するような、真に「新奇なもの」（Novum）を記述する二〇世紀の試みを少なくとも承認しようとしたように思われるかもしれない。しかしながら、これはそうではない。ベルクソンにおいて、「新しいもの」は抽象、繰り返しの単なる否定である。その上、彼の哲学全体は予期の哲学ではなく、印象主義的で自由放任的である。ブロッホのいくつかの所見からすれば、哲学だけではなくマルクス以前の人間の知識全体が過去に束縛され、それを記述するだけしかできず、未来を展望することができなかったように見える。

資本主義は、全てのものを商品に変え、そうして思考の「物象化」をもたらすことによって、このような態度を強めた。物象化された思考は、商品の形態に変えられ、それ自体を事実崇拝あるいは「這いまわる経験主義」として表わす。この点で、ブロッホは多かれ少なかれ、ルカーチやフランクフルト学派に従う。「事実崇拝主義」と「浅薄な経験主義」は、想像力に欠けて「孤立した」現象に囚われ、全体を理解することもあるいは歴史過程の「本質」を摑むこともできない（『本質的な歴史とは何か』二五六頁）。

哲学の過去と現在に関するこれらの全ての論評は、結局、分析の試みのない出まかせの非難ということになる。ブロッホはいくらか多く、精神分

1131

析に注目するが、彼の視点からすればそれは未来そのものの否定である。われわれが見てきたように、ブロッホは無意識のカテゴリーを「まだ意識されていないもの」、つまりわれわれのなかで期待という形で潜在しているが、まだはっきりと分節化されていないものに置き換えることにこだわった。

しかし、フロイトのものであろうが、彼に多少とも忠実な弟子たちのものであろうが、あらゆる精神分析の版において、無意識は過去の蓄積に由来し、何ら新しいものを含まない。このような過去志向（backward orientation）は、「精神分析的ファシスト」であるユングにおいてはさらにいっそう明白であって、彼は人間の全心理を集合的な先史の見地から解釈し、「知の嫌悪」は現代生活の病弊にたいする唯一の矯正法である、と主張した。

フロイトは、自由主義者であって、「無意識」に光を当てようとしたが、それにたいしユングは、われわれの意識を表面の下に押し込もうと欲した。アドラーについて言えば、彼は単純に資本家的な方法で、力への意志を人間の基本的な衝動と考える（同前、六三頁［邦訳、同前、第一巻　九〇頁］）。いずれにせよ、あらゆる精神分析は後ろ向きであって、それはそれらがブルジョアジーの意識、未来のない階級の意識を表しているという事実によって説明される。

過去の時代の革命的なユートピアは、人間の完成への欲求と、それは可能であるという知識を反映した。マルクス主義後のユートピアは例外なく反動的である。例えば、ウェルズの「ブルジョア民主主義的ユートピア」は、「資本主義の売春婦がもう一度処女になれるかのように、道徳的化粧板と人権の幻影で覆われている」。しかし「西欧資本主義のユートピアとしての「自由」はクロロホルムであって、それ以外のものではない」（同前、六八二頁［邦訳、同前、第二巻　一七八頁］）。

4　「具体的なユートピア」としてのマルクス主義

マルクス主義、それのみが、人類に完全で首尾一貫した未来の理解を与えた。その上、マルクス主義は完全に未来志向である。それは、過去がなお生きており、そしてそれゆえに未来の一部であるかぎりにおいて過去を認める。マルクス主義は、「具体的な理論—実践は客観的・実在的可能性の様態の探究ときわめて密接に関連するという発見」（同前、二三六頁［邦訳、同前、第一巻　二七六頁］）を成し遂げた。マルクス主義は科学であるが、しかし存在と思惟、存在と当為の二元論を克服した科学である。それは未来の楽園の理論であると同時に、それを実現する実践でもある。

マルクス主義は全てを包括するユートピアであるが、それまでの時代の夢と異なり、具体的な夢であって抽象的な夢ではない。ファランステール［フーリエ主義の生活共同団体］やニュー・ハーモニーは、抽象的なユートピアのタイプである。マルクスの具体的なユートピアは、将来の社会に関する正確な予測を含まない。しかし、それは古い空想にたいして「社会の革命的改造の歴史的・内在的過程へ能動的・意識的に参画すること」を対置する（同前、七二五頁［邦訳、同前、第二巻　二二〇頁］）。「具体的なユートピアにとって大事なことは、歴史的運動のそのもののなかにひそんでいる、自己自身にかかわる夢を正確に理解することである」（同前、七二七頁［邦訳、同前、第二巻　二二二頁］）。要するに、ユートピアを具体的にするのは、われわれがその正確な評価を与えることができないこと、まさに古典的な「暗黒の森」（locus a non lucendo）のようなものであることである。

ブロッホは、最高の善、すなわち「全てのもの」は科学的に分析されてきたと宣言するけれども、われわれが彼の著作のなかでそれについて学ぶことの全ては、マルクスから借用したわずかな言い回しのなかに含まれている。つまり、それは無階級社会、いかなる疎外も存在しない自由の王国等々である。それはまた人間と自然の調和も意味する。

ブロッホは幾度も、鍵的重要性を持つとして、マルクスの一八四四年草稿から「自然の人間化」に関する文章に言及する。なぜなら、ユートピアはそれが全体性、つまり宇宙を包括しないならば「具体的」ではあり得ないからである。われわれの想像が社会組織に限定され、自然を無視するかぎり、それは「抽象的」であるほかはない。

マルクス主義は希望の行為であり、期待される世界の知識とその世界を創り出す意志を蔵している。この意志とこの知識は、その対応物を経験的現実のなかではなく、より高度のより現実的な「本質的」秩序のなかに持つ。経験主義哲学と異なり、マルクス主義は、正しく理解されるならば、未だないものの存在論（Ontologie des Noch-Nicht）を内に含む。「未だ成らざる可能性にたいする、期待、希望、志向―それは人間の意識の基本的特徴であるばかりではなく、具体的に整理して把握すれば、客観的現実総体の内部でのひとつの根本規定なのである。マルクス以来、およそこの世界の主体的かつ客体的希望内容を回避できるような、真理探究の可能性も、決断のリアリズムも、もはや存在しない」（同前、五頁［邦訳、同前、第一巻　二二頁］）。

「人間のなかの未だ意識されないものは、こうしてどこまでも世界の中の未だ成らざるもの、未開発のもの、未だ顕在しないものに属する。未だ意識されないものは、未だ成らざるものと連絡し、相互作用を行う」（同前、一二頁［邦訳、同前、第一巻　三〇頁］）。

「現実がまだ完全に決定されつくしたものになっていないかぎり、現実が形成の新しい芽と新しい空間のなかにまだ完結していないもろもろの可能性をもっているかぎり、単なる現実としての現実からはユートピアに対する絶対的非難は生じえない。――具体的なユートピアのほうは過程としての現実のなかに、ひとつの対応物、媒介された新事象という対応物をもっている。――先取りの諸要素は現実そのものの構成要素である」（同前、二二六～七頁［邦訳、同前、第一巻　二六五～六頁］）。

こうして、われわれはブロッホのなかに、典型的に新プラトン主義的でヘーゲル主義的な非経験的現実という概念を発見する。しかしながら、この場合、それはプラトンの理念のようにどこかで既に現実化された完成でも、単なる恣意的な規範的構築でもなく、期待として、経験世界のなかに目に見えない形で存在するのである。ブロッホ自身は、この趣旨においてヘーゲルや新プラトン主義者を引き出すのではなく、むしろアリストテレスのエンテレケイア［可能態に対する現実態］やアリストテレス追随者たちの「創造的物質」（creative matter）の概念を呼び起こす。

彼は、それによって世界が不完全な形態から完全な形態へ進化する、ある種の内在的な目的性（purposiveness）を持つと信じる。これらの形態は両方ともに自然で規範的である。しかしながら、ブロッホは、彼のエネルギー、可能性そしてエンテレケイアの概念の使用が一つの重要な点でアリストテレスと異なることに気づいていないように思われる。これらの概念は特定の対象や過程、例えば種子に隠された完全な形態を発達させる植物に適用される時には理解できるが、しかし存在全体に適用される時には理解できない。

事実、アリストテレスは、それらの概念を有機的世界と目的的な人間活動の発達の経験的過程を叙述するのに使った。しかしながら、宇宙全体のエンテレケイアに関連させるブロッホの概念は、経験的な観察には何も負っていない。それらはただ、それについてわれわれが、何も断定できない完成へ向かう宇宙の動向の投機的な信念を表すにすぎない。

しかしながら、ブロッホによって、われわれは、現在の科学的知識を基に確立される絶対的完成の希望にたいする、いかなる反対も先験的に無効である、なぜなら「事実」は存在論的な意味を持たず、躊躇なく無視できるからである、ということを知っている。こうして、ブロッホが理解するものとしてのマルクス主義は、われわれの現在の知識の状態によって束縛される必要はない。大麦の粒が成長して大麦の実になることは、われわれが経験を土台にして合理的に期待できる事柄である。つまり、まさに完全な宇宙ではない現在が、内在的な自然の目的によって完全なそれに転化する宿命にあるということは、明らかに証明不可能であるばかりではなく、いかなる妥当性という点でも想像することは困難である。

ブロッホはこのことを承知し、そして現在の科学的思考の規則はこの「究極的なもの」という理念にいかなる支持も与えない、という事実も承知している。その代わりに、彼は想像、芸術的霊感そして熱狂の助けに訴える。これは、もし彼が自らを詩人と考えるならばまちがったことではないが、しかし彼は、期待される熱狂はそれ自身の力で、通常の意味ではなく、論理や観察という面倒な制約から自由な、より優れた類の科学という意味の科学である、と主張する。

　しかしながら、「世界の本質」は「いまだなお顕在化しない状態」であって、それゆえにそこに内在する可能性は、いわば実在全体の達成されるべき課題、潜在的な欲求、「客観的な空想」であると言うだけでは不十分である。この事業は、ただ単に世界の法則の力よりも人類の意志と意識を通してのみ実現できる、ということもまた重要である。事実として、人類は世界の意図の実行者、盲目の神秘的な神意の道具であるばかりではない。それはまた決定の権限を行使する。

　人間は、世界に完成または崩壊をもたらすかどうかを決定することができるのであって、そこには既に述べたように中間の道はなく、その結果がどれになるかは前もって決定されてはいない。こうして人間はある意味で世界のガイドであって、その双肩に人間の歴史の重みだけではなく、実在全体の重みも背負っている。この理念は新プラトン主義に典型的であるが、しかし、ブロッホは、妬ましいほどの自信をもって、それをマルクスに帰させている。

1134

　『チュービンゲン哲学入門』（二三一頁［邦訳　同前　二七五頁］）において、彼は、マルクスが「人間が万物の尺度でなければならない」と言った、と引用している。マルクスが二五歳の時に実際に書いたことは、「人間自身が人間の根源である」であって、それとは明らかに全く異なる。

　ブロッホの「究極的なもの」、すなわち楽園は、単純にあるべきものとしての世界の最後の状態ではなく、人間の意志によって実現されなければならないのだから、現在がいかなる意味で実際に未来を包括しているのか、つまり、いかなる意味において、われわれの未来世界の「知識」はその世界に関連しているのか、そしてそれが単なる意志行為であることから、どのようにかけ離れているのかは明瞭ではない。この観点からすれば、彼のより高度な、または「本質的な」現実という概念は、超現実主義者の同じような概念に劣らず多義的である。

　超現実主義の哲学において、特別な幻覚を起こさせる経験を通じてわれわれが接近する世界は、経験がそのカギとなるような完成された現実であるのか、あるいはわれわれがそれを認識しさせすれば想像する何ものかであるか、どうかは明らかではない。しかしながら、この曖昧さは超現実主義者の場合は問題がない。なぜなら、彼らの哲学は彼らの作品の派生物でしかないからである。ブロッホは、他方で、推論的哲学の用語を使っていると称しているが、そこにおいて基本的な概念の曖昧さは自殺行為である。

　この点で、ブロッホの曖昧さは、ヘーゲル・マルクスの伝統一般の曖昧さであるかぎり許される。われわれがルカーチの場合で見たように、未来を予見することと未来を創造することの区別を曖昧にすることがこの伝統の特徴である。予言者と科学者が袂を分かつのはここである。科学者が、正確かどうかは別にして、できごとを予言する時、彼は過去の観察や彼が諸々のできごとの内的な関連を理解しているという信念に基づく。つまり、彼は未来を知悉しているとは主張しない。なぜなら、そのような知識は不可能であって、多かれ少なかれ蓋然性として「予知する」しかないからである。他方、予言者は何事も「予知」しない。彼の未来に関する知識の源泉は過去ではなく未来そのものであり、それは神秘的な方法で、それ自体の存在論的位置をもって既に彼にとって存在するのである。

　ブロッホは、「未だ存在しない」が、彼が無や純粋の否定と徹底的に区別する現実について語る。「無」は確かに欠如を暗に含むが、しかしそれは何ものかの欠如であり、それゆえにその何ものかを志向する努力、それによって世界が覆われる創造的欲求を現す。それは無と対置されるべきものであって、全体と対置されるべきものではない（『希望の原理』三五六～七頁［邦訳　同前　第一巻　四〇六～七頁］）。

　「未だない」すなわち「未だ認識されないもの」の主観的な対応物は、純粋な否定ではなく、ある対象の意識となる精神の衝動と見なされなければならない。ブロッホは、彼が考えるものを説明するためにライプニッツの「小さな表象」を参照する。つまり、ともかくも知識であって、われわれが知覚しないか、あるいは潜在的には知覚しているが実際には知覚して

1135

いない未分化の知識の類である。

　このような方法で、予言者は極端に便利な位置にある。一方で彼は、彼の予言に理由をつける義務を持たない、なぜなら彼は、それらはつまらない経験主義に基づいているのではないこと、そして彼が事実と論理の絶対的な支配を軽蔑していることを前もって明らかにしているからである。

　他方、彼は、まだ起こってはいないが既に何か現存するものを知覚する特別な力に基づく最大の確信をもって、彼の予言を届ける。彼の知識は科学者のそれよりも高度でより一層確実であり、彼はその源泉あるいはその理由を説明する義務を持たない。つまり、説明を求める者はだれでも「物象化された意識」の代表者であることを自ら認める者であって、「這いまわる経験主義」の奴隷である。

　明らかに、このような知的策略の自由を享受する自称預言者は、彼の頭に去来するものなら何でも約束でき、他方で、自分の約束は優れたタイプの知識に基づくとわれわれに保証する。ブロッホは、未来のユートピアの社会組織は前もって記述することはできない、という条件をつけながら、われわれの生活に根本的変化をもたらす全く新しい種類の技術について語る。

　彼は説明する、資本主義は質的なアプローチに対置される、純粋に量的で機械的な自然概念に基づく技術を創造した、と。将来われわれは、彼が「非ユークリッド的」と呼ぶところの奇跡的な技術を享受するだろう（同前、七七五頁脚注［邦訳、新版同前、第三巻　三二五頁］）。創り出される技術革命の詳細を他の人びとに委ねておいて、彼はそれにもかかわらず、われわれに、もし帝国主義が存在しなかったとすれば、われわれは「わずか二、三〇〇ポンドのウランやトリウムを犠牲にして」すでにサハラやゴビの砂漠を灌漑し、シベリアや太平洋を行楽地に変えることができていたはずであると保証する。「非ユークリッド技術」は、人間の自然との親密性を再建し、「抽象的資本主義」（ブロッホ固有の言葉）が達成できなかった自然にたいする「質的」な態度を可能にするだろう。われわれは、もはや増大するエントロピーの法則に悩まされることはない。未来の技術が、それもまた処理するだろうからである、と。

5　反ユートピアとしての死　神はいまだ存在しない、だが存在するだろう

　ブロッホの期待は彼が死の問題や「自然の主体」を扱う時、よりいっそう大胆になる。『希望の原理』の第三巻は、古代エジプト、ギリシア、ユダヤ、仏教、ヒンズー教、そしてキリスト教の不死の理念に広大な評価を与え、その後に、ブロッホは次のような結論を提起する。伝統的な宗教の不死あるいは魂の転生にたいする信念は、純粋に幻想であるが、しかし、それはユートピアの意志や人間の尊厳の表明である。他方、唯物論的弁証法において「宇宙はニュートンの機械論によって縛られてはいない」（一三〇三頁）。

　「弁証法的唯物論は機械的唯物論と異なり、障害物を知らないし、いわゆる『自然の秩序』によるいかなる否定も認めない。――自然の人間化は、弁証法的唯物論の実践の、ユートピア的最終目標である。――共産主義の宇宙論［ママ］は、どの場合もそうだがここでも、人間とその労働を可能的存在としての自然の主体と弁証法的に媒介するという課題の領域なのである。――それは駄目だとは言いえない。つまり、自然のなかにおけるわれわれの運命にはなんら肯定的解答もなければ、またなんら究極的に否定的な解答も存在していないのである。――人間の労働という軸の外にある世界、つまりまだ媒介されていない自然存在のなかには、何がひそんでいるのか。そこではいかなる主体が運転を司っているのか。そうしたことは誰にも分からない。――それはすべて、人間の権力掌握が発展していくのかということにかかっている。すなわちこれを極めて正確にいえば、共産主義の発展とその地平の出現にかかっているのである」（『希望の原理』一三八二～三頁［邦訳　新版　第五巻　四〇三～四頁］）。

　人間存在の核心は、今なおそれ自体を顕してはおらず、それゆえにそれは「生成変化と消滅の領域外」にある（同前、一三九〇頁［邦訳、新版同前、第五巻　四一五頁］）。もし世界が完全な無の状態に達するとすれば、その

1136

場合にのみ、その時のみ、死は人間の心に横たわる自然の核心を貫くだろう。

このような主張が理解されるかぎり、不死に関する伝統的な宗教の全ての約束は無益となる、と言うことによってそれは概括されるかもしれない。しかし、われわれが共産主義を建設した時には、われわれは何ほどか死の問題を克服しているに違いない。それをできるだけ温和なものとするために、これは政治運動の名でかつて語られたもっとも軽薄な約束であるに違いない。それはブロッホのユートピア願望の最後、つまり神の最終的創造のみと対応するが、それについて彼は次のように主張する。

あらゆる宗教の核心は人間の絶対的な完成の王国への到達である。したがって、宗教の目的がそのもっとも進んだ程度まで推し進められるならば、人間の力を制限するものとしての神の排除が求められるようになり、そのような制限の一掃は全ての宗教的ユートピアのなかに暗黙裡に存在する。ここで、ブロッホは、宗教の真理は無神論である、としたフォイエルバッハにただ従っているだけであるように思われる。もしわれわれが、人びとが宗教に何を望んでいるかを正確に表現するならば、それは神の不存在である、ということが分かるだろう。

「宗教的な御国志向は無神論を内包している。――無神論は人間によってもっとも完全な存在と考えられたものを世界の始まりと過程から遠ざけ、事実の代りにそれを唯一の可能な存在に、つまり最高のユートピアの問題、究極の問題に定める。個々の宗教のなかで神と見なされていたものが占めていた場所、神の位格が一見実在的に満たしていた場所は、一見実在的にそれを満たしていたものが脱落した後でもそれ自体がなくなったわけではない。――かつての神によって表現されていた場所それ自体は無ではない。――真の唯物論は弁証法的唯物論である。それはまさしくすべての神の位格の超越性と実在性を止揚するが、しかし、もっとも完全なるものによって志向されていた内容を、過程の究極の質としての内容から、すなわち自由の王国という実在的ユートピアから排除することはない。――御国のユートピアは創造主たる神という虚構および天なる神という位格を破棄する。しかし、もっとも完全な存在がそのいまだ挫折を知らない潜在の深淵を秘めている究極の空間までを破棄するわけではない」（同前　一四一二～三頁［邦訳　新版　第六巻　三五～六頁］）。

ブロッホによれば、こうして宗教は、宗教がなくなることにおいて単純に終わりを迎えるのではなく、完成された存在という究極の問題の形でその財産を遺す。「あの世」（next world）における即製の天国の代りに、われわれは新しい天国と新しい地球を創造する、という命令を持つことになる。

しかしながら、ロシア社会民主党の運動における「建神論者」にたいするレーニンの軽蔑的な態度に留意して、ブロッホは、世界を崇高な存在の生産のための機械と見なさいこと、神が一掃された時でも、われわれはなおそれにたいして以前は神という名前が与えられていた「希望の全ての内容」を保持するだろう、ということを明確にする。

この曖昧な言葉は、完全な実在は共産主義のもとでも出現するだろうということを意味するように思われる。他の場所ではこの完全な実在は「自然のあり得る主体」あるいは「それであることに向かう衝動」（urge towards "thatness"）と呼ばれる。この最後の表現を理解するためには、ブロッホの語彙において「それであること」（thatness）は、事物の状態あるいは目的（in order that…）のいずれかを表していることが理解されなければならない。

彼はこのような曖昧な表現を多用するのだが、しかし、「それであること」（das Dass）を目的的過程または目的意識性と読むことは、おそらくもっとも単純である。こうして、共産主義は神の創造を実現するのだが、それは世界の神々が実現したあらゆるもの以上である。ブロッホの哲学は、結局のところ、神統記、あるべき神の幻想的な投射である。「真の創世記は始まりではなく終わりにある」（同前　一六二八頁［邦訳　新版　第六巻　三二五頁］）。

1138

6 物質と唯物論

その「本質」が、ユートピアまたは幻想を具現し、そして神の完成への到達という目的に充たされる世界像は、一見して、伝統的な唯物論と全く異なっており、それは正統派レーニン主義者によって攻撃されるにちがいないということは理解できる。しかしながら、ブロッホ自身は、自分の哲学は弁証法的唯物論の継続以外の何ものでもなく、特にそれはエンゲルスの意味の唯物論に基づいている、つまり、それは「世界をそれ自体の立場から解釈し」、物質的なもの以外の他の現実を前提にしないと主張する。

『アヴィケンナとアリストテレス左派』やその他の著作において、ブロッホは、アリストテレス主義の伝統に存在し、マルクス主義によって継承されたと彼が主張する創造的な物質という概念を引き出す。ストラトン、アフロディシアスのアレクサンドロス、アヴィケンナ、アヴェロエス、アヴィケブロン、ディナンのダヴィッドそして最後にジョルダーノ・ブルーノは、形態の多様性そしてさらなる恒久的な発達の可能性を含んだ過程としての物質の概念を発展させた。つまり、生起するいかなる新しい物も宇宙外の力によるのではなく、物質それ自体に備わっている可能性の発現である。物質と形態のあいだに区別はない。形態は単一の実体の潜在的なあるいは顕在的な属性、能産的自然（natura naturans）である。

彼の講義「いまだ存在しないものの存在論について」（Zur Ontologie des Noch-Nicht-Seins）において、ブロッホは物質の定義であると称する次のような説明を与える。

「それは単なる機械的な塊ではなく、アリストテレスの定義に暗黙裡に含まれる意味によれば、可能性による存在（すなわち、あらゆる可能な歴史事象を諸条件及び史的唯物論に基づいて決定すること）と、そして可能な状態にある存在（すなわち、客観的にそして現実的に可能であるものとの関連、実在論的に言えば弁証法的過程における可能的実体）の双方である」

彼は続けて言う、「非有機的自然は人間の歴史と同様に、そのユートピアを持っている。このいわゆる生命のない自然は生命を失ったものではなく、放射の中心、その実質がまだ現れない滞留の形式である」と。

こうして、ブロッホによれば、物質はいかなる物理的な特性でもなく、「創造性」の事実あるいは内在的目的によって単純に特徴づけられる。その場合に「唯物論」は、世界は変化に従い、多くの予期されない方法で発展するということを意味するに過ぎない、と指摘することは容易である。物質は単に「あるもの全て」を意味する用語として使われ、完全な現実性を除いてあらゆる神聖な属性を持つ。

このような漠然とした主張のなかに、われわれは確かにベームやパラケルススはもちろんのこと、ジョルダーノ・ブルーノの反響を聞く。物質は根源（Urgrund）、何でもそこから出てくる不確定の宇宙（universum）である。このように考えれば、それは汎神論の神と区別できなくなる。「全てが物質である」と言うことは同義反復であって、なぜなら物質は「全ての」の同義語であり、現実的なもの全てばかりだけではなく可能なものも全てであるからだ。それゆえに、ブロッホは「物質」は夢、主観的創造、審美的経験、外的世界の審美的質（それは自然のなかに含まれているように見えるが、美的認識を通して現実化する）が含まれる、とわれわれに教えてもわれわれは驚かない。もし神が実現しても、その実在への到来は唯物論にとって何の脅威にもならない、なぜなら、定義上、神もまた「物質的」であるからだ。

ここにあるのは、現に唯物論の主張ではなく、一元論の主張である。つまり、人間の主観性やその産物の全てを含むあらゆる可能な現象の単一の実体が存在する、という理論である。問題となっている実体は、それ自体の質を持たず、それについてわれわれが知っていることの全てはそれが「創造的」であって、それ自体のなかにあらゆる可能性を包含しているということだから、ブロッホの一元論も同様に内容を欠いている。存在するもの全てが物質的であり、物質は存在しうるもの全てであるとわれわれは聞かされる。

それにもかかわらず、少なくとも二つの点でブロッホの宇宙論と形而上学は、マルクス主義、より正確にはそこからのレーニン主義版を支持するもの、と彼によって見なされている。

第一に、世界は内在的な目的を具有しているばかりではなく、少なくともより高次の発展段階において、そのユートピア的な可能性を実現し、あるいはその自己期待を現実化するために人間主体の参加を必要とする。人間は物質の産物であるが、人間はそういう状況に現れたのであるから、いわばそのさらなる発展に責任を負っている。つまり、人間は、プロティノスやエリウゲナあるいは古い新プラトン主義哲学の神々の起源論においてそうであるように、創造の頭部である。

われわれのなかの「未だ意識されない」ものが、未定の方法で、自然では「未だにないもの」と関連している。すなわち、主観的な「未だないもの」がわれわれの努力を通じて顕在化し、そうして世界の本質を明らかにする。結果として、人間は、意識的に認識されようがされまいが、進化の法則が、世界がより良い場所になることを保証するだろう、と想定することはできない。

政治の立場からすれば、これは、未来の完全な社会は人間の意識的な意志によってのみ実現できることを意味する。これは宿命論または第二インターナショナルの決定論にたいするブロッホの批判、そして革命の意志が革命の過程で決定的な役割を果たすと主張するレーニン主義的マルクス主義への忠誠の形而上学的な正当化である。

第二に、同じ形而上学が修正主義に反対する堡塁を提供する。世界の未来が「全てか無か」のジレンマに集約されるなかで、われわれが、人間と世界が粉砕されることを望まないとすれば、われわれは前の方の選択肢に進まなければならない。世界は、ますます高度な形態に発展する運動の見地から見られなければならないだけではなく、世界はその最終的な完成の視点からも理解されなければならない。形而上学と社会活動は同じように最後の審判の日（eschaton）、世界の運命の完全で後戻りのできない達成、存在するあらゆる力の総合を目ざさなければならない。

したがってベルンシュタインが、究極の完成という地平を欠いた漸進的で不完全な改良の修正主義的な綱領を説教する時、彼はマルクス主義の敵

である。つまり、最終的目標という霊感は、マルクス主義哲学の不可分の一部であって、この基本的な点でマルクス主義哲学は急進的再洗礼派の黙示的な世界観を継承している（『希望の原理』六七六～九頁［邦訳　新版　第三巻　二〇六～六頁］）。したがって、西欧社会主義にたいするブロッホの後年の主たる批判の一つは、党の指導者たちが、社会主義が用意する偉大なユートピアの展望の代わりにさまざまな短期的な利益や改良を約束したことにあった。

7　自然法

ブロッホの哲学の特別な相は、マルクス主義を自然法と結びつけようとする試みである。この問題に関する彼の理念はいくつかの著作、特に『自然法と人間の尊厳』において発表されている。人間が自然によって一定の権利を有し、そしていかなる実定法も真の意味での法であることを停止することなしに、人間からこれらの権利を奪うことはできないという理念は、古代から現代までのユートピア思想のなかで重要な役割を果たしてきた。それは社会契約、人民主権の原理そして専制には合法的に抵抗できる、という理論を生み出した。

古典的な意味のユートピアと異なり、自然法理論は幸福あるいは経済的効率よりも人間の尊厳の観念によって鼓舞された。ブロッホの見解では、自然法理論はブルジョア民主主義への道を整える一方で、それやあるいは他の政治体制に限られない普遍的妥当性の要素を包含した。マルクス主義はある意味でユートピア主義だけではなく、ロック、グロティウス、トマジウスそしてルソーの継承者でもある。と言うのは、共産主義は貧困の廃絶だけではなく、人間の屈辱の終焉にも関わるからである。自然法理論はまた、最高善という観念への期待を包含しているのだから、ユートピア主義にも参画してきた。

われわれはまた『自然法と人間の尊厳』のなかに、社会主義的なユートピアは、出版、集会、自由な言論のような『ブルジョア的』諸自由を含む、という記述を発見する。しかしながら、ブロッホは、「真の」自由は国家

の廃止を含むこと、そして諸理想は国家のない社会主義社会において完全に実現され得ることを強調する。その社会が到来した時、個人と共同体の衝突は存在しないだろう。つまり、自由と幸福は相互に制限しあわず、強制はもはや必要とされず、普遍的な友愛が現れるだろう。しかしながら、そのような完全な社会が何ゆえに法を必要とするのか、全ての者が自発的な連帯の状態で生きているなかで、他の誰かに反対して主張する機会が存在しない「自然権」の核心は何か、ということは明らかにされない。

8　ブロッホの政治信条

ブロッホは、いかなる党の構成員でもなかったけれども、彼の政治的共感は全体としてスターリン主義の側にあったことは、彼がドイツ民主共和国に住むようになる遥か前の一九三〇年代に既に明白であった。彼は、社会主義的なユートピアを宣言しただけではなく、最高善（summum bonum）はどこにおいても完全には存在していないけれども、それはソビエト連邦において既に形成されつつある、と主張した。

『希望の原理』は、この著者の政治姿勢を一義的に証明する文章で満ち溢れている。それは彼が新体制の卓越性を賞賛する機会を逃さないからである。彼のこの種の表現は、いかなる証拠能力もない、ほとんど陳腐な決まり文句である。しかし、それらは有機的に連結するように見えるやり方で、彼の哲学のなかに埋め込まれている。とりわけ、彼はユートピアの階級的解釈に力点を置く。例えば、小ブルジョア的ユートピア理念は利己主義的だが、他方、プロレタリアのユートピア理念はそれに関心を示さない、とわれわれに語る（『希望の原理』三三二〜四頁［邦訳　同前　第一巻　五七〜八頁］）。

長寿というユートピアに関して、ブロッホは、それは資本主義のもとでは不可能であって、社会主義のもとでなら実現するだろう、と指摘することを忘れない。独占資本主義は、人びとがそこから利潤を引き出す業績記録を広めるようにさせることによって、人間のユートピアへの意欲を引き下げる（同前　五四頁［邦訳　同前　第一巻　八〇頁］）。ハイデガーは帝国主義の要請を受けた死の宣伝者であるに違いない（一三六五頁）、彼が恐怖や倦怠について語る時、「彼は、小市民階級の立場から、慢性的恐慌を正常な状態とする独占資本主義社会を反映しているのである」（同前　一二四頁［邦訳　同前　第一巻　一五六頁］）。

われわれが見たように、精神分析は過去を参照して人間の精神（プシケ）を解釈する。なぜなら、それが未来を持たない社会において生まれている 1141 からである。舞踏のユートピア的な役割に関して言えば、ブロッホは、新しい「社会主義的祖国愛」が民族舞踊の美を復活させるのにたいし、それが資本主義のもとでは人びとの感覚を鈍化することを図り、彼らが抑圧を忘れさせるようにしながら、恥さらしな結果をもたらしている、という言及を省略しない（同前　四五六〜八頁［邦訳　同前　第一巻　五二五〜七頁］）。このような趣旨の彼の指摘は、スターリン主義者の宣伝の完全な猿真似である。

この著作は、以下のようなイデオロギー的な決まり文句で充たされている。「革命的プロレタリアートのイデオロギーとしての社会主義は、そもそも把握された現実の動き、把握された現実の傾向と関係した真実な意識にすぎない」（同前、一七七頁［邦訳、同前、第一巻　二一二頁］）。別の個所でわれわれは、資本主義的芸術と文化は搾取という条件のもとの絶望を埋め合わせるために「幸せな結末」を使うが、それにたいし、社会主義は「それ固有の幸せな結末を持ち、維持する」（同前　五一六頁［邦訳　同前　第一巻　五九二頁］）と教えられる。

スポーツの文脈では、「分業に基づく疎外された社会」における人間の体格の劣化についてわれわれは聞かされる（同前　五二五頁［邦訳　新版　第三巻　一二一頁］）。生命の長寿化と年齢の影響との闘いに関して、ソビエト連邦はこの方向で進展を起こしたが、その理由を資本主義は認めることができなかった（同前　五三五頁［邦訳　新版　第三巻　二五頁］）。ブロッホはマルサスについて語る時、その精神的な子孫は「アメリカの殺人者たち」であること、そして今日のマルサス主義者はジェノサイドを実行し失業者を撲滅する帝国主義者の野望に責任があることを付け加えるのを忘れない（同前　五四三頁［邦訳　新版　第三巻　三四頁］）。

資本主義的な自由は労働者が餓死する自由を意味するが、他方「社会主義が建設されつつある所」では、あらゆる努力が暴力の廃止に向けられる（同前　一〇六一頁［邦訳　新版　第四巻　三三八頁］）。その上、資本主義のもとでは真の友情のようなものは存在しようがない。なぜなら、全ての生活が売りと買いによって支配されているからである。これにたいし、社会主義は全ての人民のあいだの普遍的友愛の道を整えつつある（同前　一一三一～三二頁［邦訳　新版　第五巻　七一頁］）。

ブロッホが一九五〇年代にドイツ民主共和国で『希望の原理』を改訂した時に、これらの馬鹿げた、そして卑屈な宣伝文句を挿入したこと、そしてそれらが当時の出版の必須の条件であったことは極めてあり得ることである。いずれにせよ、彼が当時もその後もこのことを信じていたとわれわれは想定しなければならない。なぜなら、それらは彼が西ドイツ移住後に発行された復刻版にもまた登場したからである。

一九六一年以降に書かれた政治的演説や論文（それらのいくつかは『抵抗と平和　政治論集』〈一九六八〉に収録されている）において、ブロッホは極めて曖昧で一般的な用語ではあるけれども、民主主義的社会主義に賛成する立場をとった。彼はまたスターリン主義を曖昧な言辞で非難し、マルクス主義は更新され、変化する環境に適応する必要があるなどと公言した。この種の表明は一九五五～六年の東ヨーロッパでは何らかの意味を持ったが、しかし六〇年代初期までにそれらは既に不毛の決まり文句となっていた。

しかしながら、政治理論としてのレーニン主義、政治体制としてのスターリン主義にたいするブロッホの自己同一化が、彼の形而上学理論の有機的で不可欠な部分であると言うことは、公正さを欠く。彼の理論はいかなる特定の政治的結果あるいは自己関与の指示を伴わず、例えスターリン的な整形［トリミング］がそのテキストから単純に一掃されたとしても、『希望の原理』から引き出すことができるものは何もない。

この点でブロッホの場合は、ハイデガーとナチズムの一時的な同一化と軌を一にする。もっとも、ハイデガーは控え目であって、彼の哲学作品は同じような政治的道徳化で飾られてはいなかった。彼らの政治的発言のなかで、この両名は全体主義的な独裁への忠誠を支える彼ら自身の特徴的な概念を使ったが、概念それ自体は別な方向よりも一つの方向を指示するというようなものではなかった。自己同一化は、等しく、ぐるりと回って反対側となっていたかもしれない。

ブロッホの「希望」の概念は、ナチズムを賞賛するために使うことができたかもしれず、ハイデガーの「真正性」は共産主義の宣伝の大義に奉仕することができたかもしれない。両方の概念はこのような方法で十分に利用される程度に曖昧で形式的であった。どちらの理論もそうした利用を禁止する固有の道徳的な制限を持たず、また政治的な行動の特定の進路を記述するものでもなかった。

このような批判は、形而上学にたいする有効な反論ではないと主張されるかもしれない。なぜなら、形而上学は政治的な指令を用意する義務は持たず、ましてや、その価値がそれから生まれた政治的な利用に依存せず、そのような結論は哲学の必要な任務ではないからである。しかし、ブロッホやハイデガーは、このような筋では擁護できない。なぜなら、彼ら自身が、彼らの形而上学的な理論または哲学的人間学は、世界の解釈だけではなく、人間がどのように行動しなければならないか、そして価値的に生きるためにいかなる勢力と連合しなければならないかの提示、という実践的な目的を持ち、また持たなければならないと主張したからである。

哲学的な理論はいかなる特定の生き方あるいは社会的な関与を明確に示唆するものではない、という異議は、当該の理論が実践的な主張を行い、単に記述的だけではなく規範的であろうとする場合は有効である。ハイデガーの攻撃的で尊大な実存の現象学は、二〇世紀哲学にとって、比較のしようのないほどの重要性を持ち、ブロッホの曖昧で理解しにくいスタイルよりも、文化にたいして無限の刺激を与えた。彼らは、単なる観照ではなく、世界の実際生活の形而上学的な基礎を確立しようとした点では共通した。この目的のために、彼らはそれぞれに曖昧だが、純粋に形式的な「真正性」や「希望」という概念を編み出し、それが実は、何らかの点で人が選択するほどに効力があったのである。

9　結論と批評

筆者は、ブロッホのドイツ語散文の長所や欠陥を評価できる、と言い張るつもりはない。哲学者として、ブロッホは知的無責任の説教師と名づけられるにちがいない。彼がユートピアを発見したとか、ましてや「具体的な」ユートピアを発見した、と信じることはできない。われわれは彼の著作の代わりにフーリエの奇異な特徴をもつ「抽象的な」ユートピアに安心して立ちもどる。ブロッホはユートピア思想を抱くことや、そして自身では輪郭を描こうとも試みなかった未来を思索することを、われわれに勧めただけである。

1143

他の多くのマルクス主義者と同じように、ブロッホは自分の主張を具体化するために骨折ることもなく、ただそれらを主張するだけであった。自分の主張を押し出すというめったにない機会があっても、彼はいつも自分の論理的無力さをさらけ出すだけであった。例えば、不変の人間性というようなものは存在しない、なぜなら飢餓のような普遍的な現象すら歴史の行程ではさまざまな形態をとり、そのなかで、異なる時代の人びとは異なる食料を好んだからだ、と彼は言う（同前　七五～六頁［邦訳　同前　第一巻　一〇三～四頁］）。彼の主張に従おうと努力する読者の誰もが、それらは自明の理や類語反復で成り立ち、それらが許容しがたいほど複雑な言い回しで覆い隠されていることを発見する。いくつかその事例を挙げる。

「われわれは生きるために生きているのではなく、生きているがゆえに生きているのである。しかし、この『ゆえに』の中には、あるいはわれわれがそこで生きる空虚な『それ』の中には、何らの再保証は存在せず、『なぜ』の苦悩への全面的な挑戦がある」（『未だ存在しないものの存在論のために』）言い換えれば、人びとは人生とは何かについて始終惑っているのである。

さらに、「隠れているものが既に現れるならば未来への進歩は存在しないだろうし、現われて、そしてその中に解き放たれたものが、動向の『一体性』と対応するならば過去への逸脱も存在しないだろう」（同前）これは、もし何も変わらなければ何も変わらないだろう、ということを意味しているように思われる。

あるいはさらに、「現実は過程である。過程は多岐に枝分かれして、現在と、解決されていない過去と、なかんずく可能な未来とのあいだを媒介する」（『希望の原理』二二五頁［邦訳　同前　第一巻　二六四頁］）。このなかに、世界は変化に従うというごく普通の言説を超える意味を検出することはできない。

ブロッホの分析の無能力は、実証主義、「事実の物神化」そして「実証主義的論理」にたいする彼の頻繁な無差別的非難において、理論的長所という地位にまで引き上げられた。ルカーチと同じように、彼は「事実がよっぽど間違っている」（『チュービンゲン哲学入門』一一四頁）というスローガンを採用し、それは「実践理性の優位性」そして世界と「哲学の論理」の「人間化」の必要を意味すると宣言する。

ブロッホが実証主義一般を攻撃したとして、あるいは自明で検討の必要もない何ものとかとしての「事実」という概念を受け入れることを否定したとして、筆者が、彼を批判しているのではないことは指摘して置かなければならない。しかしながら、ブロッホは哲学的批判者ではない。彼の「事実崇拝」についての軽蔑的な文章と実証主義者たち自身の「事実」の概念についての合理的な議論とを比較し、あるいはヤスパースの『哲学』第一巻の徹底した実証主義批判または現象学者フッサールそしてインガルデンの作品と「這いまわる経験主義」に反対するブロッホの悪口雑言を比較するだけで十分である。

1144

ブロッホの哲学を不適格とするのは、それがまちがっているということではなく、それが内容を欠いていることにある。確かに、より良い未来に関する幻想、あるいは人類の幸福を増進するために使われる不屈の技術という夢に、害はない。彼の幻想的な投企の難点は、われわれがそれをどのように実現するかが分からないということではなく、それがいかなる内容から成り立つかを、われわれが知らされていないことにある。

ロジャー・ベーコン、レオナルドそしてシラノ・ド・ベルジュラックは飛ぶ機械を夢見たが、それは当時の技術では不可能であった。しかし、それらを製作することができない時代に人間がそれらを夢見ることができなかったとすれば、その夢を現実化するほどの技術を人間は発達させることはなかったであろう。この意味でユートピア主義者の投企は生の必要な一部である。しかしながら、これらの「具体的な」構想と異なり、ブロッホのユートピアは完全な世界という夢であり、その完成の姿はわれわれにはさっぱり理解できない。彼は、未来の技術は「非ユークリッド的」である、と教える。しかし、彼はこれが何を意味するかを説明せず、ただ、それは「質的」であって、人間と自然の調和を復活させると言うだけである（ブロッホによれば、資本主義は「真の技術」を生み出すことはできない）。

ブロッホにとって独特なことは、彼がより良い未来を空想したことではなく、第一に、彼の空想が内容を欠いていること、第二に、それはその空想の範囲内で最終的な完成を含み得るし、また含まなければならないと信じること（哲学は未来の時間全体を包括しなければならない）、そして第三に、彼が、自分の一般原理は科学思想のより高次な形態であり、それは事実を崇拝したり形式論理を操ったりする人びとの理解を超える、と主張することである。

ブロッホの思想は、もっとも多様な伝統の混合物である。つまり、新プラトン主義の霊知、ルネサンスとその後の自然主義、近代主義的神秘主義、マルクス主義、ロマン主義的な反資本主義、宇宙進化論そして無意識の理論である。ロマン主義的な反資本主義の痕跡は、確かにマルクスのなかに見出すことができ、ドイツ・マルクス主義あるいはフランクフルト学派やマルクーゼを含むブロッホ世代（ルカーチを除く）の疑似非マルクス主義者のあいだでは極めて根強い。

ブロッホは、彼の資本主義攻撃はロマン主義的な保守主義とは何の関係もないと主張するが、しかし事実として、それらは緊密に結びついている。彼は、資本主義は生活の美を抹殺し、人間関係を機械化し、日々の生活の審美的な価値を純粋に功利的な価値に置き換えた、と嘆く。彼は、飛行機を「模造の鳥」と呼び、自然は新しい形態の技術を全て含むと信じたが、それに関して、しかしながら彼は、それが全く異なること、そして有害な結果を及ぼさない、と告げるだけである。

ブロッホの哲学著作の核心は「希望」を形而上学の概念に転換するという理念であって、その結果、希望は存在の質となる。これはガブリエル・マルセル「希望の形而上学」のある種の転倒であって、ガブリエルの場合、希望は情緒の状態ではなく神の恩寵に接した存在の形態である。

ブロッホは、他方で、希望は実在の一部ではあるけれども、人間の活動によって現実化される、と信じる。人間はそれを自然から、ましてや神から受け取るのではない。人間は実在のなかに隠れている希望を活性化し、自然のなかに眠っている神を揺り起こす。キリスト教哲学の立場からすれば、ブロッホの理念は傲慢という罪の絶頂を表しているに違いない。

彼の希望の実在化は、マルクス主義のいかなる源泉からも引き出すことはできないけれども、ブロッホは、マルクス自身にも隠されていた新プラトン主義の起源を明らかにすることによって、それなりにマルクス主義に光を当てた。彼は、人間の自分自身との完全な調和の展望というマルクスの信念と、ヘーゲルを通してマルクス主義のなかにその道を見いだした新プラトン主義的霊知の伝統との結びつきを指摘した。彼は、マルクスのなかで曖昧にされ、それゆえに放置され、無視されたが、マルクス主義全体の理念を動かした救済論の流れを強調した。つまり、人間の真正の本質と経験的な存在との将来における同一化の信念、あるいはより簡単には、「汝ら神の如くならん」(eritic sicut dei) という約束である。

この意味で、ブロッホが、マルクス主義と創世記の蛇を崇敬したグノーシス派とを結びつけ、ヨハネではなくそれが「偉大な神の約束」の真の守護者であると主張したことは正しかった。ブロッホは、たいていは効果的ではなかったが、これまでキリスト教の著述者たちによってだけで着目されてきた、マルクス主義の本質的な側面を明らかにすることを助けた。このかぎりにおいて彼の著作は無駄ではなかった。

ブロッホの哲学はまた、もしわれわれがその固有の利点ではなく、均一化の圧力を伴うスターリン主義の破壊的影響下にあったドイツ民主共和国そして東ヨーロッパ全体の知的諸条件との関連で考察するならば、より好意的に見ることができるかもしれない。ブロッホの思想は、ソビエトの弁証法的唯物論の内容のない公式よりも豊かで、変化に富み、そして多面的である。それはまた、党の教条または国家によって課せられる「世界観」に転化することなど想像もできない、という長所を持つ。その漠然さが、硬直した教条として使われることからそれを守っている。

いくつかの本質的な点で、それはマルクス・レーン主義の公式から大きく離れており、そのために公式の理論と調和できない。特に、それは宗教のある程度の復興を含んでおり、これはある形態の宗教は過去の時代に「その時代にとって進歩的役割を果たした」という歴史的意味においてだけではない。この公式は、マルクス・レーニン主義にとって受容可能であるが、しかし、ブロッホはさらに踏み込む。彼の意見では、宗教は恒久的で破壊できない根源を有しており、それは輪郭のはっきりしない方法で未来のマルクス主義のなかに保持されなければならない。したがって、宗教は、前時代の無知や被抑圧人民の幻想上の慰めから生まれた迷信の単なる集成、と位置づけてはならない。

ブロッホは、全ての正統派のレーニン・スターリン主義者と同じように、マルクスの時代とそれ以降のあらゆる非マルクス主義哲学を非難したけれども、彼の同僚の正統派マルクス主義者から極めて低い評判のもとに置かれた過去の時代の知的文化のある一定の側面を、マルクス主義の伝統の中
1146 に包み込もうとした。

これらのなかには、キリスト教のいくつかの要素そしてライプニッツ派の哲学、自然法の学説や新プラトン主義のさまざまな要素があった。ブロッホの影響を受けたドイツ民主共和国の哲学者たちは、マルクス・レーニン主義の公式を疑問なしには鵜呑みにできなかった。この点でもまた、彼の理念は、東ヨーロッパ社会主義の教条主義的な国家イデオロギーとの闘
1147 争において、ある一定の役割を果たした。

第13章　スターリン死後のマルクス主義の展開

1　「非スターリン化」

ヨシフ・ヴィッサリオノヴィチ・スターリンは、一九五三年三月五日に脳卒中で死亡した。彼の後継者たちが、彼らのなかで権力をうまく操作しようとしながら、誤って知られるようになった「非スターリン化」(de-Stalinization) の過程を開始した時、世界はそのニュースを全く理解しなかった。これはほとんど三年後にその頂点に達したが、その時にニキータ・フルシチョフは、ソビエト共産党にたいして、そしてまもなく全世界にたいして、進歩的人類の指導者、世界の霊感、ソビエト人民の父、科学と教養の教師、卓越した軍事的天才、総じて歴史上もっとも偉大な天才であったスターリンが、実際には偏執病的な拷問者、大量殺人者、ソビエト国家を大災厄の瀬戸際にまで引きずりこんだ軍事的無知の人であった、と公表した。

スターリンの死に続く三年間は、極めて劇的な時期であったが、われわれはそのなかのわずかばかりについて簡潔に触れることとする。

一九五三年六月の東ドイツ労働者の反乱はソビエト軍によって鎮圧された。その後まもなく、クレムリンの重要人物の一人で国家保安総局長のラヴレンチー・ベリヤがさまざまな犯罪の廉で逮捕されたというニュースが公式に告知された（彼の裁判と刑の執行は一二月まで発表されなかった）。

およそこの同じ時期に（西側はこれを相当遅くなって、しかも非公式に知った）、いくつかのシベリアの強制収容所の被収容者たちが反乱を起こした。野蛮に鎮圧されたけれども、これらの反乱はおそらくは抑圧体制の変容を助けただろう。スターリン崇拝は、彼の死後の数ヵ月の間にかなり弱まった。一九五三年七月の党の五〇周年を祝うために、党によって宣言された「テーゼ」のなかで、彼の名前はたった数回しか触れられず、それも通例の熱狂的な賛辞をともなってはいなかった。

一九五四年には文化政策の緩和があり、秋にはソビエト連邦がユーゴスラビアと調停を準備していることが明らかになったが、それは東欧全体の共産主義指導者に執行するための口実であった「チトーの陰謀」という告発の撤回を意味した。

スターリン崇拝と彼の不可侵の権威は、長い間、世界中の共産主義イデオロギーの「輪止めくさび」であり続けたのだから、その反転が全ての共産党を混乱と不安定に陥らせ、あらゆる側面における社会主義体制へのますます先鋭化した度重なる批判、つまり経済的な不条理、政治的抑圧そして文化の奴隷化という批判を刺激したのは驚くことではなかった。

このような批判は、一九五四年末以降「社会主義陣営」全体に広がった。それはポーランドやハンガリーでもっとも強烈であり、そこでは、そのように呼ばれた修正主義の運動が、共産主義の教条のあらゆる側面にたいして例外なしに全面的な攻撃となって発展した。

一九五六年二月のソビエト連邦共産党第二〇回大会において、フルシチョフは「個人崇拝」に関する有名な演説を行った。これは秘密会で行われたが、外国の代表団の出席のもとであった。この演説はソビエト連邦内では活字化されなかったが、その文章が幾人かの党員活動家に知られるようになり、そのすぐ後にアメリカ合衆国国務省によって発行された（共産主義国家のなかでポーランドは、この文章が活字化され、信頼の置ける党員に『内部使用のため』に配布された唯一の国であったように思われる。西欧諸国の共産党は長い間、その信憑性を認めることを拒否した）。

演説のなかでフルシチョフは、スターリンの犯罪と偏執病的妄想、拷問、迫害、党役員の殺害の詳細な報告をしたが、彼は反対運動のメンバーを一人も復活させなかった。その名前を彼が引用した犠牲者は、ポスティシェ

1149

フ、ガマルニク、ルズタクのような非の打ちどころのないスターリン主義者であり、ブハーリンやカーメネフのような、独裁者のかつての反対派ではなかった。ましてやフルシチョフはスターリン体制の歴史的・社会学的な分析の試みなどはしなかった。

スターリンは単に犯罪的で狂気じみていたのであり、国家のあらゆる敗北と災難の責任を個人として問われた。どのようにして、そしていかなる社会的条件が、血に飢えた狂人をして、その時代を通じて人類史上もっとも進歩的で民主的な政治体制として賞賛されてきた二億の人びとが住む国にたいして、二五年もの間、無制限の専制的な権力を行使させることができたのか、この謎について演説はどのような手がかりも与えなかった。確かなことは、ソビエト体制と党自体は純粋に完璧に残りつづけ、専制者の非道にたいする責任を負わないことであった。

共産主義世界におけるフルシチョフ演説の爆弾的な影響は、それが含んだ新しい情報量のせいではなかった。西欧諸国のなかでスターリン体制の恐怖を記述した大量の文献が、学術的な類のものから第一次的な報告書の形のものまで、相当に信頼の置ける条件で既に利用されており、フルシチョフによって引用された細部はその概要を変えるものでも、それに多くのことを付け加えるものでもなかった。他方、ソビエト連邦とその従属国においては、共産主義者と非共産主義者の双方が個人的な経験から真実を知っていた。共産主義運動に及ぼす第二〇回大会の破壊的な影響は、この運動の二つの重大な特殊性による。つまり、共産主義者の心性と統治システムにおける党の機能である。

情報が外部世界からゆっくりと入ってくるのを防止するために、当局があらゆる手段を使う「社会主義陣営」においてばかりでなく、民主主義国家においても、共産党は「外部からの」つまり「ブルジョア的な」源泉からのあらゆる事実や主張にたいして完全に免疫のある心性を創り出してきた。たいていの場合、共産主義者は、魔術的思考の犠牲者であって、この思考によれば、不純な源泉はそこからもたらされる情報を不純にする。基本的な問題で政治的に敵である人ならば、誰でもが特定のあるいは事実的な問題で自動的に誤っているに違いない、のである。

共産主義者の心（mind）は、事実や合理的な主張の侵入にたいして十分に準備ができている。神話の体系においてそうであるように、真理は実際に（もちろん、イデオロギーの手引きではそうではないけれども）そこから生まれる源泉によって決定される。「ブルジョア的な」書籍または新聞に登場するかぎり何の震動も引き起こさなかった報告でも、それがクレムリンの宣託によって確証されると、雷鳴のような効果を及ぼした。昨日は「帝国主義の宣伝の卑屈なウソ」であったものが、突然に恐ろしいほどの真理となった。その上、落ちた偶像は他の誰かが占めるために、その台座をただそのままにしておくことはなかった。

スターリンの廃位は一個の権威の崩壊だけではなく、全ての制度の崩壊を意味した。党員たちは、第一のスターリンのあやまちを修正するために登場する第二のスターリンに、彼らの希望をかけることはできなかった。彼らは、スターリンはまちがったけれども党と体制はまちがってはいなかった、という当局の保証をもはや真剣に受けとることはできなかった。

次に、共産主義の道徳的な荒廃が直ちに全ての権力システムを揺るがした。スターリン主義の体制は、党の支配を正統化するためのイデオロギーという接着材なしには存続できなかった。当時の党機構はイデオロギー的な衝撃に敏感であった。レーニン・スターリン主義の社会主義において、権力システム全体の安定性は統治機構の安定性に依存したのだから、官僚制の混乱、不安定、士気喪失は体制の全体構造を脅かした。非スターリン化は、共産主義が決して回復できないウイルスに罹っていることを証明したが、それでも、それはともかくも一時的なやり方で、それに対応するようにやりくりした。

ポーランドでは、第二〇回大会時点で社会批判と「修正主義者」の動向が既に遙かに進んでいたけれども、大会とフルシチョフ演説は党の解体を大きく加速させた。それは、この体制をより公然と批判するように批判者たちを励まし、長年にわたって蓄積し、脅迫によって沈静化させられてきた不満が、ますます明瞭に表面化するほどに統治機構は一段と弱体化した。

一九五六年六月にボズナンで労働者の蜂起が起こった。直接的な経済的困難によって引き起こされたけれども、それはソビエト連邦とポーランド政府の双方にたいする労働者階級全体の閉じ込められていた憎悪を反映した。この反乱は鎮圧された。しかし、党は士気を挫かれ、方向を見失い、派閥に引き裂かれ、「修正主義」に浸食された。

1150

ハンガリーでは、党が完全に崩壊し、人びとが公然と反乱を起こし、政府がソビエトの軍事的陣営（ワルシャワ条約）から離脱することを公表するところまで情勢は立ち至った。赤軍がこの反乱を鎮圧するために介入し、反乱の指導者たちは無慈悲に処分され、一九五六年一〇月時点のほとんどの政府公職者が死に追いやられた。

ポーランドは、最後の瞬間に赤軍の侵入を回避したが、それはスターリンの粛清の時に死を免れた党の前指導者ヴワディスワフ・ゴムウカが、暴発を防ぐための最適の人物として進んで名乗り出て、政治的投獄という彼の経歴が人民の信頼を得たという事実に部分的には負った。最初はきわめて懐疑的であったロシアの指導者たちは、結局それが極めて正しかったのだが、ゴムウカはクレムリンの承認なしに引き継いだけれども、彼は過度の不服従だと証明したこともなく、また侵入は大きなリスクであると最終的に判断した。

そのように呼ばれた「ポーランドの一〇月政変」(Polish October) は、社会的文化的刷新の時代の先駆けや「自由化」から遙かにかけ離れたものであって、そのような全ての試みの漸進的な消滅を意味した。一九五六年のポーランドは、相対的に言えば自由な言論と自由な批判の国であったが、それは政府がそれを計画したからではなく、政府が事態の統制力を失ったからであった。一〇月政変は、逆行の過程の始まりであり、なお残っていた自由の余地は年ごとに小さくなって行った。

強制的に設立された農村共同体の大部分が、まもなく解体された。一九五六年一〇月以降、党機構は徐々にその失った地位を再び獲得した。党は政府の混乱を修復し、文化的自由に制限を課し、経済改革にブレーキをかけ、五六年に自発的に結成された労働者評議会を、純粋に飾り物的な役割に引き下げた。そのうちに、ハンガリー侵入とそこで続いた迫害の波が、他の「人民民主主義国家」に恐怖支配を引き起こした。東ドイツでは少数の積極的な「修正主義者」が刑務所に拘束された。非スターリン化は、最終的には野蛮な抑圧に行きついた。しかし、陣営全体にわたる荒廃は、ソビエト体制が以前と同じように存在することはできないほどのものであった。

「非スターリン化」(de-Stalinization) という用語は（スターリン主義＝Stalinism の用語と同じように）、共産党自体によって公式に使われたことはなく、共産党自体はその代りに「誤りと歪曲の是正」「個人崇拝の克服」そして「党生活のレーニン主義的規範への復帰」を語った。これらの婉曲語法は、スターリン主義は無責任な大元帥が関わった一連の遺憾な過ちであって、システムそれ自体とは何の関係もないこと、そして、この体制の一段と優れた民主主義的な性格を復活させるために、彼のやり方を非難するだけで十分である、という印象を伝えることを意味した。

しかし「非スターリン化」や「スターリン主義」の用語は、共産主義諸国の公式語彙においてその使用が禁止されたのとは別の理由で、誤解を招く。共産主義者は、「スターリン化」や「スターリン主義」はシステムであり、支配者の性格上の欠陥から生れた偶然の逸脱ではなかった、という印象を与えるという理由でこれらの用語を避けた。

1151

しかしながら、他方、「スターリン主義」の用語はまた、その「システム」がスターリンの人格と密接な関係があったこと、そして彼の非難は「民主化」や「自由化」の方向への急激な変化のシグナルであることを示唆する。

第二〇回大会に至る背景は詳細には分かっていないけれども、振り返ってみれば、二五年にわたって打ち勝ってきたこのシステムの特徴は、スターリンと彼が巧みに操った不可侵の権力がなければ維持できなかったことは明らかである。大粛清以降、ロシア人は党や政府のもっとも特権的なメンバーや政治局員ですらもが、生きることを許されるか、あるいは独裁者の気まぐれで、ただその無謬の指を動かすことによって、粉砕されるかが毎日不安でならない体制のもとで生きてきた。

スターリン死後に彼の後継者が同じ地位に就かないかを、彼らが不安視したのは驚くことではない。「誤りや歪曲」という非難は、党指導者たちのなかの不文の相互安全保障協定の必要な一部であった。ソビエト連邦において他の社会主義国家と同じように、それ以降は、党内対立は罷免された独裁者が生命を失うことなしに解決された。

定期的な虐殺のシステムは、政治的安定という面から見れば、分派を不可能にし、権力機構の統一を確保するという利点を確かに持っていたが、その統一の対価は一人専制とこの機構の全ての構成員をその生命の保持が不確実である奴隷状態に陥らせることであった。もっとも彼らも、そのような条件から、さらにいっそう惨めな他の奴隷の管理人としての特権を享受していた。

非スターリン化の第一の結果は、大量テロを選択的なテロに置き換えたことであったが、それでも、スターリン時代にそうであったように、それはまだ相当の範囲で必ずしも完全に恣意的ではない、とは言えなかった。これ以降ソビエト市民は、監獄や強制収容所を避ける方法を多少とも知ることになった。それ以前は規則など全く存在しなかったのである。フルシチョフ時代の重要なできごとの一つは、強制収容所からの数百万人の解放であった。

今一つの変化の結果は、分権化に向けたさまざまな動きであり、それは対抗的な政治グループが秘密裏に形成されるのを容易にした。また経済改革の試みもあり、それがある程度は効率を改善した。しかしながら、重工業優先のドグマは維持され（マレンコフのもとの短い幕間を除いて）、市場メカニズムを認めて大衆の要求により敏感に反応する生産を行うための措置は取られなかった。農業における実質的な改善はなく、たびたびの「改革」にもかかわらず、集団化によって陥った悲惨な状況が続いた。

しかしながら、全ての変化が「民主化」には至らず、共産主義的専制支配の基礎は損なわれないままであった。大量テロの放棄は、人間の安全にとって重要なことではあったが、それは国家の個人にたいする絶対的な権力に影響を及ぼさなかった。つまり、国家は市民にいかなる制度的な権利も与えず、また、生活のあらゆる領域における主導性と統制にたいする国家と党の独占を侵害することもなかった。

全体主義的な統治原理は維持された。それによれば、人間は国家の財産であり、彼らの目的や行動は全て国家の目的や必要と合致しなければならない。さまざまな生活部門が吸収に抵抗し、その結果、その過程は決して完全ではなかったけれども、全体のシステムは、今なおそうしているように、国家統制を最大限可能な程度で強制するように作動した。

大規模な無差別テロは、全体主義の必要条件でも恒久的条件でもない。抑圧的な措置の性質と強度は、さまざまな環境によって影響を受けるかもしれない。しかし、共産主義のもとでは、法の支配のようなものは存在し得ない、法は市民と国家とのあいだの自律的な媒介として機能し、国家から個人にたいする絶対的権限を剝奪するからである。ソビエト連邦や他の社会主義諸国における現在の抑圧システムは、単に「スターリン主義の残存物」でも、このシステムの根本的変革なしに早晩治癒されるかもしれない遺憾な汚点でもない。

世界の共産主義体制で唯一のものは、レーニン・スターリン型のそれである。スターリンの死を契機に、ソビエト体制は個人的専制から寡頭的専制に変わった。国家の全能性という観点からすれば、これは効果的な体制ではない。しかしながら、それは非スターリン化ではなく、スターリン主義の病理的な形態に行きつくだけである。

2　東ヨーロッパの修正主義

一九五〇年代後半から「修正主義」（revisionism）の用語が、共産主義国家の党当局や公定のアイディオロジストによって、党員やマルクス主義者として残りながらも、さまざまな共産主義の教義を攻撃する人びとに烙印を押すために使われた。それには正確な意味はつけられず、あるいはまた、スターリン後の改革に反対した「保守主義者」につけられた「教条主義」のラベルも確かにそうであった。しかし一般に「修正主義」の用語は民主主義的で合理主義的な傾向を含んだ。

前の時代にベルンシュタインのマルクス主義批判にたいして適用されたように、党の役職者たちは新しい「修正主義」をベルンシュタインの見解と結びつけた。しかし、その結びつきは薄く、そして内容に欠けた。積極的な「修正主義者たち」も特にベルンシュタインには関心を示さなかった。一九〇〇年頃にイデオロギー論争の中心であった多くの問題は、もはや話題にもならなかった。当時、激しい憤慨を引き起こしたベルンシュタインのいくつかの理念、社会主義は法的な手段によって実現され得るという理論は、今や正統派の共産主義者によって受け入れられており、それは純粋に戦術的な変化ではあるが、それでもやはりイデオロギー的には重要である。

「修正主義」はベルンシュタインを読むことからではなく、スターリン下の生活から生まれた。しかしながら、党の指導者によってこの用語がどんなに曖昧に使われようと、五〇年代と六〇年代において、真の、活発な政治的知的な運動が存在した。それはしばらくの間はマルクス主義の内部で活動するか、あるいは少なくともマルクス主義の用語を使って、共産主
1153 義の理論に極めて破壊的な結果をもたらした。

一九五五年から五七年に、共産主義のイデオロギーが分解するにつれて、体制にたいする攻撃が広がった。この時期の典型的な特徴は、現状の唯一の批判者ではないけれども、共産主義者がもっとも活発でそして際立った批判者であって、全体としてもっとも有効であったことである。このような卓越性には、いくつかの理由があった。

第一に、修正主義者は「体制」側に属していたから、彼らはマス・メディアや非公開の情報に接することがきわめて容易であった。第二に、必然的に、彼らは共産主義のイデオロギーやマルクス主義について、そして国家や党機関について、他のグループよりも多くのことがらを知っていた。第三に、共産主義者は、彼らがあらゆる問題においてリードしなければならないという理念に慣れ親しんでおり、そして党は、つまるところ、エネルギーと主導性を身につけた多くの人びとを擁していた。第四に、そしてこれが主な理由だが、修正主義者は少なくとも相当の期間、マルクス主義の言葉を使っていた。つまり、彼らは共産主義者のイデオロギー的ステレオタイプとマルクス主義の権威に訴え、そして、社会主義の現実と「古典」のなかに見出される価値や約束とのあいだの衝撃的な比較を行った。

このようにして修正主義者は、民族主義的または宗教的観点からこの体制に反対した他の人びとと異なり、党の見解に対応するだけではなく、党内に共鳴を呼び起こした。彼らは党機関から耳を傾けられるようになり、そしてそれによって党のイデオロギー的な混乱に寄与した。これが政治的な変化の主要な条件であった。彼らは党の用語を使ったが、それは彼らがまだなお共産主義のステレオタイプをある程度は信じていたからであり、またそれがより効果的であることをある程度は理解していたからであった。信念と意図的な偽装との割合を、時間がかけ離れたなかで評価するのは難しい。

生活のあらゆる側面に影響を及ぼし、共産主義のあらゆる聖域を次第に侵食して行った批判の波のなかで、いくつかの要求や観点は修正主義者に固有である一方で、他のものは彼らと非党的または非マルクス主義的な体制反対派と共通であった。前面に押し出された要求は以下の通りであった。

第一に、全ての批判者が、公共生活の全般的な民主化、抑圧のシステムと秘密警察の廃止、あるいは少なくとも法に従った司法活動への警察の従属と政治的圧力からの独立を求めた。彼らは報道、科学、そして芸術の自由と予防検閲の廃止を求めた。修正主義者はまた党内民主主義を要求し、そのなかの何人かは党内の「分派」形成の権利を求めた。最初からこれらの点で、修正主義者のあいだでは相違があった。

ある者は、非民主的な社会において党が民主主義の孤島になり得ると信じるようにして、それ以上の一般的な要求を推し進めないまま、党員のための民主主義を要求した。つまり、彼らは、明示的にまたは黙示的に、「プロレタリアートの独裁」つまり党の独裁の原則を受け入れ、そして支配政党は内部民主主義という贅沢を与えることができる、と妄想した。

1154

しかしながら、そのうちに、ほとんどの修正主義者がエリートだけの民主主義は存在できないことを理解するようになった。つまり、もし党内のグループがその存在を認められるならば、それらは、声をそれ以外の方法では口に出すことを否定されている社会勢力の代弁者になるだろう。その結果、党内「分派」のシステムは複数政党システムの代替物と化すだろう。したがって、結論として、政党の自由な結成か、あるいは党内の独裁を含む一党独裁のいずれかを選択することが必要となる。

民主主義的な目的のなかで重要なのは、労働組合と労働者評議会の独立であった。「すべての権力を評議会へ」の叫び声さえ聞かれた。もっとも、それは声高ではなく、党から独立した労働者評議会という理念であって、給与や労働条件について国家と交渉するだけではなく、産業管理においても実効的な役割を果たすことができるものであり、ポーランドやハンガリーの両国では頻繁に提案された。後になって、ユーゴスラビアの実例が引用された。労働者の自主管理は、自然に経済計画の分権化に行きついた。

非党的批判者たちが望んだ重要な改革は、宗教の自由と教会への迫害の終息であった。その大部分が反宗教的であった修正主義者は、この問題では何もしなかった。彼らは教会と国家との分離を信じており、当時大きく広がっていた学校への宗教教育の再導入の要求を支持しなかった。

普遍的に押し出された第二のカテゴリーの要求は、国家主権と「社会主義陣営」のメンバー国の平等に関係した。全ての陣営国家においてソビエトの監督は、多くの分野で極度に完全であった。特に軍隊と警察は特殊で直接的な統制のもとに置かれ、あらゆる問題において長兄国の実例に従う義務が、国家イデオロギーの基礎であった。全ての人が彼らの国家の屈辱、そのソビエト連邦への従属、そしてソビエト連邦のその隣国にたいする破廉恥な経済的搾取を鋭敏に感じていた。

しかしながら、ポーランド人が全体として強烈に反ロシア的である一方で、修正主義者たちは一般に伝統的な社会主義の原則を喚起し、民族主義の言辞を避けた。修正主義者やその他の人びとの頻繁な要求は、官僚制が享受している特権の廃止であり、給与の問題よりも、特殊商店や医療施設、住宅優先制度等の日常生活の困難から彼らを解放する、超法規的な措置の廃止であった。

批判の第三の主な分野は、経済管理であった。特筆されるべきことだが、産業の私的部門の復活の要求は全くなかった。ほとんどの人びとがそれは公的に所有されるべきだ、という理念に慣れ親しんでいた。しかしながら、彼らは強制的な農業集団化の停止、極端に負担過重な投資計画の削減、経済における市場的諸条件の役割の拡大、労働者による利潤の共有、合理的な計画化と非現実的な包括的計画の放棄、事業を妨げる規範や指令の縮小、そしてサービスや小規模生産分野での私的・共同的な活動への譲歩を要求した。

これらの全ての問題において修正主義者の要求は、人民一般のそれと一致した。しかしながら、修正主義者は民族主義的で宗教的な主張ではなく、社会主義的でマルクス主義的な主張を行い、そしてまた、党生活やマルクス主義研究に関連する熱望も前面に押し出した。この点で、歴史上の他の異端者と同じように、彼らは「原点への回帰」を訴えた。つまり、彼らは、体制への自分たちの批判をマルクス主義の伝統に基づかせたのである。

再三にわたって特に初期の段階で、彼らはレーニンの権威に訴えて、レーニンの著作のなかに党内民主主義、「広範な大衆」の政府への参加等を支持する文言を探した。要するに、当座、修正主義者は、運動の生き残りたちが時どき行うように、レーニンをスターリン主義に対置した。議論の進展のなかで、スターリン主義がレーニンの理念の自然で正統的な継続であることがますます明らかになるにつれて、彼らは知的な成功を少しも収めなくなった。しかし、われわれが見たように、共産主義者自身のステレオタイプに訴えることによって、共産主義者のイデオロギーを混乱させるのを助長したという点で、彼らの主張は政治的には重要であった。

この状況の特異性は、マルクス主義もレーニン主義もともに人間性に満ちた言葉や民主的なスローガンを語り、それらが権力のシステムに関するかぎり空疎なレトリックでありながら、そのシステムに反対であることができ、そしてまた、反対のために呼び出されたということにあった。マルクス・レーニン主義の術語と生活の現実とのあいだのグロテスクな対照を指摘することによって、修正主義者は理論それ自体の矛盾を暴露した。そのイデオロギーは、いわば、それがその単なる外被でしかなかった政治運動から分離され、それ自身の生活を送り始めたのである。

しかしながら、レーニン主義に固執する試みは、ほとんどの修正主義者によってまもなく放棄され、「真正な」マルクス主義に立ちもどるという希望が長く続いた。

修正主義者たちをその党の同僚たちから分けた主な問題点は、彼らが「スターリン主義」を批判した、という事実ではなかった。当時、特に第二〇回大会以降、どんな党員でもその全ての逸脱を含めてスターリン主義を擁護しなかった。違いは主に彼らの批判の程度にあったのではなく、むしろ、スターリン主義は「誤り」であったとか、「歪曲」であったとか、一連の「誤りと歪曲」であったとかという当局の見解にたいする、彼らの否認のなかにあった。修正主義者の大多数は、スターリン体制はその社会的機能という観点から見て誤りを冒したのではなく、それ自体として全く首尾一貫した政治体制であり、したがって悪の根源はスターリンの人格的な欠陥や「誤り」ではなく、共産主義権力の本性に求められなければならない、と考えた。

しかしながら、しばらくの間、彼らは、共産主義はその基礎を問題視することなく再建され「民主化」できる、という意味で（基本的な特質は正確には何であるのか、何が偶然的な特質なのかは明快さからは程遠いけれども）、スターリン主義は治癒できる、と信じた。しかし、時間が経つにつれて、修正主義者たちはこのような立場もまた維持できないことをますます明瞭に理解した。つまり、もし一党体制が共産主義の必要条件であるとすれば、その場合、共産主義は改革不可能である、と。

しかしながら、なおしばらくの間、マルクス主義的社会主義はレーニン主義的政治形態以外でも可能であり、そして共産主義は「マルクス主義の枠組みのなかで」攻撃できるかもしれない、と思われた。したがって、レーニン主義とは反対の意味で、マルクス主義の伝統を再解釈するために多くの試みが行われた。

修正主義者は、マルクス主義は、検閲、警察そして特権という独占的な権力に依存せずに、科学的合理性という普通のルールに従わなければならないと要求することから始めた。彼らは、そのような特権が不可避的にマルクス主義の堕落となり、その活力を奪ったと主張した。つまり、マルクス主義は科学によって普遍的に受け入れられた経験的論理的な方法によって、その存在を擁護できなければならない。そして、批判を免れている国家イデオロギーにマルクス主義が制度化されてきたがゆえに、マルクス主義の研究は衰えてきた、ことも主張した。

マルクス主義は、マルクス主義者が合理的な主張によって自らの立場を防御しなければならない自由な討論によってのみ、再生することができる。批判者たちは、マルクス主義の著作物の原始性と不毛性、現代の主要な問題にたいする不十分性、その公式的で硬直した性格、そして理論の主要な代表者と見なされた人びとの無知を攻撃した。彼らはレーニン・スターリン主義的マルクス主義の概念的カテゴリーの貧困と、階級闘争の立場からあらゆる文化を解釈し、全ての哲学を「唯物論と観念論との対立」に還元し、あらゆる道徳を「社会主義建設の手段に転化する」等々の過度に単純化した試みを批判した。

哲学に関するかぎり、修正主義者の主たる目的はレーニン主義理論に対置された人間の主観性（subjectivity）の立証として定義することができる。彼らの攻撃の主な点は以下の通りであった。

第一に、彼らはレーニンの「反映論」を批判し、マルクスの認識論の意味はそれとは完全に異なる、と主張した。認識は精神に反映された対象から成立するのではなく、主体と客体との相互交渉であり、この相互交渉の結果は、社会的生理学的な要因によって共同決定されるのであって、世界の複製と見なすことはできない。人間の精神はそれが存在と結びつけられる方法を超越することはできない。つまり、われわれがそれとして理解する世界は、部分的には人間の手に成るものである。

1157

第二に、修正主義者は決定論を批判した。マルクスの理論もどのような事実の考察も、特に歴史に関するかぎり、決定論的な形而上学を正当化していない。不変の「歴史の法則」が存在し、社会主義は歴史的に不可避であるという理念は、神話的な迷信である。それは、共産主義の熱狂を巻き起こすという点では役割を果たしたかもしれない。だからといって共産主義は何ら合理的ではない。偶然と不確実性は過去の歴史から排除できず、ましてや未来の予測からも排除できない。

第三に、彼らは道徳的な価値を不確かな修史的な公式から引き出す試みを批判した。誤ってはいるが、社会主義の未来は、あれかこれかの歴史的な必然によって保障されると仮定しても、そのような必然性を支持することがわれわれの義務であるということにはならない。必要なことはその理由が、価値があるということではない。社会主義はまだ、「歴史の法則」の結果であると言うはるか以前に、道徳的な基礎を必要とする。社会主義の理念が復活されるためには、修史的な理論とは独立に、まず価値体系が再建されなければならない。

これらの批判の全てが、歴史や認識の過程における主観の役割を復活させるという共通の目的を持った。それらの批判は官僚体制と、優れた叡智や「歴史の法則」の知識にたいする馬鹿げた自負、そしてこれを力とした党機関の無制限の権力と特権にたいする批判とに結びつけられた。哲学の観点からすれば、修正主義者はまもなくレーニン主義から完全に離脱した。

彼らの批判の過程において、修正主義者は自然にマルクス主義と非マルクス主義のさまざまな源泉に訴えた。東ヨーロッパでは実存主義、特にサルトルの著作がいくらかの役割を果たした。それは多くの修正主義者が彼の自由論や主観の事物の状況への非還元という理論に惹きつけられたからであった。他の多くの人たちはヘーゲルに霊感を見いだし、他方、エンゲルスの科学の哲学に関心を持った人たちは、分析哲学を彼やレーニンの「自然の弁証法」に関連させた。修正主義者たちはマルクス主義と共産主義に関する西欧の批判的で哲学的な文献を読み込んだ。カミュ、メルロ・ポンティ、ケストラー、オーウェルである。過去のマルクス主義の権威者たちは、彼らの議論や批判において二次的な役割しか果たさなかった。

トロツキーは全く触れられなかった。いくらかの関心が、そのレーニンとロシア革命の批判ゆえにローザ・ルクセンブルクに払われた（しかしポーランドで、この問題に関する彼女の著作を発行する試みは、不成功に終わった）。哲学者のなかで、ルカーチはしばらくの間、人気があったが、それは主に彼の主体と客体が同一化するという、その歴史過程の理論のゆえであった。いくらか後になって、グラムシが関心の対象となった。彼の著作は共産主義官僚制、前衛としての共産党の理論、歴史決定論、社会主義革命にたいする「操作主義的な」アプローチに加えて、レーニンに完全に対置された知識論の概要を含んでいた。

さらなる援軍がこの時、イタリアの共産主義者からもたらされた。その時まで骨の髄までのスターリン主義者という、しかるべき評判を得ていたパルミロ・トリアッチが、第二〇回大会後ソビエトの指導者にたいする批判を公言するようになり、その言辞は穏やかだが影響力は重大であった。彼は、指導者たちがスターリン主義の全責任をスターリンに負わせ、官僚制的堕落の原因を分析していないと責め、そして国際共産主義運動における「多中心主義」、つまり他党にたいするモスクワのヘゲモニーの終焉を結論として訴えた。

一九五〇年代に、批判運動が他の東欧諸国よりも遙かに盛んであったポーランドの修正主義は、党内知識人のさまざまなグループ、つまり学者、社会学者、ジャーナリスト、文筆家、歴史家そして経済学者たちの活動であった。それは専門的な出版、文学や政治的週刊誌（特に学生新聞『ポ・プロストゥ』(Po prostu「直言」) や『新文化』(Nowa Kultura) にその現れを見たが、これらは当局によって弾圧されるまで重要な役割を果たした。修正主義者としてしばしば攻撃を受けた哲学者や社会学者のなかには、バチコ、ポミアン、ジマンド、バウマン、ビレンスカ、そして首謀者と目された本書の筆者（コワコフスキ）がいた。修正主義の理論を前進させた経済学者はカレツキ、ランゲ、ブルス、リピンスキ、コワリクであった。

1158

ハンガリーにおける修正主義の最中心は、ブダペストの「ペテーフィ・サークル」(Petőfi Circle)で、これはルカーチの弟子の何人かを含んでいた。ルカーチ自身もその議論で突出した役割を果たした。しかし、彼も彼の追随者たちもポーランドの修正主義者たちよりもかなり強くマルクス主義への忠誠を強調した。ルカーチは「マルクス主義の枠組み内の」自由を求め、一党支配の原則を問題視しなかった。これはただの推測にすぎないが、ハンガリー修正主義のかなりの程度の正統派的な性格が、大衆的な不満の運動からそれを切り離した理由であって、そのために、修正主義者は党にたいする大衆の批判をある限度内に抑えこむことができなかったのかもしれない。その結果が大規模な反乱であり、それは明らかに反共産主義の性格を帯び、党の崩壊とソビエトの侵攻を招いた。

この事態は、「民主化された」共産主義体制という理念がおとぎ話であることが直ちに明らかになったポーランドだけではなく、東欧の共産主義者たちにも衝撃を与えた。いくつかの群小政党は分裂し、その一方で、他の政党も多くの知識人の支持を失った。世界中の共産主義者のなかで、ハンガリー侵攻はさまざまな反対運動や非ソビエト路線での運動と理論を再建する試みを引き起こした。イギリス、フランス、イタリアで民主主義的な共産主義の可能性や不可能性に関する著作が発行された。六〇年代の「新左翼」は、このような源泉に大いに触発された。

ハンガリーの修正主義の運動は、ソビエトの侵入によって粉砕された。ポーランドでは、さまざまな相対的に穏和な抑圧によって、数年にわたる期間、闘いが続けられた。定期雑誌の廃刊あるいは規則に従うことを拒否した寄稿者の強制的な排除、個々の執筆者の発行物の一時的な禁止、あらゆる文化分野における検閲の強化である。しかしながら、ポーランドの修正主義が徐々に後退した理由は、そのような措置の行使ではなく、修正主義者の批判によって浸食された、党イデオロギーの解体であった。

マルクス主義を、その「源泉」つまり主に青年マルクスと人間の自己創造という彼の理念に復帰することによって刷新しようとする試み、そしてその抑圧的で官僚的な性格を矯正することによって共産主義を改革する試みとしての修正主義は、党が伝統的なイデオロギーを真剣に取り上げ、その機構がイデオロギーの問題にある程度敏感であるかぎりでのみ効果的であり得た。しかし、修正主義それ自体が、党が公式の理論にたいする尊敬を失ったという事実、そしてイデオロギーが不可欠な儀礼ではあるけれど、ますます不毛化したという事実の主な原因であった。こうして、修正主義者の批判は、特にポーランドにおいて足元からその立場を掘り崩した。著述家や知識人は、当局にたいし政治的圧力をかけるための表明、抗議、試みを継続した。しかしながら、それらは真に修正主義的、つまりマルクス主義者的理念では鼓舞されなくなった。

党や官僚機構の内部で共産主義イデオロギーの重要性は、目に見えて低下した。スターリン主義の非道に加わっていたとしても、自分なりに忠実な共産主義者であり、共産主義の理想に愛着を持っていた人びとに代わって、今や、権力の手綱は、自分たちが用いる共産主義のスローガンの空虚さに完全に気づいている冷笑的で幻滅した立身出世主義者に握られていた。この種の官僚制は、イデオロギー的な衝撃とは無縁である。

他方、修正主義それ自体は、ある一定の内的な論理を保持し、その論理はそのかなり前からマルクス主義のフロンティアを超えて前進していた。合理主義のルールを真剣に受け止める人であれば、誰でもがマルクス主義の伝統にたいする自分自身の「忠誠」度に、もはや関心を持つことはできないか、あるいは他の資源および理論的な刺激を用いることに何の抑制も感じなくなった。つまり、レーニン・スターリン型のマルクス主義は、厳密に分析すれば、実際に消えてなくなるような貧困で原始的な構造であった。

マルクス自身の理論は確かに多くの思考材料を与えたが、しかし、必然的に、それはマルクスの時代以降に哲学や社会科学が取り上げてきた諸問題に解答を与えることはできず、ましてや、二〇世紀の人文主義の文化によって発達した、種々の重要な概念的カテゴリーを吸収することもできなかった。マルクス主義をどこか他の場所に起源をもつ傾向と結合する試みは、まもなく、マルクス主義からその明瞭な理論という形態を奪ってしまった。つまりマルクス主義は、人がもし調べるのが難しくなったら何であれ、その答えを発見することができる権威的な真理の包括的な体系ではなく、精神史へのいくつかの寄与の一つとなった。

マルクス主義は、長年にわたって強力だが自己充足的なセクトの政治イデオロギーとしてほとんど全面的に機能してきた。その結果、それは外部の理念世界からほとんど完全に切り離されてしまった。この孤立を克服する試みがなされた時には、それは全体としてあまりにも遅すぎたことが証明され、ミイラ化された遺体が突然空気にさらされたように、この理論は崩壊した。

この観点からすれば、正統派の党メンバーは、マルクス主義に新鮮な生命を吹きこもうと試みた場合の結果を恐れるという点で、全く正しかった。もっとも単純な常識と思われる修正主義者の訴え、マルクス主義は自由な討論において、科学に普遍的に適用される知的方法によって擁護されなければならず、現代の諸問題を解き明かすその能力は、恐怖なしに分析されなければならない、その概念装置は豊かにされなければならず、歴史文書は偽造されてはならない、等々という訴えの全てが壊滅的な結果をもたらすことが証明された。豊富化され、あるいは補充されるマルクス主義どころか、それは疎遠な理念のうねりのなかで溶解してしまった。

ポーランドで、修正主義はしばらくの間は生き延びたが、他の反対の形態と比べるとイデオロギー的にはますます重要ではなくなった。それは一九六〇年代初期には、マルクス主義と共産主義の政治プログラムを提起したクロン、モゼレフスキによって代表された。彼らのポーランド社会と政府の分析は、共産主義諸国で新しい搾取階級が存在するようになり、この階級はプロレタリア革命によってのみ覆すことができる、という結論に至らせたが、それは伝統的なマルクス主義の路線上での結論であった。それは彼らに数年間の「投獄」という代価を払わせた。しかし、彼らの抵抗は六八年三月の相当広範囲な反乱に繋がった学生の反対運動が形成されるのを助けた。しかしながら、この学生反乱は、共産主義イデオロギーとは何の関係もなかった。大半の学生は、市民的そして学問的な自由の名において抵抗した。彼らはそれを特別に共産主義的な、ましてや社会主義的な意味において解釈したのではなかった。この反乱が鎮圧された後、政府は文化分野（当時対立する党派間の闘争と密接に結びついていた）の攻撃に着手したが、そうするなかで、その主なイデオロギー的な原理は、反ユダヤ主義であることを暴露した。

チェコスロバキアへのソビエト侵攻の年でもあった一九六八年という年は、事実として、ポーランドにおける独立した知的動向としての修正主義の終焉を画した。現在、さまざまな形態で自己表明している反対派は、マルクス主義者や共産主義者の言葉を何も使わず、民族主義的な保守主義、宗教、そして伝統的な民主主義的ないし社会民主主義的公式の見地から完全に十分な表現を発見している。共産主義は、概して、知的問題であることを停止し、ただ政府の権力と抑圧の問題として残りつづけている。

この状況は逆説的なものである。支配政党は今まで通り公式にはマルクス主義と「プロレタリア国際主義」という共産主義の理論を表明する。マルクス主義は、高等教育のあらゆる場で必修科目であり、その手引書が発行され、その諸問題について書籍が執筆されている。それでも、この国家イデオロギーが、今のように死んだような状況になったことはかつてなかった。誰もが実際にはそれを信じておらず、支配者も被支配者もそうであって、しかも双方がこの事実を知っている。それでもそれは不可欠である。そのわけは、それが体制の正統性の主な基礎を構成するからである。それは、党の独裁が党は労働者階級と人民の歴史的利益を「表している」という主張に基づくのと同じである。

「プロレタリア国際主義」とは、東欧諸国が彼ら自身の問題の主人公ではないという事実を、そして、「労働者階級の指導的役割」とはただ単に党官僚による独裁である、という事実を覆い隠す言葉以外の何ものでもないことを誰もが知っている。結果として、支配者たち自身が人びとから少なくとも何ほどかの反応を引き出そうと欲する時、紙の上だけに存在するイデオロギーにますます訴えなくなり、それに代わって、存在理由（raison dêtre）と国益という言葉を使う。公的なイデオロギーが生命力を失うば

1161

かりではなく、スターリン時代にそうであったように、もはや明確に定式化もされない。なぜなら、そうする能力を持つ権威が存在しないからである。

検閲やさまざまな警察の規制によって嫌がらせを受けながらも、知的生活は継続する。しかし、国家の支援がその存在と批判からの免除を人為的に維持しているけれども、マルクス主義はそのなかで何の役割も果たしていない。イデオロギーや人文科学の分野において、党は、否定的にのみ、抑圧やあらゆる類の禁止という手段によって作用できる。そうするなかですら、公式のイデオロギーは、それまでの普遍主義的な主張の大部分を失ってしまった。

当然ながら、マルクス主義は、直接的には批判されないかもしれない。しかし、哲学の著作においてすら、マルクス主義を完全に無視し、あたかもマルクス主義が存在しなかったような作品が現れている。社会学において一定数の正統的な論文が定期的に発行され、それは主にそれらの著者の「政治的信頼性」の証拠を保全するためであるが、他方で同時に他の著作は西欧と同じ方法を用いた普通の経験主義的な社会学のカテゴリーに属している。そのような著作に許された範囲は、もちろん制限されてはいる。つまり、それらは家族生活あるいは産業における労働条件の変化を扱うかもしれないが、権力または党生活の社会学は扱わない。

マルクス主義的理由ではなく、むしろ純粋に政治的理由から、歴史科学にたいして、とりわけ近年の歴史に関する場合は厳しい制限が課される。ソビエトの支配者たちは、自分たちはツァーリの政策の延長である、と固く確信しているようであり、それゆえに二世紀にわたって、ロシアとの関係、分割、民族抑圧によって支配されたポーランド史の研究は多くの禁忌のもとに置かれている。

ポーランドの経済研究の文脈において、ある程度まで修正主義者についてはなお語ることができるかもしれない。そこでは、修正主義は効率増大のための実践的な勧告という形態を取った。この分野の有名な著者はブルスとリピンスキであり、彼らはともにマルクス主義の伝統を喚起したが、それは社会民主主義に近接した形態であった。彼らは、社会主義経済の欠陥と非効率は抑圧的な政治体制と一体であるがゆえに、純粋に経済的な手段によっては治癒することができない、と主張する。したがって、経済の合理化は政治的多元主義、つまり、実践的には、特に共産主義体制の廃止がなければ成功できない、と。ブルスは、生産手段の国有化は公共的所有と同じではない、なぜなら、政治の官僚制度が経済決定の独占権を持っているからであると主張する。つまり、真に社会化された経済は、政治的独裁とは相容れない、と。

いくらか劣った程度において、ヴワディスワフ・ビエンコウスキは修正主義者と分類されるかもしれない。ポーランド国外で出版された著書において、彼は官僚的政府のもとの社会的経済的な劣化の原因を分析した。彼はマルクス主義の伝統に訴えた。しかし、そのマルクス主義を越えて、階級システム（マルクスの「階級」という意味における）から独立した政治権力の自律的なメカニズムを検討した。

共産主義の信念の衰退、マルクス主義の活力の減退とその政治的儀式への転換と結びついた同じ傾向は、程度は異なるが全ての共産主義諸国において観察することができる。

チェコスロバキアにおいて一九五六年という年は、ポーランドやハンガリーに比べてさして重要ではなく、修正主義運動は遅れて発展したが、全般的傾向は他の所と同じであった。チェコの経済学者のなかでもっとも有名な修正主義者はオタ・シクで、彼は六〇年代初期に典型的な改革プログラムを提出した。すなわち、生産にたいする市場の影響力の拡大、企業の自律性の増大、分権化された計画化、社会主義経済の非効率の原因としての政治官僚制の分析である。

政治的条件はポーランドよりも困難であったけれども、修正主義の哲学者グループもまた現れた。そのもっとも有名なメンバーはカレル・コシークで、彼は『具体的なものの弁証法』（一九六三）において、修正主義の典型的な課題を数多く取り上げた。つまり、歴史解釈におけるもっとも一般的なカテゴリーとしての実践理念への復帰、人間学的問題に対抗する存

1162

在論的問題の相対性、唯物論的形而上学の放棄および「上部構造」にたいする「土台」の優先性の放棄、社会生活の共同決定要素であってその単なる産物ではない哲学と芸術である。

一九六八年初頭のチェコスロバキアの経済危機は、政治の変革と党の指導部の交替を早めた。これは修正主義の理念に支配された政治的そしてイデオロギー的な批判の雪崩を一挙に解き放った。主張された課題は、ポーランドやハンガリーのものと同じであった。つまり、抑圧的な政治体制の廃止、市民的自由の法的保障、文化の独立、民主的な経済管理である。複数政党制の要求、または少なくとも異なる社会主義政党結成の権利は、党の構成員である修正主義者からは直接に提出されなかったが、討論のなかでは常に登場した。

一九六八年八月のソビエトの占領とそれに続く大規模な弾圧は、チェコスロバキアの知的文化的生活をほとんど完全に窒息させる結果となり、それは他の陣営諸国に比べてもまだなお高度に重苦しい様相を呈している。その一方で、チェコスロバキアの運動が自己解体したのではなく、軍隊の力によって弾圧されたというまさにその理由によって、この国は修正主義の理念により肥沃な土壌を提供することになった。

もし侵攻が起こらなかったならば、ドプチェクのもとで始まり大多数の人民によって支持された改革運動は、最終的に、体制の基礎を揺るがすことなしに「人間の顔をした社会主義」を実現していたであろうことは想像できる。もちろん、これは推測の問題であって、正確には何が基本的であると見なされるかによって、それは変わる。しかしながら、明白であるように思われることは、もし改革運動が継続し、侵攻によって弾圧されることも、ポーランドであったように侵攻の恐怖によって解体されることもなかったとすれば、複数政党制がまもなく施行され、そうして、共産党の独裁は粉砕され、それゆえに理論が描いた共産主義を粉砕していたであろう、ということである。

抑圧のシステムが他のどこよりも全般的にいっそう完全であった東ドイツは、いかなる広範な修正主義運動も目にすることはなかった。しかし、一九五六年の事件によってそれでもやはり揺さぶられた。哲学者で文芸批評家のヴォルフガング・ハーリッヒは、ドイツ社会主義の民主化プログラムを提出したが、それは彼に数年間の監獄入りをもたらした。何人かの著名なマルクス主義者の知識人が祖国を去った（エルンスト・ブロッホ、ハンス・マイヤー、アルフレート・カントロヴィチ）。今でもまだそうしているように、厳格な思想統制が修正主義のいかなる試みをも極度の困難に陥らせたが、時どき改革主義者の声が聞こえた。

これとの関係で、哲学においてもっとも重要な人物は、哲学の問題に関心を持っていた物理化学の教授ロベルト・ハーベマンで、彼は、多くの修正主義者と異なり、一貫して確信的なマルクス主義者でありつづけた。当然ながら、西ドイツで発行された論文や講義のなかで、彼は、科学や哲学における党の独裁、そして官僚制の命令による理論問題の決定の慣習を鋭く批判した。さらに彼は、弁証法的唯物論の理論や共産主義道徳の公的な規範を攻撃した。しかしながら、彼は、実証主義の立場からマルクス主義を批判せず、その反対に、「よりヘーゲル化された」弁証法の解釈への復帰を望んだ。

彼は、マルクス主義の主要な敵は機械論的唯物論であり、それがマルクス主義の名前で一般に教えられている、と主張した。彼は、レーニン主義版の決定論を道徳的に危険で現代物理学と相容れない、として批判した。ヘーゲルとエンゲルスに従って、彼は、単なる記述ではなく論理関係を含む現実の側面である弁証法を要求した。

こうして、ブロッホのように、彼は、弁証法的唯物論の術語のなかの目的論的な態度を正当化しようと試みた。彼は文化のスターリン主義的な隷属化を非難し、通例としてマルクス主義に受け継がれてきた、機械論的教説における哲学的な自由の否定は、共産主義のもとの文化的な自由の破壊と密接な関連をもって進んできた、と断言した。彼は哲学のカテゴリーとして政治的価値としての「自発性」の復活を求め、しかし同時に、自らの弁証法的唯物論と共産主義への忠誠も強調した。ハーベマンの哲学著作は、人が化学者に期待するほど正確なものではない。

ソビエト連邦で、哲学においてそのように呼ばれる修正主義は存在しなかった。しかし、何人かの経済学者が管理と分配の合理化をめざす改革を提案した。公定のソビエト哲学は、非スターリン化によって少しも影響を受けなかった一方で、非公定の諸変種は、まなくマルクス主義とのあらゆる接触を失った。公定の哲学における主要な変化は、弁証法的唯物論の公式がスターリンの小冊子の正確な模式に沿ってはもはや教えられなくなったことである。

一九五八年に発行された教科書は、エンゲルスに従って、弁証法の法則から四つではなく三つ（否定の否定を含む）を識別した。つまり、唯物論がまず詳説され、弁証法が二番目で、スターリンの順序とは逆であった。レーニンの『哲学ノート』で列挙された一二個余の弁証法のカテゴリーが、新しく編成された公式の基礎となった。ソビエトの哲学者たちは、「弁証法と形式論理学との関係」という伝統的なテーマに関する何回かの討論を持った。多数派の見解は、主題が異なるのだから、この二つのあいだに対立は存在しないというものであった。幾人かは、「矛盾」は現実それ自体のなかで起こり得る、という理論にも挑戦した。ヘーゲルを「フランス革命の貴族主義的な反動」として擬人化することは停止された。したがって、彼の「限界」を語ることも、また彼の「長所」を語ることも正しい、と。

1164

これらの非本質的で表面的な変化は、レーニン・スターリン主義的な「弁物」〔diamat　弁証法的唯物論〕の構造に何の突破口も作らなかった。それでもやはり、他の学問分野よりは少なかったが、ソビエト哲学は非スターリン化からいくらかの利益を得た。より若い世代が登場するようになり、そして自然に、なぜならスターリンの粛清からの少数の生き残りを除けば質の高い教師など全く存在しなかったがゆえに、彼らは西欧の哲学と論理学を調べ、外国語を勉強し、そして最終的にはロシアの非マルクス主義的な伝統さえも研究し始めた。

スターリン死後の最初の年に、若い哲学者たちがアングロ・サクソンの実証主義や分析哲学の学派により強く惹きつけられたことは明らかである。論理の処理がより合理的となり、政治的統制に従属しなくなった。一九六〇年代に発行された五巻の『哲学百科事典』は、全体としてスターリン時代のものよりも優れている。主要なイデオロギー的論文、特にマルクス主義に関するものは以前と同じ水準であるが、良識ある方法で書かれて、単に国家の宣伝によって押しつけられずに論理学や哲学史に関わっている論文も多い。

ヨーロッパやアメリカの思想との接触を更新する若い哲学者たちのお陰で、少数の現代的な作品が西欧言語から翻訳された。マルクス主義を「現代化する」臆病で慎重な試みが、一九五八年に出始めた『科学哲学』誌のなかに、しばらくの間、垣間見られた。しかしながら、全体としては、出版物は起こりつつあった精神的な変化を反映しなかった。スターリン時代に養成された田舎者たちが、若い者の誰が出版するか、あるいは大学で教えることを許されるべきかを決定しつづけ、そして当然に彼らと同類の者をひいきした。しかしながら、何人かの若く、優れた教育を受けた哲学者たちが厳格には統制されない他の分野で、自分の考えを表現する道を見いだした。

しかしながら、全体として、共産主義によって最初に粉砕される学問である哲学は、また復活するのがもっとも遅く、その成果も今までのところ極端にみすぼらしい。他の学問分野は、それらがもともと「スターリン化」された順序と多かれ少なかれ逆の順序で復活した。独裁者の死後の数年のうちに、自然科学はイデオロギー的に規制されることを事実上停止したが、それでも研究課題の選択は厳格に統制されつづけ、それはなおそのままである。

物理学、化学、医学、そして生物学研究では、国家が物質的な資源を供給し、それらの使用目的を定めている。しかし、国家はもはや成果がマルクス主義の立場から見て正統的でなければならない、とは主張しない。歴史科学はまだ厳重に統制されているが、しかしここでもまた、政治的に敏感ではない分野は、規制に従属していない。何年間か、理論言語学は相対的に自由で、ロシア形式学派の伝統を復活させたが、しかし遂に国家がこ

1165

こにも介入し、いくつかの施設を閉鎖して、それらがさまざまな非正統的理念のはけ口として使われていると告知した。

しかしながら、全体としては、一九五五年から六五年の時期は廃墟の時代の後にロシアの文化を復活させようとする相当程度の、そして度々成功した努力の時期であった。このことは修史や哲学だけではなく、文学、絵画、演劇そして映画にも当てはまる。六〇年代の後半において、増大する圧力が、疑わしい個人や機関に再び加えられるようになった。東ヨーロッパの状況と異なり、ソビエト連邦のマルクス主義は再生のいかなる兆候も示さなかった。

およそ一九六五年以降に特に活発化した秘密のあるいは半秘密のイデオロギー的な発展のなかで、マルクス主義の動向は全く目立たなかった。それに代わってさまざまな傾向、大ロシア中心主義（しばしば「マルクス主義なきボルシェビズム」と呼んでもよい形態において）、抑圧された非ロシア系人民の民族主義的熱望、宗教（とりわけ、正教派または広義のキリスト教、あるいは仏教）そして伝統的な民主主義の理念を含む傾向をわれわれは見いだす。

マルクス主義またはレーニン主義は、全般的な反対派のなかの小分派のみに責任があるが、しかしそれは存在し、その有名なソビエトのスポークスマンは、ロイとジョレスのメドヴェージェフ兄弟である。前者は歴史家で、スターリン主義の大々的な全般的分析を含むいくつかの価値ある作品の著者である。この著作は他では知られない多くの情報を含み、スターリン体制の恐怖を言い繕う試みと見なすことは確かにできない。それにもかかわらず、この著者の他の作品と同様に、それは、レーニン主義とスターリン主義とのあいだには明確な断絶があり、レーニンの社会主義社会プランはスターリンの専制によって完全に歪曲され、変形されたという見方に基づいている（筆者は、これまでの章において明らかなように、これと正反対の見解を取る）。

最近の二〇年間においてソビエト連邦のイデオロギー状況は、他の社会主義国で起こったのと同じような多くの方法で変化を遂げた。マルクス主義は理論としては実際上消えたが、それでもそれはソビエト帝国主義と抑圧、搾取、そして特権の国内政治の全体を正当化する上で有用な仕事を果たしている。東ヨーロッパにおいてそうであるように、支配者がその被支配者と共通の立場を見いだそうと欲するならば、彼らは共産主義以外の他のイデオロギー的な価値に頼らなければならない。

ロシア人民に関するかぎり、それに該当する価値は自国至上主義（ショービニズム）と帝国の栄光である。他方で、ソビエト連邦の全ての人民は、外国人嫌い、特に反中華民族主義と反ユダヤ主義に感化されやすい。これが、言うところのマルクス主義の原理に基づいて打ち立てられた、世界で最初の国家にマルクス主義が残したものの全部である。この民族主義的でそしてある程度の人種差別的な世界観が、ソビエト国家の真の、暗黙裡のイデオロギーであり、保護されるだけではなく隠喩や活字化されない教科書という手段によって教え込まれた。そして、マルクス主義と違って、それは大衆的な感情のなかに実際の反響を引き起こす。

勝利した社会主義の国々においてマルクス主義が完全に衰退し、社会主義の理念が信用されずに嘲笑されるようになってしまった文明世界というのは、おそらく、他のどこにも存在しないだろう。もし思想の自由がソビエト陣営で認められていたならば、マルクス主義はこの地域全体を通してもっとも魅力のない形態の知的生活である、と証明されただろうことは矛盾の恐れなしに断言できる。

1166

3　ユーゴスラビア修正主義

マルクス主義の発展におけるユーゴスラビアの特別な役割は、修正主義思想を表明した個々の哲学者あるいは経済学者ばかりではなく、最初の修正主義的な共産党そして最初の修正主義国家とすら呼んでもよいものと、われわれがここで関係することになる、という事実にある。

スターリンによる除名後、ユーゴスラビアは経済的にもイデオロギー的にも困難な状況に陥った。当初、この国の公式のイデオロギーは、ある一つの重要な点を除いて、マルクス・レーニン主義モデルから離れてはいな

1167

かった。ソビエト帝国主義に向かって彼らの主権を主張することによって、ユーゴスラビアはイデオロギー的な優越性というソビエトの主張を拒絶し、長兄国の大国主義的な排外主義を攻撃した。

しかしながら、ずっと前から、ユーゴスラビアの党は、意図としてはマルクス主義に忠実だが、労働者の自主管理と官僚制なしの社会主義に焦点化した、それ自身の社会主義モデルや独自のイデオロギーを編み出し始めていた。このイデオロギーの形成とそれに対応する経済的政治的な変革には、多くの年月を要した。一九五〇年代初期に、党の指導者たちは既に官僚制化の危険性を議論し、ソビエトの体制を、極端な権力の集中は社会主義の理想のなかでもっとも価値あるもの、つまり労働人民の自己決定権そして国有化と異なるものとしての公共的な所有の原則を抹殺する堕落した国家形態である、と批判した。

党の指導者と理論家たちは、ソビエト路線に基づく国家社会主義と労働者の自主管理に基づく経済、つまり、集団化が単に当局によって課される生産規範を達成するのではなく、彼ら自身が生産と分配の全ての問題を決定する経済とを明確に区別した。継続的な改革の措置によって、産業管理は、労働者自身を代表する団体にますます委託された。国家の経済的機能は縮小され、党の理論はこれをマルクス主義の理論通りの国家の死滅の兆候と指摘した。同時に、文化生活の国家統制が緩和され、「社会主義リアリズム」は芸術的な業績の規範ではなくなった。

一九五八年四月の第六回大会において党が承認した綱領は、自主管理に基づく社会主義の公式の版を打ち出した。それは、宣伝だけではなく、理論にもこだわっていたこの時期の党の文書としては異例のタイプである。それは生産手段の国有化をその社会化から区別し、経済管理の官僚制への集中は、社会の堕落に繋がり、社会主義の発展の制約になると強調した。それはまた国家と党機構の融合を先導し、死滅する国家に代わって、ますます強大化し官僚的になるだろう、と。社会主義を建設して社会的疎外を終わらせるためには、生産を生産者に、つまり労働者の組織の手に移すことが必要である。

もし労働者評議会が個々の生産単位で、無制限の権力を持つとすれば、その結果は、特定の関係者に所有を帰属させるという点で一九世紀モデルと異なるだけの自由競争のシステムとなることは最初から明らかであった。経済計画など不可能となるだろう。したがって、国家は投資率と蓄積資金の配分に関わるさまざまな基本的な機能を自らに保持させた。一九六四年から五年の改革は、計画化の理念を放棄することなく、国家の権限をさらに削減した。国家は、主に、国有化された銀行システムを通じて経済を規制することとされた。

労働者の自主管理というユーゴスラビア・モデルの経済的社会的な効果は、ユーゴスラビア国内と世界中の経済学者や社会学者の双方において多くの議論と激しい不一致のテーマであったし、今でもそうである。もしこのシステムが官僚制の擬制でないとすれば、市場関係の相当な拡大と市場の生産にたいする影響力の拡大とが必要となり、それは通常の蓄積法則がもう一度実効化することになるのだから、直ちに、当然ながら、望ましくない結果となるだろう。

多かれ少なかれ経済的に発達した国内の各部門間の格差は、狭まるどころか拡大するだろう。賃金圧力は、社会的に望ましいもの以下に投資率を引き下げる脅威となる。競争条件は、その特権が大衆的な不満を掻き立てる富裕な産業管理職階級の出現に繋がる。市場と競争はインフレーションと失業の増大の原因となる。ユーゴスラビアの指導者と経済学者は、自主管理と計画化が相互に制限しあう傾向にあり、妥協によってのみ調節することができるが、妥協の条件は常に論争事項であることを理解していた。

他方で、ユーゴスラビアの経済改革が、ソビエト連邦は言うまでもなく、他の東欧諸国で起こったどれよりも、遙かに、文化的な自由そして政治的自由の拡大すら伴ったことは確かである。しかしながら、このことを国家の「死滅」の兆候と呼ぶことは全くのイデオロギー的な粉飾以外の何ものでもない。この国家は自発的に、通常ではないことだが、それ自身の経済的権力を制限した。しかし、それは政治的主導性の独占または反対派を始末するための、警察的な手法の行使を放棄しなかった。

この状況は奇妙なものである。ユーゴスラビア人は今もなお、他の社会主義諸国よりも、語られる言葉そして書かれる言葉の自由を多く享受するが、それはまた苛酷な警察的措置にも従属する。公定のイデオロギーを攻撃する図書を発行することは他のどこよりも容易であるが、そうすることで投獄されるのもまたどこよりも容易である。ユーゴスラビアには、ポーランドまたはハンガリーよりも多い政治的投獄者が存在する。それでもこれらの国では文化問題にたいする警察の統制はより厳しい。

1168

一党支配は、いかなる方法でも侵害されてこなかった。それに異議を唱えることは罰すべき攻撃である。要するに、社会生活における多元主義の要素は、支配政党が適正と思うかぎりにおいて拡大されるのである。ユーゴスラビアはその改革とソビエト陣営から排除されることによって多くのものを得た。しかし、民主主義国家にはならなかった。労働者の自主管理に関して言えば、その賛否は今なお論争事項である。いずれにしても、それは共産主義の歴史における新しい現象である。

自主管理と脱官僚制化の問題は、また哲学的な側面を持つ。一九五〇年代初頭から、ユーゴスラビアには大規模で躍動的なマルクス主義の理論家集団が存在し、認識論、倫理学、美学そしてユーゴスラビア社会主義の変革と結びつく政治問題を議論してきた。六四年以降、このグループは哲学誌『プラクシス』(Praxis) を発行し（七五年に当局によって閉刊された）、さまざまな国から多くの学者の参加を得て、コルチュラ島で年次哲学討論を組織した。このグループは疎外、物象化、官僚制のような典型的に修正主義的なテーマに取り組んできた。その哲学的な方向性は、反レーニン主義である。

論文の産出がきわめて豊かなこれらの哲学者の大多数は、第二次世界大戦のパルチザンの戦士であった。そのなかの主要な人物は、G・ペトロヴィッチ、M・マルコヴィッチ、S・ストヤノヴィッチ、R・スペク、L・タディッチ、P・ヴラニツキ、D・グリッチ、M・カングルガ、V・コーラッチそしてZ・ペシッチ・ゴルボヴィッチである。

今日の世界のマルクス主義哲学者のなかで、おそらくもっとも活動的なサークルであるこのグループの主な目標は、レーニン主義的マルクス主義の「弁物」に根本的に反対して、マルクスの人文主義的人間学を再建することである。彼らのほとんど、あるいは全部が「反映論」を拒絶し、ある程度はルカーチやグラムシに従って、他の人間学の概念ばかりではなく、存在論的問題がそれとの関係で二次的となる「プラクシス」（実践）を基本的なカテゴリーとして確立することを追求する。

このように彼らの出発点は初期マルクスの理念、つまり、人間の自然との実践的な接触が形而上学的な諸問題の意味を決定し、認識は主体と客体の永遠の相互作用の結果である、という理念である。この観点からすれば、歴史決定論が、もし匿名の「歴史の法則」が究極的に全ての人間の行動を決定すると想定するのであれば、それは維持できない。われわれは、マルクスの、人は自分の歴史を作るという言葉を真剣に受け止めなければならず、進化論者に沿ってそれを歴史が人を作るという言説に変えてはならない。

プラクシスの哲学者たちは、エンゲルスの「洞察された必然」という自由の定義を批判して、それは能動的で自発的な人間的主体を位置づけていない、と指摘した。こうして彼らは「主体性の擁護」という修正主義的な理念を取り上げ、彼らの分析をソビエト国家社会主義批判およびマルクスの理論に合致した、社会主義発展の真の道として労働者自主管理の支持と結びつけた。

しかしながら、同時に、社会主義は、自らを「労働者階級の前衛」と称する党の官僚制によるのではなく、生産者による経済の能動的な管理を求めることを強調する一方で、彼らは、経済の自主管理は、もし行き過ぎるならば、社会主義の理念に反する不平等を生み出すことも認識していた。

1169

正統派のユーゴスラビア共産主義者は、プラクシス・グループは不平等を避けるために市場を廃止しないまま完全な自主管理を確立することによって、二股をかけることを望んでいる、と糾弾した。ユーゴスラビア修正主義者はこの問題では分裂しているように思われる。しかし、彼らの著作物はしばしばユートピア的な調子をとり、「疎外」を克服すること、あらゆる人に自分の行動の結果にたいする完全な統制を保障すること、そして計画化の必要性と小集団の自律性とのあいだの、個人の利益と長期的な社会の任務とのあいだの、安全と技術的進歩とのあいだの対立を一掃することはそれぞれ可能である、という信念を表明している。

プラクシス・グループは、ユーゴスラビアだけではなく国際的な哲学の世界において、マルクス主義の人文主義的解釈を普及する上で重要な役割を果たした。彼らはまた、ユーゴスラビアの哲学思想の復活にも貢献し、この国の専制的で官僚制的な政府形態にたいする知的な抵抗の重要な中心であった。時の経過につれて、彼らはますます国家当局と対立するようになった。彼らの活動的メンバーのほとんど全員が、最終的に排除されるかあるいは共産党から脱退し、一九七五年には彼らのなかの八名がベオグラード大学の職を解かれた。彼らの著作物はマルクス主義的ユートピアにたいする懐疑の拡大を反映している。

四〇年代および五〇年代の指導的なユーゴスラビア共産主義者の一人であるミロヴァン・ジラスを、修正主義者と見なすことはできない。社会主義の民主主義化に関する彼の理念は、遙か以前の一九五四年に党によって非難され、彼の最近の作品（有名な『新しい階級』、これについてわれわれは既に検討した）は、もっとも緩やかな意味ですらマルクス主義と考えることはできない。ジラスはユートピア的思考法を完全に放棄し、オリジナルのマルクス主義理論とその官僚制的で絶対主義的な政治の現実化との結びつきについて、何度も指摘した。

4　フランスの修正主義と正統派

一九五〇年代の後半から、フランスのマルクス主義者の内部で活発な論争が続いた。それは、一部は実存主義者から支持を引き出し、一部はそれと衝突した修正主義的な傾向をともなった。ハイデガーとサルトルの両者によって説かれた実存主義は、マルクス主義的修正主義と共通する一つの本質的な特徴つまり、それ以上には削減できない人間の主体性と物のような存在形態とのあいだの対立の強調、という特徴を持っていた。同時に、実存主義は、人間は、主体的すなわち自由で独立した存在から「物象化」された状態に逃げ込む恒常的な傾向があることも指摘した。

ハイデガーは、「非真正性」や匿名性への漂流、非人格的な現実と同一化する衝動を表す精密なカテゴリー体系を開発した。同じ方法で「即自存在」と「対自存在」の対置というサルトルの分析、そして、われわれの自由をわれわれから隠し、われわれをして自分自身と世界への責任から遠ざけるようにさせる自己欺瞞にたいするサルトルの情熱的な非難は、マルクス主義を主体性と自律の哲学として復活させようとする修正主義者の試みと完全に一致した。

マルクスと、そして自己流のキェルケゴールは、双方ともに、彼らがそのように見なした、ヘーゲルの人間の主体性を非人格的な歴史的存在に没入する試みに反対した。この観点からすれば、実存主義の伝統は、修正主義者たちがマルクスの基本的理論と見なしたものと合致した。

より後の段階でサルトルは、マルクス主義をソビエト連邦やフランス・コミュニズムと同一化するのをやめた。しかし同時に、彼は自分自身をマルクス主義と決定的により緊密に同一化する寸前にまで立ち至らせた。この長大で曖昧な作品『弁証法的理性批判』（一九六〇）において、彼は実存主義の修正そしてまた彼自身のマルクス主義解釈の修正を提示した。このなかで彼は、マルクス主義は、サルトルのそれまでの実存主義哲学の影は全く残っていないことを明瞭に示すいくつかのポイントを含んでいる。このなかで彼は、マルクス主義は一段と優れた今日的な哲学であること、そして純粋に歴史的な理由から、それは前マルクス主義的、つまり反動的な立場からしか批判されず、それはちょうど一七世紀においてロックとデカルトがスコラ哲学の立場からしか批判され得なかったのと同じである、と述べた。そういうわけで、マルクス主義は無敵であって、その特別の表れは「内側から」しか有効に批判できない、と。

マルクス主義の歴史的「無敵性」に関する馬鹿げた主張は別に置いて（サルトルの説によれば、ライプニッツのロック批判やホッブスのデカルト批判はスコラ哲学的立場にもとづいてなされたに違いない！）、サルトルの『批判』

1171

は興味深い。なぜなら、それが「自然の弁証法」と歴史決定論を放棄しながら、人間の行為の社会的な意味は保持して、マルクス主義のなかに「創造性」と自発性の余地を発見する試みであることによる。意識的な人間の行為は、ただ人間の「一時性」(temporality)を生み出す自由の投企としてではなく、「統合化」(totalization)に向かう運動、現存の社会的諸条件によって共同決定されるそれらの感覚として現われる。言い換えれば、諸個人は、彼の行為の意味を決定する上で絶対的に自由でもなければ、環境の奴隷でもない。

共産主義社会を構築する、多くの人間的な投企の自由な融合の可能性が存在する。しかし、それは「客観的な」法則によって保障されているのではない。社会生活は自由に基づく個人の行為から成り立つだけではなく、われわれがそれによって制約される歴史の堆積でもある。さらに言えば、それは自然との闘争であって、自然はそれ自体の障害を課し、社会関係が欠乏によって支配されるようにし、その結果、要求のあらゆる充足が敵対の原因となり得るのであって、人間が相互に受け入れること自体をより困難にする。

人びとは自由である。しかし欠乏が彼らから個別の選択を奪い、そのかぎりにおいて彼らの人間性を縮減する。共産主義は、欠乏を廃絶することによって個人の自由および他者の自由を認める能力を復活させる(サルトルは共産主義がどのようにして欠乏を廃絶するのかを説明しない。この点で、彼はマルクス主義者の保証を鵜呑みにする)。

共産主義の可能性は、多くの個人の投企を一つの革命的な目的に自発的に結合する可能性に依存する。『批判』は、それに関わる個人の自由を侵害せずに、共通の行動に従事する集団、つまり、共産党の規律や階層制に取って代わり、個人の自由と効果的な政治行動とを調和させることを意図した革命組織の在り方も記述する。しかしながら、このような評価はあまりにも一般的であって、そのような調和の実際の問題を無視している。そこに見られるものは、全て、サルトルが、官僚制や制度化から自由な共産主義の形態、そのあらゆる形態が自発性に反し、「疎外」の原因であるのだが、これらを免れた共産主義の形態を案出する、という目的を考えていたということだけである。

多くの表面的な新しい語句を別にすれば、『批判』はマルクス主義の新しい解釈を含んでいるようには見えない。認識や知識の歴史的な性質や自然の弁証法の否定に関して、サルトルはルカーチの例に従う。自発性と歴史的な諸条件の圧力との調和について、この作品は、自由は革命組織において保護されなければならないこと、そして共産主義が欠乏を解消した暁には完全な自由が存在するだろうということを除いては、われわれに何も教えていないように思われる。これらの理念は、いずれもマルクス主義の文脈において特に新しくはない。新しそうに見えたのは、このような結果がどのように実現されるかの説明である。

厳密な意味での修正主義、つまり、共産主義の伝統に由来する哲学者たちによって表明されたものとしての修正主義は、「サルトル主義」と一致しない。しかし、いくつかの方法で、それは実存主義的な霊感を表している。

この種の修正主義はいくつかの形態をとった。四〇年代の後半にC・ルフォールやC・カストリアディスを含む何人かの反対派のトロツキー主義者が、『社会主義か野蛮か』と呼ばれるグループを形成し、同名の定期刊行誌を発行した。このグループは、ソビエト連邦は堕落してしまった労働者国家である、というトロツキーの見方を拒絶し、それは生産手段を集団的に所有する新しい搾取階級によって支配されている、と主張した。

彼らは、この新しい搾取形態をレーニンの党理論に求め、労働者の自主管理の理念を、社会主義的な支配の真の形態として復活させることを欲した。つまり、社会主義にとって党は無用であるばかりでなく破壊的である、と。このグループは一九五〇年代後半以降に決定的となる理念、つまり労働者の自主管理、党不在の社会主義、そして産業民主主義という理念をフランスの思想家たちに紹介した。

より哲学的なタイプの修正主義は、そのほとんどが共産党を離党したり除名されたりした哲学者や社会学者のグループによって、一九五六年から発行された『アルギュマン』(Arguments) 誌に代表された。コスタス・アクセロス、エドガール・モラン、ピエール・フジェロラ、フランソワ・シャトレ、ジャーン・デュヴィニョー、そして五八年に党から除名されたアンリ・ルフェーブルもまたこの一員であった。

このグループは、共産主義哲学に定型的な用語を使用せず、疎外や物象化というマルクス主義のテーマを精神分析、生物学、そして現代社会学から引き出したカテゴリーに結びつけようとした。彼らのなかの誰も、真のマルクス主義者であるとは主張しなかった。マルクス主義的な伝統を踏まえたある種のハイデガー主義者であったアクセロスは、マルクスを技術主義の見地から人間存在を解釈した、と批判した。ジョセフ・ガベルは、その虚偽意識に関する著書において、「物象化」の社会的な兆候と精神病理学上の兆候との類似性を指摘した。シャトレーは、その初期ギリシア修史に関する著書で、修史の衝動と歴史形成の意識の結びつきを検討した。フジェロラは、「疎外」の階級や社会的諸条件へのマルクスの還元を批判した。

一般に、このグループは、マルクスの諸カテゴリーは現在の技術水準段階の社会の分析にとって不十分であり、それらの諸カテゴリーは人間の「地球的な」状況、存在の生物学的諸条件、疎外の非経済的源泉を反映しない、という見解を取った。

ルフェーブルは、彼が共産主義者であった時期に、マルクス主義のユートピア的な「完全な人間」(complete man) について多くのことを書いたが、今はそれを否定せずに、相対的な福祉、増大する余暇、拡大する都市化という条件のもとの消費社会において発生する「物象化」の特殊な形態に注意を向けた。他の多くのネオ・マルクス主義者と同じように、彼は、「解放」が意味を持つとすれば、それは意識に内面化されている資本主義社会の抑圧的な支配をまず断ち切ることと関係づけられる、と主張した。

しかしながら、彼は、疎外は完全に克服できると信じることをやめてしまったように思われる。彼は新版において、その「日常生活批判」を再開し、生産活動に対置されるものとしての日常生活は人間の孤立、機械化、そして相互不理解がもっとも激しく、それゆえに人間の可能性を押し広げる真の革命の本来の舞台となる領域である、と宣言した。

フランスのほとんどの修正主義者が、労働者階級はその特殊な歴史的使命によって人類の解放者となるだろう、という信念を放棄した。彼らのこの点での懐疑主義は、フランクフルト学派の批判と一致し、彼らの哲学からマルクス主義の確かな礎石となるものを取り去ってしまった。この理由により、彼らの著作物のなかに「革命」の用語が現れる時、それはマルクス主義的な意味で受け取られてはならない。それは、あれこれの「前衛」による権力の奪取というよりも、人びとの感情、人びとの生き方、または彼らの相互関係における大変革を意味する。数年後には、おそらくルフェーブルを除いてこのグループの修正主義者は誰もが、明示的な意味でマルクス主義者と呼べないことが明らかになった。それでも、マルクス主義の伝統からの概念やテーマは、彼らの著作物のなかにいつも登場する。

長年にわたって党の最高の哲学的代弁者であったロジェ・ガロディについて言えば、彼は一九五〇年代末に非スターリン化の一般的な行程を追い始めた。『人間の展望』(五九) で彼はマルクスの人文主義的な解釈を提起し、実存主義者、現象学者そしてキリスト教徒にさえも友好的な姿勢を示した。

『岸辺なきレアリスム』(一九六三) で、彼はプルーストやカフカを受け入れるほどに十分に広い線で文学的リアリズムを解釈した。これらの著書の戦術的な目的は、完全に明らかである。それは、自らに課してきた知的な孤立から抜け出そうとする共産党の努力に則していた。しかし、ガロディは彼の人文主義的な解釈を、ソビエト体制を批判し、チェコスロバキア侵攻を非難するところまで推し進めた。一連の論争や非難を経た七〇年に党から除名され、彼は同年に野心的な『すべての真理』の題名のもとに、関連する記録を発行した。この書籍のなかで彼は自らを、党を刷新しイデオロギー的硬化症から効果的に党を治癒しようと切望する共産主義者、として表示した。

一九六〇年代の後半に、パリの流行が実存主義から構造主義に変わった時、フランスのマルクス主義者アルチュセールによって提起されたマルクス主義への全く異なる解釈に注目が集まった。構造主義の人気の理由の一つは、それが方法として言語学から始まったことにあり、言語学は多かれ少なかれ正確な「法則」を発展させることができる唯一の人文学研究と見なされていた。つまり、「科学的」地位が、それ以外の人文学研究に与えられるという希望を今や抱くことができるのであって、他の人文学研究は、この点に関してこれまで残念ながらそれに欠けていた。

レヴィ・ストロースは、人文学研究にたいする構造的で非歴史的なアプローチのフランスで最初の提唱者であり、個人に着目せず、原始社会の神話のなかで作用した記号システムの分析に集中した。そのシステムの「構造」は、誰かによって意識的に案出されたものでも、その使用者の精神に現れたものでもなく、科学的な観察者によって発見され得るのであった。

二冊の連続する作品『マルクスのために』（一九六五）、『資本論を読む』（六六年、E・バリバールとの共著）で、アルチュセールは、マルクス主義が、人間の主観性と歴史的継続性が意識的に除外された構造主義的な探究方法を用意できることを示そうとした。彼は「人間主義」(humanism)、「歴史主義」(historicism) そして「経験主義」(empiricism) に攻撃の矛先を向け、そしてマルクスの知的な発展は一八四五年に、つまり『ドイツ・イデオロギー』の時点で、明確な断絶を経験したと主張した。

その時期以前には、マルクスはなおヘーゲルやフォイエルバッハのとりこにされており、世界を「人文主義的な」そして「歴史主義的な」カテゴリー（疎外のような）で記述し、具体的な人間個人を考えていた。しかしながら、その後に、彼はこのイデオロギー的なアプローチを放棄し、厳密に科学的な理論、それだけが純粋にマルクス主義である理論を発展させた（なぜ、後期マルクスが前期マルクスよりも純粋であるか、をアルチュセールは説明しない）。

『資本論』でもっとも完全に詳述され、その方法論が『経済学批判要綱』の『序説』において発表されたこのマルクス主義は、歴史過程は人間主体の行為の見地から叙述できる、という理念を拒否する。アルチュセールに

1174

よれば、全ての科学的著作と同じように『資本論』の主題は、実際の現実ではなく理論的な構築であって、その全ての要素が全体に依存している。史的唯物論の神髄は、歴史的現実のある側面を他のもの（上部構造や土台のそれぞれ）に依存させることではなく、それぞれを全体に依存させることにある（ルカーチの理念であって、アルチュセールはこの文脈で彼に触れてはいない）。しかしながら、それぞれの領域はそれ自体の変化のリズムを持つ。それらは均等に発展せず、いかなる時でも、異なる発展段階にある。アルチュセールは、「イデオロギー」や「科学」を定義せず、ただ、科学は実証主義者が保持するような「外的」真理基準によっては何も縛られず、それ自体の「理論的な実践」のなかでそれ自体の「科学性」を創造する、と述べるだけである。

何が科学を構成するか、という問題をこのように片づけて、彼は、マルクスの資本主義社会分析は、人間の主体ではなく、そのなかに巻き込まれる人びとの機能を決定する生産関係に関わると断定する（『資本論』が、諸個人を資本の運動によって決定された機能の単なる体現者と扱っているのは事実であることは、われわれも分かっている。しかし、これは、資本が事実として諸個人を富あるいは労働力の単位に還元し、それが、共産主義が廃止しようと約束する「非人間化」である、というマルクスの初期の観察の単なる繰り返しである。こうしてわれわれは、普遍的な方法的なルールではなく、交換価値の反人間主義的な性質の批判に関わることになる）。

したがって、観察の主題は構造（この著書において絶えまなく使われる用語であるが、しかし、どこにも説明がない）であって、その個々の人間的な要素ではない。「人間主義」によってアルチュセールは、歴史過程を個人の行動に還元する理論、あるいは多くの実例を通じて増幅された同じ類的本質を人間個人のなかに見て取る理論、あるいは歴史の変化を非人格的な「法則」ではなく、人間の必要の見地から解釈する理論を意味しているように思われる。

「歴史主義」（アルチュセールはこの用語もまた説明しないけれども）は、全ての形態の文化、特に科学を、グラムシ流に、変化する歴史的諸条件と

1175 相対的であると位置づけ、そうして、科学の特別な尊厳と「客観性」を過小評価することから、明らかに成り立っている。しかしながら、真のマルクス主義において、科学は「上部構造」に属さない。それにはそれ固有の法則とそれ固有の発展があり、それは客観的な概念的全体を構築し、階級意識の「表れ」ではない。

　こういうわけで、それは外部から労働者階級の運動に持ち込まれなければならず、階級闘争の単なる要素あるいは産物として生まれることはないと言った点で、レーニンは正しかった。と言うのは、社会生活のさまざまな側面は不均等に発展し（アルチュセールが毛沢東のなかで発見した、と主張するポイント）、必ずしも同じ時代精神を同じように反映するとはかぎらないということが本質的な事実であるからだ。それぞれが相対的に自律的であり、革命に凝結する社会的「矛盾」は常にこれらの「不均衡」から生れる対立の所産である。

　この最後の現象にたいして、アルチュセールは「重層的決定」という名称を与えたが、それは明らかに、特定の現象は現存の現象の複合体（例えば資本主義）ばかりではなく、問題の生活側面の発展のリズムによっても決定されることを意味した。例えば、科学の状況は全体の社会状況だけではなく、それまでの科学の歴史に依るのであって、同じことは絵画等にも当てはまる。

　これは、きわめて無害な結論、「上部構造の相対的独立」というエンゲルスの所見の繰り返しであると思われる。アルチュセールは、さらにエンゲルスに従って、時どき、「重層的決定」にもかかわらず、状況は「結局のところ」生産関係によって決定されると述べる。しかし、エンゲルスの曖昧な言説をより正確にするようなものは、何も付け加えなかった。結論は、単純に、特定の文化的現象は一般にそれらが属する生活の諸側面の歴史や現状の社会的諸関係を含む多様な環境による、ということである。

　われわれはこの自明な真理の何が科学的であるのか、あるいはなぜそれがマルクス主義の革命的な発見であるのか、あるいはまた、未来を予測することは言うまでもなく、われわれが特定の事実を説明するのにそれがどのような助けになるのかについて、何も説明されない。ましてや、アルチュセールは、われわれが異なる二つの分野、例えば彫刻と政治理論を、それらが同じ発展段階にあるのか、またはないのかを明らかにするために、どのように比較することができるのかを説明しない。これは、彫刻分野のいかなる条件が所与の「生産関係」に照応しているのかを、歴史の法則から演繹することができる、という前提にわれわれが立って初めて行うことができる。だがアルチュセールはそのような演繹の方法を何ら示唆しない（党の指導者はそれを行うことができるという理念は、共産主義諸国においていつも高度に便宜的でありつづけた。そこでは現状の社会意識が生産関係に「立ち遅れている」という理由で、イデオロギー的な迫害が正当化された。そこには、支配者は、意識が「土台」と一致するためにその意識がいかなる形態を採らねばならないか、を知っているということが含意されていた）。

　後になって、アルチュセールは一八四五年前後のマルクスの見方における認論識上の転換点は、彼がかつて考えたほどに明瞭に確定できないと信じるようになった。なぜなら、人間主義、歴史主義そしてヘーゲル主義を後悔する痕跡が、『資本論』のなかになお見いだせたからであった。マルクスの二つの著作、『ゴータ綱領批判』として知られる書簡とアドルフ・ワグナーの政治経済学の著書の欄外に書かれた注記は、イデオロギー的な痕跡からは完全に自由であった。この点でわれわれは、マルクス主義がマルクスの存命中に存在したのか、あるいは、それを発見することがアルチュセールに残されていたのかどうかを疑い始める。

　特に六〇年代後半におけるアルチュセールの見解の人気は、政治の問題ではなかった。と言うのは、彼の著書はいかなる特別な政治的結論にも繋がらなかったからである。それよりも重要な点は、実存主義者、現象学者またはキリスト教徒に取り入り、その固有の哲学を弱め、その固有性を奪うマルクス主義内部の傾向に彼が反対したことであった。アルチュセールは、イデオロギー的な「統合主義」と、マルクス主義は自足的であって一〇〇パーセント科学的で外部からの支援を必要としない理論である、という確信を維持した（「科学」という神学は、マルクス主義の宣伝において、常に巨大な役割を果たしてきた。アルチュセールは、彼がいかに科学的であるか、そして他の多くのマルクス主義の著作者たちが同じように行動しているかをいつも主張した。これは真の科学者あるいは人文学者の習性ではない）。

少数の新語表現を別として、アルチュセールは理論にたいして新しい貢献は何もしなかった。彼の作品は単に、イデオロギー的な厳格性と理論上の排他主義そしてマルクス主義は他の思考方法の汚染から守ることができる、という信念に立ち戻ろうとする試みであった。

この観点からすれば、それは時代遅れの共産主義的な頑迷さへの復帰である。しかし同時に、それはスターリン主義後の「雪解け」の結果として始まった直接的な反発過程の証拠でもある。第一次世界大戦の前に、当時の知的な流行によるマルクス主義の「汚染」が、新カント主義的マルクス主義、アナクロ・マルクス主義、マルクス主義的ダーウィン主義、経験批判論的マルクス主義等のような現象に繋がったように、それと同じやり方で、過去二〇年間のマルクス主義は、必死になってその長い孤立を埋め合わせようと試みながら、さまざまな既成の、あるいは人気の高い哲学に頼り、その結果、われわれは、ヘーゲル主義、実存主義、キリスト教、あるいはまたアルチュセールの場合のように、構造主義によって調律されたマルクス主義を持つことになった。五〇年代後半に人文科学のなかで影響力を持った構造主義の流行の他の原因は、別の問題であり、ここでは検討しない。

＊　＊　＊

われわれが記述してきた修正主義は、スターリン主義後のマルクス主義の解体のいくつかの現れの一つに過ぎない。修正主義の重要性は、その批判的な態度によって、それが共産主義諸国のイデオロギー的な信念の衰退と公定の共産主義の道徳的な貧困だけではなく、知的な貧困を明らかにすることに多大な寄与をしたことにあった。同時にそれはマルクス主義の伝統の無視された側面に注意を惹きつけ、歴史研究にも刺激を与えた。

それが広めた価値と熱意は、絶えたのではなく、共産主義諸国の民主主義的な反対派のなかに今なお顕著ではあるが、しかし、通常は、修正主義的な文脈では特に表明されない。すなわち、共産主義的専制支配体制の批判は、「共産主義からの悪弊の一掃」「マルクス主義の改革」あるいは「原点への回帰」という言葉では滅多に行われなくなり、ますます効果的ではなくなった。

専制的な体制と闘うために、結局、それらがマルクスあるいはレーニンの理念と反対であることを証明する必要は必ずしもない（レーニンの場合、矛盾を何とか証明することはとりわけ難しい）。そのような主張は一九五〇年代という特殊な状況では適切だったが、しかし、それらは今やその重要性を相当程度に失った。同じように、哲学において「歴史の法則」や「反映の理論」に反対して人間の主体性を弁護することは、マルクス主義の権威に基づく必要はなく、それがなくてもうまく果たせる。この意味において、修正主義は生きた課題であることを大部分、停止した。しかし、このことは、そのいくつかの理念や批判的な分析の継続的な価値には影響しない。

5　マルクス主義と「新左翼」

いわゆる新左翼もまた、一方におけるマルクス主義の専門用語の一般化と、他方におけるその理論の解体や現代の社会問題への不十分性を証明する現象の複合体である。新左翼に属すると主張しあるいは他者によってその一部を構成すると考えられたグループや分派の全体に共通するイデオロギー的な特徴を明らかにすることは難しい。革命の願望を抱くこの名称のグループの一つが、五〇年代後半にフランスで生まれ（統一社会党はある程度はこのなかから成長した）、そして類似したグループがイギリスや他の国で形成された。

この運動は、ソビエト連邦第二〇回党大会そしておそらくその大部分は一九五六年のハンガリー侵攻やスエズ危機によって引き起こされた。イギリスにおけるその著述機関が『ニュー・リーズナー』（New Reasoner）誌や『大学・左翼評論』（University and Left Review）誌であり、後者は後に『新左翼評論』（New Left Review）誌に変わった。

新左翼主義者はスターリン主義一般、特殊にはハンガリー侵攻を非難した。しかし、そのメンバーのなかでは、ソビエト体制の「堕落」がどの程度まで不可避的であるのか、現存の共産党の政治的、道徳的そして知的刷新の展望があるのかどうかについて意見の違いがあった。

同時に、彼らは労働者階級のイデオロギーとしてのマルクス主義への忠誠を強調し、なかには、レーニン主義への献身すら表明する者もいた。彼らはまた、彼らのスターリン主義批判を社会民主主義者や右翼のそれから区別し、「反共」として類別されるのを避けるように注意を払った。つまり、彼らは苦労しながら、革命的そしてマルクス主義的エートスを保持し、彼らのスターリン主義批判を西欧帝国主義・植民地主義・軍備競争にたいする刷新された批判と調和するようにした。

新左翼主義者たちは、共産党内部の動揺やイデオロギー論争の全般的復活に貢献した。しかし、極めて一般的という以外に、新しい社会主義モデルを案出することはできなかったように見える。「新左翼」という名辞は、大小の毛沢東主義者、トロツキー主義者やその他のグループだけではなく、現在の党の外で「真の共産主義」の復活を図ろうとする、さまざまな少数派によって主張された。フランスで「左翼的」(gauchiste) という言葉は、一般に、レーニン主義の「前衛」党を含むあらゆる形態の権威への反対を強調する諸グループによって使われた。スターリン主義後の時期にトロツキー主義の一定の復活が見られ、これが無数の小分派、別の「インターナショナル」などの結成となった。

六〇年代に「新左翼」という言葉は、ソビエト共産主義と同一化せず、しばしばそれを否認する一方で、世界規模の反資本主義革命という言辞を弄し、主に、第三世界にモデルと英雄を求める学生のイデオロギーの集合的ラベルとして、ヨーロッパや北アメリカで一般に使われた。これらのイデオロギーは、その名前に値するような知的な成果を生み出すには遙かにほど遠いものであった。それらの特徴的な傾向は、以下のようにまとめられる。

第一に、彼らは、革命への社会の「成熟」という概念はブルジョア的な欺瞞である、と主張した。つまり、適正に組織された集団がどの国でも革命を創り出し、社会的諸条件の急激な変化を実現することができる（革命は、ここで、今）。待つ理由はない。現存の国家と支配的エリートは、将来の政治的経済的組織の議論を抜きにして、暴力によって粉砕されなければならない。革命はこれらの問題をやがて都合の良い時期に決定するだろう。

第二に、現存の秩序は例外なくその全ての点で破壊に値する。革命は世界規模で、全体的で、絶対的で、無制限で、包括的でなければならない。全体革命 (total revolution) の理念は大学で始まったのだから、その最初の一撃は当然に「欺瞞的な」学術機関、知識と論理的技能に向けられなければならなかった。定期雑誌、小冊子、チラシが、革命家は、彼らに彼らの要求あるいは用語法の説明を求める教師たちと討論に入ってはならないと宣言した。学生に試験の合格を求めたり、他の科目よりもある科目を受講するように求めたりする非人間的な抑圧からの「解放」について、多くの議論が行われた。

大学あるいは社会の全ての改良に反対することもまた革命的な義務である。つまり、革命は全面的でなければならず、全ての部分的改良は体制の陰謀である。全てが変えられるか何も変えられないかのいずれかである。なぜなら、ルカーチ、マルクーゼ、そしてフランクフルト学派が教えたように、資本主義社会は不可分の全体であって、そういうものとしてのみ転換することができるからである。

第三に、労働者階級は、ブルジョアジーによって取り返しのつかないほどに堕落させられてきたのだから、当てにすることはできない。現時点で、学生は社会でもっとも抑圧された一員であり、それゆえにもっとも革命的である。しかしながら、あらゆる人びとが抑圧されている。ブルジョアジーが労働の崇拝を導入したのだから、第一の義務はそれゆえに労働を停止することであって、生活の必需品は何らかの方法で用意されるだろう。

不名誉な抑圧形態の一つが薬物の禁止であって、これもまた反対して闘われなければならない。性の解放、労働からの自由、学問的訓練やあらゆる種類の制約からの解放、普遍的で全体的な解放、これら全てが共産主義の本質である。

第四に、全体革命の方式は、第三世界で発見されなければならない。新左翼のヒーローはアフリカ、ラテン・アメリカ、そしてアジアの政治指導者たちである。アメリカ合衆国は中国、ベトナム、あるいはキューバと似たものに転換されなければならない。フランツ・ファノンやレジス・ドゥブレのような、この問題に関心を持つ第三世界の指導者や西欧のアイディオロジストとは別に、新左翼の学生は暴力と黒人人種主義（black racial-ism）を主唱した合衆国の黒人指導者を特に賞賛した。

一九六八〜六九年頃にその頂点に達したこの運動のイデオロギー的幻想は、甘やかされて増長した中産階級子弟の気まぐれな考え方の無意味な表れに過ぎなかったが、他方、彼らのなかの過激派（extremists）は事実上ファシスト暴力団と区別できないものであって、この運動は疑いなく、数十年にわたって民主主義社会を励ましてきた諸価値の信念の深刻な危機を表した。この意味で、それはそのグロテスクな言葉遣いにもかかわらず、「本物の」運動でもあった。もちろん、同じことがナチズムにもファシズムにも言える。

六〇年代人（sixties）は、それができるとしたら人類のみが世界規模において解決できる深刻な問題、つまり、人口過剰、環境汚染、貧困、後進性、そして第三世界の経済的挫折を公共的視野のなかに持ち込んだ。同時に、略奪的で伝染性のある民族主義のせいで、効果的な地球的行動の実現性が極めて小さいことも明白になった。これらの全てが、教育分野におけるさまざま危機の兆候は言うまでもなく、政治的軍事的緊張や世界大戦の恐れと相まって、全般的な不確実性の雰囲気と現在の是正策は実効性がない、という感覚をもたらした。

この状況は、歴史上、たびたび遭遇した種類の一つであり、そこでは人びとが袋小路に迷い込んだという感覚に陥る。すなわち、彼らは必死になって奇跡を切望し、たった一つのカギが楽園の扉を開けることを信じ、千年王国的で黙示的な願望に耽る。全般的危機という感覚が伝達の速さによって強められ、それによって、全ての地域的問題と災厄が直ちに全世界に知れ渡り、挫折という全般的感覚に変わって行く。

学園の若者の新左翼的な爆発は、不満から生まれた攻撃的運動であって、それはマルクス主義のスローガンからあるいはむしろマルクス主義の在庫の言い回しから、彼ら自身のために容易に語彙を創り出した。つまり、解放、革命、疎外等である。このことを別にすれば、そのイデオロギーは実際のところマルクス主義とは何の共通点も持たない。それは労働者階級抜きの「革命」、現代技術そのものへの憎悪（マルクスは技術の進歩を称賛し、資本主義の今にも起こりそうな崩壊の一つの理由はそのような進歩を持続できないその無能力であると考えたが、それは今日、不条理でもってしか繰り返すことができない予言である）、進歩の源泉としての原始社会礼賛（マルクスはそれには全く関心を示さなかった）、教育と専門知識の憎悪そして、アメリカのルンペン・プロレタリアートを偉大な革命勢力として信用することから成り立つ。

しかしながら、マルクス主義は、その後代の多くの版において前面に押し出されるようになった千年王国的側面を持つのであって、その語彙からの一握りの語句や文言が新左翼にとって、一撃で世界を奇跡的な楽園に転換することが可能であり、この達成の唯一の障害は大独占資本と大学の教授たちであると確信するには十分であった。公的な共産党に対する新左翼の主な不満は、それが十分に革命的ではないことであったのであり、今でもまだそうである。

一般に、われわれは今日、その多くが相互に連結していない広範な関心や熱望にたいして、マルクス主義がイデオロギー的な栄養を供給する状況にある。もちろん、これは、対立する全ての人びとの利益や理念がキリスト教の外形を装い、キリスト教の言葉で語った中世タイプの普遍主義とは全くかけ離れている。マルクス主義の知的装備は一定の思想学派だけによって使われているが、しかし、それは極めて多い。マルクス主義のスローガンはアフリカやアジアのさまざまな政治運動によって、そして国家の強

1180

制という手法によって後進性から抜け出そうと努力する国々によって求められている。

そのような運動で採用され、あるいは西欧の報道によってそれらに当てはめられたマルクス主義というラベルは、しばしば、彼らがソビエト連邦や中国から軍需物資を受け取ることを意味するに過ぎず、また「社会主義」は時どき、ある国が専制的に支配され、政治的反対派が認められていないことを意味するに過ぎない。

マルクス主義の用語のスクラップが、さまざまなフェミニスト・グループやいわゆる性的少数派によっても使われる。これは時どき起きているけれども、民主主義的自由を擁護する文脈でマルクス主義の言葉に出会うことはめったにない。総じて、マルクス主義は、イデオロギー的武器として高度の普遍性を実現した。世界の大国としてのロシアの利益、中華民族主義、フランスの労働者の経済的主張、タンザニアの工業化、パレスチナ・テロリストの活動、アメリカ合衆国の黒人人種主義、これら全てが自分たちをマルクス主義の用語で表現する。誰も真剣な意味で、これらの運動や利益のそれぞれのマルクス主義的「正統性」を判断することはできない。マルクスの名前は、マルクス主義とは革命を行い、人民の名で権力を獲得することを意味すると聞いた指導者、これが彼らの理論的知識の総合計であるのだが、彼らによってしばしば持ち出される。

このようなマルクス主義イデオロギーの普遍化は、まず何よりもレーニン主義によることは疑いがない。レーニン主義は、現存のあらゆる社会的要求や不平を単一の水路に向けさせ、そしてこうして与えられた勢いを共産党の専制的な権力を確保するために使うことができることを証明した。レーニン主義は、政治的機会主義を理論という地位にまで引き上げた。

ボルシェビキは、マルクス主義のいかなる「プロレタリア革命」の公式にも当てはまらない環境のもとで勝利を得た。彼らは社会に実際に存在する熱望や欲求、主に民族主義的で農民的な利益を、古典的なマルクス主義の観点からすればそれらが「反動的」であるにもかかわらず、梃子として使ったがゆえに勝利を収めた。レーニンは、権力を掌握したいと欲する者は、その理論的な考慮にもかかわらず、あらゆる危機とあらゆる不平の現れを利用しなければならないことを証明した。マルクス主義のあらゆる予言にもかかわらず、民族主義的な感情や熱望がもっとも強力で積極的なイデオロギー形態となっている世界情勢において、民族主義の運動が現存の権力構造を崩壊させるほどに強力である場合はいつでも、マルクス主義者がこれと同一化するのは当然である、と。

しかしながら、マルクス主義の言葉を使う世界中の多様な勢力がしばしば相互に対立しているのだから、別な観点から見れば、マルクス主義の普遍性は崩壊しているに等しい。ロシアと中国という帝国間の聖戦のなかで、双方の側が同等の権利でマルクス主義のスローガンを持ち出した。このような状況にあって、スターリン死後の時期に国際共産主義運動を引き裂いたのと同じような分裂は起こらざるを得ない。その上、二〇年代にその萌芽形態で既に現れ、スターリン主義の圧力のもとで消滅したか、あるいは周辺的な形態でのみ生き残った諸傾向を、さまざまな分裂が代表していることは注目に値する。

これらのなかには、後に毛沢東主義になったものの要素（スルタン・ガリェフ、ロイ）、共産主義改革派の要素（今日、さまざまな西ヨーロッパの党、特にイタリアやスペインの党に代表される）、プロレタリアートの独裁を行使する労働者評議会の理念の要素、そして「左翼」共産主義のイデオロギーの要素（コルシュ、パンネクーク）が含まれた。いささかその形を変えているが、これらの理念の全てが今の時代に再登場してきた。

ここ一五年ほどのマルクス主義の重要な現れは、産業自主管理のイデオロギーである。しかしながら、これは発生的にマルクス主義ではなく、むしろプルードンやバクーニンに代表される無政府主義的でサンディカリスト的な伝統に由来する。労働者による工場管理の理念は、一九世紀にイギリスのギルド的社会主義によって、マルクス主義からのいかなる刺激もなしに提案された。無政府主義者のような社会主義者は、当時において既に産業の国有化はそれ自体として搾取を廃棄しないこと、他方で、個々の企業体の完全な経済的自律は、その結果として資本主義的競争の復活になる

1181

ことを理解していた。したがって、彼らは議会制民主主義と代表制産業民主主義の混合体制を提案した。ベルンシュタインもまたこの問題に関心を寄せ、一〇月革命後に、産業民主主義がソビエト連邦と西欧の双方の共産主義左翼反対派によって叫ばれた。スターリン死後に、この問題は部分的にはユーゴスラビアの実験のために復活した。

フランスで最初にこれを取り上げたのは、元共産主義者で『新しい労働者階級』(一九六三)の著者であるセルジュ・マレであった。マレは産業の自動化の社会的結果を分析し、熟練した技術者が労働者階級の「前衛」としてますます重要になる。しかし、それはこの言葉の新しい意味において、すなわち生産の民主的統制のための闘争を遂行するという意味において、重要になると指摘した。その闘争において、経済と政治という旧い区分は消えてなくなる。つまり社会主義の展望は、プロレタリアートの経済的主張がその序曲となる世界規模の政治革命という希望に結びつけられるのではなく、熟練した賃金労働者が本質的な役割を果たすことができる生産の組織化の民主主義的方法の拡大と結びつけられている、と。

産業民主主義の可能性と展望という問題は、民主主義的な社会主義に関する議論において鍵的重要性を持つようになった。それは、マルクーゼあるいはヴィルヘルム・ライヒによって鼓舞され、歴史的にも論理的にもマルクス主義とは無縁である、新左翼の千年王国的な夢とは何の共通点も持たない。

スターリン死後のイデオロギー論争の復活の副産物の一つは、マルクス主義の歴史や理論にたいする関心の増大であり、それは学術的文献の豊かさとなって現れた。五〇年代人や六〇年代人は、幅広い多様性に富んだこの種の価値ある多くの作品を目にした。これらのなかにはマルクス主義に反対を表明する者(バートラム・ウルフ、ズビグニエフ・ヨルダン、グスタフ・ヴェター、ジャン・カルヴェス、ユージン・カメンカ、イノセントリー・ボチェンスキー、ジョン・プラムナッツ、ロバート・タッカー)そして、一つまたはもう一つの学派の少数の正統派マルクス主義者(オーギュスト・コルニュ、エルンスト・マンデル)だけではなく、マルクス主義への態度は批判的だが好意的なその他の人びと(イリング・フェッチャー、シャロモ・アヴィネリ、M・ルベル、ルーチョ・コレッティー、ジョージ・リヒトハイム、ディヴィッド・マクラレン)が含まれた。

1182

多くの研究が、マルクス主義の起源とその理論の特定の側面に向けられた。レーニンとレーニン主義、ローザ・ルクセンブルク、トロツキーそしてスターリンに関する豊かな研究文献が存在する。コルシュのような初期の世代のマルクス主義者が、その忘却から救出された。全ての古い解釈問題が復活され、新しい解釈が現れた。マルクスのヘーゲルとの関係、マルクス主義とレーニン主義との関係、「自然の弁証法」、マルクス主義倫理学の可能性、歴史決定論と価値論についての論争があった。マルクスの初期の見解に関係するテーマ、つまり疎外、物象化、実践が論争の対象でありつづけている。マルクス主義に直接的あるいは間接的に関連するおびただしい作品は、近年、幾分飽き飽きするほど著しい。

6　毛沢東の農民的マルクス主義

中国革命が二〇世紀史のもっとも重要な事件の一つであることは議論の余地のないことであり、したがって、毛沢東主義として知られるその理論は、その知的な価値にもかかわらず、今日の理念の闘争における主な要素の一つとなってきた。ヨーロッパの基準で測定すれば、毛沢東主義のイデオロギー的文書、特に毛沢東自身の理論的著作は、事実として、極端に原始的で不細工で、時には、子どもじみているようにさえ見える。これと比較すれば、スターリンですら説得力のある理論家という印象を与える。

しかしながら、この種の判断はいくらか用心して下されなければならない。本書の執筆者のように、中国語が分からず、中国の歴史や文化について乏しくて表面的な知識しか持たない人間は、確かに、これらの著作の完全な意味や中国思想を熟知した読者が読みとれる多様な連想や引喩(ほのめかし)を摑むことはできない。しかしながら、この点で、必ずしも常に同意するのではないが、専門家の意見に依存しなければならない。本書の他の個所以上に、この後に続く所見は二次的情報に基づいている。しかしながら、最初に、毛沢東主義の理論的哲学的な主張にもかかわらず、それはまず何よりも実践的な教訓、中国の状況下で、いくつかの点で高度な有効性を発揮した教訓の集成である、と述べることはできる。

　今日、毛沢東主義または中国で「毛沢東思想」と呼ばれものは、その起源が数十年前にさかのぼるイデオロギー・システムである。ロシアの共産主義と対置される中国の共産主義のいくつかの特徴は、一九二〇年代後半には既に目に見えるものであった。しかしながら、特に毛沢東のユートピア的な構想のなかに含まれる彼らのイデオロギーが、明確な形を取り始めたのは一九四九年の中国共産党の勝利以降であり、そのいくつかのきわめて重要な側面は五〇年代後半またはそれ以降に発展した。

　その最終的な形態の毛沢東主義は、マルクス主義の用語法が目立って多く存在するものの、その支配的価値がマルクス主義と完全に無縁であると
1183 思われる急進的で農民的なユートピアである。

　驚くことではないが、このユートピアはヨーロッパの経験や理念に何も負っていない。毛沢東は、彼が既に新国家の主席であった時の二回のモスクワ訪問を除いて、中国を離れたことはなかった。彼自身が明言するように、彼はほとんどいかなる外国語も知らず、彼のマルクスの知識もまたおそらくはかなり制限されていた。例えば、マルクス主義正統派を自認しながら、彼はあらゆる物事は二つの側面、良い面と悪い面を持つという言い方を常としていた。もし彼が、マルクスはこの形の弁証法を小ブルジョア的たわごとと嘲笑ったことを知っていたならば、そのようなことはおそらくやらなかったであろう。

　さらに、マルクスが「アジア的生産様式」に言及していたことをもし彼が知っていたならば、おそらくそれについても検討したはずであるが、彼の著作にはその言及は存在しない。彼の二つの哲学論考である『実践論』と『矛盾論』は、彼がスターリンやレーニンの著作から読み取ったものに、時どきの必要に合わせたいくつかの政治的結論を加えたものの、平易で単純化した提示である。控え目に言っても、これらの文書のなかに何らかの深遠な理論的意味を感得するためには、相当の好意が必要である。

　しかしながら、これらは本質的な点ではない。中国共産主義の重要性はその教条の知的水準に依存するのではない。毛はもっとも偉大ではないにしても、二〇世紀の大規模な人民大衆の偉大な操縦者の一人であり、その目的のために彼が使ったイデオロギーは、中国だけではなく第三世界の他の部分における有効性という理由によっても重要である。

　中国の共産主義は、一九一二年の帝国の転覆から始まった革命的事件の延長であり、数十年前、特に一八五〇年から六四年の太平天国の乱（歴史上、血なまぐさい内乱の一つ）までさかのぼる発展の結果であった。毛は革命の第二の段階の主な設計者であったが、それは、ロシアでそうであったように、共産主義者の主導で始まったのはなく、レーニンが「ブルジョア民主主義的」なそれ、と呼ぼうとした革命であった。つまり、大規模農地の農民の分有、外国帝国主義からの中国の解放、そして封建制度の廃止である。

　毛沢東（一八九三～一九七六）は、湖南省の裕福な農民の息子であった。彼は地元の学校に通い、そこで中国の文学の伝統の初歩を習い、彼を中学校に進学させることになる学習嗜好を獲得した。若い年齢で彼は孫文の革命的共和党、つまり国民党に加わった。しばらくの間、共和党軍で闘った後に、一九一七年までに自分の学業を再開した。この期間に彼は詩も書いた。その後に、彼は北京の大学図書館で働いた。この時、彼は社会主義の学識を有する民族主義者および民主主義者であったが、マルクス主義者ではなかった。

　国民党の目的は、中国を日本、ロシアそしてイギリスの帝国主義から解放し、立憲共和国を樹立し、経済改革によって農民の分け前を改善することであった。一九一九年の社会不安［五四運動］の勃発後に、最初のマルクス主義者のグループが北京で形成され、二一年六月にコミンテルンのエージェントのもとで、毛を含む一二人のこのグループが中国共産党を設立
1184 した。

　コミンテルンの指令で党は、初めは国民党と緊密に協力し、中国の生成期のプロレタリアート（一九二六年に都市労働者は全人口の二〇〇人に一人

を占めた）からの支持を獲得しようと努めた。二七年の蒋介石の共産党員虐殺［いわゆる上海クーデター］後、反乱を企て、分裂した国民党左派と協商に達するという試みが不成功に終わった後で、共産主義者はその方針を転換し、彼らの前の指導者陳独秀に「右翼日和見主義者」という烙印を押した。

多数の者を殺されたけれども、党は労働者に手を伸ばす努力を継続した。しかし毛沢東は早い段階で、農民に切り替え、そして農民軍を組織することを主張した。しかしながら、党内の両方のグループは反帝国主義と反封建という目的を強調した。そこに特に共産主義的という世界観の証拠は一つも存在しない。毛沢東は、彼の生地の湖南省で武装農民運動の組織化に着手し、それが征服した地域では、この勢力が大土地所有者から土地を没収し、伝統的な制度を廃止し、学校や協同組合を設立した。

次の二〇年間、毛沢東は都市中心部から離れた田舎に住んだ。彼はまもなく農民ゲリラの傑出した組織者となっただけではなく、中国共産党の誰も挑戦できない指導者、そして自分の地位をモスクワの保証に負わない世界で唯一の指導者となった。二〇年の間、刮目すべき勝利と劇的な敗北に満ちた時期に、彼は極端に困難な状況のなかで国民党と日本侵略者に反対して闘い、少しの間だが、国民党を日本に反対する側につかせた。

共産主義者は、彼らが占領した地域に将来の国家の根拠地を組織したが、彼らの革命の「ブルジョア民主主義的性格」を強調しつづけ、また、全ての農民や労働者だけではなく下層中産階級や「民族主義的」ブルジョアジー、つまり帝国主義者と同盟しない人びとを含む「人民戦線」を引き続き求めた。この党は一九四九年の勝利後の最初の数年間はこの路線を取りつづけた。

ゲリラ戦争の時期のさなかの一九三七年に、毛は延安の党軍事学校で二つの哲学講義を行ったが、それは今日でも中国人民に施されるほとんど全ての哲学教育を構成するものとなっている。『実践論』の講義において、彼は、人間の知識は生産的実践と社会的衝突から生まれ、階級社会ではあらゆる形態の思想は例外なく階級的に決定され、実践は真理の基準である、と述べる。理論は実践に基づいており、その奴隷である。つまり、人間は物を自分の感覚で捉え、それから、彼らが見ることはできない物の本質を理解する概念を形成する。対象を認識するために、人は実践的活動がそれに関わるようにしなければならない。われわれは梨を食べることによって梨の味を知り、階級闘争に参加することによってのみ社会を理解する。中国人は「表面的で知覚的な知識」に基づいて帝国主義との闘争を開始したが、その後になって初めて、帝国主義の内部矛盾という合理的な知識の段階に到達し、そうして、それと効果的に闘えるようになった。

「マルクス主義は理論の重要性を強調する。それは理論が行動を指導できるというただそれだけの理由からである」（『哲学四篇』一九六六年　一四頁）。マルクス主義者は自分の知識を変化する諸条件に適合させなければならない。そうしないならば、彼らは右翼日和見主義に陥ってしまうだろう。他方、もし彼らの思想が発展の諸段階を追い越し、現実にたいする想像をまちがえるならば、偽りの左翼的な言辞を弄する人の餌食になってしまうだろう。

『矛盾論』の講義は、レーニンとエンゲルスの引用を頼りにした「対立物の統一」を説明する試みである。「形而上学的」世界観は、物を孤立した、静的で一面的なものと見て（同前　二五頁）、運動あるいは変化を外から課されたものと見なす。しかしながら、マルクス主義はあらゆる物が内的な矛盾を含み、そしてこれらが機械的な運動を含むあらゆる変化の原因であると規定する。外的原因は、変化の「条件」にすぎず、他方、内的原因はその「土台」である。

「それぞれの、そしてあらゆる相違が既に矛盾を内包し、その相違自体が矛盾である」（同前　三三頁）。現実のさまざまな領域はそれぞれの固有の矛盾を持ち、そしてこれらがさまざまな科学の課題である。われわれは「全体」を知るためにも、常にそれぞれの矛盾の個別の特徴を観察しなければならない。ある物はその反対の物に変化する。例えば、国民党は、最初は革命的であったが、それから反動的になった。世界は矛盾に満ちているが、あるものは他のものよりも重要であり、あらゆる状況においてわれわれわれは、主要な矛盾を他の二次的な矛盾、例えば資本主義社会においてブルジョアジーとプロレタリアートとのあいだの矛盾に由来する二次的な矛盾から識別しなければならない。

われわれは、矛盾をどのように解明し克服するかを理解しなければならない。「われわれのマルクス主義研究の始まりの時点で、マルクス主義に関するわれわれの無知とあるいは不十分な知識がマルクス主義の知識にたいする矛盾として立ち現れる。しかし、根気強い研究によって無知は知識に、不十分な知識は確固とした知識に変えることができる」（同前　五七～八頁）。物はその反対物に転換する。土地所有者は無所有にされ、貧民に変わるが、その一方で無所有の小農が土地所有者になる。戦争は平和に道を譲るが、平和は再び戦争に道を譲る。

「生がなければ死もない。死がなければ生もない。『上』がなければ『下』もない。『下』がなければ『上』もない。容易がなければ困難もない。困難がなければ容易もない」（同前　六一頁）。区別はまた対立する階級のそれのように敵対的な矛盾のあいだに、そして正しいかまたは誤っているかの党路線のあいだのように非敵対的な矛盾のあいだにも引かれる。後者は誤りを正すことによって解決できるが、しかしそれがなされなければ敵対的な矛盾に変わる。

数年後の一九四二年に、毛は彼の信奉者たちに『芸術と文学』について演説を行った。その主要な点は、芸術と文学は社会階級の事業であるということである。つまり、全ての芸術は階級的に決定されること、革命家は革命の大義と大衆に奉仕する芸術形態とを実践しなければならないこと、そして芸術家と作家は闘っている大衆を助けるために精神的に自己を変革しなければならないこと、である。

芸術は、芸術的に優れているばかりではなく政治的にも正しくなければならない。「人民大衆を危険にさらす全ての暗黒勢力は暴露されなければならない一方で、大衆のあらゆる階級闘争は称賛されなければならない、これはあらゆる革命的芸術家や作家の基本的な任務である」（アン・フリーマントゥル編『毛沢東著作選集』一九六二年　二六〇～一頁）。作家はいわゆる人類愛によって惑わされてはならない、と警告される。なぜなら、敵対する階級に分裂した社会に、そのようなものは存在しないからである。「人類愛」は資産階級によって発明されたスローガンである。

これが毛の哲学の要旨である。それはお分かりのように、レーニン・スターリン主義的マルクス主義の二、三の陳腐な文句の単純な繰り返しである。しかしながら、毛の独創性はレーニンの戦略指針の修正にある。これと中国共産主義の農民志向とが、その勝利の本質的な要因であった。「プロレタリアートの指導的役割」は、イデオロギー的なスローガンとして有効なものとして残りつづけたが、しかし革命の時期を通じてそれは農民ゲリラを組織する上での共産党の指導的役割以上のものを意味しなかった。

毛は、ロシアと異なり中国において革命は、農村から都市にやってくることを強調したばかりではなく、貧農を自然な革命勢力と見て、マルクスとレーニンの双方に反して、社会階層はその貧困に比例して革命的である、と明白に述べた。彼は小農民の革命的潜在力を固く信じたが、それは中国のプロレタリアートが小さな階級である、ということばかりではなく、原理上の理由からでもあった。

彼のスローガン「農村から都市を包囲する」は、はるか以前の一九三〇年に当時の党の指導者李立三に反対された。当時の「正統派」の革命家たちはコミンテルンの指令に従順であり、ロシアの後を追う戦略を推し進め、小農民の武装闘争を脇筋と見なして、主要な力点を大産業中心地のストライキや革命に置いた。

しかしながら、効果的と証明されたのは毛の戦術であり、後年になって彼は、中国革命はスターリンの助言を無視して勝利した、と強調した。三〇年代と四〇年代の中国共産主義者にたいするソビエトの物質的な援助は、象徴的な性格に過ぎなかったように思われる。ことによると、これは単なる推測であって直接の証拠に基づくものではないが、スターリンは、もし共産主義が中国で勝利すれば、結局、五億の人民をソビエト連邦のもとに従属させて置くことは望めなくなる、それならば中国を弱くて、分断され、相争う軍閥によって支配されたままにしておくことが論理的には好ましい、と考えていたのかもしれない。しかしながら中国共産党は、そのあらゆる公式の言説においてソビエト連邦への忠誠を表明しつづけ、一九四九年にスターリンは新しい共産主義の勝利にたいする喜びを表し、その手ごわい友邦を衛星国に転換するために最善を尽くすこと以外の選択肢を持たなかった。

1187

中ソ対立は、イデオロギー上のいかなる異端信仰などによるのではなく、中国共産主義者の独立と、われわれが想定できるように、中国革命がロシア帝国主義の利益に反したという事実によるものであった。一九四〇年の論文「新民主主義について」において、毛は、中国革命は「本質的に」農民の要求に基づく農民革命であり、それは農民に権力を与えるだろう、と書いた。同時に彼は農民、労働者、下層中産階級、愛国的ブルジョアジーから成る抗日統一戦線の必要性を強調した。新民主主義の文化は、プロレタリアート、すなわち共産主義者の指導のもとで発展するだろう、と彼は宣言した。

要するに当時の毛の計画は、「第一段階」のレーニン主義と同じであった。つまり、共産党に指導されたプロレタリアートと農民の革命的独裁である。彼は一九四九年六月の演説「人民民主主義独裁について」においても同じことを繰り返したが、もっともこの時は、土地が社会化され、階級が消滅し、「普遍的友愛」が続く「次の段階」を彼は特に強調した。

共産主義者の勝利後の二、三年の間は、波の立たない中ソ友好の時期であったように見える。中国の指導者は、彼らの長兄にたいして慇懃な敬意を払った。もっとも後で知られるように、最初の国家間交渉において深刻な摩擦が現れていた。当時においては、明確に区別された毛沢東主義の理論について語ることはできなかった。毛自身が繰り返し指摘せざるを得なかったように、中国人は経済の組織化の経験を持たず、したがってソビエト・モデルを引き写しにした。時が経つにつれて、これらのモデルは、中国革命におそらく既に潜在したが、まだそれ自体を明確にされた形で表していなかったイデオロギーと、いくつかの重要な点で反することが明らかになってきた。

一九四九年以後、中国は高速度でいくつかの発展段階を越えたが、それぞれの段階が毛沢東主義の結晶化に向かうさらなる前進をともなった。五〇年代には、この国は加速度的にソビエトの発展コースをたどったように見えた。大規模所有地が、それを必要とする農民に分割された。私企業は、数年間は制限内で許されたが一九五二年に厳格な統制下に置かれ、五六年に完全に国有化された。農業は、私的小地所を持つことは許されたけれども、五五年から、最初は共同化の手段により、まもなく公的所有の「高度に発達した」形態において集団化された。この時、ロシア人に従って、中国人は重工業の絶対的な優先を主張した。厳格に集権化された計画化を強制し、農村地域を犠牲にした工業化に強力な刺激を与える第一次経済計画（一九五三～七年）は、ソビエト共産主義のいくつかの特徴を導入した。つまり、膨張した官僚制、都市と農村の格差の深化、そして高度に抑圧的な労働法制である。

不可避的に、苛烈な中央集権的な計画化は、小規模農民所有の国では不可能事であることが明らかになった。しかしながら、それに続く管理手法の変化は、さまざまな形態の計画分権化にとどまらず、生産目標と近代化が二の次にされる一方で、主な力点が、農村生活の現実または仮定の徳を体現する「新しいタイプの人間」の育成に置かれた、新しい共産主義イデオロギーとなって現れた。

1188

しばらくの間、この段階は、文化的な絶対主義のいくらかの緩和を含むようにさえ見えた。このような錯覚は、一九五六年五月、つまりソビエト連邦第二〇回党大会の後に、党によって開始され、毛自身によっても是認された、短命の「百花斉放」(hundred flowers) キャンペーンと結びつけられた。芸術家や学者は、自分の理念を自由に交換することを奨励された。全ての思想傾向と芸術スタイルが相互に競争した。特に、自然科学はいかなる「階級的な性格」も持たないと宣告され、他の分野でも進歩は束縛のない議論の結果である、とされた。

「百花斉放」の教説は、自国で非スターリン化の大騒ぎを経験した東ヨーロッパの知識人の熱狂をまき起こした。多くの人びとが、短期間、経済的

1189

技術的な点から見て社会主義陣営のなかでもっとも後進的な国が自由主義的な文化政策のチャンピオンになった、と思った。しかしながら、これらの幻想は、かろうじて数週間しか続かなかった。と言うのは、中国の知識人たちがきっぱりと体制を大胆に批判するようになり、党は抑圧と脅迫というその通常の方針に直ちに復帰したからであった。

全体的なできごとの内輪の歴史は明らかではない。中国の新聞のいくつかの論評や党の総書記であった鄧小平の一九五七年九月の中央委員会での演説からは、「百花斉放」というスローガンは、「反党分子」を表に引きずり出して、より簡単に粉砕されるようにする策略であった、と考えられる（鄧は、雑草が大衆にとって怖気つくような戒めにまで成長するのを許し、それから根っ子ごと引き抜き、中国の土壌を肥沃化するのに使うと公言した）。しかしながら、ことによると、一時的に毛は、共産主義イデオロギーは、自由な討論において中国の知識人のなかで持ちこたえることができる、と本当に信じていたのかもしれない。もしそうであるならば、彼の幻想はほとんど一瞬のうちに潰え去ったことは明らかである。

ソビエトのパターンに沿った中国の工業化の失敗は、おそらくは、次の時期の政治的そしてイデオロギー的な変化の原因となったか、あるいはそれを早めた。世界は、それをとまどいながら眺めた。一九五八年の初めに毛指導下の党は、引き続く五年間で生産の奇跡を引き起こす「大躍進運動」（great leap forward）を布告した。それぞれ六倍と二・五倍とされた工業と農業の生産目標は、スターリンの第一次五ヵ年計画さえも日陰に追いやるほどであった。

これらの幻想的な結果は、しかしながら、ソビエトの手法ではなく、大衆は決意したことなら何でもやることができ、ブルジョアジーが発見した「客観的」障害によって妨害されてはならない、という原理に立って、人びとの創造的な熱狂を鼓舞することによって成し遂げられるものとされた。全ての経済部門が例外なくダイナミックな拡大を成し遂げなければならず、完全な共産主義社会はすぐそこにある、と。

ソビエトのコルホーズの路線に沿って組織された農場は、一〇〇％の集団化を基礎にしたコミューンに置き換えられた。私的小地所は廃止され、可能な所ではどこでも共同的な食事と住宅が導入された。報道機関は、結婚した二人が次の世代を産み出すという、彼らの愛国的な義務を遂行する正当な優先順位のもとで、定期的な間隔で通う特別な施設の報告を載せた。「大躍進」の称賛された特徴の一つは、無数の小村落における鉄の熔解であった。

党の指導者たちは、つかの間は、統計上の楽園（後で認めたように虚偽の楽園）に浸ったが、ヨーロッパの経済学者や在中国のソビエトの助言者たちが予言したように、まもなく全ての取り組みが完全な失敗であることが判明した。「大躍進」は、高い蓄積率のゆえに生活水準の壊滅的な下落をもたらした。それは莫大な浪費を抱え、都市を地方からの労働者で溢れさせたが、まもなく彼らは余剰と証明され、全般的な混とんと飢饉にもかかわらず、その故郷に帰らなければならなかった。一九五九年から六二年は、後退と悲惨の時期であった。それは「大躍進」の失敗のせいばかりではなく、壊滅的な収穫やソビエト連邦との経済関係の事実上の破綻のせいでもあった。ソビエトの技術者の突然の引き上げは多くの巨大事業を突然の休止に追いこんだ。

「大躍進」は、農民大衆はイデオロギーの力によって何でもでき、「個人主義」あるいは「経済主義」（生産への物的刺激）はあってはならず、熱狂主義は「ブルジョア的」知識や技能に取って代わることができる、とする新しい毛沢東主義の発展を反映した。毛沢東主義のイデオロギーは、この時に、より明確な形を取り始めた。それは毛による公的言説において、そしてまた、より明示的には、ごく最近になって「文化大革命」の騒乱のなかで明らかにされた講話において定式化された。そのなかのいくつかは英語版で、高名な中国学者スチュアート・シュラムによって出版された（『ぶつけ本番の毛沢東―講話と書簡一九五六～七一年』一九七四　以降はシュラムとして引用する）。

一九五九年の七月から八月の盧山党会議において、毛は自己批判の演説（もちろん、当時は公表されなかった）を行い、そのなかで「大躍進」は党

1190

にとって敗北であった、と認めた。彼は、経済計画を何も分からなかったこと、そして、石炭や鉄はひとりでに移動せず、輸送されなければならないことなど考えもしなかった、と告白した。彼は、農村の鉄の熔解の方針の責任を負い、国は破滅に向かっており、共産主義を打ち立てるには少なくとも一世紀はかかると今では考える、と公言した。しかしながら、「大躍進」は完全な敗北ではなかった。現に幹部たちが、その誤りから学んだからである。あらゆる人間が、マルクスさえ、まちがいを犯したが、その場合に挙げられるべきは経済だけではない、と。

一九六〇年に公然化した中ソ論争は、特にソビエト帝国主義のせいであって、存在はしたけれども共産主義の理念や方法に関する意見の相違のせいではなかった。中国人はスターリンにたいする忠誠の表明、という点で熱狂的である一方で、東ヨーロッパの「人民民主主義」の地位を受け入れる気はなかった。

論争の直接的な原因は、核兵器の問題から起こり、ロシア人はその使用の管理をロシア人が保持する、という条件付きで中国人が使用できるようにすることとした。ここで取り上げる必要もない他の問題には、ソビエトの対アメリカ合衆国の方針、そして「平和共存」説があった。対立が二つの帝国のそれであって、共産主義の二つの版の対立でないことは、中国が一九五六年のソビエトのハンガリー侵攻を無条件に承認し、そしてその一二年たった決裂後に、毛沢東主義の立場からすればドゥプチェクの方針は全くの修正主義であり、自由主義の理念に立つ「プラハの春」はソビエト体制よりも明らかにもっと「ブルジョア的」であるにもかかわらず、チェコスロバキア侵攻を激しく非難した事実が示している。後に、中国の二つの分派の反目がこの国を内乱戦争の寸前まで追い込んだ時に、双方が基本的な意味で、つまり中国の利益と主権の立場から、等しく反ソビエトであったことは明らかであった。

しかしながら、モスクワとの衝突の最初の段階で、中国人は彼らがイデオロギー上の相違に重要性を付していることを示し、そして新しい理論モデルを創出することによって、世界共産主義のリーダーとしてのロシアに取って代わるか、あるいは少なくともモスクワを犠牲にして相当程度の追随国を獲得することを望んだ。時間の経過につれて、彼らは世界が中国の実例に従うよう説得する代わりに、ソビエト帝国主義を直接に攻撃することによってより良い成果を実現することができる、と決定したように思われる。

「イデオロギー闘争」すなわち、中国とソビエトの指導者間の公的な侮辱のやり取りは、その強度を国際情勢によって変化させながら一九六〇年以降継続された。しかし、それは明らかに、それぞれの対抗国があれかこれかの民主主義国家とのその場限りの連携に訴えながら、第三世界への影響力のために対抗する、帝国間の争いと化して行った。適応された形態としての中国型マルクス主義は、それ以前にソビエト・マルクス主義とロシア帝国主義で起きたのと同様に、中華民族主義のイデオロギー的な支柱となった。こうして二つの強大な帝国が相互に対立し、それぞれがマルクス主義的正統性を主張し、それぞれが「西欧帝国主義」よりも他方を敵視した。十分に反ソビエトではないことを主な根拠として、中国の共産主義者が合衆国政府を攻撃するという事態にまで「マルクス主義」の発展は立ち至った。

中国共産党の内部闘争は、一九五八年以降秘密裏に進んだ。主要な問題はソビエト・タイプの共産主義に賛成する人びとと、新しい完全な社会のための毛沢東の図式を支持する人びととのあいだにあった。しかしながら、前者は中国がモスクワの指令に従うことを望む、という意味の「ソビエト賛成」(pro-Soviet) ではなかった。問題になった個別の点は、以下のようにまとめられる。

第一に、「保守派」と「急進派」は、軍隊に関して異なる考え方をもった。前者は規律と最新式の装備を基にした近代的な軍隊を欲したが、後者はゲリラ戦の伝統を固守した。これが一九五九年の最初の粛清の原因であって、その犠牲者のなかには解放軍の元帥彭徳懐が含まれた。

第二に、「保守派」は、都市と重工業施設の重視とともに、多かれ少なかれソビエト方式に基づく給与格差と刺激策を信じた。他方、「急進派」

1191

は平等主義を説き、工業と農業の発展のための大衆的な熱意に依拠した。

第三に、「保守派」は、先進国に早晩比肩できる医者や技術者を養成するために、教育制度の全ての段階の技術的専門化を信じた。他方、「急進派」は、イデオロギー的な教化を強調し、もしそれが成功するならば、技術的能力は何らかの方法で身につくだろう、と信じた。

「保守派」は、必然的に、科学知識や技術をロシアかヨーロッパおよびアメリカのどちらかから求める用意があったが、他方「急進派」は、科学や技術の問題は毛沢東の箴言を読むことで解決される、と主張した。

「保守派」は、概して、ソビエト・タイプの党官僚であり、中国の技術や軍事の近代化と経済発展に関心を持ち、そして、あらゆる生活分野における党機構の厳格な階層的統制を信じた。「急進派」は今にも起こりそうな共産主義の千年王国というユートピア的な幻想にかなりの信頼を置いていたように見える。彼らは専門的な抑圧機構よりも、イデオロギーの全能性と大衆による直接的な強制（しかし、党の指導下での）を信じた。その地理的基盤に関して言えば、「保守派」は北京に、「急進派」は上海に明らかに集中した。

もちろん、双方のグループは、一九四九年以降に不動となった毛のイデオロギー的な権威に訴えた。同じように、一九二〇年代のソビエト連邦の全ての分派がレーニンの権威に訴えた。しかしながら、違いは、中国では革命の父がまだ生きており、「急進」グループを支持するだけではなく、事実上それを創り出し、その結果、そのメンバーたちは、その対抗者たちよりもイデオロギー的に幸運であったことである。

しかしながら、彼らはあらゆる点でその有利さを享受したのではなかった。一九五九年から六二年の後退の結果として、毛は党内指導者たちの強力な反対に対処しなければならず、彼の権力は感知できるほどに制限された。ある人びとは、確かに彼は六四年以降、何の実際的権力も行使しなかったと信じた。しかし、中国政治の秘密性は甚だしいので、この種の全ての評価は不確実である。

「保守派」の筆頭は劉少奇であった。彼は一九五八年末に毛から国家主席を引き継いだが、六五年から六六年の「文化大革命」のなかで、非難され、資本主義の大悪魔として罵られた。彼は共産主義者教育に関する書籍の著者であり、それは彼の他の二冊の小冊子とともに三九年以来、党の必読文献であった。四半世紀後に、このマルクス主義・レーニン主義・スターリン主義・毛沢東主義理論の無謬の説明が、突然に、儒教主義と資本主義の有毒な源泉であることが判明した、というのである。

批判者の大群によれば、孔子の有害な影響は主に二つの点で明らかであった。劉は、無慈悲な階級闘争の代わりに共産主義者の自己修養の理想を強調し、共産主義の未来を調和と一致のそれとして描いたが、毛の教えによれば緊張と対立が自然の永遠の法則である。

一九六五年末に党内に発生し、中国を内乱戦争の瀬戸際にまで追い込んだ権力闘争は、対抗する派閥のあいだだけではなく、共産主義の二つの版のあいだの闘争であった。「文化大革命」は毛に奨励された論文、すなわち、一九六五年一一月に上海で公演された、北京副市長呉日含による史劇を非難した論文で開始された、と一般に考えられている。非難の根拠は、史劇が、歴史の寓話にことよせて、毛が彭徳懐を国防部長から罷免したことを攻撃している、というものであった。

これが、文化、芸術、教育における「ブルジョア的」影響に反対するキャンペーンおよびこの国の革命的純潔性を復活させ、資本主義への後戻りを防止する「文化大革命」の要求を爆発させた。「保守派」は当然ながら、この目的に呼応したが、それが既成の秩序や彼ら自身の地位を妨げないように解釈しようとした。しかしながら「急進派」は、党書記で北京市長の彭真の免職を何とかやり遂げ、主要な新聞の統制権を手に入れた。

一九六六年の春に、毛と彼の「急進主義」グループは、「ブルジョア・イデオロギー」のもっとも脆弱な部分、つまり、大学への大規模な攻撃を始めた。学生たちは、ブルジョア的な知識で堅固に身を守って毛沢東主義教育に反対する「反動的な学問的権威」に反対して立ち上がるように求められた。毛は、教育の場では半分の時間が学習に、残り半分が労働に費やされるべきであり、教員の任命と学生の入学は、学問的な実績ではなくイデオロギー的な資質または「大衆との結びつき」に依るべきであって、共産主義の宣伝がカリキュラムのもっとも重要な特色であると、長い間、主張してきたと指摘された。中央委員会は、今、「資本主義の道を歩む」全ての者の追放を求めることになった。

　官僚機構が彼の理念に口先だけの好意を示すだけで実践的には妨害しているので、毛は未組織の青年に彼の敵対者たちを粉砕するよう呼びかけるという、彼以前のどこの共産主義指導者も敢えてやろうとしなかった手段に訴えた。大学と学校は、紅衛兵、つまり「大衆」に権力を取り戻させ、堕落した党や国家官僚を一掃する革命の突撃隊を組織し始めた。大衆集会、行進そして街頭闘争があらゆる大都市（地方は極めてまれであった）の生活の特徴となった。

　毛のパルチザンたちは、「大躍進」によって生れた不満や失望を巧みに利用し、それを官僚たちに向け、官僚たちは経済的失敗を責められ、資本主義の復活を望んでいると糾弾された。数年の間、学校と大学はともにその機能を停止した。それは毛主義者グループが生徒や学生に、社会的出身と指導者への忠誠によって、彼らは「ブルジョア」学者にとっては未知の偉大な真理の保持者である、と保証したからであった。

1193

　このように奨励されて、一群の青年が、その唯一の犯罪が学識である教授たちをいじめ、ブルジョア・イデオロギーの証拠を求めてその家宅をくまなく捜索し、「封建制の遺物」として歴史的建造物を破壊した。書籍が大規模に焼却された。しかしながら、当局は用心深く博物館を閉鎖した。スローガンは、平等、人民主権そして「新階級」の特権の一掃であった。

　数ヵ月後、毛主義者はまた彼らの宣伝工作を労働者に向けた。これは、より困難な目標であることが判明した。と言うのは、労働者階級のより良い給与とより安定した層は、賃金の平等のために闘うことや共産主義の理想のためにさらなる犠牲を払うことに熱心ではなかったからである。しかしながら、より貧困な労働者層は、「文化大革命」に組織された。このキャンペーンの結果は、社会の混沌や生産の停滞であった。紅衛兵のなかのさまざまな分派や労働者たちは、まもなく、「真の」毛沢東主義の名目においてお互いに闘争を始めた。多くの暴力的な衝突が起こり、秩序の回復のために軍隊が介入した。

　毛沢東自身が、絶対に誤りを冒さない叡智の源泉として、あらゆる批判から超越し、その結果、彼の反対者たちが彼を直接的に攻撃できないことが確実でなかったとするならば、毛沢東が非党勢力に党当局を粉砕するように呼びかけるような危険な措置を取ることはできなかったであろうことは、明白である。往年のスターリンと同じように、毛沢東自身が党の権化であって、それゆえに、党の利益の名において党官僚制を破壊できたのである。

　この理由から、既に極端な度合いにまで膨張していた毛沢東崇拝が、不可能に見えたけれども、死の直前の時期のスターリン崇拝を超えてしまうほどに、グロテスクで怪物のような形態をとったのが文化大革命の時期であったことは疑いがない。毛沢東が最高権威でない活動分野は、存在しなかった。病人は彼の論文を読むことによって治癒され、外科医は「毛沢東語録」(little red book) の助けを得て手術を行い、公共の集会では人類がこれまで生み出したことがない偉大な天才の箴言を皆が一緒に朗唱した。

　賛美は、毛沢東を称える中国の新聞の抜粋が、読者の楽しみのために、ソビエトの新聞でコメントなしに再印刷されるところにまで達した。毛沢東のもっとも忠実な助手で、後継者に指名された国防部長の林彪（しかしながら、彼はまもなく裏切り者で資本主義の手先であることが「証明」された）は、マルクス・レーニン主義研究において使われる資料の九九％は指導者の作品から取られなければならない、と規定した。言い換えれば、中国人はマルクス主義についてさえ、他のいかなる資料からも学んではならなかった。

　称賛の大騒ぎの目的は、もちろん、批判者がいつ何時か毛の権力と権威を掘り崩すことを防ぐためであった。エドガー・スノーとの会話のなかで（スノーの『革命、そして革命』〈The Long Revolution〉と関連させて。一九七三年　七〇頁、一〇五頁）、毛は、フルシチョフはおそらく「彼が個人崇拝を全く持たなかったがゆえに」失脚したと語った。

1194

後に、林彪の不祥事と死の後に、毛沢東は、自分への崇拝の後退を理由に林彪を責めようと図った。しかしながら、一九六九年の春、文化大革命の終焉を画した党大会の時に、指導者としての毛沢東、そして後継者としての林彪の地位は、公式に党の規約に書き込まれていた。それは共産主義の歴史上先例のないできごとであった。

『毛沢東主席の引用文』の『紅い小冊子』［毛沢東語録］もまた、この当時有名になった。当初は軍隊の使用のために準備され、林彪の序文が付せられたが、それがまもなく全ての中国人の普遍的な読みもの、基本的な知的食物となった。それは、多くの道徳的実践的な助言とともに、国民が党、大衆、軍隊、社会主義、帝国主義および階級等について知っていなければならない、あらゆる事柄を含む一種の大衆的な教義問答書である。こうしてそれは、人は勇敢で控え目で、敵に怖気ついてはならないこと、将校は兵士を殴ってはならないこと、兵士は代価を支払わずに財貨を取ってはならないことなどを規定した。以下は、そのなかから選択した教えである。

「世界は進歩しつつあり、未来は明るく、誰もこのような歴史の一般的な動向を変えることはできない」（『語録』一九七六年　七〇頁）。「帝国主義は、常に悪事を働いているのだから長続きはしない」（同前　七七頁）。「工場は一つずつ建設することができる。農民は農場を一枚ずつ耕すことができる。同じことが食事にもあてはまる。ごちそう全部を一口で飲み込むことはできない。これは少しずつの解決法として知られている」（同前　八〇頁）。「攻撃は敵を粉砕する主要な方法であるが、しかし、防御はそれなしで済ますことはできない」（同前　九二頁）。「自分を守り、敵を粉砕するという原理は全ての軍事原理の基礎である」（同前　九四頁）。「知らないことを知っているふりをしてはならない」（同前　一〇〇頁）。「ある人びとがピアノを上手に弾け、ある人びとは上手に弾けない。奏でるメロディには大きな違いある」（同前　一一〇頁）。「質は自らを一定の量で示す、量がなければ質もない」（同前　一一二頁）。「革命の隊列のなかで、正と邪、成果と欠陥を識別することが必要である」（同前　一一五頁）。「労働とは何か。労働とは闘争である」（同前　二〇〇頁）。「全てが良いというのは真実ではない。まだ欠陥やあやまちも存在する。しかしながら、全てが悪いということも、事実と食い違っているということも、真実ではない」（同前　二二〇頁）。「少しの善を行うことは人にとって難しいことではない。難しいのは人生を通じて善を行い、悪いことを全然やらないことである」（同前　二五〇頁）。

文化大革命の激動は一九六九年まで続き、ある段階では明らかに統御不能に陥った。さまざまな分派や集団が紅衛兵の隊列のなかから現れ、それぞれが毛の無謬の解釈を持った。この革命の主要なアイディオロジストの一人である陳伯達は、パリ・コミューンの例をしばしば持ち出した。唯一の安定要素は軍であって、毛沢東は、用心深く、それに大衆討論を持つことや官僚化したそれ自体の指導部を批判することを奨励しなかった。軍は地方の衝突があまりにも暴力化した時には秩序を回復し、地方司令官が革命勢力を支援するために、過度に熱心にならなかったことは注目されてよい。

党の機関が大規模に解体されるにつれて、軍の役割が当然ながらきわめて拡大した。劉少奇を含む幾人かの著名な人物の追放と政治的粛清の後で、毛沢東は極端な革命派を抑制するために軍を使い、それらの多くは再教育のために農場労働に送られた。闘争の結果として改変された党指導部の構成は、ほとんどの観察者にとっては、どの派にも勝利を与えない妥協的な解決であるように見えた。「急進派」は、毛沢東の死後になって初めて敗北した。

見てきたように、一九五五年から七〇年という年月は、毛沢東主義イデオロギーの進展を目の当たりにした。このイデオロギーは、いくつかの重要な点で、ソビエトの解釈と異なる共産主義の理論と実践の新たな変種を作り出した。

永続革命の理論は、毛沢東思想において基本的であって、彼は一九五八年一月にそれを宣言した（シュルム、九四頁）。文化大革命が進展している時の六七年に、彼は、これは連続する不定の期間の最初の革命に過ぎず、そして、それらの第二、第三、第四の後の全てが良いと考えるべきではない、と述べた。毛は、安定は不可避的に特権と「新階級」の出現に常に繋がると思い込んでいたように見える。これは、革命的な大衆が官僚制の萌芽を粉砕する定期的なショック療法を求める、と。

　このように、明らかに、階級や対立のない決定的な社会秩序は、決して存在できない。毛沢東はたびたび、「矛盾」は永遠であって、それは永遠に克服されなければならない、と繰り返した。彼のソビエト修正主義にたいする非難の一つは、彼らが指導者と大衆とのあいだの矛盾について語らなかったことであった。劉少奇の誤りの一つは、将来の調和と社会の統一を信じたことであった。

　共産主義の調和的な社会秩序にたいする毛沢東の不信は、伝統的なマルクス主義のユートピアと明らかに異なる。しかしながら、彼は、遙か未来の考察においてさらに進んだ。あらゆるものが変化し、長い目で見れば消滅するように、共産主義も人類自体も永遠ではない。

「資本主義は社会主義となり、社会主義は共産主義となり、そして共産主義社会もまた転換されるに違いないが、それもまた始まりと終わりがある。――生成し、発展し、消滅しないものは世界に存在しない。サルが人間になり人類が生まれた。ついには、全ての人種が消滅し、他の何ものかに変わり、地球自体もまたその存在を停止するだろう」（シュルム、一一〇頁）。

「将来において、動物は発達し続けるだろう。私は人間だけが二本の腕を持つことができるとは信じない。馬、牛、ヒツジが進化できないというのか。サルだけが進化するのか。――水にもまた歴史がある。ごく初期には、水素と酸素すら存在しなかった」（二二〇～一頁）。

　同じ方法で、毛は中国の共産主義の未来が保障されているとは考えなかった。そのうちに登場する世代は資本主義の復活を選択するかもしれない。しかし、もしそうであるならば、その子孫がもう一度資本主義を転覆するであろう。

　正統マルクス主義からのもう一つの本質的な離脱は、共産主義の支柱としての小農民の崇拝である。これにたいし、西欧共産主義者にとって農民は、革命闘争における単なる補助的勢力であり、そうでなければ軽蔑された。一九六九年の第九回党大会で、毛沢東は人民解放軍が都市を征服した時それは「良いことであった」、なぜならそうでなければ蔣介石は都市を保持し続けただろうからである。しかしそれは「悪いこと」でもあり、なぜなら、それは党内に腐敗を導入したからである、と公言した。

　小農民と田園生活の崇拝は、肉体労働そのものの崇拝を含む毛沢東主義の特徴的な性格の大半を説明する。マルクス主義の伝統は、技術の進歩によって、人間が徐々にそれから解放される必要悪として手工労働を見る。しかし、毛にとってはそれ自体が高貴であって、掛け替えのない教育的価値である。生徒や学生にその半分の時間を肉体労働に費やさせるという理念は、経済的な必要によってどころか、その性格形成の機能によって大きく動機づけられた。「労働を通しての教育」は普遍的な価値であり、毛沢東主義の平等主義的理想と緊密に結びつけられた。

　マルクスは、肉体労働と精神労働の差異は最終的に消滅し、専ら頭脳で働く人びとと筋肉だけを用いる人びとという組み合わせは存在すべきではない、と考えた。マルクスの「完全な人間」の理想の中国版は、知識人が木を切り倒し、溝を掘るようにならなければならず、一方で大学の教員は、ただ読み書きのできる労働者の隊列から採用される、というものであった。なぜなら毛沢東は、よほど文字を知らない農民でも知識人よりもより良く経済問題を理解している、と宣言していたからである。

　しかし、毛沢東の理論はまだなおさらに進む。学者、作家、芸術家は農村の仕事あるいは特殊な施設（つまり、強制収容所）の教育的労働に追放されなければならないだけではなく、知的労働は容易に道徳の退廃に繋がり、そして人びとが多くの書籍を読むことはどんな犠牲を払っても阻止されなければならないことが理解されねばならない、と。この思想はさまざまな形で、毛沢東の多くの演説や会話において繰り返された。

　概して、彼は、人びとは知れば知る程、悪くなる、と考えていたように思われる。一九五八年三月の成都の会議で、彼は歴史を通じて、若い人びとは少ない知識で、教養ある人間に打ち勝ったと述べた。孔子、イエス、仏陀、マルクス、そして孫文は、自分の思想を形成しはじめた時は極めて若く、多くを知らなかった。ゴーリキーは、二年しか学校に行かなかった。フランクリンは街頭で新聞を売っていた。ペニシリンの発明者は、洗濯屋で働いていた、と。

一九五九年の毛沢東の演説によれば、武帝治下の宰相田千秋は字が読めなかったが、詩を作った。しかしながら毛沢東は、彼自身は非識字と闘うことに反対ではない、とも付け加えた。一九六四年二月の別の演説で、彼は、明王朝には二人の優れた皇帝がいたが、両者ともに非識字であり、知識人が国を引き継いだ時、この国は荒廃に瀕したことを思い出させた。

「余りにも多くの本を読むことは有害であることは明らかだ」(シュルム、二〇四頁)。「われわれは余りにも多くの本を読むべきではない。われわれはマルクスの本を読まなければならないが、それもあまり多くてはいけない。一ダースくらいを読めば十分である。われわれがもしたくさん読めば、われわれは自分の反対側に向かって進めるようになり、本の虫、教条主義者、修正主義者となるだろう」(二一〇頁)。「南朝梁の武帝はその治世の初期には素晴らしく良いことをやったが、後になって彼は多くの本を読み、それ以上の良いことは何もやらなかった。彼は飢餓により、建康(T'ai Ch'eng)で没した」(二一一頁)。

1197

これらの歴史考察の教訓は明瞭である。知識人は農村の労働に送られなければならず、学校と大学の授業時間は削減されなければならず(毛沢東は何回も、それらは全ての教育段階で長すぎると公言した)、入学許可は政治的な基準に従わなければならない、と何回も公言した。最後の点は党内の激しい論争事項であったし、今でもそうである。「保守派」は少なくとも一定の学力基準は入学許可と資格付与に適用されるべきであると主張し、それにたいし、「急進派」は社会的出自と政治意識を除いては何も考慮に入れるべきではない、と主張した。後者の見解は、毛沢東の理念と明らかに一致しており、毛沢東は一九五八年に二度、中国人は人が好むどんな絵柄でも書きこむことができる白紙のようなものであることに満足だ、と述べた。

学識、専門職主義そして特権階級によって創造される全ての文化にたいするこのような根深い不信は、中国共産主義の農民的な起源を明白に物語る。それは、マルクスの理論やレーニン主義を含むヨーロッパ・マルクス主義の伝統から、この上もなくかけ離れている。もっとも、ロシア革命の当初には同じような教育への憎悪の兆候が、特にプロレトクリトのなかには存在した。

教育されたエリートと大衆とのあいだの亀裂が、以前からロシア以上に深かったように見える中国で、非識字者は当然に学者に勝るという理念は、下からの革命の全く自然な結果であるように見える。しかしながら、ロシアにおいては、教育と専門職主義にたいする敵意は党の綱領の特徴とはならなかった。もちろん、党は古いインテリゲンチャを一掃し、人文学研究、芸術、そして文学を政治宣伝の道具に変えるように努めた。しかし同時に党は、専門性の礼賛を主張し、高度の専門的分化に基づく教育制度を発展させた。ロシアの技術的・軍事的・経済的な近代化は、もし国家のイデオロギーが無知を自己目的として賛美し、多くの本を読まないようにと警告するならば、完全に不可能であっただろう。

しかしながら毛沢東は、中国はソビエトの方式で近代化する意志もなくまた近代化できないことを当然のことと思っていたように思われる。彼はしばしば他国の「盲目的」模倣に警告を発した。「われわれが外国から引き写したあらゆるものは厳格に取り入れられたが、これは大敗北に終わり、白色地域の党組織が一〇〇%その力を喪失し、革命の根拠地や紅軍が九〇%その力を失い、革命の勝利が何年も遅れることになった」(シュル
1198
ム、八七頁)。他の機会にも彼は、ソビエト・モデルの引き写しは致命的な結果をもたらしたと述べた。彼自身が三年もの間、卵と鶏肉スープを口にすることができなかったのだが、それはソビエトの雑誌がそれは身体に悪いと書いてあったからであった。

こうして、毛沢東主義は、エリート文化にたいする小農民の伝統的な憎悪(例えば、一六世紀の宗教改革の歴史における有名な特徴)だけではなく、中国人の伝統的な外国人嫌いと外国および全般的に帝国主義的な侵略を象徴する白人からもたらされてきた、あらゆるものにたいする不信を表して

いる。中ソ関係は、この一般的態度を強めただけであった。

同じ理由で中国人は、工業化の新しい方法を追求した。これは「大躍進」の大失敗に終わったが、しかしその背後のイデオロギーは放棄されなかった。毛沢東とその追随者たちは、社会主義の建設は上部構造から、つまり「新しい人間」の創造から始めなければならず、イデオロギーと政治は蓄積率に関するかぎり、遙かに優先する問題であり、社会主義は技術の進歩や福祉の問題ではなく、制度の集団化や人間関係であって、そこから共産主義の理想の制度は、技術的に原始的な状態からでも創出できる、と考えた。

しかしながら、このためには、不平等を生み出す全ての古い社会的結合や諸条件を廃棄することが必要である。したがって、私的動機づけや物的刺激（「経済主義」）に反対するキャンペーンとともに、特に国有化に抵抗する家族的な紐帯を厳しく粉砕する中国共産主義者の熱意が必要である。もちろん、報酬は技能や遂行される業務の種類を根拠にある程度は分化されたが、ソビエト連邦よりも相当小さかったように見える。

毛沢東は、もし人民が適正に教育されるならば、特別の報酬なしに勤勉に働くだろうし、また「個人主義」と自分自身の満足の欲求は、ブルジョア的メンタリティの有害な残存物であって、それは根絶しなければならないと考えた。毛沢東主義は、あらゆるものごとが個人の善に対置される「一般的な善」に従属しなければならない、という全体主義的なユートピアの典型的な実例であるのだが、一般的な善が個人的な善なしにどのように規定されるかは不明確なままであった。

毛沢東の哲学は、ソビエト・イデオロギーにおいて重要な役割を果たす「個人の善」という概念を使わず、そしてまたあらゆる形態の人道主義的な言辞を避けた。毛は明確に「人間の自然権」の観念を非難した（シュルム、二三五頁）。つまり、社会は敵対する諸階級から成り立ち、それらのあいだにはいかなる共同体も、あるいは理解も存在し得ない。ましてや、階級から独立したいかなる文化形態も存在しない、と。『毛沢東語録』は、「われわれは敵が反対する者なら何でも支持し、敵が支持するものなら何でも反対する」と教えるが（一五頁）、このような文言を、ヨーロッパのマルクス主義者は書こうともしないだろう。過去との、伝統的文化との、そして階級間の亀裂を橋渡しするような何ものとも、完全な断絶がなければならない。

この指導者の繰り返された言明によれば、毛沢東主義は特殊中国的な条件にたいするマルクス主義の「応用」である。これまでの分析で分かるように、それはより正確には、レーニンの権力掌握術の利用と表現されるものである。マルクス主義のスローガンは、マルクス主義と無縁なまたは反対の理念や目的の偽装として使われている。

「実践の優位」は、もちろん、マルクス主義に起源する原理であるが、しかし、そこから、本を読むことは有害であり、非識字者が識字者よりも当然に賢い、という演繹をマルクス主義の立場から擁護することは全くできない。もっとも革命的な階級としてのプロレタリアートの代わりに農民を置き換えることは、破廉恥にもマルクス主義の伝統全体に反する。「永続革命」の理念も、階級対立は絶えまなく起こらざるをえず、それゆえに定期的な革命によって解決されなければならない、という意味では、マルクス主義と矛盾する。精神労働と肉体労働との「対立」の廃棄という理念はマルクス主義だが、しかし、高貴な人間の職業としての肉体労働の崇拝は、マルクスのユートピアのグロテスクな解釈である。

分業によって損なわれることがない「完全な人間」の最高の代表とされる農民に関して言えば、この理念は前世紀のロシア・ポピュリストのなかでときどき出会うものだが、これもまたマルクス主義の伝統に正面から反する。平等という一般原則はまちがいなくマルクス主義的であるが、しかし、それが知識人を田んぼに追い立てる方針に具体化されるのをマルクスが予見した、と想定することはできない。何か年代的に場違いな比較が許されるとすれば、マルクス主義の理論の観点から、われわれは毛沢東主義を、マルクスが規定したように、私的所有を克服しないばかりではなく、それにも行きつくこともない原始共産主義のタイプに属する、と見なしてもよい。

ある限定された意味で、中国共産主義は、ソビエト的変種よりももっと平等主義的である。しかしながら、それは、それが全体主義的ではない、という理由からではなく、さらに全体主義的である、という理由からである。賃金や給与が差異化されていないかぎり、それはより平等主義である。軍隊の地位記章のような一定の階層制の象徴は廃止され、一般に、その体制はソビエト連邦よりももっと「ポピュリスト」的である。

人びとを統制下に置く、という点でもっとも重要な役割が、地域および労働単位を基礎に組織される機関によって果たされ、専門職警察の役割はこれに相応して小さい。普遍的なスパイ行為と相互の弾劾が、さまざまな種類の地方委員会を通じて作動しているように思われ、市民の義務として公然と位置づけられている。一方で毛沢東は、ボルシェビキが成し遂げたよりもさらに強い民衆的な支持を獲得し、それゆえに毛沢東はボルシェビキよりも自分の力を確信していたのは確かである。このことは、人びとに声をあげるようにさせる、たびたびの指令（スターリンもたびたび、この方針を取った）よりも、むしろ文化大革命の最中に現存の党機構を粉砕するよう、若い人びとを扇動する危険を冒したことで明らかである。

だが他方で、混沌の時期全体を通じて、彼の助言に従う人びとの行き過ぎの抑制を可能にさせた権力と強制の手段を、彼が保持していたことも明らかである。多くの機会に毛沢東は「民主集中制」という福音を説教したが、彼の解釈が何かレーニンと異なるということは明らかではない。

1200 プロレタリアートは党を通して国を統治し、党の活動は規律に基づき、少数は多数に従い、そして全党は中央の指導に従う。毛沢東が、集権主義は「まずもって、――正しい思想の集中」である（シュルム、一六三頁）と宣言する時、思想が正しいか否かを決定するのは党であることに疑いはあり得ない。

一九五七年二月に、毛は「人民内部の矛盾の正しい処理について」という演説を行ったが、それは彼の理論家としての名声が打ち立てられたもう一つの主要な原本である。このなかで、彼は、われわれは人民内部の矛盾と人民とその敵との矛盾を注意深く識別しなければならない、と明言する。後者は独裁によって解決され、前者は民主集中制によって解決される。「人民」のなかでは自由と民主主義が優越するが、「しかし、この自由は指導を伴う自由であり、この民主主義は集権化された指導の下の民主主義であって、無政府的ではない。――抽象的に自由と民主主義を要求する人びとは、民主主義を目的としていて手段と見なさない。マルクス主義はわれわれに、民主主義は上部構造の一部であり、政治のカテゴリーに属すると教えている。すなわち、究極的には、それは経済的土台に奉仕する。同じことが自由にも言える」（『哲学四講』八四〜六頁）。

これから引き出される主要な実践的結論は、人民内部の矛盾は教育と行政措置の巧みな結合によって処理されなければならない、それにたいして、人民とその敵との対立は、独裁すなわち暴力によって解決されなければならない、ということである。しかしながら、毛が他のところで指摘するように、もし正しくない意見の提案者がその誤りを認めることを拒否するならば、人民内部の「非敵対的」矛盾はそのうちに敵対的矛盾に転化するかもしれない。これは毛沢東の党内反対派に対する警告、もし彼らが真理を直ちに認めるならば許されるだろうが、もしそうでなければ彼らは階級の敵と宣言され、そういうものとして扱われるだろう、という警告として以外には読み取ることができない。

人民内部の対立する意見について、毛沢東はその正邪を識別するための六つの基準を掲げた（同前、一一九〜二〇頁）。意見と行動は、もしそれが人びとを分断する代わりに団結させるならば正しい。もしそれが社会主義の建設にとって有益であり、無害であれば正しい。もしそれが人民の民主主義的独裁を強固にし、弱体化しないのであれば正しい。もしそれが民主集中制を強化するのであれば正しい。もしそれが共産党の指導的役割を支持することを助けるならば正しい。もしそれが国際的社会主義者の統一と平和愛好の世界人民の統一を利するものであれば正しい。

民主主義、自由、集権主義、党の指導的役割に関するこれらの全ての指針のなかで、レーニン・スターリン主義的正統性に反するものは何一つ存在しない。しかしながら、実践的には差異があるように見える。それは、

1201

多くの西欧の毛沢東礼賛者たちが思い描く意味、つまり中国における「大衆」の支配という意味ではなく、党がソビエトの指導者たちよりも自由に使えるイデオロギー的操作の手段を多く持っているがゆえに、政府はより協議的な雰囲気を持つ、という意味で異なる。

　これは、その権威が疑う余地のない革命の父の長く続いた存在、そしてまた中国が、農民の指導者はまた彼らの君主でもなければならない、というマルクスの言説をいわば肯定するような、きわめて顕著な農村社会であるという事実に起因する。古い文化を代表する階級が実際に粉砕され、情報の通路がソビエト連邦よりもさらに厳格に統制される状況（毛沢東が言った「正しい思想の集権化」）のなかで、中央政府の権限を侵害せずに、地方の政治または生産の多くの問題が公的な政府機構ではなく、地方の共同体によって解決することができたのである。

　「平等主義」は、確かに毛沢東主義イデオロギーのもっとも重要な特徴の一つである。われわれが見てきたように、それは賃金格差を縮小する傾向と全ての者が一定量の肉体労働を遂行しなければならない、という原則（指導者と主なアイディオロジストはこの規定から免除されていたようだけれども）に基づく。しかしながら、これは政治的意味において平等に向かう傾向を何ら意味しない。現代において、情報への接近は基本的な資産であり、政府への現実的な参加の必要条件である。この点で、中国人民はソビエト連邦の人民よりも、それをさらにいっそう奪われている。

　中国では、あらゆる物事が秘密である。実際にいかなる統計も、公的に利用されない。中央委員会や国家行政機関の会議は、しばしば完全な秘密のまま開催される。上層部以外には誰も経済計画が何であるかを知らない国における、経済の「大衆」統制という理念は、西側の毛沢東主義者のもっとも馬鹿げた幻想の一つである。市民が公的な源泉から収集できる外国に関する情報はごくわずかであり、市民の文化的な孤立はほとんど完璧である。

　中国共産主義のもっとも熱心な観察者の一人であるエドガー・スノーは、一九七〇年の訪問後に、公衆が利用できる唯一の書籍は教科書と毛沢東の著作である、と報告した。中国の市民は、グループで劇場に行くことはでき（実際に個人用切符は販売されない）、あるいはまた彼らに、外部世界について何も教えない新聞を読むことはできる。他方、スノーが指摘しているように、彼らは西側の読者が栄養分とする殺人、薬物、性的逸脱の話は与えられない。

　宗教生活は、実際に破壊されてきた。宗教的礼拝で使われる物品の販売は、公的に禁止されている。中国人は、普通選挙、警察当局から独立した公的検察部門のような、ソビエト連邦で生き残った民主主義の外壁の多くの面を放棄した。警察は、「司法」と抑圧の双方を執行する。直接的強制の範囲は不明である。誰も強制収容所の収容者の数を大まかにでも推計できない（ソビエト連邦において、これらの問題はもっとよく知られており、それはスターリン死後の一定の緩和の結果の一つである）。専門家が論争する際の困難は、およそ四億から五億の範囲で中国の人口推計が変化する事実によって説明される。

　中国の外での毛沢東主義の影響は、二つの主な源泉に由来する。第一に、ソビエト連邦との決裂以降、中国の指導者は、世界を「社会主義」と「資本主義」の陣営ではなく、むしろ富裕国と貧困国に分類してきた。ソビエト連邦は、前者のカテゴリーのなかに置かれ、その上、毛沢東によればブルジョア的復活の状況である。

　林彪は、国際的な規模で「農村から都市を包囲する」という中国紅軍の古いスローガンを適用しようとした。中国の実例は、確かに第三世界諸国にとって明確な魅力であった。共産主義の偉業は明白である。それは外国の影響から中国を解放し、巨大な犠牲を払って、技術的・社会的近代化の道に中国を向かわせた。社会生活全体の国家化は、他の全体主義国家のように、とりわけ遅れた農業国家において人類を苦しめてきたいくつかの主な災難、つまり失業、地域的な餓死、大規模な極貧化の撲滅や軽減をもたらした。中国のパターンが、例えばアフリカ黒人諸国で事実として成功的に模倣され得るかどうかは、本書の範囲を超える問題である。

　毛沢東主義のイデオロギー的な影響、特に六〇年代における影響の他の

1202

源泉は、西欧の知識人や学生による、中国共産主義の外貌を構成したユートピア的な幻想の受容であった。当時、毛沢東主義は、人間のあらゆる問題の普遍的な解決策として自らを持ち上げるように努めた。さまざまな左翼的分派や個人が、それは産業社会の諸悪の完全な治癒策であり、そしてアメリカ合衆国や西ヨーロッパは毛沢東主義の原理によって革命することができるし、またしなければならないと真剣に信じ込んでいたように思われる。

　ソビエト・ロシアのイデオロギー的な威信が衰えた時、中国事情の全般的な無知も手伝って、ユートピアへの憧れが容易に、風変わりな東に彼らを向けさせた。完全な世界および崇高で全包括的な革命を追い求める人びとにとって、中国は新しい天命と革命戦争の最後の大きな希望のメッカとなった。そのために中国人は、「平和共存」というソビエトの定式化を否定したのではなかっただろうか。

　中国人が革命の変節へと大きく転落し、より「普通の」形態の政治的抗争に転じた時、多くの毛沢東主義者グループはひどく落胆し、毛沢東主義がヨーロッパやアメリカで現実的な勢力になるという希望をはっきりと放棄した。西側諸国の毛沢東主義が、現存の共産党の立場にさしたる影響を与えなかったというのは事実である。それはいかなる分裂の結果も引き起
1203 こさず、小さな分派グループという資産を残しただけであった。

　それは東ヨーロッパにおいても、アルバニアという特殊事例を除いて、特筆するような成功を収めなかった。したがって、中国人は戦術を転換し、毛沢東主義をイギリス、アメリカ、ポーランド、コンゴにたいして同じ価値を持つ絶対的な代替案として提示する代わりに、ソビエトの膨張を阻止するという共通の利益を基礎に、ロシア帝国主義の暴露と同盟の追求あるいはとにかく影響を及ぼすという措置を進めることに集中した。これは、直接的な政治的措置であって毛沢東主義のイデオロギーではないけれども、確かに見込みのある方向のように見える。このような政策を遂行する際に、マルクス主義の用語が今もなお使われるかぎり、それは本質的というよりも装飾的である。

マルクス主義の歴史の観点からすれば、毛沢東主義のイデオロギーが注目に値するのは、毛沢東が何かを「発展させた」からではなく、歴史的にひとたび影響力を持つようになった理論の無限の柔軟性をそれが物語っているからである。一方で、マルクス主義は、ロシア帝国主義の道具となった。他方で、それはその技術的経済的立ち遅れを、市場の普通の展開（そのなかでは、多くの場合、後進国が有利になるのは事実上不可能である）以外の方法によって、克服しようと努力する巨大な国家のイデオロギー的な接着剤あるいは上部構造である。

　マルクス主義は、その国民を近代化の事業に動員するために暴力とイデオロギー操作を利用する、強力で高度に軍事化された国家の推進力となった。確かに、われわれが見てきたように、マルクス主義の伝統のなかには、全体主義的な政府の樹立を正当化するのに奉仕する重大な要素が存在した。しかし、一つだけ疑いのないことがある。マルクスが理解したものとしての共産主義は、高度に発達した産業社会の理想であって、産業化の萌芽を創出するために農民を組織する方法ではなかった。それでも、それは、マルクス主義の残滓が農民的なユートピアや東洋的専制支配の伝統と混合されたイデオロギー、そして、自らを一段と優れたマルクス主義と標記し、ある程度は効果的に作動するイデオロギーによって、この目的は達成できる、という結果になった。

　西側の中国共産主義礼賛者の混乱ぶりは、全く信じがたい。アメリカ合衆国の軍国主義を非難するのに十分に強力な用語を発見できない知識人が、幼児の軍事訓練がその三歳の年に始まり、全ての男の国民が四年または五年の軍隊勤務を行うことが強制される社会に無我夢中になっている。ヒッピーならば、休日なしの厳しい労働規律を課し、薬物使用は言うまでもなく性道徳のピューリタン的規則を擁護する国家に魅了されるだろう。

　何人かのキリスト教の書き手すらも、中国の宗教が無慈悲に根絶されたにもかかわらず、この体制を激賞する（毛沢東があの世を信じていたらしい、ということはここでは何ら重要ではない。一九六五年に彼はエドガー・スノーにたいして二回、「自分はまもなく神に会う」と語った〈スノー、前掲書、八九頁、

二一九～二二〇頁〉。毛沢東は同じことを六六年〈シュルム、二七〇頁〉と五九年
〈前掲書、一五四頁〉の談話でも述べたが、その時、彼は将来のマルクスとの出
1204 会いについてユーモラスに触れた〉。
　現代世界において、特にソビエト膨張主義を含む見地から、中華人民共
和国は明らかに巨大な重要性をもつ要素である。しかしながら、これはマ
1205 ルクス主義の歴史とは何の関係もない問題である。

結語

マルクス主義は今世紀の最大の幻想でありつづけた。それは、全ての人間の欲求が充足され、全ての価値が調和する完全な統一体としての社会の展望を提供するという夢であった。それは、ヘーゲルの「進歩の矛盾」の理論だけではなく、歴史の行程は「結局のところ」より良いものに行きつかざるを得ず、「人類の自然にたいする支配力はジグザグがあっても、拡大する自由にふさわしいものになる」という自由主義的な進化論者の信念も継承した。

それは、その成功の大部分を、独特で純粋な社会的大義を備えた救世主的な幻想と、貧困や搾取に反対するヨーロッパの労働者階級の闘争との結合に負った。この結合は、首尾一貫した理論として、馬鹿げた名称（プルードンに由来する）、つまり「科学的社会主義」で表現された。馬鹿げたというのは、目的に達するための手段は科学的であるかもしれないが、目的の選択それ自体が科学的ではないからである。しかしながら、この名称はマルクスが同時代の他の人びとと共有した単なる科学崇拝以上のものを反映した。それは本書の行論において一度ならず批判的に検討してきたある信念、つまり、人間の知識と人間の実践は、意志に指示されて、最終的には一致し、完全に統一されて切り離せなくなるに違いない、という信念を表した。

その結果、目的の選択自体がそれを達成するための認識的および実践的な手段と同一化される。このような混同の当然の結果が、個別の社会運動の成功は、それが科学的に「真理であった」ことの証明であるとか、あるいは、結果として、誰であれ、より強力であると証明された者の側が「科学」を保持するに違いない、という理念であった。この理念がコミュニズムのイデオロギーという特殊な見せかけのもとで、マルクス主義の反科学的で反知性的な特質に大部分の責任を負っている。

マルクス主義が幻想だと述べることは、それがそれ以外の何ものでもないことを意味しない。過去の歴史解釈としてのマルクス主義は、政治イデオロギーとしてのマルクス主義と区別されなければならない。理性的な人間であれば誰も、史的唯物論の理論はわれわれの知的な装備にとって価値ある追加物であって、われわれの過去の理解を豊かにしたことを否定しないだろう。確かに、この理論は厳密な形では無意味であり、緩やかな形では平凡であると言われてきたが、それが平凡になったとすれば、それは全くマルクスの独創性のお陰である。その上、マルクス主義が過去の時代の経済や文明のより良い理解に向かうことを主導してきたとすれば、それは疑いもなく、その当時において、極端でドグマチックにそして受容しがたい形で、マルクスが自分の理論を定式化したことと結びついている。

もし彼の見解が、普通の合理主義思想において普通のことであった全ての制約や留保に束縛されていたならば、それは大した影響力も持たず、注目されないままに打ち捨てられていただろう。しかし、実際はこれに反して、人文主義の理論にはままあることだが、馬鹿らしさの要素は合理的な内容を伝達する上で効果的であった。このような観点からすれば、マルクス主義の役割は、社会科学における精神分析または行動主義のそれと比較できるかもしれない。その理論を極端な形で表現することによって、フロイトやワトソンは現実の問題を一般的な認識に持ち込み、研究の価値ある分野を切り開くことに成功した。彼らが、良識的な留保でもって自分たちの見解を性格づけ、自らの見解から明晰な骨組みと論争力を剥奪していたならば、おそらく、そうした仕事は成し遂げられなかったであろう。

文明の研究にたいする社会学的アプローチは、マルクス以前にはヴィーコ、ヘルダー、モンテスキューのような著作者によって、同時代的にはマルクスとは無縁だったがミシュレ、ルナン、テーヌのような著作者によって詳述されたが、これらの誰もがマルクスの強みである、極端で一面的でドグマチックな形では自らの理念を表現しなかった。

結果として、マルクスの知的遺産はフロイトのそれがそうであったのと同じ運命をたどった。つまり、正統派の信奉者は今なお存在するが、しかし文化的勢力としては取るに足りないものとなり、他方で、マルクス主義の人文学的知識、特に歴史科学にたいする寄与は、その一般的な基礎をなす命題となり、もはやあらゆる物事を説明するとされるいかなる理論体系とも結びついてはいない。

今日、例えば所与の時代の社会的対立の観点から、文学や絵画の歴史を研究するために、人は自らをマルクス主義者と見なす必要も、あるいは見なされる必要もない。人は、真の歴史は技術と生産関係の歴史であるがゆえに、そして、上部構造は土台から成立する、などのゆえに、人間の全歴史は階級闘争の歴史であり、文明の異なる諸側面はそれ自身としての歴史ではない、ということを信じなくても、そのようにしている。

ほどほどに史的唯物論を認めることは、マルクス主義の真理性を承認することと同じではない。これはその通りであって、なぜなら、何をさておいても、当初からのマルクス主義の基本的理論は、歴史過程の意味は過去が未来の見地から解釈された場合にのみ摑むことができる、ことであったからである。言い換えれば、われわれは、それがどうなるかという知識を持つ場合だけ、それが何であったか、何であるかを理解することができる。

これは全く議論されることはないのだが、マルクス主義は未来に関する「科学的知識」がなければマルクス主義ではない。そうなれば、問題はそのような知識はどの程度において可能かということになる。もちろん、全ての予言は不確実な要素を持っているがゆえに、過去を知るのと同じ方法でわれわれは未来を知ることはできないけれども、予言は多くの科学の構成要素であるばかりではなく、些細な行為の不可欠の側面ですらある。

「未来」は次の瞬間に起こるかもしれないし、百万年後に起こるかもしれない。もちろん予言の困難性は、その隔たりと主題の複雑さに応じて増大する。周知のように、社会問題における予言は、人口予測がそうであるように、それらが短期間で単一の量的要素であってすら、とりわけ誤りやす
1207 い。概して、われわれは現在の状況を探求するなかで未来を予測するのであるが、他方でそのような推定は、いつでもどこでも、極端に制約された価値観に基づいていること、また、どの研究分野においても発展の曲線は同じ方程式にしたがって無限に広がるものではない、ことも自覚している。

グローバルな規模において時間的な制約がない予知に関して言えば、それらが提起する展望が良かろうが悪かろうが、それらは幻想以外の何ものでもない。長期間にわたる「人類の未来」を予言したり、来たる時代の「社会構造」の性格を予告したりするための合理的な手段は存在しない。われわれがそのような予測を「科学的に」でき、そして、そうすることなしには過去の理解すらできないという理念は、マルクス主義の「社会構成」論に固有である。なぜならそれこそが、なぜその理論が幻想であり、そしてまた、なぜそれが政治的に効果的であるかの理由の一つである。マルクス主義が達成した影響は、その科学的な性格の成果あるいは証明であるどころか、ほとんど全面的にその予言的、幻想的そして非合理的な要素による。

マルクス主義は、万人が満足する楽園が角の向こう側でわれわれを待ち受けている、という盲目的な確信の理論である。マルクスとその追随者たちの予言のほとんど全てが偽りであることが既に証明されてきたがしかし、それは、千年王国論者以上に、忠実なセクトの精神的な安定を妨げるようなことはない。なぜなら、その安定性というのはいかなる実証的前提、あるいは仮定の「歴史法則」に基づくのではなく、ただ安定にたいする心理的な欲求に基づくからである。この意味で、マルクス主義は宗教の役割を果たし、その効果は宗教的な性格である。だが、それは漫画、宗教のいんちきの形態である。そのわけは、それが科学の体系としての現世的な終末論であって、宗教的な神話であるとは称していないからである。

われわれは、マルクス主義とその共産主義の具体化との連続性、言い換えれば、レーニン・スターリン主義のイデオロギーや実践との連続性の問題を検討してきた。マルクス主義が現在の共産主義を引き起こしたいわば元凶であった、と主張することは馬鹿げているだろう。他方、共産主義はマルクス主義の単なる「堕落」ではなく、それの一つの可能な解釈、いく

つかの面では原始的で部分的であるかもしれないが、それでも十分に根拠のある、その解釈である。

マルクス主義は、論理的理由ではなく経験的理由によって矛盾することが証明された諸価値の結合であり、その結果、あるものは他のものを犠牲にして初めて実現され得る。しかし、共産主義の全体的理念は単一の公式、つまり私有財産の廃止で一括できる、と宣言したのは他でもないマルクス自身であった。つまり、将来の国家は生産手段の集権的な管理を引き継ぎ、そして資本の廃絶は賃労働の廃絶を意味する、と。

このことから、ブルジョアジーの収奪と工業や農業の国有化は人類の全般的な解放をもたらすだろう、という結論を導き出すことは、目に余るほど非論理的ではなかった。結局、生産手段を国有化すれば、これを土台として虚偽・搾取・抑圧の怪物的な機構を立ち上げることは可能であることが次第に明らかになった。これは、それ自体としてはマルクス主義自体の結果ではない。それどころか、共産主義は社会主義の理想の疑似的な版であり、マルクス主義イデオロギーもその一つである多くの歴史的環境と偶然にその起源を負っている。しかし、マルクス主義が本質的な意味において「偽造された」と言うこともできない。

今日において引用される「それはマルクスが意図したものではない」という主張は、知的にも実践的にも不毛である。マルクスの意図は、マルクス主義の歴史的評価において決定的要素ではなく、詳しく観察すれば、自由や民主主義的価値にたいして一瞥してそう見えるほど敵対的ではなかったという事実以上に、自由や民主主義に関するより重要な主張が存在する。

マルクスが、社会の統一というロマン主義的理想を継承し、そして共産主義が産業社会において唯一実現可能な形で、すなわち専制的な統治システムによって、社会的統一を実現した。この夢の起源は、一八世紀にヴィンケルマンその他によって広められ、引き続いてドイツの哲学者たちによって取り上げられた、ギリシア都市国家の理想化されたイメージのなかに見いだされる。

マルクスは、ひとたび資本家が一掃されたならば、全世界はある種のアテネ的「アゴラ」〔空間と場所〕になると想像していたように思われる。つまり、機械または土地の私的所有を禁止すれば、あたかも魔法にかかったかのように、人間は利己的であることをやめ、彼らの利害は完全な調和へ向けて一致していくだろう、と。マルクス主義はこの予言がどのように根拠づけられるのか、あるいはまた、人間の利害は生産手段が国有化されるや否や、対立するのをやめると考える理由は何かについて、説明を与えていない。

その上、マルクスは自らのロマン主義的な夢を、全ての必要は地上の楽園において完全に充足される、という社会主義への期待と結びつけた。初期の社会主義者たちは、「必要に応じて各人へ」というスローガンを限定的な意味で理解していたように思われる。すなわち、彼らは、人びとは寒さや飢えに晒されるべきではなく、欠乏をかろうじて食い止めるように日々を過ごすべきだ、というように捉えていた。

しかしながら、マルクスと彼以後のマルクス主義者は、社会主義の下で全ての欠乏は終わりを迎えるだろう、と想定した。あたかも全ての人間が魔法のリングを持つか，あるいは従順な霊魔のとりこになったかのように、全ての欠乏が充足されるという希望を抱くことは、極端に楽観的な形態では可能である。しかし、これは現実に手にすることはできないことだから、この問題を検討したマルクス主義者は、マルクスの著作を公平に支持して、共産主義は、あらゆる類の気まぐれや欲求ではなく、人間性と一致する「真の」あるいは「純粋な」必要の充足を保障するだろう、と決めた。

しかしながら、これは誰一人として明確には答えられない問題を提起することになった。すなわち、どのような必要が「純粋」であるのか、そしてどのような基準によってかを誰が決めるのか？　もしあらゆる人が自らこれを決めるとすれば、その場合、彼らが実際にも感覚的にもそう感じているかぎり、全ての必要が等しく純粋であり、いかなる区別の余地も存在しない。他方、もし、決めるのが国家であるとすれば、その場合、歴史に

1209

おけるもっとも偉大な解放は、全面的な給食の制度となる。

現在のところ、一握りの新左翼青年を除く全ての人びとにとって、社会主義は文字通り「全ての必要を充足することはできない」のであって、ただ不十分な資源の公正な配分をめざすだけだ、というのは自明のことである。これはわれわれに、公正を定義する問題、そしてどのような社会機構によって個々の特殊事例に応じて目的が実現されるべきかを決定する問題を残している。

完全な平等の理念、つまり、全ての財貨の全ての人による平等の所有という理念は、経済的に実現不可能であるばかりではなく、それ自体として矛盾している。なぜなら完全な平等は、極端な独裁政治体制のもとでしか想定できない。しかしその独裁政体すら権力への参加や情報への接近のような基本的な利益において不平等を前提とする（同様の理由で、現代の極左主義者が平等の拡大と政府の縮小を要求する時、彼らはその立場を維持できない立場に陥る。と言うのは、実際生活において平等の拡大は政府の拡大を意味するのであり、絶対的平等は絶対的政府を意味するからである）。

もし社会主義が全体主義的な監獄以上のものであるとすれば、それは相互に制限しあう異なる価値間の妥協のシステム以外ではあり得ない。全てを包括する経済計画は、実現可能としても、そしてそうはならないというほとんど全般的な一致があるのだが、それは小生産者と地域単位の自律性とは両立できないのであって、しかもその自律性こそがマルクス主義的社会主義の伝統ではないけれども、社会主義の伝統的な価値である。

技術の進歩は、全ての人の生活条件の絶対的安全と共存できない。自由と平等とのあいだに、計画化と小集団の自律性とのあいだに、経済民主主義と効率的管理とのあいだには不可避的に対立が生まれ、それらの対立は妥協と部分的解決によってしか緩和することができない。

発達した産業国家において、不平等を平準化し、最低限の安全（累進課税、保健事業、失業者救済等々）を確保する目的のためのあらゆる社会制度は、巨大に膨れ上がった国家官僚制を代価として創出され、拡大され、そして誰もこの代価の支払いを避ける方法を示唆できない。

このような問題はマルクス主義とは何の関係もないのであって、マルクス主義の理論はこれらの解決に何ら実質的な助けを用意しないのである。歴史の完成、社会主義の必然性、社会構成体の自然な継起にたいする黙示的信頼、プロレタリアートの独裁、暴力の賛美、国有産業の自動的効率性の信頼、対立のない社会と貨幣のない経済に関する幻想、これらは全て民主主義的社会主義（democratic socialism）の理念と何の共通点も持たない。

民主主義的社会主義の目的は、生産の利潤にたいする従属を徐々に減らし、貧困を追放し、不平等を縮小し、教育機会への社会的障壁を一掃し、国家官僚制の民主主義的自由への脅威や全体主義への誘惑を最小化することである。これら全ての努力と試みは自由という価値、つまりマルクス主義が消極的自由と刻印したもの、言い換えれば、社会が個人に許容する決定領域に固く根ざさないならば失敗する運命にある。そうなるのは、自由がそれ以上の正当化を必要としない本質的な価値である、ということだけではなく、それがなければ社会は自己改革することができないからである。つまり、このような自動調節的な自己規律のメカニズムを欠いた専制的体制は、それが災厄をもたらした時にその過ちを是正できるだけである。

1210

マルクス主義は何十年もの間、全体主義的な政治運動のイデオロギー的上部構造として凍結され、固定されてきた。その結果、知的発展や社会的な現実と乖離してきた。それが復活され、再び肥沃化できるという希望はまもなく幻想であることが判明した。説明的な「体系」としてもそれは死滅し、現代社会を解釈し、未来を予見し、あるいはユートピア的な計画を開発するために効果的に活用できる「方法」を何も提供しない。今日のマルクス主義の文献は量としては相当なものだが、純粋に歴史的でないかぎり、不毛で何の助けにもならない代物となっている。

政治的動員の装置としてのマルクス主義の有効性は全く別の問題である。見てきたように、その用語はもっとも多彩な政治的利益を支持するために使われている。マルクス主義が現存の体制の公的な正統化機能を果たしているヨーロッパの共産主義国家において、それは事実上全ての説得力を失っているが、他方、中国においてそれは認識的に歪められてきた。共産主義が権力を有する所ではどこでも、支配階級はマルクス主義をその資源が民族主義や人種主義、ないしは帝国主義であるイデオロギーに変形させている。共産主義は権力を奪い、権力を持ちこたえるのに使うために民族主義イデオロギーを相当強化してきたが、そうしたやり方で自らの墓掘人を作ってきた。

民族主義は憎悪、羨望そして権力の渇望のイデオロギーとしてのみ生き残り、そういうものとして、それは共産主義世界のなかの破壊的な要素であり、その結合は暴力に基づく。もし全世界が共産主義であったとすれば、それは単一の帝国主義の支配下になるか、あるいは異なる国々のマルクス主義支配層間の終わることのない戦争の場となっていたに違いない。

われわれは、巨大で輻輳した知的道徳的過程の目撃者であり参加者であって、その結合された結果を予測することはできない。一方で、一九世紀ヒューマニズムの楽観的前提の多くは潰えてしまい、多くの文化分野において破産の感覚が存在する。他方で、情報の前例のないほどの速度と普及のお陰で、世界中の人間の欲望が、それらを充足する手段をしのぐ速さで増大している。これが不満とその結果としての攻撃性の急速な成長に繋がっている。

共産主義者は、このような心理状態を利用し、状況に応じて攻撃感情をさまざまな方向に導き、彼らの目的を満たすためにマルクス主義の言葉の断片を用いる点で、たくまぬ技巧を示してきた。救世主的願望は、自らの挫折に直面した人類を打ちのめす絶望感や不能感覚の片割れである。全ての問題や不幸にたいする即製の直接的な回答が存在するという信念、そして（選択に応じて定義された）敵の悪意のみが、それが即座に適用される道を塞いでいるという楽観的信念は、マルクス主義という名目のもとで通用するイデオロギー・システムのしばしば使われる要素である。それはいわば、マルクス主義がある状況から次の状況へと内容を転換させ、他のイデオロギー的伝統と交雑する結果をもたらした。

1211

現在、マルクス主義は世界を解釈することも変革することもしていない。それはただ多様な利益、それらの大部分はマルクス主義がその始まりにおいて自らを規定したものと完全にかけ離れているのだが、それらの利益を組織するのに奉仕するスローガンの集積にほかならない。第一インターナショナル崩壊の一世紀後に、全世界の抑圧された人間の利益を擁護することができる新インターナショナルの展望は、かつてよりも多分に暗いものであるだろう。

マルクス主義が哲学的表現を与えた人間の神格化は、それが個人であろうが集団であろうが、そのような全ての試みと同様に終わりを迎えた。それは人間の屈従の茶番劇のような側面として、自らを露わにしたのである。

1212

この結語の結語において、新序文で書いた短い文章に付け加えることはごくわずかしかない。過去数十年間に起こったあらゆるできごとの後では、その多様で相互に確認できないほど変身したマルクス主義のあり得る変遷、あるいは亡骸というのがより良い名称ではあるが、共産主義イデオロギーやその制度形態の将来の運命を（予測すべき何かがあるとしても）予測することはできない。

レーニン・スターリン版の共産主義は、粉砕されたように見える。「資本主義」すなわち市場は、世界の制覇に勝利しつづけているように見える。しかしながら、われわれは地球上で最大の人口を擁する国、すなわち今や華麗でまぶしいほどの市場拡大（巨大な腐敗と極端に高い成長率を伴って）を経験している中国が、いくつかの重要な点でその狂気のマルクス主義的な過去、スターリン後のソビエト連邦と異なり、それが公式には否定されたことがない過去を継続していることを、われわれは忘れてはならない。

毛沢東主義のイデオロギーは、その地では死滅しているかもしれないが、国家と党は人びとの思考方法にたいして厳格な統制をまだなお行使している。つまり、政治的反対運動はもちろんのこと、独立した宗教生活も迫害され鎮圧されている。多くの非政府団体の存在にもかかわらず、法は独立した機関として存在していない（適正な意味の法は、市民が政府機関に対して法的行為を行うことができ、勝利する機会を持つならば、その場合のみ存在すると言い得る）。そこには市民的な自由も意見の自由も存在しない。それに代わって、大規模な奴隷労働、強制収容所の（そのなかで起こる）奴隷労働、そして民族的少数派にたいする野蛮な抑圧があり、そのなかでもチベット文化の野蛮な破壊は有名であるが、それが唯一の事例ではない。

これは何らかの意味でそうと確認できる共産主義の国家ではなく、共産主義のシステムから生れた専制国家である。多くの学者や知識人が、この国家が、もっとも野蛮で破壊的で馬鹿げていた時にその栄光を激賞した。このような流行も終わりを迎えたようだ。この国が西洋文明の規範を採り入れるかどうかは定かではない。市場は、この方向での発展を良いとするだろうが、それは保証されてはいない。

ソビエト体制の崩壊後、ロシア帝国主義は復活するだろうか。それは考えられないことはない。失われた帝国へのある程度の郷愁を、われわれは観察できる。しかし、もしそうなるとしても、マルクス主義はその再生に何ら寄与するものを持たない。

法の支配や市民的自由と結合された資本主義や市場の適正な定義がどうであれ、それは物的な福祉と安全の許容可能な水準を保障する点で明らかな有利性を保持しているように思われる。それでもなお、このような社会的・経済的利点にもかかわらず、「資本主義」はあらゆる方面から継続的に攻撃される。これらの攻撃は首尾一貫したイデオロギー的な内容を持っていない。この脈絡において、革命が何を意味しようとするのかを誰も説明できないけれども、それらの攻撃は革命のスローガンをしばしば使う。この曖昧なイデオロギーと共産主義の伝統とのあいだには遠い関係があるが、もしマルクス主義の痕跡が反資本主義の論理のなかに発見できるとしても、それは奇怪なほどに歪曲された類のマルクス主義である。

マルクスは技術の進歩を擁護し、彼の態度は優れてヨーロッパ中心的であり、低開発国の問題への関心を欠いていた。今日われわれが耳にする反資本主義のスローガンは、その邪悪な副次的な影響にたいする懐疑を秘めた、急速に進展する技術にたいする、貧しい知的解明の恐怖を含んでいる。われわれの文明が、それがもたらしてきた生態学的、人口問題的、精神的危機に対処できるかどうか、あるいは、崩壊の淵に沈むかどうかは、誰も確実なことは言えない。そういうわけで、現在の「反資本主義者」「反グローバル主義者」そしてこれに関連した反啓蒙主義の運動と理念が静かに消え去り、いつか一九世紀初頭の伝説的なラッダイトのように哀れに見えるようになるかどうか、あるいはそれらが力を維持し、その陣地を強化するかどうか、われわれは何も言えない。

しかし、われわれは次のこと、つまり、マルクス自身は彼が既にそうであるものにますます近づいていくことは間違いなく予測できる。すなわち、思想史の教科書の一章として、何の情緒も呼び起こさない人物として、これを読むのにごく少数の人しか悩まされないが、その題目だけは教育された公衆に知られている、一九世紀の「名著」の作者の一人としてのマルクスである。

私の三巻、新しく合本されたこの一巻に関して言えば、そこで、私はこの哲学とその後の分岐（それはマルクス主義者と左翼主義者の憤激を引き起こすことはっきりと予想できたが、それは私が予期したほどには広がらなかった）を総括し、評価しようと試みたのであるが、これらの巻はおそらく今もなお、この問題に関心を抱く縮小しつつある数の人びとにとって有益で
1214 あるだろう。

参考文献

［本書の参考文献のうち、邦訳書が確認できた文献を挙げた。本書の引用文は、ここに挙げた邦訳書の訳文を参考にさせていただいた。］

『マルクス・エンゲルス全集』（大月書店）所収

エンゲルス「国民経済学批判大綱」『全集』（第一巻）
エンゲルス「自然の弁証法」『全集』（第二〇巻）
エンゲルス「反デューリング論」『全集』（第二〇巻）
エンゲルス「フォイエルバッハ論」『全集』（第二一巻）
エンゲルス「家族・国家・私有財産の起源」『全集』（第二一巻）
マルクス／エンゲルス「聖家族」『全集』（第二巻）
マルクス／エンゲルス「ドイツ・イデオロギー」『全集』（第三巻）
マルクス／エンゲルス「共産党宣言」『全集』（第四巻）
マルクス「ヘーゲル国法論の批判」『全集』（第一巻）
マルクス「ヘーゲル法哲学批判序説」『全集』（第一巻）
マルクス「ユダヤ人問題によせて」『全集』（第一巻）
マルクス「フォイエルバッハに関するテーゼ」『全集』（第三巻）
マルクス「哲学の貧困」平田清明訳『マルクス・エンゲルス全集』（第四巻）
マルクス「賃労働と資本」『全集』（第六巻）
マルクス「ルイ・ボナパルトのブリューメル一八日」『全集』（第八巻）
マルクス「経済学批判要綱序説」『全集』（第一三巻）
マルクス「資本論」『全集』（第二三巻〜二五巻）
マルクス「デモクリトスとエピクロスの自然哲学の差異について」『全集』（第四〇巻）

『レーニン全集』（大月書店）所収

レーニン「何をなすべきか」『全集』（第五巻）
レーニン「一歩前進、二歩後退」『全集』（第七巻）
レーニン「唯物論と経験批判論」『全集』（第一四巻）
レーニン「プロレタリア革命と背教者カウツキー」『全集』（第二八巻）
レーニン「共産主義における左翼小児病」『全集』（第三一巻）
レーニン「青年同盟の任務」『全集』（第三一巻）
レーニン「哲学ノート」『全集』（第三八巻）

アンセルムス『プロスロギオン』長澤信壽訳　岩波文庫　一九四二年
アントニオ・グラムシ『グラムシ選集』（全六巻）合同出版社　一九六〇〜六四年　新装版　一九八六年
アントニオ・ラブリオーラ『社会主義と哲学』小原耕一訳　同時代社　二〇一一年
エーリッヒ・フロム『自由からの逃走』日高六郎訳　東京創元社　一九五一年
エルンスト・ブロッホ『希望の原理』（全三巻）山下肇訳　白水社　一九七七年
エルンスト・ブロッホ『チュービンゲン哲学入門』花田圭介監修　菅谷規矩雄他訳　法政大学出版　一九九四年
カール・コルシュ『マルクス主義と哲学』平井俊彦訳　未来社　一九七七年

カール・マルクス『経済学・哲学草稿』（パリ草稿）城塚登・田中吉六訳　岩波文庫　一九六四年
カント『実践理性批判』波多野精一・宮本和吉・篠田英雄訳　岩波文庫　一九七九年
シレジウス『シレジウス瞑想詩集』（上・下）植田重雄・加藤智美訳　岩波文庫　一九九二年
ジョルジュ・ソレル『暴力論』今村仁司・塚原史訳　岩波文庫　二〇〇七年
聖アウグスティヌス『告白』（上・下）服部英次郎訳　岩波文庫　一九七六年
テオドール・W・アドルノ『否定弁証法』木田元他訳　作品社　一九九六年
テオドール・W・アドルノ／マックス・ホルクハイマー『啓蒙の弁証法』徳永恂訳　岩波文庫　二〇〇七年
トーマス・マン『ファウスト博士』関泰祐・関楠生訳　岩波文庫　一九七四年
トロツキー『テロリズムと共産主義』（トロツキー選集一二）現代思潮社　二〇〇八年
ニコラス・クザーヌス『神を観ることについて』八巻和彦訳　岩波文庫　二〇〇一年
ニコラス・クザーヌス『学識ある無知について』山田圭三訳　平凡社ライブラリー　二〇二二年
ヒルファーディング『金融資本論』岡崎次郎訳　岩波文庫　一九八二年
フィヒテ「人間の尊厳について」『フィヒテ全集』（第四巻）隈元忠敬訳　哲書房　一九九七年
フィヒテ『知識学』同前
フィリップ・ブォナローティ『平等をめざすバブーフの陰謀』田中正人訳　法政大学出版　二〇二〇年
フォイエルバッハ『キリスト教の本質』船山信一訳　岩波文庫　一九六五年
プラトン『書簡集』（全集一四）岩波書店　一九七五年
プロティノス『エネアデス』田中美知太郎訳『プロティノス全集』（一～四巻）中央公論社　一九八六～八七年
ヘーゲル『精神現象学』（上・下）樫山欣四郎訳　平凡社ライブラリー　一九九七年
ヘーゲル『大論理学』上巻の1『ヘーゲル全集6a』武市健人訳　岩波書店　一九九四年
ヘーゲル『歴史哲学講義』（上・下）長谷川宏訳　岩波文庫　一九九四年
ヘルベルト・マルクーゼ『一次元的人間』生松敬三・三沢謙一訳　河出書房新社　一九七四年
ヘルベルト・マルクーゼ『純粋寛容批判』大沢真一郎訳　せりか書房　一九六八年
ポール・ラファルグ『怠ける権利』田淵晋也訳　平凡社　二〇〇八年
マックス・シュティルナー『唯一者とその所有』（上・下）草間平作訳　岩波文庫　一九二九年
ミハイル・バクーニン『国家制度とアナーキー』左近毅訳　白水社　一九九九年
毛沢東『実践論・矛盾論』松村一人・竹内実訳　岩波文庫　一九五七年
ヤコブ・ベーメ『大いなる神秘』『キリスト教神秘主義著作集一三』南原実訳　教文館　一九八九年
ヨハネス・エリウゲナ『自然区分論』邦題『ペリフュセオン』今義博訳『中世思想原典集成六』平凡社　一九九二年
リシュアン・ゴルドマン『隠れたる神』山形頼洋訳　社会思想社　一九八八年
リシュアン・ゴルドマン『人間の科学とマルクス主義』川俣晃司訳　紀伊国屋書店　一九七三年
ルカーチ・ジェルジ『理性の破壊』（上、下）暉峻凌三訳『ルカーチ著

作集』（第一二巻、第一三巻）白水社　一九八七年
ルカーチ・ジェルジ『ルカーチ初期著作集　政治編1』池田浩士訳　合同出版　一九七一年
ルカーチ・ジェルジ『歴史と階級意識』城塚登・吉田光訳　白水社　一九九一年
ロバート・オウエン『新社会観』揚井克己訳　岩波文庫　一九五四年

索　引

[索引で示す頁数は原著の頁数であり、この翻訳書では本文の欄外につけた数字で示してある。

なお、人名の後にある（ ）内の説明は訳者による補足である。]

● 0-9, A-Z

10 月革命　1917 年のロシア革命を見よ
1648 年の革命　250
『1789 年の階級的対立』（カウツキー）　381
1819 年の工場法（英国）　159
1830 年の革命　175
『1844 年の経済学・哲学草稿』　『パリ草稿』を見よ
1848 年の革命　167, 176, 196, 204, 362, 751
　1848 年の革命におけるマルクスとエンゲルス　192-93, 202-3
1905 年のロシア革命　359, 367, 404, 405, 421, 637, 682-84, 688-92, 714-15, 735, 796, 852
1917 年のロシア革命　379-82, 396, 406, 423, 431, 480, 494-95, 561, 601, 604, 641, 732, 735-41, 806, 871, 913, 939, 942, 957, 962, 1198
　1917 年ロシア革命の評価　777
　工業化と 1917 年ロシア革命　850-51
　正統性問題と 1917 年ロシア革命　740
　世界革命の序曲としての 1917 年ロシア革命　737-38, 805, 872
　ブレスト・リトフスク条約と 1917 年のロシア革命　719-40
　レーニンの 1917 年革命戦略　735-36
1939 年のナチ・ソビエト不可侵条約　881-82, 951
1956 年のスエズ危機　1178
『19 世紀ドイツのリアリズム作家』（ルカーチ）　996
『19 世紀の科学作品概説』（サン・シモン）　154
「21 箇条の加入条件」　873
4 月テーゼ（レーニン）　736, 799, 810

●ア行

アーレンス、ハインリッヒ（1808-1874 ドイツの哲学者、法学者）　167
アイスキュロス（前 525-456 ギリシアの悲劇詩人）　337, 499-401, 500
アイデンティティ原理　1078-79
アイルスタイン、ヘレナ（1922-2009 ポーランドの哲学者）　925
アイルランド　427-37
アインシュタイン、アルベルト（1879-1955 ドイツ生まれの理論物理学者）　893-94
アウアー、イグナス（1846-1907 ドイツ社会民主党の創立メンバー）　434
『アヴァンティ』イタリア社会党機関紙　965
アヴィケブロン（イブン・ガビロール　前 1021-58 スペインのユダヤ人哲学者）　1138
アヴィセンナ（イブン・スィーナー　980-1037 イスラム世界が生み出した最高の知識人と称される）　1127, 1138
『アヴィセンナとアリストテレス左派』（ブロッホ）　1138
アヴィネリ・シュロモ（1933- イスラエルの政治学者）　216, 1182
アヴェナリウス、リヒャルト（1843-1896 ドイツ、スイスの哲学者）　529, 531, 532-34, 692, 695-99, 701, 703, 716, 718, 723
アヴェロエス（イブン・ルシュド）（1126-1198 イスラム世界の代表的哲学者、アリストテレスの注釈者）　7, 45, 1138
『赤旗』　404, 531
アキモフ、アレクセイ　671
悪　24, 33, 37, 210, 338, 455, 492, 557
　悪としての宗教　97
　神と悪　18-21, 36
　神の計画と悪　26
　キリスト教と悪の問題　20-21
　存在と悪　14
アクィナス、聖トマス（1225-1274 イタリアのスコラ神学者、哲学者）　7, 19, 28, 496
アクサ―コフ、コンスタンチン　604
アクション・フランセーズ　172, 480
アクセリロード、パベル（1856-1922 マルクス主義理論家、一貫してレーニン主義に反対）　394, 621, 622, 637, 657, 660, 671, 687, 690, 732
アクセルロッド、リュボフ A.（1868-1946 ソ連の哲学者）　694, 703, 715-17, 719, 839, 845
アクセロス, コスタス（1924-2010 ギリシア系フランス人哲学者）　1172, 1173
アゴール、I. I.　844
アスコルドフ、アレクサンドル（1932-2018 ロシアの俳優、映画監督）　693-94, 824
アズテック族（アステカ族）　300
アスムス、V. F.（1894-1975 ソ連の哲学者）　844, 847, 890
アゼフ、エフノ（1869-1918 ロシアの社会主義革命家）　532
『新しい階級』（ジラス）　916, 1170
『新しい産業と社会の世界』（フーリエ）　163
『新しい労働者階級』（マレ）　1182
アッカーマン、ヴィルヘルム（1896-1962 ドイツの数学者）　890
アドラー、アルフレッド　1132
アドラー、ビクター　355, 367, 369.561, 667, 695
アドラー、フリードリッヒ　356, 367, 549, 551, 562, 695
アドラー、マックス　328, 356, 367, 549, 551-52, 579, 877-88
　カウツキー批判　582
　革命の解釈　582
　史的唯物論の解釈　574-76
　宗教の解釈　583-84
　真理観　566-67
　その生涯と作品　560-62
　存在と当為の対置　576-78
　超越主義　563-71, 573, 584

ボルシェビズム批判　582
唯物論批判　571-74
レーニン批判　581-82
アドルノ、セオドア　977, 1014, 1062, 1063-65, 1068, 1084, 1088, 1090-91, 1097
実存主義批判　1082-84　否定の弁証法も見よ
アナクローサンディカリスト　サンディカリストを見よ
アフマートヴァ・アンナ（1889-1966 ロシアの詩人）　825, 885
アブラハム・カール（1877-1925 ドイツの精神分析家、精神科医）　1093
アブラモフスキ・エドワルド（1868-1918 ポーランドの哲学者、リバータリアン社会主義者）　368, 917
ア・プリオリな概念とカテゴリー　39-40, 42, 565-66, 573
アフロディシスのアレクサンドロス（ローマ帝国期の哲学者、古代における最も著名なアリストテレス注釈者）　1138
アマリク、アンドレイ（1938-1980 ロシアの反体制の作家）　916
アミエル、アンリ・フレデリック（1821-1881 スイスの哲学者、詩人）　531
アラクチェエフ、アレクセイ（1769-1834 ロシア帝国の将軍及び政治家）　901
アラゴン、ルイ（1897-1982 フランスの小説家、詩人、文芸評論家）　926
アリストテレス（前 384-322 古代ギリシアの哲学者）　12, 82, 219, 261, 319, 590, 829, 889, 1021, 1113
アリストテレスのエンテレケイア（完成された現実性）の概念　1133-34
『アルギュマン』（フランスの哲学論文誌）　1172
アルザス・ロレーヌ　362, 426
アルジェリア　286, 425
アルチュセール、L.（1918-1990 フランスの哲学者）　1174-77
アルバイター・ツァイトウング　561
アルバニア　921, 923, 1204
アルメニア　960
アレキサンダー・ポープ（1688-1744 イギリスの詩人）　897
アレキサンダー大王（前 356-323 マケドニア王）　82, 279, 300
アレクサンドル一世（1777-1825 ロシア皇帝）　901
アレクサンドル二世（1818-1881 ロシア皇帝）　602, 605, 619, 623, 885
アレクサンドル三世（1845-1894 ロシア皇帝）　605
アレクサンドロフ、G. F.（1908-1961 マルクス主義の哲学者）　883, 887-88
アレクシンスキー、G.（1879-1967 元ボルシェビキの活動家）　703
アレマン、ジャン（1843-1935 フランスの社会主義政治家、パリ・コンミューンの退役軍人）　364
アロン、レイモン（1905-1983 フランスの社会学者、哲学者、政治学者）　267
アンシュルス（オーストリア併合　1938 年 3 月にナチス・ドイツがオーストリアを併合した出来事を指す）　561, 563, 881
アンセルムス（1033-1109 中世ヨーロッパの神学者、哲学者）　27
『アンドロマック』（ジャン・ラシーヌ）　1052
アンバルツミャン V. A.（1908-1996 ソビエトの天文学者）　896
アンファンタン、ペール（1796-1864　フランスの社会主義者　実業家）　156, 158
イアンブリコス（245-325 シリア人のネオプラトニズム哲学者。後期ネオプラトニズム哲学のとった方向性を決定づけたとされる）　15, 26
イーストマン、マックス（1883-1969　文学、哲学、社会に関するアメリカの作家、詩人、著名な政治活動家）　937
イヴァン 4 世（雷帝 ロシアノツァーリ；1530-1584 モスクワ大公（在位 1533-47 年）、モスクワ・ロシアの初代ツァーリ）　602, 906
イエス・キリスト　10, 25, 70, 71, 174, 504, 1197
『イエス・キリストに従う真のキリスト主義』（カベー）　176
『イエスの生涯』（シュトラウス）　70, 119
『イカリア旅行記』（カベー）　175
イギリス　120, 151, 154, 158, 190, 373, 441, 587, 735, 858, 891, 927, 935, 942, 952, 954-95, 1108, 1159, 1178, 1204
イギリスにおける社会主義運動　365-66, 931
イギリスにおけるマルクス主義の影響　355, 931
イギリスにおける労働組合運動　159-60, 162, 200, 201, 417-18
インドにおけるイギリス　285-86, 425
マルクスのイギリスへの亡命　192-94
イギリス共産党　931
「イギリスにおけるチャーチストの運動」（ベルンシュタイン）　435
『イギリスにおける労働者階級の状態』（エンゲルス）　120
イギリス労働党　668, 878
イグレシアス、パブロ（1850-1925 スペインの社会主義者、マルクス主義の労働運動指導者）　468
意志　42, 61, 65, 250, 264, 458, 500, 541, 544, 575, 576, 970, 988, 1009, 1053, 1097, 1098, 1101, 1133, 1134-35, 1140
予見と意志　973-74
理性と意志　62-63
意識　63, 87, 94, 114, 217, 277, 290, 310, 397, 644, 665, 673-74, 1025, 1116, 1173
意識前の世界　572-73
オーストリア・マルクス主義者と意識　563-71, 574-76
カウツキーの意識の見方　386-88, 399-400
神と意識　54
観念論と意識　44
教条主義と意識　43-44
虚偽意識としてのイデオロギー　126-27
虚偽の意識 虚偽意識を見よ
グラムシの意識の見方　974-76, 986-84
現実と意識　1009
自己意識　自己意識を見よ
史的唯物論と意識　280-84
資本主義と意識　202-7
社会主義と意識　183-84
社会的産物としての意識　130
社会的存在と意識　128-30, 283-84, 575, 1001
社会の転換と意識　105-6
自由と意識　44

真の意識　1011-12
政治的意識　249-50
精神と意識　52, 57-58
絶対者に向かって進む意識　48-59
絶対と意識　48-59
潜在意識　1048, 1056-57
存在それ自体と意識　52-54, 57
知識と意識　986-87
超越的意識　563-71, 581, 584
『ドイツ・イデオロギー』における意識　128-30
物質と意識　910
普遍的意識　584
プロレタリアートの意識　148-49, 305, 337, 340,
　358, 388, 397, 415, 417, 419, 420-24, 542, 599, 665,
　668-69, 678, 686, 975, 1002, 1005, 1007-9, 1010, 1033,
　1040
分業と意識　129, 116
まだ・もはや意識されない意識　1133-34
理性と意識　54-55
ルクセンブルクの意識の見方　420-24
歴史の過程と意識　263-65
『遺書』（レーニン）　748, 749, 801, 802, 817
『イズベスチャ』　823
イスラム　301, 803-4, 961
イタリア　173, 202, 203, 211, 355. 358, 371, 426, 486,
　504, 921, 952, 955, 958, 964, 967, 1159, 1181
イタリアにおける実証主義　497
イタリアにおけるファシズム　175, 480, 493
イタリアにおけるヘーゲル主義　497
イタリアにおけるマルクス主義　931-32
イタリアにおける無政府主義者の運動　207-8
イタリアにおける労働者の運動　367, 497
イタリア議会　967-68
イタリア共産党　931, 964-67
イタリア共産党の棄権主義方針　965-66
イタリア共産党の成立　967
イタリア社会党　465, 527
異端審問　8
『一次元的人間』（マルクーゼ）　1105, 1113
一元論　30, 627, 630, 1139
一元論としてのマルクス主義　525-26
『一元論的史観の発展の問題』（プハーノフ）　626
『五つの講義：精神分析、政治、ユートピア』（マルクー
　ゼ）　1105
一般ユダヤ人労働者組合（ブンド）　671
『一歩前進、二歩後退』（レーニン）　687
『イデオロギーとしての技術と学問』（ハーバーマス）
　1096
イデオロギーの概念　126-28
イプセン、ヘンリク（1828-1906 ノルウェーの劇作家、
　詩人、舞台監督）　400, 991
「いまだ存在しないものの存在論について」（ブロッホ）
　1138-39
イラン　850
『イスクラ』　636, 660, 664, 687
イワノフ、ヴァチェスラフ（1866-1949 ロシアの象徴主
　義の詩人、劇作家）　692
『いわゆるマルクス主義の危機』（ケレス＝クラウス）
　523
因果関係　569, 575, 704, 709, 721
偶然と因果関係　315-17

因果関係と偶然　315-17
インガルデン、ローマン（1893-1970 ポーランドの哲学
　者。現象学、存在論、美学を展開）　1145
印象主義　634, 991
『インターナショナル』　1034
インターナショナル左翼反対派　936-37, 949
そのイデオロギー　934-35
インテリゲンチャ　493, 612-13, 624, 668, 692, 694,
　826, 882, 917
その役割　646, 860
インド　285-86, 425, 517, 799, 950
ヴァイゲル、ヴァレンティン（1533-1588 ザクセン出身
　のドイツの神学者、哲学者）　31
ヴァイスベルク、アレクサンダー（1901-1964 ポーラン
　ド・ユダヤ系オーストリア人の物理学者、作家、実業
　家）　882
ヴァイトリング、ヴィルヘルム（1808-1871 ドイツの仕
　立屋、政治活動家）　167, 179, 202, 771
ヴァイトリングの社会主義教説　173-75
ヴァイヤン、エドゥアール（1840-1915 フランスの政治
　家）　364, 369, 375
ヴァヴィロフ、ニコライ（1887-1943 ソ連の遺伝学者、
　植物学者）　869
ヴァリツキ、A.（1930-2020 ポーランドの歴史家、イン
　ディアナ州のノートルダム大学の教授）　73, 611
ヴァリヤシュ（メンシェビキ）　845
ヴァルガ、イェネー（1879-1964 ハンガリー出身のソビ
　エトの経済学者）　891-92
ヴァレンティノフ、N.（1880-1964 ロシアの哲学者、ジ
　ャーナリスト、経済学者）　702, 709, 727, 842
ヴァンデルベルデ、エミール（1866-1938 ベルギーの社
　会主義政治家、ベルギー労働党と国際社会主義の主要
　人物）　356, 373, 376, 490, 491
ヴァンデベルデの史的唯物論　366-67
ヴィーコ、ジャンバッティスタ（1668-1744 イタリア啓
　蒙時代の哲学者、修辞学者、歴史家、法学者）　471,
　477, 480, 485, 498, 526, 1207
ウィーランド、ジョージ（1907-1962 アメリカの化学者）
　895
ヴィシンスキー、アンドレイ（1883-1954 ソビエトの政
　治家、法学者、外交官）　854
ウィットフォーゲル、カール（1896-1988 ドイツで生ま
　れアメリカに帰化した社会学者　歴史学者）　1062,
　1063
ウィルソン、ウッドロウ（1856-1924 アメリカ合衆国の
　第28代大統領）　746, 776
ヴィルヒョウ、ルドルフ（1821-1902 ドイツの医師、人
　類学者、病理学者）　308
ヴィンケルマン、ヨアヒム（1717-1768 18世紀ドイツ
　の美術史家）　1209
ヴィンデルバント、ヴィルヘルム（1848-1915 ドイツの
　哲学者、ハイデルベルク大学教授、新カント派の代表）
　563-64, 566, 692, 991, 1008, 1915
ヴヴェデンスキー、A. I.（1856-1925 ロシアの哲学者）
　692
ウェイデマイヤー、ジョセフ（1818-1866 プロイセン王
　国とアメリカ合衆国の軍人、マルクス主義革命家）
　193, 289
ヴェイユ、フェリックス（1898-1975 ドイツ系アルゼン
　チン人のマルクス主義者、フランクフルトに社会調査
　研究所を設立するための資金を提供）　1061

iii

ヴェーバー、マックス（1864-1920 ドイツの社会学者、政治学者、経済史･経済学者、新歴史学派）　581, 833, 991, 1015, 1058
ヴェストファーレン　70
ヴェストファーレン、ルートヴィヒ　フォン（1770-1842 リベラルなプロイセンの公務員、カール マルクスの義父）　101
ウェッター、グスタフ（1911-1991 1936年からイエズス会に所属、ソビエト連邦の哲学と歴史を研究）　915, 1182
ウェッブ、シドニー（1859-1947 イギリスの政治家、フェビアン協会の中心人物）　858
ウェッブ、ベアトリス（1858-1943 英国の社会学者、経済学者、社会主義者、労働史家社会改革者、団体交渉という用語を作り出した）　858
ヴェラ、アウグスト（1813-1885 イタリアのヘーゲル主義の哲学者）　498
『ヴェリオド』（前進）（ロシア社会民主労働党第2回大会での分裂後のボルシェビキの最初の新聞）　612
ウェルズ、H. G.（1866-1946 イギリスの著作家）　1132
ヴェルレーヌ、ポール（1844-1896 象徴主義運動と関連したフランスの詩人）　299
ヴェレシチャーギン、ヴァシリー（1842-1904 ロシアの写実主義の画家）　886
ヴォズネセンスキー、ニコライ（1903-1950 ゴスプランの運営を監督したソビエトの政治家、経済計画者）　901-2
ヴォルテール（1694-1778 フランスの啓蒙主義の哲学者、文学者、歴史家）　35, 36, 867
ヴォルトマン、ルートヴィヒ（1871-1907 ドイツの人類学者、動物学者、新カント派）　558
ヴォルネイ、コント・ド（1757-1820 フランスの哲学者、東洋学者、政治家）　126
ヴォロシロフ、クリメント（1881-1969 スターリン時代の著名なソビエト軍の元帥、政治家）　817
ヴォロフスキー、V. V.（1871-1923 ロシアの革命家、ソビエトの外交官）　688
ヴォロンツォフ、V. P.（1847-1918 影響力のあるロシアのナロドニキの経済学者、社会学者）　617-18
ウクライナ　425, 428, 883, 948
宇宙論　891-94, 896, 899
ウトラキスト（ウトラキズムを支持するフス派の一派）　301
「右派と左派のブロック」（トロツキー）　944
ヴャチェスラフ・メンジンスキー（1874-1934 ロシア共産党の指導者）　691, 703
『裏切られた革命』（トロツキー）　938, 941, 945, 949, 957
ウラジミール・サラビアノフ（1886-1952 ソ連邦の哲学者）　845
ヴラニキ、p.（1922-2002 1960年代のユーゴスラビアのマルクス主義ヒューマニスト）　1169
ウラム、アダム（1922-2000 ポーランド系アメリカ人の歴史家、政治学者）　797
ウリヤノフ、アレクサンドル（1866-1887 ロシアの革命家、レーニンの兄）　642
ウリヤノフ、イリヤ・ニコラエヴィチ（1831-1886 教育行政官、レーニンの父）　642
ウルバーンス、フーゴ（1890-1946 ドイツの共産主義革命家、トロツキスト）　959
ウルフ、バートラム（1896-1977 アメリカの学者）　238, 1063
ヴント、ヴィルヘルム（1832-1920 ドイツの生理学者、哲学者、心理学者、実験心理学の父）　506, 692, 696
『永遠に流転する』　後に『万物は流転する』として再発行（グロスマン）　819
永遠の否定（permanent negation）という原理　69
エイゼンシュテイン、セルゲイ（1898-1948 ソビエト連邦の映画監督）　825, 906
永続革命の理論　683-85, 689, 805, 861, 934, 939, 950, 1196, 1200
　毛沢東の永続革命の見方　1173-74
エクスタイン、グスタフ（1875-1916　オーストリアのジャーナリスト　学者）　367, 411
エゴイズム　44-46, 48, 96, 124, 133, 147, 207, 335, 499, 567, 607-8, 694, 1002
　教育とエゴイズム　135-38
　キリスト教におけるエゴイズム　135-36
　合理的なエゴイズム　607-8
　個人とコミュニティそしてエゴイズム　138-41
　自由とエゴイズム　45-46
　シュティルナーのエゴイズムの哲学　134-38
　存在とエゴイズム　134
エジプト　425, 799
エストニア　737, 882, 942
エックハルト、ヨハネス（1260頃-1328頃 14世紀ドイツ神秘主義の最高峰をなす哲学者）　21, 27-29, 31-33, 932, 1124
エディントン、アーサー（1882-1944 イギリスの天文学者。20世紀前半における最も重要な天体物理学者の一人）　893
エピクロス　36, 83-88
エピクロス主義　82, 266, 392
エマルコフ、I. D.　825
エミール・ラスク（1875-1915 ドイツの哲学者）　991
エラスムス、デジデリウス（1466-1536 ネーデルランド出身の神学者、哲学者）　7, 981
エリウゲナ、スコトゥス（800-877 アイルランドの 新プラトン主義の哲学者、神学者）　21-27, 33, 1140
エリュアール、ポール（1895-1952 フランスの詩人）　928
エルヴェシウス（1715-1771 18世紀フランスの哲学者、啓蒙思想家）　124, 626, 659
エルフルト綱領　363-64, 389
『エルフルト綱領の基本的解説』（カウツキー）　381
エルミタージュ　904-905
エレアのゼノン　320-21
『エロスと文明』（マルクーゼ）　1105, 1109
エンゲルス、フリードリヒ（1820-1895　プロイセン王国の社会思想家　革命家）　99, 117, 128, 149, 162, 190, 191, 196, 197, 202, 206, 210-11, 247-48, 251, 252, 268, 276, 279, 286, 89, 293, 294, 300, 342, 364, 372, 380, 400, 414, 435, 471, 507, 508-9, 521, 524, 530, 550, 572, 593-94, 612, 615, 616, 626, 629, 630, 651, 662-63, 665, 678, 683, 702, 714, 728, 755, 833, 837, 865, 866, 867, 881, 889, 898, 899, 907, 909, 910, 976, 977, 986, 994, 1040, 1042, 1043
　1848年の革命におけるエンゲルス　191-93, 202-3
　エンゲルスと比較されたマルクス　328-30, 536-37
　エンゲルスによって批判されたバウアー　121-25

●カ行

エンゲルスの因果関係観　315-17
エンゲルスの科学への興味　308-9, 316
エンゲルスのカント批判　333, 557-58
エンゲルスの究極的大義説　436-37
エンゲルスの死　214
エンゲルスの自然観　314-15
エンゲルスの宗教的信条の見方　583
エンゲルスの相対性の見方　324-25
エンゲルスの知識論　325
エンゲルスの著作　119-20, 212-14
エンゲルスの哲学観　310-12
エンゲルスの評価　333-34
エンゲルスの物質の見解　311-13
エンゲルスの弁証法　317-18, 327-28
エンゲルスの唯物論　310-11, 319, 333-34
エンゲルスの無神論　119
　階級的搾取に関するエンゲルスの見解　284-85
　革命の理念とエンゲルス　295-97
　共産主義者同盟におけるエンゲルス　186-87
　経験論に対するエンゲルスの見解　322-24
　自由に関するエンゲルスの見解　316-17, 870
　第2インターナショナルとエンゲルス　363, 369
　平等に関するエンゲルスの見解　255
　不可知論に対するエンゲルスの見解　322
　弁証法論者と機械論者の論争とエンゲルス
　　841-44, 846
　マルクスのエンゲルスとの関係　119
　民族問題とエンゲルス　425-26, 428
　矛盾の解釈に関するエンゲルスの見解　320-21
　ルカーチのエンゲルス批判　1005, 1009
　ルクセンブルクのエンゲルス批判　418
　歴史に関するエンゲルスの見解　278
エンテレケイア（アリストテレス哲学で潜勢に対する顕
　勢、可能態［性］に対する実現態）の法則
　1133-34
エントロピーの法則　1136
『エンネアデス』（プロティノス）　13-14, 15
『遠方からの手紙』（レーニン）　735
オウエン、ロバート（1771-1858 イギリスの実業家、社
　会改革家）　118, 124, 151, 166, 167, 175, 178, 182,
　190, 355, 465
　オウエンの社会主義教説　158-62
『大いなる友情』（ムラデリ）　886
オーウェル、ジョージ（1903-1950 イギリス植民地時代
　のインド生まれのイギリスの作家）　880, 1158
オーストリア　202, 355, 369, 375, 425, 559, 561, 563,
　578, 871
　オーストリア・マルクス主義　367, 549-600
　その概念　549-76
　意識とオーストリア・マルクス主義　574-76
　オーストリア・ハンガリー　286, 426, 588, 675, 733
　オーストリア・マルクス主義によって解釈された宗教
　　583-89
　オーストリア・マルクス主義の価値観　589-94
　オーストリアの社会主義運動　366-67
　価値の理論とオーストリア・マルクス主義　589-94
　カント主義者とオーストリア・マルクス主義
　　549-53
　カントとオーストリア・マルクス主義　549-53
　国家の機能とオーストリア・マルクス主義　578-80
　自然の理論とオーストリア・マルクス主義　585-89

　社会的存在とオーストリア・マルクス主義　575-76
　超越的意識とオーストリア・マルクス主義　563-71
　帝国主義とオーストリア・マルクス主義　595-600
　独裁とオーストリア・マルクス主義　579-81
　マルクス主義におけるカント主義とオーストリア・マ
　　ルクス主義　555-60
　民主主義とオーストリア・マルクス主義　579-82
　民族問題とオーストリア・マルクス主義　585-89,
　　675
　用語としてのオーストリア・マルクス主義　563
　倫理の問題とオーストリア・マルクス主義　553-55
『オーストリア革命』（バウアー）　562
オーストリア社会民主党　367
『オーストリア二重帝国の基礎と発展課題』（レンナー）
　562
オコナー、ファーガス（1796-1855 アイルランドのチャ
　ーチストの指導者）　162
オジャー、ジョージ（1813-1877 英国の先駆的な労働組
　合指導者、第1インターナショナル中央評議会初代議
　長）　200
『オスヴォボジデニエ』（解放）誌　652
オストヴァルト、ヴィルヘルム（1853-1932 ドイツの化
　学者）　702
オストロビチャノフ、K. V.（1892-1969 ソ連邦の経済学
　者）　892
オストロフスキー、アレクサンダー（1823-1886 ロシア
　の劇作家）　861
オソフスカ、マリア（1896-1974 ポーランドの社会学者）
　925
オソフスキ、スタニスワフ（1897-1963 ポーランドの社
　会学者）　925
オデュッセウスの伝説　1087
オフラーナ（ロシア帝国の秘密警察）　531-32, 688,
　731, 774, 797
オメリャノフスキー、M. E.（1904-1979 ソビエト-ウク
　ライナの哲学者）　891, 893
オランダ　202, 255, 297, 369, 371, 871-72
　オランダの社会主義運動　368
オリゲネス（185頃-254頃 古代キリスト教における最
　大の神学者）　22
オルジョニキーゼ、グリゴリー（1886-1937 ロシアの革
　命家、ソ連共産党政治局員）　678, 749
オルロフ（ロシア政府の諜報機関の役人）　797
オレシャ、ユーリー（1899-1960 ロシアおよびソビエト
　の小説家）　825
『オレステイア』（アイスキュロス）　400
音楽　886-87, 1017-18

カーメネフ、レフ（1883-1936 ロシアの革命家、ソビエ
　ト連邦の政治家。ユダヤ系ロシア人）　731, 737,
　749, 774, 793, 801, 804, 806, 811, 815, 822, 851, 874, 875,
　1149
『カール・マルクス』（コルシュ）　1035
『カール・マルクスの経済学説』（カウツキー）　381,
　517
カーレフ、N. A.　844, 845, 846, 847
階級　107, 128, 286, 374, 1008
　階級の概念　289-93
　階級の起源　293-94
　階級の定義　291, 492-93

v

『革命の正義と教会の正義』（プルードン）　168
『隠れたる神』（ゴルドマン）　1046
『過去と現在』（グラムシ）　969
カジミェシュ・アイドゥキエヴィチ（1890-1963 ポーランドの哲学者、論理学者）　925
カストリアディス、C.（1922-1997 ギリシア系フランス人哲学者）　1172
仮説的三段論法　40
『家族、私有財産及び国家の起源』（エンゲルス）　213, 284-85, 288, 293
価値　195, 216, 260, 267-74, 466, 595, 647, 651, 653, 901-2, 1099
　　オーストリア・マルクス主義者の価値の見方　589
　　価格と価値　225-26, 267-68, 270
　　価値の測定　220-21, 222
　　価値の二重形態　222-26
　　価値の歴史　219-20
　　価値法則　268-70
　　交換価値と価値　269-71
　　「公正価格」問題と価値　219-21
　　古典経済学の伝統と価値　219-22
　　搾取と価値　272-74
　　富と価値　220-21, 271-72
　　ヒルファーディングとベーム＝バヴェルクの論争と価値　589-94
　　複雑価値と単純価値　591, 593
　　普遍的な基準としての貨幣　224-25
　　ベルンシュタインの価値の批判　437-38
　　マルクスの価値の定義　268
　　利潤と価値　228
　　労働と価値　270-72, 589-91
　　労働力の価値　228-29
ガッサンディ、ピエール（1592-1655 フランスの物理学者、数学者、哲学者）　258, 1056
合衆国　190, 255, 286, 297, 300, 424, 754, 776, 876, 879, 883, 891-92, 930, 952, 957, 1035, 1067, 1104, 1116, 1118, 1120, 1181, 1191, 1203, 1204
合衆国国務省　1149
合衆国トロツキスト党　947
『活動する社会主義』（ジョレス）　450
カッパドキアの教父　22
『家庭的農業的協同体概論』（フーリエ）　163
カデット（帝政ロシア時代の立憲民主党の略称）　689, 690, 772, 797, 832
「カデットの勝利と労働者党の任務」（レーニン）　754-55
『過渡期の経済学』（ブハーリン）　810
カニバリズム　520-21, 819
『鐘』　606
カバニス、ピエール（1757-1808 フランスの医師、哲学者）　126, 469
カフカ、フランツ（1883-1924 現在のチェコ出身のドイツ語作家）　344, 1021-22, 1032, 1174
ガベ、エティエンヌ（1788-1856 フランスの初期共産主義者）　167, 170, 179, 202, 771,
　　その社会主義の教説　175-76
貨幣　86, 227, 239, 336, 1082
　　価格と貨幣　225-26
　　価値と貨幣　224-25, 271
　　疎外と貨幣　92-93
　　富と貨幣　225

普遍的基準としての貨幣　224-25
ガベル、ジョセフ（1912-2004 フランスの社会学者　哲学者）　1173
ガポン神父（ゲオルギー・ガポン　1870-1906 ロシア正教会の司祭。1905 年のロシア革命以前は人気のある労働者階級の指導者）　688
カマリ、M. D.（1998-1965 ソ連邦の哲学者）　891
ガマルニク、B.（1894-1937 1930 年から 1934 までソ連邦国防次官）　1149
神　17-21, 40, 60, 70, 72, 91, 134, 135, 146, 164, 168, 339, 501, 554, 693, 835, 910, 930, 946, 1025
　　悪と神　18-21, 36
　　意識と神　54
　　神の全能性　17
　　神の存在を信じること　41
　　神の存在　12, 37-38, 41-42, 45, 548, 584, 910, 1052-53
　　神の非存在　1137-38
　　自然と神　35-36
　　社会主義宗教における神　713-14
　　自由意志と神　330
　　人格神　17-18
　　進化する神　30
　　精神の阻害物としての神　75-76
　　絶対的な神　17-19, 28-29, 70-71
　　善と神　18-19
　　創造と神　18-20, 22-24, 29, 30-33
　　疎外と神　92-95
　　実在と神　17-21, 23, 25-26, 28, 29-30, 33, 584
　　魂と神　27-28
　　抽象としての神　96-97
　　統一としての神　29-30, 453-54
　　悲劇的な世界観と神　1051, 1052-53
　　ブロッホ説における神　1126, 1137-38, 1139
　　歴史的な神　22
『神の名について』（エリウゲナ）　22
カミュ、アルベール（1913-1960 フランスの小説家、劇作家、哲学者）　1158
カメンカ、ユージン（1928-1994 オーストラリアの哲学者、社会思想家）　1182
カリーエフ、ニコライ　イワノビッチ（1850-1931 ロシアの歴史家、哲学者）　527, 626
カリーニン、ミハイル（1875-1946 ロシアの革命家、ソビエト連邦の政治家。オールド・ボリシェビキ）　817
ガリシア、ルチアーノ（メキシコ・トロツキストの指導者）　947
ガリバルディ、ジュセッペ（1807-1882 イタリア統一運動 を推進し、イタリア王国成立に貢献した軍事家）　496
ガリレオ、ガリレイ（1564-1642 イタリアの自然科学者、天文学者、数学者）　258, 893, 894
ガルヴィッツ、ヤン（1921-2002 ポーランドの哲学と思想の歴史家）　72
カルドゥッチ、ジョズエ（1835-1907 イタリアの詩人、教師、古典文学者）　981
カルバン、ジャン（1509-1564 フランス出身の神学者。マルティン・ルターやフルドリッヒ・ツヴィングリと並び評されるキリスト教宗教改革初期の指導者）　7, 393
カルビニズム　584

vii

カルベス，ジャン＝イヴ（1927-2010 フランスのイエズス会の司祭、哲学者、経済学者、マルクス主義の専門家、社会哲学者） 216, 1132

カレツキ、ミハウ（1899-1970 ポーランドの経済学者）413, 1159

『彼らの道徳と我らの道徳』（トロツキー） 943, 946

カロッチ、アルベルト（1904-1972 イタリアの作家、ジャーナリスト） 1027

ガロディ、ロジェ（1913-2012 フランスの哲学者 共産主義の作家） 928, 1173-74

『感覚世界の実在について』（ジョレス） 449, 451

カングルガ、ミラン（1923-2008 クロアチアとユーゴスラビアの哲学者） 1169

感情の理論 498, 499

ガンス、エドゥアルト（1797-1839 ドイツの法学者、法哲学者） 80

カント、イマヌエル（1724-1804 プロイセン（ドイツ）の哲学者） 10, 36, 38, 45, 54, 57, 58, 66, 69, 70, 97, 110, 312, 313, 322, 330, 382, 392-93, 447, 461-62, 498, 500, 501, 529, 537, 538, 569-73, 656, 659, 698, 706, 716, 841, 908, 974, 981, 1051, 1063, 1073, 1106, 1126
 エンゲルスのカント批判 333, 557-58
 オーストリア・マルクス主義者とカント 549-53
 カウツキーのカント批判 385-86
 カントの先験的概念 565-66
 カントの定言命法 385-86, 557-58, 577, 1106
 カントの道徳哲学 557-59, 1106
 カントの二元論 48, 111-12, 341, 457, 1003
 カント批判 720-21
 フォルレンダーとカント 556-57
 マルクスのカント批判 85-86, 557-58

カント主義 578, 635, 1125
 オーストリア・マルクス主義とカント主義 519-53
 カント主義の復活 552-53
 ダーウィン主義者のカント主義への反対論 558
 マルクス主義におけるカント主義 555-60
 倫理的社会主義とマルクス主義 553-55

『カントと社会主義』（フォルレンダー） 556

『カントとマルクス』（フォルレンダー） 556

『カントの認識批判の社会学』（アドラー） 561, 584

カントロウィッツ、アルフレッド（1899-1979 ドイツの弁護士、作家） 1164

観念論 44

『観念論の諸問題』 654, 693-94, 703

漢の武帝 1197-98

カンパネラ、トマソ（1568-1639 ルネサンス時代のイタリアの聖職者でルネサンス時代の代表的な哲学者）151-52

官僚制 103, 295, 423, 445, 767, 800, 805, 815, 820, 935-36, 937, 949, 985, 1155
 階級と官僚制 914-20
 スターリン崇拝と官僚制 906-8, 914-15
 スターリンの官僚制 906-8, 914-15
 ソビエトの官僚制 940-42.958, 1119
 トロツキーの官僚制の見方 918-19, 940-42
 民主政と官僚制 581-82
 レーニンの官僚制反対論 747-48

キーロフ、セルゲイ（1886-1934 ソビエト連邦の革命家、政治家。レニングラード・ソビエトの議長） 851

キェルケゴール、セーレン（1813-1855 デンマークの哲学者、思想家） 992, 993, 1014, 1062, 1065, 1082, 1171

機械論者、弁証法論者 機械論者対弁証論者の論争を見よ

キケロ（前 106-43 共和政ローマ末期の政治家 弁護士、文筆家、哲学者） 84

棄権主義方針 965-67

『記号論理学の基礎』（ヒルベルト及びアッケルマン）890

『岸辺なきレアリスム』（ガロディ） 1174

義人同盟（共産主義者同盟） 186-87, 190-92, 248

ギゾー、フランソワ（1787-1874 フランスの政治家、歴史家、七月王政期の最後の首相） 627, 633

偽ディオニュシオス（5-6 世紀ごろのシリアの神学者とされる） 22

『既得権の体系』（ラッサール） 196

ギピウス、ジナイダ（1869-1945 ロシアの象徴主義）634, 692

『希望の原理』（ブロッホ） 1127, 1129, 1136, 1141-43

ギャリフェ、ガストン・ド（1831-1909 パリ・コミューンに対する残忍な取り締まりを主導したことで知られる騎兵将校、後に陸軍大臣） 373

キュヴィリエ、アルマン（1887-1973 フランスの哲学教授およびジャーナリスト） 878

究極の大義という教説 437

救済 17

キュービズム 634

ギュスターヴ・エルヴェ（1871-1944 フランスの政治家）375, 376, 732

キュルペ、オズワルド（1862-1915 19 世紀後半から 20 世紀初頭にかけて活躍したドイツの構造心理学者）1125

教育 47, 79, 152, 179, 358, 363, 460, 465, 833, 916, 926
 エゴイズムと教育 135-38
 オウエンの教説における教育 160-61
 家族の紐帯と教育 830-31
 集団主義教育 830-31
 ネップ時代の教育 825-27, 830-31
 ファシストの教育 1107
 フーリエの教説における教育 165
 プロレタリアートの独裁と教育 756
 毛沢東主義の教育 1197

『境界標』 654

教皇ピオ十世（1835-1914 カトリック教会の長） 981

教皇ヨハネ 12 世 28

共産主義アカデミー 827, 828, 840, 844, 846

『共産主義』誌 994

共産主義者同盟 186-87, 190-93, 248

共産主義者連盟中央委員会での演説 437

『共産主義の ABC』（ブハーリンとプレオブラジェンスキーの共著） 810

『共産主義の原理』（エンゲルス） 187

共産党宣言（マルクス） 93, 186-91, 192, 219, 237, 240, 437, 442, 460, 498, 615
 共産党宣言における科学的社会主義 190-91
 共産党宣言における共産主義 188-89
 共産党宣言における社会主義 189-90
 共産党宣言における前衛像 667
 共産党宣言における批判への対応 188-89
 共産党宣言におけるブルジョアジー 187-88
 共産党宣言におけるプロレタリアート 187-88
 共産党宣言の構成 187

共産党の宣言　共産党宣言を見よ
「共産党のボルシェビキ化にとっての［レーニン］『唯物
　　論と経験批判論』の意義」(ルカーチ)　1009
教条主義　43-44, 94, 122-23
共存政策　1191
恐怖政治　390
ギヨーム、ジェームズ (1844-1916 第一インターナショ
　　ナルのアナキスト部門であるジュラ連合の主要メンバ
　　ー)　209
虚偽意識　143-45, 147, 583, 974, 1006, 1007, 1115-16,
　　1123
　　商品物神化と虚偽意識　226-27
　　『ドイツイデオロギー』における虚偽意識　143-45
キリスト教　7, 10, 54, 70, 78, 134, 156, 301, 303, 306,
　　330, 339, 385, 392-93, 454, 455, 465, 470, 476, 477, 485,
　　490, 555, 654, 661, 831, 916, 972, 979, 1147, 1177, 1180
　　悪の問題とキリスト教　20-21
　　ヴァイトリングの教説におけるキリスト教　174
　　エリウゲナとキリスト教の神統記　21-27
　　カベーの教説におけるキリスト教　175
　　キリスト教におけるエゴイズム　135-36
　　キリスト教の原罪説　72, 180
　　キリスト教の宗教的疎外　74-75
　　行動の哲学とキリスト教　71-73
　　史的唯物論とキリスト教　281-82
　　シュトラウスのキリスト教批判　70-71
　　正統キリスト教　603
　　絶対者の進化とキリスト教　26-27
　　ブジョゾフスキーのキリスト教への改宗　535-36,
　　　547-48
　　プラトンの思想とキリスト教　15, 17-19
　　ヘーゲル主義とキリスト教　70-74, 90-91
キリスト教社会党 (オーストリア)　562
『キリスト教の成立』(カウツキー)『キリスト教の起源
　　──歴史的研究』として邦訳　381
『キリスト教の成立』(カウツキー)　381
『キリスト教の本質』(フォイエルバッハ)　89, 94-97
ギルド制度　247
キルヒホフ、グスタフ (1824-1887 プロイセン生まれの
　　物理学者)　309
キレエフスキー、イワン (1806-1856 ロシアの文芸評論
　　家、哲学者)　604
銀行　596-97, 599
キンダーズリー、リチャード (オックスフォード大学セ
　　ント・アントニーズ・カレッジのフェロー)　647
近代ギリシア　871-82
『近代社会主義の先駆者たち』(カウツキー)　381
『金融資本論』(ヒルファーディング)　552, 563, 595,
　　749
「勤労グループ」(トルドビキ)　690
空間　704, 709, 721
　　時間と空間　312-13
　　物質と空間　312-13
　　マルクスの教説における空間　893-94, 896
クーゲルマン、ルートヴィヒ (1828-1902 ドイツの婦人
　　科医、社会民主主義思想家・活動家。マルクスとエン
　　ゲルスの親友)　278
偶然　15, 33-34, 139, 330, 458, 483, 522, 528
　　個性と偶然　140, 331
　　個別的存在の偶然　33
　　存在と偶然　12

魂と偶然　16
　　人間存在の偶然　12, 16, 26, 28-29, 42-43, 48,
　　　330-31
　　ヒュームにおける偶然　37-3
　　プラトン的伝統における偶然　12
　　用語としての偶然　12
クザーヌス、ニコラス　クサのニコラスを見よ
クスコワ、E. D. (1869-1958 ロシア帝国の経済学者、ジ
　　ャーナリスト)　636, 659, 666
クセノフォン　499
『具体的なものの弁証法』(コシーク)　1163
クチャルゼフスキー、ヤン (1876-1952 ポーランドの歴
　　史家、弁護士、政治家。1917 年から 1918 年まで首相)
　　915
グツコー、カール (1811-1878 ドイツの著作家。三月前
　　期 (Vormärz) における作家グループ「青年ドイツ」
　　の中心作家)　70
クトゥーゾフ、ミハイル (1745-1813 帝政ロシア時代の
　　軍人)　882
クノー、ハインリッヒ (1862-1936 ドイツの経済史家、
　　政治家)　356, 402, 524, 565, 836
グノーシス主義　20
クラーク (20 世紀前半のロシア帝国やソビエト連邦国
　　内における自営農家の総称)　812-16, 818-19, 834,
　　941, 949
クライェフスキ、ウワディスワフ (1919-2006 科学哲学
　　を扱うユダヤ人出身のポーランドの哲学者)　925
クライン、ジョージ・ルイス (1921- ロシア宗教史研究
　　者)　713
クラウゼヴィッツ、カール・フォン (1780-1831 プロイ
　　セン王国 の 軍人、軍事学者)　753, 1037
グラツィアデイ、アントニオ (1872-1953 イタリアの学
　　者、政治家、イタリア共産党の共同創設者の 1 人)
　　994-95
クラフト=エビング、リチャード・フォン (1840-1902
　　ドイツの精神科医)　520
グラムシ、アントニオ (1891-1937 イタリアのマルクス
　　主義思想家。イタリア共産党創設者の一人)　475,
　　480, 497, 509, 510, 537, 546, 837, 932, 963-88, 1158,
　　1169, 1175
　　意識の見方　974-76, 986-87
　　革命観　982-83, 987-88
　　カトリック教批判　980-81
　　共産主義観　986-88
　　グラムシの教説とレーニンの教説の比較　986-88
　　グラムシの評価　986-88
　　グラムシのレーニン主義　963-64
　　クローチェの影響　964-65, 971, 981
　　経済主義の批判　972-76
　　芸術観　979-80
　　実践の哲学　970-73, 975, 986
　　社会科学批判　987-88
　　社会的組織の見方　982-86
　　真理観　969-71
　　相対主義　969-71
　　その死　969
　　その歴史主義　969-72
　　逮捕と投獄　968-69
　　著作　963-64, 969
　　党の役割の考え方　982-83, 987
　　背景と経歴　964-69

ix

ブハーリン批判　970-71
文化的ヘゲモニーの概念　980-81
唯物論批判　976-78
用語としての「知識人」とグラムシ　979-80
労働者評議会擁護論　966-67, 983-84, 985, 987
クリベンコ、V. S.（1847-1906 ロシアのポピュリスト）　644
クリミア戦争　425, 607
グリュン、カール（1817-1887 ドイツのジャーナリスト、哲学者、政治理論家、社会主義政治家）　93, 189
グリュンベルク、カール（1861-1940 法と歴史に関するドイツのマルクス主義哲学者。フランクフルト社会研究所初代所長）　1061-62
グリッチ、D.（1923-1984 ユーゴスラヴィアの哲学者）　1169
グリンカ、ミハイル（1804-1857 ロシアの作曲家。ロシア国外で広い名声を勝ち得た作曲家の一人。「近代ロシア音楽の父」と呼ばれた）　886
クリンガー、ヴィトルド（1875-1962 ポーランドの古典文献学者、民族学者）　547
クループスカヤ、ナデジダ（1869-1939 ソビエト連邦の政治家、教育家）　1023
グルジア　428, 678, 749, 799, 960
クルジヴィツキ、ルドヴィク（1859-1941 ポーランドのマルクス主義の人類学者、経済学者、社会学者）　356, 368, 511-22, 523, 878, 924
クルジヴィツキによって批判された生物学的社会理論　514-15
クルジヴィツキの背景と経歴　512-14
史的唯物論のクルジヴィツキの見方　517-22
社会主義のクルジヴィツキの見方　515-17
クルジジャノフスキィ、G. M.（1872-1959.3.31 ソ連の政治家）　643
クルシンスキ、スタニスワフ（1857-1886 ポーランドの経済学者）　513
クルスキー、D. I.（1874-1932 ソビエト連邦の法学者、政治家）　762
グレイ、ジョン（オウエンの追随者）　162
クレスチンスキー、ニコライ（1883-1938 ソ連共産党政治局員。大粛清で処刑）　851
「クレド」（クスコヴァ及びプロコポビッチ）　659
クレマンソー、ジョルジュ（1841-1929 フランスの政治家。急進社会党の代議士、首相）　746
クレメル（1806-1875 ポーランドの美術史家、哲学者）　531
黒い割替派　619, 621
クローチェ、ベネデット（1866-1952 イタリアの哲学者、政治家）　216, 356, 366, 480, 498, 499, 508, 527, 629, 1015
クローチェのグラムシへの影響　964-65, 971, 981
『グロス』（ポーランドの雑誌）　517
グロスマン、ヴァシリー（1905-1964 ソビエトの作家、ジャーナリスト）　819
グロスマン、ヘンリク（1881-1950 ポーランドとドイツの両方で活躍したポーランドの経済学者　歴史家　マルクス主義者）1062
グロティウス、フーゴー（1583-1645 オランダ の 法学者）　1141
クロプシュトック、フリードリヒ（1724-1803 ドイツの詩人）　400
クロポトキン、ピョートル（1842-1921 ロシアの革命家、無政府主義者）　172, 369-70, 447
クロムウェル、オリバー（1599-1658 イングランドの政治家、軍人）　279, 300
クロン、ジャセク（1934-2004 ポーランド人民共和国の反対派の民主主義指導者の１人）　1161
クロンシュタットの反乱　746-47, 771, 943
クロンスキー、タデウシュ（1907-1958 ポーランドの哲学者、哲学史家）　925
クン、ベーラ（1886-1938 ハンガリーの共産主義者、政治家）　853, 891, 993, 995
軍国主義　406, 411, 416
君主制　165
ケアリ、W.　194（バスティアを参照）
『経営革命』（バーナム）　919
『経験一元論』（ボグダーノフ）　703, 714
経験批判論　695-702, 713, 994
科学主義　701-3
経験批判論における存在　698-99
調節原理と経験批判論　697-700
「取り入れ」（introjection）の過程と経験批判論　696-97, 699-700
ボグダーノフの経験一元論と経験批判論　704-9
レーニンの経験批判論の非難　714-23
『経験批判論』（レーニン）　714, 833, 836
経験論　124, 258, 322-24, 334, 550, 1045, 1051, 1053
エンゲルスの経験観　322-24
自然の秩序と経験論　37-38
批判理論における経験論　1064-65
ブロッホの経験説　1131-32, 1133
マルクーゼ説における経験論　1106, 1108, 1116
ルカーチの経験批判　998-1001, 1011
「傾向か党派性か」（ルカーチ）　996, 1022-23
『経済学および課税の原理』（リカード）　220
『経済学と価格』（ストルーヴェ）　775
『経済学入門』（ルクセンブルク）　406
『経済学批判』（マルクス）　275
『経済学批判要綱』（マルクス）　8, 194-95, 206, 212, 215, 218, 219, 237, 261, 270, 271, 287, 357, 566, 998, 1174
『経済決定論―カール・マルクスの歴史の方法』（ラファルグ）　469
経済主義　654, 655, 664, 671, 772, 1001
グラムシの経済主義批判　972-76
プレハーノフの経済主義への反対　635-36
レーニンの経済主義への反対　655, 659-60, 664-66, 670, 873
『経済的諸矛盾の体系または貧困の哲学』（プルードン）　167
『経済的唯物論』（ケレス－クラウス）　523
「経済的唯物論の結果としての遡及的革命の法則」（ケレス＝クラウス）　523
「経済的ロマン主義の特徴づけによせて」（レーニン）　657
形式論理学　889-90, 911, 1113, 1116, 1121, 1164
弁証法論者対機械論者の論争における形式論理学　843-44, 846
芸術　57, 218, 460, 520, 534, 540, 628, 663, 834, 835, 945, 1044, 1056, 1073, 1103, 1115, 1116, 1142, 1163, 1166, 1198
アヴァン・ギャルド芸術　1021-23, 1030, 1090
グラムシの芸術観　530-31

●サ行

共産主義と分業の廃棄　131-32
共産主義の新しい階級構造　917-18
共産主義の形態　115-16
共産主義の批判　188-89
共産党宣言における共産主義　188-89
虚偽意識と共産主義　144
グラムシの共産主義　986-88
原始共産主義　471-74, 517, 526-27, 607, 705, 1200
個性と共産主義　133-34, 139, 148, 189
サルトルの共産主義の見方　1171-72
死の問題と共産主義　1137
専制的な共産主義　342-44
疎外の超克としての共産主義　147-48
中国の共産主義　342-43, 1184, 1187-89, 1200-1201
道徳と共産主義　768-69
トカチェフの共産主義　616-17
人間の解放と共産主義　142-43
ネップ時代における共産主義　825-26
福音共産主義　174
プルードンの教説における共産主義　170-71, 173
ヘーゲル主義と共産主義　69, 89-90
ヘスの共産主義　89-93
マルクーゼの共産主義への態度　1118
マルクス主義と共産主義　5-6
マルクスの共産主義の予言　341-42
マルクスの社会主義プログラムと共産主義　197-8
マルクス・バクーニンの対立と共産主義　208-10
ユートピア社会主義と共産主義　180
倫理と共産主義　1039
歴史の動向としての共産主義　121-22
コミュニティ（共同体）
　教説　604-5
　個人とコミュニティ　138-41
コミンテルン（共産主義インターナショナル）　368,
　741, 752, 774, 793, 794, 806, 807, 817, 829, 853, 871-80,
　934-35, 937, 941, 951, 960, 962, 965, 967, 968-69, 995,
　996, 1034, 1185
　第3インターナショナルも見よ
コミンフォルム（共産党・労働者党情報局）　921-22,
　924
ゴムウカ、ヴワディスワフ（1905-1982　1956年から70
　年、ポーランド統一労働者党第1書記）　923, 1151
コムソモール大会（1920年）　768-69
コルシュ、カール（1886-1961　ドイツの哲学者、マルク
　ス主義理論家）　868, 877, 913, 995, 1060, 1062, 1072,
　1182, 1183
　コルシュが見たマルクス主義の相　1039-40
　コルシュによって定義されたマルクス主義
　　1039-40
　コルシュによって批判されたカウツキー　1034-35,
　　1038, 1041-43
　コルシュによって批判されたレーニン主義
　　1043-44
　コルシュの真理観　1038
　コルシュの背景　1033-34
　コルシュの弁証法的唯物論の見方　1037-38
　理論と実践に関するコルシュの説　1035-38
コルチャーク、アレクサンドル（1874-1920　ロシア帝国
　の軍人、政治家、白衛軍の総司令官）　742
ゴルドマン、リュシアン（1913-1970　ユダヤ系ルーマニ
　ア出自のフランスの哲学者、社会学者）　991, 998,

1046-59
　政治的見解　1055-56
　潜在的意識説　1048, 1056-57
　著作　1046-47
　背景　1046-47
　発生的構造主義理論　1046-50, 1058
　美学　1054-55
　悲劇的世界観　1051-54
　ルカーチの影響　1054-55
コルニーロフ、ラヴル（1870-1918　ロシアの諜報機関の
　将校）　736
コルニュ、オーギュスト（1888-1981　フランス出身のマ
　ルクス主義の哲学者、歴史家）　72, 929, 1183
コルネイユ、トーマス（1625-1709　フランスの法学者、
　劇作家）　1051
コルネリアス、ハンス（1863-1947　ドイツの実証主義哲
　学者）　1062
コレッティ、ルシオ（1924-2001　イタリアのマルクス主
　義哲学者）　333, 1182
『コロコル』（鐘　ゲルツェンとオガリョフが1857年か
　ら65年にロンドンで、1865年から67年にジュネー
　ブで発行したロシア初の検閲のない週刊紙）　606
『ゴロブリョフ家の人々』（サルトェイコフ・シチェドリ
　ン）　734
コロンタイ、アレクサンドラ（1872-1952　ロシアの革命
　家、労働者反対派、外交官）　746, 803, 830
コワリク、タデウシュ（1926-2012　ポーランドの経済学
　者）　1159
コン、フェリクス（1864-1941　ポーランドの共産主義活
　動家、政治家、民族誌学者）　532
コングドン、L.（1939-　アメリカの作家、歴史学者）
　992, 993
コンゴ　1204
コンシデラン、ヴィクトル（1808-1893　フランスの社会
　主義者）　163, 167
コンスタンチノフ、F. V.（1901-1991　ソ連のマルクス・
　レーニン主義の哲学者）　891
コンディヤック、エティエンヌ・ド（1714-1780　フラン
　スの哲学者、聖職者）　126, 128, 228, 469
コント、オーギュスト（1798-1857　フランスの社会学者、
　哲学者、数学者）　10, 154-55, 314, 327, 340, 447,
　525, 567, 713, 899, 1107-8
コンドルセ侯爵（1743-1794　18世紀フランスの数学者、
　哲学者、政治家）　481
『今日のフランスの社会主義と共産主義』（シュタイン）
　101
コンブロヴィッチ、ヴィトルト（1904-1969　ポーランド
　の作家、劇作家）　1055, 1073

最高経済会議　822-23
再生の理念　477, 485, 526
再洗礼主義　173, 1140
サイバネティクス　899-900
サヴィニー、フリードリヒ・カール・フォン（1779-1861
　ドイツのローマ法学者。近代私法（民法・国際私法）
　の基礎を築いた）　80-82, 196, 482
搾取の定義　273-74
ザスラフスキー、デヴィッド（1880-1965　ソビエトのジ
　ャーナリスト、文芸評論家）　854
ザスリッチ、ヴェラ（1849-1919　ロシアの社会主義活動

xiii

家、メンシェビキの作家）　615, 616, 621, 622, 660, 687
『砂漠を越えて』（ブロッホ）　1126-27
サボー、エルヴィン（1877-1918 ハンガリーの社会科学者、アナルコサンディカリストの革命家）　990
サマリン、ユーリ（1819-1876 ロシアの スラブ派思想家）　604
ザミャチン、エフゲニー（1884-1937 ソ連の反体制の小説家、ジャーナリスト）　825
『左翼共産主義　子どもじみた病』（レーニン）　759-60, 774-75, 872
左翼反対派　インターナショナル左翼反対派を見よ
『ザリア（夜明け）』誌　694
サリバン、ハリー（1892-1949 アメリカの精神科医）　1091
サルティコフ・シチェドリン、ミハイル（1826-1889 ロシアの風刺作家）　734, 861
サルデーニャ　964
サルトル、ジャン＝ポール（1905-1980 フランスの実存主義の哲学者、小説家、劇作家）　38, 929-30, 1158
　サルトルのイデオロギー　929-30
　サルトルの共産主義　1170-72
サロート、ナタリー（1900-1999 フランスの小説家、劇作家）　1055
サン・シモン教説の解説』（アンファンタン及びバザード）　156
サン＝シモン伯爵　クロード・アンリ・ド（1760-1825 フランスの社会主義思想家）　73, 80, 151, 166, 177, 178, 182, 190, 292, 340, 447, 455.459, 615
　サン・シモンの社会主義教説　154-58
産業革命　150
参政権　162, 198, 359, 363, 367, 423, 445, 460, 579, 740, 755, 757, 945
三段論法の型　40-41
サンディカリスト　172, 465, 476, 479-80, 526, 542, 767, 1040
　革命とサンディカリスト　488-90
　ソレルとサンディカリスト　485-87
　第2インターナショナルとサンディカリスト　361-62, 365, 371
サンド、ジョルジュ（1804-1876 フランスの作家、初期のフェミニスト）　158, 379-80
サンバ、マルセル（1862-1922 フランスの社会主義政治家）　376
ジーンズ、ジェームズ（1877-1946 イギリスの物理学者、天文学者、数学者）　893
『四運動及び一般的運命の理論』（フーリエ）　163
シェイエス、エマニュエル・ジョセフ（1748-1836 フランスのローマカトリック教会の修道院長、聖職者、政治家、フランス革命の主要な政治理論家）　172
シェイクスピア、ウィリアム（1564-1616 イングランドの劇作家、詩人）　225, 337, 609, 633, 879
ジェームズ、ウィリアム（1842-1910 アメリカ合衆国の哲学者、心理学者。パースやデューイと並ぶプラグマティストの代表）　540, 692
シェーンベルク、アルノルト（1874-1951 オーストリアの作曲家、指揮者）　1090
『ジェノバの住民への手紙』（サン・シモン）　154
ジェリャボフ、A. I.（1851-1881 ロシアの革命家、ナロドナヤヴォルヤの執行委員）　619
シェリング、フリードリッヒ・フォン（1775-1854 ドイツの 哲学者）　48, 97, 119, 165, 552, 1014, 1107-8
シュルーギン、ヴィクトル M.　825
ジェルジンスキー、フェリックス（1877-1926　ソビエト連邦の政治家、チェーカの創設者）　678, 745, 749
ジェロムスキ、ステファン（1864-1925 ポーランドの小説家、劇作家）　531
シェンキェーヴィチ（1846-1916 ポーランドの小説家、ノーベル文学賞受賞者）　531
ジェンティーレ、ジョヴァンニ（1875-1944 イタリアの哲学者、教育学者、政治家）　356, 1109
時間　19, 704, 705, 709, 721
　空間と時間　312-13
　実存主義における時間　929-30
　実在と時間　13-17
　存在と時間　13-15
　物質と時間　312-13
　マルクス主義理論における時間　893, 896
　労働の哲学と時間　539-40
シク、オタ（1919-2004 チェコの経済学者、政治家、新経済モデル（経済自由化計画）の立役者、プラハの春の重要人物の１人）　1163
ジグモン・クンフィ（1879-1929 ハンガリーの政治家、文学史家、ジャーナリスト）　993-94
史劇『フランツ・フォン・ジッキンゲン』（ラッサール）　196
自決原理　375-36, 427-28, 587, 676　民族問題も見よ
「自決に関する討論の総括」（レーニン）　751
自己意識　75, 76, 77, 84-85, 95, 100, 124, 130, 133, 134, 331, 484, 569
　自己意識の消極性　73-77
　疎外された自己意識　112
『思考と言語』（Mysl i slovo）　824
自己疎外の理論　142
事故偏差理論　84
『静かなるドン』（ショーロフ）　1022
シスモンディ、ジャン・ド（1773-1842 スイスの歴史家、フランスとイタリアの歴史に関する著作と経済思想で最もよく知られる政治経済学者）　189, 338, 439, 610, 657
自然　34, 85, 90, 164, 339, 458, 467, 535, 557, 572, 576, 707, 726, 977, 986
　因果関係と自然　315-17
　エンゲルスの自然観　314-15
　カウツキーの自然観　382-86
　神と自然　35-36
　偶然と自然　315-17
　経験としての自然　704
　自然における普遍性　323
　自然における変化の形態　314-15
　自然における弁証法　191, 317-18, 327-28, 333
　自然における矛盾　320-21
　自然における量と質　319-20
　自然の概念　514-15
　自然の可変性　313-14
　自然への科学的アプローチ　308-9, 311, 314
　自由と自然　58, 59-60
　精神と自然　310
　知識と自然　325
　人間と自然　96, 110-14, 143-44, 147, 210, 218-19, 276-77, 284, 313, 325, 329, 455, 520, 583-84, 705, 835,

ポスト・スターリン主義の修正主義　1153-67
ルクセンブルクの修正主義反対論　404, 415-20
レーニンの修正主義の見方　445
「住宅問題」（エンゲルス）　248
集中キャンプ（強制収容所）　819, 850, 853, 884, 1148, 1197, 1203, 1213
「自由な芸術か統制された芸術か」（ルカーチ）　1030
『自由の原理』（ガロディ）　928
『収容所群島』（ソルジェニーツィン）　1024
ジュール、ジェームズ（1818-1889 イギリスの物理学者。ジュールの法則を発見）　313
ジュガシヴィリ、ヴィッサリオン（スターリン）　796
シュタール、フリードリッヒ（1802-1861 ドイツの政治哲学者）　1107-8
シュタイン、ローレンツ・フォン（1815-1890 ドイツの法学者、思想家）　101, 565
シュタウディンガー、フランツ（1849-1921 ドイツの高校教師、哲学者）　558
シュタムラー、ルドルフ（1856-1938 ドイツの法哲学者）　563-64, 565, 631, 649, 650, 716, 833, 834
シュタルケンブルグ、H.　288
出版の自由　99-100, 761-62, 764, 1141
シュティルナー、マックス（1806-1856 ドイツのヘーゲル後の哲学者）　99, 126, 128, 205, 330, 370, 615, 692, 1082
シュティルナーのエゴイズム哲学　134-38
マルクスのシュティルナー批判　138-41
シュトゥカ、ペテリス（1865-1932 ラトビアの法学者、ソ連最高裁判所初代議長）　829
『シュトウットガルト・モルゲンブラット』誌　119
シュトラウス、デヴィッド（1808-1874 ドイツのリベラルなプロテスタントの神学者、作家）　70-71, 119, 128
『ジュニアスのパンフレット』　406
ジュネ、ジャン（1910-1986 フランスの小説家、詩人、エッセイスト、劇作家、政治活動家）　1055
シュミット、O. Y.（1891-1956 ソビエトの科学者、数学者、天文学者、地球物理学者）　896
シュミット、アルフレッド（1931-2012 ドイツの哲学者）　1063, 1102
シュミット、コンラート（1863-1932 ドイツの経済学者、哲学者、ジャーナリスト）　267, 416, 435, 558-59, 629, 775
シュライアマハー、フリードリヒ（1768-1834 ドイツの敬虔主義神学者、哲学者、文献学者）　75, 93, 119
シュラム、スチュアート（1924-2012 現代中国政治の研究を専門と するアメリカの物理学者、政治学者、中国学者）　1190
シュリアプニコフ、アレクサンダー（1885-1937 ロシア・ソ連の共産主義革命家、金属労働者、労働組合の指導者）　746, 803
シュルツェ＝ガベルニッツ、ゲルハルト・フォン（1864-1943 ドイツの経済学者）　435
シュルツェ＝デーリチュ、ヘルマン（1808-1883 ドイツの経済学者。世界初の信用協同組合を設立した）　196
シュルレアリスム　1021, 1135
シュレーゲル、アウグスト・フォン（1767-1845 ドイツの文学者、翻訳家、文献学者、評論家）　80
シュレーディンガー、エルヴィン（1887-1961 ノーベル賞を受賞したオーストリアの物理学者）　893
シュワン、テオドール（1810-1882 フランス第一帝政（現：ドイツ）ノイス出身の生理学者、動物学者。動物における「細胞説」の提唱者として著名）　308
『純粋理性批判』（カント）　38
ジョイス、ジェイムズ（1882-1941 20 世紀の最も重要な作家の 1 人と評価されるアイルランド出身の小説家）　1021, 1073
蒋介石（1887-1975 中華民国の政治家、軍人。第 3 代・第 5 代国民政府主席）　793, 794, 875, 1185, 1197
使用価値　216-17, 220, 223-24, 229, 234, 246-47, 252, 255, 261, 270-71, 438, 590, 591
『正気の社会』（フロム）　1091
『小教程』 ソビエト連邦共産党史を見よ
『小共和国』（ジョレス）　451
『証拠』（ジョレス）　450
『小説社会学』（ゴルドマン）　1047
『小説の理論』（ルカーチ）　992
城内平和　406
『承認の原理』（ブジョゾフスキ）　532
小農　611, 849, 851, 914, 968
ネップと小農　814, 816, 818, 820, 822
ポピュリズムと小農　611, 613
ボルシェビキと小農　636-68
毛沢東主義者の小農崇拝　1197-98
レーニンと小農論争　730-31
商品物神化　86, 93, 142, 226-30, 261, 571, 828, 1006, 1083, 1085, 1086, 1089
虚偽意識と商品物神化　226-27
疎外と商品物神化　227
上部構造　343, 414, 456, 575, 971, 1176, 1199, 1201, 1204
階級と上部構造　293
史的唯物論と上部構造　277-80, 282-83, 288-89, 293, 298-301
上部構造の破壊　296
生産様式と上部構造　279-80, 282-83
土台と上部構造　298-99, 359, 392, 506, 518, 525-26, 630, 835, 838, 866, 870, 901, 971-72, 1001, 1044, 1064, 1099, 1163, 1175
剰余価値　184, 212, 216, 223, 228, 233, 239-40, 245, 265, 273, 290, 339, 438, 591, 592, 657, 813, 849, 918
資本主義と剰余価値　229-30
剰余価値の配分　241-4
絶対的剰余価値と相対的剰余価値　230
蓄積理論と剰余価値　407-9, 410, 412-13
『剰余価値論』（マルクス）　211, 356-57
剰余労働　291, 293
ショー、バーナード（1856-1950 アイルランド出身の文学者、脚本家劇作家、評論家）　1021
ショーペンハウアー、アルトゥール（1788-1860 ドイツの哲学者）　284, 501, 1014
ショーレム、ガーショム（1897-1982 ドイツ生まれのイスラエルの哲学者、歴史家）　1066, 1068
ショーロホフ、ミハイル（1905-1984 ソビエト・ロシアの小説家、1965 年のノーベル文学賞受賞者）　825, 1022
『書簡集』（プラトン）　16
『諸国民の富』（スミス）　126
ショスタコーヴィチ、ドミトリー（1906-1975 ソビエト・ロシアの作曲家、ピアニスト）　887
女性　166, 172

1163-64
プラクシス・グループとスターリン主義後の修正主義　1169-70
フランスにおけるスターリン主義後の修正主義　1170-77
ペティーフ・サークルとスターリン主義後の修正主義　1159
ポーランドのスターリン主義後の修正主義　1149-50, 1150, 1155, 1159-62, 1163
マルクス主義の伝統とスターリン主義後の修正主義　1156-58, 1160-62, 1166-67
民主主義化とスターリン主義後の修正主義　1154-55
スタワール、アンジェイ（1900-1961 ポーランドのマルクス主義者）　543
ステトロフ（I. M. Stetlov）　857
ステパニヤン、S. A.　891
ステン、Y. E.　844, 845, 847
ストア派　49, 54, 61, 82, 85, 176-77, 316, 317
ストア派のゼノン　470
ストヤノヴィッチ、S.（1931-2010 セルビアの哲学者、政治理論家）　1169
ストラヴィンスキー、イーゴリ（1882-1971 ロシアの作曲家）　1090
ストラトン（？-前 270 古代ギリシアの哲学者）　1138
ストリンドベリ、アウグスト（1849-1912 スウェーデンの劇作家、小説家）　991
ストルイピン、ピョートル（1862-1911 ロシア帝国の第 3 代首相）　730
ストルーヴェ、ピョートル（1870-1944 ロシアの経済学者、哲学者）　267, 356, 410, 611, 618, 641, 643, 646, 675, 693-94, 716, 745, 774, 775-76, 946
合法マルクス主義とストルーヴェ　646-55
ストルーヴェの革命観　650-51
ストルーヴェの教説　649-52
ストルーヴェの背景と経歴　647-50
レーニンとストルーヴェ　655-56, 659
ストレイチー、ジョン（1901-1963 イギリスの労働党の政治家、作家）　879
ストロゴビッチ、ミハイル（1894-1984 ソ連邦の法律家）　890
ズナニエツキ、フロリアン（1882-1958 ポーランドと米国で教え、執筆したポーランドの哲学者、社会学者）　1008
スノー、エドガー（1905-1972 アメリカのジャーナリスト）　1194-95, 1202, 1204-5
ズバトフ、セルゲイ（1864-1917 ロシアの有名な警察管理者）　688
スパベンタ、ベルトランド（1817-1883 19 世紀イタリアの哲学者）　498
スパルタクス　337, 402
ズビクニエフ・A. ヨルダン（-1978 ポーランドの哲学者）　216, 332, 1182
スピノザ、バールーフ（1632-1677 オランダの哲学者、デカルトやライプニッツと並ぶ 17 世紀の近世合理主義哲学者）　89, 90, 91, 95, 315, 316, 317, 333, 453, 454, 498, 841, 844, 867, 909, 911
スピノザの情動の理論　498-99
スプリンガー、ルドルフ　レンナー・カールを見よ
スペイン　202, 203, 211, 254, 355, 358, 371, 394, 486, 876, 879, 950, 1181
スペイン内乱戦争　794, 877, 950
スペク、R.（1913-1993 クロアチアの社会学者、哲学者）　1169
『すべての真理』（ガロディ）　1174
スペンサー、ハーバート（1820-1903 英国の哲学者、社会ダーウィニズムの仮説で有名）　308, 383, 512, 513, 514, 529, 532, 533, 539, 557, 609, 614, 692, 700
スミス、アダム（1723-1790 イギリスの哲学者、倫理学者、経済学者）　109, 169, 220-22, 268
スミルノフ、イヴァン（1881-1936 ソ連の政治家、左翼反対派、大粛清の犠牲者）　851
スラーンスキー、ルドルフ（1901-1952 チェコスロヴァキアの政治家、同国共産党書記長）　923
スラツキー、ボリス　861
スルタン・ガリエフ、ミルサイド（1892-1940 1920 年代初頭にロシア共産党で注目を集めたタタール、ボリシェビキの革命家）　803-4, 1181
ズロシスティ、セオドア（1874-1943 医師、作家、社会主義者）　995
セイ、ジャン＝バティスト（1767-1832 フランスの経済学者、実業家。「セイの法則」で知られる）　109
聖アウグスチヌス（354-430 ローマ帝国時代のカトリック教会司教、神学者）　13, 17-19, 22, 508, 1131
聖アンブロジウス（340？-397 4 世紀のミラノの司教）　22
『西欧哲学史』（アレクサンドロフ）　887-88
『聖家族　批判的批判の批判　ブルーノ・バウアーとその伴侶を駁す』（マルクス・エンゲルス）　124-25
『生活体験の哲学』（ボグダーノフ）　703
「成果に浮き浮きする」（スターリン）　819
正義者同盟　125, 173
正教会　723-24, 960, 1155, 1166
『政治経済学批判』（マルクス）　211, 215, 278, 283
『政治経済学批判に寄せて』（マルクス）　195
『政治経済評論』　193
『政治的及び社会的民主主義』（アドラー）　561
『政治的大衆ストライキ』（カウツキー）　381, 421
「政治的大衆ストライキとドイツにおける社会民主党の政治的課題」（ベルンシュタイン）　436
『聖書の世俗的研究論考』（ソレル）　479
精神　60-61, 63, 65, 66, 118, 146, 452, 457, 539, 572, 576, 866, 1004, 1005
意識と精神　52, 57-58
現実と精神　720-21
自然と精神　310
精神としての理性　56
精神の進化　48-52
物質と精神　310, 698-99, 700, 719, 722, 729, 1079
『精神現象学』（ヘーゲル）　22, 49, 57, 59, 109, 453, 929
『精神の民族』（クルジヴィツキ）　514
精神分析　928, 1067, 1091, 1100, 1105, 1132, 1142
青年イタリア　498
青年イングランド派　189
青年ドイツ　70
青年ヘーゲル派の運動　69-70, 74, 75, 81-83, 89-90, 104, 105, 106, 119, 128, 134, 137, 146, 149, 202, 263, 329-30, 340, 604, 1107, 1119
共産主義教説と青年ヘーゲル派の運動　92-93
青年ヘーゲル派の運動の急進化　77-79, 97

●タ行

「第二インターナショナルの崩壊」(レーニン)　752
太平天国の乱(1850-64)　1184
『太陽の都』(カンパネラ)　152
タイラー、E.(1832-1917 イギリスの人類学者、文化人類学の父と呼ばれる)　526
「大ロシア人の民族的誇りについて」(レーニン)　679-80
托身　17
ダシンスキ、イグナツィ(1866-1936 ポーランドの政治家)　369
タスカ、アンジェロ(1892-1960 イタリアの政治家、作家、歴史家)　964, 965, 968
タスカ、アンジェロ(1892-1960 イタリアの政治家、作家、歴史家)　475
タッカー、ロバート(1918-2010 アメリカの政治学者、歴史家)　216, 1182
タディッチ、L.(1925-2013 ユーゴスラビアの哲学者)　1169
ダニエルソン、N. F.(1844-1918 ロシアの社会政治家、経済学者)　610, 616, 617, 618
ダビッド、エドゥアルト(1863-1930 ドイツ社会民主党の政治家、ワイマール憲法の起草者)　417, 434, 527
魂　14-17, 21, 470
　神と魂　27-28
　進化と魂　910-11
　実在と魂　14-17
　魂の疎外　16
『魂と形式』(ルカーチ)　991, 1054
ダルパーネ、ルイージ(1903-1979 イタリアの歴史家)　499
タルスキ、アルフレト(1901-1983 ポーランド及びアメリカの数学者、論理学者)　890
タルド、ジャン=ガブリエル(1843-1904 フランスの社会学者、犯罪学者、社会心理学者)　521
ダン、F.(?-1947 ロシア社会民主労働党メンシェビキ派の創設を支援した政治活動家)　731
チェーカー(「反革命・サボタージュおよび投機取り締まり全ロシア非常委員会」の略称)　746, 832, 943
チェーホフ、アントン(1860-1904 ロシアを代表する劇作家、小説家)　861
チェコスロバキア　881, 885, 920-23, 927
　スターリン後の修正主義　1161-63
　ソビエトの侵入　997, 1161, 1163, 1174, 1191
チェシュコフスキー、アウグスト(1814-1894 ポーランドの哲学者、経済学者)　71-73, 90, 118, 1004, 1039
チェスノコフ、D.(1910-1973 ソ連の哲学教授、ジャーナリスト、政治家)　702
チェルヌイシェフスキー(1828-1889 ロシアの革命的民主主義者、哲学者、経済学者)　513, 607-9, 621, 634, 642, 696, 727-28, 846, 889
チェルノフ、ヴィクトル(1873-1952 ロシアの革命家、帝政ロシアの政治家)　702
『力への意志』(ニーチェ)　7
蓄積
　イデオロギー的武器としての蓄積　414
　科学的社会主義と蓄積　407-8, 410
　拡大再生産と蓄積　413-14
　資本主義の将来的発展と蓄積　412-13
　蓄積の虚偽の仮説　412-13
　剰余価値と蓄積　407-9, 410, 412-13
　蓄積の理論　407-15, 419, 430-31
　レーニンの蓄積批判　411-12, 414
知識　329, 333, 384, 397, 398, 500, 533, 536, 540, 547, 971, 977, 1064, 1069, 1080, 1085, 1101, 1125, 1133
　意識と知識　986-87
　エンゲルスの知識の考え方　325
　科学と知識　700-701
　経験と知識　322-24, 716
　自然と知識　325
　真理と知識　705
　絶対的知識　324-325
　先験的条件と知識　110-14
　知覚と知識　726-27
　知識の性格　110-14
　知識の相対性　324-25, 720
　超越的意識と知識　564-66
　「哲学ノート」における知識　726-27
　取り入れの過程と知識　696-97, 699-700
　認知と知識　697-98
　絶対と知識　509-10
　理論と知識　322-24, 1035-39
　ルカーチの知識の見方　1005-6, 1008
『知識学』(フィヒテ)　45
『知識人と文化の組織』(グラムシ)　969
チチェリン、B. N.(1828-1904 ロシアの法学者. 政治哲学者)　601, 692
チトー、ヨシップ・ブロズ(1892-1980 ユーゴスラビアの軍人、政治家、大統領)　922
血の犠牲　95
『地平線』　518
チベット　1213
チホミロフ、レフ(1852-1923 元はロシアの革命家、ロシアの保守思想家)　619
チャーティスト　125, 162, 193, 435, 441
チャーチル、ウインストン(1874-1965 イギリスの軍人、政治家、首相)　884
チャイコフスキー、ピョートル(1840-1893 ロシアの作曲家)　886
チャノフスキー、ステファン(1879-1937 ポーランドの社会学者、民俗学者、文化史家、ワルシャワ大学教授)　924
中国　204, 287, 425, 753, 875, 935, 942, 950, 1181, 1183, 1211
　ソビエトとの対立　1187-88, 1190-91
　中国における市場の拡大　1213
　中国における宗教　1202-3, 1204
　中国における保守主義者と急進主義者との衝突　1191-93
　中国のマルクス主義　1191
　中国の共産主義　342-43, 1184, 1187-89, 1200-1201
　中国の文化革命　1192-96, 1200
　中国の文化的孤立　1202
　百花斉放運動　1189
　毛沢東主義、毛沢東も見よ
中国共産党　875, 924
　中国共産党内の保守派と急進派の闘争　1191-92
『中国の経済と社会』(ウィットフォーゲル)　1062
中世　103, 219-20, 268, 309, 337, 437, 485, 855, 1089, 1122, 1131
　ローマ法の採用　519
『中世末期以降のドイツ史』(メーリング)　400

『チュービンゲン哲学入門』（ブロッホ）　1128, 1134-35
超決定論　1175-76
超自然的　15, 17
朝鮮戦争　900.932
『調和と自由の保障』（ヴァイトリング）　173
『賃金、価格、利潤』（マルクス）　226, 237, 249
陳独秀（1879-1942 中国共産党初代総書記）　875, 937, 1185
陳伯達（1904-1989 文化大革命期の中国共産党政治局常務委員　林彪勢力の中心メンバー）　1195
『賃労働と資本』（マルクス）　215, 231
『追放者同盟』　173
ツィンマーヴァルト左派　732
ツィンマーヴァルト宣言　734
ツィンマーマン、ヴィルヘルム（1807-1878 ドイツの神学者、歴史家）　213
ツヴァイク、アーノルド（1887-1968 ドイツの作家、平和主義者、社会主義者）　1022
ツェトキン、クララ（1857-1933 ドイツの政治家・フェミニスト、社会主義の立場による女性解放運動を主導し、女性解放運動の母と呼ばれる）　356, 404, 436, 443
『罪と罰』（ドストエフスキー）　136
デ・マルチーノ、R.（1922-2013 テンプル大学准教授）　1091
ティエール、ルイ・アドルフ（1797-1877 フランスの政治家）　176
ティエリ、オーギュスタン（1795-1856 フランスの歴史家）　154, 627
定言的三段論法　40
定言的命令　385-86, 557-58, 577, 1106
『抵抗と平和　政治論集』（ブロッホ）　1142
帝国主義　406, 410, 415, 733, 806, 809, 1000, 1146, 1185-86, 1211
　オーストリア・マルクス主義者と帝国主義　595-600
　革命理論と帝国主義　749-54
　資本主義と帝国主義　578, 597-98
　社会主義と帝国主義　598-99
　ソビエト帝国主義　870-71, 916, 923, 947-48, 1166
　ソビエト大百科事典における帝国主義　904
　帝国主義の主要な特徴　749-50
　ヒルファーディングと帝国主義論　595-600
　プロレタリアートと帝国主義　598-99
　レーニンの帝国主義の見方　599-600, 750-54
『帝国主義　資本主義の最高度の段階』（レーニン）　733, 809
『帝国主義と世界経済』（ブハーリン）　809
『帝国主義論』（ホブスン）　719
ティシカ＝ヨギヘス　レオ（1867-1919 ポーランド、リトアニア、ドイツで活動したマルクス主義者、革命家、ポーランド王国社会民主党の創立者の一人）　404, 406
ディチ、レフ　621, 622
『ディナンのダヴィド』　1138
ティベリウス、ローマ皇帝（前 42-西暦 37　2 番目のローマ皇帝）　281
ティボール・サムエリー（1925-1972 ロシア生まれのハンガリー系ユダヤ人の歴史家）　915
ティミャンスキー、G. S.　844
ティミリャーセフ、アルカディ K.（1880-1955 ロシアのマルクス主義の物理学者、哲学者）　839, 845, 847
テイヤール・ド・シャルダン、ピエール（1881-1955 フランスのイエズス会の司祭、科学者、古生物学者、神学者、哲学者）　26, 453, 911
ディルタイ、ウイルヘルム（1833-1911 ドイツの哲学者）　563-64, 992, 1008, 1014, 1049, 1063, 1100
デュルケーム、エミール（1858-1917 フランスの社会学者）　480
テーゼ（レーニン）　677
テーヌ、イポリート・アドルフ（1828-1893 フランスの哲学者、批評家、文学史家）　478, 512, 531, 633, 1207
『テオロギア・ゲルマニカ』　31
デカルト、ルネ（1596-1650 フランス生まれの哲学者、数学者。合理主義哲学の祖）　10, 20, 110, 117, 124, 133, 313, 315, 319, 453, 481, 484, 698, 910, 928, 929, 1051, 1056, 1087, 1171
『テクトロジー：一般組織科学』（ボグダーノフ）　703
デジ、ゲオルグウ（1901-1965 ルーマニアの政治家。元・ルーマニア大統領）　922
デシャン、ドン（1716-1774 ベネディクト会の修道士）　151
デシュトゥット・ド・トレーシー、アントワーヌ（1754-1836「イデオロギー」という用語を作り出したフランス啓蒙主義の貴族および哲学者）　126
デストレ、ジュール（1863-1936 ベルギーの弁護士、社会主義の政治家）　490
哲学　628, 663, 696, 885, 925, 927, 945, 975, 1056, 1126, 1145, 1163
　1947 年のソビエト哲学論争　887-91
　エンゲルスの哲学論　310-12
　機械論者対弁証法論者の論争における哲学　839-40, 842, 845, 846-47
　小教程と哲学の下落　866-67, 868
　スターリン主義と哲学　848
　前マルクス主義哲学　1131
　哲学における‘ある’の二重性　1113-14
　哲学における真理　967-71
　哲学における党派性原理　717-18
　哲学の廃絶　331-32, 1036, 1043-44
　ネップ期の哲学　824
　発生的構造主義の哲学　1048-49
　悲劇的世界観と哲学　1051
　非スターリン主義化と哲学　1165-66
　否定弁証法と哲学　1074-75, 1078
『哲学』（ヤスパース）　1145
『哲学及び社会科学研究』　1063
『哲学』誌（Filosofskie Nauki）　1165
『哲学』誌　1165
『哲学史』（アレクサンドロフ編）　883
『哲学史』（ヘーゲル）　196
『哲学思想』　925
『哲学思想』（Mysl Filozoficzna）誌　925
『哲学者としてのマルクス、エンゲルス、ラッサール』（フォレンダー）　556
哲学小辞典（ユディン　ローゼンタール監修）　891
『哲学・政治学小論集』（ラブリオーラ）　499
『哲学的正当性の支柱』（ユシケビッチ）　722
「哲学における経済原理」（クルジヴィツキ）　518
哲学における人間学的原理（チェルヌイシェフスキー）

607
『哲学ノート』（レーニン） 684, 725-29, 840, 865, 1164
『哲学の諸問題』誌 888, 890, 894-95
『哲学の慰め』（ボエティウス） 14
『哲学の貧困』（マルクス） 167, 172, 184, 215, 298
『哲学百科事典』（全5巻） 1165
『哲学論集』（アクセルロッド、リュボフ） 715-16
デッラ・ヴォルペ、ガルヴァーノ（1895-1968 イタリアの哲学者） 932
テッラチーニ、ウンベルト（1895-1983 イタリアの政治家） 964, 965
デニーキン、アントーン（1872-1947 ロシア帝国の軍人） 742
デビッド・マクレラン（1940- 英国のマルクス主義学者） 194, 216, 1182-83
テヘラン会談（1943） 884
デボーリン、アブラム　モイセヴィチ（1881-1963 ソ連の哲学者，科学史家） 840-43, 845, 847-48, 995, 1009
デモクリトス 84
『デモクリトスとエピクロスの自然哲学の差異について』（マルクス） 83-88, 212, 357
自己意識論 87-88
実践の哲学 87
自由の現実化 84-85
宗教的疎外論 85-86
青年ヘーゲル派の思想 86-87
『デモクリトスの自然哲学とエピクロスの自然哲学の差異』（マルクス） 8
デューイ、ジョン（1859-1952 アメリカの哲学者。プラグマティズムを代表する思想家） 825, 938
デューリング、カール（1833-1921 ドイツの哲学者、実証主義者、経済学者） 213, 293, 435
デュエム、ピエール（1861-1916 フランスの理論物理学者　科学史家） 587
テルミドールのクーデター 152, 390, 395
テレームの僧院 473, 490
『テレグラフ・フュール・ドイッチュラント』 119
テロリズム 423, 437, 483, 610, 690-91, 746, 748, 763, 793, 794, 811, 1028, 1118
非スターリン主義化とテロリズム 1150
『テロリズムと共産主義』（カウツキー） 763
『テロリズムの擁護』（トロツキー） 763
『天使ケルビムのごとき旅人』（シレジウス） 32-33
田千秋（？-前77 前漢の政治家） 1197
『天体による永遠』（ブランキ　邦訳　岩波文庫） 176-77
「伝統理論と批判理論」 1063
デンマーク 1035
ド・ジラルダン、E.（1802-1881 フランスのジャーナリスト、出版者、政治家） 295
ド・フリース、ヒューゴ（1848-1935 オランダの植物学者、遺伝学者） 629
ドイツ 73, 79, 81, 106, 107, 173, 190, 192, 199, 200, 202, 204, 208, 254, 296-97, 355, 357, 369, 371, 373-74, 393, 426, 486, 561, 578, 588, 638, 676, 737, 751, 799, 871, 942, 950, 1087
共産主義者の誕生 871, 876
社会主義運動 362-63, 404
ソビエトとの不可侵協定 881-82, 951
ナチ 7, 876-77, 881-82, 893, 938, 951, 1067
西ドイツ 927, 958, 1104
東ドイツ 920, 921, 923, 1127, 1146, 1147, 1151, 1153-64
非スターリン主義化 1151, 1163-64
ポーランド侵略 882, 952
『ドイツ・イデオロギー』（マルクス） 8, 93, 117, 212, 275, 283, 357, 441, 1033, 1174
意識 138-41
イデオロギーの概念とドイツ・イデオロギー 126-28
階級闘争 142-43
虚偽意識の理論 143-45
個性 132-34
社会的存在 128-30
自由 132-34
シュティルナーの自己中心主義哲学 134-38
シュティルナー批判 138-41
疎外 141-42
労働の分割 130-32, 141-42
ドイツ共産党（KPD） 406, 418, 431, 433, 1034
第3インターナショナルとドイツ共産党 874-77
ドイツ社会主義労働者党 212, 362-63
ドイツ社会党（SPD） 376, 436, 442
『ドイツ社会民主党史』（メーリング） 400
ドイツ社会民主党 1104
ドイツ宗教改革 73, 90, 196
ドイッチャー、アイザック（1907-1967 イギリスのマルクス主義歴史学者、ジャーナリスト） 807, 821, 854-55, 947, 950, 961, 997
ドイツ帝国議会 362, 363, 376, 418, 436, 441, 445, 563, 1034
ドイツ独立社会民主党（USPD） 376, 406, 436, 1034
「ドイツにおける革命と反革命」（エンゲルス） 213
『ドイツにおける共産党の要求』（マルクス及びエンゲルス） 192
『ドイツ年誌』 77-78, 99
『ドイツ農民戦争』（エンゲルス） 213
トインビー、アーノルド（1889-1975 イギリスの歴史家、歴史哲学者） 915
統一社会党（フランス） 1178
ドゥーマ（ロシア帝国下院） 689, 691, 731
『トゥールーズ公報』 449, 453-54
ドヴォルザーク（1841-1904 後期ロマン派に位置するチェコの作曲家） 927
トゥガン・バラノフスキー、ミハイル　イワノビッチ（1865-1919 ロシア・ウクライナの政治家、学者） 410, 411, 413, 524, 618, 647, 649, 652-53, 815, 836
『道具的理性批判』（ホルクハイマー） 1068
「党綱領改正資料」（レーニン） 756
『党組織と党文献』（レーニン） 768
鄧小平（1904-1997 中国の政治家） 1189
党精神の原理 818
『闘争』（オーストリア社会民主党中央機関誌。1907-38 発行） 551, 559, 561
『闘争』 796
[道徳的自由]（ラブリオーラ） 498
『道徳と宗教』（ラブリオーラ） 498, 501, 504
ドゥニ・ディドロ、ドゥニ（1713-1784 フランスの哲学者、美術批評家、作家。18世紀の啓蒙思想時代にあって、ジャン・ル・ロン・ダランベールとともに百科全

書を編纂した）　469, 481-82, 928
党派性の原理　717-18
トゥハチェフスキー、ミハイル（1893-1937 ソ連陸軍元帥）　852
ドゥブチェク、アレクサンデル（1921-1992 チェコスロヴァキア共産党第1書記。プラハの春の間に共産主義政府の改革を試みたが、1968 年 8 月のワルシャワ条約機構の侵攻を受けて辞職）　1163, 1191
ドゥブレ、レジス（1940-　フランスの作家、哲学者、評論家、政治活動家）　1179
『東洋の専制政治』（ウィットフォーゲル）　1062
トゥラティ、フィリッポ（1857-1932 イタリアの社会学者、犯罪学者社会主義政治家）　355, 361, 367, 420
『トーマス・マン』（ルカーチ）　996
『トーマス・ミュンツァー　革命の神学者』（ブロッホ）　1125
トーマス、ノーマン（1884-1968 アメリカの長老派教会の牧師、社会主義者、平和主義者）　955
トーミズム　925, 1053, 1095
トカチェフ、P. N.（1844-1886 ロシアの作家、批評家、革命理論家）　602, 612, 673
　トカチェフの共産主義　616-17
トクヴィル、アレクシ・ド（1805-1859 フランス人の政治思想家、法律家、政治家）　476, 478, 1088
独裁
　オーストリア・マルクス主義の独裁の見方　579-81
　全体主義的で専制的な独裁観　762-63
　党の独裁　744-49, 759, 764, 943, 987, 1012-13, 1154
　ブルジョアジーの独裁　579-80
　レーニンの独裁説　684, 754-60
独占　595
『独仏年誌』　101, 119
ドサド、マルキ（1740-1814 フランスの貴族、革命的な政治家、哲学者、作家）　1087
ドストエフスキー、フョードル（1821-1881　19 世紀ロシアの代表的小説家）　136, 529, 531, 692, 992, 993
土台と上部構造　298-99, 359, 392, 506, 518, 525-26, 630, 836, 838, 866, 870, 901, 971-72, 1001, 1044, 1064, 1099, 1163, 1175
『土地と自由』　617, 618-19, 667
突然変異理論　629
ドッブ、モーリス（1900-1976 イギリスのマルクス主義経済学者）　878
ドヌー、ピエール（1761-1840 フランスの政治家）　126
ドブロリューボフ、ニコライ（1836-1861 19 世紀ロシアの文芸評論家、社会批評家）　609, 692, 889
トマジウス、クリスチャン（1655-1728 ドイツの哲学者、法学者、「ドイツ啓蒙主義の父」と呼ばれる）　1127, 1141
『トマス・モアとそのユートピア』（カウツキー）　381
富　220-21, 253, 292, 439
　価値と富　220-21, 271-72
　貨幣と富　225
ドミトリー・ピサレフ（1840-1868 ロシアのニヒリズムの中心人物であったロシアの文学評論家、哲学者）　609
トムスキー、ミハイル（1880-1936 ソ連の政治家、1920 年代の全労働組合中央評議会の議長）　793, 817
トラン、H.（1828-1897 フランスの労働組合および社会主義運動の主要メンバー、第一インターナショナルの創設メンバー）　172
トリアッティ、パルミーロ（1893-1964 イタリア共産党の指導者）　475, 503, 931, 963, 964, 965, 968-69, 1158
トリスタン、フローラ（1803-1844 フランスの作家、社会主義者、社会改革運動家、フェミニスト）　167
トルコ　248, 425, 820, 934
トルストイ、アレクセイ（1817-1875 ロシアの詩人、小説家、劇作家）　1022
トルストイ、レオ（1828-1910 史上最高の作家の 1 人と見なされているロシアの作家）　400, 861, 1020
　レーニンのトルストイに関する論文　768
トルドヴィク（「労働グループ」）　690
ドルトン、ジョン（1766-1844 イギリスの化学者、物理学者）　313
ドルバック、ホポール・ディリ（1723-1789 フランスに渡り、主にフランス語で著作活動をしたドイツ出身の哲学者）　626, 659, 867, 1097
ドルフース、エンゲルベルト（1892-1934 オーストリア第一共和国の政治家）　562
ドレフュス事件（1894 年にフランスで起きた、当時フランス陸軍参謀本部の大尉であったユダヤ人のアルフレド・ドレフュスがスパイ容疑で逮捕された冤罪事件）　371-72, 374, 449-50, 463-64, 480
トロツキー、ジナイダ（1901-1933 レオン・トロツキーの長女）　939
トロツキー、セルゲイ（1907-1937 レオン・トロツキーの息子）　939
トロツキー、レオン（1879-1940 ソ連の政治家）　367, 423-24, 431, 485, 601, 641, 688-89, 691, 703, 732, 736, 745, 748, 772, 776, 793, 798, 801, 802, 804, 810, 811, 813, 815, 816, 820, 822, 825, 828, 830, 839, 847, 849, 855, 862, 865, 868, 907, 914, 934-62, 968, 1027, 1172, 1183
　ILO とトロツキー　934-35, 937
　資本主義国家間の戦争に関するトロツキーの見方　952-57
　第 3 インターナショナルとトロツキー　872-75
　第 4 インターナショナルとトロツキー　935, 937-38, 947, 954
　トロツキーが反対した社会ファシズム理念　950-51
　トロツキーが擁護した警察による抑圧　831-32
　トロツキーの永続革命論　683-85, 805, 861, 934, 939, 950
　トロツキーの官僚制の見方　918-19, 940-42
　トロツキーの教条主義　939, 947-48, 952, 953-56
　トロツキーの死　939
　トロツキーの自由の見方　945-46
　トロツキーのスターリンとの対立　738-39, 795, 800, 806-8, 817, 848, 936-37, 945, 951-52
　トロツキーの絶対主義　947-48
　トロツキーのソビエト外交政策批判　949-50
　トロツキーのソビエト体制の見方　939-40
　トロツキーのソビエト民主主義の見方　942-48
　トロツキーの背景と経歴　682-83
　トロツキーの評価　957-62
　トロツキーのファシズムの脅威の見方　952, 953-56
　トロツキーのプロレタリアートの独裁の見方　763-66
　トロツキーのプロレタリア文化の見方　829

トロツキーの文化的自由の見方　945-46
トロツキーの亡命　804-5, 820, 934, 937-38
トロツキーの民主主義の見方　763-66, 944-45, 953-56
レーニンとトロツキー　734-35, 747, 773-74
トロツキズム　805, 846, 861, 936
スターリンが表現したトロツキズム　806-7
スターリン主義者の宣伝におけるトロツキズム　936-37
トロツキズムの再生　1178
『ドン・ファン』（モリーナ）　1054
『どん底からの叫び』·　654

●ナ行

ナーン、G. I.（1919-1994 エストニアの物理学者　哲学者）　893
ナヴィル、P.（1904-1993 フランスの作家、政治家、社会学者）　947
ナジ、イムレ（1896-1958 1953年から1955年までハンガリー人民共和国の閣僚評議会の議長を務めた共産主義政治家）　997
ナチズム　6-7, 137, 213, 858, 876, 880, 959, 996, 1001, 1014, 1015, 1061, 1067-68, 1084, 1143
ナトルプ、パウル（1854-1924 ドイツの哲学者。マールブルク学派の創始者）　553, 554, 573, 699
『何をなすべきか』（チェルヌイシェフスキー）　608
『何をなすべきか』（レーニン）　660, 665, 667, 670
ナポレオン法典　279
ナポレオン三世・フランス皇帝（ルイ・ナポレオン 1808-1873）　168, 193, 195, 295, 303
ナポレオン戦争　46
『怠ける権利』（ラファルグ）　469, 471, 472-73
『奈落』（クルジヴィツキ）　514
『ナロードニキ主義（ポピュリズム）の経済学的内容とストルーヴェ氏の著書におけるその批判』（レーニン）　655
『南部ロシアの小農経営』（ポストニコフ）　643
ニーウェンホイス、F. ドメラ（1846-1919 オランダの社会主義運動の創始者）　210, 368
ニーチェ、フリードリヒ（1844-1900 ドイツ・プロイセン王国出身の思想家）　6-7, 127, 134, 476, 478, 491, 493, 529, 531, 532, 533-34, 692, 693-94, 713, 1014, 1060, 1061, 1063, 1075, 1080, 1081, 1087, 1088
ニコール、ピエール（1625-1695 フランスのジャンセニストの中で最も著名な人物）　1052
ニコラ・パヴィヨン（1597-1677 フランスの司教）　1052
ニコライ・コンドラチェフ、N. D.（1892-1938 ソ連の経済学者、ネップの推進者）　849
ニコライ1世（1796-1855 ロマノフ朝第11代ロシア皇帝）　202-3, 601, 604, 605, 607
ニコラス・クザーヌス（1401-1464 ドイツのカトリック枢機卿、哲学者、神学者）　21, 29-31
『認識と関心』（ハーバーマス）　1096, 1100
二重君主制　675
『日常性の批判』（ルフェーブル）　928
ニヒリズム（虚無主義）　11
日本　688, 753-54, 850, 1188
ニュー・ディール　957
『ニュー・リーズナー』（1957年から1959年にかけてJohn SavilleとEP Thompsonによって発行された反体制派の共産主義に関するイギリスの雑誌。New Left Reviewの前身）　1178
ニュートン、アイザック（1642-1727 イングランドの自然哲学者）　165, 312, 313, 323, 1136
ニューマン（1801-1890 イギリスの神学者、哲学者）　529, 532, 535
『ニューヨーク・デイリー・トリビューン』　193, 213, 248-49
人間　297, 314, 338, 381
自然人　35, 36-38
自然と人間　96, 110-14, 143-44, 149, 276-77, 284, 313, 325, 329, 455, 520, 583-84, 705, 835, 836, 1085, 1086, 1133
社会主義下の人間　260-61
主体と客体としての人間　1005-6
実在の二重性と人間　38-43
非人間化された人間　114-16
人間性も見よ
『人間科学と哲学』（ゴルドマン）　1046
『人間嫌い』（モリエール）　1054
人間主義　113, 483, 487, 497, 510, 1211
ルネサンスの人間主義　980-81
人間性　23-26, 137, 554, 1109
自己意識と人間性　130
自然と人間性　34-35
絶対と人間性　31
疎外からの自由と人間性　218-19
道具の製造（生産）と人間性　128-29、人間の項目も見よ
人間性の歴史的使命　285-86
人間性の基礎としての労働　109-10, 537-41
人間性の社会的転換　253-55
人間性の神格化　24-26
人間性の二重性　72
ヘーゲル主義の体系における人間性　64, 66-67
労働の分割と人間性　129
労働の理論と人間性　537-41
『人間の科学とマルクス主義』（ゴルドマン）　1047
『人間の尊厳について』（フィヒテ）　43
『人間のために』（フロム）　1091
『人間の展望』（ガロディ）　1173-74
「人間は人間にとって神である」という原則　95
『認識と関心』（ハーバーマス）　1096, 1100
認知　697-98, 700, 704, 709-10, 726, 974, 986, 1006, 1036, 1053, 1098
ネクラーソフ、V. P.（1911-1987 ロシアの作家、ジャーナリスト）　884
ネジェドリー、ズデニェク（1878-1962 チェコの音楽学者、歴史家、音楽評論家、政治家）　927
ネチャーエフ、セルゲイ（1847-1882 ロシアの革命家）　203
ネフスキー、V. I.（1876-1937 ロシアの革命家、ソビエトの政治家、スターリンの粛清の犠牲者）　828
ネフスキー、アレクサンドル（1220-1263 ノヴゴロド公国の公を経てウラジーミル大公国の大公、中世ロシアの英雄として讃えられている人物）　883, 906
ノイマン、フランツ（1900-1954 ドイツ・アメリカの政治学および社会学者）　1068
農業　242-43, 389, 433-34, 643, 647, 658, 743, 1208
集団化　794, 813-14, 818-20, 849, 949.1152, 1188
ノヴゴロツェフ、パベル（1866-1924 ロシアの弁護士、

哲学者）　693, 824
「農民綱領の修正」（レーニン）　684
農民代表ソビエト臨時全ロシア大会　768
『ノーザン・スター』（チャーティスト紙）　162
『ノーボエ・スロボ』　649, 657
ノスケ、グスタフ（1868-1946 ドイツ社会民主党所属の政治家、ヴァイマル共和政最初期の国防相）　764
ノルウィド、キプリアン・カミル（1821-1883 ポーランドの詩人、劇作家、画家、彫刻家）　531
ノルウェー　938, 955

●ハ行

ハーヴェー、ゲオルグ（1817-1875 ドイツの詩人）　69
バークリー、ジョージ（1685-1753 アイルランドの哲学者、聖職者）　44, 312, 716, 718, 722
パース、チャールズ　S.（1839-1914 アメリカ合衆国の哲学者。プラグマティズムの創始者）　1100
ハーゼ、フーゴー（1863-1919 ドイツの法律家、政治家。ドイツ社会民主党（SPD）党首）　376, 436
バーゼル宣言（1912 年）　774
バーナム、ジェームズ（1905-1987 アメリカ合衆国の思想家。1930 年代に共産主義、なかでもトロツキー主義に傾注した）　919, 937, 943, 947, 948, 959, 960
『ハーバート・スペンサーの社会学』（クルジヴィツキ）　514
ハーバーマス、ユルゲン（1929-　ドイツの哲学者・社会哲学者・政治哲学者）　1096-1101
ハーベマン、ロベルト（1910-1982 ドイツの物理化学者）　1164
バーベリ、イサーク（1894-1940 ロシアの作家、大粛清の対象とされ銃殺）　825
バーマン（1868-1933 ロシアの哲学者、政治理論家）　703
パール、フェリックス（1871-1927 ポーランドの社会主義活動家）　429
パールミュッター、サロメア（1865-1936 ポーランドの哲学者）　544
バイエルン州　737
ハイゼンベルク、ヴェルナー（1901-1976 ドイツの理論物理学者）　893, 894
ハイデガー、マルティン（1889-1976 ドイツの哲学者）　1014, 1021, 1077-78, 1082, 1083-84, 1104, 1124, 1141, 1143, 1170-71
ハイネ、ヴォルフガング（1861-1944 法学者、ドイツ社会民主党の政治家）　415, 434
ハイネ、ハインリヒ（1797-1856 ドイツの作家、詩人）　70, 400
パイプス、リチャード（1923-2018 ポーランド出身のアメリカ合衆国の歴史学者）　610-11, 618, 647, 915
ハインドマン、ヘンリー・M（1842-1921 英国の作家、政治家、社会主義者）　732
バウアー、エドガー（1820-1886 ドイツの政治学者、ジャーナリスト歴史学者、青年ヘーゲル派の一員、ブルーノ・バウアーの弟）　78, 121
バウアー、オットー（1881-1938 オーストリアの社会主義者、政治家、社会学者、哲学者、オーストリア・マルクス主義の代表的理論家）　367, 385, 411, 426, 549, 551, 552, 579, 631, 675, 798, 877-78, 1000
　バウアーによって解釈された宗教　581-85
　バウアーの背景と作品　561-62
　民族の問題とバウアー　588-89
　倫理の問題とバウアー　577-78
バウアー、ブルーノ（1809-1882 ドイツの神学者、哲学者、歴史学者、青年ヘーゲル派の代表的存在）　70, 73-77, 78, 83, 90, 103-4, 126, 219, 356, 889
バウアーのマルクスへの影響　76-77
　バウアーの宗教批判　73-77
　マルクスとエンゲルスによるバウアー批判　121-25
ハウザー、アルノルト（1892-1978 ハンガリーの英文学史家、芸術社会学者）　993
ハウプトマン、ゲアハルト（1862-1946 ドイツの劇作家、小説家、詩人。ノーベル文学賞の受賞者）　402, 991
バウマン、Z.（1925-2017 ポーランド出身の社会学者）　1159
バカイ、ミハイル（ロシアのツァーリ政府・オフラーナの元局員）　531-32
ハカタ（HAKATA：ポズナニ地域でポーランドの権益を侵害している組織）　427
バクーニン、ミハイル・アレクサンドロヴィチ（1814-1876 ロシアの思想家、哲学者、無政府主義者、革命家）　172, 173, 200, 202-10, 372, 492, 493, 604, 612, 621, 917, 1182
　革命運動とバクーニン　206-7, 209
　バクーニンによって否定された科学的社会主義　204-7
　バクーニンのアナーキズム　203-5, 208-9
　バクーニンの経歴　202-3
　バクーニンの国家学説　204-6, 209
　バクーニンの著作　203-4
　バクーニンのマルクスとの闘争　202-10
白衛軍　743
ハクスリー、T. H.（1825-1895 イギリスの生物学者）　308
バザール、アマン（1791-1832 フランスの社会主義者）　156
バザロフ、ウラジミール（1874-1939 ロシアのマルクス主義革命家、ジャーナリスト、哲学者）　702, 703, 722
パスカーニシュ、エフゲニー（1891-1937 法とマルクス主義の一般理論で最もよく知られているソビエトの法学者）　828-29, 1039
ハスカチフ、フョードル（1907-1942 ソビエト連邦の哲学者）　891
パスカル、ブレーズ（1623-1662 フランスの哲学者、自然哲学者、物理学者、思想家、数学者）　481, 928, 1047, 1050, 1056-57
　パスカルの悲劇的世界観　1051-53
『パスカルのパンセとラシーヌの悲劇における悲劇像の研究』（ゴルドマン）　1016, 1051, 1055
バスティア、クロード・フレデリック（1801-1850 フランスの自由主義経済学者、政治家）　194
パステルナーク、ボリス（1890-1960 ロシアおよびソ連の詩人、小説家）　825
『働く権利』（ブラン）　178
バチカン　725
バチコ、ブロニスワフ（1924-2016 ポーランドの哲学者、社会思想家）　925, 1159
ハチャトリアン、アラム（1903-1978 ソビエトおよびアルメニアの作曲家、指揮者）　886-87
発生的構造主義の理論　1046, 1058

世界観と発生的構造主義　1050
その主な理念　1047-51
ハッツフェルト、ソフィー・フォン（1805-1881 フェルディナンド・ラッサールのパートナー、親友）　195
バッハオーフェン、ヨハン（1815-1887 スイスの文化人類学者、社会学者、法学者）　526
『母』（ゴーリキー）　634
バブーフ、クラッカス（1760-1797 フランス革命期の革命家、ジャーナリスト）　152, 175, 437
バブーフ主義　152-54, 177
パブロフ、イワン（1849-1936 帝政ロシア・ソビエト連邦の生理学者）　899
パブロフ、トドル（1890-1977 ブルガリアのマルクス主義哲学者、政治家）　927
パラケルスス（1493-1541 スイス出身の医師、化学者、錬金術師、神秘思想家）　1139
バランシュ、ピエール・シモン（1776-1847 フランスの作家、哲学者）　526
パリ・コミューン　172, 173, 176, 190, 204, 209, 210, 296, 364, 373, 382, 390, 394, 645, 755-56, 764, 957, 1195
パリ草稿　8, 109-20, 142, 143, 166, 194-95, 212, 232, 233, 331, 338-39, 357, 1094, 1096, 1104, 1133
資本論とパリ草稿　215-16, 217
パリ草稿における人間と自然　110-14
パリ草稿における疎外労働　109-10, 114-16
パリ草稿における知識の特徴　110-14
パリ草稿におけるフォイエルバッハ批判　117-19
ハーリッヒ、ヴォルフガング（1923-1995 東ドイツの哲学者およびジャーナリスト）　1163-64
バリバール、E.（1942- フランスの思想家、哲学者）　1174
パルヴス（A. L. ゲリファンド　1867-1924 ロシアの共産主義活動家、革命の商人とも呼ばれた）　437, 443, 682-83, 798, 861
バルカン戦争（1912-13 年にかけて、ヨーロッパの東南部で発生した戦争）　588
バルコス、マルティン・デ（1600-1678 フランスのカトリック司祭、ジャーナリスト、ジャンセンスト学派の神学者）　1052, 1057
バルザック、オノレ・ド（1799-1850 フランスの小説家）　1020
『バルザックとフランス・レアリスム』（ルカーチ）　996
バルトーク、ベラ（1881-1945 ハンガリーの作曲家、ピアニスト、民族音楽学者）　993
バルト海沿岸諸国　799, 884
バルビュス、アンリ（1873-1935 フランスの作家・ジャーナリスト、反ファシズム・反戦・平和運動家）　858
パルメニデス（前 520 頃-450 頃 古代ギリシアの哲学者）　13, 50, 453
パレート、ヴィルフレド（1848-1923 イタリアの経済学者、社会学者）　267, 480, 833
パレスチナ国　954
『ハレ年誌』　77
パレンクリシス　84
バロン、S. H.（アメリカのプレハーノフ研究者）　639
『反映理論』（トドール・パブロフ）　927
反映論　572-73, 719-20, 722, 848, 894-95, 994, 1006, 1043, 1157, 1169, 1177
ルカーチの反映論批判　1006, 1071-72
ハンガリー　425, 426, 737, 871, 884, 920, 921, 923, 993-94, 995, 996, 1108
ハンガリーにおける非スターリン化　1149-51
ハンガリーのスターリン後の修正主義　1149, 1155, 1159, 1163
ハンガリーへのソビエト侵攻　997, 1151, 1159, 1178, 1191
汎心論　707, 708
汎神論　20, 21, 30, 64, 75, 453, 455, 466, 1139
ハンス G ヘルムズ（1932-2012 ドイツの実験作家、作曲家、社会経済アナリスト、評論家）　137
ハンス・マイヤー（1907-2001 ドイツの文学者）　1164
『パンセ』（思想）誌　928
『パンセ』（パスカルが思いついた事を書き留めた数多くの断片的な記述を、彼の死後に遺族などが編纂し刊行した遺著）　1052, 1056-57
『反対派通報』　934
『反デューリング論』（エンゲルス）　190, 213, 293, 300, 356, 435, 667, 1009
『反動の歴史』（シュティルナー）　134
パンネクーク、アントン（1873-1960 オランダの天文学者、マルクス主義者）　356, 368, 411, 600, 943, 1041, 1182
『反批判』（ルクセンブルク）　406
バンフィ、アントニオ（1886-1957 イタリアの哲学者、上院議員）　932
反ユダヤ主義　173, 213, 372, 435, 923, 1161, 1166
ピアジェ、ジャン（1896-1980 スイスの心理学者）　1046, 1047, 1050
ピウスツキ、ユゼフ（1867-1935 第 2 ポーランド共和国の元首）　857
ピエンコフスキ、ウワディスワフ（1905-1991 ポーランドの社会学者、政治家）　1162
「美学概念の特徴について」（ルカーチ）　997
『美学と一般美術研究』誌（ルカーチ）　992
ピカソ、パブロ（1881-1973 スペイン生まれ、フランスで制作活動をした画家）　928
非合理主義　1013-16
非自我　44
非スターリン化　1148-53, 1189
全体主義と非スターリン化　1152-53
用語としての非スターリン化　1151-52
ビスマルク、オットー・フォン（1815-1898 プロイセン王国首相、ドイツ国宰相）　197, 199, 201, 208, 363, 577
非存在　14
否定の弁証法　1073-82
アイデンティティ原理と否定の弁証法　1078-79
科学と否定の弁証法　1076-77
交換価値と否定の弁証法　1077, 1079-80
存在と否定の弁証法　1077-78
哲学と否定の弁証法　1074-75, 1078
ハイデガーと否定の弁証法　1077-78
否定の弁証法の評価　1081-82
『否定弁証法』（アドルノ）　1064, 1068, 1073-74, 1081
『美的なものの特性』（ルカーチ）　997
ヒトラー、アドルフ（1889-1945 ドイツの政治家、ドイツ国首相、国家元首）　494, 563, 764, 792, 794, 801, 870, 876, 877, 883, 935, 936-37, 938, 951, 952, 955, 956, 996, 1015, 1034, 1104, 1126

『美の理論』アドルノ　1068
『火花』（イスクラ）　636, 660, 664, 687
批判理論　1063-64, 1084, 1096-97
啓蒙と批判理論　1089-90
批判理論における科学　1064-65, 1069-70, 1071
批判理論における経験主義　1064-90
批判理論における実証主義　1064-65
批判理論におけるプロレタリアート　1070-71, 1072
批判理論における本質　1064-65
批判理論の原理　1068-72
『批判理論』（シュミット編）　1063
ビャウォブヴォッキ、ブロニスワフ（1861-1888 ポーランドマルクス主義研究の先駆者）　513
ピャタコフ、ゲオルギー（1890-1937 ソビエト連邦の政治家、革命家）　749, 815, 851
百科事典　482
「百花斉放」キャンペーン　1189
『ヒューマニズムとテロル』（メルロ・ポンティ）　930
ヒューム、デイヴィッド（1711-1776 スコットランドの哲学者。ロック、バークリー、ベーコン、ホッブズと並ぶ英語圏の代表的な経験論者）　37-38, 312, 322, 323, 718, 1088, 1108
ピュットマン、ヘルマン（1811-1874 オーストラリアのフォルメルツ紙の批評家）　93
表現主義　1021-22
『平等宣言』（シルヴァン・マーシャル　1796 年）　153
平等の教説　124, 1108
ピョートル　1 世ロシア皇帝（1672-1725 ピョートル大帝として知られる）　602, 745, 906
ピリニャーク、ボリス（1894-1938 ロシア帝国・ソビエト連邦の小説家）　825
ヒルファーディング、ルドルフ（1877-1941 オーストリア出身のドイツの政治家、マルクス経済学者、ドイツ社会民主党の理論的指導者）　356, 367, 411, 549, 551-52, 560, 563, 733, 749, 809, 878, 1000, 1038
帝国主義論　595-600
ベーメ＝バヴェルクとの論争　589-93
ヒルベルト、ダーヴィット（1862-1943 ドイツの数学者「現代数学の父」と呼ばれる）　890
ピロ、ジャン＝ジャック（1808-1877 フランスの革命家、共和主義者の共産主義者）　180
ピンダロス（前 518-438 古代ギリシアの詩人）　500
「貧農に訴える」（レーニン）　682
貧民委員会　758
『ファウストゥス博士』（マン）　7
ファジェーエフ、アレクサンドル（1901-1956 ソビエト政権時代のロシアの作家）　825, 886
ファシズム　137, 562, 578, 793, 879-80, 882, 884, 932, 943, 951, 954, 959, 967, 995-96, 1029, 1094, 1109
イタリアにおけるファシズム　475, 480, 493
社会ファシズム　793, 935, 950-51, 968, 995, 1027
スターリン主義とファシズム　879-80
ソレルのファシズムに対する影響　475, 480, 485, 493-94
ファシズムの先駆者としてのブジョゾフスキー　544
ファノン、フランツ（1925-1961 植民地主義を批判し、アルジェリア独立運動で指導的役割を果たした思想家、精神科医、革命家。ポストコロニアル理論の先駆者としても認識されている）　1179
ファランクス（社会単位としての密集協同体）　164-65
ファランステール（共産主義的慈恵団体）設営地　164
ファリントン、ベンジャミン（1891-1974 アイルランドの古典学の教授）　931
フィオーリ、ジュゼッペ（1923-2003 イタリアのジャーナリスト、作家、政治家。『グラムシの生涯』の著者）　968
フィオーレのヨアヒム（1135-1202 イタリアのキリスト教神学者。カトリックの修道院長）　71
フィッシャー、ルート（1895-1961 ドイツの政治家。1924-25 年にマズローと共にドイツ共産党の党首を務めた）　431, 875
フィヒテ、ヨハン・ゴットリープ（1762-1814 ドイツ観念論の哲学者）　43-48, 55, 58, 65, 66, 70, 97, 106, 133, 149, 196, 199, 309, 330, 335, 447, 461-62, 532, 539, 556, 567, 573, 581, 718, 999, 1032, 1098
フィヒテの二元論　48
フィロ（アレクサンドリアのフィロ　前 20-50 アレクサンドリアに住んでいたヘレニズム時代のユダヤ人哲学者）　1131
フィンランド　675, 691, 703, 736, 871, 882, 947, 948, 960
封建主義　107, 129, 247, 287, 291, 304, 525, 623, 686, 751, 866
『封建的世界像から市民的世界像へ』（ボルケナウ）　1062
『封鎖商業国家論』（フィヒテ）　46
プーシキン、アレクサンドル（1799-1837 ロシアの詩人、作家。ロシア近代文学の嚆矢とされる大詩人）　885
ブーダン、ルイス（1874-1952 ロシア生まれのアメリカ人マルクス主義の理論家、作家、政治家、弁護士）　549
ブーニン、イヴァン（1870-1953 ロシア帝国出身の作家。ロシア革命後、フランスへ亡命。ロシア人小説家としては初のノーベル文学賞を受賞した）　692
ブーバー、マルチン（1878-1965 オーストリア出身の宗教哲学者、社会学者）　1082
フーリエ、シャルル（1772-1837 フランスの哲学者倫理学者 、社会思想家。「空想的社会主義者」を代表する人物の一人）　73, 91, 124, 143, 170, 178, 182, 190, 459, 465, 473, 1143
フーリエの社会主義の教説　163-67
フーリエの私有財産に関する教説　164-65
『フェードル』（フランスの劇作家ジャン・ラシーヌ作の悲劇）　1052
フェッチャー、アイリング（1922-2014 ドイツの政治学者でヘーゲルとマルクス主義の研究者）　216, 1035, 1102, 1182
『フェティシズムの没落』（ボグダーノフ）　703
フェドセーエフ、P.（1908-1990 ソビエト連邦の哲学者、社会学者）　891
フェヌロン、フランソワ・ド（1651-1715 フランスの神学者、作家）　33-34
フェビアン主義、フェビアン主義者　365-66, 435, 649, 1033
フェヒナー、グスタフ（1801-1887 ドイツの物理学者、哲学者、心理学者。実験心理学や生理心理学の先駆。精神物理学の創始者）　308

フェリ、エンリコ（1856-1929 イタリアの刑法学者、犯罪学者、社会学者）　367, 497
フェルディナント・フライリヒラート（1810-1876 ドイツの詩人、翻訳家）　402
フォイエルバッハ、ルートヴィヒ（1804-1872 ドイツの哲学者、青年ヘーゲル派の代表的な存在）　73, 74, 78, 86, 89, 92, 93-98, 102, 104-5, 110, 112, 114, 126, 128, 131, 134-35, 146, 219, 227, 261, 309, 326, 470, 604, 607, 629, 713, 714, 727-28, 842, 846, 889, 1071, 1137
　宗教の欺瞞性に関するフォイエルバッハの見解　96-98
　マルクスのフォイエルバッハ批判　117-19
「フォイエルバッハに関するテーゼ」（マルクス）　117-18, 143, 183, 213, 357, 537, 709, 771, 978
フォイヒトヴァンガー、リオン（1884-1958 ヴァイマル共和国（現ドイツ ）ミュンヘン出身のドイツ系ユダヤ人小説家、劇作家）　858, 1021
フォイヤー、ルイス（1912-2002 アメリカの社会学者）　215
『フォークト君』（マルクス）　195
フォークト、カール（1817-1895 ドイツの科学者、哲学者）　195, 314
フォガラシ、B.（1891-1959 ハンガリーの哲学者）　927
フォック、V. A.（1898-1974 量子力学と量子電気力学の基礎研究を行ったソビエトの物理学者）　893, 895
ブオナローティ、フィリッポ（1761-1837 イタリアのユートピア社会主義者、作家）　152
『フォルベルツ』（前進）（ドイツ社会民主党が発行した新聞）　559, 563
フォルレンダー、カール（1860-1928 ドイツの哲学者、カント研究者としてマールブルク学派を代表した）　385, 556-57, 558
『フォワーツ』（1844 年 1 月から 12 月までパリで発行された隔週の新聞）　107
フォン・シュタイン、ローレンツ（1815-1890 ドイツの法学者、思想家）　1107-8
フォントネル、ベルナール・ド（1657-1757 フランスの著述家）　481
プガチョフ、イェメリャン（1742 頃-1775 ロシア農民蜂起の指導者）　204
不可知論　322
　ラブリオーラの批判　509-10
武漢　1193
『不協和音：管理社会における音楽』（アドルノ）　1068
福祉国家　179
フジェロラ、ピエール（1922-2008 フランスの哲学者、社会学者）　1172, 1173
プシビシェフスキ、スタニスワフ（1868-1927 ポーランドの小説家、劇作家）　634
ブジョゾフスキ、スタニスワフ（1878-1911 ポーランドの哲学者）　328, 357, 368, 478, 529-48, 584, 971
　エンゲルスとマルクスの対比　536-37
　芸術観　530-31
　社会主義の見方　542-44
　宗教論争　535-36, 547-48
　生物学的相対主義　532-34
　哲学観　530-31
　哲学的発展　532-36
　背景と経歴　531-32
　バカイとの争論　531-32
　反対した実証主義哲学　529-30, 532, 534, 536, 540
　反対したロマン主義　529-30, 534
　ファシズムとブジョゾフスキ　544
　プロメテウス主義　542-44
　プロレタリアート観　542-44
　マルクス主義　546-48
　民族問題とブジョゾフスキ　544-45
　労働哲学　534-42
　労働の理論　534-42
『婦人と社会主義』（邦訳　婦人論　ベーベル）　362
『二つの方法』（ジョレス）　464
フック、シドニー（1902-1989 歴史哲学、教育哲学、政治理論、倫理への貢献で知られるプラグマティスト派のアメリカの哲学者）　215, 216, 937
フッサール、エトムント（1859-1938 オーストリアの哲学者、数学者）　570, 692, 699, 839, 1062, 1075, 1078, 1079, 1098, 1101-2, 1145
物質　310-12, 315, 454, 572, 629, 705, 716, 866, 896, 971
　意識と物質　910
　エンゲルスの物質観　311-13
　空間と時間と物質　312-13
　心と物質　310, 698-99, 706, 719, 722, 729, 1079
　精神と物質　332-33
　定義　313, 1138-40
　プロセスとしての物質　1138
　ブロッホの定義　1138-40
　唯物論と物質　310-12
物象化の概念　1006-8, 1010, 1054, 1065, 1080-81, 1088, 1091, 1099, 1102-3, 1173
　アドルノの思想における物象化の概念　1082-83
　フランクフルト学派と物象化の概念　1060-61, 1065
仏陀　1197
物理学　894-95, 899, 1122, 1165
「物理学的認識の性質」（マルコフ）　888
『物理学の危機』（コードウェル）　879
プドフキン、フセヴォロド（1893-1953 ソ連邦の映画監督、脚本家）　825
ブハーリン、ニコライ・I（1888-1938 ロシアの革命家、ソビエト連邦の政治家、理論家）　711, 727, 739, 749, 750, 774, 793, 798, 801, 827, 829, 846, 847, 865, 866, 868, 940, 968, 976, 994, 995, 114
　均衡の理念　810-11, 836-38
　グラムシのブハーリン批判　970-71
　工業化論争とブハーリン　811-13, 815, 817-18
　失脚　821-23
　史的唯物論の考え方　833-37
　スターリンとの衝突　795, 838
　大粛清とブハーリン　851, 853
　哲学者としてのブハーリン　833-38
　背景　808-10
　マルクス主義の見方　833-34
　倫理の考え方　835-36
　ルカーチのブハーリン批判　1009
　レーニンとの衝突　809-810
不平等の権利　255
普仏戦争　210
ブフナー、ルートヴィヒ（1824-1899 ドイツの哲学者、生理学者、医師）　309, 314

ブブノフ、A. S.（1883-1938 ロシアのボルシェビキ革命のの指導者）　828
「踏み固められた道の上に」（レーニン）　730
『プラウダ』紙　711, 731, 734, 738, 798, 810, 845, 846, 895, 900, 906, 907-8
『プラクシス』誌　1169-70
ブラジル　850
プラトン　12, 13, 16, 37, 50, 151, 381, 482, 499-500, 834, 867, 1108, 1113, 1120, 1131
プラトン主義者　13, 15, 22, 31, 50, 334, 1126
「プラハの春」　1191
プラムナッツ、ジョン（1912-1975 イギリスの政治学者）1182
ブラン、ルイ（1841-1882 フランス第2共和政期の社会主義の政治家、歴史家）　157, 170, 380, 465
　ブランの社会主義論　177-79
ブランキ、ルイ・オーギュスト（1805-1881 フランスの社会主義者、革命家）　152, 364, 447
　その社会主義論　176-77
フランク、セバスチャン（1499-1543 16世紀のドイツの自由思想家、ヒューマニスト、急進的な改革者）31
フランク、セミョン・リュドヴィゴヴィッチ（1877-1950 ロシアの哲学者）　647, 652-54, 693-94, 824
フランクフルト　845
フランクフルト学派　1060-1103, 1104, 1131, 1145, 1173, 1179
　その基本的な諸原理　1063-68
　その古典的な文献　1068
　その創設者　1061-63
　その評価　1102-3
　否定の弁証法とフランクフルト学派　否定の弁証法を見よ
　批判理論とフランクフルト学派　批判理論を見よ
　物象化の問題とフランクフルト学派　1060-61, 1065　特定の構成員も見よ
　フランクフルト学派と啓蒙の批判　1084-91
　フランクフルト学派によって批判された実存主義 1082-84
フランクリン、ベンジャミン（1706-1790 アメリカ合衆国の政治家、外交官、著述家、物理学者、気象学者）1197
フランコ、フランシスコ（1892-1975 スペインの軍人、政治家。長期独裁を敷いた）　877
フランコ＝オーストリア戦争（第2次イタリア独立戦争）　195
フランス、アナトール（1844-1924 フランスの詩人、小説家、批評家）　1021
フランス　70, 89, 93, 101, 124, 154, 158, 168, 190, 192, 200, 201, 204, 210, 211, 286, 358, 362, 369, 376, 377, 425, 426, 449, 459, 461, 465, 469, 480, 486, 526, 587, 625-26, 735, 921, 938, 940, 952, 954-55, 1021, 1046, 1056, 1058, 1104, 1159, 1178
　フランスにおけるスターリン後の修正主義 1170-77
　フランスにおける無政府主義者の影響力　371
　フランスの1793年憲法　458
　フランスの社会主義者の運動　363-65, 371, 373
　フランスの人民戦線　876, 951
　フランスのマルクス主義者の運動　878, 927-31
フランス革命　75, 90, 150, 152-53, 207, 250, 381, 382, 385, 449, 458-59, 461, 481, 483, 488, 884, 940, 1029, 1165
『フランス革命時代における階級対立』（カウツキー）381
『フランス革命の社会主義史』（邦訳『フランス大革命史ジョレス）　450
フランス共産党　928, 930
フランス皇帝　ナポレオン一世（1769-1821）　126, 279, 300, 940
フランス社会党　365
『フランス人民革命史』（カベー）　175
『フランスにおける科学的社会主義の源泉』（ガロディ）928
『フランスの社会主義組織・新しい軍隊』（ジョレス）450, 461
フランスの総裁政府　152
フランス労働党（フランス最初のマルクス主義政党）363, 364-65
ブランドラー、ハインリッヒ（1881-1967 ドイツの共産主義者、労働組合員、政治家、革命活動家、政治作家。1921-23年当時のドイツ共産党の党首、1928年に追放された）　874
フリーチェ、ウラディミール（1870-1929 ソ連の文芸学者）　703
フリードマン、ジョルジュ（1902-1977 フランスの社会学者、哲学者）　878
フリードリッヒ・ヴィルヘルム4世、プロイセン王（1795-1861）　77
フリードリッヒ2世（プロイセン大王　1712-1786）77, 401
プリシケビッチ、ウラジーミル（1870-1920 ロシアの政治家、右翼過激派）　732
『プリズメン』　1068
ブリソ・ド・ウォーヴィル、ジャック＝ピエール（1754-1793 フランス革命中のジロンド派の指導的メンバー）　167
『ブリタニキュス』（ラシーヌ）　1052
フリブール（フランスの労働者階級の指導者）　172
ブリューソフ、ワレリー（1873-1924 ロシアの象徴主義文学者）　692
ブリュンチエール（1649-1906 フランスの文学史家、批評家）　633
ブリル、ヤコブ（1639-1700 オランダの神秘的な汎神論者）　34
プルースト、マルセル（1871-1922 フランスの小説家）1022, 1174
プルードン、ピエール・ジョゼフ（1809-1865 フランスの社会主義者、無政府主義者）　92, 150, 198, 200, 202, 207, 364, 447, 476, 477, 486, 490, 492, 529, 1182, 1206
　プルードンの共産主義観　170-71, 173
　プルードンの教説における労働　169-70
　プルードンの社会主義教説　167-83, 184-86, 190
　マルクスのプルードン批判　172-73, 184-86
ブルーノ、ジョルダーノ（1548-1600 イタリア出身の哲学者、ドミニコ会の修道士）　337, 496, 1138, 1139
ブルガーコフ、セルゲイ・ブニコラエヴィチ（1871-1944 ロシア正教の神学者・司祭（後に長司祭））　410, 618, 647, 649, 652, 653, 654, 659, 693, 694, 946
ブルガリア　425, 884, 920-23, 927, 942
ブルクハルト、ゲオルク（1539-1607 ドイツの哲学者）

1088
フルシチョフ、ニキータ（1894-1971 ソビエト連邦の政治家、ソ連共産党中央委員会第一書記、閣僚会議議長） 789, 847, 898, 924, 997, 1148, 1194-95
ブルジョアジー　120, 131, 171, 183, 185, 192, 199, 238, 247, 250, 263, 273, -74, 281, 295, 297, 306, 343, 361, 370, 372, 392, 393, 394, 406, 417, 419, 441, 445, 462, 464, 579, 587, 598, 745, 755, 757, 835, 836, 988, 996, 1006, 1208
階級闘争とブルジョアジー　142-43
共産党宣言におけるブルジョアジー　187-88
ブルジョアジーの革命　623-24, 625, 637, 680-82, 798-99, 950
ブルジョアジーの独裁　579-80
『ブルジョアジーと反革命』（マルクス）　250
ブルス、W.（1921-2007 ポーランドの経済学者） 1159, 1162
『ブルゾラ』（闘争）誌　796
プルタルコス＝プルターク（46 頃-119 以降 帝政ローマのギリシア人著述家）　84
ブルツェフ、ウラジーミル（1862-1942 ロシア帝国の革命家、ジャーナリスト）　531
プルナン, マルセル（1893-1983 フランスの動物学者、寄生虫学者。フランス共産党の政治家）　878
ブルム・テーゼ（ルカーチ）　995-96
ブルム、レオン（1872-1950 フランスの政治家、人民戦線政府首班）　876
ブレイ、ジョン ・フランシス（1809-1897 19 世紀のイギリスと母国アメリカの両方において急進的なチャーティスト、社会主義経済学の作者、活動家）　162
ブレイエ、エミール（1876-1952 フランスの哲学者） 20
プレオブラジェンスキー、E.（1886-1937 ソ連共産党中央委員）　810, 811, 812-13, 815, 818, 820, 849, 936
ブレスト・リトフスク条約　677, 739-40, 744, 754, 777, 799, 913
プレハーノフ、ゲオルギー　V.（1856-1918 ロシアの社会主義者。ロシア・マルクス主義の父）　177, 280, 328, 356, 366, 367, 369, 394, 405, 437, 438, 443, 496, 511, 528, 559, 601, 615, 618, 619, 620-39, 642, 644, 645, 648, 649, 651, 671, 672, 680, 687, 694, 728, 731, 770, 775, 833, 835, 837, 866, 868, 889, 895, 911, 947, 960
経験批判論争とプレハーノフ　702, 713-15, 717, 719-23
修正主義に反対したプレハーノフ　634-36, 639
プレハーノフが反対した経済主義　635-36
プレハーノフが反対したレーニン主義　636-39
プレハーノフによって批判されたボルシェビキ 636-38
プレハーノフの一元論　627, 630
プレハーノフの芸術観　632-34
プレハーノフの死　638-39
プレハーノフの史的唯物論の見方　629-39
プレハーノフの背景と経歴　620-21
プレハーノフの反ボルシェビキ主義　636-38
プレハーノフの評価　620, 629-30, 632, 634, 639
プレハーノフの弁証法の見方　626-27, 629, 632
プレハーノフのマルクス主義への転向　621-22
プレハーノフの理論的著作　625-32
弁証法論者対機械論者の論争とプレハーノフ 839-40, 842, 844, 845, 846, 848
ポピュリズムとプレハーノフ　623-24
マルクス主義のステレオタイプとプレハーノフ 626-27
レーニン主義に反対したプレハーノフ　636-39
レーニンとプレハーノフ　629, 632, 635, 636, 638, 639, 656-57, 660, 732, 773
ブレンターノ、フランツ（1838-1917 オーストリアの哲学者、心理学者。哲学の世界に志向性の概念を再導入し現象学の基盤を作った）　435, 517
プロイセン　63, 69-70, 77, 80, 93, 99, 101, 103, 125, 196-98, 208, 427, 445
プロイセン州議会（Landtag）　99, 100-101
フロイト、ジーグムント（1856-1939 オーストリアの心理学者、精神科医）　284, 825, 1060, 1067, 1100, 1105, 1132, 1207
その文明哲学　1109-12
フロムのフロイトとの不一致点　1091-92, 1094
『プロヴァンシアルの手紙』（パスカル）　1052-53
ブローク、アレクサンドル（1880-1921 ロシアのシンボリズムを代表する詩人）　692
フローシャマー、ジェイコブ（1821-1893 ドイツのカトリック神学者および哲学者）　911
プロクロス（412-485 ギリシアの新プラトン主義者） 26
プロコポヴィチ、S. N.（1871-1955 ロシアの経済学者、自由主義政治家）　636, 659
ブロッホ、エルンスト（1885-1977 ドイツのマルクス主義哲学者、無神論者、神学者）　927, 991, 1018, 1080, 1081, 1124-47, 1164
その教説における神　1126, 1136-38, 1146
その教説における存在　1124, 1126, 1130, 1134, 1138
その経験主義　1131-32, 1133
その自然法理論　1140-41, 1147
その宗教教説　1136-38, 1146-47
そのスターリン主義　1127, 1141-43
その政治的方向付け　1141-43
その背景と経歴　1125-28
その評価　1143-47
その文体　1124, 1142
そのマルクス主義解釈　1127, 1140
そのユートピア　1125-26, 1129-36, 1145
それと比較されたハイデガー　1143
ブロッホ、ヨーゼフ　436
プロティノス　13-19, 20, 26, 32, 1140
プロテスタンティズム　77, 483
ブロヒンツェフ、D. I.（1908-1979 ソビエトの量子物理学者）　895
フロム、エーリッヒ（1900-1980 ドイツの社会心理学、精神分析、哲学の研究者）　215, 1063, 1067, 1091-96
その学説　1091-93
その反フロイト主義　1091-92, 1094
そのマルクス主義　1094-96
プロレタリアート　118, 155, 159, 166, 185, 192, 199, 200, 217, 266, 297, 358, 377, 391, 406, 460-61, 462, 517, 526, 577, 578, 636, 830, 982
新しい文化としてのプロレタリアート　486-87
革命とプロレタリアート　105, 107-8, 734
共産党宣言におけるプロレタリアート　187-88
帝国主義とプロレタリアート　598-99
自決問題とプロレタリアート　677-78

フォイエルバッハのヘーゲル主義の否定　95-98
フランスマルクス主義とヘーゲル主義　929
ヘーゲル左派とヘーゲル主義　69, 71-73, 77-79
ヘーゲル主義における国家の役割　61-61, 78-79
ヘーゲル主義における精神の進化　48-52, 56-59
ヘーゲル主義における絶対に先行する意識　48-59
ヘーゲル主義における存在それ自体　52-54, 56-57
ヘーゲル主義における人間性　64, 66-67
ヘーゲル主義における不定性　58-59
ヘーゲル主義における歴史の目標としての自由
　59-67
ヘーゲル主義の影響を受けたレーニン　725-26
ヘーゲル主義の主題　68
ヘーゲル主義の反ユートピア主義　64-65, 68
ヘーゲル主義の崩壊　68-70
ヘーゲル主義批判　62, 75
ベルンシュタインのヘーゲル主義批判　436-37
ヘレニズム哲学とヘーゲル主義　82-83
マルクーゼのヘーゲル主義の解釈　1107-9
マルクスのヘーゲル主義批判　101-3, 109-10, 216,
　328-32
理性とヘーゲル主義　68-69
倫理の問題とヘーゲル主義　577
ルーゲのヘーゲル主義の再解釈　77-79
『ヘーゲルの存在論と歴史性の理論』（マルクーゼ）
　1104
『ヘーゲル法哲学批判』（マルクス）　101, 105, 119,
　357
『ヘーゲル、無神論者及び反キリスト教主義者に関する
　最終判断の切り札、最後通牒』（バウアー）　75
ベーコン、フランシス（1561-1626 イギリスの哲学者、
　科学者、法学者、政治家、貴族、イギリス経験主義の
　祖）　319, 841, 867
ベーコン、ロジャー（1214-1294 13 世紀イギリスの哲
　学者、カトリック司祭）　1145
『ベーコンからスピノザに至る近世哲学史』（フォイエル
　バッハ）　94
ヘーヒベルク、カール（1853-1885 ドイツの社会改革派
　の作家、出版者、経済学）　435
ベーベル、アウグスト（1840-1913 ドイツの社会主義者、
　ドイツ社会民主党の創立者の一人）　202, 212, 355,
　362, 369, 373, 374, 376, 380, 404, 418, 435, 436, 441, 443,
　444
ベーム・バヴェルク、オイゲン（1851-1914 オーストリ
　ア・ハンガリー帝国出身の経済学者、オーストリア学
　派（ウィーン学派）の発展に重要な寄与をした）
　267, 356, 552, 589-92, 651, 809
『ベーム・バヴェルクのマルクス批判（ヒルファーディ
　ング）』　589
ベーメ、ヤコブ（1575-1624 ドイツの神秘主義者）
　21, 31-32, 1124, 1139
ベールイ、アンドレイ（1880-1934 ロシアの小説家、詩
　人、評論家）　692
ベケット、サミュエル（1906-1989 アイルランド生まれ
　のフランスの劇作家、小説家、詩人、1969 年ノーベ
　ル文学賞受賞者）　1021
ヘゲモニーの概念　980-82
ペシッチ・ゴルボヴィチ、Z.　1169
ヘス、モーゼス（1812-1875 ドイツの社会主義者、哲学
　者）　60, 72, 73, 78, 89-93, 99, 101, 118-19, 219, 340,
　905, 1004-5, 1039

ペステル、パベル（1793-1826 ロシアの革命家。デカブ
　リストのイデオローグ）　602
ベック、A. A.（1903-1972 ソビエトの作家）　884
ペテーフィ・サークル（ハンガリー）　997, 1159
ペトラシェフスキー、ミハイル（1821-1866 ロシアの革
　命家。ユートピアの理論家）　605
ペトロヴィッチ、G.（1927-1993 雑誌 Praxis の創始者、
　編集長を務めた哲学者）　1169
ベネット・キャンフィールド、ベネット（1562-1610 英
　国の神秘主義者）　32
ペピヒ（ドイツ人南米探検家）　471
ベラーミン、ロバート（1542-1621 イエズス会の神学者、
　作家）　7
ヘラクレイトス（前 540 頃-480 頃? 古代ギリシアの哲
　学者、自然哲学者）　195, 999
『ヘラクレイトスの哲学、エファソスの暗闘』（ラッサー
　ル）　195-96
ベラルーシ　883
ベリア、ラブレンチー（1899-1953 ソ連の政治家、スタ
　ーリンの大粛清の主要な執行者とされている）
　800, 907, 1148
ベリンスカ、マリア　1159
ベリンスキー、ヴィッサリオン（1811-1848 ロシアの文
　芸批評家）　604
ベル、ダニエル（1919-2011 アメリカの社会学者、作家、
　編集者）　215, 1094
ベルギー　168, 192, 201, 355, 369, 371, 373, 426
　ベルギーの社会主義運動　366
ベルギー労働者党　1366
ベルクソン、アンリ（1859-1941 フランスの哲学者）
　449, 476, 477-78, 485, 489-90, 492, 529, 534, 539, 540,
　545, 692, 878, 911, 1015, 1063, 1079, 1080, 1081, 1131
ベルジャーエフ、ニコライ・アレクサンドロヴィチ
　（1874-1948 ロシアの哲学者、10 月革命後にパリに亡
　命した）　601-2, 647, 651, 652, 654, 693-94, 702,
　715-16, 824, 915, 946
ベルジュラック、シラノ、ド（1619-1655 フランスの剣
　術家、作家、哲学者）　1145
ヘルダー、ヨハン・フォン（1744-1803 ドイツの哲学者、
　文学者、詩人）　556, 1207
ペルティエ、フェルナン（1867-1901 フランスのアナキ
　スト、サンディカリスト）　479
ベルトフ（プレハーノフが使った偽名の一つ）プレハー
　ノフを見よ
ベルネ、ルートヴィヒ（1786-1837 ドイツの政治的作家、
　文芸評論家）　70
ヘルバルト、ヨハン（1776-1841 ドイツの哲学者、心理
　学者、教育学者）　496, 498, 500-502, 510
ヘルマン・クリーゲ（1820-1850 ドイツの友愛団体のメ
　ンバー、ジャーナリスト）　93
ヘルムホルツ, ヘルマン・フォン（1821-1894 ドイツの
　生理学者、物理学者）　308
『ベルリン労働運動史』（ベルンシュタイン）　436
ベルンシュタイン、エドゥアルト（1850-1932 ドイツ社
　会民主主義の理論家、政治家、社会民主主義・修正主
　義の理論的創始者）　212, 267, 356, 363, 373, 376,
　380, 389, 391, 399, 404, 415, 425, 433-46, 463, 465, 480,
　489, 499, 508, 513, 551, 556, 578, 629, 635, 649, 651, 659,
　671, 732, 1153, 1182
　革命観　440-43
　価値論の批判　437-43

xxxviii

史的唯物論の批判　436-37
正統派のベルンシュタイン批判　443-45
背景と経歴　435-36
ヘーゲル哲学の批判　436-37
ベルンシュタインの修正主義の教説　434, 438-46, 635, 661, 1140
マルクス主義批判　436-40
ルクセンブルク批判　444
歴史の法則と弁証法の見方　436-38
『ベルンシュタインと社会民主主義の綱領：批判』（カウツキー）　381
ペロフスカヤ、ソフィア（1853-1881 ロシア帝国の革命家）　619
ベンサム、ジェレミ（1748-1832 イギリスの哲学者、経済学者、法学者、功利主義の創始者）　124, 355, 393, 456
弁証法　844, 977, 994, 1085, 1113-14
エンゲルスの弁証法　317-18, 327-28
科学と弁証法　842-43
自然の弁証法　自然の弁証法、その理論を見よ
対立物の闘争と弁証法　727
『哲学ノート』における弁証法　727
発生的構造主義理論における弁証法　1048
否定の弁証法　否定の弁証法を見よ
プレハーノフの弁証法の見方　626-27, 629, 632
弁証法の法則　318
用語としての弁証法　317-18, 334, 842, 1030-31
ルカーチの弁証法の見方　1001-2, 1005, 1007
『弁証法的・史的唯物論』（スターリン）　862
弁証法的唯物論　629, 651-52, 719, 721, 771, 825, 834-35, 841, 896, 898, 908-13, 994, 1016, 1146, 1164
コルシュの見方　1037-38
『小教程』における弁証法的唯物論　912-13
真理の相対性と弁証法的唯物論　912-13
その非感覚論的主張　911-13
弁証法的唯物における真理　912-13
弁証法的唯物論の実証不可能な諸教条　909-11
弁証法的唯物論の「自明の理」　909
弁証法論者と機械論者との論争　841-43, 848
『弁証法的唯物論概説』（レオーノフ）　891
「弁証法的唯物論と自然科学」（デボーリン）　843-44
『弁証法的理性批判』（サルトル）　1171-72
「弁証法論理学と認識論」（エンゲルス）　325
『弁証法の探究』（ゴルドマン）　1047
弁証法論者と機械論者との論争　838-48
エンゲルスの理念と論争　841-44, 846
科学と論争　839-40, 842-45, 846, 847
論争における形式論理学　843-44, 846
論争におけるヘーゲルの理念　839-42, 844, 846
論争における弁証的唯物論　841-43, 848
論争におけるマルクス・レーニン主義　844-45
哲学と論争　839-40, 842, 845, 846-47
党精神の原理と論争　848
プレハーノフの理念と論争　839-40, 842, 844, 845, 846, 848
『変身』（カフカ）　344
ベンチュリ、F.（1914-1994 イタリアの歴史家、エッセイスト、ジャーナリスト）　611
ベンヤミン、ヴァルター（1892-1940 ドイツの文芸批評家、哲学者、思想家）　1062, 1063, 1065-66, 1068, 1126

ヘンリー8世（1491-1547 テューダー朝第2代のイングランド王）　381, 757
『ポ・プロストゥ』（直言）紙　1159
ボイル、ロバート（1627-1691 アイルランド出身の自然哲学者、化学者、物理学者、発明家、ボイル・マリオットの法則で知られる）　324
彭真（1902-1997 中華人民共和国の政治家。中国共産党八大元老の1人）　1193
法則　207, 482, 834
価値法則　368-70
自然の法則　268, 1140-41, 1147
自由意志と法則　41-42
全体主義の法則　762
ネップ時代の法則　828-29
否定の否定の法則　321
弁証法の法則　318
法則か遡及的革命か　525-26, 528
法則の廃絶　343
毛沢東主義と法則　1213
量から質への転化の法則　319-20
『法哲学』（ヘーゲル）　55, 59, 62, 66
彭徳懐（1898-1974 中華人民共和国の政治家、軍人。中華人民共和国元帥）　1192-93
『法と経済の一般理論』（パシュカーニス）　828
『暴力論』（ソレル）　480, 483, 495
ボエティウス（480-524 古代ローマ末期のイタリアの哲学者、政治家、修辞家）　14
ポー、エドガー・アラン（1809-1849 アメリカ合衆国の小説家、詩人、評論家）　180
ボーア、ニールス（1885-1962 デンマークの理論物理学者。量子論の育ての親として、前期量子論の展開を指導、量子力学の確立に大いに貢献）　894
ホーナイ、カレン（1885-1952 ドイツ生まれのアメリカの精神科医、精神分析家。新フロイト派）　1091
ポーランド　73, 173, 200, 201, 202, 204, 254, 286, 355, 369, 403-4, 425, 504, 516, 529, 763, 853, 871, 885, 947, 955, 1168-69, 1204
1905年革命とポーランド　688-89
ソビエトのポーランド侵略　881-82, 948
ドイツのポーランド侵略　882, 952
ポーランドにおけるスターリン後の修正主義　1149, 1150, 1155, 1159-62, 1163
ポーランドにおける文化のソビエト化　925-26
ポーランドのスターリン主義　920-26
ポーランドの非スターリン化　119-51
ポーランドのポズナン蜂起　1150
ポーランドのマルクス主義者の運動　367-68
ポーランドへのクルジヴィツキの影響　511-12
民族問題とポーランド　426-27, 429-30, 527-28, 544-45, 589, 675-78, 799
ポーランド王国・リトアニア社会民主党（SDKPiL）　368, 380-81, 403-4, 426, 513, 527, 531, 675
ポーランド回廊　877
ポーランド科学アカデミー　925
ポーランド共産党　403, 853, 882, 926
ポーランド社会主義者同盟（対外同盟）　523
ポーランド社会党（PPS）　368, 404, 426, 427, 528-29, 513, 523, 588, 675, 731-2
『ポーランドの産業的発展』（ルクセンブルク）　404
ポーランド労働者同盟　513
ポーリング、ライナス（1901-1994 アメリカの化学者、

xxxix

生化学者、平和活動家、複数のノーベル賞受賞者）　895
ホールデン、J. B. S.（1892-1964 イギリスの生物学者）　878
ボグダーノフ、A. A.（1873-1928 ロシアの内科医、哲学者、経済学者、SF 作家、革命家）　652, 688, 691, 702-9, 714-16, 720, 774, 842
　経験一元論哲学　704-9
　背景と経歴　702-4
　プロレットカルトの理念　710-12
ポクロフスキー、ミハイル　N.（1868-1932 ロシアのマルクス主義の歴史家、ボルシェビキの革命家）　827-28
ポサドフスキー（V. E. マンデルバーグ　1869-1944 ロシアの政治家）　672
ポスティシェフ、パベル（1887-1939 ソビエトの政治家。国家および共産党の役人）　852
ポストニコフ、V. Y.（1844- ロシアの経済学者、統計学者）　643
ポズナン暴動　1150
ボチェンスキ、ヨゼフ・マリア（1902-1995 ポーランドの論理学者、物理学者）　1182
『北極星』（ゲルツェン）　606
ポツダム会談（1945）　921
ホッブズ、トーマス（1588-1679 清教徒革命から王政復古期にかけてのイングランドの哲学者）　315, 319, 335, 472, 717-18, 841, 1171
ボットモア、T. B.（1920-1992 英国のマルクス主義 社会学者）　303
ポトレソフ、アレクサンドル　N.（1869-1934 ロシアの社会民主主義の政治家。ロシア社会民主労働党のメンシェビキの指導者の１人）　641, 643, 648, 655, 658-60, 687, 731, 732
ボナフー、マックス（1900-1975 フランスの社会学者、1942 年から　1944 年までヴィシー政権で農業・供給大臣を務めた）　451
ボナルド、ルイ・ド（1754-1840 フランスの王党派の政治家、哲学者）　526
『炎』（ブジョゾフスキ）　529, 532
ポパー、カール（1902-1994 オーストリア出身のイギリスの哲学者）　301
ポピッツ、H.（1925-2002 一般的な社会学理論に取り組んだドイツの社会学者）　215
ポピュリズム　635, 642, 644, 648
　資本主義の発達とポピュリズム　618
　社会主義者の革命運動とポピュリズム　622-23
　小農民問題とポピュリズム　611, 613
　初期ロシア・マルクス主義におけるポピュリズム　609-19
　村落共同体教説とポピュリズム　617, 618
　プレハーノフとポピュリズム　623-24
　レーニンのポピュリズムの定義　610-11
『ポピュレール』（1833 年にカベーよって設立された）　175
ホブソン、J. A.（1858-1940 英国の経済学者、社会科学者）　733, 740
ホフマン、パウエル（1903-1978 共産主義活動家、広報担当者）　544
ポポフ、N. N.（ソビエトの歴史家）　828
ポミアン、K.（1934- ポーランドの哲学者、歴史家、エッセイスト）　1159
ホミャコフ、アレクセイ（1804-1860 ロシアの神学者、哲学者、詩人）　604
ポランニー、マイケル（1891-1976 ハンガリー出身のユダヤ系物理化学者、社会科学者、科学哲学者）　993
ポリツェル、ジョルジュ（1903-1942 フランスの哲学者。ハンガリー系ユダヤ人出身のマルクス主義理論家）　878
ホルクハイマー、マックス（1895-1973 ドイツの哲学者、社会学者。フランクフルト学派の代表）　1062, 1063, 1067-68, 1070, 1071, 1072, 1084, 1088, 1090-91, 1097
　批判理論とホルクハイマー　1063-65
ボルケナウ、フランツ（1900-1957 オーストリア出身の社会学者、ジャーナリスト。フランクフルト学派の１人で全体主義批判理論の先駆者の一人）　1062
『ボルシェビキ』（ソビエト共産党月刊誌）　888, 901
ボルシェビキ、ボルシェビキ主義　394-95, 405-6, 428, 431, 480, 494-95, 561, 636, 641-42, 660, 661, 664, 670, 709, 746, 766, 773, 774-75, 793, 796, 797, 815, 854, 861-62, 877, 914, 942-48, 965, 867, 1012, 1040, 1181
　1917 年革命とボルシェビキ　735-36, 739-41
　アドラーのボルシェビキ批判　582
　職業的革命家集団としてのボルシェビキ　666-67
　絶対的なボルシェビキ　561-62
　ソビエト共産党も見よ
　第３インターナショナルとボルシェビキ　872-75, 877
　大粛清とボルシェビキ　851-52
　党の独裁とボルシェビキ　943
　農民論争とボルシェビキ　730-31
　ブレスト・リトフスク条約とボルシェビキ　739-40
　プレハーノフのボルシェビキ批判　636-38
　ボリシェビキが反対したプロレットカルト　711
　ボルシェビキの勝利　777-78
　マルトフのボルシェビキの見方　770-72
　民族問題とボルシェビキ　731
　メンシェビキのボルシェビキとの断絶　670-72, 687-88, 731
　ルクセンブルクのボルシェビキ批判　420-23, 424
　労働者階級とボルシェビキ　665-66
ホルスト、ヘンリエッタ・ローランド（1869-1952 オランダの詩人、共産主義者）　356
ホルティ、ミクローシュ（1868-1957 ハンガリーの海軍軍人、政治家。国王不在のハンガリー王国において 1920 年から 1944 年まで元首たる摂政）　995
ボルディガ、アマデオ（1889-1970 イタリアのマルクス主義理論家、革命的社会主義者、イタリア共産党（PCI）の創設者、コミンテルン のメンバー）　965, 967-68
ボルノウ、オットー（1903-1991 ドイツの教育哲学者）　1082
ポロック、フリードリッヒ（1894-1970 ドイツの社会科学者、哲学者。フランクフルト・アム マインの社会調査研究所の創設者の１人）　1061, 1067
ホワイトヘッド、 アルフレッド・ノース（1861-1947 イギリスの数学者、哲学者）　1131
本質　94, 387-88, 566, 581, 991, 1025, 1122, 1126, 1129
　現実の本質　259-60
　存在と本質　12, 56, 148, 217, 993
　批判理論における本質　1064-65
ボンチ＝ブリュエヴィッチ、V. D.（1873-1955 ソビエト

の革命家、政治家、作家、研究者、歴史家、レーニンの個人秘書）　688
ポンポナッツィ、ピエトロ（1462-1525 イタリアの哲学者）　7
『本来性という隠語――ドイツ的なイデオロギーについて』（アドルノ）　1068, 1082

●マ行

マー、ニコライ　Y.（1864-1934 ソ連邦の言語学者）　791, 900-901, 1067
マーシャル・プラン　922
マーロウ、クリストファー（1564-1593 エリザベス朝時代の英国の劇作家、詩人、翻訳者）　879
マイヤー、グスタフ（1871-1948 労働運動に特に焦点を当てたドイツのジャーナリストおよび歴史家）　215
マイヤー、ロータル（1830-1895 ドイツの化学者、医師。元素の周期表の作成をメンデレーエフとほぼ同時に行った）　308
マカレンコ（1888-1939 帝政ロシアからソヴィエ連邦に変わっていく時代のロシアの教育者）　1022
マキシモフ、A. A.（A. A.　ソ連の哲学者）　869, 888, 891, 893
マキャヴェッリ、ニッコロ（1469-1527 イタリア・ルネサンス期の政治思想家）　127
『マキャヴェリに関するノート、政治と現代国家』（グラムシ）　969, 974, 982, 984-85
マクドナルド、ドワイト（1906-1982 アメリカの作家、編集者、映画評論家、社会評論家）　947
マクドナルド、ラムゼイ（1866-1937 スコットランド出身のイギリスの政治家、労働党党首、イギリス首相）　947
マゲリッジ、マルコム（1903-1990 英国のジャーナリスト、風刺作家）　858
マザラン、ジュール（1602-1661 17 世紀フランス王国の政治家、枢機卿）　1056
マサリク、トマーシュ（1850-1937 チェコの社会学者、哲学者、政治家。チェコスロヴァキア共和国の初代大統領）　356, 498-99, 508, 527
『貧しき罪人の福音』（ヴァイトリング）　173
マズロー、アルカディ（1891-1941 ドイツ共産党の指導者）　431, 875
『マタン』（朝）　451
マッツィーニ、ジュセッペ（1805-1872 イタリア統一運動時代の政治家、革命家）　201, 498
マッハ、エルンスト（1838-1916 オーストリアの物理学者、科学史家、哲学者）　260, 692, 695-96, 699-701, 703, 704, 706, 708, 715, 716, 718, 722, 723, 842, 893, 1009, 1042, 1100
マッハ主義者　356
マニ教　17, 20
マヌイリスキー、ドミトリー（1883-1959 ロシアの革命家、ソ連邦の政治家、コミンテルン執行委員会書記）　874
『魔の山』（マン）　1031
マハイスキ、ヴァツワフ（1866-1926 ポーランドの革命家）　493, 917
マブリー、ガブリエル・ド（1709-1785 フランスの哲学者）　153
マヤコフスキー、ウラジーミル（1893-1930 20 世紀初頭のロシア・未来派を代表するソ連の詩人）　825
マラー、H. J.（1890-1967 アメリカの遺伝学者。1946 年のノーベル生理学・医学賞受賞者）　878
マラテスタ、エリコ（1853-1932 イタリアのアナキスト）　369
マリオット、エドム（1620 頃-1684 フランスの物理学者、司祭）　324
マリノフスキー、ブロニスワフ（1884-1942 ポーランド系イギリス人の人類学者、民族学者）　1122
マリノフスキー、ロマン（1876-1918 ロシア革命以前の著名なボルシェビキの政治家、ツァーリの秘密警察であるオクラーナのエージェント）　668, 731, 774
マルクーゼ、ヘルベルト（1898-1979 アメリカの哲学者。ドイツ出身）　1063, 1065, 1088, 1098, 1104-23, 1145, 1179, 1182
　一次元的人間説　1113-15
　概観　1104-5
　科学の見方　1120-23
　経験論　1106, 1108, 1116
　現実と理性　1105-6
　実証主義批判　1105-9, 1114-15
　自由に反対する革命説　1115-19
　ソビエト連邦批判　1118-19
　背景と経歴　1104-5
　評価　1119-23
　文明批判　1109-12, 1120
　ヘーゲル主義の解釈　1107-9
　暴力の正当化　1116-17, 1118, 1120
　そのマルクス主義　1104, 1119
　抑圧的寛容説　1116-18, 1120-21
マルクス・エンゲルス研究所　212, 827, 906
マルクス・レーニン主義　639, 792, 856, 869, 881
　戦後の科学とマルクス・レーニン主義　892-98
　弁証法論者対機械論者の論争におけるマルクス・レーニン主義　844-45, 848
マルクス、カール（1818-1883 プロイセン王国出身の哲学者、経済学者）　5, 43, 70, 75, 79, 97, 197, 278, 286, 289, 295-96, 300, 364, 380, 466, 492, 529, 534, 569, 594, 612, 615, 662-63, 665, 673-74, 683, 711, 721, 751, 755, 763, 766, 829, 844, 846.867, 881, 889, 898, 909, 913, 916, 928, 960, 998-99, 1039, 1040, 1042, 1046, 1047, 1050, 1058, 1095, 1097, 1100, 1104, 1109, 1112, 1123, 1160, 1171, 1197
　1848 年革命におけるマルクス　192-93, 202-3
　遺産　1206-8
　ヴァイトリングとの遭遇　173-74
　階級観　290-93
　革命の理念とマルクス　297
　価値の定義　268
　カント批判　85-86, 557-58
　来るべき革命の見方　247-48
　共産主義者同盟におけるマルクス　186-87
　契機としてのロマン主義　335-37, 340-41, 1145, 1209
　個性観　567-68
　最初の論文　99
　死　212
　史的唯物論の考え方　275-76
　社会主義のプログラム　107-8
　宗教的信条の見方　583
　シュティルナー批判　138-41
　初期の研究　80-82, 978
　第 1 インターナショナルとマルクス　200-201,

まれのイギリスの精神科医、思想家）　36
マンデリシュターム、オシップ（1891-1938 ポーランド出身のロシアのユダヤ系詩人）　825
マンデル、エルネスト（1923-1995 ベルギーのマルクス主義経済学者、トロツキスト運動家）　222, 1183
マンハイム、カール（1893-1947 ハンガリーのユダヤ人社会学者で知識社会学の提唱者）　127, 993, 1015
ミシュレ、ジュール（1798-1874 19 世紀フランスの歴史家。「ルネサンス」の造語者）　5, 447, 456, 1207
『未知への痕跡』（ブロッホ）　1127
ミチューリン、イヴァン（1855-1935 果樹の品種改良を科学的に行なったロシアの生物学者）　897, 898
ミティン、M. B.（1901-1987 ソ連のマルクス・レーニン主義の哲学者）　845, 846
南ロシア労働者同盟　682
ミニン、O.　839
ミネ、フランソワ（1796-1884 フランスのジャーナリスト。フランス革命の歴史家）　627
ミハイロフスキー、ニコライ（1842-1904 ロシアの文芸評論家、社会学者。ナロ—ドニキ運動の理論家）　612, 613-16, 617, 626, 644
ミハルチエフ、ディミタール（1880-1967 ブルガリア・ソフィア大学の哲学者）　927
ミヘルス、ロベルト（1876-1936 ドイツ出身の社会学者・歴史学者）　581-82
ミヘレット、カール・ルートヴィヒ（1801-1893 ドイツの哲学者。ヘーゲル中央派）　71, 73
ミュージル、ロバート（1880-1942 オーストリアの哲学者、小説家）　1021-22, 1073
ミュッセ、アルフレッド・ド（1810-1857 フランスのロマン主義の作家）　928
ミュンスターバーグ、ヒューゴ（1863-1916 ドイツ出身のアメリカの心理学者、哲学者）　563
ミュンツァー、トーマス（1489-1525 ドイツの宗教改革者）　213, 518, 1126
ミリアム（ゼノン・プシェスミツキ、1861-1944 ポーランドの詩人、翻訳者、美術評論家）　531
ミル、J. S.（1806-1873 イギリスの政治哲学者、経済思想家）　322, 355
ミル、ジェームズ（1773-1836 スコットランドの歴史家、哲学者、経済学者。ジョン・スチュアート・ミルの父。ベンサムの友人。功利主義の重鎮）　109
ミルラン、アレクサンドル（1859-1943 フランスの政治家。第一次世界大戦後の 1920 年 1 月から首相となり、同年 9 月フランス第三共和政の第 12 代大統領。在職期間 1920-1924 年）　364-65, 371, 372-73, 449-50, 464, 499
民主主義　343, 344, 371, 394, 398, 422, 424, 429, 431, 439, 488, 490-91, 493, 494-95, 770, 817
　オーストリア・マルクス主義者の民主主義観　579-80
　官僚制と民主主義　581-82
　産業民主主義　171, 173
　“真”の民主主義　761
　政治的及び社会的民主主義　579-80
　ソビエト連邦における民主主義　944-45
　党内民主主義　935, 947, 1028
　トロツキーの民主主義観　763-66, 944-45, 953-56
　バクーニンの民主主義の構想　209
　バブーフ主義者の運動と民主主義　153
　プロレタリアートの独裁と民主主義　756, 757-58, 761, 763-66
　民主主義の目的　102
「民主主義革命における社会民主党の二つの戦術」（レーニン）　662.681
『民主主義と評議会制度』（アドラー）　561
ミンスキー、N.（1855-1937 ロシアの詩人）　693
民族　81, 451
　民族崇拝　46
　ラブリオーラの民族の見方　503-4
民族主義　337, 428, 429, 476, 494, 678, 903, 1211
　ソビエト民族主義　870
民族問題　424-30, 561, 809, 870
　エンゲルスと民族問題　425-26, 428
　オーストリア・マルクス主義と民族問題　585-89, 675
　史的唯物論と民族問題　585-86
　社会主義運動と民族問題　586-87
　スターリンと民族問題　675, 798-99
　バウアーの民族問題の見方　588-89
　ブジョゾフスキと民族問題　544-45
　ポーランドと民族問題　426-27, 429-30, 527-28, 544-45, 589, 675-78, 790
　マルクスと民族問題　425-28
　民族の性質と民族問題　585-87
　ルクセンブルクと民族問題　424-30, 587-88, 675-79
　レーニンと民族問題　589, 674-80
『民族問題と自決権』（ルクセンブルク）　427-28
『民族問題と社会民主主義』（バウアー）　552, 561
無（nothingness）　15, 28, 32, 1130, 1135
無意識の理論　1091-92
無限　58-59, 75
無時間　14
『矛盾論』（毛沢東）　1184, 1186
無神論　78, 91, 94, 113, 116, 204, 330, 694, 714, 723, 724, 1138-39
　エンゲルスの無神論　119
　科学的無神論　93
　キリスト教における無神論（ブロッホ）　1128
『無政府主義か社会主義か』（スターリン）　797
無政府主義者　134, 367, 459, 492, 493, 515, 942-43
　イタリアの無政府主義　207-8
　国家と無政府主義　369-70
　第 2 インターナショナルと無政府主義者　359-62, 942-43
　バクーニンと無政府主義　203-5, 208-9
　サンディカリズムも見よ
ムソルグスキー、モデスト（1839-1881 ロシアの作曲家）　886
『鞭のゲルマン帝国と社会革命』（バクーニン）　203
ムッソリーニ、ベニート（1883-1945 イタリアの政治家。ファシズムを独自に構築し、国家ファシスト党による一党独裁制を確立した）　475, 495, 955, 967
ムラデリ、ヴァノ（1908-1970 ソ連グルジアの作曲家）　886
メイエルホリド、フセヴォロド（1874-1940 ロシアの演出家、俳優）　825
『命題論』　12
メイヤー、J. R.（1814-1878 ドイツの医師、化学者、物理学者。熱力学の創始者の 1 人）　313
メーストル、ジョゼフ・マリー・ド伯爵（1753-1821 フ

ランスのカトリック思想家、王党派）　157, 172, 526
メーヌ・ド・ビラン（1766-1824 フランスの哲学者、政治家）　469
メーリング、フランツ（1846-1919 ドイツのマルクス主義者、歴史家、文芸史家）　126, 200, 212, 356, 400-402, 404, 405, 443, 559, 565, 632, 677, 1023, 1036
メキシコ　286, 937, 938-39
メドヴェージェフ、ロイ（1925- ソ連、ロシアの歴史学者）　707, 820, 844, 1166
メルリーノ、サヴェリオ（1856-1930 イタリアの弁護士アナキスト活動家、リバータリアン社会主義の理論家）　491
メルロー＝ポンティ、モーリス（1908-1961 フランスの哲学者　主に現象学の発展に尽くした）　930-31, 1158
メレシュコフスキー、ディミトリー（1866-1941 ロシア象徴主義草創期の詩人　最も著名な思想家）　634, 692-93
メレディス、ジョージ（1828-1909 19 世紀イギリスの小説家）　540
メンシェビキ　177, 376, 405, 422, 431, 636, 637, 664, 666, 680, 731, 734, 736, 743, 747, 762, 764, 771, 772-73, 774, 796, 797, 798, 799, 821, 854, 851, 861, 939, 940, 942-43
　1905 年革命期のメンシェビキ　687-91
　その教説　671-74, 681-82
　その終焉　746
　ボルシェビキとの分裂　670-72, 687-88, 731
「メンシェビキ化された観念論」　845-47
メンデル、グレゴール（1822-1884 オーストリア帝国・ブリュンの司祭。植物学の研究を行い、メンデルの法則を打ち建てた）　869
メンデルソン、スタニスワフ（1858-1913 ポーランドの社会主義政治家）　369
モア、トマス（1478-1535 イングランドの法律家、思想家、人文主義者。政治・社会を風刺した『ユートピア』の著述で知られる）　151, 152, 381, 756-57
毛沢東　905, 1175
　永続革命理論と毛沢東　1196
　大躍進と毛沢東　1169-90
　文化大革命と毛沢東　1193-95, 1196
　毛沢東崇拝　1194-95, 1197-98
　毛沢東の教育敵視　1196-99
　毛沢東の芸術観　1186-87
　毛沢東の自由観　1201
　毛沢東の背景と経歴　1164-86
　毛沢東の民主集中制　1200-1201
『毛沢東語録』　1195
毛沢東主義　803, 804, 1181
　農民的ユートピアとしての毛沢東主義　1183-84, 1199
　法と毛沢東主義　1213
　マルクス主義と毛沢東主義　1199-1200
　毛沢東主義における教育の敵視　1197-99
　毛沢東主義における平等主義　1202
　毛沢東主義のイデオロギー的影響　1203-4
　毛沢東主義の西欧礼賛　1204-5
　毛沢東主義の農民崇拝　1197-98
モーガン、T. H.（1866-1945 アメリカ合衆国の遺伝学者）　260, 294, 869
モーガン、ルイス H.（1818-1881 アメリカ合衆国の文化人類学者）　213, 517, 519, 526
モーペルテュイ、ピエール＝ルイ（1698-1759 フランスの数学者、著述家）　700
モーラス、シャルル（1868-1952 フランスの文芸評論家、作家、詩人。王党派右翼のアクション・フランセーズで活動）　172
モール、ジョセフ（1813-1849 ドイツの労働運動指導者、革命家）　186
モゼレフスキ、カロル（1937-2019 ロシア出身のポーランドの歴史家、作家、政治家、学者。1960 年代から 1980 年代の改革を担った）　1161
「物それ自体」　553-54, 557, 573, 697, 705-6, 720-21, 722, 726, 1007
モラン、エドガール（1921- フランスの哲学者、社会学者）　1172
モリエール、ジャン＝バティスト（1622-1673 フランスの劇作家、俳優、詩人）　593, 1054
モリス、ウィリアム（1834-1896 19 世紀イギリスの詩人、デザイナー、マルクス主義者）　369
モレショット、ジェイコブ（1822-1893 オランダの生理学者）　314, 469
モレリー、エティエンヌ（1717-1778 フランスのユートピア思想家、哲学者）　153
モロッコ　449, 799
モロトフ、ヴャチェスラフ（1890-1986 ソビエト連邦の政治家。人民委員会議議長（首相）外務人民委員、外務大臣）　817
モンテーニュ、ミシェル・ド（1533-1592　16 世紀ルネサンス期のフランスを代表する哲学者、モラリスト、懐疑論者、人文主義者）　35
モンテスキュー伯爵（1689-1755 フランスの哲学者）　35, 1207
モンテルラン、アンリ・ド（1896-1972 フランスの小説家、劇作家）　1021

●ヤ行

ヤコービ、フリードリッヒ（1743-1819 ドイツの思想家、著作家）　75
ヤゴーダ、ゲンリフ（1891-1938 ソビエト連邦の秘密警察 NKVD の局長）　851-52
ヤスパース、カール（1883-1969 ドイツの哲学者、精神科医。実存主義哲学の代表的論者の一人）　10, 1082, 1145
ヤルタ会談（1945）　884, 921
ヤロスワフスキ、ヤン（1972-90 年までブレーメン大学の教授。政治体制の理論を担当）　859
ヤロスラフスキー、E.（1878-1943 ソビエト連邦の政治家）　828, 831
ヤンセン、コーネリアス（1585-1638 フランダースのイープルのオランダのカトリック司教）　1052
『唯一者とその所有』（シュティルナー）　134
『唯物史観』（カウツキー）　381, 383, 1034
唯物論　191, 692, 693, 710, 717, 843, 888, 986, 1063, 1137-38, 1164
　アドラーの唯物論批判　571-74
　エンゲルスの唯物論　310-11, 319, 333-34
　観念論と唯物論　309-12, 834, 889
　グラムシの唯物論批判　976-78
　実証不能の教条としての唯物論　909-10
　『哲学ノート』における唯物論　727-28

●ラ行

物質と唯物論　310-12
　　マルクスの唯物論　332-33
　　唯物論の伝統　124-25
　　ラファルグの唯物論　469-70
　　歴史の解釈と唯物論　129-30
　　ロシアの唯物論　608-9
『唯物論的歴史観について』（ラブリオーラ）　498-99
『唯物論哲学入門』（デボーリン）　840
『唯物論と経験批判論　－ある反動哲学についての批判
　　的覚え書』（レーニン）　717, 722, 725-28, 775, 797,
　　888, 1016
　　『唯物論と経験批判論』の重要性　722-23
『唯物論の擁護』（プレハーノフ）　626
『唯物論の歴史について』（プレハーノフ）　628
『有閑階級の経済理論』（ブハーリン）　809
『有閑階級の経済学：オーストリア学派の価値と利潤の
　　理論』（ブハーリン）　808-9
「有機的活動」　512
「有機的」知識人　979-80
ユーゴー、ヴィクトル（1802-1885 フランス・ロマン主
　　義の詩人、小説家）　469
ユーゴスラビア　884, 915, 920, 1148, 1155
　　ソビエトとの分裂　921-24, 1167
　　ユーゴスラビア社会主義　1167-68
　　ユーゴスラビアにおけるスターリン主義後の修正主義
　　　1167-70
　　ユーゴスラビアのスターリン主義的官僚制　915-16
ユーゴスラビア共産党　922-23, 1170
『ユートピア』（モア）　151, 152
ユートピア　46, 482, 621, 1081
　　ブロッホのユートピア　1125-26, 1129-36, 1145
　　ユートピアとしてのマルクス主義　1132-36
　　レーニンのユートピア　756-77
ユートピア社会主義　179-84, 190, 388-89, 622, 771
　　共産主義とユートピア社会主義　180
　　諸命題とユートピア社会主義　180-82
　　人間の本性とユートピア社会主義　179-80
　　マルクス主義とユートピア社会主義　180-83
ユートピア主義　9, 176, 250, 477, 489, 669, 1005
　　価値論とユートピア主義　219-22
『ユートピアの精神』（ブロッホ）　1125-26
融和政策　881
ユシュケヴィッチ、P.（1906-1993 ソ連の数学史家）
　　702, 703, 709, 722
ユダヤ教　54
ユダヤ人　674-75, 798, 893, 903, 923, 1061
『ユダヤ人問題について』（マルクス）　101, 103, 105,
　　118, 119, 297
ユディン、パベル（1899-1968 ソビエトの哲学者）
　　845, 891
ユング、カール（1875-1961 スイスの精神科医、心理学
　　者）　1132
ヨーゼフ・シゲティ（1892-1973 ハンガリーのバイオリ
　　ン奏者）　997
『ヨーロッパの三頭政治』（ヘス）　89-90
抑圧的寛容　1116-18, 1120-212
『抑圧的寛容』（マルクーゼ）　1105
予定説　281
ヨフチュク、M. T.　891

ラ・メトリー、ジュリアン・ド（1709-1751 フランスの
　　哲学者、医師。啓蒙期フランスの代表的な唯物論者）
　　35, 469
ライエル、チャールズ（1797-1875 スコットランド出身
　　の地質学者）　313
ライヒ、ヴィルヘルム（1897-1957 オーストリア出身の
　　医学博士、精神分析家、精神科医）　1182
『ライプツィヒ・アルゲマイネ・ツァイトゥング』
　　134
『ライプツィヒ人民新聞』　404, 417-18
『ライプツィヒ・フォルクス・シュタート』　248
ライプニッツ、ゴットフリート（1646-1716 ドイツの哲
　　学者、数学者）　94, 140, 309, 333, 566-67, 909, 910,
　　1135, 1171
『ライン新聞』　82, 99, 134
ラインラント　70
ラガルデル、ユベール（1874-1958 フランスのサンディ
　　カリズムの先駆者）　365, 480, 508
ラコフスキー、ゲオルギ（1873-1938 年以降に死亡。ブ
　　ルガリア出身、ソビエト・ロシアの政治家）　851,
　　936
『ラシーヌ』（ゴルドマン）　1047
ラシーヌ、ジャン（1639-1699 17 世紀フランスの劇作家、
　　フランス古典主義を代表する悲劇作家）　1047,
　　1050, 1052
『ラシーヌ批判の状況』（ゴルドマン）　1047
ラシュリエ、ジュール（1832-1918 19 世紀後半のフラ
　　ンスの代表的な哲学者、教育家）　451, 452
ラジン、ステンカ（1630-1671 ロシア南部で貴族と帝国
　　主義官僚に対する大規模な蜂起を主導したコサックの
　　指導者）　204
ラスキ、ハロルド　J.（1893-1950 多元的国家論を唱え
　　た英国の政治学者、労働党の幹部）　878-79
『楽興の時』（アドルノ）　1068
ラッサール、フェルディナント（1825-1864 プロイセン
　　の社会主義者、労働運動指導者）　150, 157, 177,
　　195-200, 201, 203, 204, 206, 208, 273, 297, 357, 361, 362,
　　401, 436, 447, 451, 462, 578, 995, 1004
ラディシェフ、アレクサンダー（1749-1802 ロシアの作
　　家、社会評論家）　889
ラデク、カール（1885-1939 ロシアの革命家）　820,
　　822, 851, 852, 936
ラトビア　689, 829, 871, 882
ラファルグ、ポール（1842-1911 フランスの社会主義者、
　　批評家、ジャーナリスト）　356, 364, 365, 367,
　　468-74, 496, 511, 517, 528, 632
　　経済決定論　470-71
　　原始共産主義とラファルグ　471-74
　　高貴な野蛮神話とラファルグ　471-73
　　史的唯物論　470-71, 473
　　私有財産の見方　471-72
　　そのマルクス主義　468-69
　　その唯物論　469-70
　　背景　168
　　理論家としてのラファルグ　468-70
ラファルグ、ラウラ・マルクス（1845-1911 マルクスの
　　次女、社会主義活動家）　468
ラプラス、ピエール＝シモン（1749-1827 フランスの数
　　学者、物理学者、天文学者）　313, 315

xlv

ラブリオーラ、アントニオ（1843-1904 イタリアのマルクス主義哲学者） 356, 367, 374, 438, 443, 476, 480, 496-510, 522, 523, 536, 932, 971
史的唯物論の見方 506-9
自由の考え方 500-501
宗教の見方 501-2, 504-5
初期の著作 499-502
進歩の理念とラブリオーラ 505-6
ソクラテス論 499-500
生涯と作品 498-99
哲学のスタイル 496-98
道徳の考え方 501-2
不可知論批判 509-10
ヘーゲルの影響 496, 498-502, 505, 506
民族問題の見方 503-4
ラブリオーラのマルクス主義 498, 502-3
歴史哲学 502-10
ラブレー、フランソワ（1483?-1553 フランス・ルネサンスを代表する人文主義者、作家、医師） 166, 473, 928
ラブロフ、ピョートル（1823-1900 ロシアのナロ―ドニキ主義の哲学者、理論家） 369, 612-13, 617, 622
『ラボチェイ・デロ』（労働者の大義。海外ロシア社会民主党連合の不定期の機関紙） 671
ラマルク、ジャン・ド（1744-1829 ブルボン朝から復古王政にかけての 19 世紀の著名な博物学者） 313
ラムネー、ユーゲ・ド（1782-1854 フランスのカトリック司祭、哲学者、政治家） 365, 480, 508
ラリン、ユーリー（1882-1932 ロシア・ソ連の政治経済学者、政治家） 690
ラルツェビッチ、V. N.（1893-1957 ソビエト連邦のマルクス主義哲学者） 845
ランゲ、O.（1904-1965 ポーランドの経済学者、外交官） 1159
ランゲ、フリードリヒ・アルベルト（1828-1875 ドイツの哲学者、思想史家） 552
ランジュヴァン、ポール（1872-1946 フランスの物理学者） 878
ランツフート、ジークフリート（1897-1968 ドイツのマルクス学者、社会学者） 215
リアリズム 1020-23, 1027
「リアリズムが問題だ」（ルカーチ） 1020
『リアリズム論』（ルカーチ） 996
「リーダーシップ」教説 420
リード、ジョン（1887-1920 アメリカ合衆国出身のジャーナリスト、活動家） 907
リープクネヒト、ヴィルヘルム（1826-1900 ドイツの社会主義者。ドイツ社会民主党（SPD）の主要な創設者の 1 人） 202, 206, 369
リープクネヒト、カール（1871-1919 帝国時代から共和国時代初期にかけてのドイツの政治家で共産主義者） 375-76, 380, 404, 406, 463, 955, 1104
リープマン、オットー（1840-1912 ドイツの新カント派の哲学者） 553
リカード、デヴィッド（1772-1823 自由貿易を擁護する理論を唱えたイギリスの経済学者） 109, 169, 195, 198, 219, 220-22, 227, 270, 338, 340
利潤 228, 230, 241-42, 290, 590, 592, 593, 594, 595, 902
資本主義と利潤 226, 241-42, 244-48, 256-57, 259, 389, 410, 412
資本の利潤 241-42
利潤の低下率 241-42, 244-48, 256-57, 259, 264-65, 270, 597, 647, 653
理性 35, 38-40, 65-66, 71, 75, 77, 78, 112, 572, 583, 1004, 1064, 1080, 1084, 1085, 1097, 1098, 1101, 1113, 1126
絶対と理性 50
意識と理性 54-55
医師と理性 62-63
現実と理性 55-56, 553
自由意志と理性 41-42
精神としての理性 56
ヘーゲル主義と理性 68-69
マルクーゼの教説における理性 1105-6
歴史と理性 60-61
『理性と革命』（マルクーゼ） 1105-6
『理性の腐食』（ホルクハイマー） 1068
『理性の破壊』（ルカーチ） 996, 1014, 1016
リソルジメント 497-98
リッケルト、ハインリッヒ（1863-1936 ドイツの哲学者。新カント派・西南ドイツ学派の代表的な人物） 503-64, 566, 991, 1125
『リッケルトの批判的検討と近代認識論の問題』（ブロッホ） 1125
リッツィ、ブルーノ（1901-1977 イタリアの政治理論家） 959
リップス、テオドール（1851-1914 ドイツの哲学者 心理学者） 1125
『立法及び法律学における現代の使命について』（サヴィニー） 80-81
『リテラトゥルナヤ・ガゼータ』（週刊紙） 888
リトアニア 368, 425, 882, 960
『理念』（ブジョゾフスキ） 530, 532, 540
リバロール、アントワーヌ・ド（1753-1801 革命期に生きた王党派フランスの作家） 172
リヒトハイム、ジョージ（1912-1973 ドイツ生まれの知識人。社会主義とマルクス主義の歴史と理論が専門） 997, 1182
リピンスキ、E.（1888-1986 ポーランドの経済学者 人権擁護者） 1159, 1162
リベラ、ディエゴ（1886-1957 メキシコの画家。キュビズムの影響を受けた） 937
リマノフスキ、ボレスワフ（1835-1935 ポーランドの社会主義政治家、歴史家） 427
リャザーノフ、ダヴィト B.（1870-1938 ロシアのマルクス主義者、マルクス・エンゲルス研究所初代所長） 212, 827
劉少奇（1898-1969 中国の第 2 代国家主席） 1192-93, 1196
量子論 894-95
李立三（1899-1967 中国共産党創立初期の最高指導者） 1187
理論と経験 322-24
『理論と実践』（ハーバーマス） 1096
『リンクスカーブ』（ドイツ・プロレタリア革命作家連盟の雑誌） 996
『臨終の文化の研究』（コードウェル） 879
リンネ、カール（1707-1778 スウェーデンの植物学者、動物学者、分類学者） 313
林彪（1907-1971 中国の政治家・軍人） 1194-95, 1203

倫理　576, 1116, 1120
　オーストリア・マルクス主義と倫理　576-78
　カント主義と倫理　552-53
　共産主義と倫理　1039
　社会主義と倫理　553-55
　存在と当為と倫理　576-78, 693
　ブハーリンの倫理の見方　835-36
　マルクス主義と倫理　550-51
　倫理の廃絶　1039
　ルカーチの倫理の見方　992-93
　レーニンの倫理の考え方　768-69
『倫理学』（クロポトキン）　370
『倫理と歴史の唯物論的概念』（カウツキー）　381, 383,
　386
『ル・グローブ』（1824 年から 1832 年にかけて発行され
　たフランスの新聞）　151
ル・プレイ、フレデリック（1806-1882 フランスのエン
　ジニア、政治家、社会改革者）　471
ル・ボン、ギュスターヴ（1841-1931 フランスの心理学
　者、社会学者、物理学者）　482, 521
ルイ・ナポレオン　ナポレオン 3 世を見よ
『ルイ・ナポレオンのブリューメル 18 日』（マルクス）
　193, 292
ルイコフ、アレクセイ（1881-1938 ソビエト連邦の政治
　家、レーニン死後の人民委員会議議長）　793, 816,
　817, 818, 851
ルイス、ジョン（1889-1976 イギリスのマルクス主義
　哲学者　人類学と宗教に関する多くの著作の著者）
　931
ルイセンコ、トロフィム・D.（1898-1976 ウクライナ出
　身のソビエト連邦の生物学者）　869, 907
　ルイセンコ説　897-98
類的意識　573
ルーゲ、アーノルド（1802-1880 ドイツの哲学者、政治
　家）　69, 77-79, 101, 105
ルーズベルト、フランクリン D.（1882-1945 アメリカ合
　衆国第 32 代大統領）　884, 957
ルーダス、L.（1885-1950 ハンガリーの共産主義新聞編
　集者、マルクス・レーニン主義の哲学者）　995
ルーテンベルク、アドルフ（1808-1869 ドイツの地理教
　師、青年ヘーゲル派）　70, 99
『ルートヴィヒ・フォイエルバッハとドイツ古典哲学の
　終結』（エンゲルス）　126, 213, 252, 309, 356
ルービン、ジェリー（1938-1994 1960 年代と 1970 年代
　のアメリカの社会活動家、反戦指導者。カウンターカ
　ルチャーのアイコン）　1112
ルーマニア　884, 920, 921, 997
ルカーチ、ジェルジュ（1885-1971 ハンガリーの哲学者）
　216, 218, 268, 328, 421-22, 510, 537, 546, 560, 656, 820,
　829, 837, 844, 868, 877, 913, 927, 975, 977, 986, 987,
　989-1032, 1034, 1039, 1041, 1046, 1047, 1048-49, 1050,
　1058, 1060, 1072, 1074, 1082, 1097, 1105, 1126, 1131,
　1135, 1144, 1145, 1169, 1175, 1179
　客体と主体の統一とルカーチ　1003-4
　初期の著作　991-98
　スターリン後の修正主義とルカーチ　1158-59
　スターリン主義の哲学者としてのルカーチ　989-90
　ソビエトの役割に対するルカーチの見方　1012-13
　党の役割とルカーチ　1011-12
　否定の弁証法とルカーチ　1080-81
　弁証法論者対機械論者の論争とルカーチ　844

亡命者としてのルカーチ　993-94
ルカーチが反対したモダニズム芸術　1021-24
ルカーチから影響を受けたゴルドマン　1054-55
影響したもの　991-93
エンゲルス批判　1005, 1009
階級意識の見方　1010-11
革命観　1011
教説におけるマルクス主義　1001-5, 1009
経験論批判　908-1001, 1011
芸術観　991-92, 1000-1001, 1016-23
自然の弁証法批判　1005-6, 1009-10
実存主義批判　1015-16
新カント主義批判　1002-4
真理観　1007-8
スターリン主義　1014-15, 1027-30, 1032
全体性原理　1000-1001, 1018-20, 1025-26, 1054-55
全体と部分の概念　999-1000
背景　990-91
非合理主義批判　1013-16
評価　1031-32
物象化の概念　物象化の概念を見よ
ブハーリン批判　1009
プロレタリアート観　1007-9, 1010
文学の見方　1000-1001, 1016-23
文化論　991-92
ヘーゲル主義の見方　1001-5
反映論批判　1006, 1011-12
弁証法的方法の概念　998-99
弁証法の見方　1001-2, 1005, 1007
マルクス主義解釈　1024-27
マルクス主義美学　1016-24
倫理観　992-93
ルクセンブルク、ローザ（1871-1919 ポーランドに生ま
　れ、ドイツで活動したマルクス主義の政治理論家）
　247, 304, 356, 367, 368, 375, 403-32, 436, 440, 443, 475,
　511, 523, 527, 546, 561, 582, 600, 635, 653, 657, 664, 760,
　770, 861, 862, 963, 982, 1000, 1011, 1043, 1158, 1183
　革命の理念とローザ　405, 407
　第 2 インターナショナルとローザ　404, 405
　民族の問題とローザ　424-30, 587-88, 675-79
　反対した党理論　430-31
　エンゲルス批判　418
　その死　406
　修正主義反対論　404, 415-20
　蓄積論　蓄積論を見よ
　背景と経歴　403-6
　評価　403, 414-45, 430-32
　プロレタリアートの意識の見方　420-24
　ベルンシュタイン批判　444
　ポーランド独立反対論　404
　ボルシェビキ批判　420-23, 424
　レーニン批判　403, 405, 420-23, 424, 429, 431, 683
ルクルス、エリゼ（1830-1905 フランスの地理学者、作
　家、アナキスト）　369
ルクレティウス（前 99-55 ローマの詩人、哲学者）
　13, 34, 85, 86, 337, 889
ルズタク、ヤニス（1887-1938 ラトビアのボルシェビキ
　革命家、ソ連の政治家。大粛清の際に処刑）　1149
ルソー、ジャン＝ジャック（1712-1778 フランスの哲学
　者）　36-37, 44, 89, 92, 152, 207, 335, 447, 488, 581,
　615, 1096, 1141

xlvii

●ワ行

社会主義者）　439, 517, 595, 597

ロビンソン、ジョーン（1903-1983 イギリスの経済学者）　267

ロブ＝グリエ、アラン（1922-2008 フランスの作家、映画製作者）　1055

ロベスピエール、マクシミリアンド（1758-1794 フランス革命期で最も有力な政治家）　152, 207, 981

ロマン主義　46, 55, 57, 65, 77, 80, 81, 157-58, 219, 270, 469, 491, 615, 1014, 1119
　　サン・シモンとロマン主義　157-58
　　スラブ主義とロマン主義　604
　　ブジョゾフスキのロマン主義反対論　529-30, 534-35
　　マルクス主義のモチーフとしてのロマン主義　335-37, 340-41, 1145, 1209

ロヨラのイグナチオ（1491-1556 スペインのカトリック司祭　神学者）　7

ロラン、ロマン（1866-1944 フランスの作家）　858, 1021

ロリア、アキレ（1857-1943 イタリアの政治経済学者）　974

ロンゲ、ジャン（1876-1938 フランスの社会主義政治家およびジャーナリスト）　562

ロンブローゾ、チェザーレ（1835-1909 イタリアの精神科医、犯罪生物学の創始者）　480, 514, 515

『論理学』（ヘーゲル）　56, 58, 194, 725

ワーグナー、アドルフ（1835-1917 ドイツの経済学者、財政学者）　219, 1176

ワイルド、オスカー（1854-1900 アイルランド出身の詩人、作家、劇作家）　960-61

『若きヘーゲル』（ルカーチ）　996

『若きポーランドの遺産』（ブジョゾフスキ）　532

「私がマルクス主義者である理由」（コルシュ）　1044

『私はどのように共産主義者であるか』（カベー）　176

ワット、アレクサンダー（1900-1967 ポーランドの詩人、作家）　857

ワトソン、J. B.（1878-1958 アメリカ合衆国の心理学者、行動主義心理学の創始者）　825、1207

ワリンスキー、ルドウィク（1856-1889 ポーランド社会主義運動のイデオローグ）　513

ワルシャワ条約　1151

ワルスキ（1868-1937 ポーランドの共産主義指導者）　404

「われわれの綱領の階級的性格」（ケレス＝クラウス）　523

『われわれの政治的任務』（トロツキー）　682-83

『われわれの相違』（プレハーノフ）　623, 625

ワロン、アンリ（1879-1962 フランスの精神科医、発達心理学者、教育者）　878

著者略歴

レシェク・コワコフスキ（Leszek Kolakowski　1927～2009）

ポーランド・ラドム生まれ。父母はともに教師。1943 年に父親がドイツのゲシュタポに殺害され、一家は東部の寒村に避難した。ドイツ軍が学校教育を停止したので、自学して、学校卒業試験に合格し、45 年創設のウッチ大学で哲学を学んだ。

1949 年　「共産主義青年団」参加
　50 年　ポーランド統一労働者党に入る
　50 年　モスクワ留学
　52 年　ワルシャワ大学で講義開始、59 年同大学哲学史の講座主任
　53 年　スピノザの研究で博士の学位取得
　66 年　党から除籍処分を受ける
　68 年　ワルシャワ大学解雇
　70 年　オクスフォード大学オール・ソウルズ・カレッジのフェロー（95 年まで）
　03 年　米国議会図書館から第 1 回ジョン・W・クルーゲ賞（人間科学部門）を授与

邦訳された著書

『責任と歴史―知識人とマルクス主義』（勁草書房 1967）、『悪魔との対話』（筑摩書房 1986）、『ライロニア国物語―大人も子どもも楽しめる 13 のおとぎ話』（国書刊行会 1995）、『哲学は何を問うてきたか』（みすず書房 2014）

訳者略歴

神　山　正　弘（かみやま まさひろ）　高知大学名誉教授

1943 年　鹿児島県生まれ
　62 年　東京教育大学教育学部入学（教育学科）
　65 年　東京都学連（東京都学生自治会連合）副委員長・委員長（67 年まで）
　67 年　民青東京都委員会学生対策部長・副委員長（72 年まで）
　73 年　東京大学大学院教育学研究科修士課程（教育行政学専攻）入学
　75 年　同　博士課程進学
　82 年　高知大学教育学部助教授
　91 年　同　教授（07 年まで。この間に学生部長・副学長就任）
　07 年　帝京平成大学現代ライフ学部教授（2014 年まで）

訳書にエイミー・ガットマン著『民主教育論』（同時代社 2004）、リチャード・エルモア著『現代アメリカの学校改革』（同時代社 2006）がある。

マルクス主義の主要潮流
――その生成・発展・崩壊

2024 年 11 月 15 日　　初版第 1 刷発行

著　者　　レシェク・コワコフスキ
訳　者　　神山正弘
発行者　　川上　隆
発行所　　株式会社同時代社
　　　　　〒 101-0065　東京都千代田区西神田 2-7-6
　　　　　電話 03（3261）3149　FAX 03（3261）3237
組　版　　精文堂印刷株式会社
印　刷　　精文堂印刷株式会社

ISBN 978-4-88683-975-6